붓다의 상담,
꽃향기를 훔치는 도둑

安心立命 1

붓다의 상담, 꽃향기를 훔치는 도둑
- 『잡아함경』에 나타난 부처님의 상담사례 -

지은이 · 道談 권경희
펴낸이 · 김인현
펴낸곳 · 도서출판 도피안사

2002년 7월 20일 1판 1쇄 발행
2004년 10월 25일 1판 2쇄 발행
2008년 12월 30일 1판 3쇄 발행

편집진행 · 이상옥
인쇄 및 제본 · 금강인쇄(주)

등록 · 2000년 8월 19일(제19-52호)
주소 · 경기도 안성시 죽산면 용설리 1178-1
전화 · 031-676-8700
팩시밀리 · 031-676-8704
E-mail · dopiansa@kornet.net

ⓒ 2008, 권경희

ISBN 89-90223-04-0 04220
　　　89-90223-03-2 (세트)

· 잘못된 책은 바꿔드립니다.
· 이 책의 내용 전부 또는 일부를 다른 곳에 사용하려면 반드시 저작권자와 도피안사 양측의 서면 동의를 받아야 합니다.

眞理生命은 깨달음[自覺覺他]에 의해서만 그 모습[業行圓滿]이 드러나므로
도서출판 도피안사는 '독서는 깨달음을 얻는 또 하나의 길'이라는 믿음으로 책을 펴냅니다.

붓다의 상담, 꽃향기를 훔치는 도둑
―『잡아함경』에 나타난 부처님의 상담사례―

道談 권경희 지음

추천사

불경은 방대한 상담사례집, 석가모니는 위대한 상담가

흔히 불교라 하면 세속을 멀리한 채 심오한 도의 세계를 참구하는 난해한 종교라고 생각한다. 이에 비해 상담은 보통 사람들의 일상적인 생활에서 이루어지는 것이다. 이렇게 너무나 멀리 떨어져 있어 도무지 서로 어울릴 것 같지 않은 '불교'와 '상담'이 『붓다의 상담, 꽃향기를 훔치는 도둑』에서 함께 만났다.

저자는 불교의 초기 경전이자 석가모니의 언행이 거의 원음 그대로 기록돼 있는 『잡아함경』을 텍스트로 삼아 부처님의 교화활동을 현대 상담심리학적 관점에서 분석하였다. 이를 통해 저자는 석가모니의 교화사례는 상담사례이며, 석가모니는 현대적인 상담기법을 다양하게 활용해 인간문제를 해결하고 인격적으로 성숙시켜 궁극적인 깨달음으로 이끌었다고 보았다. 따라서 불경은 '방대한 상담사례집'이며, 석가모니는 '위대한 상담가'라는 결론을 도출하였다.

저자가 『잡아함경』에서 만난 석가모니는 준엄한 종교 지도자가 아니라 자상한 아버지이자 다정한 어머니의 모습이었다. 여러 아들을 잃고 실성해 벌거숭이로 돌아다니는 여인에게는 옷을 입혀 주고, 아들에게 재산을 물려준 뒤 길거리에서 구걸을 하며 살아가는 늙은 아버지는 집으로 돌아가 제대로 봉양 받을 수 있도록 해준다. 몸이 비만해서 불편해 하는 국왕을 위해서는 살을 빼는 비법을 가르쳐 주고, 병에 걸려 신음하는 제자를 몸소 찾아가 따뜻하게 위로하기도 한다. 저자는 이러한 『잡아함경』의 상담사례를 분석함으로써 석가모니의 생생한 음성을 오늘 우리에게 새로운 의미로 전달해 주고 있다.

저자가 불경을 상담심리학적으로 연구한 시도도 참신할 뿐더러, 『잡아함경』에 들어 있는 1362개의 경을 세밀하고도 철저하게 분석한 노력도 놀랍다. 이 책은 불교와 석가모니, 그리고 불경을 새로운 시각으로 보게 하는 데 크게 기여할 것으로 보인다. 그리고 이제 막 발아하고 있는 불교 상담의 새로운 지평을 여는 데도 큰 몫을 할 것으로 기대된다.

상담에 관심이 있는 불자들, 그리고 불교에 접근하고 싶은 상담가들에게 이 책을 기꺼이 추천한다.

이근후(불교상담개발원장, 이화여대 명예교수)

차례

추천사 | 이근후 … 4

제1장 __ 서론: 불경과 상담 … 13

제2장 __ 『잡아함경』 개관 … 19
 1. 불경의 성립과 구성 … 20
    1) 불경의 성립 … 20
    2) 불경의 구성 … 21
    3) 불경의 조직 … 22
    4) 불경의 종류 … 25
 2. 『잡아함경』 개관 … 26
    1) 불경에서 『잡아함경』의 위치 … 26
    2) 아함경이란 … 26
    3) 아함경의 기본사상 … 28
    4) 모든 경전의 모체 『잡아함경』 … 29

제3장 __ 「잡아함경」에 나타난 불교사상 … 31
 1. 외도 비판 … 35
    1) 삼종외도설(三種外道說)과 육사외도(六師外道) … 38
    2) 논리적 비판 … 39
    3) 그리고 침묵 … 41
    〔경전전문〕- 그런 말은 기억할 것도 없다 … 44
              휘두르는 칼날은 피할 수 있지만 … 47
              침묵하는 이유-無記 … 58

2. 세계관 … 59
　1) 십이처(十二處) … 59
　2) 십팔계(十八界) … 61
　3) 육육법(六六法) … 61
　4) 사대(四大)와 육대(六大) … 63
　5) 업설(業說)을 통해 본 세계관 … 64
　〔경전전문〕-여섯 가지 감각기관-六根 … 76
　　　　　　여섯 가지 인식대상-六境 … 77
　　　　　　일체(一切)란 곧 십이처(十二處) … 78
　　　　　　여섯 짐승을 한 기둥에 매어 두면 … 79
　　　　　　여섯 가지 인식작용-六識 … 81
　　　　　　열여덟 가지 경계-十八界 … 82
　　　　　　부딪치니 느끼고 생각하고 의도하게 된다-六六法 … 84
　　　　　　세상을 구성하는 여섯 가지 요소-六大 … 87
　　　　　　검은 법엔 검은 갚음, 흰 법엔 흰 갚음-十業 … 88
　　　　　　삼계를 뛰어넘어 남음 없이 깨달으셨네-三界 … 92
　　　　　　여섯 가지 윤회의 길-六道 … 93
　　　　　　세 가지 밝음-三明 … 94

3. 인간관 … 96
　1) 본성적 인간 … 96
　2) 실존적 인간 … 99
　〔경전전문〕-다섯 가지 쌓임-五蘊 … 104
　　　　　　세 가지 변하지 않는 진리-三法印 … 106

제4장 『잡아함경』에 나타난 인간의 심리적 문제의 원인과 해결 … 109

1. 인간의 심리적 문제의 원인 … 110
   1) 십이연기(十二緣起) … 111
   〔경전전문〕-이것이 있으므로 저것이 있고-十二緣起 … 113
2. 인간의 심리적 문제의 해결 … 116
   1) 사성제(四聖諦) … 116
   2) 삼십칠도품(三十七道品) … 119
   〔경전전문〕-네 가지 거룩한 진리-四聖諦 … 127
   　　　　　 깨달음에 이르는 서른일곱 가지 길-三十七道品 … 129
   　　　　　 네 가지 생각하는 곳-四念處 … 132
   　　　　　 네 가지 바른 끊음-四正斷 … 133
   　　　　　 네 가지 자유자재-四如意足 … 135
   　　　　　 다섯 가지 깨달음의 뿌리-五根 … 137
   　　　　　 다섯 가지 힘-五力 … 139
   　　　　　 일곱 가지 깨달음의 길래-七覺分 … 140
   　　　　　 여덟 가지 바른 길-八正道 … 142
   　　　　　 네 가지 선정-四禪 … 147

제5장 『잡아함경』의 상담 형태적 특징 … 149

1. 개별문답(個別問答)→개별상담 … 150
2. 개별교설(個別敎說) … 154
3. 대중문답(大衆問答)→대중상담 … 155
4. 대중교설(大衆敎說) … 159
5. 동료상담 … 161
6. 집단상담 … 163

7. 슈퍼비전 … 166

제6장__『잡아함경』에 나타난 상담사례 분석 … 171

1. 상담시각 … 173
2. 상담장소 … 179
    1) 급고독원(給孤獨園) … 180
    2) 칼란다 죽원(迦蘭陀竹苑) … 181
    3) 녹야원(鹿野苑) … 181
    4) 기사굴산(耆闍崛山) … 182
    5) 중각강당(重閣講堂) … 182
    6) 기타 상담장소 … 182
3. 내담자 … 188
    1) 내담자의 수 … 188
    2) 내담자의 특징 … 191
4. 상담자 … 220
    1) 석가모니 … 221
    2) 다문제일(多聞第一) 아난다 … 248
    3) 지혜제일(智慧第一) 사리불 … 256
    4) 신통제일(神通第一) 목건련 … 260
    5) 천안제일(天眼第一) 아나율 … 263
    6) 논의제일(論議第一) 가전연 … 266
    7) 두타제일(頭陀第一) 마하 가섭 … 272
    8) 설법제일(說法第一) 부루나 … 280
    9) 기타 상담자 … 284

5. 상담과정 … 284
6. 내담자의 주 호소문제, 상담내용 및 목적 … 289
7. 상담결과 … 293
8. 상담회기 … 297

제7장 __ 「잡아함경」에 나타난 주요 상담기법 … 299

1. 대기설법(對機說法) … 301
2. 대화법 … 303
　1) 지지·격려 … 303
　2) 초점주기 … 307
　3) 확인 … 308
　4) 반복 … 310
　5) 선도반응 … 313
　6) 개방질문 … 317
　7) 열린 자세 … 318
　8) 사기답(四記答) … 319
　9) 전의법(轉意法) … 326
3. 논리 전개 … 328
　1) 차제법(次第法) … 328
　2) 순관(順觀)과 역관(逆觀) … 333
　3) 대비(對比) … 337
　4) 제시(提示) … 339
　5) 이유 … 341
4. 비유(譬喩) … 341

5. 게송활용 … 347
6. 예화(例話) … 353
7. 위의감화(威儀感化) … 357
8. 분별(分別) … 359
9. 실존주의적 접근 … 362
10. 현실적 접근 … 365
11. 구체적 접근 … 369
12. 인지적 재구성 … 375
13. 자원활용 … 378
14. 현장활용 … 382
15. 거리상담 … 385
16. 현장상담 … 386
17. 임종상담 … 389
18. 여성상담 … 391
19. 공감적 이해와 긍정적 수용 … 395
20. 모델링 … 397
21. 자기지시 … 398
22. 심상유도 … 400
23. 혐오요법 … 402
24. 직면 … 404
25. 지시적 훈계 … 405
26. 역설적 상담 … 407
27. 역할연습 … 410
28. 비만 치료 … 412
29. 가르침의 학습효과 … 413

30. 이적(異蹟) … 416
31. 보조상담 … 418
32. 점진적 종결 … 420
33. 상담자의 자세 … 422

제8장__「결론: 위대한 상담가 석가모니 … 429

〔부록1〕 상담형태에 따라 분류한 『잡아함경』 … 437
〔부록2〕 『잡아함경』에 나타난 상담사례 147선 … 485
참고문헌 … 641
후기 / 부처님을 향해 쓰러지는 나무 … 644
찾아보기 … 648

제1장 서론: 불경과 상담
— 불경에 나타난 석가모니의 교화활동은 상담사례 —

제1장 서론: 불경과 상담
― 불경에 나타난 석가모니의 교화활동은 상담사례 ―

석가모니(釋迦牟尼)는 불교의 교조(敎祖)로 완성된 인간, 깨달은 사람, 즉 부처가 되는 길을 알려준 성인이다. 석가모니가 평생 동안 설한 교법(敎法)을 '8만 4천 법문(法門)'이라고 한다. 이는 인간이 가지고 있는 8만 4천 가지의 번뇌를 씻어주기 위해 석가모니가 설한 법문이란 의미다. 불경(佛經)은 이러한 석가모니의 가르침을 담은 불교 경전을 통틀어 일컫는 말로서, 석가모니의 행적과 교설 내용이 상세히 수록되어 있다.

근래에 이르러 불경을 현대 상담심리학의 관점에서 연구하는 시도가 몇 있었다. 불경에 나타난 석가모니의 교화(敎化) 활동이 상담사례이며, 석가모니는 위대한 상담가라는 시각이다.

기독교의 교조인 예수와 성경에 대해서도 상담의 측면에서 조명한 연구논문과 전문 서적이 많이 나와 있다. 또한 '목회상담'이라는 분야가 개척되어 활발히 전개되고 있다.

그러나 석가모니와 불경에 관한 상담심리학적 연구는 아직 시작 단계이다. '불교 상담'도 이제 비로소 개념을 잡아가는 상태다.

과연 불경에 나타난 석가모니의 교화활동을 현대적 의미의 상담사례로 볼 수 있을까? 그리고 석가모니를 상담가로 볼 수 있을까?

현대 상담심리학에서는 상담의 정의를 다음과 같이 내리고 있다.

상담이란 도움이 필요한 사람이, 전문적인 훈련을 받은 사람과의 관계에서 자기의 생활 과정상의 문제를 해결하고, 생각·감정·행동 측면의 '인간적 성장'을 위해 노력하는 학습 과정이다(이장호, 1995).

위의 정의를 보면, 현대적 상담에는 세 가지 구성 요소가 있음을 알 수 있다. 첫째는 '도움을 청하는 내담자'요, 둘째는 '도와주는 (전문적인 훈련을 받은) 상담자', 셋째는 '두 사람이 서로 얼굴을 마주 대하는 대면 관계'이다.

정혜자(1992)는 「석존 교설에 의한 상담심리 연구」란 논문에서 4아함을 분석하면서 '석가모니의 교설은 내담자가 해결해야 하는 괴로움의 진술을 출발로 설해지며, 도움을 줄 수 있는 상담자와 도움을 요하는 내담자의 대면 관계에서 의사소통이 진행되고, 석가모니와 내담자의 의사소통이 내담자의 괴로움을 해결하는 데 초점이 맞추어져서 진행되며, 석가모니가 오늘날의 상담자와 같이 내담자의 변화에 기여하는 전문적 소양과 지식을 갖추었으며, 내담자는 초월적인 인격 성숙에 도달하는 변화를 경험하고, 석가모니의 도움은 전문적이고도 체계적이므로 석가모니의 교화활동은 현대 상담의 정의를 충족시킨다'고 보았다.

이지현(1997)도 「불타의 교화사례에 나타난 상담 방법적 특징」이란 논문에서 석가모니의 일생 편에 언급되고 있는 내용을 중심으로 교화 사례를 분석한 뒤 '석가모니의 교화 사례는 석가모니와 내담자 두 사람이 원조적인 대면 관계에서 대화를 나누며, 석가모니가 내담자의 괴로움을 해결하는 데 도움을 주고, 석가모니가 인격적 자질과 상담에 필요한 전문가적인 자질을 갖추고 내담자의 변화를 이끌어내므로 상담사례로 볼 수 있다'고 결론지었다.

이 책은 '불경에 나타난 석가모니의 교화활동은 상담사례'라는 선행 연구자들의 연구 결과를 대전제로 삼아 출발했다. 불경의 양이 워낙 방대하므로 현존하는 불경 가운데 석가모니의 언행과 법문 내용을 가장 원형에 가깝게 기록한 것으로 평가되고 있는 아함부 경전의 4아함 가운데 『잡아함경』을 중심으로 진행했다. 그리고 다음과 같은 점을 중점적으로 살폈다.

첫째, 『잡아함경』에는 현대적 의미의 상담사례가 있는가?
둘째, 사례가 있다면 현대 상담이론으로 어떻게 해석할 수 있는가?
셋째, 『잡아함경』에 나타난 상담사례의 특징은 무엇인가?
넷째, 『잡아함경』에 나타난 상담사례가 현대 상담에 시사하는 바는 무엇인가?

『잡아함경』은 우리말로 번역된 것이 여럿 있다. 그러나 대부분이 그 가운데 일부를 발췌해 다른 아함경과 함께 엮은 것이고, 완역된 것은 동국역경원에서 번역한 『한글대장경 6권』, 『한글대장경 7권』과, 이연숙이 풀어지은 『새아함경Ⅲ - 잡아함경1-상』, 『새아함경Ⅲ - 잡아함경1-하』, 『새아함경Ⅲ - 잡아함경2』, 『새아함경Ⅲ - 잡아함경3』이 있다. 이 가운데 가장 원전에 가까운 동국역경원(1970)의 『한글대장경』을 이 책의 주된 텍스트로 삼고, 이연숙(1993)의 『새아함경』을 참고로 했다.

『한글대장경 6권』과 『한글대장경 7권』으로 번역된 한글 『잡아함경』의 원전은 서기 443년 중국 송나라 시대에 구나발타라가 번역한 한역본(漢譯本)이다. 여기에 속한 『잡아함경(50권)』 이외에 다른 번역으로 『별역 잡아함경』 16권 16종이 따로 있으나, 이 책에서는 『잡아함경』의 한역본 중에서 가장 완비된 것으로 평가받고 있는(동국역경원B, 1970) 구나발타라 역의 50권 『잡아함경』을 텍스트로 삼았다. 한글로 번역된 50권 『잡아함경』에 들어 있는 1362경을 빠짐없이 조사해 현대 상담학적 관점에서 조명하고 그 가운데 대표적인 경전을 선택해 현대 상담 이론과 기법으로 분석했다.

그동안 불경과 석가모니를 상담심리학적 입장에서 분석한 연구서와 논문이 몇 편 나왔지만, '불교적 상담'이라는 틀 안에서 조명해 종교적인 측면에 기운 경향이 짙다. 이 책에서는 그러한 편향성을 벗어나 상담 연구자라면 누구나 종교적 선입관 없이 접근할 수 있도록 하기 위해 노력을 기울였다. 여기서 한발 나아가 불경에 나타난 상담사례와 기법을 오늘날의 상담 현장에서 적극 활용할 수 있도록 조사와 분석을 면밀히 했다.

이 책에 나오는 용어 해설은 신기철·신용철(1981)이 지은『새 우리말 큰사전』(서울: 삼성출판사)과 연세대학교 언어정보개발연구원(1998)의『연세한국어사전』(서울: 두산동아), 이희승(1994)의『국어대사전』(서울: 民衆書林)을 주로 따랐으며, 불교 용어는 운허 용하(1983)가 지은『불교사전』(서울: 동국역경원)과 홍법원 편집부(1992)가 엮은『불교학대사전』(서울: 홍법원)을 참고했다.

『잡아함경』에 수록된 1362경의 한자 표기, 등장인물이나 장소의 한자 표기는 동국역경원(1970)『한글대장경 6권』,『한글대장경 7권』을 기준으로 삼았다. 같은 경전이나 같은 사람에 대한 한자 표기가 달리 나왔을 경우에도 그대로 따랐다.

불교 원어의 음역(音譯) 표기는 정승석(1995)의「불교 원어의 음역 표기법 시안」을 참고로 했으며, 대중에게 널리 알려진 이름이나 용어는 혼란을 방지하기 위해 관용대로 표기했다.

제2장 『잡아함경』 개관

−석가모니의 생생한 언행록 『잡아함경』−

제2장 『잡아함경』 개관
― 석가모니의 생생한 언행록『잡아함경』―

1. 불경의 성립과 구성

불경(佛經)은 불교의 가르침을 담은 책을 통틀어 일컫는 말이다. '경(經)'이란 범어 수트라를 의역한 것으로, '수트라'는 실 또는 끈을 뜻하며 자(尺)로 사용하는 끈, 간결한 교훈·교리·금언 등의 뜻으로도 통용되었다. 종교 의례를 규정한 제요서(提要書), 바라문 철학의 여러 파에서 쓰는 기본적 교과서도 '수트라'라고 불렀다. 이 수트라가 중국으로 넘어오면서 날실, 부동불변(不動不變)의 진리를 뜻하는 경(經)으로 바뀌었다(한국정신문화연구원, 1991 ; 운허 용하 1983 ; 홍법원 편집부, 1992).

1) 불경의 성립

불경은 모두 4차례에 걸쳐 결집(結集)되었다.
제1차 결집은 석가모니가 열반한 직후 왕사성 밖 칠엽굴에서 거행된 것으로, 장로·비구 5백여 명이 모인 가운데 마하 가섭이 주축이 되어 7개월여에 걸쳐 편찬하였다. 먼저 우바리가 율(律)을 송하고 다음에 아난다가 법(法)을 송하면, 장로들이 석가모니께서 언제, 어디서, 누구를 대상으로 하여 어떠한 내용으로 설법을 하였는지 검증하고 협의하여 석가모니의 말씀임을 인가하였다. 이때부터 경전은 대부분 '이와 같이 내가 들었다〔如是我聞〕'로 시작해 '기뻐하며 받들어 행하였다〔歡喜奉行〕'로 끝나는 형식을 취하게 되었다.

제2차 결집은 석가모니가 돌아가신 후 약 100년경에 이루어졌다. 7백 명의 비구가 비사리성에 모여 계율을 바로잡기 위해 경전을 결집했다.

이때까지는 경전이 문자로 기록되지 않았다. 정리된 경전을 각각 암송하였다가 스승이 제자에게 구전(口傳)하는 형식으로 이어져 왔다.

제3차 결집은 2차 결집으로부터 다시 1백 년 뒤에 아쇼카왕의 명으로 이루어졌다. 화씨성에 승려 1천 명이 모여 제수(帝須)를 우두머리로 한 가운데 경전을 결집했다. 이때 비로소 문자화되었다.

제4차 결집은 2세기 전반, 대월지국의 카니쇼카왕의 뒷받침으로 이루어졌다. 불교 여러 부파들의 이설을 통일시키기 위해 모인 것으로, 경전에 관한 주석서를 결집했다. 따라서 엄밀하게 보아서는 불경 편찬의 범주에서 벗어난다고 할 수 있다.

이 뒤에도 불경의 결집은 계속되어 5세기경까지 『반야경』, 『법화경』, 『정토삼부경』, 『유마경』, 『승만경』, 『열반경』, 『화엄경』 등 중요한 대승경전의 대부분이 출현하였다.

2) 불경의 구성

불경은 크게 경장(經藏), 율장(律藏), 논장(論藏)의 삼장(三藏)으로 구성되어 있다.

(1) 경장(經藏)

석가모니나 드물게는 석가모니의 제자가 설한 법문을 기록해 모은 부류를 일컫는다. 좁은 의미에서 볼 때 율장과 논장을 제외한 경장만을 불경이라고 지칭하기도 한다. 그러나 '일체경(一切經)'이라든가, '대장경(大藏經)'이라고 할 때는 경·율·논 삼장을 모두 포함하며, 고승들이 이들 경전을 이해하기 쉽게 주석을 붙인 저술까지 포함시키기도 한다.

경장은 줄여서 '경(經)'이라고 한다. 경은 짧은 것은 수십 단어로 이루어져 있고 긴 것은 수천 쪽에 이른다. 그러나 분량이 많고 적음에 관계없이 대부분 일정한 형식을 갖추고 있다.

(2) 율장(律藏)

석가모니가 제정한 교단의 규칙을 모아 놓은 것이다. 율(律)은 지지계(止持戒)와 작지계(作持戒)의 둘로 크게 나뉜다.

지지계는 하지 말아야 할 금기 조항에 해당하는 것으로, 비구의 250계, 비구니의 348계가 있다. 비구·비구니계의 조목의 수는 부파에 따라 약간 차이가 나지만 이를 분류하는 대강은 같다.

작지계는 지켜야 할 항목으로 출가 교단의 의식주에 관한 생활 규정이다. 출가한 사람들의 출가수계(出家受戒)·포살(布薩)·안거(安居)·자자(自恣) 등이 이에 속한다.

(3) 논장(論藏)

경의 내용을 철학적으로 논술한 책이다. 논(論)을 저술한 사람을 논사(論師)라고 하는데, 이들이 지은 불교철학서를 통칭하여 논(論)이라고 한다. 논은 시대, 지역, 학파 등 여러 가지 기준에 따라 다양하게 분류한다.

3) 불경의 조직

(1) 삼분법(三分法)

불경은 일반적으로 서분(序分)·정종분(正宗分)·유통분(流通分)의 3단으로 되어 있는 삼분법을 쓰고 있다.

서분은 경의 도입부분이다. '이와 같이 내가 들었다'는 말로 시작해 경을 설한 때와 장소, 설법 대상 등 일체의 주변 상황이 기재되어 있다.

정종분은 경의 중심부분이다. 석가모니의 설법 내용이 수록되어 있다.

유통분은 경의 끝부분이다. 석가모니의 설법을 들은 대중의 반응, 교화의 정도, 또는 앞으로 이 경을 읽는 사람들에게 찾아올 이익이나 공덕, 경의 이름 등이 기록되어 있다.

경의 도입부분인 서분은 여섯 가지 필수 요건〔육성취(六成就)〕을 갖추고 있다. 첫째는 석가모니의 가르침이 틀림없다는 것을 확인하는 신성취(信成就)로, '이와 같이'에 해당하는 '여시(如是)'이다. 둘째는 내가 직접 들었다는 문성취(聞成就)로, '내가 들었다'에 해당하는 '아문(我聞)'이다. 셋째는 설법의 때를 명시하는 시성취(時成就)로, '어느 때'에 해당하는 '일시(一時)'이다. 넷째는 설법한 사람이 석가모니였다는 주성취(主成就)로, '부처'에 해당하는 '불(佛)'이다. 다섯째는 설법한 장소를 밝히는 처성취(處成就)로, '어느 곳에 있었다'에 해당하는 '재사위국(在舍衛國)' 등이다. 여섯째는 어떤 사람이 법문을 들었는가를 밝히는 중성취(衆成就)로, '여러 비구와 더불어'에 해당하는 '여대비구(與大比丘)'이다. 그래서 모든 경전이 '여시아문일시불재사위국여대비구(如是我聞一時佛在舍衛國與大比丘)…'와 같이 시작된다(대원정사 편집부, 1990).

경전 가운데 짧은 것은 서분과 유통분이 극히 간단한 것이 있고, 서분과 유통분이 없이 정종분만 있는 것도 있다. 그러나 긴 경전은 세 부분을 모두 갖추고 있을 뿐만 아니라, 서분과 유통분이 상세하고 명백하게 서술되어 있다.

(2) 십이부경(十二部經)

불경을 조직하는 구성 요소를 문체와 기술(記述) 형식, 내용에 따라서 12가지로 분류하기도 한다. 이를 십이부경(十二部經), 십이분경(十二分經), 또는 십이분교(十二分教)라고 한다. 이러한 분류법은 불경의 최초 편찬과 동시에 이루어졌다.

초기의 경전은 이 12가지 중에서 보통 3개 이내를 취해서 구성하였으며, 후기의 경전에는 12가지를 모두 취한 것도 있다.

① 경(經)
단순한 이야기 또는 비유만의 서술이 아니라 사상적으로 그 뜻을 완전히 갖춘 경문을 말한다. 경전의 대부분이 이에 속한다.

② 고기송(孤起頌)
가요, 성가(聖歌)의 뜻으로, 경전의 1절 또는 전체의 끝부분에 아름다운 글귀로써 묘한 뜻을 읊어 놓은 운문을 뜻한다. 게송(偈頌)과 같이 운(韻)을 붙인 시어체의 형식을 취하고 있다. 중송(重頌)이 본문의 내용을 거듭해서 읊은 데 반해 고기송은 본문과 관계없이 노래한 운문이다.

③ 중송(重頌)
고기송과는 대조적으로 운을 붙이지 않은 시어체 형식으로 되어 있다. 산문으로 된 본문의 내용을 반복하고 요약하는 기능을 한다. 응송(應頌)이라고도 한다.

④ 무문자설(無問自說)
묻는 이가 없이 석가모니가 스스로 설한 경전을 일컫는다. 이 외의 경전은 석가모니가 제자나 신도들의 질문을 받아 설법하는 형식을 취하고 있다.

⑤ 미증유법(未曾有法)
경전 가운데 불가사의한 일을 설한 부분을 일컫는 것으로 희유법(稀有法)이라고도 한다. 보통 사람으로서는 경험하지 못하는 석가모니 특유의 체험이나 석가모니가 여러 가지 신통력부사의(神通力不思議)를 나타내는 내용이 들어 있다.

⑥ 여시어(如是語)
경전의 첫머리에 '이와 같이 내가 들었다[如是我聞]'고 적혀 있는 것을 말한다. '여시아문'이라는 말 속에는 경전의 내용이 석가모니의 진설(眞說)이라는 의미가 내포되어 있으며, 석가모니가 설한 것이므로 의심하지 말고

믿고 따르라는 뜻도 들어 있다.

⑦ 인연(因緣)

어떤 경전을 설하게 된 사정이나 동기, 제자나 신도가 석가모니를 만나 설법을 듣게 된 사연 등을 서술한 부분이다.

⑧ 비유(譬喩)

은밀한 교리를 비유로써 명백하게 이해할 수 있도록 설명한 부분을 말한다.

⑨ 본생(本生)

석가모니나 제자들의 지난 세상의 인연을 말한 부분으로, 석가모니가 전생에 수행했던 이야기가 주로 들어 있다.

⑩ 수기(授記)

석가모니가 제자들에게 다음 생에 어떤 세상에 나서 어떻게 성불하리라는 것을 구체적으로 예언한 부분이다. 보통 문답 형식으로 대화를 펼쳐 나가다가 최후에 석가모니가 인가를 주는 형식을 취하고 있다.

⑪ 논의(論議)

석가모니가 경문을 논의하고 문답하여 온갖 법의 내용을 명백히 밝힌 부분을 가리킨다.

⑫ 방광(方廣)

광대한 진리를 말한 부분으로, 문답의 형식으로 전개되면서 그 의미를 논리적이며 철학적으로 더 깊고 넓게 확대하고 심화시켜나간다.

4) 불경의 종류

불교의 일체경은 크게 아함부(阿含部), 반야부(般若部), 법화부(法華部), 화엄부(華嚴部), 열반부(涅槃部), 방등부(方等部) 등으로 나뉜다.

아함부는 아함경의 총칭으로 남·북 양전(兩傳)이 있다. 남방불교에서 전하는 것으로는 장부(長部)·중부(中部)·상응부(相應部)·증지부(增支部)·소부

(小部) 등 5부(部)가 있으며, 북방불교에서 전하는 것으로 장아함(長阿含)·중아함(中阿含)·증일아함(增一阿含)·잡아함(雜阿含)의 4부 아함이 있다.

반야부는 여러 종류의 반야경을 총칭한 것으로, 『대반야경』, 『금강경』, 『반야심경』을 비롯해 21경 736권으로 되어 있다.

법화부는 법화에 속한 부류라는 뜻으로, 『무량의경』, 『묘법연화경』, 『보현관경』 등이 이에 해당된다.

화엄부는 화엄에 속한 부류란 뜻으로, 『대방광불화엄경』과 그 별출(別出)과 지파(支派)의 경전을 말한다.

열반부는 열반에 속한 부류라는 뜻으로, 『대반열반경』, 『정토삼부경』 등이 이에 속한다.

방등부는 대승 경전 가운데 반야·법화·화엄·열반 4부의 여러 경을 제외한 모든 경전을 일컫는다.

2. 『잡아함경』 개관

1) 불경에서 『잡아함경』의 위치

이 책의 텍스트인 『잡아함경』은 아함부에 속한다. 아함부의 여러 경전 가운데 주요 경전인 장아함·중아함·잡아함·증일아함의 4아함을 통상 '아함경'이라 일컫는데, 『잡아함경』은 이 4아함 가운데 하나다.

2) 아함경이란

아함경은 흔히 '불교학의 기초'라 일컫는 경전으로서, 소승으로 불리는 부파불교 학자들의 절대적인 경전이었으며, 대승불교의 기초 경전이기도 하다. 아함경은 석가모니가 열반한 직후에 있은 불경의 제1차 결집 때 성립되었다. 마하 가섭의 물음에 아난다가 답한 것을 5백여 장로·비구가 검증하고 인가했다. 이를 대중들이 외워서 후대에 전한 것이다.

아함경은 편찬자들의 사상과 교파적인 입김이 많이 작용한 후기 대승경전과 달리 석가모니의 행적을 비교적 여실히 전하고 있다. 팔만대장경 가운데 석가모니의 원음(原音)이 가장 생생하게 기록되어 있고 설법 장소, 설법 당시의 배경, 설법 대상, 그 인물들의 사상, 그리고 그 사상을 논파하는 과정이 상세히 들어 있어 석가모니의 본래 의도나 체취를 있는 그대로 느낄 수 있다(이연숙A, 1993).

흔히 아함경을 원시불교 경전이라고 한다. 원시불교란 석가모니의 재세(在世) 시절부터 입멸 1백년 쯤 뒤 부파가 갈리기 전까지의 불교라는 뜻이다. 간혹 기원전 3세기 아쇼카왕 시대까지의 초기불교를 원시불교라 하기도 한다. 여기서 '원시'라고 하는 것은 '최초' '원초적'이라는 뜻이다. 그래서 일부에서는 원시불교란 말 대신 '근본불교' 또는 '초기불교'라고도 한다. 즉 아함경을 원시불교 경전이라 하는 것은 차원이 낮은 원시적인 경전이라는 뜻이 아니라 불교 초기의 경전, 최초의 경전이라는 뜻이다. 아함경이야말로 옛적 석가모니가 가르침을 설했을 때의 체취를 느낄 수 있을 만큼 당시의 형태를 고스란히 간직하고 있어 불교의 원래의 모습을 알 수 있는 가장 귀중한 자료이자 석가모니 가르침의 진수인 것이다(반영규, 2000).

아함경은 대승의 기초이며 대승은 아함의 완성이라고도 할 수 있다. 즉, 아함경은 불교학의 기초 과정 교과서이며, 석가모니가 안 계신 오늘날 올바르게 불교를 배우려면, 그리고 불교를 체계적으로 이해하기 위해서는 어떤 경전보다 먼저 아함경부터 읽어나가는 것이 최선의 길이다(불광교학부, 1991). 대소승(大小乘)의 모든 불교사상은 원시불교로부터 시작된 것이고, 아함은 원시불교의 가장 중요한 자료이다. 아함에 대한 연구 없이는 불교학의 기초를 다질 수 없다(고익진A, 1998)

아함경은 장아함(22권 30경), 중아함(60권 222경), 잡아함(50권 1362경), 증일아함(51권 471경) 등 4아함이 모두 183권 2085경에 이른다.

장아함은 경전의 길이가 다른 아함에 비해 긴 것으로, 석가모니의 전기

(傳記)와 부처관, 법상(法相)의 체계화, 그리고 외도사상에 대해 높은 관심을 드러내고 있다.

중아함은 크기가 잡아함과 중아함의 중간에 위치하는 것으로 석가모니의 가르침뿐만 아니라 제자들의 설법도 많이 실려 있다.

잡아함(雜阿含)의 잡(雜)이란 아주 작은 것들이 모여 있다는 뜻으로, 4아함 가운데서 가장 짧은 경전들이 수록되어 있다.

증일아함은 대승(大乘)에 대한 욕구가 표출되어 있는 경전이다.

3) 아함경의 기본사상

반영규(2000)는 아함경의 기본사상은 곧 불교의 기본사상인 동시에 불교만이 갖고 있는 특징이라고 보면서 다음의 여섯 가지를 꼽았다.

첫째, 지혜의 도이다〔智慧〕. 불교에서는 무명과 대비되는 '혜(慧: 般若)'를 매우 중요하게 여긴다. 특히 아함경에서는 더욱 그렇다. 석가모니가 출가하게 된 동기도 생로병사라는 인간의 괴로움을 통감하고 그 괴로움에서 벗어나는 길을 찾기 위해서였다. 한정된 생애를 생로병사라는 불안 속에서 살아야 하는 인간이란 존재는 도대체 어떻게 해야 괴로움에서 벗어나서 안락하게 살 수 있을까 하는 것이 석가모니가 풀고자 한 최대의 과제였다. 석가모니는 이 과제를 어떻게 풀었는가? 기적을 바라지도 않았고 신에 의지하거나 구원해 달라고 빌지도 않았다. 이성(理性)으로 사색하고 지혜로 길을 찾아 마침내 '크나큰 해결'을 이루었다. 그래서 불교를 '지혜의 도'라 하는 것이다. 석가모니는 아함경을 통해 '인간이 눈을 바로 뜨고〔開眼〕, 지혜를 내서〔發智〕바른 길을 찾아〔正道〕자유의 경지〔寂靜涅槃〕에 이르는 길'을 제시하고 있다.

둘째, 중도의 가르침이다〔中道〕. 석가모니가 가르쳐 준 지혜의 도가 바로 중도이다. 석가모니는 욕망에 치우치는 것도 잘못이고 고행을 일삼는 것도 바른 길이 아니니, 두 극단을 떠나 중도를 지키라고 하였다.

셋째, 현실적 가르침이다[現見]. 석가모니의 제자나 신도들은 맹목적으로 석가모니를 따른 것이 아니다. '법을 듣고, 법을 보고, 법을 알고, 법을 깨달아 모든 의혹을 풀겠다'는 확고한 신념 아래 믿고 따랐다. 석가모니가 제시하는 길이 진리에 이르는 길이라는 확신이 선 다음에 흔쾌히 석가모니를 따른 것이다. 추상적이고 모호한 이론이나 막연한 기대가 아니라, 현실적으로 입증되고 볼 수 있는 현실에 입각한 가르침인 것이다.

넷째, 자력의 신앙이다[自力]. 석가모니는 '자신을 의지처로 삼고 법(法: 진리, 부처님의 가르침)에 의지하라'고 설했다. 즉 '자주적인 도'를 강조한 것이다.

다섯째, 스스로를 이롭게 하면서 남을 이롭게 하는 가르침이다[自利利他]. 석가모니는 개인과 대중 모두를 위한 가르침을 펼쳤다. 따라서 석가모니의 제자나 신도들은 '위로는 지혜를 구하고 아래로는 다른 사람을 교화하여 바른 길로 이끄는 것을 목표로 삼았다[上求菩提下化衆生].

여섯째, 분석의 가르침이다. 최초의 법문인 사성제(四聖諦)가 그렇고 십이연기(十二緣起)가 그렇다. 석가모니는 모든 문제를 분석을 통해 관찰한 끝에 그 해답을 얻었다.

석가모니가 "눈 있는 자는 보라"고 설한 것에서 알 수 있듯 아함경은 현실을 바탕으로 한 가르침이다. 지혜 있는 사람이라면 누구나 스스로 알 수 있는 가르침이며, 그대로 배우고 따르면 틀림없이 열반에 이를 수 있는 가르침이다.

4) 모든 경전의 모체 『잡아함경』

『잡아함경』은 총 50권 1362경으로 이루어져 있다. 수록된 경전들이 거의 다 짧고 간결하며, 매우 구체적이고 교훈적이다. 뒤에 결집된 많은 경전이 체계화와 논리화를 꾀하고 있으나 『잡아함경』은 그렇지 않아 오히려 석가모니의 음성을 더욱 생생히 느낄 수 있다. 따라서 이 경은 모든 경전의 모체가 되며, 불교의 근본 경전으로서의 면모를 갖추고 있다(이연숙A, 1993). 또한 4아함 가운데서 가장 오래 된 층의 성립이요(동국역경원A, 1970), 불교의 기본경전으로, 석가모니가 남긴 교훈을 가장 많이 담고 있어 교리와 경설의 모체가 되며, 유교의 『논어』와 기독교의 성경처럼 불교의 대표되는 성전으로 꼽을 수 있다.(동국역경원B, 1970).

『잡아함경』은 권수가 흐트러진 착간(錯簡)의 형태로 전해지고 있다(고익진B, 1996). 『잡아함경』에는 같은 제목의 경이 권을 달리 해서 중복되어 나오는 경우가 많다. 예를 들면, 「해탈경(解脫經)」이란 이름이 제1권 10, 제17권 479, 제31권 865·868, 제33권 934, 제48권 1268 등 여섯 곳에 나오며, 「비구경(比丘經)」은 제17권 478, 제19권 530, 제24권 626·636, 제28권 755·756·757, 제29권 811·812 등 아홉 군데에 나오고, 「바라문경(婆羅門經)」도 제2권 53, 제4권 96, 제21권 561, 제28권 769, 제29권 800, 제30권 842 등 여섯 개가 있다.

『잡아함경』에는 또 같은 제목의 경이 일련번호가 매겨져 연달아 나오는 예도 많다. 제1권 3부터 6까지는 「무지경(無知經)」①②③④로 되어 있고, 제3권 61부터 63까지는 「분별경(分別經)」①②③으로, 제7권 157부터 160까지는 「무인무연경(無因無緣經)」①②③④로 되어 있다.

이밖에 같은 내용의 경전에 각각 다른 제목이 붙어 있는 경우도 여럿 있다. 〔제1권 19.결계경(結繫經)〕과 〔제1권 20.심경(深經)〕, 〔제7권 142.아아소경(我我所經)①〕과 〔제7권 143.아아소경(我我所經)②〕와 〔제7권 144.아아소경(我我所經)③〕, 〔제26권 695.이비구문경(異比丘問經)〕과 〔제26권 696.제비구문경(諸比丘問經)〕 등이 그 예다.

『잡아함경』은 또 〔제26권 643.정경(淨經)〕과 같이 한 경의 길이가 2백자 원고지 1매밖에 안 되는 짧은 깃에서부터 〔제23권 604.아육왕경(阿育王經)〕같이 258매에 이르는 비교적 긴 것까지 다양하나, 대부분이 원고지 5매 안팎의 짧은 경으로 이루어져 있다. 조준호는 〔제23권 604.아육왕경(阿育王經)〕은 경전의 한역 과정에서 제23권과 제25권이 소실된 후에 후대의 경전이 섞인 것으로서, 초기 경전인 잡아함의 범위로 간주해서는 안 된다고 보았다(보조사상연구원, 2002).

비록 경의 길이는 짧으나 대부분이 불경 구성의 원칙인 삼분법을 지키고 있다. 즉, 서분에 속하는 '이와 같이 내가 들었다'가 〔제25권 640.법멸진상경(法滅盡相經)〕과 〔제25권 641.아육왕시반아마륵과인연경(阿育王施半阿摩勒果因緣經)〕을 제외한 모든 경전의 첫머리에 나온다. 그리고 언제·어디서·누가·누구에게 설했는지도 구체적이며 사실적으로 기록되어 있다. 부처님의 설법 내용이 본격적으로 전개되는 정종분도 거의 빠짐없이 들어 있으며, 경을 설한 후 나타난 대중들의 반응과 마음의 변화를 묘사한 유통분도 몇 개의 경전을 제외하고는 거의 다 생략 없이 서술되어 있다.

〔제1권 1.무상경(無常經)〕을 예로 살펴보면 다음과 같다.

불경 구성의 원칙 삼분법과 『잡아함경』

제1권 1.무상경(無常經)	삼분법
이와 같이 내가 들었다. 어느 때 부처님께서는 사위국 제타숲 외로운 이 돕는 동산〔給孤獨園〕에 계시면서 여러 비구들에게 말씀하셨다.	서분
"물질〔色〕은 항상함이 없다고 관찰하라. 이렇게 관찰하면 그것은 바른 관찰이니라. 바르게 관찰하면 곧 싫어하여 떠날 마음이 생기고, 싫어하여 떠날 마음이 생기면 즐겨하고 탐하는 마음이 없어지며, 즐겨하고 탐하는 마음이 없어지면 마음이 해탈하느니라. 이와 같이 느낌〔受〕·생각〔想〕·지어감〔行〕·의식〔識〕도 또한 항상함이 없다고 관찰하라. 이렇게 관찰하면 그것은 바른 관찰이니라. 바르게 관찰하면 싫어하여 떠날 마음이 생기고, 싫어하여 떠날 마음이 생기면 즐겨하고 탐하는 마음이 없어지며, 즐겨하고 탐하는 마음이 없어지면 마음이 해탈하느니라. 이와 같이 비구들이여, 마음이 해탈한 사람은 만일 스스로 증득하고자 하면 능히 스스로 증득하게 된다. 이른바 나의 생은 이미 다하고 범행은 이미 서고, 할 일은 이미 마쳐 스스로 후생 몸을 받지 않을 줄을 스스로 아느니라. 항상함이 없다고 관찰하는 것과 같이 그들은 괴로움이요, 공(空)이요, 〈나〉가 아니라고 관찰하는 것도 또한 그와 같으니라."	정종분
때에 여러 비구들은 부처님 말씀을 듣고 기뻐하여 받들어 행하였다.	유통분

『잡아함경』은 모두 50권 1362경으로 구성되어 있으나, 실제로 수록된 경전의 수는 이보다 더 많은 1370경이다. 번호가 매겨진 경 외에 번호 없이 함께 실린 경이 있기 때문이다. 번호가 제대로 매겨지지 않은 채 실린 경은 대부분 불경의 구성 원칙인 삼분법을 제대로 충족시키지 못하고 있다. 제목과 설법 내용은 있으나 설법 장소나 대상, 설법한 사람이 누구인가, 청중의 반응은 어떠한가 등 서분과 유통분의 내용이 전혀 없거나 일부만 들어 있다.

번호 없이 수록된 경은 여덟으로 다음과 같다.

〔제15권 393.선남자경(善男子經)〕과 함께 실린「수타원경(須陀洹經)」,「사타함경(斯陀含經)」,「아나함경(阿那含經)」,「아라한경(阿羅漢經)」,「벽지불경(辟支佛經)」,「무상등정각경(無上等正覺經)」.
〔제16권 442.조갑경(爪甲經)〕과 함께 수록된「비류경(比類經)」.
〔제40권 1112.공법경(恭法經)〕과 함께 실린「경법승경(敬法僧經)」.

이 책에서는 번호가 매겨지지 않은 8경은 제외하고 번호가 매겨진 1362경만 분석 대상으로 삼았다.

제3장 『잡아함경』에 나타난 불교사상
― 불교의 기본사상을 두루 갖추다 ―

제3장 『잡아함경』에 나타난 불교사상
-불교의 기본사상을 두루 갖추다-

　『잡아함경』은 불교의 가장 초기 경전으로서 불교의 기본사상이 총망라되어 있다.
　반야부 경전 가운데 핵심 경전인 『반야심경』(광덕, 1980)에 나오는 오온(五蘊)·십이처(十二處)·십팔계(十八界)·사성제(四聖諦)·십이연기(十二緣起)등의 사상이 이미 『잡아함경』에 출현한다. 『법화경』(삼선포교원)의 핵심적 교설인 방편시설(方便施設)과 주요 주제인 보살에 대한 수기(授記) 역시 『잡아함경』의 여러 경에 나타난다. 『화엄경』(이원섭 옮김, 1991, 『화엄경의 세계』)에서 화엄삼매에 이르게 하는 선정(禪定), 보살이 닦아야 할 오력(五力)·팔정도(八正道) 또한 『잡아함경』의 여러 경에 수록되어 있다. 이렇게 『잡아함경』은 불교의 가장 기본경전으로서 그 면모를 여실히 갖추고 있다.
　『잡아함경』을 한마디로 요약한다면, '현실을 직시하고 올바르게 수행하여 궁극적인 깨달음의 길로 이끄는 가르침'이라고 할 수 있다. 그렇다면 직시할 현실은 어떤 것이고, 궁극적인 깨달음의 경지란 어떤 것이며, 깨달음에 이르는 올바른 수행법은 무엇일까? 『잡아함경』에 나타난 외도 비판, 세계관, 인간관, 인간의 심리적 문제의 원인과 해결, 그리고 상담사례와 상담기법 분석을 통해 알아본다.

1. 외도 비판

석가모니가 태어나던 기원전 623년 무렵, 인도에서는 그때까지 인도를 지배했던 바라문 사상이 흔들리고 새로운 사상가들이 많이 출현했다.

바라문교는 우주의 본체, 즉 '범(梵)'이라는 유일신을 중심으로 한 종교로, 인간이 세계의 중심이 아니라 신이 세계의 중심인 신본주의였다. 만물을 만든 것도 신이고, 만물을 움직이는 것도 신의 힘이라고 했다. 바라문교는 희생을 중요하게 여기고, 고행과 깨끗한 몸가짐을 강조했다.

당시 인도에는 사성계급(四姓階級)이라는 극단적인 세습적 신분제도가 있었다. 제1계급이 바라문으로 바라문교의 승려였다. 이들 바라문만이 신에 대한 기원을 할 수 있고, 신의 권능을 행사할 수 있었다. 신이 중심인 사회이므로 바라문이 최고의 권력을 갖고 하위계급을 지배했다. 제2계급은 찰제리(범어로는 크샤트리아)로 왕족과 무인(武人)이 이에 속한다. 제3계급은 바이샤로 평민이며, 제4계급은 수드라로 노예이다.

그러나 석가모니가 태어나던 당시 바라문 중심의 사회체제가 붕괴되기 시작했다. 국가 간에 교역이 활발해지면서 평민이 엄청난 부를 소유하게 되고, 전제군주국가 체제가 형성되면서 찰제리 계급이 부상하여 최고 지배세력인 바라문을 제치고 사회 주도권을 장악해 갔다(한국불교사회교육원, 1989).

이와 함께 바라문 사상에 대한 반발로 신과 기존의 가치를 부정하면서 새로운 사상이 생겨났다. 신흥사상은 온갖 쾌락을 마음껏 즐기며 육체적 욕구를 충족시키는 것으로 인생의 만족을 추구하는 쾌락주의와, 정신만을 중요시하여 지나치게 육체를 괴롭히는 것으로 수행을 삼는 고행주의가 큰 흐름을 형성했다.

이런 시대에 태어나 궁극적인 도를 구하기 위해 출가한 석가모니는 갠지스강 이남에 있는 비사리와 마갈타를 찾아갔다. 이 지역은 당시 인도 동방 지역의 문화 중심지로, 많은 신흥 사상가와 종교가 있었다. 이렇게 처자와 권속을 버리고 수도생활을 하는 사람들을 사문(沙門)이라고 했다. 석가모니는 이곳에서 내로라하는 사문들을 찾아가 그들의 가르침을 사사했다.

석가모니는 신흥 사상가들 중 세 사람을 찾아가 그들의 가르침을 배우고 그들이 제시하는 수행법을 실천했다. 발가바·아람가람·울다라가 그 셋으로 그들의 학설이 어떠한 것인지는 분명하지 않다. 다만 아람가람은 선정에 의해 무소유처정(無所有處定)에 들어가는 것이 열반을 얻는 것이라고 하여 수행하는 사람이었다고 한다. 석가모니는 그의 제시에 따라 수행하여 무소유처정의 경지에 이르렀으나 만족스럽지 않았다. 그래서 다시 찾아간 사람이 울다라로, 그는 선정에 의해 비상비비상처정(非想非非想處定)에 들어가면 열반을 얻는다고 하여 수행하고 있던 사람이었다. 석가모니는 그의 가르침에 따라 수행하여 6개월 만에 비상비비상처정의 경지에 도달했으나 역시 만족을 얻을 수 없었다.

이들의 가르침으로는 인생의 문제를 완전히 해결할 수 없다고 깨달은 석가모니는 이제 더 이상 자신을 가르쳐 줄 스승이 없다고 판단하고 홀로 수행에 전념하기로 결심했다. 석가모니는 당시의 수행법으로 선정과 더불어 중시되었던 고행(苦行)을 택했다. 선정의 목적은 잡념을 버리고 마음을 한곳에 집중하여 무념무상의 상태에 이르게 하는 것이고, 고행은 육신을 괴롭혀 육체의 힘을 약화시킴으로써 정신을 육체의 속박에서 벗어나게 하여 정신으로 하여금 자유스러운 활동을 하게 하려는 것이다.

석가모니는 나이란자나 강가에서 고행에 들어갔다. 석가모니는 맨살이 드러나는 너절한 옷을 입었고, 음식은 겨우 생명을 유지할 정도로만 먹거나 아예 단식을 했으며, 머리털을 뽑는 등 일반적인 고행은 물론 몇 년 동안 몸에 먼지와 때가 쌓여 피부에 이끼가 끼어도 이를 떨어내거나 닦아내지 않는 탐예행(貪穢行), 한 걸음을 걸어도 유의하고 한방울의 물에도 생명을 죽이지 않겠다고 연민을 일으키는 혐염행(嫌厭行), 인적이 없는 깊은 삼림이나 해골이 우글거리는 묘지에서 거처하는 고독행(孤獨行)을 닦았다.

6년에 걸친 석가모니의 고행은 그야말로 목숨을 건 수행이었다. 석가모니가 고행하다가 죽었다는 소문이 가끔 떠돌 정도였다. 그러나 생명을 건 6년 고행으로도 석가모니는 궁극적인 깨달음을 얻지 못했다. 그래서 석가모니는 당시의 사상가들이 수행법으로 삼은 선정과 고행을 둘 다 버리게 되었다.

당시 신흥 사상가들이 주장하던 선정과 고행의 두 수행법에는 다음과 같은 문제점이 있었다. 첫째는 수행법이 목적과 혼동된 점이고, 둘째로 선정주의와 고행주의 둘 다 물심이원론(物心二元論)에 입각하여 고의 근원이 육체에 있다는 그릇된 견해를 가진 점이다. 셋째는 내세주의적인 관점을 갖고 있다는 점이고, 넷째는 선정주의자와 고행주의자들이 각각 형이상학적 이론인 전변설(轉變說)과 적취설(積聚說)을 주장한 점이다(교양교재편찬위원회, 1976). 전변설은 우주의 모든 것은 일원(一元)의 실재(實在)가 스스로 전개 변화하여 생성된다는 설이고, 적취설은 지수화풍 사대(四大)가 모여 만물이 이루어졌다는 설이다.

석가모니는 고행으로 쇠약해진 몸을 추스른 다음, 보리수나무 아래에 앉아 스스로 발견한 새로운 방법으로 수행에 들어갔다. 겉으로 보기에는 신흥 사상가들의 선정 수행과 다를 바 없었으나, 내면적으로는 커다란 차이가 있었다. 당시의 사상가들은 세계의 성립이라든가 인간 사후(死後)의 문제 등 인간의 지혜로는 도달할 수 없는 문제를 중심 과제로 삼았으나, 석가모니는 자기를 기점으로 하여 일체만법(一切萬法)을 관망하였다. 그리하여 외부의 사물을 주된 대상으로 삼거나 외부에 의해 지배된다는 생각을 전환하여, 마음을 주로 삼고 외부를 지배할 수 있는 마음을 확립하기에 이르렀다(교양교재편찬위원회, 1976).

마침내 석가모니는 보리수나무 아래서 바른 깨달음[正覺]을 이루어 부처가 되었다. 석가모니의 나이 35세 때 12월 8일의 일이었다.

『잡아함경』은 석가모니가 바로 이때 깨달은 내용과 깨달음에 이르는 길을 가르치기 위해 설한 법문을 모아 엮은 것이다.

1) 삼종외도설(三種外道說)과 육사외도(六師外道)

『잡아함경』을 비롯한 아함경에서는 석가모니의 가르침, 즉 불교 외의 종교나 사상을 외도(外道)라고 부른다. 『잡아함경』에서 석가모니는 자신이 깨달은 진리와 깨닫게 된 방법이 외도들과 다름을 누누이 강조했다. 그리고 외도들의 잘못된 사상을 논리적으로 비판했다.

당시 외도들에게는 여러 가지 사상이 난립해 있었다. 특히 우주의 궁극적 실체에 대한 의견이 분분했다. 이들 이론을 크게 세 가지로 요약해 '삼종외도설'이라고 한다.

첫째는 존우화작인설(尊祐化作因說)로, 모든 것은 유일신인 존우의 뜻에 의해 창조된다는 견해다. 둘째는 숙작인설(宿作因說)로, 유일신이라는 초월적 존재의 상정에 반대하여 모든 것은 숙명에 따라 결정된다고 주장한다. 셋째는 무인무연설(無因無緣說)로, 모든 것은 특별한 원인이 없이 물질적 요소의 우발적인 결합에 따라 일어난다는 이론이다. 이 셋을 오늘날의 사상적 경향으로 말한다면 바라문의 사상인 첫째 견해는 유신론, 사문의 사상인 둘째와 셋째 이론은 각각 결정론과 유물론으로 부를 수 있을 것이다(불광교학부, 1991).

당시에는 또 여섯 명의 외도가 꽤 큰 세력을 모으고 있었다. 이를 '육사외도'라고 했다.

육사외도 중 부란나 가섭은 온갖 법은 허공과 같이 생멸이 없고, 흑백의 업보가 전혀 없다고 주장하는 등 선악 행위와 그 보응을 부정하는 외도였고, 말가리 구사리는 중생의 죄과에는 인(因)도 없고 연(緣)도 없으며 그 고락도 인이 있어서 생기는 것이 아니라 자연히 있는 것이라고 운명론을 주장해서 사명외도(邪命外道)라고 불렀다. 산사야 비라지자는 생사의 8만 겁을 지내고 나면 괴로움이 다하여 도가 저절로 얻어지니 굳이 도를 구할 필요가 없다고 주장하며 회의설과 궤변론을 펼쳤고, 아기다 시사흠바라는 사람의 털로 만든 옷을 입고 5열(熱)로 신체를 지지는 등 현세에 고행을 하여 내세의 낙과를 구하는 외도로 유물론과 쾌락설을 주장했다. 가라구타 가전연은 모든 중생은 자재천(自在天)이 낸 것으로서 자재천이 기뻐하면 중생이 안락하고 성내면 괴롭다고 설하면서, 온갖 죄와 복은 모두 자재천이 주는 일이므로 사람에게 죄와 복이 있는 것이 아니라고 주장했다. 니건타 아데자는 고행을 함으로써 열반에 드는 것을 필수 조건으로 하는 자이나 교도로서 항상 몸의 털을 뽑고 옷을 입지 않고 나체로 걸식하면서도 부끄러워할 줄 모르므로 무참외도(無慚外道), 나형외도(裸形外道)라고 했다.

『잡아함경』에는 곳곳에 육사외도가 출현한다. 외도들이 직접 석가모니와 논쟁을 벌이기도 하고, 그들 밑에서 수행을 하던 제자들이 찾아오기도 한다. 때로는 석가모니의 제자나 신자들이 그들과 대면하기도 하고, 그들의 제자들과 논리로 맞붙기도 한다.

바라문은 물론 육사외도 등 새로운 이론을 들고 나온 사문들은 제 각각 자기들의 견해가 옳은 것이라며 사람들에게 가르침을 펴나갔다. 따라서 어떤 것이 진리인지 알 수 없는 일반 대중으로서는 혼란스러울 수밖에 없었다. 석가모니 역시 출가하여 이런 혼란 속에서 오랜 세월 방황을 겪은 바 있다.

2) 논리적 비판

석가모니는 『잡아함경』 곳곳에서 외도들의 주장이 잘못되었음을 논리적으로 비판했다. 그리고 그들로부터 잘못된 가르침을 받고 미혹 속에서 헤매는 대중을 올바른 길로 이끌었다.

석가모니는 진리성 판단 기준을 다음과 같이 삼았다. 우주의 근원에 대한 어떤 견해가 진리이려면 "그 견해가 인간을 포함한 우주 속의 모든 현상을 올바르게 설명할 수 있어야 한다"는 것이었다. 만일 그 이론이 어떤 현상은 설명할 수 있지만, 다른 부분은 설명할 수 없다면 그것은 진리가 아니라는 것이었다.

석가모니는 이런 입장을 견지하면서 외도에 대한 비판을 펴나갔다.

먼저 첫째 이론, 즉 유신론적 견해부터 모순점을 일깨웠다. 모든 것이 신의 뜻에 따라 이루어진다고 치자. 그러면 인간이 죄를 지었을 때 그 죄의 책임은 누구한테 물어야 하는 것일까? 인간의 죄 또한 신의 뜻에 따라 이루어진 것이므로 신의 책임으로 돌리는 게 당연하다. 그런데도 인간에게 죄가 있다고 하는 것은 확실한 모순이다. 또 하나는 인간의 자유의지에 대한 문제이다. 모든 일이 신의 뜻에 따라 이루어진다면, 인간에게 자유의지란 전혀 존재할 수가 없다. 그러나 인간 개개인에게 의지가 존재한다는 것은 자명한 사실로 인식되고 있다. 이런 반론에 대해 "신이 인간을 창조할 때 선택의 의지를 주었다"고 변론을 편다면 자기모순에 빠지게 된다. 신의 뜻과 인간의 자유의지란 동시에 존재할 수 없는 것이다.

결정론과 유물론을 앞세운 둘째와 셋째 이론도 마찬가지다. 모든 것이 숙명에 의해, 또는 우연한 결합에 의해 일어난다면 이 역시 인간의 잘못에 대한 책임을 물을 수 없는 것이다. 그리고 인간에게 자유의지가 존재한다는 것도 인정할 수 없게 된다.

이렇게 볼 때 외도들이 주장하는 세 가지 이론이 우주의 많은 부분을 설명할 수 있을지는 몰라도 인간의 죄와 자유의지라는 중요한 현상에는 결코 적용할 수 없으므로 진리라고 할 수 없는 것이다(불광교학부, 1991).

석가모니는 당시 인도 사상계의 결정론적인 인간 해석을 단호히 비판하고, 인간은 본질적으로 그 무엇에도 예속될 수 없는 지극히 자유로운 존재임을 천명했다. 인간을 제약하는 것은 오직 인간 스스로일 뿐이지, 그 외 다른 어떤 외적인 결정 요인도 인정하지 않았다. 석가모니는 인간을 '육근(六根 : 눈·귀·코·혀·몸·뜻)'으로 파악하면서 "인간이란 철저히 자유의지적인 존재"라고 전제했다(최봉수, 2001).

3) 그리고 침묵

그렇다면 우주의 궁극적 실체는 무엇이며, 인간 존재의 근원과 종말은 어떠한가? 석가모니는 이에 대해 어떻게 가르쳤을까?

석가모니는 『잡아함경』에서 우주나 인간의 근원에 대해 직설적으로 답하지 않았다. 숱한 사람들이 "세계는 영원한가, 무상한가? 유한한가, 무한한가? 영혼과 육체가 같은 것인가, 다른 것인가?" 하고 물었지만 석가모니는 우주의 근원에 대한 의문을 비롯해 모든 형이상학적인 질문에 침묵으로 일관했다. 이를 불교 용어로 '무기(無記)'라고 한다. 『잡아함경』에도 '무기'라는 단어가 여러 경에 나타난다.

석가모니는 또 그러한 질문에 대해서 즉답을 주거나 침묵하지 않고, 그런 의문이 얼마나 무익한가를 일깨워 주고 연기(緣起)의 법칙을 설하는 것으로 답을 대신하기도 했다. 이런 대화법을 불교 용어로 '전의법(轉意法)', 또는 '환골탈태법(換骨奪胎法)'이라 한다.

석가모니는 왜 우주의 근원이라든가, 영혼과 육체의 본질에 대한 질문에 대해 답을 하지 않거나, 피해(?) 갔을까? 석가모니는 우주의 실체나 인간의 본질에 대해 몰랐던 것일까?

실제로 형이상학적 질문을 받은 석가모니의 제자들이 "부처님께서는 그에 대해 '무기(無記)'라고 하셨다"고 말하면, 외도들은 그 답이 성에 차지 않아 욕을 하고 돌아섰다. 심지어 "석가가 그러한 진리를 알지도 못하고 보지도 못한 것 아니냐?"며 비난을 퍼붓기도 했다. 그러자 자신이 잘못 대답한 것이 아닌가 하고 혼란에 빠진 제자가 석가모니를 찾아와 자신의 답이 옳았는지 틀렸는지 확인을 받기도 했다.

석가모니가 형이상학적 질문에 답하지 않은 이유가 있다. 그러한 의문에 매달리는 것이 인간 문제의 근본적인 해결에 전혀 도움이 되지 않는 까닭이었다. 그에 대한 대답이 오히려 잘못된 견해나 의혹이 점점 더 커지게 할 우려가 있기 때문이기도 했다.

그렇다면 석가모니는 인간이란 그렇게 심오한 진리를 알기엔 너무도 우매한 존재라고 판단했던 것일까? 이에 대해서는 깨달은 직후 석가모니가 빠졌던 번민에서 그 답을 찾을 수 있다.

동국역경원(1982)에서 발간한 한글대장경11 본연부3 『방광대장엄경(放廣大莊嚴經)』 제10권 25품 「대범천왕권청품(大梵天王勸請品)」을 보면 다음과 같은 내용이 나온다.

여래는 처음 정각을 이루고 다연림 속의 한곳에 혼자 앉아서 깊은 선정에 들어 세간을 자세히 살피며 생각했다.
'내가 증득한 법은 심히 깊고 미묘하고 가장 지극한 적정(寂靜)인지라 보기도 어렵고 깨닫기도 어려우며, 분별하거나 헤아려서 알 수 있는 것이 아니다. 오직 모든 부처님이라야만 비로소 알 수 있다. 이른바 오온(五蘊)을 뛰어넘고 제일의(第一義)에 들었으므로 처소가 없고 행(行)이 없어 바탕과 성품이 깨끗하여 가지지도 않고 버리지도 아니하며, 환히 알 수도 없거니와 나타내 보이는 것도 아니다. 함이 없고[無爲] 지음이 없어[無作] 여섯 가지 경계[六境]를 멀리 떠나서 마음으로 헤아릴 바가 아니며, 말로 할 수도 없으며, 들을 수도 없으며, 볼 수 있는 것도 아니며, 걸리는 바도 없다. 모든 반연을 여의어 마지막 곳[究竟]까지 이르렀으므로 텅 비어서 얻을 것이 없는 적정이요 열반이다. 만약 이 법을 사람들에게 연설하면 그들은 모두 분명히 알지 못할 뿐만 아니라 그 공덕까지 쓸데없어지고 이익되는 것이 없으리라. 그러므로 나는 잠자코 있어야겠다.'
『방광대장엄경(放廣大莊嚴經)』 제10권 25품 「대범천왕권청품(大梵天王勸請品)」

그러자 대범천왕과 여러 범천이 석가모니 앞에 나아가 중생을 위해 석가모니가 깨달은 심심 미묘한 법을 설해줄 것을 청했다. 이는 당시의 종교계에서 인간주의적인 바른 종교가 출현하기를 얼마나 절실히 바라고 있었던가를 극화(劇化)한 것으로 볼 수 있다(고익진A, 1998).

그때 석가모니는 부처의 눈[佛眼]으로 모든 중생의 상·중·하 근기를 살

폈다. 석가모니가 살핀 바로는 하근기의 중생인 사정취(邪定聚)는 '부처가 법을 말하거나 말하지 않거나 간에 끝끝내 알지 못할 것'이며, 중근기인 부정취(不定聚)의 중생은 '부처가 만약 법을 말하게 되면 분명히 알게 되고 말하지 않으면 모를 것'이며, 상근기인 정정취(正定聚)의 중생은 '부처가 법을 말하거나 하지 않거나 간에 모두가 분명히 알 것'이었다.

석가모니는 마침내 법을 설하기로 결심하였다. 그리고 법을 설하되 인간이 알아듣기 쉽도록 방편시설(方便施設)로 교설하기로 했다. 즉 바로 눈앞의 현실에 대한 철저한 관찰부터 시작하여 가장 이해하기 쉬운 기초적인 가설부터 세우고, 그 가설에서 출발하여 차차 넓은 범위의 세계 현상을 설명해 나가면서 심화시켜 마침내 우주의 근원을 말하는 진리에 도달하게 하였다. 이렇게 현실과 우주의 근원 사이에 세워진 엄밀한 가설과 방편 시설된 문제들이 모여 체계적인 아함의 교리조직을 이룬 것이다(불광교학부, 1991).

여기서 석가모니의 침묵의 이유를 분명히 알 수 있게 된다. 즉 교설 방법이 초보적인 것부터 가르쳐 마지막에 가서야 궁극적인 근원을 설하는 것이었기에 느닷없이 형이상학적인 문제를 들이대거나 우주의 근원에 대한 질문을 하면 침묵으로 답을 대신했던 것이다.

그런 말은 기억할 것도 없다

이와 같이 내가 들었다.

어느 때 부처님께서는 비사리국 잔나비 못 곁에 있는 중각강당(重閣講堂)에 계셨다. 그때에 어떤 리차(離車)족1)의 마하남(摩訶男)은 날마다 거닐어 부처님 계신 곳으로 가고자 하였다. 때에 그 리차는 '만일 내가 세존께서 계신 곳에 일찍 가면 세존께서나 내가 아는 비구들은 다 선정(禪定)에 들어 있을 것이다. 나는 이제 일곱 개 암라나무가 있는 아지바카 외도가 있는 곳으로 가리라'고 생각하고 곧 부란나 가섭(富蘭那迦葉)2)이 있는 곳으로 갔다.

때에 부란나 가섭은 외도들의 우두머리로서 5백 외도에게 앞뒤로 둘러싸여 높은 소리로 떠들면서 세속 일을 지껄이고 있었다.

때에 부란나 가섭은 멀리서 리차족 마하남이 오는 것을 보고 그 권속들에게 분부하여 조용하게 하였다.

"너희들은 조용하라. 저이는 리차족 마하남이다. 저이는 사문 고타마의 제자다. 저이는 사문 고타마의 속인(俗人) 제자로서 이 비사리에서는 제일 우두머리가 된다. 그는 항상 고요한 것을 즐겨하고 고요한 것을 찬탄한다. 그는 언제나 조용한 대중이 있는 곳으로만 간다. 그러므로 너희들은 조용히 하여야 한다."

때에 마하남은 그 대중들 가운데 있는 부란나에게 가서 서로 인사하고 서로 위로한 뒤에 물러나 한쪽에 앉았다.

때에 마하남은 부란나에게 말하였다.

"내가 들으니 부란나는 모든 제자들에게 설법하기를 '인(因)도 없고 연(緣)도 없이 중생들은 때[垢]가 있다. 인도 없고 연도 없이 중생들은 맑고 깨끗하다'고 한다고 들었다. 세상에 이런 주장이 있는데, 너는 이런 주장에 대해 견해를 분명히 하여야 한다. 이것이 다른 사람들이 너를 헐뜯는 말인가? 세상 사람들의 이 말이 옳은 법인가, 그른 법인가? 혹은 세상 사람들이 이 문제를 가지고 와서 서로 힐난하고 꾸짖는데 쓰지 않는가?"

부란나 가섭은 대답하였다.

"진실로 그런 주장이 있다. 그것은 세상에서 함부로 퍼뜨리는 말이 아니다. 나는 그렇게 주장한다. 그것은 법다운 주장이다. 내가 이 법을 설명하면 세상 사람들은 다 거기에 따른다. 그래서 아무도 내게 와서 그에 대해 힐난하거나 꾸짖지 않는다. 무슨 까닭인가. 마하남이여, '인도 없고 연도 없이 중생들은 때가 있으며, 인도 없고 연도 없이 중생들은 맑고 깨끗하기' 때문이다. 나는 이렇게 보고 이렇게 말한다."

때에 마하남은 부란나의 말을 듣고 불쾌하여 그를 꾸짖은 뒤에 곧 자리에서 일어나 떠나갔다.

마하남은 부처님 계신 곳으로 나아가 머리 숙여 발에 예배하고 물러나 한쪽에 앉아 조금 전에 부란나와 서로 말로 다투던 일을 모두 여쭈었다.

부처님께서는 리차족 마하남에게 말씀하셨다.

"부란나의 말은 기억할 것도 못 된다. 부란나는 그처럼 어리석어 착하지 않은 것과 인(因)이 아니라는 것을 분별하지 못하고, '인도 없고 연도 없이 중생들은 때가 있다. 인도 없고 연도 없이 중생들은 맑고 깨끗하다'고 말하는 것이다. 왜 그러냐 하면, 중생들은 인도 있고 연도 있어서 때가 있고, 인도 있고 연도 있어서 맑고 깨끗하기 때문이다.

마하남이여, 어떤 인과 연이 있어서 중생들이 때가 있고, 어떤 인과 어떤 연이 있어서 중생들이 맑고 깨끗한가? 마하남이여, 만일 물질이 한결같이 괴로운 것으로 즐거운 것도 아니요 즐거움을 따르는 것도 아니며, 즐거움이 자라는 것도 아니요 즐거움을 떠나는 것이라면 중생들은 응당 물질에 애착하는 마음을 내지 않을 것이다. 그러나 마하남이여, 물질은 한결같이 괴로워 즐겁지 않은 것이 아니요, 즐거움을 따르고 즐거움을 자라게 하며 즐거움을 떠나지 않는다. 그러므로 중생들은 물질에 더러워져 집착하고, 더러워져 집착하기 때문에 그것에 얽매여 번뇌가 생긴다. 마하남이여, 만일 느낌·생각·지어감·의식이 한결같이 괴로운 것으로서 즐거운 것도 아니요 즐거움을 따르는 것도 아니며, 즐거움이 자라는 것도 아니요 즐거움을 떠나는 것이라면, 중생들은 응당 그것들에 애착하는 마음을 내지 않을 것이다. 그러나 마하남이여, 느낌·생각·지어감·의식은 한결같이 괴로워 즐겁지 않은 것이 아니요, 즐거움을 따르고 즐거움을 자라게 하며 즐거움을 떠나지 않는다. 그러므로 중생들은 그것들로 인해 더러워져 집착하고, 더러워져 집착하기 때문에 그것들에 얽매이며, 얽매이기 때문에 번민이 생기느니라. 마하남이여, 이것이 이른바 인도 있고 연도 있어서 중생들은 때가 있다고 하는 것이니라.

마하남이여, 어떤 인과 어떤 연이 있어서 중생들은 맑고 깨끗한가? 마하남이여, 만일 물질이 한결같이 즐거운 것으로서 괴로운 것도 아니요 괴로움을 따르는 것도 아니며, 걱정과 괴로움이 자라는 것도 아니요 괴로움을 떠나는 것이라면 중생들은 응당 물질을 싫어하는 마음을 내지 않을 것이다. 그러나 마하남이여, 물질은 한결같이 즐거운 것이 아니다. 물질은 괴로움이요 괴로움을 따르고, 걱정과 괴로움이 자라나며 괴로움을 떠나지 않는다. 그러므로 중생들은 물질을 싫어하고 싫어하기 때문에 바라지 않으며, 바라지 않기 때문에 해탈하느니라. 마하남이여, 만일 느낌·생각·지어감·의식이 한결같이 즐거운 것으로서 괴로운 것도 아니요 괴로움을 따르는 것도 아니며, 걱정과 괴로움이 자라는 것도 아니요 괴로움이 떠나는 것이라면, 중생들은 응당 그것들 때문에 싫어하는 마음을 내지 않을 것이다.

그러나 마하남이여, 느낌·생각·지어감·의식은 한결같이 즐거운 것이 아니다. 그것들은 괴로운 것이요 괴로움을 따르는 것이며, 걱정과 괴로움이 자라는 것이요, 괴로움을 떠나지 않는 것이다. 그러므로 중생들은 그것들을 싫어하고 싫어하기 때문에 바라지 않으며, 바라지 않기 때문에 해탈하느니라. 마하남이여, 이것이 이른바 '인도 있고 연도 있어서 중생들은 맑고 깨끗하다'는 것이니라."

때에 마하남은 부처님 말씀을 듣고 여럿과 함께 기뻐하면서 부처님께 예배하고 물러갔다.

〔잡아함경 제3권 81.부란나경(富蘭那經)〕

1) 리차족: 석가모니 생존 당시 인도 비사리성에 살던 찰제리족(왕족).
2) 부란나 가섭: 육사외도 중 한 사람. 인과의 이치를 부정함.

휘두르는 칼날은 피할 수 있지만

이와 같이 내가 들었다.
어느 때 부처님께서는 비사리국의 잔나비 못 곁에 계셨다.
비사리국에 있는 니건타푸트라[1]는 총명하고 슬기롭고 모든 이론을 잘 이해해 총명하다는 교만이 있었다. 그는 모든 이론을 섭렵하고 있고, 묘한 지혜는 빈틈이 없으며 대중을 위해 설법할 때 모든 논사를 뛰어넘었다.
그는 항상 이렇게 생각했다.
'어떤 사문이나 바라문도 나를 대적할 수 없다. 나아가 나는 여래와도 이론을 펼칠 수 있다. 논사들은 모두 내 이름만 들어도 이마에서 진물이 나고 겨드랑이에서 땀이 솟고 털구멍에서 물이 흐를 것이다. 내 이론의 바람이 풀을 쓰러뜨리고 나무를 분지르며 쇠와 돌을 부수고 용이나 코끼리까지도 항복시키거늘, 하물며 인간 논사로서 누가 감히 나를 당해내겠는가?'
때에 앗사지[阿濕波誓][2]라는 비구가 이른 아침에 가사를 입고 발우를 가지고 위엄스런 태도와 조용하고 상냥하며 단정한 눈길과 편안한 걸음으로 성으로 들어가 밥을 빌었다.
때에 사차카 니건타푸트라는 조금 볼 일이 있어 여러 마을을 둘러 성문을 나오다가 멀리서 앗사지 비구를 보고 곧 그에게 다가가 물었다.
"사문 고타마는 제자들을 위해 어떻게 설법하며, 어떤 법으로 제자들을 가르치고 닦아 익히게 하는가?"
앗사지는 대답했다.
"불씨거사[火種居士][3]여, 세존께서는 다음과 같이 설법하시어 모든 제자들을 가르쳐 공부하게 한다. 즉, '모든 비구들이여, 물질에는 〈나〉가 없다고 관찰하고, 마찬가지로 느낌·생각·지어감·의식에도 〈나〉가 없다고 관찰하라. 부지런히 방편을 써서 이 다섯 가지 쌓임[五蘊]이 병과 같고 종기와 같으며 가시와 같고 죽음과 같으며, 덧없고 괴로우며 공(空)이요 〈나〉가 아니라고 관

제3장 잡아함경에 나타난 불교사상 47

찰하라'고.”

앗사지의 말을 들은 사차카 니건타푸트라는 불쾌하게 여기며 이렇게 말했다.

"앗사지여, 네가 반드시 잘못 들었을 것이다. 사문 고타마는 절대 그렇게 말하지 않았을 것이다. 만일 사문 고타마가 그렇게 말했다면 그것은 사특한 소견을 말한 것이다. 나는 이제 그에게 가서 그 소견을 비난하여 그런 말을 하지 않게 하리라.”

사차카 니건타푸트라는 마을의 여러 리차(離車)가 모이는 곳에 가서 여러 리차에게 말했다.

"나는 오늘 사문 고타마의 제자 앗사지라는 사람을 만나 대강 이론하였다. 만일 그가 한 말이 사실이라면 나는 저 사문 고타마에게 가서 서로 이론하되 나아가고 물러나며 빙빙 돌려서 반드시 그로 하여금 내 생각을 따르게 하리라. 마치 사부(士夫)가 잔디 풀을 베어서 줄기를 쥐고 공중에 흔들어 더러운 것을 털어버리는 것과 같이 나 또한 사문 고타마와 이론하고 힐난하되, 그 요령을 잡아 나아가고 물러나며 빙빙 돌려 그 생각을 따르면서 사특한 말은 버리리라. 또 마치 술집에서 술 주머니를 쥐어짜 진국은 받고 찌꺼기는 버리는 것과 같이 나 또한 사문 고타마에게 가서 이론하고 힐난하되, 나아가고 물러나며 빙빙 돌려 진짜는 취하고 사특한 말은 버리리라. 또 마치 자리 장수가 자리에 더러운 물건을 담았다가 시장에 내다 팔 때는 물로 자리를 씻어 더러운 냄새를 없애는 것과 같이 나 또한 사문 고타마에게 가서 이론하고 힐난하되, 나아가고 물러나며 그 요령을 잡아 온갖 더러운 말은 버리리라. 또 마치 왕가의 코끼리를 다루는 사람이 거대한 취한 코끼리를 끌고 깊은 물에 들어가 몸을 씻기고 네 발과 귀와 코를 두루 목욕시켜 더러운 것을 닦는 것과 같이 나 또한 사문 고타마에게 가서 이론하고 힐난하되, 나아가고 물러나며 빙빙 돌리기를 내 마음대로 하고 그 요령을 잡아 온갖 더러운 말은 버리리라. 너희 리차들도 모두 나와 함께 가서 그 승부를 보아야 하리라.”

사차카 니건타가 말을 마치자 리차 중의 한 사람이 이렇게 말했다.

"사차카 니건타푸트라가 사문 고타마와 서로 이론한다는 것은 도저히 이루어질 수 없는 일이다."
 그러자 다른 사람이 말했다.
 "사차카 니건타푸트라는 총명하고 날카로워 사문 고타마와 능히 이론할 수 있으리라."
 마침내 사차카 니건타푸트라는 부처님과 이론하기 위해 5백 명의 리차와 함께 부처님 계신 곳으로 나아갔다.
 그때 세존께서는 큰 숲속의 나무 밑에 앉아 선정에 들어 있었다. 방 밖으로 나와 숲속을 거닐던 많은 비구들이 멀리서 사차카 니건타푸트라가 오는 것을 보았다. 그는 차츰 비구들이 있는 곳으로 와서 여러 비구들에게 물었다.
 "사문 고타마는 지금 어디 있는가?"
 비구들은 대답하였다.
 "큰 숲속 나무 밑에서 선정에 들어 계신다."
 사차카 니건타푸트라는 곧 부처님 계신 곳에 가서 공손히 인사하고 한쪽에 앉았다. 모든 리차도 부처님 계신 곳에 가서 인사를 마치고 한쪽에 섰다. 이들 가운데는 부처님께 공경하는 사람도 있고, 합장하고 인사하는 사람도 있었다.
 때에 사차카 니건타푸트라는 부처님께 여쭈었다.
 "나는 사문 고타마는 이렇게 설법하고 이렇게 여러 제자들을 가르쳐 인도한다고 들었다. 즉, '물질에는 〈나〉가 없다고 관찰하고, 마찬가지로 느낌·생각·지어감·의식에도 〈나〉가 없다고 관찰하라. 부지런히 방편을 써서 이 다섯 가지 쌓임이 병과 같고 종기와 같으며 가시와 같고 죽음과 같으며, 덧없고 괴로우며 공이요 〈나〉가 아니라고 관찰하라'고. 실제로 고타마는 이렇게 가르치는가? 아니면 전하는 사람이 고타마를 비방하기 위해 한 말인가? 아니면 말한 그대로 전한 게 아닌가? 이것이 법답게 한 말인가, 법과 법을 따라서 한 말인가? 다른 사람이 와서 이에 관해 힐난할 때 진 일은 없는가?"
 부처님께서는 사차카 니건타푸트라에게 말씀하셨다.
 "네가 들은 바와 같다. 그는 말한 그대로 말하였고, 법답게 말하였으며, 법과 법을 따라 말하였다. 그것은 나를 비방하기 위해 한 말이 아니요, 또한 다른 누가 와서 힐난하여 나로 하여금 지게 한 일도 없다. 왜 그런가 하면 나는 실로 모든 제자들에게 그렇게 설하였고, 그렇게 가르쳐 내 법을 따르게 하였기 때문이다. 즉, 나는 '물질에는 〈나〉가 없고, 느낌·생각·지어감·의식에도 〈나〉가 없다고 관찰하고, 이 다섯 가지 쌓임이 병과 같고 종기와 같으며 가시와 같고 죽음과 같으며, 덧없고 괴로우며 공이요 〈나〉가 아니라고 관찰하게' 하였다."

사차카 니건타푸트라는 부처님께 여쭈었다.

"나는 이제 비유로 말하리라."

"마음대로 하라."

"비유하면, 이 세상의 모든 것이 땅을 의지하는 것과 마찬가지로, 물질은 곧 〈나〉로서 선악이 그것으로부터 생긴다. 느낌·생각·지어감·의식 또한 곧 〈나〉로서 선과 악이 그것으로부터 생긴다. 다시 비유하면, 사람이나 귀신이나 약초나 나무들이 모두 땅을 의지하여 나고 자라는 것처럼 물질은 곧 〈나〉요, 느낌·생각·지어감·의식도 곧 〈나〉다."

부처님께서는 불씨거사에게 말씀하셨다.

"너는 진정으로 물질은 곧 〈나〉요, 느낌·생각·지어감·의식도 곧 〈나〉라고 말하는가?"

"그렇다, 고타마여. 물질은 곧 〈나〉요, 느낌·생각·지어감·의식도 곧 〈나〉다. 이 여러 사람들도 다 그렇게 말한다."

"우선 네 주장을 살려 여러 사람들을 이끌기로 하자."

"그렇다. 물질은 곧 〈나〉다."

부처님께서는 불씨거사에게 말씀하셨다.

"나는 이제 너에게 물으리니, 네 마음대로 대답하라. 비유하면 어떤 나라 왕이 자기 나라에 죄를 지은 사람이 있으면 혹은 죽이고 혹은 묶으며 혹은 내어쫓고 혹은 때리거나 손과 발을 끊는다. 그러나 만일 공이 있는 사람이 있으면 코끼리·말·수레·성·읍·재물·보배를 주나니, 다 그렇게 할 수 있겠는가?"

"그렇게 할 수 있다. 고타마여."

"무릇 주인된 사람은 다 마음대로 할 수 있는가?"

"그렇다, 고타마여."

"너는 말하기를 물질은 곧 〈나〉요, 느낌·생각·지어감·의식도 곧 〈나〉라고 하였다. 그렇다면 마음대로 그것을 이렇게도 할 수 있고 이렇지 않게도 할 수 있겠는가?"

때에 사차카 니건타푸트라는 잠자코 있었다.

부처님께서는 불씨거사에게 말씀하셨다.

"빨리 말하라. 빨리 말하라. 왜 잠자코 있느냐?"

이렇게 두 번 세 번 독촉하였으나 사차카 니건타푸트라는 여전히 잠자코 있었다. 때에 금강역사(金剛力士) 귀신은 금강저(金剛杵)를 가지고 사나운 불꽃을 일으키면서 허공에서 사차카 니건타푸트라의 머리 위에 내려와 이렇게 말하였다.

"세존께서 두 번 세 번 물으시는데 너는 왜 대답하지 않는가? 나는 이 금강저로 네 대가리를 부수어 일곱 조각을 내리라."

그러나 부처님의 신력(神力)이기 때문에 금강신은 사차카 니건타푸트라만 보았고, 다른 사람들은 보지 못하였다. 사차카 니건타푸트라는 크게 두려워하여 부처님께 여쭈었다.

"그렇지 않나이다. 고타마시여."

부처님께서는 사차카 니건타푸트라에게 말씀하셨다.

"천천히 생각한 뒤에 대답하라. 너는 아까 대중 가운데서 물질은 곧 〈나〉요, 느낌·생각·지어감·의식도 곧 〈나〉라고 말하였는데 이제는 아니라고 말하니 앞뒤가 어긋나지 않는가? 너는 이전에는 언제나 물질은 곧 〈나〉요, 느낌·생각·지어감·의식도 곧 〈나〉라고 말하였다.

그러면 불씨거사여, 내가 이제 너에게 물으리라. 물질은 항상한 것인가, 항상하지 않은 것인가?"

"항상하지 않나이다, 고타마시여."

"항상하지 않은 것은 괴로운 것인가?"

"그것은 괴로운 것입니다, 고타마시여."

"덧없고 괴로운 것이라면 그것은 변하고 바뀌는 법이니라. 그런데 많이 아는 거룩한 이의 제자로서 과연 거기서 〈나〉와 〈다른 나〉와 그 둘의 합을 보겠는가?"
"아닙니다, 고타마시여."
"느낌·생각·지어감·의식에 있어서 또한 그와 같으니라."
부처님께서는 불씨거사에게 말씀하셨다.
"너는 잘 생각한 뒤에 말하라."
다시 불씨거사에게 물으셨다.
"만일 물질에 대해서 탐욕을 여의지 못하고 욕심을 여의지 못하며, 생각을 여의지 못하고 사랑을 여의지 못하며 애탐을 여의지 못했는데, 만일 그 물질이 변하거나 혹은 달라지면 근심과 슬픔·번민·괴로움이 생기겠는가?"
"그러하나이다. 고타마시여."
"느낌·생각·지어감·의식에 있어서 또한 그와 같으니라."
다시 불씨거사에게 물으셨다.
"물질에 대해서 탐욕을 여의고 욕심을 여의었으며, 생각을 여의고 사랑을 여의었으며, 애탐을 여의었으면 그 물질이 변하거나 달라지더라도 근심과 슬픔·번민·괴로움이 생기지 않겠는가?"
"그러하나이다. 고타마시여, 진실로 그러해 틀림이 없나이다."
"느낌·생각·지어감·의식도 그와 같으니라. 불씨거사여, 비유하면 어떤 사람이 여러 가지 고통을 몸에 지녀 항상 그 고통과 함께 있는데 그 고통을 끊지도 버리지도 않으면 즐거움을 얻을 수 없는 것과 같다.
불씨거사여, 비유하면 사부가 도끼를 가지고 산에 들어가 단단한 알맹이가 있는 재목을 찾다가 크고 살찌고 곧은 파초를 보고 그 뿌리와 잎을 끊고서 껍질을 모조리 벗겨 보아도 단단한 알맹이는 도무지 없는 것처럼 불씨거사여, 너 또한 그와 같다. 너는 스스로 주장을 세웠지만 내가 그 진실을 찾아보니 단단한 알맹이가 도무지 없는 것이 파초와 같구나. 그런데도 너는 대중 앞에서 감히 이렇게 말했다. '나는 아무리 많이 아는 사문이나 바라문이나 또 많이 아는 여래·응등정각과 서로 이론해도 항복하지 않는 사람을 보지 못하였다'고. 그리고 또 스스로 말하였다. 즉 '내 이론의 바람은 풀을 쓰러뜨리고 나무를 꺾으며 쇠와 돌을 부수고 용과 코끼리를 항복시키며 또 반드시 그들로 하여금 이마에서 진물이 나고 겨드랑이에서 땀이 솟게 하며 털구멍에서 물이 흐르게 하리라'고.

그런데 너는 이제 자기 주장을 내세우다가 스스로 서지 못하고, 먼저 뻐기며 말하다가 항복하고 말았다. 자기주장에 전력을 다하였지만 여래의 털 하나도 움직이지 못하였구나."

그때 세존께서는 대중 가운데서 우타라상가〔鬱多羅僧〕[4]를 헤치고 가슴을 나타내어 보이면서 말씀하셨다.

"너희들은 시험삼아 보아라. 그가 여래의 털 하나인들 움직이게 하였는가?"

사차카 니건타푸트라는 부끄러워 잠자코 머리를 숙이고 얼굴빛이 변하였다.

그때 대중 가운데 있던 담무카라는 리차가 자리에서 일어나 옷을 여민 뒤에 합장하고 부처님께 여쭈었다.

"세존이시여, 제 비유를 말하는 것을 허락하소서."

"마음대로 하라."

"세존이시여, 비유하오면 어떤 사람이 말〔斗〕을 가지고 커다란 곡식 무더기에서 두세 말을 떠내는 것처럼 이제 이 사차카 니건타푸트라 또한 그와 같나이다. 세존이시여, 비유하오면 재물이 많은 큰 부자가 갑자기 죄를 지어 재물 전부가 왕가에 들어간 것처럼, 사차카 니건타푸트라 또한 그와 같아서 그가 가진 말재주는 다 여래께 거두어졌나이다. 비유하오면 성읍이나 마을 곁에 큰 물이 있는데 남녀노소가 그 물에 들어가 장난하다가 물속에서 게를 잡아 그 발을 다 끊고 육지에 두면 게는 발이 없기 때문에 다시 물로 들어갈 수 없는 것처럼, 사차카 니건타푸트라 또한 그와 같아서 그가 가진 모든 말재주는 다 여래께 끊기었나이다. 그래서 마침내 여래께 다시 와서 적(敵)이라고 이론하지 못하게 되었나이다."

그러자 사차카 니건타푸트라는 불꽃처럼 화를 내며 담무카 리차에게 호통을 쳤다.

"이 더럽고 무식한 놈아. 알지도 못하면서 무엇을 지껄이느냐? 내가 사문 고타마와 이론하는데 네가 무슨 참견이냐?"

사차카 니건타푸트라는 담무카를 꾸짖은 뒤에 다시 부처님께 여쭈었다.

"저 천하고 더러운 속물의 말은 그만두옵고, 나는 이제 달리 물을 것이 있나이다."

"마음대로 물으라. 묻는 대로 대답하리라."

"고타마시여, 제자들을 위해 어떻게 설법하시어 그 의혹을 떠나게 하나이까?"

"나는 모든 제자들을 위해 이렇게 말한다. '모든 물질이 혹은 과거거나 미래거나 현재거나, 안이거나 밖이거나, 굵거나 가늘거나, 좋거나 더럽거나, 멀거나 가깝거나 그 일체는 〈나〉도 아니요 나와 다르지도 않으며, 둘의 합도 아니라고 참다이 관찰하라'고. 느낌·생각·지어감·의식에 있어서도 그와 같으니라. 내 제자들은 이렇게 배워서 반드시 도(道)를 보아 무너지지 않고 감당해 나가 성취하며, 물질을 싫어하고 여의어야 한다는 것을 알고 보아서 감로문(甘露門)을 지킨다. 그리하여 비록 마지막 진리를 완전히 얻지는 못한다 하더라도 우선 〈열반〉으로 향하게 되나니, 내 제자들은 이렇게 내가 가르치는 법을 좇음으로써 의혹을 떠나게 되느니라."

"고타마시여, 다시 어떻게 제자들을 가르쳐 불법 안에서 모든 번뇌를 여의고 누(漏)가 없어 마음이 해탈하고 슬기가 해탈하여, 현재에서 스스로 알고 스스로 증득하여 자신의 생이 이미 다하고 범행은 이미 서고 할 일은 이미 마쳐 다시는 후생 몸을 받지 않을 줄을 스스로 알게 되나이까?"

"바로 이 법이니라. 즉 모든 물질이 과거거나 현재거나, 안이거나 밖이거나, 굵거나 가늘거나, 좋거나 더럽거나, 멀거나 가깝거나 그 일체는 〈나〉도 아니요 나와 다르지도 않으며, 그 둘의 합도 아니라고 참다이 아는 것이요, 느낌·생각·지어감·의식도 또한 그와 같으니라. 제자들은 그때에 세 가지 위없음을 성취한다. 즉 지혜의 위없음과 해탈의 위없음과 해탈지견(解脫知見)의 위없음이다. 이 세 가지 위없음을 성취한 뒤에는 스승을 공경하고 존중하며 공양하기를 부처와 같이 하느니라. 나는 일체 법을 깨달았다. 그 법으로써 제자들을 다루어 안온을 얻게 하고 두려움이 없게 하며 마음을 항복 받고 지극히 고요하여 〈열반〉을 완전히 이루게 한다. 나는 이 〈열반〉을 위하여 모든 제자들에게 설법하느니라. 불씨거사여, 내 제자들은 이 법 안에서 모든 누를 다하게 되어 마음의 해탈을 얻고 슬기의 해탈을 얻는다. 그래서 현재에서 스스로 알고 스스로 증득하여 자신의 생은 이미 다하고 범행은 이미 서고, 할 일은 이미 마쳐 다시는 후세의 생명을 받지 않을 줄을 스스로 아느니라."

사차카 니건타푸트라는 부처님께 여쭈었다.

"세존이시여, 장부의 칼날이 어지러이 내리치는 것은 피할 수 있지만, 고타마의 이론의 손에서는 벗어날 수가 없나이다. 또 독사를 피할 수 있고 빈들의 사나운 불길을 피할 수 있으며, 흉악한 술 취한 코끼리도 또한 피할 수 있고 미치고 굶주린 사자도 피할 수 있지만, 사문 고타마의 이론의 손아귀에서는 벗어나기가 어렵나이다. 저같이 어리석고 경박한 사내가 이론을 완전히 갖추지도 못한 채 감히 이론하겠다고 고타마에게 올 것이 전혀 아님을 알았습니다.

고타마시여, 이 비사리는 풍족하고 즐거운 나라로서 차파리지제, 칠암라수지제, 다자지제들이 있나이다. 고타마께서는 구루타지제나 바라수지지제나 사중담지제나 역사보관지제에 계시옵소서. 그래서 세존이시여, 비사리에 계시면서 모든 하늘·악마·범(梵)·사문·바라문과 모든 세간을 안락하게 하소서. 그래서 세존을 항상 공경하여 받들어 섬기고 공양함으로써 저 모든 하늘·악마·범·사문·바라문들로 하여금 긴 밤 동안에 안락을 얻게 하소서. 원하옵나니 여기 계시다가 내일 아침에 대중들과 함께 변변찮은 제 공양을 받으소서."

그때에 세존께서는 잠자코 허락하시었다. 때에 사차카 니건타푸트라는 세존께서 잠자코 허락하신 것을 알고 대중들과 함께 기뻐하면서 자리에서 일어나 물러갔다.

사차카 니건타푸트라는 가는 도중에 리차들에게 말했다.

"나는 이미 사문 고타마와 모든 대중들을 청해 음식을 올리려고 한다. 너희들은 각각 한 가마씩 밥을 준비해 내게로 보내라."

모든 리차들은 각각 자기 집으로 돌아가 밤을 새워 준비해 이른 아침에 사차카 니건타푸트라에게 보냈다.

사차카 니건타푸트라는 이른 아침에 깨끗이 청소하고 자리를 펴고 깨끗한 물을 준비한 뒤에 사람을 보내어 부처님께 여쭈었다.

"때가 되었나이다."

그때에 세존께서는 대중들과 함께 가사를 입고 발우를 가지고 사차카 니건타푸트라 집으로 가서 대중 앞에 앉으셨다.

사차카 니건타푸트라는 손수 청정한 음식을 베풀어 대중을 만족하게 하였다. 공양이 끝나고 발우도 다 씻었다.

사차카 니건타푸트라는 부처님께서 공양을 마치고 발우를 씻으신 줄을 알고 낮은 평상을 가지고 와서 부처님 앞에 앉았다.

부처님께서는 사차카 니건타푸트라를 위해 수희게(隨喜偈)를 말씀하셨다.

모든 대회 중에서는
불을 받드는 것이 제일이 되고
베다 경전 중에서는
바비제가 제일이 되네.

사람 가운데서는
임금이 제일이 되고
모든 물 가운데서는
바다가 제일이 되네.

모든 별 가운데서는
달이 제일이 되고
모든 밝음 가운데서는
해가 제일이 되며

시방(十方)의 하늘과 사람 가운데서는
'다 옳게 깨달은 이'가 제일이 되네.

그때에 세존께서는 사차카 니건타푸트라를 위해 여러 가지로 설법하시어 가르치시고 기쁘게 하신 뒤에 처소로 돌아가셨다.
때에 모든 비구들은 돌아가는 도중에 서로 의논하였다.
"저 5백 명의 리차들은 각각 사차카 니건타푸트라를 위해 음식을 마련해 주었다. 저 모든 리차들은 무슨 복을 받고 사차카 니건타푸트라는 무슨 복을 받을 것인가?"
모든 비구들은 자기 처소로 돌아가 옷과 발우를 챙겨 두고 발을 씻은 뒤 세존께 나아가 머리 숙여 세존 발에 예배하고 물러나 한쪽에 앉아 여쭈었다.
"세존이시여, 저희들은 아까 도중에서 서로 의논하였나이다. '저 5백 명의 리차는 사차카 니건타푸트라를 위해 음식을 마련하여 세존과 모든 대중에게 공양하였다. 저 모든 리차는 무슨 복을 받을 것인가' 하고."
부처님께서는 모든 비구들에게 말씀하셨다.
"저 모든 리차비는 사차카 니건타푸트라를 위해 음식을 마련하였으니 그들은 사차카 니건타푸트라를 인연하여 복을 얻을 것이요, 사차카 니건타푸트라는 복으로써 부처의 공덕을 얻을 것이다. 저 모든 리차는 보시함으로써 탐욕과 성냄과 어리석음이 있는 인연의 과보를 얻을 것이요, 사차카 니건타푸트라는 보시함으로써 탐욕과 성냄과 어리석음이 없는 인연의 과보를 얻을 것이다."

〔잡아함경 제5권 110.살차경(薩遮經)〕

1) 니건타푸트라: 금욕주의를 표방하는 자이나교도.
2) 앗사지: 석가모니의 맨 처음 제자인 5비구 중 한 사람. 사리불을 인도하여 석가모니에게 귀의케 하고, 위의가 단정한 것으로 유명하다.
3) 화종거사: 불을 섬기는 바라문을 일컬음.
4) 우타라상가: 가사. 즉 승려들이 입는 법의(法衣).

침묵하는 이유

이와 같이 내가 들었다.

어느 때 부처님께서는 왕사성 칼란다 대나무동산에 계셨다. 때에 집을 나온 어떤 바차 종족은 부처님께 나아가 합장하고 문안을 드린 뒤에 한쪽에 물러앉아 여쭈었다.

"어떠하나이까? 세존이시여, 〈나〉가 있다고 생각하시나이까?"

이때에 세존께서는 잠자코 대답하지 않으셨다. 이렇게 두 번 세 번 물었으나 세존께서는 여전히 대답하지 않으셨다. 때에 바차는 생각하였다.

'나는 세 번이나 물었으나 사문 고타마는 대답하지 않으신다. 나는 그만 돌아가자.'

그때에 존자 아난다는 부처님 뒤에서 부채로 부처님을 부쳐드리고 있다가 부처님께 여쭈었다.

"세존이시여, 저 바차가 세 번이나 묻는데 세존께서는 왜 대답하지 않으시나이까? 그러면 저 바차가 '사문은 내 질문에 대답하지 못한다'고 잘못된 생각을 하지 않겠나이까?"

그러자 부처님께서 말씀하셨다.

"내가 만일 〈나〉가 있다고 대답한다면 그가 가진 삿된 소견을 더하게 할 것이요, 만일 〈나〉가 없다고 대답한다면 그가 가진 의혹을 더욱 더하게 하지 않겠느냐. 본래부터 〈나〉가 있었는데 지금부터 끊어졌다고 말해야 하는가? 본래부터 〈나〉가 있었다고 하면 그것은 곧 상견(常見)이요, 지금부터 끊어졌다고 한다면 그것은 곧 단견(斷見)인 것이다. 나는 그 두 극단을 떠나 중도(中道)에 서서 설법한다. 이른바, '이 일이 있기 때문에 이 일이 있고, 이 일이 일어나기 때문에 이 일이 생기는 것이라'고. 즉 무명을 인연하여 지어감이 있고 남·늙음·병·죽음과 근심·슬픔·고통·번민이 생기는 것이니라."

부처님께서 이 경을 말씀하시자 존자 아난다는 그 말씀을 듣고 기뻐 받들어 행하였다.

〔잡아함경 제34권 961.유아경(有我經)〕

2. 세계관

석가모니는 법을 설할 때 자신이 깨달은 궁극적 원리를 대뜸 제시하고 "이것만이 진리이니 무조건 믿어라" 하고 가르치지 않았다. 석가모니 스스로가 '합리적 사유'를 통해 깨달음에 이르렀듯이 중생에게도 현실을 정확히 관찰하는 일부터 가르쳤다.

이러한 입장을 취한 데는 이유가 있다. 당시 인도에서 사문들이 진리라고 내놓은 견해가 한결같이 현실 전반에 대해 올바른 관찰을 하지 못했기 때문이었다. 이런 원리들은 어느 한 부분은 설명할 수 있지만 우주의 모든 현상에 적용시키면 심각한 자가당착에 빠졌다.

그래서 석가모니는 인간이 처해 있는 현실부터 차분히 관찰하고 검토해 나가는 것으로 시작하여 궁극적인 진리를 찾아나갔다. '현실'을 탐구의 최초 대상으로 삼은 것이다.

'현실'이란 일단 우리에게 '인식'되는 세계여야 한다. 아무리 광대무변한 세계가 펼쳐져 있다고 하더라도 그것을 '인식'하지 못하면 존재한다는 것을 알 수가 없다. 따라서 인식될 수 있는 세계만이 현실적 존재이다. 이는 "인간의 모든 행동은 행동하는 순간 그에게 일어나는 지각의 장의 함수이다"를 기본 원칙으로 삼고 있는(최정훈, 1992) 지각주의 심리학과 같은 맥락이라고 볼 수 있다.

석가모니는 누구에게나 타당하게 인식될 수 있는 세계만을 현실적 존재로 보고 이를 관찰의 대상으로 삼았다.

1) 십이처(十二處)

우리의 현실은 인식의 주체인 인간과, 인식의 대상인 자연으로 되어 있다. 이 자연에는 물론 인간도 포함된다.

석가모니는 인간에게 여섯 개의 감각 주체〔六根〕가 있어서 세상을 인식하며, 세상에는 이에 대응하는 여섯 개의 인식대상〔六境〕이 있다고 말하였다. 그리고 이 열두 가지〔十二處〕가 현실 세계를 이루는 모든 것〔一切〕이라고 설했다. 이를 '십이처설(十二處說)'이라고 한다. 십이처설이야말로 불교의 가장 기본적인 세계관인 동시에 일체에 대한 분류법이라고 할 수 있다(불광교학부, 1991).

(1) 육근(六根)

십이처를 이루는 여섯 개의 감각 주체를 육근(六根)이라 한다. 이는 곧 여섯 개의 감각 기관을 가리키는 것으로, 안에 있는 것이라 하여 육내입처(六內入處)라고도 한다. 이를 줄여서 육입(六入), 또는 육처(六處)라고도 한다.

① 안근(眼根): 눈
② 이근(耳根): 귀
③ 비근(鼻根): 코
④ 설근(舌根): 혀
⑤ 신근(身根): 몸, 피부
⑥ 의근(意根): 뜻, 의지, 마음

(2) 육경(六境)

십이처를 이루는 여섯 개의 인식대상을 육경(六境)이라고 한다. 여섯 가지 감각기관, 즉 육근으로 인식하는 여섯 가지 대경(對境)을 일컫는다. 객관에 속하는 외부 자극이라는 의미에서 육외입처(六外入處)라고도 한다. 줄여서 육외처(六外處)라고도 한다.

① 색경(色境): 물질, 사물, 빛깔
② 성경(聲境): 소리
③ 향경(香境): 냄새
④ 미경(味境): 맛

⑤ 촉경(觸境): 감촉, 닿음
⑥ 법경(法境): 법, 현상

2) 십팔계(十八界)

십팔계(十八界)는 열여덟 가지 경계(境界)란 뜻으로, 육근과 육경으로 이루어진 십이처에, 육근과 육경을 연(緣)으로 하여 생긴 육식(六識)을 합한 것을 말한다.

일체 법을 다 섭수(攝收)한다고 할 때, 십이처만 말할 때도 있고 육식을 포함해 십팔계를 일컫기도 한다.

(1) 육식(六識)

객관적인 만유의 대상을 물질·소리·냄새·맛·감촉·법의 육경으로 하고, 이 육경에 대하여 보고·듣고·맡고·맛보고·닿고·알고 하는 여섯 가지의 인식작용을 가리켜 육식(六識)이라고 한다. 십이처 가운데 의처(意處)를 열어서 자세히 나눈 것이다.

① 안식(眼識): 눈으로 하는 인식작용
② 이식(耳識): 귀로 하는 인식작용
③ 비식(鼻識): 코로 하는 인식작용
④ 설식(舌識): 혀로 하는 인식작용
⑤ 신식(身識): 몸으로 하는 인식작용
⑥ 의식(意識): 뜻으로 하는 인식작용

3) 육육법(六六法)

육근·육경·육식의 십팔계에 여섯 가지 감수 작용인 육수(六受), 여섯 가지 생각인 육상(六想), 여섯 가지 의도인 육사(六思)를 합쳐서 육육법(六六法)

이라 한다.

십이처에서 출발한 『잡아함경』의 세계관이 십팔계에서 인식작용까지 포함하면서 좀더 세밀해지고, 육육법에서 감수작용, 생각, 의도까지 합하면서 더욱 면밀해진다.

(1) 육수(六受)

여섯 가지 감각기관인 육근(六根)으로 받는 여섯 가지 감수(感受) 작용의 집합을 일컬어 육수(六受)라 한다. 바꾸어 말하면, 여섯 가지의 인식작용인 육식이 여섯 가지 대경인 육경에 부딪혀서[觸] 일으키는 괴로움[苦]과 즐거움[樂], 괴로움도 즐거움도 아닌[捨] 세 가지 감각[三受]을 뜻한다.

① 안촉수(眼觸受): 눈으로 느끼는 감각
② 이촉수(耳觸受): 귀로 느끼는 감각
③ 비촉수(鼻觸受): 코로 느끼는 감각
④ 설촉수(舌觸受): 혀로 느끼는 감각
⑤ 신촉수(身觸受): 몸으로 느끼는 감각
⑥ 의촉수(意觸受): 뜻으로 느끼는 감각

(2) 육상(六想)

여섯 가지 감각기관인 육근이 여섯 가지 인식대상인 육경에 부딪쳐서 [觸] 느낀[受] 뒤 생각[想]하는 것을 말한다.

(3) 육사(六思)

여섯 가지 감각기관인 육근이 여섯 가지 인식대상인 육경에 부딪쳐서 [觸] 느끼고[受] 생각한[想] 뒤 의도하는[思] 것을 의미한다.

4) 사대(四大)와 육대(六大)

일체, 즉 세계가 육근과 육경의 십이처, 육식을 포함한 십팔계로 포섭된다면 이 세계를 이루고 있는 물질적 요소는 무엇일까? 석가모니는 『잡아함경』에서 육근·육경·육식의 십팔계가 몇 가지 기본적인 물질 원소가 결합해서 이루어졌다고 설하고 있다. 즉, 기본적인 물질 원소들이 같은 차원의 공간 속에서 서로 결합과 분리를 통해 움직이는 것으로 이 세계가 이루어져 있다고 본 것이다.

(1) 사대(四大)

만유의 물질[色]을 구성하는 네 가지 원소 곧 땅[地]·물[水]·불[火]·바람[風]의 넷을 일컬어 사대(四大)라고 한다. 대(大)란 넓고 크다는 뜻으로, 이들 원소가 우주에 가득하므로 대(大)라 한다.

몸을 구성하는 근본 요소가 이 넷으로 되어 있다고 생각하여 몸을 '사대'라고 지칭하기도 한다.

① 지대(地大): 견고한 것을 본질로 하고 그 본질을 보존하여 유지하는 작용을 한다.

② 수대(水大): 축축한 것을 본질로 하는 작용을 한다.

③ 화대(火大): 열을 본질로 하고 태우는 작용을 한다.

④ 풍대(風大): 움직이는 성질이 있고, 만물을 성장하게끔 하는 작용을 한다.

(2) 육대(六大)

만유를 생성하는 여섯 가지 원소. 곧 지(地)·수(水)·화(火)·풍(風) 사대(四大)에 허공[空]·식별[識]을 합쳐서 육대(六大)라 한다. 육계(六界)라고도 한다.

①-④ 지(地)·수(水)·화(火)·풍(風): 사대(四大). 모든 물질을 만들어 내는 의지처가 되는 것.
⑤ 공대(空大): 내외의 간극(間隙), 곧 틈을 말하는 것으로 생장의 인(因)이 되는 것.
⑥ 식대(識大): 유정(有情)이 생존하는 데 의지처가 되는 것.

앞의 다섯, 곧 지·수·화·풍으로 이루어진 것은 마음이 없으므로 비정(非情)이라 한다. 풀·나무·흙·돌 따위가 이에 속한다. 뒤의 식(識)까지 포함되어야 비로소 마음이 있는 생물, 유정(有情)이 된다. 이를 중생(衆生)이라고도 한다. 또한 앞의 다섯은 색법(色法)이라 하여 물질을 의미하고, 뒤의 하나인 식(識)은 심법(心法)이라 하여 정신의 범주로 본다.

5) 업설(業說)을 통해 본 세계관

세계(世界)란 말에는 시간적인 개념과 공간적인 개념이 함께 들어 있다. '세(世)'는 변화하고 유전(流轉)하는 것을 의미하는 것으로 시간적인 세계관이다. 과거·현재·미래, 즉 숙세(宿世)·현세(現世)·내세(來世)의 삼세(三世)를 뜻한다. '계(界)'는 공간적인 세계관으로 욕계(欲界)·색계(色界)·무색계(無色界)의 삼계를 뜻한다.

(1) 삼세(三世)와 십업(十業)

과거·현재·미래의 삼세란 각각 단절된 세계가 아니다. 업(業)에 따라 치밀한 인과로 연결되어 있다. 이것이 바로 업설(業說)이다.
'십이처설'이 철저히 현실을 바탕으로 출발한 데 비해, 업설은 어딘가 모르게 권선징악적이며, 비현실적인 종교성을 강조한 듯한 느낌이 든다. 그러나 십이처설과 업설은 긴밀한 관련이 있다. 업설의 이론적 근거가 바로 십이처설인 것이다.

업(業)이란 본래 의지적인 '작용'을 의미하며, 이의 대응어인 보(報)는 필연적 '반응'을 지칭한다. 이 의지적 작용과 필연적 반응이 각각 십이처를 이루는 육근과 육경의 특질이다. 인간의 의지적 작용[육근]이 대상[육경]에 가해지면 대상은 그것에 거역하는 일이 없이 반드시 필연적인 반응을 보여준다. 그래서 대상에 대한 인간의 의지의 작용이 인(因)이 되고, 필연적 반응이 결과[果]로 나타나는 '인과' 관계를 맺는다. 십이처를 이루는 육근과 육경 사이에 작용·반응의 필연성이 존재함을 관찰하고, 작용·반응의 필연성은 업·보의 인과성으로 볼 수 있으므로, 마침내 업인과보(業因果報)라는 기본적인 법칙이 도출되는 것이다. 이와 같이 십이처의 세계에서는 어디나 업인과보의 법칙이 성립한다(불광교학부, 1991).

인간과 그 대상이 보이는 의지적 작용과 필연적 반응인 업인과보의 원리는 다시 착한 업인에는 착한 과보가 따르고, 나쁜 업인에는 괴로운 과보가 따르는 선인선과(善因善果)·악인악과(惡因惡果)설로 발전한다.

그렇다면 선·악의 판별 기준을 어디에 두어야 할 것인가? 업설에서는 그것이 전적으로 인간의 자유의지에 맡겨져 있다고 보며, 또한 사회 윤리적 측면도 함께 고려하고 있다(고익진A, 1998).

그러나 십이처의 세계에 속속들이 적용될 것 같은 업인과보의 법칙으로도 도저히 설명되지 않는 현상을 현실에서 보게 된다. 예를 들자면 어떤 사람은 좋은 집안에 태어나 별다른 노력 없이도 편히 살아가며, 어떤 이는 가난한 집안에 태어나 아무리 노력해도 가난을 면치 못하는 경우가 있는 것이다. 이와 같은 상황을 정리한다면, 선인(善因)은 발견되지 않는데 선과(善果)만 나타나는 경우와, 선인은 있는데 선과가 나타나지 않는 두 가지 경우를 상정할 수 있다. 여기서 숙세·현세·내세의 삼세의 개념이 나오는 것이다. 즉 전자는 선인이 숙세에 있었는데 현세에 비로소 과보가 나타났고, 후자는 현세의 업인을 쌓았으므로 내세에 그 과보가 나타난다고 예측할 수 있는 것이다. 이렇게 해서 업인과보의 삼세윤회설(三世輪廻說)이 성립된다. 이 교설은 '현실 인식'을 강조하는 십이처설과 엇갈리는 것처럼 보이지만, 오히려 십이처설을 철저히 바탕에 두고 성립된 것이다(불광교학부, 1991).

삼세윤회설·업설은 실천적 인간의 시야를 현세의 테두리를 벗어나 무한한 시공 속에 펼치게 한다. 그러나 업설에 대한 부정적 평가도 있다. 업설을 단순한 숙명론으로 보거나, 무아설(無我說)과 모순된다는 견해다. 이들의 견해와 달리, 업설의 목적은 현세의 괴로움의 원인을 숙세의 인연으로 돌리고 체념하라는 입장이 아니다. 스스로의 의지력으로 이를 극복하여 미래 지향적으로 나아가는 데 있다. 또한 무아설은 무명(無明) 망념(妄念)에 실재하는 〈나〉가 없다는 것이지, 망념 그것까지 없다는 것은 아니다. 생사윤회는 바로 그런 망념 때문에 있게 되는 것이다. 따라서 업설과 무아설은 이론적으로 모순되지 않는 것이다. 이밖에 불교에서는 인간이 인식할 수 있는 세계만을 확실한 것으로 본다는데〔십이처설〕, 삼세업보설은 이에 모순되지 않느냐는 주장도 있다. 숙세나 내세 같은 것은 보통 사람이 인식할 수 없는 경계이기 때문이다. 그러나 삼세업보는 현실 세계의 인과를 관찰하면 누구나 그 필연성을 추단(推斷)할 수 있다. 뿐만 아니라 업설은 단순히 인간의 합리적 사유의 소산으로 그치는 것이 아니라, 석가모니처럼 깨달음을 이루며 삼세업보의 실상(實相)을 직접 인식할 수 있는 숙명통(宿命通)이나 천안통(天眼通)과 같은 지혜도 발생한다고 한다(고익진A, 1998).

『잡아함경』에는 삼세에 관한 내용이 곳곳에 나타난다. 석가모니는 어떤 중생이 과거에 어떤 업을 쌓아서 현재 이러한 결과가 나타났음을 말해 주기도 하고, 어떤 사람은 현재에 이러하므로 내세에는 어찌된다는 예언을 하기도 한다. 그리고 중생은 업에 따라 삼세를 윤회하며, 선인에는 선과가 따르고 악인에는 악과가 따른다고 설했다.

특히 석가모니는 전생의 일을 아는 밝음인 숙명명(宿命明) 또는 그러한 신통력인 숙명통(宿命通)을 갖추어, 어떤 중생이 한 생에서 백천만 억 생에 이르기까지 어떻게 태어나 어떻게 살다가 죽어 어디로 가서 태어났는지 알며, 나고 죽음을 아는 지혜의 밝음인 천안명(天眼明) 또는 그러한 신통력인 천안통(天眼通)을 갖추어 모든 중생이 죽는 때와 나는 때, 태어나 살아가다 죽는 모습을 참답게 안다고 기록되어 있다.

석가모니는 이러한 인과업보의 윤회를 벗어나기 위해서는 궁극적인 깨달음을 얻어야 하며, 깨달음을 얻으려면 자신의 가르침에 따라 바르게 수행해야 한다고 누누이 설했다.

(가) 십업(十業)

몸〔身〕·입〔口〕·뜻〔意〕으로 짓는 삼업(三業) 중에서 현저히 뛰어난 열 가지의 선악(善惡) 행위를 십업(十業)이라 한다. 이 열 가지 업 가운데 몸으로 짓는 업이 셋, 입으로 짓는 업이 넷, 뜻으로 짓는 업이 셋이라 하여 '신삼구사의삼(身三口四意三)'이란 말을 쓰기도 한다.

십업은 십선업(十善業)과 십악업(十惡業) 두 가지가 있다. 십선업은 십악업을 행하지 않고 여의는 것을 뜻한다. 보통 업(業)이라고 할 때는 악업만을 가리키기도 한다.

〔신삼(身三)〕

① 살생(殺生): 산 생명을 죽이는 것.

② 투도(偸盜): 남이 주지 않는 것을 가지는 것. 곧 남의 것을 훔치는 도둑질.

③ 사음(邪婬): 배우자가 아닌 다른 이성과 음행을 벌이는 것.

〔사구(四口)〕

④ 망어(妄語): 거짓말. 진실치 못한 허망한 말을 하는 것.

⑤ 양설(兩舌): 두 말 하는 것. 양쪽 사람에게 번갈아 서로 틀리는 말을 하여 양쪽 사람의 사이가 벌어지게 하는 것. 둘 사이를 이간한다 하여 이간어(離間語)라고도 함.

⑥ 악구(惡口): 나쁜 말. 남에게 욕을 하고 험담하여 성나게 하고 번뇌를

느끼게 하는 것.

⑦ 기어(綺語): 도리에 어긋나며 교묘하게 꾸미는 말.

〔삼의(三意)〕
⑧ 탐욕(貪慾): 자기의 뜻에 맞는 일이나 물건에 애착하여 탐내고 만족할 줄을 모르는 것.

⑨ 진에(瞋恚): 성냄. 자기의 의도에 어그러지는 것에 대하여 성내는 일. 노여움, 분노.

⑩ 사견(邪見): 옳지 못한 견해. 특히 업인과보의 도리를 무시하는 것을 가리킴.

(2) 삼계(三界)와 육도(六道)

『잡아함경』의 공간적 세계관으로 욕계(欲界)·색계(色界)·무색계(無色界)의 삼계(三界)가 있다.

삼계란 생사유전(生死流轉)이 쉴새없는 미혹한 중생의 세계를 셋으로 분류한 것으로, 인과업보에 따라 중생이 오가는 공간계이다. 삼계는 다시 욕계는 육욕천(六欲天)으로, 색계는 십팔천(十八天)으로, 무색계는 사천(四天)으로 나뉘어 모두 28천으로 세분된다.

『잡아함경』에는 삼계가 욕계·색계·무색계로 이루어졌음을 밝히는 내용이 여러 곳에 나온다. 그러나 삼계의 갖가지 천(天)이 단편적으로 언급될 뿐 욕계·색계·무색계가 어떻게 세분되는지 일목요연하게 수록되어 있지는 않다.

(가) 삼계(三界)

① 욕계(欲界): 식욕·육욕·수면욕 등 탐욕이 무성한 세계. 여섯 개의 하늘〔六欲天〕과 인간·아수라·축생·아귀·지옥이 이에 속한다.

② 색계(色界): 욕계와 같은 탐욕은 없으나 미묘한 형체가 있는 세계. 음

욕과 식욕의 2욕을 끊은 유정(有情)들이 사는 곳으로 선정을 닦아 도달하게 된다. 초선천의 3천, 이선천의 3천, 삼선천의 3천, 사선천의 9천 등 18천으로 구성되어 있다.
  ③ 무색계(無色界): 색계와 같은 미묘한 몸도 없는, 순 정신적 존재의 세계로 선정을 닦아 이르는 경지다. 4개의 천이 여기에 속해 있다.

  (나) 육도(六道)
  육도의 도(道)는 인(因) 또는 가게 하는 길, 가야 하는 곳이라는 뜻으로, 중생이 업인에 따라 윤회하는 길을 여섯으로 나눈 것이 육도(六道)이다. 육도 가운데 지옥도·아귀도·축생도·아수라도·인간도는 욕계에 속하며, 천상도는 욕계의 6천과 색계의 18천, 무색계의 4천 등 3계 28천을 통틀어 가리킨다.
  육도를 육취(六趣)라고도 한다. 육도 가운데 아수라도를 빼고 오도(五道), 또는 오취(五趣)라 하기도 한다.
  ① 지옥도(地獄道): 악업을 지은 중생이 죽은 뒤에 태어나는 곳. 지하에 있는 감옥으로 몹시 괴롭기로 이름난 무간지옥(無間地獄)과 뜨거운 쇠가마 속에 들어가 가죽과 살이 타는 고통이 극심하나 죄가 소멸되기까지는 죽지도 못한다는 대초열지옥(大焦熱地獄) 등 팔열지옥(八熱地獄), 몸이 얼어붙어 부스럼같이 되는 알부타, 찬바람이 세차게 불어서 가죽과 살에 생긴 상처가 헐어서 피고름이 흘러나오는 니랄부타 등 팔한지옥(八寒地獄)을 비롯해 136가지의 지옥이 있다 한다. 지옥은 염라대왕이 다스리며, 지옥 중생들에게 여러 가지 고통을 준다고 한다.
  ② 아귀도(餓鬼道): 악업을 짓고 탐욕을 부린 자가 죽은 뒤에 태어나는 곳. 항상 굶주림과 목마름에 괴로워한다. 아귀에는 전연 아무것도 먹을 수 없는 무재아귀(無財餓鬼), 고름이나 피 등을 먹는 아귀인 소재아귀(少財餓鬼), 사람이 남긴 물건이나 사람이 주는 것만 먹을 수 있는 다재아귀(多財餓鬼) 등 세 종류가 있다.

③ 축생도(畜生道): 축생의 업인을 가진 사람이 죽어서 태어나는 짐승의 도. 축생은 고통이 많고 즐거움이 적으며, 식욕·음욕만 강하고 무지하여 부자·형제의 윤리가 없으며, 싸우고 서로 잡아먹으므로 공포 속에 산다. 인간도와 있는 곳이 같다.
④ 아수라도(阿修羅道): 항상 성내는 마음으로 싸우기를 좋아하는 귀신들이 사는 세계. 투쟁적인 악신(惡神)의 세계. 심산유곡을 의지처로 한다.
⑤ 인간도(人間道): 인류가 사는 세계.
⑥ 천상도(天上道): 욕계·색계·무색계의 여러 하늘. 십선업을 닦으면 욕계천에 태어나고, 선정을 닦으면 색계천·무색계천에 난다. 그러나 천상도 역시 윤회하는 길의 하나다.

육도 가운데 지옥도·아귀도·축생도 셋을 삼악도(三惡道), 아수라도·인간도·천상도 셋을 삼선도(三善道)라 한다. 아수라도를 악도에 포함시켜 사악도(四惡道)로 분류하기도 한다.
『잡아함경』곳곳에 십악업을 행하면 지옥도·아귀도·축생도 등 삼악도에 떨어지고, 십선업을 행하면 인간도·천상도에 떨어진다고 나온다. 또한 경의 여러 곳에서 각각의 윤회처가 어떠한 곳이라고 짐작할 만한 단서가 나온다.

삼계(三界) 28천(天)

욕계 欲界	지거천(地居天): 땅에 있는 하늘. 수미산을 의지함.	사왕천(四王天): 수미산 중턱, 해발 4만 유순에 있는 네 하늘. 지국천(持國天)·증장천(增長天)·광목천(廣目天)·다문천(多聞天). 도리천(忉利天): 수미산 꼭대기, 해발 8만 유순에 있다. 제석천이 지배. 33천이라고도 함.
	공거천(空居天): 허공에 있는 하늘	야마천(夜摩天): 지상에서 16만 유순 위에 있음. 도솔천(兜率天): 수미산 꼭대기서 12만 유순. 미륵불의 정토 화락천(化樂天): 육경을 고에서 낙으로 변화시킴. 타화자재천(他化自在天): 욕계의 왕인 마왕이 있는 곳. 남이 변해 나타내는 즐거운 일을 자재로 자신의 쾌락으로 삼음.
색계 色界	초선천(初禪天): 초선을 닦아서 나는 천상계	범중천(梵衆天): 범천왕을 따르는 천인들이 사는 곳 범보천(梵輔天): 범천왕의 신하들이 사는 곳 대범천(大梵天): 범천왕이 사는 곳
	이선천(二禪天): 제2선을 닦아서 나는 천상계	소광천(少光天): 몸에서 약간의 광명이 나옴. 무량광천(無量光天): 몸에서 한량없는 광명 나옴. 광음천(光音天): 입에서 나오는 광명으로 대화함.
	삼선천(三禪天): 제3선을 닦아서 나는 천상계	소정천(少淨天): 의식이 즐겁고 청정함. 무량정천(無量淨天): 즐겁고 청정함이 무량함. 변정천(遍淨天): 맑고 깨끗하며 쾌락이 가득함.
	사선천(四禪天): 제4선을 닦아서 나는 천상계	무운천(無雲天): 구름 위의 구름이 없는 곳 복생천(福生天): 수승한 복력으로 태어나는 곳 광과천(廣果天): 범부가 사는 하늘 중 가장 좋음. 무상천(無想天): 모든 생각이 없는 안락한 곳 무번천(無煩天): 욕계의 괴로움과 색계의 즐거움을 모두 여의어 몸과 마음의 번뇌가 없는 곳 무열천(無熱天): 청량 자재하여 열뇌가 없는 곳 선현천(善現天): 선묘한 과보가 나타나는 곳 선견천(善見天): 장애가 없어 자재로 시방을 봄. 색구경천(色究竟天): 모양을 가진 세계 중 마지막 하늘. 흔히 하느님이라고 할 때는 색계와 욕계를 지배하는 색구경천의 대범천왕을 일컬음.
무색계 無色界	사공천(四空天): 사공처정(四空處定)을 닦아서 나는 천상계	공무변처천(空無邊處天): 공이 가없음을 깨달은 곳 식무변처천(識無邊處天): 공이 가없음을 깨닫고 식을 말미암고 식과 상응하여 마음이 안정된 곳 무소유처천(無所有處天): 식무변처에서 무소유를 깨닫고 태어나는 곳 비상비비상처천(非想非非想處天): 세밀한 생각이 없지 않으나, 생사가 있는 세계 중 최고의 경지

위에서 살펴보았듯이, 석가모니는 이 세상이 시간적·공간적으로 어떻게 이루어져 있는가를 명확히 알고 있음에 틀림없다. 그러나 석가모니는 제자들이 세상이 어떻게 이루어졌는가, 어떤 사람의 전생은 어떠했고 내생은 어떠할 것인가 하는 데 관심 갖는 것을 그리 탐탁치 않게 생각했다. 그리고 석가모니 스스로도 외도들이나 제자들이 우주의 기원이나 종말 등에 관해 질문해 오면 답을 하지 않고 침묵을 지켰다.『잡아함경』곳곳에 표현되어 있듯이 그러한 것에 관심 갖는 것이 '이치로서도 요익하지 않고, 범행에도 요익하지 않으며, 지혜도 아니요 바른 깨달음도 아니어서 열반으로 향하게 하지 않기 때문'이었다.

…때에 많은 비구들은 식당에 모여 이렇게 이론(理論)하였다.
"세간은 덧없는 것이다. 세간은 덧 있는 것이다. 세간은 덧 있기도 하고 덧없기도 하다. 세간은 덧 있는 것도 아니요, 덧없는 것도 아니다. 세간은 한정이 있는 것이다. 세간은 한정이 없는 것이다. 세간은 한정이 있기도 하고 없기도 한 것이다. 이 명(命)이 곧 몸이다. 명이 다르고 몸이 다르다. 여래는 죽은 뒤에도 있다. 여래는 죽은 뒤에 없다. 여래는 죽은 뒤에 있기도 하고 없기도 하다. 여래는 죽은 뒤에 없는 것도 아니요, 있는 것도 아니다"
그때에 세존께서는 한곳에서 좌선하시다가 하늘귀로써 모든 비구들이 식당에 모여 논쟁하는 소리를 들으셨다. 그 소리를 들으신 뒤에 식당 앞에 나아가 대중 앞에 자리를 펴고 앉아 비구들에게 말씀하셨다.…
"너희들은 그런 이론을 하지 말라. 무슨 까닭인가? 그와 같은 이론은 이치의 요익도 아니요, 법의 요익도 아니며, 범행의 요익도 아니요, 지혜도 아니며, 바른 깨달음도 아니어서 바로 열반으로 향하는 것이 아니기 때문이다.…"

〔제16권 408.사유경(思惟經)〕

…때에 많은 비구들은 식당에 모여 이런 이야기를 하고 있었다.
"너희들은 전생에 어떤 업을 지었고, 얼마나 익숙하였으며, 무엇으로 생활하였느냐?"
 때에 세존께서는 선정에 들었다가 하늘귀로써 비구들이 하는 이야기를 들으셨다. 곧 자리에서 일어나 식당으로 가시어, 대중 앞에 자리를 펴고 앉아 모든 비구들에게 말씀하셨다.…
 "너희들 비구들이여, 전생에 한 일을 말하지 말라. 왜냐하면, 그와 같은 이론은 이치의 요익도 아니요, 법의 요익도 아니며, 범행의 요익도 아니요, 지혜도 아니며 바른 깨달음도 아니어서 바로 열반으로 향하는 것이 아니기 때문이다. 너희들은 마땅히 함께 '이것은 괴로움의 진리요, 괴로움이 모이는 진리며, 괴로움이 멸하는 진리요, 괴로움을 멸하는 길의 진리다'라고 말하라. 왜냐하면, 그것은 이치의 요익이요, 법의 요익이며, 범행의 요익이요, 바른 지혜이며, 바른 깨달음으로서 바르게 열반으로 향하기 때문이다. 그러므로 비구들이여, 네 가지 진리를 의지하여 아직 밝게 알지 못하였으면 마땅히 힘써 방편으로써 왕성한 욕심을 일으켜 밝게 알기를 배워야 하느니라."…

〔제16권 414.숙명경(宿命經)〕

 …때에 집을 나온 울저가 외도는 세존께 나아가 서로 문안하고 위로한 뒤에 한쪽에 물러앉아 여쭈었다.
 "어떠하나이까, 고타마시여. 세상은 끝이 있나이까?"
 부처님께서는 말씀하셨다.
 "그것은 말할 수 없느니라〔無記〕."
 "고타마시여, 세상은 끝이 없나이까? 끝이 있기도 하고 없기도 하며, 끝이 있는 것도 아니요 없는 것도 아닙니까?"
 "그것은 말할 수 없느니라."
 "어째서 고타마께서는 '세상은 끝이 있느냐'고 물어도 '그것은 말할 수 없다'고 하시고, '세상은 끝이 없는가, 끝이 있기도 하고 없기도 한가, 끝이 있는 것도 아니요 없는 것도 아닌가' 하고 물어도 '그것은 말할 수 없다'고 대답하시나이까? 고타마시여, 그러면 어떤 법을 말할 수 있나이까?"
 부처님께서는 말씀하셨다.

"아는 사람이요, 지혜로운 사람인 나는 제자들을 위해 도를 설명하여 바르게 괴로움을 다하고 마침내는 괴로움을 완전히 벗어나게 하느니라."

"고타마께서는 어떻게 제자들을 위해 도를 설명하여 바르게 괴로움을 다하고 마침내는 괴로움을 완전히 벗어나게 하시나이까? 또 일체 세간이 다 그 도로부터 벗어나옵니까, 혹은 일부분이옵니까?"

그때에 세존께서는 잠자코 대답하지 않으셨다. 두세 번 물었으나 부처님은 여전히 잠자코 대답하지 않으셨다.

그때에 존자 아난다는 부처님 뒤에 서서 부채를 잡고 부처님을 부쳐드리고 있다가 울저가 외도에게 말했다.

"너는 처음에 그 뜻을 물었고 지금은 다시 다른 말로 물었다. 그러므로 세존께서는 말씀하시지 않는 것이다. 울저가여, 이제 내가 너를 위해 비유로 설명하리라. 대개 지혜로운 사람은 비유로 인해 이해하기 때문이다. 비유하면, 나라의 왕이 국경에 성이 있어 사방 주위는 튼튼하고 거리 길은 평평한데 오직 문이 하나만 있다. 그 문지기는 총명하고 지혜로워 짐작이 빨랐다. 그래서 어떤 사람이 밖에서 올 때에는 들여야 할 사람이면 들이고 들여서는 안 될 사람이면 허락하지 않았다. 그들은 온 성을 돌아다니면서 둘째 문을 찾았지만 전연 발견할 수 없었다. 고양이나 삵이라도 드나들 곳이 전연 없거늘 하물며 둘째 문이겠는가. 그러므로 그 문지기는 드나드는 사람 전부는 알지 못하지만, 모든 사람은 오직 그 문으로만 드나들 수 있고 다시는 딴 곳이 없다는 것을 아는 것과 같다. 그와 같이 세존께서도 비록 마음을 써서 '이 세간의 일체 중생이 다 도로부터 나오는가, 아니면 일부분인가'는 아시지 못하지만 중생으로서 바르게 괴로움을 완전히 벗어나는 사람은 모두 이 도로부터 나온다는 것만은 아시느니라."

그때 울저가 외도는 부처님 말씀을 듣고 기뻐하면서 자리에서 일어나 물러갔다.

〔사례101, 제34권 965.울저가경(鬱低迦經)〕

불교에 우주의 구조와 생멸에 관련된 가르침이 전혀 없는 것은 아니다.

초기불교의 경전에 속하는 『세기경(世起經)』과 초기불교의 대표적인 논서인 『구사론(俱舍論)』에 어떻게 한 우주가 시작되고 머물고 소멸해 가는지 나와 있다. 특이한 것은 한 우주가 시작되는 것이 중생들의 공업(共業)에 의한 것으로 보았다는 점이다. 신이 아닌 중생의 업력이 우주를 발생시키는 원인이라는 것이다. 중생들의 공업에 의해 허공에 바람이 일기 시작하여 풍륜(風輪)이 발생하며, 그 위에 구름이 일어나 수륜(水輪)이 발생하고, 수륜 위에 바람이 일어나 수면을 때리고 응결시켜 금륜(金輪)이 발생하며, 금륜 위에 수미산이 솟고… 이렇게 우주의 성주괴공(成住壞空)이 일어난다고 보았다(최봉수, 2001).

여섯 가지 감각기관-육근(六根)

이와 같이 내가 들었다.

어느 때 부처님께서는 사위국 제타숲 외로운 이 돕는 동산에 계시면서 여러 비구들에게 말씀하셨다.

"여섯 가지 감각기관[六內入處: 六根]이 있으니, 이른바 눈[眼]의 감각기관, 귀[耳]·코[鼻]·혀[舌]·몸[身]·뜻[意]의 감각기관이니라."

부처님께서 이 경을 말씀하시자 여러 비구들은 부처님 말씀을 듣고 기뻐 받들어 행하였다.

〔잡아함경 제13권 323.육내입처경(六內入處經)〕

여섯 가지 인식대상-육경(六境)

이와 같이 내가 들었다.
어느 때 부처님께서는 사위국 제타숲 외로운 이 돕는 동산에 계시면서 여러 비구들에게 말씀하셨다.
"여섯 가지 인식대상〔六外入處: 六境〕이 있다. 어떤 것을 여섯이라 하는가? 이른바 물질〔色〕이 곧 인식대상이요, 소리〔聲〕·냄새〔香〕·맛〔味〕·감촉〔觸〕·법(法)이 곧 인식대상이니, 이것을 여섯 가지 인식대상이라 하느니라."
부처님께서 이 경을 말씀하시자 여러 비구들은 부처님 말씀을 듣고 기뻐하여 받들어 행하였다.

〔잡아함경 제13권 324.육외입처경(六外入處經)〕

일체(一切)란 곧 십이처(十二處)

이와 같이 내가 들었다.

어느 때 부처님께서는 사위국 제타숲 외로운 이 돕는 동산에 계셨다. 때에 어떤 생문(生聞) 바라문은 부처님 계신 곳에 나아가 서로 인사한 뒤에 한쪽에 물러앉아 부처님께 여쭈었다.

"고타마시여, 이른바 일체(一切)란 어떤 것을 일체라 하나이까?"

부처님께서는 바라문에게 말씀하셨다.

"일체란 곧 십이처(十二處)니 눈과 물질, 귀와 소리, 코와 냄새, 혀와 맛, 몸과 닿음, 뜻과 법이다. 이것을 일체라 하느니라. 만일 어떤 사람이 '이것은 일체가 아니다. 나는 이제 사문 고타마가 말하는 일체를 버리고 따로 다른 일체를 세우겠다'고 하면 그것은 다만 말만 있을 뿐이다. 오히려 듣고도 알지 못하여 의혹만 더해질 것이다. 무슨 까닭인가? 경계(境界)가 아니기 때문이니라."

때에 생문 바라문은 부처님 말씀을 듣고 기뻐 받들어 행하였다.

〔잡아함경 제13권 319.일체경(一切經)〕

여섯 짐승을 한 기둥에 매어 두면

이와 같이 내가 들었다.
어느 때 부처님께서는 코삼비국 고시타 동산에 계시면서 여러 비구들에게 말씀하셨다.
"비유하면, 어떤 사람이 빈 집에서 놀다가 여섯 가지 중생을 얻었다고 하자. 처음에는 개를 얻었다. 곧 그 개를 붙들어 한곳에 매어 두었다. 다음에는 새를 얻었고, 다음에는 독사, 다음에는 여우, 다음에는 거북, 다음에는 원숭이를 얻었다. 그는 이런 중생들을 얻어 모두 한곳에 매어 두었다.
그런데 개는 마을로 들어가려 하고, 새는 항상 허공으로 날려고 하며, 뱀은 늘 구멍으로 들어가려 하고, 여우는 무덤 사이로 가려고 하며, 거북은 언제나 바다로 들어가려 하고, 원숭이는 산으로 들어가고자 한다. 이 여섯 가지 중생은 한곳에 매여 있지만 즐기는 바가 다르므로 각각 편안한 곳으로 가기를 희망하여 서로 즐겨 하지 않는다. 그래서 제각기 힘을 다해 바라는 방향으로 가고자 하지만 거기서 벗어날 수가 없다.
이와 같이 여섯 가지 감관[六根]은 각각 제가 즐기는 경계[六境]를 구하고 다른 경계를 원하지 않는다. 눈은 언제나 사랑할 만한 빛깔을 구하고 마음에 들지 않는 빛깔은 싫어한다. 귀는 항상 마음에 드는 소리를 좋아하고 마음에 들지 않는 소리는 싫어한다. 코는 항상 마음에 드는 냄새를 구하고 마음에 들지 않는 냄새는 싫어한다. 혀는 항상 마음에 드는 맛을 구하고 마음에 들지 않는 맛은 싫어한다. 몸은 언제나 마음에 드는 감촉을 좋아하고 마음에 들지 않는 감촉은 싫어한다. 뜻은 언제나 마음에 드는 법을 구하려 하고 마음에 들지 않는 법은 싫어하느니라.
이 여섯 감관이 향하는 갖가지 방향과 갖가지 경계는 각각 다른 감관의 경계를 구하지 않는다. 그러나 이 여섯 감관도 세력이 있는 자는 능히 자유로이 제 경계에 따르게 할 수도 있다. 마치 저 장정이 여섯 가지 중생을 든든한 기둥에 매어두면 그것들이 바로 힘을 내어 마음대로 가려고 하지만 이리 저리 달리다가 그만 지쳐버리고 마는 것과 같다. 그것은 굵은 밧줄로 매인 기둥에 의지하기 때문이다.

비구들이여, 내가 이 비유를 말하는 것은 너희들을 위해 그 이치를 나타내 보이기 위해서이다. 여섯 가지 중생이란 여섯 가지 감관에 비유한 것이요, 든든한 기둥이란 몸의 생각하는 곳〔身念處〕에 비유한 것이다. 만일 신념처를 잘 닦아 익히면 사랑할 만한 빛깔을 보아도 집착하지 않고, 사랑할 만하지 않은 빛깔을 보아도 싫어하지 않는다. 귀의 소리, 코의 냄새, 혀의 맛, 몸의 감촉에 있어서도 그러하며, 뜻의 법에 있어서도 마음에 드는 법도 구하지 않고 마음에 들지 않는 법도 싫어하지 않는다.

그러므로 비구들이여, 마땅히 신념처를 부지런히 닦아 익혀 항상 거기에 머물러야 하느니라."

부처님께서 이 경을 말씀하시자 여러 비구들은 그 말씀을 듣고 기뻐하여 받들어 행하였다.

〔잡아함경 제43권 1171.육종중생경(六種衆生經)〕

여섯 가지 인식작용 - 육식(六識)

이와 같이 내가 들었다.

어느 때 부처님께서는 비사리의 잔나비 못 곁에 있는 중각강당에 계셨다. 때에 어떤 비구는 부처님 계신 곳에 나아가 부처님 발에 머리를 조아리고, 물러나 한쪽에 앉아 부처님께 여쭈었다.

"무슨 인(因)과 무슨 연(緣)으로 눈의 식(識)이 생기며, 무슨 인과 무슨 연으로 귀·코·혀·몸·뜻의 식이 생기나이까?"

부처님께서는 비구에게 말씀하셨다.

"눈이 물질을 인연하여 눈의 식이 생기느니라. 무슨 까닭인가? 만일 눈의 식이 생기면 그 일체는 눈과 물질이 인연이 되기 때문이다. 귀와 소리의 인연, 코와 냄새의 인연, 혀와 맛의 인연, 몸과 감촉의 인연, 뜻과 법의 인연으로써 뜻의 식이 생기나니 무슨 까닭인가? 모든 뜻의 식의 그 일체는 다 뜻과 법의 인연으로써 생기기 때문이니라. 이것을 비구여, 눈의 식이 인연으로 생기고, 귀의 식이 인연으로 생기고, 코의 식이 인연으로 생기고, 혀의 식이 인연으로 생기고, 몸의 식이 인연으로 생기고, 뜻의 식이 인연으로 생기는 것이라 하느니라."

때에 그 비구는 부처님 말씀을 듣고 기뻐하면서 예배하고 물러갔다.

〔잡아함경 제9권 238.인연경(因緣經)〕

열여덟 가지 경계-십팔계(十八界)

이와 같이 내가 들었다.

어느 때 부처님께서는 사위국 제타숲 외로운 이 돕는 동산에 계시면서 여러 비구들에게 말씀하셨다.

"갖가지 경계를 인연하여 갖가지 부딪침[觸]이 생기고, 갖가지 부딪침을 인연하여 갖가지 느낌[受]이 생기며, 갖가지 느낌을 인연하여 갖가지 욕망[愛]이 생기느니라.

어떤 것이 갖가지 경계인가? 이른바 십팔경계(十八境界)로서 눈의 경계[眼界]·물질의 경계[色界]·눈의 인식의 경계[眼識界]…내지 뜻의 경계[意界]·법의 경계[法界]·뜻의 인식의 경계[意識界]이니, 이것을 갖가지 경계라 하느니라.

어떻게 갖가지 경계를 인연하여 갖가지 부딪침이 생기고, 어떻게 갖가지 부딪침을 인연하여 갖가지 느낌이 생기고, 어떻게 갖가지 느낌을 인연하여 욕망이 생기는가?

이른바 눈의 경계를 인연하여 눈의 부딪침이 생기고, 눈의 부딪침을 인연하여 눈의 부딪침에서 생기는 느낌이 생기며, 눈의 부딪침에서 생기는 느낌을 인연하여 눈의 부딪침에서 생기는 욕망이 생긴다. 귀·코·혀·몸·뜻의 경계를 인연하여 뜻의 부딪침이 생기고, 뜻의 부딪침을 인연하여 뜻의 부딪침에서 생기는 느낌이 생기며, 뜻의 부딪침에서 생기는 느낌을 인연하여 뜻의 부딪침에서 생기는 욕망이 생기느니라.

비구들이여, 갖가지 욕망을 인연하여 갖가지 느낌이 생기는 것이 아니요, 갖가지 느낌을 인연하여 갖가지 부딪침이 생기는 것이 아니며, 갖가지 부딪침을 인연하여 갖가지 경계가 생기는 것이 아니다. 반드시 갖가지 경계를 인연하여 갖가지 부딪침이 생기고, 갖가지 부딪침을 인연하여 갖가지 느낌이 생기며, 갖가지 느낌을 인연하여 갖가지 욕망이 생기는 것이니라. 비구들이여, 이것을 갖가지 경계를 인연하여 갖가지 부딪침이 생기며, 갖가지 부딪침을 인연하여 갖가지 느낌이 생기며, 갖가지 느낌을 인연하여 갖가지 욕망이 생기는 것이라 하느니라."

부처님께서 이 경을 말씀해 마치시자 모든 비구들은 부처님 말씀을 듣고 기뻐하여 받들어 행하였다.

〔잡아함경 제16권 452.촉경(觸經)①〕

부딪치니 느끼고 생각하고 의도하게 된다-육육법(六六法)

이와 같이 내가 들었다.

어느 때 부처님께서 사위국 제타숲 외로운 이 돕는 동산에 계실 때 어떤 비구는 혼자서 조용히 생각했다.

'어떤 것을 〈나〉라고 하는가? 〈나〉는 무엇을 할까? 어떤 것이 〈나〉인가? 〈나〉는 어디에 머무르는가?'

비구는 선정에서 깨어나 부처님 계신 곳에 나아가 머리를 조아려 발에 예배하고는 한쪽에 물러나 앉아 부처님께 여쭈었다.

"세존이시여, 저는 혼자 고요한 곳에서 '어떤 것을 〈나〉라고 하는가? 〈나〉는 무엇을 할까? 어떤 법이 〈나〉인가? 〈나〉는 어디 머무르는가?' 하고 생각하였나이다."

부처님께서는 비구에게 말씀하셨다.

"나는 이제 너를 위해 두 법을 말하리니 자세히 듣고 잘 생각하라. 어떤 것이 둘인가? 눈과 물질이 둘이요, 귀와 소리, 코와 냄새, 혀와 맛, 몸과 감촉, 뜻과 법이 둘이니 이것을 두 법이라 하느니라.

비구여, 혹 어떤 이는 말하리라. '사문 고타마가 말하는 두 법은 둘이 아니다. 나는 이제 그것을 버리고 다시 두 법을 세우리라'고. 그러나 그는 다만 말이 있을 뿐이다. 자꾸 물으면 알지 못하고 의혹만 더할 뿐일 것이니, 그것은 경계가 아니기 때문이다. 무슨 까닭인가? 눈과 빛깔에 인연하여 눈의 의식(識)이 생긴다. 비구여, 그 눈이란 곧 살(肉)의 형상이니, 그것은 안(內)이요 인연이며, 단단한 것이요, 받아들이는 것이다. 이것을 눈의 살, 형상의 안의 지계(地界)라 한다.

비구여, 혹은 눈의 살 형상이 혹은 안이요 혹은 인연으로 젖고 윤나는 것, 이것은 받아들이는 것이니 이것을 눈의 살 형상의 안의 수계(水界)라 한다. 비구여, 혹은 그 눈의 살 형상이 혹은 안이요, 혹은 인연으로 밝고 따뜻한 것,

이것은 받아들이는 것이니 이것을 눈의 살 형상의 안의 화계(火界)라 한다. 혹은 그 눈의 살 형상이 혹은 안이요, 혹은 인연으로 가벼이 나부끼면서 흔들리는 것, 이것은 받아들이는 것이니 이것을 눈의 살 형상의 안의 풍계(風界)라 하느니라.

비구여, 비유하면 두 손이 화합해 서로 마주쳐 소리를 내는 것과 같나니, 이와 같이 눈과 물질을 인연하여 눈의 의식이 생긴다. 이 세 가지가 화합한 것이 부딪침[觸]이니, 부딪침에서 느낌[受]·생각[想]·의도[思]가 함께 생긴다. 그러나 이러한 모든 법은 〈나〉가 아니요 항상한 것이 아니다. 이것은 덧없는 〈나〉요 항상한 것이 아니요 안온이 아니며, 변하고 바뀌는 〈나〉이니라. 무슨 까닭인가? 비구여, 그것은 이른바 나고 늙고 죽고 마치며 생(生)을 받는 법이기 때문이니라.

비구여, 모든 지어감[行]은 꼭두각시와 같고 불꽃과 같으며 잠깐 동안에 다 썩는 것으로서, 진실로 오고 진실로 가는 것이 아니다. 그러므로 비구여, 공(空)인 모든 행에 대해서 마땅히 알고 마땅히 기뻐하고 마땅히 생각하라. 공인 모든 행은 항상 머물러, 변하거나 바뀌는 법이 아니다. 공에는 〈나〉도 없고 〈내 것〉도 없느니라.

비유하면, 눈이 밝은 사부가 손에 밝은 등불을 잡고 빈 방에 들어가서 그 빈 방을 관찰하는 것과 같다. 이와 같이 비구여, 일체의 공인 행과 공인 마음을 관찰하여 기뻐하면 공인 법과 행은 항상 머물러, 변하고 바뀌는 법이 아닐 것이니 〈나〉와 〈내 것〉이 공하였기 때문이다. 눈과 같이 귀·코·혀·몸·뜻과 법이 인연하여 뜻의 의식이 생긴다. 이 세 가지가 화합한 것은 부딪침이니, 부딪침으로 인해 느낌·생각·의도가 함께 생긴다. 이 모든 법은 〈나〉가 없고 항상이 없으며 내지 〈나〉와 〈내 것〉이 공하였느니라.

비구여, 너의 생각에는 어떠하냐? 눈은 항상한 것인가, 항상하지 않은 것인가?"

"항상하지 않나이다, 세존이시여."

"항상하지 않는 것이라면 그것은 괴로운 것인가?"

"그것은 괴로운 것입니다, 세존이시여."

"만일 덧없고 괴로운 것이라면 그것은 변하고 바뀌는 법이다. 그런데 많이 아는 거룩한 제자로서 과연 거기서 〈나〉와 〈다른 나〉와, 그 둘이 합한 것을 보겠느냐?"

"아닙니다. 세존이시여."

"귀·코·혀·몸·뜻에 있어서도 그와 같으니라. 그러므로 많이 아는 거룩한 제자는 눈에 대해서 싫어하는 마음을 내고, 싫어하기 때문에 바라지 않으며, 바라지 않기 때문에 해탈하고 또 해탈한 줄을 안다. 그래서 자신의 생이 이미 다하고 범행이 이미 서고 할 일을 이미 마쳐 다시는 후세의 몸을 받지 않는다고 스스로 아나니, 귀·코·혀·몸·뜻 또한 그와 같으니라."

때에 그 비구는 부처님께서 말씀하시는 「합수성비경(合手聲譬經)」의 가르침을 듣고 혼자 어느 고요한 곳에서 알뜰히 생각하면서 함부로 놀지 않는 데에 머물렀다. … 내지 후세의 몸을 받지 않는다고 스스로 알고 아라한이 되었다.

〔잡아함경 제11권 273.수성유경(手聲喩經)〕

세상을 구성하는 여섯 가지 요소-육대(六大)

이와 같이 내가 들었다.

어느 때 부처님께서 왕사성 칼란다 대나무동산에 계셨다. 그때에 존자 라훌라는 세존이 계신 곳에 나아가 머리를 조아려 그 발에 예배한 뒤에 한쪽에 물러앉아 부처님께 여쭈었다.

"세존이시여, 어떻게 알고 어떻게 보아야 이 내 신식(身識)과 바깥 경계의 일체 모양에서 〈나〉와 〈내 것〉이라는 소견·〈나〉라는 교만·매이어 집착함·부림〔使〕이 없게 되겠나이까?"

부처님께서는 라훌라에게 말씀하셨다.

"자세히 듣고 잘 생각하라. 너를 위하여 설명하리라. 라훌라여, 만일 비구로서 모든 땅〔地〕의 경계에 대하여 혹은 과거거나 미래거나 현재거나, 혹은 안이거나 밖이거나, 혹은 굵거나 가늘거나, 혹은 좋거나 더럽거나, 혹은 멀거나 가깝거나 그 일체는 〈나〉가 아니요, 〈다른 나〉도 아니며, 〈나〉와 〈다른 나〉가 합한 것도 아니라고 참답게 알고, 물〔水〕의 경계·불〔火〕의 경계·바람〔風〕의 경계·허공〔空〕의 경계·식(識)의 경계에 대해서도 그와 같으며, 라훌라여, 비구로서 이와 같이 알고 이와 같이 보아야 내 신식과 바깥 경계의 일체 모양에서 〈나〉와 〈내 것〉이라는 소견·〈나〉라는 교만·매이어 집착함·부림이 없게 될 것이다.

"라훌라여, 만일 비구로서 이 신식과 바깥 경계의 일체 모양에서 〈나〉와 〈내 것〉이라는 소견·〈나〉라는 교만·매이어 집착함·부림이 없으면, 이것을 애욕의 결박의 모든 맺음〔結〕을 끊고 모든 애욕의 교만을 끊고 밝게 알아서 괴로움을 완전히 벗어난 것이라 하느니라."

부처님께서 이 경을 말씀하시자, 존자 라훌라는 부처님 말씀을 듣고 기뻐하여 받들어 행하였다.

〔잡아함경 제17권 465. 착사경(着使經)〕

검은 법엔 검은 갚음, 흰 법엔 흰 갚음 - 십업(十業)

이와 같이 내가 들었다.

어느 때 부처님께서는 왕사성 금사(金師) 절에 계셨다. 때에 춘다 장자는 부처님께 나아가 부처님 발에 머리를 조아리고 한쪽에 물러앉았다.

그때에 세존께서 춘다 장자에게 물으셨다.

"너는 지금 어떤 사문이나 바라문의 깨끗한 행을 좋아하는가?"

춘다는 사뢰었다.

"어떤 사문이나 바라문은 물을 섬기고 비습파 하늘을 섬기는데, 지팡이를 짚고 물통을 들고 항상 그 손을 깨끗이 하나이다. 그 정사(正士)들은 이렇게 설법하나이다.

'착한 남자들이여, 매달 보름날에 깻가루나 암마라 가루로 머리를 감고, 재법(齋法)을 행하고, 새롭고 깨끗한 긴 털로 된 흰 천을 감고, 쇠똥을 땅에 바르고, 그 위에 누워라. 착한 남자들이여, 새벽에 일찍 일어나 손을 땅에 대고 이렇게 말하라. 이 땅은 청정하다, 나는 이 깨끗한 손으로 쇠똥덩이와 날풀을 잡는다고 그리고 이렇게 말하라. 이것은 청정하다, 나도 이렇게 깨끗하다고. 만일 그렇게 하면 생각이 청정하게 되지만, 그렇게 하지 않으면 영원히 청정해지지 않을 것이다.'

세존이시여, 만일 이런 부류의 사문이나 바라문이 청정하다면 저는 그들을 숭앙하겠나이다."

부처님께서는 춘다에게 말씀하셨다.

"검은 법에는 검은 갚음이 있고, 더러움에는 더러운 결과가 있으며, 무거운 것을 지면 구부러지는 것이다. 그러나 나쁜 법을 익히면 아무리 이른 새벽에 일찍 일어나 손을 땅에 대고 청정하다고 외쳐도 더러운 것이요, 땅에 대지 않더라도 또한 더러운 것이다. 또 쇠똥덩이나 날풀을 잡고 청정하다고 외치더라도 더럽고 대지 않더라도 더러운 것이다.

춘다여, '검은 법엔 검은 갚음이 있고, 더러움에는 더러운 결과가 있으며, 무거운 것을 지면 구부러지고 내지 대거나 대지 않거나 다 더럽다'는 것은 어떤 것인가?

(첫째는)[1] 살생하는 나쁜 업(業)이니, 손은 언제나 피투성이요 마음은 항상 때리고 죽이기를 생각하면서 부끄러워할 줄도 모르고 탐내고 아끼며, 일체 중생 내지 곤충들에게까지도 살생하기를 버리지 못하는 것이다[殺生].

(둘째는) 마을이나 한데서 남의 재물을 훔치는 것이다[偸盜].

(셋째는) 온갖 음행을 하는 것이니, 부모·형제·자매·남편·주인·친척이 힘으로 보호하는 여자나 내지 기생까지도 억지로 구해 음행을 하는 것이다[邪淫].

(넷째는) 진실하지 않은 거짓말이니, 왕의 집을 내 집이라 진실인 듯 말하고, 대중이 많이 모인 곳을 찾아 거짓말을 퍼뜨리는 것이다. 보지 않은 것을 보았다 하고 본 것을 보지 않았다 하며, 듣지 않은 것을 들었다 하고 들은 것을 듣지 않았다 하며, 아는 것을 모른다 하고 모르는 것을 안다 하며, 자기를 위해서나 남을 위해서나 혹은 재물을 위해 일부러 거짓말을 해 거짓말을 버리지 못한다. 이것을 거짓말이라 한다[妄語].

(다섯째는) 두 가지 말로 이간하는 것이니, 저 사람에게는 이 말을 전하고 이 사람에게는 저 말을 전하여, 양쪽을 다 헐뜯어 친한 사이를 벌어지게 하고 벌어지면 기뻐한다. 이것을 두 가지 말이라 한다[兩舌].

(여섯째는) 나쁜 말을 버리지 않는 것이니, 만일 사람이 부드러운 말로 말하면 귀에도 즐겁고 마음도 기쁘며, 바르고 떳떳해 알기도 쉬우며, 뽐냄이 없는 말은 듣기도 즐겁다. 그래서 사람들은 사랑하고 그 뜻에 맞아 고요한 마음을 해치지 않는다. 그러하거늘, 만일 거칠고 사나우면 사람들은 미워하고 사랑하지 않으며, 그 뜻에도 맞지 않아 고요한 마음을 거스른다. 이런 말은 거칠고 딱딱함을 떠나지 못하는 것이니 이것을 나쁜 말이라 하느니라[惡語].

(일곱째는) 꾸미어 무너지는 말이니, 때 아닌 말, 진실하지 않은 말, 뜻이 없는 말, 법이 아닌 말, 요령이 없는 말이다. 이것을 꾸미어 무너지는 말이라 한다[綺語].

(여덟째는) 탐욕을 떠나지 못함이니, 남의 재물에 탐욕을 일으켜 '이것은 내 것'이라고 말하는 것이다〔貪欲〕.

(아홉째는) 성내고 모질기를 좋아해 버리지 않는 것이니, 마음으로 생각하기를 '저 중생은 결박해야 한다. 때려야 한다. 항복 받고 죽여야 한다'고 한다. 그리하여 사건이 생기기를 좋아하는 것이다〔瞋恚〕.

(열째는) 삿된 소견과 착각을 버리지 못하는 것이니, 이렇게 보고 이렇게 말하는 것이다. 즉, '보시도 없고 갚음도 없으며, 복도 없고, 착한 행이나 악한 행도 없고, 착하거나 악한 업의 결과와 갚음도 없으며, 이 세상도 없고 저 세상도 없으며, 부모도 없고 중생이 세상에 나는 일도 없으며, 세상에는 아라한의 〈같은 세계로 같이 향하여 이 세상에서나 저 세상에서 스스로 증득한 줄을 알아, 나의 생은 이미 다하고, 범행은 이미 서고, 할 일은 이미 마쳐 후생의 몸을 받지 않을 줄을 스스로 안다〉는 것도 없다'고 한다〔邪見〕.

춘다여, 흰 법에는 흰 갚음이 있고 깨끗함에는 깨끗한 결과가 있다. 가벼운 신선으로 위로 오르기를 성취한 뒤에는 이른 아침에 땅에 손을 대고 '이것도 깨끗하고 나도 깨끗하다'고 해도 청정할 것이요, 대지 않더라도 청정할 것이다. 쇠똥이나 날풀을 잡더라도 인(因)이 깨끗하고 결과가 깨끗하면 잡거나 잡지 않거나 다 청정할 것이다.

춘다여, '흰 법에는 흰 갚음이 있고 내지 잡거나 잡지 않거나 다 청정하다'는 것은 무엇인가?

(첫째는) 사람이 살생하지 않고 살생을 떠나는 것이니, 칼이나 막대기를 버리고 부끄러워할 줄 알며, 일체 중생을 가엾이 생각하는 것이다.

(둘째는) 도둑질하지 않고 도둑질을 떠나는 것이니, 주는 것은 가지고 주지 않는 것은 가지지 않으며, 깨끗한 마음으로 탐하지 않는 것이다.

(셋째는) 음행을 떠나는 것이니, 부모가 보호하고 내지 기생까지도 억지로 구해 음행을 행하지 않는 것이다.

(넷째는) 거짓말을 떠나는 것이니, 자세하고 진실한 말을 하는 것이다.

(다섯째는) 두 가지 말을 떠나는 것이니, 이 말을 저기에 전하거나 저 말을 여기에 전해 양쪽을 다 헐뜯지 않아, 사이가 벌어진 사람은 친하게 하고 친

하면 따라서 기뻐하는 것이다.

(여섯째는) 나쁜 말을 떠나 거칠거나 사납지 않은 것이니, 사람들은 그 말을 즐겨하는 것이다.

(일곱째는) 꾸며서 무너지는 말을 떠나는 것이니, 자세한 말, 때에 맞는 말, 진실한 말, 뜻있는 말, 보고 하는 말이다.

(여덟째는) 탐욕을 떠나는 것이니, 남의 재물이나 남의 기구를 보고 자기 소유라는 생각을 내어 탐하거나 집착하지 않는 것이다.

(아홉째는) 성냄을 떠나는 것이니, '때리고 결박하고 죽여 여러 가지 사건을 일으키자'고 생각하지 않는 것이다.

(열째는) 바른 소견을 성취하여 착각하지 않는 것이니, '보시도 있고 주장도 있으며, 갚음도 있고 복도 있으며, 착하고 악한 행의 결과와 갚음도 있고, 이 세상도 있고 부모도 있고 중생의 남도 있으며, 세상에는 아라한의 〈이 세상이나 저 세상에서 현재에서 스스로 증득한 줄을 알아 나의 생은 이미 다하고 범행은 이미 서고, 할 일은 이미 마쳐 후생 몸을 받지 않을 줄을 스스로 안다〉는 것도 있다'고 생각하는 것이다.

춘다여, 이것이 '흰 법에는 흰 갚음이 있고, 내지 대거나 대지 않거나 다 청정하다'는 것이니라."

그때에 춘다 장자는 부처님 말씀을 듣고 기뻐하면서 예배하고 떠나갔다.

〔잡아함경 제37권 1039.순타경(淳陀經)〕

1) (첫째는): 괄호로 묶은 순서는 가독성을 높이기 위해 글쓴이가 붙였다.

삼계를 뛰어넘어 남음 없이 깨달으셨네 - 삼계(三界)

이와 같이 내가 들었다.

어느 때 부처님께서는 코삼비국의 고시타 동산에 계셨다. 그때에 고시타 장자는 존자 아난다가 있는 곳으로 가서 머리를 조아려 그 발에 절한 뒤 한쪽에 물러앉아 사뢰었다.

"말씀하신 바 갖가지 경계란 어떤 것을 말하는 것입니까?"

존자 아난다는 고시타 장자에게 말하였다.

"삼계(三界)가 있다. 어떤 것이 셋인가? 욕계(欲界)·색계(色界)·무색계(無色界)이니라."

그때에 아난다는 게송으로 말하였다.

욕계를 환하게 깨달아 알고
색계도 또한 다시 그러하나니
일체의 남음이 있는 것 버리고
남음이 없는 적멸 얻으시고

이 몸의 화합한 경계에 있어
길이 다해 남음 없이 깨달으신
저 부처님께서는
근심 없고 번뇌 여읜 글귀를 말하시네.

존자 아난다가 이 경을 말해 마치자 고시타 장자는 그 말을 따라 기뻐하면서 절하고 떠나갔다.

〔잡아함경 제17권 461.삼계경(三界經)①〕

여섯 가지 윤회의 길 - 육도(六道)

이와 같이 내가 들었다.

어느 때 부처님께서는 사위국 제타숲 외로운 이 돕는 동산에 계시면서 여러 비구에게 말씀하셨다.

"삿됨과 삿된 길이 있고, 바름과 바른 길이 있으니 자세히 듣고 잘 생각하라.

어떤 것이 삿됨인가? 이른바 지옥(地獄)·축생(畜生)·아귀(餓鬼)이니라.

어떤 것이 삿된 길인가? 이른바 살생(殺生)·도둑질〔偸盜〕·사음(邪淫)·거짓말〔妄語〕·두 말〔兩舌〕·나쁜 말〔惡語〕·꾸미는 말〔綺語〕·탐욕(貪欲)·성냄〔瞋恚〕·삿된 소견〔邪見〕이다.

어떤 것이 바름인가? 이른바 인간(人間)·천상(天上)·열반(涅槃)이다.

어떤 것이 바른 길인가? 이른바 살생하지 않음·도둑질하지 않음·사음하지 않음·거짓말하지 않음·두 말 하지 않음·나쁜 말 하지 않음·꾸미는 말 하지 않음·탐욕 없음·성냄 없음과 바른 소견이니라."

부처님께서 이 경을 말씀하시자 여러 비구들은 그 말씀을 듣고 기뻐하여 받들어 행하였다.

〔잡아함경 제28권 791.사정경(邪正經)〕

세 가지 밝음-삼명(三明)

이와 같이 내가 들었다.

어느 때 부처님께서는 사위국 제타숲 외로운 이 돕는 동산에 계시면서 여러 비구에게 말씀하셨다.

"다 배운 이〔無學〕의 세 가지 밝음〔三明〕이 있다. 어떤 것이 셋인가? 숙명을 아는 지혜의 신통〔宿命通〕, 생사를 아는 지혜의 신통〔天眼通〕, 번뇌가 다한 지혜의 신통〔漏盡通〕이니라.

어떤 것이 다 배운 이의 숙명(宿命)을 아는 지혜의 신통인가? 이른바 성인의 제자는 갖가지 전생 일을 안다. 즉 한 생에서 백천만억 생에 이르기까지 내지 이룩되고 무너진 겁수(劫數)와, 자기와 중생들이 지낸 과거에 어떤 이름, 어떤 생(生), 어떤 성을 가진 것과 어떤 음식을 먹은 것과, 어떤 괴로움과 즐거움을 받았는가, 얼마만한 수명으로 얼만큼 오래 머물렀는가, 어떤 신분을 받았던가를 다 안다. 또한 자기와 중생들이 여기서 죽어 다른 곳에 나고 다른 곳에서 죽어 여기에 난 것과 어떤 행(行), 어떤 인(因), 어떤 믿음으로 갖가지 전생 일을 받았던가를 밝게 안다. 이것이 이른바 숙명을 아는 지혜의 밝음이니라.

어떤 것이 생사를 아는 지혜의 밝음인가? 이른바 성인의 제자는 사람 눈보다 뛰어난 하늘눈으로 모든 중생들이 죽는 때와 나는 때, 좋은 얼굴과 나쁜 얼굴, 귀한 몸과 천한 몸이며, 나쁜 곳으로 향해 업(業)을 따라 태어나는 것들을 본다. 그리고 이런 중생들은 몸으로 나쁜 행을 행하고, 입과 뜻으로 나쁜 행을 행하며, 성인을 비방하고, 삿된 소견으로 삿된 법의 인연을 받았으므로 몸이 무너지고 목숨이 끝난 뒤에는 지옥 같은 나쁜 곳에 난다고 참다이 안다. 또 이 중생은 몸과 입과 뜻으로 착한 행을 행하고 성인을 비방하지 않았으며, 바른 소견을 성취하였으므로 몸이 무너지고 목숨이 끝난 뒤에는 천상이나 인간의 좋은 곳에 난다고 참다이 안다. 이것이 이른바 생사를 아는 바른 지혜의 밝음이니라.
　어떤 것이 번뇌가 다한 지혜의 밝음인가? 이른바 성인의 제자는 '이것은 괴로움'이라고 참답게 알고, '이것은 괴로움의 원인', '이것은 괴로움의 사라짐', '이것은 괴로움을 없애는 길'이라고 참답게 안다. 그는 이렇게 알고 이렇게 보므로 탐욕의 번뇌에서 마음이 벗어나고, 존재와 무명의 번뇌에서 마음이 벗어나고, 그리고 벗어난 줄을 알고 보아 나의 생은 이미 다하고 범행은 이미 서고 할 일은 이미 마쳐 다시는 후생 몸을 받지 않을 줄을 스스로 안다. 이것이 이른바 번뇌가 다한 지혜의 밝음이니라."
　그때에 세존께서는 곧 게송으로 말씀하셨다.

　　자세히 관찰하여 전생 일 알고
　　하늘이나 나쁜 곳에 나는 것 보고
　　나고 죽는 그 온갖 번뇌 다하면
　　그것은 곧 모니의 밝음이니라.

　　저 일체의 탐욕과 애정에서
　　그 마음 벗어나게 된 것을 알고
　　세 가지 모두 다 통달했나니
　　그러므로 세 가지 밝음이라 한다.

　부처님께서 이 경을 말씀하시자, 여러 비구들은 그 말씀을 듣고 기뻐하여 받들어 행하였다.
〔잡아함경 제31권 885.무학삼명경(無學三明經)②〕

3. 인간관

독일의 불교학자 게오르그 그림(Grimm. G)은 불교의 인간관을 다음과 같이 표현했다고 한다.

"불교는 다른 종교에 존재하는 신(神)을 갖고 있지 않다. 오직 인격적 신의 관념을 버린 자만이 비로소 불교를 알 수 있을 것이다."(Grimm.G, 1923; 김석암, 1991)

『잡아함경』의 근본적인 인간관도 마찬가지다. 석가모니는 외도 비판을 통해 인간의 생사여탈, 행복과 불행, 운명을 좌지우지하는 신이란 존재는 없다고 철저히 부인했다. 그와 함께 운명론적인 견해와 유물론적인 주장을 배격하고 인간에게 본래부터 있어온 '자유의지'를 강조했다.

『잡아함경』에서는 인간을 두 가지 측면에서 바라보았다. 하나는 인간의 본래 모습, 즉 본성에 초점을 맞춘 것이고, 다른 하나는 현재 이 세상에서 삶을 영위하고 있는 실존적인 모습, 즉 현재성에 중점을 둔 것이다.

1) 본성적 인간

석가모니는 신이란 절대적인 존재를 부인하면서, 인간을 신 이상의 존재로 인정하였다. 즉 인간의 본성은 불성(佛性)이며, 인간은 누구나 깨달을 수 있고, 깨달으면 부처가 되어 윤회에서 벗어나게 된다는 것이다. 이것이 불교의 근본적인 인간관이다.

석가모니는 인간에게만 불성이 있다고 한 것이 아니었다. 인간을 포함한 모든 살아가는 존재[衆生]에게 부처의 품성이 있다고 하였다.

중생(衆生)은 윤회해서 태어나는 바에 따라 크게 여섯으로 나뉜다. 인간보다 뛰어난 존재로 신(神)이 있고, 인간보다 열등한 존재로는 아수라, 축생, 아귀, 지옥의 중생이 있다. 인간은 신과 짐승의 중간자적 위치에 있는 것이다.

『잡아함경』에도 신(神)이란 단어가 등장한다. 그러나 불교의 신은 다른 종교에서 말하는 전지전능한 절대자가 아니다. 신비력과 직관력은 인간보다 뛰어나지만 인간과 마찬가지로 윤회를 거듭하는 중생 가운데 하나이다.

신들은 너무 행복해서 현세의 삶을 싫어하지 않는다. 또한 너무 장수하기 때문에 무상(無常)의 가르침을 이해할 수 없다. 이에 반해 축생과 아귀, 아수라, 지옥의 중생들은 총명하지 못하다. 그러므로 신과 매한가지로 도를 깨치기가 어렵다. 그래서 모든 부처는 '인간으로 출현'한다. 인간으로서의 삶이 열반에 도달하기에는 어떠한 중생의 삶보다 적합하기 때문이다. 신도 짐승도 아닌 인간만이 궁극적인 해탈이 가능한 것이다. 그렇지만 불교에서는 인간만이 아니라 모든 중생이 부처의 가르침을 듣고 해탈할 가능성이 있음을 완전히 배제하지는 않고 있다. 불경 곳곳에 신도 짐승도 부처의 설법을 듣고 기뻐했다는 말이 나온다(김진무, 1996).

모든 중생이 불성을 갖고 있으며 부처가 될 수 있다는 말은 결국 모든 중생의 존귀성과 평등성을 강조한 말이다. 석가모니가 가르침을 펴던 시절 인도는 바라문교의 영향 아래 사성계급이 뚜렷했다. 어떤 사람은 바라문으로 태어나 편하게 살아가며 세상을 지배했고, 어떤 사람은 수드라로 태어나 평생 지배를 받으며 힘겹고 궂은 일만 하며 살았다. 이런 세상에 대고 석가모니는 "모든 사람은 다 깨달은 자, 부처가 될 수 있다"고 선언한 것이다. 여기에서 한발 더 나아가 "모든 중생에게 불성이 있다", "그러므로 인간은 물론 중생 모두가 존엄한 존재다"라는 가르침을 펴나갔다.

…그때에 세존께서는 게송으로 말씀하셨다.

"혹은 검거나 혹은 희거나
혹은 또 빨갛거나 혹은 얼룩이거나
순 황금빛 노랑이거나 잿빛이거나

이러한 황소나 아름다운 송아지

몸도 튼튼하고 힘도 또한 갖추고
잘 길들어 빨리 달리며
무거운 짐을 실어 견디어 내면
그 본래 빛깔은 묻지도 않네.

사람도 또한 그와 같아서
제각기 태어난 곳 따를 뿐이니
혹은 찰제리 혹은 바라문
혹은 바이샤 혹은 수드라
혹은 찬다라의 하천한 것들

그 태어난 곳은 각각 다르나
다만 깨끗한 계를 가지게 하고
무거운 짐의 번뇌를 떠나
순수하게 한결같이 범행 닦으면
그는 번뇌가 다한 아라한이요
이 세간에 있는 잘 간 이〔善逝〕이거니…"
〔사례15, 제4권 95.생문경(生聞經)〕

…부처님께서는 곧 자리에 앉으시어 그를 위해 게송으로 말씀하셨다.

"…태어난 종성으로 영군특이(하천한 게) 아니요,
태어난 종성으로 바라문이(귀한 게) 아니다.
그 행위 때문에 영군특이(하천하게) 되며,
그 행위 때문에 바라문이(귀하게) 되느니라."
〔사례20, 제4권 102.영군특경(領群特經)〕

2) 실존적 인간

중생이 본질적으로는 불성을 지니고 있지만, 현상적으로는 분명히 부처와 다르다. 중생이 본성인 불성을 온전히 발휘하지 못하기 때문이다. 따라서 중생은 미완성된 부처이고, 부처는 불성의 기능을 완전히 발휘하는 완성된 중생이다. 중생은 이 점을 모르고 스스로 비굴심을 가지고 신을 창조하여 신의 종이 되려 하거나, 현상적인 자신이 참된 자기인 줄로 착각하는 정신적 어두움 속에서 괴로움을 스스로 불러일으키고 있는 것이다(박선영, 1982).

김석암(1991)은 아함에 나오는 석가모니의 인간관을 넷으로 분류해 분석했다.

그 첫째는 '실존으로서의 나'로서, "인간의 본체는 없다. 존재·개체·〈나〉라고 불리는 것은 오온(五蘊)으로 되어 있으며, 오온에 대한 집착에서 고(苦)가 생겨났다. 불교는 이러한 사실을 알고 거기에서 벗어나는 방법을 가르친다"고 했다.

두번째는 '인간의 자율로서의 행위'로, "인간의 행위에는 반드시 원인이 있고, 그에 상응하는 업보가 있으며, 전생에서 지은 업은 현세에 받고 현세에서 지은 것은 내세에 받는다. 따라서 인간은 자신의 행위는 자기 스스로 책임져야 한다는 냉혹한 도덕적 책무가 석가모니의 가르침 안에 들어 있으며, 이는 모든 행동의 책임을 인간의 자율에 맡겨놓는 것으로서, 운명 역시 인간의 소산물"이라고 파악했다.

세번째는 '원인들의 연결고리로서의 연기'로, "인이 있으면 반드시 결과가 나타나며, 〈나〉가 있으면 〈나〉 아닌 〈남〉도 있고, 〈나〉라는 생각이 없어지면 〈남〉이라는 생각도 없어진다. 이러한 인과율의 적용 범위는 '1회성'이 아니라 '다회성'으로 현생에 그 결과가 나타나지 않으면 다음 생에도 나타날 수 있다"고 분석했다.

네번째는 '인간상으로서의 아라한'으로, "인간은 수행을 통해 염리(厭離)

→이탐(離貪)→해탈(解脫)의 과정을 거치는데, 인간에서 출발하여 인간으로 완성되는 것이 불교 인간학의 지향점"이라고 보았다.

아함 전반에 흐르는 불교의 인간관은 『잡아함경』과도 일치한다.

『잡아함경』에서 석가모니의 인간관은 오온(五蘊)과 육근(六根)·육경(六境)의 십이처, 그리고 삼법인(三法印)을 통해서 알 수 있다.

오온은 색(色)이라는 육체적 요소와 정신작용을 하는 수(受)·상(想)·행(行)·식(識) 등 다섯 가지의 요소로 이루어졌다. 육근은 눈·귀·코·혀·몸의 육체적인 요소와 뜻[意]의 여섯 가지로, 육경은 물질·소리·냄새·감촉과 세상의 모든 현상이나 진리를 뜻하는 법(法)의 여섯 가지 요소로 이루어져 있다.

(1) 오온(五蘊)

오온의 온(蘊)이란 무더기, 쌓인다, 화합하여 모인 것을 뜻하는 것으로, 오온은 생겼다가 변화하고 없어지는 것을 종류대로 모아서 다섯 가지로 대별한 것이다. 물질계와 정신계의 양면에 걸친 일체의 인연에 의해 생긴 법을 일컫는다. 중생의 삶을 구성하는 다섯 가지 요소가 곧 오온으로, 오취온(五取蘊), 오음(五陰), 오중(五衆), 오취(五聚)라고도 한다.

① 색온(色蘊): 물질, 육체. 스스로 변화하고 또 다른 것의 장애가 되는 물체. 지수화풍(地水火風)의 사대로 이루어져 있음.

② 수온(受蘊): 느낌. 괴로움과 즐거움, 괴롭지도 즐겁지도 않음 등 외부의 자극을 받아들이는 수동적인 감각작용.

③ 상온(想蘊): 생각. 외계의 사물을 마음속에 받아들이고 그것을 상상하여 보는 마음의 작용. 감각에 따라 개념을 조성하는 표상작용.

④ 행온(行蘊): 지어감. 의지. 인연으로 생겨나서 시간적으로 변천하는 것을 의미. 조성된 표상작용에 따라 좋고 나쁜 것을 느끼고, 좋은 것은 더 추구하고 나쁜 것은 배척하려는 능동적인 의지를 드러내는 행위. 행온에는

다시 몸으로 나타내는 행인 신업(身業), 입으로 나타내는 행인 구업(口業), 마음으로 짓는 행인 의업(意業) 등 신·구·의 삼업(三業)이 있다.

⑤ 식온(識蘊): 의식, 식별. 의식하고 분별함. 이성적인 의식작용.

오온 가운데 첫번째인 색온은 물질적인 요소로 되어 있어 물질계이며, 나머지 넷인 수(受)·상(想)·행(行)·식(識)은 정신적인 요소로 되어 있어 정신계에 속한다.

인간은 색온인 육신으로 느끼고[受]·생각하고[想]·지어가고[行]·식별하는[識] 정신적 활동을 한다. 육신은 지수화풍(地水火風)의 사대로 구성되어 있으며, 눈·귀·코·혀·몸·뜻의 육근(六根)을 갖고 있어 물질·소리·냄새·맛·감촉·법의 육경(六境)을 인식한다[六識]. 즉 인식의 주체인 오온의 색온과 육근은 그대로 인간의 실존이며, 인식의 대상인 육경은 인간을 둘러싸고 있는 외부의 환경이다.

육근 가운데 눈·귀·코·혀·몸은 육체적 요소로 육경의 물질·소리·냄새·맛·감촉을 식별하며, 뜻[意]은 육경의 법(法)을 인식한다.

육경의 법(法)이란 현상, 진리를 뜻한다. 『잡아함경』에서는 이 세상에 존재하는 법, 현상, 진리를 인과의 법칙으로 파악했다. 이것으로 말미암아 저것이 일어나고 저것으로 인해 이것이 생기며, 어떤 원인이 있으면 반드시 그에 상응하는 결과가 따른다는 것이다. 이것이 이 세상에 존재하는 현상이며 진리이며 법이다.

육근의 뜻[意]은 인간의 '자유의지'를 의미한다. 석가모니는 육근에 뜻을 포함시킴으로써 인간에게 주체적인 '자유의지'가 있음을 명백히 했다. 즉, 석가모니가 본 인간은 "자신의 삶을 주재하고 나아가 창조할 수 있는 자존적인 존재이며, 또한 자신이 만들어가는 원인의 결과에 대해 책임을 지니는 자율적인 존재"인 것이다.

그러나 모든 만물이 이루어지고[成]·머물고[住]·허물어지고[壞]·없어지고[空] 하듯이, 인간의 육신 역시 태어나서[生]·늙고[老]·병들고[病]·죽을

〔死〕수밖에 없다. 따라서 무상(無常)한 존재이다.

인간 존재의 근저를 이루는 물질적 요소인 육신〔色蘊〕이 무상하니, 육신인 색온을 바탕으로 일어나는 작용인 느낌〔受蘊〕·생각〔想蘊〕·지어감〔行蘊〕·의식〔識蘊〕 역시 무상한 것은 자명한 이치다. 이렇게 오온설은 인간의 의지가 극히 자유로운 주체성을 지닌 것으로되, 근원적인 괴로움의 제약을 받고 있다는 것을 나타낸다. 석가모니는 인간이란 강력한 의지적 존재인 한편 덧없는 나약함을 지닌 존재로 간파하고 있다(최봉수, 2001). 여기에서 불교의 핵심적인 교리인 삼법인(三法印)이 나온다.

(2) 삼법인(三法印)

삼법인이란 불교의 근본 교의, 변하지 않는 진리〔法印〕셋을 뜻하는 것으로, 제행무상·제법무아·열반적정을 말한다.

① 제행무상인(諸行無常印): 세상 모든 것은 변한다는 뜻. 사람들은 세상 모든 것이 항상 존재하는 것으로 그릇 생각하고 있으나, 만물은 생멸 변화하여 항상한 것이 없으므로 무상(無常)하다고 말한다.

② 제법무아인(諸法無我印): 모든 법은 실체가 없다는 뜻. 만유의 모든 법은 인연으로 생긴 것이어서 실체가 없는데 사람들은 '아(我)'에 집착하여 그릇된 견해를 일으키므로, 이를 없애기 위해 무아(無我)라고 말하는 것이다.

③ 열반적정인(涅槃寂靜印): 제행무상과 제법무아를 바로 알아서 생사를 윤회하는 고통에서 벗어나 평온한 이상경(理想境)에 이른 상태. 열반.

인간은 무상한 존재이지만, 자신이 자유의지를 발현할 수 있는 주체적인 존재이기도 하다. 따라서 세상 모든 것은 항상하지 못하고 변화하는 무상한 존재이며〔諸行無常〕, 세상 모든 법에는 실체가 없다는 것을〔諸法無我〕 보고 알아 생사윤회의 길에서 벗어나 열반적정(涅槃寂靜)에 이르는 길을 스스로 택할 수 있다. 열반적정에 이른다는 것은 바로 부처가 된다는 뜻이다.

따라서 불교의 인간관을 요약하면, 인간이란 실존적인 현 존재는 인과의 세상에서 윤회를 거듭하는 무상한 존재이지만, 그러한 현실을 바로 알아 궁극적인 진리를 깨달으면 부처가 되어 윤회를 벗어나고 열반의 세계를 구현하는 무한한 잠재력, 즉 불성을 지닌 존재이기도 한 것이다.

다섯 가지 쌓임 - 오온(五蘊)

이와 같이 내가 들었다.

어느 때 부처님께서는 사위국 제타숲 외로운 이 돕는 동산에 계시면서 여러 비구들에게 말씀하셨다.

"다섯 가지 쌓임[五蘊]이 있으니, 이른바 물질의 쌓임[色蘊]과 느낌의 쌓임[受蘊]·생각의 쌓임[想蘊]·지어감의 쌓임[行蘊]·의식의 쌓임[識蘊]이다.

비구들이여, 만일 사문이나 바라문들이 〈나〉가 있다고 헤아리면 그것은 다 이 다섯 가지 쌓임에 〈나〉가 있다고 헤아리는 것이다. 어떤 것이 다섯인가? '물질은 〈나〉다, 〈나〉와 다르다, 둘을 합한 것이다'라 보는 것이다. 이와 같이 '느낌·생각·지어감·의식은 〈나〉다, 〈나〉와 다르다, 둘을 합한 것이다'라 본다. 이와 같이 어리석고 무식한 범부들은 〈나〉를 헤아려 무명으로써 분별하고 이렇게 관찰하여 〈내 것〉이라는 생각을 떠나지 못한다. 〈내 것〉이라는 생각을 떠나지 못하면 모든 근(根)에 들어가고, 모든 근에 들어간 뒤에는 닿임[觸]이 생겨 여섯 가지 감각기관에 부딪치느라. 어리석고 무식한 범부들은 괴로워하고 즐거워하는 마음을 내고, 그것으로 말미암아 그런 마음과 또 다른 마음을 내나니, 이것이 이른바 여섯 가지 부딪치는 몸이다. 어떤 것이 여섯인가? 곧 눈과 귀·코·혀·몸·뜻의 여섯 가지 감각기관[六根]이니라.

비구들이여, 뜻의 경계와 법의 경계와 무명의 경계가 있다. 무명의 '닿임'에 부딪쳐 어리석고 무식한 범부들은 〈나〉가 있다고 말하고, 없다고 말하며, 있지도 않고 없지도 않다고 말한다. 그래서 내가 가장 훌륭하다고 말하고, 나는 저와 같다고 말하며, 나는 알고 나는 본다고 말하느니라.

다시 비구들이여, 많이 아는 거룩한 제자는 여섯 가지 부딪치는 감각기관에 머무르면서도 능히 무명을 싫어해 밝음을 낼 수 있다. 그는 무명과 욕심을 떠나 밝음을 내기 때문에 '〈나〉는 있는 것도 아니요, 없는 것도 아니며, 있기도 하고 없기도 한 것도 아니요, 있기도 하고 없기도 한 것도 아닌 것도 아니다. 그래서 내가 훌륭한 것도 아니요, 내가 못한 것도 아니며, 내가 저와 같은 것도 아니며, 내가 아는 것도 아니요, 내가 보는 것도 아니다'라고 생각한다. 이와 같이 알고 이와 같이 본 뒤에는 앞에 일어난 무명의 닿임은 멸하고 뒤의 밝음의 닿임은 모여 일어나느니라."

  부처님께서 이 경을 말씀하시자 여러 비구들은 부처님 말씀을 듣고 기뻐하여 받들어 행하였다.

〔잡아함경 제3권 63.분별경(分別經)③〕

세 가지 변하지 않는 진리-삼법인(三法印)

이와 같이 내가 들었다.

어느 때 부처님께서는 사위국 제타숲 외로운 이 돕는 동산에 계시면서 여러 비구들에게 말씀하셨다.

"너희들의 소유가 아닌 것은 다 버려야 한다. 그 법을 다 버린 뒤에는 긴 밤 동안에 안락하리라. 모든 비구들이여, 너희들 생각에는 어떠하냐? 이 제타숲에 있는 모든 초목의 가지와 잎사귀를 어떤 사람이 다 가지고 가면 너희는 그것을 걱정하여 '이 모든 것은 내 소유인데 저 사람이 무슨 까닭으로 갑자기 가지고 가는가?'라고 말하겠는가?"

비구들은 대답했다.

"아닙니다, 세존이시여. 무슨 까닭인가? 그것은 〈나〉도 아니요 〈내 것〉도 아니기 때문이옵니다."

"너희 모든 비구들도 또한 그러하다. 너희들의 소유가 아닌 물건은 마땅히 다 버려야 한다. 그 법을 따라 다 버린 뒤에는 긴 밤 동안 안락하리라. 어떤 것을 너희의 소유가 아니라 하는가? 이른바 눈이니, 눈은 너희들의 소유가 아니니 마땅히 다 버려야 한다. 그 법을 다 버리고 난 뒤에는 긴 밤 동안에 안락하리라. 귀·코·혀·몸·뜻에 있어서도 또한 그와 같으니라.

어떠냐, 비구들이여. 눈은 항상한 것인가, 항상하지 않은 것인가?"

"항상하지 않나이다."

"만일 항상하지 않은 것이라면 그것은 괴로운 것인가?"

"그것은 괴로운 것입니다, 세존이시여."

"만일 덧없고 괴로운 것이라면 그것은 변하고 바뀌는 법이다[諸行無常]. 그런데 많이 아는 거룩한 제자는 이 여섯 감관에 대해서 〈나〉도 아니요, 〈내 것〉도 아니라고 관찰한다[諸法無我]. 관찰한 뒤에는 모든 세간에 대해서 도무지 취할 것이 없고 취할 것이 없기 때문에 집착할 것이 없고, 집착할 것이 없기 때문에 스스로 열반을 깨닫는다〔涅槃寂靜〕. 그래서 나의 생은 이미 다하고, 범행은 이미 서고, 할 일은 이미 마쳐 다시는 후세의 몸을 받지 않는다고 스스로 아느니라."

부처님께서 이 경을 말씀하시자 여러 비구들은 부처님 말씀을 듣고 기뻐하여 받들어 행하였다.

〔제11권 274.기사경(棄捨經)〕

제4장 『잡아함경』에 나타난 인간의 심리적 문제의 원인과 해결

― 인간으로 태어난 자체가 문제, 37도품 닦으면 열반에 이르러 ―

제4장 『잡아함경』에 나타난 인간의 심리적 문제의 원인과 해결
- 인간으로 태어난 자체가 문제, 37도품 닦으면 열반에 이르러 -

1. 인간의 심리적 문제의 원인

『잡아함경』은 물론 불교에서는 인간의 문제를 심리적인 측면에 국한해서 다루지 않는다. 인간으로 태어난 자체가 문제요, 인생이란 곧 괴로움〔苦〕이라고 말한다.

인간으로 태어났다는 것은 윤회 전생하는 것을 의미한다. 윤회하는 이 세상을 돌고 도는 동안에는 누구나 괴로울 수밖에 없다. 삼법인에서 알 수 있듯이 인간은 물론 이 세상에 존재하는 만물은 무상한 존재며, 실체적인 〈나〉가 없다. 무상하므로 괴롭고, 실체적인 〈나〉가 없는데도 〈나〉를 찾으려 하고 〈나〉란 허상을 만들어 집착하니 괴롭다. 그래서 제행무상(諸行無常)이요 제법무아(諸法無我)이니, 모든 것이 괴로움인 것이다〔一切皆苦〕.

인간으로 태어난 자체가 문제요 괴로움이다. 따라서 인간을 벗어나 부처가 되어야만 문제가 해결되는 것이며, 괴로움을 벗어나는 것이다.

그러면 인간은 왜 인간으로 태어나는 것일까? 이를 『잡아함경』에서는 십이연기로 설명한다. 즉 무명(無明) 때문에 업을 지어〔行〕 인간으로 태어나 준엄한 연기의 법칙이 작용하는 이 세상에서 인과에 따라 돌고 도는 것이다.

1) 십이연기(十二緣起)

중생의 생존을 구성하는 열두 가지 인과를 십이연기(十二緣起)라 한다. 연기(緣起)란 인연생기(因緣生起)의 준말로 '인연에 따라 생긴다'는 뜻이다. '이것이 있으므로 저것이 있고, 이것이 생기므로 저것이 생기며, 이것이 없으므로 저것이 없고, 이것이 멸하므로 저것이 멸한다'는 상의상대적(相依相對的)인 관계를 설하는 것이 십이연기다. 연기법은 부처가 세상에 나오거나 나오지 않거나 영원히 변하지 않고 이 세상에 존재하는 진리로, 부처는 이것을 관하여 깨달음을 얻고 중생을 위하여 이 법을 설한 사람을 일컫는 말이다. 십이인연(十二因緣)이라고도 한다.

① 무명(無明): 미(迷)의 근본인 무지(無知). 고통의 근본 원인. 과거와 미래를 알지 못하고, 안[六根]과 밖[六境]을 알지 못하며, 업(業)과 과보를 알지 못하고, 불·법·승 삼보를 알지 못하며, 고·집·멸·도 사성제를 알지 못하며, 인(因)을 알지 못하고, 인을 일으키는 법을 알지 못하며, 착하고 착하지 않음을 알지 못하고, 죄가 있고 죄가 없음, 익히고 익히지 않음, 혹은 못하고 혹은 나음, 더럽고 깨끗함과 분별과 연기를 모두 알지 못하며, 여섯 감관을 참다이 깨닫고 알지 못하며, 이러저러한 것을 알지 못하고 보지도 못하며, 참다운 지혜가 없어 어리석고 컴컴하며, 밝음이 없고 크게 어두운 것.

② 행(行): 무명을 인연하여 일어나는 행위. 몸과 입과 뜻으로 짓는 업. 즉 신(身)·구(口)·의(意) 삼업(三業).

③ 식(識): 행을 인연하여 일어나는 의식작용. 안식(眼識)·이식(耳識)·비식(鼻識)·설식(舌識)·신식(身識)·의식(意識)의 육식(六識).

④ 명색(名色): 식을 인연하여 인식되는 대상. 즉 마음이 일어나게 하는 인식대상을 말한다. 색(色)·성(聲)·향(香)·미(味)·촉(觸)·법(法)의 육경(六境).

⑤ 육처(六處): 명색을 인연하여 있는 것. 안(眼)·이(耳)·비(鼻)·설(舌)·신

(身)·의(意) 육근(六根)을 말한다.

⑥ 촉(觸): 육처를 인연하여 생기는 것. 즉 육근과 육경이 만나는 것.

⑦ 수(受): 촉을 인연하여 생기는 것. 육근과 육경이 만날 때 일어나는 느낌, 감수작용.

⑧ 애(愛): 수를 인연하여 생기는 것. 느낌이 일어나면서 잇달아 일어나는 마음, 갈애(渴愛). 성욕과 정욕에 탐착하는 욕애(欲愛)와 물질에 탐착하는 색애(色愛), 물질을 넘어선 욕망, 즉 선정(禪定)의 경계에 탐착하는 무색애(無色愛)의 삼애(三愛)가 있다.

⑨ 취(取): 애를 인연하여 일어나는 것. 자기가 갖고자 하는 물건을 취하는 것으로, 갈애에 따라 일어나는 갖고자 하는 마음과 행동. 욕심을 취하는 욕취(欲取), 소견을 취하는 견취(見取), 계를 취하는 계취(戒取), 나를 취하는 아취(我取) 등 사취(四取)가 있다.

⑩ 유(有): 취를 인연하여 생기는 것. 업의 다른 이름으로, 다음 세상의 결과를 불러올 업. 욕(欲)에 얽매여 사는 욕계의 존재인 욕유(欲有), 색계 사선천(四禪天)의 과보인 색유(色有), 무색계의 생사의 경계에 인(因)도 있고 과(果)도 있는 무색유(無色有)의 삼유(三有)가 있다.

⑪ 생(生). 유를 인연하여 생기는 것. 몸을 받아 태어남.

⑫ 노사(老死): 생을 인연하여 생기는 것. 늙어서 죽음.

열두 가지 연기 가운데 무명(無明)과 행(行)의 둘은 현재의 과보를 받게 한 과거의 원인이라 하여 '과거 2인'이라 하고, 식(識)과 명색(名色), 육처(六處), 촉(觸), 수(受)의 다섯은 현재에 받는 결과라 하여 '현재 5과'라 한다. 애(愛), 취(取), 유(有)의 셋은 미래에 과보를 받게 하는 현재의 원인이라 하여 '현재 3인'이라 하고, 생(生)과 노사(老死)의 둘은 미래에 받는 과보라 하여 '미래 2과'라 한다.

십이연기를 한마디로 요약하면, '명(明: 모든 법의 실상에 대하여 밝게 앎)이 없는 사람에게는 죽음의 괴로움이 있게 된다'는 뜻이다(고익진A, 1998).

이것이 있으므로 저것이 있고…-십이연기(十二緣起)

이와 같이 내가 들었다.

어느 때 부처님께서는 쿠루수국 조우 마을에 계셨다. 그때에 세존께서는 모든 비구들에게 말씀하셨다.

"나는 지금 연기법(緣起法)의 법의 말과 뜻의 말을 설명하리니 자세히 듣고 잘 생각하라. 너희들을 위하여 설명하리라.

어떤 것이 연기법의 법의 말인가? 이른바 '이것이 있기 때문에 저것이 있고, 이것이 일어나기 때문에 저것이 일어난다'는 것이니, 즉 무명(無明)을 인연하여 지어감[行]이 있고… 내지, 순수한 큰 괴로움의 무더기가 모인다. 이것을 연기법의 법의 말이라 하느니라.

어떤 것이 뜻의 말인가? 무명(無明)을 인연하여 행(行)이 있다면 어떤 것을 무명이라 하는가? 만일 과거를 알지 못하고 미래를 알지 못하고 과거와 미래를 알지 못하며, 안을 알지 못하고 밖을 알지 못하고 안팎을 알지 못하며, 업(業)을 알지 못하고 갚음[報]을 알지 못하며 업과 갚음을 알지 못하고, 부처를 알지 못하고 법을 알지 못하고 승(僧)을 알지 못하며, 괴로움을 알지 못하고 괴로움의 모임을 알지 못하며 괴로움의 멸함을 알지 못하고 괴로움을 멸하는 길을 알지 못하며, 인(因)을 알지 못하고 인을 일으키는 법을 알지 못하며, 착하고 착하지 않음을 알지 못하고, 죄가 있고 없음과 익히고 익히지 않음과 혹은 못하고 나음과 더럽고 깨끗함과 분별과 연기를 모두 알지 못하며, 여섯 감관을 참다이 깨달아 알지 못하며, 이러저러한 것을 알지 못하고 보지도 못하며, 참다운 지혜가 없어 어리석고 컴컴하며, 밝음이 없고 크게 어두우면 이것을 무명이라 하느니라.

무명을 인연하여 행(行)이 있다면, 어떤 것을 행이라 하는가? 행에는 세 가지[三業]가 있으니, 몸의 지어감[身業]·입의 지어감[口業]·뜻의 지어감[意業] 이니라.

행을 인연하여 식(識)이 있다면 어떤 것을 식이라 하는가? 이른바 여섯 식신〔六識〕이니, 눈의 식신·귀의 식신·코의 식신·혀의 식신·몸의 식신·뜻의 식신이니라.

식을 인연하여 명색(名色)이 있다면 어떤 것을 명(名: 정신)이라 하는가? 이른바 네 가지 형상 없는 쌓임이니, 즉 느낌의 쌓임〔受蘊〕·생각의 쌓임〔想蘊〕·지어감의 쌓임〔行蘊〕·의식의 쌓임〔識蘊〕이니라. 어떤 것을 색(色: 물질)이라 하는가? 이른바 사대와 사대로 된 물질의 쌓임〔色蘊〕을 말한다. 이 물질과 앞에서 말한 정신을 합하여〔五蘊〕명색이라 한다.

명색을 인연하여 육처(六處)가 있다면, 어떤 것을 육처라 하는가? 이른바 여섯 가지 안의 감각〔六根〕이니, 눈의 감관·귀의 감관·코의 감관·혀의 감관·몸의 감관·뜻의 감관이니라.

육처를 인연하여 촉(觸)이 있다면 어떤 것을 촉이라 하는가? 이른바 여섯 가지 촉신〔六觸身〕이니, 눈의 촉신·귀의 촉신·코의 촉신·혀의 촉신·몸의 촉신·뜻의 촉신이니라.

촉을 인연하여 수(受)가 있다면 어떤 것을 수라 하는가? 이른바 세 가지 느낌〔三受〕이니, 괴로움의 느낌·즐거움의 느낌·괴롭지도 즐겁지도 않은 느낌이니라.

수를 인연하여 애(愛)가 있다면 어떤 것을 애라 하는가? 이른바 세 가지 욕망〔三愛〕이니, 욕애(欲愛)·색애(色愛)·무색애(無色愛)이니라.

애를 인연하여 취(取)가 있다면 어떤 것을 취라 하는가? 이른바 네 가지 잡음〔四取〕이니, 욕심의 잡음〔欲取〕·소견의 잡음〔見取〕·계의 잡음〔戒取〕·나의 잡음〔我取〕이니라.

취를 인연하여 유(有)가 있다면 어떤 것을 유라 하는가? 세 가지 존재〔三有〕이니, 욕유(欲有)·색유(色有)·무색유(無色有)니라.

유를 인연하여 생(生)이 있다면 어떤 것을 생이라 하는가? 만일 이러저러한 중생이 이러저러한 몸의 종류로 한 번 생기면 뛰어넘고 화합하고 태어나서 쌓임을 얻고 계(界)를 얻고 입처(入處)를 얻고 명근(命根)을 얻나니, 이것을 생이라 하느니라.

생을 인연하여 노사(老死)가 있다면 어떤 것을 노사라 하는가? 만일 털은 희고 정수리는 드러나며, 가죽은 늘어지고 기관은 무르익으며, 사지는 약하고 등은 굽으며, 머리를 떨어뜨리고 끙끙 앓으며, 숨길은 짧고 숨을 헐떡이고 앞으로 쏠리어 지팡이를 짚고 다니며, 몸은 검누르고 저승꽃이 피며, 정신은 희미하고 행동하기도 어려워서 쇠약해 빠지면 이것을 늙음[老]이라 하느니라.

어떤 것을 죽음[死]이라 하는가? 이러저러한 중생이 이러저러한 종류로 사라지고 옮기되, 몸이 무너지고 목숨이 다하여 더운 기운이 떠나고 목숨이 멸하여 쌓임을 버릴 때에 이르면 이것을 죽음이라 하나니, 이 죽음과 앞에서 말한 늙음을 노사[老死]라 한다.

이것을 연기의 뜻의 말이라 하느니라."

부처님께서 이 경을 말씀하시자 여러 비구들은 부처님 말씀을 듣고 기뻐하며 받들어 행하였다.

〔제12권 298.법설의설경(法說義說經)〕

2. 인간의 심리적 문제의 해결

『잡아함경』에서는 인간의 삶 자체가 괴로움(苦)이라는 것을 바로 보는 것을 문제 해결의 출발점으로 보고 있다. 세 가지의 변하지 않는 진리라는 의미의 삼법인(三法印)에서 앞의 두 가지, 즉 제행무상(諸行無常)·제법무아(諸法無我)가 곧 모든 것이 괴로움이란 진리를 말하는 것이며, 이러한 괴로움을 괴로움으로 바로 보고 인정하는 데서 인간 문제의 해결점을 찾았다. 괴로움의 성스러운 진리(苦聖諦)에서 출발하는 사성제(四聖諦)가 바로 그것이다.

1) 사성제(四聖諦)

사성제란 네 가지의 성스러운 진리란 뜻으로, 고(苦)·집(集)·멸(滅)·도(道)의 넷을 뜻한다. 앞의 고(苦)와 집(集)은 괴로움에서 벗어나지 못하고 돌고 도는 윤회의 인과이며, 뒤의 멸(滅)과 도(道)는 깨달음의 인과이다.

① 고성제(苦聖諦): 괴로움의 진리. 이는 현실의 모습을 나타낸 것으로, 현실의 인생은 괴로움이라는 것을 있는 그대로 보고 인정하는 것을 말한다.
② 집성제(集聖諦): 괴로움이 모이는 진리. 괴로움의 이유와 근거, 원인을 바로 아는 것을 집성제라 한다.
괴로움의 원인은 곧 번뇌다. 번뇌란 중생의 마음이나 몸을 번거롭게 하고 괴롭히고 어지럽히고 미혹하게 하여 더럽히는 정신작용의 총칭이다. 번뇌는 세상 만물이나 현상에 대해 〈나〉라든가 〈내 것〉이라고 생각하는 데서 비롯된다. 눈앞의 괴로움이나 즐거움에 미혹해서 탐욕(貪欲)과 진에(瞋恚), 우치(愚癡) 등에 의해 마음에 동요를 일으켜 몸과 마음이 교란됨으로써 번뇌가 일어난다.

③ 멸성제(滅聖諦): 괴로움이 멸하는 진리. 깨달을 목표, 곧 이상의 열반을 뜻한다. 열반은 모든 번뇌의 얽매임에서 벗어나 고요하고, 다시는 번뇌가 생기지 않는 완전한 해탈의 경지, 태어나고 죽는 것을 넘어선 진리의 경지를 일컫는다.

④ 도성제(道聖諦): 괴로움을 멸하는 도의 진리. 열반에 이르는 방법, 곧 실천하는 수단을 말한다. 이 도를 실천해서 번뇌를 끊고 괴로운 인생의 바다에서 벗어나게 된다.

(1) 팔고(八苦)

고성제에 속하는 것으로 여덟 가지 괴로움을 뜻한다.

① 생고(生苦): 태어나는 괴로움.
② 노고(老苦): 늙는 괴로움.
③ 병고(病苦): 병드는 괴로움.
④ 사고(死苦): 죽는 괴로움.
⑤ 애별리고(愛別離苦): 사랑하는 사람과 헤어지거나 아끼던 물건을 잃는 괴로움.
⑥ 원증회고(怨憎會苦): 미워하거나 싫어하는 사람과 만나야 하는 괴로움.
⑦ 구부득고(求不得苦): 갖고 싶은 것을 얻지 못하고, 하고 싶은 일을 하지 못하는 괴로움.
⑧ 오음성고(五陰盛苦): 인간이 갖고 있는 오음(五陰: 五蘊이라고도 함)을 통해 자꾸 일어나는 괴로움.

①-④의 넷은 목숨을 가진 생명체는 누구든 겪어야 하는 괴로움이며, ⑤-⑧의 넷은 정신작용에서 오는 괴로움이다.

(2) 근본 번뇌

번뇌는 집성제에 속하는 것으로 모든 번뇌의 근본이 되는 여섯 가지 번뇌를 근본 번뇌라 한다.

① 탐애(貪愛): 탐내고 애착하는 마음. 자기 뜻에 맞는 사물이나 사람에 대해 탐내고 애착하는 것을 말한다.

② 진에(瞋恚): 성내는 마음. 자기 뜻에 맞지 않는 사물이나 일에 대해 분을 내고 미워하며 성을 내어 몸과 마음이 편치 않은 상태를 말한다.

③ 우치(愚癡): 어리석은 마음. 사물과 현상에 현혹되어 진리를 분별하지 못하는 어리석음을 일컫는다.

④ 교만(驕慢): 뽐내는 마음. 자기의 용모나, 능력, 지위 따위를 믿고 다른 사람을 업신여기며 뽐내는 것을 말한다.

⑤ 의혹(疑惑): 의심하는 마음. 인과의 도리를 믿지 않고 의심하는 것. 진리를 의심하고 현실에 미혹하여 헤매는 것을 뜻한다.

⑥ 악견(惡見): 잘못된 견해. 진리를 잘못 알고 잘못된 견해를 갖는 것을 뜻한다. 진리에 어긋나는 이치를 악(惡)이라 하고, 잘못된 마음이 굳어진 것을 견(見)이라 한다.

(3) 수번뇌(隨煩惱)

근본 번뇌에 수반하여 일어나는 온갖 번뇌를 일컫는 것으로 20가지가 있다.

① 분(忿): 몸이나 뜻에 맞지 않는 것에 대해 화를 내는 것.

② 한(恨): 화난 일을 마음에 두고 잊지 못하는 것.

③ 부(覆): 자기가 지은 죄를 덮어 숨기는 것.

④ 뇌(惱): 지난날에 분하게 여기던 것을 돌이켜 생각하거나 오늘날 사물이 자기 마음에 맞지 않는 것에 대해 괴로워하는 것.

⑤ 간(慳): 아끼기만 하고 베풀지 못하는 것. 간에는 재물을 아끼고 나누어 주지 않은 재간(財慳)과 가르침을 아끼고 베풀지 않는 법간(法慳)이 있다.

⑥ 질(嫉): 다른 사람이 잘 되는 것을 좋아하지 않는 것.

⑦ 광(誑): 남을 속여 명예와 이익을 얻으려고 덕 없는 사람이 덕 있는 체하며, 악한 사람이 선한 체하는 것.

⑧ 첨(諂): 속마음을 숨기고 겉으로만 친한 척 구는 것.
⑨ 해(害): 남을 해치며 꾸짖는 것.
⑩ 교(憍): 남을 고려하지 않고 자신의 신분, 재물, 지위, 지혜 따위에만 집착하여 오만하게 구는 것.
⑪ 무참(無慚): 죄를 범하면서도 반성하거나 부끄러운 마음을 내지 않는 것.
⑫ 무괴(無愧): 남을 고려하지 않고 마음대로 악한 짓을 하면서도 조금도 부끄러운 마음이 없는 것.
⑬ 도거(棹擧): 정신이 들떠서 마음이 이리저리 달아나는 것.
⑭ 혼침(惛沈): 어둡고 답답한 마음.
⑮ 불신(不信): 고요하지 못한 마음.
⑯ 해태(懈怠): 좋은 일을 당하여서도 게을러서 용감하지 못한 마음.
⑰ 방일(放逸): 마땅히 해야 할 일에 뜻을 두지 않고 방탕하고 함부로 하는 마음.
⑱ 실념(失念): 사물이나 일을 분명히 기억하지 못하거나, 좋은 일은 밝게 기억하지 못하면서 나쁜 일은 기억하는 마음.
⑲ 산란(散亂): 대하는 경계가 변하여 마음이 고정되지 못하고 어지러운 것.
⑳ 부정지(不正知): 보는 바 경계에 대하여 잘못 알고 잘못된 견해를 일으키는 것.

2) 삼십칠도품(三十七道品)

석가모니는 『잡아함경』에서 인간 문제를 해결하는 길을 구체적으로 제시했다. 사성제로 보았을 때 깨달음에 이르는 길의 진리인 도성제(道聖諦)에 해당하는 것으로, 모두 37항으로 이루어져 있어 삼십칠도품(三十七道品)이라 한다. 사념처(四念處), 사정단(四正斷), 사여의족(四如意足), 오근(五根), 오력(五力), 칠각분(七覺分), 팔정도(八正道)가 그것으로서, 이 7과(科)의 집계가 삼십칠도품이다. 이는 인간 문제를 해결하여 불교의 지고의 목적인 깨달음의 경지를 실현하는 실천도이다. 삼십칠조도품(三十七助道品), 삼십칠각분(三十七覺分)라고도 한다.

석가모니가 제자들을 교화할 때 초기에는 실천 수도법으로 오직 팔정도(八正道)만을 설하다가 이것만으로는 부족함을 느끼고 점차 여러 가지 수도법을 설하여 삼십칠도품으로 발전한 것으로 보인다. 삼십칠도품에서 팔정도 이외의 7과(科)의 수도법은 그 내용이 동일한 것이 많다. 이것은 석가모니가 상대방의 근기에 따라서 어떤 사람에게는 사념처를, 또 어떤 사람에게는 사여의족을 교시하였던 것으로 보인다. 어찌 되었든 그 목적은 다같이 동일한 깨달음에 있는 것임은 분명하다(김동화, 1984).

사념처·오근·칠각분·팔정도 등과 같이 숫자 달린 불교 용어가 무수히 많다. 이러한 숫자를 '법수(法數)'라고 한다. 법수란 진리를 깨닫게 하는 숫자, 혹은 진리를 나타내는 숫자를 말한다. 일반적으로 쓰이는 세속의 숫자와 달리 법수는 두 가지 특징을 가지고 있다. 하나는 석가모니가 깨달은 경지에서 중생과 세계의 모습에 대해 내린 분석과 판별의 결과를 가르치기 위해 사용했다는 점이고, 다른 하나는 해탈을 위해 실천해야 할 여러 가지 방법을 일러주기 위해서 사용했다는 점이다(이제열, 2000). 사념처를 비롯한 삼십칠도품은 후자에 속한다.

(1) 사념처(四念處)

열반에 나아가기 위하여 수행하는 삼십칠도품 중 첫번째 실천 수행법. 네 가지 생각할 곳(念處)을 보는 수행법을 일컫는다. 염(念)은 관조하는 지혜와 함께 일어나는 심소(心所)를 말하며, 처(處)는 관하는 대상 경계를 말한다. 관하는 지혜를 일으킬 때 염으로 하여금 그 경계에 머물게 하므로 염처 또는 염주(念住)라고 한다.

① 신념처(身念處): 부모한테서 받은 육신이 부정(不淨)하다고 관하는 것. 몸이란 단지 지수화풍(地水火風)의 사대(四大)가 모여 이루어진 것으

로 죽으면 다시 이들 원소로 흩어지는 것이므로 애착할 것이 없음을 바로 보는 것.

② 수념처(受念處): 우리가 자녀나 재물을 보거나 음행을 하면서 느끼는 즐거움이 참된 즐거움이 아니라 모두 고통이라고 관하는 것.

③ 심념처(心念處): 인간의 마음은 항상 그대로 있는 것이 아니고, 늘 변화하고 생멸하는 무상한 것이라고 관하는 것.

④ 법념처(法念處): 위의 셋을 제하고, 다른 만유에 대하여 실로 자아(自我)인 실체가 없으며, 또 나에게 속한 모든 물건을 나의 소유물이라고 하는데 대해서도 일정한 소유자가 없다고 무아관(無我觀)을 하는 것.

(2) 사정단(四正斷)

삼십칠도품(三十七道品) 중 두번째 실천 수행법으로 사념처(四念處) 다음에 닦는 법이다. 선법(善法)은 더욱 자라게 하고 악법(惡法)은 멀리 끊기 위해 네 가지의 바른 노력을 하는 것을 말한다. 사정단의 단(斷)이란 끊는다는 뜻으로, 태만심과 장애를 끊는다는 의미이다. 사정단은 사정근(四正勤), 사의단(四意斷)이라고도 한다.

① 단단(斷斷): 이미 생긴 악을 끊기 위해 부지런히 노력하는 것.
② 율의단(律儀斷): 아직 나타나지 않은 악을 끊기 위해 힘쓰는 것.
③ 수호단(隨護斷): 아직 나타나지 않은 선을 나타내기 위해 힘쓰는 것.
④ 수단(修斷): 이미 생긴 선을 증대시키기 위해 노력하는 것.

『불교사전』(운허 용하, 1983; 홍법원 편집부, 1992)에서는 위와 같이 설명하고 있으나 『잡아함경』에서는 조금 다르게 표현된 경도 있다. 단단에 위 네 가지 뜻이 모두 포함되어 있고, 율의단은 육근을 잘 단속하고 빈틈없이 다루는 것을 뜻하며, 수호단은 여러 가지 진실한 삼매를 잘 보호해 가지는 것을 가리키며, 수단은 사념처 따위를 잘 닦는 것을 의미한다[제31권 879.사정단경(四正斷經)⑤, p.133, '네 가지 바른 끊음-

사정단' 참조)

(3) 사여의족(四如意足)

삼십칠도품(三十七道品) 중 세번째 실천 수행법이다. 여의(如意)는 뜻대로 자유자재한 신통을 의미하며, 족(足)은 신통이 일어나는 받침이 된다는 의미다. 사여의족을 닦는다 함은 간절한 마음으로 관법 수행을 하는 것을 말한다. 사여의족을 닦으면 자유자재한 신통을 얻게 되므로 사신족(四神足)이라고도 한다.

① 욕여의족(欲如意足): 수승한 선정을 얻으려고 간절하게 바라는 것.
② 정진여의족(精進如意足): 쉬지 않고 한결같이 나아가는 것.
③ 심여의족(心如意足): 마음을 고요히 하여 닦는 것.
④ 사유여의족(思惟如意足): 마음을 한곳에 모아 움직이지 않고 면밀히 사유하는 것.

(4) 오근(五根)

삼십칠도품(三十七道品) 가운데 네번째 수행법으로, 번뇌를 누르고 올바른 깨달음의 길로 나아가게 하는 다섯 가지 뿌리라 하여 오근(五根)이라 한다. 눈·귀·코·혀·몸의 다섯 가지 감각기관도 오근(五根)이라 한다. 뜻(意)까지 합하면 육근(六根).

① 신근(信根): 불(佛)·법(法)·승(僧) 삼보(三寶)와 계율(戒律)을 믿되 그 근본이 흔들리지 않고 견고하여 무너지지 않는 것. 즉 사신(四信)을 굳건히 믿는 것.

② 진근(進根): 이미 생긴 악하고 착하지 않은 법은 끊고, 아직 생기지 않은 악하고 착하지 않은 법은 일어나지 않도록 하며, 아직 생기지 않은 착한 법은 일어나도록 힘쓰고 이미 생긴 착한 법은 붙들어 잊어버리지 않는 것. 즉 사정단(四正斷)을 부지런히 닦는 것. 정진근(精進根)이라고도 한다.

③ 염근(念根): 우리의 육신은 부정(不淨)하며, 우리가 느끼는 즐거움은

참된 즐거움이 아니고, 우리의 마음이란 늘 변화하고 생멸하는 무상한 것이며, 앞의 셋을 제외한 모든 만유에는 자아(自我)인 실체가 없다는 것을 바로 보는 것. 즉 사념처(四念處)를 관하는 것.

④ 정근(定根): 마음을 한곳에 머무르게 하여 산란치 않게 하는 것. 욕심이나 악하고 착하지 않은 법을 떠나는 데서 기쁨과 즐거움이 생기고, 사념법사정(捨念法事定)의 제사선(第四禪)을 완전히 갖추어 머무르는 것.

⑤ 혜근(慧根): 고(苦)·집(集)·멸(滅)·도(道) 사성제(四聖諦)의 이치를 참다이 아는 것.

(5) 오력(五力)

삼십칠도품(三十七道品) 가운데 다섯번째 수행법으로, 악을 쳐부수는 다섯 가지 힘이라 하여 오력(五力)이라 한다.

① 신력(信力): 불·법·승 삼보와 계율을 믿고 다른 것을 믿지 않는 것. 즉 사신(四信)을 믿는 힘.

② 진력(進力): 선을 짓고 악을 폐하기에 부지런히 임하는 것. 즉 사정단(四正斷)을 닦는 힘.

③ 염력(念力): 사상을 바로 가지고 사특한 생각을 버리는 것. 즉 사념처(四念處)를 관하는 힘.

④ 정력(定力): 선정을 닦아 어지러운 생각을 없애는 것. 즉 사선정(四禪定)에 머무르는 힘.

⑤ 혜력(慧力): 지혜를 닦아 고·집·멸·도의 진리를 깨닫는 것. 즉 사성제의 거룩한 진리를 깨닫는 힘.

(6) 칠각분(七覺分)

삼십칠도품(三十七道品) 가운데 여섯번째 수행법으로, 깨달음의 지혜를 도와주는 일곱 가지 갈래라 하여 칠각분(七覺分), 또는 칠각지(七覺支)라 한다. 지혜로써 참되고 거짓되고, 선하고 악한 것을 살펴서 선별하는 것을 말한다.

① 염각분(念覺分): 생각의 깨달음의 갈래. 불도를 수행함에 있어서 잘 생각하여 정(定)·혜(慧)가 고르게 하는 것.

② 택법각분(擇法覺分): 법 가림의 깨달음의 갈래. 지혜로 모든 법을 살펴서 선한 것은 골라내고 악한 것은 버리는 것.

③ 정진각분(精進覺分): 정진의 깨달음의 갈래. 가지가지의 수행을 할 때 쓸데없는 고행은 그만두고 바른 도에 전력하여 게으르지 않게 하는 것.

④ 희각분(喜覺分): 기쁨의 깨달음의 갈래. 참된 법을 얻어서 기뻐하는 것.

⑤ 제각분(除覺分): 없앰의 깨달음의 갈래. 그릇된 견해나 번뇌를 끊어 버릴 때에 능히 참되고 거짓됨을 알아서 올바른 선근을 기르는 것.

⑥ 사각분(捨覺分): 버림의 깨달음의 갈래. 바깥 경계에 집착하던 마음을 여읠 적에 거짓되고 참되지 못한 것을 추억하는 마음을 버리는 것.

⑦ 정각분(定覺分): 선정의 깨달음의 갈래. 정(定)에 들어서 번뇌 망상을 일으키지 않는 것.

(7) 팔정도(八正道)

삼십칠도품(三十七道品) 가운데 일곱번째 수행법으로, 향락과 고행의 극단을 떠나 올바른 깨침에 도달하게끔 하는 여덟 가지 바른 길이란 뜻이다. 중정(中正), 중도(中道)의 완전한 수행법으로, 성인의 도라 하여 팔성도(八聖道)라고도 한다.

① 정견(正見): 바른 견해. 편견을 여읜 정중(正中)의 바른 견해. 곧 불교의 바른 도리를 시인하는 견해.

② 정사유(正思惟): 바른 뜻. 번뇌를 여읜 지혜로, 사성제(四聖諦)의 진리를 바르게 관찰하여 마음에 그릇된 생각이 없이 바른 뜻을 갖는 것.

③ 정어(正語): 바른 말. 바른 언어적 행위로, 거짓말이나 나쁜 말, 두 말, 꾸미는 말 등을 하지 않고 진실하고 남을 사랑하며 융화시키는 말을 하는 것.

④ 정업(正業): 바른 행위. 정견·정사유에 따라 행동하는 것으로 살생·도

둑질·사음 등의 바르지 못한 행위를 하지 않고 선행을 하는 것.

⑤ 정명(正命): 바른 생활. 세상을 살아가는 데 필요한 의식주 등을 바르게 구하고 바르게 쓰며 사는 것. 즉 바른 직업을 갖고 정당하게 살아가는 것.

⑥ 정정진(正精進): 바른 방편. 용기를 가지고 번뇌를 여의기 위해 바르게 노력하는 것. 일심으로 노력하여 아직 발생하지 않은 악은 나지 못하게 하며, 나지 않은 선은 발생하게 하는 것.

⑦ 정념(正念): 바른 생각. 바른 의식을 가지고 이상과 목적을 언제나 잊지 않는 일. 사념(邪念)을 버리고 항상 향상을 위하여 수행하기에 정신을 집중하는 것.

⑧ 정정(正定): 바른 선정. 산란한 생각을 여의고 참으로 마음이 안정된 것.

(가) 사선(四禪)

불교에서 팔정도의 마지막인 정정(正定)의 내용으로 채용하고 있는 것으로, 선(禪)의 가장 오래 된 형태이다(이희익, 1979).

초선(初禪), 제이선(第二禪), 제삼선(第三禪), 제사선(第四禪)의 총칭. 사선(四禪)의 차별은 선정에 따른 마음 작용의 유무에 따른다. 사선은 사정려(四靜慮)라고도 한다.

① 초선(初禪): 유심유사정(有尋有伺定). 수행자가 행(行)이나 형태나 모양에 대해 악하고 착하지 않은 법은 떠났으나, 거친 생각과 미세한 생각이 있고, 욕심 세계의 악을 떠나는 데서 얻는 기쁨과 즐거움이 있는 경지.

② 제이선(第二禪): 무심유사정(無尋唯伺定). 거친 생각과 미세한 생각도 없고 안으로 깨끗하여 한마음이 되었으나, 선정에서 얻는 기쁨과 즐거움이 있는 경지.

③ 제삼선(第三禪): 무심무사정(無尋無伺定). 선정에서 얻는 기쁨과 즐거움까지도 떠나 모든 것을 버리고 구함이 없이 바른 지혜와 바른 생각으로 있으면서 버림·바른 생각·의식의 즐거움이 있는 경지.

④ 제사선(第四禪): 사념법사정(捨念法事定). 모든 기쁨과 괴로움을 멸하여 괴롭지도 않고 즐겁지도 않아서 청정함이 있는 경지.

네 가지 거룩한 진리-사성제(四聖諦)

이와 같이 내가 들었다.
어느 때 부처님께서는 바라나시의 선인이 살던 사슴동산에 계시면서 여러 비구들에게 말씀하셨다.
"네 가지 법이 있다. 그것을 성취하면 큰 의왕(醫王)이라 부르나니, 어떤 것을 네 가지라고 하는가? 첫째는 병을 잘 아는 것이요, 둘째는 병의 근원을 잘 아는 것이며, 셋째는 병을 잘 알아 다스리는 것이요, 넷째는 병을 다스릴 줄을 잘 알고는 장래에 다시 도지지 않게 하는 것이니라.
어떤 것을 좋은 의사가 병을 잘 아는 것이라 하는가? 이른바 좋은 의사가 이러이러한 갖가지 병을 잘 아는 것이니, 이것을 좋은 의사가 병을 잘 아는 것이라 한다.
어떻게 좋은 의사는 병의 근원을 잘 아는가? 이른바 좋은 의사는 '이 병은 바람으로 인하여 일어났다, 가슴 아래에 모인 물기가 흔들려 일어났다, 침에서 일어났다, 냉에서 일어났다, 현재 일로 인해 일어났다, 절후에서 일어났다'고 아나니, 이것을 좋은 의사가 병의 근원을 잘 아는 것이라 한다.
어떻게 좋은 의사는 병을 잘 알아 다스리는가? 이른바 좋은 의사는 갖가지 병에 대해 약을 발라야 할 것, 토해야 할 것, 내려야 할 것, 코 안을 씻어야 할 것, 떠야 할 것, 땀을 내야 할 것을 잘 알고 그것에 따라 갖가지로 다스리나니, 이것을 좋은 의사의 다스릴 줄을 아는 것이라 한다.
어떻게 좋은 의사가 병을 다스릴 줄 안 뒤에는 미래에 다시는 도지지 않게 하는가? 이른바 좋은 의사는 갖가지 병을 잘 다스리되 완전히 없애어 미래에 영원히 다시 일지 않게 하나니, 이것을 좋은 의사가 병을 다스릴 줄을 잘 알아 도지지 않게 하는 것이라 하느니라.
여래·응정등각이 큰 의왕이 되어 네 가지 덕〔四聖諦〕을 성취하여 중생들의 병을 고치는 것도 또한 그와 같다.

어떤 것을 넷이라 하는가? 이른바 여래는 아나니, 즉 이것은 괴로움의 진리〔苦聖諦〕라고 참답게 알고, 이것은 괴로움의 모임의 진리〔集聖諦〕라고 참답게 알며, 이것은 괴로움의 멸함의 진리〔滅聖諦〕라고 참답게 알고, 이것은 괴로움이 멸하는 길의 진리〔道聖諦〕라고 참답게 아느니라.

모든 비구들이여, 저 세상의 좋은 의사는 남〔生〕의 근본을 다스리기를 참답게 알지 못하고, 늙음·병·죽음과 근심·슬픔·번민·괴로움의 근본을 다스리기를 참답게 알지 못한다. 그러나 여래·응정등각은 큰 의왕이 되어 생의 근본을 알아 다스리기를 참답게 알고, 늙음·병·죽음과 근심·슬픔·번민·괴로움의 근본을 다스리기를 참답게 아시나니, 그러므로 여래·응정등각을 큰 의왕이라 부르느니라."

부처님께서 이 경을 말씀하시자, 여러 비구들은 부처님 말씀을 듣고 기뻐하여 받들어 행하였다.

〔제15권 389. 양의경(良醫經)〕

깨달음에 이르는 서른일곱 가지 길
- 삼십칠도품(三十七道品) -

이와 같이 내가 들었다.

어느 때 부처님께서는 쿠루수국 얼룩소 치는 마을에 계시면서 여러 비구들에게 말씀하셨다.

"나는 알고 봄으로써 모든 번뇌(漏)가 다하게 되었다. 알고 보지 못한 것이 아니니, 어떻게 알고 봄으로써 모든 번뇌가 다하게 되었고, 알고 보지 못한 것이 아닌가? 이른바 '이것은 물질이요, 이것은 물질의 모임이며, 이것은 물질의 멸함이다. 이것은 느낌·생각·지어감·의식이요, 이것은 그것들의 모임이며, 이것은 그것들의 멸함이다'고.

만일 비구가 방편을 닦고 그것에 따라 성취하지 못하고서 마음을 써서 나로 하여금 모든 누가 다하여 마음의 해탈을 얻게 하고자 한다면, 마땅히 알라, 그 비구는 끝끝내 번뇌가 다한 해탈을 얻게 되지 못할 것이다. 무슨 까닭인가? 닦아 익히지 않기 때문이니라. 어떤 것을 닦아 익히지 않는가? 이른바 생각하는 곳(四念處)·바른 노력(四正勤·四正斷)·신통(四如意足)·뿌리(五根)·힘(五力)·깨달음(七覺分)·길(八正道)을 닦아 익히지 않는 것이다.

비유하면, 암탉이 많은 알을 품고도 때에 따라 꼭 안아주고 차고 더움을 잘 맞추어 주지 않으면, 병아리로 하여금 주둥이와 발톱으로써 알을 쪼아 스스로 안온하게 껍질을 나오게 하려 해도, 그 새끼는 제 힘으로 방편을 써서 주둥이와 발톱으로써 안온하게 껍질을 나올 수 없는 것과 같다. 무슨 까닭인가? 어미 닭이 때에 따라 꼭 안아주고 차고 덥게 하여 새끼를 기르지 못하였기 때문이다.

이와 같이 비구도 부지런히 닦아 익히고 그것에 따라 성취하지 못하면 번뇌가 다하여 해탈을 얻게 하려고 해도 그리 될 수 없느니라. 무슨 까닭인가? 닦아 익히지 않기 때문이다. 어떤 것을 닦지 않는가? 이른바 생각하는 곳·바른 노력·신통·뿌리·힘·깨달음·길을 닦지 않는 것이니라.

만일 비구가 닦아 익히고 그것에 따라 성취하면 비록 번뇌가 다해 해탈하지 않으려 하더라도 그 비구는 저절로 번뇌가 다하여 마음의 해탈을 얻게 된다. 무슨 까닭인가? 닦아 익히기 때문이다. 어떤 것을 닦아 익히는가? 이른바 생각하는 곳·바른 노력·신통·뿌리·힘·깨달음·길을 닦는 것이다. 마치 저 암탉이 그 새끼를 때에 따라 꼭 안아주고 차고 더움을 알맞게 해주면, 그 새끼들로 하여금 방편을 써서 스스로 알을 쪼아 나오지 않게 하려 하더라도, 그 여러 새끼들은 스스로 방편을 써서 안온하게 껍질을 나올 것이다. 무슨 까닭인가? 암탉이 때에 따라 꼭 안아주고 차고 더움을 알맞게 해주었기 때문이다.

이와 같이 비구도 방편을 잘 닦으면, 번뇌가 다해 해탈하려고 하지 않더라도 저절로 번뇌가 다해 마음의 해탈을 얻게 될 것이다. 무슨 까닭인가? 부지런히 닦아 익히기 때문이다. 어떤 것을 닦아 익히는가? 이른바 생각하는 곳·바른 노력·신통·뿌리·힘·깨달음·길을 닦는 것이다.

비유하면 장인바치나 장인바치의 제자가 손으로 도끼자루를 잡을 때 자꾸 잡아 쉬지 않으면 조금씩 점점 닳아 손가락 자국이 나타난다. 그러나 그는 도끼자루가 조금씩 닳아 손가락 자국이 나타나는 것을 깨닫지 못하는 것과 같다.

이와 같이 비구가 꾸준히 힘써 닦아 익히고 그것에 따라 성취하면, 스스로 알고 보지는 못하지만 오늘에 얼마쯤 번뇌가 다하고 내일에 얼마쯤 번뇌가 다한다. 스스로 알고 보지는 못하지만 마침내 그 비구는 번뇌가 다한 줄을 알게 될 것이다. 무슨 까닭인가? 잘 닦고 익히기 때문이다. 어떤 것을 닦아 익히는가? 이른바 생각하는 곳·바른 노력·신통·뿌리·힘·깨달음·길을 닦아 익히는 것이다.

비유하면 큰 배가 바닷가에 있으면서 여름 6개월을 지낼 때 바람이 휘몰아 날로 사나워지면 등나무 맺음이 점점 끊어지는 것과 같다. 이와 같이 비구가 꾸준히 힘써 닦아 익히고 그것에 따라 성취하면 일체의 결박과 부림〔使〕과 번뇌의 묶음에서 점점 해탈을 얻게 된다. 무슨 까닭인가? 잘 닦고 익히기 때문이다. 어떤 것을 닦아 익히는가? 이른바 생각하는 곳·바른 노력·신통·뿌리·힘·깨달음·길을 닦아 익히느니라."

　이 법을 말씀하시자 60명 비구는 모든 번뇌를 일으키지 않고 마음의 해탈을 얻었다.

　부처님께서 이 경을 말씀하시자 여러 비구들은 부처님 말씀을 듣고 기뻐하여 받들어 행하였다.

〔제10권 263.응설경(應說經)〕

네 가지 생각하는 곳-사념처(四念處)

이와 같이 내가 들었다.
어느 때 부처님께서는 사위국 제타숲 외로운 이 돕는 동산에 계시면서 여러 비구들에게 말씀하셨다.
"나는 지금 사념처(四念處)의 모임〔集〕과 사념처의 없어짐〔滅〕을 말하리니 자세히 듣고 잘 생각하라.
어떤 것을 사념처의 모임과 사념처의 없어짐이라 하는가? 음식이 모이면 몸이 모이고, 음식이 없어지면 몸이 없어진다. 이와 같이 몸을 따라 모임의 관에 머무르고, 몸을 따라 없어짐의 관에 머무르나니, 몸을 따라 모임과 없어짐의 관에 머무르면, 모든 세간에 대해 취할 바가 아주 없어지느니라〔身念處〕.
이와 같이 닿임〔觸〕이 모이면 느낌〔受〕이 모이고, 닿임이 없어지면 느낌이 없어진다. 이와 같이 모이는 법을 따라 느낌을 관하여 머무르고, 없어지는 법을 따라 느낌을 관하여 머무르나니, 모이고 없어지는 법을 따라 느낌을 관하여 머무르면, 곧 의지할 바가 없이 머무르게 되어 모든 세간에 대해 전연 취할 바가 없느니라〔受念處〕.
심신이 모이면 마음이 모이고, 심신이 없어지면 마음이 없어진다. 모이는 법을 따라 마음을 관하여 머무르고, 없어지는 법을 따라 마음을 관하여 머무르나니, 모이고 없어지는 법을 따라 마음을 관하여 머무르면 곧 의지할 바가 없이 머무르게 되어 모든 세간에 대해 취할 바가 없느니라〔心念處〕.
기억이 모이면 법이 모이고, 기억이 없어지면 법이 없어진다. 모이는 법을 따라 법을 관하여 머무르고, 없어지는 법을 따라 법을 관하여 머무르며, 모이고 없어지는 법을 따라 법을 관하여 머무르면, 모든 세간에 대해 곧 취할 바가 없어지느니라〔法念處〕.
이것을 사념처의 모임과 사념처의 없어짐이라 하느니라."
부처님께서 이 경을 말씀하시자, 여러 비구들은 부처님 말씀을 듣고 기뻐하여 받들어 행하였다.
〔제24권 609.집경(集經)〕

네 가지 바른 끊음-사정단(四正斷)

이와 같이 내가 들었다.

어느 때 부처님께서는 사위국 제타숲 외로운 이 돕는 동산에 계시면서 여러 비구들에게 말씀하셨다.

"네 가지 바른 끊음[四正斷]이 있다. 어떤 것이 넷인가? 첫째는 단단(斷斷)이요, 둘째는 율의단(律儀斷)이요, 셋째는 수호단(隨護斷)이요, 넷째는 수단(修斷)이니라.

어떤 것이 단단인가? 만일 비구가 이미 일어난 악하고 착하지 않은 법을 끊으려는 마음을 내어 방편으로 꾸준히 힘써 거두어들이고, 아직 일어나지 않은 악하고 착하지 않은 법은 일어나지 않게 하려는 마음을 내어 방편으로 꾸준히 힘써 받아들이며, 아직 생기지 않은 착한 법은 일어나게 하려는 마음을 내어 방편으로 꾸준히 힘써 받아들이고, 이미 생긴 착한 법은 더욱 닦아 익히려는 욕심을 내어 방편으로 꾸준히 힘써 거두어들이면 이것을 단단이라 하느니라.

어떤 것이 율의단인가? 만일 비구가 눈을 잘 단속하고 빈틈없이 다루어 발달시키고, 이와 같이 귀·코·혀·몸·뜻을 잘 단속하고 빈틈없이 다루어 발달시키면 이것을 율의단이라 한다.

어떤 것이 수호단인가? 만일 비구가 여러 가지 진실한 삼매 생각을 잘 보호해 가지면, 즉 푸르딩딩하다는 생각, 퉁퉁 붓는다는 생각, 곪는다는 생각, 문드러진다는 생각, 음식이 더럽다는 생각을 닦아 익히고 가져서 물러가거나 사라지지 않게 하면 이것을 수호단이라 하느니라.

어떤 것이 수단인가? 비구가 사념처[四念處] 따위를 닦으면 이것을 수단이라 하느니라."

그때에 세존께서는 곧 게송으로 말씀하셨다.

단단·율의단·수호단·수단
이 네 가지 바른 끊음은
옳게 깨달은 이의 말씀이시니
비구가 방편으로 힘써 행하면
모든 번뇌를 없앨 수 있으리라.

부처님께서 이 경을 말씀하시자, 여러 비구들은 부처님 말씀을 듣고 기뻐하여 받들어 행하였다.

〔제31권 879.사정단경(四正斷經)⑤〕

네 가지 자유자재 - 사여의족(四如意足)

이와 같이 내가 들었다.

어느 때 부처님께서는 코삼비국 고시타 동산에 계셨고, 존자 아난다도 거기에 있었다.

때에 어떤 바라문은 존자 아난다에게 나아가, 서로 인사하고 위로한 뒤에 한쪽에 앉아 존자 아난다에게 물었다.

"무엇 때문에 사문 고타마 밑에서 범행을 닦습니까?"

존자 아난다는 바라문에게 말하였다.

"끊기 위해서이다."

"존자는 무엇을 끊으려 합니까?"

"탐애를 끊으려 한다."

"존자 아난다님, 무엇을 의지해 탐애를 끊을 수 있습니까?"

"바라문이여, '욕(欲)'을 의지해 탐애를 끊는다."

"존자 아난다님, 그러면 끝이 없는 것이 아닙니까?"

"바라문이여, 끝이 없는 것이 아니다."

"존자 아난다님, 어떤 것이 끝이 있고, 끝이 없는 것이 아닙니까?"

"바라문이여, 나는 이제 너에게 물으니 마음대로 대답하라. 바라문이여, 네 생각에는 어떠하냐? 너는 지금 '욕(欲)'이 있어서 이 정사에 온 것이 아닌가?"

"그렇습니다. 아난다님."

"그렇다면 바라문이여, 이미 이 정사에 왔으니 그 '욕'은 쉬지 않는가?"

"그렇습니다. 존자 아난다님. 나는 노력하고 준비하고 계획해서 이 정사에 왔으니까…"

"이미 정사에 왔으면 그 노력과 준비와 계획은 쉬지 않는가?"

"그렇습니다."

존자 아난다는 바라문에게 말하였다.

"그와 같이 바라문이여, 여래·응정등각께서 알고 보시는 것은 네 가지 여의족〔四如意足〕을 말씀하시어, 일승(一乘)의 도(道)로써 중생을 깨끗하게 하고 괴로움과 번민을 없애고 근심과 슬픔을 끊는 데 있다.

무엇이 넷인가? 욕정(欲定)을 단행(斷行)해 성취하는 여의족〔欲如意足〕과 정진정(精進定)을 단행해 성취하는 여의족〔精進如意足〕, 심정(心定)을 단행해 성취하는 여의족〔心如意足〕, 사유정(思惟定)을 단행해 성취하는 여의족〔思惟如意足〕이다.

그래서 성스러운 제자는 욕여의족을 닦아 욕심을 떠남에 의해, 욕심이 없음에 의해, 생사를 뛰어남에 의해, 없어짐〔滅〕에 의해, 버림〔捨〕으로 향하여 내지 탐애를 끊게 되고, 탐애가 없어지면 그 욕 또한 쉬게 된다.

정진여의족·심여의족·사유여의족을 닦아 욕심을 떠남에 의해, 욕심이 없음에 의해, 생사를 뛰어남에 의해, 없어짐에 의해, 버림으로 향하여 내지 탐애가 되고, 탐애가 다하면 사유가 곧 쉬게 된다.

바라문이여, 네 생각에 어떠한가? 이것이 끝이 아닌가?"

바라문은 말하였다.

"존자 아난다님, 그것은 곧 끝이요, 끝이 아님이 아닙니다."

그때에 바라문은 존자 아난다의 말을 듣고, 기뻐하면서 자리에서 일어나 떠나갔다.

〔제21권 561.바라문경(婆羅門經)〕

다섯 가지 깨달음의 뿌리 - 오근(五根)

이와 같이 내가 들었다.

어느 때 부처님께서는 사위국 제타숲 외로운 이 돕는 동산에 계시면서 여러 비구들에게 말씀하셨다.

"다섯 가지 뿌리[五根]가 있다. 어떤 것이 다섯인가? 믿음뿌리[信根]·정진뿌리[進根]·생각뿌리[念根]·선정뿌리[定根]·지혜뿌리[慧根]니라.

어떤 것이 믿음뿌리인가? 만일 비구가 여래에 대하여 깨끗한 믿는 마음을 일으키되 그 근본이 견고하여 모든 하늘·악마·범천·사문·바라문이나 세간으로서 그 마음을 무너뜨리는 이가 없으면 이것을 믿음뿌리라 한다.

어떤 것이 정진뿌리인가? 이미 생긴 악하고 착하지 않은 법은 끊도록 욕심을 내고 방편을 써서 마음을 거두어 더욱 나아가며, 아직 생기지 않은 악하고 착하지 않은 법은 일어나지 않도록 욕심을 내고 방편을 써서 마음을 거두어 더욱 나아가며, 아직 생기지 않은 착한 법은 일어나도록 욕심을 내고 방편을 써서 마음을 거두어 더욱 나아가며, 이미 생긴 착한 법은 붙들어 잊어버리지 않고, 닦고 익히어 넓어지도록 욕심을 내고 방편을 써서 마음을 거두어 더욱 나아가면[四正斷] 이것을 정진뿌리라 한다.

어떤 것이 생각뿌리인가? 만일 비구가 안 몸[內身]을 안 몸으로 관하여 머무르되 알뜰히 방편을 써서 바른 생각과 바른 지혜로 세상 탐욕과 근심을 항복 받고, 바깥 몸[外身]을 바깥 몸으로, 안팎 몸을 안팎 몸으로, 느낌을 느낌으로, 마음을 마음으로, 법을 법으로 관하는 생각에 머무르는 것[四念處]도 또한 그러하나니, 이것을 생각뿌리라 한다.

어떤 것이 선정뿌리인가? 만일 비구가 욕심과 악하고 착하지 않은 법을 떠나 각(覺)도 있고 관(觀)도 있어 욕심 세계의 번뇌를 떠나는 데서 기쁨과 즐거움이 생기고, 나아가서는 넷째 선정[第四禪]을 완전히 갖추어 머무르면 이것을 선정뿌리라 한다.

어떤 것이 지혜뿌리인가? 만일 비구가 괴로움이라는 거룩한 진리를 참다이 알고, 괴로움이 모이는 거룩한 진리, 괴로움이 없어지는 거룩한 진리, 괴로움을 없애는 길의 거룩한 진리〔四聖諦〕를 참답게 알면 이것을 지혜뿌리라 하느니라."

부처님께서 이 경을 말씀하시자, 여러 비구들은 부처님 말씀을 듣고 기뻐하여 받들어 행하였다.

〔제26권 647.분별경(分別經)〕

다섯 가지 힘-오력-오력(五力)

이와 같이 내가 들었다.

어느 날 부처님께서는 사위국 제타숲 외로운 이 돕는 동산에 계시면서 여러 비구들에게 말씀하셨다.

"다섯 가지 힘〔五力〕이 있다. 어떤 것을 다섯이라 하는가? 믿음의 힘〔信力〕·정진의 힘〔進力〕·생각의 힘〔念力〕·선정의 힘〔定力〕·지혜의 힘〔慧力〕이니라. 믿음의 힘이란 네 가지 무너지지 않는 깨끗한 믿음이요〔四信: 佛·法·僧·戒律〕, 정진의 힘이란 네 가지 바른 끊음〔四正斷〕이며, 생각의 힘이란 네 가지 생각하는 곳〔四念處〕이요, 선정의 힘이란 네 가지 선정〔四禪定〕이며, 지혜의 힘이란 네 가지 거룩한 진리〔四聖諦〕를 아는 것이니라."

부처님께서 이 경을 말씀하시자, 여러 비구들은 부처님 말씀을 듣고 기뻐하여 받들어 행하였다.

〔제26권 675.당지오력경(當知五力經)〕

일곱 가지 깨달음의 갈래-칠각분(七覺分)

이와 같이 내가 들었다.

어느 날 부처님께서는 사위국 제타숲 외로운 이 돕는 동산에 계셨다. 그때에 어떤 비구는 부처님께 나아가 머리를 조아려 발에 예배한 뒤에 한쪽에 물러앉아 여쭈었다.

"세존께서 깨달음의 갈래를 말씀하시는데, 세존이시여, 어떤 것을 깨달음의 갈래라 하나이까?"

부처님께서 그 비구에게 말씀하셨다.

"이른바 깨달음의 갈래란, 일곱 가지 도(道)의 갈래법[七覺分]을 말하는 것이다. 그런데 비구들이여, 일곱 가지 깨달음의 갈래는 차례로 일어나는데, 그것을 닦아 익혀 만족하게 되는 것이니라."

"세존이시여, 어떻게 깨달음의 갈래가 차례로 일어나 그것을 닦아 익혀 만족하게 되나이까?"

부처님께서 그 비구에게 말씀하셨다.

"만일 비구가 안 몸[內身]을 안 몸으로 관하여 거기에 머무르면, 그가 거기에 머무를 때에는 마음을 거두고 생각에 매여 있지 않는다. 그때에 그는 생각의 깨달음의 갈래를 방편으로써 닦아 익힌 뒤에 만족하게 된다[念覺分]. 생각의 깨달음의 갈래를 만족하게 되면 법을 가리어 분별하고 헤아리게 된다 [擇法覺分]. 그때에는 법 가림의 깨달음의 방편을 닦고[精進覺分], 방편을 닦아 익힌 뒤에는 만족하게 된다[喜覺分]. 이리하여 나아가서는 버림의 깨달음의 갈래[捨覺分]까지 닦아 익혀 만족하게 되느니라.

안 몸을 안 몸으로 관하는 생각에 머무르는 것과 같이, 바깥 몸을 바깥 몸으로, 안팎 몸을 안팎 몸으로, 느낌을 느낌으로, 마음을 마음으로, 법을 법으로 관하는 생각에 머무르면, 그때에는 알뜰한 마음으로 생각에 매여 잊지 않나니, 나아가서는 버림의 깨달음의 갈래에서도 또한 그러하니라.

이와 같이 머무르면 차례로 깨달음의 갈래가 일어나나니, 차례로 일어나면 그것을 닦아 익혀 만족하게 되느니라."
부처님께서 이 경을 말씀하시자, 여러 비구들은 그 말씀을 듣고 기뻐하여 받들어 행하였다.

〔제27권 733.칠도품경(七道品經)〕

여덟 가지 바른 길 - 팔정도(八正道)

이와 같이 내가 들었다.

어느 날 부처님께서는 사위국 제타숲 외로운 이 돕는 동산에 계시면서 여러 비구들에게 말씀하셨다.

"삿됨[邪]과 바름[正]이 있으니 자세히 듣고 잘 생각하라. 너희들을 위해 설명하리라. 어떤 것이 삿됨인가? 삿된 소견과 나아가서는 삿된 선정이다. 어떤 것이 바름인가? 바른 소견과 나아가서는 바른 선정이니라.

어떤 것이 바른 소견[正見]인가? 바른 소견에는 두 가지가 있다. 하나는 세속의 바른 소견으로서 번뇌와 취함이 있는 채 좋은 세계로 향하는 것이요, 하나는 세간을 뛰어난 성인의 바른 소견으로서 번뇌와 취함이 없이 바로 괴로움을 없애 괴로움의 끝으로 향하는 것이다.

어떤 것이 세속의 바른 소견으로서 번뇌와 취함이 있는 채 좋은 세계로 향하는 것인가? 만일 보시와 주장이 있음을 보고 나아가서는 이 세상에 아라한이 있어 후생의 몸을 받지 않는 줄을 안다면, 그것이 이른바 세간의 바른 소견으로서 세속에 번뇌와 취함이 있는 채 좋은 세계로 향하는 것이다.

어떤 것이 세간을 뛰어난 성인의 바른 소견으로서 번뇌와 취함이 없이 바로 괴로움을 없애 괴로움의 끝으로 향하는 것인가? 이른바 성인의 제자는 괴로움[苦]을 괴로움이라 생각하고, 모임[集]·없어짐[滅]·길[道]을 모임·없어짐·길이라 생각하여, 번뇌가 없는 생각과 서로 알맞아 법을 가리고 분별하고 구하여 깨달음과 지혜로 깨닫고 관찰한다. 이것이 이른바 세간을 뛰어난 성인의 바른 소견으로서 번뇌와 취함이 없이 바로 괴로움을 없애 괴로움의 끝으로 향하는 것이니라.

어떤 것이 바른 뜻[正思惟]인가? 바른 뜻에는 두 가지가 있다. 하나는 세속의 바른 뜻으로서 번뇌와 취함이 있는 채 좋은 세계로 향하는 것이요, 하나는 세간을 뛰어난 성인의 바른 뜻으로서 번뇌와 취함이 없이 바로 괴로움을 없애 괴로움의 끝으로 향하는 것이다.
 어떤 것이 세속의 바른 뜻으로서 번뇌와 취함이 있는 채 좋은 세계로 향하는 것인가? 그것은 탐욕을 뛰어난 깨달음, 성냄이 없는 깨달음, 해치지 않는 깨달음이니, 이것이 이른바 세속의 바른 뜻으로서 번뇌와 취함이 있는 채 좋은 세계로 향하는 것이다.
 어떤 것이 세간을 뛰어난 성인의 뜻으로서 번뇌와 취함이 없이 바로 괴로움을 없애 괴로움의 끝으로 향하는 것인가? 성인의 제자는 괴로움을 괴로움이라 생각하고, 모임·없어짐·길을 모임·없어짐·길이라 생각하여 번뇌가 없는 생각과 서로 알맞아 마음 법을 분별하고 스스로 결정하여 뜻으로 알고 헤아리고 세어 뜻을 세우는 것이다. 이것이 이른바 세간을 뛰어난 성인의 바른 뜻으로서 번뇌와 취함이 없이 바로 괴로움을 없애 괴로움의 끝으로 향하는 것이니라.
 어떤 것이 바른 말[正語]인가? 바른 말에는 두 가지가 있다. 하나는 세속의 바른 말로서 번뇌와 취함이 있는 채 좋은 세계로 향하는 것이요, 하나는 세간을 뛰어난 성인의 바른 말로서 번뇌와 취함이 없이 바로 괴로움을 없애 괴로움의 끝으로 향하는 것이다.
 어떤 것이 세속의 바른 말로서 번뇌와 취함이 있는 채 좋은 세계로 향하는 것인가? 이른바 그 바른 말은 거짓말·두 말·나쁜 말·꾸미는 말을 떠나는 것이다. 이것은 이른바 세속의 바른 말로서 번뇌와 취함이 있는 채 좋은 세계로 향하는 것이다.
 어떤 것이 세간을 뛰어난 성인의 바른 말로서 번뇌와 취함이 없이 바로 괴로움을 없애 괴로움의 끝으로 향하는 것인가? 성인의 제자는 괴로움을 괴로움이라 생각하고, 모임·없어짐·길을 모임·없어짐·길이라 생각하여 삿된 생활인 입의 네 가지 행과 다른 여러 가지 입의 나쁜 행 즐기기를 버리고, 그것을 멀리 떠나 번뇌가 없어 굳이 집착해 쓰지 않고 거두어 가져 범하지 않되, 때를 지나지 않고 한계를 넘지 않는다. 이것이 이른바 세간을 뛰어난 성인의 바른 말로서 번뇌와 취함이 없이 바로 괴로움을 없애 괴로움의 끝으로 향하는 것이니라.
 어떤 것이 바른 행위[正業]인가? 바른 행위에는 두 가지가 있다. 하나는 세속의 바른 행위로서 번뇌와 취함이 있는 채 좋은 세계로 향하는 것이요, 하나는 세간을 뛰어난 성인의 바른 행위로서 번뇌와 취함이 없이 바로 괴로움을 없애 괴로움의 끝으로 향하는 것이다.

어떤 것이 세속의 바른 행위로서 번뇌와 취함이 있는 채 좋은 세계로 향하는 것인가? 살생과 도둑질과 사음을 떠난 것이니, 이것이 세속의 바른 행위로서 번뇌와 취함이 있는 채 좋은 세계로 향하는 것이다.

어떤 것이 세간을 뛰어난 성인의 바른 행위로서 번뇌와 취함이 없이 바로 괴로움을 없애어 괴로움의 끝으로 향하는가? 성인의 제자는 괴로움을 괴로움이라 생각하고, 모임·없어짐·길을 모임·없어짐·길이라 생각하여 삿된 생활인 몸의 세 가지 나쁜 행과 다른 여러 가지 몸의 나쁜 행 즐기기를 버리고, 번뇌가 없어 즐겨 집착하여 굳이 행하지 않으며 잡아가져 범하지 않되, 때를 지나지 않고 한계를 넘지 않는다. 이것이 이른바 세간을 뛰어난 성인의 바른 행위로서 번뇌와 취함이 없이 바로 괴로움을 없애어 괴로움의 끝으로 향하는 것이니라.

어떤 것이 바른 생활[正命]인가? 바른 생활에는 두 가지가 있다. 하나는 세속의 바른 생활로서 번뇌와 취함이 있는 채 좋은 세계로 향하는 것이요, 하나는 세간을 뛰어난 성인의 바른 생활로서 번뇌와 취함이 없이 바로 괴로움을 없애 괴로움의 끝으로 향하는 것이다.

어떤 것이 세속의 바른 생활로서 번뇌와 취함이 있는 채 좋은 세계로 향하는 것인가? 의복·음식·침구·탕약을 법답게 구하고 법답지 않은 것이 아니니, 이것이 이른바 세속의 바른 생활로서 번뇌와 취함이 있는 채 좋은 세계로 향하는 것이다.

어떤 것이 세간을 뛰어난 성인의 바른 생활로서 번뇌와 취함이 없고, 바로 괴로움을 없애 괴로움의 끝으로 향하는 것인가? 성인의 제자는 괴로움을 괴로움이라 생각하고, 모임·없어짐·길을 모임·없어짐·길이라 생각하여 모든 삿된 생활에 대해 번뇌가 없어 즐겨 집착해 굳이 행하지 않고 잡아 가져 범하지 않되, 때를 지나지 않고 한계를 넘지 않는다. 이것이 이른바 세간을 뛰어난 성인의 바른 생활로서 번뇌와 취함이 없이 바로 괴로움을 없애 괴로움의 끝으로 향하는 것이니라.

　어떤 것이 바른 방편[正精進]인가? 바른 방편에는 두 가지가 있다. 하나는 세속의 바른 방편으로서 번뇌와 취함이 있는 채 좋은 세계로 향하는 것이요, 하나는 세간을 뛰어난 성인의 바른 방편으로서 번뇌와 취함이 없이 바로 괴로움을 없애 괴로움의 끝으로 향하는 것이다.

　어떤 것이 세속의 바른 방편으로서 번뇌와 취함이 있는 채 좋은 세계로 향하는 것인가? 정진하고 방편으로 뛰어나기를 바라면서 굳게 서고, 만들고 정진하기를 능히 견디어 마음과 법으로 거두어 잡아 언제나 쉬지 않는 것이다. 이것이 이른바 세속의 바른 방편으로서 번뇌와 취함이 있는 채 좋은 세계로 향하는 것이다.

　어떤 것이 세간을 뛰어난 성인의 바른 방편으로서 번뇌와 취함이 없이 바로 괴로움을 없애 괴로움의 끝으로 향하는 것인가? 성인의 제자는 괴로움을 괴로움이라 생각하고, 모임·없어짐·길을 모임·없어짐·길이라 생각하여 번뇌가 없는 생각과 서로 알맞아, 마음과 법으로 정진하고 방편으로 부지런하고 뛰어나기를 바라면서 굳게 서고, 만들고 정진하기를 능히 견디어 마음과 법으로 거두어 잡아 언제나 쉬지 않는다. 이것이 이른바 세간을 뛰어난 성인의 바른 방편으로서 번뇌와 취함이 없이 바로 괴로움을 없애 괴로움의 끝으로 향하는 것이니라.

　어떤 것이 바른 생각[正念]인가? 바른 생각에는 두 가지가 있다. 하나는 세속의 바른 생각으로서 번뇌와 취함이 있는 채 좋은 세계로 향하는 것이요, 하나는 세간을 뛰어난 성인의 바른 생각으로서 번뇌와 취함이 없이 바로 괴로움을 없애 괴로움의 끝으로 향하는 것이다.

　어떤 것이 세속의 바른 생각으로서 번뇌와 취함이 있는 채 좋은 세계로 향하는 것인가? 만일 생각을 따르고 생각을 소중히 알며 생각을 기억하되 망녕되지 않고 헛되지 않으면, 이것이 이른바 세속의 바른 생각으로서 번뇌와 취함이 있는 채 좋은 세계로 향하는 것이다.

　어떤 것이 세간을 뛰어난 성인의 바른 생각으로서 번뇌와 취함이 없이 바로 괴로움을 없애 괴로움의 끝으로 향하는 것인가? 성인의 제자는 괴로움을 괴로움이라 생각하고, 모임·없어짐·길을 모임·없어짐·길이라 생각하여 번뇌 없는 생각과 서로 알맞고, 만일 생각을 따르고 생각을 소중히 알며 생각을 기억하되 망녕되지 않고 헛되지 않으면, 이것이 이른바 세간을 뛰어난 성인의 바른 생각으로서 번뇌와 취함이 없이 바로 괴로움을 없애 괴로움의 끝으로 향하는 것이니라.

어떤 것이 바른 선정〔正定〕인가? 바른 선정에는 두 가지가 있다. 하나는 세속의 바른 선정으로서 번뇌와 취함이 있는 채 좋은 세계로 향하는 것이요, 하나는 세간을 뛰어난 성인의 바른 선정으로서 번뇌와 취함이 없이 바로 괴로움을 없애 괴로움의 끝으로 향하는 것이다.

어떤 것이 세속의 바른 선정으로서 번뇌와 취함이 있는 채 좋은 세계로 향하는 것인가? 만일 마음이 어지럽지 않고 움직이지 않는데 머물러 거두어 잡아 고요히 그치고 삼매에 들어 한마음이 되면, 이것이 이른바 세속의 선정으로서 번뇌와 취함이 있는 채 좋은 세계로 향하는 것이다.

어떤 것이 세간을 뛰어난 성인의 바른 선정으로서 번뇌와 취함이 없이 바로 괴로움을 없애 괴로움의 끝으로 향하는 것인가? 성인의 제자는 괴로움을 괴로움이라 생각하고, 모임·없어짐·길을 모임·없어짐·길이라 생각하여 번뇌가 없는 생각과 서로 알맞아, 마음과 법으로 어지럽거나 흩어지지 않는 데에 머물러 거두어 잡아 고요히 그치고 삼매에 들어 한마음이 된다. 이것이 이른바 세간을 뛰어난 성인의 바른 선정으로서 번뇌와 취함이 없이 바로 괴로움을 없애 괴로움의 끝으로 향하는 것이니라."

부처님께서 이 경을 말씀하시자, 여러 비구들은 그 말씀을 듣고 기뻐하여 받들어 행하였다.

〔제28권 785.광설팔성도경(廣說八聖道經)〕

네 가지 선정-사선(四禪)

이와 같이 내가 들었다.

어느 날 부처님께서는 왕사성 칼란다 대나무동산에 계셨다. 그때에 존자 아난다는 혼자 고요한 곳에서 선사하다가 이렇게 생각하였다.

'세존께서는 즐거운 느낌·괴로운 느낌·괴롭지도 즐겁지도 않은 느낌의 세 가지 느낌을 말씀하셨다. 또 모든 느낌은 다 괴로움이라고 말씀하셨다. 이는 무슨 뜻인가?'

이렇게 생각한 뒤에 곧 선정에서 일어나 세존께서 계신 곳에 나아가 머리를 조아려 그 발에 예배한 뒤에 한쪽에 물러앉아 부처님께 여쭈었다.

"세존이시여, 저는 혼자 고요한 곳에서 선사하다가 이렇게 생각하였나이다. '세존께서는 즐거운 느낌·괴로운 느낌·괴롭지도 즐겁지도 않은 느낌의 세 가지 느낌을 말씀하셨다. 또 모든 느낌은 다 괴로움이라고 말씀하셨다. 이는 무슨 뜻인가?' 하고 생각하였나이다."

부처님께서는 아난다에게 말씀하셨다.

"나는 일체의 지어감은 덧없고 변하고 바뀌는 법이기 때문에 모든 느낌은 다 괴로움이라고 말한다. 다시 아난다여, 나는 모든 지어감은 점차로 고요해지고 멸하고 그치고 쉬기 때문에 일체의 모든 느낌은 다 괴로움이라고 말하느니라."

"세존이시여, 모든 느낌은 어떻게 점차 고요해지고 멸하기 때문이라고 말씀하시나이까?"

"초선(初禪)을 바르게 받을 때에 말이 고요해지고 멸하며, 제이선(第二禪)을 바르게 받을 때에 감각과 관찰이 고요해지고 멸하며, 제삼선(第三禪)을 바르게 받을 때에 기쁜 마음이 고요해지고 멸하며, 제사선(第四禪)을 바르게 받을 때에 드나드는 숨길이 고요해지고 멸한다. 공입처(空入處)를 바르게 받을 때에 물질이라는 생각이 고요해지고 멸하며, 식입처(識入處)를 바르게 받을 때에 공입처라는 생각이 고요해지고 멸하며, 무소유입처(無所有入處)를 바르게 받을 때에 식입처라는 생각이 고요해지고 멸하며, 비상비비상입처(非想非非想入處)를 바르게 받을 때에 무소유입처라는 생각이 고요해지고 멸하며, 상수멸(想受滅)을 바르게 받을 때에 상수(想受)가 고요해지고 멸하나니, 이것을 점차로 모든 행이 고요해지고 멸하는 것이라 하느니라."

"세존이시여, 어떻게 점차 모든 지어감이 그치고 쉬나이까?"

"초선을 바르게 받을 때에 말이 그치고 쉬며, 제이선을 바르게 받을 때에 감각과 관찰이 그치고 쉬며, 제삼선을 바르게 받을 때에 기쁜 마음이 그치고 쉬며, 제사선을 바르게 받을 때에 드나드는 숨길이 그치고 쉰다. 공입처를 바르게 받을 때에 물질이라는 생각이 그치고 쉬며, 식입처를 바르게 받을 때에 공입처라는 생각이 그치고 쉬며, 무소유입처를 바르게 받을 때에 식입처라는 생각이 그치고 쉬며, 비상비비상입처를 바르게 받을 때에 무소유입처라는 생각이 그치고 쉬며, 상수멸을 바르게 받을 때에 상수라는 생각이 그치고 쉬나니, 이것을 점차 모든 지어감이 그치고 쉬는 것이라 하느니라."

"세존이시여, 이것을 점차 모든 지어감이 그치고 쉬는 거라 하나이까?"

"다시 훌륭한 그침과 쉼·기특한 그침과 쉼·위되는 그침과 쉼·위없는 그침과 쉼이 있나니, 이와 같은 그침과 쉼은 다른 그침과 쉼으로서 이보다 더 위되는 것이 없느니라."

"어떤 것을 훌륭한 그침과 쉼·기특한 그침과 쉼·위되는 그침과 쉼·위없는 그침과 쉼이 있어서 모든 그침과 쉼으로서 이보다 더 위되는 것이 없는 것이라 하나이까?"

"탐욕스런 마음을 즐겨하지 않아 해탈하고, 성내고 어리석은 마음을 즐겨하지 않아 해탈하면, 이것을 훌륭한 그침과 쉼·기특한 그침과 쉼·위되는 그침과 쉼·위없는 그침과 쉼이 있어서 어떤 다른 그침과 쉼도 이보다 더 위되는 것이 없는 것이라 하느니라."

부처님께서 이 경을 말씀하시자, 존자 아난다는 부처님 말씀을 듣고 기뻐하여 받들어 행하였다.

〔제17권 474.지식경(止息經)〕

제5장 『잡아함경』의 상담 형태적 특징
−개별상담, 대중상담, 동료상담, 집단상담, 슈퍼비전 등 다양−

제5장 『잡아함경』의 상담 형태적 특징
-개별상담, 대중상담, 동료상담, 집단상담, 슈퍼비전 등 다양

『잡아함경』에 수록된 1362경을 설법 형태에 따라 분류하면 크게 다섯 가지로 나눌 수 있다. 개별문답과 개별교설, 대중문답, 대중교설, 그리고 이들 넷이 복합적으로 나타나거나 약간 다른 형태로 나타나는 것들이 그것이다. 약간 다른 형태의 설법을 다시 구분하면 현대 상담의 한 종류인 동료상담, 집단상담, 슈퍼비전 등을 찾을 수 있다〔부록1〕참조).

1362경을 형태별로 분류한 결과 다음과 같이 나타났다.

설법 형태에 따라 분류한 『잡아함경』

설법형태	개별문답	개별교설	대중문답	대중교설	동료상담	집단상담	슈퍼비전
경전의 수	541경	22경	207경	637경	35경	2경	33경

* 하나의 경전에 여러 형태가 나타나는 경우가 있어 통계에 나타난 경의 수를 합하면 『잡아함경』 총 경의 수인 1362를 넘는다.

1. 개별문답(個別問答)→개별상담

석가모니와 질문자(방문자, 또는 내담자)가 개별적으로 문답을 주고받으며 문제를 해결해 나가는 방식이다. 총 1362경 가운데 541경에서 개별문답의 형태가 나타난다.

개별문답에도 여러 가지 형태가 있다.

첫째는 석가모니와 질문자가 일대일로 대면해 개별적으로 문답을 주고받는 형태로 〔사례4, 제1권 15.사경(使經)〕과 〔사례10, 제4권 89.우파가경(優波迦經)①〕 등 여러 경에 나타난다.

둘째는 석가모니와 질문자가 여러 사람이 지켜보는 가운데 개별적으로 문답을 벌이는 것으로 〔사례6, 제2권 53.바라문경(婆羅門經)〕과 〔사례7, 제2권 54.세간경(世間經)〕 등 여러 경이 이런 형태를 띠고 있다.

셋째는 석가모니와 질문자가 개별적으로 문답을 펼치다가 여러 대중이 참여함으로써 대중문답으로 바뀌는 형태로 〔사례9, 제2권 58.음근경(陰根經)〕이 그 예이다.

넷째는 석가모니가 대중과 문답을 펼치다가 한 사람에게 집중하여 개별문답을 주고받는 형태로 〔제16권 416.수지경(受持經)〕이 그 예이다.

이 가운데 첫번째 형태의 개별문답에도 온전히 석가모니와 내담자 둘만 있었던 것은 아니다. 석가모니의 시자(侍者)인 아난다가 항상 배석해 있었다.

불경은 몇몇 예외를 제외하면 경의 첫머리가 '이와 같이 내가 들었다〔如是我聞〕'는 말로 시작된다. 이 말을 한 주인공이 바로 부처님을 그림자처럼 따르며 모신 아난다로, 불경은 아난다가 부처님을 시봉하면서 들은 설법 내용과 배경, 그 과정을 구술로 전한 것을 후세에 기록한 것이다. 따라서 경전에 등장하는 사람이 석가모니와 질문자 둘뿐이었다고 해도 그 자리에는 늘 아난다가 함께 있었음을 알 수 있다.

『잡아함경』에 나타난 여러 가지 상담형태 중 개별문답, 그 가운데서도 석가모니와 질문자가 1대1로 문답을 주고받는 첫번째 형태의 개별문답이 현대의 개인상담과 가장 가깝다. 즉 현대 개인상담의 구성 요건인 '도움을 청하는 내담자'와 '도움을 주는 상담자', '두 사람이 서로 얼굴을 대하는 대면 관계'를 충족시키고 있는 것이다. 그러나 부처님의 시자인 아난다가 동석한다는 점에서는 현대 개인상담과 완벽하게 일치하진 않는다. 따라서

이 책에서는 석가모니가 질문자와 주고받은 개별문답을 '개별상담'이라 지칭하기로 한다.

석가모니가 펼친 '개별상담'은 오늘날의 개인상담과 형태가 다른 만큼 그 효과도 사뭇 다르다.

현대의 개인상담은 상담을 통해 내담자 개인의 성장만을 추구하게 되지만, 석가모니의 '개별상담'은 여러 사람에게 상담효과가 파급된다. 대중이 참여한 가운데 석가모니가 질문자와 문답을 펼치면 질문자는 물론, 문답을 청취한 사람들도 그 자리에서 성장과 변화를 이루게 되고, 일대일 문답이었다고 하더라도 배석자인 아난다가 이를 대중에게 전해줌으로써 역시 같은 효과가 일어난다.

문답은 개별적으로 오갔으되 이를 통해 얻은 배움과 깨달음은 대중 모두가 공유하게 되는 것이 『잡아함경』에 나타난 개별상담의 특징이다. 그러나 오늘날과 같이 내담자의 비밀 보장이 중요시되는 상담 환경에서는 석가모니 시대의 '개별상담'을 그대로 적용하는 것은 무리가 있을 것이다.

이러한 '개별상담'의 형태적 특징에 대하여 김명권은 당시 사람들은 아마도 현대인들보다 심성이 순수하였기 때문에, 현대인과 달리 자존심 보호보다는 자기성장과 깨달음을 더 가치 있게 생각하였는지도 모른다고 추측했다(보조사상연구원, 2002).

이 책에서 상담사례로 뽑은 경의 대부분이 개별상담(개별문답)이다.

…바라문은 그 숲 어귀에 이르러 수레에서 내려 걸어서 세존께 나아가 문안드리고 물러나 한쪽에 앉아 여쭈었다.
"사문 고타마께서는 무엇을 주장하고 무엇을 설명하시나이까?"
부처님께서는 바라문에게 말씀하셨다.
"나는 인(因)을 주장하고 인을 설명하느니라."
"어떻게 인을 주장하고 어떻게 인을 설명하시나이까?"
"인이 있고 연(緣)이 있어서 세간을 모으고, 인이 있고 연이 있어서 세간이 모이며, 인이 있고 연이 있어서 세간을 멸하고, 인이 있고 연이 있어서 세간이 멸(滅)한다.”

"세존이시여, 어떻게 인이 있고 연이 있어서 세간을 모으며, 인이 있고 연이 있어서 세간이 모이나이까?"

"어리석고 무식한 범부들은 물질의 모임과 물질의 멸함·물질의 맛·물질의 근심·물질을 떠나기를 참답게 알지 못한다. 그것을 참답게 알지 못하기 때문에 물질을 사랑하고 즐겨하며, 물질을 몹시 찬탄하고 마음으로 집착하여 거기에 머무른다. 물질을 사랑하고 즐겨하기 때문에 그것을 '잡음〔取〕'이 있고, 잡음으로 말미암아 '존재〔有〕'가 있으며, 존재로 말미암아 '남〔生〕'이 있고, 남으로 말미암아 생·노·병·사와 걱정·슬픔·괴로움·번민이 있다. 이것이 곧 큰 괴로움의 무더기이니, 느낌·생각·지어감·의식에 있어서도 또한 그와 같다. 바라문이여, 이것이 인이 있고 연이 있어서 세간을 모으며, 인이 있고 연이 있어서 세간이 모이는 것이라 하느니라."

"어떻게 인이 있고 연이 있어서 세간을 멸하며, 인이 있고 연이 있어서 세간이 멸하나이까?"

부처님께서는 바라문에게 말씀하셨다.

"많이 아는 거룩한 제자는 물질의 모임과 물질의 멸함·물질의 맛·물질의 근심·물질을 떠나기를 참답게 안다. 그것을 참답게 알기 때문에 그 물질을 사랑하거나 즐겨하지 않고 몹시 찬탄하지 않으며, 물들어 집착하지 않고 거기에 머무르지 않는다. 사랑하거나 즐겨하지 않고 거기에 머무르지 않기 때문에 물질에 대한 사랑은 곧 멸하고, 사랑이 멸하면 '잡음'이 멸하며, 잡음이 멸하면 '존재'가 멸하고, 존재가 멸하면 '남'이 멸하며, 남이 멸하면 늙음과 죽음·걱정·슬픔·번민·괴로움이 멸한다. 느낌·생각·지어감·의식에 있어서도 또한 그와 같나니, 바라문이여, 이것을 인이 있고 연이 있어서 세간을 멸하며, 인이 있고 연이 있어서 세간이 멸하는 것이라 하느니라. 바라문이여, 이것이 이른바 인을 주장하고 인을 설명하는 까닭이니라.···"

〔사례6, 제2권 53.바라문경(婆羅門經)〕

2. 개별교설(個別敎說)

교설(敎說)이란 가르쳐 설명한다는 뜻으로, 개별교설은 질문이 없이 석가모니가 어떤 한 사람에게 개별적으로 설법하는 방식을 말한다. 이를 '묻지 않는데 스스로 설했다' 하여 '무문자설(無問自說)'이라고 한다. 이 책에서는 설법 대상이 한 사람일 때는 '개별교설'이라고 이름 붙이고, 여러 사람일 때는 '대중교설'이라고 칭했다.

개별교설도 항상 아난다가 배석한 가운데 이루어졌다. 또한 교설은 개별적으로 하되, 여러 비구들이 그 교설을 함께 청취하는 경우도 있었다〔제8권 204.여실지견경(如實知見經)〕. 이밖에 석가모니가 대중을 향해 교설하다가 한 사람에게 집중하여 교설하는 형태도 나타난다〔제24권 622.암라녀경(菴羅女經)〕.

그러나 개별교설이라고 하여 석가모니가 한 개인을 대상으로 일방적으로 설법한 것 같지는 않다. 『잡아함경』에 나타나는 전반적인 분위기로 보아 석가모니와 내담자 간에 상당히 활발한 질의·응답이 오갔을 것으로 보인다. 경전을 기록하면서 그러한 문답 과정이 생략된 것으로 추측된다.

경전에 나타난 그대로 분석을 하자면, 개별교설은 상담자가 일방적으로 내담자에게 가르침을 전하는 방식이므로 현대적 의미의 상담형태를 갖추었다고 보기는 어렵다.

『잡아함경』의 총 1362경 가운데 22경에 개별교설의 형태가 나온다. '개별교설'의 사례로 뽑은 경은 다음과 같다.

〔사례17, 제4권 97.걸식경(乞食經)〕
〔사례87, 제32권 912.왕정경(王頂經)〕
〔사례143, 제50권 1339.가섭경(迦葉經)〕
〔사례144, 제50권 1342.나가달다경(那迦達多經)〕

…어느 때 부처님께서는 나리촌 깊은 골 절에 계시면서 선타 가전연에게 말씀하셨다.

"진실한 선정을 닦고, 거친 선정을 닦지 말라. 마치 거친 말은 마구간에 매어 두었을 때에도 해야 할 일과 하지 않아야 할 일은 생각하지 않고, 다만 곡식이나 풀을 먹을 생각만 하는 것처럼, 장부는 탐욕의 번뇌를 많이 닦아 익힘으로써 탐욕 내는 마음으로 뛰어날 길을 생각하기 때문에 그것을 참답게 알지 못하고, 마음은 항상 달려 탐욕의 번뇌를 따르면서 선정을 구한다. 성냄과 잠·들뜸·의심을 많이 닦아 익히기 때문에 뛰어날 길을 참다이 알지 못하고 성냄의 덮개와 잠·들뜸·의심의 덮개의 마음으로 생각하면서 선정을 구한다.

선타여, 만일 진실한 종자의 말이라면 마구간에 매어 두더라도 물이나 풀은 생각하지 않고 다만 사람 태울 일만 생각한다. 이와 같이 어떤 장부는 탐욕의 번뇌를 생각하지 않고 뛰어나기에 머무르기를 참답게 알아 탐욕의 번뇌로써 선정을 구하지 않는다. 또 성냄·잠·들뜸·의심의 번뇌를 생각하지 않고 뛰어나기에 많이 머물러 성냄·잠·들뜸·의심의 번뇌를 참답게 알아 성냄·잠·들뜸·의심의 번뇌로써 선정을 구하지 아니한다.

선타여, 비구로서 이렇게 선정을 닦는 사람은 땅을 의지해 선정을 닦지 않고 물·불·바람·허공·의식·아무것도 없는 경계, 생각도 아니요 생각 아닌 것도 아닌 경계를 의지해 선정을 닦지 아니한다. 이 세상이나 다른 세상을 의지하지 않고, 해나 달도 의지하지 않고, 보거나 듣거나 깨닫거나 아는 것도 의지하지 않으며, 얻기나 구함을 의지하지도 않고, 거친 생각이나 미세한 생각을 따르지도 않으면서 선정을 닦는다.…"

〔제33권 926.선타가전연경(詵陀迦旃延經)〕

3. 대중문답(大衆問答)→대중상담

대중교설 시 듣는 사람과 교설자가 문답을 주고받는 경우다. 총 1362경 가운데 207경이 대중문답으로, 석가모니와 설법 청중 간에 질의·응답이 활발하게 오간다.

대중문답이 이루어지는 형태를 좀더 자세히 살펴보면 다음과 같다.

첫째는 석가모니가 교설을 하면서 대중에게 질문을 하고 대중이 그에 응답함으로써 교설 내용을 더욱 효과적으로 전하는 경우이다〔사례25, 제7권 175.구두연비경(救頭燃譬經)〕.

둘째는 석가모니의 교설에 대해 궁금한 점이 있을 때 대중이 질문을 하고 석가모니가 그에 답하는 경우이다〔사례62, 제20권 556.무상심삼매경(無相心三昧經)〕.

셋째는 대중이 먼저 의문 나는 문제를 질문하면 석가모니가 그에 맞추어 응답하고 교설하는 경우이다〔사례79, 제30권 854.나리가경(那梨迦經)〕.

이밖에 특이한 형태로 내담자는 하나인데 상담자가 여럿인 경우가 있다. 한 사람의 내담자를 상대로 여러 명의 상담자가 문답을 주고받는 것이다〔사례51, 제17권 464.동법경(同法經)〕.

형태야 어찌 되었든 문답은 질문자와 석가모니 사이에 오가되 이를 통해 그 자리에 있던 대중 모두가 가르침을 공유하게 된다.

문답이 한 사람에게 집중적으로 진행되어 개별문답처럼 진행되는 경우도 있다.〔사례9, 제2권 58.음근경(陰根經)〕을 보면, 석가모니가 모든 비구들에게 대중교설을 시작하자 그 가운데 있던 어떤 비구가 질문을 해 그 비구와 석가모니 사이에 개별적인 문답이 한동안 오간다. 이런 과정을 통해 첫 질문자의 의문이 해소되자 석가모니는 대중 가운데 자신의 설법을 잘못 이해한 비구가 있음을 알아차리고 다시 그를 향해 질문을 함으로써 문답을 진행한다. 이를 통해 거기 모인 대중이 다함께 깨달아나가는 것이다.

현대 상담의 관점에서 보았을 때 대중문답도 개별문답과 마찬가지로 상담의 한 형태로 볼 수 있다. 즉, '내담자(대중)'와 '상담자(석가모니)'가 있고, '상담자와 내담자의 대면 관계 속에서 문제를 해결하고 성장해 가는 과정(대중문답)'이 있다. 따라서 이 책에서는 대중문답을 '대중상담'이라 명명한다.

그러나 '대중상담'은 현대 상담에는 없는 독특한 형태다. 내담자와 상담자의 1:1 대면 관계를 전제로 하는 개인상담에 비교했을 때는 내담자의 숫자가 1명을 초과하여 매우 많다는 점에서 다르고, 리더의 지도 아래 집단 구성원 간의 역동을 통해 성장을 도모하는 집단상담에 비교했을 때는 형태상으로는 비슷하나 내용 면에서는 사뭇 다르다.

집단상담에서는 구성원 간의 역동이 주요 요소인데 비해, 대중상담은 대중끼리 오가는 역동보다 리더인 석가모니와 집단 구성원인 대중 간의 문답에 초점을 맞추고 있다. 다만, 다른 사람이 석가모니와 문답하는 것을 관찰함으로써 간접적인 상담의 효과가 있었을 것으로 추측된다. 이를 간단하게 도식화하면 다음과 같다.

대중상담과 집단상담

개인상담	집단상담	대중상담
내담자 ↕ 상담자	내담자↔내담자 ↘ ↗ 상담자	내담자 내담자 ↘ ↗ 상담자

'대중상담(대중문답)'의 사례로 뽑은 경은 다음과 같다.

〔사례9, 제2권 58.음근경(陰根經)〕
〔사례25, 제7권 175.구두연비경(救頭燃譬經)〕
〔사례27, 제8권 211.세간오욕경(世間五欲經)〕
〔사례30, 제10권 267.무지경(無知經)②〕
〔사례32, 제10권 272.책제상경(責諸想經)〕
〔사례37, 제12권 291.촉경(觸經)〕

〔사례45, 제15권 404.신서림경(申恕林經)〕
〔사례47, 제16권 413.왕력경(王力經)〕
〔사례48, 제16권 421.심험경(深嶮經)〕
〔사례51, 제17권 464.동법경(同法經)〕
〔사례62, 제20권 556.무상심삼매경(無相心三昧經)〕
〔사례79, 제30권 854.나리가경(那梨迦經)〕
〔사례98, 제34권 948.성경(城經)〕
〔사례105, 제35권 972.삼제경(三諦經)〕
〔사례118, 제38권 1063.추루경(醜陋經)〕
〔사례125, 제38권 1080.참괴경(慚愧經)〕
〔사례126, 제39권 1083.식우근경(食藕根經)〕
〔사례129, 제40권 1108.득안경(得眼經)〕
〔사례131, 제41권 1142.납의중경(衲衣重經)〕
〔사례135, 제43권 1169.금경(琴經)〕

…어느 때 부처님께서는 바라나시의 선인이 살던 사슴동산에 계시면서 여러 비구들에게 말씀하셨다.
"세상에서는 미색(美色)을 말한다. 세상의 미색이란 능히 많은 사람으로 하여금 모여 보게 하는가?"
여러 비구들은 부처님께 여쭈었다.
"그러하나이다, 세존이시여."
"만일 세상에 미색이 있다면, 세상의 미색이란 갖가지의 노래와 춤과 음악으로 극히 많은 사람이 모이도록 하여 보게 하는가?"
"그러하나이다, 세존이시여."
"만일 세상에 미색이 있다면, 세상의 미색이란 한곳에서 갖가지로 노래하고 춤추며 음악과 웃음을 지을 때 다시 많은 사람이 구름처럼 모이는데, 혹 어떤 사부(士夫)는 어리석거나 미련하지 않아, 즐거움을 즐기고 괴로움을 등지며 살기를 탐하고 죽기를 두려워한다는 어떤 사람이 그에게 말하기를,

'사부여, 너는 기름이 가득한 발우를 가지고 세상의 미색이 있는 대중 가운데를 지나가라. 사람을 잘 죽이는 사람이 어떤 사람을 시켜 칼을 빼어 들고 너를 따르게 한 다음 만일 기름 한 방울이라도 떨어뜨리면 곧 네 목숨을 베게 하리라'고 한다면, 어떤가 비구들이여, 그 기름 발우를 가진 사부는 과연 기름 발우를 생각하지 않고, 사람 죽이는 일도 생각하지 않고서 그 기녀나 대중을 바라볼 수 있겠는가?"

"아닙니다, 세존이시여. 왜냐하면 세존이시여, 그 사부는 자신의 뒤에 있는 칼을 빼어 든 사람을 알기 때문입니다. 그는 언제나 생각할 것입니다. '내가 만일 기름 한방울이라도 떨어뜨리면 저 칼을 든 사람은 반드시 내 머리를 벨 것이다' 하고. 따라서 그 마음을 오롯하게 하여 기름 발우에 생각을 잡아매고, 세상의 미색과 대중 속을 천천히 걸어 지나갈 것이요, 감히 사방을 돌아보지 않을 것입니다."

"그와 같이 비구들이여, 만일 어떤 사문이나 바라문으로서 몸을 바로 하고 스스로 소중히 여겨, 그 마음을 오롯하게 하여 소리나 빛을 돌아보지 않고 모든 것을 거두어 잡아 마음이 몸의 염처에 머무르면, 그는 곧 내 제자요 내 가르침을 따르는 사람이니라.…"

〔제24권 623.세간경(世間經)〕

4. 대중교설(大衆敎說)

대중(大衆)이란 많은 스님네를 뜻하며, 교설(敎說)은 가르쳐 설명한다는 뜻이다. 대중교설이란 곧 몇 명에서 수십, 수백, 수천 명이 모인 가운데 설법하는 것을 말한다.

『잡아함경』의 총 1362경 가운데 637경에 대중교설의 형태가 나온다. 그러나 대중교설이라고 해서 석가모니가 일방적으로 설법만 한 것으로 보이지는 않는다. '대중문답'에서 볼 수 있는 바와 같이 석가모니의 법문을 듣는 청중들은 설법 도중에 의문 나는 부분이 있으면 언제든 질문을 했고, 석가모니는 이에 대해 상세하게 답해 주었다. '대중교설'의 형태로 나타난

경을 설했을 때도 경의 분위기로 보아 많은 문답이 오갔을 것으로 추측된다. 다만 경전을 기록하면서 그러한 문답 과정을 생략한 것으로 보인다.

경전에 나타난 그대로 분석을 하자면, 대중교설은 개별교설과 마찬가지로 상담자가 일방적으로 내담자들에게 교훈적인 내용을 전달하는 방식이므로 현대적 의미의 상담형태를 갖추었다고 보기는 어렵다.

'대중교설'의 사례로 뽑은 경은 다음과 같다.

[사례1, 제1권 3.무지경(無知經)①]
[사례2, 제1권 9.염리경(厭離經)]
[사례3, 제1권 13.미경(味經)①]
[사례5, 제2권 38.비하경(卑下經)]
[사례8, 제2권 57.질루진경(疾漏盡經)]
[사례69, 제22권 590.상인경(商人經)]
[사례72, 제24권 611.선취경(善聚經)]
[사례76, 제29권 807.일사능가라경(一奢能伽羅經)]
[사례92, 제33권 922.편영경(鞭影經)]
[사례109, 제35권 980.염삼보경(念三寶經)]
[사례110, 제35권 985.애경(愛經)②]
[사례141, 제50권 1330.가타경(伽吒經)]

…어느 때 부처님께서는 사위국 제타숲 외로운 이 돕는 동산에 계시면서 여러 비구들에게 말씀하셨다.

"비유하면, 나귀가 소떼를 따라가면서 이렇게 생각한다. '나는 소의 소리를 내리라.' 그러나 그 모양이나 빛깔이나 소리는 소와 같지 않다. 그런데 많은 소떼를 따르면서 '나는 소'라고 생각하고 소 울음소리를 내지만, 그는 실로 소와는 거리가 멀다.

그와 같이 어떤 어리석은 사내가 계율을 어기고 범하고도 대중을 따르면서 말한다. '나는 비구다, 나는 비구다' 하고. 그러나 그가 욕심을 이겨 왕성한 계율 공부와 왕성한 뜻 공부와 왕성한 지혜 공부를 배워 익히지 않고 대중을 따르면서 '나는 비구다, 나는 비구다' 하고 아무리 말해도 비구와는 거리가 머느니라."…

〔제29권 828.노경(驢經)〕

5. 동료상담

동료상담이란 '비슷한 연령과 유사한 생활 경험 및 가치관 등을 지닌 청소년이 일정한 훈련을 받은 뒤에 자신의 경험을 바탕으로 하여 주변에 있는 정상적인 다른 또래들의 발달 과정에서 경험할 수 있는 문제의 해결에 조력하여 이들이 성장하고 발달할 수 있도록 생활의 제반 영역에서 지지적인 도움을 제공하는 행위'를 말한다. 본래 영어의 'Peer Counselling'란 말에서 온 것으로, 보통 '또래 상담'이란 말로 많이 쓰인다(한국카운슬러협회, 1998).

『잡아함경』에는 현대 상담의 '동료상담'이라고 할 수 있는 형태가 총 1362경 가운데 35경에 나타난다. 석가모니의 제자인 비구들끼리 서로 문답을 주고받으며 수행 방법이나 진리에 대해 논하면서 함께 성장해 가는 내용이다.

동료상담을 할 때의 인원은 2명이 대부분이며〔사례36, 제12권 288.노경(蘆經)〕, 2명을 초과해 다수인 경우도 있다〔사례21, 제5권 103.차마경(差摩經)〕.

'동료상담'의 사례로 뽑은 경은 다음과 같다.

〔사례21, 제5권 103.차마경(差摩經)〕
〔사례36, 제12권 288.노경(蘆經)〕
〔사례42, 제14권 344.구치라경(拘絺羅經)〕
〔사례83, 제32권 905.외도경(外道經)〕

〔사례132, 제41권 1143.시시경(是時經)〕
〔사례139, 제45권 1214.탐욕경(貪慾經)〕

…그때에 존자 아난다는 존자 사리불이 있는 곳에 가서 존자 사리불에게 말하였다.

"물을 일이 있는데 혹 틈이 있으면 나를 위해 설명해 주실 수 있겠습니까?"

사리불은 말하였다.

"당신의 물음에 따라 아는 대로 대답하겠습니다."

존자 아난다는 존자 사리불에게 말하였다.

"〈여섯 가지 부딪쳐 들이는 기관〉이 다하고 욕심을 떠나 멸하고 쉬고 마친 뒤에도 다시 남음이 있습니까?"

"그렇게 묻지 마시오. '여섯 가지 부딪쳐 들이는 기관이 다하고 욕심을 떠나 멸하고 쉬고 마친 뒤에도 다시 남음이 있는가?' 하고."

아난다는 또 물었다.

"존자 사리불이여, 여섯 가지 부딪쳐 들이는 기관이 다하고 욕심을 떠나 멸하고 쉬고 마친 뒤에는 남음이 없습니까?"

"그 또한 그렇게 묻지 마시오. '여섯 가지 부딪쳐 들이는 기관이 다하고 욕심을 떠나 멸하고 쉬고 마친 뒤에는 남음이 없는가?' 하고."

아난다는 다시 물었다.

"존자 사리불이여, 여섯 가지 부딪쳐 들이는 기관이 다하고 욕심을 떠나 멸하고 쉬고 마친 뒤에는 남음이 있기도 하고, 남음이 없기도 하며, 남음이 있는 것도 아니요, 남음이 없는 것도 아닙니까?"

"그 또한 그렇게 묻지 마시오. '여섯 가지 부딪쳐 들이는 기관이 다하고 욕심을 떠나 멸하고 쉬고 마친 뒤에는 남음이 있기도 하고, 남음이 없기도 하며, 남음이 있는 것도 아니요, 남음이 없는 것도 아닌가?' 하고."

존자 아난다는 다시 사리불에게 물었다.

"존자의 말대로 한다면, '여섯 가지 부딪쳐 들이는 기관이 다하고 욕심을 떠나 멸하고 쉬고 마친 뒤에는 남음이 있다고도 말하지 말고 없다고도 말하지 말며, 남음이 있는 것도 아니요 없는 것도 아니라고도 또한 말하지 말라'는 것인데, 그 말은 무슨 뜻입니까?"

존자 사리불은 존자 아난다에게 말했다.

"만일 '여섯 가지 부딪쳐 들이는 기관이 다하고 욕심을 떠나 멸하고 쉬고 마친 뒤에는 남음이 있다'고 한다면 이것은 곧 빈 말이요, '없다'고 한다면 이것도 곧 빈 말입니다. '남음이 있는 것도 아니요, 없는 것도 아니다'고 한다면 이것도 곧 빈말입니다. 만일 '여섯 가지 부딪쳐 들이는 기관이 다하고 욕심을 떠나, 멸하고 쉬고 마친 뒤에는 모든 거짓을 떠나 반열반(般涅槃: 열반과 같은 뜻)을 얻는다'고 말한다면 이것은 곧 부처님 말씀입니다."

때에 두 정사(正士)는 서로 기뻐하면서 제각기 본 처소로 돌아갔다.

〔제9권 249.구치라경(拘絺羅經)①〕

6. 집단상담

집단상담이란, '생활 과정상의 문제를 해결하고 더욱 바람직한 성장 발달을 위하여 전문적으로 훈련된 상담자의 지도와 동료들과의 역동적인 상호 교류를 통해 각자의 감정·태도·생각 및 행동 양식 등을 탐색, 이해하고 더욱 성숙된 수준으로 향상시키는 과정'이다(이장호·김정희, 1998).

불교에는 석가모니 재세시부터 포살(布薩)과 자자(自恣)가 있어 왔다. 포살이란 출가 수행자들이 보름마다(15일과 29일, 또는 30일) 모여 계경(契經)을 듣고, 지나간 보름 동안 지은 죄가 있으면 참회하여 선을 기르고, 악을 없애는 의식을 말한다. 자자란 여름 안거(安居: 승려들이 4월 16일부터 7월 15일까지 한곳에 모여 외출을 금하고 수행하는 제도)의 마지막 날, 같이 공부하던 수행자들이 모여서 견(見)·문(聞)·의(疑) 삼사(三事)를 가지고 그동안 지은 죄를 고백하고 참회하는 행사를 가리킨다.

비구들은 포살과 자자에 참여하여 자신의 수행 정도를 점검하고 수행하는 태도를 반성하며, 풀지 못한 의문에 대해 서로 질문하고 답을 해나간다. 포살과 자자에는 비구들뿐만 아니라 석가모니도 몸소 참가한다. 석가모니도 비구들과 마찬가지로 "내게 꾸짖을 만한 일은 없는가?" 하고 질문을 하는 것으로 보아, 지도자이면서도 동등한 자격으로 참석한 것으로 보인다.

포살과 자자가 어떻게 행해졌는지『잡아함경』에 그 과정이 자세히 수록되어 있지는 않으나, 몇몇 경에 언급되어 있어 그 형식과 과정을 짐작할 수 있다.

포살과 자자는 스승인 석가모니가 참여함으로써 '전문적으로 훈련된 상담자의 지도'라는 집단상담의 한 요건을 만족시키고, 여러 비구들이 참가하여 서로의 태도를 점검하고 의문점을 해결해 나감으로써 '생활 과정상의 문제를 해결하고 더욱 바람직한 성장 발달을 도모하며 동료들과 역동적인 상호 교류를 통해 각자의 감정·태도·생각 및 행동 양식 등을 탐색, 이해하고 더욱 성숙된 수준으로 향상시키는 과정'이라는 집단상담의 또 하나의 요건을 충족시킨다. 이렇게 볼 때 포살과 자자는 현대 상담의 '집단상담'과 같다고 할 수 있다. 이지현(1997)과 정혜자(1992)도 '포살·자자가 현대의 집단상담과 같다'는 데 동의하고 있다.

김명권은 자자는 현대 집단상담보다 한층 성숙된 형태로서, 현대의 집단상담과 달리 그저 느낀 점을 피드백해 달라는 것에서 그치지 않고 자신의 죄와 허물을 지적해 달라고 한 점, 윗사람이나 지도자부터 먼저 모범을 보인 점, 전체 대중이 모인 가운데 행해진 점 등은 보통 의식수준이 높고 성숙한 집단이 아니고서는 불가능한 방식이라고 보았다(보조사상연구원, 2002).

석가모니는 포살과 자자를 매우 중히 여긴 것으로 보인다. 『잡아함경』에 다음과 같은 내용이 나온다.

> 부처님께서는 이챠낭갈라 숲속에 계시면서 여러 비구들에게 말씀하셨다. "나는 두 달 동안 좌선하려 한다. 밥을 가져오는 비구와, 포살할 때를 제외하고는 여러 비구들은 내왕하지 말라."
> 〔사례76, 제29권 807.일사능가라경(一奢能伽羅經)〕

석가모니는 자신이 좌선하는 동안 아무도 왕래하지 말라고 분부하면서도 '포살할 때는 제외하고' 라고 단서를 붙인다. 석가모니가 포살을 얼마나 중요히 여겼는지 유추할 수 있는 대목이다.

석가모니는 포살과 자자를 중요하게 여기면서 또 장려하였던 것으로 보인다. 다음은 『잡아함경』에 수록된 내용이다.

…세존께서는 보름날 포살할 때 … 여러 비구들을 관찰하신 뒤 말씀하셨다.
"착하고 착하다. 나는 이제 비구들이 여러 가지 바른 일을 행한 것을 기뻐한다. 그러므로 비구들은 부지런히 정진하여야 한다."
〔제29권 815.포살경(布薩經)〕

또한 석가모니는 스스로 포살과 자자에 참석하면서 의식을 철저히 지킨 것으로 보인다. 그 좋은 사례가 있다.

…세존께서는 그 달 보름날 식수(食受)할 때에 이르러 대중 앞에 자리를 펴고 앉아 여러 비구들에게 말씀하셨다.
"…마땅히 나를 회수(懷受)하라. 혹 내 몸이나 입이나 마음에 꾸짖을 만한 일은 없는가?"
그때에 존자 사리불은 대중 가운데 있다가 자리에서 일어나 옷을 바루고 부처님께 예배한 뒤에 합장하고 여쭈었다.
"세존께서는 '…마땅히 나를 회수하라. 혹 내 몸이나 입이나 마음에 꾸짖을 만한 일은 없는가?' 하고 말씀하셨나이다. 그러나 저는 세존의 몸이나 입이나 마음에서 꾸짖을 만한 일을 보지 못하나이다. 왜냐하면 세존께서는 길들지 못한 자는 길들게 하고, 고요하지 못한 자는 고요하게 하며, 안온하지 못한 이는 안온하게 하며, 반열반하지 못한 이는 반열반하게 하나이다. 여래는 도를 알고 도를 연설하며 도로 향하나이다. 그리고는 성문(聲聞)을 성취시켜 도를 따르고 도를 받들며 스승의 가르침을 받들게 하여 그 가르침대로 바로 향하고 진여의 착한 법을 즐기게 하시기 때문이옵니다. 저는 이제 세존께 원하나이다. 제가 보고(見) 듣고(聞) 의심(疑)하는 죄로서, 혹 몸이나 입이나 마음에 꾸짖을 만한 일이 있으면 회수하여 주소서."…

〔사례138, 제45권 1212.회수경(懷受經)〕

석가모니는 여러 대중 앞에서 먼저 나서서 자신의 허물을 지적해줄 것을 청했다. 이는 '리더의 자기 노출'이 집단 구성원에게 자기 노출의 위협과 부담을 느끼게 하여 집단 활동이 오히려 경직되고 위축될 수 있다고 보는 현대 집단상담의 관점과 매우 다르다(보조사상연구원, 2002).

『잡아함경』에 집단상담의 사례는 모두 2경뿐이다. 앞에 예를 든〔사례76, 제29권 807.일사능가라경(一奢能伽羅經)〕과〔제29권 815.포살경(布薩經)〕에서는 포살의 자취를 볼 수 있을 뿐 집단상담이 진행되는 과정이 수록되어 있지는 않다.

전체 1362경 중에서 둘뿐인 집단상담의 사례 가운데 하나는 포살이며, 다른 하나에는 석가모니의 제자들이 모여서 동료의 잘잘못을 가리는 과정이 흥미롭게 전개되어 있다〔사례123, 제38권 1075.타표경(陀驃經)①〕.

'집단상담'의 사례로 뽑은 경은 다음과 같다.

〔사례123, 제38권 1075.타표경(陀驃經)①〕
〔사례138, 제45권 1212.회수경(懷受經)〕

7. 슈퍼비전

슈퍼비전이란, '상담 수련생의 실습을 지도·감독하면서 실습 경험이 이론 및 연구 결과와 연계성을 갖도록 지도하는 특수한 형태의 교육'이다(김계현, 1995).

『잡아함경』에는 현대 상담의 '슈퍼비전'이라 할 수 있는 형태가 여럿 나온다. 석가모니의 제자인 비구들이 일반 신도나 외도를 대상으로 설법을 한 뒤 옳게 했는지 틀리게 했는지 석가모니에게 묻고 답하는 과정이나, 상좌 비구들이 후배 비구들을 대상으로 설법한 것에 대해 석가모니가 평가나 조언, 지지·격려를 해주는 것 등을 모두 슈퍼비전으로 볼 수 있다. 여기서 외도나 후배 수행자들은 '내담자', 이들을 위해 상담을 해주는 비구는 슈퍼비전을 받는 상담자 곧 '수련생'이며, 이들의 상담활동에 대해 평가와 조언을 하는 석가모니는 슈퍼비전을 해주는 '슈퍼바이저'로 볼 수 있다.

슈퍼비전은 '수련생'이 석가모니에게 조언이나 가르침을 받기 위해 스스로 찾아오는 형태도 있고[사례24, 제5권 106.아누라도경(阿㝹羅度經)], 석가모니가 '수련생'의 상담내용이나 수련 자세를 옆에서 지켜보고 슈퍼비전을 해주기도 하며[사례122, 제38권 1072.승가람경(僧迦籃經)], '수련생'의 상담내용을 전해 듣고 슈퍼비전을 해주기도 한다[사례41, 제14권 343.부미경(浮彌經)]. 또한 내담자의 변화 정도를 살펴보고 '수련생'에게 조언을 해주기도 하며[사례33, 제11권 276.난타설법경(難陀說法經)], 석가모니가 '수련생'의 성숙한 정도를 보고 자청해서 슈퍼비전을 해주기도 한다[사례26, 제8권 200.라후라경(羅睺羅經)③].

대부분이 내담자가 없는 가운데 석가모니가 '수련생'에게 슈퍼비전을 해주는 형태이나 '수련생'과 내담자가 함께 있을 때 슈퍼비전을 해준 경우도 있다[사례52, 제17권 485.우다이경(優陀夷經) ; 사례58, 제19권 512.타태경(墮胎經) ; 사례59, 제19권 520.복점녀경(卜占女經)].

슈퍼비전의 형태가 나타나는 경우는 총 1362경 가운데 33경이다. 이 가운데 사례로 뽑은 경은 다음과 같다.

[사례24, 제5권 106.아누라도경(阿㝹羅度經)]
[사례26, 제8권 200.라후라경(羅睺羅經)③]
[사례33, 제11권 276.난타설법경(難陀說法經)]
[사례41, 제14권 343.부미경(浮彌經)]

〔사례52, 제17권 485.우다이경(優陀夷經)〕
〔사례58, 제19권 512.타태경(墮胎經)〕
〔사례59, 제19권 520.복점녀경(卜占女經)〕
〔사례74, 제27권 713.전취경(轉趣經)〕
〔사례102, 제34권 968.급고독경(給孤獨經)〕
〔사례111, 제35권 990.녹주우바이경(鹿住優婆夷經)〕
〔사례122, 제38권 1072.승가람경(僧迦籃經)〕
〔사례130, 제41권 1138.각승경(角勝經)〕

…어느 때 부처님께서는 마구라산에 계셨다. 때에 라다라는 시자 비구가 있었다. 그때에 집을 나온 많은 외도들은 존자 라다에게 가서, 서로 인사한 뒤에 한쪽에 물러앉아 그에게 물었다.
"너는 무슨 까닭으로 집을 나와 사문 고타마 밑에서 범행을 닦는가?"
존자 라다는 대답하였다.
"나는 괴로움을 끊기 위해 집을 나와 세존 밑에서 범행을 닦는다."
"너는 어떤 괴로움을 끊기 위해 집을 나와 사문 고타마 밑에서 범행을 닦는가?"
"나는 물질의 괴로움을 끊기 위해 집을 나와 세존 밑에서 범행을 닦고, 느낌·생각·지어감·의식의 괴로움을 끊기 위해 집을 나와 세존 밑에서 범행을 닦는다."
때에 집을 나온 외도들은 존자 라다의 말을 듣고 마음이 불쾌하여 자리에서 일어나 꾸짖고 떠나갔다.
그때에 존자 라다는 집을 나온 모든 외도들이 떠나간 것을 보고 이렇게 생각하였다.
'내가 아까 그렇게 말한 것은 과연 세존을 비방한 것이나 아닌가? 말답게 말했던가? 법답게 말하고 법과 법을 따르는 말이었는가? 또는 다른 사람이 와서 힐난하고 꾸짖을 때 지지 않을까?'
그때에 존자 라다는 해질녘에 선정에서 깨어나 부처님께 나아가 그 발에 머리를 조아리고 물러나 한쪽에 앉아 위의 일을 자세히 여쭈었다.

"세존이시여, 제가 아까 한 말에 잘못이 없나이까? 혹시 세존을 비방한 것이나 아니겠습니까? 또는 다른 사람이 와서 힐난하고 꾸짖을 때에 지지 않겠나이까? 법답게 말하였고, 법과 법을 따르는 말이었나이까?"

부처님께서는 라다에게 말씀하셨다.

"너는 진실을 말하였다. 여래를 비방하지 않았다. 말답게 말하였고, 법답게 말하였으며, 법과 법을 따르는 말이었다. 왜 그러냐 하면 라다여, 물질은 괴로움이다. 그 괴로움을 끊기 위해 집을 나와 범행을 닦는 것이요, 느낌·생각·지어감·의식은 괴로운 것이다. 그것들의 괴로움을 끊기 위해 집을 나와 범행을 닦는 것이기 때문이니라."

부처님께서 이 경을 말씀하시자, 라다 비구는 부처님 말씀을 듣고 기뻐하여 받들어 행하였다.

〔제6권 113.단색고경(斷色苦經)〕

제6장 『잡아함경』에 나타난 상담사례 분석

― 상담사례의 보고(寶庫) 『잡아함경』 ―

제6장 『잡아함경』에 나타난 상담사례 분석
-상담사례의 보고(寶庫) 『잡아함경』-

『잡아함경』에 수록된 1362경은 그 하나하나가 모두 상담사례라고 볼 수 있다. 경전마다 때와 장소를 명기해 놓아 당시의 상황을 생생하게 느낄 수 있으며, 설법자(상담자)가 누구이고 설법대상(내담자)은 어떤 사람인지 비교적 자세히 묘사되어 있다. 또한 설법내용(상담내용)은 무엇이고, 설법과정(상담과정)은 어떠했는지 역시 상세히 기록되어 있으며, 그 설법결과(상담결과)는 어떠했는지도 거의 빠짐없이 나와 있다.

이 책에서는 『잡아함경』을 현대 상담의 관점에서 분석하는 것이 목적이므로, 상담 분위기를 이끌어 내기 위해 경에 나오는 불교 용어를 다음과 같이 상담 용어로 대치해 쓰기로 한다. 단, 의미 전달이 애매할 경우에는 원래의 용어를 병행해 쓴다.

- 설법자→상담자
- 설법대상→내담자
- 설법시각→상담시각
- 설법장소→상담장소
- 설법과정→상담과정
- 설법내용→상담내용

- 설법방법→상담방법
- 설법결과→상담결과

1. 상담시각

경에는 상담시각이 일괄적으로 '어느 때'라고 나온다. 그 '어느 때'가 몇 년, 몇 월, 몇 일, 몇 시인지는 명확하지 않은 경우가 많다. 경에 따라서는 어느 해인지는 알 수 없으나 석가모니가 교화에 나서고 어느 정도 지난 시기인지 알 수 있는 근거를 살필 수 있는 것도 있고, 언제인지 날짜는 분명치 않으나 하루 중 어느 때인지를 추측할 수 있는 단서가 들어 있는 경도 꽤 많다.

…그때에 얼굴이 아주 묘한 어떤 하늘 사람은 새벽에 부처님께 나아가…게송으로 부처님께 여쭈었다.…

〔사례68, 제22권 576.난타림경(難陀林經)〕

…그때에 세존께서는 밤에 일어나 거닐다가 새벽이 되어 발을 씻고, 방에 들어가 몸을 바로 하고 단정히 앉아 알뜰한 마음으로 생각을 모았다. 때에 악마 파피만은 생각하였다. … (악마 파피만은) 곧 젊은이로 화해 부처님 앞에 서서 게송으로 말하였다.…

〔제39권 1086.마박경(魔縛經)〕

…그때에 세존께서는 이른 아침에 가사를 입고 발우를 가지고 사위국에 들어가 걸식하시었다. 그때에 나이 많고 몸이 쇠약한 어떤 바라문은 … 밥을 빌고 있었다. 때에 세존께서는 바라문에게 말씀하셨다.…

〔사례16, 제4권 96.바라문경(婆羅門經)〕

…그때에 세존께서는 이른 아침에 가사를 입고 발우를 가지고 사위국에

들어가 걸식하셨다. 때에 어떤 비구도 가사를 입고 발우를 가지고 성에 들어가 걸식하다가 … 나쁜 탐욕으로 좋지 않은 생각을 일으켰다. 세존께서는 그것을 아시고 그 비구에게 말씀하셨다.…

〔제39권 1081.고종경(苦種經)〕

…그때에 대중 가운데는 조그만 다투는 일이 있었다. 세존께서는 모든 비구들을 꾸짖으시기 위해 가사를 입고 발우를 가지고 성으로 들어가 밥을 비셨다. 공양을 마치고 돌아와 가사와 발우를 두고 씻은 뒤에 안타 숲으로 들어가 나무 밑에 혼자 고요히 앉아 생각했다. 세존께서는 … 다시 외로운 이 돕는 동산으로 돌아가셨다. 거기서 니사단을 펴고 몸을 거두어 바로 앉아, 얼굴 빛을 조금 움직여 모든 비구들로 하여금 감히 와서 뵈옵게 하셨다.…

〔사례32, 제10권 272.책제상경(責諸想經)〕

…어느 때 부처님께서는 비사리국 잔나비 못 곁에 있는 중각강당에 계셨다. 그때에 어떤 리차족의 마하남은 날마다 거닐어 부처님 계신 곳으로 가고자 하였다. 때에 그 리차는 '만일 내가 세존께서 계신 곳에 일찍 가면 세존께서나 내가 아는 비구들은 다 선정(禪定)에 들어 있을 것이다. 나는 이제 일곱 개 암라나무가 있는 아지바키 외도가 있는 곳으로 가리라'고 생각하고 곧 부란나 가섭이 있는 곳으로 갔다.
…(부란나 가섭과 문답을 주고받은 뒤)… 마하남은 부란나의 말을 듣고 불쾌하여 그를 꾸짖은 뒤에 곧 자리에서 일어나 떠나갔다.
마하남은 부처님 계신 곳으로 나아가 머리 숙여 발에 예배하고 물러나 한쪽에 앉아 조금 전에 부란나와 서로 말로 다투던 일을 부처님께 모두 여쭈었다.…

〔제3권 81.부란나경(富蘭那經)〕

…그때 세존께서는 가사를 입고 발우를 가지고 사위성으로 들어가 걸식하셨다. 걸식을 마치고 돌아오시자 가사와 발우를 가지고 대중에게도 말하지 않고 시자(侍者)에게도 알리지 않은 채 혼자서 서쪽에 있는 나라로 가시

어 세간에 노니셨다. … 세존께서는 북쪽으로 노닐면서 반사국의 파타촌으로 가시어 동산지기가 있는 숲속에서 어떤 밧사다라 나무 밑에 계셨다. … 때에 아난다 존자는 비구들과 함께 밤을 지내고 이른 아침에 가사를 입고 발우를 가지고 사위성으로 들어가 걸식하였다. 걸식을 마친 뒤에 절에 돌아와 침구를 챙기고 가사와 발우를 가지고 서쪽으로 나아가 세간에 노닐었다. 거기서 다시 북으로 반사국 파타촌의 동산지기가 있는 숲속으로 들어갔다. 존자 아난다는 많은 비구들과 함께 가사와 발우를 놓고 발을 씻은 뒤에 세존에게 나가 그 발에 머리 숙여 절하고 한쪽에 앉았다. 그때에 세존께서는 많은 비구들을 위하여 설법해 가르치시고, 이롭게 하고 기쁘게 하셨다.…

〔사례8, 제2권 57.질루진경(疾漏盡經)〕

…어느 때 부처님께서는 코살라에 계시면서 세간에 노닐다가 우타카촌과 시티비아촌 중간에 있는 어떤 나무 밑에 앉아 낮 정(定)에 들었다. 때에 어떤 도나 종족 바라문은…

〔사례19, 제4권 101.인간경(人間經)〕

…때에 많은 비구들은 식당에 모여 세간을 생각하고 또 생각하고 있었다. 그때에 세존께서는 모든 비구들이 생각하는 바를 아시고 식당으로 가셔서 자리를 펴고 앉아 비구들에게 말씀하셨다.…

〔제16권 407.사유경(思惟經)①〕

…세존께서는 해질녘에 선(禪)에서 깨어나 모든 비구들 앞에 자리를 펴고 앉아 그들에게 말씀하셨다.…

〔사례9, 제2권 58.음근경(陰根經)〕

…세존께서는 저녁 때 선에서 깨어나 강당 그늘에서 대중 앞에 자리를 펴고 앉아 … 모든 비구들에게 말씀하셨다.…

〔제17권 457.설경(說經)〕

…어느 때 부처님께서는 마가다국 세간에 계시면서 날이 저물어 5백 비구와 함께 귀신 굴마가 사는 곳에서 주무시게 됐다. 그때 굴마 야차 귀신은 부처님께 나아가 부처님 발에 머리를 조아리고 한쪽에 물러앉아 사뢰었다.…

〔제49권 1319.굴마경(屈摩經)〕

…그때에 밤은 어두운데 하늘에서는 보슬비가 내리고 번갯불이 번쩍였다. 부처님께서는 아난다에게 말씀하셨다.…

〔제31권 872.산개부등경(傘蓋覆燈經)〕

…그때에 세존께서는 밤은 어둡고 가랑비가 내리며 번개 칠 때에 방에서 나가 거닐고 계셨다. 때에 악마 파피만은 생각하였다.…

〔제39권 1088.경행경(經行經)〕

…어느 때 부처님께서는 33천의 푸르고 보드라운 들 위에 계셨는데, 거기는 파리차탈라 나무와 구비타라 향나무에서 멀지 않았다. 부처님은 거기서 여름 안거를 지내면서, 그 어머니와 33천을 위해 설법하셨다.…

〔사례57, 제19권 506.제석경(帝釋經)〕

…어느 때 부처님께서는 왕사성 칼란다 대나무 동산에 계시면서 큰 비구 중 5백 명과 함께 여름 안거를 마치셨다. … 그때에 세존께서는 그 달 보름날 식수(食受)할 때에 다달아 대중 앞에 자리를 펴고 앉아 여러 비구들에게 말씀하셨다.…

〔사례138, 제45권 1212.회수경(懷受經)〕

…때에 비사리국의 많은 상인들은 카카쉴라국으로 가려고 장엄한 준비를 했다. 그들은 세존께서 … 중각강당에 계신다는 말을 듣고 부처님께 나아가…

〔사례109, 제35권 980.염삼보경(念三寶經)〕

…어느 때 부처님께서는 우루벨라촌 나이란자나강 곁에 있는 보리수나무 밑에 계셨는데, 부처되신 지 오래되지 않으셨다. 그때에 세존께서는…

〔제44권 1189.범천경(梵天經)〕

…그때에 세존께서는 반열반하실 때가 되어 존자 아난다에게 말씀하셨다. "…나는 오늘 밤에 무여열반으로 반열반할 것이다."…

때에 집을 나온 쿠시나가라국의 수밧다 외도는 120세 되는 늙은이로서 쿠시나가라국 사람들의 존경과 공양을 받음이 아라한과 같았다. 그는 세존께서 오늘 밤에 무여열반으로 반열반하신다는 말을 듣고, '내게는 의심이 있고 바라는 것이 있다. 사문 고타마께서는 힘이 있어 나를 잘 깨우쳐주실 것이다. 나는 이제 사문 고타마님께 나아가 의심되는 것을 물어보리라.' 하고 세존에게로 갔다. 그때 존자 아난다는 동산 밖에서 거닐고 있었다. 수밧다는 아난다에게 말하였다. … 아난다는 (수밧다의 청을 두세 번 거절하고) 다시 대답하였다.

"수밧다여, 세존을 괴롭히지 말라. 세존께서는 지금 몹시 피로해 계시다."

그때 세존께서는 하늘귀로 아난다와 수밧다가 주고받는 말을 들으시고는 아난다에게 말씀하셨다.

"수밧다 외도를 막지 말라. 들어와 그 의심되는 바를 묻게 하라. 수밧다여, 잘 왔노라."…

〔사례108, 제35권 979.수발타라경(須跋陀羅經)〕

위의 여러 예에서 볼 수 있듯이 석가모니는 일정한 시간을 정해 놓고 상담을 한 것이 아니었다. 새벽부터 한밤중까지 때를 가리지 않고 상담을 했다. 그 시각이 새벽일 때도 있고, 이른 아침이나 걸식할 때이기도 했고, 걸식을 마치고 돌아와서이거나 낮 선정에 들어서이거나, 비구들이 식당에 모였을 때, 해질녘 선정에서 깨어났을 때이기도 했고, 어두운 밤이기도 했다. 어떤 때는 잠을 자다가 일어나 상담을 하고, 심지어 번갯불이 번쩍이며 비가 내릴 때도 가르침을 폈다. 때로는 내담자나 제자들이 석가모니의 선정을 방해하지 않기 위해 알아서 그 시각을 피하거나, 석가모니가 혼자 있는 시간을 방해하지 않도록 노력하는 장면도 보인다.

부처가 된 지 오래 지나지 않아서부터 상담을 시작한 석가모니는 임종을 눈앞에 두고 몹시 피로한 상태에서도 내담자를 기꺼이 맞이했다.

찾아오는 사람을 거의 모두 분별 없이 대하는 석가모니가 상담을 거절하는 경우도 있었다.

…그때에 세존께서는 이른 아침에 가사와 발우를 들고 기사굴산에서 나와 왕사성에 들어가 밥을 빌었다. 때에 아칠라 가섭은 볼 일이 있어 왕사성을 나와 기사굴산으로 향하다가 멀리서 세존을 보고는 부처님 계신 곳에 나아가 여쭈었다.

"물을 일이 있사온데 혹 한가하시면 대답해 주시겠나이까?"

부처님께서는 아칠라 가섭에게 말씀하셨다.

"지금은 이야기할 때가 아니다. 나는 지금 성에 들어가 밥을 빌려 한다. 밥을 빌고 돌아오면 그때에는 너를 위해 말하리라."…

〔사례38, 제12권 302.아지라경(阿支羅經)〕

이는 내담지기 상담을 하고사 하는 마음이 부르익기를 기다리기 위한 것으로 보인다. 석가모니는 결국 내담자가 세 번이나 거듭 설법을 청하자 그제야 "네 마음대로 물으라" 하고 허락을 내린다. 내담자의 마음이 간절해져 상담에 대한 기대가 그만큼 높아진 것을 보았기 때문으로 추측된다.

석가모니의 제자 우다이도 이렇게 상담할 때와 하지 말아야 할 때를 현명하게 가렸다.

…때에 베라하챠니 바라문 여승은 (우다이를 청해 공양하게끔 하고는) 좋은 가죽신을 신고 천으로 머리를 덮고 따로 높은 자리를 펴서 업신여기는 모양으로 거만하게 앉아 우다이에게 말했다.

"물을 일이 있는데 틈이 있으면 대답해 주시겠습니까?"

우다이는 대답하였다.
"누이여, 지금은 때가 아니다."
우다이는 이렇게 말하고 자리에서 일어나 떠났다.…
〔사례28, 제9권 253.비뉴가전연경(毘紐迦旃延經)〕

같은 과정이 두세 번 반복되자, 베라하챠니 여승의 제자들은 스승의 공경하지 않는 태도를 지적했다. 그러자 베라하챠니는 다시 우다이를 초청해 옷을 여미고 낮은 자리에 앉아 맞이했다. 즉, 우다이는 상담시기를 가림으로써 내담자의 거만한 마음을 조복시키고 비자발적이며 거부적인 태도를 바꾸어 상담효과를 높이도록 한 것이다.

2. 상담장소

석가모니는 한곳에 붙박아 머무르지 않았다. 신도들이 지어 놓은 여러 정사(精舍)를 오가며 비구들과 수행하고, 그곳으로 찾아오는 사람들을 맞이해 상담해 주었다〔사례1, 제1권 3.무지경(無知經)①〕. 석가모니는 또 숲속이나 동산에 머무르면서 제자들과 수행을 하거나 내담자를 맞아 상담을 해 주기도 했다〔사례6, 제2권 53.바라문경(婆羅門經)〕.

석가모니는 가만히 앉아서 자신을 찾아오는 내담자만 맞이한 게 아니었다. 거리에서 만난 사람이 상담을 요청하면 거절하지 않고 그 자리에서 즉시 상담에 응해 내담자의 문제점을 해결해 주거나 의문점을 풀어 주었고〔사례18, 제4권 98.경전경(耕田經)〕, 때로는 문제가 발생한 현장에서〔사례16, 제4권 96.바라문경(婆羅門經)〕, 또는 내담자가 있는 곳으로 몸소 가서 문제를 해결하거나 상담에 응해 주었다〔사례117, 제37권 1025.질병경(疾病經)①〕. 병 든 비구가 보고 싶다고 하면 몸소 찾아가고〔사례113, 제36권 994.바기사진멸경(婆耆娑盡滅經)〕, 외도들이 허튼 주장을 하는 현장에 나타나 논박으로 그들의 헛된 논리를 깨트리기도 했다〔사례103, 제35권 970.사라보경(舍羅步經)〕

『잡아함경』에는 제자들이 설법을 하거나 제자들끼리 상호 문답을 하는 내용이 경의 주된 내용으로 나오는 경우도 있다. 이렇게 경의 내용이 석가모니 이외의 인물이 중심이 될 때에도 석가모니가 그 시각 어느 장소에 있었는지를 항상 밝혀 놓았다. 〔사례36, 제12권 288.노경(蘆經)〕을 보면, 경의 내용은 사리불과 마하 코티카의 대화 위주로 이루어져 있지만 그들이 기사굴산에서 문답을 나누고 있는 동안 석가모니는 왕사성 칼란다 대나무동산에 있었다고 장소를 정확히 밝혀 놓았다.

…어느 때 부처님께서는 왕사성 칼란다 대나무동산에 계셨다. 그때 존자 사리불과 존자 마하 코티카는 기사굴산에 있었다.…
〔사례36, 제12권 288.노경(蘆經)〕

『잡아함경』에 가장 많이 등장한 상담장소는 사위국 제타숲에 있는 급고독원(給孤獨園: 외로운 이 돕는 동산), 왕사성의 칼란다 죽원(竹苑: 대나무동산), 바라나시국의 녹야원(鹿野苑: 사슴동산), 왕사성의 기사굴산(耆闍崛山), 비사리국의 중각강당(重閣講堂)의 순으로 각각 788경, 162경, 37경, 30경, 24경에 나타난다.

1) 급고독원(給孤獨園: 외로운 이 돕는 동산)

중인도 코살라국 사위성에서 남으로 1.6킬로미터 지점에 있다. 기원정사(祇園精舍)가 있는 곳으로, 전체 이름은 기다수급고독원이라 한다. 이곳은 본래 바사닉왕의 태자 기타(祇陀: 제타라고도 함)가 소유한 원림(園林)이었으나, 급고독 장자가 그 땅을 사서 석가모니에게 바치고 태자는 또 그 수풀을 바쳤으므로 두 사람의 이름을 합하여 기다수급고독원(祇多樹給孤獨園)이라 했다.

〔사례70, 제22권 592.급고독경(級孤獨經)〕을 보면 급고독 장자가 석가모

니를 만나 감화를 받은 뒤 급고독원을 지어 석가모니와 제자들이 머물게 한 내력이 비교적 상세히 나온다.

급고독원이 있는 사위성(舍衛城)은 중인도 코살라국의 도성으로, 경에는 사위국이라고 표기되어 있는 경우가 많다. 석가모니가 살아 있을 당시에 이 나라는 푸라세나짓왕, 유리왕이 지배했다.

…어느 때 부처님께서는 사위국 제타숲 외로운 이 돕는 동산에 계시면서 여러 비구에게 말씀하셨다.…

〔사례1, 제1권 3.무지경(無知經)〕

2) 칼란다 죽원(迦蘭陀竹苑: 대나무동산)

중인도 마갈타국 왕사성 북쪽에 있다. 칼란다 장자가 석가모니께 바친 동산으로, 이곳에 있는 절을 죽림정사(竹林精舍)라 한다.

칼란다 죽원이 있는 왕사성은 마갈타국의 수도이다. 마갈타국은 석가모니 생존시에 빔비사라왕이 지배했다.

…어느 때 부처님께서는 왕사성 칼란다 대나무동산〔竹苑〕에 계시었다. …
〔사례23, 제5권 105.선니경(仙尼經)〕

3) 녹야원(鹿野苑: 사슴동산)

중인도 바라나시국의 동북쪽에 있다. 석가모니가 성도한 지 삼칠일(三七日) 뒤에 처음으로 다섯 비구에게 설법한 장소로 유명하다.

녹야원이 있는 바라나시국은 마갈타국의 서북쪽에 있는 나라로, 항하의 북쪽에 위치해 바라나강과 합류점이 되는 지점에 있었다.

…어느 때 부처님께서는 바라나시국의 선인이 사는 사슴동산〔鹿野苑〕에 계셨다.…

〔사례7, 제2권 54.세간경(世間經)〕

4) 기사굴산(耆闍崛山)

중인도 마갈타국 왕사성의 동북쪽에 솟아 있는 산으로 영축산(靈鷲山)이라고도 한다.

…그때에 세존께서는 이른 아침에 가사를 입고 발우를 가지시고 기사굴산에서 나와 왕사성으로 들어가 밥을 비시었다.…

〔사례38, 제12권 302.아지라경(阿支羅經)〕

5) 중각강당(重閣講堂)

중인도 비사리국 잔나비 못 곁 큰 삼림 속에 있던 절이다. 중각강당이 있던 비사리국은 중인도에 위치한 나라로 항하를 사이에 두고 남방으로 마갈타국과 대치해 있었다.

…어느 때 부처님께서는 비사리의 잔나비 못 곁에 있는 중각강당에 계셨다.…

〔사례46, 제15권 405.공경(孔經)〕

6) 기타 상담장소

위에서 열거한 다섯 장소 외에 『잡아함경』에 나타나는 상담장소를 종류별로 분류해 보면 다음과 같다.

(1) 정사·강당

…어느 때 부처님께서는 나리(那梨) 마을 같은 숲속의 대빈사(待賓舍)에 계셨다.…

〔제12권 301.가전연경(迦旃延經)〕

…어느 때 부처님께서는 마갈타국에 계시면서 세간에 노니셨다. 왕사성과 파타리푸트라 중간에 있는 대나무숲 마을에 복덕사(福德舍)를 지었다. 그때에 세존께서는 모든 대중과 함께 그 안에서 주무셨다.…

〔사례45, 제15권 404.신서림경(申恕林經)〕

…어느 때 부처님께서 왕사성 골짝절〔峽谷精舍〕에 계셨다. 그때에 존자 아난다도 거기 있었다.…

〔제27권 726.선지식경(善知識經)〕

…어느 때 부처님께서는 나티카(那梨迦) 마을 겐자카(緊眘迦) 절에 계셨다. 그때에 나티카 마을에서는 많은 사람들이 죽었다.…

〔사례79, 제30권 854.나리가경(那梨迦經)〕

…어느 때 부처님께서는 사위국 제타숲 외로운 이 돕는 동산에 계셨다. 그때에 존자 파구나는 동쪽 동산 녹자모(鹿子母) 강당에 있으면서 병이 위중하였다. … 세존께서는 저녁때가 되어 선정에서 깨어나 동쪽 동산 녹자모 강당으로 가셨다.…

〔사례115, 제37권 1023.파구나경(巴求那經)〕

…어느 때 부처님께서는 사위국 제타숲 외로운 이 돕는 동산에 계셨다. 때에 여러 비구들은 겔란냐(伽梨隷) 강당에 모여 있으면서 많이들 앓고 있었다. 그때 세존께서는 저녁 선정에서 일어나 겔란냐 강당으로 가시어 대중

…앞에 자리를 펴고 앉아 여러 비구들에게 말씀하셨다.…

〔제37권 1028.질병경(疾病經)①〕

…어느 때 부처님께서는 왕사성 금사(金師) 절에 계셨다.…

〔제37권 1039.순타경(淳陀經)〕

(2) 숲·동산·산

…어느 때 부처님께서는 지제(支堤)에 있는 대나무동산에 계셨다.…

〔제2권 35.삼정사경(三正士經)〕

…어느 때 부처님께서는 마투라국의 발제하 곁에 있는 암라(菴羅) 나무 동산에 계셨다.…

〔제2권 36.십육비구경(十六比丘經)〕

…어느 때 부처님께서 코살라국에 계시면서 세간에 노니시다가 살라촌 북쪽에 있는 심사파숲〔申恕林〕에 계셨다.…

〔사례6, 제2권 53.바라문경(婆羅門經)〕

…그때에 세존께서는 북쪽으로 노닐면서 반사국(半闍國)의 파타(波陀) 촌으로 가시어 동산지기가 있는 숲속에서 어떤 발다사라 나무 밑에 계셨다.…

〔사례8, 제2권 57.질루진경(疾漏盡經)〕

…어느 때 부처님께서는 바기국 숨수마라기라(設首婆羅山)의 사슴동산 깊은 숲속에 계셨다.…

〔제5권 107.장자경(長者經)〕

…어느 때 부처님께서는 마구라산에 계셨다.…

〔제6권 111.유류경(有流經)〕

…어느 때 부처님께서는 가야시사(迦闍尸沙) 산에서 1천 비구와 함께 계셨는데, 그들은 다 옛날에는 머리 꼬는 바라문이었다.…

〔제8권 197.시현경(示現經)〕

…어느 때 부처님께서는 파타리푸트라국(波吒利弗多羅國) 닭숲동산〔鷄林〕에 계셨다.…

〔제9권 248.순나경(純那經)〕

…어느 때 부처님께서는 카장갈라 무킬루(牟眞隣) 숲속에 계셨다.…

〔사례35, 제11권 282.제근수경(諸根修經)〕

…어느 때 부처님께서는 코삼비국의 고시타 동산에 계셨다.…

〔사례51, 제17권 464.동법경(同法經)〕

…어느 때 부처님께서는 이챠낭갈라국의 이챠낭갈라(壹奢能伽羅) 숲속에 계시면서 비구들에게 말씀하셨다.…

〔제17권 481.일사능가라경(壹奢能伽羅經)〕

…어느 때 부처님께서는 사케타(娑祇) 성 안선림(安禪林)에 계셨다.…

〔사례62, 제20권 556.무상심삼매경(無常心三昧經)〕

…어느 때 부처님께서는 마투라국 발타라 강가에 있는 산개암라(傘蓋菴羅) 숲에 계셨다.…

〔제24권 639.포살경(布薩經)〕

…어느 때 부처님께서는 금강마을 발구마 강가에 있는 살라리(薩羅梨) 숲속에 계셨다.…

〔사례77, 제29권 809.금강경(金剛經)〕

제6장 잡아함경에 나타난 상담 사례 분석 185

…어느 때 부처님께서는 킴빌라(金毘羅) 마을의 킴빌라 숲속에 계시면서 킴빌라에게 말씀하셨다.…

〔제29권 813.금비라경(金毘羅經)〕

…어느 때 부처님께서는 역사(力士) 세간에 노니시다가 우루벨라(鬱鞞羅)의 앵무염부(鸚鵡閻浮) 숲에 계셨다.…

〔사례88, 제32권 913.갈담경(竭曇經)〕

…어느 때 부처님께서는 마갈타국에 계시면서 세간에 노니셨다. … 성에서 성으로, 촌에서 촌으로 세간에 노니시면서 나알라(那羅) 촌 호의암라(好衣菴羅) 숲에 계셨다.…

〔사례89, 제32권 914.도사씨경(刀師氏經)①〕

…어느 때 부처님께서는 카필라바투국 냐그로다(尼拘律) 동산에 계셨다.…

〔사례93, 제33권 927.우바새경(優婆色經)〕

…어느 때 부처님께서는 왕사성 베풀라산(毘富羅山)에 계시면서 여러 비구들에게 말씀하셨다.…

〔제34권 947.누골경(累骨經)〕

…어느 때 부처님께서는 쿠시나가라국 역사(力士)가 난 곳인 네 쌍(雙) 견고림(堅固林) 숲속에 계셨다.…

〔사례108, 제35권 979.수발타라경(須跋陀羅經)〕

…어느 때 부처님께서는 사지국(娑祇國) 아차나(安闍那) 숲속에 계시면서 사리불에게 말씀하셨다.…

〔제35권 제982.아난사리불경(阿難舍利弗經)〕

…어느 때 부처님께서는 마갈타국 세간에 노니시면서 … 선건립(善建立)이라는 지제(支堤)가 있는 지팡이숲〔仗林〕 속에 이르러 머무셨다.…

〔제38권 1074.영발경(縈髮經)〕

…어느 때 부처님께서는 앙구다라(央瞿多羅)국 세간에 노니시면서 타바사리가(陀婆闍梨迦) 숲속을 지나시다가 소치는 이와 염소 치는 이와 나무하는 이와 그 밖의 여러 사람들을 만났다.…

〔사례124, 제38권 1077.적경(賊經)〕

…어느 때 부처님께서는 우루벨라촌 나이란자나 강가에 계셨는데, 보리나무 밑에서 도를 이루신 지 오래 되지 않으셨다.…

〔사례128, 제39권 1092.마녀경(魔女經)〕

…어느 때 부처님께서는 쿠시나가라국 사라쌍수(雙樹) 숲 사이에 계셨다.…

〔제44권 1197.입멸경(入滅經)〕

(3) 마을·거리·집

…그때에 세존께서는 이른 아침에 가사를 입고 발우를 가지고 사위성으로 들어가 걸식하셨다. 때에 나이 많고 몹시 쇠약한 어떤 바라문이 지팡이를 짚고 발우를 가지고 집집으로 다니면서 밥을 빌고 있었다.…

〔사례17, 제4권 97.걸식경(乞食經)〕

…그때에 세존께서는 가사를 입고 발우를 가지고 이카날라 촌에 들어가 걸식하시다가 '오늘은 너무 이르다. 우선 카시바라드바쟈 바라문이 음식 만드는 곳을 거쳐 가 보자'고 생각하셨다. 그때 카시바라드바쟈 바라문은 권속 오백 명과 보습으로 밭을 갈고 음식을 만들고 있었다. 때에 카시바라드바쟈 바라문은 멀리서 세존을 보고 여쭈었다.…

〔사례18, 제4권 98.경전경(耕田經)〕

…그때에 세존께서는 이른 아침에 가사를 입고 발우를 가지고 왕사성으로 들어가 차례로 밥을 빌다가 바라드바쟈 바라문 집에 이르렀다.…

〔사례20, 제4권 102.영군특경(領群特經)〕

…어느 때 부처님께서는 석씨(釋氏)의 데바다하(天現) 촌에 계셨다.…

〔제5권 108.서경(西經)〕

…어느 때 부처님께서는 쿠루수(拘留瘦)국의 얼룩소 치는〔調伏駁牛〕마을에 계셨다.…

〔제9권 245.사품법경(四品法經)〕

…그때에 새로 된 어떤 젊은 비구는 중이 된 지 오래되지 않아 친구가 없이 혼자 나그네 중으로서 아무도 도와주는 이가 없었다. 그래서 변두리 촌락의 객승 방에서 병에 걸려 위중했다. … 세존께서는 저녁때 선정에서 깨어나 그리로 가셨다.…

〔사례117, 제37권 1025.질병경(疾病經)①〕

3. 내담지

1) 내담자의 수

『잡아함경』에서 석가모니의 설법을 듣기 위해 찾아오는 사람들의 수는 매우 다양하다. 개별문답이나 개별교설로 분류된 경은 내담자가 1명〔사례 4, 제1권 15.사경(使經)〕또는 2명〔사례71, 제23권 604.아육왕경(阿育王經)〕이고, 대중문답이나 대중교설로 진행된 경은 적게는 3명에서부터 많게는 500명, 1000명, 2750명, 그리고 '헤아릴 수 없이 많은' 경우까지 있다. 그러나 『잡아함경』의 대부분의 경에는 청중의 숫자가 명확히 드러나 있지 않다. 석가모니의 제자들일 경우 대부분 '여러 비구'·'비구들'··'많은 비구'·'모든 비구' 등으로 나타나 있으며, 일반 신도나 외도들일 경우에도 '여럿'·'많은 무리'·'대중'·'여러 권속' 등으로 표현되어 있다.

(1) 숫자가 명확하게 표기된 경우

…그때에 집을 나온 지 오래되지 않은 세 정사(正士)가 있었다. 즉, 존자 아나율과 난다, 킴빌라였다.…

〔제2권 35.삼정사경(三正士經)〕

…그때에 세존께서는 남아 있는 다섯 비구에게 말씀하셨다.…

〔제2권 34.오비구경(五比丘經)〕

…부처님께서 이 경을 말씀하시자 16비구는 모든 번뇌가 생기지 않아 마음의 해탈을 얻었다.…

〔제2권 36.십육비구경(十六比丘經)〕

…그때에 세존께서는 그 40명 비구들에게 말씀하셨다.…

〔제33권 937.혈경(血經)〕

…부처님께서 이 법을 말씀하시자 60명의 비구들은 모든 번뇌를 일으키지 않고 마음의 해탈을 얻었다.…

〔제10권 263.응설경(應說經)〕

…그때에 석씨 마하나마는 500명의 우바새와 함께 부처님께 나아가…

〔제33권 928.심묘공덕경(深妙功德經)〕

…때에 500명의 리차족은 부처님과 이론하기 위해 사차카 니건타풋타와 함께 부처님 계신 곳으로 나아갔다.…

〔제5권 110.살차경(薩遮經)〕

…어느 때 부처님께서는 왕사성의 많은 사람이 다니는 넓은 벌판에 계시면서 600 비구들을 위해 … 연설하셨다.…

〔제39권 1103.입처경(入處經)〕

…어느 때 부처님께서는 가야시사에서 1000명의 비구들과 함께 계셨는데, 그들은 다 옛날에는 머리를 꼬는 바라문이었다.…

〔제8권 197.시현경(示現經)〕

…때에 천자(天子) 40명은 각각 부처님 앞에서 스스로 스로타판나과를 증명한 뒤에 이내 사라져 나타나지 않았다. 40명의 천자처럼, 400 천자, 800 천자, 10천 천자, 20천 천자, 30천 천자, 40천 천자, 50천 천자, 60천 천자, 70천 천자, 80천 천자들도 각각 부처님 앞에서 스스로 스로타판나과를 증명한 뒤 이내 사라져 나타나지 않았다.…

〔제41권, 1135.사십천자경(四十天子經)〕

(2) 숫자가 불명확하게 표기된 경우

…어느 때 부처님께서는 사위국 제타숲 외로운 이 돕는 동산에 계시면서 여러 비구들에게 말씀하셨다.…

〔제1권 1.무상경(無常經)〕

…때에 마하리는 부처님 말씀을 듣고 여럿과 함께 기뻐하면서 부처님께 예배하고 물러갔다.…

〔제3권 81.부란나경(富蘭那經)〕

…부처님께서 이 경을 말씀하시자 비가다로가 바라문은 부처님 말씀을 듣고 대중과 함께 기뻐하면서 곧 자리에서 일어나…

〔사례7, 제2권 54.세간경(世間經)〕

…그때에 그 촌의 주인인 큰 성 바라문은 … 훌륭한 수레를 타고 많은 무리를 데리고 금병과 금지팡이와 일산을 가지고 부처님 계신 곳으로 나아가 공경하고 섬기려 하였다.…

〔사례6, 제2권 53.바라문경(婆羅門經)〕

…그때에 세존께서는 한량없는 대중에 둘러싸여 설법을 하고 계셨다.…

〔사례137, 제44권 1178.바사타경(婆四吒經)〕

…그때에 세존께서는 석제환인과 네 큰 천왕과 모든 하늘과 세상 사람들에게 말씀하셨다.…

〔제25권 640.법멸진상경(法滅盡相經)〕

…그때에 푸라세나짓왕을 우두머리로 한 일곱 나라 왕과 대신과 권속들은 부처님께 나아가…

〔제42권 1149.칠왕경(七王經)〕

…어느 때 부처님께서는 마갈타국 세간에 노니시면서 1000 비구를 거느리셨으니, 그들은 다 옛날에 머리 꼰 외도로서 집을 나와 아라한이 되었다. … 마갈타왕 빔비사라는 여러 작은 왕과 뭇 신하들에게 둘러싸였고, 수레 1만 2천 대와 말 8천 필과 걸어 따르는 수많은 무리들과 마갈타의 바라문과 장자들이 다 그 뒤를 따랐다. 왕은 왕사성을 나와 세존에게 나아가 공경하려 하였다.…

〔제38권 1074.영발경(榮髮經)〕

2) 내담자의 특징

(1) 비구·비구니

석가모니의 주 상담 대상은 그를 따르는 제자들이었다. 제자들 중 남자는 비구, 여자는 비구니라 했다.

(가) 비구

비구(比丘)란 남자로서 출가하여 걸식으로 생활하며, 250계를 받아 지닌 승려란 뜻으로, 걸사(乞士)·포마(怖魔)·파악(破惡)·제근(除饉)·근사남(勤事男)이라고 번역된다. 걸사라 함은 비구는 항상 밥을 빌어 깨끗하게 생활하는 것이니, 위로는 법을 빌어 지혜의 목숨을 돕고, 아래로는 밥을 빌어 몸을 기른다는 뜻이다. 포마라 함은 비구는 마왕과 마군들을 두렵게 한다는 의미이며, 파악이라 함은 계(戒)·정(定)·혜(慧) 삼학(三學)을 닦아서 견혹(見惑)·사혹(思惑)을 끊는다는 뜻이다. 제근이라 함은 계행(戒行)이라는 좋은 복전이 있어 능히 물자를 내어 인과의 흉년을 제거한다는 의미이며, 근사남이라 함은 계율의 행을 부지런히 노력해 닦는다는 뜻이다.

『잡아함경』의 여러 경에 어떻게 하여 비구가 되며, 어떻게 살아가는지 파악할 수 있는 내용이 나와 있다.

…때에 소치는 사람 난다는 부처님한테서 멀지 않은 곳에서 막대기를 들고 소를 먹이고 있었다. 그는 비구가 떠난 뒤에 세존께 나아가 머리를 조아려 그 발에 예배하고 한쪽에 서서 여쭈었다.

"세존이시여, … 저는 집을 나와 세존의 바른 법률 안에서 범행을 닦을 수 있겠나이까?"

부처님께서 말씀하셨다.

"너는 그 소를 주인에게 돌려보내야 하지 않겠는가?"

소치는 이는 말하였다.

"저 소들은 다 송아지가 있어 스스로 돌아갈 수 있나이다. 구태여 보낼 것은 없나이다. 다만 제가 집을 나와 도를 배우는 것을 허락하소서."

부처님께서는 말씀하셨다.

"그 소들은 집으로 돌아갈 수 있지만, 너는 남의 옷을 입고 밥을 먹고 있으니 돌아가서 그 집 주인에게 알려야 한다."

때에 소치는 이는 부처님 말씀을 듣고 기뻐하면서 예배하고 떠나갔다.

때에 존자 사리불도 그 자리에 있었다. 소치는 이가 떠난 지 오래되지 않아 부처님께 사뢰었다.

"세존이시여, 저 소치는 이 난다는 집을 나오려 하는데, 세존께서는 왜 집으로 돌려보내시나이까?"

부처님께서는 말씀하셨다.

"소치는 이 난다가 집에 돌아가 살면서 다섯 가지 향락을 누린다는 것은 그럴 이치가 없다. 소를 주인에게 돌려주면 곧 스스로 돌아와 이 법률 안에서 중이 되어 도를 배우고, 범행을 깨끗이 닦아 후생 몸 받지 않을 줄을 스스로 알고 아라한이 될 것이다."

때에 소치는 이 난다는 소를 주인에게 돌려 준 뒤에 부처님께 돌아와 머리를 조아려 부처님께 예배하고 한쪽에 물러앉아 여쭈었다.

"세존이시여, 소는 주인에게 돌려주었나이다. 제가 바른 법률 안에서 중이 되어 도 배우는 것을 허락하소서."

부처님께서는 말씀하셨다.

"너는 이 바른 법률 안에서 중이 되어 구족계를 받고 비구 신분을 얻을 것이다."

그는 집을 나와 생각하였다.

'족성자가 수염과 머리를 깎고 가사를 입고 바른 믿음으로 집을 나와 집이 없이 도를 배우고 범행을 더욱 닦는 까닭은 후생 몸을 받지 않는 줄을 스스로 알아 아라한이 되는 데 있다'고.…

〔사례136, 제43권 1174.유수경(流樹經)〕

이 사례를 보면, 석가모니는 제자를 받아들일 때 세속 일을 제대로 마무리하고 오게끔 한 것을 알 수 있다. 즉 출가를 희망하는 난다에게 '소를 돌려주고, 주인에게 출가하겠다는 뜻을 알린 다음 다시 오게' 했던 것이다.

또한 출가자는 '수염과 머리를 깎고 가사를 입었으며', '구족계를 받았음'도 알 수 있다. 구족계(具足戒)란 비구·비구니가 받아 지켜야 하는 계법으로 비구는 250계, 비구니는 348계를 지켜야 한다.

이밖에 '출가자의 최고 목표는 아라한이 되는 것'임도 알 수 있다. 아라한(阿羅漢)이란 최고의 깨달음을 얻은 사람을 뜻하는 것으로, 최고의 이상 세계에 도달한 사람을 일컫는다.

…때에 존자 상가마지는 코살라국 세간에 노닐다가 사위국 제타숲 외로운 이 돕는 동산으로 왔다.

그에게는 본 아내 본이(本二)가 있었다. 본이는 사위국에 있다가 상가마지 비구가 코살라국 세간에 노닐다가 사위국 제타숲 외로운 이 돕는 동산에 왔다는 말을 들었다. 본이는 영락으로 장엄한 아름다운 옷을 입고 아기를 안고 제타숲 동산으로 와서 상가마지 비구 방 앞에 이르렀다. 때에 상가마지 비구는 방에서 나와 한데서 거닐고 있었다. 본이는 그 앞에 와서 이렇게 말하였다.

"이 아기는 아직 어린데 당신은 버리고 집을 떠났습니다. 누가 이 아기를 기르겠습니까?"

상가마지 비구는 더불어 말하지 않았다. 그렇게 두 번 세 번 말하였으나 상가마지 비구는 여전히 대답하지 않았다. 때에 본이는 말하였다.

"내가 두 번 세 번 말하였으나 대답도 하지 않고 돌아다보지도 않으니, 나는 지금 이 아기를 여기 두겠소."

본이는 아기를 거니는 길 앞에 두고 떠나면서 다시 말하였다.

"사문이여, 이 아기는 당신 아들입니다. 당신이 기르시오. 나는 버리고 갑니다."

존자 상가마지는 여전히 그 아기를 돌아보지 않았다. 본이는 다시 말하였다.

"이 사문은 지금 아기를 전연 돌아보지도 않는다. 이는 반드시 선인(仙人)의 얻기 어려운 것을 얻겠구나. 장하십니다! 사문이시여, 반드시 해탈을 얻으리라."

그래서 애정과 소원을 이루지 못한 채 아기를 안고 돌아갔다.

〔사례122, 제38권 1072.승가람경(僧迦籃經)〕

옛 처가 곱게 단장하고 아기를 안고 와서 유혹하고 원망해도 '돌아보지 않는' 상가마지를 통해 비구들의 출가가 얼마나 확고한 결단 아래 이루어진 것인지 짐작할 수 있다.

…그때에 세존께서는 모든 비구들에게 말씀하셨다.
"집을 나온 사람은 하천하게 생활하나니, 머리를 깎고 발우를 가지고 집집에 밥을 빈다. 혹 천대를 받더라도 그렇게 하는 까닭은 훌륭한 이치를 구하기 위해서이니 즉 남·늙음·병·죽음과 근심·슬픔·번민·괴로움을 건너 괴로움을 완전히 벗어나기 위해서이다. 모든 착한 남자들이여, 너희들은 왕이나 도적이 시킨 일도 아니요, 빚진 사람들도 아니면서 집을 나온 것이다. 그것은 바로 남·늙음·병·죽음과 근심·슬픔·번민·괴로움을 해탈하기 위해서이니, 너희들은 이것 때문에 집을 나온 것이 아니냐?"
비구들은 부처님께 여쭈었다.
"실로 그러하나이다. 세존이시여."…
〔사례32, 제10권 272.책제상경(責諸想經)〕

이 경에서 석가모니가 강조했듯이 비구란 누가 시켜서 강제로 되는 것이 아니라 스스로 택한 것이다. 스스로 '하천하게 생활하고' 때로는 '천대를 받으며' 집집에 밥을 빌면서 살아간다. 그렇게 하는 이유는 단 하나다. 해탈을 이루어 생로병사(生老病死)의 윤회를 벗어나기 위함이다.

…어느 때 부처님께서는 마갈타국에 계시면서 세간에 노니셨다. 1250 비구와 1000 우바새와 남은 밥 비는 사람 500명을 데리고 성에서 성으로, 촌에서 촌으로 세간에 노니시면서…
〔사례89, 제32권 914.도사씨경(刀師氏經)①〕

비구들은 승단(僧團)을 이루어 단체로 생활했다. 여러 경에 나타나듯 승단은 수백 명에서 수천 명에 이르는 대규모의 무리였음을 알 수 있다. 석가모니는 이들 모두, 또는 그 가운데 일부를 상대로 대중교설을 하거나 대중문답을 주고받기도 했고, 특정 비구를 대상으로 개별교설을 하거나 개별문답을 주고받았다.

(나) 비구니

비구니(比丘尼)란 여자로서 출가하여 348계를 받아 지니는 사람을 뜻하는 말이다. 석가모니의 이모인 파사파제가 석가모니의 허락을 얻어 중이 된 것이 비구니의 시초다.

비구니도 비구와 마찬가지로 머리를 깎고 가사를 입고 밥을 빌며 살았으며, 승단을 이루어 생활했다.

…그때에 존자 아난다는 이른 아침에 가사를 입고 발우를 가지고 밥을 빌러 사위성으로 들어가다가 도중에서 '나는 먼저 비구니 절에 가리라'고 생각하고 곧 비구니 절로 갔다. 여러 비구니들은 멀리서 존자 아난다가 오는 것을 보고, 곧 자리를 펴 앉기를 청하였다.…

〔제24권, 615.비구니경(比丘尼經)〕

…그때에 마하 파사파제 비구니는 500명의 비구니에게 앞뒤로 둘러싸여 세존이 계신 곳에 나아가…

〔사례33, 제11권 276.난타설법경(難陀說法經)〕

『잡아함경』에는 한 여인의 처절한 운명과 극적인 출가 사연이 기록되어 있다.

…어느 때 부처님께서는 미틸라국 암라동산에 계셨다. 때에 바라문 여자 바시티는 여섯 아들이 계속해서 죽자 아들을 생각하다 미치광이가 되어 벗은 몸에 머리를 풀어헤치고 길을 따라 쏘다니면서 미틸라의 암라동산까지 이르렀다.

그때에 세존께서는 한량없는 대중에 둘러싸여 설법을 하고 계셨다. 바시티는 멀리서 세존을 뵈옵고 곧 제 정신으로 돌아가 부끄럽고 창피해 몸을 가누어 쭈그리고 앉았다.

세존께서는 아난다에게 말씀하셨다.

"네 웃옷을 벗어 저 바시티에게 주어 그것을 입고 법을 듣게 하라."

존자 아난다는 부처님 분부를 받고 곧 웃옷을 벗어 주어 입게 하였다. 때에 바라문 여자는 옷을 입은 뒤에 부처님 앞으로 나아가 머리를 조아려 예배하고 한쪽에 물러앉았다. 세존께서는 그를 위해 설법하시어 기쁘게 하셨다.…

그 뒤에 또 바시티의 일곱째 아들이 갑자기 죽었다. 그러나 그는 전혀 울거나 근심하거나 슬퍼하거나 번민하거나 괴로워하지 않았다.

때에 그 남편은 게송으로 바시티에게 말하였다.

"전에는 여러 아들 목숨 마치자
자식 생각으로 근심하고 괴로워해
밤이나 낮이나 음식도 먹지 않고
심지어는 미치기까지 하더니
이제는 일곱째 아들 잃고도
근심하거나 괴로워하지 않는구나."

바시티 우바이는 게송으로 답하였다.

"비록 자손이 수천이 있더라도
인연의 화합으로 생긴 것이다.
영원히 서로 갈려 떠나가거니,
나와 당신도 또한 그러하니라.…"

(그러자 감동한 남편은 석가모니를 찾아가 출가하여 비구가 되었고, 그를 태우고 간 수레꾼도 출가했으며, 그 소식을 들은 아내와 딸도 출가해 비구

니가 되었다.)
〔사례137, 제44권 1178.바사타경(婆四吒經)〕

(2) 우바새·우바이
석가모니의 재가(在家) 신자 가운데 남자를 우바새, 여자를 우바이라 한다.

(가) 우바새
우바새(優婆塞)란 속가(俗家)에 있으면서 부처를 믿는 남자를 뜻한다. 불(佛)·법(法)·승(僧) 삼보(三寶)에 귀의하고 오계(五戒)를 받아 삼보를 친히 섬기는 사람이다. 여기서 오계란, ① 중생을 죽이지 말라〔不殺生〕, ② 훔치지 말라〔不偸盜〕, ③ 음행하지 말라〔不邪淫〕, ④ 거짓말하지 말라〔不妄語〕, ⑤ 술 마시지 말라〔不飮酒〕는 다섯 계율을 말한다.

〔사례93, 제33권 927.우바새경(優婆塞經)〕을 보면 우바새가 어떤 사람이며, 어떻게 믿음과 지혜를 갖추어 나가야 하는지 자세히 나와 있다.

…마하나마는 … 한쪽에 물러앉아 사뢰었다.
"세존이시여, 어떤 것을 우바새라 하니이까?"
부처님께서는 마하나마에게 말씀하셨다.
"집에 있으면서 청정하게 닦아 익히고 깨끗하게 머물러, 사내 모양을 완전히 이루고 '나는 지금부터 목숨을 마칠 때까지 부처님께 귀의하여 부처님 법을 받드는 우바새가 되겠나이다. 나를 증명하여 알아주소서' 하고 소원한 이를 우바새라 하느니라."…
〔사례93, 제33권 927.우바새경(優婆塞經)〕

『잡아함경』에는 몇몇 예외를 제외하면 석가모니의 설법을 들은 사람은 누구나 깊은 감화를 받는다. 그들 가운데 크게 발심(發心)하여 생사윤회를 벗어나겠다고 결심한 사람은 출가하여 비구가 되고, 그렇지 못한 사람은 우바새가 되어 속가에서 석가모니의 가르침대로 살아가겠다고 결심한다.

…세존께서 이 법을 말씀하실 때 간다가타 촌장은 티끌과 때를 멀리 여의고 법 눈이 깨끗하게 되었다. 그래서 그는 법을 보아 법을 얻고 법에 깊이 들어가 온갖 의심을 뛰어넘되 남을 의지하거나 남의 제도를 받지 않고 바른 법·율에서 두려움이 없게 되었다. 그는 곧 자리에서 일어나 옷을 바루어 합장하고 부처님께 여쭈었다.
 "세존이시여, 저는 이미 제도되었고 뛰어넘었나이다. 저는 오늘부터 부처님과 부처님 법과 비구 중에 귀의하여 목숨을 마칠 때까지 우바새가 되겠나이다. 오직 나를 보호해 주소서."
 부처님께서 이 경을 말씀하시자, 간다가타 촌장은 그 말씀을 듣고 기뻐하면서 예배하고 떠나갔다.

〔사례88, 제32권 913.갈담경(竭曇經)〕

(나) 우바이

우바이(優婆夷)란 속가에 있으면서 부처를 믿는 여자를 뜻하는 말로, 남자 신자인 우바새와 마찬가지로 불·법·승 삼보에 귀의하고 오계를 받아 지니는 사람이다.
 『잡아함경』에는 여자 신도가 석가모니를 찾아와 설법을 듣는 장면이 따로 기술되어 있는 경우는 드무나, 〔사례137, 제44권 1178.바사타경(婆四吒經)〕에서 볼 수 있듯이 석가모니의 설법 장소에 여자가 나타나거나, 〔사례111, 제35권 990.녹주우바이경(鹿住優婆夷經)〕에서 볼 수 있듯이 경 이름에 '우바이'가 들어 있는 것으로 보아 여자 신자도 상당히 많았을 것으로 추측된다.
 〔사례90, 제32권 915.도사씨경(刀師氏經)②〕을 보면 석가모니가 제자들과 재가신자들에 대해 어떻게 생각하고 있었는지 알 수 있다.

 …"여래께서는 무슨 이유로 어떤 사람에게는 설법하고 어떤 사람에게는 설법하지 않습니까?"
 부처님께서 말씀하셨다.

"나는 너에게 물으리니 마음대로 대답하라. 촌장이여, 비유하면 세 가지 밭이 있는데, 첫째 밭은 걸차고 기름지며, 둘째 밭은 중간이요, 셋째 밭은 걸차지 못하다. 어떤가, 촌장이여. 그 밭주인은 먼저 어느 밭을 갈고 씨를 뿌리겠는가?"

"고타마시여, 그 가장 걸차고 기름진 밭을 먼저 갈고 씨를 뿌릴 것입니다."

"촌장이여, 다음에는 어느 밭을 갈고 씨를 뿌리겠는가?"
"고타마시여, 다음에는 중간 밭을 갈고 씨를 뿌릴 것입니다."
"촌장이여, 다음에는 어느 밭을 갈고 씨를 뿌리겠는가?"
"다음에는 가장 걸차지 못한 나쁜 밭을 갈고 씨를 뿌릴 것입니다."
"왜 그렇게 하는가?"
"나쁜 밭에 종자를 두고 싶지 않기 때문입니다."

부처님께서 말씀하셨다.

"나도 또한 그와 같다. 비구·비구니는 저 걸차고 기름진 밭과 같아서 나는 항상 그들을 위해 바른 법을 연설한다. 그 법은 처음도 좋고 중간도 마지막도 좋으며, 뜻도 좋고 맛도 좋아서 순일하고 원만하며, 깨끗한 범행을 열어 보이고 나타내는 것이다. 그러므로 그들은 그 법을 듣고는 내 집, 내 섬, 내 덮개, 내 그늘, 내 방향을 의지하고, 항상 깨끗한 눈으로 나를 관찰하면서 살아가느니라. 그리하여 그들은 '부처님이 말씀하신 법을 나는 다 받아 가지자. 그것은 언제나 나를 진리로써 이익되게 하여 안온하고 즐겁게 머무르게 한다'고 생각하느니라.

촌장이여, 내 제자 우바새·우바이는 그 중간 밭 같아서 나는 그들을 위하여 바른 법을 연설한다. 그 법은 처음도 좋고 중간도 마지막도 좋으며, 뜻도 좋고 맛도 좋아서 순일하고 원만하며, 깨끗한 범행을 열어 보이고 나타내는 것이다. 그러므로 그들이 그 법을 듣고는 내 집, 내 섬, 내 그늘, 내 방향을 의지하고, 항상 깨끗한 눈으로 나를 관찰하면서 살아가느니라. 그리하여 그들은 '세존께서 말씀하신 법을 나는 다 받아 가지자. 그것은 언제나 나를 진리로써 이익되게 하여 안온하고 즐겁게 머무르게 한다'고 생각하느니라.

저 농부의 나쁜 밭과 같은 외도 니건타 무리들을 위해서도 나는 설법한다. 그 법은 처음도 좋고 중간도 마지막도 좋으며, 뜻도 좋고 맛도 좋아서 순일하고 원만하며, 깨끗한 범행을 열어 보이고 나타내는 것이다. 그러므로 그들 가운데 법을 듣는 이가 적어도 그들을 위해 연설하고, 법을 듣는 이가 많아도 그들을 위해 연설한다. 그래서 그들 가운데 내가 연설하는 법에서 단 한 구절의 법이라도 들어 그 뜻을 알면, 그도 언제나 진리로써 이익되게 하여 안온하고 즐겁게 머무르게 되느니라."

때에 촌장은 사뢰었다.

"매우 장하십니다, 세존이시여. 그런 세 가지 밭 비유를 잘 말씀하셨나이다."…

〔사례90, 제32권 915.도사씨경(刀師氏經)②〕

석가모니의 설법에 감화를 받은 사람들이 우바새·우바이가 되는 과정이 들어 있는 경 가운데 사례로 뽑은 것은 다음과 같다.

〔사례13, 제4권 93.장신경(長身經)〕
〔사례28, 제9권 253.비뉴가전연경(毘紐迦旃延經)〕
〔사례38, 제12권 302.아지라경(阿支羅經)〕
〔사례70, 제22권 592.급고독경(級孤獨經)〕
〔사례85, 제32권 907.차라주라경(遮羅周羅經)〕
〔사례86, 제32권 909.조마경(調馬經)〕
〔사례87, 제32권 912.왕정경(王頂經)〕
〔사례88, 제32권 913.갈담경(竭曇經)〕
〔사례91, 제32권 916.도사씨경(刀師氏經)③〕
〔사례93, 제33권 927.우바새경(優婆塞經)〕
〔사례133, 제42권 1150.천식경(喘息經)〕
〔사례140, 제49권 1324.침모경(針毛經)〕

(3) 외도

석가모니에게는 많은 외도들이 찾아온다. 그들은 자신들의 스승이 주장하는 바와 석가모니의 가르침이 어떻게 다른가 비교해 보기 위해 찾아오기도 하고, 석가모니의 이론을 꺾고 자기들의 주장을 관철시키겠다는 자신감에 넘쳐서 찾아오기도 한다. 때로는 석가모니의 가르침을 '훔쳐' 자기들이 써먹기 위해 거짓 제자가 되기도 한다. 그러나 이들은 거의 모두가 석가모니의 가르침에 감화되어 '바른 출가'를 하여 석가모니의 제자가 된다. 석가모니가 외도들의 이론을 굴복시키는 장면은 한편의 드라마처럼 긴박감이 넘치고 자못 통쾌하기까지 하다.

외도들은 석가모니를 직접 찾아오는 경우도 있고, 석가모니가 외도들의 이론을 꺾기 위해 외도들이 있는 곳으로 찾아가기도 한다. 또한 외도들이 비구나 우바새에게 석가모니의 가르침이 어떠한 것인지를 묻기도 한다. 비구나 우바새는 나름대로 성심껏 대답을 해주지만, 외도들의 의문을 속 시원히 풀어주지 못하는 경우도 왕왕 있다. 그럴 때면 비구나 우바새들은 어떻게 해야 외도들을 설득할 수 있는지를 석가모니에게 묻고, 석가모니는 슈퍼바이저의 입장에서 그들을 지도한다.

> …왕사성에는 사라바라는 집을 나온 외도가 있어, 수마갈타 못 곁에 살았다. 그는 자기 제자 앞에서 이렇게 소리쳤다.
> "나는 사문 석가의 법을 다 안다. 나는 예전부터 그 법·율을 알았지만 지금은 다 버렸다."
> 때에 많은 비구들은 왕사성에 들어가 걸식하다가 사라바라는 외도가 그와 같이 큰소리친다는 말을 들었다. 그들은 걸식을 마치고 절에 돌아와 부처님께 나아가 머리를 조아려 여쭈었다.
> "세존이시여, 저희들이 왕사성에 들어가 걸식할 때에 사라바라는 외도가 자기 제자 앞에서 이렇게 큰소리친다는 말을 들었나이다. '사문 석가의 법을 나는 다 안다. 그 법·율을 다 알고는 이제 버렸다'고. 세존이시여, 그를

가엾이 여기시어 저 수마갈타 못 곁으로 가시는 것이 좋겠나이다."

그때에 세존께서는 잠자코 허락하시고 저녁때에 선정에서 깨어나 사라바 외도가 사는 수마갈타 못 곁으로 가셨다.…

"너는 진실로 '나는 사문 석가의 법을 다 안다. 그 법·율을 다 알고는 버렸다'고 말하였는가?"

때에 사라바 외도는 잠자코 대답이 없었다. … 이렇게 두 번 세 번 물었으나 그는 여전히 잠자코 있었다.

사라바에게는 범행을 닦는 제자가 있었다. 그 제자는 사라바에게 아뢰었다.

"스승님께서 사문 고타마에게 가서 아시는 바를 설명하였어도 좋을 것인데, 이제 사문 고타마께서 친히 여기까지 왔습니다. 왜 말씀하시지 않습니까?"

이렇게 제자가 권하였으나 그는 여전히 잠자코 있었다. … 그때에 사라바의 범행 제자는 사라바에게 말하였다.

"비유하면, 어떤 소가 두 뿔을 잘리고 빈 외양간에 들어가 땅에 꿇어앉아 크게 외치는 것처럼, 스승님도 또한 그와 같아서 사문 고타마가 없을 때만 제자들 앞에서 사자처럼 외치십니다.…"

사라바의 범행 제자는 사라바의 면전에서 꾸짖고 빈정댄 뒤에 자리에서 일어나 떠나갔다.

〔사례103, 제35권 970.사라보경(舍羅步經)〕

…어느 때 부처님께서는 왕사성의 칼란다 대나무동산에 계셨다. 국왕이나 대신·바라문·장자·거사와 그 밖의 세상 사람들이 부처님과 모든 성문들을 위해서 의복·음식·침구·탕약 등을 제공하고 공경과 존중과 공양을 했지만 여러 사특한 이도(異徒)들에게는 도무지 공경하고 존중하지 않고 의복·음식·침구·탕약으로써 공양하지 않았다. 그때에 많은 외도들은 미증강당에 모여 다음과 같이 의논하였다.

"우리는 옛날부터 언제나 국왕·대신·바라문·장자·거사들과 다른 일체 사람들로부터 공경 받고 존중받고, 의복·음식·침구·탕약을 공양 받아 왔

다. 그러나 지금은 다 끊어졌다. 다만 사문 고타마와 그 성문들만 공경 받는
다. 지금 여기 모인 대중 가운데 누가 지혜와 큰 힘이 있어 가만히 저 사문
고타마의 대중 가운데 가서 중이 되어 그 법을 들은 뒤에 돌아와서 널리 설
명할 수 있겠는가? 우리가 다시 그 법을 써서 모든 국왕·대신·바라문·장자
·거사들을 교화시켜, 그들로 하여금 믿고 즐기게 하여 다시 이전처럼 공양
받을 수 있도록 하겠는가?"

때에 어떤 사람이 말했다.

"한 소년이 있는데 이름을 수시마라고 한다. 그는 총명하고 영리하여 가
만히 사문 고타마 대중 가운데 가서 중이 되어, 그 법을 들은 뒤에 도로 돌
아와 모두 설명할 수 있을 것이다."…

(외도들의 계략대로 수시마는 가짜 제자가 되어 석가모니의 승단에 들어
갔다. 그러나 석가모니의 가르침에 교화되어 자신의 잘못을 뉘우쳤다.)

"…세존이시여, 그래서 저는 바른 법률 안에서 가만히 속여 중이 되었사
온데, 이제 그 허물을 뉘우치나이다. 오직 원하옵나니 세존이시여, 저를 가
엾이 여기시어 저의 허물 뉘우침을 들어 주소서."

…부처님께서 이 법을 말씀하셨을 때에 외도 수시마는 번뇌가 다하여 뜻
으로 이해하였다. 부처님께서 이 법을 말씀하시자, 존자 수시마는 부처님
말씀을 듣고 기뻐 받들어 행하였다.

〔사례44, 제14권 347.수심경(須深經)〕

…비구들은 외도들 절에 들어가서 서로 인사하고 문안한 뒤에 한쪽에 앉
았다. 외도들은 비구들에게 물었다.

"사문 고타마는 제자들에게 '다섯 가지 덮개를 끊어라. 마음을 덮으면 지
혜가 약해지고, 장애거리가 되어 열반으로 나아가지 못할 것이다. 네 가지
생각하는 곳에 머무르고, 일곱 가지 깨달음의 뜻을 닦아라'고 설법한다고
한다. 우리도 또한 제자들을 위해 그와 같이 말한다. 우리와 사문 고타마는
다 같이 잘 설법하는데 무엇이 다른가?"

때에 비구들은 외도들의 말을 듣고 마음이 불쾌해 꾸짖고 자리에서 일어
나 떠났다. 그들은 절에 돌아와 부처님께 나아가 외도들의 말을 상세히 여

쭈었다.

　그때에 세존께서는 여러 비구들에게 말씀하셨다.

　"그 외도들이 그렇게 말할 때에 너희들은 도로 물어야 했을 것이다. 즉, '외도들이여, 다섯 가지 덮개에는 열 가지가 있어야 하고, 일곱 가지 깨달음에는 열네 가지가 있어야 한다. 어떤 것이 다섯 가지 덮개의 열 가지며, 어떤 것이 일곱 가지 깨달음의 열네 가지인가?'고. 이렇게 물었다면 그들은 곧 놀라 흩어졌을 것이다.…"

〔사례74, 제27권 713.전취경(轉趣經)〕

석가모니와 제자, 신자들이 외도들을 교화하는 과정이 들어 있는 경 가운데 사례로 뽑은 것은 다음과 같다.

〔사례23, 제5권 105.선니경(仙尼經)〕
〔사례24, 제5권 106.아누라도경(阿㝹羅度經)〕
〔사례41, 제14권 343.부미경(浮彌經)〕
〔사례44, 제14권 347.수심경(須深經)〕
〔사례55, 제18권 500.정구경(淨口經)〕
〔사례66, 제20권 573.아기비가경(阿耆毘迦經)〕
〔사례74, 제27권 713.전취경(轉趣經)〕
〔사례83, 제32권 905.외도경(外道經)〕
〔사례101, 제34권 965.울저가경(鬱低迦經)〕
〔사례102, 제34권 968.급고독경(給孤獨經)〕
〔사례103, 제35권 970.사라보경(舍羅步經)〕
〔사례104, 제35권 971.상좌경(上座經)〕
〔사례106, 제35권 974.보루저가경(補縷低迦經)①〕
〔사례107, 제35권 978.상주경(商主經)〕
〔사례108. 제35권 979.수발타라경(須跋陀羅經)〕

(4) 바라문

바라문(婆羅門)이란 인도 사성계급 중 최고의 지위에 있는 종족으로 승려의 계급이다. 바라문교의 전권을 장악하여 임금보다 윗자리에 있었으며 신의 후예라 자칭하며 사실상 신의 대표자로서 권위를 떨쳤다. 이들은 어렸을 때는 부모 밑에 있다가 좀 자라면 집을 떠나 스승을 모시고 공부를 하고, 장년에 이르면 다시 집에 돌아와 결혼하여 살다가, 늙으면 집안 살림을 아들에게 맡기고 산이나 숲에 들어가 고행 수도한 뒤에 나와 사방으로 다니면서 세상의 모든 일을 초탈하여 남들이 주는 시물로서 생활해 나갔다. 석가모니 재세 시 인도에서는 바라문 중심의 체제가 붕괴되고 찰제리인 왕족 계급이 부상하였으며 신흥 사상가가 많이 출현하는 등 사회 전반에 커다란 변화가 일고 있었다. 석가모니에게 찾아오는 이교도 가운데 바라문이 많은 이유는 이런 때문인 듯하다.

바라문은 자기들 바라문교의 가르침과 석가모니의 설법이 어떻게 다른지 알고 싶어서 찾아오기도 하고, 때로는 석가모니의 가르침을 비판하려 들기도 한다. 그러나 대부분이 석가모니의 설법에 감복하여 우바새가 되거나 비구가 되어 출가수행을 하게 된다. 이를 보면 석가모니가 당시 인도를 지배했던 바라문교에도 큰 영향을 주었다는 것을 알 수 있다.

…그때에 어떤 바라문은 부처님께 나아가 서로 위로하고 한쪽에 물러앉아 이렇게 말하였다.

"이것은 바라문의 세 가지 밝음입니다. 이것이 바라문의 세 가지 밝음입니다."

그때에 세존께서는 그 바라문에게 말씀하셨다.

"어떤 것이 바라문의 세 가지 밝음인가?"

바라문은 부처님께 여쭈었다.

"고타마시여, 바라문의 부모는 원만한 모양에 아무 흠이 없었고, 일곱 대를 내려오면서 비방을 받지 않았으며, 대대로 이어 스승이 되었습니다. 또

변재를 두루 갖추어 모든 경전을 외우고, 물건들의 이름·만물의 차별·문자의 분류·역사의 처음과 끝 이 다섯 가지 일에 다 통달하였으며, 또 얼굴이 단정하였습니다. 고타마시여, 이것이 바라문의 세 가지 밝음입니다."
　부처님께서는 바라문에게 말씀하셨다.
　"나는 문자나 말을 가리켜 세 가지 밝음이라 하지 않는다. 성현의 법문에서는 알차고 진실한 세 가지 밝음을 말한다. 즉 성현은 성현의 법률에서 말하는 진실한 세 가지 밝음을 알고 보느니라."
　"고타마시여, 성현은 어떻게 성현의 법률에서 말하는 세 가지 밝음을 알고 보나이까?"
　"배울 것 없는 이의 세 가지 밝음이다. 어떤 것이 셋인가? 이른바 전생 일을 아는 지혜의 밝음[宿命明], 나고 죽음을 아는 지혜의 밝음[天眼明], 번뇌가 다한 지혜의 밝음[漏盡明]이니라. … 바라문이여, 이것이 성인의 법률에서 말하는 세 가지 밝음이니라."
　바라문은 부처님께 여쭈었다.
　"고타마시여, 그것이야말로 진실한 세 가지 밝음입니다."…
〔사례81, 제31권 886.삼명경(三明經)〕

바라문의 교화과정이 들어 있는 경 가운데 사례로 뽑은 것은 다음과 같다.

〔사례6, 제2권 53.바라문경(婆羅門經)〕
〔사례7, 제2권 54.세간경(世間經)〕
〔사례10, 제4권 89.우파가경(優波迦經)①〕
〔사례11, 제4권 91.울사가경(鬱闍迦經)〕
〔사례12, 제4권 92.교만경(憍慢經)〕
〔사례13, 제4권 93.장신경(長身經)〕
〔사례14, 제4권 94.승가라경(僧迦羅經)〕
〔사례15, 제4권 95.생문경(生聞經)〕
〔사례16, 제4권 96.바라문경(婆羅門經)〕

〔사례17, 제4권 97.걸식경(乞食經)〕
〔사례18, 제4권 98.경전경(耕田經)〕
〔사례19, 제4권 101.인간경(人間經)〕
〔사례20, 제4권 102.영군특경(領群特經)〕
〔사례28, 제9권 253.비뉴가전연경(毘紐迦旃延經)〕
〔사례40, 제13권 320.일체유경(一切有經)〕
〔사례50, 제17권 459.자작경(自作經)〕
〔사례81, 제31권 886.삼명경(三明經)〕
〔사례82, 제31권 889.등기경(等起經)〕
〔사례105, 제35권 972.삼제경(三諦經)〕
〔사례124, 제38권 1077.적경(賊經)〕
〔사례134, 제42권 1152.빈기가경(賓耆迦經)〕
〔사례137, 제44권 1178.바사타경(婆四吒經)〕

(5) 왕·왕족

석가모니를 찾는 내담자로서는 왕과 왕족도 있었다. 석가모니가 전법활동을 하던 시기 인도는 전제군주국가 체제가 형성되면서 찰제리 계급인 왕과 왕족이 부상하여 사회 주도권을 잡아 나갔다. 따라서 그 영향력이 막강하였다.

『잡아함경』에 등장하는 국왕은 마갈타국의 빔비사라왕, 사위국의 푸라세나짓왕, 코삼비국의 우데니왕, 마투라국의 국왕이다. 특기할 것은, 석가모니가 입멸하고 2백여 년 뒤에 불교 발전에 크게 기여한 아쇼카왕의 전신인 자야 소년과 석가모니의 인연이 나온다는 것이다. 석가모니는 이 경에서 미래에 아쇼카왕이 어떻게 태어나 어떤 업적을 남길 것인지를 아난다에게 상세하게 예언했다〔제23권 604.아육왕경(阿育王經)〕. '제2장 2.『잡아함경』개관'에서 언급했듯이 이 경은 한역 과정에서 후대의 경전이 섞인 것으로 보인다.

이밖에 무외왕자, 왕족인 리차족 등도 출현한다.

(가) 푸라세나짓왕

중인도 사위국의 왕으로, 음역하여 바사닉왕이라고도 한다. 석가모니와 같은 날 태어났으며, 석가모니가 성도하던 해(기원전 589년)에 왕위에 올랐다. 정치를 잘 하였고, 불법(佛法)을 독실하게 믿어 외호하는 일을 맡았다. 왕의 아들 기타 태자는 신하 수달다와 함께 힘을 모아 기원정사를 지어 석가모니에게 바쳤다.

…어느 때 부처님께서는 사위국 제타숲 외로운 이 돕는 동산에 계셨다. 그때에 푸라세나짓왕은 한낮에 몸에 먼지를 쓰고 부처님께 나아가 부처님 발에 머리를 조아리고 한쪽에 물러앉았다. 부처님께서는 말씀하셨다.
"대왕은 어디서 오시오?"
푸라세나짓왕은 사뢰었다.
"세존이시여, 저 관정왕(灌頂王) 법은 사람 속에서 자유로워서 방편으로써 꾸준히 힘쓰나이다. 왕은 온 땅을 차지해 왕의 일을 맡아 다스리고, 두루 다니면서 관찰하다가 여기 왔나이다."…
〔제42권 1147.석산경(石山經)〕

푸라세나짓왕이 등장한 경 가운데 사례로 뽑은 경은 다음과 같다.

〔사례133, 제42권 1150.천식경(喘息經)〕

(나) 빔비사라왕

중인도 마갈타국의 왕으로, 석가모니가 출가했을 때 도 닦으려는 뜻을 접고 본국으로 돌아가라고 권했다. 석가모니가 성도한 뒤에는 석가모니에게 귀의하여 칼란다에 죽림정사를 지어 바쳤다. 또 석가모니가 오래 있으면서 설법하던 기사굴산 꼭대기에 오르내리기 쉽도록 돌층계를 쌓았다고 한다.

 …마갈타왕 빔비사라는 세존께서 마갈타국 세간에 노니시다가 선건립 차이타가 있는 지팡이 숲속에 계시다는 말을 들었다. 그는 여러 작은 왕과 뭇 신하들에게 둘러싸였고, 수레 1만 2천 대와 말 8천 필과 걸어 따르는 수많은 무리들과 마갈타의 바라문과 장자들이 다 그 뒤를 따랐다. 왕은 왕사성을 나와 세존에게 나아가 공경하려 하였다. 길 어귀에 이르러서는 수레에서 내려 걸어서 안 문에 와서는 다섯 가지 장식, 즉 관을 벗고 일산과 부채와 칼을 버리고 가죽신을 벗었다. 부처님 앞에 와서는 옷을 바르게 하고 오른 어깨를 드러내어 부처님께 예배한 뒤에 오른쪽으로 세 번 돌고 제 성명을 일컬으면서 부처님께 사뢰었다.
 "세존이시여, 저는 마갈타왕 빔비사라입니다."
 부처님께서는 말씀하셨다.
 "그렇소, 대왕이시여. 당신은 빔비사라요. 이 자리에 앉아 편할 대로 하시오."
 때에 왕은 부처님 발에 거듭 예배하고 한쪽에 물러앉았다.…
〔제38권 1074.영발경(榮髮經)〕

빔비사라왕이 등장한 경 가운데 사례로 뽑은 경은 다음과 같다.

〔사례52, 제17권 485.우다이경(優陀夷經)〕

(다) 우데나왕
 중인도 코삼비국의 왕으로 불교의 외호자였다. 석가모니가 33천에 올라 오랫동안 내려오지 않으심을 걱정하여 왕이 병이 나서 우두전단 향나무에 석가모니의 형상을 조각한 데서 불상이 유래되었다고 한다.

…어느 때 존자 핀돌라는 코삼비국 고시타 동산에 있었다. 때에 바차국 왕 우데나는 존자 핀돌라에게 나아가 서로 문안하고 한쪽에 물러앉아 존자 핀돌라에게 사뢰었다.…

〔제43권 1165.빈두라경(賓頭羅經)〕

(라) 마투라국왕

마투라는 인도의 북부, 점나강 근처에 있던 나라로, 인도 예술의 가장 중요한 중심지로서 기원전 3세기부터 6세기에 걸쳐 마투라 미술이 번성했던 곳이다.『잡아함경』에는 왕의 이름이 나오지 않고, 왕이 석가모니의 제자 마하 가전연을 만나서 대화를 나눈 내용이 수록되어 있다.

　…어느 때 부처님께서는 사위국 제타숲 외로운 이 돕는 동산에 계셨다. 존자 마하 가전연은 조림(稠林) 속에 있었다. 때에 서방의 왕자(王子)인 마투라 국왕은 존자 마하 가전연에게 나아가 그 발에 예배하고 한쪽에 물러앉아 존자 마하 가전연에게 물었다.…

〔사례61, 제20권 548.마투라경(摩偸羅經)〕

(마) 아쇼카왕

아쇼카왕은 인도 마우리아 왕조의 제3대 왕으로 기원전 268년부터 기원전 232년까지 재위한 것으로 추정된다. 기원전 2세기에 전 인도를 통일하고 불교를 보호한 왕이다. 어려서부터 성품이 거칠고 사나웠고 형을 죽이고 왕위에 오른 뒤에도 광포하여 사람을 많이 죽이고 정복 전쟁을 끊임없이 벌였으나, 부처님 법에 귀의한 뒤로 무력에 의한 정복을 중지했다. 이후 부처님 법을 알리는 데 힘써 8만 4천의 절과 탑을 세웠다.

아쇼카왕은 석가모니가 입적하고 2백여 년 뒤에 태어나 서로 만난 적이 없으나, 한글대장경의『잡아함경』에는 석가모니가 아쇼카왕의 전생의 몸인 자야 소년과 만난 인연이 나와 있다. 그리고 미래에 출현할 아쇼카왕에 대해 석가모니가 아난다에게 상세히 이야기해 주는 내용도 실려 있다.

『잡아함경』의 여러 경 가운데 가장 분량이 많은 〔제23권 604.아육왕경(阿育王經)〕이 그것이다. 이밖에 〔제25권 641.아육왕시반아마륵과인연경(阿育王施半阿摩勒果因緣經)〕에도 아쇼카왕에 대한 이야기가 실려 있다.

…때에 세존께서는 도시를 따라 가셨다. 거기 두 소년이 있었는데 하나는 상성(上姓)이요, 하나는 차성(次姓)으로서 모래밭에서 장난하고 있었다. 그 이름은 하나는 자야요, 하나는 비자야라 하였다. 그들은 멀리서 세존께서 오시는 것을 보매 32대인상(大人相)으로 그 몸을 장엄하셨다. 때에 자야 소년은 '나는 보릿가루로 공양하리라' 생각하고 이내 가는 모래를 손으로 바쳐 세존님 발우에 담았다.…

때에 그 소년은 원을 빌기를 '이 보시의 착한 공덕으로 천하의 왕이 되어 이 생에서 여러 부처님께 공양하게 되도록 하여 주소서'라고 했다.…

때에 자야는 이 선근으로 말미암아 장차 왕이 될 수 있어 잠부드비파의 왕이 되고 나아가서는 위없는 정각을 이룰 수 있었다. 그래서 세존께서는 빙그레 웃으셨다. 그때에 아난다는 세존께서 빙그레 웃으시는 것을 보고 곧 합장하고 부처님께 여쭈었다.

"세존이시여, 부처님께서는 아무 이유 없이 빙그레 웃으시지 않나이다. 이제 부처님께서는 무슨 까닭으로 빙그레 웃으시나이까?"…

그때에 세존께서는 아난다에게 말씀하셨다.

"그렇다. 네 말과 같다. 모든 부처님은 이유 없이는 웃지 않으신다. 그런데 내가 이제 웃는 것은 이유가 있다. 아난다여, 알아야 한다. 내가 세상을 열반한 지 백 년 뒤에 이 소년은 파타리푸트라 읍에서 일방을 차지하여 전륜왕이 될 것이니, 성은 공작이요, 이름은 아쇼카로서 바른 법으로써 다스리고 교화할 것이다. 또 내 사리를 널리 퍼뜨리고 8만 4천 법왕의 탑을 만들어 한량없는 중생을 안락하게 할 것이다. … 아난다여, 알아야 한다. 파타리푸트라 읍에 왕이 있어 월호라 하고, 그 왕은 또 아들을 낳을 것이니 이름을 빈두사라라 하여 그 나라를 다스릴 것이다. 다시 아들이 있어 이름을 수사마라 할 것이다 그때에 저 참파국에 어떤 바라문의 딸이 있어 매우 단정하여 누구나 보기를 즐겨하고 나라의 보배가 될 것이니…"

〔사례71, 제23권 604.아육왕경(阿育王經)〕

(6) 천인·천신·천자

(가) 천인

천인(天人), 즉 하늘사람이란 천상의 유정(有情)이라는 뜻으로, 허공을 날아다니며 음악을 하고 하늘꽃을 흩뿌리기도 하며 항상 즐거운 경계에 있지만, 그 복이 다하면 오쇠(五衰)의 괴로움을 받다가 다시 인간·축생·아수라·아귀·지옥의 오도(五道)에 떨어진다고 한다. 여기서 오쇠란 화관이 저절로 시들고, 옷에 때가 묻고, 겨드랑이에 땀이 나고, 제 자리가 즐겁지 않고, 왕녀가 배반을 하는 것을 말한다.

『잡아함경』의 여러 경에 천인이 등장한다. 이들은 여느 인간들처럼 석가모니를 존중하고 그 법을 듣기를 즐겨하나 어떤 천인의 경우는 자기들의 천상의 삶이 최고라고 생각하기도 한다. 석가모니는 그런 천인에게 천상세계도 윤회의 바퀴를 돌고 도는 육도(六道)의 한곳임을 직면하게 하고, 궁극의 진리를 깨닫기 위해 수행하도록 일깨워준다.

　　…어느 때 부처님께서는 사위국 제타숲 외로운 이 돕는 동산에 계셨다. 그때에 얼굴이 아주 묘한 어떤 하늘사람은 새벽에 부처님께 나아가 부처님 발에 머리를 조아리고 한쪽에 물러나 앉았는데, 온몸의 광명이 제타숲 외로운 이 돕는 동산을 두루 비추었다. 때에 그 하늘사람은 게송으로 부처님께 여쭈었다.

　　난타 동산 속에 살지 않으면
　　마침내 쾌락을 얻지 못하리.
　　나는 이 도리천 궁전에서
　　천제라는 이름 얻었네.

그때에 세존께서는 게송으로 대답했다.

철없는 사람아, 너 어이 알리.
저 아라한은 말하였느니라.
일체의 행(行)은 항상함이 없어
그것은 곧 나고 멸하는 법
남과 멸함이 함께 멸하면
적멸(寂滅) 그것이 즐거움이라고.

〔사례68, 제22권 576.난타림경(難陀林經)〕

〔사례19, 제4권 101.인간경(人間經)〕을 보면, 석가모니는 하늘사람이나 용이나 아수라 등의 환상적 존재도 모두 번뇌의 산물이라고 명확히 말하면서 오직 부처만이 온갖 것을 뛰어넘는 위대한 존재임을 강조했다.

(나) 천신

천신(天神)이란 범천, 제석천 등 천상의 여러 신을 말한다. 제석천은 도리천의 임금이며, 범천은 색계 초선천의 주인인 범천왕을 일컫는다.
『잡아함경』에는 제석천, 범천은 물론 여러 천신이 등장한다. 이들은 석가모니의 법문을 듣기 위해 지상에 내려오기도 하고, 또 석가모니가 이들에게 법을 설해 주기 위해 천상에 올라가기도 한다.

…어느 때 부처님께서는 석씨 우라제라 탑이 있는 곳에 계셨다. … 때에 우라제라 탑 곁에는 어떤 천신이 머무르고 있었다. 그는 몸에서 광명을 놓아 정사를 두루 비추면서 부처님께 여쭈었다.
"사문은 근심하십니까?"
부처님께서 대답하셨다.
"무엇을 잃었기에 근심하겠느냐?"
"사문은 기뻐하십니까?"

"무엇을 얻었기에 기뻐하겠느냐?"
"사문은 근심하지도 않고 기뻐하지도 않습니까?"
"그러하니라."
때에 천신은 게송으로 말하였다.

모든 번뇌를 떠났다 하는가?
또한 기쁨도 없다 하는가?
어떻게 즐겁지 않음을 이기어
혼자서 살아갈 수 있을 것인가?

그때에 세존께서는 게송으로 대답하셨다.

나는 번뇌 없어 해탈하였고
기쁨 또한 없으며
즐겁지 않음을 이길 수 있다.
그러기에 혼자 살아가노라.

…(게송으로 문답을 여러 번 주고받은 후) … 때에 천신은 부처님 말씀을 듣고 기뻐하면서 부처님 발에 머리를 조아리고 곧 사라져 나타나지 않았다.

〔제22권 585.독일주경(獨一住經)〕

…어느 때 부처님께서는 왕사성 칼란다 대나무동산에 계셨다. 때에 사타기라 천신과 혜마바타 천신은 서로 약속했다. '만일 궁중에 어떤 보물이 생기면 반드시 서로 알리자. 만일 서로 알리지 않으면 약속을 어긴 죄를 받는다'고.
때에 혜마바타 천신의 궁중에 일찍 없었던 보배 파드마꽃(푸른 연꽃)이 나왔다. 꽃에는 천 개의 잎사귀가 있어 크기는 수레바퀴 같았고, 보배스런 줄기는 금빛이었다. 혜마바타 천신은 사람을 보내어 사타기라에게 알렸다.

"촌주여, 지금 내 궁중에는 일찍이 없었던 보배 파드마꽃이 갑자기 나왔는데 꽃에는 천 개의 잎사귀가 있고 크기는 수레바퀴와 같고 보배스런 줄기는 금빛이다. 와서 보라."

사타기라 천신은 헤마바타 천신에게 사람을 보내 말하였다.

"촌주여, 그 파드마꽃 백천 개인들 무엇에 쓰랴. 지금 내 궁중에는 일찍 없었던 보배, 큰 파드마꽃이 나왔다. 이른바 여래·다 옳게 깨달은 이·지혜와 행을 갖춘 이·잘 간 이·세상 아는 이·위없는 선비·다루기 장부·하늘과 사람의 스승·부처·세존이시다. 너는 곧 와서 받들어 섬기고 공양하라."

때에 헤마바타 천신은 곧 5백 권속과 함께 사타기라 천신에게 갔다. … 때에 백천 신은 권속들에 둘러싸여 사타기라, 헤마바타와 함께 부처님께 나아가 예배하고 공양하였다.…

〔제50권 1329.헤마파저경(醯魔波低經)〕

(다) 천자

『불교사전』(운허 용하, 1983; 홍법원 편집부, 1992)에서는 천자(天子)를 욕계의 제6천, 곧 타화자재천(他化自在天)의 천왕을 천자라 한다고 되어 있지만, 『잡아함경』에는 여러 천자가 등장하는 것으로 보아 천인이나 천신과 비슷한 개념인 듯하다.

…어느 때 부처님께서는 광야정사(曠野精舍)에 계셨다. 때에 광야의 어떤 장자는 병으로 목숨을 마친 뒤에 무열천(無熱天)에 태어났다. 그는 '나는 여기 오래 머물 수 없다. 세존을 뵈옵지 않으면 안 된다'고 생각하고 마치 역사가 팔을 굽혔다 펴는 것 같은 동안에 무열천에서 사라져 부처님 앞에 나타났다. 때에 그 천자는 그 하늘 몸을 땅에 맡기자 스스로 설 수 없었다. 그것은 마치 타락 기름을 땅에 던지면 스스로 설 수 없는 것과 같았다. 이와 같이 천자의 하늘 몸은 곱고 부드러워 스스로 지탱해서 서지 못하였다. 그 때에 세존께서는 그 천자에게 말하였다.

"너는 변화해 추한 몸이 되어 땅에 서라."

그 천자는 곧 스스로 변화해 추한 몸이 되어 땅에 섰다. 이에 천자는 앞으로 나아가 부처님 발에 예배하고 한쪽에 물러앉았다. 그때에 세존께서는 수천자(水天子)에게 말씀하셨다.

"너 수천자여, 너는 본래 이 세상에서 사람으로 있을 때에 들은 경법(經法)을 잊지 않고 다 기억하는가?"

수천자는 부처님께 여쭈었다.

"세존이시여, 본래 들어가졌던 것을 지금도 잊지 않고 있나이다. 그리고 본래 사람이었던 때에 들은 법으로서 다 알지 못했던 법도 지금은 세존께서 잘 말씀하신 것처럼 기억하고 있나이다.…"

〔제22권 594.광야장자생천경(曠野長者生天經)〕

…어느 때 부처님께서는 사위국 제타숲 외로운 이 돕는 동산에 계셨다. 때에 얼굴이 아주 묘한 어떤 천자는 새벽에 부처님께 나아가 부처님 발에 머리를 조아리고 한쪽에 물러나 앉았는데, 온몸의 광명이 제타숲 외로운 이 돕는 동산을 두루 비추었다. 때에 그 천자는 게송으로 부처님께 여쭈었다.…

〔제22권 596.공포경(恐怖經)〕

(7) 기타

이밖에도 매우 다양한 부류의 내담자가 석가모니를 찾아왔다. 그 가운데는 어린 소년도 있었고, 사람을 999명이나 죽인 살인마 앙굴리마라도 있었으며, 석가모니가 출가하기 전에 낳은 아들 라훌라도 있었다. 석가모니는 아무런 차별 없이 이들을 맞이하여 설법을 해주었다.

…세존께서는 이른 아침에 가사를 입고 발우를 가지고 사위성으로 들어가 걸식하셨다. 때에 나이 많고 쇠약한 어떤 바라문이 지팡이를 짚고 발우를 가지고 집집으로 다니면서 밥을 빌고 있었다. 그 바라문은 멀리서 세존을 뵙고 생각했다.

'사문 고타마도 지팡이를 짚고 발우를 가지고 집집으로 다니면서 걸식하

고, 나도 또한 지팡이를 짚고 발우를 가지고 집집마다 다니면서 걸식한다. 나와 고타마는 다 같은 비구다.'
그때에 세존께서는 게송으로 대답하셨다.…

〔사례17, 제4권 97.걸식경(乞食經)〕

…때에 카시바라드바쟈 바라문은 권속 오백 명과 보습으로 밭을 갈고 음식을 만들고 있었다. 때에 카시바라드바쟈 바라문은 멀리서 세존을 보고 여쭈었다.…

〔사례18, 제4권 98.경전경(耕田經)〕

…때에 세존께서는 도시를 따라 가셨다. 거기 두 소년이 있었는데 … 모래밭에서 장난하고 있었다. … 때에 자야 소년은 '나는 보릿가루로 공양하리라' 생각하고 이내 가는 모래를 손으로 바쳐 세존님 발우에 담았다.…

〔사례71, 제23권 604.아육왕경(阿育王經)〕

…어느 때 부처님께서는 왕사성 칼란다 대나무동산에 계셨다. 나알라촌 촌장 탈라푸라는 부처님께 나아가 문안드리고 위로한 뒤에 한쪽에 물러앉아 여쭈었다.…

〔사례85, 제32권 907.차라주라경(遮羅周羅經)〕

…어느 때 부처님께서는 왕사성 칼란다 대나무동산에 계셨다. 때에 외로운 이 돕는 장자는 날마다 나아가 부처님을 뵈옵고 예로 섬기며 공양하였다.…

〔사례102, 제34권 968.급고독경(給孤獨經)〕

…어느 때 부처님께서는 나알라촌 호의암라동산에 계셨다. 그때에 나알라촌에 있는 집을 나온 어떤 상인 외도는 나이 120세 되는 노숙한 늙은이로서, 그 촌에 있는 여러 사문이나 바라문·장자·거사들의 존경과 공양을 받음이 아라한과 같았다. … 그는 부처님께 나아가 그 문제를 생각하면서 사

되었다.…
〔사례107, 제35권 978.상주경(商主經)〕

…때에 비사리국의 많은 상인들은 카카쉴라국으로 가려고 장엄한 준비를 하였다. 그들은 세존께서 밧지국 세간에서 노니시다가 비사리국으로 오셔서 잔나비 못 곁에 있는 중각강당에 계신다는 말을 듣고, 부처님께 나아가 머리를 조아려 그 발에 예배한 뒤 한쪽에 물러앉았다.…
〔사례109, 제35권 980.염삼보경(念三寶經)〕

…그때에 존자 라홀라는 부처님 계신 곳에 나아가 부처님 발아래 머리를 조아리고 한쪽에 물러앉아 여쭈었다.…
〔사례26, 제8권 200.라후라경(羅睺羅經)③〕

…그때에 부처님 이모의 아들 존자 난타는 물들이고 두드려 빛을 낸 옷을 입기 좋아하고 좋은 옷을 가지고 희락질하며 익살부리기를 좋아하였다.… 난타는 그 말을 듣고 곧 부처님께 나아가 그 발에 머리를 조아리고 한쪽에 물러나 앉았다. 부처님께서는 말씀하셨다.…
〔사례119, 제38권 1067.난타경(難陀經)②〕

…그때에 존자 툇사는 생각하였다.
'나는 세존님 고모의 아들로서 세존님과는 형제뻘이다. 그러므로 누구도 공경할 것 없고 거리낄 것도 없으며, 두려워할 것도 없고 충고를 들을 것도 없다.'
…툇사 비구는 곧 세존께 나아가 부처님 발에 머리를 조아리고 한쪽에 물러나 앉았다. 세존께서는 툇사에게 말씀하셨다.…
〔사례120, 제38권 1068.저사경(低沙經)〕

…세존께서는 그 길로 가시다가 멀리서 앙굴리마라가 칼과 방패를 들고 달려오는 것을 보셨다.…
〔사례124, 제38권 1077.적경(賊經)〕

…어느 때 부처님께서는 우루벨라촌 나이란자나 강가에 계셨는데, 보리나무 밑에서 도를 이루신 지 오래되지 않으셨다. 때에 악마 파순은 생각하였다.
　'사문 고타마는 보리나무 밑에서 도를 이룬 지 오래되지 않는다. 나는 가서 교란시키리라.'
　그는 곧 젊은이로 화해 부처님 앞에 가서 게송으로 말하였다.…
〔사례128, 제39권 1092.마녀경(魔女經)〕

　…어느 때 부처님께서는 마갈타국 세간에 노니시다가 침모 귀신이 사는 곳에 이르러 밤에 묵으시게 되었다. 그때에 침모 귀신은 여러 귀신들과 한 곳에 모여 있었다. 때에 불꽃 귀신은 세존께서 침모 귀신이 사는 곳에서 밤에 묵으시는 것을 보고 침모 귀신에게 가서 말하였다. … 그때 침모 귀신은 세존의 게송을 듣고 마음에 기쁨을 얻어 부처님께 허물을 뉘우치고 세 가지 귀의를 받들어 가졌다.…
〔사례140, 제49권 1324.침모경(針毛經)〕

4. 상담자

　『잡아함경』의 대부분의 경은 석가모니가 설했다. 1362경 가운데 1239경에 석가모니가 상담자로 등장한다. 석가모니는 '동료상담'을 제외한 모든 형태의 상담, 즉 개별상담·개별교설·대중상담·대중교설·집단상담·슈퍼비전 등에서 상담자 역할을 한다. 대부분 단독으로 내담자들을 대하나, 시봉을 하던 아난다가 함께 설법을 하거나〔제21권, 563.니건경(尼犍經)〕, 병석에서 일어난 석가모니 대신 아난다가 내담자와 문답을 나누거나〔제33권, 934.해탈경(解脫經)〕, 내담자의 질문에 석가모니가 침묵하자 아난다가 그 이유를 대신 설명하기도 한다〔사례101, 제34권 965.울저가경(鬱低迦經)〕.

　석가모니 외에 상담자로 등장하는 인물은 목건련·아난다·사리불·가전연·

아나율·반기사·가섭·부루나·우다이·난다카·아누라도·라다·부미쟈·카마부·나가닷타·이시닷타·비사카·앗사지·마하카·산도타·핀돌라 등 석가모니의 제자, 급고독장자·칫타장자·석씨 마하나마 등 재가신자와 천신·천자·천왕 등 천상의 존재들이다.

석가모니와 10대 제자를 위주로 『잡아함경』에 등장한 상담자들의 면모를 살펴본다.

1) 석가모니

(1) 인간으로서의 석가모니

석가모니는 하늘에서 내려왔거나 땅에서 솟은 신비적인 존재가 아니라 명명백백한 역사적 인물이다. 석가모니와 관련된 모든 역사적 유적과 기타 불교의 문물이 이를 확증한다(김동화, 1984).

석가모니는 지금으로부터 2600여 년 전인 기원전 623년, 중인도의 자그마한 나라 가비라국의 태자로 태어났다. 종족은 석가족으로 찰제리 계급이며 아버지는 정반왕(淨飯王), 어머니는 마야부인(摩耶夫人)이었다.

정반왕과 마야부인은 만년까지 왕통을 계승할 후계자가 태어나지 않아 애를 태웠다. 마침내 정반왕이 40세, 마야부인이 45세 되던 해에 태기가 있었다. 만삭이 되자 마야부인은 해산을 하기 위해 친정인 구리성으로 향했다. 친정으로 가던 도중 룸비니 동산에서 잠깐 쉴 때 마야부인은 무우수 나무 아래서 출산을 했다. 이때 태어난 아기가 석가모니다.

석가모니는 마야부인의 겨드랑이에서 태어났으며, 태어나자마자 사방으로 일곱 걸음을 걷고는 한 손으로는 하늘을 가리키고 다른 손으로는 땅을 가리키며 "천상천하(天上天下) 유아독존(唯我獨尊) 삼계개고(三界皆苦) 오당도중생고(吾當度衆生苦)"를 외쳤다고 한다.

'천상천하 유아독존'은 '하늘과 땅 사이에서 오직 나만이 홀로 존귀하다'는 것으로, 바꾸어 말하면 '이 세상에 나보다 더 존귀한 존재는 없다'는 뜻이 된다. 여기에서 '나[我]'란 석가모니 자신만을 일컫는 말이 아니다. 모든 사람, 한 사람 한 사람이 다 해당된다. 석가모니는 태어나자마자 계급적인 차별이 심했던 인도사회의 불공평과 모순을 정면으로 부정하고 '인간존엄의 선언'을 한 것이다. 결국 '천상천하 유아독존'이란, 이 세상에서 가장 존귀한 것이 뭇 생명이며, 그 생명체들은 각기 보배로운 불성을 지니고 있는 존귀한 존재라는 의미다(대원정사 편집부, 1990).

'삼계개고 오당도중생고'는 삼계, 곧 이 세상은 온통 괴로움으로 가득 차 있으므로 내가 마땅히 모든 중생을 고통에서 건지겠다는 의미다. 이 구절에 석가모니가 인간의 몸을 받아 이 세상에 나툰 대자비한 서원이 나타나 있다.

석가모니의 어릴 적 이름은 고타마 싯달타, 모든 것을 성취한다는 의미다. 그러나 싯달타 태자는 태어난 지 이레 만에 생모인 마야부인을 여의고 계비(繼妃)로 들어온 이모 파사파제의 손에서 자라게 되었다. 비록 생모를 잃었지만, 싯달타는 친어머니 못지않은 이모의 깊은 애정 속에서 성장했다. 머리가 총명하고 몸도 건강해 64종의 책을 해득하고, 29종의 무기에 숙달했다. 그리고 열아홉 살 되던 해에는 야수다라를 아내로 맞았다.

싯달타는 어려서부터 삶과 죽음에 관심이 많았다. 7세 때, 경종식(耕種式)에 참석했을 때의 일이었다. 밭 가는 쟁기의 날카로운 날에 벌레의 몸이 무수히 잘려 나갔다. 그러자 새들은 기다렸다는 듯이 날아와 부리로 벌레를 잡아먹었다. 이러한 자연의 참상을 목격한 어린 싯달타는 몹시 충격을 받았다.

19세(혹은 29세) 때에는 출가의 동기가 된 사문유관(四門遊觀)을 겪게 되었다. 동쪽 문으로 나간 싯달타는 머리가 하얗고 등이 굽은 노인을 보았으며, 남쪽 문에서는 두 사람의 손에 부축되어 가는 병자를 보았고, 서문에서는 장례식을 보았다. 그리고 북문으로 나갔을 때 머리를 깎고 한 손에는 발우, 다른 손에는 지팡이를 든 사문을 발견했다. 싯달타가 사문에게 여느 사람과 다른 모습을 한 이유를 묻자, 그는 이렇게 답했다.

"나는 인생의 늙고 병들고 죽는 것에서 해탈하고 무생무멸(無生無滅)의 즐거움을 구하기 위해서 출가 수도하는 사문이오."

사문의 대답을 듣고 난 싯달타는 일찍이 없었던 희열을 느꼈다.

궁으로 돌아온 싯달타는 아버지인 정반왕에게 출가하겠다는 결심을 털어놓았다. 크게 놀란 정반왕은 싯달타에게 장차 나라를 이어받아 다스려야 할 사람이 출가가 웬 말이냐고 간곡히 말렸다. 그러자 태자는 정반왕에게 말했다.

"제게는 네 가지 소원이 있습니다. 만약 이것을 이루어 주신다면 출가하지 않겠습니다. 첫째 노쇠하지 않게 해주실 것, 둘째 항상 젊게 해주실 것, 셋째 항상 병이 없게 해주실 것, 넷째 영원히 죽지 않게 해주실 것 등입니다."

태자의 소원을 들은 정반왕은 탄식했다.

"그것은 매우 어려운 일이다. 내 힘으로는 어찌하지 못하는 일이다."

"만약 네 가지를 다 들어주지 못 하시겠으면 '다시 태어나지 않는' 소원 한 가지라도 들어 주십시오."

태자의 원을 듣고 할 말을 잃은 정반왕은 다시 한번 간곡히 부탁했다.

"정 그렇다면 나라를 다스릴 후계자를 낳은 후에 출가하도록 하라."

싯달타도 이에 대해 무어라 할 수 없었던지 아버지의 말을 따랐다. 이윽고 29세 되던 해에 아들을 얻어 이름을 '라훌라'라고 지었다. 라훌라란 장애(障礙), 결박(結縛)을 뜻하는 말로, 아들이란 존재가 출가에 장애요 결박이라는 의미다.

싯달타의 출가 의지가 날이 갈수록 확고해지자 정반왕과 야수다라 태자비는 태자의 출가를 막기 위해 동서남북 4대문에 5백 명의 동자와 장사(壯士)를 배치해 밤낮으로 지키게 하였으며, 안으로는 이모인 파사파제 부인과 궁중 채녀들로 하여금 싯달타의 동정을 살피게 하였다. 그러나 어느 날 밤 싯달타는 잠든 아내 야수다라와 아들 라훌라를 마지막으로 한 번 보고는 마부 차익과 함께 몰래 궁성을 빠져나왔다. 이때가 싯달타 태자의 나이 29세 때의 일이었다.

야반에 왕궁을 탈출해 출가한 싯달타는 동녘이 밝아올 무렵 어느 지점에 이르러 옆에 찼던 칼을 빼어 삭발을 하고 사문의 옷으로 갈아입은 뒤 당시의 저명한 사상가를 찾아 나섰다. 이후 6년 동안 그들 밑에서 이론을 배우고 수행을 했으나 궁극적인 깨달음에 이르는 데는 아무런 도움이 되지 않음을 알게 되었다('제3장 1. 외도 비판' 참조).

결국 싯달타는 쾌락도 고행도 아닌 중도의 길에서 자신만의 독특한 방법으로 정진하여 마침내 깨달음을 이루어 부처가 되었다. 35세 때의 일이다.

이후 사람들은 싯달타를 석가모니라 불렀다. 석가(釋迦)는 싯달타가 태어난 종족의 이름이요, 모니(牟尼)란 선인(仙人)을 뜻하는 존칭이다.

석가모니는 성도(成道)한 뒤 삼칠일 동안 오도(悟道)의 희열에 잠겨 법락을 즐겼다. 그리고 함께 고행했던 교진여 등 다섯 사람에게 녹야원에서 최초로 법을 설했다. 이를 초전법륜(初轉法輪)이라 한다.

이후 석가모니는 기원전 544년 80세가 되어 입멸할 때까지 45년 동안 쉬지 않고 법을 설했다. 그때 남긴 석가모니의 생생한 언행록이 바로 이 책의 텍스트인 『잡아함경』이다.

(2) 부처로서의 석가모니

부처가 된 석가모니는 육체적으로는 삼십이상(三十二相)과 팔십종호(八十種好)의 덕상(德相)을 구족하고, 정신적으로는 십력(十力)·사무소외(四無所畏)·삼념주(三念住)·대자(大慈) 등 십팔불공불법(十八不共佛法)의 덕성(德性)을 구유했다. 그래서 석가모니란 존칭 외에 '십호(十號)'라는 열 가지의 덕칭(德稱)을 듣게 되었다. 즉 석가모니는 인간으로서 도달할 수 있는 최상의 경지에 이르러, 육체적으로도 완벽하고 정신적으로도 완전해 모든 사람의 존경을 받는 위대한 성인(聖人)이 되었다.

(가) 삼십이상(三十二相)

부처의 몸에 나타난 특이한 모습을 일컫는 것으로, 삼십이대인상(三十二

大人相)이라고도 한다. 이 상을 갖춘 사람은 세속에 있으면 전륜왕(轉輪王)
이 되고 출가하면 부처가 된다고 한다.
① 발바닥이 판판함.
② 손바닥에 수레바퀴 같은 금무늬가 있음.
③ 손가락이 가늘면서 길음.
④ 손발이 매우 보드라움.
⑤ 손가락·발가락 사이마다 얇은 비단결 같은 막이 있음.
⑥ 발꿈치가 원만함.
⑦ 등이 높고 원만함.
⑧ 장딴지가 사슴 다리 같음.
⑨ 팔을 펴면 손이 무릎까지 내려감.
⑩ 남근이 오므라들어 몸 안에 숨어 있는 것이 말의 것과 같음.
⑪ 키가 한 발(두 팔을 편 길이)의 크기와 같음.
⑫ 털구멍마다 새카만 털이 남.
⑬ 몸의 털이 위로 쏠려 남.
⑭ 온몸 빛이 황금색임.
⑮ 몸에서 솟는 광명이 한 길 됨.
⑯ 살결이 보드랍고 매끄러움.
⑰ 두 발바닥, 두 손바닥, 두 어깨, 정수리가 모두 판판하고 둥글며 두터움.
⑱ 두 겨드랑이가 편편함.
⑲ 몸매가 사자와 같음.
⑳ 몸이 곧고 단정함.
㉑ 양어깨가 둥글며 두둑함.
㉒ 이가 40개나 됨.
㉓ 이가 희고 가지런하고 빽빽함.
㉔ 송곳니가 희고 큼.
㉕ 뺨이 사자 것과 같음.

㉖ 목구멍에서 맛 좋은 진액이 나옴.
㉗ 혀가 길고 넓음.
㉘ 목소리가 맑고 멀리 들림.
㉙ 눈동자가 검푸름.
㉚ 속눈썹이 소의 것과 같음.
㉛ 눈썹 사이에 흰 털이 남.
㉜ 정수리에 살 상투[肉髻]가 있음.

(나) 팔십종호(八十種好)

부처의 몸에 갖추어진 미묘한 표지로서 32상에 따르는 잘 생긴 모양이라는 뜻이다. 32상을 다시 세밀하게 나누어 놓은 것으로, 조준호는 팔십종호는 잡아함 또는 초기불교적 범위로 볼 수 없다고 보았다(보조사상연구원, 2002).

80종호는 경·론마다 일치하지는 않으나 대략 다음과 같다.
① 손톱이 좁고 길고 얇고 구릿빛으로 윤택과 광택이 있음.
② 손가락 발가락이 둥글고 길고 보드랍고 마디가 나타나지 않음.
③ 손과 발이 비슷하여 차별이 별로 없음.
④ 손과 발이 원만하고 보드랍고 깨끗하고 광택이 있음.
⑤ 힘줄과 핏대가 얽히고 단단하고 깊이 있어서 나타나지 않음.
⑥ 복사뼈가 겉으로 나타나지 않음.
⑦ 걸음걸이가 반듯하고 자늑자늑하여 코끼리와 같음.
⑧ 걸음 걷는 것이 엄숙하여 사자와 같음.
⑨ 걸음걸이가 편안하고 조용하여 지나치지도 않고 못 미치지도 아니하여 소의 걸음과 같음.
⑩ 걸음 걸어 나아가고 그침이 정당하여 거위와 같음.
⑪ 몸을 돌려 돌아볼 적에 반드시 오른쪽으로 돌리는 것이 코끼리 같음.
⑫ 팔다리가 차례차례로 통통하고 원만하여 묘하게 생김.

⑬ 뼈마디가 서로 연락되어 틈이 없는 것이 용이 서린 것 같음.
⑭ 무릎이 묘하고 잘 생겨 견고하며 원만함.
⑮ 남근이 무늬가 묘하고 위세가 구족하여 원만하고 청정함.
⑯ 몸과 팔다리가 윤택하고 부드럽고 때가 묻지 않음.
⑰ 몸매가 돈독하고 엄숙하여 항상 겁약하지 않음.
⑱ 몸과 팔다리가 견고하고 탄탄하여 잘 연결됨.
⑲ 몸과 팔다리가 안정되고 정중하여 요동되지 않고 원만하여 이지러지지 않음.
⑳ 몸매가 선왕(仙王)과 같아서 단정하고 깨끗하여 티가 없음.
㉑ 몸에 광명이 있어 환하게 비침.
㉒ 배가 네모지고 반듯하여 이지러짐이 없고 부드럽고 드러나지 않으며 여러 가지 모양이 장엄스러움.
㉓ 배꼽이 깊고 오른쪽으로 돌았으며, 둥글고 묘하고 깨끗하여 광택이 있음.
㉔ 배꼽이 두텁고 오목하거나 두드러지지 않고 동그랗고 묘함.
㉕ 살갗에 버짐이 없고 기미·검은 점·혹·사마귀가 없음.
㉖ 손바닥이 충실하고 보드랍고 발바닥이 평평함.
㉗ 손금이 깊고 곧고 분명하여 끊어지지 않음.
㉘ 입술이 붉고 윤택하고 빛나는 것이 빈바의 열매 같음.
㉙ 얼굴이 길지도 짧지도 크지도 작지도 아니하여 원만하고 단정함.
㉚ 혀가 연하고 엷고 넓고 길며 구릿빛 같음.
㉛ 목소리가 깊고 웅장하고 위엄 있게 떨치는 것이 사자의 영각(황소가 암소를 찾으며 우는 소리)과 같이 명랑하고 맑음.
㉜ 음성의 꼬리가 아름답고 묘하고 구족한 것이 깊은 골짜기 같음.
㉝ 코가 높고 곧고 구멍이 드러나지 않음.
㉞ 이가 반듯하고 깨끗함.
㉟ 송곳니가 둥글고 희고 깨끗하고 점차로 날카로움.

㊱ 눈이 맑고 깨끗하고 검은자위 흰자위가 분명함.
㊲ 눈이 넓고 길어 푸른 청련화 같아서 매우 사랑스러움.
㊳ 속눈썹이 위아래가 가지런하고 빽빽하며 희지 않음.
㊴ 눈썹이 길고 촘촘하고 가늚.
㊵ 눈썹이 아름답게 쓸리어 검붉은 수정빛 같음.
㊶ 눈썹이 훤칠하고 빛나고 윤택하여 초승달 같음.
㊷ 귀가 두껍고 크고 길고 귓불이 길게 늘어짐.
㊸ 두 귀가 아름답고 가지런하여 아무 흠이 없음.
㊹ 용모가 보는 이마다 사랑하고 공경하는 마음을 내게 함.
㊺ 이마가 넓고 원만하고 번듯하여 아름답고 훌륭함.
㊻ 몸의 웃통이 원만하여 사자와 같이 위엄이 있음.
㊼ 머리카락이 길고 검푸르고 촘촘함.
㊽ 머리카락이 향기롭고 깨끗하여 보드랍고 윤택하며 오른쪽으로 꼬부라짐.
㊾ 머리카락이 가지런하여 헝클어지지 않음.
㊿ 머리카락이 단단하여 부스러지지 않음.
(51) 머리카락이 매끄럽고 때가 끼지 않음.
(52) 몸매가 견고한 것이 나라연(천상의 역사로 힘이 코끼리의 백만 배나 된다고 함)보다도 수승함.
(53) 키가 크고 몸이 단정함.
(54) 여러 구멍이 깨끗하고 훌륭함.
(55) 몸과 팔다리가 수승하여 견줄 이가 없음.
(56) 몸매가 여러 사람이 보기 좋아하여 싫어하지 않음.
(57) 얼굴이 넓고 원만하기가 보름달 같아서 깨끗하고 맑음.
(58) 얼굴빛이 화평하여 웃음을 머금음.
(59) 낯빛이 빛나고 화려하여 찡그리거나 푸르거나 붉지 않음.
(60) 살갗이 깨끗하고 때가 없고 냄새가 나지 않음.

㉖ 털구멍에서 아름다운 향기가 풍김.
㉖ 입에서 훌륭한 향기가 남.
㉖ 목이 둥글고 아름다움.
㉖ 몸의 솜털이 검푸르고 빛나고 깨끗하기가 공작의 목덜미와 같음.
㉖ 법문 말하는 소리가 듣는 사람의 많고 적음에 따라 알맞음.
㉖ 정수리는 볼 수가 없음.
㉖ 손가락·발가락 사이에 그물 같은 엷은 막이 분명하여 묘하게 장엄되어 있음.
㉖ 다닐 때에 발이 땅에서 네 치쯤 뜨며 발자국마다 무늬가 나타남.
㉖ 신통력으로 스스로 자신을 지키고 다른 이의 부축을 받지 않음.
㉗ 위덕이 널리 떨쳐 나쁜 마음이 있는 중생은 두려워하고, 무서움에 떨던 중생은 편안함을 얻음.
㉗ 말소리가 중생들의 마음을 따라 화평하고 기쁘게 함.
㉗ 여러 중생들의 말로서 그들이 좋아하는 대로 법문을 설함.
㉗ 한 말소리로 법을 말씀하시되 여러 중생들이 제각기 알아들음.
㉗ 법을 말하심에 차례가 있고 반드시 인연이 있으며 말에 조금도 실수가 없음.
㉗ 중생들을 평등하게 보아 착한 일은 칭찬하고 잘못된 것은 나무라지만, 치우쳐 사랑하거나 미워함이 없음.
㉗ 온갖 일을 먼저 관찰하고 뒤에 실행하여 모범이 되어 잘하고 깨끗함을 알게 함.
㉗ 상호가 구족하여 여러 사람의 우러러 봄이 끝이 없음.
㉗ 정수리의 뼈대가 굳고 원만함.
㉗ 얼굴이 항상 젊고 늙지 아니하여 늘 한결같음.
㉘ 손발과 가슴 앞에 길상스럽고 환희로운 덕상을 구족하여 그 무늬가 비단 같고 빛은 주홍 같음.

(다) 십력(十力)

부처에게만 있는 열 가지 심력(心力)을 뜻하는 것으로, 지혜가 십력의 체(體)이다.

① 처비처지력(處非處智力): 처(處)란 도리(道理)를 뜻하는 것으로, 도리는 도리로 알고 비리(非理)는 비리로 여실히 아는 지혜의 힘.

② 업이숙지력(業異熟智力): 어떤 업인으로 어떤 과보를 받을 것인가를 명료하게 아는 지혜의 힘.

③ 정려해탈등지등지력(靜慮解脫等持等至智力): 모든 선정과 삼매의 순서나 얕고 깊음을 아는 지혜의 힘.

④ 근상하지력(根上下智力): 모든 중생의 능력이나 성질, 근기의 상하를 여실히 아는 지혜의 힘.

⑤ 종종승해지력(種種勝解智力): 중생이 갖고 있는 가지가지의 원이나, 바깥 경계에 대하여 품고 있는 견해를 밝게 아는 지혜의 힘.

⑥ 종종계지력(種種界智力): 중생들이 따로따로 갖고 있는 가지가지의 성질을 다 아는 지혜의 힘.

⑦ 변취행지력(遍趣行智力): 인간계와 천상계 등 모든 세계에 태어나는 행의 인과(因果)를 아는 지혜의 힘.

⑧ 숙주수념지력(宿住隨念智力): 과거세의 여러 가지 일을 기억해 내어 다 아는 지혜의 힘.

⑨ 사생지력(死生智力): 천안(天眼)을 가지고 중생이 나고 죽는 때나 미래생의 선악의 세계 등을 아는 지혜의 힘.

⑩ 누진지력(漏盡智力): 스스로 모든 번뇌가 다하여 후생을 받지 않는 것을 알고, 또 다른 사람이 번뇌를 끊는 것을 틀림없이 아는 힘.

(라) 사무소외(四無所畏)

설법할 때에 두려움이 없이 자신 있게 할 수 있는 네 가지 지력(智力)을 말한다.

① 정등각무소외(正等覺無所畏): 모든 법을 평등하게 깨달아 어떠한 비난도 두려워하지 않음.
② 누영진무소외(漏永盡無所畏): 온갖 번뇌를 다 끊어 어떠한 비난도 두려워하지 않음.
③ 설장법무소외(說障法無所畏): 번뇌는 깨달음에 이르는데 장애가 된다고 설하며, 이에 대해 어떠한 비난도 두려워하지 않음.
④ 설출도무소외(說出道無所畏): 고통 세계를 벗어나는 요긴한 길을 설하며, 이에 대해 어떠한 비난도 두려워하지 않음.

(마) 삼념주(三念住)

남이 헐뜯거나 칭찬함에 조금도 동요하지 않는 부처의 평정한 마음을 셋으로 나눈 것이다. 삼념처(三念處)라고도 한다.

① 제일염주(第一念住): 중생이 설법을 기쁜 마음으로 들어도 기쁜 마음을 내지 않고 항상 바른 마음과 바른 지혜로써 마음이 평정한 것.
② 제이염주(第二念住): 중생이 설법을 귀 기울여 듣지 않아도 걱정하지 않고 항상 바른 마음과 바른 지혜로써 마음이 평정한 것.
③ 제삼염주(第三念住): 한곳에서 어떤 중생은 설법을 열심히 듣고, 어떤 중생은 전혀 듣지 않는 것을 보고도 기뻐하거나 근심하지 않고 항상 바른 마음과 바른 지혜로써 마음이 평정한 것.

(바) 대자대비(大慈大悲)

넓고 큰 자비(慈悲)를 뜻한다. 자(慈)는 중생에게 즐거움을 주는 것을 말하고, 비(悲)는 중생의 괴로움을 없애주는 것이다. 비는 또한 남의 괴로움을 보고 가엾게 여겨 구제하려는 마음을 뜻하기도 한다.

(사) 십호(十號)

석가모니에게 있는 공덕상(功德相)을 일컫는 열 가지 명호를 뜻한다. 석가모니 재세 당시, 제자나 신도들은 물론 외도들 역시 석가모니를 '부처'라고 존칭하는 것만으로는 만족하지 못하여 열 가지 칭호를 더 붙여 썼고, 석가모니 스스로도 이를 자처(自處)했다(김동화, 1984).

① 여래(如來): 진리의 길을 걸어서 이 세상에 나툰 사람. 이 세상에 와서 진리를 보여 주는 사람. 석가모니는 진리의 그대로 온 체현자(體現者)라는 의미다.

② 응공(應供): 석가모니는 온갖 번뇌를 끊어서 인간·천상의 중생들로부터 공양을 받을 만한 덕이 있는 사람이라는 뜻이다.

③ 정등각(正等覺): 다 옳게 깨달은 이. 석가모니는 모든 지혜를 갖추어 온갖 우주 간의 물심 현상에 대해 모르는 것이 없는 사람이라는 뜻이다. 정변지(正遍智)라고도 한다.

④ 명행족(明行足): 지혜와 행을 갖춘 이. 명(明)은 무상정변지(無上正遍智) 또는 숙명명(宿命明)·천안명(天眼明)·누진명(漏盡明)의 삼명(三明)을 의미하고, 행족은 계(戒)·정(定)·혜(慧)의 삼학(三學) 또는 신업(身業)·구업(口業)·의업(意業)의 삼업(三業)을 가리킨다. 석가모니는 삼학을 닦아 무상정변지를 이루고, 삼명과 삼업을 원만히 갖추었으므로 명행족이라 한다.

⑤ 선서(善逝): 잘 간 이. 인(因)으로부터 과(果)에 가기를 잘 하여 돌아오지 않는다는 뜻. 석가모니는 여실히 저 언덕에 이르렀으므로 다시는 생사의 바다에 빠지지 않기 때문에 선서라 일컫는다.

⑥ 세간해(世間解): 세상 아는 이. 석가모니는 세간의 온갖 일을 다 아는 사람이라는 뜻이다.

⑦ 무상사(無上師): 위없는 선비. 석가모니는 세상 사람 중 가장 높아서 그 위에는 아무도 없다는 의미다.

⑧ 조어장부(調御丈夫): 다루기 장부. 사람을 다루는 데 최고의 능력을 가진 사람이라는 뜻. 석가모니는 대자(大慈)·대비(大悲)·대지(大智)로써 중생을 대하며 부드러운 말, 간절한 말, 또는 여러 가지 말을 써서

따르게 하고, 바른 길을 잃지 않게 한다는 의미다.
⑨ 천인사(天人師): 하늘과 사람의 스승. 석가모니는 해야 할 것과 하지 말아야 할 것, 선한 것과 선하지 않은 것을 보이고 이끌어 해탈에 이르도록 인도하는 스승이라는 뜻이다.
⑩ 불세존(佛世尊): 복덕을 갖춘 높은 스승. 석가모니는 온갖 공덕을 원만히 갖추어 세간에 이로움을 주며 세간에서 가장 존중을 받는 분이라는 의미다.

『잡아함경』에도 십호의 호칭이 다 나온다. 응공(應供)이 없는 대신 불(佛)과 세존(世尊)이 분리되어 있는 것이 다를 뿐이다. 불이나 세존 모두 응공의 뜻을 포함하고 있으므로 큰 차이가 없는 것으로 생각된다.

…사타기라 천신은 헤마바타 천신에게 사람을 보내 말하였다.
"촌주여, 그 파드마꽃 백천 개인들 무엇에 쓰랴. 지금 내 궁중에는 일찍 없었던 보배, 큰 파드마꽃이 나왔다. 이른바 여래(如來)·다 옳게 깨달은 이〔正等覺〕·지혜와 행을 갖춘 이〔明行足〕·잘 간 이〔善逝〕·세상 아는 이〔世間解〕·위없는 선비〔無上士〕·다루기 장부〔調御丈夫〕·하늘과 사람의 스승〔天人師〕·부처〔佛〕·세존(世尊)이시다. 너는 곧 와서 받들어 섬기고 공양하라."…
〔제50권 1329.헤마파저경(醯魔波低經)〕

(3) 상담자로서의 석가모니

인간중심 상담의 주창자인 칼 로저스(1942)는 상담자의 첫번째 자격으로 '인간관계에 대해서 민감해야 한다'는 것을 꼽았다. 다른 사람의 반응에 대해 둔감한 사람, 자기가 한 말이 다른 사람에게 즐거움이나 불쾌감을 주었다는 것을 모르는 사람, 자신과 다른 사람 사이에, 또는 자신이 알고 있는 두 사람 사이에 적개심이나 우호적인 감정이 있다는 것을 감지하지 못하는 사람은 만족스러운 상담자가 될 수 없다고 하였다. 상담자가 기본 자질인 '사회적 감수성'을 선천적으로 부여받지 못했다면, 많은 노력을 기울여도 상담자로서의 전망이 그리 밝지 않다고 보았다(한승호·한성열 옮김, 2001).

로저스는 또 상담자에게는 핵심적으로 필요한 태도가 있다고 하였다.

첫째는 '객관성'이다. 이는 '통제된 동일시', '건설적인 침착성', '정서적으로 분리된 태도'를 의미한다. 즉, 도를 지나치지 않는 공감 능력, 진정으로 수용적이고 관심을 가지는 태도, 도덕적 판단을 내릴 수 없거나 두려움이나 충격을 느낄 수 없을 정도의 깊은 이해심을 갖추어야 한다.

둘째는 '내담자에 대한 존경'이다. 이는 내담자의 통합성(integrity)에 대한 뿌리 깊은 존경을 의미하는 것으로, 내담자를 개조시키려 하지 않고 있는 그대로의 모습을 바라보며, 내담자의 적응 수준을 기꺼이 수용하고 내담자 스스로 해결책을 찾아갈 수 있는 자유를 기꺼이 주어야 한다.

셋째는 상담자 '자기 자신에 대한 이해'다. 상담자 스스로의 성격, 정서적 유형, 그리고 자신의 한계와 결점에 대해서 정확하게 이해하는 것이다. 만약 상담자가 자신에 대한 통찰을 하지 못하면 편견과 감정으로 편향되고 마음이 뒤틀리는 상황을 깨달을 수가 없다.

넷째는 '심리학적 지식'이다. 상담자는 인간의 행동과 신체적·사회적, 그리고 심리적 결정 인자(因子)에 대한 철저한 기초 지식을 갖고 있지 않으면 만족스러운 상담을 기대하기 어렵다. 그러나 이러한 지적 능력을 갖고 있다는 것 자체가 치료적 기술을 보장해 주는 것은 아니다. 상담자의 핵심적인 자격은 일차적으로 지적인 영역이 아니라 태도, 정서, 그리고 통찰의 영역에 달려 있다.

이장호(1995)는 상담자가 갖추어야 할 자질을 크게 둘로 나누었다. 하나는 '인간적 자질'로, 원만한 성품에 소신이 있고 인간 문제에 대한 예민한 관심을 갖는 것을 말한다. 이러한 '원숙한 인격과 인간에 대한 관심'을 바탕으로 '모호한 것에 대한 인내', '감수성', '이해력', '내담자와의 의사 및 감정 소통 능력'을 갖추어야 한다. 여기서 '모호성에 대한 인내력'이란 내담자의 감정 및 생각과 문제의 양상이 당장은 분명치 않아도 기다릴 수 있는 태도를 말한다. 상담자가 갖추어야 할 또 하나의 자질은 '전문적 자질'이다. 이는 심리학적 지식, 상담기법에 대한 숙지 등을 의미한다.

원호택은 상담자가 갖추어야 할 인간적 자질로 다음 여섯 가지를 들었다. 첫째, 내담자를 인간으로서 존중하고, 또 내담자란 심한 고통을 받고 있는 사람이라는 데 대해 존중하는 마음이 있어야 한다. 둘째, 사람이란 각자의 인생 경험, 행동 방식, 가치관이나 태도에 있어서 서로 다르다는 것을 너그럽게 대할 줄 알아야 하며 내담자와의 차이를 깊이 수용할 수 있는 포용성이 있어야 한다. 셋째, 장기 목표를 가지고 일할 수 있는 끈기와 자기 활동의 즉각적인 효과나 즉각적인 보상을 유보할 수 있는 역량을 지니고 있어야 한다. 넷째, 상담에서 행동의 변화를 가져오게 하는 주체는 결국 내담자이므로, 상담자는 내담자를 대할 때 어느 정도 수동적인 태도로써 대하는 것으로 만족할 줄 알아야 하고, 적극적으로 내담자를 조정한다는 식의 개입은 덜 해야 한다. 다섯째, 상담의 방법론과 상담기법의 효율성에는 제한성이 있다는 것을 받아들일 줄 알아야 한다. 여섯째, 인간적인 욕구가 충족되어야 한다. 의·식·주·성의 생리적 욕구와 자존심과 지위, 그리고 사랑의 심리적 욕구의 충족이 이루어져야 한다(사랑의전화 출판부, 1997).

윤호균A(1983)은 내담자에 대한 상담자의 태도로 내담자에 대한 전인으로서의 존중, 순수하고 참다운 이해, 내담자의 현실을 드러냄, 상담자 자신의 개인적 자유감을 들었다.

전찬화는 상담자의 역할에는 교정·예방·교육과 발달의 세 가지 측면이 있으며, 이 같은 기본적인 생각은 상담이 발달한 초기부터 오늘날까지 별다른 변화가 없다고 하였다. 그러나 닥쳐올 미래에는 상담자의 역할이 많이 변화하여 전통적인 상담자에서 원조 제공자로 바뀌며, 인간의 전 생애를 발달적 관점으로 보고 상담을 하게 될 것이라고 예상했다(대학상담학회, 1993).

위에서 살펴본 대로 상담자가 갖추어야 할 자질에 관해서는 여러 가지 의견이 있으나, 대부분이 칼 로저스의 견해에서 크게 벗어나지 않는다. 따라서 칼 로저스를 중심으로 석가모니의 상담자적 자질을 살펴본다.

(가) 천부적인 감수성

석가모니는 로저스가 강조한 상담자의 가장 기본적인 자질인 '인간관계에 대한 민감성', 즉 '천부적인 감수성'을 갖추었다.

석가모니는 내담자가 말을 하지 않아도 그 마음을 알아차려 상담을 해주고, 하늘귀가 있어 멀리서 하는 이야기도 알아들으며, 하늘눈이 있어 모든 사람이 태어나는 때와 죽는 때, 태어나 살아가다가 죽는 모습을 참답게 안다. 상담자로서 이러한 능력을 갖추었다면 더 이상 바랄 것이 없을 것이다. 『잡아함경』에는 상담자 석가모니의 뛰어난 감수성이 발휘되는 사례가 매우 많다.

…그때에 그 자리에 있던 어떤 비구는 이렇게 생각하였다.
'어떻게 알고 어떻게 보아야 빨리 번뇌가 다하게 될까?'
그때에 세존께서는 그 비구가 마음으로 생각하는 바를 아시고 모든 비구들에게 말씀하셨다.
"만일 어떤 비구가 이 자리에서 '어떻게 알고 어떻게 보아야 빨리 번뇌가 다하게 될까?' 하고 생각한다면, 나는 이미 그것을 설명하였느니라. 곧 모든 '쌓임'을 잘 관찰하여야 하나니…"

〔사례8, 제2권 57.질루진경(疾漏盡經)〕

…어느 때 부처님께서는 왕사성 칼란다 대나무동산에 계셨다. 그때에 존자 이십억귀 비구는 기사굴산에서 항상 부지런히 보리분법(菩提分法)을 닦아 익히고 있었다. 때에 이십억귀는 혼자 고요히 선사(禪思)하다가 이렇게 생각했다.
'…나는 오늘 아직 모든 번뇌를 다하지 못하였다. 나는 유명한 족성의 아들로서 재물과 보배가 넉넉히 있다. 차라리 집에 돌아가 다섯 가지 즐거움을 누리면서 널리 보시를 행하여 복을 짓자.'

그때에 세존께서는 이십억귀가 마음으로 생각하는 바를 아시고 한 비구에게 말씀하셨다.

"너는 이십억귀에게 가서 '세존께서 너를 부르신다'고 알려라."…

〔사례29, 제9권 254.이십억이경(二十億耳經)〕

…세존께서는 이른 아침 걸식을 마치고 안다 숲으로 들어가 어떤 나무 밑에 앉아 낮 선정에 드시었다.

그때에 제타 동산에서는 두 비구가 서로 다투고 있었는데, 한 비구가 꾸짖어도 다른 한 사람은 잠자코 있었다. 꾸짖던 사람은 곧 뉘우치고 그에게 사과하였다. 그러나 그 비구는 사과를 듣지 않았다. 사과를 받아들이지 않자 절 안의 비구들이 서로 권하고 충고하느라고 고함을 치며 시끄러웠다.

그때에 세존께서는 사람귀보다 뛰어난 깨끗한 하늘귀로 제타 동산의 시끄러운 고함소리를 들으셨다. 그 소리를 듣고 선정에서 일어나 절에 돌아가 대중 앞에 자리를 펴고 앉아 비구들에게 말씀하셨다.…

〔사례129, 제40권 1108.득안경(得眼經)〕

"…어떤 것이 생사를 아는 지혜의 밝음인가? 이른바 성인의 제자는 사람 눈보다 뛰어난 하늘눈으로 모든 중생들이 죽는 때와 나는 때, 좋은 얼굴과 나쁜 얼굴, 귀한 몸과 천한 몸이며, 나쁜 곳으로 향해 업을 따라 태어나는 것들을 본다. 그리고 이런 중생들은 몸으로 나쁜 행을 행하고 입과 뜻으로 나쁜 행을 행하며, 성인을 비방하고 삿된 소견으로 삿된 법의 인연을 받았으므로 몸이 무너지고 목숨이 끝난 뒤에는 지옥과 같은 나쁜 곳에 태어난다고 참답게 안다. 또 이 중생은 몸과 입과 뜻으로 착한 행을 행하고 성인을 비방하지 않으며, 바른 소견을 성취하였으므로 몸이 무너지고 목숨이 끝난 뒤에는 천상이나 인간의 좋은 곳에 난다고 참답게 안다. 이것이 이른바 생사를 아는 지혜의 밝음이니라.…"

〔제31권 885.무학삼명경無學三明經②〕

『잡아함경』에서 상담자 석가모니의 감수성을 짐작할 수 있는 경 가운데서 사례로 뽑은 것은 다음과 같다.

〔사례8, 제2권 57.질루진경(疾漏盡經)〕
〔사례9, 제2권 58.음근경(陰根經)〕
〔사례12, 제4권 92.교만경(憍慢經)〕
〔사례17, 제4권 97.걸식경(乞食經)〕
〔사례29, 제9권 254.이십억이경(二十億耳經)〕
〔사례47, 제16권 413.왕력경(王力經)〕
〔사례81, 제31권 886.삼명경(三明經)〕
〔사례104, 제35권 971.상좌경(上座經)〕
〔사례105, 제35권 972.삼제경(三諦經)〕
〔사례108, 제35권 979.수발타라경(須跋陀羅經)〕
〔사례122, 제38권 1072.승가람경(僧迦籃經)〕
〔사례127, 제39권 1091.구지가경(瞿低迦經)〕
〔사례129, 제40권 1108.득안경(得眼經)〕
〔사례141, 제50권 1330.가타경(伽吒經)〕

(나) 객관성

석가모니는 진리의 객관성을 중요시했다. 누구에게나 보편적으로 적용할 수 있는 객관적 법칙이 아니면 진리가 아니라고 보았다. 석가모니의 가르침에 대한 객관성은 '제3장'에서 살펴보았으므로 이 장에서는 상담장면의 객관성을 중점적으로 조명해 본다.

석가모니의 제자들은 단체 생활을 하였다. 깨달음을 얻기 위해 온갖 부귀영화와 가족을 버리고 출가수행을 하는 것이 승단이지만, 그래도 사람이 모여 사는 세상이니만큼 가끔 분쟁도 있었던 모양이다. 이럴 때마다 석가모니는 로저스가 말한 '상담자로서의 객관성'을 엄격히 지켰다. 누구의 편을 들지도 않았으며, 또한 '자신이 내담자의 문제에 함몰되지 않고, 적당한 〈정서적 거리〉를 유지하는 태도'를 견지하였다.

…그때에 존자 팃사는 생각하였다.
'나는 세존님의 고모의 아들로서 세존님과는 형제뻘이 된다. 그러므로 누구도 공경할 것 없고 거리낄 것도 없으며, 두려워할 것도 없고 충고를 들을 것도 없다.'
때에 여러 비구들은 부처님께 나아가 부처님 발에 머리를 조아리고 물러앉아 사뢰었다.
"세존이시여, 존자 팃사는 스스로 생각하나이다. '나는 세존님의 고모의 아들로서 세존님과는 형제뻘이 된다. 그러므로 누구도 공경할 것 없고 거리낄 것도 없으며, 두려워할 것도 없고 충고를 들을 것도 없다'고 하나이다."
세존께서는 어떤 비구에게 말하였다.
"너는 팃사 비구에게 가서 말하라. '팃사여, 스승님께서 할 말이 있다'고."
그 비구는 세존님 분부를 받고 팃사 비구에게 가서 말하였다.
"세존께서 너에게 이를 말씀이 있으시다."
팃사 비구는 곧 세존께 나아가 발에 머리를 조아리고 한쪽에 물러나 앉았다.
세존께서는 팃사에게 말씀하셨다.
"너는 참으로 '나는 세존님의 고모의 아들로서 세존님과는 형제뻘이 된다. 그러므로 누구도 공경할 것 없고 거리낄 것도 없으며, 두려워할 것도 없고 충고를 들을 것도 없다'고 생각하였느냐?"
"실로 그러하나이다, 세존이시여."
"너는 그렇게 하여서는 안 된다. 너는 마땅히 '나는 세존님의 고모의 아들로서 세존님과는 형제뻘이 된다. 그러므로 누구나 공경하고 두려워하며, 충고를 참고 들어야 한다'고 생각하여야 하느니라.…"

〔사례120, 제38권 1068.저사경(低沙經)〕

…세존께서는 대중 앞에 자리를 펴고 앉아 비구들에게 말씀하셨다.

"나는 오늘 낮 선정에 들었다가 절에서 시끄러이 떠드는 고함소리를 들었다. 그것은 누구냐?"

비구들은 사뢰었다.

"절 안에서 두 비구가 싸웠는데, 한 비구는 꾸짖었으나 한 비구는 잠자코 있었나이다. 그래서 꾸짖던 비구는 이내 뉘우치고 사과하였으나 그가 들어주지 않았기 때문에 여러 사람들이 권하고 충고하느라고 큰 소리를 내어 시끄러웠나이다."

부처님께서는 말씀하셨다.

"어떤 어리석은 비구가 남이 뉘우치고 사과하는데 그것을 받지 않았는가? 남의 뉘우침을 받아주지 않으면 그는 어리석은 사람이다. 그는 긴 밤 동안에 이익되지 않는 괴로움을 받을 것이다.…

남에 대해 해칠 마음 없으면
성냄도 또한 얽매지 못하나니
원한을 품어 오래 두지도 말고
성내는 마음에도 머물지 말라.
또 비록 화가 치밀더라도
그것으로써 추한 말 내지 말라.…
화가 치밀더라도 능히 참으면
달리는 마차를 억제하는 것 같네.…"

〔사례129, 제40권 1108.득안경(得眼經)〕

이와 같이 내가 들었다.

어느 때 부처님께서는 왕사성 칼란다 대나무동산에 계셨다. 때에 다바말라푸트라는 이전부터 왕사성에서 살면서 중들의 공양을 맡아 음식과 자리를 차례에 따라 배급하고 차례를 어기지 않았다.

때에 자지(慈地) 비구는 세 번이나 차례를 어겨 나쁜 음식을 받아 괴로이 먹으면서 이렇게 생각하였다.

'고약해라! 몹시 언짢구나. 저 다바말라푸트라는 중생이기 때문에 밥 먹을 때에 나쁜 음식으로 나를 몹시 괴롭히는구나. 나는 어떻게 저에게 욕을 보일까?'

때에 자지 비구에게는 메티야라는 비구니 누이가 있었다. 그 비구니는 왕사성 왕원(王園)의 비구니들과 같이 있었다. 메티야 비구니는 자지 비구에게 가서 머리를 조아려 그 발에 예배하고 한쪽에 서 있었다. 그러나 자지 비구는 돌아보지도 않고 말도 하지 않았다.

메티야 비구니는 자지 비구에게 물었다.

"존자여, 왜 돌아보지도 않고 말도 하지 않습니까?"

자지 비구는 말하였다.

"다바말라푸트라는 가끔 밥 먹을 때에 나쁜 음식으로 나를 몹시 괴롭히는데 너까지 나를 버리는구나."

"어떻게 하여야 하리까?"

자지 비구는 말하였다.

"너는 세존께 가서 이렇게 사뢰어라. '세존이시여, 다바말라푸트라 비구는 법답지 않기로 둘도 없나이다. 저와 같이 범행이 아닌 바라이죄(계율 가운데 가장 엄한 것. 살생·도둑질·음행·거짓말)를 범하였나이다' 하고. 나도 '세존이시여, 내 누이의 말과 같나이다' 하고 증언하리라."

"존자여, 내가 어떻게 그 범행을 가진 비구를 바라이죄로 모함하겠습니까?"

"만일 네가 그렇게 하지 않으면 나는 너와 끊으리니, 다시는 오가거나 말하거나 서로 만나지 말라."

때에 비구니는 잠깐 동안 잠자코 생각하다가 이렇게 말하였다.

"존자여, 기어이 내가 그렇게 하기를 바라는 것입니까?"

"너는 잠깐 기다려라. 내가 앞서 세존께 가리니 너는 뒤에 따라 오라."

때에 자지 비구는 곧 부처님께 나아가 머리를 조아려 그 발에 예배하고 한쪽에 물러나 서 있었다. 메티야 비구니도 그 뒤를 따라와서 부처님 발에 머리를 조아리고 한쪽에 물러서서 사뢰었다.

"세존이시여, 어쩌면 그렇게도 둘도 없는 나쁜 짓이 있나이까? 다바말라푸트라는 제게 와서 범행이 아닌 바라이죄를 범했나이다."

자지 비구도 다시 부처님께 사뢰었다.

"이 누이의 말과 같나이다. 저도 그 전부터 알고 있었나이다."

그때에 다바말라푸트라 비구는 바로 그 대중 가운데 있었다. 부처님께서는 다바말라푸트라에게 말씀하셨다.

"너는 이 말을 들었는가?"

다바말라푸트라는 사뢰었다.

"들었나이다, 세존이시여."

"너는 어떻게 생각하는가?"

"세존께서 아시는 바와 같나이다. '잘 간 이'께서 아시는 바와 같나이다."

"너는 '세존께서 아시는 바와 같습니다'라고 말하지만, 그것은 때에 맞지 않는 말이다. 네가 지금 기억하거든 기억한다고 말하고, 기억하지 못한다면 기억하지 못한다고 말하라."

"저는 기억하지 못하나이다."

그때에 존자 라홀라는 부처님 뒤에 서서 부처님께 부채질하다가 부처님께 사뢰었다.

"세존이시여, 비구니는 '존자 다바말라푸트라는 저와 함께 범행을 범하였으니 둘도 없이 나쁘다'고 말하였고, 또 자지 비구도 '그러하나이다. 세존이시여, 나도 그 전부터 알고 있었나이다. 누이 말과 같나이다'고 말하였나이다."

부처님께서는 라홀라에게 말씀하셨다.

"나는 이제 너에게 물으리니 마음대로 대답하라. 만일 메티야 비구니가 내게 와서 '세존이시여, 둘도 없이 나쁘나이다. 라홀라는 저와 함께 범행이 아닌 바라이죄를 지었나이다' 하고, 자지 비구도 내게 '그러하나이다. 세존이시여, 누이 말과 같나이다. 나도 그 전부터 알고 있었나이다' 하고 말한다면 너는 어떻게 할 것인가?"

라홀라는 사뢰었다.

"세존이시여, 저는 그것을 기억하면 기억한다고 말하고, 기억하지 못하면 기억하지 못한다고 말하겠나이다."

부처님께서는 말씀하셨다.

"어리석은 사람아, 너도 그렇게 말할 수 있는데, 저 다바말라푸트라 비구는 청정하다. 그런데 어떻게 그런 말을 할 수 없겠느냐?"

그때에 세존께서는 여러 비구들에게 말씀하셨다.

"다바말라푸트라 비구를 기억해 두어야 한다. 메티야 비구니는 제 말로 말할 것이다. 그리고 자지 비구는 잘 꾸짖고 충고하고 훈계해 물어 보라. '너는 어떻게 어디서 보았으며, 무슨 일로 가 보았느냐'고."

세존께서는 이렇게 분부하시고 곧 자리에서 떠나 방에 들어가 좌선하였다.

그때에 비구들은 다바말라푸트라 비구를 기억하고, 메티야 비구니에게는 제 말로 말하게 하고, 자지 비구에게는 잘 꾸짖고 충고하고 훈계하여 물었다.

"너는 어떻게 어디서 보았으며, 무슨 일로 가 보았는가?"

이렇게 물었을 때 그는 말하였다.

"저 다바말라푸트라는 범행을 범하지 않았고 바라이 죄도 짓지 않았다. 그러나 다바말라푸트라 비구는 세 번이나 나쁜 음식으로 나를 놀라게 하고, 밥 먹을 때에 나를 몹시 괴롭혔다. 나는 그를 애욕에 빠지고 성내고 어리석고 두려워하게 하기 위해 그런 말을 꾸민 것이다. 그는 청정하여 죄가 없다."

그때에 세존께서는 저녁 선정에서 깨어나 대중 앞에 자리를 펴고 앉으셨다. 비구들은 사뢰었다.

"세존이시여, 저희들은 저 다바말라푸트라 비구를 잘 기억해 두었나이다. 메티야 비구니는 제 말로 말하게 하고, 자지 비구에게는 잘 꾸짖고 충고하였나이다. 내지, 그는 말하였나이다. '다바말라푸트라 비구는 청정하여 죄가 없다'고."

그때에 세존께서는 말씀하셨다.

"얼마나 어리석은가. 음식 때문에 일부러 거짓말을 하였구나."

그때에 세존께서는 게송으로 말씀하셨다.

만일 한 가지 법을 버리어
알면서 일부러 거짓말 하여
뒷세상 일을 생각하지 않으면
어떤 나쁜 짓이라도 못할 것 없으리라.
차라리 불타는 숯불과 같은
뜨거운 쇠탄자 먹을지언정
정해 놓은 그 계율 어김으로써
중이 주는 음식을 먹지 말지니.

부처님께서 이 경을 말씀하시자, 여러 비구들은 그 말씀을 듣고 기뻐하여 받들어 행하였다.
〔사례123, 제38권 1075.타표경(陀驃經)① 전문〕

(다) 내담자에 대한 존경

석가모니가 내담자를 어떻게 보았는지는 '제3장 3. 인간관'을 통해 알 수 있다. 석가모니는 인간은 누구나 불성(佛性)을 가진 존재로 무명을 깨치고 번뇌에서 해탈하면 자신과 똑같은 부처가 될 수 있다고 선언하고, 그 길을 알려 주었다. 즉 석가모니는 스스로 모든 진리를 깨달은 자〔自覺〕로서, 다른 사람들에게 깨닫는 길을 알려주고 열어 보이기 위해 이 세상에 나툰 것이다〔覺他〕.

석가모니는 내담자 개개인을 불성을 지닌 존귀한 존재로 대하였다. 내담자의 성별이나 신분, 그리고 죄업의 유무와 상관없이 한결같은 태도로 존경했다. 미쳐서 벌거벗고 돌아다니는 여인(바시티)을 대할 때도 그러했고, 심지어 사람을 999명이나 죽인 살인마(앙굴리마라)를 대할 때도 마찬가지였다.

…어느 때 부처님께서는 미틸라국 암라동산에 계셨다. 때에 바라문 여자 바시티는 여섯 아들이 계속해서 죽자 아들을 생각하다 미치광이가 되어 벗

은 몸에 머리를 풀어헤치고 길을 따라 쏘다니면서 미틸라의 암라동산까지 이르렀다.

그때에 세존께서는 한량없는 대중에 둘러싸여 설법을 하고 계셨다. 바시티는 멀리서 세존을 뵈옵고 곧 제 정신으로 돌아가 부끄럽고 창피해 몸을 가누어 쭈그리고 앉았다.

세존께서는 아난다에게 말씀하셨다.

"네 웃옷을 벗어 저 바시티에게 주어 그것을 입고 법을 듣게 하라."

존자 아난다는 부처님 분부를 받고 곧 웃옷을 벗어 주어 입게 하였다. 때에 바라문 여자는 옷을 입은 뒤에 부처님 앞으로 나아가 머리를 조아려 예배하고 한쪽에 물러앉았다. 세존께서는 그를 위해 설법하시어 기쁘게 하셨다.…

〔사례137, 제44권 1178.바사타경(婆四吒經)〕

…어느 때 부처님께서 타바사리가 숲속을 지나시다가, 소치는 이와 염소 치는 이와 나무하는 이와 그 밖의 여러 사람들을 만났다. 그들은 세존께 사뢰었다.

"이 길로 가지 마소서. 이 앞에는 앙굴리마라라는 도적이 있어서 흔히 사람들을 놀라게 하나이다."

"나는 두려워하지 않느니라."

세존께서는 이렇게 말씀하시고 그 길로 가셨다. 그때 세존께서는 멀리서 앙굴리마라가 칼과 방패를 들고 달려오는 것을 보셨다. 세존께서는 신통력으로 천천히 걷는 몸을 나타내어 앙굴리마라가 빨리 달려도 따르지 못하게 하였다.

앙굴리마라는 달리다 달리다 지쳐 멀리서 세존께 말하였다.

"멈춰라, 멈춰라. 가지 말라."

세존께서는 나란히 걸으시면서 말씀하셨다.

"나는 언제나 멈춰 있는데 네가 멈추지 않을 뿐이다."

그때 앙굴리마라는 곧 게송으로 말하였다.

"사문은 그대로 빨리 달리며
나는 언제나 멈추었다고 말하고
나는 지쳐서 멈춰 있는데
네가 멈추지 않는다고 말하네.
사문이여, 어째서 나는 멈추었는데
네가 멈추지 않는다고 말하는가?"

그때 세존께서 게송으로 대답하셨다.

"나는 언제나 멈췄다는 것
저 일체의 중생에 대해 칼이나 막대기질 쉬었지만
너는 중생에게 두려움 주어
나쁜 업을 그치지 않는다는 뜻이다.…
칼을 갈 때는 숫돌을 쓰고
화살을 바루려면 불에 구우며
재목을 다룰 때는 도끼를 쓰고
자기를 다룰 때는 지혜로 하네.…"

〔사례124, 제38권 1077.적경(賊經)〕

(라) 자기 자신에 대한 이해

석가모니는 깨달음을 이룬 부처로서 자기 자신에 대한 모든 것을 이해하였다. 현생의 자신은 물론이요, 과거세에 어떻게 살아왔는지까지 다 안다. 그 깨달음의 경지가 어떠한 것인지 중생으로서는 감히 상상할 수 없으나, 얼마나 지고한 것인지는 『잡아함경』에 수록된 경을 통해 어렴풋이나마 짐작할 수 있다.

…어느 때 부처님께서는 우루벨라촌 나이란자나 강 곁에 있는 보리수 밑에 계셨는데, 부처 되신 지 오래되지 않았다. 그때에 세존께서는 혼자 고요

히 생각하다가 이렇게 생각하셨다.

'공경하지 않는 사람은 큰 고통이다. 차례가 없고 남의 뜻을 두려워할 줄 모르기 때문에 큰 의리에서 타락하게 된다. 공경할 것이 있어서 차례가 있고, 남에게 순종하면 큰 의리가 만족해진다. 혹 어떤 하늘이나 악마·범·사문·바라문·하늘신이나 세상 사람 중에서 내가 두루 갖춘 계율보다 낫고 삼매보다 나으며, 지혜보다 낫고 해탈보다 나으며, 해탈지견보다 나아서 나로 하여금 공경하고 존중하며 받들어 섬기고 공양하게 할 존재가 있으면 나는 그를 의지해 살리라.'

부처님은 다시 이렇게 생각하였다.

'어떤 하늘이나 악마·범·사문·바라문·하늘신이나 세상 사람 중에서 내가 두루 갖춘 계율보다 낫고 삼매보다 나으며, 지혜보다 낫고 해탈보다 나으며, 해탈지견보다 나아서 나로 하여금 공경하고 존중하며 받들어 섬기고 공양하게 하여, 그것을 의지해 살 만한 것이 없다. 오직 바른 법이 있어서 나로 하여금 스스로 깨달아 삼먁삼붓다를 이룩하게 하였다. 나는 그것을 공경하고 존중하며 받들어 섬기고 공양하면서 그것을 의지해 살아가리라. 왜냐하면 과거의 여래·정등각도 바른 법을 공경하고 존중하며 받들어 섬기고 공양하면서 그것을 의지해 살았고, 미래의 여래·정등각도 바른 법을 공경하고 존중하여 받들어 섬기고 공양하면서 그것을 의지해 살 것이기 때문이다.' …

〔제44권 1188.존중경(尊重經)〕

(마) 심리학적 지식

석가모니는 인간의 심리에 대한 이해는 물론이요, 인간이 태어나고 죽는 이치, 이 세상의 온갖 진리를 꿰뚫어 알았다. '(2) 부처로서의 석가모니'에서 볼 수 있듯이 석가모니는 십력(十力)·사무소외(四無所畏)·삼념주(三念住)·대자(大慈)의 십팔불공불법(十八不共佛法)을 구유하여 이 세상에 대해 모르는 것이 없으며 못할 것이 없다. 이 세상의 물심 현상에 대해 모르는 것이 없어 '정등각(正等覺)'이라 부르고, 지혜와 행을 모두 갖추어 '명행족

(明行足)'이라고도 하였으며, 세간의 온갖 일을 다 알아 '세간해(世間解)'란 호칭을 들었다. 그뿐만 아니라 사람을 다루는 데 최고의 능력을 가진 사람이란 뜻에서 '조어장부(調御丈夫)'란 명칭도 가졌다.

여러 면모를 종합해 볼 때 석가모니는 상담자의 자질을 완벽히 갖추었다. 상담자로서 국한해서 보기엔 너무도 뛰어난 능력을 갖추어 감히 가늠하기가 어렵다. 상담자 석가모니는 크게 깨달은 자 석가모니가 갖고 있는 무한한 능력의 극히 일부에 지나지 않는다.

결론적으로, 석가모니는 현대 상담에서 요구하는 상담자의 인간적 자질과 전문적 자질을 두루 갖춘 상담가로, 자기 스스로를 도구로 삼아 내담자의 변화와 성장을 효과적으로 이끌어냈다.

상담자 석가모니와 내담자의 관계는 엄격한 스승과 제자나 권위 있는 종교 지도자와 신자가 아니라, 자애로운 어버이와 어린 자식 같은 관계였다. 석가모니는 내담자를 따뜻하고 자비로운 마음으로 감싸고 받아들였고, 내담자는 어버이의 품과 같이 아늑하고 신뢰로운 분위기에서 상담을 받았다. 석가모니는 이렇게 따뜻한 분위기가 조성된 가운데 적절한 기법을 적용해 내담자의 변화를 이끌어내고 성장을 촉진했으며, 한 걸음 더 나아가 궁극적인 깨달음에 이르게끔 길을 열어 주었다.

2) 다문제일(多聞第一) 아난다

아난다(阿難陀)는 석가모니의 10대 제자 가운데 한 사람으로, 석가모니를 가장 오래 모시고 있어서 설법을 가장 많이 들었으며, 한 번 들은 것은 결코 잊지 않는 총기가 있어 '다문제일'로 일컫는다. 불경의 첫머리에 나오는 '이와 같이 내가 들었다'는 말의 주체인 〈나〉가 바로 아난다로, 석가모니의 언행을 경전으로 결집하는 데 결정적인 역할을 했다.

『잡아함경』의 1362경 가운데 43경에 상담자로 등장해 개별상담·대중상담·대중교설을 펼쳤으며, 동료상담에 참가하여 열띤 대화를 나누기도 했다. 주 상담대상은 비구들이고 일반 신도와 외도들, 그리고 비구니들을 상대로 상담을 하기도 했다.

아난다는 아난타, 또는 줄여서 아난(阿難)이라고도 하며, 환희(歡喜), 경희(慶喜), 무염(無染)이란 뜻을 갖고 있다. 석가모니의 둘째 숙부인 곡반왕(斛飯王)의 아들로, 석가모니가 성도한 날 태어나 환희라는 이름을 가졌다고 한다.

아난다는 아나율·라훌라 등 석가족의 일곱 왕자와 함께 출가했으며, 출가 당시 나이가 가장 어린 여덟 살이었다.

아난다는 타고난 성품이 부드럽고 자비로울 뿐만 아니라, 용모가 남달리 뛰어나고 수려하여 뭇 여성들이 몹시 따랐다. 그러다 보니 여자들의 유혹도 끊이지 않았으나 아난다는 전혀 흔들리지 않고 바른 수행을 하였다.

아난다는 여인들의 출가를 위해 애를 쓴 것으로도 유명하다(이종익·김어수, 1986).

아난다를 비롯한 젊은 왕자들이 모두 석가모니를 따라 출가하고 왕마저 돌아가자 석가모니의 이모이자 양모인 왕비 마하 파사파제 부인은 홀로 쓸쓸히 남아 서글픈 나날을 보내다가 마침내 출가할 것을 결심하고 석가모니에게 이 뜻을 아뢰었다. 그러나 석가모니는 허락하지 않았다.

석가모니가 출가하기 전의 부인인 야수다라 부인을 비롯한 왕족 여인 5백 인도 출가를 결심하고 카필라성을 떠나 멀리 비사리성에 있는 석가모니를 찾아가 다시 간청하였으나 석가모니는 여전히 출가를 허락하지 않았다.

때마침 저녁 무렵이어서 날은 저물고, 먼 길을 걸어온 왕족 여인들은 모두 지쳐 옷은 땀과 먼지에 찌들었고, 곱던 얼굴들은 먼지와 눈물로 얼룩져 있었다. 이 광경을 본 아난다는 석가모니에게 눈물로 간청하였다.

"세존이시여, 저들은 지극한 마음으로 법을 배우고자 먼 길을 찾아왔습니다. 불법(佛法)에 어찌 남녀의 구별이 있으며, 절대 평등한 교단에 어찌 남녀 차별이 있을 수 있습니까? 만약 부처님께서 허락하지 않으신다면 저는 이 자리에서 한 발짝도 물러나지 않겠습니다."

"내가 여인들에게 출가를 허락하지 않은 것은 여자가 출가해서 비구들과 같이 생활하게 되면 청정한 교단의 계율이 무너지고 승가의 질서가 어지러워질까 걱정이 되어서이다. 그러나 그들의 뜻이 그러하고 너의 말이 옳다고 생각되어 그들의 출가를 허락한다. 그러니 승가의 규율을 더욱 엄히 할 것이며, 수행에 조금도 게으름이 없도록 하라."

아난다의 간청으로 석가모니가 마침내 허락을 내림으로써 불교 교단에 비로소 비구니가 생겼으며, 오늘날까지도 비구니 제도가 전해져 오게 된 것이다.

아난다는 스무 살에 석가모니의 시자가 되어 석가모니가 열반에 들 때까지 그림자처럼 모셨다.

아난다를 석가모니의 시자로 추천한 사람은 목건련이었다. 석가모니가 성도한 지 20년이 되었을 때의 일이었다. 그때 석가모니는 세속의 나이로 이미 55세였다. 그동안 사리불, 목건련, 가섭 등 여러 제자가 그때그때 시중을 들었지만, 석가모니가 차차 늙어감에 따라 누군가가 항상 곁에서 시중을 들어야겠다는 의견이 나왔다. 이에 누가 그 소임을 맡을 것인지 사리불을 비롯한 여러 장로들이 모여서 회의를 했다. 석가모니의 최초의 제자이자 출가 전 왕자 시절의 신하인 교진여가 자청하고 나섰지만, 그는 석가모니보다 나이가 많고 너무 늙었기에 목건련이 아난다를 추천했다.

아난다는 처음에는 부처님을 늘 곁에서 모셔야 하는 어려운 일을 감당할 수 없다고 사양했으나 여러 장로들이 거듭 당부하자 마침내 수락했다.

아난다는 시자의 소임을 맡으면서 세 가지 조건을 내놓았다.

"제가 부처님을 모시되 첫째, 부처님이 입으시던 옷은 새것이든 헌것이든 절대로 제가 입지 않겠습니다. 둘째, 부처님께서 신도의 집으로 공양 초청을 받아 가실 때에는 결코 따라가지 않겠습니다. 셋째 특별한 일이 없을 때에는 부처님 곁에 있지 않겠습니다. 이 세 가지를 허락하신다면 시자의 소임을 맡겠습니다."

아난다는 이 세 가지를 맹세함으로써 석가모니의 법은 이어받을지언정 석가모니의 시자임을 빙자해서 권세를 부리거나 재물을 탐내지는 않겠다는 의지를 분명히 하고, 석가모니를 모시는 일에 매우 삼가고 조심하겠다는 깊은 뜻을 표명한 것이다. 이로써 아난다가 불교 교단의 최초의 시자가 되었다.

이때부터 석가모니를 곁에서 모신 아난다는 석가모니가 열반에 들 때까지 함께 있었다.

석가모니가 81세 된 어느 날, 석가모니는 카필라성에서 얼마 멀지 않은 쿠시나가라의 사라나무 숲을 지나다가 말했다.

"아난다야, 내 등이 몹시 아프구나. 좀 쉬어야겠다."

아난다를 비롯하여 석가모니를 따르던 제자들은 발길을 멈추고 쌍사라나무 밑에 급히 자리를 마련했다.

아난다는 석가모니가 곧 열반에 들 것을 알고 슬피 울면서도 석가모니 열반 뒤에 승단과 신도들을 어떻게 이끌어야 하는지 여러 가지를 물었다. 부처를 참으로 공경하고 보답하는 길이 무엇인지와 같은 질문과 함께 돌아가신 뒤에 장례를 어떻게 모셔야 하는지 등 실제적인 질문도 하였다. 특기할 만한 것은, 여성 출가의 허락을 받아낸 당사자답게 여자들과 관련된 질문을 빼놓지 않았다는 것이다.

"세존이시여, 장차 여러 여인들이 와서 도를 구하고자 할 때 어떻게 하리까?"

"법을 설해 주어라. 다만 나이 많은 여인은 어머니로 생각하고, 나이가 위인 여인은 누이로 생각하고, 나이가 어린 여인은 동생으로 생각하되, 몸과 말과 뜻을 삼가면 된다."

아난다의 질문에 석가모니는 여자들도 똑같은 구도자로서 평등하게 대하고 차별하지 말도록 당부하였다.

석가모니는 멸도에 들면서 자신이 쓰던 가사와 발우를 마하 가섭에게 전해 주었다. 그리고 마하 가섭도 백 살을 넘기자 자신이 받은 석가모니의 가사와 발우를 아난다에게 물려주고 열반에 들었다.

최고 장로가 된 아난다는 교단 안에서는 물론 재가 신도들에게도 존경받는 최고의 성인이 되어 교단을 이끌고 120살에 열반하였다.

『잡아함경』에도 아난다가 여인들한테서 깊은 흠모를 받았음을 알 수 있는 장면이 여러 곳에 나온다. 여인들은 아난다를 사모하고 따를 뿐만 아니라 유혹까지 서슴지 않았다. 때로는 아난다에 반한 정도가 심해 석가모니가 인정한 최고의 제자인 가섭보다 아난다가 더 위에 있다고 생각하기도 했다. 그러나 아난다는 조금도 마음이 흔들리거나 거만해지지 않고, 청정심과 평정심으로 여인들을 대함으로써 깊은 감화를 주었다.

…어느 때 부처님께서는 사위국 제타숲 외로운 이 돕는 동산에 계셨는데, 존자 아난다도 거기 있었다. 때에 어떤 비구니는 존자 아난다에게 연모하는 마음을 일으켜 사람을 보내 존자 아난다에게 사뢰었다.

"저는 병이 들어 앓고 있습니다. 존자는 가엾게 여겨 보아 주소서."

존자 아난다는 이른 아침에 가사를 입고 발우를 가지고 그 비구니에게 갔다. 그 비구니는 멀리서 존자 아난다가 오는 것을 보고, 몸을 드러낸 채 상 위에 누워 있었다.

존자 아난다는 멀리서 그 비구니의 몸을 보자 곧 모든 근(根)을 거두고 몸을 돌려 서 있었다. 그 비구니는 존자 아난다가 모든 근을 거두고 몸을 돌려 서 있는 것을 보고 그만 무안해서 일어나 옷을 입고 자리를 펴고 존자 아난다를 나가 맞아들여 앉기를 청하고, 머리를 조아려 그 발에 예배하고 한쪽에 물러나 서 있었다. 때에 존자 아난다는 그를 위해 설법하였다.

"누이여, 이 따위 몸이란 더러운 음식으로 자라났고, 교만으로 자라났고, 탐애로 자라났고, 음욕으로 자라난 것이다.…"

존자 아난다가 이렇게 설법하자, 그 비구니는 티끌과 때를 멀리 떠나 법눈이 깨끗하게 되었다. … 그래서 존자 아난다의 발에 예배하고 사뢰었다.

"나는 이제 고백하고 허물을 뉘우칩니다. 어리석고 착하지 못해 어쩌다 이러한 씻지 못할 따위의 일을 저질렀습니다. 이제 존자 아난다님 앞에서 스스로 허물을 보고 스스로 허물을 알아 고백하고 참회합니다. 가엾이 여기소서."…

〔사례63, 제21권 564.비구니경(比丘尼經)〕

…때에 비구니들은 존자 마하 가섭과 존자 아난다가 멀리서 오는 것을 보고 얼른 자리를 펴고 앉기를 청하였다. 그리고 여러 비구니들은 존자 마하 가섭과 존자 아난다 발에 예배하고 한쪽에 물러나 앉았다.

존자 마하 가섭은 여러 비구니들을 위해 갖가지로 설법해 가르쳐 보이고 기쁘게 하였다. 때에 툴라팃사 비구니는 기뻐하지 않고 이렇게 욕설하였다.

"존자 마하 가섭님, 어떻게 존자 아난다 앞에서 비구니를 위해 설법하십니까? 존자 마하 가섭님이 존자 아난다 앞에서 비구니를 위해 설법하는 것은 마치 바늘을 파는 아이가 바늘 장수 집에 바늘을 파는 것과 같습니다."

존자 마하 가섭은 툴라팃사 비구니의 욕설을 듣고 존자 아난다에게 말했다.

"그대는 저 툴라팃사 비구니가 욕설하는 것을 보는가? 아난다님, 어째서 나는 바늘을 파는 아이요, 그대는 바늘 장사로서 내가 그대 앞에서 판다는 것인가?"

존자 아난다는 존자 마하 가섭에게 말했다.

"그만 그치시오. 참아야 하오. 어리석은 늙은 할멈이 지혜가 적고 조금도 공부하지 않았기 때문이오."

"아난다님, 세존·여래·정등각께서 알고 보시는 바를 대중 가운데서 「달비유경」으로써 훈계하고 가르치는 것을 그대는 듣지 않았는가? 즉, '비구는 달처럼 살고 항상 새로 된 중처럼 하라'고. … 아난다님, 달처럼 살고 항상 새로 된 중처럼 하는가?"

아난다는 대답하였다.

"아닙니다, 존자 마하 가섭님."

"아난다님, 세존·여래·정등각께서 알고 보시는 바로, '비구여, 마땅히 달처럼 살고, 항상 새로 된 중처럼 하라'고 하신 말씀이 오직 마하 가섭을 위해서라고 하신 것을 그대는 들었는가?"

"그렇소, 존자 마하 가섭님."

"아난다님, 그대는 일찍이 세존·여래·정등각의 지견으로 한량없는 대중 가운데서 '그대는 와서 앉으라'고 청함을 받은 일이 있는가? 또 세존께서 '자신의 광대한 덕과 같다'고 그대를 찬탄하신 일이 있는가? 아난다님, 악하고 착하지 않은 법을 떠나 번뇌가 다한 신통이라고 그대를 칭찬하신 일이 있는가?"

"아니오, 존자 마하 가섭님."

"그렇다! 아난다님, 세존·여래·정등각께서는 한량없는 대중 가운데서 스스로 '잘 오라. 마하 가섭이여, 그대에게 반 자리를 준다'고 말씀하셨다. 다시 대중 가운데서 자신의 '광대한 공덕과 같다'고 하시고, '악하고 착하지 않은 법을 떠나 번뇌가 다한 신통'으로써 마하 가섭을 찬탄하셨던가?"

"그렇소, 존자 마하 가섭님."

때에 마하 가섭은 비구니들 가운데서 사자처럼 외쳤다.

[사례132, 제41권 1143.시시경(是時經)]

때로 아난다는 석가모니의 설법을 들은 내담자가 뜻을 이해하지 못하면 쉽게 풀어서 상담을 해주기도 하고, 석가모니가 몸이 피곤하면 스스로 나서서 대신 설법했으며, 내담자의 질문이 적절치 않아 석가모니가 침묵을 지키면 그런 점을 지적해 주며 제대로 된 상담으로 이끌기도 했다. 이를 보면 아난다가 석가모니를 단순히 시봉만 한 게 아니라 곁에서 설법을 듣고 수행을 함으로써 높은 깨달음의 경지에 이르렀음을 알 수 있다.

…때에 많은 비구들은 세존께서 떠나신 뒤에 이렇게 의논하였다.

"세존께서는 우리들을 위하여 … 간략히 설법하시고 널리 분별하시지 않으신 채 방으로 들어가 좌선하신다. 우리들은 오늘 세존께서 간략히 말씀하신 법을 아직 이해할 수가 없다. 이제 이 대중 가운데 누가 슬기의 힘이 있어서 능히 우리들을 위해 세존께서 간략하게 말씀하신 법 가운데서 그 뜻을 설명할 수 있겠는가?"

그리고 다시 생각하였다.

'오직 존자 아난다는 항상 세존을 모시고 있고, 항상 스승님에게 총명과 슬기와 범행이 있다고 찬탄을 받고 있다. 오직 존자 아난다만이 능히 우리를 위해 세존께서 간략히 말씀하신 법 가운데서 그 뜻을 설명할 수 있을 것이다. 우리는 오늘 다같이 존자 아난다에게 가서 그 요긴한 뜻을 물어보고 그 말대로 다 받들어 가지자.'

그때에 많은 비구들은 존자 아난다가 있는 곳으로 가서… (법을 청하였다.)

존자 아난다는 여러 비구들에게 말하였다.

"자세히 듣고 잘 생각하라. 너희들을 위하여 세존께서 간략히 말씀하신 법 가운데서 널리 그 뜻을 설명하리라.…"

〔사례27, 제8권 211.세간오욕경(世間五欲經)〕

…때에 존자 아난다는 부처님 뒤에서 부채를 들고 부처님을 부쳐드리고 있다가 이렇게 생각하였다.

'석씨 마하남은 저런 깊은 이치를 세존께 여쭙는다. 세존께서는 병이 나으신 지 오래되지 않았다. 나는 다른 일을 말해 저 말을 끌어오리라.'

그래서 (존자 아난다는 석가모니 대신) 말하였다.…

〔제33권 934.해탈경(解脫經)〕

…그때에 세존께서는 (외도의 질문에) 잠자코 대답하지 않으셨다. 두 번 세 번 물었으나 부처님은 여전히 잠자코 대답하지 않으셨다. 그때에 존자 아난다는 부처님 뒤에 서서 부채를 잡고 부처님을 부쳐드리고 있다가 울저가 외도에게 말하였다.

"너는 처음에 그 뜻을 물었고, 지금은 다시 다른 말로 물었다. 그러므로 세존께서는 말씀하시지 않는 것이다. 울저가여, 이제 내가 너를 위해 비유로 설명하리라.…"

〔사례101, 제34권 965.울저가경(鬱低迦經)〕

3) 지혜제일(智慧第一) 사리불

사리불(舍利弗)은 석가모니의 10대 제자 가운데 한 사람으로, '지혜제일'로 불린다. 『잡아함경』의 1362경 가운데 40경에 상담자로 등장해 개별상담·대중상담·대중교설을 했으며, 동료상담에도 참가하고, 슈퍼비전을 하기도 했다. 주 상담대상은 비구들이고, 일반 신도와 외도들을 상대로 상담을 하기도 했다.

사리불은 중인도 마갈타국 왕사성 근처의 브라만 집안에서 태어났다. 열 살이 되기 전에 소년학자란 말을 들을 정도로 총명해, 유명한 논사인 아버지마저 아들을 당해 내지 못했다. 사리불은 더욱 높고 깊은 공부를 하고자 친구인 목건련과 함께 산자야를 찾아가 수행을 했다. 금세 높은 도력을 성취한 사리불과 목건련은 수백 명의 제자를 거느린 스승이 되었으나 그것만 갖고는 궁극의 진리에 도달할 수 없음을 깨닫고 안타까워했다. 그러던 차에 우연히 탁발을 하고 있던 석가모니의 제자 아설시를 만나 석가모니의 가르침에 대해 이야기를 들었다. 수많은 스승을 거쳤고 산자야 밑에서 수행했지만 속 시원한 깨달음을 얻지 못했던 사리불로서는 석가모니의 가르침은 실로 가뭄에 단비와도 같았다. 사리불은 곧 목건련에게 가서 함께 석가모니의 제자가 되자고 권해 두 사람은 각각 250명의 제자를 거느리고 석가모니의 문하에 들어갔다(이종익·김어수, 1986).

사리불이 산자야 교단에서 석가모니의 교단으로 옮긴 동기는 인연법 때문이었다. 그때까지 외도들의 학문을 거의 다 섭렵한 사리불로서는 신이 우주의 모든 법을 창조했다는 창조설도, 신이 그대로 변해서 우주의 만법이 됐다는 전변설도, 지수화풍 사대가 모여 천지만물이 이루어졌다는 집적설도, 모든 것이 저절로 이루어졌다는 자연론도, 모든 것이 우연히 이루어졌다는 우연론도 도무지 성에 차지 않았다. 그런 사리불의 답답한 속을 석가모니는 시원하게 뚫어 주었다.

"사리불아 잘 듣거라. 우주의 모든 법은 신이 창조한 것도 아니요, 신이 변해서 된 것도 아니며, 사대가 모여서 된 것도 아니고, 자연히 이루어졌거나 우연히 이루어진 것은 더더욱 아니다. 이 우주의 모든 법은 어느 하나도 원인 없이 이루어진 것이 없고, 홀로 이루어지고 홀로 존재하는 것은 하나도 없다. 즉 이것이 생기므로 저것이 생기고 저것이 생기므로 해서 이것이 생기는 것이다.…"

석가모니의 설법에 사리불은 캄캄한 밤에 불을 본 듯 눈이 확연히 열렸다.

이후 사리불은 목건련과 함께 불교를 널리 펴고 교단을 크게 이룩하는데 중요한 역할을 하는 대들보가 되었다. 특히 석가모니가 오랫동안 머물렀던 사위국 제타숲의 급고독원에 기원정사를 짓는 일을 손수 관장했고, 외도들이 논쟁을 하러 찾아오면 그들을 맞이해 성심껏 설법했다. 때로 외도들이 자신들의 명예와 이익을 보호하기 위해 비난하고 죽이려고 위협을 했으나 사리불은 조금도 두려워하지 않았다.

사리불은 뛰어난 총명과 지혜로써 진리를 깨달았으며, 모든 어려움을 참고 정진하여 어떤 외도의 비난과 모함에도 굴하는 일 없이 오히려 그들을 교화하여 감복시켰다. 석가모니보다 한 살 아래인 사리불은 80세가 되던 해 석가모니가 열반하기 몇 달 전 입멸하였다.

『잡아함경』에는 사리불이 외도들을 통쾌하게 조복시키는 장면이 여러 곳에 나타난다. 사리불이 입멸하자 아난다가 몹시 애통해 하는 모습도 생생하게 수록되어 있다.

『잡아함경』에서 슈퍼바이저 역할을 하는 사람은 석가모니로, 제자들 가운데서는 사리불만이 단 하나의 경에서 슈퍼바이저 역할을 하였다.

　…그때에 집을 나온 보루저가 외도는 길을 걸어오다가 존자 사리불에게 물었다.
　"어디서 오십니까?"

사리불은 대답했다.

"붓씨여, 나는 세존님이 가르치시는 설법을 듣고 오는 길이다."

"아직도 젖을 떼지 않았습니다그려. 스승이 가르치시는 설법을 듣다니…."

"붓씨여, 나는 아직 젖을 떼지 않아 스승이 가르치시는 설법을 듣는다."

"나는 벌써 젖을 떼어 스승이 가르치는 설법을 듣지 않습니다."

사리불은 말하였다.

"…비유하면 젖소가 성질이 사납고 거칠고 미치광이일 뿐 아니라 젖이 적으면 송아지들은 젖을 빨다가 어느새 떠나버리고 만다. … 너의 스승은 바르게 깨달은 이가 아니라 너는 스승이 가르치는 법을 빨리 버린 것이다. … 비유하면 젖소의 성질이 거칠지 않고 사납지 않으며 젖이 많으면 송아지가 그 젖을 오래도록 먹어도 싫증을 내지 않는 것처럼, 우리의 법도 그와 같아서 스승이 가르치시는 설법을 오래도록 듣는 것이다."

때에 보루저가는 말했다.

"당신들은 시원스레 좋은 이익을 얻었습니다.…"

〔사례106, 제35권 974.보루저가경(補縷低迦經)①〕

…어느 때 부처님께서는 왕사성 칼란다 대나무동산에 계셨다. 그때에 존자 사리불은 마갈타국 나알라 마을에서 병으로 열반하였다. 춘다 사미는 그를 간호하고 공양하였는데, …(사리불은 열반하고 말았다.)… 존자 아난다는 춘다 사미의 말을 듣고 부처님께 나아가 여쭈었다.

"세존이시여, 저는 지금 온몸이 풀리고 천지가 뒤바뀌어 어찌할 바를 모르겠나이다. 춘다 사미는 제게 와서 말하였나이다. '존자 사리불은 이미 열반하여 남은 사리와 가사와 발우를 가지고 왔다'고 하였나이다."…

〔사례73, 제24권 638.순타경(純陀經)〕

…여러 외도들은 다시 물었다.

"어떻습니까, 존자 부미쟈여. 사문 고타마는 괴로움과 즐거움은 어떻게 생긴다고 말하십니까?"

존자 부미쟈는 대답하였다.

"모든 외도들이여, 세존께서는 '괴로움과 즐거움은 인연을 좇아 일어난다'고 말씀하시느니라."

때에 많은 외도들은 존자 부미쟈의 말을 듣고 마음이 불쾌하여 꾸짖으며 떠나갔다.

그때 존자 사리불은 존자 부미쟈에게서 멀지 않은 곳의 나무 밑에 앉아 있었다. 때에 존자 부미쟈는 여러 외도들이 떠난 줄을 알고 존자 사리불이 있는 곳으로 갔다. 거기 가서는 서로 치하하고 위로한 뒤에 저 외도들이 물은 일을 존자 사리불에게 모두 아뢰었다.

"내가 이렇게 대답한 것이 세존을 비방하지나 않았습니까? 말답게 말했으며 법답게 말했습니까? 그것은 법을 그대로 따르고 법을 행한 것이 아니지나 않습니까? 법으로 인하여 이론하여 오는 다른 사람이 힐난하거나 꾸지람하는 일은 없겠습니까?"

존자 사리불은 말하였다.

"존자 부미쟈여, 당신이 말한 것은 진실로 부처님 말씀과 같아서 여래를 비방하지 않았습니다. 말답게 말하였고 법답게 말하였으며, 법을 행한 법을 말하였습니다. 이론으로 인하여 오는 다른 사람도 힐난하거나 꾸지람하지 않을 것입니다. 무슨 까닭인가? 세존께서도 괴로움과 즐거움은 인연을 좇아 일어난다고 말씀하셨기 때문입니다.…"

…그때에 존자 아난다는 사리불에게서 그리 멀지 않은 곳의 나무 밑에 앉아서 존자 사리불과 존자 부미쟈가 서로 이론하는 것을 들었다. 그것을 듣고는 부처님 계신 곳에 나아가 … 낱낱이 여쭈었다.

부처님께서는 아난다에게 말씀하셨다.

"착하다! 착하다! 아난다여, 존자 사리불은 누가 와서 묻는 사람이 있으면 능히 때에 따라 대답하는구나. 착하다! 사리불은 때에 응하는 지혜가 있기 때문에 누가 와서 묻는 사람이 있으면 능히 때에 따라 대답한다. 만일 나의 성문(聲聞)이라면 때에 따라 묻는 사람이 있으면 때에 따라 대답하기를 사리불이 말한 것처럼 하여야 한다."…

〔사례41, 제14권 343.부미경(浮彌經)〕

4) 신통제일(神通第一) 목건련

목건련(目揵連)은 석가모니의 10대 제자 가운데 한 사람으로, '신통제일'로 불린다.『잡아함경』의 1362경 가운데 38경에 상담자로 등장해 개별상담·대중상담·대중교설을 했으며, 동료상담에 참가하기도 했다. 주 상담대상은 비구들이고 때로는 천인·천자·천신의 천상의 존재들에게도 설법을 했으며, 외도를 상대로 상담을 하기도 했다.

목건련은 중인도 마갈타국 왕사성에서 바라문의 아들로 태어났다. 어려서부터 사리불과 친구가 되어 가까이 지냈으며, 인생이 무상함을 느껴 사리불과 함께 세속을 떠나 수도할 것을 의논했다. 이후 두 사람은 산자야라는 외도를 찾아가 그의 문하에서 열심히 배우고 닦아 각각 250명의 제자를 거느리는 스승이 되었다. 그러나 두 사람은 자신들의 수행으로는 참다운 이상세계에 도달할 수 없다는 것을 깨닫고 안타까워했다. 그러던 중에 사리불이 우연히 길에서 탁발을 하고 있던 석가모니의 제자 아설시를 만나 석가모니의 가르침이 어떤 것이라는 것을 들은 뒤, 기쁜 마음을 억제하지 못해 한걸음에 목건련에게 달려가 석가모니에 관해 이야기했고, 두 사람은 석가모니를 찾아갔다. 석가모니의 설법을 들은 두 사람은 석가모니야말로 이제까지 자신들이 목마르게 찾던 훌륭한 스승임을 확인하고 곧 석가모니의 제자가 되었다. 석가모니의 제자가 된 두 사람은 밤에도 자지 않고 용맹 정진한 끝에 한 달 남짓해서 모든 번뇌를 끊고 바른 도리를 깨쳐 아라한의 자리에 올랐다(이종익·김어수, 1986).

아라한과에 오른 목건련은 천이통(天耳通)을 이루어 멀고 가까운 곳의 온갖 소리를 들을 수 있게 되었고, 천안통(天眼通)을 얻어 멀고 가까움에 관계없이 벽이나 산 등 장애물에 가려 있는 것들도 마음만 먹으면 다 볼 수 있게 되었으며, 신족통(神足通)을 이루어 눈 깜짝할 사이에 몇 천 리를 갈 수 있는 신통력을 갖추게 되었다.

신통력을 갖춘 목건련과 죽은 그의 어머니에 관련된 일화는 백종(百種)

또는 우란분회(盂蘭盆會)라 일컫는 불교적 의식으로 오늘날까지 이어지고 있다.

신통력으로 우주의 모든 현상을 보고 들을 수 있게 된 목건련이 어느 날 자신의 어머니가 돌아가신 뒤에 어찌 되었을까 하는 생각이 나서 천안을 열어 온 세상을 두루 살펴보았다. 놀랍게도 어머니는 아귀도에 떨어져 고통을 받고 있었다. 본래 효성이 지극했던 목건련은 가슴이 찢어지는 듯한 고통을 느껴 석가모니에게 찾아가 어머니를 구제할 수 있는 방법을 물었다.

"자자일(自恣日: 여름 안거의 마지막 날)인 음력 7월 보름날, 진수성찬과 신선한 과일 등을 마련하여 많은 출가 대중들에게 지성으로 공양하라. 그러면 현세의 살아 있는 부모는 물론 7대의 죽은 조상이 모든 액난에서 벗어나고, 악도에서 벗어나 천상이나 인간 세상에 태어나게 된다."

목건련은 이후 나이 70이 넘도록 많은 대중을 교화했고, 특히 외도들을 많이 교화시켰다. 그래서 외도의 우두머리들 가운데 목건련을 미워하는 사람이 많았다. 그들은 목건련을 해치려고 기회를 엿보다가 마침내 목건련이 산길을 지나갈 때 돌을 굴려 맞아죽게 하였다. 목건련은 신통력이 뛰어난지라 그들의 음모를 익히 알아 피할 수도 있었지만, 자신이 전생에 도살을 업으로 한 업보가 있음을 알아 인과응보의 진리를 피하지 않기 위해 숭고하게 죽음을 맞이한 것이었다.

『잡아함경』에는 목건련이 천상의 존재들을 대상으로 상담하는 장면이 곳곳에 나온다. 이는 목건련이 신통력으로 천상과 인간 세상을 오갈 수 있기 때문에 가능한 일이었다. 이밖에도 목건련이 신통력을 발휘하는 모습이 여러 경에 나타난다. 발가락 하나로 견고한 누각을 흔들기도 하며, 눈 깜짝할 사이에 천상을 다녀오고, 다른 사람의 눈에는 보이지 않는 중생의 모습을 보고 그러한 중생의 인과업보까지 꿰뚫어 안다. 과연 신통제일이라 할 만하다.

…때에 존자 마하 목건련은 이렇게 생각했다.

'이 제석은 몹시 방탕하여 이 세계의 신통스런 생활에 집착해 이 누각을 칭찬한다. 나는 그로 하여금 마음에 싫증을 내게 하리라.'

(목건련은) 곧 선정에 들어 신통을 부려 한 발가락으로 그 누각을 쳐 흔들리게 하였다. 그리고 이내 사라져 나타나지 않았다. 여러 하늘 아씨들은 누각이 흔들리는 것을 보고 두려워 허둥거리고 이리저리 달리면서 제석에게 사뢰었다.…

〔사례56, 제19권 505.애진경(愛盡經)〕

…그때에 존자 마하 목건련은 사부중들이 돌아간 줄을 알고 곧 선정에 들어 신통을 부려 마치 큰 역사(力士)가 팔을 굽혔다 펴는 것 같은 동안에 사위국에서 사라져 33천의 푸르고 보드라운 돌 위에 나타났는데, 거기는 파리차탈라 나무와 구비타라 향나무에서 멀지 않았다. 그때에 세존께서는 33천의 한량없는 권속들에게 둘러싸여 설법하고 계셨다.…

〔사례57, 제19권 506.제석경(帝釋經)〕

…존자 마하 목건련은 존자 락카나 비구와 함께 기사굴산을 떠나 밥을 빌러 왕사성으로 들어갔다. 가다가 어느 곳에 이르자, 존자 마하 목건련은 마음에 생각한 바가 있어 빙그레 웃었다. 존자 락카나는 그 모습을 보고 곧 존자 마하 목건련에게 물었다.

"혹 부처님이나 부처님의 제자로서 빙그레 웃으면 거기에는 반드시 까닭이 있다. 존자는 지금 무슨 까닭으로 빙그레 웃었는가?"

존자 마하 목건련은 말하였다.

"지금은 물을 때가 아니다. 우선 왕사성으로 들어가 밥을 빈 뒤에, 세존 앞에 나아가 그 일을 물어라. 그것은 때에 알맞은 물음이다. 그때에 그대를 위해 말하리라."

… (탁발을 마치고 돌아온 두 사람은 석가모니 앞에 나아갔다. 그 자리에서 락카나가 목건련에게 다시 묻자 목건련이 대답했다.) …

"나는 도중에서 몸이 다락집 같은 어떤 중생이 울부짖고 슬퍼하고 괴로위하면서 허공을 날아가는 것을 보았다. 나는 그것을 보고 이렇게 생각하였다. '저러한 중생은 저러한 몸을 받아 저렇게 슬퍼하고 괴로워한다'고. 그래서 나는 빙그레 웃은 것이다."

그때에 세존께서 여러 비구들에게 말씀하셨다.

"착하고 착하다! 내 성문(聲聞) 제자 중에서 진실한 눈·진실한 지혜·진실한 이치·진실한 법을 가져 확실히 통달한 사람은 그런 중생을 볼 수 있다. 나도 그 중생을 보았다. 그러고도 말하지 않은 것은 남이 믿지 않을까 두려워서였다. 왜 그러냐 하면 여래 말을 믿지 않으면 그는 어리석은 사람으로서 긴 밤 동안 고통을 받기 때문이니라."

부처님께서는 비구들에게 말씀하셨다.

"그 몸이 큰 중생은 과거 세상에 왕사성에 있으면서 백정 노릇을 하였다. 그 때문에 백천 세 동안 지옥에 떨어졌고, 지옥에서 나와서도 아직도 그 죄가 남아 그러한 몸을 받아 항상 그렇게 슬퍼하고 괴로워하는 것이다. 그러므로 비구들이여, 존자 마하 목건련의 소견은 틀리지 않았다. 너희들은 그렇게 알아 가져야 하느니라."…

〔제19권 508.도우아경(屠牛兒經)〕

5) 천안제일(天眼第一) 아나율

아나율(阿那律)은 석가모니의 10대 제자 가운데 한 사람으로, '천안제일'로 일컫는다. 『잡아함경』의 1362경 가운데 16경에 상담자로 등장해 개별상담·대중상담·대중교설을 했으며, 동료상담을 하기도 했다. 주 상담대상은 비구들이고 이밖에 일반 신도와 외도들에게도 설법을 했으며, 때로 천자와 귀신이 상담대상이 되기도 했다.

아나율은 석가모니의 셋째 숙부인 감로반왕(甘露飯王)의 아들로 태어났다. 아나율이 청년이 되었을 때 부처가 된 석가모니가 많은 제자들을 거느리고 고향인 카필라성에 돌아와 석가족 사람들을 비롯한 많은 대중에게 설법을 했다. 그러자 많은 사람들이 석가모니의 제자가 되겠다고 줄을 이어 출가했다. 석가족의 왕자인 아나율도 출가할 것을 결심했으나 아버지가 허락하지 않았다. 결국 아나율은 단식을 하며 간청했고, 아버지는 어쩔 수 없이 허락하였다(이종익·김어수, 1986).

출가한 아나율은 지성으로 석가모니의 법문을 듣고 깨끗한 마음으로 엄격한 생활을 했다. 그러나 그에게는 한 가지 흠이 있었다. 한 번 잠이 들면 좀처럼 깨어나지 못하는 것이었다. 어느 날은 석가모니의 설법을 듣다가 그만 졸고 말았다. 그러자 석가모니는 설법이 끝난 뒤 아나율을 불러 꾸중을 했다.

"조개가 한 번 잠들면 영원히 깨어나지 못한다고 하는데, 너도 조개처럼 한 번 잠들면 깨어나질 못하는구나. 그러고서야 어찌 수행하는 사문이라 하겠느냐?"

석가모니의 꾸지람을 들은 아나율은 마음속으로 다짐했.

'내가 생사고뇌의 바다를 뛰어넘고자 출가해서 깊은 잠에 빠져 정신을 못 차리다니, 이래서는 안 되겠다. 지금부터는 절대로 잠에 빠지는 일이 없도록 해야겠다.'

아나율은 그때부터 잠을 자지 않고 뜬눈으로 정진했다. 한 달이 지나자 눈은 뻣뻣하여 핏발이 서고, 정신마저 희미해졌다. 그렇게 석달이 지나자 석가모니는 아나율에게 타일렀다.

"그러다가 병이라도 나면 어찌 하느냐? 적절히 잠을 자면서 정진하도록 하여라."

그러나 아나율은 계속 잠을 자지 않고 정진을 계속했다. 그렇게 몇 달이 지나자 마침내 눈병이 났다. 눈동자가 헐고 눈이 짓물러 앞이 보이지 않게 되었다. 그래도 아나율은 정진을 계속했다. 그러던 어느 날, 몹시 아프던 눈병이 가라앉고 답답하던 눈앞이 밝아졌다. 그뿐 아니라 눈으로 볼 수 없는 벽 저쪽까지도 보게 되었고, 아득히 먼 곳의 일까지도 훤히 볼 수 있게 되었다. 천안(天眼)이 열린 것이었다.

아나율은 아난다와 함께 먼 곳 가까운 곳 가리지 않고 포교에 나섰다.

먹는 것, 자는 것, 입는 것이 모두 불편하고, 타지방을 돌아다니다 보니 때에 따라서는 온갖 곤욕을 다 당했지만 위험을 무릅쓰고 부처님 법을 전하기 위해 애썼다.

하루는 아나율이 옷을 꿰매기 위해 바늘에 실을 꿰려 했다. 아나율은 혼잣말처럼 중얼거렸다.

"이 세상에서 복을 구하려는 사람은 누구든지 나를 위해 이 바늘에 실을 꿰어 공덕을 지으시오."

그때 옆에서 석가모니의 음성이 들렸다.

"그 실과 바늘을 내게 다오. 나에게 그 공덕을 짓게 해다오."

아나율은 물론 비구들 모두 석가모니가 손수 실을 꿰는 모습을 보고 크게 감격했다.

훗날 아나율은 석가모니가 열반한 뒤 오백 비구가 모여 불경을 결집하는 곳에 장로로서 참여하여 경을 엮는 데 큰 몫을 했다. 이후 아나율이 어디서 어떻게 세상을 떴는지는 전해져 내려오지 않는다.

『잡아함경』에는 어떻게 해서 병의 온갖 고통을 잊고 안온하게 머물 수 있는지, 어떻게 해서 신통을 성취하였는지 궁금해 하는 비구들에게 아나율이 자신의 수행담을 말해 주는 장면이 여러 경에 나온다.

…때에 존자 아나율은 사위국 송림정사에 있으면서 병이 나은 지 오래되지 않았다. 때에 많은 비구들은 아나율에게 나아가 문안하고 위로한 뒤에, 한쪽에 앉아 존자 아나율에게 물었다.

"안온하게 지내십니까?"

아나율은 말하였다.

"안온하게 지내오. 몸의 온갖 고통이 이미 다 없어졌소."

여러 비구들은 물었다.

"어디에 머물러 몸의 온갖 고통이 안온하게 되었습니까?"

존자 아나율은 말하였다.

"사념처에 머물러 몸의 온갖 고통이 점점 안온하게 되었소. 어떤 것을 네 가지 염처라 하는가?…"

〔제20권 541.소환경(所患經)②〕

…그때에 존자 아난다는 존자 아나율에게 나아가 서로 문안하고 위로한 뒤에 한쪽에 앉았다. 존자 아난다는 존자 아나율에게 물었다.
"어떤 공덕을 닦아 익히고 또 닦아 익혔기에 그러한 큰 덕과 큰 힘과 큰 신통을 성취하였는지요?"
존자 아나율은 존자 아난다에게 말하였다.
"나는 사념처를 닦아 익히고 또 닦아 익히어 이 큰 덕과 큰 힘을 성취하였소. 어떤 것을 네 가지 염처라 하는가? 안 몸을 안 몸으로 관하는 염처에 마음을 매어 머무르기를 알뜰히 하고 부지런히 노력하여 바른 생각과 바른 앎으로 세간의 탐욕과 근심을 없애었소. 이와 같이…"

〔제20권 539.아난소문경(阿難所問經)〕

6) 논의제일(論議第一) 가전연

가전연(迦旃延)은 석가모니의 10대 제자 가운데 한 사람으로, '논의제일'로 불린다. 『잡아함경』의 1362경 가운데 12경에 상담자로 등장해 개별상담을 하고 대중교설을 펼쳤다. 상담대상은 일반 신도와 외도들, 그리고 비구들이었다.

가전연은 남인도에서 왕의 국사(國師)이며 많은 토지를 가진 장자의 아들로 태어났다. 가전연의 형은 일찍이 바라문 학자가 되어 여러 나라를 돌면서 유명한 학자와 논사를 만나 수학하였다. 그리고 몇 년 만에 돌아와 고향 사람들을 모아 놓고 당시 최고의 철학인 베다를 강연했다. 그때 아우인 가전연 역시 집에서 많은 책을 통해 공부해 왔던 터라 이 기회에 자신의 소신을 밝히고자 그 자리에서 강연을 했다. 강연이 끝나자 많은 사람들이 형보다 아우가 더 훌륭하다고 칭찬했다. 이에 남에게 지기 싫어하던 형이 시기하고 미워하자 부모는 의논 끝에 가전연을 외삼촌인 아시타 선인에게 보내 공부를 시키기로 했다(이종익·김어수, 1986).

아시타 선인은 카필라국의 유명한 수도인으로서 석가모니가 태어났을 때 석가모니의 관상을 보고 "세속에 있으면 훌륭한 국왕이 될 것이며, 출가하면 가장 거룩한 부처가 될 것"이라고 예언했던 사람이다. 그리고 자신이 나이가 많아 석가모니가 깨달음을 이루기 전에 죽어 훌륭한 법문을 듣지 못하게 될 것이 서러워 눈물을 흘렸다. 그러나 "이 아기가 부처가 되는 날 내 조카로 하여금 이 아기의 제자가 되어 배우게 하리라" 하고 원을 세웠다.

아시타 선인은 자신을 찾아온 조카 가전연이 총명하고 지혜로운 것을 알고 매우 사랑하여 자신이 알고 있는 것을 남김없이 가르쳐 주었다. 그리고 "장차 고타마가 성불을 하면 반드시 찾아가 그분의 제자가 되라"는 유언을 가전연에게 남기고 숨을 거두었다.

그러나 스승이 돌아간 뒤 많은 사람들이 자신을 따르기 시작하자 가전연은 자만심이 높아져 누구와 맞서 토론해도 자신을 당할 사람이 없다고 생각하게 되었다. 물론 석가모니가 깨달음을 이루면 찾아가 제자가 되라는 스승의 당부도 무시했다.

그러던 어느 날, 나라에서 신비한 비문을 읽을 수 있는 사람을 찾고 있었다. 바라나시국 성터 근처에서 비석을 발견했는데 그 비석에 새겨진 글자를 아는 사람이 없었다.

아시타 선인에게서 각국의 글자는 물론, 지금은 쓰지 않는 옛적의 글도 배워서 알고 있었던 가전연은 자신 있게 나서서 비문을 읽어 내려갔다.

왕 가운데 왕은 누구이며
성인 가운데 성인은 누구인가?
어떤 사람이 어리석은 사람이고
어떤 사람이 슬기로운 사람인가?

어떻게 해야 더러운 때를 여의며
어떻게 해야 열반에 이르는가?
누가 나고 죽는 바다 속에 빠졌으며
누가 해탈의 나라에서 유유히 노니는가?

가전연은 비문의 글을 읽을 수는 있었으나 그 해답은 알 수 없었다. 온 나라에 비문의 내용이 퍼졌으나 아무도 그 답을 몰랐다. 결국 나라에서는 상금을 많이 내걸고 방을 다시 내붙였고, 가전연은 왕에게 7일 동안의 말미를 청했다.

가전연은 학문이 높은 바라문 학자, 유명하다는 사문을 두루 찾아갔으나 답을 구하지 못했다. 그제야 가전연은 스승이 남긴 유언이 생각났다.

가전연은 아직 30대의 청년이긴 하지만 크게 깨우쳤다는 석가모니에게 찾아가 물어보기로 했다. 그때 석가모니는 마갈타국에서 제자 1천 명을 거느리고 법을 설하고 있었다. 가전연은 석가모니에게 자신이 찾아온 이유를 말하고 비문을 보여 주었다. 그러자 석가모니는 조금도 망설임 없이 우렁찬 목소리로 답해 주었다.

"왕 가운데 왕은 제6천왕이며,
성인 가운데 성인은 크게 깨달은 부처이며
무명(無明)에 물든 사람을 어리석다 하고
모든 번뇌를 떨어버린 사람을 슬기롭다 하며
도를 닦아 탐·진·치를 여의면 때를 여읜 것이고
도를 닦아 계·정·혜를 이루면 열반에 드느니라.
〈나〉와 법에 매달리면 생사의 바다에 빠지고
연기의 진리를 깨달으면 해탈하여 유유히 노닐도다."

석가모니의 말을 듣고 나자 가전연은 눈앞이 환히 밝아오는 듯했다. 가전연은 감격해서 예배를 드리고 그 자리에서 석가모니에게 귀의하고 출가를 허락 받았다.

　가전연은 왕의 명을 받고 왔으므로 일단 돌아가서 임무를 마치고 다시 오기로 했다. 왕은 가전연을 통해 석가모니의 말씀을 전해 듣고 매우 기뻐했다. 왕은 석가모니가 있는 동쪽을 향해 예배하고 비문의 뜻을 풀어 백성들에게도 알리도록 했다. 그리하여 모든 백성이 성인 중의 성인은 부처이고, 어떤 것이 슬기로운 것이고, 어떤 것이 생사의 고뇌를 건너는 길이며, 열반·해탈이 무엇인지 알게 되었다.

　그 후 석가모니에게 돌아가 출가한 가전연은 열심히 수행정진하여 모든 진리를 깨달아 아라한이 되었다. 그는 타고난 언변과 지혜로 많은 외도들과 토론하여 그들을 감복시켰다. 이로써 석가모니의 교단은 더욱 빛나고 발전하게 되었다.

　가전연은 특히 당시의 사성계급 타파를 외치고 나섰다. 따라서 기존의 사회 질서를 지키고 싶어하던 상층계급인 바라문과 찰제리가 크게 반발하고 나섰다. 그러나 어떤 훌륭하다는 바라문도 가전연에게 와서 몇 마디 논쟁을 하다 보면 자기도 모르게 설득당해서 오히려 불법에 귀의하기 일쑤였다. 논리적으로나 도덕적으로 도저히 가전연을 당해낼 수 없었던 것이다.

　석가모니의 제자 중에 부루나와 가전연 두 사람은 모두 유창한 언변을 갖춘 뛰어난 설법가였다. 둘이 다른 점은 부루나는 백 명, 천 명의 대중을 상대로 설법하는 데 능한 반면, 가전연은 개별적으로 감화시키는 데 뛰어난 능력을 발휘했다는 것이다.

　『잡아함경』에는 가전연이 뛰어난 언설로 내담자를 감복시키는 장면이 여러 경에 나온다. 일국의 왕을 상대로 논의를 펼쳐 감동시키기도 하고, 일부러 비딱한 태도로 시비를 거는 바라문의 장로를 조복시키기도 한다.

　…존자 마하 가전연은 조림(稠林) 속에 있었다. 때에 서방의 왕자인 마투

라 국왕은 존자 마하 가전연에게 나아가 그 발에 예배하고 한쪽에 물러앉아 물었다.

"바라문은 스스로 '우리는 제일이요, 다른 사람은 비열하다. 우리는 희고 다른 사람은 검다. 바라문은 청정하고 바라문이 아닌 사람은 그렇지 않다. 사람은 바라문의 아들로서 입으로 태어났고 바라문이 화한 것이다. 이것은 바라문의 소유다'라고 말합니다. 존자 마하 가전연이여, 그 뜻은 어떠합니까?"

존자 마하 가전연은 마투라왕에게 말하였다.

"대왕이여, 그것은 세상 말일 뿐이오. … 대왕이여, 알아야 하오. 업(業)은 진실한 것이오. 그것은 다 업에 의한 것이오."

왕은 존자 마하 가전연에게 말하였다.

"그 말씀은 너무 간단하십니다. 나는 이해할 수 없습니다. 다시 분별해 말씀해 주십시오."

존자 마하 가전연은 말하였다.

"이제 당신에게 묻겠소. 묻는 대로 내게 대답하시오. 대왕이여, 당신은 바라문의 왕이오. 당신 나라에 있는 바라문·찰제리·거사·장자의 이 네 종류의 사람을 모두 불러와 재물과 힘으로 모시게 하거나, 먼저 일어나고 뒤에 자게 하거나, 그 밖의 여러 가지 심부름을 시킬 때에 모두 뜻대로 되는 가요?"

"뜻대로 되나이다."

"대왕이여, 찰제리가 왕이 되거나 거사가 왕이 되거나 장자가 왕이 되었을 때에 그 나라에 있는 사성(四姓)을 모두 불러와 재물과 힘으로 모시게 하거나, 먼저 일어나고 뒤에 자게 하거나, 그 밖의 여러 가지 심부름을 시킬 때에 모두 뜻대로 될까요?"

"뜻대로 될 것입니다."

"그렇다면 대왕이여, 그와 같이 사성은 다 평등한데 무슨 차별이 있겠소. 알아야 하오. 대왕이여, 사종의 성은 다 평등하여 낫고 못한 차별이나 다름이 없는 것이오."

마투라왕은 존자 마하 가전연에게 사뢰었다.

"실로 그러합니다. 존자여, 사성은 다 평등하여 갖가지로 낫고 못한 차별이 없습니다."…

〔사례61, 제20권 548.마투라경(摩偸羅經)〕

…존자 마하 가전연은 바라나의 오니 못 곁에 있으면서 많은 비구들과 함께 옷을 가지는 일을 위해 식당에 모여 있었다. 때에 나이 많고 근(根)이 노숙한 바라문이 식당으로 나아가 지팡이를 짚고 서서 한동안 잠자코 있다가 여러 비구들에게 말하였다.

"여러 장로들, 너희들은 어찌하여 늙은 사람을 보고 말도 하지 않고 인사도 하지 않으며, 공손히 앉으라고 말하지도 않는가?"

때에 존자 마하 가전연은 대중 가운데 앉아 있다가 그 바라문에게 말하였다.

"우리 법에서는 늙은이가 오면 다 서로 말하고 인사하며, 공경하고 예배하며, 앉으라고 청하느니라."

바라문은 말하였다.

"내가 보매, 이 대중 가운데는 나보다 늙은이가 없다. 하지만 공경하고 예배하며 앉으라고 청하지 않았다. 그런데 너는 어떻게 '우리 법에서는 늙은이를 보면 공경하고 예배하며 앉으라고 청한다'고 말하는가?"

마하 가전연은 말하였다.

"바라문이여, 혹 나이가 늙어 80이나 90이 되어 머리는 희고 이는 빠졌더라도 만일 젊은이의 법을 가졌으면 그는 늙은 사람이 아니다. 다시 비록 나이가 젊어 25세쯤 되어 살결은 희고 머리는 검어 젊은 아름다움이 넘치더라도 늙은이의 법을 성취하였으면 그는 늙은 사람의 수에 들어가느니라."

바라문은 물었다.

"어떤 것을 나이 80이나 90이 되어 머리는 희고 이는 빠졌더라도 젊은이의 법을 가졌다 하며, 나이 25세쯤 되어 살결은 희고 머리는 검어 한창 젊은 아름다운 몸이라도 늙은 사람의 수에 든다고 하는가?"

"오욕의 향락이 있다. 이른바 눈은 빛깔을 분별하여 사랑하고 생각하며, 귀는 소리를 분별하고, 코는 냄새를 분별하며, 혀는 맛을 분별하고, 몸은 촉감을 분별하여 사랑하고 생각한다. 이 오욕의 향락에 있어서 탐심을 떠나지 못하고 욕심을 떠나지 못하며 사랑을 떠나지 못하고 생각을 떠나지 못하며 흐림을 떠나지 못하면 바라문이여, 이런 사람은 나이 80이나 90이 되어 머리는 희고 이는 빠졌더라도 그는 젊은이의 법을 가졌다 한다. 또 나이 25세 쯤 되어 살결은 희고 머리는 검어 한창 젊은 아름다운 몸이더라도 오욕의 향락에 있어서 탐심을 떠나고 욕심을 떠나며 사랑을 떠나고 생각을 떠나며 흐림을 떠났으면 그런 사람은 … 늙은이의 법을 성취하여 늙은 사람의 수에 든다고 하느니라."

그때에 바라문은 존자 마하 가전연에게 말하였다.

"존자가 말한 이치대로 한다면, 나는 스스로 돌아보아 비록 늙었지만 아직 젊었고, 당신들은 비록 젊었으나 늙은이의 법을 성취하였소.… "

〔사례60, 제20권 547.집장경(執杖經)〕

7) 두타제일(頭陀第一) 마하 가섭

마하 가섭(摩訶迦葉)은 석가모니의 10대 제자 가운데 한 사람으로, 비구로서 고행과 수도를 철저히 하여 '두타제일'로 불린다. 『잡아함경』의 1362경 가운데 3경에 상담자로 등장해 아난다에게 개별상담과 동료상담을 했고, 비구니들을 대상으로 대중교설을 펼쳤다.

마하 가섭은 중인도의 마갈타국 왕사성에서 멀지 않는 마을의 큰 부자인 바라문 집안 출신이다. 어려서부터 학문에 통달하고 아이들과 놀기를 싫어하고 항상 홀로 있기를 좋아했다. 청년이 되어서는 부모의 권유에도 결혼을 하려 하지 않았다. 처자가 있으면 수도자가 되는데 방해가 되기 때문이었다. 그러나 부모는 마하 가섭의 뜻은 아랑곳없이 카필라성에 있는 바라문 처녀와 혼약을 해버렸다. 결혼 첫날밤이 되자 마하 가섭은 청정하게 살고자 하는 자신의 뜻을 신부에게 밝혔고, 신부 역시 뜻을 같이 해 이름만 부부로서 지내기로 약조했다(이종익·김어수, 1986).

이렇게 청정한 부부 생활을 한 지 12년, 부모가 세상을 뜨자 마하 가섭은 속세의 모든 것을 떨치고 출가를 하기로 했다.

"내가 옳은 스승을 만나 도를 이루면 다시 집으로 돌아와 권속들을 모두 출가시킬 것이며, 남은 재산은 모두 가난한 사람들에게 나누어 줄 것이니, 그렇게 알고 기다려 주시오."

마하 가섭의 말을 들은 부인은 남편의 높은 뜻에 감탄하면서 쾌히 승낙했다.

마하 가섭이 출가할 무렵이 바로 석가모니가 성도를 이룰 때였다. 그때 나이 이미 서른이 넘은 마하 가섭은 사방으로 스승을 찾아 헤맸으나 소원을 이루지 못하고 방황했다. 그렇게 두 해가 지났을 때, 마하 가섭의 귀에 고타마라는 성인이 생사를 뛰어넘는 부처가 되었다는 소문이 들렸다. 석가모니는 그때 사리불, 목건련 등 천여 명의 제자를 거느리고 왕사성에 머물고 있었다. 마하 가섭은 왕사성으로 찾아가 여러 사람들 틈에 끼어 석가모니의 법문을 들으며 깊은 감동을 받았다. 마침내 참스승을 찾은 그는 석가모니 문하에 출가하였다. 그리고 출가한 지 8일 만에 깨달음을 얻어 아라한이 되었다.

마하 가섭이 석가모니 밑으로 출가한 지 1년이 되었을 때 석가모니는 아버지 정반왕의 간청으로 제자들을 이끌고 고향인 카필라성으로 돌아왔다. 마하 가섭은 출가할 때 부인과 약속했던 일을 지키려고 석가모니께 허락을 얻어 부인을 찾아갔다.

마하 가섭의 부인은 남편이 집을 떠난 지 3년이 넘도록 아무 소식이 없자 모든 재산을 처분해서 친족과 가난한 이에게 나누어 주고 자신은 어떤 외도의 제자가 되어 있었다. 그 외도는 옷을 벗고 사는 무리인 나형외도로서 젊고 아름다운 마하 가섭의 부인에게 갖은 학대와 능욕을 일삼고 있었다.

그들 무리에서 부인을 구해낸 마하 가섭은 곧장 석가모니께 데리고 와 정식으로 출가시켜 비구니 교단에서 수행하게 하였다. 그러나 마하 가섭의 부인은 비구니 교단에서도 뛰어난 미모 때문에 모략과 중상을 받아 탁발도 못하고 대중과 멀리 떨어져 지냈다. 마하 가섭은 이런 부인이 불쌍하여 석가모니께 허락을 얻어 매일 자신이 탁발한 것을 반씩 나누어 주기도 했다. 이후 이 비구니는 깨달음을 얻어 마침내 지난 세상을 훤히 꿰뚫어 보는 숙명통(宿命通)까지 얻게 되었다.

마하 가섭은 언제나 고요히 마음을 닦고 십이두타행(十二頭陀行)을 즐겨 실천했다.

십이두타행이란 ① 인가를 멀리 떠나 산 숲·광야의 한적한 곳에 있는 것 ② 늘 밥을 빌어서 생활하는 것 ③ 빈부를 가리지 않고 차례로 걸식하는 것 ④ 한 자리에서 먹고 거듭 먹지 않는 것 ⑤ 발우 안에 든 것만으로 만족하는 것 ⑥ 정오가 지나면 과실즙이나 석밀(石蜜) 따위도 마시지 않는 것 ⑦ 헌 옷을 빨아 기워 입는 것 ⑧ 옷을 세 벌밖에는 쌓아두지 않는 것 ⑨ 무덤 곁에서 지냄으로써 무상관(無常觀)에 편리하게 하는 것 ⑩ 있는 곳에 애착을 갖지 않기 위해 나무 밑에 있는 것 ⑪ 나무 아래서 자면 습기·새똥·독벌레의 해가 있으므로 노지(露地: 한데)에 앉는 것 ⑫ 앉기만 하고 눕지 않는 것이다.

이는 의·식·주를 간단히 하여 번뇌를 없애고 불도를 닦는 데 번거로움이 없게 하기 위한 행법이다. 마하 가섭이 이렇게 홀로 있기를 즐기고 두타행을 실천하자 '두타제일'이라고 부르게 된 것이다.

석가모니의 교단에서는 외도들과 토론하거나 교단 일을 의논하는 일은 석가모니와 사리불·목건련이 맡아서 했고, 마하 가섭은 수행에 전념하는 한편 가끔 재가신도들에게 석가모니를 대신해서 법을 설하였다.

석가모니는 자신의 반 자리를 내어줄 정도로 제자인 마하 가섭을 아끼고, 그의 높은 경지를 인정했다. 이때의 이야기는 『잡아함경』에 자세히 수록되어 있다.

마하 가섭과 석가모니의 일화는 여러 가지가 있다.

석가모니가 어느 때 영산회상에서 법좌에 올라 꽃 한 송이를 들고 말없이 대중을 보았다. 아무도 그 뜻을 몰라 어리둥절해 하고 있을 때 마하 가섭만이 석가모니의 참뜻을 알아차리고 빙그레 웃었다. 그러자 석가모니는

"내게 정법안장(正法眼藏) 열반묘심(涅槃妙心) 실상무상(實相無相) 미묘법문(微妙法門)이 있으니 이제 마하 가섭에게 부촉하노라"고 하였다. 이것이 염화미소(拈華微笑)로, 이심전심(以心傳心)의 대표적인 예화로 오늘날까지 전해져 오고 있다.

석가모니가 열반에 들었을 때의 일이다. 이웃나라에서 비구 5백을 거느리고 전법을 하던 마하 가섭은 그날 밤으로 석가모니가 입멸한 쿠시나가라로 달려와 석가모니 앞에 엎드려서 어깨를 들먹이며 울었다. 그러자 발난다 비구가 마하 가섭에게 다가와 비웃었다.

"무엇 때문에 그리도 상심하시오? 부처님이 열반에 들었으니 이제 우리는 자유를 얻었소. 이 얼마나 기쁜 일이오?"

그러자 한 비구가 참지 못해 발난다에게 달려들어 그를 치려고 했다. 마하 가섭은 이들을 뜯어 말리며 준엄하게 꾸중했다.

"지금 부처님께서 열반에 드시어 모두 슬퍼하고 있는데 그대는 도리어 기뻐하니 매를 맞아 마땅하다. 그러나 우리 교단 안에서 서로 주먹질하고 싸우는 것은 있을 수 없는 일이오 그러니 더 이상 소란을 피우지 마시오"

소란은 가라앉았지만 마하 가섭은 마음이 착잡했다. 석가모니가 열반하자마자 벌써 이런 일이 생기니 앞으로는 어떤 일이 일어날지 모른다는 생각이 들었다.

그런 와중에도 장례 준비는 진행되어 석가모니의 시신을 금으로 된 관에 모시고 향나무와 향유로 다비를 시작했다. 그러나 다비를 할 섶에 불이 붙지 않아 모두 이상하게 여겼다. 그때 돌아가신 석가모니가 두 발을 금관 밖으로 내밀었다. 다들 깜짝 놀라 어쩔 줄 모르는데 마하 가섭이 석가모니의 뜻을 헤아려 금관 앞으로 다가가 여쭈었다.

"자비로우신 부처님이시여, 위대한 스승이시여, 안심하십시오. 저희가 비록 눈이 어둡고 어리석지만 부처님의 가르치심에 따라 행하고 부처님의 바른 법을 널리 펴서 모든 중생이 복을 누리게 하겠나이다."

마하 가섭이 교단을 굳게 지키고 전법을 열심히 할 것을 맹세하자 석가모니는 두 발을 거두었다. 그리고 다비할 섶에 저절로 불이 붙었다. 이로써 불법을 널리 펴고 교단을 이끌어갈 모든 책임을 마하 가섭이 지게 되었다. 마하 가섭은 이후 엄격한 수행과 규율로 교단의 단합과 위엄을 지켜갔다.

석가모니가 입멸하고 얼마 뒤 마하 가섭은 왕사성 동남쪽에 있는 숲속의 칠엽굴에 5백 비구와 장로를 모아 놓고 불경을 결집했다. 이 자리에서 아난다는 석가모니의 설법을 외우고 아나율은 율을 외우고 부루나가 논을 외우고 다른 비구들이 확인함으로써 불경이 완성되었다.

불경 1차 결집을 마치고 이삼십 년의 세월이 흘렀을 때였다. 이때 마하 가섭은 이미 나이가 백 살이 넘었다. 마하 가섭은 아난다를 찾아가 말했다. "아난다여, 나는 이제 너무 늙었으니 그대가 부처님 법을 이어받아 안으로는 교단을 이끌고 밖으로는 불법을 만대에 전하는 책임을 져 주시오."

마하 가섭은 아난다에게 모든 것을 부촉하고 나서 계족산으로 들어가 깊고 넓은 풀밭에서 열반에 들었다.

마하 가섭은 석가모니의 법을 전수받은 최고의 제자임에도 『잡아함경』에는 그가 설법을 하는 경이 별로 많지 않다. 홀로 두타행을 닦느라 비구들이나 신도들 앞에 나서지 않았기 때문으로 보인다. 그러나 석가모니가 그를 얼마나 아끼고 인정했는지는 잘 나타나 있다. 또한 두타행 실천에 제일로 손꼽히는 마하 가섭이었지만 석가모니의 계율이 너무 엄하다고 불평을 터뜨리는 장면도 있어서 눈길을 끈다. 물론 석가모니의 설명을 들은 마하 가섭은 즉시 그 이유를 이해했지만, 이를 통해 당시 석가모니 교단의 규율이 얼마나 준엄했는지 엿볼 수 있다. 이밖에 석가모니가 열반한 이후 아난다의 행이 흐트러지자 훈계하여 바로잡는 장면도 수록되어 있다.

…어느 때 부처님께서는 판카다의 판카다지 숲에 계시면서 여러 비구들에게 계상응법(戒相應法)을 설명하시고 만드신 계법을 찬탄하셨다. 때에 존자 가섭은 판카 마을에 머무르다가 세존께서 계상응법을 설명하시고 그 계율을 찬탄하신다는 말을 듣고 몹시 불쾌하여 참지 못해 말했다.

"저 사문은 계율을 몹시 찬탄하고 계율을 엄하게 만들었다."
그때에 세존께서는 판카 마을에서 얼마 동안 계시다가 사위국으로 떠나 제타숲 외로운 이 돕는 동산에 이르셨다.
때에 존자 가섭은 세존께서 떠나신 지 오래되지 않아 곧 마음으로 후회하였다.
'나는 이제 이익을 잃고 큰 손해를 보았다. 세존께서 계상응법을 설명하시고 만드신 계율을 찬탄하실 때 세존께 대해 참지 못해 불쾌해하고 언짢아했다.'
… 존자 가섭은 사위국에 이르러 세존께 나아가 머리를 조아려 그 발에 예배하고 여쭈었다.
"허물을 뉘우치나이다, 세존이시여. 잘못을 뉘우치나이다, 선서시여. 저는 어리석고 미련하여 착하지도 못하고 분별하지도 못하였나이다. 저는 세존께서 계상응법을 설명하시고 만드신 계율을 찬탄하실 때 세존께 대해 참지 못해 불쾌하고 언짢아 이렇게 말하였나이다. '저 사문은 계율을 매우 엄하게 만들었고 그것을 매우 찬탄한다'고."
부처님께서는 가섭에게 말씀하셨다.
"너는 언제 나에 대해 참지 못해 불쾌하고 언짢아 '저 사문은 매우 엄하게 계율을 만들었고 그것을 매우 찬탄한다'고 말하였던가?"
"그때에 세존께서는 판카다 마을 판카다지 숲속에서 비구들을 위해 계상응법을 말씀하시고 그 계율을 찬탄하셨나이다. 저는 그때에 세존께 대해 참지 못해 불쾌해하고 언짢아서 그렇게 말하였나이다. 세존이시여, 저는 오늘 스스로 허물을 알아 후회하고 스스로 허물을 보아 후회하나이다. 세존께서는 저를 가엾이 여겨 제 허물 뉘우침을 받아들여 주소서."
부처님께서는 가섭에게 말씀하셨다.
"너는 어리석어 착하지 않고 분별하지 못한 것을 뉘우칠 줄을 스스로 아는구나. … 너는 지금 스스로 뉘우칠 줄을 알고 스스로 뉘우침을 보았으니 미래 세상에서는 율의계(律儀戒: 행위·언어·생각에 걸쳐 악을 없애고 온갖 선한 계율을 보존하는 계율)가 생길 것이다. … 비록 가섭이 윗자리 비구일지라도 계율을 배우려 하지 않고 그것을 중히 여기지 않고 만든 계율을 찬탄하지 않으면 나는 그런 비구는 칭찬하지 않는다.…"

〔사례78, 제30권 830.붕가사경(崩伽闍經)〕

…그때에 마하 가섭은 오랫동안 사위국의 한적한 곳에서 수행하다가 수염과 머리를 기르고 해진 누더기 옷을 입은 채 부처님께 나아갔다. 그때에 세존께서는 수없는 대중에게 둘러싸여 설법하고 계셨다. 여러 비구들은 존자 마하 가섭이 멀리서 오는 것을 보고 그를 업신여겨 말했다.

"저이는 어떤 비구이기에 의복은 누추하고 위의도 없이 옷을 펄럭이며 오는가?"

그때에 세존께서는 비구들의 생각을 아시고 마하 가섭에게 말씀하셨다.

"잘 오라, 가섭이여. 이 절반 자리에 앉아라. 나는 이제 마침내 알았다. 누가 먼저 집을 나왔던가? 그대인가, 나인가?"

여러 비구들은 곧 마음에 두려움이 생겨 몸의 털이 다 일어섰다. 그들은 서로 말하였다.

"여러분, 이상하다. 저 존자 마하 가섭은 큰 덕과 힘이 있다. 그는 제자인데 스승님께서 반자리〔半座〕로 청하신다."

그때에 존자 마하 가섭은 합장하고 부처님께 사뢰었다.

"세존이시여. 부처님께서는 제 스승이시요, 저는 제자이옵니다."

부처님께서는 가섭에게 말씀하셨다.

"그렇다. 나는 큰스승이요, 그대는 내 제자다. 그대는 그만 앉아 편할 대로 하라."

존자 마하 가섭은 부처님 발에 머리를 조아리고 한쪽에 물러앉았다. 그때에 세존께서는 다시 여러 비구들을 경계해 깨우쳐 주고, 또 존자 마하 가섭이 얻은 바가 훌륭하고 장대한 공덕과 같다는 것을 대중에게 나타내기 위해 다시 비구들에게 말씀하셨다.…

〔사례131, 제41권 1142.납의중경(衲衣重經)〕

…어느 때 존자 마하 가섭과 존자 아난다는 왕사성 기사굴산에 있었는데 세존께서 열반하신 지 오래되지 않았다. 때에 세상은 흉년이 들어 걸식하여

도 얻기 어려웠다.

존자 아난다는 많은 젊은 비구들과 함께 있으면서 모든 감관을 잘 단속하지 못하였다. 음식은 양을 알지 못하였고, 초저녁과 새벽에도 좌선하기를 힘쓰지 않고 잠자기를 즐겨해 집착하였다. 항상 세상 이익을 구해 세간에 노닐면서 남쪽 천축으로 갔다. 거기서 30명 젊은 제자들은 계율을 버리고 속세로 돌아갔고, 나머지는 대개 동자들이었다. 존자 아난다는 남산 국토에서 노닐다가 적은 무리를 데리고 왕사성으로 돌아왔다.…

존자 마하 가섭은 존자 아난다에게 물었다.

"그대는 어디서 오는가? 대중이 적구나."

"남산 국토에서 세간에 노닐다가 젊은 비구 30명은 계율을 버리고 속세로 돌아갔기 때문에 대중이 줄었고, 지금 남은 이도 대개 동자요."

존자 마하 가섭은 존자 아난다에게 말하였다.

"여래·정등각께서는 몇 가지 복과 이익을 보셨기에 세 사람 이상이 모여 먹는 것을 억제하는 계율을 만드셨던가?"

아난다는 대답하였다.

"두 가지 일 때문이오. 첫째는 가난하고 작은 집 때문이요, 둘째는 여러 나쁜 사람이 패를 만들어 서로 부수기 때문이오. 즉 나쁜 사람이 대중 가운데 있어 대중이란 이름으로 대중을 막아 두 패로 갈라져 서로 미워하고 다투지 못하도록 하신 것이오."

"그대는 그 뜻을 알면서 어째서 흉년 든 때에 많은 젊은 비구를 데리고 남산 국토에 노닐다가 30명이 계율을 버리고 속세로 돌아감으로써 대중이 줄게 하고, 나머지는 대개 동자인가? 아난다님, 그대가 대중을 줄게 한 것을 보면 그대도 동자요, 요령이 없기 때문이오."

"존자 마하 가섭님, 나는 이미 머리털이 두 가지 빛깔인데 어떻게 동자라고 부르오?"

"그대는 흉년 든 세상에 여러 젊은 제자들과 세간에 노닐다가 30명 제자가 계율을 버리고 속세로 돌아가게 하고, 나머지는 동자로서 대중이 줄어들게 하였으니, 요령이 없기 때문이오. 그러면서 말하기를 '늙은이의 대중도 무너지고 아난다의 대중은 더 무너졌을 뿐이다'라고 하오. 아난다님, 그대는 동자요. 요령이 없기 때문이오."…

〔제41권 1144.중감경(衆減經)〕

8) 설법제일(說法第一) 부루나

부루나(富樓那)는 석가모니의 10대 제자 가운데 한 사람으로, '설법제일'이라 일컫는다. 『잡아함경』의 1362경 가운데 1경에 상담자로 등장해 외도들과 문답을 주고받았다.

부루나는 중인도 카필라성 근처의 부호이며 국사(國師)인 바라문 집안에서 석가모니와 같은 날에 태어났다. 석가모니가 태자 시절 출가 수행하고자 궁을 떠날 무렵, 부루나도 친구 30여 명과 함께 출가하여 히말라야산에 들어가 고행을 쌓았다. 그 뒤 석가모니가 크게 깨치고 왕사성에서 법을 펼치고 있을 때 이러한 소문을 듣고 석가모니를 찾아가 계를 받고 제자가 되었다(이종익·김어수, 1986).

비구가 된 부루나는 석가모니의 설법을 듣고 부지런히 수행하여 아라한과에 오르게 되자 많은 사람들에게 불법을 널리 펴는 데 힘썼다. 부루나는 타고난 말솜씨와 총명한 두뇌, 그리고 깊은 학문으로 많은 사람을 감동시켰다.

석가모니의 제자 가운데 법을 전하는 일에 힘쓴 사람이 많았으나 부루나처럼 오직 전법을 위해 온갖 어려움을 무릅쓴 사람은 드물었다. 당시 석가모니의 제자 중에는 스승의 가르침을 익히고 실천하는 사람이 많았으나, 다른 사람에 대한 자비심이나 불법을 널리 펴려는 열정이 부족했다. 그러나 부루나는 석가모니의 가르침을 널리 알려 모든 사람이 다 불법에 귀의하여 골고루 제도 받도록 하는 것이 자신의 사명이며 의무라고 생각했다.

부루나는 발우 하나만 들고 곳곳을 돌며 갖은 어려움을 마다않고 부처님 법을 폈다. 아무리 고집스럽고 반항적인 사람도 부루나의 설법을 들으면 깊이 감화되어 불법에 귀의했다. 부루나는 한평생을 석가모니의 교화가 미치지 않는 지방을 다니며 포교했다. 석가모니는 이러한 부루나에게 "너는 사람 가운데 법을 설함에 있어 제일이다. 무량겁이 지난 뒤 한 세계에서 부처가 될 것이다. 그때 부처의 이름을 법명(法明) 여래라 할 것이다" 하고 수기를 내렸다. 부루나가 어디서 어떻게 열반했는지는 전해지지 않는다.

설법제일인 부루나이지만, 외도들을 상대로 문답을 주고받다가 제대로 설득하지 못하자 석가모니께 찾아와 자신의 설법이 제대로 된 것이었는지 묻는 장면이 『잡아함경』에 나온다. 그리고 부루나의 전법에 대한 열정이 어떠했는지 짐작할 수 있는 내용도 수록되어 있다.

…그때에 집을 나온 많은 외도들은 존자 부루나에게 나아가 서로 문안하고 위로한 뒤에 한쪽에 앉아 물었다.

"사문 고타마는 '모든 존재를 끊고 부수어 버리기를 가르친다'고 우리는 들었다. 이제 존자 부루나님께 묻노니, 과연 그러한가?"

부루나는 말하였다.

"나는 그렇게 알지 않는다. … 세존께서 말씀하신 것은 '모든 중생들은 〈나〉가 있다, 〈나〉라는 교만과 삿된 교만이 있다'이다. 그래서 세존께서는 그것을 다 끊어 없애 버리라고 하신 것이다."

여러 외도들은 부루나의 말을 듣고 마음이 불쾌하여 꾸짖으면서 떠나갔다.

존자 부루나는 여러 외도들이 떠난 뒤에 부처님께 나아가 머리를 조아려 그 발에 예배하고 한쪽에 물러앉아 조금 전에 여러 외도들과 한 말을 자세히 사뢰었다.

"세존이시여, 제가 아까 외도들에게 대답한 말이 세존님을 훼손시킨 것이나 되지 않겠나이까? 그 말은 부처님의 말씀과 같고, 법다운 말이 되며, 법을 따른 말로서 여러 이론가들의 비난이나 받지 않겠나이까?"

부처님께서 말씀하셨다.

"네 말대로 한다면, 그것은 여래를 훼손시킨 것이 아니요, 차례를 잃지 않았으며, 내 말과 같고, 법다운 말이며, 법을 따른 말로서 여러 이론가들의 비난을 받지 않을 것이다.…"

〔제34권 966.부린니경(富隣尼經)〕

…어느 때 부처님께서는 사위국 제타숲 외로운 이 돕는 동산에 계셨다. 그때에 존자 부루나는 부처님 계신 곳에 나아가 머리를 조아려 그 발에 예배하고 한쪽에 물러앉아 부처님께 여쭈었다.

…부처님께서 말씀하셨다.

"나는 이미 간략히 법의 가르침을 말하였다. 너는 어디 가서 머무르고자 하는가?"

부루나는 부처님께 여쭈었다.

"세존이시여, 저는 이미 세존께서 간략히 말씀하신 가르침을 받았나이다. 저는 서방 수로나로 가서 세상에서 노닐고자 하나이다."

부처님께서는 말씀하셨다.

"서방의 수로나 사람들은 거칠고 모질며 가볍고 성급하며 폐스럽고 사나워 꾸짖기를 좋아한다. 부루나여, 네가 만일 그들이 거칠고 모질며 가볍고 성급하며 폐스럽고 사나우며 꾸짖기를 좋아하여 헐고 욕하는 말을 들으면 어떻게 하겠느냐?"

"세존이시여, 만일 서방의 수로나 사람들이 흉악하여 눈앞에서 나무라고 꾸짖으며 헐고 욕하면 저는 이렇게 생각하겠나이다. '이 서방의 수로나 사람들은 어질고 착하며 지혜가 있다. 비록 내 앞에서 거칠고 모질며 폐스럽고 사나워서 나무라고 꾸짖더라도 나는 아직 그들이 손이나 돌로 나를 치는 것은 보지 못하였다'고."

부처님께서 말씀하셨다.

"저 서방의 수로나 사람들이 다만 거칠고 모질며 폐스럽고 사나워서 나무라거나 욕만 한다면 너는 혹 벗어날 수 있지만, 다시 그들이 손이나 돌로써 친다면 너는 어찌하겠느냐?"

부루나는 부처님께 여쭈었다.

"세존이시여, 저 서방의 수로나 사람들이 손이나 돌로 저를 친다면 저는 이렇게 생각하겠나이다. '수로나 사람들은 어질고 착하며 지혜가 있다. 비록 손이나 돌로 나를 치지만 칼이나 몽둥이는 쓰지 않는다'고."
"만일 그 사람들이 칼이나 몽둥이로 너를 대한다면 너는 다시 어떻게 하겠느냐?"
"세존이시여, 만일 그 사람들이 칼이나 몽둥이로 저를 대한다면 저는 이렇게 생각하겠나이다. '이 수로나 사람들은 어질고 착하며 지혜가 있다. 비록 칼이나 몽둥이로 나를 대하지만 죽이는 것은 보지 못했다'고."
부처님께서 말씀하셨다.
"가령 그 사람들이 혹 너를 죽인다면 어떻게 하겠느냐?"
부루나는 부처님께 여쭈었다.
"세존이시여, 만일 서방의 수로나 사람들이 혹 저를 죽인다면 저는 이렇게 생각하겠나이다. '모든 세존의 제자들은 마땅히 몸을 싫어하고 근심스러이 여겨, 혹은 칼로 자살하고 혹은 독약을 먹으며 혹은 노끈으로 스스로 묶고 혹은 깊은 구덩이에 던진다. 그런데 저 서방 수로나 사람들은 어질고 착하며 지혜로워 내 썩어 무너질 몸을 조그마한 방편으로써 곧 해탈하게 한다'고."
"착하다, 부루나여! 너는 욕 참기를 잘 배웠구나. 너는 이제 수로나 사람들 속에 가서 살 수 있을 것이다. 너는 이제 가서 건지지 못한 사람은 건지고, 편안하게 하지 못한 사람은 편안하게 하며, 열반을 얻지 못한 사람은 열반을 얻게 하는 것이 좋으리라."
그때에 부루나는 부처님 말씀을 듣고 기뻐하면서 예배하고 떠나갔다.
그때에 존자 부루나는 밤이 지나고 이른 아침에 가사를 입고 발우를 가지고 사위성으로 들어가 밥을 빌었다. 밥을 다 먹고는 도로 나와 침구를 단속한 뒤에 가사와 발우를 가지고 서방 수로나에 이르러 세상에서 노닐었다. 거기 이르러서는 여름 안거를 지내고 5백 우바새를 위하여 설법하고, 5백 승가람을 세우니, 노끈 평상과 요와 공양하는 모든 도구가 다 갖추어져 만족하였다. 3개월이 지난 뒤에는 삼명(三明)을 두루 갖추고 거기서 곧 남음이 없는 열반을 이루었다.

〔사례39, 제13권 311.부루나경(富樓那經)〕

9) 기타 상담자

이밖에 석가모니의 10대 제자로 석가모니의 아들이며 밀행제일(密行第一)인 라훌라(羅睺羅), 노예계급인 수드라 출신으로 지계제일(持戒第一)인 우바리(優婆離), 해공제일(解空第一)인 수보리(須菩提)가 더 있으나, 『잡아함경』에 상담자로 등장하지는 않는다. 라훌라 존자만 내담자로 여러 경에 나타난다.

석가모니의 10대 제자 외에 상담자로 등장하는 사람은 반기사, 난다카, 우다이, 아누라도, 카마부 등의 비구와 칫타 장자, 급고독 장자 등의 재가 신도가 있고, 가끔 여러 형태의 천신이 상담자가 되어 수행에 게으른 비구들을 일깨워 주기도 한다.

5. 상담과정

내담자들이 석가모니를 찾아와 설법을 듣게 되는 동기는 사례마다 독특하다. 석가모니의 소문을 듣거나 그 풍모에 감명 받아 스스로 찾아오는 경우도 있고, 의문점을 풀기 위해 또는 조언을 구하기 위해 찾아와 상담하는 경우도 있었다. 어떤 경우에는 석가모니의 명성을 듣고 석가모니를 시험하거나 따지다가 감화 받아 제자가 되기도 하고, 속여서 제자가 되기도 하며 욕을 하러 일부러 찾아오는 사람도 있었다. 거리에서 만난 사람이 질문을 해서 상담이 이루어지는 경우도 있고, 석가모니가 내담자의 마음을 관찰하거나 내담자의 말을 하늘귀로 알아듣고 그 문제점을 파악해 자청해서 상담을 해주는 경우도 있었다. 신자들의 경우는 석가모니를 그리워하여 보고 싶은 마음에 찾아왔다가 설법을 듣기도 하고, 제자들의 경우는 다른 제자가 상담이 필요할 경우 석가모니에게 건의해 상담이 이루어지게 하기도 했다. 석가모니를 뒤에서 비난했다가 뉘우치며 용서를 구하는 사람도 있고, 유혹을 하거나 심지어 죽이려고 덤벼들었다가 교화되어 제자가 되는 경우도 있었다.

 석가모니는 자신을 찾아온 사람에게 먼저 말을 건네거나 질문을 해서 상담으로 이끌기도 하고, 방문한 사람이 먼저 석가모니에게 설법을 요청하거나 의문점을 묻거나 자신의 문제점을 털어놓음으로써 상담이 진행되기도 했다. 때로는 내담자가 말이나 몸으로 표현하지 않아도 석가모니가 내담자의 마음을 알아차리거나 하늘귀로 들어서 내담자의 문제점을 파악해 상담으로 이끄는 경우도 있었다.

 …어느 때 부처님께서는 코살라국에 계시면서 세간에 노닐다가 살라촌 북쪽에 있는 심사파 숲에 계셨다. 그때에 그 촌의 큰 성(姓) 바라문에게 석가모니에 대한 소문이 들려 왔다.
 "석가 종족의 아들 사문은 석가의 큰 성으로서 수염과 머리를 깎고 가사를 입고 바른 믿음으로써 집을 나와 집이 없는 몸으로 도를 배워 위없는 등정각을 이룬 뒤에 코살라국에서 세간에 노닐다가 살라촌 북쪽에 있는 심사파 숲에 계신다."
 "그 사문 고타마는 훌륭한 모습과 명성과 진실한 공덕이 있어 하늘과 사람이 찬탄하여 팔방에 두루 들리며, 여래·등정각·명행족·선서·세간해·무상사·조어장부·천인사·불·세존이 되어 모든 세간과 모든 하늘·악마·범(梵)·사문·바라문들 가운데서 가장 큰 지혜를 스스로 증득해 알고 '나의 생은 이미 다하고 범행은 이미 서고, 할 일은 이미 마쳐 후생 몸을 받지 않는 줄'을 스스로 알며, 세상을 위해 연설하는 법이 처음과 중간과 마지막이 다 좋아 좋은 이치와 좋은 맛은 순일하고 원만하고 깨끗하며, 범행은 깨끗하고 묘한 법을 연설한다."
 소문을 들은 바라문은 생각했다.
 '훌륭하구나! 나는 찾아가 뵈리라. 훌륭하구나! 나는 가리라. 나는 가서 공경하고 섬기리라.'
 그는 곧 훌륭한 수레를 타고 많은 무리를 데리고 금병과 금지팡이와 일산을 가지고 부처님 계신 곳으로 나아가 공경하고 섬기려 하였다. 그 숲 어귀에 이르러 수레에서 내려 걸어서 세존께 나아가 문안드리고 물러나 한쪽에 앉아 여쭈었다.…

〔사례6, 제2권 53.바라문경(婆羅門經)〕

…어느 때 부처님께서는 코살라에 계시면서 세간에 노닐다가 우카타촌과 시티비아촌 중간에 있는 어떤 나무 밑에 앉아 낮 정(定)에 들어 계셨다. 때에 어떤 도나 종족 바라문은 그 길을 따라오다가 부처님 뒤에 와서 부처님 발자국에 일천 개 바퀴 모양의 무늬가 나타나 있는데, 그 바퀴살은 가지런하고 바퀴통은 동그래 모두 아름답고 원만한 것을 보았다. 그는 생각하였다.
 '나는 아직 인간의 발자국으로서 이런 것을 보지 못하였다. 이제 이 발자국을 따라 그 사람을 찾아보리라.'
 그는 곧 발자국을 따라 부처님 계신 곳에 왔다. 그는 세존께서 어떤 나무 밑에 앉아 낮 선정에 들어 계시는데, 엄숙한 얼굴은 세상에서 뛰어나고, 모든 기관은 맑고 고요하며, 마음은 극히 조용하여 가장 잘 다루어졌으며, 바른 관(觀)은 완전히 이루어져 빛나는 풍채가 의젓하기가 마치 금산(金山)과 같은 것을 보았다. 그는 그것을 보고 곧 부처님께 여쭈었다.…

〔사례19, 제4권 101.인간경(人間經)〕

…때에 울사가라는 어떤 바라문 청년은 부처님 계신 곳에 나아가 부처님 발에 머리를 조아리고 한쪽에 물러앉아 여쭈었다.
 "세존이시여, 속인이 집에 있어서 몇 가지 법을 행해야 현재에서 편안하고 현재에서 즐거울 수 있겠나이까?"…

〔사례11, 제4권 91.울사가경(鬱闍迦經)〕

…때에 어떤 비구는 부처님께 나아가 부처님 발에 머리를 조아리고 한쪽에 물러앉아 여쭈었다.
 "원컨대 세존이시여, 저를 위해 설법해 주소서. 저는 그 법을 듣고 혼자 고요한 곳에서 알뜰히 생각하면서 방일하지 않고 머무르겠나이다. 그 까닭은, 족성자가 수염과 머리를 깎고 바른 믿음으로 집을 나와 집이 없이 도를 배우고 위를 향해 범행을 닦는 것은 법을 보고 스스로 증득한 줄을 알아 나의 생은 이미 다하고 범행은 이미 서고 할 일을 이미 마쳐 후생 몸을 받지 않을 줄을 스스로 아는 데 있기 때문이옵니다."…

〔사례136, 제43권 1174.유수경(流樹經)〕

…때에 니건타는 제자 도사씨 촌장에게 말하였다.

"너는 능히 사문 고타마와 질리론(疾棃論)을 이야기하여, 사문 고타마로 하여금 말할 수도 없고 말하지 않을 수도 없게 할 수 있겠는가?"

촌장은 니건타에게 말하였다.

"존자여, 제가 어떤 논을 내세워 질리론으로 삼아 사문 고타마로 하여금 말할 수도 없고 말하지 않을 수도 없게 하리까?"

…(니건타와 미리 논쟁을 연습을 한)… 도사씨 촌장은 니건타가 권하는 명령을 받고 부처님께 나아가 공손히 문안한 뒤에 한쪽에 앉아 사뢰었다.

"고타마는 항상 모든 집의 복과 이익이 더욱 많아지기를 원하십니까?"…

〔사례89, 제32권 914.도사씨경(刀師氏經)①〕

…그때에 세존께서는 이른 아침에 가사를 입고 발우를 가지고 사위국으로 들어가 걸식하셨다. 때에 나이 많고 몸이 쇠약한 어떤 바라문이 지팡이를 짚고 발우를 가지고 집집으로 다니면서 밥을 빌고 있었다. 그 바라문은 멀리서 세존을 뵈옵고 이렇게 생각하였다.

'사문 고타마도 지팡이를 짚고 발우를 가지고 집집으로 다니면서 걸식하시고, 나도 또한 지팡이를 짚고 발우를 가지고 집집마다 다니면서 걸식한다. 나와 고타마는 다 같은 비구다.'

그때에 세존께서는 게송으로 대답하시었다.

"이른바 비구는
다만 걸식하는 것만이 아니다.
세속의 법을 받아 가지면서
어떻게 비구라 이름하리.

공덕과 허물을 모두 떠나
바른 행을 닦고
그 마음에 두려움 없으면
그를 곧 비구라 부르느니라."…

〔사례17, 제4권 97.걸식경(乞食經)〕

…어느 때 부처님께서는 왕사성의 칼란다 대나무동산에 계셨다. 때에 많은 비구들은 식당에 모여 이렇게 이론하였다.

"푸라세나짓왕과 빔비사라왕은 누가 더 큰 세력이 있고 누가 더 큰 부자인가?"

그때에 세존께서는 선정에 들어갔다 하늘귀로써 모든 비구들이 논쟁하는 소리를 들으셨다. 부처님께서는 곧 자리에서 일어나 식당으로 가시어 대중 앞에 자리를 펴고 앉아 모든 비구들에게 물으셨다.

"너희들은 왜 말로 다투느냐?"…

〔사례47, 제16권 413.왕력경(王力經)〕

…외도들은 아누라도의 말을 불쾌히 생각하고 그를 꾸짖고는 자리에서 일어나 떠나갔다.

때에 아누라도는 모든 외도들이 떠난 줄을 알고 곧 부처님 계신 곳에 나아가 부처님 발에 머리를 조아리고 한쪽에 서서 모든 외도들이 물은 일을 부처님께 자세히 말하고 다시 부처님께 여쭈었다.

"세존이시여, 저들은 그렇게 묻고 저는 그렇게 대답하였나이다. 그것은 모든 법의 말씀과 맞는 것입니까?…"

〔사례24, 제5권 106.아누라도경(阿㝹羅度經)〕

…때에 상좌라는 비구는 한곳에 혼자 있으면서 항상 혼자 있는 이를 칭찬하고 혼자 걸식하며, 걸식하고는 혼자 돌아와 혼자 앉아 참선하였다. 여러 비구들은 부처님께 나아가 그 발에 머리를 조아리고 한쪽에 물러앉아

사뢰었다.

"세존이시여, 존자 상좌는 혼자 있기를 즐겨하고 혼자 있는 이를 칭찬하며, 혼자서 마을에 들어가 걸식하고, 혼자 마을에서 돌아와 혼자 앉아서 참선하나이다."

그때에 세존께서는 한 비구에게 말하였다.

"너는 저 상좌 비구에게 가서 말하라. '스승님께서 너에게 하실 말씀이 있으시다'고."…

〔사례121, 제38권 1071.상좌경(上座經)〕

6. 내담자의 주 호소문제, 상담내용 및 목적

내담자가 주로 호소한 문제는 구체적인 일상사, 즉 현실 문제의 해결이라는 단순한 문제에서부터 궁극적 진리를 참구하거나 우주의 근원을 묻는 난해한 질문, 그리고 삶과 죽음·윤회를 벗어나기를 원하는 심오한 경지까지 있었다. 이에 따라 상담내용이 펼쳐지고, 상담목적이 설정되었다.

석가모니가 상담에 임하는 기본 목적은 내담자가 본래부터 갖고 있지만 미망에 덮여 있는 불성(佛性)을 되찾아 석가모니 자신과 같이 아무것에도 걸림이 없는 대자유인인 각자(覺者)가 되게끔 이끄는 것이었다. 이는 어떤 내담자와 상담을 하든 일관된 목적으로, 우둔한 사람이든 업장이 두꺼워 석가모니의 말을 쉽게 알아듣지 못하는 사람이든 개의치 않고 정성을 다해 상담에 임했다.

석가모니는 우선적으로는 내담자의 호소문제에 맞추어 상담목적을 설정했다. 그리고 상담을 진행하면서 한발자국 더 나아가 깨달음의 길로 이끄는 것을 궁극적인 상담목적으로 삼았다.

〔제17권 482.희락경(喜樂經)〕을 보면 석가모니의 궁극적인 상담목적이 무엇인지 잘 나타나 있다. 이 경의 내담자는 급고독 장자로, 본래 이름은 아나타 빈다라이다. 자비심이 많아 고독하게 사는 이들에게 보시하

기를 즐겨하여 '외로운 이를 돕는 사람'이란 뜻의 급고독(給孤獨)이라는 이름을 얻었다.

　급고독 장자가 석가모니와 제자들에게 3개월 동안 의복과 음식, 탕약을 제공하면서 지극한 정성으로 모시자 석가모니는 급고독 장자에게 다음과 같이 말했다.

　…"착하다! 장자여. 그대는 3개월 동안 의복, 음식과 병에 따르는 탕약을 공양하였다. 그대는 위의 길을 장엄하고 깨끗이 다스림으로써 미래 세상에서는 반드시 안락한 과보를 얻을 것이다. 그러나 그대는 지금 잠자코 그 법을 즐겨 받지 말라. 그대는 마땅히 부지런히 힘써 수행을 닦아 때때로 기쁨과 즐거움을 멀리 떠나기를 배워서 완전히 몸으로 깨달음을 증득하라."…

석가모니는 급고독 장자가 보시의 공덕으로 미래에 좋은 세상에 날 것을 예언하면서, 좋은 세상에 나는 것만으로 만족하지 말고 부지런히 수행하여 완전한 해탈을 이루라고 격려한 것이다. 좋은 일을 해서 좋은 세상에 나는 것이 가르침의 목표가 아니라, 부처가 되어 생사윤회를 뛰어넘게 하는 것이 상담의 궁극 목적임을 알 수 있다.

　…장신 바라문은 수레에서 내려 걸어서 부처님 앞에 나아가 서로 인사하고 위로한 뒤에 물러나 한쪽에 앉아 여쭈었다.

　"고타마시여, 저는 지금 사성대회(邪盛大會: 성대한 공양을 베푸는 대회. 동물들을 죽여 신에게 제사 지내는 동물 희생제)를 마련하고자 칠백 마리 황소를 쭉 벌려 기둥에 매고 황소와 암소와 염소 새끼와 온갖 벌레를 다 매어 묶었습니다. 그리고 이 사성대회를 위해 여러 외도들은 여러 나라에서 와서 모두 모였습니다. 또 고타마께서 코살라국에서 세간에 노니시다가 사위국 제타숲 외로운 이 돕는 동산 절에 오셨다는 말을 듣고 저는 이제 일부러 와서 여쭙나이다. 고타마시여, 사성대회의 법은 모든 물건을 차립니다. 제가 마련하는 이 사성대회의 모든 차림에서 모자람이 없게 하소서."

부처님께서는 바라문에게 말씀하셨다.

"혹 어떤 사성대회는 주로 보시를 행하여 복을 지으려다가 도리어 죄를 지어 세 가지 칼에 베여 좋지 못한 갚음을 받느니라. 어떤 것이 셋인가? 이른바 몸의 칼과 입의 칼과 뜻의 칼이니라.

어떤 것이 뜻의 칼로써 모든 괴로움의 갚음을 가져오는가? 어떤 회주는 대회를 마련하고 '나는 이 사성대회를 마련하여 거기서 젊은 황소와 물수소와 물암소와 염소 새끼와 또 여러 가지 벌레를 죽이리라'고 생각한다면 이 것은 이른바 뜻의 칼로써 모든 괴로움의 갚음을 가져오는 것이니, 이러한 시주는 비록 여러 가지 보시와 여러 가지 공양을 한다고 하더라도 사실은 죄를 짓는 것이니라.

어떤 것이 입의 칼로써 모든 괴로움의 갚음을 가져오는가? 어떤 회주는 대회를 마련하고 '나는 지금 사성대회를 마련한다. 너희들은 거기서 젊은 황소를 죽이고… 내지 거기서 잔잔한 벌레들을 죽여라' 하고 시킨다면, 이 것이 이른바 입의 칼로써 모든 괴로움의 갚음을 가져오는 것이니, 대회의 주인은 비록 그러한 보시와 공양을 행한다 하더라도 사실로는 죄를 짓는 것이니라.

어떤 것이 몸의 칼로써 모든 괴로움의 갚음을 가져오는가? 이른바 어떤 회의 주인은 대회를 마련하고 자기 손으로 거기서 황소를 죽이고… 내지 온갖 작은 벌레를 죽이면, 이것이 이른바 몸의 칼로써 모든 괴로움의 갚음을 가져오는 것이니, 그 대회의 주인은 비록 여러 가지 보시와 여러 가지 공양을 한다고 생각하더라도 사실로는 죄를 짓는 것이니라.

그런데 바라문이여, 마땅히 부지런히 공양하고 때에 따라 세 가지 불을 공경하고 예배하며 받들어 섬기어 그에게 안락을 주어야 한다.

어떤 것이 셋인가? 첫째는 근본이요, 둘째는 사는 집이요, 셋째는 복 밭이니라.

어떤 것이 때에 따라 '근본 불'을 공경하고 받들어 섬기며 공양하여 그에게 안락을 주는 것인가? 이른바 착한 남자가 방편으로 재물을 얻고, 손발을 부지런히 써서 법답게 얻은 것으로 부모를 공양하여 안락을 얻게 하면 이것을 '근본 불'이라 하느니라. 무슨 까닭으로 근본이라 하는가? 착한 남자는 그를 좇아 났기 때문이니 이른바 부모이기 때문에 근본이라 하느니라. 착한 남자는 근본을 숭상하기 때문에 때에 따라 공경하고 받들어 섬기며 공양하여 안락을 베푸느니라.

어떤 것을 '집 불'이라 하는가? 착한 남자는 때에 따라 양육하고 안락을 얻게 하는 것이니, 이른바 착한 남자는 방편으로 재물을 얻고 손발을 부지런히 써서 법답게 얻은 것으로써 처자와 친척·권속·종·품꾼·하인들을 이바지하고, 때에 따라 공급하며 공경하여 안락을 얻게 하나니, 이것을 '집 불'이라 하느니라. 무슨 까닭으로 집이라 하는가? 착한 남자는 집에 살면서 즐거우면 같이 즐거워하고, 괴로우면 같이 괴로워하며, 일을 할 때에는 다 서로 순종하나니, 그러므로 집이라 하느니라. 그러므로 착한 남자는 때에 따라 이바지하고 안락을 얻게 하느니라.

어떤 것을 '밭 불'이라 하는가? 착한 남자는 때에 따라 공경하고 존중하고 공양하여 그에게 안락을 얻게 하나니, 이른바 착한 남자는 방편으로 재물을 얻어 손과 발을 부지런히 써서 법답게 얻은 것으로써 모든 사문이나 바라문으로서 탐욕과 성냄과 어리석음을 능히 다스리는 사람들을 받들어 섬기고 공양한다. 이러한 사문이나 바라문들은 복밭을 이루어 그것을 높게 하고 더욱 나아가게 하며 자기 몫을 즐기고 그 갚음을 즐기다가 미래에는 하늘에 나나니, 이것을 '밭 불'이라 한다. 무슨 까닭으로 밭이라 하는가? 세상의 복밭이 되기 때문이니 이른바 공양을 받을 만한 사람이라는 것이다. 그러므로 밭이라 하느니라. 이러한 착한 남자는 때에 따라 공경하고 받들어 섬기며 공양하여 그를 안락하게 하느니라."

…세존께서는 다시 말씀하셨다.

"그런데 바라문이여, 이제 착한 남자는 먼저 공양한 세 가지 불에 대해서 마땅히 끊어 없애야 할 세 가지 불이 있다. 어떤 것이 셋인가? 이른바 탐욕의 불과 성냄의 불과 어리석음의 불이니라. 이것들은 왜 끊어야 하는가? 만일 탐욕의 불을 끊어 없애지 않으면 자기를 해치고 남을 해치며, 자기와 남을 함께 해치고, 현세에서 죄를 짓고 후세에서 죄를 지으며, 현세와 후세에서 다 죄를 지어 그 때문에 마음의 근심과 괴로움이 생기기 때문이니라. 성냄의 불과 어리석음의 불에 있어서도 또한 그와 같으니라.

바라문이여, 그런데 어떤 착한 남자는 나무 섶을 쌓은 불을 섬기어 때에 따라 고생하면서 때에 따라 불태우고 때에 따라 불을 꺼줌으로 말미암아 고통을 받느니라."

그때에 장신 바라문은 잠자코 있었다. 때에 울다라라는 바라문의 아들이 있었다. 장신 바라문은 잠깐 동안 잠자코 생각한 뒤에 울다라에게 말하였다. "너는 저 사성대회의 장소에 가서 기둥에 매여 있는 황소와 묶여 있는 모든 중생을 다 놓아줄 수 있겠는가? 그리고 또 그들에게 이렇게 말하라. '장신 바라문은 너희들에게 말한다. 너희들은 자유로이 산이나 늪이나 들에서 마음껏 풀을 먹고 깨끗한 물을 마시며 바람을 쐬면서 온갖 쾌락을 누리라고 말한다.'고."

… 때에 세존께서는 울다라를 아름답게 여기시고 이내 장신 바라문을 위해 설법하시어 가르치고 기쁘게 하시었다. 이른바 세존께서 법에 따라 차례로 계율을 말씀하시고 보시와 하늘에 나는 공덕과 애욕의 맛의 재앙과 나고 죽음을 뛰어나는 길의 청정함과 번뇌를 청정하게 할 것을 말씀하시어 열어 보이시고 나타내시었다.

장신 바라문은 마치 깨끗하고 흰 천이 물감을 쉽게 받는 것처럼 곧 그 자리에서 네 가지 진리를 보고 완전히 평등한 지혜를 얻었다. 때에 장신 바라문은 법을 보고 법을 얻고 법을 알고 법에 들어가 모든 의혹을 건너고 남의 구원을 받지 않고 바른 법 안에서 두려움이 없게 되었다.…

〔사례13, 제4권 93.장신경(長身經)〕

7. 상담결과

석가모니의 상담결과는 거의 모두가 성공적이었다. 석가모니의 상담에 감화를 받은 내담자들은 대부분 기뻐하거나, 기뻐하며 예배하거나, 기뻐하며 받들어 행하였으며, 여기서 한발 더 나아가 해탈을 얻고, 아라한의 경지에 오르기도 했다. 『잡아함경』에서 상담결과 내담자들이 기뻐했다는 것은 모두 100경에 나타나고, 기뻐 예배했다는 것은 124경, 기뻐 받들어 행하였다는 것은 866경, 해탈을 얻은 것은 10경, 아라한이 되었다는 것은 39경에 수록되어 있다.

　석가모니의 상담을 받은 일반 속인이나 외도들은 감명을 받아 불법승 삼보에 귀의하여 우바새가 되거나, 머리 깎고 출가를 했다. 출가한 비구들은 꾸준히 힘써 수행을 닦아 마음의 해탈을 얻어 아라한이 되었다.

　구체적인 현실 문제를 상담한 사례를 보면, 짐승을 잡아 큰 잔치를 베풀려던 사람은 짐승들을 풀어주고 깨끗한 음식을 마련해 석가모니께 공양하고[사례13, 제4권 93.장신경(長身經)], 늙은 아비를 내쫓았던 아들은 반성하여 아버지를 모시고 들어가 집주인으로 삼는다[사례16, 제4권 96.바라문경(婆羅門經)]. 잘못된 소견을 고집하던 비구는 그 잘못을 깨닫고, 번뇌를 일으키지 않고 마음의 해탈을 얻었으며[사례22, 제5권 104.염마경(焰摩經)], 석가모니에 대해 의혹을 잔뜩 품고 찾아온 외도는 모든 의혹을 끊고 두려움이 없게 되었다[사례23, 제5권 105.선니경(仙尼經)]. 석가모니와 논쟁을 벌여 이기려고 찾아온 외도는 "무수한 칼날은 피할 수 있지만, 석가모니의 이론에서는 벗어날 수 없다"며 자신의 패배를 인정하고 나중에는 공경하는 마음으로 공양을 바치며[제5권 110.살차경(薩遮經)-'제3장'에 전문 게재], 수행에 진전이 없자 도로 집으로 돌아갈까 고민하던 비구는 식가모니의 상담을 받고 마음을 돌이켜 더욱 바르게, 열심히 수행 정진함으로써 번뇌가 다하고 마음의 해탈을 얻어 아라한이 되었다[사례29, 제9권 254.이십억이경(二十億耳經)]. 석가모니의 가르침을 몰래 배워 그 이론만 써먹으려 속여서 제자가 되었던 소년은 잘못을 뉘우치고 번뇌가 다하였으며[사례44, 제14권 347.수심경(須深經)], 논쟁에서 이기려고 미리 연습을 한 뒤 찾아온 내담자는 석가모니의 논리정연한 가르침에 '매우 두려워 온몸의 털이 일어서서' 자신이 분별이 없어 석가모니를 속이고 망녕되이 말한 것을 뉘우친 다음 기뻐하면서 자리에서 떠나갔다[사례89, 제32권 914.도사씨경(刀師氏經)①]. 중병에 걸려 괴로워하고 있는 내담자를 찾아가 상담을 해주자 내담자가 마음의 해탈을 얻게 되어 뛰면서 기뻐하고, 뛰면서 기뻐했기 때문에 병까지 나았으며[사례116, 제37권 1024.아습파서경(阿濕波誓經)], 석가모니를 죽이려고 덤벼들었던 999명을 죽인 살인마는 상담에 감화를 받아 출가하여 범행을 닦고 마침내 해탈하였다[사례124, 제38권 1077.적경(賊經)]. 몸이 비만하여 몸이 무겁고 땀이 흘러 괴로워하던 내담자는 비만이 치료되어 몸이 단정해졌으며[사례133, 제42권 1150.천식경(喘息經)], 석가모니를 맞대면하여 욕설을 퍼부으며 비난하던 내담자는 자신의 행동을 참회하고 기뻐하며 예배했고[사례134, 제42권 1152.빈기가경(賓耆迦經)], 여섯 아들이 연달아 죽자 실성하여 벌거벗고 돌아다니던 여인은 상담을 받고 정신이 돌아와 석가모니에게 귀의했다[사례137, 제44권 1178.바사타경(婆四吒經)].

석가모니의 상담결과가 '궁극적 깨달음'이라는 상담목적에 가장 근접한 것은 내담자가 '아라한이 되었다'는 것이다.

아라한(阿羅漢)이란 성문(聲聞: 부처님의 제자)들이 깨닫는 4계급, 즉 성문사과(聲聞四果) 중의 가장 높은 경지를 가리킨다.

성문사과에는 ① 처음 성인의 축에 들어가는 수다원과(須陀洹果) ② 욕계의 사혹(思惑) 9품 중에서 앞의 6품을 끊고 아직 3품이 남아 있어 인간과 천상에 한 번 왕래하면서 생을 받아야 하는 지위인 사다함과(斯陀含果) ③ 사다함과에서 남은 3혹을 마저 끊고 욕계에 다시 나지 않는 지위인 아나함과(阿那含果) ④ 삼계의 견혹(見惑)·사혹(思惑)을 끊고, 공부가 모두 완성되어 존경과 공양을 받을 수 있는 성인의 지위인 아라한과(阿羅漢果)가 있다.

『잡아함경』에서 석가모니의 제자나 재가신자가 상담을 했을 때는 가끔 내담자들이 상담자의 말을 이해 못하고 불쾌히 여기거나 반발하며 꾸짖고 떠나가기도 하지만, 석가모니가 상담했을 때는 이런 경우가 한 번도 없다. 제자나 신도들은 감동하여 기뻐하고, 귀신이나 악마는 뉘우치거나 슬퍼하면서 사라지고, 천신들은 기뻐하며 사라졌다. 다만, 석가모니가 너무 간략히 법을 설해 내담자가 이해를 못하여 아난다에게 쉽게 풀어서 설명해줄 것을 요청하는 장면이 두 경에 나오며[사례27, 제8권 211.세간오욕경(世間五欲經)·제9권 234.세간변경(世間邊經)], 서로 자기 이론만 내세우려 하고 남의 말은 들으려 하지 않는 내담자들이 석가모니가 설법을 해도 아무 반응이 없자 자리에서 일어나 떠나오는 내용도 나온다〔사례105, 제35권 972.삼제경(三諦經)〕. 이밖에 석가모니의 사촌으로서 석가모니를 시기하여 새로운 일파를 일구어 대항하던 데바닷타의 제자 코칼리야가 석가모니의 말을 듣지 않고 사리불과 목건련을 비방하고 떠난 후 온몸에서 온갖 나쁜 부스럼이 생겨 몸이 허물고 목숨이 다해 결국 지옥에 떨어진 끔찍한 결과도 있고 〔제48권 1278.구가리경(瞿迦梨經)〕, 법을 설해도 잘 알아듣지 못하고 오히려 다투려 드는 사람들이 안타까워 석가모니가 한탄을 하는 내용도 들어 있다〔제1권 37.아경(我經)〕.

…어떤 비구가 자리에서 일어나 오른쪽 어깨를 드러내고 합장하고 부처님께 여쭈었다.
"장하십니다! 세존이시여, 저를 위해 간략히 법을 말씀하여 주소서.…"
…부처님께서는 말씀하셨다.
"자세히 듣고 잘 생각하라. 나는 너를 위하여 말하리라. 비구여, 너의 알맞지 않은 법은 마땅히 빨리 끊어 버려야 하나니, 그 법을 끊어 버리면 바른 이치가 더하고 넉넉하여 긴 밤 동안에 안락하게 되리라."
"세존이시여, 이미 알았나이다. 선서시여, 이미 알았나이다."
"너는 어떻게 내가 간략히 말한 법에서 그 뜻을 널리 알았느냐?"
"세존이시여, 물질은 나의 소유가 아닙니다. 마땅히 빨리 끊어 버려야 하나이다. 느낌·생각·지어감·의식도 저의 소유가 아닙니다. 마땅히 빨리 그것을 끊어 버려야 하나이다. 그래서 바른 이치가 더하고 넉넉하여 긴 밤 동안에 안락하게 될 것입니다. 세존이시여, 이렇게 저는 세존께서 간략히 설명하신 법에서 그 뜻을 널리 알았나이다."
"착하고 착하다! 비구여, 너는 내가 간략히 말한 법에서 그 뜻을 널리 알았구나! 무슨 까닭인가? 물질은 너에게 마땅한 것이 아니다. 마땅히 빨리 끊어 버려야 하느니라. 그것을 끊어 버린 뒤에는 바른 이치가 더하고 넉넉하여 긴 밤 동안에 안락하게 되리라."

때에 그 비구는 부처님 말씀을 듣고 마음이 크게 기뻐 부처님께 예배하고 물러갔다.

그는 혼자 고요한 곳에서 꾸준히 힘써 닦아 익히면서 방일하지 않은 데에 머물렀다. 꾸준히 힘써 닦아 익히면서 방일하지 않은 데에 머무른 뒤에, 수행하는 까닭은 이른바 '착한 남자가 집을 나와 수염과 머리를 깎고 가사를 입고 바른 믿음으로 집이 없이 내지 스스로 후세의 생명을 받지 않는 줄을 아는 데 있다'고 생각하였다. 그래서 그 비구는 아라한이 되어 마음의 해탈을 얻었다.

〔제1권 17.비아경(非我經)〕

…어느 때 부처님께서는 사위국 제타숲 외로운 이 돕는 동산에 계시면서 여러 비구들에게 말씀하셨다.

"나는 세상과 다투지 않는데, 세상이 나와 다투는구나. 무슨 까닭인가? 비구들이여, 만일 법답게 말하는 사람이라면 세상과 다투지 않기 때문이다. 세상의 지혜로운 사람이라면 세상과 다투지 않기 때문이다. 세상의 지혜로운 사람이 그렇다고 말하면 나도 또한 그렇다고 말한다. … 세상의 지혜로운 사람이 그렇지 않다고 말하면 나 또한 그렇지 않다고 말한다. … 비구들이여, 세간에는 세간 법이 있으니 나는 그것을 스스로 알고 스스로 깨달아 사람을 위해 분별하고 연설하고 나타내 보이지만 세상의 눈먼 장님들은 그것을 알지도 못하고 보지도 못한다. 그러나 그것은 내 허물이 아니니라. … 알지도 못하고 보지도 못하는 저 눈먼 장님들을 낸들 어떻게 하겠는가?…"

〔제1권 37.아경(我經)〕

8. 상담회기

『잡아함경』에 나타난 각 사례의 상담회기는 주로 1회였다. 같은 이름의 경이 여러 군데 나뉘어 있거나, 같은 내담자가 같은 장소에서 여러 번 석가모니를 만나 상담하는 것으로 보아 한 내담자를 상대로 여러 회기를 진행한 것도 있는 듯하다. 그러나 하나의 경에서는 대부분 단회에 상담이 마무리된다.

『잡아함경』 각각의 경에서 그때그때 사례에 따라 상담이 마무리되는 것은 단회 또는 단기 상담이지만, 석가모니가 교단을 이끌며 제자들의 수행을 도운 것은 모두 지속적인 장기 상담이라 볼 수 있다.

제7장 『잡아함경』에 나타난 주요 상담기법
－현대적 상담기법 다채롭게 포함－

제7장 『잡아함경』에 나타난 주요 상담기법
 －현대적 상담기법 다채롭게 포함－

 석가모니는 성도를 이룬 직후 자신이 깨달은 법이 너무도 심심 미묘하여 중생들에게 말해 주어도 알아듣지 못할 것이라 생각하고 법을 펴지 않으려 했다. 그러다가 범천이 와서 중생을 위해 법을 설할 것을 간청하자 다시 한번 중생계를 둘러보고는 불법을 널리 펴기로 결심하였다. 중생들로 하여금 깊은 진리를 이해할 수 있게 할 방법을 찾아낸 것이었다. 그것은 방편시설(方便施設)이었다. 진리를 있는 그대로 직접적으로 말하면 중생들이 이해하지 못할 것이므로, 중생의 타고난 그릇을 살펴보아 근기(根器)에 맞추어 적절한 수단과 방법을 동원하여 설법을 하기로 한 것이다('제3장' 참조).
 석가모니가 중생(내담자)에게 설법(상담)을 한 방법(기법)을 한마디로 표현한다면 바로 '방편시설'이라 할 수 있다.
 방편시설의 방(方)은 방법·방정한 이치·중생의 방역(方域), 편(便)은 편리·교묘(巧妙: 썩 잘되고 묘함)한 말·교화하는 편법(便法: 편리한 방법)을 뜻한다. 따라서 방편(方便)은 '모든 중생의 종류와 근성에 계합하는 방법과 수단을 편리하게 쓴다', '모든 중생의 근기에 맞게 방정한 이치를 교묘한 말로써 전한다', '모든 중생의 방역에 순응하여 적당히 교화하는 편법을 쓴

다'는 의미가 된다. 즉 부처님이 중생을 제도하기 위해서 여러 가지 수단
과 방법을 강구하는 것, 또는 그 수단과 방법이 바로 방편인 것이다. 시설
(施設)의 시(施)는 베풀다·펴다·널리 전하다·행한다, 설(設)은 말씀·도·도리
란 뜻이다. 따라서 시설이란 말씀·도리를 널리 펴고 행한다는 의미가 된
다. 방편시설이란 네 글자를 종합하면 '근기가 아직 성숙하지 못하여 깊고
묘한 법을 받을 수 없는 중생을 위하여 각 중생의 근기에 맞는 수단과 방
법을 통해 깊고 묘한 법을 널리 펴고 행하는 것'을 의미한다.

  석가모니의 방편시설은 무궁무진하다. 중생 하나하나, 내담자 한 사람,
한 사람에 각각 맞는 방편을 동원하였으니 이루 다 헤아릴 수가 없을 것이
다. 그 가운데 우리가 이해할 수 있는 방법은 일부이고, 우리의 눈에 잡히
지 않는 심심 미묘한 방편이 훨씬 더 많을 것이다.

  『잡아함경』에 나타난 석가모니의 방편시설도 다양하다. 그 가운데 필자
의 역량으로 감히 헤아릴 수 있는 부분을 추출해 현대의 상담기법과 비교
하여 분석해 본다.

1. 대기설법(對機說法)

  대기설법이란 듣는 이의 근기에 따라 그 수준에 맞추어 적절한 언어와
방편으로 설법하는 것을 뜻한다. 석가모니의 상담은 모든 것이 대기설법이
다. 내담자의 이해력과 처지, 마음 상태를 고려하여 상담을 진행한다.

  대기설법의 밑바탕에는 내담자가 석가모니와 똑같이 깨달음을 이룰 수
있는 불성이 있으나 다만 무명에 가려 고(苦)에 빠져 있다는 안타까움과,
언젠가는 불성을 발현할 것이라는 무한한 잠재 가능성을 인정하는 희망이
깔려 있다.

  이는 바로 로저스의 인간중심 상담의 관점과 비슷하다. 로저스는 '모든
인간은 각자의 계속적인 성장에 궁극적인 관심을 갖고 있으며, 인간은 누
구나 이와 같은 계속적인 성장을 위한 잠재능력을 갖고 있다'(이형득 외,

1997)', '인간은 자기 내재적 잠재력을 실현하려는 실현 경향성을 가진 존재다(윤호균B, 1972)'라는 인간관을 갖고 있다. 또한 '인생의 목적이란 진정한 자기 자신이 되는 것(함승희, 1990)'이며, '내담자 중심 상담에서는 문제가 아니라 내담자 자신에게 역점을 두며, 내담자가 상담 경험을 통해서 현실과의 관계를 이해할 수 있는 충분한 통찰을 갖는다면 그는 자신에게 가장 가치 있는 현실에 적응하는 방법을 선택할 수 있다(한승호·한성열, 2001)'고 보았다.

다만 로저스가 상담목적을 '개인 속에 이미 잠재해 있는 능력을 해방시켜 충분히 기능하는 인간이 되어 좋은 삶(good life)을 사는 데 있다(이형득 외, 1997)'고 본 것으로 보아 석가모니가 설법을 통해 성취하려는 궁극적인 목적, 즉 모든 중생이 부처가 되어 생사를 초월하게 하는 것에는 훨씬 못 미친다는 것을 알 수 있다. 로저스는 인간이 현상적 삶에서 최고의 기능을 발휘하는 것을 목표로 삼고, 석가모니는 현상 자체를 뛰어넘는 더 높은 경지를 추구하고 있다.

『잡아함경』에 나온 사례는 모두 대기설법이라 할 수 있다. 석가모니가 내담자의 근기를 살핀 뒤 그에 맞추어 설법을 했기 때문이다. 이 가운데서 대기설법의 특징이 가장 두드러지게 나타난 경을 사례로 뽑았다.

　　…"나도 또한 세상 사람이 아는 것과 같이 그렇게 말한다. 무슨 까닭인가? 나를 세상 사람들과 다르게 하지 않기 위해서다.…"
　　　　　　　　　　　　　　〔사례5, 제2권 38.비하경(卑下經)〕

'대기설법'의 사례로 뽑은 경은 다음과 같다.

　〔사례5, 제2권 38.비하경(卑下經)〕
　〔사례26, 제8권 200.라후라경(羅睺羅經)③〕
　〔사례143, 제50권 1339.가섭경(迦葉經)〕

2. 대화법

석가모니는 법을 설함에 있어서 석가모니 특유의 대화법을 썼다. 내담자를 따뜻하게 지지·격려함은 물론, 특정 부분에 초점을 주어 관심을 집중시키기도 하고, 확인과 반복, 선도반응을 통해 내담자를 효과적으로 상담목표로 이끌기도 했다. 내담자의 질문에 대한 대응도 다양하여 질문에 곧바로 대답하기도 하고, 되묻기도 하는 등 여러 가지 방법으로 상담을 진행했다.

1) 지지·격려

내담자를 지지하고 격려하는 것은 모든 상담 접근법의 기본이다. 말 그대로 다정하고 자상한 표현으로 내담자를 받아들이고, 변화하고자 하는 마음을 칭찬하고 북돋아 주어 친밀한 상담관계를 형성하는 것이다. 이는 곧 인간중심 상담에서 말하는 내담자에 대한 무조건적 긍정적 관심이며, 정확한 공감적 이해이다. 이를 불교 용어로 표현하면, 자비로운 마음으로 일체 중생을 두둔하고 보호한다는 의미의 '섭수(攝受)'와 가장 가깝다고 할 수 있다.

『잡아함경』의 각 경에는 곳곳에 석가모니의 따뜻한 음성과 표정이 깃들어 있다.

석가모니는 우선 '내담자의 이름을 다정히 부르는 것'으로 따뜻한 마음을 전하고 내담자에 대한 적극적인 관심을 나타냈다. 이름을 불러준다는 것은 상대방을 인지하고 있다는 표현이며, 상대방이 여럿에 파묻힌 대중적 존재가 아니라 오직 하나인 유일의 존재, 개별적이며 독특한 독존(獨尊)의 존재로 인정해 주는 것이다.

석가모니는 또한 내담자의 말과 행동에 아낌없는 지지와 격려를 보냈다.

모르는 것을 질문하거나, 법을 설해 달라고 요청만 해도 "착하고 착하다!"며 지지를 해주었고, 그 법을 알아들으면 반가워서 "착하고 착하다!"며 칭찬을 해주었다.

이렇게 석가모니는 지지와 격려를 통해 내담자와 라포를 형성하고 변화와 성장을 촉진시켰다.

"착하고 착하다! 비구여, 너는 즐거운 마음으로 '마땅히 나를 위해 법을 설해 달라'고 하였는가?"…
"착하고 착하다! 비구여, 내가 간략히 말한 법에서 너는 그 뜻을 널리 알았구나."

〔사례4, 제1권 15.사경(使經)〕

"착하고 착하다! 너는 내게 마음의 좋은 해탈을 잘 물었다. 착하다, 겁파여!"

〔제1권 22.겁파소문경(劫波所問經)〕

"착하고 착하다! 팃사여, 너는 마땅히 그와 같이 그것들에 대해서 탐욕을 떠나지 못했다고 설법해야 할 것이다."

〔사례31, 제10권 271.지사경(𝑙𝑜𝑤舍經)〕

"착하고 착하다! 부루나여, 능히 여래에게 그와 같은 이치를 묻는구나."…
"착하고 착하다! 부루나여, 너는 욕 참기를 잘 배웠구나!"

〔사례39, 제13권 311.부루나경(富樓那經)〕

"착하다! 착하다! 아난다여, 존자 사리불은 누가 와서 묻는 사람이 있으면 능히 때에 따라 대답하는구나. 착하다! 사리불은 때에 응하는 지혜가 있기 때문에 누가 와서 묻는 사람이 있으면 능히 때에 따라 대답한다. 만일 나의 성문(聲聞)이라면 때에 따라 묻는 사람이 있으면 때에 따라 대답하기를 사리불이 말한 것처럼 해야 한다."

〔사례41, 제14권 343.부미경(浮彌經)〕

"그렇고 그렇다. 너의 말과 같다."

〔사례43, 제14권 345.집생경(集生經)〕

"착하고 착하다! 그 마음을 잘 단속하였구나."…
"착하고 착하다! 너희들은 이 코살라국에서 그 많은 재물이 내 것이라고 생각하지 않는구나."

〔사례80, 제30권 860.전업경(田業經)〕

"착하다, 촌장이여. 그것은 가장 진실한 것이니라."

〔사례85, 제32권 907.차라주라경(遮羅周羅經)〕

"너는 번민하지 말라."

〔사례116, 제37권 1024.아습파서경(阿濕波誓經)〕

"난타여, 나는 이제야 보겠구나.
너는 한적한 데 살기를 익히고
집집으로 다니며 밥을 빌면서
몸에는 누더기 걸쳤구나.
산이나 늪에서 즐거이 살고
다섯 가지 향락을 돌아보지 않는구나."

〔사례119, 제38권 1067.난타경(難陀經)②〕

"착하다! 너, 툇사 비구여!
성냄을 떠나는 것 착하고 착하다."

〔사례120, 제38권 1068.저사경(低沙經)〕

"나는 말한다, 그 비구는
그야말로 진실한 바라문이다."

〔사례122, 제38권 1072.승가람경(僧迦籃經)〕

"착하고 착하다. 너는 나를 보고는 스스로 마음을 거두고 모든 감관을 휘잡을 수 있었구나. 비구여, 그것은 법이니 그렇게 해야 한다. … 그렇게 모든 감관을 휘잡으면 긴 밤 동안 이치로써 이익이 되고 안온과 즐거움을 얻을 것이다."

〔사례125, 제38권 1080.참괴경(慚愧經)〕

"너희들은 진실로 허물을 알았다. 어리석고 착하지 못하며, 지각이 없어 서로 다툰 것을 후회하였다. 이제는 이미 스스로 죄를 알고 죄를 보고, 지견이 생겨 참회하였으니, 미래 세상에 율의계가 생길 것이다. 나는 이제 너희들을 가엾이 여겨 너희들의 착한 법이 더욱 늘어나게 하고, 물러나거나 줄어들게 하지 않으리라.…"

〔사례130, 제41권 1138.각승경(角勝經)〕

'지지·격려'의 사례로 뽑은 경은 다음과 같다.

〔사례4, 제1권 15.사경(使經)〕
〔사례22, 제5권 104.염마경(焰摩經)〕
〔사례31, 제10권 271.지사경(低舍經)〕
〔사례39, 제13권 311.부루나경(富樓那經)〕
〔사례41, 제14권 343.부미경(浮彌經)〕
〔사례43, 제14권 345.집생경(集生經)〕
〔사례64, 제21권 566.나가달다경(那伽達多經)①〕
〔사례80, 제30권 860.전업경(田業經)〕
〔사례85, 제32권 907.차라주라경(遮羅周羅經)〕

〔사례97, 제33권 938.누경(淚經)〕
〔사례102, 제34권 968.급고독경(給孤獨經)〕
〔사례116, 제37권 1024.아습파서경(阿濕波誓經)〕
〔사례119, 제38권 1067.난타경(難陀經)②〕
〔사례120, 제38권 1068.저사경(低沙經)〕
〔사례122, 제38권 1072.승가람경(僧迦籃經)〕
〔사례125, 제38권 1080.참괴경(慚愧經)〕
〔사례130, 제41권 1138.각승경(角勝經)〕

2) 초점주기

중요한 점을 강조하거나 내담자가 한 말을 되짚어 말하거나 질문 기법을 쓰는 등의 방법으로 내담자의 관심을 집중시킴으로써 상담을 원하는 방향으로 이끌어 나가는 것을 말한다. 넓게 보면 지지·격려나 뒤에 나오는 선도반응, 그 밖의 여러 가지 질문 기법도 초점주기에 해당한다.

"자세히 듣고 잘 생각하라. 내 너를 위해 말하리라."
〔사례4, 제1권 15.사경(使經)〕

"착하고 착하다. 야마카 비구여, 너는 마땅히 그렇게 대답하여야 한다."
〔사례22, 제5권 104.염마경(焰摩經)〕

"너는 의심하지 말라. 그는 미혹이 있기 때문에 의심이 생긴 것이다. 선니여, 마땅히 알라. 세 가지 스승이 있다.…"
"마땅히 의심을 더해야 할 것이다. 왜 그러냐 하면…"
"이제 너를 위해 좋아하는 대로 말하리라."
〔사례23, 제5권 105.선니경(仙尼經)〕

"나는 이제 너에게 물으리니 아는 대로 대답하라."
〔사례40, 제13권 320.일체유경(一切有經)〕

"너의 허물 뉘우침을 용서하리니, 너는 마땅히 갖추어 말하라. 즉 '나는 이전에는 어리석고 착하지 못하며 지혜가 없어 바른 법률 안에서 가만히 속여 중이 되었습니다. 그러나 이제 그 허물을 뉘우치고, 스스로 죄를 알았습니다.…'고."
"이제 비유를 말하리라. 지혜로운 사람은 비유로써 이해하게 되느니라."
〔사례44, 제14권 347.수심경(須深經)〕

'초점주기'의 사례로 뽑은 경은 다음과 같다.

〔사례4, 제1권 15.사경(使經)〕
〔사례22, 제5권 104.염마경(焰摩經)〕
〔사례23, 제5권 105.선니경(仙尼經)〕
〔사례37, 제12권 291.촉경(觸經)〕
〔사례40, 제13권 320.일체유경(一切有經)〕
〔사례44, 제14권 347.수심경(須深經)〕

3) 확인

석가모니는 하늘눈과 하늘귀가 있어서 내담자가 말을 하지 않아도 그 마음을 알아차리고, 멀리서 하는 대화도 들을 수 있었다. 그렇다고 하여 자신이 알아차린 문제나 멀리서 알아들은 사건을 무턱대고 사실로 받아들인 것은 아니었다. 반드시 내담자에게 사실 여부를 확인했다〔사례29, 제9권 254.이십억이경(二十億耳經) ; 사례47, 제16권 413.왕력경(王力經)〕. 또한 내담자가 어떤 행위를 한 것을 다른 사람으로부터 전해 들었을 때도 그것이 사실인지 아닌지 확인하여 진실을 밝혔고〔사례130, 제41권 1138.각승경(角勝

經)], 상담을 진행하면서 내담자가 석가모니의 말을 알아들었다고 표현할 때도 무엇을 어떻게 알아들었는지 질문함으로써 내담자의 이해가 올바른지 아닌지를 반드시 확인하고 넘어갔으며[사례4, 제1권 15.사경(使經)], 내담자가 다른 사람을 모함할 때도 그 사실 여부를 확인함으로써 억울함이 없게 하였다[사례123, 제38권 1075.타표경(陀驃經)①].

'확인'은 상담자가 함부로 내담자의 마음이나 인식세계를 예단함으로써 상담 방향을 엉뚱한 데로 이끌거나 내담자의 성장을 저해하는 역효과를 사전에 예방할 수 있게 하며, 상담목표를 확실히 잡아 내담자를 올바른 방향으로 이끄는 초점주기로도 활용할 수 있다.

…"세존이시여, 알았나이다. 이미 알았나이다."
"너는 어떻게 내가 간략히 설명하는 법에서 그 뜻을 널리 알았느냐?"
"물질이 번뇌의 사자를 따르면 물질은 그 사자를 따라 죽을 것이요, … 그는 번뇌에서 해탈할 것입니다. 이와 같이 세존이시여, 세존께서 간략히 설명하신 법에서 저는 이렇게 그 뜻을 널리 알았나이다."…

[사례4, 제1권 15.사경(使經)]

…그때에 대중 가운데 있던 어떤 비구는 부처님 계신 곳에 나아가 부처님 발에 예배하고 물러나 한쪽에 서서 부처님께 여쭈었다.
"세존이시여, 팃사 비구는 많은 비구들과 함께 식당에 모여 '나는 법을 분별할 수 없고, 범행 닦기를 즐겨하지 않으며, 잠자기를 매우 즐기고, 법에 대해서 의혹이 있다'고 말하였나이다."
…부처님께서는 그 비구에게 말씀하셨다.
"너는 팃사 비구에게 가서 '스승께서 너를 부르신다'고 전해라."
…팃사는 명령을 듣고 세존이 계신 곳에 나아가 머리를 조아려 그 발에 예배하고 물러나 한쪽에 앉았다. 그때에 세존께서는 팃사 비구에게 말씀하셨다.
"팃사여, 너는 참으로 식당에서 많은 비구들에게 이렇게 외쳤는가? '여러 장로들이여, 나는 법을 분별하지 못하고 범행 닦기를 즐겨하지 않으며, 잠자기를 매우 즐기고 법에 대해서 의혹이 있다'고."
텃사는 부처님께 여쭈었다.
"실로 그리 하였나이다, 세존이시여."…

〔사례31, 제10권 271.지사경(低舍經)〕

'확인'의 사례로 뽑은 경은 다음과 같다.

〔사례4, 제1권 15.사경(使經)〕
〔사례22, 제5권 104.염마경(焰摩經)〕
〔사례29, 제9권 254.이십억이경(二十億耳經)〕
〔사례31, 제10권 271.지사경(低舍經)〕
〔사례33, 제11권 276.난타설법경(難陀說法經)〕
〔사례37, 제12권 291.촉경(觸經)〕
〔사례43, 제14권 345.집생경(集生經)〕
〔사례78, 제30권 830.붕가사경(崩伽闍經)〕
〔사례103, 제35권 970 사라보경(舍羅步經)〕
〔사례104, 제35권 971.상좌경(上座經)〕
〔사례123, 제38권 1075.타표경(陀驃經)①〕
〔사례130, 제41권 1138.각승경(角勝經)〕

4) 반복

반복은 내담자가 한 말을 되풀이함으로써 내담자의 입장을 이해하려고 상담자가 노력하고 있음을 알려 주며, 내담자의 생각을 구체화시키고, 또 내담자가 한 말을 상담자 자신이 제대로 이해하고 있는지를 확인하는 것이다. 정서적 측면보다 인지적 측면과 내용을 강조한다(이장호, 1995). 반복에는 초점주기와 확인의 효과도 있다.

『잡아함경』에는 반복의 사례가 무수히 많이 나온다. 석가모니는 내담자의 말을 반복함으로써 자신이 내담자의 말을 경청하고 있으며, 제대로 이해하고 있다는 것을 충분히 표현할 뿐만 아니라, 자신의 가르침도 여러 번 반복하여 말함으로써 내담자에게 그 내용을 각인시키면서 상담목표로 이끌어 나갔다.

…그때에 어떤 비구는 부처님께 나아가 부처님 발에 머리를 조아리고 물러나 한쪽에 서서 여쭈었다.
"장하십니다, 세존이시여. 이제 저를 위해 간략히 법을 말씀해 주소서. 저는 그 법을 들은 뒤에는…."
세존께서는 그 비구에게 말씀하셨다.
"착하고 착하다! 비구여, 너는 즐거운 마음으로 '마땅히 저를 위해 간략히 법을 설하여 주소서. 저는 그 법을 들은 뒤에는…' 하고 말하였는가?"
"그러하나이다, 세존이시여."…

〔사례4, 제1권 15.사경(使經)〕

…그때에 세존께서는 말 다루기 촌장에게 말씀하셨다.
"말을 다루는 데에는 몇 가지 법이 있는가?"
말 다루기 촌장은 대답하였다.
"고타마시여, 세 가지 법이 있나이다. 그 셋이란 첫째는 부드러움이요, 둘째는 굳셈이며, 셋째는 부드러우면서 굳세기이옵니다."
부처님께서는 말씀하셨다.
"만일 그 세 가지 법으로도 말이 길들지 않을 때에는 어떻게 하는가?"
촌장은 다시 부처님께 사뢰었다.
"곧 죽여 버리나이다."
촌장은 다시 부처님께 사뢰었다.
"위없는 다루기 장부께서는 몇 가지 법으로 장부(丈夫)를 다루시나이까?"

제7장 잡아함경에 나타난 주요 상담기법 311

"나도 또한 세 가지 법으로 장부를 다루느니라. 첫째는 부드러움이요, 둘째는 굳셈이며, 셋째는 부드러우면서 굳세기이니라."

"고타마시여, 만일 세 가지로 장부를 다루더라도 길들지 않을 때는 어떻게 하시나이까?"

"세 가지 법으로도 길들지 않으면 죽여 버린다. 왜 그러냐 하면 내 법이 업신여김을 받지 않게 하기 위해서이니라."

촌장은 부처님께 사뢰었다.

"고타마 법에서는 살생은 나쁜 것입니다. 그러므로 고타마 법으로는 살생을 하지 않아야 할 것입니다. 그런데 지금 길들지 않는 것은 죽여야 한다고 말씀하십니까?"

부처님께서는 촌장에게 말씀하셨다.

"네 말과 같다. 여래 법에서는 살생은 나쁜 것이다. 여래는 응당 살생은 하지 않아야 할 것이다. 그런데 촌장이여, 세 가지 법으로 장부를 다루어도 그가 길들지 않으면 나는 다시는 그런 자와 더불어 말하거나 가르치거나 훈계하지 않느니라. 촌장이여, 만일 여래가 다루기 장부로서 다시는 더불어 말하지 않고 가르치거나 훈계하지 않으면 그것이 어찌 죽이는 것이 되지 않겠는가?"

촌장은 사뢰었다.

"만일 다루기 장부로서 더불어 말하거나 가르치거나 훈계하지 않으면 그것이야말로 진실로 죽이는 것이옵니다.…"

〔사례86, 제32권 909.조마경(調馬經)〕

…어느 때 부처님께서는 사위국 제타숲 외로운 이 돕는 동산에 계시면서 여러 비구에게 말씀하셨다.

"물질〔色〕에 대해서 바로 알지 못하고 밝지 못하며 끊지 못하고 탐욕을 떠나지 못하면 그는 그 괴로움을 끊지 못하느니라. 이와 같이 느낌〔受〕·생각〔想〕·지어감〔行〕·의식〔識〕에 대해서도 알지 못하고 밝지 못하며 끊지 못하고 탐욕을 떠나지 못하면 괴로움을 끊지 못하느니라. 만일 물질에 대해 잘 알고 밝으며 잘 끊고 탐욕을 떠나면 괴로움을 끊느니라. 느낌·생각·지어감

·의식에 대해서도 잘 알고 밝으며 잘 끊고 탐욕을 떠나면 그는 능히 괴로움을 끊을 수 있다."…

〔사례1, 제1권 3.무지경(無知經)①〕

'반복'의 사례로 뽑은 경은 다음과 같다.

〔사례1, 제1권 3.무지경(無知經)①〕
〔사례2, 제1권 9.염리경(厭離經)〕
〔사례3, 제1권 13.미경(味經)①〕
〔사례4, 제1권 15.사경(使經)〕
〔사례78, 제30권 830.붕가사경(崩伽闍經)〕
〔사례86, 제32권 909.조마경(調馬經)〕
〔사례130, 제41권 1138.각승경(角勝經)〕

5) 선도반응

선도반응이란 상담 진행을 촉진시키고, 내담자를 상담목표로 이끌기 위해 상담자가 의도적으로 하는 반응을 말한다. 내담자가 관념적인 개념을 좀더 특정한 용어로 토의하도록 돕거나, 중요한 행동이나 사건을 환경적 상황과 연결시켜 생각하도록 하는 것이다. 상담자는 선도반응을 통해서 내담자의 말을 구체화시키며, 새롭고 정확한 의미를 찾아가도록 도움으로써 일반적이고 모호한 관념을 명료화시키고 구체적인 상담목표에 접근하도록 이끈다(이장호, 1995).

『잡아함경』도 여러 가지 선도반응이 나온다. 〔사례123, 제38권 1075.타표경(陀驃經)①〕이 좋은 사례다. 이 경에서 속가에서 남매지간이었던 자지비구와 메티야 비구니는 서로 짜고 다바말라푸트라 비구를 모함한다. 메티야 비구니는 자지 비구가 시키는 대로 다바말라푸트라가 자신에게 바라이

죄를 저질렀다고 석가모니께 고한다. 그러자 석가모니는 다바말라푸트라에게 그런 사실이 있느냐고 묻는다. 바다말라푸트라가 그런 기억이 없다고 대답하자, 석가모니는 여러 비구들에게 다음과 같이 일렀다.

…"다바말라푸트라 비구를 기억해 두어야 한다. 메티야 비구니는 제 말로 말할 것이다. 그리고 자지 비구는 잘 꾸짖고 충고하고 훈계해 물어 보라. '너는 어떻게 어디서 보았으며, 무슨 일로 가 보았느냐'고."…

〔사례123, 제38권 1075.타표경(陀驃經)〕

"다바말라푸트라가 바라이죄를 저질렀다"는 애매한 말을 모호한 채로 받아들이지 않고 구체적인 사항을 질문하게 함으로써 그 말이 모함하기 위해 꾸며낸 것임을 밝히게 한 것이다.

이밖에도 석가모니는 다양한 상담장면을 절묘하게 활용하여 내담자가 통찰에 이르게끔 이끌었다.

…세존께서는 존자 사리불에게 말씀하셨다.
"사리불이여, 어떤 것을 배움이라 하며 어떤 것을 법수(法數)라 하는가?"
이때에 존자 사리불은 잠자코 대답하지 않았다. 두번째, 세번째에도 또한 잠자코 있었다.
세존께서는 말씀하셨다.
"진실한가, 사리불이여."
사리불은 부처님께 여쭈었다.
"진실입니다. 세존이시여, 비구로서 진실을 보는 사람은 그것을 싫어하고 욕심을 떠나서 멸해 다함으로 향하나이다. … 이것이 진실하게 멸한 것을 깨달아 안 뒤에는 그 비구가 그것을 싫어하고 욕심을 떠나서 멸해 다함으로 향하면 이것을 배움이라 하나이다."
…세존께서 말씀하신 뒤에 방으로 들어가시자, 존자 사리불은 세존께서 떠나신 것을 알고 모든 비구들에게 말하였다.

"여러분, 나는 세존의 처음 물으심에 대답할 수 없었습니다. 그러므로 나는 잠자코 있었습니다. 조금 있다가 세존께서는 다시 나를 위해 기쁘게도 다시 물어주셨습니다. 그래서 나는 그 이치를 이해하였습니다.…"

〔사례43, 제14권 345.집생경(集生經)〕

…때에 젊은 바라문 빌란기카는 부처님께 나아가 세존님을 맞대고 추악하고 착하지 않은 말로 성내고 꾸짖었다. 그때에 세존께서는 빌란기카에게 말씀하셨다.

"혹 어느 길한 날에 너는 너의 종친과 권속들을 모을 수 있겠는가?"

빌란기카는 여쭈었다.

"그리할 수 있나이다. 고타마시여."

"만일 너의 종친들이 음식을 받아먹지 않으면 어떻게 되겠는가?"

"받아먹지 않으면 그 음식은 도로 내 것이 되나이다."

"너도 그와 같다. 여래를 향해 맞대고 추악하고 착하지 않은 말로 꾸짖었다. 내가 끝내 받지 않는다면 그 꾸짖음은 누구에게 돌아가겠는가?"

빌란기카는 사뢰었다.

"그러하나이다, 고타마시여. 하지만 그는 비록 받지 않더라도 우선 준다면 곧 주어질 것입니다."

"그런 것은 서로 갚는 것이라고 이름 하지 않는다. 어떻게 서로 준다고 하겠는가?"

"어떤 것을 서로 갚는 것이라 하고 서로 주는 것이라 하며, 어떤 것을 서로 갚는 것을 받지 않는 것이라 하고, 서로 주는 것이 아니라 하나이까?"

"만일 그와 같이 꾸짖으면 꾸짖음으로 갚고 성내면 성냄으로 갚고 때리면 때림으로 갚고 싸우면 싸움으로 갚는다면 그것은 서로 갚는 것이요, 서로 주는 것이다. 그러나 꾸짖어도 꾸짖음으로 갚지 않고 성내도 성냄으로 갚지 않고, 때려도 때림으로 갚지 않고 싸워도 싸움으로 갚지 않으면 서로 갚는 것도 아니요, 서로 주는 것도 아니니라."

빌란기카는 사뢰었다.

"그런데 지금 고타마께서는 성냄이 있나이까?"

그때에 세존께서는 곧 게송으로 답했다.

"성낼 마음 없는데 무슨 성냄 있으랴.
바른 생활로써 그것을 항복 받고
바른 지혜로 마음 해탈하였거니
지혜로운 사람은 성냄이 없느니라.

성냄으로써 성냄을 갚는 사람
그는 바로 나쁜 사람이니라.

성냄으로써 성냄을 갚지 않고
적을 만나 항복 받기 어려움 항복 받고
성내지 않음으로 성냄을 이기고
착하지 않은 것은 착함으로 항복 받고
은혜로 베풀어 간탐을 항복 받고
참 말로 거짓말을 부수느니라.

꾸짖지 않고 사납지도 않아서
언제나 성현의 마음에 머무르면
악한 사람 성냄에 머물더라도
움직이지 않는 것 돌산 같으리.

성내는 것을 잘 제어하는 것
미친 마차를 제어하는 것 같네.
내가 말하는 좋은 어사(御士)란
저 밧줄을 잡은 사람 아니네."

때에 젊은 빌란기카는 부처님께 여쭈었다.
"참회하나이다. 세존이시여, 마치 미친 사람 모양으로 분별하지 못하고 착하지도 못하여 사문 고타마님을 맞대고 추악하고 착하지 않은 말로 성내고 꾸짖었나이다."…

〔사례134, 제42권 1152.빈기가경(賓耆迦經)〕

'선도반응'의 사례로 뽑은 경은 다음과 같다.

〔사례43, 제14권 345.집생경(集生經)〕
〔사례86, 제32권 909.조마경(調馬經)〕
〔사례123, 제38권 1075.타표경(陀驃經)①〕
〔사례134, 제42권 1152.빈기가경(賓耆迦經)〕

6) 개방질문

개방질문이란 폐쇄적 질문의 반대되는 개념으로서 포괄적인 답을 이끌어내는 질문을 뜻한다. 개방질문은 내담자에게 모든 반응의 길을 터놓으며, 내담자의 관점·의견·사고·감정까지 끌어내는 데 비해, 폐쇄적 질문은 오직 명백한 사실만을 요구한다. 따라서 개방질문은 상담자와 내담자 간에 바람직한 촉진관계를 열어 놓는 반면 폐쇄질문은 그것을 닫아 놓게 되는 게 일반적이다(이장호, 1995).

『잡아함경』에서 석가모니는 내담자를 만나서 문답을 나눌 때 개방질문을 주로 사용했다. 내담자로 하여금 자신의 역량과 사고와 감정을 한껏 열게 한 다음 차근차근 문답을 펼쳐 상담목표로 이끌어 갔다.

"내 이제 네게 물으리니, 네 생각대로 대답하라. 바라문이여, 너의 뜻에는 어떠하냐? 물질은 본래 종자가 없는가?"

〔사례7, 제2권 54.세간경(世間經)〕

"나는 이제 너에게 물으리니 아는 대로 내게 대답하라. 바라문이여, 너의 생각에는 어떠하냐? 눈은 있는가?"
〔사례40, 제13권 320.일체유경(一切有經)〕

'개방질문'의 사례로 뽑은 경은 다음과 같다.

〔사례7, 제2권 54.세간경(世間經)〕
〔사례40, 제13권 320.일체유경(一切有經)〕
〔사례50, 제17권 459.자작경(自作經)〕
〔사례88, 제32권 913.갈담경(竭曇經)〕
〔사례90, 제32권 915.도사씨경(刀師氏經)②〕
〔사례97, 제33권 938.누경(淚經)〕
〔사례113, 제36권 994.바기사진멸경(婆耆娑盡滅經)〕
〔사례117, 제37권 1025.질병경(疾病經)①〕

7) 열린 자세

석가모니는 열린 질문으로 상담을 이끌어갔을 뿐만 아니라 상담자로서도 열린 자세로 내담자를 대했다. 내담자가 자신의 제자든 재가신자이든 외도든, 왕족이든 천민이든, 자신을 해치려는 귀신이든 가리지 않고 항상 열린 자세로 대했다.
『잡아함경』 곳곳에 이러한 장면이 나타난다.

　…"저는 지금 물을 일이 있습니다. 저를 위해 해설하여 주소서."
　부처님께서는 아칠라 가섭에게 말씀하셨다.
　"네 마음대로 물어라."…
〔사례38, 제12권 302.아지라경(阿支羅經)〕

　…때에 집을 나온 어떤 바차 종족은 부처님께 나아가 합장하고 문안한

뒤에 한쪽에 물러앉아 여쭈었다.

"고타마시여, 사뢸 말씀이 있사온데 혹 한가하시면 말씀해 주시겠나이까?"
부처님께서는 말씀하셨다.
"마음대로 물어라. 너를 위해 설명하리라."

〔제34권 960.기특경(奇特經)〕

…알라바카 귀신은 말하였다.

"사문이여, 나는 이제 너에게 물으리니 사문은 내게 대답하라. 만일 나를 기쁘게 하면 좋지만, 나를 기쁘게 하지 못하면 나는 그 심장을 부수고 그 가슴을 찢어, 뜨거운 피가 얼굴에서 흐르게 하고, 두 팔을 잡아 강가 저쪽 언덕에 던져 버리리라."

세존께서는 말씀하셨다.

"촌주여, 나는 아직 어떤 하늘이나 범·사문·바라문이나 모든 하늘신과 세상 사람으로서 내 심장을 부수고 가슴을 찢어 내 뜨거운 피를 얼굴에서 흐르게 하거나, 두 팔을 잡아 강가 저쪽 언덕에 던지는 이를 보지 못하였다. 그런데 촌주여, 너는 이제 묻기만 하라. 너를 위해 설명하여 네 마음을 기쁘게 하리라."

〔제50권 1326.아갈귀경(阿竭鬼經)〕

'열린 자세'의 사례로 뽑은 경은 다음과 같다.

〔사례38, 제12권 302.아지라경(阿支羅經)〕
〔사례140, 제49권 1324.침모경(針毛經)〕

8) 사기답(四記答)

사기답이란 석가모니가 내담자들의 여러 가지 질문에 대하여 응답하던 네 가지 형식의 답을 말한다.

(1) 일향기(一向記)

질문자가 묻는 것이 응답자가 생각하는 바와 합치하는 경우에 "그렇다"고 대답하는 것을 말한다. 질문이 적절할 경우에 그대로 긍정하거나, 절대 불변의 진리에 관한 질문일 경우 단정적으로 응답해 주는 것이다.

…바차는 사뢰었다.
"어떠하나이까, 고타마시여. 착한 법이 있나이까?"
"있느니라."…

〔제34권 964.출가경(出家經)〕

'일향기'의 사례로 뽑은 경은 다음과 같다.

〔사례6, 제2권 53.바라문경(婆羅門經)〕
〔사례38, 제12권 302.아지라경(阿支羅經)〕
〔사례49, 제16권 435.수달경(須達經)〕

(2) 분별기(分別記)

질문자의 물음에 대하여 그것을 분해하고 시비를 분별하여 답변하는 것을 말한다. 질문이 진리에 맞는지 맞지 않는지를 먼저 분별하여 그에 알맞게 응답하거나, 조건에 따라 알맞게 구분하여 대답하는 것이다.

석가모니는 먼저 내담자의 질문 자체의 타당성을 검토하여 이치에 맞는지 안 맞는지를 분별하여 그에 알맞게 응답하거나, 내담자의 막연한 질문, 또는 총론적 질문을 각론으로 구별해 대답함으로써 모든 것은 어떠하거나 어떠하지 않다는 이분법적인 결론을 지양하고, 상황에 따라 결론도 달라짐을 '분별'을 통해 이해시켰다.

…우자야라는 어떤 바라문 청년이 부처님께 여쭈었다.

"고타마시여, 모든 바라문들은 항상 사성대회(邪盛大會)를 칭찬하나이다. 사문 고타마께서도 또한 사성대회를 칭찬하나이까?"

"나는 한결같이 칭찬하지 않는다. 어떤 사성대회는 칭찬할 만하고 어떤 사성대회는 칭찬하지 못할 것도 있느니라."

우자야는 부처님께 여쭈었다.

"어떤 사성대회는 칭찬할 만하며, 어떤 사성대회는 칭찬할 만하지 않나이까?"

"만일 사성대회에서 여러 마리 황소나 물소나 … 소소한 중생들을 잡아매어 다 죽이거나 핍박하거나 괴롭게 하며, 하인이나 머슴들을 매질로 위협하고 슬피 부르짖게 하며 온갖 고통을 주어 부리면, 이러한 사성대회를 나는 칭찬하지 않나니, 거기에서는 큰 죄악을 짓기 때문이다.

다시 어떤 사성대회에서는 여러 마리 소를 잡아매지도 않고 … 중생들에게 큰 고통을 주어 부리지 않으면 그러한 대회를 나는 칭찬하나니, 거기에서는 큰 죄악을 짓지 않기 때문이다."…

〔사례10, 제4권 89.우파가경(優波迦經)①〕

(3) 반문기(反問記)

반문기란 묻는 이가 말한 것에 대해 바로 대답하지 않고 되물어 그 뜻을 분명하게 하거나 깨닫게 하는 대답 방법이다. 석가모니가 이 기법을 쓰는 경우는 내담자가 토론을 즐기려 할 때나 내담자에게 설득이 필요할 때이다. 석가모니는 내담자가 궁금해 하는 문제에 대해 반문을 함으로써 논리적 반전을 유도해 내담자 스스로 자신의 문제에 대한 답을 찾아나가도록 했다. 석가모니의 반문기는 내담자의 의견과 성격을 존중하면서 내담자 스스로 자신의 문제를 분석하고 판단하고 통찰하도록 이끌므로 내담자에게 아무런 저항이나 의혹이 일어나지 않는 것이 특징이다.

…때에 어떤 생문 바라문은 부처님 계신 곳에 나아가 서로 인사한 뒤에 한쪽에 물러앉아 부처님께 여쭈었다.

"고타마시여, 이른바 일체가 있다는 것은 어떤 것을 말하나이까?"

부처님께서는 생문 바라문에게 말씀하셨다.

"나는 이제 너에게 물으리니 아는 대로 내게 대답하라. 바라문이여, 너의 생각에는 어떠하냐, 눈은 있는가?"

그는 대답하였다.

"그것은 있나이다, 사문 고타마시여."

"물질은 있는가?"

"그것은 있나이다, 사문 고타마시여."…

〔사례40, 제13권 320.일체유경(一切有經)〕

'반문기'의 사례로 뽑은 경은 다음과 같다.

〔사례24, 제5권 106.아누라도경(阿㝹羅度經)〕
〔사례40, 제13권 320.일체유경(一切有經)〕
〔사례90, 제32권 915.도사씨경(刀師氏經)②〕
〔사례100, 제34권 962.견경(見經)〕

(4) 무기(無記)→침묵

무기란 대답할 가치가 없는 질문이나 대답할 일이 아닌 물음에 대해 대답하지 않는 것을 말한다. 질문이 이치에 합당하지 않고 아무런 쓸모도 없는 경우 대답하지 않고 침묵해 버리는 것이다. 현실에 도움이 되지 않는 형이상학적인 질문이나 아무 뜻도 이익도 없는 희론(戲論), 내담자의 수준에 비추어 너무 어려운 답을 구하는 질문 등에 대해 석가모니는 침묵으로 답을 대신했다. 이런 질문에 대해 답했다가는 내담자가 오히려 문제나 해답에 집착하여 잘못된 견해를 더욱 키워나갈까 봐 우려했기 때문이었다('제3장' 참조). 무기는 '사치기(捨置記)'라고도 한다.

『잡아함경』에는 석가모니가 내담자의 질문에 '무기(無記)'라고 답함으로써 침묵을 지키는 장면이 여러 곳에 나온다.

…때에 어떤 바차 종족은 부처님께 나아가 합장하고 문안드린 뒤에 한쪽에 물러나 앉아 여쭈었다.

"고타마시여, 사뢸 일이 있사온데 혹 한가하시면 말씀해 주시겠나이까?"

부처님께서 말씀하셨다.

"마음대로 물으라. 너를 위해 설명하리라."

바차는 여쭈었다.

"어떠하나이까, 고타마시여. 목숨이 곧 몸이옵니까?"

부처님께서 말씀하셨다.

"목숨이 곧 몸이라 한다면 그것은 말할 수 없느니라."

"그러면 고타마시여, 목숨과 몸은 다르나이까?"

"목숨과 몸이 다르다고 한다면 그것도 말할 수 없느니라."

"어떠하나이까, 고타마시여. '목숨이 곧 몸이냐'고 물어도 '그것은 말할 수 없다' 하시고, '목숨은 곧 몸과 다르냐'고 물어도 '그것은 말할 수 없다'고 대답하십니다. 사문 고타마께서는 어떤 비밀이 있기에 제자가 목숨을 마치면 곧 말씀하시기를 '누구는 어디서 나고 누구는 어디서 난다. 그 제자들은 여기서 목숨을 마치고 몸을 버리면 곧 의식을 타고 다른 곳에서 난다'고 하시나이까? 그때에는 목숨과 몸은 다르지 않나이까?"

부처님께서는 말씀하셨다.

"그것은 다른 것이 있음을 말한 것이요, 다른 것이 없음을 말한 것이 아니니라."

"다른 것이 있음을 말한 것이요, 다른 것이 없음을 말한 것이 아니라는 말은 무슨 뜻이옵니까?"

"비유하면 불은 다른 것이 있으면 타고, 다른 것이 없으면 타지 않는 것과 같으니라."

"불은 다른 것이 없어도 타는 것을 저는 보았나이다."

"어떻게 불이 다른 것이 없어도 타는 것을 보았는가?"

바차는 사뢰었다.

"이를테면, 큰 불더미에 사나운 바람이 불어오면 불은 공중을 납니다. 그런 것이, 불은 다른 것이 없어도 타는 것이 아니옵니까?"

부처님께서는 말씀하셨다.
"바람이 불어서 나는 것, 그것도 다른 것이 있는 것이요, 없는 것이 아니니라."
"고타마시여, 공중에서 나는 불을 어떻게 다른 것이 있다고 하시나이까?"
"공중에서 나는 불은 바람을 의지하기 때문에 머무르고 또 그것 때문에 타는 것이다. 바람을 의지하기 때문에 다른 것이 있다고 말한 것이다."
바차는 사뢰었다.
"중생이 여기서 목숨을 마치고 의식을 타고 다른 곳에 가서 태어나는데 어떤 것이 다른 것이 있나이까?"
부처님께서는 말씀하셨다.
"중생이 여기서 목숨을 마치고 다른 곳에 날 때에는, 애욕으로 말미암아 취(取)하고, 또 그것으로 인해 머무르기 때문에 다른 것이 있다고 말하느니라."…

〔사례99, 제34권 957.신명경(身命經)〕

…때에 많은 외도들이 존자 사리불에게 나아가 서로 문안하고 위로한 뒤에 한쪽에 물러앉아 물었다.
"어떻습니까, 사리불님. 여래는 후세의 나고 죽음이 있습니까?"
사리불은 여러 외도들에게 말하였다.
"세존께서는 그것은 '무기(無記)'라고 말씀하셨다."
"사리불님, 여래는 후세의 나고 죽음이 없습니까?"
"세존께서는 그것은 무기라고 말씀하셨다."
"사리불님, 여래는 후세의 나고 죽음이 있기도 하고 없기도 합니까?"
"세존께서는 그것은 무기라고 말씀하셨다."
"사리불님, 여래는 후세의 나고 죽음이 있지도 않고 없지도 않습니까?"
"세존께서는 그것은 무기라고 말씀하셨다."
여러 외도들은 다시 물었다.
"사리불님, 여래는 '후세의 나고 죽음이 있는가, 여래는 후세의 나고 죽음이 없는가, 후세가 있기도 하고 없기도 한가, 후세가 있지도 않고 없지도 않은가'고 묻는데도 어떻게 모두 대답하기를 '세존께서는 그것은 무기라고 말씀하셨다'고만 하십니까? 어떻게 상좌님은 어리석고 미친 사람처럼 잘 분별하지도 못하며 어린애처럼 자기주장의 지혜가 없습니까?"

외도들은 이렇게 말하고는 자리에서 일어나 가버렸다.…

존자 사리불은 외도들이 떠난 줄을 알고, 존자 마하 가섭에게 나아가 서로 문안하고 위로한 뒤에 한쪽에 앉아 여러 외도들과 이야기하던 일을 자세히 말했다.

"존자 마하 가섭님, 무슨 이유로 세존께서는 후세의 나고 죽음이 있다든가 없다든가, 후세가 있기도 하고 없기도 하다든가, 후세는 있지도 않고 없지도 않다고 말씀하시지 않았습니까?"

존자 마하 가섭이 대답하였다.

"만일 여래가 후세에 나고 죽음이 있다고 말하면 그것은 형상이 되는 것이요, 만일 없다고 말해도 그것은 형상이 되는 것입니다. 또 있기도 하고 없기도 하다든가, 혹은 있지도 않고 없지도 않다고 한다면 그것도 형상이 되는 것입니다.

여래는 형상이 이미 다하고 마음이 잘 해탈하였습니다. 그러므로 후세의 나고 죽음이 있다고 말해도 옳지 않고, 후세의 나고 죽음이 없다거나, 있기도 하고 없기도 하다거나, 또는 있지도 않고 없지도 않다고 해도 옳지 않습니다. 여래는 형상이 이미 다하고 마음이 잘 해탈하여 매우 깊고 넓고 크며, 한량이 없고 헤아릴 수 없는 적멸이요 열반이기 때문입니다.

사리불님, 만일 여래는 후세의 나고 죽음이 있다고 말한다면 그것은 곧 느낌이 되고, 생각·지어감·의식·움직임·헤아림·속임·함이 있음·욕망이 될 것입니다. 그리고 나아가서는 있지도 않고 없지도 않다는 것도 또한 그런 것입니다.

여래는 애욕이 이미 다하고 마음이 잘 해탈하였습니다. 그러므로 후세가 있다고 말하는 것도 옳지 않고, 없다고 말하거나, 있기도 하고 없기도 하다든가, 있지도 없지도 않다고 말한다면 그것도 옳지 않습니다. 여래는 욕망이 이미 다하고 마음이 잘 해탈하여, 매우 깊고 넓고 크며 한량이 없고 헤아릴 수 없는 적멸이요 열반이기 때문입니다.

　사리불님, 이런 이유로 누가 세존께 '여래는 있는가 없는가, 혹은 있기도 하고 없기도 한가, 있지도 않고 없지도 않은가' 하고 묻더라도 그런 질문에 답하지 않으신 것입니다."…

〔사례83, 제32권 905.외도경(外道經)〕

'무기'의 사례로 뽑은 경은 다음과 같다.

〔사례38, 제12권 302.아지라경(阿支羅經)〕
〔사례83, 제32권 905.외도경(外道經)〕
〔사례99, 제34권 957.신명경(身命經)〕
〔사례101, 제34권 965.울저가경(鬱低迦經)〕

9) 전의법(轉意法)

전의법이란 내담자의 질문이 무익하거나 잘못된 견해를 갖고 있을 때, 질문에 대한 즉답을 하는 것이 내담자에게 도움이 되지 않을 때, 그 질문에 대해 핵심적인 응답을 해주기보다 그 질문 자체가 얼마나 무익한가를 일깨워 주거나, 대화의 내용을 전환함으로써 새로이 바른 견해를 갖도록 이끌어주는 것이다(정혜자, 1992). 전의법이란 또 상대의 종교나 습성을 그대로 인정하는 가운데 그것을 올바른 입장으로 설명해 가는 방법을 말한다(이지현, 1997).

　…나알라촌 촌장 탈라푸라는 부처님께 나아가 문안드리고 위로한 뒤에 한쪽에 물러앉아 여쭈었다.

　"고타마시여, 제가 들으매 옛날 노래하고 춤추며 익살부리는 늙은 선생은 다음과 같이 말하였나이다. 즉 '만일 광대아이가 대중 앞에서 노래하고 춤추며 익살을 부려서 여러 가지 재주로 대중들을 기쁘게 하고 웃기면 그

업의 인연으로 몸이 헐고 목숨이 끝난 뒤에 환희천(歡喜天)에 난다'고. 고타마께서는 어떻게 말하나이까?"
　부처님께서는 촌장에게 말씀하셨다.
　"그만 그쳐라. 그 이치를 묻지 말라."
　이렇게 두 번 세 번 말씀하셨으나 촌장은 그래도 청하기를 그치지 않았다. 부처님께서는 촌장에게 물으셨다.
　"나는 지금 너에게 물으리니 마음대로 대답하라. 옛날 이 마을 중생들은 탐욕을 떠나지 않아 탐욕에 묶였고, 성냄을 떠나지 않아 성냄에 묶였으며, 어리석음을 떠나지 않아 어리석음에 묶였다. 그런데 그 여러 어린 광대들은 대중 앞에서 갖가지 노래와 춤과 풍류와 익살로 그 대중들을 기쁘게 하고 웃겼다. 마을 주인이여, 그 즐겨하고 기쁘게 웃은 사람들은 과연 탐욕과 성냄과 어리석음의 결박을 더욱 굳게 하지 않았겠는가?"
　촌장은 부처님께 사뢰었다.
　"그러하나이다. 고타마시여."
　"촌장이여, 비유하면 어떤 사람이 밧줄에 묶여 있는데 다른 사람이 오래 전부터 나쁜 마음을 가지고 그 사람을 그릇된 이치로 해하고 고통을 주려고 묶은 밧줄에 물을 자주 뿌리면 그 결박은 갈수록 더 조이지 않겠는가?"
　"그러하나이다, 고타마시여."
　"촌장이여, 그 옛날 중생들도 또한 그와 같다. 탐욕과 성냄과 어리석음의 결박을 떠나지 않았는데, 그 익살을 즐겨하고 기뻐하는 웃음으로 말미암아 더욱 그 결박을 굳게 하였느니라."
　"실로 그러하나이다. 고타마시여, 그 여러 어린 광대들은 그 중생들을 즐거워하고 기쁘게 웃겨 탐욕과 성냄과 어리석음의 결박을 더욱 더하게 하였나이다. 그 인연으로 말미암아 몸이 헐고 목숨이 끝난 뒤에 좋은 곳에 난다는 것은 그럴 이치가 없나이다."…

〔사례85, 제32권 907.차라주라경(遮羅周羅經)〕

　'전의법'의 사례로 뽑은 경은 다음과 같다.

〔사례7, 제2권 54.세간경(世間經)〕
〔사례23, 제5권 105.선니경(仙尼經)〕
〔사례85, 제32권 907.차라주라경(遮羅周羅經)〕

3. 논리 전개

1) 차제법(次第法)

 차제법이란 높은 곳에 오르는 층계를 차례로 밟아나가듯 그릇된 사고를 지닌 내담자에게 일반 상식이나 일반적 윤리를 기초로 하여 마음의 준비를 갖추게 한 후 고차원적인 사고와 통찰에 이르게 하는 순차적인 접근방법을 말한다(정승석, 1989). 부처만이 갖는 독특한 모습만 보고도 마음을 움직이게 한 뒤 시론(施論)·계론(戒論)·생천론(生天論) 등을 설하여 마음을 돌이키게 하고, 이어서 사성제 법문을 설해 깨달음의 실천으로 방향을 바꾸게 만든다(박수일, 1995). 석가모니는 자신이 깨달은 지고의 진리를 제자들에게 이해시키기 위해 제자들을 무지에서 벗어나게 하고 높은 법을 받을 수 있도록 성장시켜 니갔다. 세사들이 깨달을 수 있도록 능력을 성숙시켜 나가는 것 역시 근기 성숙의 차제법이라 할 수 있다(반영규B, 1988).
 요약해서 말하면, 차제법이란 법문을 내담자의 근기에 맞게 낮은 단계부터 높은 단계로 하나하나 순서적으로 설해 나가 마침내 깨달음에 이르도록 이끄는 접근방법이라 할 수 있다.
 석가모니는 『잡아함경』에서 거의 모든 경을 차제법으로 설했다. 석가모니는 내담자의 현실적 문제에 착안하여 상담의 발단을 삼은 다음 그 문제를 해결해 나가면서 동시에 궁극의 진리에 이르는 법문까지 이끌어 나갔다. 이렇게 석가모니는 쉬운 단계에서 차차 어려운 단계로 나아감으로써 내담자의 이해와 통찰을 도와 마침내 깨달음에 이르도록 인도했다.
 석가모니는 한 경에서도 차제법으로 진리에 이르는 길에 관해 순차적으로 설한 것은 물론, 여러 경에 연속해서 차제법을 활용하기도 했다. 다음의 여덟 경이 그 사례로, 각 경마다 석가모니는 "사람의 머리나 옷에 불이 붙었을 때 어떻게 꺼야 하는가?" 하고 제자들에게 물은 다음 첫번째 경에서는 '오온(五蘊)이 덧없음〔無常〕'을 설하고, 다음 경부터 '오온에 대한 애착을 끊으려면 사념처(四念處)·사정단(四正斷)·사여의족(四如意足)·오근(五根)·오력(五力)·칠각분(七覺分)·팔정도(八正道)의 삼십칠도품을 수행해 나가라'고 차례로 설했다.

① 오온무상(五蘊無常)

…어느 때 부처님께서는 사위국 제타숲 외로운 이 돕는 동산에 계시면서 여러 비구들에게 말씀하셨다.

"마치 어떤 사람이 불로 머리나 옷을 태우는 것과 같나니, 그것을 어떻게 꺼야 하겠느냐?"

비구들은 부처님께 여쭈었다.

"세존이시여, 마땅히 왕성한 욕심을 일으키고 간절한 방편을 써서 서둘러 꺼야 하겠나이다."

부처님께서는 비구들에게 말씀하셨다.

"머리나 옷이 타는 것은 오히려 잠깐 잊는다 하더라도 덧없음의 왕성한 불은 마땅히 다 꺼서 없애야 하나니, 그 덧없음의 불을 끊기 위하여 큰스승을 힘써 구하고, 느낌·생각·지어감·의식의 덧없음을 끊기 위하여 큰스승을 힘써 구하는 것이니라. 이른바 물질의 덧없음을 끊기 위하여 큰스승을 힘써 구하고, 느낌·생각·지어감·의식의 덧없음을 끊기 위해 큰스승을 힘써 구하는 것이다."…

〔사례25, 제7권 175.구두연비경(救頭燃譬經)〕

② 사념처(四念處)

…"덧없음을 끊기 위해서는 안 몸을 안 몸답게 관찰하고 바깥 몸을 바깥 몸답게 관찰하고 안팎 몸을 안팎 몸답게 관찰하여 거기에 머물러야 한다〔身

念處]. 이와 같이 안의 느낌을 느낌답게 관찰하고 바깥 느낌을 느낌답게 관찰하고 안팎 느낌을 느낌답게 관찰하여 머무르고[受念處], 안 마음을 마음답게 관찰하고 바깥 마음을 마음답게 관찰하고 안팎 마음을 마음답게 관찰하여 머무르며[心念處], 안 법을 법답게 관찰하고 바깥 법을 법답게 관찰하며, 안팎 법을 법답게 관찰하여 머물러야[法念處] 한다.…"

〔제7권 176.신관주경(身觀住經)〕

③ 사정단(四正斷)
…"덧없음을 끊기 위해서는 이미 생긴 악하고 착하지 않은 법은 마땅히 끊고 거두어 잡는 마음을 더욱 자라게 해야 한다[斷斷]. 이와 같이 아직 생기지 않은 악해서 착하지 않은 법은 생기지 않게 하며[律儀斷], 아직 생기지 않은 착한 법은 생기도록 힘쓰고[隨護斷], 이미 생긴 착한 법은 더욱 커지게 하기 위해 욕심의 방편을 일으키고 거두어 잡는 마음을 더욱 나아가게 해야 한다[修斷].…"

〔제7권 178.단악불선법경(斷惡不善法經)〕

④ 사여의족(四如意足)
…"덧없음을 끊기 위해서는 욕망의 안정으로써 끊기를 닦아야 한다[欲如意足]. 이와 같이 정진의 안정으로써 끊기를 닦고[精進如意足], 마음의 안정으로써 끊기를 닦아야 하며[心如意足], 생각의 안정으로써 끊기를 닦아야 한다[思惟如意足].…"

〔제7권 179.욕정경(欲定經)〕

⑤ 오근(五根)
…"덧없음을 끊기 위해서는 마땅히 믿음의 뿌리를 닦아야 한다[信根]. 이와 같이 정진의 뿌리[進根], 생각의 뿌리[念根], 선정의 뿌리[定根], 지혜의 뿌리[慧根]를 닦아야 한다.…"

〔제7권 180.신근경(信根經)〕

⑥ 오력(五力)

…"덧없음을 끊기 위해서는 마땅히 믿음의 힘〔信力〕을 닦아야 한다. 이와 같이 정진의 힘〔進力〕, 생각의 힘〔念力〕, 선정의 힘〔定力〕, 지혜의 힘〔慧力〕을 마땅히 닦아야 한다.…"

〔제7권 181.신력경(信力經)〕

⑦ 칠각분(七覺分)

…"덧없음을 끊기 위해서는 생각의 깨달음의 갈래〔念覺分〕를 닦아야 한다. 이와 같이 법 가림의 깨달음의 갈래〔擇法覺分〕, 정진의 깨달음의 갈래〔精進覺分〕, 기쁨의 깨달음의 갈래〔喜覺分〕, 없앰의 깨달음의 갈래〔除覺分〕, 버림의 깨달음의 갈래〔捨覺分〕, 선정의 깨달음의 갈래〔定覺分〕를 닦아야 한다.…"

〔제7권 182.염각분경(念覺分經)〕

⑧ 팔정도(八正道)

…"덧없음을 끊기 위해서는 바른 소견〔正見〕을 닦아야 한다. 이와 같이 바른 뜻〔正思惟〕, 바른 말〔正語〕, 바른 업〔正業〕, 바른 생활〔正命〕, 바른 방편〔正精進〕, 바른 생각〔正念〕, 바른 선정〔正定〕을 닦아야 한다.…"

〔제7권 183.정견경(正見經)〕

이밖에 〔사례26, 제8권 200.라후라경(羅睺羅經)③〕에서도 석가모니가 제자에게 어떻게 순차적으로 진리를 터득해 나가게 이끌었는지 여실히 볼 수 있다.

…그때에 존자 라훌라는 부처님 계신 곳에 나아가 부처님 앞에 머리를 조아리고 한쪽에 물러앉아 여쭈었다.

"장하십니다! 세존이시여, 저를 위해 설법해 주소서.…"

그때에 세존께서는 라훌라의 마음이 해탈할 슬기가 아직 익지 않아 더욱 위되는 법을 받기에는 감당할 수 없음을 관찰하시고 라훌라에게 물으셨다.

"너는 남에게 '오온(五蘊)'으로써 가르친 일이 있느냐?"
라훌라는 부처님께 여쭈었다.
"아직 없나이다. 세존이시여."
"너는 마땅히 남을 위해 오온을 연설해야 한다."
그때에 라훌라는 부처님 분부를 받고 다른 날 남을 위해 오온을 연설하였다. 그리고 다시 부처님 계신 곳에 나아가 부처님 발에 머리를 조아리고 한쪽에 물러서서 여쭈었다.
"세존이시여, 저는 이미 남을 위해 오온을 설명하였나이다. 원하옵나니 세존께서는 저를 위해 설법해 주소서.…"
그때에 세존께서는 라훌라의 마음이 아직 해탈할 지혜가 익지 않아 더욱 왕성한 법을 받기에는 감당해낼 수 없음을 관찰하시고 라훌라에게 물으셨다.
"너는 남을 위해 '육근(六根)'을 설명한 일이 있는가?"
라훌라는 부처님께 여쭈었다.
"아직 없나이다. 세존이시여."
"너는 마땅히 남을 위해 육근을 연설하여야 한다."
라훌라는 다음날 남을 위해 육근을 연설하였다. 그리고 부처님 계신 곳에 나아가 머리를 조아려 부처님 발에 예배하고 한쪽에 물러서서 부처님께 여쭈었다.
"세존이시여, 저는 이미 남을 위해 육근을 연설하였나이다. 원하옵나니 세존께서는 저를 위해 설법해 주소서.…"
그때에 세존께서는 라훌라의 마음이 아직 해탈할 지혜가 익지 않아 더욱 위되는 법을 받기에는 감당해낼 수 없음을 관찰하시고 라훌라에게 물으셨다.
"너는 남을 위해 '십이연기법(十二緣起法)'을 설명한 일이 있느냐?"
라훌라는 부처님께 여쭈었다.
"아직 없나이다. 세존이시여."
"너는 마땅히 남을 위해 십이연기법을 연설하여야 한다."
라훌라는 다음날 남을 위해 십이연기법을 널리 설명하였다. 그리고 부처님 계신 곳에 나아가 머리를 조아려 부처님 발에 예배하고 한쪽에 물러서서 부처님께 여쭈었다.

"세존이시여, 저는 이미 남을 위해 십이연기법을 연설하였나이다. 원하옵나니 세존께서는 저를 위해 설법해 주소서.…"

그때에 세존께서는 라홀라의 마음이 아직 해탈할 지혜가 익지 않아 더욱 위되는 법을 받기에는 감당해낼 수 없음을 관찰하시고 … 내지 라홀라에게 말씀하셨다.

"너는 마땅히 위에서 말한 모든 법에 대해 혼자 어느 고요한 곳에서 알뜰히 생각하고 그 뜻을 관찰하여야 한다."

그때에 라홀라는 부처님 분부를 받고 위에서 들은 법과 말한 법을 그대로 생각하고 헤아리며 그 뜻을 관찰하였다. 그리고 '이 모든 법은 다 열반을 따라 나아가고, 열반으로 흘러 모이며, 마침내는 열반에 머무를 것이다' 하고 알았다.

그때에 라홀라는 부처님 계신 곳에 나아가 머리를 조아려 부처님께 예배하고 한쪽에 물러서서 여쭈었다.

"세존이시여, 저는 이미 위에서 들은 법과 말씀하신 법에 대해, 혼자 고요한 곳에서 생각하고 헤아리며 그 뜻을 관찰하여 '이 모든 법은 다 열반을 따라 나아가고, 열반으로 흘러 모이며, 마침내는 열반에 머무를 것이다' 하고 알았나이다."

그때에 세존께서는 라홀라의 마음이 해탈할 지혜가 성숙하여 더욱 위되는 법을 받기에 감당할 수 있음을 관찰하시고 라홀라에게 말씀하셨다.

"라홀라여, 모든 것은 덧없느니라. 어떤 법이 덧없는가? 이른바 눈은 덧없는 것이요, 혹은 물질과 눈의 의식과 눈의 부딪침도 위와 같이 덧없는 것이다."

이렇게 널리 말씀하셨다.…

〔사례26, 제8권 200.라후라경(羅睺羅經)③〕

2) 순관(順觀)과 역관(逆觀)

십이연기나 사성제를 차례로 관하는 것을 순관, 역으로 관하는 것을 역관이라 한다. 십이연기를 예로 들면, 순관은 무명(無明)→행(行)→식(識)→명색(名色)→육처(六處)→촉(觸)→수(受)→애(愛)→취(取)→유(有)→생(生)→노사(老死)의 순서, 곧 인(因)에서 과(果)로 향하는 순서대로 관하는 것을 말하고, 역관은 거꾸로 노사(老死)→생(生)→유(有)→취(取)→애(愛)→수(受)→촉(觸)→육처(六處)→명색(名色)→식(識)→행(行)→무명(無明)의 순서, 곧 과(果)에서 인(因)으로 관하는 것을 뜻한다.

석가모니는 내담자의 관찰과 사고를 좀더 뚜렷하게 해주고 내담자의 추론을 이끌어 내기 위해 순관과 역관의 방식으로 논리를 전개해 나갔다(고순호, 1986).

순관과 역관의 두 관찰에서 역관이 현실(생사의 문제)의 관찰로부터 시작하여 차츰 심화되는 불교의 추리적 사색 방향과 일치한다. 순관은 깨달음의 내용에 입각해서 생사의 발생 과정을 밝혀 주는 설명적 교설이다(고익진A, 1998).

(1) 순관

…그때에 세존께서는 모든 비구들에게 말씀하셨다.

"나는 이제 인연법(因緣法)과 연생법(緣生法)을 말하리라. 어떤 것을 인연법이라 하는가? 이른바 '이것이 있기 때문에 저것이 있다'는 것이니, 이른바 무명(無明)을 인연하여 행(行)이 있고, 행을 인연하여 식(識)이 있고, 식을 인연하여 명색(名色)이 있고, 명색을 인연하여 육처(六處)가 있고, 육처를 인연하여 촉(觸)이 있고, 촉을 인연하여 수(受)가 있고, 수를 인연하여 애(愛)가 있고, 애를 인연하여 취(取)가 있고, 취를 인연하여 유(有)가 있고, 유를 인연하여 생(生)이 있고, 생을 인연하여 노사(老死)가 있다. 이렇게 하여 순수한 큰 괴로움의 무더기가 모이는 것이다.

어떤 것을 연생법이라 하는가? 이른바 '무명(無明)을 인연하여 행(行)이 있고, … 노사(老死)가 있다'는 이 법은 부처님이 세상에 나오시거나 나오시지 않거나 항상 머물러, 법의 머무름이요 법의 세계로서 여래가 스스로 깨닫고 알아 다 옳은 깨달음을 이루어 사람들을 위해 연설하시어 열어 보이시고 나타내 드날리신 것이니라.…"

〔제12권 296.인연경(因緣經)〕

(2) 역관

　…그때에 세존께서는 모든 비구들에게 말씀하셨다.
　"세 가지 법이 있다. 그것은 세간이 사랑하지도 않고 생각하지도 않으며 뜻하지도 않은 것이다. 어떤 것을 세 가지라 하는가? 이른바 늙음·병·죽음이니라. 만일 세간에 이 세 법이 없었다면 여래는 이 세간에 나오지 않았을 것이다.
　세 가지 법을 끊지 못하기 때문에 늙음·병·죽음을 떠나지 못한다. 어떤 것을 셋이라 하는가? 이른바 탐욕·성냄·어리석음이다.
　다시 세 가지 법이 있어 그것을 끊지 못하기 때문에 탐욕·성냄·어리석음을 끊지 못한다. 어떤 것을 셋이라 하는가? 이른바 몸을 〈나〉라고 보는 것·계(戒)에 집착함·의심이니라.
　다시 세 가지 법이 있어 그것을 끊지 못하기 때문에 몸을 〈나〉라고 보는 것·계(戒)에 집착함·의심을 떠나지 못한다. 어떤 것을 셋이라 하는가? 이른바 바르지 않은 생각·사특한 길을 가까이 함·게으른 마음이니라.
　다시 세 가지 법이 있어 그것을 끊지 못하기 때문에 바르지 않은 생각·사특한 길을 가까이 함·게으른 마음을 떠나지 못한다. 어떤 것을 셋이라 하는가? 이른바 생각을 잃음·바르게 알지 못함·어지러운 마음이니라.
　다시 세 가지 법이 있어 그것을 끊지 못하기 때문에 생각을 잃음·바르게 알지 못함·어지러운 마음을 떠나지 못한다. 어떤 것을 셋이라 하는가? 이른바 들뜸·율의(律儀)가 아님·계(戒)를 배우지 않음이니라.
　다시 세 가지 법이 있어 그것을 끊지 못하기 때문에 들뜸·율의가 아님·계(戒)를 배우지 않음을 떠나지 못한다. 어떤 것을 셋이라 하는가? 이른바 믿지 않음·가르치기 어려움·게으름이니라.
　다시 세 가지 법이 있어 그것을 끊지 못하기 때문에 믿지 않음·가르치기 어려움·게으름을 떠나지 못한다. 어떤 것을 셋이라 하는가? 이른바 성인을 뵈려 하지 않음·법을 들으려 하지 않음·항상 남의 단점을 찾는 것이니라.

다시 세 가지 법이 있어 그것을 끊지 못하기 때문에 성인을 뵈려 하지 않음·법을 들으려 하지 않음·항상 남의 단점을 찾는 것을 떠나지 못한다. 어떤 것을 셋이라 하는가? 공경하지 않음·거슬리는 말·나쁜 벗과 친함이니라.

다시 세 가지 법이 있어 그것을 끊지 못하기 때문에 공경하지 않음·거슬리는 말·나쁜 벗과 친함을 떠나지 않는다. 어떤 것을 셋이라 하는가? 이른바 스스로의 부끄러움이 없음·남에 대한 부끄러움이 없음·함부로 노는 것이니라.…"

〔제14권 346.삼법경(三法經)〕

인간이 늙음·병·죽음을 떠나지 못하는 이유를 역관의 방식으로 설한 석가모니는 설법 내용을 다시 순관의 방식으로 되짚어 나갔다.

"이 세 가지 법(스스로의 부끄러움이 없음·남에 대한 부끄러움이 없음·함부로 노는 것)을 끊지 못하기 때문에 공경하지 않음·거슬리는 말·나쁜 벗과 친함을 떠나지 못한다. 무슨 까닭인가? 스스로의 부끄러움이 없고 남에 대한 부끄러움이 없음으로써 함부로 놀기 때문이다. 함부로 놀기 때문에 공경하지 않고 공경하지 않기 때문에 나쁜 벗과 친하며, 나쁜 벗과 친하기 때문에 성인을 뵈려 하지 않고 법을 들으려 하지 않으며 항상 남의 단점을 찾느니라. 남의 단점을 찾기 때문에 믿지 않고 가르치기 어려우며 말에 거슬리고 타락하며, 타락하기 때문에 들뜨고 율의가 아니며 계를 배우지 않으며, 계를 배우지 않기 때문에 생각을 잃고 바르게 알지 못하며 어지러운 마음이 되느니라. 어지러운 마음이기 때문에 바르게 생각하지 못하고 사특한 길을 가까이 하고 게으른 마음이 되며, 게으른 마음이기 때문에 몸을 〈나〉라고 보고 계에 집착하며 의심하고, 의심하기 때문에 탐욕과 성냄과 어리석음을 떠나지 못하며, 탐욕과 성냄과 어리석음을 떠나지 못하기 때문에 늙음과 병과 죽음을 떠나지 못하느니라.…"

〔제14권 346.삼법경(三法經)〕

3) 대비(對比)

대비란 '…이면, …이다. …이 아니면, …이 아니다'의 형식으로 한 가지의 가르침에 서로 상반되는 방식을 반복하여 제시함으로써 내담자를 일깨우는 것을 말한다(박미순, 1990).

>…그때에 세존께서는 모든 비구들에게 말씀하셨다.
>"만일 비구로서 부처에 대하여 의심이 있으면, 곧 괴로움의 진리에 대하여 의심이 있고, 괴로움이 모이는 진리, 괴로움이 멸하는 진리, 괴로움을 멸하는 길의 진리에 대하여 의심이 있을 것이다.…
>만일 비구로서 부처에 대하여 의심이 없으면, 괴로움의 진리에 대하여 의심이 없을 것이고, 괴로움이 모이는 진리, 괴로움이 멸하는 진리, 괴로움이 멸하는 길의 진리에 대해서 의심이 없을 것이다.…"
>〔제16권 419.의경(疑經)〕

『잡아함경』에서 석가모니는 형식적인 면에서뿐만 아니라 내용적인 '대비'도 자주 활용했다. 선과 악, 흑과 백, 안과 밖, 착한 사람과 착하지 않은 사람 등의 대비가 그것이다. 〔사례14, 제4권 94.승가라경(僧迦羅經)〕이 좋은 예로, 석가모니는 이지러지고 차오르는 달의 속성을 절묘하게 '대비'시켜 상담에 십분 활용했다.

>…때에 승가라라는 어떤 젊은 바라문은 부처님 계신 곳에 나아가 서로 인사하고 위로한 뒤에 한쪽에 물러앉아 부처님께 여쭈었다.
>"고타마시여, 착하지 않은 남자를 어떻게 알 수 있나이까?"
>부처님께서는 바라문에게 말씀하셨다.
>"마치 달과 같으니라."
>"착한 남자는 어떻게 알 수 있습니까?"
>"마치 달과 같으니라."

"어떻게 착하지 않은 남자를 달과 같다고 하나이까?"

부처님께서는 바라문에게 말씀하셨다.

"달은 보름 이후에는 광명도 잃고 빛깔도 잃으며 관계된 다른 것도 잃고 밤낮으로 줄어들어서 드디어는 나타나지 않는 것과 같이, 어떤 사람은 내게 와서 믿음과 고요한 마음을 얻고 깨끗한 계를 가지며 잘 배우고 많이 들으며 자기를 버려 보시하고 바른 소견으로 진실하게 된다. 내게 와서 깨끗한 믿음과 계를 가지고 은혜로 베풀고 많이 들으며 바른 소견으로 진실하게 된 뒤에는 어쩌다가 그만 타락하여 계와 지식과 보시와 바른 소견을 모두 잃어버리고 밤낮으로 줄어들다가, 드디어는 어느새 일체를 잃어버리고 마느니라. 다시 바라문이여, 만일 착한 남자가 착한 벗을 가까이 하지 않고 법을 자주 듣지 않으며, 바르게 생각하지 않고, 몸으로 나쁜 행동을 행하고, 입으로 나쁜 말을 하며, 뜻으로 나쁜 생각을 하면, 그 나쁜 인연을 지음을 인연하여 몸이 무너지고 목숨이 끝난 뒤에는 나쁜 세계의 지옥에 떨어질 것이다. 이와 같이 바라문이여, 착하지 않은 남자는 그것을 비유하면 달과 같다는 것이니라."

"어떻게 착한 남자는 그것을 비유하면 달과 같다고 하시나이까?"

"마치 달이 초승부터는 광명과 빛깔이 밤낮으로 더해가다가 드디어 가득 차면 일체가 둥글고 깨끗한 것과 같이 착한 남자는 내 법률 안에서 깨끗한 믿는 마음을 얻고, … 내지 바른 소견은 참되고 깨끗하며, 계가 더하고 보시가 더하며, 지식이 더하고 슬기가 더하여 밤낮으로 더하고 자라기만 하느니라. 다시 때때로 착한 벗과 친하여 바른 설법을 듣고, 마음으로 바르게 생각하며, 몸으로 착한 행동을 행하고, 입으로 착한 말을 말하며, 뜻으로 착한 생각을 생각하기 때문에, 그 인연을 인연하여 몸이 무너지고 목숨이 끝난 뒤에는 천상에 화해 난다. 바라문이여, 그러므로 착한 남자는 비유하면 달과 같다는 것이다."…

〔사례14, 제4권 94.승가라경(僧迦羅經)〕

…어느 때 부처님께서는 사위국 제타숲 외로운 이 돕는 동산에 계시면서 여러 비구들에게 말씀하셨다.

"착하지 않은 무더기와 착한 무더기가 있다.

어떤 것이 착하지 않은 무더기인가? 이른바 착하지 않은 뿌리이니, 이것은 바른 말이다. 왜 그러냐 하면, 순전히 착하지 않은 무더기란 세 가지 착하지 않은 뿌리이기 때문이다. 어떤 것을 셋이라 하는가? 이른바 탐욕의 착하지 않은 뿌리와 성냄의 착하지 않은 뿌리, 어리석음의 착하지 않은 뿌리이니라.

어떤 것을 착한 무더기라 하는가? 이른바 네 가지 염처이다. 왜 그러냐 하면, 순전히 착함이 원만하고 갖춘 것이란 네 가지 염처이기 때문이니, 이것은 착한 말이다. 어떤 것을 넷이라 하는가? 이른바 몸의 염처와 느낌의 염처, 마음의 염처, 법의 염처이니라."…

〔제24권 613.불선취경(不善聚經)〕

'대비'의 사례로 뽑은 경은 다음과 같다.

〔사례14, 제4권 94.승가라경(僧迦羅經)〕
〔사례72, 제24권 611.선취경(善聚經)〕
〔사례107, 제35권 978.상주경(商主經)〕

4) 제시(提示)

석가모니는 어떤 법을 설할 때 먼저 무엇이 있다고 '제시'를 한 다음 그에 관해서 상세히 풀어나가는 방법을 즐겨 썼다. 특히 대중을 모아 놓고 법문을 할 때면 이 방법을 많이 썼다.

…그때에 세존께서는 모든 비구들에게 말씀하셨다.
"…육육법(六六法)이 있다. 어떤 것을 육육법이라 하는가? 이른바 안의 여섯 가지 감각기관·밖의 여섯 가지 대경·여섯 가지 의식 몸·여섯 가지 닿임 몸·여섯 가지 느낌 몸·여섯 가지 욕망 몸이니라.
어떤 것을 안의 여섯 가지 감각이라 하는가? 이른바 눈의 감관과 귀·코·

혀·몸·뜻의 감각기관이니라.
　어떤 것을 밖의 여섯 가지 대경이라 하는가? 물질의 대경·소리·냄새·맛·닿임·법의 대경이니라.…"

〔제13권 304.육륙경(六六經)〕

　…어느 때 부처님께서는 사위국 제타숲 외로운 이 돕는 동산에 계시면서 여러 비구들에게 말씀하셨다.
　"이른바 현재의 〈반열반〉이 있다. 어떤 것을 여래는 현재의 〈반열반〉이라 하는가? … 만일 비구가 늙음·병·죽음에 대하여 싫어하고, 욕심을 떠나고 멸해 다하여 모든 누(漏)를 일으키지 않고, 마음이 잘 해탈하면, 이것을 비구가 현재의 반열반을 얻는 것이라 하느니라."

〔제15권 365.설법경(說法經)〕

　…어느 때 부처님께서는 바라나시의 선인이 사는 사슴동산에 계시면서 여러 비구들에게 말씀하셨다.
　"네 가지 진리가 있다. 어떤 것을 넷이라고 하는가? 이른바 괴로움의 진리, 괴로움의 쌓임의 진리, 괴로움이 사라지는 진리, 괴로움이 사라지는 길이 진리이다.…"

〔제15권 386.현성경(賢聖經)〕

　…부처님께서는 말씀하셨다.
　"너는 혼자 사는 사람이다. 혼자 살지 않는 것이 아니다. 그러나 그보다 더 훌륭하고 묘한 '혼자 삶'이 있다. 어떤 것이 훌륭하고 묘한 혼자 삶인가? 비구여, 이른바 과거는 말라빠지고 미래는 아주 사라졌으며 현재에는 탐하거나 기뻐하는 것이 없으면 그는 곧 바라문으로서, 마음은 의심하지 않고 걱정이나 뉘우침을 버리어 모든 존재의 욕망을 떠나고 온갖 번뇌를 끊으면 그것을 훌륭한 '혼자 삶'이라 하나니, 그보다 훌륭한 혼자 삶은 없느니라."…

〔사례121, 제38권 1071.상좌경(上座經)〕

5) 이유

석가모니는 대중에게 교설을 하면서 '이유'를 알아가게 하는 방법을 많이 썼다. 제자들에게 무엇은 어떠하다는 전제를 하거나, 어떤 행위를 하라, 하지 말라는 말을 한 뒤에 '무슨 까닭인가?', '왜냐하면' 등의 말로 다음 설법을 이어가면서 그 까닭을 풀어 주는 방법이다.

…어느 때 부처님께서는 왕사성 칼란다 죽원에 계시면서 여러 비구들에게 말씀하셨다.
"어리석고 무식한 범부들은 사대(四大)로 된 몸에 대해서는 싫어하고 근심하며 욕심을 떠나고 등져 버리지만 의식[識]에 대해서는 그렇지 않다. 무슨 까닭인가? 사대로 된 몸에 대해서는 더함이 있고 감함이 있으며, 취함이 있고 버림이 있음을 보지만, 마음과 뜻과 식에 대해서는 어리석고 무식한 범부들은 능히 싫어하고 욕심을 떠나 해탈하지 못하기 때문이다. 그것은 왜냐하면, 그는 긴 밤 동안에 이것을 보호하고 아끼면서 〈나〉에 매달려 혹 얻거나 혹은 취하는 것이 있으면 '이것은 〈나〉다. 이것은 〈내 것〉이다. 이것은 둘이 합한 것이다'고 말하기 때문이다. 그러므로 어리석고 무식한 범부들은 능히 그것에 대해서 싫어하고 욕심을 떠나 등져 버리지 못하기 때문이다.…"

〔제12권 289.무문경(無聞經)〕

…"너희들은 모든 왕의 큰 세력과 큰 부자임을 말하는 것으로 일을 삼느냐. 너희 비구들은 그런 말을 하지 말라. 왜 그러냐 하면, 그것은 이치의 요익도 아니요, 법의 요익도 아니며, 범행의 요익도 아니요 지혜도 아니며, 다른 깨달음도 아니어서 열반으로 향하지 않기 때문이다.…"

〔사례47, 제16권 413.왕력경(王力經)〕

4. 비유(譬喩)

비유란 교설의 의미와 내용을 이해하기 쉽게 하기 위해, 실례나 우화 등을 들어 설명하는 것을 말한다.

위트머(1985)는 비유적 표현을 하는 목적을 세 가지로 정리하였다. 첫째, 이미 알려진 것을 더 많이 이해하도록 하기 위해서이며 둘째, 알려지지 않은 것에 대해 더 많은 통찰력을 제고해 주기 위해서이며 셋째, 심미적이고 정서적인 강도를 표현할 수 있도록 하기 위해서이다(김인자A, 2001).

『잡아함경』의 수많은 경에서 석가모니는 매우 절묘한 비유를 활용하여 내담자의 이해와 통찰을 도왔다. '비유'야말로 석가모니 상담의 꽃이라 할 수 있을 만큼 석가모니는 시의적절하면서도 상담상황에 꼭 들어맞는 비유를 동원해, 내담자의 심금을 움직이고 이해와 공감, 변화 및 성장을 촉진시켰다. 석가모니 스스로도 『잡아함경』의 곳곳에서 '지혜로운 사람은 비유를 통해 이해를 얻는다', '비유란 매우 수승한 것이다' 하고 '비유'를 찬탄하면서 즐겨 이용했다.

그러나 현대상담에서는 아주 특별한 경우가 아니면 비유를 지양하는 편이다. 왜냐하면 사실 묘사와 비유의 격차로 인해 의사소통에 장애가 생길 수 있기 때문이다(보조사상연구원, 2002).

…부처님께서는 다시 수시마에게 말씀하셨다.
"이제 비유를 말하리라. 지혜로운 사람은 비유로써 이해하게 되느니라. 비유하면, 어떤 국왕의 순라꾼이 도적을 잡아 묶어 가지고 왕에게 와서…"
〔사례44, 제14권 347.수심경(須深經)〕

…여러 상좌들이 케마 비구에게 물었다.
"너는 〈나〉라는 교만을 말한다니, 어디서 〈나〉를 보는가? 물질이 〈나〉인가? 〈나〉는 물질과 다른가? 느낌·생각·지어감·의식이 〈나〉인가? 〈나〉는 그것들과 다른가?"
케마 비구는 아뢰었다.
"물질은 〈나〉가 아니요, 〈나〉는 물질과 다르지도 않으며, 느낌·생각·지어감·의식은 〈나〉가 아니요, 〈나〉는 그것들과 다르지도 않다는 것을 앞니다. 다만 나는 오온에 대해서 〈나〉라는 교만과 〈나〉라는 욕심과 〈나〉라는 번뇌를 아직 끊지 못하고 알지도 못하며 떠나지도 못하고 뱉어 버리지도 못합니다. (그래서 병의 고통이 심합니다.) 그 〈나〉라는 것은 마치 우팔라·파드마·쿠무다·푼다리카 꽃의 향기와 같습니다. 즉 뿌리가 곧 향기입니까? 향기는 뿌리와 다른 것입니까? 줄기·잎·꽃술의 정추가 향기입니까? 향기는 그 정추와 다른 것입니까, 혹은 같은 것입니까?"

여러 상좌들은 대답했다.

"아니다. 케마 비구여, 우팔라·파드마·쿠무다·푼다리카 꽃의 뿌리가 곧 향기가 아니요, 그렇다고 향기는 뿌리와 다른 것도 아니며, 또한 줄기·잎·꽃술의 정추가 곧 향기가 아니요, 그렇다고 향기는 그 정추와 다른 것도 아니다."

"그렇다면 그것은 어떤 향기입니까?"

"그것은 꽃향기이니라."

케마 비구는 말하였다.

"〈나〉도 또한 그와 같습니다. 물질이 곧 〈나〉가 아니요, 그렇다고 〈나〉는 물질을 떠난 것도 아니며, 느낌·생각·지어감·의식이 곧 〈나〉가 아니요, 그렇다고 〈나〉는 그것들을 떠난 것도 아닙니다. 그런데 나는 오온에서 그것은 〈나〉도 아니고 '내 것'도 아니라고 보지만, 아직 〈나〉라는 교만과 〈나〉라는 욕심과 〈나〉라는 번뇌를 끊지도 못하고 알지도 못하며 떠나지도 못하고 뱉어 버리지도 못합니다.

여러 상좌님들은 내 말을 들으십시오. 무릇 지혜로운 사람은 비유로 말미암아 이해하게 되는 것입니다. 비유는 마치 유모의 옷을 빨랫집에 주면 여러 가지 잿물로 때를 빼지만, 아직도 남은 냄새가 있을 때에는 여러 가지 향기를 쏘여 그 냄새를 없애는 것과 같습니다. 이와 같이 많이 아는 거룩한 제자들은 오온을 떠나 그것은 〈나〉가 아니요, 〈내 것〉도 아니라고 바르게 관찰하지만, 그 오온에서 아직 〈나〉라는 교만과 〈나〉라는 욕심과 〈나〉라는 번뇌를 끊지도 못하고 알지도 못하며 떠나지도 못하고 뱉어 버리지도 못하는 것입니다. 그러나 다시 다섯 가지 쌓임에 대해서 생각을 더욱 더해서 그것들의 나고 멸하는 것을 관찰해 보는 것입니다. 즉 '이것은 물질이요,

이것은 물질의 모임이며, 이것은 물질의 멸함이다. 이것은 느낌·생각·지어감·의식이요, 이것은 그것들의 모임이며 이것은 그것들의 멸함이다' 하고. 그래서 그 오온에 대해서 이렇게 그 나고 멸하는 것을 관찰한 뒤에는 〈나〉라는 교만과 〈나〉라는 욕심과 〈나〉라는 번뇌가 모두 없어집니다. 이것을 진실한 관찰이라 합니다."

케마 비구가 이 법을 설명하였을 때 저 모든 상좌 비구들은 티끌을 멀리 하고 때를 여의어 법 눈이 깨끗하게 되었다. 그리고 케마 비구는 모든 번뇌를 일으키지 않고 마음이 해탈한 법의 기쁨과 이익을 얻었기 때문에 몸의 병이 모두 없어졌다.

때에 여러 상좌 비구들은 케마 비구에게 말하였다.

"우리는 그대의 첫 설법을 들었을 때에 이미 이해하고 이미 즐겨하였거늘, 하물며 다시 묻겠는가? 우리가 다시 물은 것은 그대의 미묘한 변재를 들어보기 위함이요, 그대를 희롱하기 위해서가 아니었다. 그런데 그대는 과연 능히 여래·등정각의 깨달은 이의 법을 널리 설명하였다."…

〔사례21, 제5권 103.차마경(差摩經)〕

위의 사례에 비유의 정의라 할 수 있는 문구가 나온다. '비유란 옷간에 냄새가 남아 있을 때 다른 향기를 쏘여서 그 냄새가 느껴지지 않도록 하는 것과 같다'는 것이다.

…어느 때 부처님께서는 사위국 제타숲 외로운 이 돕는 동산에 계시면서 여러 비구들에게 말씀하셨다.

"중생들은 처음이 없는 나고 죽음에서, 무명에 덮이고 애욕의 결박에 묶여 긴 밤 동안을 나고 죽음의 바퀴를 돌면서 괴로움의 즈음을 알지 못한다. 비유하면, 개를 노끈으로 기둥에 매어 둔 것과 같다. 개는 맨 것을 끊지 못하기 때문에 기둥을 따라 다니면서 혹은 서기도 하고 혹은 눕기도 하며 기둥을 떠나지 못한다. 이와 같이 어리석은 중생들은 물질에 대해서 탐욕을 떠나지 못하고 사랑을 떠나지 못하며, 생각을 떠나지 못하고 목마름을 떠나지 못한다. 그래서 물질의 바퀴를 돌고, 물질을 따라 돌면서, 혹은 서기도 하고 혹은 눕기도 하며 물질을 떠나지 못한다. 이와 같이 느낌·생각·지어감·의식에 대해서도 느낌·생각·지어감·의식을 따라 구르면서 혹은 서기도 하고, 혹은 눕기도 하며 그것을 떠나지 못한다. … 비구들이여, 너희들은 차란나 새가 갖가지 잡색인 것을 보았느냐?"

"일찍이 보았나이다. 세존이시여."

부처님께서는 비구들에게 말씀하셨다.

"차란나 새가 갖가지 잡색인 것과 같이, 마음이 갖가지로 뒤섞인 것도 또한 그와 같다고 나는 말한다. 무슨 까닭인가? 그 차란나 새의 마음이 갖가지이기 때문에 그 빛깔도 갖가지이기 때문이니라. 그러므로 마음을 잘 생각하고 관찰해야 한다. '긴 밤 동안에 마음은 탐욕에 물들어 있고, 성냄과 어리석음에 물들어 있기 때문이니라. 비구들이여, 마음이 번민하기 때문에 중생이 번민하고, 마음이 깨끗하기 때문에 중생이 깨끗하다'고 생각하라.

비유하면, 화가나 화가의 제자가 본 바탕을 다루고 여러 가지 채색을 갖추어 뜻대로 갖가지 모양을 그리는 것과 같나니, 이와 같이 비구들이여, 어리석은 중생들은 물질과 물질의 모임·물질의 멸함·물질의 맛·물질의 근심·물질을 떠나기를 참답게 알지 못한다. 물질을 참답게 알지 못하기 때문에 물질을 즐겨 집착하고, 물질을 즐겨 집착하기 때문에 다시 미래의 모든 물질을 낸다. 이와 같이 어리석은 사람들은 느낌·생각·지어감·의식과 의식의 모임·의식의 멸함·의식의 맛·의식의 근심·의식의 떠나기를 참답게 알지 못한다. 참답게 알지 못하기 때문에 의식을 즐겨 집착하고, 의식을 즐겨 집착하기 때문에 다시 미래의 모든 의식을 내느니라.…"

〔사례30, 제10권 267.무지경(無知經)②〕

'비유'의 사례로 뽑은 경은 다음과 같다.

〔사례5, 제2권 38.비하경(卑下經)〕
〔사례13, 제4권 93.장신경(長身經)〕
〔사례14, 제4권 94.승가라경(僧迦羅經)〕

〔사례15, 제4권 95.생문경(生聞經)〕
〔사례18, 제4권 98.경전경(耕田經)〕
〔사례21, 제5권 103.차마경(差摩經)〕
〔사례22, 제5권 104.염마경(焰摩經)〕
〔사례25, 제7권 175.구두연비경(救頭燃譬經)〕
〔사례30, 제10권 267.무지경(無知經)②〕
〔사례31, 제10권 271.지사경(低舍經)〕
〔사례32, 제10권 272.책제상경(責諸想經)〕
〔사례33, 제11권 276.난타설법경(難陀說法經)〕
〔사례36, 제12권 288.노경(蘆經)〕
〔사례37, 제12권 291.촉경(觸經)〕
〔사례44, 제14권 347.수심경(須深經)〕
〔사례45, 제15권 404.신서림경(申恕林經)〕
〔사례46, 제15권 405.공경(孔經)〕
〔사례48, 제16권 421.심험경(深嶮經)〕
〔사례49, 제16권 435.수달경(須達經)〕
〔사례53, 제18권 497.거죄경(擧罪經)〕
〔사례54, 제18권 499.석주경(石柱經)〕
〔사례55, 제18권 500.정구경(淨口經)〕
〔사례63, 제21권 564.비구니경(比丘尼經)〕
〔사례64, 제21권 566.나가달다경(那伽達多經)①〕
〔사례69, 제22권 590.상인경(商人經)〕
〔사례75, 제28권 769.바라문경(婆羅門經)〕
〔사례85, 제32권 907.차라주라경(遮羅周羅經)〕
〔사례86, 제32권 909.조마경(調馬經)〕
〔사례88, 제32권 913.갈담경(竭曇經)〕
〔사례90, 제32권 915.도사씨경(刀師氏經)②〕

〔사례91, 제32권 916.도사씨경(刀師氏經)③〕
〔사례92, 제33권 922.편영경(鞭影經)〕
〔사례94, 제33권 930.자공경(自恐經)〕
〔사례95, 제33권 932.십일경(十一經)〕
〔사례97, 제33권 938.누경(淚經)〕
〔사례98, 제34권 948.성경(城經)〕
〔사례99, 제34권 957.신명경(身命經)〕
〔사례100, 제34권 962.견경(見經)〕
〔사례101, 제34권 965.울저가경(鬱低迦經)〕
〔사례103, 제35권 970.사라보경(舍羅步經)〕
〔사례106, 제35권 974.보루저가경(補縷低迦經)①〕
〔사례126, 제39권 1083.식우근경(食藕根經)〕
〔사례134, 제42권 1152.빈기가경(賓耆迦經)〕
〔사례135, 제43권 1169.금경(琴經)〕
〔사례138, 제45권 1212.회수경(懷受經)〕
〔사례140, 제49권 1324.침모경(針毛經)〕
〔사례141, 제50권 1330.가타경(伽吒經)〕
〔사례142, 제50권 1338.화경(花經)〕
〔사례145, 제50권 1344.희희경(嬉戱經)〕
〔사례147, 제50권 1362.합조경(鴿鳥經)〕

5. 게송활용

게송(偈頌)이란 부처의 공덕을 찬미하거나 교리를 운문체로 기록한 것으로, 시적 운율로 간결하게 되어 있다. 일반적으로는 운문체의 가요, 성가, 시구, 게문(偈文), 송문(頌文)을 뜻하고, 협의적으로는 원시불교에서 경전의 구성 요소로 삼는 십이부경(十二部經)의 하나로서 흔히 경문의 한 단, 또는 전체의 마지막에 두는 운문체의 시구를 말한다('제2장' 참조).

게송에는 일정한 가르침을 제시한 뒤에 설법 내용을 강조하거나 정리할 필요가 있을 때 운문체의 형식으로 그 내용을 압축하는 중송(重頌 또는 應頌), 경전의 1절 또는 총결 뒤에 아름다운 글귀로 묘한 뜻을 읊어 놓은 고기송(孤起頌 또는 諷頌)이 있다. 중송과 고기송의 차이는, 중송은 본문의 내용을 거듭해서 읊고 운율을 맞추지 않는 형태로 내용 전달에 초점을 맞추는 반면, 고기송은 아름다운 문구로 운율을 맞춤으로써 감정 전달에 중점을 두고 있다는 점이다. 따라서 중송은 내담자의 인지적 성숙에, 고기송은 정서적 성장에 도움을 준다.

게송은 현대 상담의 관점에서 본다면, 문학과 음악을 상담에 적용한 '예술상담'이라 할 수 있다. 예술상담의 장점은 무엇보다 내담자의 정서적 변화를 유도해 통찰을 이끌어낼 수 있다는 점이다.

게송의 상담효과에 관해 정혜자(1992)는 다음과 같은 점을 들었다. 첫째, 가르침의 내용이 시적 운율로 간결하게 압축되어 있어 핵심을 파악하기 쉬우며 둘째, 노래를 읊는 동안 함축된 의미를 되새길 수 있으며 셋째, 무의식 깊이 저장될 수 있어 가르침의 내용을 오랫동안 파지시킬 수 있고 넷째, 가르침이 훈습되므로 일상생활 장면에서 자신의 성찰에 도움이 되며 다섯째, 구미의 일부 학자들이 이완 기법으로 적용하는 것과 같은 호흡 안정을 기대할 수 있으며 여섯째, 인지와 감정의 통합을 이룰 수 있다.

석가모니는 『잡아함경』에서 내담자의 감정에 호소해야 할 때, 내담자의 정서를 움직여야 할 때, 통찰을 유도해야 하는 장면에서 게송을 적절히 활용했다. '비유'와 더불어 가장 많이 적용된 상담기법이 '게송'일 것이다. 석가모니는 대화 도중에 게송을 읊기도 하고, 대화를 마무리 지으면서 게송을 말하기도 했으며, 아예 문답 자체를 게송으로 시작해서 게송으로 끝맺기도 했다.

…그때에 세존께서는 이른 아침에 가사를 입고 발우를 가지고 사위국에

들어가 걸식하셨다.

그때에 나이 많고 몸이 쇠약한 어떤 바라문은 지팡이를 짚고 발우를 가지고 집집으로 다니면서 밥을 빌고 있었다. 때에 세존께서는 바라문에게 말씀하셨다.

"너는 어찌하여 나이 많고 몸이 쇠약한데 지팡이를 짚고 발우를 가지고 집집으로 다니면서 밥을 빌고 있는가?"

바라문은 부처님께 여쭈었다.

"고타마시여, 우리 집에 있는 재물은 모두 아들에게 물려주고 며느리를 들인 후에 집을 나왔나이다. 그래서 이렇게 지팡이를 짚고 발우를 가지고 집집으로 다니면서 밥을 빌고 있나이다."

"너는 내게서 게송 하나를 받아 외워 가지고 돌아가서 대중 가운데서 너의 아들을 두고 말하겠는가?"

"그리하겠나이다. 고타마시여."

그때에 세존께서는 곧 게송으로 말씀하시었다.

"아들을 낳아서는 마음이 기뻤었고
아들을 위하여 재물을 모았으며
또한 아들을 위하여 며느리 들인 뒤에
나는 그것 다 버리고 집을 나왔네.

어떤 시골의 부랑한 아이는
그 아버지의 뜻을 등지니
사람 얼굴에 나찰(羅刹: 악한 귀신)의 마음
그는 늙은 아비를 버렸느니라.

늙은 말이라 쓸 데가 없다 하여
곧 보리껍질 먹이까지 빼앗겼나니
아이는 어리고 아비는 늙어
집집으로 다니면서 밥을 빌었네.

아들은 귀해 하고 사랑할 것 아니요
구부러진 지팡이가 제일이로다.
나를 위해 사나운 소 막아주고
험한 곳을 면하여 편안하게 해주네.

사나운 개를 물리쳐 주고
어두운 곳에서는 나를 붙들며
깊은 구덩이나 빈 우물이나
풀이나 나무나 가시밭을 피하여
지팡이의 위력을 의지하기 때문에
꼿꼿이 서서 넘어지지 않는구나."

때에 바라문은 세존에게서 이 게송을 받아 바라문 대중 가운데로 돌아가 그 아들을 두고 말하였다. 먼저 대중들에게 "내 말을 들으라"고 말한 뒤에 위에서 말한 게송을 외쳤다. 그 아들은 부끄럽고 황공하여 곧 그 아버지를 안고 집으로 돌아가 몸을 어루만지고 목욕시키고 푸른 옷을 입힌 뒤에 집 주인으로 삼아 모셨다.…

〔사례16, 제4권 96.바라문경(婆羅門經)〕

이는 석가모니가 어떻게 게송을 상담에 활용했는가 가장 잘 파악할 수 있는 사례이다. 만약 일반적인 대화로서 내담자가 아들의 마음을 움직이려 했다면 이처럼 효과적이지 못했을 것이다.

석가모니가 내담자에게 게송을 받아 지닌 다음 아들을 포함한 대중 앞에서 읊게 한 데에는 다음과 같은 여러 가지 의도가 있었으리라고 추측할 수 있다.

첫째, 시적 운율로 되어 있는 게송이 일반적인 대화보다 외워 지니기가 쉽다는 점을 활용했다.

둘째, 게송으로 아버지의 불쌍한 처지를 읊음으로써 아들의 감성에 호소했다.

셋째, 아들 혼자가 아닌 여러 사람이 있는 데서 읊게 함으로써 아들이 온전히 부끄러움을 느끼게 했다.

넷째, 만약 그래도 아들이 외면할 경우 대중들이 아들에게 심리적 압력을 가할 수 있는 장치로 활용했다.

다섯째, 대중 앞에서 아버지가 아들을 받아들이게끔 함으로써 앞으로도 함부로 아버지를 내칠 수 없게 하였다. 즉 대중으로 하여금 아들이 아버지를 받아들이는 데 대한 증인 역할을 하게끔 하였다.

이밖에도 『잡아함경』에서 석가모니가 게송을 활용하여 상담을 효과적으로 이끈 사례는 무수히 많다. 석가모니뿐만 아니라 내담자들도 마음의 변화나 깨달음의 경지를 게송으로 나타내기도 하고, 상담자인 석가모니에 대해 게송으로 찬탄하는 경우도 있다.

'게송활용'의 사례로 뽑은 경은 다음과 같다.

[사례9, 제2권 58.음근경(陰根經)]
[사례10, 제4권 89.우파가경(優波迦經)①]
[사례11, 제4권 91.울사가경(鬱闍迦經)]
[사례12, 제4권 92.교만경(憍慢經)]
[사례13, 제4권 93.장신경(長身經)]
[사례14, 제4권 94.승가라경(僧迦羅經)]
[사례15, 제4권 95.생문경(生聞經)]
[사례16, 제4권 96.바라문경(婆羅門經)]
[사례17, 제4권 97.걸식경(乞食經)]
[사례18, 제4권 98.경전경(耕田經)]
[사례19, 제4권 101.인간경(人間經)]
[사례20, 제4권 102:영군특경(領群特經)]

〔사례46, 제15권 405.공경(孔經)〕
〔사례64, 제21권 566.나가달다경(那伽達多經)①〕
〔사례68, 제22권 576.난타림경(難陀林經)〕
〔사례69, 제22권 590.상인경(商人經)〕
〔사례71, 제23권 604.아육왕경(阿育王經)〕
〔사례75, 제28권 769.바라문경(婆羅門經)〕
〔사례81, 제31권 886.삼명경(三明經)〕
〔사례88, 제32권 913.갈담경(竭曇經)〕
〔사례104, 제35권 971.상좌경(上座經)〕
〔사례107, 제35권 978.상주경(商主經)〕
〔사례108, 제35권 979.수발타라경(須跋陀羅經)〕
〔사례109, 제35권 980.염삼보경(念三寶經)〕
〔사례112, 제36권 993.찬상좌경(讚上座經)〕
〔사례113, 제36권 994.바기사진멸경(婆耆娑盡滅經)〕
〔사례114, 제36권 1016.중생경(衆生經)①〕
〔사례118, 제38권 1063.추루경(醜陋經)〕
〔사례119, 제38권 1067.난타경(難陀經)②〕
〔사례120, 제38권 1068.저사경(低沙經)〕
〔사례121, 제38권 1071.상좌경(上座經)〕
〔사례122, 제38권 1072.승가람경(僧迦籃經)〕
〔사례123, 제38권 1075.타표경(陀驃經)①〕
〔사례124, 제38권 1077.적경(賊經)〕
〔사례125, 제38권 1080.참괴경(慚愧經)〕
〔사례126, 제39권 1083.식우근경(食藕根經)〕
〔사례127, 제39권 1091.구지가경(瞿低迦經)〕
〔사례128, 제39권 1092.마녀경(魔女經)〕
〔사례129, 제40권 1108.득안경(得眼經)〕

〔사례133, 제42권 1150.천식경(喘息經)〕
〔사례134, 제42권 1152.빈기가경(賓耆迦經)〕
〔사례137, 제44권 1178.바사타경(婆四吒經)〕
〔사례138, 제45권 1212.회수경(懷受經)〕
〔사례139, 제45권 1214.탐욕경(貪慾經)〕
〔사례140, 제49권 1324.침모경(針毛經)〕
〔사례141, 제50권 1330.가타경(伽吒經)〕
〔사례142, 제50권 1338.화경(花經)〕
〔사례143, 제50권 1339.가섭경(迦葉經)〕
〔사례144, 제50권 1342.나가달다경(那迦達多經)〕
〔사례145, 제50권 1344.희희경(嬉戲經)〕
〔사례146, 제50권 1357.와사경(瓦師經)〕
〔사례147, 제50권 1362.합조경(鴿鳥經)〕

6. 예화(例話)

예화란 예로 드는 이야기라는 뜻으로서, 내담자의 이해와 통찰을 촉진하기 위해 이야기를 동원하는 것이다. 비유는 단지 어떤 물체에 견주어 상징적 의미를 전달하는 것이나, 예화는 그와 달리 스토리가 있고 실제 모델이 있는 경우도 있다.

석가모니는 『잡아함경』에서 비유, 게송과 더불어 예화도 상담에 자주 활용했다. 그 가운데는 석가모니가 전생과 현생에서 만났거나 내생에서 만날 사람들과 얽힌 인연담도 포함되어 있다.

석가모니는 단순히 예화를 들기만 한 것이 아니라 예화 속의 이야기를 비유로도 사용해 내담자가 설법을 더욱 쉽게 이해하고 성장할 수 있도록 이끌었다.

…어느 때 부처님께서는 코삼비국 고시타 동산에 계시면서 여러 비구들에게 말씀하셨다.

"…지나간 세상에 어떤 왕은 일찍이 없었던 좋은 거문고 소리를 듣고 몹시 사랑하고 즐기면서 거기에 빠지고 집착해 여러 대신들에게 물었다.

'저것은 무슨 소리인가? 매우 사랑스럽고 즐길 만하구나.'

대신들은 사뢰었다.

'저것은 거문고 소리입니다.'

'저 소리를 가져오너라.'

대신들은 명령을 받고 곧 가서 거문고를 가지고 와서 아뢰었다.

'대왕이여, 이것이 거문고인데 좋은 소리를 내는 것입니다.'

'내게는 거문고가 필요 없다. 아까 듣던 그 사랑스럽고 즐겨할 만한 소리나 가지고 오너라.'

'이런 거문고에는 여러 가지 기구가 있습니다. 즉 자루도 있고, 바탕도 있으며 여(麗)도 있고 줄도 있으며, 가죽도 있어서 기술이 있는 사람이 이것을 탈 때에 여러 가지 기구의 인연을 얻어서 비로소 소리가 되는 것입니다. 여러 가지 기구를 얻지 못하고는 소리를 낼 수 없습니다. 아까 들은 소리는 이미 지나간 지 오래요, 그것은 이미 사라져서 가지고 올 수 없습니다.'

그때에 대왕은 이렇게 말했다.

'아아! 그런 거짓 물건을 어디에 쓸 것인가? 세상의 거문고란 다 거짓 물건이다. 그런데 세상 사람을 빠지게 하고 집착하게 하는구나! 너희들은 이것을 가지고 가서 조각조각 부수어 시방(十方)에 버려라.'

대신들은 명령을 받고 거문고를 백 조각으로 부수어 여러 곳에 버렸다. 이와 같이 비구들이여, 몸과 느낌과 생각과 뜻과 욕심의 이 모든 법은 덧없어 함(爲)이 있는 것도 아니요, 마음은 인연으로 생기는 줄을 알면서, 곧 '이것은 〈나〉요 〈내 것〉이다'고 말한다. 그러나 그것들은 다른 때에 다 없어지는 것이다. 비구들이여, 이와 같이 평등하고 바른 지혜로 참답게 관찰하여야 하느니라."…

〔사례135, 제43권 1169.금경(琴經)〕

…때에 어떤 비구는 여러 비구들에게 가서 물었다.

"여러 비구들이여, 비구로서 어떻게 알고 어떻게 보아야 소견을 청정하게 하겠는가?"

비구들은 대답하였다.

"존자여, 여섯 가지 감관의 쌓임과 사라짐·맛·근심·떠남을 참되게 바로 알라. 비구여, 그와 같이 알고 보면 소견이 청정해질 것이다."

그 비구는 비구들의 말을 듣고 마음에 차지 않아 다시 다른 비구들에게 가서 물었다.

"여러 비구들이여, 비구로서 어떻게 알고 어떻게 보아야 소견을 청정하게 하겠는가?"

비구들은 대답하였다.

"여섯 가지 경계의 쌓임과 사라짐·맛·근심·떠남을 참되게 바로 알라. 비구여, 이와 같이 알고 보면 소견이 청정해질 것이다."

그 비구는 비구들의 말을 듣고 마음에 차지 않아 다시 다른 비구들에게 가서 물었다.

"여러 비구들이여, 비구로서 어떻게 알고 어떻게 보아야 소견을 청정하게 하겠는가?"

비구들은 대답하였다.

"다섯 가지 받아들이는 쌓임을 병과 같고 종기와 같으며, 가시와 같고 죽음과 같으며, 덧없고 괴롭고 비고 〈나〉가 아니라고 관찰하라. 그렇게 알고 보면 소견이 청정해질 것이다."

그 비구는 비구들의 말을 듣고 또 마음에 차지 않았다. 그는 부처님께 나아가 머리를 조아려 그 발에 예배하고 한쪽에 물러앉아 사뢰었다.

"제가 여러 비구들에게 '비구로서 어떻게 알고 어떻게 보아야 소견을 청정하게 하겠는가?'고 묻고 답을 들었으나 마음에 차지 않아 세존께 나아왔나이다. 그래서 그 이치를 세존께 여쭙나이다. 비구는 어떻게 알고 어떻게 보아야 소견이 청정해지나이까?"

부처님께서는 말씀하셨다.

"옛날, 킴수카를 본 일이 없는 어떤 사람은 킴수카를 본 적이 있는 사람에게 가서 물었다.
'너는 킴수카를 아는가?'
그는 대답했다.
'안다.'
다시 물었다.
'그 모양은 어떠한가?'
킴수카를 본 일이 있는 사람이 대답하였다.
'그 빛깔은 검어 불에 탄 기둥 같았다. 네가 그것을 볼 때에도 그 검은 빛깔은 불에 탄 기둥 같을 것이다.'
때에 그 사람은 킴수카의 검은 빛깔이 불에 탄 기둥 같다는 말을 듣고도 그다지 만족하지 않아 다시 킴수카를 본 일이 있는 사람에게 가서 물었다.
'너는 킴수카를 아는가?'
그는 대답하였다.
'안다.'
다시 물었다.
'그 모양은 어떻던가?'
킴수카를 본 일이 있는 사람이 대답하였다.
'그 빛깔은 붉어 꽃이 핀 모양이 마치 살점 같았다. 네가 볼 때에도 킴수카가 핀 모양은 실로 살점 같을 것이다.'
그 사람은 그 말을 듣고도 만족하지 않았다. 그는 다시 킴수카를 본 적이 있는 사람에게 가서 물었다.
'너는 킴수카를 아는가?'
그는 대답하였다.
'안다.'
다시 물었다.
'그 모양은 어떻던가?'
킴수카를 본 일이 있는 사람이 대답하였다.
'축축 늘어진 것이 쉬르사 열매 같았다.'
그는 이 말을 듣고도 만족하지 않았다. 그는 다시 킴수카를 아는 다른 사람에게 가서 물었다.
'너는 킴수카를 아는가?'
그는 대답하였다.
'안다.'
다시 물었다.
'그 모양은 어떻던가?'
킴수카를 본 일이 있는 사람이 대답하였다.
'그 잎이 푸르고 번지르르하며 길고 넓기가 냐그로다 나무와 같았다.'
그 사람은 킴수카를 물어 들을 때마다 만족하지 않아 다시 여러 곳을 찾아다녔지만 그 킴수카를 본 여러 사람들은 그때그때 제가 본 대로 대답하였다. 그래서 같지 않았던 것이다.
그와 같이 비구들이 만일 혼자 조용한 곳에서 알뜰히 생각하면서 방일하지 않고 머무를 때에 그 생각하는 법이 번뇌를 일으키지 않고 마음의 해탈을 얻었으면, 제가 본 그대로 말하는 것이다.…"

〔제43권 1175.긴수유경(緊獸喩經)〕

'예화'의 사례로 뽑은 경은 다음과 같다.

〔사례69, 제22권 590.상인경(商人經)〕
〔사례71, 제23권 604.아육왕경(阿育王經)〕
〔사례135, 제43권 1169.금경(琴經)〕

7. 위의감화(威儀感化)

위의(威儀)란 위엄 있는 용모를 가리키는 말로, 이러한 위엄 있는 용모를 통해 교화시키는 것을 위의감화 또는 위의교화라 한다. 석가모니는 뛰어난 인품과 덕성을 갖추었을 뿐만 아니라, 그 인품과 덕성이 외양으로 풍겨 나와 외모만 보고도 내담자가 감화를 받아 심리적 변화와 성장이 일어나는 경우가 많다. 즉 상담이라는 과정을 거치지 않고도 상담자와 만남 그 자체만으로도 내담자와 상담자 사이에 친밀관계가 형성되거나 더 나아가 문제가 해결되기도 하고, 변화가 촉진되고 통찰을 이루어 비약적인 성장을 하기도 한다.

『잡아함경』에서 내담자들은 단지 석가모니의 발자국만 보고도 감동하여 석가모니를 찾아가고, 모습만 보고도 감화를 받아 공양을 올리기도 하며, 멀리서 본 것만으로도 미친 정신을 바로 잡거나 흐트러졌던 감관을 휘잡았다.

   …때에 세존께서는 도시를 따라 가시었다. 거기 자야, 비자야 두 소년이 모래밭에서 장난을 하고 있었다. 그들은 멀리서 세존께서 오시는 것을 보매, 32대인상(大人相)으로 그 몸을 장엄하시었다. 때에 자야 소년은 '나는 보릿가루로 공양하리라' 생각하고, 이내 가는 모래를 손으로 바쳐 세존님 발우에 담았다.…

                                      〔사례71, 제23권 604.아육왕경(阿育王經)〕

   …바라문 여자 바시티는 여섯 아들이 계속해 죽자 아들을 생각하여 미치광이가 되어 벗은 몸에 머리를 풀어 헤치고 길을 따라 쏘다니면서 부처님 계신 곳까지 이르렀다.
   그때에 세존께서는 한량없는 대중에 둘러싸여 설법하고 계셨다.
   바시티는 멀리서 세존을 뵈옵고 곧 제 정신으로 돌아와 부끄럽고 창피해 몸을 가누어 쭈그리고 앉았다.
   세존께서는 아난다에게 말씀하셨다.
   "네 웃옷을 벗어 저 여인에게 주어 그것을 입고 법을 듣게 하라."
   존자 아난다는 부처님 분부를 받고 곧 웃옷을 벗어 주어 입게 하였다. 그러자 바라문 여자는 옷을 입은 뒤에 부처님 앞으로 나아가 머리를 조아려 예배하고 한쪽에 물러앉았다.

                            〔사례137, 제44권 1178.바사타경(婆四吒經)〕

'위의감화'의 사례로 뽑은 경은 다음과 같다.

〔사례19, 제4권 101.인간경(人間經)〕
〔사례71, 제23권 604.아육왕경(阿育王經)〕
〔사례125, 제38권 1080.참괴경(慚愧經)〕
〔사례137, 제44권 1178.바사타경(婆四吒經)〕

8. 분별(分別)

분별이란 사물의 이치를 가려서 알거나, 사물을 종류에 따라 나누는 것을 말한다(교학사, 1994). 또 서로 구별을 지어 가르거나, 세상의 경험이나 식견 등으로부터 나오는 생각이나 판단을 가리키기도 한다(신기철·신용철, 1981).

석가모니는 『잡아함경』에서 사기답(四記答) 중 분별기(分別記)를 사용하여 내담자로 하여금 사물의 이치를 가려 알게 하고, 석가모니 자신이 깨달아서 아는 바를 스스로 분별하여 설법하기도 했다. 이 책에서는 석가모니가 내담자의 질문에 분별하여 응답한 것은 '사기답 중 분별기'에 포함시켰고, 석가모니 스스로 분별하여 설한 것은 '분별'에 따라 구분해 넣었다.

…때에 생문(生聞) 바라문은 부처님 계신 곳에 나아가 세존과 서로 인사하고 위로한 뒤에 한쪽에 물러앉아 부처님께 여쭈었다.
"고타마시여, 제가 들으매 고타마께서는 '오직 내게 보시하고 다른 사람에게는 보시하지 말라. 내게 보시하면 큰 결과를 얻고, 다른 사람에게 보시하면 큰 결과를 얻지 못한다. 마땅히 내 제자에게 보시하고 다른 사람의 제자에게는 보시하지 말라. 내 제자에게 보시하면 큰 결과를 얻고, 다른 사람의 제자에게 보시하면 큰 결과를 얻지 못한다'고 말한다 합니다. 고타마시여, 만일 그런 말을 하는 사람이 있다면 그 말은 사실입니까, 혹은 고타마님을 비방하려고 한 말이 아닙니까? 사실대로 한 말입니까, 또는 법다운 말입니까? 그것은 법을 따르는 말이 아닙니다. 혹은 다른 사람이 그 말을 가지고 와서 꾸짖지나 않겠습니까?"

부처님께서는 바라문에게 말씀하셨다.

"그렇게 말한 그 사람은 나를 비방한 것뿐이다. 그것은 사실대로 한 말도 아니요, 법다운 말도 아니며, 법과 법을 따르는 말도 아니다. 그러나 다른 사람이 그 말을 가지고 와서 꾸짖지는 않을 것이다. 왜 그러냐 하면 나는 그렇게 말하지 않았기 때문이다.…

바라문이여, 내가 그런 말을 한다면 두 가지 장애가 있으니, 주는 이의 보시를 장애하고 받는 이의 이익을 장애한다. 심지어 사부(士夫)가 그릇을 씻은 남은 밥을 깨끗한 땅에 버리는 것도 거기에 있는 중생들로 하여금 큰 이익과 즐거움을 얻게 하기 때문에 나는 그들도 또한 복문에 들어간다고 말하거늘, 하물며 사람에게 보시함이겠느냐.

그러나 바라문이여, 나는 다시 말하니, 계를 가지는 사람에게 하는 보시는 계를 범하는 사람에게 하는 보시와 같지 않느니라."…

〔사례15, 제4권 95.생문경(生聞經)〕

…때에 어떤 머리 땋은 마우드갈라야나이 출가지는 부처님 계신 곳에 나아가 서로 인사한 뒤에 한쪽에 물러나 앉았다. 때에 세존께서는 마우드갈라야나에게 말씀하셨다.

"너는 어디서 오느냐?"

머리 땋은 마우드갈라야나는 부처님께 여쭈었다.

"저는 저 많은 갖가지 이도(異道)들의 사문과 바라문과 챠라카의 출가자들을 따라 강당에 모였다가 아직 법을 듣지 못하고 그 동산에서 오는 중이나이다."

"너는 어떤 복력을 위해 그 많은 갖가지 이도들의 사문과 바라문과 챠라카의 출가자들을 따라 그 설법을 들으려고 하였는가?"

"저는 이기기를 다투어 이론(理論)하는 그 복리를 듣고, 그들이 서로 반대하여 이론하는 복리를 들으려고 꾀하였기 때문입니다."

"긴 밤 동안을 영원히, 갖가지 이도들의 사문과 바라문과 챠라카의 출가자들, 이기기를 이론하고 서로 반대하여 이론하는 복리는 서로를 파괴할 뿐이다."

"고타마께서는 여러 제자들을 위해 어떤 법을 말씀하여 복리를 얻게 하시고, 그들은 다시 남을 위해 말할 때, 여래를 비방하지 않고 보태지도 않고 덜지도 않은 진실을 말하고 법을 말하며, 다른 사람이 와서 능히 비교하고 힐난하고 꾸짖는 일이 없게 하나이까?"

부처님께서 말씀하셨다.

"밝음과 해탈과 과보의 복리를 사람들을 위하여 굴려 설명하면, 여래를 비방하지도 않고 그 이치에 어긋나지도 않으며, 법을 따르는 법의 말이 되어, 누가 와서 능히 비교하고 힐난하며 꾸짖는 일이 없느니라."

"고타마여, 모든 제자들로서 어떤 법을 닦아 익혀야 밝음과 해탈과 복리를 만족할 수 있나이까?"

"일곱 가지 깨달음의 갈래가 있어 닦아 익히고, 자꾸 닦아 익히면 밝음과 해탈의 복리를 만족하게 할 것이다."…

〔사례34, 제11권 281.영발목건련경(縈髮目犍連經)〕

'분별'의 사례로 뽑은 경은 다음과 같다.

〔사례14, 제4권 94.승가라경(僧迦羅經)〕
〔사례15, 제4권 95.생문경(生聞經)〕
〔사례17, 제4권 97.걸식경(乞食經)〕
〔사례20, 제4권 102.영군특경(領群特經)〕
〔사례34, 제11권 281.영발목건련경(縈髮目犍連經)〕
〔사례60, 제20권 547.집장경(執杖經)〕
〔사례81, 제31권 886.삼명경(三明經)〕
〔사례87, 제32권 912.왕정경(王頂經)〕
〔사례90, 제32권 915.도사씨경(刀師氏經)②〕

〔사례106, 제35권 974.보루저가경(補縷低迦經)①〕
〔사례107, 제35권 978.상주경(商主經)〕
〔사례111, 제35권 990.녹주우바이경(鹿住優婆夷經)〕
〔사례142, 제50권 1338.화경(花經)〕
〔사례144, 제50권 1342.나가달다경(那迦達多經)〕

9. 실존주의적 접근

실존주의 상담에서는 세계란 우연히 존재하며 인간은 그러한 세계에 던져진 존재로 본다. 인간은 우연한 세계 속에서 본래의 자기한테 자신을 내어 던짐으로써 자신의 존재를 결정할 수 있다. 인간은 자연에 의존하는 것이 아니고 그 자신의 존재에 의존한다는 의미다. 자신이 선택의 주체요 책임의 주체로, 자신의 잠재력을 각성함으로써 인생을 더 행복하게 만들 수 있는 존재인 것이다. 이렇게 실존주의 상담에서는 인간은 자유의지를 가진 존재로서 자신의 본성을 깨닫고 운명에 대해 책임감을 가져야 한다는 것, 즉 자유·선택·책임을 강조한다(이형득 외, 1997).

석가모니는 세계를 우연히 존재한다고 보지는 않았다. 〈나〉가 무명에 덮여 물질 등에 집착함으로써 만들어졌다고 보았다. 그러나 인간이 이렇게 세상을 만들어낸 주체로서 스스로 책임감을 느끼고, 이 세상이 무상함을 보며, 본래의 자기를 깨달아 해탈할 것을 강조하는 석가모니의 가르침은 실존주의적 접근에서 강조하는 '자유·선택·책임'과 비슷한 맥락을 갖고 있다.

…어느 때 부처님께서는 왕사성 칼란다 죽원에 계시면서 여러 비구들에게 말씀하셨다.
"세상에는 네 가지 좋은 말이 있다.
어떤 좋은 말은 단정한 안장으로 채찍 그림자만 보아도 곧 달린다. 그래서 말몰이의 형세를 잘 관찰해 느리고 빠르기와 왼쪽이나 오른쪽으로 말몰이의 뜻을 따라 행한다. 비구들이여, 이것을 세상의 좋은 말의 첫번째 덕이라 한다.

다음에 세상의 어떤 좋은 말은, 채찍 그림자를 보고 놀라 살피지는 못하지만, 채찍으로 그 털끝을 스치기만 해도 곧 놀라, 말몰이의 마음을 얼른 살피고 느리고 빠르기와 왼쪽이나 오른쪽으로 움직인다. 이것을 세상의 두번째 좋은 말이라 하느니라.

다음에는 비구들이여, 세상의 어떤 좋은 말은 채찍 그림자를 돌아보거나 털에 스쳤을 때 사람 마음을 따르지는 못하더라도, 채찍으로 살갗을 조금 치면 곧 놀라, 말몰이의 마음을 살펴 느리고 빠르기와 왼쪽이나 오른쪽으로 움직인다. 비구들이여, 이것을 세번째 좋은 말이라 한다.

다음에는 비구들이여, 세상의 어떤 좋은 말은 채찍 그림자를 돌아보거나 털에 스치거나 살갗을 조금 맞음으로써 움직일 줄은 모르지만, 송곳에 몸을 찔려 뼈를 다친 뒤에야 비로소 놀라 수레를 끌고 길에 나서서, 말몰이의 마음을 따라 느리고 빠르기와 왼쪽이나 오른쪽으로 움직인다. 이것을 세상의 네번째 좋은 말이라 하느니라.

이와 같이 바른 법·율에도 네 가지 착한 남자가 있다. 어떤 것이 넷인가?

이른바 어떤 남자는 다른 마을에서 어떤 남자나 여자가 병들어 고통 받거나 내지 죽었다는 말을 듣고는 곧 두려워하여 바른 생각을 의지한다. 그것은 저 좋은 말이 채찍 그림자만 보고도 곧 길드는 것과 같다. 이것을 바른 법·율에 스스로 잘 길든 첫번째 착한 남자라 하느니라.

다음에 어떤 착한 남자는 다른 마을에서 어떤 남자나 여자가 늙고 병들고 죽는 고통을 받는다는 말을 듣고는 두려워하여 바른 생각에 의지하지는 못하지만, 다른 마을에서 어떤 남자나 여자가 늙고 병들고 죽는 고통을 겪는 것을 보고는 곧 두려워하여 바른 생각에 의지한다. 그것은 저 좋은 말이 털끝을 스치기만 하면 어느새 길들어 말몰이의 마음을 따르는 것과 같다. 이것을 바른 법·율에 스스로 잘 길든 두번째 착한 남자라 하느니라.

다음에 어떤 착한 남자는 다른 마을에서 어떤 남자나 여자가 늙고 병들고 죽는 고통을 보거나 듣고는 두려워하는 마음을 내어 바른 생각을 의지하지는 못하지만, 촌이나 도시에서 어떤 좋은 벗이나 친한 사람이 늙고 병들고 죽는 고통을 보고는 곧 두려워하여 바른 생각에 의지한다. 그것은 저 좋은 말이 살갗을 맞고 비로소 길들어 말몰이의 마음을 따르는 것과 같다. 이것을 거룩한 법·율에 스스로 잘 길든 세번째 착한 남자라 하느니라.

다음에 어떤 착한 남자는 다른 마을에서 어떤 남자나 여자나 친한 사람이 늙고 병들고 죽는 고통을 받는 것을 듣거나 보고는 두려워하는 마음을 내어 바른 생각에 의지하지는 못하지만, 자기의 늙고 병들고 죽는 고통에 대해서 싫어하고 두려워하는 마음을 내어 바른 생각에 의지한다. 그것은 저 좋은 말이 살을 찔려 뼈까지 다쳐서야 비로소 길들어 말몰이의 마음을 따르는 것과 같다. 이것을 거룩한 법·율에서 스스로 잘 길든 네번째 착한 남자라 하느니라."…

〔사례92, 제33권 922.편영경(鞭影經)〕

…어느 때 부처님께서는 사위국 제타숲 외로운 이 돕는 동산에 계시면서 여러 비구들에게 말씀하셨다.

"중생들은 처음이 없는 나고 죽음으로부터 지금까지 오랫동안 바퀴 돌면서 괴로움의 맨 끝을 알지 못하느니라."

부처님께서 다시 말씀하셨다.

"너희들 뜻에는 어떠하냐? 강가아의 흐르는 물과 내지 네 큰 바닷물과, 너희들이 과거 오랫동안 나고 죽음의 바퀴를 돌면서 흘린 눈물과 어느 쪽이 많겠는가?"

비구들은 사뢰었다.

"저희들이 세존께서 말씀하신 뜻을 이해하는 것과 같다면, 저희들이 과거 오랫동안 나고 죽음의 바퀴를 돌면서 흘린 눈물이 강가아나 네 큰 바닷물보다 훨씬 많나이다."

"착하고 착하다! 너희들이 과거 오랫동안 나고 죽음의 바퀴를 돌면서 흘린 눈물은 훨씬 많아서 저 강가아나 네 큰 바닷물 따위가 아니다. 무슨 까닭인가? 너희들이 과거 오랫동안 부모·형제·자매·친척·친구들을 잃고, 또 재물을 잃어서 흘린 눈물은 매우 많아 한량이 없는 것이다. 또 너희들은 과거 오랫동안 묘지에 버려졌을 때나, 지옥·축생·아귀로 태어나 고름과 피를 흘렸다. 비구들이여, 너희들이 처음이 없는 나고 죽음으로부터 과거 오랫동안 바퀴 돌면서 그 몸에서 흘린 피눈물은 매우 많아 한량이 없느니라."…

〔사례97, 제33권 938.누경(淚經)〕

'실존주의적 접근'의 사례로 뽑은 경은 다음과 같다.

〔사례1, 제1권 3.무지경(無知經)①〕
〔사례2, 제1권 9.염리경(厭離經)〕
〔사례3, 제1권 13.미경(味經)①〕
〔사례92, 제33권 922.편영경(鞭影經)〕
〔사례97, 제33권 938.누경(淚經)〕

10. 현실적 접근

현실적 접근이란 상담에서 내담자가 도달하기 어려운 이상향을 제시하거나 이상적인 방법을 적용하는 것이 아니라, 실제 생활에 이익이 되며 실현 가능한 방법을 제시하는 것을 뜻한다.

석가모니는 『잡아함경』에서 출가하지 않은 재가신자를 위해서 속가 생활을 알뜰하게 하면서 깨달음에 이르는 방법을 현실에 맞게 구체적으로 제시해 주고 있다. 위험한 곳을 떠나는 제자에게는 그곳에서 대처할 방도를 미리 대비하게 하고, 실제 생활에서 부딪칠 만한 일에 관해서도 현실적으로 대처할 수 있는 방법을 구체적으로 알려주었다. 또 출가자에게는 수행 정진을 할 때 쓸데없이 고행만 일삼지 않고 현실적인 방법을 택하도록 조언해 주었으며, 죽은 후의 일에 관심 갖기보다 현실의 번뇌와 고통을 벗어나는 길에 관심을 갖도록 했다. 현재 사람들이 살아가고 있는 방법을 분석하여 현실적 판단력을 기르게 하고, 과거나 미래가 아닌 현재, '지금-여기'를 강조했으며 속가의 현실적 문제를 해결한 뒤에야 출가를 하도록 허락하기도 했다.

이렇게 석가모니는 이상적이거나 비현실적인 세계, 또는 과거나 미래보다 현세, '지금-여기'를 중요시하고, 현실을 직시하여 현실의 괴로움을 벗어나는 길을 제시하는 데 전력을 다했다.

…때에 울사가라는 어떤 바라문 청년은 부처님 계신 곳에 나아가 부처님 발에 머리를 조아리고 한쪽에 물러앉아 여쭈었다.
"세존이시여, 속인이 집에 있어서 몇 가지 법을 행해야 현재에서 편안하고 현재에서 즐거울 수 있겠나이까?"
부처님께서는 바라문에게 말씀하셨다.
"속인이 집에 있으면서 현재에서 편안하고 현재에서 즐거울 수 있으려면 네 가지 법이 있다. 어떤 것이 넷인가? 이른바 방편을 완전히 갖추고 살림을 잘 보호하며, 착한 벗과 사귀고, 바른 생활을 경영하는 것이니라.
어떤 것이 방편을 완전히 갖추는 것인가? 이른바 착한 남자가 여러 가지 직업으로써 스스로 생활을 경영하는 것이니, 곧 농사를 짓고 장사를 하며 혹은 임금을 섬기고 혹은 글씨·글·셈·그림으로써 이것저것 직업에서 꾸준히 힘쓰고 수행하는 것이니라.
어떤 것이 살림을 잘 보호하는 것인가? 이른바 착한 남자가 가진 돈이나 곡식은 모두 방편으로 얻은 것으로서 내 손으로 일하고 법답게 얻은 것이다. 그것을 잘 지키고 보호하여 임금이나 도적에게 빼앗기거나, 물에 떠내려보내거나 불에 태우지 않으며, 잘 지키지 않는 자에게 잃어버리거나 사랑하지 않는 자에게 빼앗기거나 여러 가지 재환(災患)에 없어지지 않게 하는 것이니, 이것을 착한 남자가 살림을 잘 보호하는 것이라 하느니라.
어떤 것이 착한 벗과 사귀는 것인가? 만일 어떤 착한 남자가 있어 그가 법도에 어긋나지 않고 방탕하지 않으며, 허탕하지 않고 음흉하지 않으면 그러한 착한 벗은 나를 편안하게 한다. 곧 아직 생기지 않은 걱정과 괴로움은 생기지 않게 하고, 이미 생긴 걱정과 괴로움은 깨닫게 하며, 아직 생기지 않은 기쁨과 즐거움은 빨리 생기게 하고, 이미 생긴 기쁨과 즐거움은 잘 단속해 잃어버리지 않게 하나니, 이것을 착한 남자가 착한 벗과 사귀는 것이라 하느니라.

어떤 것이 바른 생활을 경영하는 것인가? 이른바 착한 남자는 그가 가진 돈과 재물은 지출과 수입을 맞추어 보아 빠짐없이 맡아 가지어 수입이 많고 지출이 적게 하며, 지출이 많고 수입이 적게 하지 않는다. 마치 저울을 잡은 사람이 적으면 보태고 많으면 덜어 평평하여야 그만두는 것과 같이, 이러한 착한 남자도 재물을 헤아려 수입과 지출을 알맞게 한다. 곧 수입이 많고 지출이 적거나, 지출이 많고 수입이 적거나 하게 하지 않는다. 만일 착한 남자가 재물이 없는데도 마구 뿌려 쓰면서 생활하면 사람들은 그를 우둠바라 열매라고 부른다. 그는 종자가 없고 어리석고 탐욕이 많아 그 뒷날을 돌아보지 않기 때문이다. 또 어떤 착한 남자는 재물이 풍부하면서도 그것을 쓰지 않으면 사람들은 그를 어리석은 사람이요 굶어 죽는 개와 같다고 한다. 그러므로 착한 남자는 가진 재물을 잘 헤아려 수입과 지출을 알맞게 하나니, 이것이 바른 생활을 경영하는 것이니라.

이와 같이 바라문이여, 이 네 가지 법을 성취하면 현재에서 편안하고 현재에서 즐거우니라."

바라문은 부처님께 여쭈었다.

"세존이시여, 집에 있는 사람은 몇 가지 법이 있어야 후세에 편안하고 후세에 즐겁게 되겠나이까?"

"집에 있는 사람은 네 가지 법이 있어야 후세에 편안하고 후세에 즐겁게 될 것이다. 어떤 것이 넷인가? 이른바 믿음을 완전히 갖추고 계율을 완전히 갖추며, 보시를 완전히 갖추고 슬기를 완전히 갖추는 것이다.

어떤 것이 믿음을 완전히 갖추는 것인가? 이른바 착한 남자는 여래한테서 믿고 공경하는 마음을 얻어 믿음의 근본을 세운다. 그것은 모든 하늘이나 악마·범 및 그 밖의 세상 사람의 법과 같이 무너지는 것이 아니니, 이것을 착한 남자가 믿음을 완전히 갖추는 것이라 하느니라.

어떤 것이 계율을 완전히 갖추는 것인가? 이른바 착한 남자는 살생하지 않고, 도둑질하지 않으며, 음행하지 않고, 거짓말하지 않으며, 술을 마시지 않나니, 이것을 계를 완전히 갖춘 것이라 하느니라.

어떤 것이 보시를 완전히 갖춘 것인가? 이른바 착한 남자는 아끼는 더러운 마음을 떠나 집에 있으면서 해탈의 보시를 행하되 항상 자기 손으로 주며 버리는 공부를 즐겨 하고 평등한 마음으로 보시를 행하나니, 이것을 착한 남자가 보시를 완전히 갖춘 것이라 하느니라.

어떤 것이 슬기를 완전히 갖춘 것이라 하는가? 이른바 착한 남자는 괴로움의 거룩한 이치를 참답게 알고, 그 모임과 멸함과 멸하는 길의 거룩한 이치를 참답게 아나니, 이것을 착한 남자가 슬기를 완전히 갖춘 것이라 하느니라.

착한 남자여, 집에 있으면서 이 네 가지 법을 행하면 능히 후세에 편안하고 후세에 즐거울 수 있을 것이니라."…

〔사례11, 제4권 91.울사가경(鬱闍迦經)〕

…어느 때 부처님께서는 나티카 마을 켄자카 절에 계셨다. 그때에 나티카 마을에서는 많은 사람이 죽었다. 때에 많은 비구들은 가사를 입고 발우를 가지고 나티카 마을에 들어가 걸식하다가, 그 마을의 칵카타 우바새가 죽고 니카타, 카알리카타, 라사바사로, 우바사로, 리색타, 밧다 수밧다, 야사 야수타, 야사울다라 등이 모두 죽었다는 말을 들었다. 그들은 절에 돌아와 가사와 발우를 챙겨 두고 발을 씻은 뒤 부처님께 나아가 그 발에 머리를 조아리고 한쪽에 물러앉아 여쭈었다.

"세존이시여, 저희들은 이른 아침에 나티카 마을에 들어가서 걸식하다가 칵카타 우바새 등이 죽었다는 말을 들었나이다. 세존이시여, 그들은 목숨을 마치고는 어디 가서 태어나겠나이까?"

부처님께서는 비구들에게 말씀하셨다.

"그 칵카타들은 이미 욕심 세계의 다섯 가지 결박을 끊고 아나가민이 되어 천상에 반열반하였으니, 다시는 이 세상에 도로 태어나지 않을 것이다."

"세존이시여, 다시 250이 넘는 우바새가 죽고 또 5백 우바새가 이 나티카 마을에서 죽었나이다. 그들도 다 욕심 세계의 다섯 가지 결박을 끊고 아나가민이 되어 천상에서 반열반하고는 다시는 이 세상에 도로 태어나지 않겠나이까?…"

부처님께서는 비구들에게 말씀하셨다.

"너희들은 그들의 죽음에 맡겨 두라. 그들의 죽은 뒤의 일을 묻는 것은 한갓 수고로울 뿐으로써, 그것은 내가 즐겨 대답하는 것이 아니다. 태어난 자에게는 반드시 죽음이 있거늘, 무엇을 놀랍다 하겠는가? 내가 이 세상에 나왔거나 나오지 않았거나 법의 성품은 언제나 존재하는 것이다. 여래는 그것을 스스로 알아 등정각을 이루어 그것을 나타내고 연설하고 분별하고 열어 보이는 것이다.…"

〔사례79, 제30권 854.나리가경(那梨迦經)〕

'현실적 접근'의 사례로 뽑은 경은 다음과 같다.

〔사례11, 제4권 91.울사가경(鬱闍迦經)〕
〔사례39, 제13권 311.부루나경(富樓那經)〕
〔사례53, 제18권 497.거죄경(舉罪經)〕
〔사례66, 제20권 573.아기비가경(阿耆毘迦經)〕
〔사례79, 제30권 854.나리가경(那梨迦經)〕
〔사례87, 제32권 912.왕정경(王頂經)〕
〔사례88, 제32권 913.갈담경(竭曇經)〕
〔사례136, 제43권 1174.유수경(流樹經)〕

11. 구체적 접근

'구체적'이란 '추상적'이란 말과 대비되는 것으로서, 사실적이며 개별적인 것을 뜻한다. 또한 직접 경험하고 지각할 수 있는 것, 사물을 모든 면에서 충분히 연구하여 다각적, 종합적으로 파악하는 것을 의미한다.

석가모니는 『잡아함경』에서 내담자를 대할 때 어떤 사실이나 방법을 뭉뚱그려서 추상적으로 제시하지 않고 하나하나, 조목조목 구체적으로 제시하여 내담자가 나아가야 할 방향을 정확하게 잡아주었다.

…그때에 존자 사리불은 부처님 계신 곳에 나아가 부처님 발에 머리를 조아리고 한쪽에 물러앉아 부처님께 여쭈었다.

◘ 남의 죄를 들출 때 지녀야 할 자세
"세존이시여, 만일 죄를 들출 비구가 남의 죄를 들추고자 하면 마음을 몇 가지 법에 편안히 머무르게 하여 남의 죄를 들추게 되나이까?"
부처님께서는 사리불에게 말씀하셨다.
"만일 비구가 마음을 다섯 가지 법에 편안히 머무르게 하면 남의 죄를 들출 수 있느니라. 어떤 것을 다섯이라 하는가? ① 들추려는 죄가 사실이어서 사실이 아니지 않은 것이요, ② 때에 맞아서 때가 아니지 않은 것이며, ③ 이치로써 요익하여 이치로써 요익하지 않지 않은 것이요, ④ 부드럽고 연하여 추하거나 까다롭지 않은 것이며, ⑤ 사랑하는 마음이어서 성내지 않는 것이니라. 사리불이여, 죄를 들춘 비구가 이 다섯 가지 법을 갖추면 남의 죄를 들출 수 있느니라."

◘ 죄를 지적받은 사람이 지녀야 할 자세
사리불은 부처님께 여쭈었다.
"세존이시여, 죄가 들추어지는 비구는 다시 몇 가지 법으로써 스스로 그 마음을 편안하게 하나이까?"
부처님께서는 사리불에게 말씀하셨다.
"들추어지는 비구는 마땅히 다섯 가지 법으로써 그 마음을 편안하게 하여야 한다. 즉, ① 어디서 얻었든지 사실이어서 사실이 아니지 않았으면 하고, ② 때에 맞아서 때가 아니지 않았으면 하며, ③ 이치로써 요익하여 이치로써 요익하지 않은 것이 아니었으면 하고, ④ 부드럽고 연하여 추하거나 까다롭지 않았으면 하며, ⑤ 사랑하는 마음이어서 성냄이 아니었으면 하는 것이다. 들추어지는 비구는 마땅히 이 다섯 가지 법을 갖추어 스스로 그 마음을 편안하게 하여야 하느니라."

◘ 진실하지 않은 자세로 남의 죄를 들춘 사람을 뉘우치게 하는 법
사리불은 부처님께 여쭈었다.

"세존이시여, 제가 남의 죄를 들춘 사람을 보매 진실하지 않아서 사실이 아니요, 때를 맞추지 않아서 맞은 때가 아니며, 이치로써 요익하지 않아서 이치로써 요익하기 위한 것이 아니요, 추하고 까다로워서 부드럽거나 연하지 않으며, 성내어서 사랑하는 마음이 아닙니다. 세존이시여, 진실하지 않아서 남의 죄를 들춘 비구에 대하여서는 마땅히 몇 가지 법으로써 요익하게 그것을 뉘우쳐 고치게 하여야 하나이까?"

부처님께서는 사리불에게 말씀하셨다.

"진실하지 않게 남의 죄를 들춘 비구는 마땅히 다섯 가지 법으로 요익케 하여 뉘우쳐 고치게 하여야 하느니라. 즉 그에게 말하기를, '네가 이제 죄를 들춘 것은 ① 진실하지 않아서 사실이 아니니 마땅히 뉘우쳐 고쳐야 한다. ② 때를 맞추지 않아서 맞는 때가 아니요, ③ 이치로써 요익하지 않아서 이치로써 요익함이 아니며 ④ 추하고 까다로워 부드럽거나 연하지 않으며 ⑤ 성내어서 사랑하는 마음이 아니니, 너는 마땅히 뉘우쳐 고쳐야 한다'고. 사리불이여, 진실하지 않게 남의 죄를 들춘 비구는 마땅히 이 다섯 가지 법으로써 요익케 하여 그것을 뉘우쳐 고치게 하여야 하고, 또한 미래의 비구들로 하여금 진실하지 않게 남의 죄를 들추지 않게 하라."

■ 진실하지 않은 자세로 남의 죄를 들춘 사람이 지녀야 할 자세

사리불은 부처님께 여쭈었다.

"세존이시여, 진실하지 않게 죄를 들춘 비구는 다시 몇 가지 법으로써 뉘우침을 변하지 않게 하나이까?"

부처님께서는 사리불에게 말씀하셨다.

"그 진실하지 않게 죄를 들춘 비구는 마땅히 다섯 가지 법으로써 스스로 뉘우침을 변하지 않아야 하느니라. 그는 마땅히 이렇게 생각하여야 한다. 즉 '① 진실하지 않게 죄를 들추었는데 그것은 사실이 아니요 ② 때 맞는 때가 아니어서 그 때가 아니며 ③ 이치의 요익이 아니어서 그것은 이치로 요익한 것이 아니요 ④ 추하고 까다로워 부드럽거나 연하지 않으며 ⑤ 성내어서 사랑하는 마음이 아니다. 나는 참으로 변하여 뉘우친다'고. 진실하지 않게 죄를 들춘 비구는 마땅히 다섯 가지 법으로써 스스로 그 마음을 편

안하게 하여 스스로 변하여 뉘우쳐야 하느니라."

■ 진실한 자세로 남의 죄를 들춘 사람을 격려하는 법
사리불은 부처님께 여쭈었다.
"어떤 비구가 남의 죄를 들추었을 때 그것이 진실하여 진실하지 않은 것이 아니요, 때에 맞아서 때가 아니지 않으며, 이치의 요익이어서 이치로 요익케 하지 않은 것이 아니요, 부드럽고 연하여 추하거나 까다로움이 아니며, 사랑하는 마음이어서 성냄이 아니면, 그 진실하게 죄를 들춘 비구는 마땅히 몇 가지 법으로써 요익케 하여 고치고 변하지 않게 하리까?"
부처님께서는 사리불에게 말씀하셨다.
"진실하게 남의 죄를 들춘 비구는 마땅히 다섯 가지 법으로써 요익케 하여 변하거나 고치지 않게 하여야 하느니라. 마땅히 이렇게 말하라. 즉 '너는 ① 진실하게 죄를 들추어서 사실이 아닌 것이 아니요 ② 때에 맞아서 때가 아닌 것이 아니다. ③ 이치의 요익이어서 이치의 요익이 아닌 것이 아니요 ④ 부드럽고 연하여 추하거나 까다로움이 아니며 ⑤ 사랑하는 마음이어서 성냄이 아니다'고. 사리불이여, 진실하게 죄를 들춘 비구에게 마땅히 이 다섯 가지 법으로써 요익케 하며, 변하고 뉘우치지 않게 하여야 하며, 또한 미래 세상의 비구들로 하여금 변하고 뉘우치지 않게 하여야 하느니라."

■ 진실한 자세로 남의 죄를 들춘 사람이 지녀야 할 자세
사리불은 부처님께 여쭈었다.
"세존이시여, 진실하게 죄를 들춘 비구에게는 마땅히 몇 가지 법으로써 요익케 하여 변하여 뉘우치지 않게 하리까?"
"진실하게 죄를 들춘 비구에게는 마땅히 다섯 가지 법으로써 요익케 하여 뉘우침을 변하지 않게 하여야 한다. 즉 '그 비구가 죄를 들춘 것은 ① 진실하여 진실하지 않은 것이 아니니 너는 그 자세를 변하지 말아야 한다. ② 때에 맞아서 때가 아님이 아니요 ③ 이치의 요익이어서 이치의 요익이 아닌 것이 아니며 ④ 부드럽고 연하여 추하거나 까다로움이 아니요 ⑤ 사랑하는 마음이어서 성냄이 아니니 너는 그 자세를 변하지 말라'고 하여라."

■ 정당하게 죄를 들추어도 성내는 사람을 깨우쳐 주는 법
사리불이 부처님께 여쭈었다.
"세존이시여, 저는 진실하게 죄를 들추었는데도 비구가 성내는 것을 보았나이다. 세존이시여, 진실하게 죄가 들추어져도 성내는 비구에게 마땅히 몇 가지 법으로써 성내거나 화내지 않고 스스로 깨닫게 하리까?"
부처님께서는 사리불에게 말씀하셨다.
"진실하게 죄를 들추었는데도 성내는 비구에게는 마땅히 다섯 가지 법으로써 깨닫도록 그에게 말하라. 즉 '장로여, 그 비구는 진실하게 네 죄를 들추었으며 진실하지 않은 것이 아니니, 너는 성내거나 화내지 말라. 내지, 사랑하는 마음에서 성냄이 아니니 너는 성내거나 화내지 말라'고. 사리불이여, 진실하게 죄를 들추어도 성내는 사람에게는 마땅히 이 다섯 가지 법으로써 성내고 화나는 데서 깨닫게 해야 하느니라."…

〔사례53, 제18권 497.거죄경(擧罪經)〕

…어느 때 부처님께서는 사위국 제타숲 외로운 이 돕는 동산에 계시면서 여러 비구들에게 말씀하셨다.
"탐애에서 탐애가 생기고 탐애에서 미움이 생기며, 미움에서 탐애가 생기고 미움에서 미움이 생긴다.

① 탐애에서 탐애가 생기는 이치
어떻게 탐애에서 탐애가 생기는가? 즉 어떤 사람이 어떤 중생을 좋아하고 사랑하며 생각하고 만족해할 때, 다른 사람도 그것을 좋아하고 사랑하며 생각하고 만족해하면, 그것에 따라 이렇게 생각한다. '나는 저 사람을 좋아하고 사랑하며 생각하고 만족해하는데, 다른 이도 또 저 사람을 좋아하고 사랑하며 생각하고 만족해한다. 따라서 나는 저이까지도 좋아한다'고. 이것을 '탐애에서 탐애가 생기는 것'이라 하느니라.

② 탐애에서 미움이 생기는 이치
어떻게 탐애에서 미움이 생기는가? 즉 어떤 사람이 어떤 중생을 좋아하

고 사랑하며 생각하고 만족해할 때, 다른 사람은 그것을 좋아하지 않고 사랑하지 않으며 생각하지 않고 만족해하지 않으면, 그것에 따라 이렇게 생각한다. '나는 저 중생을 좋아하고 사랑하며 생각하고 만족해하는데, 다른 사람은 저것을 좋아하지 않고 사랑하지 않으며 생각하지 않고 만족해하지 않는다. 따라서 나는 저이에게 미움을 느낀다'고. 이것을 '탐애에서 미움이 생기는 것'이라 하느니라.

③ 미움에서 탐애가 생기는 이치

어떻게 미움에서 탐애가 생기는가? 즉 어떤 사람이 어떤 중생을 좋아하지 않고 사랑하지 않으며 생각하지 않고 만족해하지 않을 때, 다른 사람도 그것을 좋아하지 않고 사랑하지 않으며 생각하지 않고 만족해하지 않으면, 그것에 따라 그는 그이에게 사랑을 느낀다. 이것을 '미움에서 탐애가 생기는 것'이라 하느니라.

④ 미움에서 미움이 생기는 이치

어떻게 해서 미움에서 미움이 생기는가? 즉 어떤 사람이 어떤 중생을 좋아하지 않고 사랑하지 않으며 생각하지 않고 만족해하지 않을 때, 다른 사람은 그것을 좋아하고 사랑하며 생각하고 만족해하면, 그것에 따라 이렇게 생각한다. '나는 저 중생을 좋아하지 않고 사랑하지 않으며 생각하지 않고 만족해하지 않는데, 다른 사람은 저것을 좋아하고 사랑하며 생각하고 만족해한다. 따라서 나는 저이에게 미움을 느낀다'고. 이것을 '미움에서 미움이 생기는 것'이라 하느니라.…"

〔사례110, 제35권 985.애경(愛經)②〕

'구체적 접근'의 사례로 뽑은 경은 다음과 같다.

〔사례1, 제1권 3.무지경(無知經)①〕
〔사례2, 제1권 9.염리경(厭離經)〕
〔사례3, 제1권 13.미경(味經)①〕

〔사례8, 제2권 57.질루진경(疾漏盡經)〕
〔사례9, 제2권 58.음근경(陰根經)〕
〔사례11, 제4권 91.울사가경(鬱闍迦經)〕
〔사례13, 제4권 93.장신경(長身經)〕
〔사례14, 제4권 94.승가라경(僧迦羅經)〕
〔사례20, 제4권 102.영군특경(領群特經)〕
〔사례40, 제13권 320.일체유경(一切有經)〕
〔사례52, 제17권 485.우다이경(優陀夷經)〕
〔사례53, 제18권 497.거죄경(擧罪經)〕
〔사례54, 제18권 499.석주경(石柱經)〕
〔사례72, 제24권 611.선취경(善聚經)〕
〔사례74, 제27권 713.전취경(轉趣經)〕
〔사례76, 제29권 807.일사능가라경(一奢能伽羅經)〕
〔사례84, 제32권 906.법손괴경(法損壞經)〕
〔사례87, 제32권 912.왕정경(王頂經)〕
〔사례89, 제32권 914.도사씨경(刀師氏經)①〕
〔사례96, 제33권 936.백수경(百手經)〕
〔사례107, 제35권 978.상주경(商主經)〕
〔사례110, 제35권 985.애경(愛經)②〕
〔사례111, 제35권 990.녹주우바이경(鹿住優婆夷經)〕
〔사례115, 제37권 1023.파구나경(巴求那經)〕

12. 인지적 재구성

인지적 재구성이란 부적응 행동을 유발하는 자기 교시 또는 비합리적인 신념 체계를 교정하거나 인지적 양식에 대한 자기 검토를 통해서 적응적인 사고를 하도록 독려하는 것이다(대학상담학회, 1993).

인지 치료의 핵심은 사실(fact)을 있는 그대로 지각하도록 돕는 데 있는 것으로(보조사상연구원, 2002), 철저한 사실 인정을 강조하는 석가모니의 가르침과 맥락을 같이 하고 있다.

『잡아함경』에서 석가모니의 상담은 대부분이 인지적 재구성으로 되어 있다. 내담자가 이 세상이 고(苦)라는 것을 깨닫고 그것이 모이는 도리를 알며, 그것을 없애는 도리를 알고, 또한 그것을 없애는 데 이르는 길을 가르쳐 주어 깨달은 자가 되게 하는 것이 석가모니의 상담과정이다. 이를 위해 석가모니는 때로는 논리적 문답으로 비합리적인 신념체계를 바로잡고, 때로는 인지적 오류를 지적하고, 이분법적 사고를 통합으로 이끄는 등 여러 가지 인지적 기법을 동원해 내담자의 인지 구조를 바꾸었다.

…그때에 비다가로가 촌에 있는 어떤 바라문은 부처님께 나아가 공손히 문안드린 뒤 물러나 한쪽에 앉아 여쭈었다.

"고타마시여, 제게는 젊은 제자가 있습니다. 그는 천문(天文)과 족성을 알고, 대중을 위해 길흉을 점치는데, 있다고 말하면 반드시 있고 없다고 하면 반드시 없으며, 이루어진다고 하면 반드시 이루어지고 무너진다고 하면 반드시 무너지나이다. 고타마시여, 당신의 뜻에는 어떠하나이까?"

부처님께서는 바라문에게 말씀하셨다,

"너의 젊은 제자가 천문과 족성을 안다는 것은 우선 그만두고, 나는 이제 너에게 물으리니 네 생각대로 대답하라. 바라문이여, 너의 뜻에는 어떠하냐? 물질은 본래 종자가 없는가?"

"그러하나이다, 세존이시여."

"느낌·생각·지어감·의식은 본래 종자가 없는가?"

"그러하나이다, 세존이시여."

부처님께서는 바라문에게 말씀하셨다.

"너는 '제게는 젊은 제자가 있습니다. 그는 천문과 족성을 알고, 대중을 위해 길흉을 점치는데, 있다고 말하면 반드시 있고 없다고 하면 반드시 없습니다'고 말하지만, 그 알고 본 것은 진실이 아니지 않는가?"

"그러하나이다, 세존이시여."

부처님께서는 바라문에게 말씀하셨다.

"너의 뜻에는 어떠하냐? 혹 물질로서 백 년 동안 늘 머무르는 것이 있는가? 혹은 다르게 났다가 다르게 멸하는가? 느낌·생각·지어감·의식으로서 백 년 동안 늘 머무르는 것이 있는가? 혹은 다르게 났다가 다르게 멸하는가?"

"다르게 났다가 다르게 멸하나이다."

부처님께서는 바라문에게 말씀하셨다.

"너의 뜻에는 어떠하냐? 너의 젊은 제자가 천문과 족성을 알아 대중을 위해 '이루어진 것은 무너지지 않는다'고 말하지만 그 알고 본 것은 다르지 않는가?"

"그러하나이다, 세존이시여."

부처님께서는 바라문에게 말씀하셨다.

"너의 뜻에는 어떠하냐? 이 법과 저 법, 이 말과 저 말에 어느 것을 낫다고 하는가?"

"세존이시여, 이 법다운 말은 부처님 말씀과 같아서 진리를 나타내고 마음을 열어 주나이다. 마치 어떤 사람이 물에 빠졌을 때에 그것을 구해 주고, 구해 주어 헤맬 때에는 바로 길을 보여 주며, 어둠 속에서 등불을 주는 것과 같이 세존께서 오늘 훌륭한 법을 말씀하신 것도 또한 그와 같아서 진리를 나타내고 마음을 열어 주나이다."…

〔사례7, 제2권 54.세간경(世間經)〕

이 사례에서 내담자는 제자가 점을 쳐서 맞추는 것을 몇 번 경험한 것을 갖고 모든 것을 다 맞춘다고 '과잉일반화'한 듯하다. 이에 석가모니는 내담자의 '인지적 오류'를 지적함으로써 내담자로 하여금 인지적 재구성을 하도록 도왔다.

'인지적 재구성'의 사례로 뽑은 경은 다음과 같다.

〔사례7, 제2권 54.세간경(世間經)〕
〔사례10, 제4권 89.우파가경(優波迦經)①〕
〔사례35, 제11권 282.제근수경(諸根修經)〕
〔사례37, 제12권 291.촉경(觸經)〕
〔사례50, 제17권 459.자작경(自作經)〕
〔사례61, 제20권 548.마투라경(摩偸羅經)〕
〔사례89, 제32권 914.도사씨경(刀師氏經)①〕
〔사례91, 제32권 916.도사씨경(刀師氏經)③〕

13. 자원활용

자원이란 묻혀 있다, 유용하게 활용될 수 있다는 뜻을 내포하고 있는 말이다. 상담에서 '자원활용'이란 내담자가 힘을 느끼는 영역, 할 수 있는 영역, 성공 경험이 있는 영역을 내담자 스스로 발견하도록 상담자가 돕고 격려하며 그 발견을 바탕으로 문제 해결을 향한 활동을 하도록 도모하는 것을 말한다(김계현, 1995).

석가모니는 내담자의 자원을 현명하게 파악해 적절하게 활용함으로써 상담의 효과를 높였다. 내담자의 이름을 소재로 삼기도 하고 내담자의 성격이나 과거의 경험, 직업적 전문성을 상담에 적용하기도 했다.

…그때에 세존께서는 이십억귀 비구에게 말씀하셨다.
"너는 진실로 혼자 선사(禪思)하다가 이렇게 생각하였느냐? '나도 부지런히 공부하는 세존의 성문 가운데 한 사람이다. 그런데 나는 지금, 아직 번뇌가 다해 해탈을 얻지 못하였다. 나는 유명한 족성의 아들이요, 또 많은 재산이 있다. 차라리 속세로 돌아가 다섯 가지 즐거움을 누리면서 널리 보시하여 복을 짓자'고 생각하였는가?"

때에 이십억귀는 이렇게 생각하였다.

'세존께서는 이미 내 마음을 아신다!'
그래서 놀라고 두려워해 털이 일어섰다. 그는 부처님께 여쭈었다.
"진실로 그러하나이다, 세존이시여."
부처님께서는 이십억귀에게 말씀하셨다.
"나는 이제 너에게 물으리니, 너는 마음대로 내게 대답하여라. 이십억귀여, 너는 속세에 있을 때에 거문고를 잘 탔는가?"
"그러하나이다, 세존이시여."
"너의 생각에는 어떠하냐? 네가 거문고를 탈 때에 만일 그 줄을 너무 조이면 미묘하고 부드럽고 맑은 소리를 내게 할 수 있던가?"
"아닙니다, 세존이시여."
"그 줄을 너무 늦추면 과연 미묘하고 부드럽고 맑은 소리를 내던가?"
"아닙니다, 세존이시여."
"줄을 잘 골라 너무 늦추지도 않고 조이지도 않으면 미묘하고 화하고 맑은 소리를 내던가?"
"그러하였나이다, 세존이시여."
부처님께서는 이십억귀에게 말씀하셨다.
"정진이 너무 급하면 그 들뜸이 더하고, 정진이 너무 느리면 사람을 게으르게 한다. 그러므로 너는 마땅히 평등하게 닦아 익히고 거두어 받아, 집착하지도 말고 방일하지도 말며 모양을 취하지도 말라."
이십억귀는 부처님 말씀을 듣고 그 말씀을 따라 기뻐하면서 예배하고 물러갔다.
때에 존자 이십억귀는 항상 세존께서 말씀하신 거문고 타는 비유를 생각하면서 혼자 고요히 선사하기를 위에서 말씀하신 것과 같이 하였다. 그래서 번뇌가 다하고 마음의 해탈을 얻어 아라한이 되었다.···

〔사례29, 제9권 254.이십억이경(二十億耳經)〕

···어느 때 부처님께서 사위국 제타숲 외로운 이 돕는 동산에 계셨다. 때에 어떤 바라문은 부처님께 나아가 문안하고 한쪽에 물러앉아 여쭈었다.
"세존이시여, 제 이름은 '고르게 일으킴〔等起〕'이라 하나이다."

부처님께서는 바라문에게 말씀하셨다.

"고르게 일으킴이란, 이른바 믿음을 일으키고, 계율·듣기·버리기·지혜를 고르게 일으키는 것이니, 이것이 고르게 일으키는 것이요, 이름을 고르게 일으키는 것이 아니니라."

그때에 바라문은 부처님 말씀을 듣고 기뻐하면서 자리에서 일어나 떠나갔다.

〔사례82, 제31권 889.등기경(等起經)〕

…때에 간다가타 촌장은 세존께 나아가 머리를 조아려 그 발에 예배하고 한쪽에 물러앉아 여쭈었다.

"세존이시여, 세존께서는 항상 사람들을 위해 현세의 괴로움의 원인과 그 사라짐을 연설하신다는 말을 나는 들었나이다. 거룩하신 세존이시여, 저를 위해 그것을 설명하여 주소서."

부처님께서 촌장에게 말씀하셨다.

"내가 만일 과거의 괴로움의 원인과 그 사라짐을 말하면, 네가 그것에 대해 믿거나 믿지 않거나, 원하거나 원하지 않거나, 생각하고 생각하지 않거나, 즐겨하고 즐겨하지 않는 것을 나는 안다. 너는 지금 괴로워하는가?

내가 만일 미래의 괴로움의 원인과 그 사라짐을 말하면 네가 그것에 대해 믿거나 믿지 않거나, 원하거나 원하지 않거나, 생각하고 생각하지 않거나, 즐겨하고 즐겨하지 않는 것을 나는 안다. 너는 지금 괴로워하는가?

나는 지금 여기서 현세의 괴로움의 원인과 그 사라짐을 말하리라. 촌장이여, 중생에게 생기는 모든 괴로움은 다 애욕이 그 근본이다. 그것은 애욕에서 생기고 모이며 일어나고, 애욕이 원인이며 애욕을 인연하여 생기느니라."

"세존께서 자세히 분별하시지 않고 극히 간단히 말씀하시므로 저는 이해하지 못하겠나이다. 거룩하신 세존이시여, 원컨대 자세히 말씀하시어 저희들을 이해하게 하소서."

부처님께서 말씀하셨다.

"나는 이제 너에게 물으리니 너는 마음대로 대답하라. 촌장이여, 네 생각에는 어떠하냐? 만일 어떤 중생이 이 마을 사람을 결박하거나 때리거나 죽이면 네 마음에는 근심과 슬픔·고통·번민이 일어나겠느냐?"

촌장은 사뢰었다.

"세존이시여, 일정하지 않나이다. 이 마을에 사는 중생으로서 제게 탐욕과 애정이 있고 또 서로 친한 사람이면, 그가 결박되거나 맞거나 혹은 꾸짖음이나 죽임을 당할 때에는 저는 곧 근심·슬픔·번민·고통이 생길 것이옵니다. 그러나 제게 탐욕과 애정이 없는 사람이면, 그가 결박되거나 맞거나 혹은 꾸짖음이나 죽임을 당하더라도 제게는 실없이 근심·슬픔·번민·고통이 생기지 않을 것이옵니다."

부처님께서 말씀하셨다.

"그러므로 알아야 한다. 중생에게 생기는 갖가지 괴로움은 다 애욕이 근본이 된다. 그것은 애욕에서 생기고 모이며 일어나고, 애욕이 원인이며 애욕을 인연하여 생기는 것이니라.

촌장이여, 네 뜻에는 어떠하냐? 너는 서로 보지 못한 의부모에게도 탐욕과 애정이 생기겠느냐?"

"아닙니다, 세존이시여."

"촌장이여, 네 생각에는 어떠하냐? 보았거나 혹은 들은 일이 있는 의부모에게는 탐욕과 애정이 생기겠느냐?"

"그러하나이다, 세존이시여."

"촌장이여, 네 생각에는 어떠하냐? 그 의부모가 만일 덧없이 죽는다면 근심·걱정·고통·번민이 생기겠느냐?"

"그러하나이다, 세존이시여. 만일 의부모가 덧없이 죽는다면 저는 거의 죽을 것이옵니다. 어찌 다만 근심하고 슬퍼하며 번민하고 고통스러울 뿐이겠습니까."

"그러므로 알아야 한다. 중생에게 생기는 갖가지 괴로움은 다 애욕이 근본이 된다. 그것은 애욕에서 생기고 모이며 일어나고, 애욕이 원인이며 애욕을 인연하여 생기는 것이니라."

촌장은 말하였다.

"장하십니다! 의부모의 비유를 잘 말씀하셨나이다. 제게는 의부모가 있어 다른 곳에 계십니다. 저는 날마다 사람을 보내 안부를 묻나이다. 만일 그 사람이 돌아오지 않을 때에도 근심하고 슬퍼하거늘, 하물며 의부모가 세상을 떠나는데 어찌 근심과 괴로움이 없겠나이까."…

〔사례88, 제32권 913.갈담경(竭曇經)〕

'자원활용'의 사례로 뽑은 경은 다음과 같다.

〔사례29, 제9권 254.이십억이경(二十億耳經)〕
〔사례46, 제15권 405.공경(孔經)〕
〔사례75, 제28권 769.바라문경(婆羅門經)〕
〔사례82, 제31권 889.등기경(等起經)〕
〔사례86, 제32권 909.조마경(調馬經)〕
〔사례88, 제32권 913.갈담경(竭曇經)〕
〔사례121, 제38권 1071.상좌경(上座經)〕

14. 현장활용

현장활용이란 상담이 이루어지고 있는 현장의 자원을 상담에 활용하는 것을 뜻한다. 『잡아함경』에서 석가모니는 상담 현장에 있는 자원을 적극적으로 활용하였으며, 활용할 만한 자원이 있는 현장으로 내담자를 이끌고 가 상담에 적용하기도 했다.

…그때에 세존께서는 모든 비구들에게 말씀하셨다.
"너희들은 함께 심험암(深嶮岩)으로 가자."
비구들은 부처님께 여쭈었다.
"그리 하리이다, 세존이시여."
그때에 세존께서는 모든 대중과 함께 심험암으로 가시어 자리를 펴고 앉아 두루 심험암을 관찰하신 뒤에 모든 비구들에게 말씀하셨다.

"이 바위는 지극히 깊고 험하다."

때에 어떤 비구는 자리에서 일어나 옷을 여미고 부처님께 예배한 뒤에 합장하고 부처님께 여쭈었다.

"세존이시여, 이것은 지극히 깊고 험하나이다. 그러나 다시 어떤 지극히 깊고 험한 것으로서, 이것보다 지극히 험하여 매우 두려워할 만한 것이 있나이까?"

부처님께서는 그 뜻을 아시고 곧 말씀하셨다.

"그러하니라, 비구여. 이것은 지극히 깊고 험하다. 그러나 다시 어떤 큰 깊고 험한 것으로서, 이것보다 더 험하여 매우 두려워할 만한 것이 있느니라. 이른바 사문이나 바라문으로서 괴로움의 진리에 대하여 참되게 알지 못하고, 괴로움이 모이는 진리, 괴로움이 멸하는 진리, 괴로움을 멸하는 길의 진리에 대하여 참되게 알지 못하면, 그는 생의 근본이 되는 모든 행에 대하여 즐겨 집착하고 늙음·병·죽음과 근심·슬픔·괴로움·번민이 생기는 근본이 되는 모든 행에 대하여 즐겨 집착하여 그 행을 짓느니라. 그리하여 늙음·병·죽음과 근심·슬픔·괴로움·번민의 행은 갈수록 자라기 때문에 생의 깊고 험한 곳에 떨어지고, 늙음·병·죽음과 근심·슬픔·괴로움·번민의 깊고 험한 곳에 떨어지느니라. 이와 같이 비구들이여, 이것은 매우 깊고 험하기가 그것보다 더하니라. 그러므로 비구들이여, 네 가지 진리에 대하여 아직 밝게 알지 못하였으면, 마땅히 힘써 방편으로써 왕성한 욕심을 일으켜 밝게 알기를 배워야 하느니라."…

〔사례48, 제16권 421.심험경(深嶮經)〕

…그때 세존께서는 항하수를 관찰하시다가 항하수 가운데 큰 나무가 물을 따라 흘러내려가는 것을 보시고 비구에게 말씀하셨다.

"너는 저 항하수 가운데 흘러가는 큰 나무를 보는가?"

비구는 사뢰었다.

"보았나이다, 세존이시여."

부처님께서는 말씀하셨다.

"저 큰 나무가 이쪽 언덕에도 닿지 않고, 저쪽 언덕에도 닿지 않고, 물밑에 잠기지도 않고, 기슭에 걸리지도 않고, 소용돌이에 들어가지도 않고, 사람이 가지지도 않고, 사람 아닌 것이 가지지도 않고, 또 썩지도 않으면 장차 물을 따라 순순히 흘러들어 큰 바다까지 이르겠는가?"

"그러하겠나이다."

"비구도 그와 같이 이쪽 언덕에도 닿지 않고, 저쪽 언덕에도 닿지 않고, 물밑에 잠기지도 않고 기슭에 걸리지도 않고, 소용돌이에 들어가지도 않고, 사람이 가지지도 않고, 사람 아닌 것이 가지지도 않고, 또 썩지도 않으면, 순순히 나아가고 흘러들어 열반으로 실려 가느니라."

비구는 부처님께 여쭈었다.

"세존이시여, 이쪽 언덕이란 무엇이며 저쪽이란 무엇이고, 잠김이란 무엇이고 기슭이란 무엇이며, 소용돌이란 무엇이고 사람이 가짐이란 무엇이며, 사람 아닌 것이 가짐이란 무엇이고 썩음이란 무엇이옵니까? 원컨대 세존이시여, 저를 위하여 널리 설명하여 주소서. 저는 그 법을 듣고는 혼자 고요한 곳에서 알뜰히 생각하면서 머무르겠나이다. 후생 몸 받지 않는 줄을 스스로 알겠나이다."

부처님께서는 말씀하셨다.

"이쪽 언덕이란 육근이요, 저쪽 언덕이란 육경이다. 사람의 가짐이란 속세에 있는 출가자가 기뻐하거나 근심하거나 괴로워하거나 즐거워할 때에 그들의 하는 일이 모두 같아서 인제니 서로 따르는 것과 같다. 이것을 '사람의 가짐'이라 한다. 사람 아닌 것의 가짐이란, 마치 어떤 사람이 범행 닦기를 원해 '나는 지금 계율을 가지고 고행을 하며, 모든 범행을 닦아 있는 곳에 나리라'고 하는 것과 같다. 있는 곳이란 천상이다. 이것을 '사람 아닌 것의 가짐'이라 하느니라. 소용돌이란 마치 어떤 사람이 속세로 돌아가 계율에서 물러나는 것과 같은 것이다. 썩음이란, 계율을 범하고 악하고 착하지 않은 법을 행해 썩고 무식한 것이 시들은 풀잎으로 고동을 부는 소리와 같아서 사문이 아니면서 사문인 체하고, 범행인이 아니면서 범행인인 체하는 것이다. 이와 같이 비구여, 이것을 '이쪽 언덕에도 닿지 않고 … 내지 열반으로 실려 가는 것'이라 하느니라."

〔사례136, 제43권 1174.유수경(流樹經)〕

'현장활용'의 사례로 뽑은 경은 다음과 같다.

〔사례45, 제15권 404.신서림경(申恕林經)〕
〔사례48, 제16권 421.심험경(深嶮經)〕
〔사례118, 제38권 1063.추루경(醜陋經)〕
〔사례131, 제41권 1142.납의중경(衲衣重經)〕
〔사례136, 제43권 1174.유수경(流樹經)〕

15. 거리상담

거리상담이란 가출해서 거리에서 배회하는 청소년을 적극적으로 찾아 나서서 이들이 필요로 하는 서비스를 적절히 제공하는 적극적이며 능동적인 상담을 뜻한다. 시설이나 구조화된 공간에서만 상담하는 것이 아니라, 청소년들의 생활 세계로 직접 찾아가 그곳에서 상담을 하는 것이다(서울시 청소년종합상담실, 1999).

현대적 의미의 거리상담과 일치하는 개념은 아니지만, 『잡아함경』에도 거리상담의 유형이 여럿 나온다. 석가모니는 내담자를 절이나 정사 등 자신의 처소에서만 상담한 것이 아니라, 거리에서 만나 그 자리에서 바로 당면 문제를 해결하거나 의문에 답해 줌으로써 상담을 효과적으로 이끌었다.

…그때에 세존께서는 이른 아침에 가사를 입고 발우를 가지고 왕사성으로 들어가 차례로 밥을 빌다가 바라드바쟈 바라문의 집에 이르자 바라문이 말했다. 때에 그 바라문은 나무주걱에다 많은 음식을 담아 불을 공양하는 제구를 가지고 문 곁에 섰다가 멀리서 부처님이 오시는 것을 보고 이렇게 말하였다.
"거기 서시오, 거기 서시오. 영군특이여(하천한 자여), 삼가 우리 집 문에 가까이 오지 마시오."

부처님께서는 그 바라문에게 말씀하셨다.
"너는 영군특과 영군특의 법을 아느냐?"
"나는 영군특도 알지 못하고 또한 영군특의 법도 알지 못합니다. 사문 고타마님은 영군특과 영군특의 법을 아십니까?"
"나는 영군특과 영군특의 법을 아느니라."
때에 바라문은 곧 불을 섬기는 제구를 놓고 얼른 자리를 깔고 부처님께 앉으시기를 권하면서 청했다.
"저를 위해 영군특과 영군특의 법을 말씀해 주소서."
부처님께서는 곧 자리에 앉으시어 그를 위해 게송으로 말씀하셨다.…
〔사례20, 제4권 102.영군특경(領群特經)〕

'거리상담'의 사례로 뽑은 경은 다음과 같다.

〔사례16, 제4권 96.바라문경(婆羅門經)〕
〔사례17, 제4권 97.걸식경(乞食經)〕
〔사례18, 제4권 98.경전경(耕田經)〕
〔사례20, 제4권 102.영군특경(領群特經)〕
〔사례71, 제23권 604.아육왕경(阿育王經)〕
〔사례124, 제38권 1077.적경(賊經)〕
〔사례146, 제50권 1357.와사경(瓦師經)〕

16. 현장상담

현장상담이란 문제를 발견한 현장이나, 발생한 때, 또는 상담에 효과가 있을 법한 장소에서 상담을 하여 내담자의 변화를 비약적으로 촉진시키는 것을 뜻한다. 『잡아함경』에서 석가모니는 상담이 필요할 때는 어느 때 어느 장소에서든 상담을 하였으며, 자신을 필요로 하는 내담자가 있으면 어느 곳이든 마다하지 않고 현장으로 갔다.

…비구들은 걸식을 마치고 절에 돌아와 가사와 발우를 두고 발을 씻은 뒤에 부처님께 나아가 머리를 조아려 그 발에 예배하고 한쪽에 물러앉아 여쭈었다.

"세존이시여, 저희들이 이른 아침에 성에 들어가 걸식할 때, 상좌 되는 외도가 수마갈타 못 곁에 살면서, 자기 제자들 앞에서 이렇게 말한다는 말을 들었나이다. '내가 한 게송을 읊을 때에 만일 누구나 능히 거기에 화답하는 사람이 있으면 나는 그 밑에서 범행을 닦으리라'고. 원컨대 세존께서는 그를 가엾이 여겨 거기 가시면 좋겠나이다."

세존께서는 잠자코 허락하시고, 저녁때에 선정에서 깨어나 수마갈타 못 곁으로 가셨다. 상좌 외도는 멀리 세존께서 오시는 것을 보고 곧 자리를 펴 놓고 앉으시기를 청하였다. 세존께서는 자리에 앉아 그에게 말씀하셨다.

"너는 진실로 '내가 한 게송을 읊을 때 만일 거기에 화답하는 사람이 있으면 나는 그 밑에서 범행을 닦으리라'고 말하였는가? 너는 지금 그 게송을 읊어라. 나는 화답하리라."

때에 그 외도는 노끈자리를 포개어 자리를 높게 하고 그 위에 올라가 게송을 읊었다.

"비구는 법으로써 살아가면서
중생들을 두려워하지 말지니
뜻을 고요히 모든 것 버리고
계율을 지키어 고요히 쉬라."

그때에 세존께서는 그 상좌의 마음을 아시고 곧 게송으로 말씀하셨다.

"만일 네가 읊은 그 게송을
그 따라 능히 스스로 행하면
나는 으레 네게 대하여
훌륭한 사내라고 인정하리.

허나 이제 네 말 들으매
말과 행동 걸맞지 않거니
제 마음 길들이고 고요히 쉬어
중생들을 두려워하지 말지니

뜻을 고요히 모든 것 버리고
깨끗한 계율을 지키는 사람
제 마음 길들이고 고요히 쉬어
몸과 입과 마음 나쁜 짓 떠나

제각기 제 자리에 거두어 잡아
함부로 날뛰지 못하게 하면
그것을 수순(隨順)이라 이름하나니
마음을 길들이어 고요히 쉬라."

그때에 상좌 외도는 '사문 고타마는 벌써 내 마음을 알았구나' 하고 생각하고, 곧 자리에서 내려와 합장하고 사뢰었다.
"이제 나도 그 바른 법·율 안에서 중이 되어 구족계를 받고 비구 법을 얻을 수 있겠나이까?"
부처님께서는 말씀하셨다.
"이제 너도 우리 바른 법·율 안에서 중이 되어 구족계를 받고 비구 신분을 얻을 수 있느니라."
이리하여 상좌 외도는 집을 나와 비구가 되어 '착한 남자로서 수염과 머리를 깎고 가사를 입고, 바른 믿음으로 집을 나와 도를 배우는 까닭'을 생각하고, 내지 마음의 해탈을 얻어 아라한이 되었다.

〔사례104, 제35권 971.상좌경(上座經)〕

'현장상담'의 사례로 뽑은 경은 다음과 같다.

〔사례16, 제4권 96.바라문경(婆羅門經)〕
〔사례17, 제4권 97.걸식경(乞食經)〕
〔사례20, 제4권 102.영군특경(領群特經)〕
〔사례103, 제35권 970.사라보경(舍羅步經)〕
〔사례104, 제35권 971.상좌경(上座經)〕
〔사례105, 제35권 972.삼제경(三諦經)〕
〔사례113, 제36권 994.바기사진멸경(婆耆娑盡滅經)〕
〔사례115, 제37권 1023.파구나경(巴求那經)〕
〔사례116, 제37권 1024.아습파서경(阿濕波誓經)〕
〔사례117, 제37권 1025.질병경(疾病經)①〕
〔사례122, 제38권 1072.승가람경(僧迦籃經)〕
〔사례140, 제49권 1324.침모경(針毛經)〕
〔사례142, 제50권 1338.화경(花經)〕

17. 임종상담

임종상담의 개념은 "죽는 이로 하여금 임종을 삶의 한 과정으로 받아들이게 하고 남은 가족과 가까운 사람에게는 죽는 이가 남긴 아름다운 추억을 소중하게 아끼면서 이 세상을 밝고 가치 있게 살아가려는 의지와 힘을 갖게 하도록 하는 것"이라는 '임종 간호'의 목적(최영희, 1990)에서 찾을 수 있다.

『잡아함경』에서 석가모니는 제자나 신자가 병으로 죽어갈 때 설법을 청하면 어디든 달려가서 상담을 해주었다. 그러면 제자들은 몸의 고통이 덜해지거나 아예 병이 낫기도 하고, 병에서 벗어나진 못하더라도 깨달음을 얻어 마음 편하게 임종하였다.

···그때에 새로 된 어떤 젊은 비구는 이 법·율에서 중이 된 지 오래되지

않아 친구가 없이 혼자 나그네 중으로서 아무도 도와주는 이가 없었다. 그래서 변두리 촌락의 객승 방에서 병에 걸려 위중하였다.

그때에 여러 비구들은 부처님께 나아가 부처님 발에 머리를 조아리고 한쪽에 물러앉아 사뢰었다.

"세존이시여, 새로 된 어떤 젊은 비구가 내지, 병에 걸려 위중하온데, 변두리 촌락의 객승 방에 있나이다. 저 병으로 비구들이 많이 죽고, 사는 이가 없나이다. 황송하오나 세존이시여, 그를 가엾게 여기시어 거기 가보아 주소서."

그때에 세존께서는 잠자코 허락하시고, 저녁때에 선정에서 깨어나 그리로 가셨다. 그 앓는 비구는 세존께서 오시는 것을 보고 평상을 붙들고 일어나려 하였다. 부처님께서는 말씀하였다.

"그대로 누워 일어나지 말라."

그리고 이어 말씀하셨다.

"어떠냐, 비구여. 얼마나 고통이 심하냐?"

"고통이 더할 뿐이요, 덜하지 않나이다."

부처님께서는 말씀하셨다.

"나는 지금 너에게 물으리니 마음대로 대답하라. 너는 번민이 없는가?"

앓는 비구는 사뢰었다.

"실로 번민이 있나이다."

"너는 계율을 범한 일이 없는가?"

"세존이시여, 계율을 범한 일은 참으로 없나이다."

"네가 만일 계율을 범하지 않았다면 왜 번민하는가?"

"세존이시여, 저는 나이 어리고 집을 나온 지 오래되지 않아 사람에서 뛰어난 법의 훌륭하고 묘한 지견을 아직 얻지 못했나이다. 그래서 이렇게 생각하나이다. '나는 목숨을 마치고 어디 가서 날 것인가를 알자'고. 그 때문에 번민이 생기나이다."

부처님께서는 말씀하셨다.

"나는 이제 너에게 물을 것이니, 마음대로 대답하라. 어떠냐, 비구여. 눈이 있기 때문에 눈의 알음알이가 있는가?"

"그러하나이다, 세존이시여."

"네 생각에는 어떠하냐? 눈의 알음알이가 있기 때문에 눈에 닿임이 있고, 눈에 닿임을 인연하여 괴롭거나 즐겁거나, 혹은 괴롭지도 즐겁지도 않은 느낌이 있는가?"

"그러하나이다, 세존이시여."

귀·코·혀·몸·뜻에 있어서도 그와 같다고 말씀하셨다.

"어떠냐, 비구여. 만일 눈의 알음알이가 없으면 눈에 닿임이 없고, 눈에 닿임이 없으면 눈에 닿음으로써 생기는 괴롭거나 즐겁거나, 혹은 괴롭지도 않고 즐겁지도 않은 느낌이 없겠는가?"

"그러하나이다, 세존이시여."

귀·코·혀·몸·뜻에 있어서도 그와 같다고 말씀하셨다.

"그러므로 비구여, 이와 같은 법을 잘 생각하면 목숨을 마치기도 잘 할 수 있고, 후생도 또한 좋을 것이다."

세존께서는 그 앓는 비구를 위해 갖가지로 설법하여 가르쳐 보이시고 기쁘게 하신 뒤에 자리에서 일어나 떠나셨다.

때에 그 앓는 비구는 세존께서 떠나신 뒤 이내 목숨을 마쳤다. 임종 때에 모든 감관은 기쁨에 차고 얼굴은 청정하며 살빛은 곱고 희었다.…

〔사례117, 제37권 1025.질병경(疾病經)①〕

'임종상담'의 사례로 뽑은 경은 다음과 같다.

〔사례115, 제37권 1023.파구나경(巴求那經)〕
〔사례117, 제37권 1025.질병경(疾病經)①〕

18. 여성상담

'여성주의 상담'이란, 한편으로는 개인의 치유와 성장을 추구하고, 다른 한편으로는 개인이 성차별주의의 사회를 변화시켜 나가도록 사회·정치적인 동기와 자질을 부여하는 것을 말한다(한국여성민우회 가족과 성 상담소, 1999).

이 책에서는 여성을 대상으로 한 상담 자체를 '여성상담'으로 구분했다. 석가모니 재세시에는 여성을 대상으로 상담을 했다는 것만으로도 커다란 의미가 있었기 때문이다.

석가모니가 살던 무렵, 인도사회에서 여자의 위치는 종이나 다름없이 미천했다. 인도에서뿐만 아니라 그 즈음에는 중국에서부터 그리스에 이르기까지 모든 문명국가에서 여자는 낮고 천한 위치에 있었다. 그런 시대에 석가모니는 사회 개혁가로서, 문화 혁명가로서 위대한 역할을 하였다. 석가모니가 사회구조를 변혁시킨 것 가운데 가장 두드러진 공로는 고질적인 카스트 제도의 폐지와 여성해방이었다(한국여성불교연합회, 1993).

즉 당시엔 여성을 대상으로 설법을 했다는 것은 그 자체가 여성을 '인간'으로 대접한 것이므로 대단히 혁명적 행위였다. 또한 여자들을 제자로 받아들여 비구니 교단을 만들었다는 것은 곧 여자도 성불할 수 있다는 가능성을 인정한 것이며, 이는 남자와 동등하다는 의미이기도 한 것이다.

불교에 여성차별사상이 전혀 없는 것은 아니다. 이른바 오장삼종설(五障三從說), 팔공경법(八恭敬法), 변성성불론(變成成佛論) 등이 그것이다. 오장삼종의 '오장'이란 여인의 몸에는 다섯 가지 장애가 있으니, 첫째 범천왕이 될 수 없고 둘째 제석, 셋째 마왕, 넷째 전륜성왕, 다섯째 부처가 될 수 없다는 것이다. '삼종'이란 '여인의 예(禮)는 어려서는 부모를 따르고, 젊어서는 남편을 따르고, 늙어서는 아들을 따른다'는 것이다. 팔공경법은 비구니가 비구를 존경하는 여덟 가지 예법으로서 '비록 100세의 비구니일지라도 처음으로 계를 받은 연소 비구를 보거든 마땅히 일어나서 친절히 영접하되, 이를 목숨이 다하도록 어기지 말라'를 비롯한 여덟 가지 공경법을 말한다. '변성성불'이란 여성은 여자의 몸 그대로는 성불할 수 없고 일단 변하여 남자가 된 뒤에야 성불이 가능하다는 변성남자성불(變成男子成佛)을 뜻한다. 그러나 이러한 남녀차별적 견해는 불교 본래의 입장이 아니라, 경전 결집 당시의 시대적·사회적 배경의 반영으로, 일반화된 고정관념이 관용적으로 사용된 때문으로 보인다. 실제로 가장 초기의 경전인 아함경과 율전의 원형 부분에는 부정적인 여성관이 나타나지 않는다. 변성성불론이 나타나 있는 『법화경』, 『유마경』 등 여러 경을 면밀히 살펴보면 오히려 여성 차별적 견해를 부인하고 수정하기 위한 의도로 설해졌음을 알 수 있다(한국여성불교연합회, 1993).

『잡아함경』에는 석가모니가 여성을 상대로 설법하는 사례가 곳곳에 나온다. 이런 사례 어느 곳에서도 석가모니가 여성을 하등하게 여기거나 소홀히 다룬 흔적을 찾아볼 수 없다. 다만 제자 가운데서 난타가 자기가 설법할 차례가 되었는데도 비구니들에게 설법하는 것을 꺼리는 예가 나오는데〔사례33, 제11권 276.난타설법경(難陀說法經)〕, 경전에는 그 이유가 무엇인지 정확히 나타나 있지 않다. 참고로 내담자인 비구니들의 우두머리는 석가모니의 이모인 마하 파사파제이고, 비구니들에게 설법을 꺼린 난타는 그의 아들이다. 그러나 난타는 스승인 석가모니의 설득으로 결국 비구니들에게 설법을 하게 된다. 이렇게 석가모니는 비구니들에게도 법을 설하기 위해 정성을 다했다.

　　…어느 때 부처님께서는 사위국 제타숲 외로운 이 돕는 동산에 계셨다. 그때에 이러한 무리들의 큰 성문니(聲聞尼)들은 사위국 왕의 동산에 머물러 있었다. 그들의 이름은 순타 비구니, 민타 비구니, 마라바 비구니, 파라차라 비구니, 타라비가 비구니, 차마 비구니, 난마 비구니, 고난사구담미 비구니, 우발라색 비구니, 마하 파사파제 비구니였으니, 이들과 또 다른 비구니들은 왕의 동산에 머물러 있었다.
　　그때에 마하 파사파제 비구니는 5백 비구니에게 앞뒤로 둘러싸이어 부처님 계신 곳에 나아가 머리를 조아려 그 발에 예배하고 한쪽에 물러나 앉았다. 그때에 세존께서는 마하 파사파제 비구니와 5백 비구니를 위해 설법하시어 가르쳐 보이시고 기쁘게 하시었다. 갖가지로 설법하시어 가르쳐 보이시고 기쁘게 하신 뒤에 그를 돌려보내려고 그에게 말씀하셨다.

"형편대로 하시오."

마하 파사파제 비구니는 부처님 말씀을 듣고 모두 함께 기뻐하면서 예배하고 물러갔다.

그때에 세존께서는 마하 파사파제 비구니가 떠난 것을 아시고 모든 비구들에게 말씀하셨다.

"나는 이미 늙었다. 모든 비구니들을 위해 설법하는 것을 감당할 수가 없다. 너희 모든 비구들이여, 오늘 여러 나이 많고 덕이 있는 상좌들은 여러 비구니들을 가르쳐야 한다."

때에 모든 비구들은 부처님의 분부를 받고 차례로 비구니를 가르치게 되어 그 차례가 난타에게 왔다. 난타는 응당 차례가 돌아왔으나 가르치려 하지 않았다.

그때에 마하 파사파제 비구니는 5백 비구니에게 앞뒤로 둘러싸여 세존이 계신 곳에 나아가 머리를 조아려 그 발에 예배하고… 내지 법을 듣고 함께 기뻐하면서 예배하고 물러갔다. 그때에 세존께서는 마하 파사파제 비구니가 떠난 것을 아시고 존자 아난다에게 물으셨다.

"누구의 차례가 되어 여러 비구니들을 가르치게 되었느냐?"

존자 아난다는 부처님께 여쭈었다.

"세존이시여, 모든 상좌들이 차례로 비구니들을 가르치는데, 그 차례가 난타에게 왔지만 난타는 가르치려 하지 않나이다."

그때에 세존께서는 난타에게 말씀하셨다.

"너는 마땅히 여러 비구니들을 가르치고 여러 비구니들을 위해 설법해야 한다. 무슨 까닭인가? 나도 스스로 모든 비구니들을 가르쳤으니 너도 또한 마땅히 그렇게 해야 한다. 나도 모든 비구니를 위해 설법하였으니 너도 또한 그렇게 하여야 하느니라."

그때에 난타는 잠자코 분부를 받았다.…

〔사례33, 제11권 276.난타설법경(難陀說法經)〕

'여성상담'의 사례로 뽑은 경은 다음과 같다.

〔사례28, 제9권 253.비뉴가전연경(毘紐迦旃延經)〕
〔사례33, 제11권 276.난타설법경(難陀說法經)〕
〔사례55, 제18권 500.정구경(淨口經)〕
〔사례62, 제20권 556.무상심삼매경(無相心三昧經)〕
〔사례63, 제21권 564.비구니경(比丘尼經)〕

19. 공감적 이해와 긍정적 수용

'공감적 이해'란 자신이 직접 경험하지 않고도 다른 사람의 감정을 거의 같은 내용과 수준으로 이해하는 것이고, '긍정적 수용'은 내담자를 있는 그대로 받아들이고 인정하는 것이다(이장호, 1995). 이 둘은 부처님의 자심(慈心)으로 중생을 받아들여 화육(化育)한다는 의미를 가진 불교의 '섭수(攝受)'와 비슷한 개념이다.

석가모니의 상담사례는 모든 것이 섭수, 즉 내담자에 대한 공감적 이해와 긍정적 수용을 바탕으로 하고 있다. 외도들의 궤변적 논리를 듣고 답답해서 찾아온 내담자나, 아들에게 쫓겨나 걸인 행세를 하며 사는 늙은 아버지, 석가모니 자신을 비난하거나 의심하는 사람, 외도들에게 상담을 해주고 결과가 좋지 않아 실망해서 돌아온 제자, 가문과 얼굴·능력 등이 월등하여 교만에 빠진 사람, 수행을 해도 진전이 없다고 실망하여 집으로 돌아가려는 제자, 서로 다투고 싸우는 제자들, 세상 만유에 대해 궁금해 하는 사람, 질문을 받고도 선뜻 대답하지 못하는 제자, 먼 길로 장사를 떠나면서 불안해하는 상인들, 모래 밥을 지어 올리는 소년, 스승을 비난한 것을 스스로 뉘우치는 제자, 의부모에 대한 애정이 지극한 아들, 세속에 살면서 나쁜 물이 들까봐 두려워하는 사람, 석가모니와 이별하게 될 것을 두려워하고 섭섭해 하는 신자, 외도들의 희론을 논파하고 돌아온 제자, 설법을 알아듣지 못하고 자기주장만 펴는 외도들, 임종을 눈앞에 둔 석가모니에게 굳이 설법을 듣겠다고 찾아온 내담자, 범행을 열심히 닦은 아버지가 죽어서 범행을 안 닦은 삼촌과 같은 곳에 태어난다는 말을 듣고 분노한 딸, 병에 걸려 괴로워하는 제자, 홀로 외로이 앓고 있는 제자, 석가모니의 조카라는 명분을 내세워 게으르거나 화려한 치장을 하는 제자, 사람을 999명이나 죽인 살인마, 다른 사람들도 다 잘못하고 있는데 선배들이 자신만 꾸짖는다고 불만을 품은 제자, 동료와 싸우고 나서 화를 풀지 않는 제자, 비만 때문에 괴로워하는 국왕, 석가모니에게 마구 욕설을 퍼붓는 사람, 일곱 아들을 잃은 어머니 등 다양한 사람의 다양한 문제를 공감적으로 이해하고 따뜻이 받아들여 그들의 문제를 해결하고 성장하게끔 했다.

이와 같이 내가 들었다.

어느 때 부처님께서는 카필라바투국 냐그로다 동산에 계셨다. 그때에 석씨 마하나마는 부처님께 나아가 머리를 조아려 그 발에 예배하고 한쪽에 물러앉아 여쭈었다.

"세존이시여, 이 카필라바투국은 안온하고 풍족하며 백성이 많나이다. 제가 출입할 때에는 언제나 많은 무리들이 좌우에 늘어서고 또 미친 코끼리와 미친 사람, 미친 수레도 항상 우리를 따르나이다. 그래서 저는 이 미친 것들과 함께 살고 함께 죽으면서 부처님과 부처님 법, 그리고 승단을 생각하기를 잊어버리지나 않을까 두려워하나이다. 또 저는 '내가 죽은 뒤에는 어디 가서 태어날 것인가' 하고 스스로 생각해 보나이다."

부처님께서는 마하나마에게 말씀하셨다.

"두려워하거나 걱정하지 말라. 목숨을 마친 뒤에는 나쁜 곳에 나지 않을 것이요, 끝끝내 나쁜 곳이 없을 것이다. 비유하면 큰 나무가 밑으로 향하고 쏠리는 곳과 기우는 곳이 있을 때 만일 그 밑동을 베면 어디로 넘어지겠는가?"

마하나마는 사뢰었다.

"나무는 향하는 곳과 쏠리는 곳과 기우는 쪽으로 넘어질 것이옵니다."

"너도 그와 같아서, 목숨을 마친 뒤에 나쁜 곳에 나지 않을 것이요, 끝끝내도 나쁜 곳이 없을 것이다. 왜 그러냐 하면 너는 오랫동안 불법승 생각하기를 닦아 익혔다. 비록 목숨이 다해 그 몸이 불에 태워지거나 묘지에 버려져 오랫동안 바람에 불리고 햇볕에 쪼여 마침내 가루가 된다 하더라도, 마음은 오랫동안 바른 믿음에 쪼이었고 계율과 보시·들음·지혜에 쪼였기 때문에 그 신식(神識)은 안락한 곳을 향해 위로 올라가 미래에 천상에 나게 될 것이다."

부처님께서 이 경을 말씀하시자, 마하나마는 그 말씀을 듣고, 기뻐하면서 예배하고 물러갔다.

〔사례94, 제33권 930.자공경(自恐經) 전문〕

'공감적 이해와 긍정적 수용'의 사례로 뽑은 경은 다음과 같다.

〔사례73, 제24권 638.순타경(純陀經)〕
〔사례80, 제30권 860.전업경(田業經)〕
〔사례94, 제33권 930.자공경(自恐經)〕
〔사례112, 제36권 993.찬상좌경(讚上座經)〕
〔사례113, 제36권 994.바기사진멸경(婆耆娑盡滅經)〕
〔사례137, 제44권 1178.바사타경(婆四吒經)〕

20. 모델링

모델링이란 다른 사람의 행동을 관찰함으로써 인간 행동이 변화해 가는 것으로 상담자의 역할이 매우 중요하다. 상담자는 내담자가 모방할 수 있는 가치를 상담과정에서 실천해야 하며, 사회적 관심의 대표자로 행동한다. 즉 상담자가 바람직한 행동의 모델이 됨으로써 내담자의 바람직한 변화를 유도하는 것이다(이형득 외, 1997).

석가모니는 이러한 모델링의 중요성을 알아, 상좌 비구든 하좌 비구든 지켜야 할 것은 반드시 지키게 했고, 석가모니 스스로가 바람직한 모델링의 표본이 되었다.

…그때에 세존께서는 이른 아침에 가사를 입고 발우를 가지고 바라나시성에 들어가 걸식하고 계셨다.
　때에 어떤 비구는 마음을 한곳에 두지 못함으로써 마음이 미혹하고 어지러워 모든 감관을 휘잡지 못하였다. 그는 이른 아침에 가사를 입고 발우를 가지고 바라나시성에 들어가 걸식하다가 멀리서 세존을 뵈옵고는 모든 감관을 휘잡고 단정히 보면서 걸어갔다.…

〔사례125, 제38권 1080.참괴경(慚愧經)〕

'모델링'의 사례로 뽑은 경은 다음과 같다.

〔사례65, 제21권 571.마하가경(摩訶迦經)〕
〔사례78, 제30권 830.붕가사경(崩伽闍經)〕
〔사례105, 제35권 972.삼제경(三諦經)〕
〔사례125, 제38권 1080.참괴경(慚愧經)〕

21. 자기지시

　자기지시란 불안 또는 기타 부적응 행동에 대해 불안을 줄이거나 적응 행동을 할 수 있도록 자기 자신에게 지시하거나 사기 스스로 말하는 것으로, 자기 진술이라고도 한다. 자기 지도나 자기 통제의 프로그램에서 많이 사용된다(이형득 외, 1997).
　석가모니는『잡아함경』에서 제자나 신자가 '자기지시'를 활용하여 문제를 해결하도록 조언했으며, 제자들도 게으르거나 나쁜 마음이 일 때 스스로 이 방법을 써서 경계하였다.

　…그때에 존자 아난다는 이른 아침에 가사를 입고 발우를 가지고 사위성에 들어가 존자 반기사와 함께 걸식하였다.
　때에 존자 반기사는 얼굴이 아주 묘한 어떤 여자를 보고 탐욕이 일어났다. 존자 반기사는 이렇게 생각했다.

'나는 지금 이롭지 않은 일을 당했다. 괴로움을 받는 것이요, 즐거움을 얻는 것이 아니다. 나는 지금 얼굴이 묘한 젊은 여자를 보고 탐욕이 생겼다. 지금 싫어하는 마음을 내기 위해 게송을 읊자.'

"이 탐욕에 덮였기 때문에
일어나는 불꽃 내 마음 태우네.
이제 존자 아난다여
나를 위해 탐욕의 불꽃을 꺼라.
사랑하는 마음으로 가엾이 여겨
그 방편을 나를 위해 설명하여라."

존자 아난다는 게송으로 대답하였다.

"그 뒤바뀐 생각으로써
이는 불꽃처럼 그 마음 태우나니
탐욕을 키우고 자라게 하는
깨끗하다는 생각 멀리 여의고

깨끗하지 않다는 생각을 닦아
언제나 한마음으로 선정에 들어
재빨리 탐욕의 불꽃을 끄고
부디 그 마음 태우게 하지 말라.

모든 행은 괴롭고 또 공한 것이요
〈나〉가 없다고 자세히 관찰하고
생각을 매어 몸을 바로 관찰하여
싫어해 떠날 생각 많이 닦아 익혀라.

모양 없다고 많이 닦아 익히고
교만의 번뇌를 없애 버리고
교만에 대한 평등의 지혜 얻어
괴로움을 완전히 벗어나거라."

존자 아난다가 이렇게 말할 때 존자 반기사는 그 말을 듣고 기뻐하여 받들어 행하였다.

〔사례139, 제45권 1214.탐욕경(貪慾經)〕

'자기지시'의 사례로 뽑은 경은 다음과 같다.

〔사례44, 제14권 347.수심경(須深經)〕
〔사례133, 제42권 1150.천식경(喘息經)〕
〔사례139, 제45권 1214.탐욕경(貪慾經)〕

22. 심상유도

심상치료란 마음 및 정신 건강을 회복하기 위해 정신적 고통과 심리적 어려움을 극복시키고, 나아가 진정한 의미의 자아 발견, 자아 성장, 그리고 이상적인 자아실현 등을 획득하고 체험시키기 위하여 심상(心像)을 전문적으로 다루는 심리치료 및 상담기법이다. 심상치료에서 심상 체험 작업은 내담자가 치료 장면에서 치료자에 의해 여기·지금의 상태에서 자신의 마음의 내용물을 직접 심상으로 떠올리고, 이들의 내용을 분석한 다음 이를 바로 다른 심상 구조로 직접 재구성하는 작업을 한다(최범식, 1999).
석가모니는 『잡아함경』에서 현대 상담의 심상치료와 비슷한 심상유도를 통해 내담자의 문제를 해결하고 성장을 도모한다. 즉 일어날 가능성이 있는 일을 상상하게 하여 상담의 효과를 높이거나, 앞으로 일어날 일을 심상유도를 통해 미리 겪게 하여 그에 대한 내담자의 대처 능력을 키워나가는 것이다.

　…부처님께서는 다시 수시마에게 말씀하셨다.
　"이제 비유를 말하리라. 지혜로운 사람은 비유로써 이해하게 되느니라.
　비유하면, 어떤 국왕의 순라꾼이 도적을 잡아 묶어 가지고 왕에게 와서 아뢰었다.
　'대왕이여, 이 사람은 도적입니다. 원컨대 왕은 죄를 주소서.'
　그러자 왕이 명령하였다.
　'이 죄인을 끌고 가서 두 팔을 뒤로 묶고 나쁜 소리로 호령하면서 나라 안을 돌아다녀라. 그리고는 성 밖의 죄인을 형벌 주는 곳으로 끌고 가서 창으로 온몸을 백 번 두루 찔러라.'
　그 형을 맡은 사람은 왕의 명령을 받고 그 죄인을 보내어 두 팔을 뒤로 묶고 나쁜 소리로 호령하면서 성안을 돌아다니다가 성밖의 죄인을 형벌 주는 곳으로 끌고 가서 창으로 온몸을 백 번 두루 찔렀다.
　낮이 되어 왕은 물었다.
　'죄인은 아직 살았느냐?'
　신하는 아뢰었다.
　'아직 살았나이다.'
　왕은 신하에게 다시 명령하였다.
　'다시 창으로 백 번을 찔러라.'
　해질녘이 되도록 다시 창으로 백 번 찔렀지만 죄인은 아직 죽지 않은 것과 같다."
　부처님께서는 수시마에게 말씀하셨다.
　"그 창이 죄인의 몸을 다스릴 때에 3백 번을 찌르면 그 죄인의 몸에 성한 곳이 손바닥만큼이나 있겠느냐?"
　수시마는 부처님께 여쭈었다.
　"없겠나이다, 세존이시여."
　"수시마여, 때에 그 죄인은 창에 3백 번 찔린 인연으로 지극히 심한 괴로움을 받겠느냐?"

"지극히 괴롭겠나이다. 세존이시여, 혹 창에 한 번 찔려도 그 고통은 견디기 어렵겠거늘 하물며 3백 개의 창으로 견디기야 어떠하겠나이까?"

부처님께서는 수시마에게 말씀하셨다.

"그거야 오히려 그럴 수 있다. 그러나 만일 바른 법률 안에서 가만히 거짓 중이 되어 가만히 속여 법을 받아 가지고 사람을 위해 널리 말하면, 마땅히 받아야 할 그 고통은 저보다 곱이나 더할 것이니라."

부처님께서 이 법을 말씀하셨을 때 (부처님을 속여 거짓 중이 되었던) 외도 수시마는 번뇌가 다하여 뜻으로 이해하였다.…

〔사례44, 제14권 347.수심경(須深經)〕

'심상유도'의 사례로 뽑은 경은 다음과 같다.

〔사례39, 제13권 311.부루나경(富樓那經)〕
〔사례44, 제14권 347.수심경(須深經)〕
〔사례88, 제32권 913.갈담경(竭曇經)〕

23. 혐오요법

혐오요법이란 구토제, 전기 충격, 불쾌한 심상 등과 같은 벌 또는 혐오자극을 사용하여 바람직하지 않은 행동을 감소시키는 방법이다(이관용, 1980).

『잡아함경』에서 석가모니는 주로 예화와 비유를 통해 불쾌한 심상을 유도, 내담자의 바람직하지 않은 행동의 감소를 꾀했다.

…존자 마하 목건련과 존자 락카나는 곧 함께 기사굴산을 떠나 밥을 빌러 왕사성으로 들어갔다. 가다가 어느 곳에 이르자, 존자 마하 목건련은 마음에 생각한 바가 있어 빙그레 웃었다. 존자 락카나는 존자 마하 목건련이 빙그레 웃는 것을 보고 곧 물었다.

"존자여, 혹 부처님이나 부처님의 성문 제자가 빙그레 웃으면 거기에는 반드시 까닭이 있다. 존자는 이제 무슨 까닭으로 빙그레 웃었는가?"

존자 마하 목건련은 말하였다.

"지금은 물을 때가 아니다. 우선 밥을 빈 뒤에 세존 앞에 나아가 그 일을 물어라. 그것은 때에 알맞은 물음이다."

존자 마하 목건련은 존자 락카나와 함께 성으로 들어가 밥을 빌어먹고는 돌아와 발을 씻고 옷과 발우를 챙긴 뒤에 부처님께 함께 나아가 그 발에 머리를 조아리고 한쪽에 물러나 앉았다.

존자 락카나는 존자 마하 목건련에게 물었다.

"나는 오늘 이른 아침에 그대와 함께 밥을 빌러 왕사성으로 들어갔다. 그대는 어느 곳에서 빙그레 웃었다. 나는 곧 그대에게 '무슨 까닭으로 웃느냐?'고 물으매 그대는 내게 '지금은 물을 때가 아니다'고 대답했다. 나는 지금 그대에게 묻노니, 무슨 까닭으로 빙그레 웃었는가?"

존자 마하 목건련은 존자 락카나에게 말했다.

"나는 길을 가다가 온몸에는 가죽이 없어 생김새가 살덩이 같고 몸은 큰 한 중생이 허공을 날아가는 것을 보았다. 까마귀·소리개·독수리·늑대·주린 개들이 그것을 따라 할퀴어 먹고, 혹은 옆구리로 내장을 더듬어 내어 먹는데, 그는 매우 괴로워하면서 울고 부르짖었다. 나는 그것을 보고 이렇게 생각하였다. '저런 중생은 저런 몸을 얻어 저렇게 편치 않고 괴로워한다'고."

그때에 부처님께서는 비구들에게 말씀하셨다.

"그 중생은 과거 세상에 이 왕사성에서 스스로 낙태를 하였다. 그 죄로 말미암아 지옥에 떨어져 이미 백 천 세 동안 한량없는 고통을 받았고, 지금 그 몸을 얻었으나 남은 죄로 말미암아 그 고통을 계속해 받는 것이다. 비구들이여, 마하 목건련의 소견은 진실하여 틀림이 없다. 그렇게 알아 가져야 하느니라."…

〔사례58, 제19권 512.타태경(墮胎經)〕

'혐오요법'의 사례로 뽑은 경은 다음과 같다.

〔사례37, 제12권 291.촉경(觸經)〕
〔사례44, 제14권 347.수심경(須深經)〕
〔사례58, 제19권 512.타태경(墮胎經)〕
〔사례59, 제19권 520.복점녀경(卜占女經)〕
〔사례98, 제34권 948.성경(城經)〕
〔사례139, 제45권 1214.탐욕경(貪慾經)〕

24. 직면

직면이란 내담자가 의식할 수 있고 스스로 관찰할 수 있는 내용을 지적해 줌으로써 자신의 문제를 회피하지 않도록 하는 것이다(대학상담학회, 1993).

『잡아함경』에서 석가모니가 설한 모든 법문이 '현실이 고(苦)임을 깨닫게 하는 직면의 과정'이라 할 수 있다. 여기서는 구체적인 직면 사례만을 뽑았다.

…어느 때 부처님께서는 사위국 제타숲 외로운 이 돕는 동산에 계셨다. 그때에 대중 가운데는 조그만 다투는 일이 있었다. … 부처님께서는 얼굴빛을 조금 움직여 모든 비구들로 하여금 감히 와서 뵈옵게 하였다. 때에 모든 비구들은 부처님께 나아가 부끄러워하는 빛을 품고 부처님 발에 예배하고 한쪽에 물러나 앉았다.

그때에 세존께서는 모든 비구들에게 말씀하셨다.

"집을 나온 사람은 하천하게 생활하나니, 머리를 깎고 발우를 가지고 집집에 밥을 빈다. 혹 천대를 받더라도 그렇게 하는 까닭은 훌륭한 이치를 구하기 위해서이니, 즉 남·늙음·병·죽음과 근심·슬픔·번민·괴로움을 건너 괴로움을 완전히 벗어나기 위해서이다. 모든 착한 남자들이여, 너희들은 왕이나 도적이 시킨 일도 아니요, 빚진 사람들도 아니며 두려움 때문도 아니요, 생활이 궁해서도 아니면서 집을 나온 것이다. 그것은 바로 남·늙음·병·

죽음과 근심·슬픔·번민·괴로움을 해탈하기 위해서이니, 너희들은 이것 때문에 집을 나온 것이 아니냐?"

비구들은 부처님께 여쭈었다.

"실로 그러하나이다, 세존이시여."

부처님께서는 비구들에게 말씀하셨다.

"너희들 비구는 이와 같은 훌륭한 이치를 위해서 집을 나왔는데, 어떻게 그 중에는 오히려 어떤 어리석은 범부가 있어 탐욕을 일으키고 몹시 물들어 집착하며, 성내고 사나우며, 게으르고 못나서 생각을 잃어 안정하지 못하고, 모든 근(根)을 어지럽게 하느냐? 비유하면 어떤 사내가 깜깜한 데서 나와 깜깜한 데로 들어가고, 컴컴한 데서 나와 다시 컴컴한 데로 들어가며, 뒷간에서 나왔다가 다시 뒷간에 떨어지고, 피로써 피를 씻으며, 모든 악을 버리고 떠났다가 다시 도로 악을 취하는 것과 같다.···"

〔사례32, 제10권 272.책제상경(責諸想經)〕

'직면'의 사례로 뽑은 경은 다음과 같다.

〔사례32, 제10권 272.책제상경(責諸想經)〕
〔사례42, 제14권 344.구치라경(拘締羅經)〕
〔사례67, 제21권 574.니건경(尼犍經)〕
〔사례68, 제22권 576.난타림경(難陀林經)〕
〔사례130, 제41권 1138.각승경(角勝經)〕
〔사례133, 제42권 1150.천식경(喘息經)〕

25. 지시적 훈계

지시적 훈계란 가르치고 타이르는 것을 위주로 하는 상담으로, 『잡아함경』에서 석가모니는 주로 다투거나 거짓말을 하거나 계율을 어기는 제자들에게 이 방법을 활용했다. 즉 이미 긴밀한 친근감이 형성되어 있어 이해하고 받아들일 만한 사람에게 엄하면서도 자상한 태도로 지시적 훈계를 하여 내담자가 자신을 돌아보고 바른 길로 나가게 했던 것이다. 지시적 훈계의 대상 가운데는 석가모니의 이모의 아들, 고모의 아들도 들어 있다.

…그때에 세존께서는 두 비구에게 말씀하셨다.
"너희 둘은 참으로 서로 다투면서 각각 '너는 와서 겨루어 토론하자. 누가 많이 알고 누가 훌륭한가?' 하고 말하였는가?"
두 비구는 여쭈었다.
"실로 그러하나이다, 세존이시여."
부처님께서는 말씀하셨다.
"너희들은 내가 말한 법을 가지고 서로 논쟁하면서 각각 '너는 와서 겨루어 토론하자. 누가 많이 알고 누가 훌륭한가' 하고 말하였는가?"
"아닙니다, 세존이시여."
"너희들은 내가 말한 법으로 스스로 훈련하고 스스로 쉬며 열반을 구하지 않는가?"
"그러하나이다, 세존이시여."
"내가 말한 법을 알고도 너희 어리석은 이들아, '누가 많이 알고 누가 훌륭한가?' 하고 논쟁할 수 있겠는가?"
때에 두 비구는 앞으로 나아가 부처님 발에 예배하고 거듭 사뢰었다. "참회하나이다, 세존이시여. 참회하나이다, 선서시여. 저희들은 미련하고 착하지 못하며 지각이 없어 서로 다투었나이다."
〔사례130, 제41권 1138.각승경(角勝經)〕

'지시적 훈계'의 사례로 뽑은 경은 다음과 같다.

〔사례32, 제10권 272.책제상경(責諸想經)〕
〔사례47, 제16권 413.왕력경(王力經)〕
〔사례119, 제38권 1067.난타경(難陀經)②〕

〔사례120, 제38권 1068.저사경(低沙經)〕
〔사례123, 제38권 1075.타표경(陀驃經)①〕
〔사례129, 제40권 1108.득안경(得眼經)〕
〔사례130, 제41권 1138.각승경(角勝經)〕

26. 역설적 상담

역설적 상담이란 내담자의 저항성을 역이용하는 것으로, 전체적인 상담 관계 차원에서는 그의 문제 행동을 변화시키려 하면서도 그 전체적인 틀 안에서 내담자가 현재 하고 있는 문제 행동을 지속하도록 지시하는 것이다. 즉 내담자의 저항성을 역이용함으로써 극적으로 문제행동의 변화를 촉발하는 것이다(대학상담학회, 1993).

『잡아함경』에서 석가모니는 역설적 상담기법을 유효적절하게 활용해 교만한 마음을 품고 찾아온 내담자를 조복시키기도 하고, 사람을 999명이나 죽인 살인마를 교화시키기도 했다.

…그때에 사위국에는 교만한 바라문이 살고 있었다. 그는 부모의 종성은 다 깨끗하여 흠이 없고 말솜씨가 있으며, 일곱 대를 내려오면서 모두 맑고 깨끗하였다. 그는 바라문의 스승이 되어 언론에 통달하고, 모든 논과 기록한 책은 다 만 가지 이름을 밝게 알며, 법의 낫고 못함을 알고, 모든 글귀와 기설(記說)을 분별하며, 얼굴이 단정하였다. 그래서 혹은 태생으로 거만하고, 성받이로 거만하며, 얼굴로 거만하고, 총명으로 거만하며, 재물로 거만하여 부모와 모든 어른들을 공경하지 않았다.

그는 사문 고타마께서 코살라국에 계시면서 세간에 노니시다가 사위국 제타숲 외로운 이 돕는 동산에 오셨다는 말을 듣고 생각했다.

'지금 사문 고타마가 있는 곳으로 가보자. 만일 그가 무슨 말이 있으면 나도 같이 이야기할 것이요, 아무 말이 없으면 나도 잠자코 돌아오리라.'

때에 교만 바라문은 흰 마차를 타고 모든 젊은 바라문들로부터 앞뒤로 호위를 받으면서 황금자루 일산을 들고 황금병을 가지고 세존을 뵈러 가다가 동산 문에 이르러서는 말에서 내려 걸어갔다.

그때에 세존께서는 여러 대중들에게 둘러싸여 설법하시면서 교만 바라문을 돌아보지 않으셨다. 때에 교만 바라문은 이렇게 생각했다.

'사문 고타마는 나를 돌아보지 않는다. 나는 돌아가리라.'

그때에 세존께서는 교만 바라문의 생각을 아시고 게송으로 말씀하셨다.

"교만은 이미 여기 왔다가
좋지 못하게 교만만 더해졌네.
아까는 도리로써 여기 왔거늘
마땅히 그 도리를 더욱더 하라."

때에 교만 바라문은 생각하였다.

'사문 고타마께서는 이미 내 마음을 아셨다. 가서 경배 드리자.'

그때에 세존께서는 교만 바라문에게 말씀하셨다.

"그만 두라. 그만 두라. 경례할 것 없다. 마음만 깨끗하면 이미 족하니라."

때에 그의 모든 대중들은 각각 큰소리로 외쳤다.

"참으로 이상하시다! 세존께서는 큰 덕이 있고, 큰 힘이 있으시다. 이 교만 바라문은 남을 믿고 교만하고 성받이로 교만하며, 얼굴로 교만하고 총명으로 교만하며, 재물로 교만하여 그 부모와 모든 스승들에게 공경하지 않았는데, 이제 사문 고타마 앞에 와서는 스스로 겸손하고 스스로 낮추어 발에 대고 경례하려 드는구나."

때에 교만 바라문은 대중들 앞에서 소리쳐 조용하게 하고 게송으로 말하였다.

"어떻게 교만한 맘 일으키지 않고
어떻게 공경한 맘 일으키는가.
어떻게 잘 위로하고 깨우치며

어떻게 잘 공양하여 받들으리까."

그때에 세존께서는 게송으로 말씀하셨다.

"부모와 어른과 형님에게
스님과 또 모든 스승에게
존경할 만한 모든 사람들에게
마땅히 교만한 맘 내지 않고서

마땅히 받들어 공경해야 하며
스스로 낮추어 인사드리고
마음을 다해 받들어 섬기며
여러 가지 공양을 올려야 하네.

탐욕과 성냄과 어리석음 떠나서
모든 번뇌가 다한 저 아라한은
바른 지혜로 잘 해탈하였고
모든 교만한 마음 항복 받았나니
그러한 어질고 거룩한 이들에겐
합장하고 머리 조아려 경례하여라."

그때에 세존께서는 교만 바라문을 위해 설법하여 가르치시고 기뻐하게 하시었다. …(부처님의 설법에 감화를 받은 교만 바라문은)… 곧 집을 나와 집이 없는 도리를 배워 아라한이 되어, 마음이 잘 해탈한 까닭을 생각하였다.

〔사례12, 제4권 92.교만경(憍慢經)〕

'역설적 상담'의 사례로 뽑은 경은 다음과 같다.

〔사례12, 제4권 92.교만경(憍慢經)〕
〔사례124, 제38권 1077.적경(賊經)〕

27. 역할연습

역할연습이란 실제 상황에서 야기될 만한 어떤 일을 상상하여 미리 그 역할을 연습함으로써 대처 능력을 키워 나가는 것이다(대학상담학회, 1993).

『잡아함경』에서 석가모니는 먼 길을 떠나는 제자에게 앞으로 일어날 가능성이 있는 일에 대해 묻고 제자는 그에 어떻게 대처할 것인지 대답함으로써 각오를 다지고, 대처 능력을 길렀다.

…부처님께서 말씀하셨다.
"나는 이미 간략히 법의 가르침을 말하였다. 너는 어디 가서 머무르고자 하는가?"
부루나는 부처님께 여쭈었다.
"세존이시여, 저는 이미 세존께서 간략히 말씀하신 가르침을 받았나이다. 저는 서방 수로나에 가서 세상에서 노닐고자 하나이다."
부처님께서는 말씀하셨다.
"서방의 수로나 사람들은 거칠고 모질며 가볍고 성급하며 폐스럽고 사나워 꾸짖기를 좋아한다. 부루나여, 네가 만일 그들의 거칠고 모질며 가볍고 성급하며 폐스럽고 사나우며 꾸짖기를 좋아하여 헐고 욕하는 말을 들으면 어떻게 하겠느냐?"
"세존이시여, 만일 서방의 수로나 사람들이 흉악하여 눈앞에서 나무라고 꾸짖으며 헐고 욕하면 저는 이렇게 생각하겠나이다. '이 서방의 수로나 사람들은 어질고 착하며 지혜가 있다. 비록 내 앞에서 거칠고 모질며 폐스럽고 사나워서 나무라고 꾸짖더라도 나는 아직 그들이 손이나 돌로 나를 치는 것은 보지 못하였다'고."

부처님께서 말씀하셨다.

"저 서방의 수로나 사람들이 다만 거칠고 모질며 폐스럽고 사나워서 나무라거나 욕만 한다면 너는 혹 벗어날 수 있지만, 다시 그들이 손이나 돌로써 친다면 너는 어찌하겠느냐?"

부루나는 부처님께 여쭈었다.

"세존이시여, 저 서방의 수로나 사람들이 손이나 돌로 저를 친다면 저는 이렇게 생각하겠나이다. '수로나 사람들은 어질고 착하며 지혜가 있다. 비록 손이나 돌로 나를 치지만 칼이나 몽둥이는 쓰지 않는다'고."

"만일 그 사람들이 칼이나 몽둥이로 너를 대한다면 너는 다시 어떻게 하겠느냐?"

"세존이시여, 만일 그 사람들이 칼이나 몽둥이로 저를 대한다면 저는 이렇게 생각하겠나이다. '이 수로나 사람들은 어질고 착하며 지혜가 있다. 비록 칼이나 몽둥이로 나를 대하지만 죽이는 것은 보지 못했다'고."

부처님께서 말씀하셨다.

"가령 그 사람들이 혹 너를 죽인다면 어떻게 하겠느냐?"

부루나는 부처님께 여쭈었다.

"세존이시여, 만일 서방의 수로나 사람들이 혹 저를 죽인다면 저는 이렇게 생각하겠나이다. '모든 세존의 제자들은 마땅히 몸을 싫어하고 근심스러이 여겨, 혹은 칼로 자살하고 혹은 독약을 먹으며 혹은 노끈으로 스스로 묶고 혹은 깊은 구덩이에 던진다. 그런데 저 서방 수로나 사람들은 어질고 착하며 지혜로워 내 썩어 무너질 몸을 조그마한 방편으로써 곧 해탈하게 한다'고."

"착하다, 부루나여! 너는 욕 참기를 잘 배웠구나. 너는 이제 수로나 사람들 속에 가서 살 수 있을 것이다. 너는 이제 가서 건지지 못한 사람은 건지고, 편안하게 하지 못한 사람은 편안하게 하며, 열반을 얻지 못한 사람은 열반을 얻게 하는 것이 좋으리라."

그때에 부루나는 부처님 말씀을 듣고 기뻐하면서 예배하고 떠나갔다.…

〔사례39, 제13권 311.부루나경(富樓那經)〕

28. 비만 치료

『잡아함경』에 내담자인 국왕이 몸이 비만하여 불편해하자, 석가모니가 그의 비만을 직면시키고, 게송을 지녀 자기지시적 방법으로 비만을 치료하게끔 하는 내용이 수록되어 있다.

…어느 때 부처님께서는 사위국 제타숲 외로운 이 돕는 동산에 계셨다. 때에 푸라세나짓왕은 몸이 비대해 온몸에 땀을 흘리면서 부처님께 나아가 부처님 발에 머리를 조아리고 한쪽에 물러앉았는데, 숨이 차서 씩씩거렸다. 그때에 세존께서는 왕에게 말씀하셨다.
"대왕은 몸이 매우 비대하오."
대왕은 여쭈었다.
"그러하나이다, 세존이시여, 저는 몸이 비대한 병이 있나이다. 그래서 이 몸이 매우 비대하기 때문에 창피스럽고 귀찮고 괴롭나이다."
세존께서는 곧 게송으로 말씀하셨다.

"마땅히 스스로 조심하여
먹을 때마다 절제해 양을 알아라.
그러면 받는 고통 줄어들고
편히 소화해 목숨을 보존하리라."

때에 수닷사라는 젊은이가 그 자리에 앉아 있었다. 푸라세나짓왕은 수닷사에게 말하였다.
"너는 이제 세존께서 말씀하신 게송을 받들어 가졌다가 밥 때가 될 때마다 나를 위해 외우겠는가. 만일 그렇게 하면 십만 금을 줄 것이요, 또 항상 밥을 주리라."
수닷사는 왕에게 사뢰었다.
"명령대로 외우겠나이다."

때에 푸라세나짓왕은 부처님 말씀을 듣고 기뻐하면서 예배하고 떠나갔다.
　때에 수닷사는 왕이 떠난 줄을 알고 세존 앞에 나아가 말씀하신 게송을 받들고, 왕이 식사할 때가 되면 밥 때마다 게송을 외우면서 대왕에게 사뢰었다.
　"부처님·세존·여래·정등각께서는 아시고 보시는 바대로 이런 게송을 말씀하셨나이다.

　　사람은 마땅히 스스로 조심하여
　　먹을 때마다 절제해 양을 알아라.
　　그러면 곧 받는 고통 적어지고
　　편히 소화해 목숨을 보존하리라."

　이렇게 하여 푸라세나짓왕은 시일이 지나자 차츰 몸이 야위어 가늘어지고 얼굴이 단정하게 되었다. 그는 누각 위에서 세존님 계신 곳을 향하여 합장해 공경하고, 오른 무릎을 땅에 대고 세 번 이렇게 말하였다.
　"부처님·세존·여래·정등각께 귀의하고 경례하나이다. 부처님·세존·여래·정등각께 귀의하고 경례하나이다. 내게 현세의 이익과 후세의 이익과 현세와 후세의 이익을 주셨나이다. 음식을 먹을 때에 양을 절제할 줄 알기 때문입니다."

〔사례133, 제42권 1150.천식경(喘息經)〕

29. 가르침의 학습효과

『잡아함경』에 나타난 슈퍼비전 형태 가운데 흥미를 끄는 것이 있다. 석가모니가 출가하여 자신의 제자가 된 아들 라훌라를 지도하는 내용이다〔사례26, 제8권 200.라후라경(羅睺羅經)③〕.
　석가모니는 깨달음을 얻도록 설법을 해달라는 라훌라의 요청을 받으나 그의 공부가 아직 덜 익었음을 알아차렸다. 현대식으로 표현하자면 이론은 이미 알고 있으되, 체화되지 못한 것이었다. 그러자 석가모니는 라훌라에게 그가 알고 있는 바를 다른 사람들에게 단계별로 가르쳐 보고 오라고 지시했다. '가르침을 통해 배우게' 한 것이었다.

학습은 '읽으면 10퍼센트, 들으면 20퍼센트, 보면 30퍼센트, 듣고 보면 50퍼센트, 옆 사람과 토론하면 70퍼센트, 개인 경험을 하면 80퍼센트, 다른 사람을 가르치면 90퍼센트'의 효과가 있다고 한다(Edgar Dale 1969 ; 김인자B 2000).

석가모니는 라훌라에게 '가르침의 학습효과'를 적절히 적용해 마침내 공부가 성숙할 수 있도록 이끌었던 것이다.

…그때에 존자 라훌라는 부처님 계신 곳에 나아가 부처님 앞에 머리를 조아리고 한쪽에 물러앉아 여쭈었다.
"장하십니다! 세존이시여, 저를 위해 설법해 주소서.…"
그때에 세존께서는 라훌라의 마음이 해탈할 슬기가 아직 익지 않아 더욱 위되는 법을 받기에는 감당할 수 없음을 관찰하시고 라훌라에게 물으셨다.
"너는 남에게 '오온(五蘊)'으로써 가르친 일이 있느냐?"
라훌라는 부처님께 여쭈었다.
"아직 없나이다, 세존이시여."
"너는 마땅히 남을 위해 오온을 연설해야 한다."
그때에 라훌라는 부처님 분부를 받고 다른 날 남을 위해 오온을 연설하였다. 그리고 다시 부처님 계신 곳에 나아가 부처님 발에 머리를 조아리고 한쪽에 물러서서 여쭈었다.
"세존이시여, 저는 이미 남을 위해 오온을 설명하였나이다. 원하옵나니 세존께서는 저를 위해 설법해 주소서.…"
그때에 세존께서는 라훌라의 마음이 아직 해탈할 지혜가 익지 않아 더욱 왕성한 법을 받기에는 감당해낼 수 없음을 관찰하시고 라훌라에게 물으셨다.
"너는 남을 위해 '육근(六根)'을 설명한 일이 있는가?"
라훌라는 부처님께 여쭈었다.

"아직 없나이다, 세존이시여."

"너는 마땅히 남을 위해 육근을 연설하여야 한다."

라훌라는 다음날 남을 위해 육근을 연설하였다. 그리고 부처님 계신 곳에 나아가 머리를 조아려 부처님 발에 예배하고 한쪽에 물러서서 부처님께 여쭈었다.

"세존이시여, 저는 이미 남을 위해 육근을 연설하였나이다. 원하옵나니, 세존께서는 저를 위해 설법해 주소서.…"

그때에 세존께서는 라훌라의 마음이 아직 해탈할 지혜가 익지 않아 더욱 위되는 법을 받기에는 감당해낼 수 없음을 관찰하시고 라훌라에게 물으셨다.

"너는 남을 위해 '십이연기법(十二緣起法)'을 설명한 일이 있느냐?"

라훌라는 부처님께 여쭈었다.

"아직 없나이다, 세존이시여."

"너는 마땅히 남을 위해 십이연기법을 연설하여야 한다."

라훌라는 다음날 남을 위해 십이연기법을 널리 설명하였다. 그리고 부처님 계신 곳에 나아가 머리를 조아려 부처님 발에 예배하고 한쪽에 물러서서 부처님께 여쭈었다.

"세존이시여, 저는 이미 남을 위해 육근을 연설하였나이다. 원하옵나니, 세존께서는 저를 위해 설법해 주소서.…"

그때에 세존께서는 라훌라의 마음이 아직 해탈할 지혜가 익지 않아 더욱 위되는 법을 받기에는 감당해낼 수 없음을 관찰하시고 … 내지 라훌라에게 말씀하셨다.

"너는 마땅히 위에서 말한 모든 법에 대해 혼자 어느 고요한 곳에서 알뜰히 생각하고 그 뜻을 관찰하여야 한다."

그때에 라훌라는 부처님 분부를 받고 위에서 들은 법과 말한 법을 그대로 생각하고 헤아리며 그 뜻을 관찰하였다. 그리고 '이 모든 법은 다 열반을 따라 나아가고, 열반으로 흘러 모이며, 마침내는 열반에 머무를 것이다' 하고 알았다.…

〔사례26, 제8권 200.라후라경(羅睺羅經)③〕

30. 이적(異蹟)

이적이란 기이한 행적, 기적, 신의 힘으로 되는 불가사의한 일을 뜻하는 것이다.

『잡아함경』에서 석가모니는 보통 사람으로서는 행할 수 없는 신비로운 행위로써 내담자의 주의를 집중시키고, 중요한 점을 강조하여 각인 효과를 높였다. 그러나 『잡아함경』이 2천5백 년 전에 성립된 경전임에도 이적의 사례가 그다지 많지 않다. 또한 이적을 행할 경우라도 그 이유가 분명하다. 즉 석가모니는 현실을 떠난 기이한 힘이나 신통력 등을 강조하지 않고 현실적이며 구체적인 수행과 실천에 중점을 두었다.

…때에 카시바라드바쟈 바라문은 세존의 게송을 듣고 마음에 더욱 믿음을 더해 맛난 음식을 한 발우 가득 담아 세존께 바쳤으나, 세존께서는 그것을 받지 않으셨다. 그것은 게송으로 인연하여 얻은 것이기 때문이었다. 부처님께서는 곧 게송으로 말씀하셨다.

"설법을 인연하여 얻었기 때문에
나는 그 음식을 받아먹지 않노라."

때에 카시바라드바쟈 바라문은 부처님께 여쭈었다.
"그러면 이 음식을 어디다 두어야 하리까?"
"나는 아직 모든 하늘이나 악마·범·사문·바라문·천신·세상 사람으로서 이 음식을 먹고 몸이 편하게 된 것을 보지 못하였다. 바라문이여, 너는 이 음식을 벌레가 없는 물속이나 산풀이 적은 곳에 버려라."
때에 바라문은 곧 그 음식을 가져다 벌레가 없는 물속에 넣었다. 그러자 물은 곧 연기를 일으키고 부글부글 끓어오르면서 피피 소리를 내는 것이 마치 뜨거운 쇠탄자를 찬물 속에 던질 때에 나는 소리 같았다. 그와 같이 그 음식을 벌레가 없는 물속에 던질 때에 물은 연기를 일으키고 끓어오르면서 피피 하고 소리를 내었다.
때에 바라문은 이렇게 생각했다.
'사문 고타마는 참으로 기이하고 특별하시다. 그는 큰 덕이 있고 큰 힘이 있어 음식으로 하여금 신변을 부리게 하는 것이 이와 같구나.'
때에 바라문은 그 음식의 상서로운 조화를 보고 믿는 마음이 더욱 더해 부처님께 여쭈었다.
"고타마시여, 저도 이제 이 바른 법 안에서 집을 나와 구족계를 받을 수 있겠나이까?"
"너는 이제 바른 법 안에서 집을 나와 구족계를 받을 수 있고 비구의 신분을 얻을 수 있느니라."…

〔사례18, 제4권 98.경전경(耕田經)〕

석가모니는 설법의 대가를 받으면 안 된다는 것을 강조하고 각인시키기 위해, 설법 대가로 제공했던 음식을 버리면서 위 사례와 같은 이적을 일으킨 것으로 보인다.
『잡아함경』에서는 석가모니는 물론 제자들도 바람과 구름과 비를 일으키는 신통력을 부린다. 그러나 이들 역시 신통력 그 자체를 자랑하거나 그것으로 내담자를 감동시키려 한 게 아니었다. 오히려 그런 능력조차 '게으르지 않고 수행 정진하여 지혜를 얻었기 때문'이라고 강조하며, 수행 정진에 매진할 것을 강조했다.

'이적'의 사례로 뽑은 경은 다음과 같다.

〔사례18, 제4권 98.경전경(耕田經)〕
〔사례56, 제19권 505.애진경(愛盡經)〕
〔사례57, 제19권 506.제석경(帝釋經)〕
〔사례58, 제19권 512.타태경(墮胎經)〕

〔사례59, 제19권 520.복점녀경(卜占女經)〕
〔사례65, 제21권 571.마하가경(摩訶迦經)〕
〔사례70, 제22권 592.급고독경(給孤獨經)〕
〔사례124, 제38권 1077.적경(賊經)〕
〔사례145, 제50권 1344.희희경(嬉戲經)〕

31. 보조상담

집단상담에는 보조상담자 또는 공동 상담자가 참가하여 집단원들이 다른 사람의 문제를 듣고 반응할 때 보조상담, 또는 공동 상담의 역할을 하기도 한다. 석가모니가 대중을 상대로 상담할 때에는 시자인 아난다가 보조진행을 맡아, 내담자가 미처 생각하지 못한 부분에 대해 대신 질문함으로써 상담효과를 높이도록 도왔다.

…어느 때 부처님께서는 카쟝갈라 무킬루 숲속에 계셨다. 때에 울다라라는 젊은이가 있었는데, 파라사리야의 제자였다. 그는 부처님 계신 곳에 나아가 공경하고 인사드린 뒤에 한쪽에 물러나 앉았다.

때에 세존께서는 울다라에게 말씀하셨다.

"너의 스승 파라사리야는 너희들을 위해 모든 감관을 닦으라고 말하는가?"

울다라는 대답하였다.

"이미 말하였나이다. 고타마시여.

"너의 스승 파라사리야는 어떻게 모든 감관을 닦으라고 말하던가?"

"우리 스승 파라사리야는 '눈으로 빛깔을 보지 않고 귀로 소리를 듣지 않는 것이 감관을 닦는 것이다'고 말하였나이다."

부처님께서 울다라에게 말씀하셨다.

"만일 너의 스승 파라사리야의 말과 같다면, 장님이 곧 감관을 닦는 것이 아닌가. 왜 그러냐 하면 오직 장님만이 눈으로 빛깔을 보지 않기 때문이다."

그때 존자 아난다는 세존 뒤에서 부채로 부처님을 부쳐드리고 있었다. 존자 아난다는 울다라에게 말하였다.

"파라사리야의 말과 같다면 귀머거리가 곧 감관을 닦는 것이 아닌가. 무슨 까닭인가? 오직 귀머거리만이 귀로 소리를 듣지 않기 때문이다."

그때에 세존께서는 아난다에게 말씀하셨다.

"그것은 현성의 법률에서 위없는 모든 근을 닦는 것과 다르리라."

아난다는 부처님께 여쭈었다.

"오직 원하옵나니 세존이시여, 현성의 법률에서 위없는 근을 닦는 것을 말씀해 주소서. 비구들은 그것을 듣고 마땅히 받들어 행할 것이옵니다."

부처님께서는 아난다에게 말씀하셨다.

"자세히 듣고 잘 생각하여라. 너희들을 위하여 설명하리라. 눈과 빛깔에 인연하여 눈에 의식이 생겨 마음에 드는 빛깔을 보거든 싫어하고 떠나는 바른 생각과 바른 지혜를 닦으려 하고, 눈과 빛깔을 인연하여 눈에 의식이 생겨 마음에 들지 않는 빛깔을 보거든 여래의 싫어하거나 떠나지 않는 바른 생각과 바른 지혜를 닦아라.…"

존자 아난다는 부처님께 여쭈었다.

"어떻게 현성의 법률에서 현성은 감관을 닦나이까?"

부처님께서는 아난다에게 말씀하셨다.

"눈과 빛깔을 인연하여 눈의 의식이 생기면 좋다는 마음이 생기기도 하고 좋지 않다는 마음이 생기기도 한다.…"

〔사례35, 제11권 282.제근수경(諸根修經)〕

'보조상담'의 사례로 뽑은 경은 다음과 같다.

〔사례27, 제8권 211.세간오욕경(世間五欲經)〕
〔사례35, 제11권 282.제근수경(諸根修經)〕
〔사례37, 제12권 291.촉경(觸經)〕

32. 점진적 종결

점진적 종결이란 상담을 종결할 때 종결에 대비해 내담자가 홀로 설 수 있도록 감정을 정리하고 앞으로 대처해 나갈 힘을 기르도록 하는 것을 말한다.

석가모니는 『잡아함경』에서 내담자들이 이별(상담 종결)을 섭섭해 하고 두려워하면 그들에게 자신이 없을 때 어떻게 해야 하는지를 자상하게 일러주어 홀로 서는 힘을 갖도록 하였다. "자신을 등불로 삼고[自燈明] 자신을 의지하며[自歸依], 법을 등불로 삼고[法燈明] 법을 의지하라[法歸依]"는 석가모니의 유명한 가르침이 이때 나온다. 여기에서 '자신'이란 현상적인 나가 아니라 '불성을 가진 나'를 의미하며, '법'이란 부처님의 가르침을 가리킨다.

…존자 아난다는 춘다 사미의 말을 듣고 부처님께 나아가 여쭈었다.
"세존이시여, 저는 지금 온몸이 풀리고 천지가 뒤바뀌어 어찌할 바를 모르겠나이다. 춘다 사미는 제게 와서 말하였나이다. '존자 사리불은 이미 열반하여 남은 사리와 가사와 빌우를 가지고 왔다'고 하였나이다."…
부처님께서는 아난다에게 말씀하셨다.
"너는 근심하거나 괴로워하지 말라. 무슨 까닭인가? 앉거나 일어나거나 혹은 하는 일은 다함이 있는 무너지는 법이니, 어떻게 무너지지 않겠는가. 아무리 무너지지 않게 하려 하여도 그리 될 수 없는 것이다. 내가 전에 이미 말한 것처럼, 사랑하고 생각하는 일체의 갖가지 물건과 뜻에 맞는 일은 다 어기고 떠나는 법으로서 언제나 보존할 수는 없는 것이니라.
비유하면, 큰 나무의 뿌리·줄기·가지·잎·꽃·열매가 무성할 때에 큰 가지가 먼저 부러지고, 큰 보배산의 큰 바위가 먼저 무너지는 것처럼, 여래의 대중 권속에서는 저 큰 성문이 먼저 열반한 것이다. 만일 저기에 사리불이 있으면 저기에서 나는 곧 일이 없을 것이다. 그러나 저기에 나는 헛되지 않다. 사리불이 있었기 때문이니 내가 전에 이미 말한 것이다.

아난다여, 내가 전에 이미 말한 것처럼, 사랑할 만한 갖가지 뜻에 맞는 일은 다 떠나는 법이니, 그러므로 너는 지금 그다지 근심하거나 괴로워하지 말라.

아난다여, 알아야 한다. 여래도 오래되지 않아 떠나가고 말 것이다. 그러므로 아난다여, 마땅히 스스로 피난처가 되어 스스로 의지하고, 법을 피난처로 삼아 법을 의지하고, 다른 것을 피난처로 삼지 말고 다른 것을 의지하지 말라."

아난다는 부처님께 여쭈었다.

"세존이시여, 어떤 것을 스스로 피난처가 되어 스스로 의지하고, 법을 피난처로 삼아 법을 의지하고, 다른 것을 피난처로 삼지 않고 다른 것을 의지하지 않는 것이라 하나이까?"

부처님께서는 아난다에게 말씀하셨다.

"만일 비구가 몸을 몸으로 관하는 염처에 방편으로 꾸준히 힘써, 바른 지혜와 바른 생각으로 세간의 탐욕과 근심을 항복 받고, 이와 같이 바깥 몸과 안팎 몸과, 느낌·마음·법을 법으로 관하는 염처에 있어서도 그러하면 아난다여, 이것을 스스로 피난처가 되어 스스로 의지하고, 법을 피난처로 삼아 법을 의지하고, 다른 것을 피난처로 삼지 않고 다른 것을 의지하지 않는 것이라 하느니라."…

〔사례73, 제24권 638.순타경(純陀經)〕

'점진적 종결'의 사례로 뽑은 경은 다음과 같다.

〔사례73, 제24권 638.순타경(純陀經)〕
〔사례80, 제30권 860.전업경(田業經)〕
〔사례95, 제33권 932.십일경(十一經)〕
〔사례109, 제35권 980.염삼보경(念三寶經)〕

33. 상담자의 자세

『잡아함경』에는 석가모니나 비구들이 상담자로서 갖추어야 할 자세가 어떠해야 하는지 곳곳에 수록되어 있다. '상담자의 자질'에 대해서는 '제6장'에서 살폈으므로, 여기서는 상담자의 자세에 관해서 언급된 경을 살펴보았다.

석가모니는 우선 상담시기를 가려서 상담을 했다. 석가모니의 기본적인 태도는 언제 내담자가 찾아와도 기꺼이 맞이하는 것이었지만, 내담자에 따라 일부러 상담시기를 늦추기도 하고 적절한 때를 따로 도모하기도 했다. 내담자의 상담에 대한 기대가 고조되거나 마음의 준비가 갖추어지거나, 상담에 대한 욕구가 절박해질 때를 기다렸다가 적절한 시기를 택해 상담을 한 것이다.

석가모니는 수행자가 어떠한 자세를 가져야 하는지에 관해서도 제자들에게 기회 있을 때마다 설하였다. 이는 곧 슈퍼바이저가 상담자에게 주는 가르침과 같은 맥락이다. 제자가 깨달음을 이룬 뒤 "스스로 추키지도 않고 남을 낮추지도 않으며 정확한 이치를 말한다"고 칭찬함으로써 다른 제자들이 본받게 하고[사례29, 제9권 254.이십억이경(二十億耳經)], 제자들이 잘못을 저지르면 화가 나서가 아니라 그들을 가엾이 여기는 마음으로 훈계하였으며[사례32, 제10권 272.책제상경(責諸想經)], 법을 전할 때는 상대방이 아무리 괴롭히더라도 늘 정성스런 마음으로 대하게 했다[사례39, 제13권 311.부루나경(富樓那經)]. 알고 깨달은 바가 많더라도 내담자에게 요익하지 않은 것은 말하지 않고 요익한 것만 말을 했고[사례45, 제15권 404.신서림경(申恕林經)], 이 말 저 말 하거나 두 말 하지 않고 일관된 가르침으로 성실하게 내담자를 대했다[사례51, 제17권 464.동법경(同法經) ; 사례111, 제35권 990.녹주우바이경(鹿住優婆夷經)]. 스승인 석가모니의 가르침이나 제자들의 가르침이나 서로 모순되지 않고 한결같았으며[사례62, 제20권 556.

무상심삼매경(無相心三昧經)], 아무리 좋은 수행(상담) 방법이라도 받아들이는 사람에 따라 다르게 수용함을 알고, 내담자의 수준과 때에 맞추어 적절히 활용했다[사례77, 제29권 809.금강경(金剛經)]. 아무리 경력이 오래 되고 경지가 높은 제자(상담 수련생)라도 지킬 것은 반드시 지켜야 함을 강조했으며[사례78, 제30권 830.붕가사경(崩伽闍經)], 청정행자는 작은 허물도 범해선 안 됨을 강조했다[사례142, 제50권 1338.화경(花經)]. 제자들의 수행이나 상담이 훌륭했을 때는 칭찬을 아끼지 않고 그가 이룬 경지를 인정해 주었으며[사례41, 제14권 343.부미경(浮彌經); 사례131, 제41권 1142.납의중경(衲衣重經), 사례141, 제50권 1330.가타경(伽吒經)], 상담자인 석가모니 자신이 임종하기 직전, 몸이 아프고 기력이 다 떨어진 상태에서도 찾아온 내담자를 물리치지 않고 기꺼이 맞이하였다[사례108, 제35권 979.수발타라경(須跋陀羅經)].

이와 같이 내가 들었다.
어느 때 부처님께서는 사위국 제타숲 외로운 이 돕는 동산에 계셨다. 때에 어떤 비구는 코살라국 세간의 어떤 숲에 있었다. 그 비구는 눈병을 앓아 스승의 가르침을 받았다.
"파드마꽃 향기를 맡아라."
때에 그 비구는 스승의 가르침을 받고 파드마꽃이 핀 못 곁으로 가서 바람받이에 앉아 꽃향기를 맡고 있었다. 때에 못을 맡고 있던 천신은 비구에게 말하였다.
"왜 꽃을 훔치는가? 너는 곧 향기를 훔치는 도적이다."
그때에 비구는 게송으로 대답하였다.

"꺾지도 않고 빼앗지도 않고
멀리서 그 향기 맡고 있나니
너는 이제 어찌해 그런 말하는가.
나를 향기 훔치는 도적이라고."

때에 천신은 다시 게송으로 말하였다.

"구하지 않고 버리지도 않는 것
세상에서는 도적이라 부른다.

너는 사람이 주지 않는데
한결같이 스스로 갖기만 하네.
그는 진실로 이 세상의
향기 훔치는 도적이니라."

그때 어떤 장정이 꽃의 뿌리를 캐어 무겁게 지고 갔다. 때에 비구는 그 천신에게 게송으로 말하였다.

"지금 저 장정 같은 이
저렇게 푼다리꽃을 꺾고
그 뿌리를 뽑아 무겁게 지고 간다.
그는 곧 간사하고 교활한 이다.

어찌해 너는 저것은 막지 않고
나를 일러 향기를 훔친다고 하는가?"

때에 그 천신은 게송으로 대답했다.

"미치고 어지럽고 간교한 사람
마치 유모의 검은 옷 같다.
구태여 그에게 말해서 무엇하리
마땅히 너와 함께 말할 수 있다.

가사에는 더러움 잘 나타나지 않고

검은 옷은 먹에도 더럽혀지지 않네.
간사하고 교활하고 흉악한 사람
세상은 그와 더불어 말하지 않네.

파리 다리도 흰 비단 더럽히고
밝은 이에겐 작은 허물 나타나네.
마치 먹으로 흰 구슬에 점찍듯
비록 작더라도 모조리 나타나네.

항상 그를 좇아 깨끗하게 구하고
결박 없고 번뇌를 떠난 이에겐
비록 털끝만한 나쁜 그 일도
사람은 태산처럼 그것을 보느니라."

때에 그 비구는 다시 게송으로 말하였다.

"좋고 좋구나, 그 말이여
그 말은 이치로써 날 편히 하네.
너는 부디 언제나 나를 위하여
자주자주 그런 게송 말해 들려다오."

때에 그 천신은 다시 게송으로 말하였다.

"나는 네가 산 종도 아니요
또한 남이 너에게 주지도 않았거늘
무엇하러 항상 너를 따르며
자주자주 너에게 말해야 하리.

너는 이제 스스로 여러 가지의

이익 되는 일을 알아야 한다."

때에 그 천신이 이 게송을 말하자, 그 비구는 이 말을 듣고 기뻐하면서 자리에서 일어나 떠나갔다. 그는 혼자 고요한 곳에서 알뜰히 생각하여 온갖 번뇌를 끊고 아라한이 되었다.

〔사례142, 제50권 1338.화경(花經) 전문〕

'상담자의 자세'와 관련된 사례로 뽑은 경은 다음과 같다.

〔사례28, 제9권 253.비뉴가전연경(毘紐迦旃延經)〕
〔사례29, 제9권 254.이십억이경(二十億耳經)〕
〔사례32, 제10권 272.책제상경(責諸想經)〕
〔사례38, 제12권 302.아지라경(阿支羅經)〕
〔사례39, 제13권 311.부루나경(富樓那經)〕
〔사례41, 제14권 343.부미경(浮彌經)〕
〔사례45, 제15권 404.신서림경(申恕林經)〕
〔사례51, 제17권 464.동법경(同法經)〕
〔사례58, 제19권 512.타태경(墮胎經)〕
〔사례59, 제19권 520.복점녀경(卜占女經)〕
〔사례62, 제20권 556.무상심삼매경(無相心三昧經)〕
〔사례63, 제21권 564.비구니경(比丘尼經)〕
〔사례65, 제21권 571.마하가경(摩訶迦經)〕
〔사례70, 제22권 592.급고독경(給孤獨經)〕
〔사례77, 제29권 809.금강경(金剛經)〕
〔사례78, 제30권 830.붕가사경(崩伽闍經)〕
〔사례108, 제35권 979.수발타라경(須跋陀羅經)〕
〔사례111, 제35권 990.녹주우바이경(鹿住優婆夷經)〕

〔사례128, 제39권 1092.마녀경(魔女經)〕
〔사례131, 제41권 1142.납의중경(衲衣重經)〕
〔사례132, 제41권 1143.시시경(是時經)〕
〔사례141, 제50권 1330.가타경(伽吒經)〕
〔사례142, 제50권 1338.화경(花經)〕
〔사례143, 제50권 1339.가섭경(迦葉經)〕

제8장 결론: 위대한 상담가 석가모니
― 상담자의 인간적·전문적 자질 완벽히 갖추어 ―

제8장 결론: 위대한 상담가 석가모니
-상담자의 인간적·전문적 자질 완벽히 갖추어-

『잡아함경』은 석가모니의 체취가 생생히 담겨 있는 불교의 초기 경전이다. 1362개의 짧은 경전으로 이루어진 이 경에는 석가모니가 깨달음을 이룬 후 열반하기까지 45년 동안 수많은 사람을 만나 그들을 깨달음의 길로 이끈 행적이 상세히 나와 있다.

2천5백년 전, 석가모니가 사람들을 교화(教化)한 과정은 내담자와 상담자가 대면 관계로 만나 당면 문제를 해결하고 나아가 궁극적인 성장을 도모하게 하는 현대 상담과 비슷하다.

『잡아함경』을 분석해 본 결과는 다음과 같다.

『잡아함경』에 수록된 1362개의 경은 대부분 현대 상담과 유사한 형태를 취하고 있으며, 석가모니와 내담자가 1대 1로 문답을 주고받는 개별문답, 즉 '개별상담'에서부터 석가모니가 대중들과 문답을 주고받는 대중문답, 즉 '대중상담', 석가모니의 제자나 신자들끼리 서로 질의-응답을 하는 '동료상담', 많은 사람들이 모여 대화와 집단 역동을 통해 성장해 나가는 '집단상담', 석가모니의 제자가 신자나 이교도들을 대상으로 상담한 것을 다시 석가모니가 평가와 조언을 해주는 '슈퍼비전'까지 매우 다양하다.

석가모니는 상담시간을 정해 놓고 하거나, 때를 가리지 않았다. 새벽이나 한밤중, 걸식할 때나 설법 도중, 심지어 임종을 눈앞에 두었을 때에도 내담자가 찾아오면 언제나 기꺼이 맞이하여 상담을 해주었다. 그러나 석가모니도 상담시기를 늦출 때가 있었다. 그것은 내담자가 상담을 받을 만한 마음의 준비가 덜 되어 있거나, 근기가 덜 성숙되어 상담내용을 이해하기 어려울 때였다.

석가모니는 한곳에 붙박아 머무르지 않고 신도들이 지어 놓은 여러 정사(精舍)나 숲을 오가며 제자들의 수행을 지도하고, 그곳으로 찾아오는 사람들을 맞이해 상담해 주었다. 또, 석가모니는 가만히 앉아서 자신을 찾아오는 내담자만 맞이한 게 아니었다. 거리 또는 문제가 발생한 현장에서도 상담을 하고, 내담자가 요청하는 곳으로 몸소 가서 문제를 해결하기도 했다. 곧 석가모니의 발길이 닿는 곳곳이 상담장소였고, 내담자가 상담을 필요로 하는 처처가 상담장소였다.

석가모니에게 찾아온 내담자는 매우 다양했다. 석가모니의 남녀 제자는 물론 재가신자들, 국왕, 마을 촌장, 장자, 바라문, 늙은이, 어린 소년, 농부, 상인, 이교도, 아들이 죽어 실성한 어머니, 아들에게 쫓겨난 늙은 아버지, 사람을 999명이나 죽인 살인자에 귀신, 악마, 천인들까지 있었다. 내담자의 숫자는 1명에서부터 수십 명, 수백 명, 수천 명에 이르기도 했다.

석가모니의 상담과정은 사례마다 독특했다. 석가모니가 내담자에게 가르침을 주기 위해 교설하는 경우도 있고, 내담자가 법을 듣기를 원해서 찾아오는 경우도 있었다. 거리에서 만난 사람과 질의·응답을 활발히 펼치기도 했고, 석가모니가 내담자의 마음을 관찰하거나, 내담자의 말을 하늘귀로 알아듣고 그 문제점을 파악해 자청해서 상담을 해주는 경우도 있었다.

내담자가 주로 호소한 문제는 구체적인 일상사, 즉 현실 문제의 해결이라는 단순한 문제에서부터 궁극적 진리를 참구하거나 우주의 근원을 묻는 난해한 질문, 그리고 삶과 죽음, 윤회를 벗어나기를 원하는 심오한 경지까지 있었다. 이에 따라 상담내용이 펼쳐지고, 상담목적이 설정되었다.

석가모니가 상담에 임하는 기본 목적은 내담자의 불성(佛性)을 되찾아 자기와 같이 부처, 즉 깨달은 자[覺者]가 되게끔 이끄는 것이었다. 그러나 구체적인 사례에서는 내담자의 호소문제에 맞추어 상담목적을 정했다. 즉 호소문제 해결이 당면 상담목표이고, 거기서 한 발자국 더 나아가 깨달음의 길로 이끄는 것이 궁극적인 상담목적이었다.

석가모니의 상담결과는 거의 모두가 성공적이었다. 석가모니의 상담에 감화를 받은 내담자들은 기뻐 받들어 행하였고, 한 차원 진전하여 마음의 해탈을 얻어 아라한이 되기도 했다.

석가모니의 상담회기는 주로 1회였다. 석가모니는 단회, 또는 단기 상담으로 내담자의 문제를 깨끗이 해결하고 나아가 인간적 성장, 궁극적으로는 깨달음의 길에 들어서게 하는 놀라운 상담효과를 가져왔다.

석가모니가 사용한 상담기법은 매우 다양했다. 석가모니는 때와 장소, 내담자의 특성, 호소하는 문제에 따라 각각 다른 상담기법을 썼다.

석가모니는 지지·격려를 통해 내담자와 친밀관계를 형성하고, 내담자의 잠재된 능력을 계발했으며, 초점주기·확인·반복·선도반응·개방 질문을 통해 상담을 효과적으로 이끌었다. 독특한 문답법을 통해 내담자와 문제를 풀어나갔고, 침묵을 통해서도 내담자의 통찰을 이끌어내는 독특한 상담을 했다.

논리 전개를 할 때는 차제법을 활용해 어려운 진리의 세계를 쉽게, 단계적으로 차근차근 풀어나갔으며, 순관과 역관, 대비, 제시, 이유 등도 때에 맞추어 적절히 사용했다.

석가모니가 상담에 즐겨 활용한 기법은 비유와 게송활용, 그리고 예화였다. 석가모니는 비유와 예화의 상징성을 이용해 내담자의 통찰을 이끌어냈으며, 게송을 읊음으로써 내담자의 정서적 변화를 유도했다.

석가모니는 위의감화로써 상담이라는 과정을 거치지 않고도 만남 그 자체만으로 내담자의 고민을 해결하기도 했고, 분별을 통해 내담자가 옳고 그름을 분별하는 힘을 기르게 하였다. 실존주의적 입장에서 인간의 피로움을 보고 거기에서 벗어나는 길을 깨닫게 했고, 희론이나 도달하기 어려운 이상향을 제시하지 않고 현실적으로 인간 문제에 접근하였으며, 구체적 접근으로 내담자가 나아갈 방향을 정확하게 잡아주었다. 내담자의 비합리적인 사고나 행동을 인지적으로 재구성하여 수정했고, 내담자의 자원을 활용하거나 상담이 이루어지고 있는 현장의 자원을 적극 활용해 상담효과를 높였다. 공감적 이해와 긍정적 수용으로 내담자를 접수했고, 스스로 바람직한 행동의 모델이 되어 모델링의 효과를 가져왔으며, 자기지시를 통해 내담자가 스스로 적응 행동을 할 수 있게끔 유도하기도 했다. 심상유도를 이용해 통찰을 이끌어내기도 했고, 바람직하지 않은 행동의 감소를 꾀하기 위해 때때로 혐오요법을 적용했으며, 직면으로써 내담자로 하여금 자신의 문제를 직시하게 했다. 다투거나 거짓말을 하는 사람에게는 지시적 훈계를 통해 자상하면서도 엄한 면을 보여 주기도 했고, 역설적 상담으로 내담자의 저항성을 역이용해 문제 행동의 변화를 촉발했으며, 역할연습을 통해 현실 대처 능력을 키워 나갔다. 뚱뚱한 내담자가 날씬하고 단정한 모습으로 바뀌게끔 비만 치료를 하였으며, 남을 가르침으로써 자신의 성장을 꾀하는 가르침의 효과를 가져오게도 하였다. 때로 이적(異蹟)을 일으켜 주의를 집중시키고 각인 효과를 높였으며, 이별을 앞두고는 상담의 점진적 종결로써 내담자가 홀로 설 수 있는 힘을 갖추게 했다.

　이 모든 상담 접근방법은 내담자의 근기에 따라 그 수준에 맞추어 적절한 언어와 방편으로 설법하는 '대기설법(對機說法)'이고, 질병에 따라 치료와 처방을 달리 하듯 내담자의 수준과 상황에 맞게 적절한 수단 방법을 적용하는 '방편시설(方便施設)'이다. 즉 석가모니의 상담기법을 한마디로 요약한다면 대기설법을 비롯해 갖가지 방편을 동원한 방편시설이라 할 수 있다.

　석가모니는 상담자의 인간적 자질과 전문적 자질을 두루 갖춘 위대한 상담가로, 자기 스스로를 상담도구로 삼아 내담자의 변화와 성장을 효과적으로 이끌어냈다. 스스로 모든 진리를 깨달은 자〔自覺〕로서, 다른 중생을 교도하여 깨닫게 하는 길을 알려주고 열어 보인 것이다〔覺他〕.

　분석한 바와 같이 『잡아함경』에는 현대적 의미의 상담사례가 무수히 많이 나온다.『잡아함경』에 수록된 1362개의 경전 하나하나가 모두 상담 사례라고 할 수 있다.『잡아함경』은 불교의 경전일 뿐만 아니라 방대한 '상담사례집'인 것이다.

또한『잡아함경』은 갖가지 현대 상담이론으로 해석할 수 있다. 현대적 상담형태가 골고루 갖추어져 있으며, 불경만이 갖는 독특한 상담이론과 방법은 물론, 현대적 상담이론과 기법도 다양하게 적용되어 있다.

『잡아함경』에 나타난 상담사례의 특징은, 석가모니가 깨달은 이후 '45년 동안' '무한한 자비'로 '다양한 내담자'를 만나 '때와 장소를 가리지 않고' '무수한 기법'을 동원해 '일상적인 생활 문제에서 인간과 삶에 대한 근원적인 문제'까지 상담했으며, 주로 '단회 상담'으로 매우 '성공적인 결과'를 가져왔고, 내담자의 당면 문제 해결에서 그치지 않고 '궁극적인 깨달음의 길'로 이끌었다는 것이다.

『잡아함경』에 나타난 상담사례가 현대 상담에 시사하는 바는, 상담자의 자질의 중요성이다. 석가모니의 상담이 성공한 것은 상담자 석가모니의 인간적 자질이 원만하여 무한한 자비로 내담자를 섭수(攝受)하고, 전문적 자질이 구족되어 내담자가 지혜롭게 깨닫도록 절복(折伏)시켰기 때문이었다. 즉, 석가모니 스스로가 상담자의 자질을 원만구족하고 섭수와 절복을 자유자재로 구현한 완벽한 상담도구였으며, '위대한 상남가'였던 것이다.

이 책에서는 현대적 상담관으로『잡아함경』을 분석하여 상담사례를 찾아내고, 이들 사례를 통해 석가모니를 상담자로서 재조명했다. 그러다 보니 석가모니의 가르침을 그 의미나 내용보다 형식이나 방법 면에 치중해서 분석한 경향이 있다. 석가모니를 제한된 종교적 관점에서 확장된 새로운 관점으로 바라보려는 시도였으나, 오히려 석가모니의 심오한 가르침에 누가 되는 결과가 오지 않았을까 염려된다. 그러나 이러한 시도가 석가모니를 종교 지도자로서만 국한시키지 않고, 새로운 면모를 발견하여 그 가르침에 온전하게 접근하는 또 하나의 계기가 될 수도 있다고 본다.

앞으로 『잡아함경』을 그 형식이나 방법뿐만 아니라 의미나 내용 면에서도 더욱 면밀하게 연구하고, 『잡아함경』뿐만 아니라 아함부 전체, 나아가 석가모니가 평생 동안 설한 8만 4천 법문 모두를 상담 관점에서 분석하여 상담자 석가모니의 진면목을 대하고, 그 깊고 높은 가르침을 새로이 접할 수 있게 되었으면 한다.

[부록1]
상담형태에 따라 분류한 『잡아함경』

⟨1⟩

분류	경전	장소	내담자	상담자	상담형태	상담결과
1권	1.무상경無常經	급고독원	여러 비구	석가	대중교설	기뻐행함
	2.정사유경正思惟經	급고독원	여러 비구	석가	대중교설	기뻐행함
	3.무지경無知經①	급고독원	여러 비구	석가	대중교설	기뻐행함
	4.무지경無知經②	급고독원	여러 비구	석가	대중교설	기뻐행함
	5.무지경無知經③	급고독원	여러 비구	석가	대중교설	기뻐행함
	6.무지경無知經④	급고독원	여러 비구	석가	대중교설	기뻐행함
	7.어색희락경於色喜樂經	급고독원	여러 비구	석가	대중교설	기뻐행함
	8.과거무상경過去無常經	급고독원	여러 비구	석가	대중교설	기뻐행함
	9.염리경厭離經	급고독원	여러 비구	석가	대중교설	기뻐행함
	10.해탈경解脫經	급고독원	여러 비구	석가	대중교설	기뻐행함
	11.인연경因緣經①	급고독원	여러 비구	석가	대중교설	기뻐행함
	12.인연경因緣經②	급고독원	여러 비구	석가	대중교설	기뻐행함
	13.미경味經①	급고독원	여러 비구	석가	대중교설	기뻐행함
	14.미경味經②	급고독원	여러 비구	석가	대중교설	기뻐행함
	15.사경使經	급고독원	어떤 비구	석가	개별상담	아라한됨
	16.증제수경增諸數經	급고독원	어떤 비구	석가	개별상담	아라한됨
	17.비아경非我經	급고독원	어떤 비구	석가	개별상담	아라한됨
	18.비피경非彼經	급고독원	어떤 비구	석가	개별상담	아라한됨
	19.결계경結繫經	급고독원	어떤 비구	석가	개별상담	아라한됨
	20.심경深經	급고독원	어떤 비구	석가	개별상담	아라한됨
	21.동요경動搖經	급고독원	어떤 비구	석가	개별상담	아라한됨
	22.겁파소문경劫波所問經	급고독원	칼파 비구	석가	개별상담	아라한됨
	23.라후라소문경羅睺羅所問經①	칼란다죽원	라훌라존자	석가	개별상담	기뻐행함
	24.라후라소문경②	칼란다죽원	라훌라존자	석가	개별상담	기뻐행함
	25.나문성多聞經	급고독원	어떤 비구	석가	개별상담	기뻐예배
	26.선설법경善說法經	급고독원	어떤 비구	석가	개별상담	기뻐예배
	27.향법경向法經	급고독원	어떤 비구	석가	개별상담	기뻐예배
	28.열반경涅槃經	급고독원	어떤 비구	석가	개별상담	기뻐예배
	29.설법사경說法師經	급고독원	삼밀리제비구	석가	개별상담	기뻐예배
	30.수루나경輸屢那經①	기사굴산	수루나의아들	사리불	개별상담	기뻐예배
	31.수루나경輸屢那經②	기사굴산	수루나의아들	사리불	개별상담	기뻐예배
	32.수루나경輸屢那經③	기사굴산	수루나의아들	사리불	개별상담	기뻐예배
2권	33.비아경非我經	급고독원	여러 비구	석가	대중상담	기뻐행함
	34.오비구경五比丘經	녹야원	다섯 비구	석가	대중상담	해탈얻음
			여러 비구		대중교설	기뻐행함
	35.삼정사경三正士經	지제죽원	三正士	석가	대중상담	해탈얻음
			모든 비구		대중교설	기뻐행함
	36.십육비구경十六比丘經	마투라국 암라동산	16 비구	석가	대중상담	해탈얻음
			모든 비구		대중교설	기뻐행함
	37.아경我經	급고독원	여러 비구	석가	대중교설	기뻐행함

〈2〉

분류	경 전	장 소	내담자	상담자	상담형태	상담결과
2권	38.비하경卑下經	급고독원	여러 비구	석가	대중교설	기뻐행함
	39.종자경種子經	급고독원	여러 비구	석가	대중교설	기뻐행함
	40.봉체경封滯經	급고독원	비구들	석가	대중교설	기뻐행함
	41.오전경五轉經	급고독원	비구들	석가	대중교설	기뻐행함
	42.칠처경七處經	급고독원	비구들	석가	대중교설	기뻐행함
	43.취착경取著經	급고독원	비구들	석가	대중교설	기뻐행함
	44.계착경繫著經	급고독원	비구들	석가	대중교설	기뻐행함
	45.각경覺經	급고독원	비구들	석가	대중교설	기뻐행함
	46.삼세음세경三世陰世經	급고독원	비구들	석가	대중교설	해탈또는 기뻐행함
	47.신경信經①	급고독원	비구들	석가	대중교설	기뻐행함
	48.신경信經②	급고독원	비구들	석가	대중교설	기뻐행함
	49.아난경阿難經①	급고독원	아난다존자 여러 비구	석가	슈퍼비전 상담청취	기뻐행함
	50.아난경阿難經②	급고독원	아난다존자 여러 비구	석가	슈퍼비전 상담청취	기뻐행함
	51.괴법경壞法經	급고독원	비구들	석가	대중교설	기뻐행함
	52.울저가경鬱低迦經	-	-	-	-	-
	53.바라문경婆羅門經	심사파 숲	큰성 바라문, 많은 무리	석가	개별상담 상담청취	기뻐예배
	54.세간경世間經	녹야원	어떤 바라문, 대중	석가	개별상담 상담청취	기뻐예배
	55.음경陰經	녹야원	모든 비구	석가	대중교설	기뻐행함
	56.누무루법경漏無漏法經	녹야원	모든 비구	석가	대중교설	기뻐행함
	57.질루진경疾漏盡經	파타 숲	모든 비구	석가	대중교설	기뻐행함
	58.음근경陰根經	녹자모강당	어떤 비구 모든 비구	석가	개별상담 대중상담	해탈또는 기뻐행함
3권	59.생멸경生滅經	급고독원	여러 비구	석가	대중교설	기뻐행함
	60.불락경不樂經	급고독원	여러 비구	석가	대중교설	기뻐행함
	61.분별경分別經①	급고독원	여러 비구	석가	대중교설	기뻐행함
	62.분별경分別經②	급고독원	여러 비구	석가	대중교설	기뻐행함
	63.분별경分別經③	급고독원	여러 비구	석가	대중교설	기뻐행함
	64.우타나경優陀那經	녹자모강당	어떤 비구 여러 비구	석가	개별상담 상담청취	기뻐행함
	65.수경受經=觀察經	급고독원	여러 비구	석가	대중교설	기뻐행함
	66.생경生經	급고독원	여러 비구	석가	대중교설	기뻐행함
	67.낙경樂經	급고독원	여러 비구	석가	대중교설	기뻐행함
	68.육입처경六入處經	급고독원	여러 비구	석가	대중교설	기뻐행함
	69.기도경其道=當說經	급고독원	여러 비구	석가	대중교설	기뻐행함
	70.실각경實覺經	급고독원	비구들	석가	대중교설	기뻐행함
	71.유신경有信經	급고독원	여러 비구	석가	대중교설	기뻐행함

⟨3⟩

분류	경 전	장 소	내담자	상담자	상담형태	상담결과
3권	72.지법경知法經	급고독원	여러 비구	석가	대중교설	기뻐행함
	73.중담경重擔經	급고독원	여러 비구	석가	대중교설	기뻐행함
	74.왕예경往詣經	급고독원	여러 비구	석가	대중교설	기뻐행함
	75.관경觀經	급고독원	여러 비구	석가	대중상담	기뻐행함
	76.욕탐경欲貪經	급고독원	여러 비구	석가	대중상담	기뻐행함
	77.생경生經①	급고독원	여러 비구	석가	대중교설	기뻐행함
	78.생경生經②	급고독원	여러 비구	석가	대중교설	기뻐행함
	79.생경生經③	급고독원	여러 비구	석가	대중교설	기뻐행함
	80.법인경法人經	급고독원	여러 비구	석가	대중상담	기뻐행함
	81.부란나경富蘭那經	중각강당	리차족마하리 마하리의무리	석가	개별상담 상담청취	기뻐예배
	82.죽원경竹園經	지제죽원	모든 비구	석가	대중상담	기뻐행함
	83.비사리경毘舍離經	중각강당	여러 비구	석가	대중상담	기뻐행함
	84.청정경淸淨經	급고독원	여러 비구	석가	대중교설	기뻐행함
	85.정관찰경正觀察經	급고독원	여러 비구	석가	대중상담	기뻐행함
	86.무상경無常經	급고독원	여러 비구	석가	대중상담	기뻐행함
	87.고경苦經	급고독원	여러 비구	석가	대중상담	기뻐행함
4권	88.울다라경鬱多羅經	급고독원	울다라바라문	석가	개별상담	기뻐예배
	89.우파가경優波迦經①	급고독원	우파가바라문	석가	개별상담	기뻐예배
	90.우파가경優波迦經②	급고독원	우파가바라문	석가	개별상담	기뻐예배
	91.울사가경鬱闍迦經	급고독원	울사가바라문	석가	개별상담	기뻐예배
	92.교만경憍慢經	급고독원	교만한 바라문	석가	개별상담	출가함
	93.장신경長身經	급고독원	장신 바라문	석가	개별상담	기뻐공양
	94.승가라경僧迦羅經	급고독원	승가라바라문	석가	개별상담	기뻐함
	95.생문경生聞經	급고독원	생문 비구문	석가	개별상담	기뻐예배
	96.바라문경婆羅門經	사위국거리	늙은 바라문	석가	개별상담	기뻐예배
	97.걸식경乞食經	사위국거리	늙은 바라문	석가	개별교설	기뻐예배
	98.경전경耕田經	이카날라촌	카시바라드바쟈 바라문	석가	개별상담	출가함
	99.정천경淨天經	미치라성 암라동산	정천존자의 어머니	비사문천왕	개별교설	-
	100.불타경佛陀經	급고독원	어떤 바라문	석가	개별상담	기뻐함
	101.인간경人間經	코살라국 어느 마을	도나족바라문	석가	개별상담	기뻐함
	102.영군특경領群特經	왕사성거리	바라드바쟈	석가	개별상담	출가해탈
5권	103.차마경差摩經	고시타동산 등	케마비구, 다사카비구와 여러 비구	여러 비구들	동료상담	기뻐행함
	104.염마경焰摩經	급고독원	야마카비구	사리불	개별상담	해탈얻음
	105.선니경仙尼經	칼란다죽원	외도 선니	석가	개별상담	기뻐행함

〈4〉

분류	경 전	장 소	내담자	상담자	상담형태	상담결과
5권	106.아누라도경阿㝹羅度經	기사굴산	많은 외도들	아누라도비구	대중상담	꾸짖고 떠나감
		칼란다죽원	아누라도비구	석가	슈퍼비전	기뻐행함
	107.장자경長者經	파기국 사슴동산	나쿨라장자 (120세)	석가	개별상담	기뻐예배
				사리불	개별상담	기뻐예배
	108.서경西經	제바다하촌 견고수 밑	많은 비구	석가	대중교설	합장함
				사리불	대중상담	해탈얻음
	109.모단경毛端經	급고독원	여러 비구	석가	대중상담	-
				사리불	대중상담	해탈얻음
	110.살차경薩遮經	비사리거리 비사리숲속	사차카니건타, 리차비5백명	앗사지	개별상담	화를 냄
				석가	개별상담	기뻐공양
6권	111.유류경有流經	마구라산	라다 비구	석가	개별상담	기뻐행함
	112.단지경斷知經	마구라산	라다 비구	석가	개별상담	기뻐행함
	113.단색고경斷色苦經	마구라산	많은 외도들	라다	대중상담	꾸짖고감
			라다 비구	석가	슈퍼비전	기뻐행함
	114.지고경知苦經	마구라산	많은 외도들	라다	대중상담	꾸짖고감
			라다 비구	석가	슈퍼비전	기뻐행함
	115.단우고경斷憂苦經	마구라산	많은 외도들	라다	대중상담	꾸짖고감
			라다 비구	석가	슈퍼비전	기뻐행함
	116.아진경我盡經	마구라산	많은 외도들	라다	대중상담	꾸짖고감
			라다 비구	석가	슈퍼비전	기뻐행함
	117.단유루경斷有漏經	마구라산	많은 외도들	라다	대중상담	꾸짖고감
			라다 비구	석가	슈퍼비전	기뻐행함
	118.탐에치경貪恚痴經	마구라산	많은 외도들	라다	대중상담	꾸짖고감
			라다 비구	석가	슈퍼비전	기뻐행함
	119.진욕애희경 盡欲愛喜經	마구라산	많은 외도들	라다	대중상담	꾸짖고감
			라다 비구	석가	슈퍼비전	기뻐행함
	120.마경魔經	마구라산	라다 비구	석가	개별상담	기뻐행함
	121.사멸경死滅經	마구라산	라다 비구	석가	개별상담	기뻐행함
	122.중생경衆生經	마구라산	라다 비구	석가	개별상담	기뻐행함
	123.유신경有身經	마구라산	라다 비구	석가	개별상담	기뻐행함
	124.마경魔經	마구라산	라다 비구	석가	개별상담	기뻐행함
	125.마법경魔法經	마구라산	라다 비구	석가	개별상담	기뻐행함
	126.사법경死法經	마구라산	라다 비구	석가	개별상담	기뻐행함
	127.단법경斷法經①	마구라산	라다 비구	석가	개별상담	기뻐행함
	128.단법경斷法經②	마구라산	라다 비구	석가	개별상담	기뻐행함
	129.단법경斷法經③	마구라산	라다 비구	석가	개별상담	기뻐행함
	130.구대사경救大使經	급고독원	여러 비구	석가	대중교설	기뻐행함
	131.습색경習色經	급고독원	비구들	석가	대중교설	기뻐행함
	132.불습근경不習近經	급고독원	비구들	석가	대중교설	기뻐행함
	133.생사유전경生死流轉經	급고독원	비구들	석가	대중상담	기뻐행함

⟨5⟩

분류	경 전	장 소	내담자	상담자	상담형태	상담결과
6권	134. 호의단경狐疑斷經①	급고독원	여러 비구	석가	대중교설	기뻐행함
	135. 호의단경狐疑斷經②	급고독원	여러 비구	석가	대중교설	기뻐행함
	136. 생사유전경生死流轉經①	급고독원	비구들	석가	대중상담	기뻐행함
	137. 생사유전경②	급고독원	비구들	석가	대중상담	기뻐행함
	138. 생사유전경③	급고독원	비구들	석가	대중상담	기뻐행함
7권	139. 우뇌생기경憂惱生起經①	칼란다죽원	여러 비구	석가	대중상담	기뻐행함
	140. 우뇌생기경②	급고독원	여러 비구	석가	대중상담	기뻐행함
	141. 우뇌생기경③	급고독원	여러 비구	석가	대중상담	기뻐행함
	142. 아아소경我我所經①	급고독원	여러 비구	석가	대중상담	기뻐행함
	143. 아아소경我我所經②	급고독원	여러 비구	석가	대중상담	기뻐행함
	144. 아아소경我我所經③	급고독원	여러 비구	석가	대중상담	기뻐행함
	145. 유루장애경有漏障碍經	급고독원	여러 비구	석가	대중상담	기뻐행함
	146. 삼수경三受經	급고독원	여러 비구	석가	대중상담	기뻐행함
	147. 삼고경三苦經	급고독원	여러 비구	석가	대중상담	기뻐행함
	148. 세팔법경世八法經	급고독원	여러 비구	석가	대중상담	기뻐행함
	149. 아승경我勝經	급고독원	여러 비구	석가	대중상담	기뻐행함
	150. 타승경他勝經	급고독원	여러 비구	석가	대중상담	기뻐행함
	151. 무승경無勝經	급고독원	여러 비구	석가	대중상담	기뻐행함
	152. 유아경有我經	급고독원	여러 비구	석가	대중상담	기뻐행함
	153. 불이경不二經	급고독원	여러 비구	석가	대중상담	기뻐행함
	154. 무과경無果經	급고독원	여러 비구	석가	대중상담	기뻐행함
	155. 무력경無力經	급고독원	여러 비구	석가	대중상담	기뻐행함
	156. 사후단괴경死後斷壞經	급고독원	여러 비구	석가	대중상담	기뻐행함
	157. 무인무연경無因無緣經①	급고독원	여러 비구	석가	대중상담	기뻐행함
	158. 무인무연경無因無緣經②	급고독원	여러 비구	석가	대중상담	기뻐행함
	159. 무인무연경無因無緣經③	급고독원	여러 비구	석가	대중상담	기뻐행함
	160. 무인무연경無因無緣經④	급고독원	여러 비구	석가	대중상담	기뻐행함
	161. 칠신경七身經	급고독원	여러 비구	석가	대중상담	기뻐행함
	162. 작교경作敎經	급고독원	여러 비구	석가	대중상담	기뻐행함
	163. 생사정량경生死定量經	급고독원	여러 비구	석가	대중상담	기뻐행함
	164. 풍경風經	급고독원	여러 비구	석가	대중상담	기뻐행함
	165. 대범경大梵經	급고독원	여러 비구	석가	대중상담	기뻐행함
	166. 색시아경色是我經①	급고독원	여러 비구	석가	대중상담	기뻐행함
	167. 색시아경色是我經②	급고독원	여러 비구	석가	대중상담	기뻐행함
	168. 세간상경世間常經	급고독원	여러 비구	석가	대중상담	기뻐행함
	169. 세간아상경世間我常經	급고독원	여러 비구	석가	대중상담	기뻐행함
	170. 오락열반경娛樂涅槃經	급고독원	여러 비구	석가	대중상담	기뻐행함
	171. 아정단경我正斷經	급고독원	여러 비구	석가	대중상담	기뻐행함
	172. 당단경當斷經	급고독원	여러 비구	석가	대중교설	기뻐행함

⟨6⟩

분류	경 전	장 소	내담자	상담자	상담형태	상담결과
7권	173.과거당단경過去當斷經	급고독원	여러 비구	석가	대중교설	기뻐행함
	174.구대사경求大師經	급고독원	여러 비구	석가	대중교설	기뻐행함
	175.구두연비경求頭燃譬經	급고독원	여러 비구	석가	대중상담	기뻐행함
	176.신관주경身觀住經①	급고독원	여러 비구	석가	대중교설	기뻐행함
	177.신관주경身觀住經②	급고독원	여러 비구	석가	대중상담	기뻐행함
	178.단악불선법경 斷惡不善法經	급고독원	여러 비구	석가	대중상담	기뻐행함
	179.욕정경欲定經	급고독원	여러 비구	석가	대중상담	기뻐행함
	180.신근경信根經	급고독원	여러 비구	석가	대중상담	기뻐행함
	181.신력경信力經	급고독원	여러 비구	석가	대중상담	기뻐행함
	182.염각분경念覺分經	급고독원	여러 비구	석가	대중상담	기뻐행함
	183.정견경正見經	급고독원	여러 비구	석가	대중상담	기뻐행함
	184.고집진도경苦集盡道經	급고독원	여러 비구	석가	대중상담	기뻐행함
	185.무탐법구경無貪法句經	급고독원	여러 비구	석가	대중상담	기뻐행함
	186.지경止經	급고독원	여러 비구	석가	대중상담	기뻐행함
	187.탐욕경貪欲經	급고독원	여러 비구	석가	대중교설	기뻐행함
8권	188.이희탐경離喜貪經	급고독원	여러 비구	석가	대중교설	기뻐행함
	189.이욕탐경離欲貪經	급고독원	여러 비구	석가	대중교설	기뻐행함
	190.지경知經①	급고독원	여러 비구	석가	대중교설	기뻐행함
	191.지경知經②	급고독원	여러 비구	석가	대중교설	기뻐행함
	192.불이욕경不離欲經①	급고독원	여러 비구	석가	대중교설	기뻐행함
	193.불이욕경不離欲經②	급고독원	여러 비구	석가	대중교설	기뻐행함
	194.생희경生喜經	급고독원	여러 비구	석가	대중교설	기뻐행함
	195.무상경無常經①	급고독원	여러 비구	석가	대중교설	기뻐행함
	196.무상경無常經②	급고독원	여러 비구	석가	대중교설	기뻐행함
	197.시현경示現經	가야시가	1천 비구	석가	대중교설	해탈얻음
	198.라후라경羅睺羅經①	기사굴산	라훌라존자	석가	개별상담	기뻐행함
	199.라후라경羅睺羅經②	칼란다죽원	라훌라존자	석가	개별상담	기뻐행함
	200.라후라경羅睺羅經③	급고독원	라훌라존자	석가	슈퍼비전	기뻐행함
	201.누진경漏盡經	급고독원	어떤 비구	석가	개별상담	기뻐예배
	202.아견단경我見斷經	급고독원	어떤 비구	석가	개별상담	기뻐행함
	203.능단일법경能斷一法經	비살리국 암라동산	여러 비구	석가	대중상담	기뻐행함
	204.여실지견경如實知見經	암라동산	아난다존자 모든 비구	석가	개별교설 교설청취	기뻐행함
	205.우다나경優陀那經	암라동산	아난다존자	석가	개별교설	기뻐행함
	206.여실지경如實知經	암라동산	여러 비구	석가	대중교설	기뻐행함
	207.삼마제경三摩提經	암라동산	여러 비구	석가	대중교설	기뻐행함
	208.무상경無常經	암라동산	여러 비구	석가	대중교설	기뻐행함
	209.육촉입처경六觸入處經	암라동산	여러 비구	석가	대중상담	기뻐행함
	210.지옥경地獄經	암라동산	여러 비구	석가	대중교설	기뻐행함

⟨7⟩

분류	경전	장소	내담자	상담자	상담형태	상담결과
8권	211.세간오욕경世間五欲經	암라동산	여러 비구	석가	대중교설	이해못함
				아난다	대중상담	기뻐행함
	212.불방일경不放逸經	급고독원	여러 비구	석가	대중교설	기뻐행함
	213.법경法經	급고독원	여러 비구	석가	대중교설	기뻐행함
	214.이법경二法經	급고독원	여러 비구	석가	대중교설	기뻐행함
	215.부류나경富留那經	급고독원	부루나존자	석가	개별상담	기뻐행함
	216.대해경大海經①	급고독원	여러 비구	석가	대중교설	기뻐행함
	217.대해경大海經②	급고독원	여러 비구	석가	대중교설	기뻐행함
	218.고집멸경苦集滅經	급고독원	여러 비구	석가	대중교설	기뻐행함
	219.열반도적경涅槃道跡經	급고독원	여러 비구	석가	대중교설	기뻐행함
	220.사취열반도적경似趣涅槃道跡經	급고독원	여러 비구	석가	대중교설	기뻐행함
	221.취경取經	급고독원	여러 비구	석가	대중교설	기뻐행함
	222.지식경知識經	급고독원	여러 비구	석가	대중교설	기뻐행함
	223.단경斷經①	급고독원	여러 비구	석가	대중교설	기뻐행함
	224.단경斷經②	급고독원	여러 비구	석가	대중교설	기뻐행함
	225.단경斷經③	급고독원	여러 비구	석가	대중교설	기뻐행함
	226.계경計經①	급고독원	여러 비구	석가	대중교설	기뻐행함
	227.계경計經②	급고독원	여러 비구	석가	대중교설	기뻐행함
	228.증장법경增長法經	급고독원	여러 비구	석가	대중교설	기뻐행함
	229.유루무루경有漏無漏經	급고독원	여러 비구	석가	대중교설	기뻐행함
9권	230.삼미리제경三彌離提經①	급고독원	삼미리제비구	석가	개별상담	기뻐행함
	231.삼미리제경三彌離提經②	급고독원	삼미리제비구	석가	개별상담	기뻐행함
	232.공경空經	급고독원	삼미리제비구	석가	개별상담	기뻐행함
	233.세간경世間經	급고독원	모든 비구	석가	대중교설	기뻐행함
	234.세간변경世間邊經	급고독원	모든 비구	석가	대중교설	이해못함
				아난다	대중상담	기뻐행함
	235.근주경近住經	급고독원	모든 비구	석가	대중교설	기뻐행함
	236.청정걸식주경淸淨乞食住經	급고독원	사리불존자	석가	슈퍼비전	기뻐행함
	237.장자소문경長者所問經	중각강당	욱구루장자	석가	개별상담	-
	238.인연경因緣經	중각강당	어떤 비구	석가	개별상담	기뻐예배
	239.결경結經	중각강당	모든 비구	석가	대중교설	기뻐행함
	240.취경取經	중각강당	모든 비구	석가	대중교설	기뻐행함
	241.소연법경燒燃法經	중각강당	모든 비구	석가	대중교설	기뻐행함
	242.지경知經	중각강당	모든 비구	석가	대중교설	기뻐행함
	243.미경味經	중각강당	모든 비구	석가	대중교설	기뻐행함
	244.마구경魔鉤經	중각강당	모든 비구	석가	대중교설	-
	245.사품법경四品法經	칼마사다마	모든 비구	석가	대중교설	-
	246.칠년경七年經	왕사성거리	악마 파순	석가	개별상담	사라짐
	247.습근경習近經	기사굴산	모든 비구	석가	대중교설	기뻐행함

〈8〉

분류	경전	장소	내담자	상담자	상담형태	상담결과
9권	248.순나경純那經	계림동산	아난다존자, 춘다존자	두존자	동료상담	서로 기뻐함
	249.구치라경拘絺羅經①	급고독원	아난다존자, 사리불존자	두존자	동료상담	서로 기뻐함
	250.구치라경拘絺羅經②	기사굴산	사리불존자, 코티카존자	두존자	동료상담	서로 기뻐함
	251.구치라경拘絺羅經③	기사굴산	사리불존자, 코티카존자	두존자	동료상담	서로 기뻐함
	252.우파선나경優波先那經	왕사성 찬숲 칼란다죽원	우파세나비구 사리불존자	사리불 석가	개별상담 슈퍼비전	뱀독퍼짐 기뻐예배
	253.비뉴가전연경毘紐迦旃延經	코살라국 암라동산	베라하챠니 여승	우다이 존자	개별상담	삼보귀의
	254.이십억이경二十億耳經	칼란다죽원	이십억귀비구	석가	개별상담	기뻐예배
	255.노혜차경魯醯遮經	습마타강변	로히챠바라문	가전연	개별상담	기뻐함
10권	256.무명경無明經①	기사굴산	사리불존자, 코티카존자	두존자	동료상담	서로 기뻐함
	257.무명경無明經②	기사굴산	사리불존자, 코티카존자	두존자	동료상담	서로 기뻐함
	258.무명경無明經③	기사굴산	사리불존자, 코티카존자	두존자	동료상담	기뻐함
	259.무간등경無間等經	급고독원	사리불존자, 코티카존자	두존자	동료상담	기뻐함
	260.멸경滅經	급고독원	사리불존자, 아난다존자	두존자	동료상담	기뻐함
	261.부류나경富留那經	고시타동산	모든 비구	아난다	대중교설	-
	262.천타경闡陀經	녹야원	비구들		대중상담	-
		고시타동산	장로 찬나	아난다	개별상담	서로 기뻐함
	263.응설경應說經	얼룩소마을	60명 비구	석가	대중교설	해탈얻음
			여러 비구		대중교설	기뻐행함
	264.소토단경小土摶經	급고독원	어떤 비구	석가	개별상담	아라한됨
	265.포말경泡沫經	항하 곁	여러 비구	석가	대중교설	기뻐행함
	266.무지경無知經①	급고독원	비구들	석가	대중교설	기뻐행함
	267.무지경無知經②	급고독원	여러 비구	석가	대중교설	기뻐행함
	268.하류경河流經	급고독원	여러 비구	석가	대중교설	기뻐행함
	269.기림경祇林經	급고독원	여러 비구	석가	대중상담	기뻐행함
	270.수경樹經	급고독원	여러 비구	석가	대중교설	기뻐행함
	271.지사경低舍經	급고독원	팃사 비구	석가	개별상담	기뻐행함
	272.책제상경責諸想經	급고독원	다툰 비구들	석가	대중상담	기뻐행함
11권	273.수성유경手聲喩經	급고독원	어떤 비구	석가	개별상담	아라한됨
	274.기사경棄捨經	급고독원	여러 비구	석가	대중상담	기뻐행함
	275.난타경難陀經	급고독원	여러 비구	석가	대중교설	기뻐행함

⟨9⟩

분류	경 전	장 소	내담자	상담자	상담형태	상담결과
11권	276.난타설법경難陀說法經	급고독원	파사파제 등	석가	대중교설	기뻐예배
		왕의 동산	5백 비구니	난다카	대중상담	
		급고독원	난다카	석가	슈퍼비전	기뻐행함
			여러 비구		상담청취	
	277.율의불율의경律儀不律儀經	급고독원	여러 비구	석가	대중교설	기뻐행함
	278.퇴불퇴경退不退經	급고독원	여러 비구	석가	대중교설	기뻐행함
	279.조복경調伏經	급고독원	여러 비구	석가	대중교설	기뻐행함
	280.빈두성경頻頭城經	심사파숲	빈데야장자들	석가	대중상담	기뻐행함
	281.영발목건련경 縈髮目犍連經	칼란다죽원	머리 땋은 출가자	석가	개별상담	석가에게 출가후 아라한됨
	282.제근수경諸根修經	무킬루숲속	웃타라 청년, 아난다존자	석가	개별상담	기뻐행함
12권	283.종수경種樹經	급고독원	여러 비구	석가	대중상담	기뻐행함
	284.대수경大樹經	급고독원	여러 비구	석가	대중상담	기뻐행함
	285.불박경佛縛經	급고독원	여러 비구	석가	대중상담	기뻐행함
	286.취경取經	급고독원	여러 비구	석가	대중상담	기뻐행함
	287.성읍경城邑經	급고독원	여러 비구	석가	대중교설	기뻐행함
	288.노경蘆經	기사굴산	사리불존자 코티카존자	두존자	동료상담	함께 기뻐함
	289.무문경無聞經①	칼란다죽원	여러 비구	석가	대중교설	기뻐행함
	290.무문경無聞經②	칼란다죽원	여러 비구	석가	대중교설	기뻐행함
	291.촉경觸經	칼란다죽원	여러 비구	석가	대중상담	기뻐행함
	292.사량경思量經	칼란다죽원	모든 비구	석가	대중상담	기뻐행함
	293.심심경甚深經	칼란다죽원	여러 비구	석가	대중교설	기뻐행함
	294.우치철혜경愚癡黠慧經	칼라다죽원	모든 비구	석가	대중상담	기뻐행함
	295.비여소유경非汝所有經	칼란다죽원	여러 비구	석가	대중교설	기뻐행함
	296.인연경因緣經	칼란다죽원	모든 비구	석가	대중교설	기뻐행함
	297.대공법경大空法經	소치는마을	모든 비구	석가	대중교설	기뻐행함
	298.법설의설경法說義說經	소치는마을	모든 비구	석가	대중교설	기뻐행함
	299.연기법경緣起法經	소치는마을	어떤 비구	석가	개별상담	기뻐행함
	300.타경他經	소치는마을	어떤 비구	석가	개별상담	기뻐찬탄
	301.가전연경迦旃延經	대빈사	선타 가전연	석가	개별상담	아라한됨
	302.아지라경阿支羅經	왕사성거리	아칠라 가섭	석가	개별상담	기뻐예배
		기사굴산	모든 비구		대중상담	가섭에게 기별 줌
	303.점모류경䩗牟留經	왕사성거리	팀바루카외도	석가	개별상담	기별 줌
13권	304.육륙경六六經	소치는마을	모든 비구	석가	대중교설	기뻐행함
	305.육입처경六入處經	소치는마을	여러 비구	석가	대중교설	기뻐행함
	306.인경人經	급고독원	어떤 비구	석가	개별상담	기뻐행함
			여러 비구		상담청취	

⟨10⟩

분류	경 전	장 소	내담자	상담자	상담형태	상담결과
13권	307.견법경見法經	급고독원	어떤 비구	석가	개별상담	기뻐행함
			여러 비구		상담청취	
	308.불염착경不染着經	급고독원	여러 비구	석가	대중교설	기뻐행함
	309.녹뉴경鹿紐經①	강가못곁	미가잘라존자	석가	개별상담	기뻐예배
	310.녹뉴경鹿紐經②	강가못곁	미가잘라존자	석가	개별상담	아라한됨
	311.부루나경富樓那經	급고독원	부루나존자	석가	개별상담	기뻐예배
	312.마라가구경摩羅迦舅經	급고독원	말루카풋타	석가	개별상담	아라한됨
	313.경법경經法經	급고독원	여러 비구	석가	대중상담	기뻐행함
	314.단욕경斷欲經	급고독원	여러 비구	석가	대중교설	기뻐행함
	315.안생경眼生經	급고독원	여러 비구	석가	대중교설	기뻐행함
	316.안무상경眼無常經	급고독원	여러 비구	석가	대중교설	기뻐행함
	317.안고경眼苦經	급고독원	여러 비구	석가	대중교설	기뻐행함
	318.안비아경眼非我經	급고독원	여러 비구	석가	대중교설	기뻐행함
	319.일체경一切經	급고독원	생문바라문	석가	개별상담	기뻐행함
	320.일체유경一切有經	급고독원	생문바라문	석가	개별상담	기뻐함
	321.일체경一切經	급고독원	생문바라문	석가	개별상담	기뻐함
	322.안내입처경眼內入處經	급고독원	어떤 비구	석가	개별상담	기뻐행함
	323.육내입처경六內入處經	급고독원	여러 비구	석가	대중교설	기뻐행함
	324.육외입처경六外入處經	급고독원	여러 비구	석가	대중교설	기뻐행함
	325.육식신경六識身經	급고독원	여러 비구	석가	대중교설	기뻐행함
	326.육촉신경六觸身經	급고독원	여러 비구	석가	대중교설	기뻐행함
	327.육수신경六受身經	급고독원	비구들	석가	대중교설	기뻐행함
	328.육상신경六想身經	급고독원	여러 비구	석가	대중교설	기뻐행함
	329.육사신경六思身經	급고독원	여러 비구	석가	대중교설	기뻐행함
	330.육애신경六愛身經	급고독원	여러 비구	석가	대중교설	기뻐행함
	331.육고념경六顧念經	급고독원	여러 비구	석가	대중교설	기뻐행함
	332.육부경六覆經	급고독원	여러 비구	석가	대중교설	기뻐행함
	333.무상경無常經	급고독원	여러 비구	석가	대중교설	-
	334.유인유연유박법경有因有緣有縛法經	쿠루수국 소치는마을	여러 비구	석가	대중교설	기뻐행함
	335.제일의공경第一義空經	소치는마을	여러 비구	석가	대중교설	기뻐행함
	336.육희행경六喜行經	급고독원	여러 비구	석가	대중교설	기뻐행함
	337.육우행경六憂行經	급고독원	여러 비구	석가	대중교설	기뻐행함
	338.육사행경六捨行經	급고독원	여러 비구	석가	대중교설	기뻐행함
	339.육상행경六常行經①	급고독원	여러 비구	석가	대중교설	기뻐행함
	340.육상행경六常行經②	급고독원	여러 비구	석가	대중교설	기뻐행함
	341.육상행경六常行經③	급고독원	여러 비구	석가	대중교설	기뻐행함
	342.육상행경六常行經④	급고독원	여러 비구	석가	대중교설	기뻐행함
14권	343.부미경浮彌經	기사굴산	외도들	부미쟈	대중상담	꾸짖고감
		칼란다죽원	부미쟈비구	사리불	슈퍼비전	-
			아난다존자	석가	개별상담	기뻐예배

⟨11⟩

분류	경전	장소	내담자	상담자	상담형태	상담결과
14권	344.구치라경拘絺羅經	기사굴산	코티카존자 사리불존자	두존자	동료상담	각각처소로돌아감
	345.집생경集生經	칼란다죽원	사리불존자	석가	개별상담	대중고백
			어떤 비구		개별상담	기뻐행함
	346.삼법경三法經	칼란다죽원	모든 비구	석가	대중교설	기뻐행함
	347.수심경須深經	칼란다죽원	외도 수시마	석가	개별상담	기뻐행함
	348.십력경十力經	칼란다죽원	모든 비구	석가	대중교설	기뻐행함
	349.성처경聖處經	칼란다죽원	모든 비구	석가	대중교설	기뻐행함
	350.성제자경聖弟子經	칼란다죽원	모든 비구	석가	대중교설	기뻐행함
	351.무사라경茂師羅經	코끼리귀못	나라다,무실리, 사비타,아난다 존자	네존자	동료상담	자리에서 일어나 떠나감
	352.사문바라문경 沙門婆羅門經①	급고독원	여러 비구	석가	대중교설	기뻐행함
	353.사문바라문경②	급고독원	여러 비구	석가	대중교설	기뻐행함
	354.사문바라문경③	급고독원	여러 비구	석가	대중교설	기뻐행함
	355.노사경老死經	급고독원	여러 비구	석가	대중교설	기뻐행함
	356.종지경種智經	급고독원	여러 비구	석가	대중교설	기뻐행함
	357.무명증경無明增經①	급고독원	여러 비구	석가	대중교설	기뻐행함
	358.무명증경無明增經②	급고독원	여러 비구	석가	대중교설	기뻐행함
	359.사량경思量經①	급고독원	비구들	석가	대중교설	기뻐행함
	360.사량경思量經②	급고독원	비구들	석가	대중교설	기뻐행함
	361.사량경思量經③	급고독원	비구들	석가	대중교설	기뻐행함
	362.다문제자경多聞弟子經	급고독원	비구들	석가	대중상담	기뻐행함
	363.설법비구경說法比丘經	급고독원	비구들	석가	대중상담	기뻐행함
	364.설법경說法經	급고독원	비구들	석가	대중상담	기뻐행함
15권	365.설법경說法經	급고독원	여러 비구	석가	대중상담	기뻐행함
	366.비바시경毘婆尸經	급고독원	여러 비구	석가	대중교설	기뻐행함
	367.수습경修習經	급고독원	여러 비구	석가	대중교설	기뻐행함
	368.삼마제경三摩提經	급고독원	여러 비구	석가	대중교설	기뻐행함
	369.십이인연경十二因緣經①	급고독원	여러 비구	석가	대중교설	기뻐행함
	370.십이인연경十二因緣經②	급고독원	여러 비구	석가	대중교설	기뻐행함
	371.식경食經	급고독원	여러 비구	석가	대중교설	기뻐행함
	372.파구나경頗求那經	급고독원	여러 비구	석가	대중교설	기뻐행함
			파구나비구		개별상담	
	373.자육경子肉經	급고독원	여러 비구	석가	대중교설	기뻐행함
	374.유탐경有貪經①	급고독원	여러 비구	석가	대중교설	기뻐행함
	375.유탐경有貪經②	급고독원	여러 비구	석가	대중교설	기뻐행함
	376.유탐경有貪經③	급고독원	여러 비구	석가	대중상담	기뻐행함
	377.유탐경有貪經④	급고독원	여러 비구	석가	대중상담	기뻐행함
	378.유탐경有貪經⑤	급고독원	여러 비구	석가	대중상담	기뻐행함

〈12〉

분류	경 전	장 소	내담자	상담자	상담형태	상담결과
15권	379.전법륜경轉法輪經	녹야원	여러 비구	석가	대중교설	기뻐행함
			콘단냐존자		개별상담	
	380.사제경四諦經①	녹야원	여러 비구	석가	대중교설	기뻐행함
	381.사제경四諦經②	녹야원	여러 비구	석가	대중교설	기뻐행함
	382.당지경當知經	녹야원	여러 비구	석가	대중교설	기뻐행함
	383.이지경已知經	녹야원	여러 비구	석가	대중교설	기뻐행함
	384.누진경漏盡經	녹야원	여러 비구	석가	대중교설	기뻐행함
	385.변제경邊際經	녹야원	여러 비구	석가	대중교설	기뻐행함
	386.현성경賢聖經①	녹야원	여러 비구	석가	대중교설	기뻐행함
	387.현성경賢聖經②	녹야원	여러 비구	석가	대중교설	기뻐행함
	388.오지육분경五支六分經	녹야원	여러 비구	석가	대중교설	기뻐행함
	389.양의경良醫經	녹야원	여러 비구	석가	대중교설	기뻐행함
	390.사문바라문경①	녹야원	여러 비구	석가	대중교설	기뻐행함
	391.사문바라문경②	녹야원	여러 비구	석가	대중교설	기뻐행함
	392.여실지경如實知經	녹야원	여러 비구	석가	대중교설	기뻐행함
	393.선남자경善男子經*	녹야원	여러 비구	석가	대중교설	기뻐행함
	394.일월경日月經①	녹야원	여러 비구	석가	대중교설	기뻐행함
	395.일월경日月經②	녹야원	여러 비구	석가	대중교설	기뻐행함
	396.성제자경聖弟子經	녹야원	여러 비구	석가	대중교설	기뻐행함
	397.구제라경佉堤羅經	녹야원	여러 비구	석가	대중교설	기뻐행함
	398.인다라주경因陀羅柱經	녹야원	여러 비구	석가	대중교설	기뻐행함
	399.논처경論處經	녹야원	여러 비구	석가	대중교설	기뻐행함
	400.소의경燒衣經	녹야원	여러 비구	석가	대중교설	기뻐행함
	401.백창경百槍經	녹야원	여러 비구	석가	대중교설	기뻐행함
	402.평등정각경平等正覺經	녹야원	여러 비구	석가	대중교설	기뻐행함
	403.여실지경如實知經	복덕사	여러 비구	석가	대중교설	기뻐행함
	404.신서림경申恕林經	심사파숲	여러 비구	석가	대중상담	기뻐행함
	405.공경孔經	중각강당	아난다존자	석가	대중교설	기뻐행함
	406.맹구경盲龜經	중각강당	아난다존자	석가	개별상담	기뻐행함
			여러 비구		상담청취	
16권	407.사유경思惟經①	칼란다죽원	모든 비구	석가	대중교설	기뻐행함
	408.사유경思惟經②	칼란다죽원	많은 비구	석가	대중교설	기뻐행함
	409.각경覺經①	칼란다죽원	많은 비구	석가	대중교설	기뻐행함
	410.각경覺經②	칼란다죽원	많은 비구	석가	대중교설	기뻐행함
	411.논설경論說經	칼란다죽원	많은 비구	석가	대중상담	기뻐행함
	412.쟁경爭經	칼란다죽원	많은 비구	석가	대중상담	기뻐행함
	413.왕력경王力經	칼란다죽원	많은 비구	석가	대중상담	기뻐행함
	414.숙명경宿命經	칼란다죽원	많은 비구	석가	대중상담	기뻐행함
	415.단월경檀越經	칼란다죽원	모든 비구	석가	대중상담	기뻐행함
	416.수지경受持經	칼란다죽원	모든 비구	석가	대중상담	기뻐행함
			어떤 비구		개별상담	

〈13〉

분류	경 전	장 소	내담자	상담자	상담형태	상담결과
	417.여여경如如經	칼란다죽원	모든 비구 어떤 비구	석가	대중상담 개별상담	기뻐행함
	418.수지경受持經	칼란다죽원	모든 비구 어떤 비구	석가	대중상담 개별상담	기뻐행함
	419.의경疑經①	칼란다죽원	모든 비구	석가	대중교설	기뻐행함
	420.의경疑經②	칼란다죽원	모든 비구	석가	대중교설	기뻐행함
	421.심험경深嶮經	심험암	모든 비구 어떤 비구	석가	대중상담 개별상담	기뻐행함
	422.대열경大熱經	칼란다죽원	모든 비구 어떤 비구	석가	대중상담 개별상담	기뻐행함
	423.대암경大闇經	칼란다죽원	모든 비구 어떤 비구	석가	대중상담 개별상담	기뻐행함
	424.암명경闇冥經①	칼란다죽원	모든 비구 어떤 비구	석가	대중상담 개별상담	기뻐행함
	425.암명경闇冥經②	칼란다죽원	모든 비구	석가	대중교설	기뻐행함
	426.암명경闇冥經③	칼란다죽원	모든 비구	석가	대중교설	기뻐행함
	427.성제문사경聖諦聞思經	칼란다죽원	모든 비구	석가	대중교설	기뻐행함
	428.선사경禪思經	칼란다죽원	모든 비구	석가	대중교설	기뻐행함
	429.삼마제경三摩提經	칼란다죽원	모든 비구	석가	대중교설	기뻐행함
	430.장경仗經①	칼란다죽원	모든 비구	석가	대중교설	기뻐행함
16권	431.장경仗經②	칼란다죽원	모든 비구	석가	대중교설	기뻐행함
	432.오절륜경五節輪經	칼란다죽원	모든 비구	석가	대중교설	기뻐행함
	433.증상설법경增上說法經	칼란다죽원	모든 비구	석가	대중상담	기뻐행함
	434.철혜경黠慧經	칼란다죽원	모든 비구	석가	대중상담	기뻐행함
	435.수달경須達經	급고독원	수다타장자	석가	개별상담	기뻐행함
	436.전당경殿堂經①	급고독원	어떤 비구	석가	개별상담	기뻐행함
	437.전당경殿堂經②	급고독원	아난다존자	석가	개별상담	기뻐행함
	438.중생계경衆生界經	급고독원	여러 비구	석가	대중상담	기뻐행함
	439.설산경雪山經	칼란다죽원	여러 비구	석가	대중상담	기뻐행함
	440.호지경湖池經	칼란다죽원	여러 비구	석가	대중상담	기뻐행함
	441.토경土經	급고독원	여러 비구	석가	대중상담	기뻐행함
	442.조갑경爪甲經*	급고독원	여러 비구	석가	대중상담	기뻐행함
	443.사성제이생경 四聖諦已生經	급고독원	여러 비구	석가	대중교설	기뻐행함
	444.안약환경眼藥丸經	급고독원	여러 비구	석가	대중교설	기뻐행함
	445.비심경鄙心經	급고독원	여러 비구	석가	대중교설	기뻐행함
	446.게경偈經	급고독원	여러 비구	석가	대중교설	기뻐행함
	447.행경行經	칼란다죽원	모든 비구	석가	대중교설	기뻐행함
	448.게경偈經	칼란다죽원	모든 비구	석가	대중교설	기뻐행함
	449.계화합경界和合經①	급고독원	여러 비구	석가	대중교설	기뻐행함
	450.계화합경界和合經②	급고독원	여러 비구	석가	대중교설	기뻐행함

450 붓다의 상담, 꽃향기를 훔치는 도둑

⟨14⟩

분류	경 전	장 소	내담자	상담자	상담형태	상담결과
16권	451.계경界經	급고독원	여러 비구	석가	대중교설	기뻐행함
	452.촉경觸經①	급고독원	여러 비구	석가	대중교설	기뻐행함
	453.촉경觸經②	급고독원	모든 비구	석가	대중교설	기뻐행함
	454.상경想經	급고독원	여러 비구	석가	대중교설	기뻐행함
17권	455.상경想經	급고독원	여러 비구	석가	대중교설	기뻐행함
	456.정수경正受經	급고독원	여러 비구	석가	대중상담	기뻐행함
			어떤 비구		개별상담	
	457.설경說經	녹자모강당	모든 비구	석가	대중상담	기뻐행함
			바가리비구		개별상담	
	458.인경因經	급고독원	여러 비구	석가	대중교설	기뻐행함
	459.자작경自作經	급고독원	어떤 바라문	석가	개별상담	기뻐행함
	460.구사라경瞿師羅經	고시타동산	고시타장자	아난다	개별상담	기뻐행함
	461.삼계경三界經①	고시타동산	고시타장자	아난다	개별상담	기뻐행함
	462.삼계경三界經②	고시타동산	고시타장자	아난다	개별상담	기뻐행함
	463.삼계경三界經③	고시타동산	고시타장자	아난다	개별상담	기뻐행함
	464.동법경同法經	고시타동산	아난다존자	상좌	개별상담	기뻐함
			아난다존자	비구들	대중상담	기뻐함
			아난다존자	석가	개별상담	기뻐행함
	465.착사경着使經	칼란다죽원	라훌라존자	석가	개별상담	기뻐행함
	466.촉인경觸因經	칼란다죽원	라훌라존자	석가	개별상담	기뻐행함
	467.검자경劍刺經	칼란다죽원	라훌라존자	석가	개별상담	기뻐행함
	468.삼수경三受經	칼란다죽원	라훌라존자	석가	개별상담	기뻐행함
	469.심험경深嶮經	칼란다죽원	여러 비구	석가	대중교설	기뻐행함
	470.전경箭經	칼란다죽원	여러 비구	석가	대중상담	기뻐행함
	471.허공경虛空經	칼란다죽원	여러 비구	석가	대중교설	기뻐행함
	472.객사경客舍經	칼란다죽원	여러 비구	석가	대중교설	기뻐행함
	473.선경禪經	칼란다죽원	어떤 비구	석가	개별상담	기뻐행함
	474.지식경止息經	칼란다죽원	아난다존자	석가	개별상담	기뻐행함
	475.선지경先智經	칼란다죽원	여러 비구	석가	대중교설	기뻐행함
	476.선사경禪思經	칼란다죽원	어떤 비구	석가	개별상담	기뻐행함
			모든 비구		상담청취	
	477.아난소문경阿難所問經	칼란다죽원	아난다존자	석가	개별상담	기뻐행함
	478.비구경比丘經	칼란다죽원	여러 비구	석가	대중상담	기뻐행함
	479.해탈경解脫經	칼란다죽원	여러 비구	석가	대중교설	기뻐행함
	480.사문바라문경沙門婆羅門經	칼란다죽원	여러 비구	석가	대중교설	기뻐행함
	481.일사능가라경壹奢能伽羅經	이챠낭갈라숲	비구들	석가	대중교설	기뻐행함
	482.희락경喜樂經	급고독원	급고독장자	석가	개별상담	기뻐함
			사리불존자		개별상담	기뻐행함
			모든 비구		상담청취	

〈15〉

분류	경 전	장 소	내담자	상담자	상담형태	상담결과
17권	483.무식락경無食樂經	급고독원	여러 비구	석가	대중교설	기뻐행함
	484.발다라경跋陀羅經	급고독원	발다라존자 아난다존자	두존자	동료상담	논의마치 고떠나감
	485.우다이경優陀夷經	칼란다죽원	빔비사라왕	우다이 존자	개별상담	함께석가 를찾아감
			빔비사라왕, 우다이존자	석가	슈퍼비전	기뻐행함
	486.일법경一法經①	칼란다죽원	여러 비구	석가	대중교설	기뻐행함
	487.일법경一法經②	칼란다죽원	여러 비구	석가	대중교설	기뻐행함
	488.일법경一法經③	칼란다죽원	여러 비구	석가	대중교설	기뻐행함
	489.일법경一法經④	칼란다죽원	여러 비구	석가	대중교설	기뻐행함
18권	490.염부차경閻浮車經	나알라마을	잠부카다카 사리불존자	두사람	동료상담	논의마치 고떠나감
	491.사문출가소문경 沙門出家所問經	나알라마을	잠부카다카 사리불존자	두사람	동료상담	논의마치 고떠나감
	492.니수경泥水經	칼란다죽원	모든 비구	사리불	대중교설	기뻐행함
	493.승선역류경乘船逆流經	칼란다죽원	모든 비구	사리불	대중교설	기뻐행함
	494.고수경枯樹經	왕사성길가	모든 비구	사리불	대중교설	기뻐행함
	495.계경戒經	기사굴산	모든 비구	사리불	대중교설	기뻐행함
	496.쟁경諍經	급고독원	모든 비구	사리불	대중교설	기뻐행함
	497.거죄경擧罪經	급고독원	사리불존자	석가	개별상담	기뻐행함
	498.나라건타경那羅犍陀經	암라동산	사리불존자	석가	개별상담	기뻐행함
	499.석주경石柱經	기사굴산	월자비구	사리불	개별상담	기뻐행함
			모든 비구		상담청취	
	500.정구경淨口經	왕사성거리	여승정구	사리불	개별상담	기뻐찬탄
	501.성묵연경聖默然經	기사굴산	모든 비구	목건련	대중교설	기뻐행함
	502.무상경無常經	기사굴산	모든 비구	목건련	대중교설	기뻐행함
	503.적멸경寂滅經	칼란다죽원	사리불존자, 목건련존자	두존자	동료상담	논의마치 고떠나감
19권	504.간구경慳垢經	기사굴산	제석환인	목건련	개별상담	기뻐하며 사라짐
	505.애진경愛盡經	기사굴산 →33천	제석천 5백 채녀	목건련	개별상담 상담청취	두려워 허둥거림
	506.제석경帝釋經	급고독원 →33천	잠부드비4부 대중→목건련	석가	개별상담	약속대로 나타남
	507.제천경諸天經	칼란다죽원	40천자 4백, 8백, 10천의 천자	목건련	대중상담	수다원과 얻었다며 사라짐
	508.도우아경屠牛兒經	왕사성거리 → 칼란다죽원	락카나비구	목건련	개별상담	함께석가 에게나감
			락카나,목건련, 비구들	석가	대중교설	기뻐행함

452 붓다의 상담, 꽃향기를 훔치는 도둑

⟨16⟩

분류	경 전	장 소	내담자	상담자	상담형태	상담결과
19권	509.도우자경屠牛者經	왕사성거리→칼란다죽원	락카나비구	목건련	개별상담	함께석가에게나감
			락카나,목건련,비구들	석가	대중교설	기뻐행함
	510.도양자경屠羊者經	왕사성거리→칼란다죽원	락카나비구	목건련	개별상담	함께석가에게나감
			락카나,목건련,비구들	석가	대중교설	기뻐행함
	511.도양제자경屠羊弟子經	왕사성거리→칼란다죽원	락카나비구	목건련	개별상담	함께석가에게나감
			락카나,목건련,비구들	석가	대중교설	기뻐행함
	512.타태경墮胎經	왕사성거리→칼란다죽원	락카나비구	목건련	개별상담	함께석가에게나감
			락카나,목건련,비구들	석가	대중교설	기뻐행함
	513.조상사경調象士經	왕사성거리→칼란다죽원	락카나비구	목건련	개별상담	함께석가에게나감
			락카나,목건련,비구들	석가	대중교설	기뻐행함
	514.호전경好戰經	왕사성거리→칼란다죽원	락카나비구	목건련	개별상담	함께석가에게나감
			락카나,목건련,비구들	석가	대중교설	기뻐행함
	515.엽사경獵師經	왕사성거리→칼란다죽원	락카나비구	목건련	개별상담	함께석가에게나감
			락카나,목건련,비구들	석가	대중교설	기뻐행함
	516.살저경殺猪經	왕사성거리→칼란다죽원	락카나비구	목건련	개별상담	함께석가에게나감
			락카나,목건련,비구들	석가	대중교설	기뻐행함
	517.단인두경斷人頭經	왕사성거리→칼란다죽원	락카나비구	목건련	개별상담	함께석가에게나감
			락카나,목건련,비구들	석가	대중교설	기뻐행함
	518.단동인경鍛銅人經	왕사성거리→칼란다죽원	락카나비구	목건련	개별상담	함께석가에게나감
			락카나,목건련,비구들	석가	대중교설	기뻐행함
	519.포어사경捕魚師經	왕사성거리→칼란다죽원	락카나비구	목건련	개별상담	함께석가에게나감
			락카나,목건련,비구들	석가	대중교설	기뻐행함

〈17〉

분류	경 전	장 소	내담자	상담자	상담형태	상담결과
19권	520.복점녀경卜占女經	왕사성거리→칼란다죽원	락카나비구	목건련	개별상담	함께석가에게나감
			락카나,목건련,비구들	석가	대중교설	기뻐행함
	521.복점사경卜占師經	왕사성거리→칼란다죽원	락카나비구	목건련	개별상담	함께석가에게나감
			락카나,목건련,비구들	석가	대중교설	기뻐행함
	522.호타음경好他婬經	왕사성거리→칼란다죽원	락카나비구	목건련	개별상담	함께석가에게나감
			락카나,목건련,비구들	석가	대중교설	기뻐행함
	523.매색경賣色經	바라나시성거리→사슴동산	락카나비구	목건련	개별상담	함께석가에게나감
			락카나,목건련,비구들	석가	대중교설	기뻐행함
	524.진에등유쇄경 瞋恚燈油灑經	바라나시성거리→사슴동산	락카나비구	목건련	개별상담	함께석가에게나감
			락카나,목건련,비구들	석가	대중교설	기뻐행함
	525.증질바라문경 憎嫉婆羅門經	바라나시성거리→사슴동산	락카나비구	목건련	개별상담	함께석가에게나감
			락카나,목건련,비구들	석가	대중교설	기뻐행함
	526.불분유경不分油經	사위국거리→급고독원	락카나비구	목건련	개별상담	함께석가에게나감
			락카나,목건련,비구들	식가	내중교설	기뻐행함
	527.도취칠과경盜取七果經	사위국거리→급고독원	락카나비구	목건련	개별상담	함께석가에게나감
			락카나,목건련,비구들	석가	대중교설	기뻐행함
	528.도식석밀경盜食石蜜經	사위국거리→급고독원	락카나비구	목건련	개별상담	함께석가에게나감
			락카나,목건련,비구들	석가	대중교설	기뻐행함
	529.도취이병경盜取二餠經	사위국거리→급고독원	락카나비구	목건련	개별상담	함께석가에게나감
			락카나,목건련,비구들	석가	대중교설	기뻐행함
	530.비구경比丘經	사위국거리→급고독원	락카나비구	목건련	개별상담	함께석가에게나감
			락카나,목건련,비구들	석가	대중교설	기뻐행함

⟨18⟩

분류	경전	장소	내담자	상담자	상담형태	상담결과
19권	531.가승우차경駕乘牛車經	사위국거리 → 급고독원	락카나비구	목건련	개별상담	함께석가에게나감
			락카나,목건련,비구들	석가	대중교설	기뻐행함
	532.마마제경摩帝經	사위국거리 → 급고독원	락카나비구	목건련	개별상담	함께석가에게나감
			락카나,목건련,비구들	석가	대중교설	기뻐행함
	533.악구형명경惡口形名經	사위국거리 → 급고독원	락카나비구	목건련	개별상담	함께석가에게나감
			락카나,목건련,비구들	석가	대중교설	기뻐행함
	534.호기쟁송경好起諍訟經	사위국거리 → 급고독원	락카나비구	목건련	개별상담	함께석가에게나감
			락카나,목건련,비구들	석가	대중교설	기뻐행함
	535.독일경獨一經①	송림정사	아나율존자 목건련존자	두존자	동료상담	논의마치고돌아감
	536.독일경獨一經②	송림정사	아나율존자 목건련존자	두존자	동료상담	논의마치고돌아감
20권	537.수성욕지경手成浴池經	사위국 수성욕지곁	사리불존자, 아나율존자	두존자	동료상담	제각기 떠나감
	538.목련소문경目連所問經	사위국	목건련존자, 아나율존자	두존자	동료상담	제각기 떠나감
	539.아난소문경阿難所問經	사위국 수성욕지곁	아난다존자, 아나율존자	두존자	동료상담	제각기 떠나감
	540.소환경所患經①	송림정사	많은 비구	아나율	대중상담	함께 기뻐함
	541.소환경所患經②	송림정사	많은 비구	아나율	대중상담	함께 기뻐함
	542.유학누진경有學漏盡經	송림정사	많은 비구	아나율	대중상담	함께 기뻐함
	543.아라한비구경 阿羅漢比丘經	송림정사	많은 비구	아나율	대중상담	함께 기뻐함
	544.하고출가경何故出家經	송림정사	많은 외도	아나율	대중상담	함께 기뻐함
	545.향열반경向涅槃經	송림정사	여러 비구	아나율	대중교설	기뻐행함
	546.집조관장경執澡灌杖經	오니못곁	조관장바라문	가전연	개별상담	기뻐함
	547.집장경執杖經	오니못곁	늙은 바라문	가전연	개별상담	기뻐함
	548.마투라경摩偸羅經	조림속	마투라국왕	가전연	개별상담	기뻐예배
	549.가리경迦梨經	아반티국 쿠라가라정사	우파시카여인	가전연	개별상담	음식공양 기뻐함
	550.이경離經	급고독원	여러 비구	가전연	대중교설	기뻐행함
	551.하리경訶梨經①	하리마을	하리마을장자	가전연	개별상담	기뻐예배

⟨19⟩

분류	경 전	장 소	내담자	상담자	상담형태	상담결과
20권	552.하리경訶梨經②	하리마을	하리마을장자	가전연	개별상담	기뻐예배
	553.하리경訶梨經③	하리마을	하리마을장자	가전연	개별상담	기뻐예배
	554.하리경訶梨經④	하리마을	하리마을장자	가전연	개별상담	기뻐함
	555.하리경訶梨經⑤	하리마을	하리마을장자	가전연	개별상담	기뻐함
	556.무상심삼매경 無相心三昧經	사케타성 안선림	많은 비구니	석가	대중상담	기뻐예배
				아난다	대중상담	기뻐예배
	557.사지라경閣知羅經	고시타동산	사지라비구니	아난다	개별상담	기뻐예배
	558.아난경阿難經	고시타동산	어떤 비구	아난다	개별상담	기뻐행함
21권	559.가마경迦摩經	계림정사	카마부존자 아난다존자	두존자	동료상담	함께 기뻐함
	560.탁량경度量經	고시타동산	비구들	아난다	대중교설	기뻐행함
	561.바라문경婆羅門經	고시타동산	어떤 바라문	아난다	개별상담	기뻐함
	562.구사라경瞿師羅經	고시타동산	고시타장자	아난다	개별상담	기뻐예배
	563.니건경尼犍經	중각강당	무외리차, 총명동자리차	석가, 아난다	개별상담	기뻐함
	564.비구니경比丘尼經	사위국 비구니집	어떤 비구니	아난다	개별상담	기뻐함
	565.바두경婆頭經	심사파숲	바두촌소년들	아난다	대중교설	기뻐예배
	566.나가달다경 那伽達多經①	암라마을 암라숲	칫타장자	나가닷타	개별상담	함께기뻐 하며예배
	567.나가달다경 那伽達多經②	암라마을 암라숲	칫타장자	나가닷타	개별상담	함께기뻐 하며예배
	568.가마경伽摩經	암라숲	칫타장자	카마부	개별상담	기뻐예배
	569.이서달다경 梨犀達多經①	암라마을 암라숲	칫타장자	이시닷타	개별상담	음식공양, 기뻐함
				상좌들	대중상담	
	570.이서달다경 梨犀達多經②	암라숲	칫타장자	이시닷타	개별상담	음식공양, 기뻐함
				상좌들	대중상담	
	571.마하가경摩訶迦經	암라숲	칫타장자	마하카	개별상담	기뻐예배
	572.계경繫經	암라숲	칫타장자	상좌들	대중상담	기뻐예배
	573.아기비가경阿耆毘迦經	암라숲	아지비카외도	칫타	개별상담	바른출가
	574.니건경尼犍經	암라숲	니건타 나타풋타	칫타	개별상담	숨이막혀 물러감
	575.병상경病相經	암라숲	많은 하늘	칫타	대중상담	사라짐
22권	576.난타림경難陀林經	급고독원	어떤하늘사람	석가	개별상담	기뻐하며 사라짐
	577.구소경鉤銷經	급고독원	어떤하늘사람	석가	개별상담	기뻐하며 사라짐
	578.참괴경慙愧經	급고독원	어떤하늘사람	석가	개별상담	기뻐하며 사라짐
	579.불습근경不習近經	급고독원	어떤하늘사람	석가	개별상담	기뻐하며 사라짐

분류	경 전	장 소	내담자	상담자	상담형태	상담결과
22권	580.선조경善調經	급고독원	어떤하늘사람	석가	개별상담	기뻐하며 사라짐
	581.나한경羅漢經①	급고독원	어떤하늘사람	석가	개별상담	기뻐하며 사라짐
	582.나한경羅漢經②	급고독원	어떤하늘사람	석가	개별상담	기뻐하며 사라짐
	583.월천자경月天子經	급고독원	월천자들	석가	대중상담	기뻐예배
	584.족본경族本經	급고독원	어떤하늘사람	석가	개별상담	기뻐하며 사라짐
	585.독일주경獨一住經	급고독원	어떤 천신	석가	개별상담	기뻐하며 사라짐
	586.이검경利釼經	급고독원	어떤하늘사람	석가	개별상담	기뻐하며 사라짐
	587.천녀경天女經	급고독원	어떤하늘사람	석가	개별상담	기뻐하며 사라짐
	588.사륜경四輪經	급고독원	어떤하늘사람	석가	개별상담	기뻐하며 사라짐
	589.나타국경羅吒國經	급고독원	어떤하늘사람	석가	개별상담	기뻐하며 사라짐
	590.상인경商人經	급고독원	비구들	석가	대중교설	기뻐행함
	591.해주경海州經	급고독원	비구들	석가	대중교설	기뻐행함
	592.급고독경給孤獨經	찬숲묘지	급고독장자	석가	개별상담	정사기증
	593.급고독생천경 給孤獨生天經	급고독원	아난다 여러 비구	석가	개별상담 상담청취	기뻐행함
	594.광야장자생천경 曠野長者生天經	광야정사	수천자가 된 광야의 장자	석가	개별상담	기뻐하며 사라짐
	595.무번천경無煩天經	급고독원	어떤 무번천	석가	개별상담	기뻐하며 사라짐
	596.공포경恐怖經	급고독원	어떤 천자	석가	개별상담	기뻐하며 사라짐
	597.묘색경妙色經	급고독원	어떤 천자	석가	개별상담	기뻐하며 사라짐
	598.수면경睡眠經	급고독원	어떤 천자	석가	개별상담	기뻐하며 사라짐
	599.전결경纏結經	급고독원	어떤 천자	석가	개별상담	기뻐하며 사라짐
	600.난가인경難可忍經	급고독원	어떤 천자	석가	개별상담	기뻐하며 사라짐
	601.살라경薩羅經	급고독원	어떤 천자	석가	개별상담	기뻐하며 사라짐
	602.이니야경伊尼耶經	급고독원	어떤 천자	석가	개별상담	기뻐하며 사라짐
	603.제류경諸流經	급고독원	어떤 천자	석가	개별상담	기뻐하며 사라짐

⟨21⟩

분류	경 전	장 소	내담자	상담자	상담형태	상담결과
23권	604.아육왕경阿育王經	왕사성거리	자야소년, 비자야소년	석가	개별상담	모래공양
			아난다		개별상담	
24권	605.염처경念處經①	급고독원	여러 비구	석가	대중교설	기뻐행함
	606.염처경念處經②	급고독원	여러 비구	석가	대중교설	기뻐행함
	607.정경淨經	급고독원	여러 비구	석가	대중교설	기뻐행함
	608.감로경甘露經	급고독원	여러 비구	석가	대중교설	기뻐행함
	609.집경集經	급고독원	여러 비구	석가	대중교설	기뻐행함
	610.정념경正念經	급고독원	여러 비구	석가	대중교설	기뻐행함
	611.선취경善聚經	급고독원	여러 비구	석가	대중교설	기뻐행함
	612.궁경弓經	급고독원	여러 비구	석가	대중교설	기뻐행함
	613.불선취경不善聚經	급고독원	여러 비구	석가	대중교설	기뻐행함
	614.대장부경大丈夫經	급고독원	어떤 비구	석가	개별상담	기뻐예배
			여러 비구		상담청취	
	615.비구니경比丘尼經	비구니절	비구니들	아난다	개별상담	-
		급고독원	아난다존자	석가	슈퍼비전	기뻐행함
	616.주사경廚士經	급고독원	여러 비구	석가	대중교설	기뻐행함
	617.조경鳥經	급고독원	여러 비구	석가	대중교설	기뻐행함
	618.사과경四果經	급고독원	여러 비구	석가	대중교설	기뻐행함
	619.사타가경私陀伽經	급고독원	여러 비구	석가	대중교설	기뻐행함
	620.원후경猿猴經	칼란다죽원	여러 비구	석가	대중교설	기뻐행함
	621.연소비구경年少比丘經	급고독원	아난다존자	석가	개별상담	기뻐예배
			여러 비구		상담청취	-
	622.암라녀경菴羅女經	비사리국 암라동산	여러 비구	석가	대중교설	-
			암바팔리여인		개별교설	기뻐행함
	623.세간경世間經	녹야원	여러 비구	석가	내중상담	기뻐행함
	624.울저가경鬱低迦經	급고독원	웃티야존자	석가	개별상담	기뻐함
	625.파혜가경婆醯迦經	급고독원	바히야비구	석가	개별상담	기뻐예배
	626.비구경比丘經	급고독원	여러 비구	석가	대중교설	기뻐예배
	627.아나율타경阿那律陀經	급고독원	아나율존자	석가	개별상담	기뻐예배
	628.계경戒經	계림정사	우다이존자, 아난다존자	두존자	동료상담	각기처소 로돌아감
	629.불퇴전경不退轉經	계림정사	밧다존자, 아난다존자	두존자	동료상담	각기처소 로돌아감
	630.청정경淸淨經	계림정사	밧다존자, 아난다존자	두존자	동료상담	각기처소 로돌아감
	631.도피안경度彼岸經	계림정사	밧다존자, 아난다존자	두존자	동료상담	각기처소 로돌아감
	632.아라한경阿羅漢經	계림정사	밧다존자, 아난다존자	두존자	동료상담	각기처소 로돌아감
	633.일체법경一切法經	계림정사	여러 비구	석가	대중교설	기뻐행함
	634.현성경賢聖經	계림정사	여러 비구	석가	대중교설	기뻐행함

⟨22⟩

분류	경 전	장 소	내담자	상담자	상담형태	상담결과
24권	635.광택경光澤經	계림정사	여러 비구	석가	대중교설	기뻐행함
	636.비구경比丘經	계림정사	여러 비구	석가	대중교설	기뻐행함
	637.바라제목차경 波羅提木叉經	급고독원	여러 비구	석가	대중교설	기뻐행함
	638.순타경純陀經	칼란다죽원	아난다존자	석가	개별상담	기뻐행함
			여러 비구		상담청취	
	639.포살경布薩經	산개암라숲	여러 비구	석가	대중교설	기뻐행함
25권	640.법멸진상경法滅盡相經	마투라국	아난다존자	석가	개별상담	-
			제석천,네큰천 왕,모든하늘과 세상사람		대중교설	눈물흘리 며 예배
	641.아육왕시반아마륵과인연 경 阿育王施半阿摩勒 果因緣經	-	-	-	-	-
26권	642.지경知經	급고독원	여러 비구	석가	대중교설	기뻐행함
	643.정경淨經	급고독원	여러 비구	석가	대중교설	기뻐행함
	644.수타원경須陀洹經	급고독원	여러 비구	석가	대중교설	기뻐행함
	645.아라한경阿羅漢經	급고독원	비구들	석가	대중교설	기뻐행함
	646.당지경當知經	급고독원	여러 비구	석가	대중교설	기뻐행함
	647.분별경分別經	급고독원	여러 비구	석가	대중교설	기뻐행함
	648.약설경略說經	급고독원	여러 비구	석가	대중교설	기뻐행함
	649.누진경漏盡經	급고독원	여러 비구	석가	대중교설	기뻐행함
	650.사문바라문경 沙門婆羅門經①	급고독원	여러 비구	석가	대중교설	기뻐행함
	651.사문바라문경 沙門婆羅門經②	급고독원	여러 비구	석가	대중교설	기뻐행함
	652.향경向經	급고독원	여러 비구	석가	대중교설	기뻐행함
	653.광설경廣說經	급고독원	여러 비구	석가	대중교설	기뻐행함
	654.혜근경慧根經①	급고독원	여러 비구	석가	대중교설	기뻐행함
	655.혜근경慧根經②	급고독원	여러 비구	석가	대중교설	기뻐행함
	656.혜근경慧根經③	급고독원	여러 비구	석가	대중교설	기뻐행함
	657.혜근경慧根經④	급고독원	여러 비구	석가	대중교설	기뻐행함
	658.혜근경慧根經⑤	급고독원	여러 비구	석가	대중교설	기뻐행함
	659.혜근경慧根經⑥	급고독원	여러 비구	석가	대중교설	기뻐행함
	660.고단경苦斷經	급고독원	여러 비구	석가	대중교설	기뻐행함
	661.이력경二力經①	급고독원	여러 비구	석가	대중교설	기뻐행함
	662.이력경二力經②	급고독원	여러 비구	석가	대중교설	기뻐행함
	663.이력경二力經③	급고독원	여러 비구	석가	대중교설	기뻐행함
	664.삼력경三力經①	급고독원	여러 비구	석가	대중교설	기뻐행함
	665.삼력경三力經②	급고독원	여러 비구	석가	대중교설	기뻐행함
	666.삼력경三力經③	급고독원	여러 비구	석가	대중교설	기뻐행함
	667.사력경四力經	급고독원	여러 비구	석가	대중교설	기뻐행함

⟨23⟩

분류	경 전	장 소	내담자	상담자	상담형태	상담결과
	668.사섭사경四攝事經	급고독원	여러 비구	석가	대중교설	기뻐행함
	669.섭경攝經	급고독원	여러 비구	석가	대중교설	기뻐행함
	670.사력경四力經①	급고독원	여러 비구	석가	대중교설	기뻐행함
	671.사력경四力經②	급고독원	여러 비구	석가	대중교설	기뻐행함
	672.사력경四力經③	급고독원	여러 비구	석가	대중교설	기뻐행함
	673.오력경五力經	급고독원	여러 비구	석가	대중교설	기뻐행함
	674.오력당성경五力當成經	급고독원	여러 비구	석가	대중교설	기뻐행함
	675.당지오력경當知五力經	급고독원	여러 비구	석가	대중교설	기뻐행함
	676.당학오력경當學五力經	급고독원	여러 비구	석가	대중교설	기뻐행함
	677.오학력경五學力經	급고독원	여러 비구	석가	대중교설	기뻐행함
	678.당성학력경當成學力經	급고독원	여러 비구	석가	대중교설	기뻐행함
	679.광설학력경廣說學力經	급고독원	여러 비구	석가	대중교설	기뻐행함
	680.당성학력경當成學力經	급고독원	여러 비구	석가	대중교설	기뻐행함
	681.백법경白法經①	급고독원	여러 비구	석가	대중교설	기뻐행함
	682.백법경白法經②	급고독원	여러 비구	석가	대중교설	기뻐행함
	683.불선법경不善法經	급고독원	여러 비구	석가	대중교설	기뻐행함
	684.십력경十力經	급고독원	여러 비구	석가	대중상담	기뻐행함
	685.유모경乳母經	급고독원	여러 비구	석가	대중상담	기뻐행함
	686.사자후경師子吼經①	급고독원	여러 비구	석가	대중교설	기뻐행함
	687.사자후경師子吼經②	급고독원	여러 비구	석가	대중교설	기뻐행함
26권	688.칠력경七力經	급고독원	여러 비구	석가	대중교설	기뻐행함
	689.당성칠력경當成七力經	급고독원	여러 비구	석가	대중교설	기뻐행함
	690.칠력경七力經	급고독원	여러 비구	석가	대중교설	기뻐행함
	691.광설칠력경廣說七力經	급고독원	여러 비구	석가	대중교설	기뻐행함
	692.팔력경八力經	급고독원	여러 비구	석가	대중교설	기뻐행함
	693.광설팔력경廣說八力經	급고독원	여러 비구	석가	대중교설	기뻐행함
	694.사리불문경舍利弗問經	급고독원	사리불존자 여러 비구	석가	개별상담 상담청취	기뻐행함
	695.이비구문경異比丘問經	급고독원	어떤 비구 여러 비구	석가	개별상담 상담청취	기뻐행함
	696.제비구문경諸比丘問經	급고독원	여러 비구	석가	대중교설	기뻐행함
	697.구력경九力經	급고독원	여러 비구	석가	대중교설	기뻐행함
	698.광설구력경廣說九力經	급고독원	여러 비구	석가	대중교설	기뻐행함
	699.십력경十力經	급고독원	여러 비구	석가	대중교설	기뻐행함
	700.광설십력경廣說十力經	급고독원	여러 비구	석가	대중교설	기뻐행함
	701.여래력경如來力經①	급고독원	여러 비구	석가	대중교설	기뻐행함
	702.여래력경如來力經②	급고독원	여러 비구	석가	대중교설	기뻐행함
	703.여래력경如來力經③	급고독원	여러 비구	석가	대중교설	기뻐행함
	704.부정사유경不正思惟經	급고독원	여러 비구	석가	대중교설	기뻐행함
	705.불퇴경不退經	급고독원	여러 비구	석가	대중교설	기뻐행함
	706.개경蓋經	급고독원	여러 비구	석가	대중교설	기뻐행함

⟨24⟩

분류	경 전	장 소	내담자	상담자	상담형태	상담결과
26권	707.장개경障蓋經	급고독원	여러 비구	석가	대중교설	기뻐행함
	708.수경樹經	급고독원	여러 비구	석가	대중교설	기뻐행함
	709.칠각지경七覺支經	급고독원	여러 비구	석가	대중교설	기뻐행함
	710.청법경聽法經	급고독원	여러 비구	석가	대중교설	기뻐행함
	711.무외경無畏經①	기사굴산	무외왕자	석가	개별상담	기뻐예배
27권	712.무외경無畏經②	기사굴산	무외왕자	석가	개별상담	기뻐예배
	713.전취경轉趣經	사위국 외도들 절	외도들	비구들	대중상담	꾸짖고 돌아옴
		급고독원	비구들	석가	슈퍼비전	기뻐행함
	714.화경火經	사위국 외도들 절	외도들	비구들	대중상담	꾸짖고 돌아옴
		급고독원	비구들	석가	슈퍼비전	기뻐행함
	715.식경食經	급고독원	여러 비구	석가	대중교설	기뻐행함
	716.일법경一法經①	급고독원	여러 비구	석가	대중교설	기뻐행함
	717.일법경一法經②	급고독원	여러 비구	석가	대중교설	기뻐행함
	718.사리불경舍利弗經	급고독원	여러 비구	사리불	대중교설	기뻐행함
	719.우파마경優波摩經	계림정사	우파바나, 아디뭇타	두존자	동료상담	논의마치 고일어남
	720.아나율경阿那律經	송림정사	비구들, 아나율존자	함께	동료상담	함께 기뻐함
	721.전륜왕경轉輪王經①	급고독원	여러 비구	석가	대중교설	기뻐행함
	722.전륜왕경轉輪王經②	급고독원	여러 비구	석가	대중교설	기뻐행함
	723.연소경年少經	급고독원	여러 비구	석가	대중교설	기뻐행함
	724.봉사과보경奉事果報經	급고독원	여러 비구	석가	대중교설	기뻐행함
	725.불선취경不善聚經	급고독원	여러 비구	석가	대중교설	기뻐행함
	726.선지식경善知識經	협곡정사	아난다존자	석가	개별상담	기뻐행함
			여러 비구		상담청취	
	727.구이나갈경拘夷那竭經	히란나강변	아난다존자	석가	슈퍼비전	-
			어떤 비구		상담청취	게송찬탄
	728.설경說經	급고독원	여러 비구	석가	대중교설	기뻐행함
	729.멸경滅經	급고독원	여러 비구	석가	대중교설	기뻐행함
	730.분경分經	급고독원	여러 비구	석가	대중교설	기뻐행함
	731.지절경支節經	급고독원	여러 비구	석가	대중교설	기뻐행함
	732.기경起經	급고독원	여러 비구	석가	대중교설	기뻐행함
	733.칠도품경七道品經	급고독원	어떤 비구	석가	개별상담	기뻐행함
			여러 비구		상담청취	
	734.과보경果報經①	급고독원	여러 비구	석가	대중교설	기뻐행함
	735.과보경果報經②	급고독원	여러 비구	석가	대중교설	기뻐행함
	736.칠종과경七種果經	급고독원	여러 비구	석가	대중교설	기뻐행함
	737.칠도품경七道品經	급고독원	여러 비구	석가	대중상담	기뻐행함
	738.과보경果報經①	급고독원	여러 비구	석가	대중교설	기뻐행함

⟨25⟩

분류	경 전	장 소	내담자	상담자	상담형태	상담결과
27권	739.과보경果報經②	급고독원	여러 비구	석가	대중교설	기뻐행함
	740.과보경果報經③	급고독원	여러 비구	석가	대중교설	기뻐행함
	741.부정관경不淨觀經	급고독원	여러 비구	석가	대중교설	기뻐행함
	742.수사념경隨死念經	급고독원	여러 비구	석가	대중교설	기뻐행함
	743.자경慈經	외도들 절	외도들	비구들	대중상담	불쾌해 떠나옴
		황침읍	많은 비구	석가	슈퍼비전	기뻐행함
	744.자경慈經	급고독원	여러 비구	석가	대중교설	기뻐행함
	745.공경空經	급고독원	여러 비구	석가	대중교설	기뻐행함
	746.안나반나념경 安那般那念經	급고독원	여러 비구	석가	대중교설	기뻐행함
	747.무상경無常經	급고독원	여러 비구	석가	대중교설	기뻐행함
28권	748.일출경日出經	급고독원	여러 비구	석가	대중교설	기뻐행함
	749.무명경無名經①	급고독원	여러 비구	석가	대중교설	기뻐행함
	750.무명경無名經①	급고독원	여러 비구	석가	대중교설	기뻐행함
	751.기경起經	급고독원	여러 비구	석가	대중교설	기뻐행함
	752.가마경迦摩經	급고독원	카마부비구	석가	개별상담	기뻐행함
			여러 비구		상담청취	
	753.아리슬타경阿梨瑟吒經	급고독원	아리슬타비구	석가	개별상담	기뻐행함
			여러 비구		상담청취	
	754.사리불경舍利弗經	급고독원	사리불존자	석가	개별상담	기뻐행함
			여러 비구		상담청취	
	755.비구경比丘經①	급고독원	여러 비구	석가	대중교설	기뻐행함
	756.비구경比丘經②	급고독원	여러 비구	석가	대중교설	기뻐행함
	757.비구경比丘經③	급고독원	여러 비구	석가	대중교설	기뻐행함
	758.외경畏經	급고독원	여러 비구	석가	대중상담	기뻐행함
	759.수경受經	급고독원	여러 비구	석가	대중상담	기뻐행함
	760.삼법경三法經	급고독원	여러 비구	석가	대중상담	기뻐행함
	761.학경學經	급고독원	여러 비구	석가	대중교설	기뻐행함
	762.누진경漏盡經	급고독원	여러 비구	석가	대중교설	기뻐행함
	763.팔성도분경八聖道分經	급고독원	여러 비구	석가	대중교설	기뻐행함
	764.수경修經①	급고독원	여러 비구	석가	대중교설	기뻐행함
	765.수경修經②	급고독원	여러 비구	석가	대중교설	기뻐행함
	766.청정경淸淨經	급고독원	여러 비구	석가	대중교설	기뻐행함
	767.취경聚經	급고독원	여러 비구	석가	대중교설	기뻐행함
	768.반경半經	산골절	아난다존자	석가	개별교설	기뻐행함
	769.바라문경婆羅門經	급고독원	아난다존자	석가	개별상담	-
	770.사경邪經	급고독원	여러 비구	석가	대중교설	기뻐행함
	771.피안경彼岸經①	급고독원	생문바라문	석가	개별상담	기뻐함
	772.피안경彼岸經②	급고독원	생문바라문	석가	개별상담	기뻐함
	773.피안경彼岸經③	급고독원	생문바라문	석가	개별상담	기뻐함

⟨26⟩

분류	경 전	장 소	내담자	상담자	상담형태	상담결과
	774.피안경彼岸經④	급고독원	생문바라문	석가	개별상담	기뻐함
	775.정부정사유경 正不正思惟經①	급고독원	여러 비구	석가	대중교설	기뻐행함
	776.정부정사유경②	급고독원	여러 비구	석가	대중교설	기뻐행함
	777.정부정사유경③	급고독원	여러 비구	석가	대중교설	기뻐행함
	778.선악지식경善惡知識經	급고독원	여러 비구	석가	대중교설	기뻐행함
	779.선지식경善知識經	급고독원	여러 비구	석가	대중교설	기뻐행함
	780.선악지식경善惡知識經	급고독원	여러 비구	석가	대중교설	기뻐행함
	781.정부정사유경 正不正思惟經①	급고독원	여러 비구	석가	대중교설	기뻐행함
	782.비법시법경非法是法經	급고독원	여러 비구	석가	대중교설	기뻐행함
	783.단탐경斷貪經	급고독원	어떤 바라문	아난다	개별상담	기뻐함
	784.사정경邪正經	급고독원	여러 비구	석가	대중교설	기뻐행함
28권	785.광설팔성도경 廣說八聖道經	급고독원	여러 비구	석가	대중교설	기뻐행함
	786.향사경向邪經	급고독원	여러 비구	석가	대중교설	기뻐행함
	787.사견정견경邪見正見經①	급고독원	여러 비구	석가	대중교설	기뻐행함
	788.사견정견경邪見正見經②	급고독원	여러 비구	석가	대중교설	기뻐행함
	789.생문경生聞經	급고독원	생문바라문	석가	개별상담	기뻐함
	790.사정경邪正經①	급고독원	여러 비구	석가	대중교설	기뻐함
	791.사정경邪正經②	급고독원	여러 비구	석가	대중교설	기뻐함
	792.사정경邪正經③	급고독원	여러 비구	석가	대중교설	기뻐함
	793.순류역류경順流逆流經	급고독원	여러 비구	석가	대중교설	기뻐함
	794.사문사문과경 沙門沙門果經	급고독원	여러 비구	석가	대중교설	기뻐함
	795.사문법사문의경 沙門法沙門義經	급고독원	여러 비구	석가	대중교설	기뻐함
	796.사문법사문과경 沙門法沙門果經	급고독원	여러 비구	석가	대중교설	기뻐함
	797.사문법사문과경 沙門法沙門果經	급고독원	여러 비구	석가	대중교설	기뻐행함
	798.사문법사문의경 沙門法沙門義經	급고독원	여러 비구	석가	대중교설	기뻐행함
	799.사문과경沙門果經	급고독원	여러 비구	석가	대중교설	기뻐행함
	800.바라문경婆羅門經	급고독원	여러 비구	석가	대중교설	기뻐행함
29권	801.오법경五法經	급고독원	여러 비구	석가	대중교설	기뻐행함
	802.안나반나념경 安那般那念經①	급고독원	여러 비구	석가	대중교설	기뻐행함
	803.안나반나념경②	급고독원	여러 비구	석가	대중교설	기뻐행함
	804.단각상경斷覺想經	급고독원	여러 비구	석가	대중교설	기뻐행함
	805.아리슬타경阿梨瑟吒經	급고독원	아리슬타비구 여러 비구	석가	개별상담 상담청취	기뻐행함
	806.계빈나경罽賓那經	급고독원	여러 비구	석가	대중상담	기뻐행함

⟨27⟩

분류	경 전	장 소	내담자	상담자	상담형태	상담결과
29권	807.일사능가라경 一奢能伽羅經	이차능가라숲속	여러 비구	석가	대중교설 슈퍼비전	기뻐행함
	808.가마경迦磨經	냐그로다동산	석씨 마하나	카마부존자	개별상담	기뻐함
	809.금강경金剛經	샬라리숲속	여러 비구	석가	대중교설	잘못행함
			아난다존자	석가	개별상담	기뻐행함
			여러 비구		상담청취	
	810.아난경阿難經	샬라리숲속	아난다존자	석가	개별상담	기뻐행함
	811.비구경比丘經	샬라리숲속	어떤 비구	석가	개별상담	기뻐행함
	812.비구경比丘經	샬라리숲속	어떤 비구	석가	개별상담	기뻐행함
	813.금비라경金毘羅經	킴빌라숲속	킴빌라존자, 아난다존자	석가	개별상담	기뻐행함
	814.불피경不疲經	급고독원	여러 비구	석가	대중교설	기뻐행함
	815.포살경布薩經	급고독원	여러 비구	석가	집단상담	-
			여러 비구	석가	대중교설	기뻐행함
	816.학경學經	급고독원	여러 비구	석가	대중교설	기뻐행함
	817.학경學經①	급고독원	여러 비구	석가	대중교설	기뻐행함
	818.학경學經②	급고독원	여러 비구	석가	대중교설	기뻐행함
	819.학경學經③	급고독원	여러 비구	석가	대중교설	기뻐행함
	820.학경學經④	급고독원	여러 비구	석가	대중교설	기뻐행함
	821.학경學經⑤	급고독원	여러 비구	석가	대중교설	기뻐행함
	822.열반경涅槃經①	급고독원	여러 비구	석가	대중교설	기뻐행함
	823.열반경涅槃經②	급고독원	여러 비구	석가	대중교설	기뻐행함
	824.학경學經①	급고독원	여러 비구	석가	대중교설	기뻐행함
	825.학경學經②	급고독원	여러 비구	석가	대중교설	기뻐행함
	826.학경學經③	급고독원	여러 비구	석가	대중교설	기뻐행함
	827.경마경耕磨經	급고독원	여러 비구	석가	대중교설	기뻐행함
	828.노경驢經	급고독원	여러 비구	석가	대중교설	기뻐행함
	829.발기자경跋耆子經	밧지마을	발기자존자	석가	개별상담	아라한됨
30권	830.붕가사경崩伽闍經	급고독원	가섭존자	석가	개별상담	기뻐행함
			여러 비구		상담청취	
	831.계경戒經	급고독원	여러 비구	석가	대중교설	기뻐행함
	832.삼학경三學經	급고독원	여러 비구	석가	대중교설	기뻐행함
	833.이차경離車經	중각강당	난다카	석가	개별교설	기뻐예배
	834.불빈경不貧經	중각강당	여러 비구	석가	대중교설	기뻐행함
	835.전륜왕경轉輪王經	급고독원	여러 비구	석가	대중교설	기뻐행함
	836.사불괴정경四不壞淨經	급고독원	여러 비구	석가	대중교설	기뻐행함
	837.과환경過患經	급고독원	여러 비구	석가	대중교설	기뻐행함
	838.식경食經	급고독원	여러 비구	석가	대중교설	기뻐행함
	839.계경戒經①	급고독원	여러 비구	석가	대중교설	기뻐행함
	840.계경戒經②	급고독원	여러 비구	석가	대중교설	기뻐행함

⟨28⟩

분류	경전	장소	내담자	상담자	상담형태	상담결과
30권	841.윤택경潤澤經	급고독원	여러 비구	석가	대중교설	기뻐행함
	842.바라문경婆羅門經	급고독원	여러 비구	석가	대중교설	기뻐행함
	843.사리불경舍利弗經①	급고독원	사리불존자	석가	개별상담	기뻐행함
	844.사리불경舍利弗經②	급고독원	사리불존자 아난다존자	두존자	동료상담	잇달아 기뻐함
	845.공포경恐怖經①	급고독원	여러 비구	석가	대중교설	기뻐행함
	846.공포경恐怖經②	급고독원	여러 비구	석가	대중교설	기뻐행함
	847.천도경天道經①	급고독원	여러 비구	석가	대중교설	기뻐예배
	848.천도경天道經②	급고독원	여러 비구	석가	대중교설	기뻐행함
	849.천도경天道經③	급고독원	여러 비구	석가	대중교설	기뻐행함
	850.천도경天道經④	급고독원	여러 비구	석가	대중교설	기뻐행함
	851.법경경法鏡經①	급고독원	여러 비구	석가	대중교설	기뻐행함
	852.법경경法鏡經②	급고독원	여러 비구	석가	대중상담	기뻐행함
	853.법경경法鏡經③	급고독원	여러 비구	석가	대중상담	기뻐행함
	854.나리가경那梨迦經	긴자카정사	많은 비구	석가	대중상담	기뻐행함
	855.난제경難提經①	급고독원	석씨 난디야	석가	개별상담	기뻐행함
	856.난제경難提經②	급고독원	석씨 난디야	석가	개별상담	기뻐행함
	857.난제경難提經③	급고독원	석씨 난디야	석가	개별상담	기뻐예배
	858.난제경難提經④	급고독원	석씨 난디야	석가	개별상담	기뻐예배
	859.이사달다경梨師達多經	급고독원	이사달다, 푸르나 형제	석가	개별상담	기뻐예배
	860.전업경田業經	급고독원	이사달다, 푸루나 형제	석가	개별상담	기뻐함
31권	861.도솔천경兜率天經	급고독원	여러 비구	석가	대중교설	기뻐행함
	862.화락천경化樂天經	급고독원	여러 비구	석가	대중교설	기뻐행함
	863.타화자재천경 他化自在天經	급고독원	여러 비구	석가	대중교설	기뻐행함
	864.초선경初禪經	급고독원	여러 비구	석가	대중교설	기뻐행함
	865.해탈경解脫經	급고독원	여러 비구	석가	대중교설	기뻐행함
	866.중반열반경中般涅槃經	급고독원	여러 비구	석가	대중교설	기뻐행함
	867.제이선경第二禪經	급고독원	여러 비구	석가	대중교설	기뻐행함
	868.해탈경解脫經	급고독원	여러 비구	석가	대중교설	기뻐행함
	869.제삼선경第三禪經	급고독원	여러 비구	석가	대중교설	기뻐행함
	870.제사선경第四禪經	급고독원	여러 비구	석가	대중교설	기뻐행함
	871.풍운천경風雲天經	급고독원	여러 비구	석가	대중교설	기뻐행함
	872.산개부등경傘蓋覆燈經	급고독원	아난다존자	석가	개별상담	기뻐행함
	873.사종조복경四種調伏經	급고독원	여러 비구	석가	대중교설	기뻐행함
	874.삼종자경三種子經	급고독원	여러 비구	석가	대중교설	기뻐행함
	875.사정단경四正斷經①	급고독원	여러 비구	석가	대중교설	기뻐행함
	876.사정단경四正斷經②	급고독원	여러 비구	석가	대중교설	기뻐행함
	877.사정단경四正斷經③	급고독원	여러 비구	석가	대중교설	기뻐행함

⟨29⟩

분류	경 전	장 소	내담자	상담자	상담형태	상담결과
31권	878.사정단경四正斷經④	급고독원	여러 비구	석가	대중교설	기뻐행함
	879.사정단경四正斷經⑤	급고독원	여러 비구	석가	대중교설	기뻐행함
	880.불방일경不放逸經	급고독원	여러 비구	석가	대중교설	기뻐행함
	881.단삼경斷三經	급고독원	여러 비구	석가	대중교설	기뻐행함
	882.불방일근본경 不放逸根本經	급고독원	여러 비구	석가	대중교설	기뻐행함
	883.사종선경四種禪經	급고독원	여러 비구	석가	대중교설	기뻐행함
	884.무학삼명경無學三明經①	급고독원	여러 비구	석가	대중교설	기뻐행함
	885.무학삼명경無學三明經②	급고독원	여러 비구	석가	대중교설	기뻐행함
	886.삼명경三明經	급고독원	어떤 바라문	석가	개별상담	기뻐함
	887.신경信經	급고독원	어떤 바라문	석가	개별상담	기뻐함
	888.증익경增益經	급고독원	어떤 바라문	석가	개별상담	기뻐함
	889.등기경等起經	급고독원	어떤 바라문	석가	개별상담	기뻐함
	890.무위법경無爲法經	급고독원	비구들	석가	대중교설	기뻐행함
	891.모단경毛端經	급고독원	여러 비구	석가	대중상담	기뻐행함
	892.육내처경六內處經	급고독원	여러 비구	석가	대중교설	기뻐행함
	893.오종종자경五種種子經	급고독원	여러 비구	석가	대중교설	기뻐행함
	894.여실지경如實知經	급고독원	여러 비구	석가	대중교설	기뻐행함
	895.삼애경三愛經	급고독원	여러 비구	석가	대중교설	기뻐행함
	896.삼유루경三有漏經	급고독원	여러 비구	석가	대중교설	기뻐행함
	897.라후라경羅睺羅經	칼란다죽원	라훌라존자	석가	개별상담	기뻐행함
			여러 비구		상담청취	
	898.안이단경眼已斷經	칼란다죽원	여러 비구	석가	대중교설	기뻐행함
	899.안생경眼生經	칼란다죽원	여러 비구	석가	대중교설	기뻐행함
	900.미착경味著經	칼란다죽원	여러 비구	석가	대중교설	기뻐행함
	901.선법긴립경善法建立經	칼란다죽원	여러 비구	석가	대중교설	기뻐행함
	902.여래제일경如來第一經	칼란다죽원	여러 비구	석가	대중교설	기뻐행함
	903.이탐법제일경 離貪法第一經	칼란다죽원	여러 비구	석가	대중교설	기뻐행함
	904.성문제일경聲聞第一經	칼란다죽원	여러 비구	석가	대중교설	기뻐행함
32권	905.외도경外道經	기사굴산	외도들	사리불	대중상담	꾸짖고 떠나감
			사리불존자, 가섭존자	두존자	동료상담	각기본처 로돌아감
	906.법손괴경法損壞經	급고독원	가섭존자	석가	개별상담	기뻐예배
	907.차라주라경遮羅周羅經	칼란다죽원	촌장탈라푸타	석가	개별상담	기뻐예배
	908.전투활경戰鬪活經	칼란다죽원	촌장 군인	석가	개별상담	슬피울다 기뻐예배
	909.조마경調馬經	칼란다죽원	말다루기촌장	석가	개별상담	기뻐예배
	910.흉악경凶惡經	칼란다죽원	흉악촌장	석가	개별상담	기뻐예배
	911.마니주계경摩尼珠髻經	칼란다죽원	마니주촌장	석가	개별상담	기뻐예배
			비구들		대중교설	기뻐행함

⟨30⟩

분류	경 전	장 소	내담자	상담자	상담형태	상담결과
32권	912.왕정경王頂經	게가못결	왕정수리촌장	석가	개별교설	기뻐예배
	913.갈담경竭曇經	앵무염부숲	간다가타촌장	석가	개별상담	기뻐예배
	914.도사씨경刀師氏經①	호의암라숲	도사씨촌장	석가	개별상담	기뻐함
	915.도사씨경刀師氏經②	호의암라숲	도사씨촌장	석가	개별상담	기뻐예배
	916.도사씨경刀師氏經③	호의암라숲	도사씨촌장	석가	개별상담	기뻐예배
	917.삼종조마경三種調馬經	급고독원	여러 비구	석가	대중교설	기뻐행함
	918.순량마경順良馬經	칼란다죽원	여러 비구	석가	대중교설	기뻐행함
33권	919.양마경良馬經	칼란다죽원	여러 비구	석가	대중교설	기뻐행함
	920.삼경三經	칼란다죽원	여러 비구	석가	대중교설	기뻐행함
	921.사경四經	칼란다죽원	여러 비구	석가	대중교설	기뻐행함
	922.편영경鞭影經	칼란다죽원	여러 비구	석가	대중교설	기뻐행함
	923.지시경只尸經	칼란다죽원	말다루는케시	석가	개별상담	기뻐예배
	924.유과경有過經	칼란다죽원	여러 비구	석가	대중교설	기뻐행함
	925.팔종덕경八種德經	칼란다죽원	여러 비구	석가	대중교설	기뻐행함
	926.선타가전연경詵陀迦旃延經	협곡정사	선타가전연	석가	개별교설	-
			발가리존자		개별상담	해탈얻음
	927.우바새경優婆塞經	냐그로다동산	석씨마하나마	석가	개별상담	기뻐예배
	928.심묘공덕경深妙功德經	냐그로다동산	석씨마하나마	석가	개별상담	기뻐예배
			5백 우바새		상담청취	-
	929.일체사경一切事經	냐그로다동산	석씨마하나마	석가	개별상담	기뻐예배
	930.자공경自恐經	냐그로다동산	석씨마하나마	석가	개별상담	기뻐예배
	931.수습주경修習住經	냐그로다동산	석씨마하나마	석가	개별상담	기뻐예배
	932.십일경十一經	냐그로다동산	석씨마하나마	석가	개별상담	기뻐예배
	933.십이경十二經	냐그로다동산	석씨마하나마	석가	개별상담	기뻐예배
	934.해탈경解脫經	냐그로다동산	석씨마하나마	석가,아난다	개별상담	기뻐예배
			아난다존자	석가	개별상담	기뻐행함
	935.사타경沙陀經	냐그로다동산	석씨고다	석씨마하나마	개별상담	-
			석씨마하나마	석가	슈퍼비전	기뻐예배
	936.백수경百手經	냐그로다동산	석씨들	석씨마하나마	대중상담	석가에게 묻기로함
			석씨마하나마	석가	슈퍼비전	기뻐예배
	937.혈경血經	중각강당	비구 40명	석가	대중상담	기뻐행함
	938.누경淚經	급고독원	여러 비구	석가	대중상담	기뻐행함
	939.모유경母乳經	급고독원	비구들	석가	대중상담	기뻐행함

⟨31⟩

분류	경 전	장 소	내담자	상담자	상담형태	상담결과
	940.초목경草木經	급고독원	비구들	석가	대중교설	기뻐행함
	941.토환립경土丸粒經	급고독원	여러 비구	석가	대중교설	기뻐행함
	942.안락경安樂經	급고독원	여러 비구	석가	대중교설	기뻐행함
	943.고뇌경苦惱經	급고독원	여러 비구	석가	대중교설	기뻐행함
	944.공포경恐怖經	급고독원	여러 비구	석가	대중교설	기뻐행함
	945.애념경愛念經	급고독원	여러 비구	석가	대중교설	기뻐행함
	946.항하경恒河經	급고독원	어떤 바라문	석가	개별상담	출가 후 아라한됨
	947.누골경累骨經	베풀라산	여러 비구	석가	대중교설	기뻐행함
	948.성경城經	급고독원	여러 비구 어떤 비구	석가	대중교설 개별상담	기뻐행함
	949.산경山經	급고독원	여러 비구 어떤 비구	석가	대중교설 개별상담	기뻐행함
	950.과거경過去經	급고독원	여러 비구 어떤 비구	석가	대중교설 개별상담	기뻐행함
	951.무유일처경無有一處經	급고독원	여러 비구	석가	대중교설	기뻐행함
	952.무불일처경無不一處經	급고독원	여러 비구	석가	대중교설	기뻐행함
	953.대우체포경大雨渧泡經	급고독원	여러 비구	석가	대중교설	기뻐행함
	954.대우홍수경大雨洪澍經	급고독원	여러 비구	석가	대중교설	기뻐행함
	955.오절륜경五節輪經	급고독원	여러 비구	석가	대중교설	기뻐행함
34권	956.비부라경毘富羅經	베풀라산	여러 비구	석가	대중교설	기뻐행함
	957.신명경身命經	칼란다죽원	어떤바차종족	석가	개별상담	기뻐함
	958.목련경目連經	칼란다죽원	어떤바차종족	목건련	개별상담	기뻐함
	959.기재경奇哉經	칼란다죽원 나티카촌	어떤바차종족 어떤바차종족	석가 가전연	개별상담 개별상담	기뻐찬탄 기뻐함
	960.기특경奇特經	칼란다죽원	어떤바차종족	석가	개별상담	기뻐함
	961.유아경有我經	칼란다죽원	어떤바차종족 아난다존자	석가	개별상담	- 기뻐함
	962.견경見經	급고독원	어떤바차종족	석가	개별상담	기뻐함
	963.무지경無知經	칼란다죽원	어떤바차종족	석가	개별상담	기뻐함
	964.출가경出家經	칼란다죽원	어떤바차종족 많은 비구	석가	개별상담 대중상담	첫째 예언줌 기뻐행함
	965.울저가경鬱低迦經	칼란다죽원	우티야외도	석가, 아난다	개별상담	기뻐함
	966.부린니경富隣尼經	기사굴산 칼란다죽원	외도들 부루나존자	부루나 석가	대중상담 슈퍼비전	꾸짖고 떠나감 기뻐행함
	967.구가나경俱迦那經	타포다강가	코카누다외도	아난다	개별상담	놀라찬탄
	968.급고독경給孤獨經	외도들 절 칼란다죽원	외도들 급고독장자	급고독 석가	대중상담 슈퍼비전	항복함 기뻐예배

⟨32⟩

분류	경 전	장 소	내담자	상담자	상담형태	상담결과
34권	969.장조경長爪經	칼란다죽원	장조장자	석가	개별상담	출가 후 아라한됨
			사리불존자			해탈얻음
	970.사라보경舍羅步經	수마갈타못	사라바외도, 사라바의제자	석가	개별상담	스승꾸짖고떠나감
	971.상좌경上座經	수마갈타못	출가상좌외도	석가	개별상담	출가 후 아라한됨
	972.삼제경三諦經	수마갈타못	많은 출가바라문	석가	대중상담	잠자코 있음
	973.전타경旃陀經	고시타동산	찬나외도	아난다	개별상담	기뻐함
	974.보루저가경補縷低迦經①	급고독원	보루저가외도	사리불	개별상담	기뻐함
	975.보루저가경補縷低迦經②	급고독원	보루저가외도	석가	개별상담	기뻐함
	976.시바경尸婆經①	칼란다죽원	시바카외도	석가	개별상담	기뻐함
	977.시바경尸婆經②	칼란다죽원	시바카외도	석가	개별상담	출가 후 아라한됨
	978.상주경商主經	호의암라동산	출가상인외도 (120세)	석가	개별상담	출가 후 아라한됨
	979.수발타라경須跋陀羅經	견고림	수밧다외도	석가	개별상담	출가 후 아라한됨
			아난다존자			-
35권	980.염삼보경念三寶經	중각강당	많은 상인	석가	대중교설	기뻐함
	981.당경幢經	급고독원	여러 비구	석가	대중교설	기뻐행함
	982.아난사리불경 阿難舍利弗經	아차나숲속	사리불존자	석가	개별교설	기뻐행함
	983.아난경阿難經	급고독원	아난다존자	석가	개별상담	기뻐행함
	984.애경愛經①	급고독원	여러 비구	석가	대중교설	기뻐행함
	985.애경愛經②	급고독원	여러 비구	석가	대중교설	기뻐행함
	986.이사난단경二事難斷經	급고독원	여러 비구	석가	대중교설	기뻐행함
	987.이법경二法經	급고독원	여러 비구	석가	대중교설	기뻐행함
	988.제석경帝釋經①	칼란다죽원	제석천, 목건련존자	석가	개별상담	-
	989.제석경帝釋經②	칼란다죽원	제석천	석가	개별상담	기뻐예배
	990.녹주우바이경 鹿住優婆夷經①	녹주의 집	녹주우바이	아난다	개별상담	-
		급고독원	아난다존자	석가	슈퍼비전	기뻐행함
	991.녹주우바이경 鹿住優婆夷經②	녹주의 집	녹주우바이	석가	대중상담	
		급고독원	비구들		슈퍼비전	기뻐행함
	992.복전경福田經	급고독원	급고독장자	석가	개별상담	기뻐행함
	993.찬상좌경讚上座經	급고독원	바기사존자	-	게송찬탄	
36권	994.바기사멸진경 婆耆娑滅盡經	녹자모강당	바기사존자	석가	개별상담	게송찬탄
	995.아련야경阿練若經	급고독원	어떤하늘사내	석가	개별상담	기뻐하며 사라짐

⟨33⟩

분류	경 전	장 소	내담자	상담자	상담형태	상담결과
36권	996. 교만경憍慢經	급고독원	어떤하늘사내	석가	개별상담	기뻐하며 사라짐
	997. 공덕증장경功德增長經	급고독원	어떤하늘사내	석가	개별상담	기뻐하며 사라짐
	998. 시하득대력경 施何得大力經	급고독원	어떤하늘사내	석가	개별상담	기뻐하며 사라짐
	999. 환희경歡喜經	급고독원	어떤하늘사내 세리이	석가	개별상담	기뻐하며 사라짐
	1000. 원유경遠遊經	급고독원	어떤하늘사내	석가	개별상담	기뻐하며 사라짐
	1001. 침박경侵迫經	급고독원	어떤하늘사내	석가	개별상담	기뻐하며 사라짐
	1002. 단제경斷除經	급고독원	어떤하늘사내	석가	개별상담	기뻐하며 사라짐
	1003. 각면경覺眠經	급고독원	어떤하늘사내	석가	개별상담	기뻐하며 사라짐
	1004. 상희경相喜經	급고독원	어떤하늘사내	석가	개별상담	기뻐하며 사라짐
	1005. 인물경人物經	급고독원	어떤하늘사내	석가	개별상담	기뻐하며 사라짐
	1006. 애무과자경愛無過子經	급고독원	어떤하늘사내	석가	개별상담	기뻐하며 사라짐
	1007. 찰리경刹利經	급고독원	어떤하늘사내	석가	개별상담	기뻐하며 사라짐
	1008. 종자경種子經	급고독원	어떤하늘사내	석가	개별상담	기뻐하며 사라짐
	1009. 심경心經	급고독원	어떤하늘사내	석가	개별상담	기뻐하며 사라짐
	1010. 박경縛經	급고독원	어떤하늘사내	석가	개별상담	기뻐하며 사라짐
	1011. 암경埯經	급고독원	어떤하늘사내	석가	개별상담	기뻐하며 사라짐
	1012. 무명경無明經	급고독원	어떤하늘사내	석가	개별상담	기뻐하며 사라짐
	1013. 신경信經	급고독원	어떤하늘사내	석가	개별상담	기뻐하며 사라짐
	1014. 제이경第二經	급고독원	어떤하늘사내	석가	개별상담	기뻐하며 사라짐
	1015. 지계지로경持戒至老經	급고독원	어떤하늘사내	석가	개별상담	기뻐하며 사라짐
	1016. 중생경衆生經①	급고독원	어떤하늘사내	석가	개별상담	기뻐하며 사라짐
	1017. 중생경衆生經②	급고독원	어떤하늘사내	석가	개별상담	기뻐하며 사라짐
	1018. 중생경衆生經③	급고독원	어떤하늘사내	석가	개별상담	기뻐하며 사라짐

⟨34⟩

분류	경 전	장 소	내담자	상담자	상담형태	상담결과
36권	1019.비도경非道經	급고독원	어떤하늘사내	석가	개별상담	기뻐하며 사라짐
	1020.무상경無上經	급고독원	어떤하늘사내	석가	개별상담	기뻐하며 사라짐
	1021.하법위게인경 何法僞偈因經	급고독원	어떤하늘사내	석가	개별상담	기뻐하며 사라짐
	1022.왕거경王車經	급고독원	어떤하늘사내	석가	개별상담	기뻐하며 사라짐
37권	1023.파구나경巴求那經	녹자모강당	파구나존자	석가	개별교설	안락하게 임종
			아난다존자		개별상담	기뻐예배
	1024.아습파서경阿濕波誓經	녹자모강당	아슈바짓존자	석가	개별상담	해탈얻어 병이나음
	1025.질병경疾病經①	변두리 객승방	병걸린 젊은 비구	석가	개별상담	안락하게 임종
		급고독원	여러 비구		대중상담	기뻐행함
	1026.질병경疾病經②	급고독원	여러 비구	석가	대중교설	기뻐행함
	1027.병비구경病比丘經	변두리 객승방	병걸린 젊은 비구	석가	개별상담	안락하게 임종
		급고독원	여러 비구		대중교설	기뻐예배
	1028.질병경疾病經①	겔란냐강당	병앓는비구들	석가	대중교설	기뻐행함
	1029.질병경疾病經②	겔란냐강당	병앓는비구들	석가	대중교설	기뻐행함
	1030.급고독경給孤獨經①	급고독의집	급고독장자	석가	개별상담	음식공양
	1031.급고독경給孤獨經②	급고독의집	급고독장자	아난	개별상담	음식공양
	1032.급고독경給孤獨經③	급고독의집	급고독장자	아난다, 사리불	개별상담	음식공양
	1033.달마제리경達磨提離經	달마제리집	달마제리장자	석가	개별상담	음식공양
	1034.장수경長壽經	장수동자집	장수동자	석가	개별상담	음식공양
	1035.바수경婆藪經	바수장자집	바수장자	석가	개별상담	음식공양
	1036.사라경沙羅經	석씨사라집	석씨 사라	석가	개별상담	음식공양
	1037.야수경耶輸經	야수장자집	야수장자	석가	개별상담	음식공양
	1038.마야제나경 摩耶提那經	마나딘나집	마나딘나장자	아나율	개별상담	음식공양
	1039.순타경淳陀經	금사정사	춘다장자	석가	개별상담	기뻐예배
	1040.사행경捨行經	금사정사	어떤 바라문	석가	개별상담	기뻐함
	1041.생문범지경生聞梵志經	칼란다죽원	생문범지	석가	개별상담	기뻐함
	1042.비라경鞞羅經	심사파숲	비라촌 바라문들	석가	대중상담	기뻐예배
	1043.비라마경鞞羅磨經	심사파숲	비라마촌 바라문들	석가	대중상담	기뻐함
	1044.비뉴다라경 鞞紐多羅經	심사파숲	비뉴다라촌 바라문들	석가	대중상담	기뻐함
	1045.수류경隨類經	급고독원	여러 비구	석가	대중교설	기뻐행함

⟨35⟩

분류	경전	장소	내담자	상담자	상담형태	상담결과
37권	1046.사행경蛇行經	급고독원	여러 비구	석가	대중교설	기뻐행함
	1047.원주경圓珠經①	급고독원	여러 비구	석가	대중교설	기뻐행함
	1048.원주경圓珠經②	급고독원	여러 비구	석가	대중교설	기뻐행함
	1049.삼인경三因經	급고독원	여러 비구	석가	대중교설	기뻐행함
	1050.출불출경出不出經	급고독원	여러 비구	석가	대중교설	기뻐행함
	1051.피안차안경彼岸此岸經	칼란다죽원	어떤 생문바라문	석가	개별상담	기뻐함
	1052.진실법경眞實法經	급고독원	여러 비구	석가	대중교설	기뻐행함
	1053.악법경惡法經	급고독원	여러 비구	석가	대중교설	기뻐행함
	1054.선남자경善男子經	급고독원	여러 비구	석가	대중교설	기뻐행함
	1055.십법경十法經①	급고독원	여러 비구	석가	대중교설	기뻐행함
	1056.십법경十法經②	급고독원	여러 비구	석가	대중교설	기뻐행함
	1057.이십법경二十法經	급고독원	여러 비구	석가	대중교설	기뻐행함
	1058.삼십법경三十法經	급고독원	여러 비구	석가	대중교설	기뻐행함
	1059.사십법경四十法經	급고독원	여러 비구	석가	대중교설	기뻐행함
	1060.법비법경法非法經	급고독원	여러 비구	석가	대중교설	기뻐행함
	1061.비율정율경非律正律經	급고독원	여러 비구	석가	대중교설	기뻐행함
38권	1062.선생경善生經	급고독원	여러 비구	석가	대중교설	기뻐행함
	1063.추루경醜陋經	급고독원	여러 비구	석가	대중상담	기뻐행함
	1064.제바경提婆經	칼란다죽원	많은 비구	석가	대중상담	기뻐행함
	1065.수비구경手比丘經	급고독원	많은 비구	석가	대중상담	기뻐행함
	1066.난타경難陀經①	급고독원	많은 비구	석가	대중상담	기뻐행함
	1067.난타경難陀經②	급고독원	이모의아들 난타존자	석가	개별상담	기뻐행함
	1068.저사경低沙經	급고독원	고모의아들 팃시존자	석가	개별상담	기뻐예배
	1069.비사가경毘舍佉經	급고독원	많은 비구	비사카	대중교설	즐겨경청
			비사카존자	석가	슈퍼비전	기뻐예배
	1070.연소경年少經	급고독원	여러 비구, 어떤젊은비구	석가	대중상담 개별상담	기뻐행함
	1071.상좌경上座經	급고독원	홀로 참선한 비구	석가	개별상담	기뻐예배
	1072.승가람경僧迦籃經	급고독원	상가마지존자	석가	개별교설	기뻐예배
	1073.아난경阿難經	급고독원	아난다존자	석가	개별상담	기뻐예배
	1074.영발경縈髮經	지팡이숲	우루벨라가섭	석가	개별상담	-
			빔비사라왕과 권속		상담청취	기뻐예배
	1075.타표경陀驃經①	칼란다죽원	타표,자지,메 티야,비구들	석가	집단상담	죄를밝힘
			여러 비구		대중상담	기뻐행함
	1076.타표경陀驃經②	칼란다죽원	타표비구	석가	개별상담	공중열반
			비구들		대중교설	기뻐행함

472 붓다의 상담, 꽃향기를 훔치는 도둑

⟨36⟩

분류	경 전	장 소	내담자	상담자	상담형태	상담결과
38권	1077.적경賊經	타바사리가숲	앙굴리마라	석가	개별상담	기뻐행함
	1078.산도타경散倒吒經	타포다강가	어떤하늘사내	산도타	개별상담	함께석가를찾아감
		칼란다죽원	어떤하늘사내	석가	개별상담	기뻐하며 사라짐
	1079.유경喩經	칼란다죽원	어떤 비구	석가	개별상담	기뻐행함
	1080.참괴경慙愧經	녹야원	어떤 비구	석가	개별상담	기뻐행함
			비구들		상담청취	
39권	1081.고종경苦種經	바라나시국 거리	어떤 비구	석가	개별교설	두려워머리털이섬
		녹야원	비구들		대중상담	기뻐행함
	1082.복창경復瘡經	안다숲	어떤 비구	천신	개별상담	-
		급고독원	비구들	석가	대중교설	기뻐행함
	1083.식우근경食藕根經	비사리성	젊은 비구	비구들	대중상담	듣지않음
		중각강당	비구들	석가	대중상담	기뻐행함
	1084.장수경長壽經	찬숲속무덤	여러 비구	석가	대중교설	
			악마 파순		개별상담	부끄러워 사라짐
	1085.수명경壽命經	찬숲속무덤	여러 비구	석가	대중교설	
			악마 파순		개별상담	부끄러워 사라짐
	1086.마박경魔縛經	칼란다죽원	악마 파순	석가	개별상담	부끄러워 사라짐
	1087.수면경睡眠經	칼란다죽원	악마 파순	석가	개별상담	부끄러워 사라짐
	1088.경행경經行經	기사굴산	악마 파순	석가	개별상담	슬퍼하며 사라짐
	1089.대룡경大龍經	기사굴산	악마 파순	석가	개별상담	슬퍼하며 사라짐
	1090.수면경睡眠經	칠엽림돌집	악마 파순	석가	개별상담	슬퍼하며 사라짐
	1091.구지가경瞿低迦經	칠엽림돌집	악마 파순	석가	개별상담	슬퍼하며 사라짐
		선인산돌집	여러 비구		대중상담	기뻐행함
	1092.마녀경魔女經	나이란자나강	악마 파순	석가	개별상담	슬퍼함
			파순의 세 딸		대중상담	파순한테 희롱당함
	1093.정부정경淨不淨經	나이란자나	악마 파순	석가	개별상담	슬퍼하며 사라짐
	1094.고행경苦行經	나이란자나	악마 파순	석가	개별상담	슬퍼하며 사라짐
	1095.걸식경乞食經	샤알라촌	악마 파순	석가	개별상담	슬퍼하며 사라짐

⟨37⟩

분류	경 전	장 소	내담자	상담자	상담형태	상담결과
39권	1096.승색경繩索經	녹야원	여러 비구	석가	대중교설	-
			악마 파순		개별상담	슬퍼하며 사라짐
	1097.설법경說法經	석주석씨촌	악마 파순	석가	개별상담	슬퍼하며 사라짐
	1098.작왕경作王經	석주석씨촌	악마 파순	석가	개별상담	슬퍼하며 사라짐
	1099.중다경衆多經	석주석씨촌	비구들	석가	대중상담	기뻐행함
	1100.선각경善覺經	석주석씨촌	선각 비구	석가	개별상담	자신얻음
	1101.사자경師子經	녹야원	여러 비구	석가	대중교설	-
			악마 파순		개별상담	슬퍼하며 사라짐
	1102.발경鉢經	왕사성벌판	5백 비구	석가	대중교설	기뻐행함
	1103.입처경入處經	왕사성벌판	6백 비구	석가	대중교설	-
			악마 파순			사라짐
40권	1104.제석경帝釋經	칼란다죽원	여러 비구	석가	대중교설	기뻐행함
	1105.마하리경摩訶離經	중각강당	리차족 마하리	석가	개별상담	기뻐예배
	1106.이하인경以何因經	중각강당	어떤 비구	석가	개별상담	기뻐행함
			여러 비구		대중교설	
	1107.야차경夜叉經	중각강당	여러 비구	석가	대중교설	기뻐행함
	1108.득안경得眼經	급고독원	싸운 두 비구	석가	대중상담	기뻐행함
	1109.선승경善勝經	급고독원	여러 비구	석가	대중교설	기뻐행함
	1110.박계경縛繫經	급고독원	여러 비구	석가	대중교설	기뻐행함
	1111.경불경敬佛經	급고독원	여러 비구	석가	대중교설	기뻐행함
	1112.공법경恭法經*	급고독원	여러 비구	석가	대중교설	기뻐행함
	1113.경승경敬僧經	급고독원	여러 비구	석가	대중교설	기뻐행함
	1114.숙비리경宿毘梨經	급고독원	여러 비구	석가	대중교설	기뻐행함
	1115.선인경仙人經	급고독원	여러 비구	석가	대중교설	기뻐행함
	1116.멸진경滅盡經	급고독원	샤크라데바	석가	개별상담	기뻐예배
	1117.월팔일경月八日經	급고독원	여러 비구	석가	대중교설	기뻐행함
	1118.병경病經	급고독원	여러 비구	석가	대중교설	기뻐행함
	1119.바치경婆稚經	급고독원	여러 비구	석가	대중교설	기뻐행함
	1120.서약경誓約經	급고독원	여러 비구	석가	대중교설	기뻐행함
41권	1121.석씨경釋氏經	냐그로다 동산	많은 석씨들	석가	대중상담	기뻐예배
	1122.질병경疾病經	냐그로다	난제석씨	석가	개별상담	기뻐예배
			많은 석씨들		상담청취	-
	1123.보리경菩提經	냐그로다	보디석씨	석가	개별상담	기뻐예배
	1124.왕생경往生經	냐그로다	여러 비구	석가	대중교설	기뻐행함
	1125.수다원경須陀洹經①	급고독원	여러 비구	석가	대중교설	기뻐행함
	1126.수다원경須陀洹經②	급고독원	여러 비구	석가	대중교설	기뻐행함

⟨38⟩

분류	경 전	장 소	내담자	상담자	상담형태	상담결과
41권	1127.사법경四法經	급고독원	여러 비구	석가	대중교설	기뻐행함
	1128.사과경四果經①	급고독원	여러 비구	석가	대중교설	기뻐행함
	1129.사과경四果經②	급고독원	여러 비구	석가	대중교설	기뻐행함
	1130.경행처경經行處徑	급고독원	여러 비구	석가	대중교설	기뻐행함
	1131.사식경四食經	급고독원	여러 비구	석가	대중교설	기뻐행함
	1132.윤택경潤澤經①	급고독원	여러 비구	석가	대중교설	기뻐행함
	1133.윤택경潤澤經②	급고독원	여러 비구	석가	대중교설	기뻐행함
	1134.윤택경潤澤經③	급고독원	여러 비구	석가	대중교설	기뻐행함
	1135.사십천자경 四十天子經	급고독원	사십 천자 4백,8백천자, 10천,20천,30 천,40천,50천, 60천,70천,80 천 천자들	석가	대중상담	스로타판 나과 증명한뒤 사라짐
	1136.월유경月喩經	칼란다죽원	여러 비구	석가	대중상담	기뻐행함
	1137.시여경施與經	급고독원	여러 비구	석가	대중교설	기뻐행함
	1138.각승경角勝經	급고독원	반다, 아지비카	석가	대중상담	기뻐예배
	1139.무신경無信經	급고독원	마하가섭	석가	슈퍼비전	기뻐함
	1140.불위근본경 佛爲根本經	급고독원	마하가섭	석가	슈퍼비전	기뻐예배
	1141.극로경極老經	급고독원	마하가섭	석가	개별상담	기뻐예배
	1142.납의중경衲衣重經	급고독원	가섭, 비구들	석가	대중상담	기뻐행함
	1143.시시경是時經	왕사성 비구니절	여러비구니들 툴라팃사여승 가섭,아난다	가섭 두존자	대중교설 동료상담	기뻐행함 욕을 함 -
	1144.중감경衆減經	기사굴산	아난다	가섭	개별상담	기뻐가짐
42권	1145.복전경福田經	급고독원	푸라세나짓왕	석가	개별상담	기뻐행함
	1146.명명경明冥經	급고독원	푸라세나짓왕	석가	개별상담	기뻐예배
	1147.석산경石山經	급고독원	푸라세나짓왕	석가	개별상담	기뻐예배
	1148.형상경形相經	급고독원	푸라세나짓왕	석가	개별상담	기뻐예배
	1149.칠왕경七王經	급고독원	푸라세나짓왕 과 여러나라 왕, 대신권속 찬다나	석가	대중상담 상담청취	기뻐하며 떠나감 옷 공양
	1150.천식경喘息經	급고독원	푸라세나짓왕	석가	개별상담	살이빠짐
	1151.아수라경阿修羅經	급고독원	젊은이아수라	석가	개별상담	기뻐예배
	1152.빈기가경賓耆迦經	급고독원	젊은이빈기가	석가	개별상담	기뻐예배
	1153.건매경健罵經①	녹자모강당	바라드바쟈	석가	개별상담	기뻐함
	1154.건매경健罵經②	녹자모강당	바라드바쟈	석가	개별상담	기뻐함
	1155.위의경違義經	급고독원	위의바라문	석가	개별상담	기뻐함
	1156.불해경不害經	급고독원	불해바라문	석가	개별상담	기뻐함

분류	경 전	장 소	내담자	상담자	상담형태	상담결과
42권	1157.화여경火與經	칼란다죽원	화여바라문	석가	개별상담	출가수행
	1158.바사타경婆肆吒經	급고독원	다난자니 바라문의남편	석가	개별상담	출가수행
	1159.마구경魔瞿經	급고독원	마가바라문	석가	개별상담	기뻐함
	1160.청정경淸淨經	급고독원	길잡이바라문	석가	개별상담	기뻐함
	1161.아라한법경阿羅漢法經	급고독원	어떤 바라문	석가	개별상담	기뻐함
	1162.노부부경老夫婦經	사위성거리	아난다존자	석가	개별상담	기뻐행함
	1163.노사경老死經	사위성거리	아난다존자	석가	개별상담	기뻐행함
43권	1164.바라연경波羅延經	녹야원	많은 비구	비구들	동료상담	석가에게 나아감
			많은 비구	석가	슈퍼비전	기뻐행함
	1165.빈두라경賓頭羅經	구시라동산	코삼비국왕 우데나	핀돌라	개별상담	기뻐함
	1166.수족유경手足喩經	구시라동산	여러 비구	석가	대중교설	기뻐행함
	1167.구경龜經	구시라동산	여러 비구	석가	대중교설	기뻐행함
	1168.황맥경䵃麥經	구시라동산	여러 비구	석가	대중상담	기뻐행함
	1169.금경琴經	구시라동산	여러 비구	석가	대중상담	기뻐행함
	1170.나창경癩瘡經	구시라동산	여러 비구	석가	대중교설	기뻐행함
	1171.육종중생경六種衆生經	구시라동산	여러 비구	석가	대중교설	기뻐행함
	1172.독사경毒蛇經	구시라동산	여러 비구	석가	대중교설	기뻐행함
	1173.고법경苦法經	구시라동산	여러 비구	석가	대중상담	기뻐행함
	1174.유수경流樹經	항수 가	어떤 비구	석가	개별상담	아라한됨
			소치는 난다		개별상담	출가수행
	1175.긴수유경緊獸喩經	급고독원	어떤 비구	비구들	대중상담	성에안참
				석가	개별상담	아라한됨
	1176.누법경漏法經	냐그로다 동산	석씨들	석가	대중교설	기뻐예배
			비구들	목건련	대중교설	-
			목건련존자	석가	슈퍼비전	-
			비구들		대중교설	기뻐행함
	1177.회하경灰河經	급고독원	여러 비구	석가	대중교설	기뻐행함
44권	1178.바사타경婆四吒經	미틸라국 암라동산	바시티여인	석가	개별교설	출가해탈
			바시티의남편		개별교설	아라한됨
			어자(御者)		상담청취	출가해탈
	1179.실우경失牛經	큰숲절	바리야바라문	석가	개별상담	아라한됨
	1180.지자경智者經	바라문촌 회당	바라문들	석가	대중상담	기뻐함
	1181.천작경天作經	부리암라 동산	천작바라문	석가	개별상담	기뻐함
	1182.전업경田業經	사라숲	농부 바라문	석가	개별상담	기뻐예배
	1183.채신경採薪經	사라숲	어떤 바라문	석가	개별상담	기뻐예배
	1184.손타리경孫陀利經①	순다리카강	어떤 바라문	석가	개별상담	기뻐함

⟨40⟩

분류	경전	장소	내담자	상담자	상담형태	상담결과
44권	1185.손타리경孫陀利經②	순다리카강	어떤 바라문	석가	개별상담	기뻐함
	1186.계발경髻髮經①	냐그로다	상투튼바라문	석가	개별상담	기뻐함
	1187.계발경髻髮經②	나이란자나	범천왕	석가	개별상담	기뻐함
	1188.존중경尊重經	나이란자나	범천왕	석가	개별상담	사라짐
	1189.범천경梵天經	나이란자나	범천왕	석가	개별상담	사라짐
	1190.범주경梵主經	나이란자나	범천왕	석가	개별상담	사라짐
	1191.공한처경空閑處經	코살라국	범천왕	석가	개별상담	사라짐
	1192.집회경集會經	카필라바투숲	5백 비구들	석가	대중교설	-
			네 범천왕		상담청취	사라짐
	1193.구가리경瞿迦梨經	칼란다죽원	범천왕	석가	개별상담	기뻐하며 사라짐
	1194.범천경梵天經	칼란다죽원	선범천, 별범천, 선비별범천	석가	대중상담	기뻐하며 사라짐
	1195.바구범경婆句梵經	칼란다죽원	바코 범천	석가	개별상담	기뻐함
	1196.사견경邪見經	범천세계	어떤 범천	석가	개별상담	기뻐함
				네존자	개별교설	
	1197.입멸경入滅經	사라쌍수숲	어떤비구,제석천,아나율,아난	비구, 존자들	동료상담	슬퍼하기도 하고 기뻐도함
45권	1198.아갈비경阿口毘經	안다숲	악마 파순, 알라비카 비구니	-	개별상담	불쾌해하며 사라짐
	1199.소마경蘇摩經	안다숲	악마 파순, 소마 비구니	-	개별상담	후회하며 사라짐
	1200.구담미경瞿曇彌經	안다숲	악마 파순, 키사고타미 비구니	-	개별상담	괴로워하며 사라짐
	1201.우발라색경 優鉢羅色經	안다숲	악마 파순, 우트팔라빛 비구니	-	개별상담	근심하며 사라짐
	1202.시라경尸羅經	안다숲	악마 파순, 바지라비구니	-	개별상담	근심하며 사라짐
	1203.비라경毘羅經	안다숲	악마 파순, 셀라 비구니	-	개별상담	슬퍼하며 사라짐
	1204.비사경毘闍經	안다숲	악마 파순, 비자야비구니	-	개별상담	슬퍼하며 사라짐
	1205.차라경遮羅經	안다숲	악마 파순, 찰라 비구니	-	개별상담	슬퍼하며 사라짐
	1206.우파차라경 優波遮羅經	안다숲	악마 파순, 우파찰라 비구니	-	개별상담	슬퍼하며 사라짐
	1207.시리사차라경 尸利沙遮羅經	안다숲	악마 파순, 시수파찰라 비구니	-	개별상담	슬퍼하며 사라짐

⟨41⟩

분류	경 전	장 소	내담자	상담자	상담형태	상담결과
45권	1208.갈가지경揭伽池經	가가못 곁	반기사존자	석가	개별상담	매우
			여러 비구		상담청취	기뻐함
	1209.교진여경憍陳如經	가가못 곁	반기사존자	석가	개별상담	매우
			여러 비구		상담청취	기뻐함
	1210.사리불경舍利弗經	가가못 곁	반기사존자	사리불	개별상담	매우
			여러 비구		상담청취	기뻐함
	1211.나가산경那伽山經	나가산 곁	반기사존자	석가	개별상담	매우
			5백 비구들		상담청취	기뻐함
	1212.회수경懷受經	칼란다죽원	사리불존자	석가	개별상담	기뻐하여
			반기사존자		개별상담	받들어
			여러 비구		상담청취	행함
	1213.불락경不樂經	칼란다죽원	반기사존자	-	홀로생각	즐거워함
	1214.탐욕경貪慾經	사위성거리	반기사존자	아난다	개별상담	기뻐행함
	1215.출리경出離經	사위성거리	반기사존자	-	홀로생각	마음이 편안해짐
	1216.교만경憍慢經	급고독원	반기사존자	-	홀로생각	마음이 깨끗해짐
	1217.본욕광혹경 本欲狂惑經	녹자모강당	반기사존자	-	홀로생각	-
	1218.사법구경四法句經	급고독원	반기사존자	석가	개별상담	기뻐행함
			여러 비구		상담청취	
	1219.나가산측경 那伽山側經	나가산곁	반기사존자	석가	개별상담	매우
			여러 비구		상담청취	기뻐함
	1220.발전경拔箭經	녹야원	반기사존자	석가	개별상담	매우
			여러 비구		상담청취	기뻐함
	1221.이구율상경尼拘律想經	칼란다죽원	반기사존자	석가	게송찬탄	기뻐예배
			여러 비구		게송청취	하고떠남
46권	1222.조소경鳥巢經	급고독원	여러 비구	석가	대중교설	기뻐행함
	1223.빈인경貧人經	칼란다죽원	여러 비구	석가	대중교설	기뻐행함
	1224.대사경大祠經①	기사굴산	제석천	석가	대중교설	기뻐하며 사라짐
			왕사성사람들			음식공양
	1225.대사경大祠經②	기사굴산	제석천	석가	대중교설	기뻐하며 사라짐
			왕사성사람들			음식공양
	1226.삼보리경三菩提經	급고독원	프라세나짓왕	석가	개별상담	기뻐예배
	1227.모경母經	급고독원	프라세나짓왕	석가	개별상담	기뻐예배
	1228.자념경自念經	급고독원	프라세나짓왕	석가	개별상담	기뻐예배
	1229.자호경自護經	급고독원	프라세나짓왕	석가	개별상담	기뻐예배
	1230.재리경財利經	급고독원	프라세나짓왕	석가	개별상담	기뻐예배
	1231.탐리경貪利經	급고독원	프라세나짓왕	석가	개별상담	기뻐예배
	1232.간경慳經	급고독원	프라세나짓왕	석가	개별상담	기뻐예배

분류	경전	장소	내담자	상담자	상담형태	상담결과
46권	1233.명종경命終經	급고독원	프라세나짓왕	석가	개별상담	기뻐예배
	1234.사사경祠祀經	급고독원	많은 비구	석가	대중상담	기뻐행함
	1235.계박경繫縛經	급고독원	많은 비구	석가	대중상담	기뻐행함
	1236.전투경戰鬪經①	급고독원	많은 비구	석가	대중상담	기뻐행함
	1237.전투경戰鬪經②	급고독원	프라세나짓왕	석가	개별상담	기뻐예배
	1238.불방일경不放逸經①	급고독원	프라세나짓왕	석가	개별상담	기뻐예배
	1239.불방일경不放逸經②	급고독원	프라세나짓왕	석가	개별상담	기뻐예배
	1240.삼법경三法經	급고독원	프라세나짓왕	석가	개별상담	기뻐예배
47권	1241.급고독경給孤獨經	급고독원	급고독장자	석가	개별상담	기뻐예배
	1242.공경경恭敬經	급고독원	여러 비구	석가	대중교설	기뻐행함
	1243.이정법경二淨法經	급고독원	여러 비구	석가	대중교설	기뻐행함
	1244.연소법경燃燒法經	급고독원	여러 비구	석가	대중교설	기뻐행함
	1245.악행경惡行經	급고독원	여러 비구	석가	대중교설	기뻐행함
	1246.주금자경鑄金者經①	야장이마을	여러 비구	석가	대중교설	기뻐행함
	1247.주금자경鑄金者經②	칼란다죽원	여러 비구	석가	대중교설	기뻐행함
	1248.목우자경牧牛者經①	칼란다죽원	여러 비구	석가	대중교설	기뻐행함
	1249.목우자경牧牛者經②	급고독원	여러 비구	석가	대중교설	기뻐행함
	1250.나제가경那提迦經①	이차난갈라	나기타존자	석가	개별상담	기뻐예배
	1251.나제가경那提迦經②	이차난갈라	나기타존자	석가	개별상담	기뻐예배
	1252.침목경枕木經	중각강당	여러 비구	석가	대중교설	기뻐행함
	1253.부경釜經	급고독원	여러 비구	석가	대중교설	기뻐행함
	1254.인가경人家經	급고독원	여러 비구	석가	대중교설	기뻐행함
	1255.비수검경匕手劒經	급고독원	여러 비구	석가	대중상담	기뻐행함
	1256.조토경爪土經	급고독원	여러 비구	석가	대중상담	기뻐행함
	1257.궁수경弓手經	중각강당	여러 비구	석가	대중상담	기뻐행함
	1258.고경鼓經	녹야원	여러 비구	석가	대중교설	기뻐행함
	1259.철환경鐵丸經	급고독원	여러 비구	석가	대중상담	기뻐행함
	1260.묘경猫經	급고독원	여러 비구	석가	대중교설	-
	1261.목저경木杵經	급고독원	여러 비구	석가	대중교설	기뻐행함
	1262.야호경野狐經①	칼란다죽원	여러 비구	석가	대중상담	기뻐행함
	1263.요분경尿糞經	칼란다죽원	여러 비구	석가	대중교설	기뻐행함
	1264.야호경野狐經②	칼란다죽원	여러 비구	석가	대중상담	기뻐행함
	1265.발가리경跋迦梨經	금사절	바칼리존자	석가	개별상담	자살함
		금사절	여러 비구		대중상담	기뻐행함
	1266.천타경闡陀經	칼란다죽원	찬나	사리불, 아카우 스틸라	개별상담	자살함
			사리불	석가	개별상담	기뻐예배
48권	1267.도류경度流經	급고독원	어떤 천자	석가	개별상담	기뻐하며 사라짐
	1268.해탈경解脫經	급고독원	어떤 천자	석가	개별상담	기뻐하며 사라짐

⟨43⟩

분류	경전	장소	내담자	상담자	상담형태	상담결과
48권	1269.도제류경度諸流經	급고독원	어떤 천자	석가	개별상담	기뻐하며 사라짐
	1270.구가니경拘迦尼經	왕사성 산골절	천녀코카나다	석가	개별상담	사라짐
			비구들		대중교설	기뻐행함
	1271.사구법경四句法經	왕사성 산골절	여러 비구	아난다	대중교설	-
			어떤 바라문	석가	개별상담	기뻐예배
	1272.구가나사경 拘迦那娑經①	왕사성 산골절	천녀코카나다	석가	개별상담	기뻐하며 사라짐
			비구들		대중교설	기뻐행함
	1273.구가나사경 拘迦那娑經②	왕사성 산골절	천녀코카나다	석가	개별상담	기뻐하며 사라짐
			비구들		대중교설	기뻐행함
	1274.주로타경朱盧陀經	중각강당	천녀코카나다	석가	개별상담	기뻐하며 사라짐
			비구들		대중교설	기뻐행함
	1275.촉경觸經	급고독원	어떤 천자	석가	개별상담	기뻐하며 사라짐
	1276.우치인경愚癡人經	급고독원	어떤 천자	석가	개별상담	기뻐하며 사라짐
	1277.혐책경嫌責經	급고독원	어떤 천자	석가	개별상담	기뻐하며 사라짐
	1278.구가리경瞿迦梨經	칼란다죽원	코칼리야	석가	개별상담	죽어지옥
			비구들		대중상담	기뻐행함
	1279.부처경負處經	급고독원	어떤 천자	석가	개별상담	기뻐하며 사라짐
	1280.굴하경屈下經	급고독원	어떤 천자	석가	개별상담	기뻐하며 사라짐
	1281.차차경遮遮經	급고독원	어떤 천자	석가	개별상담	기뻐하며 사라짐
	1282.명칭경名稱經	급고독원	어떤 천자	석가	개별상담	기뻐하며 사라짐
	1283.기능경技能經	급고독원	어떤 천자	석가	개별상담	기뻐하며 사라짐
	1284.탄금경彈琴經	급고독원	여러 비구	석가	대중교설	기뻐행함
	1285.사리경捨離經	급고독원	어떤 천자	석가	개별상담	기뻐하며 사라짐
	1286.종종경種種經	급고독원	어떤 천자	석가	개별상담	기뻐하며 사라짐
	1287.정사경正士經	급고독원	어떤 천자	석가	개별상담	기뻐하며 사라짐
	1288.간인경慳吝經	급고독원	어떤 천자	석가	개별상담	기뻐하며 사라짐
	1289.팔천경八天經	금바라산 돌집	산신천자 8인	석가	게송찬탄	사라짐

⟨44⟩

분류	경전	장소	내담자	상담자	상담형태	상담결과
48권	1290.광지경廣地經	급고독원	어떤 천자	석가	개별상담	기뻐하며 사라짐
	1291.화소경火燒經	급고독원	어떤 천자	석가	개별상담	기뻐하며 사라짐
	1292.양경糧經	급고독원	어떤 천자	석가	개별상담	기뻐하며 사라짐
	1293.난득경難得經	급고독원	어떤 천자	석가	개별상담	기뻐하며 사라짐
49권	1294.무소구경無所求經	급고독원	어떤 천자	석가	개별상담	기뻐하며 사라짐
	1295.차승경車乘經	급고독원	어떤 천자	석가	개별상담	기뻐하며 사라짐
	1296.구루타왕녀경 拘屢陀王女經	급고독원	어떤 천자	석가	개별상담	기뻐하며 사라짐
	1297.수경數經	급고독원	어떤 천자	석가	개별상담	기뻐하며 사라짐
	1298.하중경何重經	급고독원	어떤 천자	석가	개별상담	기뻐하며 사라짐
	1299.십선경十善經	급고독원	어떤 천자	석가	개별상담	기뻐하며 사라짐
	1300.석제환인경釋提桓因經	급고독원	석제환인	석가	개별상담	기뻐하며 사라짐
	1301.장승천자경長勝天子經	급고독원	장승천자	석가	개별상담	기뻐하며 사라짐
	1302.시비경尸毘經	급고독원	시바천자	석가	개별상담	기뻐하며 사라짐
	1303.월자재경月自在經	급고독원	월자재천자	석가	개별상담	기뻐하며 사라짐
	1304.비수뉴경毘瘦紐經	급고독원	벤두천자	석가	개별상담	기뻐하며 사라짐
	1305.반사라경般闍羅經	급고독원	판찰라간다 천자	석가	개별상담	기뻐하며 사라짐
	1306.수심경須深經	급고독원	아난다	석가	개별상담	-
			수시마천자와 5백 권속		상담청취	기뻐하며 사라짐
	1307.적마경赤馬經	급고독원	적마천자	석가	개별상담	기뻐하며 사라짐
	1308.외도제견경外道諸見經	비풀사산곁	여섯 천자	석가	대중상담	기뻐하며 사라짐
	1309.마가경摩伽經	급고독원	마가천자	석가	개별상담	기뻐하며 사라짐
	1310.조명경照明經	급고독원	미자가천자	석가	개별상담	기뻐하며 사라짐
	1311.다마니경陀摩尼經	급고독원	다말리천자	석가	개별상담	기뻐하며 사라짐

〈45〉

분류	경전	장소	내담자	상담자	상담형태	상담결과
49권	1312.다라건타경多羅健陀經	급고독원	다라건타천자	석가	개별상담	기뻐하며 사라짐
	1313.가마경迦摩經①	급고독원	가마다천자	석가	개별상담	기뻐하며 사라짐
	1314.가마경迦摩經②	급고독원	가마다천자	석가	개별상담	기뻐하며 사라짐
	1315.전단경旃檀經①	급고독원	찬다나천자	석가	개별상담	기뻐하며 사라짐
	1316.전단경旃檀經②	급고독원	찬다나천자	석가	개별상담	기뻐하며 사라짐
	1317.가섭경迦葉經①	급고독원	가섭천자	석가	개별상담	기뻐하며 사라짐
	1318.가섭경迦葉經②	급고독원	가섭천자	석가	개별상담	기뻐하며 사라짐
	1319.굴마경屈摩經	굴마가 사는곳	굴마야차귀신	석가	개별상담	기뻐하며 처소로감
	1320.마구라산경摩鳩羅山經	파쿨라산	제석천	석가	개별상담	기뻐하며 사라짐
	1321.비릉가경毘陵伽經	피얀카라귀신 어미처소	피얀카라귀신 어미와아들	아나율	독경청취	귀신아들 울음그침
	1322.부나바수경 富那婆藪經	푸나바수귀신 어미처소	여러 비구	석가	대중교설	-
			귀신아들과딸		교설청취	기뻐하며 울음그침
	1323.마니차라경 摩尼遮羅經	마니차귀신 어미처소	어떤 여자	석가	개별상담	기뻐예배
	1324.침모경針毛經	침모귀신 처소	침모귀신	석가	개별상담	기뻐행함
50권	1325.수재경受齋經	칼란디죽원	우파시카아들	어머니	개별상담	아라한됨
	1326.아갈귀경阿竭鬼經	귀신의집	알라바카귀신	석가	개별상담	기뻐예배
	1327.숙가라경叔迦羅經	왕사성	어떤 귀신	숙카아 비구니	게송찬탄	사라짐
	1328.비람경毘藍經	왕사성	어떤 귀신	비라아 비구니	게송찬탄	사라짐
	1329.헤마파저경 醯魔波低經	칼란다죽원	사타기라천신, 헤마바타천과 권속,5백귀신	석가	대중상담	기뻐예배
	1330.가타경伽吒經	칼란다죽원	비구들	석가	대중교설	기뻐행함
	1331.우척경憂戚經	코살라국 숲속	어떤 천신	어떤 천자	개별상담	-
	1332.수면경睡眠經	코살라국 숲속	어떤 비구	어떤 천신	개별교설	아라한됨
	1333.원리경遠離經	코살라국 숲속	어떤 비구	어떤 천신	개별교설	아라한됨
	1334.부정경不正經	코살라국 숲속	어떤 비구	어떤 천신	개별교설	아라한됨

⟨46⟩

분류	경 전	장 소	내담자	상담자	상담형태	상담결과
50권	1335.차일중경此日中經	코살라국 숲속	어떤 비구	어떤 천신	개별상담	아라한됨
	1336.사린니경闍隣尼經	코살라국 숲속	자알리니 천자	아나율	개별상담	기뻐하며 사라짐
	1337.송습경誦習經	코살라국 숲속	어떤 비구	어떤 천신	개별상담	기뻐하며 사라짐
	1338.화경花經	코살라국 숲속	어떤 비구	어떤 천신	개별상담	아라한됨
	1339.가섭경迦葉經	왕사성 성인굴	열 힘 가섭	굴속 천신	개별교설	행동멈춤
	1340.금강자경金剛子經	왕사성숲속	금강자존자	숲속 천신	개별상담	아라한됨
	1341.비비구법경 非比丘法經	코살라국 숲속	어떤 비구	숲속 천신	개별교설	아라한됨
	1342.나가달다경 那迦達多經	코살라국 숲속	나가닷타존자	숲속 천신	개별교설	아라한됨
	1343.종근문경縱根門經	코살라국 숲속	많은 비구	숲속 천신	대중상담	아라한됨
	1344.희희경嬉戲經	코살라국 숲속	어떤 비구	숲속 천신	개별상담	아라한됨
	1345.견다경見多經	코살라국 숲속	숲속천신	견다 비구	게송찬탄	사라짐
	1346.수면경睡眠經	코살라국 숲속	어떤 비구	숲속 천신	개별상담	-
	1347.미경味經	코살라국 세간	술취한 니간자	사리불	개별상담	-
	1348.이림경離林經	코살라국 숲속	어떤 비구	-	홀로생각	아라한됨
	1349.우루조경優樓鳥經	코살라국 숲속	어떤 천신	석가	홀로생각	부처님을 생각함
	1350.파타리경波吒利經	코살라국 숲속	어떤 천신	석가	게송찬탄	-
	1351.공작경孔雀經	지제산 곁	지제산천신	-	게송찬탄	-
	1352.나사카다경 那娑佉多經	지제산 곁	지제산천신	-	게송찬탄	-
	1353.빈타경頻陀經	빈자산	어떤 속인	어떤 비구	개별상담	-
	1354.항하경恒河經	왕사성숲속	어떤 착한 여자	어떤 비구	개별상담	-
	1355.과경瓜經	코살라국 숲속	어떤 도둑	어떤 비구	개별상담	-
	1356.사미경沙彌經	코살라국 숲속	어떤 도둑	어떤 비구	개별상담	-
	1357.와사경瓦師經	옹기장이의 집	옹기장이	사리불	개별상담	-

⟨47⟩

분류	경 전	장 소	내담자	상담자	상담형태	상담결과
50권	1358.빈사경貧士經	코살라국 숲속	어떤 가난한사람	어떤 비구	개별상담	-
	1359.겁패경劫貝經	코살라국 숲속	어떤 비구	숲속 천신	개별상담	아라한됨
	1360.환천경環釧經	코살라국 숲속	어떤 여자	어떤 비구	개별상담	-
	1361.탄금경彈琴經	코살라국 숲속	어떤 남자와 아내	어떤 비구	개별상담	-
	1362.합조경鴿鳥經	코살라국 숲속	어떤 비구	어떤 천신	개별상담	아라한됨

* 표한 경은 번호가 매겨지지 않은 경이 포함된 것.

〔부록2〕
『잡아함경』에 나타난 상담사례 147선

〔표1〕『잡아함경』에 나오는 상담사례 일람
〔표2〕『잡아함경』에 나오는 상담사례 147선

⟨1⟩

사례	제 목	출 전	내담자	상담자
1	바로 알라	제1권 3.무지경無知經①	여러 비구	석가
2	바로 보라	제1권 9.염리경厭離經	여러 비구	석가
3	그 맛을 내가 안다	제1권 13.미경味經①	여러 비구	석가
4	착하고 착하다!	제1권 15.사경使經	어떤 비구	석가
5	나도 세상 사람들처럼 말한다	제2권 38.비하경卑下經	여러 비구	석가
6	어서 찾아가자	제2권 53.바라문경婆羅門經	큰성바라문, 많은 무리	석가
7	점(占)에 대한 견해는?	제2권 54.세간경世間經	어떤바라문, 대중	석가
8	마음을 읽다	제2권 57.질루진경疾漏盡經	많은 비구	석가
9	훌륭하십니다!	제2권 58.음근경陰根經	어떤 비구, 모든 비구	석가
10	진정으로 베푼다는 것은?	제4권 89.우파가경優波迦經①	우파가 바라문청년	석가
11	속가에서 편안하고 즐겁게 살아가는 방법	제4권 91.울사가경鬱闍迦經	울사가 바라문청년	석가
12	교만이 저절로 꺾이다	제4권 92.교만경憍慢經	교만 바라문	석가
13	세 가지 불을 섬기고 세 가지 불을 버려라	제4권 93.장신경長身經	장신 바라문	석가
14	둘 다 달과 같으니라	제4권 94.승가라경僧迦羅經	승가라 바라문청년	석가
15	남은 밥을 땅에 버리는 것도 큰 보시이거늘	제4권 95.생문경生聞經	생문 바라문	석가
16	늙은 아버지를 버린 아들	제4권 96.바라문경婆羅門經	늙은 바라문	석가
17	우리 들 다 같은 기지이니…	제4권 97.걸식경乞食經	걸식 바라문	석가
18	당신도 일해서 먹고사시오!	제4권 98.경전경耕田經	농부 바라문	석가
19	부처라 이름하노라	제4권 101.인간경人間經	도나 바라문	석가
20	인간의 귀천을 결정짓는 것	제4권 102.영군특경領群特經	바라드바쟈 바라문	석가
21	'나'란 꽃향기 같아서	제5권 103.차마경差摩經	비구들	비구들
22	주인을 해치는 종	제5권 104.염마경焰摩經	야마카 비구	사리불
23	세 가지 스승	제5권 105.선니경仙尼經	외도 선니	석가
24	대답하지 않는 까닭	제5권 106.아누라도경阿㝹羅度經	외도들→아 누라도 비구	석가
25	머리나 옷에 불이 붙으면?	제7권 175.구두연비경救頭燃譬經	여러 비구	석가
26	아직 익지 않았구나!	제8권 200.라후라경羅睺羅經③	라훌라	석가
27	어려우니 뜻을 풀어 주시오	제8권 211.세간오욕경世間五欲經	여러 비구	석가, 아난다

〈2〉

사례	제 목	출 전	내담자	상담자
28	지금은 때가 아니다	제9권 253.비뉴가전연경 毘紐迦旃延經	베라하챠니 여승	우다이 존자
29	거문고 줄을 알맞게 고르듯	제9권 254.이십억이경 二十億耳經	이십억귀 비구	석가
30	개를 기둥에 매어 둔 듯	제10권 267.무지경無知經②	여러 비구	석가
31	함께 길을 가는 두 사내	제10권 271.지사경低舍經	팃사 비구	석가
32	뒷간에서 나와 다시 뒷간으로 들어가려느냐?	제10권 272.책제상경責諸想經	다툰 비구들	석가
33	열나흘째 달과 같구나!	제11권 276.난타설법경 難陀說法經	5백비구니,비구들	난타,석가
34	논쟁은 서로를 파괴할 뿐	제11권 281.영발목건련경 縈髮目犍連經	머리 땋은 출가자	석가
35	눈으로 보지 않고 귀로 듣지 않는다?	제11권 282.제근수경 諸根修經	울다라청년, 아난다존자	석가
36	갈대가 서로 의지하듯	제12권 288.노경蘆經	사리불존자, 코티카존자	두존자
37	독이 든 물	제12권 291.촉경觸經	여러 비구	석가
38	지금은 밥을 빌러 가야 한다	제12권 302.아지라경 阿支羅經	아칠라 가섭	석가
39	몽둥이와 칼을 들이댄다면?	제13권 311.부루나경富樓那經	부루나 존자	석가
40	내 이제 네게 물으리니…	제13권 320.일체유경一切有經	생문 바라문	석가
41	때를 가릴 줄 아는구나!	제14권 343.부미경浮彌經	외도들	부미쟈
			부미쟈비구	사리불
			아난다존자	석가
42	어째 그리 따지기만 하시오?	제14권 344.구치라경拘絺羅經	사리불존자, 코티카존자	두존자
43	기쁘게도 다시 물어 주셨네!	제14권 345.집생경集生經	사리불존자 어떤 비구	석가
44	"허물을 뉘우칩니다" 하고 크게 말하라	제14권 347.수심경須深經	수시마 소년	석가
45	손 안의 나뭇잎이 많은가, 큰 숲의 나뭇잎이 많은가?	제15권 404.신서림경申恕林經	여러 비구	석가
46	털 한 개를 백 개로 쪼개 화살로 맞히면	제15권 405.공경孔經	아난다존자	석가
47	어느 나라가 힘세고, 어느 나라 왕이 부자인가?	제16권 413.왕력경王力經	많은 비구	석가
48	깊고 험한 바위보다 더 무서운 것은?	제16권 421.심험경深嶮經	모든 비구	석가
49	연잎으로 물그릇을 만들 듯	제16권 435.수달경須達經	수닷타장자	석가
50	스스로 짓고, 남이 짓고	제17권 459.자작경自作經	어떤 바라문	석가
51	같은 법, 같은 맛	제17권 464.동법경同法經	아난다존자	비구들,석가

〈3〉

사례	제목	출전	내담자	상담자
52	그런 말 마시오	제17권 485.우다이경優陀夷經	빔비사라왕→우다이	석가
53	남의 잘못을 지적할 때 지켜야 할 일	제18권 497.거죄경擧罪經	사리불존자	석가
54	돌산처럼 든든히, 구리쇠처럼 튼튼히	제18권 499.석주경石柱經	월자 비구	사리불
55	어디를 향해 밥을 먹나요?	제18권 500.정구경淨口經	외도 여승	사리불
56	발가락으로 누각을 흔들다	제19권 505.애진경愛盡經	제석천	목건련
57	하늘나라에 태어나려면?	제19권 506.제석경帝釋經	목건련존자, 비구들	석가
58	낙태한 죄	제19권 512.타태경墮胎經	락카나비구, 목건련존자	석가
59	점을 친 죄	제19권 520.복점녀경卜占女經	락카나비구, 목건련존자	석가
60	늙은이를 공경하지 않는 이유	제20권 547.집장경執杖經	늙은 바라문	가전연
61	사람은 희고 검은 게 없다	제20권 548.마투라경摩偸羅經	마투라 국왕	가전연
62	기이하십니다!	제20권 556.무상심삼매경 無相心三昧經	많은 비구니	석가, 아난다
63	애욕으로 불타는 여인	제21권 564.비구니경 比丘尼經	어떤 비구니	아난다존자
64	가지는 푸른데 흰 덮개를 씌우고	제21권 566.나가달다경① 那伽達多經	칫타 장자	나가닷타비구
65	신통력을 일으키다	제21권 571.마하가경摩訶迦經	칫타 장자	마하카존자
66	나는 이제 어찌 해야 하나?	제21권 573.아기비가경 阿耆毘迦經	아지비카 외도	칫타 장자
67	작은 일도 모르면서 어찌 큰 법을?	제21권 574.니건경尼犍經	니건타 나타풋타	칫타 장자
68	천상보다 더 안락한 곳	제22권 576.난타림경難陀林經	하늘사람	석가
69	잠자는 사람, 깨어난 사람	제22권 590.상인경商人經	비구들	석가
70	외로운 이 돕는 장자	제22권 592.급고독경給孤獨經	급고독장자	석가
71	모래 밥을 지어 올린 소년	제23권 604.아육왕경阿育王經	자야·비자야 소년·아난다	석가
72	착한 법 무더기 넷	제24권 611.선취경善聚經	여러 비구	석가
73	스스로를 피난처로 삼고 스스로를 의지하라	제24권 638.순타경純陀經	아난다존자, 여러 비구	석가
74	한 번 더 나아가면 막히리라	제27권 713.전취경轉趣經	비구들	석가
75	흰 말에 흰 수레보다 더 훌륭한 수레는?	제28권 769.바라문경婆羅門經	아난다 존자	석가
76	포살할 때만 부르라	제29권 807.일사능가라경 一奢能伽羅經	여러 비구	석가
77	이 몸이 장애로다, 차라리 죽여 없애자	제29권 809.금강경金剛經	여러 비구, 현수,아난다	석가

〈4〉

사례	제목	출전	내담자	상담자
78	아서라, 따라 할까 두렵구나	제30권 830.붕가사경崩伽闍經	마하 가섭	석가
79	죽어서 뭐가 되나 관심 갖지 말자	제30권 854.나리가경那梨迦經	많은 비구	석가
80	마음을 잘 단속하였구나!	제31권 860.전업경田業經	농사꾼 형제	석가
81	세 가지 밝음	제31권 886.삼명경三明經	어떤 바라문	석가
82	이름값 하려면	제31권 889.등기경等起經	어떤 바라문	석가
83	답답합니다!	제32권 905.외도경外道經	사리불,가섭	두존자
84	계율이 엄해지는 이유	제32권 906.법손괴경法損壞經	마하 가섭	석가
85	밧줄로 묶고 물을 자주 뿌리면	제32권 907.차라주라경 遮羅周羅經	탈라푸라 촌장	석가
86	길들지 않는 말은 죽여 버린다	제32권 909.조마경調馬經	말다루기 촌장	석가
87	향락·고행, 둘 다 길이 아니다	제32권 912.왕정경王頂經	왕정수리 촌장	석가
88	어찌 다만 슬퍼하고 괴로워할 뿐이겠습니까?	제32권 913.갈담경竭曇經	간다가타 촌장	석가
89	재산이 없어지는 진짜 이유	제32권 914.도사씨경 刀師氏經①	도사씨 촌장	석가
90	사람을 가려서 설법하는 까닭	제32권 915.도사씨경 刀師氏經②	도사씨 촌장	석가
91	몸으로 짓는 죄, 마음으로 짓는 죄	제32권 916.도사씨경 刀師氏經③	도사씨 촌장	석가
92	채찍을 맞아야 길드는 말	제33권 922.편영경鞭影經	여러 비구	석가
93	어떤 것이 우바새인가?	제33권 927.우바새경優婆塞經	석가족사람	석가
94	나무 밑둥을 자르면 어느 쪽으로 쓰러지나?	제33권 930.자공경自恐經	석씨 마하나마	석가
95	어미 닭이 알을 품듯	제33권 932.십일경十一經	마하나마	석가
96	나는 본 대로 말한다	제33권 936.백수경百手經	마하나마	석가
97	흐르는 강물이 더 많은가, 흘린 눈물이 더 많은가?	제33권 938.누경淚經	여러 비구	석가
98	성 안에 겨자씨를 가득 채우고	제34권 948.성경城經	어떤 비구, 여러 비구	석가
99	불이 다른 것을 의지해 타오르는 것처럼	제34권 957.신명경身命經	어떤 바차 종족	석가
100	섶이 있기 때문에 불이 탄다	제34권 962.견경見經	어떤 바차 종족	석가
101	세상은 끝이 있는가, 없는가?	제34권 965.울저가경鬱低迦經	울저가 외도	석가 아난다
102	외도를 꺾고 바른 이론을 세웠구나	제34권 968.급고독경給孤獨經	급고독장자	석가
103	두 뿔 잘린 소	제35권 970.사라보경舍羅步經	외도 사라바	석가
104	화답하는 자 있으면 그의 제자가 되리라	제35권 971.상좌경上座經	집을 나온 상좌 외도	석가

〈5〉

사례	제목	출전	내담자	상담자
105	알아듣질 못하는구나	제35권 972.삼제경三諦經	많은 바라문	석가
106	아직도 젖을 떼지 못했구려!	제35권 974.보루저가경 補縷低迦經①	보루저가 외도	사리불
107	착한 친구와 나쁜 친구를 구별하는 법	제35권 978.상주경商主經	집을 나온 상인 외도	석가
108	그를 막지 말라	제35권 979.수발타라경 須跋陀羅經	아난다존자, 수밧다 외도	석가
109	벌판을 가다가 두려움이 생기면	제35권 980.염삼보경 念三寶經	많은 상인들	석가
110	사랑에서 미움이 생기고, 미움에서 사랑이 생긴다	제35권 985.애경愛經②	여러 비구	석가
111	범행을 닦으나 안 닦으나 똑같은 거 아니오?	제35권 990.녹주우바이경 鹿住優婆夷經	여신도 녹주, 아난다 존자	석가
112	머리 숙여 예배 드리네	제36권 993.찬상좌경 讚上座經	바기사존자	석가, 비구들
113	그대로 누워 있어라	제36권 994.바기사진멸경 婆耆娑盡滅經	바기사존자	석가
114	얼굴이 아주 묘한 하늘사내	제36권 1016.중생경衆生經①	하늘사내	석가
115	병 없기를 바라지 말라	제37권 1023.파구나경 巴求那經	파구나존자 아난다존자	석가
116	기뻐 뛰다 보니 병이 나았네	제37권 1024.아습파서경 阿濕波誓經	아슈바짓 비구	석가
117	홀로 앓고 있구나	제37권 1025.질병경疾病經①	젊은 비구	석가
118	못 생긴 비구	제38권 1063.추루경醜陋經	여러 비구들	석가
119	이모의 아들 난타	제38권 1067.난타경難陀經②	난타존자	석가
120	고모의 아들 팃사	제38권 1068.저사경低沙經	팃사존자	석가
121	진정으로 '혼자 산다는 것'은	제38권 1071.상좌경上座經	상좌 비구	석가
122	당신 아기니 당신이 기르시오	제38권 1072.승가람경 僧迦籃經	승가마지 비구	석가
123	날 위해 거짓 증언 해주렴	제38권 1075.타표경陀驃經①	메티야 비구니 등	석가
124	999명을 죽인 살인마 앙굴리마라	제38권 1077.적경賊經	살인마 앙굴리마라	석가
125	그저 바라보기만 하여도	제38권 1080.참괴경慚愧經	어떤 비구, 여러 비구	석가
126	왜 나만 꾸짖는 거요?	제39권 1083.식우근경 食藕根經	어떤 젊은 비구	석가
127	부처의 제자가 자살을 하다니…	제39권 1091.구지가경 瞿低迦經	악마 파순, 여러 비구	석가
128	무엇하러 굳이 가르치려 하는가?	제39권 1092.마녀경魔女經	악마 파순	석가
129	사과해도 받지 않으면	제40권 1108.득안경得眼經	다툰 비구들, 비구들	석가

⟨6⟩

사례	제 목	출 전	내담자	상담자
130	'앎'을 갖고 다투지 말라	제41권 1138.각승경角勝經	마하 가섭, 두 비구	석가
131	어서 오라, 이 절반 자리에 앉아라	제41권 1142.납의중경 衲衣重經	마하 가섭, 여러 비구	석가
132	바늘장수 집에 찾아가 바늘 파는 격?	제41권 1143.시시경是時經	여러 비구니, 툴릿타사 여승	가섭, 아난다
133	비만 치료	제42권 1150.천식경喘息經	푸라세나짓	석가
134	내가 끝내 받지 않는다면?	제42권 1152.빈기가경 賓耆迦經	젊은 바라문 빌란기카	석가
135	거문고는 말고 그 소리만 가져오라	제43권 1169.금경琴經	여러 비구	석가
136	소를 돌려주고 오라	제43권 1174.유수경流樹經	어떤 비구, 소치는 사람	석가
137	일곱 아들을 잃은 어머니	제44권 1178.바사타경 婆四吒經	바라문 여자 바시티	석가
138	나를 꾸짖어 다오	제45권 1212.회수경懷受經	비구들,석가	모두
139	일어나는 불꽃, 내 마음 태우네	제45권 1214.탐욕경貪慾經	반기사, 아난다	두 존자
140	가슴을 찢고 심장을 부수리라	제49권 1324.침모경針毛經	침모귀신	석가
141	귀신이 머리를 내리처도	제50권 1330.가타경伽吒經	비구들	석가
142	꽃향기를 훔치는 도둑	제50권 1338.화경花經	어떤 비구	천신
143	때가 아니면 설법하지 말라	제50권 1339.가섭경迦葉經	열 힘 가섭	천신
144	출가자의 길, 속인의 길	제50권 1342.나가달다경 那迦達多經	나가닷타 존자	천신
145	네가 네 마음 아는 것처럼	제50권 1344.희희경嬉戲經	어떤 비구	천신
146	주지는 않고 받기만 할 수 있는 비법	제50권 1357.와사경瓦師經	옹기장이	사리불
147	비둘기가 모이를 모으듯	제50권 1362.합조경鴿鳥經	어떤 비구	천신

사례1. 바로 알라

구분	내 용
출전	잡아함경 제1권 3.무지경(無知經)①
시간	어느 때
장소	사위국 제타숲 외로운 이 돕는 동산
내담자	여러 비구(석가모니 밑에 출가하여 수행중인 제자들)
상담자	석가모니
상담형태	대중교설
상담과정	석가모니가 제자들에게 교설
호소문제	-
상담목적	궁극적인 깨달음에 이르도록 현실을 바로 알게 함
상담내용	[전문] 이와 같이 내가 들었다. 어느 때 부처님께서는 사위국 제타숲 외로운 이 돕는 동산에 계시면서 여러 비구에게 말씀하셨다. "물질[色]에 대해서 바로 알지 못하고 밝지 못하며 끊지 못하고 탐욕을 떠나지 못하면 그는 그 괴로움을 끊지 못하느니라. 이와 같이 느낌[受]·생각[想]·지어감[行]·의식[識]에 대해서도 알지 못하고 밝지 못하며 끊지 못하고 탐욕을 떠나지 못하면 괴로움을 끊지 못하느니라. 만일 물질에 대해 잘 알고 밝으며 잘 끊고 탐욕을 떠나면 괴로움을 끊느니라. 느낌·생각·지어감·의식에 대해서도 잘 알고 밝으며 잘 끊고 탐욕을 떠나면 그는 능히 괴로움을 끊을 수 있다." 때에 여러 비구는 부처님 말씀을 듣고 기뻐하여 받들어 행하였다.
상담결과	기뻐하여 받들어 행함
상담회기	1회
상담방법	① 실존주의적 접근: 인간을 구성하는 다섯 가지 요소인 색(色)·수(受)·상(想)·행(行)·식(識)의 오온(五蘊)을 바로 알게 하여 깨달음의 길로 이끎. 즉 내담자가 처해 있는 현실을 직시하고 있는 그대로 수용하며 궁극적으로 거기서 벗어나게 함. 현실을 바로 보고 바로 알아서 현실의 괴로움에서 벗어날 것을 강조 ② 반복: 오온에 대해 바로 알 것을 되풀이 말함으로써 내담자의 주의를 끌고, 강조의 효과를 도모함 ③ 구체적 접근: 오온을 이루고 있는 다섯 가지를 하나하나 구체적으로 언급하고 그에 관해 설명함

사례2. 바로 보라

구분	내 용
출전	잡아함경 제1권 9.염리경(厭離經)
시간	어느 때
장소	사위국 제타숲 외로운 이 돕는 동산
내담자	여러 비구(석가모니 밑에 출가하여 수행중인 제자들)
상담자	석가모니
상담형태	대중교설
상담과정	석가모니가 제자들에게 교설
호소문제	-
상담목적	궁극적인 깨달음에 이르도록 현실을 바로 보게 함
상담내용	〔전문〕 이와 같이 내가 들었다. 어느 때 부처님께서는 사위국 제타숲 외로운 이 돕는 동산에 계시면서 여러 비구에게 말씀하셨다. "물질은 항상함이 없다. 항상함이 없는 것은 곧 괴로움이요, 괴로움은 〈나〉가 아니며, 〈나〉가 아니면 또한 〈내 것〉도 아니다. 이렇게 관찰하는 것을 진실한 바른 관찰이라 하느니라. 이와 같이 느낌·생각·지어감·의식 또한 항상함이 없다. 항상함이 없는 것은 곧 괴로움이요, 괴로움은 곧 〈나〉가 아니며, 〈나〉가 아니면 또한 〈내 것〉도 아니다. 이렇게 관찰하는 것을 진실한 바른 관찰이라 하느니라. 거룩한 제자로서 이렇게 관찰하면 그는 곧 물질을 싫어하고 느낌·생각·지어감·의식을 싫어하게 되느니라. 싫어하기 때문에 즐겨하지 않고, 즐겨하지 않기 때문에 해탈하게 되며, 해탈하면 진실한 지혜가 생기나니, 이른바 나의 생은 이미 다하고, 범행은 이미 서고, 할 일은 이미 다 마쳐 스스로 후세의 생명을 받지 않느니라." 때에 여러 비구는 부처님 말씀을 듣고 기뻐하여 받들어 행하였다.
상담결과	기뻐하여 받들어 행함
상담회기	1회
상담방법	① 실존주의적 접근: 현실을 바로 보고 깨달아 벗어나게 함 ② 반복: 오온을 바르게 관찰하여 벗어날 것을 되풀이 강조 ③ 구체적 접근: 오온을 이루고 있는 다섯 가지를 하나하나 구체적으로 언급하고 그에 관해 설명함

사례3. 그 맛을 내가 안다

구분	내 용
출전	잡아함경 제1권 13.미경(味經)①
시간	어느 때
장소	사위국 제타숲 외로운 이 돕는 동산
내담자	여러 비구(석가모니 밑에 출가하여 수행중인 제자들)
상담자	석가모니
상담형태	대중교설
상담과정	석가모니가 제자들에게 교설
호소문제	-
상담목적	자신이 경험한 바를 알려줌으로써 깨달음의 길로 인도함
상담내용	석가모니가 여러 비구들에게 설했다. "만일 사람들이 물질에 맛들이지 않으면 물질에 물들지 않을 것이다. 사람들은 물질에 맛들여서 거기에 물들어 집착하는 것이다. 느낌·생각·지어감·의식 또한 마찬가지다. 만일 물질이 사람들에게 환(患: 고통·재난·근심 등)이 되지 않으면 사람들은 물질을 싫어하지 않을 것이다. 그러나 물질이 사람들에게 환이 되기 때문에 사람들은 물질을 싫어하는 것이다. 느낌·생각·지어감·의식 또한 이와 같다. 만일 물질이 사람들한테서 떠날 수 없는 것이라면 사람들은 물질에서 떠날 수 없을 것이다. 그러나 물질은 사람들한테서 떠날 수 있는 것이기 때문에 사람들은 물질에서 떠나는 것이다. 느낌·생각·지어감·의식 또한 이와 같다. 만일 내가 이 다섯 가지 쌓임[五蘊]에 대해서 맛은 맛이요, 환은 환이며, 떠남은 떠남이라고 여실히 알지 못했다면 깨달음을 얻지 못했을 것이다. 나는 이를 여실히 알았기에 깨달음을 얻었다."
상담결과	기뻐하여 받들어 행함
상담회기	1회
상담방법	① 실존주의적 접근: 인간의 현실을 밝혀 괴로움을 끊게 함 ② 반복: 괴로움의 원인을 바로 관찰하여 벗어날 것을 여러 번 되풀이 강조 ③ 구체적 접근: 오온을 하나하나 구체적으로 언급하고 설명하였으며, 석가모니 스스로가 실제로 알고 깨달은 경험을 바탕으로 구체적으로 설명함

사례4. 착하고 착하다!

구분	내 용
출전	잡아함경 제1권 15.사경(使經)
시간	어느 때
장소	사위국 제타숲 외로운 이 돕는 동산
내담자	어떤 비구(석가모니 밑에 출가하여 수행 중인 제자)
상담자	석가모니
상담형태	개별상담
상담과정	내담자가 석가모니에게 설법을 요청함
호소문제	"이제 저를 위해 간략히 법을 말씀해 주소서."
상담목적	궁극적인 깨달음에 이르는 길을 알려줌
상담내용	석가: 착하고 착하다! 비구여, 너는 즐거운 마음으로 '저를 위해 간략히 법을 설하여 주소서' 그렇게 말하였는가? 비구: 그러하나이다. 석가: 자세히 듣고 잘 생각하라. 내 너를 위해 말하리라. 만일 번뇌의 사자(使者)를 따르면 곧 그 사자를 따라 죽을 것이요, 번뇌에 결박될 것이다. 그러나 번뇌의 사자를 따르지 않으면 그 사자를 따라 죽지 않을 것이요 마침내 번뇌에서 해탈할 것이다. 비구: 세존이시여, 이미 알았나이다. 이미 알았나이다. 석가: 너는 어떻게 내가 간략히 설명하는 법에서 그 뜻을 널리 알았느냐? 비구: 물질이 번뇌의 사자를 따르면 물질은 그 사자를 따라 죽을 것이요, 번뇌의 사자를 따라 죽으면 번뇌에 결박될 것입니다. 이렇게 또 물질이 번뇌의 사자를 따르지 않으면 … 느낌·생각·지어감·의식 또한 그러하다는 것을 널리 알았나이다. 석가: 착하고 착하다! 비구여, 내가 간략히 말한 법에서 너는 그 뜻을 널리 알았구나!…
상담결과	매우 기뻐하며 예배. 아라한이 되어 마음의 해탈을 얻음
상담회기	1회
상담방법	① 지지·격려: "착하고 착하다! 비구여." "그 뜻을 널리 알았구나!"와 같이 이름을 부르고 지지와 격려 통해 친밀감을 형성함 ② 초점주기: "자세히 듣고 잘 생각하라. 내 너를 위해 말하리라" 등의 말로 초점을 주어 내담자를 상담 목표로 접근시킴 ③반복 ④확인: "너는 '저를 위해 말씀해 주소서' 그렇게 말하였는가?" 와 같이 되물음으로써 묻는 바와 이해도를 확인

사례5. 나도 세상 사람들처럼 말한다

구분	내 용
출전	잡아함경 제2권 38.비하경(卑下經)
시간	어느 때
장소	사위국 제타숲 외로운 이 돕는 동산
내담자	여러 비구(석가모니 밑에 출가하여 수도중인 제자들)
상담자	석가모니
상담형태	대중교설
상담과정	석가모니가 제자들에게 교설
호소문제	-
상담목적	상담자가 내담자의 수준에 맞추어 내담자의 언어로 이야기하고 있음을 알게 함
상담내용	이와 같이 내가 들었다. 어느 때 부처님께서는 사위국 제타숲 외로운 이 돕는 동산에 계시면서 여러 비구에게 말했다. "세상 사람들은 직업을 가지고 여러 가지로 재물을 구해 살아가면서 또 부자가 된다. 이것은 세상 사람들이 다 아는 바로서 나도 또한 세상 사람이 아는 것과 같이 그렇게 말한다. 무슨 까닭인가? 나를 세상 사람들과 다르게 하지 않기 위해서다. 비유하면, 어떤 그릇이 어떤 곳에 있을 때는 건자라 하고, 어떤 곳에서는 발우, 어떤 곳에서는 차류, 어떤 때는 비실다, 어떤 때는 바사나, 어떤 때는 살뢰라고 하는 것과 같다. 그들이 아는 것과 같이 나 또한 그렇게 말한다. 이와 같이 나는 세산에 있는 세간 법을 스스로 알고 스스로 깨달아, 사람들을 위해 분별하고 연설해 나타내 보이는 것은 내가 알고 보았기 때문이다.…" 부처님께서 이 경을 말씀하시자, 여러 비구는 부처님의 말씀을 듣고 기뻐하여 받들어 행하였다.
상담결과	기뻐하여 받들어 행함
상담회기	1회
상담방법	① 대기설법(對機說法): 상담자가 세상 사람들의 수준에 맞추어 "세상 사람들이 아는 대로 그렇게" 말해 줌으로써 "그들과 다르지 않게 함"을 강조함 ② 비유(譬喩): 하나의 그릇이라도 그것이 쓰이는 때와 장소에 따라 달리 불리듯 상담자의 언어도 때와 경우에 맞추어 달리 함을 그릇의 쓰임새에 견주어 말함으로써 이해도를 높임

사례6. 어서 찾아가자

구분	내 용
출전	잡아함경 제2권 53.바라문경(婆羅門經)
시간	어느 때
장소	코살라국 살라촌 북쪽 심사파 숲
내담자	큰 성(姓) 바라문(살라촌의 주인), 많은 무리
상담자	석가모니
상담형태	개별상담(여러 바라문이 동석하여 문답 과정을 지켜 봄)
상담과정	석가모니가 해탈하여 등정각(等正覺)을 이루고, 명성과 공덕이 있으며, 범행이 깨끗하고 묘한 법을 설한다는 소문을 듣고 내담자가 '훌륭하구나! 나는 뵈오리라. 훌륭하구나! 나는 가서 공경하고 섬기리라' 하는 마음을 품고 찾아옴
호소문제	석가모니는 무엇을 주장하고 무엇을 설명하는지?
상담목적	인연법을 깨닫게 함
상담내용	바라문: 사문께서는 무엇을 주장하고 무엇을 설명하시나이까? 석가: 나는 인(因)을 주장하고 인을 설명한다. 바라문: 어떻게 인을 주장하고 어떻게 인을 설명하시나이까? 석가: 인이 있고 연이 있어서 세간이 모이며, 인이 있고 연이 있어 세간이 멸(滅)한다. 물질·느낌·생각·지어감·의식을 참답게 알지 못하여 그것에 집착하게 되고, 그로 인해 존재하게 되고, 그로 인해 나게 되고, 그로 인해 생로병사(生老病死)와 걱정, 슬픔, 괴로움, 번민이 있게 된다. 바라문: 어떻게 인이 있고 연이 있어서 세간이 멸하나이까? 석가: 물질의 맛과 물질의 근심, 물질을 떠나기를 참답게 알면, 그것을 참답게 알기 때문에 그 물질을 사랑하거나 즐기지 않고 몹시 찬탄하지 않으며, 물들어 집착하지 않고 거기에 머무르지 않는다. 사랑하거나 즐겨하지 않고 거기에 머무르지 않기 때문에 물질에 대한 사랑은 곧 멸하고, 사랑이 멸하면 집착이 멸하고, 집착이 멸하면 존재가 멸하고, 존재가 멸하면 남[生]이 멸하고, 남이 멸하면 늙음과 죽음, 걱정·슬픔·번민·괴로움이 멸한다. 느낌·생각·지어감·의식도 또한 그와 같다.
상담결과	여러 바라문이 큰 성 바라문과 석가모니의 문답을 듣고 모두 함께 기뻐하며 석가모니의 발에 예배한 후 물러감
상담회기	1회
상담방법	① 사기답(四記答) 중 일향기(一向記): 질문에 즉각적으로 명확한 답을 해줌

사례7. 점(占)에 대한 견해는?

구분	내 용
출전	잡아함경 제2권 54.세간경(世間經)
시간	어느 때
장소	바라나시국 선인이 사는 녹야원(鹿野苑: 사슴동산)
내담자	비가다로가촌의 어떤 바라문(점을 잘 치는 젊은 제자를 둠), 대중
상담자	석가모니
상담형태	개별상담(대중이 함께 문답 과정을 지켜봄)
상담과정	내담자가 궁금한 점이 있어서 석가모니를 찾아옴
호소문제	점을 쳐서 맞추는 것에 관해 석가모니의 견해는 어떠한지?
상담목적	내담자의 잘못된 생각을 바꾸어 바른 진리를 알게 함
상담내용	바라문: 제 제자가 천문과 족성(族姓)을 알고 대중을 위해 길흉을 점치는데, 있다고 말하면 반드시 있고, 없다고 하면 반드시 없으며, 이루어진다고 하면 반드시 이루어지고, 무너진다고 하면 반드시 무너집니다. 이에 대해 석가모니의 뜻은 어떠하신지? 석가: 너의 제자가 천문과 족성을 안다는 것은 우선 그만두고, 나는 이제 네게 물으리니, 네 생각대로 대답하라. 너의 뜻에는 어떠하냐? 물질은 본래 종자가 없는가? 바라문: 그러하나이다. 석가: 느낌·생각·지어감·의식은 본래 종자가 없는가? 바라문: 그러하나이다. 석가: 혹 물질로서 백 년 동안 항상 머무르는 게 있는가? 혹은 다르게 났다가 다르게 멸하는가? 바라문: 다르게 났다가 다르게 멸하나이다. 석가: 너의 제자가 천문과 족성을 알아 '이루어진 것은 무너지지 않는다'고 말하지만 그 알고 본 것은 다르지 않은가? 바라문: 그러하나이다. 바로 알겠나이다. 진리를 나타내심이 어둠 속 등불과 같아서 마음을 활짝 열어 주시나이다.
상담결과	대중과 함께 기뻐하면서 석가모니의 발에 예배하고 물러감
상담회기	1회
상담방법	① 전의법(轉意法): 내담자의 질문을 한쪽으로 치워 두고 다른 대화로 전환함으로써 문제에 대해 새로운 견해를 갖도록 해줌 ② 개방질문: "나는 이제 네게 물으리니 생각대로 대답하라." "네 뜻에는 어떠하냐?"는 열린 질문으로 포괄적인 답을 유도함 ③ 인지적 재구성: 점치는 데 대한 인지적 오류를 지적, 재구성

사례8. 마음을 읽다

구분	내 용
출전	잡아함경 제2권 57.질루진경(疾漏盡經)
시간	어느 때
장소	외로운 이 돕는 동산, 반사국 파타숲 밧다살라 나무 밑
내담자	많은 비구, 어떤 비구, 아난다(모두 석가모니의 제자)
상담자	석가모니
상담형태	대중교설
상담과정	석가모니는 사위성에 들어가 걸식을 한 뒤 거처인 외로운 이 돕는 동산에 돌아와 가사와 발우를 가지고 대중에게도 알리지 않고 시자(侍者)에게도 알리지 않은 채 혼자서 서쪽으로 가서 세간에 노닐다가 반사국 파타촌 숲속 밧다살라 나무 밑에서 선정에 들었다. 처음에 석가모니 혼자서 세간을 노니는 것을 본 어떤 비구가 그 모습을 보고 놀라서 말하자, 시자인 아난다는 "아무도 따라가지 말라. 혼자 적멸 속에 계시고자 하는 것이다" 하고 말했다. 그때 많은 비구가 찾아와 석가모니를 뵙기를 청하자, 아난다는 비구들과 함께 밤을 지내고 다음날 아침 석가모니를 찾아갔다.
호소문제	많은 비구: 스승을 오랫동안 뵙지 못해 뵙고 싶다 어떤 비구: 어떻게 알고 어떻게 보아야 빨리 번뇌가 다할까?
상담목적	번뇌를 제대로 알고 보아 빨리 없애는 방법을 체득케 함
상담내용	석가모니는 어떤 비구가 마음속으로 생각하고 있는 바를 알고 그에 맞는 설법을 모든 비구에게 해주었다. "만일 어떤 비구가 '어떻게 알고 어떻게 보아야 빨리 번뇌가 다하게 될까' 하고 생각한다면, 곧 모든 '쌓임'을 잘 관찰하여야 하느니, 이른바 '네 가지 생각하는 곳[四念處]·네 가지 바른 끊음[四正斷]·네 가지 여의족[四如意足]·다섯 가지 뿌리[五根]·다섯 가지 힘[五力]·일곱 가지 깨달음의 갈래[七覺分]·여덟 가지 거룩한 길[八正道]'이라고. 이렇게 알고 이렇게 보면 번뇌가 빨리 다하게 되느니라."
상담결과	기뻐하여 받들어 행함
상담회기	1회
상담방법	① 마음관찰: 질문을 하지 않아도 내담자의 마음을 알아차림 ② 구체적 접근: 사념처(四念處)·사정단(四正斷)·사여의족(四如意足)·오근(五根)·오력(五力)·칠각분(七覺分)·팔정도(八正道)의 삼십칠도품(三十七道品)을 하나하나 언급하면서 이를 닦도록 가르침

사례9. 훌륭하십니다!

구분	내 용
출전	잡아함경 제2권 58.음근경(陰根經)
시간	어느 때 해질 무렵
장소	사위국 동쪽 동산의 녹모강당(鹿母講堂)
내담자	어떤 비구, 모든 비구(석가모니의 제자들)
상담자	석가모니
상담형태	개별상담, 대중상담(한 비구와 개별상담 후 대중과 상담)
상담과정	석가모니가 비구들에게 오온에 관해 설할 때 어떤 비구가 질문함
호소문제	'다섯 가지 쌓임'은 무엇을 근본으로 삼고, 무엇을 원인으로 하며, 무엇으로써 나고, 무엇으로 부딪치는지?
상담목적	'다섯 가지 쌓임'을 바로 보고 바로 알아 번뇌를 끊게 함
상담내용	비구의 질문에 석가모니는 다음과 같이 대답했다. 석가: 욕심이 근본이 되고, 욕심이 원인이 되며, 욕심에서 나고, 욕심으로써 부딪치느니라. 비구: '다섯 가지 쌓임'은 곧 느낌이라고 하셨는데 '쌓임'이 곧 느낌입니까? 아니면 '다섯 가지 쌓임'은 느낌과 다릅니까? 석가: '다섯 가지 쌓임'이 곧 느낌도 아니요, 또한 '다섯 가지 쌓임'이 느낌과 다른 것도 아니다. 다만 거기에 욕심으로 탐하는 바가 있으면 그것이 곧 '다섯 가지 쌓임'이니라. 비구: 이제 다시 여쭙니다. 두 '쌓임'은 서로 관계가 있나이까? 석가: 그러하니라. 만일 어떤 비구가 '나는 미래에 이러한 물질과 느낌·생각지어감·의식을 타고 나자'고 생각한다면 이것을 비구의 '쌓임'과 '쌓임'이 서로 관계하는 것이라 하느니라.… 비구의 의문점을 해결해 준 석가모니는 대중 가운데 다른 비구가 두 사람의 대화를 잘못 이해하는 것을 알아차리고 그 비구를 위해 다시 대중상담을 한 뒤 중송(重頌)으로 마무리했다. "쌓임의 뿌리[陰根]와 '쌓임'은 곧 받음이라는 것과/두 '쌓임'은 서로 관계된다는 것과/명자(名字)와 인(因)과 두 맛과/아만과 빨리 번뇌가 다한다는 것이니라."
상담결과	많은 비구가 마음 해탈을 얻었으며, 여러 비구가 기뻐 행함
상담회기	1회
상담방법	① 구체적 접근: 오온(五蘊)에 대해 상세히 설명 ② 마음관찰: 이해를 잘못하는 비구의 마음을 알아차림 ③ 게송활용: 중송(重頌)으로 설법을 마무리해 기억하기 쉽게 함

사례10. 진정으로 베푼다는 것은?

구분	내 용
출전	잡아함경 제4권 89.우파가경(優波迦經)①
시간	어느 때
장소	사위국 제타숲 외로운 이 돕는 동산
내담자	우파가 바라문 청년
상담자	석가모니
상담형태	개별상담
상담과정	내담자가 석가모니를 찾아와서 질문
호소문제	모든 바라문은 사성대회(邪盛大會: 성대한 공양을 베푸는 대회. 동물들을 죽여 제사를 지냄)를 칭찬하는데, 석가모니도 그러한지?
상담목적	사성대회에 대한 바른 견해와 진정한 공양의 의미를 알게 함
상담내용	바라문의 질문에 석가모니는 다음과 같이 대답했다. 석가: 나는 사성대회에 대해 한결같이 칭찬하지 않는다. 어떤 대회는 칭찬할 만하나 어떤 대회는 칭찬할 만하지 못한 것도 있느니라. 바라문: 어떤 대회가 칭찬할 만하며 어떤 대회가 칭찬할 만하지 않나이까? 석가: 만일 황소나 암소나 염소 새끼 등 짐승을 죽이거나 괴롭히며, 하인이나 종들을 매질해 가면서 공양을 베풀면 그런 사성대회는 칭찬할 만하지 못하다. 왜냐하면 그렇게 하면 복을 짓기는커녕 오히려 큰 죄를 짓게 되기 때문이다. 칭찬할 만한 사성대회는 짐승을 죽이거나 하인 등을 괴롭히지 않고 공양을 베푸는 대회다. 석가모니는 게송을 읊어 다시 한번 설법 내용을 강조했다. "…은혜로 베풀어 공양을 닦고/법에 어울리는 사성을 행하면/베푸는 사람은 깨끗한 마음이요/범행을 닦는 이의 좋은 복밭이니라//슬기로운 사람은 이렇게 보시하고/믿는 마음으로 반드시 해탈하여/이승에서는 죄 없어 즐거하고/저승에서도 죄없어 즐거하리."
상담결과	기뻐하며 예배하고 물러감
상담회기	1회
상담방법	① 사기답(四記答) 중 분별기(分別記): 총론적 질문에 대해 각론으로 대답해 이분법적인 결론을 도출하지 않고, 어떤 일이든 그 결과는 상황에 따라 달라짐을 인식시킴 ② 인지적 재구성: 사성대회에 대한 내담자의 기존 인식을 바꿈 ③ 게송활용: 게송으로 내담자의 정서적 변화 유도

사례11. 속가에서 편안하고 즐겁게 살아가는 방법

구분	내 용
출전	잡아함경 제4권 91.울사가경(鬱闍迦經)
시간	어느 때
장소	사위국 제타숲 외로운 이 돕는 동산
내담자	울사가 바라문 청년
상담자	석가모니
상담형태	개별상담
상담과정	내담자가 석가모니를 찾아와 질문
호소문제	출가하지 않은 속인이 집에서 살 때 현세에 편안하고 즐거운 방법은 무엇이며, 후세에 편안하고 즐겁게 되는 방법은 무엇인지?
상담목적	속인이 생활을 알뜰하게 하면서 깨달음에 이르는 방법을 알려줌
상담내용	바라문의 질문을 받은 석가모니는 다음과 같이 답했다. 〈출가하지 않은 사람이 현세에 편안하고 즐겁게 살아가는 법〉 ① 방편을 완전히 갖춘다: 여러 가지 직업을 갖고 스스로 생활을 경영한다. 농사, 장사, 임금 섬기기, 글씨, 글, 셈, 그림 등 ② 살림을 잘 보호한다: 성실히 일하여 법다이 얻은 재물을 잘 지킨다. 임금·도적에 빼앗기거나 불물 등에 잃어버리지 않고. ③ 착한 벗과 사귄다: 법도에 어긋나지 않고 방탕하지 않은 벗과 사귄다. 걱정·괴로움 없애고, 기쁨·즐거움을 잃지 않게 하는 벗. ④ 바른생활을 경영한다: 수입·지출을 알맞게 해 수입이 많고 지출이 적게 한다. 함부로 써도 안 되고, 너무 아껴도 안 된다. 〈출가하지 않은 사람이 후세에 편안하고 즐겁게 살아가는 법〉 ① 믿음을 완전히 갖춘다: 부처를 믿고 공경하는 마음을 지닌다. ② 계율을 완전히 갖춘다: 살생하지 않고 도둑질하지 않으며, 음행하지 않고 거짓말하지 않으며, 음주를 하지 않는다. ③ 보시를 완전히 갖춘다: 아끼는 마음을 떠나 항상 자기 손으로 주며, 버리는 공부를 즐겨 하며, 평등한 마음으로 베푼다. ④ 슬기를 완전히 갖춘다: 괴로움·괴로움이 모임·괴로움이 멸함·괴로움이 멸하는 길의 거룩한 이치[四聖諦]를 참답게 안다.
상담결과	기뻐하며 예배하고 물러감
상담회기	1회
상담방법	① 현실적 접근: 내담자의 현실에서 실현 가능한 방법을 알려줌 ② 구체적 접근: 내담자가 알고자 하는 바를 구체적으로 제시 ③ 게송활용: 게송으로 내담자의 정서적 변화 유도

사례12. 교만이 저절로 꺾이다

구분	내 용
출전	잡아함경 제4권 92.교만경(憍慢經)
시간	어느 때
장소	사위국 제타숲 외로운 이 돕는 동산
내담자	교만한 바라문(좋은 집안 출신에 미남인데다 총명해 몹시 교만)
상담자	석가모니
상담형태	개별상담
상담과정	내담자가 석가모니의 소문을 듣고 (시험하러) 찾아옴
호소문제	많은 사람을 거느리고 화려한 차림으로 석가모니를 찾아가 (자신을 눈여겨보고) 무슨 말이 있으면 하고, 아무 말 없으면 잠자코 돌아오리라 마음먹음
상담목적	내담자가 교만을 버리고 깨끗한 마음으로 진리를 참구하게 함
상담내용	석가모니가 자신을 돌아보지 않자, 마음이 상한 바라문은 그냥 돌아가려 했다. 그때 석가모니는 그 마음을 읽고 게송을 읊었다. "교만은 여기 왔다가/좋지 못하게 교만만 더해졌네. 아까는 도리로써 왔거늘/마땅히 그 도리를 더욱더 하라." 자신의 마음을 들킨 것을 안 바라문이 교만을 버리고 예를 올리려 하자 석가모니는 이렇게 말했다. 석가: 그만두라, 그만두라. 마음만 깨끗하면 이미 족하니라. 바라문: 참으로 이상하시다. 세존께서는 큰 덕이 있으시고 큰 힘이 있으시다! 교만한 내가 세존 앞에 와서는 스스로 겸손해지고 스스로 낮추게 되어 발에 대고 경례하려 하는구나. 자신의 마음 변화에 경탄한 바라문은 게송으로 질문했다. 바라문: 어떻게 하면 교만한 마음 일으키지 않고/어떻게 공경하는 마음 일으키는가?… 석가: …존경할 만한 모든 사람에게/…스스로 낮추어 인사드리고/마음을 다해 받들어 섬기며/…
상담결과	그 자리에서 진리를 깨달아 완전히 평등한 지혜를 얻음. 석가모니의 허락을 맡고 출가하여 수행함
상담회기	1회
상담방법	① 마음관찰: 말없이 돌아가는 내담자의 마음 알고 게송을 읊음 ② 역설적 상담: 내담자가 자신을 알아주기를 바라고 찾아온 것을 알면서도 일부러 돌아보지 않음으로써 분발심을 일으키게 함 ③ 게송활용: 게송으로 내담자의 정서적 변화 유도

사례13. 세 가지 불을 섬기고 세 가지 불을 버려라

구분	내 용
출전	잡아함경 제4권 93.장신경(長身經)
시간	어느 때
장소	사위국 제타숲 외로운 이 돕는 동산
내담자	장신 바라문(사성대회를 위해 짐승을 잡는 등 성대한 준비 중)
상담자	석가모니
상담형태	개별상담
상담과정	내담자가 궁금한 바를 묻기 위해 일부러 석가모니를 찾아옴
호소문제	사성대회의 준비 상황을 알리며 무엇이 모자란지 조언을 구함
상담목적	진정한 공양 방법을 알려주면서 이를 통해 진리의 길로 이끎
상담내용	내담자의 질문에 석가모니는 이렇게 답했다. "어떤 사성대회는 보시를 행하여 복을 지으려다가 도리어 죄를 지어 '세 가지 칼'에 베여 나쁜 과보를 받는다. 가축을 묶고 벌레를 잡고 살생을 저지르면서 축제를 여는 것이 그것이다." 이어서 석가모니는 섬길 것과 버릴 것에 대해 상세히 말해주었다. 〈나쁜 과보를 받는 '세 가지 칼'〉 ① 살생을 저지르겠다는 생각(뜻) ② 그렇게 하도록 명령하는 것(입) ③ 스스로 그렇게 하는 것(몸) 〈공경하고 섬겨야 할 '세 가지 불'〉 ① 근본불을 공경하고 섬긴다→법다이 재물 얻어 부모 봉양 ② 집불을 공경하고 섬긴다→법다이 재물 얻어 가족 권속 보살핌 ③ 밭불을 공경하고 섬긴다→법다이 재물 얻어 사문에게 공양 〈끊어 없애야 할 세 가지 불〉 ① 탐욕〔貪〕② 성냄〔瞋〕③ 어리석음〔癡〕의 삼독(三毒)→이를 버리지 않으면 자기와 남을 해치고, 현세와 후세에서 죄를 지어 그로 인해 근심과 괴로움이 생기기 때문이다.
상담결과	크게 깨달은 바 있어 사성대회 때 잡아먹기 위해 묶어 두었던 짐승들을 모두 풀어주고, 깨끗한 음식을 마련해 석가모니와 대중에게 공양. 부처·부처의 말씀·승단〔佛法僧, 三寶〕에 귀의함
상담회기	1회
상담방법	① 구체적 접근: 죄의 종류와 섬기거나 버릴 것을 조목조목 제시 ② 비유: 죄는 칼로써, 섬기거나 버려야 할 도리를 불로써 비유 ③ 게송활용: 게송으로 내담자의 정서적 변화 유도

사례14. 둘 다 달과 같으니라

구분	내 용
출전	잡아함경 제4권 94.승가라경(僧迦羅經)
시간	어느 때
장소	사위국 제타숲 외로운 이 돕는 동산
내담자	승가라 바라문 청년
상담자	석가모니
상담형태	개별상담
상담과정	내담자가 석가모니에게 찾아와 질문
호소문제	착한 남자와 착하지 않은 남자를 어떻게 알 수 있는지?
상담목적	둘의 차이를 분별하여 지혜롭게 살아나가게 함
상담내용	바라문: 착하지 않은 남자를 어떻게 알 수 있나이까? 석가: 마치 달과 같으니라. 바라문: 착한 남자는 어떻게 알 수 있습니까? 석가: 마치 달과 같으니라. 상반되는 질문에 대해 석가모니는 "마치 달과 같다"는 한마디로 답한 뒤 내담자의 요청에 따라 구체적으로 설명했다. 석가: 착하지 않은 남자는 보름 이후 달이 차츰 이지러지는 것과 같아서, 바른 소견을 잃어 착한 벗을 가까이 하지 않고, 바르게 생각하지 않고, 몸으로 나쁜 행동을 하고 입으로 나쁜 말을 하며, 뜻으로 나쁜 생각을 함으로써 나쁜 인연을 지어, 모든 것을 잃어버리고 몸이 무너져 목숨이 끝난 뒤에 나쁜 세계로 떨어진다. 착한 남자는 초승 이후 달이 차츰 차면서 빛이 더해져 둥글게 되는 것과 같아서, 바른 소견으로 참되고 깨끗하며, 슬기가 더하고 착한 벗과 친하고, 바르게 생각하고 착한 행동, 착한 말, 착한 생각을 하기 때문에 그 인연으로 말미암아 몸이 무너지고 목숨이 끝난 뒤에는 천상에 화(化)해 태어난다. 마치 달이…모든 별 가운데서/그 광명이 가장 밝은 것처럼…
상담결과	기뻐하며 물러감
상담회기	1회
상담방법	① 분별(分別): 착한 남자와 착하지 않은 남자를 구별하여 설명 ② 대비(對比): 달이 이지러지고 차는 속성을 대비하여 설명 ③ 구체적 접근: 착한 남자와 착하지 않은 남자에 대해 상세히 말함 ④ 비유: 서로 상반되는 질문에 '달'이란 한 가지 비유로 설명 ⑤ 게송활용: 게송으로 내담자의 정서적 변화•유도

사례15. 남은 밥을 땅에 버리는 것도 큰 보시이거늘

구분	내 용
출전	잡아함경 제4권 95.생문경(生聞經)
시간	어느 때
장소	사위국 제타숲 외로운 이 돕는 동산
내담자	생문 바라문
상담자	석가모니
상담형태	개별상담
상담과정	내담자가 석가모니에 대한 소문을 듣고 따지러 옴
호소문제	'석가모니가 자신과 자신의 제자에게 보시해야만 복이 있다고 하면서 다른 사람에게는 보시하지 말라'고 했다는 소문이 있는데 이 소문이 사실인지, 아닌지? 그게 과연 법(法)다운 말인지? 만약 석가모니가 그런 말을 했다면 다른 사람이 와서 꾸짖지 않겠는가?
상담목적	작은 보시도 공덕이 있긴 하나, 대상에 따라 결과가 다름을 인식시킴
상담내용	내담자의 질문에 석가모니는 정확하게 대답해 주었다. 석가: 그 말은 사실이 아니며 법다운 말도 아니다. 다른 사람이 와서 나를 꾸짖지도 않을 것이다. 왜냐하면 나는 그렇게 말하지 않았기 때문이다. 그런데 바라문이여, 내가 그런 말을 하면 두 가지 장애가 있으니, 주는 이의 보시를 막고 받는 이의 이익을 막는다. 그릇을 씻다가 남은 밥을 땅에 버려도 거기에 있는 미물들에게 큰 이익과 즐거움을 주거늘, 하물며 사람에게 보시함이야! 그러나, 바라문이여! 계를 가진 사람에게 하는 보시와 계를 범하는 사람에게 하는 보시는 같지 않느니라. 바라문: 그러하나이다. 저 또한 '계를 가지는 사람에게 보시하면 큰 결과를 얻고, 계를 범하는 사람에게 보시하면 큰 결과를 얻지 못한다'고 말하나이다. 내담자의 말에 석가모니는 게송으로 화답했다. "…어리석고 지혜 없고 바른 법 듣지도 못한 그런 사람에게 보시하면 큰 결과 없나니…"
상담결과	기뻐하며 예배하고 물러감
상담회기	1회
상담방법	① 분별: 보시 행위 자체보다 보시의 대상에 따라 다름을 알게 함 ② 비유: 남은 밥을 땅에 버리는 것 같은 하찮은 행위도 미물들에게는 큰 보시라고 비유 ③ 게송활용: 게송으로 내담자의 정서적 변화 유도

사례16. 늙은 아버지를 버린 아들

구분	내 용
출전	잡아함경 제4권 96.바라문경(婆羅門經)
시간	어느 때 이른 아침
장소	사위국 거리
내담자	늙고 쇠약한 바라문(재물을 모두 자식에게 준 뒤 거지가 됨)
상담자	석가모니
상담형태	개별상담
상담과정	거리에서 구걸을 하고 있는 내담자의 늙고 불쌍한 모습을 발견한 석가모니가 그에게 거지가 되어 밥을 비는 사연을 물음
호소문제	재물을 모두 자식에게 물려준 뒤 거리에서 밥을 빌며 살고 있음
상담목적	내담자가 가정에 돌아가 자식 봉양 받으며 안락하게 살도록 해줌
상담내용	거리에서 걸식을 하던 석가모니가 늙은 바라문이 지팡이를 짚고 집집마다 다니며 밥을 빌고 있는 것을 보고 다가가 물었다. 석가: 그대는 어찌하여 늙은 몸으로 그렇게 밥을 빌고 있는가? 바라문: 저는 집에 있는 재물을 모두 아들과 며느리에게 물려주고 집을 나와 이렇게 돌아다니며 밥을 빌고 있나이다. 석가: 너는 내게서 게송을 받아 외워 가지고 돌아가서 대중 가운데서 네 아들을 두고 말하겠는가? 바라문: 그리하겠나이다. 석가모니는 늙은 바라문에게 게송을 지어 주었다. "아들 낳아서는 마음이 기뻤고/아들 위해 재물을 모았으며/아들 위해 며느리 들인 뒤에/그것 다 버리고 집을 나왔네//어떤 시골의 부랑한 아이는/그 아버지의 뜻을 등지니/…아들 귀해 하고 사랑할 것 아닐세/구부러진 지팡이가 제일이로다/나를 위해 사나운 소 막아주고/험한 곳을 면하여 편안하게 해주네.…"
상담결과	내담자가 석가모니가 일러준 대로 행하자, 아들은 부끄럽고 황공하여 아버지를 안고 집으로 돌아가 목욕시키고, 집주인으로 삼아 모셨다. 이후 내담자는 석가모니를 스승으로 모시고, 옷을 공양한 후 기뻐하며 예배함
상담회기	1회
상담방법	① 거리상담: 거리에서 내담자를 만나 상담을 해줌 ② 현장상담: 문제를 발견한 그 자리에서 바로 상담 ③ 게송활용: 말로 따져 인지적인 면을 강조한 게 아니라 게송으로 정서적인 면에 호소하게 하여 내담자의 아들을 감화시킴

사례17. 우리 둘 다 같은 거지이니…

구분	내 용
출전	잡아함경 제4권 97.걸식경(乞食經)
시간	어느 때
장소	사위국 거리
내담자	나이가 많고 몸이 쇠약한 걸식 바라문
상담자	석가모니
상담형태	개별교설
상담과정	길에서 밥을 빌고 다니던 바라문이 석가모니가 지팡이를 짚고 발우를 들고 집집으로 다니며 밥을 비는 모습을 보고 자신도 똑같이 걸식하므로 석가모니나 자신이나 둘 다 같은 비구라고 생각함. 그러한 바라문의 마음을 안 석가모니가 게송으로 설법
호소문제	-
상담목적	겉으로 행하는 모습이 같다고 하여 모두 같은 게 아님을 인식시켜 바른 깨달음의 길로 인도함
상담내용	걸식 바라문의 마음속에 일어난 생각을 읽은 석가모니는 게송을 읊어 그의 생각이 잘못되었음을 알려 주었다. "이른바 비구는 다만 걸식하는 것만이 아니다. 단지 세속의 법만 받아가졌다면 어떻게 비구라 하리. 공덕과 허물을 모두 떠나 마른 행(行)을 닦고 그 마음에 두려움 없으면 그를 곧 비구라 부르느니라."
상담결과	기뻐하면서 예배하고 물러감
상담회기	1회
상담방법	① 마음관찰: 내담자의 마음속에 이는 생각을 알아차림 ② 분별: 겉모습이 같다고 하여 다 같은 사람이 아님을 인식시키고, 그 내면적 차별성을 강조함으로써 바른 깨달음의 길로 인도 ③ 게송활용: 평범한 말보다는 운율을 가진 게송으로 대화를 함으로써 내담자의 정서를 변화시킴 ④ 거리상담: 내담자를 만난 거리에서 바로 상담함 ⑤ 현장상담: 내담자가 갖고 있는 문제를 파악한 그 자리에서 바로 상담함으로써 상담 효과를 높임

사례18. 당신도 일해서 먹고사시오!

구분	내 용
출전	잡아함경 제4권 98.경전경(耕田經)
시간	어느 때
장소	코살라국 이카날라촌의 밭
내담자	카시바라드바쟈 바라문(농부. 밭을 갈고 음식 만들고 있던 중)
상담자	석가모니
상담형태	개별상담
상담과정	석가모니가 탁발하러 오자 내담자가 비아냥거리며 물음
호소문제	나는 지금 밭을 갈고 종자를 뿌려 그것으로 먹고 살아가는데, 석가모니 또한 밭 갈고 종자 뿌려(일해서) 살아야 하는 것 아닌가?
상담목적	출가자의 수행에 대한 내담자의 잘못된 견해를 바로잡음
상담내용	내담자의 힐책에 석가모니는 다음과 같이 대답했다. 석가: 나도 또한 밭을 갈고 종자를 뿌려 그것을 먹고 살아간다. 바라문: 사문 고타마님이 보습이나 멍에, 호미 등을 사용하는 것을 본 적이 없는데, 스스로 밭을 갈고 종자를 뿌려 살아간다고 하시다니 나를 위해 밭가는 법을 알게 해 주시오. 바라문이 게송으로 요청하자 석가모니는 게송으로 답했다. "믿는 마음을 종자로 삼고/힘든 수행을 비[雨]로 삼으며 지혜를 보습 자루로 삼고/부끄러워하는 마음 멍에로 삼아 …진실을 진정한 수레로 삼고 즐거이 머무르되 게으르지 않으며 …이러한 농부는 감로 열매/빨리 얻게 되고 이러한 농부는 모든 존재[有]를 받지 않네." 바라문: 밭을 잘 가십니다. 참으로 밭을 잘 가십니다. 감탄한 농부가 맛난 음식을 한 발우 가득 담아 바쳤으나, 석가모니는 설법으로 인해 얻는 것이라 하여 받지 않고 생물 없는 곳에 버리라 했다. 음식을 물속에 버리자 물이 끓어오르면서 피시시 소리를 내며 연기가 피어올랐다.
상담결과	이적(異蹟)을 보고 믿는 마음이 더해 출가하여 수행함
상담회기	1회
상담방법	① 거리상담: 길을 가다 만난 농부와 문답을 나눔으로써 상담 ② 비유: 출가수행을 농사짓는 것에 비유해 이해를 높임 ③ 게송활용: 게송으로 문답을 주고받음으로써 정서적 변화 유도 ④ 이적(異蹟): 설법의 대가를 받으면 안 됨을 이적을 보여 강조

사례19. 부처라 이름하노라

구분	내 용
출전	잡아함경 제4권 101.인간경(人間經)
시간	어느 때 석가모니가 낮 정(定)에 들었을 때
장소	코살라국 우카타촌과 시티비아촌 중간의 어떤 나무 밑
내담자	도나 종족 바라문
상담자	석가모니
상담형태	개별상담
상담과정	내담자가 석가모니가 지나간 길을 걷다가, 천 개의 바퀴 모양 무늬가 나타나 있고, 그 바퀴살이 가지런하고 바퀴통은 동그랗고 아름답고 원만한 발자국을 발견하고 그 발자국의 임자를 찾아보리라 생각해 발자국을 따라감. 그리하여 나무 밑에서 선정에 든 석가모니의 엄숙하고 빛나는 풍채를 보고 질문을 함
호소문제	석가모니는 하늘사람인지, 용이나 인비인 등의 환상적 존재인지?
상담목적	하늘사람이나 환상적 존재조차 번뇌의 산물이지만, 부처는 그 모든 것을 뛰어 넘는 위대한 존재임을 인지시킴
상담내용	바라문: 당신은 하늘사람이십니까? 석가: 나는 하늘사람이 아니다. 바라문: 그러면 용이나 아수라 같은 인비인(人非人)입니까? 석가: 나는 용이나 인비인도 아니다. 바라문: 하늘사람도 아니요 용도 아니요 인비인도 아니라면, 그러면 어떤 분이십니까? 식가모니는 바라문의 실문에 게송으로 대답했다. "하늘사람·용·건달바·긴나라·약사·아수라·마호라가· 인비인들은 모두 번뇌로 말미암아 생겼느니라. 나는 이미 그러한 번뇌의 샘〔漏〕 모두 버리고 …번뇌 떠나 움직이지 않고 이미 모든 칼과 가시 뽑아 버리어 나고 죽는 것을 벗어났나니 그러므로 '부처'라 이름하노라"
상담결과	기뻐하면서 길을 따라 떠나감
상담회기	1회
상담방법	① 위의감화(威儀感化): 상담자의 인품과 풍채만으로도 내담자를 감화시켜 변화와 성장을 이끎 ② 게송활용: 게송으로 물음에 답함으로써 정서적 변화 유도

사례20. 인간의 귀천을 결정짓는 것

구분	내 용
출전	잡아함경 제4권 102.영군특경(領群特經)
시간	어느 때
장소	왕사성 거리 바라드바쟈 바라문 집 앞
내담자	바라드바쟈 바라문
상담자	석가모니
상담형태	개별상담
상담과정	불에 공양하는 제구를 들고 문앞에 서 있던 내담자가 석가모니가 다가오자 "하천한 자여, 가까이 오지 말라"고 말함. 석가모니는 내담자가 인간의 귀천을 모르는 것을 알고 그에 관해 설법해줌
호소문제	하천한 자와 하천한 자의 법에 관해 말해 달라
상담목적	인간의 귀천은 타고나는 게 아니라 행위에 따라 결정됨을 인식시킴
상담내용	석가모니가 왕사성 거리에서 차례로 밥을 빌다가 바라드바쟈 바라문의 집에 이르자 바라문이 말했다. 바라문: 거기 서시오, 거기 서시오 영군특이여(하천한 자여), 삼가 우리 집 문에 가까이 오지 마시오. 석가: 너는 영군특과 영군특의 법을 아느냐? 바라문: 나는 둘 다 모르오 당신은 영군특과 영군특의 법을 아십니까? 석가: 나는 영군특과 영군특의 법을 아느니라. 그러자 바라문은 자리를 깔고 앉기를 권하면서 청했다. 바라문: 저를 위해 영군특과 영군특의 법을 말씀해 주소서. 바라문의 요청에 석가모니는 다음 내용을 게송으로 설했다. 〈하천한 자, 그리고 하천한 자가 행하는 법〉 ① 성내어 마음에 원한을 품고 모든 허물과 거짓을 숨기고 덮으며 계를 범하고 나쁜 소견을 일으키는 것 ② 사납고 탐욕 많고 속이고 아첨하며 부끄러워할 줄 모르는 것 ③ 생물을 해치거나 죽이며 애처로이 여기는 마음이 없는 것 ④ 사람들을 죽이거나 결박하고 때리거나 핍박하고 꾸짖는 것 ⑤ 대중의 앞잡이나 우두머리가 되어 그들을 괴롭히고 협박함으로써 이익을 앗아 자기 몸을 기르는 것 ⑥ 주인이 없거나 주인 있는 물건을 억지로 빼앗는 것 ⑦ 자기 아내를 박대해 버리고 남의 여자를 억지로 욕보이는 것 ⑧ 안팎의 친한 사람들이 사랑하는 것들을 침략하는 것 ⑨ 거짓말로 남을 속이고 재물을 속여 빼앗아 돌려주지 않는 것

상담내용	⑩ 자기를 위해서나 남을 위해 거짓으로 증명하는 것 ⑪ 악한 업을 짓고도 아는 사람이 없으면 그 죄를 숨기는 것 ⑫ 남이 이치를 물을 때 이치 아닌 것으로 대답하여 속이는 것 ⑬ 지혜로운 사람을 업신여기고 헐뜯는 것 ⑭ 교만하여 스스로 잘났다 칭찬하고 다른 사람을 헐뜯는 것 ⑮ 여러 가지 허물을 짓고서 남에게 덮어씌우는 것 ⑯ 은혜 베푼 사람이 자신을 찾아도 은혜 갚을 생각을 않는 것 ⑰ 사문이나 바라문이 찾아와 물건 빌면 화내며 주지 않는 것 ⑱ 부모가 늙어 젊은 기운 없어져도 받들어 섬기고자 않는 것 ⑲ 아라한이 아니면서 아라한의 덕을 자랑하는 것. 이는 세상의 큰 도적이다. "태어난 종성으로 영군특이(하천한 게) 아니요, 태어난 종성으로 바라문이(귀한 게) 아니다. 그 행위 때문에 영군특이(하천하게) 되며, 그 행위 때문에 바라문이(귀하게) 되느니라." 석가모니의 설법을 들은 바라문은 믿는 마음을 얻어 좋은 음식을 한 발우 가득 바쳤으나 석가모니는 설법의 대가라 하여 그것을 받지 않았다. 바라문은 믿는 마음이 더해져 출가했다. 수행하여 마음의 해탈을 얻자 바라문은 그 기쁨을 게송으로 읊었다. "도 아닌 것으로써 청정을 구해/불을 공양하고 제사 지냈네. 청정의 길 알지 못한 것/마치 눈 뜬 장님 같았네. 이제는 집을 나와 구족계 받고 세 가지 밝음까지 얻게 됐으니 부처님의 가르치심 이미 이루었도다. 전에는 바라문(귀한 자) 되기 어렵더니 이제는 이미 바라문(귀한 자) 되었네. 티끌과 때를 다 씻어 버리고 모든 하늘의 저 언덕에 건너갔네."
상담결과	믿는 마음을 얻어 출가하여 수행함. 아라한이 되어 마음이 잘 해탈하여 스스로 기쁨과 즐거움을 깨달음
상담회기	1회
상담방법	① 현장상담: 문제가 제기된 바로 그 자리에서 상담 ② 거리상담: 내담자를 거리에서 만나 곧바로 상담 ③ 게송활용: 게송으로 내담자의 정서적 변화 유도 ④ 분별: 인간의 귀천을 결정짓는 것이 타고나거나 겉모습으로 결정되는 게 아님을 분별하여 내담자에게 인지시킴 ⑤ 구체적 접근: 내담자가 현실에서 실천할 수 있는 항목을 구체적으로 상세히 제시

사례21. '나'란 꽃향기 같아서

구분	내 용
출전	잡아함경 제5권 103.차마경(差摩經)
시간	어느 때
장소	코삼비국 바다리카 동산과 고시타 동산
내담자	케마 비구(병 걸림), 다사카 비구(간호), 여러 상좌비구(병 문안)
상담자	위 비구들이 상호 문답 통해 상담
상담형태	동료상담
상담과정	여러 상좌비구가 다사카를 통해 케마의 병을 위로하며 서로 문답
호소문제	몸이 〈나〉도 아니요, 〈내 것〉이 아님을 관찰은 하지만, 〈나〉라는 교만과 욕심과 번뇌를 아직 완전히 끊지 못해 병고가 더욱 심함
상담목적	번뇌를 끊어 병의 고통에서 벗어나는 것
상담내용	큰 병을 앓고 있는 케마를 간호하던 다사카가 오자 여러 상좌비구들이 케마의 안부를 물었다. 그러자 다사카가 케마에게 가서 묻자 케마는 아픈 고통이 이루 말할 수 없을 정도라 했다. 이 말을 전해들은 상좌비구들은 다시 말하기를 "케마는 석가 세존이 말한 '다섯 가지 쌓임'이 〈나〉도 아니요, 〈내 것〉도 아님을 관찰해 보았는가?" 하고 묻도록 했다. 그러자 케마는 "그건 알고 있지만 그래도 아픈 건 사라지지 않는다"고 대답했다. 이렇게 다사카를 통해 문답을 주고받던 케마는 스스로 지팡이를 짚고 상좌비구들에게 직접 가서 문답을 주고받았다. 그 과정에서 케마는 '나라는 관념은 마치 꽃향기와 같아서 그 뿌리나 줄기, 잎, 꽃술 어느 것도 꽃향기가 아니며, 그렇다고 해서 뿌리, 잎, 줄기, 꽃술과 다른 것도 아니라는 것, 즉 나란 몸 그 자체는 아니지만, 그와 다른 것도 아니라는 것'을 알아나갔다. 그리고 케마는 다시 비유의 수승함을 깨달아, 비유란 "빨래에 남은 냄새가 있을 때 여러 가지 향기를 쏘여 그 냄새를 없애는 것과 같다"고 하고, "오온이 모이며 멸해가는 이치를 관찰하면 〈나〉라는 교만과 욕심과 번뇌가 모두 없어진다"는 것을 깨달았다.
상담결과	케마 비구: 논답을 통해 깨달음을 얻어 병이 모두 없어짐 상좌 비구들: 법눈이 깨끗해짐
상담회기	1회
상담방법	① 동료상담: 같은 수행자끼리 상호문답을 통해 배우고 깨달아 감 ② 비유: 병의 고통을 여러 가지로 비유하고, 〈나〉를 꽃향기에 비유하며, 비유 자체를 '빨래에 남은 냄새에 향기 쏘이기'로 비유

사례22. 주인을 해치는 종

구분	내 용
출전	잡아함경 제5권 104.염마경(焰摩經)
시간	어느 때
장소	사위국 제타숲 외로운 이 돕는 동산
내담자	야마카 비구(석가모니의 제자)
상담자	사리불(석가모니의 10대 제자 중 한 사람. 지혜제일智慧第一)
상담형태	개별상담
상담과정	야마카가 석가모니의 가르침을 잘못 이해해 '번뇌가 다한 아라한은 목숨이 끝나면 다시는 아무것도 없다'는 소견을 고집하자 비구들이 사리불에게 이를 의논, 사리불이 야마카를 찾아감
호소문제	-
상담목적	잘못된 소견을 바로잡아 진리의 길로 이끎
상담내용	아침 걸식 후 사리불은 야마카의 처소로 가서 문답을 시작했다. 사리불: 그대는 참으로 '번뇌가 다한 아라한은 목숨이 끝나면 다시는 아무것도 없다'고 말하였는가? 야마카: 실로 그러하나이다. 사리불: 내가 이제 물으리니 마음대로 대답하라. 물질은 항상한 것인가, 항상하지 않은 것인가? 야마카: 그것은 항상하지 않나이다. 사리불과 논리적 문답을 주고받음으로써 야마카는 자신의 소견이 잘못되었음을 깨닫게 되었다. 야마카: 이제부터 누군가 제게 와서 묻는다면 '번뇌 다한 아라한은 생이 다해도 범행이 이미 서고, 할 일을 이미 마쳐 후생 몸을 받지 않게 된다'고 대답하겠습니다. 사리불: 착하고 착하다! 너는 마땅히 그렇게 대답해야 한다. 이어서 사리불은 '물질·느낌·생각·지어감·의식의 오온(五蘊)이 평상시에는 주인에게 복종을 잘 하다가 틈이 나면 주인을 해치는 종과 같다'고 비유해서 설명해 주었다.
상담결과	잘못된 소견 깨닫고, 모든 번뇌 일으키지 않고 마음 해탈 얻음
상담회기	1회
상담방법	① 확인: 비구들이 전해준 말이 사실인지 내담자에게 확인 ② 지지·격려: "착하고 착하다!" 등의 말로 내담자를 지지·격려 ③ 초점주기: "착하다!", "너는 마땅히 그렇게 대답하여야 한다." ④ 비유: 오온을 복종 잘하다가 틈나면 주인 해치는 종에 비유

사례23. 세 가지 스승

구분	내 용
출전	잡아함경 제5권 105.선니경(仙尼經)
시간	어느 때
장소	왕사성 칼란다 죽원(竹苑: 대나무동산)
내담자	선니(출가한 외도)
상담자	석가모니
상담형태	개별상담
상담과정	어느 날 사문·바라문 등이 희유강당에 모여 이야기하다가, 각기 5백 제자를 거느린 외도의 여섯 스승은 자기 제자들이 죽어서 어디서 태어나는지 예언하지 않는데, 석가모니는 자기 제자들이 어디서 나는가 예언을 한다, 그러나 그 말이 의심스럽다는 말이 나왔다. 내담자 역시 그에 의혹을 품고 석가모니를 찾아옴
호소문제	죽어서 어디에 태어나는지 아는 법을 어떻게 얻었는지?
상담목적	아만(我慢)을 끊어야 다시 태어나는 고통에서 벗어남을 알게 함
상담내용	석가: 너는 의심하지 말라. 그리고 마땅히 알라. 세상에는 〈세 가지 스승〉이 있다. ① 단견(斷見)스승: 현재 세상에서 진실로 이것이 〈나〉라고 말하지만 목숨을 마친 뒤의 일은 알지 못하는 스승 ② 상견(常見)스승: 현재 세상에서 진실로 이것이 〈나〉라고 보고 목숨을 마친 뒤에도 이것이 〈나〉라고 보는 스승 ③ 여래(如來): 현재 세상에서도 진실로 이것이 〈나〉라고 보지 않고, 목숨을 마친 뒤에도 진실로 이것이 〈나〉라고 보지 않는 스승. 선니: 세존의 말씀을 들으니 의심만 더해질 뿐입니다. 석가: 마땅히 의심이 더할 것이다. 왜냐하면 이것은 매우 깊은 이치로서 깊이 관찰해야 도달할 수 있는 것이기 때문이다. 석가모니는 선니와 문답을 계속한 후 다음과 같이 설명했다. 석가: 내 제자들 가운데 어떤 이는 내 말을 듣고도 그 뜻을 다 이해하지 못하여 〈나〉가 있다는 만(慢)을 일으킨다. 그렇기 때문에 현생의 쌓임을 버린 뒤에도 다른 쌓임과 합해져 계속해서 난다. 그러므로 나는 그들이 죽은 뒤 이러저러한 곳에 난다고 예언한다. 그들에게는 남은 만이 있기 때문이다. 그리고…
상담결과	법눈이 깨끗해지고 모든 의혹을 끊음. 출가하여 수행
상담회기	1회
상담방법	① 초점주기: "너는 마땅히 알라", "마땅히 의심이 더할 것이다." ② 전의법: 질문에 바로 답하지 않고 다른 이야기로 전환

사례24. 대답하지 않는 까닭

구분	내 용
출전	잡아함경 제5권 106.아누라도경(阿㝹羅度經)
시간	어느 때
장소	왕사성 기사굴산(耆闍崛山) 및 칼란다 죽원
내담자	출가한 많은 외도→아누라도 비구(석가모니의 제자)
상담자	석가모니
상담형태	대중상담(외도들→아누라도 비구), 슈퍼비전(아누라도→석가모니)
상담과정	문답을 나눈 후 외도들이 불쾌히 여기며 떠나자 아누라도가 석가모니에게 자문을 구함
호소문제	내가 외도들에게 해준 말이 맞는지, 틀리는지?
상담목적	이치에 합당치 않은 질문에는 침묵으로 대하게끔 지도
상담내용	외도들이 석가모니의 제자 아누라도 비구에게 찾아와 질문했다. 외도들: 여래는 죽은 뒤에도 있습니까? 아누라도: 세존께서 말씀하신 대로 하면 그것은 '무기(無記)'다. 외도들: 여래는 죽은 뒤에는 없습니까? 아누라도: 세존께서 말씀하신 대로 하면 그것도 또한 '무기'다. 외도들: 여래는 죽은 뒤에 있기도 하고 없기도 합니까, 있지도 않고 없지도 않습니까? 아누라도: 세존께서 말씀하신 대로 하면 그것도 또한 '무기'다. 외도들: 무슨 질문에든 무기라고 대답하니 석가모니는 그것을 알지도 못하고 보지도 못하는 게 아니오? 아누라도: 알지 못하는 것도 아니요 보지 못하는 것도 아니다. 외도들이 화를 내고 떠나자 아누라도는 석가모니를 찾아와 물었다. 아누라도: 제가 법을 따른 것입니까, 법을 어긴 것입니까? 석가: 나는 이제 너에게 물으리니 묻는 대로 대답하라. 물질은 항상한 것인가, 항상하지 않은 것인가? 아누라도: 항상하지 않나이다. 이렇게 문답을 펼침으로써 석가모니는 아누라도의 답이 옳았음을 증명해 주고, 외도들과 한 문답이 법다웠다고 인정해 주었다.
상담결과	기뻐하며 받들어 행함
상담회기	1회
상담방법	① 사기답(四記答) 중 반문기(反問記): 내담자의 질문에 바로 답하지 않고 다른 질문을 되물음으로써 올바른 답에 이르도록 유도함

사례25. 머리나 옷에 불이 붙으면?

구분	내 용
출전	잡아함경 제7권 175.구두연비경(救頭燃譬經)
시간	어느 때
장소	사위국 제타숲 외로운 이 돕는 동산
내담자	여러 비구
상담자	석가모니
상담형태	대중상담
상담과정	석가모니가 여러 비구와 문답을 주고받음
호소문제	-
상담목적	바른 수행을 하는 것이 얼마나 급하고 중요한지 알게 함
상담내용	〔전문〕 이와 같이 내가 들었다. 어느 때 부처님께서는 사위국 제타숲 외로운 이 돕는 동산에 계시면서 여러 비구들에게 말씀하셨다. "마치 어떤 사람이 불로 머리나 옷을 태우는 것과 같나니, 그것을 어떻게 꺼야 하겠느냐?" 비구들은 부처님께 여쭈었다. "세존이시여, 마땅히 왕성한 욕심을 일으키고 간절한 방편을 써서 서둘러 꺼야 하겠나이다." 부처님께서는 비구들에게 말씀하셨다. "머리나 옷이 타는 것은 오히려 잠깐 잊는다 하더라도 덧없음의 왕성한 불은 마땅히 다 꺼서 없애야 하나니, 그 덧없음의 불을 끊기 위하여 큰스승을 힘써 구하고, 느낌·생각·지어감·의식의 덧없음을 끊기 위하여 큰스승을 힘써 구하는 것이니라." 부처님께서 이 경을 말씀하시자 여러 비구들은 듣고 기뻐하여 받들어 행하였다.
상담결과	기뻐하여 받들어 행함
상담회기	1회
상담방법	① 비유: 인간이 덧없는 것에 매달려 있는 현실을 머리나 옷에 불이 붙어 타는 것에 비유하여 이를 벗어나는 수행이 얼마나 급하고 중요한지 알게 함 ② 차제법(次第法): 이 경부터 「186.지경(止經)」까지 머리에 불붙는 비유를 통해 사념처(四念處)·사정단(四正斷)·사여의족(四如意足)·오근(五根)·오력(五力)·칠각분(七覺分)·팔정도(八正道)의 37도품 수행의 시급성과 중요성을 하나하나 구체적으로 가르치며 강조

사례26. 아직 익지 않았구나!

구분	내 용
출전	잡아함경 제8권 200.라후라경(羅睺羅經)③
시간	어느 때
장소	사위국 제타숲 외로운 이 돕는 동산
내담자	라훌라(석가모니의 아들. 출가하여 10대 제자 중 하나가 됨)
상담자	석가모니(슈퍼바이저 역할)
상담형태	슈퍼비전
상담과정	내담자가 깨달음을 얻는 공부를 해나가고자 한다며 설법 요청
호소문제	도를 배우고 범행을 닦기 위한 법을 설해 달라
상담목적	내담자의 근기에 맞게 설법하여 깨달음의 길로 인도
상담내용	속가의 아들로서 자신을 따라 출가한 라훌라가 설법을 요청했으나, 석가모니는 라훌라가 아직 해탈할 만한 지혜가 익지 않아 높은 법을 받는 것을 감당할 수 없음을 관찰하고 물었다. 석가: 너는 남에게 '오온(五蘊)'을 가르친 일이 있느냐? 라훌라: 아직 없나이다. 석가: 너는 마땅히 남을 위해 오온을 연설해야 한다. 오온을 설한 라훌라는 다시 석가모니에게 찾아와 청했다. 라훌라: 오온을 설명했나이다. 저를 위해 설법해 주시옵소서. 그러나 석가모니는 라훌라가 아직 해탈에 대한 지혜가 익지 않아 왕성한 법을 받는 것을 감당해낼 수 없음을 관찰하고 다시 물었다. 석가: 너는 남을 위해 '육근(六根)'을 설명한 일이 있느냐? 라훌라: 아직 없나이다, 세존이시여. 석가: 너는 마땅히 남을 위해 육근을 연설하여야 한다. 라훌라로 하여금 순차적으로 불교의 근본사상을 설하게 한 석가모니는 마침내 라훌라의 공부가 성숙하자 법을 설했다. 석가: 모든 것은 덧없다. 눈도 덧없고, 눈의 의식도 덧없고, 눈의 부딪침도 덧없다.…
상담결과	기뻐하며 예배하고 물러감. 기뻐하며 받들어 행함
상담회기	5회
상담방법	① 대기설법: 내담자의 공부가 성숙한 정도에 맞추어 설법함 ② 차제법(次第法): 불교의 근본사상을 순차적으로 터득시킴 ③ 가르침의 학습효과: 남을 가르침으로써 스스로 공부가 되도록 끌어줌

사례27. 어려우니 뜻을 풀어 주시오

구분	내 용
출전	잡아함경 제8권 211.세간오욕경(世間五欲經)
시간	어느 때
장소	비사리국 암라동산
내담자	여러 비구
상담자	석가모니, 아난다(석가모니의 10대 제자 중 한 사람)
상담형태	대중상담
상담과정	석가모니가 비구들에게 교설을 하였으나 이해가 안 되자 비구들이 아난다에게 다시 설법을 요청
호소문제	스승께서 설법을 간략히 해서 이해할 수가 없다.
상담목적	내담자들이 이해 못한 내용을 알아듣기 쉽게 다시 설법함
상담내용	석가모니가 여러 비구에게 설하였다. 석가: 내가 옛날 깨달음을 이루지 못했을 때 마음이 어느 곳으로 많이 향하는가를 생각해 보았다. 그리하여 내 마음이 과거의 다섯 가지 욕심 공덕을 많이 좇아 헤맸고, 현재·미래 세상을 좇는 일은 적다는 것을 관찰하였다. … 너희는 '여섯 가지 들이는 기관[六內入處: 六根]'을 깨달아야 하나니, 만일 눈이 멸하면 빛깔이라는 생각이 곧 떠나고, 귀·코·혀·몸·뜻이 멸하면 법이라는 생각이 곧 떠나게 되느니라. 석가모니가 설법을 마친 뒤 방으로 들어가 좌선하자, 비구들이 의논했다. 비구들: 우리는 세존께서 간략히 말씀하신 법을 이해할 수가 없다. 아난다 존자는 항상 세존을 모시고 있으니 그 뜻을 알 것이다. 그를 찾아가 뜻을 설명해 달라고 하자. 비구들은 아난다에게 세존의 설법을 설명해 달라고 청했다. 아난다: 자세히 듣고 잘 생각하라. 너희들을 위하여 세존께서 간략히 말씀하신 법 가운데서 널리 그 뜻을 설명하리라. 세존께서 말씀하신 것은 곧 이 '육근(六根)'을 멸하는 것이다. 그래서 그 나머지를 말씀하시기 위하여 '눈의 들이는 기관이 멸하면 물질이라는 생각이 곧 떠나고, 귀·코·혀·몸·뜻의 들이는 기관이 멸하면 법이라는 생각이 곧 떠난다'고 말씀하셨을 것이다.…
상담결과	기뻐하여 받들어 행함
상담회기	1회
상담방법	① 보조상담: 석가모니가 한 상담을 더 쉽게 풀어서 이해시킴

사례28. 지금은 때가 아니다

구분	내 용
출전	잡아함경 제9권 253.비뉴가전연경(毘紐迦旃延經)
시간	어느 때
장소	코살라국 카만다야촌 암라(菴羅)동산
내담자	베라하챠니 바라문 여승(젊은 제자를 많이 거느리고 있음)
상담자	우다이 존자(석가모니의 제자)
상담형태	개별상담
상담과정	베라하챠니의 젊은 제자들이 돌아다니며 나무하다가 우연히 선정에 든 우다이의 단정한 모습을 보고 감탄한다. 우다이에게 설법을 청해 들은 이들은 스승 베라하챠니에게 이 일을 고한다. 그러자 베라하챠니는 우다이를 청해 공양하게끔 한다.
호소문제	물을 일이 있는데 틈이 있으면 대답해 달라.

상담내용	우다이가 공양을 마치자 베라하챠니는 좋은 가죽신을 신고, 천으로 머리를 덮고, 따로 높은 자리를 펴서 업신여기는 모양으로 거만하게 앉아 우다이에게 말했다.
	베라하챠니: 물을 일이 있는데 틈 있으면 대답해 주시겠소?
	우다이: 누이여, 지금은 때가 아니다.
	  우다이는 청법을 거절하고 자리에서 일어나 떠나가 버렸다. 이후에도 같은 일이 두세 번 반복되었다. 베라하챠니는 계속 거만한 태도로 설법을 청하고 우다이는 지금은 때가 아니라고 하며 가버렸다. 그러자 제자들은 스승인 베라하챠니의 태도가 잘못되었음을 지적했다.
	베라하챠니의 제자들: 스승께서는 공경하지 않는 태도로 존자를 대했습니다. 그런데 존자가 어떻게 설법하겠습니까? 존자는 법을 공경하기 때문에 설법하지 않고 떠난 것입니다.
	  베라하챠니가 다시 우다이를 초청한 뒤 옷을 여미고 낮은 자리에 앉아 법을 청하자 그제야 우다이는 설법에 응했다.
	우다이: 너는 이제 잘 물으라. 너를 위해 설명하리라.

상담결과	우다이의 설법을 들은 베라하챠니는 티끌을 멀리 하고 법눈이 깨끗해짐. 법을 알고 법에 들어가 의혹을 건넜으며, 석가모니와 석가모니의 말씀과 비구 등 삼보에 귀의함
상담회기	4회
상담방법	① 상담자의 자세: 내담자한테서 거만한 마음이 사라져 법을 공경하는 마음이 생길 때까지 기다림→상담시기 선택 ② 여성상담: 내담자가 바라문 여승과 그의 여성 제자들임

사례29. 거문고 줄을 알맞게 고르듯

구분	내 용
출전	잡아함경 제9권 254.이십억이경(二十億耳經)
시간	어느 때
장소	왕사성 칼란다 죽원
내담자	이십억귀 비구(출가수행하고 있는 석가모니의 제자)
상담자	석가모니
상담형태	개별상담
상담과정	깨달음 공부에 진전이 없자 근심해 집으로 돌아가려고 하는 이십억귀 비구의 생각을 알아차린 석가모니가 비구를 불러 물음
호소문제	수행에 진전이 없으니 환속해 살며 보시로 공덕이나 쌓을까?
상담목적	잡념을 버리고 수행 정진을 잘 할 수 있게 함
상담내용	석가: 너는 진실로 이렇게 생각했느냐? '나는…복이나 짓자'고. 비구: 진실로 그러하나이다. 석가: 너는 속세에 있을 때 거문고를 잘 탔는가? 비구: 그러하나이다. 석가: 네 생각에는 어떠하냐? 네가 거문고를 탈 때에 만일 그 줄을 너무 조이면 부드럽고 맑은 소리가 나던가, 아니면 그 줄을 많이 늦추었을 때 미묘하고 맑은 소리를 내던가? 비구: 둘 다 아닙니다. 석가: 줄을 잘 골라 너무 늦추지도 않고 조이지도 않으면 미묘하고 맑은 소리를 내던가? 비구: 그러하나이다. 석가: 수행 정진도 거문고 줄 고르기와 같다. 정진이 너무 급하면 그 들뜸이 더해지고, 너무 느리면 사람이 게을러진다.
상담결과	'거문고 줄 고르기' 비유를 마음에 새기면서 수행 정진함으로써 번뇌가 다하고 마음의 해탈을 얻어 아라한이 됨
상담회기	1회
상담방법	① 마음관찰: 내담자가 말하지 않아도 내담자의 고뇌를 알아차림 ② 확인: 상담자가 알아차린 내담자의 마음이 실제 그런가 확인 ③ 자원활용: 내담자가 거문고 연주자였던 점을 상담에 활용 ④ 비유: 수행 정진하는 방법과 거문고 줄 고르기를 적절히 비유 ⑤ 상담자의 자세: 깨달은 뒤의 내담자의 자세를 칭찬함으로써 바람직한 상담자의 자세를 시사→"스스로 추키지도 않고 남을 낮추지도 않으며 정확한 이치를 말한다."

사례30. 개를 기둥에 매어 둔 듯

구분	내 용
출전	잡아함경 제10권 267.무지경(無知經)②
시간	어느 때
장소	사위국 제타숲 외로운 이 돕는 동산
내담자	여러 비구(석가모니의 제자들)
상담자	석가모니
상담형태	대중상담
상담과정	석가모니가 여러 비구에게 문답을 통해 교설
호소문제	-
상담목적	애욕과 무명의 실체를 알고, 마음의 작용을 알아 거기서 벗어나는 길을 제시해 줌
상담내용	석가모니는 다음과 같이 대중과 문답을 주고받으며 설법했다. 석가: 사람들은 나고 죽음에서, 무명에 덮이고 애욕의 결박에 묶여 긴 밤 동안을 나고 죽음의 바퀴를 돌면서 괴로움을 벗어나지 못한다. 이는 마치 개를 노끈으로 기둥에 매어둔 것과 같다. 개가 그 노끈을 끊지 못하면 기둥만 자꾸 맴도는 것과 같이 사람들도 탐욕에서 벗어나지 못하면 어리석은 짓을 되풀이하게 된다. 그러므로 마음을 잘 생각하고 관찰하라. 비구들이여, 너희는 차란나 새가 갖가지 잡색인 것을 보았는가? 비구들: 일찍이 보았나이다. 석가: 차란나 새가 갖가지 잡색인 바와 같이 사람의 마음이 탐욕과 성냄과 어리석음에 물들어 있는 것도 그와 같다. 그러므로 마음을 잘 생각하고 관찰해야 한다. 이를 바로 생각하고 잘 관찰하면 화가가 그림의 본바탕을 잘 다루고 여러 가지 채색을 하여 뜻대로 갖가지 모양을 그리는 것과 같다. 즉 물질·느낌·생각·지어감·의식을 참답게 알아 이에 집착하지 않게 되고 거기에서 해탈하게 되어 마침내 남·늙음·병·죽음〔生老病死〕의 고통에서 벗어나고 근심·슬픔·번민·괴로움에서 해탈하게 된다.
상담결과	기뻐하여 받들어 행함
상담회기	1회
상담방법	① 비유: 사람의 마음이 애욕에 묶여 있는 것을 개를 기둥에 매어둔 것에 비유하고, 사람의 마음이 온갖 번민에 싸여 있는 것을 차란나 새의 갖가지 빛깔에 비유하고, 마음을 잘 생각하고 다루는 것을 화가의 그림 그리기에 비유하여 내담자의 이해를 도움

사례31. 함께 길을 가는 두 사내

구분	내 용
출전	잡아함경 제10권 271.지사경(低舍經)
시간	어느 때
장소	사위국 제타숲 외로운 이 돕는 동산
내담자	텃사(석가모니의 제자. 고모의 아들로 석가모니와 사촌지간)
상담자	석가모니
상담형태	개별상담
상담과정	식당에서 여러 비구가 있는 가운데 텃사가 "나는 범행 닦기를 즐겨하지 않으며 잠자기를 즐기고 법에 대해서 의혹이 있다"고 말함. 다른 비구가 이를 전하자 석가모니가 즉시 텃사를 불러 상담.
호소문제	법을 바로 알지 못하고 잠을 즐기는 등 범행을 제대로 닦지 못함
상담목적	범행 닦는 구체적인 방법을 알려줘 바른 수행을 하도록 도움
상담내용	석가: 텃사여, 너는 참으로 식당에서 많은 비구에게 이렇게 외쳤는가? "나는 법을 분별하지 못하고 범행 닦기를 즐겨하지 않으며, 잠자기를 매우 즐기고 법에 대해서 의혹이 있다"고. 텃사: 실로 그리 하였나이다, 세존이시여. 석가모니는 문답을 펴나간 뒤 비유를 들어 이해를 도왔다. 석가: 이제 비유를 말하리라. 큰 지혜로운 사람은 비유로써 지혜를 얻느니라. 두 사내가 함께 길을 가는데, 한 사람은 길을 잘 알고 한 사람은 길을 잘 알지 못한다. 이에 길을 모르는 사람이 길을 아는 사람에게 '어느 성, 어느 촌으로 가는 길을 가르쳐 달라'고 청하자, 길을 아는 사람은 '이 길을 따라가다가 앞에 두 길이 보이거든 왼쪽을 버리고 오른쪽으로 가라. 다시 두 길이 보이고 구덩이와 도랑이 나타나거든 또 왼쪽을 버리고 오른쪽으로 가라.… 그러면 그 성에 이르게 될 것이다.' 하고 일러주어 범부는 마침내 바른 길로 목적지에 이르게 된다. 길을 모르는 사람은 어리석은 범부요, 길을 아는 사람은 여래이니라.
상담결과	기뻐하여 받들어 행함
상담회기	1회
상담방법	① 확인: 비구가 전해준 말이 사실인지 내담자에게 확인함 ② 지지·격려: "착하고 착하다! 텃사여." "너는 마땅히 그와 같이 설법해야 할 것이다"는 말로 내담자를 지지하고 격려함 ③ 비유: 길 잘 아는 사람은 석가모니(상담자), 길을 잘 알지 못하는 사람은 어리석은 범부(내담자), 두 길은 의심 등에 비유

사례32. 뒷간에서 나와 다시 뒷간으로 들어가려느냐?

구분	내 용
출전	잡아함경 제10권 272.책제상경(責諸想經)
시간	어느 때
장소	사위국 제타숲 외로운 이 돕는 동산
내담자	모든 비구(석가모니의 제자들)
상담자	석가모니
상담형태	대중상담
상담과정	제자들이 다투자 석가모니가 제자들을 불러 훈계함
호소문제	-
상담목적	출가한 목적을 상기시켜 서로 다툼 없이 수행 정진하게 함
상담내용	석가모니는 제자들끼리 다툰 것을 알아차리고 홀로 생각했다. '대중들이 다투는 것에 대해 꾸짖어야 하리라. 그 가운데는 출가한 지 오래되지 않은 비구가 많아 큰스승을 아직 보지 못했기 때문에 꾸짖는 것을 근심하여 좋아하지 않을 것이다. 그러나 나는 모든 비구를 가엾이 여기는 마음을 가지고 있다. 나는 그들을 가엾이 여기므로 그들을 거두어 잡으리라.' 제자들을 위해 꾸짖기로 결심한 석가모니가 얼굴빛을 조금 움직이자 모든 비구가 부끄러워하며 찾아와 설법을 들었다. 석가: 너희가 출가하여 하천하게 생활하면서 집집에 밥을 빌며 사는 것은 누가 시켜서도 아니고 생활이 궁해서도 아니요, 생로병사의 괴로움을 벗어나는 훌륭한 이치를 구하기 위해서다. 그런데도 탐하는 생각, 성내는 생각, 해치려는 생각으로 모든 감각 기관을 어지럽히며 지낸다면 이것은 마치 깜깜한 데서 나와 깜깜한 데로 다시 들어가며, 뒷간에서 나왔다가 다시 뒷간으로 들어가는 것과 같고, 피로써 피를 씻는 것과 같으며, 모든 악을 버리고 떠났다가 도로 악을 취하는 것과 같다. 그러니 출가의 목적을 다시 마음에 새기며 열심히 수행 정진하도록 하라.
상담결과	잘못을 깨우치고 기뻐하여 받들어 행함
상담회기	1회
상담방법	① 직면: 수행자로서 속인 같은 행실을 하고 있음을 직시케 함 ② 비유: 출가를 어둠, 뒷간에서 나온 것 등으로 비유 ③ 지시적 훈계: 제자들이 출가수행을 하면서도 서로 다투는 것에 대해 훈계를 하여 잘못을 깨닫고 바른 수행을 하게 함 ④ 상담자의 자세: 가엾이 여기는 마음으로 잘못을 지적함

사례33. 열나흘째 달과 같구나!

구분	내 용
출전	잡아함경 제11권 276.난타설법경(難陀說法經)
시간	어느 때
장소	사위국 제타숲 외로운 이 돕는 동산, 사위국왕의 동산
내담자	파사파제(석가모니의 이모)를 비롯한 5백 비구니→난타
상담자	석가모니
상담형태	대중상담(5백 비구니→난타), 슈퍼비전(난타→석가모니)
상담과정	석가모니가 몸이 늙고 힘들어 제자들에게 비구니들을 가르치라고 함. 차례가 와도 하지 않으려는 난타를 설득해 설법하게 함
호소문제	모르는 이치를 깨우치고자 함
상담목적	아직 모르는 이치를 궁구하여 해탈하게 함

상담내용	난타는 비구니들에게 "너희들은 내 설법을 들으면서 알았거든 알았다고 하고, 알지 못하겠거든 다시 물어야 한다"고 하고 설법을 시작했다. "세상 모든 것이 실체가 없으므로 〈나〉도 아니고 〈내 것〉도 아니며 〈그 어떤 것〉도 아니다. 이 모든 것이 덧없음을 알며 인연에 따라 생기고 멸함을 관찰하라. 이는 마치 나무의 뿌리·줄기·가지·잎사귀가 다 덧없는데 어떤 사람이 그 나무의 뿌리·줄기·가지·잎사귀는 없고 오직 그 그림자만 있어서 항상 머무르고 변하거나 바뀌지 않는다고 하면 안 되는 것과 마찬가지다. 능숙한 백정이 칼을 잡고 소가죽을 벗길 때 그 빈틈을 타며 벗겨서 속살도 다치지 않고 가죽도 다치지 않으며 가죽과 살 사이의 근육을 다 끊어서 완전히 분리시키는 것과 같이 번뇌를 끊으라."
	  얼마 후 5백 비구니가 다시 찾아왔을 때, 석가모니는 그들의 배움이 '14일의 달'과 같이 미숙하다며 다시 가르치라고 했다.
	  난타가 다시 설법한 후 5백 비구니가 또 찾아오자, 석가모니는 그들의 공부가 '보름달처럼 찼다'고 하며, 난타가 그들을 완전히 해탈하게 하여 그들의 괴로움이 끝났다고 말했다.

상담결과	완전 해탈하여 괴로움이 끝남
상담회기	최소 5회 이상(수십 회로 추측됨)
상담방법	① 여성상담: 비구니에게 석가모니와 비구들이 번갈아 설법 ② 확인: 내담자들의 이해 정도와 성숙 정도를 면밀히 살핌 ③ 비유: 나무뿌리·줄기·가지·잎과 백정의 소가죽 벗기기를 비유로 사용하여 내담자의 이해를 도움

사례34. 논쟁은 서로를 파괴할 뿐

구분	내 용
출전	잡아함경 제11권 281.영발목건련경(縈髮目犍連經)
시간	어느 때
장소	왕사성 칼란다 죽원
내담자	머리 땋은 마우드갈라야나 출가자
상담자	석가모니
상담형태	개별상담
상담과정	내담자에게 석가모니가 먼저 "어디서 오느냐?"고 물음
호소문제	갖가지 출가자를 따라 강당에 모였다가 아직 법을 듣지 못함
상담목적	이론 싸움은 아무 소득이 없음을 인지시키고, 참 공부 방향을 제시
상담내용	석가: 너는 어떤 복력(福力)을 위해 그 많은 갖가지 출가자들의 설법을 들으려 하였는가? 출가자: 출가자들이 이기기를 다투어 서로 이론을 펴고 또 그에 반대하여 이론을 펴는 복리를 들으려 하였나이다. 석가: 그런 이론 다툼은 서로를 파괴할 뿐이다. 출가자: 세존께서는 여러 제자들을 위해 어떤 법을 말씀하여 복리를 얻게 하며, 어떤 법을 말씀하여 다른 사람이 와서 비교하고 힐난하고 꾸짖는 일이 없게 하나이까? 석가: 밝음과 해탈과 과보의 복리를 설명하면 그 누구도 비방하지 않고, 이치에 어긋나지도 않고 힐난하거나 꾸짖지 않는다. 출가자: 어떤 법을 닦아 익혀서 해탈의 복리를 얻나이까? 석가: 해탈의 복리에 이르려면 일곱 가지 깨달음의 갈래[七覺分]를 닦아 익혀야 하고, 일곱 가지 깨달음의 갈래는 네 가지 생각하는 곳[四念處]을 닦아 익혀야 만족하게 할 수 있으며, 네 가지 생각하는 곳은 세 가지 묘행[三妙行]을 닦아 익혀야 만족시키고, 세 가지 묘행은 여섯 가지 감각기관[六根]의 율의(律儀)를 닦아 익혀야 만족하게 할 수 있다. 문답을 통해 해탈의 복리를 얻게 되는 과정을 역순으로 설명한 석가모니는 출가자의 요청에 따라 이들을 닦아 익히는 방법을 상세히 설명해 주었다.
상담결과	설법에 감화 받아 출가. 방일하지 않고 공부하여 아라한이 됨
상담회기	1회
상담방법	① 분별: 논리적 다툼은 비생산적 언쟁에 지나지 않음을 인지시키고, 더 수승한 길이 있음을 분별하여 알려줌.

사례35. 눈으로 보지 않고 귀로 듣지 않는다?

구분	내 용
출전	잡아함경 제11권 282.제근수경(諸根修經)
시간	어느 때
장소	카쟝갈라 무킬루 숲속
내담자	젊은이 울다라(파라사리야의 제자), 아난다·비구들(석가모니 제자들)
상담자	석가모니
상담형태	개별상담(대중이 모인 가운데서 울다라, 아난다와 문답)
상담과정	내담자가 찾아오자 석가모니가 스승에게서 무엇을 배웠느냐고 물음
호소문제	감관을 닦는 바른 길을 알고자 함
상담목적	감관을 닦는 수행의 바른 길을 알려줌으로써 해탈의 길로 인도
상담내용	석가: 너의 스승은 제자들에게 모든 감관을 닦으라고 하는가? 너의 스승은 어떻게 모든 감관을 닦으라고 말하던가? 울다라: "눈으로 빛깔을 보지 않고 귀로 소리를 듣지 않는 것이 감관을 닦는 것이다"고 말하였나이다. 석가: 그렇다면 장님이 곧 감관을 닦는 것이 아닌가. 왜냐하면 오직 장님만이 눈으로 빛깔을 보지 않기 때문이다. 그때 석가모니를 옆에서 모시고 있던 아난다가 말했다. 아난: 그렇다면 귀머거리가 곧 감관을 닦는 것이 아닌가. 왜냐하면, 오직 귀머거리만이 귀로 소리를 듣지 않기 때문이다. 석가: 그것은 현성의 법률에서 위없는 모든 근을 닦는 것과 다르리라. 아난: 현성의 법률에서 위없는 근을 닦는 것을 말씀해 주옵소서. 비구들은 그것을 듣고 마땅히 받들어 행할 것이옵니다. 석가: 눈과 빛깔에 인연하여 눈에 의식이 생겨 마음에 드는 빛깔을 보거든 싫어하고 떠나는 바른 생각과 바른 지혜를 닦으려 하고, 눈에 의식이 생겨 마음에 들지 않는 빛깔을 보거든… 아난다의 청에 따라 석가모니는 아난다와 문답을 해나가며 올바르게 감관을 닦는 법을 설했다. 아난다는 울다라와 다른 비구들 대신 계속 질문함으로써 그들이 바르게 이해할 수 있도록 도왔다.
상담결과	기뻐하여 받들어 행함
상담회기	1회
상담방법	① 인지적 재구성: 잘못된 감관 수행법을 논리적으로 반박 ② 보조상담: 아난다가 내담자 대신 질문함으로써 석가모니가 내담자의 인지적 재구성을 하는 작업을 도움

사례36. 갈대가 서로 의지하듯

구분	내 용
출전	잡아함경 제12권 288.노경(蘆經)
시간	어느 때
장소	왕사성 기사굴산
내담자	사리불과 마하 코티카(둘 다 석가모니의 제자로 수행 경지가 높음)
상담자	위의 두 존자가 서로 상담
상담형태	동료상담
상담과정	해질녘 선정에서 깨어난 사리불이 코티카를 찾아가 문답 나눔
호소문제	늙음·죽음이 있는가, 자신이 지은 것인가 남이 지은 것인가 등
상담목적	만유가 서로 어떻게 인연 짓고 어떻게 멸하는가를 깨달아 해탈에 이르게 함
상담내용	사리불: 물을 일이 있는데 혹 틈이 있으면 대답해 주시겠소? 코티카: 물으시오. 아는 대로 대답하리라. 사리불: 어떻습니까? 존자 코티카여, 늙음이 있습니까? 코티카: 있습니다, 존자 사리불이여. 사리불: 죽음이 있습니까? 코티카: 있습니다. 사리불: 늙음과 죽음은 자기가 지은 것입니까, 남이 지은 것입니까? 자기와 남이 지은 것입니까, 아니면 자기도 아니요 남도 아니며 인(因)이 없이 지어진 것입니까? 　이렇게 사리불은 "늙음·죽음·남·존재·잡음·욕망·느낌·닿임·여섯 감관·정신·물질·의식 등이 자기가 지은 것인지, 남이 지은 것인지, 자기도 남도 아니요, 인이 없이 지어진 것인지"에 관해 질문하고 코티카는 "그 모든 것이 자기가 지은 것도, 남이 지은 것도, 자기와 남이 지은 것도 아니지만, 인이 없이 지어진 것도 아니다. 그러나 의식은 정신과 물질을 인연하여 생기는 것"이라고 설명한 뒤 "이는 마치 갈대 세 개가 빈 땅에 서려고 할 때에 서로 의지해야 되는 것과 같다"고 비유를 들었다. 사리불이 설명을 듣고 깨달은 바를 상세히 설명하고 서로 문답을 주고 받음으로써 두 존자는 함께 배우고 깨달아 나갔다.
상담결과	함께 기뻐하며 제각기 머무르는 곳으로 돌아감
상담회기	1회
상담방법	① 비유: 정신·물질·의식 등 셋의 관계를 갈대 세 개를 서로 의지시켜 세우는 것으로 비유

사례37. 독이 든 물

구분	내 용
출전	잡아함경 제12권 291.촉경(觸經)
시간	어느 때
장소	왕사성 칼란다 죽원
내담자	여러 비구, 어떤 비구, 아난다(모두 석가모니의 제자)
상담자	석가모니
상담형태	대중상담
상담과정	"내가 말한 '안의 닿임'을 이해하는가?" 하고 석가모니가 질문하자 어떤 비구가 자신이 이해하는 대로 설명했다. 석가모니는 "거룩한 법률 안에서 말하는 '안의 닿임'은 이 비구가 말한 것과 다르다"고 했다. 그러자 아난다가 올바른 법을 설해 달라고 함
호소문제	'안의 닿임'에 관해 설해 달라
상담목적	감관 닦는 수행의 바른 길을 알려줌으로써 해탈의 길로 인도함
상담내용	석가: 착하다. 자세히 들으라. 모든 비구들이 '안의 닿임〔內觸法〕'을 이해하려면 마땅히 이렇게 생각해야 한다. 즉 '만일 사람들에게 갖가지 괴로움이 생기면, 이 괴로움은 무엇이 인(因)이며 무엇이 모인 것이며 무엇의 남〔生〕이며 무엇의 닿임인가' 하고 그리고 '이 괴로움은 취함이 인이요 취함의 모임이며 취함의 남이요 취함이 변한 것이니라. 또한 취함은 애착이 인이며 애착의 모임이며 애착의 남이며 애착의 닿임이다.…' 하고. 석가모니는 이렇게 갖가지 괴로움의 인이 무엇인지 관찰하여 깨달을 것을 강조하면서 "이는 마치 맑고 시원하나 독이 든 물을 더위와 목마름에 지친 사람들이 멋모르고 앞 다투어 달려와 마시는 것과 같다"고 했다. 그리고 이런 괴로움에서 벗어나려면 "이 물은 독이 있다. 마시면 죽을지도 모르고, 죽는 것처럼 괴로울 것이다" 하고 생각하여 피해야 한다고 했다.
상담결과	기뻐하여 받들어 행함
상담회기	1회
상담방법	① 확인: '안의 닿임'을 바로 이해하는지 질문을 통해 확인 ② 초점주기: "자세히 들으라"는 말로 가르치려는 바를 강조 ③ 인지적 재구성: 잘못된 이해를 바로잡음 ④ 보조상담: 아난다가 여러 비구를 대신하여 설법을 청함 ⑤ 혐오요법: 물질을 독에 비유하여 피하고 끊게 함 ⑥ 비유: 물질에 집착하는 것을 독이 든 물을 마시는 것에 비유

사례38. 지금은 밥을 빌러 가야 한다

구분	내 용
출전	잡아함경 제12권 302.아지라경(阿支羅經)
시간	어느 때 이른 아침
장소	왕사성에서 기사굴산을 향하던 길
내담자	아칠라 가섭
상담자	석가모니
상담형태	개별상담
상담과정	내담자가 석가모니를 길에서 만나 "질문에 답해 달라" 청함
호소문제	괴로움은 누가 지은 것인가 등
상담목적	괴로움의 근원이 무엇인지 깨닫게 하여 해탈의 길에 이르게 함
상담내용	가섭: 물을 일이 있는데 혹 한가하시면 대답해 주시나이까? 석가: 지금은 이야기할 때가 아니다. 나는 지금 성에 들어가 밥을 빌어야 한다. 밥을 빌고 돌아오면 그때 말해 주리라. 같은 일이 세번째 되던 날 아칠라 가섭이 물었다. 가섭: 어찌하여 나를 위해 말미를 두십니까? 무엇이 다를 것이 있나이까? 나는 지금 물을 일이 있습니다. 설하여 주소서. 석가: 네 마음대로 물어라. 가섭: 어떻습니까, 괴로움은 자기가 지은 것입니까? 석가: 괴로움을 자기가 지었다고 하면 그것은 무기(無記)니라. 석가모니는 "괴로움은 남이 지은 것인가, 자기와 남이 지은 것인가, 인이 없이 지은 것인가?" 하는 질문에도 "무기"라고 했다. 가섭: 그러면 괴로움은 없는 것입니까? 석가: 이 괴로움은 없는 것이 아니라 있는 것이다. 가섭: 장하십니다. 이 괴로움이 있다고 말씀하셨습니다. 저를 위해 설법하시어 이 괴로움을 알고 괴로움을 보게 하소서.
상담결과	석가모니가 설법해 주자 내담자는 삼보에 귀의. 이후 암소에 떠받혀 죽었는데, 목숨을 마칠 때 모든 근이 청정했다. 석가모니는 "그는 반열반(열반과 같은 뜻)했다. 그 몸을 공양하라"고 일렀다.
상담회기	3회
상담방법	① 상담자의 자세: 상담시기를 적절히 택해서 상담해 줌 ② 열린 자세: "네 마음대로 물어라" 하고 열린 자세로 대응 ③ 사기답(四記答) 중 무기(無記): 내담자의 질문이 타당하지 않아 답할 수 없다는 뜻으로 '무기'라고 답함 ④ 사기답 중 일향기: "괴로움은 있다"고 단정적으로 답해줌

사례39. 몽둥이와 칼을 들이댄다면?

구분	내 용
출전	잡아함경 제13권 311.부루나경(富樓那經)
시간	어느 때
장소	사위국 제타숲 외로운 이 돕는 동산
내담자	부루나(석가모니의 10대 제자 중 한 사람. 설법제일說法第一)
상담자	석가모니
상담형태	개별상담
상담과정	내담자가 석가모니에게 설법해 주기를 청함
호소문제	"후세의 몸을 받지 않을 해탈의 길을 설법해 주소서."
상담목적	법을 전하러 떠나면서 앞으로 일어날 사태에 대비해 마음 준비시킴
상담내용	석가모니는 물질에 탐착해 '열반에서 멀리 떨어져 있는 비구'와 물질을 떠나 '열반에 가까워진 비구'에 대해 설한 뒤 물었다. 석가: 이제 너는 어디 가서 머무르고자 하는가? 부루나: 가르침을 받자와 서방 수로나로 가겠나이다. 석가: 그곳 사람들은 거칠다. 만일 그들이 눈앞에서 나무라고 꾸짖으며 헐뜯고 욕하면 어떻게 대처할 것인가? 부루나: 비록 그러더라도 그들이 어질고 착하며 지혜가 있다고 생각하고, 손이나 돌로 나를 치지는 않는다고 생각하겠나이다. 석가모니가 계속 더 심한 경우를 상정해 물어도 부루나는 한결같이 "그들이 어질고 착하며 지혜롭다고 생각하겠다"고 대답했다. 석가: 만일 그들이 칼로 너를 죽인다면 어떻게 하겠느냐? 부루나: 저들이 어질고 착하며 지혜로워 내 썩어 무너질 몸을 조그마한 방편으로써 곧 해탈하게 한다고 생각하겠나이다. 석가: 착하다! 부루나여, 욕 참기를 잘 배웠구나. 이제 가서 건지지 못한 사람은 건지고, 열반을 얻지 못한 자는 얻게 하라.
상담결과	기뻐하며 예배하고 떠나감. 이후, 부루나는 서방 수로나에 가서 활발히 전법 활동을 하고 사찰 5백 개를 지음. 3개월 뒤 삼명(三明: 숙명명, 천안명, 누진명)을 두루 갖추고 거기서 곧 남음이 없는 열반에 듦.
상담회기	1회
상담방법	① 심상유도: 낮은 난관에서 시작하여 점점 더 심한 난관 상정 ② 현실적 접근: 현실적인 문제에 대처할 방도를 스스로 찾게 함 ③ 역할연습: '만일(if)' 질문으로 가상 상황 설정, 대처 방안 강구 ④ 지지·격려: "착하다! 부루나여." "욕 참기를 잘 배웠구나!" 등 ⑤ 상담자의 자세: 전법자(상담자)가 취할 자세를 알게 함

사례40. 내 이제 네게 물으리니…

구분	내 용
출전	잡아함경 제13권 320.일체유경(一切有經)
시간	어느 때
장소	사위성 제타숲 외로운 이 돕는 동산
내담자	어떤 생문 바라문
상담자	석가모니
상담형태	개별상담
상담과정	내담자가 석가모니를 찾아와 인사한 뒤 질문함
호소문제	일체가 있다는 것은 어떤 것인가?
상담목적	일체는 곧 십이처(十二處)임을 알게 함
상담내용	바라문: 이른바 일체가 있다는 것은 어떤 것을 말하나이까? 석가모니는 질문에 바로 대답하지 않고 바라문에게 되물었다. 석가: 나는 이제 너에게 물으리니 아는 대로 내게 대답하라. 바라문이여, 너의 생각에는 어떠하냐, 눈은 있는가? 바라문: 그것은 있나이다. 석가: 물질은 있는가? 바라문: 그것은 있나이다. 석가: 물질이 있고 눈의 의식이 있고 눈의 닿임이 있고 눈의 닿임을 인연하여 생기는 느낌, 즉 괴롭고 혹은 즐거우며 혹은 괴롭지도 않고 혹은 즐겁지도 않은 것도 있는가? 바라문: 있나이다. 석가: 귀·코·혀·몸·뜻도 또한 그와 같으니라. 일체란 곧 십이처(十二處)니, 눈과 빛깔·귀와 소리·코와 냄새·혀와 맛·몸과 닿음·뜻과 법이다. 이것을 일체라 하느니라. 만일 어떤 사람이 '이것은 일체가 아니다. 나는 사문 고타마가 말하는 일체를 버리고 다른 일체를 세우겠다'고 하면 그 의혹만 더할 것이다. 왜냐하면 그것은 경계가 아니기 때문이다.
상담결과	기뻐하면서 자리에서 일어나 떠나감
상담회기	1회
상담방법	① 초점주기: "네게 물으리니 아는 대로 대답하라"로 초점을 줌 ② 사기답 중 반문기: 내담자의 질문에 되물음으로써 반전 유도 ③ 개방질문: "내 이제 네게 물으리니 아는 대로 대답하라." "네 생각에는 어떠하냐?"는 열린 질문으로 포괄적인 답을 유도함 ④ 구체적 접근: 일체(一切)=십이처(十二處)임을 조목조목 설명

사례41. 때를 가릴 줄 아는구나!

구분	내 용
출전	잡아함경 제14권 343.부미경(浮彌經)
시간	어느 때
장소	왕사성 기사굴산, 칼란다 죽원
내담자	많은 외도들→부미쟈↔사리불, 아난다(셋 다 석가모니의 제자)
상담자	동료상담(부미쟈↔사리불), 슈퍼비전(아난다→석가모니)
상담형태	대중상담, 동료상담, 슈퍼비전
상담과정	많은 외도들이 자신과의 문답에 불만을 갖고 떠나가자 부미쟈가 동료 수행자인 사리불에게 자신이 제대로 말했는지 질문. 두 사람의 대화를 들은 아난다가 다시 이에 대해 석가모니께 물음
호소문제	"괴로움은 누가 짓는가?"
상담목적	설법자(상담자)의 태도가 어떠해야 하는지 일러줌
상담내용	외도들이 "괴로움과 즐거움은 누가 짓는지, 괴로움과 즐거움은 인이 없이 지어진 것인지" 등을 묻자 부미쟈는 "석가모니께서 그에 관해 '그것은 무기'라고 말씀하셨다"고 했다. 외도들: 석가모니는 괴로움·즐거움은 어떻게 생긴다고 말하십니까? 부미쟈: '괴로움과 즐거움은 인연을 좇아 일어난다'고 하셨다. 부미쟈와 문답을 나눈 외도들은 불쾌히 여기며 꾸짖고 떠나갔다. 이에 부미쟈는 사리불을 찾아가 의논했다. 부미쟈: 제가 그들에게 답한 것이 법답게 말한 것입니까? 사리불: 당신이 말한 것은 진실로 세존의 말씀과 같아서 말답게 말했고 법답게 말했습니다. 사리불은 부미쟈를 위로하며 괴로움의 인(因)과 연(緣)에 관해 설명해 주었다. 이에 옆에서 두 사람의 대화를 들은 아난다가 그 내용을 전하자, 석가모니는 사리불을 칭찬했다. 석가: 착하다! 착하다! 아난다여, 사리불은 때에 응하는 지혜가 있어 능히 때에 따라 대답하는구나. 만일 내 제자라면 사람들의 질문에 때에 따라 답하기를 사리불처럼 해야 한다.
상담결과	기뻐 예배하고 물러감
상담회기	1회
상담방법	① 지지·격려: "착하다! 착하다!" "능히 때에 따라 대답하는구나." 등의 말로 사리불이 상담을 제대로 했음을 인정하고 칭찬함 ② 상담자의 자세: 사리불의 상담이 훌륭했다고 인정하고 다른 제자들도 사리불처럼 때에 맞게 답하라고 함→제자 인정

사례42. 어째 그리 따지기만 하시오?

구분	내 용
출전	잡아함경 제14권 344.구치라경(拘絺羅經)
시간	어느 때
장소	왕사성 기사굴산
내담자	마하 코티카↔사리불(두 사람 다 석가모니의 제자)
상담자	두 존자가 상호 문답
상담형태	동료상담
상담과정	코티카가 사리불을 찾아가 질문하여 서로 문답
호소문제	어떤 법을 성취하면 거룩한 제자로서 바른 소견을 구족하고, 석가모니에 대해 무너지지 않는 깨끗한 믿음을 지니게 되고, 바른 법을 깨달았다고 할 수 있는지?
상담목적	서로 알고 깨달은 바를 설명함으로써 해탈의 길로 가고자 함
상담내용	코티카: 물을 일이 있는데 한가하면 답해 주시겠습니까? 사리불: 물으시오 아는 대로 대답하리다. 코티카: 어떤 법을 성취하면 바른 법을 깨닫습니까? 사리불: 착하지 않은 법과 착하지 않은 근(根)을 참다이 알며, 착한 법과 착한 근을 참다이 알면 바른 법을 깨닫습니다. 어떻게 착하지 않은 법을 참다이 아는가? 착하지 않은 몸의 업과…. 코티카: 바로 그런 것들만 있고 다른 것은 없습니까? 사리불: 있습니다. 먹음[食]을 참다이 알고, 먹음의 모임, 멸함, 멸하는 길의 자취를 참다이 아는 것이오. 어떻게 먹음을 참다이 아는가? 이른바 사식(四食)이 있습니다.… 코티카: 바로 그런 것들만 있고 다른 것은 없습니까? 사리불: 다시 다른 것이 있습니다. 병을 참다이 알고 병의 모임을 참다이 알며, 병의 멸함을 참다이 알고… 사리불의 설명에 코티카가 "다른 것은 없습니까?" 하고 같은 질문을 여러 번 계속 반복하자 사리불이 그 태도를 지적한다. 사리불: 당신은 어찌해서 그렇게 자꾸 따집니까? 그렇게 하면 모든 이론을 완전히 알아 그 끝을 얻을 수 없을 것이오. 무명을 끊어버려 명(明)을 낸다면 무엇을 다시 구할 것이 있겠소?
상담결과	서로 이론을 마치고 각각 자기 처소로 돌아감
상담회기	1회
상담방법	① 직면: 설명을 이해하려 하지 않고 토만 다는 코티카의 대화 자세가 잘못되었음을 직면시킴

사례43. 기쁘게도 다시 물어 주셨네!

구분	내 용
출전	잡아함경 제14권 345.집생경(集生經)
시간	어느 때
장소	왕사성 칼란다 죽원
내담자	사리불(석가모니의 10대 제자 중 한 사람. 지혜제일智慧第一)
상담자	석가모니
상담형태	개별상담
상담과정	석가모니가 먼저 사리불에게 질문하여 수행의 정도를 알게 됨
호소문제	-
상담목적	내담자가 진리를 제대로 알고 있는가를 파악하여 진리로 이끎
상담내용	석가모니가 사리불에게 물었다. 석가: 사리불이여, 어떤 것을 배움[學]이라 하며, 어떤 것을 법수(法數)라 하는가? 그러나 사리불은 잠자코 대답을 하지 않았다. 석가모니가 두 번, 세 번 물어도 잠자코 있었다. 석가: 진실한가, 사리불이여! 사리불: 진실입니다. 비구로서 진실을 보는 사람은 욕심을 떠나서 멸해 다함으로 향하나이다. 이것을 배움이라 하나이다. 석가: 그것은 진실하다고 생각하는가, 사리불이여. 사리불: 진실입니다. 만일 비구로서 진실을 보는 사람은 욕심을 떠나서 멸해 다하고, 모든 번뇌를 일으키지 않아서 마음이 잘 해탈하나니, 이것을 법수라 하나이다. 석가: 그렇고 그렇다. 너의 말과 같다. 비구가 진실에 대해…
상담결과	문답을 마친 석가모니가 자리를 뜨자, 사리불은 모든 비구들에게 고백했다. "나는 세존의 처음 물음에 대답할 수 없어 잠자코 있었습니다. 조금 있다가 세존께서 기쁘게도 다시 물어 주셔서 나는 곧 그 이치를 이해했습니다. 이제 며칠동안 물으시더라도 다 알 수 있을 것 같습니다." 이에 어떤 비구가 이 내용을 전하자 석가모니는 "사리불이 법계에 잘 들어갔기 때문"이라고 말했다.
상담회기	1회
상담방법	① 확인: 내담자가 알고 있는 바가 진실한 것인가 확인 ② 선도반응: "진실한가? 사리불이여!"와 같은 질문으로 내담자를 이끎으로써 상담 목표로 접근시킴 ③ 지지·격려: "그렇고 그렇다. 너의 말과 같다"로 지지·격려

사례44. "허물을 뉘우칩니다" 하고 크게 말하라

구분	내 용
출전	잡아함경 제14권 347.수심경(須深經)
시간	어느 때
장소	왕사성 칼란다 죽원
내담자	수시마 소년(총명하여 외도들이 석가모니에게 가짜 제자로 보냄)
상담자	석가모니
상담형태	개별상담
상담과정	사람들이 석가모니와 그 제자들만 존경하자 외도들이 모여 꾀를 냄. 총명한 소년을 제자로 보내 석가모니가 가르치는 바를 배우고 익힌 다음 돌아와 설명하도록 하자고. 그러나 석가모니는 내담자가 찾아와 출가하겠다고 말할 때부터 그 본심을 앎
호소문제	법에 머무르는 지혜를 알게 하고, 보게 해달라고 청함
상담목적	거짓 제자를 참 제자로 만들어 해탈에 이르게 함
상담내용	거짓으로 석가모니의 제자가 된 수시마는 여러 비구에게 이런저런 질문을 던지나 성에 차지 않았다. 그러자 석가모니를 찾아가 설법해 주기를 청했다. 문답을 통해 석가모니에게 감화된 수시마는 거짓으로 제자가 되었음을 고백하고 용서를 구했다. 　석가: 너를 용서하리니 너는 마땅히 갖추어 말하라. 즉 '나는 이전에는 어리석고 착하지 못하여 속여서 제자가 되었습니다. 그러나 이제 그 허물을 뉘우치고 스스로 죄를 보았고…' 하고. 　이어 석가모니는 비유를 들어 말한 뒤 문답을 계속했다. 　석가: 순라꾼이 도적을 잡아오자 왕은 '죄인의 온몸을 창으로 백 번 찔러라' 하고 명했다. 신하가 명을 수행하자 왕은 다시 창으로 백 번을 더 찌르라고 명한다. 이렇게 해서 창으로 3백 번을 찌르면 그 죄인은 괴롭겠는가? 　수시마: 3백 번이나 창에 찔리다니… 지극히 괴롭겠나이다. 　석가: 속여 거짓제자가 되면 곱이나 더한 고통을 받을 것이다.
상담결과	번뇌가 다했고 그 뜻을 올바로 이해함. 기뻐 받들어 행함
상담회기	1회
상담방법	① 초점주기: "너는 마땅히 갖추어 말하라"고 함으로써 초점 줌 ② 자기지시: "무엇을 뉘우치며 어찌할 것인가"를 명확히 말하게 함 ③ 비유: 거짓 중이 된 죄를 창에 찔리는 벌을 받는 도적에 비유 ④ 심상유도: 창에 찔리는 것을 1백 번→3백 번으로 강도 높임 ⑤ 혐오요법: 거짓의 결과가 얼마나 고통스러운가를 비유로 강조

사례45. 손 안의 나뭇잎이 많은가, 큰 숲의 나뭇잎이 많은가?

구분	내 용
출전	잡아함경 제15권 404.신서림경(申恕林經)
시간	어느 때
장소	마갈타국 심사파(申恕林) 동산
내담자	여러 비구(석가모니의 제자들)
상담자	석가모니
상담형태	대중상담
상담과정	석가모니가 제자들을 가르치기 위해 심사파 동산으로 데리고 가서 문답을 나눔
호소문제	-
상담목적	진리를 아는 일에 왕성한 욕심을 일으켜 밝게 알도록 인도함

상담내용	마갈타국 왕이 왕사성와 파타리푸트라 중간에 있는 대나무숲 마을에 지은 복덕사에서 여러 대중들과 함께 자고 난 석가모니는 여러 비구에게 말했다.
	  석가: 함께 심사파 동산으로 가자.
	  제자들을 이끌고 심사파 동산으로 간 석가모니는 나무 밑에 앉아 손에 나뭇잎을 쥐고 비구들과 문답을 시작했다.
	  석가: 이 손 안의 나뭇잎이 많은가, 저 큰 숲의 나뭇잎이 많은가?
	  비구들: 숲의 나뭇잎이 한량없이 많아 서로 견줄 수 없나이다.
	  석가: 이와 같이 깨달음을 이룬 후 내가 본 진리를 사람들에게 말한 것은 손 안의 나뭇잎만큼 적다. 그러나 말하지 않은 것은 큰 숲의 나뭇잎처럼 많다. 그 법을 말하지 않은 이유는 이치로 요익하게 하지 않고, 법으로 요익하게 하지 않고, 범행으로 요익하게 하지 않고, 밝은 슬기로 바르게 깨달아 바로 열반으로 향하지 않기 때문이다. 그러므로 비구들이여, 네 가지 진리에 대해 아직 밝게 알지 못하였으면 마땅히 힘써 방편으로써 왕성한 욕심을 일으켜 밝게 알기를 배워야 하느니라.

상담결과	기뻐하여 받들어 행함
상담회기	1회
상담방법	① 현장활용: 나뭇잎 비유를 하기 위해 숲으로 감 ② 비유: 깨달은 바를 나뭇잎에 비유 ③ 상담자의 자세: 알고 깨달은 바가 많더라도 내담자에게 요익하지 않은 것은 말하지 않고 요익한 것만 말함

사례46. 털 한 개를 백 개로 쪼개 화살로 맞히면

구분	내 용
출전	잡아함경 제15권 405.공경(孔經)
시간	어느 때
장소	비사리국 잔나비 못 곁에 있는 중각강당
내담자	아난다(석가모니의 10대 제자 중 한 사람. 다문제일多聞第一)
상담자	석가모니
상담형태	개별상담
상담과정	이른 아침에 비사리성에 들어가 걸식을 하고 돌아오던 아난다는 어린 아이들이 화살을 갖고 절문 구멍을 쏘는 모습을 봄. 쏘는 화살마다 정확하게 문구멍으로 들어가는 것을 본 아난다는 그 솜씨에 '기특하다. 저 아이들은 저렇게 어려운 일을 잘도 하는구나' 하고 감탄해 석가모니에게 나아가 그 이야기를 함.
호소문제	아이들이 활 쏘는 솜씨가 뛰어나 그 모습을 보고 감탄
상담목적	진리를 참답게 알고 보는 것이 얼마나 어려운 일인지를 알려줌
상담내용	아난다의 말을 듣고 난 석가모니가 물었다. 석가: 너의 생각에는 어떠하냐? 아이들이 구멍을 다투어 쏘는데 화살마다 다 들어가는 것을 어렵다고 하는가? 그러면 만약 털 하나를 백 개로 쪼개어 나누고, 그 나눈 털 한 개를 화살로 쏘아 화살마다 맞히는 것은 어떻겠는가? 아난다: 무척 어렵겠습니다. 석가: 그것은 괴로움의 진리를 참답게 알고 보는 것만은 못하다. 그와 같이 괴로움이 모이는 진리, 괴로움이 멸하는 진리, 괴로움을 멸히는 길의 진리를 참답게 알고 보는 것은 그보다 참으로 어려운 일이니라. 그리고 석가모니는 게송을 읊었다. "털 하나를 백으로 나누어서 그 하나 쏘기 참으로 어렵나니 하나하나의 괴로움을 관찰하여 〈나〉아니란 어려움 또한 그러하니라."
상담결과	모든 비구가 기뻐하여 받들어 행함
상담회기	1회
상담방법	① 자원활용: 내담자가 보고 온 경험을 상담에 활용 ② 비유: 참다운 진리를 아는 것과 활쏘기를 비유 ③ 게송활용: 게송으로 내담자의 정서적 변화 유도

사례47. 어느 나라가 힘세고, 어느 나라 왕이 부자인가?

구분	내 용
출전	잡아함경 제16권 413.왕력경(王力經)
시간	어느 때
장소	왕사성 칼란다 죽원
내담자	많은 비구(석가모니의 제자들)
상담자	석가모니
상담형태	대중상담
상담과정	비구들이 쓸데없는 논쟁을 일삼는 것을 석가모니가 하늘귀〔天耳通〕로 듣고 알아서 그에 관해 교설함
호소문제	푸라세나짓왕과 빔비사라왕 가운데 누가 더 세력이 크고 누가 더 부자인가?
상담목적	쓸데없는 논쟁에 빠지지 않고 바른 수행의 길을 가게 함
상담내용	석가모니가 왕사성의 칼란다 죽원에 있을 때 많은 비구는 식당에 모여 이렇게 논쟁했다. "푸라세나짓왕과 빔비사라왕 중 누가 더 세력이 크고, 누가 더 큰 부자인가?" 그때 석가모니는 선정에 들었다가 하늘귀로써 비구들이 논쟁하는 소리를 들었다. 석가모니는 곧 자리에서 일어나 식당으로 가 대중 앞에 자리를 펴고 앉아 모든 비구에게 물었다. 석가: 너희들은 왜 말로 다투느냐? 비구들이 다툰 일을 아뢰자 석가모니는 다음과 같이 설했다. 석가: 너희들은 어찌 왕의 세력과 부를 말하는 것으로 일을 삼느냐. 너희 비구들은 그런 말을 하지 말라. 왜냐하면 그것은 진리를 깨달아 열반으로 향하는데 아무런 요익이 되지 않기 때문이다. 너희는 마땅히 괴로움의 진리, 괴로움이 모이는 진리, 괴로움이 멸하는 진리, 괴로움을 멸하는 길의 진리에 대해 말해야 한다. 왜냐하면 이 네 가지는 바른 깨달음으로써 바르게 열반으로 향하게 하기 때문이다. 그러므로 비구들이여, 이 네 가지에 대하여 아직 밝게 알지 못했으면 마땅히 힘써 방편으로써 왕성한 욕심을 일으켜 밝게 알기를 배워야 하느니라.
상담결과	기뻐하여 받들어 행함
상담회기	1회
상담방법	① 이유: 내담자들에게 논쟁을 삼가라 하고 그 이유를 알려줌 ② 지시적 훈계: 쓸데없는 논쟁을 하지 말라고 계도함 ③ 하늘귀〔天耳通〕: 상담자의 감수성 ④ 확인

사례48. 깊고 험한 바위보다 더 두려운 것은?

구분	내 용
출전	잡아함경 제16권 421.심험경(深嶮經)
시간	어느 때
장소	왕사성 심험암
내담자	모든 비구(석가모니의 제자들)
상담자	석가모니
상담형태	대중상담
상담과정	석가모니가 제자들을 험한 바위인 심험암으로 데리고 가 교설
호소문제	지극히 깊고 험한 바위보다 더 두려워할 만한 것이 있는가?
상담목적	괴로움의 진리, 괴로움이 모이는 진리, 괴로움이 멸하는 진리, 괴로움을 멸하는 길의 진리를 참답게 알고 보려는 분발심을 촉발함
상담내용	어느 때 석가모니가 모든 비구들에게 말했다. 석가: 너희들은 함께 심험암으로 가자. 비구들: 그리 하리다. 석가모니는 모든 대중과 함께 심험암으로 가 자리를 펴고 앉아 두루 심험암을 관찰한 뒤 모든 비구들에게 말했다. 석가: 이 바위는 지극히 깊고 험하다. 그때 어떤 비구가 물었다. 비구: 이 바위는 지극히 깊고 험하나이다. 이것보다 지극히 깊고 험하여 매우 두려워할 만한 것이 있습니까? 석가: 그러하니라. 수행자로서 괴로움의 진리, 괴로움이 모이는 진리, 괴로움이 멸하는 진리, 괴로움을 멸하는 길의 진리에 대해 참답게 알지 못하여 생의 근본이 되는 모든 행에 집착하는 것이다. 이렇게 되면 늙음·병·죽음과 근심·슬픔·번민·괴로움의 깊고 험한 곳에 떨어진다. 이와 같이 비구들이여, 이것은 매우 깊고 험하기가 이 바위보다 더 하느니라. 그러므로 비구들이여, 이 네 가지 진리에 대하여 아직 밝게 알지 못했으면 마땅히 힘써 방편으로써 왕성한 욕심을 일으켜 밝게 알기를 배워야 하느니라.
상담결과	기뻐 받들어 행함
상담회기	1회
상담방법	① 현장활용: 내담자들을 심험암으로 데려가 심험암의 깊고 험한 지세를 상담에 활용 ② 비유: 집착의 위험함을 깊고 험한 바위에 비유

사례49. 연잎으로 물그릇을 만들 듯

구분	내 용
출전	잡아함경 제16권 435.수달경(須達經)
시간	어느 때
장소	사위국 제타숲 외로운 이 돕는 동산
내담자	수닷타 장자
상담자	석가모니
상담형태	개별상담
상담과정	사성제(四聖諦)를 깨닫는 과정을 알고 싶어 석가모니를 찾아옴
호소문제	사성제는 점차로 알게 되는지, 아니면 한꺼번에 알게 되는지?
상담목적	사성제를 알려는 동기를 북돋워 속히 깨닫도록 함
상담내용	석가모니를 찾아온 수닷타가 물었다. 　수닷타: 세존이시여, 네 가지 진리[四聖諦]는 점차로 알게 되나이까, 한꺼번에 알게 되나이까? 　석가: 이 네 가지 진리는 점차로 알게 되는 것으로서 한꺼번에 알게 되는 것이 아니다. 　수닷타의 질문에 단정적으로 분명히 대답해준 석가모니는 덧붙여 설명했다. 　석가: 만일 괴로움의 진리[苦]에 대하여 밝게 알지 못하고서 괴로움이 모이는 진리[集], 괴로움이 멸하는 진리[滅], 괴로움을 멸하는 길의 진리[道]를 밝게 안다고 하면 그 말은 맞지 않느니라. 그렇게 하는 것은 이치에 닿지 않기 때문이다. 이는 마치 '가는 나뭇잎 두 개를 모아 붙여 그릇을 만들어 물을 담아 가지고 가려는 것'과 같아 진리에 이르기 어렵다. 괴로움의 진리를 안 연후에 괴로움이 모이는 진리를 알게 되고, 괴로움이 멸하는 진리와 괴로움이 멸하는 길의 진리를 알게 되는 것이다. 이렇게 고(苦)→집(集)→멸(滅)→도(道)의 순서를 따르는 것은 마치 '연잎을 따서 모아 붙여 그릇을 만들어 물을 담아 가는 것'과 같다.
상담결과	기뻐 받들어 행함
상담회기	1회
상담방법	① 사기답 중 일향기: "사성제는 점차로 알게 된다"고 즉답함 ② 비유: 잘못된 수행법을 대나무 잎을 모아 붙여 물그릇 만들어 물을 담아 가기에, 잘된 수행법을 연잎을 모아 붙여 물그릇 만들어 물을 담아 가기에 비유함으로써 내담자의 이해를 도움

사례50. 스스로 짓고, 남이 짓고

구분	내 용
출전	잡아함경 제17권 459.자작경(自作經)
시간	어느 때
장소	사위국 제타숲 외로운 이 돕는 동산
내담자	어떤 바라문
상담자	석가모니
상담형태	개별상담
상담과정	중생이 스스로 짓는 것인지 아닌지 알고 싶어 석가모니를 찾아와 중생에 대한 자신의 견해를 말함
호소문제	중생이 스스로 짓는 것인지, 남이 짓는 것인지? 아니면 스스로도 짓지 않고 남도 짓지 않는 것인지?
상담목적	중생에 관한 견해를 바로 잡도록 도와줌
상담내용	석가모니를 찾아온 바라문이 말했다. 바라문: 중생은 스스로 지은 것도, 남이 지은 것도 아닙니다. 석가: 그같이 주장하는 사람을 아직 나는 보지 못했다. 바라문: 중생은 스스로 지은 것이고, 남이 지은 것입니다. 석가: 나는 이제 너에게 물으리니 마음대로 대답하라. 너의 생각에는 어떠하냐? 중생에게 방편계가 있어서 모든 중생들로 하여금 방편 쓰기를 알게 하느냐? 바라문: 그러하나이다. 석가: 그렇다면 이것은 곧 중생은 스스로 짓는 것이요, 곧 남이 짓는 것이니라. 바라문이여, 중생에게는 안수계(安住界)·견고계(堅固界)·출계(出界)·조작계(造作界)가 있어서 그 중생들로 하여금 조작이 있는 것을 알게 하는가? 바라문: 그렇나이다. 석가: 그렇다면 이것은 곧 중생이 스스로 지은 것이요, 이것은 곧 남이 지은 것이니라. 바라문: 그러하나이다. 중생은 스스로 지은 것도 있고 남이 지은 것도 있나이다.
상담결과	기뻐하면서 자리에서 일어나 떠나감
상담회기	1회
상담방법	① 개방질문: "마음대로 대답하라. 너의 생각에는 어떠하냐?" ② 인지적 재구성: 논리적 문답을 통해 내담자의 혼란된 개념을 바로 잡아 줌

사례51. 같은 법, 같은 맛

구분	내 용
출전	잡아함경 제17권 464.동법경(同法經)
시간	어느 때
장소	코삼비국 고시타 동산
내담자	아난다(석가모니의 10대 제자 중 한 사람. 다문제일多聞第一)
상담자	상좌, 5백 비구들, 석가모니
상담형태	대중상담(내담자가 하나이고, 상담자가 여럿인 색다른 형태)
상담과정	아난다가 상좌들이 있는 곳으로 나가 질문을 함
호소문제	비구는 어떤 법을 알뜰히 생각해야 하는지?
상담목적	비구가 어떻게 구도를 해야 하는지 알려줌
상담내용	아난다의 질문에 상좌가 대답했다. 상좌: 비구는 마땅히 두 법으로써 알뜰히 생각하여야 하나니, 그침〔止〕과 관찰〔觀〕입니다. 아난다: 그침을 닦아 익힌 뒤에는 무엇이 이루어져야 합니까? 관찰을 닦아 익힌 뒤에는 무엇이 이루어져야 합니까? 상좌: 그침을 닦아 익히면 마지막에는 관찰이 이루어지는 것입니다. 관찰을 닦아 익힌 뒤에도 또한 그침을 이루는 것입니다. 비구는 그침과 관찰을 함께 닦아 모든 해탈의 경계를 얻는 것입니다. 아난다: 어떤 것이 모든 해탈의 경계입니까? 상좌: 만일 단계(斷界)·무욕계(無欲界)·멸계(滅界)이면 이것을 모든 해탈의 경계라고 합니다. 아난다: 어떤 것이 단계·무욕계·멸계입니까? 상좌: 일체의 행을 끊으면 단계라 하고, 애욕을 끊어 없애면 무욕계라 하며, 일체의 행이 멸하면 이를 멸계라 합니다. 아난다는 다시 5백 비구들이 있는 곳으로 가서 같은 질문을 했다. 5백 비구도 상좌와 같은 대답을 했다. 아난다가 마지막으로 석가모니에게 가서 같은 질문을 하자 역시 같은 대답이 나왔다. 아난다: 기이합니다, 세존이시여. 스승님과 제자들이 모두 같은 법, 같은 글귀, 같은 이치, 같은 맛이옵니다. 석가: 그들은 모두 바른 지혜로 해탈한 아라한이기 때문이다.
상담결과	기뻐하여 받들어 행함
상담회기	3회
상담방법	① 상담자의 자세: 일관성

사례52. 그런 말 마시오

구분	내 용
출전	잡아함경 제17권 485.우다이경(優陀夷經)
시간	어느 때
장소	왕사성 칼란다 죽원
내담자	빔비사라왕→우다이존자(석가모니의 제자)
상담자	석가모니
상담형태	개별상담(빔비사라왕→우다이존자), 슈퍼비전(빔비사라왕·우다이존자→석가모니)
상담과정	내담자가 우다이를 찾아가 문답을 주고받았으나 성에 차지 않아, 상담자인 우다이와 함께 석가모니를 찾아가 다시 문답을 펼침
호소문제	석가모니는 어떻게 모든 느낌을 말하는지?
상담목적	느낌에 관해 바르게 이해하도록 도움
상담내용	빔비사라왕의 물음에 우다이가 대답했다. 　우다이: 세존께서는 즐거움, 괴로움, 즐겁지도 괴롭지도 않은 느낌 등 세 가지를 말씀하십니다. 　왕: 그런 말씀 마시오. 즐거움과 괴로움 두 가지만 있을 것입니다. 만일 괴롭지도 즐겁지도 않다면 그것은 곧 적멸일 것이오 　서로 다른 의견이 이해되지 않자 두 사람은 석가모니를 찾아갔다. 　우다이: 저도 세 가지 느낌을 세울 수가 없었고, 왕도 두 가지 느낌을 세울 수가 없었나이다. 그래서 둘이 함께 나아가 세존께 여쭙나니 꼭 몇 느낌이 있나이까? 　석가: 나는 때로는 한 가지 느낌을 말하고 때로는 두 느낌을 말하며, 때로는 3, 4, 5, 6, 18, 36 내지 108 느낌을 말하고, 혹 때로는 한량이 없는 느낌을 말하느니라. 어떤 것이 내가 한 가지 느낌을 말하는 것인가? 모든 느낌은 다 괴로움이라고 말하는 것이다. 어떤 것이 두 느낌을 말하는 것인가? 몸의 느낌과 마음의 느낌을 말하는 것이다. 어떤 것이 세 느낌인가? 즐거움, 괴로움, 즐겁지도 괴롭지도 않은 느낌이 그 셋이다. 어떤 것이 네 느낌인가? 욕계에 매는 느낌, 색계에 매는 느낌, 무색계에 매는 느낌과 매지 않는 느낌이다. 어떤 것이 다섯 느낌인가?…
상담결과	기뻐하여 받들어 행함
상담회기	1회
상담방법	① 구체적 접근: 각각의 느낌의 종류를 구체적으로 설명함

사례53. 남의 잘못을 지적할 때 지켜야 할 일

구분	내 용
출전	잡아함경 제18권 497.거죄경(擧罪經)
시간	어느 때
장소	사위국 제타숲 외로운 이 돕는 동산
내담자	사리불(석가모니의 10대 제자 중 한 사람. 지혜제일智慧第一)
상담자	석가모니
상담형태	개별상담
상담과정	남의 죄를 들출 때 마음을 편안히 머무르게 할 수 있는 방법을 알고 싶어 질문
호소문제	남의 죄를 들추고자 할 때 몇 가지 법에 머무르면 편안할 수 있으며, 누군가 내 죄를 들출 때 마음 편안하게 머무를 수 있는 법은 무엇인지?
상담목적	거죄(擧罪)할 때 들추는 사람과 당하는 사람 둘 다 편안해질 수 있는 방법을 알려줌
상담내용	사리불이 상황에 따라 어찌 해야 하는지 조목조목 질문을 하자 석가모니는 다음과 같이 대답해 주었다. (1) 남의 죄를 들출 때 지녀야 할 자세 ① 들추려는 죄가 사실이어야 한다. ② 때에 맞아야 한다. ③ 이치로 요익해야 한다. ④ 부드럽고 연하여 추하거나 까다롭지 않아야 한다. ⑤ 사랑하는 마음이어서 성내지 않아야 한다. (2) 죄를 지적받는 사람이 지녀야 할 자세 ① 어디서 얻었든지 사실이었으면 한다. ② 때에 맞았으면 한다. ③ 이치로써 요익하였으면 한다. ④ 부드럽고 연하여 추하거나 까다롭지 않았으면 한다. ⑤ 사랑하는 마음이어서 성내지 않았으면 한다. (3) 진실하지 않은 자세로 남의 죄를 들추는 사람을 뉘우치게 하는 법 ① 그가 들춘 바가 사실이 아니고 ② 들추는 것이 때에 맞지 않으며 ③ 이치에 요익하지 않고 ④ 들춘 바가 부드럽거나 연하지 않고 추하거나 까다로우며 ⑤사랑하는 마음으로 들춘 것이 아니라고 깨우쳐 주어서 뉘우치게 한다. (4) 진실하지 않은 자세로 남의 죄를 들춘 사람이 지녀야 할 자세 자신의 말과 행동이 위의 (3)과 같음을 깨닫고 뉘우쳐서 마음을 편히 한다. (5) 진실한 자세로 남의 죄를 들춘 사람을 격려하는 법

상담내용	① 들춘 바가 사실이고 ② 때에 맞으며 ③ 이치로 요익하고 ④ 추하거나 까다롭지 않으며 ⑤ 사랑하는 마음으로 성내지 않고 했음을 말해 주어서 격려한다. (6) 진실한 자세로 남의 죄를 들춘 사람이 지녀야 할 자세 　자신의 언행이 위 (5)의 다섯 항목과 같음을 알고 마음을 편히 한다. (7) 정당하게 죄를 들추어도 성내는 사람을 깨우쳐 주는 법 　죄를 들춘 것이 위 (5)와 같았음을 이야기해서 그 자세를 고치게 한다. 　문답을 통해 위와 같은 여러 경우에 마음 편안하게 머무르는 법을 듣고 난 사리불은 석가모니에게 다시 물었다. 　사리불: 전에 제가 여러 요건을 다 갖추어 죄를 들추었는데도 노여움을 품는 비구가 있었나이다. 　석가: 어떤 종류의 비구가 자신의 죄를 들출 때 성을 내던가? 　사리불: 아첨하고 거짓되며, 속이고 믿지 않으며, 안팎의 부끄러움이 없으며, 게으르고 생각을 잃고, 정하지 않고 나쁜 슬기가 있으며, 느리고 멀리 떠남을 어기며, 계와 율을 공경하지 않고 사문을 돌아보지 않으며, 부지런히 공부하지 않고 스스로 되살피지 않으며, 목숨을 위하여 집을 나오고 〈열반〉을 구하지 않는 비구였나이다. 　석가: 어떤 종류의 비구가 죄를 들추어도 성내지 않던가? 　사리불: 아첨하지 않고 거짓되지 않으며, 속이지 않고 믿음이 있으며, 안팎으로 부끄러워하며, 부지런히 힘쓰고 바르게 생각하며,… 이런 비구는 죄를 들추는 말을 들으면 기뻐하고 공경하며 찰제리 여자가 꽃을 사랑하듯, 단 이슬을 마시듯 하나이다. 　석가: 아첨하고 거짓되며, 속이고 믿지 않으며… 이런 비구는 가르칠 수 없느니라. 왜냐하면 그는 범행을 부수기 때문이다. 아첨하지 않고 거짓되지 않으며 속이지 않고 믿는 마음이 있으며… 이런 비구는 마땅히 가르칠 수 있느니라. 왜냐하면 이와 같은 비구는 능히 범행을 닦고 스스로 설 수 있기 때문이다.
상담결과	기뻐 받들어 행함
상담회기	1회
상담방법	① 구체적 접근: 남의 잘못을 지적할 때 지켜야 할 일을 조목조목 구체적으로 제시 ② 현실적 접근: 실제 행할 수 있는 행동을 예시 ③ 비유: 내담자가 '진실한 비구는 지적을 받아들이길 찰제리 여자가 꽃을 사랑하듯, 단 이슬 마시듯 한다'고 비유

사례54. 돌산처럼 든든히, 구리쇠처럼 튼튼히

구분	내 용
출전	잡아함경 제18권 499.석주경(石柱經)
시간	어느 때
장소	왕사성 기사굴산(이때 석가모니는 칼란다 죽원에 있었음)
내담자	월자 비구(데바닷타의 제자. 데바닷타는 석가모니의 사촌으로서 석가모니의 위세를 시기해 일파를 따로 세웠으나, 자신의 무리가 석가모니에게 다시 돌아가자 고민 끝에 죽음)
상담자	사리불(석가모니의 10대 제자 중 한 사람. 지혜제일智慧第一)
상담형태	개별상담
상담과정	월자 비구가 사리불 있는 곳으로 찾아가자 사리불이 "데바닷타는 자신의 무리들을 위해 어떤 설법을 하는가?" 하고 먼저 질문하여 서로 문답.
호소문제	–
상담목적	데바닷타의 가르침과 석가모니의 가르침이 어떻게 다른지 알려주어 진리의 길로 인도
상담내용	사리불: 데바닷타는 어떻게 설법하는가? 비구: 데바닷타는 "마음을 법으로 하여 마음을 닦으면 그 사람은 능히 스스로 '나는 욕심을 떠나 오욕의 향락에서 해탈했다고 말한다'고 한다"고 합니다. 사리불: 데바닷타는 왜 "마음을 법으로 하여 마음을 닦으면 탐내는 마음〔貪〕·성내는 마음〔瞋〕·어리석은 마음〔癡〕을 떠나서 탐·진·치가 없는 법을 얻어 범행이 서고, 할 일을 다 마쳐 후세의 몸을 받지 않는 줄을 안다고 말한다"고 설법하지 않는가? 비구: 그는 그렇게 하지 못합니다. 사리불: 마음을 법으로 하여 마음을 잘 닦아 탐내는 마음을 떠나고 성내는 마음을 떠나며, 어리석은 마음을 떠나면 든든한 돌산처럼, 튼튼한 인다(因陀) 구리쇠 기둥처럼, 불에 타지 않는 물건처럼 굳건히 법을 얻게 된다.
상담결과	모든 비구가 함께 기뻐 받들어 행함
상담회기	1회
상담방법	① 구체적 접근: 데바닷타의 가르침이 석가모니의 가르침에 비해 너무 추상적임을 지적하면서 구체적인 가르침을 줌. ② 비유: 굳건한 마음 수행을 돌산, 구리쇠 기둥, 불에 타지 않는 물건 등에 비유하여 내담자의 이해를 도움

사례55. 어디를 향해 밥을 먹나요?

구분	내 용
출전	잡아함경 제18권 500.정구경(淨口經)
시간	어느 때
장소	왕사성 칼란다 죽원
내담자	여승 정구(淨口: 외도)
상담자	사리불(석가모니의 10대 제자 중 한 사람. 지혜제일智慧第一)
상담형태	개별상담
상담과정	볼 일이 있어서 왕사성을 나오던 여승 정구가 나무 밑에 앉아 밥을 먹는 사리불을 보고 질문.
호소문제	밥 먹을 때 입을 밑으로 하고 먹는지, 또는 위로 하고 먹는지, 사방 아니면 사유(四維)로 하고 먹는지?
상담목적	'밥 먹을 때 입의 위치'로 수행자가 음식 구하는 법도를 알려줌
상담내용	여승: 사문은 어찌하여 입을 밑으로 하고 먹습니까? 사리불: 아니다, 누이여. 여승: 그러면 입을 위로 들고 먹습니까? 사리불: 아니다, 누이여. 여승은 계속하여 입을 사방으로 향해 먹는지, 사유(四維)로 향해 먹는지 물으나 사리불은 전부 아니라고 대답했다. 여승은 먹을 때 입의 위치를 물었지만, 사리불은 그것이 음식을 구하는 방법에 관한 상징적 질문임을 알아차리고 설명을 덧붙였다. (1) 수행자가 음식을 구하는 삿된 방법 4가지 ① 세속 일과 비슷한 법에 밝아 사특한 방법으로 구할 때→입을 밑으로 하여 먹는다고 함 ② 별을 우러러 관찰하는 방법(점성술 등)으로 구할 때→입을 위로 들고 먹는다고 함 ③ 남의 심부름을 해주고 구할 때→입을 사방으로 향해 먹는다고 함 ④ 갖가지 병을 다스리는 방법으로 구할 때→입을 사유로 향해 먹는다고 함. (2) 수행자가 음식을 구하는 올바른 방법: 다만 법을 의지해 살아가는 것
상담결과	기뻐하면서 떠난 뒤 왕사성 네거리에서 찬탄. 이에 외도들이 질투해 해쳐 죽음을 당한 후 도솔천에 태어남.
상담회기	1회
상담방법	① 여성상담: 내담자가 외도인 여승임 ② 비유: 밥 먹을 때 입의 위치와 수행자가 음식 구하는 법도를 서로 비유하여 내담자의 이해를 도움

사례56. 발가락으로 누각을 흔들다

구분	내 용
출전	잡아함경 제19권 505.애진경(愛盡經)
시간	어느 때
장소	왕사성 기사굴산, 33천의 분타리(分陀利) 못 곁
내담자	제석천
상담자	목건련(석가모니의 10대 제자 중 한 사람. 신통제일神通第一)
상담형태	개별상담
상담과정	목건련이 혼자 고요히 생각함. '예전에 제석천이 세존께 탐애가 다한 해탈의 이치를 묻자 세존께서 그를 위해 설명하셨고, 그는 설명을 듣고 기뻐하면서 다시 어떤 이치를 묻고자 했다. 그가 그때 기뻐한 뜻을 물어야겠다'. 그리고 33천의 분타리 못 곁에서 5백 채녀(婇女)와 목욕하며 놀고 있는 제석천을 찾아감.
호소문제	예전에 석가모니의 설명을 듣고 기뻐했는데 어떤 생각으로 기뻐했는가? 다시 물을 일이 있기 때문에 기뻐했는가?
상담목적	향락과 방탕한 생활에서 벗어나 바른 길을 찾도록 함
상담내용	목건련의 질문에 제석천은 다음과 같이 대답했다. "우리 33천은 방탕한 향락에 집착해서 혹은 옛날 일을 기억하기도 하고, 기억하지 못하기도 한다. 전날 내가 세존께 물은 일이 궁금하거든 세존께 가서 직접 물어 보고 받아 지니라." 그리고 제석천은 자신이 새로 지은 누각의 규모와 화려함을 자랑하며 채녀들의 노래와 춤을 보여 주었다. 그러자 목건련은 제석천이 몹시 방탕한 생활에 집착하고 있음을 알아차리고 그가 방탕한 생활에 싫증을 내게 하기 위해 신통을 부리기로 결심했다. 목건련은 발가락으로 그 누각을 쳐서 모두 흔들리게 하고는 이내 사라져 나타나지 않았다.
상담결과	채녀들은 목건련이 일으킨 신통력을 보고 두려워 허둥거리며 목건련이 제석천의 스승인 석가모니인지를 물었다. 그러자 제석천이 대답했다. "그 사람은 내 스승의 제자 목건련이다. 그는 범행이 청정하고 덕이 큰 사람이다." "제자가 이리도 큰 범행과 큰 덕과 큰 힘을 가졌는데, 그 스승님의 덕과 힘이야 어떠하리까." 채녀들은 감탄하며 존경하는 마음을 냄
상담회기	1회
상담방법	① 이적(異蹟): 목건련이 천상을 오가고, 발가락으로 누각을 흔드는 신통력을 부림

사례57. 하늘나라에 태어나려면?

구분	내 용
출전	잡아함경 제19권 506.제석경(帝釋經)
시간	어느 때 여름 안거를 지낼 때
장소	사위국 제타숲 외로운 이 돕는 동산과 33천(천상세계)
내담자	목건련(석가모니의 제자), 비구들(석가모니의 제자들)
상담자	석가모니
상담형태	개별상담
상담과정	제자들이 33천(하늘나라)에 있는 석가모니를 그리워하자 목건련이 그들의 청을 받아 33천으로 올라가 석가모니에게 말을 전함
호소문제	스승 석가모니를 뵌 지 오래되어 뵙고 싶으니 하늘나라에서 내려와 달라고 청원함
상담목적	부처와 그 가르침, 승단[佛法僧]에 대한 믿음을 가지면 천상계에 태어남을 알게 함. 제자들의 그리워하는 마음을 달래줌
상담내용	제자들의 청을 받은 목건련은 신통력을 부려 마치 큰 역사가 팔을 굽혔다 펴는 것 같은 동안에 사위국에서 사라져 33천에 나타났다. 석가모니는 거기서 하늘 대중들을 위해 설법하는 중이었다. 목건련: 하늘 대중에는 혹 일찍이 부처한테서 설법을 듣고 무너지지 않는 청정한 믿음을 얻어 목숨이 끝난 뒤에 여기 와서 태어난 이가 있습니까? 석가: 그러하니라. 이들은 믿음과…으로 여기서 태어났느니라. 이때 제석천과 어떤 비구, 이민 전사(天子)노 자신들이 그러해서 하늘나라에 태어났다고 증언했다. 목건련이 다시 '제자들이 보고 싶어 하며 또한 돌아오시길 원한다'고 말을 전하자 석가모니가 대답했다. 석가: 너는 돌아가 사람들에게 전하라. '지금부터 이레 뒤에 승가사성문 밖에 있는 우둠바라 나무 밑으로 돌아가리라'고. 목건련은 제자들에게 내려와 말을 전했고, 석가모니는 기약한 날짜에 약속한 장소에 내려왔다. 이때 하늘과 용, 귀신, 범천들도 따라 내려와 이때부터 이 모임의 이름을 천하처(天下處)라 했다.
상담결과	-
상담회기	1회
상담방법	① 이적(異蹟): 석가모니와 제자인 목건련이 신통력으로 천상을 오가면서 설법함

사례58. 낙태한 죄

구분	내 용
출전	잡아함경 제19권 512.타태경(墮胎經)
시간	어느 때
장소	왕사성 거리→칼란다 죽원
내담자	락카나 비구→목건련 존자(두 사람 다 석가모니의 제자)
상담자	석가모니
상담형태	개별상담, 대중교설, 슈퍼비전
상담과정	거리를 가던 목건련이 빙그레 웃는 것을 보고 락카나가 질문
호소문제	(길 가다) 빙그레 웃은 까닭이 무엇인가?
상담목적	낙태를 하면 죽어서 그만큼 큰 고통을 받으니 하지 않게 함
상담내용	밥을 빌러 왕사성에 들어간 목건련은 어느 곳에 이르자 마음에 생각한 바가 있어 빙그레 웃었다. 함께 가던 락카나가 그 까닭을 묻자 목건련이 대답했다. 목건련: 지금은 물을 때가 아니다. 우선 밥을 빈 뒤에 세존께 나아가 그 일을 물어라. 그것은 때에 알맞은 물음이다. 그때에는 그대를 위해 말하리라. 락카나가 석가모니 앞에서 다시 묻자 목건련이 대답했다. 목건련: 나는 도중에서 온몸에는 가죽이 없어, 꼴은 살덩이 같고 몸이 큰 한 중생이 허공을 날아가는 것을 보았다. '저러한 중생은 저러한 몸을 받아 저렇게 슬퍼하고 괴로워한다'고 생각하고 웃은 것이다. 두 사람의 말을 들은 석가모니가 여러 비구에게 말해주었다. 석가: 진실한 눈과 지혜, 이치, 법을 가져 통달한 사람은 그런 중생을 볼 수 있다. 나도 그 중생을 보았다. 그 중생은 과거 세상에서 낙태를 하였다. 그 죄로 인해 한량없는 벌을 받았으나 아직도 남은 죄가 있어 그 고통을 계속 받는 것이다.
상담결과	기뻐하여 받들어 행함
상담회기	1회
상담방법	① 이적(異蹟): 다른 사람의 눈에는 보이지 않는 것을 봄 ② 혐오요법: 낙태를 하면 얼마나 큰 벌을 받고 그로 인해 고통스러운가 실감나게 알려주어 다시는 그런 일을 하지 않도록 함 ③ 상담자의 자세: 목건련은 락카나의 질문에 즉시 답하지 않고 스승인 석가모니가 있는 자리에서 묻게 해 자신의 답에 대해 스승으로부터 인정을 받음. 즉 적절한 상담시기를 택함

사례59. 점을 친 죄

구분	내 용
출전	잡아함경 제19권 520.복점녀경(卜占女經)
시간	어느 때
장소	왕사성 거리→칼란다 죽원
내담자	락카나 비구→목건련 존자(두 사람 다 석가모니의 제자)
상담자	석가모니
상담형태	개별상담, 대중교설, 슈퍼비전
상담과정	거리를 가던 목건련이 빙그레 웃는 것을 보고 궁금해 질문
호소문제	(길가다) 빙그레 웃은 까닭이 무엇인가?
상담목적	점치는 죄를 범하면 그만큼 큰 고통을 받으니 죄 안 짓게 함

상담내용	밥을 빌러 왕사성에 들어간 목건련은 어느 곳에 이르자 마음에 생각한 바가 있어 빙그레 웃었다. 함께 가던 락카나가 그 까닭을 묻자 목건련이 대답했다.
	  목건련: 지금은 물을 때가 아니다. 우선 밥을 빈 뒤에 세존께 나아가 그 일을 물어라. 그것은 때에 알맞은 물음이다. 그때에는 그대를 위해 말하리라.
	  락카나가 석가모니 앞에서 다시 묻자 목건련이 대답했다.
	  목건련: 나는 도중에서 한 중생이 정수리에 쇠맷돌이 있고, 불이 활활 붙어 그 정수리가 갈리면서 허공으로 다닐 때에 한량없는 고통을 받는 것을 보았다. '저러한 중생은 저러한 몸을 받아 저렇게 슬퍼하고 괴로워한다'고 생각하고 웃은 것이나.
	  두 사람의 말을 들은 석가모니가 여러 비구에게 말해주었다.
	  석가: 진실한 눈과 지혜, 이치, 법을 가져 통달한 사람은 그런 중생을 볼 수 있다. 나도 그 중생을 보았다. 그 중생은 과거 세상에서 점을 침으로써 사람을 속여 재물을 구하였다. 그 죄로 인해 한량없는 벌을 받고, 죄 값이 아직 남아 계속 고통을 받고 있는 것이다.

상담결과	기뻐하여 받들어 행함
상담회기	1회
상담방법	① 이적(異蹟): 다른 사람의 눈에는 보이지 않는 것을 봄 ② 혐오요법: 점을 쳐 사람을 속이면 벌을 받고 그로 인해 고통을 당함을 실감나게 알려줘 다시는 그런 일을 하지 않도록 함 ③ 상담자의 자세: 목건련은 락카나의 질문에 즉시 답하지 않고 석가모니가 있는 자리에서 묻게 함. 적절한 상담시기를 택함

사례60. 늙은이를 공경하지 않는 이유

구분	내 용
출전	잡아함경 제20권 547.집장경(執杖經)
시간	어느 때
장소	사위국 바라나 마을 오니못 곁
내담자	지팡이를 짚은 늙은 바라문
상담자	가전연(석가모니의 10대 제자 중 한 사람. 논의제일論議第一)
상담형태	개별상담
상담과정	석가모니의 제자들이 늙은 사람이 가도 인사나 예의를 갖추지 않는 것을 보고 불쾌하여 항의함
호소문제	석가모니의 제자들은 왜 노인을 봐도 말도 하지 않고 인사도 하지 않으며 앉으라고 하지도 않는지?
상담목적	진정으로 나이를 먹는다는 게 무엇인가를 알려 줌
상담내용	지팡이를 짚은 늙은 바라문이 항의를 하자, 가전연이 대중 가운데 있다가 대답했다. 가전연: 우리 법에서는 늙은이가 오면 서로 말하고 인사하며 공경하고 예배하며 앉으라고 청한다. 바라문: 내가 보매, 이 대중 가운데는 나보다 늙은이가 없다. 그런데 늙은 나한테 아무도 아는 체를 하지 않고, 앉으라고 청하지도 않았다. 말이 틀리지 않은가? 가전연: 나이가 많아 머리가 회고 이는 빠졌더라도 젊은이의 법을 가졌으면 그는 늙은 사람이 아니다. 그와 반대로 몸은 비록 젊었어도 늙은이의 법을 성취했으면 그는 늙은 사람의 수에 들어간다. 바라문: 어떤 것을 늙어도 젊은이의 법을 가졌다 하며, 어떤 것을 젊어도 늙은 사람의 수에 든다고 하는가? 가전연: 오욕의 향락을 떠나지 못하면 늙어도 젊은이의 법을 가졌다 하고, 오욕의 향락을 떠나 흐리지 않으면 젊어도 늙은 사람의 수에 든다고 한다.
상담결과	바라문은 자신은 몸은 비록 늙었지만 법은 아직 젊고, 석가모니의 제자들은 몸은 비록 젊었으나 늙은이의 법을 성취했음을 인정하고 기뻐하면서 자기 처소로 돌아감.
상담회기	1회
상담방법	① 분별: 신체가 나이 먹는 것과 법을 성취하는 것은 별개임을 신체의 젊음과 늙음을 비교하여 분별하게 함

사례61. 사람은 희고 검은 게 없다

구분	내 용
출전	잡아함경 제20권 548.마투라경(摩偸羅經)
시간	어느 때
장소	사위국 조림(稠林) 속
내담자	마투라 국왕
상담자	가전연(석가모니의 10대 제자 중 한 사람. 논의제일論議第一)
상담형태	개별상담
상담과정	인간 세상에 계급이 있는지 궁금해서 내담자가 가전연을 찾아와 물음
호소문제	바라문들이 "우리들이 제일이고 다른 사람은 비열하다, 우리는 희고 다른 사람은 검다, 우리는 청정하고 다른 사람들은 그렇지 않다"고 말하는데 가전연의 뜻은 어떠한지?
상담목적	사성(四姓: 고대 인도의 네 가지 계급)이 모두 평등하며 차별이 없음을 가르침
상담내용	질문을 받은 가전연은 왕에게 대답했다. 가전연: 그것은 세상 말일 뿐이오. 업(業)이 진실할 뿐이오 그것은 다 업에 의한 것이오. 마투라왕: 그 말씀이 너무 간단해서 무슨 말인지 이해할 수 없습니다. 다시 분별해서 말씀해 주십시오. 가전연: 이제 당신에게 묻겠소. 바라문의 왕인 당신은 신하들을 뜻대로 부릴 수 있는데, 다른 계급의 사람이 왕이 되어도 그럴 수 있습니까? 마투라왕: 그럴 것입니다. 가전연: 만약 도둑질한 자가 있으면 바라문이라 하더라도 벌을 받습니까? 마투라왕: 그렇습니다. 다른 계급도 마찬가지입니다. 가전연은 이렇게 여러 경우를 살핀 뒤 결론을 맺었다. 가전연: 사성이란 세간에서 차별지어 말한 것일 뿐이오. 사성은 다 평등하여 낮고 못한 차별이 없소. 따라서 사람의 계급을 짓는 것은 업이지 계급이 아니오.
상담결과	기뻐하며 예배하고 떠남
상담회기	1회
상담방법	① 인간관: 모든 인간이 다 평등하고 차별이 없음을 인식시킴 ② 인지적 재구성: 사성계급에 대한 기존의 인식을 바꾸게 함

사례62. 기이하십니다!

구분	내 용
출전	잡아함경 제20권 556.무상심삼매경(無相心三昧經)
시간	어느 때
장소	사케타성 안선림(安禪林)
내담자	많은 비구니(석가모니의 제자들)
상담자	석가모니, 아난다(석가모니의 10대 제자 중 한 사람)
상담형태	대중상담
상담과정	무상심삼매에 들어 해탈을 얻었을 때 그것이 무엇의 결과인지 궁금하여 내담자들이 석가모니와 아난다에게 질문을 함.
호소문제	무상심삼매에 들어 들뜨지도 않고 빠지지도 않으며, 해탈하여 머무르고 머물러 해탈한다면, 이 무상심삼매는 무엇의 결과며 무엇의 공덕인지?
상담목적	지혜의 결과와 공덕이 막중함을 알려줌
상담내용	석가모니가 비구니들에게 설법 후 잠자코 계시자 비구니들이 여쭈었다. 비구니들: 무상심삼매에서 들뜨지도 않고 빠지지도 않으며 해탈하여 머무르고 머물러 해탈한다면 이것이 무엇의 결과요 무엇의 공덕입니까? 석가: 그것은 지혜의 결과요, 지혜의 공덕이니라. 석가모니와 문답을 마친 비구니들은 다시 석가모니의 제자 아난다에게 가서 같은 질문을 했다. 아난다: 누이들이여, 그것은 지혜의 결과요 지혜의 공덕이라고 세존께서 말씀하셨느니라. 그러자 비구니들은 찬탄했다. 비구니들: 기이하십니다! 아난다님, 스승님과 제자가 같은 말, 같은 맛, 같은 이치로 말씀하시는군요. 저희들이 세존께 나아가 여쭈었더니 아난다님과 같은 답을 주셨습니다. 그러므로 기이하다는 것입니다.
상담결과	기뻐하면서 예배하고 떠나감
상담회기	1회
상담방법	① 상담자의 자세: 스승과 제자의 가르침이 다르지 않고 같음→일관성 ② 여성상담: 내담자가 비구니들임. 석가모니나 제자 아난다가 여자라 하여 차별하여 가르치지 않았음을 알 수 있음

사례63. 애욕으로 불타는 여인

구분	내 용
출전	잡아함경 제21권 564.비구니경(比丘尼經)
시간	어느 때
장소	사위국 제타숲 외로운 이 돕는 동산
내담자	어떤 비구니(석가모니의 제자 아난다를 연모함)
상담자	아난다(석가모니의 10대 제자 중 한 사람. 다문제일多聞第一)
상담형태	개별상담
상담과정	연모의 마음을 전하기 위해 내담자가 사람을 보내 청해서 아난다가 내담자의 처소로 가게 됨
호소문제	병이 들어 앓고 있으니 아난다에게 찾아와 달라고 청함
상담목적	몸에 집착하지 말고 방일함 없이 정진하여 번뇌를 끊게 함

상담내용	병을 핑계로 아난다를 부른 비구니는 아난다가 오는 것을 보고는 알몸으로 상 위에 누워 있었다. 아난다는 비구니의 벗은 몸을 보고는 멈추어 서서 모든 근을 거두고 뒤돌아섰다. 이에 무안해진 비구니는 일어나 옷을 입고 아난다를 맞아 설법을 들었다.
	  "누이여, 이 따위 몸이란 더러운 음식으로 자라났고, 교만으로 자라났고, 탐애로 자라났고, 음욕으로 자란 것이다. 누이여, 더러운 음식을 의지한 것은 더러운 음식을 끊어야 하고, 교만을 의지한 것은 교만을 끊어야 하며, 탐애를 의지한 것은 탐애를 끊어야 한다. … 마치 상인이 타락기름을 수레에 칠할 때에 집착하는 생각이 없고, 교만이나 장엄, 어루만지는 생각이 없이 다만 운반하기 위해서인 것처럼, 또 창병을 앓는 사람이 타락기름을 바를 때에 집착하거나 교만이나 장엄, 어루만지는 생각이 없이 다만 창병을 고치기 위해서인 것처럼 생각해야 한다. 이와 같이 성스러운 제자는 분수를 헤아려 먹되 집착이나 교만, 장엄, 어루만지는 생각이 없이 다만 살아가기 위해, 범행을 닦기 위해 먹으니 모든 묵은 감정 떠나고 새 감정을 일으키지 않는다. 이렇게 음식을 의지해 음식을 끊는다."
	  아난다는 계속해서 교만, 애욕 끊는 법을 설해 주었다.

상담결과	고백하고 허물을 뉘우침. 아난다의 용서를 얻고 기뻐함
상담회기	1회
상담방법	① 여성상담: 내담자가 비구니임 ② 비유: 음식 먹을 때 수레나 창병에 기름칠하는 것처럼 생각하게 함 ③ 상담자의 자세: 전이감정 처리를 적절히 함

사례64. 가지는 푸른데 흰 덮개를 씌우고

구분	내 용
출전	잡아함경 제21권 566.나가달다경(那伽達多經)①
시간	어느 때
장소	암라마을 암라숲
내담자	칫타 장자
상담자	나가닷타 비구(석가모니의 제자)
상담형태	개별상담
상담과정	칫타가 나가닷타의 방에 찾아가자 나가닷타가 칫타에게 석가모니가 이전에 말해준 게송을 말하며 어떤 뜻이 있는지를 물어봄
호소문제	-
상담목적	석가모니의 게송을 해석하게 하여 번뇌를 끊는 이치를 깨닫게 함
상담내용	나가닷타: 가지는 푸른데 흰 것으로 덮고/한 바퀴살로 굴러가는 수레여/번뇌 떠나는 것 관찰해 오면/흐름을 끊어 다시는 결박 않네. 장자여, 이 게송에는 어떤 뜻이 있는가? 칫타: 존자여, 세존께서 그 게송을 말씀하셨습니까? 나가닷타: 그러하니라. 칫타: 잠깐 그 뜻을 생각해 보겠나이다. 푸르다는 것은 계(戒)를 말함이요, 흰 덮개는 해탈을 말한 것이며, 한 바퀴살이란 몸생각〔身念〕이요, 구른다는 것은 굴러나가는 것이며, 수레란 지관(止觀)입니다. 번뇌를 떠난다는 것은 탐욕·성냄·어리석음의 세 가지 번뇌를 끊어 해탈하는 것이며, 관찰이란 보는 것을 말함이요, 옴이란 사람이며, 흐름을 끊는다는 것은 애욕으로 나고 죽음에 흐르는 것을 끊는 것을 말하고, 결박 않는다는 것은 탐욕·성냄·어리석음의 세 가지 결박을 벗어난 것을 말하는 것입니다. 나가닷타: 그 뜻을 너는 이전에 들은 적이 있는가? 칫타: 아닙니다. 듣지 못했습니다. 나가닷타: 장자여, 너는 좋은 이익을 얻었구나. 이 매우 깊은 부처님 법에서 성현의 슬기로운 눈〔慧眼〕에 들어가게 되었구나.
상담결과	나가닷타의 말을 듣고 함께 기뻐하면서 예배하고 떠나감
상담회기	1회
상담방법	① 게송활용: 석가모니가 이전에 말해준 게송을 내담자에게 읊어주고 해석하게 함으로써 번뇌를 끊는 이치를 깨닫게 함 ② 지지·격려: 내담자가 혜안을 얻었음을 인정하고 격려해줌 ③ 비유: 게송 전부가 매우 함축적인 비유와 상징으로 되어 있음

사례65. 신통력을 일으키다

구분	내 용
출전	잡아함경 제21권 571.마하가경(摩訶迦經)
시간	어느 때
장소	암라마을 암라숲
내담자	칫타 장자
상담자	마하카 존자(석가모니의 제자)
상담형태	개별상담
상담과정	칫타 장자가 자신의 목장에 와서 공양하기를 원하자 석가모니의 제자들은 칫타의 집에서 공양한다. 돌아가는 길에 날씨가 덥자 신통력을 부려 선선하게 함. 칫타가 신기해하며 신통력을 더 부리기를 청함
호소문제	신통력을 어떻게 부리는지 신기해 함
상담목적	방일하지 않게 수행하도록 이끎
상담내용	칫타의 목장에서 공양하고 돌아오는 길에 날씨가 몹시 덥자, 하좌(下座) 비구인 마하카는 여러 상좌 비구들의 허락을 얻어 신통력으로 구름과 비와 실바람을 일으켰다. 그것을 본 칫타는 하좌 비구의 신통력도 저러한데 상좌 비구들은 더 수승하리라고 짐작하며 감탄했다. 그리하여 상좌 비구들한테 예배한 뒤 마하카에게 가서 예배하고 신통을 더 부려달라고 세 번이나 청했다. 그러자 마하카는 섶을 쌓아 더미를 만들고 흰 담요로 그 위를 덮게 한 다음 신통력으로 섶에 불이 붙게 해 모두 태우고 흰 담요는 타지 않게 했다. 그러고 나서 마하카는 신기해하는 내담자에게 말했다. "이 모든 것이 방일하지 않는 것이 근본으로, 방일하지 않고 수행해 최고의 지혜를 얻어 도품법(道品法)을 얻은 것이다."
상담결과	감탄한 내담자가 기뻐 예배하며 "목숨이 다하도록 의복과 음식과 약을 공양하겠다"고 맹세했으나, 마하카는 공양의 이익으로 하여금 죄가 되게 하고 싶지 않아 곧 그 자리에서 일어나 떠난 뒤 다시는 돌아오지 않음
상담회기	1회
상담방법	① 이적(異蹟): 비, 구름, 바람, 불을 일으키는 등의 신통력 부림 ② 상담자의 자세: 평생 공양하겠다는 제의를 뿌리침으로써 수행하는 사람이 지켜야 할 것을 몸소 보여주고 실천함 ③ 모델링: 수행자가 지켜야 할 것을 몸소 보여주고 실천함

사례66. 나는 이제 어찌 해야 하나?

구분	내 용
출전	잡아함경 제20권 573.아기비가경(阿耆毘迦經)
시간	어느 때
장소	암라마을 암라숲
내담자	외도 아지바카(칫타 장자와 친구로, 출가해 수도한 지 20년)
상담자	칫타 장자(석가모니의 제자)
상담형태	개별상담
상담과정	칫타 장자가 아지바카한테 출가 후 수행에 어떤 진전이 있었는지 묻자, 출가한 지 20년이 되었지만 수행에 아무런 진척이 없다고 함
호소문제	앞으로 어떻게 할까 막막하다
상담목적	바르게 배워서 바른 수행을 해야 바른 깨달음을 얻음을 알려줌
상담내용	칫타: 집을 나온 지 얼마나 되었는가? 아지바카: 20여 년이 되었다. 칫타: 그래, 출가해서 어떤 뛰어난 법과 지견을 얻었는가? 아지바카: 집을 나온 지 20년이 지났지만, 남보다 뛰어난 지견이나 법을 얻지 못하고 오직 벗은 몸으로 털을 뽑고 밥을 빌고 세상에 다니면서 흙 속에 누워 있을 뿐이다. 칫타: 그것은 법도 바른 길도 아니어서 의지할 것이 못된다. 아지바카: 너는 고타마의 제자가 된 지 얼마나 되었는가? 칫타: 20년이 넘었다. 아지바카: 너는 고타마의 제자가 되어 남보다 뛰어난 법과 지견을 얻었는가? 칫타: 나는 세존의 가르침대로 따라 모든 번뇌를 끊어 다시 생을 받거나 다시 무덤에 들어가지 않는 해탈지견을 얻었다. 칫타의 말에 아지바카는 슬피 눈물을 흘렸다. 아지바카: 나는 이제 어떻게 할까? 칫타: 세존의 문하로 들어와 바른 법률 안에서 수행하라.
상담결과	칫타의 권유대로 석가모니의 제자가 되어 바른 도를 배우고 범행을 닦음
상담회기	1회
상담방법	① 현실적 접근: 머리를 뽑거나 흙 속에서 뒹구는 등의 쓸데없는 고행만 반복하는 것은 해탈에 아무 도움이 안 됨을 일깨워 바른 수행의 길로 인도

사례67. 작은 일도 모르면서 어찌 큰 법을?

구분	내 용
출전	잡아함경 제21권 574.니건경(尼犍經)
시간	어느 때
장소	암라마을 암라숲
내담자	니건타 나풋타(5백 권속을 거느림)
상담자	칫타 장자(석가모니의 제자)
상담형태	개별상담
상담과정	나풋타가 석가모니의 제자 칫타를 꾀어 자기 제자로 삼으려 함
호소문제	칫타가 석가모니를 믿어 각(覺)도 관(觀)도 없는 삼매를 얻었는지?
상담목적	석가모니의 제자로서 흔들림이 없음을 보여줌

상담내용	나풋타가 칫타에게 접근하자 그가 자신을 꾀어 제자로 삼으려 한다는 말을 이미 전해들은 칫타는 자신 있게 그에게 간다.
	  나풋타: 너는 석가모니를 믿어 각이나 관 없는 삼매를 얻었는가?
	  칫타: 나는 믿음으로써 온 것이 아니다.
	  나풋타: 너는 아첨하지 않고 속이지 않고 순박하고 곧은 사람이다. 만일 각과 관을 쉴 수 있다면 노끈으로 바람을 잡아맬 수도 있고, 한 줌 흙으로 강물을 막을 수도 있을 것이다. 나는 다니거나 섰거나 앉거나 누웠거나 언제나 지견(智見)을 낸다.
	  칫타: 믿음이 앞에 있는가, 지혜가 앞에 있는가? 믿음과 지혜는 어느 것이 먼저며, 어느 것이 훌륭한가?
	  나풋타: 믿음이 앞에 있고, 둘을 비교하면 지혜가 훌륭하다.
	  칫타: 나는 각도 없고 관도 없는 삼매에서 제이선(第二禪)을 완전히 갖추어 머무른다. 이미 이러한 지혜가 있는데, 믿음이 무슨 소용이 있겠는가?
	  나풋타: 너는 아첨하고 거짓되고 곧지 않은 사람이다.
	  칫타: 아까는 나를 아첨하지 않고 곧은 사람이라고 하더니 지금은 왜 반대로 말하는가? 만일 먼저 말이 진실이라면 뒤의 말은 거짓이요, 뒤의 말이 진실이라면 먼저 말은 거짓일 것이다. 너는 아까 '나는 언제나 지견을 낸다'고 말했는데, 앞뒤의 조그마한 일도 알지 못하면서 어떻게 사람을 뛰어나는 법을 알겠는가? 그러면서 어찌 나를 꾀려 여기에 왔는가?

상담결과	숨이 막혀 머리를 저으며 팔짱끼고 나가 다시는 돌아보지 않음
상담회기	1회
상담방법	① 직면: 논리적 반박을 통해 말의 앞뒤가 안 맞음을 깨닫게 함

사례68. 천상보다 더 안락한 곳

구분	내 용
출전	잡아함경 제22권 576.난타림경(難陀林經)
시간	어느 때 새벽
장소	사위국 제타숲 외로운 이 돕는 동산
내담자	얼굴이 아주 묘한 어떤 하늘사람
상담자	석가모니
상담형태	개별상담
상담과정	하늘사람이 온몸의 광명을 비추며 석가모니 앞에 나타나 먼저 게송을 읊으며 자신이 천상의 천제임을 자랑함
호소문제	"나는 도리천 궁전에서 천제(天帝)가 되어 쾌락 속에 사네."
상담목적	천상의 즐거운 삶도 결국은 무상한 것임을 깨닫게 하여 진정한 적멸을 얻도록 이끎
상담내용	〔전문〕 이와 같이 내가 들었다. 어느 때 부처님께서는 사위국 제타숲 외로운 이 돕는 동산에 계셨다. 그때에 얼굴이 아주 묘한 어떤 하늘사람은 새벽에 부처님께 나아가 부처님 발에 머리를 조아리고 한쪽에 물러나 앉았는데, 온몸의 광명은 제타숲 외로운 이 돕는 동산을 두루 비추었다. 때에 그 하늘사람은 게송으로 부처님께 여쭈었다. "난타 동산 속에 살지 않으면/마침내 쾌락을 얻지 못하리. 나는 이 도리천 궁전에서/천제라는 이름 얻었네." 그때에 세존께서는 게송으로 대답했다. "철없는 사람아, 너 어이 알리/저 아라한은 말하였느니라. 일체의 행(行)은 항상함이 없어/그것은 곧 나고 멸하는 법 남과 멸함이 함께 멸하면/적멸(寂滅) 그것이 즐거움이라고." 때에 그 하늘사람은 다시 게송으로 말하였다. "내 일찍부터 바라문을 보았나니/그들은 끝내 반열반 얻어 모든 두려움 이미 떠나고/세상 은애(恩愛)를 아주 뛰어났네." 때에 하늘사람은 부처님 말씀을 듣고 기뻐하면서 부처님 발에 머리를 조아리고 곧 사라져 나타나지 않았다.
상담결과	기뻐하며 사라져 나타나지 않음
상담회기	1회
상담방법	① 직면: 천상의 쾌락도 무상함을 알게 하여 깨달음으로 인도함 ② 게송활용: 게송문답으로 내담자의 정서적 변화 유도

사례69. 잠자는 사람, 깨어난 사람

구분	내 용
출전	잡아함경 제22권 590.상인경(商人經)
시간	어느 때
장소	사위국 제타숲 외로운 이 돕는 동산
내담자	비구들(석가모니의 제자들)
상담자	석가모니
상담형태	대중교설
상담과정	석가모니가 제자들에게 교설
호소문제	-
상담목적	고집멸도(苦集滅道) 사성제의 중요성을 깨닫게 함
상담내용	"옛날에 코살라국 상인들이 수레 5백 대를 끌고 장사하러 가다가 넓은 벌판에 이르렀다. 이때 벌판에는 5백 명의 도둑이 있어 상인들의 뒤를 몰래 따르면서 틈을 보아 약탈하려 했다. 그때 어떤 천신이 이를 알고는 '나는 저들에게 가서 질문을 하리라. 만일 내 물음을 반가워하고 그것을 잘 해설하면 방편으로써 그들을 도울 것이요, 그렇지 않으면 그냥 내버려 두리라' 이렇게 생각하고 상인들에게 가서 게송으로 물었다. 천신: 누가 자는 이를 깨게 하는가./누가 깬 이를 자게 하는가. 그러자 상인들 가운데 우바새(재가신자)가 대답했다. 우바새: 나는 깬 사람에게 자고 있으며/나는 자는 사람에게 깨어 있노라./나는 이 이치를 잘 알거니/남을 위해 설명하리라. 천신: 어떤 것이 깬 이에게 자는 것이며/어떤 것이 자는 이에게 깬 것인가? 우바새: 탐욕과 성냄과 어리석음의 욕심을 떠나/번뇌가 다한 저 아라한은/바른 지혜로 마음 해탈하였나니/그는 곧 깨닫고 있는 사람/나는 그에게 잠자고 있는 사람이다./고통이 생기는 것과/모이는 것과/없애는 것과/그 길을 알지 못하면/그는 언제나 잠자는 사람./나는 그에게는 깨어 있노라./이와 같이 나는 깬 이에게 잠자고 있고/자는 이에게 깨어 있나니… 대답에 만족한 천신은 상인들을 지켜주어 그들이 도둑의 화를 면하고 무사히 벌판을 지날 수 있도록 해주었다."
상담결과	기뻐하며 받들어 행함
상담회기	1회
상담방법	① 게송활용 ② 예화: 상인과 도적, 그리고 천신 ③ 비유: 깸과 잠

사례70. 외로운 이 돕는 장자

구분	내 용
출전	잡아함경 제22권 592.급고독경(給孤獨經)
시간	어느 때
장소	왕사성 찬숲 묘지
내담자	급고독(외로운 이 돕는) 장자
상담자	석가모니
상담형태	개별상담
상담과정	급고독장자가 왕사성의 어느 장자의 집에 머무르는데 그 집은 손님 맞을 준비로 부산했다. 급고독장자가 결혼식을 올리는지, 아니면 왕이나 대신이 오는지, 무슨 잔치 준비를 하는지 궁금해 하자 집주인은 부처님과 비구들을 청해 공양을 올리려는 것이라 대답
호소문제	무엇을 부처라 하는가, 어떤 것을 비구라 하는가?
상담목적	재가자로서 어떻게 마음을 닦으면 해탈할 수 있는가 알게 함
상담내용	부처란 말을 처음 들은 급고독 장자는 집주인에게 물었다. 장자: 무엇을 부처라 하는가? 집주인: 바른 믿음으로 집을 나와 도를 배워 깨달음을 얻은 사람을 부처라 한다. 집주인의 말에 감동을 받은 장자는 지극한 마음으로 석가모니를 만나기를 기원하면서 잠이 들었다. 얼마 후 한밤중인데도 문득 환한 빛이 비쳐 장자는 새벽인 줄 알고 성문으로 가려고 일어났다. 그 빛은 석가모니가 머물고 있는 찬숲 묘지까지 뻗쳐 있었다. 장자는 두려움에 떨면서도 앞으로 나아가 마침내 한밤중에 밖에서 거닐고 있는 석가모니를 만났다. 장자: 세존이시여, 기체 안온하시나이까? 석가모니는 인사하는 장자를 방으로 데리고 들어가 설법했다. 장자: 저는 이미 구제되었나이다. 불법승에 귀의하겠나이다. 그제야 석가모니는 장자가 누구이며 어디에 사는지 물었다. 장자: 제 이름은 수닷타이며 고독하고 빈곤한 사람들을 구제해 준다고 하여 사람들이 저를 '외로운 이 돕는 장자'라 합니다. 코살라국 사위성에 삽니다. 원하옵나니 사위성으로 오소서.
상담결과	정사[외로운 이 돕는 동산]를 지어 석가모니와 제자들이 머물게 함
상담회기	1회
상담방법	① 이적(異蹟): 광명을 뻗쳐 내담자를 이끎 ② 상담자의 자세: 내담자가 간절히 원하는 시기를 알아차림

사례71. 모래 밥을 지어 올린 소년

구분	내 용
출전	잡아함경 제23권 604.아육왕경(阿育王經)
시간	어느 때
장소	왕사성 거리
내담자	자야 소년과 비자야 소년, 아난다(석가모니의 10대 제자 중 한 사람)
상담자	석가모니
상담형태	개별상담
상담과정	거리에서 놀던 두 소년이 석가모니의 모습을 보고 감화를 받음
호소문제	다음 생에 왕이 되어 여러 부처님께 공양할 수 있게 해 달라
상담목적	두 소년의 공양을 받아들임으로써 선근(善根)을 심게 함

상담내용	석가모니가 신력을 나타내 딛고 있는 땅이 흔들리게 하고 두루 광명을 비추어 밝게 하자 거리의 모래밭에서 장난을 하고 있던 두 소년 자야와 비자야는 그 모습에 깊이 감화를 받았다. 자야는 모래를 보릿가루라고 생각하고 석가모니의 발우에 담아 드리며 "이 보시의 공덕으로 내생에 왕이 되어 여러 부처님께 공양할 수 있게 되어지이다" 하고 발원하고, 옆에 있던 비자야도 합장하며 따라 기뻐했다. 그때 석가모니가 빙그레 웃자 이를 본 아난다가 무슨 까닭으로 웃는가 물었다. 석가모니는 그 이유를 다음과 같이 설명했다.
	  "내가 세상을 떠난 지 백 년 뒤에 이 소년은 파타리푸트라 읍에서 한 지방을 차지하여 전륜왕이 될 것이니 성은 공작(孔雀)이요, 이름은 아쇼카로서 바른 법으로써 다스리고 교화할 것이다. 또 내 사리(舍利)를 널리 퍼뜨리고 8만 4천 법왕(法王)의 탑을 만들어 한량없는 중생을 안락하게 할 것이다."
	  그리고 석가모니는 백 년 뒤 아쇼카왕이 어떻게 태어나 어떻게 임금이 되어 어떤 업적을 이룰지 자세하게 예언해 주었다.
	  (석가모니의 예언대로 자야는 석가모니의 입적 후 1백 년 뒤에 마우리야 왕조의 제3조인 아쇼카왕이 됐다. 왕은 정복 활동을 통해 영토 확장에 힘쓰던 중 전쟁의 참상을 깨닫고 불교에 귀의, 8만 4천 개의 사리탑을 세우는 등 불교를 세상에 널리 퍼뜨렸다.)

상담결과	모래를 공양한 공덕으로 왕으로 태어나는 인연을 지음
상담회기	1회
상담방법	① 예화: 미래 세상에 태어날 아쇼카왕의 이야기를 예로 듦 ② 위의감화: 상담자의 모습만으로도 내담자를 감동시킴 ③ 게송활용: 게송으로 대화를 나눔 ④ 거리상담: 거리에서 상담

사례72. 착한 법 무더기 넷

구분	내 용
출전	잡아함경 제24권 611.선취경(善聚經)
시간	어느 때
장소	사위국 제타숲 외로운 이 돕는 동산
내담자	여러 비구(석가모니의 제자들)
상담자	석가모니
상담형태	대중교설
상담과정	석가모니가 여러 비구에게 설함
호소문제	-
상담목적	사념처(四念處)는 닦아야 할 착한 법 무더기이고, 오개(五蓋)는 버려야 할 착하지 않은 법 무더기임을 바로 알게 함
상담내용	〔전문〕 이와 같이 내가 들었다. 어느 때 부처님께서는 사위국 제타숲 외로운 이 돕는 동산에 계시면서 여러 비구들에게 말씀하셨다. "착한 법 무더기와 착하지 않은 법 무더기가 있다. 어떤 것을 착한 법 무더기라 하는가? 이른바 네 가지 염처〔四念處〕이니, 이것은 바른 말이다. 왜냐하면 순전히 원만하고 깨끗한 무더기란 이 네 가지 염처이기 때문이다. 어떤 것을 넷이라 하는가? 이른바 몸을 몸으로 관하는 염처〔身念處〕와 느낌을 느낌으로〔受念處〕, 마음을 마음으로〔心念處〕, 법을 법으로 관하는 염처〔法念處〕이니라. 어떤 것을 착하지 않은 법 무더기라 하는가? 이른바 다섯 가지 덮음〔五蓋〕이니, 이것은 바른 말이다. 순전히 원만하지 못한 착하지 않은 무더기란 다섯 가지 덮음이기 때문이다. 어떤 것을 다섯이라 하는가? 탐욕·성냄·잠들뜸·의심의 덮음이니라." 부처님께서 이 경을 말씀하시자, 여러 비구들은 부처님 말씀을 듣고 기뻐하여 받들어 행하였다.
상담결과	기뻐하여 받들어 행함
상담회기	1회
상담방법	① 대비(對比): '착한 법 무더기' '착하지 않은 법 무더기' 등 서로 상반되는 말로 대비함으로써 내담자의 이해를 돕고 통찰을 이끎 ② 구체적 접근: 착한 법 무더기, 착하지 않은 법 무더기가 무엇인지 하나하나 열거하면서 차근차근 설명

사례73. 스스로를 피난처로 삼고 스스로를 의지하라

구분	내 용
출전	잡아함경 제24권 638.순타경(純陀經)
시간	어느 때
장소	왕사성 칼란다 죽원
내담자	아난다(석가모니의 10대 제자 중 한 사람. 다문제일多聞第一), 여러 비구
상담자	석가모니
상담형태	개별상담
상담과정	사리불이 병으로 죽었다는 소식을 순타 사미로부터 전해들은 아난다가 슬픔에 잠겨 석가모니에게 이 소식을 전함
호소문제	사리불이 죽으니 온몸이 풀리고 천지가 뒤바뀐 듯하여 어쩔 줄 모르겠음
상담목적	모든 것이 변해 없어지는 이치를 깨닫게 하며, 석가모니 자신과의 이별도 준비시킴
상담내용	석가모니는 사리불의 죽음에 슬퍼 탄식하는 아난다를 위로하며 이렇게 말했다. 석가: 근심하거나 괴로워하지 말라. 앉거나 일어나거나 혹은 하는 일은 모두 다함이 있어 무너지게 마련이다. 아무리 무너지지 않게 하려해도 그리 될 수 없는 것이다. 사랑하고 생각하는 일체의 물건과 뜻에 맞는 일은 모두 어기고 떠나는 법이다. 언제까지나 영원히 보존할 수 있는 것이 아니다. 그리고 석가모니는 비유로써 자신의 죽음도 예고했다. 즉 큰나무의 뿌리, 술기, 가지, 잎, 꽃, 열매가 무성할 때에 큰 가지가 먼저 부러지고, 큰 보배 산의 큰 바위가 먼저 무너지는 것처럼 석가모니의 대중 권속 중에서 큰 성문인 사리불이 먼저 열반하고 뒤이어 자신도 떠나갈 것이라고 말했다. 석가: 그러므로 아난다여, 스스로를 피난처로 삼고 스스로를 의지하며, 법을 피난처로 삼고 법을 의지하라. 다른 것을 피난처로 삼거나 다른 것을 의지하지 말라. 바른 지혜와 바른 생각으로 탐욕과 근심을 항복받는 것이 바로 그것이니라.
상담결과	기뻐하여 받들어 행함
상담회기	1회
상담방법	① 공감적 이해: 동료를 잃고 슬퍼하는 마음을 공감해줌 ② 점진적 종결: 상담자의 죽음(상담의 종결을 상징)을 앞두고 내담자가 무엇에 의지하여 살아갈 것인지 알려줌

사례74. 한 번 더 나아가면 막히리라

구분	내 용
출전	잡아함경 제27권 713.전취경(轉趣經)
시간	어느 때
장소	사위국 제타숲 외로운 이 돕는 동산
내담자	외도들→비구들(석가모니의 제자들)
상담자	석가모니
상담형태	슈퍼비전
상담과정	외도들이 "사문 고타마나 우리나 '다섯 가지 덮개를 끊어라. 마음을 덮으면 지혜가 약해지고 장애거리가 되어 열반으로 나아가지 못할 것이다. 네 가지 생각하는 곳에 머무르고 일곱 가지 깨달음을 닦으라'고 가르치는데 뭐가 다르냐?"고 주장하자 외도들과 논쟁 벌이다 말문이 막혀 돌아온 비구들이 석가모니에게 이에 관해 질문함
호소문제	외도나 세존이나 가르침이 똑같다는 주장에 어찌 반박해야 할지?
상담목적	석가모니의 가르침과 외도의 가르침의 차이를 알게 함
상담내용	비구들의 질문에 석가모니는 다음과 같이 대답했다. "그 외도들이 그렇게 말할 때에 너희들은 다음과 같이 도로 물어야 했을 것이다. 그러면 외도들이 놀라서 흩어질 것이다. '다섯 가지 덮개[五蓋]에는 열 가지가, 일곱 가지 깨달음의 갈래[七覺分]에는 열네 가지가 있어야 한다. 그것들이 각각 어떤 것인가?'하고. 비구들이여, 오개의 탐욕[貪欲蓋]에는 안탐욕과 바깥탐욕, 성냄[瞋恚蓋]에는 성냄과 성냄의 상, 잠[睡眠蓋]에는 잠과 졸음, 들뜸[掉悔蓋]에는 들뜸과 뉘우침, 의심[疑法蓋]에는 착한 법에 대한 의심과 악한 법에 대한 의심이 있다. 칠각분의 염각분(念覺分)에는 안법과 바깥법에 머무름, 택법각분(擇法覺分)에는 착한 법과 착하지 않은 법을 살핌, 정진각분(精進覺分)에는 착하지 않은 법을 끊고 착한 법을 자라게 함, 희각분(喜覺分)에는 기쁨이나 기쁨의 경계, 제각분(除覺分)에는 몸과 마음이 쉬는 일, 정각분(定覺分)에는 선정과 선정의 모양, 사각분(捨覺分)에는 착한 법이나 착하지 않은 법을 버리는 일 등이 있어야 한다."
상담결과	기뻐하여 받들어 행함
상담회기	1회
상담방법	① 구체적 접근: 외도들의 질문에 대해 구체적으로 대응하게 함으로써 그들의 논리적 취약성을 알게 함

사례75. 흰 말에 흰 수레보다 더 훌륭한 수레는?

구분	내 용
출전	잡아함경 제28권 769.바라문경(婆羅門經)
시간	어느 때
장소	사위국 제타숲 외로운 이 돕는 동산
내담자	아난다(석가모니의 10대 제자 중 한 사람. 다문제일多聞第一)
상담자	석가모니
상담형태	개별상담
상담과정	바라문들이 흰색으로 호화롭게 장엄한 수레를 탄 것을 보고 사람들이 감탄하자 그 모습을 본 아난다가 석가모니에게 질문함
호소문제	사람들이 "바라문의 수레는 참으로 훌륭하다"고 하는데, 진정 훌륭한 수레는 어떤 것인지?
상담목적	세속의 수레와 바른 법률의 수레를 비교하여 바른 법률로 나아가는 길을 가르침
상담내용	아난다의 질문에 석가모니는 "그것은 세속 사람의 수레요, 바른 법률 수레가 아니다. 바른 법률 수레란 하늘수레, 바라문 수레, 큰 수레로서 번뇌 군사를 항복받는 것이다. 어떤 것이 그것인가? 여덟 가지 바른 길〔八正道〕, 즉 바른 소견과 나아가 바른 선정이다" 하고 설한 뒤 게송을 읊었다. "믿음과 계율로 법 굴레 삼고/부끄러워함으로 긴 고삐 삼아 바른 생각으로 잘 지켜 가지면/그를 일러 훌륭한 수레라 한다. 버림과 삼매로 멍에를 삼고/지혜와 정진으로 바퀴 삼으며 집착 없음, 참음으로 갑옷 삼으면 안온하고 법답게 행할 수 있다 바로 곧게 나아가 물러나지 않고 근심 없는 곳으로 아주 가나니 지혜로운 사람은 싸움 수레 타고 지혜 없음 원수를 무찔러 항복받네."
상담결과	
상담회기	1회
상담방법	① 자원활용: 내담자가 본 것을 상담에 활용해 바른 길로 이끎 ② 비유: 바라문의 수레를 팔정도(八正道)에 비유함 ③ 게송활용: 게송으로 내담자의 정서적 변화 유도

사례76. 포살할 때만 부르라

구분	내 용
출전	잡아함경 제29권 807.일사능가라경(一奢能伽羅經)
시간	어느 때
장소	이차낭갈라 숲속
내담자	여러 비구(석가모니의 제자들)
상담자	석가모니
상담형태	대중교설
상담과정	석가모니가 제자들에게 교설
호소문제	-
상담목적	적멸에 이르는 방법을 알려줌
상담내용	석가모니가 여러 비구들에게 말했다. "나는 두 달 동안 좌선(坐禪)하려 한다. 밥을 가져오는 비구와, 포살할 때만 제외하고는 여러 비구는 내왕하지 말라." 좌선을 마친 석가모니는 비구들 앞에 앉아 설했다. "만일 집을 나온 외도들이 너희에게 묻기를 '석가모니는 두 달 동안 어떻게 좌선하였는가?' 하거든 다음과 같이 대답하라. '석가모니는 두 달 동안 아나파나[수식관(數息觀) : 내쉬는 숨, 들이쉬는 숨을 세어 마음의 산란을 방지하는 방법] 생각으로 좌선하면서 생각하고 계셨다'고. 즉, 숨이 들 때는 숨이 든다고 생각하여 참답게 알고, 숨이 날 때에는 숨이 난다고 생각하여 참되게 알며, 길거나 짧거나 일체 몸에 숨이 든다고 깨닫는 생각을 참되이 알고, 일체 몸에 숨이 난다고 깨닫는 생각을 참되이 알며, 몸의 행(行)에 드는 숨이 쉬었다는 생각을 참되이 알고, 나아가서는 나가는 숨이 멸하였다는 생각을 참되이 알았다. 나는 그것을 다 안 뒤에는 이렇게 생각하였다. '이것은 거친 생각에 머무르는 것이다. 나는 이제 이 생각을 쉬고 다시 다른 미세한 생각을 닦아 머물리라'고. 그리하여 나는 거친 생각을 쉬고 다시 곧 미세한 생각에 들어 오래 머물렀다. 이는 곧 성인의 머무름, 하늘의 머무름, 범(梵)의 머무름, 나아가서는 배움 없는 이의 머무름, 여래의 머무름이다. 그것은 배우는 이가 얻지 못한 것을 얻어야 할 것이요, 이르지 못한 것을 이르러야 할 것이며, 증득하지 못한 것을 증득하여야 할 것이다."
상담결과	기뻐 받들어 행함
상담회기	1회
상담방법	① 구체적 접근 : 수식관 수행의 경험을 구체적으로 알려줌 ② 포살(집단상담)의 중요성 강조(좌선 중에도 포살 때는 참석)

사례77. 이 몸이 장애로다, 차라리 죽여 없애자

구분	내 용
출전	잡아함경 제29권 809.금강경(金剛經)
시간	어느 때
장소	금강마을 발구마 강 곁에 있는 살라리 숲속
내담자	여러 비구(석가모니의 제자들), 현수(녹림범지의 아들), 아난다(석가모니의 10대 제자 중 한 사람. 다문제일多聞第一)
상담자	석가모니
상담형태	개별상담, 대중교설
상담과정	부정관(不淨觀: 탐욕을 다스리기 위해 육신의 부정한 모양을 관찰함)을 닦던 사람들이 극단에 치달아 자살하거나 남을 죽이는 자까지 생겨났다. 어느 날 비구들의 숫자가 자꾸 줄어드는 것을 본 석가모니가 아난다에게 그 이유를 물음
호소문제	부정관을 잘못 이해하여 폐해가 늘어나고 있으니 다른 법을 설해 달라
상담목적	수식관을 닦아 부정관의 폐해를 없애고 바른 수행을 하게 함
상담내용	석가모니가 여러 비구에게 부정관을 설하고 찬탄하였다. 그러자 제자들 가운데는 이를 잘못 이해하고 수행해 몸을 몹시 싫어하여 칼로 자살하는 사람도 있고 독약을 먹고 죽기도 하고, 목을 베거나 바위에서 뛰어내려 죽거나, 다른 사람을 시켜 죽여 달라고 하기까지 했다. 어떤 비구는 녹림 바라문의 아들 현수에게 가서 죽여 달라고 청하기도 했다. 그러자 현수는 그 비구를 죽이고 난 뒤 살인 행위가 비구들을 열반에 들게 하는 것이라고 생각해 칼로 여러 비구를 찔러 죽여 피해자가 60명에 이르렀다. 이들은 부정관이 몸 자체를 없애라는 것이 아니라 몸에 대한 애착을 없애라는 가르침인데 이를 잘못 받아들인 것이다. 어느 날, 석가모니가 왜 비구들의 숫자가 줄어드는가를 묻자, 아난다가 부정관 수행을 잘못 이해한 폐해가 있음을 고했다. 그러자 석가모니는 [사례76, 제29권 807.일사능가라경]에서 설한 바 있는 수식관(數息觀)을 닦으라고 설하면서 그 방법을 자세히 설명해 주었다.
상담결과	기뻐하여 받들어 행함
상담회기	1회
상담방법	① 상담자의 자세: 상담 기법의 적절한 활용→아무리 좋은 수행 방법이라도 받아들이는 사람에 따라 다르게 수용함을 알고, 내담자의 수준과 때에 맞추어 적절히 활용

사례78. 아서라, 따라 할까 두렵구나

구분	내 용
출전	잡아함경 제30권 830.붕가사경(崩伽闍經)
시간	어느 때
장소	판카다 판카다지숲, 사위국 제타숲 외로운 이 돕는 동산
내담자	마하가섭(석가모니의 10대 제자 중 한 사람. 두타제일頭陀第一)
상담자	석가모니
상담형태	개별상담
상담과정	석가모니가 비구들에게 계율 지키기를 강조하고 계법을 찬탄했다는 말을 듣고 엄한 계율 적용에 불만을 토했으나 곧 후회함
호소문제	석가모니가 계를 강조하는 것에 대해 불평한 것을 뉘우치며 용서를 구함
상담목적	윗자리에 있든 아랫자리에 있든 계를 바로 지키게 함
상담내용	마하가섭이 허물을 뉘우치며 용서를 구하자, 석가모니는 그 내용을 되물어 확인했다. 석가: 너는 나에 대해 참지 못해 불쾌하고 언짢아 '석가모니는 계율을 매우 엄하게 만들었고 그것을 매우 찬탄한다'고 말했는가? 가섭: 그러하나이다. 그러나 오늘 스스로 허물을 알아 후회하나이다. 저를 가엾이 여겨서 뉘우침을 받아들여 주소서. 석가: 너는 어리석어 착하지 않고 분별하지 못한 것을 뉘우칠 줄을 스스로 아는구나. 스스로 허물을 알고 허물을 보아 그 허물을 뉘우치면 미래 세상에서는 율의계(律儀戒)가 생기고 착한 법이 더욱 자라 물러가거나 줄어들지 않을 것이다. 이어서 석가모니는 윗자리에 있는 비구든 어린 비구든 계를 지키지 않으면 칭찬하지 않는다고 못 박았다. 칭찬을 하면 다른 비구들이 그것이 옳은 줄 알고 따라 할 수 있기 때문에 미리 예방하려는 것이었다.
상담결과	기뻐하여 받들어 행함
상담회기	1회
상담방법	① 확인: 상담자의 뜻에 어긋나는 생각을 한 것이 사실인지 확인 ② 반복: 내담자의 말을 반복함으로써 경청하고 있음을 표현 ③ 긍정적 수용: 내담자의 뉘우침을 받아들임 ④ 모델링: 아무리 수행의 경지가 높은 제자라도 계를 안 지키면 다른 비구들이 따라 하는 폐단이 있을 수 있음을 알고 예방 ⑤ 상담자의 자세: 상좌라도 지킬 것은 반드시 지켜야 함을 강조

사례79. 죽어서 뭐가 되나 관심 갖지 말고

구분	내 용
출전	잡아함경 제30권 854.나리가경(那梨迦經)
시간	어느 때
장소	나티카 마을 겐자카 절
내담자	많은 비구(석가모니의 제자들)
상담자	석가모니
상담형태	대중상담
상담과정	비구들이 아는 신도들의 사망 소식을 듣고 그들이 죽어서 어디에 태어날까 궁금해 함
호소문제	칵카타 등 죽은 신도들이 죽어 어디에서 태어나겠나이까?
상담목적	사후의 일에 관심 갖지 말고 현실에서 벗어날 수 있는 법경(法鏡)을 보게 함
상담내용	마을에서 걸식을 하던 비구들은 아는 신도들이 죽었다는 소식을 듣자 석가모니에게 나아가 물었다. 비구들: 칵카타 등 우바새들이 죽었다는 말을 들었나이다. 그들은 목숨을 마치고 어디서 태어나겠나이까? 석가: 그들은 이미 욕심세계의 다섯 가지 결박을 끊어 천상에 반열반하였으니 다시는 이 세상에 도로 태어나지 않을 것이다. 비구들: 그러면 250이 넘는 신도와 500이 넘는 신도가 나티카 마을에서 죽었나이다. 그들도 천상에서 반열반하고 이 세상에 도로 태어나지 않겠나이까? 그리고 다시 250이 넘는 신도가 죽었나이다. 그들도 천상에 나겠나이까? 다시 500이 넘는… 석가: 너희들은 그들의 죽음은 그들에게 맡겨 두라. 그들의 죽은 뒤의 일을 묻는 것은 한갓 수고로운 일일 뿐으로 내가 즐겨 대답하는 것이 아니다. 태어난 자에게는 반드시 죽음이 있거늘 무엇을 놀랍다 하겠는가? 내가 이 세상에 나왔거나 나오지 않았거나 법의 성품은 언제나 존재하는 것이다. 부처는 그것을 스스로 알아 옳은 깨달음을 이루어, 그것을 나타내고 설하고 분별하고 열어 보이는 것이다. 너희는 불법승에 대한 깨끗한 믿음과 거룩한 계율을 성취하라. 이것이 법경(法鏡)을 보는 것이다.
상담결과	기뻐하여 받들어 행함
상담회기	1회
상담방법	① 현실적 접근: 죽은 후의 일에 관심 갖기보다 현실의 번뇌와 고통을 벗어나는 길에 관심 갖기를 권유

사례80. 마음을 잘 단속하였구나!

구분	내 용
출전	잡아함경 제30권 860.전업경(田業經)
시간	어느 때
장소	사위국 제타숲 외로운 이 돕는 동산
내담자	장자 리쉬닷타와 푸루나 두 형제(농사를 짓고 있음)
상담자	석가모니
상담형태	개별상담
상담과정	석가모니와 제자들이 때가 되어 다른 지방으로 떠나는 것을 알고 섭섭하여 두 형제가 석가모니를 찾아오던 길에 만남
호소문제	석가모니와 제자들이 떠난다고 생각하니 온몸의 맥이 풀리고 천지가 아득하여 기억하던 일을 모두 잊을 지경이다. 언제나 다시 석가모니와 제자들을 볼 수 있을지?
상담목적	석가모니나 제자들이 있든 없든 여섯 가지 생각[부처와 부처의 법, 승단, 계율, 보시, 모든 하늘]을 닦고 익히도록 함

상담내용	두 형제가 석가모니가 다른 지방으로 떠나는 것을 애석해 하자 석가모니는 다음과 같이 말했다.
	  "너희들은 나와 비구들을 보거나 보지 않거나 항상 여섯 가지 생각을 닦고 익혀야 한다. 부처와 부처의 법, 승단에 대한 일과 스스로 가질 계율과 스스로 행할 보시를 생각하고, 또 모든 하늘을 생각하라. 그런데 집에 있으면 시끄럽고 어지러우며 물들고 집착하게 되지만, 집을 나오면 고요하고 한가롭다. 하지만 속인으로서는 집이 없이 산다고 하더라도 한결같이 조촐하고 순수하며 원만하고 법행이 청백하기는 어려운 것이니라."
	  그러자 형제는 자신들의 어려움을 알아주는 석가모니에게 감탄하며 그런 가운데서도 자신들이 바른 길을 잃을까 두려워하고, 스스로 마음을 단속하여 집착할까 두려워하며, 여색에 홀리지 않고 재물에 매이지 않는 마음을 내고 있다고 말했다. 그러자 석가모니는 형제를 칭찬하고 격려해 주었다.
	  "착하고 착하다! 그 마음을 잘 단속하였구나!"

상담결과	기뻐함
상담회기	1회
상담방법	① 공감적 이해: 속인(俗人) 수행이 어려움을 이해하고 공감해줌 ② 지지·격려: "착하고 착하다! 그 마음을 잘 단속하였구나!" ③ 점진적 종결: 상담 종료 후 어떻게 살아가야 할지 일러줌

사례81. 세 가지 밝음

구분	내 용
출전	잡아함경 제31권 886.삼명경(三明經)
시간	어느 때
장소	사위국 제타숲 외로운 이 돕는 동산
내담자	어떤 바라문
상담자	석가모니
상담형태	개별상담
상담과정	바라문이 갖고 있는 세 가지 밝음을 자랑하러 찾아옴
호소문제	바라문에게는 세 가지 밝음이 있다고 자랑
상담목적	진짜 밝은 것이 무엇인가를 알려줌
상담내용	바라문: ① 조상이 아무 흠이 없어 남의 비방을 받지 않고 대대로 이어 스승이 되었고〔바른 혈통〕, ② 변재를 두루 갖추어 모든 경전을 외우고, 물건의 이름, 만물의 차별, 문자의 분류, 역사의 처음과 끝에 통달했으며〔문자 통달〕, ③ 얼굴이 단정함〔단정한 용모〕. 바라문은 이렇게 세 가지 밝음〔三明〕을 갖추었습니다. 석가: 나는 문자나 말을 가리켜 밝음이라 하지 않는다. 성현의 법문(法門)에서는 알차고 진실한 세 가지 밝음을 말한다. ① 이른바 전생의 일을 아는 밝음이니 일생에서 백천만억 생에 이르기까지 어떻게 태어나 어떻게 살다가 죽어 어디로 가서 태어났는지 아는 것이다〔宿命明〕. ② 나고 죽음을 아는 지혜의 밝음이니, 사람 눈보다 뛰어난 하늘눈으로 모든 중생들이 죽는 때와 나는 때, 태어나 살아가다 죽는 모습을 참다이 안다〔天眼明〕. ③ 번뇌가 다한 지혜의 밝음이니, '괴로움'·'괴로움의 원인'·'괴로움의 사라짐'·'괴로움을 없애는 길'을 참다이 안다. 이렇게 알고 이렇게 보므로 탐욕의 번뇌, 존재와 무명의 번뇌에서 벗어나 후생의 몸을 받지 않게 된다〔漏盡明〕. 모든 탐욕과 어리석음 거기서 마음이 벗어난 줄 알거니 나는 말하노라 이것이 삼명(三明)이요 이것은 말로써 말할 것이 아니니라.
상담결과	"그것이야말로 진실한 세 가지 밝음"이라고 승복, 기뻐하며 떠남
상담회기	1회
상담방법	① 분별: 문자적 밝음과 진실한 밝음을 구별하여 알게 함 ② 게송활용: 게송으로 내담자의 정서적 변화 유도

사례82. 이름값 하려면

구분	내용
출전	잡아함경 제31권 889.등기경(等起經)
시간	어느 때
장소	사위국 제타숲 외로운 이 돕는 동산
내담자	어떤 바라문(等起란 이름을 갖고 있음)
상담자	석가모니
상담형태	개별상담
상담과정	바라문이 찾아와 자신의 이름을 대자 석가모니는 그 이름의 뜻에 관해 풀이하여 말을 해줌으로써 이름을 활용하여 자연스럽게 상담으로 유도함
호소문제	-
상담목적	이름의 뜻을 바로 알아 바른 공부를 하게 함
상담내용	〔전문〕 이와 같이 내가 들었다. 어느 때 부처님께서 사위국 제타숲 외로운 이 돕는 동산에 계셨다. 때에 어떤 바라문은 부처님께 나아가 문안하고 한쪽에 물러앉아 여쭈었다. "세존이시여, 제 이름은 '고르게 일으킴〔等起〕'이라 하나이다." 부처님께서는 바라문에게 말씀하셨다. "고르게 일으킴이란, 이른바 믿음을 일으키고, 계율·듣기·버리기·지혜를 고르게 일으키는 것이니, 이것이 고르게 일으키는 것이요 이름이 고르게 일으키는 것이 아니니라." 그때에 바라문은 부처님 말씀을 듣고 기뻐하면서 자리에서 일어나 떠나갔다.
상담결과	기뻐하면서 자리에서 일어나 떠나감
상담회기	1회
상담방법	①자원활용: 내담자의 이름을 소재로 대화를 전개함으로써 내담자에게 있는 자원을 상담에 활용함. 내담자는 단지 자신의 이름을 알려 주었을 뿐인데, 석가모니는 그것을 상담에 적용하여 궁극적인 지혜와 해탈을 얻는 설법으로 이끎(이와 같은 예는 〔888.증익경(增益經)〕에도 나온다. 어떤 바라문이 자신의 이름이 '더함〔增益〕'이라고 소개하자, 석가모니는 이름을 활용하여 "이른바 더함이란 믿음을 더하고, 계율·듣기·버리기·지혜를 더하는 것이니, 이것이 더함이요 이름을 더하는 것이 아니다"고 말해준다.

사례83. 답답합니다!

구분	내 용
출전	잡아함경 제32권 905.외도경(外道經)
시간	어느 때
장소	왕사성 기사굴산
내담자	외도들→사리불↔마하가섭
상담자	사리불과 마하가섭(둘 다 석가모니의 10대 제자)이 서로 상담
상담형태	동료상담
상담과정	외도들이 여래가 후세에 나고 죽음이 있는가 없는가, 있지도 않고 없지도 않은가 묻자, 사리불은 그에 대해 석가모니는 "무기(無記)"라 했다고 대답한다. 그러자 외도들이 "당신은 어째 분별력도 없고 어린애처럼 자기주장을 할 만한 지혜가 없는가?" 하고 비난하고 떠난다. 이에 갈등이 생긴 사리불은 마하가섭을 찾아가 답답한 심경을 털어놓고 의논한다.
호소문제	석가모니는 무슨 이유로 후세의 나고 죽음이 있다든가 없다든가 말하지 않는지?
상담목적	석가모니가 그런 질문에 왜 '무기'라고 답했는지 알게 함
상담내용	사리불: 무슨 이유로 세존께서는 후세의 나고 죽음이 있다든가 없다든가, 후세가 있기도 하고 없기도 하다든가, 후세는 있지도 않고 없지도 않다고 말씀하시지 않았습니까? 가섭: 만일 여래가 후세에 나고 죽음이 있다고 말하면 그것은 형상이 되는 것이요, 만일 없다고 말해도 그것은 형상이 되는 것입니다. 또 있기도 하고 없기도 하다든가, 혹은 있지도 않고 없지도 않다고 한다면 그것도 형상이 되는 것입니다. 여래는 형상이 이미 다하고 마음이 잘 해탈하였습니다. 그러므로 후세의 나고 죽음이 있다고 말해도 옳지 않고, 후세의 나고 죽음이 없다거나, 있기도 하고 없기도 하다거나, 또는 있지도 않고 없지도 않다고 해도 옳지 않습니다. 여래는 적멸이요, 열반이기 때문입니다. 이런 이유로 누가 세존께 '여래는 있는가 없는가, 혹은 있기도 하고 없기도 한가, 있지도 않고 없지도 않은가' 하고 묻더라도 그런 질문에 답하지 않은 것입니다.
상담결과	서로 이야기하기를 마치고 제각기 본처로 돌아감
상담회기	1회
상담방법	① 사기답 중 무기: 적절치 않은 질문에 석가모니가 '무기'로 일관하는 이유를 말해줌

사례84. 계율이 엄해지는 이유

구분	내 용
출전	잡아함경 제32권 906.법손괴경(法損壞經)
시간	어느 때
장소	사위국 제타숲 외로운 이 돕는 동산
내담자	마하가섭(석가모니의 10대 제자 중 한 사람. 두타제일頭陀第一)
상담자	석가모니
상담형태	개별상담
상담과정	과거에는 계율이 적었으나 지금은 많아진 이유가 궁금해서 마하가섭이 석가모니에게 물음
호소문제	과거에는 계율이 적어도 비구들이 즐거이 배워 익혔는데, 지금은 계율을 많이 만들어도 즐겨 배워 익히는 비구들이 적은 까닭이 무엇인지?
상담목적	바른 법을 사라지게 하는 인연과 사라지지 않게 하는 인연을 바로 알게 함
상담내용	마하가섭의 질문에 석가모니는 다음과 같이 대답했다. 　"지금은 수명이 흐리고(수명이 감해짐), 번뇌가 흐리고(사람의 마음이 번뇌로 가득함), 겁(劫)이 흐리고(수명이 줄고 기근·질병·전쟁이 일어남), 중생이 흐리고(인륜도덕을 저버리고 악한 짓을 저지름), 소견이 흐림(나쁘고 부정한 생각이 넘침)으로써 착한 법이 줄었기 때문에 내가 성문들을 위해 계율을 많이 만들었으나 즐겨 배워 익히는 이가 적은 것이다. 이런 세상에서는 바른 법은 사라지고, 법 아닌 것을 법이라 하고 계율 아닌 것을 계율이라 하게 된다." 　그리고 석가모니는 바른 법을 사라지게 하는 인연이 다음과 같이 다섯 가지가 있다고 조목조목 설해 준다. 　① 큰스승을 공경하거나 존중하거나 마음을 낮추어 공양하지도 않으면서 그에 의지해 사는 것 ② 큰스승의 법 ③ 학문 ④ 가르침 ⑤ 범행을 따르는 이를 공경하거나 존중하거나 공양하지도 않으면서 그에 의지해 사는 것이다. 　"단, 바른 법을 지키려면 이와 반대로 하면 된다."
상담결과	기뻐하며 예배하고 물러감
상담회기	1회
상담방법	① 구체적 접근: 스승과 그의 법·학문·가르침·범행을 어떻게 따라야 하는지를 구체적으로 제시

사례85. 밧줄로 묶고 물을 자주 뿌리면

구분	내 용
출전	잡아함경 제32권 907.차라주라경(遮羅周羅經)
시간	어느 때
장소	왕사성 칼란다 죽원
내담자	탈라푸라(나알라촌 촌장)
상담자	석가모니
상담형태	개별상담
상담과정	광대는 죽어서 좋은 곳에 나는지, 아닌지 석가모니를 찾아와 질문
호소문제	광대가 익살로 사람들을 웃기고 기쁘게 하면 환희천에 난다고 하는데 맞는지?
상담목적	세상의 즐거움에 현혹되어 탐·진·치에 고착되는 것을 끊게 함
상담내용	촌장: 어떤 늙은 익살꾼이 '광대가 노래하고 춤추고 익살을 부려서 사람들을 웃기고 기쁘게 하면 그 업의 인연으로 죽은 뒤에 환희천에 난다'고 말했는데, 세존께선 어떻게 말하시는지요? 석가: 그만 그쳐라. 그 이치를 묻지 말라. 이렇게 두 번 세 번 말씀하셨으나 촌장이 답을 청하기를 그치지 않자 마침내 석가모니는 대답 대신 질문을 했다. 석가: 사람들이 탐욕과 성냄·어리석음에 묶여 있는데 광대들이 노래와 춤과 풍류와 익살로 그들을 기쁘게 하고 웃기면 그들이 탐욕과 성냄·어리석음의 결박을 더욱 굳게 하지 않겠는가? 촌장: 그러하나이다. 석가: 어떤 사람이 밧줄에 묶여 있는데 다른 사람이 나쁜 마음으로 그 사람을 해하고 고통을 주려고 묶은 밧줄에 물을 자주 뿌리면 그 결박은 갈수록 더 조이지 않겠는가? 촌장: 그러하나이다. 석가: 광대의 익살도 그와 같다. 사람들의 탐냄과 성냄·어리석음의 결박을 더욱 굳게 하느니라.
상담결과	촌장이 어리석고 분별력 없었던 데 대해 후회하며 슬피 울자 석가모니는 달래고 격려해 주었다. 그러자 촌장은 삼보에 귀의했고, 석가모니는 "착하다, 그것은 가장 진실한 것"이라고 칭찬
상담회기	1회
상담방법	① 전의법: 물음에 바로 답해 주지 않음으로써 대답할 만한 가치가 없는 질문임을 알게 하고 다른 질문을 통해 대화를 전환 ② 비유: 광대의 익살을 사람 묶은 밧줄에 물 뿌리는 것에 비유 ③ 지지·격려: "착하다 촌장이여, 그것은 가장 진실한 것이니라."

사례86. 길들지 않는 말은 죽여 버린다

구분	내 용
출전	잡아함경 제32권 909.조마경(調馬經)
시간	어느 때
장소	왕사성 칼란다 죽원
내담자	말 다루기 촌장
상담자	석가모니
상담형태	개별상담
상담과정	촌장이 석가모니를 찾아오자, 석가모니가 먼저 질문함
호소문제	-
상담목적	말 다루기와 장부(丈夫) 다루기를 비교해 바른 법을 지니게 함
상담내용	석가: 말을 다루는 데에는 몇 가지 법이 있는가? 촌장: 세 가지 법이 있나이다. 부드러움과 굳셈과 부드러우면서 굳세기가 그것입니다. 석가: 그 세 가지 법으로도 길들지 않는 말은 어떻게 하는가? 촌장: 곧 죽여 버리나이다. 세존께서는 몇 가지 법으로 장부(丈夫)를 다루시나이까? 석가: 나 또한 세 가지 법으로 다룬다. 부드러움과 굳셈과 부드러우면서 굳세기가 바로 그것이다. 촌장: 만일 세 가지로 장부를 다루더라도 길들지 않을 때는 어떻게 하시나이까? 석가: 곧 죽여 버린다. 왜 그러냐 하면 내 법이 업신여김을 받지 않도록 하기 위해서다. 촌장: 여래 법에서 살생은 나쁜 것이므로 살생하지 말아야 할 것입니다. 그런데 지금 길들지 않으면 죽인다고 말씀하십니까? 석가: 그런 자와 더불어 말하거나 가르치거나 훈계하지 않는 것을 말하는 것이다. 촌장: 만일 다루기 장부로서 더불어 말하거나 가르치거나 훈계하지 않으면 그것이야말로 진실로 죽이는 것이옵니다.
상담결과	그날부터 나쁜 업 버리고 부처님과 법과 승에 귀의하겠다고 하고, 기뻐하면서 자리에서 일어나 예배하고 떠나감
상담회기	1회
상담방법	①선도반응: 말 다루기 방법을 묻는 것으로 상담 목표로 유도 ②비유: 말 다루기를 장부 다루기에 비유하여 이해를 도움 ③자원활용: 내담자의 직업인 말 다루기를 상담에 활용 ④ 반복

사례87. 향락·고행, 둘 다 길이 아니다

구분	내 용
출전	잡아함경 제32권 912.왕정경(王頂經)
시간	어느 때
장소	참파국 게가 못 곁
내담자	왕정수리 촌장
상담자	석가모니
상담형태	개별교설
상담과정	촌장이 석가모니를 찾아오자 교설해줌
호소문제	-
상담목적	향락이나 고행, 두 극단에 치우치지 않고 바른 수행을 하도록 인도
상담내용	석가모니는 "요새 사람들은 향락과 고행 두 극단을 의지하고 있다"며 향락과 고행에도 각각 세 가지 현상이 있음을 설명했다. (1)쾌락을 누리는 이의 세 종류 ① 제일 하천한 향락: 법답지 않은 방법으로 재물을 취하여 함부로 쾌락을 누리며 주위 사람을 돌보거나 보시하지 않음은 물론, 사문바라문에게도 공양하지 않으며 인과응보를 믿지 않음 ② 중간으로 하천한 향락: 어떤 때로 법다운 방법으로, 때로 법답지 않은 방법으로 재물을 구하여 주위 사람을 돌보고 보시하며 때때로 사문·바라문에게도 공양하나, 인과응보를 믿지 않음 ③ 제일 훌륭한 향락: 법다운 방법으로 재물을 취하여 주위 사람도 돌보고 사문·바라문도 공양하며 인과응보를 믿음 (2) 고행하는 이의 세 가지 종류 ① 제일 하천한 고행: 계율을 범한 채 고행을 해 바짝 여위어가나 현세의 번뇌도 떠나지 못하고 훌륭한 지견을 얻지도 못함 ② 중간으로 하천한 고행: 계율을 범하지 않고 고행을 해 바짝 여위어가건만 번뇌도 떠나지 못하고 훌륭한 지견도 얻지 못함 ③ 제일 훌륭한 고행: 계율을 범하지 않고 고행을 지어 바짝 여위어 타오르는 번뇌는 떠났으나 훌륭한 지견은 얻지 못함 "향락이나 고행에 치우치지 말고 팔정도를 닦아야 해탈한다."
상담결과	법눈이 깨끗하게 됨. 불법승 삼보에 귀의하고 기뻐하며 예배함
상담회기	1회
상담방법	①현실적 접근: 현재의 수행법을 분석해 판단력을 길러줌 ②분별: 향락과 고행을 비교·분석해서 구별하여 알게 함 ③구체적 접근: 향락과 고행의 종류에 대해 조목조목 제시

사례88. 어찌 다만 슬퍼하고 괴로워할 뿐이겠습니까?

구분	내 용
출전	잡아함경 제32권 913.갈담경(竭曇經)
시간	어느 때
장소	우루벨라 앵무염부숲
내담자	간다가타 촌장
상담자	석가모니
상담형태	개별상담
상담과정	내담자가 석가모니를 찾아와 질문
호소문제	현세의 괴로움의 원인과 그 사라짐에 대해 설명해 달라
상담목적	괴로움의 원인을 깨닫게 하고 거기서 벗어나는 길을 알게 함
상담내용	석가: 사람에게 생기는 모든 괴로움은 다 애욕이 그 근본이다. 누군가 이 마을 사람을 때리거나 죽이면 너는 어떻겠는가? 촌장: 일정하지 않나이다. 그 사람과 제가 친하면 괴로울 것이요, 애정이 없는 사람이면 어찌 되든 별 상관이 없을 것입니다. 석가: 네 생각에는 어떠하냐? 서로 보지 못한 의부모에게도 탐욕과 애정이 생기겠느냐? 촌장: 아닙니다. 석가: 서로 보았거나 들은 일이 있는 의부모에게는 어떤가? 촌장: 탐욕과 애정이 생길 것입니다. 석가: 그 의부모가 만일 덧없이 죽는다면 어떻겠는가? 촌장: 장하십니다. 의부모의 비유를 잘 말씀하셨나이다. 제게 의부모가 있어 날마다 사람을 보내 안부를 묻나이다. 만일 그 사람이 돌아오지 않아도 근심이 깊거늘, 하물며 의부모가 덧없이 돌아가신다면 저는 거의 죽을 지경에 이를 것입니다. 어찌 다만 슬퍼하며 괴로워할 뿐이겠나이까? 석가: 그러므로 알아야 한다. 괴로움의 근본은 애욕인 것을. 만일 세상의 애정 없으면/근심과 괴로움의 번뇌 없나니 모든 근심 괴로움이 사라지는 것/연꽃이 물에 묻지 않는 것 같네.
상담결과	불법승에 귀의하여 재가 신자가 되겠다고 함. 기뻐하며 예배함
상담회기	1회
상담 방법	① 현실적 접근: '지금 여기' 강조 ② 개방질문 ③ 심상유도: 차례로 가까운 예를 들어 내담자의 감성을 움직임 ④ 비유: 애욕 끊는 것을 물에 있으면서도 물 묻지 않는 연꽃에 비유 ⑤ 게송활용 ⑥ 자원활용: 내담자가 소중히 여기는 의부모를 상담에 활용

사례89. 재산이 없어지는 진짜 이유

구분	내 용
출전	잡아함경 제32권 914.도사씨경(刀師氏經)①
시간	어느 때
장소	마갈타국 나알라촌 호의암라(好衣菴羅) 숲
내담자	도사씨 촌장(니르그란타의 제자)
상담자	석가모니
상담형태	개별상담
상담과정	니르그란타가 제자인 도사씨에게 석가모니를 찾아가 논쟁을 벌여 석가모니의 말문이 막히도록 하라면서 논쟁거리를 미리 연습시켜서 보냄.
호소문제	석가모니는 항상 모든 집의 복과 이익이 더욱 많아지기를 원하는지? 그렇다면 어찌 해서 흉년이 들어 궁핍한 이때 제자들과 함께 걸식을 다니는지?
상담목적	걸식으로 재산이 없어지는 게 아니라 재산이 없어지는 진짜 이유가 따로 있음을 알게 함
상담내용	촌장이 "석가모니는 모든 집의 복과 이익이 많아지기를 원한다면서 흉년이 들어 궁핍한 이때에 제자들과 걸식을 다녀 그들의 재산을 축내고 있으니 말과 행실이 일치하지 않는다"고 비난했다. 그러자 석가모니는 "일찍이 사문에게 보시해서 살림이 망한 집은 보지 못했다"고 대답하고, 정작 가정의 복과 이익을 감하게 하는 것은 사문의 걸식이 아니라 다음의 여덟 가지라고 말했다. 〈재산이 없어지는 여덟 가지 이유〉 ① 왕의 위협을 받거나 ② 도둑에게 털리거나 ③ 화재를 당하거나 ④ 수재를 당하거나 ⑤ 재물이 저절로 고갈되거나 ⑥ 준 빚을 받지 못하거나 ⑦ 원수에게 빼앗기거나 ⑧ 나쁜 자식이 마구 탕진하는 것. 이어서 석가모니는 "재산이란 덧없기 때문"이라는 것도 ⑨번으로 별도로 말해 주었다.
상담결과	석가모니의 정연한 논파에 두려워 온몸의 털이 일어섬. 거짓으로 속인 잘못을 뉘우치고 기뻐하며 떠나감.
상담회기	1회
상담방법	① 인지적 재구성: 석가모니 자신의 말과 행실이 서로 다르지 않음을 논리적으로 인지시킴 ② 구체적 접근: 실제 재산이 없어지는 경우를 조목조목 예로 듦

사례90. 사람을 가려서 설법하는 까닭

구분	내 용
출전	잡아함경 제32권 915.도사씨경(刀師氏經)②
시간	어느 때
장소	마갈타국 나알라촌 호의암라(好衣菴羅) 동산
내담자	도사씨 촌장(니르그란타의 제자)
상담자	석가모니
상담형태	개별상담
상담과정	니르그란타가 도사씨에게 석가모니를 찾아가 논쟁해서 석가모니의 말문이 막히게 하라면서 미리 논쟁을 연습시켜서 보냄
호소문제	석가모니는 모든 사람을 편안하게 하길 원하고 그렇게 하는 것을 칭찬한다면서 왜 어떤 사람에게는 설법하고 어떤 사람에게는 설법하지 않는가?
상담목적	설법 대상을 가리는 게 아니라 근기에 따라 설법함을 알게 함
상담내용	촌장: 세존께서는 무슨 이유로 어떤 사람에게는 설법하고 어떤 사람에게는 설법하지 않습니까? 석가: 나는 너에게 물으리니 마음대로 대답하라. 촌장이여, 비유하면 어느 밭주인에게 기름진 밭, 그 다음으로 기름진 밭, 척박한 밭이 있다면 그 밭주인은 어느 밭부터 갈고 씨를 뿌리겠는가? 촌장: 가장 기름진 밭을 먼저 갈고 씨를 뿌릴 것입니다. 석가: 어느 그릇 주인에게 흠도 없고 새지도 않는 병, 물이 약간 새는 병, 구멍이 뚫어져 물이 새는 병이 있으면 어떻겠는가? 촌장: 흠도 없고 새지 않는 병에 먼저 물을 담아둘 것입니다. 석가: 그와 같이 나도 기름진 밭이나 새지 않는 병 같은 사람들인 비구·비구니를 위해 설법하고, 그 다음으로 재가 신자인 우바새·우바이를 위해 설하고 마지막으로 외도들에게 설법한다. 하지만, 외도들을 위해서도 듣는 이가 많건 적건 한 구절만이라도 뜻을 알기를 원하면 정성껏 바른 법을 설한다.
상담결과	진실을 밝히지 못하고 망령되이 말한 것을 뉘우치고 기뻐 예배함.
상담회기	1회
상담방법	① 사기답 중 반문기: 질문에 바로 답하지 않고 다른 질문을 함으로써 바른 답에 이르도록 유도 ② 개방질문: "너에게 물으리니 마음대로 대답하라." ③ 분별: 그릇(근기)에 따라 내담자를 구별함을 알게 함 ④ 비유: 설법 대상을 '세 가지 밭과 세 가지 물병'에 비유

사례91. 몸으로 짓는 죄, 마음으로 짓는 죄

구분	내 용
출전	잡아함경 제32권 916.도사씨경(刀師氏經)③
시간	어느 때
장소	마갈타국 나알라촌 호의암라(好衣菴羅) 동산
내담자	도사씨 촌장(니르그란타의 제자. 니르그란타는 항상 몸으로 짓는 죄만 강조하며 몸을 괴롭히는 형식적인 고행에만 몰두하고, 제자들에게도 그렇게 가르침)
상담자	석가모니
상담형태	개별상담
상담과정	촌장이 석가모니를 찾아오자 스승이 어떻게 가르치는지 물음
호소문제	-
상담목적	실제로 살생, 거짓말하는 것뿐만 아니라 마음속에 품고 있는 것도 죄가 됨을 인식시킴
상담내용	석가모니의 물음에 촌장은 다음과 같이 대답했다. 촌장: 제 스승은 "살생이나 도둑질, 음행이나 거짓말을 행하는 사람은 지옥에 간다, 그것을 많이 행했기 때문이다"고 합니다. 석가: 그의 말과 같이 살생이나 거짓말을 행하는 사람은 지옥에 간다. 하지만 몸으로 직접 행한 사람만 지옥에 간다면 지옥에 갈 사람은 그리 많지 않을 것이다. 나는 이렇게 가르친다. '살생·도둑질·음행·거짓말이 마음에 있으면 장차 지옥에 날 것이라'고. 석가모니는 이렇게 설한 뒤 손톱으로 흙을 조금 집고 물었다. 석가: 내 손톱의 흙이 많은가, 온 땅덩이의 흙이 많은가? 촌장: 땅덩이의 흙이 한량없이 많나이다. 석가: 마음이 하나가 되어 닦아 익히면 한량없는 모든 업이 손톱 위의 흙과 같아서 사람을 나쁜 곳으로 끌고갈 수도 없고 거기 머무르게 할 수도 없다. 이와 같이 도둑질은 가엾이 여기는 마음으로 다스리고, 음행은 기쁘게 하려는 마음으로 다스리고, 거짓말은 평등한 마음으로 다스리도록 하라.
상담결과	티끌과 때를 멀리 떠나 법눈이 깨끗하게 됨. 불법승에 귀의하고 기뻐하며 예배함
상담회기	1회
상담방법	① 인지적 재구성: 몸 죄와 마음 죄가 모두 같음을 알게 함 ② 비유: 흙의 양과 죄의 양을 서로 비교하여 비유

사례92. 채찍을 맞아야 길드는 말

구분	내 용
출전	잡아함경 제33권 922.편영경(鞭影經)
시간	어느 때
장소	왕사성 칼란다 죽원
내담자	여러 비구(석가모니의 제자들)
상담자	석가모니
상담형태	대중교설
상담과정	석가모니가 제자들에게 설법
호소문제	-
상담목적	인간의 삶이 생로병사의 고통 속에 있음을 파악하고 이를 벗어나도록 이끎
상담내용	석가모니는 제자들에게 세상에는 네 종류의 좋은 말[馬]이 있다는 비유로 진리를 참구하게 되는 계기와 때가 사람마다 각각 다름을 설했다. 〈네 종류의 좋은 말〉 ① 채찍 그림자만 보고도 곧 길드는 좋은 말→다른 마을에서 누군가 병들어 고통 받거나 죽었다는 말을 듣고는 곧 바른 생각에 의지하는 사람(바른 법·율에 스스로 잘 길든 첫째 착한 남자) ② 채찍이 털끝만 스쳐도 곧 길드는 좋은 말→다른 마을에서 누군가가 병들어 고통 받거나 죽는 고통을 겪는 것을 보고는 두려워하여 바른 생각에 의지하는 사람(바른 법·율에 스스로 잘 길든 둘째 착한 남자) ③ 채찍을 맞고 곧 길드는 좋은 말→좋은 벗이나 친한 사람이 병들어 고통 받거나 죽었다는 말을 듣고는 두려워하여 바른 생각에 의지하는 사람(거룩한 법·율에 잘 길든 셋째 착한 남자) ④ 채찍을 맞아 살이 터지고 뼈까지 다쳐서야 길드는 좋은 말→자신이 늙고 병들고 죽는 고통을 싫어하고 두려워하여 바른 생각에 의지하는 사람(거룩한 법·율에 잘 길든 넷째 착한 남자)
상담결과	기뻐하며 받들어 행함
상담회기	1회
상담방법	① 실존주의적 접근: 인간 삶의 실존이 어떤 것인지 올바로 보고 파악할 것을 강조 ② 비유: 네 종류의 말과 수행의 길로 들어서는 계기를 비유

사례93. 어떤 것이 우바새인가?

구분	내 용
출전	잡아함경 제33권 927.우바새경(優婆塞經)
시간	어느 때
장소	카필라바투국 냐그로다 동산
내담자	석가 종족 마하나마
상담자	석가모니
상담형태	개별상담
상담과정	마하나마가 석가모니에게 찾아와 질문함
호소문제	어떤 것을 우바새(속가에 있으면서 부처를 믿는 남자)라 하는지?
상담목적	속가에 있으면서 부처를 믿는 법을 알려주어 바로 믿게 함
상담내용	마하나마의 연속된 질문에 석가모니는 일일이 답해 주었다. 마하나마: 어떤 것을 우바새라 하나이까? 석가: 속가에 있으면서 불법·승 삼보에 귀의하여 청정하게 닦아 익히고 깨끗하게 머물러 있는 남자를 말한다. 마하나마: 어떤 것이 우바새의 믿음을 완전히 갖추는 것이나이까? 석가: 여래에 대한 바른 믿음을 근본으로 삼아 견고하여 움직이기 어려워 그 누구도 그 믿음을 무너뜨릴 수 없는 것이니라. 마하나마: 어떤 것이 우바새가 계율을 완전히 갖춘다는 것이라 하나이까? 석가: 살생·도둑질·사음·거짓말·음주를 떠나 그것을 즐기지 않는 것이니라. 마하나마: 어떤 것을 우바새가 들음〔聞〕을 완전히 갖추는 것이라 하나이까? 석가: 부처님 말씀을 들어서 다 받아 가지고 기억해 잘 쌓아 두는 것이다. 마하나마: 어떤 것을 우바새가 버림〔捨〕을 완전히 갖추는 것이라 하나이까? 석가: 재물을 아끼는 마음을 버려 늘 보시를 행하는 것이다. 마하나마: 어떤 것이 우바새의 지혜를 완전히 갖추는 것이나이까? 석가: 고집멸도 사성제의 이치를 참되게 아는 것이다.
상담결과	기뻐하며 받들어 행함
상담회기	1회
상담방법	① 구체적 접근: 우바새가 갖추어야 할 덕목을 상세히 알려줌

사례94. 나무 밑동을 자르면 어느 쪽으로 쓰러지나?

구분	내 용
출전	잡아함경 제33권 930.자공경(自恐經)
시간	어느 때
장소	카필라바투국 냐그로다 동산
내담자	석씨 마하나마
상담자	석가모니
상담형태	개별상담
상담과정	세상이 어지러워 불법승을 잊고 지내게 될까 두려워 내담자가 석가모니를 찾아와 질문
호소문제	이 나라는 안온하고 풍족하며 백성이 많다. 그리고 많은 무리가 살고 있어 미친 자들도 있다. 이런 세상에 어울려 살다가 부처님과 부처님 법, 승단을 생각하기를 잊어버리지나 않을까 두렵다. 또 이렇게 살다가 죽은 뒤 어디서 태어날 것인가 하고 스스로 생각해 보기도 한다.
상담목적	세속과 어울려 산다고 해서 그동안 닦은 바가 없어지는 게 아님을 인지시킴
상담내용	마하나마가 걱정을 하자 석가모니는 다음과 같이 말했다. 석가: 두려워하거나 걱정하지 말라. 목숨을 마친 뒤에 나쁜 곳에 나지 않을 것이요, 끝끝내 나쁜 곳이 없을 것이다. 큰 나무가 밑으로 향하고 쏠리는 곳과 기우는 곳이 있을 때 만일 그 밑동을 베면 어느 쪽으로 넘어지겠는가? 마하나마: 향하는 곳과 쏠리는 곳과 기우는 쪽으로 넘어질 것입니다. 석가: 너도 그와 같아서 목숨을 마친 뒤에 나쁜 곳에 나지 않을 것이요, 끝끝내도 나쁜 곳이 없을 것이다. 왜냐하면 너는 오랫동안 불법승을 생각하고 닦아 익혔다. 비록 목숨이 다해 그 몸이 불에 태워지거나 묘지에 버려져 오랫동안 바람에 불리고 햇볕에 쬐여 마침내 가루가 된다 하더라도, 마음은 오랫동안 바른 믿음에 쪼이고 계율과 보시, 들음, 지혜에 쪼였기 때문에 그 신식(神識)은 안락한 곳을 향해 위로 올라가 미래에 천상에 나게 될 것이다.
상담결과	기뻐하면서 예배하고 물러감
상담회기	1회
상담방법	① 공감적 이해: 세속에 살면서 그에 휩쓸릴까봐 두려워하는 내담자의 마음을 이해해줌 ② 비유: 큰 나무가 쓰러지는 방향과 믿음의 방향을 비유

사례95. 어미 닭이 알을 품듯

구분	내 용
출전	잡아함경 제33권 932.십일경(十一經)
시간	어느 때
장소	카필라바투국 냐그로다 동산
내담자	석씨 마하나마
상담자	석가모니
상담형태	개별상담
상담과정	많은 비구가 식당에 모여 석가모니가 오래되지 않아 다른 지방으로 떠날 것이라고 하는 말을 듣고 섭섭하여 내담자가 석가모니를 찾아옴
호소문제	석가모니와 제자들이 떠나고 나면 언제 다시 볼 수 있을까 하는 생각에 온몸을 거둘 수 없고 사방이 아득하여, 들은 법도 다 잊어버릴 것 같다. 그리고 '언제나 세존과 비구들을 뵐 수 있을까' 생각한다.
상담목적	석가모니가 없더라도 닦아야 할 것을 일러주어 해탈의 기반을 닦게 함
상담내용	마하나마가 안타까워하자 석가모니는 다음과 같이 말했다. "너는 나를 보거나 보지 않거나 다섯 가지 법과 여섯 가지 생각하는 곳을 부지런히 닦아 익혀야 한다. 즉, ① 바른 믿음을 근본으로 하고 바르지 않은 믿음을 닦지 말라. ② 계율을 완전히 갖추고 ③ 들음 ④ 보시 ⑤ 지혜를 완전히 갖추어 그것을 근본으로 하되, 옳지 않은 들음, 옳지 않은 보시, 옳지 않은 지혜를 닦지 말라. 그리고 ① '다 옳게 깨달은 이'인 부처에 대해 생각하고 ② 법 ③ 승 ④ 계율 ⑤ 보시 ⑥ 하늘에 대해 생각하고 스스로 행하여 지혜를 얻어라. 성인의 제자로서 이 열한 가지 법을 성취하면 당장 해탈을 이루지 못하더라도 그 배운 자취가 남아 허물어지지 않고 마침내 해탈을 얻으리라. 이는 마치 어미닭이 알을 품는 것과 같다. 닭이 닷새나 열흘 동안 때에 맞추어 동정을 살피면서 애호하고 기르다가 혹 중간에 일이 있어 잠시 방일하더라도 때가 되었을 때 발톱이나 주둥이로 쪼면 병아리가 그 안에서 나오는 것과 같은 것이다. 왜냐하면 그 어미 닭이 처음부터 때에 맞추어 애호하고 길렀기 때문이다.
상담결과	기뻐하면서 예배하고 물러감
상담회기	1회
상담방법	① 점진적 종결: 내담자가 상담 종료에 대비하게 준비시킴 ② 비유: 수행의 공덕이 나타남을 어미닭이 알을 품는 것에 비유

사례96. 나는 본 대로 말한다

구분	내 용
출전	잡아함경 제33권 936.백수경(百手經)
시간	어느 때
장소	카필라바투국 냐그로다 동산
내담자	석씨 마하나마
상담자	석가모니
상담형태	개별상담
상담과정	석가모니가 계율을 범한 사람에게 수다원과(처음 성인의 축에 들어간 지위)를 얻을 거라고 예언했다는 말을 듣고 석씨들끼리 의구심을 논하다가 대표를 보내 질문
호소문제	계율을 범한 사람한테 어찌 해서 수다원과를 얻을 거라고 예언하는 것인지?
상담목적	계율을 범했다 할지라도 잘못을 깨닫고 다시 지키면 성인이 될 수 있음을 알려줌
상담내용	석가모니는 마하나마의 질문에 다음과 같이 답했다. "① 어떤 성인의 제자는 불법승에 대해 깨끗한 믿음과 밝은 지혜로 여덟 가지 해탈을 완전히 증득해 번뇌를 끊어 지옥·아귀·축생 또는 다른 나쁜 세계에 떨어지지 않는다.→구해탈(俱解脫) ② 어떤 성인의 제자는 불법승에 대해 깨끗한 믿음과 밝은 지혜로 여덟 가지 해탈을 증득하지만, 번뇌를 끊지 못한다.→몸의 증득[身證] ③ 어떤 성인의 제자는 불법승에 대한 깨끗한 믿음과 밝은 지혜는 있지만, 여덟 가지 해탈을 증득하지 못한다.→지혜 밝음[見到] ④ 어떤 성인의 제자는 불법승에 대한 깨끗한 믿음은 있지만, 밝은 지혜는 얻지 못한다.→믿음 해탈[信解脫] ⑤ 어떤 성인의 제자는 불법승을 믿어 말이 청정하며, 믿음·정진·생각·선정·지혜에 대해 왕성한 지혜로 자세히 살피고 견디어 간다.→법 따른 행[隨法行] ⑥ 어떤 성인의 제자는 불법승을 믿어 말이 청정하며, 믿음·정진·생각·선정·지혜에 대해 적은 지혜로 자세히 살피고 견디어 간다.→믿음 따른 행[隨信行]. 그런데 백수 석씨는 임종 때 계율을 깨끗이 받들어 가져 술을 끊은 뒤에 목숨을 마쳤다. 그러므로 그렇게 예언한 것이다."
상담결과	기뻐하면서 자리에서 일어나 예배하고 물러감
상담회기	1회
상담방법	① 구체적 접근: 각 경우별로 수행의 정도를 구체적으로 제시

사례97. 흐르는 강물이 더 많은가, 흘린 눈물이 더 많은가?

구분	내 용
출전	잡아함경 제33권 938.누경(淚經)
시간	어느 때
장소	사위국 제타숲 외로운 이 돕는 동산
내담자	여러 비구(석가모니의 제자들)
상담자	석가모니
상담형태	대중상담
상담과정	석가모니가 제자들에게 교설을 하면서 문답을 주고받음
호소문제	-
상담목적	삶이 고해라는 것을 알게 해 그것을 벗어나려는 분발심을 촉발
상담내용	석가: 중생들은 처음이 없는 나고 죽음으로부터 지금까지 오랫동안 생사의 바퀴를 돌면서도 괴로움의 끝을 알지 못한다. 너희 뜻에는 어떠하냐? 흐르는 강물이나 큰 바닷물과, 너희가 과거 오랫동안 나고 죽음의 바퀴를 돌면서 흘린 눈물 중 어느 쪽이 더 많겠느냐? 비구들: 저희가 스승의 뜻을 이해하는 바와 같다면 눈물이 더 많습니다. 석가: 착하고 착하다! 너희가 과거 오랫동안 부모·형제·친척·친구들을 잃고 재물을 잃어서 흘린 눈물이 한량없이 더 많다. 석가모니는 다시 문답을 계속해 나갔다. 석가: 물질은 항상한 것인가? 비구들: 항상함이 없나이다. 석가: 만일 항상함이 없다면 그것은 괴로운 것인가? 비구들: 그것은 괴로운 것입니다. 석가모니는 문답을 통해 다음과 같이 결론을 도출했다. "모든 게 항상하지 않고, 괴롭다는 걸 깨달으면 물질·느낌·생각·지어감·의식에서 해탈하고 남·늙음·병·죽음과 근심·슬픔·괴로움·번민에서 해탈한다."
상담결과	기뻐하며 받들어 행함
상담회기	1회
상담방법	① 개방질문: "너희 뜻에는 어떠하냐"는 질문으로 포괄적 답 유도 ② 비유: 바닷물과 사람이 흘린 눈물의 양을 비교하며 비유 ③ 지지·격려: "착하고 착하다!"는 말로 지지하고 격려함 ④ 실존주의적 접근: 인간 삶의 현상을 여실히 보도록 강조

사례98. 성 안에 겨자씨를 가득 채우고

구분	내 용
출전	잡아함경 제34권 948.성경(城經)
시간	어느 때
장소	사위국 제타숲 외로운 이 돕는 동산
내담자	어떤 비구(석가모니의 제자), 여러 비구(석가모니의 제자들)
상담자	석가모니
상담형태	대중상담
상담과정	석가모니가 고(苦)에 관해 대중에게 설법하는 중에 내담자가 '겁(劫)이란 얼마나 긴 시간인지' 질문함
호소문제	한 겁(劫)은 얼마나 장구한지?
상담목적	괴로움에서 해탈하지 않으면 윤회가 끝없이 되풀이된다는 것을 알려 주어 해탈의 길로 이끎
상담내용	석가모니가 여러 비구에게 말했다. 석가: 중생들은 처음이 없는 나고 죽음의 긴 밤을 돌아다니면서 괴로움의 끝을 알지 못하느니라. 그러자 어떤 비구가 자리에서 일어나 합장하고 물었다. 비구: 한 겁(劫)은 얼마나 장구하나이까? 석가: 너에게 설명할 수 있지만 너는 알기 어려울 것이다. 비구: 비유로써 말씀하실 수 있겠나이까? 석가: 설명할 수 있다. 겁이란, 사방과 위아래가 각각 한 유순(由旬: 40리-80리의 길이)으로 쌓은 쇠로 된 성(城) 안에 겨자씨를 가득 채워 두고 어떤 사람이 백 년에 한 알씩 집어내어 그 겨자씨가 다하더라도 끝나지 않는 긴 시간이다. 이처럼 장구한 겁이 백천만억 겁이 되도록 큰 괴로움은 계속하여 해골은 산을 이루고, 고름 피는 바다를 이루는 지옥·축생·아귀의 나쁜 세계가 있는 것이다. 이것이 이른바 처음이 없는 나고 죽음의 긴 밤을 돌아다니면서 괴로움의 끝을 모른다는 것이다. 그러므로 비구들이여, 모든 존재를 끊어 더욱 많아지지 않도록 공부하여야 하느니라.
상담결과	기뻐하면서 받들어 행함
상담회기	1회
상담방법	① 비유: 한 겁과 커다란 성 안에 가득한 겨자씨 꺼내기를 비유 ② 혐오요법: 겁의 설명을 통해 인간 고(苦)를 실감나게 표현하여 괴로움에서 벗어나게끔 분발심을 이끌어냄

사례99. 불이 다른 것을 의지해 타오르는 것처럼

구분	내 용
출전	잡아함경 제34권 957.신명경(身命經)
시간	어느 때
장소	왕사성 칼란다 죽원
내담자	어떤 바차 종족(출가한 사람)
상담자	석가모니
상담형태	개별상담
상담과정	내담자가 석가모니를 방문하여 질문
호소문제	목숨이 곧 몸인가, 아니면 목숨과 몸은 다른가?
상담목적	애욕으로 인해 사람이 몸을 계속해 받는 이치를 깨닫게 함
상담내용	바차: 어떠하나이까, 목숨이 곧 몸이옵니까? 석가: 목숨이 곧 몸이라 한다면 그것은 말할 수 없다[無記]. 바차: 그렇다면 목숨과 몸은 다르나이까? 석가: 목숨과 몸이 다르다고 한다면 그것도 말할 수 없느니라. 바차: 두 질문에 모두 '그것은 말할 수 없다'고 대답하시는군요. 세존께서는 어떤 비밀[奇]이 있어 제자가 목숨을 마치면 '누구는 어디서 나고 누구는 어디서 난다'고 하시나이까? 그때에는 목숨과 몸은 다르지 않나이까? 석가: 그것은 다른 것이 있음을 말한 것이요, 다른 것이 없음을 말한 것이 아니니라. 바차: 그 말씀은 무슨 뜻이옵니까? 석가: 비유하면, 불은 다른 것이 있으면 타고, 다른 것이 없으면 타지 않는 것과 같으니라. 바차: 불이 다른 것이 없어도 타는 것을 보았나이다. 이를테면 큰 불더미에 사나운 바람이 불어오면 불은 공중을 날며 탑니다. 석가: 그것도 다른 것이 있는 것이요, 없는 것이 아니니라. 바람을 의지하므로 공중에 머물고 또 그것 때문에 타는 것이다. 불이 다른 것을 의지해 타는 것과 같이, 중생이 목숨을 마치고 다시 태어나는 것은 애욕으로 말미암아 취(取)하고, 또 그것으로 인해 머무르기 때문에 다른 것이 있다고 말하느니라.
상담결과	기뻐하며 자리에서 일어나 물러감
상담회기	1회
상담방법	① 비유: 불이 타는 작용을 중생이 다시 태어나는 것에 비유 ② 사기답 중 무기: 쓸데없는 이론에 답할 수 없다고 말함

사례100. 섶이 있기 때문에 불이 탄다

구분	내 용
출전	잡아함경 제34권 962.견경(見經)
시간	어느 때
장소	사위국 제타숲 외로운 이 돕는 동산
내담자	어떤 바차 종족
상담자	석가모니
상담형태	개별상담
상담과정	내담자가 석가모니를 찾아와 질문
호소문제	석가모니는 왜 '세상은 영원하다, 이것은 진실이다'고 말하는지?
상담목적	쓸모없는 소견에 사로잡히지 않고 바른 견해를 갖게 함
상담내용	바차: 당신은 왜 그렇게 보고 그렇게 말씀하시나이까? "세상은 영원하다, 이것은 진실이요, 다른 것은 허망하다"고. 석가: 나는 그렇게 보고 그렇게 말하지 않는다. 바차: 어째서 그렇게 보고 그렇게 말씀하시나이까? 즉, "세상은 영원하지 않다, 영원하기도 하고 영원하지 않기도 하며, 영원한 것도 아니요, 영원하지 않은 것도 아니다.…"고. 석가: 나는 그렇게 보고 그렇게 말하지 않는다. 바차: 그러면 왜 여러 소견을 일체 말씀하시지 않나이까? 석가: 그렇게 보면 뒤바뀐 소견이요, 소견에 얽매이는 것이다. 바차: 그러면 어떻게 보시나이까? 석가: 괴로움·괴로움의 쌓임·괴로움의 사라짐·괴로움이 사라지는 길의 진리를 본다. 이렇게 알고 보므로 일체의 감정·일체의 출생·일체의 〈나〉와 〈내 것〉이라는 소견을 끊었다. 따라서 해탈한 비구에게는 난[生]다고 해도 옳지 않고, 나지 않는다고 해도 옳지 않다. 바차: 어째서 난다고 해도, 나지 않는다고 해도 옳지 않습니까? 석가: 만일 타던 불이 꺼진 것을 보고 누가 "아까는 불이 있었는데, 지금은 어디 있는가?"고 물으면 어떻게 대답하겠는가? 바차: "불은 섶이 있었기 때문에 탔다. 섶을 대주지 않으면 불은 사라져 다시는 일어나지 않는다. 어디로 간 것이 아니다"고. 석가: 그와 같다. 〈나〉를 끊으면 불의 섶이 없어진 것과 같다.
상담결과	기뻐하면서 받들어 행함
상담회기	1회
상담방법	① 사기답 중 반문기: 내담자에게 되물음으로써 바른 답을 유도 ② 비유: 인생을 불타는 것에 비유함

사례101. 세상은 끝이 있는가, 없는가?

구분	내 용
출전	잡아함경 제34권 965.울저가경(鬱低迦經)
시간	어느 때
장소	왕사성 칼란다 죽원
내담자	집을 나온 울저가 외도
상담자	석가모니, 아난다
상담형태	개별상담
상담과정	내담자가 석가모니를 방문하여 질문
호소문제	세상은 끝이 있는지, 없는지? 끝이 있기도 하고 없기도 한지? 있는 것도 아니요, 없는 것도 아닌지? 궁금함
상담목적	쓸데없는 논답을 피하고 괴로움을 벗어나는 바른 길을 찾게 함
상담내용	외도: 어떠하나이까, 세상은 끝이 있나이까? 석가: 그것은 말할 수 없느니라〔無記〕. 외도: 세상은 끝이 없나이까? 끝이 있기도 하고 없기도 하며, 끝이 있는 것도 아니요, 없는 것도 아닙니까? 석가: 그것은 말할 수 없느니라. 외도: 그러면 어떤 법을 말할 수 있나이까? 석가: 나는 제자들에게 도를 설명해 괴로움을 벗어나게 한다. 외도: 어떻게 도를 설명해 괴로움에서 벗어나게 하시나이까? 또 일체 세간이 다 그 도로부터 벗어나는지, 혹 일부분인지요? 외도가 두세 번 재차 물었으나 석가모니는 대답하지 않았다. 그러자 옆에서 모시고 있던 아난다가 대신 외도에게 말했다. 아난다: 너는 같은 질문을 반복하는구나. 세존께서는 그래서 말씀하시지 않은 것이다. 비유하면 사방이 튼튼하게 막힌 큰 성에 문이 오직 한 개 있다. 그 문지기는 지혜로워 문안으로 들여야 할 사람과 그렇지 않은 사람을 잘 구별했다. 그는 드나드는 사람 전부는 알지 못하지만, 모든 사람이 오직 그 문으로만 드나들 수 있고 딴 곳이 없다는 것은 잘 알고 있다. 이와 같이 세존께서는 만물이 다 이 도로부터 나오는가, 아니면 일부분인가는 알지 못하지만 바르게 괴로움을 벗어나는 길은 알고 계시다.
상담결과	기뻐하며 자리에서 일어나 물러감
상담회기	1회
상담방법	① 사기답 중 무기: 무의미한 질문에 답하지 않음으로써 오류 방지 ② 비유: 석가모니의 가르침을 성에 있는 단 하나의 문에 비유

사례102. 외도를 꺾고 바른 이론을 세웠구나

구분	내 용
출전	잡아함경 제34권 968.급고독경(給孤獨經)
시간	어느 때
장소	왕사성 칼란다 죽원
내담자	급고독장자(석가모니에게 보시를 많이 한 재가 신자)
상담자	석가모니
상담형태	슈퍼비전
상담과정	내담자가 석가모니를 찾아와 외도들의 이론을 꺾은 이야기를 고함
호소문제	-
상담목적	형이상학적 희론을 버리고 바른 이론을 세운 것을 칭찬, 격려함
상담내용	어느 날, 석가모니에게 찾아가기엔 너무 일찍 집을 나선 급고독장자가 외도들이 사는 곳에 들렀다. 그들은 장자를 상대로 여러 가지 주장을 펼치며 갖가지 이론을 내세웠다. 외도1: 나는 '일체 세상은 영원하다'고 본다. 외도2: 나는 '일체 세상은 영원하지 않다'고 본다. 외도3: 세상은 영원하기도 하고 영원하지 않기도 하다. 외도4: 세상은 영원한 것도, 영원하지 않은 것도 아니다. 외도5: 세상은 끝이 없다. 외도6: 세상은 끝이 있기도 하고 끝이 없기도 하다. 외도7: 목숨은 곧 몸이다. 외도8: 목숨은 몸과 다르다.··· 갖가지 주장을 하던 외도들이 급고독장자의 의견을 물었다. 장자: '진실'이란 함이 있음[有爲]이요, 헤아림[思量]이며 인연해 일어남[緣起]이다. 그것은 곧 덧없는 것이요, 또한 괴로운 것이다. 이 괴로움을 알았기 때문에 나는 모든 견해에 대해 집착하지 않는다. 외도들: 그렇다. 장자의 말과 같다! 외도들의 이론을 항복받은 장자는 이 일을 석가모니에게 전했다. 석가모니: 착하고 착하다! 때때로 저 어리석은 외도들을 꺾어 항복받고 바른 이론을 세워야 하느니라.
상담결과	기뻐하면서 예배하고 물러감
상담회기	1회
상담방법	① 지지·격려: "착하고 착하다"고 지지하며 격려해줌

사례103. 두 뿔 잘린 소

구분	내 용
출전	잡아함경 제35권 970.사라보경(舍羅步經)
시간	어느 때
장소	왕사성 수마갈타 못 곁
내담자	집을 나온 외도 사라바
상담자	석가모니
상담형태	개별상담
상담과정	사라바가 "나는 석가모니의 법을 예전부터 다 알지만 지금은 다 버렸다"고 외친다는 말을 들은 제자들이 석가모니에게 그 말을 전하면서 사라바를 직접 찾아가길 권유해 그 말을 따름
호소문제	-
상담목적	외도가 헛되이 큰소리친 것인지 아닌지를 알아서 바로잡음
상담내용	제자들의 권유로 사라바에게 찾아간 석가모니가 물었다. 석가: 너는 진실로 "나는 석가모니의 법을 안다. 하지만 그 법·율을 다 알고는 버렸다"고 말하였는가? 사라바는 잠자코 대답이 없었다. 석가모니는 다시 물었다. 석가: 지금 말해보라. 네가 아는 것에 만족하면 나는 곧 따라 기뻐할 것이요, 만족하지 않으면 내가 너를 만족케 할 것이다. 석가모니가 두세 번 물어도 답이 없자 사라바를 따르던 제자도 답을 재촉했다. 그래도 답이 없자, 석가모니가 말했다. 석가: 누군가가 내 법을 옳지 않게 말했을 때 내가 그에 대해 물으면, 그는 힘이 꺾여 다른 일을 말하거나 설명하지 못하거나 부끄러워 잠자코 머리 숙여 반성한다. 네가 바로 그렇구나. 석가모니가 사자처럼 외치고 떠나자 제자가 사라바에게 말했다. 사라바의 제자: 소가 두 뿔을 잘리고 빈 외양간에 들어가 땅에 꿇어앉아 크게 외치는 것처럼 스승님은 세존이 없을 때만 큰소리치시는구려. 여자가 남자 목소리를 흉내 내려 해도 여자소리가 나듯, 승냥이가 여우소리를 본받으려다가 도로 승냥이소리가 되는 것처럼 세존이 없을 때만 사자처럼 외치셨습니다.
상담결과	제자는 사라바를 면전에서 꾸짖고 빈정댄 뒤 일어나 떠나감
상담회기	1회
상담방법	① 확인: 상담자가 전해들은 말이 사실인가 내담자에게 확인 ② 현장상담: 비난한 자를 찾아가 맞대면함 ③ 비유: 제자가 스승을 두 뿔 잘린 소, 사자의 외침 등에 비유

사례104. 화답하는 자 있으면 그의 제자가 되리라

구분	내 용
출전	잡아함경 제35권 971.상좌경(上座經)
시간	어느 때
장소	왕사성 수갈타 못 곁
내담자	집을 나온 상좌 외도
상담자	석가모니
상담형태	개별상담
상담과정	상좌 외도가 자신의 게송에 화답하는 자가 있으면 그 밑에서 범행을 닦겠다고 큰소리친다는 말을 비구들이 석가모니에게 전하며 그를 가엾이 여겨 그곳에 찾아가길 권유함
호소문제	"내가 한 게송을 읊을 때 만일 누군가 거기에 화답하는 사람이 있으면 나는 그 밑에서 범행을 닦을 것이다."
상담목적	이론적으로만 알고 실천하지 않는 것이 허망함을 가르침
상담내용	제자들의 권유로 외도를 찾아간 석가모니가 물었다. 석가: 너는 진실로 "내가 한 게송을 읊을 때 만일 거기에 화답하는 사람이 있으면 나는 그 밑에서 범행을 닦을 것이다"고 말하였는가? 너는 지금 그 게송을 읊어라. 나는 화답하리라. 그러자 외도는 노끈자리를 포개어 자리를 높게 하고 그 위에 올라가 게송을 읊었다. "비구는 법으로써 살아가면서/중생들을 두려워하지 말지니 뜻을 고요히 모든 것 버리고/계율을 지키어 고요히 쉬라." 외도의 마음을 안 석가모니가 게송으로 화답하였다. "만일 네가 읊은 그 게송을/그 따라 스스로 행하면 나는 으레 네게 대하여/훌륭한 사내라 인정하리. 허나 이제 네 말 들으매/말과 행동 걸맞지 않거니 제 마음 길들이고 고요히 쉬어/중생들을 두려워하지 말지니…"
상담결과	석가모니의 게송을 들은 외도는 '석가모니가 벌써 내 마음을 알았구나' 생각하고 곧 자리에서 내려와 합장하고, 제자가 될 것을 맹세함. 출가하여 마음의 해탈을 얻어 아라한이 됨.
상담회기	1회
상담방법	① 확인: 상담자가 전해들은 말이 사실인지 내담자에게 확인 ② 현장상담: 내담자를 직접 찾아가 상담함 ③ 게송활용: 게송으로 화답함으로써 내담자의 정서적 변화 유도 ④ 마음관찰: 내담자가 어떤 마음으로 게송을 읊었는지 알아차림

사례105. 알아듣질 못하는구나

구분	내 용
출전	잡아함경 제35권 972.삼제경(三諦經)
시간	어느 때
장소	왕사성 수마갈타 못 곁
내담자	집을 나온 많은 바라문
상담자	석가모니
상담형태	대중상담
상담과정	바라문들이 이것이 진리다, 저것이 진리다 하고 서로 주장하는 것을 석가모니가 마음으로 관찰해 알고 찾아감
호소문제	이것이 진리인지, 저것이 진리인지 서로 주장
상담목적	바라문의 바른 진리 세 가지를 깨닫게 함
상담내용	바라문들이 무엇이 진리인가 의견이 분분한 것을 안 석가모니가 그들을 찾아가 물었다. 석가: 너희는 한데 모여 무엇을 이론(理論)하고 있는가? 바라문들: 이것이 바라문의 진리다, 저것이 바라문의 진리다 하고 서로 주장하고 있었나이다. 그러자 석가모니는 다음과 같이 말했다. 석가: 바라문의 진리에 세 가지가 있다. ① 일체 세상에 대해 사랑하는 마음으로 대하는 것 ② 모든 모이는 법은 다 사라짐을 아는 것 ③〈나〉도〈내 것〉도 없으니 거기에 얽매이지 않고 그 실체를 아는 것이 바로 그 세 가지다. 그러나 바라문들은 아무 대답도 없이 잠자코 있었다. 그러자 석가모니는 이렇게 생각했다. '지금 저들의 어리석음을 밝혀 주고 그 나쁜 마음을 깨뜨렸건만 이 대중 가운데는 스스로 반성하고 인연을 맺어 내 법 안에서 범행을 닦으려고 하는 사람이 하나도 없다.'
상담결과	내담자들이 아무런 깨달음이나 반응이 없자, 석가모니는 자리에서 일어나 떠남
상담회기	1회
상담방법	① 현장상담: 내담자들이 있는 곳으로 직접 찾아감 ② 마음관찰: 내담자들의 마음에 아무 변화가 없음을 알아차림 ③ 모델링: 서로 의견이 통하지 않을 때 자기주장만 거세게 하는 것이 아니라 이론을 그치고 자리를 떠날 줄 아는 모습을 몸소 보여줌으로써 논쟁만 거듭하는 바라문들에게 모범을 보임

사례106. 아직도 젖을 떼지 못했구려!

구분	내 용
출전	잡아함경 제35권 974.보루저가경(補縷低迦經)①
시간	어느 때
장소	사위국의 어느 길
내담자	집을 나온 보루저가 외도
상담자	사리불(석가모니의 10대 제자 중 한 사람. 지혜제일智慧第一)
상담형태	개별상담
상담과정	사리불이 석가모니의 법문을 듣고 돌아가는 길에 보루저가 외도와 길에서 우연히 만남. 외도가 사리불에게 "어디서 오는가" 하고 질문하자 사리불이 "스승의 설법을 듣고 오는 길"이라고 대답. 그러자 외도는 "스승이 가르치는 설법을 듣다니 아직도 젖을 떼지 못했다"고 빈정댐
호소문제	나는 벌써 젖을 떼어 스승의 설법을 듣지 않는데, 당신은 여태 젖을 떼지 못했구려.
상담목적	좋은 가르침은 평생 배워도 좋다는 것을 깨닫게 함
상담내용	외도가 빈정대자 사리불은 이렇게 대답했다. 사리불: 나는 아직 젖을 떼지 않아 스승님의 설법을 듣는다. 외도: 나는 벌써 젖을 떼어 스승의 설법을 듣지 않는다. 사리불: 너의 법은 나쁘게 설명된 법이요, 나쁜 깨달음이다. 그것은 번뇌를 떠나는 법이 아니요, 바른 깨달음의 길이 아니다. 또 네 스승은 옳게 깨달은 이가 아니다. 그러므로 너는 어느새 젖을 버리고 스승이 가르치는 법을 버린 것이다. 사리불은 이렇게 지적하고, 젖소의 비유를 들었다. 사리불: 비유하면 젖소가 성질이 사납고 거칠고 미치광이일 뿐 아니라 또 젖이 적으면 송아지들이 젖을 빨다가 어느새 버리고 떠나는 것과 마찬가지로 네가 스승에게서 받은 법은 옳지 않은 법이다. 그러나 내가 스승에게서 받아 지닌 법은 바른 법이요, 번뇌를 떠나는 바른 깨달음의 길로서, 젖소가 성질이 거칠지 않고 사납지 않으며 젖이 많으면 송아지가 오래도록 그 젖을 먹어도 싫증내지 않는 것과 같다.
상담결과	사리불의 말에 수긍하며 기뻐하면서 가던 길로 떠남
상담회기	1회
상담방법	① 분별: 좋은 스승과 나쁜 스승을 구별하게 함 ② 비유: 각 스승을 젖소에 비유하고, 그 제자를 송아지에 비유

사례107. 착한 친구와 나쁜 친구를 구별하는 법

구분	내 용
출전	잡아함경 제35권 978.상주경(商主經)
시간	어느 때
장소	나알라촌 호의암라 동산
내담자	집을 나온 상인 외도(120세의 노숙한 늙은이)
상담자	석가모니
상담형태	개별상담
상담과정	천상에 난 친척이 상인에게 게송으로 된 문제를 주면서, 누구에게든 물어 보아 그 뜻을 분명히 해석해 답하는 사람이 있거든 그를 따라가 범행을 닦으라고 함. 여러 외도 스승들을 찾아가 물었으나 아무도 대답하지 못하자, 차라리 재물이 많은 집으로 돌아가 향락을 누리며 살려고 하다가 마지막으로 석가모니를 찾아와 게송 문제를 냄
호소문제	어떤 친구가 나쁜 친구이면서/착한 벗인 양 겉모양을 꾸미는가 어떤 친구가 착한 친구로/두 몸을 한 몸처럼 생각하는가 무엇 때문에 끊으려 애쓰는가/불꽃같은 번뇌를 떠나면 어떠한가
상담목적	착한 친구와 나쁜 친구를 분별하여 바른 길로 나아가게 함
상담내용	상인이 게송으로 질문하자 석가모니는 게송으로 답했다. "어떤 친구가 나쁜 친구이면서/착한 벗인 양 겉모양 꾸미는가/ 마음으론 진실로 싫어하면서/입으론 그 마음 같다 떠들며/일을 같이 하기는 즐겨하지 않나니/그러므로 착한 벗 아닌 줄 아느니/입으로는 은혜롭고 부드러운 말하면서/마음은 완전히 거기 맞지 않고/하는 일마다 서로 어긋나니/지혜로운 사람은 깨달아 알라/그런 친구는 실로 나쁜 친구이면서/착한 벗인 양 겉모양 꾸미거니//어떤 친구가 착한 친구로/두 몸을 한 몸처럼 생각하는가/두 몸이 한 몸같이 착한 친구는/스스로 방일하여 억제하지 않거나/일을 방해하거나 의심 품거나/허물 꼬투리 잡으려 하지 않네//착한 친구를 의지하는 편안함은/자식이 아비 품에 안긴 듯하여/아무도 그 사이를 뗄 수 없나니/그가 착한 벗인 줄 알아야 한다.…"
상담결과	석가모니가 자신의 마음을 안다고 생각하여 출가해 아라한이 됨
상담회기	1회
상담방법	① 게송활용: 게송으로 질문하자 게송으로 응답해 정서 변화 유도 ② 대비: 상반되는 개념(착한 친구와 나쁜 친구)을 상담에 활용 ③ 분별: 착한 친구와 나쁜 친구를 구별하여 알려 줌 ④ 구체적 접근: 착한 친구와 나쁜 친구의 예를 구체적으로 제시

사례108. 그를 막지 말라

구분	내 용
출전	잡아함경 제35권 979.수발타라경(須跋陀羅經)
시간	어느 때, 석가모니가 반열반할 때가 되었을 때
장소	쿠쉬나가라국 네 쌍 견고림 속
내담자	아난다(석가모니의 10대 제자 중 한 사람. 다문제일多聞第一), 수밧다 외도(120세 늙은이로 사람들의 존경과 공양을 받음)
상담자	석가모니
상담형태	개별상담
상담과정	석가모니가 반열반할 거라는 소식을 듣고, 의심되는 바를 물으려 함. 내담자가 찾아와 석가모니를 만나기를 여러 번 간청했으나 아난다가 "스승님은 지금 몹시 피로하시니 괴롭히지 말라"고 거절. 그 소리를 하늘귀로 들은 석가모니가 막지 말고 들어와 의심되는 것을 묻게 하라고 허락함.
호소문제	외도의 스승들이 자신들이 사문이라고 주장하는데 옳은지?
상담목적	어떻게 해야 진정한 사문인지 알려줌
상담내용	수밧다 외도의 질문에 석가모니는 게송으로 대답했다. "내 나이 스물아홉에/비로소 집을 나와 착한 도 닦고 도를 이루어 지금에 이르기를/50여 년이 지났네. 삼매와 지혜와 행을 갖추고/언제나 깨끗한 계율을 닦았거니 조금이라도 이 도를 벗어나면/거기엔 어떠한 사문도 없노라." 게송을 읊고 난 석가모니는 이렇게 덧붙였다. 석가: 우리 법·율 안에서 여덟 가지 바른 도[八正道]를 얻지 못한 사람은 첫째 사문도 되지 못하고 둘째, 셋째, 넷째 사문도 되지 못한다. 우리 법·율 안에서 여덟 가지 도를 얻은 사람은 첫째 사문도 되고 둘째, 셋째, 넷째 사문도 될 수 있다. 이것을 제하고는 어떤 외도에도 사문은 없다. 그러므로 나는 대중 앞에서 사자처럼 외치느니라. 석가모니의 설법에 법눈이 깨끗하게 된 수밧다가 감격하여 오른쪽 무릎을 꿇고 아난다에게 외쳤다. 수밧다: 당신은 좋은 이익을 얻었습니다. 큰스승을 얻었습니다!
상담결과	아라한이 됨. 석가모니가 반열반할 것을 알고 자신이 먼저 임종
상담회기	1회
상담방법	① 하늘귀: 상담자의 감수성 ② 게송활용: 게송으로 내담자의 정서적 변화 유도 ③ 상담자의 자세: 임종을 앞두고도 내담자를 맞음

사례109. 벌판을 가다가 두려움이 생기면

구분	내 용
출전	잡아함경 제35권 980.염삼보경(念三寶經)
시간	어느 때
장소	비사리국 잔나비 못 곁에 있는 중각강당
내담자	많은 상인들
상담자	석가모니
상담형태	대중교설
상담과정	많은 상인들이 카카쉴라국으로 가려고 장엄한 준비를 하던 중 석가모니를 찾아감. 석가모니가 공양을 받고 나서 상인들을 위해 교설
호소문제	다음날 아침 공양을 올릴 테니 받아 달라 청함
상담목적	어려운 일이 닥치면 불·법·승을 의지해 헤쳐 나가라고 격려함
상담내용	석가모니는 자신을 찾아온 상인들에게 자상하게 일렀다. 석가: 너희들은 넓은 벌판을 가다가 두려움이 생겨 털이 일어설 때에는 부처[佛]에 대한 일을 생각하라. '여래는 깨달은 이'라고. 그렇게 생각하면 두려움은 곧 사라질 것이다. 또 법(法)에 대한 일을 생각하라. 즉, '부처의 바른 법·율은 능히 현세의 번뇌를 떠나 스스로 깨달아 알게 한다'고. 또 승(僧)에 대한 일을 생각하라. 즉, '부처의 제자는 착하고 바르게 나아간다. 세상의 복밭이다'라고 그렇게 생각하면 두려움은 곧 없어지리라. 그리고 석가모니는 상인들을 위해 게송을 읊었다. "때에 따라 비구중에게/음식이나 의복을 받들어 공양하고 알뜰한 마음으로 자세히 생각하고/바른 지혜로 보시 행하라. 깨끗한 물건은 좋은 복밭 되나니/너희들은 그것을 두루 갖추라. 그런 공덕의 이익에 인연하여/오랜 밤 동안 안락을 얻으리라. 마음을 내어 구하는 것 있으면/온갖 이익 다 모여들리라. 사람이나 짐승에게 다 편하고/길을 오갈 때에도 늘 편안하며 밤에도 편안하고 낮에도 편안하여/일체 나쁜 일에서 떠나게 되리… 일체의 더러움을 멀리 여의고/저 열반의 큰길을 얻어 마침내 괴로움 벗어나리니/이것을 온갖 덕의 갖춤이라 하나니.
상담결과	기뻐함
상담회기	1회
상담방법	① 게송활용: 게송으로 내담자의 정서적 변화 유도 ② 점진적 종결: 상담 이후의 장면을 준비하게 함

사례110. 사랑에서 미움이 생기고, 미움에서 사랑이 생긴다

구분	내 용
출전	잡아함경 제35권 985.애경(愛經)②
시간	어느 때
장소	사위국 제타숲 외로운 이 돕는 동산
내담자	여러 비구(석가모니의 제자들)
상담자	석가모니
상담형태	대중교설
상담과정	석가모니가 비구들에게 교설함
호소문제	-
상담목적	탐애에서 탐애가 생기는 것, 미움에서 미움이 생기는 것을 끊고 해탈하도록 이끎
상담내용	석가모니가 여러 비구에게 말하였다. "탐애에서 탐애가 생기고 탐애에서 미움이 생기며, 미움에서 탐애가 생기고 미움에서 미움이 생긴다." 석가모니는 이어서 어떻게 탐애에서 탐애가 생기는가, 어떻게 미움에서 미움이 생기는가, 그 이치를 상세히 설했다. ① 탐애에서 탐애가 생기는 이치: 자기가 어떤 대상을 좋아할 때 다른 사람도 그러하면 그에 대해 좋아하고 만족한 마음을 내는 것 ② 탐애에서 미움이 생기는 이치: 자기가 어떤 대상을 좋아할 때 다른 사람이 그것을 좋아하지 않으면 그를 미워하게 되는 것 ③ 미움에서 탐애가 생기는 이치: 자기가 어떤 대상을 싫어할 때 다른 사람도 그것을 싫어하면 그를 좋아하게 되는 것 ④ 미움에서 미움이 생기는 이치: 자기가 어떤 대상을 싫어할 때 다른 사람이 자기와는 반대로 그것을 좋아하면 그에 대한 미움을 느끼게 되는 것. 설명을 마친 석가모니는 이렇게 덧붙였다. "이 모든 것을 바로 알고 바로 끊어야 미래 세상에 나지 않는 법을 성취하게 된다."
상담결과	기뻐하여 받들어 행함
상담회기	1회
상담방법	① 구체적 접근: 탐애에서 탐애와 미움이, 미움에서 탐애와 미움이 생기는 이치를 구체적으로 설명

사례111. 범행을 닦으나 안 닦으나 똑같은 거 아니오?

구분	내 용
출전	잡아함경 제35권 990.녹주우바이경(鹿住優婆夷經)
시간	어느 때
장소	왕사성 녹주 여신도의 집, 사위국 제타숲 외로운 이 돕는 동산
내담자	녹주 우바이(석가모니를 믿는 여신자로 푸루나 존자의 딸)→아난다
상담자	석가모니
상담형태	슈퍼비전
상담과정	아난다가 걸식하다가 여자 신도인 녹주의 집에 이르자 녹주가 항의조로 질문을 함. 아난다가 석가모니에게 돌아와 이같은 내용을 전함
호소문제	자신의 아버지 푸루나는 오랫동안 범행을 닦았고, 숙부 이시닷타는 범행은 닦지 않았으나 만족할 줄은 알았다. 그런데 석가모니가 두 사람이 다 같은 세상에 태어난다고 했다. 범행 닦은 사람과 안 닦은 사람의 결과가 똑같다니 말이 되는 건지?
상담목적	법을 듣고 익혀 아는 것이 능력의 우월보다 중요함을 깨닫게 함
상담내용	아난다의 말을 전해들은 석가모니가 말했다. 석가: 계율을 가졌다 하여 모두 같은 것은 아니다. 사람들이 계율을 가지는 경우에도 아래의 두 가지 경우가 있다. ① 계율을 범한 사람이 마음 해탈과 지혜 해탈을 참답게 알지 못하면서 자신이 범한 계율과 탐욕을 남김없이 없애고 버리는 경우→물러나는 부류. ② 계율을 범한 사람이 마음 해탈과 지혜 해탈을 참답게 알고서 자신이 범한 계율과 탐욕을 남김없이 없애고 버리는 경우→훌륭하게 나아가는 부류. 이 둘의 차이를 부처가 아니고 누가 알겠는가. 그러니 어림대고 사람들을 평가하지 말라. 어떠냐 아난다여, 내게 두 말이 있느냐? 아난다: 아니옵니다. 석가: 착하고 착하다! 여래 설법에는 두 말이 있을 리가 없다. 푸루나는 계율 가짐이 훌륭하고 이시닷타는 지혜가 훌륭하다. 그러므로 둘이 같은 세계에 난다고 한 것이다.
상담결과	기뻐하여 받들어 행함
상담회기	1회
상담방법	① 구체적 접근: 계 가질 때 두 가지 경우가 있음을 구체적으로 상세히 제시 ② 분별: 계를 갖되 어떻게 갖는 게 훌륭한가를 구별하여 설명 ③ 상담자의 자세: 두 말하지 않음을 강조함→일관성

사례112. 머리 숙여 예배 드리네

구분	내 용
출전	잡아함경 제36권 993.찬상좌경(讚上座經)
시간	어느 때
장소	사위국 제타숲 외로운 이 돕는 동산
내담자	바기사
상담자	석가모니, 여러 상좌비구들
상담형태	게송 찬탄
상담과정	석가모니가 외로운 이 돕는 동산에 여러 상좌 비구들과 함께 있는 것을 안 바기사가 석가모니와 비구들을 찾아감
호소문제	세존께 나아가 게송으로 여러 상좌 비구들을 찬탄하리라
상담목적	내담자의 환희로운 마음을 이해하고 공감해줌
상담내용	석가모니와 제자들 앞에 나아간 존자는 머리를 조아려 예배하고 한쪽에 물러나 앉아 게송으로 말했다. 으뜸가는 상좌 비구들/온갖 탐욕을 이미 다 끊고 모든 세상의 쌓이고 쌓인 번뇌/그 모두를 완전히 뛰어넘었네. 지혜는 깊고 말은 적으며/용맹스러이 방편으로 힘쓰며 도덕은 환하게 드러났거니/머리 조아려 지금 나는 예배하네. 모든 원수 악마를 다 항복 받고/시끄러운 속된 무리 멀리 하고 다섯 가지 향락에 얽매이지 않고/언제나 고요하고 한가함 친해 맑고 빈 마음 욕심 없거니/머리 조아려 나는 이제 예배하네. 크샤트리아의 훌륭한 종족/선정에 들어 함부로 놀지 않고 마음으로 선정을 즐기면서/맑고 깨끗해 티끌과 때 여의고 슬기로운 변재로 깊은 뜻 드러내거니 그러므로 머리 숙여 예배드리네. 그가 얻은바 신통과 지혜/모든 신통의 그 힘은 뛰어나고 여섯 가지 그들 신통 중에서/자유자재로 두려움 없어….
상담결과	바기사가 게송으로 찬탄하자 비구들은 듣고 매우 기뻐함
상담회기	1회
상담방법	① 공감적 이해: 내담자의 환희로운 마음을 공감해줌 ② 게송활용

사례113. 그대로 누워 있어라

구분	내 용
출전	잡아함경 제36권 994.바기사진멸경(婆耆娑盡滅經)
시간	어느 때
장소	사위국 동쪽 녹자모강당
내담자	바기사(석가모니의 제자. 깊은 병으로 누워 있음)
상담자	석가모니
상담형태	개별상담
상담과정	병이 위중한 바기사가 자신을 간호하고 있던 부루나에게 스승이 자기가 있는 곳으로 와 주기를 청해 달라고 부탁, 석가모니가 감
호소문제	병의 고통이 갈수록 더하고 덜하지 않음
상담목적	심해탈 법을 바르게 깨달아 몸의 병을 넘어서게 함
상담내용	석가모니가 몸소 오자 바기사는 책상에 의지해 일어나려 했다. 석가: 바기사여, 함부로 움직이지 말라. 자리에 앉은 석가모니는 다시 바기사에게 자상하게 물었다. 석가: 네 병의 고통은 좀 나은가? 어떻게 견디는가? 몸의 고통은 좀 덜하고, 더하지나 않은가? 바기사: 병 고통이 갈수록 더하고 덜하지는 않는 것 같나이다. 석가: 이제 너에게 물으리니 마음대로 대답하라. 네 마음은 물들거나 집착하지 않고 해탈해 모든 착각에서 떠나게 되었는가? 바기사: 제 마음은 해탈하여 모든 착각에서 떠났나이다. 석가: 어떻게 마음이 해탈해 모든 착각에서 떠나게 되었는가? 바기사: 제 눈은 과거·미래·현재의 형상을 돌아보지 않고 미래의 형상에 기뻐하지 않으며, 현재의 형상에 집착하지 않나이다. 석가모니는 이렇게 병중의 제자와 마음 해탈에 관해 문답을 계속해 나갔다. 마침내 바기사는 몸을 일으켜 단정하게 앉아 생각을 거두어 잡고 게송을 읊었다. "나는 지금 부처님 앞에 앉아/머리 조아려 공경하고 예배하네. 마음과 현상의 일체 법/그 어느 것에서도 해탈했나니…."
상담결과	최후의 게송을 읊은 뒤 반열반에 듦
상담회기	1회
상담방법	① 현장상담: 내담자가 병을 앓고 있는 곳으로 가서 상담함 ② 공감적 이해: 내담자의 병의 고통을 이해하고 공감해줌 ③ 개방질문: "이제 너에게 물으리니 마음대로 대답하라." ④ 게송활용: 내담자가 게송으로 자신의 마음을 표현

사례114. 얼굴이 아주 묘한 하늘사내

구분	내 용
출전	잡아함경 제36권 1016.중생경(衆生經)①
시간	어느 때
장소	사위국 제타숲 외로운 이 돕는 동산
내담자	얼굴이 아주 묘한 어떤 하늘사내
상담자	석가모니
상담형태	개별상담
상담과정	하늘사내가 석가모니를 찾아와 게송으로 물음
호소문제	무엇이 중생을 나게 하였고 무엇이 앞서 달려가는가 등
상담목적	중생이 나고 죽는 이치, 해탈하는 길을 깨닫게 함
상담내용	〔전문〕 이와 같이 내가 들었다. 어느 때 부처님께서는 사위국 제타숲 외로운 이 돕는 동산에 계셨다. 그때에 얼굴이 아주 묘한 어떤 하늘사내가 부처님께 나아가 그 발에 머리를 조아리는데, 온몸의 광명이 제타숲 외로운 이 돕는 동산을 두루 비추었다. 그때에 그 하늘사내는 게송으로 부처님께 여쭈었다. "무엇이 중생을 나게 하였고/무엇이 앞서서 달려가는가. 무엇이 남과 죽음 일으켰으며/무엇을 해탈하지 못하고 있는가." 그때에 세존께서는 게송으로 대답하셨다. "애욕이 중생을 나게 하였고/마음이 앞서 달려가나니 중생이 남과 죽음 일으켰고/괴로운 법을 해탈하지 못하니라." 때에 그 하늘사내는 다시 게송으로 말했다. "내 오랜만에 바라문을 뵈오매/완전히 반열반을 얻음으로써 일체의 두려움 이미 버리고/이 세상의 애정을 뛰어넘었도다." 그 하늘사내는 부처님 말씀을 듣고 기뻐하면서, 부처님 발에 머리를 조아리고 이내 사라져 나타나지 않았다.
상담결과	기뻐하면서 머리 조아리고 사라져 나타나지 않음
상담회기	1회
상담방법	① 게송활용: 게송으로 질문하는 내담자에게 게송으로 답해줌

사례115. 병 없기를 바라지 말라

구분	내 용
출전	잡아함경 제37권 1023.파구나경(巴求那經)
시간	어느 때
장소	사위국 제타숲 동쪽 동산 녹자모 강당, 외로운 이 돕는 동산
내담자	파구나(석가모니의 제자), 아난다(석가모니의 10대 제자)
상담자	석가모니
상담형태	개별상담
상담과정	파구나가 병이 위중하자 아난다의 청으로 석가모니가 찾아가 상담해줌. 파구나 임종 후 아난다가 그의 후생에 관해 질문
호소문제	파구나는 임종시 감관이 기쁨에 차고 얼굴이 청정하고 살빛이 희고 고왔다. 그가 어떤 생을 받을 것이며 후생은 어떠할지?
상담목적	병중에는 오히려 법을 배우기가 더 쉬움을 알려줌
상담내용	"만일 어떤 사람이 병나기 전에는 욕심 세계의 다섯 가지 번뇌를 끊지 못하였더라도, 병난 것을 깨닫고 몸이 괴로울 때 ① 큰스승의 가르침과 설법을 듣게 되면 번뇌를 끊게 되며 ② 큰스승의 설법은 듣지 못하더라도 많이 아는 다른 큰스님이나 범행을 닦는 사람의 설법을 들으면 번뇌를 끊게 되고 ③ 둘 다 듣지 못하더라도 자신이 일찍이 들은 법을 혼자 고요히 헤아리고 관찰하면 번뇌를 끊게 된다. 만일 어떤 사람이 병들기 전에 욕심 세계의 다섯 가지 번뇌는 끊었으나 위없는 해탈은 얻지 못했더라도 병난 뒤에 병난 것을 깨닫고 몸이 괴로울 때 ① 큰스승의 가르침과 설법을 들으면 해탈을 얻게 되고 ② 큰스승의 설법은 듣지 못하더라도 다른 큰스님이나 범행을 닦은 사람들의 설법을 들으면 해탈하게 되고 ③ 둘 다 듣지 못하더라도 일찍이 들은 법을 혼자 고요히 헤아리고 관찰하면 해탈하게 된다. 파구나는 병들기 전에는 번뇌를 끊지 못했으나, 병들고 난 후 직접 큰스승의 가르침을 받고 번뇌를 끊었다. 따라서 아나함과(욕계에서 죽어 색계, 무색계에 나고는 번뇌가 없어져서 다시 태어나지 않는 것)를 얻으리라."
상담결과	기뻐하면서 예배하고 물러감
상담회기	1회
상담방법	① 현장상담: 병을 앓고 있는 비구에게 찾아가 상담 ② 임종상담: 죽기 직전에 찾아가 상담해줌으로써 안락하게 임종 ③ 구체적 접근: 와병중에도 번뇌를 끊고 해탈할 수 있는 길을 제시

사례116. 기뻐 뛰다 보니 병이 나았네

구분	내 용
출전	잡아함경 제37권 1024.아습파서경(阿濕波誓經)
시간	어느 때
장소	사위국 제타숲 동쪽 동산 녹자모 강당
내담자	아슈바짓(석가모니의 제자)
상담자	석가모니
상담형태	개별상담
상담과정	중병에 걸려 괴로워하고 있는 아슈바짓을 석가모니가 찾아감
호소문제	병이 들고 나니 선정을 닦아 삼매에 들 수 없어 '나는 이제 삼매를 완전히 잃어버리지는 않겠는가?' 하고 번민하고 있음
상담목적	항상 삼매 상태에 들지 못한다고 해서 실망하지 말고 해탈지견을 닦게 격려함
상담내용	석가: 너는 번민하지 말라. 아슈바짓: 세존이시여, 저는 실로 번민하나이다. 석가: 너는 계율을 깨트린 일이 없는가? 아슈바짓: 저는 계율을 깨트리지 않았나이다. 석가: 그런데 무슨 번민이 있는가? 아슈바짓: 병이 들기 전에는 몸이 편하고 즐거워 선정을 많이 닦아 익혔사온데, 지금은 다시 그 삼매에 들 수가 없나이다. 그래서 '이제 삼매를 완전히 잃어버리는 게 아닌가' 하고 번민하나이다. 석가모니는 실망하고 있는 아슈바짓에게 다음과 같이 설했다. 석가: 수행자가 삼매가 견고하고 삼매가 평등한데 간혹 그 삼매에 들지 못한다면 그 삼매에서 물러난 것이 아니다. 그러므로 수행자가 '몸·느낌·생각·지어감·의식은 곧 나다, 나와 다르다, 둘이 합한 것이다'고 보지 않으면 다만 이렇게 깨달아야 한다. 즉, '탐욕이 아주 다해 남음이 없고, 성냄과 어리석음이 아주 다해 남음이 없다. 그러면 모든 번뇌가 다하고 마음이 해탈하고 지혜가 해탈해서 다시 태어나지 않는다'고."
상담결과	마음의 해탈을 얻게 되어 뛰면서 기뻐함. 뛰면서 기뻐했기 때문에 몸의 병이 나음.
상담회기	1회
상담방법	① 현장상담: 상담자가 병을 앓고 있는 내담자의 처소로 찾아감 ② 지지·격려: 항상 삼매에 들지 못해 번민하는 내담자를 "번민하지 말라"고 격려하고 참된 도에 이르는 길을 알려 줌

사례117. 홀로 앓고 있구나

구분	내 용
출전	잡아함경 제37권 1025.질병경(疾病經)①
시간	어느 때
장소	사위국 변두리 촌락의 객승 방
내담자	젊은 비구(출가한 지 오래되지 않아 친구 없이 홀로 앓고 있음)
상담자	석가모니
상담형태	개별상담
상담과정	제자들이 홀로 앓고 있는 비구를 찾아가 상담해 줄 것을 청해서 석가모니가 객승 방을 찾아가 홀로 앓고 있는 비구를 상담함
호소문제	병의 고통이 심해 더할 뿐, 덜하지 않음
상담목적	병중의 제자가 바른 깨달음을 얻어 평화롭게 임종하도록 함
상담내용	앓고 있는 비구를 찾아간 석가모니는 문안 후 문답을 펼쳤다. 석가: 너는 번민이 없는가? 비구: 실로 번민이 있나이다. 석가: 너는 계율을 범한 일이 없는가? 비구: 계율을 범한 일은 참으로 없나이다. 석가: 계율을 범하지 않았다면 왜 번민하는가? 비구: 저는 나이가 어리고 집을 나온 지 오래되지 않아 훌륭하고 묘한 지견을 아직 얻지 못하였나이다. 그래서 이렇게 생각하나이다. '나는 목숨을 마치고 어디 가서 태어날 것인가를 알자'고. 그 때문에 번민이 생기나이다. 석가: 내 이제 너에게 물으리니 마음대로 대답하라. 어떠냐, 비구여. 눈이 있기 때문에 눈의 알음알이가 있는가? 비구: 그러하나이다. 석가모니는 문답을 계속해 눈·귀·코·혀·몸·뜻의 알음알이가 있어 닿임이 있고, 그로 인해 괴롭거나 즐겁거나 괴롭지도 즐겁지도 않은 느낌이 있으며, 그것들이 없어지면 느낌 또한 없어지는 이치를 설했다.
상담결과	설법을 듣고 깨달아 두려움 없이 기쁘고 청정한 마음으로 반열반함. 석가모니의 분부로 제자들이 그 사리를 공양함.
상담회기	1회
상담방법	① 현장상담: 상담자가 몸소 내담자가 앓고 있는 객승 방까지 감 ② 임종상담: 병중의 내담자에게 설법해 평화롭게 임종토록 함 ③ 개방질문: "내 이제 너에게 물으리니 마음대로 대답하라."

사례118. 못생긴 비구

구분	내 용
출전	잡아함경 제38권 1063.추루경(醜陋經)
시간	어느 때
장소	사위국 제타숲 외로운 이 돕는 동산
내담자	여러 비구(보기 민망할 만큼 얼굴이 추한 비구를 보고 업신여김)
상담자	석가모니
상담형태	대중상담
상담과정	여러 비구가 내담자가 못생겼다 하여 업신여기는 것을 석가모니가 알아차리고 비구들에게 질문
호소문제	-
상담목적	외모로 사람을 평가하지 말고 지혜·수행 정도에 따라 평가하게 함

상담내용	얼굴을 바로 보기 민망할 만큼 추하게 생긴 비구가 있었다. 그 때문에 여러 비구가 그를 업신여겼다. 어느 날 그 비구가 나타나자 비구들은 서로 그 비구의 생김새에 관해 말하였다. 그러자 석가모니가 비구들에게 물었다.
	  석가: 너희는 저기 오는 비구가 얼굴이 추해 업신여김을 받으리라고 보는가?
	  비구들: 예, 그러하나이다.
	  석가: 너희는 저 비구에 대해 업신여기는 생각을 내지 말라. 왜냐하면, 저 비구는 모든 번뇌가 다하고 할 일을 다 마쳤으며, 바른 지혜로 마음이 잘 해탈했기 때문이다. 그러니 함부로 사람을 평가하지 말라. 오직 여래만이 사람을 알 수 있느니라.
	  그리고 석가모니는 비구들에게 게송으로 말했다.
	  "나는 새나 달리는 짐승/사자를 두려워하지 않는 것 없고,
	  오직 짐승의 왕 저 사자만은/그와 견주어 같은 것 없느니라.
	  저 지혜로운 사람은/몸은 비록 작으나 큰 사람이다.
	  다만 그 몸의 겉모양 보고/업신여기는 마음을 내지 말라
	  커다란 몸에 살덩이 많고/지혜 없으면 어디다 쓰리.
	  이이는 훌륭하고 지혜 있거니/그는 곧 최상의 사나이니라.…"

상담결과	기뻐 받들어 행함
상담회기	1회
상담방법	① 현장활용: 못생긴 비구가 나타난 상황을 상담에 활용 ② 게송활용: 게송으로 내담자들의 정서적 변화 유도

사례119. 이모의 아들 난타

구분	내 용
출전	잡아함경 제38권 1067.난타경(難陀經)②
시간	어느 때
장소	사위국 제타숲 외로운 이 돕는 동산
내담자	난타(석가모니의 제자. 석가모니의 이모의 아들로 사촌지간)
상담자	석가모니
상담형태	개별상담
상담과정	석가모니의 이모의 아들인 난타가 화려한 옷을 입는 등 출가자답지 않은 행동을 하자 비구들이 그에 관해 석가모니에게 고함
호소문제	-
상담목적	허영심과 애욕을 버리고 바른 수행을 하도록 이끎
상담내용	난타가 출가자답지 않게 물들이고 두드려 빛을 낸 옷을 입기 좋아하고, 좋은 발우를 가지고 희락질하며 익살부리기를 좋아하자 여러 비구가 그에 관해 석가모니에게 사뢰었다. 그러자 석가모니는 난타를 불러 오라고 일러서 난타에게 물었다. 석가: 너는 참으로 두드려 빛을 낸 옷 입기를 즐기고, 좋은 발우를 가지고 희락질하며 익살부리기를 좋아하는가? 난타: 실로 그러하나이다. 석가: 너는 나의 이모의 아들로서 귀한 가문에서 출가했다. 그러므로 너는 두드려 빛을 낸 좋은 옷을 입거나 좋은 발우를 가지거나 희락질하며 익살부리기를 좋아하지 않아야 할 것이다. 너는 이렇게 생각하라. '나는 부처님의 이모의 아들로서 귀한 가문에서 출가했다. 따라서 한적한 곳에서 살고 걸식하며 누더기를 입어야 한다. 언제나 누더기를 입은 사람을 칭찬하고 산이나 늪에서 살면서 다섯 가지 향락을 돌아보지 말아야 한다'고. 석가모니의 당부를 들은 이후 난타는 누더기를 입고 살며 애욕을 돌아보지 않았다. 그러자 석가모니는 게송으로 칭찬했다. "난타여, 나는 이제야 보겠구나/너는 한적한 데 살기를 익히고 집집마다 다니며 밥을 빌면서/몸에는 누더기를 걸쳤구나…"
상담결과	기뻐하면서 받들어 행함
상담회기	1회
상담방법	① 지시적 훈계: 훈계를 통해 내담자의 잘못된 언동을 고치게 함 ② 지지·격려: 상담 이후 변화된 내담자를 격려해줌 ③ 게송활용: 게송을 통해 내담자의 변화를 칭찬해줌

사례120. 고모의 아들 틧사

구분	내 용
출전	잡아함경 제38권 1068.저사경(低沙經)
시간	어느 때
장소	사위국 제타숲 외로운 이 돕는 동산
내담자	틧사(석가모니의 제자. 석가모니의 고모의 아들로 사촌지간)
상담자	석가모니
상담형태	개별상담
상담과정	틧사가 자신이 석가모니의 고모의 아들이라는 것으로 교만하게 굴자 비구들이 석가모니에게 고해 석가모니가 틧사를 부름
호소문제	-
상담목적	교만을 버리고 바른 수행을 하도록 이끎

상담내용	석가모니의 고모의 아들로서 출가해 제자가 된 틧사 비구는 '나는 부처의 고모의 아들로서 부처와 형제뻘이다. 그러므로 누구를 공경할 것도 없고 거리낄 것도 없으며 두려워할 것도 없고 충고를 들을 것도 없다'고 생각했다. 비구들이 그에 관해 고하자 석가모니는 틧사를 불러오게 한 뒤 물었다.
	  석가: 너는 참으로 '나는 부처의 고모의 아들로서 형제뻘이 된다. 그러므로 누구에게도 공경할 것 없고 거리낄 것도 없으며, 두려워할 것도 없고 충고도 들을 것 없다'고 생각하였느냐?
	  틧사: 실로 그러하나이다.
	  석가: 너는 그렇게 하여서는 안 된다. 너는 마땅히 '나는 부처의 고모의 아들로서 형제뻘이 된다. 그러므로 누구나 공경하고 두려워하며 충고를 참고 들어야 한다'고 생각하여야 하느니라.
	  석가모니는 틧사를 타이른 뒤 게송으로 말했다.
	"착하다! 너 틧사 비구여/성냄을 떠나는 것 착하다 한다.
	성내는 마음을 내지 말지니/성내면 곧 착함이 아니니라.
	만일 너 성내고 교만한 마음 떠나
	부드럽고 겸손한 마음 되거든
	그 다음 너 내 밑에 와서/범행 닦기를 공부하여라."

상담결과	기뻐 받들어 행함
상담회기	1회
상담방법	① 지시적 훈계: 훈계를 통해 내담자의 언동을 고치게 함 ② 지지·격려: 내담자가 변화하도록 지지하고 격려해 줌 ③ 게송활용: 게송을 통해 내담자의 정서적 변화를 유도함

사례121. 진정으로 '혼자 산다는 것'은

구분	내 용
출전	잡아함경 제38권 1071.상좌경(上座經)
시간	어느 때
장소	사위국 제타숲 외로운 이 돕는 동산
내담자	상좌라는 비구(석가모니의 제자)
상담자	석가모니
상담형태	개별상담
상담과정	상좌 비구가 항상 혼자 걸식하며 혼자 돌아와 혼자 참선하자 비구들이 석가모니에게 고하여 석가모니가 비구를 불러 물음
호소문제	나는 다만 혼자 있으며 혼자 걸식하며 혼자 돌아와 혼자 앉아 참선할 뿐임
상담목적	진정 혼자 산다는 것은 집착이나 번뇌를 떠나 걸림 없이 자재로이 사는 것임을 인지시킴
상담내용	석가: 너는 진실로 혼자 고요한 곳에 있으면서 혼자 있는 이를 칭찬하고, 혼자서 걸식하고 혼자 마을에서 돌아오고, 혼자 앉아 참선하는가? 비구: 진실로 그러하나이다. 세존이시여! 석가: 너는 어찌하여 혼자 있으며 혼자 있는 이를 칭찬하고 혼자서 걸식하며 혼자서 돌아와 혼자 앉아 참선하는가? 비구: 저는 다만 혼자 고요한 곳에 있고 혼자 참선할 뿐입니다. 석가: 너는 혼자 사는 사람이다. 그러나 그보다 더 훌륭하고 묘한 〈혼자 삶〉이 있다. 어떤 것인가? 과거는 말라빠지고 미래는 아주 사라졌으며 현재에는 탐하거나 기뻐하는 것이 없고, 마음은 의심하지 않고 걱정이나 뉘우침을 버리어 모든 존재의 욕망을 떠나고 온갖 번뇌 끊으면 그것이 훌륭한 〈혼자 삶〉이다. …온갖 세상을 두루 알아서/…일체의 욕망을 두루 떠나 이리하여 즐거이 사는 사람을/'혼자 사는 이'라 나는 말한다.
상담결과	기뻐하면서 받들어 행함
상담회기	1회
상담방법	① 제시: '훌륭하고 묘한 〈혼자 삶〉이 있다'고 제시한 후 그것이 어떤 것인지를 설명하여 내담자에게 〈혼자 삶〉의 의미 알게 함 ② 자원활용: 내담자의 혼자 있기 좋아하는 성격을 상담에 활용 ③ 게송활용: 게송으로 내담자의 정서적 변화 유도

사례122. 당신 아기니 당신이 기르시오

구분	내 용
출전	잡아함경 제38권 1072.승가람경(僧迦籃經)
시간	어느 때 석가모니가 낮 정(定)에 들었을 때
장소	사위국 제타숲 외로운 이 돕는 동산
내담자	상가마지(석가모니의 제자)
상담자	석가모니
상담형태	슈퍼비전
상담과정	상가마지 비구의 부인 본이(本二)는 아름답게 치장한 채 아기를 안고 출가한 남편에게 나타나 원망했다. 　"이 아기는 아직 어린데 당신은 버리고 집을 떠났습니다. 누가 이 아기를 기르겠습니까?" 　그렇게 두세 번 말해도 상가마지가 아무 대답을 하지 않자 부인은 "이 아이는 당신 아들입니다. 당신이 기르시오. 나는 버리고 갑니다" 하고 길에다 두었다. 그래도 상가마지가 아들을 돌아보지 않자 부인은 다시 말했다. 　"이 사람은 지금 아기를 전연 돌아보지도 않는다. 이 사람은 반드시 선인(仙人)이 얻기 어려운 것을 얻겠구나. 장하십니다! 사문이시여, 반드시 해탈을 얻으리라." 　결국 부인은 애정과 소원을 이루지 못한 채 아기를 안고 돌아갔다. 두 사람의 대화를 하늘귀로 들은 석가모니는 게송으로 상가마지 비구의 수행 자세를 칭찬했다.
호소문제	-
상담목적	바르게 수행하는 제자를 지지하고 격려함
상담내용	와도 기뻐하지 않고/가도 슬퍼하지 않고 세상 인정 벗어나/집착하지 않거니 나는 말한다, 그 비구는/그야말로 진실한 바라문이다. 와도 기뻐하지 않고/가도 슬퍼하지 않고 물들지 않고 근심도 없어/두 마음 함께 고요하거니 나는 말한다, 그 비구는/그야말로 진실한 바라문이다.
상담결과	게송을 들은 상가마지는 기뻐하며 예배하고 떠남
상담회기	1회
상담방법	① 하늘귀: 상담자의 감수성 ② 현장상담: 사건이 이루어진 현장에서 상담 ③ 지지·격려: 내담자의 태도를 칭찬함으로써 지지하고 격려함 ④ 게송활용: 게송으로 내담자의 바른 수행 자세를 칭찬함

사례123. 날 위해 거짓 증언 해주렴

구분	내 용
출전	잡아함경 제38권 1075.타표경(陀驃經)①
시간	어느 때
장소	왕사성 칼란다 죽원
내담자	메티야 비구니, 자지·다바말라푸트라·라훌라 비구, 여러 비구
상담자	석가모니
상담형태	집단상담, 대중상담
상담과정	비구들의 식사를 맡은 다바말라푸트라는 자지가 세 번이나 차례를 어기자 나쁜 음식을 주었다. 이에 화가 난 자지는 어떻게 다바말라푸트라를 욕보일까 하고 벼르다가 세속의 누이인 메티야 비구니가 오자 다바말라푸트라를 원망하며 누이에게 다바말라푸트라를 모함하도록 사주했다. 망설이던 메티야는 마침내 자지의 꾐에 넘어가 석가모니 앞에 나아가 거짓으로 아뢰었다.
호소문제	어쩌면 그렇게 둘도 없는 나쁜 짓이 있는지? 다바말라푸트라가 제게 와서 바라이죄[살생·도둑질·음행·거짓말]를 범했나이다.
상담목적	음식 때문에 계율을 어기는 게 얼마나 어리석은지 깨닫게 함
상담내용	메티야와 자지가 짜고 모함하자 석가모니는 다바말라푸트라에게 사실을 물었다. 다바말라푸트라는 "그렇게 한 기억이 없다"고 대답하고 라훌라는 누구 말이 사실인지 모르겠다고 의문을 제기했다. 석가모니는 여러 비구에게, "메티야와 자지에게 '너는 어디서 어떻게 그 일을 보았으며, 무슨 일로 가 보았느냐'고 물어 보라"고 하고 자리를 떴다. 비구들이 구체적으로 묻자, 자지는 결국 음식과 관련된 갈등을 말하고 "나는 그를 괴롭히기 위해 거짓으로 꾸며 말했다"고 고백하고, 메티야도 '제 말'로 말했다. 석가모니가 다시 비구들 앞에 나오자, 비구들은 '다바말라푸트라는 죄가 없다'고 고했다. 그러자 석가모니는 "음식 때문에 거짓말을 하다니 얼마나 어리석은가" 하고 탄식하고는 게송으로 말했다. "…차라리 불타는 숯불 같은/뜨거운 쇠탄자 먹을지언정 정해 놓은 그 계율 어김으로써/중이 주는 음식 먹지 말지니."
상담결과	기뻐하면서 받들어 행함
상담회기	1회
상담방법	① 확인: 모함 사실여부 확인 ② 집단상담: 비구들끼리 사실 확인케 함 ③ 선도반응: 구체적 상황 질문 ④ 지시적 훈계: 계율 어겨 음식 먹느니 차라리 뜨거운 쇠탄자를 먹으라고 함 ⑤ 게송활용

사례124. 999명을 죽인 살인마 앙굴리마라

구분	내 용
출전	잡아함경 제38권 1077.적경(賊經)
시간	어느 때
장소	앙구다라 타바사리가 숲속
내담자	앙굴리마라(본래 사위성 한 바라문의 제자로, 어느 날 스승의 부인이 방으로 불러 유혹했으나 뿌리치고 뛰쳐나왔다. 그러자 부인은 분한 마음에 자신이 겁탈 당했다고 남편에게 거짓말을 했다. 화가 난 스승은 제자에게 복수하기 위해 '도를 이루려면 사람 천 명을 죽여서 손가락 한 개씩 잘라 목걸이를 만들어 걸면 된다'고 했다. 그리하여 앙굴리마라는 희대의 악마가 되어 999명을 죽였다. 마침내 천 명을 채우기 위해 자기 어머니까지 죽이려 할 때 석가모니를 만났다.〔증일아함경 31권 제38 역품①)〕
상담자	석가모니
상담형태	개별상담
상담과정	석가모니가 숲속을 지나는데 앙굴리마라가 칼과 방패를 들고 달려왔다. 석가모니는 신통력으로 걸음은 천천히 걸으면서도 앙굴리마라가 아무리 빨리 달려도 따르지 못하게 했다. 지친 앙굴리마라가 "멈추라"고 소리치자 석가모니는 그와 나란히 걸으면서 대답했다. "나는 언제나 멈춰 있는데 네가 멈추지 않을 뿐이다."
호소문제	사문은 그대로 빨리 달리며/나는 언제나 멈추었다고 말하고 나는 지쳐서 멈춰 있는데/네가 멈추지 않는다고 하네. 나는 멈추었는데 어째서/'네가 멈추지 않는다'고 말하는가?
상담목적	스승의 악의에 찬 가르침에서 벗어나 바른 가르침에 들게 함
상담내용	석가모니는 앙굴리마라와 게송으로 문답을 주고받았다. 석가: 나는 언제나 멈췄다는 것은/저 일체의 중생에 대해/칼질이나 몽둥이질 쉬었다는 것/너는 중생에게 두려움 주어/나쁜 업을 그치지 않는다는 뜻이다.… 앙굴리마라: 이제 참되고 묘한 말 들어/이 도적 들었던 칼과 창 던지고/세존 발아래 엎드려 비나니/원컨대 출가를 허락하소서.
상담결과	출가한 앙굴리마라는 범행을 닦아 해탈함
상담회기	1회
상담방법	① 이적(異蹟): 천천히 걸으면서도 앞서 걸어 내담자를 조복시킴 ② 역설적 상담: 앞서 가면서도 멈추었다고 해 내담자의 관심 끎 ③ 거리상담: 내담자와 맞닥뜨린 장소에서 상담을 함 ④ 게송활용

사례125. 그저 바라보기만 하여도

구분	내 용
출전	잡아함경 제38권 1080.참괴경(慚愧經)
시간	어느 때
장소	바라나시국 녹야원
내담자	어떤 비구(석가모니의 제자), 여러 비구(석가모니의 제자들)
상담자	석가모니
상담형태	대중상담
상담동기	걸식하던 비구가 마음을 한곳에 두지 못함으로써 마음이 미혹하고 어지러워 감관을 휘어잡지 못하다가 멀리서 석가모니가 지나가는 것을 보고 모든 감관을 휘어잡고 단정히 걸어갔다. 그 모습을 본 석가모니가 걸식을 마치고 처소로 돌아와 비구들에게 그 일을 말하면서 그 비구가 누구인가 물음
호소문제	-
상담목적	다른 이를 보고 스스로 몸과 마음을 단속할 줄 아는 제자를 칭찬하여 모범으로 삼음
상담내용	석가: 아침에 나를 보고 감관을 휘어잡은 비구는 누구인가? 비구: 제가 그러했나이다. 석가: 착하고 착하다. 너는 나를 보고는 스스로 마음을 거두고 모든 감관을 휘어잡을 수 있었구나. 비구여, 그것은 법이니 그렇게 해야 한다. 비구를 보더라도 스스로 단속해야 하고, 비구니나 우바새·우바이를 보더라도 그렇게 모든 감관을 휘어잡으면 이익이 되고 안온과 즐거움을 얻을 것이다. 그때 대중 가운데 다른 비구가 게송으로 찬탄했다. "그 마음이 헤매고 어지러워/오로지 한 생각을 잡지 못하고 이른 아침에 가사·발우 가지고/성안에 들어가 걸식하였네. 도중에 저 큰스승님의/위엄과 덕망 갖춘 모습 보고 기뻐하는 마음에도 부끄러움 있어/곧 모든 감관 거두어 가졌네."
상담결과	기뻐하며 받들어 행함
상담회기	1회
상담방법	① 위의감화: 상담자의 인품과 풍채만으로도 내담자를 감화시켜 변화와 성장을 이끎 ② 모델링: 상담자의 언행 그 자체가 내담자의 모델이 됨 ③ 지지·격려: "착하고 착하다." "안온과 즐거움을 얻을 것이다." ④ 게송활용: 내담자가 게송으로 자신의 마음을 표현함

사례126. 왜 나만 꾸짖는 거요?

구분	내 용
출전	잡아함경 제39권 1083.식우근경(食藕根經)
시간	어느 때
장소	비사리국 잔나비 못 곁에 있는 중각강당
내담자	어떤 젊은 비구→여러 비구(석가모니의 제자들)
상담자	석가모니
상담형태	대중상담
상담과정	젊은 비구가 걸식의 앞뒤 차례를 알지 못하자 다른 비구들이 여러 차례 지적했다. 그러나 비구는 "상좌님들도 차례를 지키지 않으면서 왜 나만 꾸짖느냐"고 반발하며 들은 척하지 않았다. 그러자 비구들이 석가모니에게 이 사실을 고함.
호소문제	그 비구를 가엾이 여겨 그 법 아님을 버리게 해 달라
상담목적	잘못을 저지르는 후배가 어찌 해서 그러한가 이해시킴
상담내용	비구들의 호소에 석가모니는 비유로써 가르쳤다. "넓은 벌판에 큰 호수가 있고, 큰 코끼리들이 거기 산다. 그들은 연뿌리를 뽑아 진흙을 씻어 버린 뒤에 그것을 먹는다. 그래서 그들은 기쁘고 즐겁게 산다. 그러나 다른 한 코끼리는 몸이 작은데, 그 큰 코끼리를 본받을 줄 모르고 진흙채 연뿌리를 먹고는 나날이 여위어 가다가 죽거나 또는 죽을 고생을 한다. 그와 같이 나이 많고 덕망이 있는 비구들은 오랫동안 도를 배워 오락을 좋아하지 않고 오랫동안 범행을 닦음으로써 스승이 찬탄하고, 다른 지혜로운 사람들도 그들을 칭찬한다. 하지만 저 젊은 비구는 집을 나온 지 오래되지 않아 법과 율에 익숙하지 못하고 집착하고 탐하는 마음이 많아 죽음으로 가까이 가거나 죽을 고생을 한다." 석가모니는 게송으로 설법을 마무리했다. "큰 코끼리가 연뿌리 뽑아/물에 씻어 먹을 때 다른 코끼리 그걸 본받아/진흙 그대로 먹는다. 진흙채로 먹기 때문에/여위고 병들어 마침내 죽는다."
상담결과	기뻐 예배하며 떠남
상담회기	1회
상담방법	① 비유: 큰 코끼리와 작은 코끼리를 상좌비구와 젊은 비구에 비유하여 내담자의 이해와 통찰을 도움 ② 게송활용: 게송으로 내담자의 정서적 변화 유도

사례127. 부처의 제자가 자살을 하다니…

구분	내 용
출전	잡아함경 제39권 1091.구지가경(瞿低迦經)
시간	어느 때
장소	칠엽림 돌집, 선인산 곁 검은 돌집
내담자	악마 파순(파피만이라고도 함. 석가모니의 마음에 이는 갈등이나 번뇌를 악마로 상징화한 것으로 보임), 여러 비구(석가모니의 제자들)
상담자	석가모니
상담형태	개별상담, 대중상담
상담과정	고디카가 혼자 수행하면서 해탈을 이루었으나 그것이 연속되지 않고 자꾸 물러나자, 해탈 이룬 순간에 자살하여 물러나지 않게 하려 함. 악마 파순이 석가모니에게 이를 알리며 마음을 교란시키려 함
호소문제	제자가 자살하려 하는데 그것을 말려야 하지 않겠는가?
상담목적	자살을 하더라도 본래 의도에 따라 결과가 다름을 알게 함
상담내용	악마: 큰 지혜와 큰 방편 있고/자유스러운 큰 신력 가진 이/불꽃처럼 빛나는 제자를 두었으나/그는 지금 죽으려 한다/큰 '모니'는 마땅히 제어하여/그로 하여금 자살하게 하지 말라//부처 세존의 바른 법 안에서/얻지 못한 것 공부하다가/목숨 마치는 성문 있음을/나는 이제껏 듣지 못했네. 석가: …견고하고 완전히 갖춘 그 선비/언제나 묘한 선정에 들어 있고/밤이나 낮이나 꾸준히 노력하여/그 목숨쯤이야 돌아보지 않았다// 세 가지 존재의 두려움 보고/그 애욕 완전히 끊어 버리고/이미 악마를 무찔러 항복받고/고디카는 반열반하였나니//파피만은 근심하고 괴로워해/비파를 땅바닥에 떨어뜨리고/근심과 슬픔을 마음에 품고/이내 사라져 나타나지 않았다 악마와 게송을 주고받은 석가모니는 여러 비구를 데리고 고디카가 자살한 검은 돌집으로 가 "고디카는 태어날 마음에 머무르지 않고 자살하였음"을 알려 주었다. 석가모니는 첫째 수기(授記: 다음 세상에 성불하리라는 것을 예언함)를 하고 게송을 읊었다. "그와 같이 믿음이 견고한 선비/세상에 아무것도 구할 것 없어 은혜와 애욕을 뿌리째 뽑고/이 고디카는 반열반하였다."
상담결과	악마는 사라지고 여러 비구는 기뻐 받들어 행함
상담회기	1회
상담방법	① 마음관찰: 자살한 제자의 의도를 알아차리고, 첫째 수기를 함 ② 게송활용: 게송으로 내담자들의 정서적 변화 유도

사례128. 무엇하러 굳이 가르치려 하는가?

구분	내 용
출전	잡아함경 제39권 1092.마녀경(魔女經)
시간	어느 때
장소	우루벨라촌 나이란자나 강가
내담자	악마 파순
상담자	석가모니
상담형태	개별상담
상담과정	석가모니가 도를 이룬 지 오래되지 않던 때, 악마가 나타나 온갖 꾀로 마음을 교란시킴. 악마 파순의 부탁을 받은 딸들도 석가모니 앞에 나타나 갖은 유혹을 함
호소문제	악마 파순은 "무엇을 얻으려 그러는가? 무엇하러 구태여 남을 교화하려는가?" 등등의 말로 석가모니의 마음을 흔듦
상담목적	모든 유혹을 물리치고 중생을 위해 가르침을 펴나감

상담내용	악마 파순은 석가모니의 마음을 교란시키기 위해 젊은이로 화해 석가모니 앞에 나타나 게송으로 말했다.
	  악마: 나라와 재물 버리고/혼자서 쓸쓸한 곳에 들어와/선정에 들어 고요히 생각한다/…마침내 무엇을 얻으려 하는가?
	  석가: 이미 큰 재물의 이익 얻어/마음이 만족하고 고요하다/모든 악마 무찔러 항복 받고/어떠한 욕망에도 집착하지 않노라…
	  악마: 안온한 열반 길 알았거든/너 혼자 스스로 무위를 즐겨라/ 무엇하러 구태여 남을 교화하려는가?
	  석가: 악마의 속박 받지 않는 이/내게 와 '저 언덕' 건너기 물으면/나는 그에게 바른 대답으로써/그로 하여금 열반 얻게 한다. 그때에 그는 방일하지 않아서/악마의 마음대로 되지 않는다.
	  석가모니를 교란시키려다 실패한 악마가 슬퍼하자, 다음 번에는 악마의 세 딸(愛欲·愛念·愛樂)이 나서서 백 명의 처녀 모양, 백 명의 신부 모양, 아이 낳지 않은 백 명의 여자 모양, 아이 낳은 백 명의 여자 모양, 백 명의 중년 여자 모양, 백 명의 늙은 여자 모양을 만들어 유혹하나 석가모니는 전혀 흔들리지 않았다.

상담결과	딸들이 목적을 이루지 못하고 돌아오자 악마는 딸들이 재주 자랑하더니 별 소용없다고 희롱한 뒤 이내 사라져 나타나지 않음.
상담회기	1회
상담방법	①상담자의 자세: 어떤 유혹에도 흔들리지 않음 ②게송활용: 게송으로 문답을 주고받음

사례129. 사과해도 받지 않으면

구분	내 용
출전	잡아함경 제40권 1108.득안경(得眼經)
시간	어느 때
장소	사위국 제타숲 외로운 이 돕는 동산
내담자	다툰 두 비구, 여러 비구(석가모니의 제자들)
상담자	석가모니
상담형태	대중상담
상담과정	두 비구가 서로 다투는데 한 사람이 꾸짖어도 다른 한 사람은 잠자코 있었다. 잠시 후, 꾸짖던 사람은 곧 뉘우치고 상대방에게 사과했으나 그 비구는 사과를 받지 않았다. 그러자 절 안의 비구들이 나서서 서로 권하고 충고하느라 고함을 치며 시끄러워졌다. 하늘귀로써 비구들의 소란을 들어 알게 된 석가모니가 비구들에게 나아가 물어봄
호소문제	"사과를 해도 받지 않나이다."
상담목적	원한이나 성내는 마음을 오랫동안 품지 않도록 함
상담내용	하늘귀로 비구들이 시끄럽게 다투는 소리를 들은 석가모니는 비구들 앞에 나아가 물었다. 석가: 절에서 시끄러이 떠드는 소리를 들었는데 누구인가? 비구들: 두 비구가 싸웠는데, 사과를 해도 한 비구가 들어주지 않아 서로 충고하고 권하느라 큰소리를 내어 시끄러웠나이다. 석가: 어떤 어리석은 비구가 남이 뉘우치고 사과하는데 그것을 받지 않았는가? 남의 뉘우침을 받아주지 않으면 그는 어리석은 사람이다. 그러면 그는 이익이 되지 않는 괴로움을 받을 것이다. 석가모니는 엄하게 훈계하고 게송으로 가르쳤다. "남에 대해 해칠 마음 없으면/성냄도 또한 얽매이지 못하니 원한을 품어 오래 두지도 말고/성내는 마음에도 머물지 말라. 또 비록 화가 치밀더라도/그것으로써 추한 말 내지 말라. 구태여 남의 흠집 애써 찾아서/그의 약점 단점 들추지 말고 화가 치밀더라도 능히 참으면/달리는 마치 억제하는 것 같네."
상담결과	기뻐하며 받들어 행함
상담회기	1회
상담방법	① 하늘귀: 상담자의 감수성 ② 지시적 훈계: 사과를 받지 않는 태도를 훈계 ② 게송활용: 게송으로 내담자들의 정서적 변화 유도

사례130. '앎'을 갖고 다투지 말라

구분	내 용
출전	잡아함경 제41권 1138.각승경(角勝經)
시간	어느 때
장소	사위국 제타숲 외로운 이 돕는 동산
내담자	마하가섭, 아난다의 제자 반다, 목건련의 제자 아비지카
상담자	석가모니
상담형태	슈퍼비전(마하가섭→석가모니), 개별상담(두 비구→석가모니)
상담과정	석가모니가 마하가섭에게 비구들을 가르치고 훈계하라고 이르자 마하가섭이 곤란해 함. 무슨 이유로 비구들 가르치기를 꺼리는가 묻자 마하가섭은 아난다의 제자 반다와 목건련의 제자 아비지카가 서로 지식을 다툰 이야기를 함
호소문제	마하가섭: 요새 비구들은 가르치기 어렵고 설법 듣지 않으려 함
상담목적	두 비구: 앎을 갖고 다투지 않게 함/가섭: 설법할 마음을 내게 함
상담내용	석가모니는 다툰 두 비구를 불러 물었다. 석가: 너희들은 참으로 서로 다투면서 각각 '너와 나는 겨루어 토론하자. 누가 많이 알고 누가 훌륭한가?'하고 말하였는가? 두 비구: 실로 그러하나이다. 석가: 너희들은 내가 가르친 법을 갖고 논쟁한 것인가? 두 비구: 아닙니다. 석가: 너희들은 내가 가르친 법으로 스스로 수행하고 있는가? 두 비구: 그러하나이다. 석가: 그런데도 '누가 많이 알고 누가 훌륭한가'를 다투는가? 두 비구: 참회하나이다, 세존이시여. 참회하나이다. 저희는 미련하고 착하지 못하며 지각이 없어 서로 다투었나이다. 석가: 너희는 진실로 허물을 알았다. 미련하고 착하지 못하며 지각이 없어 서로 다툰 것을 후회했다. 이제 스스로 죄를 알고 지견이 생겨 참회했으니, 미래 세상에는 율의계가 생길 것이다.
상담결과	기뻐하며 예배하고 물러감
상담회기	1회
상담방법	① 확인: 상담자가 전해들은 말이 사실인지 내담자들에게 확인 ② 반복: 내담자가 참회하는 내용을 반복하여 그 내용을 강조 ③ 지시적 훈계: 내담자들에게 직접적으로 가르치고 훈계함 ④ 지지·격려: 허물을 참회해 미래 세상에 율의계가 생길 것이라 예언함 ⑤ 직면: 사소한 일로 서로 다투고 있는 상황을 바로 알게 함

사례131. 어서 오라, 이 절반 자리에 앉아라

구분	내 용
출전	잡아함경 제41권 1142.납의중경(衲衣重經)
시간	어느 때
장소	사위국 제타숲 외로운 이 돕는 동산
내담자	마하가섭(석가모니의 제자), 여러 비구(석가모니의 제자들)
상담자	석가모니
상담형태	대중상담
상담과정	마하가섭이 수염과 머리를 기르고 해진 누더기 옷을 입고 많은 대중에게 설법중인 석가모니 앞으로 나가자, 비구들이 그 초라한 행색을 보고 업신여김. 이때 석가모니는 비구들의 생각을 알아차림. 석가모니는 마하가섭에게 절반의 자리를 내어줌
호소문제	-
상담목적	가섭이 자신의 가르침을 온전히 받은 제자임을 대중에게 널리 알려 인정받게 함
상담내용	가섭이 다가오자 석가모니가 말했다. 석가: 어서 오라, 가섭이여. 이 절반 자리에 앉아라. 나는 이제 마침내 알았다. 누가 먼저 집을 나왔던가. 그대인가 나인가. 석가모니가 앉은 자리를 반쯤 비켜주자 비구들은 모두 놀랐다. 비구들: 기이하다! 스승이 제자에게 절반자리를 청하다니… 석가모니의 말에 가섭은 공손히 사양했다. 가섭: 부처님께서는 제 스승이시오, 저는 제자입니다. 석가: 그렇다. 나는 큰스승이요, 그대는 내 제자다. 그대는 그만 앉아 편할 대로 하라. 가섭이 한쪽에 물러나 앉자, 석가모니는 한량없는 대중 가운데서 가섭이 광대하고 훌륭한 공덕을 갖추었음을 칭찬했다. 석가: 나는 악하고 착하지 않은 법을 떠나 각(覺)도 있고 관(觀)도 있어 첫째 선정, 둘째 선정, 셋째 선정, 넷째 선정을 완전히 갖추어 낮이나 밤이나 혹은 밤낮으로 머무른다. 나는 또 번뇌가 다한 지혜를 완전히 갖춰 밤이나 낮이나 혹은 밤낮으로 거기에 머무른다. 가섭도 나처럼 선정과 지혜를 모두 갖추었다.
상담결과	기뻐하며 받들어 행함
상담회기	1회
상담방법	① 현장활용: 가섭이 해진 옷 입고 오는 장면을 그대로 활용 ② 상담자의 자세: 가섭을 훌륭한 제자로 인정→제자 인정

사례132. 바늘장수 집에 찾아가 바늘 파는 격?

구분	내 용
출전	잡아함경 제41권 1143.시시경(是時經)
시간	어느 때
장소	왕사성 비구니 절
내담자	여러 비구니, 툴라팃사 여승,
상담자	마하가섭, 아난다(둘 다 석가모니의 10대 제자 중 한 사람)
상담형태	대중교설(여러 비구니→마하가섭), 동료상담(마하가섭↔아난다)
상담과정	마하가섭과 아난다가 너무 일찍 걸식을 나섰다가 비구니 절을 찾아감. 마하가섭이 설법을 하자 툴라팃사 비구니가 욕설을 함
호소문제	마하가섭이 아난다 앞에서 비구니들에게 설법을 하다니, 이는 바늘 파는 아이가 바늘장수 집에 찾아가 바늘 파는 것과 같은 것 아닌가?
상담목적	상담자의 위상을 상담자끼리 서로 인정하게 하여 내담자들에게도 그 위의를 지킬 수 있게 함
상담내용	여승의 욕을 들은 마하가섭이 옆에 있는 아난다에게 말했다. 가섭: 그대는 여승이 욕설하는 것을 들었는가? 어째서 내가 바늘 파는 아이요, 그대는 바늘장사로서 내가 그대 앞에서 바늘을 판다는 것인가? 아난다: 그만 그치시오. 참아야 하오. 어리석은 여승이 지혜가 적어서 한 말이오 가섭: 세존께서 말씀하시기를 '비구는 마땅히 달처럼 살고 항상 새로 된 중처럼 하라'고 하셨소. 그대는 이 말이 '오로지 가섭을 가리킨 말'이라고 하시는 것을 들었는가? 아난다: 그렇소. 가섭: 그대는 한량없는 대중 가운데에서 세존한테서 '그대는 여기 와서 앉으라, 나의 반 자리를 준다'고 하는 청을 받은 일이 있는가? 그대는 세존으로부터 '나의 광대한 덕과 같다'는 찬탄을 받은 적이 있는가? 그대는 세존으로부터 '악하고 착하지 않은 법을 떠나 번뇌가 다한 신통력을 갖추었다'고 칭찬을 받은 적이 있는가? 아난다: 아닙니다, 마하가섭이여.
상담결과	마하 가섭이 비구니들 가운데서 사자처럼 외침
상담회기	1회
상담방법	① 상담자의 자세: 상담자로서 서로 존중하고 그 실력을 인정함으로써 위의를 지킬 수 있게 함

사례133. 비만 치료

구분	내 용
출전	잡아함경 제42권 1150.천식경(喘息經)
시간	어느 때
장소	사위국 제타숲 외로운 이 돕는 동산
내담자	푸라세나짓왕(몸이 비대함)
상담자	석가모니
상담형태	개별상담
상담과정	왕이 뚱뚱한 몸으로 땀을 뻘뻘 흘리자, 석가모니가 비만을 지적함. 왕은 몸이 비대해 창피하고 괴롭다고 실토함
호소문제	몸이 매우 비대해 창피스럽고 귀찮고 괴로움
상담목적	살을 빼서 단정한 몸이 되게 함
상담내용	자신을 찾아온 왕이 비대한 몸으로 땀을 뻘뻘 흘리며 숨이 차서 씩씩거리자 석가모니가 말했다. 석가: 대왕은 몸이 매우 비대하오. 왕: 그러하나이다. 저는 몸이 비대한 병이 있나이다. 그래서 창피스럽고 귀찮고 괴롭나이다. 그러자 석가모니는 게송으로 말했다. "마땅히 스스로 조심하여/먹을 때마다 절제해 양을 알아라. 그러면 받는 고통 줄어들고/편히 소화해 목숨을 보존하리라." 게송을 들은 왕은 수닷사라는 젊은이에게 게송을 외운 뒤 자신이 식사할 때마다 외워 달라고 했다. 이후, 수닷사는 왕이 밥을 먹을 때마다 "부처님께서는 아시고 보시는 바대로 이런 게송을 말씀하셨나이다" 하고 말한 뒤 게송을 외웠다. 왕은 시일이 지나자 차츰 몸이 가늘어지고 얼굴이 단정하게 되었다.
상담결과	기뻐하면서 예배하고 떠나감. 이후 밥 먹을 때마다 게송을 들어 절제를 한 덕분에 비만이 사라지자 왕은 누각에서 석가모니를 향해 합장해 공경하고, "귀의하고 경례한다"고 세 번 말함
상담회기	1회
상담방법	① 비만치료: 식사량을 조절하여 비만을 조절하게 함 ② 게송활용: 게송으로 비만 치료하려는 마음을 북돋움 ③ 직면: 내담자가 비만하다고 곧바로 지적하여 각성케 함 ④ 자기지시: 게송을 지녀 자기통제를 하게 함

사례134. 내가 끝내 받지 않는다면?

구분	내 용
출전	잡아함경 제42권 1152.빈기가경(賓耆迦經)
시간	어느 때
장소	사위국 제타숲 외로운 이 돕는 동산
내담자	젊은 바라문 빌란기카
상담자	석가모니
상담형태	개별상담
상담과정	빌란기카가 석가모니를 맞대 놓고 추악하고 착하지 않은 말로 성내고 꾸짖음
호소문제	-
상담목적	욕을 하면 그것이 곧 자신에게 돌아옴을 알게 함
상담내용	바라문이 성내고 꾸짖었지만 석가모니는 개의치 않고 물었다. 석가: 혹 어느 길일에 네 종친과 권속들을 모을 수 있겠는가? 바라문: 그리 할 수 있소. 석가: 만일 그들이 음식을 받아먹지 않으면 어떻게 되겠는가? 내담자: 받아 먹지 않으면 그 음식은 도로 내 것이 되나이다. 석가: 너도 그와 같다. 나를 향해 맞대고 욕하고 꾸짖었지만, 내가 끝내 받지 않는다면 그 꾸짖음은 누구에게 돌아가겠는가? 바라문: 허나 비록 받지 않더라도 주면 곧 주어질 것입니다. 석가: 그런 것은 서로 갚는 것도, 서로 주는 것도 아니다. 꾸짖음을 꾸짖음으로 갚고 성냄을 성냄으로 갚고 때리면 때림으로 갚고 싸우면 싸움으로 갚는다면 서로 갚는 것이요, 서로 주는 것이다. 그러나 꾸짖어도 꾸짖음으로 갚지 않고 성내도 성냄으로 갚지 않고 때려도 때림으로 갚지 않고 싸워도 싸움으로 갚지 않으면 서로 갚는 것도 아니요, 서로 주는 것도 아니니라. 바라문: 세존께서는 지금 성냄이 있나이까? 바라문의 물음에 석가모니는 게송으로 답했다. "성낼 마음 없는데 무슨 성냄 있으랴… 성냄으로써 성냄을 갚는 사람/그는 바로 나쁜 사람이니라."
상담결과	자신의 행동을 참회하고 기뻐하며 예배하고 떠나감
상담회기	1회
상담방법	① 선도반응: "권속을 모을 수 있는가?"라는 질문을 활용함 ② 비유: 욕하는 것과 음식 주는 것을 비유 ③ 게송활용: 게송으로 내담자의 정서적 변화 유도

사례135. 거문고는 말고, 그 소리만 가져오라

구분	내 용
출전	잡아함경 제43권 1169.금경(琴經)
시간	어느 때
장소	코삼비국 고시타동산
내담자	여러 비구(석가모니의 제자들)
상담자	석가모니
상담형태	대중상담
상담과정	석가모니가 여러 비구에게 교설하면서 문답을 주고받음
호소문제	-
상담목적	일체의 탐욕과 집착이 생기지 않도록 함
상담내용	어느 날 석가모니가 여러 비구에게 말했다. "만일 수행자로서 탐하거나 친하거나 사모하거나 혹은 집착하는 마음이 생기거든 그 여러 마음을 잘 막고 단속하라. 그것들은 다 두려운 길로서 장애와 어려움이 있다. 비유하면, 농부가 좋은 밭에 좋은 모종을 했어도 밭 지키기를 게을리 하면 외양간의 소가 나와 그것을 먹는 것처럼, 어리석은 사람이 여섯 가지 닿임의 감관에서 방일하는 것 또한 그와 같다. 옛날에 어떤 왕이 거문고 타는 소리를 듣고 몹시 즐거워 여러 대신들에게 물었다. '저것은 무슨 소리인가?' '거문고 소리입니다.' '저 소리를 가져오너라.' 대신들이 명령을 받고 거문고를 가지고 오자 왕은 말했다. '내게는 거문고가 필요 없다. 아까 듣던 그 사랑스런 소리만 가져오너라.' '거문고가 없으면 소리를 낼 수 없습니다. 아까 들은 소리는 이미 지나간 지 오래요, 이미 사라져서 가져올 수 없습니다.' 대신들이 답하자 왕은 이렇게 말했다. '아아, 그런 거짓 물건을 어디 쓸 것인가? 세상의 거문고란 다 거짓 물건이다. 그런데 세상 사람을 빠지게 하고 집착하게 하는구나. 너희는 이것을 부수어 버려라.' 이와 같이 거문고 소리는 거문고 그 자체가 아니라 여러 가지 인연에 따라 생긴 덧없는 소리인 것처럼, 물질·느낌·생각·지어감·뜻과 욕심 이 모든 법 역시 인연에 의해 생긴 것으로 곧 변하여 없어진다."
상담결과	기뻐하여 받들어 행함
상담회기	1회
상담방법	① 비유: 거문고 소리를 인연에 비유하여 내담자의 통찰을 유도 ② 예화: '왕과 거문고 소리'를 예로 들어 내담자의 이해를 도움

사례136. 소를 돌려주고 오라

구분	내 용
출전	잡아함경 제43권 1174.유수경(流樹經)
시간	어느 때
장소	아비사 항수 가
내담자	어떤 비구(석가모니의 제자), 소치는 사람 난다
상담자	석가모니
상담형태	개별상담
상담과정	내담자가 석가모니의 앞에 나와 청함
호소문제	비구: "저를 위해 설법하여 주소서." 난다: "출가를 허락해 주소서."
상담목적	어느 한쪽에 치우치지 않는 바른 수행의 길을 알려줌. 출가 전의 생활사를 깨끗이 매듭짓게 함.
상담내용	석가모니가 강가에 있을 때 어떤 비구가 여쭈었다. 비구: 저를 위해 설법하여 주소서. 석가모니는 흐르는 강물을 바라보다가 강 한 가운데에 큰 나무가 물을 따라 흘러내려가는 것을 보고 말했다. 석가: 저기 강 가운데에 흘러가는 큰 나무를 보는가? 비구: 보았나이다. 석가: 흘러가는 저 큰 나무는 이쪽 언덕에도 닿지 않고 저쪽 언덕에도 닿지 않고, 소용돌이에 휩쓸리지도 않고 순순히 흘러 큰 바다까지 실려 간다. 너도 그와 같이 수행하면 열반으로 실려 가느니라. 설법을 들은 비구가 기뻐하며 예배하고 물러가자, 소치는 사람 난다가 멀리서 그 말을 듣고 석가모니에게 나아가 머리 조아리며 출가하게 해달라고 청했다. 그러자 석가모니가 말했다. 석가: 너는 그 소를 주인에게 돌려보내야 하지 않겠느냐? 난다: 저 소들은 알아서 집으로 돌아갈 것입니다. 구태여 보낼 것은 없나이다. 석가: 그렇다 하더라도 너는 남의 옷을 입고 밥을 먹고 있으니 돌아가 그 집 주인에게 알려야 한다.
상담결과	출가하여 바른 믿음으로 범행 닦는 도리를 생각함
상담회기	1회
상담방법	① 현장활용: 강에 큰 나무가 떠내려가는 모습을 상담에 활용 ② 현실적 접근: 소 돌려주고 주인에게 알린 후 출가하게끔 함

사례137. 일곱 아들을 잃은 어머니

구분	내 용
출전	잡아함경 제44권 1178.바사타경(婆四吒經)
시간	어느 때
장소	미틸라국 암라동산
내담자	바라문 여자 바시티
상담자	석가모니
상담형태	개별상담
상담과정	바시티는 여섯 아들이 계속해 죽자 아들을 생각하여 미치광이가 되어 벗은 몸에 머리를 풀어 헤치고 길을 따라 쏘다니면서 석가모니가 있는 미틸라의 암라동산까지 이르게 됨
호소문제	-
상담목적	자식을 먼저 저 세상으로 보낸 어미의 슬픔과 괴로움에서 벗어나게 함
상담내용	석가모니가 많은 대중에 둘러싸여 설법하고 있을 때 미치광이가 된 상태에서 벌거벗고 돌아다니다 우연히 그곳까지 온 바시티는 멀리서 석가모니를 보고 제 정신을 차렸다. 그러자 부끄럽고 창피해 쭈그리고 앉았다. 석가모니는 아난다에게 웃옷을 벗어 바시티에게 주도록 분부했다. 옷을 입은 바시티는 석가모니의 설법을 듣고 석가모니에게 귀의하고 기뻐하며 떠나갔다. 이후, 또 일곱째 아들이 갑자기 죽었다. 그러나 바시티는 전혀 울거나 번민하거나 괴로워하지 않았다. 그때 남편이 이상하게 여기자 바시티는 게송으로 내답했다. "비록 자손이 수천 있어도/인연의 화합으로 생긴 것 영원히 서로 갈려 떠나가거니/그대와 나 또한 그러하리라. …나고 죽고 있고 없는 모든 상(相)에서 뛰어나야 할 것을 나는 이미 알았거니 다시는 근심하고 괴로워하지 않나니 부처의 바른 가르침에 들어갔기 때문이네."
상담결과	게송을 들은 남편은 감탄하여 자진해서 석가모니 밑에 출가함. 이어 아내와 딸 손타반리 역시 출가해 괴로움을 완전히 벗어남
상담회기	1회
상담방법	①공감적 이해: 미친 여인의 부끄러움을 알아차리고 옷을 벗어줌 ②위의감화: 상담자의 모습만 보고도 제 정신으로 돌아옴 ③게송활용: 내담자가 게송으로 자신의 깨달은 상태를 나타냄

사례138. 나를 꾸짖어 다오

구분	내 용
출전	잡아함경 제45권 1212.회수경(懷受經)
시간	어느 때, 여름 안거를 마친 보름날
장소	왕사성 칼란다 죽원
내담자	큰 비구 5백 명, 석가모니
상담자	모든 비구, 석가모니(집단상담의 리더 역할)
상담형태	집단상담
상담과정	여름 안거를 마치고 그 달 보름날, 석가모니가 자리를 펴고 앉아 여러 비구와 함께 함
호소문제	석가모니가 먼저 "혹 내 몸이나 입이나 마음에 꾸짖을 만한 일은 없는가?" 하고 자자(自恣: 같이 공부한 비구들이 모여서 그동안 지은 죄를 고백하고 참회하는 행사)를 시작함
상담목적	공부하면서 서로 잘못한 일이 있는가를 살피고 지적해 주어 돌아보아 고치게 함
상담내용	석가모니의 물음에 사리불이 일어나 말했다. 사리불: 꾸짖을 만한 일을 보지 못했나이다. 왜냐하면 세존께서는 길들지 못한 이는 길들게 하고, 고요하지 못한 자는 고요하게 하고, 도를 알고 도를 연설하며 도를 향하나이다. 그러므로 저는 세존에 대해서 꾸짖을 만한 일을 전연 보지 못했나이다. 저는 원하나이다. 혹 제가 몸이나 입이나 마음에 꾸짖을 만한 일이 있으면 회수하여 주소서. 석가: 그대는 전륜성왕의 맏아들처럼 내 법을 이어받았다. 나 역시 그대를 꾸짖을 만한 일을 전연 보지 못했다. 사리불: 이 5백 비구들의 몸과 입과 마음에서도 꾸짖을 만한 일이 없겠나이까? 석가: 이들 역시 그러하다. 이때 반기사가 일어나 회수게(懷受偈)를 찬탄했다. 청정한 보름날에/그 대중 5백 명/일체 결박 끊어버리고/온갖 존재가 이미 다한 큰 신선//맑고 깨끗하게 서로 친하고/맑고 깨끗하고 넓게 해탈해/어떤 존재도 다시는 받지 않아/나고 죽음이 아주 끊어졌나니….
상담결과	기뻐하며 받들어 행함
상담회기	1회
상담방법	① 비유: 사리불을 전륜성왕의 맏아들에 비유 ② 게송활용: 게송으로 서로를 격려

사례139. 일어나는 불꽃, 내 마음 태우네

구분	내 용
출전	잡아함경 제45권 1214.탐욕경(貪慾經)
시간	어느 때
장소	사위국 거리
내담자	반기사↔아난다(둘 다 석가모니의 제자)
상담자	두 비구
상담형태	동료상담
상담과정	아난다와 함께 거리에서 걸식을 하던 반기사가 얼굴이 묘한 어떤 여자를 보고 탐욕이 일어남. 그런 마음을 깨닫고 스스로를 경계하기 위해 싫어하는 마음을 내기로 작정함. 그리하여 게송을 읊음
호소문제	탐욕에 덮여서/일어나는 불꽃 내 마음 태우네. 이제 존자 아난다여/나를 위해 탐욕의 불꽃을 꺼라. 사랑하는 마음으로 가엾이 여겨/그 방편을 나를 위해 설명하여라.
상담목적	불꽃처럼 일어나는 탐욕을 끄고 바른 수행의 길을 가게 함
상담내용	예쁘고 젊은 여자를 보고 탐욕이 일어나 그 마음을 없애기 위해 반기사가 게송으로 청하자 아난다도 게송으로 답했다. "그 뒤바뀐 생각으로써/이는 불꽃처럼 그 마음 태우나니 탐욕을 키우고 자라게 하는/깨끗하다는 생각 멀리 여의고 깨끗하지 않다는 생각을 닦아/언제나 한마음으로 선정에 들어 재빨리 탐욕의 불꽃을 끄고/부디 그 마음 태우게 하지 말라. 모든 행은 괴롭고 공(空)이요/〈나〉가 없다고 자세히 관찰하고 생각을 매어 몸을 바로 관찰하여 싫어해 떠날 생각 많이 닦아 익혀라 모양 없다고 많이 닦아 익히고 교만의 번뇌를 없애버리고 교만에 대한 평등의 지혜 얻어 괴로움을 완전히 벗어나거라."
상담결과	기뻐하여 받들어 행함
상담회기	1회
상담방법	① 동료상담: 같은 수행자로서 탐욕을 끊게 서로 도와줌 ② 게송활용: 게송으로 문답 주고받아 서로의 정서적 변화 유도 ③ 자기지시: 자기 자신에게 지시하여 스스로를 경계함 ④ 혐오치료

사례140. 가슴을 찢고 심장을 부수리라

구분	내 용
출전	잡아함경 제49권 1324.침모경(針毛經)
시간	어느 때 날이 저물었을 때
장소	마갈타국 침모 귀신이 사는 곳
내담자	침모 귀신
상담자	석가모니
상담형태	개별상담
상담과정	석가모니가 침모 귀신이 사는 곳에 이르러 밤에 묵게 되자, 여러 귀신과 함께 모여 있던 침모 귀신이 석가모니를 시험함
호소문제	"그가 여래인가 아닌가, 시험해 보리라."
상담목적	깨달은 자는 두려움이 없음을 귀신에게 보여줌
상담내용	침모 귀신이 두세 번 몸을 날려 부딪쳐도 석가모니가 몸을 돌려 피하자 귀신이 물었다. 귀신: 사문은 두려워하는가? 석가: 두려워하지 않는다. 다만 네가 부딪치는 것이 싫다. 귀신: 이제 물을 일이 있으니 나를 위해 말하라. 나를 기쁘게 하지 못하면 네 가슴을 찢어 심장을 부수리라. 네 얼굴에서 뜨거운 피를 내고 두 팔을 묶어 강가 저쪽 언덕에 던져 버리리라. 석가: 나는 아직 부처에게 그렇게 하는 악마나 귀신을 보지 못했다. 묻기만 하여라. 너를 위해 설명하여 기쁘게 하리라. 귀신: 모든 탐욕과 성내는 마음/그것은 무엇을 원인으로 하는가/즐겁지 않고 몸의 털이 일어서는/그 두려움은 어디서 생기는가.//마치 저 갓난 어린 아이가/유모를 의지하는 것처럼/뜻과 생각과 모든 감각은/무엇으로부터 일어나는가? 석가: 애욕이 생겨 스스로 자라는 것/마치 저 냐그로다 나무와 같이/자주 번져 서로 끌어당기는 것/저 등나무 덤불 같다.//만일 그 원인을 훤히 알면/마땅히 저 귀신을 깨닫게 하여/나고 죽는 바다의 흐름을 건너/다시는 그 존재를 늘게 하지 않으리.
상담결과	허물을 뉘우치고 삼보에 귀의. 기뻐하며 받들어 행함
상담회기	1회
상담방법	① 현장상담: 귀신의 처소에서 바로 상담함 ② 열린 자세: "묻기만 하여라. 너를 위해 설명 하리라." ③ 비유: 애욕 자라는 것을 나무와 숲 덤불에 비유함 ④ 게송활용: 게송으로 문답 주고받아 정서적 변화 유도

사례141. 귀신이 머리를 내리쳐도

구분	내 용
출전	잡아함경 제50권 1330.가타경(伽吒經)
시간	어느 때
장소	왕사성 칼란다 죽원
내담자	비구들(석가모니의 제자들)
상담자	석가모니
상담형태	대중교설
상담과정	사리불이 수염과 머리를 막 깎았을 때 우파가타 귀신이 사리불의 머리를 쳤다. 그러고는 벌을 받아 아비지옥에 떨어졌다. 사리불이 귀신에게서 머리를 맞았다는 말을 들은 목건련이 찾아가 이를 위로하고, 석가모니는 그들의 대화를 하늘귀로 들음
호소문제	-
상담목적	귀신의 장난에도 끄덕 없는 사리불의 높은 경지를 비구들에게 알려주고 본받게 함
상담내용	목건련은 귀신에게 머리를 맞은 사리불을 찾아와 위로했다. 목건련: 어떻소, 존자여. 고통을 어떻게 참소? 사리불: 좀 아프더라도 그것을 참으면 큰 고통은 없소 목건련: 놀랍소. 참으로 큰 덕과 힘이 있소. 그 귀신이 손으로 치면 기사굴산도 겨처럼 부서지거늘 어떻게 사람을 쳤는데 고통이 없겠소. 사리불: 나는 실로 크게 고통받지 않소. 하늘귀로 두 손자의 대화를 들은 석가모니는 게송으로 비구들에게 설하였다. "그 마음 단단한 돌과 같아서 굳건히 있어 움직이지 않거니 집착하는 마음 이미 떠나서 성내는 자에게도 갚지 않는구나. 만일 그와 같이 마음 닦으면 무슨 고통과 근심 있으리."
상담결과	기뻐하여 받들어 행함
상담회기	1회
상담방법	① 하늘귀: 상담자의 감수성 ② 게송활용: 게송 문답으로 정서적 변화 유도 ② 비유: 사리불의 마음을 단단한 돌에 비유 ③ 상담자 자세: 사리불이 수행경지가 높음을 인정→제자 인정

사례142. 꽃향기를 훔치는 도둑

구분	내 용
출전	잡아함경 제50권 1338.화경(花經)
시간	어느 때
장소	코살라국 세간의 어떤 숲속
내담자	어떤 비구
상담자	천신
상담형태	개별상담
상담과정	눈병을 앓아 파드마꽃 향기를 맡으라는 말을 들은 비구가 파드마꽃이 핀 못 곁으로 가서 바람받이에 앉아 꽃향기를 맡고 있을 때 그 못을 맡고 있던 천신이 나타나 도적이라고 비난함. "왜 꽃을 훔치는가? 너는 꽃향기를 훔치는 도적이다."
호소문제	꺾지도 않고 빼앗지도 않고/멀리서 그 향기만 맡고 있는데 너는 어찌 해 그런 말 하는가?/나를 꽃향기 훔치는 도둑이라고.
상담목적	청정행을 닦는 사람은 비록 조그마한 잘못이라도 그것을 저지르는 것을 두려워하고 멀리 하게 함
상담내용	도적이라는 말에 비구가 항의하자 천신이 게송으로 대답했다. "주지도 않는데 스스로 가지니/너는 진실로 향기 훔치는 도적이도다." 그때 어떤 장정이 꽃의 뿌리를 캐어 무겁게 지고 갔다. 그 모습을 본 비구는 다시 게송으로 항의했다. "꽃을 뿌리째 뽑아 무겁게 지고 가는데/어찌해 저것은 막지 않고/나더러 향기를 훔친다고 하는가?" 그러자 천신은 다시 게송으로 답했다. "검은 옷은 먹물에 더럽혀지지 않는 법/구태여 그에게 말해서 무엇하리/흰 비단은 파리 발자국으로도 더럽혀지네./마치 먹으로 흰 구슬 점 찍듯/밝은 이에겐 작은 허물도 잘 나타나네./비록 작더라도 모조리 나타나네.…"
상담결과	기뻐함. 고요한 곳에서 수행하여 번뇌를 모두 끊고 아라한이 됨
상담회기	1회
상담방법	① 현장상담: 꽃향기를 맡고 있는 현장에서 바로 상담 ② 분별: 세속인과 출가자의 행을 구별하여 알게 함 ③ 게송활용: 게송으로 문답을 주고받아 정서적 변화 유도 ④ 비유: 검은 옷에 먹물들이기, 흰 비단에 파리 발자국 내기 등 ⑤ 상담자의 자세: 청정행자는 작은 허물도 범해선 안 됨을 강조

사례143. 때가 아니면 설법하지 말라

구분	내 용
출전	잡아함경 제50권 1339.가섭경(迦葉經)
시간	어느 때
장소	왕사성 성인굴
내담자	열 힘 가섭
상담자	굴 속 천신
상담형태	개별교설
상담과정	열 힘 가섭이 무지한 사냥꾼을 상대로 알아듣지도 못하는 법을 설하자 천신이 가섭에게 충고의 게송을 읊음
호소문제	-
상담목적	상담에는 때가 있으며, 내담자를 잘 파악해야 효과가 있음을 알게 함
상담내용	어느 때 부처님께서는 왕사성 칼란다 죽원에 계셨다. 그때에 존자 열 힘 가섭은 왕사성 선인굴 속에 있었다. 　때에 척지라는 사냥꾼은 열 힘 가섭에게서 멀지 않은 곳에 그물을 치고 사슴을 잡고 있었다. 그때에 열 힘 가섭은 그 사냥꾼을 가엾이 여겨 설법을 하였다. 그러나 사냥꾼은 그 말을 알아듣지 못했다. 때에 열 힘 가섭은 곧 신력으로 손가락 끝에 불을 붙였으나 그래도 사냥꾼은 깨닫지 못하였다. 　그때에 선인굴 속에 사는 천신이 게송으로 말했다. "깊은 산속의 저 사냥꾼은 지혜가 적어 눈 없는 장님인데 무엇하러 때 아닌 설법을 하는가 덕이 없고 변재의 지혜 없고 들어도 또한 이해하지 못하나니 밝은 속에서도 보는 것 없다. 착하고 훌륭한 여러 가지 법 어리석은 사람은 깨닫지 못하나니 비록 열 손가락을 불에 태워도 끝내 참 이치 보지 못하리."
상담결과	천신의 게송을 듣자 가섭은 곧 잠자코 있게 됨
상담회기	1회
상담방법	① 게송활용: 게송으로 내담자의 정서적 변화 유도 ② 대기설법: 내담자의 근기에 맞추어 설법할 것을 강조 ③ 상담자의 자세: 상담에는 적당한 시기가 있음을 알게 함

사례144. 출가자의 길, 속인의 길

구분	내 용
출전	잡아함경 제50권 1342.나가달다경(那迦達多經)
시간	어느 때
장소	코살라국 세간의 어떤 숲속
내담자	나가닷타 존자
상담자	숲속 천신
상담형태	개별교설
상담과정	출가한 비구 나가닷타가 속인들과 중들과 어울려 지내느라 수행을 게을리 하자 숲속 천신이 나서서 게송으로 그의 잘못을 깨우치게 함
호소문제	-
상담목적	출가 수행자의 길을 바로 가도록 이끌어 줌
상담내용	〔전문〕 이와 같이 내가 들었다. 　어느 때 부처님께서는 사위국 제타숲 외로운 이 돕는 동산에 계셨다. 존자 나가닷타는 코살라국 세간의 어떤 숲속에 살면서 속인들과 중들과 항상 친하게 사귀었다. 　그때에 그 숲속에 살던 어떤 천신은 이렇게 생각했다. 　'이것은 비구의 법이 아니다. 숲속에 살면서 속인들과 중들과 서로 어울려 친하게 사귄다. 나는 지금 가서 방편으로 깨우쳐 주리라.' 　천신은 곧 게송으로 말하였다. "비구가 아침에 일찍이 나가 저물어야 숲으로 돌아오면서 속인과 중들과 서로 친하여 괴로움과 즐거움을 같이 하나니 두려워라 방일 저질러 악마의 마음대로 되지 않을까." 　때에 나가닷타 비구는 그 천신의 깨우침을 받고는 그처럼 알뜰히 생각하여 모든 번뇌를 끊고 아라한이 되었다.
상담결과	상담자의 충고를 받아들여 알뜰히 생각함. 모든 번뇌를 끊고 아라한이 됨
상담회기	1회
상담방법	① 분별: 세속인과 출가자의 행을 구별하도록 함 ② 게송활용: 게송으로 내담자의 정서적 변화 유도

사례145. 네가 네 마음 아는 것처럼

구분	내 용
출전	잡아함경 제50권 1344.희희경(嬉戱經)
시간	어느 때
장소	코살라국 세간의 어떤 숲속
내담자	어떤 비구
상담자	천신
상담형태	개별상담
상담과정	어떤 비구가 어떤 장자의 여자와 장난하다가 나쁜 소문이 퍼졌다. 그러자 이를 비관한 비구는 자살을 하려고 마음먹었다. 이런 사실을 안 숲속 천신은 그 비구가 허물이 없음을 알고 자살을 막으려 장자의 여자의 몸으로 화해 비구에게 나타남
호소문제	나는 삼가지 못해 남의 여자와 나쁜 소문을 일으켰다. 차라리 자살하고 싶다.
상담목적	나쁜 소문으로 괴로워하는 비구의 마음을 공감하고 자살을 막아 바른 수행을 하도록 이끎
상담내용	여자의 몸으로 화해 비구 앞에 나타난 천신은 이렇게 말했다. 천신: 당신과 나의 나쁜 소문이 항간에 퍼졌다. 이미 나쁜 소문이 퍼졌으니 차라리 속세로 돌아가 서로 즐기며 살자. 비구: 나쁜 소문이 퍼졌으니 나는 이제 자살하려고 한다. 그러자 천신은 천신의 몸으로 도로 돌아가 게송으로 말했다. "비록 나쁜 소문이 퍼졌더라도/고행히는 이 그것 참는다/괴롭다고 스스로 해쳐서는 안 된다/또한 번민을 일으키지도 말라.//소리 듣고 두려워하는 것/그것은 숲속의 짐승이니라./그는 가볍고 성급한 중생으로/출가한 이의 법을 이루지 못하나니//그대는 마땅히 참아야 한다./그 나쁜 소문 마음속에 두지 말라./마음을 잡아 굳건히 머무는 것/그것이 곧 집 나온 이의 법이니//함부로 떠드는 남의 말로 말미암아/내 몸을 나쁜 도적 만들지 말라./떠드는 남의 말에 흔들리지 않으면/너로 하여금 아라한이 되게 하리.//네가 네 마음 아는 것처럼//여러 하늘도 그렇게 아느니라."
상담결과	천신의 깨우침을 받은 뒤 알뜰히 생각해 번뇌 끊고 아라한 됨
상담회기	1회
상담방법	① 이적(異蹟): 천신이 비구와 소문난 여자의 몸으로 화해 대화 ② 게송활용: 게송으로 내담자의 정서적 변화 유도 ③ 비유: 소문 두려워하는 것을 소리 두려워하는 산짐승에 견줌

사례146. 주지는 않고 받기만 할 수 있는 비법

구분	내 용
출전	잡아함경 제50권 1357.와사경(瓦師經)
시간	어느 때
장소	사위국 옹기장이의 집
내담자	옹기장이
상담자	사리불(석가모니의 10대 제자 중 한 사람. 지혜제일智慧第一)
상담형태	개별상담
상담과정	제자가 죽을 먹기 위해 사발이 필요하자 사리불이 이를 구하러 옹기장이의 집에 감. 그때 옹기장이가 게송으로 질문
호소문제	어떻게 하면 돈 안 들이고 좋은 이름 얻고, 참 덕을 이루는가?
상담목적	아무 노력도 없이 명성과 덕을 얻으려 해서는 안 됨을 일깨움
상담내용	옹기장이는 자신의 집에 약사발을 구하러 온 사리불에게 게송으로 질문을 했다. 옹기장이: 어떻게 하면 돈을 한 푼도 주지 않고/좋은 이름 얻을 수 있는가?/어떻게 하면 재물을 축내지 않고/훌륭한 참 덕을 이룰 수 있는가? 사리불: 고기를 먹지 않는 이에게/고기를 보시하고/범행을 닦는 사람들에게 여색으로 보시하며/높은 자리에 앉지 않는 이에게/높고 넓은 자리로 보시 행하고/길을 떠나는 사람에게/쉴 곳으로써 보시 행하라.//이와 같은 보시로는/재물이 축나지 않나니//좋은 이름 얻고도/돈 한 푼도 쓰지 않는 것이요/참 덕과 명성이 퍼지면서도/재물에 있어서는 손해 없느니. 옹기장이: 이제 그대 사리불이여/그 말은 참으로 훌륭하구나./이제 그대에게 사발 백 개를 주리니/그밖에도 얻지 못할 것 없다. 사리불: 저 서른세 하늘이나/야마 하늘이나 투시타 하늘이나/화락천의 여러 하늘 사람이나/또 화타재천에도/질발우의 믿음으로 태어나거니/그런데 너는 믿는 마음 없구나.
상담결과	사리불은 게송을 외우고 옹기장이의 집에서 잠자코 나옴
상담회기	1회
상담방법	① 거리상담: 옹기장이의 집에서 질문 받자 바로 상담 ② 역설적 상담: 아무 노력도 없이 명성과 덕을 얻으려 하는 내담자의 욕심을 방편으로 깨닫게 함 ③ 게송활용: 게송으로 문답 주고받아 내담자의 정서적 변화 유도

사례147. 비둘기가 모이를 모으듯

구분	내 용
출전	잡아함경 제50권 1362.합조경(鴿鳥經)
시간	어느 때
장소	코살라국 세간의 어떤 숲속
내담자	어떤 비구
상담자	천신
상담형태	개별상담
상담과정	천신이 비둘기가 모이를 쌓는 것을 보고 읊조리는 게송을 듣고 비구가 깨달음을 얻음
호소문제	-
상담목적	범부라도 착한 법 쌓고, 불법승을 공경하고 섬기면 깨달음의 길로 갈 수 있음을 깨닫게 함
상담내용	[전문] 이와 같이 내가 들었다. 어느 때 부처님께서는 사위국 제타숲 외로운 이 돕는 동산에 계셨다. 때에 어떤 비구는 코살라국 세간의 어떤 숲속에 있었다. 때에 어떤 천신은 비둘기들을 보고 게송으로 말하였다. 비둘기는 마땅히 깨와 또 쌀과/좁쌀 따위를 쌓아 두어야 한다. 그리고 산꼭대기 나무 위에다/높다랗게 둥우리를 지어야 한다. 그래야 혹 비가 오더라도/아주 편히 먹고 자고 힐 수 있나. 때에 그 비구는 이렇게 생각했다. '그가 나를 깨우쳐 주었다'고 비구는 곧 게송으로 말하였다. 비록 범부라도 착한 법 쌓고/세 보배를 공경하고 섬기면 몸이 무너지고 목숨 마칠 때/정신과 마음의 안락의 바탕이 되리. 때에 그 비구는 이 게송을 외고는 곧 깨달아, 알뜰히 생각하여 모든 번뇌를 끊고 아라한이 되었다.
상담결과	게송을 듣고 깨달아, 알뜰히 생각하여 번뇌 끊고 아라한이 됨
상담회기	1회
상담방법	① 게송활용: 게송으로 문답 주고받아 정서적 변화 유도 ② 비유: 비둘기의 삶과 출가수행자의 삶을 비교함으로써 깨달음

참고문헌

고순호, 『불교학개론』, 서울: 선문출판사, 1986.
고익진A, 『불교의 체계적 이해』, 서울: 새터, 1998.
고익진B, 『한글아함경』, 서울: 동국대학교출판부, 1996.
광덕, 『반야심경강의』, 서울: 불광회, 1980.
교양교재편찬위원회, 『불교입문』, 서울: 동국대학교출판부, 1976.
교학사 출판부, 『새국어사전』, 서울: 교학사, 1994.
김계현, 『카운슬링의 실제』, 서울: 학지사, 1995.
김동화, 『불교학개론』, 서울: 보련각, 1984.
김무득 역, 『경전성립론-와타나베 쇼코』, 서울: 경서원, 1983.
김석암, 「불교 인간학에 대한 교육학적 접근」, 서울: 동국대학교 교육대학원 석사학위 논문, 1991.
김인자A, 『현실요법의 적용-로버트 우볼딩』, 서울: 한국심리상담연구소, 2001.
김인자B, 『현실요법과 선택이론 기초자료집』, 서울: 한국심리상담연구소, 2000.
김지견 역주, 『역주 화엄경』, 서울: 주식회사 중앙일보, 1980.
김진무 옮김, 『인간론·심리학-사이구사 마쓰요시』, 서울: 불교시대사, 1996.
대원정사 편집부 편, 『100문 100답 불교입문편』, 서울: 대원정사, 1990.
대학상담학회, 『상담의 이론과 실제』, 서울: 중앙적성출판사, 1993.
동국역경원A, 『한글대장경1』, 서울: 동국역경원, 1970.
동국역경원B, 『한글대장경6』, 서울: 동국역경원, 1970.
동국역경원C, 『한글대장경7』, 서울: 동국역경원, 1970.
동국역경원D, 『한글대장경11』, 서울: 동국역경원, 1982.
박미순, 「불교 초기 경전에 나타난 불타의 대화법에 관한 교육학적 연구」, 동국대학교 교육대학원 석사학위 논문, 1990.

박선영, 『불교와 교육』, 서울: 동국대학교 부설 역경원, 1982.
박수일, 『인간 붇다 그 위대한 삶과 사상』, 서울: 정토출판사, 1995.
반영규, 『아함경으로 배우는 불교』, 서울: 솔바람, 2000.
보조사상연구원, 『불교와 심리학의 만남』. 서울: 보조사상연구원, 2002.
불광교학부, 『경전의 세계』, 서울: 불광출판부, 1991.
사랑의전화 출판부, 『카운슬링의 이론과 실제』, 서울: 사랑의전화 출판부, 1997.
삼선포교원, 『한글법화삼부경』, 서울: 삼선포교원, 1982.
서울시청소년종합상담실, 『제1회 대표 프로그램 발표회 자료집』, 서울: 서울
   시청소년종합상담실, 1999.
신기철·신용철, 『새 우리말 큰사전』, 서울: 삼성출판사, 1981.
연세대학교 언어정보개발연구원, 『연세한국어사전』, 서울: 두산동아, 1998.
운허 용하, 『불교사전』, 서울: 동국역경원, 1983.
윤호균A, 『삶·상담·상담자(심리상담에 대한 동양적 접근)』, 서울: 문지사, 1983.
윤호균B, 「정신분석·인간중심상담 및 불교의 비교」, 서울: 임상심리학회보 3,
   1982.
이관용 역, 『학습심리학-Deese·Hulse·Egeth』, 서울: 법문사, 1980.
이연숙A, 『새아함경Ⅰ-장아함』, 서울: 인간사랑, 1993.
이연숙B, 『새아함경Ⅲ-잡아함1-상』, 서울: 인간사랑, 1993.
이연숙C, 『새아함경Ⅲ-잡아함1-하』, 서울: 인간사랑, 1993.
이연숙D, 『새아함경Ⅲ-잡아함2』, 서울: 인간사랑, 1993.
이연숙E, 『새아함경Ⅲ-잡아함3』, 서울: 인간사랑, 1993.
이원섭 옮김, 『화엄경의 세계-다마키 고시로』, 서울: 현암사, 1991.
이종익·김어수 함께 엮음, 『붓다의 으뜸가는 제자 열 분』, 서울: 보림사, 1986.
이장호, 『상담면접의 기초-제2판』, 서울: 중앙적성출판사, 1995.
이장호·김정희, 『집단상담의 원리와 실제』, 서울: 법문사, 1998.
이지현, 「불타의 교화사례에 나타난 상담 방법적 특징」, 서울: 동국대학교 교
   육대학원 석사학위 논문. 1997.
이형득 외, 『상담의 이론적 접근』, 서울: 형설출판사, 1997.
이희승, 『국어대사전』, 서울: 民衆書林, 1994.

이희익,『禪定思想史』, 서울: 서림사, 1979.
정혜자,「석존 교설에 의한 상담심리 연구」, 서울: 동국대학교 대학원 석사학위논문. 1992.
최범식,『심상치료』, 서울: 하나의학사. 1999.
최봉수,『불교란 무엇인가』, 서울: 부디스트웹닷컴, 2001.
최영희,『임종과 간호』, 서울: 이화여자대학교 간호과학연구소, 1990.
최정훈,『인본주의 심리학』, 서울: 법문사, 1992.
한국불교사회교육원 엮음,『불교사상의 새로운 발견 I』, 서울: 정토, 1989.
한국여성민우회 가족과 성 상담소,『가족·성 전문 상담원 교육』, 서울: 한국여성민우회 가족과 성 상담소, 1999.
한국여성불교연합회 편,『불교의 여성론』, 서울: 불교시대사, 1993.
한국정신문화연구원,『한국민족문화대백과사전 10』, 서울: 한국정신문화연구원, 1991.
한국카운슬러협회,『상담과 지도 제33호』, 서울: 한국카운슬러협회, 1998.
한승호·한성열 옮김,『칼 로저스의 카운슬링의 이론과 실제』, 서울: 학지사, 2001.
함승희,「불교적 상담과 C.로저스의 인간중심적 접근과의 비교」, 서울: 동국대학교 교육대학원, 1991.
홍법원편집부,『불교학대사전』, 서울: 홍법원, 1992.

후기
부처님을 향해 쓰러지는 나무

계를 받은 지 20년이 넘었지만 정기적으로 찾아가는 절도 없고, 꾸준히 나가는 법회도 없으니 사이비 불자가 아닌가 하는 자책감이 들곤 했다. 특히 참선이나 기도 정진을 맹렬히 하는 열심 불자를 대할 때면 더욱 위축감이 들어 내가 불자가 맞긴 하나 하는 의구심이 들기도 했다.

지난 해 석사 논문으로 「불경에 나타난 석가모니의 상담사례 연구-잡아함경을 중심으로」를 쓰면서 이런 자책감을 조금이나마 덜 수 있었다. 부처님께서 나같이 어설픈 불자도 '부처님 법 안에 있다'는 희망의 말씀을 『잡아함경』에 남겨 놓으셨기 때문이다.

부처님께서 카필라바투국 냐그로다 동산에 계실 때 석씨 마하나마가 찾아와 여쭈었다.

"이런 어지러운 세상에 어울려 살다가 부처님과 부처님 법, 그리고 승단을 잊지 않을까 두렵습니다. 이렇게 살다가 죽은 뒤 어디서 태어날 것인가 걱정이 됩니다."

그러자 부처님은 마하나마에게 말씀하셨다.

"큰 나무가 한쪽으로 기울어져 있을 때 그 밑동을 자르면 어느 쪽으로 쓰러지겠는가?"

"기우는 쪽으로 넘어질 것입니다."

"너도 그와 같으니라. 너는 오랫동안 불법승을 생각하고 닦아 익혔다. 비록 목숨이 다해 그 몸이 불에 타거나 묘지에 버려져 오랫동안 바람에 쐬고 햇볕에 쪼여 마침내 가루가 된다 하더라도, 마음은 오랫동안 바른 믿음에 쐬고 계율과 보시, 들음, 지혜에 쪼였기 때문에 그 신식(神識)은 안락한 곳을 향해 위로 올라가 미래에 천상에 나게 될 것이다. 그러니 두려워하거나 걱정하지 말라."

〔사례94, 제33권 930.자공경(自恐經)〕

부처님은 큰 나무가 기운 곳으로 쓰러지듯 부처님을 향한 마음이 있는 사람은 부처님 법 안에 든다고 말씀해 주셨다.

1990년에 장편소설 『저린 손끝』으로 문단에 데뷔한 이래 창작활동을 하면서 '인간'과 '인간의 삶', 그것을 이끄는 '인간 심리'에 관해 많은 관심을 가져 왔다. 1998년부터는 좀더 본격적으로 공부하고 싶은 욕심에 대학원에 입학하여 상담심리를 전공하였다. 그리고 졸업 논문으로 불경에 나타난 부처님의 상담사례를 연구하기로 기획해 『잡아함경』을 분석하기로 하였다.

『잡아함경』을 텍스트로 정한 데는 이유가 있다. 『잡아함경』은 불경 가운데 가장 초기의 경전으로, 다른 경전에 비해 부처님의 행적과 법문이 변형되지 않고 원음 그대로 생생히 들어 있기 때문이었다.

실제로 『잡아함경』에 수록된 1362경을 하나하나 연구하는 동안 마치 부처님의 육성을 듣는 듯한 친밀감이 느껴졌다. 『잡아함경』에 나타난 부처님은 위대한 종교 창시자라기보다 인자한 어머니요, 자상한 아버지 같은 분이었다. 투정을 부리면 받아 주고, 몸이 아프면 찾아와 위로하고, 따지고 들거나 속이고 욕을 해도 따뜻하게 감싸주고, 심지어 죽이려고 덤벼들어도 자비로써 잘못을 깨우쳐 주었다.

경전 하나하나가 마치 오늘날 내담자와 상담자가 서로의 신뢰를 바탕으로 대화를 나누고 있는 상담장면 같았다. 그리고 부처님은 어떤 내담자든 자신의 잠재 능력을 십분 발휘하게 하여 마침내 깨달음의 세계로 이끄는 '위대한 상담가'였다.

이 책은 2000년 7월에 연세대학교 교육대학원 석사논문으로 제출한 「불경에 나타난 석가모니의 상담사례연구-잡아함경을 중심으로」를 좀더 상세히 연구, 분석하여 다시 집필한 것이다.

불경과 부처님을 상담심리학적인 시각으로 재조명하면서 이런 시도가 오히려 부처님의 위의에 손상이 가게 하는 것은 아닌가 하는 걱정이 앞섰다. 그러나 부처님의 진면목에 접근하는 또 하나의 새로운 길이 되리라고 자위하면서 원고를 써나갔다.

『잡아함경』을 연구하다 보니 심리상담가의 길을 걷고 있는 내게 화두처럼 다가오는 경이 있었다.

어떤 비구가 눈병을 고치려고 파드마꽃이 핀 못 곁으로 가서 바람받이에 앉아 꽃향기를 맡고 있었다. 그때 못을 맡고 있던 천신이 나타나 소리쳤다.
"왜 꽃을 훔치는가? 너는 곧 향기를 훔치는 도적이다."
"다만 꽃향기를 맡을 뿐인데 도적이라 하다니, 너무 심하지 않소?"
비구가 묻자 천신이 대답했다.
"주지도 않는데 스스로 가지니, 너는 진실로 꽃향기를 훔치는 도적이로다."
그때 어떤 장정이 꽃의 뿌리를 캐어 무겁게 지고 갔다. 그 모습을 본 비구는 다시 항의했다.
"꽃을 뿌리째 뽑아 가지고 가는 사람도 있는데, 어찌해 저 사람은 막지 않고 나더러 꽃향기를 훔친다고 하는가?"
그러자 천신이 게송으로 답했다.
"검은 옷은 먹물에 더럽혀지지 않는 법
구태여 그에게 말해서 무엇하리.

흰 비단은 파리 발자국으로도 더럽혀지네.
마치 먹으로 흰 구슬에 점찍듯
밝은 이에겐 작은 허물도 잘 나타나네.
비록 작더라도 모조리 나타나네."

〔사례142, 제50권 1338.화경(花經)〕

비구란 청정하고 수승한 도를 닦는 사람이므로 작은 허물도 갖지 말라는 경계의 말씀이다. 심리상담가의 길도 이와 마찬가지일 것이다. 그래서 이 경을 좋은 심리상담가가 되는 지표로 삼기 위해 책 제목을 '붓다의 상담, 꽃향기를 훔치는 도둑'이라고 붙였다.

아직도 나는 초발심조차 제대로 내지 못한 불자이지만 그래도 부처님 쪽으로 기운 나무이니, 언젠가 부처님 법 안에 온전히 안길 것이라는 기대를 갖고 이 책을 마무리한다.

수천 년 전에 결집된 불경을 현대의 상담심리학적인 측면에서 분석하다 보니 무리도 있을 터이고, 모자란 점도 발견될 것이다. 독자들의 가르침을 기대한다.

2002년 6월 도담 권경희

찾아보기

[ㄱ]

가르침의 학습 효과 413
가전연(迦旃延) 266
각자(覺者) 289
각타(覺他) 433
간(慳) 118
갈애(渴愛) 112
감로반왕(甘露飯王) 263
개방질문 317
개별교설(個別教說) 154
개별문답(個別問答) 150
개별상담 150
객관성 234, 238
거리상담 385
건설적인 침착성 234
걸사(乞士) 192
게송활용 347
게송(偈頌) 24, 347
견(見) 118, 163
견취(見取) 112
견혹(見惑) 192
결과〔果〕 65
결정론 38, 40

결집 20, 248, 276
경(經) 20, 22, 24
경장(經藏) 21
경종식(耕種式) 222
경청 311
계(戒) 192
계취(戒取) 112
고기송(孤起頌) 24, 348
고독행(孤獨行) 37
고성제(苦聖諦) 116
고타마 싯달타 222
고행(苦行) 36
곡반왕(斛飯王) 249
공(空) 47
공감적 이해 303, 395
공대(空大) 64
공덕상(功德相) 231
공업(共業) 75
과거 2인 112
광(誑) 118
교(憍) 119
교만(驕慢) 118
교설(教說) 154
교화(教化) 활동 14

교화활동 15
구부득고(求不得苦) 117
구사론(俱舍論) 75
구족계(具足戒) 193
구체적 접근 369
궤변론 39
근기(根器) 300
근본 번뇌 117
근사남(勤事男) 192
근상하지력(根上下智力) 230
금륜(金輪) 75
급고독 장자 289
급고독원(給孤獨園: 외로운 이 돕는 동산) 180
긍정적 수용 395
기뻐하며 받들어 행하였다〔歡喜奉行〕 21
기사굴산(耆闍崛山) 182
기어(綺語) 68
綺語 89
깨달음〔正覺〕 37

〔ㄴ〕

나 47
나형외도(裸形外道) 39
내 것 85
내담자 188
내담자에 대한 존경 234, 244
내담자의 수 188
내담자의 통합성(integrity) 234
내담자의 특징 191
내세(來世) 64
노고(老苦) 117
노사(老死) 112
녹야원(鹿野苑: 사슴동산) 181
논(論) 22
논리 전개 328
논리적 비판 39
논의(論議) 25
논의제일(論議第一) 가전연 266
논장(論藏) 22
뇌(惱) 118
누영진무소외(漏永盡無所畏) 231
누진지력(漏盡智力) 230
니랄부타 69

〔ㄷ〕

다 배운 이〔無學〕 94
다른 나 52
다문제일(多聞第一) 아난다 248
다섯 가지 쌓임〔五蘊〕 47
다재아귀(多財餓鬼) 69
단견(斷見) 58
단기 상담 298
단단(斷斷) 121, 133
대기설법(對機說法) 301, 433

대범천왕권청품(大梵天王勸請品) 42
대비(對比) 337
대자대비(大慈大悲) 231
대장경(大藏經) 21
대중(大衆) 159
대중교설(大衆敎說) 159
대중문답(大衆問答) 155
대중상담 155
대초열지옥(大焦熱地獄) 69
덕성(德性) 224
덕칭(德稱) 224
도거(掉擧) 119
도성제(道聖諦) 117
독존(獨尊) 303
동료상담 161
두타제일(頭陀第一) 마하 가섭 272
땅〔地〕 63
때〔垢〕 44
또래 상담 161
뜻〔意〕 67

〔ㄹ〕

라훌라 223
라훌라(羅睺羅) 284

〔ㅁ〕

마야부인(摩耶夫人) 221

마을·거리·집 187
마투라국왕 211
마하 가섭(摩訶迦葉) 272
마하 파사파제 부인 249
망어(妄語) 67
妄語 89
멸성제(滅聖諦) 117
명(命) 72
명색(名色) 111
명행족(明行足) 232
모니(牟尼) 224
모델링 397
모호한 것에 대한 인내 234
목건련(目犍連) 260
목회상담 14
몸〔身〕 67
무간지옥(無間地獄) 69
무괴(無愧) 119
무기(無記) 41, 73
무기(無記)→침묵 322
무명(無明) 111
무문자설(無問自說) 24, 154
무상(無常) 97, 102
무상사(無上師) 232
무색계(無色界) 64, 68, 69
무색애(無色愛) 112
무색유(無色有) 112
무생무멸(無生無滅) 223
무소유처정(無所有處定) 36

650 붓다의 상담, 꽃향기를 훔치는 도둑

무심무사정(無尋無伺定) 125
무심유사정(無尋唯伺定) 125
무아(無我) 102
무아관(無我觀) 121
무아설(無我說) 66
無爲 42
무인무연설(無因無緣說) 38
無作 42
무재아귀(無財餓鬼) 69
무조건적 긍정적 관심 303
무참(無慚) 119
무참외도(無慚外道) 39
문(聞) 163
문성취(聞成就) 23
물〔水〕 63
물심이원론(物心二元論) 37
미경(味境) 61
미래 2과 112
미묘법문(微妙法門) 275
미증유법(未曾有法) 24
밀행제일(密行第一) 284

〔ㅂ〕

바라문 35
바라문(婆羅門) 206
바람〔風〕 63
바이샤 35
반문기(反問記) 321

반복 310
반야부(般若部) 25
반야심경 34
방광(方廣) 25
방등부(方等部) 25
방역(方域) 300
방일(放逸) 119
방편(方便) 300
방편시설(方便施設) 43, 300, 433
백종(百種) 260
번뇌가 다한 지혜의 신통〔漏盡通〕 94
범(梵) 35
법간(法慳) 118
법경(法境) 61
법귀의(法歸依) 420
법념처(法念處) 121
법등명(法燈明) 420
법명(法明) 여래 281
법수(法數) 120
법화경 34
법화부(法華部) 25
변성남자성불(變成男子成佛) 392
변성성불론(變成成佛論) 392
변취행지력(遍趣行智力) 230
병고(病苦) 117
보(報) 65
보조상담 418
본생(本生) 25
본성적 인간 96

찾아보기 651

부(覆) 118
부루나(富樓那) 280
부루나와 가전연 269
부정지(不正知) 119
부정취(不定聚) 43
부처로서의 석가모니 224
부처의 품성 96
분(忿) 118
분별(分別) 359
분별기(分別記) 320
불(佛) 23
불〔火〕 63
불경 276
불경(佛經) 14
불경의 구성 21
불경의 성립 20
불경의 성립과 구성 20
불경의 조직 22
불경의 종류 25
불교 상담 14
불교적 상담 17
불성(佛性) 96
불세존(佛世尊) 233
불신(不信) 119
비(悲) 231
비구(比丘) 192
비구·비구니 191
비구 250계 193
비구니 250

비구니 제도 250
비구니(比丘尼) 196
비구니 348계 193
비근(鼻根) 60
비만 치료 412
비상비비상처정(非想非非想處定) 36
비식(鼻識) 61
비유(譬喩) 25, 341
비정(非情) 64
비촉수(鼻觸受) 62
비합리적인 신념 376
빔비사라왕 209

〔ㅅ〕

사각분(捨覺分) 124
사견(邪見) 68
邪見 90
사고(死苦) 117
사구(四口) 67
사기답(四記答) 319
사념법사정(捨念法事定) 126
사념처(四念處) 120, 132, 329
사다함과(斯陀含果) 295
상담사례 분석 172
사대(四大) 63
사리불(舍利弗) 256
사명외도(邪命外道) 38
사무소외(四無所畏) 230

사문(沙門) 36
사문유관(四門遊觀) 222
사생지력(死生智力) 230
사선(四禪) 125, 147
사선천(四禪天) 112
사성계급(四姓階級) 35
사성대회(邪盛大會) 290
사성제(四聖諦) 29, 116, 127
사신족(四神足) 122
사악도(四惡道) 70
사여의족(四如意足) 122, 135, 330
사유여의족(思惟如意足) 122
사음(邪婬) 67
邪淫 89
사의단(四意斷) 121
사정근(四正勤) 121
사정단(四正斷) 121, 133, 330
사정려(四靜慮) 125
사정취(邪定聚) 43
사천(四天) 68
사취(四取) 112
사치기(捨置記) 322
사혹(思惑) 192
사회적 감수성 233
산란(散亂) 119
살생(殺生) 67
殺生 89
살인마 앙굴리마라 217
삼계(三界) 68, 92

삼념주(三念住) 231
삼념처(三念處) 231
삼명(三明) 94
삼법인(三法印) 102, 106, 116
삼보(三寶) 198
삼분법 31
삼분법(三分法) 22
삼사(三事) 163
삼선도(三善道) 70
삼세(三世) 64,
삼세윤회설(三世輪廻說) 65
삼십이대인상(三十二大人相) 225
삼십이상(三十二相) 224
삼십칠각분(三十七覺分) 120
삼십칠도품(三十七道品) 119, 129
삼십칠조도품(三十七助道品) 120
삼악도(三惡道) 70
삼애(三愛) 112
삼업(三業) 67
삼유(三有) 112
삼의(三意) 68
삼종외도설(三種外道說) 38
삼학(三學) 192
상견(常見) 58
上求菩提下化衆生 29
상담 수련생 166
상담 종결 420
상담가 430
상담결과 293

찾아보기 653

상담과정　284
상담기법　300
상담내용　289
상담도구　434
상담목적　289
상담사례　14, 15, 172
상담사례집　434
상담시각　173
상담의 정의　14
상담자　220
상담자가 갖추어야 할 자질　234
상담자로서의 석가모니　233
상담자의 자세　422
상담자의 자질　422
상담장소　179
상담회기　297
상온(想蘊)　100
상의상대적(相依相對的)　111
색경(色境)　60
색계(色界)　64, 68
색법(色法)　64
색애(色愛)　112
색온(色蘊)　100
색유(色有)　112
생(生)　112
생고(生苦)　117
생사를 아는 지혜의 신통〔天眼通〕　94
생사유전(生死流轉)　68
서분　31

서분(序分)　22
석가(釋迦)　224
석가모니　221, 224
석가모니(釋迦牟尼)　14
석가모니의 시자　250
선과(善果)　65
선도반응　313
선서(善逝)　232
선인(善因)　65
선인선과(善因善果)　65
설근(舌根)　60
설법(상담)　300
설법결과(상담결과)　172
설법과정(상담과정)　172
설법내용(상담내용)　172
설법대상(내담자)　172
설법자(상담자)　172
설법제일(說法第一) 부루나　280
설식(舌識)　61
설장법무소외(說障法無所畏)　231
설촉수(舌觸受)　62
설출도무소외(說出道無所畏)　231
섭수(攝受)　303, 434
섭수(攝收)　61
성경(聲境)　60
성공 경험　378
성도(成道)　224
성문(聲聞)　295
성문사과(聲聞四果)　295

성주괴공(成住壞空) 75
세간해(世間解) 232
세계(世界) 64
세계관 59
세기경(世起經) 75
소재아귀(少財餓鬼) 69
수(受) 112
수계(水界) 84
수기(授記) 25
수념처(受念處) 121
수다원과(須陀洹果) 295
수단(修斷) 121, 133
수대(水大) 63
수드라 35
수륜(水輪) 75
수번뇌(隨煩惱) 118
수보리(須菩提) 284
수온(受蘊) 100
수호단(隨護斷) 121, 133
수희게(隨喜偈) 56
숙명명(宿命明) 66
숙명을 아는 지혜의 신통〔宿命通〕 94
숙명통(宿明通) 66
숙세(宿世) 64
숙작인설(宿作因說) 38
숙주수념지력(宿住隨念智力) 230
순관 334
순관(順觀)과 역관(逆觀) 333
숲·동산·산 184

슈퍼비전 166
시설(施設) 301
시성취(時成就) 23
시자의 소임 250
식(識) 111
식대(識大) 64
식별〔識〕 63
식온(識蘊) 101
신(神) 97
신근(信根) 122
신근(身根) 60
신념처(身念處) 120
신력(信力) 123
신비한 비문 267
신삼(身三) 67
신삼구사의삼(身三口四意三) 67
신성취(信成就) 23
신식(身識) 61
신촉수(身觸受) 62
신통제일(神通第一) 목건련 260
신흥 사상가 36
실념(失念) 119
실상(實相) 66
실상무상(實相無相) 275
실존적 인간 99
실존주의 상담 362
실존주의적 접근 362
심념처(心念處) 121
심리학적 지식 234, 247

찾아보기 655

심법(心法) 64
심상유도 400
심상치료 400
심여의족(心如意足) 122
십력(十力) 230
십선업(十善業) 67
십악업(十惡業) 67
십업(十業) 67, 88
십이두타행(十二頭陀行) 274
십이부경(十二部經) 23
십이분경(十二分經) 23
십이분교(十二分敎) 23
십이연기(十二緣起) 29, 111, 113
십이인연(十二因緣) 111
십이처(十二處) 59, 78
십이처설 64
십이처설(十二處說) 60
십팔계(十八界) 61, 82
십팔불공불법(十八不共佛法) 224, 247
십팔천(十八天) 68
십호(十號) 231
싯달타 태자 222

〔ㅇ〕

아귀도(餓鬼道) 69
아나율(阿那律) 263
아나함과(阿那含果) 295
아난(阿難) 249

아난다 20
아난다(阿難陀) 248
아난타 249
아라한(阿羅漢) 194, 295
아라한과(阿羅漢果) 295
아문(我聞) 23
아쇼카왕 21, 211
아수라도(阿修羅道) 70
아취(我取) 112
아함경 26
아함경의 기본사상 28
아함경이란 26
아함부(阿含部) 25
악(惡) 118
악견(惡見) 118
악구(惡口) 67
惡語 89
악인악과(惡因惡果) 65
안거(安居) 22
안근(眼根) 60
안식(眼識) 61
안촉수(眼觸受) 62
알부타 69
애(愛) 112
애별리고(愛別離苦) 117
야수다라 222
양설(兩舌) 67
兩舌 89
업(業) 65

업설(業說)을 통해 본 세계관 64
업이숙지력(業異熟智力) 230
업인과보(業因果報) 65
여대비구(與大比丘) 23
여래(如來) 232
여름 안거 163
여섯 가지 필수 요건〔六成就〕 23
여성상담 391
여성차별사상 392
여시(如是) 23
여시어(如是語) 24
역설적 상담 407
역할연습 410
연(緣) 44
연기(緣起) 41, 111
열린 자세 318
열반 54
열반묘심(涅槃妙心) 275
열반부(涅槃部) 25
열반적정인(涅槃寂靜印) 102
염각분(念覺分) 124
염근(念根) 123
염라대왕 69
염력(念力) 123
염화미소(拈華微笑) 275
예술상담 348
예화(例話) 353
오계(五戒) 198
오근(五根) 122, 137, 330

오도(五道) 69
오력(五力) 123, 139, 331
오온(五蘊) 42, 100, 104
오온무상(五蘊無常) 329
오음(五陰) 100
오음성고(五陰盛苦) 117
오장삼종설(五障三從說) 392
오중(五衆) 100
오취(五聚) 100
오취(五趣) 69
오취온(五取蘊) 100
왕·왕족 208
외도 44, 202
외도 비판 35
외도(外道) 38
욕계(欲界) 64, 68
욕애(欲愛) 112
욕여의족(欲如意足) 122
욕유(欲有) 112
욕취(欲取) 112
우데나왕 210
우란분회(盂蘭盆會) 261
우바리 20
우바리(優婆離) 284
우바새 198
우바이(優婆夷) 199
우주의 근원 39
우치(愚癡) 116, 118
운명론 38

원증회고(怨憎會苦) 117
위대한 상담가 434
위의(威儀) 357
위의감화(威儀感化) 357
유(有) 112
유물론 38, 40
유신론 38
유신론적 견해 40
유심유사정(有尋有伺定) 125
유정(有情) 64
유통분 31
유통분(流通分) 22
육경(六境) 60, 77
육계(六界) 63
육근(六根) 60, 76
육내입처(六內入處) 60
육대(六大) 63, 87
육도(六道) 68, 69, 93
육사(六思) 62
육사외도(六師外道) 38
육상(六想) 62
육수(六受) 62
육식(六識) 61, 81
육욕천(六欲天) 68
육육법(六六法) 61, 84
육입(六入) 60
육처(六處) 60, 111
육취(六趣) 69
율(律) 22

율의계(律儀戒) 277
율의단(律儀斷) 121, 133
율장(律藏) 22
음역 표기법 17
응공(應供) 232
응송(應頌) 24, 348
의(疑) 163
의근(意根) 60
의식(意識) 61
의촉수(意觸受) 62
의혹(疑惑) 118
이간어(離間語) 67
이근(耳根) 60
이분법적 사고 376
이식(耳識) 61
이심전심(以心傳心) 275
이와 같이 내가 들었다 248
이와 같이 내가 들었다(如是我聞) 21
이유 341
이적(異蹟) 416
이촉수(耳觸受) 62
인(因) 44, 65
인간도(人間道) 70
인간으로서의 석가모니 221
인간의 심리적 문제의 원인 110
인간적 자질 234
인연(因緣) 25
인연생기(因緣生起) 111
인지 구조 376

인지 치료 376
인지적 기법 376
인지적 오류 376
인지적 재구성 375
일시(一時) 23
一切皆苦 110
일체경(一切經) 21
일체만법(一切萬法) 37
일향기(一向記) 320
임종 간호 389
입[口] 67

〔ㅈ〕

자(慈) 231
自覺 433
자귀의(自歸依) 420
자기 자신에 대한 이해 234, 246
자기지시 398
자등명(自燈明) 420
자력 29
自利利他 29
자비(慈悲) 231
자원 활용 378
자유 의지 96
자유·선택·책임 362
자자(自恣) 22, 163
자자일(自恣日) 261
자재천(自在天) 39

작지계(作持戒) 22
잡아함(雜阿含) 28
잡아함경 16, 29, 34
잡아함경 개관 20, 26
장아함 27
재간(財慳) 118
재사위국(在舍衛國) 23
저항성 407
적정(寂靜) 42
적취설(積聚說) 37
전문적 자질 235
전변설(轉變說) 37
전의법(轉意法) 41, 326
절복(折伏) 434
점진적 종결 420
정(定) 192
정각분(定覺分) 124
정견(正見) 124
정근(定根) 123
정기 상담 298
정념(正念) 125
정등각(正等覺) 232
정등각무소외(正等覺無所畏) 231
정려해탈등지등지지력(靜慮解脫等持
    等至智力) 230
정력(定力) 123
정명(正命) 125
정반왕(淨飯王) 221
정법안장(正法眼藏) 275

찾아보기 659

정사(精舍) 179
정사·강당 183
정사유(正思惟) 124
정서적으로 분리된 태도 234
정어(正語) 124
정업(正業) 125
정정(正定) 125
정정진(正精進) 125
정종분 31
정종분(正宗分) 22
정진각분(精進覺分) 124
정진여의족(精進如意足) 122
제1차 결집 20
제2차 결집 21
제3차 결집 21
제4차 결집 21
제각분(除覺分) 124
제근(除饉) 192
제법무아인(諸法無我印) 102
제사선(第四禪) 126
제삼선(第三禪) 125
제삼염주(第三念住) 231
제수(帝須) 21
제시(提示) 339
제이선(第二禪) 125
제이염주(第二念住) 231
제일염주(第一念住) 231
제일의(第一義) 42
제행무상인(諸行無常印) 102

조어장부(調御丈夫) 232
존우화작인설(尊祐化作因說) 38
종종계지력(種種界智力) 230
종종승해지력(種種勝解智力) 230
좋은 삶(good life) 302
주성취(主成就) 23
중각강당(重閣講堂) 182
중도 28
중도(中道) 58
중생(衆生) 64
중생(내담자) 300
중성취(衆成就) 23
중송(重頌) 24, 348
중아함 28
증일아함 28
지각주의 심리학 59
지계(地界) 84
지계제일(持戒第一) 284
지금-여기 365
지대(地大) 63
지시적 훈계 405
지옥도(地獄道) 69
지지·격려 303
지지계(止持戒) 22
지혜 28
지혜제일(智慧第一) 사리불 256
진근(進根) 122
진력(進力) 123
진에(瞋恚) 68, 116, 118

瞋恚 90
질(嫉) 118
집단상담 157, 163
집성제(集聖諦) 116

〔ㅊ〕

차제법(次第法) 328
착하고 착하다! 304
찰제리 35
처비처지력(處非處智力) 230
처성취(處成就) 23
천부적인 감수성 236
천상도(天上道) 70
천상천하 유아독존 삼계개고 오당도
 중생고(天上天下 唯我獨尊 三界
 皆苦 吾當度衆生苦) 221
천신 214
천안명(天眼明) 66
천안제일(天眼第一) 아나율 263
천안통(天眼通) 66
천인 213
천인사(天人師) 233
천자 216
첨(諂) 119
초선(初禪) 125
초전법륜(初轉法輪) 224
초점주기 307
촉(觸) 112

촉경(觸境) 61
축생도(畜生道) 70
출가수계(出家受戒) 22
취(取) 112
칠각분(七覺分) 123, 140, 331
칠각지(七覺支) 123
침묵 41

〔ㅋ〕

칼란다 죽원(迦蘭陀竹苑: 대나무동산)
 181
크샤트리아 35

〔ㅌ〕

탐애(貪愛) 118
탐예행(貪穢行) 36
탐욕(貪慾) 68, 116
貪欲 90
택법각분(擇法覺分) 124
통제된 동일시 234
투도(偸盜) 67
偸盜 89

〔ㅍ〕

파사파제 222
파악(破惡) 192

팔고(八苦) 117
팔공경법(八恭敬法) 392
팔십종호(八十種好) 226
팔열지옥(八熱地獄) 69
팔정도(八正道) 120, 124, 142, 331
팔한지옥(八寒地獄) 69
폐쇄적 질문 317
포마(怖魔) 192
포살(布薩) 22, 163
푸라세나짓왕 209
풍계(風界) 85
풍대(風大) 63
풍륜(風輪) 75
풍송(諷頌) 348

〔ㅎ〕

학습 414
한(恨) 118
합리적 사유 59
해(害) 119
해공제일(解空第一) 284
해태(懈怠) 119
행(行) 111
행온(行蘊) 100
향경(香境) 60
허공〔空〕 63
현견(現見) 29
현세(現世) 64

현실적 접근 365
현장활용 382
현장상담 386
현재 3인 112
현재 5과 112
혐염행(嫌厭行) 36
혐오요법 402
형이상학적인 질문 41
혜(慧) 192
혜근(慧根) 123
혜력(慧力) 123
호소문제 289
혼침(惛沈) 119
화계(火界) 85
화대(火大) 63
화엄부(華嚴部) 25
환골탈태법(換骨奪胎法) 41
회수(懷受) 165
회의설 39
희각분(喜覺分) 124

28천 68
348계 196
8만 4천 법문(法門) 14
Peer Counselling 161

저자 · 권경희

소설가, 심리상담가. 한국심리학회 회원, 상담 및 심리치료학회 회원, 불교상담개발원 연구위원.

1990년 장편소설 『저린 손끝』으로 문단에 데뷔한 이래 장편소설 『거울 없는 방』· 『트라이앵글』· 『물비늘』 등을 발표했고, 수필집 『요설록』, 전자책 『입장차이』 등을 펴냈다.

연세대학교 교육대학원에서 상담심리를 전공해 석사논문으로 「불경에 나타난 상담사례 연구-잡아함경을 중심으로(2000)」를 발표했다.

과학에서 정치를 떼어 내려는 싸움은 합리적이고 이성적이며, 궁극적으로
인본주의적이다. 이 대담한 임무의 적임자가 바로 핑커다. …… 이 책은
우리에게 필요하다. 인간의 진실을 들려주는 지식이라면 무엇이든 우리의
행동 능력을 향상시키리라고 보는 지적 환경에서는 필요 없었을 책이다.
그러나 우리는 이 책이 있어야 하며, 또한 있음에 감사해야 한다.
 ―대니얼 스미스(뉴로셸 대학교 석좌 교수)

『빈 서판』은 유심히, 열린 마음으로 읽을 가치가 있는 책이다. …… 이 기념비적인
책은 인간 본성 대 양육이라는 논쟁에서 중요하다. 핑커의 편에 서든 아니든 간에,
그의 치밀한 논증은 그간 금기시되고, '금지된 질문'이 가져올 결과를 두려워하며
사상과 표현의 자유를 억압해 온 우리의 어두운 모퉁이에 빛을 밝힐 것이다.
 ―낸시 지넷 프리들랜더(인류학자)

이 책은 현대의 대표작이다. 그의 학문은 홀로 경탄스럽다. 세심한 연구와 꼼꼼한 인용,
다양한 분야를 아우르는 폭넓음과 훌륭한 글쓰기, 유머의 기념비이다.
 ―톰 파스칼(작가)

책의 축제다. 핑커의 분석적이고 곧은 마음은 찰스 다윈에서부터 애비게일 밴 뷰런에
이르고, 과학 연구에서부터 영화 「애니 홀」에 이른다. …… 이 책에 모두 동의하는
독자는 드물 것이다. 그러나 이 책은 자신이 의도한 바를 이야기하고 자신이
이야기한 바를 사유하는 지적인 책이다. …… 이 책의 많은 부분은 사람의 차이를
다루고 있지만, 그보다 더 큰 개념은 유전적 유사성이다. '우리 종의 심리학적 단일성'
말이다. 이것은 빈 서판이 아니라, 인간 본성이라고 불리는 얼굴이 담긴 서판이다.
핑커가 그것을 묘사하기 시작할 때, 독자들은 당연히 이를 알아챌 것이다.
 ―브루스 램지(저널리스트)

빈 서판

THE BLANK SLATE:

The Modern Denial of Human Nature
by Steven Pinker

Copyright ⓒ Steven Pinker 2002, 2016
All rights reserved.

Korean Translation Copyright ⓒ ScienceBooks 2004, 2017

Korean translation edition is published by arrangement with Steven Pinker c/o Brockman, Inc.

이 책의 한국어 판 저작권은 Brockman, Inc.와 독점 계약한 (주)사이언스북스에 있습니다.

저작권법에 의해 한국 내에서 보호를 받는 저작물이므로 무단 전재와 무단 복제를 금합니다.

사이언스 클래식 2

THE BLANK SLATE

인간은 본성을 타고나는가 빈 서판
스티븐 핑커 | 김한영 옮김

도널드, 주디스, 레다, 존에게 바친다.

머리말

"**본**성과 양육(nature and nurture)에 관한 책은 이미 많이 나오지 않았는가! 마음이 백지라고 믿는 사람이 아직도 존재한단 말인가? 아이를 한두 명 키워 본 사람, 이성애적 관계를 경험해 본 사람, 아이들은 언어를 학습하는 반면에 애완 동물은 그렇지 못하다는 사실에 주목해 본 사람이라면 누구나 인간의 재능과 기질은 어느 정도 타고난다는 것을 명백히 알고 있지 않을까? 우리는 모두 유전과 환경으로 단순화한 이분법에서 벗어나 모든 행동은 그 둘의 상호 작용에서 나온다는 사실을 이미 깨닫지 않았는가?"

이 책의 집필 계획을 들은 동료들이 나에게 보인 반응이다. 언뜻 보면 매우 타당하고 논리적인 말들이다. 그들 말대로 본성 대 양육은 이제 무의미한 주제인지 모른다. 마음과 행동에 관한 오늘날의 저작에 익숙한 사람이라면 누구나 다음과 같은 절충적 입장을 익히 보았을 것이다.

오늘날 독자들이 유전적 설명이나 환경적 설명 중 어느 하나가 다른 하나를 완전히 압도했다고 믿는다면 그것은 우리 저자들이 그 둘 중 하나를 제대로 소개하지 못했다는 말이 된다. 우리는 유전과 환경이라는 두 요소가 모두 이 문제와 관계할 가능성이 매우 높다고 생각한다. 양자의 비율은 어느 정도일까? 이 문제에 대해 우리는 완전히 불가지론자들이다. 우리가 아는 한, 구체적인 측정값의 근거가 되는 증거는 존재하지 않는다.

이 책은 모든 것이 유전적이라 말하는 부류에 포함되지 않는다. 분명히 그렇지 않다. 환경은 유전만큼 중요하다. 아이들이 성장하면서 경험하는 것들은 그들이 가지고 태어나는 것들 못지않게 중요하다.

분명히 유전적인 어떤 행동 또한 발달의 산물이고 따라서 환경이라는 원인을 가진다.…… 표현형(유전학상 단순히 외형상으로만 본 형질)이 유전적 조건과 환경적 조건의 복제를 통해 유전되는 과정을 현대적 관점에서 이해할 때…… 문화적 전통——아이들이 부모를 모방하는 행동——은 매우 중요할 수 있다고 본다.

이 설명들이 모든 사람이 본성-양육 논쟁을 졸업했음을 보여 주는 순수한 화해의 메시지라고 생각한다면, 다시 생각해 보라. 앞의 인용문들은 지난 10년 동안 출판된 것들 중 가장 쟁점이 되었던 세 권의 책에서 나온 것이다. 첫 번째는 리처드 헤른슈타인과 찰스 머리의 『종형 곡선 이론(The Bell Curve)』인데, 그들은 미국 흑인들과 미국 백인들의 평균 지능 지수 차이에는 유전적 원인과 환경적 원인이 동시에 작용한다고 주장한다.[1]* 두 번째는 주디스 리치 해리스의 『양육 가설(The Nurture Assumption)』인데, 그는 아이들의 성격이 환경뿐 아니라 유전에 의해서도 형성되며 따라서 아이와 부모의 유사성은 단지 양육의 결과가 아니라 공통된 유전자에서도 비롯된다고 주장한다.[2] 세 번째 책은 랜디 손힐과 크레이그 파머의 『강간의 자연사(A Natural History of Rape)』로, 그들은 강간이 단지 문화적 산물이 아니라 남성의 성적 본성에서 기인한다고 주장한다.[3] 양육 하나가 아니라 양육과 본성에 함께 기대었다는 이유로 위의 저자들은 언론의 집중 공격을 받았고, 심지어 국회의 비난까지 받아야 했다. 그들뿐 아니라 비슷한 견해를 표현하는 다른 사람들도 검열과 폭력과 고발의 위협을 피할 수 없었다.[4]

본성과 양육이 상호 작용하면서 마음의 일부를 형성한다는 개념은 진위 판별의 대상이 될 수는 있지만, 문제의 틀이 형성된 지 수천 년이 지난 21세기에도 시시하거나 비난의 여지가 있는 개념은 결코 아니다. 인간의 생각과 행동을 설명할 때 유전적 역할의 가능성은 충격적일 만큼 여전히 막강하다. 다수의 사람들은 인간 본성을 인정한다는 것은 곧 인종 차별, 성 차별, 전쟁, 탐욕, 집단 학살, 허무주의, 정치적 반동, 아동과 소외 계층에 대한 무관심을 시인하는 것이라 생각한다. 그들은 마음에 어떤 선천적인 구조가 있다는 주장을 틀릴 수도 있는 하나의 가설로 간주하는 것이 아니라 생각하지 말아야 할 비도덕적인 개념으로 받아들인다.

이 책은 인간 본성의 개념이 현대 생활에 미치는 도덕적, 정서적, 정치적 영향에 관한 것이다. 나는 사람들이 인간 본성을 위험한 개념으로

---

* 이에 반대하는 일반적 견해는 다음과 같다. "차별과 불평등을 정당화하는 데 흔히 쓰이는 논리는 그것이 어떤 본질적인 것에 기초를 두고 있다는 것이다. 그 증거를 제시하는 데 흔히 과학적인 방법이 동원된다. 아리안 민족의 우수성을 증명하기 위한 나치의 '형질 인류학'이나 흑인의 지적 열등함을 보여 주기 위한 『종형 곡선 이론(The Bell Curve)』 같은 책들이 바로 그런 예이다."—www.ag.co.kr의 special issues 「건축 공간에서의 성차별」 중에서.

보게 된 역사를 추적할 것이고, 그 과정에서 인간 본성의 개념을 얽매고 있는 도덕적·정치적 올가미를 벗겨 볼 것이다. 인간 본성에 관한 어떤 책도 이 논쟁에서 자유로울 수 없지만, 나는 이 책을 다른 책들처럼 또 하나의 '위험한' 책으로 집필하지 않았다. 일반적인 생각과는 달리 나는 극단적인 '본성' 입장에 서서 극단적인 '양육' 입장을 공격하지 않을 것이다. 진리는 그 중간 어딘가에 놓여 있다. 극단적인 환경적 설명이 옳은 경우도 있다. 우리가 사용하는 언어가 분명한 예이고, 다양한 민족과 인종 집단 사이에서 나타나는 차이점의 경우에도 실험 결과 환경적 설명 쪽에 높은 점수가 나왔다. 반면 유전적인 신경 장애 같은 경우에는 극단적인 유전적 설명이 옳다. 그러나 대개의 경우에는 유전과 환경의 복잡한 상호 작용으로 보는 것이 옳은 설명일 것이다. 문화는 중요한 요소이지만, 인간으로 하여금 맨 처음 문화를 창조하고 학습하게 만드는 정신적 설비가 없다면 문화도 존재할 수 없다. 이 책의 목표는 유전이 전부이고 문화는 전혀 중요하지 않다고 주장하는 것이 아니라 (그런 주장을 누가 믿겠는가?), 지금까지 왜 극단적인 입장('문화가 전부다.')이 종종 온건해 보였고, 온건한 입장이 오히려 극단적으로 몰렸는 가를 탐구하는 것이다.

또한 인간 본성을 인정하는 관점에는 사람들이 두려워하는 정치적 의미가 내포되어 있지 않다. 예를 들어 인간 본성을 인정한다 해도 여권 운동을 포기하거나, 현재의 불평등과 폭력을 인정하거나, 도덕성을 허구로 취급할 필요가 없다. 이 책에서 나는 특정한 정책을 옹호하거나 정치적 좌편향 또는 우편향으로 치우치지 않기 위해 노력할 것이다. 정책에 대한 논쟁에는 경쟁 상태에 있는 가치들의 절충이 언제나 뒤따르게 마련이며, 과학은 논쟁을 융해하는 도구가 아니라 그 절충을 확인하는 도구라는 것이 나의 믿음이다. 나는 많은 절충들이 인간 본성의 특질에서 비롯되는 것임을 보여 줄 것이며, 그 자질들을 명확히 설명함으로써 우리의 집단적 선택이 보다 현명해지기를 희망한다. 만약 내가 무엇인가를 옹호한다면 그것은 바로 인간의 삶에 대한 오늘날의 논의에서 무시되거나 억압되어 왔던 인간 본성에 대한 과학적 발견들이다.

이 모든 것을 정확히 가려내는 것은 왜 중요한가? 인간 본성을 인정하지 않는 것은 성(性)에 대해 빅토리아 시대 사람들이 느꼈던 수줍음과 같아서 갈수록 나쁜 결과를 초래하게 된다. 그것은 우리의 과학과 학문, 대중적 담론, 일상 생활을 왜곡시킨다. 논리학자들은 단 하나의 모순 때문에 일련의 진술이 타락할 수 있고 오류가 증식할 수 있다고 말하는데, 인간 본성이 존재하지 않는다는 도그마는 과학적, 상식적 증거 앞에서 바로 그러한 역할을 하게 된다.

첫째, 마음이 빈 서판이라는 학설은 인간에 대한 연구를 왜곡시켜 왔고, 그럼으로써 그 연구 결과에 기초를 둔 공적·사적 결정들까지 왜곡시켜 왔다. 예를 들어, 육아에 대한 많은 정책들은 부모의 행동과 아이의 행동 사이의 상호 관계를 발견하는 연구에 의존해 왔다. 사랑이 많은 부모는 아이들을 자신감 있게 기르고, 권위 있는(너무 관대하지도 너무 엄격하지도 않은) 부모는 아이들을 예절 바르게 기르고, 아이들에게 말을 많이 하는 부모는 아이들을 언어적 기술이 뛰어나게 기른다. 사람들은 아이를 최고로 기르기 위해 부모는 사랑이 많아야 하고, 권위가 있어야 하고, 말을 많이 해야 하며, 아이들이 훌륭하게 크지 못하면 그것은 부모의 잘못이라고 결론짓는다. 그러나 그 결론은 아이들이 빈 서판이라는 믿음에 의존한다. 부모는 아이들에게 가정 환경뿐 아니라 유전자도 제공한다는 사실을 기억하라. 부모와 아이가 닮았다는 사실은 단지 사랑이 많고, 권위 있고, 말을 잘하는 사람으로 만드는 부모의 유전자가 아이들을 자신 있고, 예절 바르고, 조리 있게 만든다는 것을 말할 뿐이다. 입양 아동들(부모로부터 유전자가 아닌 환경만을 제공받은 아이들)을 대상으로 해서 연구를 실시하기 전까지 과학자들의 자료는 유전자가 전적으로 중요할 가능성, 양육이 전적으로 중요할 가능성, 또는 두 요인 모두 중요할 가능성 등 어떤 가능성과도 모순을 일으키지 않았다. 거의 모든 경우에 과학자들은 (육아가 전적으로 중요하다는) 가장 극단적인 가능성만을 염두에 두고 있었다.

인간 본성을 금기시하는 분위기는 과학자들의 관심을 다른 곳으로 돌렸을 뿐 아니라 그에 대한 모든 토론을 추악한 이단으로 몰아세웠다. 타고난 인간성이라는 개념을 타파하기 위해 수많은 저자들이 논리와 예절을 아낌없이 창 밖으로 내던졌다. 인간 본성을 극단적인 학설로 묘사하고, 독자를 다른 방향으로 돌려 세우기 위해 기본적인 차이들(일부/모든, 아마도/항상, 이다/이어야 한다)까지 고의적으로 무시했다. 개념에 대한 분석은 사라지고 정치적 비방과 인신 공격이 그 자리를 대신했다. 이러한 지적 타락의 분위기 속에서 우리는 새로운 과학적 발견들로 인해 인간 본성과 관련된 긴급한 주제들이 부상하는 것을 보면서도 그것을 분석할 채비를 갖추지 못한 상태로 남게 되었다.

인간 본성에 대한 부인은 학계 밖으로까지 확산되어, 지적 생활과 상식이 단절되는 결과까지 나타났다. 내가 맨 처음 이 책을 쓰겠다고 생각한 것은 박식한 전문가들과 사회 비평가들이 제기하는 인간 정신의 유연성에 관한 놀라운 주장들을 접하기 시작한 때였다. 그들은 어린 소년들이 다투고 싸우는 것은 그렇게 하도록 외부에서 조장했기 때문이고, 아이들이 단 것을 좋아하는 것은 야채를 먹는 데 대한 상으로 부모들이 단 것을 주기 때문이고, 10대들이 외모와 유행 면에서 경쟁하는 것은 철자 알아맞히기 시합이나 우등상을 놓고 경쟁하는 데에서 비롯된 것이며, 남자들이 오르가슴을 섹스의 목표로 생각하는 것은 사회적으로 그렇게 키워지기 때문이라고 주장한다. 문제는 이 주장들의 앞뒤가 뒤바뀌었다는 데 있는 것만이 아니라, 그 저자들이 스스로 상식에 맞지 않는 이야기를 하고 있다는 사실을 인정하지 않는다는 데에도 있었다. 이런 태도는 공상적인 믿음을 과시해 신앙심을 입증하는 사이비 종교 집단의 사고 방식이다. 그런 사고 방식은 진리에 대한 존경과 공존할 수 없다. 나는 그것이 최근의 지적 세계에서 발견되는 몇 가지 유감스러운 경향들의 원인이라고 생각한다. 첫 번째 경향은 많은 학자들 사이에서 진리와 논리와 증거를 공공연히 경멸하는 태도로 나타난다. 두 번째 경향은 지식인들의 공식적인 말과 실제적인 믿음의 위선적인 단절로 나타난다. 세 번째 경향은 이에 대한 불가피한 반응으로, 기존의 지적 체계가 대중이 옳다고 생각하는 주장들을 성공적으로 억눌러 왔다는 사실을 알고 더욱 대담해진 사람들이 반(反)지성주의와 편협한 고집을 즐기며 "정치적으로 부당한"* 충격을 이용하는 책략의 문화로 나타난다.

  마지막으로 인간 본성에 대한 부인은 비평가들과 지식인들의 세계를 타락시켰을 뿐 아니라 일반인들의 삶에도 피해를 입히고 있다. 부모가 자식을 점토처럼 반죽해 낼 수 있다는 이론은 부모들에게 부자연스럽고 때로는 잔인하기까지 한 양육 체제를 강요해 왔다. 그것은 균형 있는 삶을 위해 노력하는 어머니들의 힘겨운 선택을 왜곡시키고, 바라는 대로 성장해 주지 않는 자녀를 둔 부모들의 고통을 배가시켜 왔다. 인간의 기호란 언제든지 되돌릴 수 있는 문화적 선택이라는 믿음 때문에, 사회의 설계를 담당한 사람들은 장식, 자연광, 신체 치수와 관련된 사람들의 즐거움을 무시한 채 수백만 명의 사람들을 단조로운 콘크리트 상자에 살

---

* politically incorrect. 가령 'black people'처럼 일상적으로 흔히 사용되나 정당성에 있어서는 옳지 못한 경우를 일컫는 말이다. 진지한 경우에는 물론이고 농담이나 유머로도 많이 사용되어 이것을 제목으로 한 토크 쇼도 있다.

도록 강요하기에 이르렀다. 모든 악은 사회적 산물이라는 낭만적인 생각은 무고한 사람들을 순식간에 살해할 수도 있는 위험한 정신병질자들의 석방을 정당화하였다. 그리고 인간이 대규모 사회 정화 운동에 의해 개조될 수 있다는 확신은 역사상 가장 규모가 큰 잔학 행위들을 낳았다.

나의 주장들은 대개 냉철하고 분석적이겠지만——논리적으로 보자면 인간 본성에 대한 인정은 많은 사람들이 걱정하는 것처럼 부정적 결과를 수반하지 않는다.——나는 또한 내 자신의 긍정적인 입장을 애써 숨기려 하지 않을 것이다. "자신이 어떤 존재인가를 보여 주면 인간은 한결 나은 존재가 될 것이다."라고 한 체호프의 말처럼, 인간 본성에 관한 새로운 과학은 생물학적 정보가 풍부하고 현실적인 인본주의에 이르는 도구가 될 수 있다. 그것은 신체적 외모나 지역 문화와 같은 피상적 차이 밑에 숨어 있는 인류의 심리적 통일성을 밝혀 준다. 그것은 너무나 정확하게 작용하기 때문에 우리가 당연시하는 마음의 놀라운 복잡성을 다시금 이해하게 해 준다. 그것은 우리가 도덕적 직관을 이용해 우리 자신의 운명을 개척할 수 있다는 사실을 확인시켜 준다. 그것은 사람들의 감정에 대해 이론적으로 이야기하는 방식이 아니라 사람들의 실제 감정에 근거하여 그들을 대하게 함으로써 자연스러운 인간 관계를 약속한다. 그것은 불행이 존재하는 모든 곳에서 고통과 압제의 정도를 확인할 수 있는 시금석을 제시해, 부당한 권력의 가식적인 합리화를 폭로할 수 있다. 그것은 독단적인 사회 개혁가들이 어떻게 우리의 즐거움을 억압할 수 있는가를 꿰뚫어 보게 해 준다. 그것은 민주주의와 법치의 성과에 대한 우리의 이해를 새롭게 해 준다. 그리고 그것은 수천 년 동안 인간의 조건에 대해 성찰해 온 예술가들과 철학자들을 더욱 깊이 통찰하게 해준다.

인간 본성에 대한 정직한 논의가 지금보다 절실한 때는 없었다. 20세기 전 기간에 걸쳐 수많은 지식인들은 가령 인간이 생물학적으로 세분할 수 없고, 어떤 비열한 동기도 가지고 있지 않으며, 선택의 부담에서 완전히 자유로운 존재라는 식의 사실적 근거가 희박한 주장에 입각해 존엄성의 원리를 세우려 했다. 이러한 주장들은 현재 마음, 뇌, 유전자, 진화와 관련된 과학적 발견에 의해 반박되고 있다. 무엇보다도 지성과 감정의 유전적 뿌리에 대해 전례 없이 깊고 자세히 이해할 수 있게 해줄 인간 게놈 프로젝트가 완성되면 그것은 우리의 잘못된 이해를 일깨우는 모닝콜 역할을 할 것이다. 따라서 인간 본성에 대한 부정적 태도를 겨냥한 새로운 과학적 도전은 다음과 같은 과제를 남긴다. 만약 우리가 평화와 평등 또는 과학과 진리에 대한 헌신과 같은 소중한 가치들을 지키려 한다면, 우리는 그 가치들을 인간의 심리학적 특성에 대한 엉성하고 박약한 주장들로부터 되도록 멀리 떼어 놓아야 한다.

이 책은 인간 본성에 대한 금기가 어디에서 비롯되었는가를 궁금해하는 사람들 그리고 그 금기에 대한 도전이 정말로 위험한 것인가 아니면 단지 익숙하지 않은 것인가를 궁금히 여기는 사람들을 위해 썼다. 또한 이 책은 이제 막 윤곽이 잡히고 있는 인류의 초상화에 호기심을 느끼거나 그 초상화에 대한 정당한 비판에 관심이 있는 사람들이나, 인간 본성에 대한 금기로 인해 우리가 긴급한 문제들에 직면했을 때 완전한 기반 없이 해결을 시도하고 있음을 우려하는 사람들을 위해 썼다. 그리고 마음, 뇌, 유전자, 진화의 과학이 우리의 인간관을 영구적으로 변화시키고 있음을 인식하고, 우리가 소중히 간직하고 있는 가치들이 사라질 것인지, 존속할 것인지, 아니면 (나의 주장대로) 더욱 강화될 것인지를 궁금해하는 사람들을 위해서이기도 하다.

∽∾∾

여러 가지 면에서 이 책을 더 나은 것으로 만들어 준 친구들과 동료들에게 감사의 마음을 표하는 것은 대단히 기쁜 일이다. 헬레나 크로닌, 주디스 리치 해리스, 제프리 밀러, 올랜도 패터슨, 도널드 시먼스는 모든 측면에서 깊고도 통찰력 있는 분석을 제공했다. 나는 최종적으로 완성된 이 책이 그들의 지혜에 누가 되지 않기를 간절히 바랄 뿐이다. 또한 네드 블록, 데이비드 버스, 나즐리 초크리, 레다 코스미디스, 데니스 더턴, 마이클 가자니가, 데이비드 기어리, 조지 그레이엄, 폴 그로스, 마르크 하우저, 오언 존스, 데이비드 케머러, 데이비드 리켄, 게리 마커스, 로슬린 핑커, 로버트 플로민, 제임스 레이철스, 토머스 소웰, 존 투비, 마고 윌슨, 윌리엄 지머맨도 그 가치를 헤아릴 수 없는 소중한 논평을 해 주었다. 나는 또한 각각의 전문 분야에서 이 책의 각 장들을 검토해 준 동료들, 조시 코언, 리처드 도킨스, 로널드 그린, 낸시 캔위셔, 로렌스 카츠, 글렌 루리, 폴린 메이어, 애니타 패터슨, 리간카 서, 밀턴 J. 윌킨슨에게 감사 드린다.

그 밖에도 나의 정보 요청에 친절하게 응해 주거나 소중한 견해를 제공해 준 많은 사람들, 마자린 바나지, 크리스 버트램, 하워드 블룸, 토머스 부처드, 브라이언 보이드, 도널드 브라운, 제니퍼 캠벨, 레베카 캔, 수잔 케리, 나폴레옹 샤농, 마틴 댈리, 어빈 드보어, 데이브 데번스, 조너선 프리드먼, 제니퍼 갱어, 하워드 가드너, 타마르 젠들러, 애덤 고프닉, 에드 하겐, 데이비드 하우스먼, 토니 잉그램, 윌리엄 아이언스, 크리스토퍼 젠크스, 헨리 젠킨스, 짐 존슨, 에리카 종, 더글러스 켄릭, 새뮤얼 제이 케이저, 스티븐 코슬린, 로버트 커즈번, 조지 레이코프, 에릭 랜더, 로렌 로마스키, 마서 너스봄, 메리 팔리, 래리 스콰이어, 웬디 슈타이너,

랜디 손힐, 제임스 왓슨, 토스텐 위젤, 로버트 라이트에게 감사 드린다.

나는 이 책의 주제들이 최초로 논의되었던 다음의 포럼들에서도 매우 중요한 피드백을 제공받았다. 펜실베이니아 대학 생명윤리학 연구소의 포럼, 게티 연구소의 인지·뇌·예술 심포지엄, 피츠버그 대학의 발달 행동 유전학 회의, 인간 행동과 진화 학회, 펜실베이니아 대학의 인도적 리더십 프로젝트, 보스턴 대학의 민족과 사회 분리 연구소, 매사추세츠 공과대학(MIT)의 인문학·예술·사회과학 대학원, 신경학 연구소의 신경학 연구 프로그램, 긍정적 심리학 정상 회의, 진화론적 법률 분석 학회, 예일 대학의 인간의 가치관에 대한 태너 강의.

나는 강의와 연구에 필요한 최상의 환경을 제공하고 있는 MIT에, 뇌와 인지과학과 학과장인 리간카 서의 지원에, 과학대학원 학장인 로버트 실베이에게, MIT 총장인 찰스 베스트에게, 그리고 수많은 동료와 학생들에게 행복한 감사의 마음을 표한다. 튜버 도서관의 사서 존 비얼리는 찾기 어려운 학술 자료와 해답을 끝까지 추적해 주었다. 나는 또한 MIT의 맥비커 특별 연구 교수(MacVicar Faculty Fellows) 프로그램의 재정적 지원과 피터 드 플로레즈(Peter de Florez) 교수직을 받은 것에 대해서도 진심으로 고맙게 생각한다. 나의 언어 연구는 NIH 그랜트 HD18381의 지원을 받고 있다.

바이킹 펭귄의 웬디 울프와 펭귄 북스의 스테판 맥그래스는 훌륭한 조언과 흥겨운 환대를 제공했다. 그들과 함께 이 책을 위해 최선의 노력을 다해 준 나의 대리인 존 브락먼과 카팅카 맷슨에게 감사 드린다. 또한 지금까지 다섯 번이나 나의 책을 편집하는 데 동의해 준 카티야 라이스에게 진심으로 감사 드린다.

나의 가족, 부모님과 형제들, 부드먼 가족, 서비야-애덤스 가족의 사랑과 후원에 진심으로 감사 드린다. 나의 아내 일라베닐 서비야의 현명한 조언과 사랑 넘치는 격려에 특별한 감사의 마음을 전한다.

친애하는 스승이자 훌륭한 동료인 도널드 시먼스, 주디스 리치 해리스, 레다 코스미디스, 존 투비에게 이 책을 바친다.

차례

머리말 | 7 |

1부 ✣ 빈 서판, 고상한 야만인, 기계 속의 유령 | 23 |

1장 | 공식 이론 | 29 |
2장 | 실리퍼티 | 43 |
3장 | 최후의 성벽 | 69 |
4장 | 문화의 탐욕 | 117 |
5장 | 서판의 마지막 항전 | 141 |

2부 ✣ 두려움과 혐오 | 191 |

6장 | 정치 과학자 | 195 |
7장 | 성삼위 일체 | 221 |

3부 ✣ 인간의 얼굴을 한 인간 본성 | 247 |

8장 | 불평등에 대한 두려움 | 253 |
9장 | 불완전함에 대한 두려움 | 285 |
10장 | 결정론에 대한 두려움 | 309 |
11장 | 허무주의에 대한 두려움 | 331 |

4부 ❖ 너 자신을 알라 | 345

12장 | 현실과의 조우 | 349
13장 | 수렁 밖으로 | 387
14장 | 고통의 여러 뿌리들 | 423
15장 | 신성한 체하는 동물 | 471

5부 ❖ 주요 쟁점들 | 491

16장 | 정치 | 495
17장 | 폭력 | 535
18장 | 젠더 | 589
19장 | 어린이 | 651
20장 | 예술과 인문학 | 701

6부 ❖ 인류의 목소리 | 735

2016년판 발문 | 인간 본성은 문제이기도 하고 답이기도 하다 | 761
부록 | 도널드 E. 브라운의 인간 보편성 목록 | 793
주(註) | 801
참고 문헌 | 851
옮기고 나서 | 909
찾아보기 | 915
도판 저작권 | 941

THE
BLANK
SLATE

* 일러두기: 본문 안의 모든 각주는 옮긴이의 것이다.

1부

빈 서판, 고상한 야만인, 기계 속의 유령

사람들은 누구나 다 인간 본성에 관한 나름의 이론*을 가지고 있다. 사람들은 다른 사람들의 행동을 예측해야 하는데, 이를 위해서는 무엇이 사람들을 움직이는가에 대한 이론이 필요하다. 우리가 사람들에 대해 생각하는 방식에는 인간 본성에 대한 암묵적인 이론—행동은 생각과 감정에 의해 야기된다는 이론—이 깊이 잠재해 있다. 우리는 우리 자신의 마음을 성찰하고 동료들이 우리와 똑같다고 가정함으로써 그리고 사람들의 행동을 관찰하고 일반화시킴으로써 그 이론을 완성한다. 게다가 우리를 둘러싼 지적 환경, 즉 권위자들의 전문 지식과 당대의 인습적 지혜로부터 다양한 개념들을 흡수한다.

인간 본성에 관한 우리의 이론은 삶의 많은 측면들을 분출해 내는 샘이다. 우리는 다른 사람을 설득하거나 위협할 때 또는 정보를 주거나 속이려 할 때 그 이론을 참조한다. 우리는 그 이론이 충고하는 바에 따라 결혼 생활을 해 나가고, 자녀들을 기르고, 우리 자신의 행동을 통제한다. 학습에 대한 전제들은 우리의 교육 정책을 이끌고, 동기 부여에 대한 전제들은 경제, 법, 범죄와 관련된 정책들을 주도한다. 그것은 또한 사람들이 쉽게 성취할 수 있는 것, 희생이나 고통을 통해서만 성취할 수

---

* 학문적 이론이 아니라 각자의 마음 속에 있는 심리 체계를 가리킨다.

있는 것, 결코 성취해서는 안 되는 것 등을 설명함으로써 우리의 가치관에 영향을 미친다. 우리의 다양한 삶과 정치 체제 속에는 인간 본성에 대한 여러 이론들이 복잡하게 얽혀 경쟁하고 있으며, 역사적으로도 수많은 갈등의 원천으로 작용해 왔다.

수천 년 동안 종교는 인간 본성에 대한 주요 이론들을 배출했다.[1] 예를 들어 유대-기독교의 설명들은 현재 생물학과 심리학에서 연구하는 주제와 많은 부분에서 겹친다. 인간은 신의 형상으로 창조되었고, 동물과는 무관하다.[2] 여성은 남성의 파생물이고, 따라서 운명적으로 남성의 지배를 받는다.[3] 마음은 비물질적인 것이고, 어떤 신체 구조도 갖지 못하는 힘을 가지고 있으며, 신체가 죽은 후에도 계속 존재할 수 있다.[4] 그리고 마음은 몇 가지 요소로 구성되어 있는데 여기에는 도덕성, 사랑의 능력, 어떤 행동이 도덕적 이상과 일치하는가를 판단하는 사고 능력, 어떻게 행동할 것인가를 선택하는 결정 능력이 포함된다고 한다. 결정 능력은 인과 법칙을 따르기보다는 죄악을 선택하는 선천적 경향의 지배를 받는다. 우리의 인지·지각 능력이 정확히 작용하는 이유는 신이 그 속에 현실과 대응하는 이상을 주입했기 때문이고 그 작용을 외부 세계에 맞게 조정하기 때문이다. 정신 건강은 신의 목적을 인식하고, 선을 선택하고 죄를 회개하며, 신을 사랑하고 신을 위해 동료 인간들을 사랑하는 것에서 비롯된다.

유대-기독교 이론은 성서에서 말하는 사건들에 기초를 두고 있다. 성서에 따르면 인간은 독자적으로 창조되었기 때문에 인간의 마음과 동물의 마음 사이에는 공통점이 전혀 없다. 여성의 창조에 관한 두 번째 이야기에서 이브는 아담의 갈빗대로 만들어졌기 때문에 여성의 설계는 남성의 설계에 그 바탕을 두고 있다. 인간의 결정은 특정한 원인에서 비롯된 불가피한 결과가 아니라고 추정된다. 신이 아담과 이브에게 선악과를 먹은 책임을 물었다는 것은 그들이 다른 행동을 선택할 수도 있었음을 의미하기 때문이다. 여성은 이브의 불복종에 대한 벌로서 남성의 지배를 받고, 모든 남성과 여성은 최초의 부부가 지은 죄를 물려받는다.

유대-기독교의 개념은 여전히 미국에서 가장 인기 있는 인간 본성 이론이다. 여론 조사에 따르면 미국인의 76퍼센트가 성서의 창조 이야기를 믿고, 79퍼센트가 성서에 기록된 기적들이 실제로 일어났다고 믿으며, 76퍼센트가 천사와 악마를 비롯한 영적인 존재들을 믿고, 67퍼센트가 어떤 형태로든 사후 세계가 존재할 것이라고 믿는 반면, 단 15퍼센트만이 다윈의 진화론이 지구상에 출현한 인간의 기원을 가장 적절히 설명하는 이론이라 믿는다.[5] 우익 정치인들은 이 종교적 이론을 분명히 채택하고 있으며, 공식적으로 반대하는 주류 정치인은 한 명도 없다. 그러나 우주론, 지질학, 생물학, 고고학 등과 같은 현대 과학에 대한 지식을 가진 사람이라면 누구나 성서의 창조 이야기가 실제라고 믿는 것은 불가능하게 되었다. 그 결과 유대-기독교의 인간 본성 이론은 더 이상 학자, 언론인, 사회 분석가와 그 밖의 지식 분야 종사자들에게는 공개적으로 인정받지 못하는 이론이 되었다.

그럼에도 모든 사회는 그 나름의 인간 본성 이론과 함께 유지되며, 우리의 주류 지식인 사회에도 하나의 명확한 이론이 존재한다. 그 이론은 공공연히 표명되거나 채택되는 경우는 거의 없지만, 거의 모든 신념과 정책의 핵심을 이루고 있다. 버트런드 러셀은 이렇게 썼다. "사람은 누구나 자신을 편안하게 해 주는 확신의 구름에 둘러싸인 채 살아간다. 그 구름은 여름날의 파리 떼처럼 그를 따라 이동한다." 오늘날 지식인들의 경우 그 확신의 많은 부분이 심리학 그리고 사회적 관계와 관련되어 있다. 나는 그 확신들을 '빈 서판'이라 지칭하고자 한다. 그것은 인간의 마음은 어떤 고유한 구조와도 무관하며, 사회나 그 자신이 그 위에 원하는 것을 마음대로 새겨 넣을 수 있다는 개념이다.

인간 본성에 대한 이 이론, 즉 인간 본성이 거의 존재하지 않는다는 이론이 바로 이 책의 주제이다. 모든 종교에는 인간 본성에 대한 이론이 포함되어 있고 인간 본성에 대한 이론들이 각각의 종교 안에서 자신의 역할을 수행하는 것처럼, 현대 지식 세계에서는 빈 서판이 세속 종교가 되었다. 그것은 가치의 원천으로 간주되며, 따라서 그 이론이 무에서 생겨나는 복잡한 마음이라는 믿기 힘든 기적에 근거하고 있다는 사실은 문제시되지 않는다. 회의론자들과 과학자들이 그 학설에 도전하면 어떤 신자들은 신앙의 위기에 빠지고 또 어떤 신자들은 이교도와 불신자들을 향해 격렬한 공격을 퍼붓는다. 그러나 많은 종교적 전통들이 결국에는 과학의 명백한 위협들(가령 코페르니쿠스와 다윈의 혁명적 이론)을 참고 받아들였듯이, 우리의 가치관도 빈 서판의 종말을 이기고 꿋꿋이 살아남을 것이다.

1부에 포함된 다섯 장에서는 현대 지식 세계를 지배하는 빈 서판의 위력과, 그에 도전장을 내밀고 있는 인간 본성과 문화에 대한 새로운 관점들을 다루고자 한다. 2부에서는 이 도전으로 야기된 불안을 관찰할 것이고, 3부에서는 그 불안이 어떻게 해소될 수 있는지를 볼 것이다. 그런 다음 4부에서는 보다 풍부한 인간 본성의 개념이 언어, 사고, 사회생활, 도덕성에 어떤 통찰력을 제공할 수 있는가를, 5부에서는 그것이 정치, 폭력, 성, 육아, 예술에 관한 많은 논쟁들을 어떻게 해결할 수 있는가를 보여 줄 것이다. 마지막으로 6부에서는 빈 서판의 소멸이 최초의 우려만큼 불안하지 않고 어떤 측면에서는 혁명적이지도 않다는 사실을 입증할 것이다.

1장

공식 이론

'빈 서판(Blank Slate)'은 '깨끗이 닦아낸 서판(scraped tablet)'이라는 뜻의 중세 라틴어 '타불라 라사(tabula rasa)'를 의역한 말이다. 일반적으로 사람들은 그 기원을 철학자 존 로크(1632~1704년)에 두지만, 사실 그는 이 말을 다른 비유로 사용했다. 다음은 『인간 오성론』에 나오는 유명한 구절이다.

이제 마음이 가령 아무 글자도 적혀 있지 않고 아무 개념도 담겨 있지 않은 흰 종이라고 가정해 보자. 그것은 어떻게 채워지는가? 그 종이는 어떻게 인간의 분주하고 무한한 공상에 의해 거의 무한할 정도로 다양하게 그려지는 광대한 내용을 획득하게 되는가? 그것은 어떻게 이성과 지식의 모든 재료를 갖게 되는가? 이에 대한 내 대답은 한마디로, '경험으로부터'라는 것이다.[1]

로크가 겨냥한 공격 대상은 인간이 수학적 이상, 영원한 진리, 신의 관념을 가지고 태어난다고 주장하는 본유 관념 이론이었다. 로크의 대안인 경험론은 심리 이론('마음은 어떻게 작용하는가?')인 동시에 인식론('우리는 어떻게 진리를 알게 되는가')으로 제시되었다. 두 이론 모두, 종종 자유 민주주의의 토대로 존경받는 그의 정치 철학을 확립하는 데 유용했다. 로크는 정치의 현 상태에 대한 교조주의적 정당화에 반대했다. 자명한 진리로 강요되었던 교회의 권위와 신성 왕권이 대표적이었다. 그는 어느 누구라도 획득할 수 있는 지식에 근거해 사회 제도들을 완전히 처음부터 논의해야 하며 상호 일치에 의해 합의에 도달해야 한다고 주장했다. 사상이란 경험에서 비롯되고 사람마다 다르기 때문에, 의견의 차이가 발생하는 것은 어떤 마음은 진리를 파악할 능력을 갖추었고 다른 마음은 불완전하기 때문이 아니라, 두 마음이 서로 다른 역사를 경험한 결과라는 것이었다. 따라서 이 차이는 억압되기보다는 관대하게 용인되어야 한다. 로크의 빈 서판 개념은 또한 세습적인 왕권과 귀족 신분의 정당성의 토대를 침식시켰다. 모든 사람이 백지 상태로 출발했다면 왕과 귀족은 물론이고 어느 누구도 타고난 지혜나 미덕을 가졌다고 주장할 수 없었다. 그것은 또한 노예 제도에 대한 반론이기도 했다. 더 이상 노예를 선천적으로 열등하거나 천한 존재로 생각할 수 없기 때문이었다.

 지난 세기 동안 사회과학과 인문학의 많은 분야에서 빈 서판 학설은 합의된 토대로서 작용했다. 앞으로 보겠지만 심리학에서는 모든 생각, 감정, 행동을 몇 가지 단순한 학습 메커니즘으로 설명해 왔다. 사회과학 분야에서는 모든 관습과 사회 제도를 주변 문화가 어린아이들에게 시행하는 사회화(말, 이미지, 전형, 역할 모델, 보상과 처벌의 가능성들로 구성된 체제)의 산물로 설명해 왔다. 그에 따라 인간의 사고 방식에 자연스럽게 스며들 수 있는 수많은 개념들(감정, 혈족 관계, 성, 질병, 자연, 세계)이 오늘날 "창조된" 것 또는 "사회적으로 형성된" 것으로 설명된다.[2]

빈 서판은 또한 정치적·윤리적 신념을 위한 신성한 경전으로서의 기능을 한다. 그 학설에 따르면 인종, 인종 집단, 성, 개인들 간의 어떤 차이도 선천적 체질 차이가 아니라 경험상의 차이에서 발생한다. 육아, 교육, 대중 매체, 사회적 보상을 개혁함으로써 개인의 경험을 바꾸면, 그 개인을 바꿀 수 있다는 것이다. 학업 부진, 가난, 반사회적 행동은 개선될 수 있으며, 사실 개선되지 않는 것에는 책임이 없다. 그리고 성이나 인종 집단 등 이른바 선천적 특성들을 근거로 삼아 차별하는 것은 전적으로 불합리한 일이다.

―

빈 서판은 종종 두 개의 다른 학설을 동반했는데, 그것들 역시 빈 서판처럼 현대 지식 세계에서 신성한 지위를 차지하고 있다. 내가 그 첫 번째에 붙인 고상한 야만인이란 이름은 흔히 철학자 장자크 루소(1712~1778년)에게서 나온 것으로 알려져 있지만, 사실은 1670년에 출판된 존 드라이든의 『그라나다 정복』에서 비롯된 것이다.

　나는 자연이 빚어 낸 최초의 인간처럼 자유롭다.
　예속을 강요하는 비천한 법이 생겨나기 전처럼,
　고상한 야만인이 거칠게 숲 속을 뛰어다니던 때처럼.

고상한 야만인이라는 개념은 유럽의 식민주의자들이 남북 아메리카, 아프리카, 그리고 (후에) 오세아니아 원주민의 발견에 의해 촉발되었다.

그 개념에는 자연 상태의 인간은 욕심이 없고 평화로우며, 탐욕, 근심, 폭력과 같은 병폐는 문명의 산물이라는 믿음이 담겨 있다. 1755년 루소는 다음과 같이 썼다.

> 수많은 저자들이 인간은 선천적으로 잔인하며 따라서 이를 교정하려면 상시적 경찰 제도가 필요하다고 성급한 결론을 내렸다. 그러나 인간이 짐승의 우둔함과 문명인의 유해한 양식으로부터 똑같이 먼 곳에 놓인다면, 원시 상태의 그보다 더 온화한 존재는 없을 것이다.……
> 우리가 그 상태에 대해 깊이 숙고할수록 더욱 확신하게 되는 것은, 그 원시 상태야말로 어떤 혁명도 필요치 않았던 상태, 즉 인간에게 가장 좋은 상태였다는 사실과, 만인의 이익을 위해서는 결코 일어나지 말았어야 했던 어떤 치명적 사건이 아니었다면 어떤 것도 인간을 그 상태에서 끌어내지 못했을 것이라는 사실이다. 실제로 이런 상태로 발견된 야만인들의 예는 인간이 영원히 그런 상태로 남도록 만들어졌다는 사실과, 그 상태가 세계의 진정한 유년이라는 사실, 그리고 지금까지의 모든 진보가 겉으로는 개인의 완성을 향한 것처럼 보이지만 사실은 인류의 노쇠를 향한 걸음이었다는 사실을 확인시켜 준다.[3]

루소는 누구보다 토머스 홉스(1588~1679년)를 염두에 두고 있었다. 홉스는 아주 다른 견해의 주인공이었다.

> 따라서 인간이 그 자신을 두려운 존재로 만들 공동의 힘을 갖지 못하고 사는 동안에는 이른바 전쟁이라는 상황이 인간을 지배하게 된다. 그것은 만인이 만인에 대해 벌이는 싸움이다.……
> 그런 조건 아래에서는 노동을 위한 여지가 존재하지 않는다. 그 성과

가 불확실하기 때문이다. 그 결과 문화도 없고, 항해나, 해상을 통해 수입될 수 있는 상품의 사용도 없고, 널찍한 건물도 없고, 큰 힘을 필요로 하는 물건의 이동과 운송 수단도 없고, 지형에 대한 지식도 없고, 시간 계산도 없고, 예술도 없고, 문학도 없고, 사회도 없다. 가장 끔찍한 것은 끝없는 두려움과 폭력적인 죽음의 위험이다. 인간의 삶은 외롭고, 가난하고, 더럽고, 짧다.[4]

홉스는 사람들이 이 지옥 같은 삶에서 벗어날 수 있는 유일한 방법은 자신의 자치권을 군주나 지배 집단에게 넘겨주는 것이라 믿었다. 그는 그것을 천지 창조가 시작될 때 여호와에게 굴복당했던 바다 괴물의 히브리어 이름을 따서 "리바이어던"이라 불렀다.

이 인류학의 공론가들 중 누가 옳은가에 따라 많은 것이 좌우된다. 만약 인간이 고상한 야만인이라면 리바이어던의 횡포는 불필요해진다. 사실 리바이어던은 사유지의 경계를 정하도록 강요함으로써—그렇지 않으면 모두가 공유했을 텐데—자신이 통제해야 할 바로 그 탐욕과 전쟁을 만들어 내고 만다. 그리고 인간이 고상한 야만인이라면 행복한 사회는 우리의 생득권이 된다. 우리가 할 일은 단지 그 행복을 가로막는 제도적 장벽을 제거하는 것이다. 이와는 반대로 만약 인간이 선천적으로 추악하다면, 우리가 바랄 수 있는 최선의 길은 경찰과 군대에 의해 유지되는 불안한 휴전뿐이다. 두 이론은 사생활에 대해서도 많은 의미를 담고 있다. 모든 아이가 야만인으로 (즉 미개한 상태로) 태어나고 야만인이 선천적으로 온화하다면, 양육의 핵심은 아이들에게 잠재력 개발의 기회를 제공하는 것이 되고, 악한 사람은 그들을 타락하게 만든 그 사회의 산물이 된다. 만약 야만인이 선천적으로 추악하다면 양육은 규율과 투쟁의 장이 될 것이고, 악한 사람은 제대로 길들여지지 않은 어두운 측면을 드러내고 있는 셈이 된다.

철학자들이 실제로 쓴 글들은 상징적으로 축약되어 있어서 교과서에 실린 것들보다 훨씬 복잡하다. 실제로 홉스와 루소의 견해는 그렇게 정반대가 아니다. 홉스처럼 루소도, 야만인이 사랑이나 충성심의 끈도 없고 어떤 노동이나 기술도 없는 외로운 존재라고 (잘못) 생각했다(언어까지 없었다고 주장했다면 홉스를 홉스 식으로 능가했을 것이다.). 홉스는 리바이어던을 집단 의지의 화신으로, 즉 일종의 사회 계약에 의해 집단 의지를 부여받은 존재로 보았다. 그런가 하면 루소는 가장 유명한 저서인 『사회 계약설』에서 사람들에게 각자의 이익을 "일반 의지"에 종속시키라고 요구한다.

그러나 홉스와 루소는 자연 상태를 대조적으로 그렸고, 그 상반된 그림은 그 후 수세기 동안 사상가들의 영감을 자극했다. 고상한 야만인이라는 학설이 현대인의 의식에 미친 영향을 외면하기란 불가능하다. 우리는 자연적인 모든 것(자연 식품, 자연 의학, 자연 분만)을 존중하는 경향에서, 인위적인 것을 불신하는 경향에서, 권위적 방식의 양육과 교육에 대한 거부감에서, 그리고 사회적 문제들을 인간 조건에 고유한 비극으로 생각하기보다는 제도적으로 개선이 가능한 결점으로 이해하는 경향에서 그 영향을 보게 된다.

∞∞

빈 서판과 자주 함께 등장하는 또 하나의 신성한 학설은 과학자이자 수학자이자 철학자인 르네 데카르트(1596~1650년)에게서 비롯되었다.

육체가 본질적으로 언제나 분리 가능하고 마음은 전적으로 분리 불가능하다면, 마음과 육체 사이에는 큰 차이가 있다.⋯⋯ 내가 마음을 고찰할 때, 즉 내가 단지 생각하는 존재인 한, 나는 내 자신을 어떤 부분들로도 나누어서 생각할 수 없고, 내 자신을 분명히 온전한 하나로 이해하게 된다. 그리고 비록 온전한 마음이 온전한 육체와 결합되어 있는 것처럼 보이지만, 만약 발이나 팔이나 어느 부위가 몸에서 분리된다고 해도 내 마음에서는 어떤 것도 빠져 나가지 않았음을 알게 된다. 그리고 자발성, 감정, 상상 등의 기능들이 마음을 구성하는 부분들이라고 말할 수도 없다. 마음은 자발성, 감정, 상상이 발현되는 모든 과정에서 항상 똑같이 작용하는 하나의 전체이기 때문이다. 그러나 육체적 또는 공간적 물체들의 경우는 정반대이다. 그것들 중에는 내 마음이 여러 부분으로 쉽게 분리할 수 없는 것이 하나도 없기 때문이다.⋯⋯ 만약 내가 다른 근거를 통해 이 사실을 미리 알지 못했더라도, 이것만으로도 인간의 마음 또는 정신이 육체와는 완전히 다르다는 사실을 충분히 알 수 있다.[5]

그로부터 3세기 후 한 험담가가 이 학설에 기억할 만한 이름을 붙였다. 그는 바로 철학자 길버트 라일(1900~1976년)이다.

오늘날 이론가들뿐 아니라 일반인들 사이에서도 대단히 우세하기 때문에 공식 이론이라고 표현해도 손색이 없는 마음의 본질과 위치에 대한 학설이 존재한다.⋯⋯ 데카르트가 주요한 출처인 이 공식적 교의는 다음과 같다. 불확실한 예외로서 바보들과 갓난아이들이 있지만 어쨌든 모든 인간에게는 육체와 마음이 있다. 인간의 육체와 마음은 대개 함께 사용되지만, 육체가 죽은 후에도 마음은 계속 존재하고 그 기능을 한다. 인간의 육체는 공간 속에 존재하며, 공간 속에 존재하는 다른 모든 물체를 지배하는 기계적 법칙에 종속된다.⋯⋯ 그러나 마음은 공간 속에 존재하지

않고, 그 작용도 기계적 법칙에 종속되지 않는다.······

······ 이것이 공식 이론의 개요이다. 나는 종종 이것을 의도적인 독설과 함께 "기계 속의 유령 도그마"라고 부를 것이다.[6]

고상한 야만인처럼 기계 속의 유령도 부분적으로는 홉스에 대한 반작용으로 생겨났다. 홉스는 생명과 마음이 기계적인 관점으로 설명될 수 있다고 주장했다. 빛이 우리의 신경과 뇌를 작동시키면 그것은 본다는 것을 의미한다. 배가 지나간 자리에 남는 흔적이나 줄을 퉁긴 후에 울리는 진동처럼 그 움직임이 지속되면 그것은 상상한다는 것을 의미한다. "수량들"이 뇌 속에서 더해지거나 빼지면 그것은 생각한다는 것을 의미한다.

데카르트는 마음이 물리적 원리에 의해 작동할 수 있다는 생각을 거부했다. 그는 행동 특히 언어는 어떤 원인에 의해 발생하는 것이 아니라 자유롭게 선택되는 것이라 생각했다. 그는 우리의 몸이나 그 밖의 물체들과는 달리 우리의 의식은 여러 부분으로 분리하거나 공간적으로 펼쳐 놓을 수 없는 것처럼 느껴진다고 말했다. 그리고 생각이라는 행동 자체가 마음이 존재한다는 것을—사실 마음이 바로 우리라는 것을 의심할 수 없다.—전제로 하기 때문에 우리는 마음의 존재를 의심할 수 없다고 강조했다. 그러나 육체의 존재는 의심할 수 있다. 나의 실체는 자신이 육체를 가진 존재라는 꿈을 꾸거나 환각에 사로잡혀 있는 비물질적 정신이라고 상상해 볼 수 있기 때문이다.

데카르트는 또한 자신의 이원론(마음은 육체와 다른 종류의 것이라는 믿음)에서 뜻밖의 도덕을 덤으로 발견했다. "나약한 정신들을 도덕적으로 바른 길에서 벗어나도록 인도하는 가장 효과적인 방법은, 자신의 정신이 본질상 짐승의 정신과 똑같아서 죽은 후에는 파리나 개미처럼 두려워할 것이나 희망할 것이 전혀 없다고 상상하는 것이다."[7] 라일은 데카르트의 딜레마를 이렇게 설명한다.

> 과학적 방법들을 이용해 갈릴레오가 모든 공간 점유자들을 포괄하는 기계적 이론을 제시했을 때, 데카르트는 그 자신 속에 존재하는 두 개의 모순되는 동기를 발견했다. 천재 과학자로서 그는 역학적 주장들을 인정하지 않을 수 없었지만, 한편으로는 종교적·도덕적 인물로서 그는 그 역학적 주장에 딸린 불쾌한 추가 조항, 즉 인간 본성이 단지 복잡성의 정도에 있어서만 시계 장치와 다르다는 생각을 홉스처럼 인정할 수 없었다.[8]

사실 우리 자신을 잘 꾸며진 톱니바퀴와 용수철이라고 생각하면 기분이 상할 수 있다. 기계는 비정하고, 사용되기 위해 만들어진 것이고, 사용 후 처분되는 반면에, 인간은 지각을 지니고 있고, 존엄과 권리를 소유하며, 무한히 소중하다. 기계에는 모래를 갈거나 연필을 깎는 등의 실제적 목적이 있는 반면에, 인간에게는 사랑, 신앙, 선행, 지식과 미의 창조 등의 더 높은 목적이 있다. 기계의 행동은 불가항력적인 물리적·화학적 법칙에 의해 결정되는 반면에, 인간은 자신의 행동을 자유롭게 선택한다. 선택이 있어야 자유가 있고, 미래의 가능성에 대한 희망이 있다. 또한 선택이 있어야 책임이 있고, 그리하여 사람들은 자신의 행동을 책임지게 된다. 그리고 마음이 육체와 별개라면 육체가 망가졌을 때에도 마음은 계속 존재할 수 있으며 우리의 생각과 즐거움도 영원히 소멸하는 운명을 면할 것이다.

앞에서 언급했듯이, 대부분의 미국인들은 비물질적인 어떤 재료로 이루어진 불멸의 영혼을 믿고, 그 영혼이 육체와 분리될 수 있다고 믿는다. 그리고 그 믿음을 요란스럽게 공언하지 않는 사람들조차도 인간에게는 뇌 속에서 일어나는 전기적·화학적 활동 이상의 것이 분명히 존재한다고 생각한다. 선택, 존엄, 책임은 인간과 다른 모든 존재를 구분 짓는 특별한 선물이며, 우리가 분자들의 집합에 불과하다는 개념과 양립할 수 없는 것처럼 보인다. 행동을 기계적 관점으로 설명하려는 시도는 일반적으로 "환원주의적" 또는 "결정론적"이라고 비난받는다. 그렇게 비난하는 사람들은 그 말의 정확한 의미를 모르지만, 그것이 나쁜 것을 가리킨다는 사실은 누구나 잘 알고 있다. 마음과 육체의 이분법은 또한 일상 언어에까지 스며들어 있어서, 흔히들 "머리를 쓴다"라고 하거나 '육체를 떠난 경험'을 이야기하고, "존의 머리"나 "존의 뇌"라고 말하는데, 이러한 표현들은 그 뇌와 어떤 식으로든 별개로 존재하는 뇌의 소유자, 존을 전제로 한다. 이따금씩 언론인들은 "육체 이식 수술"이라 부를 수도 있는 것을 "뇌 이식 수술"로 표현한다. 사실 그것은 철학자 대니얼 데닛이 언급한 것처럼 기증자가 되는 편이 수혜자가 되는 것보다 훨씬 나은 이식 수술이기 때문이다.*

빈 서판, 고상한 야만인, 기계 속의 유령 학설들—또는 철학자들의 명명대로 경험론, 낭만주의, 이원론—은 논리상으로는 독립적이지만 실제로는 함께 발견되는 경우가 많다. 서판이 비어 있다면 엄밀히 말해 거기에는 선행을 하라는 명령도 악행을 하라는 명령도 없을 것이다. 그러나 선과 악은 비대칭이다. 즉 사람들에게 도움이 되는 방법보다는 해가 되는 방법이 더 많고, 선한 행동이 사람들을 이롭게 하는 정도보다 악한 행동이 사람들에게 해를 끼치는 정도가 더 크다. 따라서 동기들이 가득 적혀 있는 서판과 비교할 때 빈 서판은 이롭지 못한 측면보다는 해

---

* 기증자의 뇌가 수혜자의 두개골에 이식되면 수혜자의 자아와 의식은 사라지고 기증자의 것만 남는다.

롭지 않은 측면 때문에 우리에게 더 깊은 인상을 주게 된다. 루소는 빈 서판을 곧이곧대로 믿지는 않았지만, 나쁜 행동이 학습과 사회화의 산물이라고 믿었다.[9] 그는 "인간은 악하다. 슬프고 끊임없는 경험 때문에 따로 입증할 필요가 없다."라고 썼다.[10] 그런데 이 악함의 출처는 사회이다. "인간의 마음에는 원천적인 사악함이 없다. 어떻게 들어왔는지 알 수 없는 악은 단 하나도 발견할 수 없다."[11] 일상 언어 속의 비유들이 하나의 단서라면, 루소처럼 우리도 빈 상태를 무보다는 선과 연관시킨다고 볼 수 있다. 다음의 단어들이 내포하고 있는 도덕적 의미들을 생각해 보라. '깨끗한', '맑은', '순결한', '하얀', '순수한', '흠 없는', '티 없는', '오점 없는'. 다음 명사들은 어떠한가? '더러운', '얼룩진', '흔적', '자국', '때묻은', '오점'.

빈 서판은 기계 속의 유령과도 자연스럽게 공존한다. 비어 있는 서판은 유령이 출몰하기에 좋은 장소이다. 만약 유령이 기계를 조종하기로 되어 있다면 공장에서는 기계의 부품을 최소화할 수 있다. 유령이 신체의 계기판을 읽고 레버들을 당겨 조종할 수 있으므로, 첨단의 실행 프로그램, 유도 시스템, CPU 따위는 불필요할 것이다. 단순한 장치들이 행동을 조종한다면, 복잡한 장치를 설치할 필요도 그만큼 줄어든다. 비슷한 이유로 기계 속의 유령은 고상한 야만인과도 즐겁게 어울린다. 만약 기계가 천하게 행동하면, 우리는 그런 행동을 자유롭게 선택한 유령을 비난할 수 있고, 기계의 설계에서 결점을 찾을 필요가 없어진다.

∞

오늘날 철학은 전혀 존경을 받지 못한다. 많은 과학자들이 철학이라는 말을 공허한 사색과 동일한 의미로 사용한다. 나의 동료 네드 블록이 부친에게 철학을 전공하겠다고 말했을 때, 부친의 대답은 "루프트!"였다고 한다. "공기"를 뜻하는 이디시(Yiddish) 말이다. 다음과 같은 농담도 있다. 한 젊은이가 어머니에게 철학 박사(Doctor of Philosophy)가 되겠다고 하자, 그녀는 이렇게 대답했다. "훌륭하구나! 그런데 철학이 무슨 병이니?"

그러나 철학은 결코 쓸데없거나 공허하지 않으며, 철학자들의 사상은 수백 년 동안 간접적으로 수많은 영향을 미친다. 빈 서판과 그에 따른 여러 학설들도 우리 문명의 전통적 지혜에 깊이 스며들어 있으며, 우리가 예상치 못한 곳에서 끊임없이 모습을 드러낸다. 자유주의 정치 철학의 창시자 가운데 한 명인 윌리엄 고드윈(1756~1835년)은 "어린이는 우리 손에 주어진 원료와 같고" 어린이의 마음은 "흰 종이와 같다."라고 말했다.[12] 보다 불길한 예를 들자면, 마오쩌둥은 자신의 급진적 사회 개혁을 다음과 같은 말로 정당화했다. "가장 아름다운 시는 백지 위에 기록된다."[13] 월트 디즈니도 같은 비유에서 영감을 느꼈다. "나는 어린이의 마음이 하얀 책이라고 생각한다. 처음 몇 년 동안 많은 것이 그 책에 기록된다. 그 내용이 그의 삶에 깊은 영향을 미친다."[14]

로크는 자신의 말이 훗날 (디즈니가 아이들에게 자립심을 가르치기 위해 만든) 밤비를 낳을 것이라고는 상상하지 못했을 것이다. 또한 루소도 최후의 고상한 야만인인 포카혼타스를 예상하지 못했을 것이다. 루소의 정신은 최근 《보스턴 글로브》의 추수 감사절 특집 논설에 되살아났다.

나는 미국 원주민들의 세계가 오늘날의 우리 사회보다 더 평화롭고 행복하고 덜 야만적이었다고 말하고 싶다.…… 그곳에는 고용 문제도 없었고, 공동체 의식이 강했으며, 약물 남용도 없었고, 범죄는 거의 전무했다. 부족 간의 전쟁은 거의 종교 의식에 가까웠기 때문에 무차별적인 학살이나 대량 학살로 이어지는 경우는 거의 없었다. 힘든 시기에도 삶은 대체로 안정적이었고 예측 가능했다.…… 원주민들은 자신들을 둘러싼 환경을 존중했기 때문에, 오염이나 멸종으로 인한 수자원이나 식량 자원의 고갈이 없었고, 바구니, 카누, 집, 장작과 같은 생활 필수품의 재료가 부족해지는 경우도 없었다.[15]

오른쪽 만화에서 볼 수 있듯, 회의론자들이 없는 것은 아니었다.

세 번째 학설도 오늘날 자주 모습을 드러낸다. 2001년 조지 W. 부시는, 과학자들이 배아 줄기 세포를 추출하기 위해 새 배아들을 파괴해야 한다면 인간 배아 줄기 세포의 연구를 지원하지 않을 것이라고 발표했다 (이 정책은 과거에 추출해 놓은 줄기 세포에 대한 연구는 허용하고 있다.). 그는 이 정책을 확정하기 위해 과학자들뿐 아니라 철

Calvin and Hobbes ⓒ Watterson. Reprinted with permission of Universal Press Syndicate. All rights reserved.

학자들과 종교 사상가들에게도 자문을 구했다. 그들 중 다수가 "영혼 탄생"의 관점에서 이 문제에 접근했는데, 그것은 아이로 성장할 세포 덩어리에 영혼이 부여되는 순간을 의미한다. 몇몇 사람들은 영혼 탄생이 임신과 동시에 완료된다고 주장했다. 그것은 배반포(줄기 세포를 추출하는 5일 된 세포 구)가 도덕적으로 한 인간과 동등하며 그것을 파괴하는 것은 일종의 살인에 해당한다는 것을 의미한다.[16] 이러한 주장은 확고한 위치를 차지하고 있다. 다시 말해 21세기 의학 기술의 꽃으로 성장할 가장 유망한 분야에 대한 미국의 정책이, 수백 년 전에나 어울릴 만한 도덕적 문제——유령이 맨 처음 기계 속에 들어오는 때는 언제인가?——에 따라 결정되고 만 것이다.

지금까지의 예들은 빈 서판, 고상한 야만인, 기계 속의 유령이 현대의 지식 세계에 남긴 몇 가지 지문에 불과하다. 다음 몇 장에서 우리는 언뜻 보면 공허해 보이는 계몽주의 철학자들의 사상이 어떤 식으로 현대적 의식 속에 깊이 뿌리를 내렸는지, 그리고 최근의 발견들이 그 속에 감춰진 의혹들을 어떻게 파헤치고 있는지를 보게 될 것이다.

2장

실리퍼티*

덴마크 문헌학자 오토 예스페르센(1860~1943년)은 역사적으로 가장 사랑받는 언어학자 중 한 명이다. 그의 생기 넘치는 책들은 오늘날에도 꾸준히 읽히며, 특히 1905년 처음 출판된 『영어의 성장과 구조』는 더욱 그러하다. 예스페르센의 학문은 완전히 현대적이지만 처음 몇 페이지만 보면 현대적인 책을 읽고 있다는 생각이 좀처럼 들지 않는다.

영어를 생각하고 그것을 다른 언어들과 비교할 때마다 끊임없이 떠오르는 표현이 있다. 영어는 분명히 단연코 남성적인(masculine) 언어인 것 같다. 그것은 성인 남성의 언어이며, 그 속에 어린애 같거나 여성적인 측

* 놀이와 공작을 함께 할 수 있는 고무질의 재료로, 공기 중에서도 굳지 않는다. 원하는 대로 쉽게 모양을 만들어 낼 수 있고, 동그랗게 빚어 공처럼 통통 튀길 수도 있다.

면은 거의 없다.……

대조를 통해 이 점을 확인할 수 있도록 무작위로 하와이어의 한 구절을 골라 보았다. "I kona hiki ana aku ilaila ua hookipa ia mai la oia me ke aloha pumehana loa." 문장이 진행되는 동안 자음으로 끝나는 단어는 어디에도 없고, 자음이 둘 이상 묶인 곳도 없다. 그런 언어가 즐겁게 들리고 그 속에 음악과 선율이 가득한 듯이 느껴진다 해도 전체적인 인상은 유치하고 여성적이라는 것을 누가 의심할 수 있겠는가? 그런 언어를 사용하는 민족에게서 활력이나 열정을 기대하기는 어렵다. 그런 언어는, 사람이 원하는 것을 얻으려 할 때 토양이 그 사람에게 거의 어떤 노동도 요구하지 않고 따라서 그 삶에서는 자연과 동물에 대한 힘든 투쟁의 흔적을 전혀 찾아볼 수 없는 따뜻한 지역의 거주자들에게만 적합한 것이다. 정도는 약하지만 이탈리아어와 스페인어에서도 그와 똑같은 음성 구조가 발견된다.[1]

그는 계속해서 영어의 남성다움, 절도, 논리성을 광고하다가 다음과 같은 말로 장을 마감한다. "언어가 그렇다면 민족도 그러하다."

오늘날 이 글을 읽는 사람들은 누구나 여기에 담긴 성 차별, 인종 차별, 쇼비니즘(여성이 유치하다는 암시, 식민지 민족을 나태한 부류로 매도하는 정형화, 저자 자신의 문화에 대한 근거 없는 찬양)을 보고는 틀림없이 충격을 받을 것이다. 위대한 학자가 내비치고 있는 유감스런 기준들도 놀랍기만 하다. 언어가 "성인"답고 "남성적"일 수 있다는 생각은 무의미한 동시에 주관적이다. 그는 아무런 증거도 없이 개인적 특성을 민족 전체에게로 돌린 다음, 더 나아가 인과 관계에 대한 입증은 물론 상관성을 보여 주는 데이터조차 없이 두 개의 이론(음운론은 성격을 반영한다는 것과 따뜻한 기후는 게으름을 낳는다는 것)을 전개한다. 자신의 전문 분야에서도 그의 논리는 여전히 얄팍하다. 다른 언어들과는 달리 하와이 어처럼 자음-모음 음절 구조를 가진 언어들은 같은 양의 정보를 전달하는 데 있어서 더 긴 단어들을 필요로 하는데, 이런 현상은 "활력이나 열정"이 있는 민족에게 나타나지 않을까? 그리고 자음으로 뒤덮인 영어의 음절들은 얼버무리기 쉽고 잘못 알아듣기 쉬운데, 이는 논리적이고 실질적인 민족에게는 잘 나타나지 않는 현상이 아닐까?

그러나 가장 한심한 점은 자신의 말에 이론의 여지가 있을 수도 있다는 사실을 철저히 망각하고 있었다는 것이다. 그는 그의 동료들이자 "우리" 북부 언어를 사용하는 독자들도 자신과 똑같은 편견을 가졌을 것이라 믿어 의심치 않았다. 그는 "누가 의심할 수 있겠는가?"라고 수사학적으로 묻고 나서, 그런 민족에게서는 "활력이나 열정을 기대하기 어렵다."라고 주장했다. 여성과 다른 민족들의 열등함을 이야기할 때에는 어떤 변명이나 사과도 필요치 않았다.

내가 과거의 한 사람인 오토 예스페르센을 인용한 것은 기준이 어떻게 변했는가를 보이기 위해서다. 위의 글은 1세기 전의 지식 세계에서 무작위로 선택한 표본이다. 이 정도의 글은 19세기나 20세기 초의 거의 모든 저술가에게서 쉽게 발견된다.[2] 그때는 백인들이 "새로 정복한 굼뜬 민족들, 반은 악마이고 반은 아이인 사람들"을 바른 길로 인도해야 한다는 부담을 짊어진 시대였고, 해안마다 비참한 인간 쓰레기들이 우글대던 시대였으며, 유럽 제국주의 열강들이 서로에게 비수를 들이대던 (때로는 던지던) 시대였다. 제국주의, 이주, 민족주의, 노예제의 유산으로 인해 인종 집단 간의 차이점들이 지나치게 과장되었다. 어떤 민족은 똑똑하고 교양 있게 보였고, 어떤 민족은 둔하고 무지해 보였다. 어떤 민족은 자신의 안전을 위해 주먹과 곤봉을 사용했고, 어떤 민족은 경찰과 군대를 동원했다. 북부 유럽인들이 다른 민족들을 지배하기에 적합한 진보한 종족이라는 매력적인 가정이 성행했다. 그에 못지않게 편리한 가정은 여성이 체질상 부엌, 교회, 아이들에게 적합하다고 믿는 것이었다. 두뇌 활동은 여성의 신체적·정신적 건강에 좋지 않다는 것을 보여 주는 '조사'가 그러한 믿음을 뒷받침했다.

인종적 편견 역시 과학의 후광을 업고 있었다. 다윈의 진화론은, 생물체가 생태적 지위에 적응하는 과정을 설명하는 것이 아니라 인간의 지적·도덕적 진보를 설명하는 것으로 잘못 해석되었다. 백인이 아닌 민족들은 진화 사다리에서 원숭이와 백인의 중간 다리에 해당한다고 생각하곤 했다. 설상가상으로 다윈의 제자인 허버트 스펜서는, 가난한 계층과 민족들 즉 스펜서가 보기에 생물학적으로 덜 진화한 사람들을 개선하기 위해서는 사회 개량가들이 진화의 과정에 개입해야 한다고 적었다. 사회 다윈주의(다윈은 이런 식의 설명을 전혀 원하지 않았으므로, 사회 스펜서주의라고 해야 한다.)의 학설은 당연히 존 D. 록펠러, 앤드루 카네기 같은 대변인들을 끌어들였다.³ 다윈의 사촌 프랜시스 골턴은 덜 진화한 사람들의 번식을 말리는 이른바 우생학(인간 개량학)을 통해 인간의 진화에 도움의 손길을 가해야 한다고 제안했다.⁴ 그로부터 불과 몇 십 년 후 캐나다, 스칸디나비아 국가들, 미국의 30개 주, 그리고 불길하게도 독일에서 범법자들과 정신병 환자들에게 강제로 불임 수술을 받게 하는 법이 통과되었다. 열등한 민족에 대한 나치의 이데올로기는 후에 수백만 유대인, 집시, 동성애자들의 대량 학살을 정당화하는 데 이용되었다.

그 후로 오랜 시간이 흘렀다. 예스페르센의 견해보다 더욱 끔찍한 태도들이 세계의 많은 지역에서 그리고 우리 사회의 여러 분야에서 여전히 성행하고 있지만, 적어도 서구 민주주의 국가들의 주류 지식 세계에서는 거의 완전히 사라진 상태다. 오늘날 미국, 영국, 서구 유럽에서 존경받는 공인이라면 누구도 여성을 함부로 비하하거나, 민족 또는 인종 집단을 향해 편견의 돌을 던지지 않는다. 교양 있는 사람들은 마음 속에 감추어진 편견을 항상 자각하고, 다른 사람들의 감각과 객관적 사실에 따라 그것을 평가하려고 노력한다. 공공 생활에서 우리는 사람들을 성이나 인종 집단의 표본이 아니라 개인으로서 평가하려고 노력한다. 우리는 힘과 정의를 구분하고, 소수의 기호와 객관적인 미덕을 구분하며, 그에 따라 우리와 다르거나 우리보다 가난한 문화를 존경하려고 노력한다. 그리고 어떤 고위 관리도 인류의 진화를 책임질 만큼 현명하지 않다는 사실과, 어떤 경우에라도 정부가 출산과 같은 개인적 결정에 간섭하지 말아야 한다는 사실을 분명히 알고 있다. 인종 집단의 구성원들이 생물학적 이유로 박해를 받아야 한다는 식의 생각을 머릿속에 떠올리기만 해도 극도의 불쾌감을 느끼게 된다.

 이런 변화가 정착하기까지는 사형(私刑, 린치), 세계 전쟁, 강제적 불임 수술, 그리고 특정한 인종 집단을 말살하려 했던 홀로코스트 등과 같은 씁쓸한 교훈이 필요했다. 그러나 그 변화들은 또한 그보다 앞선 20세기 초의 우연한 실험들—대량 이주, 사회적 이동, 현대에 출현한 지식의 보급—에서 파생된 부산물이었다. 빅토리아 시대의 신사들은 다가오는 세기에 유대인 개척자들과 병사들이 새로운 민족 국가를 건설하리라는 것, 아프리카계 미국인들이 지식 세계에 대거 진출하리라는 것, 인도의 방갈로르에 거대한 소프트웨어 산업이 형성되리라는 것을 상상하지 못했다. 그리고 여성들이 전쟁을 이끌고, 거대 기업을 경영하고, 과학 분야에서 노벨상을 받으리라는 것도 예상하지 못했다. 오늘날 우리는 모든 성과 모든 인종 집단의 사람들이 어떤 사회적 지위라도 획득할 능력이 있음을 알고 있다.

 이 소용돌이 속에는 인간 본성에 대한 과학자들과 학자들의 혁명적인 태도 변화도 포함되어 있었다. 인종과 성에 대한 급격한 태도 변화가 학계를 휩쓸었지만, 그들은 또한 그 흐름을 지배해 나가는 데에도 일조했다. 인간 본성에 대한 이론과 연구 결과들을 발표하고 자신들의 전문 지식을 정부 기관에 제공한 것이다. 당시의 마음 이론들은 인종 차별과 성 차별을 최대한 타파할 수 있도록 재구성되었다. 빈 서판 학설은 '표준 사회과학 모델' 또는 '사회 구조주의'라 불리는 형태로 지식 세계에 깊이 뿌리를 내렸다.[5] 이 모델은 현재 제2의 본성으로 통하는데, 그 뒤에 감추어진 역사를 아는 사람은 매우 드물다.[6] 이 혁명의 역사에 정통한 역사학자 칼 데글러는 그 과정을 다음과 같이 요약한다.

> 확인 가능한 모든 증거로 알 수 있는 사실은 이 세계가 보다 자유롭고 공정한 곳이 될 수 있다는 이데올로기나 철학적 믿음이 생물학에서 문화로의 중심 이동에 큰 역할을 했다는 것이다. 과학, 또는 최소한 몇몇 과학 분야들 또는 혁신적인 학문 역시 변화에 기여했지만 그 정도는 한정적이었다. 변화의 주된 동력은, 사회 집단의 행동을 설명할 때 선천적인 불변의 생물학적 원인들이 아무 역할도 하지 못하는 새로운 사회 질서를 수립하려는 의지에서 나왔다.[7]

심리학을 비롯한 사회과학 분야에서 빈 서판이 지적 세계에 도입된 것은 다양한 경로를 통해서였지만, 그 추진력은 동일한 역사적 사건과 진보적 이념에서 나왔다. 1910년대와 1920년대에는 벌써 여성과 인종 집단에 대한 상투적 전형들이 어리석게 보이기 시작했다. 수많은 유대인을 포함해 남부와 동부 유럽에서 들이닥친 이민자의 물결이 여러 도시들을 채우면서 사회적 지위를 높여 가고 있었다. 아프리카계 미국인들은 새로 문을 연 '흑인 대학'의 혜택을 누렸고, 북부로 이주했으며,

할렘 르네상스를 꽃피웠다. 갈수록 성장하던 여자 대학의 졸업생들은 페미니즘 1기를 출범시키는 데 중요한 역할을 했다. 역사상 처음으로 백인 앵글로색슨 신교도 남성이 아닌 다른 집단의 사람들이 교수와 학생이 되었다. 이제 어떤 집단이 체질상 우수하다고 말하는 것은 모욕적일 뿐 아니라 모든 사람이 두 눈으로 똑똑히 확인할 수 있는 객관적 현실에도 위배되는 일이 되었다. 특히 사회과학은 여성, 유대인, 아시아인, 아프리카계 미국인들을 끌어당겼고, 그들 중 일부는 영향력 있는 사상가가 되었다.

20세기의 처음 몇 십 년 동안 일어났던 긴급한 사회 문제들은 대개 이들 집단의 불운한 구성원들에 대한 것이었다. 이민자를 더 받아들여야 하는가? 그래야 한다면 어느 나라에서 받아들여야 하는가? 일단 들어온 이민자들에게는 동화를 장려해야 하는가? 그래야 한다면 어떤 방법으로 해야 하는가? 여성에게도 동등한 정치적 권리와 경제적 기회를 허용해야 하는가? 흑인과 백인은 통합되어야 하는가? 아동 문제도 제기되었다.[8] 주 정부의 책임 하에 교육이 의무화되었다. 도시가 복잡해지고 가족 연대가 느슨해짐에 따라 어린이 문제가 모두의 관심사로 부상했고, 이 문제를 처리하기 위해 유치원, 고아원, 소년원, 야외 캠프, 어린이 구조회, 청소년 클럽 등이 고안되었다. 아동 발달이 갑자기 최우선 과제로 부상했다. 아동 문제를 위한 가장 인간적인 가정은, 적절한 양육과 기회가 주어진다면 모든 인간이 성공할 수 있는 잠재력을 똑같이 가지고 있다는 것이었다. 많은 사회과학자들이 그 가정을 입증하고 강화하는 것을 자신의 임무로 보았다.

모든 심리학 개론서들이 분명히 밝히는 것처럼 현대 심리학 이론은 존 로크를 비롯한 계몽주의 사상가들에게서 비롯되었다. 로크에게 빈 서판은 교회와 전제 군주에게 겨눈 무기였지만, 19세기의 영어권 세계에서 그 위력은 매우 초라했다. 로크의 빈 서판 심리학을 오늘날 우리가 인식할 수 있을 만큼 뚜렷이 정치적 문제에 적용한 사람은 아마도 로크의 지적 상속인인 존 스튜어트 밀(1806~1873년)일 것이다. 그는 여성 참정권, 의무 교육, 하층 계급의 생활 조건 개선에 대한 초기 찬성자였다. 그러한 행적은 그의 심리학적·철학적 입장과 깊이 관련되어 있었다. 자서전에서 그는 다음과 같이 설명한다.

> 개인적 성격의 모든 특징들을 선천적이고 대부분 씻을 수 없는 것으로 간주하고, 개인·인종·성별 간의 차이들 대부분이 환경의 산물이라는 거부할 수 없는 증거들을 무시하는 현재의 경향이야말로 중요한 사회 문제들을 합리적으로 해결하는 데 주요한 장애물이자 인간의 발전을 저해하는 데 가장 큰 걸림돌이라고 나는 오랫동안 생각해 왔다.…… [이 경향은] 보수적인 이해 관계와 전반적으로 맞아떨어질 뿐 아니라 인간의 나태함과 아주 잘 일치하기 때문에 그 뿌리를 잘라 내지 않으면 보다 온건한 직관 철학에서 실제로 정당화되고 있는 정도를 훨씬 넘어 매우 극단적인 형태로 발전할 것이 분명하다.⁹

밀이 말하고 있는 "직관 철학"은 (무엇보다도) 이성적 범주들이 선천적이라고 주장하는 대륙의 합리론이었다. 밀은 합리론이 사회적으로 보수적인 의미를 내포하고 있다고 생각해 그 심리학 이론의 뿌리를 공격하고자 했다. 그는 인간의 지능을 선천적 기초에 의존하지 않고 설명하는 (로크에 의해 공식화된 적이 있는) '연상 심리학(또는 관념 연합설)'이라는 학습 이론을 정교하게 손질했다. 이 이론에 따르면 빈 서판에 글씨가 새겨지는 것은 감각에 의해서인데, 로크는 그것을 "관념(또는 표상, ideas)"이라고 불렀고, 현대 심리학자들은 "속성(또는 특성, features)"이라고 부른다. 연속해서 반복적으로 나타나는 관념들(가령 사과의 붉음, 둥글음, 달콤함)은 서로 연관되고, 그러면 어느 한 관념이 다른 관념들을 떠올릴 수 있게 된다. 그리고 비슷한 사물들은 서로의 관념들을 활성화해 중첩시킨다. 예를 들어 여러 마리의 개들이 우리의 감각에 제시되면 그 개들이 공유하는 특성들(털, 짖는 소리, 네 다리 등)이 결합되어 "개"라는 범주가 형성된다.

로크와 밀의 연상심리학은 그 후로 오늘날까지 유용한 심리학 이론으로 인정받고 있다. 그것은 특히 1920년대부터 1960년대까지 심리학을 지배했던 행동주의 심리학에서 가장 중요한 학습 모델이 되었다. 행동주의의 창시자 존 B. 왓슨(1878~1958년)은 빈 서판을 주장한 20세기 최고의 선언을 발표했다.

나에게 열두 명의 건강한 아기를 주고 내가 직접 하나하나 꾸민 세계에서 그 아기들을 키우게 한다면, 장담하건대 나는 어떤 아기라도 그 재능, 기호, 경향, 능력, 소질, 조상들의 경력과는 무관하게 내가 선택한 유형의 사람—의사, 변호사, 예술가, 상인, 심지어 거지나 도둑—으로 길러 낼 수 있다.[10]

행동주의 심리학에서 아기의 재능이나 능력은 중요하지 않다. 재능이나 능력 따위는 아예 없기 때문이다. 왓슨은 그것을 관념, 믿음, 욕구,

감정과 같은 마음의 내용들과 함께 심리학에서 추방해 버렸다. 그에 따르면 그런 것들은 주관적이고 측정이 불가능해서, 객관적이고 측정 가능한 것들만을 연구하는 과학에는 부적합하다는 것이었다. 행동주의 심리학에서 심리학에 적합한 유일한 주제는 명백한 행동과 그 행동이 현재와 과거의 경험에 의해 통제되는 방식이다. (심리학에 오래된 농담이 있다. 행동주의 심리학자는 사랑을 나눈 후 이렇게 말한다. "당신 참 좋았어. 나는 어땠지?")

로크의 "관념"은 "자극"과 "반응"으로 대체되었지만 그의 연상 법칙은 조건화 법칙으로 존속했다. 하나의 반응은 새 자극과 연관될 수 있었다. 가령 왓슨은 아기에게 흰 쥐를 보여 준 다음 망치로 쇠 막대를 쳐서 두려움과 털을 연관짓게 만들었다.* 또한 반응은 보상과 연관될 수 있었다. 가령 상자 속의 쥐는 결국 줄을 당기면 문이 열려서 탈출할 수 있다는 것을 학습하는 것이었다. 이 경우 실험자는 자극과 자극 또는 반응과 보상 사이에 우발적 사건을 끼워 넣는다. 행동주의 심리학자들에 따르면 실제 환경에서 그와 같은 우발적 사건들은 이 세계를 이루는 우연한 요소들로서, 인간을 포함한 유기체들의 행동을 결정적으로 형성하는 것이다.

행동주의 심리학의 단순화는 윌리엄 제임스(1842~1910년)의 풍부한 심리학을 왜소하게 만들었다. 제임스는 지각, 인지, 감정도 신체 기관들처럼 생물학적 적응을 통해 진화했다는 다윈의 주장에서 영감을 얻었다. 그는 본능 개념을 빌려 와 동물의 성향뿐 아니라 장기 기억과 단기 기억을 포함한 인간의 성향을 설명했다. 그러나 행동주의 심리학의 도래와 함께 그의 주장들은 금단의 창고에 갇히고 말았다. 심리학자 J. R.

* 아기가 흰 쥐에게 손을 뻗으면 망치 소리를 내서 공포심을 불러일으켰다.

캔터는 1923년에 이렇게 썼다. "사회 심리학과 본능의 관계가 무엇인가 라는 질문의 답은 아주 간단하다. 아무 관계가 없다는 것이다."¹¹ 심지어 성적 욕구도 조건화된 반응으로 새롭게 규정되었다. 1929년 심리학자 징양 쿠오는 다음과 같이 썼다.

> 행동은 유전적 요소들의 발현도 아니고, 유전에 의해 설명될 수도 없다. [그것은] 오직 유기체의 구조적 패턴과 자연 환경의 영향력에 의해 기계적으로 결정되는 수동적이고 강요된 운동이다.…… 우리의 모든 성적 욕망은 사회적 자극의 결과이다. 유기체는 선천적인 관념을 가지고 태어나지 않는 것처럼 이성(異性)에 대해 미리 만들어진 반응을 소유하지도 않는다.¹²

행동주의 심리학자들은 행동을 이해할 때에는 생물학과 무관하게, 종이 진화해 온 역사나 동물의 유전적 구조에 주목하지 않아도 된다고 믿었다. 심리학은 실험 동물들의 학습 연구로 한정되었다. 20세기 중반의 가장 유명한 심리학자인 B. F. 스키너(1904~1990년)가 쓴 『유기체의 행동』이라는 책에 유일하게 등장하는 유기체는 쥐와 비둘기였고 유일하게 소개된 행동은 지레 누르기와 단추 쪼기였다. 심리학자들에게 동물과 그들의 본능이 중요하다는 사실을 일깨우기 위해서는 서커스 구경이라도 갈 필요가 있었다. 스키너의 제자 켈러 브릴랜드와 메리언 브릴랜드는 「유기체의 잘못된 행동」이라는 논문에서, 스키너의 방법을 이용해 동물들에게 자동판매기에 포커 칩을 넣도록 훈련시키자, 닭은 그 칩들을 쪼아대고 너구리는 핥아대고 돼지는 주둥이로 헤집었다고 보고했다.¹³ 행동주의 심리학자들은 유전에 대해서뿐 아니라 뇌에 대해서도 적대적이었다. 1974년에 드디어 스키너는, 뇌를 연구한다는 것은 행동의

원인을 바깥 세계가 아닌 유기체 내부에서 찾으려는 또 하나의 잘못된 탐구에 불과하다고 언급했다.[14]

행동주의는 심리학을 정복했을 뿐 아니라 대중의 의식에도 스며들었다. 왓슨은 부모들에게 자녀들을 위해 엄격한 급식 계획을 수립하고 최소한의 관심과 사랑만을 줄 것을 권유하는 영향력 있는 양육 책자를 만들었다. 그는 우는 아이를 달래면 아이에게 우는 것에 대한 보상을 주게 되고 그럼으로써 우는 행동의 빈도를 높이게 된다고 적었다. (1946년 최초로 출간되었으며 자녀의 응석에 관대할 것을 추천한 것으로 유명한 벤저민 스폭의 저서 『아기와 어린이 돌보기(Baby and Child Care)』는 왓슨에 대한 부분적인 반발이었다.) 스키너는 해로운 행동은 본능적이거나 자유롭게 선택된 것이 아니라 우연히 조건화된 것이라고 주장하는 몇 권의 베스트 셀러를 써 냈다. 그의 말대로 사회가 하나의 커다란 스키너 상자이고 행동이 우연보다는 계획에 따라 조절된다면, 공격성, 인구 과잉, 혼잡, 오염, 불평등이 사라지고 유토피아가 도래했을 것이다.[15] 이제 고상한 야만인은 고상한 비둘기가 되었다.

심리학에서 엄격한 행동주의는 거의 소멸했지만 행동주의적 태도들은 여전히 존재한다. 연상 심리학은 학습과 관련된 여러 가지 수학적 모델과 신경 네트워크 시뮬레이션들을 전제로 한 학습 이론이다.[16] 다수의 신경학자들은 학습을 연상의 형성과 동일시하여, 뉴런과 시냅스의 생리 과정 속에서 연상의 끈만을 찾고, 뇌 속에서 학습을 실행하는 다른 종류의 연산들은 무시한다.[17] (예를 들어, 뇌 속에 가령 '$x=3$'과 같은 하나의 변수값을 저장하는 것은 야생 동물들의 고도로 발달된 재능인 길 찾기와 먹이 구하기의 결정적인 연산 단계이다. 그러나 이런 종류의 학습이 연상의 형성 과정으로 축소될 수 없다는 이유로 신경학에서는 무시되고 있다.) 심리학자들과 신경학자들은 여전히 유기체들을 교환 가능한 것으로 취급하면서, 편리한 실험 동물(쥐, 고양이, 원숭이)이 중요한 측면에서 인간과 같은지 다른지에 대해서는 거의 묻지 않는다.[18] 최근까지도 심리학에서는 믿음과 감정의 구체적 내용들을 무시했고, 마음이 생물학적으로 중요한 범주들을 다양한 방법으로 취급할 수 있도록 진화해 왔을 가능성을 무시했다.[19] 기억과 추리 이론에서는 사람에 대한 생각과 돌이나 집에 대한 생각을 구분하지 않았다. 감정 이론에서는 두려움을 분노, 질투, 사랑과 구분하지 않았다.[20] 사회 관계에 대한 이론들은 가족, 친구, 적, 이방인을 구분하지 않았다.[21] 실제로 일반인들에게 가장 흥미로운 심리학의 주제들—사랑, 증오, 일, 놀이, 음식, 성, 지위, 지배, 질투, 우정, 종교, 예술—은 심리학 교과서에 등장하지도 않았다.

데이비드 러멜하트와 제임스 맥클런드를 비롯한 공동 연구자들이 쓴 두 권의 『병렬 분산 처리(Parallel Distributed Processing)』는 20세기 말 심리학의 주요 문헌 중 하나로서, '연결주의(connectionism)' 라 불리는 새로운 종류의 신경망 모델을 제시했다.[22] 러멜하트와 맥클런드는 유전적 연상 네트워크들이 대량의 훈련을 경험하는 것으로 모든 인식을 설명할 수 있다고 주장했다. 그들은 이 이론이 "왜 사람은 쥐보다 똑똑한가?" 라는 질문에 훌륭하게 답하지 못한다는 것을 알았다. 그들의 답은 바로 이런 것이었다.

위의 모든 점들을 고려할 때 이 질문은 약간 당황스럽다.…… 쥐는 물론이고 다른 영장류들보다 사람은 훨씬 더 많은 피질을 가지고 있다. 특히 입력/출력만을 전담하지 않는 뇌를…… 훨씬 더 많이 가지고 있는데, 이 여분의 피질은 인간을 쥐나 원숭이와 구별짓는 바로 그 기능들을 보조하기 위해 전략적으로 뇌 속에 자리잡은 것으로 추정된다.……

그러나 쥐와 사람의 차이에는 분명 또 다른 측면이 존재한다. 인간의 환경에는 다른 사람들이 존재하고, 사고 과정을 체계화하기 위해 그들이 개발한 문화적 장치들이 존재한다는 것이다.[23]

그렇다면 인간은 더 큰 빈 서판과, "문화적 장치"라 불리는 어떤 것을 더 가진 쥐가 된다. 그리고 그로 인해 우리는 20세기 사회과학 혁명의 후반부를 맞이한다.

> 그는 몹시 투박하여, 당신이 "딜런"이라 말하면
> 딜런 토머스를 말하는 것이라 생각하지요(그가 누구였든).
> 그 남자는 문화를 접한 적이 없답니다. ─사이먼 앤드 가펑클

～

한때 문화라는 단어는 가령 시나 오페라, 발레와 같은 고상한 오락 장르를 가리켰다. 다른 익숙한 의미— "지식, 신앙, 예술, 도덕, 법률, 관습 등 인간이 사회의 구성원으로서 획득한 능력 또는 습관의 총체" —로 통하게 된 역사는 한 세기에 불과하다. 영어에서의 그러한 변화는 현대 인류학의 아버지인 프란츠 보애스(1858~1942년)가 남긴 유산이다.

심리학의 주요 사상가들처럼 보애스의 사상도 계몽주의 경험 철학에 기초를 두었으며, 이 경우는 특히 조지 버클리(1685~1753년)로 거슬러 올라간다. 버클리는 육체를 비롯한 물질 덩어리들이 아니라 관념이 실재의 궁극적인 구성 요소라는 관념론을 세웠다. 이 책에 전부 열거하기에는 너무나도 복잡한 우여곡절을 겪은 후 관념론은 19세기 독일 사상가들에게 영향을 미치게 되었다. 세속적이고 자유주의적인 독일 유대인 가정 출신의 젊은이 보애스도 관념론을 수용했다.

보애스는 관념론의 기반 위에 평등주의를 위한 새로운 지적 토대를 구축했다. 다양한 민족과 인종 집단들 간의 차이는 신체적 구조가 아니라 그들의 문화에서, 즉 언어를 비롯한 사회적 행동 양식들로 전파되는 관념과 가치 체계에서 발생하는 것이라 주장한 것이다. 민족이 다른 것은 그들의 문화가 다르기 때문이다. 따라서 실제로 민족을 지칭할 때에도 에스키모 민족, 유대 민족이 아니라 에스키모 문화, 유대인 문화라고 불러야 한다. 마음이 문화에 의해 형성된다는 생각은 인종 차별을 막는 보루였고, 도덕적 기초로서 누구나 마땅히 선택해야 하는 이론이었다. 보애스는 이렇게 썼다. "반대 주장이 입증될 수 없다면, 복잡한 모든 활동들은 유전적으로가 아니라 사회적으로 결정된다고 가정해야 한다."[24]

보애스의 주장은 단지 도덕적 명령이 아니었다. 그것은 진정한 과학적 발견에 근거하고 있었다. 보애스는 모든 인간 집단이 동등한 잠재력을 가지고 있음을 입증하기 위해 토착 부족들, 이민자들, 고아원의 어린이들을 연구했다. 보애스는 예스페르센의 주장과는 정반대로, 원시 부족들의 언어가 유럽 언어들에 비해 단순한 것이 아니라 단지 다를 뿐이라는 사실을 입증했다. 예를 들어 에스키모인들이 우리 언어의 음성을 식별하지 못하는 것은 우리가 그들의 음성을 식별하지 못하는 것과 마찬가지이다. 사실 비서구 언어에는 몇 가지 추상적 개념들을 표현할 수단이 없다. 예를 들어 3보다 큰 수에 해당하는 단어나, 특정한 개인의 착함과는 전혀 다른 개념인 일반적인 선을 가리키는 단어가 없을 수 있다. 그러나 그러한 제한은 정신적 능력의 결함이 아니라 일상적인 필요성을 반영할 따름이다. 노예 소년에게서 추상적이고 철학적인 개념들을 이끌어 내는 소크라테스 이야기를 통해, 보애스는 북서 태평양의 콰키우틀 원주민에게서 '선'과 '동정'과 같은 추상적 개념에 해당하는 새로운 단어 형식들을 유도해 낼 수 있음을 증명했다. 그는 또한 토착 부족들이 문명을 접해서 계산해야 할 물건들을 획득하게 되면, 재빨리 완벽한 계산 방식을 채택한다는 사실을 알아냈다.[25]

문화를 강조하긴 했지만 보애스는 모든 문화가 동등하다고 믿는 상대주의자도 아니었고, 빈 서판을 믿는 경험론자도 아니었다. 그는 유럽 문명이 원시 문화들보다 우월하다는 생각으로 모든 부족이 유럽 문명에 도달할 수 있다고 주장했다. 그리고 보편적인 인간 본성이 존재할 수 있다는 점과 한 인종 집단에 속한 개인들 사이에 차이가 있을 수 있다는 점을 부인하지 않았다. 그에게 중요한 것은 모든 인종 집단들이 기본적으로 동일한 정신 능력을 부여받았다는 개념이었다.[26] 이 점에 있어서 보애스는 옳았다. 오늘날 사실상 모든 학자와 과학자들은 그것이 옳다고 인정한다.

그러나 보애스의 이론은 괴물로 발전했다. 그의 제자들은 미국의 사회과학을 지배하게 되었는데, 각 세대는 선풍적인 이론을 발표하면서 이전 세대를 능가해 갔다. 보애스의 제자들은 문화가 인종 집단들의 차이를 설명할 뿐 아니라 인간 생활의 모든 측면을 설명할 수 있다고 주장했다. 예를 들어 보애스는 반증이 불가능할 때 사회적 설명을 선호했지만, 그의 제자인 앨버트 크로버는 증거에 상관없이 사회적 설명을 선호했다. 그는 이렇게 썼다. "유전은 역사에서 어떤 역할도 맡을 수 없다."[27] 대신 한 민족을 형성하는 일련의 사건들은 "역사적 사건들이 다른 역사적 사건들에 의해 절대적으로 조절되는 과정에 의해 지배된다."[28]

크로버는 사회적 행동이 마음의 선천적 특성으로 설명될 수 없다고 주장한 것이 아니라, 사회적 행동이 마음의 어떤 특성으로도 설명될 수 없다고 주장했다. 그에 따르면 문화는 초유기적이기 때문에, 실제 인간들의 살과 피와는 무관하게 그 자신의 우주를 떠다닌다. "문명은 정신 활동이 아니라 정신 활동에서 나온 산물들의 총체 또는 흐름이다.……

정신은 개인과 관계가 있다. 반면 사회적인 것 또는 문화적인 것은 본질상 비개인적이다. 그러한 문명은 개인이 끝나는 곳에서만 시작된다."[29]

이 두 개념—인간 본성에 대한 부인, 개인의 마음에 대한 문화의 자율성—은 사회학의 창시자 에밀 뒤르켐(1858~1917)에 의해서도 분명하게 표현되었다. 그의 사상은 초유기적 마음에 대한 크로버의 학설을 앞서 보여 주었다.

> 사회적 현상이 심리적 현상에 의해 직접적으로 설명될 때마다 우리는 그 설명이 잘못되었음을 분명히 확인하게 된다.…… 집단의 사고, 감정, 행동 방식은 고립된 구성원들의 그것과는 아주 다르다.…… 만약 현상들에 대한 설명을 개인으로 시작한다면, 집단적 사건은 전혀 이해할 수 없게 될 것이다.…… 개인의 본성은 사회적 요소에 의해 형성되고 변형되는 부정형의 재료에 불과하다. 그것의 영향은 오로지 개인의 전반적인 태도에, 막연하고 따라서 변화 가능한 성향들에만 국한된다.[30]

그리고 그는 다가오는 세기의 사회과학에 자주 인용될 하나의 법칙을 세웠다. "사회적 사실을 결정하는 주요 원인은 개인들의 의식 상태가 아니라 그에 앞선 사회적 사실들에서 찾아야 한다."[31]

당시 심리학과 그 밖의 사회과학들은 모두 개인의 마음이 중요하다는 점을 부인했지만, 그 다음에는 각기 다른 방향으로 나아갔다. 심리학은 믿음, 욕망과 같은 정신적 실체들을 완전히 추방하고 그것을 자극과 반응으로 대체했다. 심리학을 제외한 사회과학들은 믿음과 문화를 개인의 머리가 아닌 문화와 사회 속에 놓았다. 사회과학에서는 또한 인식의 내용물—관념, 생각, 계획 등—이 누구나 들을 수 있고 적을 수 있는 명백한 행동인 언어적 현상이라는 데 동의했다. (왓슨은 '생각'의 실체는 입과 인후의 작은 운동들이라고 주장했다.) 그러나 무엇보다도 그들은 공통적으로 본능과 진화를 싫어했다. 유명한 사회과학자들은 서판이 비어 있음을 끊임없이 선언했다.

본능이 관습을 창조하는 것이 아니라 관습이 본능을 창조한다. 인간의 본능이라고 추정되는 것들은 모두 선천적인 것이 아니라 학습된 것이다.
—엘즈워스 패리스(1927년)[32]

문화 현상들은…… 어떤 점에서도 유전적인 것이 아니라 예외 없이 후천적인 것이다. —조지 머독(1923년)[33]

인간에게는 본성이 없다. 그가 가진 것은 역사이다.
—호세 오르테가 이 가세트(1935년)[34]

갑작스런 보살핌의 중단이나 큰소리에 대한 유아의 본능적인 반응을 제외하면 인간은 전적으로 비본능적이다.…… 인간이 인간인 것은 본능이 없기 때문이고, 그가 문화로부터, 환경의 인공적인 부분으로부터, 다른 인간들로부터 학습하고 획득한 것이 그의 모든 존재와 소유를 이루기 때문이다. —애슐리 몬터규(1973년)[35]

이제 비유를 위해 엄선된 말은 더 이상 빈 서판이나 흰 종이가 아니었다. 뒤르켐이 말한 "부정형의 재료"는 문화에 의해 주조되거나 두드려져서 형태를 갖추게 되는 반죽 덩어리 같은 것이었다. 가장 적합한 현대적 비유는 아이들이 (빈 서판처럼) 인쇄물을 복사할 수도 있고, (부정형의 재료처럼) 원하는 형태를 빚을 수도 있는 고무질의 놀이 재료인 실리퍼티일 것이다. 이 가소성에 대한 비유를 보면 보애스의 가장 유명한 두 제자들의 말이 떠오른다.

> 대부분의 사람들은 태어날 때 부여받은 가소성 때문에 그들을 둘러싼 문화 형태에 맞게 형성된다.…… 개인이라는 거대한 덩어리는 자신에게 가해지는 형태를 아주 쉽게 취한다. ——루스 베네딕트(1934년)[36]

> 인간 본성은 믿기 힘들 정도로 가소성이 뛰어나서 그 배경인 문화적 조건에 정확하고 뚜렷하게 반응한다. ——마거릿 미드(1935년)[37]

마음을 고운 천에 비유하는 사람도 있었다.

> 일반적으로 "인간 본성"이라 칭하는 것의 많은 부분은 단지 신경, 선(腺), 감각 기관, 근육 등으로 짜 놓은 스크린에 비추어진 문화에 불과하다.
> ——레슬리 화이트(1949년)[38]

또는 공장에서 사용하는 원료에 비유하기도 한다.

> 인간 본성은 가장 순수하고 가장 균일한 원료이다.
> ——마거릿 미드(1928년)[39]

> 우리의 관념, 가치관, 행동, 그리고 감정까지도 우리의 신경계 그 자체처럼 문화적 산물이다. 그것은 우리가 태어날 때 부여받은 성향, 능력, 기질로 만들어지지만, 그럼에도 불구하고 분명히 문화에 의해 제조되는

생산품이다. ─클리퍼드 기어츠(1973년)[40]

또는 프로그램이 입력되지 않은 컴퓨터에 비유하기도 한다.

인간의 행동을 제어하는 메커니즘은 유전 외적인 것이며 피부 바깥에 존재하는, 이를테면 문화적인 프로그램이다.
─클리퍼드 기어츠(1973년)[41]

또는 여러 가지 것들을 빚을 수 있는 무정형의 실체에 비유할 때도 있다.

문화 심리학은 문화적 전통과 사회적 관습들이 인간의 정신을 통제하고 표현하고 변형하고 치환함으로써, 마음, 자아, 감정에 인종적 차이를 만들어 내기보다는 인류의 정신적 통일성을 만들어 내는 과정을 연구한다.
─리처드 슈웨더(1990년)[42]

초유기적 마음 또는 집단 심리도 사회과학적 신앙의 대상이 되었다. 로베르트 로위(보애스의 제자)는 이렇게 썼다. "중력으로 예술 양식을 설명하지 못하는 것처럼 심리학의 원리들로 문화적 현상을 설명하는 것은 불가능하다."[43] 그리고 비유의 의미를 충분히 이해하지 못하는 사람을 위해 인류학자 레슬리 화이트는 다음과 같이 설명했다.

오늘날 우리는 개인을 문화 과정의 제1원인, 원동력, 창시자이자 결정자로 간주하는 대신, 어느 순간에나 무수한 개인을 포함하며 개인들의 먼 과거까지도 포괄하는 광대한 사회 문화적 체제의 구성 요소로, 또한 상대적으로 작고 무의미한 부품으로 본다.…… 과학적 해석을 목적으로 할

때 문화 과정은 독자적인 어떤 것으로 간주될 수 있다. 문화는 문화적 관점에서 설명할 수 있다.[44]

다시 말해 우리는 광대한 사회 문화적 체제를 구성하는 작고 무의미한 부품인 개인의 마음에 대해서는 신경 쓰지 말아야 한다는 것이다. 중요한 것은 집단에 속하는 마음이고, 스스로 생각하고 느끼고 행동하는 능력을 지닌 마음이다.

초유기체 학설은 사회과학자들의 글을 뛰어넘어 현대 생활 전반에 영향을 미쳤다. "사회"라는 개념을 마치 특정한 개인처럼 죄악에 대해 책임을 물을 수 있는 도덕적 행위자로 구체화해 생각하는 경향의 기초에는 그 학설이 놓여 있다. 그것은 시민의 권리와 정치적 특권을 개인보다는 집단에 귀속시키는 정체성 정책의 원동력이다. 그리고 이후의 장들에서 보겠지만 그것은 20세기의 주요 정치 체제를 구분하는 기준으로 작용했다.

∽∼∽

빈 서판은 사회과학자들이 초석으로 사용해야 한다고 느꼈던 그 공식적 이론의 유일한 재료가 아니었다. 그들은 또한 고상한 야만인을 초빙하기 위해 노력했다. 미드는 토착 부족들의 삶을 평화롭고, 평등하고, 물질적으로 만족스럽고, 성적으로 갈등이 없는 펭귄 같은 모습으로 그렸다. 우리의 과거 모습—따라서 우리가 다시 회복할 수 있는 모습—에 대한 그녀의 도덕적 상상은 하마터면 회의론자로 남았을 버트런드 러셀과 H. L. 멩컨과 같은 저술가들을 매료시켰다. 1950년대부터 최근 사망할 때까지 저명한 대중적 지식인으로 활동했던 애슐리 몬터규(역시 보애스 학파이다.)는 인류애와 평화를 정당화하는 동시에, 그런 노력이 무의미하다는 모든 주장을 반박하기 위해 고상한 야만인 학설을 끊임없이 환기시켰다. 예를 들어 1950년 새로 조직된 유네스코를 위해 그가 작성한 선언문 초안에는 다음과 같은 표현이 담겨 있다. "인간이 협동을 향한 충동을 가지고 태어난다는 생물학적 연구는 보편적 형제애의 윤리를 뒷받침한다. 만약 이 충동에 응하지 못한다면 인간과 국가는 똑같이 멸망할 것이다."[45] 2차 대전 중 희생된 3500만 명의 유해에서 온기와 방사능이 채 사라지지도 않은 시점에 이성적인 사람이라면 어떻게 "생물학적 연구"가 그런 종류의 결과를 보여 줄 수 있는가를 의심했을 것이다. 그의 초안은 거부되었지만, 몇 십 년 후 유네스코와 여러 학회에서 비슷한 결의를 채택함으로써 몬터규는 더 큰 행운을 누리게 되었다.[46]

보다 일반적인 차원에서 사회과학자들은 인간의 가소성과 문화의 자율성을 인류의 완성이라는 오랜 꿈을 실현할 수 있는 학설로 보았다. 그들의 주장에 따르면 인간은 현재의 곤경을 만들어 내는 좋지 않은 것을 억지로 고수하지 않는다. 다만 의지가 부족하기 때문에, 그리고 우리가 생물학적으로 영원히 곤경에 얽매이게 되어 있다는 미개한 믿음을 가지기 때문에 그런 상황을 변화시키려는 우리의 노력이 가로막히게 된다. 많은 사회과학자들은 인간 본성이 새롭게 개선될 수 있다는 희망을 다음과 같이 표현해 왔다.

환경적 설명이 객관적 데이터를 통해 입증될 때마다 나는 그것이 보다 바람직하다고 생각했다(그리고 오래전에 이야기했다.). 그것이 더 낙관적이며, 개선의 희망을 담고 있기 때문이다. ―오토 클라인버그(1928년)[47]

현대 사회학과 현대 인류학은 하나이다. 두 분야는, 문화의 실체 또는 문명이 사회적 전통이며, 이 사회적 전통이 보다 행복하고 훌륭한 공동의 삶을 위한 인간의 깊이 있는 학습에 의해 무한히 개조될 수 있다고 이야기한다는 점에서 하나이다.…… 따라서 제도에 대한 과학적 연구를 통해 우리는 인간 본성과 인간의 사회 생활이 개조될 가능성을 다시 한번 확신하게 된다. ──찰스 엘우드(1922년)[48]

여러 지식 분야의 장벽들이 누구나 어떤 것이든 배울 수 있다는 새로운 낙관주의 밑으로 허물어져 가고 있다.…… 우리는 인간의 능력이 생리학적 구조 속에 고정되어 있는 어떤 것이라는 개념에서 벗어나, 크게 개선될 가능성이 있는 유연하고 융통성이 있는 메커니즘이라는 개념으로 향하고 있다. ──로버트 패리스(1961년)[49]

심리학은 몇몇 사회과학 분야만큼 정치화되지는 않았지만, 그 역시 때로는 양육과 교육의 변화를 통해 사회적 병폐를 개선하고 인간의 복지를 향상시킬 수 있다는 유토피아적 전망에 휩쓸리곤 한다. 그리고 심리학 이론가들은 때때로 연결주의적 주장이나 그 밖의 경험주의 이론들에 도덕적 무게를 더하기 위해 선천성 이론들에 내포된 비관적 의미를 경고하곤 한다. 예를 들어 그들은 선천성 이론들이 인종 차별을 조장할 수 있는 타고난 차이를 허락한다고 주장하거나, 그 이론들에는 인간의 특성이 변화 불가능하다는 의미가 내포되어 있어 이 때문에 사회 프로그램에 대한 지원이 약화될 수 있다고 주장한다.[50]

20세기 사회과학은 빈 서판과 고상한 야만인을 수용했을 뿐 아니라

삼위일체의 세 번째 주인공인 기계 속의 유령을 받아들였다. 우리가 우리 자신에 대해 원하지 않는 것을 변화시킬 수 있다는 선언은 사회과학의 슬로건이 되었다. 그러나 그것은 "'우리'라는 것은 누구이며 무엇인가?"라는 질문을 불러일으킨다. 만약 그 개조의 주체인 "우리"가 생물학적 세계에 존재하는 또 하나의 물질 덩어리라면, 우리가 어떤 행동의 가소성을 발견한다 해도 그것은 달갑지 않은 위로에 불과할 것이다. 개조의 주체인 우리는 생물학적으로 속박된 존재가 될 것이고, 따라서 가장 사회적으로 유익한 측면에서 사람들을 주조해 내거나 우리 자신을 주조하도록 허락하는 것이 어려울 것이기 때문이다. 기계 속의 유령은 (사회 변화에 대한 의지를 포함한) 인간 의지를 기계적 인과 관계에서 해방시키는 궁극적인 구원자이다. 인류학자 로렌 아이즐리의 글은 이 점을 분명히 강조하고 있다.

> 인간의 마음은 불확정성에 의해 그리고 선택과 문화적 소통의 힘에 의해, 다윈주의자들이 무의식적으로 인간을 감금시켰던 그 결정론적 세계의 맹목적 지배에서 이제 막 벗어나려 하고 있다. 생물학적 극단주의자들이 인간에게 강요했던 선천적 특징들이 힘없이 부서지고 있다. …… 인간이 성장함에 따라 신체 기관들의 진화가 낡은 개념으로 변했고, 그 결과 이제는 마음이 인간의 운명을 조정하는 결정자가 되었다는 사실을 월리스는 정확히 보고 또 보았다.[51]

아이즐리가 지명한 "월리스"는 다윈과 함께 자연 선택을 발견한 앨프리드 러셀 월리스(1823~1913년)이다. 월리스는 다윈과 결별하여, 인간의 마음은 진화로 설명될 수 없으며 인간보다 뛰어난 지능의 소유자에 의해 설계된 것이 분명하다고 주장했다. 그는 인간의 마음이 "결정론적 세계의 맹목적 지배"를 벗어날 수 있다고 확신했다. 유심론자가 된 월리스는 죽은 자의 영혼과 교류하는 방법을 찾으며 남은 생애를 보냈다.

문화와 생물학의 절대적 분리를 믿었던 사회과학자들은 말 그대로 유령이 마음에 붙어 다닌다고는 믿지 않았던 것 같다. 어떤 과학자들은 그 분리를 생물과 무생물의 차이에 비유했다. 크로버는 이렇게 썼다. "사회적인 것의 출현은…… 어떤 사슬의 한 고리도 아니고, 어떤 길에서의 한걸음도 아니다.……〔그것은〕지금까지 생명이 없던 세계에 최초로 생명이 출현한 것과 같다.…… 이 순간부터는 하나가 아닌 두 세계가 있어야 한다."[52] 로위는 문화가 "독자적인" 것이며 단지 문화에 의해서만 설명될 수 있다고 말하는 것은 "신비주의가 아니라 견실한 과학적 방법"이라고 주장했다. 왜냐하면 생물학에서 하나의 세포는 오직 다른 세포로부터 나올 수 있기 때문이다.[53]

크로버와 로위가 활동했던 시기에 생물학은 그들 편이었다. 다수의 생물학자들은 여전히 생물이 특별한 실재인 생의 약동에 의해 활기를 얻는다고 생각했다. 1931년의 한 생물학 역사서는 당시의 유전학을 가리켜 다음과 같이 언급했다. "최후의 생물학 이론이 우리를 데려다 놓는 곳은 최초의 출발점이다. 그 스스로 존재할 뿐 아니라 각각의 모습을 유일무이하고 특별하게 만드는 힘, 즉 생명 또는 정신이라 불리는 힘이 존재하는 곳이다."[54] 다음 장에서 우리는 문화의 자율성과 생명의 자율성 사이에 놓인 유사성이 사회과학자들이 생각했던 것보다 훨씬 더 뚜렷하다는 사실을 보게 될 것이다.

3장

최후의 성벽

1755년 새뮤얼 존슨은 사전을 편찬하는 이유가 "달 아래의 자연을 변화시키려는 것도, 이 세상에서 어리석음, 허영, 가식을 제거하려는 것도" 아니라고 썼다. 오늘날 "달 아래(sublunary)"라는 사랑스런 단어를 아는 사람은 매우 드물다. 이 단어에는 순수하고 정당하고 변하지 않는 천상의 우주와 지저분하고 혼란스럽고 변덕스러운 인간 세상이 엄격히 구분된다는 고대의 믿음이 넌지시 반영되어 있다. 존슨이 그 단어를 사용했을 당시 그러한 구분은 이미 무용지물이 되어 있었다. 사과를 지상으로 끌어당기는 바로 그 힘 때문에 달이 천체의 궤도를 돌고 있다는 사실이 뉴턴에 의해 밝혀진 후였다.

우주에 존재하는 모든 물체의 운동이 몇 가지 법칙들에 의해 지배된다는 뉴턴의 이론은 인간을 이해하는 데 있어서 위대한 발전을 가져온 첫 번째 사건이었다. 그것은 곧 지식의 통일이었고, 생물학자 에드워드 윌슨의 용어에 따르면 통섭(consilience)*이었다.¹ 뉴턴이 지상과 천상 사이의 벽을 돌파하기 전에, 창조적 과거와 정적인 현재 사이에 가로놓인 그리고 한때는 그 벽처럼 견고했던 (그리고 지금은 잊혀진) 벽이 붕괴되는 사건이 있었다. 지구는, 엄청난 시간에 걸쳐 작용했고 현재에도 우리 눈앞에서 계속 작용하고 있는 (가령 지진이나 침식 같은) 여러 힘들에 의해 이미 오래전에 만들어졌다는 사실이 찰스 라이엘에 의해 입증되었던 것이다.

생물과 무생물 역시 더 이상 서로 다른 영역으로 분리되지 않았다. 1628년 윌리엄 하비는 인간의 신체가 수력학(水力學)과 그 밖의 기계적 원리에 의해 가동되는 기계임을 입증했다. 1828년 프리드리히 뵐러는 생명의 재료가 고동치는 신비한 젤라틴이 아니라 화학적 법칙을 따르는 평범한 화합물들임을 입증했다. 찰스 다윈은 생명의 놀라운 다양성과 어디에나 존재하는 그 설계의 증거들이 어떻게 복제자들의 물리적인 자연 선택 과정으로부터 발생할 수 있는가를 보여 주었다. 그레고어 멘델, 그리고 그의 뒤를 이어 제임스 왓슨과 프랜시스 크릭은 복제 자체가 어떻게 물리적 관점으로 이해될 수 있는가를 보여 주었다.

생명에 대한 이해와 물질 및 에너지에 대한 이해를 통일한 것은 20세기 후반부의 가장 위대한 과학적 성과였다. 그것의 수많은 결과 중 하나는 생물과 무생물을 평행한 두 세계로 분리했던 크로버와 로위 같은 사회과학자들의 "견실한 과학적 방법"을 무너뜨렸다는 것이었다. 이제 우리는 세포가 항상 다른 세포로부터 나오는 것은 아니라는 사실과, 생명의 출현이 전에는 하나의 세계만 존재했던 곳에 또 다른 세계가 새롭게 창조되었음을 의미하지 않는다는 사실을 알고 있다. 세포는 그보다 단

* 학문 간의 일치를 뜻한다.

순하면서도 복제 능력이 있는 분자, 즉 물리적 세계의 무생물 부분에서 진화했고, 따라서 분자로 이루어진 기계 장치들의 집합체로 이해될 수 있다. 그것은 물론 엄청나게 복잡한 기계이지만 그럼에도 기계 장치인 것은 분명하다.

그리하여 지식의 풍경에는 하나의 벽, 20세기 사회과학자들이 대단한 경계심을 가지고 방어했던 그 성벽이 남게 된다. 그것은 물질과 마음, 물질과 영혼, 육체와 정신, 생물학과 문화, 자연과 사회, 과학과 사회과학·인문과학·예술을 구분한다. 이 구분은 공식적 이론의 모든 학설에 스며들었다. 생물학적으로 부여된 빈 서판 대 경험과 문화가 새겨 넣은 내용물, 자연 상태의 고상한 야만인 대 사회 제도의 타락, 피할 수 없는 법칙을 따르는 기계 대 자유롭게 선택하고 인간의 조건을 개선하는 유령이 그것이다.

그러나 이 벽도 무너지고 있다. 지식의 네 경계——마음, 뇌, 유전자, 진화를 연구하는 과학들——로부터 밀려드는 새로운 지식들이 인간 본성에 대한 새로운 이해를 앞세워 그 성벽을 돌파하고 있다. 이 장에서는 그 지식들이 어떻게 빈 서판을 채우고 있으며 고상한 야만인의 지위를 낮추고 있는지 그리고 어떻게 기계 속의 유령을 몰아내고 있는지를 살펴보고자 한다. 다음 장에서는 인간 본성의 새 개념이 아래로는 생물학과 연결된 다음 다시 위로는 인문학과 사회과학과 연결될 수 있음을 증명할 것이다. 그 새 개념을 이해한다면 문화적 현상들을 독립된 세계로 분리시키지 않고도 그 정당한 가치를 인정하게 될 것이다.

∼∽∽∼

생물학과 문화를 연결하는 최초의 다리는 마음의 과학인 인지과학이다.² 사람들이 그들의 생각과 감정에 대해 깊이 생각한 만큼이나 오랫동안 마음이라는 개념은 혼란스러운 것이었다. 바로 그 개념이 모든 시대, 모든 문화에 온갖 역설, 미신, 기괴한 이론들을 낳았다. 20세기 전반부에 행동주의 심리학자들과 사회 구조주의자들이 인간의 마음을 가급적 피하는 게 상책인 수수께끼나 관념적 덫으로 간주하고 그 대신 명백한 행동이나 문화적 특성들을 선택하자 많은 사람들이 그들에게 공감할 정도였다.

그러나 1950년대 초, 인지 혁명과 함께 그 모든 것이 변하기 시작했다. 이제는 정신적 과정들을 이해하고 실험실에서 연구하는 것이 가능해졌다. 그리고 마음이라는 개념에 대한 더 확고한 이해를 바탕으로 우리는 한때 매력적으로 보였던 수많은 빈 서판 학설들이 이제는 불필요하고 심지어 모순된다는 사실을 알게 되었다. 다음은 우리가 마음에 대해 생각하고 말하는 방식을 혁신시킨 인지 혁명의 다섯 가지 개념이다.

제1개념 : 정신 세계는 정보, 연산, 되먹임(feedback)의 개념을 통해 물리적 토대를 가질 수 있다. 마음과 물질을 확연히 구분짓는 일이 당연하게 보였던 것은 행동이 다른 물리적 사건들과는 다른 종류의 계기를 통해 촉발하는 것처럼 보이기 때문이다. 보통의 사건들에는 원인이 있지만 인간의 행동에는 이유가 있다. 나는 예전에 "과학이 인간의 행동을 설명할 수 있는가?"를 주제로 한 BBC 텔레비전 토론회에 참여했다. 그 자리에서 한 철학자는 인지 혁명에 반대하면서, 누군가가 감옥에 가는 이유를 어떻게 설명할 수 있겠는지를 물었다. 그것이야말로 인종들 간의 증오를 부추기기 딱 좋다는 것이었다. 그녀는 의도나 증오는 물론이고 감옥까지도 물리학의 언어로는 설명할 수 없다고 말했다. '증오'나 '감옥'을 분자 운동으로 정의할 수 있는가? 행동에 대한 설명은 이야기(narratives)와 같고 그 이유는 행위자들의 의도 속에 담겨 있어서 자연과학과는 차원이 완전히 다르다는 것이 그녀의 주장이었다. 보다 간단한 예를 들어 보자. 렉스라는 사람이 전화기를 향해 걸어가는 이유를 어떻게 설명할 수 있겠는가? 전화기 형태로 된 자극들이 렉스의 팔다리를 움직이게 한다고 말할 수는 없으리라. 오히려 그가 친구인 세실과 통화하기를 원하고 세실이 지금 집에 있다는 것을 알기 때문이라고 말할 수 있다. 이보다 더 예측력이 높은 설명은 없다. 만약 렉스가 더 이상 세실을 친구로 여기지 않기로 결심을 했거나 그날 밤 세실이 볼링장에 갔다는 사실을 기억했다면 그의 몸은 소파에서 일어나지 못했을 것이다.

수천 년 동안, 물리적 사건들과 의미, 내용, 관념, 이유, 의도 등과의 간극은 이 세계를 정확히 둘로 갈라놓는 것처럼 보였다. "증오를 부추기거나" "세실과 통화하기를 원하는" 것 같은 에테르처럼 가벼운 일들이 어떻게 물질이 공간 속을 이동하게 만드는 원인이 될 수 있겠는가? 그러나 인지 혁명은 강력한 새 이론을 이용해 관념의 세계와 물질의 세계를 통합했다. 바로 정신 활동이 정보, 연산, 되먹임에 의해 설명될 수 있다는 이론이었다. 믿음과 기억은 정보의 집합으로서 데이터 베이스에 담긴 사실과 비슷하지만, 행동과 구성의 패턴들로 뇌 속에 존재한다는 점이 다르다. 생각과 계획은 이 패턴들의 체계적인 변형으로, 컴퓨터 프로그램의 작동과 비슷하다. 바람과 노력은 되먹임 순환으로, 자동 온도 조절 장치와 비슷하다. 목표와 현재 상태의 불일치에 대한 정보를 받고, 그런 다음 그 차이를 줄여 나가는 작업을 실행하는 것이다. 물리적 에너지를 뇌 속에 데이터 구조로 변환하는 감각 기관과, 뇌가 근육을 조절할 때 사용하는 운동 프로그램이 마음과 세계를 연결한다.

이 일반 개념을 마음의 컴퓨터 이론이라고 부를 수 있다. 그것은 마음을 컴퓨터에 비유하는 것이 아니라, 마음이 말 그대로 인간이 만든 데이터 베이스, 컴퓨터 프로그램, 또는 자동 온도 조절 장치와 같이 작동한다는 것을 뜻한다. 다시 말해 인간의 마음과 인간이 만든 정보 처리 장치를 동일한 원리로 설명할 수 있다는 뜻이다. 그것은 자연 세계와 인간의 공학적 구조가 일치하는 다른 경우들과 똑같다. 생리학자는 사람의 눈과 카메라가 모든 면에서 똑같다는 것을 보여 주지 않아도 눈의 작동 과정과 카메라의 작동 과정을 동일한 광학적 법칙으로 설명할 수 있다.

마음의 연산 이론이 하는 일은 지식 획득, 생각, 노력의 존재를 기계 속의 유령 없이 설명하는 것에 그치지 않는다(그것만 해도 대단한 업적이지만). 그것은 또한 그 과정들이 어떻게 지적일 수 있는가, 무심한 물리적 과정에서 어떻게 합리성이 출현할 수 있는가를 설명한다. 만약 어떤 물질 덩어리(가령 뇌 조직이나 실리콘) 속에 저장된 정보의 연속적인 변형이 이 세계의 논리, 가능성, 또는 인과의 법칙을 따르는 연속적인 추론을 그대로 모방한다면, 그로부터 이 세계에 대한 정확한 예측이 산출될 것이다. 그리고 목표를 추구하기 위해 정확히 예측하는 것은 "지성"이라는 말로 정확히 정의된다.[3]

물론 하늘 아래 새로운 것은 없으며, 마음의 연산 이론에도 홉스라는 선구자가 있었다. 그는 정신 활동을 작은 운동으로 설명하면서 "추론은 단지 계산"이라고 적었다. 350년 후 과학은 마침내 그의 선견을 따라잡았다. 실험실에서 과학자들은 지각, 기억, 심상, 추론, 의사 결정, 언어, 운동 제어 등을 연구하면서, 그것들을 가령 규칙, 문자열, 행렬, 포인터, 목록, 파일, 트리, 배열, 루프, 명제, 네트워크 등과 같은 연산 수단으로 모형화하는 데 성공하고 있다. 예를 들어 인지 심리학자들은 머릿속의 그래픽 시스템을 연구하고 그럼으로써 사람들이 어떻게 문제에 대한 해결책을 정신적 이미지로 '보는가'를 설명하고 있다. 그들은 장기 기억 속에 담긴 개념 망을 연구하고 있으며, 왜 어떤 사실들은 다른 사실들보다 쉽게 기억할 수 있는가를 설명하고 있다. 그들은 또한 왜 어떤 문장들은 즐겁게 읽히고 어떤 문장들은 골치 아프게 하는가를 알아내기 위해 언어 시스템에 사용되는 처리 장치와 기억을 연구하고 있다.

그리고 그 증거가 연산 과정에 있다는 가정 하에, 자매 분야인 인공지능에서는 지금까지 정신적 재료만이 수행해 낼 수 있다고 가정했던 놀라운 일들을 평범한 물질이 수행할 수 있음을 증명해 보이고 있다. 1950년대에 컴퓨터는 계산, 데이터 정리, 정리 증명 등을 수행했기 때문에 이미 "전뇌(電腦)"라 불리고 있었다. 곧 이어 컴퓨터는 철자 교정, 조판, 방정식 계산을 수행했고, 주식 선정, 질병 진단과 같은 제한된 주제에 대해 전문가처럼 이야기할 수 있게 되었다. 몇 십 년 동안 우리 심리학자들은 학생들 앞에서 어떤 컴퓨터도 글을 읽을 수 없고, 말을 해독할 수 없으며, 얼굴을 인식하지 못한다고 말하면서 인간의 대단한 권리를 옹호했지만, 이제 그러한 자랑은 구시대의 유물이 되어 버렸다. 문장을 이해하거나 번역하는 초보적인 프로그램들이 여러 검색 엔진과 도움말 프로그램에 사용되고 있으며, 꾸준히 개선되고 있다. 얼굴 인식 시스템은 인권 운동가들이 공공 장소에 설치된 보안 카메라에 사용될 경우 인권 침해의 소지가 있음을 우려할 정도로 발전했다.

맹목적 인본주의자들은 여전히 이 저차원의 성과들을 인정하지 않는다. 물론 그들의 말대로, 입출력 과정은 연산 모듈로 대신할 수 있지만 그래도 여전히 판단, 사고, 창조 능력을 가진 인간 사용자가 있어야 한다. 그러나 마음의 연산 이론에 따르면 그 능력들도 정보 처리의 특정한 형태들이므로, 연산 시스템으로 실행할 수 있다. 1997년 딥블루라는 이름의 IBM 컴퓨터는 체스 세계 챔피언 게리 카스파로프를 물리쳤는데, 딥블루는 이전의 컴퓨터들처럼 단지 야만적인 힘으로 수조 번의 수(手)를 계산하는 것이 아니라 게임의 패턴에 지능적으로 반응하는 전략을 갖춘 컴퓨터였다. 《뉴스위크》는 그 대국을 가리켜 "뇌의 마지막 항전"이라 묘사했고, 카스파로프는 대국 결과에 대해 "인류의 종말"이라 평했다.

어떤 사람들은 체스라는 게임이 불연속적인 수(手)와 분명한 승패 때문에 규칙에 능통한 컴퓨터에 아주 유리하다고 반론을 제기할 수도 있다. 반면 사람은 수가 무제한적이고 목표가 불투명한 복잡한 세계에서 산다. 분명 이곳에서는 인간의 창의성과 직관이 필요하고, 따라서 사람들은 컴퓨터가 절대로 교향곡을 작곡하거나, 소설을 쓰거나, 그림을 그리지 못한다고 생각한다. 그러나 이것은 틀린 생각이다. 최근에 개발된 인공 지능 시스템들은 그럴듯한 소설을 쓰고,[4] 모차르트의 작품처럼 들리는 교향곡을 작곡하고,[5] 멋진 초상화와 풍경화를 그리고,[6] 재치 있는 광고 아이디어를 고안했다.[7]

그렇다고 해서, 뇌가 디지털 컴퓨터처럼 작동한다거나, 인공 지능이 인간의 마음을 복제해 낸다거나, 컴퓨터가 의식을 가져서 1인칭 시점의 주관적 경험을 할 것이라고 말하려는 것은 절대 아니다. 그러나 추론, 지성, 상상, 창조가 정보 처리의 형식들이며 우리가 충분히 이해할 수 있는 물리적 과정이라고는 말할 수 있다. 인지과학은 마음의 연산 이론을 이용해 기계로부터 적어도 하나의 유령은 몰아내는 데 성공했다.

제2개념 : 마음은 결코 빈 서판이 아니다. 빈 서판은 아무것도 할 수 없기 때문이다. 사람들이 마음이란 무엇이고 어떻게 작동하는가에 대해 그저 막연하게 생각할 수밖에 없었던 때에, 환경이 빈 서판에 무엇인가를 새겨 넣는다는 비유는 그리 엉뚱해 보이지 않았다. 그러나 하나의 체계가 과연 어떤 종류의 연산을 통해 보고, 생각하고, 말하고, 계획하는가를 진지하게 고민하기 시작하자, 빈 서판의 문제는 더없이 명백해졌다. 빈 서판은 아무것도 못한다는 것이었다. 서판에 새겨진 무엇인가가 패턴을 인식하고, 그 패턴을 다른 때에 학습한 패턴들과 결합하고, 그 조합을 이용해 새로운 생각을 서판에 쓰고, 그 결과를 읽고 목표를 향해 행동을 이끌어 가야 한다. 그렇지 않으면, 서판에 새겨진 것들은 영원히 그 자리에 남게 된다. 로크도 이 문제를 인식하여, 백지 위에 적힌 것을 보고 인식과 사고와 연상을 수행하는 이른바 "오성(understanding)"이라는 것을 언급했다. 물론 마음의 이해 과정을 "오성"에 의존해 설명하는 것은 순환 논리이다.

로크에 응하여 빈 서판 이론에 힘찬 반론을 제기한 철학자는 고트프리트 빌헬름 라이프니츠(1646~1716)였다. 라이프니츠는 "지성에는 먼저 감각을 통해 들어오지 않은 것은 아무것도 없다."라는 경험론의 좌우명을 되풀이한 다음 그 뒤에 "지성 그 자체를 제외하면"이라는 말을 추가했다.[8] 마음에는 단지 학습을 수행하는 메커니즘일지라도 선천적인 어떤 것이 반드시 존재해야 한다. 희미하게 반짝이는 화소들의 파노라마가 아니라 사물들의 세계를 보는 어떤 것이 있어야 한다. 말을 앵무새처럼 똑같이 따라하는 것이 아니라 문장의 내용을 추론하는 어떤 것이 있어야 한다. 사람들의 행동을 움직이는 팔과 다리의 궤적으로서가 아니라 목표 성취를 위한 시도로서 해석하는 어떤 것이 있어야 한다.

로크의 관점에서는 이 모든 위업이 "오성"이라는 하나의 추상 명사로—혹은 "학습", "지능", "가소성", "적응성"으로—귀착된다. 그러나 라이프니츠가 언급했듯이, 그렇게 하는 것은 "여러 가지 기능이나 신비한 소질들을 꾸며 냄으로써⋯⋯ 그리고 그 기능이나 소질들이 작은 악마나 작은 도깨비처럼 별 수고 없이 필요한 모든 일을 척척 수행해 낸다고 상상함으로써 〔체면치레를 하는〕 것에 불과하다. 그것은 마치 필요한 톱니바퀴도 없는 주머니 시계가 어떤 시계학적(horological) 기능에 의해 시간을 가리키거나, 맷돌 같은 장치가 전혀 없는 방앗간에서 어떤 분쇄 기능만으로 탈곡을 한다고 말하는 것과 같다."[9] (홉스의 영향을 받은) 라이프니츠도 홉스처럼 자신의 시대를 앞질러, 지능은 정보 처리의 한 형태이며 그 일을 수행하기 위해서는 복잡한 기계 장치가 필요하다는 사실을 인식했다. 우리도 알고 있듯이 컴퓨터는 자동차 회사의 조립 생산 라인을 가동하기는 하지만, 말을 이해하거나 글을 인식하지는 못한다. 사람이 먼저 적절한 소프트웨어를 설치해야 한다. 이보다 훨씬 더 까다로운 일을 수행하는 인간의 경우에도 그럴 가능성이 높다. 가구 사이를 돌아다니고, 문장을 이해하고, 사실을 기억해 내고, 다른 사람의 의도를 추측하는 등의 평범한 과제들이 최첨단 인공 지능 기술로도 하기 어려운 만만찮은 공학적 도전임을 인지 모델 설계자들은 깨닫고 있다. 그런 과제들이 이른바 '문화'라는 것에 의해 수동적으로 빚어지는 실리퍼티 덩어리로 해결될 수 있다고 제안하는 것은 기대를 접고 원점으로 돌아가라는 말과 같다.

그렇다고 해서 인지과학자들이 본성-양육 논쟁을 완전히 끝낸 것은 아니다. 여전히 그들은 인간의 마음은 어느 정도의 표준 장비들을 갖추고 있는가에 대해 다양한 견해의 스펙트럼을 형성하고 있다. 한쪽 끝에는 모든 개념이 (심지어 "문의 손잡이"와 "편셋"이라는 개념까지도) 선천적일 수 있다고 주장하는 철학자 제리 포더와, "학습"이라는 말은 잘못된 셋이며 아이들의 언어는 "성장"하는 것이라고 믿는 언어학자 놈 촘스키가 있다.[10] 정반대 편에는 비교적 간단한 컴퓨터 모델을 만들어 훈련시키는 러멜하트, 맥클런드, 제프리 엘먼, 엘리자베스 베이츠 등의 연결주의자들이 있다.[11] MIT에서 시작된 첫 번째 극단은 모든 방향이 서쪽으로만 향하는 신비의 땅, 이스트폴(East Pole)에 있다. 샌디에고의 캘리포니아 대학에서 시작된 두 번째 극단은 역시 모든 방향이 동쪽으로만 향하는 신비의 땅, 웨스트폴(West Pole)에 있다. (포더가 MIT의 한 세미나에서 제안한 이름이다. 세미나에서 그는 어느 "서부 해안 이론가"에게 큰소리로 야단쳤는데, 어떤 사람이 그 이론가는 예일 대학 소속이라고 지적했다. 엄밀히 따지

면 예일 대학은 동부 해안에 속한다.)[12]

그러나 이스트폴-웨스트폴 논쟁이 수천 년 동안 철학자들을 얽어 맨 논쟁들과 다른 이유는 다음과 같다. 학습을 위한 선천적 회로가 없으면 학습이 불가능하다는 점을 모두가 인정한다는 것이다. 웨스트폴의 선언문 「선천성 재고(Rethinking Innateness)」에서 베이츠와 엘먼을 비롯한 공동 저자들은 이 점을 기꺼이 인정한다. "어떤 학습 규칙도 이론적인 내용이 완전히 없을 수 없고, 어떤 서판도 완전히 비어 있을 수 없다."[13] 그들은 이렇게 설명한다.

> 연결주의 모델들(그리고 모델 설계자들)이 극단적 형태의 경험주의에 빠져 있다는 믿음과, 선천적 지식은 어떤 형태든 역병처럼 피해야 한다는 믿음이 널리 유포되어 있다.…… 우리는 이 견해에 명백히 동의하지 않는다.…… [학습 모델에는] 몇 가지 사전 속박이 필요하다고 믿을 만한 충분한 이유가 있다. 사실 모든 연결주의 모델은, 선천적 속박의 요소라고 간주할 수밖에 없는 몇 가지 전제를 반드시 가지고 있다.[14]

두 극단의 쟁점들은 중요하지만 세부적인 것들이다. 선천적 학습 네트워크의 수는 어느 정도인가, 각각의 작업을 위해 그 네트워크는 얼마나 구체적으로 설계되어 있는가 등. (5장에서 몇 가지 쟁점을 탐구할 것이다.)

제3개념 : 마음 속의 유한한 조합 프로그램에 의해 무한한 행동이 산출될 수 있다. 인지과학은 빈 서판과 기계 속의 유령 이론을 또 다른 방향에서 파고 들어갔다. 인간의 행동이 동물의 세계와 비슷한 의미에서 "유전자 속에" 있거나 "진화의 산물"이라는 주장을 비웃는 사람은 용서를 받을 수 있다. 인간의 행동은 물고기가 빨간 점을 보면 공격하는 것이나 암탉이 알 위에 앉는 것 같은 반사적 반응에 국한되지 않는다. 인간은 신을 숭배하고, 인터넷에서 키치를 경매하고,* 에어 기타**를 연주하고, 단식을 하면서 과거의 잘못을 뉘우치고, 접이식 의자로 요새를 만드는*** 등 그 종류는 끝이 없어 보인다. 《내셔널 지오그래픽》을 훑어보면 서양 문화에 이상한 행위들이 아무리 많은 것 같아도 인류 전체의 이상한 행동에 비하면 아무것도 아니라는 사실을 알게 된다. 결국 우리는 인간이 실리퍼티이거나 자유로운 행위자일 것이라는 막연한 생각에 도달한다.

그러나 이러한 생각은, 빈 서판 이론이 출현했던 시대에는 상상할 수조차 없었던 마음의 연산 이론에 의해 구시대의 유물이 되었다. 가장 확실한 예는 촘스키의 언어 혁명이다.[15] 언어는 창조적이고 가변적인 행동의 축약본이다. 대부분의 발화는 인류 역사상 한 번도 사용된 적이 없는 새로운 단어 조합이다. 우리는 정해진 언어 반응이 입력되어 있는 티클 미 엘모 인형이 아니다. 그러나 촘스키의 지적에 따르면, 언어는 그 엄청난 개방성에도 불구하고 완전히 자유롭지는 않다. 언어는 규칙과 패턴을 따른다. 영어 사용자는 다음과 같은 완전히 새로운 단어열들을 발화할 수 있다. "Every day new universes come into existence(매일 새 우주들이 생겨난다)."이나 "He likes his toast with cream cheese and ketchup(그는 토스트에 크림치즈와 케첩을 발라 먹는 걸 좋아해)." 또는 "My car has been eaten by wolverines(내 차는 오소리들에게 먹혀 버렸어)." 그러나 어느 누구도 'Car my been eaten has wolverines by'나, 그 밖의 가능한 단어열들을 말하지 않는다. 머릿속의 어떤 것이 무한한 단어 조합을 생성해 낼

---

* 명품이나 명작을 모방한 물건들을 경매로 사고 판다.
** 무대 위에서 악기 없이 연주만을 흉내내는 연기와 춤. 경연 대회도 있다.
*** 호주, 캐나다 등지에서 어린이들이 야외용 의자와 비치 타월 등으로 뒷마당에 요새를 만드는 것이 유행이었다.

뿐 아니라 대단히 체계적인 조합을 생성하는 것이다.

그 어떤 것이란 것은 바로 일종의 소프트웨어, 즉 새 단어 배열들을 척척 만들어 내는 생성 문법이다. "영어 문장에는 주어와 술부가 포함된다.", "술부에는 동사, 목적어, 보어가 포함된다.", "먹다의 주어는 먹는 행위자이다." 등과 같은 일련의 규칙들이 인간 화자의 무한한 창조성을 설명해 준다. 주어 자리를 채울 수 있는 몇 천 개의 명사와 술부 자리를 채울 수 있는 몇 천 개의 동사만 있어도 이미 문장을 만들 수 있는 수백만 개의 방법이 생겨난다. 가능한 조합은 곧 상상을 초월하는 큰 수로 불어난다. 사실, 문장의 레퍼터리는 이론상 무한하다. 언어의 규칙에는 회귀(recursion)라는 기술이 있기 때문이다. 회귀 규칙은 하나의 구에 그것과 똑같은 예를 포함시킨다. 이에 따라, "She thinks that he thinks that they think that he knows."처럼 문장은 무한히 계속될 수 있다. 문장의 수가 무한하다면 가능한 생각과 개념의 수도 무한해진다. 사실상 모든 문장이 각기 다른 생각이나 개념을 표현하기 때문이다. 언어의 이 조합 문법이 머릿속에서 다른 조합 프로그램들과 맞물리면서 생각과 개념들을 만들어 낸다. 마음 속의 유한한 장치들이 무한한 행동을 생성하는 것이다.[16]

일단 신체적 행동 대신 정신적 소프트웨어를 생각하게 되면 다양한 문화들의 근본적 차이는 훨씬 줄어든다. 이것은 제4개념으로 이어진다. 다양한 문화에 산재하는 피상적 차이 밑에는 보편적인 정신 메커니즘이 놓여 있다. 여기에서도 우리는 행동의 개방성을 보여 주는 전형적인 예로 언어를 이용할 수 있다. 인간은 약 6,000개의 언어를 사용한다. 그러나 인간의 마음 속에 존재하는 문법 프로그램들은 실제로 내뱉는 말보다 훨씬 적은 차이를 보인다. 성서는 수백 개의 비서구 언어로 번역되었으며, 2차 대전 중 미 해병대는 비밀 메시지를 나바호족 인디언들에게 그들의 토착어로 번역하게 해서 태평양 너머로 전달하곤 했다. 신화나 우화에서 군사적 지령까지 어떤 내용이라도 어떤 언어로든 전달할 수 있다는 사실은 모든 언어가 같은 천으로 지어졌다는 것을 보여 준다.

촘스키는 개별 언어들의 생성 문법은 그가 보편 문법이라 명명한 공통적인 하나의 패턴을 따르는 다양한 변이체들이라고 주장했다. 예를 들어, 영어에서 동사는 목적어 앞에 오고, 전치사는 명사구 앞에 온다. 일본어에서 목적어는 동사 앞에 오고, 명사구는 전치사, 정확히 말하자면 후치사 앞에 온다. 그러나 중요한 점은, 두 언어 모두 동사, 목적어, 전치사 또는 후치사가 있어야 한다는 것이고 그 때문에 의사 소통 체계를 가능케 하는 다른 모든 장치들과 극명한 대조를 이룬다는 것이다. 그리고 훨씬 더 중요한 점은, 서로 관계가 없는 언어들에서도 구를 만들 때에는 항상 핵심어(가령 동사나 전치사)와 보어(가령 명사구)를 결합하고 그 두 요소에 일정한 순서를 부여한다는 사실이다. 영어에서는 핵심어가 먼저 오고, 일본어에서는 핵심어가 나중에 온다. 그러나 구 구조와 관련된 그 밖의 모든 점들은 매우 비슷하다. 거의 모든 구, 모든 언어가 그러하다. 일반적인 핵심어와 보어들을 배열할 수 있는 방법은 논리적으로 128가지나 되지만, 세계 언어의 95퍼센트는 영어 식의 순서와 그 거울상인 일본어 식의 순서, 둘 중 하나를 따른다.¹⁷ 이 균일성을 이해하는 간단한 방법이 있다. 모든 언어에는 "핵심어-먼저(head-first)"나 "핵심어-나중(head-last)" 환경 중 어느 하나로 전환이 가능한 매개 변인(parameter)을 제외하고는 똑같은 문법이 있다고 말하는 것이다. 언어학자 마크 베이커는 최근 10여 개의 이러한 매개 변인을 정리했는데, 이것은 전 세계에 존재한다고 알려진 대부분의 언어를 포괄한다.¹⁸

보편적 패턴들에서 변이를 증류시키면 너절한 데이터들이 정리되는 것에 그치지 않는다. 그것은 또한 학습을 가능하게 하는 선천적 회로에 대한 단서를 제공한다. 어떤 규칙의 보편적 부분이 아기의 언어 학습을 지배하는 신경 회로에 자리를 잡으면 아기들은 교육의 혜택 없이도 아주 쉽고 균등하게 언어를 학습할 수 있다. 아기들은 어머니의 입에서 나오는 소리를 단지 흥미로운 소음으로 알고 말을 그대로 따라하거나 자의적으로 자르고 베는 것이 아니라, 핵심어와 보어를 주의 깊게 듣고, 그 배열에 관심을 기울이고, 그 순서와 일치하는 문법 체계를 세운다.

이 개념은 문화들 사이에 존재하는 다른 종류의 변이성을 이해하는 데에도 유용하다. 사회 구조주의에 공감하는 다수의 인류학자들은 가령 분노처럼 우리에게 익숙한 감정들이 어떤 문화에는 존재하지 않는다고 주장한다.[19] (몇몇 인류학자들은 감정이 전혀 없는 문화들이 존재한다고 말한다!)[20] 예를 들어, 캐서린 러츠는 이팔루크족(멜라네시아의 한 부족)이 우리처럼 '분노'를 경험하는 대신, 그들의 말로 "송(song)"이라는 것을 경험한다고 썼다. 송은 금기를 깨거나 건방진 행동을 하는 등의 도덕적 위반에 의해 촉발되는 일종의 노여움 상태이다. 그런 상태에서는 그 범죄자에 대한 물리적 공격은 용인되지 않지만, 피하거나 눈살을 찌푸리거나 위협하거나 쑥덕거리는 것은 허용된다. 송의 표적이 되는 사람은 서양인들은 모를 것이라 추정되는 다른 감정을 경험한다. 두려움의 상태인 "메타구(metagu)"가 그것인데, 이 상태에서는 송에 빠진 사람을 진정시키기 위해 사과하거나 벌금을 물거나 선물을 제공해야 한다.

촘스키를 비롯한 인지과학자들의 영향을 받은 철학자 론 맬런과 스티븐 스틱은, 이팔루크족의 송과 서양의 분노를 같은 감정으로 보아야 하는가 다른 감정으로 보아야 하는가의 문제는 감정과 관련된 단어의 의미에 따라, 즉 그 의미를 표면적 행동에 따라 정의하는가 아니면 그 밑에 감추어진 정신적 연산에 따라 정의하는가에 따라 달라질 수 있다고 지적한다.[21] 만약 행동에 따라 정의된다면 감정은 문화에 따라 크게 달라진다. 이팔루크족은 생리 기간에 여자가 타로 밭에서 일을 하는 것이나 산모가 출산하는 집에 남자가 들어오는 것에 감정적으로 반응하지만 우리는 그러지 않는다. 우리는 누군가가 큰소리로 인종에 대한 통칭을 부르거나 중지를 곧추세우면 감정적으로 반응하지만, 우리가 아는 한 이팔루크족은 그러지 않는다. 그러나 감정이 마음의 메커니즘들—폴 에크먼과 리처드 래저러스 등의 심리학자들은 이를 "어펙트 프로그램(affect programs)" 또는 "이프-덴 공식(if-then formulas)"이라 부른다.(연산 어휘에 주목하라.)—에 따라 규정된다면 우리와 이팔루크족은 별 차이가 없게 된다.[22] 모든 사람에게는 자신의 권익이나 존엄성이 모욕당하면 그 반응으로서 상대에게 벌을 가하거나 정확한 보상을 요구하고 싶은 불쾌하고 격한 감정을 갖게 만드는 프로그램이 갖추어져 있는 것 같다. 그러나 무엇이 모욕으로 간주되는가, 특정한 상황에서 인상을 찡그려도 무방한가 그렇지 않은가, 어떤 종류의 보복이 허용되는가 등의 문제는 그 사람의 문화에 달려 있다. 자극과 반응은 다를 수 있지만 정신 상태는, 우리 언어에 완벽하게 들어맞는 단어가 있든 없든, 모두 동일하다.

그리고 언어의 경우처럼, 학습해야 할 문화적 부분들을 학습하는 것도 정신적 연산을 위한 선천적 메커니즘이 없다면 완전히 불가능할 것이다. 이팔루크족 사이에서 송을 자극하는 상황들 중에 금기 위반, 게으르거나 무례한 태도, 공유의 거부 등이 포함되는 반면 금기에 대한 존중, 친절하고 공손한 태도, 물구나무서기 등이 포함되지 않는 것은 우연의 일치가 아니다. 이팔루크족은 처음 세 가지를 동일한 것으로 간주한다. 세 가지 모두 하나의 정서 프로그램을 일깨워, 모욕으로 인식되기 때문이다. 이 때문에 그것들이 동일한 반응을 자극한다고 생각하기가 더 쉬워지고, 세 행위를 단일한 감정을 자극하는 요인으로 묶어서 받아들일 가능성이 더욱 높아지는 것이다.

여기에서 배울 점은, 친숙한 행동 범주들—결혼 관습, 금기 음식, 무속과 미신 등—은 문화에 따라 확연히 다르고 학습이 필요하지만, 그러한 범주들을 만들어 내는 더 깊은 정신적 연산 메커니즘들은 보편적이고 선천적일 수 있다는 것이다. 사람들은 서로 다른 옷을 입지만, 외모를 통해 지위를 과시하려는 노력은 모두 같을 수 있다. 그리고 일족의 권리만을 배타적으로 존중할 수도 있고 그 존경을 부족, 국민, 인류 전체로 확대할 수도 있지만, 이 세계를 내(內)집단과 외(外)집단으로 구분하는 것은 공통적이다. 어떤 사람들은 단지 인공물만이 의도적으로 만들어진 것이라 생각하고, 또 어떤 사람들은 질병이 적들의 마법과 주문 때문에 오는 것이라 믿으며, 또 다른 사람들은 온 세상이 창조주에 의해 만들어졌다고 믿는 등, 의식을 지닌 존재의 의도가 어떤 결과를 낳는가에 대한 생각도 문화마다 다를 수 있다. 그러나 그들은 모두 어떤 사건들을 설명할 때 목표 성취를 위해 노력하는 정신적 실체가 존재한다는 사실에 의존한다. 행동주의자들은 거꾸로 생각했다. 중요한 것은 행동이 아니라 마음이다.

제5개념 : 마음은 상호 작용하는 여러 부분들로 이루어진 복잡한 체계이다. 다양한 문화의 감정을 연구하는 심리학자들은 또 다른 중요한 사실을 발견했다. 솔직한 얼굴 표정은 세계 어디나 똑같은 반면, 어떤 문화권의 사람들은 정중한 자리에서 포커 페이스를 유지할 줄 안다.[23] 그 이유는 간단하다. 정서 프로그램은 모든 사람에게서 같은 방식으로 얼굴 표정을 유도하지만, 표정이 밖으로 드러나는 경우에는 "과시 규칙들(display rules)"로 이루어진 별도의 체계가 우세해진다.

두 메커니즘의 차이는 인지 혁명이 간파해 낸 또 다른 진실을 더욱 분명히 보여 준다. 혁명 이전에 해설자들은 "지성"이나 "오성"과 같은 거대한 블랙 박스에 의존했고, 인간 본성에 대해 가령 인간은 본질적으로 고상하다거나 본질적으로 비열하다는 등의 총괄적인 선언을 남발했다. 그러나 이제 우리는 마음이 일원론적인 힘들 또는 종합적인 특성들이 부여된 균질의 구(球)가 아님을 알고 있다. 마음은 일련의 생각 또는 유기적 행동을 생산하기 위해 여러 부분들이 협력하는 일종의 모듈이다. 마음은 산만한 요소들을 걸러 내고, 기술을 습득하고, 신체를 제어하고, 사실을 기억하고, 정보를 일시적으로 보관하고, 규칙을 저장·실행하는 등의 여러 기능을 수행하는 독립된 정보 처리 체계들을 가지고 있다. 이 정보 처리 체계들을 하나하나 분리시키면 가령 언어, 수, 공간, 도구, 생물 등과 같이 서로 다른 종류의 내용을 전담하는 정신 능력들(때로는 다중 지능(multiple intelligences)이라 하기도 한다.)이 나온다. 이스트폴의 인지과학자들은 내용에 따른 모듈들이 주로 유전자에 의해 분화된다고 추측하고,[24] 웨스트폴의 인지과학자들은 그것들이 처음에는 작은 선천적 경향으로 시작한 다음 감각적 입력물의 통계적 패턴에 따라 굳어진다고 추측한다.[25] 그러나 양쪽 모두 뇌가 균일한 고기 덩어리가 아니라는 점에 동의한다. 그리고 정서 프로그램들에서는 또 다른 층의 정보 처리 체계들, 즉 동기화와 감정을 위한 체계들이 발견된다.

최종 결론은, 어떤 습관이나 충동이 한 모듈에서 나오더라도 다른 어떤 모듈에 의해 각기 다른 행동으로 나타날 수—또는 완전히 억압될 수—있다는 것이다. 간단한 예로 인지 심리학자들은, 가령 인쇄된 말을 보고 소리 없이 발음하는 경우처럼 습관적인 반응을 생산하는 경향의 기초에는 "습관 체계(habit system)"라 불리는 모듈이 자리잡고 있다고 생각한다. 그러나 "감독 주의 체계(supervisory attention system)"라 불리는 또 다른 모듈이 그 모듈을 압도하면, 가령 인쇄된 말의 잉크 색깔을 말하거나 그 말의 내용에 해당하는 행동을 생각하는 등 특정 문제와 관련된 정보에 집중하게 된다.[26] 보다 일반적으로 말하자면, 한 번도 실행해 본 적이 없는 멋진 복수전을 상상하거나 마음 속으로 부정한 관계를 그리는 등의 일들이 정신 체계들의 상호 작용으로 설명될 수 있는 것이다. 이렇게 인지 혁명에서 비롯된 인간 본성 이론은 행동주의나 사회 구조주의와 같은 빈 서판 이론들보다는 유대-기독교의 인간 본성 이론이나 지그문트 프로이트의 심리 분석 이론에 더욱 가깝다. 행동은 방사되거나 유도되는 것도 아니고 문화나 사회로부터 직접 발생하는 것도 아니다. 그것은 각기 다른 의제와 목표를 가진 정신 모듈들의 내적 갈등에서 나온다.

마음이 보편적이고 생성적인 연산 모듈들의 체계라는 인지 혁명의 개념은 인간 본성에 관한 논쟁들을 통해 수세기 동안 정립되어 왔던 문제 제기 방식을 철저히 파괴하고 있다. 인간은 유연한 존재인가 미리 설계된 존재인가, 행동은 보편적인가 문화에 따라 다른가, 행위들은 학습되는가 선천적인가, 우리는 본질적으로 선한가 악한가 등의 문제 제기는 오늘날 잘못된 것으로 간주된다. 인간이 유연하게 행동하는 것은 미리 설계된 존재이기 때문이다. 즉 인간의 마음에는 무제한적인 생각과 행동을 생성할 수 있는 조합 소프트웨어가 갖추어져 있다. 행동은 문화마다 다를 수 있지만, 그것을 생성하는 정신 프로그램들의 설계는 다를 필요가 없다. 우리가 지적 행동을 성공적으로 학습하는 것은 그 학습을 수행하는 선천적 체계들을 가지고 있기 때문이다. 모든 사람이 선한 동기와 악한 동기를 가지고 있지만, 모두가 그것을 똑같은 행동으로 전환하지는 않는다.

∽∽∽

마음과 물질을 잇는 두 번째 다리는 신경학, 특히 인지와 감정이 뇌에서 어떻게 실행되는가를 연구하는 인지 신경학이다.[27] 프랜시스 크릭은 뇌에 관한 책 『놀라운 가설(The Astonishing Hypothesis)』에서, 우리의 모든 생각과 감정, 기쁨과 고통, 꿈과 소망이 뇌의 심리적 활동에 달려 있다는 개념을 시사했다.[28] 너무나도 당연한 개념에 넌더리를 내던 신경학자들은 그의 책을 비웃었지만, 크릭은 옳았다. 그 가설을 잠시라도 숙고한다면 누구라도 놀라지 않을 수 없게 된다. 수감 중인 드미트리 카라마조프가 그를 방문했던 학자에게서 방금 배운 것을 이해하려고 노력할 때 누가 그의 말에 공감하지 않을 수 있겠는가?

상상해 보게. 마음에는, 신경에는, 머릿속에는—그러니까 이 신경이란 것은 뇌 속에 있는데.…… (빌어먹을 신경!) 그 신경에는 일종의 작은 꼬리가 달려 있고, 그 꼬리들이 흔들리기 시작하면 곧…… 나는 두 눈으로 무언가를 보고, 그런 다음 그 작은 꼬리들이 다시 흔들리기 시작하고…… 그러면 심상이 나타나고…… 즉시 나타나지 않고 한 순간, 1초가 지나고…… 그런 다음 한 순간 같은 어떤 것, 아니 한 순간이 아니라—악마가 그 순간을 빼앗아 가니까!—심상 같은 것이 나타나는데, 즉 어떤 사물 또는 행동이 나타난다고 하더군. 빌어먹을! 내가 보고 또 생각하는 이유가 나에게 영혼이 있기 때문이 아니라 그 꼬리들 때문이라고, 내가 일종의 심상이고 그림자라고. 그 모든 것이 무의미하다고! 어제 라키틴이 나에게 이 모든 걸 설명하는 순간 나는 완전히 흔들리고 말았다네. 알료샤, 이 과학이란 건 정말 대단하지 않은가! 내가 이해하기로는 새로운 인간의 출현일세. …… 하지만 슬프게도 신을 잃게 되지 않는가![29]

도스토예프스키의 혜안은 정말 놀랍다. 1880년은 신경 기능의 기초만이 밝혀진 때여서 분별 있는 사람이라면 모든 경험이 떨리는 신경 꼬리에서 발생한다고 믿기 힘들었다. 그러나 이제는 그렇지 않다. 우리는 뇌의 정보 처리 활동이 마음의 원인이라고 말하거나, 혹은 그것이 바로 마음이라고 말할 수 있다. 어느 경우든 간에 정신 활동의 모든 양상이 뇌 조직 속에서 일어나는 심리적 사건들에 전적으로 좌우된다는 증거는 압도적으로 분명하다.

외과 의사가 뇌에 전류를 보내면 그 사람은 실제같이 생생한 경험을 하게 된다. 화학 물질을 뇌에 주입하면 그 사람의 지각, 기분, 성격, 사고를 바꿀 수 있다. 뇌 조직의 한 부분이 죽으면 마음의 한 부분도 사라진다. 신경학적 환자는 도구의 이름을 말하거나, 얼굴을 인식하거나, 행동의 결과를 예상하거나, 다른 사람들과 공감하거나, 공간상의 한 구역 또는 자기 신체의 일부를 기억하는 능력을 잃을 수 있다. (따라서 "마음은 분할할 수 없는 전체"이며, 신체와는 완전히 다르다고 말한 데카르트는 틀렸다.) 모든 감정과 생각은 물리적 신호를 방출하는데, 그 신호를 탐지하는 신기술들은 너무 정확해서 문자 그대로 개인의 마음을 읽어서 그가 얼굴을 상상하고 있는지 장소를 상상하고 있는지를 알려 준다. 신경학자들은 유전자(인간에게서도 발견되는 유전자)를 제거해서 쥐가 학습을 못하게 할 수도 있고, 특별히 복제한 유전자를 주입해서 더 빨리 학습하게 할 수도 있다. 현미경으로 뇌 조직을 관찰하면 인간의 사고와 경험이 보여 주는 엄청난 복잡성과 맞먹는 엄청난 복잡성—수백조 개의 시냅스로 연결된 수천억 개의 뉴런—을 볼 수 있다. 신경망 설계자들은 패턴 저장과 검색과 같은 정신적 연산의 블록들이 신경 회로 안에서 실행될 수 있음을 보여 주기 시작했다. 그리고 뇌가 죽으면 그 사람도 사라진다. 앨프리드 러셀 월리스를 비롯한 빅토리아 시대 과학자들의 갖은 노력에도 불구하고 죽은 자와의 대화는 분명히 불가능하다.

물론 교육받은 사람들은 지각, 인지, 언어, 감정이 뇌에서 비롯된다는 사실을 알고 있다. 그러나 오래된 교육 만화에 종종 등장하는 것처럼, 뇌를 각종 계기와 레버가 달린 제어반으로 보고 그것을 사용자—자아, 영혼, 유령, 개인, '나'—가 조종한다고 하는 것은 여전히 매력적인 생각이다. 그러나 인지 신경학에서는 자아 역시 뇌의 체계들로 이루어진 또 하나의 네트워크일 뿐임을 입증하고 있다.

최초의 힌트는 심리학을 공부하는 사람이라면 누구나 알고 있는 19세기 철도 노동자 피니어스 게이지에게서 나왔다. 90센티미터 정도 길이의 쇠못을 가지고 게이지는 바위에 판 구멍 속에 폭약을 다져 넣고 있었다. 그때 스파크가 일어나 폭약에 불이 붙었고, 쇠못이 그의 광대뼈로 들어가 뇌를 관통한 다음 두개골 상부를 뚫고 나왔다. 피니어스는 지각, 기억, 언어, 운동 기능이 멀쩡한 채로 살아났다. 그러나 한 동료 노동자의 유명한 말에 따르면 "게이지는 더 이상 게이지가 아니었다." 쇳조각 하나가 그를 완전히 다른 인물로, 공손하고 책임감 있고 의욕적인 사람을 무례하고 믿을 수 없고 빙충맞은 사람으로 만들어 버렸다. 다른 사람들에 대한 이성적 사고와 관계 있다고 알려진 눈 위쪽의 뇌 부위인 배쪽 내측 전전두엽 피질(ventromedial prefrontal cortex)이 손상되었기 때문이었다. 이 피질은 전전두엽(prefrontal lobes)과 변연계(감정의 영역)의 다른 부위들과 함께, 행동의 결과를 예측하고 목표와 일치하는 행동을 선택한다.[30]

인지 신경학자들은 유령을 몰아냈을 뿐 아니라, 뇌에는 그 유령이 할 것이라고 추측했던 일—모든 사실을 검토한 다음, 뇌의 나머지 부분이 실행할 사안에 대해 결정을 내리는 일—을 담당하는 부위가 따로 없다는 사실을 증명했다.[31] 우리는 누구나 모든 것을 관리하는 단 하나의 '나'가 존재한다고 느낀다. 그러나 그것은 우리의 뇌가 열심히 노력해서 만들어 낸 착각이다. 이것은 우리의 시각 영역이 마치 전 범위의 세부적 측면들을 풍부하게 보여 준다고 느끼는 것과 같은 것이다. (실제로 우리의 눈은 고정점 밖에 있는 세부적 측면들은 보지 못한다. 우리는 흥미롭게 보이는 것들을 향해 두 눈을 재빨리 움직이는데, 그 때문에 세부적 측면들이 모두 보인다고 착각하는 것이다.) 뇌의 전전두엽과 전대상피질(anterior cingulate cortex)에는 감독 체계들이 있어서, 행동 지시 버튼을 누르고 습관과 충동을 압도할 수 있다. 그러나 그 체계들도 구체적인 특성과 한계를 지닌 장치일 뿐, 예부터 영혼이나 자아로 여겨졌던 이성적 자유 행위의 수행 기관은 아니다.

통일된 자아가 착각임을 보여 주는 가장 극적인 증명 가운데 하나는 신경학자 마이클 가자니가와 로저 스페리의 손에서 나왔다. 그들은 외과적으로 양쪽의 대뇌 반구를 연결하는 뇌량을 절단하면―그야말로 자아를 둘로 나누는 것인데―각 반구는 상대방의 조언이나 동의 없이 자유 의지를 실행한다는 사실을 보여 주었다. 더욱 당황스러운 것은, 우반구가 제공하는 지식이 없을 때 좌반구는 선택된 행동에 대해 일관된 그러나 틀린 설명을 지어낸다는 것이다. 예를 들어, 실험자가 우반구에 "WALK"라는 명령어를 비추어 주면(우반구만이 볼 수 있는 시각 영역에 그것을 제시하면), 피실험자는 눈에 비친 요구대로 방밖으로 걸어가기 시작한다. 그러나 그 사람에게(구체적으로 말하면 그 사람의 좌반구에게) 방금 왜 자리에서 일어났느냐고 물으면, 그는 "모르겠다.", "충동 때문에", "수술 받은 후 몇 년 동안 나를 시험하면서 이래라 저래라 많은 행동들을 시켰는데, 나는 왜 그런 것들을 시키는지 모르겠다."라고 대답하는 것이 아니라, 아주 진지하게 "콜라를 마시러"라고 대답한다. 이와 비슷하게, 만약 환자의 좌반구에 닭을 보여 주고 우반구에 눈 내린 경치를 보여 주고, 두 반구에게 그들이 보는 것과 일치하는 사진을 (즉, 각기 다른 손으로) 고르게 하면, 좌반구는 닭발을 (옳게) 고르고 우반구는 삽을 (역시 옳게) 고른다. 그러나 그 사람이 왜 그것들을 선택했는지를 그 사람에게(즉 좌반구에게) 물으면, 그는 태평스럽게 "아하, 간단해요. 닭발은 닭을 의미하고, 삽은 닭장을 청소하는 데 필요하잖아요."라고 대답한다.[32]

섬뜩한 사실은, 우리가 우반구에서 발산되는 성향을 이해할 때, 그 환자의 좌반구에서 작동하는 헛소리 생성기가 우리 자신과 다르게 행동한다고 생각할 근거가 전혀 없다는 것이다. 의식—자아 또는 영혼—은 사령관이 아니라 정당의 수석 대변인이다. 지그문트 프로이트의 도발적인 설명에 따르면, "지금까지 인간은 과학의 손길이 순진한 자기애(自己愛)에게 가하는 세 가지 심각한 폭행을 견뎌야 했다." 그 세 가지는 우리의 세계가 천체의 중심이 아니라 광대한 우주의 한 점이라는 사실의 발견, 우리가 특별히 창조된 존재가 아니라 동물에게서 갈라져 나왔다는 사실의 발견, 그리고 우리의 의식이 종종 우리의 행동 방식을 통제하는 것이 아니라 단지 우리의 행동에 대한 이야기를 들려 주는 것뿐이라는 사실의 발견이다. 세 가지 발견의 점증적 효과에 대해서는 옳은 말이었지만, 세 번째 충격을 결정적으로 가한 것은 정신 분석이라기보다는 인지 신경학이었다.

인지 신경학은 기계 속의 유령뿐 아니라 고상한 야만인의 발판도 무너뜨리고 있다. 전두엽에 손상을 입으면 우둔해지거나 행동 레퍼터리가 줄어들 뿐 아니라, 공격적 행동이 분출될 수 있다.[33] 그것은 손상된 엽이 변연계의 부위들, 특히 분계선조(stria terminalis)라는 이름의 경로를 통해 편도(amygdala)와 시상하부(hypothalamus)를 이어 주는 회로에 대해 더 이상 제동 장치의 역할을 하지 못하기 때문이다. 각 반구의 전두엽과 변연계의 연결은 개인의 지식과 목표가 다른 메커니즘들을 억제하게끔 하는 역할을 하는데, 그 메커니즘 중에는 다른 사람을 해치는 행동을 생성하

도록 설계된 것이 포함된 것으로 보인다.[34]

또한 뇌의 물리적 구조도 빈 서판이 아니다. 19세기 중반 신경학자 폴 브로카는 대뇌 피질의 홈과 주름들은 지문처럼 무작위로 구성된 것이 아니라, 분간할 수 있는 기하학적 형태를 띠고 있다는 사실을 발견했다. 실제로 그 배열은 뇌마다 아주 일정해서 각각의 홈과 주름에 이름을 붙일 수도 있다. 이 후로 신경학자들은 뇌의 전체적인 해부학적 구조—크기, 형태, 엽과 신경핵의 결합, 대뇌 피질의 기본 설계—가 주로 정상적인 태아기 발달 과정에서 유전자에 의해 형성된다는 사실을 발견했다.[35] 언어와 추리의 기초가 되는 부위를 포함해 뇌의 여러 부위들을 구성하는 회색질의 양도 마찬가지이다.[36]

이렇게 선천적으로 결정되는 기하학적 형태와 배선은 사고, 감정, 행동에 매우 중요한 의미를 지닌다. 다음 장에서 살펴보겠지만, 뇌의 특정 부위에 손상을 입은 아기들은 종종 특정한 정신 능력을 영원히 상실한 채 성장한다. 그리고 태어날 때부터 정형적 설계가 변이되어 있었던 사람들의 경우, 마음의 작용도 변이된다. 일란성 쌍둥이와 이란성 쌍둥이의 뇌에 대한 최근 연구에 따르면, 전두엽을 구성하는 회색질의 양적 차이는 유전적 영향에서 비롯되는 동시에, 지능의 차이와도 큰 관련이 있는 것으로 드러났다.[37] 알베르트 아인슈타인의 뇌를 연구한 과학자들은 공간적 추리와 수적 직관에 관여하는 하두정소엽(inferior parietal lobule)의 크기가 크고 형태가 특이하다는 사실을 밝혀 냈다.[38] 동성애자들의 경우, 성적 차이를 만들어 내는 신경핵이라 알려진 전시상하부(anterior hypothalamus)의 세 번째 간질성(間質性, interstitial) 핵이 이성애자들보다 작은 경향이 있다.[39] 그리고 유죄 판결을 받은 살인자들과 폭력적이고 반사회적인 사람들의 경우, 의사 결정을 지배하고 충동을 억제하는 뇌 부위인 전전두엽 피질이 더 작고 덜 활동적인 경향이 있다.[40] 뇌의 이 전반적 특징들이 감각을 통해 들어오는 정보에 의해 만들어졌다고 보기는 어려우며, 이로써 지능, 과학적 천재성, 성적 성향, 폭력적 충동 등의 차이가 전적으로 학습의 결과만은 아니라는 점을 알 수 있다.

사실, 최근까지만 해도 뇌 구조의 선천성은 신경학의 난제였다. 유전자가 뇌를 최후의 시냅스로까지 배선한다고 보기는 어려웠다. 게놈에는 그렇게 할 수 있는 정보가 충분하지 않았기 때문이었다. 그리고 우리 모두가 알 듯이 사람들은 태어나서 죽을 때까지 학습을 계속하며 그 학습의 산물은 어떤 형태로든 뇌에 저장된다. 기계 속의 유령을 믿지 않는다면, 개인이 살아가면서 학습하는 모든 것은 뇌의 어느 부분에 영향을 미치기 마련이다. 보다 정확히 말하면, 학습은 뇌의 부분적인 변화이다. 그러나 그러한 변화들과 그 모든 선천적 구조를 반영하는 뇌의 특성들을 발견하기가 어려웠다. 수학적 능력, 근육의 협동 운동 또는 시각적 판별력이 더 강해진다는 것은 역기 운동으로 근육을 키우는 것처럼 뇌의 크기를 늘리는 것이 아니다.

이제 신경학은 학습의 기초가 되는 뇌 속의 변화들을 발견함으로써 심리학을 따라가기 시작했다. 앞으로 보겠지만, 각기 다른 신체 부위와 재능뿐 아니라 신체적 감각들을 개별적으로 전담하는 피질 부위의 경계선도 학습과 연습에 의해 조정될 수 있다. 이 발견에 큰 흥미를 느낀 일부 신경학자들은 추를 반대쪽으로 밀어서 대뇌 피질의 가소성(또는 유연성)을 강조하고 있다. 그러나 5장에서 제시할 몇 가지 이유 때문에 대부분의 신경학자들은 유전에 따라 조직된 모형(母型) 안에서 이 변화들이 일어난다고 믿는다. 우리는 뇌가 어떻게 설계되어 발생하는가에 대해서는 많은 것을 이해하지 못하지만, 뇌가 경험에 의해 무한히 변형되지는 않는다는 사실을 알고 있다.

생물학과 정신을 잇는 세 번째 다리는 유전자가 행동에 어떻게 영향을 미치는가를 연구하는 행동 유전학이다.[41] 인간과 다른 동물을 구분하는 사고, 학습, 감정의 모든 잠재력은 수정란의 DNA에 담긴 정보에 집중되어 있다. 이것은 종을 비교해 보면 매우 분명해진다. 침팬지는 인간의 가정에서 성장해도 인간처럼 말하거나 생각하거나 행동하지 못하는데, 그것은 10메가바이트의 DNA 정보가 다르기 때문이다. 심지어 침팬지의 두 종인 일반 침팬지와 보노보도 게놈의 몇 천분의 일밖에 다르지 않지만, 동물원 관리자들이 실수로 두 종을 한 우리에 넣은 후 곧 발견했을 정도로 행동에서는 큰 차이를 보인다. 일반 원숭이는 동물학적으로 매우 공격적인 포유류에 속하는 반면, 보노보는 대단히 평화로운 편에 속하며, 일반 침팬지 집단에서는 수컷이 암컷을 지배하는 반면, 보노보 집단에서는 암컷이 우위를 점한다. 또한 일반 침팬지는 출산을 위해 짝짓기를 하지만, 보노보는 오락으로 짝짓기를 한다.* 이렇게 유전자의 작은 차이가 행동상의 큰 차이로 이어질 수 있다. 그 작은 차이는 여러 뇌 부위의 크기와 형태에, 그 배선에, 그리고 호르몬과 신경 전달 물질을 방출하고 연결하고 재처리하는 그 나노 기술에 영향을 미칠 수 있다.

정상적인 뇌의 형성에서 유전자가 가지는 중요성은, 비표준적인 유전자가 비표준적인 마음을 야기하는 여러 방식에 의해 분명히 입증된다. 나는 대학생 시절 비정상 심리학 과목 시험에서 "한 사람이 정신 분열증을 일으킬 것임을 미리 알려 주는 가장 뚜렷한 증거는 무엇인가?"라는 문제를 접한 적이 있다. 그 답은 "일란성 쌍둥이가 정신 분열증을

---

* 성대한 만찬을 축하하기 위해, 싸움을 끝내기 위해, 우정을 다지기 위해 섹스를 한다.

앓는 것"이었다. 당시 그것은 장난스런 문제였다. 당시 지배적이었던 정신 분열증 이론들은 사회적인 스트레스, '정신 분열증 어머니', 이중 구속,* 기타 생활 경험들을 지적했기 때문이다.(이들 중 어떤 것도 큰 중요성을 갖지 않는 것으로 드러났). 거의 누구도 유전자를 가능한 원인으로 생각하지 않았다. 그러나 당시에도 증거는 있었다. 정신 분열증은 모든 DNA와 대부분의 환경이 똑같은 일란성 쌍둥이 사이에서 높은 일치성을 보인 반면, DNA(다양한 모집단의 DNA)의 단지 절반과 대부분의 환경이 똑같은 이란성 쌍둥이들 사이에서는 일치성이 현저히 떨어졌다. 장난 문제의 올바른 답은 그때까지 관찰된 거의 모든 인지·정서 장애나 차이에 근거한다면 제시할 수 있었다. 그리고 정답은 위와 같다. 자폐성, 독서 장애, 언어 지체, 언어 손상, 학습 장애, 왼손잡이, 심한 우울증, 양극성 장애, 망상-충동 장애, 그리고 가계를 따라 내려오는 그 밖의 수많은 상태들이 이란성 쌍둥이보다는 일란성 쌍둥이 사이에서 더욱 일치하고, 입양 가족보다는 혈연 가족에 의해 더욱 정확히 예견되지만, 측정 가능한 어떤 환경적 특성에 의해서는 예견하기가 어렵다.[42]

유전자는 우리에게 정신적 기능의 특별한 경우들을 강요할 뿐 아니라, 정상적인 범위 내에서도 여러 가지 차이점들을 갖게 하여, 주변에서 흔히 목격할 수 있는 능력과 기질의 다양함을 만들어 낸다. 《뉴요커》에 실린 찰스 애덤스의 오른쪽의 유명한 만화는 약간의 과장만을 보여 준다.

일란성 쌍둥이는 아주 비슷하게 생각하고 느끼기 때문에 때로는 텔레파시가 통한다고 생각될 정도이다. 태어난 직후 헤어졌다가 성인이 되어 다시 만난 쌍둥이들은 평생 동안 서로를 알고 지낸 느낌이라고 말한다. 실험을 통해서 보면, 태어난 후 헤어졌든 함께 살았든 일란성 쌍

* 2개의 모순된 명령이나 요구가 주어진 경우를 말한다.

둥이들은 측정 가능한 거의 모든 특성이 (판에 박았다고 할 수는 없지만) 무서울 정도로 비슷하다는 것을 확인하게 된다. 그들은 언어적, 수학적, 일반적 지능에서, 생활 만족도에서, 외향성, 친화성, 정서 안정성, 성실성, 개방성 등의 다섯 가지 성격 기준에서 비슷한 면을 보인다. 또한 사형 제도, 종교, 현대 음악 등의 쟁점에 대해서도 비슷한 태도를 보인다. 그들은 지면(紙面) 검사뿐 아니라 도박, 이혼, 범죄, 교통 사고, 텔레비전 시청 등과 같은 결과론적 행동에서도 서로 비슷하다. 그리고 그들은 끊임없이 낄낄거리고, 간단한 질문에도 지루하게 답변하고, 버터 바른 토스트를 커피에 담가 먹고, (애비게일 반 버렌과 앤 랜더스의 경우) 구별이 불가능할 정도로 유사한 상담 칼럼을 쓰는 등 수십 가지의 독특한 개성을 공유한다. 그들의 뇌파 엑스선에 그려지는 굴곡도 동일한 사람의 두 사진처럼 비슷하고, 피질 부위의 주름과 회색질 분포도 비슷하다.[43]

출생 후 헤어졌던 쌍둥이 맬리퍼트 씨들 우연히 만나다.

ⓒ The New Yorker Collection 1981. Charles Addams from cartoonbank.com. All rights reserved.

유전자의 차이가 마음의 차이에 미치는 영향은 측정이 가능하며, 어떤 방법을 적용하든 대략 비슷한 측정값——0보다는 상당히 크고 100보다는 상당히 작은 범위의 값——이 나온다. 일란성 쌍둥이들은 함께 살았든 떨어져 살았든 이란성 쌍둥이들보다 훨씬 비슷하다. 떨어져 산 일란성 쌍둥이들도 매우 비슷하다. 생물학적 형제들은 함께 살았든 떨어져 살았든 입양 형제들보다 훨씬 비슷하다. 이 같은 결론들은 주로, 정부가 방대한 국민 데이터 베이스를 관리하면서 심리학 분야 최고의 측정 방법을 사용하는 스칸디나비아 국가들의 연구에서 나온다. 회의론자들은 유전자의 영향을 0으로 돌리는 대안들을 제시한다. 그들은 일란성 쌍둥이들이 출생 직후 헤어졌지만 비슷한 입양 가정에서 자랐을 가능성, 실험 전에 미리 만났을 가능성, 외모가 비슷해서 사람들에게 비슷한 대우를 받았을 가능성, 한 유전자 외에도 한 자궁을 공유했다는 사실 등을 지적한다. 그러나 어린이에 관한 장에서 보겠지만, 그러한 설명들은 모두 검증 과정을 거친 후 거부되었다. 최근에는 새로운 종류의 증거가 추가되고 있다. "가상의 쌍둥이"는 떨어져 양육된 일란성 쌍둥이의 거울상이다. 즉 그들은 부모가 다른 형제이고, 한 명 또는 두 명 모두가 입양되어 유아기부터 함께 양육된 가짜 쌍둥이다. 그들은 나이도 같고 한 가정에서 성장하지만, 심리학자 낸시 시걸의 발견에 따르면 그들의 지능 지수는 상관성이 거의 없다.[44] 연구에 협조한 한 아버지는 두 아이를 똑같이 다루려고 무던히 노력했지만 "낮과 밤 같다."라고 말했다.

쌍둥이와 입양은 마음의 차이가 유전의 차이에서 비롯된다는 간접적인 증거를 강하게 보여 주는 자연 실험이다. 최근에 유전학자들은 그런 차이를 만들어 내는 몇 개의 유전자를 확인했다. FOXP2라 불리는 유전자 속에 들어 있는 단 하나의 고집스런 뉴클레오티드 때문에 말과 언어의 유전적 장애가 발생한다.[45] 같은 염색체 위에 있는 LIM-키나아제 1

(LIM-kinasel)이라는 유전자는 특정한 단백질을 생산하는데, 성장하는 뉴런 속에서 발견되는 이 단백질은 공간 지각 능력의 형성을 돕는다. 그래서 그 유전자가 제거되면 그 사람은 정상적인 지능에도 불구하고, 사물을 조립하거나, 나무토막을 배열하거나, 사물의 형태를 베껴 그리지 못한다.[46] 종류상 IGF2R에 속하는 한 유전자는 높은 일반 지능과 관련이 있는데, 정상인들의 지능 지수를 무려 4점이나 좌우하고, 지능 지수의 폭 2퍼센트를 좌우한다.[47] D4DR 도파민 수용체 유전자가 보통 형태보다 더 긴 사람은 스릴을 추구하는 유형의 사람으로, 비행기에서 점프하거나 빙벽을 타고 오르거나 낯선 사람과 섹스를 한다.[48] 17번 염색체의 세로토닌 운반체를 억제하는 DNA의 길이가 짧은 사람은 신경증과 불안에 사로잡힐 가능성이 큰 유형으로, 사교 모임에서 남의 기분을 상하게 하지 않을까 또는 바보처럼 보이지 않을까 하는 두려움 때문에 진땀을 흘린다.[49]

개별 유전자들이 큰 결과를 낳는 것은 유전이 마음에 미치는 영향을 가장 극적으로 보여 주는 예이기는 하지만, 가장 대표적인 예는 아니다. 대부분의 심리적 특성들은 하나의 유전자가 큰 효과를 만들어 내는 것이라기보다는, 서로의 존재에 의해 자기 자신을 조정하는 여러 유전자들이 만들어 내는 작은 효과들의 결과물이다. 이런 이유로, 어떤 특성을 자극하는 단 하나의 유전자를 찾는 노력이 실패할 때에도, 일란성 쌍둥이(모든 유전자를 공유하는 두 사람)에 대한 연구는 시종일관 유전자의 강력한 영향력을 입증한다.

2001년 인간 게놈의 완전한 배열이 발표되었고, 그와 함께 뇌에서 활동하는 활성 유전자 등 각 유전자와 그 산물을 확인할 수 있는 강력한 새 능력이 출현했다. 앞으로 10년 후면 유전학자들은 우리와 침팬지를 구별해 주는 유전자들을 확인하고, 그중 어느 것이 인류의 조상이 인간으로 진화한 수백만 년 동안 자연 선택의 축복을 누렸는가를 추론하고, 어느 조합이 정상, 비정상, 또는 특별한 정신 능력과 관련되어 있는가를 확인하고, 유전자가 우리의 학습, 느낌, 행위를 위한 뇌 체계들을 빚는 과정인 태아 발생의 인과 관계를 추적할 것이다.

때때로 사람들은, 만약 유전자가 행여 마음에 영향을 미친다면 틀림없이 세부적인 모든 면까지 결정할 것이라 걱정한다. 그것은 두 가지 이유에서 잘못된 것이다. 유전자의 영향은 대부분 확률적이라는 것이 첫 번째 이유이다. 일란성 쌍둥이 중 한 명이 어떤 특성을 갖고 있다 해도, 완전히 똑같은 게놈을 갖고 있는 다른 한 명이 그 특성을 가질 확률은 보통 절반에 불과하다. 행동 유전학자들은 주어진 환경에서 심리적 특성의 차이 중 절반 정도만이 유전자와 상관성이 있다고 추정한다. 어린이에 관한 장에서 우리는 이것이 어떤 의미가 있는지 그리고 나머지 절반의 편차는 어디서 비롯되는지를 탐구할 것이다.

유전자가 전부가 아닌 두 번째 이유는 유전자의 영향이 환경에 따라 변할 수 있다는 것이다. 간단한 예를 모든 유전학 교과서에서 발견할 수 있다. 종이 다른 옥수수들이 같은 밭에서 자라는 경우 유전자 때문에 옥수수들의 높이가 다양해질 것이다. 그리고 같은 종의 옥수수가 서로 다른 밭에서 자라는 경우에는 환경 때문에 높이가 다양해질 것이다. 인간의 예로는 우디 앨런이 있다. 명성과 부 그리고 아리따운 여자들을 반하게 만드는 그의 능력은 모두 유머 감각을 분출하는 유전자에서 나온 것이지만, 「스타더스트 메모리스」에서 우디는 그를 부러워하는 어릴 적 친구에게 환경 요인도 매우 중요하다는 사실을 이렇게 설명한다. "우리는 농담에 큰 가치를 부여하는 사회에 살고 있지…… 내가 아파치 인디언이었다면 그 사람들은 희극 배우가 필요 없었으니까 나는 실업자 신세였을 거야."

행동 유전학이 인간 본성에 대해 밝혀 낸 사실들의 의미는 개별 사례들을 통해 자세히 살펴볼 필요가 있다. 장애를 야기하는 이상 유전자는 그 유전자의 표준형이 정상적인 인간 마음을 갖는 데 꼭 필요하다는 사실을 보여 준다. 그러나 그렇다고 해서 표준형이 하는 일이 즉시 밝혀지는 것은 아니다. 부러진 이 때문에 톱니바퀴가 돌아갈 때마다 소음을 낸다 해도, 온전한 형태였을 때의 그 이가 소음을 억제하는 요소였다고 결론지을 수 없다. 그래서 어떤 정신 능력을 망가뜨리는 유전자가 반드시 그 능력에 '해당'하는 유전자의 결함형과 일치할 필요는 없다. 그것은 정상적인 뇌 발달을 방해하는 어떤 독소를 생산하는 유전자일 수도 있고, 면역계에 구멍을 남겨서 병원균의 감염을 허용하는 유전자일 수도 있고, 그 사람을 바보나 악당처럼 보이게 만들어서 다른 사람들의 반응에 영향을 미치게 하는 유전자일 수도 있다. 과거에 유전학자들은 지루한 가능성들(뇌 기능과 직접적인 관계가 없는 가능성들)을 배제할 수 없었고, 회의론자들은 모든 유전적 영향이 빈 서판에 왜곡이나 손상을 불러오는 지루한 가능성에 불과하다는 생각을 은근히 내비쳤다. 그들은 복잡한 뇌에 구조를 부여하는 어떤 유전자가 변이를 일으켜 제 기능을 수행하지 못한 결과임을 알지 못했다. 그러나 이제 과학자들은 유전자와 뇌를 긴밀히 묶고 있다.

희망적인 예가, 어느 대가족 내에서 말과 언어 장애를 일으키고 있는 FOXP2 유전자이다.[50] 그 가족의 모든 언어 장애인들에게서(그리고 혈연이 아니면서도 같은 증상을 가진 또 한 사람에게서) 이상 뉴클레오티드가 발견된 반면, 증상이 없는 가족 구성원 모두와 비혈연 정상인의 염색체 364개에서는 그런 것이 전혀 발견되지 않았다. 그 유전자는 전사 인자─다른 유전자들을 가동하며, 배 발생에 중요한 역할을 하는 것으로 알려진 단백질─를 생산하는 유전자군에 속한다. 돌연변이가 DNA의 특정 부위에 접착하는 단백질 부분을 파괴함으로써, 적절한 때에 적절한 유전자를 가동하는 과정의 핵심 단계에 개입하는 것이다. FOXP2 유전자는 태아의 뇌 조직에서 활발하게 활동하며, 쥐에게서 발견되는 매우 비슷한 유전자도 대뇌 피질의 발생기에 활발한 활동을 보인다. 이 연구의 저자들에 따르면, 이러한 사실들은 정상적인 형태의 그 유전자가 발생기의 뇌 일부를 조직하는 데 필요한 일련의 사건들을 촉발한다는 증거이다.

(유전적 결함이 장애를 유발하는 것과는 반대로) 정상인들 사이에서 발견되는 유전적 변이의 의미도 주의 깊게 고려해야 한다. 사람들 간의 선천적 차이는 종 전체에 보편적으로 존재하는 선천적인 인간 본성의 하나가 아니다. 자동차들의 차이를 열거하는 것으로 자동차 엔진의 작동 원리를 직접 설명하지 못하는 것처럼, 사람들 간의 차이를 열거함으로써 인간 본성의 작용을 직접 설명할 수는 없다. 그럼에도 유전적 변이에는 인간 본성과 관련된 의미가 내포되어 있다. 마음이 유전적으로 다양하게 달라진다면, 마음에는 유전적인 영향을 받는 동시에 변이를 일으키는 여러 부분과 속성이 분명히 존재할 것이다. 또한 생물학에 근거한 인간 본성의 현대적 이론들에서는(철학, 종교 또는 상식에 근거한 전통적인 개념들과는 반대로), 인간 본성의 기초 설계('어떻게 작동하는가?')는 보편적이지만 그럼에도 인간 본성을 이루는 기능들은 양적 다양성을 보일 것이라고 예측할 수 있어야 한다. 자연 선택은 유전적 변이에 달려 있으며, 비록 유기체들이 환경에 적응함에 따라 변이가 감소한다 해도, 자연 선택이 사용할 수 있는 변이는 완전히 고갈되지 않기 때문이다.[51]

정확한 해석이 무엇으로 판명이 나든, 행동 유전학의 발견은 빈 서판과 그 동료 학설들에 큰 손상을 입히고 있다. 각기 다른 유전자가 영리한 서판, 똑똑한 서판, 대담한 서판, 수줍은 서판, 행복한 서판, 양심적인 서판, 신경질적인 서판, 솔직한 서판, 내성적인 서판, 낄낄 웃는 서판, 공간적 도전을 좋아하는 서판, 버터 바른 토스트를 커피에 찍어 먹길 좋아하는 서판을 만든다면, 그 서판은 비어 있을 리가 없다. 유전자들이 이 모든 방식으로 마음에 영향을 미치려면, 마음에는 유전자가 영향을 미칠 수 있는 여러 부분들과 특성들이 있어야 한다. 마찬가지로, 어느 유전자의 돌연변이나 삭제가 공간 구성 같은 특정한 인지 능력과, 또는 선정성 추구와 같은 특정한 성격과 직접적인 관련이 있다면, 그 특성들은 복잡한 영혼을 구성하는 기본 요소일 수 있다.

뿐만 아니라 유전자의 영향을 받는 특성 중에는 고상함과는 거리가 먼 것이 많다. 심리학자들은 인간의 성격이 다섯 가지 주요 측면으로 나뉜다는 것을 발견했다. 인간의 성격은 내성적인가 외향적인가, 신경이 과민한가 안정적인가, 경험에 무관심한가 적극적인가, 우호적인가 적대적인가, 양심적인가 아니면 도덕적으로 쉽게 흔들리는가 하는 기준 사이에 다양하게 분포된다. 대사전에 수록된 개인적 특성을 가리키는 1만 8000개의 형용사 대부분이 이 다섯 범주 중 하나에 해당하는데, 여기에는 '목적 없는', '부주의한', '맹신적인', '조급한', '편협한', '거만한', '자기 연민에 빠진', '이기적인', '의심스러운', '비협조적인', '변덕스러운' 등의 수많은 죄악과 결점이 포함된다. 다섯 가지 주요 성격 차원은 모두 유전적인데, 모집단에서 나타나는 편차 가운데 대략 40~50퍼센트는 유전자 차이와 강하게 결합되어 있다. 내성적이고, 신경질적이고, 편협하고, 이기적이고, 변덕스러운 성격을 가진 가련하고 불행한 사람은 아마 부분적으로 그들의 유전자 때문에 그렇게 되었을 것이고, 우리 중에도 남들과 비교했을 때 어느 한 경향이 두드러진 사람은 틀림없이 유전자 때문일 가능성이 매우 높다.

불쾌한 기질뿐 아니라 실질적인 결과를 수반하는 행동들도 부분적으로 유전된다. 많은 연구들이 보여 주는 바에 따르면, 거짓말, 도둑질, 싸움 걸기, 재산 파괴 등의 반사회적 행동들은 (모든 유전적 특성들처럼 환경에 따라 발생 가능성이 달라지기는 하지만) 부분적으로 유전적이라 한다.[52] 노인들이 평생 번 돈을 사취하고, 여자들을 연속적으로 강간하고, 편의점 바닥에 엎드린 아르바이트 점원에게 총을 쏘는 등의 극악한 행위를 저지르는 사람들은 종종 "정신병질"이나 "반사회적 인격 장애"라는 진단을 받는다.[53] 대부분의 정신병질자들은 어린 시절부터 악의를 드러낸다. 그들은 종종 정상적인 가정 환경과 고통스러워하는 부모들의 갖은 노력에도 불구하고, 더 어린 아이들을 협박하거나, 동물을 괴롭히거나, 습관적으로 거짓말을 하거나, 공감(empathy)이나 양심의 가책을 느끼지 못했다. 대부분의 정신병질 전문가들은 그것이 어린 시절에 입은 뇌 손상 때문인 경우도 있지만 대부분은 유전적 소질 때문이라 생각한다.[54] 어느 경우든 유전학과 신경학은 어두운 마음이 항상 부모나 사회 탓이 아님을 입증하고 있다.

또한 유전자는 결코 우리의 운명을 봉인하는 사자도 아니지만, 인간은 기계 속의 유령이라는 직관을 순순히 허용하지도 않는다. 어떤 선택—가령 어떤 직업을 선택할 것인가, 결혼을 할 것인가 말 것인가, 어떻게 투표할 것인가, 어떤 옷을 입고 나갈 것인가 등—을 앞두고 고민하고 있다고 상상해 보자. 결국 어렵게 결정을 내렸을 때 전화 벨이 울린다. 한 번도 본 적이 없는 쌍둥이 형제의 전화이다. 즐겁게 대화를 나누는 도중, 그가 방금 비슷한 직업을 선택했고, 거의 비슷한 시기에 결혼하기로 결심했고, 똑같은 대통령 후보에게 투표하기로 결정했고, 같은 색깔의 셔츠를 입고 있다는 사실을 알게 된다. 이것은 많은 행동 유전학자들이 자신 있게 내놓는 조사 결과이다. 수십 년 전 어머니의 나팔관에서 일어난 사건들이 기초가 되어 결과가 먼저 최소한 확률적으로라도 예측되는 것들이었다면, 그런 결정을 내리면서 '당신'은 실제로 선택의 자유를 얼마나 누렸겠는가?

∽∽

생물학과 문화를 잇는 네 번째 다리는 마음의 계통 발생적 역사와 적응 기능을 연구하는 진화 심리학이다.[55] 진화 심리학은 어떤 신비적 의미나 목적론적 의미에서가 아니라 자연 세계에 널리 퍼진 공학적 성격의 의미에서, 마음의 설계 또는 목적을 이해할 수 있다는 희망을 보여 준다. 우리는 이러한 공학적 증거를 모든 곳에서—상이 맺히도록 설계된 것처럼 보이는 눈에서, 혈액을 뿜도록 설계된 것처럼 보이는 심장에서, 하늘을 날도록 설계된 것처럼 보이는 날개에서—본다.

물론 다윈은 자연이 마치 설계된 것처럼 보이는 착각을 자연 선택으로 설명할 수 있음을 입증했다. 확실히 눈은 우연히 생겨났다고 보기에는 너무 훌륭하게 설계되어 있다. 엄청난 돌연변이가 만들어 내는 그 어떤 사마귀나 종양도 상이 맺히도록 완벽하게 설계된 수정체, 홍채, 망막, 눈물샘 등을 가질 정도로 운이 좋을 수는 없을 것이다. 또한 눈은 자신의 형상에 따라 인간을 창조한 어느 우주 설계자의 걸작도 아니다. 인간의 눈은 다른 동물들의 눈과 무서울 정도로 비슷하다. 그리고 뒤쪽에 배치된 듯 보이는 망막의 경우처럼 멸종된 조상의 재치 있는 흔적들을 가지고 있다.[56] 현재의 기관들은 그 이전 조상들의 것보다 더 잘 작동하도록 설계된 복제품이다.[57] 자연 선택은 우리가 아는 한 공학을 흉내낼 수 있는 유일한 물리적 과정이다. 훌륭한 성능이 존재의 원인으로 작용하는 유일한 과정이기 때문이다.

진화는 인간을 포함한 모든 생명을 이해하는 데 필요한 핵심 요인이다. 모든 생명체처럼 우리도 자연 선택의 산물이다. 우리는 생존과 짝짓기와 번식을 할 수 있는 특성들을 조상들로부터 물려받은 덕분에 여기까지 오게 되었다. 바로 이 중대한 사실이 우리의 가장 깊은 내면에 자리잡은 갈등들을 설명해 준다.——왜 은혜를 모르는 자식을 두는 것이 독사의 이빨에 물리는 것보다 더 고통스러운지,* 왜 재산깨나 모은 독신 남성에게 아내가 필요하리라는 것이 누구나 다 알고 있는 진리로 통하는지,** 왜 우리는 그 좋은 밤 속으로 순순히 들어가지 못하고 빛의 소멸에 분노, 또 분노하는지.***

진화는 우리 자신에 대한 이해에 핵심적이다. 인간에게서 발견되는 설계의 흔적은 심장이나 눈에서 그치지 않기 때문이다. 눈이 제아무리 뛰어난 공학적 산물이라 해도 뇌가 없으면 소용이 없다. 눈이 만들어 내는 출력물은 화면 보호기처럼 무의미한 패턴들이 아니다. 그것은 외부 세계의 상을 연산하는 회로에 원료로 공급된다. 그 상이 여러 회로에 흘러들면, 그 회로들은 원인과 사건을 연결하고 그것들을 해당 범주에 포함시켜 유용한 예측을 만들어 냄으로써 이 세계를 파악한다. 그런 다음 그 파악 결과는 굶주림, 공포, 사랑, 호기심, 지위와 존경 추구 같은 동기에 봉사한다. 앞에서도 언급했듯이, 우리에게는 쉬워 보이는 능력들——사건의 분류, 원인과 결과의 추론, 상충하는 목표의 추구——도 지적 체계를 설계하는(가령 로봇 설계자들이 복제하려고 하지만 아직도 성공하지 못하고 있는) 분야에서는 대단히 큰 과제이다.

이렇게 인간의 마음 곳곳에서는 공학적 증거가 발견되는데, 심리학

* 「리어 왕」 1막 3장.
** 제인 오스틴의 『오만과 편견』.
*** 웨일스의 시인 딜런 토머스(1914~1953)의 시 "DO NOT GO GENTLE INTO THAT GOOD NIGHT."

이 항상 진화할 수 있었던 것도 이런 이유에서였다. 인지 기능과 정서 기능은 항상 계획적이고, 복잡하고, 유용한 것으로 인식되어 왔는데, 이것은 그러한 기능들이 분명 신의 설계 아니면 자연 선택의 산물이라는 것을 의미한다. 그러나 최근까지도 진화는 심리학의 공식적인 원리로 채택되지 않았다. 무엇이 적응성이 높은지를 사람들의 일반적인 직관만으로도 여러 주제에 걸쳐 충분히 설명할 수 있기 때문이다. 공간 지각 때문에 동물이 벼랑에서 떨어지거나 나무에 부딪히지 않는다는 것, 갈증 때문에 물을 찾는다는 것, 필요한 것을 기억하는 것이 건망증보다 유리하다는 것을 아는 데 진화 생물학자의 도움이 필요하지는 않기 때문이다.

그러나 정신 활동의 다른 측면들, 특히 사회적 영역에서는 심리적 기능의 작용을 추측하기가 쉽지 않다. 자연 선택은 주어진 환경에서 번식을 잘하는 유기체를 선호한다. 돌, 풀, 뱀들로 구성된 환경에서는 어떤 전략이 유용하고 어떤 전략이 그렇지 않은지가 아주 명백하다. 그러나 각자가 전략을 개발하고 구사하는 동일 종의 성원들로 구성된 환경에서는 그것이 매우 불분명해진다. 진화라는 게임에서는 일부일처가 유리한가 일부다처가 유리한가? 점잖은 것이 유리한가 공격적인 것이 유리한가? 협조적인 것이 유리한가 이기적인 것이 유리한가? 자식에게 관대한 것이 유리한가 엄격한 것이 유리한가? 낙관적인 것이 유리한가 실용적인 것이 유리한가 비관적인 것이 유리한가?

이러한 질문에 대해 직감은 별로 도움이 되지 않기 때문에 진화 생물학은 심리학에 점점 더 깊이 자리잡고 있다. 진화 생물학자들은 사람들을 행복으로 이끄는 것—단결, 폭력 기피, 일부일처식 유대, 미적 즐거움, 자기 존중—을 무조건 "적응"으로 보는 것은 잘못이라고 말한다. 일상 생활에서 "적응성이 높은" 것이 반드시 진화의 역사에서 자연이 선택했다는 전문적 의미에서의 "적응"은 아니다. 자연 선택은 가장 능률적인 복제자가 그 대안을 누르고 번식에 성공해 수적 우세를 차지하는 도덕적으로는 중립적인 과정이다. 따라서 선택된 유전자는 리처드 도킨스의 비유를 빌리자면 "이기적인" 유전자이고, 보다 정확히 말하자면 자기 자신을 최대한 복제하는 과대 망상 유전자이다.[58] 적응 특성은 그것이 인간의 소망을 충족하는가 아닌가에 상관없이 유전자가 이 과대 망상증을 충족하기 위해 손에 넣은 어떤 것을 의미한다. 그래서 이것은 우리의 기능이 무엇을 위해 설계되었는가에 대한 일상적 직관과는 아주 다른 개념이다.

중력의 법칙 하에서도 비행 능력이 진화할 수 있는 것처럼, 유전자의 과대 망상증은 자비심이나 협동이 진화할 수 없음을 의미하지는 않는다. 그것은 단지 비행 능력처럼 자비심도 그냥 발생하는 어떤 것이 아니라 설명이 필요한 하나의 특수한 상태임을 의미한다. 그것은 특수한 환경에서만 진화하고, 인지적·감정적 기능들의 지원을 받아야 한다. 따라서 자비심은 (그리고 다른 사회적 동기들도) 미리 갖춰진 인간성의 일부로 취급하기보다는 스포트라이트 속으로 끌어내야 하는 어떤 것이다. 1970년대의 사회 생물학 혁명에서 진화 생물학자들은 유기체들이 더 큰 공익에 봉사하는 방향으로 진화한다는 막연한 느낌 대신, 유기체가 자식, 짝, 형제, 친구, 남, 적들과 상호 작용을 할 때 어떤 종류의 동기가 진화할 가능성이 높은가에 대해 추론을 시작했다.

그들의 예측이 인류가 진화를 통해 도달했던 수렵 채집 생활 양식과 관련된 몇 가지 기본적인 사실과 결합되자, 과거에는 수수께끼 같았던 정신의 부분들이 공간 지각이나 갈증 조절만큼이나 확실한 이론적 근거를 갖게 되었다. 예를 들어 심미안은 건강과 다산의 증거를 보여 주는 얼굴을 추적하는데, 이것은 당사자가 최적의 짝을 찾는 것을 돕기 위해 심미안이 진화했다는 가정 하에 내리는 예측과 일치한다.[59] 동정, 감사, 죄 의식, 분노의 감정들은 거짓말쟁이와 사기꾼에게 이용당하지 않고 협동을 통해 이익을 얻도록 돕는다.[60] 강인하다는 평판과 복수의 갈망은 전화를 걸어 경찰을 부를 수 없는 세계에서 공격을 막을 수 있는 최고의 방어 수단이다.[61] 아이들이 구어는 본능적으로 획득하면서도 글은 힘들게 노력해야만 깨우치는 것은, 구어는 수백만 년 동안 인간 생활의 주된 특징이었던 반면 글은 최근에 시작되었으며 천천히 확산된 발명품이기 때문이다.[62]

이것은 결코 사람들이 자신의 유전자를 복제하기 위해 노력한다는 것을 의미하지 않는다. 만약 마음이 그런 식으로 작동한다면, 남자들은 정자 은행 밖에 줄을 설 것이고 여자들은 자신의 난자가 채집되어 불임 부부에게 보내지도록 돈을 지불할 것이다. 다만 그것은, 학습, 사고, 감정을 위해 유전된 체계들 속에는 어떤 설계가 포함되어 있음을 의미하는데, 그 설계란 조상들이 진화해 온 바로 그 환경에서 생존과 번식을 가능하게 해 준 것이었다. 예를 들면 사람들은 먹는 것을 즐기는데, 이는 정크푸드*가 없고 식품의 성분을 따지지 않았던 세계에서 영양을 섭취하게 해 주는 요인이었다. 사람들은 섹스를 좋아하고 아이들을 사랑하는데, 피임이 없던 세계에서 그것은 유전자들이 스스로 생존하기에 충분한 조건이었다.

실시간으로 행동하도록 유기체를 재촉하는 메커니즘들과, 진화의 시간 내내 유기체의 설계를 형성했던 메커니즘들의 차이는 중요한 것이라서, 약간의 전문 용어를 동원해서 설명할 필요가 있다. 행동의 근접인은 행동 버튼을 실시간으로 누르는 메커니즘으로, 먹을 것을 재촉하는 굶

---

* 열량이 높은 인스턴트 식품의 일종이다.

주림이나 섹스를 재촉하는 정욕이 그 예이다. 궁극인은 근접인의 발전을 이끄는 적응 논리로, 우리에게 굶주림과 정욕의 충동을 느끼게 하는 영양 섭취와 번식의 필요가 그 예이다. 근접인과 궁극인을 구별하는 것은 우리 자신을 이해하는 데 필수적이다. 그것이 "왜 그 사람은 그렇게 행동했는가?" 식의 모든 질문의 답을 결정하기 때문이다. 간단한 예를 들자면, 궁극적으로 사람은 번식을 위해 섹스를 갈망하지만(섹스의 궁극인이 번식이므로), 직접적으로는 번식에 도움이 되지 않는 온갖 행동을 하기도 한다(섹스의 근접인은 즐거움이므로).

근접적 목표와 궁극적 목표의 차이는 우리가 빈 서판이 아님을 보여 주는 또 다른 증거이다. 사람들이 건강이나 행복과 같이 가까운 동시에 궁극적인 것으로 이해되는 분명한 보상을 얻기 위해 노력할 때, 우리는 마음의 행복이나 육체의 건강을 얻고자 하는 단 하나의 욕망과, 원하는 것을 얻어내는 단 하나의 원인-결과 계산법을 가지고 있다고 가정하기 쉽다. 그러나 사람들은 종종 가까운 행복을 파괴하는 욕망, 드러내 놓고 표현할 수도 없고 그들이(그리고 사회가) 끝내 근절하지도 못하는 욕망을 느낀다. 사람들은 때때로 이웃의 배우자를 탐내고, 수명을 재촉할 정도로 먹어대고, 사소한 모욕에도 폭발하고, 의붓자식을 사랑하지 못하고, 맞서 싸우거나 도망칠 수 없는 스트레스 요인에 반응해 신체를 혹사하고, 이웃을 따라잡거나 승진하기 위해 안간힘을 쓰고, 평범하지만 믿을 수 있는 파트너보다는 섹시하고 위험한 파트너를 더 좋아한다. 개인적으로 당혹스럽게 느껴질 법한 이 충동들에는 진화의 명백한 근거가 있다. 그 모순들은 인간의 마음이 개인적 행복을 위한 포괄적인 충동이 아니라 자연 선택에 의해 형성된 갈망들로 가득 차 있음을 시사한다.

진화 심리학도 왜 빈 서판이 아닌가를 설명한다. 마음은 다윈주의적 경쟁 속에서 형성되었고, 그 과정에서 활발치 못한 수단은 높은 기술

―예리한 인지 체계, 재치 있는 문제 해결사, 교활한 전략가, 민감한 되먹임 회로 등―을 갖춘 경쟁자들에게 패했을 것이다. 더 나아가 만약 우리의 마음이 정말로 가소성이 높다면, 우리의 경쟁자들이 쉽게 조작해서 우리를 그들의 필요에 봉사하게 만들거나 조건을 부여할 수 있을 것이다. 가소성이 높은 마음은 곧 도태될 것이다.

인문과학을 연구하는 학자들은 마음이 보편적인 복잡 설계를 갖추고 진화했다는 가설에 살을 붙이기 시작했다. 몇몇 인류학자들은 문화들 간의 차이를 강조했던 민족지학적 기록으로 돌아와, 그 속에서 모든 문화에 공통되는 경향과 취미를 놀라울 정도로 상세히 발견해 냈다. 이 공통된 사고 방식, 감정, 생활 방식 때문에 우리는 마치 하나의 단일한 부족처럼 보인다. 인류학자 도널드 브라운은 촘스키의 보편 문법에 이어 이것을 보편 민족이라 부르고 있다.[63] 뱀에 대한 공포에서 논리 연산 기호까지, 낭만적인 사랑에서 유머러스한 모욕까지, 시에서 금기 음식까지, 물물 교환에서 죽은 사람에 대한 애도까지 이 모든 것들이 역사에 기록된 모든 사회에서 발견된다. 물론 모든 보편적 행동이 인간 본성의 보편적 요소를 반영하는 것은 아니다. 다수의 행동들은 마음의 보편적 특성들과 신체의 보편적 특성들, 그리고 외부 세계의 보편적 특성들 사이의 상호 작용에서 비롯된다. 그럼에도 보편 민족이 보여 주는 풍부하고 세부적인 공통점은 마음이 빈 서판이라거나 문화가 무한히 다를 수 있다고 보는 그 어떤 직관에도 결정적인 충격을 가하게 된다. 그 목록에는 그러한 직관을 기초로 한 거의 모든 이론을 반박할 어떤 것이 담겨 있다. 브라운의 완전한 목록을 확인하는 것보다 더 확실한 방법은 없다. 목록은 그의 허락 하에 부록으로 첨부되었다(761쪽을 보라).

인간이 자연 선택으로부터 보편적인 복잡한 마음을 부여받았다는 개념은 다른 분야들에서도 지원을 받고 있다. 아동 심리학자들은 더 이상

유아의 세계가 소란스럽고 어지러운 혼돈이라고 믿지 않는다. 아기들에게서 마음의 기본 범주들(사물, 사람, 도구 등의 범주들)을 발견했기 때문이다.[64] 고고학자들과 고생물학자들은 선사 시대 인간이 야만스런 혈거인이 아니라 예술, 제의, 교역, 폭력, 협동, 기술, 기호 등에 마음을 쏟으며 살았다는 사실을 밝혀 냈다.[65] 영장류 학자들은 우리의 털북숭이 친척들이 조건화를 기다리는 실험용 동물이 아니라, 개념, 공간 지각, 도구 사용, 질투, 부모의 사랑, 호혜, 중재, 성적 차이 등과 같이 인간 고유의 것으로 간주되었던 복잡한 기능들을 갖추고 있음을 입증한다.[66] 그렇게 많은 정신 능력들이 모든 인간 문화에서, 문화를 습득하기 전의 아이들에게서, 문화가 거의 또는 전혀 없는 동물들에게서 출현한다면, 마음은 더 이상 문화에 의해 주조되는 무정형의 재료 덩어리로 보이지 않을 것이다.

고상한 야만인의 학설은 새로운 진화적 사고에 의해 그 오류가 더욱 무자비하게 노출된다. 자연 선택의 산물 중에는 그야말로 고상하다고 할 수 있는 것이 전혀 없다. 다음 세대의 발현을 위한 유전자들의 경쟁 속에서 고상한 것들은 도태되기 때문이다. 두 동물이 한 물고기를 먹을 수 없고 같은 짝을 독점할 수 없기 때문에 이익을 위한 투쟁은 모든 생명체에 편재한다. 사회적 동기가 자신의 복제를 최대화하려는 유전자들의 적응의 산물이라면, 그것은 그러한 투쟁에서 경쟁자들을 이기도록 설계되어야 하는데, 이기는 방법에는 경쟁을 중화시키는 방법도 포함된다. 윌리엄 제임스의 화려한 표현에 따르면, "경쟁자들을 차례차례 도살하는 장면을 성공적으로 연출했던 자들의 직계 후손인 우리는, 아무리 평화로운 미덕을 소유했을지라도 여전히 어느 한 순간에 화염처럼 타오를 준비가 되어 있다. 그것은 그들이 수많은 학살을 통해 다른 존재들을 죽이고 자신은 살아남기 위해 휘둘렀던 음울하고 불길한 본질적 특성이다."[67]

　루소에서 1장의 추수 감사절 논설 위원에 이르는 수많은 지식인들이 평화롭고, 평등주의적이고, 환경을 사랑하는 토착민 이미지를 수용했다. 그러나 20년 전부터 인류학자들은 그 따뜻하고 보드라운 전형을 받아들이는 대신, 국가 이전의 사회에서 벌어졌던 삶과 죽음에 관한 자료들을 수집하고 있다. 한마디로, 그 자료는 홉스가 옳고 루소가 틀렸음을 보여 준다.

　우선 폭력이란 말을 들어 보지도 못했다는 부족들에 관한 이야기는 결국 '도시 전설'에 불과했다. 평화를 사랑하는 뉴기니 인들과 성적으로 개방된 사모아 인들에 대한 마거릿 미드의 묘사는 형식적인 조사의 결과였으며, 거의 일방적으로 왜곡된 것이었음이 판명되었다. 인류학자 데릭 프리먼이 후에 기록했듯이, 사모아 인들은 딸이 결혼 당일 밤까지 순결을 지키지 못하면 그를 때리거나 죽였고, 처녀 신부를 얻지 못한 젊은 남자는 처녀를 강간하고 탈취해서 도망쳤고, 아내가 부정한 짓을 저지른 남편의 가족은 그 간부를 습격하거나 죽이곤 했다.[68] 엘리자베스 마셜 토머스는 『악의 없는 민족(The Harmless People)』이라는 책에 칼라하리 사막의 쿵산(!Kung San)족을 제목과 동일한 모습으로 묘사했다. 그러나 인류학자들이 오랫동안 야영하며 자료를 수집한 결과, 그곳의 살인율은 미국 도심보다 더 높았다. 학자들은 또한 산(San)족의 한 집단이 최근 어느 살인자에게 복수하기 위해 그의 집단에 잠입해, 자고 있던 모든 남자, 여자, 어린이를 처형했다는 사실을 알아냈다.[69] 그러나 쿵산의 전설은 지금도 존재한다. 1970년대 초 《뉴욕 타임스 매거진》에서는 필리핀 열대 우림에서 "친절한 타사다이족"을 발견했다고 보도했다. 그들은 싸움, 폭력, 무기를 가리키는 말이 전혀 없는 부족이었다. 그러나 타사다이족은, 페르디난드 마르코스의 친구들이 자신들의 "고향"을 수렵 금지 구역으로 지정하고 광물과 벌채 허가권을 독점할 목적으로 그 지역 농부들에게 나뭇잎 옷을 입혀 카메라맨 앞에 세운 것이었음이 밝혀졌다.[70]

인류학자와 역사가들도 시체의 수를 세고 있다. 많은 지식인들이 국가 이전 사회에서 전투의 사상자가 적다는 것을 원시적인 전쟁이 대체로 형식적이라는 주장의 근거로 내세운다. 그러나 그들은 50명으로 구성된 집단에서의 사망자 2명이 미국 규모의 국가에서는 1000만 명에 해당한다는 사실에 주목하지 못한다. 고고학자 로렌스 킬리는 자료를 구할 수 있는 수많은 사회에서 전쟁 때문에 죽은 남성의 비율을 오른쪽 표와 같이 정리했다.[71] 약 10퍼센트부터 거의 60퍼센트에 육박하는 처음 여덟 개의 막대는 남아메리카와 뉴기니 토착 부족의 것들이다. 맨 아래 거의 보이지 않을 정도로 짧은 막대는 20세기 미국과 유럽의 것인데, 여기에는 양차 대전이 포함되어 있다. 게다가 킬리와 그 밖의 학자들은 토착 부족들이 전쟁을 할 때 무섭도록 진지하다는 사실을 언급했다. 많은 사람들이 자신들의 기술을 최대한 동원해 치명적인 무기를 만들고, 기회가 되면 적을 남김없이 섬멸할 뿐 아니라, 포로를 고문하고 베고 적의 고기를 즐기면서 전쟁의 경험을 더욱 강하게 만든다.[72]

시체 대신 사회의 수를 계산해도 똑같이 으스스한 수치가 나온다. 1978년 인류학자 캐럴 엠버가 계산한 바에 따르면, 식량 수집 사회의 90퍼센트가 적과 교전 중이며, 64퍼센트가 적어도 2년에 한 번씩은 전쟁을 치르는 것으로 나타났다.[73] 심지어 90퍼센트라는 수치도 과소 평가된 것일 수 있다. 인류학자들은 약 10년에 한 번씩 발생하는 폭동을 계산에 넣을 만큼 한 부족을 오래 연구하기가 어렵기 때문이다(어느 인류학자가 1918년부터 1938년까지 비교적 평화로운 유럽인을 연구하고 있다고 상상해 보라.). 1972년 또 다른 인류학자 W. T. 디베일은 37개 문화의 99개 집단을 조

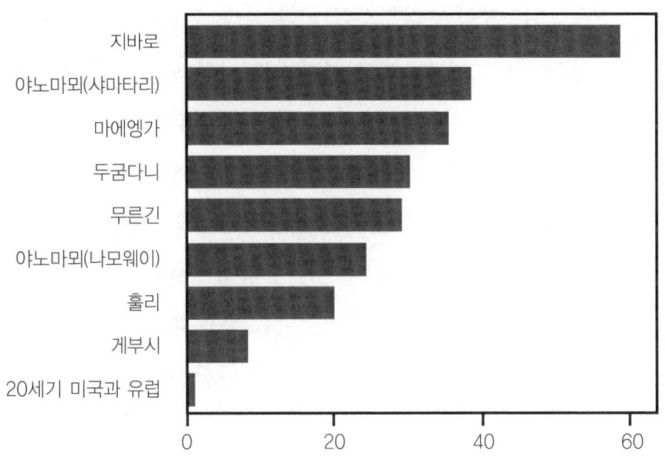

사한 끝에, 68개 집단이 당시 전쟁 중이고, 20개 집단이 5년에서 20년 전에 전쟁을 했으며, 그 외 모든 집단이 그보다 가까운 과거에 전쟁을 했다는 사실을 발견했다.[74] 여러 민족지학적 조사를 기초로 도널드 브라운은 투쟁, 강간, 복수, 질투, 지배 성향, 남성 야합적 폭력을 인간의 보편적 특성에 포함시켰다.[75]

물론 사람들이 국가 이전 사회의 폭력성을 인정하는 것에 대해 신경질적인 반응을 보이는 것은 이해할 만한 현상이다. 수세기 동안 야만적인 야만인이라는 상투적 문구는 토착 부족들을 청소하고 그들의 땅을 빼앗으려는 구실로 이용되었기 때문이다. 그러나 토착 부족에 대한 큰 범죄를 막을 목적으로 그들을 평화롭고 친환경적인 모습으로 잘못 그려서, 대학살은 희생자가 좋은 사람들일 때에만 나쁘다는 인상을 주는 것은 확실히 불필요한 일이다.

폭력은 인류가 진화해 온 갖가지 사회 유형에 널리 존재했고 지금도 존재하는 것이 사실이지만, 그것은 우리 종에게 죽음 소원*이나 피에 굶주린 본능 또는 세력권 다툼의 의식이 있다는 것을 의미하지 않는다. 오히려 지적인 종의 구성원들이 평화롭게 살기 위해 노력하는 데에는 충분한 진화론적 이유가 있다는 점이 꾸준히 입증되고 있다. 많은 컴퓨터 시뮬레이션과 수학적 모델들이 입증하는 바에 따르면, 협동자들의 뇌에 인지적·정서적 기능이 올바로 조합되어 있는 한에는 진화론적 관점에서는 무엇보다 협동이 유리하다.[76] 따라서 투쟁은 인간의 보편적 특성이 아니며, 폭력 혁명도 마찬가지이다. 지구 상의 모든 민족은 그 모든 더럽고 잔인한 동기와 함께 친절하고 온화한 동기들도 무수히 보여 준다. 도덕 관념, 정의, 공동체 의식, 행동을 선택할 때 행동의 결과를 예상하는 능력, 자식과 배우자와 친구에 대한 사랑 등이 그 예이다.[77] 한 인간 집단이 폭력에 몰입하느냐 평화를 위해 노력하느냐는 어떤 동기들이 관련되어 있는가에 달려 있는데, 이에 대해서는 다음 장들에서 상세히 탐구하고자 한다.

그러나 모든 사람이 그런 위로에 안도감을 느끼지는 않을 것이다. 그것은 현대의 지식인들이 세 번째로 소중히 여기는 가정인 기계 속의 유령을 파괴하기 때문이다. 사랑, 이지, 양심은 영혼의 특징을 설명하는 전통적인 직무 내용에 포함되어, 항상 '생물학적인' 기능에 불과한 것들의 정반대편에 놓였다. 만약 그 기능들도 '생물학적'이라면—즉 뇌 회로에서 실행되는 진화적 적응의 특성이라면—유령은 할 일이 더욱 없어져 연금을 받고 영원히 은퇴하는 편이 나을 것이다.

---

* 자신이나 남이 죽기를 바라는 마음을 말한다.

4장

문화의 탐욕

 바빌론의 모든 남자들처럼 나는 지방 총독이고, 한편으로는 그들 모두처럼 노예이다. 여기, 내 오른손에 집게손가락이 없는 것을 보라. 여기 내 망토의 갈라진 틈새로, 내 배 위에 핏빛 문신이 새겨져 있는 것을 보라. 두 번째 철자인 베이스이다. 보름달이 뜨는 밤이면 이 상징을 한 나는 기멜 표시를 한 남자들을 지배할 수 있고 알렙* 문신이 새겨진 사람들에게는 복종해야 하는데, 그들은 달이 뜨지 않는 밤에는 기멜 표시를 한 남자들에게 복종해야 한다. 어스름 여명이 밝을 때 나는 지하실의 검은 제단 앞에 서서 신성한 황소의 목을 길게 찢는다. 전에 나는 음력 1년 동안 보이지 않는 존재로 인정받았다. 소리를 질러도 내 소리를 듣는 사람이 없었고, 빵을 훔쳐도 참수당하지 않았다.……

---

* 알렙, 베이스, 기멜은 히브리어로 각각이 영어의 a, b, g에 해당한다.

이 터무니없는 다양성은 복권이라는 독특한 제도 때문이다. 이민족들에게서는 찾아볼 수 없는 제도로서, 설령 있더라도 불완전하게 또는 음성적으로 실행된다.[1]

아마도 호르헤 루이스 보르헤스의 소설「바빌론의 복권 놀이(The Lottery in Babylon)」는 수동적인 개인들에게 신비롭게 부여되는 역할과 상징의 집합이라는 문화의 개념을 가장 잘 묘사한 글일 것이다. 그의 복권은, 당첨된 표에 거액의 상금을 지불하는 우리의 게임과 똑같이 시작된다. 그러나 긴장을 높이기 위해 운영자들은 상금 대신 벌금을 부과하는 숫자 몇 개를 더한다. 그리고 벌금을 지불하지 않는 사람들에게는 금고형을 가하는 등 다양한 비금전적 처벌과 보상을 더해 나간다. 복권은 자유롭고, 필수적이고, 절대적이고, 갈수록 신비롭게 변해 간다. 사람들은 복권이 어떻게 돌아가는지, 심지어는 계속 존재할 것인지를 깊이 생각하기 시작한다.

언뜻 보면 인간 문화에는 엄청나게 다양한 보르헤스의 복권이 있는 것처럼 보인다. 호모 사피엔스의 구성원들은 구더기와 벌레에서 소 오줌과 인간의 살까지 별별 것들을 섭취한다. 인간은 피어싱을 좋아하는 서구의 10대들도 질겁할 정도로 온갖 신체 부위들을 묶고, 자르고, 파내고, 늘린다. 그리고 10대들이 어린 소년들의 구강 성교를 매일 받거나 부모가 다섯 살 된 자식들의 결혼을 미리 정하는 등의 변태적인 성적 관습을 인정한다. 변덕스러운 문화의 모습은 자연히 문화가 뇌, 유전자, 진화와는 별도의 세계에 존재한다는 학설로 이어진다. 그리고 이 구별은 생물학에 의해 빈 채로 남겨지고 문화에 의해 내용이 채워지는 서판이라는 개념에 의존한다. 나는 서판이 비어 있지 않다고 이야기해 왔고, 이제는 문화를 제자리로 되돌릴 때가 되었다고 생각한다. 이를 통해 생명과학에서 인간 본성에 대한 과학 그리고 사회과학, 인문과학, 예술까지를 관통하는 일치가 완성될 것이다.

이 장에서 나는 문화가 복권과 같다는 믿음의 대안을 제시할 것이다. 문화를 복권이 아니라 인간 표현형의 일부로, 즉 우리로 하여금 생존하고 번영하고 혈통을 존속시키게 하는 특유의 설계로 이해할 수 있다. 우리가 "문화"라 부르는 현상은 사람들이 경험을 통해 발견한 것들을 모으고 축적하는 과정에서, 그리고 서로의 노동을 조정하고 갈등을 판결하기 위해 인습을 제도화하는 과정에서 발생한다. 시간적으로나 지리적으로 격리된 인간 집단들이 서로 다른 발견과 인습을 축적할 때 우리는 문화들이라는 복수형을 쓴다. 서로 다른 문화는 서로 다른 종류의 유전자에서 오는 것이 아니지만—보애스와 그 후계자들은 이 점에 대해서는 옳았다.—그것이 유전자와는 별도의 세계에 존재하거나 무정형의 마음에 형태를 눌러 새기는 것도 아니다.

문화를 인간 본성에 대한 과학과 연결시키는 첫 단계는, 문화가 그 막대한 중요성에도 불구하고 사람의 피부를 통해 내면으로 스며 들어오는 독한 기운이 아님을 인정하는 것이다. 문화는 학습이라는 위대한 작업을 완수하는 신경 회로에 의존한다. 그 회로들은 우리를 무차별적인 흉내쟁이로 만드는 것이 아니라, 문화 전달을 가능하게 하기 위해 놀라울 정도로 섬세하게 작동해야 한다. 그렇기 때문에 마음의 선천적 기능에 초점을 맞추는 것은 학습, 문화, 사회화에 대한 초점의 대안이 아니라, 오히려 그 작동 방법을 설명하려는 시도가 된다.

한 사람의 모국어를 예로 들어 보자. 그것은 문화적으로 학습되는 가장 우수한 기술이다. 앵무새와 어린이는 말에 노출되면 모두 어떤 것을 배우지만, 그 음파로부터 단어와 규칙을 추출해 그것을 가지고 새 문장을 무제한적으로 발화하고 이해하는 정신 알고리즘은 어린이에게만 있다. 사실 선천적인 언어 능력은 언어를 학습하는 선천적 메커니즘이다.² 마찬가지로 문화를 배울 때에도 아이들은 결코 사물과 소리를 수동적으로 기록하는 비디오 카메라가 아니다. 아이들에게는 분명 다른 사람들의 행동에 내재한 믿음과 가치를 추출하는 정신 기관이 장착되어 있고, 그래서 아이들은 스스로 그 문화의 유능한 구성원으로 올라설 수 있다.³

아무리 사소한 문화적 학습──부모나 또래의 행동을 모방하는 것──이라도 그 과정은 겉으로 보이는 것보다는 훨씬 복잡하다. 우리가 다른 사람들로부터 무언가를 쉽게 배울 때 우리의 마음 속에서 벌어지고 있는 일을 이해하려면, 다른 종류의 마음이 어떤가를 상상해 보면 된다. 다행스럽게도 인지과학자들이 우리 대신 상상력을 발휘하여, 로봇과 동물의 마음, 사람들의 손상된 마음을 연구하고 있다.

모방 학습이 가능한 로봇을 만들기 위해 연구하고 있는 인공 지능 과학자 로드니 브룩스는 컴퓨터 과학에서 공통적으로 받아들여지는 학습 기술을 이용하려는 순간 바로 문제에 부딪혔다.

로봇이 유리 병을 여는 사람을 관찰한다. 사람이 로봇 쪽으로 다가가 로봇 근처에 있는 식탁 위에 병을 놓는다. 사람은 두 손을 비빈 다음 병의 뚜껑을 열기 시작한다. 그는 한 손으로 유리 병을, 다른 손으로 뚜껑을 잡고 시계 반대 방향으로 돌리기 시작한다. 유리 병을 여는 동안 그는 잠시 멈춰서 이마를 닦고, 로봇이 무엇을 하고 있는지 힐끔 돌아본다. 그런 다음 다시 뚜껑을 열기 시작한다. 이제 로봇이 뚜껑 여는 행동을 모방해야 한다. [그러나] 모방해야 할 행동의 어느 부분이 중요하고(가령 뚜껑을 시계 반대 방향으로 돌리는 것), 어느 부분이 중요하지 않은가(가령 이마를 훔치는 것)? …… 로봇은 이 경험으로부터 습득한 지식을 어떻게 추상화할 수 있으며, 어떻게 그것을 비슷한 상황에 적용할 수 있는가?[4]

답은 이렇다. 즉 로봇은 모방할 사람의 마음을 들여다보는 능력을 갖추어야 한다. 그래야만 그의 목표를 추론하고 목표 성취를 위해 그가 의도하는 행동의 여러 측면을 해득할 수 있다. 인지과학자들은 이 능력을 직관 심리(intuitive psychology), 통속 심리(folk psychology), 또는 마음 이론이라 부른다. (여기에서 "이론"이란 말은 과학자들의 명시적인 주장이 아니라, 개인, 동물, 또는 로봇이 내면에 소유하는 암묵적 믿음 체계를 가리킨다.) 현재 존재하는 어떤 로봇도 이 능력에 근접하지 못하고 있다.

다른 존재의 목표를 추론하기가 어렵다는 것을 보여 주는 또 다른 예는 침팬지의 마음이다. 심리학자 로라 페티토는 함께 대학 구내의 저택에 함께 살면서 님 침스키라는 이름의 침팬지에게 수화를 가르쳤다. 언뜻 보기에 님은 그녀의 설거지 행동을 '모방'하는 것처럼 보였지만, 여기에는 중요한 차이가 있었다. 님은 접시를 스폰지로 열심히 닦았지만 좀처럼 깨끗해지지 않았고, 깨끗한 접시를 줘도 더러운 접시인 양 '설거지'를 했다. 님은 액체를 이용해 무엇인가를 깨끗하게 만든다는 '설거지'의 개념을 몰랐다. 그는 단지 그녀의 동작을 흉내내면서 손가락으로 따뜻한 물의 감촉을 즐기기만 했다. 여러 실험들이 비슷한 결과를 보여 주었다. 침팬지를 비롯한 영장류에게는 모방자라는 명성이 있지만('원숭이는 보는 대로 따라 한다.'), 사람과 같은 모방 능력(다른 사람의 동작이 아니라 의도를 모사하는 것)은 발달하지 않았는데, 그것은 그들의 직관 심리가 발달하지 않았기 때문이다.[5]

다른 사람의 믿음과 의도를 분별하는 능력이 없는 마음은 다른 어떤 방식으로 학습을 한다 해도 문화를 존속시키는 그런 종류의 학습은 하지 못한다. 자폐증을 가진 사람들도 이런 종류의 장애로 고통을 받는다. 그들은 지도나 도표 같은 물리적 표현들을 파악하지만, 정신적 표현들 즉 사람의 마음은 읽지 못한다.[6] 그들도 틀림없이 모방을 하지만, 그 방식은 이상야릇하다. 어떤 이들은 다른 사람의 말에서 그들 자신의 문장을 구성할 수 있는 문법 패턴을 추출하는 것이 아니라, 그들의 말을 소리대로만 흉내내는 반향 언어를 보인다. 자폐증 환자들 중 스스로 말을 배우는 사람들은 당신이라는 말을 자신의 이름처럼 사용하는데, 그 이유는 다른 사람에게 들은 그 말이 언제 어디서나 대화의 상대방에게 상대적으로 적용된다는 생각을 전혀 못하기 때문이다. 만약 어머니가 유리 컵을 쓰러뜨린 후 "어머나, 이런!"이라고 말하면, 자폐증을 앓고 있는 어린이는 '어머나 이런'을 유리 컵을 가리키는 말로 사용한다. 이것은, 정상인 어린이가 단지 같은 때에 나온 소리와 사건을 연관짓는 간단한 방식으로 말을 배운다고 주장하는 경험주의적 이론의 반증이다. 이것들은 결코 저능의 결과가 아니다. 자폐증을 앓는 어린이들은 다른 문제를 풀 때에는 유능하기도(심지어 석학을 뺨칠 정도로) 한데, 자폐증이 없는 지체 어린이들은 언어와 모방에 대해 그 같은 약점을 보이지 않는다. 자폐증은 유전적 뿌리가 강한 선천적인 신경학적 장애이다.[7] 로봇, 침팬지 그리고 자폐증을 가진 사람을 통해 우리는 문화적 학습이란 단지 신경학적으로 정상인 사람들이 그 학습에 필요한 선천적 장비를 갖추고 있을 때 가능하다는 사실을 알게 된다.

과학자들은 종종 호모 사피엔스 구성원들의 긴 유년을 어른으로 성장하기 전 방대한 문화적 정보를 습득하는 데 필요한 적응 기간이라고 해석한다. 만약 문화적 학습이 특별한 심리적 장비에 의존한다면, 우리는 그 장비가 어린 시절에 일찍 출현해서 가동된다고 보아야 한다. 그리고 실제로 그러하다.

　실험을 통해서 우리는 1년 반 된 아기들이 중첩되는 사건들을 무차별적으로 연결시키는 연상의 대가가 아님을 알 수 있다. 그들은 다른 사람의 행동을 따라하기 전에 먼저 그들의 의도를 직감적으로 이해하는 직관 심리학자들이다. 어른에 의해 최초로 "저건 토마야."라는 말에 노출된 아기는 그것을 자신이 보고 있는 장난감의 이름이 아니라 그 순간에 그 어른이 보고 있는 장난감의 이름으로 기억한다.[8] 만약 어른이 어떤 도구를 만지작거리다가 그 행동이 자신이 하려고 한 게 아니란 걸 나타내면("제기랄!"이라고 말함으로써), 아기는 애써 그 행동을 모방하려 하지 않는다. 그러나 어른이 같은 행동을 하면서 그것이 의도된 행동이었음을 나타내면, 아기는 애써 어른을 모방한다.[9] 그리고 어른이 어떤 일을 성취하려고 노력하다 실패하면(가령 경보 장치의 버튼을 누르거나 말뚝에 둥근 고리를 실로 매다는 등), 아기는 어른이 노력했던 것을 모방하지 그가 실패했던 것을 모방하지 않는다.[10] 어린이의 언어 습득을 연구하는 사람으로서 나는 아이들이 세 살이라는 이른 나이에 언어의 논리를 '획득' 해 대부분의 구어를 사용한다는 사실에 항상 놀라곤 한다.[11] 그것 역시, 뇌가 활발하게 성장하는 시기에 게놈이 가능한 한 빨리 우리의 문화 획득 장치를 온라인시키려는 하나의 시도일 것이다.*

∽∾∽

　이렇게 우리의 마음에는, 다른 사람의 목표를 읽어서 우리가 그들의

---

* 중요한 능력일수록 이른 시기에 그에 대한 뇌 발달을 완성하는 것이 생존에 유리하다는 개념은 저자의 『언어 본능』에 뚜렷이 강조되어 있다.

의도된 행동을 복제할 수 있도록 설계된 메커니즘들이 갖추어져 있다. 그러나 우리는 왜 의도된 행동을 모방하려 하는가? 우리는 문화를 획득하는 것이 당연히 좋은 일이라고 생각하지만, 그 행동은 종종 경멸의 대상이 되곤 했다. 항만 노동자이자 철학자인 에릭 호퍼는 이렇게 썼다. "사람들은 원하는 대로 할 수 있을 때에는 주로 서로를 모방한다." 그리고 우리는 인간 고유의 이 능력을 동물의 행동과 동일시하는 다음과 같은 갖가지 비유를 구사하며 살아간다. "원숭이처럼 보는 대로 따라 하다(Monkey see, monkey do)" "원숭이처럼 흉내내다(aping)" "앵무새처럼 말을 되풀이하다(parroting)" "양(sheep)" "나그네쥐(lemmings)" "카피캣(copycats)"* "양떼 심리(herd mentality: 군중 심리)"

사회 심리학자들은 사람들이 이웃들이 하는 대로 따라 하고자 하는 강한 충동을 갖고 있다고 상세히 기록하고 있다. 실험자에게 돈을 받고 일부러 이상한 행동을 하는 사람들 사이에 아무것도 모르는 피실험자를 넣으면, 다수의 또는 대부분의 피실험자가 같은 행동을 보인다. 그들은 자신의 눈을 무시하고 긴 줄을 짧다고 하거나 짧은 줄을 길다고 말하고, 난방 장치에서 연기가 나오는데도 아랑곳하지 않고 설문지를 작성하고, 「몰래 카메라」에서처럼 뚜렷한 이유도 없이 갑자기 속옷을 내린다.[12] 그러나 사회 심리학자들은 인간의 순응성이 의도적으로 고안된 실험에서는 아무리 유쾌해 보일지라도, 거기에는 사회 생활에 필요한 진정한 논리적 이유—실은 두 가지 이유—가 담겨 있다고 지적한다.[13]

첫째는 정보와 관련된 이유, 즉 다른 사람들의 지식과 판단에서 이익을 얻고자 하는 욕구이다. 마라톤 회의에 지친 노련한 위원들은 한 집단의 지능 지수가 그 집단에서 가장 낮은 지능 지수를 집단의 인원 수로

---

* '모방자'라는 의미로 사용되는 단어이지만 실제 동물은 아니다.

나눈 값이라고 말하지만, 이것은 너무 비관적이다. 언어, 직관 심리, 협동 의지를 가진 종의 집단은 구성원들이 현재와 과거에 힘들게 얻은 발견 내용과 지식을 한데 모아 은둔자 무리보다 훨씬 더 영리한 결론에 도달할 수 있다. 식량 수집인들은 도구를 만들고, 불을 관리하고, 먹이를 유인하고, 식물의 독을 없애는 등의 실질적 지식──어느 구성원도 그것을 처음부터 재창조하기는 불가능하다.──을 축적하면서 그 집단적 지식에 따라 살아간다. 또한 서로 행동을 조정함으로써(사냥감 몰이, 식량을 찾아 다니는 동안 순번대로 마을에 남아 아이 돌보기), 머리와 다리가 여럿 달린 거대한 짐승처럼 행동하고, 완고한 개인주의자가 할 수 없는 큰 작업을 완성한다. 그리고 상호 연결된 다수의 눈, 귀, 머리는 수많은 단점과 특이함을 뛰어넘어 단 한 벌의 눈, 귀, 머리보다 강력한 힘을 발휘한다. 반항자들과 음모 이론가들에게 현실을 깨우쳐 주는 이런 이디시 표현이 있다. "온 세상이 미친 것은 아니다."

이른바 문화라는 것의 많은 부분은 단지 특정 지역 내에서 축적된 지혜──공예품의 제작 방법, 음식의 선택, 횡재한 이익의 분배 등──에 불과하다. 마빈 해리스를 비롯한 일부 인류학자들은 복권만큼이나 원칙이 없는 것 같아 보이는 관행들도 실은 생태학적 문제의 해결책이 될 수 있다고 주장한다.[14] 그의 지적에 따르면 인도에서 소는 신성한 동물인데, 소가 음식(우유와 버터), 연료(쇠똥), 동력(쟁기질)을 공급하므로 소를 보호하는 관습이 황금알을 낳는 거위를 죽이고 싶은 유혹을 눌렀다는 것이다. 그 밖의 문화적 차이들에도 번식을 위한 논리적 이유가 있다.[15] 어떤 사회에서는 남자가 아버지 쪽 가족과 살면서 아내와 자식을 부양하는 반면, 다른 사회에서는 남자가 어머니 쪽 가족과 살면서 여자 형제들과 조카딸들을 부양한다. 후자의 제도는 주로 남자들이 오랫동안 집을 떠나서 간통이 상대적으로 흔하기 때문에 아내가 낳은 자식이 자신의 자식임을 확신하기 어려운 사회에서 발견된다. 누가 누구하고 잤는가와 상관없이 어머니의 딸이 낳은 자식들은 무조건 생물학적으로 자신의 친족이기 때문에, 처가 거주(妻家居住) 가족 제도에서 남자들은 자신의 유전자 일부를 가지고 있는 아이들을 부양할 수 있게 된다.

물론 모든 문화적 관습이 경제적 또는 유전적 이익과 직접 관련이 있다고 주장하는 것은 견강부회에 지나지 않는다. 순응성의 두 번째 동기는 규범과 관련된 이유, 즉 공동체의 규범을 따르고자 하는 욕구이다. 그러나 이것 역시 첫눈에 보이는 만큼 어리석은 것이 아니다. 많은 문화적 관습들이 구체적 형태에 있어서는 임의적이지만 존재 이유에 있어서는 그렇지 않다. 차를 도로의 우측으로 몰든 좌측으로 몰든 여기에는 마땅한 이유가 없지만, 사람들이 같은 쪽으로 차를 모는 데에는 충분한 이유가 있다. 따라서 운전할 쪽을 임의로 선택하는 것과 모두가 그 선택에 순응하는 것에는 대단히 큰 의미가 있다. 임의적이지만 공동으로 조정된 선택을 경제학자들은 "협조 균형(cooperative equilibria)"이라 부르는데, 여기에는 돈, 지정된 휴일, 단어를 이루는 소리와 의미의 결합 등이 포함된다.

공통된 임의적 관습이 있기 때문에 사람들은, 삶에서 많은 일들이 연속 선상에 배열되지만 어떤 결정들은 종종 이원론적이어야 한다는 사실을 받아들인다.[16] 아이들은 순간적으로 성인이 되지 않으며, 데이트에 열중하는 남녀가 일부일처의 부부가 되는 것도 아니다. 통과 의례와 그것의 현대적인 형태들, 그리고 신분증이나 결혼 허가증 같은 서류 덕분에, 제3자가 나서서 끝없는 분쟁을 막고 양면적인 경우—아이인가 어른인가, 언질로 맺어진 결혼인가 법적으로 유효한 결혼인가—의 해결 방법을 결정할 수 있다.

무엇보다도 애매한 범주가 바로 다른 사람의 의도이다. 저 사람은 우리 연합에 충성스런 일원인가(군대 시절 나는 이런 전우와 같은 참호에 배치되길 원했다.) 아니면 어려울 때 저 혼자 발을 빼는 배신자인가? 저 사람의 마음은 친부 쪽 일가에 있는가 장인 쪽 일가에 있는가? 저 미망인은 은근히 즐거워하고 있는가 아니면 정말로 슬퍼하는가? 저 사람은 나를 모욕하고 있는가 아니면 단지 바빠서 저러는 것인가? 입회식, 부족의 상징물, 정해진 애도 기간, 의례적인 응대 형식 등이 위와 같은 문제의 분명한 해결책은 아니겠지만, 그런 것이 없다면 사람들의 머릿속을 가득 채울 의심의 구름을 제거할 방법이 없다.

인습은 사람들의 마음에만 존재하지만 광범위하게 뿌리를 내린 인습은 일종의 현실이 될 수 있다. 철학자 존 서얼은 『사회적 현실의 구조(The Construction of Social Reality)』(현실의 사회적 구조와 혼동하지 마라.)에서, 어떤 사실들이 객관적으로 참인 것은 단지 사람들이 그런 것처럼 행동하기 때문이라고 지적한다.[17] 예를 들어 조지 W. 부시가 미국의 43대 대통령이고, O. J. 심슨이 무죄 판결을 받고, 보스턴 셀틱스가 1986년 NBA 결승전에서 우승했고, 빅맥이 (이 글을 쓰는 지금의 시세로) 2달러 62센트라는 것은 견해가 아니라 명백한 사실이다. 그러나 이것들은 객관적 사실이기는 해도, 가령 카드뮴의 원자 번호가 48인 것이나 고래가 포유류로 분류되는 것처럼 물리적 세계와 관련된 사실은 아니다. 그 실체는 공동체를 이루는 대부분의 구성원들이 똑같이 품고 있는 이해에 있고, 보통 특정한 타인에게 권력이나 지위를 양도(또는 거부)하겠다는 합의에 있다.

복잡한 사회에서 삶은 사회적 현실들 위에 서 있는데, 돈과 법치가 가장 명백한 예이다. 사회적 사실은 전적으로 그것을 사실로 취급하겠다는 사람들의 의향에 달려 있다. 사람들이 외국 돈을 거부하거나, 지도자임을 스스로 공언하고 나서는 사람의 통치권을 거부하는 데에서 보듯이, 그것은 그 사회의 고유한 특성에 의존한다. 그래서 그것은 집단 심리의 변화와 함께 분해될 수 있다. 초인플레이션 때문에 화폐가 무가치해지는 것이나 국민 모두가 경찰과 군대에 반항할 때 정권이 붕괴되는 것이 그 예이다. (설은 "정치 권력은 총구에서 나온다."라는 마오쩌둥의 말이 단지 절반만 옳다고 지적한다. 어떤 정권도 모든 시민에게 총기 사용법을 훈련시킬 수 없기 때문에, 정치 권력은 충분히 많은 사람들의 두려움을 동시에 관리할 줄 아는 정권의 능력에서 나온다.) 사회적 현실은 오직 인간 집단 내에 존재하지만, 그것은 각 개인이 현재 가지고 있는 인지 능력, 즉 다른 사람들이 그렇게 한다면 나도 권력과 지위를 수여하고 그것을 존중하겠다는 공식적 합의를 이해하는 능력에 달려 있다.

하나의 심리적 사건—고안, 꾸밈, 특정 부류의 사람은 특정 방식으로 대한다는 결정—은 어떻게 하나의 사회 문화적 사실—전통, 관습, 사회적 풍토, 생활 방식—로 바뀌는가? 인지 인류학자 댄 슈페르버에 따르면 우리는 문화를 정신적 표현물들의 유행병(epidemiology)으로, 개인에서 개인으로 전해지는 사고와 관습의 확산으로 이해해야 한다.[18] 현재 많은 과학자들이 유행병학('질병은 어떻게 확산되는가?') 또는 인구 생물학('유전자와 유기체는 어떻게 확산되는가?')의 수학적 방법을 이용해 문화의 진화를 모형화하고 있다.[19] 그들은 다른 사람의 혁신적 성과를 받아들이는 인간의 성향은, 유행병, 들불, 눈덩이, 변환점* 같은 말들이 비유적으로 의미하는 그런 효과에 도달할 수 있음을 보여 주고 있다. 개인적 심리가 집단적 문화로 전환되는 것이다.

---

* tipping point. 양적 증가가 질적 변화를 낳는 시점. 원래는 전염병 또는 바이러스가 일정한 수량에 도달하는 시점을 가리키는 전염병학 용어이다.

이렇게 문화는 사람들에게 우연히 들이닥치는 임의적인 역할과 상징의 집합이 아니라, 사람들이 삶을 위해 축적하는 기술적·사회적 혁신의 웅덩이이다. 이 개념은 문화적 차이와 유사성의 원인을 설명하는 데 도움이 된다. 분리된 집단이 부족을 떠나 바다, 산맥, 비무장 지대 등에 의해 격리될 때, 장벽 한쪽에서 발생하는 혁신이 반대쪽으로 보급될 방법은 없다. 각 집단이 자신의 발견과 인습의 집적물을 수정해 감에 따라, 양쪽의 집적물은 갈라지고 두 집단은 다른 문화를 갖게 된다. 심지어 두 집단이 소리치면 들릴 거리에 있다 해도 서로의 관계가 매우 적대적이라면, 그들은 개인이 어느 편인가를 알리는 상징물을 채택하고 모든 차이를 더욱 과장해 행동상의 정체성을 확보하려 할 것이다. 이러한 분기(分岐)와 차별화는 문화적 진화의 가장 분명한 예인 언어의 진화에서 쉽게 찾아볼 수 있다. 다윈이 지적했듯이 그것은 한 생태 집단이 둘로 나뉜 후 각 집단의 후손들이 서로 다른 방향으로 진화할 때 종종 발생하는 종의 기원의 경우와 매우 흡사하다.[20] 언어와 종의 경우처럼, 문화도 보다 늦게 분리된 것들은 서로 더 비슷한 경향이 있다. 예를 들어 이탈리아와 프랑스의 전통 문화는 마오리와 하와이의 문화보다 훨씬 유사하다.

또한 문화의 심리학적 뿌리는, 왜 문화의 어떤 부분은 변하고 어떤 부분은 잔존하는가를 설명하는 데 도움이 된다. 어떤 집단적 관습들은 막대한 관성을 자랑하는데, 이는 그 관습을 변화시키려는 최초의 개인에게 큰 대가가 강요되기 때문이다. 차량의 좌측 통행을 우측 통행으로 전환하는 것은 누군가의 용감한 반항이나 시민 운동으로 시작될 수 있는 것이 아니라 하향식으로 강제되어야 가능한 일이다(1967년 9월 3일 일

요일 오전 5시 스웨덴에서 그런 일이 발생했다.). 적들이 빈틈없이 무장하고 있을 때 무기를 내려놓는 것, 컴퓨터나 타자기의 자판 배열을 포기하는 것, 임금님이 벌거벗고 있음을 지적하는 것 등도 그러한 예에 속한다.

그러나 전통 문화도 대부분의 사람들이 이해하는 것보다 더 극적으로 변할 수 있다. 문화적 다양성을 보존하는 것은 오늘날 최고의 미덕으로 간주되지만, 다양한 문화의 구성원들은 항상 그런 식으로 생각하지 않는다. 사람에게는 욕구와 필요가 있어서, 문화들이 서로 어깨를 스치면 한쪽 문화의 사람들은 이웃들이 어떻게 욕구를 충족시키는가에 반드시 주목한다. 역사에 기록된 바대로, 그들은 별다른 수치심 없이 가장 훌륭한 방식을 빌려 온다. 문화는 결코 스스로를 보존하는 단일체가 아니라, 유입과 유출이 꾸준히 이루어지는 삼투성을 가진 존재다. 여기에서도 언어는 아주 분명한 예를 제공한다. 순수주의자들의 끝없는 한탄과 언어학자들의 제재에도 불구하고 세상의 어떤 언어도 수세기 전과 똑같은 모습으로 사용되지 않는다. 현대 영어를 셰익스피어의 영어와 비교해 보고, 셰익스피어의 영어를 초서의 영어와 비교해 보라. 이 밖에도 많은 '전통적' 관습들의 역사는 놀라우리만치 짧다. 하시디즘* 유대인들의 조상은 검은 외투와 털 달린 모자를 쓰고 레반트의 사막을 돌아다니지 않았고, 대평원 인디언들도 유럽인들이 도착하기 전에는 말을 타고 다니지 않았다. 민족 요리 역시 뿌리가 얕다. 아일랜드의 토마토, 헝가리의 파프리카 고추, 이탈리아의 감자, 인도와 중국의 고추, 아프리카의 카사바는 모두 신대륙에서 들어왔고, 콜럼버스가 아메리카 대륙에 도착하고 수세기가 지난 후에야 '전통' 식단에 합류했다.[21]

문화가 생활을 위한 도구라는 개념을 이해하면, 과거에 보애스가 주

---

* 유대교 신비주의 분파이다.

장한 정반대의 견해——문화는 관념의 자율적 체계라는 견해——를 이해할 수 있게 된다. 지구 상에 존재하는 가장 분명한 문화적 차이는 어떤 문화는 물질적으로 성공했고 어떤 문화는 그렇지 못했다는 것이다. 과거 수세기 동안 아프리카, 아메리카, 호주, 태평양의 문화들은 유럽과 아시아 문화에 심하게 짓눌렸다. 심지어 유럽과 아시아 내에서도 문화의 성쇠는 크게 엇갈려서, 어떤 문화에서는 예술, 과학, 기술의 발전과 함께 광대한 문명이 꽃을 피운 반면, 어떤 문화들은 가난과 무기력에 빠져 침략에 맞서지도 못했다. 스페인의 작은 집단들이 대서양을 건너 잉카와 아스테크의 거대한 제국들을 멸망시켰던 반면, 그 반대의 일이 일어나지 않은 것은 무엇 때문이었는가? 왜 유럽이 아프리카 부족들의 식민지가 되지 않고 그 반대의 일이 일어났는가? 답은 간단하다. 부유한 정복자들에게는 더 좋은 기술, 더 복잡한 정치·경제 조직이 있었기 때문이다. 그러면 우리는 자동적으로, 왜 어떤 문화에서는 다른 문화에서보다 더 복잡한 생활 방식이 발전했는가의 문제로 돌아간다.

보애스는 그러한 불균형이 인종들 간의 생물학적 차이 때문이라고 주장했던 19세기의 흉악한 인종 과학을 전복시키는 데 일조했다. 인종 과학에 맞서 그의 후계자들은 행동은 문화에 의해 결정되고 문화는 자율적이어서 생물학과는 무관하다고 규정했다.[22] 그러나 불행하게도 그들의 주장으로는 문화 간의 극적인 차이를 설명할 수 없었다. 그것은 마치 바빌론의 복권 놀이가 무작위로 만들어 내는 결과물처럼 보였다. 사실 그 차이는 설명할 수 없을 뿐 아니라 언급할 수조차 없었다. 어떤 문화는 다른 문화보다 기술적으로 정교하다는 말이, 진보한 사회는 원시 사회보다 낫다는 일종의 도덕적 판단으로 해석될까 두려워서였다. 그러나 어떤 문화가 다른 문화보다 만인이 원하는 것들(가령 건강이나 안락함)을 더 잘 성취한다는 사실을 외면하기는 불가능하다. 문화가 변덕스러울 정도로 다양하다는 도그마로는, 어떤 민족은 과학, 기술, 정치를 발전시키는 데 필요한 것들을 가지고 있고 다른 민족은 그렇지 못하다는 개인들의 사견조차 논박하기 어렵다.

그러나 따로 연구를 해 온 두 학자에 의해 최근에, 문화 간의 차이를 설명하는 데 민족을 들먹일 필요가 전혀 없다는 사실이 결정적으로 입증되었다. 두 학자가 동시에 그런 결론에 도달할 수 있었던 것은, 문화를 개개인의 마음과 별개로 존재하는 임의적 상징 체계로 보는 표준 사회과학 모델을 피했기 때문이다. 경제학자 토머스 소웰은 3부작 『민족과 문화, 이주와 문화, 정복과 문화』에서 문화적 차이에 대한 분석의 출발점을 다음과 같이 설명했다.

> 문화는 호박(琥珀) 속의 나비처럼 보존된 상징 체계가 아니다. 그것은 박물관의 진열대가 아니라 일상 생활의 실제적 활동 속에 존재한다. 거기에서 문화는 경쟁하는 목표들 그리고 다른 문화들의 압력을 받으며 진화한다. 문화는 찬양해야 할 단지 정적인 '차이들'로 존재하는 것이 아니라, 목표를 성취하는 좋고 나쁜 방법을 가리면서 서로 치열하게 경쟁한다. 이때 좋고 나쁨의 결정은 관찰자의 관점이 아니라 민족 자신들의 관점을 통해, 그들이 냉정한 생활 현실 가운데서 맞서고 열망하는 과정에서 이루어진다.[23]

생리학자 재러드 다이아몬드는 진화 심리학의 개념들을 제안한 동시에 인문과학 특히 그중 역사와 과학의 통섭(consilience)을 제의한 사람이다.[24] 『총, 균, 쇠(Guns, Germs, and Steel)』에서 그는 역사가 단지 사건의 연속이라는 표준적인 가정을 거부하고, 수만 년에 걸친 인류 역사를 인간의 진화와 생태학의 맥락에서 설명하려고 했다.[25] 소웰과 다이아몬드는 인간 사회의 운명이 우연이나 인종에서 비롯되는 것이 아니라 다른 이들의 혁신적 성과물을 채택하려는 인간의 충동에서 나오는 것이며, 이 충동은 지리와 생태계의 변화와 결합되어 있다는 믿을 만한 견해를 제시했다.

다이아몬드는 역사의 처음에서 출발했다. 인간이 진화해 온 대부분의 기간에 우리는 식량 수집인이었다. 문명의 부속물들——정착 생활, 도시, 노동의 분화, 정치, 군대의 전문화, 문자, 야금술——은 최근의 성과물이고, 농업은 약 1만 년 전이었다. 농업은 길들이고 이용할 수 있는 식물과 동물이 있어야 가능한데, 그러한 종은 극소수에 불과하다. 그 종들은 세계 몇몇 지역에 집중되어 있었으며, 비옥한 초승달 지대, 중국, 중남미가 대표적이었다. 이들 지역에서 최초의 문명이 발생했다.

그때부터 지리는 운명과도 같았다. 다이아몬드와 소웰은 세계 최대의 대륙인 유라시아가 각 지방의 혁신적 성과물들이 모이는 최대의 집수 지역이라는 사실을 지적한다. 상인, 체류자, 정복자들은 그것을 수집해 널리 전파시킬 수 있고, 교통 요충지에 거주하는 사람들은 그것을 첨단 기술 상품으로 응축시킬 수 있다. 또한 유라시아는 남북으로 뻗은 아프리카와 남북 아메리카와는 달리 동서로 뻗어 있다. 한 지역에서 이용하는 작물과 동물이 비슷한 위도, 비슷한 기후의 다른 지역으로 쉽게 전파될 수 있다. 그러나 몇 백 마일 차이로 온대와 열대가 나뉘는 경도를 따라서는 쉽게 전파되지 못한다. 예를 들어 아시아 스텝 기후에서 사육하던 말은 서쪽으로는 유럽으로 동쪽으로는 중국으로 쉽게 건너갔지만, 안데스에서 사육하던 라마와 알파카는 북쪽인 멕시코로 건너가지 못했고, 그래서 마야와 아스테크는 짐 나르는 짐승이 없는 문명으로 남게 되었다. 그리고 최근까지만 해도 무거운 화물의 장거리 운송은 (이와 함께 상인과 그들의 지식의 이동 또한) 오직 수로로만 가능했다. 유럽과 일부 아시아 지역은 협로와 이랑이 많은 지형과 함께 수로로 이용할 수 있는 강과 천연 항구가 아주 많은 축복받은 땅이다. 아프리카와 호주는 그렇지 않다.

따라서 유라시아가 세계를 정복한 것은 유라시아인들이 더 똑똑해서가 아니라 백지장도 맞들면 낫다는 속담의 원리를 이용할 수 있었기 때문이다. 유럽의 정복자들에 속하는 어느 민족의 '문화'(가령 영국)도 사실은 수천 마일을 건너고 수천 년을 거친 발명의 성과물들을 모아 놓은 빅 히트 선집에 해당한다. 그 선집에는 중동에서 들어온 곡물과 알파벳, 중국에서 들어온 화약과 종이, 우크라이나에서 들어온 말 등이 주요 히트 송으로 들어 있다. 그러나 호주, 아프리카, 남북 아메리카의 고립된 섬 문화들은 몇 가지 토착 기술로 연명해야 했고, 그 결과 다원주의적 정복자들에 대항할 능력을 키우지 못했다. 심지어 유라시아와 (후에) 남북 아메리카 내에서도 산악 지형 때문에 고립된 문화들—예를 들면, 애팔래치아, 발칸, 스코틀랜드 고지대—은 주변의 광대한 문화 망에 수백 년 뒤처진 상태로 남게 되었다.

극단적인 예가 태즈메이니아라고 다이아몬드는 지적한다. 19세기 유럽인들에 의해 진멸되다시피 했던 태즈메이니아인들은 기술적으로 가장 원시적인 민족으로 역사에 기록된다. 호주 본토의 호주 원주민 원주민들과는 달리 태즈메이니아인들은 불을 피우지 못했고, 부메랑이나 창이 없었으며, 분화된 석기, 손잡이 달린 도끼, 카누, 바늘, 고기잡이도 없었다. 놀랍게도 고고학적 기록에 따르면 그들의 조상이 1만 년 전 호주 본토를 떠나 그곳에 도착했을 때에는 그러한 기술들을 알고 있었다고 한다. 그러나 태즈메이니아와 본토를 연결하는 육교가 가라앉으면서 섬은 세계와 단절되었다. 다이아몬드는 어떤 기술도 역사의 어느 한 시점에 문화에서 사라질 수 있다고 추측한다. 원료 공급이 부족해져서 사람들이 생산을 중단했을 수도 있고, 한 세대의 모든 기능공들이 갑작스런 태풍에 몰살을 당했을 수도 있고, 선사 시대의 기계 파괴 운동원이나 시아파의 어느 아야톨라*가 이런저런 황당한 이유를 들어 그 관습에 금기를 부여했을 수도 있다. 다른 문화와 접촉하는 상황에서 이런 일이 발생할 때에는, 사람들이 이웃 문화의 높은 생활 수준을 강력히 요구함에 따라 결국 사라진 기술이 다시 부활하게 된다. 그러나 고립된 태즈메이니아의 사람들은 바퀴가 사라질 때마다 매번 전설 속의 바퀴를 재창조해야만 했고, 전설이 전설로 남으면서 그들의 생활은 회전이 완전히 멈추고 말았다.

표준 사회과학 모델의 마지막 아이러니는, 그 이론을 존재하게 만들었던 바로 그 목표—인종에 의존하지 않고 인간 사회의 성쇠를 설명하는 것—를 달성하지 못한다는 것이다. 오늘날 인간 사회의 부침에 대한 최고의 설명은 철저히 문화적인 것이지만, 그 기초에는 문화를 인간 욕망의 구현자로 보기보다는 인간 욕망의 결과물로 보는 방식이 놓여 있다.

⁂

이제 역사와 문화는 심리학을 기초로 할 수 있고, 심리학은 연산, 신경학, 유전학, 진화를 기초로 할 수 있다. 그러나 이런 이야기는 많은 비과학자들의 마음에 경계심을 불러일으킨다. 그들은 그와 같은 통섭이 인문학, 예술, 사회과학을 적대적으로 인수하기 위해 하얀 실험복을 입은 생물학자들의 연막 전술일 것이라 생각한다. 그들의 풍부하고 윤택한 주제들이 싸늘하게 식어서 뉴런, 유전자, 진화적 충동과 관련된 포괄

---

* 회교의 시아파에서 신앙심과 학식이 높은 사람에게 주는 칭호이다.

적 진술로 변질될 것을 두려워한다. 그들은 이 각본에 종종 "환원주의"라는 제목을 붙이는데, 이제 나는 이 장의 결론으로 왜 통섭이 환원주의와 무관한가를 입증하고자 한다.

콜레스테롤이 그렇듯이 환원주의에도 좋은 형태와 나쁜 형태가 있다. 나쁜 환원주의──"탐욕스런 환원주의" 또는 "파괴적 환원주의"라 불리기도 한다.──는 어떤 현상을 설명할 때 가장 작거나 가장 단순한 요소에 주목한다. 탐욕스런 환원주의는 힘없는 허수아비가 아니다. 실제로 내가 아는 몇몇 과학자들은 우리가 신경막의 생물 물리학이나 시냅스의 분자 구조를 연구하면 교육, 갈등 해결 등과 같은 사회적 현안을 해결하는 데 있어서 큰 성과를 거둘 것이라고 믿는다(혹은 적어도 연구비 심사 위원 앞에서 그렇게 말한다.). 그러나 탐욕스런 환원주의는 결코 다수의 견해가 아니며, 그 오류를 입증하기도 어렵지 않다. 철학자 힐러리 퍼트넘이 지적했듯이, 분자와 원자의 관점에서는 네모난 말뚝이 둥근 구멍에 맞지 않는다는 간단한 사실조차도 설명할 수 없으며, 이를 위해서는 강도(무엇 때문에 그 말뚝이 단단한가와는 무관하다.)와 기하학에 의존하는 더 높은 차원의 분석이 필요하다.[26] 그리고 어떤 사람이 사회학, 문학 또는 역사가 정말로 생물학으로 대체될 수 있다고 생각한다면, 왜 거기서 멈추겠는가? 생물학을 화학으로 화학을 물리학으로 변환하여, 전자와 쿼크의 관점에서 1차 대전을 설명하려 하지 않겠는가? 설령 1차 대전이 무지무지하게 많은 쿼크들의 무지무지하게 복잡한 운동 패턴이라 한들, 그러한 설명으로는 어떤 통찰에도 이르지 못한다.

좋은 환원주의(또는 계층적 환원주의라 불린다.)는 한 분야의 지식을 다른 것으로 대체하는 것이 아니라, 두 분야의 지식을 연결 또는 통합한다. 한 분야에서 사용되는 건축 자재를 다른 분야로 가져와 현미경 아래에 놓는다. 블랙 박스가 열리고, 약속 어음이 현찰로 지불된다. 지리학자는 아프리카의 해안선이 남북 아메리카의 해안선과 맞는 이유에 대해, 두 대륙이 한때 인접해 있었지만 서로 다른 판 위에 있었기 때문에 판을 따라 이동한 것이라고 설명한다. 그 판들이 왜 이동하는가가 지질학자에게 넘겨지면, 지질학자는 마그마의 용승 작용으로 판이 밀려난다고 설명한다. 마그마가 어떻게 해서 그렇게 뜨거워졌는가에 대해서는 물리학자에게 지구의 핵과 맨틀의 작용에 대한 설명을 요구한다. 어떤 과학자도 이 사슬에서 면제되지 않는다. 고립된 지리학자는 대륙의 이동을 설명하기 위해 마술에 의존해야 할 것이고, 고립된 물리학자는 남아메리카의 형태를 예측하지 못한다.

생물학과 문화의 다리도 마찬가지이다. 인간 본성을 연구하는 과학의 주요 사상가들은 정신 활동을 이해할 때에는 단지 가장 낮은 차원에서만 분석할 것이 아니라 몇 개의 차원에서 분석해야 한다는 확고한 견해를 유지해 왔다. 언어학자 놈 촘스키, 연산 신경학자 데이비드 마르, 행동 생물학자 니코 틴베르헌은 각자의 분야에서, 마음의 능력을 이해하는 데 필요한 몇 가지 분석 차원들을 지적하고 있다. 여기에는, 그 기능('궁극적인 진화적 의미에서 무엇을 성취하는가?'), 실시간 작동('매 순간 어떻게 작동하는가?'), 그 능력이 신경 조직 안에서 어떻게 실행되는가, 그 능력이 해당 종 내에서 어떻게 진화했는가가 포함된다.[27] 예를 들어, 언어는 무한수의 생각을 전달할 수 있도록 설계된 조합 문법을 기초로 한다. 사람들은 기억 참조(lookup)와 규칙 적용의 상호 작용을 통해 조합 문법을 실시간 이용한다. 그것은 기억, 계획, 단어의 의미, 문법을 조율하는 좌반구 중심 쪽에 있는 몇몇 부위들의 망에서 실행된다. 그것은 서툰 말에서 단어와 단어의 조합에 이르기까지 생애 최초 3년 동안 연속적으로 발달하는데, 여기에는 문법을 과도하게 적용해서 발생하는 실수도 포함된다. 그것은 이전의 영장류들이 다른 용도로 사용했던 성대와 뇌 회로의 변경을 통해 진화했는데, 이 진화의 기초에는 그러한 변경 덕분에 우리 조상들이 사회적으로 상호 연결된 그리고 풍부한 지식을 갖춘 생활 방식을 누리며 번영할 수 있었다는 이유가 놓여 있다. 이 차원들 중 어느 것도 다른 것으로 대체될 수 없고, 어느 것도 고립적으로는 완전히 이해되지 않는다.

촘스키는 이 모든 것들과는 다른 하나의 차원을 제시한다(그 자신에게는 거의 불필요하지만 다른 언어학자들은 유용하게 사용하는 차원이다.). 위에서 언급한 관점들은 언어를 하나의 내면적·개인적 실체로 다루는데, 가령 내가 머릿속에 소유하고 있는 캐나다 영어에 관한 지식이 그것이다. 그러나 우리는 또한 언어를 하나의 외현적 실체로 이해할 수 있다. 하나의 통일체로서 '영어'는 1,500년의 역사, 전세계에 퍼진 무수한 방언과 혼성어, 『옥스퍼드 영어 사전』에 수록된 50만 개의 단어를 가진 언어이다. 외적 언어(external language)는 각기 다른 장소와 시간에 사는 수천만 사람들의 내면적 언어가 모인 추상적 개념이다. 그것은 서로 의사를 소통하며 사는 실제 인간들의 내면적 언어가 없으면 존재할 수 없지만, 어느 한 사람의 내면적 언어로 환원되지도 않는다. 예를 들어, 어떤 영어 사용자도 어떤 일본어 사용자보다 더 많은 어휘를 가지고 있지는 않지만, "영어는 일본어보다 어휘가 많다."라는 말은 사실이다.

영어는 어느 한 개인의 머리에서 발생하지 않은 폭넓은 역사적 사건들에 의해 형성되었다. 대표적인 예는, 비앵글로색슨 단어들을 영어에 혼입시켰던 중세의 스칸디나비아인과 노르만인의 침략, 장모음에 대변화를 일으켜 철자 체계에 불규칙한 혼란을 가져온 15세기의 대모음변이, 다양한 영어(미국 영어, 호주 영어, 싱가포르 영어)를 출현시켰던 대영제국의 팽창, 모든 사람이 똑같은 웹 페이지를 읽고 똑같은 텔레비전 프로그램을 시청함에 따라 영어에 또 한 번의 균일화를 가져온 지구적 전자 매체의 발달 등이다.

이와 동시에 영어 형성에 영향을 미친 원인들을 이해할 때에는 반드시 실제 인간들의 사고 작용을 고려해야 한다. 여기에는 프랑스어 단어들을 재해석해 영어로 흡수했던 브리튼족, 동사의 불규칙 과거형(가령 writhe-wrothe, crow-crew)을 기억하지 못하고 규칙 변화로 바꿔 썼던 어린이들, 하층 계급과의 구별을 위해 까다로운 발음을 즐겨 사용했던 귀족들, 자음을 억누르고 웅얼거려서 우리에게 made와 had를 물려준 사람들(원래는 maked와 haved였다.), 최초로 "I had the house built."를 "I had built the house."로 전환해 우연히 영어에 완료 시제를 도입한 똑똑한 화자들이 포함된다. 언어는 세대마다 사용자들의 마음을 통과하면서 재창조된다.[28]

물론 외적 언어는 문화의 좋은 예로서, 인문학을 연구하는 학자들과 사회과학자들의 영역이다. 언어를 서로 연결된 약 6개의 분석 차원——뇌와 진화에서 출발해 개인의 인지 작용과 방대한 문화적 체계에 이르는——에서 이해하는 이 방법은 문화와 생물학이 어떻게 연결될 수 있는가를 보여 준다. 다른 분야의 지식에서도 양자가 서로 연결될 수 있는 가능성은 풍부하고, 이 책에서도 그런 연결을 보게 될 것이다. 도덕 관념이 법전과 윤리적 규범을 해명해 줄 수 있다. 혈연에 관한 심리학이 사회·정치 제도를 이해하는 데 도움이 될 수 있다. 공격 심리는 전쟁과 갈등의 해결을 이해하는 데 도움이 된다. 성 차이는 성 정치학과 관련된다. 미적 감각과 감정은 예술에 대한 이해를 높여 준다.

사회·문화적 분석 차원을 심리적·생물학적 분석 차원과 연결시키면 어떤 이득이 발생하는가? 단일한 분야의 경계 안에서는 결코 가능할 수 없는 놀라운 발견——가령, 미의 보편성, 언어의 논리, 도덕 관념의 구성 요소 등——들이 이루어질 것이다. 그리고 다른 과학 분야에서는 이미 분야 간의 통합—가령, 근육을 작은 자석 톱니바퀴로, 꽃을 곤충을 유인하는 미끼로, 무지개를 평소에는 하얗게 보이는 여러 파장들의 분산으로 설명하는 등—을 통해 즐겁게 경험하고 있는 그 대단히 만족스러운 이해를 이득으로 얻을 수 있다. 또한 우표 수집과 정탐 업무의 차이, 전문어의 남발과 진정한 통찰의 차이, 어떤 것은 단지 그렇다고 말하는 것과 그것은 왜 하필 그런 식이어야 했는지를 설명하는 것의 차이를 간파하게 된다. 『몬티 파이돈의 공중 곡예(Monty Python's Flying Circus)』에 등장하는 토크 쇼 패러디에서 한 공룡 전문가는 브론토사우루스(뇌룡)에 관한 그녀의 새 이론을 이렇게 자랑한다. "모든 브론토사우루스는 한쪽 끝이 가늘고 중간은 그보다 훨씬 두껍습니다. 그리고 반대편 끝은 다시 가늘어져요." 우리가 웃는 것은 그녀가 보다 깊은 원리에 입각해 설명하지 않았기 때문이다(즉 그것을 '환원' 시키지 않았다.). 이해(understand)라는 말도 문자 그대로는 "아래쪽에 선다(stand under)"라는 뜻으로, 더 깊은 분석 차원으로 내려간다는 것을 암시한다.

살아 있는 육체가 원형질의 운동이 아니라 시계처럼 정밀한 분자 운동으로 이루어져 있다는 것을, 그리고 새가 물리적 법칙을 무시해서가 아니라 그것을 이용하기 때문에 날 수 있다는 것을 발견함으로써 삶에 대한 우리의 이해는 풍부해졌다. 이와 마찬가지로, 우리 자신과 문화에 대한 이해도, 우리의 마음이 빈 서판이나 무정형의 덩어리나 불가사의한 유령이 아니라 사고, 감정, 학습을 위한 복잡한 신경 회로들로 구성된 것임을 발견함으로써 풍부해질 수 있다.

5장

서판의 마지막 항전

인간 본성은 과학적 주제이므로, 새로운 사실이 유입됨에 따라 그에 대한 우리의 개념은 변할 수밖에 없다. 때때로 그 사실들은 어떤 이론이 우리의 마음을 너무 선천적 구조로 설명하고 있음을 보여 주기도 한다. 예를 들어, 어쩌면 우리의 언어 능력에는 명사, 동사, 형용사, 전치사가 갖추어져 있는 것이 아니라, 명사에 가까운 부분과 동사에 가까운 부분이 갖추어져 있을 수 있다. 반면에 어떤 이론은 우리의 마음에 선천적 성격을 너무 적게 부여하는 것으로 입증되기도 한다. 개성에 대한 현재의 어떤 이론도 왜 떨어져 살아온 한 쌍의 쌍둥이가 똑같이 손목에 고무밴드 끼기를 좋아하고 붐비는 엘리베이터 안에서 재채기하는 흉내를 내는지 결코 설명하지 못한다.

또한 우리의 마음이 감각을 통해 들어온 정보를 이용하는 방법도 천차만별이다. 일단 언어와 사회적 상호 작용을 위한 우리의 능력이 출현해 가동되면, 어떤 종류의 학습은 단지 미래를 위해 정보를 기록하는 것으로 완료된다(사람의 이름이나 새로 제정된 법의 내용). 다른 종류의 학습은 다이얼을 맞추고, 스위치를 전환하고, 평균을 계산하는 것과 흡사한데, 이때 기계 장치는 그대로이고 매개 변수만 유동적인 상태로 남아서, 마음이 해당 환경의 특성을 추적할 수 있게 된다. 또 어떤 종류의 학습은 모든 정상적 환경들이 제공하는 정보(가령 중력의 존재, 시야에 들어오는 색과 선의 통계 자료)를 이용하여, 우리의 감각 운동 체계를 조율한다. 이 밖에도 본성과 양육이 상호 작용하는 것으로 보이는 또 다른 방식들이 있으며, 그중 많은 것들이 양자의 경계를 희미하게 만든다.

이 책은 어떤 설명이 정확한 것으로 판명이 나든, 그 정확한 설명 속에는 보편적이고 복잡한 인간 본성이 반드시 존재한다는 견해를 기초로 한다. 우리가 다음과 같이 믿을 이유는 충분하다. 즉, 마음에는 추리와 의사 소통을 위한 한 벌의 감정, 충동, 능력이 구비되어 있는데, 그것들은 문화를 뛰어넘는 공통의 논리를 가지고 있고, 지우거나 처음부터 다시 설계되기 어려우며, 진화의 전 과정에 작용하는 자연 선택에 의해 형성되었고, 그 기본 설계의 일부(그리고 그 변화의 일부)는 게놈의 정보 때문이라고 믿을 수 있다. 이 전반적인 설명을 통해 우리는 현재와 미래의 다양한 이론 그리고 앞으로 예견되는 광범위한 과학적 발견들을 수용하게 될 것이다.

그러나 그 설명은 특정한 이론이나 발견에 머물지 않을 것이다. 어떤 과학자들은 어떤 선천적 회로를 지정하는 정보가 게놈에 불충분하거나, 그 회로를 뇌 속에 배선시키는 메커니즘이 없다는 사실을 발견할 수도 있다. 또는 감각으로 입력되는 거의 모든 패턴을 흡수해 어떤 목표라도 성취할 수 있는 다용도 물질이 뇌를 이루고 있을 가능성을 발견할 수도 있다. 전자의 발견이 사실이라면 선천적 조직은 불가능할 것이고, 후자의 발견이 사실이라면 선천적 조직은 불필요할 것이다. 그러한 발견들은 인간 본성이라는 개념 자체를 의심스럽게 만들 것이다. 인간 본성의 개념에 대한 도덕적·정치적 반론과는 달리(후에 그런 반론들을 다룰 것이다.), 그것들은 과학적 반론에 속한다. 따라서 그런 발견들이 출현했다면 먼저 자세히 살펴보는 것이 좋을 것이다.

이 장에서는 종종 복잡한 인간 본성의 가능성을 근본적으로 부정한다고 해석되는 세 가지 과학적 발전을 다루고자 한다. 첫 번째는 인간 게놈 프로젝트이다. 2001년 인간 게놈의 배열이 발표되자 유전학자들은 유전자의 수가 예상보다 적은 것에 놀라움을 금치 못했다. 유전자의 근사치는 약 3만 4000개에 머물렀는데, 이것은 이전의 추정치 5만~10만 개에 크게 못 미친다.¹ 어떤 논설 위원들은 유전자 수가 적다는 것은 서판이 너무 작아서 많은 글을 담을 수 없다는 것을 의미하기 때문에 선천적 능력이나 경향에 대한 모든 주장을 논박할 수 있는 근거가 된다고 결론지었다. 어떤 이들은 그것을 자유 의지의 개념을 옹호할 수 있는 근거로 보았다. 기계가 작을수록 유령을 위한 공간은 커지기 때문이다.

두 번째 도전은 컴퓨터 신경망 모델을 이용해 인지 과정을 설명하려는 데에서 나오고 있다. 이 인공 신경망은 종종 입력물의 통계적 패턴을 학습하는 데 아주 뛰어난 능력을 보인다. 연결주의라 불리는 인지과학 분야의 몇몇 모델 설계자들은, 일반적인 신경망만 있으면 사회적 추리나 언어 등의 특별한 능력을 위한 선천적 재단(tailoring)이 거의 혹은 전혀 없어도 인간의 모든 인지를 설명할 수 있다고 말한다. 2장에서 소개했던 연결주의의 창시자 데이비드 러멜하트와 제임스 맥클런드는 사람이 쥐보다 똑똑한 것은 단지 연상 피질(associative cortex)이 더 많기 때문이고, 또 사람의 환경에는 그것을 조직해 주는 문화가 있기 때문이라고 말했다.

세 번째 도전은 신경의 가소성(또는 유연성)에 대한 연구에서 나오고 있다. 이 분야에서는 뇌가 태아기와 유년 초기에 어떻게 발달하는지 그리고 학습하면서 경험을 어떻게 기록하는지를 연구한다. 최근 신경학자들은 뇌가 학습, 실행, 감각 정보에 반응하면서 어떤 변화를 겪는가를 보여 주고 있다. 이들의 발견에서 나온 견해가 이른바 극단적 가소성이다. 이 견해에 따르면 대뇌 피질—지각, 사고, 언어, 기억을 책임지는 회선상의 회색질—은 환경의 구성과 요구에 의해 거의 무한대로 변형될 수 있는 변화 무쌍한 물질이라는 것이다. 이래서 빈 서판은 플라스틱 서판이 된다.

연결주의와 극단적 가소성은 웨스트폴의 인지과학자들 사이에 인기가 높다. 그들은 완전한 빈 서판은 부정하면서도, 선천적 구조의 범위를 주의·기억과 관련된 몇 가지 단순한 경향에 국한시키길 원한다. 극단적 가소성은 또한 교육과 사회 정책에서 신경학의 중요성을 높이려는 신경학자들과, 유아 발달 촉진, 학습 장애 치료, 노화 방지 등의 제품을 판매하는 기업가들에게도 매력적이다. 과학계 밖에서는 생물학의 침략을 물리치고 싶어하는 인문학의 일부 학자들이 과학의 세 가지 발전을 모두 환영하고 있다.[4] 빈약한 게놈, 연결주의, 극단적 가소성이 빈 서판의 마지막 보루이다.

이 장의 요점은 위의 주장들이 빈 서판의 옹호자가 아니라 그 산물이라는 것이다. (몇몇 과학자를 포함한) 많은 사람들이 증거를 선택적으로 읽거나 때로는 기이한 방식으로 읽는다. 그리하여 마음에는 선천적 구조가 없을 것이라는 이전의 믿음이나, 선천적 구조가 있다면 그것이 어떻게 유전자 속에 암호화되어 있고 뇌 속에서 발달하는가에 대한 극도로 단순한 개념에 그 증거를 끼워 맞추려 한다.

처음부터 나는 최후이자 최고인 이 빈 서판 이론들이 신빙성과 정합성이 대단히 부족하다는 점을 밝히고자 한다. 어떤 것도 무에서 나오지 않으므로, 뇌의 복잡성도 어디에선가 나와야 한다. 그런데 그것은 절대 환경에서 나올 수 없다. 뇌를 가지고 있는 핵심적인 이유가 어떤 목표를 성취하기 위한 것인데 환경은 그 목표가 무엇인지 전혀 모르기 때문이다. 다양한 유기체들 가령 댐을 쌓고, 별을 보고 이주하고, 암컷을 유혹하기 위해 지저귀고, 나무에 특이한 냄새를 남기고, 소네트(14행 시)를 짓는 유기체들이 같은 환경에서 산다. 어떤 종에게는 인간의 말이 도망치라는 신호이고, 어떤 종에게는 자신의 성대를 이용해서 똑같이 따라 하게 만드는 흥미로운 소리이고, 또 다른 종에게는 문법적인 분석의 대상이다. 이 세계에 존재하는 정보에는 그것을 가지고 어떻게 하라는 내용이 담겨 있지 않다.

또한 뇌 세포 조직은 그 소유자에게 편리하게 쓸 수 있는 어떤 능력이든 척척 안겨 주는 마술사 지니가 아니다. 입력된 정보를 특별한 방식으로 출력하기 위해서는 물리적 메커니즘, 물질적 장치가 필요하다. 단일한 종류의 물질이 약간의 분화도 없이 공간적 거리를 재고, 손을 제어하고, 짝을 유혹하고, 자식을 키우고, 포식자를 피하고, 먹이를 유인한다는 개념은 믿기 어렵다. 뇌가 '가소성' 때문에 이러한 문제들을 해결한다고 말하는 것은 마술로 해결한다고 말하는 것보다 나을 것이 없다.

이 장에서 나는 인간 본성에 대한 마지막 과학적 반론들을 신중히 검토하고자 한다. 각각의 발견은 기발한 결론의 근거가 되기에는 부족하지만, 나름대로 충분한 중요성을 가지고 있다. 일단 빈 서판을 지지하는 마지막 반론들을 검토한 후에는 그 대안에 해당하는 과학적 사례를 살펴볼 것이다.

사람들은 흔히 인간 게놈을 인류의 본질로 보기 때문에, 2001년 그 배열이 발표되었을 때 많은 해설자들이 앞 다퉈 그 의미를 해석했다. 인간 게놈 프로젝트를 놓고 민간 컨소시엄과 경쟁을 벌이고 있는 회사 셀레라 지노믹스의 크레이그 벤터는 한 기자 회견에서, 예상보다 적은 유전자의 수는 "생물학적 결정론이 옳다고 보기 어렵다."라는 것을 입증하는 증거라고 말했다. "인류의 놀라운 다양성은 우리의 유전 암호에 영구 배선되어 있는 것이 아니다. 환경이 매우 중요하다." 영국의《가디언》은 "인간 행동의 비밀 밝혀짐. 행동에 중요한 것은 유전자 아닌 환경."이라는 제목의 기사를 실었다.³ 또 다른 영국 신문의 한 논설에서는 "우리는 생각보다 자유로운 존재"라는 결론을 내렸다. 게다가 그 발견은 "출신 성분에 상관없이 모든 사람의 잠재력을 믿는 좌익에게 위안을 준다. 반면 계급 지배와 원죄를 이용하는 우익에게는 치명적이다."⁴라고 이야기했다.

이 모든 것이 3만 4000이란 숫자에서 나오다니! 이것을 보면 다음과 같은 의문이 든다. 유전자의 수가 얼마나 되어야 인류의 다양성이 유전 암호 속에 영구 배선되어 있고, 우리가 생각했던 것보다 덜 자유로우며, 우익이 옳고 좌익이 틀렸다고 볼 수 있는가? 5만? 15만? 거꾸로 유전자의 수가 2만 개에 불과하다면, 우리는 더 자유로워지고, 환경은 훨씬 더 중요해지고, 좌익은 더욱 기분이 좋아지겠는가? 사실 누구도 이 숫자들의 의미를 알지 못한다. 어느 누구도 (원죄나 지배 계급의 우수성은 말할 것도 없고) 영구 배선된 모듈 체계나 만능 학습 프로그램을 만드는 데, 또는 그 중간의 어떤 것을 만드는 데 몇 개의 유전자가 필요한지 전혀 알지 못한다. 유전자가 어떻게 뇌를 만드는가에 대해 현재와 같이 무지한 상태에서 게놈의 유전자 수는 그저 숫자일 뿐이다.

그래도 믿지 못하겠다면 선충의 일종인 예쁜꼬마선충(*Caenorhabditis elegans*)을 생각해 보자. 이 선충의 유전자 수는 약 1만 8000개다. 게놈 논설 위원들의 논리에 따르면 그것은 인간보다 두 배 더 자유롭고, 두 배 더 다양하고, 두 배 더 많은 잠재력을 가지고 있어야 한다. 사실 그것은 엄격한 유전 프로그램에 따라 성장한 959개의 세포와, 고정된 배선 도식에 따라 정확히 302개의 뉴런으로 구성된 신경계를 가진 극히 작은 벌레이다. 행동으로 말하자면 먹고, 짝짓고, 몇 가지 냄새에 접근이나 회피 반응을 보이는 것이 전부이다. 이것만 보아도 우리의 자유와 행동의 다양성은 단순한 생물학적 구조가 아니라 복잡한 생물학적 구조에서 비롯됨을 분명히 알 수 있다.

이제, 수십조 개의 세포와 수천억 개의 뉴런을 가진 인간의 유전자가 왜 보잘것없는 벌레보다 겨우 두 배 많은가가 진정한 수수께끼로 남는다. 생물학자 중에는 인간의 유전자가 실제보다 적게 계산되었다고 믿는 사람이 많다. 게놈의 유전자 수는 단지 추정치일 뿐이다. 현재로서는 정확한 계산이 불가능하기 때문이다. 유전자 추정 프로그램들은 DNA 속에서, 알려진 유전자와 비슷하고 단백질 구성에 참여할 수 있을 만큼 충분히 활동적인 배열들을 찾는다.[5] 인간에게 고유하거나 태아의 뇌에서만 활동하는 유전자—인간 본성과 가장 관계가 깊은 유전자—와 주의를 끌지 못하는 그 밖의 유전자는 그 소프트웨어 프로그램에 포착되지 않으므로 추정치에 포함되지 않는다. 현재 들리는 바에 의하면 인간 유전자의 수는 5만 7000이나 7만 5000 또는 12만 등으로 추정되고 있다고 한다.[6] 그러나 인간의 유전자가 선충의 두 배가 아니라 여섯 배라 해도 위의 문제는 여전히 수수께끼로 남는다.

이 수수께끼를 깊이 생각하고 있는 대부분의 생물학자들은, 인간이 생각보다 덜 복잡한 존재라는 결론을 내리지 않는다. 대신, 게놈의 유전자 수가 유기체의 복잡성과는 거의 관계가 없다고 결론짓는다.[7] 2만 개의 유전자를 가진 유기체는 2만 개의 구성 요소를 갖고, 3만 개의 유전자를 가진 유기체는 3만 개의 구성 요소를 갖는 식으로 하나의 유전자가 하나의 구성 요소에 대응하지는 않는다. 유전자는 단백질을 지정하고, 그중 어떤 단백질은 유기체의 고기가 되고 체액이 된다. 그러나 어떤 단백질들은 유전자를 생기게 하거나 없애고, 유전자의 활동을 빠르게 하거나 느리게 하고, 다른 단백질을 자르거나 썰어서 새로운 조합을 만들어 낸다. 제임스 왓슨이 지적한 것과 같이, 우리는 특정한 유전자 수가 어떤 의미가 있는가에 대한 우리의 직관을 수정할 필요가 있다. "3만 명의 배우가 등장하는 연극을 본다고 생각해 보라. 얼마나 혼란스럽겠는가."

유전자들이 어떻게 상호 작용하느냐에 따라, 그 조립 과정은 같은 유전자 수를 가진 유기체라도 한 유기체가 다른 유기체보다 훨씬 복잡할 수 있다. 단순한 유기체에서는 다수의 유전자들이 한 종류의 단백질을 만들어 그것을 그대로 사용한다. 복잡한 유기체에서는 한 유전자가 다른 유전자를 켜고, 이것이 세 번째 유전자의 활동을 촉진하고(네 번째 유전자가 활성이라는 조건에서), 다시 이것이 원래의 유전자를 끄는 식의 과정이 전개될 수 있다(다섯 번째 유전자가 불활성이라는 조건에서). 이것이 같은 수의 유전자로 더 복잡한 유기체를 만드는 요리법이다. 따라서 유기체의 복잡성은 유전자의 수가 아니라 각 유전자가 다른 유전자들의 활동에 어떻게 영향을 미치는가를 규정하는 도표의 복잡성에 따라 좌우된다.[8] 그리고 한 개의 유전자가 더해지면 단지 하나의 구성 요소가 늘어나는 것이 아니라 유전자들이 상호 작용할 수 있는 방법의 수가 곱해지는 것이므로, 유기체의 복잡성은 게놈 속의 활성 유전자와 불활성 유전자의 가능한 조합 수에 달려 있다. 유전학자 장미셸 클라베리에 따르면 그것은 2(활성과 불활성)를 유전자의 수만큼 제곱한 수라고 한다. 그렇다면 인간 게놈은 선충보다 2배가 아니라 $2^{16,000}$배 복잡해진다(1 다음에 0이 4,800개다.).[9]

게놈의 복잡성이 그 속에 담긴 유전자 수로 반영되지 않는 데에는 두 가지 이유가 더 있다. 첫째는 하나의 유전자가 단 하나의 단백질이 아니라 몇 개의 단백질을 생산한다는 것이다. 하나의 유전자는 대개 단백질을 암호화하는 여러 개의 DNA 부분들(엑손)로 쪼개지는데 이 부분들은 그렇지 않은 DNA 부분들(인트론)과 섞여 있다(마치 광고가 중간 중간에 들어간 잡지 기사와 같다.). 그런 다음 유전자 조각들은 다중적인 짜깁기 과정을 거친다. 엑손 A, B, C, D로 구성된 하나의 유전자는 ABC, ABD, ACD 등에 해당하는 여러 단백질을 만들어 낼 수 있다. 이것은 유전자당 서로 다른 단백질이 10개나 생산될 수 있다는 것을 의미한다. 이런 일은 단순한 유기체보다는 복잡한 유기체에서 흔히 일어난다.[10]

둘째, 3만 4000개의 유전자는 인간 게놈의 약 3퍼센트에 해당한다. 나머지는 단백질을 암호화하지 않아 "정크"로 분류되는 DNA로 이루어져 있다. 그러나 최근에 한 생물학자가 말했듯이, "'정크 DNA'라는 말은 우리의 무지를 반영할 뿐이다."[11] 암호화하지 않는 부분의 크기, 배치, 내용이 근처의 유전자들에 중대한 영향을 미쳐서 단백질 생성에 필요한 활성화를 유도할 수 있다. 게놈의 비암호화 부위에 있는 수십 억 염기 속의 정보는 3만 4000개의 유전자에 담긴 정보 이상으로 인간의 구체적 발달에서 한 부분을 차지한다.

그때 인간 게놈은, 놀랍게도 사람이 거의 벌레만큼 단순하다는 해괴한 선언에도 불구하고 복잡한 뇌를 만들어 내는 완전한 능력이 있음을 인정받게 된다. 물론 "인류의 놀라운 다양성이 우리의 유전 암호에 영구 배선되어 있지는 않지만", 그것을 이해하기 위해 유전자의 수를 따질 필요는 없다. 일본에서 자란 아이는 일본어를 말하고 그 아이가 영국에서 자란다면 영어를 말할 것이란 사실만으로도 충분히 알 수 있기 때문이다. 그것은 우리가 이 책의 여러 곳에서 만나게 될 신드롬, 즉 상식이나 다른 근거에 입각한다면 한결 쉽게 해결될 도덕적 문제에 엉뚱한 과학적 성과를 들이대는 현상의 한 예이다.

≈≈

빈 서판의 두 번째 과학적 방어벽은 뇌를 통계적 패턴을 학습하는 컴퓨터 인공 신경망과 비슷한 것으로 보는 연결주의이다.[12]

인지과학자들은 뇌의 학습에 해당하는 기본 과정들—관념의 저장과 검색, 요소들의 순서 배열, 주의 집중—이 뇌에서 실행될 때에는 빈틈없이 상호 연결된 뉴런(뇌 세포)의 망을 이룬다는 데 동의한다. 문제는 환경에 의해 형성된 일반적인 종류의 망으로 인간의 모든 심리를 설명할 수 있는가, 아니면 게놈이 특정 영역의 요구—언어, 시력, 도덕성, 두려움, 정욕, 직관 심리 등—에 따라 각기 다른 망들을 재단해서 만드는가이다. 연결주의 학자들은 물론 빈 서판을 믿지는 않지만, 빈 서판에 가장 가까운 기계적 등가물인 만능 학습 장치를 믿는다.

신경망은 무엇인가? 연결주의 학자들의 신경망은 뇌 속의 실제 신경 회로가 아니라 뉴런과 신경 회로의 비유를 기초로 한 일종의 컴퓨터 프로그램을 가리킨다. 가장 일반적으로 볼 때 하나의 '뉴런'은 어느 정도 활성화되면 정보를 전달한다. 활성화 수준은 외부 세계의 간단한 특성의 존재나 부재(또는 강도나 확신의 정도)를 나타낸다. 그 특성은 색일 수도 있고, 특정한 기울기를 가진 선일 수도 있고, 영문자일 수도 있고, 다리가 넷이라는 등의 동물적 특성일 수도 있다.

하나의 뉴런 망은 어느 뉴런이 활성화되는가에 따라 서로 다른 개념을 나타낼 수 있다. 만약 '노랑', '날다', '노래'에 해당하는 뉴런들이 활성화되면, 그 망은 카나리아를 생각할 것이다. 만약 '은색', '날다', '비상'에 해당하는 뉴런들이 활성화되면, 그 망은 비행기를 생각할 것이다. 뉴런은 시냅스처럼 기능하는 연결부에 의해 다른 뉴런들과 연결되어 있다. 각각의 뉴런은 다른 뉴런에서 입력되는 정보를 계산하고, 그에 반응해 자신의 활성화 수준을 변화시킨다. 망의 학습은 입력물에 따라 연결의 강도가 변함으로써 이루어진다. 이 연결부의 강도가 입력부 쪽 뉴런이 출력부 쪽 뉴런을 자극할 것인가 억제할 것인가를 결정한다.

뉴런들이 무엇을 대표하고, 어떻게 배선되어 있으며, 훈련에 따라 연결부가 어떻게 변하는가에 따라, 연결주의 네트워크는 다양한 연산을 학습한다. 만약 모든 것이 다른 모든 것들과 연결되어 있으면 그 망은 사물이 가지고 있는 특성들의 상관성을 모두 흡수할 수 있다. 예를 들어, 여러 마리의 새들에 대한 묘사에 노출된 망은 깃털이 있고 노래를 하는 것들이 하늘을 나는 경향이 있다거나, 깃털이 있고 하늘을 나는 것들이 노래를 하는 경향이 있다거나, 노래를 하고 하늘을 나는 것들이 깃털을 갖는 경향이 있다는 것을 예측할 수 있게 된다. 만약 어떤 망의 한 입력 층이 다른 입력 층과 연결되면, 그 망은 관념들 간의 연상(또는 연합)—하늘을 나는 작고 부드러운 것은 동물이지만 하늘을 나는 금속성의 큰 물체는 탈것이다.—을 배우게 된다. 만약 출력 층이 이전 층들에 되먹임을 주면, 그 망은 가령 몇 개의 소리로 단어를 만드는 식으로 질서 정연한 결과물을 척척 만들어 낸다.

신경망의 매력은 비슷한 새 항목들에 대한 훈련을 자동적으로 일반화한다는 것이다. 호랑이는 눈송이를 먹는다고 배운 망은 사자 역시 눈송이를 먹는다고 일반화하는 경향을 보인다. '눈송이를 먹는다는 것'이 '호랑이'와 연관되지 않고, 사자의 특징이기도 한 '으르렁거린다'와 '수염이 있다'와 같은 보다 단순한 특성과 연관되기 때문이다. 연결주의 학파, 특히 로크, 흄, 밀이 옹호한 연상 심리학에서는 이러한 일반화가 지능의 핵심이라 주장한다. 만약 그렇다면 지능은, 고도로 훈련되지 않으면 그저 일반적 특성만 가지는 신경망이 고도의 훈련을 거친 결과로 설명된다.

컴퓨터 모델 설계자들은 자신의 모델을 단순화된 장난감 문제(toy problems)에 적용해 그 모델이 원칙적으로 가능하다는 점을 입증하려 한다. 이때 발생하는 문제는, 그 모델이 보다 현실적인 문제로 '상승(scale up)'할 수 있는가 즉 회의론자들의 말대로 "나무에 오른다고 해서 달에 도달할 수 있겠는가?"이다. 연결주의의 문제는 바로 여기에 있다. 간단한 연결주의 망은 한 줄의 단어들을 읽거나 동물의 전형을 학습하는 등의 제한된 문제에 대한 기억과 일반화 행동은 인상 깊게 보여 준다. 그러나 문장을 이해하거나 생물에 관한 추리처럼 인간의 지능을 요구하는 보다 실제적인 문제를 그대로 따라 하기에는 역부족이다.

인간은 서로 비슷한 것들을 보는 동시에 잘 발생하는 일들을 그저 막연하게 연관짓지 않는다. 인간에게는 무엇이 무엇에 대해 옳은지, 언제 어디서 누가 무엇을 누구에게 왜 했는지에 대한 명제들을 깊이 고려하고 조합하는 마음이 있다. 그리고 여기에는 연결주의의 일반적인 망에 사용되는 균일한 뉴런 덩어리보다 훨씬 정교한 연산 구조물이 필요하다. 그리고 규칙, 변수, 명제, 목표 상태, 여러 종류의 데이터 구성 등의 논리 장치를 갖춘, 더 큰 체계의 일부로 통합된 구조물이 필요하다. 많은 인지과학자들이 이 점을 지적하고 있는데 여기에는 게리 마커스, 마빈 민스키, 시모어 패퍼트, 제리 포더, 제논 필리신, 존 앤더슨, 톰 베버, 로버트 해들리가 포함되고, 또 존 허멜, 로켄드라 샤스트리, 폴 스몰렌스키 등 연결주의에 속하지 않은 신경망 모델 설계자들도 그 견해에 동의한다.[13] 나는 논문과 대중서를 통해 연결주의의 한계를 자세히 지적해 왔다. 다음은 내 글을 요약한 것이다.[14]

『마음은 어떻게 작동하는가(How the Mind Works)』의 「커넥토플라즘」 부분에서 나는, 완전한 사고(가령 문장의 의미)에 대한 이해의 기본이면서도 일반적 망으로는 표현되기 어려운 몇 가지 간단한 논리 관계를 제시한 바 있다.[15] 첫 번째는 종류와 개체의 차이, 가령 일반적인 오리와 특정한 오리의 차이이다. 둘 다 같은 특성(수영, 꽥꽥, 깃털 등)을 가졌고, 따라서 둘 다 표준 연결주의 모델에서는 동일한 활성 단위들로 표현된다. 그러나 사람들은 그 차이를 안다.

두 번째 재능은 구성력, 즉 단순한 생각들의 합인 동시에 그것들의 상호 관계에서 비롯된 새롭고 복잡한 생각을 진지하게 고려하는 능력이다. 예를 들어 '고양이가 쥐를 쫓는다.'라는 생각은 '고양이', '쥐', '쫓다'에 해당하는 각 단위를 활성화시켜서 포착되지 않는다. 그 패턴은 '쥐가 고양이를 쫓는다.'라는 의미를 나타낼 수도 있기 때문이다.

세 번째 논리적 재능은 수량화(또는 변수 묶기), 즉 몇 사람(일부)을 계속 속이는 것(전부)과 모든 사람(전부)을 잠깐 속이는 것(일부)의 차이이다. x, y, 괄호, 그리고 "모든 x에 대해" 같은 진술문에 상응하는 연산기호가 없으면 어떤 모델도 그 차이를 드러내지 못한다.

네 번째는 회귀, 즉 한 생각을 다른 생각 안에 끼워 넣는 능력이다. 이 능력 덕분에 '엘비스는 살아 있다.'라는 생각 외에도, '《내셔널 인콰이어러》는 엘비스가 살아 있다고 보도했다.', '어떤 사람들은 《내셔널 인콰이어러》가 엘비스는 살아 있다고 보도했다고 믿는다.', '《내셔널 인콰이어러》가 엘비스는 살아 있다고 보도했다고 믿는 사람이 있다는 것은 놀랍다.' 등의 생각이 가능하다. 연결주의 망에서는 이 명제들을 차곡차곡 포개고, 그럼으로써 그 안의 다양한 주제와 술어들을 혼동한다.

마지막 다섯 번째의 파악하기 어려운 재능은 혼란스런 추리의 반대로서, 범주적 추리를 수행하는 능력이다. 그것은 가령 밥 딜런은 할아버지처럼 보이진 않지만 그래도 할아버지이고, 뾰족뒤쥐는 꼭 쥐처럼 생겼지만 설치류가 아니라는 것을 이해하는 능력이다. 한 사물의 특성을 대표하는 뉴런 묶음 그리고 규칙, 변수, 정의를 위한 설비가 없으면 망은 전형에 의존하게 되고 전형에서 벗어난 예를 만나면 어리둥절해한다.

『단어와 규칙(Words and Rules)』에서 나는 언어의 본질 즉 일반적 연상 네트워크의 능력을 보여 주는 시험 사례로 하나의 언어적 현상—단어를 조립해 새로운 조합을 만들어 내는 것—을 집중적으로 탐구했다. 사람들은 언어의 단편들을 기억하는 것이 아니라 새로운 것들을 창조한다. 간단한 예가 영어의 과거 시제이다. 가령 "spam"이나 "snarf" 같은 신조어의 경우 사람들은 그 과거형을 찾기 위해 사전을 뒤적이지 않는다. 사람들은 본능적으로 과거형이 "spammed"와 "snarfed"라는 것을 안다. 새 조합을 조립해 내는 재능은 두 살이라는 이른 나이에 나타나는데, 이때 아이들은 과거 시제 어미를 불규칙 동사에까지 적용해서 "We holded the baby rabbits." 또는 "Horton heared a Who."라고 말한다.[16]

이 재능을 설명하기 위해서는 마음에 있는 저장과 검색이라는 두 종류의 연산 작용을 살펴보면 된다. 'held'와 'heard' 같은 불규칙 동사형은 다른 단어들처럼 기억에 저장됐다가 검색된다. "walk-walked" 같은 규칙 동사형은 "동사에 -ed를 붙여라."라는 정신적 문법 규칙에 의해 생성될 수 있다. 이 규칙은 기억 인출에 실패할 때마다 적용된다. 구체적으로 말하자면, 단어가 낯설어서 과거형이 기억에 저장되어 있지 않을 때(spam의 경우), 그리고 아이들이 불규칙 형태를 기억하지 못한 상태에서 어떻게든 과거형을 사용하려 할 때(heard의 경우)에 이용된다. 접미사와 동사를 결합하는 것은 인간의 중요한 재능, 즉 단어와 구를 결합해 새 문장을 창조하고 그럼으로써 새로운 생각들을 표현하는 재능을 보여 주는 작은 예이다. 그것은 3장에서 소개한 인지 혁명의 새 개념 중 하나인 동시에, 앞선 논의에서 열거했던 연결주의에 대한 논리적 반박이기도 하다.

연결주의자들은 과거 시제를 실험장으로 삼아, 규칙을 이용하지 않는 동시에 에너지를 기억 체계와 문법 조합 체계로 분산시키지 않고도 인간 창조성의 이 대표적인 예를 복제하는 것이 가능한지를 알아보고 있다. 그들은 일련의 컴퓨터 모델들을 통해, 간단한 패턴 연상자 망을 이용해 과거 시제형을 생성하려고 노력하고 있다. 그 망들은 대체로 동사의 음을 과거 시제형의 음과 연결시켜, 가령 "-am"을 "-ammed"로, "-ing"를 "-ung"로 바꾼다. 그리고 그 모델은 호랑이에서 사자로 일반화시킨 것과 똑같이, 유추를 통해 새 형태들을 생성한다. 가령 "crammed"에 대해 훈련받은 모델은 "spammed"를 추측해 내고, "folded"에 대해 훈련받은 모델은 "holded"라고 말하는 경향을 보인다.

그러나 인간 화자는 소리와 소리를 연결하는 것과는 비교가 안 될 정도로 복잡한 일을 수행하므로, 그 모델들은 인간의 공정한 상대가 되지 못한다. 실패의 원인은 논리적 관계를 다루는 장치가 부재한다는 것이다. 대부분의 모델은 익숙한 단어들과는 다른 소리를 가진 새 단어를 만나면 당황해서 유추를 통한 일반화를 수행하지 못한다. 가령 색다른 동사 "frilg"를 만나면 모델은 우리처럼 "frilged"를 생각해 내지 못하고, "freezled" 같은 뒤범벅을 만들어 낸다. 이것은 가령 대수학의 'x'나 문법의 '동사' 같은 변수 장치가 없기 때문이다. 변수 장치는 그 특징이 얼마나 익숙한가에 상관없이 한 범주의 모든 요소에 적용될 수 있다.

(이 덕분에 사람들은 혼란스런 추리보다는 범주에 집중할 수 있다.) 그 망들은 단지 소리 조각들을 다른 소리 조각들과 연관시킬 뿐이어서, 훈련받은 어떤 것과도 소리가 다른 새 동사를 만나면 망 속에서 발견할 수 있는 가장 비슷한 소리들로 엉뚱한 혼성품을 조립해 낸다.

그 모델들은 또한 소리는 같지만 과거 시제형이 다른 동사들을 제대로 구별하지 못한다(예를 들어 "ring the bell-rang the bell"과 "ring the city-ringed the city"). 그 이유는 표준 모델들이 단지 소리만 다룰 뿐, 서로 다른 활용을 요구하는 동사들의 문법적 차이에는 무지하기 때문이다. 이 경우 핵심적인 차이는 '울린다'는 뜻의 "ring(과거형 rang)"은 단순한 어근이고, '주위에 원을 형성한다'는 뜻의 "ring(과거형 ringed)"은 명사에서 파생한 복잡한 동사라는 데 있다. 이 차이를 등록하려면 언어 사용 체계에는 개별 단위들이 가득 담긴 공기 주머니가 아니라 데이터를 체계적으로 배치하는 구조(가령 "명사 ring에서 나온 동사")가 갖추어져 있어야 한다.

또 다른 문제는 연결주의 망이 입력 정보의 통계 수치─각각의 소리 패턴을 가진 동사를 얼마나 많이 마주쳤는가?─를 자세히 추적한다는 것이다. 그러한 망으로는 어린 아이들이 -ed 규칙을 발견해서 'holded'나 'heared' 같은 실수를 범하기 시작할 때 보여 주는 언어적 직관을 설명하지 못한다. 연결주의 모델 설계자들은 단지 그 망에 규칙 동사들을 집중 투하하기 때문에(그래서 -ed로 모두 통일하기 때문에) 어쩔 수 없이 그런 실수가 유도되지만, 이것은 실제 어린이가 거의 경험할 수 없는 일이다. 마지막으로 인지 신경학에서 나온 다량의 증거는, 문법 조합(규칙 동사 포함)과 정신 속의 사전 참조(불규칙 동사 포함)는 동일한 연상 망에 의해서라기보다는 뇌 속의 서로 다른 체계에 의해 처리된다는 사실을 보여 준다.

신경망이 문장의 의미를 처리하거나 문법적 활용의 과제를 수행할 능력이 없는 것은 아니다. (그런 능력이 있다고 보는 것이 좋다. 생각이 일종의 신경 연산이라는 개념 자체가 성립하려면, 어떤 종류의 신경망은 마음이 할 수 있는 어떤 일이든 그대로 복사할 수 있어야 하기 때문이다.) 문제는 일반적인 모델을 충분히 훈련시키면 모든 것을 할 수 있다고 믿는 신조에 있다. 많은 모델 설계자들이 연결주의 망을 보강하고, 갱신하고, 결합해서 보다 복잡하고 강력한 체계를 만들고 있다. 그들은 엄청난 양의 신경 하드웨어를 '동사구'나 '전치사' 같은 추상적 기호에 할당하고 있으며, 그것들을 구성적·회귀적 구조 속에 묶기 위해 또 다른 메커니즘들(가령, 동시 점화 패턴)을 실행하고 있다. 그들은 단어를 위한 뉴런 집합, 영어 접미사를 위한 뉴런 집합, 중요 문법적 차이를 위한 뉴런 집합을 설치했다. 그리고 기억에서 불규칙형을 인출하는 망과, 동사와 접미사를 결합하는 또 하나의 망을 가진 혼합적 체계를 구축하고 있다.[17]

하위 망들을 보강해서 조립한 체계라면 모든 비판을 면할 수 있을 것이다. 그러나 그때 우리는 더 이상 일반적 신경망에 대해 이야기할 필요가 없어진다! 우리는 이미 사람에게 익숙한 과제를 사람처럼 연산하기 위해 선천적으로 재단된 복잡 체계에 대해 이야기하고 있기 때문이다. "돌 수프(Stone Soup)"라는 제목의 동화에서 한 떠돌이 노동자가 돌로 수프를 만들겠다며 어느 여자의 주방을 빌린다. 그러나 그는 적당한 향을 내기 위해 갈수록 많은 양념과 재료를 요구해서 결국에는 그녀의 비용으로 영양이 풍부하고 먹음직스런 스튜를 완성한다. 선천적인 것을 완전히 배제하고 일반적 신경망으로 지능을 만들 수 있다고 주장하는 연결주의 모델 설계자들도 그와 비슷한 상황이다. 신경망 체계를 똑똑하게 만드는 설계상의 결정들—각각의 뉴런 묶음이 무엇을 나타내는가, 어떻게 서로 배선되어 있는가, 어떤 종류의 망들을 어떤 방식으로 조립해서 더 큰 체계를 만들 것인가—은 결국 마음의 선천적 부분을 모형화한다는 것을 의미한다. 그런 것들은 대개, 발명가가 상자를 뒤져서 트랜지스터와 진공관을 찾아내듯이 모델 설계자가 신중히 엄선하겠지만, 실제 뇌에서는 자연 선택에 의해 진화된 결과물이다(실제로 어떤 망에서는 자연 선택 시뮬레이션을 통해 모델의 구조를 진화시킨다.).[18] 유일한 대안은 망이 이전의 어떤 학습을 통해 현재 학습을 준비한 상태가 되는 것이지만, 물론 그나마도 학습 과정을 개시했던 최초의 망을 책임지는 어떤 선천적 설계에 이르면 무용지물이 되고 만다.

따라서 신경망이 지적 구조를 통계적 학습으로 대체하고 있다는 말은 뜬소문에 불과하다. 간단한 일반적 망으로는 보통의 인간 사고와 언어가 요구하는 바에 미치지 못하고, 복잡하게 분화된 망이라면 그 망의 선천적인 배선에 이미 흥미로운 일들이 잔뜩 벌어진 돌 수프가 되고 만다. 일단 이 점을 인정한다면 신경망 모델 설계는 더 이상 복잡한 인간 본성을 대체하는 것이 아니라 그 이론을 보완하는 필수적인 노력으로 이해될 수 있다.[19] 그것은 인지의 기초 단계와 뇌의 심리적 활동을 연결하고, 따라서 생물학과 문화의 관계를 설명하는 긴 사슬에서 중요한 고리 역할을 할 것이다.

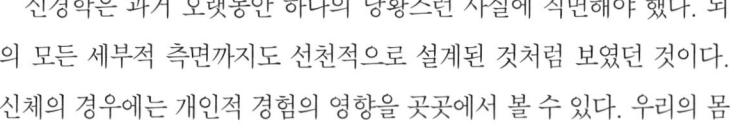

신경학은 과거 오랫동안 하나의 당황스런 사실에 직면해야 했다. 뇌의 모든 세부적 측면까지도 선천적으로 설계된 것처럼 보였던 것이다. 신체의 경우에는 개인적 경험의 영향을 곳곳에서 볼 수 있다. 우리의 몸은 햇볕에 타거나 창백할 수 있고, 못이 박혔거나 보드라울 수 있고, 앙상하거나 포동포동하거나 조각처럼 윤곽이 뚜렷할 수도 있다. 그러나 뇌에서는 그런 흔적을 전혀 찾아볼 수 없다. 그렇다면 이 이론에는 무언가 잘못이 있어야 한다. 사람들은 학습하는데 그것도 엄청난 양을 학습한다. 사람들은 언어를 학습하고, 문화를 학습하고, 실전 기술을 학습하고, 사실들로 구성된 데이터 베이스를 학습한다. 또한 750메가바이트의 게놈으로는 뇌 속에 존재하는 수백조 개의 연결부를 낱낱이 설계하지 못한다. 뇌는 어쨌든 입력된 정보에 반응하면서 변해야 한다. 그렇다면 유일한 문제는 그런 일이 어떻게 일어나느냐이다.

우리는 마침내 그 어떻게를 이해하기 시작했다. 신경의 가소성에 대한 연구가 뜨겁게 달아오르고 있다. 뇌가 자궁 안에서 어떻게 배선되고 자궁 밖에서 어떻게 조율되는가에 대한 새로운 발견이 매주 발표되고 있다. 뇌 속에서 일어나는 변화를 전혀 발견하지 못했던 몇 십 년의 세월이 흐른 지금, 이제는 가소성에 관한 발견으로 본성-양육의 추가 힘차게 흔들려도 아무도 놀라지 않는다. 어떤 사람들은 뇌의 가소성을 인간 잠재력을 무한히 확대시킬 선구자로 묘사한다. 뇌의 능력을 이용해 양육, 교육, 치료, 노화에 혁명을 일으킬 수 있다고 생각하기 때문이다. 몇몇 선언문에서는 뇌가 어떤 중요한 선천적 구조와도 무관하다는 것을 가소성이 입증했다고 선언했다.[20] 『선천성 재고(Rethinking Innateness)』에서 제프리 엘먼을 비롯한 웨스트폴 연결주의 팀은, 다른 것들을 다른 방식(언어, 사람, 사물 등)으로 생각하는 성향이 뇌 속에서 실행되는 것은 그러한 성향이 선천적으로 주어져서가 아니라 단지 "주의 약탈자"로서의 뇌가 유기체로 하여금 "후속 학습을 하기 전에 입력 정보를 대량으로 경험하게 만들기 때문"이라고 설명한다.[21] 한 「구성주의 선언문」에서 이론 신경학자 스티븐 쿼츠와 테렌스 세이노브스키는 "대뇌 피질이 백지는 아니지만…… 초기 단계에서는 대개 동등한 잠재력을 보이고" 따라서 선천성 이론들은 "신빙성이 없어 보인다."라고 말한다.[22]

신경 발달과 가소성은 의문의 여지 없이 인간 지식의 최전선 중 하나이다. 일직선인 DNA 고리가 어떻게 생각, 감정, 학습이 가능한 복잡한 3차원 기관을 조립하도록 지휘하는가는 상상으로는 해결하기 버거운 문제이고, 신경학자들이 수십 년 동안 골몰하는 문제이며, "과학의 종말"에 접근하고 있다는 모든 말을 무색하게 하는 문제이다.

그리고 발견 그 자체는 매혹적이고 도발적이다. 오래전부터 대뇌 피질(바깥쪽 회색질)은 서로 다른 기능을 가진 여러 부위로 구분된다고 알려졌다. 어떤 부위는 특정한 신체 부위를 대표하고, 어떤 부위는 시야나 음계를 담당하고, 또 어떤 부위는 언어나 사고에 집중한다. 이제 우리는 학습과 연습이 그 경계의 일부를 변화시킬 수 있음을 알고 있다. (이것은 뇌 세포 조직이 말 그대로 커지거나 줄어든다는 것이 아니라, 피질을 전극봉으로 탐침하거나 스캐너로 모니터해 보면 두 가지 능력을 구분하는 경계가 이동할 수 있다는 것을 의미한다.) 예를 들어 바이올린 연주자들은 왼손가락을 대표하는 피질 부위가 확장되어 있다.[23] 만약 사람이나 원숭이에게 가령 형태를 인식하거나 한 장소에 집중하는 등의 단순한 과제를 훈련시키면 피질의 몇몇 부위나 심지어 개별 뉴런들이 그 일을 수행하는 것을 관찰할 수 있다.[24]

새로운 과제로 인한 뇌 조직의 재배치는 특히 사람들이 어떤 감각이나 신체 부위를 잃었을 때 극적으로 일어난다. 선천적 시각 장애인들은 점자를 읽을 때 시각 피질을 이용한다.[25] 선천적 청각 장애인들은 수화를 할 때 청각 피질을 이용한다.[26] 수족 절단 수술을 받은 사람들은 신체의 다른 부위들을 움직일 때 지금은 사라진 그 부위를 담당했던 피질 부분을 이용한다.[27] 어린아이들은 뇌에 외상을 입어도 비교적 정상적으로 성장하지만 어른들은 종종 무능력자로 변하고, 심한 경우에는 성인의 언어와 논리적 사고의 기초인 좌반구 전체를 못쓰게 되기도 한다.[28] 이 모든 것들이 의미하는 바는, 지각·인지 과정에 따라 뇌 조직이 배치되는 것은 두개골 속에 세포 조직이 정확히 자리잡는 방식으로 영원히 고정되어 있는 것이 아니라, 뇌 자신이 정보를 어떻게 처리하느냐에 따라 좌우된다는 것이다.

자궁 속에서 형성되는 뇌에서도 이런 극적인 조직 배치를 볼 수 있다. 공장에서 조립이 완료된 후에야 처음으로 켜지는 컴퓨터와는 달리 뇌는 조립되는 동안에도 활동하고 그 활동이 조립 과정에 관여할 수 있다. 고양이를 비롯한 몇몇 포유류 실험에서는, 태아 발달기에 화학적으로 뇌를 억누르면 심각한 기형이 발생할 수 있음을 보여 주었다.[29] 그리고 몇몇 피질 부위들은 어떤 종류의 입력물을 받느냐에 따라 다르게 발달한다. 한 대단한 실험에서 신경학자 므리강카 수르는 흰족제비의 뇌를 재배선해서, 눈으로 들어오는 신호가 보통 귀로 들어오는 신호를 받는 뇌 부위인 1차 청각 피질로 공급되게 했다.[30] 그 청각 피질을 전자 봉으로 탐침한 그는 그것이 여러 면에서 시각 피질과 비슷하게 작동한다는 사실을 발견했다. 시야 속의 위치들이 지도처럼 배치되었고, 개별 뉴런들은 마치 시각 피질의 뉴런들처럼 특정한 운동 방향과 방위를 가진 가로줄과 세로줄에 반응했다. 흰족제비는 심지어 재배선된 뇌를 이용해서,* 시각적으로만 탐지할 수 있는 물체를 향해 이동했다. 이것은 감각 피질에 유입된 정보 때문에 그렇게 조직된 것이 분명하다. 시각 정보가 청각 피질을 시각 피질처럼 기능을 하게 만든 것이다.

이 발견은 무엇을 의미하는가? 가소성에 대한 사전적 정의대로 뇌가 "외력에 의해 변형되거나, 주조되거나, 조각될 수 있음"을 입증하는가? 이 장의 나머지 부분에서 나는 그렇지 않다는 것을 입증할 것이다.[31] 뇌

---

* 한쪽 뇌는 재배선되고 다른 쪽 뇌는 정상으로 남겨졌다.

가 경험에 따라 어떻게 변하는가에 대한 발견은 학습이 우리의 생각보다 더 강력하다거나, 뇌가 유입된 정보에 의해 극적으로 개조될 수 있다거나, 유전자가 뇌를 형성하지 않는다는 것을 보여 주지 못한다. 사실 뇌의 가소성에 대한 증명들은 첫눈에 보이는 만큼 완벽하지 못하다. 가소성이 있다고 가정되는 피질의 부위들은 변경되었을 때에나 변경되지 않았을 때에나 매우 비슷한 활동을 보인다. 그리고 뇌 발달에 관한 가장 최근의 발견들도, 뇌가 가소성이 크다는 개념을 정면으로 반박하고 있다. 이제 이런 점들을 하나하나 검토해 보자.

∽

학습할 때 뇌가 변한다는 사실은 일부 주장처럼 본성과 양육 또는 인간 잠재력이라는 주제에 심오한 의미를 부여하는 급진적 발견이 아니다. 19세기의 감옥에서 생각이 무형의 영혼이 아니라 떨리는 신경 꼬리에서 나온다는 사실을 깊이 생각했던 드미트리 카라마조프도 충분히 추론했음 직한 사실이다. 생각과 행동이 뇌의 물리적 활동의 산물이라면 그리고 생각과 행동이 경험의 영향을 받을 수 있다면, 경험은 뇌의 물리적 구조에 흔적을 남겨야 한다.

경험, 학습, 연습이 뇌에 영향을 미친다는 사실에는 과학적으로 의문의 여지가 없다. 상식적으로 생각해도 쉽게 확신할 수 있는 사실이다. 바이올린을 연주하는 사람들이 그렇지 않은 사람들과 다른 뇌를 가졌다거나, 수화나 점자의 대가들이 말하고 읽는 사람들과 다른 뇌를 가졌다는 것은 놀라운 일이 아니다. 새로운 사람을 소개받을 때, 험담을 엿들을 때, 오스카 수상식을 시청할 때, 골프 스윙을 연습할 때, 간단히 말해 경험이 마음에 흔적을 남길 때마다 우리의 뇌는 변화를 겪는다. 유일한 문제는 학습이 뇌에 어떻게 영향을 미치는가이다. 기억은 단백질 배열에 저장되는가, 새 뉴런이나 시냅스에 저장되는가, 기존 시냅스의 강도 변화로 저장되는가? 새로운 기술을 배울 때 그것은 기술 학습을 전담하는 기관(소뇌와 기저핵)에만 저장되는가 아니면 피질까지 조정하는가? 민첩성 향상은 더 넓은 피질 면적을 사용하는 데 의존하는가, 동일한 면적에 시냅스가 더욱 집중되는 것에 의존하는가? 이것들은 과학적으로 중요한 문제이지만, 사람이 과연 학습을 하는가 또는 어느 정도까지 학습할 수 있는가에 대해서는 아무것도 말해 주지 않는다. 훈련받은 바이올린 연주자가 초보자보다 더 잘 연주한다는 것은 이미 알려진 사실이었기 때문에 애초에 그들의 머리를 스캐너로 검사했을 것이다. 결국 신경 가소성이란 학습과 발달의 또 다른 이름이고, 다른 분석 차원에서 검토할 문제이다.

　이 명백한 사실과는 무관하게 우리는 학습에 관한 모든 진부한 견해들이 신경학적 이야기로 치장되어 위대한 과학 혁명으로 취급되는 것을 본다. 《뉴욕 타임스》의 한 표제에 소개되었듯이 한 정신과 의사는 "대화 요법이 환자의 뇌 구조를 바꿀 수 있다."라고 주장한다.[32] 나도 그러기를 바란다. 그렇지 않으면 그녀는 환자를 속이는 셈이 된다. 소아 신경학자 해리 추가니(Chugani)는 《보스턴글로브》에서 "환경 조작으로 〔아이의〕 뇌 발달을 변화시킬 수 있다."라고 말했다. 그리고 "아이가 공격, 폭력, 부적절한 자극에 둘러싸이면 그 경험은 뇌 속의 이 연결부들과 행동에 반영된다고 했다."[33]고 했다. 맞는 말이다. 환경이 아이에게 조금이라도 영향을 미친다면 그것은 뇌 속의 연결부들을 변화시키기 때문일 것이다. 《교육 기술과 사회(Educational Technology and Society)》에서는 "학습자의 뇌에서 학습이 일어나는 위치를 조사하고, 학생의 뇌에 미치는 영향을 기초로 해 교육학과 기술을 설계하고 평가할 수 있도록" 할 목적으로 특별판까지 발간했다. 초빙된 편집자(한 생물학자)는 그것이 과연 어떤 새로운 의미가 있는지 즉 학습이 뇌가 아닌 다른 신체 기관, 가령 췌장 같은 곳에서 수행된다는 생각의 대안인지, 아니면 비물질적인 영혼에 의해 수행된다는 생각의 대안인지를 말하지 않았다. 신경학 교수들조차도 가끔씩 기계 속의 유령을 믿는 사람에게나 뉴스가 될 만한 '발견'들을 선언한다. "과학자들은 뇌의 연결부가 변경될 수 있음을 발견했다.…… 우리에게는 뇌 속의 시냅스 연결부를 변화시키는 능력이 있다."[34] 좋은 일이다. 그렇지 않다면 모든 사람이 기억 상실증 환자가 될 테니까.

이 신경학자는 "학습과 성적 향상에 필요한 제품을 개발하기 위해 뇌 연구 기술을 이용하는" 수많은 회사 중 한 곳의 임원이다. "인간은 적절한 관심과 양육이 있으면 무한한 창조성을 발휘한다."라고 말하는 한 컨설턴트는 고객들에게 "자세한 신경 패턴을 보여 주는" 도표 작성법을 가르친다. 이에 만족한 어느 고객은 이렇게 말한다. "나이가 들수록 뇌는 더 많은 연결부와 연상물을 만들게 됩니다. 따라서 뇌 속에 더 많은 정보가 저장됩니다. 그것을 이용할 필요가 있는 것이죠."[35] 많은 사람들이, 차를 몰고 집으로 가는 길을 변경하면 노화의 영향에서 벗어날 수 있다는 신경학 옹호론자들의 (근거도 없는) 신언을 믿고 있다.[36] 그리고 블록과 공, 그 밖의 장난감들이 "시각과 촉각을 자극해 운동과 추적 능력을 키운다."라는 사실을 깨달은 마케팅의 천재도 있다. 사실 이것은 "뇌를 바탕으로 한" 양육과 교육을 주장하는 더 큰 운동의 일부로, 이에 대해서는 어린이에 관한 장에서 다시 살펴볼 것이다.[37]

이 회사들은 기계 속의 유령에 대한 사람들의 믿음을 이용하여, 뇌에 영향을 미치는 학습이라면 어떤 것이든(그 반대는 아마도 뇌에 영향을 미치지 않는 학습이 될 것이다.) 예상했던 것보다 훨씬 더 실질적이고, 심오하고, 강력하다고 암시한다. 그러나 이것은 틀린 생각이다. 모든 학습이 뇌에 영향을 미친다. 학습이 뇌에 어떻게 영향을 미치는가에 대한 발견이 이루어졌다면 그것은 두말할 필요 없이 흥미로운 사건이지만, 그렇다고 해서 학습 자체를 더 보편적이거나 심오한 것으로 여겨야 할 이유는 없다.

∽

신경 가소성에 대한 두 번째 오해는 마음에는 먼저 감각을 통해 들어오지 않은 것이 하나도 없다는 믿음으로 거슬러 올라간다. 피질 가소성에 대해 대중적으로 가장 널리 알려진 발견들은, 감각을 통해(시상을 비롯한 피질하 기관들을 통해) 들어온 신호를 가장 먼저 받는 회색질 부위인 1차 감각 피질과 관련이 있다. 가소성을 근거로 삼아 빈 서판을 옹호하는 저자들은, 마음은 감각 경험으로 만들어지기 때문에 만약 1차 감각 피질이 유연하다면 뇌의 나머지 부분은 훨씬 더 유연해야 한다고 생각한다. 예를 들어 므리랑카 수르의 재배선 실험이 "유전자의 힘을 강조하는 최근 경향에 도전하는 것이고, 정상적인 뇌 조직을 창조하는 요소로서 환경을 보다 많이 고려하게 만들 것"이라는 한 신경학자의 말이 인용된 예도 있다.[38]

그러나 뇌가 여러 부위를 가진 복잡한 기관이라면 그런 교훈은 불필요해진다. 1차 감각 피질은 마음의 기초가 아니라, 감각적 분석의 첫 단계에서 특정한 종류의 신호를 처리하기 위해 우연히 분화된 뇌 속의 한 장치이다. 설령 1차 감각 피질이 정말로 무형이어서 그 구조 전부를 유입된 정보로부터 얻는다고 가정해 보자. 그것은 뇌 전체가 무형이어서 그 구조 전부를 입력된 정보로부터 얻는다는 것을 의미하는가? 전혀 그렇지 않다. 우선, 1차 감각 피질도 거대하고 복잡한 체계의 한 부분일

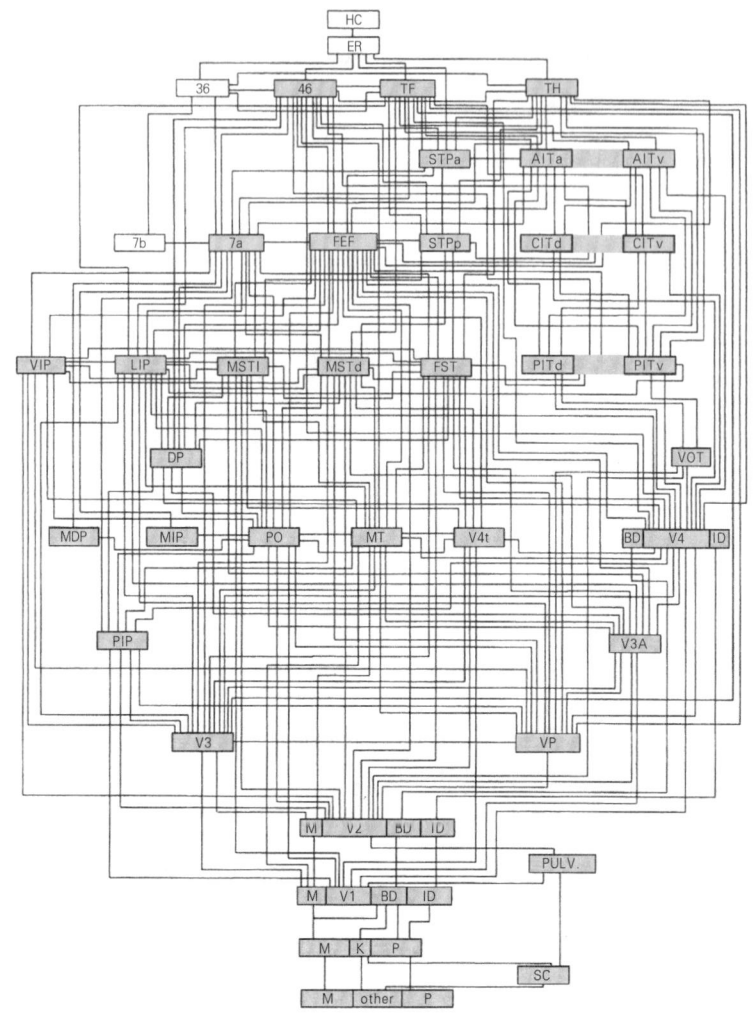

뿐이다. 신중한 검토를 위해, 원시적인 시각 체계의 배선을 나타낸 위의 도표를 살펴보자.[39] 1차 시각 피질은 아래쪽 근처에 'V1'이라 표시된 박스이다. 그것은 시각적 처리를 전담하는 최소 50개의 뇌 부위들 중 하나인데, 그 부위들은 서로 정밀하게 연결되어 있다. (스파게티와 흡사해 보이지만 모든 것이 다른 모든 것과 연결되어 있지는 않다. 실제로 뇌 속에 존재하는 연결부는 논리적으로 가능한 요소들 간 연결의 약 3분의 1에 불과하다.) 1차 시각 피질 하나만으로는 제대로 볼 수가 없다. 사실 그것은 시각 체계 속에 아주 깊이 묻혀 있어서, 프랜시스 크릭과 신경학자 코흐는 우리가 그 속에서 진행되는 어떤 것도 의식하지 못한다고 주장한다.[40] 우리가 보는 것—한 장면 속에 배열되어 있거나 이리저리 움직이는 익숙한 색깔의 물체들—은 기계 전체가 만들어 내는 산물이다. 그래서 V1 박스의 내부 장치들이 전적으로 유입 정보에 의해 지정된다고 해도, 우리는 시각 체계의 나머지 구조—50개의 박스와 그 연결들—를 설명해야 한다. 이것은 도표 전체가 유전적으로 지정된다는 뜻이 아니라 많은 부분이 틀림없이 그렇다는 뜻이다.[41]

그리고 시각 체계 자체가 뇌의 한 부분이라는 사실도 신중히 고려해야 한다. 시각 체계는 자율성과 연결부의 차이에 따라 구분되는 50여 개의 주요 피질 부위 중 약 6개의 부위를 지배한다. 그 밖의 다수는 언어, 추리, 계획, 사회적 기술 같은 다른 기능들의 기초로 작용한다. 그것들의 연산 역할이 어느 정도까지 유전을 통해 갖추어지는지는 아무도 모르지만, 유전적 영향이 상당하다는 것을 보여 주는 간접적 증거들이 있다.[42] 발달기에 피질은 감각적 입력물과 단절되어 있음에도 불구하고, 각 부위의 구분은 자궁에서 확정된다. 발달이 진행되는 동안 서로 다른 유전자 묶음이 서로 다른 부위에서 활성화된다. 뇌에는 뉴런을 서로 연결하는 각종 메커니즘이 충실하게 갖추어진 도구 상자가 있는데, 여기에는 신경 돌기(뉴런에서 나온 긴 돌기)를 끌어당기거나 물리쳐서 목표물로 인도하는 분자들 그리고 그것을 제자리에 붙이거나 접근을 막는 분자들이 포함되어 있다. 피질 부위의 수, 크기, 연결 상태는 포유류의 종마다 다르고, 인간과 영장류끼리도 서로 다르다. 이러한 다양성은 이제 막 이해되고 있는 진화 과정상의 유전적 변화에서 기인한다.[43] 예를 들어 유전학자들이 최근에 발견한 사실에 따르면 발달기에 인간의 뇌와 침팬지 뇌에서는 서로 다른 유전자 묶음이 활성화된다고 한다.[44]

피질 부위들이 각기 다른 과제를 위해 분화되어 있을 가능성은, 서로 다른 피질 부분들이 현미경으로는 비슷하게 보인다는 사실 때문에 분명하게 부각되지 못했다. 그러나 뇌는 정보 처리 체계이기 때문에 그러한 사실은 거의 중요하지 않다. CD에 난 미세한 골들은 아주 비슷해 보여도 그 위에 기록된 소리는 매우 다르고, 책 속에 인쇄된 문자열들은 그것을 읽지 못하는 사람에게는 거의 똑같아 보인다. 정보 전달 매체에서 내용의 실체는 요소들 간의 조합 패턴—뇌의 경우 미세 회로의 세부적 특성—에 있지, 그 물리적 외양에 있는 것이 아니다.

그리고 피질 자체가 뇌 전체는 아니다. 피질 밑에는 인간 본성의 중요 부분들을 가동하는 다른 뇌 기관들이 감추어져 있다. 여기에는, 기억을 관리하고 정신 지도(地圖)를 유지하는 해마, 경험에 감정을 가미하는 편도, 성적 욕망을 비롯한 여러 욕구를 일으키는 시상하부 등이 있다. 다수의 신경학자들은 피질의 기소성을 인상적인 것으로 받아들이면서도, 피질하 구조들은 가소성이 훨씬 떨어진다는 사실을 인정한다.[45] 이것은 해부학을 둘러싸고 벌어지는 사소한 시빗거리가 아니다. 일부 평론가들은 특별히 진화심리학을 신경 가소성의 희생자로 지목하면서, 뇌가 진화적 분화를 감당하지 못한다는 사실이 피질의 가변성으로 인해 입증되었다고 말하기도 한다.[46] 그러나 대부분의 진화 심리학 이론은 두려움, 성, 사랑, 공격성 같은 충동에 관한 것이고, 이것들은 대개 피질하 회로에 속한다. 보다 일반적인 관점에서 누구의 이론을 보더라도, 선천적으로 형성된 인간 능력은 단 하나의 감각 피질 부위에서가 아니라 피질과 피질하 부위들로 구성된 망에서 실행된다는 점을 간과하기 어렵다.

∽∼∽

뇌에 관한 또 하나의 요점도 가소성에 대한 최근의 열광 속에 파묻히고 말았다. 신경 활동이 뇌 발달에 매우 중요하다는 발견으로는 학습이 뇌 형성에 결정적이라거나 유전자가 뇌를 형성하지 못한다는 점을 입증하지 못한다.

신경 발달에 대한 연구는 종종 본성과 양육의 관점에서 이루어졌지만, 그것은 발달 심리학—'동일한 세포들이 어떻게 서로 다른 기능을 하는 기관들로 분화되는가?'—의 문제로 생각하는 것이 더 유익하다. 그렇게 하면 연상 심리학의 전통적 가정들이 거꾸로 뒤집어진다. 1차 감각 피질은 가소성이 훨씬 높은 스토리들을 줄줄이 만들어 내는 뇌의 가장 튼튼한 기초가 아니라, 적절한 발달을 위해 입력 정보에 가장 많이 의존하는 뇌 부위가 된다.

뇌를 조립하는 데 있어 완벽한 유전적 청사진이란 두 가지 이유에서 불가능하다. 첫째, 유전자는 다른 유전자들로 구성된 게놈 내부 환경을 비롯한 환경의 모든 세부적 측면을 예상하지 못한다. 유전자는 유기체가 영양 공급의 변화, 다른 유전자, 살아 있는 동안의 성장률, 우연한 교란, 물리적·사회적 환경 등을 이기고 하나의 전체로서 적절히 기능을 하도록 보장하기 위해 적응 발달 프로그램을 지정해야 한다. 그리고 해당 유기체의 다른 부분들이 어떻게 발달하고 있는가에 대한 되먹임을 제공받아야 한다.

신체 발달을 예로 들어 보자. 대퇴골을 만드는 유전자는 대퇴골 상부를 이루는 둥근 돌기의 정확한 형태를 지정하지 못한다. 돌기는 골반과 연결되어야 하는데, 골반은 다른 유전자, 영양 공급, 나이, 우연에 의해 형성되기 때문이다. 돌기와 골반은 아기가 자궁에서 발길질하는 동안 서로의 눈치를 보면서 교대로 형태를 맞추어 간다. (이것은 발달기에 있는 실험 동물을 마비시켰을 때 엄청난 기형 관절이 형성된다는 사실을 통해 밝혀졌다.) 마찬가지로 성장하는 눈의 수정체를 만드는 유전자도 망막이 어느 정도 뒤쪽에 생길지 알지 못한다. 그래서 아기의 뇌에는 망막에 맺힌 상의 선명도에 관한 신호를 이용해 안구의 물리적 성장을 둔화하거나 가속화할 수 있는 되먹임 루프가 갖추어져 있다. 이것들은 "가소성"의 좋은 예이지만, 가소성 재료라는 비유에는 오해의 소지가 있다. 그 메커니즘들은 가변적 환경으로 하여금 가변적 기관들을 만들도록 설계되어 있지 않다. 오히려 정반대로, 가변적 환경에도 불구하고 일정한 기관이 발달해서 제 임무를 수행할 수 있도록 설계된 것으로 보아야 한다.

신체처럼 뇌도 버젓한 체계로 성장하려면 되먹임 회로를 이용해야 한다. 특히 감각 부위가 그러한데, 뇌의 감각 부위들은 감각 기관의 성장에 대처해야 한다. 비록 뇌의 최종 상태가 대퇴골이나 안구처럼 어느 정도 유전적으로 지정되긴 하지만, 우리는 이런 이유만으로도 뇌의 활동이 뇌 자체의 발달에 상당한 역할을 한다고 생각할 수 있다. 이 일이 어떻게 일어나는지는 대부분 수수께끼로 남아 있지만, 신경 자극 패턴이 유전자 발현을 촉발할 수 있다는 것과 하나의 유전자가 다른 여러 유전자들을 촉발시킬 수 있다는 것은 이미 알려진 사실이다.[47] 각각의 뇌세포에는 유전 프로그램 전부가 담겨 있기 때문에, 원칙상 그러한 장치가 존재하는 것은, 신경 활동이 일어나면 선천적으로 조직된 신경 회로가 그로 인해 서로 다른 몇몇 부위 중 어디에서든 발달을 시작할 수 있도록 하기 위해서이다. 그렇다면 뇌 활동은 뇌를 조각하는 것이 아니라, 단지 게놈에게 뇌 안의 어느 장소에 특정한 신경 회로가 생겨야 하는지를 알려 주는 것에 그친다.

따라서 아무리 극단적인 선천성 옹호자라도, 뇌의 분화가 "왼쪽 관자놀이와 왼쪽 귀 사이에 있으면 언어 회로(혹은 두려움 회로나 얼굴 인식 회로)가 되어야 한다."라는 식의 규칙을 따르는, GPS 좌표 같은 것에 의해 이루어진다고 생각할 필요는 없다. 성장하는 뇌의 한 부분에서 발달 프로그램이 시작되는 것은 자극의 원천, 점화 패턴, 화학적 환경, 기타 신호들의 조합에 의해서이다. 그 최종 결과는, 같은 능력이라도 사람마다 다른 뇌 부위에 자리잡는 것으로 나타난다. 결국 뇌는 연산 기관이므로, 정보 흐름의 패턴이 동일하다면 장소가 다르더라도 동일한 연산이 발생할 수 있다. 우리의 컴퓨터에서도 특정 파일이나 프로그램이 메모리의 어느 부분에 들어 있든 또는 디스크의 어느 섹터에 흩어져 있든, 그것은 항상 똑같이 작동한다. 성장하는 뇌가 최소한의 활동성을 발휘해서 뉴런 자원을 연산이 필요한 곳에 할당한다면 그것은 그리 놀라운 일이 아닐 것이다.

뇌가 완벽한 유전 청사진에 의존할 수 없는 두 번째 이유는 게놈이 한정된 자원이라는 것이다. 유전자들은 진화의 전 기간에 걸쳐 끊임없이 변하고, 자연 선택은 나쁜 유전자를 단지 느리게 솎아낸다. 대부분의 진화 생물학자들은 자연 선택이 단지 이 정도 크기의 게놈을 지원할 수 있다고 믿는다. 이것은 복잡한 뇌를 위한 유전적 설계도가 뇌의 발달과 올바른 기능에 일치하는 최소 규모로 압축되어야 한다는 것을 의미한다. 비록 게놈의 절반 이상이 1차적으로 뇌에서 또는 오직 뇌에서만 가동되지만, 그것으로는 뇌의 연결 도표를 충분히 지정할 수 없다.

뇌를 위한 발달 프로그램에는 재치가 필요하다. 눈에서 나온 각각의 신경 돌기를 뇌에 가지런히 연결하는 문제를 예로 들어 보자. 눈에 서로 인접한 점들은 뇌에서도 서로 인접한 점에 연결되어야 하고(이른바 국소 해부도라는 배열이다.), 양쪽 눈의 서로 대응하는 점들은 서로 근접한 뇌 위치에 연결되면서도 얽혀서는 안 된다.

포유류의 뇌는 각각의 신경 돌기에 유전적 주소를 지정하기보다는 그보다 더욱 영리한 방식으로 연결부를 조직한다. 고양이의 뇌 발달을 연구한 신경학자 칼라 샤츠는 다음과 같은 사실을 발견했다. 각각의 망막 위에서 활동의 파도들이 망막을 가로질러 흐를 때 먼저 한 방향으로 흐르고, 다음에는 다른 어떤 방향으로 흐른다.[48] 이것은 한쪽 눈의 서로 이웃한 뉴런들이 한 파면에 부딪히기 때문에 대략 같은 시간에 점화되는 경향이 있음을 의미한다. 그러나 다른 눈의 또는 같은 눈에서도 서로 멀리 떨어져 있는 신경 돌기들은 활동의 상관성을 보이지 않는다. 같은 파도를 타지 않기 때문이다. 관중에게 한 방향으로 '파도 타기'를 시킬 때 누가 어느 시간에 일어나는지를 알기만 하면 동시에 일어날 사람들을 가까이 앉혀서 보기 좋은 파도를 만들 수 있는 것처럼, 뇌도 어느 입력 뉴런들이 망막 위에서 비슷한 시간에 점화되는가에 주의를 기울임으로써 두 눈의 공간 설계를 조정할 수 있다. 심리학자 D. O. 헵이 최초로 정리한 신경망 학습 규칙에는 "함께 점화되는 뉴런들은 함께 배선되고, 동시성에서 벗어난 뉴런들은 연결되지 않는다."라는 것이 있다. 파도들이 여러 날 여러 주 동안 망막을 교차하는 동안 그 물결의 하류(downstream)에 해당하는 시상은 각각의 눈에 대응해 여러 층으로 조직되는데, 이 과정에서 뇌의 인접한 뉴런들은 망막의 인접한 부위들에 대응한다. 대뇌 피질은 이론상 이런 식으로 배선을 완성한다.[49]

실제로 뇌의 어느 부위들이 이 자동 설치 기술을 사용하는가는 또 다른 문제이다. 시각 체계는 국소 해부적인 배선을 조직할 때에는 이 자동 설치 기술을 필요로 하지 않는 것처럼 보인다. 유전자의 직접적인 통제하에 대략적인 국소 해부도가 발달하기 때문이다. 일부 신경학자들은,

공동 점화-공동 배선 기술을 이용하면 더 정밀한 지도를 만들거나 입력과 두 눈의 관계를 분리할 수 있다고 한다.[50] 이 견해 역시 반대에 부딪히고 있지만, 일단 옳다는 가정 하에 그 의미가 무엇인지 살펴보자.

공동 점화-공동 배선 공정은 이론상 안구가 세상을 응시해야 작동할 수 있다. 이 세상에 존재하는 선과 모서리가 망막의 인접한 부위들을 동시에 자극하고, 질서 정연한 지도를 만들거나 조율하는 뇌에 필요한 정보를 제공해야 한다. 그러나 샤츠의 고양이 실험에서 뇌는 환경에서 유입되는 어떤 정보도 없이 작동한다. 시각 체계는 캄캄한 자궁에서, 동물의 눈이 뜨이기 전에 그리고 간상 세포와 원추 세포가 늘어서서 기능을 하기 전에 발달한다. 망막의 파도는 뇌의 시각 부위가 배선되어야 하는 그 시기에 망막의 세포 조직에 의해 내생적으로(내부적 원인에 의해) 생성된다. 다시 말해, 눈이 테스트 패턴을 생성하고 뇌가 그것을 이용해 자신의 조립을 완성하는 것이다. 보통 눈에서 나오는 신경 돌기는 세계에 관한 정보를 운반하지만, 발달 프로그램에서는 어느 뉴런들이 같은 눈에서 또는 같은 눈의 같은 장소에서 생겨나는지에 대한 정보를 운반한다. 대략적인 비유를 들면, 나는 케이블 TV 기사가 지하실에 있는 선 중 어느 것이 이층으로 이어져 있는지 알아내는 것을 본 적이 있다. 그는 "스크리머(screamer)"라는 소리 발생기를 2층의 케이블 끝에 붙인 다음 지하실로 내려가 벽에서 나온 여러 개의 케이블을 하나씩 귀에 대고 소리를 들었다. 그 케이블은 소리를 아래로 전달하는 것이 아니라 텔레비전 신호를 위로 운반하기 위한 것이었는데, 설치할 때에는 이렇게 다른 용도로 쓰이기도 했다. 정보 도관이 두 가지 목적에 모두 유용하기 때문에 가능한 일이다. 이를 통해 우리는 뇌 발달이 뇌 활동에 의존한다는 사실은 학습이나 경험에 대해 아무것도 말하지 못하며, 단지 뇌는 자신의 배선을 완성하는 동안 자체적인 정보 전달 능력을 이용한다는 것을 보여 줄 뿐이라는 것을 알 수 있다.

공동 점화-공동 배선은 특별한 배선 문제, 즉 수용체의 표면과 대뇌 피질의 지도에서 한 점에 해당하는 표현 부위를 연결하는 문제를 해결하는 특별한 기술이다. 이 문제는 시각 체계뿐 아니라 아니라 촉각 같은 다른 공간 감각에서도 발견된다. 2차원인 망막 표면에서 정보를 받는 1차 시각 피질 조각을 타일처럼 붙이는 문제가, 2차원의 피부 표면에서 오는 정보를 받는 1차 체지각 피질 조각을 붙이는 문제와 비슷하기 때문이다. 심지어 청각 체계도 이 기술을 이용할 수 있는데, 서로 다른 주파수(대략, 음의 고저)를 나타내는 입력 정보들이 내이에 있는 1차원의 막에서 생기면, 뇌는 그 청각적 높낮이를 처리할 때 시각적·촉각적 공간을 취급하는 것과 똑같은 방식으로 취급한다.

그러나 이 기술은 뇌의 다른 곳에서는 무용지물이다. 예를 들어, 후각 체계는 완전히 다른 기술로 배선을 한다. 감각 피질에 도달할 때 위치에 따라 배열되는 풍경, 소리, 접촉과는 달리 냄새는 함께 섞여서 도달한다. 그렇기 때문에 냄새는 그것을 구성하는 각각의 화합물을 코 속의 서로 다른 수용체가 탐지하는 식으로 그 성분에 근거해 분석된다. 각 수용체기 뇌로 신호를 보내는 뉴런에 연결될 때, 게놈은 가가이 신경 돌기에 대해 각기 다른 유전자를 사용해 뇌의 각기 다른 장소에 배선을 하는데, 모두 1,000개의 유전자가 사용된다. 이것은 유전자를 절약하는 놀라운 방식이다. 각 유전자가 생산하는 단백질은 두 번 사용된다. 한 번은 코에서 기체 화학 물질을 탐지하는 수용체로, 또 한 번은 뇌에서 해당 신경 돌기의 끝을 탐지해 그것을 후각 망울로 인도하는 탐침으로 사용된다.[51]

배선 문제는 뇌의 다른 부위에서 또 달라진다. 삼킴 반사를 비롯한 고정 반응 패턴을 생성하는 수질, 두려움을 비롯한 여러 감정을 취급하는 편도, 사회적 추리에 관계하는 전두 피질이 그 예이다. 공동 점화-공동 배선 기술은 감각 지도 작성에, 그리고 보기, 만지기, 듣기의 1차 감각 피질 같은 뇌의 다른 부위에서 생기는 여분들을 단순히 재생해야 하는 구조 형성에는 이상적인 방법일 수 있다. 그러나 다른 부위들은 가령 냄새 맡기, 삼킴, 위험 회피, 친구 사귀기 등과 같은 다른 기능들과 함께 진화했는데, 이 부위들을 배선하는 데에는 보다 복잡한 기술이 사용된다. 결국 환경은 유기체의 다양한 부분에 그들의 목표가 무엇인가를 알려 주지 못한다는 것인데, 이것은 이 장을 시작할 때 제시했던 전반적인 요점의 당연한 결론이다.

극단적 가소성 교의는 1차 감각 피질에서 발견된 가소성을 뇌의 다른 곳에서 일어나는 일에까지 비유적으로 적용시켰다. 지금까지의 결론은 그것은 썩 좋은 비유가 아니라는 것이다. 만약 감각 피질의 가소성이 정신 활동 전체의 가소성을 상징한다면 우리는 스스로나 다른 사람에 대해 좋아하지 않는 면을 쉽게 바꿀 수 있어야 한다. 시각과 매우 다른 경우인 성적 성향을 예로 들어 보자. 대부분의 남성 동성애자는 사춘기를 알리는 최초의 호르몬 변화가 찾아올 무렵 다른 남성에게 호감을 느낀다. 그들이 동성애자가 되는 이유——유전자, 태아기의 호르몬, 기타 생물학적 요인, 그리고 우연이 동시에 작용할 것이다.——는 아무도 모르지만, 지금 내 논지의 요점은 동성애자가 되는 것이 아니라 이성애자가 되는 것에 있다. 동성애에 대해 지금처럼 관대하지 않았던 시절 많은 동성애자들이 정신과 의사를 찾아가(또는 억지로 끌려가) 성적 성향을 바꿀 수 있도록 도움을 요청했다. 심지어 요즘에도 일부 종교 집단들은 동성애자 신도들에게 이성애를 '선택'하라고 강요한다. 많은 기술이 그들에게 적용되었다. 정신 분석과 죄 의식 유포, 그리고 흠잡을 데 없는 공동 점화-공동 배선 논리를 이용한 조건화 기술들(예를 들어 성적으로 흥분했을 때 《플레이보이》의 누드 사진을 보게 하는 것). 이 기술들은 모두 실패했다.[52] 몇 가지 미심쩍은 예외가 있지만(아마도 욕구의 변화라기보다는 의식적 자기 통제의 경우일 것이다.) 대개 남성 동성애자들의 성적 취향은 경험에 의해 역전되지 않는다. 이렇게 마음의 어떤 부분들은 가소성이 매우 낮은데, 감각 피질의 배선 방식에 대한 어떤 발견도 그 사실을 변화시키지는 못한다.

∞

이른바 가소성이라 불리는 변화를 겪을 때 뇌에는 실제로 어떤 일이 일어나는가? 한 평론가에 따르면 그것은 "예수가 물을 포도주로 바꾼 것과 같은 일"이며 따라서 뇌의 여러 부위가 진화에 의해 분화되었다는 모든 이론에 대한 반증이다.[53] 그러나 기적을 믿지 않는 사람들은 의심한다. 신경 조직은 필요한 모든 형태로 변형되는 마법의 물질이 아니라 인과 법칙을 따르는 메커니즘이다. 가소성의 두드러진 예를 좀 더 자세히 살펴보면 그 변화들이 결국 기적이 아님을 발견하게 된다. 어떤 경우든, 변경된 피질은 보통 때에 하는 것과 크게 다른 일을 하지 않는다.

가소성에 대한 대부분의 증명은 1차 감각 피질 내에서의 지도 변경과 관련된다. 절단되었거나 기능을 잃은 손가락과 관련된 뇌 부위는 인접한 손가락으로 넘어가거나, 자극을 받은 손가락과 관련된 뇌 부위가 이웃의 영토로 경계를 확장한다. 입력물을 조정하는 뇌의 능력은 정말로 놀랍지만, 양도한 피질이 했던 정보 처리의 종류는 근본적으로 변하지 않는다. 그 피질은 여전히 피부의 표면이나 관절의 각도와 관련된 정보를 처리하는 것이다. 그리고 숫자 표현 부위나 시야 부위 역시 아무리 자극해도 무한히 성장하지는 않는다. 뇌의 복잡한 배선이 그런 일을 막

기 때문이다.[54]

맹인의 시각 피질을 점자 읽기가 공유하는 것은 어떠한가? 언뜻 보면 그것은 진정한 변질인 것 같다. 그러나 실은 그렇지 않다. 어떤 재능이 대뇌 피질의 아무 자리나 차지하는 일은 일어나지 않는다. 점자 읽기는 시각과 똑같은 방식으로 시각 피질의 자율성을 이용한다.

신경 해부학자들은 오래전부터, 다른 뇌 부위에서 시각 피질로 정보를 가지고 내려오는 섬유의 수가 눈에서 정보를 가지고 올라가는 섬유의 수와 같다는 사실을 알고 있었다.[55] 이 하향식 연결에는 몇 가지 용도가 있을 수 있다. 그것은 시야의 부분들에 주의를 집중하는 것을 목표로 삼거나, 시각을 다른 감각들과 조화시키거나, 화소들을 부위별 집단으로 묶거나, 마음의 눈으로 대상을 그리는 심상 능력을 이용할 수 있다.[56] 시각 장애인들은 이렇게 미리 배선된 하향식 연결을 이용해 점자를 읽는다. 그들이 점자를 만지면서 '상상' 하는 것은, 눈을 가린 사람이 물론 훨씬 빠르기는 하지만 손 위에 놓인 사물을 상상하는 것과 같다. (시각 장애인들도 공간 정보를 포함해 심상을—어쩌면 시각적 이미지까지도—가진다는 사실이 과거의 한 조사에서 입증되었다.)[57] 시각 피질은 점자 읽기에 요구되는 연산에 매우 적합하다. 시력이 있는 사람들의 경우 눈은 장면을 훑어보고 자세한 정보를 해상도가 매우 높은 망막 중심으로 가져온다. 그래서 시각 장애인의 경우에도 눈에서 유입되는 정보는 없지만 시각 체계는 시력이 있는 사람과 매우 비슷하게 작동한다. 여러 해 동안 촉각의 세계를 상상하고 점자로 된 세부 내용에 주의를 집중하는 연습을 하면 시각 피질은 뇌의 다른 부위에서 오는 선천적 입력물을 최대한 이용하게 된다.

청각 장애의 경우에도 청각을 대신하는 다른 감각이 아무 영토나 차지해서 사용하는 것이 아니라, 청각을 위해 할당되어 있는 회로를 제어하는 일을 떠맡는 것이다. 로라 페티토와 그녀의 동료들은, 청력이 있는 사람들이 구어의 음을 처리할 때와 똑같이 청각 장애인들도 측두엽의 상부 이랑(superior gyrus)(1차 청각 피질 근처 부위)을 이용해 수화 언어를 인식한다는 사실을 밝혀 냈다. 그리고 정상인들이 기억에서 단어를 검색할 때와 똑같이 청각 장애인들도 기억에서 수화 문자를 인출할 때 외측 전전두엽 피질(lateral prefrontal cortex)을 이용한다는 사실을 발견했다.[58] 그러나 특별히 놀라운 일은 아니다. 오래전부터 언어학자들은 수화가 구어의 구조와 매우 비슷하다는 점을 알고 있었다. 수화에는 단어와 문법이 있을 뿐 아니라 무의미한 동작을 결합해서 의미 있는 손짓을 만들어 내는 음운론 규칙이 있는데, 이는 무의미한 소리를 결합해서 의미 있는 단어를 만들어 내는 구어의 음운론 규칙과 아주 비슷하다.[59] 게다가 구어는 부분적으로 모듈(독자적 기능을 가진 교환 가능한 구성 요소)에 의존한다. 즉 단어와 규칙의 표현은 그것을 귀와 입에 연결하는 입출력 체계와 구별된다. 페티토와 동료들이 제시하는 가장 간단한 해석은, 수화자들이 채택한 피질 부위는 말 그 자체가 아니라 언어(단어와 규칙)를 위해 분화된다는 것이다. 청각 장애인들의 그 부위에서 일어나는 일은 정상인들의 그 부위에서 일어나는 일과 똑같다.

이제 가소성의 가장 놀라운 경우로 눈을 돌려 보자. 눈으로 들어온 정보가 청각을 담당하는 시상과 피질로 공급되어 그 부위가 시각을 담당하는 시상과 피질처럼 작동하도록 재배선된 흰족제비가 그 주인공이다. 그러나 이 경우에도 물이 포도주로 변하지는 않았다. 므리강카 수르와 그의 동료들은 그렇게 방향을 바꾼 입력 정보로 인해 청각적 뇌의 실제 배선이 변한 것이 아니라 단지 시냅스의 강도 패턴이 변했음을 지적했다. 그 결과 그들은 채택된 청각적 뇌와 정상적인 시각적 뇌 사이의 많은 차이점들을 발견했다.[60] 청각적 뇌의 조직은 시각적 분석이 아니라 청각적 분석에 최적화되어 있기 때문에 그 뇌의 시야 표현은 선명도와 조직성이 떨어졌다. 예를 들어 시야 지도는 상하 방향보다는 좌우 방향으로 훨씬 정확했다. 정상적인 동물의 청각 피질의 수평축은, 서로 다른 소리의 주파수를 표현하고 따라서 주파수의 순서대로 정확히 배열되는 내이로부터 입력 정보를 얻는데, 이 흰족제비와 같은 경우에는 좌우 방향이 유전 지도상 그 청각 피질의 수평축과 일치했기 때문이다. 반면에 상하 방향은 보통 같은 주파수를 가진 다량의 정보를 받는 청각 피질의 수직축과 일치했다. 므리강카 수르는 또한, 1차 청각 피질과 듣기와 관련된 뇌의 다른 부위들 사이의 연결(166쪽의 시각 체계 배선표에 해당하는 것)이 새로 유입된 정보에 의해 변하지 않았음을 지적한다.

따라서 입력 정보의 패턴이 감각 피질의 일부를 조율해서 그 정보를 잡게 할 수는 있지만, 이미 존재하는 배선의 한계를 벗어나지는 못한다. 므리강카 수르는 재배선된 흰족제비의 청각 피질이 시각적 정보를 처리할 수 있는 이유는, 몇 가지 신호 처리 방식이 시각과 청각과 촉각을 불문하고 원료에 해당하는 감각 정보를 처리하는 데 유용할 수 있기 때문이라고 한다.

이 관점에서 보면 감각적 시상이나 피질에는 양식[시각인가 청각인가 촉각인가]에 상관없이 입력 정보에 대해 일정하게 작동하는 기능이 있다고 볼 수 있다. 물론 감각적 입력물의 구체적 형태가 정보의 토대를 제공한다.…… 만약 정상적인 구조의 청각 중추가 시각적 입력물에 의해 결정적으로 변경되지 않는다면, 우리는 이렇게 예상해 볼 수 있다. 수술을 받은 흰족제비에게 시각적 정보가 유입되었을 때 일어난 것과 비슷한 작동이 정상적인 흰족제비의 청각 통로에서도 일어날 것이라고 말이다. 다시 말해, 시각적 입력물이 청각적 통로로 유도된 동물들은, 정상이라면

청각적 시상과 피질에서 수행되어야 할 작동의 일부를 다른 창으로 보여 준다고 할 수 있다.[61]

청각 피질이 본래 시각적 입력물을 분석하기에도 적합하다는 주장은 결코 무리한 것이 아니다. 앞에서 나는 청각의 주파수(음의 고저)가 시각의 공간과 매우 비슷하게 작용한다고 언급했다. 마음은 높낮이가 다른 음향을 다른 위치에 존재하는 사물들처럼 다루고, 높낮이의 변화를 공간 이동처럼 다룬다.[62] 이것은 풍경에 대한 분석이 소리에 대한 분석과 같을 수 있고, 적어도 부분적으로는 같은 종류의 회로에 의해 연산이 수행될 수 있음을 의미한다. 귀에서 유입된 정보는 각기 다른 주파수를 표현하고, 눈에서 유입된 정보는 각기 다른 지점을 표현한다. 감각 피질(시각과 청각 모두)에 있는 뉴런들은 이웃한 입력 섬유들로부터 정보를 받고 그들로부터 간단한 패턴을 추출한다. 따라서 보통 올라가는 음운이나 내려가는 음운, 풍부한 음조나 순수한 음조, 그리고 여러 장소에서 오는 소리들을 탐지하는 청각 피질의 뉴런들이, 재배선된 흰족제비의 경우에는 자동적으로 운동의 특정한 기울기, 장소, 방향을 탐지할 수 있는 것이다.

이것은 1차 청각 피질이 시각적 입력물을 그대로 처리할 수 있다는 말이 아니다. 청각 피질은 입력물의 패턴에 맞춰 자신의 시냅스 연결부를 조율해야만 한다. 재배선된 흰족제비는, 훌륭하게 기능을 하는 체계에 맞게 발달기의 감각 피질이 자기 자신을 조직할 수 있음을 보여 주는 놀라운 예이다. 그러나 가소성의 다른 예들처럼 그것도 감각적 입력물이 무정형의 뇌를 변형시켜 필요한 아무 일이나 할 수 있게 만든다는 것을 입증하지는 못한다. 피질에는 특정한 연산을 수행하게 하는 고유한 구조가 있다. '가소성'의 많은 예들은 입력물이 그 구조에 걸릴 수 있음을 보여 줄 뿐이다.

⚜

 디스커버리 채널을 시청한 사람이라면 누구나 새끼 영양이나 얼룩말이 어미의 산도에서 떨어진 후 1~2분 동안 떨리는 다리로 비틀거리다가 어느덧 완전한 감각, 충동, 운동 제어 능력을 갖추고 어미 곁에서 깡충거리는 장면을 보았을 것이다. 그것은 너무 빨리 일어나는 일이어서, 패턴화된 경험이 뇌를 조직하는 것이라고 보기 어렵다. 태어나기 전에 뇌를 형성하는 유전 메커니즘이 분명히 존재한다고 보아야 한다. 신경학자들은 가소성이 유행하기 전에도 이 사실을 알고 있었다. 데이비드 허블(David Hubel)과 토스텐 위젤(Torsten Wiesel)은 시각 체계의 발달에 관한 최초의 몇몇 연구에서, 태어날 때 원숭이의 미세 회로가 거의 완벽한 상태라는 사실을 입증했다.[63] 심지어 고양이의 시각 체계가 발달의 중대한 어느 시기에 경험에 의해 변할 수 있다는 그들의 유명한 실험(암흑에서, 가로 줄무늬가 쳐진 원통에서, 또는 한쪽 눈을 꿰맨 상태에서 양육했음)도, 경험이 시각 체계를 유지할 뿐이고 성장하는 동물의 시각 체계를 재조정할 뿐이라는 사실을 입증한다.
 우리는 뇌가 어떻게 유전자의 인도 하에 자기 자신을 조립하는가에 대한 일반적인 한 측면을 알고 있다.[64] 각기 다른 부위를 구성하도록 정해져 있는 뉴런들은 대뇌 피질이 형성되기 이전에 이미 하나의 "원시 지도"를 형성한다. 원시 지도의 각 부위는 각기 다른 특성, 각기 다른 입력 섬유를 끌어당기는 분자 메커니즘, 그리고 입력물에 따라 각기 다르게 반응하는 패턴을 가진 뉴런들로 구성된다. 주위의 액체에 녹아 있거나 이웃한 세포막에 붙어 있는 분자의 종류에 의해 신경 돌기가 당겨지거나 격퇴된다. 그리고 각기 다른 유전자 집합은 성장하는 대뇌 피질의 각기 다른 부분에서 표현된다. 신경학자 로렌스 카츠는 공동 점화-공동 배선이라는 '도그마' 때문에 신경학자들이 이 유전 메커니즘들을 충분히 탐구하지 못했다고 개탄했다.[65]

그러나 대세가 바뀌어 최근의 발견들은 뇌의 여러 부위들이 감각에서 유입되는 정보 없이 어떻게 자기 자신을 조직하는가를 보여 주고 있다. 《사이언스》에서 "이단적"이라고 평했던 실험들에서 카츠의 팀은 성장하는 흰족제비의 한쪽 눈 또는 양쪽 눈을 제거해 시각 피질로부터 모든 정보를 빼앗았다. 그럼에도 흰족제비의 시각 피질은 두 눈과의 연결부가 표준적인 배열을 보이며 발달했다.[66]

유전적으로 조작된 쥐는 특히 중요한 단서를 제공했다. 하나의 유전자를 탈락시키는 방법은 뉴런에 독물을 주입하거나 뇌를 절단하는 전통적인 기술보다 정확할 수 있기 때문이다. 한 팀이 시냅스가 완전히 차단되어 뉴런이 서로 신호를 주고받지 못하게 된 쥐를 발명했다. 쥐의 뇌는 상당히 정상적으로 발달해서 층위 구조, 섬유 통로, 정상 위치의 시냅스를 완벽하게 갖추었다.[67] (쥐의 뇌는 출생 직후 급격히 나빠졌는데, 이는 신경 활동이 뇌의 배선보다는 뇌의 유지에 더 중요하다는 것을 다시 한번 보여 준다.) 또 다른 팀은 시상을 무능하게 만들어 피질 전체에 정보가 입력되지 않는 쥐를 만들어 냈다. 그러나 피질은 정상적 층위와 부위로 분화했고 각 부위에는 기능에 맞게끔 잘 조율된 유전자 집합이 자리잡았다.[68] 정반대로 세 번째 연구에서는 특정 장소의 다른 유전자들을 촉발시켜서 뇌 조직을 돕는 분자들을 증감시키는 유전자 하나를 없앴다. 그로 인해 큰 차이가 발생했다. 없어진 유전자가 피질 부위 간의 경계를 심하게 왜곡시켰던 것이다.[69] 따라서 유전자를 탈락시킨 쥐 연구는 대뇌 피질을 조직하는 데 유전자가 신경 활동보다 중요할 수 있음을 보여 준다. 물론 신경 활동도 종에 따라, 발달 단계에 따라, 뇌의 부위에 따라 중요한 역할을 하지만, 그것은 뇌 구조의 원인이라기보다는 그저 뇌의 한 능력이라고 볼 수 있다.

우리 자신은 어떨까? 최근의 한 쌍둥이 연구에서는, 피질의 해부학적 차이, 특히 각기 다른 피질 부위에 분포된 회색질의 양적 차이를 유전학적으로 조절해 이것이 지능을 비롯한 심리적 특성들의 차이로 이어진다는 것을 보여 주었다.[70] 그리고 인간 뇌의 가소성이 입증된 경우에도 유전적으로 결정되는 뇌 구조가 상당하다는 사실이 배제되지 않는다. 인간과 원숭이의 가소성을 보여 준다고 가장 널리 인용되는 예 중 하나는 절단되거나 마비된 신체 부위를 전담했던 피질이 다른 신체 부위로 재배치될 수 있다는 것이다. 그러나 이미 형성된 뇌가 입력물 때문에 변할 수 있다는 사실은, 입력물이 애초에 뇌를 주조했다는 주장으로 이어지지 않는다. 팔다리가 절단된 사람들은 대부분 환상지(幻像肢)를 경험한다. 절단된 신체 부위를 생생하고 자세하게 느끼는 환상을 경험하는 것이다. 놀랍게도 태어날 때부터 수족이 없는 사람들 중 상당 비율도 그같은 환상을 경험한다.[71] 그들은 환상지의 구체적인 모습을 설명하고(가령 존재하지도 않는 발의 발가락 수), 대화 도중 없는 손으로 동작을 하고 있다고 느낀다. 한 여자 어린이는 없는 손가락으로 산수 문제를 풀기도 했다! 이러한 경우를 다수 보고한 심리학자 로널드 멜잭은 뇌에는 선천적인 "신경 매트릭스"가 담겨 있는데 신체 표현을 전담하는 몇몇 피질과 피질하 부위에 분포해 있다고 주장했다.

인간 뇌의 가소성이 무한하다는 인상은 또한 아이들이 때때로 이른 시기의 뇌 손상에서 무사히 회복되는 경우에서 비롯된다. 그러나 뇌성마비—기형이나 초기의 뇌 손상으로 인한 운동 제어와 언어의 영구적인 장애—가 존재한다는 것은 어린 뇌의 가소성도 심하게 제한되어 있음을 보여 준다. 인간의 극단적 가소성을 뒷받침하는 가장 유명한 예가 바로 유아기에 수술로 반구 전체를 제거한 후 비교적 정상적으로 성장한 몇몇 어린이의 놀라운 능력이었다.[72] 그러나 그것은 영장류의 뇌가 기본적으로 대칭 구조를 가진 기관이라는 사실 때문에 발생하는 특별한 경우이다. 인간의 대표적인 비대칭―언어는 좌뇌에 더 의존하고 공간 주의력과 감정의 일부는 우뇌에 더 의존한다.―은 대칭 위주의 설계 위에 더해진 것이다. 두 반구가 유전적으로 거의 비슷한 능력을 갖도록 설계되어 있고 여기에 작은 경향들이 양쪽에 똑같이 포개져 있지만 각 반구가 일부 재능을 위해 분화되면서 그렇지 않은 재능은 상대적으로 시들어 버린다고 볼 수 있다. 한쪽 반구가 사라지면 남은 반구가 모든 능력을 최대한 발휘해야 한다.

아이가 두 반구 모두 피질의 일부를 잃어서 어느 반구도 상대편의 없어진 부분을 대신할 수 없는 경우에는 어떤 일이 벌어지겠는가? 만약 피질 부위들이 교환 가능하고 가소적이어서 입력물에 의해 조직된다면, 뇌의 온전한 부분이 없어진 부분의 기능을 대신할 것이다. 그 아이는 보다 적은 뇌 세포를 사용하기 때문에 약간 느리겠지만 인간이 가진 능력을 최대한 보충하면서 성장해야 할 것이다. 그러나 그런 일은 발생하지 않는 듯하다. 수십 년 전 신경학자들은 일시적인 산소 공급 중단으로 좌반구의 언어 부위와 그에 해당하는 우반구의 부위를 모두 잃어 버린 소년을 연구했다. 소년은 뇌 손상을 경험할 당시 열 살에 불과했지만, 말과 이해에 대한 영구 장애를 가진 어린이가 되고 말았다.[73]

소아 신경학에서 종종 그렇듯이 그 사례 연구는 과학적으로 순수하지 않았지만, 두 가지 정신 능력에 대한 최근의 연구들 또한 아기의 뇌가 생각보다 가소성이 낮다는 사실을 똑같이 지적했다. 최근 심리학자 마사 패러와 그녀의 동료들은, 태어난 지 하루 만에 뇌막염에 걸려 시각 피질과 뇌의 양쪽에 있는 측두엽 하부에 손상을 입은 16세 소년의 사례를 보고했다.[74] 성인이 그러한 손상을 입으면 단어, 도구, 가구 등의 형태는 인식하면서도 얼굴을 인식하지 못하고 동물을 인식하는 데에도 어려움을 겪는다. 그 소년도 정확히 이런 증상을 보였다. 소년은 정상적인 언어 지능을 갖고 성장했지만 얼굴 인식에는 완전히 무능력했다. 심지어는 너무 좋아해서 1년 반 동안 하루에 한 시간씩 들여다보곤 했던 텔레비전 프로 「베이워치」의 출연 배우 사진들도 알아보지 못했다. 꼭 필요한 뇌 부위가 없어지자, 수많은 얼굴을 접했던 16년과 풍부하게 남아 있는 피질로는 눈으로 다른 사람을 인식하는 기본적인 능력을 되찾을 수 없었다.

스티븐 앤더슨, 한나 다마지오와 안토니오 다마지오, 그리고 동료 신경학자들은 최근 두 명의 젊은 성인을 연구했다. 피실험자는 어렸을 때 배쪽내측과 안와 전전두엽(orbital prefrontal) 피질에 손상을 입은 환자들이었다.[75] 눈 위에 자리잡은 이 부위들은 감정 이입, 사회적 기술, 자기 관리에 중요한 역할을 한다(철도 노동자인 피니어스 게이지가 쇠 막대에 맞아 다친 곳이다.). 두 사람은 어렸을 때 상처를 회복했고, 정상적인 형제들과 대학 교육을 받은 부모가 있는 안정된 가정에서 평균적인 지능 지수를 갖고 성장했다. 만약 뇌가 정말로 동질적이고 가소성이 높다면 건강한 부위가 정상적인 사회적 환경에 의해 형성되어서, 손상된 부위의 기능을 넘겨받아야 했을 것이다. 그러나 어느 어린이에게도 그런 일은 일어나지 않았다. 생후 15개월 때 자동차에 치인 한 어린이는 벌을 모르고 충동적으로 거짓말을 하는 고집스런 아이로 자랐다. 10대에 그녀는 가게 물건을 훔치고, 부모의 돈을 훔치고, 친구를 사귀지 못하고, 동정이나 가책을 전혀 보이지 않았고, 자신의 아기에게 위험할 정도로 무관심했다. 또 한 명의 환자는 종양으로 비슷한 뇌 부위를 잃어 버린 젊은 남자였다. 그 역시 친구가 없고, 게으르고, 손버릇이 나쁘고, 성미가 급한 사람으로 성장했다. 나쁜 행동을 하는 것과 함께, 두 사람은 정상적인 지능 지수에도 불구하고 간단한 도덕적 문제를 판단하는 데 어려움을 보였다. 예를 들어 그들은 두 명의 사람이 텔레비전 채널을 놓고 의견이 엇갈릴 때 어떻게 해야 할지 또는 죽어 가는 아내를 구하기 위해 마약을 훔쳐야 할지 말아야 할지를 결정하지 못했다.

이상의 경우들은 극단적 가소성의 교의를 논박하는 것 이상의 의미를 지닌다. 그 속에는 21세기 유전학과 신경학이 도전해야 할 과제가 담겨 있다. 게놈은 어떻게 발달하는 뇌에게 명령을 내려서 가령 얼굴 인식이나 타인의 이익에 대한 고려 같은 추상적 연산 문제에 적합한 신경망들을 분화시키는가?

∞∞∞

빈 서판은 마지막 항전을 벌였지만, 지금까지 본 것처럼 최근의 과학적 성벽들은 환상에 불과하다. 인간 게놈의 유전자 수는 생물학자들이 추정했던 것보다 더 적을 수 있지만, 그것은 게놈 속의 유전자 수가 유기체의 복잡성과 거의 무관하다는 것을 보여 줄 뿐이다. 연결주의 신경망은 인지의 블록이 완성되는 과정의 일부를 설명할 수는 있지만, 사고와 언어를 독자적으로 설명하기에는 역부족이다. 신경망은 선천적으로 설계되어야 하고 주어진 과제에 맞게 조립되어야 한다. 신경 가소성은 마법의 만능 열쇠가 아니라 수 메가바이트의 게놈을 수 테라바이트의 뇌로 전환하는 데 사용되는 도구 상자이다. 신경 가소성은 감각 피질을 입력물에 맞추고, 학습이라 불리는 과정을 실행하는 데 필요하다.

따라서 게놈의 특성, 신경망, 신경 가소성은 모두 복잡한 인간 본성에 관한 최근 몇 십 년의 연구에서 제시하는 설명과 잘 들어맞는다. 물론 그것은 엄격하게 미리 설정되어 있거나, 입력물에 무감각하거나, 모든 개념과 감정이 상세하게 부여된 본성은 아니다. 그러나 시각, 이동, 계획, 대화, 생명 유지, 환경 이해, 타인과의 협상에 필요한 요구 사항들을 무리없이 소화할 만큼 풍부한 본성이다.

빈 서판의 마지막 항전이 끝났으므로 그 대안이 될 만한 사례를 조사해 볼 때가 되었다. 다음은 복잡한 인간 본성에 대한 증거를 요약한 것으로, 그 일부는 이전 장들의 논의와 중복되고 또 일부는 이후의 장에서 논의할 내용과 중복된다.

단순한 논리로 말하자면, 학습을 위한 선천적 메커니즘 없이 학습은 존재할 수 없다. 그 메커니즘은 인간이 성취하는 모든 종류의 학습을 설명할 수 있을 정도로 충분히 강력하다. 학습력 이론—학습의 수행 원리에 대한 수학적 분석—에 따르면, 학습자가 유한한 입력물로부터 이끌어 낼 수 있는 일반화의 수는 무한하다고 한다.[76] 가령 어린이가 들은 문장들은 그것을 그대로 반복하는 토대이기도 하지만, 명사와 동사의 비율이 똑같은 무한한 단어 조합을 생산하거나, 그 기초에 놓인 문법을 분석하고 문법에 맞는 문장들을 생산할 수 있는 토대이기도 하다. 이와 똑같은 논리적 정당화로서, 누군가가 설거지를 하는 광경은 학습자로 하여금 똑같이 설거지를 하게 하거나 따뜻한 물을 손가락 사이로 흘려 보내도록 자극한다. 그러면 성공적인 학습자는 입력 정보로부터 반드시 몇 가지 결론을 이끌어 내게 되어 있다. 인공 지능 분야가 이 점을 강하게 입증한다. 인간과 똑같은 작업을 하도록 설정된 컴퓨터와 로봇에게는 항상 다수의 복잡한 모듈이 부여된다.[77]

진화 생물학은, 생물의 세계에는 복잡한 적응 능력들이 편재하고 자연 선택이 그것들을 진화시키는데 여기에는 복잡한 인지·행동 적응 능력이 포함된다는 사실을 입증하고 있다.[78] 자연 서식지에 사는 동물의 행동 연구에서 입증한 바에 따르면, 생물 종들은 충동과 능력이 선천적으로 서로 다르고 어떤 능력들(가령 비행술과 먹이 은닉)은 복잡하고 고도로 분화된 신경계를 필요로 한다.[79] 그리고 진화적 관점에서 인간을 연구해 온 과학자들은 많은 심리 능력들(가령 기름진 음식, 사회적 지위, 모험적인 성관계 등)이 현재 환경의 실질적 요구보다는 조상들이 살던 환경의 진화적 요구에 더 적합한 것임을 입증했다.[80] 인류학 연구에서는 경험의 모든 측면과 관련된 수많은 보편적 능력이 전 세계 문화의 경계를 초월해 존재함을 보여 주고 있다.[81]

인지과학자들은 개별적인 표현과 과정들이 지식의 서로 다른 영역—가령 언어를 위한 말과 규칙, 물리적 세계를 이해하는 데 필요한 영구적 사물의 개념, 타인을 이해하는 데 필요한 마음 이론—에 사용된다는 사실을 발견했다.[82] 발달 심리학에서는 경험을 해석하는 이 개별 형식들이 생애 초기에 정렬된다는 사실을 입증했다. 유아기에 이미 사물, 수, 얼굴, 도구, 언어, 그리고 그 밖의 인지 영역들을 기본적으로 파악하는 것이다.[83]

인간 게놈의 유전자와 비암호화 부위 모두에는 엄청난 양의 정보가 담겨 있고, 그 정보가 복잡한 유기체의 완성을 이끈다. 특정 유전자가 인지, 언어, 개성의 여러 측면에 구체적으로 연결된다는 것을 보여 주는 사례가 갈수록 늘고 있다.[84] 심리적 특성이 다양할 때 그 다양성의 많은 부분은 유전자의 차이에서 비롯된다. 함께 성장했든 떨어져 성장했든 일란성 쌍둥이는 이란성 쌍둥이보다 더 비슷하고, 생물학적 형제는 입양된 형제들보다 더 비슷하다.[85] 개인의 기질과 성격은 생애 초기에 출현해서 일생 동안 상당히 일관되게 유지된다.[86] 그리고 성격과 지능 모두 어린이의 가정 환경으로부터 거의 또는 어떤 영향도 받지 않는다. 한 가

정에서 양육된 아이들이 비슷한 것은 대개 그들의 공통된 유전자 때문이다.[87]

마지막으로 신경학에서는 뇌의 기본 구조가 유전적 통제 하에 발달한다는 사실을 입증했다. 학습과 가소성의 중요성에도 불구하고 뇌의 체계들은 선천적으로 분화한다는 증거뿐 아니라 임의적으로 서로의 기능을 대체하지 못한다는 증거까지 보여 준다.[88]

지금까지 세 장에서 나는 복잡한 인간 본성을 입증하는 현재의 과학적 성과를 개괄적으로 설명했다. 이 책의 나머지에서는 그 속에 함축된 의미에 대해 논하고자 한다.

2부

두려움과 혐오

이미 1970~1980년대에는, 20세기 전반기에 활동했던 사회과학자들의 이상이 당연한 승리를 구가하고 있었다. 우생학, 사회 다원주의, 식민지 정복, 디킨스 유(類)의 어린이 정책, 지식인들의 노골적인 인종 차별과 성 차별 표현, 여성과 소수 인종에 대한 공식적 차별이 서구 주류 사회에서 근절되었거나 최소한 급속히 줄어들고 있었다.

이와 동시에, 20세기의 상당 기간에 평등과 진보의 숭고한 이상들과 뒤섞였던 빈 서판 학설에 금이 가기 시작했다. 인간 본성에 대한 새로운 과학 분야들이 발전하기 시작하면서, 생각은 물리적 과정이고, 사람들은 심리적 복제품이 아니며, 성(性)은 머리 아래에서뿐 아니라 머리 위에서도 다르고, 인간의 뇌는 진화의 과정에서 제외된 기관이 아니며, 모든 문화의 사람들에게는 진화 생물학의 새 개념에 의해 설명할 수 있는 정신적 특성이 공통적으로 존재한다는 사실이 분명해졌다.

이러한 발전은 지식인들에게 선택의 기회를 선사했다. 냉철한 이성을 잃지 않았더라면, 그러한 과학적 발견이 기회의 평등과 권리의 평등이라는 정치적 이상과 무관하다는 사실을 쉽게 설명할 수 있었을 것이다. 정치적 이상은 사람이 어떤 존재인가에 대한 과학적 가설보다는 사람을 직접 다루는 방식에 대한 도덕적 원리와 관계가 있다. 사람을 노예로 삼거나 억압하거나 차별하거나 죽이는 것이 잘못이라는 생각은 과학자가 제공하는 그 어떤 자료나 이론과도 무관하다.

그러나 냉철한 이성을 유지할 수 있는 시대가 아니었다. 실험실과 현장에서 어떤 결과가 나오든 간에 기존의 생각들이 유지될 수 없음을 과학적 원리가 똑똑히 보여 주고 있었다. 하지만 당대 최고의 과학자들을 포함한 많은 지식인들은 과학적 원리와 도덕적 원리를 분리하기보다는 연결시키기 위해 온갖 노력을 기울였다. 사람들은 인간 본성에 대한 발견들을 두려움과 혐오의 감정으로 맞이했다. 진보적 이상을 위협하는 것으로 간주해서였다. 이 모든 이야기가 역사 책 속에 조용히 묻힐 수 없는 이유는, 당시 급진적이라 불렸던 그 지식인들이 오늘날 기성 사회의 주류가 되었고 그들이 인간 본성 위에 뿌린 두려움의 씨앗이 현대 지식 활동에 뿌리를 내렸다는 사실 때문이다.

2부에서는 인간 본성에 대한 새 과학을 정치적 동기 아래 반대한 주장들을 다루고자 한다. 그 반대는 원래 좌파의 산물이었지만 현재에는 우파 사이에서도 보편화되고 있으며, 우파의 대변인들도 좌파와 똑같은 도덕적 반론을 제기하며 흥분하고 있다. 6장에서는 인간 본성에 관한 신사고에 맞서 터져 나온 헛소리들을 다루고자 한다. 7장에서는 그 반론들이 빈 서판, 고상한 야만인, 기계 속의 유령을 지지하려는 도덕적 의무감에서 비롯된 것임을 입증하고자 한다.

6장

정치 과학자

19 76년 하버드의 대학원생으로서 내가 처음 들은 수업은 유명한 컴퓨터 과학자 요제프 바이젠바움 교수의 강좌였다. 그는 초기에 인공 지능 분야에 공헌한 과학자였고, 현재에도 엘리자라는 프로그램으로 널리 기억되는 사람이다. 엘리자와 대화를 나누는 사람들은 컴퓨터가 실제로 대화를 한다고 생각했지만 실제로는 미리 준비된 재치 있는 응답을 보는 것이었다. 당시 바이젠바움이 인공 지능과 컴퓨터 인지 모델을 비판한 책 『컴퓨터의 힘과 인간의 이성(Computer Power and Human Reason)』은 "지난 10년 동안의 가장 중요한 컴퓨터 서적"이라는 찬사를 받고 있었다. 나는 그 책을 염려스럽게 생각했다. 논리는 짧고 신성함은 길었다. (예를 들어, 인공 지능의 어떤 개념들 가운데 컴퓨터에 신경계를 접목한 변종이 가능하다고 보는 공상 과학적 개념은 "그저 음란할 뿐"이라는 것이다. "그러한 개념은 생각만 해도 모든 문명인의 마음에 혐오감을 불

러 일으킨다.…… 어떻게 그런 생각을 할 수 있는가, 그 제안자들은 삶에 대해 어떤 인식을 갖고 있는지 그리고 삶의 연속체의 일부로서의 그들 자신에 대해 어떤 인식을 갖고 있는지 궁금해지지 않을 수 없다.")[1] 그러나 그 날 오후 사이언스센터에서 나는 발전적인 이야기를 한마디도 건질 수 없었다.

바이젠바움 교수는 컴퓨터 과학자 앨런 뉴웰과 허버트 사이먼의, 유추에 의존한 인공 지능 프로그램에 대해 강의했다. 한 문제의 해결책을 알면 그것을 비슷한 논리 구조로 다른 문제에 적용하는 프로그램이었다. 바이젠바움의 말에 따르면 사실 그것은 미 국방성이 베트남전에 쓸 대 게릴라 전술을 얻어 내기 위해 설계한 것이라 했다. 베트콩이 "정글을 이동할 때 마치 물고기가 헤엄치듯 이동한다."라는 보고가 있었다. 그 프로그램에 이 정보를 입력하면, 연못의 물을 빼서 물고기를 노출시키듯이 정글을 제거해서 베트콩을 노출시킬 수 있다는 것이 그의 말이었다. 그리고 컴퓨터의 대화 인식에 대한 연구로 말하자면, 음성 인식을 연구하는 유일한 이유는 CIA가 수백 건의 통화 내용을 동시에 모니터하기 위해서이므로, 강의를 듣는 학생들은 그 주제를 보이콧해야 한다고 주장했다. 그러나 우리가 2000년도에 전멸할 것이라 확신하기 때문에(한치의 의심도 없었다.) 우리가 그의 충고를 따르느냐 마느냐는 조금도 중요하지 않다고 덧붙였다. 젊은 세대에게 자극적인 부담을 던지고 그는 강의를 마쳤다.

우리가 죽을 거란 소문은 결국 뻥튀기였고 그날 오후의 다른 예언들도 오십보 백보였다. 유추를 이용한 추리는 악마의 작품이 아니라 오늘날 인지과학의 주된 연구 과제로 자리잡았고, 우리 자신을 영리하게 만드는 핵심 기술로 폭넓게 인정받는다. 음성 인식 소프트웨어는 전화 정보 안내 서비스에서 일상적으로 사용되며, 가정용 컴퓨터에 패키지로 따라와서 장애인들과 반복 사용 긴장성 증후군 환자들에게 신의 선물이 되고 있다. 그리고 바이젠바움의 비난은 1970년대 대학의 한 특징이었던 정치적 편집증과 도덕적 노출증의 예였는데, 그 당시는 바야흐로 인간 본성의 과학에 대한 현재의 비난이 형태를 갖추기 시작하던 시기였다.

나는 미국의 아테네에서 학문적 담화가 그런 식으로 펼쳐지리라고는 상상하지 못했지만, 그래도 그렇게까지 놀랄 필요는 없었다. 역사의 전 기간에 걸쳐 수많은 견해들이 소란스러운 도덕적 설교, 저주, 과장법을 내세워 끝없이 전쟁을 벌여 왔기 때문이다. 과학은 사람이 아닌 사고를 공격하고 입증 가능한 사실을 정치적 견해와 구별하는 장이어야 했다. 그러나 과학이 인간 본성이라는 주제를 향해 깊숙이 다가서자, 방관자들은 갑자기 가령 혜성의 기원이나 도마뱀의 분류를 접할 때와는 다르게 반응했고, 과학자들은 우리 모두에게 자연스럽고 익숙한 도덕적 사고 방식으로 복귀했다.

인간 본성에 대한 연구는 어느 시대에나 논쟁을 불러일으켰지만, 새 과학은 집중 조명을 피할 수 없는 특히 안 좋은 시대를 선택했다. 1970년대에는 많은 지식인들이 정치적 급진주의를 표방했다. 마르크스주의는 옳았고 자유주의는 겁쟁이의 방패였다. 마르크스는 "각 시대의 지배적인 사상은 항상 지배 계급의 사상이었다."라고 선언했다. 인간 본성에 대한 오랜 사유는 강력한 좌익 이념 속에 파묻혔고, 인간 본성을 생물학적 차원에서 연구하는 과학자들은 반동적 기성 체제의 앞잡이라는 오명을 피하지 못했다. 비판가들은 "급진적 과학 운동"의 일부로 자처하면서 편리한 집단적 라벨을 우리에게 붙여 주었다.[2]

마음과 메커니즘을 통합하려는 인공 지능과 인지과학의 노력으로 인해 바이젠바움의 주장은 격퇴되었지만, 인간 본성에 관한 그 밖의 과학 분야들은 계속 신랄한 독설을 견뎌야 했다. 1971년 심리학자 리처드 헤른슈타인은 《애틀랜틱 몬슬리(Atlantic Monthly)》에 "IQ"라는 제목의 논문을 발표했다.³ 최초의 지적이었기에 망정이지 헤른슈타인의 주장은 너무 평범한 것이었다. 그에 따르면, 사회적 지위가 인종, 가문, 유산 같은 임의적 유산에 의해 약하게 결정될수록 재능 특히 (현대 경제에서) 지능에 의해서는 그만큼 강하게 결정될 것이라 했다. 지능의 차이는 부분적으로 유전에서 오고 지적인 사람들은 또한 지적인 사람들과 결혼하는 경향이 있기 때문에, 사회는 갈수록 유전적 계통에 따라 계층화될 것이다. 똑똑한 사람은 상류층으로 부상하고 그 자녀들은 거기에 머무르는 경향을 보일 것이다. 기본적인 주장은 진부하기 이를 데 없다. 사회적 지위에서 비유전적 요소에 따라 좌우되는 비율이 내려가면 유전적 요소에 기인한 비율이 그만큼 올라간다는 수학적 필연성을 기초로 하고 있기 때문이다. 만약 지적 재능에서 발생하는 사회적 지위에 편차가 존재하지 않거나(그렇게 되려면 사람들이 재능 있는 사람들에게 우선적으로 고용이나 거래의 기회를 주지 않아야 한다.), 지능에 유전적 차이가 전혀 없다면(이 경우에는 사람들이 빈 서판이거나 모두 똑같은 복제품이어야 한다.), 완전히 틀릴 수도 있다.

헤른슈타인의 주장은 인종 간의 평균 지능의 차이가 선천적이라는 것(2년 전 심리학자 아시 젠슨(Jensen)이 제기했던 주장)을 의미하지 않으며,⁴ 본인 역시 그런 주장과는 무관하다고 분명히 밝혔다. 교육 분야에서 인종 차별이 폐지된 것은 한 세대도 안 되었고 평등권이 입법된 것은 10년도 채 안 된 시기였기 때문에, 흑인과 백인의 평균 지능 지수라고 보고된 수치상의 차이는 기회의 차이에서 발생하는 것으로 쉽게 이해할 수 있었다. 사실, 헤른슈타인의 삼단 논법이 흑인들이 결국에는 유전적으로 계층화된 사회의 밑바닥으로 가라앉을 것임을 의미한다고 말하는 것은 흑인들이 유전적으로 지능이 낮다는 근거 없는 가정을 강화하는 것인데, 그것은 헤른슈타인으로서도 어떻게든 피해야 할 일이었다.

그럼에도 영향력 있는 정신과 의사 앨빈 푸생은 "헤른슈타인이 흑인의 적이 되었고, 그의 선언은 미국 내 모든 흑인의 생존을 위협한다."라고 적었다. 그는 수사법을 동원해 이렇게 물었다. "표현의 자유를 보장한다는 깃발을 헤른슈타인을 위해 우리가 계속 들고 있어야 하는가?" 보스턴 지역의 각 대학에는 "하버드 교수의 파시즘적 거짓말 타도"를 촉구하는 팸플릿이 배포되었다. 하버드 스퀘어에는 "인종 차별주의자를 수배함"이라는 제목과 함께 그의 사진이 나붙었고, 그의 글에서 다섯 군데를 악의적으로 인용해 그의 의도를 왜곡시킨 글이 게재되었다. 헤른슈타인은 살해 위협을 받았고, 학생들이 야유를 퍼붓는 강의실에서는 더 이상 자신이 발표한 연구의 본질을 차분히 해명할 수 없었다. 예를 들어 프린스턴 대학에서는 학생들이 지능 지수 논쟁에 대한 답변을 그에게 강요하기 위해 대강의실의 문을 막겠다고 선언했다. 더 이상 그의 신변을 보장할 수 없다는 대학 측의 말과 함께 몇몇 강의는 취소되었다.[5]

사람들 사이의 선천적 차이라는 주제에는 명백한 정치적 의미가 내포되어 있는데, 이에 대해서는 다음의 장들에서 검토하고자 한다. 그러나 몇몇 학자들은 사람들에게 선천적 공통점이 있다는 외관상 온화하고 애매한 그 주장에 대해 대단히 분개하곤 했다. 1960년대 말 심리학자 폴 에크먼은 미소, 찡그림, 비웃음, 못마땅함 등과 같은 얼굴 표정이 세계 어디서나 똑같이 표현되고 이해되며, 심지어 서양을 접한 적 없고 채집 생활을 하는 부족들에게도 보편적이라는 사실을 발견했다. 그의 주장에 따르면 이 발견은 다윈이 1872년에 발표한 저서 『인간과 동물의 감정 표현(The Expression of the Emotions in Man and Animals)』에서 이미 제기한 두 가지 주장을 입증하는 것이라 했다. 하나는 인간에게는 진화의 과정에서 획득한 감정 표현이 있다는 것이었다. 다른 하나는 다윈 시대에는 급진적이었던 것으로, 모든 인종은 얼마 전에 공통의 조상에서 갈라져 나왔다는 것이었다.⁶ 이 고무적인 메시지에도 불구하고 마거릿 미드는 에크먼의 연구를 "잔인하고", "소름끼치는", "망신"으로 평가했다. 이 정도는 온건한 편에 속했다.⁷ 미국 인류학회의 연례 회의 때 앨런 로맥스 2세는 청중석에서 일어나, 에크먼의 사상은 파시즘이기 때문에 그에게는 연설을 허락해서는 안 된다고 소리쳤다. 또 한 번은 어느 아프리카계 미국인 운동가가, 흑인의 얼굴 표정이 백인의 그것과 다르지 않다고 주장했다는 이유로 에크먼을 인종 차별주의자로 몰아붙였다. (간혹 구별이 불가능하다.) 그리고 인류에게 선천적 능력이 있다는 주장뿐 아니라 어떤 종에게나 선천적 능력이 있다는 주장도 급진주의자들의 분노를 자극했다. 신경학자 토스텐 위젤이 데이비드 허블과 함께 고양이가 거의 완벽한 시각 체계를 갖고 태어난다는 사실을 입증하는 역사적인 연구 결과를 발표하자, 어느 신경학자는 화를 내면서 그를 파시스트라 불렀고 그가 틀렸음을 입증하겠다고 맹세했다.

∽∼∽

어떤 반론은 시대적 표현에 밀려, 급진적 유행의 쇠퇴와 함께 시들해졌다. 그러나 진화에 관한 두 권의 책에 대한 반응은 수십 년 동안 지속되면서 지적 주류의 일부로 자리잡았다.

첫 번째 책은 에드워드 윌슨이 1975년에 발표한 『사회 생물학(Sociobiology)』이었다.⁸ 『사회 생물학』은 조지 윌리엄스, 윌리엄 해밀턴, 존 메이너드 스미스, 로버트 트리버스가 제시한 자연 선택의 신이론을 이용해 동물 행동을 고찰한 방대한 문헌이었다. 이 책은 의사 소통, 이타주의, 공격성, 성욕, 육아의 진화에 관한 원리들을 검토한 후, 그것을 곤충, 물고기, 새 같은 주요한 사회적 동물군에 적용했다. 27장은 호모 사피엔스도 같은 방법으로 고찰함으로써 인간을 동물의 왕국에 속한 한 종으로 다루었다. 여기에는 사회 간의 보편성과 다양성에 대한 문헌 검토, 언어와 언어가 문화에 미치는 영향에 대한 논의, 그리고 어떤 보편성(가령 도덕 관념)은 자연 선택으로 형성된 인간 본성에서 비롯될 수 있다는 가설이 담겨 있었다. 윌슨은 이 개념이 생물학과 사회과학 그리고 철학을 연결시킬 수 있다는 희망을 피력함으로써, 후에 발표한 책 『통섭(Consilience)』에 담긴 논의들을 미리 보여 주었다.

『사회 생물학』에 대한 최초의 공격은 책 속에 담긴 주요 이설에 집중적으로 가해졌다. 거의 책 한 권 분량에 가까운 어느 비평에서 인류학자 마셜 살린스는 "천박한 사회 생물학"을 뒤르켐과 크로버의 초유기체 학설—문화와 사회는 개인이나 그들의 사고와 감정과는 별개의 영역에 존재한다는 믿음—에 대한 도전이라 규정했다. 살린스는 이렇게 썼다. "천박한 사회 생물학의 핵심은 인간의 사회적 행동을 인간 유기체의 욕구와 충동—생물학적 진화에 의해 인간 본성 안에 형성된 갖가지 성향—의 표현으로 설명하는 데 있다."[9] 그런 견해가 자신의 학문 영역을 잠식할 것을 두려워하면서 그는 다음과 같이 덧붙였다. "핵심적인 지적 문제가 문화의 자율성과 문화 연구의 자율성으로 연결되지 않고 있다. 『사회 생물학』은 문화 그 자체의 완전함, 인간 고유의 상징적 창조물에 도전하고 있다."[10]

살린스의 책은 『생물학의 이용과 남용(The Use and Abuse of Biology)』이라는 제목으로 발표되었다. 그 남용이라는 것의 예는, 해밀턴이 포괄적 적응성 이론으로 인간 생활에서 가족의 유대가 차지하는 중요성을 설명한 것이었다. 해밀턴은 친족을 위해 희생하는 경향이 어떻게 진화할 수 있었는가를 보여 주었다. 친족은 유전자를 공유하므로, 친족을 돕도록 유도하는 유전자가 있다면 그것은 자신의 복제를 간접적으로 돕는 일이 된다. 만약 호의를 베풀어서 안게 되는 비용이 촌수에 반비례해서 (친형제나 자식은 2분의 1, 친사촌은 8분의 1) 친족에게 돌아가는 이익보다 적으면, 그 유전자는 증식하게 된다. 그것은 사실일 리가 없다, 대부분의 문화에는 분수를 나타내는 말이 없기 때문이라고 살린스는 반박했다. 그들은 촌수를 계산하지 못하기 때문에 어느 친족에게 어느 정도 호의를 베풀어야 할지 알 수 없다는 것이었다. 그의 반론은 근접인과 궁극인을 혼동한 대표적 사례이다. 그것은, 대부분의 문화에서 입체시(立體視)에 필요한 삼각법을 사용하지 않기 때문에 그곳 사람들은 거리를 지각하지 못한다는 말과 같다.

"저속하다."라는 평가는 그나마 약과였다. 저명한 생물학자 C. H. 워딩턴이 《뉴욕 서평(New York Review of Books)》에 호의적인 서평을 내자, 이른바 "사회 생물학 연구 집단"(윌슨의 두 동료인 고생물학자 스티븐 제이 굴드와 유전학자 리처드 르원틴도 포함되었다.)은 널리 유통된 「반(反) '사회 생물학'」이라 불리는 격렬한 반론을 발표했다. 우생학 지지자, 사회 다원주의, 지능의 인종적 차이가 선천적이라는 젠슨의 가설을 윌슨과 함께 묶어, 가담자들은 다음과 같이 썼다.

이러한 결정론적 이론이 끈질기게 출현하는 이유는 현상(現狀)을 유전적으로 정당화하고 계급, 인종, 성에 따른 사회적 특권을 옹호하려는 일관된 경향 때문이다.…… 이 이론은 1910년부터 1930년까지 미국의 단종법(강제 불임 시술)과 이민 제한법 제정에, 그리고 나치 독일에서 가스실을 만들어 낸 우생학 정치에 중요한 기초를 제공했다.

…… 윌슨의 책이 우리에게 보여 주는 바는, 환경의 영향(예를 들어, 문화 전달)에서 벗어나는 것이 아주 어렵다는 것뿐 아니라, 연구자의 개인적·사회적·계급적 편견을 무시하기가 대단히 어렵다는 점이다. 윌슨은

생물학적 결정론의 편에 서서, 사회 문제에 대한 책임을 면제해 주는 방식으로 기존의 사회적 제도를 지지하고 있다.[11]

그들은 또한 윌슨이 "집단 학살의 장점"을 논하고 "노예제 같은 사회 제도를…… 동물의 왕국에 '보편적으로' 존재한다는 이유로 인간 사회에서도 자연스러운 것처럼 보이게 만들었다."라고 비난했다. 그러한 연결이 분명치 않은 경우에 대비해 한 서명자는 다른 곳에서 이렇게 적었다. 나치 독일에서 "결국 우생학 이론에서 집단 학살극을 이끌어 낸 이론적 틀을 제공한 것은…… 바로 사회 생물학이었다."[12]

『사회 생물학』의 마지막 장에는 비판할 만한 내용이 분명히 있다. 현재의 관점에서 보면 윌슨이 제시한 보편성의 일부는 부정확하거나 너무 조잡하게 규정된 것이며, 도덕적 추리가 언젠가는 진화 생물학으로 대체될 것이라는 그의 주장도 분명히 잘못되었다. 그러나 "반'사회 생물학'"파의 비판은 명백한 오류이다. 그들은 윌슨을 인간 사회가 엄격한 유전적 공식을 따른다고 믿는 "결정론자"로 규정했다. 그러나 윌슨은 다음과 같이 말했다.

> 가장 쉽게 입증할 수 있는 [인간 사회의] 제1의 특징은 자연의 통계학이다. 사회 조직의 매개 변수들은…… 다른 영장류 집단보다 인간 집단들 사이에서 더욱 큰 다양성을 보인다.…… 왜 인간 사회는 이렇게 유연한가?[13]

비슷한 맥락에서 윌슨은 사람이 인종, 계급, 성, 개인의 게놈에 의해 결정되는 카스트 제도에 종속된다는 생각을 믿는다고 비난을 받았다. 그러나 사실 그는 "유전이 사회적 지위를 고착화한다는 증거는 거의 없다."¹⁴라고 말했으며, "유전적으로 인간 집단은 서로 크게 다르지 않다." 라고도 말했다.¹⁵ 뿐만 아니라

> 인간 사회는 극도로 복잡한 수준까지 번영했다. 그 구성원들은, 고도의 분업을 이룰 수 있고 상황에 따라 역할을 전환할 수 있는 지능과 유연성을 지니고 있기 때문이다. 현대인은 끊임없이 변하는 환경의 요구에 따라 자신의 능력을 최대한 발휘할 줄 아는 재능 있는 배우이다.¹⁶

공격성의 불가피성—그에게 비난을 몰고 온 또 하나의 위험한 개념—에 대해 윌슨은 인간이 진화하는 과정에서 "공격성이 억제되었고 영장류에게 어울리는 낡은 지배 형식이 복잡한 사회적 기술로 대체되었다."라고 적었다.¹⁷ 윌슨이 개인적 편견 때문에 인종 차별, 성 차별, 불평등, 노예제, 집단 학살을 옹호한다는 비난은 특히 부당하고 무책임했다. 윌슨을 비방하고 괴롭힌 사람들은 그의 책이 아니라 그를 비난하는 성명서를 읽은 사람들이었다.¹⁸

하버드에서는 팸플릿이 돌고 성토 대회가 열렸으며, 한 시위자는 휴대용 확성기로 윌슨의 퇴진을 외쳤고, 그의 강의실은 슬로건을 외치는 학생들 차지가 되었다. 그가 다른 대학에서 강의할 때에는, 그를 "가부장 제도의 우익 예언자"로 규정하고 사람들에게 그의 강의에 뿔피리나 딸랑이를 가져 올 것을 촉구하는 벽보가 나붙었다.¹⁹ 1978년 윌슨이 미국 과학 발전 협회의 한 모임에서 연설을 하려는 순간, 플래카드(그중 하나에는 나치의 십자장이 그려져 있었다.)를 든 사람들이 무대 위로 뛰어올라, "인종 차별주의자 윌슨, 숨을 곳은 없다, 당신을 집단 학살로 고소한다."라고 외쳤다. 그중 한 시위자는 휴대용 확성기를 들고 청중에게 장광설을 늘어놓았고, 그러는 사이 또 다른 시위자는 윌슨에게 물 한 주

전자를 퍼부었다.

이후 몇 년간 『사회 생물학』의 악명이 높아 감에 따라, 그 이론을 더욱 발전시킨 해밀턴과 트리버스는 시위의 표적이 되었고, 그 이론을 가르치려 했던 인류학자 어빈 드보어(Irven Devore)와 라이오넬 타이거도 같은 신세를 면치 못했다. 트리버스를 인종 차별과 우익의 앞잡이로 묘사한 풍자는 특히 심한 것이었다. 트리버스 본인은 정치적 급진주의자인 데다, 흑표범단의 후원자였고, 휴이 뉴턴의 학문적 협력자였기 때문이다.[20] 트리버스는 사회 생물학이 정치적 진보의 원동력이라 주장했다. 이 주장의 뿌리는 다음과 같은 믿음에 있었다. "유기체의 진화는 자신의 가족, 집단 또는 종의 이익을 위한 것이 아닌데, 그 이유는 그런 집단을 구성하는 개체들이 유전적으로 이해의 충돌을 겪는 과정에서 선택된 개체들만이 자신의 이익을 지킬 수 있기 때문이다." 이것은 즉시 권력자가 만인의 이익을 위해 지배한다는 편안한 믿음을 전복시키고, 여성이나 젊은 세대 같은 사회 집단에 속하는 은밀한 행위자들의 역할을 부각시킨다. 또한 이타심의 진화적 기초를 발견함으로써 사회 생물학은, 정의감이 인간의 마음 깊은 곳에 그 토대를 두고 있으므로 우리의 유기적 본성에 반할 필요가 없다는 사실을 보여 주게 된다. 그리고 자기 기만이 진화하는 경향이 있음(최고의 거짓말쟁이는 자기 자신의 거짓말을 진짜로 믿는 사람이기 때문에)을 보여 줌으로써 사회 생물학은 자기 점검을 장려하고 위선과 타락의 축출에 일조한다.[21] (후에 정치에 관한 장에서 트리버스와 '다윈주의 좌파들'의 정치적 신념을 살펴볼 것이다.)

트리버스는 후에 사회 생물학을 향한 공격에 대해 이렇게 썼다. "어떤 공격자들은 뛰어난 생물학자였지만, 그 공격은 지적으로 허약하고 나태해 보였다. 정치 투쟁에서 어떤 전술적 이점을 확보하려 할 때에는 심한 논리적 오류가 보이곤 했다.…… '우리는 지배 계층이 부당한 이득을 유지하는 데 사용되는 그 [기만을] 심화하도록 고용된 그들의 대변자다.'라고, 우리와 똑같은 이해 관계를 위해 고용된 이 동료 고용인들이 말했다. 비록 진화론적으로 추리해 보면, 개인의 주장은 궁극적으로 (때때로 무의식적으로) 이기적인 방향성을 띠지만, 한 무리의 고용인들에게 완벽한 형태의 악이 존재하고 다른 무리의 고용인들에게는 선이 존재할 가능성은 선험적으로 있을 것 같지 않았다."[22]

트리버스가 염두에 둔 그 "뛰어난 생물학자"는 굴드와 르원틴이었다. 영국의 신경학자 스티븐 로즈와 함께 그들은 급진적 과학 운동의 지적 선봉이 되었다. 20년 동안 배후에서 그들은 성적 차이나 정신 질환 같은 정치적으로 민감한 주제를 놓고 행동 유전학, 사회 생물학(후에는 진화 심리학), 신경학과 끈질기게 전투를 수행하고 있다.[23] 윌슨 외에도 그들이 공격한 주요 표적은 리처드 도킨스다. 1976년의 책 『이기적 유전자 (The Selfish Gene)』에서 도킨스는 윌슨과 같은 개념들을 다루었지만, 동물학적인 세부 내용보다는 새로운 진화 이론의 논리에 초점을 맞추었다. 그는 인간에 대해 어떤 언급도 거의 하지 않았다.

윌슨과 도킨스를 향한 급진주의 과학자들의 공격은 "결정론"과 "환원주의"라는 말로 요약된다.[24] 이 두 단어가 검정 깨처럼 그들의 글 곳곳에 뿌려져 있지만 대부분 전문적 의미로서가 아니라 애매한 독설로서 사용되고 있다. 가령 다음 두 글은 반항적으로 빈 서판을 내세운 르원틴, 로즈, 그리고 심리학자 리언 카민의 책 『우리 유전자에는 없다 (Not in Our Genes)』에서 발췌한 것이다.

사회 생물학은 인간 존재에 대한 환원주의적, 생물학적 결정론에 입각한 설명이다. 그 지지자들은…… 현재와 과거의 사회 제도가 안고 있는 세부적인 면모들이 특정한 유전 작용의 불가피한 발현이라고 주장한다.[25]

[환원주의자들은] 인간 사회의 특성들이…… 더 이상 사회를 구성하는 개인들의 개별적 행동과 경향의 총합이 아니라고 주장한다. 예를 들어 사회를 구성하는 개인들이 "공격적"이기 때문에 사회가 "공격적"이라는 것이다.[26]

조금 전에 우리가 보았던 윌슨의 인용문에는 이런 우스꽝스런 신념의 흔적이 전혀 없었다. 물론 도킨스의 글도 마찬가지였다. 예를 들어, 포유류에서 암컷들보다 더 많은 수의 이성을 찾는 수컷들의 성향을 논한 후 도킨스는 인간 사회에 대한 설명에 한 단락을 몽땅 할애했다.

이 놀라운 다양성은 인간의 생활 방식이 대체로 유전자보다는 문화에 의해 결정된다는 것을 의미한다. 그러나 진화론에 근거해 예측해 볼 때, 일반적으로 남성은 난혼을 추구하는 경향을 보이고 여성은 일부일처를 추구하는 경향을 보일 수 있다. 각기 다른 동물 종의 성적 경향이 구체적인 생태계에 의해 결정되듯이, 특정한 사회에서 어느 경향이 우세한가는 구체적인 문화 환경에 의해 결정된다.[27]

"결정론"과 "환원주의"는 정확히 무엇을 의미하는가? 수학자들이 사용하는 엄밀한 의미에서의 "결정론적" 체계는 현재 상태가 이전 상태에 의해 확률적으로가 아니라 절대적으로 확실하게 결정되는 체계이다. 도킨스는 물론이고 어느 멀쩡한 생물학자도 인간 행동이 결정론적이라고 주장하는 것을 꿈꿔 본 적이 없다. 어느 누가 사람들이 기회가 있을 때마다 난혼, 공격성, 이기심에 행동을 맡긴다고 생각하겠는가? 급진적 과학자들과 그들에게서 영향을 받은 많은 지식인들 사이에서 "결정론"은 진정한 의미와는 정반대가 되는 의미를 띠게 되었다. 현재 그것은 사람에게는 특정한 환경에서 특정한 방식으로 행동하는 경향이 있다는 모든 주장을 지칭하는 말로 쓰인다. 0보다 큰 확률을 100퍼센트의 확률과 동일시하는 것에서 빈 서판의 완강함이 엿보인다. 선천성 0만이 용인할 수 있는 믿음이고, 0에서 조금이라도 벗어나는 모든 확률은 동일하게 취급된다.

유전적 결정론에 대해서는 이쯤 해 두자. 그렇다면 "환원주의"(4장에서 검토했던 개념)와, 도킨스야말로 모든 특성에는 그에 해당하는 유전자가 있다고 믿는 "가장 환원주의적인 사회 생물학자"라는 주장은 어떠한가? 르원틴, 로즈, 카민은 자신들이 환원주의의 대안으로 제시하고 있는 이른바 "변증법적 생물학"이 생물의 존재를 어떻게 설명하는가를 독자들에게 교육시키려고 노력한다.

예를 들어, 케이크를 굽는다고 생각해 보자. 제품의 맛은 재료——버터, 설탕, 밀가루——가 다양한 시간 동안 뜨거운 온도에 노출되면서 복잡하게 상호 작용한 결과이다. 각각의 재료와 성분이⋯⋯ 최종적인 결과물에 기여하는 것은 사실이지만, 그 맛을 밀가루 몇 퍼센트, 버터 몇 퍼센트라는 식으로 분리하는 것은 불가능하다.[28]

도킨스의 말을 들어 보자.

그렇게 말할 때 이 변증법적 생물학은 이치에 잘 맞는다는 생각이 든다. 어쩌면 나도 변증법적 생물학자일 수도 있다. 생각해 보라. 그 케이크에는 익숙한 점이 있지 않은가? 그렇다. 가장 환원주의적인 사회 생물학자가 1981년에 발표한 책에 들어 있었다.

"⋯⋯ 요리책에 적힌 조리법을 그대로 따르하면 마지막에는 오븐에 케이크가 놓여 있게 된다. 이제는 그 케이크를 부숴서 재료별로 나눌 수 없다. 이 가루는 조리법의 첫 단어에 해당하고, 이 가루는 조리법의 둘째 단어에 해당한다고 말할 수도 없다. 꼭대기에 얹은 체리는 작은 예외쯤으로 인정한다면, 나머지를 가지고 조리법의 단어를 케이크의 '조각'으로 표현하는 일대일 지도를 만드는 것은 불가능하다. 요리법 전체가 케이크 전체로 표시된다."

내 관심은 물론 케이크에 대한 저작권을 되찾는 것이 아니다.…… 나는 이 작은 우연의 일치로 인해 로즈와 르원틴이 잠깐의 여유라도 갖기를 바랄 뿐이다. 그들의 표적은 그들이 필사적으로 몰아붙이는 소박한 원자론적 환원주의자가 아닐 수도 있지 않을까?[29]

사실, 환원주의에 대한 비난은 거꾸로 서 있다. 르원틴과 로즈의 연구를 보면 그들이 바로 현상을 유전자와 분자의 차원에서 설명하는 전형적인 환원주의 생물학자이기 때문이다. 이와는 대조적으로 도킨스는 동물 행동학자로서 훈련을 받았고, 자연 서식지에 사는 동물의 행동에 관해 글을 쓴다. 윌슨으로 말하자면 생태 연구의 개척자이고 분자 생물학자들이 "지저분한" 생물학이라고 경멸하는 환경 운동의 열렬한 옹호자이다.

모든 공격이 실패하자 르원틴, 로즈, 카민은 마지막으로 도킨스의 이마에 파멸적인 인용문을 갖다 붙였다. "그것〔유전자〕이 우리의 몸과 마음을 지배한다."[30] 이것은 상당히 결정론적으로 들린다. 그러나 도킨스가 실제로 쓴 글은 인용문과는 아주 다른 "그것이 우리의 몸과 마음을 창조했다."였다.[31] 르원틴은 변조한 인용문을 다섯 군데에 사용했다.[32]

이 "지독한 오류"(트리버스의 표현이다.)를 자비롭게 설명할 방법은 없겠는가? 한 가지 가능성은, 도킨스와 윌슨이 "X에 해당하는 유전자"라는 표현을 이타심, 일부일처, 공격성 같은 사회적 행동의 진화를 논하면서 사용하지 않았을까 하는 것이다. 르윈틴, 로즈, 굴드는 이 표현을 거듭 공격하는데, 그들은 이 말이 그 행동을 항상 야기하는 유전자이자 그 행동의 유일한 원인인 유전자를 가리킨다고 생각한다. 그러나 도킨스는 그 표현이 다른 유전자들에 비해 특정 행동의 가능성을 더욱 높이는 유전자를 가리킨다고 분명히 못박았다. 그리고 그 확률은 진화의 시간에 걸쳐서, 그 유전자를 소유한 유기체들이 살아온 환경에 대해, 그리고 그것과 함께 존재했던 다른 유전자들과 비교해서 계산된 평균치이다. "X에 해당하는 유전자"라는 말을 이렇게 비환원주의적·비결정론적으로 사용하는 것은 유전학자들과 진화 생물학자들 사이에서는 연구 특성상 필연적인 일상에 속한다. 어떤 행동은 어떤 유전자들의 영향을 받아야 한다. 그렇지 않으면 왜 사자가 양과 다르게 행동하는지, 왜 닭은 알을 먹지 않고 품으로 감싸는지, 왜 수사슴은 머리로 받고 실험용 쥐인 게르빌루스는 그렇게 하지 않는지를 설명할 길이 없다. 진화 생물학의 요점은 어떻게 이 동물들이 다른 결과를 유도하는 유전자가 아니라 왜 하필 그러한 유전자를 갖게 되었는지를 설명하는 것이다. 그런데 주어진 유전사는 모든 환경에서 똑같은 결과를 내거나 모든 게놈에서 똑같은 결과를 내는 것이 아니라, 항상 평균적인 결과를 낸다. 그 평균은 자연 선택이 선택하는 것이고(모두가 평등한 상태에서) "X에 해당하는 유전자"에서 "해당하는"이 뜻하는 진정하고도 유일한 의미이다. 진화 생물학자인 굴드와 르윈틴이 이 용법을 혼동했으리라 믿기는 어렵지만, 정말로 그랬다면 그것으로 25년 간의 무의미한 공격을 설명할 수 있으리라.

인간은 얼마나 야비해질 수 있는가? 상대방의 성생활을 조롱하는 것은 학자의 삶에 대한 사악한 풍자 소설에서나 가능한 이야기이다. 그러나 르윈틴, 로즈, 카민은 여성이 타인의 감정을 조작하는 데 능숙하다는 사회학자 스티븐 골드버그의 견해를 끄집어내어 다음과 같이 논평했다. "그로 인해 골드버그가 유혹에 약하다는 애처로운 사실이 얼마나 극명하게 드러났는가!"[33] 후에 그들은, 모든 사회에서 성은 대개 여성의 봉사 또는 호의로 간주된다는 사실을 보여 주는 도널드 시먼스의 선구적인 책 『인간의 성적 진화(The Evolution of Human Sexuality)』의 한 장을 겨냥한다. 그러고는 "사회 생물학을 읽을 때에는 저자의 자전적 회고록을 엿보는 관음증 환자가 된 듯한 느낌을 지울 수 없다."라고 평한다.[34] 로즈는 이 농담이 너무 즐거웠는지 14년 후 자신의 책 『생명선: 결정론을 넘어선 생물학(Lifelines: Biology Beyond Determinism)』에 다시 그 말을 인용한다.[35]

※

이런 비판이 과거지사일 것이란 희망은 2000년의 사건들로 인해 물거품이 되었다. 인류학자들은 오래전부터 인간의 공격성을 생물학적 관점에서 논하는 누구에게나 적대적 태도를 보였다. 1976년 미국 인류학회는 『사회 생물학』을 혹평하고 그 주제에 관한 두 차례의 토론회를 금지하자는 제안을 거의 통과시킬 뻔했고, 급기야 1983년에는 데릭 프리먼의 『마거릿 미드와 사모아』가 "비과학적이고, 무책임하고, 오류투성이인 형편없는 책"이라는 선언을 통과시켰다.[36] 그러나 그것은 서곡에 불과했다.

2000년 9월 인류학자 테렌스 터너와 레슬리 스폰셀은 학회의 간부들에게, 저널리스트 패트릭 티어니의 책을 통해 곧 인류학에 대한 중상모략의 실체를 폭로할 것임을 예고하는 편지를 보냈다(사이버 공간에 급속히 유포되었다.).[37] 그들이 모략가로 지목한 사람은 인간 유전학이라는 현대 과학의 창시자인 유전학자 제임스 닐과, 아마존 열대 우림의 야노마뫼 부족에 대한 30년간의 연구로 유명한 인류학자 나폴레옹 샤농이었다. 터너와 스폰셀은 다음과 같이 썼다.

이 악몽 같은 이야기—(요제프 멩겔레*라면 웃어넘기겠지만) 조지프 콘래드**라도 감히 상상하지 못할 진정한 인류학적 '어둠의 심장'—가 모든 인류학자는 물론이고 대중들 앞에 펼쳐지는 순간 인류학계는 큰 시련을 맞이할 것이다. 교정본을 읽은 또 다른 독자의 표현대로, 이 책은 인류학의 토대를 뒤흔들 것이다. 그것으로 인해 인류학이라는 학문이 타락한 선구자들이 오랜 기간 어떻게 유독한 견해를 퍼뜨리는지, 그러면서 어떻게 모든 서구 세계로부터 큰 존경을 얻는지, 그리고 대학생들이 어떻게 그들의 거짓말을 인류학의 서론으로 받아들이는지를 이해하게 될 것이다. 이런 책은 두 번 다시 출현하지 말아야 한다.

비난은 정말로 충격적이었다. 터너와 스폰셀은 닐과 샤농이 야노마뫼 부족에게 고의적으로 홍역(토착 부족에게 종종 치명적인 결과를 가져온다.)을 퍼뜨린 다음, 닐의 "우생학적으로 경도된 유전 이론"을 시험하기 위해 치료를 유보했다고 비난했다. 그 이론에 대한 터너와 스폰셀의 해석에 따르면, 채집 사회의 일부다처 추장들은 귀하게 자란 서양인보다 생물학적으로 더 적합하다. 선조 추장들이 아내를 얻기 위한 격렬한 경쟁에 몰두할 때 선택된 "선천적 능력"의 "우성 인자"를 가지고 있기 때문이다. 터너와 스폰셀은 닐이 "대중을 위해 헛되이 피를 흘리고 약자

* 생체 실험으로 악명 높았던 나치 의사이다.
** 영화 「지옥의 묵시록」의 원작 소설 『암흑의 핵심』의 작가이다.

를 감상적으로 지지하는 민주주의"를 잘못이라 믿는다고 말했다. 그들은 그 이유를 다음과 같이 설명했다. "이 파시즘 우생학에는 분명 어떤 정치적 의도가 담겨 있다. 그것은 바로 사회를 고립된 소규모 번식 집단들로 재조직해서 유전적으로 우수한 남성들을 지배층으로 올리고, 지배권 다툼에서 패배한 남성들과 여성들을 제거하거나 종속시키고, 새끼 암컷 무리를 재산처럼 축적하려는 것이다."

샤농에게도 무시무시한 비난이 날아갔다. 야노마뫼에 관한 책과 논문에서 샤농은 그 부족의 빈번한 전쟁과 습격을 보고했고, 학살에 가담한 남자들이 그렇지 않은 남자들보다 아내와 자식을 더 많이 거느린다는 것을 보여 주는 데이터를 제시했다.[38] (이 조사 결과가 자극적인 이유는, 만약 그러한 이득이 인간이 진화했던 국가 이전 사회에서 나타나는 전형적인 특징이라면 폭력을 전략적으로 사용하는 본성이 진화의 시간에 걸쳐 선택되었을 것이란 설명이 가능하기 때문이다.) 터너와 스폰셀은 그가 데이터를 조작하고, 야노마뫼 부족 사이에 폭력을 일으키고(정보 제공자들에게 항아리와 칼을 나누어 주어 그들을 광란에 빠뜨렸다.), 기록 영화를 위해 피비린내 나는 싸움을 계획했다고 비난했다. 또한 야노마뫼에 관한 샤농의 기술(記述)이 금광 개발 업자들의 영토 침입을 정당화하는 데 이용되었고, 샤농과 "사악한" 베네수엘라 정치인들이 결탁해서 그들을 끌어들였다고 비난했다. 야노마뫼 인구는 질병과 금광 업자들의 약탈로 현저히 줄어들었기 때문에 그 비극과 범죄를 샤농과 연결시키는 것은 그를 대량 학살의 원흉으로 지목하는 것이나 다름없다. 터너와 스폰셀은, 티어니의 책에는 "주민들에게 섹스할 여자를 데려오라고 요구하는…… 샤농에 관한 짧은 언급"이 담겨 있다고 덧붙였다.

곧 "인종 이론 시험을 위해 아마존 인디언을 죽인 과학자" 같은 기사가 세계 곳곳에서 발표되었다. 티어니의 책은 《뉴요커》에 발췌문이 실린 후 『엘도라도의 어둠: 과학자들과 저널리스트들이 아마존을 폐허로 만들다』로 정식 출간되었다.[39] 명예 훼손 담당 변호사들의 압력으로 책 속에 담긴 보다 선정적인 비난들이 삭제되거나 완화되었고, 베네수엘라 기자들이나 추적이 불가능한 제보자들의 헛소리도 제거되었다. 그러나 태반의 비난이 여전히 남아 있었다.[40]

터너와 스폰셀은 닐에 대한 비난이 "현재의 지식 수준에서는 단지 추정으로 남는다."라면서, "닐에 의해 적힌 글이나 기록된 말에는 '결정적 증거'가 전혀 없음"을 시인했다. 그러나 그렇게 궁색한 변명으로는 부족했다. 며칠 내에, 사태를 정확히 알고 있는 학자——역사가, 전염병학자, 인류학자, 영화 제작자——들이 그들의 비난을 하나하나 파헤쳤다.[41]

타락한 우생학자이기는커녕 제임스 닐은(비난이 종식되기 직전 사망했다.) 우생학을 끊임없이 공격한 존경스런 과학자였음이 밝혀졌다. 이제 그는 종종 인간 유전학에서 낡은 우생학적 이론을 제거하고 그럼으로써 존경할 만한 과학 분야를 확립한 공로를 인정받는다. 터너와 스폰셀이 닐의 것이라고 떠들어대었던 터무니없는 이론은 언뜻 보아도 조리가 서지 않았고 과학적으로 무지했으며(예를 들어 그들은 "우성 인자"와 지배 성향 유발 유전자를 혼동했다.), 어쨌든 닐이 그런 이론을 믿었다는 증거는 단 하나도 없다. 기록을 보면 닐과 샤농은 홍역이 만연하는 상황에 놀랐고 전염병을 물리치기 위해 헌신적으로 노력했다는 사실을 알 수 있다. 그들이 투여한 백신은 티어니의 비난처럼 전염병의 원인이 아니었다. 세계적으로 그 백신을 맞은 수천만 명 중 그로 인해 홍역에 감염된 사람은 한 명도 없었고, 오히려 모든 면으로 보아 닐과 샤농의 노력으로 야노마뫼 주민 수백 명이 목숨을 구한 것이 분명했다.[42] 전염병학자들이 공식적으로 자신의 주장을 반박하자 티어니는 마지못해 이렇게 말했다. "당시 나와 이야기했던 전문가들은 지금 이 전문가들과는 아주 다른 견해를 말했다."[43]

 누구도 닐과 샤농이 부주의로 질병을 퍼뜨리지 않았다고 입증할 수는 없지만, 그럴 가능성은 매우 희박해 보인다. 야노마뫼 부족은 수만 제곱 킬로미터에 퍼져 있어서, 샤농이나 닐보다는 선교사, 상인, 광산 개발 업자, 탐험가 등 다른 유럽인들과 접촉할 기회가 훨씬 많았다. 사실 샤농 본인은 전염병의 원천이 가톨릭 살레시오 선교사였을 가능성이 높다고 기록했다. 이와 함께 선교단이 야노마뫼 부족에게 엽총을 제공했다고 비판해서 선교사들의 끊임없는 적대감을 불러일으켰다. 티어니에게 정보를 제공한 야노마뫼 부족 대부분이 선교단과 관련되어 있었던 것은 우연의 일치가 아니었다.

 샤농에 대한 비판도 닐에 대한 비판처럼 순식간에 시들었다. 티어니의 비난과는 정반대로 샤농은 야노마뫼 부족의 폭력성을 과장하지도 않았지만 그 밖의 생활 방식을 무시하지도 않았다. 사실 그는 그들의 갈등 해결 기술을 정교하게 묘사했다.[44] 샤농이 그들을 폭력적 상태로 끌어들였다는 주장은 사실 무근이었다. 야노마뫼의 습격과 전쟁은 샤농이 아마존에 발을 들여놓기 훨씬 전인 1800년대 중반 이후 꾸준히 묘사되었고 20세기 전반부 내내 풍부하게 기록되고 있었다. (한 예로, 일인칭 이야기인 『야노아마: 아마존 인디언에게 납치된 소녀 헬레나 발레로의 이야기 (*Yanoáma: The Story of Helena Valero, a Girl Kidnapped by Amazonian Indians*)』가 있다.)[45] 그리고 샤농의 경험적 주장들은 과학의 황금 기준인 통계적 독립 시행의 조건을 충족하고 있다. 3장의 그래프에서 보았듯이 국가 이전 사회의 전쟁에 의한 사망률 조사에서 샤농이 얻어낸 야노마뫼의 추정치는 통계적으로 충분히 가능한 범위에 포함되어 있다.[46] 살인자들이 더 많은 아내와 자식을 둔다는 주장은 해석상의 논쟁에도 불구하고 다른 집단들에게서도 그 증거가 발견되었다. 샤농을 비판하는 한 책에 티어니가 소개한 요약문을 저자의 원문과 비교해 보는 것이 유용할 것이다. 티어니는 다음과 같이 기록한다.

> 지바로 부족 사이에서 머리 사냥은 모든 남성과 성인식을 앞둔 10대 남성의 의무적인 행사였다. 또한 대부분의 남자들은 전쟁에서 죽었다. 그러나 지바로의 지도자들 중 머리를 가장 많이 사냥한 사람이 아내가 가장 적었고, 아내가 가장 많은 사람이 머리를 가장 적게 사냥했다.[47]

그러나 저자인 인류학자 엘자 레드먼드는 다음과 같이 썼다.

> 사람을 죽인 야노마뫼 남자들에게는 아내가 더 많은 경향이 있는데, 이것은 약탈한 부락에서 아내를 납치하거나 그들을 매력적인 배우자로 생각하는 여자들과 정상적으로 결혼을 한 결과이다. 지바로 전쟁 지도자들도 마찬가지여서 보통 4~6명의 아내를 거느린다. 실제로 1930년대 우파노 강에서는 투키 또는 호세 그란데라는 이름의 한 전쟁 지도자가 11명의 아내를 거느린 적도 있다. 뛰어난 전사들에게는 자식도 더 많은데, 이것은 주로 결혼의 기회를 더 많이 성사시킨 결과이다.[48]

터너와 스폰셀은 오랫동안 샤농을 격렬하게 비판하고 있었다(그리고 티어니의 책에 담긴 내용을 알고 충격을 받았다고 공인했지만 그들이 그 내용의 주된 출처였던 것은 우연의 일치가 아니었다.). 그들은 이념적 방향성을 공개했는데, 그것은 바로 고상한 야만인의 학설을 수호하는 것이었다. 스폰셀은, 그가 "인간 본성에 잠재해 있다"고 믿는 "더욱 비폭력적이고 평화로운 세계"를 장려하기 위해 "평화의 인류학"에 전념한다고 썼다.[49] 그는 "폭력과 경쟁에 대한 다윈주의적 강조"에 반대를 표명했고, 최근에는 "비폭력과 평화가 선사 시대의 거의 전 기간을 지배한 규범이었을 것이고 인간 내면에서 비롯된 살인은 틀림없이 드물었을 것"이라 선언했다.[50] 심지어는 샤농에 대한 비판은 주로 "인간 행동을 생물학적으로 설명하려는 모든 시도, 생물학적 환원주의의 가능성, 그리고 그와 연관된 정치적 함의에 대한 거의 자동적인 반작용"에서 비롯된 것임을 인정한다.[51]

또한 온건하고 자유로운 입장까지도 반동적으로 간주하는 민족 통일 좌익주의* 역시 급진주의 과학 시대에 흔한 모습이다. 티어니에 따르면, 닐은 "민주주의가 자유로운 대중 교육과 약자에 대한 감상적 지원 때문에 자연 선택을 위반"하는 체제이며 따라서 그것은 "우생학적 실수"라고 확신했다는 것이다.[52] 그러나 사실 닐은 가난한 어린이에게 가야 할 돈이, 그의 생각에 부유층에게나 득이 되는 노화 연구로 전환되는 것을 반대했던 정치적 자유주의자였다. 그는 또한 태아 건강, 어린이와 청소년을 위한 의료, 전반적인 양질의 교육에 대한 투자를 늘릴 것을 주장했다.[53] 샤농으로 말하자면 티어니는 그를 "호전적인 반공주의자, 자유 시장의 옹호자"라 부른다. 그렇다면 그가 내세우는 증거는 무엇일까? 그는 샤농이 "좌익으로 여겨지는 사람들에게 편집증적 태도를 보이는 우익 인사"라는 터너(!)의 말을 인용한다. 샤농이 이 우익적 경향을 획득하게 된 경위를 설명하기 위해 티어니는 독자들에게 샤농이 "차이를 반기지 않고, 반공주의적 감정과 연계된 외국인 혐오증이 높으며, 조지프 매카시 상원 의원을 강하게 지지한" 미시건의 농촌 지역에서 성장했다는 정보를 제시한다. 티어니는 자신의 말 속에 숨은 반어를 눈치채

---

* irredentist leftism. 경직된 급진주의를 이탈리아 민족 통일주의에 빗댄 표현이다.

지 못하고, 샤농이 "[매카시의] 정신을 충실히 계승"한 매카시의 "자식"이라고 결론을 내렸다. 그러나 샤농은 선거 때마다 민주당에 표를 던진 정치적 온건주의자였다.[54]

서문에서 밝힌 티어니의 자전적 언급은 주목할 만하다. "나는 점차 관찰자에서 지지자로 변했다.…… 전통적이고 객관적인 글은 더 이상 내 길이 아니었다."[55] 티어니는 침략자들이 야노마뫼 부족의 폭력성에 대한 설명을 이용해서 그들을 자신의 이익을 위해 제거하거나 동화시켜야 할 원시적 야만인으로 묘사할 것이라 생각했다. 이런 관점에서 샤농과 같은 정보 배달부를 모욕하는 것은 고상한 형태의 사회 운동이고 토착 부족의 문화적 생존을 수호하는 첫걸음일 것이다(샤농 본인은 야노마뫼 부족의 이익을 보호하기 위한 활동을 여러 번 실천했다.).

지난 500년 동안 유럽인들이 질병과 대량 학살로 아메리카 원주민의 수를 격감시킨 것은 사실 역사상의 중대한 범죄에 속한다. 그러나 동화의 압력 앞에서 영원히 사라질 위기에 처한 원주민들의 생활 방식을 기록으로 남기기 위해 노력하는 소수의 현대 과학자들을 범죄자라 비난하는 것은 기이한 일이 아닐 수 없다. 그리고 그것은 위험한 방법이다. 토착 부족들은—모든 인간 사회처럼—폭력과 전쟁의 성향을 보이든 아니든 그들의 땅에서 생존할 권리를 지니고 있다. 토착 부족의 생존을 고상한 야만인 학설에 갖다 붙이는 자칭 "수호자"들은 스스로 막다른 골목을 향하고 있다. 사실이 그들의 주장과 정반대임이 드러날 때 그들은 어쩔 수 없이 원주민의 권리에 대한 주장을 약화시키거나 그 사실을 억압하기 위해 온갖 방법을 동원해야 한다.

인간 본성에 대한 주장이 논쟁을 불러일으킬 수 있다는 사실에 놀랄 사람은 없다. 다른 과학적 가설들과 마찬가지로 그런 주장 역시 정밀하게 조사해야 하며 논리적·경험적 오류를 남김없이 지적해야 한다. 그러나 인간 본성의 새 과학들에 대한 비판은 정상적인 학문 토론의 경계를 훨씬 지나쳐 버렸다. 그것은 괴롭힘, 중상, 왜곡, 변조로, 최근에는 잔인한 모욕으로까지 변질되었다. 나는 이 편협한 행동에는 두 가지 이유가 있다고 생각한다.

　우선 20세기 들어 빈 서판이, 수호자들이 생각하기에, 완벽하게 믿는다고 공언하거나 아니면 관계를 완전히 끊어야 하는 일종의 신성한 교의가 되었다는 것이 한 이유이다. 오로지 그런 흑백 논리를 신봉할 때에만, 행동의 어떤 측면이 선천적이라는 믿음을 행동의 모든 측면이 선천적이라는 믿음으로 바꿔치기 하거나 유전적 특성이 인간사에 영향을 미친다는 믿음을 유전적 특성이 인간사를 결정한다는 믿음으로 바꿔치기 할 수 있을 것이다. 지능의 모든 차이가 환경에서 비롯된다는 신학적 필연성을 인정할 때에만, 비유전적 요소에 기인한 비율이 내려가면 유전적 요소에 기인한 비율이 올라간다는 진부한 수학적 원리에 분노할 수 있을 것이다. 마음이 빈 서판일 필요가 있을 때에만, 우리가 인간 본성 때문에 기쁠 때 찡그리기보다는 미소를 짓는다는 주장에 격분할 수 있을 것이다.

　두 번째 이유는 "급진적" 사상가들이 그들 자신의 설교에 갇혀 버렸다는 것이다. 그들은, 인종 차별, 성 차별, 전쟁, 정치적 불평등이 논리적으로 박약하거나 현실적으로 틀린 것은 애초에 인간 본성에는 그런 것들이 존재하지 않기 때문이라고 설명하는 나태한 논리에 빠지고 말았다. 그 순간부터, 인간 본성에 대한 모든 발견은 인종 차별, 성 차별, 전쟁, 정치적 불평등 같은 것들도 결국 그렇게 나쁜 것은 아니라고 말하는 것과 동일한 것이 되고 말았다. 또한 그로 인해 그런 사실을 발견하는 이단자들을 깎아 내릴 필요성이 갈수록 커졌다. 과학적 논증의 평범한 기준들을 적용해도 소용이 없을 때에는 다수의 이익이 위태롭다는 이유에서 다른 기술을 동원했다.

7장
⁜
성삼위 일체

행동 과학은 소심한 겁쟁이를 위한 학문이 아니다. 과학자들은 자신들이 선택한 어떤 분야나 우연히 얻게 된 데이터 때문에 하루 아침에 세인이 경멸하는 유명 인사가 되어 버린다. 어떤 주제들—주간 탁아, 성적 행동, 유년 기억, 약물 남용 치료—은 비방, 괴롭힘, 정치인의 간섭, 신체적 폭행을 불러일으킨다.[1] 심지어 왼손 사용같이 아무것도 아닌 주제가 지뢰처럼 폭발하는 경우도 있다. 1991년 심리학자 스탠리 코렌과 다이앤 헬펀은 한 의학 잡지에, 왼손잡이들이 평균적으로 태아기와 분만 전후인 주산기에 합병증을 더 많이 겪고, 교통 사고를 더 많이 당하고, 오른손잡이보다 수명이 더 짧다는 통계 자료를 발표했다. 두 사람은 곧 격노한 왼손잡이들과 그 대변자들의 갖가지 공격—법적으로 소송을 걸겠다는 위협, 수많은 살해 협박, 학회지에서 그 주제를 다루지 못하게 하는 결정 등—에 직면했다.[2]

앞 장에서 다룬 비열한 속임수들은 자신에게 불편한 주장들을 공격하는 평범한 예인가? 아니면 내가 암시한 것처럼, 지적 경향—빈 서판, 고상한 야만인, 기계 속의 유령을 의미와 도덕성의 원천으로서 보호하려는 조직적인 시도—의 일부인가? 급진적 과학 운동을 이끄는 이론가들은 빈 서판을 믿지 않는다고 주장하지만, 공정을 기하기 위해서는 그들의 입장도 주의 깊게 검토할 필요가 있다. 뿐만 아니라 나는 인간 본성에 대한 과학을 공격하는 정치적 반대파의 입장, 즉 지금은 우익인 이들의 입장을 살펴보고자 한다.

∞

급진적 과학자들이 과연 빈 서판을 믿을 수 있을까? 빈 서판 학설은 현실과 유리된 관념의 세계에 사는 일부 학자들에게나 어울리는 것처럼 보인다. 반면 뉴런과 유전자의 세계에 사는 현실적인 과학자들이 과연 뇌가 주변의 문화로부터 정신의 모든 것을 흡수한다고 생각할 수 있겠는가? 그들은 이론적으로는 아니라고 말하지만, 세부적인 문제에 있어서는 여전히 20세기 초 백지(tabula rasa) 사회과학의 전통에 머물러 있다. 스티븐 제이 굴드, 리처드 르원틴 등의 과학자들이 서명한 「반'사회생물학'」 선언에는 다음과 같은 말이 적혀 있다.

우리는 인간 본성에 유전적 요소가 존재한다는 점을 부인하지 않는다. 그러나 인간의 생물학적 보편성이 전쟁, 여성에 대한 편협한 시각, 교환 수단으로서의 돈의 사용 등 특별하고 대단히 가변적인 습관들보다는, 먹기, 배설, 수면 같은 일반적 특성에서 더 많이 발견된다고 생각한다.[3]

주제를 교묘히 왜곡시킨 점에 주목해 보자. 돈이 유전적으로 암호화된 보편 성질이라는 개념은 너무나 터무니없다. (그리고 굳이 덧붙이자면 윌슨이 제기한 적도 없다.) 그것과 비교하면 다른 어떤 것이라도 그럴듯하다고 여겨질 정도이다. 그러나 만약 두 사람의 견해를 그릇된 이분법의 한 갈래가 아니라 그 자체로 받아들인다면, 굴드와 르원틴은 인간 행동의 유전적 요소들을 1차적으로 "먹기, 배설, 수면"에서 발견할 수 있다고 말하고 있는 것 같다. 그리고 서판의 나머지는 아마도 비어 있다는 말일 것이다.

이 논쟁 기술—처음에는 빈 서판을 부인했다가 다음에는 그것을 허수아비와 경쟁시켜서 그럴듯하게 보이게 만드는 방법—은 급진적 과학자들의 저작 곳곳에서 발견된다. 예를 들어 굴드는 다음과 같이 썼다.

> 따라서 윌슨에 대한 내 비판은 비생물학적 "환경 결정론"에서 비롯된 것이 아니다. 그것은 단지 구체적 행동 특성에 해당하는 구체적 유전자라는 생물학적 결정론의 개념 대신, 모든 범위의 인간 행동이 가능하고 어떤 행동도 미리 결정되지 않은 뇌라는 생물학적 가능성의 개념을 부각시키는 것이다.[4]

"생물학적 결정론"이란 개념—유전자가 행동을 100퍼센트 확실하게 유발한다는 개념—과 모든 행동 특성에는 자체 유전자가 있다는 개념은 분명 정신 나간 개념이다(윌슨이 정말로 그런 개념을 수용했는가에 대해서는 신경도 쓸 필요가 없다.). 따라서 굴드의 이분법에 따르면 "생물학적 가능성"만이 합당한 선택이 된다. 그런데 그것은 무엇을 의미하는가? 뇌에서 "모든 범위의 인간 행동이 가능"하다는 주장은 하나 마나 한 동어 반복에 가깝다. 뇌에서 어떻게 모든 범위의 인간 행동이 가능하지 않을 수 있겠는가? 그리고 뇌에 어떤 인간 행동도 미리 결정되지 않았다는 주장 역시 빈 서판의 변형에 불과하다. "어떤 행동도 미리 결정되지 않은"이란 표현은, 모든 인간 행동의 발생 확률이 동등하다는 것을 의미한다. 그래서 지구 상의 어느 곳에서 어떤 개인이 어떤 환경에서 어떤 행동—가령 음식이나 섹스를 공공연히 거부하거나, 자신의 몸을 못으로 찌르거나, 자식을 죽이는 등—을 했다 해도, 뇌에는 음식과 섹스를 즐기거나 자신의 몸을 보호하거나 자식을 아끼는 등 그 행동을 피하게 하는 어떤 경향도 없게 된다.

르원틴, 로즈, 카민은 또한, 그들이 인간은 빈 서판이라고 말하고 있음을 부인한다.[5] 그러나 그들은 인간 본성에 단 두 가지 특권만을 부여한다. 첫 번째는 증거나 논리에 기인한 것이 아니라 그들의 정치적 견해에 기인하고 있다. "만약 [빈 서판이] 사실이라면 사회 발전은 불가능할 것이다." 이 "주장"의 근거는 마르크스의 권위에서 나온다. 그들은 "인간이 환경과 교육의 산물이고 따라서 변화된 인간은 다른 환경과 변화된 교육의 산물이라는 유물론적 교의는 환경을 변화시키는 주체가 바로 인간이며 교육자 자신이 교육이 필요한 존재라는 사실을 망각하고 있다."[6] 그들 사신의 견해도 밀하사먼, "인간 본성에 대해 유일하게 분별 있는 언급은 인간 본성이 자신의 역사를 만드는 본성에 '포함' 된다고 말하는 것이다."[7] 여기에는 우리 종의 심리 구조—우리의 언어 능력, 가족의 사랑, 성적 감정, 특유의 두려움 등—에 대한 다른 어떤 진술도 '분별 있는' 말이 아니라는 의미가 내포되어 있다.

르원틴, 로즈, 카민은 생물학에—마음과 뇌의 구조가 아니라 신체 크기에—한 가지를 양보했다. "인간의 키가 15센티미터라면 우리가 알고 있는 것과 같은 인간 문화는 존재할 수 없을 것이다." 난쟁이는 불을 관리하거나, 도끼로 돌을 깨거나, 언어에 필요한 큰 뇌를 이고 다닐 수 없다는 것이 그 이유이다. 인간의 생물학적 특성이 사회 생활에 영향을 미칠 수 있다는 것을 인정하는 유일한 경우이다.

8년 후 르윈틴은 인간의 선천성에 대한 이 이론을 되풀이했다. "인간 유전자와 관련해 가장 중요한 사실은 그것이 우리의 신체를 이만큼 크게 해 주고 이 정도의 연접부를 가진 중추 신경계를 갖게 해 준다는 것이다."[8] 다시 한번 이 수사법을 조심스럽게 뜯어볼 필요가 있다. 우선 이 문장을 말 그대로 이해한다면, 르윈틴은 단지 인간 유전자와 관련해 "가장 중요한 사실"을 언급하고 있는 것이다. 그런데 말 그대로라면 이 문장은 별 의미가 없다. 유전자는 우리의 존재에 절대적으로 필요한 수천 가지 영향을 미치는데 어떻게 그 중요성에 순위를 매겨서 가장 중요한 한두 가지를 지적할 수 있겠는가? 우리에게 심장이나 허파나 눈이 있다는 사실보다 우리의 신장이 더 중요한가? 우리의 뉴런들이 양이온으로 가득 차서 멈추는 사태를 막아 주는 나트륨 펌프보다 시냅스의 수가 더 중요한가? 따라서 그 문장을 말 그대로 이해한다는 것은 아무 의미가 없다. 문맥상 의미가 통하도록 읽는 유일한 길은, 그것이 인간 유전자와 관련해 유일하게 중요한 사실이라고 이해하는 것이다. 뇌에서 1차적으로 발현되거나 혹은 오직 뇌에서만 발현되는 수만 개의 유전자가 하는 중요한 일이라곤 수많은 연접부를 만드는 것뿐이다. 연접부들의 패턴과 뇌의 구조(해마, 편도, 시상하부, 여러 대뇌 피질 부위들)는 무작위적이며, 무작위적인 편이 바람직하다. 유전자는 뇌에 다중적 기억 체계, 복잡한 시신경과 운동 신경, 언어 학습 능력, 다양한 감정 등을 부여하지 않는다(혹은 그러한 능력을 부여하지만 "중요"하지 않든지).

르윈틴은 갓난아기를 "재능, 성향, 경향, 능력, 적성, 조상의 인종에 상관없이 의사, 변호사, 예술가, 상인, 심지어 걸인이나 도둑"으로 키워 낼 수 있다는 존 왓슨의 주장을 새롭게 갱신해서 책 한 권을 썼는데, 그 표지에는 내용을 소개하는 다음과 같은 주장이 새겨져 있다. "우리의 유전적 자질은 정신적·신체적 발달의 가소성을 제공하고, 따라서 임신에서 죽음까지의 삶의 과정에서 인간 개개인은 인종, 계급, 성에 상관없이 인간적 영역의 전 범위에 걸쳐 어떤 정체성을 가진 존재로든 발달할 수 있다."[9] 왓슨은 "자신이 알고 있는 사실적 증거들을 넘어서고" 있다는 점을 시인했는데, 이 점에 대해서는 당시 그 자신이 어떤 사실적 증거도 없다고 썼기 때문에 용서할 수 있다. 그러나 60년에 걸친 행동 유전학의 성과를 무시한 채, (다양한 인종, 성, 계급이 동등하다는 것을 받아들여 가면서까지) 모든 개인이 어떤 정체성이든 가질 수도 있다고 선언한 것은 각별한 종교적 순수성의 고백이라 여겨진다. 그리고 생물학과 문화 사이에 뒤르켐의 벽을 다시 세운 한 문장에서 르윈틴은, 다음과 같은 글로 1992년 판 책의 결론을 내린다. 유전자는 "완전히 새로운 차원의 인과 관계로 대체되었다. 그것은 자체적인 법칙과 본질을 가졌으며 단지 유일무이한 형태의 경험인 사회적 행동을 통해서만 이해하고 탐구할 수 있는 사회적 상호 작용이다."[10]

이렇게 굴드, 르윈틴, 로즈는 빈 서판을 믿는다는 것을 부인하지만, 진화와 유전학에게 양보하는 내용——진화와 유전에 의해 우리가 먹고, 자고, 싸고, 다람쥐보다 더 크게 성장하고, 사회적 변화를 일으킨다는 것——을 보면 그들이 원조인 로크보다 더 극단적인 경험주의자라는 사실을 알게 된다. 로크는 최소한 "오성"이라는 선천적 능력이 필요하다는 점은 인정했다.

~~~

고상한 야만인 역시 인간 본성 과학을 비판하는 사람들이 애지중지하는 교의이다. 『사회 생물학』에서 윌슨은 부족 전쟁이 선사 시대에 흔했다고 언급했다. 반사회 생물학자들은 이것이 "역사적·인류학적 연구들의 토대를 강하게 반박하는 것"이라고 목소리를 높였다. 나는 애슐리 몬터규의 『인간과 공격성(Man and Aggression)』에 정리된 그 "연구들"을 찾아보았다. 사실 그것들은 동물 행동학자 콘라트 로렌츠, 극작가 로버트 아드리, 소설가 윌리엄 골딩(『파리 대왕』의 저자)의 책들을 적대적으로 논평한 것에 불과했다.[11] 어떤 것들은 그럴 만한 이유가 충분했다. 아드리와 로렌츠는 공격성이란 수압의 분출과 같다거나 진화는 종의 이익에 따른다는 등의 케케묵은 이론을 믿고 있었다. 그러나 아드리와 로렌츠에 대한 비판은 사회 생물학자 본인들에 의해 훨씬 강력하게 제기된 바 있다. (예를 들어 『이기적 유전자』의 두 번째 페이지에서 도킨스는 "이 책들의 문제는 저자들이 완전히 틀렸다는 것"이라 썼다.) 어쨌든 그 평론들에는 부족 전쟁과 관련된 어떤 데이터도 포함되어 있지 않았다. 그리고 몬터규가 요약한 논문도 마찬가지였는데, 그것은 행동주의자들이 수십 년 동안 제기했던 "본능" 개념을 구태의연한 방식으로 공격한 것에 불과했다. 데이터가 담긴 유일한 장에서는 유트 인디언의 전쟁과 약탈에 대한 로렌츠의 주장을 "반박"했지만, 그나마 유트족이 다른 인디언 부족들처럼 더 이상 전쟁과 약탈을 하지 않는다는 것이 주된 내용이었다!

20년 후 굴드는 "호모 사피엔스는 악하거나 파괴적인 종이 아니다."라고 썼다. 이 새로운 주장은 그가 "위대한 불균형(Great Asymmetry)"이라 명명한 것에서 나왔다. 그의 글에 따르면, "선하고 친절한 사람의 수가 그렇지 않은 모든 사람에 비해 1,000대 1의 비율로 많은 것은 본질적 진리"이다.[12] 게다가 "우리는 대단히 드물지만 슬프게도 비교할 수밖에 없는 각각의 잔인한 순간 하나에 대해 10,000가지나 되는 작고 기록되지 않는 친절한 행동을 한다."[13] 이 "본질적 진리"를 구성하는 통계 수치는 허공에서 뽑아낸 분명히 잘못된 것이다. 반사회적·폭력적 정신병질자들은 분명 "선하고 친절한 사람"이 아닌데, 이들은 수백 분의 1퍼센트와는 거리가 먼 남성 인구의 약 3~4퍼센트를 차지한다.[14] 그러나 우리가 그 수치를 인정한다 해도 그 주장의 기초에는 한 종을 "악하고 파괴적인" 종으로 간주하려면 끊임없이 날뛰며 돌아다니는 어느 미친 우편집배원*처럼 언제나 악하고 파괴적이어야 한다는 가정이 깔려 있다. 어떤 행동을 "악하다"고 부르는 이유는 그 행동이 1만 가지 친절한 행동과 대조를 이루기 때문이라는 것이다. 또한 모든 인간이 마치 한 무리로 떼지어 천국의 문 앞에 서 있는 것처럼 인류 전체를 심판하는 것이 적절한 일인가? 문제는 우리 종이 "악하고 파괴적"인가 아닌가가 아니라, 우리가 선하고 건설적인 동기들과 더불어 악하고 파괴적인 동기들을 품고 있는가 아닌가이다. 만약 그렇다면 우리는 그 동기의 본질이 무엇이고 어떻게 작용하는지를 이해하기 위해 노력할 수 있다.

굴드는 전쟁의 동기를 인간 진화의 맥락에서 이해하려는 모든 시도에 반대했다. "각각의 대량 학살 사건에 대해 무수한 자선 행위를 대조시킬 수 있고, 각각의 살인 집단을 평화로운 부족과 일대일로 짝지을 수 있기" 때문이다.[15] 다시 한번 엉뚱한 비율이 근거 없이 날조되었다. 3장에서 검토한 데이터를 보면 "평화로운 부족"은 존재하지 않거나 수적으로 "살인 집단"보다 훨씬 적다는 것을 알게 된다.[16] 그러나 굴드에게는 그러한 사실들이 무의미하다. 도덕적으로 평화로운 부족의 존재를 믿을 필요가 있기 때문이다. 그의 주장에 따르면 인간에게 선이나 악에 대한 경향이 없을 때에만 대량 학살에 반대할 근거를 갖게 된다고 한다. 그는 자신이 반대하는 진화 심리학자들의 입장이 다음과 같을 것이라 상상한다.

---

* 미국 중서부의 한 맥도날드 가게에서 총을 난사한 정신 질환자를 말한다.

인간의 대량 학살 능력에 대한 모든 설명 중 가장 유명한 이론은 진화 생물학을 그 행동의 원천으로—그리고 완전한 도덕적 책임에서 벗어날 수 있는 궁극적 탈출구로—끌어들인다.…… 외국인 혐오증이 없고 살인을 교육받지 못한 집단은 언제나 그런 혐오증과 파괴의 성향이 유전자 속에 충만히 암호화된 다른 집단에게 굴복당한다는 것이다. 인간의 가장 가까운 친척인 침팬지는 무리를 지어 다니면서 인접한 집단들의 구성원들을 조직적으로 살해한다. 어쩌면 우리에게도 그런 식으로 행동하게 하는 프로그램이 있는지 모른다. 과거에 이 소름 끼치는 성향은 파괴적인 무기라곤 이빨과 돌이 전부였던 집단의 생존을 보장했다. 오늘날 핵무기가 존재하는 세계에서 그 불변의 유전질은 인간의 파멸을 불러올 수 있다(적어도 인간의 비극을 조장할 수는 있다.). 하지만 어느 누구도 우리에게 도덕성 결핍에 대한 책임을 물을 수 없다. 우리의 저주받은 유전자가 우리를 어둠의 자식으로 만든 것일 뿐.[17]

이 글에서 굴드는 왜 과학자들이 인간의 폭력성을 진화로 설명할 수 있다고 생각하는지를 어느 정도 타당하게 요약하고 있다. 그러나 그런 다음에는 무심결에 엉뚱하고 잘못된 결론으로 빗나간다("완전한 도덕적 책임에서 벗어날 수 있는 궁극적 탈출구," "책임을 물을 수 없다"). 그는 마치 과학자들도 그렇게 믿을 수밖에 없다고 생각하는 듯하다. 그는 다음과 같은 결론으로 글을 마친다.

　　1525년 수천 명의 독일 농민이 살해당했고…… 미켈란젤로가 메디치 성당에서 그림을 그렸다.…… 이 이분법의 양 측면 모두 인류 공통의 진화된 인간성을 상징한다. 궁극적으로 우리는 어느 것을 선택해야 하는가? 대량 학살과 파괴의 잠재적 가능성이라면 단호히 거부하자. 그런 것은 존재할 필요가 없다. 우리는 정반대로 행동할 수 있다."[18]

이 속에 내포된 의미는 무엇인가? 대량 학살의 원인을 인간의 진화적 특성으로 설명할 수 있다고 믿는 사람은 대량 학살을 찬성하는 입장에 선다는 것 아닌가!

∽

성삼위 일체의 세 번째인 기계 속의 유령은 어떠한가? 급진적 과학자들은 철저한 유물론자들이라서 비물질적 영혼을 좀처럼 믿지 않을 것처럼 보인다. 그러나 한편으로는 명쾌한 유물론적 대안에 대해 똑같이 불편해한다. 인간 집단이 사회 제도를 스스로 선택하고 실행할 수 있다는 자신들의 정치적 믿음에 못을 박기 때문이다. 데카르트의 딜레마를 설명한 라일의 말을 적용하자면, 과학적 통찰력을 가진 존재로서 인간은 생물학의 주장을 인정하지 않을 수 없지만, 동시에 정치적 존재이기도 한 까닭에 그 주장에 첨부된 불쾌한 개념, 즉 인간 본성이 시계 장치와 다른 것은 단지 복잡성의 정도뿐이라는 개념을 받아들이지 못한다.

보통 학문적 주장을 논의할 때 학자들의 정치적 신념을 꺼내는 것은 유쾌한 일이 못 되지만, 자신의 과학적 신념을 정치적 신념과 분리할 수 없다고 주장한 쪽은 르윈틴과 로즈였다. 르윈틴은 생물학자 리처드 레빈스와 함께 『변증법적 생물학자(The Dialectical Biologist)』라는 책을 써 프리드리히 엥겔스에게 헌정했다("그는 오랫동안 문제를 잘못 이해했으나, 중요한 곳에서는 옳게 파악했다."). 그 책에서 그들은 이렇게 썼다. "진화 유전학과 생태학 분야에서 연구하는 과학자로서 우리는 마르크스 철학을 의식적으로 적용한 연구에서 소기의 성과를 거두고 있다."[19] 『우리 유전자에 없다』에서 르윈틴, 로즈, 카민은 자신들이 "사회적으로 보다 정당한—사회주의적인—사회적 전망에 참여하려는 정신을 공유하고 있으며" 자신들의 "비판적 과학을 그러한 사회를 창조하기 위한 투쟁의 필수 요소로" 본다고 선언했다.[20] 그들은 "환원주의"에 대한 반대를 다음과 같이 제기했다.

> 우리는 이 경제학적 환원을 모든 인간 행동을 설명하는 기초적 원리로 받아들이는 것에 반대하며…… 그 반대편에서 선 마오쩌둥 같은 혁명가·혁명 이론가들에게서, 세계를 해석하고 변화시키는 인간 의식의 힘, 그리고 생물학적 현상과 사회적 현상을 별개의 영역이나 분리 가능한 행동 요소로 이해하지 않고 존재론적으로 동일한 연장선상에 존재하며 변증법적으로 통일되어 있는 것으로 이해할 때 발생하는 힘을 본다.[21]

마르크스, 엥겔스, 마오쩌둥의 "변증법적" 방법론에 대한 르윈틴과 로즈의 충성심은 왜 그들이 인간 본성을 부인하는지 그리고 왜 인간 본성을 부인한다는 사실을 부인하는지를 설명해 준다. 그들의 관점에서 볼 때 환경과의 끊임없는 상호 작용과 별개로 논의될 수 있는 영속적 인간 본성이란 개념은 아둔한 실수이다. 실수는 단지 환경과의 상호 작용을 무시하는 데에 있는 것이 아니다. (르윈틴과 로즈는 이미 그런 오류들을 철저히 반박했다고 생각한다.) 그들이 보기에 더 중대한 실수는 행동을 애초에 인간 본성과 (사회를 포함한) 인간 환경의 상호 작용으로 보고 분석하려는 노력에 있다.[22] 그 두 가지가 어떻게 상호 작용하는가를 이해하려는 노력은 가상하지만, 그것을 머릿속에서 분리하려는 행위 자체가 "유기체와 환경의 소외를 가정하는" 행위이다. 그것은 변증법적 이해의 원리에 모순되는 것으로, 변증법에서는 그 두 가지가—어떤 유기체도 진공 속에서 살 수 없다는 평범한 의미에서뿐 아니라 존재의 모든 측면에서 분리가 불가능하다는 의미에서—"존재론적으로 연장선상에" 놓여 있다고 말한다.

유기체와 환경의 변증법적 관계는 역사적 시간에 따라 서로 간접적 영향을 주고받으며 항상 변하기 때문에 유기체는 그 관계를 변화시킬 수 있다. 따라서 로즈는 "비록 우리 자신이 선택한 환경은 아니지만 우리에게는 자신의 미래를 건설할 능력이 있다."[23]라고 선언하면서 거듭해서 "결정론자들"을 공격한다. 이 선언은 "인간은 자신의 역사를 만들지만 원하는 대로 만들지는 못한다. 인간은 과거로부터 전해져 직접 맞닥뜨리게 된 환경 하에서 역사를 만든다."라는 마르크스의 언급을 흉내낸 것으로 추정된다. 그러나 로즈는 "우리"가 누구인지 결코 설명하지 않는다. 유전자와 진화로부터 그 구조의 일부를 획득하는 고도로 조직된 신경 회로는 아닌 것이 분명하다. 이 교의는 기계 속의 대명사라 불릴 만하다.

굴드로 말하자면 로즈와 르원틴 같은 교조주의자는 아니지만, 그 역시 마치 일인칭 복수 대명사가 유전자와 진화가 인간사에 관여한다는 사실을 만증하기라도 하는 듯 "우리"를 사용한다. "우리는…… 어느 것을 선택해야 하는가?…… 대량 학살과 파괴의 잠재적 가능성이라면 단호히 거부하자.…… 우리는 정반대로 행동할 수 있다." 그리고 역사 만들기에 대한 마르크스의 "훌륭한 금언"을 인용하고, 마르크스가 자유 의지 개념을 옹호했다고 믿는다.

마르크스는 인간 역사와 자연 역사의 차이에 대해 동시대인들보다 훨씬 더 미묘한 견해를 갖고 있었다. 그는 의식의 진화와 그로 인한 사회적·경제적 구조의 발전 과정에서 우리가 보통 "자유 의지"라 부르는 차

이와 의지력의 요소들이 생겨났음을 이해했다.[24]

자유 의지를 동의어인 "의지력"이란 말로 설명하고("차이의 요소들"이 무슨 뜻인지 모르겠지만) 그 원인을 똑같이 알쏭달쏭한 "의식의 진화"로 돌리는 이 주장은 정말로 미묘하다. 기본적으로 로즈와 굴드는, 한편으로는 자연적으로 선택되고 유전적으로 조직되는 뇌와 다른 한편으로는 평화, 정의, 평등에 대한 욕구 이 둘 사이에 자신들이 만들어 놓은 이분법을 이해하려고 안간힘을 쓰는 중이다. 3부에서 우리는 그것이 잘못된 이분법이라는 것을 보게 될 것이다.

기계 속의 대명사 학설은 급진적 과학자들의 세계관에 우연히 끼여든 실수가 아니다. 그것은 급진주의적 정치 변화에 대한 그들의 욕구, 그리고 "부르주아" 민주주의에 대한 그들의 적대감과 일치한다. (르원틴은 "부르주아"라는 말을 경멸적인 의미로 여러 번 사용한다.) "우리"가 정말로 생물학의 족쇄에서 해방되어 있다면, 자유의 빛을 보는 순간부터 옳다고 간주되는 급진적 변화의 전망을 실현할 수 있을 것이다. 그러나 "우리"가 진화의 불완전한 산물이어서 지식과 지혜가 제한되어 있고, 지위와 권력의 유혹에서 자유롭지 못하고, 도덕적으로 우월한 존재라는 자기 기만과 착각에 눈이 멀어 있다면, "우리"는 그 모든 역사를 짜 맞추기 전에 다시 생각하는 편이 나을 것이다. 정치에 관한 장에서 설명하겠지만, 입헌 민주주의는 인간 본성에 대한 편견 즉 "우리"가 거만과 타락의 유혹에서 영원히 자유롭지 못하다는 이론을 기초로 하고 있다. 민주 제도의 관리 체제는 불완전한 인간이 종종 휘두르는 위험한 야망을 막기 위해 고안되었다.

∽∽

기계 속의 유령은 물론 정치적 좌익보다는 정치적 우익에게 훨씬 사랑스런 존재이다. 심리학자 모턴 헌트는 자신의 책 『새로운 불가지론자들: 인간 본성에 대한 과학적 연구의 정치적 적들(The New Know-Nothings : The Political Foes of the Scientific Study of Human Nature)』에서, 그 적들에는 좌파와 우파, 그리고 중간에 서 있지만 특정한 주제에 열광하는 다양한 사람들이 포함되어 있음을 보여 주었다.²⁵ 지금까지 내가 극좌파의 난폭한 공격을 다룬 것은 그것이 대학과 주류 언론에서 펼치는 전쟁에서 흔히 발견되기 때문이다. 그러나 극우파 역시 최근까지 표적이 다르고 싸움터가 다르긴 했지만 난폭하기는 마찬가지였다.

인간 본성 과학에 가장 끈질기게 반대해 온 우파 집단은 종교 부문 특히 기독교 근본주의에 기반을 두고 있다. 진화를 믿지 않는 사람은 마음의 진화도 믿지 않고, 비물질적 영혼을 믿는 사람은 인간의 생각과 감정이 뇌 세포에서 일어나는 정보 처리와 관계가 깊다는 것을 믿지 않는다.

진화에 대한 종교적 반대는 몇 가지 도덕적 두려움에서 동력을 얻는다. 분명한 것은 진화라는 객관적 사실이 성서에 기록된 창조 이야기의 엄밀한 진실성을 훼손하고 그럼으로써 종교적 권위에 도전한다는 것이다. 한 창조론자 목사는 이렇게 말했다. "성서가 생물학적으로 틀렸다면 내가 왜 도덕과 구원에 관한 성서의 가르침을 믿겠는가?"²⁶

그러나 진화에 대한 반대는 성서를 직해하려는 욕망을 넘어서는 것이다. 현대의 종교인들은 성서에서 말하는 모든 기적의 엄밀한 진실성을 믿진 않지만, 인간이 신의 형상에 따라 창조되었고 더 큰 목적—즉 하나님의 계명에 따라 도덕적으로 살려는 목적—을 위해 이 세상에 존재한다고 믿는다. 인간이 화학적 복제자들의 돌연변이와 선택의 우연한 산물이라면 도덕성은 기반을 잃을 것이고 인간은 그저 생물학적 충동에 복종하는 존재로 떨어질 것이라는 것이 그들의 걱정이다. 한 창조론자는 미국 의회 사법위원회 앞에서 이 위험성을 증명하면서 록 음악의 가사를 인용했다. "너와 나는 그저 포유류일 뿐이야. / 디스커버리 채널에 나오는 동물들처럼 살자."²⁷ 1999년 콜롬바인 고등학교에서 두 명의 고교생이 총기를 난사하는 사건이 일어난 이후 공화당 원내 부총무인 톰 딜레이는 "학교에서 아이들에게 인간은 찬양받는 원숭이에 불과하고 어떤 원시의 진흙에서 진화한 존재라고 가르치는" 한 그런 폭력은 불가피하다고 말했다.²⁸

진화에 대한 우익의 반대로 인해 발생하는 가장 심각한 문제는 창조론 운동가들 때문에 미국의 과학 교육이 왜곡된다는 것이다. 1968년 대법원 판결이 있기 전까지 미국의 여러 주에서는 진화론에 대한 정직한 교육을 금지하는 것이 허용되었다. 판결이 난 이후 지금까지 창조론자들은 그들이 원하는 결과를 얻기 위해 법정 투쟁을 벌이고 있다. 그들이 통과시키고자 하는 내용에는, 과학 성적 기준에서 진화론을 빼는 것, 진화론은 "이론에 불과하다"는 선언문을 넣는 것, 교과 내용을 완화시키는 것, 진화론을 자세히 다루는 교과서에 반대하거나 창조론이 소개된 교과서를 채택하는 것 등이 포함된다. 최근 몇 년 동안 국립 과학교육센터에서는 이러한 방법의 채택을 주장하는 새로운 사례가 40개 주에서 일주일마다 한 건 정도씩 제출되는 것으로 파악하고 있다.²⁹

종교적 우익은 진화론뿐 아니라 신경과학 때문에도 곤혹을 치르고 있다. 기계 속의 유령을 쫓아내고 있는 뇌과학은 그에 의존하는 두 가지 도덕적 원리를 무너뜨리고 있다. 하나는 모든 사람에겐 영혼이 있으며 그 영혼은 가치를 찾고, 자유 의지를 행사하고, 자신의 선택에 책임을 진다는 원리이다. 만약 그렇지 않고 행동이 화학적 법칙을 따르는 뇌 회로의 지배를 받는다면 선택과 가치는 물거품이 될 것이고 도덕적 책임의 가능성은 수증기처럼 증발할 것이다. 창조론 옹호자 존 웨스트는 이렇게 표현했다. "인간이 (그리고 인간의 믿음이) 정말로 물질적 존재의 무심한 산물이라면, 인간의 삶에 의미를 부여하는 모든 것——종교, 도덕, 미——이 객관적 기초를 잃게 될 것이다."[30]

두 번째 도덕적 원리는 (모든 기독교 종파가 아니라 일부 종파에서 발견되는 것으로) 임신할 때 영혼이 몸 안으로 들어오고 사망할 때 몸 밖으로 나가며, 따라서 개인의 생명을 규정한다고 하는 것이다. 이 원리에 따르면 낙태, 안락사, 배반포에서 줄기 세포를 채취하는 것이 모두 살인에 해당된다. 또한 인간을 동물과 근본적으로 다른 존재로 규정하고, 인간 복제를 신의 질서를 위반하는 행위로 간주한다. 이 모든 것이 신경과학자들의 위험한 소행으로 보인다. 그들은 자아나 영혼이 신경 활동에 포함되는데, 신경 활동은 뇌에서 점진적으로 발달하고 동물의 뇌에서도 발견되며 노화나 질병과 함께 점차 망가질 수 있다고 말한다. (이 주제에 관해서는 13장에서 다루고자 한다.)

그러나 인간 본성 과학에 대한 우익의 반대는 더 이상 성서주의자와 복음주의자의 선유물이 아니다. 오늘날 진화론에 도전하는 사람 중에는 과거 비종교적 신보수주의 운동에 속했던 지적 이론가들도 있다. 그들은 생화학자 마이클 베히(Michael Behe)가 창시한 '지적 설계(Intelligent Design)'라는 가설을 수용한다.[31] 그의 주장에 따르면 세포의 분자 기관은 가장 간단한 형태로서의 기능을 하기 때문에 자연 선택에 의해 조각조각 진화했을 리 없고, 어느 지적 설계자가 고안해 낸 창조물임에 틀림없다는 것이다. 이론상 그 설계자는 외계에서 온 진보한 우주인일 수도 있지만 이론의 배후에 놓인 의미(subtext)를 감안하면 분명 신이라는 것을 누구나 알 수 있다.

생물학자들은 수많은 이유로 베히의 주장을 거부한다.³² 생화학의 "환원 불가능한 복잡성"에 대한 그의 특이한 주장들은 증명되지 않았거나 틀렸다. 그는 아직 진화의 역사가 밝혀지지 않은 모든 현상들을 싸잡아 설계 탓으로 돌린다. 지적 설계자에 이르러 베히는 갑자기 과학적 양심을 내동댕이치고, 그 설계자가 어디서 왔는지 어떻게 일하는지를 전혀 거론하지 않는다. 그리고 진화의 과정이 지적이고 계획적인 것이 결코 아니라 낭비적이고 잔인하다는 압도적인 증거를 깡그리 무시한다.

그럼에도 어빙 크리스톨, 로버트 보크, 로저 킴볼, 거트루드 히멜파브 등의 주도적 신보수주의자들은 지적 설계를 기꺼이 채택해 왔다. 그 밖에도 법학 교수 필립 존슨, 작가 윌리엄 F. 버클리, 칼럼니스트 톰 베셀이, 그리고 당황스럽게도 생명 윤리학자 리언 카스 등의 보수주의 지식인들이 도덕적인 이유를 들어 창조론에 공감을 표명한다. 그중 생명 윤리학자 리언 카스는 조시 W. 부시가 새로 결성한 생명윤리학위원회 의장으로 미국의 생물학 정책과 의학 정책을 결정하는 임무를 맡고 있다.³³ "다윈을 거부할 수 있다(The Deniable Darwin)."라는 제목의 이야기가 놀랍게도 《논평(Commentary)》의 표지에 등장한 바 있는데, 이것은 한 때 비종교적 유대 지식인들의 주요 토론회장이었던 그 잡지가 이제는 교황보다 더 진화론에 대해 회의적인 태도를 보이고 있음을 의미한다!³⁴

이 세속적인 사상가들이 정말로 다윈주의가 틀렸다고 확신하는지 또는 사람들이 다윈주의를 틀렸다고 믿는 것이 중요하다고 생각하는지는 분명치 않다. 스콥스 원숭이 재판*을 다룬 연극 "Inherit the Wind"**에는

---

* 1925년 테네시 주의 교사였던 존 토머스 스콥스는 진화론을 가르치면 안 된다는 법을 어긴 죄로 최소 100달러의 벌금형을 선고받았는데, 그 후 이 결정은 진화론자들의 치열한 반론 제기 과정을 통해 대법원에서 뒤집어졌다. 이 사건이 계기가 되어 진화론은 교과서에 실려 학생들에게 보편적 사실로 전달되고 있다. 이 재판을 '스콥스 원숭이 재판'이라 한다.

(윌리엄 제닝스 브라이언과 클레런스 대로 역을 맡은) 검사와 변호사가 하룻동안의 법정 공방을 마친 후 휴식하는 장면이 나온다. 검사는 테네시 주민들에 대해 이렇게 말한다.

헨리, 그들은 단순한 사람일세. 가난한 사람들이지. 열심히 일하면서 아름다운 어떤 것을 믿을 필요가 있는 사람들이야. 왜 그것을 빼앗으려고 애를 쓰나? 그게 그들이 가진 전부인걸.

신보수주의자들의 태도도 거의 흡사하다. 크리스톨은 이렇게 썼다.

인간의 조건에서 한 가지 분명한 사실은, 사회 구성원들이 무의미한 세계에서 무의미한 삶을 영위한다고 믿으면 어떤 사회도 생존할 수 없다는 것이다.[35]

그는 다음과 같은 도덕적 결론을 이끌어 낸다.

나른 종류의 사람들에게는 다른 종류의 진실이 있다. 아이들에게 적합한 진실이 있고, 학생들에게 적합한 진실이 있고, 교육받은 성인에게 적합한 진실이 있고, 고등 교육을 받은 성인에게 적합한 진실이 있다. 모두에게 통하는 진실이 있어야 한다는 개념은 현대 민주주의의 오류이다. 그것은 잘못이다.[36]

과학 저술가 로널드 베일리가 말했듯이 "역설적으로 오늘날 많은 현대

** 우리나라에서는 위 제목의 영화가 「신의 재판」으로 소개되었다.

보수주의자들은 종교가 '대중의 아편'이라는 카를 마르크스의 말에 열광적으로 동의한다. 그리고 진심으로 이렇게 덧붙인다. '하느님 감사합니다!'"[37]

많은 보수주의 지식인들이 기독교 근본주의에 합류해서 신경과학과 진화 심리학을 개탄해 마지 않는다. 그들 눈에는 신경과학과 진화 심리학이 영혼, 영원한 가치, 자유로운 선택을 낱낱이 파헤치는 것으로 보인다. 카스는 이렇게 쓴다.

> 이 세계의 신비성을 파헤치려는 진보의 흐름은 현대 합리주의의 한쪽 날개인 과학과 함께 생성되었다. 사랑에 빠진다는 것은 지금도 발생하는 일이지만 현대에는 그 기분을 영혼을 뒤흔드는 아름다운 광경(아프로디테)에서 비롯되는 악마의 홀림(에로스)으로 설명하는 것이 아니라 시상하부에 폴리펩티드 호르몬 농도가 상승하는 것으로 설명한다. 종교적 감성과 이해의 힘 또한 시들해지고 있다. 대다수의 미국인들이 여전히 신에 대한 믿음을 공언하는 것은 사실이지만, 신의 심판을 두려워하며 그 앞에서 몸을 떠는 사람은 거의 없다.[38]

이와 비슷한 맥락에서 저널리스트 앤드루 퍼거슨은 독자들에게, 진화 심리학이 "틀림없이 섬뜩한 느낌을 줄 것"이라 경고한다. "행동이 도덕적인가 아닌가, 가치를 나타내는가 아닌가는 새 과학과 유물론이 판정할 수 없는 문제"이기 때문이다.[39] 그의 글에 따르면 새 과학은 사람들이 단지 "고깃덩어리 꼭두각시"에 불과하다고 주장하는데, 이것은 "인간을 애초에 신이 창조했고, 영혼을 부여받았으며, 무한히 소중한 존재"로 보는 전통 유대-기독교적 관점에 놀라운 변화가 일어난 것이다.[40]

심지어 신경과학과 진화 심리학을 찬양하는 좌익 성향의 저자 톰 위프도 그 속에 함축된 도덕적 의미를 걱정한다. 「미안하지만 당신의 영혼은 방금 죽었다(Sorry, but Your Soul Just Died)」란 수필에서 그는 과학이 마침내 ("가치의 마지막 피난처인") 영혼을 죽일 때, "그 뒤를 이을 섬뜩한 광란의 축제는 '모든 가치의 완전한 일식' 이라는 [니체의] 표현을 무색하게 만들 것"이라 쓰고 있다.

그러는 사이 자아―자제심을 발휘하고, 만족을 뒤로 미루고,* 성적 욕구를 억제하고, 공격성과 범죄 행위를 차단하는 자아―, 그리고 보다 이성적으로 발전할 수 있고, 학습, 연습, 인내, 불굴의 의지를 통해 혼자의 힘으로 자기 자신을 삶의 절정으로까지 끌어올릴 줄 아는 자아란 개념―모험 정신과 진정한 용기를 통해 성공에 도달한다는 이 낡은 개념은 이미 손가락 틈새로 물이 빠져 나가듯 사라져 가고 있다.[41]

"자제심이 갈 곳은 어디인가?"라고 그는 묻는다. "사람들이 이 영적인 자아가 존재하지 않는다고 믿고 뇌 영상이 그것을 최종적으로 증명한다면 극기와 자제심은 도대체 어디에 서겠는가?"[42]

현내에 인간 본성을 부인함으로써 발생하는 한 가지 아이러니는 정치적 스펙트럼의 양극에 선 반대 당원들이 보통 때는 서로를 쳐다보는 것조차 역겨워하면서도 본의 아니게 종종 이상한 불륜 관계를 맺는다는 것이다. 「반 '사회 생물학'」의 서명자들이 윌슨 등의 이론이 "나치 독일에서 가스실을 낳은 우생학 정책의…… 중요한 기초를 제공했다."라고 썼듯이, 일례로 2001년 5월 루이지애나 하원의 교육위원회는 다음과 같이 결의했다. "아돌프 히틀러와 그 밖의 사람들이 다윈의 인종 차별주

* 미래를 위해 현재의 즐거움을 줄이는 것을 뜻한다.

의적 견해와 그의 영향을 받은 이론들을 이용하여…… 인종적으로 열등하다고 지목된 수백만 개인들의 학살을 정당화했다."[43] (결국 거부된) 이 결론의 발기인은 답변서에 굴드의 글을 인용했는데, 굴드의 글이 창조론의 선전문에 긍정적으로 인용된 것은 그것이 처음이 아니었다.[44] 비록 굴드는 꾸준히 창조론을 반대했지만, 진화가 마음과 도덕성을 설명할 수 있다는 개념과, 그것이 창조론자들이 가장 두려워하는 다윈주의에 함축된 의미라는 사실을 똑같이 꾸준하게 반대해 왔다.

좌익과 우익은 또한 인간 본성에 대한 새 과학들이 도덕적 책임이란 개념을 위협한다는 데 의견을 같이한다. 윌슨이 대다수의 포유류들처럼 인간의 경우에도 남성이 여성보다 복수의 파트너와 성관계를 맺으려는 욕망이 더 크다고 주장했을 때, 로즈는 실제로 다음과 같은 말을 했다 해서 그를 비난했다.

당신의 남편이 돌아다니며 많은 여자들과 잠을 잔다고 해서 그를 비난하지 마라. 그것은 그들 잘못이 아니다. 유전적 프로그램 때문이다.[45]

부분적으로만 조롱하고 있는 톰 워프의 글과 비교해 보라.

인간의 남성은 유전적으로 일부다처, 즉 법적 배우자에게 충실하지 못한 성향을 타고났다. 잡지를 읽어 본 남성이라면 누구나 그 사실을 쉽게 알 것이다. (300만 년에 걸친 진화의 역사가 나 역시 그렇게 만들었다!)[46]

한쪽에서는 굴드가 수사학적 질문을 던진다.

왜 우리는 자신의 폭력과 성 차별에 대한 책임을 유전자에 떠넘기려

하는가?[47]

반대쪽에서도 퍼거슨이 같은 문제를 제기한다.

"과학적 믿음"은…… 자유 의지, 개인적 책임, 보편적 도덕성과 관련된 모든 개념을 좀먹을 것이다.[48]

로즈와 굴드에게 기계 속의 유령은 마음대로 역사를 건설하고 세계를 변화시킬 수 있는 "우리"이다. 카스, 워프, 퍼거슨에게 그것은 종교적 가르침에 따라 도덕적 판단을 내리는 "영혼"이다. 그러나 그들은 모두 유전학, 신경과학, 진화론을 자유로운 선택이라는 환원 불가능한 세계를 위협하는 것으로 본다.

∽∽∽

그 결과 오늘날 지적 활동은 어떤 상황에 처했는가? 점점 더 종교적 우익은 인간 본성에 대한 과학을 향해 뚜렷한 적대감을 드러내고 있지만, 그들의 영향은 지적 세계에 변화를 일으키기보다는 정치인들에 대한 직접적인 호소라는 형태로 발휘되고 있다. 종교적 우익이 지식 활동에 가하는 어떤 공격도 진화론에 대한 반대보다 극단적이지 않다. 창조론으로 불리든 지능적 설계라는 완곡한 이름으로 불리든 자연 선택 이론을 부인하는 견해는 그 이론이 옳다는 것을 증명하는 압도적인 증거에 의해 자연스럽게 침몰할 것이다. 그러나 역사의 바다 속으로 가라앉기 전까지 과학 교육과 생물·의학 연구에 얼마나 더 큰 피해를 입힐지는 알 수 없는 노릇이다.

한편 급진 좌파가 지닌 적대감은 현대 지식 세계에 상당한 흔적을 남겼다. 이른바 급진주의 과학자들이 오늘날 기성 세대로 자리잡고 있기 때문이다. 내가 만난 많은 사회과학자들과 인지과학자들이 굴드와 르윈틴에게서 생물학의 모든 것을 배웠다고 자랑스럽게 말한다.[49] 많은 지식인들이 르윈틴을 진화와 유전학의 완벽한 제사장으로 칭송하며, 다수의 생물 철학자들이 오랫동안 그 밑에서 공부했다. 인간의 진화 또는 유전학을 비웃는 로즈의 한 평론은 영국 언론의 표준이 되었다. 굴드의 경우를 말하자면, 아시모프가 어느 책 광고에 "굴드는 한마디도 틀릴 수 없다."라고 썼을 때 반어적 효과를 의도하지는 않은 것으로 보이는데, 많은 언론인과 사회과학자들이 꼭 그러한 태도를 보이고 있는 실정이다. 저널리스트 로버트 라이트를 주제로 한 《뉴욕》의 최근 기사에서는 그가 "페니스 선망" 욕구를 가진 "스토커"이자 "젊은 불한당"이라고 이야기했다. 굴드의 논리와 증거를 비판하는 만용을 부린다는 것이 그 이유였다.[50]

급진주의 과학자들은 어느 정도 노력을 했기 때문에 존경을 받는 것이긴 하다. 과학적 업적과는 완전히 무관하게 르윈틴은 수많은 과학적·사회적 쟁점들을 예리한 눈으로 분석했고, 굴드는 자연사에 대한 수백 편의 훌륭한 논문을 발표했으며, 로즈는 기억의 신경학적 측면을 주제로 한 훌륭한 책을 발표했다. 그들은 또한 지식 세계에서도 빈틈없는 지위를 확보하고 있다. 생물학자 존 올콕은 이렇게 설명한다. "스티븐 제이 굴드는 폭력을 증오하고, 성 차별에 반대하는 연설을 하고, 나치를 경멸하고, 대량 학살을 끔찍한 행위로 여기는 등 천사의 편에 선 인물이 틀림없다. 누가 그런 사람과 논쟁을 벌이려 하겠는가?"[51] 이러한 논쟁 면역성 때문에 급진주의 과학자들의 부당한 공격이 인습적 지혜의 일부로 통용되고 있다.

오늘날 많은 저자들이 무심결에 행동 유전학을 우생학과 동일시한다. 마치 행동의 유전적 상관성을 연구하는 것이 사람들에게 자녀 출산에 관한 결정권을 강제로 빼앗는 것과 같다는 식이다. 또한 많은 저자들이 진화 심리학을 사회 다윈주의와 동일시한다. 마치 우리의 진화적 뿌리를 연구하는 것이 빈민층의 상태를 정당화하는 것과 같다는 식이다. 그러한 혼란은 과학적 무지에서 나오기도 하지만 한편으로는 《사이언티픽 아메리칸(Scientific American)》과 《사이언스》 같은 권위 있는 출판물에서도 발견된다.[52] 『통섭』에서 윌슨이 인간의 지식 분야들 간의 구분이 무의미해지고 있다고 주장하자, 역사가 츠베탕 토도로프는 빈정대는 투로 이렇게 썼다. "윌슨의 다음 책을 제안하고 싶다.……〔그 주제로는〕 히틀러가 채택한 이론인 사회 다윈주의에 대한 분석, 그리고 사회 다윈주의가 사회 생물학과 어떻게 다른가에 대한 해명이 제격이다."[53] 2001년 인간 게놈 프로젝트가 완료되었을 때 프로젝트를 주도했던 사람들이 "유전적 결정론", 즉 "개인의 모든 특성이 게놈 속에 '영구 배선' 되어 있다는 (누구도 믿지 않는) 믿음"을 공공연히 비난했다.[54]

심지어 과학자들도 급진주의자들의 사회 구성주의에 만족하는 경우가 많은데, 이것은 그들이 그 이론에 동의해서라기보다는 실험실에 안주한 그들에게 창 밖의 시위자들은 전혀 필요치 않기 때문이다. 인류학자 존 투비와 심리학자 레다 코스미디스가 말한 것처럼, 생물학이 본질적으로 인간의 사회 질서와 단절되어 있다는 도그마는 과학자들에게 "현대 학계라는 정치화된 지뢰밭에서 살아남을 수 있는 안전한 행보"를 제공한다.[55] 앞으로 보겠지만 심지어 오늘날에도 빈 서판이나 고상한 야만인에 도전하는 목소리는 시위대의 구호에 묻히거나 나치로 매도당한다. 그런 공격은 산발적인 경우에도 위협적인 분위기를 조성해 학문을 광범위하게 왜곡시키는 결과를 낳는다.

그러나 지식 세계는 변화의 징후를 보이고 있다. 인간 본성에 관한 개념들은 일부 학자와 전문가에게는 여전히 저주의 대상이지만 많은 사람들이 그 소리에 귀를 기울이기 시작했다. 과학자, 예술가, 인문학자, 법 이론가, 깊이 있는 사상을 가진 일반인들이 생물학과 인지과학에서 제공하는 새로운 마음 이론에 대한 갈망을 표하고 있다. 그리고 급진주의 과학 운동은 그 수사학적 성공에도 불구하고 결국 경험주의의 공동묘지임이 판명되었다. 25년 동안 축적된 데이터는 급진주의 예측과는 아주 다른 방향을 가리키고 있다. 몬터규의 주장과는 달리 침팬지는 평화로운 채식주의자가 아니고, 지능의 유전 가능성은 0에 가깝지 않으며, 지능 지수는 뇌와 무관한 "사물화(reification)"의 결과도 아니고, 개성과 사회 행동은 유전적 기초와 무관하지 않으며, 성적 차이가 단지 "심리 문화적 기대"의 산물인 것도 아니고, 잔인한 부족의 수가 평화로운 집단의 수와 동일한 것도 아니다.[56] 오늘날 "마르크스 철학의 의식적 적용"을 통해 과학 연구를 수행한다는 생각은 보는 이로 하여금 당황스러움을 자아낼 뿐이며, "《변증법적 생물학》의 창간호를 채울 연구는 아직 충분히 구체화되지 않았다."라는 진화 심리학자 마틴 댈리의 지적에 주목할 필요가 있다.[57]

이와 반대로 사회 생물학은 살린스가 예측했던 것처럼 일시적인 유행으로 끝나지 않았다. 올콕은 『사회 생물학의 승리(The Triumph of Sociobiology)』(2001)에서, 동물 행동을 연구하는 분야에서는 어느 누구도 더 이상 "사회 생물학"이나 "이기적 유전자"를 언급하지 않는다고 말한다. 그 개념들은 과학의 중요 부분이기 때문이다.[58] 인간에 관한 연구에는 인간 경험의 주요 영역들—아름다움, 모성애, 혈족 관계, 도덕성, 협동, 성, 폭력—이 있는데, 이에 대해 진화 심리학은 유일하게 일관된 이론을 제공하며 활기 찬 경험주의적 연구 분야들을 새롭게 창출하고 있다.⁵⁹ 행동 유전학은 개성에 대한 연구를 부활시켰고, 이후 인간 게놈 프로젝트에서 나온 지식을 보다 광범위한 분야에 적용시킬 것이다.⁶⁰ 인지 신경학은 당당하고 자신 있게 새로운 방법들을 마음과 행동의 모든 측면에 적용시킬 것이고, 감정적·정치적으로 부담스러운 문제라 해서 외면하지 않을 것이다.

문제는 인간 본성이 갈수록 마음의 과학, 뇌, 유전자, 진화 등에 의해 설명될 것인가 아닌가가 아니라, 우리가 그 지식으로 무엇을 할 것인가에 있다. 평등, 진보, 책임, 개인의 가치라는 우리의 이상에는 어떤 의미가 함축되어 있는가? 인간 본성에 반대하는 좌·우익 분파들은 한 가지 사실에 대해서는 옳다. 그것이 매우 중요한 문제라는 사실이다. 그러나 바로 그런 이유 때문에 그 문제를 대할 때에는 두려운 방어적 태도가 아니라 합리적인 태도를 취해야 한다. 이것이 다음 3부의 목표이다.

3부

인간의 얼굴을 한 인간 본성

16 33년 갈릴레오가 본의 아니게 종교 재판소의 주목을 받게 되었을 때 위기에 처한 것은 천문학만이 아니었다. 갈릴레오는 당시의 정설과는 달리 지구가 태양 주위를 돈다고 말함으로써 성서에 기록된 진리, 가령 "태양아, 기브온 위에 머물러라."라고 한 여호수아의 명령 같은 구절을 반박하고 있었다. 더 나아가 그는 이 세계의 도덕적 질서에 관한 이론에 도전하고 있었다.

중세에 발전한 그 이론에 따르면 우주는 달의 영역에 의해 영원하고 완벽한 천상의 세계와 타락한 지상의 세계로 나뉜다(그에 따라 새뮤얼 존슨은 "달 아래 자연을 바꿀" 수 없다고 말했다.). 달 주위에는 태양계 행성들, 태양, 태양계 밖의 행성들, 그리고 항성들의 세계가 있었고, 높은 곳에 있는 천사들이 각각의 세계를 돌리고 있었다. 그리고 신의 집인 천국이 그 주위를 둘러싸고 있었다. 인간의 영혼은 천사들보다 약간 낮은 달의 세계에 포함되어 있었고, 그 아래에는 차례대로 인간의 육체, 동물(짐승, 새, 물고기, 곤충의 순으로), 식물, 광물, 무생물의 원소, 아홉 단계의 악마들이 있었으며, 마지막으로 지구의 중심인 지옥에 마왕이 존재했다. 우주는 이렇게 계급 조직과도 같은 거대한 존재 사슬(Great Chain of Being)로 배열되어 있었다.

존재 사슬에는 풍부한 도덕적 의미가 내포되어 있었다. 인간의 고향이 우주의 중심이라는 생각은 우리의 존재와 행동의 중요성을 반영했다. 사람들은 적절한 지위에 따라 살았고(왕, 공작, 농민 등), 사람이 죽으면 영혼은 더 높은 자리로 올라가거나 더 낮은 자리로 떨어진다고 여겨졌다. 인간의 거주지는 만물의 체계에서 낮고 천한 자리이므로 사람들은 반드시 천상의 완벽함을 잠깐이라도 쳐다보아야 한다는 사실을 명심해야 했다. 그리고 기근과 야만의 벼랑 끝에서 항상 흔들리는 것처럼 보이는 세계에서 존재 사슬은 만물의 본성이 질서 정연하다는 위로를 제공했다. 만물은 우주의 질서에 따라 연결되어 있기 때문에 만약 행성들이 자신의 영역을 벗어나면 혼돈이 발생한다고 생각했다. 알렉산더 포프는 "자연의 사슬에서 어떤 고리가 깨지든,/그것이 열 번째든 만 번째든 사슬은 똑같이 붕괴한다."라고 썼다.[1]

이 어떤 것도 그 고리를 깨고 있던 갈릴레오를 피해 갈 수 없었다. 그는 단지 경험적 차원에서, 흑점, 신성(新星), 목성 주위를 도는 위성 등으로 타락한 지상과 영원한 천상의 구분이 잘못된 것임을 입증할 수 있다고 주장하는 데 그치지 않았다. 더 나아가 그는 지구 중심설을 장식하고 있는 도덕적 원리들이 지구 중심설 못지않게 의심스럽다고 주장했고, 그래서 그의 이론이 틀린 것으로 판명되면 그는 가장 큰 곤욕을 치를 수도 있었다. 『두 가지 주요 세계 체계에 관한 대화』에 담긴 갈릴레오의 본심은 불변성이 왜 그렇게 위대한가에 대한 의문을 던지고 있다.

내가 보기에 지구가 이토록 고귀하고 훌륭한 것은 바로 그 안에서 다양한 변경, 변화, 생성 등이 끊임없이 일어나기 때문이다. 만약 어떤 변화도 없어서 지구가 광대한 모래 사막이나 벽옥의 산으로 남았거나, 대홍수가 일어났을 때 지구를 덮었던 물이 얼어붙어 거대한 얼음 덩어리로 남았다면, 내 눈에는 그저 이 우주 속에서 아무 운동도 하지 않는, 한마디로 불필요하고 존재 가치가 없는 무의미한 덩어리로만 보일 것이다. 이것은 살아 있는 동물과 죽은 동물의 차이인데, 나는 달과 목성과 그 밖의 모든 천체들도 마찬가지라 생각한다.

…… 사람들이 완벽함, 영원성 등을 높이 찬양한다면 내 생각에 그것은 계속 살고자 하는 욕구 때문이고 죽음에 대한 두려움 때문이다. 그들은 인간이 불멸이라면 그들 자신이 결코 이 세상에 오지 못했을 것이란 사실을 생각하지 못한다. 그런 사람들은 정말로 메두사의 머리와 마주쳐서 벽옥이나 다이아몬드의 상태로 변하고 그럼으로써 현재 상태보다 더 완벽해질 만한 가치가 있다.[2]

오늘날 우리는 이 세계를 갈릴레오처럼 본다. 우리로서는 돌과 공기가 3차원의 공간에 존재하는 것이 선악과 관계가 있다거나 삶의 의미나 목적과 관계가 있다고 상상하기 어렵다. 갈릴레오 시대의 도덕적 감각은 결국 천문학적 사실에 따라 수정되었는데, 이것은 사람들이 사실을 인정할 수밖에 없어서이기도 했지만, 도덕성이 거대한 존재 사슬과 관계 있다는 바로 그 생각이 애초에 잘못된 것이었기 때문이다.

오늘날 우리도 그때와 비슷한 과도기를 겪고 있다. 빈 서판은 현대의 거대한 존재 사슬이다. 그 학설은 삶의 의미와 도덕성의 이론적 근거로 널리 받아들여지고 있으며, 한편으로는 당대의 과학으로부터 맹공을 받고 있다. 갈릴레오가 세상을 떠난 다음의 100년 동안에 그랬듯이, 우리의 도덕 관념도 생물학적 사실에 따라 수정될 것이다. 사실은 사실이기 때문에, 그리고 빈 서판의 도덕적 자격증이 가짜이기 때문이다.

이 책의 3부에서는 새롭게 갱신된 의미와 도덕성 개념이 빈 서판이 서거한 후에도 왜 살아남을 수 있는가를 보여 줄 것이다. 그러나 신흥 종교의 영적 지도자처럼 색다른 삶의 철학을 제시하지는 않을 것이다.

내가 제시할 주장은 역사 속의 위대한 사상가들에 의해 수세기 동안 우리 곁에 존재했고 발전해 온 것들이다. 내 목표는 그것들을 한 자리에 모은 다음, 인간 본성에 대한 과학에서 비롯되는 도덕적 과제들과 연결시키는 것이고, 그 목적은 왜 과학 때문에 모든 가치가 니체 식의 완전한 일식 속에 묻혀 버리지 않는가를 생각나게 하는 것이다.

인간 본성에 대한 걱정은 네 가지 두려움으로 요약된다.

- 사람들이 선천적으로 다르다면 억압과 차별이 정당화될 것이다.
- 사람들이 선천적으로 부도덕하다면 인간 조건을 개선할 수 있다는 희망은 무익할 것이다.
- 사람이 생물학적 법칙의 산물이라면 자유 의지는 신화가 될 것이고 더 이상 사람들에게 행동에 대한 책임을 묻지 못할 것이다.
- 사람이 생물학적 법칙의 산물이라면 삶의 의미와 목적이 사라질 것이다.

각 항목이 한 장을 차지할 것이다. 각 장에서는 먼저 두려움의 근거를 설명하고, 인간 본성에 관한 어느 주장이 문제가 되는지, 그것이 왜 의심스러운 의미를 내포한다고 생각하는지를 밝힐 것이다. 그런 다음 각각의 경우에 그 논리가 틀렸으며 따라서 그 속에 내포된 의미가 잘못된 것임을 증명할 것이다. 그러나 여기에서 멈추지 않을 것이다. 그것은 인간 본성에 관한 주장들이 사람들의 생각보다 덜 위험해서가 아니라, 인간 본성에 대한 부인이 사람들의 생각보다 더 위험할 수 있기 때문이다. 이런 이유로 우리는 인간 본성에 관한 주장들을 저울의 어느 쪽도 슬며시 손가락으로 누르지 않고 객관적으로 조사해야 하며, 그 주장들이 결국 사실이라면 어떻게 그것을 우리 삶에 받아들일 것인가를 이해해야 한다.

8장
✥
불평등에 대한 두려움

빈 서판 학설의 가장 큰 도덕적 매력은 "0=0"이라는 간단한 수학적 사실에서 나온다. 그 덕분에 빈 서판은 정치적 평등을 보장하는 원리로 이용될 수 있다. 빈 것은 빈 것이고, 그래서 인간이 빈 서판이라면 모두 평등하다는 결론이 나온다. 반면에 갓난아기의 서판이 비어 있지 않다면 각각의 아기는 서로 다른 내용이 새겨진 서판을 가지고 태어날 것이다. 그렇다면 다양한 개인, 성, 계급, 인종은 선천적으로 다른 재능, 관심, 성향을 보일 것이다. 바로 여기에서 세 가지 해악이 나온다고 사람들은 생각한다.

첫째는 선입견이다. 만약 인간 집단들이 생물학적으로 다르다면, 어떤 집단의 구성원들을 차별하는 것은 합리적일 수 있다. 둘째는 사회 다원주의이다. (수입, 지위, 범죄율 등) 집단 간의 생활 수준 차이가 선천적 특성에서 비롯된다면, 그 차이는 차별 탓이 아니라 약자 탓이 되기 쉽고 불평등이 용인될 수 있다. 셋째는 우생학이다. 만약 사람들이 가치를 평가하거나 혐오감을 느끼는 방식이 생물학적으로 다르다면 생물학적인 개입에 의해 사회를 개선하려 할 것이다. 가령 출산에 관한 결정을 장려 또는 억압하거나, 그 결정권을 부모로부터 빼앗거나, 민족을 말살하는 방법을 사용할 수 있다. 나치가 "최종 해결책"을 강행했던 것은 유대인을 비롯한 몇몇 인종 집단이 생물학적으로 열등하다고 생각해서였다. 선천적 차이에 대한 발견 때문에 끔찍한 결과가 발생할 수 있다는 두려움 때문에 많은 지식인들이 그런 차이는 존재하지 않는다고 주장했고, 더 나아가 인간 본성이란 것이 존재하면 선천적 차이가 가능해지므로 그런 것은 아예 존재하지 않는다고 주장해 왔다.

나는 일단 이런 종류의 논법이 전개되면 즉시 비상 벨이라도 울리기를 바란다. 인간에 관한 예측을 가능케 하는 어떤 발견이라도 그렇게 끔찍한 의미를 내포할 수 있다는 점을 우리는 인정하지 않아야 한다. 문제는 사람들이 서로 다를 수 있다는 가능성에 있는 것이 아니다. 그것은 현실적 상황에 따라 이렇게든 저렇게든 판명될 수 있는 문제이다. 문제는 사람들이 서로 다르다면 결국 차별, 억압, 대량 학살이 용인될 것이라고 말하는 사고 방식에 있다. 평등이나 인간적 권리와 같은 근본적 가치들이, 당장 내일 오류로 밝혀질 수도 있는 빈 서판 학설의 볼모가 되어서는 안 된다. 이 장에서는 그러한 가치들을 보다 안전한 토대 위에 올려 놓을 수 있는 방법을 모색하고자 한다.

∼∽∼

어떤 차이들이 걱정할 만한 것들인가? 성과 어린이에 관한 장에서는 성과 개인 사이의 차이를 보여 주는 현재까지의 증거들을 검토하고 이와 더불어 그와 관련된 의미 그리고 무관한 의미들을 살펴볼 것이다. 지금 여기에서는 보다 일반적인 주제를 다루고자 한다. 즉 인간의 진화와 유전학에 대한 이해를 바탕으로 하여, 과학이 장기간에 걸쳐 발견해 낸 차이들 및 그로 인해 발생하는 도덕적 쟁점들을 검토하고자 한다.

이 책은 1차적으로 인간 본성—호모 사피엔스의 건강한 구성원들이 보편적으로 가지고 있는 인지적 · 감정적 능력—에 관한 책이다. 새뮤얼 존슨의 말대로, "우리는 모두 같은 동기에 의해 고무되고, 같은 오류에 속고, 희망에서 활력을 얻고, 위험을 만나 주춤대고, 욕망에 뒤얽히고, 즐거움에 이끌린다."[1] 우리가 같은 종류의 인간 본성을 공유한다는 것을 보여 주는 증거는 풍부하지만, 그것이 개인, 인종, 성별 간의 차이 역시 우리의 본성 안에 존재한다는 것을 의미하지는 않는다. 공자는 다음과 같은 글을 남겼다는 점에서 옳았다. "인간은 본성은 비슷한데 습성이 다르다."[2]

현대 생물학에 따르면 사람들을 비슷하게 만드는 힘은 사람들을 다르게 만드는 힘과 다르다.[3] (실제로 서로 다른 과학자들이 연구하는 경향이 있다. 유사성은 진화 심리학자들이, 차이점은 행동 유전학자들이 연구한다.) 자연 선택은 유능한 유전자—원활하게 기능하는 기관들을 만들어 내는 유전자—를 집중시키고 무능한 유전자를 걸러 내어 한 종을 균일하게 만들고 그럼으로써 하나의 표준 종합 설계도를 완성한다. 우리를 움직이게 하는 것이 무엇인가를 설명할 때 우리는 깃털이 같은 새 떼가 되는 것이다. 우리 모두에게 똑같은 신체 기관(두 눈, 간, 네 방으로 나뉜 심장)이 있는 것처럼, 우리에게는 똑같은 정신 기관이 있다. 언어의 경우가 가장 뚜렷한 증거이다. 신경학적으로 온전한 모든 아이는 어떤 언어라도 획득할 장비를 갖추고 태어나는 것이다. 이런 점은 마음의 다른 부분들에도 마찬가지로 적용된다. 이처럼 빈 서판을 버린다는 것은 사람

들 간의 차이보다는 인류의 심리학적 통일성에 더 주목한다는 것을 의미한다.[4]

우리는 매우 비슷한 존재들이지만, 물론 복제물은 아니다. 일란성 쌍둥이를 제외한 각 개인은 유전적으로 독특하다. 그 이유는 무작위적인 돌연변이들이 게놈에 스며들어 오랫동안 머물고, 개인들이 번식을 할 때 뒤섞여 새로운 조합을 만들어 내기 때문이다. 자연 선택은, 미시적 차원에서 작고 무작위적인 변이의 형태로 단백질 속에 어느 정도의 유전적 이질성을 간직하는 경향이 있다. 그 변이로 인해 유기체의 분자 조합은 작은 변화를 겪게 되고, 그 후손들은 조합의 자물쇠를 풀기 위해 끊임없이 진화하는 미세한 세균들보다 한걸음 앞서게 된다.

모든 종은 유전적 변이성을 품고 있지만, 호모 사피엔스는 변이성이 적은 종에 속한다. 유전학자들은 우리를 "작은" 종이라 부르는데, 우리가 마치 바퀴벌레처럼 지구 상에 창궐해 있다는 점에서 잘못된 농담처럼 들린다. 사실 그것은 생물학적으로 인간에게서 발견되는 유전적 변이의 양이, 구성원이 적은 소수의 종에게나 기대할 만큼 작다는 것을 의미한다.[5] 예를 들어 수에 있어서는 인간이 침팬지를 압도하지만, 인간들보다 침팬지 사이에는 더 많은 유전적 차이가 존재한다. 그 이유는 진화의 역사에서 아주 최근(약 10만 년 전)에 우리의 조상들이 집단적으로 병목 지점을 통과했고, 그로 인해 작은 양의 유전적 변이를 가진 소수 종으로 후퇴했기 때문이다. 인류는 살아남아 재기하기 시작했고, 약 1만 년 전 농경 발명 이후 인구 폭발을 거쳤다. 그 폭발로 인해 인류가 수적으로 희박했을 때 존재했던 유전자들이 무수히 복제되었다. 새로운 형태의 유전자가 많이 축적될 시간이 별로 없었다.

병목 현상을 겪은 후 여러 번 인종 간의 차이가 출현했다. 그러나 여러 민족의 피부나 머리카락의 차이가 아주 두드러져 보이는 것은 사실 우리의 직관이 경험하는 속임수에 불과하다. 인종 간의 차이는 대개 기후에 적응한 결과이다. 열대 지방에서 피부의 색소는 일종의 햇볕 차단제였고, 툰드라에서 눈꺼풀은 고글이었다. 기후 요소에 직면하는 신체 기관들은 또한 다른 사람들의 시선에도 직면하기 때문에, 우리는 인종 간의 차이가 실제보다 더 뿌리깊다고 착각하기 쉽다.[6] 기후에 적응해 피부색의 차이가 나타나는 한편, 이웃한 집단들을 내적으로 비슷하게 만드는 진화 작용도 전개된다. 희귀한 유전자가 풍토병에 대한 면역력을 제공할 수 있고, 그래서 양 집단의 구성원들이 짝을 짓는 경우가 발생한다면 그 유전자는 압지로 빨아들인 잉크처럼 한 집단에서 이웃 집단으로 스며들게 된다.[7] 예를 들어 유대인들은 아주 최근까지도 같은 유대인들하고만 결혼하는 경향이 있었지만, 이웃에 사는 비유대인들과 유전적으로 비슷한 경향을 보여 준다. 한 세대에 개종 또는 이방인 기독교도와의 연애나 강간이 한 번씩만 발생하더라도 오랜 시간 후에는 유전적 경계가 흐려지기에 충분하다.[8]

이 모든 작용을 고려하면 우리는 다음과 같은 그림을 얻게 된다. 즉 사람들은 질적으로 같지만 양적으로 다르다. 그 양적 차이는 생물학적으로 크지 않으며, 인종 집단이나 민족들 사이에서 발견되는 것보다는 한 인종 집단의 개별 구성원들 사이에서 훨씬 더 크게 발견된다. 이것은 믿을 만한 발견이다. 한 인종 집단의 구성원들이 완전히 똑같다고 주장하거나, 한 인종 집단이 다른 집단과 근본적으로 다르다고 주장하는 어떤 인종 차별 이데올로기도 인간의 생물학적 본질에 대한 잘못된 가정에 근거를 두고 있다.

그러나 생물학이 모든 사람을 하나로 묶지는 못한다. 개인들은 유전적으로 동일하지 않으며, 뇌를 제외한 다른 신체 기관이 그 차이로부터 영향을 받을 가능성은 없다. 그리고 인종 간의 또는 인종 집단 간의 유전적 차이도 개인적 차이보다 훨씬 작지만 아예 존재하지 않는 것은 아니다(예를 들어 집단적으로 신체적 차이를 발생시키거나, 테이색스 병이나 겸상 적혈구 빈혈증 같은 유전적 질병의 감염 가능성을 결정하는 경우가 있다.). 오늘날 인종은 존재하지 않고 순전히 사회적 구조만 존재한다고 말하는 것이 유행이다. 이 말은 "유색인", "히스패닉", "아시아/태평양 섬 주민" 그리고 흑인 혼혈의 흑인으로의 분류* 같은 행정상의 분류에는 분명히 적용되지만, 전반적인 차이에 대해서는 과장된 언급이 된다. 생물인류학자 빈센트 사리히는 인종이란 규모가 아주 크고 어느 정도 동종 번식으로 이루어진 가족이라고 지적한다. 따라서 인종적 차이에는 비록 고정된 범주를 가르는 정확한 경계는 없지만 생물학적 현실성은 어느 정도 있다고 볼 수 있다. 인간은 단일한 최초 집단에서 진화했기 때문에 모두 관련되어 있지만, 유럽인들은 수천 년 동안 같은 유럽인들끼리 번식했기 때문에 아프리카인이나 아시아인에 대해서보다 서로 가까운 관계를 유지하고 있다. 과거에는 바다, 사막, 산맥이 짝짓기 상대의 선택 범위를 제한했기 때문에 우리가 인종이라 부르는 대가족은 여전히 식별 가능하고, 각 인종은 유전자 빈도에 있어 어느 정도 다른 분포를 보인다. 이론상으로 보면, 항상 변화하는 유전자 중 일부가 개성이나 지능에 영향을 미칠 수 있다(물론 그런 차이는 평균치에 적용될 것이고, 집단 구성원들 사이에서 광범위하게 나타나야 할 것이다.). 이것은 그런 종류의 유전적 차이를 예상할 수 있다거나 그것을 입증하는 증거가 있다는 말이 아니라, 그런 것이 생물학적으로 가능하다는 의미이다.

(내 자신의 견해를 덧붙이자면, 가장 많이 거론되는 인종적 차이—미국의

---

* 원문은 one-drop rule for being "black". 흑백 혼혈은 무조건 흑인으로 취급한다는 뜻이다.

흑인과 백인 간의 지능 지수 차이—의 경우에, 현존하는 증거에는 유전적 설명이 필요 없다. 토머스 소웰은 20세기 대부분 동안 세계적으로 지능 지수의 인종적 차이는 예외가 아니라 상례였다고 기록한 바 있다.[9] 주류 문화 밖에 존재했던 소수 집단의 구성원들은 평균 지능 지수가 다수의 지능 지수보다 낮았는데 그 예로는 남동 유럽에서 미국으로 건너온 이주자, 미국의 백인 산지 주민의 자녀들, 영국의 운하용 보트에서 성장한 아이들, 헤브리디스 제도의 게일 말을 쓰는 아이들을 들 수 있다. 그 차이는 적어도 현재 흑인과 백인 간의 지능 지수 차이만큼 컸지만, 몇 세대 내에 사라졌다. 노예제와 차별을 겪어 온 아프리카계 미국인들을 이민 집단이나 농촌 고립 지대의 사람들과 비교하기는 어렵다. 그들이 주류 문화로 이행하기까지에는 더 오랜 시간이 걸릴 것이다.)[10]

그리고 성이 있다. 인종 집단과 민족의 경우에는 상대적 차이가 생물학적으로 우연적이고 작은 데 반해, 양성은 최소한 한 가지 주요하고 구조적인 면에 있어 뚜렷이 다르다. 생식 기관이 서로 다른 것이다. 진화적 측면에서 우리는 그 기관의 사용법을 제어하는 남성과 여성의 신경계—성욕, 부모의 본능, 짝짓기 전술—가 다를 것이라 예상할 수 있다. 똑같은 논리로 남성과 여성은 가령 일반적 지능과 같이 양성 모두가 직면하는 과제 해결에 필요한 신경계에서는 크게 다르지 않을 것이라 예상할 수 있다(성에 관한 장에서 다룰 것이다.).

∽∾∽

그렇다면 생물학적 발견은 인종 차별과 성 차별을 정당화하는가? 물론 아니다! 편협한 사고에 반대하는 태도는 인류가 생물학적으로 구별 불가능하다는 사실에 입각한 주장과는 다르다. 그것은 개인이 속한 집단의 평균적 특성에 따라 그 개인을 평가하지 말아야 한다는 도덕적 태도이다. 문명 사회는 고용, 승진, 봉급, 입학, 사법 제도 분야에서 인종, 성, 민족을 무시하기로 결정했다. 그 반대 정책이 도덕적으로 불쾌하기 때문이다. 사람을 인종, 성, 민족에 따라 차별하는 것은 불공정한 일이고 본인이 통제할 수 없는 특성 때문에 벌칙을 가하는 일이다. 그것은 아프리카계 미국인, 여성 등의 집단이 속박되고 억압당했던 과거의 불공평한 상태를 영속화하는 것이다. 또한 사회를 적대적 분파들로 분열시킬 것이고, 단계적으로 증폭되면 무서운 박해로 이어질 수도 있다. 그러나 차별에 반대하는 이 주장들 모두는 인간 집단들이 유전적으로 구별될 수 있는가 없는가의 문제와는 무관하다.

인간 본성 개념은 차별에 도움이 되기는커녕 오히려 그것을 반대하는 근거가 된다. 바로 여기에서 선천적 다양성과 선천적 보편성의 구별이 중요해진다. 가령 지능 지수나 신체적 능력같이 사람에 따라 다를 수 있는 특성과는 무관하게, 모든 인간은 공통적 특성을 가지고 있다고 생각할 수 있다. 어느 누구도 노예가 되는 것을 좋아하지 않는다. 어느 누구도 굴욕감을 느끼기를 좋아하지 않는다. 어느 누구도 불공정하게 대우받기를, 즉 개인이 통제할 수 없는 특성에 따라 대우받기를 좋아하지 않는다. 차별과 노예제에 대한 우리의 감성은, 어떤 특성이 사람에 따라 아무리 큰 차이가 나더라도 그 때문에 사람이라는 게 서로 다르지는 않다는 확신에서 비롯된다. 그런데 이 확신은 인간에게는 선천적 특성이 전혀 없다는 이른바 진보적인 원리와 대조를 이루어, 인간이 노예 상태나 지위 하락을 즐기도록 조건화되어 있다는 의미로 이어질 수 있다.

정치적 평등이 경험주의적 가설이 아니라 도덕적 태도라는 생각은 평등의 본질을 설명한 역사상의 유명한 사상가들에 의해 분명히 표현되곤 했다. 미국 독립선언서는 "모든 인간은 평등하게 창조되었고 우리는 이 진실이 자명한 것임을 주장한다."라고 선언한다. 저자인 토머스 제퍼슨은 그것이 생물학적 동일성이 아니라 권리의 평등임을 명백히 밝혔다. 예를 들어 1813년 존 애덤스에게 보낸 편지에서 그는 이렇게 썼다. "인간들 사이에 선천적인 귀족 계층이 있다는 당신 견해에 동의합니다.…… 사람의 도덕적·신체적 특질은 선하건 악하건 어느 정도는 아버지로부터 아들에게 전수될 수 있다는 사실을 경험이 입증하기 때문입니다."[11] (선언서는 원래 백인들만을 대상으로 해서 작성되었고 제퍼슨이 평생 동안 평등주의와는 거리가 멀었다 해도 이 주장은 변하지 않는다. 물론 제퍼슨은 백인들 사이의 선천적 차이를 인정했지만, 그와 동시에 당시로서는 새로운 개념인 백인들 사이의 정치적 평등을 옹호했다.) 이와 비슷하게 에이브러햄 링컨은 선언서의 서명자들이 "모든 사람이 색, 크기, 지성, 도덕 수준, 사회적 능력에서 평등하다고 말한 것이 아니라" 단지 "어떤 양도할 수 없는 권리"의 측면에서 평등하다고 말했던 것이라 생각했다.[12]

생물학과 인간 본성에 대해 가장 권위 있는 몇몇 현대 사상가들도 똑같은 구별법을 적용해 왔다. 현대적 진화 이론의 창시자 중 한 명인 에른스트 마이어는 1963년 다음과 같은 글을 통해 거의 40년에 걸친 논쟁을 예견하는 현명함을 보였다.

> 명백한 이질성에도 불구하고 평등은 다소 복잡한 개념이고, 많은 개인들이 도달할 수 없는 도덕적 수준을 요구한다. 사람들은 차라리 인간의 다양성을 부인하고 평등을 동일성으로 대체해 버린다. 또는 단지 형태학적 특성만이 유전자에 의해 지배되고 마음의 나머지 특성들은 "조건화"나 다른 비유전적 요소들에 의해 좌우된다는 점에서 인류는 생물의 세계에서 예외적인 존재라고 주장한다. 그런 저자들은 쌍둥이 연구가 보여 주는 결과와 동물의 비형태학적 특성을 유전적으로 분석한 결과를 편리에 따라 무시해 버린다. 그렇게 명백히 잘못된 전제를 기초로 한 이데올로기는 재

앙으로 직결될 수 있다. 인간의 평등을 옹호하기 위해 모든 인간이 동일하다고 주장하는 것이다. 동일성이라는 것이 존재하지 않는다는 사실이 입증되자마자 평등에 대한 지지도 똑같이 사라진다.[13]

놈 촘스키도 「심리학과 이데올로기」라는 글에서 같은 것을 지적했다. 비록 지능 지수에 관한 헤른슈타인의 주장에 동의하진 않았지만 그는 헤른슈타인을 인종 차별주의자로 몰아붙이는 대중의 비난에 반대했고, 객관적 사실을 위험하다고 비난하는 동료 급진 과학자들과는 거리를 유지했다.

인종과 지능 지수의 상관성(행여 이런 것이 존재한다면)은, 각 개인을 인종적 범주에 따라 묶고 인간적 권리를 가진 개인이 아니라 그 범주의 대표자로 취급하는 인종 차별 사회에서가 아니라면 어떤 사회적 중요성도 수반하지 않는다. 헤른슈타인은 키와 지능 지수의 상관적 가능성을 언급한다. 거기에 과연 사회적 중요성이 있는가? 물론 없다. 우리 사회는 키에 따른 차별로 고통 받지 않는다. 우리는 각각의 성인이 어떤 종류의 교육을 받아야 하는지 또는 어디에서 살아야 하고 어떤 일을 해야 하는지를 판단할 때, "신장 180센티미터 이하"나 "신장 180센티미터 이상"의 범주에 따라 나눠야 한다고 주장하지 않는다. 오히려 개인은 개인일 뿐, 그의 신장 범주에 속한 사람들의 평균 지능 지수와는 아무 상관이 없다. 인종 차별이 없는 사회라면 인종이라는 범주도 그와 똑같이 무의미할 것이다. 특정한 인종적 배경에 속하는 개인들의 평균 지능 지수는 특정한 개인의 상황과 무관하다.……

덧붙여 말하자면, 대단히 많은 학자들이 지능 지수가 유전적일 수 있고 어쩌면 그 정도가 클 수 있다는 점에 불안해한다는 사실은 놀랍기만

하다. 상대적 신장이나 음악적 재능 또는 100미터 달리기의 순위가 어느 정도 유전적으로 결정된다는 점을 발견하는 것이 불안한 일인가? 왜 우리는 이런 문제에 대해 이런저런 선입견을 가져야 하는가? 그리고 그 답이 진지한 과학적 문제나 올바른 사회적 관습에 어떻게 연결되겠는가?[14]

독자들 중에는 이 당당한 태도를 믿지 못하는 사람도 있을 것이다. 만약 모든 인종 집단과 양성이 모든 재능에 있어 동일하고 따라서 차별이란 단지 자멸에 불과하다면, 사람들은 그 사실을 인식하자마자 차별을 철폐할 것이다. 그러나 만약 사람들이 동일하지 않다면, 그들 간에 존재하는 차이를 고려하는 것이 합리적일 것이다. 결국 베이즈의 정리에 따라 어떤 것(가령 '어떤 개인이 한 직업에서 성공할 것인가?')을 예측해야 하는 의사 결정자는 가령 그 집단의 사람들이 보여 주는 성공 비율 같은 사전 확률을 계산에 넣어야 한다. 만약 인종이나 성이 평균적으로 다르다면, 인종에 따라 신상을 작성하거나 성 역할을 유형화하는 것이 일단 안전할 것이고, 인종과 성에 관한 정보가 선입견을 조장할 목적에 이용되지 않을 것이라는 기대는 순진함의 소치가 될 것이다. 그래서 사람들을 개인으로 다루는 정책은 차별 억제의 어떤 희망도 담을 수 없는 깨진 그릇처럼 보인다.

이 걱정을 즉시 해결하는 답은, 집단 간의 차이가 기원상 유전적이든 환경적이든 차별의 위험은 발생한다는 것이다. 평균은 평균이고 그래서 정책 결정자는 그 차이의 원인이 아니라 차이 자체에만 신경을 써야 한다.

게다가 차별이 경제적으로 합리적이라 하더라도, 우리의 정책이 다른 모든 비용을 무시하고 무자비하게 경제적 가치를 극대화할 때에만 실제적 위험이 발생할 것이다. 그러나 실제로 우리는 경제적 효율성보다 도덕적 원리를 앞세우는 여러 정책들을 시행하고 있다. 예를 들어 돈을 받고 투표권을 판다든지, 장기를 판다든지, 자녀를 파는 것은 부도덕한 행위이다. 물론 경제학자는 모든 자발적 교환이 양 당사자의 사정을 호전시킨다고 주장할 수 있지만. 그러한 결정들은 현대 민주주의에 자연스럽게 스며들었고, 따라서 우리는 그만큼 인종과 성별에 대한 편견을 불허하는 공공 정책과 개인적 관습을 확고하게 선택할 수 있는 것이다.[15]

도덕적·법적 금지가, 집단적 차이의 가능성을 극복하고 차별을 억제할 수 있는 유일한 방법은 아니다. 개인의 조건에 대해 더 많이 알면 알수록, 그 개인과 관련된 통계적 결정에 인종적·성적 평균이 미치는 영향은 그만큼 줄어든다. 그러므로 차별에 대한 가장 좋은 해결책은 정신 능력을 더 정확하고 폭넓게 시험하는 것이다. 그만큼 개인에 관한 사전 정보를 많이 얻어서 누구도 인종이나 성에 의존하지 않을 것이기 때문이다. (그러나 이것은 정치적으로 실현 가능성이 없는 생각이다.)

차별—한 개인이 속한 집단의 통계적 특성을 이용해서 그 개인에 대한 문제를 결정한다는 의미에서—이 항상 부도덕한 것은 아니며, 적어도 사람들이 항상 그것을 부도덕하다고 취급하지도 않는다. 누군가의 행동을 완벽하게 예측하기 위해서는 정신을 찍는 엑스선 기계가 필요할 것이다. 누군가의 행동을 현재의 같은 도구—시험, 인터뷰, 배경 조사 추천 등—로 예측할 때에도 그 도구들을 최대한 활용하기 위해서는 무제한적인 자원이 필요할 것이다. 유한한 시간과 자원을 가지고 결정을 내려야 한다면 그리고 일이 잘못되었을 때 많은 비용이 든다면, 어떤 특성을 개인을 판단하는 기초로 사용해야 한다. 그리고 그럴 때에는 반드시 유형에 따라 판단하게 된다.

어떤 경우에는 두 집단에 겹치는 유사성이 너무 작아서 한 집단을 절대적으로 차별하는 것이 편하게 느껴지기도 한다. 예를 들어 지구 상의 모든 침팬지를 테스트하면 읽고 쓰는 능력을 가진 한 마리를 발견할 것이라 상상할 수도 있지만, 누구라도 침팬지를 수업에 참석시키는 것에는 절대적으로 반대한다. 우리는 침팬지들이 인간의 교육을 받아도 향상될 수 없다고 생각하는 종 차별주의자이며, 예외를 발견할 확률이 모든 침팬지를 조사하는 비용을 초과하지 못한다고 생각한다.

보다 현실적인 경우에는 차별이 정당한가를 판단할 때 각 사안의 특수성에 의존해야 한다. 모든 10대 청소년에게 운전할 권리와 투표할 권리를 허용하지 않는 것은 책임감 있는 10대들에게는 공정하지 못한 일종의 연령 차별이다. 그러나 우리는 심리적 성숙도를 측정하기 위해 테스트 방법을 개발하는 재정적 비용이나 분류상의 실수에서 비롯되는 도덕적 비용—가령 10대들이 자신의 차를 숲 속에 감춰 놓는 경우—을 감당하지 않는다. 거의 모든 사람이 인종별 신상 파악—"흑인 운전자"에 대한 검문—을 끔찍한 일로 여긴다. 그러나 2001년 세계무역센터와 미 국방부 테러 이후, 여론 조사에 응답한 미국인 중 거의 절반에 달하는 사람이 인종별 신상 파악—"아랍계 탑승객" 조사—에 반대하지 않는다고 답했다.[16] 이 두 가지를 별개로 생각하는 사람들은 마리화나 판매책을 체포하는 이득이 무고한 흑인 운전자에게 돌아가는 손해보다 크지 않다고 생각하지만, 목숨을 건 공중 납치범을 막는 이득은 아랍계 승객들에게 돌아가는 손해보다 더 크다고 생각한다. 비용 대 편익 분석은 또한 인종적 특혜를 정당화하는 데도 이용된다. 사업장과 학교를 인종에 따라 다양화했을 때 얻는 이득이 백인을 차별하는 비용보다 크다는 것이 일반적인 생각이다.

남녀가 모든 면에서 같지 않을 가능성 또한 정책 결정자에게 선택의 기초를 제공한다. 은행에서 지점장을 뽑을 때 여성보다 남성을 선호하는 것은, 남성이 자녀가 생긴 후 그만둘 가능성이 적다는 이유에서 이해할 만하다. 그리고 부부가 어린 딸을 돌볼 유모를 뽑을 때 남성보다 여성을 선호하는 것도, 여성이 그 아이를 성적으로 학대할 가능성이 더 적기 때문이 아닐까? 대부분의 사람들은 특정한 범죄에 대한 처벌이 누가 그 죄를 범했든 간에 같아야 한다고 믿는다. 그러나 양성의 전형적인 성적 감정을 안다면, 16세 소녀를 유혹한 남자와 16세 소년을 유혹한 여자에게 동일한 처벌이 적용되어야 하는가?

이것이 바로 차별을 어떻게 볼 것인가를 결정할 때 민주주의 사회에 사는 사람들이 직면하는 쟁점들이다. 요점은, 집단적 차이가 결코 차별의 근거로 이용될 수 없다는 것이 아니다. 그것을 그렇게 이용하지 말아야 한다는 것이다. 그리고 때때로 우리는 집단적 차이가 그렇게 이용되어서는 안 된다는 도덕적 입장에 따라 결정을 내린다.

이상과 같이 빈 서판은 인종 차별과 성 차별에 대한 투쟁에 필요하지 않다. 또한 사회 다윈주의—부자와 빈자에게는 지위에 걸맞은 자격이 있고 그래서 경제적 정의라는 원칙을 버리고 극단적 자유 방임주의 정책을 수용해야 한다는 믿음—에 대한 투쟁에도 불필요하다.

계급이 유전자와 어떤 관계가 있다는 개념은 비록 부분적으로 옳다고 생각해 봄직한데도 불구하고, 사회 다윈주의에 대한 두려움 때문에 현대 지식인들에게 마치 플루토늄 같은 취급을 받는다. 철학자 로버트 노직의 예를 소개하자면, 백만 명의 사람이 파바로티의 노래를 듣기 위해 기꺼이 10달러를 내고 내 노래를 듣기 위해서는 동전 한 닢도 내지 않는 것은 부분적으로 우리 사이에 존재하는 유전적 차이 때문이다. 완전한 공정함이 적용되는 사회에서도 파바로티는 천만장자가 되어 내 유전자로는 상상할 수 없는 경제적 부유층으로 살아갈 것이다.[17] 선천적 재능을 타고난 사람에게 큰 보상이 따르고 그렇지 않은 사람들이 그 재능의 결실을 맛보기 위해 기꺼이 지갑을 여는 것은 잔인한 사실이다. 그런 일을 막으려면 사람들을 독단적인 카스트 제도에 묶어 놓거나, 국가가 모든 경제 활동을 통제하거나, 우리가 빈 서판이라 아예 선천적 재능이 존재하지 않아야 한다.

놀랄 정도로 많은 지식인들 특히 좌파 지식인들이 선천적 재능 특히 지능이 존재한다는 사실을 부인한다. 스티븐 제이 굴드는 1981년 베스트셀러 『인간에 대한 오해(The Mismeasure of Man)』를 발표했는데, 이 책을 쓴 목적은 "지능을 하나의 실체로 독립시키고, 뇌 안에 그 위치를 정하고, 각 개인을 지능 지수라는 하나의 숫자로 평가하고, 그 숫자를 이용해 사람의 가치를 단일한 등급으로 배열하면서, 억압받고 소외당하는 집단—인종, 계급, 성—이 선천적으로 열등하며 현재의 지위는 당연한 것이라고 여기는 잘못된 생각"을 폭로하는 것이었다.[18] 철학자 힐러리 퍼트넘은 지능이란 개념이 자본주의 사회에 특수한 이른바 "엘리트주의"라는 이론의 한 요소라 주장했다.

> 경쟁의 정도가 낮았던 사회 조직에서 엘리트주의 이론은 충분히 다른 이론—평등주의 이론—으로 대체될 수 있다. 이 이론에서는 보통 사람이 (1)높은 동기를 부여받았을 때, (2)집단적으로 일할 때, 관심이 가는 모든 일을 할 수 있고 또 잘할 수 있다고 말한다.[19]

다시 말해 우리가 충분한 동기를 부여받고 집단적으로 노력하면 리처드 파인만이나 타이거 우즈 같은 사람이 될 수 있다는 것이다.

지능의 존재를 부인하는 학자들의 글을 읽으면 참으로 초현실적이란 생각이 든다. 사람들은 지능 때문에 전전긍긍한다. 학생의 입학을 고려할 때, 교수진과 직원을 고용할 때, 특히 남의 결점에 대해 험담을 주고받을 때 끊임없이 지능을 거론한다. 국민이나 정책 결정자들도 그들의 정견에 상관없이 지능을 무시하지 못한다. 지능 지수가 무의미하다고 말하는 사람들도 지능 지수가 64인 살인자를 처형하는 문제나, 어린이의 지능 지수를 5점 떨어뜨리는 납 성분이 든 페인트를 추방하는 문제나, 조지 W. 부시가 대통령 자격이 있는가의 문제로 넘어오면 즉시 지능 지수를 들먹인다. 어찌 됐든 오늘날 지능은 개인의 안정된 자질이고, 뇌의 특징들(전체적 크기, 전두엽의 회색질의 양, 신경 전달의 속도, 대뇌의 포도당 신진 대사 등)과 연결될 수 있으며, 부분적으로 개인들 간에 유전되고, 수입이나 사회적 지위 같은 삶의 성과에 있어 어느 정도 차이를 예측하게 해 준다는 증거가 광범위하게 존재한다.[20]

그러나 선천적 재능이 존재한다는 사실이 사회 다윈주의로 이어지지는 않는다. 전자가 후자의 원인으로 작용한다는 우려는 두 가지 잘못에서 비롯된다. 첫째는 유전학의 사회적 의미에 대한 토론을 종종 오염시키는 모 아니면 도 식의 사고 방식이다. 선천적 차이가 사회적 지위에 영향을 미치는 하나의 요소일 가능성이 유일한 요소임을 의미하지는 않는다. 여기에는 순수한 운, 물려받은 유산, 인종적·계급적 편견, 불평등한 기회(가령 교육이나 인맥 형성의 기회), 문화적 자산(경제적 성공에 도움이 되는 습관과 가치관) 등이 포함된다. 재능의 중요성을 인정한다는 것이 편견과 불평등한 기회를 무시해도 된다는 것을 의미하지는 않는다.

그러나 더욱 중요한 것은, 유전적 재능이 사회 경제적 성공으로 이어질 수는 있지만 그렇다고 해서 그 성공이 도덕적 의미에서도 당연한 것임을 의미하지는 않는다는 것이다. 사회 다윈주의는 진화를 살펴보면 옳은 것을 발견할 수 있다—"좋은" 것은 "진화적으로 성공한" 것이다.—는 스펜서의 가정을 기초로 하고 있다. 이것은 자연에서 일어나는 일은 좋은 것이라는 믿음, 이른바 "자연주의적 오류"의 불명예스런 참고 사례로 남아 있다. (스펜서는 또한 사람들의 사회적 성공—부, 권력, 지위—을 그들의 진화적 성공, 즉 생존 가능한 후손의 숫자와 혼동했다.) 이 자연주의적 오류라는 이름은 윤리 철학자 G. E. 무어가 1903년 『윤리학 원론』을 통해 스펜서의 윤리학에 치명타를 날리면서 붙인 이름이었다.[21] 무어는 이른바 "흄의 기요틴", 즉 어떤 것이 참이라고 아무리 설득력 있게 증명해도 논리적으로는 그것이 반드시 참이라는 결론에 이르지 못한다는 논리를 적용했다. 그는 다음과 같이 묻는 것이 현명하다고 지적했다. "진화적으로 더 성공적인 행위이면 반드시 좋은 것인가?" 이 질문이 타당하다는 사실만으로도 진화적 성공과 선이 별개임이 입증된다.

생물학적 차이를 사회 정의라는 개념과 조화시킬 수 있는가? 물론이다. 철학자 존 롤스는 그의 유명한 정의 이론에서, 무지의 베일에 가린 채 자기 이익을 위해 협상하는 행위자들이 하나의 사회적 계약을 만들어 내는 것을 상상해 보라고 요구한다. 자신의 몸인 기계를 모르는 유령처럼, 그들은 태어날 때 물려받은 재능이나 지위를 모른다. 그는 정의 사회란 육체와 동떨어진 그 영혼들이 불결한 사회적 또는 유전적 손에 의해 다루어질 것임을 아는 상태에서 자신의 탄생에 동의하는 그런 사회라고 주장한다.[22] 만약 이것이 합리적인 정의 개념이라는 데 동의한다면 그리고 그 행위자들이 폭넓은 사회적 안전망과 재분배 과세 제도를 주장할 것이라는 데 동의한다면(그 때문에 사람들을 더 부유하게 만들어 주는 의욕과 동기가 제거된다는 사실은 무시하고), 사회적 지위의 차이가 100퍼센트 유전적이라 생각하더라도 사회적 보상 정책을 정당하다고 인정하는 셈이 된다. 그 정책은 말 그대로, 개인을 구별할 수 없는 존재로 생각한 결과가 아니라 정의의 문제가 될 것이다.

사실 능력에는 선천적 차이가 존재하기 때문에 롤스의 사회 정의 개념은 더욱 예리하고 시대를 초월한 개념이 된다. 만약 우리가 빈 서판이라면 그리고 사회가 정말로 차별을 제거한 적이 있다면, 극빈층은 그런 상태에 있는 것이 당연하다고 말할 수도 있다. 그들의 지위는 그들에게 부여된 평균적 재능에도 불구하고 남들보다 나태하게 일한 결과이기 때문이다. 그러나 사람에 따라 재능이 다르다면 그들은 최대한 노력한다 해도 편견 없는 사회에서 가난을 벗지 못할 것이다. 롤스 식으로 주장하자면 이것이 바로 수정되어야 할 불평등이고, 만약 사람들의 능력이 다르다는 것을 인정하지 않는다면 쉽게 간과될 문제이다.

~~~

몇몇 사람들은 이 과장된 주장들이 우리가 살고 있는 이 위험한 세계에 적용되기에는 너무 공상적이라 지적한다. 그들은 이렇게 말하는 듯하다. "그래, 사람들이 다르다는 증거는 인정한다. 그러나 사회과학적 데이터는 결코 완벽하지 않다. 그리고 사람이 불평등하다는 결론은 편견에 사로잡힌 고집쟁이나 사회 다윈주의자들에 의해 최악의 도구로 이용될 수 있다. 그러니 경세심을 늦추지 말고 사람들이 동일하다는 무색무취의 가설에 편승해야 하지 않겠는가?" 어떤 이들은 사람들이 유전적으로 다르다는 것을 우리가 확신한다 해도 여전히 사람들이 서로 같다는 허구를 세상에 퍼뜨려야 한다고 믿는다. 그것이 보다 바람직하고 안전하다는 이유에서.

이런 주장은 빈 서판에는 단지 좋은 도덕적 의미만 내포되어 있고 인간 본성 이론에는 나쁜 의미만 내포되어 있다는 잘못된 생각을 바탕으로 한다. 인간의 보편성처럼 인간의 차이에 있어서도 위험은 양쪽 어느 방향으로든 발전할 수 있다. 만약 서로 다른 상태에서 살아가는 사람들이 유전적 능력에 있어 서로 다르다는 잘못된 생각을 가진다면 차별과 기회의 불평등을 간과하는 셈이 된다. 다윈의 말처럼 "가난한 자들의 불행이 자연의 법칙 때문이 아니라 우리의 제도 때문이라면 그것은 우리의 큰 죄악이다." 그러나 만약 서로 다른 상태에서 살아가는 사람들이 서로 같다는 잘못된 생각을 가진다면 우리는 부자들이 공정하게 벌어들인 부까지도 시기할 것이고 튀어나온 못을 망치로 내리치는 강제 정책을 시행할 것이다. 경제학자 프리드리히 하이에크는 이렇게 썼다. "인간이 평등하게 태어난다는 것은 사실이 아니다.…… 우리가 모든 인간을 평등하게 취급한다면 이는 오히려 실제적 지위의 불평등으로 이어질 것이다.…… [따라서] 사람들에게 평등한 지위를 부여하는 유일한 방법은 그들을 다르게 취급하는 것이다. 그러므로 법 앞에서의 평등과 실제적 평등은 다를 뿐 아니라 서로 충돌을 일으킨다."[23] 철학자 이사야 벌린, 카를 포퍼, 로버트 노직도 이와 비슷한 점을 지적했다.

평등의 이름으로 행해지는 불공평한 대우는 여러 가지 형태를 띨 수 있다. 가령 누진세, 부동산 중과세, 능력보다는 나이에 의한 학급 편성, 인종이나 지역을 안배한 할당제와 특혜, 의료 기관의 사적 운영이나 몇몇 자유 상거래의 금지 등의 경우에는 찬성과 험담이 엇갈린다. 그러나 어떤 것들은 대단히 위험하다. 만약 사람들이 동일하게 출발하지만 결국에는 일부가 나머지보다 더 부유해진다고 한다면, 이를 지켜본 사람들은 부유한 사람들이 분명 더 탐욕스럽다는 결론을 내릴 수 있다. 그리고 자칫 재능을 죄악으로 추락시켜 그 해결책을 재분배가 아닌 복수에서 찾을 수도 있다. 20세기의 수많은 잔학 행위가 평등주의의 이름으로 전개되었는데, 성공을 범죄의 증거로 여기고 부유층을 공격했다. 소련에서는 쿨락("부르주아 농민")이 레닌과 스탈린의 손에 절멸되었고, 중국 문화혁명에서는 교사, 전(前) 지주, "부농"이 모욕과 고문과 살해를 겪었으며, 캄보디아의 크메르루주 정권 하에서는 도시 거주자와 지식 전문가들이 과도한 노동으로 인해 죽거나 처형되었다.[24] 교육과 기업 정신을 자산으로 해 번영을 이루었던 소수 민족들, 가령 동아프리카와 오세아니아의 인도인, 나이지리아의 이보스인, 터키의 아르메니아인, 인도네시아와 말레이시아의 중국인, 전 세계의 유대인이 고향에서 쫓겨나거나 조직적인 학살의 희생자가 된 것은 그들 중 두드러지게 성공한 사람들을 기생충과 착취자로 몰아붙인 결과였다.[25]

비지 않은 서판은 자유와 물질적 평등 간의 취사 선택이 모든 정치 체제에 고유하다는 것을 의미한다. 위대한 정치 철학이란 그 균형을 어떻게 달성하는가에 따라 규정된다. 사회 다윈주의적 우파는 평등에 어떤 가치도 부여하지 않는다. 전체주의적 좌파는 자유에 어떤 가치도 부여하지 않는다. 롤스 식의 좌파는 평등을 위해 자유의 일부를 희생시킨다. 자유주의 우파는 자유를 위해 약간의 평등을 희생시킨다. 합리적인 사람들이라도 최고의 흥정 결과에 대해서는 의견이 엇갈릴 수 있지만, 흥정이 전혀 없는 척하는 것은 비합리적인 태도이다. 다시 말해 개인들 간에 존재하는 선천적 차이에 대한 발견은 억눌러야 할 금단의 지식이 아니라, 이 취사 선택을 지적이고 인간적인 방식으로 추진하고 결정하는 데 도움이 될 수 있는 정보이다.

∞∞

우생학의 망령은 차별과 사회 다윈주의의 망령처럼 쉽게 처치할 수 있다. 그 작업에서도 생물학적 사실과 인간적 가치를 구별하는 것이 핵심이다.

만약 사람들의 지능과 성격이 유전적으로 다르다면, 인간 집단은 더 똑똑하고 훌륭한 사람을 번식시킬 수 있을까? 유전학과 발달의 복잡한 문제 때문에 우생학의 팬들이 상상하는 것보다 훨씬 어렵긴 하겠지만 불가능하지는 않을 것이다. 추가 효과를 가진 유전자, 즉 게놈의 다른 유전자들과는 상관하지 않고 항상 똑같은 영향을 미치는 유전자의 경우 집단 번식은 정직한 결과를 낸다. 그러나 가령 과학적 천재성, 체육 능력, 음악적 재능 같은 특성들은 행동 유전학에서 창발적(emergenic)*이라 부르는 범위에 속한다. 다시 말해 유전자 조합이 있어야만 구현되므로, "실물 그대로 번식"되지는 않는다.[26] 게다가 하나의 유전자라도 다른 환경에서는 다른 행동을 낳는다. 생화학자 (그리고 급진주의 과학자) 조지 월드는 노벨상 수상자라는 이유로 윌리엄 쇼클리 정자 은행으로부터 정액 샘플을 요청받았을 때 이렇게 대답했다. "노벨상 수상자를 생산하는 정자를 원한다면 우리 아버지같이 외국에서 이민 온 가난한 재단사를 만나 보시오. 내 정자에서 무엇이 나왔는지 아시오? 두 명의 기타리스트요!"[27]

특정한 특성들을 번식시킬 수 있든 없든 과연 그렇게 하는 것이 바람직한 일인가? 그런 일을 하려면, 필요한 특성을 선택할 만큼 현명하고 그 번식을 실행하는 방법을 알 만큼 총명하고 사람들에게 가장 내밀한 판단을 내리도록 격려하거나 강요할 만큼 막강한 정부가 필요하다. 그런 힘이 미래에 더 좋은 사회를 약속한다 해도 민주주의 사회에서는 거의 모두가 정부에 그런 힘을 허용하지 않을 것이다. 개인이 감수해야 하는 자유의 손실분과 행정 기관에 의해 자행될 수 있는 권력 남용의 가능성이 너무 크기 때문이다.

급진주의 과학자들이 퍼뜨린 믿음과는 정반대로 20세기의 오랜 기간

---

* 몇 가지 유전적 특성의 상호 작용에 의해 없던 형질이 발생함을 뜻한다.

에 우생학은 우파가 아니라 좌파가 선호했던 명분이었다.[28] 시어도어 루스벨트, H. G. 웰스, 에마 골드만, 조지 버나드 쇼, 해럴드 라스키, 존 메이너드 케인스, 시드니 웹과 비어트리스 웹, 마거릿 생어, 마르크스주의 생물학자 홀데인과 허먼 멀러 부부를 비롯한 수많은 진보주의자, 자유주의자, 사회주의자들이 우생학을 옹호했다. 왜 그들이 한 방향으로 줄을 섰는가를 이해하기는 어렵지 않다. 보수주의 가톨릭과 성서 벨트*의 신교도들이 우생학을 싫어했던 이유는 그것이 지식·과학 엘리트들이 신을 갖고 놀려는 시도였기 때문이다. 진보주의자들이 우생학을 좋아한 이유는 그것이 현 상태보다는 개혁을, 자유 방임주의보다는 행동주의를, 이기심보다는 사회적 책임을 강조했기 때문이다. 게다가 그들은 사회적 목표를 위해 국가의 개입을 확대하는 방식에 거부감을 느끼지 않았다. 그들 대부분은 우생학이 미국과 서유럽의 강제 불임 수술로 이어지고 후에 나치 독일의 정책으로 이어지는 것을 보고 나서야 우생학을 포기했다. 우생학의 역사도, 인간 본성 개념으로 제기되는 도덕적 문제들이 우리에게 익숙한 좌파-우파 논쟁으로 압축되는 것이 아니라 문제되는 두 가치관의 충돌이란 측면에서 새롭게 분석되어야 하는 경우의 하나로 볼 수 있다.

∽∽

인간 본성의 생물학적 개념을 이용했던 가장 구역질 나는 경우는 나치즘이었다. 인간 본성 개념을 반대하는 움직임이 수십 년 전에 시작되었지만, 2차 대전 이후 지식 사회에서 인간 본성을 본격적으로 금기시

* 미국 남부의 근본주의 신자가 많은 지방이다.

하게 된 주된 이유는 홀로코스트의 쓸쓸한 기억 때문이었다는 것이 역사가들의 공통된 견해이다.

히틀러는 다윈주의와 우생학이 20세기 초에 낳은 서자들에게서 영향을 받았다. 그는 특히 자연 선택과 적자 생존 개념을 끌어들여 자신의 악명 높은 이론을 설계했다. 그는 집단을 자연 선택의 단위로 보고 집단 간 투쟁을 국력 신장에 필수적이라 보는 극단적 사회 다윈주의를 믿었다. 또 집단이란 선천적으로 상이한 민족을 의미하고, 그 구성원들은 뚜렷한 생물학적 특성을 공유하며, 각 집단은 힘, 용기, 정직성, 지능, 시민 의식에 있어 차이를 보인다고 믿었다. 그는 열등한 민족을 없애는 것은 자연의 지혜이고, 우수한 민족의 활력과 미덕은 유전적 순수성 덕분이며, 우수한 민족은 열등한 민족과의 이종 교배로 타락할 위험에 처해 있다고 썼다. 그는 이러한 믿음을 이용해 정복 전쟁과 유대인, 집시, 슬라브 민족, 동성애자 등에 대한 대량 학살을 정당화했다.[29]

나치가 생물학을 악용한 사례를 통해 우리는 비뚤어진 사상이 소름끼치는 결과를 낳을 수 있으며 지식인들에게는 자신의 사상이 사악한 목적으로 악용되지 않게 할 책임이 있다는 사실을 상기하게 된다. 그러나 학문적 논쟁에서 수사학적 효과를 높이기 위해 나치즘의 공포를 이용하면서 그 끔찍한 충격을 범상한 것으로 끌어내리는 행위는 지식인의 책임에 포함되지 않는다. 자신과 의견이 다른 사람을 나치즘에 연결시키는 행위는 히틀러의 희생자들을 기억하는 것에도, 그리고 또 다른 대량 학살을 막기 위한 노력에도 아무런 도움이 되지 않는다. 그러한 사건들은 특별한 책임감을 갖고 원인을 정확히 분석해야 할 만큼 심각하고 중대하기 때문이다.

개념이란 나치가 악용했다고 해서 틀리거나 사악해지지 않는다. 역사가 로버트 리처즈는 나치와 진화 생물학이 관련되어 있다는 가정에 대해 "그렇게 막연한 유사성들이 중요하다면, 단두대로 끌려가지 않을 사람이 없을 것"이라 썼다.[30] 사실 나치가 악용했던 개념들을 검열하기 시작한다면 우리는 진화와 유전학으로 인간 행동을 설명하는 것 이상의 훨씬 더 많은 것을 포기해야 한다. 아예 진화와 대량 학살에 대한 연구 자체를 검열해야 할 것이다. 그리고 히틀러가 나치즘의 기초에 도입했던 다음과 같은 개념들도 금해야 할 것이다.

- 세균 이론: 나치는 여러 번 파스퇴르와 코흐를 인용하면서, 유대인은 질병을 전염시키는 세균과 같아서 전염병을 예방하려면 철저히 박멸해야 한다고 주장했다.
- 낭만주의, 환경 보호론, 자연에 대한 사랑: 나치는 독일인이 자연 그리고 대지와 운명적으로 묶인 민족이라고 믿는 독일 문화의 낭만적 전통을 유난히 강조했다. 반면에 유대인을 비롯한 소수 민족들의 뿌리는 타락한 도시에 박혀 있다고 주장했다.
- 철학과 언어학: 아리안족이란 개념은 언어학자들이 선사 시대 부족이라 단정했던 인도유럽인을 기초로 하고 있다. 그들은 수천 년 전 고대의 고향에서 홀러넘쳐 유립과 아시아의 여러 지역을 정복한 민족이다.
- 신앙: 히틀러는 기독교를 싫어했지만 무신론자는 아니었고, 자기가 신의 계획을 수행하노라 확신하면서 용기를 얻었다.[31]

우리가 우리 자신의 과학을 나치의 왜곡에 대한 반응으로 왜곡시킬 위험성은 가설로 그치는 것이 아니다. 과학사가 로버트 프록터는 미국 보건소 직원들이 흡연이 암을 일으킨다는 사실을 인정하지 않는 이유가 최초에 그 연관성을 확증한 사람들이 나치였기 때문이라는 사실을 밝혔다.³² 그리고 몇몇 독일 과학자들은 나치즘과 연관되어 있을 거라는 막연한 추측 때문에 자국의 생물·의학 연구가 파행을 면치 못한다고 주장한다.³³

히틀러가 사악한 이유는 그가 3000만 명의 사람을 죽음으로 몰아넣었고 무수한 사람들에게 상상할 수 없는 고통을 안겼기 때문이지, 그의 신념이 생물학(또는 언어학이나 자연이나 흡연이나 신)과 관련이 있어서가 아니다. 그의 행동뿐 아니라 그의 믿음과 조금이라도 관련된 모든 측면에 범죄의 굴레를 씌우면 엉뚱한 피해를 초래할 수 있다. 지식은 항상 다른 지식과 연결되어 있기 때문에, 히틀러의 생각에 약간의 진실이라도 담겨 있다고 판명되면—예를 들어 민족이란 구분에 생물학적 진실이 있다고 밝혀지거나 인도유럽인이 정말로 정복 민족이라면—나치즘이 결국 틀리지 않았다고 인정해야 하는 사태가 벌어질 수도 있다.

나치의 홀로코스트는 단 하나의 사건이 무수한 정치적·과학적 주제에 대한 태도를 변화시킨 특별한 경우이다. 그러나 그것은 20세기에 이데올로기가 만들어 낸 유일한 홀로코스트가 아니었고, 다른 홀로코스트들—소련, 중국, 캄보디아 등의 전체주의 국가에서 마르크스주의의 이름으로 수행된 대량 학살—이 주는 교훈을 지식인들은 이제야 흡수하기 시작했다. 소비에트 기록보관소의 문이 열리고 중국과 캄보디아에 관한 자료와 회고록이 공개됨으로써 이데올로기의 결과를 재평가해야 한다는 요구가 2차 대전 직후만큼이나 강하게 제기되고 있다. 역사가들은 공산주의자들의 집단 처형, 강요된 행군, 강제 노동, 인위적 기아가 1억 명의 사상사를 냈는지 아니면 "단지" 2500만 명의 사상자를 냈는지에 대해 토론하고 있다. 또한 그 잔학 행위들이 도덕적으로 나치의 홀로코스트보다 더 나빴는지 아니면 "단지" 그 정도였는지에 대해 토론하고 있다.³⁴

그리고 다음과 같은 놀라운 사실에 주목해야 한다. 나치즘과 마르크스주의 이데올로기는 모두 대량 학살을 일으켰지만, 생물학적·심리학적 이론은 정반대라는 것이다. 마르크스주의자들에게 인종이란 개념은 아무 쓸모가 없다. 그들은 유전적 성질이란 개념을 싫어하고 생물학에 기초를 둔 인간 본성이란 개념을 적대시한다.[35] 마르크스와 엥겔스는 어느 저작에서도 빈 서판 이론을 공개적으로 수용하지 않았지만, 인간 본성에 영구적 속성이 없다는 견해는 확고했다. 그것은 단지 역사적 기간에 걸쳐 인간 집단과 물리적 환경 간에 진행되는 상호 작용의 결과이다. 사람들은 환경을 변화시키고 동시에 환경에 의해 끊임없이 변화된다.[36] 따라서 마음은 선천적 구조를 갖고 태어나는 것이 아니라 역사와 사회적 상호 작용의 변증법적 과정으로부터 생겨난다. 마르크스는 다음과 같이 말했다.

> 역사는 인간 본성의 지속적 변형에 불과하다.[37]
> 인간이 환경을 만드는 만큼 환경도 인간을 만든다.[38]
>
> 물질적 삶의 생산 양식이 전반적인 사회적·정치적·지적 생활의 조건을 결정한다. 의식이 존재를 결정하는 것이 아니라 사회적 존재가 의식을 결정한다.[39]

개인의 마음은 주목할 가치가 없다는 뒤르켐과 크로버의 주장을 예고하듯이 마르크스는 이렇게 썼다.

> 인간은 세계 밖에 웅크리고 앉은 추상적 존재가 아니다. 인간은 인간들의 세계, 곧 국가이고 사회이다. 인간의 본질은 각 개인의 내면에 선천적으로 주어진 추상성이 아니다. 인간의 진정한 본질은 사회적 관계의 총

체이다.[40]

　개인은 경제적 범주가 인격화된 존재, 즉 특정한 계급 관계와 계급적 이해를 구현하는 존재로서만 다루어야 한다.[41]

　[죽음은] 개별 인간에 대한 종의 잔인한 승리이고 그들의 통일성에 모순되는 것처럼 보인다. 그러나 구체적 개인은 단지 구체적인 종적 존재이고, 그런 존재로서 필멸의 존재이다.[42]

20세기의 마르크스 추종자들은 빈 서판이나 최소한 유연한 물질과 관련된 비유를 받아들였다. 레닌은 "자본주의 시대의 인간 재료로부터 공산주의적 인간을 제조한다."라는 니콜라이 부하린의 이상을 승인했다.[43] 레닌의 추종자 막심 고리키는 "노동 계급과 레닌의 관계는 광석과 야금가의 관계와 같"고[44] "인간이라는 원재료는 목재보다 가공하기가 훨씬 더 어렵다."라고 썼다(후자는 강제 노동으로 건설된 운하를 찬양하는 자리였다.).[45] 6500만 명을 죽음으로 몰아넣었다고 추정되는 사람의 글에서도 빈 서판의 비유를 발견하게 된다.

　백지에는 어떤 얼룩도 없기 때문에, 그 위에는 가장 새롭고 가장 아름다운 말들이 써질 수 있고 가장 아름다운 그림이 그려질 수 있다.
　　　　　　　　　　　　　　　　　　　　　　—마오쩌둥[46]

그리고 국민의 4분의 1을 죽인 정치 운동에 대한 언급에서도 발견하게 된다.

갓난아기만이 순결하다. ―크메르루주의 슬로건[47]

　정부가 후원하는 대량 학살이 선천주의적 신념에서처럼 쉽게 반선천주의적 신념에서도 발생할 수 있다는 사실이 새로 인식됨으로써, 생물학적으로 행동에 접근하는 방법만이 사악하다는 전후의 관념이 뒤집히게 되었다. 그러므로 국가적 차원의 대량 학살을 정확히 평가하기 위해서는 나치즘과 마르크스주의를 나란한 궤적에 올려 놓은 공통의 신념을 살펴보아야 한다. 또한 마르크스주의의 이름 아래 특별한 잔학 행위가 자행되게끔 한 마르크스주의 특유의 신념을 살펴보아야 한다. 새로운 흐름을 주도하는 역사가와 철학자들이 그 일을 진행하고 있다.[48]

　나치즘과 마르크스주의는 모두 인류를 개조하려는 욕망을 가지고 있었다. 마르크스는 "대규모의 인간 개조가 필요하다."라고 썼다. 히틀러는 "인류를 새롭게 창조할 의지"야말로 국가 사회주의의 핵심이라고 썼다.[49] 또한 그들은 혁명적 이상주의를 공유했고, 전제 정치가 그 꿈을 추구하기 위한 수단이라 확신했으며, 정책의 결과를 고려하면서 점진적으로 개혁하거나 수정하려는 인내심을 전혀 보이지 않았다. 이것만으로도 재앙을 빚어 내기에는 충분했다. 알렉산드르 솔제니친은 『수용소 군도』에서 이렇게 썼다. "맥베스의 자기 정당화는 미약하기만 해서 양심이 그를 삼켜 버렸다. 그렇다, 이아고 역시 어린양이었다. 셰익스피어가 상상해 낸 악인의 정신 능력은 10여 구의 시체에도 미치지 못했다. 그들에게는 이데올로기가 없었기 때문이다."

　마르크스 사회주의와 국가 사회주의 간의 이데올로기적 연관성은 허구가 아니다.[50] 히틀러는 1913년 뮌헨에 사는 동안 마르크스를 주의 깊게 읽었는데, 이때 두 이데올로기를 연결하는 결정적 전제들이 나왔을 것으로 추정된다.[51] 구체적으로 설명하자면, 역사는 인간 집단들이 겪어야 하는 예정된 투쟁의 연속이고, 인간 조건의 개선은 단지 한 집단의 승리를 통해 가능하다는 믿음이다. 나치에게 그 집단이란 민족이었고 마르크스주의자에게는 계급이었다. 나치에게 투쟁은 사회 다윈주의였고 마르크스주의자에게는 계급 투쟁이었다. 나치에게 운명의 승자는 아리안족이었고 마르크스주의자에게는 프롤레타리아였다. 일단 이데올로기의 바퀴가 굴러가자, 몇 바퀴 돌지 않았는데도 투쟁(종종 폭력의 완곡한 표현으로 사용되었다.)은 불가피하고 유익하다, 어떤 집단(비아리안 민족 또는 부르주아)은 도덕적으로 열등하다, 인간의 복지 향상은 그들을 정복하거나 제거해야 가능하다는 등의 잔인한 생각들이 싹트기 시작했다. 집단 투쟁 이데올로기는 이렇게 폭력 투쟁에 대한 직접적인 정당성을 제공할 뿐 아니라 사회 심리학적 측면에서도 역겨운 특징을 촉발한다. 사람들을 내집단과 외집단으로 나누고 외집단을 비인간적으로 다루는 경향이 그것이다. 집단을 생물학적으로 규정하느냐 역사적으로 규정하느냐는 중요하지 않다. 심리학자들의 발견에 따르면 사람을 가령 동전 던지기같이 아주 사소한 구실에 따라 분류해도 그 즉시 집단별 적대감이 형성되기 때문이다.[52]

이처럼 집단 간의 투쟁을 고취하는 이데올로기는 마르크스주의와 나치즘의 행동이 왜 그렇게 비슷했는가를 설명해 준다. 마르크스주의 국가들에 고유했던 몇 가지 특징들은 빈 서판 이데올로기로 설명할 수 있다.

- 재능이나 충동 같은 심리적 특성 면에서 사람들이 서로 다르지 않다면, 잘사는 사람은 누구나 탐욕스럽고 손버릇이 나쁜 사람이다(앞에서 언급한 바 있다.). 부농과 부유층 또는 "부르주아" 농민에 대한 대량 학살은 레닌과 스탈린의 소비에트 연방, 마오쩌둥의 중국, 폴포트의 캄보디아에서 공통적으로 발생했다.

- 마음이 구조 없이 태어나 경험에 의해 형성된다면, 올바른 마음을 원하는 사회는 경험을 통제해야 한다("가장 아름다운 시는 백지에 써 진다.").[53] 20세기 마르크스주의 국가들은 독재 정권이었을 뿐 아니라 전체주의 독재 정권이었다. 그들은 삶의 모든 측면——육아, 교육, 의복, 오락, 건축, 예술, 심지어 음식과 성——을 통제하려 노력했다. 소련의 작가들은 "인간 정신의 기관사" 대열에 합류해야 했다. 중국과 캄보디아에서는 의무적인 공동 식당, 성별 성인 기숙사, 자녀와 부모의 분리 등을 반복적으로 (그리고 혐오스럽게) 실험했다.

- 사람들이 사회적 환경에 의해 형성된다면, 부르주아로 성장할 때 영원한 심리적 흔적이 남는다("갓난아기만이 순결하다."). 혁명 이후의 정권에서 지주와 "부농"의 후손들에게는 영구적인 낙인이 찍혔고, 부르주아 출신인 것이 유전적 특성인 것처럼 손쉽게 박해가 가해졌다. 더 나아가 출신이란 눈에 보이지 않고 삼자에 의해 밝혀지기 때문에 사람을 "나쁜 출신 성분"으로 몰아붙이는 관행이 사회적 경쟁의 무기가 되고 말았다. 그 결과 고발과 편집증이 만연해 국민들의 삶은 오웰 식의 악몽으로 빠져들었다.

- "사회"보다 가족의 이익을 중시하게 만드는 인간 본성이 없다면, 곡물을 국가에서 몰수하는 집단 농장보다는 자신의 땅에서 농사를 지을 때 더 많이 수확하는 사람들은 탐욕스럽거나 게으른 것이므로 그에 따라 처벌받아야 한다. 이기주의보다는 두려움이 노동의 동기가 된다.

- 가장 일반적인 차원에서 만약 개인의 마음이 사회라는 초유기체적 실체를 구성하는 교환 가능한 구성 요소라면, 개인이 아니라 사회가 보건과 복지를 보장하는 자연적 단위가 될 것이고 인간의 노력

을 요구하는 적절한 수익자가 될 것이다. 개인의 권리는 설자리가 없게 된다.

인간 본성에 대한 믿음이 사악한 이론이 아닌 것처럼, 빈 서판을 사악한 이론이라고 비난할 의도는 전혀 없다. 두 이론 모두 지지자들이 저질렀던 악한 행동과는 거리가 아주 멀기 때문에 그 가치를 평가할 때에는 반드시 실제적 조건에 근거를 두어야 한다. 내 의도는 인간 본성에 대한 과학과 20세기 도덕적 재앙과의 얄팍한 연계성을 전복시키는 것이다. 그 관계는 그럴듯해 보이지만 실제로는 우리 자신을 이해하고자 하는 건전한 욕구를 가로막고, 역사적 재앙의 원인을 이해할 필요성을 저해한다. 그 원인이 우리가 완전히 이해하지 못하는 우리 자신의 어떤 측면과 관계가 있을 때에는 더더욱 그러하다.

9장
불완전함에 대한 두려움

그러나 그때 자연이 내 마음을 지배하고,
젊은 마음이 거대한 공상에 사로잡혀
어지러운 희망들이 한 시기를 맞이했다.
국가들 간에 평온과 고요가 흐르던 시대였다 해도
분명 비슷한 욕망이 내 마음을 사로잡았으리라.
그러나 당시 유럽은 기쁨에 들떠 있었고
프랑스는 황금 시대의 절정에 서 있었으며
인간 본성은 다시 태어나는 것처럼 보였다.

—윌리엄 워즈워스[1]

워즈워스의 회고는 선천적 영혼에 의해 야기되는 두 번째 두려움을 보여 준다. 이 낭만주의 시인은 인간 본성이 다시 태어날 수 있고, 우리가 치명적인 결점과 죄악에 매여 있을 가능성에 의해서만 억압될 수 있다는 생각에 들떠 있다. 낭만주의 정치 사상가들도 같은 반응을 보였는데, 인간 본성이 불변이라면 개혁의 모든 희망이 사라지는 것처럼 보였기 때문이다. 인간이 핵심까지 썩어 있고 어떤 노력을 해도 더러워지기만 한다면 누가 이 세상을 살기 좋은 곳으로 만들려고 노력하겠는가? 루소의 저작들이 낭만주의 문학 운동과 프랑스 혁명을 동시에 자극했던 것이나 1960년대에 낭만주의 운동과 급진 정치 운동이 나란히 부활했던 것은 우연의 일치가 아니다. 철학자 존 패스모어는, 새롭게 개선된 인간 본성을 통해 보다 나은 사회를 만들려는 열망이 서구 사상에 반복해서 나타났음을 밝히면서, 그것을 D. H. 로렌스의 말로 요약했다. "인간의 완벽함! 아, 얼마나 음울한 주제인가!"[2]

영원히 사악한 인간 본성에 대한 두려움은 두 가지 형태를 띤다. 하나는 현실적 두려움이다. 즉, 인간 본성이 불변이라면 사회 개혁은 시간 낭비일 뿐이라는 것이다. 또 다른 하나는 보다 깊은 근심인데, 이것은 선천적(자연적)인 것이 좋은 것이라는 낭만주의적 믿음에서 비롯된다. 이 근심에 따르면 과학에서 불순하고, 폭력적이고, 자민족 중심적이고, 이기적인 것이 "선천적"이라고 주장하면 그것은 그러한 특성들이 단지 불가피한 것이 아니라 좋은 것임을 의미하는 것이 된다.

빈 서판을 둘러싼 다른 믿음들처럼 불완전함에 대한 두려움 또한 어느 정도는 20세기의 역사적 맥락에서 이해할 수 있다. 인간이 선천적으로 호전적이거나 이민족을 혐오한다는 생각에 반감을 갖는 것은 전쟁을 찬양하는 이데올로기에 대한 반응으로서 충분히 이해할 수 있다. 내가 대학원생 시절 보았던 가장 기억할 만한 이미지는 진흙 들판에 누워 있는 죽은 군인의 그림이었다. 그의 시체에서 군복을 입은 유령이 떠올랐는데, 그의 한쪽 팔은 망토를 쓴 얼굴 없는 유령이 붙잡았고 다른 팔은 가슴을 드러낸 금발의 발퀴리*가 붙잡고 있었다. 그림 설명에는 "빛나는 신념으로 죽음과 승리를 동시에 거머쥔 자들은 행복할지니"라고 적혀 있었다. 어느 제국주의적 착취의 총알받이가 될 병사를 모집하는 유치한 포스터였을까? 프로이센의 어느 군사 귀족의 성에 걸린 전쟁 기념 벽화였을까? 아니, 그것은 1922년 위대한 미국 화가 존 싱어 서전트가 그린 「죽음과 승리」였고, 세계적으로 유명한 학술 도서관으로 손꼽히는 하버드 대학 와이드너 도서관의 높은 벽에 걸려 있었다.

신성한 학문의 전당에 죽음을 찬양하는 상징적 그림이 걸렸다는 것은 당시의 전쟁 도발 분위기를 입증하는 증거이다. 전쟁은 고무적이고 고상한 것이며, 인간과 국가의 자연스런 열망이라 생각했다. 이러한 믿음으로 세계 지도자들은 몽유병자처럼 1차 대전과 똑같은 악몽에 빠져들었고, 수백만의 사람들이 대학살의 교훈을 잊고 열광적으로 입대했다. 그 전쟁에 뒤이어 찾아온 환멸이 베트남전 반대 운동으로 정점에 이른 후부터 서구의 감수성은 전쟁을 찬양하는 분위기로부터 꾸준히 뒷걸음질을 쳤다. 최근의 저작들에서는 전사의 용기를 존경하는 의도까지 엿보인다. 영화 「라이언 일병 구하기」는 전쟁을, 용감한 사람들이 악을 제거하기 위해 끔찍한 대가를 치러야 하는 지옥으로 묘사한다. 그것은 "행복감"을 느낄 수 있는 어떤 것이 아니다. 오늘날 실제 전쟁은 사상자를 최소화하기 위해 리모콘 조작으로 수행되지만, 때로 전쟁의 목표물은 비인간적으로 살해되고 만다. 이런 분위기에서 전쟁이 "선천적"이라는 주장은 분노의 목소리에 부딪힐 수밖에 없다. 인간에게는 공격적 성향이 있다고 말하는 게 "과학적으로 부정확하다."라고 단언하는 사회과

---

* 게르만어에서 온 말로, 북유럽 신화에서 주신(主神)인 오딘을 섬기는 시녀들이다. 평소에는 발할라 궁전에서 전사들을 접대하다가 전장에서 용감한 전사자가 생기면 발할라 궁전으로 데려간다.

학자들이 누차 폭력에 관한 성명을 발표하는 것이 그 예이다.[3]

이기적인 성 충동이 우리의 본성과 맞닿아 있다는 개념에 대한 적대감은 페미니즘에서 비롯되었다. 수천 년 동안 여성들은 성적 차이와 관련된 전제들과 그로 인한 이중적 잣대로 고통 받아 왔다. 법률과 관습에서는 남자들의 연애 행위보다 여자들의 연애 행위를 더 가혹하게 처벌했다. 가령 사법 체계에서는 여성의 옷이나 행동이 억제할 수 없는 충동을 일으켰다면 강간범에 대한 처벌을 면하거나 완화했다. 당국에서는 성희롱, 스토킹, 협박을 연애나 결혼에 수반되는 정상적 행위로 보고 범죄자들을 풀어 주었다. 이런 괘씸한 행위를 "선천적"이거나 불가피한 것으로 보이게 만드는 어떤 개념도 받아들여서는 안 된다는 두려움 때문에, 일부 페미니스트들은 남성이 성적 욕구나 질투심을 더 많이 갖고 태어난다는 어떤 주장도 거부해 왔다. 우리는 7장에서 남성이 여성보다 우연한 섹스를 더 많이 원한다는 주장이 좌파와 우파 모두에 의해 비난받고 있음을 보았다. 강간은 남성적 성욕의 결과라는 내용을 담은 랜디 손힐과 크레이그 파머의 『강간의 자연사(A Natural History of Rape)』에는 양쪽 모두에서 훨씬 더 강력한 포격이 가해졌다. 여성주의자 다수 재단(Feminist Majority Foundation)의 한 대변인은 그 책이 "무섭고 퇴보적"이며, "범죄를 인정하고 희생자를 비난하는 꼴"이기 때문이라고 말했다.[4] 창조론 단체인 디스커버리 학회(Discovery Institute)는 미 의회 청문회에서 그 책이 미국의 도덕적 기초를 위협한다는 의견을 표명했다.[5]

정치적 의미를 띤 세 번째 악덕은 이기심이다. 만약 사람이 다른 동물들처럼 이기적 유전자의 지배를 받는다면, 이기심은 불가피하고 심지어 미덕이 될 것처럼 보인다. 그러나 이 주장은 애초부터 잘못이다. 이기적 유전자가 반드시 이기적 유기체로 성장하지는 않기 때문이다. 그러나 사람에게는 부족, 사회, 종의 이익보다 그들 자신, 가족, 친구의 이익을 더욱 중시하는 경향이 있을 가능성을 고려해 보자. 이것의 정치적 의미는 사회를 어떻게 건설할 것인가에 대한 두 개의 주요 철학과 관련이 있는데, 두 철학을 인간의 선천적 이기심을 정반대의 가정들로 연결 짓는다.

> 우리의 저녁상에 음식이 차려지는 것은 정육 업자, 양조 업자, 제빵 업자의 자비심 때문이 아니라, 우리가 자기 자신의 이익을 생각하기 때문이다. 우리는 인류가 아니라 자기 이익을 위해 일한다. ——애덤 스미스

> 각자의 능력에 따라 생산하고, 필요에 따라 분배한다.
> ——카를 마르크스

자본주의의 해설가 스미스는 사람들이 이기적으로, 즉 자신의 필요에 따라 노동을 제공하고 능력에 따라 돈을 받는다고(지불인도 이기적이기 때문에) 가정한다. 공산주의와 사회주의의 건축가 마르크스는 미래의 사회주의 사회에서는 정육 업자, 양조 업자, 제빵 업자가 자애심이나 자기 실현 의지 때문에 우리에게 저녁을 제공할 것이라 가정한다. 그렇지 않으면 무슨 이유로 필요가 아니라 능력에 따라 기쁘게 노동하려 하겠는가?

공산주의나 사회주의가 가장 합리적인 사회 조직이라고 믿는 사람들은 그런 사회가 우리의 이기적 본성에 반대된다는 주장을 들으면 깜짝 놀란다. 어떤 정치적 견해를 가지고 있든 간에 누구나 그 문제에 대해서라면, 개인적 이익을 위해 사회에 그 비용을 부담시키는 사람들——멸종 위기에 처한 동물을 사냥하고, 강을 오염시키고, 유적지를 파괴해 쇼핑몰을 짓고, 공공 기념물에 낙서를 하고, 금속 탐지기를 피하는 무기를 발명하는 사람들——에게 경악해야 마땅하다. 또 개인적으로는 납득할

만한 일이지만 모두가 그런 행동을 선택할 때에는 사회적 비용이 드는 행동의 결과도 똑같은 불안감을 안긴다. 가령 수자원 남획, 과도한 식단, 복잡한 출퇴근 길의 승용차 이용, 충돌 시에 자신의 생명을 지키기 위해 레저용 차량을 구입하는 것 등이 그러하다. 인간이 이기심에 이끌리는 성향이 있다는 주장을 좋아하는 사람은 드물다. 자멸적인 행동 패턴이 불가피하거나 최소한 강제적 수단으로만 억제될 수 있다는 의미로 해석될 수 있기 때문이다.

∞∞

불완전함에 대한 두려움 그리고 여기에서 비롯되는 빈 서판의 수용은 한 쌍의 오류에서 기인한다. 우리는 방금 자연주의적 오류, 즉 자연적으로 일어나는 것은 좋은 것이라는 믿음을 살펴보았다. 사람들은 그 믿음이 사회 다윈주의 때문에 결정적으로 더럽혀졌다고 생각할지 모르나 그것은 1960년대와 1970년대의 낭만주의에 의해 부활했다. 특히 환경 보호론은 종종 자연 환경 보호를 선전하기 위해 자연 곳곳에 산재하는 끔찍힘을 무시하고 그 미덕만을 강조한다. 예를 들어 늑대, 곰, 상어 같은 포식자들을 늙은 동물이나 불구가 된 동물을 안락사시키는 존재로 미화하고 그럼으로써 보호 또는 재도입할 가치가 있는 존재로 그린다. 이것은 우리가 이 낙원에서 물려받은 모든 것이 건강하고 적절하다는 결과로 이어지고, 공격성 또는 강간이 진화에 의해 선택된 "자연적인" 것이라는 주장은 그것이 좋은 것이란 말과 동의어가 된다.

자연주의적 오류는 즉시 정반대에 놓인 도덕주의적 오류, 즉 도덕적인 특성은 반드시 자연에서 발견된다는 믿음으로 이어진다. 즉 "존재"가 "당위"를 의미할 뿐 아니라, "당위"가 "존재"를 의미하게 된다. 인간 본성을 포함해 자연은 오직 고결한 특성을 가진 것으로(불필요한 살해, 강간, 착취가 전혀 없다.) 규정되거나, 아예 어떤 특성도 없다고 규정된다. 그 대안은 너무 끔찍해서 받아들일 수가 없기 때문이다. 자연주의적 오류와 도덕주의적 오류가 종종 고상한 야만인이나 빈 서판과 연결되는 것도 이런 이유에서이다.

자연주의적 오류와 도덕주의적 오류를 옹호하는 사람들은 허수아비가 아니다. 그들 중에는 저명한 학자와 작가들이 포함되어 있다. 예를 들어 페미니즘 학자 수잔 브라운밀러는 강간에 대한 손힐의 저작을 다음과 같이 반박하고 있다. "강간을 생물학적으로 논리화하고 사회적 또는 '도덕적' 요인을 배제하는 것은 분명…… 강간을 정당화하는 경향이 있다.…… 강간을 반사회적 폭력 행위와 구분한 다음 적응의 의미를 덧붙여 미화하는 것은 환원주의적이고 반동적이다."[6] 오류에 주목해 보자. 만약 어떤 것이 생물학적으로 설명되면 그것은 "정당화"되는가? 또 어떤 것이 적응성이 있다고 입증되면 "미화"되는 것인가? 이와 비슷한 맥락에서 스티븐 제이 굴드는 동물의 강간과 관련된 논의에 대해 언급했다. "새들의 선천적 행동을 비정상적인 인간 행동을 가리키는 낡은 이름으로 잘못 묘사한다면, 진짜 강간—인간의 강간—이 어떤 사람들에게는 다윈주의적 장점을 가진 자연적 행동으로 비쳐질 수 있다."[7] 이 속에는, 어떤 행동을 "자연적"이라 묘사하거나 "다윈주의적 장점"을 가졌다고 묘사하는 것은 어떻게든 그것을 묵과하는 것이라는 비난이 숨겨져 있다.

자연주의적 오류처럼 도덕주의적 오류도 분명한 오류이다. 이 점을 가르쳐 주는 다음 쪽의 만화 「알로와 제니스」를 보자. 소년은 생물학 편에 서 있다.[8] 존경받는 진화 생물학자 조지 윌리엄스는 자연 세계를 "대단히 부도덕하다."라고 묘사한다.[9] 자연 선택은 선견지명이나 동정심이

Arlo & Janis reprinted by permission of Newspaper Enterprise, Inc.

전혀 없어서, "솔직히 말해 근시안적 이기심이 극대화되는 과정"이다. 포식자들과 기생 생물이 만들어 내는 온갖 불행만이 있을 뿐, 같은 종의 구성원들 사이에도 연민이란 존재하지 않는다. 유아 살해, 형제 살해, 강간이 여러 종에서 관찰되고, 심지어 금실이 좋다고 하는 종에서도 간통이 흔하며, 채식에만 의존하지 않는 모든 종에서 동족 식육이 일어나고, 가장 폭력적인 미국 도시에서보다 더 빈번하게 싸움으로 인한 죽음이 대부분의 동물 집단에서 나타난다.[10] 쿠거(아메리카 라이언)가 굶주린 사슴을 죽이는 것을 생물학자들이 자비로운 행위로 묘사했던 것에 대해 윌리엄스는 다음과 같이 썼다.

명백한 사실은 사슴에게는 포식이나 기아나 모두 고통스런 일이고 사자의 운명도 그보다 부러울 것이 전혀 없다는 것이다. 생물학은 유대-기독교 신학과 낭만주의 전통이 지배하는 문화가 없었다면 더 빠르게 성숙했을 것이다. [부처가] 베나레스*에서 설법한 4성제 중 첫 번째 진리인 고제(苦諦)가 생물학에 더 적합했을 것이다. "태어남도 고통이요, 늙음도 고통이요, 병

듦도 고통이요, 죽음도 고통이다."[11]

진화의 산물에는 도덕적으로 칭찬할 것이 전혀 없다는 사실을 인식하는 순간 우리는 "자연적" 특성을 인정하는 것이 그것을 묵과하는 행위나 다름없다는 두려움 없이 인간의 심리를 설명할 수 있게 된다. 「아프리카의 여왕」에서 캐서린 헵번이 험프리 보가트에게 다음과 같이 말한다. "올넛 씨, 자연이란 이 세상에서 우리가 딛고 올라설 것들이에요."

중요한 것은 이런 사고 방식이 필요에 따라서는 생물학에 손을 벌린다는 것이다. 종교적·문화적 우익 출신의 많은 논평가들은, 생물학적으로 전형에서 벗어난 것처럼 보이는 행동—가령 동성애, 출산 기피, 전통적인 남성 역할을 자처하는 여성이나 그 반대의 경우 등—은 어떤 것이든 "부자연스럽기" 때문에 비난받아 마땅하다고 믿는다. 예를 들어 인기 토크 쇼 사회자인 로라 슐레징어는 이렇게 선언했다. "나는 사람들이 그릇된 행동을 멈추고 올바른 행동을 시작하게 할 것이다." 이 십자군 전쟁의 일환으로 그녀는 동성애자들에게 동성애란 "생물학적 오류"이므로 치료를 통해 성적 성향을 바꾸라고 요구했다. 이런 종류의 도덕적 논리는 생물학에 완전히 무지한 사람에게서만 나올 수 있다. 도덕적인 사람들이 칭찬하는 대부분의 행동들—배우자에게 충실한 것, 반대쪽 뺨도 내미는 것, 모든 아이를 소중히 다루는 것, 이웃을 네 몸같이 사랑하는 것 등—이야말로 "생물학적 오류"이고 다른 동물의 세계에서는 찾아볼 수 없는 완전히 부자연스러운 행위이다.

자연주의적 오류를 인정한다 해도 오직 인간 본성과 관련된 사실 때

* 현재의 바라나시이다.

문에 우리의 선택을 포기할 필요는 없다.[12] 정치학자 로저 매스터스는, 자연주의적 오류가 현실적으로 이용되는 방법이 너무 그럴듯하기 때문에 생물학과 인간사의 관련성을 부인하기는 어렵다고 언급하면서, "의사가 환자에게 충수염이 있으니 수술을 받아야 한다고 말해도 환자는 그 말 속에 어떤 논리적 오류가 있다고 따지지는 않을 것"이라 지적한다.[13] 자연주의적 오류를 인정하는 것은 단지 인간 본성에 대한 객관적 사실들이 그 자체만으로 우리의 선택을 강요하지 않는다는 것을 의미한다. 객관적 사실들은 가치에 대한 진술 그리고 사실과 가치 사이의 갈등을 해결하는 수단과 묶여야 한다. 충수염이라는 사실, 건강이 바람직하다는 가치, 그리고 수술의 고통과 비용이 수술로 인한 건강 회복보다 가볍다는 확신 때문에 우리는 수술을 받아야 하는 것이다.

강간이 인간 본성의 한 특징, 가령 남자가 여자에 비해 더 광범위한 상황에서 섹스를 원한다는 사실에 기인한다고 가정해 보자. 그러나 여성이 언제 누구와 섹스를 할지를 제어하고 싶어한다는 것 또한 우리의 진화에 깊이 뿌리박힌 인간 본성의 한 특징이다. 또한 여성의 이익이 남성의 이익에 종속되지 말아야 한다는 것, 그리고 자신의 몸을 지배하는 것이 다른 사람의 욕구보다 더 중요한 기본적 권리라는 것이 우리의 고유한 가치관이다. 그래서 우리는 남성의 성적 본능과 관련이 있을 수 있다는 가능성과 무관하게 강간을 용인하지 않는 것이다. 이 계산법에서, 여성은 강간당하기를 싫어한다는 인간 본성에 관한 "결정론적"이고 실재론적"인 주장이 어떤 역할을 하는지에 주목해 보라. 그러한 주장이 없으면 강간을 막으려는 노력과 강간을 받아들이도록 여성을 사회화하려는 노력 중 어느 하나를 선택할 방법이 없어진다. 그리고 그것은 인간이 유연한 원재료라는 이른바 진보적 이론과 완전히 맞아떨어지게 된다.

다른 경우들에서는 갈등을 해결하는 최선의 방법이 보다 복잡하다.

심리학자 마틴 댈리와 마고 윌슨은 계부모가 친부모보다 어린이를 학대할 가능성이 훨씬 높다고 보고했다. 이 발견은 결코 평범한 것이 아니었다. 많은 양육 전문가들이, 폭력적인 계부모는 신데렐라 이야기에서 나온 신화이고 양육은 누구라도 떠맡을 수 있는 "역할"이라고 주장하기 때문이다. 댈리와 윌슨은 원래 진화 심리학을 바탕으로 한 어떤 예측을 시험하기 위해 학대와 관련된 통계 자료를 조사하고 있었다.[14] 진화의 시간의 규모로 부모의 사랑이 선택된 것은 그것이 자녀를 보호하고 양육하게 하는 힘이고 자녀는 그 사랑을 불러일으키는 유전자를 지니고 있기 때문이다. 다른 동물의 자식이 가족으로 들어올 수 있는 어떤 동물에서든 간에 선택은 자신의 자식 쪽으로 기울게 마련이다. 자연 선택의 차가운 계산법에 따르면 자신과 관계가 없는 아이에 대한 투자는 낭비가 될 수 있기 때문이다. 부모의 인내는 친자식보다는 의붓자식에 대해 더 빨리 소진되는 경향이 있으며 극단적인 경우 학대로 이어질 수 있다.

그렇다면 사회 봉사 기관들은 친부모보다 계부모를 더 자세히 관찰해야 하는가? 반드시 그렇지는 않다. 어떤 경우든 대다수의 부모들은 결코 어린이를 학대하지 않기 때문에 계부모를 의심하는 것은 수백만의 무고한 사람들에게 불공평한 일이 된다. 법학자 오언 존스가 지적했듯이, 의붓자식 양육—혹은 그 밖의 어떤 것이든—에 대한 진화적 분석이 자동적으로 정책으로 연결될 수는 없다. 대신 그에 입각해 우리는 균형 잡힌 방법을 모색하고 그 과정에서 최적 조건을 선택해야 한다. 이 경우 균형은 계부모를 비난하면서 어린이 학대를 최소화하는 극단과 어린이 학대의 증가를 눈감으면서 계부모를 최대한 공평하게 대우하는 극단 사이에 놓여 있을 것이다.[15] 사람들이 친자식보다는 의붓자식에 대해 보다 빨리 화를 내는 성향이 있다는 사실을 모른다면 우리는 암암리에 한쪽 극단을 선택하게 된다. 의붓자식 양육의 위험 요소를 완전히 무시하고 특별한 어린이 학대 사례를 묵과해 버림으로써 그 사실 자체를 인식하지 못할 수 있다.

인간 본성의 약점까지 이해한다면 우리의 정책뿐 아니라 개인의 삶도 풍부해질 것이다. 의붓자식이 있는 가정은 친자식을 키우는 가정보다 덜 행복하고 더 깨지기 쉬운 경향을 보이는데, 이것은 주로 계부모가 지출해야 하는 시간, 인내, 돈의 양과 관련된 긴장 때문이다. 그럼에도 불구하고 많은 계부모들은 부분적으로 배우자에 대한 사랑 때문에 배우자의 자식에게 친절하고 관대하다. 물론 부모가 무의식적으로 친자식에게 쏟아 붓는 본능적인 사랑과 현명한 계부모가 의붓자식에게 보이는 의도적 친절함과 관대함에는 차이가 있다. 이 차이를 인정하면 결혼 생활이 강화될 수 있다는 것이 댈리와 윌슨의 주장이다.[16] 엄격한 계산으로 맺어진 결혼은 대개 비참한 반면, 훌륭한 결혼 생활에서는 두 배우자가 상대방의 꾸준한 희생에 감사하는 것이 보통이다. 배우자가 자신의 자식에게 의식적으로 사랑을 베푼다는 사실을 인식하면, 그런 사랑을 당연한 일인 양 요구하지도 않게 되고 상대방이 느낄 수 있는 양면성을 꺼림칙하게 여기지도 않게 된다. 궁극적으로 그/그녀에 대한 분노와 오해가 줄어들게 될 것이다. 우리의 소망과는 반대로 실제로는 갖기 어려운 이상적인 감정에 대한 환상보다는 이처럼 우리가 실제로 느끼는 불완전한 감정이 많은 경우에 우리를 더 행복하게 만들어 주는 것이다.

∽∽

그래서 만약 우리가 자연을 딛고 올라서는 존재라면 어떻게 올라서야 하겠는가? 신경계를 구성하는 진화된 유전자들의 인과적 사슬 중 어디에서 "가치 선택"이라는 외관상 비기계적인 사건을 끼워 넣을 틈을 발견할 수 있는가? 선택을 허용한다면 기계 속에 다시 유령을 불러들이는 꼴이 아닌가?

이 질문은 그 자체로 빈 서판의 한 증상이다. 만약 서판이 비어 있다는 생각으로 출발했을 때 누군가가 어떤 선천적 욕구를 들이밀었다고 가정해 보자. 그때 우리는 상상 속에서 그것을 근거 없는 것이라 단정지어서, 서판에는 그것을 억제할 수 있는 어떤 것도 없기 때문에 그 충동은 불가항력적이라는 결론에 도달한다. 이기적인 생각이 이기적인 행동을 낳고, 공격적 충동이 타고난 살인자를 만들고, 다수의 성적 파트너에 대한 취향은 남자들이 어쩔 수 없이 빈둥거리는 것을 의미한다. 예를 들어 영장류 동물학자 마이클 기글리에리가 내셔널 퍼블릭 라디오(방송사)의 프로그램 「사이언스 프라이데이」에 출연해 폭력을 다룬 자신의 책을 소개할 때, 사회자는 다음과 같이 물었다. "그러니까 설명에 따르자면 강간, 살인, 전쟁처럼 남자들이 저지르는 모든 나쁜 행동이 어쩔 수 없어서 그러는 것이고, 그들의 유전자 속에 타고났기 때문이라는 것입니까?"[17]

그러나 마음이 여러 부분으로 구성된 하나의 체계라면 하나의 선천적 욕망은 하나의 구성 요소일 뿐이다. 어떤 기능들은 우리에게 탐욕이나 정욕이나 악의를 부여하지만 다른 기능들은 동정, 선견, 자긍심, 타인을 존중하는 욕구, 자신과 이웃의 경험을 통해 학습하는 능력 등을 부여한다. 이것은 유령의 신비한 힘이 아니라 전전두엽 피질과 그 밖의 부위에 존재하는 물리적 회로이고, 여기에는 유전적 기초가 있을 뿐 아니라 원시적 충동만큼이나 오래된 진화의 역사가 있다. 충동은 "생물학적"이지만 사고와 판단은 그렇지 않다고 생각하게 만드는 것은 빈 서판과 기계 속의 유령뿐이다.

동정, 선견, 자긍심의 기초가 되는 기능들은 입력물을 받아들이고 뇌와 신체의 다른 부위들을 능숙하게 사용하는 정보 처리 체계들이다. 그것은 언어의 기초인 정신 문법처럼 일종의 조합 체계로서, 무한한 수의 개념과 행동 방향을 만들어 내는 능력을 지니고 있다. 사람들이 그 메커니즘에 영향을 미치는 정보를 교환할 때에는, 우리가 이기적 유전자의 꼭두각시든 시계 장치든 로봇이든 간에, 개인적·사회적 변화가 발생할 수 있다.

인간 본성에 대한 인정은 사회적·도덕적 진보와 모순되지 않을 뿐 아니라, 수천 년 동안 일어난 뚜렷한 진보의 이유를 설명하는 데에도 도움이 된다. 역사와 선사 시대의 전 기간에 공통적이었던 관습——노예제, 신체 절단 처벌, 고문에 의한 처형, 편리함을 위한 대량 학살, 끝없는 피의 원한, 이방인에 대한 즉결 처형, 전쟁의 노획물로서의 강간, 산아 제한으로서의 유아 살해, 여성에 대한 법적 소유 등——은 세계 대부분의 지역에서 사라졌다.

철학자 피터 싱어는 하나의 고정된 도덕 관념이 얼마나 지속적인 도덕적 진보의 출발점이 될 수 있는가를 입증했다.[18] 다른 사람들을 동정의 대상으로 대하고 그들을 해치거나 착취하지 못하게 하는 양심이 우리에게 부여되었다고 가정해 보자. 또한 어떤 생명체가 인간으로 분류될 수 있는가 아닌가를 평가하는 메커니즘이 우리에게 있다고 가정해 보자. (어쨌든 우리가 식물을 인간으로 분류해서 그것을 먹지 않으려고 하다가 굶어 죽는 일은 없다.) 싱어의 책 제목 "확대되는 원"은 도덕적 진보의 과정을 설명한다. 우리의 마음에는 도덕적으로 고려할 가치가 있다고 생각하는 실체들을 담은 점선이 존재하는데, 인류는 그 선을 꾸준히 확대시켜 왔다. 그 원은 가족과 마을에서 씨족으로, 부족으로, 민족으로, 인종으로, 그리고 가장 최근에는 (세계인권선언에서처럼) 전 인류로 확대되었다. 또한 왕족, 귀족 계급, 토지 소유자에서 모든 인간으로 완화되었고, 남성만을 포함하다가 여성, 어린이, 신생아까지 포함하게 되었으며, 계속 밖으로 늘어나 범죄자, 포로, 적국의 시민, 시한부 인생, 정신 장애자 등도 포함하게 되었다.

도덕적 진보의 가능성은 아직도 끝나지 않았다. 오늘날 어떤 사람들은 도덕적 범위를 확대해 대형 원숭이, 온혈 동물, 또는 중추 신경계를 가진 동물을 포함시키기를 원한다. 또 어떤 이들은 접합자, 배반포, 태아, 뇌사자를 포함시키려 하고, 또 다른 사람들은 생물, 생태계, 또는 지구 전체를 포함시키려 한다. 도덕 관념의 확대는 인류의 도덕사를 이끌어 온 힘으로, 빈 서판이나 기계 속의 유령을 필요로 하지 않았다. 그것은 선천적인 도덕적 장치로부터 발생했고, 여기에 달린 단 하나의 손잡이를 통해 그 범위가 조정되었으며, 그 범위 안에는 우리 자신의 이해와 유사한 이해를 가졌다고 간주되는 실체들이 포함되어 있다.

도덕적 범위가 확대되는 데 선(善)을 향한 신비한 충동이 꼭 필요한 것은 아니다. 이기적인 진화의 과정과 복잡계의 한 법칙 사이의 상호 작용으로 도덕적 범위가 확대될 수 있다. 생물학자 존 메이너드 스미스와 외르스 스자스마리, 그리고 저널리스트 로버트 라이트는 진화가 어떻게 점점 더 강력한 협동을 낳을 수 있는가를 설명했다.[19] 역사에서 여러 번 복제자들은 팀을 이루어 노동을 분화하고 행동을 조율해 왔다. 그것은 종종 두 참가자가 특별한 전략을 채택함으로써 양자를 모두 부유하게 만드는 비(非)제로섬 게임에 빠져 들기 때문이다(한 참가자의 이득이 상대방의 손실이 되는 제로섬 게임과는 정반대이다.). 윌리엄 버틀러 예이츠의 희곡에서 정확한 비유를 발견할 수 있는데, 그것은 한 시각 장애자가 어깨 위에 불구자를 태우고 감으로써 두 사람 모두 안전하게 목적지에 도착한다는 내용이다. 생명이 진화하는 동안 복제를 맡은 분자들은 바로 이 동력에 의해 염색체라는 팀을 이루었고, 세포 기관들은 세포라는 팀을 이루었고, 세포들은 복잡한 유기체로 뭉쳤고, 유기체는 사회를 이루었다. 독립적인 행위자들이 여러 차례 더 큰 체계의 볼모가 된 것은 그들이 원래부터 시민 의식을 가져서가 아니라 노동의 분업에서 그리고 해당 체계를 구성하는 행위자들 사이의 갈등을 가라앉히는 발전된 방법을 통해서 이익을 얻었기 때문이다.

생물체들처럼 인간 사회도 시간이 지나면서 더 복잡해지고 더 협조적으로 변해 왔다. 행위자들이 정보 교환 문제와 배신자 처벌 문제를 능히 해결하는 한, 팀을 이루어 전문적으로 공통의 이익을 추구하는 편이 더 좋은 성과를 낼 수 있기 때문이다. 만약 나에게 내가 먹을 수 있는 것보다 더 많은 과일이 있고 다른 사람에게는 그가 먹을 수 있는 것보다 더 많은 고기가 있다면 서로의 잉여분을 교환하는 것이 서로에게 득이 된다. 벤저민 프랭클린의 말대로, 공통의 적에 직면하면 "우리는 모두 하나로 묶여야 한다. 그렇지 않으면 제각기 목이 매달릴 것이다."

라이트는 인간 협동자들의 원이 꾸준히 확대될 수 있었던 것은 인간 본성의 세 가지 특징 때문이었다고 주장한다. 첫 번째는 이 세계가 어떻게 작동하는가를 이해하는 인지적 수단이다. 공유할 가치가 있는 지식과 요령 그리고 물자와 정보를 보다 넓은 영토에 전파하는 능력이 여기서 나오는데 둘 다 교역을 통한 이득의 기회를 확대시켰다. 두 번째는 기술의 공유를 가능케 하고 거래를 성사시키고 합의를 시행하게 하는 수단인 언어이다. 세 번째는 새로운 협동자를 찾고, 그들과의 관계를 유지하고, 착취의 가능성을 막아 협동 관계를 보호하게 하는 감정의 목록 ─동정, 신뢰, 죄 의식, 분노, 자긍심─이다. 오래전 이 특성들 덕분에 우리 인류는 단계적인 감정적 발전을 이루기 시작했다. 존경할 만한 개인들의 정신적 원이 동맹자들과 교역 파트너들로 구성된 물리적 원과 나란히 확대되었다. 과학 기술이 축적되고 보다 넓은 지역의 사람들이 서로 의존하게 되면, 단지 서로가 죽지 않아야 교역을 할 수 있다는 이유에서 그들 사이에는 증오가 감소한다.

비제로섬 게임은 서로를 돕는 능력뿐 아니라 서로를 해치지 않도록 자제하는 능력에서도 비롯된다. 양측은 싸움을 통해 낭비될 유용한 자원을 많은 논의를 거쳐 나누어 가짐으로써 이익을 챙긴다. 그로 인해 조정, 체면 유지, 손해 배상, 응보, 법률적 규범 등 함께 갈등을 해결하는 기술이 발전하게 된다. 영장류 동물학자 프란스 드 발은 여러 종의 영장류에게서 갈등 해결의 기초 원리들을 발견할 수 있다고 주장했다.[20] 인간적인 형식들도 모든 문화에 산재하는데, 이는 그것을 통해 제거하려는 갈등만큼이나 보편적이라 할 수 있다.[21]

팽창하는 원의 진화(그 궁극인)는 실용적 또는 냉소적으로 들릴 수 있지만, 팽창하는 원의 심리학(그 근접인)은 그렇지 않다. 일단 공감이라는 손잡이가 제자리에 맞춰져서 협동과 교환의 이득을 누릴 정도가 되면, 그것은 다른 사람들도 나 자신과 비슷하다는 새로운 정보에 의해 작동 상태로 들어갈 수 있다. 과거의 적에게서 받았던 말과 이미지가 이제는 공감 반응을 촉발한다. 역사의 기록을 보면 자멸적인 상호 복수의 순환에 대한 경고가 자주 등장한다. 세계주의적 인식을 가진 사람들은 "오직 번영을 위해 가노라."라고 생각한다. 공감의 확대는, 남에게 특정한 방식으로 행동할 것을 요청할 때 나부터 논리적으로 모순이 없어야 할 필요성 같은 기본적인 어떤 것에서 비롯된다. 우리는 자신이 업신여기는 규칙을 다른 사람들에게 지키라고 강요할 수 없다. 이기주의, 성 차별, 인종 차별, 외국인 혐오증은 모든 사람이 단일한 행동 규범을 존중해야 한다는 요구와 논리적 모순을 일으킨다.[22]

그렇다면 평화적 공존을 추구할 때 우리는 사람들에게서 이기적인 욕구를 억지로 끌어낼 필요는 없다. 그것은 몇 가지 욕구—안전에 대한 욕구, 협동의 이득에 대한 욕구, 보편적 행동 규범을 공식화하고 인식하는 능력에 대한 욕구——가 즉각적인 이익에 대한 욕구와 경쟁하는 과정에서 발생한다. 이상의 과정들은 고정된 인간 본성을 통해 도덕적·사회적 진보가 단계적으로 이루어지는 방식의 예이다.

∽∽

유연한 인간 본성이란 개념은 낙관성과 정신적 고양 때문에 현재 높은 평판을 받고 있지만, 사실은 그런 평판을 누릴 가치가 없다. 만약 정말로 그런 가치가 있었다면, 우리 사회에 인간에 대한 조건화 기술을 적용하여, 사람들로 하여금 피임법을 사용하고, 에너지를 절약하고, 평화를 유지하고, 복잡한 도시를 떠나도록 만들어야 한다고 주장한 B. F. 스키너는 위대한 인본주의자로 칭찬받았을 것이다.[23] 스키너는 빈 서판과 열정적 유토피아의 충실한 지지자였다. 우리는 그의 각별하고도 순수한 비전을 통해 인간 본성을 "낙관적으로" 부인하는 것이 어떤 의미를 지니는지 검토할 수 있다. 바람직하지 않은 행동은 유전자 때문이 아니라 환경의 산물이라는 그의 전제는, 우리가 환경을 지배해야 한다는 결론으로 이어진다. 우리가 할 일은 우연한 보강 스케줄을 계획적인 보강 스케줄로 대체하는 것이기 때문이다.

왜 대부분의 사람들은 이 비전에 불쾌감을 느끼는가? 스키너의 『자유와 존엄을 넘어서(Beyond Freedom and Dignity)』의 비평가들은, 사람이 사람의 행동을 지배할 수 있다는 사실을 의심하는 사람은 없다는 사실을 지적했다. 사람의 머리에 권총을 들이대거나 고문하는 것은 오래된 기술이다.[24] 심지어 스키너가 좋아하는 자발적 조건화 방법도, 동물을 굶겨서 체중을 자유 급식 때의 80퍼센트 선으로 줄이고 그것을 보강 프로그램이 신중하게 짜진 상자 안에 가두는 것을 필요로 했다. 문제는 우리가 인간의 행동을 바꿀 수 있느냐가 아니라 그것 때문에 어떤 비용을 지불하는가이다.

우리는 단지 환경의 산물이 아니기 때문에 비용이 발생한다. 사람들은 강화 과정을 거침에도 안락, 사랑, 가족, 존중, 자율, 미감, 자기 표현 같은 고유한 욕구를 가지고 있으며, 그 욕구 실현의 자유를 침해하면 고통받는다. 사실 인간 본성에 대한 개념을 적용하지 않으면 심리적 고통을 정의하기조차 어려워진다. (젊은 마르크스조차도 창조적 활동에 대한 충동을 가진 "종적 특성"을 소외 이론의 기초로 이용했다.) 때때로 우리는 타인에게 불필요한 고통을 안겨 준 사람들을 처벌하는 경우처럼, 행동을 통제하기 위해 고통을 부과하기로 결정한다. 그러나 다른 사람의 자유와 행복을 침해하지 않고 행동을 개조할 수 있다고 시치미를 뗄 수는 없다. 인간 본성은 우리가 행동 기술자들에게 우리의 자유를 양도하지 않는 이유이다.

인간의 타고난 욕구는 유토피아와 전체주의적 전망—정반대인 것처럼 보이지만 종종 똑같은 결과를 낳는다.—을 가진 사람들에게는 골칫거리이다. 대부분의 유토피아를 가로막는 것은 전염병과 가뭄이 아니라 인간의 행동이다. 그래서 몽상가들은 행동을 통제할 방법을 생각해야 하고, 선전이 먹히지 않으면 보다 강제적인 방법을 시도한다. 앞에서 본 것처럼 20세기의 마르크스주의 몽상가들은 이기주의와 가족의 유대가 없는 빈 서판을 필요로 했고, 그 서판을 깨끗이 닦거나 새로운 서판으로 출발하기 위해 전체주의적 방법을 이용했다. 베르톨트 브레히트가 동독 정부에 대해 말했듯이, "국민이 더 잘하지 못하면 정부가 그들을 내쫓고 새 국민을 뽑을 것"이었다. 이사야 벌린, 케니스 미노그, 로버트 콘퀘스트, 조너선 글러버, 제임스 스콧, 대니얼 처롯 등 최근 "우리의 황폐화된 20세기를 반영"했던 정치 철학자와 역사가들은 유토피아의 꿈이 20세기 악몽의 주요인이었다고 지적했다.²⁵ 그런 점에서, "다시 태어나는" 인간 본성 때문에 "기쁨에 떨었던" 워즈워스의 혁명 프랑스도 결코 즐거운 곳이 아니었음을 알 수 있다.

인간 본성을 부인하면 그 대가로 자유와 행복을 잃을 수 있다는 사실을 잊은 것은 행동주의자와 스탈린주의자들만이 아니었다. 20세기 마르크스주의는 고귀한 권위주의적 근대 정신이라 불렸던 더 큰 지적 흐름의 일부였고, 그 본질은 "과학적" 원리를 이용해 사회를 하향식으로 재설계할 수 있다는 자만심이었다.²⁶ 예를 들어 건축가 르 코르뷔지에는 도시 설계가들이 전통과 취미에 얽매이지 말아야 한다고 주장했다. 그들이 당대 도시들의 혼잡과 혼돈을 영속화시킬 뿐이라는 이유에서였다. 그는 이렇게 썼다. "우리는 인류가 재탄생할 장소를 건축해야 한다. 각 사람이 전체와 질서·정연한 관계를 맺고 살아갈 것이다."²⁷ 르 코르뷔지에의 유토피아에서 설계가들은 "깨끗한 식탁보"를 가지고 시작해서, "인간의 필요"에 봉사하는 모든 건물과 공공 장소의 입안을 지도했다. 그들에게는 그 필요를 최소화시킨 개념이 있었다. 즉 각 개인에게는 정해신 만큼의 공기, 열, 빛 그리고 먹고 자고 일하고 출퇴근하는 등의 활동에 필요한 공간이 필요하다고 생각했다. 르 코르뷔지에는 가족과 친구들끼리 모이는 것도 인간의 욕구일 수 있다는 생각에 미치지 못했고, 그래서 주방을 대신하는 거대한 공동 식당을 제안했다. 또한 그의 욕구 목록에는 공공 장소에서 소집단들이 어울릴 수 있는 욕구가 포함되지 않았고, 그래서 그가 설계한 도시에는 대로, 거대한 건물, 넓은 광장들만 있고 사람들이 편하게 모여 잡담을 즐길 수 있다고 느낄 만한 소광장이나 교차로는 없었다. 가정은 "생활을 위한 기계"여서 정원이나 장식 같은 오래된 비효율 요소가 배제되었고, 또 장방형의 거대한 공영 주택 단지에 효율적으로 묶였다.

르 코르뷔지에는 파리, 부에노스아이레스, 리우데자네이루를 쓸어버리고 자신의 과학적 이론에 따라 재건축하려는 열망이 좌절되는 것을 맛보았다. 그러나 1950년대에 그는 펀자브의 주도인 찬디가르를 설계할 수 있는 전권을 부여받았고, 그의 한 제자는 브라질의 수도인 브라질리아를 건설하도록 깨끗한 식탁보를 받았다. 오늘날 두 도시는 그곳에 사는 공무원들이 지독하게 싫어하는 불모 지역으로 악명이 높다. 고귀한 권위주의적 근대 정신은 또한 1960년대에 미국의 여러 도시에서 "도시 재개발" 계획을 낳았다. 이때 활기 넘치는 동네들이 대로, 고층 건물, 바람만이 맴도는 광장으로 바뀌었다.

사회과학자들 역시 사회 개조의 꿈에 매혹되곤 했다. 아동 정신과 의사 브루스 페리는 빈민가 어머니들이 자녀들의 유연한 뇌가 섭취할 풍부한 환경을 제공하지 못한다고 염려하면서, "우리의 문화를 변형"시켜야 한다고 믿는다. "우리는 자녀 양육 관습을 바꿀 필요가 있고, 아이들이 친부모의 재산이라는 해롭고 파괴적인 관점을 변화시킬 필요가 있다. 인간은 개인이 아니라 공동체로서 진화했다.…… 아이들은 공동체가 소유하는 존재로서, 부모에게는 위탁될 뿐이다."[28] 오늘날 누구나가 아이를 방치하거나 잔인한 지경에 이르게 해서는 안 된다고 생각한다. 하지만 만약 페리의 변형된 문화가 실현된다면 총을 든 사람들이 최신 유행을 타고 있는 양육 이론을 따르지 않는다는 이유로 어느 가정이든 풍비박산을 낼지도 모른다. 어린이에 관한 장에서 살피겠지만, 그러한 유행은 대부분 부모와 자녀의 모든 상관성을 인과 관계의 증거로 다루는 잘못된 연구에서 비롯한다. 아시아계 미국인과 아프리카계 미국인의 부모들은 종종 아동 발달 권위자들의 충고를 무시하고, 보다 전통적이고 권위적인 양육 방법을 적용한다.[29] 그러나 십중팔구 자녀들에게 조금도 해가 되지 않을 이 방법을 채택했다고 해서 양육 전담 경찰이 그들에게서 아이를 빼앗는 일이 발생할지도 모른다.

인간 본성의 개념에는 페미니즘의 이상과 모순되는 것이 전혀 없으며, 이에 대해서는 성에 관한 장에서 보다 분명히 주장할 것이다. 그러나 어떤 페미니즘 이론가들은 빈 서판과 함께, 성 차별 폐지를 위한 그들의 전망을 시행하도록 정부에 막강한 권한을 주게 될 권위주의적 정치 철학을 수용하고 있다. 시몬 드 보부아르는 1975년의 한 대담에서 이렇게 말했다. "자녀를 키우도록 가정에 매여 있어야 할 의무를 어떤 여성에게도 부여해서는 안 됩니다. 사회는 완전히 달라져야 합니다. 여성들에게 그 선택권을 주어서는 안 됩니다. 그런 선택권이 있으면 너무 많은 여성들이 그렇게 할 것이기 때문입니다."[30] 글로리아 스타이넘은 조금 더 너그럽다. 1970년 그녀는 《타임》의 한 기사에 이렇게 썼다. "가정 주부를 선택할 권리를 〔여성 해방〕 혁명이 빼앗지는 않을 것이다. 남편의 가정 주부나 안주인이 되기를 선호하는 여성은 남편의 봉급 중에서 가정 관련 법원이 결정한 일정 비율을 받을 것이다."[31] 베티 프리댄은 2세 어린이에 대한 "의무 유치원 교육"을 찬성하는 발언을 했다.[32] (안드레아 드워킨과 함께 성애 예술에 반대하는 입법을 추진한) 캐서린 맥키넌은 이렇게 말했다. "안드레아 드워킨처럼 문학을 통해 보고, 나처럼 법을 통해 보고, 예술을 통해 보면서 여성의 타협 없는 시각적 어휘를 창조하는 사람들이 필요하다."[33] 사람들에게 어떤 예술과 문학을 향유하게 할 것인가를 결정하려는 몇몇 지식인들의 오만함에 어떤 위험이 도사리고 있는지를 망각한 발언이다.

캐럴 길리건은 《뉴욕 타임스 매거진》과의 한 인터뷰에서, 말 더듬기나 과민 행동 같은 남자 아이들의 행동 문제가 어머니와의 분리를 강요하는 문화적 규범 때문에 발생한다는 (앞뒤가 뒤죽박죽인) 이론의 의미를 다음과 같이 설명했다.

> 질문: 인간의 생물학적 특성이 우리가 인간의 문화를 변화시킬 수 없을 정도로 강력하지는 않다고 주장하시는 건가요?
> 답변: 그렇습니다. 우리는 아이와 양육하는 사람 간의 분리가 득이 되지 않는 문화를 건설해야 합니다.……
> 질문: 지금까지의 말을 종합해 보면, 인간이 근본적으로 변하지 않으면 문화적으로 현저한 변화가 일어나지 않을 거라는 의미로 들리는군요.
> 답변: 저는 그렇다고 봅니다.[34]

"새로운 사회주의적 인간"을 설계하려는 시도의 기미를 눈치챈 한 예리한 독자가, "학계에도 그런 종류의 노력이 효과가 있을 것이라 믿는 사람이 있는가?"라고 물었다.[35] 그의 염려는 옳았다. 여러 학교에서 교사들은 어린이의 성 정체성이 유연해지는 "기회 지대"가 있다는 잘못된 지침을 듣고 있다. 그들은 이 지대를 이용해 남자 아이다운 특성을 진압하려 한다. 즉 동성끼리의 놀이 집단과 생일 파티를 금지하고, 아이들에게 성별에 맞지 않는 활동을 강요하고, 남자 아이들이 휴식 시간에 뛰거나 경찰 강도 놀이하는 것을 중단시킨다.[36] 철학자 크리스티나 호프 소머스는 『남자 아이와의 전쟁(The War Against Boys)』에서 이러한 의제들이 "간섭이고 월권이며, 자유로운 사회의 교육자들에게 부여된 교육 범위를 지나치게 벗어나는 것"이라고 지적한다.[37]

페미니즘에 빈 서판이 필요하기는커녕 그와 정반대인 인간 본성의 분명한 개념이 필요하다. 오늘날 가장 급박한 페미니즘의 대의 중 하나는 발전하는 세계에서의 여성의 위치이다. 세계 여러 곳에서 여성 태아가 선택적으로 낙태당하고, 여자 아이들이 태어나자마자 죽임을 당하고, 딸들이 영양 실조에 걸리거나 학교에 가지 못하고, 사춘기 여자 아이들이 생식기를 거세당하고, 젊은 여성들이 머리에서 발끝까지 망토를 뒤집어쓰고, 간통한 여자들이 돌에 맞아 죽고, 과부들이 남편의 시체와 함께 장작 더미 위로 던져진다. 상대주의적 분위기가 강한 학문의 세계에서는, 이런 잔학 행위들이 다른 세계의 문화적 관습이고 문화는 사람처럼 양도할 수 없는 권리를 가진 초유기체이기 때문에 이를 비난할 수 없다는 견해가 지배적이다. 이 함정을 피하기 위해 페미니즘 철학자 마서 너스봄은 신체의 보전, 양심의 자유, 정치 참여같이 모든 인간이 누려야 할 권리를 "주요 기능적 특성"으로 규정한다. 이에 대해 일각에서는 그것이 식민주의적인 "개화의 임무" 또는 "백인 여성의 의무감"이라고 비난하고 있다. 거만한 유럽인이 무엇이 필요한 것인가를 가난한 사람들에게 가르쳐서는 안 된다는 것이다. 그러나 만약 너스봄의 "특성"이 직접적이든 간접적이든 보편적 인간 본성을 기초로 했다면 그녀의 도덕적 주장은 충분히 옹호할 만하다. 인간 본성은 인류의 모든 구성원들이 겪는 고통을 확인하는 척도를 제공한다.

인간 본성이 존재한다는 것은 우리를 영원한 억압, 폭력, 탐욕으로 몰아넣는 반동적 교의가 아니다. 물론 우리는 굶주림이나 질병 같은 불행의 요소를 막기 위해 노력하는 것처럼, 인간의 해로운 행동을 줄이기 위해 노력해야 한다. 그러나 그러한 요소와 싸우기 위해서는 인간 본성에 포함된 성가신 사실들을 부인하려고만 하지 말고, 그것을 좋은 사실들과 대립시켜야 한다. 사회적 변화를 위한 노력이 효과를 발휘하기 위해서는 변화를 가능하게 하는 인지적·도덕적 자원이 무엇인가를 확인해야 한다. 그리고 그 노력을 인간적인 것으로 만들려면 그런 종류의 변화를 바람직한 것으로 만드는 즐거움과 노고의 보편성을 인정해야 한다.

10장

결정론에 대한 두려움

이 장의 주제는 진화론이나 유전학을 기초로 해 행동 경향을 설명할 때 자주 (그리고 부정확하게) 등장하는 그럴듯한 내용이 아니다. 여기에서는 철학 개론 강좌에서 "자유 의지"에 반대되는 것으로 가르치는 원래 의미의 결정론을 다루고자 한다. 이 결정론에 대한 두려움을 포착한 리머릭*이 있다.

> 한 젊은이가 이렇게 말했다네. "제기랄!
> 내가 정해진 레일을 따라
> 움직여야 하는 운명이라니
> 정말 슬프단 말야.

* 아일랜드에서 유행했던 5행 희시이다.

정말 이건 버스가 아니라 전차야."

기계 속의 유령이라는 전통적 개념에서 보면 우리의 몸에는 신체의 행동을 결정하는 자아 또는 영혼이 거주한다. 그 선택은 당구 공이 다른 공을 때려 구석의 포켓에 밀어 넣듯이 어떤 물리적 사건이 일어나 결정되는 것이 아니다. 우리의 행동이 유전적으로 형성된 뇌의 생리적 활동에서 야기된다는 생각은 이 전통적 견해를 반박하는 것처럼 보인다. 그 때문에 우리의 행동은 분자 운동의 기계적 결과가 되고, 원인 없이 존재하는 행동 선택자가 들어설 자리는 없어진다.

결정론에 대한 우리의 두려움은 결국 우리가 자신의 선택을 지배하지 못한다는 실존주의적 근심이다. 옳은 일에 대한 우리의 모든 숙고와 번민은 무의미해지는 것처럼 보인다. 모든 것이 이미 뇌의 상태에 의해 결정되기 때문이다. 만약 이 근심이 고통스럽다면 나는 다음과 같은 실험을 제안하고자 한다. 내일부터 며칠 동안 여러분의 행동을 굳이 계획하려 하지 마라. 이미 결정된 것이라면 결국 시간 낭비 아닌가? 본능에 따라 행동하고 순간을 위해 살아라. 그렇게 해서 기분이 좋다면 말이다. 물론 지금 나는 정말로 그렇게 하라고 제안하는 것이 아니다. 그러나 결정 내리기를 정말로 포기할 때 어떻게 될 것인가를 잠시만 생각해 보면 실존주의적 근심을 즉시 해결할 수 있다. 뇌가 어떻게 작동하든, 선택의 경험은 허구가 아니다. 그것은 실제적인 신경 활동이고, 예측 가능한 결과에 따라 행동을 선택하는 분명한 기능을 갖고 있다. 그것은 감각에서 들어오는 정보에 반응하는데, 여기에는 다른 사람들의 훈계도 포함된다. 우리는 그로부터 벗어날 수 없고 그것이 나와 상관없이 제멋대로 하게 내버려둘 수도 없다. 그것이 바로 나이기 때문이다. 만약 가장 엄격한 형태의 결정론이 사실이라면 우리가 할 수 있는 일은 아무것도 없다.

결정론에 대한 근심 그리고 그 근심을 해결하는 방법까지도 나와는 상관없이 결정될 것이기 때문이다. 이 결정론에 대한 실존주의적 두려움은 정말로 시간 낭비다.

결정론에 대한 보다 현실적인 두려움은 A. A. 밀른의 말에 잘 표현되어 있다. "틀림없이 잭 더 리퍼*는 인간의 본성을 핑계삼아 자신을 용서했을 것이다." 이것은 인간 본성에 대한 이해가 개인적 책임이란 개념을 잠식할 것이라는 두려움이다. 전통적 관점에서, 무엇을 할 것인가를 선택하는 자아 또는 영혼은 사태가 잘못되면 책임을 진다. 해리 트루먼의 집무실 책상에 적힌 좌우명처럼 모든 일은 내가 맡는다는 식이다.** 그러나 행동을 개인의 뇌나 유전자 또는 진화의 역사 탓으로 돌리면 우리는 더 이상 개인에게 책임을 물을 수 없을 것처럼 보인다. 생물학이 완벽한 알리바이가 되고 감옥을 탈출하는 만능 열쇠가 되며 의사의 최종 면죄부가 된다. 앞에서 보았듯이 이렇게 비난하는 사람들은 영혼을 보호하려는 종교적·문화적 우파들과, 비록 우리 자신이 선택한 환경은 아니지만 그 속에서 우리 자신의 미래를 건설할 줄 아는 "우리"를 보호하려는 좌파 지식인들이다.

자유 의지 개념이 책임이란 개념과 밀접하게 묶이는 이유는 무엇이고, 생물학이 그 둘을 위협한다고 생각하는 이유는 무엇인가? 다음과 같은 논리에서이다. 우리가 악한 행동이나 나쁜 결정 때문에 책임을 묻는 경우는 단지 행위자가 결과를 의도적으로 이끌어 냈으며 달리 선택할 수 있었을 때뿐이다. 사슴을 겨냥했다가 실수로 친구를 쏜 사냥꾼이나, 존 F. 케네디 대통령의 차를 몰고 총격의 현장으로 들어간 운전수를

---

* 영국의 고전적인 연쇄 살인범. 사건은 미제로 끝났다.
** 미국 역사상 가장 추진력 있고 과단성 있는 대통령으로 평가받고 있다.

유죄로 판결하지는 않는다. 그들은 결과를 예상할 수 없었고 행동의 결과를 의도하지도 않았기 때문이다. 우리는 고문 때문에 동지를 배신한 사람이나, 정신 착란에 빠져 간호사를 공격한 환자나, 사람을 맹수로 착각하고 공격한 미친 사람에게 자비를 보인다. 그들이 자신의 기능을 지배할 수 없었다고 생각하기 때문이다. 우리는 어린아이 때문에 죽음이 발생했다고 해서 그 아이를 재판정에 세우지 않으며, 동물이나 무생물을 재판하지도 않는다. 그들은 본질상 지적인 선택을 하지 못한다고 믿기 때문이다.

인간 본성에 대한 생물학은 더욱더 많은 사람들을 비난의 굴레에서 해방시킬 것이다. 어떤 살인자는 말 그대로 광란의 미치광이가 아닐 수도 있다. 하지만, 우리는 최신 도구를 이용해 그에게서 움츠러든 편도나 전두엽의 대사 저하 부위, 또는 모노아민 산화효소 A 과다 방출 유전자를 찾아냄으로써, 그가 행동 조절에 실패하는 이유를 발견할 수 있다. 또는 인지 심리 실험실에서 제공하는 테스트를 통해, 그가 만성적으로 예견력이 부족해서 결과를 예측하지 못하거나 잘못된 마음의 이론을 가지고 있어서 타인의 고통을 이해하지 못한다고 증명할 수도 있다. 어찌됐든 기계 속에 유령이 없다면, 범죄자의 하드웨어 속에 있는 그 무엇이 그를 똑같은 상황에서도 남을 해치거나 죽이지 않는 대다수의 사람과 다르게 만들었을 것이다. 조만간 우리는 그 무엇인가를 발견할 것이고, 걱정스런 이야기처럼 들리겠지만 살인자들은 현재 법정에서 미친 사람과 어린아이를 용서하듯이 그렇게 처벌을 면제받을 것이다.

설상가상으로 생물학은 우리 모두가 무죄라고 입증할 수도 있다. 진화 이론가들의 말에 따르면 우리가 어떤 동기들을 갖는 궁극적 이유는 그것이 진화적 환경에서 조상들의 유전자를 존속시켰기 때문이라 한다. 우리 중 누구도 그 이유를 인식하고 행동하지 않으므로, 누구도 그 이유를 추구했다고 비난할 수 없게 된다. 이것은 마치 미친 개를 잡는다고 생각하지만 실제로는 간호사를 공격하는 정신병 환자를 비난할 수 없는 것과 같다. 영혼이 없는 존재에게 벌을 가했던 옛날의 관습들을 보면 난처함에 머리를 긁적이게 되지 않는가. 헤브루에는 황소가 사람을 죽이면 그 황소를 돌로 쳐죽이는 법이 있었고, 아테네에서는 도끼 때문에 사람이 다치면 그 도끼를 재판정에 세웠고(유죄 판결이 나면 성벽 밖으로 던졌다.), 중세 프랑스에서는 암퇘지가 어린아이에게 상처를 입히면 난도질하라는 판결을 내렸고, 1685년에는 한 교회 종이 프랑스의 이단자들에게 도움을 주었다는 이유로 채찍을 맞은 뒤 땅에 묻혔다.¹ 그러나 진화 생물학자들은 우리가 기본적으로 동물과 다르지 않다고 주장하고, 분자 유전학자와 신경학자들은 우리가 기본적으로 무생물과 다르지 않다고 주장한다. 만약 사람에게 영혼이 없다면 사람을 처벌하는 것이 무생물을 처벌하는 것처럼 어리석은 일 아니겠는가? 그렇다면, 아이들에게 너희는 동물이라고 가르치면 아이들이 동물처럼 행동할 것이라고 말하는 창조론자들을 따라야 하지 않겠는가? 우리는 전미 총기 협회에서 발행한 스티커의 문구—총이 죽이지 않습니다. 사람이 죽입니다.—보다 두세 걸음 더 나아가, "사람도 죽이지 않습니다. 사람은 총과 똑같이 기계적 존재일 뿐입니다."라고 말해야 하는가?

이러한 걱정은 결코 학문적이지 않다. 인지 신경학자들에게는 때때로 뇌 스캔 사진에 나타나는 불안정한 패턴으로 의뢰인의 무고함이 입증되기를 희망하는 변호사들이 찾아온다(리처드 둘링의 소설 『브레인 스톰』의 시나리오와 같다.). 유전학자 한 팀이 어느 가족의 남자들을 폭력적으로 행동하게 만드는 희귀한 유전자를 발견했을 때, 어느 살인 용의자를 변호하던 한 변호사는 자기 의뢰인도 그러한 유전자를 갖고 있을지 모른다고 주장했다. 만약 그렇다면 "그의 행동은 전적으로 자유 의지의 산물이 아니었을 것"이라는 게 그의 주장이었다.[2] 랜디 손힐과 크레이그 파머가 강간은 남성이 가진 번식 전략의 결과라고 주장하자, 어느 변호사는 강간 용의자들을 변호하는 데 그들의 이론을 사용할 것을 신중히 검토하기도 했다.[3] 오언 존스같이 생물학적 지식이 많은 법학자들은 "강간 유전자" 변호가 실패할 확률이 높다고 주장하지만, 범죄자의 무죄를 입증하기 위해 생물학적 설명을 이용할 위험성은 여전히 존재한다.[4] 이것이 인간 본성에 대한 과학이 약속하는 밝은 미래인가? 내가 아니라 내 편도체가 그랬어요? 다윈이 나를 그렇게 만들었어요? 유전자가 내 숙제를 먹어 버렸어요?

∞

원인 없이 존재하는 영혼이 개인의 책임을 구할 수 있으리라 기대하는 사람은 결국 실망에 부딪히게 된다. 『자유 행동의 범위: 원할 가치가 있는 자유 의지의 종류(Elbow Room: The Varieties of Free Will Worth Wanting)』에서 철학자 대니얼 데닛은, 우리가 영혼에게 결코 바랄 수 없는 것이 있다면 그것은 바로 영혼이 바라는 대로 행동할 자유라고 지적한 바 있다.[5] 만약 완전히 자유로운 의지가 행동을 선택한다면 우리는 정말로 사람들에게 행동의 책임을 묻지 못하게 된다. 그 존재는 처벌의 위협에 굴하지 않을 것이고 치욕 당할 가능성에 수치스러워하지도 않을 것이고, 심지어는 미래에 있을지도 모르는 사악한 유혹을 억제할 양심의 가책도 느끼지 못할 것이다. 언제든 행동의 그런 원인들을 무시하기로 결정할 수 있기 때문이다. 도덕적·법률적 규범을 시행하는 것으로는 악한 행동을 줄일 수 없게 된다. 인과율의 화살이 미치지 못하는 다른 차원에 존재하는 자유로운 행위자는 그런 규범의 영향을 받지 않을 것이기 때문이다.

도덕과 법은 무의미해질 것이다. 범죄자를 처벌할 수는 있겠지만 그것은 순전히 원한 때문일 것이다. 그런 처벌은 범죄자의 미래 행동이나 그 처벌을 아는 다른 사람들의 미래 행동에 어떤 예측 가능한 영향도 미칠 수 없기 때문이다.

반면, 영혼이 존중과 수치 또는 보상과 처벌을 예상하고 그 영향을 받는다면, 더 이상 정말로 자유롭다 할 수 없다. 어쩔 수 없이 (적어도 확률적으로) 그 가능성을 고려해야 하기 때문이다. 책임의 표준을 행동 가능성의 변화로 전환시키는 것이 있다면 무엇이든―가령 "내가 행동 X를 했을 때 사람들이 나를 상스럽고 비열한 놈이라 생각한다면, 행동 X를 하지 마라."의 법칙―알고리듬으로 프로그램화되어 신경 하드웨어에서 실행될 것이다.

결정론을 옹호하는 과학자들은 비난을 완화하기 위해, 행동이란 결코 완벽하게 예측할 수 있는 것이 아니라 가장 완고한 유물론자의 꿈에서조차도 항상 확률적이라고 지적한다. (스키너의 행동주의가 절정에 이르렀을 때 그의 학생들은 동물 행동의 하버드 법칙이라는 공식을 만들었다. "온도, 시간, 빛, 먹이, 훈련을 조절한 실험 조건 하에서 유기체는 괘씸하게도 제멋대로 행동한다.") 심지어 모든 유전자와 대부분의 환경을 공유하며 함께 성장한 일란성 쌍둥이의 경우에도 개성과 행동이 매우 비슷할 뿐 동일하지는 않다. 어쩌면 뇌가 분자 또는 양자의 차원에서 우연한 사건들을 증폭시키는 것인지 모른다. 어쩌면 뇌가 예측 불가능한 혼돈에 빠져 있는 비선형적인 역학 체계일지 모른다. 또는 유전자와 환경이 너무 복잡한 방식으로 영향을 주고받아서, 유한한 수명을 사는 어떤 인간도 그 영향을 추적해 인간의 행동을 충분히 정확하게 예측할 수 없는 것인지 모른다.

덜 완벽하게 행동을 예측할 수 있다는 것은, 인간 본성에 대한 과학이 수학적 의미에서 "결정론적"이라고 우기는 진부한 주장이 거짓임을 드러낸다. 그러나 그렇다고 해서 과학이 자유 의지와 개인적 책임의 개념을 침식하고 있다는 두려움이 성공적으로 진정되지는 않는다. 한 젊은이가 집 주인을 살해할 가능성 중 100퍼센트가 아닌 99퍼센트를 유전자(또는 그의 뇌나 유전의 역사)가 제공했다는 이야기는 달갑지 않은 위로일 뿐이다. 물론 그의 행동은 완전히 예정된 것이 아니게 된다. 하지만 달리 행동했을 1퍼센트의 가능성이 있는데 왜 갑자기 그 젊은이가 "책임"을 지게 되는가? 사실 인간에게 책임을 물을 수 있는 확률값이란 존재하지 않는다. 라스콜리니코프*의 뇌 속에 존재하는 어떤 분자들이 이렇게 작용해서 그를 살인자로 몰아넣을 확률이 50퍼센트이고, 그 분자들이 저렇게 작용해서 그를 살인 충동에서 구할 확률도 50퍼센트라고 생각하는 것은 항상 가능한 일이다. 그래도 자유 의지 같은 것은 없으며, 해로운 행동을 감소시킬 것처럼 보이는 책임이란 개념도 불필요하다. 철학자들은 그것을 흄의 포크라 부른다. "우리 행동은 결정되어 있거나 무작위적 사건들의 결과이다. 어느 경우든 우리는 행동에 책임이 없다."

✦

생물학적 설명을 금지하면 개인적 책임을 회복할 수 있다고 희망하는 사람들이 가장 큰 실망에 대비해야 할 것이다. 지난 수십 년 동안 나쁜 행동에 대한 핑계로 가장 우스꽝스러웠던 것들은 생물학적 결정론이 아니라 환경 결정론에서 나왔기 때문이다. 학대의 결과, 이민 2세로서 겪는 어려움, 흑인으로서의 분노, 포르노 중독, 사회적 질병, 대중 매체

---

* 도스토예프스키의 소설 『죄와 벌』의 주인공이다.

의 폭력, 록 음악의 가사, 그 밖의 다양한 문화적 요인들이 그 예이다(이런 구실을 이용해 최근 한 변호사는 무허가 영업으로 기소된 사기꾼을 변호했고, 또 다른 변호사는 남자 친구를 살해한 캐나다 인디언 여성을 변호했다.).[6] 지금 이 글을 쓰고 있는 이번 주에만도 두 개의 새로운 예가 신문지상에 올랐다. 하나는 어느 임상 심리학자가 살인을 되풀이한 죄수들과의 "대화를 통해" 그들이 형벌을 경감받거나 온정적 조치 또는 상소의 기회를 얻는 데 도움을 주려 한다는 이야기이다. 이 기사를 보면 빈 서판, 고상한 야만인, 도덕주의적 오류, 환경 결정론이 한 구절로 압축되어 있다.

> 대부분의 사람들이 끔찍한 범죄를 저지르는 배경에는 불행한 과거가 놓여 있다. 그것은 처음부터 괴물로 태어나서가 아니라, 태어난 후 어린 시절에 끔찍한 일들을 겪었기 때문이고, 그 결과 끔찍한 일들을 저지르는 것이다. 그래서 개인적으로는 괴물이 태어나는 세상보다는 그런 세상에서 사는 것이 나을 것이라 생각한다.[7]

다른 하나는 맨해튼에 있는 어느 학교 사회복지학과 학생의 이야기이다.

> 위스콘신 주 매디슨 출신의 25세 학생인 티파니 F. 골드버그는 이번 달 낯선 사람이 던진 콘크리트 덩어리를 머리에 맞았다. 그런 후 그녀는 가해자가 불우한 유년 시절을 보냈을 것이란 생각에 그에 대한 염려를 표했다.
>
> 컬럼비아 대학 사회복지학과 대학원생들은 골드버그 양의 태도가 폭력에 대한 그들의 견해와 일치한다고 말했다. 27세인 크리스텐 밀러는 이렇게 말했다. "개인의 잘못은 사회의 책임이다. 폭력은 세대에서 세대로 전해진다."[8]

진화 심리학자들은 조상들의 성적 문란함이 다수의 후손으로 보상받았다는 이론을 제시함으로써 남성의 난혼 성향을 "용서"했다고 비난받는 경우가 흔하다. 그러나 한편으로는 몇 가지 정반대 사례를 접하면서 용기를 낼 수도 있다. 즉 최근의 한 전기에서는 브루스 스프링스틴이 "여성 팬들의 동정을 구한 것은 자기 회의 때문이었다."라고 밝혔고,⁹ 한 서평은 우디 앨런의 성적 무분별함이 "정신적 충격"과 어머니의 "학대"에서 비롯되었다고 말했으며,¹⁰ 힐러리 클린턴은 《토크》와의 유명한 인터뷰에서 남편의 리비도를 다음과 같이 설명했다.

학대로 상처를 입었을 때 그는 너무 어려서 그 상황을 합리적으로 이해할 수 없었다. 그가 겨우 네 살일 때 그의 어머니와 할머니 사이에서 끔찍한 갈등이 빚어졌다. 예전에 한 심리학자가 말하기를, 어린 소년이 두 여자 사이에서 갈등을 경험하는 것이야말로 최악의 결과로 치달을 수 있는 상황이라고 했다. 양쪽을 모두 즐겁게 해 주고 싶은 욕구가 항상 존재하게 된다.¹¹

클린턴 여사는 뇌, 유전자, 진화 등에 대해 한마디도 말하지 않았지만, 남편의 탈선을 변명하려 했다는 이유로 전문가들의 공격을 받았다. 비난의 논리는 다음과 같다. 만약 누군가가 특정한 행동을 어떤 원인의 결과라고 설명한다면, 그렇게 설명하는 사람은 그 행동이 자유롭게 선택된 것이 아니며 그 행위자는 책임이 없다고 말하는 셈이 된다.

환경 결정론은 너무 흔해서 풍자의 소재로 한 자리를 차지한다. 《뉴요커》의 한 만화를 보면, 증언대에 선 한 여성이 이렇게 말한다. "사실 남편이 나를 때린 건 그의 유년 때문이에요. 그리고 내가 그를 죽인 건 나의 유년 때문이에요." 연재 만화 「그릇된 결론(Non Sequitur)」에는 어느 정신 병원을 소개하는 대목이 나온다. "1층 : 어머니의 잘못. 2층 : 아버지의 잘못. 3층 : 사회의 잘못." 그리고「웨스트사이드 스토리」에서 제트파 아이들이 그 지역 경찰에게 "우리는 빼앗긴 것 때문에 타락했다."라고 설명하는 대목을 누가 잊을 수 있겠는가?

친절한 크루키 경사님
이해하셔야죠
우린 그렇게 자랐어요
그래서 제멋대로죠
우리 어머니는 모두 마약 중독자
우리 아버지는 모두 주정뱅이
우린 당연히 망나니들이죠!

∽∾∽

단단히 잘못된 것이 있는데, 그것은 설명과 변호의 혼동이다. 행동의 원인에 대한 생물학적 이론 그리고 환경적 이론을 비판하는 사람들의 의도와는 정반대로, 행동을 설명한다는 것은 그 행동의 무죄를 입증하는 것이 아니다. 힐러리 클린턴은 심리학의 역사에서 가장 한심한 설명을 전개했는지는 모르나, 대통령의 행동을 변호하려 했다는 비난은 부적절하다. (《뉴욕 타임스》의 한 기사는 힐러리에 대한 사람들의 비판에 클린턴 대통령이 다음과 같이 반응했다고 설명했다. "그는 강조의 표시로 눈썹을 찌푸리며 이렇게 말했다. '나는 변명할 수 없는 행위를 변명한 적이 없고, 그녀도 마찬가지이다. 정말이다.'")[12] 행동이 완전히 무작위가 아니라면 거기에는 어떤 설명이 있을 것이다. 행동이 정말로 완전히 무작위라면 어떤 경우

10장 ÷ 결정론에 대한 두려움　319

에도 개인에게 책임을 물을 수 없을 것이다. 그래서 만약 우리가 사람들에게 행동의 책임을 묻는다면 그것은 우리가 어떤 설명을 정당하다고 느끼느냐에 상관없고, 그것이 유전자, 뇌, 진화, 대중 매체의 이미지, 자기 회의, 양육, 여자들 간의 갈등 속에서의 성장 등등에 기인한다는 말이 된다. 행동을 설명하는 것과 변명하는 것의 차이는 "이해는 용서가 아니다."라는 말에 잘 표현되어 있고, 흄, 칸트, 사르트르 등의 철학자들도 다양한 방식으로 그것을 강조했다.[13] 대부분의 철학자들은, 개인이 말 그대로 강요당하지 않으면(즉, 누군가 머리에 총을 들이대지 않으면), 그의 행동은 비록 두개골 안에서 일어난 사건들의 결과일지라도 자유롭게 선택된 것이라고 믿는다.

그러나 우리는 어떻게 법률적 인과 관계의 요구에 따른 설명과, 자유 선택의 요구에 따른 책임을 동시에 수용할 수 있는가? 두 가지를 동시에 수용하기 위해 반드시 자유 의지와 결정론이라는 해결이 불가능한 오래된 이율 배반을 해결할 필요는 없다. 단지 책임이라는 개념으로 우리가 획득하고자 하는 것이 무엇인가를 분명히 생각하면 된다. 그것의 고유한 추상적 가치가 무엇이든, 책임에는 훌륭한 실용적 기능이 있다. 해로운 행동을 막는 것이 그것이다. 우리가 어떤 사람에게 나쁜 행동의 책임을 지라고 말하면, 그때 우리는 그가 희생자에게 보상을 하든, 굴욕을 받아들이든, 형벌을 받든, 믿을 만한 후회를 표현하든, 어떻게든 그 자신을 응징할 것을 기대하고, 그를 직접 처벌할 우리의 권리를 보류한다. 만약 개인이 어떤 불쾌한 (그래서 재발 방지의 효과가 있는) 결과를 기꺼이 감수하면, 책임지라는 주장은 공허해진다. 리처드 닉슨이 결국 압력에 굴해 워터게이트 사건의 "책임을 진다"고 하면서도 사과, 사임, 보좌관 해임 등의 어떤 대가도 치르지 않았을 때 그는 세상의 조롱거리로 전락했다.

사람에게 책임을 지우는 한 가지 이유는 그 개인이 미래에 같은 행동을 저지르지 못하게 하기 위해서이다. 그러나 그것이 다는 아니다. 그것은 동물의 행동을 수정하기 위해 행동주의자들이 사용하는 처벌의 사례들과 단지 정도상으로만 다르기 때문이다. 사회 생활을 하고 언어를 사용하고 논리적으로 생각하는 유기체의 경우, 그러한 정책은 또한 다른 유기체들이 그 사례를 보고 배워서 그러한 처벌을 받지 않도록 자신의 행동을 통제하게 하므로 결국 비슷한 행동을 막는 기능을 한다. 나이 든 나치 전범들이 볼리비아의 어느 저택에서 그렇게 살다가 죽게 내버려둬도 그들이 또 다른 홀로코스트를 일으킬 가능성은 거의 없지만 그래도 그들을 처벌해야만 하는 이유가 바로 여기에 있다. 그들에게 책임을 지울 때, 즉 악한 행동은 언제 어디서 일어났건 철저히 파헤치고 처벌하는 정책을 공공연히 시행할 때, 다른 사람들이 미래에 그와 비슷한 악행을 저지르지 않게 할 수 있는 것이다.

이것은 책임이란 개념이 최대 다수의 해로운 행동을 최소의 비용으로 예방할 수 있는 추천할 만한 정책이라고 말하는 것이 아니다. 비록 전문가들은 나치 처벌이 미래의 어떤 잔학 행위도 예방하지 못할 것이고, 차라리 그 인력을 음주 운전자를 색출하는 일에 투입한다면 더 많은 생명을 구할 것이라 주장하지만, 우리는 여전히 나치가 공정하게 심판되기를 원한다. 책임에 대한 요구는 단지 특정한 행동을 막는 최고의 방법을 수학적으로 따져서 나오는 것이 아니라, 정당한 응보를 바라는 내면의 뜨거운 의식에서 나온다.

그러나 순수한 응보 의식으로 행해지는 처벌도 궁극적으로는 억제를 위한 정책으로 귀결되어야 한다. 그것은 범죄 억제의 논리에 고유한 역설—즉 처벌하겠다는 위협이 행동을 막을 수 있지만, 실제로 그 행동이 발생하고 나면 처벌은 순수한 가학성의 표출이거나 그 위협을 확실히 소급시켜 적용하겠다는 불합리한 욕구일 뿐이라는 역설—의 결과이다. 사형을 반대하는 사람들은 "사형이 희생자를 되살리지 못한다."라고 말하지만, 그것은 어떤 형태의 처벌도 마찬가지이다. 어떤 영화가 처벌이 실행되는 순간으로 시작한다면, 그 처벌은 원한처럼 보인다. 그 행위가 처벌을 가하는 사람에게는 비용을 요구하고 처벌받는 사람에게는 해를 입히는 등 누구에게도 직접적인 이득을 가져오지 못하기 때문이다. 20세기 중반에 처벌의 역설 그리고 심리학과 정신 의학의 발달로 인해 일부 지식인들은 범죄자 처벌이란 야만 시대의 유물이므로 치료와 갱생으로 대체해야 한다고 주장했다. 이러한 입장이 분명히 드러난 책으로는, 조지 버나드 쇼의 『수감이라는 범죄(The Crime of Imprisonment)』, 정신과 의사 칼 메닝거의 『처벌이라는 범죄(The Crime of Punishment)』를 들 수 있다. 또한 윌리엄 O. 더글러스, 윌리엄 브레넌, 얼 워렌, 데이비드 바젤론 등의 주요 법학자들도 분명한 입장을 표명했다. 이 급진적 크루키스트*들은 결정론에 대한 두려움을 느끼지 않았다. 오히려 결정론을 기꺼이 환영한 셈이었다.

오늘날 범죄자 처벌이 철폐되어야 한다고 주장하는 사람은 거의 없지만, 사람들은 범죄자 처벌이 (어떤 습관적 범죄자에게는 효과가 없을 뿐더러) 그 사건에 대해서는 무의미하다는 것을 인정한다. 만약 우리가 처벌 여부를 결정할 때 정말로 단기적 효과를 계산한다 해도 잠재적 범죄자는 그것을 예상하고 계산에 넣을 것이기 때문이다. 그들은 일단 범죄가 일어나고 난 후에는 처벌이 무가치해진다는 것을 예상할 수 있고, 그래서 해 볼 테면 해 보라는 식의 배짱으로 행동하고 벌을 받지 않을

---

* 「웨스트사이드 스토리」에 등장하는 경찰 크루키는 갱단의 협박에 못 이겨 범죄를 눈감아주는 인물이다.

수 있다. 유일한 해결책은 즉각적인 효과와는 무관하게 범죄자를 처벌하는 단호한 정책을 채택하는 것이다. 처벌하겠다는 엄포가 없으면 해 볼 테면 해 보라는 식의 배짱도 없을 것이다. 올리버 웬델 홈스는 이렇게 설명했다. "만일 내가 교수대에 설 (혹은 전기 의자에 앉을) 사람과 철학적 대화를 나누고 있다면 나는 이렇게 말할 것이다. '당신의 행동을 당신으로서는 어쩔 수 없었다고 확신합니다. 그러나 다른 사람들이 그런 행동을 피할 수 있도록 우리는 공익을 위해 당신을 희생시키고자 합니다. 원한다면 당신 자신이 국가를 위해 목숨을 바치는 병사라고 생각해도 될 겁니다. 그러나 법은 약속대로 지켜져야 합니다.'"[14] 정의를 "원칙의 문제"로서 적용하는 정책이 이 약속을 기초로 하고 있다는 사실은 즉각적인 대가나 상식과의 일치와는 무관하다. 만약 사형을 기다리는 어느 죄수가 자살을 기도한다면, 우리는 그를 신속히 병원으로 후송해서 응급 처치를 하고 최고의 현대 의학으로 그의 목숨을 살린 다음 그를 처형할 것이다. 그것은 "정의를 기만"할 수 있는 모든 가능성을 차단하는 정책의 일부이다.

사형은 억제의 역설적 논리를 가장 생생하게 보여 주는 예지만, 그 논리는 보다 약한 형벌에도 적용되고, 개인의 복수 행동에도 적용되며, 추방이나 경멸 같은 무형의 사회적 처벌에도 적용된다. 진화 심리학자들과 게임 이론가들은 억제의 역설이 정의에 대한 욕구를 뒷받침하는 감정들—준엄한 보복의 욕구, 세계의 질서를 무너뜨리는 악한 행동을 막을 수 있는 것은 그에 상응하는 처벌뿐이라는 강렬한 감정—의 진화로 이어졌다고 주장해 왔다. 자신에게 해를 가하는 사람들에게 어떤 대가를 치르더라도 보복하고 싶다는 감정을 느낀다면 그런 사람은 누구에게든 보다 강력한 적이 되고, 상대에게 이용당할 가능성을 낮출 것이다.[15] 사법 이론가들은 형법이란 단지 인간의 보복심을 통제된 방식으로 실행하기 위한 수단이며, 상호 복수의 악순환을 막기 위해 고안된 것이라고 주장한다. 빅토리아 시대의 법학자 제임스 스티븐은 "형법과 보복 충동의 관계는 결혼과 성적 충동의 관계와 같다."라고 말했다.[16]

죄악과 책임이라는 종교적 개념은 발각과 처벌을 피한 범죄 행위라도 신에 의해 반드시 발각되고 처벌받는다는 것을 의미하는데, 이 개념 역시 같은 수단의 연장에 불과하다. 마틴 댈리와 마고 윌슨은 책임과 신의 징벌에 관한 우리의 직관이 궁극적으로 어떤 근거에 기초를 두고 있는가를 다음과 같이 요약한다.

진화 심리학의 관점에서 보자면 거의 신비주의적이고 환원이 불가능해 보이는 이 도덕적 명령은 정직한 적응 기능을 가진 정신적 메커니즘의 산물이다. 그것은 위반자가 악행을 통해 어떤 이득도 취하지 못하게 하는 계산법에 따라 정의를 산출하고 처벌을 시행하는 메커니즘이다. 보상과 참회와 신의 정의 등에 대한 엄청난 분량의 신비적·종교적 설교들은 실은 세속적이고 실용적인 문제—이기적인 경쟁 행동의 수익을 0으로 낮춤으로써 그런 행동을 단념시키는 것—에 고상하고 초연한 권위적 특성을 부여한 것이다.[17]

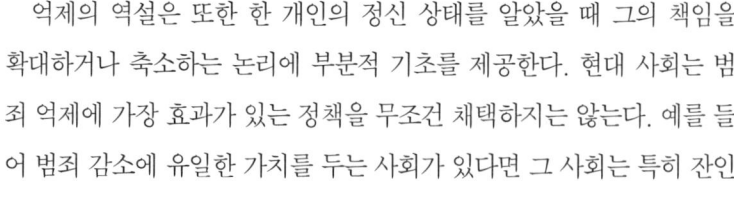

억제의 역설은 또한 한 개인의 정신 상태를 알았을 때 그의 책임을 확대하거나 축소하는 논리에 부분적 기초를 제공한다. 현대 사회는 범죄 억제에 가장 효과가 있는 정책을 무조건 채택하지는 않는다. 예를 들어 범죄 감소에 유일한 가치를 두는 사회가 있다면 그 사회는 특히 잔인한 처벌 방법을 사용할 것이다. 대부분의 사회가 최근까지 그랬던 것처럼, 고소나 죄 지은 듯한 태도나 강요된 자백을 기초로 사람들을 죄인으로 몰 수 있다. 죄인의 가족 또는 그의 일족이나 마을 주민 전체를 처형할 수도 있다. 「대부」에서 비토 콜레오네가 다른 마피아 가문의 남자들에게 했던 것처럼 적들에게 싸늘한 경고를 날릴 수도 있다. "난 미신적인 사람이야. 그래서 내 아들에게 불행한 일이 닥치면, 그러니까 내 아들이 벼락을 맞기라도 하면, 여기 계신 사람들에게 책임을 물을 거란 말이지."

이런 관습이 야만적으로 느껴지는 이유는, 미래의 악을 막는 데 필요한 만큼보다 더 큰 해를 끼치기 때문이다. 정치 저술가 해롤드 라스키는 "문명이란 무엇보다도 불필요한 고통을 끼치지 않으려는 의지"라고 말했다. 광역 스펙트럼 식의 억제책이 가진 문제는 무고한 사람들을 그물로 잡아들이는데, 사실 그들은 그 달갑지 않은 행동을 애초부터 제지할 방법이 없던 사람들이라는 것이다(가령 방아쇠를 당긴 사람의 친척이거나, 대부의 아들이 벼락을 맞을 때 그 옆에 있던 사람). 무고한 사람에 대한 처벌은 그와 비슷한 다른 사람들을 제지하는 효과가 없기 때문에 그 해악은 장기적으로도 보상 이익이 없고 따라서 부당하다고 간주된다. 우리는 제지가 되는 사람들에게만 형벌이 적용되도록 그 정책을 신중히 조정한다. 그들은 우리가 "책임을 묻는" 사람들이고 처벌을 받아 "마땅하다"는 느낌이 드는 사람들이다.

신중히 조정된 억제 정책은 우리가 일부 피해 제공자들의 처벌을 면해 주는 이유를 설명한다. 우리는 자신의 행동이 해로울 것임을 알지 못한 사람을 처벌하지 않는다. 그런 정책은 미래에 그들이나 다른 사람들의 비슷한 행동을 막는 데 아무 효과가 없기 때문이다. (운전수들이 앞길에 저격수가 도사리고 있다는 것을 알 수 없다면 대통령을 그 쪽으로 인도하는 것을 막을 방법이 없다.) 정신 착란에 빠진 사람, 정신 이상자, 어린아이,

동물, 무생물에 대해서는 처벌을 적용하지 않는다. 그들—그리고 그들과 비슷한 존재들—에게는 처벌 정책을 알고 그에 따라 행동을 억제할 수 있는 인지 능력이 결여되었다고 판단하기 때문이다. 우리가 그 존재들의 책임을 면제해 주는 것은, 다른 이들은 법칙에서 벗어난 신비한 자유 의지를 따르는 반면 그들은 생물학의 예측 가능한 법칙을 따르기 때문이 아니다. 그것은 대부분의 성인들과는 달리 그들에게는 처벌의 공개적 가능성에 반응하는 정상적인 뇌 체계가 결핍되어 있기 때문이다.

그리고 이것은 우리가 행동의 원인을 설명할 수 있다고 생각하는 경우에도 왜 책임의 면제를 모든 남성이나 모든 희생자 또는 모든 인류에게 허용해서는 안 되는가를 설명해 준다. 그 이유를 이해함으로써 우리는 특정한 행동을 하고 싶게 만드는 뇌의 부위들을 이해할 수 있지만, 사회가 어떻게 반응할지를 예상하면서 그 행동을 억제할 수 있었을 뇌의 다른 부위들(1차적으로 전전두엽 피질)에 대해서는 아무것도 알 수 없기 때문이다. 우리가 공동체에서 살아가면서 서로 영향을 주고받는 주된 수단은 억제 기능을 가진 그 뇌 체계에 의존한다. 유혹을 위한 체계를 이해한다고 해서 억제를 위한 체계에 기초를 둔 우리의 수단을 버릴 이유는 없지 않겠는가? 그렇다면 사람들에게 행동의 책임을 지우는 것으로 충분할 것이고, 의지, 영혼, 자아 또는 기계 속의 어떤 유령에게 의존할 필요가 없을 것이다.

이 주장은 책임을 면하려는 심리학적 설명의 가장 노골적인 예인 정신 이상 변호에 대해 오랫동안 벌어졌던 논쟁과 궤를 같이한다.[18] 영어권의 많은 법률 체계들이 19세기의 맥너튼 규정을 따르고 있다.

…… 모든 재판에서 배심원들에게는, 반대 사실이 만족스럽게 입증될 때까지는 모든 사람이 정상이며 자신의 범죄를 책임질 충분한 이성을 소

유하고 있다고 고지되어야 한다. 그리고 정신 이상에 입각한 변호가 성립하기 위해서는 범행 시간에 피고인이 이성적 결함 상태에서 정신 질환을 겪었고 이 때문에 그가 하고 있는 행동의 성격을 알지 못했거나 그것을 알았더라도 잘못된 행동을 하고 있다는 것을 몰랐다는 점이 분명히 입증되어야 한다.

이 글에는 억제가 불가능한 사람의 특징이 잘 설명되어 있다. 만약 어떤 사람이 너무 혼란스런 나머지 자신의 행동이 누군가에게 해를 입힐 것임을 알지 못한다면, 그를 "사람을 해치지 말라, 그렇지 않으면!"이라는 금지 명령으로 제지하는 것은 불가능하다. 맥너튼 규정의 목적은 원한에 의한 처벌—가해자나 그와 비슷한 사람들을 제지할 가망이 없는데 그에게 해를 입히는 보복—을 삼가자는 것이다.

오늘날 정신 이상 변호는 정신과 의사의 증언과 학대를 내세운 교묘한 변명의 이중주와 함께 높은 악명을 지니고 있는데, 이는 정신 이상 변호의 범위가 확대된 데 그 원인이 있다. 억제에 반응하는 인지 체계가 정상인가 아닌가에 대한 실질적 테스트 이상으로 그 범위를 넓혀, 그 행동의 원인이라고 말할 수 있는 것에 대한 보다 애매한 테스트들로까지 나아간 것이다. 1954년 바젤론은 더햄 규정으로 "정신 의학"과 "심리 과학"에 의존해 정신 이상 변호의 새 기초를 마련했다.

> 피고의 불법적 행동이 정신병이나 정신 결함의 소산이었다면 피고는 범행에 대한 책임이 없다는 규정을 주장하는 바이다.

보통의 행동들이 기계 속의 유령에 의해 선택된다고 믿지 않는다면, 모든 행동은 뇌의 인지적·감정적 체계의 소산이 된다. 범죄 행동은 상대적으로 드물고——피고의 입장에 처했을 때 누구나 그렇게 행동한다면 그런 행위를 금지하는 법은 무효가 될 것이다.——그래서 흉악한 행동은 종종 정상과는 어느 정도 다른 뇌 체계의 산물이고, "정신병이나 정신 결함의 소산"으로 해석될 수 있다. 더햄 규정이나 그와 비슷한 정신 이상 규칙들은 뇌의 이상 상태에서 발생한 행동과 그렇지 않은 행동을 구분함으로써, 마음에 대한 이해가 발전할 때마다 그로 인해 책임이 부식되는 상황을 연출했다.

오늘날 마음과 뇌에 대한 어떤 발견들은 책임에 대한 우리의 태도에 실질적인 영향을 미칠 수 있게 되었지만, 그것은 책임의 영역을 축소하기보다는 확대할 것을 요구하는 듯하다. 여성을 괴롭히고 때리는 행위에서 때때로 최고조에 달하는 욕구가 많은 남성에게 존재한다고 가정해 보자. 그것은 정말로, 어쩔 수 없는 일이기 때문에 그런 범죄를 지은 남성들을 보다 관대하게 처벌해야 한다는 것을 의미하는가? 아니면 강력하고 광범위한 충동을 억제하는 최고의 방법으로써 보다 확실하고 엄하게 처벌해야 한다는 것을 의미하는가? 어느 사악한 정신병질자가 동정심이 없고 그로 인해 희생자의 고통을 이해하기 어려운 상황이라고 가정해 보자. 그의 능력 수준이 낮다고 해서 처벌을 완화해야 하겠는가? 아니면 그가 이해하는 유일한 언어로 교훈을 주기 위해 더욱 확실하고 엄하게 처벌해야 하겠는가?

왜 사람들의 직관은 정반대——"자신을 통제하기 어려운 사람이라면 보다 관대하게 처벌해야 한다."와 "자신을 통제하기 어려운 사람이라면 보다 엄하게 처벌해야 한다."——로 갈리는가? 그 이유는 억제의 역설에 있다. 어떤 사람들은 소화전 앞에 주차를 못하게 하는 건 국수 가락으로 한 대 때리겠다는 위협만으로 충분하다고 가정해 보자. 반면에 어떤 사람들은 좋지 못한 유전자, 좋지 못한 뇌, 좋지 못한 유년 시절 때문에 열대를 때리겠다고 위협할 필요가 있다고 가정해 보자. 불법 주차자를 아홉 대로 처벌하는 정책은 불필요한 고통을 초래하고 문제를 해결하지 못할 것이다. 아홉 대는 보통 사람들을 막기에는 필요 이상이고 결함을 가진 사람을 막기에는 필요 이하이기 때문이다. 열 대의 형벌만이 불법 주차와 채찍질을 모두 감소시킬 수 있다. 모두를 억제할 수 있고, 누구도 소화전을 막지 않을 것이며, 누구도 매를 맞지 않을 것이기 때문이다. 따라서 역설적이게도 극단적인 두 정책(가혹한 처벌과 무벌 정책)이 바람직하고, 중도적인 정책들은 그렇지 않다. 물론 현실적으로 사람들의 억제 경계는 단 두 개의 가치로 고정되지 않고 넓게 분산되어 있으며 (어떤 사람은 한 대, 또 어떤 사람은 두 대 등등), 그래서 범행 억제의 이득과 가해 비용의 무게를 어떻게 재느냐에 따라 중간에 놓인 여러 수준의 처벌이 바람직할 것이다.

전두엽 손상, 정신병을 일으키는 유전자, 그 밖의 다른 추정 원인들 때문에 억제가 완전히 불가능한 사람들의 경우에도 우리는 변호사의 말만 듣고 그의 석방을 허락해서는 안 된다. 이미 우리는 자기 자신과 타인을 해칠 가능성이 있으면서 동시에 사법 체계에서 시행하는 당근과 채찍에 반응하지 않는 사람들을 위해 특별한 메커니즘을 가동하고 있다. 기본적 권리인 자유를 어느 정도 제약함으로써 약탈의 가능성을 막을 수 있는 강제 구금 조치가 그것이다. 이 모든 결정에서 인간 본성에 대한 과학은 억제 가능성의 분포를 추산하는 데 도움이 될 수 있다. 하지만, 두 개의 모순되는 가치, 즉 불필요한 처벌의 최대치를 피하는 가치와 범행 가능성의 최대치를 예방하는 가치를 저울질하지는 못한다.[19]

나는 자유 의지의 문제를 해결했다고 주장하는 것이 아니다. 단지 행동의 원인들이 더욱 깊이 이해되고 있는 현재 상황에서 개인적 책임을 옹호하기 위해 굳이 그 문제를 해결할 필요가 없다는 것을 증명했을 뿐이다. 또한 억제가 미덕을 장려하는 유일한 방법이라고 주장하는 것이 아니라, 책임을 지킬 만한 것으로 만드는 데 있어 억제가 하나의 적극적 요소임을 인식해야 한다고 하는 것이다. 무엇보다도 나는 인간 본성에 대한 과학을 통해 불필요한 두려움을 촉발시키는 두 가지 오류가 파기되었기를 희망한다. 첫 번째 오류는 생물학적 설명이 책임을 부식시키는 반면 환경적 설명은 그렇지 않다는 생각이다. 두 번째 오류는 인과적 설명(생물학적 설명과 환경적 설명)이 책임을 부식시키는 반면 원인 없이 존재하는 의지나 영혼에 대한 믿음은 그렇지 않다는 생각이다.

11장

허무주의에 대한 두려움

마음을 생물학적으로 설명하는 것에 대한 마지막 두려움은 그로 인해 우리의 삶이 의미와 목적을 잃어 버리지 않을까 하는 것이다. 만약 우리가 유전자를 통해 자신을 복제해 내는 기계에 불과하다면, 만약 우리의 기쁨과 만족이 언젠가 촛불처럼 꺼질 생화학적 사건에 불과하다면, 만약 인생이 더 높은 목적을 위해 창조되지 않았고 고상한 목표를 향해 나아가지도 않는다면, 계속 살아갈 이유란 무엇인가? 우리가 소중하게 생각하는 인생은 가짜가 될 것이고, 허울좋은 가치로 지어진 포템킨 마을이 될 것이다.

이 두려움에는 두 가지 형태, 즉 종교적 형태와 세속적 형태가 존재한다. 정교한 형태의 종교적 근심은 1996년 교황 요한 바오로 2세가 교황청 과학원 회의에 보낸 「진리는 진리와 모순되지 않는다」에 명시되어 있다.[1] 교황은 다윈의 진화론이 "단순한 가설 이상"임을 인정했다. 여러 독립된 분야의 발견들이 "노력이나 조작 없이" 진화론을 지지했기 때문이다. 그러나 교황은 인간의 진화 과정 중에 한 차례 변화가 일어났는데, 그것은 과학이 관측할 수 없는 "존재론적 비약"이었다고 선을 그었다. 살아 있는 물질은 "개인의 존엄성을 뒷받침"하지 못하기 때문에 영혼은 그러한 "물질의 힘에서" 출현할 수 없다는 것이다.

지상에서 인간은 하느님께서 그 자체로 원했던 유일한 존재이다.…… 다시 말해 인간은 누구도 종이나 사회에 순수한 수단이나 순수한 도구로 종속될 수 없고, 그 자체로서 가치를 가진다. 그는 곧 인격체이다. 지성과 의지를 가진 인간은 공동체적 관계, 동료들과의 연대와 자기 희생의 관계를 맺을 줄 안다.…… 하느님과 지식과 사랑을 함께하는 관계, 시간을 넘어 영원 속에서 완전한 성취를 이루는 관계로 들어오도록 인간은 부름받는다.……

온전한 인간이 육신을 입은 상태에서도 그러한 존엄성을 소유할 수 있는 것은 그의 영혼 덕분이다.…… 인간의 몸은 그 이전에 존재했던 생명체에서 생겨났지만, 영혼은 하느님이 즉각적으로 창조하셨다.…… 결과적으로, 영혼을 생명체의 힘에서 출현한 것으로 또는 그 부수적 현상으로 간주하는 진화론은 진화론을 자극하는 철학들처럼 인간의 진리와 양립하지 못한다. 또한 개인의 존엄을 뒷받침할 수도 없다.

다시 말해 마음이 생물체에서 생겨났다는 과학자들의 말이 옳다면, 우리는 개인의 가치와 존엄, 동료 인간들과의 연대와 헌신성, 그리고 신의 사랑과 그의 계시를 통해 이 가치들을 실현하는 고귀한 목적을 모두 포기해야 한다. 어떤 것도 우리의 삶에서 무정한 착취와 냉정한 이기주의를 막지 못할 것이다.

말할 나위도 없이 교황과 논쟁하는 것은 무익하다. 나의 요점은 교황의 교의를 논박하거나 종교를 비난하거나 신의 존재를 부인하는 것이 아니다. 종교는 무수한 사람들에게 위안, 공동체, 도덕적 가르침을 제공해 왔다. 일부 생물학자들은 많은 종교들이 지향하는 정교한 이신론(理神論)이 마음과 인간 본성을 진화론적으로 이해하는 것과 양립할 수 있다고 주장한다.[2] 나의 목표도 이러한 주장을 옹호하는 것이다. 다시 말해 마음에 대한 유물론적 견해가 도덕과는 무관하므로, 도덕을 위해서 본질적으로 보다 인간적인 종교적 관념을 선호해야 한다는 부정적 견해를 논박하는 것이다.

물론 아무리 무신론적인 과학자들조차도 냉담한 비도덕성*을 옹호하지는 않는다. 뇌는 평범한 물질로 구성된 신체 기관이지만, 그 물질이 조직된 방식은 즐거움과 고통을 느낄 수 있는 감정적 유기체를 존재하게 한다. 그래서 도덕성이 출현할 수 있는 무대가 되는 것이다. 연재 만화「캘빈과 홉스」를 보면 그 이유를 간단히 확인할 수 있다(다음 쪽을 보라.).

고양잇과 동물인 홉스는 같은 이름의 인간이 그랬던 것처럼, 왜 비도덕의 이기주의자가 지지를 받을 수 없는 입장에 서 있는가를 보여 준다. 이기주의자가 진흙탕으로 떠밀리지 않으면 다행이지만, 그 자신이 스스럼없이 남들을 떠민다면 그들에게 자신을 밀지 말라고 요구할 수도 없는 일이다. 남을 떠밀고 자신이 떠밀리는 것보다는 남을 떠밀지 않고 자신도 떠밀리지 않는 것이 좋기 때문에, 솔선수범해야 하는 어려움이 따르긴 해도 도덕적 규범을 지키는 것이 유리하다. 모든 시대의 윤리 철학자들이 지적했듯이, "남들은 안 되고 나만 된다!"는 삶의 철학은 객관적

---

* 도덕에 어긋난다는 뜻의 '부도덕'과는 달리 도덕과 무관하다는 뜻이다.

Calvin and Hobbes ⓒ Watterson. Reprinted with permission of Universal Press Syndicate. All rights reserved.

인 관점에서 자기 자신을 남들과 똑같은 존재로 보는 순간 물거품이 되고 만다. 그것은 지금 이 순간 내가 서 있는 공간상의 한 점인 "여기"가 우주에서 특별한 장소라고 우기는 것과 같다.³

캘빈과 홉스(만화 주인공들)의 역학적 관계는 사회성 동물들의 본질인데, 그 해결책—도덕 관념—은 각 사람이 일단 진흙탕에 빠져 본 다음 백지 상태에서 추론해야 하는 것이라기보다는 인류와 함께 진화해 온 것이라고 믿을 이유가 충분하다.⁴ 생후 1년 6개월 된 아이는 자발적으로 장난감을 주고, 도움을 제공하고, 우울해 보이는 어른이나 다른 아이들을 위로한다.⁵ 어떤 문화에서든 사람들은 옳고 그름을 구분하고, 공정함을 따지고, 서로 돕고, 권리와 의무를 부여하고, 잘못을 바로잡아야 한다고 생각하고, 강간, 살인, 특정 형태의 폭력을 금지한다.⁶ 이 정상적인 감정의 존재는 우리가 정신병질자라 부르는 특별한 개인들을 통해 더욱 분명히 확인할 수 있다.⁷ 그렇다면 가치의 원천에 관한 종교적 이론을 대신할 수 있는 대안은 무엇인가? 진화가 우리에게 도덕 관념을 부여했고, 우리가 역사의 흐름에서 이성(우리의 이익과 타인의 이익이 서로 교환될 수 있다는 사실을 논리적으로 이해함), 지식(장기간에 걸쳐 발생하는 협동의 장점을 깨달음), 공감(경험을 통해 타인의 고통을 느낌)을 통해 그 적용 범위를 확대해 왔다고 보는 것이다.

어느 이론이 더 바람직하겠는가? 사고 실험을 통해 서로의 장점을 비교해 보자. 만약 하느님이 인간에게 관대하고 친절하기보다는 이기적이고 잔인하게 살라고 명령했다면 어떻게 하는 것이 올바른 일이겠는가? 종교에서 가치를 구하는 사람들은 이기적이고 잔인하게 사는 것이라고 말할 것이다. 도덕 관념에 의지하는 사람들은 하느님의 명령을 거부해야 한다고 말할 것이다. 이로써 우선권을 부여할 가치는 우리의 도덕 관념에 있다는 사실이 입증된다.⁸

이 사고 실험은 가령 하느님이 미래를 보고 모든 것을 안다면 우리가 어떻게 행동하는가에 왜 신경을 쓰겠느냐는 물음처럼 열세 살짜리 무신론자들이 좋아할 만한 논리 퍼즐이 아니다. 종교의 역사를 보면 하느님이 사람들에게 온갖 종류의 이기적 행동과 잔인한 행동을 명했다고 기록되어 있다. 미디안 사람들을 학살하고, 그 여인들을 유괴하고, 매춘부를 돌로 치고, 동성애자를 처형하고, 마녀를 태우고, 이교도와 불신자들을 살해하고, 신교도들을 창 밖으로 던지고, 죽어 가는 아이들에게 약을 쓰지 못하게 하고, 낙태 시술 의사를 총으로 쏘고, 샐먼 루시디를 저격하고, 시장을 폭파하고, 고층 건물을 향해 비행기를 몰라고 명했다는 것이다. 심지어 히틀러도 자기가 하느님의 의지를 수행한다고 생각했다는 사실을 상기해 보자.[9] 신의 이름으로 저질러진 악행이 반복된다는 것은 그것이 우연한 도착 행위가 아님을 말해 준다. 아무도 볼 수 없는 전지전능한 권위자는 성전의 전사들을 끌어 모으는 사악한 지도자들에게는 아주 쓸 만한 후원자다. 또한 입증할 수 없는 믿음은 객관적으로 발견되는 것이 아니라 부모와 동료들로부터 전해지기 때문에 집단마다 다르고 그래서 서로를 구별하는 견장이 된다.

그러니 누가 영혼의 이론이 마음을 신체 기관으로 이해하는 이론보다 더 인간적이라고 말하겠는가? 줄기 세포를 연구하면 간염이나 파킨슨병의 치료법을 발견할 수도 있는데, 그것이 "존재론적 비약"을 통해 "영혼"으로 성장할 세포 덩어리이므로 연구를 금지해야 한다고 주장하는 종교 운동에서 어떤 존엄을 볼 수 있는가? 알츠하이머병, 중증 우울병, 정신 분열증 같은 불행의 씨앗들은 생각과 감정을 비물질적 영혼으로 취급할 때가 아니라 생리학과 유전학의 대상으로 취급할 때 제거될 것이다.[10]

마지막으로 영혼이 육체보다 오래 산다는 교의는 결코 옳지 않다. 필연적으로 지상에서의 삶을 무가치하게 만들기 때문이다. 수잔 스미스는 어린 두 아들을 호수 바닥으로 던질 때 "우리 아이들은 가장 좋은 곳에서 살 자격이 있고 이제 그렇게 될 것"이라는 합리화로 자신의 양심을 속였다. 행복한 사후 세계는 부모가 자식의 생명을 빼앗으면서 남기는 최후의 편지에 단골로 등장하는 메뉴다.[11] 최근에도 그런 믿음이 자살 폭탄 테러범과 공중 납치범에게 용기를 돋우어 주었음을 기억해야 한다. 이런 이유에서 우리는, 사람들이 더 이상 신의 응보를 믿지 않으면 거리낌없이 악행을 저지를 것이라는 주장을 거부해야 한다. 물론 비신자들은 법망이나 사회적 비난이나 자신의 양심을 피할 수만 있다면 영원한 지옥 불에 떨어지는 것쯤은 두렵지 않다고 생각할 수도 있다. 그러나 그들은 또한 천국에서 영원히 살 것이라는 희망을 위해 수천 명의 사람을 학살하지는 않는다.

 사후 세계에 대한 믿음이 주는 정서적 위안도 믿을 만한 것이 못 된다. 뇌가 죽을 때 우리의 존재가 끝난다면 삶은 목적을 상실하는가? 오히려 매 순간을 감각하며 사는 것이야말로 인생의 소중한 선물이라는 깨달음보다 인생을 의미 있게 만드는 것은 없을 것이다. 우리가 순간순간 "인생은 짧다."라는 사실을 떠올림으로써 얼마나 많은 싸움을 피했고, 얼마나 많은 친구를 사귀었으며, 얼마나 많은 시간을 아꼈고, 얼마나 많은 애정을 표현했는가?

 왜 비종교적 사상가들은 생물학이 삶의 의미를 제거한다고 두려워하는가? 생물학이 우리가 가장 소중하게 여기는 가치들을 탈색하는 것처럼 보이기 때문이다. 우리가 자식들을 사랑하는 게 뇌에서 분출되는 옥

시토신으로 유전적 투자를 보호하려는 이유에서라면, 부모의 숭고함과 희생이 땅에 떨어지는가? 만약 동정, 신뢰, 정의에 대한 갈망이 지지자를 얻고 사기꾼을 배척하는 수단으로 진화한 것이라면 이타주의와 정의 같은 것들은 설자리를 잃게 되는가? 우리는 세금 감면을 노리고 기부금을 내서 이익을 챙기는 박애주의자, 죄악을 극구 비난하면서 남몰래 매춘부를 찾는 복음 전도사, 카메라가 돌아갈 때에만 약자를 보호하는 정치인, 여자들의 인기를 얻기 위해 페미니즘을 지지하는 섬세한 신세대 젊은이를 향해 조소를 보낸다. 진화 심리학은 모든 사람이 언제 어디서나 그런 위선자에 불과하다고 말하는 것처럼 보인다.

　나로서는 과학적 지식 때문에 인간의 가치가 무너진다는 두려움을 대할 때면 「애니 홀」의 첫 장면이 떠오른다. 어린 앨비 싱어가 가정의의 진찰을 받는다.

　　　엄마: 얘가 요새 좀 우울해요. 갑자기 아무것도 안 하네요.
　　　의사: 왜 우울하니, 앨비?
　　　엄마: 플리커 선생님께 말씀드려. (대신 대답한다.) 뭘 읽었거든요.
　　　의사: 뭘 읽었나요?
　　　앨비: (고개를 숙인 채) 우주가 팽창하고 있대요.
　　　의사: 우주가 팽창한다고?
　　　앨비: 그래요. 우주는 모든 거잖아요. 그런데 그게 팽창하면 언젠가는
　　　　　　터질 거고 그러면 모든 게 끝장날 거예요.
　　　엄마: 별 걱정을 다 한다니까. (의사를 향해) 요즘은 숙제도 안 한답니다.
　　　앨비: 숙제를 해서 뭐해요?

이 장면이 웃기는 것은 앨비가 분석의 두 차원을 혼동하고 있기 때문이

다. 즉 우주를 판단하는 수십억 년의 차원과 우리의 삶을 판단하는 하루, 1년, 10년의 차원이다. 앨비의 어머니는 이렇게 지적한다. "우주가 무슨 상관이니? 여긴 브루클린이야! 브루클린은 팽창하지 않아!"

우리의 모든 동기가 이기적이라는 생각 때문에 우울함을 느끼는 사람은 앨비와 똑같은 혼란에 빠져 있다. 궁극인(자연 선택에 의한 진화의 이유)과 근접인('지금 여기에서 어떻게 사는가?')을 혼동하고 있는 것이다. 두 의미는 아주 비슷해 보이기 때문에 혼동하는 것도 무리는 아니다.

리처드 도킨스가 밝힌 바에 따르면, 자연 선택의 논리를 이해하는 좋은 방법은 유전자가 이기적 동기를 가진 행위자라고 상상하는 것이다. 그의 비유는 완벽하지만 한편으로는 경솔한 사람들을 함정에 빠뜨릴 수 있는 위험성을 품고 있다. 유전자는 비유적 동기—자기 자신을 복제하는 것—를 가지고 있으며, 유전자에 의해 설계된 유기체는 실제적 동기를 가지고 있다. 그러나 그것은 같은 동기가 아니다. 때로는 유전자의 가장 이기적인 행위가 인간의 뇌에 이타적인 동기—진심에서 우러난, 무조건적인, 뼛속에서 우러나는 헌신성—를 배선한다. (자신의 유전자를 후세에 물려줄) 자식에 대한 사랑, (유전적으로 한 배를 탄) 충실한 배우자에 대한 사랑, (신뢰를 주고받을 수 있는) 친구와 동지에 대한 사랑은 우리 인간의 경우(근접인의 차원)에서는 한계와 비난을 초월하지만, 유전자의 경우(궁극인의 차원)에서는 이기적 행동에 비유된다.

왜 두 설명을 쉽게 혼동하는가에는 또 다른 이유가 있다고 생각한다. 모두가 알 듯이 사람들은 때때로 이면의 동기를 가진다. 공적으로는 관대하지만 사적으로는 탐욕스럽고, 공적으로는 경건하지만 사적으로는 냉소적이고, 공적으로는 플라토닉하지만 사적으로는 정욕에 사로잡힌다. 프로이트의 익숙한 개념에 따르면 이면의 동기는 우리의 행동에 깊이 배어 있는 것으로, 그 효과는 접근할 수 없는 마음의 깊은 층위에서 나온다고 한다. 이 개념을 유전자가 개인의 본질 또는 핵심이라는 보편적인 오해와 결합시키면 도킨스와 프로이트의 잡종이 탄생한다. 바로 유전자의 비유적 동기는 개인의 깊고, 무의식적이고, 이면에 숨은 동기라는 개념이다. 그것은 오류이다. 브루클린은 팽창하지 않고 있다.

유전자와 인간을 마음과 분리시켜 생각할 줄 아는 사람들도 우울함에 빠질 수 있다. 심리학에서는, 우리 경험의 여러 측면들은 뇌에서 정보를 처리하는 방식에 따라 만들어진 허구이자 인공물이라고 가르친다. 빨강에 대한 경험과 초록에 대한 경험은 종류가 다르지만 그렇다고 이 세계에 존재하는 광파의 종류가 다르지는 않다. 빛의 파장은 빛깔에 대한 지각을 만들어 내는데, 경계가 없는 하나의 연속체를 형성한다. 빨강과 초록은 양적으로 다른 두 개의 성질이 지각된 것으로, 신경계의 화학 작용과 회로의 산물이다. 광색소나 배선이 다른 유기체에게는 그런 것이 없다. 실제로 가장 흔한 색맹을 가진 사람들이 바로 그런 유기체이다. 그리고 어떤 물체의 감정적 색채도 물리적 색채만큼이나 허구적이다. 과일의 달콤함, 고소 공포, 썩은 고기의 역겨움 등은 환경 적응을 위해 그 물체에 반응하도록 진화한 신경계의 가공물이다.

인간 본성에 대한 과학은 그와 똑같은 원리가 옳고 그름, 가치와 무익함, 미와 추, 성과 속에도 적용된다는 것을 의미한다고 여겨진다. 그것들은 신경 활동의 산물이자, 우리가 두개골 내벽에 투사하는 영화이자, 뇌의 쾌감 중추들을 간지럽히는 방식으로서, 빨강과 초록의 차이만큼이나 객관적 현실과는 동떨어진 것이다. 말리의 유령이 스크루지에게 왜 자신의 감각을 의심하느냐고 묻자, 그는 이렇게 말했다. "이 놈의 감각이라는 걸 믿을 수가 있어야지. 소화가 조금만 안 돼도 감각이 뒤죽박죽이 되거든. 아마 넌 말라 비틀어진 쇠고기든가, 덜 풀린 겨자든가, 치즈 부스러기든가, 아니면 덜 익은 감자 조각인지도 몰라. 네가 무엇이든 넌 무덤보다 고깃국물에 더 가깝겠지!" 과학은 이런 시각이 우리가 소중히 여기는 모든 것에 적용된다고 말하는 것처럼 보인다.

그러나 우리의 뇌가 특정한 방식으로 생각하도록 갖추어졌다고 해서 그 생각의 대상이 허구인 것은 아니다. 우리의 정신적 기능들 다수는 이 세계의 실질적 존재들과 맞물리도록 진화했다. 우리의 깊이 감각(또는 거리 감각)은 뇌 속에 갖추어진 복잡한 회로의 산물인데, 다른 종에게는 그런 회로가 있지 않다. 그러나 그렇다고 해서 진짜 나무와 벼랑이 없다든지 이 세계가 빈대떡처럼 납작하다는 것은 아니다. 보다 추상적인 존재들의 경우도 마찬가지이다. 많은 동물들처럼 인간도 선천적인 숫자 감각을 갖고 태어나는 것 같다. 그 이유는 진화의 역사에서 생겨난 수적 추리의 장점을 보면 이해할 수 있다. (곰 세 마리가 동굴에 들어갔다. 두 마리가 나오면, 들어가도 안전할까?) 그러나 숫자 능력이 진화했다는 단순한 사실만으로 수가 환상이라고 생각해서는 안 된다. 많은 수학자와 철학자들이 찬성하는 플라톤 철학의 숫자 개념에 따르면 수나 형체 같은 실체들은 마음과는 독립된 채 존재한다고 한다. 3이란 수는 처음부터 끝까지 꾸며 낸 것이 아니다. 그 수에는 우리가 발견하고 탐구할 수 있는 실제적 특성들이 있다. "2"라는 개념과 덧셈 개념을 이해하는 회로를 가진 어떤 이성적 존재도 2 더하기 1이 3이 아닌 어떤 것이라고 생각하지 않는다. 그런 이유로, 서로 다른 문화에서 또는 서로 다른 행성에서도 수학적 계산의 결과는 동일하게 나오리라 기대할 수 있다. 그렇다면 숫자 개념은 마음과 독립해서 객관적으로 존재하는 추상적 진리를 파악하기 위해 진화했다고 볼 수 있다.

도덕성에 대해서도 이와 똑같은 주장을 적용할 수 있다. 도덕적 현실성에 대한 이론에 따르면, 옳고 그름이란 정말로 존재하며 어떤 도덕적 주장은 허용하고 어떤 것들은 허용하지 않는 고유한 논리를 갖고 있다고 한다.[12] 이 세계에는 양 당사자가 이기적으로 행동하는 것보다는 비이기적으로 행동하는 것이 더 유리한 비(非)제로섬 게임이 존재한다(떠밀고 떠밀리는 것보다는 떠밀지 않고 떠밀리지도 않는 것이 더 이익이다.). 이익이 목표라면 몇 가지 조건이 필연적으로 주어진다. 나를 해치는 것이 부도덕하다는 것을 이해하는 회로를 가졌다면 어느 누구도 남을 해치는 것이 부도덕하다는 사실을 깨닫지 않을 수 없다. 수와 숫자 감각의 경우처럼 도덕 체계도 다른 문화 또는 다른 행성에서 비슷한 결론을 향해 진화했을 것이다. 실제로 황금률은 여러 시대 여러 곳에서 발견되었다. 「레위기」와 「마하바라타」*의 기자들, 힐렐,** 예수, 공자, 로마 제국의 스토아 학파 철학자들, 홉스, 루소, 로크 같은 사회 계약론자들, 정언 명령을 제시한 칸트 같은 윤리 철학자 등이 대표적인 예이다.[13] 우리의 도덕 관념은 무리 속에서 무로부터 날조되었다기보다는 윤리학의 고유 논리와 맞물리도록 진화했으리라 추정된다.

그러나 도덕적 논리의 플라톤적 존재 방식이 입맛에 맞지 않는다 해도, 우리는 여전히 도덕성을 사회적 인습이나 종교적 교리 이상의 어떤 것으로 볼 수 있다. 존재론적 지위가 무엇이든 도덕 관념은 인간의 마음에 기본적으로 갖추어진 표준 장비의 일부이다. 인간의 마음은 우리가 획득한 단 하나의 마음이고, 따라서 우리는 그 직관적 능력을 진지하게 여기지 않을 수 없다. 만약 우리가 도덕적 관점에서 생각하지 않을 수 없게 되어 있다면(최소한 어느 때에 그리고 누군가에 대해), 도덕성은 전능한 신의 명령이나 우주 속에 새겨졌다고 하는 경우와 마찬가지로 우리에게는 실제적인 것이 된다. 사랑, 진리, 미 같은 다른 가치들도 마찬가지이다. 그것들이 "외부에" 실제로 존재하는지 또는 인간의 뇌가 그렇

* 고대 인도의 대서사시이다.
** 기원전 20~15년 이스라엘에서 활약했던 율법학자이다.

게 생각하도록 작용하는 것인지를 과연 우리는 알 수 있을까? 그것이 인간의 사고 방식에 고유한 특성이라면 과연 얼마나 끔찍해질까? 우리는 인간의 조건에 대해 칸트의 『실천 이성 비판』에 따라 숙고해 볼 필요가 있다. "두 가지를 더욱 자주 그리고 진지하게 숙고할수록, 그것은 마음을 더욱더 새롭고 강렬한 감탄과 경외로 채운다. 별이 총총한 하늘과 마음 속의 도덕률이 그것이다."

―❧―

앞의 네 장에서 나는 인간 본성에 대한 과학에서 나온 새 개념들이 왜 인간의 가치를 흔들지 않는가를 입증했다. 오히려 인간 본성에 대한 과학은 우리의 도덕적 사고를 더욱 예리하게 하고 도덕적 가치의 기초를 더욱 튼튼히 다지는 기회를 제공한다. 요약하면 다음과 같다.

- 모든 인간의 특성이 똑같기 때문에 차별이 나쁘다고 말하는 것은 잘못된 생각이다.
- 인간에게는 선천적으로 폭력과 착취의 성향이 없기 때문에 폭력과 착취가 나쁘다고 말하는 것은 잘못된 생각이다.
- 행동의 원인이 불가사의하기 때문에 사람들이 자신의 행동에 책임을 져야 한다고 말하는 것은 잘못된 생각이다.
- 생물학적 차원에서 우리의 동기를 설명할 수 없기 때문에 그것이 개인적 차원에서 의미 있다고 말하는 것은 잘못된 생각이다.

이러한 사고 방식의 문제는, 그것이 우리의 가치를 운명의 인질로 만들고, 언젠가 진실이 발견되면 우리의 가치를 무용지물로 만들 수 있다는 점이다. 그리고 인간 본성을 부인하는 견해의 어두운 그늘을 은폐한다. 그 그늘에는 성공한 사람들에 대한 박해, 자유를 침해하는 사회적 개조, 다른 문화권에 존재하는 고통의 합리화, 정의의 논리에 대한 몰이해, 인간적 삶에 대한 평가 절하가 도사리고 있다.

4부

너 자신을 알라

지금까지 나는 인간 본성의 개념을 존중할 만한 것으로 만들기 위해 노력했으므로, 이제는 그것이 무엇이고 우리의 사회적·개인적 삶에 어떤 의미를 지니는가를 말할 때가 되었다. 4부에서는 기본적인 기능들의 구조에 관한 최신 개념들을 제시하고자 한다. 그 개념들은 단지 심리학 교과 과정의 주제에 그치는 것이 아니라 대중적 담론이 집중되는 여러 문제와 관련해 중요한 의미를 지닌다. 인지의 내용——개념, 말, 이미지——과 관련된 지식은 편견의 뿌리, 대중 매체, 예술의 본질을 밝혀 준다. 사고 능력에 대한 지식은 교육 정책과 과학 기술의 적용법에 이용된다. 사회적 관계에 대한 지식은 가족, 성, 사회 조직, 범죄와 관련된다. 도덕 관념에 대한 지식은 정치 운동을 평가하는 방법 그리고 가치를 선택하고 포기하는 방법을 일러 준다.

각 분야에서 사람들은 스스로 인정하든 안 하든 항상 인간 본성에 대한 지식에 어느 정도 의존한다. 문제는 그 지식들이 종종 육감, 민간 이론, 케케묵은 생물학 등을 기초로 하고 있다는 것이다. 내 목표는 그 지식들을 명백하게 드러내는 것이고, 그와 관련해 무엇이 옳고 그른지를 제시하는 것이며, 그 속에 함축된 의미들을 자세히 설명하는 것이다. 인간 본성에 관한 지식 그 자체가 복잡한 논쟁을 해결하거나 공공 정책을 결정하지는 않는다. 그러나 그런 지식이 없으면 충분한 기반을 확보하지 못하고 불필요한 혼란을 겪기 쉽다. 생물학자 리처드 알렉산더가 지적했듯이, "진화는 모르는 사람들 눈에는 대단히 결정론적으로 보인다."[1]

12장

현실과의 조우

인간은 얼마나 위대한 작품인가!
그의 사고는 얼마나 고상한가!
그의 능력은 얼마나 무한한가!
생김새와 움직임은 얼마나 특별하고 훌륭한가!
행동은 얼마나 천사 같은가!
이해력은 얼마나 신 같은가!

—윌리엄 셰익스피어

인간 본성을 인정하는 출발점에 서서 우리는 그 원천인 뇌의 엄청난 복잡성을 마주하며 순수한 경외와 겸손함을 느낀다. 3억 개의 염기 그리고 수억 년의 진화로 형성된 우리의 뇌는 상상할 수 없이 복잡한 하나의 네트워크로, 1천억 개의 뉴런이 수백조 개의 연접부로 연결된 회선상의 3차원 구조를 이룬다. 뇌가 하는 일 또한 놀라울 정도로 복잡하다. 우리가 다른 영장류들과 공유하는 평범한 재능들—걷기, 잡기, 인지하기—도 공학적으로는 대단히 복잡한 문제이고 인공 지능에서도 첨단 기술의 촉수 너머에 있다. 인간의 생득권이나 마찬가지인 재능들—말하기, 이해하기, 상식, 자녀 교육, 타인의 동기 추론—은 아마 우리가 살아 있는 동안에는 기계로 복제되는 일을 보지 못할 것이다. 이 모든 것이, 마음은 무정형의 원재료이고 사람은 '사회' 라는 복잡한 존재를 구성하는 하찮은 원자들이라는 이미지를 상쇄하는 역할을 한다.

뇌를 가졌기에 인간은 사물과 생물과 다른 인간들로 구성된 세계에서 번성하고 있다. 인간을 둘러싼 존재들은 그의 행복에 큰 영향을 미치기 때문에, 뇌는 이 존재들과 그들의 힘을 탐지하기에 아주 적합할 것으로 예상할 수 있다. 조심스럽게 이야기하자면, 깎아지른 벼랑, 굶주린 표범이나 질투심 많은 배우자를 알아보지 못할 경우 생물학적 적응성에 부정적인 결과를 가져올 수 있다. 뇌가 놀라운 복잡성을 보이는 한 가지 이유는 주변 세계에서 일어나는 중요한 사실들을 등록하기 위해서이다.

그러나 이 자명한 이치는 오늘날 지적 활동의 많은 부문에서 거부당하고 있다. 학계에 널리 퍼진 상대주의적 지식에 따르면, 현실이란 언어, 전형, 대중 매체 이미지를 이용해 사회적으로 만들어지는 것이라는 것이다. 우리가 객관적 사실들을 획득할 수 있다는 개념은 그저 순진한 것에 불과하다는 것이 사회 구성주의, 과학 연구, 문화 연구, 비판 이론, 포스트모더니즘, 해체주의의 입장이다. 그들의 견해로 볼 때 관찰은 항상 이론의 영향을 받고, 이론은 이데올로기와 정치적 원리의 영향을 받기 때문에, 객관적 사실을 안다거나 진리를 안다고 주장하는 사람은 누구나 다른 사람을 지배하려고 노력하는 것에 불과하다는 것이다.

상대주의는 빈 서판 학설과 두 가지 방식으로 얽혀 있다. 먼저, 상대주의자들은 마음에는 현실을 파악하도록 설계된 메커니즘이 전혀 없다는 인색한 심리학 이론을 주장한다. 마음은 단지 수동적으로 주변 문화로부터 말, 이미지, 전형을 다운로드받을 뿐이라는 것이다. 두 번째 관계는 과학에 대한 상대주의자들의 태도이다. 대부분의 과학자들은 과학 연구를 객관적 존재와 그 성질들을 파악하는 일상적 능력의 연장으로 본다. 망원경과 현미경은 시각 체계를 확대하고, 이론은 원인과 결과에 대한 우리의 예감을 공식화하고, 실험은 직접 목격할 수 없는 사건들에 대한 증거를 모으고자 하는 우리의 충동을 정교하게 실현한다. 상대주의는 과학이 우리의 인지와 지각을 크게 확대해 놓은 것이라는 데에는 동의하지만, 결론은 정반대로 이끌어 낸다. 즉 일반인들처럼 과학자도 객관적 현실을 파악할 장비를 갖추지 못하고 있다는 것이다. 상대주의 옹호자들의 말에 따르면, "서구 과학은 현실, 자연, 사물의 성질을 설명하는 방식으로서, 상품과 이익을 생산하는 데에는 분명 대단히 효과적이지만, 대부분의 측면에서는 불만족스럽다. 그것은 다른 문화와 시대의 과학과 지식을 무시하는 제국주의적 거만함이다."[1] 이 관점은 인종, 성, 폭력, 사회 조직 등의 정치적 주제를 과학적으로 연구할 때 가장 중요한 역할을 한다. 이 주제와 관련해 "사실" 또는 "진리"에 호소하는 것은 책략에 불과하다는 것이 상대주의자들의 주장이다. 문화적·정치적 전제와 무관한 객관적 척도라는 의미에서의 "진리"는 없다고 보기 때문이다.

인간의 정신 능력이 믿을 만하다는 사실을 의심하는 회의주의는 또한 보통 사람의 취향과 견해(우리가 싫어하는 것까지)를 존중해야 하는가 아니면 사람을 교활한 상업 문화의 '봉'으로 취급해야 하는가를 결정한다. "잘못된 의식", "불확실한 기호", "내면화된 권위" 같은 상대주의적 원리에 따르면 사람은 자신의 욕망에 대해 잘못 생각하고 있다. 그것이 사실이라면 민주주의와 시장 경제의 기초에 놓인 가정들은 크게 훼손될 수밖에 없다. 민주주의는 궁극적인 권위를 다수 대중의 기호에 맡기고 있고, 시장 경제는 자원 분배 방식을 사람들 자신의 판단에 맡기고 있기 때문이다. 그럴 때 언어와 이미지 사용을 분석하는 학자와 예술가들의 지위가 상승하는 것은 우연의 일치가 아니다. 그들만이 언어와 이미지 매체의 오류와 타락을 폭로할 수 있기 때문이다.

이 장은 최근 상대주의 경향의 기초가 되는 인지적 가정들—특히 개념, 말, 이미지—에 관한 것이다. 그 주장을 소개하려면, 우리와 세계 사이의 가장 직접적인 관계인 지각에 대한 연구에서 나온 예들을 이용하는 것이 가장 좋다. 그 예들은 현실이 사회적으로 구성되는가 아니면 직접적으로 획득할 수 있는가를 묻는 것이 적절하고 올바른 문제가 아님을 보여 준다. 어느 대답도 옳지 못하다.

마치 영혼이 지각이란 창을 통해 세계를 보는 것처럼 우리가 눈을 뜨지 않고 현실을 파악한다고 하는 상대주의자들의 말에는 요점이 있긴 하다. 우리는 세계를 있는 그대로 본다는 개념을 순진한 현실주의라 부르는데, 이미 수천 년 전 회의론 철학자들이 간단한 현상을 가지고 이 개념을 논박했다. 착시 현상이 바로 그것이다. 우리는 가끔 시각 체계에 속는데, 이 사실만으로도 우리의 시각 체계가 진리와 직접 통하는 파이프 라인이 아니라 정교하게 만들어진 장치라는 것이 충분히 입증된다. 여기 내가 좋아하는 두 가지 예가 있다. 오른쪽은 로저 셰퍼드의 "테이블 돌리기"[2](위)이다. 두 개의 평행사변형은 크기와 형태가 동일하다. 에드워드 아델슨의 "바둑판 그림자 환각"[3](아래)에서는 그림자 중앙의 밝은 색 칸(B)이 그림자 바깥의 짙은 색 칸(A)과 같은 회색이다.

그러나 우리가 아는 세계가 뇌의 산물이라고 해서 그것이 임의적인 구성물—기대나 사회적 환경에 의해 창조된 환영—이라 말할 수는

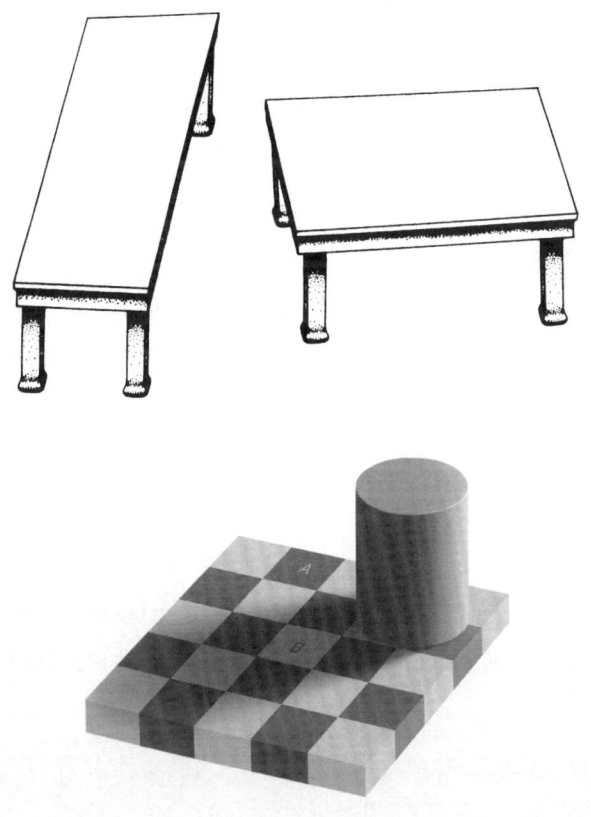

없다. 우리의 지각 체계는 생존에 중요한 객관적 측면들—가령 사물의 크기, 형태, 재료 등—을 등록하도록 설계되어 있다. 망막에는 이 세계가 그대로 복사되지 않기 때문에 지각 체계는 정밀한 기능을 수행하도록 복잡한 설계를 갖추어야 한다. 망막에 투영된 사물은 그 움직임에 따라 커지거나 줄어들거나 휘어지며, 햇빛과 구름, 실내와 실외의 빛에 따라 색깔과 밝기가 변한다. 그런데도 뇌는 어떻게든 이 불쾌한 문제들을 해결한다. 뇌는 기하학, 광학, 확률 이론, 그리고 세계에 대한 가정을 이용해, 마치 실제와는 정반대로 망막의 이미지에서 출발하여 현실에 대한 가설에 이르도록 추론하는 것처럼 작동한다. 그리고 대개는 성공적인 결과를 얻는다. 사람들이 대개 나무나 바위에 부딪히지 않으니 말이다.

그러나 뇌는 실수도 한다. 우리 발 밑에 펼쳐진 땅에서는 이미지가 바닥에서 시야의 중앙 쪽으로 투영된다. 그 결과 뇌는 시야의 위-아래를 이 세계의 멀고-가까운 것으로 해석하는데, 특히 은폐된 부분(가령 감추어진 테이블 다리) 같은 다른 원근법 단서들에 의해 보강될 때에는 더욱 그러하다. 관찰자로부터 먼 쪽에 놓인 사물은 먼 쪽이 좁아 보이게 투영되고 뇌가 이것을 보충하기 때문에, 우리는 시야에 위아래로 놓인 길이를 좌우로 놓인 같은 길이보다 더 길게 보는 경향이 있다. 그래서 두 테이블의 길이와 폭이 우리 눈에 다르게 보인다. 비슷한 논리로, 그늘 속에 놓인 물체는 완전히 노출된 물체보다 우리의 망막에 빛을 적게 반사한다. 뇌는 이것을 보충하고 그래서 우리는 그늘에 놓인 회색을 햇빛에 노출된 회색보다 더 밝게 본다. 두 경우 모두 우리는 그려진 선과 면을 부정확하게 보지만, 이는 우리의 시각 체계가 그것을 실제 세계에 존재하는 것으로 보기 위해 아주 열심히 노력한 결과일 뿐이다. 용의자의 범행을 넘겨짚는 경찰관처럼 셰퍼드와 아델슨은, 이성적이지만 의심하지 않는 관찰자를 부정확한 결론으로 이끌 수 있는 증거를 제시하고 있는 것이다. 만약 이 세계에 실제로 존재하는 3차원 물체들이 우리의 망막에 그런 이미지들을 투사한다면 우리의 지각 경험은 정확하다고 할 수 있다. 아델슨은 이렇게 설명한다. "이른바 착각이라는 많은 경우들처럼 여기에서도 그 결과는 시각 체계의 실패보다는 성공을 보여 준다. 시각 체계는 신체의 광도계로서 썩 훌륭하지는 않지만, 그 목적은 다른 데 있다. 시각 체계의 중요한 임무는 이미지 정보를 의미 있는 구성 요소들로 분해하고 그럼으로써 눈에 보이는 물체의 성질을 지각하는 것이

다."⁴

과거의 경험에서 발생하는 기대도 지각과 무관하지 않다. 그러나 그 영향은 우리의 지각 체계를 더 변덕스럽게 만드는 것이 아니라 더 정확하게 만드는 것이다. 아래의 첫 단어에서 우리는 "H"와 같은 형태를 지각하고 두 번째 단어에서는 "A"를 지각한다.⁵

THE CAT

두 형태가 그렇게 보이는 이유는 우리가 경험상—정확하게도—첫 단어의 중간에는 "H"가, 둘째 단어의 중간에는 "A"가 있을 가능성이 높다고 알고 있기 때문이다. 지각 메커니즘들은 우리가 보는 것을 실제로 존재하는 것과 일치시키기 위해 많은 수고를 마다하지 않는다.

그래서 순진한 현실주의를 논박하는 증명들은 마음이 현실과 분리되어 있다는 개념 또한 대단히 결정적으로 논박한다. 이제 세 번째 대안을 살펴보자. 뇌는, 오류에 빠지기도 하지만 총명한 메커니즘들을 진화시켜 우리에게 생존 및 번식과 관련된 현실적 측면들을 접촉하게 해 준다는 것이다. 그리고 그것은 우리의 지각 기능에만 적용되는 것이 아니라 인지 기능에도 적용된다. 우리의 인지 기능들(지각 기능들과 마찬가지로)이 실제 세계에 맞게 조율되어 있다는 사실은 착각에 대한 반응에서 가장 명백해진다. 인지 기능들은 현실과의 불화 가능성을 인식하고, 잘못된 인상 뒤에 놓인 진실에 도달할 방법을 찾는다. 배를 젓는 노가 물 표면에 잠겨 마치 잘린 것처럼 보일 때 우리는 노가 정말로 잘렸는지 아니면 단지 그렇게 보이는 건지를 알아낼 방법을 찾는다. 노를 만져 볼 수도 있고, 똑바른 물체로 노를 문질러 볼 수도 있고, 노를 끌어올려 눈으로 직접 봄으로써 잠긴 부분이 물 속에 남는지 딸려 올라오는지를 확인해 볼 수도 있다. 그런 시험의 뒤에 진리와 현실이 존재한다는 생각은 보편적인 것 같다. 모든 문화의 사람들이 진리와 허위를 구분하고 내면의 정신 활동과 외부의 현실을 구분한다. 그리고 관찰이 안 되는 물체들의 존재를 지각되는 단서들로부터 추론하기 위해 노력한다.[6]

∞

시지각은 세계에 대한 지식 형태 중 가장 자극적이지만, 상대주의자들은 우리가 사물을 어떻게 보는가에 관심을 기울이기보다는 우리가 그것을 어떻게 범주화하느냐에, 즉 우리가 어떻게 자신의 경험을 새, 도구, 사람 같은 개념 범주들로 분류하느냐에 더 큰 관심을 기울인다. 마음의 범주들이 현실의 어떤 것과 일치한다는, 겉으로 봐서는 별 탈 없는 주장이 19세기에는 논쟁을 불러일으키는 개념이 되었다. 어떤 범주들—인종, 성, 종족, 성적 지향—은 차별이나 억압의 수단으로 이용되면 해로울 수 있기 때문이다.

정형(stereotype)이란 단어는 원래 인쇄용 판의 한 종류(연판)를 지칭했다. 인간의 한 범주를 경멸적이고 부정확한 이미지로 표현하는 현재의 의미는 1922년 저널리스트 월터 리프먼이 도입했다. 리프먼은 무엇보다도 잡지 《뉴 리퍼블릭》의 창간에 일조했고, 1차 대전 말 우드로 윌슨의 정책에 영향을 끼쳤으며, 지능 지수 테스트를 공격한 최초의 글들을 쓴 것으로 유명한 지식인이었다. 자신의 책 『여론(*Public Opinion*)』에서 리프먼은, 정보가 이른바 사운드 바이트*로 제공되기 때문에 일반인들이 더 이상 대중적 이슈를 이성적으로 판단할 수 없는 우리 시대에는 진정한 민주주의를 달성하기가 어렵다는 초조한 견해를 밝혔다. 이 주장의

---

* 정치적 선전물로 쓰이는 인터뷰나 연설 혹은 그 핵심적 내용을 말한다.

일부로서 리프먼은 보통 사람들이 생각하는 사회 집단 개념이 바로 전형—불완전하고, 편향적이고, 변화에 둔감하고, 부당성을 증명하는 정보에 저항하는 정신 사진—이라고 말했다.

사회과학은 즉시 영향을 받았다(그의 원래 주장에 담겨 있던 미묘한 의미와 제한적 조건들은 쉽게 잊혀졌다.). 심리학자들은 인종 집단의 목록과 특성 목록을 나누어 주면서 사람들에게 두 항목을 짝지으라고 요구했다. 당연히 사람들은 유대인을 "약삭빠른"과 "금전적인"에, 독일인을 "능률적인"과 "민족적인"에, 흑인을 "미신적인"과 "태평스러운"에 연결시켰다.[7] 그런 일반화는 개인에 적용되었을 때에는 특히 치명적인 결과를 낳는다. 그것은 아직까지도 세계 여러 곳에서 발견되고는 있지만, 오늘날 교육받은 사람들과 공인의 주류는 이를 적극적으로 피하고 있다.

1970년대에 이르러 인간 범주와 관련된 전형이 부정확할 수 있다는 언급만으로는 만족하지 못하는 사상가들이 크게 증가했다. 그들은 우리의 전형에 범주가 존재하지 않을 뿐 아니라 범주라는 것 자체가 존재하지 않는다고 주장하기 시작했다. 이 견해에 따르면 인종 차별과 성 차별, 그 밖의 여러 가지 편견에 대항하는 효과적인 방법은 사람에 대한 개념적 범주에는 객관적 현실성이 전혀 없다고 주장하는 것이다. 동성애자, 흑인, 여성을 대표하는 전형이 애초에 없다면, 동성애자가 여성스럽고, 흑인이 미신적이고, 여성이 수동적이라는 생각은 불가능할 것이다. 예를 들어 철학자 리처드 로티는, "'동성애자', '흑인', '여성'은 불가피한 분류가 아니라 꾸며 낸 것으로, 지금까지 이익보다 해를 더 많이 끼쳐 왔다."라고 썼다.[8]

이 문제에 대해 많은 저자들이 거기서 멈출 이유가 없다고 생각한다. 모든 범주가 사회적 구성물이고 따라서 허구라고 주장하는 것이 훨씬 유익하다. 그래야 전형이 정말로 괘씸한 허구가 되기 때문이다. 로티는 오늘날 많은 사상가들이 "더 나아가 쿼크와 유전자까지도 어쩌면 그럴 것(발명품일 것)이라 주장한다."라고 긍정적으로 말한다. 포스트모더니스트들을 비롯한 상대주의자들은 진리와 객관성을 공격하는데, 그들이 존재론과 인식론의 문제에 관심이 있어서라기보다는 그것이 인종 차별, 성 차별, 동성애 공포증의 근거를 허무는 가장 좋은 방법이라 느껴서이다. 철학자 이언 해킹은 사람들이 최근까지 "사회적 구성물"이라고 주장하고 있는 40개에 달하는 범주를 목록으로 정리해 제시했다. 주요한 항목은 인종, 성, 남성다움, 자연, 사실, 현실, 과거이다. 그러나 그 목록은 계속 늘어나 지금은 다음과 같은 것들을 포함하게 되었다. 저작자, 에이즈, 형제, 선택, 위험, 백치, 질병, 인도의 숲, 불평등, 랜드샛 위성* 시스템, 의료적 이민(의료적 목적의 이민 허가), 민족 국가, 쿼크, 학업 성취, 연쇄 살인, 과학 기술 체계, 화이트 칼라 범죄, 여성 난민, 줄루 민족주의. 해킹에 따르면 범주가 사물의 성질에 의해 결정되지 않고 따라서 불가피한 것이 아니라는 확신이 공감대를 얻고 있다고 한다. 그 속에는 만약 범주라는 것을 없애 버리거나 근본적으로 변형하면 우리가 훨씬 좋은 삶을 누릴 것이란 의도가 담겨 있다.[9]

이 모든 모험은 인간의 개념 형성을 불안정한 과정으로 보는 이론, 즉 개념적 범주는 객관적 사물과 어떤 체계적 관계도 없으며 모두 사회적으로 형성된 것(따라서 재구성될 수 있는 것)이라는 이론을 바탕으로 하고 있다. 이것은 올바른 이론인가? 몇몇 경우에는 일말의 진리가 포함되어 있다. 4장에서 보았듯이, 어떤 범주들은 정말로 사회적 구성물이다. 그런 것들은 사람들이 암묵적으로 존재하는 것처럼 행동하겠다고 동의할 때에만 존재한다. 돈, 종신 재직권, 시민권, 용기를 북돋는 장식

* 미국의 지구 자원 탐사 위성이다.

물, 미 합중국 대통령직 등이 그 예이다.[10] 그러나 그렇다고 해서 모든 개념적 범주가 사회적으로 구성되었다고 말할 수는 없다. 수십 년 동안 개념 형성을 연구해 온 인지 심리학자들은, 대부분의 개념이 객관적으로 존재하는 사물의 범주를 채택하고, 그 범주에는 우리가 굳이 생각하지 않아도 느낄 수 있는 특정한 종류의 현실이 담겨 있다고 결론 내린다.[11]

사실 눈송이만 해도 어느 것이나 특별하고, 그래서 어떤 범주도 각각의 눈송이를 완벽하게 대표하지 못한다. 그러나 지능은 특성을 공유하는 사물들을 함께 묶는 일에 의존하고, 그래서 우리는 새로운 것을 마주칠 때마다 어리둥절하거나 놀라지는 않는다. 윌리엄 제임스가 쓴 대로, "하나의 군체를 볼 때 그 마음 속에 '이봐, 아무개, 또 만났군!' 이라는 감정이 흐른다면 그것은 개념적 사고일 것이다." 우리는 새로운 사물의 어떤 특성을 지각하고, 그 사물을 마음의 범주에 넣고, 그것이 그 범주를 대표하지만 우리가 지각할 수 없는 다른 특성들을 가지고 있는지를 추론한다. 만약 그것이 오리라면 수영하고, 날고, 물에 젖지 않는 깃털을 가지고 있고, 갖은 양념을 넣고 팬케이크로 말면 정말로 맛있는 고기를 가지고 있을 것이다.

이런 추론이 제 기능을 하는 것은 이 세계에 정말로 오리가 존재하기 때문이고 그 오리들이 여러 가지 특성을 정말로 공유하기 때문이다. 우리가 만약 꽥꽥거리고 뒤뚱거리는 사물이 다른 것보다 더 맛있는 고기를 함유하지 않는 그런 세계에서 산다면, "오리"라는 범주는 무익할 것이고 우리는 그 범주를 형성하는 능력을 진화시키지도 않았을 것이다. 만약 커다란 스프레드시트를 펼치고 가로열과 세로줄에는 사람들이 인지하는 특성들을 적고 각 셀(칸)은 가로 특성과 세로 특성을 모두 갖는 사물들로 채우면, 채워진 칸들은 덩어리 형태를 띨 것이다. 가로열의

"꽥꽥"과 세로줄의 "뒤뚱거리기"가 만나는 곳에는 많은 사물(오리들)이 기록될 것이고, 가로열의 "꽥꽥"과 세로줄의 "질주하기"가 만나는 곳에는 아무것도 기록되지 않을 것이다. 일단 가로열과 세로줄의 항목을 기입하고 나면 그 덩어리를 이루는 것은 사회나 언어가 아니라 이 세계에서 나온 것임을 알게 된다. 같은 종류의 식물과 동물들이 유럽 문화의 언어들로도 묶이고, 다른 문화(문자 사용 이전의 문화도 포함한)의 언어로도 묶이고, 캘리퍼스, 해부 도구, 유전자 배열을 이용하는 생물학자들의 린네식 분류법으로 묶이는 것도 우연의 일치가 전혀 아니다. 생물학자들에 따르면 오리에는 수십 종의 오리아과가 있는데, 각 아과에는 독특한 해부학적 구조가 있고, 같은 종의 구성원들끼리 교배할 수 있는 능력이 있으며, 그 진화의 역사에 공통의 조상이 있다고 한다.

대부분의 인지 심리학자들은 개념적 범주가 두 가지 정신적 과정에서 나온다고 생각한다.[12] 그중 한 과정은 정신적 스프레드시트의 항목 묶음들에 주목하고 그것을 범주로 다루는데, 그 범주는 경계가 희미하고 원형적 구성원이 존재하며 유사성이 중복되어 있어 마치 한 가족의 구성원들 같다. 그래서 정신적 "오리" 범주에는 헤엄치지 못하거나 날지 못하는 절름발이 오리, 물갈퀴 대신 발톱을 가진 머스크 오리, 말하고 옷을 입는 도널드 덕같이 원형적 오리와 일치하지 않는 이상한 오리들이 포함될 수 있다. 두 번째 정신적 과정은 분명한 규칙과 정의를 찾아서 그것을 연쇄적인 사고에 이용한다. 이 두 번째 시스템은 진짜 오리가 1년에 두 번 털갈이를 하고 다리가 비늘로 덮여 있고, 따라서 거위처럼 보이고 또 실제로도 거위라 불리는 어떤 새들이 실은 오리라는 사실을 학습한다. 생물학을 통해 이 사실을 알지 못해도 사람들은 강한 직관을 통해, 종(種)이란 어떤 법칙에 따라 눈에 보이는 특징들을 발생시키는 내적 본질 또는 숨겨진 특성에 의해 정의된다는 사실을 깨달

는다.¹³

범주화의 심리적 법칙을 가르치다 보면 다음과 같은 학생들의 질문을 접하게 된다. "사물을 범주로 묶는 것이 합리적이고, 그로 인해 우리가 영리해진다고 이해된다. 그러나 지금까지 우리는 사람을 범주로 구분하는 것은 비이성적이고, 그렇게 하면 성 차별주의자나 인종 차별주의자가 된다고 배웠다. 만약 오리나 의자를 생각할 때 범주화가 그렇게 중요하다면 왜 성과 인종 집단을 생각할 때에는 그렇게 끔찍한 결과가 나오는가?" 학생들이 제기하는 수많은 영특한 질문처럼 이 질문도 이해의 부족이 아니라 이론상의 문제점을 보여 준다.

전형이란 애초부터 불합리한 것이라는 생각은 훌륭한 심리학 이론보다는 보통 사람들에 대한 배려에서 비롯되었다. 마음에 전형이 존재한다는 것을 실험적으로 입증한 많은 과학자들은, 어떤 특성이 통계적으로 특정 집단에 적용될 수 있다는 것에 불편함을 느낀 나머지 그 전형은 반드시 불합리해야 한다고 가정한다. 애석하게도 그들은 실제로 확인해 보지 않았다. 이런 상황은 1980년대에 바뀌기 시작해 지금은 전형의 정확성에 대해 많은 내용이 알려져 있다.¹⁴

몇 가지 주요한 예외가 있긴 하지만, 가령 인구 조사 수치나 전형적인 사람들의 직접적인 보고 같은 객관적 기준에 비교해 볼 때 전형은 결코 부정확하지 않다. 아프리카계 미국인이 백인보다 생활 보호 대상자가 될 가능성이 더 높다거나, 유대인의 평균 수입이 와스프*보다 높다거나, 여성이 남성보다 다이어트에 관심이 많다거나, 남성이 여성보다 맨손으로 파리를 철썩 때릴 가능성이 높다는 믿음은 비합리성이나 편견

---

* WASP. 미국 사회의 주류 지배 계급으로 여겨지는 백인(White) 앵글로색슨계(Anglo-Saxon) 신교도(protestant)를 말한다.

의 산물이 아니다. 그런 믿음은 옳다. 사람들의 전형은 일반적으로 통계와 일치하며, 많은 경우 그 통계적 치우침은 성이나 인종 집단 사이에 존재하는 실제적 차이보다 낮게 매겨지는 경향이 있다.[15] 물론 그렇다고 해서 전형적 특성이 변하지 않는다거나 사람들이 전형적 특성을 불변이라고 생각한다는 말이 아니라, 단지 사람들이 그러한 특성을 그때그때 상당히 정확하게 지각한다는 뜻이다.

게다가 인종 집단에 독특한 특징이 있다는 생각이, 해당 집단의 모든 구성원이 그러한 특성을 공유한다는 믿음으로 연결되지는 않는다. 사람들은 독일인이 평균적으로 비독일인보다 더 능률적이라 생각할 수 있지만, 모든 독일인이 모든 비독일인보다 더 능률적이라고 믿는 사람은 없다.[16] 그리고 사람들은 개인에 대한 정보를 충분히 알면 아무 어려움 없이 전형을 무시한다. 일반적인 비난과는 달리, 개별 학생에 대한 교사들의 생각은 학생의 인종, 성, 사회 경제적 신분에 의해 오염되지 않는다. 교사들의 생각은 객관적 테스트로 측정된 학생들의 성취도를 정확히 반영한다.[17]

이제 중요한 예외들을 살펴보자. 전형이 그야말로 부정확해질 수 있는 경우는 개인이 그 전형적 집단을 거의 또는 전혀 접할 수 없을 때나 판단의 대상이 되는 집단에 명백히 적대적인 태도를 보이는 집단에 소속되어 있을 때이다. 2차 대전 중 러시아가 미국의 동맹국이고 독일이 적국이었을 때 미국인들은 러시아인을 긍정적 특성이 더 많은 민족으로 평가했다. 얼마 후 동맹 관계가 반전되자 미국인들은 독일인을 긍정적 특성이 더 많은 민족으로 보았다.[18]

개인을 평가할 때 전형을 무시하는 능력은 또한 의식적·의도적인 사고를 통해 발휘된다. 산만한 상황에서나 빨리 대답해야 하는 상황에서 한 인종 집단의 구성원을 평가해야 할 때 사람들은 그 개인이 소속 집단의 모든 전형적 특성을 가지고 있다고 생각하는 경향이 있다.[19] 이것은 앞에서 언급했듯이 인간 범주화 체계가 두 부분으로 설계되어 있기 때문이다. 막연한 연상을 수행하는 네트워크는 우리가 맨 처음 누군가와 마주칠 때 자연스럽게 전형에 의존한다. 그러나 규칙에 기초를 둔 범주화 시스템은 그러한 연상을 차단하고 개인과 관련된 여러 사실을 기초로 해 추론을 수행할 수 있다. 여기에는 두 가지 이유가 있는데, 그 첫째가 바로 실제적인 이유이다. 다시 말해 집단 전체의 평균에 대한 정보가 해당 개인에 대한 정보보다 특징적이지 못하기 때문에 이런 능력이 발휘된다. 둘째는 사회적·도덕적 이유로, 개인을 판단할 때에는 집단적 평균을 무시해야 한다는 도덕적 명령을 존중해서 이런 능력이 발휘된다.

  결론은 전형이 항상 정확하다는 것이 아니라, 전형이 항상 틀리거나 더 나아가 대개 틀린 것은 아니라는 것이다. 만약 인간 범주화가 마음의 다른 기능들처럼, 이 세계의 주요 측면들을 파악해 우리의 장기적 행복을 보장할 수 있는 하나의 적응 능력이라면 그런 결론은 유의미할 것이다. 사회 심리학자 로저 브라운이 지적했듯이, 인간 범주와 다른 것들의 범주의 주요한 차이는 다른 것들의 범주를 표현하기 위해 전형적인 예를 사용하면 아무도 모욕감을 느끼지 않는다는 것이다. 웹스터 사전에서 모든 새를 대표하는 예로 참새를 인용했을 때 "에뮤도 타조도 펭귄도 독수리도 발끈하지 않았다." 그러나 웹스터 사전이 여성을 설명하는 대목에서 사커맘*의 사진을 제시했거나, 남성을 설명하기 위해 대기업 간부의 사진을 실었다면 어떤 일이 벌어졌을까? 브라운은 이렇게 말한다. "물론 사람들이 당연히 모욕감을 느끼는 이유는 전형이 결코 자연

---

* soccer mom. 신세대 극성 어머니를 일컫는 말이다.

적 범주 안에 존재하는 다양성을 대표할 수 없기 때문이다. 새들은 신경을 쓰지 않지만 사람들은 그렇지 않다."[20]

많은 전형이 통계적으로 옳다는 사실은 어떤 의미를 내포하고 있는가? 우선 성적 차이에 대한 현재의 과학 연구가 전통적인 전형과 일치하는 예를 제공한다 하여 무시해서는 안 된다는 의미가 있다. 그러한 전형에는 잘못된 부분도 있겠지만, 그것이 전형이라는 사실만으로는 모든 측면에서 틀렸다고 입증되지 않는다.

물론 많은 전형이 부분적으로 정확하다고 해서 인종 차별, 성 차별, 인종적 편견이 괜찮다는 것은 아니다. 공적인 면에서 사람들이 개인으로 인정받아야 한다는 민주주의적 원리와는 완전히 무관하게, 우리가 전형에 대해 신경을 써야 하는 데에는 충분한 이유가 있다. 직접적인 경험보다는 적대적인 묘사를 기초로 한 전형은 십중팔구 부정확하다. 그리고 어떤 전형들은 단지 예언에 맞춰 행동하는 경향 때문에 정확해진다. 40년 전에는 여성이나 아프리카계 미국인에게 주지사나 대통령 후보 자격을 부여하지 않는 것이 옳았을지 모르지만, 그것은 순전히 자격을 가로막는 장벽 때문이었다. 그들에겐 자격이 없다는 믿음 때문에 입학을 거부했던 대학 정책이 대표적인 예이다. 제도적 장벽이 철폐된 후에야 현실이 변할 수 있었다. 좋은 소식은 현실이 변하면 사람들의 전형도 함께 변할 수 있다는 것이다.

한걸음 더 나아가 가령 소수 집단에 유리한 인원 할당제와 특혜처럼, 불리한 처지에 있던 전형들에게 적극적으로 보상을 해 주는 정책은 어떠한가? 이런 정책을 옹호하는 어떤 사람들은 결정권자들의 사고가 근거 없는 편견으로 심하게 오염되어 있으며, 따라서 그들의 영향을 중화하기 위해 인원 할당제가 영구적으로 적용되어야 한다고 생각한다. 전형에 대한 연구는 그런 주장을 정확히 반박한다. 그럼에도 그런 연구는 인종적 특혜와 그 밖의 성이나 피부색에 민감한 정책을 위해 새로운 주장을 제기한다. 전형이란 정확할 때조차도 어느 정도는 예언에 맞춰 행동하는 경향을 유발하는데, 이것은 제도화된 장벽의 경우—가령 여성과 아프리카계 미국인의 대학 입학과 전문직 진출을 금지했던 경우—에만 국한되지 않는다. 많은 사람들이 알고 있는 피그말리온 효과는 어떤 사람이 다른 사람(가령 교사)의 기대에 따라 행동하는 경향을 가리킨다. 공교롭게도 이 피그말리온 효과는 아주 작거나 아예 존재하지 않는다고 하지만, 자기 실현적 예언에는 그보다 더 미묘한 형태들이 존재한다.[21] 입학, 고용, 신용, 봉급처럼 사람에 대해 주관적으로 결정되는 것들이 어느 정도 집단적 평균을 기초로 한다면, 부자는 더 부유해지고 가난한 사람은 더 가난해지는 결과가 나올 것이다. 여성들은 학계에서 주변으로 밀려나 영향력이 축소될 것이고 그로 인해 주변화가 더욱 심해질 것이다. 아프리카계 미국인은 더 가난한 신용 불량자로 취급당해 대출이 거부되고, 그로 인해 성공에서 더욱 멀어지고, 또다시 더욱 심각한 신용 불량자로 내몰릴 것이다. 심리학자 버지니아 밸리언, 경제학자 글렌 루리, 철학자 제임스 플린의 주장에 따르면 인종과 성에 민감한 정책은 악순환부터 끊을 필요가 있다고 한다.[22]

 시선을 반대 방향으로 돌리면, 전형은 적어도 적대적인 경쟁 상대와 제휴를 맺을 때만큼은 정확하다는 사실을 보게 된다. 이 때문에 우리는 공공 기관들이 자신의 구성원을 확인할 때 민족, 성, 인종 집단 등을 적용하는 이른바 신분 정치학을 걱정하게 되고, 각각의 정책이 특정 집단을 어떻게 차별하는가를 검토하게 된다. 예를 들어 많은 대학에서는 소수 민족 학생들에게 특별 오리엔테이션 수업을 지정하고, 거기에서 자기 집단의 눈을 통해 전체 강좌를 개관하고 그것이 어떻게 왜곡되어 왔는지를 보도록 장려한다. 그런 정책은 한 집단과 다른 집단을 은근히 경쟁시킴으로써, 각 집단으로 하여금 개인적인 만남을 통해 얻을 수 있는 상대방에 대한 이미지보다 더 경멸적인 전형을 만들어 내도록 조장한다. 이 책에서 다루고 있는 다른 정책 문제들도 그렇지만, 인종과 성을 의식하는 정책도 실험실에서 얻은 자료로는 찬성이나 반대를 판정할 수 없다. 그러나 다양한 정책들이 채택하고 있는 심리학적 특징들을 깊이 있게 들여다보면 그 장단점이 더욱 분명해지고 보다 풍부한 논쟁이 가능해질 것이다.

∽∽

인간이라는 작품을 구성하는 모든 기능들 중에서 언어야말로 가장 경외로운 기능일 것이다. 헨리 히긴스는 엘리자 둘리틀에게 이렇게 애원한다. "그대는 영혼이 있고 또 말이라는 신의 선물을 받은 인간임을 기억하시오."* 갈릴레오도 당대의 예술과 발명품에 놀라움을 표하는 대목에서 글자 형태의 언어를 다음과 같이 평했다.

그러나 그 모든 위대한 발명품을 능가하는 것이 있으니, 비록 시간과 공간이라는 강력한 장벽이 놓여 있지만 자신의 깊은 사고를 다른 사람에게 전달할 수단을 꿈꾸었던 자의 마음은 얼마나 위대했던가! 인도에 있는 사람들과 이야기를 하고, 아직 태어나지 않은 사람들 또는 앞으로 천 년이나 만 년이 지나도 태어나지 않을 사람들에게 자신의 말을 전하다니, 스무 개의 철자를 종이 한 장에 배열해 그렇게 쉽게 의사를 소통하다니![23]

* 오드리 헵번 주연의 영화 「마이 페어 레이디」의 한 장면이다.

그러나 지적 활동의 영역에서는 아주 우스운 일이 언어에 일어났다. 언어가 사고를 전달하는 능력을 인정받기보다는 사고를 속박하는 힘 때문에 비난을 받았다. 그런 걱정은 두 철학자의 유명한 인용문에 잘 포착되어 있다. 프리드리히 니체는 "언어의 감옥에 갇혀 사고하기를 거부하려면 사고를 멈춰야 한다."라고 썼다. 루트비히 비트겐슈타인은 "내 언어의 한계는 내 세계의 한계를 의미한다."라고 썼다.

어떻게 하면 언어의 목을 조일 수 있는가? 단어와 구가 사고 자체의 매개라면 가능한데, 이것은 빈 서판에서 자연스럽게 나오는 개념이다. 만약 인간의 지성에 먼저 감각을 통해 들어오지 않은 것이 아무것도 없다면, 두 귀로 들어오는 말들은 광경이나 냄새나 다른 소리로 환원될 수 없는 추상적 사고의 분명한 원천이 된다. 왓슨은 사고를 입과 목의 미세한 운동으로 설명하려 했다. 스키너는 1957년의 책 『언어 행동(*Verbal Behavior*)』을 통해 언어를 보상 반응의 목록으로 설명하면서 비둘기와 인간의 간극을 극복하고자 했다.

다른 사회과학에서도 언어를 사고와 동일시하는 경향을 보였다. 보애스의 제자인 에드워드 사피어는 언어가 이 세계를 여러 범주로 분류하는 방식과 그 차이에 주목했고, 사피어의 제자 벤저민 워프는 그 결과를 연장해 유명한 언어 결정론 가설을 만들었다. "우리는 자연을 자르고, 그것을 조직해 개념들을 만들고, 현재와 같은 중요성을 부여하는데, 그렇게 하는 것은 우리가 이런 방식으로 조직하자고 동의한 당사자들이기 때문이다. 그것은 우리의 언어 공동체 전체에 적용되는 동의이고 지금과 같은 언어 패턴으로 성문화된 동의이다. 물론 그 동의는 암묵적이고 은밀하지만, 합의된 조건은 완전히 의무적이다."[24] 보다 최근에 인류학자 클리퍼드 기어츠는 이렇게 썼다. "사고는 '머리에서 일어나는 일'로 구성된 것이 아니라(사고가 가능하려면 머리에서든 어디에서든 어떤 일이 일어나야 하겠지만), 말이 대부분을 차지하는 의미 있는 기호들……
의 왕래로 구성되어 있다."²⁵

사회과학의 많은 개념들처럼 언어가 사고의 중심이라는 언어 구심성 개념 역시 해체주의와 포스트모더니즘 등의 상대주의 이론에서 극단적인 형태를 띠었다. 자크 데리다 같은 예언자들의 글에는 "언어로부터의 탈출은 불가능하다.", "텍스트는 자기 지시적이다.", "언어는 권력이다.", "텍스트 밖에는 아무것도 존재하지 않는다." 등의 잠언이 곳곳에 등장한다. J. 힐리스 밀러 역시 이렇게 썼다. "언어는 인간의 손에 쥐어진 도구 또는 수단, 다시 말해 종속적인 사고 수단이 아니다. 인간이 허락한다면…… 오히려 언어가 인간과 그의 '세계'를 사고한다."²⁶ 극단적인 언급에 대한 최우수상은 다음과 같이 선언한 롤랑 바르트에게 돌아가야 한다. "인간은 종으로나 개인으로나 언어보다 먼저 존재하지 않았다."²⁷

이런 관념의 계보는 언어학에서 시작되었다고 하지만, 대부분의 언어학자들은 해체주의자들이야말로 위험한 선을 넘었다고 생각한다. 언어학에서 발견한 최초의 사실은, 많은 단어들이 부분적으로 단어와 단어의 관계에 의해 정의된다는 것이었다. 예를 들어 'he'는 'I', 'you', 'they', 'she'와의 비교 하에 정의되고, 'big'은 'little'의 반대일 때에만 의미가 있다. 그리고 사전을 펼쳐 보면 단어는 다른 단어에 의해 정의되고, 그 단어들은 또 다른 단어들에 의해 정의되는데, 이 순환은 최초의 단어를 포함한 정의로 되돌아가면 그때 완료된다. 그러므로 언어는 단어와 현실 사이에 필연적 관계가 전혀 없는 자급식 체제라는 것이 해체주의자들의 말이다. 그리고 언어는 생각을 전달하거나 사실을 묘사하는 매개가 아니라 임의적인 도구이기 때문에 권력을 가진 사람은 다른 사람을 조작하고 억압하기 위해 언어를 이용할 수 있다는 것이다. 이 생각은 언어 개혁을 주장하는 선동으로 이어진다. 'co'나 'na'처럼 중성 대명사로 사용할 수 있는 신조어, 소수 인종을 가리키는 일련의 새로운 용어들, 비평과 학문에서 인정하는 명확성의 기준에 대한 거부(언어가 더 이상 사고의 창이 아니라 사고의 재료이자 사고 자체라면 "명확성"이란 은유는 더 이상 적용되지 않기 때문이다.) 등이 그 예이다.

모든 음모 이론이 그렇듯이, 언어가 감옥이라는 개념도 언어의 힘을 과대 평가함으로써 그 의미를 훼손한다. 언어는 우리가 생각을 서로에게 전달하기 위해 사용하는 훌륭한 기능으로, 우리는 자신의 생각을 펼치기 위해 수많은 방식으로 언어에 의존한다. 그러나 언어는 생각과 동일한 것이 아니고, 인간을 다른 동물과 구분하는 유일한 기준도 아니고, 모든 문화의 기초도 아니며, 탈출이 불가능한 감옥도 아니고, 강제적인 합의도, 우리 세계의 한계도, 상상의 경계를 결정하는 요인도 아니다.[28]

지금까지 우리가 지각과 범주화를 통해 개념을 얻고 이 개념들을 통해 세계와 접촉한다는 사실을 보았다. 언어는 개념과 말을 연결시킴으로써 그 생명줄을 연장한다. 아이들은 가족들의 입에서 나오는 소리를 듣고, 직관 심리와 그들이 파악한 내용을 이용해 화자가 무엇을 말하고 있는가를 추론해, 그 말을 개념과 문법 규칙에 정신적으로 연결시킨다. 바우저가 의자를 쓰러뜨리고 시스터가 "개가 의자를 넘어뜨렸어!"라고 소리치면, 주니어는 '개'는 개를 의미하고 '의자'는 의자를 의미하며 동사 '넘어뜨렸다'의 주어는 넘어뜨리는 행위를 하는 행위자임을 추론한다.[29] 이제 주니어는 다른 개, 다른 의자, 다른 넘어뜨리는 행위들에 대해 말할 수 있게 된다. 여기에는 자기 지시적인 것이나 감옥에 속박하는 것이 전혀 없다. 소설가 워커 퍼시가 조롱했듯이, 해체주의자는 텍스트에는 지시 대상이 전혀 없다고 주장한 다음 아내의 전화 자동 응답기에 저녁 식사로 페퍼로니 피자를 먹겠다고 메시지를 남기는 학자와 같다.

언어는 아무 목적 없이 우리의 생각에 라벨을 붙이는 것이 아니라 분명 우리의 생각에 영향을 미친다. 언어는 사람들이 생각과 의도를 공유하고 그럼으로써 주변 사람들의 지식, 관습, 가치를 획득하기 위해 사용하는 도관과 같다. 록 오페라 중 「크리스마스」라는 노래에서 후(Who)는 언어를 모르는 소년의 어려움을 이렇게 묘사했다. "토미는 오늘이 무슨 요일인지 알지 못하네. 예수가 누구였는지 기도가 무엇인지 알지 못하네."

언어 덕분에 우리는 서로의 생각을 문자에 담긴 내용에 의해 직접적으로 공유한다. 그뿐 아니라 듣는 사람에게 새롭고 낯선 관계를 은근히 보여 주는 은유와 환유를 통해 서로의 생각을 간접적으로도 공유할 수 있다. 예를 들어 많은 표현에서 시간은 마치 가치 있는 자원처럼 취급된다. '시간을 낭비하다', '시간을 쓰다', '가치 있는 시간', '시간은 돈이다.' 등이 그 예이다.[30] 아마도 어떤 사람이 맨 처음 이런 표현을 썼을 때 주변 사람들은 왜 그/그녀가 돈에 사용하는 말을 시간에 썼는지 의아하게 생각했을 것이다. 말 그대로라면 금붙이를 쓰듯 시간을 쓸 수는 없나. 그때 주위 사람은 화자가 영문 모를 말을 지껄이는 것이 아니라고 가정하면서, 시간이 돈과 어떤 공통점을 갖고 있는가를 생각해 낸 다음, 화자가 바로 그런 뜻을 전달하고 있으리라 생각했을 것이다. 언어가 사고에 영향을 미치는 이 분명한 예에서도 언어는 사고와 동일한 것이 아님에 주목해 보자. 그 비유를 최초로 고안한 사람은 어떤 영어 표현의 도움도 빌리지 않고 그 유추를 떠올려야 했고, 최초의 청자들은 화자의 각별한 의도 그리고 시간과 돈의 공통적 특징에 대한 연쇄적 사고를 이용해 그 유추를 이해해야 했다.

의사 소통의 매개로 사용되는 것 외에도 언어는 정보의 저장과 조작을 위해 뇌에서 사용되는 수단으로서의 기능도 할 수 있다.[31] 이 개념은 심리학자 앨런 배덜리가 제시한 인간의 기억에 대한 이론에 잘 포착되어 있다.[32] 마음은 "음운론적 루프", 즉 마음에 몇 초 동안 지속되고 마음의 귀로 감지될 수 있는 단어나 숫자의 소리 없는 발음을 이용한다. 그 루프는 "고위 간부"에게 봉사하는 "노예 체제" 기능을 한다. 우리는 언어의 단편들을 이용해 자기 자신에게 상황을 설명함으로써, 정신적 연산의 결과를 일시적으로 저장하거나 언어적 표현으로 저장된 자료 묶음을 검색한다. 예를 들어 큰 수가 포함된 정신적 계산은 가령 "칠 곱하기 팔은 오십 육" 같은 언어화된 공식을 검색해 수행한다.[33] 그러나 이 이론의 기술적 측면에서 분명히 볼 수 있는 것처럼, 언어는 생각의 매개가 아니라 고위 간부의 노예로 봉사하고 있다.

사실상 모든 인지과학자와 언어학자들이 언어는 생각의 감옥이 아니라고 믿는 이유는 무엇인가?[34] 첫째, 언어가 없는 유아나 다른 영장류의 마음을 연구해 온 많은 실험에서 과학자들은 생각의 기본 범주들—사물, 공간, 원인과 결과, 수, 확률, 작인(어떤 사람이나 동물이 행동을 개시함), 도구의 기능들—이 부지런히 작동하고 있다는 것을 발견했다.[35]

둘째, 우리의 광대한 지식 창고는 분명 우리가 개별 사실들을 통해 학습한 단어와 문장으로 채워져 있지 않다. 여러분은 바로 앞 페이지에서 무엇을 읽었는가? 개인적으로는 여러분이 이 질문에 아주 정확히 대답할 수 있으면 좋겠다. 이제 앞의 몇 쪽에서 읽은 말들을 정확히 글로써 보자. 아마 단 한 문장도, 어쩌면 단 하나의 구도 똑같이 기억나지 않을 것이다. 기억나는 것은 그 구절들의 요점—내용이나 의미—이지 언어 자체가 아니다. 인간의 기억에 대한 많은 실험을 통해 과학자들은 우리가 장기적으로 기억하는 것은 이야기와 대화의 말이 아니라 내용이라는 것을 확증해 왔다. 인지과학자들은 이 "의미론적 기억"의 모형으로, 논리적 명제, 이미지, 운동 근육 프로그램, 소리열, 그리고 뇌에서 서로 연결된 그 밖의 자료 구조물들의 망을 제시한다.[36]

언어의 위치를 확인하는 세 번째 방법은 우리가 언어를 사용하는 방식에 대해 생각해 보는 것이다. 쓰기와 말하기는 내면의 독백을 종이 위에 베끼거나 마이크로 녹음하는 것이 아니다. 대신 우리는 전달하려는 생각과 우리의 언어가 그 전달을 위해 제공하는 수단 사이에서 발생하는 지속적인 주고받기를 경험한다. 우리는 종종 적당한 말을 찾고, 종이에 쓴 것이 말하고 싶었던 것을 제대로 표현하지 못해서 불만족을 느끼기도 하고, 단어의 조합들이 잘못된 것처럼 여겨질 때에는 내가 하고 싶은 말이 정말로 무엇인지 모르고 있다는 사실을 발견하고는 불만족을 느낀다. 그리고 언어와 생각이 잘못 연결되어 좌절감을 느낄 때 우리는 포기하거나 굴복하지 않고 언어에 변화를 가한다. 그럴 때에는 신조어를 엮어 내거나(쿼크, 밈, 클론, 심층 구조), 다른 언어에서 말을 차용하거나(삶의 기쁨(joie de vivre), 얼간이(schlemiel), 불안(angst), 남자다움(machismo)), 새 은유를 만든다(시간을 낭비하다(waste time), 퇴장으로 반대 의사를 표하다(vote with your feet), 한계 속도에 도전하다(push the outside of the envelope)). 그것이 바로 모든 언어가 불변의 철옹성이 아니라 끝없는 혁신의 산물인 이유이다. 언어를 사랑하는 사람들의 비탄과 언어를 수호하는 사람들의 강압에도 불구하고, 새로운 것을 말하거나 새로운 태도를 전달할 필요가 발생함에 따라 언어는 쉴 새 없이 변한다.[37]

마지막으로 언어는 이 세계와 사람들의 의도에 대한 무언의 지식으로 구성된 방대한 기반 시설이 없으면 제 기능을 발휘하지 못할 것이다. 언어를 이해할 때 우리는 애매한 문장에서 의도되지 않은 내용을 까불러 내고, 파편적인 발화들을 이어 맞추고, 말실수를 부드럽게 넘어가고, 완전한 사고에 필요한 수많은 생략 단계들을 채우기 위해 행간에 귀를 기울여야 한다. 샴푸 병에 "거품을 내고, 헹구고, 반복하시오."라고 적혀 있어도 우리는 욕실에서 평생을 보내지 않는다. 그것을 "한 번 반복하시오."라는 의미로 추론하기 때문이다. 그리고 우리는 다음과 같은 양의적 제목을 해석하는 법도 잘 안다. "아이들 영양분이 풍부한 간식을 만들다(Kids Make Nutritious Snacks).", "매춘부들 교황에게 호소하다(Prostitutes Appeal to Pope)." "영국 좌파 포클랜드에 대해 모호한 태도를 취하다(British Left Waffles on Falkland Islands)."* 우리는 신문에 실릴 만한 일들이 어떤 종류인가에 대해 배경 지식을 갖고 있으며 그 지식을 자연스럽게 적용할 줄 알기 때문이다. 사실, 하나의 단어열이 두 가지 생각을 표현하는 양의적 문장이 존재한다는 사실 자체가 생각이 단어열과 같은 것이 아님을 입증하는 증거이다.

∽∽∽

언어가 종종 세간의 화제에 오르는 이유는 그것이 생각이나 태도와 분리될 수 있기 때문이다. 1998년 빌 클린턴은 모니카 르윈스키와의 일에 대해 검사들을 오도하기 위해 일반적인 이해 방식 뒤에 놓인 가능성들을 이용했다. 그는 'alone', 'sex', 'is'와 같은 말들을, 기술적으로는 문제가 안 되지만 사람들이 보통 표현하는 관용적인 추측에서는 벗어난 의미로 사용한 것이다. 예를 들어 그는 르윈스키와 "단 둘이(alone)" 있지 않았다고 말했다. 그 방에는 두 사람밖에 없었지만 당시 대통령 집무실이 있는 건물에는 다른 사람들도 있었기 때문이다. 그리고 두 사람이

---

* 각 제목은 "어린이는 영양분이 풍부한 간식 거리가 된다.", "매춘부들 교황의 흥미를 끌다.", "영국인들 포클랜드 섬에 와플을 남겨 두었다."로 해석될 수 있다.

성교를 하지 않았기 때문에 그녀와 "섹스"를 하지 않았다고 말했다. 모든 말이 그렇듯이 그의 말은 분명 경계가 모호하다. 사람이 혼자 또는 단 둘이(alone) 있다고 하는 것은 가장 가까운 사람으로부터 얼마나 멀리 혹은 얼마나 은밀한 곳에 있음을 의미하는가? 어느 정도의 신체 접촉—엘리베이터에서 우연히 스치는 것부터 탄트라 식의 환희까지 중에서—이 있어야 섹스를 했다고 할 수 있는가? 보통 우리는 대화 상대자가 문맥에 따라 말을 해석하는 방식을 추측함으로써 그러한 애매함을 해결하고, 또 그에 따라 우리의 말을 선택한다. 이러한 추측을 교묘히 다루는 클린턴의 천재성 그리고 그가 어쩔 수 없이 사실을 설명했을 때 분출된 분노는 사람들이 말과 그 말에 담긴 생각의 차이를 파악하는 예리한 이해력을 갖고 있음을 증명한다.

언어는 문자적 의미뿐 아니라 화자의 태도도 전달한다. '뚱뚱하다'와 '육감적이다', '호리호리하다'와 '앙상하다', '검소하다'와 '인색하다', '똑똑하다'와 '교활하다'의 차이를 생각해 보라. 경멸감이 수반된 인종적 별칭은 자신의 행동에 책임을 질 줄 아는 사람이라면 마땅히 피해야 할 말이다. 그런 말을 사용하는 행위에는 그 별칭의 대상인 사람들에 대한 경멸이 용인될 수 있는 것이라는 암묵적 메시지가 담겨 있기 때문이다. 그러나 소외 집단을 새로운 용어로 부르고자 하는 충동은 그런 별칭을 쓰지 않는 기본적인 존중심의 표시로는 한참이나 부족할 정도로 크고 강하다. 말과 태도는 분리하기가 매우 힘들어서 말을 새롭게 수리하지 않으면 사람들의 태도를 고치기 힘들 때가 많다. 1994년 《로스앤젤레스 타임스》는 약 150개의 단어를 금지하는 새 표현법 관련 인쇄물을 만들었다. 여기에는 '선천적 결손(birth defect)', '커녁(Canuck, 프랑스계 캐나다 사람)', '기이한 행동(Chinese fire drill)', '검은 대륙', '이혼녀', '더치페이 파티', '장애', '사생아', '병약자(invalid)', '사람이 만든

(man-made)', '신세계',* '의붓자식(stepchild)', '빚을 떼어먹다'** 등이 포함된다. 편집자들은 단어가 뇌에 문자적 의미와 함께 등록되기 때문에, '병약자(invalid)'는 "정당하지(valid) 못한 사람"으로 이해되고, 더치페이 파티는 네덜란드 사람에게 모욕이 된다고 생각했다. (사실 더치(Dutch)는 '고기 굽는 그릇(Dutch oven)', '상하 2단식 도어(Dutch door)', '엄하게 꾸짖는 사람(Dutch uncle)', '술김의 허세(Dutch courage)', '값을 깎아 내려가는 경매(Dutch auction)' 등에서처럼 "대용품"을 뜻하는 말로, 영국과 네덜란드가 오래전에 벌였던 잊혀진 경쟁 관계의 유물이다.)

그러나 언어 개혁을 위한 보다 합리적인 시도들조차도 언어 결정론이라는 미심쩍은 이론을 기초로 하고 있다. 나무랄 데 없이 훌륭한 말들이 새로운 말로 대체되는 것에 많은 사람들이 당황한다. 'Negro(니그로)'가 'black(흑인)'에서 'African American(아프리카계 미국인)'으로, 'Spanish-American(스페인계 미국인)'이 'Hispanic(히스패닉)'에서 'Latino(라티노)'로, 'crippled(불구)'가 'handicapped(장애인)'와 'disabled'를 거쳐 'challenged'로, 'slum(슬럼)'이 'ghetto(게토)'와 'inner city(도심의 저소득층 주거 지역)'를 거쳐 다시 'slum'으로(《타임스》에 따르면) 바뀐 것이 그 예이다. 때로 신조어는 그 의미에 대한 이론적 해석 때문에 옹호된다. 1960년대에 'Negro'란 단어를 'black'으로 대체한 것은 'black'과 'white'의 대비적 성격이 두 인종의 평등을 강조할 수 있으리란 의도에서였다. 마찬가지로, 'Native American'이란 말도 누가 맨 처음 미국 땅에서 살았는가를 상기시키는 동시에 지리적으로 부정확한 'Indian'이란 용어를 피하게 한다. 그러나 새 용어들이 당대에 완벽한

---

* 원주민의 입장에서는 신세계가 아니다.
** welsh. '웨일스 사람'을 뜻하기도 한다.

동정심을 표현했던 말들을 대체하는 경우가 종종 있다. 어떤 기관들의 이름의 경우, 바꾸기 이전의 용어는 그 말로 지칭되는 사람들에게 분명히 동정적이었다. 'the United Negro College Fund(흑인 대학 연합 재단)', 'the National Association for the Advancement of Colored People(유색인 발전을 위한 전국 연합)', 'the Shriners Hospitals for Crippled Children(불구 어린이를 위한 슈라이너스 병원*)'이 그 예이다. 때로는 한 용어가 더럽혀지거나 유행에서 밀려날 때 약간 변형된 말이 좋은 것으로 부상하기도 한다. 'colored people' 대 'people of color', 'Afro-American' 대 'African American', 'Negro("black"을 뜻하는 스페인 말)' 대 'black'이 그 예이다. 순전히 문자적 의미에 대한 존중심 때문이라면 백인도 아니고 코카서스 인도 아닌 유럽의 후손들을 위해서도 새 단어를 찾아 나서야 했을 것이다. 대체 과정을 추진하는 동력은 다른 것임이 분명하다.

언어학자들에게 익숙한 이 현상은 완곡 어법의 수레바퀴라 불릴 만하다. 사람들은 감정적으로 부담스러운 지시 대상에 새 단어를 만들어 붙이지만, 그 완곡 표현 또한 연상에 의해 더럽혀지므로 새 단어를 찾아야 하고, 그것 또한 곧 언외의 뜻을 갖게 되는 과정이 되풀이된다. 'water closet(변소)'이 'toilet(원래 'toilet'은 '화장도구 통(toilet kit)'이나 '화장 수건(toilet towel)'에서처럼 미용과 관련된 용어였다.)'으로, 'bathroom'으로, 'restroom'으로, 'lavatory'로 바뀌었다. 'undertaker(장의사)'는 'mortician'으로, 'funeral director'로 바뀌었다. 'Garbage collection(쓰레기 수거)'은 'sanitation'으로, 'environmental services'로 바뀌었다. 'Gym(체육. 체육관을 뜻하는 'gymnasium'에서 온 말로 원래는 '고등학교'였다.)'은 'physical education'으로, 'human biodynamics(버클리 대학에서)'

* 국제 자선 단체의 하나이다.

로 바뀌었다. 심지어는 'minority(소수)'——단지 상대적인 숫자를 가리키는 정말로 중립적인 말——조차도 2001년 샌디에고 시 의회에서 금지했다(그리고 보스턴 시 의회에서는 거의 금지할 뻔했다.). 백인이 아닌 사람들을 경멸하는 의미로 인식될 수 있다는 이유에서였다. 의미론적으로 제기된 문제에 대해 보스턴 대학의 한 직원은 "어떻게 나누든 적은 쪽은 소수를 의미한다."라고 말했다. 결국 그 대학에서는 AHANA라는 용어(African-American, Hispanic, Asian, Native American의 두문자어이다.)를 채택했다.[38]

완곡 표현의 바퀴는 사람의 마음에서는 말이 아니라 개념들이 1차적이라는 사실을 보여 준다. 어떤 개념에 새 이름을 붙이면 그 이름에는 개념의 색깔이 스며든다. 개념은 적어도 장기적으로 볼 때는 이름 때문에 새로워지지 않는다. 소수 인종을 가리키는 이름들은 사람들이 그들에 대해 부정적 태도를 갖고 있는 한 계속 변할 것이다. 그 이름이 어느 하나로 고정될 때 우리는 상호 존경심이 정착되었음을 알게 될 것이다.

"이미지는 무의미하다. 갈증이 중요하다."라고 외치는 어느 청량 음료 광고는 제품의 이미지를 창조하기 위해 노력하는 다른 광고들을 조롱하는 방식을 통해 새로운 제품 이미지를 창조한다. 말처럼 이미지도 우리의 정신 활동을 드러내는 뚜렷한 상징이다. 그리고 말처럼 이미지도 우리의 의식을 지배하는 교활한 힘을 갖고 있다고 하는데, 이는 아마도 이미지가 빈 서판에 직접 새겨진다고 생각해서일 것이다. 포스트모더니즘과 상대주의적 사고에서는 이미지가 우리의 현실관을 결정하거나, 우리의 현실관 그 자체이거나, 현실 그 자체라고 주장한다. 특히 유명 인사, 정치인, 여성, 그리고 AHANA로 대표되는 이미지들이 그러하다. 그런데 언어의 경우처럼 이미지를 과학적으로 연구해 보면 그것이 당치않은 오해임을 알 수 있다.

문화 연구 그리고 관련 학문에서 이미지를 어떻게 바라보는가를 잘 설명한 글은 『문화 이론의 간략한 용어 해설(Concise Glossary of Cultural Theory)』에서 찾을 수 있다. 이 책에서는 이미지를 "어떤 사물이나 사건을 마음 속에 그린 정신적 또는 시각적 표현물, 그림, 사진 또는 필름"으로 정의한다. 이 정의에 따라 객관적으로 존재하는 이미지들(가령 회화)과 마음 속의 이미지를 모두 혼합한 다음, 문화 연구가들은 포스트모더니즘, 문화 연구, 학술적 페미니즘을 통해 이미지 구심성*을 전개한다.

우선 그들은 충분히 합리적이게도, 이미지는 현실을 부정확하게 표현할 수 있고 따라서 특정 이데올로기의 이익에 봉사할 수 있다고 말한다. 인종 차별을 풍자한 만화가 가장 좋은 예일 것이다. 그러나 그런 다음에는 이 개념을 한층 확대시킨다.

> 그러나 포스트모더니즘…… 에 의해 야기된 이른바 "표현의 위기" 상황에서 사람들은 종종 이미지가 그 자체와는 유리되어 있고, 그 외부에 존재하며, 그보다 먼저 존재한다고 가정되는 현실을 그대로 표현하는지 아니면 잘못 표현하는지를 묻곤 한다. 오히려 현실은 표현 방식에 항상 종속되어 있는 것으로 또는 표현 방식의 산물로 볼 수 있다. 이런 관점에서 우리는 필연적으로 이미지들 또는 표현들의 세계에 사는 것이지, "실제 세계"와 그 세계의 올바른 이미지 또는 잘못된 이미지 속에 사는 것이 아니다.

* 이미지가 사고의 중심이라는 개념이다.

다시 말해 숲에서 나무가 쓰러질 때 그것을 그리는 화가가 없다면 그 나무는 소리를 내지 않았을 뿐 아니라 쓰러지지도 않은 것이 되고, 애초에 나무도 존재하지 않았던 것이 된다.

더 나아가…… 우리는 초현실의 세계에 존재한다고 생각할 수 있다. 이 세계에서 이미지는 스스로를 생산하며, 현실이라 가정되는 어떤 것에서든 완전히 분리되어 있다. 이것은 현대 연예와 정치를 실질적 내용의 문제가 아니라 전적으로 "이미지" 또는 외양의 문제로 보는 일반적 견해와 일치한다.

사실 초현실 이론은 현대 정치와 연예를 이미지와 외양의 문제로 보는 일반적 견해와 모순된다. 이 일반적 견해의 전체적인 요점은 이미지와 분리된 현실이 실제로 존재하며 그 때문에 잘못된 이미지에 대한 비판이 가능하다는 것이다. 예를 들어 우리는 노예의 행복한 삶을 보여 주는 낡은 영화나, 타락한 정치인이 환경 보호에 앞장서는 척하는 광고를 비판할 수 있다. 만약 실질적 내용이란 것이 없다면 노예제에 대한 변명보다 그 실상을 보여 주는 정확한 기록 영화를 높이 평가하거나, 알팍한 선거 운동 광고보다 정치인에 대한 고발 프로그램을 선호할 근거가 없어질 것이다.

문화 연구가들은 이미지가 유명세, 광고, 패션의 세계와 연관되어 있고 따라서 산업과 이익과 관련되어 있다고 말한다. 따라서 하나의 이미지는 "강제로 부과된 전형이나, 주관적인 또는 문화적인 대리 정체성"과 연결된다. 대중 매체 이미지는 정신적 이미지가 된다. 여성, 정치인 또는 아프리카계 미국인이 영화와 광고에 표현된 이미지에 어쩔 수 없이 순응한다는 것이다. 그리고 이런 상황에서 문화 연구와 포스트모더니즘 예술은 개인적·정치적 해방을 이끄는 주요 세력으로 상승한다.

"여성의 이미지"를 연구하는 사람들은 이 분야를 여성의 전형들이 강화되거나 풍자될 수 있는 분야이거나, 비판적 분석이나 대안적 역사를 통해 또는 긍정적인 반(反)이미지 생산에 주력하는 창작과 다양한 매체를 통해 적극적인 운동을 전개할 수 있는 분야로 본다.[39]

나는 이미 이 모든 사고 방식이 개념적 혼란에 불과하다는 견해를 밝혔다. 만약 정치인이나 광고 업자들이 우리를 조작하는 방식을 정말로 이해하고자 한다면, 결코 이 세계에 존재하는 것들의 특성, 우리 눈앞에 나타났을 때의 그것들에 대한 우리의 지각, 우리가 기억으로부터 만들어 내는 그것들에 대한 정신적 이미지, 그리고 사진이나 그림 같은 물리적 이미지를 혼동하지 말아야 한다.

이 장의 첫 부분에서 보았듯이, 시각적 뇌는 우리 앞에 엄연히 존재하는 것들을 정확히 읽을 수 있도록 진화의 작인들이 우리에게 설계해 준 대단히 복잡한 체계이다. 지각 심리학자들이 말하는 이른바 "지적인 눈"은 눈앞에 보이는 사람들의 형체와 동작을 연산할 뿐 아니라, 그들이 다른 물체와 사람을 어떻게 보고, 접근하고, 회피하고, 돕고, 방해하는가에 주목해 그들의 생각과 의도를 추측한다. 그리고 이 추측은 우리가 사람들에 대해 알고 있는 다른 모든 지식—쑥덕공론으로부터, 개인의 말과 행동으로부터, 셜록 홈즈 식의 연역으로부터 추론해 낸 것—을 기준으로 해서 평가된다. 그 결과는 우리의 언어 사용에 토대가 되는 지식 베이스* 기억 또는 의미론적 기억으로 나타난다.

* 필요한 모든 지식을 일정한 포맷으로 정리·축적한 것을 말한다.

사진이나 그림 같은 물리적 이미지들은 실제 사물의 패턴과 비슷한 패턴의 빛을 반사하고 그래서 시각 체계로 하여금 마치 실제로 그 사물들을 보는 것처럼 반응하게 만드는 장치이다. 사람들은 오랫동안 뇌를 완전히 속이는 착각을 꿈꿨지만—데카르트의 사악한 악마, 개인은 자기가 큰 통 속에 들어 있는 뇌라는 사실을 깨닫지 못한다는 철학자의 사고 실험, 「매트릭스」와 같은 완벽한 가상 현실이 올 것이라는 공상 과학 소설가의 예언—사실 물리적 이미지의 속임수로 발생하는 착각 현상에는 부분적인 효과밖에 없다. 우리의 지각 체계는 이미지의 결함—붓자국, 화소, 프레임 등—을 포착하고, 인지 체계는 그것이 현실 세계와 다른 가설적 세계라는 사실을 포착한다. 사람들이 늘 허구와 현실을 구별하는 것은 아니다. 우리는 허구에 빠지거나, 소설에서 읽은 것을 신문에서 읽은 것으로 또는 친구에게 일어났던 일로 잘못 기억하고, 특정한 시대의 양식화된 초상화를 정확한 초상이라 잘못 믿기도 한다. 그러나 우리 모두에게는 허구 세계와 실제 세계를 구별하는 능력이 있다. 가령 두 살 난 아이는 바나나로 전화기 놀이를 하면서 재미있어하지만 바나나가 실은 전화기가 아니라는 것을 이해한다.[40] 인지과학자들은 제시된 것을 믿지 않고 즐기는 능력—"철수는 산타클로스가 존재한다고 믿는다."와 "산타클로스는 존재한다."를 구별하는 능력—이 인간 인지의 기본 능력이라고 믿는다.[41] 이 능력이 와해되면 사고 장애가 발생한다는 것이 일반적인 생각인데, 우리는 그것을 정신 분열증이라 부른다.[42]

마지막으로 마음의 눈으로 사물과 장면을 시각화한 정신적 이미지가 있다. 심리학자 스티븐 코슬린은 우리의 뇌에는 지각 경험의 기억들을 재활성화하고 조작하는 체계가 갖추어져 있음을 입증했는데, 이 체계는 마치 적절한 기계를 이용해 이미지를 조립하고 돌리고 채색하는 포토샵과 흡사하다고 한다.[43] 언어처럼 심상도 뇌의 고위 간부를 위해 일하는 노예 체제——"시공간적 스케치북"——이고, 그럼으로써 가치 있는 형태의 정신적 표현물이 될 수 있다. 예를 들어 우리는 의자가 거실에 어떻게 맞을지 또는 스웨터가 딸에게 잘 어울릴지를 마음 속으로 그릴 때 정신적 이미지를 사용한다. 심상은 또한 장면을 말로 묘사하기 전에 상상해 보는 소설가와, 상상 속에서 분자를 회전시키거나 작용력과 운동 형태를 그려 보는 과학자에게 매우 귀중한 도구이다.

정신적 이미지 덕분에 우리의 경험(대중 매체 이미지 경험도 포함한)은 원래의 사물이 사라진 후에도 오랫동안 생각과 태도에 영향을 미칠 수 있지만, 이미지들이 실물 그대로 마음 속에 다운로드되어서 우리의 정신을 구성한다고 생각하는 것은 잘못이다. 이미지는 구두 상자에 담긴 스냅 사진처럼 마음에 저장되지 않는다. 만약 그렇게 저장된다면 어떻게 원하는 이미지를 찾을 수 있겠는가? 이미지는 종류별로 분류되어 방대한 지식 데이터 베이스에 연결됨으로써, 우리는 그것이 무엇의 표상인가에 따라 이미지들을 평가하고 해석할 수 있다.[44] 예를 들어 체스의 명수들은 게임의 진행을 기억하는 능력이 뛰어난 것으로 유명하지만, 체스 판과 관련된 그들의 정신적 이미지는 실물 그대로를 찍은 사진과는 다르다. 그들의 정신적 이미지는, 가령 어느 말이 어느 말을 위협하고 있는지 그리고 어느 말들이 생존 가능한 방어선을 구축하고 있는지 등의, 게임에 관한 추상적 정보로 가득하다. 우리가 이것을 아는 것은 체스 판에 말들을 무작위로 뿌려 놓았을 때 그 배치 형태를 기억하는 데 있어 체스 선수들이 아마추어보다 조금도 뛰어나지 않기 때문이다.[45] 이미지들이 체스의 말이 아닌 실제 사람들을 표현할 때에는 그들의 목표와 동기에 관한 정보를 이용해——예를 들어 이미지의 대상인 그 개인이 진지한가 아니면 그냥 행동하고 있는가에 따라——그들을 조직하고 주석을 달 가능성이 훨씬 커진다.

생각의 내용이 이미지로 구성될 수 없는 이유는, 말처럼 이미지도 본질적으로 양의적이기 때문이다. 래시의 이미지는 래시뿐 아니라 콜리종, 개, 동물, TV 스타, 가족의 가치관 등을 상징할 수 있다. 보다 추상적인 형태의 정보는 이미지 자체가 아니라 그 이미지를 통해 예시되는 개념과 연결되어야 한다. "어제 우리 삼촌은 변호사를 해고했다."라는 문장(대니얼 데닛이 제시한 예이다.)을 생각해 보자. 이 문장을 이해할 때 브래드는 전날 자신이 겪은 시련을 떠올리고, 가계도에서 "삼촌"에 해당하는 자리를 힐끔 보고, 그런 다음 법원의 계단과 성난 사람을 마음속으로 그릴 수 있다. 아이린이란 사람은 "어제"에 해당하는 어떤 이미지도 떠올리지 않지만, 삼촌 밥의 얼굴과 거칠게 닫히는 문 그리고 정장을 한 여자를 상상할 수 있다. 그러나 이렇게 아주 다른 이미지에도 불구하고, 그들에게 문장의 내용에 대해 질문을 하고 그 문장을 달리 표현해 보라고 요구하면 두 사람은 모두 그 문장을 똑같은 방식으로 이해했음을 알게 된다. 데닛은 이렇게 지적한다. "심상은 이해의 열쇠가 될 수 없다. 삼촌의 이미지, 어제의 이미지, 또는 해고나 변호사의 이미지를 그릴 수 없기 때문이다. 광대나 소방관과는 달리 삼촌은 시각적으로 표현될 수 있는 어떤 특징을 가진 독특한 모습이 아니며, 어제 또한 어떤 구체적 형태와도 무관하다."[46]

이미지는 사람들의 관계와 사람에 대한 보다 깊은 이해와 함께 해석되기 때문에, 대중 매체의 이미지가 우리의 마음을 조작한다는 망상을 수반하는 이른바 "표현의 위기"는 과장에 불과하다. 사람은 무기력하게 이미지를 주입받는 존재가 아니다. 사람들은 가령 이미지 대상의 신뢰성이나 동기처럼 그들이 알고 있는 모든 것을 이용해 눈앞의 대상을 평가하고 해석한다.

이미지를 사고와 동일시하는 포스트모더니스트들은 몇몇 학문 분야에 혼란을 초래했을 뿐 아니라 현대 예술계를 황폐하게 만들었다. 이미지가 질병이라면 예술은 치료라는 것이 그들의 논리이다. 예술가들은 대중 매체 이미지를 비틀거나 낯선 맥락 속에 재생산해(《매드》나 「새터데이 나잇 라이브」의 광고 패러디처럼) 그 힘을 중화시킬 수 있다. 현대 예술을 아는 사람은 누구나 여성, 소수 집단, 동성애자의 전형들을 "강화하거나 풍자하거나 적극적으로 반대하는" 무수한 작품을 접한다. 1994년 뉴욕 휘트니 미술관에 전시된 작품 「흑인 남성: 현대 예술의 남성적 표현들(Black Male: Representations of Masculinity in Contemporary Art)」이 대표적인 예다. 작품의 목적은 아프리카계 미국인 남성들이 문화적으로, 섹스 심벌, 운동 선수, 검둥이 노예, 현상 수배범 등의 악하고 주변적인 시각적 전형으로 내몰린 방식을 분석하는 것이었다. 카탈로그의 글에 따르면 "이미지를 지배하는 권력에 맞서 진정한 투쟁을 벌여야 한다."라는 것이었다. 미술 평론가 애덤 고프닉(모친과 누이가 인지과학자이다.)은 이 따분한 공식 뒤에 놓인 극단적으로 단순한 인지 이론의 실체를 폭로했다.

전시회는 사회적 치료를 꾀하고 있다. 그 목표는 사회적으로 조작된 흑인 남성의 이미지를 드러내고, 관객들로 하여금 그 이미지에 직면함으로써——아니, 예술가가 관객 대신 그 이미지에 직면하고 있음을 봄으로써——그것을 몰아내게 하는 것이다. 문제는 "사회적 이미지를 불구로 만든다"는 이 야심 찬 사업이 "이미지"라는 단어의 양의적 사용법에 의존하고 있다는 것이다. 정신적 이미지는 사실 순수한 이미지가 아니라, 복잡한 견해, 입장, 의심, 열정적인 확신으로 이루어진 복합물이며, 경험에 그 뿌리가 있고 논의와 추가적인 경험과 강요에 의해 수정될 수 있다. 흑인 남성, 백인 판사, 언론 등에 대한 우리의 정신적 이미지는 미술관 벽

면에 걸 수 있는(또는 "해체할 수 있는") 그림이나 사진 같은 형태가 아니다.…… 히틀러가 유대인을 미워한 것은 가무잡잡하고 큰 코를 가진 셈족의 그림이 그의 소뇌에 각인되어 있어서가 아니었다. 미국에 인종 차별이 존재하는 것은 《타임》 표지에 실린 O. J. 심슨의 사진이 너무 까매서가 아니다. 시각적 전형이 신념을 만든다는 견해는, 사람들이 수동적 전형에 무기력하게 종속되어 있다고 가정한다는 점에서 너무 비관적인 동시에, 이미지를 바꿀 수 있다면 신념을 바꿀 수 있다고 가정한다는 점에서 너무 낙관적이다.[47]

우리가 현실과의 접촉을 유지시켜 주는 정교한 기능들을 갖추고 있다는 것을 인정한다고 해서, 그 기능들이 우리에게 등을 돌릴 수 있다는 사실을 무시해야 하는 것은 아니다. 사람들은 거짓말을 하는데, 때로는 서툴고 때로는 암시나 가정이 곁들일 만큼 정교하다("당신은 언제부터 아내에 대한 구타를 멈췄습니까?"). 사람들은 인종 집단에 대한 그릇된 정보를 퍼뜨리는데, 그 중에는 경멸적인 전형도 있지만 그들에 대한 교훈적 분노를 지피기 위해 들려주는 착취와 배반에 관한 이야기도 있다. 사람들은 신분(보는 사람의 마음에 존재한다.) 같은 사회적 현실을 조작하려 애쓰는데, 자신을 훌륭하게 보이기 위해서일 수도 있지만 때로는 물건을 팔기 위해서일 수도 있다.

그러나 우리가 그런 조작에서 우리 자신을 가장 잘 보호할 수 있는 방법은, 범주화, 언어, 심상 같은 기능들의 복잡성을 무시하는 것이 아니라 그 약점을 정확히 파악하는 것이다. 인간이 전형, 말, 이미지를 수동적으로 저장하는 그릇이라는 견해는 보통 사람에 대한 위선적 겸손함인 동시에, 문화적·학문적 엘리트들의 주장에 근거 없는 중요성을 부여한다. 또한 정신적 기능의 한계에 대한 독창적인 선언들, 가령 텍스트 바깥에는 아무것도 없다거나 우리는 실제 세계가 아니라 이미지의 세계에 산다는 등의 주장은 거짓말과 거짓된 표현들이 어떻게 퍼지는가를 이해하는 것은 물론이고 그것을 확인하는 것조차 불가능하게 만든다.

13장

✢

수렁 밖으로

인간이라면 자신의 한계를 알아야지.

　　—클린트 이스트우드, 「더티 해리 2 : 이것이 법이다」 중에서

　우리가 겪는 어떤 시련들이, 진화의 과정에서 획득한 열정의 원천과 오늘날 우리가 세우는 목표 사이의 불일치 때문에 발생한다는 것은 익히 알려진 생각이다. 사람들은 결코 오지 않을 기근에 대한 예감에 사로잡히고, 원하지 않는 아기를 임신할 수 있는 위험한 사랑에 빠지고, 도망칠 수 없는 스트레스 요인에 반응해 신체를 혹사시킨다.

　감정에 적용되는 것이 지성에 적용될 수도 있다. 우리가 겪는 어떤 혼란은 인지 기능의 진화 목적과 오늘날 우리가 정하는 목적 사이의 불일치 때문에 발생한다. 이 사실은 자료 처리 과정을 볼 때 분명해진다. 사람들은 여섯 자리 숫자들을 암산으로 곱하거나 눈에 보이는 모든 전

화 번호를 암기하려고 노력하지 않는다. 마음이 그런 일을 하도록 설계되지 않았다는 것을 잘 알기 때문이다. 그러나 이 세계를 개념화하는 경우에 있어서는 불일치로 인한 곤란이 그만큼 크지 않다. 우리의 마음은 조상들이 수백만 년 동안 다루었던 현실의 측면들——사물, 동물, 사람——과 계속 접촉하고 있기 때문이다. 그러나 과학과 기술에 의해 감춰졌던 새 세계가 드러남에 따라 우리의 타고난 직관은 항해를 시작한 듯하다.

이 직관은 무엇인가? 인지과학자들은 인간의 사고란 머릿속에서 작동하는 한 대의 만능 컴퓨터에 의해 완성되지 않는다고 생각한다. 이 세계는 잡다한 것들이 모인 이질적인 곳이고, 그래서 우리는 다양한 종류의 직관과 논리를 갖추게 되었으며, 그것들 각각이 현실의 각 부문을 담당한다. 사람들은 이러한 인식 방법을 체계, 모듈, 자세, 기능, 정신 기관, 다중 지능, 사고 엔진 등으로 불러 왔다.¹ 그것들은 삶의 이른 시기에 출현하고, 모든 정상인의 마음에 존재하며, 부분적으로 독립된 네트워크들을 통해 뇌에서 연산되는 것으로 보인다. 그리고 각기 다른 유전자 조합에 의해 설치될 수 있고, 또는 뇌의 세포 조직이 해결이 필요한 각기 다른 문제에 그리고 감각적 입력물의 각기 다른 패턴에 반응함으로써 자기 조직화를 수행할 때 출현할 수도 있다. 그러나 이러한 작용들의 어떤 조합에 의해 발생할 가능성이 가장 높다.

우리의 사고 기능이 학과의 부문들과 다른 것은, 그 기능들이 그저 가장 뛰어난 도구를 가지고 분석하면 되는 평면적인 지식의 영역이 아니기 때문이다. 각각의 기능은 진화의 환경인 이 세계를 분석하는 데 적합했던 핵심적 직관을 기초로 하고 있다. 인지과학자들이 마음의 『회색질 해부학(Gray's Anatomy)』에 동의하지 않는 것은 사실이지만, 인지 기능들과 그 기능들의 기초인 핵심 직관들에 대해 시험적이지만 찬성할 만한 목록을 다음과 같이 정리해 볼 수 있다.

- 직관 물리학. 물체가 어떻게 낙하하고, 튀고, 구부러지는가를 추적할 때 사용한다. 직관 물리학의 핵심 직관은 한 공간을 차지하고, 연속적인 시간 동안 존재하고, 운동과 힘의 법칙을 따르는 물체 개념이다.[2]
- 직관적 생물학 또는 직관적 자연사. 생물의 세계를 이해할 때 사용한다. 그 핵심 직관은, 생물의 내부에는 형태와 힘을 주고 성장과 신체 기능을 이끄는 숨겨진 본질이 내재해 있다는 것이다.[3]
- 직관 공학. 도구를 비롯한 인공물을 만들고 이해할 때 사용한다. 그 핵심 직관은 도구는 목적이 있는 물체, 즉 특정한 목표를 달성하기 위해 사람이 설계한 물체라는 것이다.[4]
- 직관 심리. 다른 사람을 이해할 때 사용한다. 그 핵심 직관은, 사람은 물체나 기계가 아니라 마음이나 영혼이라 불리는 보이지 않는 실체에 의해 생명력을 얻는다는 것이다. 마음은 믿음과 욕망의 그릇이자 행동의 직접적 원인(근접인)이다.
- 공간 감각. 이 세계를 항해하고 사물의 위치를 추적하는 데 사용한다. 그 기초는 신체가 움직이고 회전할 때 그 위치의 좌표를 갱신하는 일종의 추측 항법(推測航法)과, 정신 지도들로 구성된 네트워크이다. 각 지도는 각기 다른 좌표계—눈, 머리, 몸, 또는 객관적 사물과 장소—에 의해 만들어진다.[5]
- 숫자 감각. 수량과 합계를 생각할 때 사용한다. 그 기초는 적은 수의 물체들(하나, 둘, 셋)의 경우 정확한 양을 등록하고 그보다 큰 수의 경우에는 상대적 추정치를 계산해 내는 능력이다.[6]
- 확률 감각. 불확실한 사건의 가능성을 따질 때 사용한다. 그 기초

는 사건의 상대적 발생 빈도를 추적하는 능력, 다시 말해 특정한 종류의 사건이 각기 다른 결말에 도달할 비율을 추적하는 능력이다.[7]
- 직관 경제학. 재화와 호의를 교환할 때 사용한다. 그 기초는 상대방에게 이익을 제공하면 그로부터 동등한 이익을 받을 자격이 발생한다는 상호 호혜적 교환의 개념이다.
- 정신적 데이터 베이스와 논리. 개념을 나타내고 낡은 개념에서 새로운 개념을 추론할 때 사용한다. 그 기초는 언제, 어디서, 누가, 무엇을, 어떻게, 왜 했는가와 관련된 주장이다. 그 주장들은 마음의 인터넷에 연결되어 있으며, AND, OR, NOT, ALL, SOME, NECESSARY, POSSIBLE, CAUSE 등과 같은 논리적·인과적 연산자들과 재결합할 수 있다.[8]
- 언어. 정신 논리를 통해 관념을 공유하기 위해 사용한다. 그 기초는 기억된 단어들 그리고 조합 규칙을 규정하는 정신 문법으로 이루어진 정신 사전이다. 조합 규칙은 자음과 모음으로 단어를 만들고, 단어들로 더 큰 단어와 구를 만들고, 구로 문장을 만든다. 이때 조합물의 의미는 각 부분의 의미와 배열 방법으로부터 연산된다.[9]

마음의 구성 요소 중에는 또한 어느 지점에서 인지가 끝나고 감정이 시작되는가를 말하기 힘든 것들도 있다. 여기에는 두려움이라는 감정과 짝을 이루는 위험을 평가하는 시스템, 역겨움이라 불리는 감정과 짝을 이루는 오염을 평가하는 시스템, 그리고 도덕 관념이 포함된다. 도덕 관념은 이 책에서 따로 한 장을 차지할 만큼 복잡하다.

이러한 인식과 핵심 직관의 기능들은 문맹이고 국적이 없는 사람들이 소집단을 이루어 땅에 의존해 생활하고, 맑은 정신에 의존해 생존하고, 직접 지니고 다닐 수 있는 것에 의존해 살던 생활 방식에 적합하다.

바로 우리 조상들이 불과 수천 년 전에 정착 생활을 위해 그러한 생활 방식에서 탈피했지만, 그 동안은 진화가 우리의 뇌에 큰 일을 하기에는 너무 짧은 기간이었다. 과학과 기술로 인해 새로운 세계 인식이 출현한 지금, 그 충격적인 인식에 적합한 기능들은 눈에 띌 정도로 부족하다. 많은 지식 분야에서 마음은 정교한 장치를 진화시키지 못했고, 뇌와 게놈 전문화가 이루어지고 있다는 어떤 힌트도 보여 주지 않고 있으며, 인간은 요람에서든 그 후에든 자발적인 직관적 이해를 전혀 보여 주지 못한다. 여기에는 현대 물리학, 우주론, 유전학, 진화론, 신경학, 발생학, 경제학, 수학이 포함된다.

이런 주제를 배우기 위해서는 학교에 가거나 책을 읽어야 한다는 말이 아니다. 우리에게는 그런 주제를 직관적으로 파악하는 정신적 도구가 없다는 뜻이다. 우리는 과거의 정신 기능을 억지로 이용하는 유추법에 의존하거나, 기존의 여러 기능들을 조각조각 끼워 날림으로 만든 허술한 정신적 장치에 의존한다. 그런 분야들에서의 이해는 불규칙하고, 피상적이며, 원시적 직관들의 흔적으로 오염되기 쉽다. 그리고 과학과 기술이 일상 생활과 접촉하면서 경계 분쟁이 일어날 수 있다. 이 장의 주안점은 그러한 논쟁에 모든 도덕적, 경험적, 정치적 요인들과 더불어 인지적 요인들—우리의 마음이 선천적으로 중요한 쟁점들의 틀을 만들어 내는 방식—도 추가해야 한다는 것이다. 교육, 생명 윤리, 식품 안전, 경제학, 그리고 인간에 대한 이해를 포함한 많은 퍼즐에서 우리 자신의 인지는 빠진 조각과 같다.

∞∞∞

선천적인 사고 방식을 만날 수 있는 가장 분명한 장소는 바로 학교이다. 교육 이론이라면 어떤 것이든 인간 본성에 대한 이론을 기초로 해야 하는데, 20세기에 그 이론은 대개 빈 서판이거나 고상한 야만인이었다.

전통적인 교육은 주로 빈 서판을 기초로 한다. 아이들이 텅 빈 채 학교에 오면 그들의 마음에 지식이 침전되고 그 지식은 후에 다양한 시험을 통해 재생산된다. (전통적인 교육을 비판하는 사람들은 이것을 "예금과 대출" 모델이라 부른다.) 빈 서판은 또한 초기의 몇 학년도가 평생의 사회적 가치가 형성되는 기회 지대라는 이론을 강조한다. 오늘날 수많은 학교들이 그 초기 학년도를 이용해, 환경, 성, 성적 관심, 인종적 다양성에 대해 취해야 할 바람직한 태도를 주입시킨다.

진보적인 교육은 대부분 고상한 야만인에 기초한다. A. S. 닐은 유명한 저서 『서머힐』에서 이렇게 말했다. "아이는 선천적으로 현명하고 현실적이다. 어른의 가르침 없이 혼자 내버려두면 발달할 수 있는 데까지 발달한다."[10] 닐을 비롯해 1960년대와 1970년대의 진보적 이론가들은 학교 교육에서 시험, 학년, 교과 과정은 물론이고 심지어 책까지 제거해야 한다고 주장했다. 어떤 학교도 그렇게까지 하지는 않았지만 그 운동은 교육 현실에 중요한 영향을 끼쳤다. 완전 언어(Whole Language)라는 이름의 독서 교육 방법에서는 아이들에게 어떤 철자가 어떤 소리와 어울리는가를 가르치는 대신 풍부한 책으로 둘러싸인 환경을 제공해 독서 기술이 자발적으로 발달하기를 기대한다.[11] 구성주의라고 알려진 수학 교육 철학에서는 아이들에게 구구단을 외우게 하는 대신 집단적으로 문제를 풀게 함으로써 수학적 진리를 스스로 재발견하게 한다.[12] 두 방법 모두 학생들의 지식을 객관적으로 평가할 때에는 실패를 면치 못하지만, 그 옹호자들은 표준화된 시험 방법을 경멸하는 경향을 보인다.

마음을 진화적으로 형성된 일종의 복잡계로 이해한다면 이상과 같은 철학들과 충돌하게 된다. 새로운 대안은 수잔 케리, 하워드 가드너, 데이비드 기어리 같은 인지과학자들의 연구에서 출현했다.[13] 교육은 빈 서판에 무언가를 쓰는 것도, 아이들의 고상함이 활짝 피어나게 하는 것도 아니다. 교육은 인간의 마음에 선천적으로 부족한 능력들을 보충하려는 과학 기술에 가깝다. 아이들은 걷기, 말하기, 사물 인식, 친구들의 개성을 기억하기 등을 배우기 위해 학교에 가지 않는다. 물론 그런 과제들은 읽기, 더하기, 연도 외우기 등보다 훨씬 어렵다. 그리고 글자 익히기, 셈, 과학 등을 배우기 위해 학교에 간다. 종 보편적으로 진화할 수 없을 만큼의 최근 시기에 발명된 지식과 기술이기 때문이다.

아이들은 결코 빈 수용체나 보편적 학습자가 아니라 특정한 사고와 학습의 도구 상자를 갖추고 태어난 존재이며, 설계 능력에서 벗어난 문제를 정복하기 위해서는 그 도구들을 영리하게 보강해야 한다. 이를 위해서는 아이들의 마음에 새로운 사실과 기술을 주입해야 할 뿐 아니라, 낡은 것들을 수정하고 억제해야 한다. 학생들은 운동량을 기초로 한 직관 물리학을 졸업한 후에야 뉴턴 물리학을 습득한다.[14] 또한 생명력의 본질에 따라 사고하는 직관 생물학을 버린 후에야 현대 생물학을 배우고, 설계를 설계자의 의도로 보는 직관 공학을 잊은 후에야 진화를 이해한다.[15]

교육은 또한 학생들에게 평상시에는 무의식의 수면 아래 잠겨 있는 기술들을 드러내고 강화시키도록 요구한다. 읽기를 배울 때 아이들은 말에서는 빈틈없이 맞물려 있는 자음과 모음들을 인식한 후에야 비로소 이들을 종이 위에 적힌 활자와 연관시킬 수 있게 된다.[16] 효과적인 교육은 또한 기존의 기능들이 새로운 요구에 부응할 것을 요구하기도 한다. 계산을 하는 데 간단한 말이 이용될 수 있다. 가령 우리는 "오, 오는 이십오" 같은 구절을 떠올린다.[17] 큰 수를 파악할 때에는 문법 논리를 사용하기도 한다. 가령 'four thousand three hundred and fifty-seven'이란 표현에는 'hat, coat and mittens' (A, B and C — 옮긴이) 같은 영어 명사구의 문법 구조가 사용되고 있다. 산수를 배우는 학생은 그 어구를 해부하여 수학적 덧셈 연산과 관련된 정신적 집계 작용을 수행한다.[18] 그래프를 이용해 자료나 방정식을 형태로 보여 주는 수학적 관계를 이해할 때에는 공간 인식이 차출되기도 한다.[19] 식관 공학은 해부학과 생리학 공부를 돕고(신체 기관을 기능을 가진 장치로 이해한다.), 직관 물리학은 화학과 생물학 공부를 돕는다(생물을 포함한 모든 물질은 탄력 있고 끈적끈적한 작은 물체들로 이루어져 있다.).[20]

기어리는 결론에 해당하는 의미를 지적한다. 교육의 내용은 대개 인지적으로 타고난 것이 아니기 때문에, 공부가 재미있어야 한다는 주문에도 불구하고 그것을 정복하는 과정은 종종 어렵고 따분하다. 아이들은 친구를 사귀고, 지위를 획득하고, 운동 기능을 습득하고, 물리적 세계를 탐구하는 일에는 선천적인 동기를 발휘하지만, 수학 공부 같은 비자연적인 과제에는 자신의 인지적 기능을 적용하겠다는 동기를 반드시 발휘하지는 않는다. 따라서 오랜 시간 후에야 보상이 분명해지는 공부라는 힘든 과업을 끈기 있게 해 나가기 위해서는 학업에 높은 가치를 부여하는 가족, 또래 집단, 또는 문화가 필요하다고 할 수 있다.[21]

∽∽∽

일반인의 직관 심리 또는 "마음 이론"은 뇌가 가진 가장 놀라운 능력 중 하나이다. 우리는 다른 사람들을 자동 인형으로 취급하는 대신, 마음에 의해 생명력을 유지하는 존재로 생각한다. 그리고 마음은 보거나 만질 수는 없지만 우리에게는 육체나 물체만큼이나 실제적인 것이라 생각한다. 마음 이론 덕분에 우리는 사람들의 행동을 그들의 믿음과 욕망을 통해 예견할 수 있지만, 또 한편으로 마음 이론은 공감하는 능력에 그리고 삶과 죽음의 개념에 깊이 연결되어 있다. 죽은 몸과 살아 있는 몸의 차이는 죽은 몸에는 더 이상 마음이라는 생명력이 담겨 있지 않다는 것이다. 우리의 마음 이론은 영혼이라는 개념의 원천이다. 결국 기계 속의 유령은 인간에 대한 우리의 사고 방식에 깊이 뿌리내리고 있다.

한편 영혼에 대한 믿음은 우리의 도덕적 신념과 맞물린다. 도덕성의 핵심은 다른 사람들도 우리처럼 권익을 가진 존재이고—셰익스피어의 말처럼 그들도 "결핍을 느끼고, 슬픔을 맛보고, 친구를 원한다."—따라서 그들에게도 삶의 권리와 자유의 권리와 이익 추구의 권리가 있다는 인식이다. 그러나 "다른 사람들"이란 누구인가? 우리로 하여금 돌멩이나 식물에게는 냉담하지만 다른 인간들은 양도할 수 없는 권리를 가진 "인격체"로 대우하게 하는 경계가 필요하다. 그렇지 않으면 불편한 사람들을 쓰레기처럼 취급하거나 개인적 삶의 가치를 우습게 생각하는 극단적 오류로 치닫게 된다. 교황 요한 바오로 2세의 지적대로 모든 인간은 영혼을 소유함으로써 무한한 가치를 지닌다는 생각이 우리에게 그러한 경계를 제공하는 것처럼 보일 수 있다.

최근까지는 영혼에 대한 직관적 개념이 우리에게 매우 효과적이었다. 살아 있는 사람에게는 영혼이 있고, 그 영혼은 임신의 순간 생겨나 죽을 때 몸을 떠난다. 동물, 식물, 사물에게는 영혼이 없다. 그러나 오늘날 과학은 이른바 영혼이란 것(감정, 이성, 의지의 그릇)이 뇌의 정보 처리 활동이고 뇌는 생물학적 법칙의 지배를 받는 신체 기관이라는 사실을 입증하고 있다. 개인의 경우 영혼은 하나의 세포에서 성장하는 세포 조직의 분화를 통해 점차 생겨난다. 종의 경우 영혼은 단순한 동물의 뇌가 진화의 작용으로 인해 수정됨에 따라 점차적으로 생겨난다. 그리고 예전에는 영혼 개념이 자연적 현상과 아주 잘 맞아떨어졌지만—여성이 임신했든 안 했든, 사람이 죽었든 살아 있든—오늘날에는 생물 의학 연구를 통해 자연 현상과 영혼 개념이 어긋나는 수많은 경우들이 목격되고 있다. 그것은 단지 과학적 호기심의 문제가 아니다. 이는 중요하고 긴급한 문제들, 가령 피임, 낙태, 영아 살해, 동물의 권리, 복제, 안락사, 인간 배아와 관련된 연구, 특히 줄기 세포의 채취 등과 긴밀히 얽혀 있다.

이렇게 어려운 선택에 직면할 때는 가령 "생명 시점"과 같은 경계를 발견하거나 비준하기 위해 생물학에 의존하고 싶은 마음이 든다. 그러나 그럴 경우 생명과 마음을 생각하는 두 가지 사고 방식이 필연적으로 충돌하는 일이 발생한다. 비물질적인 영혼이라는 도덕적으로 유용한 직관적 개념은 뇌 활동이 개체 발생에서든 계통 발생에서든 점진적으로 출현한다는 과학적 개념과 전혀 화해되지 않는다. 생명과 비생명 또는 마음과 물질의 경계를 어디에 긋든, 불확실한 경우들이 예고 없이 발생해 우리의 도덕적 직관에 도전한다.

영혼이 이 세계에 도착했음을 가장 분명하게 보여 주는 사건은 임신이다. 그것은 새로운 인간 게놈이 결정되는 순간이고, 고유한 개인으로 성장할 하나의 실체가 만들어지는 순간이다. 가톨릭 교회와 일부 그리스도교 교파에서는 임신을 영혼 진입의 순간이자 생명의 시작으로 정하고 있다(따라서 낙태는 일종의 살인이 된다.). 그러나 현미경 아래에서는 똑바른 모서리가 울퉁불퉁해 보이듯이 인간의 생식을 과학적으로 연구하면 "임신의 순간"이 결코 순간이 아님을 알게 된다. 때로는 몇 개의 정자가 난자의 막을 통과하고, 난자가 여분의 염색체를 배출하기까지에는 시간이 걸린다. 그 기간 중 영혼은 과연 무엇이고 어디에 있는가? 단 하나의 정자만 진입할 때에도 그 유전자는 하루나 이틀 동안 난자의 유전자와 분리된 채 존재하며, 새로 결합된 게놈이 수정란을 통제하기까지에는 또다시 하루나 이틀이 걸린다. 따라서 임신의 "순간"은 사실 24시간에서 48시간이다.[22] 그리고 배아가 아기로 성장하도록 결정되어 있는 것도 아니다. 배아의 3분의 2에서 4분의 3 정도는 자궁에 착상되지 않고 자연적으로 유산되는데, 유전적으로 결함이 있어서 그런 경우도 있고, 알 수 없는 이유 때문에 그런 경우도 있다.

그럼에도 새 게놈이 형성되는 그 중간의 어느 시점이 고유한 새 인간이 탄생하는 시점이라고 말할 수도 있다. 이런 논리라면 영혼은 게놈과 동일해진다. 그러나 다음 며칠 동안 배아의 세포들이 분할되기 시작하면 그것은 몇 개의 배아로 쪼개져서 일란성 쌍둥이, 세 쌍둥이, 네 쌍둥이 등으로 성장할 수 있다. 그렇다면 일란성 쌍둥이는 하나의 영혼을 공유하는가? 다섯 쌍둥이는 하나의 영혼을 5등분해서 살아가는가? 그렇지 않다면 나머지 네 개의 영혼은 어디서 오는가? 사실, 성장하는 배아 속의 모든 세포는 적절히 조작하면 한 명의 아기로 성장할 수 있는 새 배아가 될 수 있다. 그렇다면 다세포 배아는 세포당 하나의 영혼으로 구성되어 있는가? 그 능력을 잃어 버린 세포의 영혼은 어디로 가는가? 또한 하나의 배아가 두 사람이 될 수도 있지만, 두 개의 배아가 한 사람이 될 수도 있다. 두 개의 수정란은 보통 이란성 쌍둥이가 되는데, 때로는 하나의 배아로 합쳐져 한 개인—유전적 키메라—으로 성장한다. 그의 세포는 두 개의 게놈을 갖고 있는 것이다. 그의 몸은 두 영혼의 집인가?

또한 이 문제와 관련해, 행여 인간 복제가 가능해진다면(기술적으로는 장애가 없는 것 같다.) 인간의 모든 세포가 아마도 배아에게만 고유하다고 생각되는 특별한 능력 즉 한 명의 인간으로 발달할 능력을 갖게 될 것이다. 사실 (안쪽) 뺨 세포의 유전자에 인위적 조작을 가하면 한 개인이 될 수 있고, 그것은 시험관에서 수정한 난자가 한 개인이 되는 것만큼 현실적이다. 그런데 어느 누구도 시험관 아기에게 영혼이 있음을 부인하지는 못할 것이다.

영혼이 임신 때 생긴다는 생각은 생물학과 화해하기 어려울 뿐 아니라 도덕적 우월성도 확보하기 어렵다. 그런 생각이라면 자궁 내 피임 기구와 사후 경구 피임약을 사용하는 사람은 모두 기소해야 한다. 배아의 착상을 막기 때문이다. 또한 암과 심장병 치료에 쏠린 의학 연구의 초점을 방대한 수의 배아가 자연 유산되는 것을 막는 데로 돌려야 한다. 산부인과에서 시험관 아기를 만든 후 냉동고에 보관해 놓은 엄청난 수의 배아를 위해 대리모도 구해야 할 것이다. 그리고 불임, 선천적 결손증, 소아암 등을 줄이기 위해 진행하고 있는 임신 및 초기 배아 발달에 관한 연구와, 알츠하이머병, 파킨슨병, 당뇨병, 척수 손상을 치료할 수 있는 줄기 세포 연구가 불법이 될 것이다. 그리고 그런 생각은, 인간은 정상적인 신경계의 산물인 여러 감정을 가진 존재—사랑하고 생각하고 계획하고 즐기고 고통스러워하는 능력을 가진 존재—이므로 도덕적으로 고려할 가치가 있다는 중요한 도덕적 직관을 초라하게 만들 것이다.

한 개인을 하나의 배아와 동일시할 때 치러야 하는 도덕적 비용이 엄청나고 현대 생물학의 성과 앞에서 그 믿음을 유지하기가 매우 어렵기 때문에, 사람들은 때때로 뿌리깊은 믿음을 깊이 재고하는 고초를 겪기도 한다. 2001년 유타 주의 오린 해치 상원의원은 생식 과정을 과학적으로 공부하고 자신의 모르몬교 신앙을 숙고한 끝에, 평생을 함께해 온 낙태 반대 운동과의 동맹을 끊고 줄기 세포 연구를 찬성하는 입장으로 돌아섰다. 그는 이렇게 말했다. "나는 내 양심을 찾았다. 나는 도저히 자궁 안에서 발가락과 손가락을 움직이고 심장의 고동을 들려주는 아기를 냉동고의 배아와 동일시하지 못하겠다."[23]

몸이 영혼을 담고 있다는 믿음은 종교적 교의의 산물일 뿐 아니라, 인간 심리에 깊이 박혀 있어서 사람들이 생물학적 연구 성과를 소화시키지 못할 때마다 수면 위로 떠오르는 경향이 있다. 복제에 대한 대중적 반응이 분명한 증거이다. 어떤 사람들은 복제가 우리에게 부도덕해질 수 있는 선택권을 제공한다고 두려워하고, 또 어떤 사람들은 복제가 말 잘 듣는 강시 군대를 만드는 데 이용되지 않을까 또는 주인이 필요할 때마다 장기를 떼어 가는 장기 공급원이 되지 않을까 두려워한다. 아널드 슈워츠제네거의 영화 「식스 데이(The Sixth Day)」에서는 복제 인간이 "블랭크(blank)"라 불리는데, DNA는 단지 신체 형태만을 부여하기 때문에 복제 인간은 주인의 신경 기록을 다운로드받을 때에야 마음을 가지게 된다. 1997년 돌리가 복제되었을 때 《슈피겔》은 표지에 여러 명의 클라우디아 시퍼, 히틀러, 아인슈타인이 행렬하는 사진을 실었다. 마치 DNA를 가지고 슈퍼 모델, 파시스트, 천재 과학자를 복제할 수 있는 것처럼 보였다.

사실 복제 인간은 다른 시대에 태어난 일란성 쌍둥이일 뿐이다. 아인슈타인에게 쌍둥이 동생이 있었다고 가정해 보자. 그는 강시나 좀비가 아니었을 것이고, 아인슈타인과 똑같은 의식의 흐름을 보여 주지도 않았을 것이고, 자신의 장기를 포기하지도 않았을 것이고, 어쩌면 아인슈타인과 전혀 달랐을지도 모른다(지능은 부분적으로만 유전되기 때문이다.). 아인슈타인의 세포로 복제 인간을 만들어도 마찬가지일 것이다. 복제에 대한 기괴한 오해는 사람의 몸이 영혼으로 채워져 있다는 완고한 믿음에 그 뿌리를 두고 있다. 강시 군대, 블랭크, 장기 농장을 두려워하는 사람들은 복제가 영혼 없는 몸을 찍어내는 것이라 상상한다. 히틀러가 부활하거나 사람들이 파우스트처럼 영원한 생명에 집착하지 않을까 두려워하는 사람들은 복제가 영혼이 딸린 몸을 찍어내는 것이라 생각한다. 그리고 자식을 잃은 부모들 중에는 마치 죽은 자식을 되살릴 수 있을 것처럼 복제를 갈망하는 이들이 있는데, 이 또한 그런 생각이 기초에 깔려 있기 때문이다. 사실 죽은 자식을 복제한다고 해도 복제된 동생은 죽은 형과는 다른 세계에서 성장할 뿐 아니라 다른 뇌 세포를 가지고 다른 감각 경험의 선로를 밟을 것이다.

이른바 "개인"이 점차로 발달하는 뇌로부터 조금씩 출현한다는 사실 앞에서 우리는 생명 윤리의 문제들을 재구성하지 않을 수 없게 된다. 뇌가 완전히 조립되거나 완전히 접속되어 처음으로 반짝하고 켜지는 어느 한 시점을 생물학자들이 발견했다면 문제는 아주 간단해졌겠지만, 뇌는 그렇게 작동하지 않는다. 신경계는 배아에서 하나의 간단한 관 모양으로 생겨난 후 뇌와 척수로 분화된다. 뇌는 태아 때부터 기능을 하기 시작하지만, 아동기를 거쳐 심지어 사춘기까지도 배선을 계속한다. 종교적 윤리학자와 비종교적 윤리학자들이 한 목소리로 "인성의 기준"을 확인해야 한다고 요구하는 데에는, 뇌 발생기의 어느 한 시점에 인간의 탄생을 가름하는 선을 그을 수 있다는 전제가 깔려 있다. 그러나 그런 선을 발견했다는 주장은 어김없이 도덕적 모순으로 이어진다.

만약 우리가 탄생을 인성의 경계로 정한다면, 임신 말기의 태아와 신생아 사이에 별 차이가 없음에도 우리는 태어나기 몇 분 전의 낙태를 허용해야 할 것이다. 태아의 생존력을 기준으로 해서 정하는 것이 보다 합리적인 것 같다. 그러나 생존력은 그 시대의 생물 의학 기술 수준에 따라 그리고 자녀가 입을 수 있는 손상의 위험을 부모가 어느 정도 감수하느냐에 따라 달라지는 문제이다. 만약 24주 된 태아를 낙태하는 것이 괜찮다면, 그와 거의 구별하기 힘든 24주 더하기 1일 된 태아는 왜 안 되는가? 만약 그것을 허용한다면, 이번에는 24주 더하기 2일 된 아기, 24주 더하기 3일 된 아기, 그리고 계속해서, 탄생 직전의 태아는 왜 안 되는가? 한편 태어나기 하루 전의 태아를 낙태하지 못하게 한다면, 탄생 2일 전의 태아, 3일 전의 태아, 그리고 계속 임신 때까지 거슬러 올라가 그 모든 태아는 어떠한가?

삶의 정반대 쪽으로 눈을 돌려 안락사와 존엄사(연명 치료 관련 사전 의향서)를 생각할 때에도 같은 문제에 부딪힌다. 대부분의 사람들은 한 죽음의 연기처럼 이 세상을 떠나는 것이 아니라, 뇌와 신체의 다양한 부분들이 서서히 여기저기 고장나는 고통을 겪는다. 생명과 죽음 사이에는 여러 종류와 정도의 삶이 놓여 있으며, 이런 현상은 의료 기술이 발달하면서 더욱 뚜렷해질 것이다.

동물의 권리에 대한 요구를 평가할 때에도 같은 문제에 부딪힌다. 감각력을 가진 모든 존재에게 생명의 권리를 보장해야 한다고 주장하는 운동가들은 햄버거를 먹는 것이 살인과 같은 일이고 쥐를 박멸하는 것이 대량 학살과 마찬가지라는 결론에 도달해야 한다. 그리고 몇 마리의 쥐를 희생시켜 수백만 어린이를 고통스런 죽음에서 구해 내는 의학 연구를 불법으로 선언해야 한다(어느 누구도 몇 명의 인간을 차출해 그런 실험에 쓰는 것에 동의하지 않을 것이고, 그런 입장에서 볼 때 쥐도 보통 사람과 똑같은 권리를 갖고 있기 때문이다.). 반면에 인성은 우리 자신이 호모 사피엔스의 구성원이기 때문에 나온다고 주장하면서 동물의 권리에 반대하는 사람은, 흑인보다 백인의 삶이 더 가치 있다고 생각하는 인종 차별주의자보다 나을 게 없다. 어차피 다른 포유류들도 살기 위해 투쟁하고, 즐거움을 경험하는 것처럼 보이고, 행복이 위태로워질 때에는 고통과 두려움과 스트레스를 겪는다. 대형 원숭이들도 우리처럼 호기심과 가족애라는 고도의 즐거움을 느끼고 지루함, 외로움, 슬픔 같은 깊은 고통을 경험한다. 그런 권한이 오직 우리 종에게만 소중해야 하는 이유는 무엇인가?

일부 윤리 철학자들은 인성을 인간이 우연히 획득한 인지적 특성과 동일시함으로써 이 난감한 풍경에 경계를 그으려 한다. 그들이 제시하는 인지적 특성에는 자기 자신을 의식의 지속적 주체로 생각하는 능력, 미래의 계획을 세우고 반추하는 능력, 죽음을 두려워하는 능력, 죽지 않기 위한 의사를 표현하는 능력 등이 포함된다.[24] 언뜻 보기에 이 경계는 매력적이다. 인간이 한쪽에 놓이고 동물과 배아가 반대쪽에 놓이기 때문이다. 그러나 여기에는 또한, 그런 능력을 갖지 못한 불필요한 신생아, 노인, 정신 장애자를 죽이는 것에 아무 잘못이 없다는 의미가 내포되어 있다. 그런 의미가 내포된 기준이라면 어느 누구도 받아들이려 하지 않을 것이다.

이 딜레마를 해결할 방법은 없다. 그것은 근본적인 모순에서 발생하기 때문이다. 그 모순은 개인이나 영혼에 대한 모 아니면 도 식의 개념이 수반된 우리의 직관 심리와, 인간의 뇌는 서서히 진화했고 서서히 발달하며 서서히 죽는다는 사실을 알려 주는 잔인한 생물학적 사실 사이에서 빚어진다. 그리고 이런 사실은 낙태, 안락사, 동물의 권리 같은 도덕적 난제들이 명확한 그리고 직관적으로 만족스러운 방식으로는 해결될 수 없다는 것을 의미한다. 그렇다고 해서 어떤 정책도 만족스럽지 못하다거나 그 문제가 전적으로 개인적 취향, 정치 권력, 또는 종교적 교의에 맡겨져야 한다는 말은 아니다. 생명 윤리학자 로널드 그린이 지적했듯이 그것은 다만 우리가 그 문제를 재구성해야 한다는 것을 의미한다. 즉 자연적인 경계를 발견하는 문제에서, 각 정책의 딜레마를 고려해 선과 악을 가장 훌륭하게 절충하는 경계를 선택하는 문제로 이동해야 한다.[25] 각각의 경우에 현실적으로 실행할 수 있고, 행복을 극대화할 수 있고, 현재와 미래의 고통을 최소화할 수 있는 결정을 내려야 한다. 현재의 많은 정책들이 이미 이런 식의 화해와 타협을 거친 것들이다. 동물에 대한 연구에는 허용과 규제가 교차하고, 말기 태아는 개인으로서 완전한 법적 권리를 인정받지는 못하지만 산모의 생명이나 건강이 위협받는 경우가 아니라면 낙태되지 못하게 되어 있다. 그린은 경계를 발견하는 문제에서 경계를 선택하는 문제로의 이동이야말로 획기적인 사고의 전환이 필요하다고 말한다. 그러나 낡은 개념은 유령이 기계 속에 진입하는 시점을 찾으려는 헛된 노력으로 이어질 뿐, 과학적으로 부실하기 때문에 21세기의 정책을 이끄는 기초가 될 수 없다.

사안에 따라 실용적으로 결정을 내리는 것에 반대하는 전통적인 관점에서는 그런 결정이 미끄러운 수렁에 빠져 드는 길이라고 주장한다. 낙태를 허용하면 곧 영아 살해를 허용하게 되고, 줄기 세포 연구를 허용하면 헉슬리의 『멋진 신세계』에서처럼 정부가 생산하는 인간들이 나오게 된다는 것이다. 그러나 바로 여기에서 인간이 가진 인식의 본성은 우리를 그 딜레마로 떠미는 것이 아니라 그로부터 우리를 구해 낸다는 것이 내 생각이다. 미끄러운 수렁에 빠질 것이란 주장에는, 개념 범주들은 확실한 결정이 가능할 정도로 그 경계가 뚜렷해야 하며 그렇지 않으면 어떤 구분도 불가능해질 것이라는 전제가 놓여 있다. 그러나 인간의 개념은 그런 식으로 되어 있지 않다. 앞에서 보았듯이 일상적 개념들은 대부분 그 경계가 모호하지만, 우리의 마음은 애매한 범주와 무경계를 구분한다. 예를 들어 "성인"과 "어린이"는 경계가 애매한 범주여서, 우리는 음주 연령을 21세로 높이고 선거 연령을 18세로 낮출 수도 있다. 그러나 그렇다고 해서 음주 연령을 50세로 높이고 선거 연령을 5세로 낮출 정도로 위험한 수렁에 빠지지는 않는다. 이와 마찬가지로 생명과 마음의 개념들에 대해서도 위험한 수렁에 빠지지 않는 것은 그것을 생물학적 현실과 함께 등록하기 때문이다.

～

1999년 인도를 강타한 사이클론이 수백만 명의 주민을 기아로 내몰았을 때 일부 운동가들은 유전적으로 조작된 옥수수와 콩이 함유된 음식을 배급했다는 이유로 구호 단체들을 비난했다(미국에서도 뚜렷한 문제를 보이지 않았던 품종이었다.). 그들은 또한 개발 도상국에 사는 수백만 어린이를 시각 장애의 위험에서 구하고 2억 5,000만 명 이상의 어린이를 비타민 A 결핍증에서 구할 수 있는 "황금쌀(golden rice)"을 유전적으로 조작된 품종이라는 이유로 반대했다.[26] 또 다른 운동가들은 유전자 조작 식품의 안전성을 검사하고 새 품종을 개발하는 연구 시설을 고의적으로 파괴하고 있다. 그들에게는 그런 식품이 안전할 수 있다는 가능성조차 받아들이기 힘든 모양이다.

2001년 유럽연합(EU)의 한 보고서는 15년에 걸친 81건의 조사 프로젝트를 검토한 결과 유전자 조작 곡물이 인간의 건강과 환경에 새로운 위험을 가한다는 증거를 전혀 발견하지 못했다고 밝혔다.[27] 이것은 생물학자에게는 전혀 놀라운 일이 아니다. 유전자 조작 식품은 결코 "자연" 식품보다 위험하지 않다. 기본적으로 자연 식품과 다르지 않기 때문이다. 건강 식품점에서 판매하는 거의 모든 동물과 야채는 수천 년 동안 선택적인 품종 개량과 이종 교배를 통해 "유전적으로 조작된" 것들이다. 야생에서 자라던 당근의 조상은 가늘고 쓴맛이 나는 흰색 뿌리였다. 옥수수의 조상은 쉽게 부서지는 속에 돌처럼 단단하고 작은 낱알 몇 개가 붙어 있던 1인치 길이의 보잘것없는 품종이었다. 다윈주의의 관점에서 볼 때 식물들은 먹히겠다는 특별한 욕구를 갖지 않은 생물이어서 맛있다거나 건강에 좋다거나 인간이 재배해서 수확하기 쉬운 방향으로 나아가지 않았다. 오히려 그들은 인간에게 먹히지 않는 방향으로 나아가기 위해, 자극물, 독성, 쓴맛이 나는 성분 등을 진화시켰다.[28] 따라서 자연 식품이라고 해서 특별히 안전한 점은 없다. 유해물에 저항하기 위해 선택적으로 교배하는 "자연"의 방법은 식물의 독성 농도를 증가시키기만 한다. 자연 감자의 한 품종은 인간에게 해로운 독성이 발견되어 시장에서 퇴출당했다.[29] 천연 향료——한 식품 과학자의 정의에 따르면 "구시대 기술로 얻어낸 향료"——도 화학적으로 인공 감미료와 구별하기 어려울 때가 많고, 구별이 가능할 때에도 때로는 천연 향료가 더 위험하다. "천연" 아몬드 향료인 벤즈알데히드를 복숭아 씨에서 추출하면 시안화물이 함께 나오지만, 그것을 합성해 "인공 감미료"를 만들면 그렇지 않다.[30]

유전자 조작 식품에 대한 두려움은 건강의 측면에서 보자면 명백히 비합리적일 뿐 아니라, 식품 가격을 더욱 올려서 가난한 사람들이 이용하기 어렵게 만들 수 있다. 이 그럴듯한 두려움은 어디서 나오는가? 부분적으로는, 쥐에게 화학 물질을 대량으로 투여했을 때 암 발생률이 올라간다는 연구를 무비판적으로 보도하는 언론의 발암 물질 경고에서 나온다. 또 부분적으로는 생물에 대한 어떤 직관에서 나오는데, 그것은 1890년 인류학자 제임스 조지 프레이저가 맨 처음 확인했고 그 후 최근까지 폴 로진, 수잔 젤먼, 프랭크 키일, 스콧 애트런 등의 인지과학자들이 연구하고 있는 주제이다.[31]

사람들의 직관 생물학은, 생물에 내재해 있으며 그 형태와 능력을 부여하는 보이지 않는 본질에 대한 개념에서 출발한다. 이 본질에 대한 믿음은 이른 유년기에 출현하며, 전통적인 문화권에서는 식물과 동물에 대한 사고를 지배한다. 그 직관은 종종 사람들에게 큰 도움이 된다. 취학하기 전의 어린이들은 너구리가 스컹크와 비슷해 보여도 아기 너구리를 낳을 것이고, 사과에서 나온 씨를 화분에 심으면 사과나무가 자랄 것이고, 동물의 행동은 그 동물의 외양이 아니라 내부 구조에 달려 있다고 추론한다. 전통적인 부족들은 서로 달라 보이는 생물들(가령 나비와 나비의 유충)이 같은 종류에 속할 수 있다고 추론하고, 다양한 생물에서 즙과 가루를 추출해 치료제, 독약, 식품 첨가제 등을 만든다. 또한 그 직관의 도움으로 사람들은 배설물, 병든 사람, 썩은 고기 같은 전염성 물질과

접촉한 음식을 먹지 않는다.[32]

그러나 직관적 실재론은 또한 사람들을 오류로 이끌기도 한다.[33] 특히 아이들은 영어를 사용하는 부모의 자식이 프랑스어를 사용하는 가정에서 자랐어도 영어를 사용할 것이라고 믿거나, 아이들에게 습관을 가르쳐 줄 모델이 없는 가정에서도 남자 아이는 머리를 짧게 깎고 여자 아이는 드레스를 입을 것이라고 생각한다. 전통 부족들은 체계적인 마술, 다시 말해 부두교의 마법을 믿는다. 그들은 비슷해 보이는 물체들에는 비슷한 힘이 있기 때문에 하늘로 치솟은 코뿔소의 뿔이 발기부전 치료제라 믿는다. 그리고 동물의 각 부위에 있는 힘은 그 부위를 지닌 사람에게 전달될 수 있어서, 사나운 동물의 어느 부위를 먹거나 착용하면 똑같이 사나워진다고 생각한다.

교육받은 서양인이라고 우쭐할 필요는 없다. 로진은 서양인에게도 부두교 같은 직관이 있음을 보여 주었다. 대부분의 미국인은 멸균한 바퀴벌레는 물론이고 플라스틱으로 만든 바퀴벌레조차 만지려 하지 않고, 그 바퀴벌레와 몇 분의 1초 동안 접촉한 주스도 마시지 않으려 한다.[34] 그리고 아이비리그에 속하는 명문대 학생들까지도 사람을 그 사람이 먹는 음식을 가지고 판단한다. 그들은 고기를 얻기 위해 거북이를 사냥하고 털을 얻기 위해 멧돼지를 사냥하는 부족은 수영을 잘 하고, 껍질을 얻기 위해 거북이를 사냥하고 고기를 얻기 위해 멧돼지를 사냥하는 부족은 강인한 전사일 것이라고 생각한다.[35] 생물학의 역사에 관한 책에서 에른스트 마이어가 밝힌 바에 따르면, 많은 생물학자들이 처음에는 자연 선택 이론을 거부했는데, 그 이유는 종이란 어떤 본질에 의해 규정된 순수한 원형이라는 믿음 때문이었다. 그들은 종이 변화 가능한 개체들이 모인 집단이고 진화적 시간에 걸쳐 한 종이 다른 종과 혼합될 수 있다는 개념을 받아들이지 못했던 것이다.[36]

이렇게 볼 때 유전자 조작 식품에 대한 두려움은 더 이상 이상한 것이 아니다. 그것은 모든 생물에는 어떤 본질이 있다는 표준적인 직관에 불과하다. 자연 식품에는 그 식물이나 동물의 순수한 본질이 있고 그와 함께 그것이 성장한 시골 환경의 건강한 힘이 들어 있다고 생각하는 것이다. 유전자 조작 식품이나 인공 첨가제를 함유한 식품은 역한 실험실이나 공장에서 만든 오염 물질이 의도적으로 첨부된 식품이라 생각한다. 유전학, 생화학, 진화, 위험 분석 등에 의존해서 아무리 합리적인 주장을 제기해도 이 뿌리깊은 사고 방식 앞에서는 소 귀에 경 읽기일 뿐이다.

위험에 대한 지각이 사실에서 크게 벗어날 수 있는 것은 실재론적 직관 때문만은 아니다. 위험 분석가들은 사람들의 두려움이 종종 객관적 위험의 한도를 벗어난다는 것을 발견했다. 자동차 여행이 11배나 더 위험한데도 많은 사람들이 비행기 여행을 피한다. 그리고 욕조에서 익사할 가능성이 400배나 높은데도 상어에게 잡아먹힐 것을 두려워한다. 또 매일 먹는 땅콩버터 샌드위치 때문에 암에 걸릴 확률이 수백 배나 높은데도 수돗물에서 클로로포름과 트리클로로에틸렌을 제거하기 위해 값비싼 방법을 써야 한다고 주장한다(땅콩에는 발암성이 높은 성분이 함유되어 있다.).[37] 높이, 감금, 포식, 중독에 대한 선천적 두려움을 건드리기 때문에 과대 평가되는 위험도 있다.[38] 그러나 위험에 대해 객관적인 정보를 제시할 때에도 마음이 확률을 평가하는 방식 때문에 그 정보를 인정하지 않는 경우도 있다.

"1년 안에 보툴리누스 중독*으로 죽을 확률은 100만분의 1"이라는 진술은 사실상 이해가 불가능하다. 우선 첫머리나 끝머리에 0이 여러 개 붙으면 우리의 숫자 감각으로는 이해하기가 어려워진다. 심리학자 폴

---

* 썩은 소시지나 통조림 고기에서 생긴다.

슬로빅과 그의 동료들은 교통 안전 강의에서 안전벨트를 매지 않으면 350만 명의 여행자당 한 명 꼴로 치명적인 교통 사고가 발생한다고 말하면 경각심을 주지 못한다는 사실을 발견했다. 그러나 그 확률을 다시 계산해서, 평생 동안 교통 사고로 죽을 확률이 1퍼센트라고 말하자 모두들 안전 벨트를 매겠다고 다짐했다는 것이다.[39]

사람들이 통계학을 이해하지 못하는 또 다른 이유는, 가령 내가 비행기 사고로 죽을 확률 같은 단독 사건의 확률이(승객 중 사고로 죽는 사람의 비율처럼, 서로 다른 사건들에 대한 어떤 사건의 비율과 같은 상대적 빈도와는 반대이다.) 수학자들까지도 정말로 혼란스러워하는 개념이기 때문이다. 전문 저술가들이 특정한 사건에 대해 제시하는 확률을 생각해 보자. 가령 캔터베리의 대주교가 1년 안에 그리스도의 재림을 입증할 확률(1,000분의 1), 영국 루턴 시에 사는 브레이엄이란 사람이 영구 운동 기계를 발명할 확률(250분의 1), 엘비스 프레슬리가 죽지 않고 살아 있을 확률(1,000분의 1)을 어떻게 이해할 수 있겠는가?[40] 엘비스는 죽었거나 살아 있거나 둘 중 하나인데, 그가 살아 있을 확률이 1,000분의 1이라니 도대체 무슨 뜻이란 말인가? 또한 여객기가 한 번 착륙할 때마다 승객의 수명이 15분 단축된다는 항공 안전 분석가들의 말을 어떻게 생각해야 하는가? 비행기가 착륙할 때 내 수명은 15분보다 훨씬 많이 줄어들거나 전혀 줄어들지 않는다. 어떤 수학자들의 말에 따르면 단독 사건의 확률은 의미 있는 수학적 수량이라기보다는 0과 1 사이의 크기로 표현되는 본능적 확신에 더 가깝다고 한다.[41]

기억이나 상상 속의 사건의 상대적 빈도 수로 확률을 계산할 때에는 마음이 훨씬 편해진다.[42] 그렇게 계산하면 기억할 만한 최근의 사건들—비행기 사고, 상어의 공격, 탄저병 감염 등—이 가령 자동차 사고나 계단에서의 추락처럼 자주 일어나는 따분한 사건들보다 더 걱정스런 일로 비친다. 그런데 보통 사람들은 위험 전문가들이 말하는 것과는 다른 언어를 듣는다. 핵 폐기물 처리 시설 건설을 위한 청문회가 열렸다고 할 때 전문가는 방사능 유출로 일어날 수 있는 일련의 사고를 결과 예상 계통도로 작성해 제시할 것이다. 예를 들어 부식, 암반의 틈, 우연한 구멍, 잘못된 봉함 등으로 인해 방사능이 지하수로 누출될 수 있다. 그러면 지하수의 흐름, 화산 활동, 거대한 운석의 충돌 등으로 인해 방사능 물질이 생물권으로 누출될 수 있다. 각 사건 행렬에는 확률이 매겨지고 그에 따라 모든 원인으로부터 사고가 발생할 확률의 총계를 계산할 수 있다. 그러나 사람들은 이러한 분석을 듣고 안심하는 것이 아니라 오히려 전보다 더 걱정한다. 잘못될 수 있는 일이 그렇게 많은 줄 몰랐기 때문이다! 사람들은 마음 속으로 재난 시나리오의 확률을 생각하는 것이 아니라 그것의 수를 생각한다.[43]

그렇다고 해서 사람들이 모두 저능아라거나 "전문가들"이 복잡한 기술적 용어를 자제해야 한다는 뜻이 아니다. 위험을 완전히 이해하는 합리적인 사람들조차도 진보한 기술을 외면하기로 결정할 수 있다. 만약 어떤 것이 본능적으로 역겹다고 느껴지면 민주주의 사회에서는 그것이 합리적이든 아니든 자신의 심리적 기준에 따라 거부할 수 있게 되어 있다. 많은 사람들이 위생적으로 복원된 쓰레기장에서 재배한 야채를 거부하고 바닥이 유리로 된 승강기를 피하는 것은, 그것이 위험하다고 믿어서가 아니라 그런 생각이 두려움을 일으키기 때문이다. 만약 그들이 유전자 조작 식품을 먹거나 원자력 발전소 옆에서 사는 것에 대해 똑같은 감정을 느낀다면, 자신에게 유리한 것을 다른 사람에게 강요하거나 비용을 다른 사람들에게 지우려고 하지 않는 한, 그런 것을 거부할 선택권을 행사할 수 있어야 한다.

또한 전문 기술자들이 합리적인 위험도를 제시한다 해도(이것 자체가 불확실한 일이지만), 사람들에게 어느 정도의 위험도를 수용해야 할지를 지정해 줄 수는 없다. 사람들은 용해의 위험이 적은 원자력 발전소를 반대할 수도 있는데, 이것은 그 위험을 과대 평가해서가 아니라 아무리 희박한 재난이라고 해도 그 대가가 너무 두렵다고 느끼기 때문이다. 그리고 개발 이익은 부자와 권력자에게 돌아가고 그들에게는 위험만 돌아온다고 생각하면 어떤 설명도 받아들이지 않을 것이다.

그럼에도 최고의 과학과 낡은 사고 방식의 차이를 이해한다면 우리의 개인적·집단적 결정은 더욱 향상되고 견고해질 것이다. 그럴 때 과학자와 언론인들은 일반적인 오해에 직면해 보다 쉽게 신기술을 설명할 수 있을 것이다. 그래서 우리도 그 기술을 이해하고, 그럼으로써 모두에게 정당하게 느껴지는 근거를 바탕으로 찬성과 반대를 결정할 것이다.

『국부론』에서 애덤 스미스는 "인간 본성에는…… 이것저것을 거래하고 교환하는 성향이 있다."라고 말했다. 물자와 호의의 교환은 인간의 보편적 특성이고, 오랜 역사를 가지고 있다. 수만 년 전의 고고학 유적지를 보면 아주 오래된 조개 껍질과 날카로운 돌이 원산지로부터 수백 킬로미터 떨어진 곳에서 발견되는데, 이는 그것들이 교역망을 통해 운반되었음을 암시한다.[44]

인류학자 앨런 피스크는 민족지학적 문헌을 조사한 끝에 거의 모든 거래가 네 가지 패턴으로 분류되고 각 패턴에는 고유한 심리학이 존재한다는 사실을 발견했다.[45] 첫째는 가령 가족 구성원 같은 인간 집단이 누가 무엇을 가져왔는가를 확인하지 않고 물건을 공유하는 공동 소유(Communal Sharing) 형태이다. 둘째는 지배자가 하위 계급의 구성원에게서 원하는 것을 압수하는 권위 서열(Authority Ranking) 형태이다. 그리고 나머지 두 형태의 거래가 이른바 교환이라고 규정된다.

가장 흔한 형태는 피스크가 "평등 일치(Equality Matching)"라 명명한 교환 형태이다. 두 사람이 각기 다른 시간에 물자나 호의를 주고받는다. 교환된 물품은 동일하거나, 최소한 매우 비슷하거나 쉽게 비교될 수 있어야 한다. 교환 당사자들은 간단한 덧셈이나 뺄셈으로 서로의 빚을 계산하고, 호의가 균등하게 베풀어지면 만족한다. 당사자들은 교환 행위를 통해 그들이 관계를 맺었다고 느끼고, 때로는 단지 관계를 유지할 목적으로 교환을 수행한다. 예를 들어 태평양의 어느 섬 주민들은 반지를 교환하는데, 선물이 한 추장에게서 다른 추장에게로 돌고 돌아 결국에는 최초의 소유자에게 돌아가기도 한다. (미국인들은 내심 크리스마스 과일 케이크도 이와 비슷하지 않을까 생각한다.) 누군가가 같은 종류의 물건으로 보답하지 않고 이익을 챙김으로써 평등 일치 관계를 위반할 때 상대방은 속았다고 느끼고 공격 행위로 보복할 수 있다. 대부분의 식량 수집 사회에서는 평등 일치가 유일한 교환 메커니즘이다. 피스크는 이 메커니즘의 기초에 일대일 호혜의 정신적 모델이 있음을 지적하는데, 레다 코스미디스와 존 투비에 따르면 미국인들도 그러한 사고 방식을 쉽게 받아들인다.[46] 그것은 우리의 직관 경제학에서 핵심을 이루는 것으로 보인다.

피스크는 평등 일치와는 정반대로, 현대 경제의 기초를 이루는 임대, 가격, 임금, 금리의 체제를 시장 가격(Market Pricing) 체제라 부른다. 시장 가격 체제는 곱셈, 나눗셈, 분수, 큰 수로 이루어진 수학과 함께 돈, 신용, 계약서, 복잡한 노동 분화 등을 포괄하는 사회 제도에 의존한다. 식량 수집 사회에는 이 체제가 없다. 사실 그것은 문자, 돈, 수학 형식같이 최근에 출현한 기술에 의존하기 때문에 진화사적으로는 어떤 역할도

하지 못했다. 오늘날에도 시장 가격 체제에 따라 이루어지는 교환들은, 개인으로서는 완전히 이해하기 어려운 인과의 사슬들을 수반한다. 나는 오늘 자판을 두드려서 이 원고를 쓰고 그 대가로 몇 년 후 약간의 야채를 받을 권리를 획득하는데, 그것은 내가 이 책 한 권을 가지고 바나나 재배자와 물물 교환을 하기 때문이 아니다. 그것은, 나로서는 무슨 일을 하는지 완전히 이해하지 못한 채 그냥 의존할 수밖에 없는 제3, 제4, 제5의 당사자들(출판 업자, 서적상, 트럭 운전수, 가게 주인)이 뒤엉켜 형성된 망 때문이다.

이 네 가지 교환 양식 중 어느 것을 현재의 관계에 적용하는가에 대해 사람들이 서로 다른 견해를 가질 때, 그 결과는 완전한 몰이해에서 극심한 불안 또는 공공연한 적대감까지 다양하게 나타난다. 초대받은 손님이 저녁 식사 후에 주인에게 돈을 지불하거나, 식당에서 하는 것처럼 친구에게 큰소리로 음식을 주문하거나, 종업원이 사장의 접시에서 새우를 골라내 먹는 경우를 생각해 보라. 한 사람은 평등 일치의 조건에서 거래를 생각하고 다른 사람은 시장 가격의 조건에서 거래를 생각하는 경우, 오해의 파장은 훨씬 더 넓고 위험할 수 있다. 당사자들의 심리는 매우 다른데—한 사람은 직관적 보편적 심리이고 다른 사람은 다듬어지고 학습된 심리이다.—경제사에서는 그들 간의 충돌이 흔히 발견된다.

경제학자들은 어떤 사람이 구체적인 장소와 시간에 지불하려고 하는 가치와 대조되는 개념으로, 사물 자체가 일정한 가치를 갖고 있다고 믿는 것을 "물리적 오류"라고 말한다.[47] 사실 그것은 평등 일치 사고 방식과 시장 가격 사고 방식의 차이이다. 닭 세 마리와 칼 한 자루를 교환할 때에는 물리적 오류가 발생하지 않겠지만, 돈, 신용, 제3자가 교환에 개입하면 물리적 오류는 험악한 결과를 낳을 수 있다. 상품에 "정당한 가격"이 있다는 믿음은 어떤 물건에 더 높은 가격을 매기는 것이 탐욕스러운 행위라는 것을 의미하며, 따라서 중세나 공산주의 정권이나 여러 제3세계 국가들처럼 강제적인 가격 계획을 수립하게 만든다. 수요 공급 법칙에 맞지 않는 그런 시도들은 대개 낭비, 부족, 암시장 등의 결과를 낳았다. 물리적 오류의 또 다른 결과는 이자를 불법화하는 광범위한 관행인데, 그것은 빌린 돈을 정확히 갚는 사람에게 추가로 돈을 요구하는 것은 탐욕스런 행위라는 직관에서 나온다. 물론 사람들이 돈을 빌렸다가 나중에 갚는 유일한 이유는 갚을 때보다 빌렸을 때의 화폐 가치가 더 크기 때문이다. 따라서 이자를 완전히 철폐하는 법을 시행하면 돈을 생산적으로 사용할 사람들이 이익을 얻지 못하므로 국민의 생활 수준이 전반적으로 낮아진다.[48]

물건의 가치가 시간에 따라 달라지기 때문에 가치 있는 것들을 시간적으로 이동시키는 돈놀이꾼에게 좋은 일거리가 창출되듯이, 물건의 가치가 또한 공간에 따라 달라지기 때문에 가치 있는 것들을 공간적으로 이동시키는 중간 상인에게도 좋은 일거리가 창출된다. 나에게 바나나 한 개는 100킬로미터 떨어져 있는 물류 창고보다는 길 건너 가게에 있을 때 더 큰 가치가 있다. 그래서 나는 바나나를 수입 업자에게 사지 않고—물론 "중간 상인을 제거"하면 더 싼 값에 살 수 있겠지만—길 건너 가게 주인에게 기꺼이 돈을 지불한다. 수입 업자가 그 바나나를 나에게 받을 액수보다 더 적은 돈을 받고 가게 주인에게 파는 것도 그와 비슷한 이유에서이다.

그러나 돈놀이꾼과 중간 상인은 실체가 있는 물건을 생산하지 않기 때문에 그들이 무슨 공헌을 하는지 파악하기 어렵고 그래서 종종 불로소득자나 기생충으로 간주된다. 인간의 역사에서는 중매업을 전문으로 하는 중간 상인들을 게토에 가두고 사유 재산을 몰수하고 국외로 축출하고 집단 폭력을 행사하는 일이 반복해서 일어났다.[49] 유럽의 유대인들이 가장 유명하지만, 중국인, 레바논인, 아르메니아인, 인도의 구자라트와 체티야 주민들도 역사적으로 비슷한 박해를 겪었다.

특별한 상황을 경험했던 한 경제학자는 그런 종류의 물리적 오류가 독특한 역사적 상황에 따른 것이 아니라 인간 심리로부터 쉽게 발생하는 것임을 보여 주었다. 그는 2차 대전 당시 포로 수용소에 갇혀 있을 때 그런 심리적 증후를 처음부터 끝까지 두 눈으로 목격했다. 매달 죄수들은 적십자로부터 똑같은 꾸러미를 받았다. 죄수들 중에는 특정 물건을 더 소중하게 생각하거나 한 달이 끝나기 전에 자신의 보급품을 먼저 소모하는 사람들이 있었기 때문에, 몇몇 죄수들은 캠프 전체를 돌아다니면서 초콜릿, 담배, 기타 일용품들을 교환하고 빌려 주는 유통업에 종사했다. 이 중간 상인들은 거래를 통해 적은 이윤을 남겼고, 그로 인해 깊은 적개심을 사게 되었다. 소수 집단인 중간 상인의 비극적인 미크로코스모스였다. 경제학자는 다음과 같이 썼다. "[중간 상인의] 역할, 그리고 판매자와 구매자를 연결시키는 그의 힘든 노동은 깡그리 무시되었다. 이익은 노동의 대가가 아니라 영리한 책략의 결과로 간주되었다. 사람 사는 곳에는 중간 상인이 반드시 필요하다는 엄연한 사실에도 불구하고 그들은 불필요하고 무익한 존재로 여겨졌다."[50]

첨단 기술이 지배하는 세계에서 인간 직관의 비극적 단점을 치료할 수 있는 확실한 방법은 교육이다. 그리고 다음과 같은 문제들이 교육 정책에 반영되어야 한다. 현대 세계를 이해하는 데 있어 가장 중요한 동시에 선천적으로 주어지는 직관적 도구와는 거리가 가장 먼 인지적 도구를 학생들에게 제공하는 문제이다. 우리가 이 장에서 목격했던 그 위험한 오류들은 고등학교나 대학교 교과 과정에서 예를 들어 경제학, 진화 생물학, 확률과 통계학의 중요성을 부각시킬 것이다. 그러나 불행하게도 대부분의 교과 과정은 중세 이후로 거의 변하지 않았고 변할 가능성도 거의 없다. 누구도 외국어나 영문학이나 삼각 함수나 고전을 공부하는 것이 상대적으로 중요하지 않다고 말하는 이단자로 비치기를 원치 않기 때문이다. 그러나 어떤 과목이 아무리 중요하다 해도 하루는 24시간뿐이어서, 한 과목을 가르치겠다는 결정은 다른 과목을 가르치지 않겠다는 결정이 된다. 문제는 삼각 함수가 중요한가 아닌가가 아니라 그것이 과연 통계학보다 중요한가 아닌가이고, 교양인이 고전을 알아야 하는가 아닌가가 아니라 교양인이 기초적인 경제학을 아는 것보다 고전을 아는 것이 더 중요한가 아닌가이다. 복잡한 상황들이 끊임없이 우리의 직권에 도전하는 세계에서 이러한 비교는 피치 못할 현실이다.

～～～

1951년 시인 월리스 스티븐스는 "우리의 본성은 지능이 끝없이 운동하는 무한한 공간"이라고 말했다.[51] 지능의 무한함은 조합 체계의 힘에서 온다. 몇 개의 음만으로 어떤 가락도 가능하고, 몇 개의 문자로도 어떤 글이 가능하며, 몇 개의 개념—사람, 장소, 사물, 원인, 변화, 운동, 그리고, 또는, 아니다—을 조합하면 무한한 사고의 공간이 창조된다.[52] 무한한 수의 새로운 개념 조합을 만드는 능력은 인간 지능의 발전소이자 인류를 성공으로 이끈 열쇠이다. 수만 년 전 우리의 조상들은 사냥감을 몰고, 독극물을 추출하고, 병자를 치료하고, 동맹을 맺을 수 있는 연쇄적 행동들을 생각해 냈다. 현대인의 마음은 물질을 원자의 조합으로, 생명체를 DNA 뉴클레오티드의 조합으로, 정성적 관계를 수학적 기호의 조합으로 생각하고 있다. 그 자체로 하나의 조합 체계인 언어 덕분에 우리는 이러한 지적 결실을 공유하고 있다.

마음의 조합 능력은 인간이 살아가는 장소와 관련된 역설을 설명해 준다. 200년 전 경제학자 토머스 맬서스(1766~1834년)는 인간 본성의 두 가지 지속적인 특징을 조명했다. 하나는 "인간이 존재하기 위해서는 음식이 필요하다."라는 것이었고, 또 하나는 "양성 간의 정열이 필요하고, 이 정열은 앞으로도 거의 현재와 같은 상태로 지속될 것이다."라는 것이었다. 다음은 그의 유명한 추론이다.

인구의 힘은 식량을 생산하는 토지의 힘보다 훨씬 막강하다. 억제 요인이 없으면 인구는 등비 급수적으로 증가하는 반면 식량은 단지 등차 급수적으로 증가한다. 조금만 계산해 봐도 전자의 힘이 후자에 비해 얼마나 막강한지를 알 수 있다.

맬서스는, 점점 더 많은 인구가 굶주림에 직면할 것이고, 가난한 사람들이 도움을 받아 자식을 낳아도 그 자식들 역시 굶주림을 피할 수 없기 때문에 그들을 도우려는 노력은 더 큰 불행으로 이어질 뿐이라는 우울한 결론을 내렸다. 그 후에도 많은 우울한 예언자들이 맬서스의 주장을 되풀이했다. 1967년 윌리엄 패덕과 폴 패덕은 『기구 1975!』라는 책을 썼고, 『인구 폭탄(The Population Bomb)』의 저자인 생물학자 폴 에를리히는 1980년대가 되면 6500만 명의 미국인과 다른 나라들의 40억 인구가 굶어 죽을 것이라 예언했다. 1972년 '로마 클럽'이라는 이름의 대사상가 집단은 이후 몇 십 년 내에 천연 자원이 심각한 고갈 위기를 맞거나 세계가 오염으로 질식할 것이라고 예언했다.

1970년대를 장식했던 맬서스식 예언은 모두 틀린 것이었음이 밝혀졌다. 에를리히의 경우, 40억 인구의 죽음과 자원 고갈이라는 두 가지 예측이 모두 틀렸다. 1980년 그는 경제학자 줄리언 사이먼에게, 1980년대가 끝날 무렵 다섯 종류의 전략적 금속이 급격히 고갈되어 가격이 급등할 것이라 장담했다. 물론 이 예측도 빗나갔다. 지상의 인구도 증가했고 (현재 60억을 돌파했다.) 에너지와 자원의 소비도 증가했지만 기근과 고갈은 결코 일어나지 않았다.[53] 물론 끔찍한 기근이 종종 발생하지만 그것은 세계적 차원에서 굶주리는 입의 수와 음식의 양이 불일치하기 때문이 아니다. 경제학자 아마티아 센의 입증에 따르면, 기근은 거의 항상 일시적 조건들 때문에, 또는 식량과 필요한 사람을 갈라 놓는 정치적 군사적 격변 때문에 발생한다고 한다.[54]

지구는 매우 염려스러운 상태이고, 따라서 우리는 소중한 노력을 헛되이 하지 않기 위해 문제가 어디에 놓여 있는지를 가능한 한 명확히 이해할 필요가 있다. 맬서스 식의 사고가 실수를 거듭해 왔다는 사실은 그것이 환경 문제를 분석하는 최적의 방법이 아니라는 점을 보여 준다. 그럼에도 맬서스의 논리 자체는 문제가 없어 보인다. 무엇이 잘못되었는가?

맬서스 식 예언의 1차적인 문제는 기술의 발전으로 인해 안락한 생활에 필요한 자원이 증가할 수 있다는 사실을 과소 평가한다는 점이다.[55] 20세기에 식량은 선형적으로가 아니라 지수적으로 증가했다. 농부들은 주어진 토지에서 더 많은 곡식을 수확했다. 식품 가공 기술은 먹을 수 있는 작물의 수를 늘렸다. 더 많은 음식이 썩거나 유해물의 먹이가 되기 전에 트럭, 배, 비행기 덕분에 사람들에게 수송되었다. 보유량이 감소하리라던 예상과는 달리, 석유와 광물은 기술자들이 더 많은 양을 발견하고 새로운 탐사 방법을 개발함에 따라 눈에 띄게 증가했다.

많은 사람들이 이 기적과도 같은 일에 과학 기술이 중요한 역할을 했다는 사실을 쉽게 인정하지 않는다. 과학 기술의 효과는 마치 세계 박람회의 미래 전시관에서 관객들에게 해설하는 목소리처럼 들린다. 사람들이 생각하기에 과학 기술은 우리에게 일시적인 집행 유예를 가져올 수는 있지만 고갈되지 않는 마술의 원천은 아니다. 사람들은 인구의 등비급수적 증가와 자원의 등차 급수적 증가를 명확하게 대비시키는 수학의 법칙을 논박할 수는 없다고 생각한다. 낙관주의는 원이 직각을 이룰 수 있다는 특별한 신앙을 요구하는 것처럼 보인다.

그러나 최근에 경제학자 폴 로머는 인지적 정보 처리 과정의 조합적 성격을 이용해 원에서 결국 직각을 얻어내는 방법을 보여 주었다.[56] 그는 인간의 물질적 존재가 물질이 아니라 개념에 의해 제한된다는 사실을 지적하는 것으로 시작했다. 사람들은 원래 석탄이나 구리선이나 종이를 필요로 하지 않았다. 인간에게는 난방을 하고 다른 사람들과 의사를 소통하고 정보를 저장하는 방법이 필요하다. 그러한 필요는 반드시 물리적 자원을 더 많이 사용한다고 해서 충족되지 않는다. 기존의 자원을 재배치하는 새로운 개념들—조리법, 설계, 기술—을 이용해 우리가 원하는 것을 더 많이 얻어내면 그러한 필요를 충족시킬 수 있다. 예를 들어 석유는 단지 우물을 오염시키는 물질에 불과했지만, 연료로 사용되면서 줄어드는 고래 기름을 대체하기 시작했다. 한때 모래는 단지 유리를 만드는 데 사용되었지만, 이제는 마이크로칩과 광섬유를 만드는 재료가 되었다.

로머의 두 번째 요점은, 개념이란 경제학자들이 말하는 이른바 "비경합재(nonrival goods)"라는 것이다. 가령 음식, 연료, 도구 같은 경합재는 물질과 에너지로 구성되어 있다. 그래서 한 사람이 사용하면 다른 사람은 사용할 수 없다. 그러나 개념은 정보로 구성되어 있어서 저렴한 비용으로 복제하는 것이 가능하다. 빵 만드는 조리법, 건물의 청사진, 쌀 재배 기술, 의약 제조법, 유용한 과학 법칙, 컴퓨터 프로그램 등은 주는 사람이 어떤 손해도 보지 않고 줄 수 있다. 마술처럼 증식하는 비경합재 덕분에 최근에 우리는 지적 소유권과 관련된 새로운 문제에 부딪히고 있다. 이에 대해 우리는 물적 소유권과 관련된 법률 체제를 인터넷을 통해 쉽게 유통될 수 있는 정보의 소유권 문제―가령 음반 레코딩―에 적용하려 하고 있다.

비경합재의 힘은 인간의 진화사 곳곳에서 발견할 수 있다. 인류학자 존 투비와 어빈 드보어는 수백만 년 전 우리의 조상들이 이 세계의 생태계에서 "인지적 적소(適所)"를 점유했다고 주장한다. 사람과(科)의 동물인 호미니드는 환경의 인과적 관계를 모형화할 수 있는 정신적 연산 방법을 진화시킴으로써 마음의 눈으로 사건의 전개 과정을 그려 보고, 자기 주변의 돌, 식물, 동물을 이용하는 새로운 방법을 고안해 낼 수 있었다. 인간의 실제적 지능은 언어(기술 정보를 낮은 비용으로 공유할 수 있게 한다.)와 사회적 인식(사람들로 하여금 속지 않게 함으로써 협동하게 한다.)과 함께 진화했을 것이고, 그래서 말 그대로 개념의 힘으로 살아가는 종을 탄생시켰을 것이다.

로머는 새로운 개념을 창조하는 조합 과정 덕분에 맬서스 식의 논리를 피해 갈 수 있다고 지적한다.

> 모든 세대는, 한정된 자원과 달갑지 않은 부작용 때문에 새로운 조리법이나 개념을 발견하지 못하면 성장이 한계에 부딪힐 것임을 감지해 왔다. 그리고 모든 세대는 새로운 조리법과 개념을 발견할 수 있는 잠재력을 과소 평가해 왔다. 인간은 얼마나 많은 개념이 발견될 수 있는가를 제대로 이해한 적이 없다. 그 이유는 복리 계산이 어려운 것과 같다. 가능성은 더하는 것이 아니라 곱해야 나온다.[57]

예를 들어 100개의 화학 원소를 순서를 가지고 네 개씩 그리고 열 가지 비율로 조합하면 3300억 개의 화합물이 나올 수 있다. 과학자들이 하루에 열 개씩 검사하면 모든 가능성을 확인하는 데 100만 년이 걸린다. 마찬가지로 명령어를 가지고 컴퓨터 프로그램을 만들거나 부품을 조립해서 기계를 만드는 방법의 가짓수도 엄청나다. 적어도 원칙적으로 인지 능력의 등비 급수적 팽창은 인구 증가와 같은 규모로 진행되고, 그래서 우리 인간은 한 번도 일어난 적이 없는 맬서스 식 재난의 역설을 해결할 수 있다. 물론 그렇다고 해서 아무 생각 없이 천연 자원을 마구 써도 된다는 뜻은 아니다. 가능한 개념들의 공간이 엄청나게 크다고 해도, 당면한 문제의 해결책이 그 공간 안에 꼭 있으라는 법은 없기 때문이다. 또한 해결책이 꼭 필요한 시점까지 우리가 그 해결책을 발견할 수 있다는 법도 없기 때문이다. 이러한 해결 능력은 단지, 인간과 물질 세계와의 관계에 대한 우리의 이해가 우리의 몸과 자원뿐 아니라 우리의 마음을 이해하는 데에도 적용되어야 한다는 것을 보여 준다.

∞

좋은 것에는 이익뿐 아니라 비용이 수반된다는 자명한 이치는 인간 마음의 조합 능력에도 에누리 없이 적용된다. 만약 마음이 현실을 내다보는 창이 아니라 하나의 생물학적 기관이라면, 말 그대로 생각이 도달할 수 없는 진리들이 있을 것이고 우리가 과학적 발견을 얼마나 잘 이해할 수 있는가에도 한계가 존재할 수밖에 없다.

이런 점에서 현대 물리학은 우리가 인지의 한계에 부딪힐 수 있다는 사실을 일깨워 준다. 최고의 물리학 이론들에는 그것이 옳다고 믿을 만한 이유가 충분히 있지만, 한편으로는 중간 크기의 영장류가 오랫동안 뇌 속에서 진화시킨 공간, 시간, 물질에 관한 직관을 가지고는 도저히 납득할 수 없는 설명 또한 포함되어 있다. 물리학의 낯선 개념들 — 예를 들어, 시간은 빅뱅과 함께 탄생했다, 우주는 4차원적으로 휘어져 있으며 유한할 수 있다, 입자는 파동처럼 행동한다는 등의 개념들——은 생각하면 생각할수록 우리의 머리를 아프게 한다. 우리는 "빅뱅 이전에는 어떠했을까?", "우주의 경계 너머에는 무엇이 있을까?", "입자는 어떻게 두 개의 홈을 동시에 통과하는 것일까?" 같은 정말로 아리송한 생각을 계속 하게 된다. 심지어 세계의 본질을 발견한 물리학자들조차도 자신의 이론을 이해한다고 주장하지 않는다. 머리 겔만은 양자 역학을 "아무도 이해하지 못하지만 우리가 그 사용법을 알고 있는 신비하고 혼란스런 학문 분야"라고 설명했다.[58] 리처드 파인만은 다음과 같이 썼다. "나는 아무도 양자 역학을 이해하지 못한다고 자신있게 말할 수 있다.…… 가능하다면…… '하지만 어떻게 그럴 수 있지?' 라는 의문 따위는 버리는 게 좋다.…… 어떻게 그러는지를 아무도 모르기 때문이다."[59] 또 다른 인터뷰에서 그는 이렇게 덧붙였다. "양자 이론을 이해한다고 생각한다면, 양자 이론을 이해하지 못하는 것이오!"[60]

물질과 공간에 대한 직관처럼 생명과 마음에 대한 우리의 직관도 최고의 과학이 보여 주는 이상한 세계와 충돌을 일으키곤 한다. 생명이란 마술적인 영혼과 우리의 몸이 결합된 것이라는 개념은, 마음이 점진적으로 발달하는 뇌의 활동이라는 과학적 이해와 잘 어우러지지 못한다. 마음에 관한 다른 직관들도 인지 신경학의 첨단 분야와의 타협을 고집스럽게 거부하고 있다. 의식과 의사 결정이 뇌 신경 네트워크의 전기 화학적 활동이라고 믿을 만한 이유는 충분하다. 그러나 어떻게 분자의 운동이 (단지 지능적 연산이 아닌) 주관적 감정을 만들어 내고 어떻게 (원인에 의해 야기되는 행동과는 다른) 우리의 자유로운 선택을 이끌어 내는가는 우리의 구식 정신에 심오한 수수께끼로 남는다.

이 수수께끼들은 극도의 전체론적 특징을 갖고 있다. 의식과 자유 의지는 모든 차원의 신경 생물학적 현상에 스며들어 있는 것처럼 보이고, 그 원천은 부분들 간의 어떤 특정한 조합이나 상호 작용에서 발견될 수 없다. 우리의 조합적 지능으로 최선을 다해 분석해 봐도 그 이상한 실체들을 낚아 올릴 만한 낚싯바늘을 얻어낼 수가 없어서, 그에 대해 생각하는 사람은 어쩔 수 없이 그 존재를 부정하거나 신비주의로 빠지게 된다. 좋건 궂건 우리의 세계는 항상 약간의 신비를 간직하고 있어서 우리 후손들은 끝없이 종교와 철학의 오래된 수수께끼들을 숙고할 것인데, 그 수수께끼들은 결국 물질과 마음의 개념들과 연결되어 있다.[61] 앰브로즈 비어스의 『악마의 사전』에서는 마음을 다음과 같이 정의한다.

마음 명 뇌에서 분비되는 신비한 물질 형태. 주요 작용은 자신의 본질을 확인하려는 노력에 있으나, 그 시도가 무익한 것은 자신의 본질을 알기 위해 오직 자기 자신에게만 의존해야 한다는 사실에 기인한다.

14장

고통의 여러 뿌리들

리처드 도킨스가 쓴 『이기적 유전자』의 초판에는 그 책의 몇 가지 핵심 개념을 최초로 제안한 생물학자 로버트 트리버스의 서문이 수록되어 있다. 서문은 다음과 같은 멋진 구절로 마감된다.

다윈주의적 사회 이론은 사회적 관계의 기초에 놓인 대칭과 논리를 우리에게 보여 준다. 그 성격을 더욱 깊이 이해하면 정치적 이해를 소생시키고 심리 과학과 의학을 지적으로 지원하게 될 것이다. 또한 그 과정에서 고통의 여러 뿌리를 더욱 깊이 이해하게 될 것이다.[1]

생물학에 관한 책의 서문치고는 인상적인 주장이기도 했지만, 사실 트리버스는 의도적으로 어떤 결과를 염두에 두고 있었다. 사람들이 서로에 대해 어떻게 행동하는가를 연구하는 사회 심리학은 종종 흥미로운 현상들에 공상적인 이름을 붙여 "설명"하는 잡동사니로 끝나는 경우가 많다. 다른 과학들은 몇 개의 기본 원리로 풍부하고 자세한 예측—과학자들이 흔히 "아름답다"거나 "고상하다"는 말로 칭찬하는 이론들—을 만들어 내는 반면 사회 심리학에는 그렇게 풍부한 연역 구조가 결핍되어 있다. 트리버스는 아주 간단한 원리—유전자를 추적하라.—로 주요한 인간 관계들의 논리를 설명할 수 있음을 입증했다. 즉 우리가 부모에 대해, 자식에 대해, 형제 자매에 대해, 연인에 대해, 친구에 대해, 그리고 우리 자신에 대해 어떻게 느끼는가를 유전자로 설명할 수 있다는 것이다.² 그러나 트리버스는 그 이론이 다른 의미도 함축하고 있음을 알고 있었다.

"자연은 교수형을 좋아하는 재판관"이라는 속담이 있다. 수많은 비극이 우리의 신체적·인지적 본질에서 비롯된다. 우리의 몸은 도저히 불가능할 것 같은 물질의 배열로 이루어져 있어서, 잘못될 경우는 수없이 많고 잘될 경우는 극소수에 불과하다. 우리는 틀림없이 죽고, 또 그 사실을 알 정도로 영리하다. 우리의 마음은 존재하지도 않는 세계에 맞추어지고, 지독한 교육에 의해서만 바로잡을 수 있는 오류에 잘 빠지고, 마음에 품을 수 있는 가장 심오한 의문에 사로잡혀 속이 썩는다.

그러나 가장 고통스런 어떤 충격들은 사회적 환경—다른 사람들의 조작과 배신—에서 발생한다. 한 우화에 따르면, 전갈 한 마리가 개구리에게 강을 건너게 해 달라고 부탁하면서 독침으로 개구리를 찌르면 자기도 물에 빠져 죽게 될 터이니 절대로 찌르지 않겠다고 안심시켰다 한다. 강을 절반쯤 건넜을 때 전갈은 개구리를 찔렀고, 독침에 찔린 개구리가 왜 찔렀는지 이유를 묻자 전갈은 "그게 내 본능이야."라고 대답했다 한다. 기술적으로 말해 전갈의 이 본능은 진화를 하지 않고 지금도 그대로지만, 트리버스는 왜 인간의 본성이 마치 우화에 나오는 전갈의 본능처럼 무의미한 싸움을 피하지 못하는가를 설명했다.

생물이 때때로 서로를 해치는 것은 신비가 아니다. 진화에는 양심이 없다. 만약 어떤 생물이 포식, 협박, 기생, 탁란 등의 방법으로 다른 놈을 해쳐서 이익을 얻으면, 그 후손들은 조상의 역겨운 습관을 앞세워 생태적으로 우세한 지위를 점하게 된다. 이 때문에 "다윈주의적"이라는 말은 "무자비하다"라는 말과 동의어가 되었고, 테니슨은 자연의 모습을 피로 물든 이빨과 발톱으로 묘사했다. 인간이 정말로 이런 조건에서만 진화했다면 우리는 다음과 같은 록 음악의 가사에 동의하지 않을 수 없게 된다. "인생은 꽝이고, 게다가 우린 죽는다."

물론 인생이 항상 꽝인 것만은 아니다. 많은 생물들이 서로 협동하고 양육하고 화해하며 사는데, 특히 인간은 가족, 친구, 공동체 속에서 위안과 기쁨을 얻는다. 이것 역시 『이기적 유전자』를 비롯해 최근 발표된 이타주의적 진화에 관한 여러 책들의 내용과도 일맥 상통한다.[3] 생물이 선행을 하려는 의지를 진화시키는 데에는 몇 가지 이유가 있다. 가령 포식자를 혼란에 빠뜨리는 대형을 만들거나 서로의 부산물을 얻어먹고 살아가는 경우처럼 생물들은 서로 도우면서 자신의 이익을 추구한다. 이것을 상호 부조, 공생, 또는 협동이라 부른다. 인간의 경우에도 공통의 취미나 공통의 적을 가진 친구들은 일종의 공생 관계를 맺는다. 자식을 낳은 부부가 대표적인 예이다. 그들의 유전자가 자식이라는 하나의 꾸러미로 결합되어 있기 때문에, 한쪽에게 좋은 것은 다른 쪽에게도 좋으며 각자는 상대방의 생명과 건강을 유지하는 일에 관심을 쏟는다. 이렇게 공유된 이해를 기반으로 하여 열정적인 사랑과 부부의 사랑이 발전할 수 있다.

그리고 어떤 생물들은 자기 자신을 희생하고 다른 생물에게 이익을 주는데, 생물학자들은 이것을 이타주의라 부른다. 기술적 의미에서 이러한 이타주의는 크게 두 가지 방식으로 발전할 수 있다. 첫째, 친척끼리는 유전자를 공유하기 때문에, 친척을 돕도록 유도하는 유전자는 관대한 행동으로 자기 자신의 적합성을 희생시키면서도 그 친척의 몸 속에 있는 유전자의 생존 가능성을 높여 준다. 협력자의 희생이 수혜자에게 돌아가는 이익을 촌수에 따라 할인한 양보다 작다면, 평균적으로 그런 유전자는 생태적 우위를 점하게 된다. 가족애—자식, 형제, 부모, 조부모, 삼촌, 고모, 이모, 조카, 사촌—는 이렇게 진화한다. 이것을 연고적 이타주의라 부른다.

이타주의는 또한 생물들이 호의를 교환할 때 진화할 수 있다. 한 생물이 다른 생물을 돌보고, 먹이고, 보호하고, 지원하는 식으로 도움을 주고, 또 필요할 때에는 상대방의 도움을 받는 것이다. 이것을 호혜적 이타주의라 부른다. 당사자들이 서로를 알아보고, 반복적으로 상호 작용하고, 적은 비용으로 상대에게 큰 이익을 줄 수 있고, 제공되거나 거부된 호의를 기억하고, 그에 따라 보답을 주게끔 되어 있을 때 호혜적 이타주의가 진화할 수 있다. 호혜적 이타주의가 진화하는 이유는 협력자들이 은둔자나 염세가들보다 더 잘 살아남기 때문이다. 그들은 잉여물을 교환하고, 서로의 털에서 진드기를 잡아 주고, 서로 익사하거나 굶어죽지 않게 해 주고, 서로의 아기를 돌봐 줌으로써 발생하는 이익을 누린다. 보답자들은 또한 호의를 받기만 하고 돌려주지 않는 사기꾼들보다 최종적으로 오래 살아남을 수 있다. 사기꾼들을 알아보고 피하거나 응징하게 되기 때문이다.

호혜적 이타주의의 필요성은 왜 사회적·도덕적 감정이 진화했는가를 설명한다. 동정과 신뢰는 사람들에게 최초의 호의를 베풀게 만든다. 감사와 충성은 호의에 보답하게 만든다. 죄 의식과 수치는 다른 사람을 해치거나 호의를 배신하지 않게 만든다. 분노와 경멸은 사기꾼을 피하거나 응징하게 만든다. 그리고 인간 사회에서는 어느 개인이 호혜를 베풀거나 사기를 치려는 성향을 조금이라도 보이면 사람들은 그것을 직접 목격하지 않고도 언어로 자세히 말할 수 있다. 사람들은 뒷말과 대중적 인정 또는 비난에 담겨 전달되는 사람들의 평판에 관심을 쏟게 되고 자기 자신의 평판에도 신경을 쓰게 되는 것이다. 협력, 우정, 동맹, 공동체는 이러한 감정과 관심에 의해 형성되고 굳어진다.

많은 사람들이 이 지점에서 불안감을 느끼지만 그 불안감이 트리버스가 설명한 진화론적 비극 때문에 생기는 것은 아니다. 그것은 우리가 앞에서 마주쳤던 두 가지 오해에서 비롯된다. 첫째, 유전자가 행동에 영향을 미친다는 이 모든 이야기는 우리가 DNA의 명령을 맹목적으로 수행하는 뻐꾸기 시계이거나 자동 피아노라는 것을 의미하지 않는다. 문제의 유전자는 우리에게 양심, 신중함, 의지를 위한 신경계를 부여하는 유전자이다. 그리고 우리가 그 유전자의 선택에 대해 이야기한다는 것은 그러한 기능들이 진화할 수 있었던 다양한 방식에 대해 이야기한다는 것을 의미한다. 오해는 빈 서판과 기계 속의 유령 때문에 발생한다. 우리의 고귀한 정신적 기능들이 사회에 의해 조각되거나 태어나는 순간 영혼 속에 부여된다는 생각으로 출발한다면, 생물학자들이 유전적 영향을 언급할 때 마음에 떠오르는 첫 번째 대안은 꼭두각시나 전차 궤도가 될 것이다. 그러나 만약 학습, 이성, 선택과 같은 고도의 기능들이 뇌가 계획적으로 조직해 낸 산물이라면 그 조직화를 돕는 유전자가 있어야 하고, 그래서 어떻게 인간의 진화 과정에서 그 유전자들이 선택되었을까 하는 문제가 제기될 수 있다.

두 번째 오해는, 비용과 이익에 관한 이야기가 인간은 우정과 결혼의 유전적 장점을 냉정하게 계산하는 마키아벨리 식의 냉소주의자임을 의미한다고 상상하는 것이다. 추하다는 이유로 이러한 그림을 불쾌하게 생각하거나 비난하는 것은 궁극인과 근접인을 혼동하는 것이다. 사람들은 유전자를 걱정하는 것이 아니라, 행복, 사랑, 능력, 존경 등을 걱정한다. 비용-편익 계산은 수천 년 동안의 유전적 선택을 비유적으로 설명하는 방법이지, 인간의 뇌에서 실시간으로 벌어지는 일들을 있는 그대로 설명하는 방법이 아니다. 무정한 자연 선택의 과정이 관대하고 따뜻한 감정을 가진 뇌를 진화시키는 것을 막을 수 있는 것은 없다. 법과 소시지를 높이 평가하는 사람은 그것이 만들어지는 과정을 보지 말아야 한다는 말이 있다. 이 말은 인간의 감정에도 똑같이 적용된다.

만약 사랑과 양심이 진화할 수 있다면 인간 사회에는 왜 비극이 끊이지 않는가? 트리버스는 사회적 감정들과 유전적 이해 관계의 합류가 단지 부분적이라는 점에 주목했다. 우리는 복제물이 아니고 심지어 (유전자의 4분의 3을 공유하는) 사회성 곤충도 아니기 때문에, 궁극적으로 한 개인에게 가장 좋은 것이 궁극적으로 다른 사람에게 가장 좋은 것과 일치하지 않을 때가 많다. 따라서 모든 인간 관계는, 아무리 헌신적이고 친밀한 관계라 해도 갈등의 불씨를 안고 있는 셈이다. 영화 「개미」에서 우디 앨런 목소리의 개미는 자신의 정신을 분석하는 의사에게 다음과 같이 불평한다.

이 거대한 초유기체의 봉사 정신을 전 도저히 이해할 수가 없어요. 노력은 하지만 아무리 해도 이해가 안 돼요. 그러니까 말이죠…… 저는 집단을 위해 모든 일을 해야 하는데…… 저를 위해서는 무엇을 하지요?

대사의 유머는 자신의 후손보다는 일개미 서로를 더욱 가깝게 만드는 유전적 체계의 산물인 개미의 심리와, "나를 위해 무엇을 하는가?"를 묻게 만드는 인간 심리의 불일치에서 발생한다. 트리버스는 윌리엄 해밀턴과 조지 윌리엄스의 연구 결과를 이용해서, 사람들이 어느 선에서 그 질문을 던지게 되는지를 대수학적으로 예측했다.[4]

이 장의 나머지 부분에서는 그 믿을 수 없을 만큼 간단한 대수학과, 그 속에 내포된 의미가 인간 본성에 대한 많은 관념들을 전복시키는 과정에 대해 논의하고자 한다. 그 과정에서, 동료들에 대한 인간의 배려는 마치 어떤 배역이 배우에게 임의로 할당되는 것처럼 당사자에게 주어지는 "역할"에 의해 결정된다고 보는 빈 서판의 오류가 더욱 분명히 밝혀질 것이다. 그와 더불어 빈 서판을 믿지 않는 사람들 사이에서 흔히 발견되는 순진한 진화론의 오류도 밝혀질 것이다. 대부분의 사람들은 자연 상태에 관한 직관적 지식을 가지고 있다. 그들은 만약 우리가 자연이 "원하는 대로" 행동하면 가족은 조화로운 사회적 단위로서 기능을 할 것이고, 개인들은 종의 이익에 맞게 행동할 것이며, 사람들이 사회적 가면을 벗고 진정한 자아를 내보일 것이고, 1995년 뉴트 깅리치가 말했던 대로 남성들은 기린을 사냥하고 새끼 돼지들처럼 도랑에서 뒹굴 것이라고 생각한다.[5] 우리를 묶기도 하고 나누기도 하는 유전적 중복(genetic overlap)의 패턴들을 이해한다면 이러한 모든 종류의 단순화된 관점을 버리고 인간의 조건을 보다 자세히 이해하게 될 것이다. 사실 그러한 이해는 예술가들과 철학자들이 수천 년 동안 선보인 통찰력을 보완하는 방식으로 인간의 조건을 해명할 수 있다.

인간의 가장 두드러진 비극은 친족에 대한 감정과 친족이 아닌 사람들에 대한 감정의 차이에서 비롯된다. 그것은 이 세계의 가장 뿌리깊은 차별 중 하나이다. 사람들 간의 사랑과 결속에 대해 말하자면, 피와 물의 상대적 끈끈함은 전통 사회의 가문과 왕조에서 휴가를 떠나기 위해 가족들이 몰려드는 여름철의 공항에 이르는 인간의 모든 면에서 명백히 드러난다.[6] 그것은 또한 정성적 연구를 통해서도 입증된다. 전통 사회에서 유전적 친척들은 그들끼리 모여 살고, 서로의 밭에서 일하고, 서로를 보호하고, 가난한 집 아이나 고아를 서로 입양하는 경향이 큰 동시에, 서로 공격하고, 반목하고, 죽이는 경향은 현저히 낮다.[7] 혈족 관계가 많이 헐거워진 현대 사회에서도 두 사람의 유전적 관계가 가까울수록 서로를 돕는 경향이 큰데, 특히 생사가 걸린 상황에서는 더욱 그러하다.[8]

그러나 사랑과 결속은 상대적이다. 사람들이 친족을 더욱 배려한다는 것은 친족이 아닌 사람들에게는 더 냉담하다는 말이 된다. 로버트 라이트가 진화 심리학에 대해 쓴 책에는 그레이엄 그린의 『권력과 영광』에서 발췌한 글이 제사(題辭)로 인용되어 있다. 주인공이 자신의 딸을 염려하면서 되뇌는 말이었다. "그는 '오 신이시여, 그녀를 도와 주고 나를 저주하소서, 나는 저주받아 마땅하지만 그녀는 영원히 살게 해 주소서.'라고 말했다. 그는 이 사랑을 세상의 모든 사람에 대해 느껴야 했다. 부당하게도 한 아이를 살리는 일에만 집중된 그 모든 공포와 소망 그는 울기 시작했다.…… 그리고 생각했다. 이것이 내가 모든 사람들에게 항상 느껴야 했던 감정이었다."

가족애는 사실 우리가 세상의 모든 사람에게 느껴야 하는 이상적인 감정의 왜곡된 형태이다. 윤리 철학자들은 불이 난 건물의 오른쪽 문으로 들어가면 다수의 아이들을 구할 수 있고 왼쪽 문으로 들어가면 자신의 아이를 구할 수 있다는 딜레마를 곧잘 인용한다.[9] 부모라면 다음과 같은 의문이 들 것이다. 아무리 많은 아이라도 과연 왼쪽 문을 선택할 수 있겠는가? 사실 거의 모든 부모들은 아프리카에서 죽어 가는 아이들을 살리기 위해 돈을 기부하는 대신 자기 자식을 위해 돈을 쓰는 일(자전거, 치열 교정, 사립 학교, 대학 등)에 훨씬 더 큰 관심을 보인다. 마찬가지로 부모가 자식에게 재산을 물려주는 관습도 경제적으로 평등한 사회로 나아가는 데 가장 큰 걸림돌이라 할 수 있다. 반면에 정부가 그들의 재산을 100퍼센트 몰수할 것을 주장하는 사람은 거의 없다. 대부분의 사람들은 자식을 자기 자신의 분신으로 보고 따라서 평생 노력해서 획득한 것을 당연히 물려받을 수익자라고 생각하기 때문이다.

족벌주의는 인간의 보편적인 성향이자 대규모 조직의 보편적인 재앙이다. 그것은 세습 왕조가 지배하는 나라들을 도탄에 빠뜨리고 제3세계 정부와 기업들을 수렁에 빠뜨리는 대표적인 악습이다. 이에 대해 역사적으로 자주 등장하는 해결책은 가족적 연고가 없는 사람들, 가령 환관, 독신자, 노예, 집이 먼 사람 등에게 해당 지역의 권력을 주는 것이었다.[10] 보다 최근에 등장한 해결책은 친족 등용을 법으로 금지하거나 규제하는 것인데 그나마 그러한 규제에는 항상 타협 조항과 예외 조항이 딸려 있다. 규모가 작은 회사—종종 "가업"이나 "아버지 회사"라 불린다.—일수록 족벌주의가 심하고, 따라서 기회 평등의 원칙을 위배하고 주변 사회로부터 분노를 사는 경우가 허다하다.

한때 마오쩌둥주의자였던 B. F. 스키너는 1970년대 초에, 사람들이 집에서 가족과 함께 저녁 식사를 하는 것보다는 커다란 공동 식당에 모여 식사하는 것을 장려해야 한다고 썼다. 큰 솥이 집에서 쓰는 작은 솥보다 용적당 표면적 비율이 낮아서 열 효율이 그만큼 높기 때문이라는 것이었다. 논리는 나무랄 데 없지만, 이러한 사고 방식은 20세기에 여러 번 인간 본성과 충돌을 일으켰다. 구 소련과 중국의 집단 농장에서는 격한 반발을 불러일으켰고 이스라엘의 키부츠에서는 다소 온건한 반대에 부딪혔으며, 그 결과 자식을 부모와 떨어뜨려 양육하는 정책은 곧 철회되었다. 이스라엘 소설가 바티야 거의 한 소설에 나오는 주인공은 그런 변화를 이끌어 냈던 사회적 정서를 다음과 같이 묘사했다. "난 밤에 내 자식들을 꼭 안아 주고 싶다.…… 아이들이 악몽이라도 꿀 때에는 인터폰으로 달려가는 것이 아니라 내 침대로 들어오게 하고 싶다. 그리고 아이들이 우리 방을 찾아서 어둠 속을 헤매게 하고 싶지도 않다. 돌부리에 걸려 넘어지고 그림자를 볼 때마다 괴물이라 생각하고 결국에는 육중하게 닫힌 문 앞에 주저앉거나 아동 숙소로 다시 끌려가면 어떻게 하는가?"[11]

친족 결속에 의해 깨어진 것은 정치적 집산주의의 꿈만이 아니다. 예를 들어 저널리스트 퍼디넌드 마운트는 가족이 전 인류 역사에 파괴적인 제도였다고 기록했다. 가족적 유대는 동지와 동포를 하나로 묶는 끈을 절단하고 따라서 정부, 제식(祭式), 집단, 혁명 운동, 기성 종교에 해로운 영향을 미친다는 것이었다. 그런데 인간 본성에 공감하는 편인 놈 촘스키조차도 인간이 자식에 대해 느끼는 감정이 아는 사람들과 낯선 사람들에 대해 느끼는 감정과 질적으로 다르다는 점을 인정하지 않는다. 다음은 랩 메탈 그룹 '레이지 어게인스트 더 머신(Rage Against the Machine)'의 리드 기타리스트와의 인터뷰에서 발췌한 내용이다.

> 레이지: 또 하나 분명한 사고 방식은, 인간이 본질적으로 경쟁적이어서 자본주의가 사회를 구성하는 단 하나의 적절한 방법이라는 것인데요, 여기에 동의하십니까?
>
> 촘스키: 주위를 둘러보십시오. 예를 들어 가정에서 어느 부모가 배고프다고 자식의 음식을 훔치겠습니까? 만일 그들이 경쟁적이라면 그렇게 하겠지요. 대부분의 사회 집단을 보면 심지어 광기에 사로잡힌 집단에서도 사람들은 서로를 돕고 다른 사람을 동정하고 배려합니다. 그것이 정상적인 인간의 감정입니다.

사람들의 머리에서 그런 감정을 표출시키려면 엄청난 훈련이 필요하겠죠. 그러면 도처에서 그런 감정을 볼 수 있을 겁니다.[12]

우리가 다른 사람들을 우리의 자녀들을 대하는 것과 똑같은 방식으로 대하지 않는다면 이 대답은 그릇된 결론이 된다. 사람들은 자기 자식에 대해서는 깊이 염려하지만 사회를 구성하는 다른 수백만의 사람들에 대해서는 다른 감정을 가진다. 위의 질문과 대답은 인간이 일률적으로 경쟁적이거나 동정적이라는 틀에 얽매여 있다. 유전적 관계에 따라 다른 감정을 가질 수 있다는 사실이 배제되고 있다.

촘스키는 사람들이 선천적으로 사회 집단에 대해 형제애 같은 감정을 갖고 태어나며, 그런 감정은 훈련을 통해 표출된다고 말한다. 그러나 사실은 정반대인 듯하다. 역사의 전 기간에 걸쳐 지도자들은 사회를 하나의 집단으로 통일시키려 할 때 국민들을 훈련시켜 한 가족처럼 생각하고 가족 같은 감정을 갖게 하려고 노력했다.[13] 수많은 집단들이 결속을 다지기 위해 사용하는 말들──동포, 형제, 자매, 아버지, 시온의 아들 딸, 성모 등──은 그들이 성취하고자 하는 전형이 바로 혈족 관계라는 사실을 비유적으로 표현하고 있다. (어떤 사회도 가족을 강화하기 위해 가족을 노조, 정당이나 종교 집단에 비유하지 않는다.) 이 방법은 상당히 효과적이다. 몇몇 실험에 따르면, 사람들은 친족 관계를 이용한 비유법으로 감정에 호소하는 정치 연설에 더 쉽게 설득된다고 한다.[14]

언어적 비유는 아는 사람들을 가족처럼 대하게 만드는 한 방법일 뿐이며, 대개의 경우 이보다 더 강력한 방법이 동원된다. 앨런 피스크는 그의 민족지학 조사에서, 공동 소유(그의 네 가지 보편적 사회 관계 중 하나)가 가족 구성원들 사이에서는 자동적으로 발생하지만 다른 집단들로 확대될 때에는 정교한 관습과 이념의 작용이 있어야 한다는 사실을 증명했다.[15] 혈연이 아닌 사람들이 가족처럼 공유하기를 원할 때에는 공통의 살과 피, 공통의 조상, 영토와의 신비한 결속(모국, 선조의 땅, 조국 등이 효과적이다.)을 암시하거나 주장하는 신화를 창조한다. 그들은 성찬, 산 제물, 반복적인 의식을 통해 신화를 보강함으로써, 자아를 집단 속으로 흡수하고 그들이 개인들의 연합체가 아니라 단일한 유기체라는 인상을 창조한다. 그들의 종교에서는 소유에 대해 이야기할 때 영혼을 비롯한 정신적 결합재를 이용함으로써, 피스크에 따르면, "보통 사람들과 맺을 수 있는 것보다 더 강렬하거나 순수한 공동 소유 관계를 형성할 수 있다고 암시한다."라는 것이다.[16] 이러한 결합의 어두운 측면에는 집단사고, 종파주의, 민족적 순수성을 강조하는 신화, 즉 외부인은 집단의 순수성을 더럽히는 오염 물질이라는 사고 방식이 놓여 있다.

그러나 이러한 논의들이 비혈연자들이 서로 무자비하게 경쟁한다는 것을 뜻하지는 않는다. 단지 친족들만큼 자발적으로 협동하지 않는다는 뜻이다. 그리고 얄궂게도 결속과 공감과 혈연에 관한 그 모든 이야기에도 불구하고, 실은 가족 역시 그렇게 조화로운 단위가 아니라는 것을 알아야 한다.

∽∽

톨스토이의 유명한 문구, 즉 행복한 가족은 모두 똑같지만 불행한 가족은 제각기 다른 사연으로 불행하다는 말은 궁극인(진화적 원인)의 차원에서는 사실이 아니다. 트리버스는 모든 가족들이 겪는 불행의 씨앗이 하나의 뿌리에서 나온다고 설명했다.[17] 비록 친척들은 공통의 유전자 때문에 공통의 이해 관계를 갖지만, 가족 구성원들의 다양한 순열과 조합에 따라 중복(overlap)의 정도는 달라진다. 부모는 각각의 자식들과 50퍼센트 비율로 동등한 관계를 맺지만, 각각의 아이는 자기 자신과 100퍼센트의 관계를 맺는다. 여기에는 가족 생활의 실상, 자식에 대한 부모의 투자 현황과 관련된 미묘하지만 심오한 의미가 내포되어 있다.

부모가 투자할 수 있는 자원은 한정되어 있다. 하루는 24시간뿐이고, 단기 기억에는 정보를 저장하는 방이 네 개밖에 없으며, 지친 부모들이 늘상 지적하듯이 "내 손은 둘"뿐이다. 수명의 한쪽 끝에서 자식들은 어머니가 젖을 무한정 퍼올려 주지 못한다는 사실을 알게 되고, 반대편 끝에서 부모가 무한한 유산을 남겨주지 못하고 떠난다는 사실을 알게 된다.

사람들 간의 감정이 그들 특유의 유전적 관계를 반영하는 한에서 가족 구성원들은 부모의 자원이 어떻게 분배되어야 하는가에 대해 의견이 다를 수밖에 없다는 것이 트리버스의 주장이다. 부모는 그들의 자원을 자식들에게 공평하게—절대적으로 공평하게는 아닐지라도 받은 자원을 가지고 번성할 수 있는 각 아이의 능력에 따라—나누어 주기를 원한다. 그러나 각 아이들은 부모가 형제보다는 자기에게 두 배의 자원을 나누어 주기를 원한다. 아이들은 형제들과 절반의 유전자를 공유하고 있지만 자기 자신과는 모든 유전자를 공유하기 때문이다. 두 아이 앞에 파이 하나가 있으면 각 아이는 3분의 2와 3분의 1의 비율로 자르기를 원하는 반면 부모는 50대 50으로 자르기를 원한다는 말이 된다. 따라서 모두가 만족하는 분배는 불가능하다. 물론 부모와 자식들이 정말로 파이나 젖이나 유산을 놓고 싸운다는 뜻은 아니고(실제로 그러기도 하지만), 유전자를 놓고 싸운다는 뜻도 아니다. 문제는 인간의 진화사에서 부모의 투자가 자식의 생존에 영향을 미쳤고, 그로 인해 부모와 자식 간의 다양한 가족적 감정을 자극하는 유전자가 오늘날 우리에게 전달되었을 것이라는 점이다. 따라서 가족 구성원들이 서로에게 거는 기대가 완벽하게 일치하지 않는다는 사실을 알 수 있다.

부모와 자식 간의 갈등 그리고 그 반면(反面)인 형제간 갈등은 동물의 왕국에서도 쉽게 확인할 수 있다.[18] 한배 새끼나 한 둥지 새끼들은 때로 치명적인 싸움을 벌이고, 젖, 음식, 보살핌을 얻어내려고 어미와도 싸운다. (「개미」에서 우디 앨런 목소리의 개미는 이렇게 불평한다. "형제가 500만 명인데 중간쯤에 태어나면 누가 신경이나 쓰겠어?") 이 갈등은 태아 발생의 생리학에서도 확인할 수 있다. 태아는 어머니의 혈류를 가볍게 건드려서 최대한 많은 영양분을 얻어내려 하는 반면, 어머니의 몸은 이를 거부해서 미래의 자식들을 위해 좋은 상태를 유지하려 한다.[19] 그리고 이런 갈등은 출산 후에도 계속된다. 최근까지도 대부분의 문화권에서는 갓 태어난 아기가 완전히 발육하기 어려울 것 같으면 어머니는 손실을 막기 위해 아기를 유기하거나 돌보지 않았다.[20] 아기의 통통한 볼과 때 이르게 나타나는 표정 반응은 그러한 결정을 유리한 쪽으로 돌리기 위해 건강함을 과시하는 일종의 광고일 수 있다.[21]

그러나 가장 흥미로운 종류의 갈등은 종종 가족 드라마로 연출되는 심리적 갈등이다. 트리버스는 "사회적 관계의 기초에 놓인 대칭성"과 "사회 속에 가라앉아 있는 행위자들"을 부각시킴으로써 사회 생물학의 해방론적 성격을 은근히 드러냈다.[22] 그가 언급한 대상은 우리가 성에 관한 장에서 살펴볼 여성, 그리고 아이들이었다. 부모-자식 갈등 이론에서는 가족이 전지전능한 부모와 고분고분하고 고마워하는 자식들로 구성되어 있지 않다고 말한다. 자연 선택은 아이들에게 스스로 부모와의 투쟁을 전개할 수 있는 심리적 전술을 제공함으로써, 양자의 갈등을 영원한 승자가 없는 싸움으로 만들었다. 부모에게는 완력이라는 일시적 강점이 있지만, 아이들에게도 귀여운 짓, 칭얼거림, 짜증, 죄 의식에 사로잡히기, 동생 괴롭히기, 부모 사이 방해하기, 스스로 위험한 상황에 빠지기 등 반격의 무기가 충분하다.²³ 사람들 말대로 정신 이상은 집안 내력이다. 아이들로부터 물려받으니까.

부모가 아무리 잔소리를 하고, 아첨을 하고, 모범적인 행동을 보여도 아이들의 성격은 절대로 부모의 의도대로 형성되지 않는다.²⁴ 어린이에 관한 장에서 보겠지만, 동일 문화권이란 조건에서 한 쌍의 부모가 자식을 양육하는 효과는 놀라울 정도로 작다. 한 가정에서 자란 아이들의 성격 차는 태어날 때부터 떨어져 자란 아이들의 성격 차보다 더 크게 나타난다. 입양된 아이들은 서로 너무 다르게 자라나서, 오히려 생면부지의 사람과 더 비슷할 정도이다. 이 사실은 심리학사를 장식하고 있는 모든 이론과 정면으로 모순되지만, 단 하나의 예외가 있다. 트리버스는 다음과 같이 예측했다.

> 자식들은 부모의 욕심 없는 지도에 의존할 수 없다. 자식은 다른 방식의 조작에는 개방되어 있으면서 부모의 조작에는 어느 정도 거부하도록 사전에 프로그램되어 있다고 볼 수 있다. 부모가 자식에게 최선의 이익에 반하는 행동을 하도록 조작하기 위해 임의적인 강화 체계(처벌과 보상)를 억지로 시행하면, 자연 선택은 그런 강화 계획을 거부하는 자식의 편을 들 것이다.²⁵

아이들이 부모의 뜻대로 크지 않는다는 것은 많은 사람들이 부모 노릇을 하면서 직접 알게 되는 씁쓸한 교훈 중 하나이다. 시인 칼릴 지브란은 이렇게 썼다. "우리의 자식은 우리의 자식이 아니다. 아이들에게 사랑을 줄 수는 있지만 생각을 줄 수는 없다. 아이들에겐 그들 자신의 생각이 있기 때문이다."²⁶

부모-자식 갈등 이론을 통해 예측할 수 있는 가장 분명한 사실은, 부모가 자식들을 어떻게 대우했는가에 대한 인식이 부모와 자식 간에 완전히 다르다는 것이다. 다 자란 가족 구성원들을 대상으로 해서 실시한 연구들을 보면, 대부분의 부모는 자식들을 공정하게 키웠다고 주장하는 반면에 대다수의 자식들은 공정한 대우를 받지 못했다고 주장한다는 사실을 알게 된다.[27] 과학자들은 그것을 "스모더스 브라더스 효과"라 부른다. 이 코미디 시리즈의 주제 음악에는 두 주인공 중 멍청한 쪽이 부르는 "엄마는 항상 너만 좋아했어."라는 가사가 나온다.

부모-자식 갈등의 논리는 비슷한 연령의 형제들에게만 국한되지 않는다. 어떤 연령의 자식이든, 시간과 에너지가 허락한다면 부모가 낳을 수 있는 미래의 후손들과 암묵적으로 경쟁한다. 남자는 항상 아버지가 될 수 있고(특히 최근까지도 대부분의 사회에 존재했던 일부다처제에서) 부모는 특히 손자들에게 아낌없이 투자할 수 있기 때문에, 부모와 자식 간의 잠재적 이해 다툼은 평생에 걸쳐 지속된다. 혼담을 정할 때 부모는 결혼하는 자식의 형제나 아버지 본인에게 이익이 되는 미래의 요인들을 고려해 결혼하는 자식의 이익을 희생시키는 결정을 내릴 수 있다. 자식들과 어른들은 결혼한 자식이 집에 남아 가족을 도와야 하는가 아니면 따로 살림을 차려 독립적인 번식의 길로 들어서야 하는가에 대해 의견이 엇갈릴 수 있다. 결혼한 자식들은 새로 만든 핵가족과 과거의 대가족 사이에 시간과 에너지를 어떻게 분배해야 하는지를 결정해야 한다. 부모는 자신의 자원을 공평하게 분배할지 아니면 그 자원을 가장 잘 활용할 수 있는 자식에게 줄 것인지를 결정해야 한다.

부모와 자식 간의 그리고 형제간의 갈등은 우리 시대의 종교와 문화에서 중요한 정의로 내세우는 "가족적 가치관"을 새로운 눈으로 보게 한다. 이 교의에 따르면 가족은 부모가 자식에게 가장 유익한 가치관을 전해 줄 수 있는 사랑과 자애가 넘치는 안식처라 한다. 그런데 현대 문화의 다양한 요인들로 인해 여성은 어린 자식을 돌보는 데 더 적은 시간을 쓰고 나이 든 자식들은 가족이라는 울타리 너머로 활동 영역을 넓혔기 때문에 가족이라는 안전한 둥지는 처참히 부서지고 자식과 사회 모두 피해를 입게 되었다는 것이다. 부분적으로는 분명히 옳은 이론이다. 부모와 친척들은 어떤 타인보다도 자식의 복지에 관심이 크다. 그러나 부모-자식 갈등에는 그 이상의 의미가 내포되어 있다.

만약 어린 아이들에게 원하는 것이 무엇인지 물을 수 있다면, 틀림없이 부모가 하루 24시간 동안 자기만 돌봐 주는 것이라고 대답할 것이다. 그러나 그렇게 대답한다 하더라도 끊임없는 보살핌은 생물학적으로 모범적인 행동이 아니다. 모든 생명체에게는 한 자식에게 투자하는 것과 건강을 유지하는 것(궁극적으로 또 다른 자식에게 투자하기 위해) 사이에서 균형을 맞추어야 할 필요성이 부여되어 있다. 인간의 어머니도 예외는 아니어서, 종종 자기 자신의 생존 그리고 다른 자식들과 아직 태어나지 않은 자식들의 생존을 위해 주먹만 한 독재자의 요구를 거부해야 한다. 인류학자 세라 블래퍼 허디는 일과 육아의 교환이 능력을 갖춘 1980년대 여피족에 의해 생겨난 것이 아님을 입증했다. 수렵 채집 사회에서 여성들은 자식을 키우는 도중에 굶주리지 않기 위해 다양한 방법을 강구하는데, 여기에는 집단 내에서 지위 찾기(자식의 안녕을 보장한다.), 무리 내의 다른 여성들과 양육을 공유하기 등이 포함된다. 물론 어머니말고 아버지도 주요 자원 공급원이지만, 그들은 죽거나, 떠나거나, 생계를 책임지지 않는 등의 나쁜 습관을 가지고 있어서 어머니들은 그들에게 전적으로 의존하지 않는다.[28]

자식이 나이 들면서 부모의 지배력이 약화되는 것도 최근의 해로운 요인들 때문에 생겨난 현상이 아니다. 그것은 서구에서 오랫동안 확대되어 온 자유의 일부이며, 그 과정에서 자식들은 부모가 허락하는 것보다 더 많은 자율성을 손에 넣으려는 욕망을 키워 왔다. 전통 사회에서 자식들은 가족의 토지에 속박되고, 중매로 결혼하고, 가장의 권위에 복종해야 했다.[29] 이것은 중세에 변하기 시작했다. 역사학자들의 주장에 따르면 그 변화는 권리의 확대로 나아가는 디딤돌이 되었고, 계몽 운동으로 이어졌으며, 결국에는 봉건제와 노예제가 폐지되면서 정점에 이르렀다고 한다.[30] 오늘날 어떤 아이들이 나쁜 집단이나 대중 문화에 이끌려 방황하는 것은 분명한 사실이다. 그러나 어떤 아이들은 친구, 이웃, 교사 등에 의해 폭력적·조작적 가정에서 구출되는 것도 사실이다. 부모의 결정을 뒤집을 수 있는 의무 교육, 강제 혼인 금지 등과 같은 법률 덕분에 많은 아이들이 이익을 얻는다. 어떤 아이들은 부모가 보류하는, 가령 피임이나 직업에 관한 정보 덕분에 이익을 얻는다. 그리고 어떤 아이들은 숨막히는 문화적 빈민가를 탈출해 드넓은 현대 세계의 즐거움을 발견해야 한다. 아이작 바셰비스 싱어의 소설 『쇼샤』는 주인공이 20세기 초 바르샤바의 유대인 수용소에서 보냈던 유년을 회상하는 대목으로 시작한다.

나는 세 개의 사어—히브리어, 아람어, 이디시어—와 바빌론에서 발전한 문화, 즉 탈무드 속에서 자랐다. 내가 공부했던 교실은 선생님이 먹고 자고 그 선생님의 아내가 요리를 하던 방이었다. 거기에서 나는 산수, 지리, 물리, 화학, 역사 등의 과목들을 공부한 것이 아니라, 안식일이나 축제에 태어난 알을 지배하는 법칙*과 2,000년 전에 무너진 신전에서 올리던 희생제를 공부했다. 우리 조상들은 내가 태어나기 600~700년

---

* 안식일이나 축제일에 낳은 알은 건드리지 말아야 하고 깨지지 않도록 잘 덮어 두어야 한다는 유대 전통. 축제의 둘째 날에 낳은 알에 대해서나 축제일과 안식일이 계속되는 경우에 대해서 적용되는 다소 복잡한 법칙이 있다.

전부터 폴란드에 정착했지만 내가 아는 폴란드 말은 고작 몇 단어에 불과하다.…… 나는 모든 면에서 시대 착오적인 인물이었지만 내 자신이 그렇다는 것도 몰랐다.

싱어의 회상은 씁쓸하다기보다 회고조에 가까우며, 대부분의 가정이 억압이나 다툼보다는 보살핌과 사랑으로 충만하다는 것은 분명한 사실이다. 근접인의 차원에서, 세상에는 행복한 가족과 불행한 가족이 있으며 불행한 가족은 제각기 다른 사연으로 불행하다는 톨스토이의 말은 분명히 옳다. 그것은 유전과 운명이라는 끈으로 묶인 사람들의 화학 작용에 달려 있기 때문이다. 가족에게 고유한 갈등이 있다고 해도 가족의 결속이 인간 생활의 중심에서 밀려나는 것은 아니다. 그것은 다만, 인간의 모든 상호 작용을 지배하는 이해 관계가 가족이라는 울타리 앞에서 눈 녹듯 사라지는 것이 아님을 의미한다.

트리버스가 고찰했던 인간의 결합 중에는 남녀로 구성된 짝이 있다. 남녀 관계의 논리는 양성의 가장 근본적 차이, 즉 염색체나 배관 구조가 아니라 부모의 투자에 기인한다.[31] 포유류의 경우 수컷과 암컷의 최저 투자 한도는 아주 큰 차이를 보인다. 수컷은 몇 분 동안의 교미와 소량의 정액을 남기고 사라지지만, 암컷은 몸 속에 몇 달 동안 새끼를 품고 출산을 전후해 자양분을 공급한다. 흔히 달걀을 주는 닭과 베이컨을 주는 돼지의 공헌도를 가리켜, 전자는 참여이고 후자는 헌신이라고 말한다. 새끼를 만드는 데에는 암수 한 쌍이 필요하기 때문에 수컷의 번식은 암컷에게 접근할 수 있는 기회에 의해 제한된다. 수컷이 자손의 수를 극대화하려면 가능한 한 많은 암컷과 짝을 지어야 한다. 반면 암컷이 자손의 수를 극대화하려면 가장 우수한 수컷과 짝을 지어야 한다. 동물의 왕국에 거주하는 많은 종들이 광범위한 성적 차이—수컷은 경쟁하고 암컷은 선택한다. 또 수컷은 양을 추구하고 암컷은 질을 추구한다.—를 보이는 이유가 여기에 있다.

인간은 포유류이고 인간의 성적 행동은 린네 식 분류법의 강(綱)에 맞아떨어진다. 도널드 시먼스는 성행위에서 나타나는 성적 차이를 다음과 같은 민족지학적 기록으로 요약했다. "모든 민족들 사이에서 구애하고, 유혹하고, 수작을 걸고, 사랑의 마법을 걸고, 섹스의 대가로 선물을 주고, 매춘을 이용하는 쪽은 기본적으로 남성이다."[32] 서양 민족들에 대한 연구에서, 남성이 여성보다 압도적으로 많은 수의 성적 파트너를 찾고, 단기적인 파트너를 쉽게 선택하고, 포르노 산업의 고객이 되는 경우가 훨씬 더 많다.[33] 그러나 호모 사피엔스의 남성은 대부분의 다른 포유류의 수컷들과 다른 중요한 특징을 지닌다. 여성에게 모든 투자를 맡긴 채 떠나지 않고 함께 자식에게 투자를 한다는 것이다. 비록 자식에게 직접 자양분을 공급해 주는 기관을 제거당하긴 했지만 그래도 간접적으로 급식, 보호, 교육, 양육을 도울 수 있다. 그럼에도 남성과 여성의 최저 투자 한도는 동등하지 않다. 아기는 남편이 떠난 아내에게서는 태어날 수 있지만 아내가 떠난 남편에게서는 태어날 수 없기 때문이다. 그러나 남성의 투자가 전혀 없는 것은 아니어서 여성들도 짝짓기 시장에서 경쟁을 해야 한다. 물론 여성들은 짝짓기를 기꺼이 하려는 남성보다는 투자를 잘할 것 같은 남성(그리고 최고의 유전적 품질을 가진 남성)을 놓고 경쟁을 벌인다.

또한 섹스의 유전적 경제학은, 양성 모두가 간통 행위에 따른 유전적 보상을 받게 되어 있지만 그 이유는 부분적으로 다르다는 것을 보여 준다. 여자를 쫓아다니는 남자는 아내가 아닌 여자들을 임신시킴으로써 더 많은 자식을 만들 수 있다. 남자를 쫓아다니는 여자는 남편보다 더 우수한 유전자를 가진 남자의 아이를 임신하는 동시에 남편으로 하여금 그 아이의 양육을 돕게 함으로써 더 나은 자식을 키울 수 있다. 그러나 아내가 양쪽 세계로부터 최고의 이득을 얻을 때 남편은 양쪽 세계로부터 최악의 손실을 입게 된다. 자기 유전자의 자리를 빼앗은 다른 남자의 유전자에 투자를 해야 하기 때문이다. 따라서 우리는 아버지다운 감정의 이면, 즉 아내가 다른 남자의 아이를 갖지 못하게끔 하도록 고안된 남성의 성적 질투심을 보게 된다. 여성의 질투심은 남자의 애정이 멀어지는 것을 막는 쪽으로 기울어져 있다. 그것은 남편이 다른 여자의 자식들에게 투자하겠다는 신호이기 때문이다.[34]

양성의 생물학적 비극은 한 남자와 한 여자가 거의 하나의 유기체처럼 보일 만큼 친밀한 관계를 유지할 수 있지만 그들의 이해 관계가 갈라질 가능성도 결코 먼 곳에 있지 않다는 점에 있다. 생물학자 리처드 알렉산더의 지적에 따르면, 만약 한 부부가 결혼해서 평생 완벽한 일부일처 관계를 유지하고 각 배우자의 대가족 구성원보다는 그들의 핵가족을 충실히 보살핀다면, 그들은 동일한 유전적 이해 관계를 가질 것이고 그 유전적 이해 관계는 두 사람의 자식들을 담은 하나의 바구니 속에 실현될 것이라 한다.[35] 그렇게 이상적인 경우라면 남녀간의 사랑은 생물의 세계에서 가장 강력한 감정적 결속을 가능하게 할 것이고—"두 심장이 하나처럼 뛴다."—실제로 운이 좋은 부부들은 그렇게 산다. 그러나 불행하게도 이것은 추론일 뿐 실제로는 실현되기 힘든 가정이다. 족벌주의의 힘 때문에 배우자들은 항상 인척들에 의해 그리고 때로는 의붓자식들에 의해 사이가 벌어지게 된다. 그리고 간통의 유전적 보상은 배우자들이 항상 바람둥이들에 의해 사이가 벌어질 수 있음을 의미한다.

간통, 의붓자식, 인척 등이 부부 싸움의 주된 원인에 포함된다는 사실은 진화 생물학자들에게는 놀라운 일이 아니다.

그리고 사랑의 행위 자체가 갈등으로 충만하다는 사실도 놀라운 일이 아니다. 섹스는 우리의 신경계로부터 제공되는 가장 집중적인 신체적 기쁨이면서, 감정적으로는 왜 그렇게 상처받기 쉬운 가시덤불 같을까? 모든 사회에서 섹스는 최소한 "더러운" 짓이다. 섹스는 은밀히 행해지고, 강박 관념을 수반하며, 관습과 금기에 의해 규제된다. 섹스는 험담과 희롱의 주제이고 질투와 분노의 뇌관이다.[36] 1960년대와 1970년대의 짧은 기간에 사람들은 남녀가 고민이나 억압 없이 자유롭게 성을 즐길 수 있는 에로토피아를 꿈꿨다. 에리카 종의 소설 『날아다니는 것이 무서워(Fear of Flying)』의 주인공은 "지퍼 없는 성교", 즉 익명으로 즉석에서 죄 의식과 질투 없이 즐기는 섹스를 상상했다. 스티븐 스틸스는 "사랑하는 사람 곁에 있을 수 없다면 곁에 있는 사람을 사랑하라."라고 노래했고, 스팅은 "누군가를 사랑한다면 자유롭게 놔줘라."라고 노래했다.

그러나 스팅은 또한 "난 당신이 움직일 때마다 당신을 지켜볼 것"이라 노래했다. 이저도어 윙은 지퍼 없는 섹스가 "유니콘보다 드물다."라고 결론지었다. 심지어 어떤 일이든 가능할 것 같은 시대에도 대부분의 사람들은 식사나 대화를 하듯이 심드렁하게 섹스를 하지 못한다. 이 점에 있어서는 요즘 이른바 "후킹 업(hooking up)"이라는 이름의 일시적 성관계가 판을 치는 대학 캠퍼스도 예외가 아니다. 심리학자 엘리자베스 폴은 이 현상에 대한 조사 결과를 다음과 같이 요약한다. "일시적 섹스는 일시적이지 않다. 상처 없이 끝나는 경우가 거의 없다."[37] 여기에는 생물학적으로 깊은 이유가 있다. 섹스의 위험 중 하나가 아기인데, 아기는 기껏해야 3킬로그램 남짓밖에 안 되지만 진화론의 관점에서 보면 우리가 존재하는 이유이다. 여성은 남성과 섹스를 할 때마다, 앞으로 몇 년간 어머니로 살아야 할 가능성은 물론이고 상대방의 변덕에 따라 독신모가 될 수도 있는 도박까지도 감수해야 한다. 그리고 자신의 유한한 출산 능력의 일부를, 더 좋은 유전자를 가지고 있을지 모르는 다른 남자에게 사용할 수 있는 기회를 까먹고 이 남자의 유전자와 목적에 바쳐야 한다. 남자 입장에서는 은연중에 미래의 아기에게 자신의 땀과 노고를 바치고 있거나, 그 목적을 상대방 여성에게는 속이고 있는 셈이 된다.

게다가 이상은 눈에 보이는 두 사람 이야기에 불과하다. 에리카 종이 다른 대목에서 한탄했듯이, 침대에는 단 두 사람만 존재하지 않는다. 그들의 마음 속에는 항상 부모, 전 애인, 실제의 또는 상상의 경쟁자가 자리잡고 있다. 다시 말해, 제3자들도 성 관계의 가능한 결과에 대해 이해 관계가 있는 것이다. 남자 또는 여자의 경쟁자들은 두 사람의 섹스에 의해 부정한 남편/아내의 배우자가 되거나 이혼남/이혼녀가 되거나 차이는 신세가 되기 때문에 그들도 두 사람의 장소에 참석하고 싶어할 이유가 충분하다. 제3자들의 이해 관계는 왜 섹스가 거의 보편적으로 은밀하게 행해지는가를 설명한다. 시먼스는, 남성의 번식 성공은 여성을 손에 넣은 경우로 엄격히 제한되기 때문에 남성들 생각에 섹스는 항상 희귀한 물품이라고 지적했다. 사람들이 은밀하게 섹스를 하는 이유는, 기근이 일어났을 때 귀한 음식을 먹으려면 은밀하게 먹어야 하는 이유와 같다. 즉 위험한 질투를 자극하지 않기 위해서이다.[38]

침대가 아무리 북적대도 두 사람의 아이는 또 다른 두 남자와 두 여자의 손자이다. 부모는 자식의 번식에 관심을 가진다. 결국 자기 자신의 번식도 되기 때문이다. 한술 더 떠 여성의 번식 능력은 귀중하기 때문에 전통적인 가부장적 사회에서는 여성을 지배하는 남성들 즉 아버지나 형제들에게 고가의 자원이 된다. 그들은 딸이나 여동생을 또 다른 아내나 필요한 재물과 교환할 수 있기 때문에, 그녀가 다른 남자의 아기를 임신하지 못하도록 자신의 재산을 보호하는 일에 관심을 기울인다. 이렇게 해서 남편이나 남자 친구뿐 아니라 여자의 아버지와 형제들도 여성의 성행위에 독점적 이해를 갖는 것이다.[39] 서양인들은 1995년부터 2001년까지 아프가니스탄의 탈레반 정권이 여성들을 억압한 사례를 보고 치를 떨었다. 그들은 부르카를 뒤집어썼고, 고용과 학교 교육이 금지되었으며, 혼자 외출하는 것도 허락되지 않았다. 월슨과 댈리는 그 같은 의도─남성에게 아내와 딸의 성을 지배할 수 있게 하는 것─를 가진 법과 관습이 역사의 전 기간에 우리 사회를 비롯한 많은 사회에서 공통적이었다는 사실을 입증했다.[40] 10대 딸을 둔 아버지들 중에는 부르카가 나쁜 것만은 아니라는 생각을 잠깐이라도 한 사람이 많았다.

따라서 우리 시대의 특징인 섹스의 휘발성은 분명한 역설이다. 피임과 여성의 권리를 강조하는 이 시대에 그렇게 케케묵은 조건들은 우리의 감정에 아무런 영향도 미치지 말아야 하기 때문이다. 다시 말해 우리는 곁에 있는 사람과 거리낌 없는 사랑을 나누어야 하고, 식사나 대화처럼 섹스도 더 이상은 험담, 음악, 소설, 저속한 유머, 강렬한 감정을 자극하지 말아야 한다. 사람들이 아기와 관련된 다윈주의적 경제학 때문에 고통 받는다는 사실은 인간 본성의 끈질긴 영향력을 보여 주는 증거이다.

∽∽∽

혈연이나 자식에 매여 있지 않은 사람들은 어떠한가? 인간이 자신과 무관한 사람들을 위해 희생을 한다는 사실은 의심할 여지가 없다. 그러나 그렇게 하는 데에는 두 가지 측면이 있다.

개미처럼 인간도 집단을 위해 무슨 일이든 하는 멸사봉공의 초유기체 집단일 수 있다. 인간이 본능적으로 집단적이라는 생각은 고상한 야만인의 사랑학에서 중요한 개념이다. "원시 공산주의"가 최초의 사회 체제였다는 생각은 엥겔스와 마르크스의 이론에 등장했고, 표트르 크로포트킨의 무정부주의에 등장했으며(그는 "개미와 흰개미는 '홉스 식의 투쟁'을 포기했고 그 때문에 더욱 좋아졌다."라고 썼다), 1960년대의 인간 가족 이상주의에도 등장했고, 르원틴과 촘스키 같은 현대 급진주의 과학자들의 글에도 등장했다.[41] 일부 급진주의 과학자들은 인간은 누구나 섬이라는 아인 랜드(Ayn Rand) 식의 개인주의를 유일한 대안으로 생각한다. 예를 들어 스티븐 로즈와 사회학자 힐러리 로즈는 진화 심리학을 "민중에 대한 우익 자유주의의 공격"이라 규정했다.[42] 이 비난은 현실적으로 옳지 못하고—정치학에 관한 장에서 보겠지만, 많은 진화 심리학자들이 정치적으로 좌익이다.—개념적으로도 옳지 못하다. 낭만적 집산주의의 진정한 대안은 "우익 자유주의"가 아니라, 사회적 관대함은 호혜의 논리에서 발생하는 복합적인 사고와 감정에서 나온다는 인식이다. 그러한 심리는 사회성 곤충, 인간 가족, 그리고 가족인 척하는 숭배 집단들의 공동 소유와는 아주 큰 차이가 있다.[43]

트리버스는 공공심을 기초한 순수한 이타주의—집단이나 종의 이익을 위해 자신을 희생하려는 욕구로—가 비혈연자들 사이에서는 진화하기 어렵다는 윌리엄스와 해밀턴의 주장에 의거했다. 그러한 이타주의는 타인의 선행을 이용하고 보답하지 않는 사기꾼들의 공격에 취약하다는 것이 그들의 근거였다. 그러나 앞에서 언급했듯이, 트리버스는 또한 신중한 호혜적 이타주의가 진화할 수 있음을 보였다. 남들과 도움을 주고받는 동시에 도움을 주지 않는 사람들을 피하거나 응징하는 호혜주의자들은 남들과의 거래에서 이득을 얻고 개인주의자, 사기꾼, 순수한 이타주의자들과의 경쟁에서 승리한다.[44] 인간은 호혜적 이타주의의 요구에 맞는 자질을 갖추고 있다. 인간은 상대방을 개인으로 기억하는 능력을 지니고 있고(뇌에는 그 일을 전담하는 부위가 있다고 추정된다.), 사기꾼을 알아보고 기억하는 독수리 같은 눈과 끈끈이주걱 같은 기억을 가지고 있다.[45] 또한 도덕적 감정—호감, 동정, 감사, 죄 의식, 수치, 분노 등—을 지니고 있어서, 컴퓨터 시뮬레이션과 수학적 모델을 가동해 호혜적 이타주의 전략을 섬뜩할 정도로 치밀하게 구사한다. 실험을 통해 확인한 바에 따르면, 사람들이 이방인을 가장 돕고 싶어하는 경우는, 적은 비용으로 그를 도울 수 있을 때, 그에게 도움이 필요할 때, 그리고 그가 보답을 할 수 있는 위치에 있을 때라고 한다.[46] 사람들은 자기에게 호의를 베푸는 사람, 자기가 좋아하는 사람에게 호의를 베푸는 사람, 베풀 수 있는 호의를 베풀지 않았을 때 죄 의식을 느끼는 사람, 자기에게 호의를 베풀지 않은 사람을 응징해 주는 사람을 좋아한다.[47]

호혜 정신은 일대일 교환을 조종할 뿐 아니라, 가령 혼자 먹기에 너무 큰 동물을 사냥꾼이 사냥할 때, 모든 사람의 배를 지켜 주는 등대를 세울 때, 무리를 지어 이웃을 침략할 때, 또는 침략자를 물리칠 때처럼, 공익에 기여하는 행동도 조종한다. 공익에 필수적으로 수반하는 문제는 이솝 우화 「누가 고양이 목에 방울을 달까?」에 잘 나타나 있다. 고양이 목에 방울을 달면 고양이가 가까이 왔을 때 경고음이 나기 때문에 좋을 것이라는 데 한 집 안의 쥐들이 모두 동의하지만, 어떤 쥐도 생명의 위험을 무릅쓰고 방울을 매달려 하지 않는다. 그럼에도 고양이 목에 방울을 달려는 자발성—즉 공익에 기여하려는 마음—은, 만약 그 부담을 짊어지는 사람에게 보상을 해 주겠다는 자발성이나 그 부담을 회피하는 사기꾼에게 응징을 내리겠다는 자발성이 수반한다면 진화할 수 있다.[48]

호혜적 이타주의의 비극은 비혈연자들을 위한 희생이 불안, 불신, 죄 의식, 수치, 분노 같은 불쾌한 감정들의 망이 없으면 존재할 수 없다는 점에 있다. 저널리스트 매트 리들리는 협동의 진화에 관한 연구에서 이렇게 표현했다.

호혜는 다모클레스의 검*처럼 모든 인간의 머리 위에 아슬아슬하게 매달려 있다. 그가 나를 파티에 오라고 초대했으니 그의 책에 대해 좋은 평론을 써야겠다. 그들은 우리 집에서 저녁 식사를 두 번이나 했지만 나를 한 번도 초대하지 않았다. 그를 위해 이것을 해 주면 그는 나에게 무엇을 해 줄 수 있는가? 나를 위해 이 일을 해 주면 나중에 꼭 보답해 줌세. 나는 그에 대한 보답으로 무엇을 했는가? 나도 자네 도움이 필요할 거야. 의리, 신세, 호의, 계약, 교환, 거래…… 우리의 언어와 삶에는 호혜의 개념들이 깊이 스며들어 있다.[49]

다모클레스의 검에 주목해 이타주의를 연구한 행동 경제학자들은, 인간이 고전 경제학 이론에서 말하는 비도덕적인 이기주의자도 아니고 유토피아적 환상에 잘 어울리는 공동체주의자도 아님을 밝혔다. 예를 들어 최후 통첩 게임(Ultimatum Game)이란 것이 있는데, 한쪽 참가자는 자기와 다른 참가자를 위해 거액의 돈을 나눌 수 있고 다른 참가자는 그것을 받거나 거부할 수 있다. 만약 그가 거부하면 두 사람은 한 푼도 가질 수 없다. 이기적인 제안자라면 최대한 큰 몫을 챙길 것이고, 이기적인 응답자라면 아무리 적은 액수라도 아예 한 푼도 못 받는 것보다는 나을 테니 받겠다고 할 것이다. 실제로 제안자는 거의 절반에 가까운 몫을 제시하는 경향을 보인다. 그리고 응답자는 제시액이 절반에 크게 못 미치면 타협하지 않는다. 응답자는 정의로운 분노의 감정에 사로잡히는

* 시라쿠사의 왕 디오니시오스 1세는 왕위의 행복을 찬양하는 다모클레스를 왕좌에 앉히고 그 머리 위에 머리카락 한 가닥으로 칼을 매달아 지배자의 신변이 얼마나 위험한 것인지를 느끼게 했다.

듯하고, 그에 따라 이기적인 제안자를 응징하는 것이다. 제안자는 이것을 예상하고, 상대가 수용할 만큼 관대한 액수를 제시한다. 제안자의 관대함이 악의적인 반응에 대한 두려움 때문에 생겨난다는 사실은 이 실험을 변형한 두 실험을 통해 확인할 수 있다. 독재자 게임(Dictator game)에서 제안자는 두 참가자가 나누어 가질 액수를 마음대로 정하고 응답자는 그에 대해 아무것도 할 수 없다. 보복에 대한 두려움이 없으므로 제안자는 훨씬 인색한 액수를 제시한다. 그러나 제시액은 예상보다 관대하게 책정된다. 제안자가 나중에 인색하다는 평판에 발목을 잡힐 것을 두려워하기 때문이다. 이것을 알 수 있는 것은 이중맹검* 독재자 게임(Double-Blind Dictator game)을 통해서이다. 이 게임에서는 여러 명의 참가자들이 봉인한 액수를 제시하기 때문에 응답자나 실험자는 누가 얼마를 제시했는지 알지 못한다. 이 실험에서 관대함의 정도는 뚝 떨어진다. 대다수의 제안자는 전액을 독차지한다.[50]

그리고 공익 게임(Public game)에서는 참가자 전원이 자발적으로 돈을 내서 공동 출자금을 만들고 실험자가 그것을 두 배로 만들어 주면 참가자들은 출자한 액수에 상관없이 그 돈을 공평하게 나누어 가진다. 각 참가자가 개인적으로 구사할 수 있는 최상의 전략은 자기는 한 푼도 내지 않고 다른 사람들이 출자한 돈에서 자기 몫을 챙기는 무임 승차이다. 물론 모든 참가자가 그렇게 생각한다면 돈은 모아지지 않을 것이고 참가자들은 한 푼도 손에 넣지 못할 것이다. 집단 전체를 위한 최상의 전략은 참가자들이 가진 돈 전부를 출자해서 두 배로 받는 방법이다. 그러나 게임이 반복되면 참가자들은 저마다 무임 승차를 하려 해서 공동 출자금은 0으로 떨어진다. 반면에 마음대로 출자를 하게 하는 동시에 출자

* 피실험자만 모르고 하는 단순맹검(單純盲檢)과 대조되는 실험 방법이다.

하지 않는 사람에게 벌금을 물리면, 사람들은 양심의 가책 때문에 겁쟁이가 되어 거의 모두가 공동의 이익에 자기 몫을 출자하고 결국 모두가 이익을 얻게 된다.⁵¹ 사회 심리학자들도 이와 비슷한 현상을 "사회적 태만(social loafing)"이라는 이름으로 기록해 왔다. 집단에 속한 사람들은 줄을 덜 세게 당기고, 박수를 덜 열심히 치고, 아이디어를 더 적게 내놓는다. 그러나 집단적 이익에 기여하는 자신의 노력이 감시당하고 있다고 생각하면 상황은 달라진다.⁵²

이 실험들은 인위적이라 할 수도 있지만, 그 속에서 확인되는 동기들은 이른바 유토피아 공동체라고 하는 실험적 현실에서도 똑같이 작용했다. 19세기와 20세기 초의 몇 십 년 동안 미국 전역에는 공동 소유 철학을 기초로 해 자급자족하는 생활 공동체들이 생겨났다. 모든 공동체가 내부적 갈등으로 붕괴되었는데, 사회주의 이념을 따르던 공동체는 평균 2년 후에, 종교적 이념을 따르던 공동체는 평균 20년 후에 붕괴되었다.⁵³ 이스라엘의 공동 집단 농장 키부츠는 사회주의와 시오니즘에 의해 탄생한 이후 수십 년 동안 집산주의 철학과 함께 꾸준히 해체의 길을 걸었다. 구성원들은 가족과 함께 생활하고, 그들 자신의 옷을 입고, 키부츠 밖에서 얻은 작은 사치품과 돈을 소유하기를 원했다. 그리고 무임 승차 때문에 발생하는 비효율성도 치명적이었다. 한 키부츠 단원의 말을 빌리면 농장은 "기생충의 낙원"이었다.⁵⁴

다른 문화에서도 관대함은 복잡한 정신적 계산을 거친다. 앞에서 소개한 피스크의 민족지학 연구에 따르면 공동 소유 정신은 주로 가족 내에서 (그리고 축제 같은 한정된 행사에서) 자발적으로 발생한다. 평등 일치—즉 호혜적 이타주의—는 보다 먼 친척들과 비혈연자들 사이에서 통하는 일상적인 상호 작용의 표준이다.⁵⁵ 가능한 예외는 위험한 사냥을 함께 했던 수렵자 무리들이 사냥감을 공동 소유하고 그 고기를 분배하는 경우이다.[56] 그러나 이때에도 무조건적인 관대함이 적용되는 것이 아니어서, 사냥감 분배에는 "날카로운 적대감"이 깔린다.[57] 일반적으로 사냥꾼들은 잡은 것을 다른 사람에게 빼앗기지 않고 지키기가 쉽지 않기 때문에, 자기 몫을 분배받으려고 애쓰기보다는 다른 사람들이 그의 몫을 징발해도 묵묵히 지켜보는 편이다. 그들의 노력은 일종의 공익으로 간주되기 때문에 만약 징발을 거부하면 험담과 추방의 주인공이 되고, 징발을 받아들이면 (성적 파트너를 얻을 수 있는) 특권이라는 보상을 얻을 뿐 아니라 음식이 돌 때 자기 몫을 돌려받을 수도 있다. 우리 문화의 마지막 식량 수집인들 사이에서도 그와 비슷한 심리가 발견된다. 세바스천 융거의 「완벽한 폭풍(The Perfect Storm)」*에는 다음과 같은 대목이 나온다.

황새치를 낚는 트롤선의 선장들은 높은 바다 한가운데서 필요할 때마다 서로를 돕는다. 서로 엔진 부품을 빌려 주고, 기술적인 조언을 해 주고, 식량이나 연료를 아무런 대가 없이 준다. 수십 척의 배들이 상하기 쉬운 상품을 싣고 시장으로 치달리는 경쟁 속에서도 다행히 서로에 대한 특유의 관심은 죽지 않았다. 굉장히 고상해 보일 수도 있지만 사실, 적어도 전적으로는 그렇지 않다. 그것은 또한 자기 이익을 위해서이다. 선장들은 연료 분사 장치가 얼거나 유압 장치가 누출되는 사고를 다음 번엔 자기가 당할 수 있음을 알고 있다.[58]

1952년 애슐리 몬터규를 시작으로 집산주의에 공감하는 사상가들은 무제한적인 관대함이 들어설 공간을 확보하기 위해 집단 선택이란 개념

---

* 이것은 영화 제목이다. 원작 소설의 제목은 "Der Sturm. Die letzte Fahrt der Andrea Gail(폭풍. 트롤선 안드레아 게일의 마지막 항해)"이다.

에 의존하고 있다. 집단 선택은 개별 생물들 간의 경쟁이 아닌 생물 집단 간의 다원주의적 경쟁을 말한다.[59] 그들의 희망은 이렇다. 공동의 이익을 위해 구성원들이 자신의 이익을 희생하는 집단은 모든 인간이 자기 자신을 위해 사는 집단보다 경쟁의 우위에 서게 되고, 그 결과 관대한 충동이 종 전체에 퍼지게 된다는 것이다. 윌리엄스는 1966년 그 희망에 찬물을 끼얹었다. 그는 유전적으로 고정되고 밀봉되어 있는 집단이 아니라면 돌연변이나 이주자가 끊임없이 침투하기 마련이라는 사실을 지적했다.[60] 이기적인 침투자는 곧 후손들을 통해 그 집단을 점령하는데, 후손들은 자신은 희생하지 않고 다른 이들의 희생에서 오는 이익을 수확함으로써 수적 우위를 점하게 된다. 이런 일은, 그 집단이 이웃 집단들을 물리칠 수 있을 만큼 내적 응집력을 증대시키거나 새로운 후손 집단들이 자라서 그 과정을 되풀이할 수 있기 훨씬 전에 발생한다.

"집단 선택"이란 용어는 지금도 진화 생물학에 남아 있지만, 대개는 몬터규가 생각했던 것과는 다른 의미로 사용되고 있다. 집단은 분명 우리가 진화했던 환경의 일부이며, 우리 조상들은 집단의 번영을 가능하게 했던, 가령 자신의 평판에 대한 관심 같은 특성들을 진화시켰다. 때로는 개인의 이익과 집단의 이익이 일치할 수 있다. 예를 들어 집단이 적에게 섬멸당하지 않으면 양쪽 다 이익을 본다. 어떤 이론가들은 공익에 기여하지 않는 무임 승객을 응징하려는 의도를 집단 선택으로 설명한다.[61] 생물학자 데이비드 슬론 윌슨과 철학자 엘리엇 소버는 최근 "집단"의 의미를 호혜자들의 집합으로 새롭게 정의했는데, 그것은 집단 선택이라는 이론 자체의 대안을 제공한 것이 아니라 트리버스의 이론을 설명하는 대안적 언어를 제공한 것이었다.[62] 이제 집단들 사이에서의 선택이 무조건적인 자기 희생을 진화시켰다는 최초의 이론을 믿는 사람은 없다. 윌리엄스가 밝힌 이론상의 문제를 제외하더라도 경험적 차원에서 우리는 가령 거짓말, 짝을 구하기 위한 경쟁, 연애 행각, 질투, 지배권을 위한 싸움처럼 집단을 희생하고 자기 이익을 추구하는 행위가 모든 문화에 만연해 있다는 사실을 알고 있다.

어쨌든 집단 선택에는 그 기분 좋은 명성만큼의 가치가 없다. 그것이 집단 구성원들에 대한 관대함을 부여하는지 어떤지는 차치하더라도, 다른 집단의 구성원들을 증오하게 만드는 것은 분명하다. 왜냐하면 한 집단을 경쟁 집단들보다 우월하게 만드는 특성이라면 어느 것이든 선호할 것이기 때문이다. (나치즘이 집단 선택에 기초한 다원주의적 변형이었다는 사실을 기억해 보자.) 이것은 집단 선택이 틀렸다는 의미가 아니라, 정치적 입맛에 맞는다는 이유로 과학 이론에 찬성하면 기대에 어긋난 결과를 얻게 된다는 것을 의미한다. 윌리엄스는 이렇게 표현했다. "〔집단 간의 경쟁이란 차원에서의〕 자연 선택이 개인 간의 경쟁이란 차원에서의 자연 선택보다 도덕적으로 우월하다는 주장을 인간에게 적용하면, 계획적인 대량 학살이 무작위의 살인보다 도덕적으로 우월하다는 뜻이 된다."[63]

∽∽∽

사람들은 호의에 보답하고 사기꾼을 응징하는 것에 그치지 않고 동료들을 위해 그 이상의 행위들을 한다. 사람들은 종종 보답을 전혀 바라지 않고 관대한 행동을 하는데, 그 범위는 처음 들른 식당에 팁을 남겨 두는 행위에서부터 동료들을 구하기 위해 수류탄 위에 몸을 던지는 행위까지 다양하다. 경제학자 로버트 프랭크와 잭 허쉬라이퍼와 함께, 트리버스는 사람들이 유리할 때에만 친구인 사람과 진정으로 충실한 동맹자를 구별하기 위해 노력하는 환경에서는 순수한 아량이 발전할 수 있음을 지적한다.[64] 진정한 충성과 관대함의 표시는 상대방이 자신에 대한 의무를 게을리할지 모른다는 걱정을 줄임으로써 약속을 보증하는 역할을 한다. 의심하는 사람에게 나는 믿을 만하고 관대하니 걱정하지 말라고 확신을 주는 가장 좋은 방법은 믿을 만하고 관대하게 행동하는 것이다.

물론 그런 미덕은 인간의 상호 작용을 지배하는 우세한 행동 양식이 아니다. 그렇지 않다면 우리는 공정한 교환(화폐, 금전 등록기, 은행, 회계, 청구서, 법원 등)과 자율적인 경제 체제를 유지하기 위해 만들어진 거대한 사회 장치들 없이도 잘 살아갈 것이다. 정반대 쪽에서 인간은 또한 다른 사람을 희생시키고 이익을 얻는 철저한 배신 행위들——절도, 사기, 부당 취득, 살인——을 저지른다. 양심의 흔적이 전혀 없는 정신병질자들이 가장 극단적인 예이지만, 사회 심리학자들은 외적으로 정신병의 흔적이 없어 보이는 많은 개인들의 마음 속에 이른바 마키아벨리적 특성들이 있음을 기록해 왔다.[65] 물론 대부분의 사람들은 중간 범위에 속해 있어서, 호혜 정신, 순수한 관대함, 탐욕이 뒤섞인 양상을 보인다.

왜 사람들은 그 넓은 스펙트럼 전체에 분포해 있는 것일까? 어쩌면 우리는 눈앞의 유혹과 위협에 따라 성인도 되고 죄인도 되는지 모른다. 어쩌면 양육 초기에 또는 또래 집단의 영향 때문에 어느 한쪽 길로 정해지는지 모른다. 혹은 인성을 발달시키는 방법과 관련된 조건적 전략들이 갖추어진 데크(deck)를 갖고 태어나서 이른 시기에 어느 길을 선택하는지 모른다. 가령, 자신이 멋지고 매력적이라고 생각하면 조종자가 되어 보거나, 체구가 크고 당당하면 골목대장이 되어 보거나, 관대한 사람들에게 둘러싸여 있으면 똑같이 관대하게 행동하는 식이다. 어쩌면 우리는 유전자에 의해 비열한 쪽이나 착한 쪽으로 이끌리도록 정해져 있는지 모른다. 어쩌면 인간의 발달은 복권과 같아서 운명이 우리의 성격을 무작위로 배정해 주는 것인지 모른다. 우리의 차이는 이런 요소들로부터 또는 그 혼성으로 태어난 요소들로부터 발생할 가능성이 아주 높다. 예를 들어 충분한 수의 친구들과 이웃들이 관대하다면 누구나 관대한 감정을 발달시키겠지만, 그 기능의 역*이나 그 기능을 배가시키는 인자는 유전이나 무작위에 의해 사람마다 달라질 수 있다. 어떤 사람에게는 착한 이웃이 몇 명만 있어도 착하게 자라는 반면 어떤 사람에게는 과반수가 필요하다.

유전자도 틀림없는 요인이다. 양심, 상냥함, 신경증, 정신병질, 범죄 행동은 (완전히는 아니지만) 상당히 유전적이고, 이타심 역시 그럴 가능성이 높다.[66] 그러나 이것은 단지 최초의 질문—왜 사람들은 저마다 이기심의 정도가 다른가?—을 다른 질문으로 대체할 뿐이다. 자연 선택은 적응 특성에 있어 한 종의 구성원들을 동일하게 만드는 경향이 있다. 한 특성의 두 가지 형태 중 더 나은 것이 선택되고 그렇지 않은 것은 도태되기 때문이다. 대부분의 진화 심리학자들이 사람들 간의 체계적인 차이를 환경 탓으로 돌리고, 단지 무작위적 차이만을 유전자 탓으로 돌리는 이유가 여기에 있다. 이 유전적 소음의 원인은 최소한 두 가지이다. 첫째, 게놈 안에는 항상 녹이 발생한다. 즉 무작위적 돌연변이들이 끊임없이 기어 들어오는데 자연 선택은 단지 느리고 불균등하게 그것을 제거한다.[67] 둘째, 우리의 세포와 세포 조직에 침투하기 위해 끊임없이 진화하는 기생충보다 한 발 앞설 수 있도록 자연 선택은 분자 변이성을 선호한다. 몸과 뇌 전체의 기능적 차이는 이렇게 단백질 배열이 뒤섞이는 과정의 부산물일 수 있다.[68]

그러나 호혜적 이타주의 이론은 다른 가능성을 제기한다. 사람들의 사회적 감정에서 볼 수 있는 유전적 차이 중 어떤 것들은 체계적이라는 것이다. 자연 선택이 변이성을 감소시킨다는 규칙에는 한 가지 예외가

* threshold. 자극에 대한 심리 반응이 시작되거나 소실되는 경계를 말한다.

있다. 최상의 전략이 다른 유기체들이 어떻게 하는가에 따라 달라질 때이다. 가위바위보가 그런 종류의 게임이고, 출근할 때 어느 길로 갈 것인가를 결정하는 경우도 그와 비슷하다. 출근하는 사람들이 정체된 도로를 피해 통행이 적은 길을 선택하기 시작하면 그 길 역시 정체가 시작된다. 그래서 많은 사람들이 최초의 도로를 선택하면 다시 정체가 심해지고, 그러면 또 다른 사람들이 두 번째 길을 선택하는 것이다. 출근하는 사람들은 결국 일정한 비율로 두 길로 나뉘게 된다. 이와 똑같은 일이 진화에도 발생할 수 있는데, 우리는 그것을 빈도 의존성(frequency-dependent) 선택이라 부른다.

호혜적 이타주의의 필연적 결과로서 수많은 시뮬레이션을 통해 입증된 사실이 하나 있는데, 빈도 의존성 선택으로부터 여러 전략의 일시적 또는 영구적 혼합체가 만들어질 수 있다는 것이다. 예를 들어, 특정 인구 집단 내에서 호혜자들이 우위를 점한다 해도 때로는 사기꾼들이 소수로 잔존하기 때문에, 사기꾼들이 다른 사기꾼을 자주 만날 정도로(그래서 손해가 이득보다 커질 정도로—옮긴이) 혹은 호혜자들이 그들의 존재를 알아보고 응징할 정도로 수가 많아지지 않는 한 그들은 호혜자들의 관대함을 이용할 것이다. 인구 집단이 결국 동질화될 것인가 아니면 전략적 혼합체가 될 것인가는, 어떤 전략들이 경쟁하고 있는가, 어느 전략이 수적으로 더 우세해지기 시작하는가, 전략이 얼마나 쉽게 들어오고 나가는가, 그리고 협동에 대한 보답과 사기에 대한 보복이 무엇인가에 따라 결정된다.[69]

우리는 지금 흥미로운 유사성을 목격하고 있다. 현실 세계에서 사람들의 이기적 성향은 유전에 따라 다르게 나타난다. 이타주의 진화의 모델에서는 행위자들의 이기적 성향이 서로 다르게 진화한다. 우연의 일치일 수도 있지만, 아마 그렇지 않을 것이다. 몇몇 생물학자들은 정신병질이 빈도 의존성 선택에 의해 진화한 사기 전략의 하나라는 증거를 제시하고 있다.[70] 통계적 분석이 보여 주는 바에 따르면 정신병질자는 한두 가지 특성의 결핍이나 부족 때문에 그렇게 되었다기보다는, 다른 사람들과 분명히 다른, 여러 가지 특성들의 뚜렷한 결합(외적인 매력, 충동적 감정, 무책임, 정서적 무감각, 죄 의식 결핍, 거짓말, 착취 성향)을 보인다고 한다.[71] 그리고 많은 정신병질자들이 생물학적 소음 때문에 생기는 미묘한 신체적 기형을 전혀 보이지 않는다는 점은, 정신병질이 반드시 생물학적 실수가 아니라는 사실을 암시한다.[72] 심리학자 린다 밀리는 최소한 두 부류의 정신병질자가 빈도 의존성 선택에 의해 생겨났다고 주장한다. 한 부류는 성장 배경에 상관없이 유전적으로 정신병질 성향을 갖게 되는 사람들이다. 또 한 부류는 특정한 환경에서만, 즉 자신이 사회적 경쟁에서 불리한 위치에 있다고 인식할 때에나 반사회적 또래 집단에서 편안함을 느낄 때에만 정신병질 성향을 보이는 사람들이다.

개인에 따라 빈약한 양심을 갖고 태어날 수 있다는 가능성은 고상한 야만인 교의에 정면으로 위배된다. 그런 말을 들으면 타고난 범죄자나 악의 자손 같은 고리타분한 개념들이 떠오른다. 그것은 이미 20세기 지식인들에 의해 깨끗이 지워졌으며, 모든 범죄자는 가난이나 열악한 양육의 희생자라는 신념으로 대체되었다. 1970년대 말 노먼 메일러는 '잭 헨리 애벗'이라는 이름의 한 죄수로부터 편지 한 통을 받았다. 애벗은 수표 위조에서 감방 동료 살인에 이르는 수많은 범죄로 대부분의 생애를 감옥에서 보냈다. 당시 메일러는 '게리 길모어'라는 살인자에 관한 책을 쓰고 있었는데, 그런 메일러에게 애벗은 살인자의 사고 방식을 이해하는 데 도움이 된다면 자신의 수감 일기와 사법 제도에 대한 신랄한 비판을 보여 주겠다고 제안했다. 애벗의 글에 감탄한 메일러는 그를 뛰어난 신예 작가이자 사상가, 즉 "혁명이 아니면 탄생할 수 없는 훌륭한 세상에서 사람들이 보다 고상한 인간 관계를 맺고 살기를 열렬히 바라는 지성인, 급진주의자, 잠재적 지도자"라고 선언했다. 그는 애벗의 편지들을 《뉴욕 서평(New York Review of Books)》에, 그리고 1980년에는 『짐승의 배 안에서(In the Belly of the Beast)』라는 책으로 발표했다. 다음은 애벗이 사람을 찔러 죽일 때 어떤 느낌이 들었는가를 설명하는 글의 일부이다.

손에 든 칼을 통해 그의 생명이 부르르 떨려 온다. 격렬한 살인 행위 중간에 느껴지는 그 부드러움에 나는 거의 정신을 잃는다.…… 끝장을 내려면 그와 함께 바닥에 쓰러져야 한다. 마치 달구어진 버터를 자르는 것처럼 아무런 저항도 느껴지지 않는다. 놈들은 마지막 순간에 항상 이렇게 속삭인다. "제발." 그럴 때는 자기를 죽이지 말라고 애원하는 것이 아니라 제대로 죽여 달라고 애원하는 듯한 기묘한 느낌이 든다.

애벗의 얼굴 전체에 "정신병질자"라고 휜히 쓰여 있는 것을 본 교도소 담당 의사들이 이의 신청을 제기했지만, 메일러를 비롯한 뉴욕의 문학인들은 결국 그에게 때 이른 가석방을 안겼다. 애벗은 곧 문학 행사와 만찬에 초빙되었다. 사람들은 그를 솔제니친과 야코보 티메르만에 비유했고, 《굿모닝 아메리카》와 《피플》은 그를 인터뷰했다. 2주 후 뉴욕의 한 카페에서 그는 종업원으로 일하던 야심 찬 젊은 극작가와 싸움을 벌이게 되었다. 젊은 종업원은 애벗에게 직원 전용 화장실을 사용하지 말라고 요구했다. 애벗은 그에게 식당 밖으로 나오라고 한 다음 그의 가슴을 찔렀다. 종업원은 거리에서 피를 흘리며 죽었다.[73]

정신병질자들은 영리하고 매력적일 수 있어서, 메일러는 1960년대와 1970년대에 그런 모습에 깜박 속았던 많은 지식인들(정치적 배경이 다양했다.) 중 가장 최근의 예에 불과했다. 1973년 윌리엄 F. 버클리는, 15세 소녀에게 성 희롱을 하고 돌로 소녀의 머리를 내리친 죄로 수감되어 있던 에드거 스미스의 조기 가석방을 도왔다. 범죄를 고백하겠다는 조건으로 자유를 얻은 스미스는 전국에 방영되던 텔레비전 프로그램에서 버클리와 인터뷰하는 도중, 돌연 그 약속을 취소했다. 3년 후 그는 또 다른 젊은 여성을 돌로 때린 죄로 체포되었고 지금은 살인 미수죄로 종신형을 살고 있다.[74]

모든 사람이 속는 것은 아니다. 코미디언 리처드 프라이어는 애리조나 주립 형무소에서「스터 크레이지(Stir Crazy)」를 촬영했던 경험을 다음과 같이 묘사했다.

> 교도소에 갇힌 그 아름다운 흑인들을 보는 순간 가슴이 미어질 듯 아팠습니다. 이게 무슨 일인가.…… 저 훌륭한 전사들은 밖에서 시민들을 돕고 있어야 하지 않는가. 그런 느낌이 들다니, 나는 정말로 순진했지요. 6주 동안 그곳에 머물며 친구들과 대화를 나누었습니다. 그들과 이야기를 했는데…… [겁에 질려, 주위를 둘러본다.]…… 오, 교도소란 곳이 있다니 얼마나 다행입니까! 한 친구에게 "왜 집 안에 있던 모든 사람을 죽였는가?"라고 묻자 그는 "가족이니까."라고 말했습니다.…… 그리고 한 친구를 만났는데, 유괴 살해를 네 번 저지른 사람이었습니다. 그의 이야기를 들으면서 나는 세 번이나 '이번이 마지막이겠지.'라고 생각했습니다. 내가 "도대체 왜?"라고 묻자 [가성으로 대답하기를] "나도 왜 그런지 정말 모르겠다고! 하지만 2년 후엔 가석방으로 나갈 거야."

프라이어는 물론 아프리카계 미국인 수감자가 압도적으로 많은 불평등한 현실을 부인하지 않았다. 그는 다만 보통 사람의 상식과 지식인의 낭만주의를 대비시켰고, 그러면서 가난한 사람들은 살인을 저지를 수밖에 없다거나 그들 중 살인자가 나와도 놀랄 필요가 없다는 식으로 겸손한 척하는 지식인들의 태도를 폭로했다.

모든 범죄자는 빼앗긴 것 때문에 타락한 것이라는 낭만주의적 개념은 이제 전문가들 사이에서나 일반인들 사이에서 똑같이 힘을 잃었다. 물론 많은 정신병질자들이 어렵게 살았지만, 그렇다고 해서 어려운 삶이 정신병질자를 만드는 것은 아니다. 오래된 농담 중에 두 명의 사회 복지사가 한 문제아에 대해 이야기를 나누는 것이 있다. "조니는 결손 가정에서 왔어." "그래, 조니 때문에 결손 가정이 됐을 거야." 마키아벨리 식의 성격을 가진 사람들은 모든 계층에서—도둑놈 정치가, 강도 귀족, 군사 독재자, 사기꾼 자본가—발견된다. 그리고 식인종 제프리 다머 같은 일부 정신병질자들은 버젓한 중산층 가정 출신이었다. 그러나 이것은 결코 폭력과 범죄에 의존하는 모든 사람이 정신병질자라는 뜻은 아니다. 단지 최악의 몇몇 경우들만 그렇다는 뜻이다.

우리가 아는 한 정신병질은 "치료"가 불가능하다. 심리학자 마니 라이스는, 자긍심을 높여 준다거나 사회적 기술을 가르치는 등의 몇몇 엉뚱한 치료법이 그들을 훨씬 더 위험한 인물로 만들 수 있음을 입증했다.[75] 그러나 그들을 위해 할 수 있는 일이 아무것도 없는 것은 아니다. 예를 들어 밀리는 그녀가 분류한 두 종류의 정신병질자 중 고질적 정신병질자들은 어떤 치료법으로도 그들 자신의 행동 결과를 이해하지 못하는 반면, 보다 확실한 처벌에는 반응을 보여 완전한 이기심을 버리고 보다 책임감 있게 행동하는 경우가 있음을 보여 준다. 반면에 조건적 정신병질자들은 그들의 사회적 일탈을 막아 주는 사회적 변화에 보다 잘 반응한다. 그 방법들이 최선의 처방이든 아니든 우리는 그 속에서, 20세기의 많은 지식인들이 해결하기를 갈망했던 한 가지 문제를 과학과 정책의 올바른 결합을 통해 해결하려는 노력을 보게 된다. 사실 그 문제는 종교와 철학과 문학의 오랜 관심사인 "악의 존재"이다.

∽∽

트리버스에 따르면 모든 인간 관계—우리와 우리의 부모, 형제 자매, 사랑의 파트너, 친구와 이웃과의 관계—에는 이해 관계가 합쳐지고 갈라지는 패턴에 의해 형성된 독특한 심리학이 스며들어 있다고 한다. 그렇다면 대중 가요에서 말하는 "모든 사람들의 가장 위대한 사랑", 즉 자아와의 관계는 어떠한가? 이제는 유명해진, 간결하고 힘찬 트리버스의 표현을 보자.

만약…… 사기가 동물 의사 소통의 기본 요소라면, 사기를 알아채는 강한 자연 선택이 존재할 것이고, 그 선택이 어느 정도의 자기 기만을 선택함으로써, 현재 행해지고 있는 사기 행위를 은연중에—미묘한 자의식의 표출을 통해—드러내지 않도록 몇 가지 사실과 동기를 무의식으로 만들어야 할 것이다. 그리고 자연 선택이 객관적으로 보다 정확한 이미지를 생산하는 신경계를 선호한다고 보는 전통적인 관점은 마음의 진화를 매우 단순하게 바라보는 순진한 관점이 되어야 할 것이다.[76]

전통적인 관점은 물리적 세계에 대해서는 대체로 옳다고 할 수 있다. 물리적 세계에서는 다수의 관찰자가 사실성을 검토하며, 오해가 피해로 이어질 가능성이 높기 때문이다. 그러나 트리버스가 지적한 대로, 자아에 대해서는 옳지 않을 수 있다. 자아란 우리가 다른 사람들이 접근할 수 없는 방식으로 접근하는 대상이며, 그에 대해서만큼은 오해가 도움이 될 수 있기 때문이다. 때때로 부모는 자식에게 그들의 행위가 자식을 위한 것이라는 믿음을 심어 주고 싶어하고, 아이들은 부모에게 자기가 탐욕스러운 것이 아니라 궁핍하다는 믿음을 심어 주고 싶어하며, 연인들은 서로에게 자기가 항상 진실하다는 믿음을 심어 주고 싶어하고, 비혈연자들은 서로에게 자신이 협력자로서 가치 있는 사람이라는 믿음을 심어 주고 싶어한다. 그들의 견해는 완전한 허구는 아니더라도 상당히 미화된 것들이어서, 당사자는 더듬거리거나 진땀을 흘리거나 자가당착에 빠지는 실수로 상대방의 레이더 망에 걸리는 사태를 피하기 위해 자신의 견해를 믿어야 한다. 물론 뻔뻔스런 거짓말쟁이들은 생판 모르는 사람에게는 노골적인 거짓말을 하고도 별 탈 없이 넘어가겠지만, 그런 식으로 친구 관계를 유지하기는 어렵다. 어떤 친구도 그들의 약속을 믿어 주지 않을 것이기 때문이다. 정직해 보이는 얼굴의 대가는 솔직한 표정으로 거짓말을 할 수 없다는 것이어서, 거짓말을 하기 위해서는 마음의 일부가 자신의 광고를 믿도록 설계되어야 한다. 그와 동시에 마음의 또 다른 일부에는 그 자아상이 현실과 어긋나지 않을 만큼의 객관적 사실이 등록된다.

자기 기만 이론은 일찍이 사회학자 어빙 고프먼의 1959년 저서 『일상생활에서의 자아 표현(The Presentation of Self in Everyday Life)』에 의해 예고된 바 있다. 그는 이 책에서, 우리가 다른 사람에게 보여 주는 가면 뒤에는 하나의 진실한 자아가 있다는 낭만적 견해를 반박했다. 고프먼은 그렇지 않다고 말했다. 가면 뒤에는 또 다른 가면들이 계속 있다는 것이다. 이후 수십 년 동안 수많은 발견들이 그의 이론을 뒷받침했다.[77]

현대 심리학자들과 정신병 의사들은 정통 프로이트 이론을 거부하는 경향이 있지만, 많은 이들이 자아의 방어 기제에 관해서는 프로이트가 옳았다고 인정한다. 모든 치료사들이 공통적으로 하는 말은, 사람들은 과도하게 항의하고, 불쾌한 사실들을 부인하거나 억압하고, 자신의 결점을 타인에게 투사하고, 자신의 불안을 추상적이고 지적인 문제로 돌리고, 시간 낭비나 다름없는 일에 마음을 빼앗기고, 자신의 동기를 합리화한다는 것이다. 정신병 의사 랜돌프 네스와 앨런 로이드의 주장에 따르면, 그러한 습관들은 기괴한 성적 소망과 두려움(가령 어머니와의 섹스)으로부터 자아를 보호하는 장치가 아니라 자기 기만의 전술이다. 즉 우리가 자신이 믿고 싶어하는 만큼 자애롭거나 유능하지 못한 사람이라는 증거를 억압하는 수단이라는 것이다.[78] 영화「새로운 탄생(The Big Chill)」에서 제프 골드블럼은, "합리화는 섹스보다 중요하다."라고 말한다. 친구들이 이의를 제기하자 그는 이렇게 묻는다. "한 번도 합리화를 하지 않고 일주일을 보낸 적이 있는가?"

3장에서 보았듯이, 신경학적 손상을 입으면 손상된 부위 때문에 발생한 문제점을 뇌의 건강한 부위들이 해결하고(그 약점은 자아의 일부이기 때문에 자아의 눈에는 보이지 않는다.) 당사자를 유능하고 합리적인 행위자로 내놓기 위해 특별 회의를 개최한다. 아내를 볼 때 본능적으로 그녀가 아내임을 느끼지 못하지만 그녀가 마치 자기 아내처럼 말하고 행동하는 것을 알아차리게 된 환자는 자기 집에 엄청난 사기꾼이 살고 있다고 생각할 수 있다. 자기가 집에 있다고 믿는 환자에게 병원 엘리베이터를 보여 주면 그 환자는 때를 놓치지 않고 "이걸 설치하느라 얼마가 들었는지 믿지 못할 거예요."라고 말할 수도 있다.[79] 연방 대법원 판사 윌리엄 O. 더글러스는 뇌졸중으로 인한 반신 마비로 휠체어 신세가 된 후 기자들을 불러모아, 자신이 워싱턴 레드스킨의 트라이아웃에 참가할 것*이라고 말했다. 그는 사람들 손에 일으켜 세워질 때까지도 자기 판단에 문

---

* "레드스킨"은 미국 프로 미식 축구 팀이고, "트라이아웃"은 선수 선발 자격 테스트이다.

제가 있음을 인정하지 않았다.[80]

사회 심리학 실험들이 보여 주는 바에 따르면 사람들은 시종일관 자신의 능력, 정직성, 관대함, 자율성을 과대 평가한다. 사람들은 공동의 노력에 포함된 자신의 기여도를 과대 평가하고, 자신의 성공을 능력 탓으로, 실패를 불운 탓으로 돌리고, 항상 상대방에게 더 좋은 조건을 양보했다고 느낀다.[81] 심지어는 그들 자신도 정직하다고 인정하는 거짓말 탐지기에 연결되어 있을 때에도 그 이기적인 착각에서 깨어나지 못한다. 이것은 그들이 실험자에게 거짓말을 하는 것이 아니라 자기 자신에게 거짓말을 하고 있음을 보여 준다. 수십 년 전부터 심리학도라면 누구나 "인지 부조화 해소(cognitive dissonance reduction)"라는 이론을 배운다. 사람들은 긍정적인 자아상을 유지하는 데

Dilbert reprinted by permission of United Feature Syndicate, Inc.

필요하다면 어떻게든 생각을 바꾸어서 인지 부조화를 해소한다는 이론이다.[82] 스콧 애덤스의 오른쪽 만화가 이를 잘 보여 주고 있다. 정말

만화대로라면 우리의 삶은 불협화음의 교향곡*이 될 것이다.

자기 기만은 인간의 다툼과 어리석음을 만들어 내는 가장 뿌리깊은 원천 중 하나이다. 그것은 우리의 차이를 해결해야 하는 기능들—진리를 추구하고 합리적으로 논의하는 것—이 잘못된 눈금에 맞추어져 있어서, 논쟁의 당사자들은 제각기 자기 자신을 실제보다 더 현명하고, 유능하고, 고상하다고 평가하게 된다는 것을 의미한다. 논쟁의 당사자들은 자신의 논리와 증거가 정확하고, 상대방은 착각에 빠졌거나 부정직하거나 아니면 둘 다라고 진심으로 믿는다.[83] 자기 기만은 도덕 관념이 종종 유익한 결과보다는 해로운 결과를 낳는 이유 중 하나이다. 이 인간의 불행에 대해서는 다음 장에서 자세히 논할 것이다.

∽∽∽

트리버스가 밝힌 고통의 여러 뿌리들은 그러나 우리를 비탄과 통곡에 빠뜨리는 원인이 아니다. 우리를 합치고 나누는 유전적 중복 패턴들은 재난이라는 일상적 의미에서의 비극이 아니라, 인간의 조건을 깊이 되새겨 볼 수 있는 자극제라는 연극적 의미에서의 비극이다. 『케임브리지 백과 사전』은 다음과 같이 정의한다. "아리스토텔레스에 따르면 비극의 기본 목적은 고통을 포함해 인간의 마음 속에 잠재해 있는 연민과 두려움, 경탄과 경외의 감정을 일깨우는 것이라 했다. 비극은 적대적인 세계 앞에 서 있는 인간의 가치를 옹호한다." 가족, 부부, 사회, 자아의 갈등에 대한 트리버스의 설명은 그 목적을 더욱 확고히 한다.

자연은 살과 피를 나눈 사람들의 감정을 살짝 어긋나게 조율하는 잔

* dissonance의 1차적 의미는 '불협화음'이다. 만화의 마지막 말 풍선에 있는 대사의 원문 또한 "What was that noise?(소음의 정체가 뭐죠?)"이다.

인한 장난을 쳤지만, 그럼으로써 모든 시대의 소설가와 극작가들에게 끊임없는 일거리를 제공했다. 두 명의 인간이 동물의 세계에서 가장 강한 끈으로 묶일 수 있고 그와 동시에 때때로 서로에게 최선을 다하지 않을 수 있다는 사실은 연극적 가능성을 무한히 증폭시킨다. 비극적 이야기가 가족 관계에 집중되어 있다는 사실에 주목한 최초의 인물은 아리스토텔레스였다. 그가 지적했듯이, 두 명의 낯선 사람이 싸우다 죽는 이야기는 두 명의 형제가 서로 싸우다 죽는 이야기에 비해 조금도 흥미롭지 않다. 카인과 아벨, 야곱과 에서, 오이디푸스와 라이오스, 마이클과 프레도, 제이알과 바비, 프레지어와 나일스,* 요셉과 형제들, 리어 왕과 딸들, 한나와 자매들……. 수세기에 걸친 드라마 목록에서 볼 수 있듯이, "일가의 증오"와 "일가의 적대"는 영원한 공식이다.[84]

문학 비평가 조지 스타이너는 자신의 저서 『안티고네의 가족들』에서, 안티고네 전설은 서양 문학사에서 특별한 위치를 점한다고 주장한다. 안티고네는 오이디푸스와 요카스타 사이에서 태어난 딸이지만, 아버지가 곧 오빠이고 언니가 곧 어머니라는 사실은 가족의 고난이 시작되는 출발점에 불과하다. 안티고네는 크레온 왕의 명을 어기고 형제인 폴리네이케스의 시신을 묻어 주는데, 이것을 알게 된 왕은 그녀를 산 채로 매장하라고 명령한다. 안티고네는 그를 속이고 먼저 자살하지만, 그녀를 미친 듯이 사랑했던 왕의 아들은 그녀의 사면을 얻어내지 못한 것을 애통해하며 그녀의 무덤 위에서 자결한다. 스타이너는 『안티고네』야말로 "그리스 비극의 최고봉이자 인간이 만든 어떤 예술보다 완벽에 가까운 작품"이라고 이야기한다.[85] 실제로 이 작품은 2,000년 넘게 상연되어

---

* 마이클과 프레도는 영화 「대부」에, 제이알과 바비는 드라마 「댈러스」에, 프레지어와 나일스는 시트콤 「프레지어」에 나오는 형제들이다.

왔고, 수많은 변주곡과 부산물을 낳았다. 스타이너는 그 지속적인 공명의 이유를 다음과 같이 설명한다.

내가 생각하기에 그것은, 인간의 조건에 내재해 있는 갈등의 모든 주요 상수를 표현하는 단 하나의 문학 작품이다. 이 상수는 모두 다섯 겹이다. 남성과 여성의 대립, 늙음과 젊음의 대립, 사회와 개인의 대립, 삶과 죽음의 대립, 인간과 신의 대립. 이 다섯 종류의 대립에서 생기는 갈등은 타협이 불가능하다. 남성과 여성, 늙은이와 젊은이, 개인과 사회 또는 국가, 산 자와 죽은 자, 필멸의 존재와 불멸의 존재는 서로를 규정하는 갈등 과정에 의해 규정되어 있다.[86] …… 그리스 신화에는 인간의 역사에서 발견되는 몇 가지 기본적인 생물학적·사회적 대립과 자기 인식이 암호화되어 있기 때문에, 그것은 공동의 기억과 인식 속에 살아 있는 유산으로 전해 오고 있다.[87]

우리 자신을 타인과의 갈등으로 규정하는 괴롭고도 즐거운 과정은 문학을 위한 주제일 뿐 아니라 인간이 가진 감정의 본질과 의식의 내용을 밝히는 불빛이 되기도 한다. 만약 요정이 우리 앞에 나타나 완벽한 평등과 결속을 이룰 수 있는 종에 속할 것인지 아니면 우리의 모습처럼 부모, 형제, 자식들과의 관계를 특별히 소중하게 여기는 종에 속할 것인지를 선택하라고 하면, 우리가 과연 전자를 선택할지는 미지수이다. 가까운 친척들이 우리의 마음속에 특별한 장소를 차지하는 것은 당연히 다른 모든 인간을 위한 장소가 덜 특별하기 때문이다. 그리고 우리는 사회적으로 수많은 불법 행위들이 그로부터 발생하는 것을 보아 왔다. 사회적 갈등 역시 우리의 개인성과 행복 추구의 산물이다. 조화로운 개미 집단을 보면 부러운 마음이 들 수도 있지만, 우디 앨런 목소리의 개미

제트(Z)가 심리 치료사를 찾아가 자기가 하찮은 존재처럼 느껴진다고 불평했을 때, 심리 치료사는 이렇게 대답했다. "제트, 넌 위대한 발견을 했구나. 맞아, 넌 하찮은 존재야."

도널드 시먼스는 우리가 유전적 갈등을 겪는 것은 우리에게 타인에 대한 감정이 어떻게든 존재한다는 사실 때문이라고 주장한다.[88] 의식은 희귀하고 예측할 수 없는 것들을 얻어낼 방법을 고안하는 데 필요한 신경계 연산의 표현 형태이다. 우리가 굶주림을 느끼고, 음식을 즐기고, 섬세한 미각으로 수많은 매혹적인 맛을 분별하는 것은, 진화의 역사가 진행되는 대부분의 기간에 음식이란 것을 얻기가 그토록 힘들었기 때문이다. 우리는 보통 산소가 아무리 생존에 필수적이라 해도 산소에 대한 갈망이나 기쁨이나 매혹을 느끼지 않는다. 그것은 단지 숨만 쉬면 쉽게 구할 수 있었기 때문이다.

이와 똑같은 원리가 친족, 배우자, 친구에 대한 갈등에도 적용된다. 앞에서도 언급했지만, 만약 어느 부부가 서로에게 충실하고 친족들보다는 서로의 편을 들고 동시에 죽을 수 있도록 보장되어 있다면 그들의 이해 관계는 정확히 일치해서 둘만의 자식들 속에 깔끔하게 포장될 수 있다. 심지어는 모든 부부가 평생 섬에 갇혀 살고 자식들은 커서 떠난 후 절대로 돌아오지 않는 종을 상상할 수도 있다. 그렇다면 두 짝의 유전적 이해가 정확히 일치하기 때문에, 진화는 그들에게 사랑, 낭만, 우애가 넘치는 완벽한 축복을 내려 줄 것이라 생각할 수 있다.

그러나 그런 일은 결코 없다는 것이 시먼스의 주장이다. 두 짝의 관계는 한 몸을 이루는 세포들 간의 관계처럼 진화할 텐데, 물론 이 세포들의 유전적 이해 관계 역시 동일하다. 그런데 심장 세포와 폐 세포는 완벽한 조화를 이루기 위해 굳이 사랑에 빠질 필요가 없다. 이와 마찬가지로 이 종의 부부 역시 단지 출산을 위해서만 섹스를 할 것이고(무엇 때문에 에너지를 허비하겠는가?), 섹스는 번식을 위한 다른 생리 기능—가령 호르몬 분비나 배우자 형성—에서 발생하는 것보다 더 큰 즐거움을 제공하지 않을 것이다.

사랑에 빠지는 일은 없을 것이다. 다른 선택의 대상이 없기 때문이고, 사랑에 빠지는 것 자체가 엄청난 낭비일 것이다. 우리는 말 그대로 배우자를 자기 자신처럼 사랑할 것이다. 그러나 그것이 문제이다. 사실 비유가 아니면 우리는 자기 자신을 사랑하지 않는다. 우리는 그냥 우리 자신이다. 우리 두 사람은 진화의 관점에서 보자면 하나의 몸이기 때문에, 둘의 관계는 무심한 생리학의 지배를 받을 것이다.…… 짝이 다치는 것을 보면 고통을 느낄 수도 있지만, 상황이 잘 진행될 때 불가사의할 정도로 멋진 관계를 만들어 내는(그렇지 않을 때는 아주 고통스런 관계를 만들어 내는) 배우자에 대한 그 모든 감정들은 결코 진화하지 않을 것이다. 설령 어떤 종이 그렇게 생활하면서도 그런 감정을 갖게 된다 해도, 그 감정은 동굴에 사는 물고기의 눈이 도태되는 것처럼 틀림없이 도태의 운명을 맞이할 것이다. 비용은 높고 이익은 없을 것이기 때문이다.[89]

가족과 친구에 대한 우리의 감정도 이와 똑같다. 우리 마음속에 풍부하고 강렬한 감정이 존재하는 것은 삶 속에서 그들과의 결속이 얼마나 귀중하고 깨지기 쉬운가를 보여 주는 증거이다. 간단히 말해, 고통의 가능성이 없어진다면 우리에게 돌아오는 것은 조화롭고 완벽한 행복이 아니라 의식의 결핍인 것이다.

15장
신성한 체하는 동물

마음에 대한 생물학적 이해 앞에서 사람들이 느끼는 가장 큰 두려움 중 하나는 그것이 도덕적 허무주의를 낳지 않을까 하는 것이다. 우익 비판가들의 말처럼 만약 우리가 신에 의해 고귀한 목적으로 창조되지 않았다면, 또는 좌익 비판가들의 말처럼 우리가 이기적 유전자의 산물이라면, 과연 무엇이 우리가 자신의 이익만을 추구하는 비도덕적 이기주의자가 되는 것을 막을 수 있겠는가? 우리는 결국 불행한 사람들을 한치도 배려하지 않고 이해 타산에 따라서만 움직이는 용병이 아닌가? 양쪽 진영 모두 인간 본성에 대한 생물학적 이론을 수용한 결과로 나치즘을 지적한다.

앞 장에서는 이러한 두려움이 잘못된 것임을 입증했다. 자연 선택의 과정은 무신론적이고 비도덕적이지만,* 어느 것도 그 과정으로부터 커다란 두뇌와 함께 정교한 도덕 관념을 갖춘 사회적 동물이 진화하는 것을 막지 못한다.¹ 사실 호모 사피엔스의 문제는 우리의 도덕 관념이 너무 적다는 것이 아닐지 모른다. 문제는 우리가 너무 많은 도덕 관념을 갖고 있다는 것이다.

사람들이 부도덕한 행동("살해는 나쁘다.")을, 싫어하는 것("난 브로콜리가 싫어."), 유행에 뒤떨어진 것("스트라이프와 체크 무늬를 같이 입지 마라."), 경솔한 것("장거리 비행 때는 와인을 마시지 마라.")과 다르다고 느끼는 것은 무엇 때문일까? 사람들은 도덕적 규칙이 보편적이라고 느낀다. 예를 들어 살인과 강간에 대한 금지 명령은 취미나 유행의 문제가 아니라 보편적이고 초월적인 기준이다. 우리는 부도덕한 행동을 저지른 사람은 벌을 받아야 한다고 느낀다. 도덕을 위반한 사람에게 해를 가하는 것이 옳을 뿐 아니라, 그렇게 하지 않는 것 즉 "무사히 넘어가게 놓아두는 것"이 그르기 때문이다. 사람들은 흔히 "난 브로콜리를 싫어하지만 혹시 네가 먹는다 해도 신경 쓰지 않겠어."라고 말하지만, 어느 누구도 "난 죽이는 걸 싫어하지만 혹시 네가 누군가를 살해한다 해도 신경 쓰지 않겠어."라고 말하진 않는다. 낙태 찬성론자들이 자동차에 붙이고 다니는 "반대한다면 낙태하지 마세요."라는 스티커 문구는 이 점을 놓치고 있다. 우리가 강간이나 살인을 개인적 선택의 문제로 돌리지 않듯이, 낙태를 부도덕하다고 믿는 사람들은 다른 사람의 낙태를 선택의 문제로 생각하지 않는다. 그래서 신의 응보나 국가의 강제력에 의거해 법적으로 처벌하는 것이 정당하다고 느끼는 것이다. 버트런드 러셀은 이렇게 썼다. "훌륭한 양심을 가지고 잔인한 고통을 가하는 것은 도덕가들의 기쁨이다. 그들은 그렇게 지옥을 만들었다."

* amoral 또는 nonmoral. 도덕에 어긋난다는 뜻이 아니라 도덕과 무관하다는 뜻이라서 '부도덕' 으로 옮기지 않고, '비도덕' 이라 옮겼다.

우리의 도덕 관념은 타인에 대한 공격을 부도덕한 행위를 예방하거나 처벌하는 한 방법으로 허가한다. 부도덕하다고 간주된 행동이 가령 강간이나 살인처럼 어느 기준에서든 부도덕하다면 그리고 그 공격이 정당하게 집행되고 효과적인 예방책으로서의 기능을 한다면 문제가 없을 것이다. 이 장의 요점은 인간의 도덕 관념이 정당한 의분의 표적이 될 만한 행동들을 가려낼 수 있도록 보증된 것이 아니라는 점이다. 도덕 관념은 입체시(立體視)나 살인에 대한 직관처럼 하나의 장치이다. 그것은 자연 선택이 영장류의 뇌 중 더욱 오래된 부위들을 이어 붙여서 특정한 일을 하게끔 조립해 낸 신경 회로의 기능이다. 그것은 물론 도덕성이 우리의 상상에서 나온 허구라는 뜻은 아니다. 거리 감각이 진화했다고 해서 3차원 공간이 상상의 산물이 아닌 것처럼 말이다. (9장과 11장에서 보았듯이 도덕성에는 내적 논리가 있고, 심지어 수학자들이 수와 도형에 관한 진리를 해명했듯이 신중한 사상가들이 명료하게 해명할 수 있는 외적 실체가 있을 수도 있다.) 다만 그것은 도덕 관념이 인간의 다른 기능들처럼 변덕에서 자유롭지 못하고 체계적 오류——즉 도덕적 착각——를 범할 수 있음을 의미한다.

다음 이야기를 생각해 보자.

줄리와 마크는 남매이다. 대학생인 그들은 여름 방학을 이용해 함께 프랑스를 여행하고 있다. 어느 날 두 사람은 바닷가의 오두막에서 단 둘이 밤을 보낸다. 그들은 시험삼아 섹스를 해 보면 흥미롭고 재미있을 거라는 결론에 도달한다. 최소한 서로에게 새로운 경험이 될 것이다. 줄리는 이미 피임약을 복용했지만 마크 역시 안전을 위해 콘돔을 사용한다. 두 사람 모두 섹스가 즐거웠지만 다시는 하지 않기로 결정한다. 그리고 그날 밤의 일을 특별한 비밀로 간직하고 그로 인해 서로 한층 가까워졌음을 느낀다. 당신은 이 일을 어떻게 생각하는가? 그들은 섹스를 해도 괜찮았는가?

심리학자 조너선 하이트(Jonathan Haidt)와 그의 동료들은 이 이야기를 많은 사람들에게 제시했다.[2] 대부분의 사람들은 즉시 줄리와 마크의 행동이 잘못되었다고 단정했고, 그런 다음 그것이 왜 잘못된 행동인지에 대한 여러 가지 이유를 댔다. 그들은 동종 번식의 위험을 언급했지만, 두 사람이 피임법을 두 가지나 사용했다는 사실을 기억했다. 그리고 줄리와 마크가 마음의 상처를 입을 것이라고 말했지만, 이야기에는 그렇지 않다는 점이 분명히 밝혀져 있었다. 또 두 사람의 행동이 사회적으로 해롭다는 더욱 과감한 이유를 댔지만, 그 일이 비밀로 부쳐졌다는 사실을 기억했다. 그리고 이후의 관계에 영향을 미칠 것이라는 이유를 댔지만, 줄리와 마크가 다시는 그 행동을 반복하지 않기로 동의했다는 사실을 떠올렸다. 결국 많은 응답자들이 "모르겠다. 설명할 수 없다. 다만 잘못되었다는 생각이 든다."라고 인정한다. 하이트는 이 반응을 "도덕적 말막힘(moral dumbfounding)"이라 부르고, 앞의 이야기처럼 불쾌하지만 아무에게도 피해기 없는 다른 각본들을 통해 이를 재차 확인한다.

한 주부가 옷장을 청소하다가 낡은 성조기를 발견한다. 더 이상 그 국기가 필요하지 않다고 생각한 그녀는 그것을 찢어 욕조를 청소하는 걸레로 사용한다.

집에서 기르던 개가 집 앞 도로에서 차에 치여 죽었다. 가족들은 개고기가 맛있다는 말을 들은 적이 있어서 개의 시체를 잘라 요리를 한 다음 저녁 식사로 먹었다.

한 남자는 일주일에 한 번씩 슈퍼마켓에 들러 죽은 닭을 산다. 그러나 요리하기 전에 그 닭과 성 관계를 가진다. 그런 다음 닭을 요리해서 먹는다.

다수의 윤리학자들은 사생활의 중요성에 동의하는 성인들이 다른 지각 있는 사람을 해치지 않는 사적인 행위를 했다면 그것은 부도덕한 것이 아니기 때문에 앞의 행동들은 전혀 문제가 되지 않는다고 말할 것이다. 어떤 사람들은 사회 정책과 관련된 보다 미묘한 주장을 펼치며 앞의 행동들을 비판하면서도, 정말로 극악한 행동들과 비교하면 그 정도는 사소한 위반이라고 생각할 것이다. 그러나 그 밖의 모든 사람들에게는 그러한 논리가 통하지 않는다. 사람들은 직감적으로 강한 도덕적 확신을 느끼고, 사후에 그 확신을 합리화하기 위해 노력한다.[3] 이 확신은 우리가 행동의 결과로 발생하는 행복과 고통에 대해 다른 사람들 앞에 정당화시켜 내놓는 도덕적 판단과는 거의 관계가 없다. 대신 그것은 우리가 도덕적 감정이라 부르는 정신 기관들의 신경학적·진화적 설계에서 발생한다.

∽∽

하이트는 최근에 인간의 도덕 관념을 구성하는 감정들을 하나의 계보로 짰다.[4] 그가 분류한 네 가지 주요 집합은 트리버스의 호혜적 이타주의 이론과 그것을 기초로 해 협동의 진화를 실험한 컴퓨터 모델들의 실험 결과와 정확히 일치한다. 타인 비난(other-condemning) 감정—경멸, 분노, 혐오—은 사기꾼을 처벌하게 하는 작용을 하고, 타인 칭찬(other-praising) 감정—감사, 고양시키는 감정, 도덕적 경외, 감동—은 이타주의자에게 보상하는 기능을 한다. 타인 고통(other-suffering) 감정

―동정, 공감, 연민―은 어려운 수혜자를 도와 주는 기능을 하고, 자의식적(self-conscious) 감정―죄 의식, 수치, 당혹―은 남을 속이지 않거나 속인 결과를 바로잡는 기능을 한다.

이 감정의 집합들 뒤에는 세 개의 도덕성 영역이 있는데, 각 영역이 각기 다른 방식으로 도덕적 판단의 틀을 형성한다. 자율성(autonomy) 윤리는 개인의 이해와 권리에 관계한다. 그것은 공평함을 기본 미덕으로 강조하며, 서양 문화권에서 비종교적 교육을 받은 사람들 사이에서 도덕성의 핵심으로 이해된다. 공동체(community) 윤리는 집단의 사회적 관습에 관계한다. 여기에는 의무, 존경, 인습에 대한 고수, 계급 조직에 대한 복종 같은 가치가 포함된다. 신성(divinity) 윤리는 숭고한 청렴과 신성의 감정에 관여하며, 오염과 신성 모독의 감정과 대립된다.

자율성-공동체-신성의 3분법을 최초로 제시한 사람은 인류학자 리처드 슈웨더였다. 그는 비서구 전통에는, 도덕적 교화의 모든 증거를 간직하면서도 개인의 권리라는 서구적 개념은 발견되지 않는 신념과 가치관이 풍부하게 존재한다는 점을 지적했다.[5] 정화(淨化)를 중심으로 하여 정교하게 짜진 힌두교 신앙이 대표적인 예이다. 하이트와 심리학자 폴 로진은 슈웨더의 연구 결과를 기초로 삼았지만, 도덕적 영역들을 우연한 문화적 변이로 해석하지 않고, 진화의 기원과 기능이 각기 다른 보편적 정신 기능으로 해석해 왔다.[6] 그들은 각 도덕적 영역들이 그 인지 내용 면에서 서로 다르고, 다른 동물에게서 발견되는 비슷한 기관(상동물), 심리적 상관물, 그리고 각 신경계의 토대 또한 서로 다르다는 사실을 보여 준다.

예를 들어 분노는 자율성 영역의 타인 비난 감정에 속하는 것으로, 공격성을 위한 체계로부터 진화했고, 호혜적 이타주의가 요구하는 사기꾼 응징 전략을 수행하기 위해 채택되었다. 신성 영역의 타인 비난 감정에 속하는 혐오는 질병과 변질 같은 생물학적 오염을 피하기 위한 체계에서 진화했다. 그리고 우리가 도구적으로 취급하는 실체들(가령 동물)과 적극적으로 피하는 실체들(가령 전염병에 걸린 사람)로부터 우리가 도덕적으로 관계를 맺는 실체들(가령 또래들)을 가르는 도덕적 경계를 정하기 위해 채택된 것으로 생각된다. 공동체 영역의 자의식적 감정인 당혹은, 다른 영장류에서 볼 수 있는 유화 정책(달래기)과 복종의 동작들과 아주 흡사하다. 지배 성향이 애초부터 도덕성과 결합되었던 이유는 호혜가 호의를 주고받으려는 개인의 자발성에 의존할 뿐 아니라 그렇게 할 줄 아는 그 개인의 능력에도 의존하기 때문이다. 지배적인 사람들은 그 능력을 갖고 있는 것이다.

상대주의자들은 도덕성의 세 영역을, 개인적 권리란 편협한 서구적 관습일 뿐이고, 그에 따라 우리는 다른 문화권에서 발견되는 공동체와 신성의 윤리들도 그와 동등하게 타당한 대안으로 존중해야 한다는 사실의 증거로 해석할지 모른다. 그러나 나는 모든 문화의 사람들이 타당한 도덕적 판단과, 부적절한 정열과 편견을 혼동하지 않을 수 있는 것은 기본적인 도덕 관념 때문이라고 단언한다. 자율성 또는 공평함의 윤리는 사실 서구에만 있는 것이 아니다. 아마티아 센과 법학자 메리 앤 글렌든은 그것이 아시아인의 사고에도 깊이 뿌리를 내리고 있음을 입증했다.[7] 거꾸로 공동체 윤리와 신성의 윤리도 서양에 널리 퍼져 있다. 공동체 윤리는 도덕성을 지역 규범에 대한 순응성과 동등시하기 때문에, 오늘날 대학 캠퍼스의 지적 기초가 되어 버린 문화 상대주의의 이론적 기초가 되고 있다. 몇몇 학자들은, 학생들이 다른 문화의 가치관을 비판하는 것은 용납될 수 없는 일이라고 느끼기 때문에 왜 나치즘이 잘못되었는가를 설명하지 못한다는 사실에 주목해 왔다.[8] (나는 오늘날 학생들이 자신의 도덕적 판단에 반성이라는 울타리를 치고 있다고 단언한다. 가령 "우리 사회에서는 타인에게 친절해야 한다는 것에 높은 가치를 부여한다."라는 식으로 말한다.) 도널드 시먼스는 사람들이 자율성을 기초로 한 도덕성에서 공동체를 기초로 한 도덕성으로 넘어갈 때 그들의 판단이 어떻게 뒤집어지는가에 주목했다.

어떤 사람이, 공포에 사로잡혀 울부짖는 어린 소녀를 묶어 놓고 면도칼로 소녀의 외음부를 도려낸 다음 소변과 월경이 가능한 구멍만 남겨둔 채 다시 꿰매어 놓는다면, 유일한 문제는 그 사람을 얼마나 가혹하게 응징해야 하는가, 그리고 사형이 과연 충분히 가혹한 처벌이 될 수 있느냐 하는 문제일 것이다. 그러나 수백만의 사람들이 이런 짓을 저지르면, 그 극악함이 수백만 배가 되는 것이 아니라, 갑자기 그것은 "문화"가 되고, 그래서 끔찍함이 더해지기보다는 오히려 줄어들고 심지어 페미니스트를 비롯한 서양의 일부 "윤리 사상가"들로부터 옹호를 받게 된다.[9]

공동체 윤리에는 또한 확립된 계급 구조에 대한 복종이 포함되기 때문에, 인간의 마음(서양인의 마음도 포함해서)은 아주 쉽게 명성과 도덕성을 융합시킨다. 우리는 그것을 신분과 미덕을 은밀하게 동일시하는 단어들—기사도 정신이 있는(chivalrous), 신분이 높은(classy), 신사다운(gentlemanly), 명예로운(honorable), 귀족적인(noble)—과, 낮은 지위를 죄악시하는 단어들—천한(low-class), 집세가 싼(low-rent), 비천한(mean), 역겨운(nasty), 초라한(shabby), 싸구려(shoddy), 악인(villain, 원래 '농민'을 의미한다), 저속한(vulgar)*—에서 볼 수 있다. 고상한 야만인

---

* 원래 'honorable'의 'honor'는 '고관'을, 'low-rent'의 'low'는 '신분이 낮은'을, 'mean'과 'nasty'는 '보통 신분'을, 'shabby'의 'shab'은 '신분이 낮은 작자'를 의미한다. 'shoddy'는 'shabby'와 같은 뜻이며, 'vulgar'는 원래 '평민'을 의미한다.

신화는 우리 시대의 유명인 숭배에서 명백히 드러난다. 다이애나 비와 존 F. 케네디 2세 같은 왕족들은 도덕적으로 평범한 사람임에 틀림없다 (다이애나 비가 자선 단체를 후원하긴 했지만 그것은 우리 시대에 황태자비에게 부과된 직무 내용이나 다름없다.). 그렇지만 사람들은 매력적인 남녀가 더 고상하고 도덕적이라고 판단하기 때문에 그들의 잘생긴 모습은 도덕적 후광을 더 밝게 빛낸다.[10] 찰스 황태자 역시 자선 단체를 후원하지만, 그가 행여 비극적인 죽음을 맞이한다 해도 성인의 칭호를 얻지는 못할 것이다.

사람들은 도덕성과 순결을 혼동하는데, 서양의 비종교인들도 예외는 아니다. 1장에서 우리는 깨끗함과 더러움을 의미하는 많은 단어들이 또한 미덕과 죄악을 의미한다는 사실을 보았다(순결한, 흠 없는, 더러운 등등). 하이트의 피실험자들 역시 개고기를 먹는 것, 죽은 닭과 성 관계를 가지는 것, 합의 하에 근친과 섹스를 하는 것(형제 자매 간의 섹스에 대한 반감은 동종 번식을 막기 위해 진화한 감정이다.) 등을 비난할 때 틀림없이 더러움과 죄악을 융합시킨 것으로 보인다.

우리의 마음이 선과 깨끗함을 혼동하면 추악한 결과가 나올 수 있다. 인종 차별과 성 차별은 종종 더러움의 원인을 피하려는 욕구로 표현된다. 인도에서 "불가촉" 천민을 멸시하고, 정통 유대교에서 월경 중인 여성들을 격리하고, 동성애자와의 일상적 접촉이 AIDS를 옮길까 두려워하고, 남아프리카공화국에서 흑인 차별 정책 하에 먹고 마시고 씻고 자는 공간을 분리하고, 독일에서 나치가 "인종 위생" 법을 만든 것 등이 그 예이다. 20세기 역사에 자주 출몰했던 문제 중 하나는, 어떻게 그렇게 수많은 보통 사람들이 전시에 잔학 행위를 저질렀는가 하는 것이다. 철학자 조너선 글러버는 그러한 행위들의 공통 분모가 타락이라고 지적했다. 즉 희생자의 신분이나 청결을 끌어내리는 것이다. 만약 어떤 사람의 고통을 조롱하거나 그의 외모를 굴욕적으로 만들거나(던스캡,* 어색한 죄수복, 빡빡 깎은 머리) 불결한 환경에 살게 하면, 보통 사람들은 순식간에 동정심을 잃고 그를 쉽게 동물이나 물건처럼 취급한다.[11]

도덕 관념은 공정함, 신분, 순수함이 독특하게 혼합된 결과물이다. 그렇기 때문에 어려운 도덕적 문제들을 해결하려고 할 때 있는 그대로의 감정에 의존하는 것은 의심스러운 방법이 될 수 있다. 「혐오의 지혜(The Wisdom of Repugnance)」라는 유력한 논문에서 리언 카스(현재 조지 부시 정부의 생명윤리위원회 의장)는 복제에 관한 문제를 논할 때에는 도덕적 추론을 버리고 직감에 의존해야 한다고 주장했다.

> 인간을 복제하겠다는 기대 앞에서 우리가 불쾌감을 느끼는 것은 그 일이 낯설거나 특이해서가 아니다. 우리가 즉각적이고 자연스런 본능을 통해 우리가 정당하고 고귀하게 간직하고 있는 것들이 침해당할 수 있다고 느끼기 때문이다. 다른 문제들처럼 여기에서도 혐오의 감정이 인간의 억지에 반기를 들어, 진정으로 깊고 중요한 어떤 것을 위반하지 말라는 경고를 보낸다. 사실 자유롭게 행하는 한 모든 것이 허용되어야 한다고 주장하는 이 시대에, 우리에게 주어진 인간 본성이 더 이상 인간에 대한 존경심을 불러일으키지 못하는 이 시대에, 우리의 신체가 단지 자율적인 이성적 의지의 도구로 간주되는 이 시대에, 혐오의 감정은 우리 인류의 주요한 핵심을 보호하라고 더욱 크게 소리치는 유일한 목소리로 남아 있다.[12]

인간 복제에 반대하는 훌륭한 주장들도 많지만, 몸서리 테스트는 그

---

* 공부 못하는 생도에게 벌로 씌우던 원추형의 종이 모자이다.

런 주장에 속하지 않는다. 사람들은 문화적으로 확립된 순수함의 기준들이 이른바 부도덕한 행위로 인해 침해당하면 항상 전율을 느낀다. 불가촉 천민과 접촉할 때, 유색인과 같은 샘물에서 물을 마실 때, 유대인의 피가 아리안족의 피와 섞일 때, 동의(同意) 성인* 간의 남색 행위를 허용할 때가 그 예이다. 1978년까지만 해도 (카스를 포함해) 많은 사람들이 체외 수정 또는 "시험관 아기"라 불렸던 신기술에 몸서리를 쳤다. 그러나 현재 그것은 도덕적으로 일반화되었고, 수십만 명의 사람들에게 크나큰 행복을 선사하고 그들의 삶 자체를 지탱해 주는 요인이 되고 있다.

합리적인 도덕적 입장과 근거 없는 본능적 감정이 다른 점은 전자의 경우 우리의 확신이 타당하다는 이유를 댈 수 있다는 것이다. 우리는 왜 고문과 살인과 강간이 잘못된 것인지 또는 왜 차별과 불공평에 반대해야 하는지를 설명할 수 있다. 반면에 왜 동성애를 억압해야 하는지 또는 왜 인종을 차별해야 하는지를 입증할 때에는 부당하고 피상적인 근거를 억지로 만들어야 한다. 그리고 도덕적 입장을 뒷받침하는 타당한 이유는 얄팍한 근거에서 나오지 않는다. 그것은 항상, 무엇이 사람을 더 행복하게 혹은 불행하게 만드는가의 문제와 연결되고, 타인에게 존중받고 싶으면 먼저 타인을 존중해야 한다는 논리를 근거로 한다.

도덕적 감정의 또 다른 특징은 스위치처럼 두 가지 상태로 전환될 수 있다는 것이다. 도덕화와 비도덕화(amoralization)라 불리는 이 정신적 깜박임 현상은 최근 로진의 실험실에서 연구된 바 있다.[13] 그것은 기호

* 법적으로 동성애가 허용되는 21세 이상의 남자를 말한다.

(preference)에 의해 행동을 판단하는 심적 태도와 가치(value)에 의해 행동을 판단하는 심적 태도의 뒤바뀜이다.

채식주의자에는 두 종류가 있다. 건강상의 이유로 즉 지방과 독소의 섭취를 줄이기 위해 고기를 피하는 사람들과, 도덕적 이유로 즉 동물의 권리를 존중하기 위해 고기를 피하는 사람들이다. 로진의 실험에 따르면, 건강 채식주의자들에 비해 도덕적 채식주의자들이 채식의 근거를 더 많이 대고, 고기에 대해 더 큰 정서적 반응을 보인다. 그리고 고기를 오염원으로 취급하는 경향—예를 들어 수프에 고기가 조금만 들어가도 아예 손을 대지 않는다.—이 더 강하고, 가령 고기를 먹으면 더 공격적이고 동물적이 된다고 믿는 등의 기이한 가치관을 자신의 채식 습관에 부여하는 경향이 더 크다고 한다. 그러나 채식주의자들만이 식습관과 도덕적 가치를 연관시키는 것은 아니다. 대학생들에게 사람들에 대해 묘사해 주고 그들의 성격을 평가하라고 요구했더니, 그들은 닭고기와 샐러드를 먹는 사람이 치즈버거와 밀크 셰이크를 먹는 사람보다 더 친절하고 사려 깊다고 판단했다!

로진은 최근 들어 흡연도 도덕적 평가의 대상이 되었다고 지적한다. 담배를 피우는가 안 피우는가의 문제는 오랫동안 기호나 분별의 문제로 취급되었다. 어떤 사람들은 단지 흡연이 건강에 해롭다는 이유로 담배를 즐기지 않거나 기피했다. 그러나 간접 흡연의 피해가 밝혀지면서 사람들은 이제 흡연을 부도덕한 행위로 취급하고 있다. 흡연자들은 추방과 혹독한 비난의 표적이 되었고, 흡연 행위에 대해 혐오와 오염의 감정이 작용하게 되었다. 비흡연자들은 담배는 물론이고 담배 연기가 밴 모든 것을 기피한다. 호텔에서는 비흡연 객실이나 심지어 비흡연 층을 요구한다. 이와 동시에 징벌의 욕구도 깨어나서, 배심원들은 담배 회사에 막대한 벌금을 물리기도 했다. 이것은 그런 결정이 부당하다는 이야기가 아니라, 그 이면에서 작용하는 감정들을 우리가 인식해야 한다는 뜻이다.

한편 많은 행동들이 비도덕화를 거친 결과, (사람들 눈에) 도덕적 결점이 아니라 생활 방식의 차이로 비치게 되었다. 비도덕화를 거친 행동의 예로는 이혼, 사생(私生, 또는 서출(庶出)), 직업을 가진 어머니, 마리화나, 동성애, 자위, 남색, 오럴 섹스, 무신론, 비서구 문화의 모든 관습 등이 있다. 이와 동시에 많은 고통들이 죄악의 대가에서 불운의 결과로 재평가되었다. 과거에 노숙자들은 "부랑자"나 "떠돌이"로 불렸다. 성적 접촉에 의한 질병(sexually transmitted diseases)도 예전엔 "성병(venereal diseases)"이라 불렸다. 오늘날 마약 중독을 치료하는 대부분의 전문가들은 마약 중독이 부도덕한 선택이 아니라 일종의 질환이라고 주장한다.

문화적 우익, 특히 자신을 도덕적 다수라 부르는 분파에게 이 모든 현상은 도덕성이 문화 엘리트의 맹공에 처하게 되었음을 의미한다. 반면에 좌익은 사적인 행동을 비난하는 것은 구시대적인 억압일 뿐이라고 생각한다. 청교도 정신을 "누군가가 어디에선가 행복할지 모른다는 지속적 두려움"으로 정의한 H. L. 멩컨이 좋은 예이다. 이 문제에 있어서는 양쪽 다 옳지 못하다. 최근 수십 년 동안 비도덕화를 거친 모든 행동들을 보상하기라도 하듯 우리는 새로운 행동들을 도덕화하는 운동을 열심히 전개하고 있다. 속물 같은 실업가와 극단적인 청교도는 사라지고 보모 국가*를 위해 노력하는 운동가와 외교 정책까지 고민하는 대학가**가 그 자리를 메웠지만, 과거나 현재나 도덕화의 심리는 똑같다. 다음은 아주 최근에 도덕적으로 채색된 행동의 몇 가지 예이다.

---

* nanny state. 정부 기관이 시민을 과보호하고 나아가 생활을 통제하는 복지 국가를 말한다.
** 대학가의 운동 단체들이 정부의 외교 정책까지 간섭하는 것을 가리킨다.

어린이를 대상으로 한 광고 · 자동차 안전성 · 바비 인형 · 대형 체인점 · 섹시한 여성의 육체미 사진 · 개발 도상국의 공장에서 생산한 옷 · 소비 상품의 안전성 · 기업 소유 농장 · 국방부 예산에 의한 연구 · 일회용 기저귀 · 일회용 포장 · 인종적 농담 · 기업 간부 연봉 · 패스트푸드 · 사내 연애 · 식품 첨가제 · 모피 · 수력 발전 댐 · 지능 지수 테스트 · 벌목 · 채굴 · 원자력 · 유전 탐사 · 특정 종목의 주식 소유 · 양계장 · 공휴일(콜럼버스 기념일, 마틴 루터 킹 기념일) · AIDS 연구 · 유방암 연구 · 체벌 · 경멸적 의미의 교외("난개발") · 설탕 · 감세 · 장난감 총 · TV 폭력 · 패션 모델의 몸무게

이 중 많은 항목이 해로운 결과를 낳을 수 있고, 어느 누구도 그 위험성이 간과되길 원치 않는다. 문제는 그것들을 해결하고자 할 때 도덕화의 심리에 의해(악인을 찾아내고, 고발을 장려하고, 권위적인 처벌을 시행하여) 해결하는 것이 최선인가 아니면 비용과 이익, 신중함과 위험, 좋은 취미와 나쁜 취미의 관점에서 해결하는 것이 최선인가이다. 예를 들어 오염은 종종 신성함을 더럽히는 범죄 행위로 취급된다. 록 그룹 트래픽의 노래는 그러한 경향을 잘 보여 준다. "우리…… 이 땅을 지켜 나가자. 그리고 다시는 이 신성한 땅을 해치지 말자고 약속하자." 이것은 경제학자들의 태도와 대조를 이룬다. 가령 로버트 프랭크는 (정화 비용을 언급하면서) 이렇게 말한다. "집 안에 먼지의 적정량이 있는 것처럼 환경에도 오염의 적정량이 있다."

게다가 모든 인간의 활동에는 결과가 따르는데, 종종 각 사람에게 돌아가는 이익과 피해의 정도가 다르다. 그리고 모든 행위가 부도덕하다고 취급되지도 않는다. 우리는 화재 감지기의 배터리를 교환하지 않는 사람, 가족을 데리고 자동차 여행을 떠나는 사람(자동차 사고의 위험이 증가한다.), 시골로 이사 가는 사람(출퇴근과 쇼핑 때문에 환경 오염과 연료 사

용이 증가한다.)에게 경멸을 보이지 않는다. 경유를 사용하는 레저용 차량을 모는 행위는 도덕적으로 미심쩍게 보이지만, 많은 휘발유를 소모하는 볼보를 모는 것은 그렇게 보이지 않는다. 빅맥을 먹는 것은 의심스러운 일이지만 수입 치즈나 초콜릿 케이크를 먹는 것은 그렇지 않다. 도덕화의 심리를 인식한다고 해서 도덕적으로 무뎌질 필요는 없다. 오히려 우리는 비용과 이익이 아닌 미덕과 죄악의 관점을 내세우면서 도덕적으로 부적절한 근거를 기초로 삼아—특히 그 선인과 죄인이 자신의 편인가 남의 편인가에 따라—문제를 해결하려 했던 오류의 가능성을 경계할 수 있다. 오늘날 많은 "사회 비평가"들이 상류 계층 출신으로 하류 계층의 취향(음란성 유희, 패스트푸드, 많은 소비 상품)을 비난하면서 그들 자신은 평등주의자라고 생각한다.

∽∽

도덕적 심리에는 원시적인 사고와 연관되어 있으면서도 현대인의 마음에 뚜렷이 살아 있는 또 다른 부분이 있는데, 신성함과 금기의 개념들이 그것이다. 어떤 가치들은 가치를 뛰어넘어 신성 불가침으로 간주된다. 그 무한한 가치 또는 초월적 가치는 다른 모든 중요성을 압도한다. 심지어는 그것을 다른 가치로 대체할 것을 생각하는 것조차 허락되지 않는다. 그런 생각 자체가 죄악이어서 비난과 분노의 대상이 되기 때문이다.

심리학자 필립 테틀록은 미국 대학생들의 마음에서 신성함과 금기의 심리를 이끌어 냈다.[14] 그는 학생들에게, 이식 수술에 쓰일 장기를 사고파는 것이 허용되어야 하는지, 고아를 입양할 허가권을 경매에 부쳐도 되는지, 시민권을 돈으로 사도 되는지, 투표권을 팔아도 되는지, 돈을 주고 사람을 고용해서 자기 대신 감옥이나 군대를 보내도 되는지를 물었다. 대부분의 학생들은 그런 행위는 비윤리적이므로 법으로 금지되어야 한다고 생각했다. 그러나 학생들의 반응은 단순한 반대 이상이었다. 그들은 누군가가 그런 행위의 합법화를 생각한다는 것에 분개했고, 그런 질문을 받은 것에 모욕감을 느꼈으며, 누군가가 그런 행위를 허용한다면 반드시 처벌해야 한다고 생각했다. 학생들은 견해의 정당성을 설명하라고 요구하자 단지 "타락한, 비인간적인, 용납할 수 없는" 행동이라는 말밖에 하지 못했다. 학생들은 심지어 자기 자신을 정화하는 한 방법으로, 입양권의 경매를 합법화하려는 (가상의) 움직임에 반대하는 운동을 자발적으로 조직하려 했다. 고아 시장이 있다면 더 많은 고아들이 행복한 가정에 입양될 것이고 가난한 사람들은 경매에 참여한 대가로 현금이 아닌 상품권 같은 것을 받게 될 것이라는 등, 금기시되는 정책의 좋은 측면에 대한 주장을 들은 후에도 그들의 분노는 쉽게 가라앉지 않았다.

또 다른 연구에서는, 100만 달러를 한 어린이의 간 이식 수술에 쓸 것인가 아니면 필요한 장비를 구입하는 데 쓸 것인가를 결정해야 하는 병원 관리자에 대해 물었다. (병원 관리자들은 암암리에 이와 비슷한 선택에 직면한다. 어떤 수술에는 천문학적 비용이 들어서 모든 환자에게 시술할 수 없기 때문이다.) 응답자들은 그 돈을 장비 구입에 쓰기로 결정하는 관리자를 처벌해야 한다고 대답했을 뿐 아니라, 아이의 생명을 구하기로 결정했더라도 결정하기 전에 (강도가 "돈이냐 목숨이냐?"라고 묻자 검소함이 몸에 밴 코미디언 잭 베니가 그랬던 것처럼) 오랫동안 생각을 했다면 그때도 처벌해야 한다고 대답했다.

핵심적인 가치에 대해서 생각하는 걸 금기로 여기는 것이 전적으로 비합리적인 것은 아니다. 우리는 사람들을 판단할 때 그들이 무엇을 하는가에 의존할 뿐 아니라 그들이 누구인가에도 의존한다. 즉 그가 무엇을 주고 무엇을 받았는가로 판단할 뿐 아니라 그가 자기 이익을 위해 나를 팔아 넘기거나 등뒤에 칼을 꽂을 사람인가 아닌가로 판단하는 것이다. 어떤 사람이 나와의 관계에 감정적으로 최선을 다하고 있는지, 과연 자신의 약속을 지킬 것인지를 확인하려면 그가 어떻게 생각하는지, 즉 나의 이익을 진심으로 존중하는지 아니면 나를 팔아 넘기고 얻을 이익과 끊임없이 비교하는지를 확인해야 한다. 성격이란 개념에는 도덕적 그림이 결합되고, 그와 함께 도덕적 정체성—내적으로 유지되고 타인들에게 투영되는 본인의 성격—이란 개념이 결합된다.

테틀록은 상대방에 대해 가격을 매기지 않는 것이 바로 그에 대한 충실함의 본질이라고 지적한다. "이 규범을 위반하는 것, 우정이나 자식이나 국가에 대한 충성심에 금전적 가치를 부여하는 것이야말로 자기 자신의 사회적 역할을 박탈하는 행위이며, 진실한 친구, 부모, 시민의 진정한 의미를 이해하지 못한다는 것을 보여 주는 증거이다."[15] 금기를 지킬 것인가 위반할 것인가의 취사 선택은 신성한 가치와 세속적 가치(가령 돈)의 대립으로, 이런 취사 선택에는 "도덕적 부식성이란 특징이 있다. 즉 추잡한 제안을 오래 숙고할수록 도덕적 정체성은 그만큼 녹이 슬게 된다."[16]

1958년 「식품과 약물에 관한 딜레이니 조항」은 발암성 물질이 조금이라도 들어 있는 새 식품 첨가제를 전면 금지해서 국민 건강을 개선하겠다는 의도로 제정되었다. 좋은 소리 같았지만 사실은 그렇지 않았다. 이 정책 때문에 사람들은 이전부터 판매되고 있던 위험한 식품 첨가제에 계속 노출되었으며, 제조업자들은 유해한 첨가제라도 발암성이 아니면 아무 문제 없이 시장에 내놓을 수 있었고, 위험보다 이익이 더 큰 제품들—가령 당뇨병 환자들이 사용하는 사카린—이 법으로 금지되는 결과가 발생했다. 이와 비슷하게 1978년 러브캐널에서 위험한 폐기물이 발견된 후 의회는 모든 폐기물 처리장의 완벽한 정화를 요구하는 「슈퍼펀드 법령」을 통과시켰다. 그러나 한 처리장에서 폐기물의 마지막 10퍼센트를 처리하는 데 수백만 달러의 비용이 들었는데, 그 정도의 돈이라면 여러 군데 다른 처리장들을 정화하거나 다른 위험 요소를 제거하는 데 쓰는 것이 더욱 유용할 수 있었다. 결국 슈퍼펀드 기금은 불과 몇 군데 처리장을 정화하기도 전에 파산을 맞았고, 미국인의 건강을 개선하겠다는 취지도 함께 날아가 버렸다. 엑손 발데즈 기름 유출 사고 이후 한 여론 조사에 참가한 응답자 중 5분의 4가, 미국이 "비용에 상관없이" 환경 보호에 더 적극적으로 나서야 한다고 말했다. 말 그대로라면 전국의 모든 학교, 병원, 경찰서, 소방서의 문을 닫고, 사회 복지 프로그램, 의료 연구, 해외 원조, 국방을 중단하고, 소득세를 99퍼센트까지 높이더라도 환경을 보호해야 한다는 뜻이 된다.

테틀록은 이런 대실수가 발생하는 이유는, 행여 어떤 정치인이 냉정하고 정직한 손익 계산에 따라 합리적인 흥정안을 제시하면 그의 어깨에는 금기를 위반한다는 이유로 십자가가 지워지기 때문이라고 설명한다. 그런 정치인은 "우리의 음식과 물에 독성 물질이 들어 있어도 괜찮다."라거나 심지어 "인간의 생명을 화폐 가치로 계산한다."라는 비난을 면치 못한다. 정책 분석가들에 따르면, 우리가 그토록 낭비적이고 불평등한 프로그램에 사로잡혀 있는 것은 정치인이 그런 문제를 개혁하려고 하면 그것은 곧 정치적 자살이나 마찬가지이기 때문이라고 한다. 영리한 반대자라면 다음과 같이 금기된 언어로 개혁을 매도할 수 있다. "노인들에 대한 맹세를 깨는 짓", "조국을 위해 목숨을 걸고 싸웠던 노병들의 신성한 믿음을 배신하는 행위", "어린이 보호와 교육을 축소하려는 행위."

서문에서 나는 빈 서판을 신성한 교의로, 인간 본성을 현대적 금기로 명명했다. 사실 그것은 이 문제와 관련된 하나의 기술적 가설이었다. 급진주의 과학 운동에서는 마음에 대한 과학 연구를 도덕화하고 금기적 사고 방식을 이용해 비판을 전개했다. 2부에서부터 살펴 보았던 급진주의자들의 격한 분노, 이단자 처벌, 왜곡된 인용과 부당한 비판, 데모와 선언문과 공공연한 비난을 통한 도덕적 정화를 기억해 보라. 바이젠바움은 "생각만 해도 혐오감이 드는 개념들"을 비난했고, "그런 것까지 생각하는" 인간 이하의 과학자들을 힐난했다. 그러나 후에 틀린 점이 밝혀지더라도 그런 것을 생각하는 것이 바로 학자의 일이다. 도덕과 학문은 종종 충돌하기 마련이다.

　인간의 도덕 관념을 이렇게 무자비하게 분해한다고 해서 도덕성이 일종의 허위라거나 도덕가들이 모두 고집스런 독선가란 뜻은 아니다. 윤리학이 감정에 깊이 관여하는 경우도 있지만, 다른 한편으로 다수의 철학자들은 이성만으로는 도덕성이 성립될 수 없다고 주장해 왔다. 흄이 말한 것처럼 "내 손가락에 상처가 나기보다는 온 세상이 파멸하기를 바라는 것은 이치에 어긋나는 일이 아니다."[17] 동정, 감사, 죄 의식의 감정은 우리 주변에서 무수히 오고 가는 크고 작은 친절한 행동의 원천이고, 정의로운 분노와 윤리적 확신은 인류 역사상 위대한 지도자들이 세상을 이끈 원동력이었다.
　글러버는 20세기의 많은 잔학상들이 도덕적 감정이 무력해졌을 때 시작되었다는 사실을 지적한다. 점잖은 사람들이 다양한 비도덕화 요인 ─이상주의적 이데올로기, 단계적인 결정(가령 폭격의 목표가 외딴 공장에서 거주지 주변의 공장으로 바뀌고 다시 거주지 자체로 바뀌는 것), 관료제 안에서의 책임감 상실 등—에 현혹되어 무시무시한 행위를 저질렀다. 그런 와중에서도 많은 사람들이 잔학한 행위를 중도에 멈출 수 있었던 것은 순수한 도덕적 감정—희생자들에 대해 동정심을 느끼거나, "내가 과연 이런 행위를 할 수 있는 사람인가?"라는 질문을 통해 자신의 도덕적 정체성을 확인하려는 노력—때문이었다. 도덕 관념은 역사를 알고 깊이 생각할수록 확대되고 심화되는 것이며, 무자비한 정신병질자들이 우글대는 매드맥스의 악몽과 우리를 갈라놓는 기준이다.

그러나 인간의 도덕화에는 여전히 조심해야 할 점이 많다. 도덕성을 신분이나 순수함과 혼동하는 것, 지나치게 도덕적인 차원에서 판단을 내리고 그에 따라 반대자들에 대한 공격을 허락하는 것, 불가피한 흥정안을 생각하는 것조차 금기시하는 것, 어디에나 존재하는 자기 기만의 악덕(자기 자신을 항상 천사의 편이라고 생각한다.). 히틀러 역시 온갖 이유로 자신의 대의가 청렴하다고 확신했던 도덕주의자(실은 도덕적 채식주의자)였다. 역사학자 이언 부루마는 이렇게 썼다. "여기에서 우리는 다시 한번 진실한 신자가 냉소적인 운영자보다 더 위험할 수 있다는 사실을 본다. 냉소적인 운영자는 패를 버릴 줄 안다. 반면에 진실한 신자는 끝까지 가서 기어코 세상을 무너뜨린다."[18]

5부

주요 쟁점들

어떤 논쟁들은 사람들의 도덕적 정체성과 너무 깊이 얽혀 있어서 그 문제가 과연 합리성과 증거에 의해 해결될 수 있을까 하는 절망감이 들 때도 있다. 사회 심리학자들이 밝혀 낸 바에 따르면, 의견이 갈린 도덕적 쟁점들 특히 자유주의자들과 보수주의자들이 대립하는 쟁점들의 경우에 양편의 모든 투사들은 자기는 옳고 상대는 추악한 동기를 숨기고 있다고 직관적으로 확신한다는 것이다. 물론 그들도 의견을 제시할 때에는 항상 근거를 대야 한다는 사회적 관습을 존중하지만, 상대방이 자신의 주장을 반박할 때에는 생각을 바꾸는 대신 다른 논리를 찾기에 혈안이 된다. 도덕적 논쟁은 적대감을 해소하기는커녕 오히려 부추길 수 있다. 상대편이 즉시 항복을 하지 않으면 그것을 합리성에 마음을 열지 않는다는 증거로 인식하기 때문이다.[1]

이 책의 5부에서 탐구할 주제들이 가장 명백한 예일 것이다. 정치, 폭력, 성, 어린이, 예술에 대한 사람들의 견해를 보면 그들이 자신을 어떤 종류의 사람이라고 생각하는지 그리고 어떤 종류의 사람이 되기를 원하는지를 분명히 알 수 있다. 그러한 견해는 당사자가 정치적 억압, 폭력, 성 차별, 얄팍한 실리주의, 어린이 학대나 방기에 반대하고 있음을 입증한다. 그러나 그들의 견해에는 호모 사피엔스의 심리학적 본질에 대한 전제가 깔려 있다. 양심적인 사람들은 자신이 무의식적으로 생물학이나 심리학의 경험주의적 입장에 사로잡혀 있음을 발견할지 모른다. 과학적으로 밝혀지는 사실들은 좀처럼 우리의 예상과 정확히 맞아떨어지지 않는다. 만약 그렇다면 애초에 과학이란 것을 할 필요가 없을 것이다. 따라서 과학적 사실이 신성한 믿음을 공격하면 사람들은 과학적 사실을 은폐하고 논쟁을 덮어 버리고 싶은 유혹을 느낀다. 그들이 신성시하는 모든 것이 위협을 당하기 때문이다. 그렇게 되면 새로운 사실과 분석이 절실하게 필요한 문제들을 아무 장비 없이 처리해야 하는 불행한 상황에 부딪힐 수 있다.

인간 본성에 대한 과학은 거의 모든 문제들과 접점을 형성하고 있다. 나는 그중 다음 몇 장에서 다룰 다섯 가지를 주제를 선택했고, 그로 인해 어쩔 수 없이 많은 주제들이 제외되었다(예를 들어, 인종, 성적 지향성, 교육, 약물 남용, 정신병). 사회 심리학자들은 아주 격렬한 이념 논쟁에도 때로는 공통의 기반이 존재한다는 사실을 발견하고 있다.[2] 양편에게 필요한 것은, 상대방도 도덕적 견지에서 주장하고 있다는 점, 양쪽 모두가 어느 정도의 가치 기준을 공유하고 있다는 점, 단지 서로가 강조하는 측면이 다를 뿐이라는 점을 인정하는 것이다. 그러한 공통의 기반을 찾는 것이 5부의 목표이다.

16장

정치

> 종종 희극적이란 생각이 든다네
> 자연이 항상 이 세상에 태어나는
> 모든 사내아이와 계집아이를
> 작은 자유주의자 아니면
> 작은 보수주의자로 만드는 것이![1]

길버트와 설리번은 1882년에 거의 옳은 말을 했다. 정치적 자유주의와 보수주의적 태도는 완전히는 아니지만 대체로 유전적이다. 태어날 때 헤어진 일란성 쌍둥이를 성인이 되었을 때 조사했더니 정치적 태도가 0.62의 상관 계수(범위는 -1에서 +1까지)를 보이며 비슷하게 나타났다.[2] 자유주의적 태도와 보수주의적 태도가 유전적인 것은, 물론 그것이 DNA로부터 직접 합성되기 때문이 아니라 사람들이 가지고 있는 서로 다른 기질을 따라가기 때문이다. 예를 들어 보수주의자들은 보다 권위적이고, 양심적이고, 전통적이고, 규칙 지향적인 성향을 보인다. 그러나 직접적인 원인이 무엇이든, 정치적 태도의 유전 가능성을 이해하면 자유주의자와 보수주의자들이 만날 때 일어나는 마찰의 불꽃을 설명할 수 있다. 유전적인 태도와 관련된 문제라면 사람들은 더 즉각적이고 감정적으로 반응하고, 자신의 마음을 잘 바꾸지 않는다. 그리고 비슷한 마음을 가진 사람들에게 더 잘 이끌린다.[3]

물론 자유주의와 보수주의는 유전에서 나온 것이 아니라 역사와 지식에서 나왔다. 18세기에 두 개의 정치 철학이 오늘날 신문 사설에서 보는 것과 비슷한 틀을 갖추었는데, 그 기초는 수천 년 전 고대 그리스의 정치 논쟁으로 거슬러 올라간다. 지난 3세기 동안 이들 철학과 관련된 수많은 혁명과 봉기가 일어났고, 현대 민주주의 사회에서는 치열한 선거전으로 전개되고 있다.

이 장에서는 인간 본성에 대한 과학과 좌우익 정치 철학의 정치적 균열 사이에 어떤 지적 연관성이 있는가를 밝히고자 한다. 그것은 은밀한 관계가 아니다. 많은 철학자들이 오래전부터 지적했듯이, 좌우익 정치 철학은 정치적 신념 체계일 뿐 아니라 서로 다른 인간 본성 개념에 근거하고 있는 역사적·경험적 체계이다. 인간 본성에 대한 과학에 그렇게 강한 폭발성이 있다는 것은 그리 놀랄 일이 못 된다. 진화 심리학, 행동 유전학, 그리고 인지 신경학의 몇몇 분야는 정치적 우익과 잘 들어맞는 것으로 널리 인식되고 있는데, 현대의 대학에서는 정치적 우익을 무엇인가에 대해 이야기할 수 있는 최악의 견해로 취급하고 있다. 마음, 뇌, 유전자, 진화에 관한 논쟁을 이해하는 사람은 그 주제들이 오랜 정치적 단층선과 나란히 일치한다는 사실을 알게 된다. 그러나 에드워드 윌슨은 그 사실을 너무 늦게 알아차렸다.

나는 [사회 생물학에 대한] 공격에 무방비 상태로 노출되어 있었다. 사회과학자들이 객관적 증거를 내세워 어느 정도 정면 공격을 퍼부으리라는 것을 예상하긴 했지만, 측면에서 정치적 포격이 쏟아지리라고는 꿈에도 생각하지 못했다. 몇몇 목격자들은 내가 놀라는 것을 보고 놀라워했다. 연로한 영국 진화 심리학자이자 한때 마르크스주의자였던 존 메이너드 스미스는 그 자신도 『사회 생물학』의 마지막 장을 싫어했으며, "그 책이 미국의 마르크스주의자들은 물론이고 전 세계의 마르크스주의자들로부터 엄청난 적대감을 불러일으킬 것임을 전적으로 확신했다. ─ 윌슨이 그것을 몰랐다고는 생각하지 않는다. ─"라고 말했다. 그러나 그건 사실이었다.…… 1975년 당시 나는 정치적으로 순진했다. 나는 정치적 이념이나 분석의 틀로서의 마르크스주의를 거의 알지 못했고, 좌익 운동의 구조에 대해 거의 신경 쓰지 않았으며, 민중을 위한 과학에 대해서도 들어 본 적이 없었다. 나는 유럽이나 뉴욕-케임브리지 대학에서 통하는 의미로 보면 지식인도 아니었다.[4]

앞으로 살펴보겠지만 실제로 인간 본성에 대한 새 과학들은 역사적으로 좌익보다는 우익에 더 가까웠던 전제들과 더 잘 들어맞는다. 그러나 오늘날 좌우익의 전선은 과거만큼 확실하지 않다. 인간 본성에 대한 새 과학들이 구제 불능의 보수주의에 속한다는 비난은, 모든 방향이 오른쪽으로만 향해 있는 것처럼 보이는 신비한 지점인 극좌에서 나온다. 인간 본성에 대한 믿음이 정치적 신념과 폭넓게 결합한 결과, 과거의 자유주의 대 보수주의 전선과는 무관하게 많은 정치 이론가들이 좌파 정책을 주장하는 근거로 진화론과 유전학을 받아들이고 있다.

인간 본성에 대한 과학들은 현재 하나가 아니라 두 개의 정치적 쟁점에 기름을 붓고 있다. 첫 번째는 "사회"라는 실체를 어떻게 개념화할 것인가에 대한 논쟁이다. 정치 철학자 로저 매스터스는 사회 질서를 서로 다르게 이해하는 두 전통의 오랜 논쟁에서 사회 생물학이 (그리고 그 논쟁과 관련된 진화 이론, 유전학 이론, 두뇌과학 이론들이) 과연 어느 편을 들었는가를 보여 주었다.[5]

사회학적 전통에서 사회는 응집력 있는 하나의 유기적 실체이고, 사회를 구성하는 개별 시민들은 단지 부품에 불과하다. 사람들은 선천적으로 사회적 동물이고 더 큰 초유기체의 구성 요소로서 존재한다고 간주된다. 이것이 바로 플라톤, 헤겔, 마르크스, 뒤르켐, 베버, 크로버, 사회학자 탤컷 파슨스, 인류학자 클로드 레비스트로스, 그리고 인문학과 자연과학의 포스트모더니즘으로 이어지고 있는 전통이다.

경제적 전통 또는 사회 계약설 전통에서 사회는 자기 본위의 합리적인 개인들이 협상을 통해 형성한 제도이다. 사람들이 자신의 자율성을 함부로 지배하려는 다른 사람들의 약탈을 막기 위해 그 자율성의 일부를 희생하기로 합의할 때 사회가 출현한다. 그것은 플라톤의 『국가론』에 등장하는 트라시마코스,* 마키아벨리, 홉스, 로크, 루소, 스미스, 벤담으로 이어지는 전통이다. 20세기에 그것은 경제학과 정치학의 합리적 행위자 또는 "경제적 인간" 이론의 기초가 되었고 공공 문제를 손익 분석에 따라 결정하는 원칙의 기초가 되었다.

현대 진화론은 사회 계약설 전통과 정확히 일치한다. 현대 진화론에

---

* "힘은 정의이다(Might is right)."

서는, 행동 전략을 포함해 복잡한 적응 특성들은 사회나 종이나 생태계의 이익이 아니라 개인(실은 개인이 가지고 있는 그 특성들에 해당하는 유전자)의 이익을 위해 진화했다고 주장한다.[6] 개인의 장기적 이익이 당장의 비용보다 클 때 사회 조직이 진화한다. 다윈은 애덤 스미스로부터 영향을 받았고, 다윈의 여러 후계자들도 사회성의 진화를 분석할 때 가령 게임 이론이나 그 밖의 최적화 모델처럼 경제학에서 직접 파생한 방법들을 사용한다.

특히 호혜적 이타주의는 사회 계약이라는 전통적 개념이 생물학적으로 변형된 것이다. 물론 인간은 (루소와 홉스가 추측했던 것처럼) 혼자 존재한 적이 없었고, 특정한 시간과 장소에 모여 어렵사리 계약을 체결하고 집단 생활을 시작한 적도 없었다. 무리, 씨족, 부족 등의 사회 집단들은 우리가 인간이 된 순간부터 지금까지 항상 인간 생활의 필수적 단위였다. 그러나 그러한 집단을 유지할 수 있게 해 준 정신 기능들의 진화는 바로 사회 계약의 논리에 따라 이루어졌다. 사회 제도는 진화적 우연의 산물이며, 집단의 이익이 비용을 초과할 때 발생한다.[7] 생태 환경과 진화의 역사가 약간만 달랐더라도 우리는 완전한 단독 생활을 즐기는 우리의 사촌인 오랑우탄처럼 되었을지 모른다. 그리고 진화 생물학에 따르면 모든 사회—동물과 인간—는 이해 관계의 충돌로 가득 차 있지만 지배와 협동의 비율을 끊임없이 조정하면서 하나의 틀을 유지한다고 한다.

지금까지 우리는 인간 본성에 대한 과학들이 어떻게 사회학적 전통과 충돌했는지를 보았다. 사회과학은, 사회적 사실들이란 개인의 마음과는 독립되어 있는 그 자신의 세계에 존재한다는 원칙에 사로잡혀 있었다. 4장에서 우리는 개별 인간들이 자신이 발견한 것들을 공동 출자하고 사회적 현실의 기초를 이루는 합의 사항들을 암묵적으로 타협할 때 문화와 사회가 출현한다는 대안적 개념을 보았다. 그리고 윌슨의 『사회 생물학』이라는 이단이 어떻게 사회학적 패러다임을 이탈했는지를 보았고, 사회가 개인보다 우월하다는 관점이 마르크스주의의 기초였으며 또한 개별 인간들의 이익을 경시하는 데 중요한 역할을 했다는 사실도 확인했다.

사회학적 전통과 경제학적 전통의 대립은 정치적 좌파와 우파의 대립과 일치하는 것처럼 보이지만 사실 그것은 대략적인 모습일 뿐이다. 마르크스주의는 뚜렷한 사회학적 전통이고 자유 시장 보수주의는 뚜렷한 경제학적 전통이다. 자유주의 물결이 지배했던 1960년대에 린든 존슨*은 위대한 사회(Great Society)를 건설하려고 했고, 피에르 트뤼도**는 정의 사회(Just Society)를 구현하려고 했다. 보수주의 물결이 휩쓸었던 1980년대에 마거릿 대처는 이렇게 말했다. "사회 같은 것은 없다. 개개인이 있고 가족이 있을 뿐이다."

그러나 매스터스가 지적하듯이, 뒤르켐과 파슨스는 사회학적 전통에 속했지만 보수주의자였다. 우리는 주변에서 보수주의 신념들이 사회를 하나의 실체로 인정하고 그에 따라 개인의 욕망을 경시하는 경우를 쉽게 볼 수 있다. 이와는 반대로 로크는 사회 계약설 전통에 속했지만 자유주의의 수호신이었고, 루소는 "사회 계약"이란 표현을 최초로 사용한 장본인이었지만 자유주의적·혁명적 사상가들에게 영감을 주기도 했다. 모든 계약이 그렇듯이 사회 계약도 시간이 지나면서 일부 서명자에게 불공평해질 수 있고 따라서 타협에 의해 점진적으로 개선되거나 혁명에 의해 기초부터 다시 작성되어야 할 수 있다.

* 미국 36대 대통령이자 케네디의 후임자이다.
** 캐나다의 자유주의 정치인이다.

이와 같이 우리는 사회학적 전통과 경제학적 전통의 충돌을 통해 인간 본성에 대한 과학들이 촉발시킨 맹렬한 충돌을 어느 정도 이해할 수 있지만, 그것을 정치적 좌익과 우익의 육박전과 동일시할 수는 없다. 이 장의 나머지 부분에서는 그 후자의 더욱 뜨거운 쟁점을 자세히 다루고자 한다.

∞∞

좌우익을 연결하는 축 주변에는 놀랍게도, 언뜻 보면 공통점이 전혀 없는 신념들이 함께 묶여 있는 것을 볼 수 있다. 예를 들어 강한 군대를 찬성하는 사람은 십중팔구 법률 운동보다는 법률적 제재를 찬성한다. 종교의 중요성을 믿는 사람은 범죄에 대해 엄격하고, 감세 정책에 찬성할 확률이 높다. 경제적 자유 방임 정책을 찬성하는 사람들은 애국심과 가족의 가치를 중요하게 생각하는 경향이 있는데, 그들은 주로 젊은 층보다는 노년층이고, 이상주의적이기보다는 실용주의적이고, 관용보다는 검열에 찬성하고, 평등주의보다는 엘리트주의를 선호하고, 혁명보다는 점진적 개혁에 찬성하고, 대학이나 정부 기관보다는 회사에 몸담고 있을 가능성이 높다. 축의 반대편에서도 비슷한 양상을 볼 수 있다. 범죄자에 대한 교화, 적극 행동(소수 민족 차별 철폐와 여성 고용 등을 추진하는 계획), 관대한 복지 정책, 동성애 허용에 공감하는 사람은 십중팔구 평화주의, 환경 보호, 개혁 운동, 평등주의, 교육·종교 분리주의에 찬성하고 교수나 학생일 확률이 높다.

도대체 어떻게 우리는 성에 대한 신념을 보고 군사력에 대한 신념을 예측할 수 있는가? 종교와 세금은 어떤 관계가 있는가? 헌법을 엄격하게 해석해야 한다는 주장과 충격적인 예술을 경멸하는 경향에는 어떤 관계가 있는가? 우리는 인간 본성과 관련된 믿음들이 자유주의적 신념이나 보수주의적 신념과 어떻게 결합되어 있는가를 이해하기에 앞서, 왜 자유주의 신념들이 다른 자유주의 신념들과 한데 모이고 보수주의 신념들이 다른 보수주의 신념들과 덩어리를 이루는지를 이해해야 한다.

단어의 의미는 아무 도움이 안 된다. 소련과 그 직후의 러시아에서는 마르크스주의자를 보수주의자로 취급했다. 레이건과 대처는 혁명가로 불렸다. 자유주의자는 성에 대해서는 자유주의적이지만 경제에 대해서는 그렇지 않다. 보수주의자는 공동체와 전통의 보존을 원하지만 또한 그것을 파괴하는 자유 시장 경제를 선호한다. 어떤 사람들은 스스로를 "고전적 자유주의자"라 부르지만 정통 좌익 운동의 지지자들에게는 "보수주의자"란 말을 들을 것이다.

오늘날 자유주의자든 보수주의자든 자신의 이념적 핵심을 명료하게 표현할 수 있는 사람은 드물 것이다. 자유주의자들은 보수주의자들을 비도덕적인 부호라 생각하고, 보수주의자들은 스무 살이 되기 전에 자유주의자가 되지 않으면 가슴이 없는 사람이고 스무 살 이후에도 여전히 자유주의자로 남아 있으면 뇌가 없는 사람이라고 생각한다(이 생각의 출처는 조르주 클레망소, 딘 잉, 벤저민 디즈레일리, 모리스 메테를링크 등 다양하다). 지적인 공통 분모를 찾으려는 노력은 전략적 동맹—가령 우익에서는 종교적 근본주의자와 자유 시장을 중시하는 전문 관료, 좌익에서는 주체성을 강조하는 정치인과 시민적 자유론자의 동맹—때문에 쉽게 좌절된다. 세율을 현재와 똑같이 유지할 것인가 아니면 몇 퍼센트 높이거나 낮출 것인가 등의 일상적인 정치 논쟁에서도 이념적 핵심은 오리무중이다.

핵심적인 차원을 조사하려는 가장 철저한 시도로는 토머스 소웰의 『두 관점의 충돌(A Conflict of Visions)』이 대표적이다.[8] 모든 이념 투쟁이 그의 이론적 틀에 들어맞지는 않지만(사회과학에서 흔히 하는 말이다.), 그는 갈등이라는 편차의 큰 부분을 설명할 수 있는 하나의 인수를 확인했다. 앞의 책에서 소웰은 인간 존재의 본질에 대한 두 "관점"을 설명하고, 그것이 각각 세속적(비종교적) 보수주의의 수호자인 에드먼드 버크(1729~1797년)와 영국의 루소라 할 수 있었던 윌리엄 고드윈(1756~1836년)에 의해 가장 순수한 형태로 표현된 바 있음을 지적한다. 소웰은 그것을 각각 "강제적 관점(Constrained Vision)"과 "비강제적 관점(Unconstrained Vision)"이라 불렀는데, 나는 각각 '비극적 관점'(그가 이후의 책에서 사용하는 용어이다.)과 '유토피아적 관점'이라 부를 것이다.⁹

비극적 관점으로 볼 때 인간은 선천적으로 지식, 지혜, 미덕이 제한된 존재이며, 따라서 모든 사회 제도는 그 한계를 인정해야 한다. 핀다로스*는 "필멸의 존재에게는 필멸의 것들이 가장 어울린다."라고 썼고, 칸트는 "구부러진 재목에서는 똑바른 물건이 나올 수 없다."라고 썼다. 비극적 관점은 홉스, 버크, 스미스, 알렉산더 해밀턴, 제임스 매디슨, 연방 대법관 올리버 웬델 홈스 2세, 경제학자 프리드리히 하이에크와 밀턴 프리드먼, 철학자 이사야 벌린과 카를 포퍼, 법학자 리처드 포스너와 관계가 있다.

유토피아적 관점에서 보면 심리적 한계는 우리의 사회 제도가 만들어 낸 인위적 장벽이므로 심리적 한계 때문에 더 좋은 세상을 응시하지 못하는 일이 없어야 한다. 그 신조를 잘 나타낸 표현이 있다. "어떤 사람들은 세상을 있는 그대로 보면서 '왜?'라고 묻는다. 나는 존재한 적이 없는 것들을 꿈꾸면서 '왜 안 돼?'라고 묻는다." 이 인용문은 흔히 1960년대 자유주의의 우상인 로버트 F. 케네디의 말로 알려져 있지만,

* 기원전 5세기경 그리스의 서정 시인이다.

점진적 개혁을 주장한 페이비언(Fabian) 사회주의자 조지 버나드 쇼가 최초의 저자이다(그는 또한 "충분히 이른 시기에만 시작한다면 인간 본성보다 더 완벽하게 변화시킬 수 없는 것은 없다."라고 썼다.).[10] 유토피아적 관점은 루소, 고드윈, 콩도르세, 토머스 페인, 대법원장 얼 워렌, 경제학자 존 케네스 갤브레이스와 관계가 있고 철학자 로널드 드워킨과도 약간의 관계가 있다.

비극적 관점에서 보면 우리의 도덕 감정들이 아무리 유익하다 해도 그 밑바닥에는 이기심이라는 기초가 깔려 있다. 그 이기심은 정신병질자의 잔인성이나 공격성이 아니라, 우리의 본성에 속하는 행복에 대한 관심이기 때문에 우리는 그에 대해 거의 숙고하지 않고 한탄하거나 지워 버리기 위해 시간을 허비하지도 않는다. 『도덕 감정에 관한 이론』에서 애덤 스미스는 다음과 같이 말했다.

무수한 인구가 거주하는 중국이라는 대제국이 갑자기 지진에 의해 사라졌다고 가정해 보자. 그리고 중국과 아무 관계도 맺지 않고 살던 유럽의 한 남자가 이 끔찍한 재난 소식을 듣고 어떻게 반응할지 상상해 보자. 내가 생각하기에 그는 우선 중국 사람들의 불행에 강한 슬픔을 표할 것이고, 인생의 불확실함과 한 순간에 잿더미로 변할 수 있는 노동의 허망함에 대해 우울한 관점으로 여러 번 숙고할 것이다. 사색적인 사람이라면 한걸음 더 나아가 그 재난이 유럽 경제에 그리고 세계 무역과 경제에 미칠 영향에 대해 갖가지 추론을 전개할 것이다. 그러나 그 모든 철학적 사유가 끝나고 인간적인 감정이 표출되고 나면 그는 무슨 일이 있었냐는 듯이 하던 일이나 오락을 계속하거나 수면을 취할 것이다. 반면에 아무리 사소한 재난이라도 그 자신에게 닥친다면 그건 정말 큰일이 아닐 수 없다. 내일 그의 새끼손가락이 없어진다면 그는 오늘 밤 한잠도 자지 못할 것이다. 그러나 눈으로 보지 않는 한 그는 수억 명의 형제들이 어떻게 되든 코를 골면서 깊이 잠들 것이다.[1]

게다가 비극적 관점에서 보면 인간 본성은 변하지 않는다. 종교, 가족, 사회적 관습, 성적 관습, 정치 제도 등과 같은 전통들은 오랜 시간 동안 증류되고 남은, 인간 본성의 단점들을 보완하기 위한 장치들이다. 그것들은 비록 누구도 그 이론적 근거를 설명하지는 못하지만 처음 만들어졌을 때와 똑같이 인간에게 적합하다. 아무리 불완전한 사회라도 우리는 그 사회를 평가할 수 있는데 이때 평가의 기준은 미래의 가상적인 조화와 풍요가 아니라 과거에 실재했던 잔인성과 빈곤이다. 다행스럽게도 우리는 다소나마 체계적으로 돌아가는 사회에서 살고 있으며, 인간 본성은 언제든 우리를 야만인으로 만들 수 있기 때문에 우리에게 주어진 최우선의 과제는 그 사회를 망가뜨리지 않는 것이다. 그리고 어느 누구도 한 사회 안에서 상호 작용을 주고받는 수백만 명의 행동은 물론이고 단 한 명의 행동을 예측해 낼 만큼 영리하지 못하기 때문에 우리는 하향식으로 사회를 뜯어고치려는 어떤 공식에도 신뢰를 보내지 말아야 한다. 그런 공식은 대개 예기치 않은 결과를 초래해서 사태를 처음보다 악화시킬 뿐이다. 우리가 기대할 수 있는 최선의 방법은 좋은 결과와 나쁜 결과의 총합에 대한 피드백을 반영하고 그에 따라 계획을 지속적으로 조정해 가면서 점진적인 변화를 추진하는 것이다. 또한 우리는 범죄나 가난 같은 사회적 문제를 해결할 수 있다고 기대해서는 안 된다. 경쟁하는 개인들이 모여 사는 사회에서는 한 사람의 이익이 다른 사람의 손실로 이어질 수 있기 때문이다. 우리가 할 수 있는 최선의 일은 비용과 비용을 상쇄시키는 것이다. 다음은 프랑스 혁명 직후에 버크가 쓴 유명한 글이다.

[사람들은] 경건한 경외와 떨리는 갈망을 품고 아버지의 상처를 바라보듯이 국가의 문제에 접근해야 한다. 이 현명한 편견을 가질 때 우리는 경솔하고 조급한 마음으로 늙은 아버지를 갈기갈기 찢어 마법의 솥에 넣고 냄새 나는 독초와 야만스런 주문을 섞어 넣음으로써 아버지의 체질을 혁신시키고 아버지의 생명을 재생시킬 수 있다고 생각하는 이 나라의 아이들을 두려운 눈으로 바라보게 된다.[12]

유토피아적 관점에서 보면 인간 본성은 사회적 환경에 따라 변하고, 전통적 제도에 고유한 가치란 존재하지 않는다. 그때는 그때고 지금은 지금일 뿐이다. 전통은 과거의 죽은 손이고, 무덤에서 현재를 지배하려는 시도이다. 전통은 그 논리적 근거를 조사하고 도덕적 가치를 평가할 수 있도록 남김없이 밝혀져야 한다. 많은 전통들이 이 기준에 못 미친다. 여성을 가정의 울타리에 가두는 전통, 동성애와 혼전 섹스를 수치로 생각하는 전통, 미신적인 종교적 관행, 인종 차별과 분리, "옳든 그르든 내 조국"이라는 무분별한 슬로건으로 대표되는 위험한 애국심 등이 그 예이다. 절대 군주, 노예제, 전쟁, 가부장제 같은 관습들은 과거에는 불가피한 것으로 간주되었지만, 인간 본성에서 나왔다고 생각했던 제도들이 변함에 따라 지금은 세계 여러 지역에서 사라졌거나 사라지고 있다. 게다가 고통과 불평등이 존재하는 상황에서 우리는 눈앞에 보이는 도덕적 명령을 거부할 수 없다. 노력하기 전에는 무엇을 성취할 수 있는지 알 수 없다. 노력을 포기하고 기존의 악습을 이 세계의 존재 방식으로 받아들이는 것은 비양심적이다. 로버트 케네디의 장례식에서 그의 동생 에드워드 케네디는 다음과 같은 로버트의 연설문을 인용했다.

우리 모두는 결국 심판을 받을 것이다. 시간이 지나면 우리는 새로운 세계의 건설에 바친 우리의 노력에 따라, 그리고 우리의 이상과 목표를 그러한 노력으로 얼마만큼 만들어 냈는가에 따라 틀림없이 우리 자신을 심판할 것이다.

미래는 오늘에 만족하고, 공통의 문제와 동료 인간들에게 무관심하고, 새로운 생각과 용감한 계획을 두려워하는 자들의 몫이 아니다. 그것은 전망과 이성과 용기를 묶어 미국 사회의 이상과 위대한 모험에 직접 뛰어들어 헌신하는 자들의 몫이다.

우리의 미래는 우리의 전망에서 벗어날 수 있지만 우리의 지배에서는 완전히 벗어나지 않을 것이다. 숙명이나 자연이나 저항할 수 없는 역사의 파도가 아니라 우리 자신의 노력이 이성과 원칙과 일치할 때 우리의 운명을 결정한다는 사실이 바로 미국을 건설하는 힘이다. 그 속에는 자부심이 있고 어찌 보면 거만함도 있지만, 또한 경험과 진리가 있다. 여하튼 그것은 우리가 살 수 있는 유일한 길이다.[13]

비극적 관점을 가진 사람들은 1인칭 복수형인 '우리'를 강조하는 선언에 감동하지 않는다. 그들은 그 대명사를 만화 주인공 포고처럼 사용한다. "우리는 적과 맞닥뜨렸는데, 그 적은 바로 우리였다." 우리는 똑같은 결점을 지닌 종의 일원들이다. 도덕적 관행이란 우리의 의지를 다른 사람들에게 강요한다는 것을 의미한다. 권력과 존경을 얻으려는 인간의 욕망은 자기 기만과 독선에 빠지기 쉬운 약점과 결합해 종종 재난을 불러들이고, 특히 그 권력이 인간의 이기심을 뿌리뽑는다는 식의 돈키호테 식 목표에 맞춰질 때는 더욱 끔찍한 불행을 낳는다. 보수주의 철학자 마이클 오크쇼트는 "본질적으로 불가능한 일을 하려는 노력은 언제나 타락으로 이어진다."라고 썼다.

따라서 공통점이 거의 없어 보이는 수많은 쟁점들을 놓고 두 종류의 공상가들이 나란히 대치하게 된다. 유토피아적 진영에서는 사회적 목표를 분명히 정하고 그 목표를 향해 똑바로 나아갈 수 있는 정책을 개발하려고 노력한다. 그들은 가난에 대한 전쟁을 통해 경제적 불평등을 공격하고, 환경 보호를 위한 규제를 통해 오염을 공격하고, 소수 집단 보호를 위한 인원 할당제를 통해 인종 간 불균형을 해소하고, 식품 첨가제 규제를 통해 발암성 물질을 추방하려 한다. 비극적 관점의 진영에서는 그러한 정책을 시행하려는 사람들의 이기적 동기—다시 말해 자신의 관료적 영지를 확장하려는 의도—를 지적하고, 특히 그 사회적 목표가 수백만 국민의 이익이 저마다 엇갈리는 사안일 때에는 그들의 능력으로는 무수한 결과를 예상하지 못할 것임을 지적한다. 그들의 말에 따르면, 유토피아 공상가들은 복지가 의존성을 키울 수 있다는 것, 또는 한 오염 물질을 규제하면 다른 오염 물질을 사용하게 된다는 것을 예상하지 못한다는 것이다.

대신 비극적 관점에서는 특별히 현명하거나 도덕적인 사람이 없을 때에도 바람직한 결과를 생산할 수 있는 그런 체제를 추구한다. 이 관점에서 보면 시장 경제가 그런 목표에 적합하다. 스미스의 정육 업자, 양조 업자, 제빵 업자가 우리의 저녁상에 음식을 공급하는 것은 자비심 때문이 아니라 그들 자신의 이익을 위해서이다. 어떤 천재가 나타나 언제 어디서 누가 무엇을 필요로 할 것이라는 걸 예상하기 위해 한 사회에서 도는 재화와 용역의 복잡한 흐름을 이해할 필요가 없다. 사람들은 재산권이라는 동기를 위해 일하고 생산하며, 계약을 통해 거래 이익을 얻는다. 가격에는 생산자와 소비자를 이어 주는 희소성과 수요에 대한 정보가 담겨 있고, 그래서 그들은 몇 가지 간단한 규칙에 따라 행동하고—이익이 되는 것은 더 많이 만들어라, 비싼 것은 더 적게 구입하라—, 나머지는 '보이지 않는 손'이 책임진다. 해당 체계의 지능은 별로 똑똑하지 않은 수백만 생산자와 소비자들에게 고루 분산되어 있으며, 특별한 개인의 입에서 나오지 않는다.

유토피아적 관점을 가진 사람들은 자유 시장에 대한 맹목적인 믿음 때문에 발생할 수 있는 시장의 붕괴를 지적한다. 그들은 또한 자유 시장 체제에서 자주 발생하는 불공평한 부의 분배에 주목한다. 비극적 관점으로 보는 반대자들은 정의라는 개념이 유의미할 수 있는 것은 그것을 "사회"라는 추상적 개념에 적용할 때가 아니라 법의 틀 안에서 사람들의 결정에 적용할 때라고 주장한다. 예를 들어 프리드리히 하이에크는 이렇게 썼다. "시장 메커니즘에 의해 이익과 부담이 배분되는 방식은 그것이 특정한 사람들에게 의도적으로 할당되는 경우라면 대단히 불공평하다고 보아야 할 것이다." 그러나 사회적 정의에 대한 그런 관심은 혼동의 산물이다. 그의 주장에 따르면 "[자발적 질서의] 세부적 측면들은 공평하거나 불공평할 수 없기" 때문이다.[14]

오늘날 좌익과 우익이 벌이는 몇몇 전투는 다음과 같은 철학적 차이에서 직접 발생한다. 큰 정부 대 작은 정부, 높은 세금 대 낮은 세금, 보호 무역 대 자유 무역, 바람직하지 않은 사회적 현상(가난, 불평등, 인종적 불균형)을 축소하는 정책 대 경쟁의 장을 그대로 유지하고 법을 집행하는 정책. 반면에 어떤 전투는 인간의 잠재력에 대한 관점의 대립으로부터 발생해 더욱 불분명한 형식으로 전개된다. 비극적 관점에서는 신용상의 의무를 강조한다. 의무를 수행하는 사람이 그로부터 발생하는 즉각적인 가치를 보지 못하는 경우에도 그 의무를 충실히 이행해야 한다고 강조하는 것은, 비극적 관점에서는 자신의 미덕이나 통찰력을 확신하지 못하는 불완전한 존재들도 해당 체계에 참여할 수 있도록 허용하기 때문이다. 유토피아적 관점에서는 사회적 책임을 강조하면서, 사람들이 자신의 행동을 더욱 높은 도덕적 기준에 맞추어야 한다고 말한다. 로런스 콜버그의 유명한 도덕성 발달 이론에서는, 규칙을 무시하고 추상적 원리를 선택하는 수준을 말 그대로 "더 높은 단계"로 규정했다 (보통 사람으로서는 도달하기 어려운 단계일 것이다.).

엄격한 구성주의와 사법적 제재를 한편으로 하고 사회적 정의를 추구하는 법률 운동을 다른 한편으로 하는 논쟁이 가장 분명한 예일 것이다. 1954년부터 1969년까지 미국 대법원장을 지낸 얼 워렌은 전형적인 법률 운동가로서 인종 차별 폐지 운동을 전개하고 피고인의 권리를 확대하는 정책을 펼쳤다. 그는 "그게 과연 옳은가? 그게 과연 유익한가?"라는 질문으로 변호사들의 주장을 끊는 것으로도 유명했다. 그와 반대되는 견해를 대변하는 사람은 올리버 웬델 홈스였다. 그는 자신의 일이 "좋든 싫든 게임이 규칙대로 진행되는가를 보는 것"이었다고 말했다. 그는 "생활 조건과 인종 문제를 개선하는 것은 중요한 일"이라고 인정하면서도, "그러나 문제가 좋은 방향으로 개선될 것인지 도대체 어떻게 알 수 있단 말인가?"라고 덧붙였다.[15] 비극적 관점을 가진 사람들은 법률 운동이란 자기 중심주의와 변덕에 빠지는 지름길인 동시에 공식적으로 명시된 규칙에 따라 행동한 사람들에게는 불공평한 행위라고 본다. 유토피아적 관점을 가진 사람들은 사법적 제재야말로 임의적 불평등을 존속시키는 어리석은 행위라고 본다. 찰스 디킨스의 범블 씨 말대로 "법은 멍청이"다.[16] 1856년에 내려진 드레드 스콧 판결이 악명 높은 예이다. 연방 최고 재판소는 편협한 법률적 근거에 따라, 노예는 시민권을 가질 수 없으므로 자유주에 거주한 자유 노예라 해도 자유를 인정받기 위해 소송을 제기할 수 없으며, 의회는 연방에 속한 각 주의 노예제를 금지할 수 없다는 판결을 내렸다.

인간의 지성과 지혜에 대한 믿음이 있다면 급진적 사법 개혁 운동 같은 급진적인 정치 개혁도 어느 정도는 설득력이 있다. 유토피아적 관점에서 사회 문제에 대한 해결책은 어렵지 않게 나온다. 1967년 폭력을 낳는 사회적 조건에 대한 연설에서 린든 존슨은 이렇게 말했다. "우리는 모두 그 조건이 무엇인지 알고 있다. 그것은 무지, 차별, 빈민가, 가난, 질병, 불충분한 직업이다."[17] 해결책을 안다면 그것을 실행하는 일만 남을 것이고, 필요한 것은 성실하고 헌신적인 태도뿐일 것이다. 이 논리로 볼 때 어떤 사람이 그 해결책에 반대한다면 그것은 무지, 부정직, 냉담함 때문일 것이다. 비극적 관점을 가진 사람은 사회적 문제에 대한 해결책을 찾기가 좀처럼 쉽지 않고 애매하다고 말한다. 사람들 사이에서 이해 관계의 충돌이 어쩔 수 없이 발생하기 때문에 선택할 수 있는 해결책의 범위가 매우 좁으며 그나마도 불완전하다는 것이다. 급진적 개혁에 반대하는 사람들은 인간의 오만에 현명한 불신의 눈길을 보낸다.

대학가의 정치적 방향성 또한 인간의 잠재력에 대한 견해의 대립을 보여 준다. 비극적 관점의 지지자들은 명시적으로 언급된 지식과 언어적으로 정당화된 진술을 의심한다. 그들이 보기에 그런 것들은 학자, 권위자, 정책 분석가들의 장사 밑천에 불과하다. 대신 그들은 체계 전체(가령 시장 경제나 사회적 관습 체계)에 널리 분포해 있고 다수의 개별 행위자들이 바깥 세계로부터 오는 피드백을 이용해 조정해 나가는 지식을 신뢰한다. (인지과학자들은 기호 표현과 분산 신경망의 차이를 떠올릴 것이다. 이것은 우연의 일치가 아니다. 하이에크는 사회적 분산 지능을 최초로 주장했고, 신경망 모델을 초기에 개발했다.)[18] 20세기의 오랜 기간 정치적 보수주의는 반지성주의의 경향을 띠다가, 후반에 이르러 전력상의 격차를 만회하기로 결정하고 대학을 견제하기 위한 수단으로 정책 싱크 탱크를 운영했다.

마지막으로 범죄와 전쟁에 대한 의견 충돌은 인간 본성에 대한 이론적 대립에서 직접 파생된다. 유토피아적 관점을 가진 사람들은 전쟁의 명백한 낭비성과 잔인성을 들어, 전쟁을 오해, 근시안, 비합리적 열정에서 발생하는 병리적 현상으로 본다. 전쟁을 막는 방법은 평화적 감정의 공개적 표현, 잠재적 적대국 간의 활발한 의사 소통, 무력 과시용 수사법의 축소, 무기 감축과 군사 동맹의 축소, 애국심 조장의 자제, 전쟁을 피하기 위한 필사적인 협상 등이다. 반면에 인간 본성을 냉소적으로 보는 비극적 관점의 지지자들은 전쟁이 그들 자신이나 조국을 위해 무엇인가를 얻을 수 있다고 생각하는 사람들에게 합리적이고 매력적인 방법이 될 수 있다고 생각한다. 그러한 계산은 어떤 경우에든 판단 착오일 수 있고 패자의 고통을 생각하지 않는다는 점에서 도덕적으로 개탄할 만하지만, 말 그대로 정신병적이거나 비합리적이라고는 보기 어렵다. 이 관점에서 평화를 추구하는 유일한 방법은 무기 개발, 애국심 고취, 용감한 행동에 대한 보상, 무력과 결단력의 과시, 협박을 막기 위한 힘의 협상 등을 통해 잠재적 공격자의 전쟁 비용을 끌어올리는 것이다.

범죄에 대한 견해도 똑같이 나뉜다. 유토피아적 관점을 가진 사람들은 범죄를 본질적으로 불합리한 것으로 보고, 근본적인 원인을 밝혀서 범죄를 예방하려는 노력을 기울인다. 비극적 관점을 가진 사람들은 범죄를 본질적으로 합리적인 것으로 볼 뿐 아니라 그 근본 원인이 너무나 명백하다고 생각한다. 즉 강도가 은행을 터는 것은 그곳에 돈이 있기 때문이라는 것이다. 이런 관점에서 가장 효과적인 범죄 예방책은 합리적인 형벌 제도에 있다. 불쾌한 처벌의 가능성을 높이면 범죄의 대가에 대한 예상치도 높아진다. 개인적 책임에 대한 사회적 강조는 법망의 빈틈을 메움으로써 형벌 제도를 보완한다. 그리고 엄격한 양육 관습을 통해 이른 나이부터 경계심을 습득해야 한다.[19]

이렇게 치열한 싸움터에 순진한 에드워드 윌슨이 성큼 걸어 들어왔다. 1970년대 들어 대중적으로 알려지게 된 진화 생물학과 행동 유전학 개념들은 유토피아적 관점을 가진 사람들에게는 일종의 모욕일 수 있었다. 결국 유토피아적 관점은 빈 서판(영구적인 인간 본성은 없다.), 고상한 야만인(이기적 본능이나 악한 본능은 없다.), 기계 속의 유령(보다 나은 사회 제도를 선택할 수 있는 자유로운 "우리")을 기초로 하고 있었기 때문이다. 그런데 느닷없이 과학자들이 나타나 이기적 유전자 운운하다니! 또한 그들은 적응 특성이 종의 이익을 위한 것이 아니라 개인과 친족의 이익을 위한 것이라고(마치 "사회 같은 것은 없다."라고 큰소리치는 대처를 옹호하듯이) 말하고 있었다. 또한 이타주의는 사기꾼에게 취약하기 때문에 사람들은 이타주의에 인색하다고 말했다. 국가 이전의 사회에서 사람들은 잘 먹고 잘살 때에도 전쟁을 벌였는데 그 이유는 지위와 여자가 영원한 다윈주의적 보상물이기 때문이라고도 했다. 도덕 관념은 자기 기만의 경향을 포함해 온갖 편견투성이라고도 했다. 그리고 사회적 동물에게도 유전적 이익을 둘러싼 투쟁은 불가피하고 그래서 우리는 영원히 비극적 상태를 벗어나지 못한다고 말했다. 마치 이 과학자들은 비극적 관점의 지지자들을 향해 "당신들이 옳고 그들이 틀렸다."라고 말하는 것 같았다.

유토피아적 견해를 가진 사람들, 특히 급진적 과학 운동에 속한 사람들은 인간의 지능과 동기에 관한 현재의 연구 성과는 충분치 못하다고 응수했다. 현재의 연구 성과로는 우리가 내일의 사회에 무엇을 성취할 수 있는가가 아니라 오늘의 사회에 무엇을 성취해 놓았는가를 알 수 있을 뿐이라고 말했다. 사회 제도는 우리가 변화를 결정하면 변할 수 있기 때문에, 인간 본성의 영향력에 대해 이야기하는 과학자는 누구나 억압과 불평등이 지속되기를 원하는 것임에 틀림없다는 말이다.

내 자신의 견해를 밝히자면, 인간 본성에 대한 새 과학들은 실제로 비극적 관점의 견해를 옹호하는 동시에 최근까지 지식 세계의 상당 부분을 지배했던 유토피아적 견해의 토대를 훼손한다. 물론 과학은 좌익과 우익의 구체적인 가치관의 차이(가령 실업과 환경 보호, 다양성과 경제적 효율성, 개인적 자유와 사회적 통합의 흥정과 균형)에 대해서는 함부로 말하지 않는다. 또한 이 세계에 대한 전제들이 복잡하게 뒤섞여 있는 정책에 대해서도 직접적으로 언급하지 않는다. 그러나 과학은 인간의 마음이 어떻게 작용하는가와 관련된 일반적 주장에 대해서는 입을 다물지 않는다. 그러한 주장들은 경험적 가설과 마찬가지로 객관적 사실들을 기준으로 그 진위를 평가할 수 있다. 먼 미래의 어떤 가상적인 사회에서는 인간 본성이 근본적으로 변할 수 있다는 유토피아적 견해는 현재로서는 진위 여부를 판별하기가 어렵지만, 앞의 장들에서 자세히 열거한 과학적 사실들 때문에 그런 일은 불가능할 것이다. 여기에는 다음과 같은 사실들이 포함된다.

- 모든 인간 사회에서 가족의 결속이 최우선이고, 그에 따라 족벌주의와 상속 제도가 보편적으로 존재한다.[20]
- 인간 집단 내에서 공동 소유에는 한계가 있고, 그보다는 호혜의 정신이 보편적이며, 그 결과 호혜가 통하지 않을 때에는 사회적 빈둥거림(무임 승차) 현상이 발생하고 공익에 기여하는 관습이 붕괴된다.[21]
- 지배 성향과 폭력이 인간 사회(평화롭다고 가정했던 식량 수집 사회도 포함해서)에 보편적으로 존재하고, 그 기초에는 유전적 신경학적

메커니즘이 존재한다.[22]

- 자민족 중심주의를 비롯해 다양한 형태의 집단적 적대감이 모든 사회에 보편적으로 존재하고, 우리 사회 안에서도 그런 적대감이 사람들 사이에서 아주 쉽게 촉발된다.[23]
- 지능, 양심, 반사회적 성향들은 부분적으로 유전된다. 이로 인해 아무리 공평한 경제 체제에서도 어느 정도의 불평등은 발생하기 마련이고 따라서 우리는 어쩔 수 없이 평등과 자유의 취사 선택에 직면할 수밖에 없다.[24]
- 방어 메커니즘(방위 기제), 자기 본위 성향, 인지 부조화 해소가 광범위하게 존재한다. 그로부터 사람들은 자신의 자율성, 지혜, 성실함에 대해 자기 자신을 기만한다.[25]
- 도덕 관념의 성향들. 여기에는 친족과 친구에 대한 편애, 금기적 사고 방식에 쉽게 감염되는 성향, 도덕성을 규범에 대한 순응성, 지위, 청결, 미와 혼동하는 경향이 포함된다.[26]

마음의 가소성이 무한하지 않다는 것을 보여 주는 것은 전통적인 과학 데이터만이 아니다. 나는 1960년대 지식인들 사이에 유행했던 믿음들—민주주의는 죽었고, 혁명이 필요하고, 경찰과 군대는 불필요하고, 사회를 하향식으로 설계할 수 있다는 믿음—이 오늘날 훨씬 줄어든 것은 우연의 일치가 아니라고 생각한다. 비극적 관점과 유토피아적 관점으로부터 촉발된 역사적 사건들은 수십 년 전보다 훨씬 더 분명하게 해석되고 있다. 바로 그 사건들이 인간 심리에 관한 두 관점의 주장을 검증하는 새로운 자료로 이용될 수 있다.

두 관점은 각자가 낳은 정치 혁명에서 가장 날카롭게 대립한다. 유토피아적 관점에서 발생한 최초의 혁명은 프랑스 혁명이었다. 혁명 당시

워즈워스는 "인간 본성이 다시 태어나는 것 같다."라고 묘사했다. 프랑스 혁명은 오래된 체제를 전복한 다음, 자유, 평등, 박애의 이상을 구현하고, 그 도덕적으로 우월한 지도자들에게 권력을 부여하면 사회를 구원할 수 있다는 믿음을 기초로 해 사회를 처음부터 다시 건설하려 했다. 물론 자신이 더 뛰어난 지혜와 미덕의 소유자임을 주장한 사람들이 차례로 권좌를 찬탈하면서 이전의 지도자들을 단두대로 보냈다. 모든 정치 조직은 지도부와 함께 전복되었고 나폴레옹이 등장함으로써 정치적 공백 상태가 마감되었다. 러시아 혁명도 유토피아적 관점에서 추진력을 얻었고, 일련의 지도자들을 거친 후 스탈린의 개인 숭배가 확립되었다. 중국 혁명 역시 한 인간의 자애와 지혜를 믿었지만 그가 보여 준 것은 오히려 지배 성향, 욕망, 자기 기만 같은 인간적 결점들이었다. 결국 인간 본성의 영구적 한계 때문에 혁명가들의 도덕적 열정에만 의존하면 정치 혁명은 공허하고 무익한 결과를 낳는다는 사실을 알 수 있다. 혁명에 관한 노래에서 후(Who)는 이렇게 말한다. "새로운 보스를 만나도 예전의 보스와 똑같다네."

소웰은 마르크스주의가 두 관점의 혼혈이라고 지적한다.[27] 과거를 해석할 때에는 비극적 관점에 의존한다. 과거의 생산 양식을 봉건제와 자본주의라는 두 가지 사회 형태로만 설명하기 때문이다. 그러나 미래에 대해서는 유토피아적 관점에 의존한다. 우리는 물리적·사회적 환경과의 변증법적 상호 작용을 통해 우리의 본성을 개조할 수 있기 때문이다. 그 새로운 세계에서 사람들은 자기 이익보다는 자기 실현을 위해 움직이고, 따라서 "능력에 따라 생산하고 필요에 따라 분배한다."라는 이상이 실현된다. 마르크스는 공산주의 사회가 다음과 같을 것이라 말했다.

인간과 자연, 인간과 인간의 대립이 완전히 해소된다. 그것은 존재와 본질, 객관화와 자아 확인, 자유와 필연, 개인과 인류의 갈등이 진정으로 해소되는 것이다. 그것은 역사의 수수께끼가 풀리는 것이다.[28]

이보다 더 유토피아적인 그림은 불가능하다. 마르크스는 보편 의지를 수행하는 사람은 이기심과 지배 성향 때문에 타락할 수밖에 없다는 걱정을 간단히 일축했다. 예를 들어 그는 노동자가 관리직에 오르면 전제적으로 변할 것이라는 무정부주의자 미하일 바쿠닌의 걱정을 한마디로 일축했다. "바쿠닌 씨가 노동자 협동 조합의 관리직을 잘 안다면 권위에 대한 모든 악몽에서 벗어날 수 있을 것이다."[29]

급진적 과학이 전성기를 구가할 때에는 마르크스주의적 관점에서 벗어나는 인간 본성에 관한 어떤 제안도 명백한 오류로 치부되었다. 그러나 역사는 조건에 대한 통제가 불완전하긴 해도 일종의 실험인데, 그 데이터는 급진적인 평가가 틀렸다는 사실을 보여 준다. 마르크스주의는 오늘날 거의 모든 곳에서 적어도 현실적 측면에서는 실패한 실험으로 간주되고 있다.[30] 마르크스주의를 채택한 국가들은 붕괴했거나, 마르크스주의를 포기했거나, 반역사적인 독재 체제로 회귀했다. 이전의 장들에서도 보았듯이, 인간 본성을 개조하려는 야망을 가진 지도자들은 전체주의적 폭력과 대량 학살의 함정에 빠졌다. 그리고 중앙 계획을 수립하는 담당자들이 도덕적으로 깨끗하고 전체 경제를 이끌 정도로 유능하다는 가정은 심각한 비효율성이라는 희극적인 결과를 낳았다. 심지어 보다 인간적인 유럽 사회주의도 이른바 그 공산당의 강령이 반동적이라고 불릴 정도로까지 희석되었다. 개미에 대한 세계적 전문가 윌슨은 마르크스주의에 대해 다음과 같은 최종 판결을 내렸다. "이론은 훌륭한데 종(種)이 틀렸다."[31]

E. M. 포스터는 "민주주의에 두 번의 갈채"를 보냈다.* 윈스턴 처칠은 "민주주의는 지금까지 시도된 다른 모든 정치 형태를 빼면 최악의 정치 형태"라고 말했다. 이 찬사들은 비극적 관점과 통한다. 자유 민주주의**는 많은 결점을 지니고 있기는 해도, 가엾은 우리 인류가 지금까지 만들어 낸 대규모 사회 조직 가운데 최고의 형태이다. 다른 어떤 대안보다도 민주주의는 풍족한 안락과 자유, 활기 찬 예술적 · 과학적 생명력, 안전하고 긴 수명, 질병과 오염으로부터의 보호책을 제공한다. 현대 민주주의 사회에는 기근이 한 번도 없었고, 서로 간의 전쟁도 거의 없었다. 그리고 민주주의 사회는 전 세계 모든 사람들이 우선적 지지를 보내는 체제이다. 급진적인 혁명과 마르크스주의 정부의 실패처럼 민주주의 사회들의 적당한 성공에도 많은 사람들이 동의하고 있다는 사실은 인간 본성에 대한 또 다른 경험적 증거가 될 수 있다.

　　현대적인 민주주의 개념은 17세기와 18세기에 영국에서 출현했고 미국 독립 운동을 둘러싼 활발한 이론 작업을 통해 정교한 형태를 갖추었다. 홉스, 로크, 흄 같은 사회 계약설의 주요 이론가들이 심리학에도 일가견이 있었다는 사실은 우연의 일치가 아니다. 매디슨은 이렇게 말했다. "인간 본성에 관한 가장 위대한 반성이 아니라면 과연 무엇이 정치이겠는가?"³²

　　(때로는 "보수주의적 혁명"이라는 역설적 이름이 붙기도 하는) 미국 독립 전쟁의 정신적 지도자들은 홉스와 흄 같은 사상가들의 비극적 관점을

---

* "하나는 다양성을 용인하기 때문이요, 또 하나는 비판을 허락하기 때문이다."
** 정확히 말하자면 '자유주의적 민주주의'이다.

물려받았다.³³ (중요한 점은 그 창설자들이 루소의 영향을 전혀 받지 않은 것처럼 보인다는 것이고, 그들이 이로쿼이 인디언 연맹으로부터 민주주의 개념을 가져왔다는 일반적 믿음은 1960년대의 엉터리 건강 식품 같은 것에 불과하다는 것이다.)³⁴ 법학자 존 맥기니스는 인간 본성에 대한 그들의 이론이 현대 진화 심리학과 정확히 일치한다고 주장했다.³⁵ 인간 본성에 대한 그들의 이론에서는 "생명, 자유, 행복 추구"라는 양도할 수 없는 권리로 자신의 이익을 증대하려는 개인들의 욕구를 인정하고 있다. 국가는 자율적인 초유기체의 구체적 형태라기보다는 그 권리를 보호하기 위한 합의로부터 출현한다. 권리를 보호해야 하는 이유는, 사람들이 함께 모여 사는 곳에서는 서로 다른 능력과 환경으로 인해 내가 원하는 것을 다른 사람이 소유하는 일이 발생하기 때문이다. ("인간은 재산을 획득하는 능력이 다양하고 불균등하다."라고 매디슨은 지적했다.)³⁶ 내가 원하는 것을 다른 사람들로부터 얻는 방법은 두 가지, 훔치거나 교환하는 것이다. 첫째는 지배 성향의 심리와 관계가 있고, 둘째는 호혜적 이타주의와 관계가 있다. 평화롭고 풍족한 사회라는 목표를 이루기 위해서는 폭력과 낭비를 낳는 지배 성향의 이용을 최소화하고, 공정한 거래를 통해 모두가 이익을 얻을 수 있는 호혜의 이용을 극대화해야 한다.

맥기니스는 미 합중국 헌법이 그런 목표를 의식해서 만들어졌다고 설명한다. 미국 헌법은 주와 주 사이의 무역 장벽을 제거하는 권한을 연방 의회에 부여하는 주 간의 통상 조항(Commerce Clause)을 통해 호혜적 거래를 장려했다. 그리고 각 주들이 계약의 이행을 가로막는 것을 금지하는 계약 조항(Contracts Clause)을 통해 사기꾼들의 위험으로부터 호혜적 거래를 보호했다. 또한 정부가 보상 없이 사유 재산을 몰수하는 것을 금지하는 취득 조항(Takings Clause)을 통해 지배자가 더욱 생산적인 시민이 수확한 땀의 결실을 빼앗는 것을 사전에 차단했다.

초안자들이 가장 깊이 마음에 새기고 있었던 인간 본성의 특징은 모든 형태의 정치를 위험에 빠뜨릴 수 있는 지배와 존경에 대한 충동이었다. 결정을 내리고 법을 집행하기 위해서는 누군가에게 권한을 부여해야 하는데, 그런 권한은 어쩔 수 없이 부패를 불러온다. 초안자들은 그 부패를 어떻게 예측하고 제한할 것인가에 신경을 곤두세웠다. 존 애덤스는, "타인으로부터 존경을 받으려는 욕구는 굶주림만큼이나 자연스럽고 실질적인 욕구이다. 이 열정을 규제하는 것이 정치의 주요한 목적"이라고 말했다.[37] 알렉산더 해밀턴은 "아무리 고결한 사람이라도 명예욕의 지배를 벗어나기는 어렵다."라고 말했다.[38] 그리고 제임스 매디슨은 이렇게 말했다. "천사들이 인간을 지배한다면 그때서야 정치에 대한 외적·내적 통제가 불필요해질 것이다."[39]

그래서 외적·내적 통제 장치들이 존재하게 되었다. 매디슨은 "양피지 규제(parchment barriers)"*로는 불충분하고 "야망으로 야망을 중화시켜야 한다."라고 말했다.[40] 한 파벌이 너무 강력해지는 것을 막기 위해 견제와 균형을 위한 장치들이 마련되었다. 여기에는 연방 정부와 주 정부의 권력 분할, 입법, 사법, 행정부의 삼권 분립, 입법부의 양원 분리가 포함되었다.

매디슨은 특히 전쟁을 조장하는 인간 본성을 통제하는 장치가 있어야 한다고 확고히 주장했다. 여기에서 전쟁을 조장하는 인간 본성은 피에 대한 원시적인 갈망이 아니라 존경에 대한 진보한 욕망이었다.

전쟁은 행정부를 살찌우는 성실한 유모다. 전쟁에서는 물리적 힘이 창조되고, 그것을 지배하는 것은 행정부의 의지다. 전쟁은 대중의 금고를

* 기록만 해 놓고 시행하지 않는 유명무실한 법을 말한다.

열고, 그 보물을 분배하는 것은 행정부의 손이다. 전쟁 때에는 행정 기관의 직위와 봉급이 증가하는데, 당사자들이 그 혜택을 즐겁게 누리는 것은 행정부의 특별 보호 아래서이다. 인간의 가슴속에 감추어진 가장 강한 열정과 가장 위험한 약점들——야망, 탐욕, 허영, 크고 작은 명예욕——이 한꺼번에 공모해 평화에 대한 소망과 의무에 도전한다.[41]

이것으로부터 전쟁을 선포하는 권한을 대통령이 아닌 국회에 부여한 전쟁권 조항(War Powers Clause)이 탄생했다. (베트남 전쟁 당시 존슨과 닉슨이 공식적으로 전쟁을 선포하지 않음으로써 이 조항을 교묘히 빠져나간 치욕스런 사례가 있다.)

맥기니스는 언론 · 표현 · 집회의 자유도 인간 본성의 특성에 따라 입안되었다고 지적한다. 초안자들은 이 세 가지 자유의 정당성을 독재를 막는 수단에서 찾았다. 즉 자유롭게 의사 소통을 하는 시민들의 망이 있으면 통치자들의 힘을 중화시킬 수 있다는 것이다. 그러한 시민들은 흔한 말로, "권력 앞에 진리를 말할(speak truth to power)"* 수 있다. 우리는 이 권력 분담의 기원을 진화의 역사에서도 찾아볼 수 있다. 영장류 학자인 프란스 드 발, 로빈 던바, 크리스토퍼 베임은 지위가 낮은 영장류 원숭이들이 연합해서 우두머리 수컷을 왕좌에서 축출하는 과정을 보여 주었다.[42] 그들은 그것이 원시적인 형태의 정치적 민주주의일 수 있음을 암시했다.

그럼에도 미국 헌법이 행복하고 도덕적인 사회를 보장한 것은 아니

---

* 1955년 미국 퀘이커 교의 교우 봉사 위원회(Friends Service Committee)가 냉전 시대를 바라보는 새로운 평화주의적 관점을 제안하기 위해 발행한 팸플릿의 제목 "Speak Truth to Power"에서 유래한 표현이다. 17세기에 빛의 자녀들 또는 진리의 벗들이라 불리던 퀘이커 단체의 이념이 반영되어 있다. 지금은 그 기원과 무관한 관용구로 널리 사용되고 있다.

었다. 미국 헌법은 당대의 협소한 도덕적 범위를 벗어나지 못한 결과, 원주민 대학살, 아프리카계 미국인들에 대한 착취와 차별, 여성의 선거권 박탈을 막지 못했다. 또한 헌법은 국제 관계에 대해 침묵함으로써, (전략적 동맹국이 아닌 경우에는) 냉소적인 실익 정치가 판을 치게 되었다. 첫 번째 문제들은, 헌법 수정 조항 14조인 평등 보호 조항처럼 법률 적용의 범위를 확대하는 분명한 방법들을 통해 해결되어 왔다. 두 번째 문제는 해결되지 않았고, 아마 앞으로도 해결되기 어려울 것이다. 헌법을 비롯한 국가적 문서에는 다른 나라에 대한 언급이 배제될 수밖에 없기 때문이다. 미국 헌법에는 또한 능력 위주의 사회에서 밑바닥에 있는 사람들에 대한 원칙적 배려가 없었다. 기회의 평등만이 부의 분배에 필요한 유일한 메커니즘이라 생각했기 때문이다. 그리고 미국 헌법은 민주주의가 현실적으로 기능을 하려면 꼭 필요하다고 간주되는 가치관과 관습을 명확히 규정하지 않았다.

헌법 민주주의의 상대적 성공을 인정하는 데 열렬한 애국심이 필요한 것은 아니다. 그러나 미국 헌법의 틀이 되었던 인간 본성에 대한 이론에 옳은 점이 있었다는 사실을 부인하기는 어렵다.

~~~

좌파에게는 새로운 패러다임이 필요하다.
—피터 싱어, 『다원주의적 좌파』(1999)[43]

보수주의에는 찰스 다윈이 필요하다.
—래리 아른하트, 「보수주의자, 설계, 다윈」(2000)[44]

이게 무슨 일인가? 현대 좌파와 현대 우파의 옹호자들이 수십 년 동안 욕하고 헐뜯던 진화 심리학을 이제 와서 감싸안으려 하는 것은 두 가지 이유에서이다. 하나는, 새롭게 밝혀진 생물학적 사실들이 지금까지 그럴듯해 보이던 정치 철학들의 진로를 가로막기 시작했다는 점이다. 인간 본성을 의지에 따라 변화시킬 수 있다는 좌파의 믿음과, 도덕성이란 신이 우리에게 부여한 비물질적 영혼에서 나온다는 우파의 믿음은 과학적 불가항력에 대항하기 위해 고심하고 있다. 1990년대에 유행했던 범퍼 스티커에는 "권력을 의심하라."라는 주장이 새겨져 있었다. 또 다른 범퍼 스티커는 "중력을 의심하라."라는 주장으로 응수했다. 이제 모든 정치 철학은 자신의 주장이 언제 중력을 의심하는 단계로 접어들 것인지를 결정해야 한다.

두 번째 발전상은 인간 본성을 인정하는 것이 더 이상 정치적 우익에만 국한되지 않게 되었다는 것이다. 일단 유토피아적 관점이 사그러들자 정치적 입장을 펼칠 수 있는 장이 크게 확대되었다. 그리고 비극적 관점 또한 인간 본성과 관련해 특별한 지지를 얻어내지 못했다. 인간의 마음은 타고난 이기주의와 함께 도덕 관념이란 것도 갖추고 있을 뿐 아니라, 지금까지 그 적용 범위는 꾸준히 확대되었고 더욱 많은 사람들이 서로에게 의존하면서 앞으로도 계속 확대될 것이다. 또한 그 모든 한계에도 불구하고 인간의 인식은 무한히 개방된 조합 체계라서, 원칙상 인간의 일은 물론이고 물리적 세계와 생물의 세계까지도 더욱 깊고 광범위하게 파악할 수 있다.

전통은 오로지 인간 본성에만 맞추어지는 것이 아니라 과학 기술과 경제적 교환의 토대에 의해 규정되는 인간 본성에도 맞추어져 있다(이 개념을 받아들이기 위해 마르크스주의자가 될 필요는 없을 것이다.). 가령 가족이나 법률 같은 어떤 전통적 제도들은 인간 심리의 영구적 특성에 맞추어져 있다. 그러나 장자 상속권 같은 또 다른 전통적 제도들은 가족의 영지를 온전히 보호할 필요가 있었던 봉건 제도의 특성에 맞추어진 것이었고, 따라서 산업화가 몰고 온 경제 체제의 변화와 함께 무용지물이 되었다. 보다 최근의 예를 들자면, 페미니즘은 부분적으로는 번식 기술의 향상과 서비스 경제로의 이동에 대한 반응이었다. 사회적 인습은 오로지 인간 본성에만 맞추어져 있는 것이 아니기 때문에 인간 본성을 고려한다고 해서 모든 사회적 인습을 보호해야 할 필요는 없을 것이다.

이상과 같은 이유로 나는 정치적 신념들이 갈수록 비극적 관점과 유토피아적 관점이라는 낡은 이분법을 탈피할 것이라 생각한다. 정치적 신념들은 인간 본성의 서로 다른 측면에 의존함으로써, 또는 서로 다른 목표에 중요성을 둠으로써, 또는 특정한 행동의 가능한 결과를 서로 다르게 평가함으로써 나누어질 것이다.

이 장을 마치기 전에 나는 인간 본성과 우익 정치학의 오랜 제휴를 무색하게 만들고 있는 몇 명의 좌파 사상가들을 짚고 넘어가고자 한다. 제목에서도 암시하듯이 『다윈주의적 좌파』는 새로운 제휴를 가장 체계적으로 시도하고 있는 책이다.[45] 싱어는 이렇게 말하고 있다. "이제 좌파도 우리가 진화한 동물이라는 사실, 그리고 유전의 증거가 우리의 신체 구조와 DNA뿐 아니라 우리의 행동에도 간직되어 있다는 사실을 진지하게 받아들여야 할 때가 되었다."[46] 싱어에게 이것은 인간 본성의 한계를 인정한다는 것을 의미하는데, 그렇다면 인류의 완전한 사회란 불가능한 목표가 된다. 그리고 그것은 인간 본성 특유의 기본 요소들을 인정한다는 것을 의미한다. 여기에는 첫째 이기주의가 포함되는데 이것은 경쟁을 기초로 한 경제 체제가 국가 독점 체제보다 효과적이라는 것을 의미한다. 둘째는 지배 충동이 포함되는데, 이것은 강력한 정부에서는 오만한 독재자가 나오기 쉽다는 것을 의미한다. 셋째는 자민족 중심주의가 포함되는데, 이것은 민족주의 운동에는 차별과 대량 학살의 위험이 내포되어 있다는 것을 의미한다. 마지막으로 성적 차이가 포함되는데, 이것은 모든 직업에 엄격한 양성 평등을 적용하려는 조치를 어느 정도 누그러뜨려야 한다는 것을 의미한다.

"그렇다면 좌파에겐 무엇이 남는가?"라고 독자들은 물을지 모른다. 싱어는 이렇게 대답한다. "만약 우리가 힘없고 가난한 사람들, 착취에 시달리는 사람들, 떳떳한 생활을 영위하는 데 필요한 최소한의 부를 갖지 못한 사람들의 피할 수 있는 고통을 보고도 외면해 버린다면 우리는 좌파가 아니다. 만약 그것이 세상의 모습이고 앞으로도 항상 그렇게 흘러갈 것이며 우리가 할 수 있는 일은 아무것도 없다고 말한다면, 우리는 좌파에 속하지 못한다. 좌파라면 이 상황에서 반드시 무엇인가를 하고자 한다."[47] 전통적인 좌익 사상이 그런 것처럼 싱어의 좌익 사상도 비극적 관점의 패배주의 성향과 대조를 이룬다. 그러나 그 목표— "무엇인가를 하고자 한다."—는 1960년대 로버트 케네디의 목표인 "새로운 세계 사회를 건설하는 것"에서 상당히 축소되었다.

다원주의적 좌파는 불분명하게 가치관을 표현하는 사람부터 위태로운 정책을 주도하는 사람까지 다양하게 포진해 있다. 우리는 이미 불분명한 목표를 주장하는 두 명의 이론가를 만나 보았다. 촘스키는 1950년대 말 행동주의자들의 문 앞에 선천적 언어 능력이라는 명제를 못박은 이후 가장 큰 목소리로 선천적 인지 능력을 옹호해 온 학자이다. 그는 또한 미국 사회를 맹렬하게 비판하는 좌익 운동가로서, 최근에는 신세대 대학생들에게 급진적 사상을 불어넣고 있다. (우리는 앞에서 록 그룹 '레이지 어게인스트 더 머신'과의 인터뷰를 보았다.) 촘스키는 자신의 과학과 정치학의 관계가 미약하지만 실질적이라고 주장한다.

미래의 사회 질서에 대한 전망은…… 인간 본성의 개념을 기초로 하고 있다. 만약 정말로 인간의 가소성과 유연성이 무한하다면 그리고 선천적인 마음의 구조도 없고 사회적·문화적 성격에 따라 본질적으로 요구되는 바도 없다면, 인간은 국가 권력, 기업 경영자, 전문 관료, 중앙 위원회 등이 마음대로 행동을 주물럭거릴 수 있는 준비된 실험 재료일 것이다. 인류에 대한 믿음을 가진 사람들은 그것이 사실이 아니기를 희망하고, 지적 발전, 도덕적 의식의 성장, 문화적 발전, 자유로운 공동체의 참여 정신에 토대를 제공하는 본래적 특성들을 파악하기 위해 노력할 것이다.[48]

그는 자신의 정치적 관념이 "자유주의적 사회주의"이고, 자발적 협동을 중시하는 무정부주의인 "무정부적 노동 조합주의"라고 설명한다(개인주의를 중시하는 무정부적 자본주의와 대립된다.).[49] 그의 설명에 따르면 이 관점의 뿌리는 데카르트적 전통에 있는데, 여기에는 "전제 정치, 억압, 기성 권력에 반대하는 루소의 철학, …… 자유를 옹호하는 칸트의 철학, 자발적인 참여가 보장되는 조건 하에서 자유로운 창조 활동을 누리고자 하는 기본적인 인간 욕구를 강조하는 훔볼트의 전(前)자본주의적 자유주의, 인간을 기계로 만듦으로써 동료들과 함께 '자유로운 의식 활동' 과 '생산적인 삶'을 만들고자 하는 인간의 '종적 특성'을 제거하는 소외된 노동에 대한 마르크스의 비판이 포함된다."[50] 그렇다면 촘스키의 정치적 신념은, 인간이 선천적으로 공동체를 향한 욕구와 창조적이고 자유롭게 표현하려는 충동을 부여받은 존재이며 언어가 바로 그 패러다임의 예라는 그의 과학적 신념과 잘 맞아떨어진다. 여기에는 계급 지배와 이윤 동기가 아니라 협동과 자연의 생산력에 의해 사회를 조직할 수 있다는 희망이 간직되어 있다.

비록 강한 본유론은 아니지만 인간 본성에 대한 촘스키의 이론은, 유전적 이해를 중심으로 어디에서나 투쟁이 벌어진다고 말하는 현대 진화 생물학과는 무관하다. 어디에나 존재하는 투쟁은 인간 본성을 보다 어두운 눈으로 바라보는 시각을 낳는데, 그러한 시각은 무정부주의적 꿈을 가진 사람들에게는 항상 골칫거리였다. 그러나 유전적 이해 갈등을 맨 처음 밝힌 사상가 로버트 트리버스는 좌익 급진주의자였고 백인들 중에서는 찾아보기 힘든 흑표범단의 회원이었다. 6장에서 보았듯이 트리버스는 사회 생물학을 진보적인 학문 분야로 보았다. 이해 갈등에 민감하다면 가령 여성이나 젊은 세대 같은 억압받는 행위자들의 이익에 관심을 기울일 수 있고, 엘리트 계층이 자신의 지배를 정당화하기 위해 사용하는 사기와 자기 기만을 폭로할 수 있다.[51] 이렇게 사회 생물학은 과학과 이성을 수단으로 지배자들의 합리화를 폭로하는 로크의 자유주의적 전통을 따른다. 로크의 시대에 이성은 신성 왕권을 의심하는 도구로 사용되었고, 우리 시대에는 현행 정치 제도가 모두의 이익에 봉사한다는 가식을 의심하는 도구로 사용될 수 있다.

많은 사람들이 충격적으로 받아들일 수도 있지만, 지능 지수 검사의 타당성과 지능의 선천적 차이를 인정하는 것은—과거에도 그랬지만—좌익의 정치적 목표에 도움이 된다. 「종형 곡선 자유주의자(Bell Curve Liberals)」라는 기사에서 저널리스트 에이드리언 울드리지는 영국 좌파가 지능 지수 검사법을 타고난 상류층 얼간이들이 지배하는 계급 사회를 궁극적으로 전복시키는 데 도움이 되는 수단으로 환영했다는 사실을 지적한다.[52] 시드니 웹과 비어트리스 웹은 다른 자유주의자들과 사회주의자들과 함께, 교육 제도를 변화시켜 "가난한 계층의 재능 있는 아이들을 상점과 밭에서 구조"해 지배 엘리트로 키울 수 있는 "재능 발굴의 도구"로 만들기를 희망했다. 그들의 주장은 보수주의자들의 반대에 부딪혔는데, 그중 T. S. 엘리엇은 사람을 능력에 따라 분류하는 제도는 사다리의 양쪽을 떠받치고 있는 계급과 전통을 파괴함으로써 시민 사회를 어지럽히게 될 것이라 걱정했다. 한편에서는 노동자들을 재능에 따라 나눔으로써 노동 계층을 분리시킬 것이고, 반대편에서는 상류 계급으로부터 도의적 의무와 윤리를 제거할 수 있었다. 상류 계층이 부와 신분을 물려받았다면 가난한 계층을 도와 줄 의무가 있겠지만, 그들이 "노력해서" 성공했다면 누구에게도 의무가 없을 것이기 때문이었다. 이에 대해 울드리지는 이렇게 주장한다. "좌파는 지능 지수 검사법을 무시할 여유가 없다. 부적합한 면도 있지만 그것은 여전히 부유한 주택지는 물론이고 가난한 도심에서 재능을 발견하고, 그 재능에 따라 교육의 방향과 직업의 기회를 결정할 수 있는 가장 좋은 방법이다."

리처드 헤른슈타인과 찰스 머리(『종형 곡선 이론(The Bell Curve)』의 저자)는 좌파들이 지능의 유전성을 보고 힘을 내서 롤스 식의 사회 정의에 더욱 매진해야 한다고 주장했다.[53] 만약 지능이 완전히 후천적이라면 기회 평등을 위한 정책은 부와 권력의 공평한 분배를 보장하는 것으로 충분할 것이다. 그러나 만약 불운한 사람들이 상대적으로 저능한 뇌를 가지고 태어난다면, 경제적 경쟁을 최대한 공정하게 보장한다 해도 그들은 아무 잘못도 없이 가난한 상태로 떨어질 수 있다. 가장 밑바닥에서 사는 사람들의 행복까지 돌보는 것이 사회 정의라는 것에 동의하는 사람이라면, 유전적 차이를 인정함으로써 부의 적극적인 재분배를 요구할 수 있다. 사실 헤른슈타인은 보수주의자였고 머리는 우편향의 자유주의자였지만, 그들은 규칙에 따라 성실히 살면서도 부를 긁어 모으지 못하는 사람들에게 도움이 될 수 있는 최저 생활자들을 위한 역소득세 같은 간단한 재분배 정책에는 반대하지 않았다. 자유 의지론자인 머리는 그 이상의 진보적 정책에는 반대하고 있지만, 그와 헤른슈타인은 유전론적 좌파가 새롭게 부상하는 사상적 적소임을 보여 주었다.

보수주의 정치 이론에 도전장을 던진 사람으로는 행동 경제학자 리처드 탈러와 조지 애컬로프가 유명하다. 그들은 허버트 사이먼, 아모스 트버스키(Tversky), 대니얼 카네만, 저드 지거렌저(Gigerenzer), 폴 슬로빅의 진화 인지 심리학으로부터 영향을 받았다.[54] 이 심리학자들은 인간의 사고와 의사 결정은 순수한 합리성에 따라 돌아가는 엔진이라기보다는 생물학적으로 진화한 적응 특성이라고 주장했다. 사고와 의사 결정 같은 정신 체계는 제한된 정보량을 가지고 작동하고, 유한한 시간에 결정에 도달해야 하며, 궁극적으로는 지위와 안전 같은 진화적 목표에 봉사한다. 보수주의자들은 항상 인간 이성의 한계를 근거로, 우리가 사회를 재설계할 수 있을 정도로 인간의 사회적 행동을 충분히 이해할 수 있다는 주장을 억눌러 왔다. 그러나 그 한계는 또한 고전 경제학과 비종교적 보수주의의 기본 전제인 합리적 이기주의 개념을 무너뜨린다. 애덤 스미스 이래로 고전 경제학자들은 외부적인 간섭이 없으면 자신의 이익에 따라 결정을 내리는 개인들이 그들 자신과 사회를 가장 좋은 방향으로 이끌어 간다고 주장해 왔다. 그러나 사람들이 항상 그들 자신에게 가장 좋은 것을 계산해 내는 뛰어난 이성적 존재가 아니라면, 고전 경제학자들의 눈에는 아주 잘못된 것으로 보이는 세금과 규제가 존재하는 편이 더 유익할 것이다.

  예를 들어 이자율과 자신의 수명을 아는 합리적인 행위자라면 편안한 노후를 위해 수입에서 최적의 비율을 저축해야 한다. 사회 보장 제도나 국민 연금 제도는 불필요할 뿐 아니라 해롭기까지 할 것이다. 그런 제도는 선택의 여지를 없애고 따라서 현재를 위한 소비와 미래를 위한 저축을 가장 적절히 배분할 기회를 빼앗아 가기 때문이다. 그러나 사람들이 자신의 돈을 주정뱅이 뱃사람들처럼 쓴다는 것은 경제학자들만 아는 사실이 아니다. 사람들은 마치 몇 년 안에 죽을 것처럼 또는 미래가 완전히 불투명한 것처럼 행동하는데, 그것은 오늘날의 현실보다는 우리의 먼 조상들이 살았던 현실에 더 가까워 보인다.[55] 그렇다면 사람들에게 그들 자신의 돈을 관리하게 하는 것(예를 들어 사람들에게 봉급 전체를 맡기고 그들 마음대로 투자하라고 하는 것)은 그들의 이익에 위배될 것이다. 사이렌*이 사는 섬에 접근하는 오디세우스처럼, 사람들 입장에서는 고용주나 정부에게 자신들을 강제 저축이라는 돛에 묶으라고 동의하는 것이 합리적일 것이다.

경제학자 로버트 프랭크는 지위와 관련된 진화 심리학에 의존해, 합리적 행위자 이론의 또 다른 문제점을 지적하고 그 연장선상에서 자유 방임주의 경제학의 문제점을 지적한다.[56] 합리적 행위자들은 강제적인 연금 제도뿐 아니라 의무적인 건강 보험, 사업장 안전 수칙, 실업 보험, 노동 조합 회비 등 표면상의 보호 조치에 불과한 모든 정책들을 거부해야 한다. 그 모든 정책에는 비용이 발생하는데 그런 정책이 없다면 그 돈은 월급 봉투로 돌아올 것이고, 노동자들은 그들의 복지에 관심을 기울이는 회사에서 일하고 적은 월급을 받을 것인지 아니면 위험도가 높더라도 많은 월급을 주는 회사에서 일할 것인지를 스스로 결정할 수 있다. 우수한 종업원을 놓고 경쟁하는 회사들은 그들이 뽑기를 원하는 종업원들의 요구를 반영해야 할 것이다.

프랭크의 지적에 따르면 문제는 사람들이 선천적으로 지위에 대한 열망을 품고 있다는 점이다. 사람들의 1차적인 충동은 그들만이 아는 것(건강 관리, 근로 안전, 연금 저축)에 돈을 쓰는 것보다는 이웃들보다 돋보이는 일(집, 자동차, 옷, 명문 대학)에 돈을 쓰는 것에 있다. 그러나 불행

---

* 아름다운 노랫소리로 지나가는 뱃사공을 꾀어들여 죽였다고 하는 반은 인간이고 반은 새인 요정들이다.

하게도 지위는 제로섬 게임이어서, 모든 사람이 더 큰 집과 좋은 차에 돈을 쓰려 하지만 그로 인해 전보다 더 행복해지지는 않는다. 아이스하키 선수들이 상대팀 선수들도 헬멧을 쓰도록 규정되어 있을 때에만 자기도 헬멧을 쓰겠다고 동의하는 것처럼, 사람들도 궁극적으로 그들을 더 행복하게 해 줄 유익한 혜택임에도 불구하고 모두가 그 비용을 지불해야 한다는 규정이 있을 때에만 자기도 수입의 일부를 지출하겠다고 동의한다. 프랭크의 주장에 따르면, 그와 똑같은 이유로 만약 우리가 수입에 매기는 현재의 누진세 대신 소비에 대해 높은 누진세를 매기면 더욱 좋은 사회가 될 것이라 한다. 소비세를 시행하면 보다 사치스런 자동차, 집, 시계 등을 손에 넣으려는 무익한 군비 경쟁을 줄일 수 있고, 여가 시간, 안전한 거리, 쾌적한 출퇴근과 작업 조건같이 행복을 증진시킬 수 있는 방법으로 경쟁의 허전함을 달랠 수 있다.

마지막으로, 다윈주의적 좌파들은 경제적 불평등과 관련해 진화 심리학을 연구하고 있다. 마르크스주의자에서 다윈주의자로 변신한 경제학자 새뮤얼 볼스와 허버트 진티스는 민족지학과 행동 경제학의 문헌에서 인간이 개미 같은 이타주의자도 아니고 이기적인 구두쇠도 아님을 보여 주는 증거들을 발굴해 왔다.[57] 14장에서 보았듯이 인간은 상대방이 자기 것을 기꺼이 공유하겠다고 생각하면 그와 공유하고, 그러지 않겠다고 생각하는 사람에겐 응징을 가한다. (진티스는 이것을 "강력한 호혜"라 불렀다. 이것은 호혜적 이타주의나 "약한 호혜"와 비슷하지만, 정확한 일대일 교환보다는 공익에 기여하려는 자발성을 겨냥한다는 점이 다르다.)[58] 사람들이 이러한 심리를 기초로 해 무차별적인 복지와 과도한 복지 정책에 반대하는 것은, 그들이 냉정하고 탐욕스러워서가 아니라 그런 정책이 게으른 사람에게 혜택을 주고 부지런한 사람에게 불이익을 준다고 생각하기 때문이다. 볼스와 진티스는 오늘날 복지에 반대하는 분위기에서도 여론 조사를 보면 대부분의 사람들은 사회 전체에 적용되는 보험에는 기꺼이 더 많은 세금을 내려 한다는 점을 알 수 있다고 지적한다. 사람들은 음식, 주거, 의료 서비스 같은 기본적인 생활 조건을 보장받기 위해, 불운한 희생자들을 돕기 위해, 절망에 빠진 사람들이 그대로 주저앉지 않도록 돕기 위해 기꺼이 돈을 지불하려 한다. 다시 말해 사람들이 포괄적 복지 정책에 반대하는 것은 탐욕 때문이 아니라 공정함 때문이다. 대중의 의식을 왜곡하지 않는 동시에, 도와 줄 자격이 있는 빈민과 그렇지 않은 빈민을 구별할 줄 아는 복지 정책이 인간 본성과 완벽하게 일치한다는 것이 그들의 주장이다.

경제적 불평등 정책은 궁극적으로 경제적 자유와 경제적 평등의 취사 선택에 근거한다. 과학자들은 어느 쪽에 더 무게를 둘 것인지를 직접 결정할 수는 없지만, 도덕적으로 적절한 비용을 산출하고 그럼으로써 보다 현명한 판단을 내리는 데에는 도움이 될 수 있다. 다시 한번 지위와 지배 성향의 심리학이 이 판단에도 적용된다. 절대적 관점에서 보면 오늘날의 빈민은 100년 전의 귀족보다 물질적으로 더 풍요롭게 살고 있다. 그들은 더 오래 살고, 더 잘 먹으며, 전에는 상상조차 할 수 없었던 사치―중앙 난방, 냉장고, 전화, 텔레비전과 라디오에서 제공하는 24시간 오락 등―를 누린다. 보수주의자들은 이것이 바로, 저소득 계층의 상태를 보면 어떤 비용을 들여서라도 이를 시정해야 할 도덕적 분노를 느낀다고 주장하기 어려운 이유라고 말한다.

그러나 만약 사람들의 행복감이 사회적 지위에 대한 평가에서 나오고 사회적 지위가 상대적인 것이라면, 극단적인 불평등은 가난한 사람들로 하여금 그들이 대다수의 인류보다 나은 생활을 누림에도 자기 자신을 패배자로 느끼게 만들 수 있다. 그것은 단지 감정적 상처의 문제가 아니다. 사회적 지위가 낮은 사람들은 건강이 나쁘고 수명이 짧으며, 경제적 불평등이 심한 사회 역시 건강이 나쁘고 평균 수명이 짧다.[59] 이런 패턴을 기록으로 남긴 의학자 리처드 윌킨슨은, 낮은 지위로 인해 촉발되는 스트레스 반응은 순간적인 싸움 도피 반응(fight-or-flight response)을 위해 조직 회복과 면역 기능이 떨어지는 스트레스 반응과 유사하다고 주장한다. 윌킨슨은 마틴 댈리, 마고 윌슨과 함께, 경제적 불평등 때문에 또 다른 측정 가능한 비용이 발생한다고 주장했다. 부의 불균형이 큰 지역일수록 (부의 절대 규모를 통제한 후에도) 범죄율이 높은데, 부분적인 이유는 만성적으로 낮은 지위에 시달린 남자들이 지위에 대한 강박 관념에 사로잡히게 되고, 사소한 모욕에도 서로를 죽이는 일이 발생하기 때문이다.[60] 윌킨슨은 경제적 불평등을 줄이면 수백만의 사람들이 더 행복하고 안전하고 오래 살 것이라 주장한다.

  인간 본성이 수세기 동안 우익의 보고였음에도 오늘날 좌익 유전론자들이 이렇게 많이 출현하는 것은 놀라운 일이 아니다. 과학과 역사를 동시에 주시해 온 다윈주의적 좌파는 선량한 의도와는 달리 수많은 재난을 불러왔던 유토피아적 관점을 버렸다. 이 비유토피아적 좌파들이 과연 현대의 비종교적 우파와 실질적으로 다른가 그리고 그들이 제시하는 구체적 정책들이 비용에 걸맞은 실질적 가치를 지니고 있는가는 여기서 논의할 문제가 아닐 것이다. 중요한 것은, 우리가 인간에 대해 더 많은 것을 알아 감에 따라 전통적인 정치적 전선은 변화를 겪을 수밖에 없다는 점이다. 좌익 이데올로기와 우익 이데올로기가 형태를 갖춘 것은 다윈도 멘델도 그 누구도 유전자가 무엇이고 뉴런이 무엇이고 호르몬이 무엇인지를 몰랐을 때였다. 정치학을 연구하는 사람은 누구나 정치적 이데올로기들이 인간 본성에 대한 이론을 기초로 하고 있다고 배운다. 그렇다면 왜 그 이데올로기들이 300년 전의 낡은 이론을 기초로 해야 한다는 말인가?

17장

폭력

인류의 역사는 전쟁의 역사다. 짧고 불확실한 짬들을 제외하면 세계가 평화로웠던 적은 한 번도 없었다. 그리고 역사가 기록되기 오래전에도 잔인한 투쟁이 모든 곳에서 끝없이 펼쳐졌다.[1]

우리는 인류에 대한 윈스턴 처칠의 요약을, 인류 역사상 가장 끔찍한 전쟁을 치렀고 전 인류를 파멸시킬 수 있는 냉전의 태동기에 살았던 한 인간의 비관적인 견해로 치부해 버릴 수도 있다. 그러나 그의 말은 세월의 풍파를 용케 견뎌 냈다. 오늘날 냉전은 과거의 기억으로 넘어갔고 강대국 간의 전쟁도 거의 사라졌지만 우리가 사는 세계는 여전히 평화롭지 못하다. 세계무역센터에 대한 테러가 일어났고 아프가니스탄 전쟁이 그 뒤를 이었던 치욕스런 2001년 이전에도, 세계 분쟁 목록(World Conflict List)*에는 알파벳 순으로 알바니아와 알제리에서 시작해 잠비아

와 짐바브웨에 이르는, 조직적 폭력이 발생하는 68개 국가 이름이 기록되어 있었다.[2]

선사 시대에 대한 고찰도 흠잡을 데가 없다. 선사 시대의 사회 생활을 짐작게 하는 현대의 식량 수집인들이 최초로 한 명이 쓰러지면 즉시 종전을 선언하는 의식적인 전투만을 치른다고 한때는 생각되었다. 그러나 현재 그들은 우리의 세계 전쟁에서 발생하는 사상자 비율보다 더 높은 비율로 서로를 죽이는 것으로 알려져 있다.[3] 고고학적 기록을 봐도 우울하기는 마찬가지다. 수십만 년 전의 피비린내 나는 풍경을 말없이 보여 주는 증거들이 땅 속에 묻혀 있고 동굴 속에 감추어져 있다. 대표적인 예로는 머리 가죽을 벗겨 낸 흔적이 있는 두개골, 도끼 자국이 나 있거나 화살촉이 박힌 해골, 사냥에는 쓸모가 없고 오직 살인에만 적합하도록 개발된 도끼와 철퇴 같은 무기들, 끝을 날카롭게 깎은 말뚝 울타리 같은 성채 방어 수단, 서로를 향해 활을 쏘고 창이나 부메랑을 던지는 남자들과 그 무기들을 맞고 쓰러지는 남자들을 보여 주는 여러 대륙에서 발견된 그림들이 있다.[4] 수십 년 동안 "평화의 인류학자들"은 어떤 인간 집단도 동족을 잡아먹는 습성인 식인 풍습을 보이지 않았다고 주장했지만, 그렇지 않다는 증거는 쌓여만 가고 그중에는 대다히 결정적인 증거도 포함되어 있다. 고고학자들은 미국 남서부에서 발견된 850년 전의 유적지에서, 음식으로 먹다 남은 동물의 뼈처럼 잘게 분해된 사람의 뼈들을 발견했다. 그들은 또한 그릇 파편에서 인간의 미오글로빈(일종의 근육 단백질) 흔적을 발견했고, 놀랍게도 화석화된 인간의 배설물에서도 같은 것을 발견했다.[5] 네안데르탈인과 현대 인류의 공통 조상의 친척이라 할 수 있는 호모 안티세소르(*Homo antecessor*)들 역시 서로를 공

* 미국 국방 위원회 재단(NDCF)에서 매년 발표한다.

격하고 도살했는데, 이것은 폭력과 식인 풍습의 기원이 적어도 80만 년 전으로 거슬러 올라간다는 것을 의미한다.[6]

전쟁은 사람이 다른 사람을 죽이는 여러 방법 중 하나에 불과하다. 세계 여러 지역에서는 전쟁보다 작은 규모의 폭력이 민족 투쟁, 영토 분쟁, 피의 복수, 개인적 살인 등의 형태를 띠고 빈발한다. 이 경우도 명백히 개선되고는 있지만 평화와는 거리가 멀다. 지난 1,000년 동안 서구 사회의 살인율은 10배에서 100배까지 떨어졌다고는 하지만, 20세기 동안 미국 사회에서 살인으로 목숨을 잃은 사람은 100만 명에 달하고, 미국 사람이 평생 동안 살해당할 확률은 약 0.5퍼센트에 달한다.[7]

역사가 인류를 고발하는 이유는 살인의 숫자뿐 아니라 그 방법에도 있다. 수억 명의 기독교인들은, 로마 정치인들에게 골칫거리였던 사람들을 상상하기 어려울 정도로 고통스럽게 죽이던 형틀의 복제품을 가지고 집 안을 치장하고 몸을 장식한다. 그것은 단지 인간의 마음이 수천 년에 걸쳐 고안해 낸 수많은 고문 종류 중 한 가지에 불과하다. 더욱이 그 고문들 중 많은 것들은 보편적으로 행해져서 우리의 정신 사전에 등록되어 있을 정도이다. '십자가에 못박다(crucify)', '능지처참하다(draw and quarter)', '가죽을 벗기다(flay)', '압사시키다(press)', '돌로 치다(stone)', '교수형(garrote)',* '팔다리를 잡아당기는 고문(rack)', '화형(stake)', '엄지손가락을 죄는 고문(thumbscrew)' 등이 그 예이다. 도스토예프스키의 이반 카라마조프는 투르크족이 불가리아에서 저지른 만행을 알고 나서 다시 이렇게 말했다. "어떤 동물이 인간만큼 이렇게 예술적으로 잔인할 수 있단 말인가?" 국제사면위원회의 연례 보고서는 예술적 잔인성이 결코 흘러간 옛 노래가 아님을 보여 준다.

* 기둥에 달린 쇠고리에 목을 끼워 넣고 나사로 졸라 죽이는 형구이다.

크고 작은 폭력을 줄이는 것이야말로 우리의 가장 큰 도덕적 관심사이다. 우리는 사람이 사람을 해치고 죽이도록 유도하는 것이 인간의 마음 그리고 사회 제도와 어떤 관계가 있는지를 이해하기 위해 가능한 모든 지적 수단을 동원해야 한다. 그러나 이 책의 5부에 소개하고 있는 다른 도덕적 관심사들처럼 폭력의 경우에도, 진실을 알아내려는 그 노력은 정답을 법조문처럼 고착화하려는 노력에 의해 설자리를 잃어 왔다. 폭력에 있어 이른바 정답은, 폭력이 인간 본성과 아무 관계가 없으며 우리를 둘러싼 해로운 요소들 때문에 발생한 병리 현상이라는 것이다. 폭력은 문화적으로 학습된 행동이거나 특별한 환경에서 발생하는 전염병이다.

이 가설은 오늘날 비종교적 신념의 핵심 교리가 되어 각종 공식 선언문에 거듭 등장하는 탓에, 이제는 마치 주기도문이나 충성 서약문처럼 들릴 정도가 되었다. 애슐리 몬터규의 유네스코 결의문도 마찬가지이다. 이 결의문은 생물학이 "세계적 동포애"라는 윤리를 뒷받침하고, "비폭력과 평화야말로 선사 시대 대부분 동안의 표준적인 상태였을 것"이라 믿는 인류학자들을 뒷받침한다고 선언하고 있다. 1980년대에 많은 사회과학 단체들은, 인간이 "폭력적인 뇌"를 가졌다거나 폭력에 대한 자연 선택을 거쳤다고 말하는 것은 "과학적으로 틀렸다"고 선언한 유네스코 세비야 선언을 승인했다.[8] 오르테가 이 가세트는 인간은 본성이 아니라 역사만을 갖고 있다는 주장과 함께, "전쟁은 본능이 아니라 발명품이다."라는 글을 남겼다.[9] 최근 발표된 여성 폭력의 철폐에 대한 UN 선언문에서는 "폭력은 역사적 과정의 일부이고, 선천적이거나 생물학적 결정론에 따라 형성되는 것이 아니"라고 공표했다. 1999년 폭력 방

지를 위한 전국 공동 모금 운동에서 내보낸 한 광고에서는 "폭력은 학습된 행동"이라고 선언했다.[10]

이 신념을 기초로 해 폭력에 접근하는 또 다른 방법은 구체적인 환경 요인이 폭력을 일으킨다는 확신을 주장하는 것이다. 그들은 우리가 폭력의 원인을 알고 또한 그것을 제거하는 법을 안다고 거듭 주장한다. 우리가 폭력을 뿌리뽑지 못하는 것은 책임 있는 노력이 부족해서이다. 그들의 주장을 듣고 있자면 "우리 모두는" 폭력을 낳는 조건이 무지, 차별, 가난, 질병임을 "알고 있다"는 린든 존슨의 말이 생각난다. 1997년 어느 유명한 과학 잡지에 실린 한 논문에는 린든 베인스 존슨의 말을 흉내낸 한 임상 유전학자의 말이 인용되어 있었다.

> 우리는 우리 사회에서 무엇이 폭력을 일으키는지 알고 있다. 그것은 가난, 차별, 교육 제도의 실패이다. 우리 사회에서 폭력을 일으키는 것은 유전자가 아니다. 그것은 우리의 사회 제도이다.[11]

논문의 공동 저자인 역사가 베티 케블스와 대니얼 케블스도 다음과 같이 동의했다.

> 우리는 가정 문제와 학대받는 아이들의 삶에 개입해 교육과 영양 섭취를 개선하고, 그런 아이들을 무능력한 부모로부터 보호할 필요가 있다. 그러나 그런 해결책은 많은 비용이 들고 사회적 논쟁을 자극할 것이다.[12]

폭력이 학습된 행동이라는 믿음으로 인해 종종 미국 문화의 특수한 요소들은 폭력의 원인으로 지목된다. 장난감을 모니터링하는 모임의 한 회원이 최근 어느 기자에게 이렇게 말했다. "폭력은 학습된 행동이에요. 모든 장난감이 교육적이죠. 문제는 아이들이 장난감을 통해 무엇을 배우는가입니다."[13] 대중 매체 폭력도 유력한 용의자이다. 두 명의 보건 전문가는 최근 다음과 같은 글을 발표했다.

아이들이 폭력을 중요하게 생각하고 그것을 문제 해결이나 감정 해소의 수단으로 사용하는 것이 엄연한 현실이다. 아이들은 그것을 가족과 사회의 역할 모델들에게서 배우고 텔레비전, 영화, 비디오 게임에 등장하는 주인공들에게서 배운다.[14]

세 번째 원인으로 추정되고 있는 것은, 최근 리처드 로즈(Richard Rhodes)의 책 『왜 그들은 죽이는가(Why They Kill)』에도 소개된 바 있는 아동 학대이다. 범죄정의정책재단의 이사장은 이렇게 말했다. "비극적인 사실은 폭력의 희생자였던 사람들이 종종 가해자가 된다는 것이다. 우리는 그 고리를 끊을 수 있지만 여기에는 약간의 비용이 든다. 하나의 공동체로서 지금까지 우리는 그 문제에 자원을 투입하지 않았다."[15] 이상의 언급들은 한결같이 문제 해결 방법에 대한 무지를 인정하기보다는, 신념의 표현("폭력은 학습된 행동이다."), 자기의 말이 사실이라는 확신("엄연한 현실이다."), 책임 있는 노력의 부족이 부족하다는 비난("우리는 그 문제에 자원을 투입하지 않았다.")에 머물고 있다.

폭력의 원인을 설명하는 많은 사람들이 "문화"를 지목하는데, 그들은 문화를 교육을 제공하고 명령을 내리고 보상과 처벌을 시행하는 일종의 초유기체라 생각한다. 《보스턴 글로브》의 한 칼럼니스트는 순환 논법의 오류를 잠시 잊고 다음과 같은 글을 썼다.

그렇다면 미국이 서구의 다른 민주주의 산업 사회보다 더 폭력적인 이유는 무엇인가? 그것은 폭력에 쉽게 빠져드는 우리의 문화적 성향이다. 우리가 서로 때리고, 치고, 찌르고, 쏘는 것은 우리의 문화가 그렇게 하라고 요구하기 때문이다.[16]

문화를 신념과 욕구를 가진 하나의 실체로 보면 실제 인간들의 신념과 욕구는 무시되고 만다. 1995년 티머시 맥베이가 오클라호마 시의 연방청사 건물을 폭파시키고 168명을 죽인 후, 저널리스트 앨피 콘은 "개인적 책임 운운하며 시끄럽게 떠들어대는" 미국인들을 조롱하면서, 폭파 사건을 미국적 개인주의 탓으로 돌렸다. "이 나라는 경쟁이라는 문화적 현상에 중독되어 있다. 우리는 교실에서나 경기장에서나 다른 사람은 우리 자신의 성공을 가로막는 장애물이라고 배운다."[17] 오클라호마 폭파 사건에 대한 비슷한 설명에서는 미국의 상징물들을 비난한다. 가령 화살을 움켜쥔 독수리 국장(國章)이나, "자유로운 삶이 아니면 죽음을."(뉴햄프셔), "칼로써 평화를 구하지만 평화는 자유의 아래에 있다."(매사추세츠) 같은 주의 모토들을 문제시한다.[18]

최근의 한 유명한 이론에서는 미국 폭력의 원인을 어린 시절에 주입되는 미국 특유의 유해한 남성성 개념에서 찾는다. 사회 심리학자 앨리스 이글리는 무차별 총격의 배경을 다음과 같이 설명한다. "이런 종류의 행동은 남성의 역할에 포함되어 온 것으로, 개척 시대의 전통을 계승한 미국 문화에서 그 뿌리를 찾을 수 있다."[19] 댄 킨들론의 『카인 기르기(Raising Cain)』와 윌리엄 폴락의 『진짜 사나이(Real Boys)』 등의 베스트셀러로 유명해진 이 이론에 따르면, 미국은 "소년기의 국가적 위기"를 겪고 있으며, 그 위기는 소년들을 강제로 어머니와 격리시키고 자신의 감정을 억누르게 하는 데서 비롯된다고 한다. 《보스턴 글로브 매거진》의 한 기사에서는 "남자들은 무엇이 문제인가?"라는 물음을 던졌다. 그런 다음 "폭력적 행동, 감정적 거리, 높은 비율의 약물 중독은 호르몬으로는 설명되지 않는다."라는 답을 내렸다. "문제는 남성성에 대한 문화적 믿음— '진짜 사나이' 라는 말에 담긴 모든 신념—에 있다."[20]

∽

"폭력은 학습된 행동"이라는 진술은 올바른 사고 방식을 가진 사람들이 폭력은 감소해야 한다는 신념을 보여 주기 위해 거듭 외워 대는 주문이다. 그것은 어떤 확실한 조사에도 근거하고 있지 않다. 슬픈 사실은 "우리는 폭력을 낳는 조건을 알고 있다."라는 확언에도 불구하고 그것을 알 수 있는 어떤 단서도 거의 발견되지 않고 있다는 점이다. 범죄율의 급격한 변동—1960년대와 1980년대의 급증, 1990년대 말의 급락—은 어떤 이론으로도 간단히 설명할 수 없다. 그리고 폭력의 원인으로 지목받고 있는 용의자들도 증거가 불충분하고 때로는 명백히 결백하다고 밝혀진다. 얼떨결에 사회악에 포함되어 폭력의 주범이 되어 버린 "영양 섭취"와 "질병"이 가장 심한 경우이다. 조심스럽게 말하자면, 폭력이 비타민 결핍이나 세균 감염 때문에 발생한다는 증거는 전혀 없다. 그러나 폭력의 원인으로 추정되는 다른 요소들도 증거 부족으로 고통받기는 마찬가지다.

공격적인 부모 밑에서 종종 공격적인 아이가 나오지만, 공격성이 "폭력의 순환"을 통해 부모로부터 학습된다고 주장하는 사람들은, 폭력적 성향이 학습뿐 아니라 유전을 통해서도 발생할 가능성을 전혀 고려하지 않는다. 만약 입양아들이 친부모보다는 양부모와 더 비슷하게 행동한다는 것을 보여 주지 않는다면 폭력의 순환은 아무것도 입증하지 못한다. 이와 마찬가지로, 여성보다 남성이 폭력적 행동을 더 많이 보인다는 사실에 주목하면서 그것을 남성성의 문화 탓으로 돌리는 심리학자들은, 남성과 여성의 차이가 사회적 역할에 있을 뿐 아니라 그들의 생물학적 특성에도 있다는 사실을 보지 못하게 만드는 지적 눈가리개를 벗을 필요가 있다. 미국 어린이들은 물론 폭력적인 역할 모델들에 노출되어 있다. 그러나 아이들은 또한 어릿광대, 전도사, 포크 가수, 여장 남자 등에도 노출되어 있다. 문제는 왜 아이들이 특정한 사람들을 더 많이 흉내내려고 하는가이다.

폭력이 미국 문화의 특별한 주제들 때문에 발생한다는 것을 증명하기 위해서는, 최소한의 증거를 통해 그런 주제를 가진 문화들이 보다 폭력적인 경향이 있다는 상관성을 입증해야 할 것이다. 그리고 그런 상관성이 존재한다고 해도, 폭력이 그런 문화적 주제를 낳은 것이 아니라 그 문화적 주제가 폭력을 낳았다는 점이 입증되지는 않는다. 그러나 그런 상관성은 애초에 존재하지 않는 것처럼 보인다.

우선 미국 문화가 유일하게 폭력적인 것은 아니다. 폭력은 모든 사회에 존재하며, 미국 사회가 역사상으로든 세계적으로든 가장 폭력적인 것도 아니다. 제3세계 대부분의 나라들과 구 소련에서 해체된 많은 공화국들이 훨씬 더 폭력적인데, 그들은 개인주의라는 미국적 전통과 아무 관계가 없다.[21] 남성성과 성 차별이라는 문화적 표준으로 말하자면, 스페인과 이탈리아는 남성 의식이 대단하고 일본은 성 역할을 엄격히 구분하고 있지만, 그들의 살인율은 페미니즘의 바람이 더 거센 미국보다 훨씬 낮다. 정당한 이유에서라면 언제든 폭력을 사용할 준비가 되어 있는 전형적인 남성적 영웅은 신화에 등장하는 가장 보편적인 주제 중 하나이고, 폭력적 범죄율이 상대적으로 낮은 많은 문화에서 뚜렷이 발견된다. 예를 들어 제임스 본드—실제로 살인 면허를 가진 사람이다.—는 영국인이고, 아시아의 여러 산업 국가에서는 무술 영화가 유행한다. 실제로 미국 영화나 텔레비전 프로그램을 한 번도 본 적이 없는 책벌레만이, 미국 문화가 티머시 맥베이나 고등학교 식당에서 학생들에게 무차별 총격을 가한 10대들 같은 미치광이 살인자들을 찬양한다고 믿을 것이다. 대중 매체의 남성적 영웅은 대단히 도덕적이다. 그들은 항상 악당들과 싸운다.

보수주의 정치인들과 자유주의적 보건 전문가들은 똑같이 대중 매체의 폭력이 미국의 폭력 범죄를 일으키는 주 요인이라는 신조를 굳게 믿고 있다. 미국 의사회, 미국 심리학회, 미국 소아과 학회는 의회에 출석한 자리에서, 양자의 관련성을 조사한 3,500건 이상의 연구 중 단 18건만이 그 관련성을 밝혀 내지 못했다고 증언했다. 사회과학자라면 누구나 이 숫자에서 미심쩍은 냄새를 맡을 수 있다. 심리학자 조너선 프리드먼은 자신이 직접 조사해 보기로 결심했다. 그랬더니 대중 매체 폭력과 폭력적 행동의 연관성을 조사한 연구는 단 200건에 불과했고 그중 절반 이상이 연관성을 밝혀 내지 못한 것으로 드러났다.[22] 나머지 연구들 또한 밝혀 낸 연관성이 미미하거나 다른 설명이 가능한—가령 폭력적인 어린이가 폭력적인 오락을 찾는다거나, 아이들이 액션 영화 장면에 (영구적으로 영향을 받는 것이 아니라) 일시적으로 흥분한다는 식으로도 설명할 수 있는—것들이었다. 그 문헌을 조사한 프리드먼과 몇몇 심리학자들은 대중 매체 폭력에 노출되는 것이 실제 세계에서의 폭력적 행동에 전혀 혹은 거의 영향을 미치지 않는다는 결론에 도달했다.[23] 최근의 역사를 대상으로 사실 확인을 해 봐도 같은 결론이 나온다. 텔레비전과 영화가 발명되기 이전의 수백 년 동안 사람들은 지금보다 더 폭력적이었다. 캐나다 사람들은 미국 사람들과 똑같은 텔레비전 프로그램을 보지만 그들의 살인율은 미국의 4분의 1에 불과하다. 영국령 세인트헬레나 섬에 1995년 처음 텔레비전이 들어왔을 때 그곳 사람들은 더 폭력적으로 변하지 않았다.[24] 폭력적인 컴퓨터 게임들이 쏟아져 나온 1990년대는 범죄율이 뚝 떨어진 시기였다.

다른 용의자들은 어떠한가? 총기, 차별, 가난은 폭력에 중요한 역할을 하지만, 결코 단독적이거나 결정적인 역할을 하는 것은 아니다. 총기가 있으면 분명 살인이 더 쉬워지고, 싸움이 고조되기 전에 사망자 발생을 막기가 더 어려워지고, 그 결과 크고 작은 싸움의 치명적 성격이 배가된다. 그러나 총기가 발명되기 이전에도 많은 사회들이 끔찍할 정도로 높은 폭력성을 보였다. 사람들이 총기를 손에 넣을 수 있기 때문에 자동적으로 서로를 죽이는 것은 아니다. 이스라엘과 스위스 국민들은 완전 무장을 하고 살지만 개인적인 폭력 범죄율은 매우 낮고, 미국에서도 메인 주와 노스다코타 주의 경우 거의 모든 가정에 총기가 있지만 살인율이 가장 낮다.[25] 총기가 치명적인 범죄를 증가시킨다는 생각은 분명 그럴듯하게 들리지만 입증하기가 여간 어렵지 않다. 심지어 1998년 법학자 존 로트는 통계 분석을 기초로 하여 정반대 결론을 당당히 과시하는 『총이 많을수록 범죄는 줄어든다(More Guns, Less Crime)』라는 책을 출판했다. 나는 그가 틀렸다고 생각하는데, 그렇다 하더라도 총이 많을수록 범죄가 증가한다는 점을 입증하기란 결코 쉽지 않다.

차별과 가난으로 말하자면, 이 역시 직접적인 인과 관계를 밝히기가 어렵다. 19세기에 캘리포니아로 들어온 중국 이주민들과 2차 대전 당시의 일본계 미국인들은 극심한 차별에 부딪혔지만, 그에 대해 높은 폭력 발생률로 반응하지 않았다. 여성들은 남성보다 더 가난하고 자녀를 키우기 위해 돈을 필요로 할 가능성이 더 높지만, 어쩔 수 없어서 물건을 훔치는 경향은 더 낮다. 가난의 정도가 같은 하위 문화들이라도 폭력 발생률에서 근본적인 차이를 보일 수 있고, 뒤에서 자세히 살펴보겠지만 여러 문화에서 상대적으로 부유한 남성들이 더 쉽게 치명적인 폭력을 사용한다.[26] 비록 어느 누구도 범죄율 감소에 효과가 있다고 확인된 훌륭한 사회 프로그램에 반대할 수는 없겠지만, 범죄율의 원인을 사회 프로그램의 부재에만 돌릴 수는 없다. 그런 프로그램이 활발했던 1960년대는 폭력 범죄 발생률이 하늘을 모르고 치솟던 시기였다.

폭력에 대해 과학적으로 접근하는 연구원들은 "폭력은 공중 위생 문제"라는 다른 주문을 외운다. 미국 정신건강학회는 "만약 폭력적 행동을 취약한 개인에게서 그리고 가난한 지역에서 번성하는 전염병으로 취급한다면 가장 잘 이해되고 예방될 수 있다."라고 한다. 미국 심리학회와 연방 정부 방역 센터를 비롯한 많은 전문 기관들과, 클린턴 행정부의 공중위생국장과 공화당 상원 의원 알렌 스펙터 등 다양한 정치 인사들이 이 이론을 지지한다.[27] 폭력을 공중 위생의 문제로 보고 접근하는 방법은 부유한 지역보다는 가난한 지역에 더 흔히 있는 "위험 요소들"을 밝혀 낸다. 이러한 위험 요소로는 아동 방치와 아동 학대, 가혹하고 변덕스런 징계, 이혼, 영양 실조, 납 중독, 두부 손상, 주의력 부족 과다 활동 장애의 방치, 임신 중의 알코올 복용과 코카인 담배* 흡입 등이 있다.

이 방식을 따르는 과학자들은 그들의 방법이 "생물학적"(체액을 측정하고 뇌 사진을 찍는다.)인 동시에 "문화적"(뇌 발달에 영향을 미치는 환경적 요인들을 찾고 공중 보건 대책으로 개선하고자 한다.)이라고 자부한다. 그러나 안타깝게도 폭력을 질병에 비유하는 이 유추법에는 확연한 결점이 있다. 질병이나 장애의 정의는 어느 개인의 신체적 메커니즘이 제 기능을 발휘하지 못하기 때문에 그 개인이 고통을 겪는다는 것이다.[28] 그러나 《사이언스》의 한 필자가 지적했듯이, "대부분의 질병과는 달리, 폭력을

---

* crack cocaine. 코카인을 화학적으로 바꿔서 담배처럼 피울 수 있게 한 형태이다. 기존의 코카인보다 흡착력이 훨씬 강하다.

문제로 보는 쪽은 가해자가 아니라 주변 사람들이다. 폭력적인 사람들은 자기가 정상이라 느낄 수 있고, 심지어 어떤 사람들은 이따금씩 분출되는 폭력적 행동에 즐거움을 느끼고 치료를 거부할 수 있다."[29] 폭력이 일부 사람들과 장소에서 더 빈번하게 발생한다는 자명한 이치를 제외하면 공중 위생 이론에는 추천할 만한 점이 거의 없다. 뒤에서 살펴보겠지만 폭력은 의학적 의미에서 결코 질병이 아니다.

※

폭력에 대한 순수한 환경 이론들은 신념의 문제로 남게 된다. 빈 서판과 고상한 야만인의 구체화된 형태이기 때문이다. 이 이론들에 따르면 폭력은 인간의 선천적 전략이 아니라, 학습된 행동이거나 유해 물질에 의한 중독이거나 감염되는 질병의 증상이다. 앞의 장들에서 우리는 이 이론의 도덕적 흡인력을 보았다. 즉 그것이 이전 시대의 맹목적 애국주의나 계층들 간의 반목과 다르다는 것, 폭력이("좋은" 의미에서의) "자연의 선물"이 아니라고 생각할 수 있게 한다는 것, 폭력이 징벌 위주의 억제책보다는 자비로운 사회 프로그램에 의해 제거될 수 있다는 낙관적 희망을 제공한다는 것, 어떤 개인, 계급, 인종은 선천적으로 더 폭력적이라는 방사능 오염 같은 입장과 먼 거리를 유지할 수 있게 해 준다는 점이다.

무엇보다도 학습된 행동 이론과 공중 위생 이론은 당사자가 폭력에 반대한다는 도덕적 선언이고 공언이다. 폭력을 비난하는 것은 물론 아주 좋은 일이지만, 그것이 우리의 심리적 본질에 대한 경험적 주장인 것처럼 위장한다면 문제가 달라진다. 아마 이 열정적인 혼동의 가장 순수한 예는 존슨 행정부의 법무부 장관이자 1970년 베스트셀러 『미국의 범죄(*Crime in America*)』의 저자인 램지 클라크일 것이다. 형사 사법 제도에서는 형벌을 교화로 대체해야 한다고 주장하면서 클라크는 다음과 같이 설명했다.

> 교화 이론은, 건강하고 이성적인 사람들은 남을 해치지 않는다는 믿음, 그런 사람들은 남을 해치지 않는 행동이 개인과 사회에 가장 유익하다는 사실을 이해한다는 믿음, 그리고 공정한 사회는 모든 시민에게 건강과 목적과 기회를 제공할 능력이 있다는 믿음을 기초로 한다. 교화를 거치면 개인은 남을 해치거나 재산을 빼앗고 파괴하는 능력을 잃을 것이다. 다시 말해 그렇게 할 마음이 들지 않을 것이다.[30]

그렇다면 얼마나 좋겠는가! 이 이론은 도덕주의적 오류의 대표적인 예이다. 만약 그 생각이 옳다면 아주 좋을 것이기 때문에 우리는 모두 그 생각이 옳다고 믿어야 한다는 식이다. 문제는 그 생각이 옳지 않다는 것이다. 역사를 보면 충분히 건강하고 이성적인 사람들도 개인적 이익 때문에(특히 남을 해치는 범죄 행위에 대한 형벌이 사라진다면) 남을 해치고 재산을 파괴할 수 있음을 보게 된다. 이익 갈등은 인간의 조건에 고유하고, 마틴 댈리와 마고 윌슨이 지적하듯이 "궁극적인 문제 해결 방법은 적을 죽이는 것이다."[31]

건강과 합리성을 도덕성과 동일시하기는 쉽다. 많은 영어 단어들이 그것을 비유적으로 보여 준다. 가령 우리는 도덕적으로 악한 행동을 한 사람을 "미친(crazy), 타락한(degenerate), 불량한(depraved), 돈(deranged), 미치광이(mad), 악성(malignant), 정신병자(psycho), 병든(sick), 일그러진(twisted)" 등의 단어로 표현한다. 그러나 우리가 폭력의 원인과 폭력을 줄이는 방법을 숙고할 때 이 비유들은 오해를 불러일으킬 수 있다. 흰개미들이 집의 대들보를 갉아먹거나 모기가 사람을 물어서 말라리아를 전염시킬 때 그 놈들은 비정상으로 기능하는 것이 아니다. 녀석들은 진화적으로 설계된 행동을 그대로 행하는 것이고 그 결과 사람들이 고통을 겪는 것뿐이다. 과학자들이 그 곤충들의 행동에 도덕적 의미를 부여하거나 그 행동을 병적이라 부른다면 우리는 그들에게 작용하는 "유해한" 영향이나 그들을 건강하게 회복시킬 "치료법"을 찾아야 할 것이다. 이와 같이 폭력이 탈선이고 정신 이상이라는 믿음은 위험하다. 폭력이 평온한 장소에서도 얼마나 쉽게 발생할 수 있는가를 잊게 만들기 때문이다.

빈 서판과 고상한 야만인의 매력은 도덕적 설득력뿐 아니라 이데올로기적 치안에도 있다. 야노마뫼 부족의 전쟁에 대한 기록 때문에 나폴레옹 샤농에게 살벌한 중상 모략이 쏟아졌던 것은 이단자 처벌의 가장 소름끼치는 예이지만, 예는 그것으로 끝나지 않는다. 1992년 알코올, 약물 남용, 정신건강관리국의 한 폭력 연구안이 취소되었는데, 연구의 목적이 도심의 청소년들을 폭력에 물들기 쉬운 왜곡된 모습으로 고착화시키는 것이라는 그릇된 비난 때문이었다. (사실 그 연구는 공중위생접근법을 지지했다.) 폭력의 생물학과 관련된 법률적·도덕적 쟁점들을 다룬 한 회의와 한 권의 책은 모든 관점을 공평하게 다룰 예정이었지만, 국립보건연구소의 소장 버나딘 힐리의 반대로 무산되었다. 연구자들이 동료 평가 방식에 따라 진행하기로 만장 일치로 결정한 이 계획을 그가 백지화한 이유는 "예정된 회의의 민감성과 타당성에 관한" 염려 때문이었다.[32] 이 회의를 후원하던 대학은 항소해서 승리했지만, 3년 후 회의가 열리자 시위대가 회의장으로 밀고 들어와 마치 코미디의 소재라도 제공하듯 회의 참가자들과 밀고 밀리는 실랑이를 벌였다.[33]

그 모든 사람을 그토록 민감하게 만든 것은 무엇이었을까? 외적으로 표명된 두려움은 정부가 불공평한 사회적 조건에서 야기되는 정치적 불안을 정신병으로 규정하고 그에 따라 반대자들에게 약을 먹여 강제로 입을 막을지 모른다는 것이었다. 급진적 성향의 정신과 의사 피터 브레긴은 폭력 연구안을 "상상할 수 있는 가장 두렵고, 가장 차별적이고, 가장 흉악한 짓"이며 "나치 독일을 연상시키는 계획"이라고 몰아붙였다.[34] 반대하는 이유는 "사회적 쟁점을 의학화하기 때문이고, 억압의 희생자, 즉 이 경우 유대인을 유전적·생물학적 결함을 가진 개인이라고 선언하기 때문이고, 우생학적인 목적과 생물학적인 목적을 위해 국가가 권력을 동원하기 때문이고, 사회 통제 프로그램을 개발할 목적으로 정신 의학을 과다하게 이용하기 때문"이었다.[35] 정말로 공상적이고 과대 망상에 사로잡힌 해석이었지만 브레긴은 특히 흑인 정치인들과 대중 매체를 주된 통로로 삼아 쉴새없이 자신의 견해를 퍼뜨렸다. "폭력"과 "생물학"을 한 단락에 사용하는 사람이면 누구나 인종 차별주의자가 아닌가 하는 의혹의 눈길을 받을 수 있게 되었고, 이것은 폭력에 대한 지적 분위기에 영향을 미쳤다. 그 후로 지금까지 어느 누구도 폭력은 전적으로 학습되는 것이라고 말해서 곤란을 겪은 사람은 없었다.

※

인간의 폭력성이 말 그대로 질병이나 중독이 아니라 유전적 설계의 일부라고 믿을 만한 이유는 매우 많다. 그 이유를 제시하기 전에 먼저 두 가지 두려움을 해결하고자 한다.

첫 번째 두려움은, 폭력의 뿌리를 인간 본성에서 찾는다면 폭력성을 폭력적인 개인의 나쁜 유전자로 환원시킬 수 있으며 폭력의 비율이 높은 인종 집단은 그 유전자를 더 많이 가지고 있다는 고약한 의미로 이어질 수 있다는 것이다.

어떤 사람들이 체질적으로 폭력적 성향을 더 많이 가지고 있다는 사실에는 의심의 여지가 거의 없다. 우선 남자들을 예로 들어 보자. 모든 문화에서 남자가 남자를 죽이는 비율은 여자가 여자를 죽이는 비율보다 20배에서 40배까지 높다.[36] 그리고 살인자의 주된 비율은 15세에서 30세까지의 젊은 남성이 차지한다.[37] 게다가 어떤 젊은 남자들은 다른 젊은 남자들보다 더 폭력적이다. 한 추산에 따르면 젊은 남성 중 7퍼센트가 반복적인 폭력 범죄의 79퍼센트를 저지른다고 한다.[38] 심리학자들은 폭력적 성향이 있는 개인들에게는 뚜렷한 특징이 있다고 생각한다. 그들은 충동적이고, 지능이 낮고, 과다 활동을 보이고, 주의력이 부족한 경향이 있다. 그리고 "반항아 기질", 즉 앙심을 잘 품고, 쉽게 화를 내고, 통제를 거부하고, 의도적으로 괴롭히고, 모든 것을 남 탓으로 돌리는 성향이 있다.[39] 그들 중에서도 가장 냉혈인 사람은 양심이 결핍된 정신병질자들인데, 바로 이들이 살인범의 상당 비율을 차지한다.[40] 이러한 특성들은 유년 초기에 나타나고, 평생 동안 지속되며, 결코 완전히는 아니지만 대체로 유전적이다.

가학적인 사람, 성격이 불같은 사람, 그 밖의 타고난 살인자들이 폭력 문제의 일부를 차지하는 이유는, 그들이 가하는 피해 때문이 아니라 그들로 인해 다른 사람들이 자기 방어를 위해 취해야 하는 공격적인 태도 때문이다. 그러나 지금 나의 요점은 그들이 문제의 주인공이 아니라는 것이다. 전쟁은 수시로 발발하고 끝나며, 범죄율은 올라갔다 내려가고, 한 세대 안에서 호전적인 사회가 평화적인 사회로 혹은 그 반대로 변하는데, 이 모든 변화가 해당 유전자의 빈도 변화 없이 일어난다. 오늘날 인종 집단들 사이에 평균 폭력 비율이 차이가 난다 해도, 그 차이를 유전학적으로 설명할 필요는 없다. 한 집단이 특정 시기에 보이는 비율이 다른 집단이 다른 시기에 보이는 비율과 일치할 수 있기 때문이다.

오늘날 온순하게 살아가는 스칸디나비아 사람들은 살벌한 바이킹의 후손이고, 제국주의가 몰락한 후 전쟁으로 몸살을 앓는 아프리카는 로마 제국이 몰락한 후의 유럽과 매우 비슷하다. 현재까지 명맥을 유지하고 있는 어떤 인종 집단에게든 멀지 않은 과거에 호전적인 조상이 있었을 것이다.

두 번째는, 만약 사람들이 선천적으로 폭력적 동기를 부여받았다면 그들은 어쩔 수 없이 폭력적이거나, 지나가는 자리를 쑥대밭으로 만드는 「루니 툰스」의 작은 악마 태즈처럼 항상 폭력적일 것이라는 두려움이다. 이 두려움은 살인마 원숭이,* 피에 대한 굶주림, 죽음 소원, 텃세, 폭력적인 뇌 등의 케케묵은 관념들에서 비롯되는 반응이다. 실제로 뇌 속에 폭력적인 전략이 갖추어져 있다 해도, 그것은 우발적 전략이며 언제 어디서 그 전략을 전개해야 하는지를 연산하는 복잡한 회로와 연결되어 있다. 동물들의 경우에도 공격은 대단히 선택적으로 전개되는데, 하물며 변연계가 엄청나게 큰 전두엽과 연결되어 있는 인간의 경우에는 당연히 훨씬 더 계산적이다. 오늘날 대부분의 성인들은 폭력성의 버튼을 전혀 건드리지 않고 잘 살아간다.

그렇다면 우리 인류가 신중한 폭력을 위한 메커니즘을 진화시켰을 거라는 걸 보여 주는 증거는 무엇인가? 첫 번째로 명심해야 할 사항은, 공격이란 것이 무작위의 기능 불량에서 발생하는 그런 사고가 아니라 계획적이고 목표 지향적인 활동이라는 점이다. 만약 내가 잔디 깎는 기계의 스위치를 껐는데도 기계가 계속 돌아 발을 다쳤다면, 나는 스위치나 다른 부품의 고장을 의심할 것이다. 그러나 만약 잔디 깎는 기계가 내가 집에서 나오기를 기다렸다가 내 뒤를 졸졸 좇아 다닌다면 나는 누

* 킹콩, 고질라같이 난폭하고 잔인한 가공의 원숭이를 가리킨다.

군가가 그 속에 칩을 장착했을 것이라 결론을 내릴 수밖에 없다.

우리의 친척인 침팬지들 사이에서 계획적인 침팬지 살해가 존재한다는 것은 우리의 공격성이 특정한 문화에서만 보이는 특이한 성질이 아니라 진화의 힘으로 형성된 특성일 수 있다는 가능성을 제기한다. 그리고 역사와 선사 시대를 통틀어 모든 인간 사회에 폭력이 편재한다는 사실 또한 우리가 그렇게 설계되어 있음을 강력히 시사한다.

인간의 신체와 뇌를 볼 때 우리는 공격을 위한 설계의 직접적인 증거를 곳곳에서 보게 된다. 남성의 신체 크기, 힘, 상체 골격이 더 큰 것은 진화의 역사가 남성들 간의 폭력적인 경쟁으로 점철되어 왔음을 폭로하는 동물학적 증거이다.[41] 그 밖의 증거로는, 테스토스테론이 지배 성향과 공격성에 미치는 영향(성에 관한 장에서 자세히 살펴볼 것이다.), 분노의 감정(송곳니를 드러내고 주먹을 쥐는 반사 작용으로 완성된다.), "싸움 도피(fight-or-flight)"라는 확실한 이름이 붙은 자율 신경계의 반응, 뇌의 억제 시스템이 (알코올, 전두엽이나 편도의 손상, 세로토닌 대사 작용과 관련된 유전자의 결함 등에 의해) 고장났을 때 변연계의 회로에 의해 공격적 행동이 유발될 수 있다는 사실 등이 포함된다.[42]

모든 문화의 소년들은 자발적으로 엎치락뒤치락하는 놀이에 빠지는데, 이것은 분명히 싸움 연습이다. 소년들은 또한 공격적인 경쟁을 위해 연합 집단을 결성한다("워털루 전투의 승리는 이튼의 운동장에서였다."라는 웰링턴 공작의 말이 생각난다.).[43] 그리고 아이들은 장난감 무기나 문화적 전형을 접하기 훨씬 전에도 폭력성을 나타낸다. 가장 폭력적인 나이는 사춘기가 아니라 걸음마하는 시기이다. 최근의 대규모 연구에서 두 살을 갓 넘긴 남자 아기의 거의 절반과 그보다 약간 적은 비율의 여자 아기들이 때리고 물고 발로 차는 행동을 적극적으로 보였다. 저자는 이렇게 지적했다. "아기들은 칼이나 총을 손에 넣을 수 없기 때문에 서로를 죽이지 않는다. 우리가 지난 30년 동안 해답을 얻고자 노력했던 문제는…… 아이들이 어떻게 공격하는 법을 배우는가이다. [그러나] 그것은 잘못된 문제였다. 올바른 문제는, 아이들이 어떻게 공격하지 않는 법을 배우는가이다."[44]

폭력성은 평생 마음의 윗자리를 차지한다. 심리학자 더글러스 켄릭과 데이비드 버스가 몇 개 나라에서 독립적으로 실시한 조사에 따르면, 80퍼센트의 여성과 90퍼센트의 남성이 자기가 싫어하는 사람 특히 사랑의 경쟁자, 계부와 계모, 자기에게 공개적으로 창피를 준 사람을 죽이는 상상을 했다고 한다.[45] 살인이 등장하는 추리 소설, 범죄 드라마, 스파이 스릴러, 셰익스피어의 비극, 성서 이야기, 영웅 신화, 서사시 등으로 판단해 볼 때, 우리는 모든 문화에서 사람들이 살인을 생각하면서 쾌감을 얻는다는 사실을 알게 된다. (톰 스토파드의 『로젠크란츠와 길덴스턴은 죽었다』에서 한 등장 인물은 이렇게 묻는다. "자네도 고대의 위대한 비극들을 알지 않는가? 그 위대한 살인극들을?") 사람들은 또한 "스포츠"라 불리는 경쟁 방식, 즉 겨냥하고 추적하고 다투면서 결국 승자와 패자를 가리는 양식화된 전투를 보면서 즐거움을 느낀다. 언어를 통해 볼 때도 다양한 분야의 많은 행동들이 공격적인 모습으로 개념화되어 있음을 알 수 있다. 학문적 논쟁에서의 '어떤 이론이나 이론의 지지자를 끽 소리 못 하게 만들다(shoot down)', '물리치다(defeat)', '논파하다(destroy)', 사회 개혁 분야에서의 '범죄와 싸우다(fight crime)', '편견과 싸우다(combat prejudice)', '가난과의 전쟁(the War on Poverty)', '마약과의 전쟁(the War on Drugs)', 그리고 의료 분야에서의 '암과 싸우다(fight cancer)', '진통제(painkiller)', 'AIDS를 물리치다(defeat AIDS)', '암과의 전쟁(the War on Cancer)' 등이 그러한 예이다.

사실, 한 개인이 폭력적으로 행동하는 것은 무엇이 잘못 되었기 때문인가(사회적으로나 생물학적으로)라는 물음은 그 자체가 잘못된 것이다. 거의 모든 사람들이 자신이나 가족 또는 무고한 희생자를 보호하기 위해 폭력이 필요하다는 점을 인정한다. 윤리학자들은 어떤 상황에서는 ─가령 테러리스트가 사람들이 붐비는 장소에 시한 폭탄을 장착해 놓고 체포된 후 그 장소를 말하지 않을 때에는─ 고문도 정당화될 수 있음을 지적한다. 보다 일반적으로 말하자면, 어떤 폭력적 사고 방식을 영웅적으로 볼 것인가 병적으로 볼 것인가는 종종 누구의 소가 다쳤는가에 달려 있다. 자유의 전사인가 테러리스트인가, 로빈 후드인가 도둑인가, 수호 천사인가 자경단원인가, 귀족인가 군벌인가, 순교자인가 카미카제인가, 장군인가 깡패 두목인가 ─ 이것은 가치 판단의 문제이지 과학적 분류의 문제가 아니다. 나는 칭송을 받는 많은 지도자들의 뇌나 유전자가 비난을 받는 악역들의 그것과 과연 얼마나 다를지 의심스럽다.

이렇게 해서 나는 우리가 폭력적인 사람들의 유전자나 뇌만 본다면 결코 폭력을 이해할 수 없다고 주장하는 급진주의 과학자들과 일치하게 되었다. 폭력은 단지 생물학적이고 심리학적인 문제가 아니라 사회적이고 정치적인 문제이다. 그렇지만 우리가 "사회적"이고 "정치적"이라 부르는 그 현상들은 태양의 흑점처럼 인간의 삶에 신비스러운 영향을 던지는 외부의 우연한 사건들이 아니다. 따라서 폭력을 이해하려면 우리는 인간의 마음을 철저히 이해해야 한다.

이 장의 나머지 부분에서는, 폭력의 논리는 무엇인지 그리고 왜 폭력을 전담하는 감정과 사고가 진화하게 되었는지를 탐구하고자 한다. 폭력을 그토록 이해하기 어렵게 만드는 생물학적 원인과 문화적 원인의 매듭을 풀기 위해서는 이 문제를 반드시 해명할 필요가 있다. 그것은 다음과 같은 문제를 설명하는 데 도움이 될 수 있다. 왜 사람은 항상 폭력을 준비하고 있으면서도 단지 특별한 상황에서만 그 성향에 따라 행동하는가, 폭력은 언제 최소한의 의미에서나마 합리적인 행위가 되고 언제 노골적인 자멸 행위가 되는가, 왜 폭력은 행위자들 간에 유전적 차이가 없을 때에도 시간과 장소에 따라 달리 나타나는가, 그리고 마지막으로 우리는 어떻게 폭력을 줄이고 예방할 수 있는가.

∽∽

폭력을 이해하는 첫 단계는 폭력에 대한 막연한 증오를 잠시 접어 두고 왜 그것이 개인적 차원에서 또는 진화적 차원에서 이익이 되기도 하고 손해가 되기도 하는가를 조사해 보는 것이다. 이를 위해서는 문제를 거꾸로 뒤집어, 왜 폭력이 발생하는가가 아니라 왜 사람들은 폭력을 피하는가를 고찰할 필요가 있다. 결국 도덕성은 빅뱅과 함께 생겨난 우주 마이크로파 배경 복사(cosmic microwave background radiation)처럼 저절로 퍼져 나간 것이 아니었다. 그것은 도덕과 관계가 없는 자연 선택이라는 수십 억 년의 과정이 흐른 후 우리 조상들에 의해 발견되었다.

내가 보기에, 이 비도덕적 과정의 결과를 가장 잘 표현한 것은 홉스의 『리바이어던』이다. 그러나 안타깝게도 "불결하고, 잔인하고, 무뚝뚝하다."라는 홉스의 간결한 표현과 우리가 서로를 잡아먹지 않게 감시하는 절대 권력이라는 그의 이미지 때문에 사람들은 그의 주장을 제대로 이해하지 못했다. 홉스는 흔히 자연 상태의 인간은 서로를 증오하고 파괴하는 비합리적 충동에 사로잡힌 존재라고 주장하는 철학자로 해석되고 있다. 그러나 그의 분석은 보다 섬세하고 어쩌면 훨씬 더 비극적일 수 있다. 왜냐하면 그는 합리적이고 이기적인 행위자들의 상호 작용으로부터 어떻게 폭력이 발생하는가를 설명했기 때문이다. 홉스의 분석은 진화 생물학, 게임 이론, 사회 심리학 분야에서 재발견되고 있으며, 나 역시 그의 분석을 토대로 해서 폭력의 논리를 논한 다음 인간이 어떻게 폭력적 본능을 중화하기 위해 평화적 본능을 구사하는가의 문제로 넘어가고자 한다.

다음은 그 유명한 "인간의 삶"에 관한 구절 앞에 제시된 분석이다.

> 인간의 본성에서 우리는 싸움의 세 가지 주된 요인을 발견한다. 첫째는 경쟁이고, 둘째는 자신감 결여이고, 셋째는 영광이다. 첫 번째는 인간이 이익을 위해 서로를 공격하게 만들고, 두 번째는 안전을 위해 서로를 공격하게 만들고, 세 번째는 가령 말 한마디, 미소, 견해 차이를 비롯하여, 본인이 직접 겪는 것이든 혈연, 친구, 국가, 직업, 이름 등을 통해 간접적으로 겪는 것이든 자신을 무시하는 갖가지 사소한 이유들 때문에 서로를 공격하게 만든다.[46]

첫째는 경쟁이다. 자연 선택의 힘은 경쟁에 있는데, 그것은 자연 선택의 산물들—리처드 도킨스의 비유에 따르면 생존 기계들—이 생존과 번식에 도움이 되는 일이면 어떤 것이든 미리 정해진 디폴트 값에 따라 수행해야 한다는 것을 의미한다. 그는 다음과 같이 설명한다.

> 생존 기계에게 (자식이나 가까운 친척이 아닌) 다른 생존 기계는 돌이나 강이나 음식물처럼 환경의 일부이다. 그것은 방해가 되는 어떤 것 또는 이용할 수 있는 어떤 것이다. 그것이 돌이나 강과 다른 것은 한 가지 중요한 측면, 즉 되받아 치는 성향이 있다는 점이다. 그것 역시 미래를 위해 퍼뜨릴 불멸의 유전자를 간직하고 있는 기계이고, 그 유전자를 지키기 위해 무엇이든 다 하려 드는 기계이기 때문이다. 자연 선택은 자신의 환경을 가장 잘 이용하도록 생존 기계를 지배하는 유전자를 선호한다. 여기

에는 같은 종이든 다른 종이든 다른 생존 기계들을 가장 잘 이용하는 것이 포함된다.[47]

만약 유기체가 필요로 하는 어떤 것 앞에 장애물이 놓여 있으면, 유기체는 그것을 무력화하거나 제거함으로써 중화시켜야 한다. 이 장애물에는 다른 인간——가령, 쓸 만한 땅이나 음식의 원천을 독점하고 있는 사람——도 포함된다. 현대의 민족 국가들 사이에서도 적나라한 이기심이 전쟁의 주된 동기로 작용한다. 정치학자 브루스 부에노 드 메스키타는 지난 2세기 동안 일어난 251건의 전쟁을 조사하여, 대부분의 경우 공격자는 침략이 성공하면 국익에 이익이 될 것을 정확히 계산하고 있었다는 결론에 도달했다.[48]

또 다른 인간 장애물은 아내로 삼을 수 있는 여자들을 독점하고 있는 남자들이다. 홉스가 이 현상을 지적한 것은 약 300년 후 로버트 트리버스에 의해 밝혀질 진화론적 이유를 모른 상태에서였다. 트리버스가 밝힌 진화론적 이유는, 남성과 여성이 부모로서 투자해야 하는 시간과 노력의 최소치가 서로 달라서 여성의 번식 능력이 희소 가치를 띠게 되고 그로 인해 남성들이 경쟁을 한다는 것이다.[49] 이것은 왜 남성이 폭력적인 성인가, 그리고 왜 남성들은 생존 욕구가 충족되었을 때에도 항상 무엇인가를 놓고 다투는가를 설명한다. 국가 이전 사회의 전쟁에 대한 연구를 보면, 남성들은 음식이나 땅이 모자라서 전쟁을 하는 것이 아님을 확인할 수 있다.[50] 남자들이 다른 부락을 습격하는 이유는 종종 여자를 유괴하기 위해, 과거의 유괴에 대한 앙갚음을 하기 위해, 또는 결혼할 여자의 교환 조건을 놓고 일어난 분쟁에서 자신들의 이익을 지키기 위해서이다. 여자들이 가령 물질적으로 더 많이 소유하고 있는 사회에서도 남자들은 여자를 유혹할 수 있는 지위와 부를 놓고 경쟁을 벌인다. 그 경쟁은 폭력적일 수 있는데, 댈리와 윌슨은 그 이유를 다음과 같이 설명한다. "현재의 길로 달리면 완전한 번식의 실패로 끝날 것이라 느끼는 생물은 종종 죽음을 무릅쓰더라도 어떻게든 현재의 생활 궤도를 개선하기 위해 필사적으로 노력할 것이다."[51] 그러므로 이러한 길에 놓인 가난한 젊은이들은 지위와 부와 짝을 얻을 수 있는 기회를 잡기 위해 목숨이라도 걸려고 한다.[52] 모든 사회에서 그들이 차지하는 인구 통계학적 영역에는 파업 주동자, 범법자, 전사할 위험이 많은 병사들이 집중되어 있다. 1960년대 범죄율이 급증한 이유 중 하나는 당시가 베이비 붐으로 태어난 남자 아이들이 범죄 성향을 보이는 나이에 들어선 때였기 때문이다.[53] 국가마다 폭력 사건의 발생 비율이 다른 데에는 많은 이유가 있지만, 한 가지 단순한 요인은 15~29세 남성이 차지하는 비율이다.[54]

이렇게 냉소적인 분석이 현대의 독자들에게는 정말같이 들리지는 않을 것이다. 우리는 다른 사람들을 그저 정원의 잡초처럼 중화시켜야 할 환경의 일부로 생각하지 않기 때문이다. 정신병질자가 아니라면 우리는 다른 사람들과 공감을 나누며, 아무렇지도 않게 그들을 장애물이나 먹잇감으로 취급하지 않는다. 그러나 그런 공감이 역사와 선사 시대 전체를 물들인 온갖 잔학 행위들을 막지는 못했다. 이것은 명백한 모순처럼 보이지만, 사람들의 도덕적 범위에는 모든 인간이 아니라 자신의 친족, 마을, 부족의 구성원들만 포함된다는 사실을 기억하면 이 모순을 이해할 수 있다.[55] 그 범위 안에 포함된 사람들은 공감의 대상이고, 범위 밖에 있는 사람들은 돌이나 강이나 음식물처럼 취급된다. 이전의 한 책에서 나는 아마존에 사는 와리 부족의 언어에는 먹는 것과 못 먹는 것을 구별하는 일련의 명사 분류사가 있는데, 그 부족의 구성원이 아닌 사람은 누구나 먹는 것으로 분류된다는 사실을 언급한 적이 있다. 이 사실에 대해 심리학자 주디스 리치 해리스는 다음과 같이 말했다.

와리 사전에서
음식은 "와리 족이 아닌 것"으로 정의되어 있다.
그들의 식사는 아주 재미있다.
와리 족이 아닌 한 사람을 제외하면.

우리에게 식인 풍습은 아주 불쾌한 것이어서 오랫동안 인류학자들조차도 그것이 선사 시대에 일반적이었다는 사실을 인정하지 않았다. 우리는 쉽게, 어떻게 사람들이 그렇게 끔찍한 행동을 할 수 있을까 하고 생각한다. 그러나 동물의 권리를 옹호하는 운동가들도 육식을 하는 사람들을 그런 식으로 생각한다. 육식을 하는 사람들은 무수한 생명을 죽음으로 몰 뿐 아니라 그렇게 하고도 눈 하나 깜짝하지 않는다. 소를 마취도 시키지 않은 채 거세시키거나 낙인을 찍고, 낚싯바늘로 물고기의 입을 꿰뚫어 잡아 올린 다음 보트 바닥에 내동댕이쳐 헐떡거리게 하고, 바다 가재를 산 채로 삶는다. 내 요점은 채식주의를 도덕적으로 옹호하는 것이 아니라, 인간의 폭력과 잔인성에 대한 사고 방식을 조명해 보자는 것이다. 역사학과 민족지학에서는 마치 우리가 바다 가재를 취급하듯이 사람들이 타인을 취급할 수 있음을 보여 준다. 그리고 그런 행동에 대한 우리의 몰이해는 우리의 행동에 대한 동물 권리 운동가들의 몰이해와 비교될 수 있다. 『확대되는 원』의 저자 피터 싱어가 『동물 해방』의 저자인 것은 우연의 일치가 아니다.

사람들이 정신적 원 밖에 있는 다른 사람들에게 도덕적으로 무관심할 수 있다는 사실은 폭력 감소를 위한 노력의 시발점을 암시해 준다. 그것은 도덕적 범위와 관련된 인간의 심리를 충분히 이해하는 것 그리고 모든 인류를 그 범위 안에 담도록 사람들을 격려하는 것이다. 앞의 장들에서 우리는 그 도덕적 범위가 수천 년 동안 어떻게 확대되어 왔는지, 그리고 그와 함께 다른 사람들이 죽었을 때보다는 살아 있을 때 나에게 더 가치 있고 중요하게 되는 호혜의 네트워크가 어떻게 확대되어 왔는지를 보았다.[56] 로버트 라이트는 이렇게 말했다. "내가 일본을 폭격하지 말아야 한다고 생각하는 이유 중 하나는 내 미니밴이 일본제라는 것이다." 그 외에도 다른 사람들과 입장을 바꿔 생각해 보게 만드는 세계주의적 관점에 기여하는 기술에는, 언어 능력, 여행, 역사적 지식, 사실주의 예술이 포함된다. 이런 기술들을 통해 사람들은 다른 시대였다면 목숨을 걸고 싸우는 적이었을 사람들의 일상 생활에 자기 자신을 투사해 본다.

우리는 또한 도덕적 범위가 어떻게 줄어들 수 있는가를 목격해 왔다. 종종 잔학 행위에는, 경멸적인 이름을 붙이기, 생활 조건을 열악하게 만들기, 굴욕적인 옷을 입히기, 고통을 깔보는 "냉혹한 농담"을 유포하기 등의 비인간화 전술이 수반된다.[57] 이 전술들은 우리의 정신적 스위치를 건드려서 "인간"을 "비인간"으로 재분류하고 그래서 우리가 바다 가재를 산 채로 삶듯이 누군가가 그를 고문하거나 죽이는 것을 쉬운 일로 만든다. (나를 포함해 가끔씩 소수 인종 집단을 가리키는 "정치적으로 정당한" 이름*을 가지고 농담을 하는 사람들은 그 이름들이 애초에 인도적인 이유로 만들어졌음을 기억할 필요가 있다.) 사회 심리학자 필립 짐바르도는 일류 대학의 학생들 사이에서도 비인간화 전술이 사용되면 한 개인을 다른 사람의 도덕적 범위에서 쉽게 몰아낼 수 있음을 보여 주었다. 짐바르도는 스탠퍼드 대학 심리학과의 지하실에 모의 감옥을 만들고 학생들을 무작위로 선발해 죄수 역할과 간수 역할을 시켰다. "죄수들"은 허름한 작업복을 입고 족쇄를 차고 나일론 스타킹 모자를 썼고 이름 대신 일련 번호가 붙

---

* 가령 black people이 아닌 African Americans, 또는 Asian Americans가 그 예이다.

여겼다. 곧 "간수들"은 윗몸 일으키기를 할 때 등에 올라타거나, 소화기를 뿌리거나, 맨손으로 변기를 닦게 하는 등 죄수들을 잔인하게 대하기 시작했다. 짐바르도는 피실험자들의 안전을 위해 실험을 중단했다.[58]

이와는 반대로 이따금씩 희생자도 인간이라는 증거가 발견되면 스위치가 공감 모드로 돌아온다. 조지 오웰이 스페인 내전에서 싸울 때, 한번은 한 남자가 옷을 절반만 걸친 채 한 손으로 바지를 들고 사력을 다해 뛰는 것을 보았다. 오웰은 이렇게 기록했다. "나는 그를 쏠 수 없었다. 그것은 내 눈에 비친 그 바지의 세세한 모습 때문이었을 것이다. 나는 '파시스트'를 쏘러 이곳에 왔는데, 바지를 들고 있는 사람은 '파시스트'가 아니다. 그는 분명히 나 자신과 비슷한 인간이다."[59] 글러버는 남아프리카공화국의 한 저널리스트가 보고한 또 다른 예를 들려 준다.

1985년 인종 차별 정책이 기승을 부리던 남아프리카공화국의 더반에서 데모가 일어났다. 경찰은 습관적인 폭력으로 시위자들을 공격했다. 한 경찰관이 흑인 여자의 뒤를 쫓았는데, 분명 손에 든 곤봉으로 그녀를 때릴 참이었다. 그때 도망치던 여자의 신발이 벗겨졌다. 그 잔인한 경찰관 역시 좋은 가정에서 자란 젊은 아프리카인이어서, 여자의 신발이 벗겨지면 주워 줘야 한다는 걸 알고 있었다. 경찰관이 신발을 건네줄 때 두 사람은 눈이 마주쳤다. 그리고 그는 돌아섰다. 곤봉으로 그녀를 때린다는 것은 더 이상 그가 선택할 수 있는 일이 아니었다.[60]

그러나 우리는 (20세기 최고의 도덕적 목소리의 주인공인) 오웰과 "좋은 가정에서 자란" 아프리카인의 반응이 전형적이라고 생각하는 실수를 범하지 말아야 한다. 어떤 지식인들은 대다수의 군인들이 전투에서 감히 총을 쏘지 못한다고 믿는다. 20세기의 전쟁에서 총에 맞은 수천 만

명의 군인들을 생각해 볼 때 이것은 액면 그대로 믿을 수 없는 주장이다. (스토파드의 『점퍼(Jumpers)』에 나오는 교수가 생각난다. 그는 제논의 역설 때문에 화살은 영원히 표적에 도달하지 못한다고 말했는데, 그렇다면 성 세바스천*은 겁에 질려서 죽은 것일까?) 그 믿음은 2차 대전의 보병들에 대한 단 한 번의 의심스런 연구에서 나왔음이 밝혀졌다. 몇 차례에 걸친 후속 조사에서 그들은 총을 쏘지 못했다고 말한 적이 없을 뿐 아니라, 하물며 총을 발사했는지 질문을 받은 적도 없다고 주장했다.[61] 전투에 참가한 군인들과 인종 대학살에 가담한 폭도들을 대상으로 한 최근의 연구들을 보면, 그들은 종종 즐겁게 살인을 하고, 때로는 "짜릿한 기쁨"이나 "황홀경"에 빠진 상태에서 살인을 했다는 사실을 알 수 있다.[62]

글러버의 일화들은, 인간에게는 낯선 사람을 폭력이 제거된 도덕적 범위에 포함시키는 능력이 있다는 희망을 말해 준다. 그러나 한편으로는 정반대의 디폴트 값이 세팅되어 있음을 말해 주기도 한다.

∽∾∽

둘째, "불신"의 원래 의미는 자신감 결여(diffidence)이다. 투키디데스의 『펠로폰네소스 전쟁사』를 번역한 홉스는 "전쟁이 불가피해진 것은 성장하는 아테네의 힘과 그에 대해 스파르타가 느낀 두려움 때문이었다."라는 설명에서 깊은 인상을 받았다. 만약 이웃이 내가 가진 것을 몹시 탐낸다면 나는 그들의 욕구를 가로막는 장애물이 된다. 따라서 나는 자신을 방어할 준비를 해야 한다. 방어란 성벽, 마지노선, 대탄도 미사일 등의 첨단 기술을 망라해도 불확실한 방법이고, 그런 것이 없으면 더

* 디오클레티아누스 황제의 근위 장교였으나 기독교를 전도하다가 처형되었다고 전한다. 나체로 나무에 묶인 채 화살을 맞는 그의 모습이 르네상스 시대에 회화로 많이 그려졌다.

욱 미심쩍고 불확실하다. 자기 보호를 위한 가장 확실한 방법은 잠재적으로 적대적인 이웃에게 선제 공격을 퍼부어 쓸어 버리는 것일 수 있다. 요기 베라의 충고대로 "최상의 수비는 최상의 공격이고, 또 최상의 공격은 최상의 수비이다."

비극적인 것은 선천적으로 공격성을 타고나지 않은 사람도 이런 결론에 도달할 수 있다는 점이다. 다른 사람들이 내가 가진 것을 탐낸다는 인식과 학살당하지 않겠다는 강한 욕구만 있으면 된다. 더욱 비극적인 것은 이웃들도 똑같은 결론에 도달할 가능성이 매우 높다는 점이다. 만약 그렇다면 그로 인해 나의 두려움은 더욱 커지고 선제 공격의 유혹도 그만큼 커진다. 다시 이것은 이웃들을 자극해서 선제 공격의 유혹을 더욱 강하게 만든다.

오늘날 "홉스의 덫"이라 불리는 이 악순환은 폭력적 갈등이 편재하는 원인이 되고 있다.[63] 정치학자 토머스 셸링은 이것을 무장한 집주인이 무장 강도를 놀라게 하는 경우에 비유했다. 두 사람 모두 상대방을 죽이고 싶어하진 않지만, 총에 맞지 않기 위해 먼저 총을 쏘고 싶어하는 것이다. 두 사람의 불가피한 경쟁을 의미하는 홉스의 덫은 무법자가 등장하는 할리우드의 서부 영화, 냉전 시대 스파이 간의 암투를 그린 스릴러, "난 보안관을 쏘았다."라고 노래하는 밥 말리의 가사처럼 여러 곳에 단골로 등장하는 주제이다.

그러나 우리는 사회적 동물이기 때문에 홉스의 덫은 집단끼리의 경쟁으로 드러나는 경우가 더 흔하다. 수가 많을수록 더 안전하기 때문에, 인간은 공통의 유전자나 호혜적 약속을 통해 서로를 묶어 가며 연합을 결성한다. 그러나 애석하게도 악순환의 논리는 사람들의 머릿수에 또한 위험이 도사리고 있음을 의미한다. 우리의 수가 많아지면 두려움을 느낀 이웃들이 연합을 결성하고 위협의 강도를 높여서 우리를 견제할 수 있기 때문이다. 한쪽의 견제는 상대방의 연합을 의미하기 때문에 위험의 수위는 계속 높아진다. 인간의 사회성은, 애초에 적의가 전혀 없었던 당사자들이라도 한쪽의 동맹자가 상대편 동맹자를 공격할 때에는 어쩔 수 없이 전쟁에 휘말리는 독특한 "동맹 맺기"로 전개된다. 그것이 내가 살인과 전쟁이란 주제에 한 장을 할애하는 이유이다. 구성원들이 서로의 충성을 기초로 해 동맹을 결성하는 종이라면, 살인은 쉽게 전쟁으로 발전한다.

이 위험은 특히 인간에게 심각하다. 우리는 수컷이 성적으로 성숙하면 집단 밖으로 흩어지는 대부분의 포유류와는 달리 동족 남성들이 모여 사는 부측 거주(patrilocal, 부부가 남편의 가족과 거주하는) 경향이 있기 때문이다.[64] (침팬지와 돌고래 중에도 혈연 남성들이 모여 사는 경우가 있는데, 그들 역시 공격적인 연합을 결성한다.) 결국 이른바 "인종 집단"은 아주 큰 대가족이다. 그리고 현대의 인종 집단 내에서 가족 유대는 혈통 중심의 이타주의를 중시하기 힘들 정도로 매우 소원해지기는 했지만, 우리가 진화하면서 몸담았던 소규모 연합 형태들과는 근본적으로 다른 양상을 띤다. 오늘날에도 인종 집단들은 종종 스스로를 하나의 큰 가족으로 인식하는데, 집단 간의 폭력을 들여다보면 인종적 충성심이 하는 역할은 너무나 명백하다.[65]

호모 사피엔스가 가진 또 다른 특징이 있다면 그것은 물론 도구 제작이다. 경쟁은 도구 제작을 무기 제작으로 발전시켰고, 자신감 결여는 무기 제작을 군비 경쟁으로 발전시켰다. 동맹처럼 군비 경쟁 또한 두려움과 불신의 악순환을 가속화시킴으로써 전쟁의 가능성을 높인다. 인류의 자랑거리인 도구 제작 능력이 뛰어난 살인 능력을 키운 한 이유였던 것이다.

홉스의 덫이라는 악순환을 통해 우리는 왜 갈등이 갑자기 전쟁으로 급변하는가(때로는 긴장이 급격히 완화되는가)를 이해할 수 있다. 수학자들과 컴퓨터 시뮬레이션 전문가들은 몇 명의 경기자가 다른 경기자들의 행동을 보고 무기를 구하거나 동맹을 결성하는 프로그램들을 개발했다. 이 모델들은 종종 혼란스런 행동을 보여 주는데, 매개 변수 값의 작은 차이가 예측할 수 없는 큰 결과로 이어진다.[66]

펠로폰네소스 전쟁에 대한 홉스의 언급에서도 짐작할 수 있듯이, 집단들 사이에 존재하는 홉스의 덫은 결코 가설이 아니다. 샤농은 야노마뫼 부락들이 (충분한 이유를 가지고) 다른 부락의 학살 위협에 대해 고민하고 그로 인해 선제 공격을 감행하는 과정과, 다른 부락들과 동맹을 결성해 이웃들을 더욱 불안하게 만들고 그럼으로써 그들에게 선제 공격의 충분한 이유를 제공하는 과정을 묘사하고 있다.[67] 갱단과 마피아 조직들도 비슷한 책략을 사용한다. 지난 세기에 1차 대전, 아랍과 이스라엘의 6일 전쟁, 1990년대의 유고슬라비아 전쟁들은 어느 정도 홉스의 덫 때문에 발생했다.[68]

정치학자 존 바스케스는 이것을 수량화했다. 지난 2세기 동안 발생한 수백 건의 싸움에 관한 정보를 데이터베이스로 이용한 끝에 그는 홉스의 덫을 구성하는 기본 요소들—안보 우려, 동맹 맺기, 군비 경쟁—을 통계학적으로 분석하면 갈등이 전쟁으로 확대되는 것을 예측할 수 있다는 결론에 도달했다.[69] 홉스의 덫의 논리를 가장 의식적으로 이용한 예는 말 그대로 세계의 운명을 풍전등화로 내몰았던 냉전 시대의 핵 전략이었다. 홉스의 덫의 논리는 핵 전략의 몇 가지 잔인한 역설을 낳았다. 보유하고 있는 미사일이 적을 파괴하기에는 충분하지만 적에게 먼저 공격당한 후 적을 파괴하기에 충분하지 않으면 특히 위험하다는 것(적이 선제 공격을 선택할 강한 동기가 되기 때문), 적의 미사일을 막을 수 있는 난공불락의 방어망을 구축하는 것이 세계를 더 위험한 곳으로 만들 수 있다는 것(적에게는 그 완벽한 방어망 때문에 자신만 손쉬운 표적이 되는 것을 피하기 위해 선제 공격을 할 동기가 생기기 때문)이다.

강한 집단이 약한 집단을 기습적으로 압도해 버린다면 그것은 홉스식의 냉소적 관점에서 놀라운 일이 아니다. 그러나 양편이 모두 참가한 전투에서 한쪽이 다른 쪽을 물리치는 경우 홉스 식의 논리는 불분명해진다. 승자와 패자 모두가 전투로 많은 것을 잃게 된다면 양편은 상대방의 힘을 평가할 것이고 약자는 더 큰 손해와 유혈 참사를 피하기 위해 문제의 자원을 넘겨줄 가능성이 있기 때문이다. 대부분의 행동 생태학자들은 동물들 사이에 유화 행동들과 항복 행동들이 (로렌츠의 가정처럼 종의 이익을 위해서가 아니라) 이런 이유로 진화했다고 믿는다. 때로는 양편이 아주 대등하고 승리로 인해 얻는 이익이 아주 크면, 전투를 하는 것만이 누가 강자인지를 가리는 유일한 방법일 수도 있다.[70]

그러나 어떤 때에는 우세하다는 합리적 근거도 없이 지도자가 죽음의 계곡으로 진격하는—또는 자신의 군대를 진격시키는—경우도 있다. 역사가들은 오랫동안 군사적으로 무능력한 쪽이 싸움을 거는 경우를 어리둥절한 수수께끼로 생각했지만, 영장류학자 리처드 랭엄은 그것이 허풍과 자기 기만의 논리 때문에 가능하다고 지적했다.[71] 적에게 싸움을 피해야 한다고 믿게 만들기 위해서는 자신이 실제로 더 강한 것보다는 더 강한 것처럼 보이는 것이 중요한데, 그것이 허풍을 떨고 또 허풍을 잘 감지하게 하는 요인이 된다. 가장 유능한 허풍쟁이는 자기 자신의 허풍을 믿는 사람이기 때문에, 적대감이 확대되는 단계에서는 어느 정도 제한된 자기 기만이 전개될 수 있다. 그것은 제한적이어야 한다. 적이 이쪽의 엄포에 넘어가지 않으면 그 결과는 1라운드에서 백기를 드는 것보다 더 나쁠 수 있지만, 엄포를 판단하는 서로의 눈금이 달라서 벼랑까지 가는 상황이 되면 어이없는 인재(人災)가 발생할 수 있기 때문이다. 역사가 바버라 터크만은 두 권의 책 『8월의 총(The Guns of August)』(1차 대전에 관한 책)과 『어리석음의 행진: 트로이에서 베트남까지(The March of Folly: From Troy to Vietnam)』를 통해, 전 역사에 걸쳐 일어난 끔찍한 전쟁에서 자기 기만이 어떻게 작용했는가를 집중 조명했다.

※

　선제 공격을 가할 준비가 되어 있다는 것은 양날의 칼을 쥐고 있다는 것을 의미한다. 자기 자신도 선제 공격의 좋은 표적이 되기 때문이다. 그래서 사람들이 그 대안으로 발명했고, 아마 진화시켰으리라 추정되는 방어 수단이 있는데, 그것은 바로 성서에 나오는 "눈에는 눈, 이에는 이"에 해당하는 동해(同害) 복수법*을 공개적으로 선언하는 정책이다.[72] 만약 잠재적인 적들에게 "우리는 먼저 공격하지 않는다. 그러나 누구라도 우리를 공격하면 반드시 살아남아 되갚아 주겠다."라고 분명히 말할 수 있다면, 홉스의 처음 두 가지 싸움 동기인 이익과 불신은 자동으로 제거된다. 적이 나에게 가하는 해만큼 적에게 해를 입히겠다는 정책은 이익을 얻으려고 침략하겠다는 적의 동기를 제거하고, 먼저 공격하지 않겠다는 정책은 불신에서 비롯되는 공격 동기를 제거한다. 이것은 적이 나에게 해를 입히면 꼭 그만큼만 보복하겠다는 정책으로 강화될 수 있다. 이쪽에서 기회를 틈타 본격적으로 공격하고 이를 정당화하기 위해 얄팍한 구실을 내세울지 모른다는 걱정을 완화시켜 주기 때문이다.
　"상호 확증 파괴"라는 핵 전략은 우리 시대에 발견되는 가장 명백한 동해 복수법이다. 그러나 그것은 자연 선택에 의해 우리 뇌에 설치되었

---

* 동태(同態) 복수법이라고도 한다.

다고 보이는 복수의 감정이라는 오래된 충동의 한 형태이다. 댈리와 윌슨은 이렇게 말한다. "전 세계 모든 사회에서 우리는 살해당한 아버지나 형제의 복수를 맹세하는 이야기, 그 맹세를 신성한 차원으로 끌어올리는 의식—남편을 잃은 어머니가 자식에게 원수를 갚으라고 가르치거나, 무덤 곁에서 복수를 맹세하거나, 복수의 서약으로 살해당한 가족의 피를 마시거나, 피 묻은 옷을 유품으로 간직하는 이야기를 듣는다."[73] 현대의 국가들은 종종 복수를 하려는 시민들의 열망을 제압한다. 가령 "자신들의 손으로 직접 법을 집행하려는" 자경단원을 체포하고, 최근에 몇 번의 예외는 있었지만 범죄 희생자와 가족들이 범인의 기소, 유죄 인정 조건부 형량 협상, 처벌과 관련된 결정 과정에서 발언권을 요구해도 이를 무시한다.

10장에서 보았듯이 복수가 억제책으로서의 기능을 하려면 엄격해야 한다. 가혹한 복수는 원래 위험한 방법이다. 만약 적이 애초에 나를 해쳤을 만큼 위험했다면, 내 응징을 순순히 받아들이지 않을 가능성이 높기 때문이다. 내가 겪은 피해는 이미 돌이킬 수 없으므로, 냉정하고 이성적인 희생자라면 보복이 유익한 것만은 아니라고 생각할 수 있다. 이렇게 되면 공격할 사람이 이를 예상하여, 잠재적 희생자의 허풍을 무시하고 마음대로 해를 가하고도 응징을 면할 수 있다. 반면에 잠재적 희생자와 일가 친척들이 살해당한 아버지의 원수를 갚을 아들을 키운다든지 복수의 서약으로 형제의 피를 마신다든지 할 정도로 강한 복수욕에 불탈 것 같으면, 공격할 사람은 공격하기 전에 다시 한번 생각해 보게 될 것이다.[74]

동해 복수법이 일반적인 폭행과 다르기 위해서는 도덕적 구실이 있어야 한다. 복수자의 분노는 과거의 공격 행위나 그 밖의 권리 침해로 일어난 것이어야 한다. 원한, 전쟁, 인종적 폭력에 대한 연구를 보면, 가해자들의 분노는 거의 항상 공격 목표에 대한 어떤 불만 사항에서 시작되었음을 알게 된다.[75] 이 심리에는 명백한 위험이 수반된다. 즉 양편이 최초의 폭력 행동이 정당화될 수 있는가(가령 정당 방위였는가, 손실에 대한 보전이었는가, 과거의 공격에 대한 보복이었는가) 아니면 정당한 이유 없는 공격이었는가에 대해 의견을 달리할 수 있다는 것이다. 한쪽에서는 보복 횟수를 짝수로 보고 정의의 눈금이 제자리를 찾았다고 느끼는 반면, 반대쪽에서는 홀수로 계산하고 정의의 눈금이 아직 기울어 있다고 느낄 수 있다.[76] 자기 기만은 자신의 명분이 올바르다는 믿음을 더욱 강화시켜 화해를 거의 불가능하게 만들 수 있다.

또한 복수가 억제책으로서의 기능을 하려면 복수를 하겠다는 자발적 의지를 공개할 필요가 있다. 억제책의 본질은 잠재적 공격자들로 하여금 사전에 한번 더 생각할 기회를 주는 것이기 때문이다. 이제 우리는 홉스의 세 가지 싸움 요인 중 마지막에 도달하게 된다.

셋째는 영광인데 보다 정확한 단어는 "명예"일 것이다. 인간은 "말 한마디, 미소, 견해 차이를 비롯해 자신을 무시하는 갖가지 사소한 이유들 때문에" 싸운다는 홉스의 말은 17세기에나 지금에나 사실이다. 대도시 범죄 통계학의 보고에 따르면 살인의 가장 빈번한 이유는 "다툼"으로, 경찰의 사건 기록부에는 "모욕, 욕설, 신체적 부딪힘 등의 비교적 사소한 원인으로 일어나는 언쟁"으로 분류되어 있다.[77] 댈러스의 한 살인 사건 전담 형사는 다음과 같이 회고한다. "아무것도 아닌 일로 작은 다툼이 일어나 결국에는 살인까지 갑니다. 성질이 울컥해서 싸움이 시작되고, 한쪽이 칼로 찌르거나 총을 쏩니다. 내가 맡은 사건 중에는 당사자들이 주크박스에 넣을 10센트 때문에 싸움이 시작된 경우도 있고, 주사위 놀이에서 빌린 노름빚 1달러 때문에 살인을 저지른 경우도 있습니다."[78]

민족 국가들 간의 전쟁은 종종 실익과는 무관하게 국가적 명예 때문에 일어난다. 1960년대 말과 1970년대 초 대부분의 미국인들은 베트남전에 환멸을 느꼈다. 사람들은 전쟁이 비도덕적이거나 승리할 수 없거나 둘 다라고 생각했다. 그러나 다수의 국민들은 반전 평화 운동에서 주장하는 것처럼 미군의 무조건적 철수에 동의하기보다는 리처드 닉슨과 "명예로운 평화"라는 그의 슬로건을 지지했다. 이 때문에 미군의 철수는 느리게 진행되었고 1973년까지 군대가 주둔한 결과, 2만 명의 미국인 그리고 훨씬 많은 베트남인이 희생되었으며 월남 정부의 패배라는 마찬가지 결과에 도달했다. 최근에 일어난 다른 전쟁들의 경우에도 그 이면에는 국가적 명예가 놓여 있다. 1982년 영국의 포클랜드 탈환 전쟁이 그랬고, 1983년 미국의 그레나다 침공이 그랬다. 1969년에 일어난 엘살바도르와 온두라스의 엄청난 전쟁은 축구 대표팀 간의 마찰로 시작되었다.

개인적인 명예 또는 국가적 명예를 지키기 위한 싸움은 보기보다 어리석은 짓이 아니다. 왜냐하면 억제의 논리 때문이다. 적대적 환경에서 개인과 국가는, 자신에게 해를 입히고 이익을 취하려 하는 누구에 대해서든 기꺼이 보복하겠다는 의지를 널리 선전해야 한다. 그렇게 하면 아무리 사소한 모욕이나 침해에 대해서도 반드시 복수를 한다는 평판을 유지할 수 있다. 그것은 짐 크로체의 노래처럼 "슈퍼맨의 망토를 잡아당기지 말고, 바람에게 침을 뱉지 말고, 나이 든 총잡이의 정체를 폭로하지 말고, 짐을 못살게 굴지 마라."라고 경고하는 것이다.

이것은 911에 전화를 걸어 리바이어던에게 도움을 요청하는 우리에게는 낯선 사고 방식이지만, 911에 전화를 거는 방법이 항상 가능한 것은 아니었다. 국가 이전의 사회에서, 애팔래치아 산맥이나 서부의 개척지에서, 스코틀랜드의 고지대에서, 발칸 반도에서, 인도차이나에서는 그 방법을 사용할 수 없었다. 또한 금주법 시대의 밀주 유통 업자, 대도시의 마약 업자, 마피아 단원들처럼 일의 특성상 경찰을 부르기 싫어하는 사람들도 있다. 그리고 민족 국가들도 서로 간의 거래에 그 방법을 사용하지 않는다. 댈리와 윌슨은 이 모든 경우에 적용되는 사고 방식을 다음과 같이 설명한다.

> 만성적으로 반목하고 싸우는 사회에서 남성적 미덕의 핵심은 폭력적인 능력이다. 이때 머리 사냥과 화려한 전적은 위신과 직결되고, 살인이 통과 의례의 필수 조건이 되기도 한다. 다른 쪽 뺨을 내미는 것은 고상한 행동이 아니라 멍청한 짓이거나 경멸할 만한 약자의 처신이 된다.[79]

따라서 앞에서 거론했던 사회 구성주의자들도 전투적 남성의 문화를 폭력의 주 요인으로 지목한다는 점에서는 틀리지 않는다. 그러나 그것이 미국에만 고유하고, 어머니로부터의 격리나 감정 표현을 억제하는 습관에서 비롯되며, 언어적 논평에 의해 "해체"될 수 있는 임의적인 사회 구조라 생각하는 것은 잘못이다. 공중위생접근법을 지지하는 사람들은 폭력의 정도가 사회적 조건에 따라 다양하다고 보는 점에서는 옳지만, 폭력이 의학적 의미로 병리적 현상이라 생각한다는 점에서는 옳지 못하다. 명예를 중시하는 문화가 세계 보편적으로 발생하는 것은 그런 문화가 자존심, 분노, 복수, 일가 친척에 대한 사랑 같은 보편적 감정을 증폭시키기 때문이고, 그런 행동이 현재 상황에 대응하는 분별 있는 행동처럼 보이기 때문이다.[80] 사실 그 감정들은 도로 분노(road rage),* 사내

(社內) 정치, 정치적 이전투구, 학문적 중상 모략, 인터넷 상의 설전같이 폭력과 무관할 때에도 우리에게 친숙한 형태로 감지된다.

사회 심리학자 리처드 니스벳과 도브 코언은 『명예의 문화(Culture of Honor)』에서, 폭력적인 문화는 법의 손길이 미치지 않고 가치 있는 재산들이 쉽게 도난당하는 사회에서 발생한다는 사실을 보여 준다.[81] 동물을 키우는 사회는 두 가지 조건을 모두 충족한다. 목축을 하는 사람들은, 작물을 재배하기에 부적합해서 정치의 중심지와는 멀리 떨어져 있는 지역에 사는 경향이 있다. 그리고 그들의 주요 재산인 가축은 농부들의 주요 재산인 땅에 비해 쉽게 훔칠 수 있다. 목축 사회에서는 눈 깜짝할 새에 전 재산을(그와 함께 재산을 모으는 능력까지) 빼앗길 수 있다. 이런 환경에서 남자들은 여차하면 피의 보복을 감행하겠다는 예민한 반응을 보이는데, 그 대상에는 가축 도둑 외에도, 그들을 가축 도둑에게 손쉬운 제물처럼 보이게 만드는 무례한 행동을 함으로써 그들의 결단력을 시험하는 모든 사람이 포함된다. 스코틀랜드 고지인, 애팔래치아 산지인, 서부 개척 시대의 카우보이, 마사이의 전사, 수 인디언, 드루즈와 베두인 부족, 발칸의 씨족 사회, 인도차이나 산지인이 대표적인 예다.

한 사람의 명예는, 존 설의 개념으로 이야기하면, 일종의 "사회적 현실"이다. 즉 그것은 모두가 동의하기 때문에 존재하지만, 그렇다고 해서 현실성이 조금이라도 줄어들지는 않는 것은 그것이 권력의 공유와 깊이 관련되어 있기 때문이다. 한 민족의 생활 양식이 변하더라도 명예 문화는 오랫동안 지속될 수 있다. 누구든 먼저 그 문화를 포기하기가 어렵기 때문이다. 가축과 고지 생활이 먼 기억으로 사라진 지금에도 그것을 포기하는 행위 그 자체는 약함과 낮은 지위를 인정하는 것이기 때문

---

* 교통 체증 때문에 받는 스트레스를 말한다.

이다.

미국 남부에서는 오랫동안 북부에서보다 폭력 발생률이 높았고, 앤드루 잭슨처럼 "명예를 걸고" 남자들끼리 결투하는 전통이 남아 있었다. 니스벳과 코언은 남부의 대부분 지역에 맨 처음 정착한 사람은 스코틀랜드와 아일랜드 출신의 목축민이었던 반면, 북부에는 영국 출신의 농부들이 정착했음을 지적한다. 또한 남부 산악 지대의 개척지에는 오랫동안 법의 손길이 미치지 못했다. 그 결과 남부에서 발전한 명예 문화는 21세기를 맞이한 지금까지도 법과 사회적 관습에 뚜렷이 살아 있다. 남부의 주들은 총기 소유를 거의 규제하지 않고, 공격자나 강도를 만났을 때 먼저 물러나지 않고 총으로 쏘는 것을 허락하고, 부모와 교사의 체벌에 대해 관대하고, 국방 문제에 대해 보다 강경하고, 범죄자를 더 많이 처형한다.[82]

이러한 태도는 "문화"라는 구름 속에 떠 있는 것이 아니라 남부인들 각자의 심리 속에 뚜렷이 존재한다. 니스벳과 코언은 자유주의적 분위기의 미시간 대학에서 위조 심리학 실험을 공고했다. 실험실로 가려면 지원자는 좁은 복도에서 서류를 정리하고 있는 정보원을 밀고 지나가야 했다. 지원자가 정보원을 스치면서 지나가면 정보원은 서류함의 서랍을 세게 닫고는 "병신"이라고 중얼거렸다. 북부 출신의 학생들은 웃고 지나쳤지만, 남부 출신의 학생들은 눈에 띄게 당황하는 모습을 보였다. 남부 학생들의 경우 테스토스테론과 코티솔(스트레스 호르몬) 수치가 높았고 자부심의 수준이 낮게 측정되었다. 그들은 더 세게 악수하고 실험자를 향해 더 지배적으로 행동하는 것으로 이를 보상했고, 실험실에서 나갈 때에는 두 사람이 동시에 지나가지 못할 정도로 좁은 통로를 따라 반대편에서 다가오는 또 다른 정보원에게 길을 양보하지 않았다. 이것은 남부인들이 항상 씩씩거리며 돌아다닌다는 뜻이 아니다. 모욕을 당하지 않은 대조군은 북부 출신의 학생들처럼 냉정하고 침착했다. 그리고 남부인들은 결코 추상적으로 폭력을 인정하는 것이 아니라, 모욕이나 침해로 인해 야기된 폭력만을 인정한다.

아프리카계 미국인들이 사는 도심의 주거지는 서구 민주주의 사회에서 상당히 폭력적인 환경에 속하는데, 그곳 역시 명예 문화가 뿌리깊은 곳이다. 날카로운 통찰력이 돋보이는 논문 「거리의 코드(The Code of the Streets)」에서 사회학자 일라이저 앤더슨은, 존경에 대한 젊은이들의 집착, 터프하다는 명성을 얻기 위한 노력, 사소한 모욕에도 참지 못하고 폭력적 보복을 가하는 성향, 이러한 규범에 대한 보편적 승인 과정 등을 자세히 묘사했다.[83] 그들만의 언어가 소개되지 않았다면 앤더슨의 설명은 남부 백인들의 명예 문화에 대한 설명과 구별될 수 없을 것이다.

도심의 아프리카계 미국인들이 목축과 거리가 멀다면 그들은 왜 명예 문화를 발전시킨 것일까? 첫 번째 가능성은 양차 대전 후 대도시로 이주할 때 남부에서 가져왔다는 것이다. 도심의 폭력을 아프리카계 미국인 특유의 현상으로 몰아붙이는 남부의 인종 차별주의자들에게는 무척이나 역설적인 사실이다. 두 번째 요인은 젊은이들의 재산이 주로 현금이나 마약이어서 쉽게 훔칠 수 있다는 점이다. 세 번째는 빈민가라는 곳이 경찰력이 확실치 않은 일종의 미개척지라는 점이다. 갱스터 랩 그룹 퍼블릭 에너미의 음반 중에는 "911은 농담이야."라는 제목을 단 것도 있다. 네 번째는 가난한 사람들 특히 젊은이들이 버젓한 직업, 좋은 집, 전문적 소양에 대해 자부심을 갖지 못한다는 점인데, 특히 아프리카계 미국인들은 수백 년 동안 노예제와 인종 차별이라는 이중고에 시달려 왔다. 그들에게는 거리의 명성이 유일한 지위이다. 마지막으로 앤더슨은 거리의 코드가 자기 영속적이라는 점을 지적한다. 도심에 사는 아프리카계 미국인 가족들의 대다수가 평화로운 중산층의 가치관이 "훌륭

17장 + 폭력 575

한" 문화라는 데 스스로 동의한다.[84] 그러나 그것만으로는 명예 문화를 끝내기에 충분하지 않다.

규칙을 위반하면 형벌이 따른다는 것은 모두가 알고 있다. 따라서 규범을 안다는 것은 대개 방어를 위해서이고, 바깥 활동에 말 그대로 필수적이다. 그러므로 거리의 코드와 그 가치관에 반대하고 훌륭한 문화를 지향하는 가정에서도 마지못해 아이들에게 그것을 잘 기억했다가 도심의 환경과 협상할 때 이용하라고 장려한다.[85]

빈민가 폭력의 원리에 대한 연구들은 한결같이 앤더슨의 분석과 맥을 같이한다. 1985년과 1993년 사이에 미국 도시에서 범죄율이 급등한 것은 부분적으로 코카인 담배의 등장과 그로 인한 지하 경제의 성장과 관계가 있다. 경제학자 제프 그로거가 지적하듯이, "폭력은 법적 수단이 부재한 상태에서 재산권을 시행하는 한 방법이다."[86] 당시 새로운 마약 경제 안에서 폭력이 출현하자 홉스의 덫이 가동되기 시작했다. 범죄학자 제프리 페이건의 말대로, "총이 없어도 될 젊은이들이 무장한 또래들에게 희생당하지 않기 위해 권총을 지녀야 한다고 생각함에 따라" 총기 사용이 전염병처럼 확산되었다.[87] 그리고 정치에 관한 장에서 보았듯이, (가난 그 자체보다) 뚜렷한 경제적 불평등은 폭력의 출현을 예고하는 좋은 지표이다. 그것은 지위를 획득할 합법적 수단을 빼앗긴 사람들이 대신 거리에서 지위를 경쟁하기 때문일 것이다.[88] 따라서 아프리카계 미국인 10대들이 최하층 거주지에서 다른 곳으로 옮겨 갔을 때 백인 10대들처럼 더 이상 폭력이나 범죄 성향을 보이지 않는 것은 당연한 일이다.[89]

홉스의 폭력 원인 분석은 범죄와 전쟁에 대한 오늘날의 데이터와도 일치하는데, 결국 폭력은 원시적이고 비합리적인 충동이 아닐 뿐 아니라, 모든 사람이 제거하기를 바라는 비정상적 상태라는 비유적 의미를 빼고 나면 결코 "병리적 현상"이 아님을 보여 준다. 폭력은 이기적이고 이성적인 사회적 동물이 활동하면서 발생하는 거의 불가피한 결과이다.

그러나 홉스는 폭력의 원인뿐 아니라 폭력을 방지하는 수단을 제시한 것으로 유명하다. "모두가 두려워하는 공동의 힘"이 그것이다. 그의 국가는 "다른 사람들이 모든 것에 대한 이 권리를 포기할 때…… 자신도 기꺼이 그렇게 하고, 자신이 다른 사람들에게 자유를 허용하는 만큼 자신도 다른 사람들이 허용하는 자유에 만족해야 한다."라는 원리를 이행하는 수단이다.[90] 사람들은 주권자나 주권을 가진 기관에 권한을 부여하고 주권자나 기관은 계약자들이 합의에 따르도록 하기 위해 그 집단적 힘을 사용한다. "칼이 없는 계약은 단지 말에 불과해서 개인을 안전하게 지켜 줄 힘이 전혀 없기" 때문이다.[91]

폭력을 합법적으로 사용할 수 있는 독점권을 부여받은 정부는 홉스의 싸움 이유들을 하나씩 중화시킬 수 있다. 공격자에게 형벌을 가함으로써 정부는 이익을 위한 공격의 수익성을 제거한다. 그러면 이번에는 서로 불신하는 사람들이 이익을 위한 공격을 당하지 않기 위해 선제 공격을 하려는 동기가 제거된다. 그리고 위반과 형벌을 규정하고 공정하게 집행하는 법률 체계가 민감한 보복의 필요성과 그에 수반되는 명예 문화를 제거한다. 사람들은 다른 누군가가 그들의 적을 억제하므로 적에게 허수아비가 아님을 입증하기 위해 호전적인 자세를 유지할 필요가 없다는 것을 안심하고 믿는다. 그리고 위반과 처벌에 대한 판단을 제3자에게 맡기면, 양편 모두에게 자신이 더 여러 번 공격을 받았다고 믿게 만드는 자기 기만의 위험을 피할 수 있다. 제3자 중재의 이 장점들은 비정부적 차원에서 갈등을 해결하는 방법에서도 나올 수 있다. 이 경우 중재자는 적대적인 당사자들이 협상을 통해 합의에 도달하도록 도울 수 있고, 중재자가 판결을 내려 주고 집행은 하지 않을 수 있다.[92] 이 온건한 방법에도 문제는 있다. 당사자들이 결과가 마음에 들지 않으면 언제든 등을 돌릴 수 있기 때문이다.

무장한 권위자에 의한 판결은 지금까지 선보인 폭력 감소 방법 중 가장 효과적이고 일반적이다. 우리는 가령 사형 대 종신형 같은 범죄 정책의 차이에 따라 폭력이 몇 퍼센트 감소할 수 있는가를 놓고 논쟁을 벌이지만, 무정부 상태에서 사는 것보다는 사법 제도가 있는 것이 훨씬 효과적이라는 데에는 논란의 여지가 없다. 다른 사람의 손에 죽는 남자의 비율이 10퍼센트에서 60퍼센트에 달하는 국가 이전 사회의 놀라운 살인 사건 발생률이 한 증거이다.[93] 또 다른 증거는 법의 손길이 미치지 않는 지역에서는 거의 항상 폭력적인 명예 문화가 출현한다는 사실이다.[94] 많은 역사가들의 주장에 따르면, 중세와 그 밖의 여러 시대에 사람들이 중앙 집권적 권력에 동의한 것은 자신과 친족에게 해를 가하는 적에게 복수를 해야 하는 짐을 덜기 위해서였다고 한다.[95] 그리고 중앙 집권적 권력의 성장은 중세 이후 유럽 사회의 살인 사건 발생률을 100분의 1로 감소시킨 원인이었다.[96] 미국에서는 19세기 전반에서 후반에 이르는 동안 도시의 범죄율이 급격히 감소했는데, 그것은 각 도시에 전문적인 경찰력이 편성된 시기와 일치한다.[97] 1990년대 미국 범죄율 감소의 원인들은 다양하고 논쟁의 여지를 많이 안고 있지만, 여러 범죄학자들의 조사에 따르면 치안을 집중적으로 강화한 것과 폭력 범죄자들의 수감률을 높인 것이 중요한 원인이었다고 한다.[98]

그 역도 성립한다. 법 집행이 중단되면 모든 종류의 폭력——약탈, 해묵은 원한의 청산, 인종 청소, 폭력 조직들 간의 싸움, 군벌과 마피아——이 고개를 든다. 이러한 현상은 1990년대에 유고슬라비아, 소련, 그리고 몇몇 아시아 국가들이 해체된 후 매우 뚜렷하게 발생했지만, 시민 사회의 오랜 전통을 가진 나라에서도 언제든 발생할 수 있다. 낭만적인 1960년대에 평화로운 캐나다에서 청소년기를 보냈던 나는 바쿠닌의 무정부주의를 절대적으로 신봉하고 있었다. 정부가 무기를 내려놓으면 온 세상이 지옥으로 변할 것이라는 부모님의 주장은 웃음거리에 불과했다. 그러던 중 부모님과 나의 상반된 예측을 검증해 볼 기회가 있었다. 1969년 10월 17일 오전 8시 몬트리올 경찰이 파업에 돌입한 것이다. 11시 20분경 첫 번째 은행이 털렸다. 정오 무렵이 되자 시내의 상가 대부분이 약탈 때문에 문을 닫았다. 그 후 몇 시간에 걸쳐 택시 운전사들이 공항 손님을 놓고 경쟁하던 리무진 서비스 회사의 차고를 전소시켰고, 옥상에서 한 저격범이 경찰관을 살해했으며, 폭도들이 몇몇 호텔과 레스토랑에 침입했고, 의사가 교외의 자택에 침입한 강도를 살해했다. 하루가 지났을 무렵에는 이미 여섯 개의 은행이 털렸고, 100여 곳의 상점이 약탈당했고, 12건의 화재가 발생했고, 300만 달러의 재산 손실이 발생했다. 마침내 시 당국은 질서 회복을 위해 군대와 기마 경찰의 출동을 요청했다.[99] 이 결정적인 경험은 내 정치적 관점을 완전히 무너뜨렸다(그리고 과학자의 길을 열어 주었다.).

정부가 없다는 의미의 무정부가 항상 폭력과 혼돈이라는 의미의 무정부로 이어진다는 일반론은 진부해 보일 수 있지만, 낭만적인 분위기가 남아 있는 오늘날 아예 무시를 당하는 안타까운 일이 종종 벌어진다. 일반적으로 보수주의자들은 정치를 저주로 생각하고, 자유주의자들은 경찰과 형벌 제도를 저주로 생각한다. 다수의 좌파들은 사형이 종신형에 비해 억제책으로서의 가치가 불확실하다는 점을 내세워, 억제만이 능사는 아니라고 주장한다. 그리고 많은 사람들이 도심 지역에 대한 더욱 효과적인 치안에 반대한다. 어쩌면 치안은 빈민가에 사는 훌륭한 주민들이 거리의 코드를 버릴 수 있는 가장 효과적인 방법일 수 있는데도 말이다. 우리는 너무 많은 아프리카계 미국인 남성들을 감옥으로 보내는 인종적 불평등과도 싸워야 하지만, 또한 법학자 랜들 케네디의 주장대로, 너무 많은 아프리카계 미국인들을 범죄자들에게 노출시키는 인종적 불평등과도 맞서 싸워야 한다.[100] 다수의 우파들은 무법 지대 때문에 발생하는 비용을 계산에 넣지 않고 마약, 매춘, 도박을 범죄에서 제외시키는 방안에 무조건 반대한다. 그들의 자유 시장 논리에 따르면 금지 정책은 어쩔 수 없이 무법 지대를 낳는다. 어떤 일용품의 수요가 높으면 공급자가 나타나기 마련인데, 그들은 자신의 재산권을 경찰력으로 보호할 수 없으면 폭력적인 명예 문화로 이를 보호하려 든다.* (이것은 현재의 마약 정책이 수많은 비폭력적인 사람을 감옥에 가둔다고 주장하는 도덕적 입장과는 차이가 있다.) 초등학생들은 현재 국가 이전 사회에서 살았던 미국 원주민과 그 밖의 여러 민족들이 본래부터 평화로웠다는 그릇된 정보를 교육받음으로써, 인류의 가장 위대한 발명품 중 하나인 민주 정치와 법치를 잘못 이해하고 더 나아가 경멸할 만한 필요악으로 보기도 한다.

 홉스가 미처 생각하지 못했던 것은 경찰을 단속하는 문제였다. 그가 보기에 치안 부재를 의미하는 내전은 어떤 정치 형태—군주제, 귀족 정치, 민주주의—보다 끔찍한 재난이었다. 그는 현실 속의 리바이어던은 공상적인 바다 괴물이 아니라 탐욕, 불신, 명예욕 등의 치명적인 죄

---

* 공화당은 전통적으로 범죄 퇴치를 강조한다.

악을 완벽하게 갖춘 인간 또는 인간 집단이라는 것을 이해하지 못한 것 같았다. (16장에서 보았듯이 미국 헌법의 틀을 세웠던 홉스의 후계자들은 이 문제로 대단히 고심했다.) 무장한 인간은 언제 어디서나 위협적인 존재이고, 따라서 엄격한 민주주의적 통제를 벗어난 경찰은 그들이 없을 때 발생하는 범죄와 원한보다 훨씬 더 지독한 재앙을 불러올 수 있다. 정치학자 R. J. 러멜의 『정부에 의한 죽음(Death by Government)』에 따르면, 20세기에 1억 7000만 명의 국민이 자신의 정부에 의해 살해되었다고 한다. 그리고 정부에 의한 살인은 20세기 중반의 독재 정치가 남긴 유물이 아니다. 2000년 세계 분쟁 목록에는 다음과 같은 내용이 보고되어 있다.

> 올해의 가장 어리석은 분쟁은 카메룬에서 일어났다. 올해 초 카메룬 전역에서 폭력 범죄가 성행했다. 위기를 감지한 정부는 시민군과 준군사 집단을 조직하고 무장시켜 사법 관할 밖에서 범죄를 진압하려 했다. 현재 폭력 범죄는 줄었지만, 시민군과 준군사 조직원들이 범죄자들보다 훨씬 더 끔찍한 혼란과 죽음의 주범이 되고 있다. 실제로 올해 말에는 준군사 집단의 소행으로 보이는 집단 매장지들이 발견되었다.[101]

이것은 세계의 다른 지역에서도(미국에서도) 흔한 현상으로, 경찰의 폭력적 관행에 대한 민주적 자유론자들의 염려는 우리가 국가에 양도한 폭력의 독점권을 견제하는 필요 불가결한 평형추임을 보여 준다.

∽∾∽

민주주의적 리바이어던은 효과적인 반폭력 수단임이 입증되었지만 결코 완벽하지 못한 것 또한 사실이다. 그들은 폭력이나 폭력적 위협을 가지고 폭력과 싸우기 때문에 그들 자신이 위험한 존재가 될 수 있다. 그리고 만약 사건이 일어난 후에 사람들을 처벌하기보다는 사전에 폭력을 포기하게 만드는 방법을 찾을 수 있다면 훨씬 좋을 것이다. 현재 최악의 상황은, 세계적 차원에서 공격적인 경쟁을 응징하고, 홉스의 덫을 제거하고, 가장 위험한 폭력 숭배자인 민족 국가들 사이에 만연해 있는 명예 문화를 제거할 수 있는 민주적 리바이어던을 아직 아무도 구상해 내지 못했다는 것이다. 칸트가 말했듯이, "인간 본성의 타락은 여러 국가들 사이에 유행하고 있는 노골적인 관계 속에서 적나라하게 드러나고 있다."[102] 중요한 문제는 사람이든 국가든 어떻게 처음부터 폭력을 거부하게 만들고, 어떻게 적대감이 확대되는 것을 사전에 막을 것인가이다.

1960년대에는 모든 것이 아주 간단해 보였다. 전쟁은 아이들에게나 살아 있는 생명체에게나 해로운 것이다. 전쟁을 나누어 주는데 아무도 오지 않는다면 어떻게 될까?* 전쟁이 도대체 무엇에 좋단 말인가? 절대적으로 불필요하다! 이런 감정적 견해의 문제는 상대방도 동시에 똑같이 느껴야 한다는 점이다. 1939년 영국 총리 네빌 체임벌린은 "우리 시대에 평화를"이라는 반전 슬로건을 발표했지만 2차 대전과 홀로코스트가 그 뒤를 이었다. 그의 적은 전쟁이 절대적으로 불필요하다고 생각하지 않았다. 체임벌린의 후계자 처칠은 왜 평화가 일방적인 평화주의로 해결되는 단순한 문제가 아닌지를 설명했다. "전쟁보다 더 나쁜 것은 없다고? 불명예가 전쟁보다 더 나쁘다. 노예 상태가 전쟁보다 더 나쁘다." 어느 범퍼 스티커에도 그와 비슷한 견해가 적혀 있다. "평화를 원한다면 정의를 위해 일하라." 문제는 한쪽에서는 명예와 정의로 보는 것을 다른 쪽에서는 불명예와 불평등으로 본다는 점이다. 그리고 "명

---

* 미국의 시인 앨런 긴즈버그의 반전 평화 메시지이다.

예"는 생명과 자유를 지키려는 훌륭한 마음일 수 있지만 또 한편으로는 긴장 완화를 거부하는 무모한 마음일 수도 있다.

때로는 양쪽 모두가 그들의 칼을 쟁기로 만드는 것이 더 유익하다고 볼 수 있다. 존 키건, 도널드 호로위츠 등의 학자들은, 지난 세기 후반에 대부분의 서구 민주주의 사회에서 분쟁 해결 수단으로 폭력에 의존하는 경향이 전반적으로 감소했음을 밝혀 냈다.[103] 내전, 신체적 형벌과 사형, 증오에 찬 인종 폭동, 직접적인 살인을 요구하는 국외 전쟁은 감소하거나 사라졌다. 그리고 앞에서도 언급했듯이, 최근 몇 세기의 몇몇 기간은 보다 폭력적이었지만 전반적인 범죄 발생률은 꾸준히 하향 곡선을 그려 왔다.

한 가지 이유는 사람들의 도덕적 범위를 확대시키는 범세계적 요인들의 작용이다. 또 다른 이유는 리바이어던과의 오랜 생활에서 오는 효과일 수 있다. 오늘날 유럽의 시민 사회는 결국 수세기 동안 참수형과 공개적인 교수형과 식민지로의 범죄자 추방이 이루어진 결과이다. 그리고 캐나다가 이웃 나라보다 더 평화로운 데에는 정부가 국민을 앞질러 영토를 선점했다는 이유도 있다. 정착민들이 수많은 구석과 틈이 숨어 있는 광대한 이차원적 영토 위로 부채꼴처럼 퍼져 나갔던 미국과는 달리, 캐나다의 거주 가능한 지역은 미국과의 국경을 따라 1차원의 띠로 펼쳐져 있어서 명예 문화가 자리잡을 미개척지와 고립된 주거지가 없었다. 캐나다 연구학자 데즈먼드 모턴은 이렇게 설명한다. "우리의 서부는 경찰이 정착민보다 먼저 도착하면서 평화롭고 질서 있게 확장되었다."[104]

그러나 사람들은 금전이나 정부의 폭력 같은 외적 요인 없이도 덜 잔인해질 수 있다. 세계 어디서나 사람들은 (최소한 누구도 이길 수 없는 적과 팽팽하게 맞선 상황에서) 한 번쯤 폭력의 무익함을 숙고해 봤을 것이다. 뉴기니의 한 원주민의 말처럼 "전쟁은 나쁘고 아무도 좋아하지 않는다. 고구마가 사라지고 돼지가 사라지고 밭이 황폐해지고 친척과 친구들이 모두 죽는다. 그런데도 피할 수가 없다."[105] 샤뇽의 보고에 따르면 야노마뫼 부족 사람들도 원한과 싸움의 무익함을 숙고하며, 그중 몇몇은 앞으로 기습 공격에서 손을 뗄 것임을 선언한다고 한다.[106] 이런 경우 쌍방이 싸움을 계속하기보다는 의견을 절충해서 문제를 해결할 가능성이 높아진다. 1차 대전의 참호전이 진행되는 동안 지친 영국과 독일군 병사들은 포격 속에서 일시적으로 휴식을 취하며 상대방의 적대적 의도를 정탐하곤 했다. 만약 상대방도 휴식을 취하고 있음이 감지되면, 양쪽 병사들은 호전적인 지휘관들 몰래 비공식적인 평화를 누리곤 했다.[107] 한 영국인 병사가 말했듯이, "우린 그들을 죽이고 싶지 않고 그들도 우리를 죽이고 싶지 않은데 무엇 때문에 총을 쏘겠는가?"[108]

교전국들이 치명적인 관계의 개선을 추구했던 가장 주목할 만한 일화는 쿠바에서 소련제 핵 미사일을 발견한 미국이 미사일을 제거하라고 요구했던 1962년 쿠바의 미사일 위기였다. 흐루시초프와 케네디는 눈앞에 보이는 파국으로 발생할 인적 비용을 생각했는데, 흐루시초프는 그의 땅을 휩쓸었던 두 번의 대전을 상기해서였고 케네디는 도표를 통해 원자탄의 영향을 보고받아서였다. 그리고 양쪽 모두 그들이 홉스의 덫에 걸릴 수 있다는 사실을 이해했다. 『8월의 총』을 방금 읽은 케네디는 큰 나라의 지도자들이 어떻게 무의미한 전쟁으로 빠져들 수 있는가를 보았다. 흐루시초프는 다음과 같은 글을 케네디에게 보냈다.

당신과 나는 로프의 양쪽 끝을 잡아당기지 말아야 한다. 그 로프의 중간에는 당신이 묶어 놓은 매듭이 있다. 당신과 내가 로프를 세게 잡아당길수록 이 매듭은 더욱 단단해질 것이다. 그리고 이 매듭이 계속 단단해

지면 그것을 처음에 묶었던 사람조차 풀 수 없어서 결국 칼로 잘라야 할 때가 올 수 있다.[109]

홉스의 덫을 확인한 그들은 그 덫을 피하겠다는 공동의 목표를 공식적으로 천명했다. 많은 정치 조언자들과 국민들의 반대에 부딪혔지만 두 사람은 재난을 피하기 위해 한걸음씩 양보했다.

이렇듯 폭력의 문제는 폭력을 사용하거나 포기하는 이점이 상대방의 행동에 따라 결정된다는 것이다. 이런 종류의 각본은 게임 이론의 영역에 속하는데, 게임 이론가들은 각각의 경기자가 내리는 최선의 결정이 때로는 양쪽 경기자 모두에게 최악의 결정이라는 사실을 입증하고 있다. 죄수의 딜레마라는 게임이 가장 유명한 예이다. 이 게임에서는 공범들이 각자 독방에 감금된다. 각각의 범인은, 먼저 공범을 밝히는 사람에게는 자유를 줄 것이고(공범은 가혹한 처벌을 받게 된다.), 둘 다 상대방을 밝히지 않으면 가벼운 벌을 내릴 것이고, 둘 다 상대방을 끌어들이면 보통의 벌을 내릴 것이라는 제안을 받는다. 죄수 각자의 입장에서 최선의 전략은 협력 관계를 깨고 배신하는 것이지만, 둘 다 그렇게 하면 서로가 신의를 지킬 때보다 더 나쁜 결과를 맞게 된다. 그러나 동료가 배신해서 자기를 최악의 결과로 떠밀지 모른다는 두려움에 빠지면 두 사람 모두 신의를 지키지 못할 수도 있다. 죄수의 딜레마는 평화주의자의 딜레마와 비슷하다. 한쪽에게만 좋은 것(전쟁)은 양쪽 모두에게 나쁘다. 그러나 양쪽 모두가 서로에게 좋은 것(평화)을 선택할 것이라고 확신하지 못할 때에는 최선의 결과(평화)를 얻을 수 없게 된다.

죄수의 딜레마에서 승자가 되는 유일한 방법은 규칙을 바꾸거나 게임에서 빠져나오는 것이다. 앞에 소개했던 1차 대전의 병사들은 규칙을 바꾼 경우인데, 그 방법은 진화 심리학에서 자주 논의되어 왔다. 즉 반복적으로 호혜 전략을 적용하면서, 상대방의 마지막 행동을 기억하고 그와 똑같이 행동하는 것이다.[110] 그러나 대부분의 적대적인 대치 상태에서 그것은 쉽게 선택할 수 있는 일이 아니다. 상대방이 변절하면 내가 완전한 파멸을 맞을 수 있기 때문인데, 쿠바의 미사일 위기 같은 경우에는 전 세계가 파멸을 맞이한다. 이 경우 경기자들은 그것이 무익한 게임이란 사실을 인식하고 상호 합의 하에 거기서 빠져나오기로 결정해야 한다.

글러버는 어떤 전략이 당시에 합리적으로 보일 때에도 인간 본성의 인지 요소에 의해 어떻게 폭력을 줄이는가에 대한 중요한 결론을 이끌어낸다.

자기 본위적(Self-interested)이고 합리적인 전략이 (죄수의 딜레마에서처럼) 이따금 자멸적인 결과로 이어진다는 것은 분명하다. 이것은 합리성의 패배처럼 보이지만, 사실은 그렇지 않다. 합리성은 그 자체의 무한한 개방성 덕분에 항상 발전의 여지를 남긴다. 만약 일반적으로 합리성을 인정받는 규칙을 따르는 전략이 가끔 자멸적인 결과로 이어진다 해도 그것이 끝은 아니다. 우리는 실패를 참작해서 규칙을 개정하고 그럼으로써 한 차원 높은 합리적 전략을 만든다. 다시 실패를 해도 또다시 차원을 높일 수 있다. 어떤 차원에서 실패를 한다 해도 한걸음 물러서서 더 높은 차원으로 올라가는 과정은 항상 존재한다.[111]

"한걸음 물러서서 더 높은 차원으로 올라가는" 과정은 평화로 가는 지적 장애물뿐 아니라 감정적 장애물을 극복하는 데도 필요하다. 외교 분야의 중재 전문가들은 치명적인 게임에서 탈출할 수 있는 방법을 직관적으로 헤아려 적들에게 제시한다. 그들은 분쟁의 불씨가 되는 자원에 대한 신중한 타협안을 제시함으로써 경쟁을 무디게 만든다. 그리고 군사 행동을 투명하게 하고 제3자를 보증인으로 끌어들이는 등의 "신뢰 구축 방법"을 통해 홉스의 덫을 제거한다. 또한 무역, 문화 교류, 민간 활동 등을 추진해 양편을 서로의 도덕적 범위 안으로 끌어들인다.

통하기만 하면 더없이 좋은 방법이지만, 하루 종일 노력해도 양편이 처음과 똑같이 서로를 증오하는 것처럼 보일 때 외교관들은 좌절에 빠진다. 양편은 계속해서 적들을 악마처럼 생각하고, 사실을 왜곡하고, 자기 편 중재자를 매국노로 몰아붙인다. 그리스와 터키의 키프로스 분쟁을 해결하는 데 실패했던 외교관 밀턴 J. 윌킨슨은, 국제 문제의 중재인은 합리적이고 이기적인 동기를 중화시켜야 할 뿐 아니라 적들의 감정을 이해해야 한다고 말한다. 중재인이 아무리 좋은 안을 제시해도 자민족 중심주의, 명예심, 도덕적 배타성, 자기 기만에 의해 틀어지는 일이 종종 발생한다.[112] 그런 심리적 태도는 조상들의 시대에 적대감을 해결하기 위해 진화했다. 오늘날 우리는 보다 개방적인 태도로 방향을 바꾸어야 한다.

합리성의 개방적 측면에 대한 강조는, 마음이 조합적·회귀적 체계라는 인지과학의 발견과 일맥 상통한다.[113] 우리는 생각을 할 뿐 아니라, 생각에 대해 생각하고, 생각에 대한 생각에 대해 생각한다. 우리가 이 장에서 살펴보았던 갈등 해결의 진보적 방법들―법치에 복종하는 것, 양편이 체면을 잃지 않고 양보하는 방법을 찾는 것, 자기 기만의 가능성을 인정하는 것, 자신의 이익과 타인의 이익을 평등한 눈으로 보는 것―은 조합적·회귀적인 사고 능력에 달려 있다.

많은 지식인들이 폭력의 진화론적 논리를 외면한다. 그것을 인정하는 것이 그것을 수용하거나 승인하는 것과 동일하다는 두려움 때문이다. 대신 그들은 고상한 야만인이 던져 주는 안락한 망상을 추구하면서,

폭력이 학습의 임의적 산물이거나 외부에서 침투한 병원균이라고 믿어 왔다. 그러나 폭력의 논리를 거부하면 폭력이 얼마나 쉽게 고개를 드는지를 잊기 쉽고, 폭력에 불을 붙이는 마음의 기능들을 무시하면 그 불을 끌 수 있는 마음의 기능들을 간과하기 쉽다. 우리의 많은 관심사들처럼 폭력의 경우에도 문제는 인간 본성에 있고, 해결책도 인간 본성에 있다.

18장
⁜
젠더*

이제 영화 제목에 등장했던 해가 지나갔으므로 「2001 스페이스 오디세이」는 상상과 현실을 비교할 기회를 맞이했다. 아더 C. 클라크가 1968년에 발표한 고전적인 공상 과학 소설은 사바나의 원인(猿人)으로부터 우리로서는 아리송하기만 한 시간, 공간, 물체의 초월에 이르는 인류의 운명을 서사적으로 펼쳐 보였다. 클라크와 스탠리 큐브릭 감독은 혁명적인 시각으로 서기 2000년대의 삶을 그려 냈는데, 그중 몇 가지 측면은 현실과 일치했다. 영구적인 우주 정거장이 실제로 건설되고 있으며, 음성 메일과 인터넷도 우리의 일상적 현실이 되었다. 그러나 다른 면에서 클라크와 큐브릭은 진보를 지나치게 낙관했다. 우리는 아직도 생명 활동이 중단된 가수면 상태, 목성 탐사대 파견, 입술을 읽고

* gender. 생물학적 성을 가리키는 sex와 대조적으로 사회적·문화적 성을 의미한다.

반란을 꾀하는 컴퓨터에 도달하지 못했다. 또 다른 면에서 그들은 완전한 판단 착오를 보였다. 그들이 상상하는 2001년도의 사람들은 타자기로 기록을 남겼다. 클라크와 큐브릭은 워드 프로세서나 노트북 컴퓨터를 예상하지 못했다. 그리고 새 천년에 대한 묘사에서도 미국 여성들은 "여자 보조원"—비서, 접수원, 승무원—이었다.

두 예언자가 1970년대에 여성의 지위가 혁명적으로 변할 것임을 예상하지 못했다는 사실은 사회 제도가 얼마나 빠르게 변할 수 있는가를 분명히 보여 준다. 불과 얼마 전만 해도 여성들은 가정 주부, 어머니, 성적 파트너로만 간주되었고, 남자의 자리를 빼앗는다는 이유 때문에 전문직에 진출하는 것이 어려웠으며, 일상적인 차별과 무시와 성적 착취에 시달렸다. 수천 년의 억압이 끝난 후 현재 진행되고 있는 여성 해방은 인류가 획득한 위대한 도덕적 성과물 중 하나로, 나 자신은 여성 해방의 주요한 승리를 직접 목격하며 살아온 것을 행운으로 여기고 있다.

여성의 지위가 변한 데에는 몇 가지 원인이 있다. 첫째는 확대되는 도덕적 원의 가차없는 논리로서, 그것은 또한 독재 정치, 노예제, 봉건제, 인종 차별을 철폐했다.¹ 계몽주의가 한창 진행되던 때의 초기 여성 운동가 메리 애스텔(1688~1731년)은 다음과 같이 썼다.

절대 주권이 국가에 필요치 않다면 가족에게는 어떻게 필요하겠는가? 혹은 가족에게 필요하다면 어떻게 국가에는 필요치 않단 말인가? 국가의 존립에 필요하다고 주장할 수 있는 어떤 이유든 간에, 가족의 존립에 필요하다고 더 강하게 주장하지 못할 이유는 없다.

만약 모든 남자가 자유롭게 태어난다면, 모든 여자가 노예로 태어나는 것은 도대체 어떻게 해서인가? 남성의 변덕스럽고, 불확실하고, 애매하고, 독단적인 의지에 종속된 상태가 노예의 완벽한 조건이라면 그럴 수도

있으리라.²

또 다른 원인으로는 기술적·경제적 진보를 꼽을 수 있다. 오늘날 부부는 어머니가 자식의 생명을 지키기 위해 하루 종일 매달려야 하는 냉혹한 노동 분업에 허덕이지 않고도 편안하게 섹스를 하고 자식을 키울 수 있다. 깨끗한 물, 위생 시설, 현대 의학이 유아 사망률과 다산의 욕구를 낮추었다. 포유병과 저온 살균된 우유, 그리고 착유기와 냉동 장치 덕분에 어머니들은 24시간 아기들 곁에 매여 있지 않고도 젖을 먹일 수 있게 되었다. 대량 생산은 물건 값을 낮추었고, 수도, 가스, 전기, 가전제품은 가사 부담을 크게 줄였다. 근력보다는 뇌의 가치를 중시하는 경제, 수명의 연장(양육을 마친 후 몇 십 년의 연장을 포함하여), 교육 기회의 확대가 삶에 대한 여성의 가치관을 변화시켰다. 피임, 태아의 건강 진단, 초음파, 임신 기술 덕분에 여성들은 임신과 양육을 최적의 시기까지 늦출 수 있게 되었다.

그리고 당연히 페미니즘의 발전을 주요인으로 꼽아야 한다. 여권 신장을 위한 정치적, 문학적, 지적 운동들은 정치와 일상적 태도에 실질적인 변화를 몰고 왔다. 1948년 미국에서 제1차 페미니즘의 물결을 일으킨 세네카 폴스 회의와 1920년 헌법에 추가된 수정 조항 19조는 투표할 권리, 배심원으로 참여할 권리, 결혼 후 재산을 소유할 권리, 이혼할 권리, 교육을 받을 권리를 여성에게 부여했다. 1970년대에 거세게 인 두 번째 물결은 여성에게 전문직의 문을 열어 주었고, 가정 내 노동 분업을 변화시켰고, 경영과 정치를 비롯한 사회 각 분야의 편향된 성 차별을 폭로했고, 모든 직종에서 여성의 권익을 집중 조명했다. 최근에 여성의 권리가 향상되었다고 해서 여권 운동의 존재 이유가 사라진 것은 아니다. 제3세계의 많은 지역에서 여성의 지위는 중세의 상태보다 나아지지 않았고, 우리 사회에서도 여성들은 여전히 차별, 희롱, 폭력에 시달리고 있다.

페미니즘은 대개 인간 본성에 대한 과학들과 대립하는 것으로 여겨진다. 그 분야의 많은 과학자들이 양성의 마음은 태어날 때부터 다르다고 믿는데, 여권 운동가들은 그런 믿음이 오래전부터 여성에 대한 불평등한 대우를 정당화하는 데 이용되어 왔음을 지적한다. 과거에 여성들은 양육과 가정 생활을 위해 설계된 존재, 정치와 전문 분야에 필요한 논리적 사고를 갖지 못한 존재로 간주되었다. 남성은 여성을 희롱하고 겁탈하게 만드는 거부할 수 없는 충동을 가진 존재로 여겨졌는데, 그런 믿음이 가해자를 용서하게 만들었다. 그리고 보호라는 명목으로 여성을 지배하는 권리를 아버지와 남편에게 부여했다. 그러므로 여성에게 가장 친숙한 이론은 빈 서판(어떤 것도 선천적이지 않으면 양성의 차이도 선천적이지 않다.)과 고상한 야만인(인간에게 야비한 선천적 충동이 없다면 성적 착취는 제도를 변화시켜 제거할 수 있다.)이다.

페미니즘에 빈 서판과 고상한 야만인이 필요하다는 믿음은 그릇된 정보를 퍼뜨리는 강한 원동력이 되었다. 1994년 《뉴욕 타임스》의 과학 면에 실린 한 기사는 "남양 제도에서는 양성이 평등하다"라고 선언했다.[3] 그것은 인류학자 마리아 레포브스키의 연구에 근거한 것이었다. 그녀는 (마치 마거릿 미드의 혼령과 소통이나 한 것처럼) 바나티나이 섬에서 양성의 관계를 보면 "여성이 남성에게 복종하는 것은 인간의 보편적 특성도 아니고 불가피한 것도 아님"을 알 수 있다고 말했다. 그러나 기사의 후반에 가서야 우리는 그 "평등"이란 것이 결국 무엇인지를 알게 된다. 그것은 남자들이 아내를 얻기 위해 신부 집에서 봉사를 해야 한다는 것, 남자들만이 전쟁에 참여한다는 것(남자들은 이웃 섬을 침략해 신부를 약탈해 왔다.), 여자들은 아이를 돌보고 돼지 배설물을 치우는 데 더 많은 시간을 쓴다는 것, 남자들은 명성을 쌓고 야생 멧돼지를 사냥하는 데 더 많은 시간을 쓴다는 것(양성 모두 이 일에 더 큰 명성을 부여했다.)이었다. 표제와 사실이 불일치하는 또 다른 경우는 1998년 《보스턴 글로브》에 실린 "소녀들과 소년들의 공격성 격차가 줄어들고 있다."라는 기사였다. 도대체 그 격차는 얼마나 줄어들었을까? 기사에 따르면 소녀들의 살인이 소년들의 10분의 1이라는 것이었다.[4] 그리고 1998년 잡지 《미즈》의 "딸들을 직장에 데려오는 날"*의 공동 기획자는 한 특집 기사를 통해 최근 고등학교의 총격 사건을 설명하면서, 미국의 남학생들이 "부모, 성인, 문화에 의해 여학생들을 희롱하고, 공격하고, 강간하고, 살인하는 법을 배우고 있다."라는 놀라운 주장을 제기했다.[5]

반면에 일부 보수주의자들은 애매한 성적 차이를 들어 여성의 선택권을 비방함으로써 페미니스트들을 자극하고 있다. 정치학자 하비 맨스필드는 《월스트리트 저널》의 한 사설에 이렇게 썼다. "남성의 보호 본능이 집 밖에서 취업 기회의 평등을 누리는 여성들에 의해 위협받고 있다."[6] F. 캐럴린 그라글리아(Graglia)는 『가정의 평화: 반(反)페미니즘 보고서(Domestic Tranquility : A Brief Against Feminism)』에서, 직업에서 요구되는 단정성과 분석적 사고 때문에 여성의 신체적·성적 본능이 왜곡되고 있다는 이론을 내세웠다. 저널리스트 웬디 섈릿(Shalit)과 대니얼 크리텐든(Crittenden)은 최근에 여성들에게, 젊어서 결혼하고, 직장 생활을 나중으로 미루고, 전통적인 결혼 생활로 아이들을 기르라고 충고했는데, 물론 그들 자신이 그 충고에 충실했다면 여러 권의 책을 쓰지 못했을 것이다.[7] 리언 카스는 젊은 여성들에게 그들이 진정으로 무엇을 원하는지를

---

* 딸들이 부모의 직장을 둘러봄으로써 자신들의 사회 참여 의식을 높이게끔 제정된 견학 프로그램이다.

알려 주는 일을 떠맡았다. "인류 역사상 처음으로 성숙한 여자들이 수만 명 단위로 20대—번식 능력이 가장 높은 시기—전 기간을 아버지가 있는 가정이나 남편이 있는 가정이 아니라, 무방비 상태에서, 타고난 본능을 거스르며, 혼자 살고 있다. 일부 여성들은 그런 상태를 적극적으로 환영하지만 대부분은 그렇지 않다."[8]

사실 남성과 여성이 심리학적으로 동일하지 않을 가능성은 페미니즘 이론에 완전히 위배된다. 다시 말하지만, 평등이란 모든 인간 집단들이 서로 뒤바뀔 수 있다는 경험적 주장이 아니다. 그것은 개인들이 자기 집단의 평균적 특성에 따라 판단되거나 억압되지 말아야 한다는 도덕적 원리인 것이다. 성의 경우 헌법의 평등권 수정 조항에서 이를 간결하게 표현하고 있다. "법 아래에서의 권리의 평등은 미 합중국이나 어떤 주에 의해서도 성 때문에 거부되거나 빼앗겨서는 안 된다." 이 원칙을 인정한다면 어느 누구도 평등을 정당화하기 위해 양성이 구별할 수 없이 똑같다는 비과학적 신화를 지어내지 못할 것이다. 또한 어느 누구도 성적 차이를 내세워 차별 정책을 정당화하거나 여성에게 원치 않는 일을 강요하지 못할 것이다.

어느 경우든 양성에 대해 지금까지 밝혀진 객관적 사실들은 어느 한쪽 성만이 형벌이나 속박을 강요받아서는 안 된다는 것을 말해 주고 있다. 가령 일반 지능처럼 사회적 활동과 관련된 많은 심리적 특성들이 양성에서 비슷한 평균치로 나타나고, 거의 모든 심리적 특성들이 정도의 차이는 있지만 양성 모두에게서 발견된다. 그에 반해 모든 여성 또는 모든 남성에게만 적용할 수 있는 성적 차이는 어떤 것도 발견되지 않고 있다. 따라서 성에 관한 일반론은 사실 많은 사람들에게 적용되지 않는다. 그리고 "올바른 역할"과 "자연적 위치" 같은 개념들도 과학적으로 의미가 없고, 자유를 속박할 어떤 근거도 되지 못한다.

그럼에도 많은 페미니스트들이 섹슈얼리티(sexuality)와 성 차이에 대한 연구를 맹렬히 공격한다. 성 정치학은 현대 지식인들이 진화론, 유전학, 신경과학을 인간의 마음에 적용하는 것을 격렬히 거부하는 주된 이유이다. 그러나 생물학적 차이가 크지 않고 과학적으로도 흥미 없는 민족이나 인종 집단 같은 구분과는 달리, 인간에 대한 과학에서 성은 도저히 무시할 수 없는 요소이다. 성별은 인류의 복잡한 생활만큼이나 오래되었고, 진화 생물학, 유전학, 행동 생태학의 기본 주제이다. 우리 인류의 경우 성별을 무시하면 우주에서의 우리의 위치에 대한 이해가 엉망이 될 것이다. 그리고 남성과 여성의 차이들은 일상 생활의 모든 측면에 영향을 미친다. 우리는 누구나 어머니와 아버지에게서 태어나고, 반대 성의 누군가에게 이끌리고(또는 그 차이에 주목하고), 형제 자매, 자식, 친구의 성을 반드시 인식한다. 성을 무시하는 것은 인간 조건의 주요 부분을 무시하는 셈이 된다.

이 장의 목표는 인간 본성에 대한 생물학과 성에 관한 논쟁들 사이의 관계를 명백히 설명하는 것인데, 여기에는 특히 가장 뜨거운 두 쟁점인 성 차이와 성 폭력이 포함된다. 이 두 개의 주요 쟁점과 함께 나는 페미니즘의 대변자를 자처하는 몇몇 사람들의 낡은 지혜를 반박할 것이다. 이것은 내 주장이 페미니즘 전반에 대해, 더 나아가 여성의 권익에 대해 반대한다는 오해를 불러일으킬 수도 있다. 하지만 절대로 그렇지 않다. 먼저 그 이유를 밝히고자 한다.

페미니즘은 일부 엉뚱한 주장들 때문에 종종 비웃음을 사곤 한다. 예를 들어, 모든 성교는 강간이고, 모든 여성은 레즈비언이며, 전체 인구의 10퍼센트만이 남성이라는 등의 주장이다.⁹ 이에 대해 페미니스트들은 여성의 권리를 옹호하는 목소리가 모두 똑같을 수는 없고, 페미니즘을 구성하고 있는 여러 입장들은 개별적으로 평가되어야 한다고 말한다.¹⁰ 전적으로 합당한 이야기지만 이렇게 되면 비판 자체가 애매해진다. 어떤 페미니즘을 비판해도 페미니즘 일반에 대한 비판과는 무관해지기 때문이다. 이 문제를 먼저 해결해 보자.

학문의 세계에 익숙한 사람이라면 누구나, 비판을 거부하고 도그마로 쉽게 빠지는 이데올로기적 숭배 집단이 출현하는 것을 목격한다. 오늘날 많은 여성들이 페미니즘에도 그와 똑같은 일이 일어난다고 생각한다. 그러나 철학자 크리스티나 호프 소머스는 『누가 페미니즘을 훔쳤는가?(Who Stole Feminism?)』에서 두 종류의 사조를 적절히 구분했다.¹¹ 에쿼티 페미니즘(Equity feminism)은 성 차별을 비롯한 여성에 대한 모든 불공정 행위에 반대한다. 이 운동은 계몽 운동에서 시작된 자유주의적·인본주의적 전통에 포함된다. 반면에 성별 반대 젠더 페미니즘(Gender feminism)은, 남성 지배가 만연하고 있는 성적 체계가 여성들을 계속 노예로 만들고 있다고 주장한다. 다시 말해 "원래 양성적 특질을 지닌 유아들을, 명령하도록 정해진 남성적 개성과 복종하도록 정해진 여성적 개성으로 변형시키고" 있다는 것이다.¹² 이 운동은 고전적인 자유주의적 전통에 반대하는 대신, 마르크스주의, 포스트모더니즘, 사회 구성주의, 급진주의 과학과 손을 잡는다. 그것은 일부 여성 연구 프로그램, 페미니즘 단체, 페미니즘 대변인들의 신조가 되었다.

에쿼티 페미니즘은 여성에 대한 평등한 대우를 주장하는 도덕 이론으로, 인간의 심리나 생물학적 특성과 관련된 경험적 쟁점들과는 무관하다. 반면에 젠더 페미니즘은 경험적 이론으로, 인간 본성에 대한 세 가지 주장에 기초를 두고 있다. 첫째, 남녀의 차이는 생물학적 특성과 아무 관계가 없고 완전히 사회적으로 형성된다는 것이다. 둘째, 인간은 단 하나의 사회적 동기―권력―를 소유하며, 인간의 사회 생활은 단지 그 동기가 어떻게 실현되는가에 의해 이해될 수 있다는 것이다. 셋째, 인간의 상호 작용은 사람들이 서로를 개인으로서 대하는 동기에서 발생하는 것이 아니라 서로를 집단으로서 대하는 동기에서 발생하는데, 이 경우의 동기는 전체 남성이 전체 여성을 지배하는 것이다.

이 원리들에 기초를 두고 있는 젠더 페미니즘은 브레이크 없는 기차를 타고 내리막길을 달리고 있다. 앞으로 보겠지만 신경학, 유전학, 심리학, 민족지학에서는 인간의 생물학적 특성에서 비롯되는 여러 성적 차이들을 보고하고 있다. 그리고 진화 심리학에서는, 우리가 동성이나 이성의 구성원들과 벌이게 되는 많은 갈등과 융합이 집단적 지배가 아닌 개인적 동기들(가령 사랑, 섹스, 가족, 아름다움)의 망에 따라 전개된다고 보고하고 있다. 젠더 페미니스트들은 기차가 탈선하기를 원하거나 다른 여성들이 순교 정신을 가지고 그들과 합류하기를 원하지만, 다른 여성들은 그저 시큰둥한 눈으로 그들을 바라보고 있다. 사회적으로 눈에 띄는 활동을 전개하고 있지만, 젠더 페미니즘은 전체 여성은 물론이요 전체 페미니즘조차도 대변하지 못하고 있다.

우선 성적 차이를 낳는 생물학적 기초에 대한 연구는 여성들이 주도해 왔다는 점을 이야기할 수 있다. 그러한 연구는 여성을 억압하려는 음모에 불과하다는 말이 자주 나돌기 때문에, 나로서는 성 차이를 생물학적으로 연구하는 과학자들의 이름을 거명하지 않을 수 없다. 그들은 신경학자 라쿠엘 거, 멜리사 하인스, 도린 키무라, 제르 레비, 마사 맥클린톡, 샐리 셰이위츠, 샌드라 위텔슨, 심리학자 카밀라 벤보, 린다 곳프레드슨, 다이앤 핼펀, 주디스 클라인펠드, 다이앤 맥기네스이다. 때때로 전형적인 "성 차별 학문"으로 거론되는 사회 생물학과 진화 심리학은 아마도 내가 알고 있는 학문 중 가장 성별적인 분야일 것이다. 그 분야의 주요 인물로는, 로라 베치그, 엘리자베스 캐시던, 레다 코스미디스, 헬레나 크로닌, 밀드레드 디케만, 헬렌 피셔, 패트리샤 고와티, 크리스텐 호크스, 세라 블래퍼 허디, 막달레나 우르타도, 바비 로, 린다 밀러, 펠리샤 프라토, 마니 라이스, 캐서린 새먼, 조앤 실크, 메러디스 스몰, 바버라 스머츠, 낸시 윌름센 손힐, 마고 윌슨이 있다.

많은 페미니스트들이 거부감을 갖게 된 것은 젠더 페미니즘이 과학과 충돌해서만은 아니다. 동종 번식으로 태어난 다른 이데올로기들처럼 젠더 페미니즘에도 이상한 혹들이 생겨났는데, 그중 이른바 디퍼런스 페미니즘(difference feminism)이 대표적이다. 캐럴 길리건은 남성과 여성이 서로 다른 원리에 따라 도덕적 사고를 한다고 주장해 젠더 페미니즘의 상징적 인물이 되었다. 즉 남성은 공공의 권리와 정의를 생각하고 여성은 동정심, 양육, 평화적 화해를 지향한다는 것이다.[13] 그녀의 말이 사실이라면 여성은 공공의 권리와 정의에 대해 사유하면서 살아야 하는 헌법학자, 대법원 판사, 윤리 철학자가 될 자격이 없을 것이다. 물론 그것은 사실이 아니다. 많은 학자들이 길리언의 가설을 시험한 끝에, 남성과 여성이 도덕적 사고에 있어서 거의 또는 전혀 차이가 없다는 사실을 발견했다.[14] 이렇게 디퍼런스 페미니즘은 여성들에게 과학적으로나 현실적으로 최악의 주장, 즉 과학적 근거도 없고 인기도 없는 주장들을 제시한다. 이와 비슷하게, 『여성의 인식 방법(Women's Ways of Knowing)』이라는 젠더 페미니즘의 고전에서는 양성의 사고 방식이 다르다고 주장한다. 남성은 지적 분야의 우수함과 능숙함을 중시하고 논의를 할 때에도 논리와 증거에 따라 회의적으로 분석하는 반면, 여성은 정신적이고, 관계를 중시하고, 포용력이 크고, 남을 잘 믿는다는 것이다.[15] 남성 우월주의자가 따로 없다.

젠더 페미니즘이 여성의 분석 능력과 전통적인 자유주의 원리를 무시하는 것에 대해서는 최근 들어 에쿼티 페미니스트들의 신랄한 비판이 쏟아지고 있다. 대표적인 비판가로는 진 베스케 엘슈타인, 엘리자베스 폭스제노비즈, 웬디 캐머너, 노레타 쾨르트게, 도나 래프럼부아즈, 메리 레프코위츠, 웬디 맥켈로이, 카밀 파글리아, 대프니 패타이, 버지니아 포스트렐, 앨리스 로시, 샐리 새틀, 크리스티나 호프 소머스, 나딘 스트로센, 조앤 케네디 테일러, 캐시 영이 있다.[16] 이들보다 한참 앞선 때에 뛰어난 여류 작가들이 젠더 페미니즘 이데올로기에 반대했는데, 그중 조앤 디디온, 도리스 레싱, 아이리스 머독, 신시아 오지크, 수잔 손탁이 유명하다.[17] 그리고 젠더 페미니즘에는 불길한 징조이겠지만, 사랑, 아름다움, 연애, 성애 예술, 미술, 이성애 등이 유해한 사회적 구조물이라는 젠더 페미니즘의 주장을 거부하는 움직임이 젊은 세대 가운데서도 일고 있다. 『새로운 빅토리아인: 낡은 페미니즘 질서에 대한 한 젊은 여성의 도전』이라는 책 제목에는 르네 덴펠드, 캐런 레어만, 카티에 로이프, 레베카 워커 등의 신세대 작가와, 이른바 제3의 물결 운동, 라이엇 걸 운동(Riot Grrrl Movement), 프로섹스 페미니즘(Pro-Sex Feminism), 립스틱 레즈비언 운동(Lipstick Lesbians), 걸 파워 운동(Girl Power), 자유로운 표현을 위한 페미니스트들(Feminists for Free Expression) 등의 반항 의식이 포착되어 있다.[18]

젠더 페미니즘과 에쿼티 페미니즘의 차이는 자주 보고되는 모순, 즉 왜 대부분의 여성들은 자기 자신을 페미니스트로 간주하지 않으면서도 (1997년에는 약 70퍼센트의 여성이 여기에 해당했는데, 이는 10년 전의 60퍼센트보다 높아진 수치이다.), 주요 페미니즘의 모든 입장에는 동의하는가를 설명해 준다.[19] 이유는 간단하다. "페미니스트"란 단어는 종종 젠더 페미니즘 운동과 관련되지만, 여론 조사에서는 에쿼티 페미니즘의 입장들을 다루어 왔기 때문이다. 이렇게 감소하는 지지의 증거에 직면해 성별 반대 페미니스트들은 그들만이 여성의 권리를 보호하는 진정한 옹호자라고 주장하고 있다. 예를 들어 1992년 글로리아 스타이넘은 파글리아에 대해, "그녀가 자기 자신을 페미니스트라 부르는 것은 나치가 자신이 반(反)유대적이지 않다고 말하는 것과 같다."라고 말했다.[20] 그리고 그들은 다른 분야에서는 의견 차이라는 말로 통용될 만한 것을 표현하기 위해 다양한 어구들 — "반발(backlash)", "이해하지 못함(not getting it)", "여성들의 입을 막음(silencing women)", "지적 괴롭힘(intellectual harassment)" 등 — 을 발명했다.[21]

이 모든 것은 이후의 논의에 꼭 필요한 배경이다. 여성과 남성이 서로 뒤바뀔 수 있는 마음을 갖지 않았고, 사람들은 권력이 아닌 다른 욕망도 갖고 있으며, 인간의 동기는 성 전체뿐 아니라 개별 인간에게도 속해 있다고 말하는 것은, 젠더 페미니스트들의 잘못된 주장과는 달리 페미니즘을 공격하는 것도 여성들의 권익을 양보하는 것도 아니다. 이 장의 모든 주장들은 남성들보다는 여성들이 더욱 활기 차게 발전시켜 온 것들이다.

∽∽

왜 사람들은 남성과 여성의 마음이 모든 측면에서 동일하지 않다는 생각을 그렇게 두려워할까? 정말로 우리 모두가 양성적 존재라면 더 좋은 삶을 누릴 수 있을까? 사람들의 두려움은, 차이가 곧 불평등을 의미한다는 것, 즉 양성이 어떤 면에서든 다르다면 남자들이 더 낫거나 더 지배적일 것이고 그들이 모든 재미를 독점할 것이라는 데에 있다.

이것은 생물학적으로 완전히 잘못된 생각이다. 트리버스는 "인간 관계의 대칭"을 언급하면서 이 대칭에는 "양성의 유전적 평등"이 포함되어 있음을 지적했다.[22] 유전자의 관점에서 보면 남성의 몸을 갖는 것과 여성의 몸을 갖는 것은 (구체적 상황에 따라 어느 한쪽이 약간의 이점을 더 누릴 수는 있겠지만) 적어도 평균적으로는 똑같이 좋은 전략이다.[23] 자연 선택은 양성에게 평등한 투자를 하기 위해, 즉 동등한 수, 신체와 뇌의 동등한 복잡성, 생존을 위한 설계의 동등한 효율성을 부여하기 위해 노력한다. 비비 수컷의 크기에 15센티미터의 송곳니를 갖는 것이 낫겠는가, 아니면 비비 암컷의 크기에 송곳니를 갖지 않는 것이 낫겠는가? 이 질문을 던지는 순간 우리는 즉시 그 무의미함을 깨닫게 된다. 생물학자는 이렇게 말할 것이다. 수컷의 문제를 해결하기 위해서는 수컷의 적응 특성을 갖는 것이 낫고, 암컷의 문제를 해결하기 위해서는 암컷의 적응 특성을 갖는 것이 낫다고.

따라서 남자는 화성에서 오지 않았고 여자는 금성에서 오지 않았다. 남자와 여자는 모두 진화의 요람인 아프리카에서 왔고, 그곳에서 한 종으로서 함께 진화했다. 남자와 여자는 Y 염색체에 있는 소량의 유전자 말고는 모두 같은 유전자를 가지고 있으며, 뇌 또한 아주 비슷해서 독수리처럼 날카로운 눈을 가진 신경 해부학자들만이 몇 안 되는 차이를 간신히 발견할 정도이다. 최고의 심리 측정 기술에 따르면 남녀는 일반 지능의 평균도 비슷하다.[24] 그리고 언어를 사용하고 물리적 세계와 생물에 대해 생각할 때에도 동일한 방법을 적용한다. 남녀는 기본적으로 동일한 감정을 느끼고, 양쪽 다 섹스를 즐기며, 영리하고 친절한 결혼 상대자를 찾고, 질투를 하고, 자식을 위해 희생을 하고, 지위와 짝을 얻기 위해 경쟁을 하고, 때로는 자신의 이익을 위해 공격을 감행한다.

물론 남녀의 마음은 동일하지 않다. 성적 차이에 대한 최근의 관찰들은 몇 가지 확실한 차이를 보여 주었다.[25] 때로 그 차이는 아주 커서, 종형 곡선으로 그려 보면 두 곡선이 아주 조금만 겹치기도 한다. 매춘과 포르노 산업의 소비자들이 대부분 남성인 사실에서도 알 수 있듯이, 남자들은 다수의 파트너 또는 익명의 파트너와 조건 없는 섹스를 하려고 하는 취향이 여성보다 훨씬 강하다.[26] 남자들은 크고 작은 보상을 위해 폭력적으로, 때로는 자기 목숨이든 남의 목숨이든 목숨을 걸고 경쟁하는 경향이 있다(최근에 한 수술실에서 환자가 쓸개 제거 수술을 받기 위해 누워 있는 동안 외과의와 마취 전문의가 주먹다짐을 벌이기도 했다.).[27] 남자 어린이들은 심리학자들이 "엎치락뒤치락 놀이(rough-and-tumble play)"라는 그럴듯한 이름을 붙인 활동을 통해 폭력적 싸움을 연습하는 데 많은 시간을 보낸다.[28] 마음속에서 3차원의 물체를 회전시키고(심적 회전) 공간을 조작하는 능력은 남자들에게서 높게 나타난다.[29]

어떤 특성들의 경우, 남녀 차이는 평균적으로는 작지만 양극에서는 크게 나타날 수 있다. 이것은 두 가지 이유 때문이다. 두 개의 종형 곡선이 부분적으로 중복될 때, 꼬리 쪽으로 멀어질수록 집단 간의 격차는 더욱 커진다. 예를 들어 남자는 평균적으로 여자보다 키가 큰데, 극단에 가까워질수록 그 격차는 더욱 벌어진다. 178센티미터 키에서 남녀의 비율은 30대 1인데 반해, 183센티미터 키에서는 2,000대 1로 나타난다. 또한 진화 심리학을 기초로 한 예상대로, 여러 특성들의 경우 남성의 종형 곡선은 여성의 종형 곡선보다 더 납작하고 넓게 나타난다. 즉 여성의 경우보다 남성의 경우에는 양극 쪽에 더 많은 비율이 분포된다. 곡선의 왼쪽 꼬리에는 남자 아이들의 독서 장애, 학습 장애, 주의력 부족, 정서 장애, 정신 지체(적어도 몇몇 유형의 지체 장애)가 더 많이 분포된다.[30] 오른쪽 꼬리에는, 미국 진학 적성 시험의 수학 과목(800점 만점)에서 700점 이상의 점수를 획득한 재능 있는 학생들을 표본으로 추출했을 때, (평균 점수를 나타내는 곡선의 전체 면적은 비슷함에도 불구하고) 남학생의 수가

13대 1 정도로 높다.[31]

또 다른 특성들의 경우, 양성의 평균값은 더 작은 차이를 보이고 각각의 특성에 따라 우열도 다르게 나타난다.[32] 평균적으로 남자들은 마음 속으로 사물과 지도를 회전시키는 일에 뛰어나고, 여자들은 지표와 사물의 위치를 기억하는 일에 뛰어나다. 남자들은 던지기를 잘하고 여자들은 손재주가 좋다. 남자들은 언어로 된 수학 문제를 잘 풀고, 여자들은 수학적 계산을 잘한다. 여자들은 소리와 냄새에 민감하고, 공간 지각이 뛰어나며, 형태를 더 빨리 맞추고, 표정과 신체 언어를 읽는 데 훨씬 뛰어나다. 여자들은 철자에 뛰어나고, 언어가 더 유창하며, 언어적 재료를 더 잘 기억한다.

여자들은 분노를 제외한 기본적 감정들을 더 강렬하게 느낀다.[33] 여자들은 대인 관계가 더 친밀하고, 인간 관계에 더 세심하며, 낯선 사람에게는 아니지만 친구들에게 더 깊은 공감을 느낀다. (여자들은 누구에게나 더 잘 공감한다는 상식적 견해는 진화론적으로 불가능하며 실제로도 그렇지 않다.) 여자들은 시선을 더 오래 맞추고, 더 자주 미소짓고 웃는다.[34] 남자들은 지위를 얻기 위해 경쟁을 할 때 폭력이나 직업 성취를 이용하는 경향이 있고, 여자들은 (명예) 훼손 같은 언어적 공격 형태를 이용하는 경향이 있다.

남자들은 고통에 대해 높은 인내심을 보이고, 지위나 주변의 관심같이 불분명한 보상을 위해 신체적 위험이나 죽음을 감수하는 성향이 더 강하다. "가장 어리석은 방식으로 자기 자신을 유전자 풀에서 제거함으로써 인류의 장기적 생존에 확실히 공헌한 개인"에게 매년 주어지는 다윈 상은 거의 항상 남자들 몫이다. 최근의 수상자로는, 공짜로 콜라 캔을 뽑으려고 자판기를 앞으로 기울이다 육중한 기계에 깔린 남자, 누가 대전차 지뢰를 힘껏 밟을 수 있는가를 놓고 경쟁을 벌였던 세 남자, 기상 관측용 기구에 정원용 의자를 매달고 지상 3,200미터 높이로 올라간 다음 바다에 떨어진 예비 비행사(헬리콥터로 구조되었기 때문에 명예의 인물로 언급만 되었다.)가 있다.

여자들은 아기들의 일상적인 울음에 더 민감하고(물론 극단적인 고통을 알리는 울음소리에는 양성이 똑같이 반응한다.), 모든 자식에게 골고루 신경을 쓴다.[35] 여자 아이들은 부모 노릇을 하고 사회적 역할을 흉내 내면서 노는 경향이 있고, 남자 아이들은 싸우고 추적하고 사물을 조작하면서 노는 경향이 있다. 그리고 남자와 여자는 성적 질투심을 느끼는 패턴이 다르고, 짝을 선택하는 기호가 다르고, 연애하는 동기가 다르다.

물론 많은 성적 차이들은 생물학과 무관하다. 헤어스타일과 옷은 시대와 문화에 따라 변덕스러울 정도로 다르고, 대학, 전문직, 스포츠에 진출하는 비율은 최근 수십 년에 걸쳐 압도적인 남성 우위에서 50대 50 또는 여성 우위로 바뀌었다. 현재의 성적 차이 중 어떤 것들은 머지않아 감쪽같이 사라질 것이다. 그러나 젠더 페미니스트들은 해부학적 차이를 제외한 모든 성적 차이가 부모, 놀이 친구, 사회의 기대로부터 발생한다고 주장한다. 급진적 과학자 앤 포스토스털링(Fausto-Sterling)은 다음과 같이 썼다.

> 중요한 생물학적 사실은 남자 아이와 여자 아이가 서로 다른 성기를 가졌다는 것인데, 바로 이 생물학적 차이 때문에 어른들은 성별에 따라 각기 다른 방식으로 아기들과 상호 작용을 한다. 애초부터 분홍색과 파란색으로 편리하게 구분해 버림으로써 기저귀 안을 들여다보지 않고 성에 관한 정보를 얻는 셈이다.[36]

그러나 분홍-파랑 이론은 갈수록 신뢰를 잃고 있다. 다음은 남녀의 차이가 단순히 성기 정도의 차원이 아님을 보여 주는 열두 가지 증거다.

- 성 차이는 좌측 통행이나 우측 통행처럼 자의적인 서구 문화의 특징이 아니다. 인간의 모든 문화에서 남자와 여자는 다른 본성을 갖고 있는 것으로 파악된다. 모든 문화는 성에 따라 노동을 구분하는데, 여자에게는 자녀 양육의 책임을 더 많이 부여하고 남자에게는 공적·정치적 영역에 대한 지배권을 더 많이 부여한다. (모든 사람이 노동 분업을 제거하려 애를 썼던 이스라엘의 키부츠 문화에서도 성별에 따른 노동 분업이 출현했다.) 모든 문화에서 남자들은 보다 공격적이고, 몰래 훔치는 경향과 (전쟁을 비롯한) 치명적인 폭력을 사용하는 경향이 더 강하며, 구애하고 유혹하고 대가성 섹스를 추구하는 경향이 더 강하다. 그리고 모든 문화에서 강간과 강간에 대한 금지가 발견된다.[37]
- 성별 간에 존재하는 여러 심리적 차이들은 남녀의 신체적 차이만을 아는 진화 생물학자도 정확히 예측할 수 있다.[38] 동물의 왕국에서 암컷은 각각의 자식(포유류의 경우, 임신기의 자식이나 수유기의 자식)에게 더 많은 칼로리와 위험을 투자해야 하는데, 이때 암컷은 이미 출산한 자식을 양육하는 데에 더 많이 투자하기도 한다. 새 자식을 갖는 것이 수컷보다 암컷에게 더 많은 비용이 들기 때문이다. 투자의 차이는 짝짓기 기회를 두고 수컷들이 더 치열하게 경쟁하는 상황을 낳는다. 암컷보다는 수컷이 여러 파트너와 짝짓기를 해서 자식 수를 늘리기가 더 쉽기 때문이다. 평균적인 수컷이 평균적인 암컷보다 더 크다는 것은(남자와 여자의 경우처럼) 짝짓기 기회를 두고 수컷들이 더 폭력적으로 경쟁해 온 진화의 역사를 말해 준다. 사춘기가 여자보다 더 늦은 것, 성인이 되었을 때 힘이 더 센

것, 수명이 더 짧은 것 등의 다른 신체적 특성들도 도박성이 높은 경쟁을 통해 선택되어 온 역사를 말해 준다.

- 많은 성적 차이들이 다른 영장류들은 물론이고 포유류 강 전체에서 폭넓게 발견된다.[39] 수컷들은 보다 공격적으로 경쟁하는 경향이 있고, 일부다처의 경향이 더 강한 반면, 암컷들은 양육에 더 많이 투자하는 경향이 있다. 많은 포유류의 경우에 영역이 넓으면 넓을수록 이는, (개개의 지표를 기억하는 것과는 달리) 공간 배치의 기하학을 이용해 돌아다니는 능력이 그만큼 강화되었다는 것을 의미한다. 영역이 더 넓은 쪽은 대개 수컷들이고, 인간의 식량 수집인도 여기에 해당한다. 남자들이 정신 지도를 더 잘 이용하고 3차원의 물체를 정신적으로 회전시키는 심적 회전을 더 잘 수행하는 것은 우연의 일치가 아닐 것이다.[40]

- 유전학자들이 발견한 바에 따르면, 사람들의 미토콘드리아에 있는 DNA(남녀 모두 어머니로부터 물려받는다.)의 다양성은 Y 염색체에 있는 DNA(남자들이 아버지로부터 물려받는다.)의 다양성보다 훨씬 크다고 한다. 이것은 수만 년 동안 남자들의 번식 성공률이 여자들보다 큰 편차를 보였다는 것을 의미한다. 즉 어떤 남자들은 여러 명의 자손을 낳고 어떤 남자들은 한 명도 낳지 못한 반면(그 결과 소수의 Y 염색체만 남았다.), 대다수의 여자들은 보다 고르게 분포된 수로 자식을 낳은 것이다(그 결과 많은 종류의 미토콘드리아 게놈이 남았다.). 수컷들은 짝짓기 기회를 얻기 위해 경쟁하고 암컷들은 가장 우수한 수컷을 고르는 성 선택은 바로 이런 조건 하에서 탄생했다.[41]

- 인간의 몸에는 남자 아이의 뇌와 여자 아이의 뇌가 서로 다르게 발달하게 만드는 메커니즘이 담겨 있다.[42] Y 염색체가 남자 태아의 몸

에서 고환의 성장을 촉발시키면, 고환은 (테스토스테론을 비롯한) 남성 특유의 호르몬인 안드로겐을 분비한다. 안드로겐은 태아 발생기와 출생 후 수개월, 그리고 사춘기 동안 뇌에 지속적인 영향을 미친다. 여성 특유의 성호르몬인 에스트로겐도 평생 동안 뇌에 영향을 미친다. 인간의 뇌에서 성호르몬 수용체는 대뇌 피질은 물론이고 시상하부, 해마, 변연계의 편도에서 발견된다.

- 남자의 뇌와 여자의 뇌는 몇 가지 뚜렷한 차이를 보인다.[43] 남자의 뇌에는 (신체 크기를 감안하더라도) 뉴런이 더 많은 반면, 여자의 뇌에는 회색질의 비율이 더 높다. (남자와 여자는 전체적으로 지능이 같기 때문에, 이 차이가 무엇을 의미하는지는 밝혀지지 않았다.) 남자는 전(前)시상하부의 간질핵과, 분계선조의 핵, 시상하부의 핵이 월등히 큰데, 이것이 성적 행동과 공격성에 관여하는 것으로 보인다. 여자는 좌반구와 우반구를 연결하는 대뇌교련부가 더 커서, 여자의 뇌는 남자의 뇌보다 양방향 소통 기능이 원활해 보인다. 학습과 사회화가 인간의 뇌 구조와 기능에 영향을 미치는 것은 사실이지만, 이렇게 분명한 해부학적 크기의 차이에는 영향을 미칠 가능성이 없다.

- 남자들 사이에 그리고 같은 사람이라도 계절이나 시간에 따라 테스토스테론의 수치가 다르게 나타나는 것은 리비도, 자신감, 지배 충동과 관계가 있다.[44] 폭력 범죄자들이 일반 범죄자들보다 테스토스테론의 수치가 높고, 법정 변호사들이 서류를 다루는 변호사들보다 수치가 높다. 혈액 속의 테스토스테론 농도는 별반 중요하지 않다. 가령 공간 능력들 같은 어떤 특성들은 높은 수치보다는 정상적인 수치에서 가장 높게 나타난다. 테스토스테론의 영향은 농도보다는 수용체의 수와 분포에 달려 있다. 그리고 사람의 심리 상태

가 테스토스테론 수치에 영향을 미칠 수 있고, 그 반대가 될 수도 있다. 그러나 양자 사이에는 복잡하지만 인과적인 관계가 있다. 성전환 수술을 준비하는 여성에게 안드로겐을 투여하면 마음속으로 사물을 회전시키는 능력이 향상되고 언어 능력이 저하된다. 건강 문제로 테스토스테론의 수치가 떨어졌던 저널리스트 앤드루 설리번은 테스토스테론 주사를 맞았을 당시를 다음과 같이 묘사했다. "그것은 첫 데이트에 나갈 때나 청중 앞에서 연설을 할 때의 흥분과 비슷하다. 기운이 느껴진다. 한 번은 주사를 맞은 후 생애 처음으로 사람들 앞에서 싸움을 벌일 뻔했다. 욕망이 항상 최고조에 이르는데, 매번 나도 모르는 사이에 그렇게 된다."[45] 남자와 여자의 테스토스테론 수치는 겹치지 않지만, 수치상의 변화는 양성 모두에게 비슷한 효과를 낳는다. 테스토스테론 수치가 높은 여자들은 미소짓는 횟수가 적고, 혼외 정사를 자주 하고, 사회적 태도가 강하고, 심지어 악수도 더 세게 한다.

- 여성의 인지적 강점과 약점은 월경 주기의 단계에 따라 달라진다.[46] 에스트로겐 수치가 높을 때 여자들은 가령 언어적 능력같이 대개 남자들보다 더 잘하는 일들을 월등히 더 잘하게 되다 반면에 수치가 낮을 때에는 가령 마음속 물체 회전같이 대개 남자들이 더 잘하는 일들을 평소보다 더 잘한다. 남자에 대한 기호를 비롯한 다양한 성적 동기들 역시 월경 주기에 따라 변한다.[47]

- 안드로겐은 성인의 뇌에 단지 일시적인 영향을 미치는 것이 아니라 발달하는 뇌에 영구적인 영향을 미친다.[48] 선천성 부신 피질 과형성 질환이 있는 여자 아이들의 경우에는, 홈런 타자 마크 맥과이어가 복용했다고 해서 유명해진 남성 호르몬 안드로스텐디온이 과도하게 분비된다. 비록 그 호르몬 수치는 출생 후 곧바로 정상으로

떨어지지만, 여자 아이들은 말괄량이로 자라서 엎치락뒤치락 놀이를 좋아하고, 인형보다는 트럭에 흥미를 느끼고, 뛰어난 공간 능력을 보이고, 나이가 들어서는 다른 여자들에게 성적 환상과 매력을 느낀다. 유년기가 끝날 무렵에야 호르몬 치료를 받은 아이들은 청소년이 되었을 때 남성적인 성욕 패턴을 보이는데, 가령 포르노 그림에 즉시 흥분하고, 생식기 자극에 반사적 성 충동이 집중되어 있고, 몽정에 해당하는 일을 경험한다.[49]

- 생물학과 사회화를 구분하는 결정적인 실험은, 갓난 남자 아기에게 성전환 수술을 시킨 다음 부모로 하여금 그를 여자 아이로 키우게 하고 다른 사람들도 그를 여자 아이로 대우하게 하는 것이다. 만약 성이 사회적으로 결정된다면 그 아이는 정상적인 여자 아이의 마음을 갖게 될 것이고, 성이 출생 이전에 호르몬에 따라 결정된다면 그 아이는 여자의 몸에 갇힌 남자 아이처럼 느낄 것이다. 놀랍게도 실생활에서, 물론 과학적 호기심에서가 아니라 질병과 우연으로 인해 그런 실험이 행해진 적이 있다. 한 연구에서는 (총배설강외번증(cloacal exstrophy)이라는 선천적 기형 때문에) 음경이 없이 태어난 다음 거세되어 여자 아이로 키워진 25명의 소년들을 관찰했다. 그들 모두 엎치락뒤치락 놀이 같은 남성적 행동 패턴을 보였고, 전형적인 남성적 태도와 흥미를 보였다. 그리고 절반 이상이 자연스럽게 자기가 남자라 선언했는데, 그중 한 소년은 다섯 살에 불과했다.[50]

어느 유명한 사례 연구의 주인공은 서툰 할례 때문에 성기를 잃어 버린 8개월 된 남자 아이였다(다행스럽게도 그렇게 한 사람은 할례 의식을 담당하는 유대인이 아니라 어느 한심한 의사였다고 한다.). 아이의 부모는 유명한 성 연구가 존 머니를 찾아가 도움을 요청했다.

그는 "자연은 성적 차이를 현 상태로 유지하기 위해 골몰하는 자들의 정치적 전략"이라 주장하고 있었다. 그는 아이 부모에게 수술로 아이를 거세시키고 인조 질을 만들어 준 다음 아무 말도 하지 말고 아이를 여자 아이로 키우라고 충고했다.[51] 나는 학부생 시절인 1970년대에 이 사례를 알게 되었는데, 당시 이 사례는 아기는 중성으로 태어나 양육 방식에 따라 성을 획득한다는 증거로 제시되고 있었다. 《뉴욕 타임스》의 한 기사에서는 브렌다(이전 이름은 브루스)가 "진짜 여자 아이로 만족스런 유년기를 보내고 있다."라고 보도했다.[52] 진실은 1997년에야 드러났다. 어렸을 때부터 브렌다가 자기 자신을 여자의 몸과 성 역할에 사로잡힌 남자 아이로 느껴 왔다는 사실이 폭로된 것이다.[53] 그녀는 주름 장식이 달린 드레스를 찢어 버렸고, 인형 대신 총을 가지고 놀았으며, 남자 아이들과 어울리기를 좋아했고, 심지어는 서서 오줌을 누겠다고 고집했다. 열네 살 때 그녀가 너무 비참한 나머지 일생을 남자로 살든지 아니면 생을 마감하기로 결심하자, 그녀의 아버지는 아이에게 사실을 털어놓았다. 그녀는 새로운 수술을 통해 남성이 되었고, 현재 한 여성과 결혼해 행복하게 살아가고 있다.

- 터너 증후군을 가진 아이들은 유전학적으로 중성이다. 그런 아이들은 정상의 여자 아이들처럼 두 개의 X 염색체(어머니에게서 하나, 아버지에게서 하나—XX)나 정상의 남자 아이들처럼 X와 Y 염색체(어머니에게서 X, 아버지에게서 Y—XY)를 갖는 대신, 어머니나 아버지에게서 물려받은 X 염색체 하나만을 가지고 있다. 포유류에게는 여성의 몸을 갖게 만드는 설계도가 사전에 디폴트 값으로 설정되어 있기 때문에, 터너 증후군 아이들은 여자 아이들처럼 보이고 또 그렇게 행동한다. 그런데 유전학자들은 부모의 몸이 분자 차원

에서 X 염색체에 유전자를 각인하고 그 유전자들이 성장하는 아이의 몸과 뇌에서 어느 정도 활성화된다는 사실을 발견했다. 그에 따라 아버지에게 X 염색체를 물려받은 터너 증후군 여자 아이는 유전적으로 여자 아이에 맞게 최적화되어 있는 유전자들을 갖게 된다(아버지의 X는 항상 딸로 나타나기 때문이다.). 어머니에게 X 염색체를 물려받은 터너 증후군 여자 아이는 유전적으로 남자 아이에 맞게 최적화되어 있는 유전자들을 갖게 된다(어머니의 X는 남녀 어디로든 나타날 수 있지만, 오직 아들에게서만 거부 없이 활동한다. 물론 이들의 Y 염색체 자리에는 X 유전자의 짝이 없다.). 그 결과 실제로 터너 증후군 여자 아이들은 어느 부모에게서 X를 물려받았는가에 따라 심리학적으로 다른 양상을 보인다. 아버지로부터 X를 물려받은 (여자 아이가 될 운명인) 아이들은 신체 언어를 해석하고, 감정을 읽고, 얼굴을 인지하고, 언어를 다루고, 다른 사람들과 사이 좋게 어울리는 데 능숙하다. (남자 아이에게서만 최대한 활성화되는) 어머니의 X를 물려받은 아이들은 대조적인 양상을 보인다.[54]

- 일반적인 생각과는 달리 오늘날 미국의 부모들은 아들과 딸을 아주 다르게 대우하지 않는다.[55] 최근 2만 8000명의 아이를 대상으로 한 172개의 연구를 평가한 결과, 아이들에게 주어지는 격려, 애정, 보살핌, 속박, 규율, 명확한 의사 소통의 양은 남자 아이나 여자 아이나 비슷하다는 사실이 밝혀졌다. 실질적인 차이가 있다면 남자 아이의 약 3분의 2가 인형을 갖고 놀지 못하도록 특히 아버지로부터 제재를 당했다는 것이다. 아이들이 동성애자가 되지 않을까 하는 두려움 때문이었다. (여자 아이들의 장난감을 좋아하는 남자 아이들은 종종 동성애자로 판명되지만, 그것을 금지한다고 해서 결과가 바뀌는 것은 아니다.) 또한 남녀 아이들의 차이는 아버지에게서 남성적인

행동을 관찰하고 어머니에게서 여성적인 행동을 관찰한다고 해서 결정되는 것도 아니다. 두 명의 엄마 밑에서 큰 헌터는 엄마와 아빠 밑에서 자라난 여느 소년과 똑같이 행동한다.

모든 상황을 고려해 볼 때, 남녀 아이들이 생식기만 다를 뿐 똑같이 태어나며 그 밖의 모든 차이는 사회가 아이들을 어떻게 취급하느냐에 달려 있다는 이론은 별반 신빙성이 없어 보인다. 만약 이 이론이 사실이라면, 각각의 성에게 특정한 역할을 부여하기 위해 동전 던지기를 했을 때 지구 상에 존재하는 모든 사회에서 매번 똑같은 결과가 나오는 것을 그저 놀라운 우연의 일치로 인정해야 할 것이다(또는 인류가 처음 출현했을 때 운명적인 단 한 번의 동전 던지기로 성 역할이 결정된 다음, 수십만 년 동안 그 모든 격변 속에서도 이것이 아무런 간섭 없이 그대로 유지되어 왔다고 믿어야 한다.). 인간 사회의 자의적인 제도들이 화성에서 온 생물학자가 우리의 신체 구조와 유전자 배열을 기초로 해 예측하는 바와 몇 번이고 되풀이해서 일치하는 것도 그저 놀라운 일일 것이다. 우리를 남성과 여성으로 만드는 호르몬들이, 뇌 발생 초기에 결정적으로 그리고 평생 동안 다소 미약하게 남성과 여성 특유의 정신적 특성들을 조절해 나가는 것 또한 그저 이상하게만 보일 것이다. 성을 가르는 2차 유전 메커니즘(게놈 각인)이 남성과 여성 특유의 재능들을 설치하는 것은 더더욱 이상하게 보일 것이다. 마지막으로, 사회 구성 이론의 두 가지 주요한 예측—남자 아이가 여자 취급을 받으면 여자의 마음을 갖고 성장한다는 것, 남녀 아이들의 차이는 부모가 아이들을 대하는 태도의 차이에서 비롯된다는 것—도 이미 오류로 판명되었다.

물론 많은 성적 차이들이 생물학적 차이에서 비롯된다는 사실만으로는, 한쪽 성이 우월하다거나, 그 차이들이 모든 환경의 모든 사람에게 발생한다거나, 성에 따라 사람을 차별하는 것이 정당하다거나, 사람들이 자기 성에 맞게 정형화된 일을 해야 한다고 말할 수 없다.

오늘날 많은 사람들이 몇 년 전만 해도 정중한 자리에서는 꺼내기 힘들었던 말을 편하게 할 수 있어 행복해한다. 남성과 여성의 마음은 바뀔 수 없다는 말이 그것이다. 심지어 만화에서도 이 논쟁에 변화가 찾아왔음을 보여 주고 있다. 오른쪽의 만화는 자유로운 연상에 능하고 정크푸드를 좋아하는 지피와, 만화가의 분신인 그리피의 대화이다.

그러나 많은 전문직 여성들은 성적 차이가 존재한다는 사실을 불안하게 생각한다. 나는 한 동료에게서 이런 말을 들었다. "이봐요, 나도 남성과 여성이 동일하지 않다고 생각해요. 우리 애들을 봐도 알 수 있고, 나

ⓒ Bill Griffith. Reprinted with special permission of King Features Syndicate.

* 둘 다 과자 상표도 된다.

자신을 봐도 알 수 있어요. 나도 그런 조사 결과에 대해 잘 알고 있어요. 하지만 성적 차이에 관한 글들을 읽을 때마다 귀에서 연기가 나오는 것 같아요." 그녀를 불안하게 만드는 가장 그럴듯한 이유가 최근 한 사설에 묘사되었다. 필자는 전미 여성 기구(National Organization for Women, NOW)의 창설자이자 1963년에 『여성의 신비(The Feminine Mystique)』를 발표한 베티 프리댄이었다.

페미니즘은 경제적·정치적 문제에서 여성의 평등한 권리를 얻기 위해 시작되었지만 승리는 아직 완성되지 않았다. 가장 간단하고도 명백한 두 개의 예를 들어 보자. 여성들은 아직도 남자들이 1달러를 벌 때 72센트밖에 벌지 못한다. 그리고 경제, 정치, 전문 분야에서 의사 결정 권한을 갖는 최고 자리에 오른 여성의 수는 결코 평등에 근접하지 못하고 있다.[56]

많은 사람들이 프리댄처럼, 여성이 최고 지위에 오르는 것을 막는 "유리 천장"과 임금의 성 격차가 오늘날 서구 여성이 직면하는 두 가지 주된 불평등이라 믿는다. 1999년 연두 교서에서 빌 클린턴은 다음과 같이 말했다. "우리는 이 발전을 자랑스럽게 생각할 수 있다. 그러나 1달러당 75센트라는 액수는 목표치의 4분의 3에 불과하다. 우리 미국인들은 목표에 완전히 도달할 때까지 만족하지 못할 것이다." 성 격차와 유리 천장을 깨기 위해 사람들은 최고 자리에 오른 여성의 수가 너무 적은 회사들을 상대로 민사 소송을 제기하고, 남녀의 직업을 비교해 봉급이 평등하게 지급되도록 정부에 압력을 넣고, 전문직에 대한 여학생들의 태도를 바꾸기 위해 가령 1년에 한 번 딸들을 직장에 데려가는 날을 정하는 등의 적극적인 대책을 시행하고 있다.

과학과 공학 분야는 "줄줄 새는 파이프" 형태로 이 문제를 겪고 있다.

대학에서 여학생이 차지하는 비율은 60퍼센트에 가깝고 과학 분야를 전공하는 여학생도 절반에 이르지만, 학부를 졸업하고 대학원을 거쳐 박사 학위를 따고 임시 교수를 거쳐 정식 교수로 가는 과정에서 여성의 비율은 갈수록 줄어든다. 과학, 공학, 기술 개발 분야의 직장에서도 여성의 비율은 20퍼센트를 밑돌고, 공학 분야의 직장에서는 9퍼센트에 불과하다.⁵⁷ 수준 높은 간행물인 《사이언스》와 《네이처》의 독자들은 지난 20년 동안 "다양성: 행동보다 말이 더 쉽다."나 "다양성 향상의 노력이 몇 가지 완고한 문제에 부딪히고 있다." 같은 제목들을 목격했다.⁵⁸ 그런 종류의 글을 대표하는 한 이야기에서는 이 문제를 조사하기 위해 구성된 국가 위원회들에 대해 논평하면서 다음과 같이 말했다. "위원회의 활동 목적은, 초등학교에서 부정적인 의미와 함께 시작되어 대학 교육과 대학원 교육을 거치면서 갈수록 굳어지는 장벽들 — 재정적, 학문적, 문화적 장벽들 — 때문에 우수한 지원자들이 학교와 일터에서 밀려나고 있는 문제를 꾸준히 해결해 나가는 것이다."⁵⁹ 미국의 9개 엘리트 대학의 학장들은 2001년의 한 회의에서 "중대한 변화"를 결의했는데, 여기에는 여성 교수들을 위한 연구비와 연구원 직위를 따로 책정하는 것, 그들에게 캠퍼스 내의 가장 좋은 주차 공간을 내주는 것, 여성 교수의 비율을 여학생의 비율에 맞추는 것 등이 포함되었다.⁶⁰

그러나 부정적 의미, 보이지 않는 장벽, 성적 편견 등의 이야기에는 이상한 점이 있다. 과학에서는 어떤 현상을 설명할 수 있는 모든 가설들을 펼쳐 놓고 그중 옳은 것이 아닌 모든 가설을 제거하는 방법을 사용한다. 과학자들은 대안적 설명을 생각해 내는 능력을 높이 평가하고, 특정한 가설을 지지하는 사람은 다른 가설들이 아무리 엉뚱해 보여도 그에 대해 성실하게 논박해야 한다. 그런데 줄줄 새는 파이프에 대한 과학적 논의에서는 장벽과 편견을 주장하는 이론의 어떤 대안도 언급하지 않는다. 드물게 보이는 예외 중 하나가 2000년《사이언스》에 실린 한 보조 기사였는데, 사회과학자 패티 하우스만이 국립 공학학술원에서 발표했던 프리젠테이션을 인용하고 있었다.

왜 보다 많은 여성이 공학 분야의 직업을 선택하지 않는가라는 질문의 답은 아주 명백하다. 그것은 바로 여성들이 원하지 않기 때문이다. 우리는 어디를 가든 여성들이 남성들보다 전기 저항이나 기화기 또는 쿼크에 대해 큰 매력을 느끼지 못하는 것을 보게 된다. 교과 과정을 다시 짜더라도 나는 식기 세척기가 어떻게 작동하는가를 배우는 데 흥미를 느끼지 못할 것이다.[61]

청중석에 있던 한 저명한 여성 공학자는 즉시 그녀의 분석을 "사이비 과학"이라 비난했다. 그러나 직업 선호와 관련된 문헌의 전문가인 린다 곳프레드슨은 하우스만이 충분한 데이터를 기초로 했음을 지적했다. "평균적으로 여성은 사람을 다루는 일에, 남성은 사물을 다루는 일에 더 큰 흥미를 느낀다." 그리고 직업 적성 검사 역시, 남학생들은 "현실적"이고 "이론적"이고 "연구하는" 직업에 관심이 많고 여학생들은 "예술적"이고 "사교적인" 직업에 관심이 많음을 보여 준다.

하우스만과 곳프레드슨은 외로운 목소리에 속한다. 성 격차는 거의 항상 다음과 같은 식으로 분석되기 때문이다. 직업이나 수입에서 남녀 간의 불균형이 발견되면, 비록 명백한 차별이나 부정적인 의미 또는 보이지 않는 장벽 등으로 이어지지 않아도 이는 즉시 성적 편견의 증거가 된다. 남녀의 어떤 차이가 직업과 수입에 영향을 미칠 수 있다는 가능성은 절대로 공공연히 언급해서는 안 된다. 그런 행동은 직업 평등의 대의를 퇴보시키고 여성의 권익을 해치기 때문이다. 바로 이런 믿음 때문에,

예를 들어 프리댄과 클린턴은 남녀가 전문직에서 동등한 수입과 대표성을 획득해야 비로소 양성 평등에 도달할 것이라고 말하는 것이다. 1998년 한 TV 인터뷰에서 글로리아 스타이넘과 여성 국회의원 벨라 앱저그는 성적 차이가 존재한다는 생각 자체가 "허튼소리"이고 "반미국적인 미친 생각"이라고 말했다. 양성 평등이 모든 분야에서의 동등한 수를 의미하는가를 묻자 앱저그는 이렇게 대답했다. "물론이죠. 무조건 50대 50입니다."[62] 성 격차에 대한 이러한 분석은 미국의 대학들에서도 공식적 입장이 되었다. 미국 일류 대학의 학장들이 대안적 설명을 (수용하든 안 하든) 고려조차 하지 않고 대학의 '부끄러운 편견'을 즐겁게 비난한다는 사실은 그것이 얼마나 뿌리깊은 금기인가를 여실히 보여 준다.

이 분석의 문제점은, 비교되고 있는 집단들의 모든 심리적 특성이 동일하지 않으면(물론 우리가 빈 서판이라면 그럴 수도 있겠지만) 결과의 불평등이 기회의 불평등을 입증하는 증거로 사용될 수 없다는 데 있다. 그러나 최소한 부분적으로나마 성 격차가 양성의 차이로부터 발생할 수 있다는 생각은 입 밖으로 나오는 순간 싸움을 거는 말이 될 수 있다. 그런 말을 꺼내는 사람은 반드시 "여성을 현재의 자리에 묶어 두려 한다." 거나 "현 상태를 정당화하려 한다."라는 비난에 직면하게 된다. 이것은 여자가 남자보다 오래 사는 원인을 연구하는 과학자를 가리켜 "그는 늙은 남자들이 죽기를 원한다."라고 말하는 것만큼이나 어처구니없는 일이다. 그리고 이기적인 남성들의 전략과는 전혀 무관하게, 유리 천장 이론의 결함을 드러내는 분석은 주로 여성들에 의해 행해졌다. 대표적인 여성으로는 하우스만, 곳프레드슨, 주디스 클라인펠드, 캐런 레어만, 캐시 영, 카밀라 벤보, 경제학자 제니퍼 로백, 펠리스 슈워츠, 다이애나 퍼크트코트-로스, 크리스틴 스톨바, 법학자 제니퍼 브레이스러스, 그리고 보다 신중한 입장을 보이는 경제학자 클로디아 골딘과 법학자 수잔

에스트리히가 있다.[63]

나는 이들의 글 덕분에 우리가 수많은 측면에서 성 격차를 더 잘 이해하게 되었다고 믿는다. 그들의 분석은 양성이 다를 수 있다는 가능성을 두려워하지 않으며, 따라서 우리에게 인간 본성에 대한 과학적 발견과 여성에 대한 공정한 대우 중 하나를 선택하도록 강요하지 않는다. 그들의 분석은 성 격차의 원인을 더욱 정교하게 이해하게 만들고 최고의 사회과학과 모순되지 않게 만든다. 그들의 분석은 여성과 그들의 선택을 보다 공손한 시각으로 바라볼 것을 요구한다. 마지막으로 그들의 분석은 직장 내에서의 양성 불평등을 보다 인간적이고 효과적으로 치료할 수 있는 방법을 약속한다.

에쿼티 페미니즘의 입장에서 성 격차에 대한 새로운 분석을 제시하기 전에, 먼저 논쟁의 여지가 없는 세 가지 사실을 다시 한번 강조하고자 한다. 첫째, 여성들이 자신의 포부를 펼치는 것을 방해하거나 성을 기초로 해 여성을 차별하는 것은 어디서든 즉시 금지되어야 할 불공정 행위이다.

둘째, 과거에 여성들이 광범위한 차별에 시달렸으며 그러한 차별이 오늘날에도 일부 분야에서 계속되고 있다는 사실에는 의심의 여지가 없다. 이것은 남성이 여성보다 돈을 더 많이 번다거나 전문 분야의 성비가 50대 50에 못 미친다는 사실을 보여 줌으로써 입증되는 것이 아니다. 그것은 다른 방법으로 입증된다. 예를 들어 실험자들이 가짜 이력서를 제출하거나, 지원자의 성을 제외한 다른 모든 면에서 동일한 신청서를 제출한 다음 차별 대우가 행해지는지를 지켜보는 것이다. 경제학자들은 회귀 분석을 통해, 먼저 남녀의 능력과 관심도를 측정하고, 남녀의 능력과 관심도가 똑같을 때 남자와 여자가 수입이 서로 다른지 또는 다른 속도로 승진하는지를 확인할 수 있다. 회귀 분석에서 다른 특성들을 동등하게 놓았을 때에만 결과의 차이가 차별의 증거가 된다는 점은 (상식임은 말할 것도 없고) 사회과학의 기본이므로, 임금 차별의 증거를 찾기 위해 데이터 세트를 분석하는 경제학자는 누구라도 이 점을 인정할 것이다.[64]

셋째, 여성이 과학자, CEO, 국가 지도자, 그리고 모든 분야의 최고 전문가가 될 "능력"이 있는가라는 질문은 무의미하다. 이 문제는 여러 해 전에, 남성의 경우와 똑같이 여성의 경우에도 일부는 능력이 있고 일부는 능력이 없다는 해답으로 완전히 해결되었다. 유일한 문제는 능력 있는 남성과 여성의 비율이 동등해야 하는가이다.

인간의 본성과 관련된 다른 여러 주제들과 마찬가지로 이 문제에서도, 통계적으로 생각하기를 싫어하는 일반적 성향 때문에 무의미하고 잘못된 이분법이 유행하게 되었다. 다음은 "여성은 무능력하다."와 "무조건 50대 50이다.", 또는 "차별은 없다."와 "차별밖에 없다."의 양극단 중 하나를 선택할 필요 없이 전문 분야의 성 차별에 대해 생각할 수 있는 방법이다.

자유롭고 공정한 노동 시장이라면 사람들은 그들의 특성과 직무 요구의 일치에 따라 고용되고 돈을 받을 것이다. 특정한 직업은 특정한 인지 능력(가령 수학적 기술이나 언어적 기술), 개인적 특성(가령 도전 의식이나 협동심), 생활 방식에 대한 수용력(가령 엄격한 스케줄, 재배치, 직업 기술 훈련)을 요구한다. 그리고 일련의 개인적 보상—사람, 도구, 아이디어, 사회 활동, 직업에 대한 자부심—을 제공한다. 봉급은 무엇보다도 수요와 공급의 영향을 받는다. 즉 얼마나 많은 사람들이 그 직업을 원하는가, 얼마나 많은 사람들이 그 일을 할 수 있는가, 고용주가 그 일을 위해 몇 사람을 고용하는가에 따라 좌우된다. 쉽게 충원할 수 있는 직업은 보수가 적고, 사람을 구하기 어려운 직업은 보수가 높을 것이다.

사람들은 고용과 관련해 저마다 다른 특성을 가지고 있다. 대부분의 사람들은 논리적으로 생각하고, 사람들과 함께 일하고, 갈등이나 불쾌한 상황을 견디는 능력을 갖고 있지만 그 정도는 동일하지 않다. 모두가 저마다의 강점과 취향을 가지고 있는 것이다. 성적 차이의 모든 증거(생물학적 증거, 문화적 증거, 둘 모두의 증거)를 놓고 볼 때, 이 강점과 취향을 보여 주는 남녀의 통계적 분포는 서로 다르게 나타나는 경향이 있다. 만약 남성과 여성이 가진 특성의 분포를 직무 요구의 분포와 일치시켜 보면, 각 직업의 남녀 비율이 동일하거나 남녀 평균 임금이 동일할 가능성은 장벽이나 차별이 없다 해도 전무에 가깝다.

그렇다고 해서 여성이 지팡이의 짧은 쪽을 쥐고 있다는 뜻은 결코 아니다. 그것은 해당 사회가 제공하는 기회의 메뉴에 달려 있다. 만약 남성 특유의 강점(가령 신체적 위험을 감수하는 성향, 기계에 대한 관심)을 요구하는 고임금 직업이 더 많다면 평균 임금은 남성 쪽이 더 높을 것이고, 반대로 여성 특유의 강점(가령 언어 능력, 사람에 대한 관심)을 요구하는 고임금 직업이 많으면 여성의 평균 임금이 더 높을 것이다. 어느 경우든 남녀 모두가 두 종류의 직업 모두에서 발견될 것이고 단지 수적 차이만 보일 것이다. 이것이 바로 몇몇 인기 있는 전문직에서 여성이 우세한 이유이다. 대표적인 예가 내가 종사하는 분야인데, 어린이의 언어 발달을 연구하는 분야에서는 여성이 남성보다 압도적으로 많다.[65] 『제1의 성: 여성의 선천적 재능, 그리고 여성이 세계를 변화시키고 있는 방법』에서 인류학자 헬렌 피셔는, 지식 기반에 의해 움직이는 세계화된 경제는 곧 여성을 선호할 것이라 서술했다. 여성은 보다 조리 있고 협조적이며, 서열에 덜 집착하고, 원인 결과를 타협해 내는 능력이 더 뛰어나다. 그녀는, 21세기의 직장에서는 갈수록 이런 재능을 요구하기 때문에 여성들은 지위와 수입 면에서 남성을 능가할 것이라 예측한다.

물론 오늘날의 세계에서 성 격차는 남성에게 유리하다. 성 격차의 일부는 차별에서 비롯되고 있다. 어떤 고용주들은 여성의 기술을 과소 평가하거나, 남성들만 근무하는 일터가 더 효율적이라 생각하거나, 남성 종업원들이 여성 관리자를 못마땅하게 생각할 것을 걱정하거나, 편견에 사로잡힌 고객과 의뢰인들이 거부감을 느낄 것을 두려워한다. 그러나 객관적 증거를 보면 알 수 있듯이 전문직에서의 모든 성적 차이가 이러한 장벽 때문에 발생하는 것은 아니다.[66] 예를 들어, 대학 교수 직에서 수학자 중에는 여자가 적고, 발달 언어 심리학자 중에는 남자가 적고, 진화 심리학자의 경우에 양쪽이 거의 비슷한 것은 어떤 장벽 때문이 아니다.

몇몇 전문직에서는 능력의 차이가 중요한 역할을 할 수 있다. 수학적 사고와 3차원 심리 조작에 대한 특별한 능력을 가진 사람 중에는 여자보다 남자가 많기 때문에, 공학자, 물리학자, 유기화학자, 그리고 몇몇 수학 분야의 교수들의 경우 50대 50의 성비와는 거리가 멀다(물론 여성의 비율이 0에 가까워야 한다는 뜻은 결코 아니다.).

대부분의 전문직에서 능력의 평균적 차이는 직업 성비와 무관하지만, 직업 선호의 평균적 차이는 양성의 방향을 다르게 만들곤 한다. 이것을 보여 주는 가장 극적인 예는, 전국적인 재능 조사에서 빠른 수학적 발달을 보인 7학년 학생들의 표본을 제시한 데이비드 루빈스키와 카밀라 벤보의 분석이다.[67] 그 10대들은 제2차 페미니즘의 물결이 일었던 기간에 태어났고, 부모로부터 재능 발달을 위한 지원과 격려를 받았으며 (모두가 여름 방학에 수학과 과학 프로그램을 이수한 경험이 있다.), 자신의 성취 능력을 충분히 인식하고 있었다. 그러나 조사원들 앞에서 재능 있는 여학생들은 사람, "사회적 가치", 인본주의와 이타적 목표에 더 관심이 있다고 말한 반면, 재능 있는 남학생들은 사물, "이론적 가치", 추상적인 지식 탐구에 더 관심이 있다고 말했다. 대학에 들어간 여학생들은 인문과학, 예술, 과학 과목들을 폭넓게 선택한 반면, 남학생들은 수학과 과학을 고집했다. 그리고 전체 여학생 중 수학, 자연과학, 공학의 박사 학위를 딴 학생은 1퍼센트 미만인 반면, 남학생의 경우 8퍼센트였다. 대신 여학생들은 의학, 법학, 인문학, 생물학 분야로 진출했다.

직업적 가치관과 직업 선택에 대한 조사들을 보면, 운동가들이 사람들을 대신해서 말하는 경우보다는 남자와 여자들의 직접적인 말을 토대로 한 조사에서 남녀의 불균형이 더욱 뚜렷이 나타난다.[68] 보통 남성의 자부심은 지위, 봉급, 재산과 더 밀접하다. 그리고 사람들이 이성에게서 무엇을 찾는가에 대한 수많은 연구에서 볼 수 있듯이 성적 파트너나 결혼 상대자로서의 남자의 매력도 그런 것들과 밀접하다.[69] 따라서 남자들은 자기 분야에서 승진이나 출세를 하기 위해 더 많이 일하고 삶의 다른 부분들을 기꺼이 희생시킬 수 있다고—따분한 지방 도시에서 살거나, 발령을 받았을 때 친구와 가족을 떠나 살 수 있다고—말한다. 평균적으로 남성들은 또한 신체적 불편함과 위험을 기꺼이 감수하기 때문에, 공장에서의 장비 수리, 유전에서의 굴착 작업, 유조선 내부의 기름 찌꺼기 청소같이 지저분하지만 상대적으로 임금이 높은 직업에 더 많이 종사한다. 여성들은 보통 냉난방이 갖추어진 사무실에서 일하는 낮은 임금의 사무직을 선택하는 경향이 강하다. 남자들이 위험을 감수하는 성향이 더 높다는 사실은 능력과 자격 조건이 같을 때에도 그들의 직업 선택에 반영된다. 남자는 기업에서 일하는 것을 더 좋아하고 여자는 정부 기관과 비영리 단체에서 일하는 것을 더 좋아한다. 남자 의사들은 전문의가 되어 직접 개업하는 경향이 강하고, 여자 의사들은 병원과 의료 기관에서 봉급을 받는 일반의가 되는 경향이 강하다. 남자들은 공장에서 관리자가 되는 경향이 강하고, 여자들은 인사 부서나 사내 의사 소통 부문의 관리자가 되는 경향이 강하다.

　자식에 대한 애착은 대개 아버지들보다는 어머니들 쪽이 더 강하다. 이것은 전 세계 모든 사회에서 사실일 뿐 아니라, 약 2억 년 전 최초의 포유류가 진화한 시점까지 우리의 계통을 거슬러 올라가도 그럴 것이다. 수잔 에스트리히의 표현대로, "성과 양육의 관계가 깨지길 기다리는 것은 고도를 기다리는 것과 같다." 그러나 이것은 여성들이 일에 관심이 없는 사회가 존재한다는 뜻이 아니다. 식량 수집 사회에서도 여성들은 대부분의 채집을 담당했고, 돌이나 창이 아닌 그물을 사용할 때에는 사냥의 일부를 담당했다.[70] 그리고 남성들이 자식에게 무관심한 사회가 존재한다는 의미도 아니다. 남성이 부모로서 투자하는 것은 동물학적으로 볼 때, 호모 사피엔스의 특별하고도 현저한 특징이다. 단지 그것은 자식에 대한 투자와 건강 유지를 위한 노력(궁극적으로 다른 자식을 낳아 투자하기 위한 노력)의 균형을 맞추는 생물학적 흥정이 남녀 각기 다른 정도에서 이루어진다는 것을 의미한다. 여성들은 젖을 먹이는 성일 뿐 아니라 아기의 상태에 더 많은 주의를 기울이고, 조사에 따르면, 자식과 함께 시간을 보내는 일을 더 소중히 생각한다.[71]

　그래서 양성 모두 일을 중시하고 양성 모두 아이를 중시하지만, 무게 중심이 서로 달라서 여성들은 임금이나 명성이 적은 대신 자식과 시간을 더 많이 보낼 수 있는 직업——더 짧거나 탄력적인 근무 시간, 낮은 재배치(발령) 가능성, 오래 가는 기술——을 선택할 가능성이 높다. 경제학자 제니퍼 로백은 이렇게 지적한다. "사람들이 금전적 수입을 희생하고 다른 즐거움을 찾는다면, 이 사람과 저 사람의 수입을 비교하는 방식으로는 어떤 것도 추론할 수 없다."[72] 경제학자 게리 베커의 설명에 따르면, 결혼은 처음에는 작았던 성적 차이의 효과를 갈수록 확대시키는데 이것은 경제학자들이 이른바 비교 우위라 부르는 것 때문이다. 남편이 아내보다 약간 더 많이 벌지만 아내가 남편보다 양육을 더 잘 하는 부부라면, 아내가 남편보다 조금 덜 일하는 것이 두 사람 모두에게 유익하다는 합리적 판단을 내린다는 것이다.[73]

다시 한번 말하지만, 이것은 결코 성 차별이 사라졌다거나 정당화될 수 있다는 뜻이 아니다. 요점은 단지, 우리가 빈 서판이 아니라면 성 격차 자체로는 성 차별을 전혀 설명할 수 없다는 것이다. 성 차별을 확인하는 유일한 방법은 선택권과 능력을 동등하게 놓고 남녀의 직업이나 임금을 서로 비교하는 것이다. 실제로 "미국 청년에 대한 장기적 조사 (National Longitudinal Survey of Youth)"의 데이터를 조사한 최근의 한 연구에서는, 자식이 없는 27세에서 33세까지의 여성들이 남성의 수입 1달러에 대해 98센트를 번다는 사실을 발견했다.[74] 미국 고용주들에게 여성을 더 많이 고용하도록 동기를 부여하는 정책에 냉소적인 사람들조차도 이 사실을 당연하게 여길 것이다. 살벌할 정도로 치열한 경제 현장에서 능력 있는 여자를 무시하거나 무능력한 남자에게 많은 돈을 줄 정도로 어리석은 회사가 있다면 보다 실력 있는 경쟁자에게 금방 밀려날 것은 불을 보듯 뻔한 일이다.

오늘날 민주주의 사회에서 사람들이 임금과 일자리를 양성에게 50대 50으로 배분하는 것을 본래적 가치로 보고 반드시 성취해야 할 목표라 결정한다 해도, 그런 결과적 평등 정책에 직접적으로 반대할 방법이 과학이나 사회과학에는 없다. 과학적 발견을 통해 단지 그런 정책에는 이익보다는 비용이 따를 것이라고 말할 수 있을 뿐이다. 결과적 평등 정책에는 잔존하는 성 차별을 중화시킬 수 있다는 명백한 이점이 있다. 그러나 만약 남성과 여성이 서로 뒤바뀔 수 있는 존재가 아니라면, 그에 따른 비용도 반드시 생각해 볼 필요가 있다.

어떤 비용은 남성에게 돌아가거나 양성 모두에게 돌아갈 것이다. 두 가지 명백한 비용은, 남성에 대한 역차별의 가능성 그리고 현재 고용과 봉급을 결정하는 사람들이 성 차별 의식에 젖어 있을 것이라는 그릇된 억측의 가능성이다. 양성이 함께 치러야 하는 또 다른 비용은 직무 요구와 개인적 특성의 일치가 아닌 다른 요소들에 따라 고용이 결정될 때 발생하는 비효율이다.

한편 결과적 평등 정책에서 발생하는 여러 가지 비용들이 여성들 몫으로 돌아갈 것이다. 다수의 여성 과학자들은 과학 분야에서의 일방적인 여성 우대 정책—가령 여성 교수 직의 지정, 지원자의 남녀 비율에 상관없이 연방 정부의 연구비를 똑같이 나누는 (어느 운동가가 주장한) 정책—에 반대하고 있다. 좋은 의도에서 만들어진 이런 정책들의 문제는, 수혜자의 능력에 대한 의심을 키울 수 있다는 것이다. 천문학자 린 힐렌브란드가 말했듯이, "여자라는 이유로 기회가 주어진다는 것은 누구에게든 전혀 고마운 일이 아니다. 오히려 왜 그 자리에 있냐는 사람들의 의심이 쏟아질 뿐이다."[75]

여성의 출세에는 분명 제도적 장벽이 있다. 인간은 포유류이다. 그러므로 우리는, 아이를 낳고 젖을 먹이고 주로 양육하는 쪽이 여성일 수밖에 없다는 사실이 어떤 윤리적 의미를 던져 주는가를 생각해야 한다. 우리는 남자 쪽은 양육의 의무를 면제받았고, 자식은 그저 여성에게 즐거움을 주는 존재이거나 소수 집단에게 일어나는 사고라고 생각해서는 안 된다. 따라서 성적 차이는 여성 보호 정책—출산 휴가, 양육비 지급, 탄력적인 근무 시간, 약정된 교수 임기의 시계를 멈추거나 임기 자체를 없애는 방법 등—을 위협하는 것이 아니라 정당화하는 데 이용되어야 한다(임기에 대한 정책적 배려의 가능성은 생물학자이자 프린스턴 대학 총장인 셜리 틸먼이 제안했다.).

물론 세상에 공짜란 없어서 이런 정책에는 또한 전체 남성과 자식이 없는 여성들, 자식을 다 키운 여성들, 자식과 함께 집에 있기로 결정한 여성들에게 불리한—어쩌면 정당한—결정이 수반된다. 그러나 인간 본성을 고려하면, 일하는 여성의 운명을 개선할 수 있는 중요하고도 새로운 문제들을 제기할 수 있게 된다. 여성을 가로막는 부담스런 직무 요구 중 어느 것이 실질적으로 경제적 효율성에 기여하고, 어느 것이 최고 자리를 향한 남성들과의 경쟁에서 걸림돌이 되는가? 직장에서의 공정함에 대해 생각할 때, 사람들을 고립된 개인으로 간주해야 하는가 아니면 어느 시점에서는 자식을 낳고 어느 시점에서는 연로한 부모를 돌볼 수 있는 가족의 구성원으로 간주해야 하는가? 만약 모든 직종에서 보다 즐거운 근로 조건을 위해 경제적 효율성을 어느 정도 희생한다면, 행복의 총량은 증가할 것인가? 나로서는 답을 알지 못하지만 이 문제들은 함께 논의할 가치가 충분하다.

성적 차이를 인정하는 것이 부인하는 것보다 더 인간적인 이유가 하나 더 있다. 성공과 실패, 행복과 고통의 당사자는 전체 남성과 여성이 아니라 구체적인 남자와 여자들이고, 그들에게 가치관과 선택의 능력을 부여하는 뇌(아마도 제각기 다른 뇌일 것이다.) 역시 개별 남녀들의 것이다. 우리는 그들의 선택을 존중해야 한다. 현대적 생활 양식을 다루는 잡지에 규칙적으로 실리는 기사를 보면 자식들과 함께 집을 지키고 있는 여자들이 자신의 삶을 부끄럽게 여긴다는 이야기가 자주 등장한다. 그들은 한결같이 "페미니즘(여성 운동)은 선택에 관한 문제라 생각했다."라고 말한다. 그러나 이 말은 일을 선택한 여성들에게도, "가족을 위해" 수입의 일부를 포기한 여성들에게도(그리고 물론 같은 선택을 한 남성들에게도) 맞는 말이다. 같은 수의 남녀가 법률 회사에서 8시간 근무제로 일해야 한다거나 혹한의 바다에서 시추 작업을 하기 위해 몇 달 동안 가족과 떨어져 지내야 한다고 말하는 것은 결코 진보적인 주장이 아니다. 그리고 (양성 동등을 주장하는 사람들이 《사이언스》를 통해 요구했던 것처럼) 보다 많은 젊은 여성들이 "공학 분야를 선택하도록 조건화되어야 한다."라고 요구하는 것도 괴이한 일이다.[76] 여성들은 스키너의 상자에 갇힌 생쥐가 아니다.

    곳프레드슨은 이렇게 지적한다. "양성 균등을 사회 정의의 수단으로 이용하겠다고 고집한다면 그것은 다수의 남녀를 그들이 가장 좋아하는 직업에 들어오지 못하게 하고 그들이 좋아하지 않는 직업으로 떠미는 꼴이 된다."[77] 과학 분야의 줄줄 새는 파이프 현상을 연구한 클라인펠드도 그녀와 같은 말을 한다. "우리는 재능 있는 여성들에게, 만약 그들이 수학자 대신 수학 교사가 되고, 물리학자 대신 저널리스트가 되고, 공학자 대신 변리사가 되기로 결정한다고 해서 인간으로서 가치가 작은 존재가 되고 우리의 문명에 덜 중요한 존재가 된다는 메시지를 전하지 말아야 한다."[78] 그런데 이 걱정은 가설이 아니다. 미국 국립 과학 재단(National Science Foundation, NSF)에서 최근에 실시한 조사에 따르면, 과학, 수학, 공학을 공부하는 학생들 중 스스로 원해서 전공을 선택하기보다는 교사와 가족의 압력 때문에 선택했다고 말한 경우는 남학생보다 여학생이 더 많았으며 그들 중 다수는 그 때문에 전공을 바꿨다고 한다.[79] 이제 마거릿 미드의 말로 결론을 대신하고자 한다. 성의 가소성에 대한 잘못된 관점에서 출발했던 그녀는 다음과 같은 말로 올바른 견해를 표현하고 있다. "대조적인 가치관들이 풍부하게 존재하는 보다 윤택한 사회를 건설하고자 한다면, 우리는 인간이 가진 모든 잠재력을 인정하고 그래서 각각의 다양한 재능들이 적절한 장소를 찾을 수 있는 보다 덜 변덕스러운 사회 구조를 건설해야 한다."

최근에 성과 관련해 가장 뜨겁게 불붙고 있는 쟁점은 강간의 본질과 원인이다. 2000년 『강간의 자연사』를 발표한 생물학자 랜디 손힐과 인류학자 크레이그 파머는 25년여 동안 지식 세계를 확고하게 지배했던 일반적 견해를 위협했고, 그로 인해 진화 심리학에는 그 어떤 쟁점 때문에 발생했던 것보다 더욱 맹렬한 비난이 쏟아졌다.[80] 강간은 괴롭지만 피할 수는 없는 주제이다. 현대의 지식 세계를 아무리 둘러봐도 강간만큼 사람들이 인간 본성을 강하게 부인하는 주제를 찾아보기란 어렵고, 그 대안에 대해 그만큼 심각한 오해가 난무하는 주제를 만나 보기도 어렵다. 나는 이와 관련된 문제점들을 명확히 하려면 지금까지 불필요하게 마찰을 빚어 왔던 세 가지 목표들—여성의 권리, 인간 본성에 대한 생물학적 이해, 상식—을 일치시키는 긴 과정을 거쳐야 한다고 생각한다.

강간에 대한 공포는 남성과 여성의 심리를 이해하고자 하는 노력에 특별한 중요성을 더한다. 강간에 대한 연구는 강간의 발생을 줄여야 한다는 최우선의 도덕적 명령에 부응해야 한다. 강간의 원인을 밝히는 과학자는 누구든 질병의 원인을 밝히는 의학자처럼 우리의 존경을 받을 자격이 있다. 고통을 이해하는 것이 그 고통을 제거하는 첫 단계이기 때문이다. 그리고 신의 계시를 통해 진리를 얻는 사람은 아무도 없기 때문에 우리는 또한 잘못된 것으로 판명될 수도 있는 이론들을 탐구하는 사람들을 존경해야 한다. 도덕적 비판은 독단적인 견해를 강력히 주장하거나, 증거를 무시하거나, 조사를 가로막는 사람들의 몫이다. 그들이야말로 우리가 현상을 더 잘 이해하면 발생하지 않았을 강간의 희생자들을 이용해 자신의 명성을 보호하고 있기 때문이다.

그러나 불행하게도 현재의 상황은 아주 다르다. 현대의 지식 세계에서 강간을 분석할 때 최우선으로 주어지는 도덕적 명령은, 강간은 섹스와 완전히 무관하다고 선언하는 것이다. 이 주문은 강간이란 주제가 거론될 때마다 빠지지 않고 등장한다. 1993년 유엔은 다음과 같이 선언했다. "강간은 폭력과 지배력을 과도하게 사용해 강간범이 희생자를 수치와 굴욕과 당혹과 자괴와 공포로 몰아넣는 행위다. 강간의 1차적 목표는 타인에 대해 권력과 지배력을 행사하는 것이다."[81] 2001년 《보스턴 글로브》의 특집 기사에도 이와 똑같은 내용이 등장했다. "강간은 섹스와 무관하다. 그것은 폭력이고 권력과 지배력을 사용하기 위해 섹스를 이용하는 행위이다.…… 가정 폭력과 성 폭행은 모두 성 차별과 폭력 찬양이라는 강력한 사회적 요인의 뚜렷한 표현이다."[82] 우상 파괴에 앞장선 어느 기고가가 강간과 폭행에 대한 반대 의견을 발표하자 한 독자는 다음과 같이 응수했다.

10여 년 동안 교육자 겸 상담가로 일하며 여성에 대한 폭력을 중단하도록 남성들을 돕는 일에 전념해 온 나로서는 캐시 영의 10월 15일자 칼럼이 불안하고 실망스럽기만 하다. 그녀는 문제를 혼동하고 있다. 남성들이 마음만 먹으면 여성에게 폭력을 행사할 수 있도록 지원하는 가부장적 문화가 남성들을 사회화시킨다는 사실을 그녀는 인정하지 않고 있는 것이다.[83]

이 상담가는 지배적 이데올로기에 너무 깊이 빠져 있어서, 영이 그가 자명한 진리라 여기는 독단적 견해를 "인정하지 않는" 것이 아니라 그것을 정면으로 반박하고 있다는 점을 깨닫지 못했다. 그리고 "가부장적 문화가 남성들을 사회화시킨다."라는 그의 표현은, 너무 친숙해서 무감각해진 어느 슬로건을 그대로 되풀이하고 있다.

공식적인 강간 이론의 출발점은 젠더 페미니스트인 수잔 브라운밀러가 1975년에 발표한 중요한 책 『우리 의지에 반하여(Against Our Will)』이다. 이 책은 강간을 다루는 우리의 태도를 크게 변화시킨 혁명의 상징물이 되었고, 이 태도 변화는 제2차 페미니즘이 이룬 위대한 업적에 속한다. 1970년대까지 강간은 여성의 권익에 대해 관심이 부족한 사법 체제와 대중 문화에 의해 다루어졌다. 희생자들은 목숨을 내걸고 범죄자에게 반항했음을 증명하지 않으면 섹스에 동의한 것으로 간주되었다. 희생자들의 옷차림은, 마치 매력적인 여자가 지나가면 남자들은 자제심을 잃게 된다는 식으로 정상 참작의 요인으로 인정되었다. 또한 여자가 어떤 경우에 어떤 남자와 섹스를 하기로 결정한 것이 모든 경우에 모든 남자와 섹스를 하겠다고 동의한 것과 같다는 식으로, 여자의 과거 행적 또한 정상 참작의 요인으로 작용했다. 그리고 가령 목격자 증언 같은 보강 증거들이 다른 폭력 범죄 사건에서와는 달리 강간 사건에서만 요구되었다. 대중 매체에서는 여성의 동의를 종종 가볍게 다루었다. 영화를 보면, 처음에는 반항하던 여자가 남자의 거친 손길에 녹아 결국 그의 품에 안기는 장면이 드물지 않았다. 강간 희생자들의 고통도 가볍게 취급되었다. 나는 1970년대 초 성 혁명이 끝나 갈 무렵 10대 소녀들이 다음과 같은 농담을 주고받았던 것을 기억한다. "어쩔 수 없이 강간을 당할 상황이라면 똑바로 누워서 즐기는 게 나을 거야." 부부 강간은 범죄가 아니었고, 데이트 상대가 하는 강간 역시 강간이라는 개념조차 없었으며, 전시의 강간은 역사 책 밖으로 밀려나 있었다. 오늘날 서구 민주주의 사회에서 인간성에 대한 이런 모욕 행위들은 사라졌거나 감소하고 있는데, 이러한 도덕적 진보의 일등 공신은 역시 페미니즘이었다.

그러나 브라운밀러의 이론은 여성은 성적으로 폭행당하지 않을 권리를 지닌다는 도덕적 원리를 지나치고 말았다. 그녀는 강간이 남성 개인의 섹스 욕구와는 아무 관계가 없고 단지 남성 전체가 여성 전체를 억압하기 위한 전술이라고 말한 것이다. 다음이 그녀의 유명한 말이다.

> 자신의 성기가 두려움을 일으키는 무기로 사용될 수 있다는 사실을 발견한 것은 불의 사용이나 최초의 돌도끼와 더불어 선사 시대에 이루어진 가장 중요한 발견 가운데 하나임이 분명하다. 선사 시대부터 오늘날까지 강간은 중요한 기능을 수행해 왔다.…… 그것은 바로 모든 남성이 모든 여성을 두려움의 상태로 몰아넣는 의식적인 협박의 과정이다.[84]

이것이 오늘날의 교리 문답——강간은 섹스와 무관하고, 우리 문화는 여자를 강간하도록 남자들을 사회화하고 여성에 대한 폭력을 찬양한다.——으로 발전했다. 이러한 분석은 젠더 페미니즘의 인간 본성 이론에서 직접적으로 나온다.——인간은 (필요한 것을 원하도록 훈련시키고 사회화시켜야 하는) 빈 서판이고, 유일하게 중요한 인간의 동기는 권력이고 (따라서 성적 욕구와는 무관하고), 모든 동기와 이익은 개인이 아닌 집단(가령 남성과 여성)에 있다.

브라운밀러의 이론은 젠더 페미니스트가 아닌 사람들에게도 매력적인데, 그것은 바로 고상한 야만인 때문이다. 1960년대 이래로 대부분의 교양인들은 섹스를 수치스럽거나 더러운 것이 아니라 자연스러운 것으로 생각해야 한다고 믿게 되었다. 섹스는 자연스럽고 자연스러운 것은 좋은 것이기 때문에 섹스는 좋은 것이다. 그러나 강간은 나쁘다. 따라서 강간은 섹스가 아니다. 강간의 동기는 인간 본성이 아니라 사회 제도에서 나와야 한다는 것이다.

섹스가 아니라 폭력이라는 슬로건은 섹스와 무관하다는 측면과 폭력이라는 측면을 동시에 말하고 있다. 희생자에게는 두 부분 모두가 완벽하게 적용된다. 즉 강간을 당한 여성은 성행위가 아니라 폭행을 경험한다. 그리고 가해자에게는 정의상 폭력이라는 부분이 적용된다. 폭력이나 강제성이 없으면 강간이라고 하지 않기 때문이다. 그러나 강간이 폭력과 관계가 있다고 해서 섹스와 관계가 없다고 볼 수는 없다. 이것은 무장 강도가 폭력과 관계가 있다고 해서 탐욕과는 관계가 없다고 볼 수 없는 이치와 같다. 악한 사람들은 원하는 것을 얻기 위해 폭력을 이용하는 것처럼 섹스를 얻기 위해서도 얼마든지 폭력을 이용하기 때문이다.

나는 강간이 섹스와 무관하다는 주장이 언젠가는 기이한 대중적 착각과 군중의 광기를 보여 주는 역사적 사례로 남을 것이라 생각한다. 그것은 겉으로만 보아도 터무니없고, 지금처럼 신성시될 가치가 없으며, 수많은 증거와 모순되고, 강간과 관련된 유일한 도덕적 목표인 강간 퇴치에도 방해가 되고 있다.

생각해 보자. 첫 번째 명백한 사실은 남자들은 종종 그들과 섹스를 하고 싶어하지 않는 여자들과 섹스를 하고 싶어한다는 것이다. 그들은 인간이 다른 인간의 행동에 영향을 미치기 위해 사용하는 온갖 기술—구애, 유혹, 아첨, 거짓말, 토라짐, 지불 등—을 동원한다. 두 번째 명백한 사실은 '어떤 남자들'은 원하는 것을 얻기 위해 폭력을 사용하고 그로 인해 야기되는 고통에는 무관심하다는 것이다. '어떤 남자들'은 몸값을 받기 위해 어린이를 납치하고(때로는 부모에게 귀나 손가락을 보내서 자신들의 비열함을 보여 주기도 한다.), 강도질을 한 다음 희생자가 법정에서 자신을 알아보지 못하도록 그의 눈을 멀게 만들고, 경찰에 밀고하거나 영역을 침범했다는 이유로 애꿎은 가족의 슬개골에 총을 쏘고, 값비싼 운동화 때문에 낯선 사람을 죽인다고 알려져 있다. 만약 '어떤 남자들'이 섹스를 얻기 위해 폭력을 사용하지 않는다면 그것은 우리가 인간에 대해 알고 있는 수만 가지 사실과 모순되는 정말로 유별난 사실이 될 것이다.

이제 남자들이 강간을 통해 전체 남성의 이익을 증진한다는 생각에 상식을 적용시켜 보자. 강간범은, 자기 자신을 보호하려는 여자의 손에 상처를 입을 위험이 있다. 전통적인 사회에서는 여자 쪽 친척들의 손에 고문, 신체 절단, 죽음을 당할 위험이 있다. 현대 사회에서는 장기형에 처해질 위험이 있다. 그런데도 강간범들이 얼굴도 모르는 수십 억의 모든 남성을 위해 그런 위험을 무릅쓴단 말인가? 강간범들은 대개 보잘것없는 인생의 낙오자인 데 반해 가부장 제도의 주된 수혜자는 부유한 권력자라는 사실을 생각하면 그것은 말도 안 되는 이야기다. 남자들은 물론 전쟁터에서 대의를 위해 희생하지만, 그것은 의지에 반해 강제로 징집당했기 때문이거나 그들의 공훈이 알려지면 사회적 명성을 얻을 것이라는 약속을 믿기 때문이다. 그러나 강간범들은 대개 은밀하게 행동하고 자신의 행동을 비밀로 유지하려 애쓴다. 그리고 여자를 강간한 남자는 언제 어디서든 그가 속한 사회에서 쓰레기 취급을 받는다. 모든 남자가 모든 여자를 상대로 야만적인 전쟁을 벌이고 있다는 생각은, 남자들에게는 어머니, 딸, 누이, 아내가 있으며 그들은 다른 남자들이 아니라 그 여자들을 소중히 보살피며 살아간다는 간단한 사실 앞에서 즉시 물거품이 된다. 이것을 생물학적으로 표현하면 다음과 같다. 각 개인의 유전자는 다른 사람들의 몸 속으로 전해지는데, 그 절반이 자신의 반대 성이다.

물론 대중 문화가 때때로 여성의 자율성을 소홀히 취급하는 것은 개탄할 일이다. 그러나 우리 문화가 정말로 "남자들에게 강간을 가르친다."거나 "강간범을 찬양한다."고 믿을 수 있단 말인가? 모든 남성이 강간을 통해 이득을 보는 이유보다는 최근까지 사법 체계에서 강간 희생자들을 냉담하게 취급했던 이유를 설명하는 편이 차라리 간단하다. 최근까지 법원은 강간 사건의 배심원들에게, 피해 여성의 증언을 평가할 때에는 매우 신중해야 한다는 17세기의 법학자 매슈 헤일 경의 경고를 주지시키곤 했다. 강간은 "아주 쉽게 고소할 수 있고, 피고인이 결백할 때에도 변호하기가 어렵기" 때문이다.[85] 이 견해는 우리 사법 체계의 무죄 추정의 원칙과, 그리고 한 명의 무고한 사람을 감옥에 넣기보다는 차라리 열 명의 죄인을 놓아준다는 원칙과 일맥 상통한다. 비록 그렇다 하더라도, 이 방침을 강간에 적용시킨 남자들이 그것을 자신들의 집단 이익에 도움이 되는 쪽으로 이용했다고 가정해 보자. 그들이 정의의 저울을 은근히 기울여서 그들 자신이 강간범으로 잘못 기소될(혹은 애매한 상황 때문에 기소될) 가능성을 최소화하려 했고, 강간범을 감옥에 처넣지 못하는 피해 여성들의 억울함을 중요하게 생각하지 않았다고 가정해 보자. 그것은 물론 불공정한 행위이긴 하지만, 여성을 억압하려는 의식적 책략으로서 강간을 조장하는 것과는 다르다. 만약 그것이 정말로 남성들의 전술이라면 그들은 무엇 때문에 강간을 범죄로 만들었겠는가?

강간이 섹스가 아니라는 이론을 믿는다고 해서 도덕적으로 나아질 만한 점은 전혀 없다. 물론 섹스는 도덕적으로 건전한 즐거움을 준다. 그러나 그와 동시에 갈등의 원천이기도 하다는 사실을 인정하는 것은 도덕적 타락을 의미하는 것이 아니라, 역사 이래로 인간의 조건을 관찰해 온 사람들이 주목해 왔던 진리를 재발견하는 것에 불과하다. 그리고 만약 한 남자가 섹스를 위해 강간을 했다 하더라도 그것이 그가 "어쩔 수 없는 일"을 저질렀다거나 그를 도덕적으로 용서해야 한다는 것을 의미하지 않는다. 이것은 가게의 금전 등록기를 털기 위해 주인에게 총을 쏘는 사람이나 고급 승용차를 뺏기 위해 운전자의 머리를 후려치는 사람을 용서할 수 없는 것과 같다. 페미니즘이 강간의 도덕성 문제에 크게 기여한 점은 동의와 강압의 문제를 전면에 내세웠다는 것이다. 그러나 강간범의 궁극적 동기에 대해서는 엉뚱한 곳을 짚고 말았다.

마지막으로 젠더 페미니즘 이론의 인간적 측면을 생각해 보자. 에쿼티 페미니스트 웬디 맥켈로이는 다음과 같이 지적한다. 그 이론에 따르면 "남편, 아버지, 아들이 아내, 딸, 어머니를 아무리 사랑하고 친절하게 보살핀다 해도 그들은 그 여자에 대한 강간의 수혜자가 되어 버린다. 남성을 한 부류로 묶어 그렇게 악의에 찬 비난을 던지는 이데올로기라면 어떤 상처도 치유하지 못한다. 단지 남성들의 적대감을 자극할 뿐이다."[86]

브라운밀러는 심오한 수사학적 질문을 던졌다.

> 우리나라의 문화적 생산물에 깊이 스며들어 있는 반(反)여성적 사고 방식이 여성에 대한 성적 적대 행위들을 용인할 뿐 아니라 이데올로기적으로 장려하는 분위기를 조장하고 있다는 결론을 내리기 위해 과학적 방법론까지 동원할 필요가 있겠는가?

맥켈로이는 다음과 같이 대답했다. "대답은 간단하고 명백하게, '있다.'이다. 어떤 경험적 주장이든 그것을 입증하기 위해서는 과학적 방법론이 필요하다." 그리고 그녀는 브라운밀러의 태도가 낳은 결과에 대한 주의를 환기시켰다. "강간에 대한 새 도그마의 피해자 중 하나가 바로 연구 분야이다. 강간의 원인을 연구하는 것은 이제 '성적으로 옳지 않은' 일이 되어 버렸다. 그 이유는 제정신을 가진 사람이라면 누구나 알고 있듯이, 강간에는 단 하나의 원인——가부장제——만 존재하기 때문이다. 강간에 대한 연구 방법은 자유주의 페미니즘과 성적 호기심이 절정에 달했던 수십 년 전이 지금보다 정교했다."[87] 맥켈로이가 이 같은 의심을 품게 된 것은 강간에 대한 이른바 "연구"들을 조사해 보니 가설들을 시험하거나 과학적 방법을 사용한 것이 열 개 중 하나도 안 된다는 사실을 확인하고 나서였다.[88]

강간에 대한 과학적 연구와, 그 연구가 인간 본성과 어떤 관계가 있는가를 집중 조명한 것은 2000년에 나온 『강간의 자연사』였다. 손힐과 파머는 다음과 같은 기본적인 관찰에서 출발했다. 즉 강간은 임신으로 이어질 수 있고 그로 인해 강간범의 유전자가 퍼질 수 있으며 그 속에는 강간을 가능하게 만들었던 유전자가 포함될 수 있다. 따라서 강간의 가능성과 관련된 남성의 심리적 특성은 도태되기보다는 선택되었을 것으로 보아야 한다는 것이다. 손힐과 파머는 강간이 전형적인 짝짓기 전략은 아닐 것이라고 주장했다. 희생자와 그녀의 친척들의 손에 해를 입거나 공동 사회에서 추방될 위험이 있기 때문이다. 그러나 그것은 일종의 기회주의적 전술이어서, 강간범이 여성의 동의를 얻지 못하거나, 공동 사회에서 고립되어 있거나(따라서 추방으로 막을 수 없거나), 탐지와 처벌에서 벗어나 있을 때(가령 전쟁 중이거나 계획적 학살이 벌어질 때) 그 가능성이 높아진다. 손힐과 파머는 다음과 같이 두 가지 이론을 요약한다.—기회주의적 강간은 특별히 선택되었을 다원주의적 적응 특성일 수 있다. 몇몇 곤충은, 강압적으로 교미하는 동안 암컷을 꼼짝 못 하게 하는 것 외에는 아무 기능이 없는 부속 기관을 가지고 있는데, 그것이 바로 그 예이다. 또는 강간은 남성 심리의 두 가지 자질—섹스에 대한 욕구, 목표 추구를 위해 기회주의적 폭력을 사용할 가능성—에서 나온 부산물일 수 있다. 두 저자는 그들의 데이터가 어느 가설을 더욱 확실히 뒷받침하는가에 대해 의견을 달리했고, 그래서 이 문제를 미결로 남겼다.

정직한 독자라면 어느 누구도, 두 저자가 강간을 좋은가 나쁜가 하는 일반적 의미에서 "자연적(선천적)"인 것으로 생각한다고 결론을 내릴 수 없었다. 그 책의 첫마디는 "인간의 삶에서 강간이 사라지기를 기원하는 과학자로서……"였는데, 이것은 분명 강간이 불가피하다고 생각하는 사람들의 말이 아니었다. 손힐과 파머는 강간의 가능성에 영향을 미치는 환경적 요인들을 논했고, 강간을 감소시킬 수 있는 방법들을 제안했다. 대부분의 남자들이 강간을 저지를 가능성이 있다는 생각은 오히려 여성들의 이익에 봉사한다. 면식 강간, 부부 강간, 사회적 혼란기의 강간에 대한 경각심을 불러일으키기 때문이다. 이러한 분석은 사실, 베트남에 참전한 "훌륭한" 미국 청년들을 비롯한 평범한 남자들도 전시에는 얼마든지 강간을 저지를 수 있다는 브라운밀러 자신의 데이터와도 일치한다. 강간이 남성성의 나머지 부분들과 연속선상에 있다는 손힐과 파머의 가설은 가장 급진적인 젠더 페미니스트들의 말과 희한하게도 일치한다. 가령 캐서린 맥키넌과 안드레아 드워킨은 이렇게 말했다. "유혹은 종종 강간과 구별하기 어렵다. 유혹할 때 강간범은 와인 한 병을 선심 쓰는 경우가 흔하다."[89]

무엇보다도 그 책은 희생자의 고통에 똑같이 초점을 맞추고 있다. (초고의 제목은 『왜 남자들은 강간을 하고, 왜 여자들은 고통을 겪는가』였다.) 손힐과 파머는 다원주의적 관점에서, 왜 동물의 왕국에서 살아가는 모든 암컷들이 강압적인 섹스를 거부하는가를 설명하고, 강간의 희생자의 고통이 여성의 본성과 깊이 관련되어 있음을 주장한다. 강간은 자연에 편재하는 성 선택 메커니즘의 핵심인 여성의 결정권을 짓밟는다. 섹스를 하기 위한 상황과 수컷을 선택함으로써 암컷은, 좋은 유전자를 가지고 있거나 양육 책임을 분담할 의지와 능력을 가진, 혹은 이 둘 다를 가진 수컷을 자식의 아버지로 맞이할 가능성을 높인다. 존 투비와 레다 코스미디스가 말했듯이, 이 궁극적인(진화론적인) 계산 때문에 여자들은 "자신의 성적 관심과 관계의 조건을 통제하고, 어떤 남자를 자식의 아버지로 받아들일 것인가를 신중히 결정하도록" 진화한 것이다.[90]

손힐과 파머의 이론은 에쿼티 페미니즘에서 제기하는 여러 가지 주장을 뒷받침한다. 그것은 여성의 관점에서 강간과 동의 섹스가 완전히 다르다는 것을 예측케 한다. 그리고 강간에 대한 여성의 혐오가, 억압된 본능의 신경증적 표출도 아니고 문화적 환경이 달라질 때 쉽게 뒤바뀔 수 있는 사회적 결과물도 아니라는 것을 확인케 한다. 그것은 강간으로 야기된 고통이 다른 신체적 외상이나 폭력으로 야기된 고통보다 더 깊다는 것을 예측케 한다. 그러므로 다른 종류의 폭력보다 강간을 예방하고 그 가해자를 엄격히 처벌하는 일에 더 많은 노력을 기울이게 한다. 이 분석을 다음과 비교해 보라. 여성에게 영향을 미칠 수 있는 모든 사회적 수단을 통해 강간에 대한 혐오감이 주입되어야 한다는 두 젠더 페미니스트들의 의심스런 주장이다.

> 여성의 두려움은…… 그들의 개인적 배경으로부터 발생하기도 하지만 여성이라는 집단이 역사, 종교, 문화, 사회 제도, 일상적 상호 작용 등을 통해 흡수하는 것으로부터 발생한다. 여성의 두려움은 어린 나이에 학습된 후, 학교, 교회, 법률, 언론과 같은 사회 제도에 의해 강화된다. 또한 부모, 형제, 교사, 친구를 통해서도 많은 것들이 학습된다.[91]

손힐과 파머의 분석이 여성의 이익과 일치하는 것은 사실이지만 한편으로 그들은 금기를 깨뜨렸다. 그에 대한 반응은 우리의 짐작대로 시위, 강의 방해, 왜곡된 인용을 이용한 섬뜩한 독설로 나타났다. "구역질 나는 최신 과학 이론"이 대표적인 반응이었고, 급진주의 과학자들은 그들이 흔히 사용하는 정확성의 기준을 적용해 두 사람을 비난했다. 힐러리 로즈는 어느 생물학자의 이론을 논하는 글에서 다음과 같이 말했다. "남자들은 선천적으로 강간 성향을 타고난다는 반여성적인 자신의 주장을 옹호하는 과정에서 사회 생물학자 데이비드 바라시는 '자연이 성차별주의자라면 자연의 아들들을 탓하지 마라.'라고 호소했지만, 그것은 과학에 대한 오래된 경의를 잃어 버린 용납할 수 없는 견해에 불과하다."[92] 바라시는 물론 그런 말을 한 적이 없고 오히려 강간범은 처벌받아야 할 범죄자라고 언급했다. 과학 저술가 마거릿 버트하임은 손힐과 파머의 책에 대한 서평을 시작하면서, 당시 남아프리카에서 강간이 유행병처럼 번지는 현상에 주목했다.[93] 강간이 "사회적 조건화와 혼란의 부산물"이라는 이론과 강간이 진화론적·유전학적 원인에서 비롯된다는 이론을 비교하면서 그녀는 냉소적인 문체로 만약 후자가 사실이라면 "남아프리카는 틀림없이 그런 유전자들의 온상일 것"이라고 적었다. 일석이조의 효과였다. 한편으로는 손힐과 파머를 극단적으로 단순한 이분법의 오류로 몰아붙였고(그러나 그들은 강간을 부추기는 사회적 조건에 대해 많은 지면을 할애했다.), 또 한편으로는 그들의 이론이 인종 차별적이라는 비판적 뉘앙스를 풍겼다. 심리학자 제프리 밀러는 『강간의 자연사』에 대한 서평에서 그 책에 대한 항간의 반응을 다음과 같이 진단했다.

『강간의 자연사』는 이미 대중 과학서로서 최악의 운명을 겪었다. 『인간의 유래』*와 『종형 곡선 이론』처럼 이 책도 이데올로기적 시금석이 되었다. 누구든 강간 희생자와 전체 여성에 대한 동정심을 증명하려면 이 책

* 다윈의 저서 『인간의 유래와 성 선택(The Descent of Man and Selection in Relation to Sex)』을 말한다.

을 성 차별적이고 반역사적인 사이비 과학으로 치부할 줄 알아야 한다. 이 책을 남성 우월주의가 빚어 낸 문화적 타락의 한 증상으로 취급하는 이야기들이 속속 출현하는 상황에서 그것을 과학적으로 평가하는 견해는 압도당하고 말았다. 사회학적으로 볼 때 어떤 책을 이데올로기적 시금석으로 삼는 것은 유용할 수 있다. 그 책을 읽거나 생각하는 수고를 들이지 않아도 효과적으로 자기와 생각이 비슷한 파벌에 가담할 수 있기 때문이다. 그러나 인간의 담화에는 이데올로기적 선전 이상의 것이 담겨 있다.[94]

손힐과 파머 본인들이 강간이 적응 특성(특별히 선택된 성 전략)이라는 이론과, 강간이 부산물(폭력 사용의 결과)이라는 이론을 이분법적으로 구분한 것은 애석한 일이다. 그로 인해 강간이 섹스와 관계가 있다는 보다 기본적인 주장으로부터 사람들의 관심이 멀어졌기 때문이다. 나는 그들이 두 이론을 너무 날카롭게 구분했다고 생각한다. 남성성은 여성이 남성보다 성적 파트너와 상황을 더 조심스럽게 선택했던 세계에서 진화했다. 그 때문에 남자들은 여성의 부정적 태도를 자신이 극복해야 할 장애물로 취급하게 되었을 것이다. (이것을 달리 표현해 보면, 우리는 여성 쪽에서 호혜적으로 관심을 보일 때에만 남성이 성적으로 관심을 갖는 종을 상상해 볼 수 있지만 인간은 그런 종이 아닌 것 같다고 말할 수 있다.) 여성의 부정적 태도를 어떻게 극복하느냐는 남성 심리의 나머지 부분과 상황에 대한 남성의 평가에 달려 있다. 남자는 일반적으로, 친절함, 여성을 설득해서 자신의 호의를 믿게 만들기, 그 유명한 '와인 한 병 선심 쓰기' 등의 전술을 펼친다. 그러나 몇 가지 위험 요소가 추가되면—남자가 정신병질자거나(따라서 타인의 고통에 둔감하다.), 부랑자거나(따라서 추방에 면역이 되어 있다.), 낙오자거나(달리 섹스를 충족할 방법이 없다.), 군인이나 인종 폭동의 가담자로서 적을 인간 이하로 간주하고 마음대로 제거해도 된다고 생각한다면—그만큼 강압적인 성격을 띠게 된다. 보통의 상황에서 대부분의 남자들은 분명 강간의 욕구를 느끼지 못한다. 조사에 따르면 성폭행은 포르노나 섹스 판타지 소설에서도 드문 주제이고, 남성의 성적 흥분에 대한 실험실 연구에 따르면 여성에 대한 폭력을 사실적으로 보여 주거나 여성이 고통과 굴욕을 느끼고 있다는 증거가 제시되면 흥분이 금방 식어 버린다고 한다.[95]

강간범의 동기에 섹스가 포함되는가라는 더욱 기본적인 문제는 어떠한가? 포함되지 않는다고 주장하는 젠더 페미니스트들은 나이 많은 불임 여성을 목표로 삼는 강간범들, 성기능 장애가 있는 강간범들, 임신과 무관한 성행위를 강요하는 강간범들, 콘돔을 사용하는 강간범들을 예로 든다. 그들의 주장은 두 가지 이유에서 설득력을 잃는다. 첫째, 이런 예들은 소수의 경우에 해당하고 따라서 그러한 주장은 대부분의 강간이 성적 동기에서 비롯된다는 사실을 역으로 보여 주게 된다. 둘째, 이런 현상들은 모두 동의 섹스에서도 발견되므로, 그들의 주장은 섹스 자체가 섹스와 무관하다는 모순에 이르게 된다. 그리고 데이트 강간은, 강간이 섹스가 아니라는 이론에 특히 문제가 되는 경우이다. 대부분의 사람들은 여성에게는 성행위 도중 어느 때라도 싫다고 말할 권리가 있으며, 그래도 남자가 고집한다면 그것은 성폭행이라는 점에 동의한다. 그런데 이 경우 남자의 동기가 갑자기 섹스를 하는 것에서 여성을 억압하는 것으로 바뀐다는 말인가?

반면에 강간의 동기가 섹스의 동기와 중복된다는 것을 보여 주는 증거는 놀라울 정도로 많다.[96] (이에 대해서는 손힐과 파머보다 법학자 오언 존스가 더욱 철저히 조사했다.)

- 강압적인 성교는 동물의 왕국에 광범위하게 존재한다. 이것은 강

압적 성교가 도태되기는커녕 때로는 자연에 의해 선택될 수 있음을 의미한다. 그것은 많은 종류의 곤충, 새, 포유류에게서 발견될 뿐 아니라 인류의 친척인 오랑우탄, 고릴라, 침팬지에게서도 발견된다.
- 강간은 인간이 사는 모든 사회에서 발견된다.
- 대개 강간범은 강압적인 섹스에 필요한 만큼의 폭력만을 희생자에게 사용한다. 심각하거나 치명적인 상처를 입히는 경우가 드문 것은 임신과 출산이 불가능해지기 때문일 것이다. 심각한 상처를 입는 경우는 강간 희생자의 4퍼센트이고, 살해되는 경우는 500분의 1에 불과하다.
- 강간 희생자들은 대개 성적 번식력이 가장 왕성한 13세에서 35세까지의 여성으로 집계된다. 어린이(16세 미만)로 분류되는 숫자도 많지만, 대부분의 데이터 집합의 평균치가 14세인 것으로 보아 그들 대부분은 사춘기 청소년인 것을 알 수 있다. 강간 희생자의 연령 분포는 다른 폭력 범죄의 희생자들의 경우와는 아주 다르다. 그리고 강간범이 희생자를 그들의 신체적 취약성이나 그들이 힘있는 지위에 있을 가능성을 보고 골랐을 때의 연령 분포와도 아주 다르다.
- 강간 희생자들은 임신으로 이어질 가능성이 있는 강간을 당했을 때 더욱 큰 충격에 빠진다. 그것은 임신 가능한 연령의 여성들에게 그리고 (다른 형태의 강간과는 대립된다는 의미에서) 강압적 성교를 당한 희생자들에게 심리적으로 매우 고통스럽다.
- 강간범은 남성의 인구 통계학적 분포와 비례하지 않는다. 강간범 중에는 성적 경쟁이 가장 치열한 젊은 나이의 남성이 압도적으로 많다. 이른바 강간하도록 "사회화"되었다고 하는 젊은 남성들은

나이가 들면서 그 사회화의 효과를 잃어 버린다.
- 대부분의 강간은 임신으로 연결되지 않지만, 임신으로 이어지는 강간도 많은 부분을 차지한다. 임신 능력이 있는 강간 희생자 가운데 5퍼센트가 임신을 하는데, 매년 3만 2000명의 희생자가 강간으로 인해 임신한다. (강간 희생자의 낙태가 중요한 문제로 대두되는 이유가 여기 있다.) 장기적인 여성 피임법이 없었던 선사 시대에는 그 비율이 훨씬 높았을 것이다.[97] 브라운밀러는 "번식 전략으로서 단 한 번 운에 맡기고 사정하는 방법은 지속적인 동의 섹스에 비해 러시안 룰렛과 같기" 때문에 강간에 대한 생물학적 이론들은 "공상적"이라고 주장했다.[98] 그러나 지속적인 동의 섹스는 모든 남성이 선택할 수 있는 방법이 아니며, 운에 맡기는 섹스를 하게 만드는 성향은 섹스를 전혀 못하는 성향보다는 진화론적으로 더 성공적일 수 있다. 자연 선택은 1퍼센트 정도의 미미한 성공에도 효과적인 보상을 제공한다.

~~~

객관적 사실에 입각해 강간을 이해하면 강간을 줄이거나 제거할 수 있다는 희망을 가질 수 있다. 우리의 눈에 띄는 이론들을 살펴보았을 때 강간 퇴치와 관련된 주제는 폭력, 성 차별적 태도, 성적 욕구로 압축된다.

강간이 폭력 범죄라는 데에는 모두가 동의한다. 강간을 확산시키는 가장 큰 요인은 아마도 무법 상태일 것이다. 여성에 대한 강간과 유괴는 종종 비국가적 사회에서 일어났던 습격의 중요한 목표이고, 국가들 간의 전쟁과 인종 집단 간의 폭동에서도 강간은 흔하게 일어난다. 평화 시의 강간 발생률은 다른 폭력 범죄의 발생률과 비례하는 경향을 보인다.

예를 들어 미국에서 성폭행 발생률은 다른 폭력 범죄 발생률과 나란히 1960년대에 올라가고 1990년대에 떨어졌다.[99] 젠더 페미니스트들은 여성에 대한 폭력이 문명과 사회 제도 탓이라고 비난하지만 사실은 정확히 정반대이다. 여성에 대한 폭력은 문명권 밖에 있는 사회에서 횡행하고, 문명이 붕괴될 때 어김없이 분출한다.

수량화된 연구가 있는지는 잘 모르겠지만, 성 차별적 태도를 공격하는 것이 (다른 이유에서는 몰라도) 과연 강간 퇴치에 특별한 효과가 있는지는 분명치 않다. 미국보다 성 역할 구분이 더 엄격한 일본 같은 나라들에서는 오히려 강간 발생률이 훨씬 낮고, 미국에서도 성 차별이 만연했던 1950년대보다는 보다 자유로운 분위기였던 1970년대와 1980년대가 훨씬 더 위험했다. 오히려 양자의 상관성은 거꾸로 가는 것처럼 보인다. 여자들이 남자들에게서 더 많이 독립하고 행동의 자유를 더 많이 누릴 때 위험한 상황을 더 많이 겪는 것처럼 보인다.

강간의 성적 요소에 초점을 맞추는 대책은 어떠한가? 손힐과 파머는, 10대 청소년들은 강간 예방 강좌를 듣고, 여성들은 자극적인 옷차림이 강간의 위험을 높일 수 있다는 내용의 교육을 받아야만 운전 면허증을 딸 수 있게 하자고 제안했다. 이처럼 미숙한 처방은 과학자들이 정책 결정에 참여하기 힘든 이유를 잘 보여 주기는 하지만, 그럼에도 두 사람의 제안에 쏟아진 비난은 터무니없는 것이었다. 강간에 대한 권위자로 추앙을 받던 메리 코스는 "민주 사회에서는 도저히 받아들일 수 없는 생각"이라고 말했다. (이 말 속에 담겨 있는 금기의 심리학에 주목해 보자.—그들의 제안은 틀렸을 뿐 아니라 그런 생각을 하는 것조차 "도저히 받아들일 수 없다."는 것이다.) 코스는 계속해서 이렇게 말했다. "강간은 사회적 성과 관련된 범죄이기 때문에 그런 제안은 평등을 해친다. 그것은 남성의 자유보다 여성의 자유를 더 많이 구속한다."[100]

여성의 매력적인 옷차림이 거부할 수 없는 강간 충동을 자극한다거나 가해자의 과실이 피해자에게 전가되어야 한다는 주장은 사실 혐오스러운 면이 있다. 그러나 손힐과 파머는 결코 그런 말을 하지 않았다. 그들은 옳고 그름을 기준으로 해서 어느 쪽을 비난한 것이 아니라 신중함에 대한 제안을 했던 것이다. 물론 모든 여성은 원하는 대로 옷을 입을 권리를 지니고 있다. 그러나 당면한 문제는 완벽한 세계에서 여성들이 어떤 권리를 누릴 수 있느냐가 아니라 우리가 사는 이 세상에서 어떻게 하면 여성들의 안전을 극대화할 수 있느냐이다. 위험한 상황에서 여성들은 행여 그들이 남성들의 엉뚱한 반응을 유도하고 있는 것은 아닌지 또는 자신의 의도와는 달리 엉뚱한 신호를 보내고 있는 것은 아닌지 주의하라고 제안하는 것은 지극히 상식적인 일이어서, 정상적인 성인이라면 누구나—여성들에게 "성폭행은 성적 만족을 노린 행동이 아니다."라거나 "외모와 매력은 강간과 무관하다."라고 가르치는 성폭력 방지 프로그램에 세뇌당한 사람이 아니라면[101]—당연히 그렇게 생각할 것이다. 에퀴티 페미니스트들은 성폭력 방지 프로그램의 그런 충고가 손힐과 파머의 제안보다 훨씬 가혹하다는 의미에서 얼마나 무책임한가를 지적한다. 예를 들어 파글리아는 다음과 같이 썼다.

지난 10년 동안 페미니스트들은 제자들에게 "강간은 성범죄가 아니라 폭력 범죄"라고 주입시켰다. 이 사탕발림식 헛소리 때문에 젊은 여성들이 재난을 겪어 왔다. 페미니즘이 엉뚱한 길로 인도한 탓에 어린 여학생들은 좋은 가정에서 태어난 같은 학급의 착한 남학생들에게 강간을 당할 수 있다고 예상하지 못한다.……

그 여학생들은 "글쎄요, 동아리 파티에서 술을 마시고 남학생의 방까지 따라가도 무슨 일이야 있겠어요?"라고 말한다. 나는 이렇게 반문한다.

"정말 그렇다고 생각하니? 그러면 뉴욕에서 차를 몰다가 차 열쇠를 보닛 위에 놔두고 갈 수 있겠니?" 물론 차를 도난당하면 경찰은 도둑을 추적해야 하고 도둑은 처벌받아야 한다. 그러나 경찰은—그리고 나는—이렇게 말할 것이다. "이 바보 멍청아, 도대체 무슨 생각으로 그렇게 한 거지?"[102]

같은 맥락에서 맥켈로이도, 여성들에게 "남성의 자유보다 여성의 자유를 더 많이 구속하는" 현실적 충고를 하지 말아야 한다는 코스 유(類)의 주장이 얼마나 비논리적인가를 지적한다.

> 여성이 공격에 취약하다고 해서 모든 여성이 공격당하는 것은 아니다. 우리는 밤에 어떤 위험도 겪지 않고 어두운 캠퍼스나 뒷골목을 걸을 수 있다. 사실 모든 여성이 당연히 그래야 한다. 그러나 "당연한" 일들은 유토피아에서 벌어진다. 그런 일은 군중 속에서 지갑을 떨어뜨려도 현금과 카드까지 고스란히 돌려 받는 세계에서 일어난다. 그것은 우리가 사는 세계가 아니다.[103]

강간이 섹스가 아니라는 비현실적 교의는 여성에 대한 충고뿐 아니라 강간을 막는 정책까지 왜곡시킨다. 일부 교도소에서는 성범죄자를 대상으로, 어렸을 때 당한 아동 학대의 경험을 뿌리뽑기 위해 집단 치료와 심리극 프로그램을 운영한다. 프로그램의 목표는 여성에 대한 공격이 그들의 어머니, 아버지, 사회에 대한 분노를 표출시키는 방편임을 이해시키는 것이다. (《보스턴 글로브》에 실린 어느 기사는 치료법에 대한 긍정적인 내용에도 불구하고 "[그] 치료의 성공률이 어떤지 알 길이 없다."라고 고백했다.)[104] 또 다른 프로그램에서는, 가부장제, 이성애, 가정 폭력과 인종 억압의 관계에 대한 강의로 이루어진 "여성 친화적 치료법"을 통해 폭행범과 강간범을 재교육하고 있다. "가부장 제도가 나를 그렇게 만든다."라는 제목의 기사에서 정신과 의사 샐리 새틀은 다음과 같이 비평했다. "폭력적인 남성에게 여성 친화적인 '치료법'을 시행하는 것은 구미에 당기는 일이지만, 비극적인 사실은 폭력적인 남편들이 무가치한 치료를 받고 있는 동안 현실 속의 피해 여성들이 더 큰 위험에 노출된다는 것이다."[105] 영악한 범죄자들은 적당한 심리학 용어나 페미니즘 슬로건을 둘러대서 성공적으로 치료받은 척할 수 있고 결국에는 일찍 출소해서 또 다른 희생자를 물색할 수 있다.

존스는 그의 사려 깊은 논평*에서, 강간과 관련된 법률적 쟁점들이 성적 요소를 배제하지 않은 더욱 정교한 이해를 통해 어떻게 해결될 수 있는가를 탐구한다. 한 예가 "화학적 거세"인데, 이는 안드로겐 분비를 억제하고 성 충동을 낮추는 데포프로베라라는 주사액을 범죄자가 자발적으로 맞는 것이다. 이 주사액은 때때로 섹스에 병적으로 집착하고, 강간, 음란한 노출, 아동 학대 같은 범죄를 강박적으로 범하는 범죄자들에게 투여된다. 화학적 거세는 상습 범죄율을 급격히—한 연구에 따르면 46퍼센트에서 3퍼센트로—낮출 수 있다. 약제 사용은 사생활과 처벌에 대한 심각한 법률적 논쟁을 불러일으킬 수 있어서 생물학적으로만 결정될 수 있는 문제가 아니다. 그러나 "강간은 섹스가 아니라 권력, 폭력과 관련된 범죄이기 때문에 거세는 소용이 없을 것"이라는 선험적 비판으로는 문제가 분명해지기는커녕 더욱 애매해질 뿐이다.

존스는 화학적 거세를 옹호하는 것이 아니다(나 역시 그렇다.). 그는 단지 강간을 줄일 수 있는 모든 가능성을 보고 이를 신중하고 개방적인

---

* 원주 96번을 가리킨다.

눈으로 평가할 것을 요구하는 것이다. 강간과 섹스를 한 입으로 말한다는 생각만으로도 화가 치미는 사람은 누구든 앞의 숫자를 다시 한번 봐야 한다. 강간을 15분의 1로 줄일 수 있는 정책을 무조건 거부한다면 많은 여성들이 불필요하게 강간의 피해자가 될 것이다. 그렇다면 우리는 여성이라는 추상적 집단의 권익을 주장하는 이데올로기와 이 세상에 사는 여성들에게 실제로 도움이 되는 정책 중 어느 쪽을 더 중시해야 할지를 결정해야 할 것이다.

∽

오늘날 성에 관해 논쟁하는 사람들의 귀에서 나오는 그 모든 연기에도 불구하고 모두가 동의하는 공통의 기반은 놀라우리만큼 넓어졌다. 이제 성 차별이나 강간을 인정하는 사람은 없다. 시계를 거꾸로 돌려 대학과 전문직에서 여성을 몰아내려는 사람도 없다. 이성을 가진 사람이라면 지난 세기에 확대된 여성의 자유 때문에 인간의 조건이 무한히 풍부해졌다는 사실을 부인할 수 없을 것이다.

감정만 앞서고 도덕적으로는 무의미한 엉터리 지식 때문에 주제에서 벗어날 이유도 더 이상 존재하지 않는다. 인간 본성에 대한 과학들 덕분에 우리는 엉터리 정보와 정말로 중요한 목표를 구별함으로써 여성의 권익을 향상시킬 수 있게 되었다. 페미니즘은 정치적·사회적 평등을 위한 운동으로서는 중요하지만, 인간 본성에 대한 괴벽스런 교의에 몰두하는 학문적 파벌로서는 중요하지 않다. 여성에 대한 차별을 철폐하는 것은 중요하지만 여성과 남성이 뒤바뀔 수 있는 마음을 가지고 태어난다고 믿는 것은 중요하지 않다. 선택의 자유는 중요하지만 여성이 모든 직업의 50퍼센트를 차지해야 한다고 주장하는 것은 중요하지 않다.

성폭행을 근절하는 것은 중요하지만 강간범이 전체 남성의 공모 하에 강간을 저지른다는 이론은 중요하지 않다.

19장
✢
어린이

"**본**성-양육 논쟁은 끝났다." 최근에 발표된 어느 논문의 첫 문장이다. 그 논문에는 그 첫 문장만큼이나 대담한 "행동 유전학의 세 가지 법칙과 그 의미"라는 제목이 붙어 있다.[1] 물론 본성-양육 논쟁은 모든 인간이 공유하는 선천적 재능을 낱낱이 확인하고 그로 인해 이루어지는 학습 과정을 이해하는 문제(이전 장들의 중심 주제였다.)에 있어서는 절대로 끝나지 않았다. 그러나 무엇이 한 사회의 주류에 속한 사람들을 각기 다르게—똑똑하거나 우둔하게, 착하거나 비열하게, 용감하거나 소심하게—만드는가의 문제와 관련해서는 수천 년간 지속되어 온 본성-양육 논쟁은 사실상 끝이 났거나 끝이 나야 한다.

논문의 저자인 심리학자 에릭 투르크하이머는 본성-양육 논쟁이 끝났음을 선언하기 위해 노새 길들이기 식의 낡은 방법을 써서 억지로 피실험자들의 주의력을 끌어내지는 않았다. 그의 연구는 심리학적 기준으로 볼 때 대단히 확고한 상당량의 경험적 결과를 요약한 것이었고 수십 년 동안 여러 나라의 많은 연구에서 반복적으로 확인된 것이었다. 표본이 (종종 수천 개까지) 늘어나고 방법이 향상되고 반대 의견이 제기되었지만 결과는 성조기처럼 한결같았다.

행동 유전학의 세 가지 법칙은 심리학 역사상 가장 중요한 발견일 것이다. 그러나 세 가지 법칙이 여러 시사 잡지의 커버 스토리를 통해 소개되었음에도, 대부분의 심리학자들은 그것을 본격적으로 다루지 않았고, 대부분의 지식인들은 그것을 이해하지 못했다. 그 법칙들이 너무 심오해서가 아니었다. 각각의 법칙은 수학적 장치의 도움 없이 한 문장으로 요약될 수 있었다. 진짜 이유는 그 법칙들이 빈 서판을 함부로 다루었다는 데 있었다. 빈 서판은, 옳고 그름을 따지기는커녕 대부분의 지식인들이 그 대안을 이해조차 못할 정도로 깊이 뿌리박혀 있었다.

세 가지 법칙은 다음과 같다.

- 제1법칙: 인간의 모든 행동 특성은 유전적이다.
- 제2법칙: 한 가족 내에서 양육되는 것의 효과는 유전자의 영향보다 작다.
- 제3법칙: 복잡한 행동 특성들의 편차 중 상당 부분은 유전자나 가족의 영향으로 설명되지 않는다.

이 법칙은 무엇이 우리를 (같은 민족의 구성원들과 비교했을 때) 지금의 모습으로 만드는가를 설명한다. 그리고 우리의 지성과 인성이 형성된다고 여겨지는 발달 단계, 즉 유년기에 어떤 요인들이 우리에게 영향을 미치는가를 설명해 준다. 알렉산더 포프는 "가지가 휘는 대로 나무는 굽는다."라고 말했다. 워즈워스는 "아이는 어른의 아버지"라고 말했고, 밀턴은 "아침이 하루를 보여 주듯 유년은 그 사람을 보여 준다."라고 말했다. 예수회 수도사들은 "아이의 처음 7년을 다오. 그러면 너에게 어른을 돌려줄 수 있다."라고 했는데, 이 금언은 영화 감독 마이클 앱티드가 영국 아이들을 7년 단위로 추적해 제작한 다큐멘터리에 맺음말로 사용되기도 했다("7세까지", "14세까지", 등등). 이 장에서는 세 가지 법칙을 살펴보고 그것이 본성과 양육에는 무엇을 의미하고 또 무엇을 의미하지 않는지를 탐구할 것이다.

∽∽∽

제1법칙: 인간의 모든 행동 특성은 유전적이다. 처음부터 시작해 보자. "행동 특성"이란 무엇인가? 일반적으로 과학 연구에서 행동 특성은 표준화된 심리 검사를 통해 측정되는 한 개인의 안정적인 특질이다. 지능 검사는 사람들에게, 아라비아 숫자열을 거꾸로 읽고, '내키지 않다'와 '후회하다' 같은 단어를 정의하고, 달걀과 씨앗의 공통점을 찾고, 네 개의 삼각형을 이어 붙여서 사각형을 만들고, 기하학적 형태들의 순서를 추정하라고 요구한다. 인성 검사는 "나는 종종 아는 사람을 피하기 위해 길을 건넌다.", "이용당하는 것을 대수롭지 않게 여기는 사람을 이용하는 것은 비난할 일이 아니다.", "나는 어떤 일을 하기 전에 친구들이 어떻게 반응할지를 고려한다.", "사람들이 나에 대해 저속하고 모욕적인 말을 한다." 등의 진술에 동의하는지 안 하는지를 묻는다. 언뜻 보면 빠져나가기 쉬울 것 같지만 이러한 검사들은 그 효과를 폭넓게 인정받고 있다. 개인이 검사를 받을 때마다 상당히 일관된 결과가 나오고, 통계학적으로 아주 정확한 예측이 가능하기 때문이다. 지능지수 검사는 학교 성적과 업무 성과를 예측할 수 있게 하고, 인성 검사 결과는 당사자에 대한 사람들의 평가, 그리고 정신병 진단, 안정적인 결혼 생활, 법률 위반 같은 생활의 결과적 측면들과의 상관성을 보여 준다.[2]

어떤 연구에서는 행동을 보다 직접적으로 기록한다. 대학원생들이 초시계와 클립보드를 들고 학교 운동장에 나가 아이들의 행동을 관찰한다. 몇 명의 교사가 학생들의 공격성을 측정하고 평균을 낸다. 텔레비전을 얼마나 오래 시청하는지 또는 담배를 얼마나 많이 피우는지를 보고할 때도 있다. 조사원들이 고등학교 졸업률, 범죄율, 이혼율같이 정확한 결과를 보고할 때도 있다.

일단 측정을 하고 나면, 표본의 분산—집단 평균에서 각 개체의 점수를 뺀 값(즉 편차)을 제곱한 다음 이 값들을 평균한 값—을 계산할 수 있다. 분산은 집단의 구성원들이 서로 얼마나 다른가를 보여 준다. 예를 들어 대형견 래브라도 리트리버를 표본으로 했을 때 체중의 분산은 여러 종의 개를 표본으로 했을 때의 분산보다 작다. 분산은 둘 이상의 구성 요소로 나누어 분석할 수도 있다. 한 집단의 분산 중 몇 퍼센트는 어떤 요소(가령, 꼭 그럴 필요는 없지만, 그 원인)에 기인하고, 다른 몇 퍼센트는 다른 요소에 기인하며, 그 부분들을 모두 더하면 100퍼센트가 된다고 말하는 것은 수학적으로 유의미하다. 두 가지 특성의 상관성 정도는 상관 계수로 나타내는데, 한 가지 특성이 다른 특성과 얼마나 관계가 있는가를 보여 주는 상관 계수는 -1과 +1 사이의 숫자로 표현된다.* 행동 유전학 연구에서는 이것을 특정한 요소에 의해 설명되는 분산 비율의 추정치로 이용한다.[3]

* 가령 키와 체중의 상관성이 높다고 하면 상관 계수는 +1에 가깝게 나올 것이고, 나이와 키의 상관 계수는 0에 가깝게 나올 것이고, 나이와 머리카락 수는 반비례하므로 상관 계수는 -1쪽으로 나올 것이다.

유전율은 유전적 차이와 상관 관계에 있는 특성에 대한 분산 비율이다. 그것은 몇 가지 방법으로 측정할 수 있다.[4] 가장 간단한 방법은 태어난 직후 떨어져서 자란 일란성 쌍둥이의 상관성을 알아보는 것이다. 그들은 모든 유전자를 공유하는 동시에 (표본에 포함된 환경들 간의 차이를 놓고 볼 때 상대적으로) 완전히 다른 환경에서 성장하므로, 그들 사이의 상관성은 유전자의 영향인 것이 틀림없다. 그 밖에도 대부분의 환경과 모든 유전자를 공유하는 함께 자란 일란성 쌍둥이와, 대부분의 환경과 절반의 유전자(정확히 말하면, 표본에 포함된 사람들이 가지고 있는 서로 다른 유전자 중 절반이다. 왜냐하면 인류의 보편적인 유전자는 누구나 가지고 있기 때문이다.)를 가지고 있는 함께 자란 이란성 쌍둥이를 비교하는 방법도 있다. 만약 상관성이 일란성 쌍둥이들 사이에서 높게 나타난다면 그것은 그들만이 가진 특별한 유전자의 영향을 반영한다고 볼 수 있다. 두 상관성의 차이가 크면 클수록 유전율은 더 높다고 추정된다. 또 다른 방법은 절반의 유전자와 대부분의 환경을 공유하는 친형제들과, (서로 다른 유전자 중) 어떤 유전자도 공유하지 않고 대부분의 환경을 공유하는 입양 형제들을 비교하는 것이다.

무엇이 어떻게 측정되든 결과는 거의 비슷하게 나온다. 떨어져 자란 일란성 쌍둥이는 아주 비슷하게 나오고, 떨어져 자란 일란성 쌍둥이는 함께 자란 이란성 쌍둥이보다 더 비슷하게 나오고, 친형제들은 입양 형제들보다 훨씬 더 비슷하게 나온다.[5] 이 모든 것을 유전율로 환산하면 대개 0.25에서 0.75의 값이 나온다. 전통적인 요약에 따르면, 지능, 성격, 생활의 결과적 측면들에서 나타나는 차이의 절반 정도가 유전에 의한 것—유전자와 상관성이 있거나 유전자의 간접적 산물—이라 한다. 정확도를 이보다 월등히 끌어올리기는 어려운데, 그것은 유전율의 값이 여러 가지 조건에 따라 위의 범위 내에서 변하기 때문이다.[6] 첫 번째 조건은 측정 오류(불규칙 잡음)를 분산 전체에 포함시키는가 아니면 추정치를 계산해서 방정식으로부터 제외시키는가이다. 두 번째는 유전자의 모든 영향을 계산하는가 아니면 단지 가법적(additive) 영향들—개인의 서로 다른 유전자들과는 상관없이 같은 작용을 하는 유전자들의 영향(다시 말해, 일정한 특성에 해당하는 유전자)—만 계산하는가이다. 세 번째는 애초에 표본 내에 얼마나 큰 차이가 존재했는가이다. 동일한 환경에서 추출한 표본에서는 높은 유전율 추정치가 나오고, 환경이 다른 표본에서는 낮은 추정치가 나올 것이다. 네 번째는 개인의 일생 중 언제 그 특성을 측정하는가이다. 예를 들어 지능의 유전율은 개인의 나이에 따라 증가하고, 생애 후반에는 0.8까지 높게 나타나기도 한다.[7] "가지가 휘는 대로"가 아니라, "이런, 내가 우리 부모랑 똑같이 되어 가고 있군!"인 것이다.

"모든 특성은 유전적이다."는 약간은 과장되었지만 그리 크게 과장된 말은 아니다.[8] 물론 가정이나 문화가 제공하는 내용에 의존하는 구체적인 행동 특성들, 가령 어떤 언어를 사용하는가, 어떤 종교를 믿는가, 어떤 정당에 가입하는가 등은 유전과 전적으로 무관하다. 그러나 기본적인 재능과 기질에 반영되는 행동 특성들, 가령 언어에 얼마나 능숙한가, 얼마나 종교적인가, 얼마나 자유주의적인가 또는 보수주의적인가 등은 유전적이다. 일반 지능은 유전적이고, 사람들의 성격에 차이를 부여하는 다섯 가지 주요 특성 또한 유전적이다. 그 다섯 가지 주요 특성은 경험에 대한 개방성(openness to experience), 성실성(conscientiousness), 외향성-내향성(extroversion-introversion), 적대성-친화성(antagonism-agreeableness), 정서 안정성(neuroticism)인데 이를 OCEAN이라는 약자로 지칭하기도 한다. 그리고 놀라울 만큼 구체적인 특성들—가령 니코틴이나 알코올 의존성, 텔레비전 시청 시간, 이혼 가능성 등—도 유전적이다. 마지막으로 그린 A. G. 윈쿱 변리사 사무실에서 마주친 쌍둥이 맬리퍼트 씨*가 있고 그와 비슷한 현실 속의 일란성 쌍둥이들이 있다. 태어나자마자 헤어진 그들은 몇 십 년 후 두 사람 모두 소방서장이 됐거나, 공항에서 (각자가) 만난 조사원에게 자기 자동차의 휠베어링을 교환해야겠다고 말했다.

예전에 어느 텔레비전 프로의 사회자가 말론 브랜도에게 유년기의 어떤 영향으로 인해 배우가 되었는가를 물은 적이 있다. 말론 브랜도는 출생 직후 헤어진 일란성 쌍둥이와 자신은 똑같은 모발 영양제를 쓰고, 똑같은 담배를 피우고, 같은 해수욕장에서 휴가를 보낸다고 대답했다. 사회자 코니 정은 그의 강의가 따분하다는 듯이 코를 고는 시늉을 했는데, 그녀는 말론 브랜도가 그녀의 질문에 대답하고 있다는 사실을─더 정확히 말하면 그 질문에 대답할 수 없는 이유를 설명하고 있다는 사실을─깨닫지 못했다. 재능과 취미의 유전율이 0이 아닌 이상 어느 누구도 어느 한 특성이 유전자의 영향 때문인지, 유년의 경험 때문인지, 혹은 둘 다의 영향 때문인지를 말할 수 없다. 이 점을 이해하지 못하는 사람은 코니 정만이 아니다. 제1법칙은 부모의 어떤 행동과 친자식의 어떤 행동을 측정한 다음 양육의 효과에 대해 결론을 내리는 연구는 모두 무가치하다는 사실을 보여 준다. 그러한 상관성은 단지 부모와 자식이 같은 유전자를 가지고 있음을 반영할 뿐이기 때문이다(공격적인 부모는 공격적인 자식을 낳을 수 있고, 수다스런 부모는 수다스런 자식을 낳을 수 있다.). 그러나 그런 값비싼 연구들이 계속되면서 양육에 대한 충고를 양산하고 있는 것을 보면 모든 특성의 유전율이 0이라고 생각하는 사람이 많다는 것을 알 수 있다. 어쩌면 말론 브랜도를 연구비 검토 심사원으로

---

* 97쪽 찰스 애덤스의 카툰을 보라.

초빙하는 것이 현명할지 모르겠다.

행동 유전학을 비판하는 사람들은 제1법칙에 대해 다른 해석을 찾는다. 어쩌면 태어날 때 헤어진 아이들이 의도적으로 비슷한 양육 가정에 입양되었을지 모른다. 어쩌면 중간에 서로 접촉을 했을지 모른다. 어쩌면 쌍둥이는 서로 닮아야 한다는 기대 때문에 두 집의 부모들이 그들을 똑같이 키웠을지 모른다. 쌍둥이는 유전자를 공유할 뿐 아니라 하나의 자궁에서 나왔고 일란성 쌍둥이는 때때로 하나의 융모막(태아를 둘러싼 막)과 태반을 공유한다. 따라서 어쩌면 그들이 서로 비슷한 것은 공통의 유전자 때문이 아니라 태아기의 경험이 같기 때문일지 모른다.

과학자들은 이러한 가능성들을 시험했는데, 몇몇 시험에서 유전율 추정치가 몇 포인트 떨어지긴 했지만 큰 변화를 보인 경우는 없었다.[9] 양부모와 입양 가정의 특징(교육, 사회 경제적 지위, 성격 등등)을 조사했지만 두 명의 일란성 쌍둥이에게 똑같은 성격과 기질을 주입할 정도로 동일하지는 않았다.[10] 일란성 쌍둥이에게 둘 다 목걸이를 만지작거리거나 엘리베이터 안에서 재채기를 하도록 부추기는 가정도 없었다. 더욱 중요한 것은, 일란성 쌍둥이가 따로 성장한 두 가정은 이란성 쌍둥이가 따로 성장한 두 가정보다 더 비슷하지 않은데도 일란성 쌍둥이가 훨씬 더 닮았다는 점이다.[11] 그리고 가장 중요한 사실은, 가정 환경의 차이가 아이들의 지능과 성격의 차이로 이어지지 않는다는 점인데(제2법칙에서 볼 것이다.), 이에 대해서는 논의의 여지가 있다.

헤어져 자란 쌍둥이들의 접촉에 대해 말하자면, 두 사람이 우연히 만나서 자신의(또는 서로의) 성격과 지능을 개조했을 가능성은 없지만, 어떤 경우에든 접촉의 양은 쌍둥이의 닮은 정도와 상관성이 없는 것으로 판명된다.[12] 부모, 친구, 또래들의 기대는 어떠한가? 유전자 검사로 일란성 쌍둥이임이 밝혀지기 전까지 자신들이 이란성 쌍둥이라고 믿었던 두 사람의 예가 이 문제를 간단히 해결한다. 만약 일란성 쌍둥이를 닮게 만드는 것이 주위의 기대라면 두 사람은 서로 비슷하지 않을 것이고, 그것이 유전자라면 두 사람은 서로 비슷해야 한다. 실제로 그들은 마치 그들 부모가 일란성 쌍둥이임을 알고 키운 것처럼 서로 비슷했다.[13] 그리고 쌍둥이가 부모에 의해 얼마나 똑같은 취급을 받는가에 대한 직접적인 측정 결과도 쌍둥이의 지능이나 성격이 얼마나 비슷한가에 대한 측정 결과와 상관성이 없다.[14] 마지막으로 태반을 공유했다는 것은 일란성 쌍둥이를 서로 비슷하게 만들 수도 있지만 서로를 다르게 만들 수도 있는데 (한 명이 다른 한 명을 밀쳐 낼 수 있기 때문이다.), 수많은 연구들이 태반 공유의 지속적인 영향을 거의 또는 전혀 보여 주지 못한 이유가 여기에 있다.[15] 그러나 만에 하나 그것이 쌍둥이들을 서로 비슷하게 만든다 하더라도 그로 인한 유전율의 증가는 미미할 것이다. 행동 유전학자 매트 맥규는 태아기의 영향을 이용해 유전율 추정치를 최대한 축소시키려 했던 최근의 한 수학적 모델에 관해 다음과 같이 말했다. "현재 지능 지수 논쟁의 초점은 지능 지수의 50퍼센트가 유전인가 70퍼센트가 유전인가에 맞추어져 있는데, 이것은 본성-양육 논쟁이 지난 20년 동안 어떻게 흘러 왔는가를 보여 주는 명백한 증거이다."[16] 어쨌든 입양아들을 친형제들과 비교하는 연구는 쌍둥이와 전혀 무관한데도 쌍둥이 연구와 같은 결론에 도달하므로, 쌍둥이들에게만 고유한 어떤 특징(이 경우, 태반 공유)도 제1법칙을 뒤집을 수는 없다.

행동 유전학적 방법은 세 가지 원초적 한계를 안고 있다. 첫째, 쌍둥이, 형제, 입양아들에 대한 연구는 사람들을 서로 다르게 만드는 것을 설명할 수는 있어도 사람들이 공통적으로 가지고 있는 것, 즉 보편적 인간 본성은 설명하지 못한다. 예를 들어 지능의 유전율이 0.5라고 하는 것은 개인의 지능 중 절반이 유전된다는 뜻이 아니라(그것이 무엇을 의미하든 간에), 사람들 간의 차이 중 절반이 유전된다는 뜻이다. 3장과 4장에서 논의했던 병리학적 현상들에 대한 행동 유전학 연구는 보편적 인간 본성을 조명할 수는 있지만, 이 장의 주제들에는 적절치 않다.

둘째, 행동 유전학적 방법은 집단 내의 차이를 다룰 뿐이고, 집단들 간의 차이를 다루지는 못한다. 표본 내의 쌍둥이나 입양아들이 모두 미국 백인 중산층이라면, 유전율 추정치는 왜 미국 백인 중산층에 속한 사람들이 서로 다른가를 말해 줄 수는 있지만, 왜 미국 백인 중산층이 상류 계층이나 하류 계층과 다른지, 왜 미국인이 외국인들과 다른지, 왜 백인이 아시아인이나 흑인과 다른지를 설명하지는 못한다.

셋째, 행동 유전학적 방법은 인간의 특성이 유전자와 상관성이 있다는 것을 보여 줄 수는 있지만, 그것들이 유전자로부터 직접 발생한다는 것은 보여 주지 못한다. 행동 유전학적 방법으로는 유전자로부터 비교적 직접적으로 발생하는 특성들—유전자가 뇌의 배선이나 신진 대사에 미치는 영향—과, 대단히 간접적으로 발생하는 특성들—가령 유전자가 신체적 외양에 미치는 영향—을 구별할 수는 없다. 우리 모두 알고 있듯이, 키가 큰 사람들은 평균적으로 키가 작은 사람들보다 직장에서 더 빨리 승진하고, 매력적인 사람들은 평균적으로 매력이 없는 사람들보다 자기 주장이 더 강하다.[17] (한 실험에서는 인터뷰를 받기로 한 피실험자들을 기다리게 한 상태에서, 인터뷰할 사람이 정해진 시간 동안 꾸물거리다가 방에서 나오게 했다. 평범한 외모의 피실험자들은 9분 후에 불평을 시작한 반면, 매력적인 피실험자들은 3분 30초 만에 불평하기 시작했다.)[18] 사람들은 키가 크고 잘생긴 사람에게 호감을 갖고, 그래서 그런 사람들이 더 빨리 성공하고 승진한다고 생각할 수 있다. 키와 외모는 분명히 유전적이고, 그래서 만약 우리가 외모의 영향에 대해 알지 못한다면 그들의 성공이 긴 다리나 귀여운 코에 해당하는 유전자들에서 간접적으로 비롯되는 것이 아니라 야망과 적극성에 해당하는 유전자들의 직접적 산물이라고 생각할 수 있다. 우리가 명심해야 할 점은 유전율을 해석할 때는 항상 모든 증거를 고려해야 한다는 것이다. 유전율만으로는 그 의미가 드러나지 않기 때문이다. 물론 우리는 성격의 유전율이 외모에 해당하는 유전자로 환원될 수 없다는 사실을 알고 있다. 외모가 성격에 미치는 영향은 작고 제한적이다. 금발을 빗댄 농담이 유행하지만, 매력적인 모든 여성이 무식하고 허영에 들떠 있는 것은 아니다. 반면에 성격적 특성의 유전율은 너무 크고 광범위해서 외모의 부산물이라고 설명하고 넘어갈 수 없다.[19] 그리고 3장에서도 살펴보았듯이 몇몇 성격적 특성들은 신경계의 산물들과 함께 실제 유전자들과 직접 연결될 수 있다. 인간 게놈 프로젝트가 완성되면서 유전학자들이 그러한 연계점을 더 많이 발견할 가능성이 높아졌다.

제1법칙은 그 오류를 입증하기 위해 헛된 노력을 기울여 온 급진주의 과학자들에게는 목안의 가시다. 1974년 리언 카민은, "분별력 있는 사람이라면 지능 지수가 조금이라도 유전적이라는 가설을 인정하지 못할 것이다. 그럴 수 있는 데이터가 전무하기 때문이다."라고 말했는데, 그는 10년 후 르원틴, 로즈와 함께 다시 한번 이 결론을 되풀이했다.[20] 이 주장은 1970년대까지만 해도 무척 완강했지만 1980년대에는 절망적으로 변하더니 지금은 역사적 유물이 되었다.[21] 급진주의 과학의 공격이 언제나 냉정한 학문적 분석의 틀을 갖추고 표출된 것은 아니었다. 떨어져서 자란 쌍둥이들에 대한 최초의 대규모 연구를 주도했던 토머스 부처드는 인성에 대한 유전학적 연구의 개척자로 손꼽힌다. 대학가의 운동가들은 미네소타 대학에서, 그의 이론이 인종 차별주의와 "독일 파시즘"이라고 주장하는 유인물을 돌리고, 담벼락에 그를 나치로 매도하는 슬로건을 스프레이로 쓰고, 그를 즉시 해고할 것을 요구했다. 심리학자 배리 멜러는 나치의 집단 수용소에서 연구를 구실로 삼아 쌍둥이들을 고문했던 의사 요제프 멩겔레의 연구를 그가 "부활"시키고 있다고 비난 했다. 그러한 비난들은 대부분 지적으로나 개인적으로 부당하기 짝이 없었다. 부처드는 파시스트이기는커녕, 1960년대 버클리 자유 언론 운동에 참가했고, 진보적 활동으로 잠깐 동안 감옥에 가기도 했으며, 오늘날에도 기회가 된다면 다시 그렇게 할 것이라고 말한다.[22]

이러한 공격들은 그 의도가 훤히 들여다보일 정도로 얄팍하고 정치적이다. 그들이 제1법칙을 해석하는 방법은 더욱 가관이다. "그래서 모든 것이 유전자 속에 들어 있다는 거군요?", 또는 보다 화난 목소리로, "유전적 결정론이잖아!"라고 말한다. 나는 앞에서 오늘날 지식 세계에서 이 기이한 왜곡이 어떻게 이루어지고 있는가를 언급했다. 유전자 이야기만 나오면 사람들은 갑자기 이성을 잃고 50퍼센트와 100퍼센트, "어떤"과 "모든", "영향을 미친다"와 "결정한다"를 구분하는 능력을 상실한다. 이런 지적 장애의 진단은 간단하다. 만약 유전자의 영향이 신학적인 이유로 0이어야 한다면, 0이 아닌 모든 값들도 똑같이 이단적일 것이다.

그러나 빈 서판에서 떨어지는 최악의 낙진은 사람들이 유전자의 영향을 이해하지 못하는 것이 아니라 환경의 영향을 이해하지 못하게 하는 것이다.

∽∽∽

제2법칙: 한 가족 내에서 양육되는 것의 효과는 유전자의 영향보다 작다. 이제 우리는 유전자의 역할이 우리를 이웃들과 다르게 만든다는 것, 그리고 우리의 환경도 똑같이 중요한 역할을 한다는 것을 이해한다.

이때 우리는 모두 한 가지 결론에 도달한다. 그것은 우리가 유전자와 가족의 양육——부모가 자식을 어떻게 대하는가 그리고 아이가 어떤 가정에서 성장하는가——에 의해 형성된다는 것이다.

그러나 속단은 금물이다. 행동 유전학 덕분에 우리는 환경이 우리에게 영향을 미치는 두 가지 아주 다른 과정을 구별할 수 있게 되었다.[23] 공유(shared) 환경은 나와 형제들에게 똑같은 영향을 미치는 것들——부모, 가정 생활, 이웃(표본에 포함된 다른 부모와 이웃들과 비교해서)——이다. 비공유(nonshared) 또는 단독(unique) 환경은 그 밖의 모든 것——형제들 중 한 명에게만 영향을 미치고 나머지에게는 영향을 미치지 않는 모든 것——이다. 부모의 편애('엄마는 항상 너만 사랑했어.'), 다른 형제들의 존재, 자전거에서 떨어지거나 특별한 병을 앓는 등의 고유한 경험, 그리고 살아가면서 다른 형제들에게는 일어나지 않고 나에게만 일어나는 그 밖의 모든 일들이 여기에 포함된다.

공유 환경의 영향은 쌍둥이 연구에서, 일란성 쌍둥이의 상관성으로부터 유전율 값을 빼는 방법으로 측정할 수 있다. 그 논리는 다음과 같다. 일란성 쌍둥이는 공통의 유전자(유전율로 측정됨)와 공통의 환경 때문에 서로 똑같다(상관성으로 측정됨). 그래서 상관성으로부터 유전율을 빼면 공유 환경의 영향을 추정할 수 있는 것이다. 그 밖에도 공유 환경의 영향은 입양아 연구에서, 두 입양 형제의 상관성을 알아보는 방법으로 측정할 수 있다. 두 입양아는 유전자를 공유하지 않는다. 그래서 (표본에 대해 상대적인) 유사성은 무엇이든 간에 같은 가정에서 공유한 경험의 산물인 것이 분명하다. 세 번째 방법은 함께 자란 형제들(유전자와 가정 환경을 공유하는 형제들)의 상관성과 떨어져서 자란 형제들(유전자만 공유하는 형제들)의 상관성을 비교하는 것이다.

단독 환경의 영향은 1(유전자, 공유 환경, 단독 환경의 영향을 모두 더한

총합)에서 일란성 쌍둥이(유전자와 환경을 공유함)의 상관성을 빼는 방법으로 측정할 수 있다. 같은 논리로 단독 환경은 입양아 연구에서, 1에서 유전율 추정치와 공통 환경 추정치를 빼는 방법으로 측정할 수 있다. 사실 이 모든 계산들은 이보다 복잡한데, 그 이유는 비가법적(nonadditive) 영향들, 즉 전체가 부분들의 총합이 아닌 경우나 측정상의 잡음을 설명해야 할 때가 있기 때문이다. 그러나 이제 우리는 그 기초에 놓인 기본 논리를 알고 있다.

그렇다면 이 계산의 결과는 무엇인가? 공유 환경의 영향은 작고(분산의 10퍼센트 미만), 통계학적으로 무의미한 경우가 많으며, 다른 연구에서는 종종 다른 결과가 나오고, 추정치가 종종 실망스런 0으로 나타난다.[24] 투르크하이머는 매우 신중한 태도로 공유 환경의 영향이 유전자의 영향보다 작다고 말했다. 그러나 다수의 행동 유전학자들은 한걸음 더 나아가, 공유 환경의 영향은 대수롭지 않으며 특히 성인의 경우에는 더욱 그러하다고 말한다. (지능 지수는 유년기에 공유 환경의 영향을 받지만, 나이가 들면서 그 영향은 점차 줄어들어 0에 가까워진다.)

이러한 결론은 어떤 근거에서 나오는가? 계산의 실제적 결과물들은 이해하기 쉽다. 첫째, 성인 형제들은 함께 자랐거나 떨어져서 자랐거나 똑같은 정도로 비슷하다. 둘째, 입양 형제들은 거리에서 만난 두 사람만큼 비슷하다. 셋째, 일란성 쌍둥이는 유전자를 공유한 결과라고 기대할 수 있는 만큼 비슷하다. 제1법칙의 경우처럼, 세 가지 완전히 다른 방법(일란성 쌍둥이와 이란성 쌍둥이 비교, 함께 자란 형제들과 떨어져서 자란 형제들 비교, 입양 형제들과 친형제들 비교)에서 아주 일관된 결과가 나오기 때문에 우리는 앞에서 확인한 패턴이 옳다는 결론을 내릴 수 있다. 형제들이 한 가정에서 성장하면서 무엇을 경험하는 그 경험은 개인의 특성에는 거의 또는 전혀 반영되지 않는 것이다.

여기에는 빼놓을 수 없는 단서가 하나 있다. 가족 간의 차이는 이 연구에 포함된 가족들의 표본 내에서는 중요하지 않은데, 표본의 가족들은 대개 인구 전체를 대표하기보다는 중산층에 속한다. 그러나 연구에 이용되는 표본들과, 다른 계층에 속한 가정들의 차이는 중요할 수 있다. 이런 연구들은 범죄 차원의 어린이 방치, 신체적·성적 학대, 고아원으로의 어린이 유기 등의 경우를 배제하므로, 그렇게 극단적인 경우에도 결정적인 흔적이 남지 않는다는 것을 보여 주지는 못한다. 또한 문화 간의 차이—아이를 미국의 중산층 시민으로 만드는가, 야노마뫼의 전사로 만드는가, 티베트의 승려로 만드는가, 도심의 불량배로 만드는가—에 대해서도 속수무책이다. 일반적으로 어떤 표본이 제한된 계층의 가정들로 구성되면, 더 넓은 범위의 계층에 대한 효과는 과소 평가될 수 있다.[25]

이런 문제점에도 불구하고 제2법칙은 결코 하찮게 볼 수 없다. (대부분의 양부모가 포함되는) "중산층"은 중서부 시골의 기독교 근본주의자들에서 맨해튼의 유대인 의사에 이르는 광범위한 생활 양식을 의미한다. 이는 매우 다양한 가정 환경과 육아 철학을 포괄한다. 행동 유전학자들은 부모 표본들이 실제로 모든 범위의 인성 유형에 걸쳐 있음을 밝혔다. 그리고 양부모들이 어떤 면에서 대표성이 없다 해도 제2법칙은 쌍둥이에 대한 많은 연구를 통해 뒷받침되기 때문에 여전히 실효성을 인정받을 수 있다.[26] 양부모 표본들이 인구 전체에 비해 좁은(그리고 높은) 지능 지수 범위에 분포하는 것은 사실이지만, 그 사실은 어린 입양아들의 지능 지수가 가정 환경과 상관성이 있지만 성장한 입양아들은 상관성이 없는 이유를 설명하지는 못한다.[27] 이제 제3법칙을 살펴본 후 이런 발견들의 진화론적 의미를 탐구해 보자.

제3법칙: 복잡한 행동 특성들의 편차 중 상당 부분은 유전자나 가족의 영향으로 설명되지 않는다. 이 법칙은 유전율 추정치들이 1보다 작다고 가정하는 제1법칙 그리고 제2법칙의 직접적인 결과이다. 만약 사람들 사이의 편차를 유전자의 영향, 공유 환경의 영향, 단독 환경의 영향으로 나눌 때 공유 환경의 영향이 0에 가깝다면, 단독 환경의 영향은 0보다 클 것이 분명하다. 사실 단독 환경의 영향은 항상 측정 대상과 방법에 따라 달라지기는 해도 대략 50퍼센트에 이른다. 구체적으로 말해 이것은 함께 자란 일란성 쌍둥이(유전자와 가정 환경을 공유함)가 지능과 인성에 있어 결코 동일하지 않다는 것을 의미한다. 유전적인 것도 아니고 가족에 공통된 것도 아니면서 일란성 쌍둥이를 서로 다르게, 그리고 보다 일반적 차원에서 보자면 사람들을 제각기 다르게 만드는 원인이 분명히 존재하는 것이다.[28] 밥 딜런의 「미스터 존스」*처럼, 어떤 일이 벌어지고는 있지만 우리는 그것이 무엇인지 모른다.

세 법칙을 간략히 요약하면 다음과 같다. 유전자 50퍼센트, 공유 환경 0퍼센트, 단독 환경 50퍼센트(조금 양보하자면, 유전자 40~50퍼센트, 공유 환경 0~10퍼센트, 단독 환경 50퍼센트). 이것을 기억하는 간단한 방법은 다음과 같다. 일란성 쌍둥이는 함께 자라든 따로 자라든 50퍼센트 비슷하다. 이것을 염두에 두고, 양육이 아이들에게 미치는 영향에 대해 사람들이 흔히 가지고 있는 생각들을 검토해 보자.

행동 유전학자들은 수십 년 전부터 정신적 특성의 유전(제1법칙)에

---

* 노래 중간에 "우린 왜 그런지 모르고, 어떻게 그런지도 모른다네(But we don't know why And we don't know how)."라는 구절이 나온다.

대해 알고 있었지만, 공유 환경의 영향이 전무에 가깝고(제2법칙) 단독 환경의 영향이 크다(제3법칙)는 사실이 충분히 이해되기까지에는 상당한 시간이 걸렸다. 최초의 경보를 울린 것은 로버트 플로민과 데니스 대니얼스의 기사 「왜 한 가정에서 자란 아이들이 그렇게 다른가」였다. 토머스 부처드, 산드라 스카, 데이비드 리켄 등 다른 행동 유전학자들도 이 수수께끼에 주목했고, 데이비드 로는 1994년 『가족 영향의 한계(The Limits of Family Influence)』로 다시 한번 이 문제를 조명했다. 그것은 또한 1996년 역사학자 프랭크 설로웨이가 발표한 후 폭넓게 논의되었던 책 『타고난 반항아(Born to Rebel)』의 출발점이었다. 그러나 행동 유전학의 경계 밖에 있던 사람들은 제2법칙과 제3법칙의 중요성을 거의 이해하지 못했다.

이 모든 것이 수면 위로 올라온 것은 이전까지 아무 관련이 없던 학자 주디스 리치 해리스가 1998년 『양육 가설(The Nurture Assumption)』을 발표하고 나서였다(언론에서는 즉시 "뉴저지에서 온 할머니"라는 별명을 붙였다.). 《뉴스위크》는 「부모는 중요한가? 어린이의 발달 과정에 대한 뜨거운 논쟁」이라는 커버 스토리로 그 주제를 다루었다. 해리스는 학술지에서 세 법칙을 가져와 사람들에게 그 의미, 즉 전문가들과 일반인들 사이에 인습적으로 통용되는 양육에 관한 지식이 틀렸다는 점을 이해시키려 했다.

부모와 자식을 휴먼 드라마의 주인공으로 캐스팅한 사람은 루소였다.[29] 아이는 고상한 야만인이고, 따라서 양육과 교육은 아이들의 본성을 활짝 피어나게 하거나 아이들을 타락한 문명의 노예로 만들 수 있다. 고상한 야만인과 빈 서판의 20세기 판들도 부모와 자식을 무대 중앙에 세웠다. 행동주의 학자들은 아이는 강화를 통해 만들어진다고 주장했고, 자식의 응석을 받아주면 우는 것에 대한 보상을 주게 되고 그러면 우는 행동의 빈도가 높아질 것이라면서 아이의 고통에 반응하지 말라고 부모들에게 충고했다. 프로이트 학파는 젖떼기, 용변 훈련, 같은 성을 가진 부모와의 동일시 등을 얼마나 성공적으로 경험하는가에 따라 우리의 모습이 결정된다는 이론을 세웠고, 아기를 부모의 침대에 재우면 성적 욕구를 손상시킬 수 있다고 충고했다. 그들 모두는 여러 가지 심리적 장애가 어머니 탓일 수 있다는 이론을 제기했다. 가령 자폐증은 어머니의 냉담함 때문이고, 정신 분열증은 어머니의 "이중 구속" 때문이고, 신경성 무식욕증은 완벽한 딸을 바라는 어머니의 압력 때문이라는 식이었다. 자긍심 부족은 "유해한 부모" 탓이었고, 그 밖의 모든 문제들이 "불우한 가정" 탓이었다. 심리 요법을 받는 환자들은 유년의 갈등을 떠올리기 위해 50분 동안 빈둥거리고, 전기 작가들은 성공과 불행의 뿌리를 찾기 위해 주인공의 유년을 파헤치곤 한다.

오늘날 대부분의 교양 있는 부모들은 자식의 운명이 그들 손에 달려 있다고 믿는다. 부모들은 자식이 유명해져서 자신 있게 살아가기를 원하고, 좋은 성적을 받아 대학에 진학하기를 원하고, 마약, 알코올, 담배에 빠지지 않기를 원하고, 10대에 임신하거나 아버지가 되지 않기를 원하고, 법과 질서의 편에 서기를 원하고, 행복한 결혼 생활과 성공적인 직장 생활을 해 나가기를 원한다. 이에 따라 양육 전문가들은 부모들에게 원하는 결과를 얻을 수 있는 방법들을 충고해 왔지만, 그들의 충고는 내용만 끊임없이 변할 뿐 정확도는 항상 제자리였다. 요즘 유행하고 있는 비법은 다음과 같다. 부모는 화려한 색깔의 장난감과 다양한 경험으로 아기를 자극해야 한다. (텔레비전 아침 프로그램에서 내 옆에 앉았던 한 소아과 의사는 "아기를 밖으로 데려가세요. 그리고 나무 껍질을 만져 보게 하세요."라고 충고했다.) 부모는 아기의 언어 발달을 촉진하기 위해 가능한 한 많이 읽어 주고 말을 걸어야 한다. 부모는 아이의 나이에 상관없이 최대한 많은 시간을 내서 아이와 의사를 소통하고 상호 작용을 해야 한다. ("퀄리티 타임"이란 직장에 다니는 부모가 낮에 집을 비운 것을 보충하기 위해 저녁 식사 후에 아이들과 집중적으로 보내는 시간을 가리키는데, 이 말은 즉시 전국적인 농담이 되었다. 직장 생활이 자녀의 행복에 부정적 요인이라는 점을 인정하고 싶지 않은 어머니들에게는 다행스런 농담이다.) 부모는 확고하면서도 합리적인 원칙을 세워서, 아이들을 너무 억압하지도 말고 아이들에게 완전한 특권을 주지도 말아야 한다. 체벌은 종류를 불문하고 추방되어야 한다. 폭력의 악순환으로 이어질 수 있기 때문이다. 또한 부모는 아이들을 과소 평가하거나 아이들에게 나쁜 말을 해서도 안 된다. 아이의 자긍심을 손상시킬 수 있기 때문이다. 반면에 부모는 아이들을 자주 포옹해 주고 무조건적인 사랑과 승인을 표현해 주어야 한다. 그리고 사춘기 아이들과 집중적인 대화를 해야 하고, 일상 생활의 모든 측면에 관심을 기울여야 한다.

몇몇 부모들은 하루 종일 자동 기계처럼 아이들을 돌봐야 한다는 요구에 의문을 제기하기 시작했다. 《뉴스위크》 최근호의 커버 스토리 「부모의 덫」에서는, 행여 아이들이 낙오자나 저격범이 될까 두려워서 일하지 않는 모든 시간을 아이와 놀아 주고 아이를 태워 주는 일에 바치는 부모들의 고단한 생활을 소개했다. 《보스턴 글로브 매거진》에도 「완벽한 아이로 키우는 법」이라는 반어적 제목의 커버 스토리가 실렸다.

뉴턴에 사는 앨리스 켈리는 이렇게 말한다. "양육에 관한 충고가 너무 많아 숨이 막힐 지경이다. 아이들에게 풍부한 놀이 경험을 제공하기 위해 관련 서적과 기사를 닥치는 대로 읽고 있다. 나는 많은 양의 신체적 활동을 통해 신체적으로 건강한 습관을 주입해서 아이들이 건강한 성인으로 성장하게 해야 한다. 그리고 모든 종류의 지적 놀이를 통해 아이들이 똑똑하게 자라도록 해야 한다. 또한 갖가지 놀이가 있는데 가령 손재주를 위한 찰흙 놀이, 읽기 능력을 위한 단어 게임, 큰 자동차 놀이, 작은 자동차 놀이 등등을 모두 한 번씩은 해야 한다. 아이들과 어떤 놀이를 하고 놀지 생각하기만 해도 한평생이 다 지나간다는 생각이 든다."……

매사추세츠 주 스톤햄의 영양사 엘리자베스 워드는 왜 부모들이 아이들 비위를 맞추기 위해 "아이들이 주문하는 대로 한꺼번에 두세 가지 음식을 요리하는지" 의아해한다.…… [한 이유는] 아이에게 부모가 주는 대로 먹을 것인지 아니면 식사를 건너뛸 것인지를 결정하도록 강요하면 이런저런 식이 장애가 올지 모른다는 믿음 때문이다. 과거의 부모들은 상상조차 못했던 생각이다.[30]

유머 작가 데이브 배리는 전문가들이 사춘기 자녀를 둔 부모들에게 건네는 충고에 대해 다음과 같이 논평한다.

위험한 징후를 놓치지 말아야 할 뿐 아니라, 여러분과 자녀 사이에 "통신망을 항상 열어 놓아야" 한다. 아이의 관심사에 당신도 관심이 있다는 점을 항상 강조하면 아이와의 관계를 발전시킬 수 있다. 다음과 같은 대화가 좋은 예이다.

아버지: 얘야, 지금 듣고 있는 게 무슨 음악이니?
아　들: "림프 비즈킷"이란 밴드예요, 아빠.
아버지: 죽이는데.

…… 여러분은 아이와 이런 종류의 친밀함을 쌓기 위해 노력해야 한다. 그리고 반드시 기억해야 할 점이 있다. 만약 최악의 상황이 닥치면

한번 크게 포옹해 주는 것보다 좋은 방법은 없다. 만약 아이가 잘못된 길로 빠져 들면, 다른 애들이 다 보는 자리에서 아이를 크게 한번 안아 주면서 안타까운 목소리로 목청껏 이렇게 말하라. "아이구 내 아들아, 네가 무슨 짓을 했건 아빠는 너를 사랑한단다!" 그러면 아이는 너무 창피해서 그 즉시 하루 세 끼 모래만 씹어 먹는 엄격한 수도원으로 도망치듯 들어갈 것이다. 그래도 효과가 없으면 한번 더 포옹하겠다고 협박하라.[31]

아이의 반발은 그렇다 치고 전문가들의 이런 충고는 과연 옳은 방법인가? 부모의 발목을 잡는 덫은 아마도 점점 더 쌓여 가는 양육 효과에 관한 과학적 지식에서 나온 딜레마일 것이다. 부모가 자신을 위해 약간의 시간을 할애했다고 해서 누구도 부모를 비난할 수 없다. 그러나 만약 전문가들이 옳다면 부모들은 그런 결정을 내릴 때마다 자신의 불성실과 타협을 해야 한다.

그렇다면 우리는 양육의 장기적 효과에 대해 무엇을 알고 있는가? 행동 유전학의 원재료인 부모들 간의 선천적 차이는 양육의 장기적 효과를 발견할 수 있는 한 가지 방법을 제공한다. 규모가 큰 표본에서 부모들은 양육의 이상적 원칙을 얼마나 잘 지키는가에 있어서 차이를 보이기 마련이다(만약 이상적 원칙에서 벗어나는 부모가 없다면 충고를 하는 것이 무의미할 것이다.). 집에서 살림을 하는 어머니가 있는가 하면, 일 중독에 빠진 어머니들도 있다. 화를 잘 내는 어머니가 있고, 인내심이 무한한 어머니도 있다. 어떤 어머니는 수다스럽고, 어떤 어머니는 과묵하다. 어떤 어머니는 애정 표현을 곧잘 하고, 어떤 어머니는 애정 표현을 아낀다. (어느 여자 교수는 나에게 걸음마하는 딸의 사진을 보여 주면서 "우린 이 아이를 정말 신처럼 숭배해요."라고 말한 적이 있다.) 어떤 가정은 책으로 가득하고, 어떤 가정은 요란스런 텔레비전 소리로 가득하다. 어떤 부부는 감상적일 정도로 애정이 넘치고, 어떤 부부는 매기와 직스처럼 싸운다. 어떤 어머니들은 개그우먼 뺨치고, 어떤 어머니들은 우울하거나 신파조이거나 무계획적이다. 전해 오는 지식이 맞다면 이런 차이들은 분명히 뚜렷한 영향을 미쳐야 한다. 최소한 한 가정에서—같은 부모 밑에서 같은 책과 TV와 그 밖의 모든 것을 공유하며—자라는 두 명의 아이는 서로 다른 가정에서 자란 두 명의 아이들보다 서로 더 비슷해야 한다. 정말로 그런가를 지켜보는 것은 대단히 직접적이고 강력한 검사법이다. 이 검사법은 아이를 변화시키기 위해 부모는 무엇을 해야 하는가, 그리고 아이는 어떻게 반응하는가에 대한 어떤 가설에도 의존하지 않는다. 그리고 가정 환경을 얼마나 잘 측정하는가에도 의존하지 않는다. 만약 부모의 어떤 행동이 어떤 체계적인 방식으로 자식에게 영향을 미친다면, 같은 부모 밑에서 자라는 아이들은 그렇지 않은 아이들보다 서로 더 비슷하다는 결과가 나올 것이다.

그러나 그런 결과는 나오지 않는다. 제2법칙을 뒷받침하는 발견들을 기억해 보자. 함께 자란 형제는 태어나서 헤어진 형제보다 더 비슷하지 않다. 입양된 형제들도 낯선 사람들보다 더 비슷하지 않다. 그리고 형제들 간의 유사성은 공통된 유전자에 의해 완벽하게 설명된다. 부모들 그리고 가정들 간의 모든 차이는 아이들의 인성에 어떤 예측 가능한 장기적인 영향도 미치지 않는다. 양육 전문가들이 건네는 많은 충고들이 허튼소리에 불과하다고 해도 지나친 말이 아닐 것이다.

그러나 그들의 충고는 분명 아동 발달에 대한 과학적 연구를 기초로 하고 있지 않은가? 그렇다. 부모의 행동과 친자식의 행동 간의 상관성을 보여 주면서 마치 유전 같은 것은 없다는 식으로 양육이 아이를 만들었다고 결론을 내리는 수많은 무익한 연구에서 나온 것들이다. 그리고 그 연구들은 더욱 심각한 문제를 안고 있다. 설령 유전 같은 것이 없다

해도, 부모와 자식 간의 상관성은 양육 방법이 아이를 만든다는 주장을 입증하지는 못한다. 차라리 아이가 양육 방법을 결정한다는 뜻일 수는 있다.[32] 아이를 키우는 부모라면 누구나 알 듯이, 아이들은 누군가의 손길을 기다리는 획일적인 원재료 덩어리가 아니다. 아이들은 인성을 갖추고 태어난 작은 인간들이다. 그리고 아무리 부모 자식 간이라도 사람은 다른 사람의 인성에 반응하게 되어 있다. 다정한 아이의 부모는 애정을 되돌려 주기 위해 다정하게 반응하는 반면, 부모의 입맞춤을 피하기 위해 몸부림치는 아이의 부모는 좀처럼 다정하게 반응하기가 어려울 것이다. 멍하고 조용한 아이의 부모는 벽에 대고 말하는 것처럼 느낄 것이고 그래서 아이에게 말을 잘 걸지 않을 것이다. 온순한 아이의 부모는 확고하지만 합리적인 원칙 같은 것이 필요하다는 생각을 하지 않을 것이고, 망나니 같은 아이의 부모는 어쩔 수 없이 엄한 규칙을 세우거나 어느 순간 포기할 것이다. 바꿔 말하면 상관성이 인과 관계를 의미하지는 않는다. 부모 자식 간의 상관성은 부모가 자식에게 영향을 미친다는 것을 의미하지 않는다. 오히려 자식이 부모에게 영향을 미친다는 것이나, 유전자가 부모와 자식에게 영향을 미친다는 것을, 혹은 둘 다를 의미할 수는 있다.

더 심각한 문제가 있다. 많은 연구에서, 한쪽 당사자가(어떤 연구에서는 부모가, 어떤 연구에서는 자식이) 부모의 행동과 자식의 행동 모두에 대한 데이터를 공급한다. 부모들이 실험자에게 그들이 아이들을 어떻게 키우는지를 말하는 동시에 아이들이 어떻게 행동하는지를 말하거나, 사춘기 청소년들이 실험자에게 그들이 어떻게 행동하는지를 말하는 동시에 부모가 그들을 어떻게 키우는지를 말한다. 의심스럽게도 그런 연구들은 제3자가 부모와 자식을 평가하는 연구들보다 훨씬 더 높은 상관성을 보고한다.[33] 사람들이 그들 자신과 자신의 가족을 하나의 렌즈로 본다는 사실도 문제지만, 부모와 사춘기 자녀의 관계가 양 방향으로 오고 갈 수 있다는 사실도 문제가 된다. 해리스는 널리 알려진 1997년의 한 이론을 비판하면서 이 문제를 간단히 요약했다. 그 이론의 저자들은, 10대 자녀들만을 대상으로 해서 그들과 가족에 대한 설문 조사를 실시한 다음 오직 그 결과만을 토대로 해서, "부모와 가족의 결합"—강한 유대, 높은 기대치, 많은 애정—이 마약, 담배, 위험한 섹스 같은 청소년 비행을 막아 주는 예방 효과를 발휘한다고 주장했다. 이에 대해 해리스는 다음과 같이 말했다.

행복한 사람은 모든 질문에 대해 낙관적으로 대답하는 경향이 있다. "네, 부모님은 나에게 잘해 주세요.", "네, 나는 잘 하고 있어요." 하는 식이다. 그리고 세상 사람들에게 좋은 인상을 주기 위해 노력하는 사람은 좋은 인상을 줄 만한 대답을 한다. "네, 부모님은 나에게 잘해 주세요.", "아니오, 나는 싸움을 벌인 적도 없고 법을 어긴 적도 없어요." 하는 식이다. 화가 났거나 우울한 사람은 우울하거나 분노에 찬 대답을 한다. "우리 부모님은 정말 한심해요.", "나는 수학 시험에 낙제를 했어요.", "이 설문 조사도 지겨워 죽겠어요."……

……그 18명의 연방 공무원들이 2500만 달러를 펑펑 써 가며 당당히 연구를 계속할 수 있었던 것은 연구를 통해 발견한 사실들을 긍정적으로 묘사할 줄 알았기 때문이다. 즉 부모와의 좋은 관계는 예방 효과를 발휘한다는 것이었다. 달리(그러나 똑같이 정확하게) 표현하면 그들의 결과는 상당히 따분하게 들린다. 즉 부모와 잘 지내지 못하는 청소년들은 마약이나 위험한 섹스에 빠질 가능성이 높다. 다음과 같이 표현하면 훨씬 더 따분하게 들린다. 즉 마약이나 위험한 섹스에 빠지는 청소년들은 부모와 잘 지내지 못한다.[34]

연구원들이 같은 질문을 부모들에게 제시한다면 또 다른 문제가 발생할 것이다. 사람들은 환경이 다르면 다르게 행동한다. 당연히 아이들도 집 안에서와 집 밖에서 다르게 행동한다. 따라서 부모의 행동이 집 안에서의 아이들 행동에 영향을 미친다 해도, 다른 사람 앞에서의 행동에는 영향을 미치지 않을 수 있다. 부모들은 자식의 행동을 집 안에서 본 대로 설명한다. 따라서 부모가 자식을 만든다는 것을 보여 주려면, (쌍둥이나 입양아를 검사해서) 유전자를 제어해야 하고, 자식에 대한 부모의 영향과 부모에 대한 자식의 영향을 구별해야 하고, 부모와 자식을 독립적으로 측정해야 하고, 아이들이 집 밖에서 어떻게 행동하는가를 관찰해야 하고, 나이 든 아이들과 젊은 성인들을 검사해서 어떤 영향이 일시적이고 어떤 영향이 영구적인지를 파악해야 한다. 양육의 영향을 보여 준다고 주장하는 어떤 연구도 이런 기준을 충족시키지 못했다.[35]

만약 행동 유전학 연구에서 가정의 지속적인 영향이 밝혀지지 않고 양육에 대한 연구에서도 유효한 정보가 나오지 않는다면, 근본적으로 다른 유년의 환경들을 비교하는 연구는 어떨까? 우리는 다시 한번 고개를 끄덕이게 된다. 오래전부터 이런 연구들은 모든 조건이 동일하다면 어머니가 일을 하든 살림을 하든, 아이들이 탁아소에 맡겨지든 아니든, 형제가 있든 없든, 부모의 결혼 생활이 전통적이든 개방적이든, 수도원 같은 가정에서 자라든 히피 공동체에서 자라든, 가족 계획에 따라 임신했든 우연히 임신했든 시험관에서 임신했든, 동성애 부모 밑에서 자라든 이성애 부모 밑에서 자라든, 아이들은 결국 큰 차이 없이 성장한다는 사실을 입증하고 있다.[36]

심지어 편모 가정에서 자라는 것도, 자퇴나 퇴학, 나태한 생활, 10대 출산 등의 문제와 상관성은 있지만, 그것을 그러한 문제의 직접적인 원인으로 볼 수는 없다.[37] 아버지의 빈자리를 보충하는 경험—새아버지가 생기는 것, 할머니의 보살핌, 친아버지와의 잦은 만남——을 하더라도 아이들은 나은 결과를 보여 주지 않는다. 아버지가 몇 년을 함께 살고 떠났는가에 의해서도 차이가 발생하지 않는다. 그리고 아버지를 여읜 아이들은 아버지가 집을 나갔거나 처음부터 없었던 아이들만큼 어려운 형편을 겪지는 않지만, 어느 경우든 간에 결과에는 차이가 없다. 편모 가정은 청소년 문제의 원인이 아니라 진짜 원인들과의 상관물인데, 그 진짜 원인으로는 가난, 뜨내기 남자가 많은 주거 환경(그들은 사실상 일부다처제로 살고 지위 때문에 폭력적으로 경쟁한다.), 빈번한 이사(새 또래 집단에 속하면 밑바닥에서부터 다시 시작해야 한다.), 아버지와 자식을 충동적·호전적으로 만드는 유전자 등이 있다.

1990년대는 뇌의 시대였고, 아기의 뇌에 대해 책임이 있다는 말 때문에 부모들이 시달리는 시대였다. 출생 후 3년은 뇌의 올바른 성장을 위해 아이의 뇌를 끊임없이 자극해야 하는 중대한 기회의 창이라고 설명되었다. 아이의 말문이 늦게 터지는 것은 부모가 충분한 수다로 감싸 주지 않은 탓이었고, 도시 빈민가의 범죄는 어릴 적에 부모의 보살핌을 충분히 받지 못하고 자란 탓이었다. 빌 클린턴과 힐러리 여사는 이 문제에 대한 연구 결과를 듣기 위해 백악관에서 회의를 소집했는데, 이 자리에서 힐러리 여사는 세 살까지의 경험이 "아이들이 평화적인 시민이 될지 폭력적인 시민이 될지, 근면한 일꾼이 될지 불성실한 일꾼이 될지, 세심한 부모가 될지 차가운 부모가 될지를 결정할 수 있다."라고 말했다.[38] 조지아 주지사와 미주리 주지사는 모든 산모에게 모차르트 음악 CD를 배포한다는 계획 하에 주 의회에 수백만 달러를 요청했다. (그들은 유아의 뇌 발달에 관한 실험과, 모차르트 음악을 몇 분 감상하는 것이 성인들에게 유익하다고 주장하는 의심스런 실험을 혼동하고 있었다.)[39] 소아과 의사이자 육아의 권위자 T. 베리 브레즐턴은 누구보다 희망적인 제안을 했다. 즉

생후 3년 동안의 보육이 청소년이 되었을 때 아이를 담배의 유혹에서 보호해 줄 것이라고 했다.[40]

인지 신경학의 전문가 존 브루어는 『생후 3년의 신화(The Myth of the First Three Years)』에서, 그렇게 놀라운 주장들에는 어떤 과학적 근거도 없다는 사실을 증명했다.[41] 어떤 심리학자도 인지 발달이나 언어 발달의 어떤 과정이 세 살에 완성된다고 보고한 적이 없다. 그리고 동물에게서 자극을 박탈하면(눈을 꿰매거나 단조로운 우리에 가두는 방법으로) 뇌 발달을 저해할 수는 있지만, 특별한 자극(정상적인 서식 환경에서는 경험할 수 없는 자극)이 뇌 발달을 촉진시킨다는 증거는 어디에도 없다.

따라서 가정 환경에 대한 연구에 의해 밝혀진 어떤 사실도 행동 유전학의 제2법칙과 모순되지 않는다. 다시 말해 가정 환경은 개인의 지성과 인성에 어떤 체계적인 영향도 미치지 않는 것이다. 그렇다면 우리 앞에는 당황스런 수수께끼가 남는다. 그렇다. 모든 것이 유전자에 있는 것은 아니며, 인성, 지능, 행동의 차이 중 약 절반이 환경 속의 어떤 것에서 비롯된다. 그런데 그 어떤 것은 한 가정 한 부모 밑에서 자라는 두 아이가 공유하지 않는 것이다. 그리고 여기에는 분명한 어떤 것들이 모두 제외된다. 좀처럼 포착하기 힘든 이 미스터 존스 요인은 도대체 무엇일까?

※

일부 발달 심리학자들은 부모의 영향을 계속 물고늘어지면서, 부모가 주역을 담당할 수 있는 유일한 가능성으로 남아 있는 것을 특별한 눈으로 주시해 왔다. 공유 환경의 영향력이 미미하다는 것은 단지 모든 자식에 대한 부모의 행동에는 자식을 형성하는 영향력이 없다는 점만을 말한다. 그러나 부모는 자식들을 똑같이 대하지 않는다. 아이들을 형성하는 힘은 아마도 어머니와 아버지가 각각의 아이를 위해 채택하는 개별화된 양육에 있을 것이다. 그리고 아이들에게 영향을 미치는 것은 획일적인 양육 철학이 아니라 부모와 자식 간의 상호 작용이다.[42]

이것은 처음에는 합리적으로 들린다. 그러나 다시 생각해 보면 결국 부모에게, 혹은 양육 전문가들의 충고에 주인공의 역할이 반환되지 않는다.[43]

그들이 말하는 개별화된 양육이란 어떤 것인가? 추정컨대 부모는 각 아이의 재능과 요구에 따라 양육을 재단할 것이다. 고집 센 아이는 고분고분한 아이보다 더 엄격한 규율을 이끌어 낼 것이고, 겁이 많은 아이는 대범한 아이보다 더 많은 보호를 이끌어 낼 것이다. 문제는 앞에서도 보았듯이, 양육의 차이가 아이들의 선천적 차이와 구별되지 않는다는 데 있다. 만약 소심한 아이가 소심한 성인으로 자라면, 우리는 그것이 부모의 과잉 보호의 소산인지 아이가 선천적으로 가지고 태어난 소심한 특성의 연장인지 알 길이 없다.

그리고 놀랍게도, 만약 아이들이 양육의 체계적 차이를 유도한다면 그것은 유전자의 영향으로 나타날 것이다. 즉 그것은 단독 환경이 아니라 유전율에 포함된다. 유전율은 상관성에 대한 측정값이어서 유전율으로는 유전자(뇌를 배선하거나 호르몬 분비를 돕는 단백질들)의 직접적 영향과 여러 연계점에 미치는 간접적 영향을 구별할 수 없기 때문이다. 앞에서 나는 매력적인 사람들이 적극적이라고 말했는데, 그것은 어쩌면 다른 사람들이 입을 맞출 때 그들을 올려다보기 때문일 수도 있다. 그렇다면 이것은 유전자의 아주 간접적인 영향으로, 적극적인 뇌에 해당하는 유전자는 없고 단지 죽고 못 살 정도로 멋진 보라색 눈의 유전자만 존재한다 하더라도 적극성은 결국 유전율에 포함될 것이다. 이와 마찬가지로, 만약 어떤 선천적 특성을 가진 아이들이 부모의 참을성이나 격려나 엄격함을 더 많이 이끌어 낸다면, 부모의 참을성, 격려, 엄격함 또한 "유전적"인 것으로 계산될 것이다. 이제, 그런 개별화된 양육이 정말로 아이들의 성장 결과에 영향을 미친다면, 그동안 유전자의 직접적 영향이 과대 평가되었다는 비판은 정당할 것이다. 그 영향 중 일부는 사실, 아이들의 유전자가 아이들의 특성에 영향을 미친 다음 이것이 부모의 행동의 영향을 미치고 이것이 다시 아이들에게 영향을 미치는, 간접적인 영향일 것이기 때문이다(다소 괴상한 가정이고 그럴 가능성이 없음을 곧 밝히겠지만, 우선은 논의를 위해 옳다고 가정해 보자.). 그러나 기껏해야 양육의 영향은 유전자에서 비롯된 전체 차이의 40~50퍼센트를 놓고 (직접·간접적인) 유전적 영향과 경쟁할 것이다. 단독 환경에 기인하는 50퍼센트는 여전히 주인을 찾지 못한 채로 남을 것이다.

이 단독 환경의 영향을 부모 자식 간의 상호 작용(통계학자들이 사용하는 전문적 의미에서의 '상호 작용'이다. 그것이 우리의 수수께끼에 적절한 의미이기 때문이다.)으로 설명한다면 어떤 일이 벌어지겠는가? 특정한 양육 방법은 어떤 아이들에게는 이렇게 영향을 미치고 다른 아이들에게는 저렇게 영향을 미쳐야 할 것이고, 두 영향은 서로 상쇄되어야 할 것이다. 예를 들어, 매를 아끼는 것은 어떤 아이들은 망치는 반면(아이들을 더 폭력적으로 만든다.), 다른 아이들에게는 폭력이 해결책이 아니라는 것을 깨우쳐 주어야 할 것이다(아이들을 덜 폭력적으로 만든다.). 애정 표현은 어떤 아이들은 더욱 다정하게 만들고(자신을 부모와 동일시하기 때문) 다른 아이들은 더 차갑게 만들어야 한다(부모에 반항하기 때문). 결과가 정반대로 갈라져야 하는 이유는, 만약 어떤 양육 방법이 평균적으로 모든 아이에게 똑같은 영향을 미친다면 그것은 공유 환경의 영향에 포함될 것이기 때문이다. 입양 형제들은 비슷해야 할 것이고, 함께 자란 형제들은 떨어져 자란 형제들보다 서로 더 비슷해야 하겠지만, 그런 일은 일어나지 않는다. 그리고 만약 어떤 양육 방법이 어떤 아이들에게는 성공적으로 적용되는 동시에 다른 아이들에게는 적용되지 않거나 효과가 없다면, 그것은 유전자의 영향에 포함될 것이다.

부모-자식 상호 작용 개념의 문제점은 이제 분명해졌다. 어떤 양육 방법이 각기 다른 아이에게 철저히 다른 영향을 미쳐서 그 영향들의 총합(공유 환경)이 0이 된다는 것은 믿기 어려운 이야기이다. 만약 포옹이 어떤 아이들은 더 자신 있게 만들고 다른 아이들에게는 아무 영향을 미치지 않는다면, 포옹하는 사람들은 평균적으로 자신감 있는 자식을 더 많이 갖게 될 것이다(어떤 아이들은 더 자신 있게 크고, 그렇지 않은 아이들은 변화가 없을 것이므로). 그러나 포옹하는 유전자를 일정하게 놓을 때, 그런 일은 일어나지 않는다. (심리학자들에게 친숙한 전문 용어로 표현하자면 다음과 같다. "완벽한 크로스오버 상호 작용, 즉 주된 영향이 완전히 없는 상호 작용은 드물다.") 그런데 이것은 또한 유전율 자체가 맞춤식 양육으로 환원될 수 없는 한 이유이기도 하다. 부모의 행동이 완전히 아이의 선천적 특성에 의해 결정되지 않는다면, 어떤 부모들은 전체 부모들과 다소 다르게 행동할 것이고 그것은 공유 환경의 영향으로 나타날 것인데, 그것은 사실상 무시되는 영향이다.

그러나 이 부모-자식 상호 작용(전문적 의미에서의)이 정말로 존재하고 실제로 아이를 형성한다고 가정해 보자. 그러면 양육 전문가들의 일반적인 충고가 무익해진다. 아이들을 잘 키우기 위해 부모가 무엇을 하든 그것은 같은 수의 아이들을 더 잘못 키우게 만들 것이다.

어쨌든 부모-자식 상호 작용 이론은 직접적인 검사가 가능하다. 심리학자들은 한 가정 안에서 부모가 자식들을 어떻게 키우는지를 측정하고, 유전자를 불변으로 놓을 때 그 측정 결과가 아이들의 성장 결과와 상관성을 보이는지를 확인할 수 있다. 검사 결과는 거의 모든 경우에 상관성이 없다는 것이다. 양육의 거의 모든 차이는 아이들의 타고난 유전적 차이에 대한 반응이라고 설명할 수 있다. 그리고 비유전적 이유로 아이들 간에 달라지는 부모의 행동—가령 특정한 아이 때문에 발생하는 부부 싸움이나 한 아이에게 집중되는 부모의 보살핌—도 영향을 전혀 미치지 않는다.[44] 최근에 자신만만하게 한 연구를 이끌었던 학자는 양육의 차이가 아이들의 성장 결과에 중요하다는 점을 입증하려 했지만 결국 애초의 희망을 접고 자신의 결과에 "충격"을 받았다고 고백했다.[45]

가정 환경이 일가족 아이들의 유전자와는 무관한 이유로 그 아이들에게 다르게 작용할 수 있는 또 하나의 방식이 있는데, 출생 순서가 그것이다. 첫 아이는 대개 몇 년 동안 부모의 집중적인 관심을 독차지한다. 나중에 태어난 아이들은 부모의 관심과 그 밖의 자원을 얻기 위해 형제들과 경쟁해야 하고, 더 강한 힘과 기반을 가진 경쟁자들로부터 자기 몫을 지키는 방법을 생각해 내야 한다.

『타고난 반항아』에서 설로웨이는 첫 아이들이 자신의 이점을 이용해 보다 적극적인 사람으로 성장할 것이라 예측했다.[46] 그리고 첫 아이들은 자신을 부모와 동일시하고 그 연장의 일환으로 자신을 현 상태와 동일시하기 때문에, 보다 보수적이고 성실하게 자랄 것이라 했다. 반면에 나중에 태어난 아이들은 보다 회유적이고, 새로운 생각과 경험에 개방적이다. 가정 심리 치료사들과 일반인들은 오래전부터 이런 인상을 받고 있었지만, 설로웨이는 부모-자식 갈등과 그로 인한 형제간 경쟁을 분석한 트리버스의 이론에 근거해 그것을 설명하려 했다. 그는 출생 순서와 인성에 대한 연구들을 메타 분석(양적 문헌 검토)함으로써 이 개념들에 대한 어느 정도의 근거를 발견했다.[47]

그러나 설로웨이의 이론은 또한 아이들이 집 안에서 효과를 봤던 바로 그 전략을 집 밖에서도—또래들과 동료들에게—사용할 것을 요구한다. 그것은 트리버스의 이론에서 나온 것이 아니다. 오히려 그것은 혈족들과의 관계를 비혈족들과의 관계와 매우 다르게 보는 진화 심리학 이론에 모순된다. 형제나 부모에게 효과가 있는 전술이 동료나 낯선 사람에게는 효과가 없을 수 있다. 그리고 실제로 이후의 분석들도, 출생 순서가 성격에 미치는 영향은 한결같이 형제나 부모에게 서로를 평가하거나 형제와 비교해 자기 자신을 평가할 것을 요구하는 연구들, 즉 일가족의 관계만을 평가할 수 있는 연구들에서만 발견된다는 것을 보여 주었다. 인성을 집 밖의 제3자가 측정하면 출생 순서의 효과는 감소하거나 사라진다.[48] 첫 아이와 나중 아이에 대한 양육의 차이—초보 부모인가 경험 있는 부모인가, 관심의 집중인가 관심의 분산인가, 가문의 유산을 잇게 해야 한다는 압박감이 있는 교육인가 느긋한 교육인가—는 집 밖에서의 성격에 거의 또는 전혀 영향을 미치지 않는 것으로 보인다.

일가족의 유사성은 아이들을 형성하지 않는다. 그리고 일가족의 차이도 아이들을 형성하지 않는다. 아마 해리스의 말처럼 우리는 집 밖으로 눈을 돌려야 할 것이다.

∽∽∽

만약 당신이 부모가 자란 곳이 아닌 다른 곳에서 자랐다면 다음 질문을 생각해 보라. 당신의 억양은 부모와 비슷한가, 함께 자란 사람들과 비슷한가? 당신의 옷차림, 좋아하는 음악, 여가 활동은 어떠한가? 만약 당신의 아이들이 당신의 고향이 아닌 다른 곳에서 자랐다면—혹은 그렇지 않더라도—이번엔 그 아이들에 대해 같은 질문을 생각해 보자. 거의 모든 경우에 사람들은 부모가 아니라 또래를 모델로 삼는다.

이것이 바로 그토록 포착하기 힘들었던 환경의 성격 형성에 대한 해리스의 설명으로, 그녀는 여기에 집단 사회화 이론(Group Socialization theory)이라는 이름을 붙였다. 모든 것이 유전자에 있는 것은 아니지만, 유전자에 없는 것이 부모에게서 나오는 것도 아니다. 사회화—사회 생활에 필요한 규범과 기술의 습득—는 또래 집단에서 이루어진다. 아이들도 문화가 있으며, 그 문화는 성인 문화의 요소들을 흡수하는 동시에 그들만의 가치와 규범을 발전시킨다. 아이들은 깨어 있는 동안 어른들의 근사치가 되려고 노력하면서 시간을 보내지 않는다. 아이들은 보다 나은 아이들, 그들 자신의 사회에서 잘 살아가는 아이들이 되려고 노력한다. 우리의 인성은 바로 이 도가니에서 형성된다.

10~20년 동안 아이에 집착하는 양육 방법은 진화 역사상 아주 최근의 관습이라고 해리스는 지적한다. 수렵 채집 사회에서 어머니들은 다음 출산 때까지 2~4년 동안 아이를 엉덩이나 등에 업고 다니면서 아이가 요구하면 젖을 먹인다.[49] 동생이 생기면 아이는 형, 누나, 사촌들로 구성된 놀이 집단에 던져지고, 어머니의 모든 관심은 동생에게 집중된다. 아이들은 다른 아이들이 모인 환경에서 잘 헤치고 나가거나 가라앉는다.

아이들은 또래들의 규범에 이끌리는 동시에 부모의 기대에 어느 정도 면역성을 보인다. 부모-자식 갈등 이론에서는 부모가 항상 아이에게 가장 이익이 되는 쪽으로 아이를 사회화시키지 않는다고 예측한다. 그래서 아이들이 당장은 부모의 보상, 처벌, 본보기, 잔소리에 복종한다 해도—덩치가 작고 선택의 여지가 없기 때문에—아이들의 인성은 부모의 방법에 맞추어 형성되지 않는다는 것이다. 아이들은 또래들 사이에서 지위를 획득하려면 무엇이 필요한지를 알아야 한다. 한 해의 지위가 다음 해의 지위 경쟁에 필요한 계단이 되고, 결국 10대 후반의 지위 경쟁은 이성의 관심을 끄는 최초의 경쟁과 맞물리기 때문이다.[50]

개인적으로 해리스의 이론에서 가장 흥미로웠던 점은 그녀의 이론이 내가 전공하는 심리학 분야에서 언어와 관련된 대여섯 가지 곤혹스런 사실들을 설명한다는 것이었다.[51] 심리 언어학자들은 유전과 환경에 대해 많은 주장을 펼치지만 그들 모두 "환경"과 "부모"를 동일시한다. 그러나 아동 언어 발달의 많은 현상들이 그 방정식을 비켜 간다. 전통적인 문화에서 어머니들은 아이들이 대화를 이어 갈 만큼 성장할 때까지 아이들에게 많은 말을 하지 않는다. 사람들의 억양은 대부분 부모의 억양이 아니라 어린 또래들의 억양을 닮는다. 이민자의 자녀들은 원어민 또래들과 어울릴 수 있는 한, 새 고향의 언어를 완벽하게 습득한다. 그런 다음 부모에게 새 언어로 바꿀 것을 강요하고, 이 목표를 성공시키면 모국어를 완전히 잊기도 한다. 청각 장애 부모 밑에서 태어난 정상 아동들도 마찬가지이다. 그들은 자기가 속한 사회의 구어를 배워서 거침없이 구사한다. 어른들로부터 공통의 언어를 물려받지 못한 아이들이 함께 모이면 순식간에 공통의 언어를 발명해 낸다. 혼합어와 수화들은 이렇게 탄생했다. 그리고 영어나 일본어 같은 특수한 언어들(언어 일반을 위한 본능과 대조되는 의미에서의)은 학습된 사회적 행동의 대표적인 예이다. 아이들이 또래들의 말에서 미묘한 의미를 감지하는 귀를 정교하게 발달시킨다면 그리고 부모의 언어보다는 또래들의 언어에 운명을 건다면, 그것은 아이들의 사회적 더듬이가 또래 지향적임을 의미한다.

이민자의 아이들은 새 고향의 언어뿐 아니라 그곳의 문화도 흡수한다. 슈테틀*에서 태어난 나의 조부모님은 평생 낯선 땅의 이방인이었다. 자동차, 은행, 의사, 학교, 도시적 시간 개념은 늘 당황스러웠다. 1930년대와 1940년대에 유행했던 "역기능 가정(dysfunctional family)"이라는 말은 조부모님에게 딱 들어맞는 이야기였다. 그러나 몇 십 년에 걸

---

* 동유럽, 러시아 등지의 작은 유대인 마을이다.

쳐 형성된 이민자 사회에서 성장한 우리 아버지는 이곳 사정에 밝은 가족들과 아이들에게 자연스럽게 이끌렸고 결국에는 행복한 가정과 성공을 거머쥐었다. 이런 이야기는 이민자들의 기록에서 흔히 발견된다.[52] 그렇다면 부모가 아이의 성장을 좌우하는 열쇠라고 주장하기 어렵지 않겠는가?

우리는 또한 여러 연구를 통해, 모든 부모가 알고는 있지만 누구도 아동 발달 이론과의 불일치를 해결하려고 선뜻 나서지 않는 문제를 확인할 수 있다. 그것은 사춘기 청소년들이 담배를 피우는가, 법을 위반하고 궁지에 빠지는가, 또는 심각한 범죄를 저지르는가의 여부가 부모의 행동보다는 또래들의 행동에 훨씬 더 크게 의존한다는 것이다.[53] 해리스는 "성숙한 지위", 즉 성인의 힘과 특권을 손에 넣기 위해 범법자가 된다는 유명한 이론에 대해 다음과 같이 비평한다. "청소년들이 정말로 어른처럼 되기를 원한다면 슈퍼마켓에서 매니큐어를 훔치거나 위험한 교각에 매달려서 스프레이로 'I LOVE YOU LISA'라고 쓰지 않을 것이다. 아이들이 정말로 '성숙한 지위'를 열망한다면 빨래를 개고 세금을 계산하는 등의 따분한 일들을 해야 할 것이다."[54]

공유 환경의 영향이나 유전자와 환경 간의 상호 작용 같은 것을 어렵게 발견한다 해도 그것은 방정식의 "환경" 쪽에 있는 부모를 또래로 대체할 때에만 가능하다. 한 가정에서 자라는 아이들은 서로 어떤 관계인가에 상관없이 범죄에 대한 취약성이 비슷한 경향이 있다. 그러나 이 유사성은 아이들이 나이가 비슷하고 집 밖에서 함께 보내는 시간이 비슷할 때에만, 즉 그들이 한 또래 집단에 속해 있을 때에만 유효하다.[55] 그리고 덴마크에서 실시된 어느 대규모 연구에 따르면, 죄수의 친자식들이 문제를 일으키는 경향은 준법 시민의 친자식들보다 다소 높게 나타난다. 이것은 유전자의 전면적인 영향이 어느 정도 있다는 것을 보여 준다. 그러나 범죄 감염률은 아이들이 범죄자 양부모에게 입양되어 대도시에서 생활할 때 급격히 높아지는데, 이것은 유전적으로 위태로운 아이들이 범죄율이 높은 지역에서 성장한 결과라 할 수 있다.[56]

부모가 "중요하지 않다"는 것은 아니다. 부모는 많은 측면에서 대단히 중요하다. 대부분의 환경에서 부모가 자식을 위해 하는 가장 중요한 일은 아이들의 생명을 유지하는 것이었다. 부모가 자식을 학대하거나 방치하면 자식은 큰 해를 입을 수 있다. 아이들은 처음 몇 년 동안 어떤 형태로든 음식을 공급받아야 한다. 물론 이것은 부모나 심지어는 어른이 반드시 있어야 되는 일은 아니다. 어린 고아나 난민 어린이의 경우 부모나 어른이 돌봐 주지 않는 상황에서 다른 아이들의 보살핌 덕분에 비교적 건강하게 크는 사례가 많다.[57] (그 아이들이 행복했다는 뜻은 아니다. 그러나 일반적인 생각과는 달리 불행했던 어린이가 반드시 문제가 있는 성인으로 크는 것은 아니다.) 부모는 아이들에게 환경을 골라 주고 그럼으로써 또래 집단을 골라 준다. 부모는 아이들에게 가령 글 읽기나 악기 연주 같은 기술과 지식을 제공한다. 그리고 권력자가 영토 내에서의 행동에 영향을 미치듯이, 집 안에서의 아이들 행동에 영향을 미친다. 그러나 부모의 행동이 장기적으로 자녀들의 지능이나 인성을 형성한다고는 여겨지지 않는다. 이 말을 듣는 즉시 많은 사람들이 물을 것이다. "그러면 내가 아이를 어떻게 키우든 중요하지 않단 말인가?" 이것은 매우 중요한 질문이며, 나는 이 장의 말미에서 이 문제를 다룰 것이다. 그러나 먼저 해리스의 이론에 대한 사람들의 반응과 내 자신의 평가를 다루고자 한다.

『양육 가설』은 어떤 기준에서든 현대 지식 세계에 지대한 공헌을 했다. 주요 개념이 처음에는 직관에 반하는 것처럼 보이지만 그 책에는 진실의 울림이 있고 현실 속의 아이들이 있어서, 실생활과 거리가 먼 이론적 허구들과는 분명 다르다. 해리스는 여러 분야에서 풍부한 데이터를 가져와 자신의 가설을 뒷받침했고 날카로운 분석의 눈으로 그 데이터들을 해석했으며 사회과학에서는 보기 드물게 자신의 오류를 입증할 수도 있는 새로운 경험적 검사 방법들을 제안했다. 그 책은 또한 실패한 학교, 청소년 흡연, 청소년 범죄 등 새로운 인식을 필요로 하는 힘든 문제들에 대해 독창적인 대책을 제안하고 있다. 주요 개념들의 오류가 결국 밝혀졌음에도 이 책은 유년기에 대해 생각하게 만들고 그럼으로써 무엇이 우리를 이렇게 만드는가에 대해 신선하고 깊이 있는 사고 방식을 제공한다.

그러면 사람들의 반응은 어떠했는가? 이 이론이 맨 처음 세상에 소개된 것은 나의 책 『마음은 어떻게 작동하는가』의 몇 페이지를 통해서였다. 거기에서 나는 행동 유전학의 세 법칙과 그것을 설명하는 해리스의 1995년 논문을 지지했다. 많은 평론가들이 그 부분을 집중적으로 다루었다. 마거릿 버트하임의 분석이 대표적이다.

> 나는 과학 저술가로 일해 온 15년 동안 내가 사랑하는 주제가 그렇게 끔찍하게 다루어지는 것을 보지 못했다.…… 가족 관계를 어처구니없이 파악한 것은 차치하더라도, 정말로 소름 끼치는 것은 과학에 대한 그릇된 생각이다. 과학은 결코 몇 퍼센트의 인성이 양육에 의해 형성되는지를 입증할 수 없다.…… 그것이 가능하고 또 실제로 그렇게 하고 있는 것처럼 보여 줌으로써 그는 과학자들이 잘해야 순진하게, 최악의 경우 파시스트로 보이게 만들고 있다. 내가 보기에는 바로 이런 유(類)의 주장이 과학에 나쁜 이름을 덧붙이고 과학에 대한 반발에 기름을 붓고 있다.[58]

물론 버트하임은 "몇 퍼센트의 인성은 양육에 의해 형성된다."라는 무의미한 개념과, 행동 유전학자들이 항상 연구하고 있는 문제, 즉 인성의 분산 중 몇 퍼센트는 양육의 차이에 의해 발생한다는 개념을 혼동했다. 그리고 과학자들은 떨어져 자란 형제들은 함께 자란 형제들만큼 서로 비슷하다는 것, 입양 형제들은 전혀 비슷하지 않다는 것, 따라서 "가족 관계"에 대한 인습적 지식은 명백히 틀렸다는 것을 입증할 수 있고 또 입증해 왔다.

버트하임은 급진주의 과학과 사회 구성주의에 공감한다. 그녀의 반응은 행동 유전학—그리고 행동 유전학적 발견을 설명하는 해리스의 이론—이 정치적 좌파의 신경을 어떻게 건드리는가 그리고 전통적으로 정치적 좌파가 어린이의 가소성을 어떻게 강조하는가를 보여 주는 증거이다. 심리학자 올리버 제임스는 이렇게 썼다. "해리스의 책은 프리드먼 경제학을 사회과학에 적용한 또 하나의 사례에 불과하다."(제임스의 눈에 프리드먼은 개인의 삶은 개인이 책임져야 한다는 개념을 대표하는 경제학자로 보였다.) 그는 해리스가 양육에 대한 연구를 깎아 내리고 있다고 보는데, 이 이유는 양육에 대한 활발한 연구가 "선진 소비자 자본주의 이론에 간접적으로 도전할 수 있다고 보기 때문 즉 부모의 역할이 결정적이라면 왜 이윤 추구보다 부모의 역할이 경시되는가를 문제삼을 수 있기 때문—"이라는 것이다.[59] 그러나 이 기발한 진단은 진실을 거꾸로 보고 있다. 부모의 중요성을 가장 열성적으로 선전하는 사람들은 맥주 회사와 담배 회사들이다. 그들은 "음주에 대해 대화하는 가족"이나 "부모는 흡연의 위험성을 자녀들에게 말해야 한다."라는 공익 광고를 후원한다(대표적인 광고: "딸이 마치 어머니를 보는 것처럼 카메라를 똑바로 보면서, 담배를 피우지 말라는 어머니의 당부를 언제 어디서나 잊지 않겠다며 어머니를 안심시킨다.").[60] 진보한 소비자 자본가들은 음주와 흡연에 대한 책임을 부모에게 떠넘김으로써 그들이 청소년 또래 문화에 막대한 영향력을 행사하고 있다는 사실을 감추는 것이다.

정치적 우익에서는 훨씬 더 지독한 악담이 쏟아졌다. 칼럼니스트 존 레오는 그녀의 이론을 "어리석다."고 평했고, 그녀가 박사도 대학 교수도 아닌 것을 조롱했으며, 그녀를 홀로코스트를 부인하는 전범에 비유했다. 그는 다음과 같은 말로 칼럼을 끝냈다. "자기 탐닉을 정당화하면서 아동 방치를 훌륭한 주류 문화로 내세우는 이 어리석은 책을 찬양할 시대는 지났다."[61]

왜 이 이론은 보수주의자들에게서도 미움을 받을까? 오늘날 미국 우익은 전통적인 가족이 페미니즘, 방탕한 대중 문화, 좌익 사회 분석가들의 공격에 시달린다는 것을 공리로 믿고 있다. 보수주의자들의 생각에 따르면 사회적 병폐의 근본 원인은 부모가 자녀들에게 질서와 가치관을 가르치지 못하는 데 있고, 그것은 일하는 어머니, 편모 가정, 이혼 증가, 미혼모를 지원하는 복지 제도 때문이라는 것이다. 시트콤의 주인공 머피 브라운이 결혼을 하지 않고 아이를 낳자 댄 퀘일 부통령은 이것이 미국 여성들에게 나쁜 사례가 된다고 비난했다. 머피의 아기가 별 탈 없이 잘 자랄 수 있음을 입증하는 해리스의 연구 역시 환영받지 못했다. (사실 편모 양육에 대한 걱정은 근거가 없는 것은 아니지만, 진짜 문제는 한 가정에 아버지가 없는 것이라기보다는 한 지역의 모든 가정에 아버지가 없는 것이다. 이 편모 슬하의 아이들은 성인 남성이 존재하는 다른 가족들을 접할 기회가 적을 뿐 아니라, 설상가상으로 독신 남성들의 집단과 접하게 되는데, 그 집단의 모든 가치관은 또래 집단으로 흘러 들어간다.) 그리고 힐러리 클린턴은 『아이에겐 마을이 필요하다』라는 어린이 관련 책을 썼는데, 이 제목은 "아이를 키우려면 마을이 필요하다."라는 아프리카 속담에서 왔다. 보수주의자들은 힐러리의 책을 혐오했는데, 사회 공학자들이 이 책의 내용을 구실로 삼아 아이를 부모의 손에서 빼앗아 정부에 넘길 수 있다는 생각에서였다. 그러나 해리스 또한 그 속담을 인용했는데, 그녀의 이론은 그 속담에 담긴 진리를 입증한다.

그리고 전문가들도 한몫을 했다. 브레즐턴은 해리스의 논문을 "부조리하다."라고 평했다.[62] 아동에 대한 학적 연구의 권위자인 제롬 케이건은 "심리학이 창피하다."라고 말했다.[63] 또 다른 발달 심리학자 프랭크 팔리는《뉴스위크》에 이렇게 썼다.

> 그녀는 완전히 틀렸다. 그녀는 제한된 데이터에 근거한 극단적 입장을 취하고 있다. 그녀의 이론은 겉으로만 보아도 불합리하지만, 만약 부모들이 그 말을 믿으면 어떻게 될지 생각해 보라! "중요하지 않다"면 부모들이 자녀를 제멋대로 키워도 된다는 말인가? "중요하지 않다"면 하루 일을 끝낸 피곤한 부모들이 굳이 아이들에게 신경 쓰지 않아도 된다는 말인가?[64]

케이건을 비롯한 일부 발달 심리학자들은 기자들에게 "부모가 자녀의 성장에 영향을 미칠 수 있음을 입증하는 훌륭한 연구들이 수없이 많다."라고 말했다.

그 "수없이 많은 훌륭한 연구들"은 과연 무엇이었을까? 케이건은《보스턴 글로브》의 지면에 이른바 "충분한 증거"들을 펼쳐 보였다.[65] 그는 부모가 똑똑하면 자식들도 똑똑하고 부모가 언어 능력이 뛰어나면 자식들도 그렇다는, 유전학과 무관한 통상적인 연구들을 언급했다. 그리고 다음과 같이 말했다. "뉴잉글랜드에서 자란 6세 어린이는 말레이시아나 우간다나 아르헨티나 남단에서 자란 6세 어린이와는 아주 다를 것이다. 부모에 따라 다른 양육법을 경험하기 때문이다." 그러나 말레이시아에서 성장하는 아이에게는 말레이시아 부모와 말레이시아 또래 집단이 모두 필요하다. 만약 그가 말레이시아 부모의 6세 어린이가 뉴잉글랜드에서 자라면 어떻게 될지를 고려했다면 앞의 예를 가지고 양육의 효과를 입증하기 전에 다시 한번 생각해 보았을 것이다. 다른 "증거"는 작가들이 회고록을 쓸 때 자신의 성장을 유년의 친구들이 아니라 부모의 공으로 돌린다는 것이다. 이 빈약한 주장의 아이러니는, 케이건 자신이 그의 훌륭한 경력을 쌓는 과정에서 심리학자들이 유전학적 사실들을 간과하고 양육에 관한 민간 이론을 비과학적으로 쉽게 받아들인다며 종종 목청을 돋우었다는 점에 있다. 따라서 당시 그는 뉴저지의 어느 할머니가 진실을 폭로해서 자신의 분야를 위태롭게 하는 것을 어떻게든 막아야겠다는 절박한 생각뿐이었을 것이다. 아무튼 방어에 나선 심리학자들의 다른 "수많은 훌륭한 연구들"은 전혀 도움이 되지 않았다.[66]

∞∞∞

그렇다면 해리스는 제3법칙, 즉 유전자나 가족과 무관한 단독 환경의 비밀을 해결했는가? 꼭 그렇지는 않았다. 나 역시, 아이들은 가정이 아니라 또래 집단에서 사회화된다고—즉 자신이 속한 문화의 가치와 기술을 획득한다고—확신한다. 그러나 적어도 아직은, 또래 집단이 어린이의 인성 발달—아이들이 왜 소심하게 또는 대담하게, 불안하게 또는 자신감 있게, 개방적으로 또는 보수적으로 성장하는가—을 설명한다고는 믿지 않는다. 사회화와 인성 발달은 같은 것이 아니며, 또래 집단이 사회화를 설명한다고 해서 필연적으로 인성 발달을 설명한다고 볼 수는 없다.

또래 집단이 인성을 설명할 수 있는 한 가지 방법은 일가족의 아이들이 각기 다른 또래 집단—운동 좋아하는 아이들, 머리 좋은 아이들, 공부벌레 아이들, 반항적인 아이들, 야만적인 아이들—에 들어가 그곳의 가치를 흡수하는 경우이다. 그러나 그때 아이들은 어떻게 각기 다른 집단으로 나뉘는가? 만약 그것이 아이들의 선천적 특성에 따라 결정된다면—똑똑한 아이들은 머리 좋은 아이들 집단에 들어가고, 공격적인 아이들은 반항적인 아이들 집단에 들어간다면—또래 집단의 영향은 단독 환경의 영향이 아니라 유전자의 간접적 영향으로 설명될 것이다. 만약 그것이 한 동네에 사는 부모들의 결정 때문이라면 그것은 공유 환경의 영향이 될 것이다. 함께 자라는 형제는 부모뿐 아니라 동네도 공유하기 때문이다. 청소년 비행, 흡연 등의 경우 미지의 분산이 유전자와 또래의 상호 작용으로 설명될 수도 있다. 폭력적 성향의 청소년은 단지 위험한 동네에서만 폭력적인 사람으로 자라고, 중독 성향의 아이들은 흡연이 멋있다고 생각하는 또래들 사이에서만 흡연자가 된다는 식이다. 그러나 그 상호 작용이 아이들 간의 차이 대부분을 설명할 수는 없다. 우리의 시금석인 함께 자란 일란성 쌍둥이를 다시 살펴보자. 일란성 쌍둥이는 유전자를 공유하고, 가정 환경을 공유하고, 적어도 평균적으로는 또래 집단을 공유한다. 그러나 두 사람의 상관성은 대략 50퍼센트에 지나지 않는다. 따라서 그들의 차이를 설명하는 것은 유전자도 가족도 또래 집단도 아니다.

해리스도 이 한계를 솔직히 인정하고, 아이들은 또래 집단을 선택해서가 아니라 또래 집단 내에서 자신을 차별화한다고 밝혔다. 집단 내에서 아이들은 비어 있는 적소, 아이의 적성, 그리고 우연에 따라 저마다 지도자, 보병, 어릿광대, 생각 없이 말을 하는 위험 인물, 샌드백, 중재인이 된다. 일단 역할을 획득하면 바꾸기는 어렵다. 그 아이가 필요한 기술을 전문적으로 발전시키는 동시에 다른 아이들이 그 자리에 계속 머물 것을 강요하기 때문이다. 해리스는 이론의 이 부분이 시험을 거치지 않았고 시험하기도 어렵다고 지적한다. 시험에 필수적인 첫 단계—어느 아이가 어느 집단의 어느 적소를 채우는가—가 아주 변덕스럽기 때문이다.

사실 또래 집단에서의 적소 채우기는 대체로 우연의 문제라 할 수 있다. 그런데 우연의 손길은 다른 단계에서도 삶을 어루만진다. 내가 어떻게 여기까지 왔는가를 돌이켜볼 때, 우리는 자신을 아주 다른 삶으로 인도할 수 있었을 갈림길들을 생각하게 된다. 내가 그 파티에 가지 않았더라면 지금의 배우자를 만나지 않았을 텐데. 내가 그 팸플릿을 고르지 않았더라면 내 천직이 되어 버린 이 분야를 알지 못했을 텐데. 내가 그 전화를 받지 않았더라면, 그 비행기를 놓치지 않았더라면, 그 공을 받지 않았더라면……. 인생은 통통 튀는 공이 구멍을 아슬아슬하게 비켜 가는 핀볼 게임이다. 아마도 이런 충돌과 빗나감으로 점철된 역사가 우리를 만드는 것일 수 있다. 쌍둥이 중 한 명이 불량배에게 얻어맞은 날 다른 한 명은 아파서 집에 있었다. 한 명은 세균을 흡입하고 다른 한 명은 그러지 않았다. 한 명은 이단 침대 위층으로 가고 다른 한 명은 아래층으로 갔다.

우리는 이러한 단독 경험들이 우리의 지성과 인성에 어떤 손자국을 남기는지 여전히 알지 못한다. 그러나 훨씬 이전에 벌어졌던 어떤 핀볼 게임을 통해 자궁 안과 밖에서 우리의 뇌가 배선되었을 가능성이 충분하다. 앞에서 언급했듯이, 인간 게놈은 모든 뉴런의 연결을 지정하지 못한다. 그러나 감각 기관에 의해 암호화된 정보라는 의미에서 "환경"이 나머지를 모두 감당하지도 못한다. 제3의 복병은 우연이다. 쌍둥이 중 한 명은 자궁 안에 대자로 누워 태반에 대한 권리를 주장하고 다른 한 명은 그 주위에서 간신히 움직인다. 한 명은 세균을 흡입하고 다른 한 명은 괜찮다. 어떤 우주선(線)이 DNA에 변이를 일으켜, 신경 전달 물질이 지그 쪽이 아닌 재그 쪽으로 가고, 신경 돌기의 성장 원추가 오른쪽이 아닌 왼쪽으로 향하고, 그래서 일란성 쌍둥이 중 한 명의 뇌가 다른 한 명과는 약간 다른 형태로 굳는 것이다.[67]

이런 일은 다른 동물의 발달에서 실제로 일어난다. 파리, 쥐, 벌레들 중 유전적으로 동일하고 단조로운 실험실 조건에서 키워진 종들조차도 서로 차이를 보인다. 어떤 초파리는 병에서 함께 태어난 동료들보다 한 쪽 날개 밑에 털이 더 많거나 적을 수 있다. 어떤 쥐는 난모세포(나중에 난자가 될 세포)가 실험실에서 태어난 자매들보다 세 배나 더 많을 수 있다. 어떤 회충은 이웃 접시에 사는 자기의 복제 회충보다 세 배나 오래 산다. 생물학자 스티븐 오스타드는 회충의 수명에 대해 이렇게 말했다. "회충들의 수명에서 볼 수 있는 다양성은 놀랍게도, 다양한 음식을 먹고, 자신의 건강을 돌보거나 학대하고, 현대 산업 사회의 다양한 상황—교통 사고, 상한 고기, 분노한 우편 집배원*—에 부딪히며 살아가는 유전적으로 복잡한 인간 못지않다."[68] 그리고 회충의 세포는 959개에 불과하다! 수천억 개의 뉴런으로 구성된 인간의 뇌는 분자들의 동전 던지기에 시달릴 기회가 훨씬 더 많다.

만약 발생상의 우연으로 일란성 쌍둥이의 불완전한 유사성을 설명한다면, 발생 일반과 관련된 흥미로운 사실이 드러난다. 우리는 수백만 가지 우연한 사건이 서로 상쇄되어 결과물에는 어떤 차이도 생기지 않는 발달 과정을 상상할 수 있다. 혹은 하나의 우연한 사건이 발생 과정 전체를 탈선시키거나 혼란에 빠뜨려 기형이나 괴물이 탄생하는 경우를 상상할 수 있다. 그러나 일란성 쌍둥이에게 이런 일들은 일어나지 않는다. 두 사람은 우리가 가진 조잡한 도구로도 서로의 차이를 쉽게 발견할 수

---

* 1986년, 1991년, 1997년에 미국 각지 우체국에서 총기 난사 사건이 벌어졌다. 그후 우편 집배원은 무차별 총기 난사 사건의 대명사가 되었다.

있을 만큼 충분히 다르지만, 둘 다 우리가 인간이라 부르는 경이롭고 훌륭하게 설계된 체계의 건강한 사례에 포함된다. 생물의 발생은 미리 지정된 청사진이 아니라 복잡한 되먹임 루프를 사용하는 것이 분명하다. 무작위 사건들이 성장의 궤적을 변화시킬 수는 있지만, 그 궤적이 해당 종의 기본 설계를 완전히 벗어나는 경우는 없다. 생물학자들은 그런 발생 역학을 가리켜 강건성(robustness), 완충(buffering), 수로화(canalization)라 부른다.[69]

만약 인성의 비유전적 부분이 신경 발달의 룰렛에 의해 만들어진 결과라면 우리는 두 가지 놀라운 사실에 직면하게 된다. 첫째는 행동 유전학의 방정식에서 "유전"에 해당하는 변이 반드시 유전적인 것도 아니고 "환경"에 해당하는 변이 반드시 환경적인 것도 아니라는 점이다. 만약 설명이 안 되는 그 분산이 뇌 조합 과정에서 발생하는 우연한 사건들의 산물이라면, 인성의 또 한 부분은 (유전은 아니지만) "생물학적으로 결정"되는 것이고 부모와 사회가 공들여 만든 설계를 벗어날 것이다.

또 한 가지 놀라운 점은 우리가 인간 본성을 설명할 때 과학 이전의 한 개념—자유 의지가 아니라 운명이라는 개념—에 여지를 남겨야 한다는 사실이다. 그것이 자유 의지가 아닌 이유는, 함께 자란 일란성 쌍둥이들 간에 다르게 나타나는 특성들 중에는 본인도 어쩔 수 없는 것들이 있기 때문이다. 누구도 정신 분열증 환자, 동성애자, 음악적 천재는 물론이고 불안한 사람, 자신만만한 사람, 지적으로 개방적인 사람이 되겠다고 결정하지 않는다. 일단 우리가 발생 과정에 작용하는 수많은 우연의 가능성을 인정한다면, (엄격히 예정된 길이라는 뜻에서가 아니라, 마음대로 통제할 수 없는 미래라는 의미에서의) 운명이라는 오래된 개념은 현대 생물학과 손을 잡을 수 있다. 이 점에 있어 해리스는 우리가 자녀를 빚어 낼 수 있다는 믿음이 얼마나 최근의 것이고 편협한가를 지적하면서 1950년대 인도의 외진 마을에 사는 한 여자의 말을 인용한다. 자식이 어떤 사람이 되기를 원하느냐는 질문에 그녀는 어깨를 으쓱하며 이렇게 대답했다. "내 바람과는 상관없이 그건 아이의 운명에 달려 있다."[70]

∽∽∽

모든 사람이 운명이나, 유전자, 또래 집단 등 개인이 통제할 수 없는 영향력을 인정하지는 않는다. 한 어머니는 《시카고 트리뷴》에 이렇게 말했다. "이것이 사실이 아니기를 하느님께 기도한다. 내가 그 아이에게 쏟아 붓는 이 모든 사랑이 전혀 중요하지 않다는 생각은 너무 끔찍하다."[71] 인간 본성에 관한 다른 발견들을 접할 때도 그랬지만 사람들은 그것이 사실이 아니기를 신에게 기도한다. 그러나 진실은 우리의 소망과 무관하고 때로는 그 소망에 의지하도록 우리의 등을 떠밀기도 한다.

사실 아이가 행복하고 능력 있는 사람으로 성장할 수 있는 알고리듬이 없다는 것은 실망스런 일이다. 그러나 우리는 정말로 자녀들의 특성을 미리 지정하기를 원하는가? 그래서 모든 아이가 예기치 않은 재능과 성공으로 우리를 깜짝 놀라게 하기를 바라지 않는가? 사람들은 인간 복제를 두려워하고 부모가 유전 공학을 통해 자식을 설계할 수 있다는 미심쩍은 약속을 끔찍하게 여긴다. 그러나 그것은 부모가 양육을 통해 자식을 설계할 수 있다는 환상과 얼마나 다른가? 현실적인 부모라면 오히려 시름을 덜 수 있다. 아이를 자극하고 사회화하고 아이의 성격을 향상시키기 위해 끊임없이 노력하는 대신 아이들과 즐거운 시간을 보낼 수 있기 때문이다. 아이에게 동화 책을 읽어 줄 때도 그것이 뉴런에 유익한 영향을 주기 위해서가 아니라 즐거움을 주기 위해서라는 사실에 마음이 넉넉해질 것이다.

해리스를 비판하는 다수의 사람들은 해리스가 자녀의 삶에 대한 부모의 책임을 면제시키려 한다고 비난한다. 아이가 나쁜 길로 빠져도 부모는 자기 탓이 아니라고 말할 수 있다는 것이다. 그러나 같은 이유로 해리스는 성인에게 삶에 대한 책임을 부여한다. 즉 삶이 어렵다고 부모 탓만 하면서 불평하지 말라는 것이다. 해리스는 자식에게 닥친 모든 불행을 어머니 탓으로 돌리는 잘못된 이론으로부터, 그리고 아이에게 『잘 자요 달님(Goodnight Moon)』을 읽어 주지 않고 살금살금 출근하는 어머니들을 비판하는 지식인들로부터 죄 없는 많은 어머니들을 구해 내고 있다. 그리고 해리스의 이론은 우리 모두에게 지역과 문화의 건강에 대한 집단 책임을 부여한다. 그 속에 또래 집단이 존재하기 때문이다.

마지막으로, "그렇다면 내가 우리 아이를 어떻게 대하든 중요하지 않다는 말인가?"라는 질문을 생각해 보자. 이것이 사실이라면 얼마나 불행하겠는가? 물론 부모의 양육은 매우 중요하다. 해리스는 독자들에게 그 이유를 설명한다.

첫째, 부모는 자식에게 막강한 힘을 가진 존재이고, 부모의 행동은 아이들의 행복에 대단히 중요하다. 양육은 무엇보다 윤리적인 책임이다. 부모가 자식을 때리거나 무시하거나 학대하거나 방치하는 것은 옳지 못하다. 크고 강한 사람이 작고 힘없는 존재를 그렇게 다루는 것은 끔찍한 일이기 때문이다. 해리스의 말대로, "우리는 아이들의 미래를 쥐고 있지는 않지만 아이들의 현재를 쥐고 있는 것은 분명하다. 그리고 아이들의 현재를 아주 비참하게 만들 힘도 쥐고 있다."[72]

둘째, 부모와 자식은 인간적인 관계로 맺어져 있다. 배우자의 성격을 바꿀 수 있다고 믿는 신혼 부부 외에는 어떤 사람도 "그렇다면 내가 우리 남편이나 아내를 어떻게 대하든 중요하지 않다는 말인가?"라고 묻지 않는다. 남편과 아내가 서로를 보살피는 것은 상대방의 인성을 원하는 대로 변화시키기 위해서가 아니라 깊고 만족스런 관계를 형성하기 위해서이다. 남편이나 아내의 성격을 개조할 수 없다는 말에, "내가 그(혹은 그녀)에게 쏟아 붓는 이 모든 사랑이 전혀 중요하지 않다는 생각은 너무 끔찍하다."라고 대꾸하는 것을 상상해 보라. 부모와 자식도 마찬가지다. 상대방에 대한 행동은 서로가 맺는 관계의 질에 중요한 영향을 미친다. 일생 동안 그 힘의 균형은 변하기 마련이어서, 아이들은 어린 시절의 추억이 완료된 후부터는 갈수록 부모에 대해 큰 결정권을 행사한다. 해리스는 이것을 다음과 같이 표현한다. "도덕적 명령이 아이에게 잘해 주는 이유로서 충분하지 않다고 생각하면, 다음과 같이 생각해 보라. 당신이 늙었을 때 아이가 당신에게 잘해 주기를 바란다면 아이가 어렸을 때 아이에게 잘해 주어라."[73] 훌륭한 성인이 되었지만 어렸을 때 부모로부터 받은 학대를 떠올릴 때마다 분노로 몸을 떠는 사람들이 있다. 반면에 오래전에 부모를 잃었지만 부모가 보여 준 사랑과 희생을 회상하면서 행복한 추억에 젖어 드는 사람들도 있다. 다른 이유가 없더라도 부모는 자식이 그런 기억을 갖고 성장하도록 잘 키울 필요가 있다.

나는 사람들이 이런 설명을 듣고도 시선을 떨구면서 작은 목소리로 "그래, 나도 안다."라고 말하는 것을 여러 번 목격했다. 사람들이 자신의 아이에 대해 이성적으로 판단할 때 이처럼 단순한 사실들을 종종 망각한다는 것은 현대의 교의들이 사람들을 얼마나 깊이 사로잡고 있는가를 보여 준다. 사람들은 아이가 특별한 인간 관계의 당사자란 사실을 쉽게 잊고 말랑말랑한 공작용 재료쯤 된다고 생각한다. 아이들이 또래 집단에 적응한다는 이론도 그들을 우리와 똑같은 인간으로 생각하면 그리 놀라운 것이 아니다. "또래 집단"은 우리가 자신에 대해 이야기할 때 "친구와 동료"라고 표현하는 것을 아이들의 세계에 그럴듯하게 적용시킨 용어이다. 우리는 찢어진 청바지나 배꼽티를 입고 싶어 안달하는 아이들을 보고 개탄하지만, 마찬가지로 덩치가 아주 큰 사람이 나에게 분홍색 덧바지를 입혀 기업 이사회 모임에 보내거나 디스코 의상을 입혀 학술 회의에 보낸다면 죽고 싶은 심정이 들 것이다. "또래 집단에 의해 사회화된다."는 "어떤 사회에서 성공적으로 살아간다."는 것을 표현하는 또 다른 방식인데, 사회적 동물에게 이것은 "삶"을 의미한다. 사람들은 아이들을 빈 서판이라 생각하면서 아이들이 인간이라는 사실을 종종 망각한다.

20장

예술과 인문학

예술이 위기에 처했다. 이것은 내 말이 아니라, 비평가와 학자 그리고 예술과 인문학으로 생계를 유지하는 (요즘 표현대로 하면) 콘텐츠 공급자들의 말이다. 영화 감독이자 비평가인 로버트 브루스틴은 다음과 같이 말했다.

> 우리 시대에 고급 문화가 유지될 가능성은 갈수록 의심스러워지고 있다. 진지한 책을 취급하는 서점과 소규모 출판사들은 불황 속에 문을 닫고, 작은 잡지들은 속속 폐간되고 있다. 예술 극단들은 상업적인 레퍼토리를 추가해 근근이 연명하고, 교향악단들은 프로그램을 희석시킨다. 공영 텔레비전은 점점 더 영국 시트콤에 의존하고, 라디오에서는 고전 음악이 사라진다. 미술관은 초(超)대작 전시회에 의존하고, 춤은 생기를 잃고 있다.[1]

최근 들어서는 교양 잡지와 간행물에도 이와 비슷한 애도가 줄을 잇는다. 제목을 예로 들어 보자.

문학의 죽음[2] · 문학의 쇠퇴와 몰락[3] · 고급 문화의 쇠퇴[4] · 인문학은 붕괴되었는가?[5] · 인문학의 황혼[6] · 금전 시대의 인문학[7] · 인문학의 곤경[8] · 문학: 괴로운 직업[9] · 길을 잃은 문학[10] · 음악의 추락사[11] · 영어의 흥망[12] · 인문학에 무슨 일이 일어났는가?[13] · 누가 문화를 죽였는가?[14]

비관적인 관점에서 보자면 인문학의 쇠퇴는 꽤 오래전에 시작되었다. 1948년 T. S. 엘리엇은 다음과 같은 글을 남겼다. "우리는 자신 있게 지금이 몰락의 시대라 단언할 수 있다. 문화적 기준이 50년 전보다 낮아졌으며, 쇠퇴의 증거는 인간 활동의 모든 분야에서 발견되고 있다."[15]

실제로 예술과 인문학의 몇몇 생명 신호는 아주 미약하다. 1997년 미국 하원에서는 국립 예술 기금을 폐지하려 했고, 상원은 예산을 거의 절반이나 삭감하고서야 그것을 되살릴 수 있었다. 대학은 1960년 이래로 인문학에 대한 투자를 계속 외면해 왔다. 그에 따라 교양 과목을 담당하는 교수의 비율이 절반으로 줄었고, 근로 조건이 정체되어 왔으며, 점점 더 많은 강의가 대학원생과 시간 강사에게 배정되고 있다.[16] 박사 학위를 취득한 사람들은 종종 실직 상태를 견디거나 1년 계약에 만족해야 한다. 많은 대학에서 인문학과들은 그 규모가 줄어들거나 통합되거나 아예 없어지고 있다.

학문이 쇠퇴하는 한 가지 원인은 과학과 공학의 발전에서 비롯된 경쟁이다. 또 다른 원인은 학문적 피임에 실패한 대학원들이 박사 학위를 양산했다는 데 있다. 그러나 문제는 교수의 증가뿐 아니라 학생의 감소에도 있다. 1970년과 1994년 사이에 전체 학사 학위자의 수는 거의 40퍼센트 증가한 반면, 영어학 전공자의 수는 40퍼센트 감소했다. 상황은 더욱 열악해지고 있다. 현재 고등학생의 9퍼센트만이 인문학 전공에 관심을 보이고 있다.[17] 한 대학은 예술·인문 대학의 지원자 수를 만회하려는 절박한 대책으로 광고 회사에 의뢰해 "인생을 생각하라"는 홍보물을 만들었다. 다음은 그들이 고안한 광고문이다.

졸업과 함께 원하는 길을 선택하라. 아니면 20년 후 중년의 위기를 맞을 것이다.
로봇이 모든 단순 작업을 대체할 때를 위한 보험이다.
아니면 다시 태어나 당신의 꿈을 추구하라.
그렇다, 우리 부모님들이 후회하는 것처럼.

출세 지상주의는 오늘날 학생들이 인문과학에 던지는 차가운 시선을 설명하지만, 그것이 전부는 아니다. 오늘날 경제는 인문학이 인기 있었던 시절보다 훨씬 좋은 상태이고, 이런 분위기에서 많은 젊은이들이 고교 졸업 후 곧바로 직업 전선에 뛰어들기보다는 대학 생활을 통해 다양한 방식으로 자신의 발전을 도모한다. 이 시기에 예술과 인문학이 학생들의 관심에서 멀어질 이유는 전혀 없다. 문화, 역사, 사상에 대한 지식은 여전히 일상 생활에서나 대부분의 전문직에서 중요한 자산이다. 그러나 학생들은 어떤 이유에서인지 인문학을 멀리한다.

이 장에서는 예술과 인문학의 침체 원인을 진단하고 그 부흥을 위한 몇 가지 제안을 하고자 한다. 이것은 특별한 요청이 있어서가 아니라 도움이 필요한 문제가 존재하기 때문이고 그 문제가 이 책의 주제와 어느 정도 맞닿아 있기 때문이다. 나는 문제를 확인하는 것으로 시작하고자 한다.

사실을 말하자면 예술과 인문학은 위기에 처해 있지 않다. 미국 국립 예술기금과 통계청에서 발표한 최근 자료들을 보면 예술과 인문학의 형편이 지금보다 나았던 시기는 없었다.[18] 지난 20년 동안 교향악단, 서적상, 도서관, 독립 영화는 수적으로 증가했다. 고전 음악 연주회, 연극 공연, 오페라, 미술관 등의 관객 수는 많은 편이고 표를 구하기 어려운 경우도 종종 있다. (예술 서적, 시집, 연극 서적을 비롯한) 서적의 인쇄와 판매 또한 폭발적이다. 또한 예술을 향유하는 사람들이 수동적인 소비자가 된 것도 아니다. 1997년에는 그림을 그리고 예술 사진을 찍고 문예 작품을 쓰는 성인의 비율이 종전의 최고 기록을 돌파했다.

과학 기술 덕분에 대중은 예술에 접근하기가 어느 때보다 더욱 쉬워졌다. 두어 시간의 최저 임금만 있어도 하이파이 품질의 음반을 구입할 수 있으며 그중에는 세계 최고를 자랑하는 교향악단의 연주도 수두룩하다. 비디오 가게에 가면 외딴 섬에 사는 사람도 싼값으로 훌륭한 영화를 감상할 수 있다. 미국 시청자는 세 개의 텔레비전 방송사가 미국 전역에 내보내는 시트콤, 쇼, 연속극을 즐길 수 있고, 역사, 과학, 정치, 예술을 전문으로 하는 방송국을 비롯해 50~100개에 이르는 방송국의 프로그램을 선택할 수 있다. 저렴한 비디오 장비와 인터넷 비디오 기술 덕분에 독자적인 영화 제작이 급증하고 있다. 거의 모든 종류의 책이 며칠 안에 인쇄되어 신용 카드와 랜 카드를 가진 사람이면 누구에게나 하루 만에 배달된다. 인터넷 상에는 저작권이 만료된 소설, 시, 희곡의 주요 작품들, 철학과 학문의 주요 저술들이 모두 올라와 있고, 세계 유명 박물관들이 하루 종일 사이버 방문객을 맞이한다. 새로운 웹진과 웹 사이트가 나날이 증가하고 있으며, 지난 호들도 언제든 열어서 볼 수 있다.

우리는 문화 속에서 헤엄치다 못해 익사할 지경이다. 그렇다면 곤경, 쇠퇴, 몰락, 붕괴, 황혼, 죽음을 들먹이는 그 모든 한탄은 무엇 때문이란 말인가?

이 질문에 대해 어떤 비관론자들은 현재의 광적인 소비란 과거의 고전이나 현재의 범작과 관련된 이야기일 뿐이고 수준 있는 새 작품은 거의 나오지 않고 있다고 대답한다.[19] 이는 의심스런 이야기이다. 예술사가들도 누차 지적하지만 당대 문화의 죄악으로 여겨지던 것들—대중 영합, 이윤 추구, 성적·폭력적 주제, 대중적 형식의 채택(가령 신문 연재물)—은 과거의 위대한 예술들 속에서도 발견된다. 최근 수십 년 동안에도 많은 예술가들이 처음에는 상업적 전문가로 분류되었다가 나중에야 예술적 명성을 획득했다. 대표적인 예로는 막스 브라더스, 앨프리드 히치콕, 비틀스가 있고, 최근의 전시회와 비평으로 판단하자면 노먼 록웰도 포함된다. 세계 모든 나라의 위대한 소설가는 수십 명에 이르고, 삼류 드라마와 영화의 홍수 속에서도 최고의 작품들은 놀라운 예술성을 자랑한다. 「치어스(Cheers)」에서 칼라의 기지는 도로시 파커를 능가하고, 「툿시(Tootsie)」의 줄거리는 셰익스피어의 어떤 남장 희극보다 교묘하다.

음악에서는 18세기와 19세기의 거장들과 비교할 만한 작곡가를 발견하기가 어렵지만, 20세기가 반드시 음악적으로 황폐한 것은 아니었다. 재즈, 뮤지컬, 컨트리, 블루스, 포크, 록, 소울, 삼바, 레게, 월드뮤직,* 현대적 작곡법이 꽃을 피웠다. 각 장르는 재능 있는 예술가를 배출했고, 우리의 음악적 경험에 새롭고 복잡한 리듬, 기악 편성, 발성법, 스튜디오 제작법 등을 소개했다. 그에 따라 애니메이션과 산업 디자인 등의 몇

---

* 지방이나 민족 전통의 요소를 혼합한 팝 음악이다.

몇 장르는 이전 어느 때보다 발전했고, 컴퓨터 그래픽, 뮤직 비디오(예를 들어 피터 가브리엘의「슬레지해머」)를 비롯한 많은 장르들이 비교적 최근에 생겨났음에도 수준 높은 성과물을 생산하고 있다.

인류 역사의 수천 년 동안 모든 시대의 비평가들은 문화의 타락을 개탄했지만, 경제학자 타일러 코웬에 따르면 그들은 인지적 착각의 희생자라 할 수 있다. 명작은 항상 현재보다는 과거의 산물로 보이는 경향이 있는데, 슈퍼마켓 계산대에서 내가 선 줄보다 옆의 줄이 더 빨리 줄어드는 것처럼 보이는 까닭은 옆에 여러 줄이 있기 때문이다. 우리는 모든 시대에서 엄선한 최고의 명작만을 감상한다. 살리에리의 작품은 잊고 모차르트의 음악만 듣는 것이다. 또한 예술 장르(오페라, 인상주의 회화, 브로드웨이 뮤지컬, 느와르 영화)들은 크게 발전한 후 일정 기간이 지나면 시든다. 발생 초기에 있는 예술 형식은 한창 떠오를 때에는 가치를 인정받기 어렵고, 가치를 인정받을 때쯤에는 전성기가 지나간다. 코웬은 또한 홉스의 말을 인용해, 현재를 비하하는 것은 경쟁자를 간접적으로 비하하는 방법임을 지적한다. "칭찬 경쟁은 과거에 대한 존경심으로 흐르는 경향이 있다. 인간은 죽은 자가 아니라 산 자들과 경쟁하기 때문이다."[20]

그러나 세 분야에서 예술은 정말로 침체된 모습을 보이고 있다. 첫 번째 분야는, 교향악단의 연주, 주요 화랑과 미술관의 전시 예술, 주요 무용단의 발레 공연같이 유럽의 유명한 전통을 잇는 엘리트 예술이다. 이 분야는 새로운 재료의 부족으로 극심한 가뭄 현상을 겪고 있다. 예를 들어 "고전 음악"의 90퍼센트가 1900년 이전에 작곡된 것이고, 20세기 대부분의 유명 작곡가는 1940년 이전에 활동했다.[21]

두 번째는 영향력이 꾸준히 감소하고 있는 비평과 문화 평론 분야이다. 1939년의 희극「만찬에 온 남자(The Man Who Came to Dinner)」의 주인공은 오하이오의 작은 도시에 사는 시민들이 그에게 갖은 사랑과 아부를 쏟아 부을 정도로 인기 있던 문학 평론가이자 강사였다. 우리 시대의 어느 평론가가 그런 주인공의 모습으로 등장한다면 작품의 사실성이 문제가 될 것이다.

세 번째는 인문학 분야의 약점들을 풍자 소설의 소재이자 끝없는 고민과 분석의 주제로 다루었던 작은 학문 세계이다.

앞에서 19개의 장을 읽은 여러분은 내가 문제의 원인을 어디에서 찾을지 능히 짐작할 것이다. 버지니아 울프의 유명한 말에서 그 단서를 찾을 수 있다. "1910년 12월을 전후로 해서 인간 본성은 변했다." 그녀는 이후 20세기 대부분 동안 엘리트 예술과 비평을 지배할 모더니즘이란 새 철학을 언급한 것이었다. 인간 본성에 대한 부정은 더욱 격렬한 형태를 띠고 포스트모더니즘으로 이어져 다시 수십 년 동안 지속되었다. 엘리트 예술, 비평, 인문학이 곤란에 빠진 것은 울프의 말이 틀렸기 때문이라는 것이 이 장의 요점이다.

∞∞

예술은 우리의 본성에 있다. 즉 사람들이 흔히 말하듯 우리의 피와 뼈 속에 있고, 오늘날 종종 이야기하듯 우리의 뇌와 유전자 속에 있다.[22] 인간은 어릴 때 두셋씩 짝을 지어 이런 활동에 참여하기 시작하는데, 심지어 예술은 성인의 뇌 조직에도 반영된다. 신경학적 손상을 입은 사람 중에는 듣거나 볼 수는 있어도 음악이나 시각적 아름다움을 감상하지 못하는 경우가 있기 때문이다.[23] 회화, 보석 세공품, 조각, 악기는 유럽에서 최소한 3만 5000년 전에 시작되었고, 고고학적 기록이 부족한 세계 다른 지역에서는 그보다 훨씬 더 이전일 것으로 추정된다. 호주 원주민들은 5만 년 동안 바위에 그림을 그렸고, 테라로사는 그 두 배 이상으로 오랫동안 신체 화장에 사용되었다.[24]

예술의 구체적 형식은 문화마다 크게 다르지만 예술품을 제작하고 감상하는 행위는 세계 어디서나 발견된다. 철학자 데니스 더턴은 예술의 보편적 특징을 일곱 가지로 정리했다.[25]

1. 전문성 또는 미덕. 예술에 필요한 전문적 기술을 연마하고 인식하고 찬양한다.
2. 비실용적 즐거움. 다른 목적 없이 예술을 위해 예술을 즐기고, 그것으로 음식이나 주거를 구하지 않는다.
3. 양식. 작품과 연행이 특정한 양식에서 요구하는 구성 규칙을 충족한다.
4. 비평. 예술 작품에 대한 평가, 감상, 해석을 중시한다.
5. 모방. 음악과 추상 회화 같은 중요한 예외가 있지만, 예술 작품은 세상 경험을 모방한다.
6. 특별한 초점. 예술을 일상 생활과 별도로 취급하고, 경험을 극적으로 되새겨 보는 초점으로 삼는다.
7. 상상. 예술가와 관객이 상상이란 극장에서 가상의 세계를 즐긴다.

이런 활동의 심리학적 뿌리가 최근의 연구와 논쟁에서 중요한 주제로 부각되었다. 인문학자 엘렌 디사나야케를 비롯한 일부 연구자들은 두려움의 감정이나 깊이를 보는 능력처럼 예술도 진화적 적응의 결과물이라 믿는다.[26] 나를 포함한 일부 학자들은(이야기 문학을 제외한) 예술이 세 가지 적응 특성의 부산물이라고 생각한다. 그 세 가지 적응 특성은 지위에 대한 갈망, 적응할 수 있는 사물과 환경을 경험할 때 얻는 미적 즐거움, 원하는 목표를 성취하기 위해 인공물을 설계하는 능력이다.[27] 이 관점에서 볼 때 예술은 마약이나 성애 예술 또는 섬세한 요리법처럼 즐거움의 기술이며, 즐거움을 줄 수 있는 자극을 정화하고 농축해서 우리의 감각에 제공하는 방법이다. 어느 관점이 옳은가는 이 장의 논의에 중요하지 않다. 적응 특성이든 부산물이든 아니면 양자의 혼합물이든 예술은 우리의 정신적 기능 속에 깊이 뿌리박혀 있다. 그 뿌리 중 몇 가닥은 다음과 같다.

생물은 조상들의 적응성을 향상시켰던 것—예를 들어 미각, 성 경험, 자녀 양육, 노하우의 획득—에서 즐거움을 느낀다. 자연 환경을 보고 얻는 시각적 즐거움은 다시 적응성을 향상시킨다. 사람들은 환경을 탐험하면서, 환경과 타협하고 그 내용물을 이용하는 데 도움이 되는 형태를 찾는다. 가령 뚜렷한 윤곽선, 불가능하지만 유익한 정보를 제공하는 평행선이나 수직선, 대칭성과 연장성을 가진 중심선 등이 그런 형태에 속한다. 뇌는 이 모든 것을 이용해 시계(視界)를 다수의 표면으로 분할하고 그 표면들을 사물로 묶고 그 사물들을 체계화해서, 우리가 다음에 그것을 볼 때 인식할 수 있게 한다. 시각을 연구하는 데이비드 마르, 로저 셰퍼드, V. S. 라마찬드란은 예술과 장식에 사용되는 즐거운 시각적 모티프는 그러한 형태를 과장해서 시각 체계가 올바로 기능을 하고 있으며 이 세계를 정확히 분석하고 있음을 뇌에 알려 주기 위한 것이라 주장한다.[28] 마찬가지로 음악에서 음조와 리듬을 갖춘 소리 패턴은 소리의 세계를 조직적으로 인식하기 위해 청각 체계가 사용하는 메커니즘에 호소한다.[29]

시각 체계가 자연의 색과 형태를 해석이 가능한 사물과 장면으로 전환하면, 그 산물에는 더욱 풍부한 미적 색채가 가미된다. 미술, 사진, 조경 디자인에 대한 조사와 사람의 시각적 취미에 대한 실험에서는, 사람들에게 즐거움을 주는 광경에 공통적으로 존재하는 모티프들을 발견해 왔다.[30] 어떤 모티프는 사람이 살기에 가장 좋은 최적의 서식지, 즉 곳곳에 나무와 물 웅덩이가 있고 꽃을 피우고 열매를 맺는 식물과 동물들이 사는 광활한 사바나 초원을 상징하는 이미지에 속한다. 생물의 형태에서 느껴지는 기쁨을 가리켜 에드워드 윌슨은 생명 애호라는 의미의 "바이오필리아(biophilia, 생명호성)"라 불렀는데, 이것은 인간의 보편적 특성의 하나로 여겨진다.[31] 안전을 상징하는 형태도 즐거움을 줄 수 있다. 안전하면서도 전경을 모두 보여 주는 풍경이 그 예이다. 세 번째 유형의 모티프는 지형을 탐험하고 기억하기 쉽게 만드는 지리적 특징들—경계표(landmark), 경계선, 작은 길 등—이다. 진화론 미학 연구에서는 또한 얼굴이나 신체를 아름답게 만드는 특징들을 기록하고 있다.[32] 건강, 활력, 번식력을 나타내는 얼굴 윤곽이 아름답다고 평가된다.

상상의 동물인 인간은 외부 사건들을 마음의 눈으로 끊임없이 재결합한다. 인간의 지능을 가동시키는 엔진 중 하나인 이 능력 덕분에 우리는 새로운 기술(가령 덫을 놓거나 식물의 추출물을 정제하는 기술)과 새로운 사회적 기술(가령 약속을 주고받거나 동맹을 맺는 기술)을 머릿속으로 그릴 수 있다.[33] 이야기는 정신의 함양을 위해서든—결과 예측에 도움이 되는 시나리오의 수를 늘림으로써—즐거움을 위해서든—사랑, 찬양, 탐험, 승리 등을 대리 경험함으로써—이 능력으로 가상의 세계를 탐험하게 한다.[34] 이에 따라 호라티우스는 문학의 목적을 교육과 즐거움으로 정의했다.

훌륭한 예술 작품에서는 이러한 미학적 요소들이 층위를 이루고 있어서 전체를 부분들의 합 이상으로 만든다.[35] 훌륭한 풍경화나 사진은 매혹적인 환경을 환기시키는 동시에, 즐거운 균형과 대조를 갖춘 기하학적 형태들을 보여 준다. 마음을 끄는 이야기는 바람직한 사람이나 강한 사람에 대한 흥미진진한 가십을 모방하고, 우리를 흥미로운 시간이나 장소로 이끌고, 잘 다듬어진 언어로 우리의 언어 본능을 간질이고, 가족, 정치, 사랑에 대해 새로운 가르침을 제공한다. 많은 종류의 예술이 삶의 즐거운 형식들을 모방해서 심리적 긴장을 유발하고 해소한다. 그리고 예술 작품은 종종 많은 사람의 감정을 동시에 자극하는 사회적 행사에 사용되어 즐거움을 배가하고 연대감을 부여한다. 디사나야케는 예술적 경험의 일부인 이 종교적 경험을 강조하면서 이를 "특별하게 만드는 과정"이라 부른다.[36]

예술이 채택한 마지막 심리적 특성은 지위에 대한 충동이다. 더턴이 목록으로 작성한 예술의 보편적 특성에는 비실용성이 포함되어 있다. 그러나 쓸모 없는 것이 역설적으로 특별한 목적에 매우 유용할 수 있는데, 그 특별한 목적이란 바로 타인의 재산 감정이다. 소스타인 베블런이 그의 사회 지위 이론에서 최초로 이 개념을 강조했다.[37] 우리는 이웃의 은행 통장이나 카드 대금 청구서를 볼 수 없다. 그렇기 때문에 그들의 재산을 짐작하는 좋은 방법은 그들이 사치품과 여가 활동에 돈을 낭비하는가 아닌가를 살피는 것이다. 베블런은 취향의 심리가 세 가지 "금전적 규범"에 따라 움직인다고 말했다. 확실한 소비, 확실한 여가, 확실한 낭비가 그것이다. 이것은 다음과 같은 사실을 설명한다. 즉 지위를 나타내는 상징물은 예외 없이 희귀한 재료에 까다롭고 전문적인 노동을 가해 만든 물건, 또는 섬세하고 불편한 옷이나 돈과 시간이 많이 드는 취향처럼 자신이 육체 노동에서 자유롭다는 것을 나타낼 수 있는 어떤 것이다. 생물학자 아모츠 자하비도 이와 동일한 원리를 이용해 가령 공작의 꼬리처럼 동물들에게서 볼 수 있는 기이한 장식의 진화를 설명했다.[38] 아주 건강한 수컷 공작들만이 아까운 영양분을 성가시고 사치스러운 꼬리로 돌릴 수 있다. 암컷은 꼬리의 아름다움을 보고 짝을 평가하고, 진화는 최고의 꼬리를 가진 수컷들을 선택한다.

애호가들은 이 제안에 깜짝 놀라겠지만, 예술——특히 엘리트 예술——은 확실한 소비를 보여 주는 교과서적인 예이다. 정의상 예술은 실용적 기능과 무관하고, 더턴이 그의 목록에서 지적했듯이 일반적으로 미덕(유전적 우수성, 기술 연마를 위한 시간, 또는 둘 다를 보여 주는 징표)과 비평(예술과 예술가의 가치를 측정한다.)을 수반한다. 유럽 역사의 대부분 동안 미술과 사치스러움은 함께했다. 오페라와 극장의 사치스런 장식, 그림을 담은 장식적인 액자, 음악가의 정장, 고서의 표지와 제본 등이 좋은 예이다. 예술과 예술가는 귀족이나 갑작스런 존경을 추구하는 벼락부자들의 후원을 받았다. 오늘날에도 그림, 조각, 사본들은 여전히 충격적인 가격에 팔린다(1990년 반 고흐의 「닥터 가셰의 초상화」는 8250만 달러에 팔렸다.).

『메이팅 마인드(The Mating Mind)』에서 심리학자 제프리 밀러는 예술 창조의 충동은 하나의 짝짓기 전술이라고 주장한다. 장래의 섹스·결혼 상대자에게 뇌의 우수성을 과시하고 아울러 유전자의 우수성을 간접적으로 보여 줌으로써 깊은 인상을 심어 주는 방법이라는 것이다. 그의 말에 따르면 예술적 미덕은 불균등하게 분포하고, 신경계의 작용을 요구하고, 위조하기 어렵고, 널리 인정받는다고 한다. 심지어 자연은 우리에게 예술의 선례를 보여 주는데, 호주와 뉴기니에 서식하는 집짓기새가 그것이다. 수컷은 정교한 둥지를 짓고 난초, 달팽이 껍질, 딸기, 나무껍질 등으로 둥지를 화려하게 장식한다. 어떤 수컷은 과일 즙을 게워 낸 다음 나뭇잎이나 나무껍질을 붓처럼 사용해 말 그대로 색칠을 한다. 암컷은 신혼 집을 평가한 다음 가장 대칭적이고 장식적인 집의 건축가와 짝을 맺는다. 밀러는 여기에서 예술의 본질을 유추한다.

만약 《아트포럼(Artforum)》의 기자가 수컷 집짓기새를 인터뷰한다면 어떨까? 그는 다음과 같이 말할 것이다. "나는 주체할 수 없는 충동을 느낍니다. 자기 표현의 충동이죠. 목적 같은 건 없어요. 그저 색채와 형태를 가지고 유희하고 싶은 충동인데, 이걸 어떻게 설명하겠어요. 언제부터였는지 기억은 안 납니다만, 기념비적이면서 미니멀한 무대 장치 안에 풍부한 색채의 향연을 펼쳐 보이고 싶은 충동을 항상 느낍니다. 그런 열정에 빠질 때면 나도 모르는 어떤 것과 연결됨을 느끼죠. 높은 나무에서 자라는 아름다운 난초를 보면 어떻게든 그 아름다움을 내 것으로 만들어야 합니다. 작품 안에 조개 껍질이 한 개라도 잘못 놓여 있으면 반드시 제자리에 놓아야 하고요……. 가끔 여자들이 전시회를 찾아와 내 작품을 칭찬하곤 합니다. 행복한 우연이죠. 하지만 창작의 이유를 거기서 찾는다면 내겐 큰 모욕입니다." 다행히 집짓기새는 말을 못 하기 때문에 우리는 그들의 작품을 성 선택으로 설명할 수 있고 그들로서는 구차한 변명을 늘어놓지 않아도 된다.[39]

예술 창작과 소유의 목적 가운데 하나(유일한 목적이 아니라)가 다른 사람들(단지 장래의 짝만이 아니라)에게 자신의 사회적 지위(유전적 우수성만이 아니라)를 각인시키는 것이라는 설명은 앞의 이론에서 설득력이 약한 부분에 해당하지만, 나는 이 설명을 각별히 지지한다. 베블런이 제시한 이 개념은 예술사학자 쿠엔틴 벨에 의해 그리고 톰 울프의 소설과 논픽션을 통해 상세히 설명되어 왔다.[40] 아마도 현재 가장 열렬한 옹호자는 사회학자 피에르 부르디외일 것이다. 어렵고 난해한 문화적 산물에 대한 감식안은 상류 계급의 견장 역할을 한다는 것이 그의 주장이다.[41] 여기서 잠시, 앞의 두 이론에서 근접인과 궁극인은 다르다는 사실에 주목해 보자. 밀러의 집짓기새도 그렇지만, 예술을 창작하거나 감상하는 사람은 지위와 적응성을 염두에 두지 않는다. 지위와 적응성은 단지 자기 표현의 충동 그리고 미와 기술에 대한 안목이 어떻게 진화했는가를 설명한다.

예술을 향한 인간의 본능이 무엇 때문이든, 그 본능은 예술에 시간적·공간적·문화적 초월성을 부여한다. 흄은 이렇게 말했다. "취미의 일반 원리들은 인간 본성의 불변 요소이다.…… 2,000년 전 아테네와 로마의 사람들을 즐겁게 했던 바로 그 호메로스가 여전히 파리와 런던의 사람들을 감탄하게 만들고 있다."[42] 비록 잔이 절반 차 있는가 절반 비었는가에 대해서는 논쟁의 여지가 있지만, 문화들 간의 차이 밑에 인간의 보편적 미감이 존재하는 것은 분명하다. 더턴은 다음과 같이 설명한다.

예술이 자신의 문화권 밖으로 얼마나 잘 돌아다니는가에 주목할 필요가 있다. 베토벤과 셰익스피어가 일본에서 사랑받고, 일본 판화가 브라질 사람들의 감탄을 자아내고, 그리스 비극이 세계 모든 나라에서 공연되고, 각 나라 영화 관계자들의 개탄에도 불구하고 할리우드 영화에는 문화적 경계를 뛰어넘는 매력이 있다.…… 인도 음악 역시…… 서양 사람의 귀에 처음에는 낯설게 들리지만, 리듬감과 가속도, 반복, 변주, 놀람 효과는 물론이고 전조와 천상의 선율에 의존하고 있음을 알 수 있다. 사실 서양 음악에서 볼 수 있는 모든 음악적 장치들을 사용한다.[43]

인간이 가진 미감의 범위는 이보다 훨씬 넓게 확대될 수 있다. 구석기 시대 후반에 제작된 라스코 동굴 벽화는 인터넷 시대에도 사람들의 감탄을 자아낸다. 네페르티티 상과 보티첼리의 비너스도 21세기 패션 잡지의 표지를 장식하기에 손색이 없는 얼굴을 가지고 있다. 수많은 전통 문화에서 발견되는 영웅 신화 줄거리는 「스타워즈」의 무용담에 효과적으로 사용되었다. 서양 박물관의 수집가들이 아프리카, 아시아, 아메리카에서 선사 시대 보물들을 약탈해 간 것은 민족지학 기록을 더하기 위해서가 아니라 박물관 후원자들이 그 속에서 아름다움을 발견했기 때문이다.

시각적 취미의 보편성을 엉뚱한 방법으로 입증한 사례가 있다. 두 미술가 비탈리 코마와 알렉산더 멜라미드는 1993년 미술에 대한 미국인들의 취미를 파악하기 위해 시장 조사 리서치를 이용했다.[44] 두 사람은 응답자들에게 색, 주제, 구성, 양식에 대한 기호를 물었고, 그 결과 상당한 균일성을 발견했다. 사람들은 녹색과 파란색으로 부드럽게 그려진 사실주의적 풍경에 동물, 여자, 어린이, 영웅적 인물들이 담긴 그림을 좋아한다고 대답했다. 이런 소비자 요구를 충족시키기 위해 코마와 멜라미드는 모든 요소가 합성된 그림을 그렸다. 어린이, 사슴, 조지 워싱턴이 있는 호숫가를 19세기 사실주의 화풍으로 그린 풍경화였다. 재미있는 이야기이지만 그다음 이야기는 다소 충격적이다. 두 화가가 우크라이나, 터키, 중국, 케냐를 포함한 아홉 개의 다른 나라에서 똑같은 조사를 실시하자 아주 비슷한 결과가 나왔다. 사람들이 좋아하는 그림은 달력에서 자주 볼 수 있는 이상화된 풍경이었고, 차이는 나라에 따라 부수적인 요소들이 달라진 것뿐이었다(예를 들어 사슴이 하마로 대체되는 등). 더욱 흥미로운 사실은 이런 화풍의 그림들이야말로 진화 미학을 연구하는 학자들이 인간 생활에 최적이라고 확인했던 풍경의 전형적인 예라는 점이다.[45]

예술 비평가 아서 단토는 다른 설명을 내놓았다. 서양 문화와 예술이 그렇듯이 서양의 달력도 전 세계로 팔려 나간다는 것이다.[46] 많은 지식인들이 보기에 서구적 양식의 세계화는 예술적 취미가 균일하기보다는 자의적이라는 것을 입증하는 증거이다. 그들의 주장에 따르면, 사람들은 비슷한 미적 기호를 보여 주지만 그것은 서구적 이상이 제국주의, 세계 경제, 전자 매체에 의해 전 세계로 수출된 결과에 불과하다는 것이다. 이 견해도 어떤 면에서는 옳다고 볼 수 있으며, 서구 문화가 우월하고 토착 문화가 열등한 것은 결코 아니기 때문에 많은 사람들이 그것을 도덕적으로 올바른 견해로 믿고 있다.

그러나 정반대 해석도 가능하다. 서구 사회는 사람들이 원하는 것을 잘 공급한다. 깨끗한 물, 좋은 치료 약, 다양하고 풍부한 음식, 빠른 운송과 통신이 그 예이다. 서구 사회가 이런 상품과 서비스를 개선하고 공급하는 이유는 자비심 때문이 아니라 이기심, 즉 그것을 팔아서 얻을 수 있는 이윤 때문이다. 그렇다면 미학적 산업 역시 사람들에게 그들이 원하는 것—이 경우에는 인간의 기본적 취미에 호소하는 예술 형식, 가령 달력 속의 풍경화, 팝송, 할리우드 영화—을 제공했다고 볼 수 있다. 따라서 예술 형식은 서양에서 성숙했지만, 그것이 전 세계로 퍼질 수 있었던 것은 제국주의 해군이 막강해서가 아니라 서양 예술의 상품이 인간의 보편적인 미감을 사로잡는 데 성공해서였다. 이 모든 이야기는 대단히 편협하고 유럽 중심적이어서 더 이상 확대하고 싶지 않지만, 여기에는 분명 부인할 수 없는 진실이 담겨 있다. 즉 세계적으로 사람들의 취미를 충족해서 이윤을 얻을 수 있을 때 기업가들이 그것을 이용하지 않으면 오히려 이상할 것이다. 그리고 그것은 사람들이 걱정하는 만큼 유럽 중심주의적이지 않다. 서양 문화는 서양의 과학 기술과 요리가 그렇듯이 대단한 식욕을 가지고 있어서 사람을 즐겁게 해 주는 기술이라면 어느 문화의 것이든 가리지 않고 섭취한다. 그 예로 미국에서 수출하는 대단히 중요한 문화 상품인 대중 음악을 들 수 있다. 래그타임,*

* 재즈 음악의 일종이다.

재즈, 록, 블루스, 소울, 랩은 아프리카계 미국인의 음악 형식에서 나왔는데, 그 기원은 아프리카의 리듬과 창법에 있다.

∽∽

그렇다면 인간 본성이 변했다고 하는 1910년에는 무슨 일이 있었는가? 버지니아 울프의 회고 중 단연 두드러진 사건은 런던에서 열린 후기 인상파의 그림 전시회였고, 전시된 작품의 화가는 세잔, 고갱, 피카소, 반 고흐였다. 그것은 모더니즘이라는 운동의 서막이었고, 1920년대 울프가 예의 선언문을 쓸 무렵 그 운동은 예술계 전역을 점령하고 있었다.

모더니즘은 정말로 인간 본성이 변한 것처럼 활발히 진행되었다. 예술가들이 수천 년 동안 인간의 심미안을 충족하기 위해 사용했던 모든 기술들이 하루아침에 내팽개쳐졌다. 회화에서는 사실주의적 묘사가 물러나고, 색채와 형태를 괴상하게 왜곡하는 기법이 그 자리를 대신하더니, 추상적인 도형, 격자무늬, 물방울, 얼룩무늬가 등장했고, 최근에 희극「아트」에서는 텅 빈 캔버스가 20만 달러짜리 그림으로 선을 보였다. 문학에서는 전지적 시점의 화법, 단계적 구성, 인물의 순차적 등장, 평이한 난이도가 물러나고, 의식의 흐름, 무질서한 사건 전개, 혼란스런 등장 인물과 인과성의 파괴, 주관적이고 불일정한 화법, 난해한 산문체가 등장했다. 시에서는 운, 운율, 운문 구조, 명쾌함이 종종 무시되었다. 음악에서는 전통적인 리듬과 멜로디가 사라지고 조성과 화음이 파괴된 12음계가 유행했다. 건축에서는 장식, 인간적 척도, 정원 공간, 전통적 장인 정신이 창 밖으로 내던져지고(행여 창문이 열렸다면), 건물들은 공업용 재료를 네모난 형태로 짜 맞춘 "생활을 위한 기계"로 변해 갔다. 모더니즘 건축은 다국적 기업들이 세운 유리와 강철의 고층 빌딩에서 그리고 미국, 영국, 소련의 주택 보급 정책이 낳은 황량한 아파트에서 정점에 이르렀다.

왜 예술 엘리트들은 그런 마조히즘을 강요하는 운동에 앞장섰는가? 부분적으로 모더니즘은 빅토리아 시대의 자기 만족에 대한 반항으로서, 그리고 확실한 지식, 진보의 불가피성, 사회적 질서의 정당성을 믿었던 순진한 부르주아적 신념에 대한 반발로서 환영받았다. 기묘하고 혼란스런 예술은 이 세계가 기묘하고 혼란스런 곳임을 상기시킬 것이라 기대했다. 그리고 과학도 같은 메시지를 전하고 있었다. 인문학으로 흘러든 과학적 설명에 따르면 프로이트는 인간의 행동이 의식적·무의식적 충동의 산물임을 입증했고, 아인슈타인은 시간과 공간이 관찰자의 관점에 따라 상대적으로만 정의될 수 있음을 입증했고, 하이젠베르크는 물체의 위치와 운동량은 관찰이라는 행위의 영향을 받기 때문에 본질적으로 불확실하다는 것을 입증했다. 이런 물리학적 윤색은 후에 《소셜 텍스트(Social Text)》라는 간행물에 헛소리로 가득한 논문을 성공적으로 발표한 앨런 소칼의 그 유명한 장난을 낳았다.[47]

그러나 모더니즘은 자기 만족의 시대를 괴롭히는 것에 만족하지 않았다. 모더니즘이 순수한 형식을 찬양하고 안락한 아름다움과 부르주아직 즐거움을 경멸한 데에는 뚜렷한 논리와 정치적·종교적 의제가 있었다. 모더니즘의 사명을 옹호하는 어느 책에 대한 서평에서 비평가 프레더릭 터너는 그것을 다음과 같이 설명했다.

> 현대 예술의 원대한 과제는 현대 인류의 죽음에 이르는 병을 진단하고 치료하는 것이었다.…… [그 예술적 사명은] 고분고분한 대중적 상업 사회가 제공하는 일상적 경험과 해석의 틀에서 잘못된 의미를 발견·제거하는 것이고, 사람들이 젊고 순수한 감각을 통해 현실의 직접성을 꾸밈없이

새롭게 경험하도록 만드는 것이다. 그렇게 변형된 인간들은 이론상 보다 나은 사회를 건설할 수 있다는 점에서 이 치료 작업은 또한 종교적이다. 이 모든 과정의 적은 야합, 사리사욕, 복제, 키치 등이다.…… 사회는 있는 그대로의 신선한 경험—예술가가 어린이처럼 직접적으로 접근하는 경험—을 일상화하고, 격리하고, 무디게 만들어 무감각 속으로 빠뜨린다.[48]

1970년대부터 모더니즘의 사명은 포스트모더니즘이라 불리는 일련의 유파와 철학에 의해 더욱 확대되었다. 포스트모더니즘은 훨씬 더 적극적인 상대주의를 앞세워, 이 세계를 바라보는 관점은 여러 가지이고 그중 어느 것에도 특권을 부여할 수 없다고 주장했다. 그리고 의미, 지식, 진보, 공통의 문화적 가치의 가능성을 훨씬 더 격렬하게 부인했다. 포스트모더니즘은 훨씬 더 마르크스주의적이고 훨씬 더 편집적인 태도로, 진리와 진보에 대한 옹호가 백인 이성애자 남성들에게 특권을 부여하는 정치적 지배 전술이라 주장했다. 그 이론에 따르면 대량으로 생산되는 상품과 대중 매체를 통해 살포되는 이미지들과 이야기들은 모두 진정한 경험을 불가능하게 만들기 위해 고안된 것이다.

포스트모더니즘 예술의 목표는 이 감옥에서 우리를 구출하는 것이다. 예술가는 자본주의적 기호(가령 광고, 포장 디자인, 핀업(pinup) 사진 등)를 취한 다음 그것을 손상시키고 과장하고 기이한 맥락에 넣음으로써 문화적 모티프와 표현 기법을 미리 점유한다. 최초의 예는 수프 깡통 상표를 그린 앤디 워홀의 작품과 화상 이미지 복제 기법으로 마릴린 먼로의 얼굴을 반복해서 나열한 작품이었다. 더욱 최근의 예로는, 12장에서 설명했던 휘트니 미술관의 "흑인 남성" 전시회 그리고 양성적 마네킹을 그로테스크하게 표현한 신디 셔먼의 사진 작품을 들 수 있다. (나는 그녀의 작품을 MIT 전시회에서 봤다. 전시회의 목적은 "대립하는 욕망들이 충돌하는 현장인 여성의 몸과, 사회적 기대, 역사적 가설, 이데올로기적 구조물인 여성다움"을 탐구하는 것이었다.) 포스트모더니즘 문학에서는 작가들이 글을 쓰는 도중에 자신이 쓰고 있는 것에 대해 설명을 한다. 포스트모더니즘 건축에서는 여러 종류의 건축물과 역사적 시대로부터 빌려 온 재료와 세부를 합쳐서 부조화를 만드는데, 가령 고급 쇼핑몰에 울타리용 쇠사슬로 만든 차양을 설치하거나 현대적인 마천루 옥상에 코린트 식의 원주를 세우고 그 위에 아무것도 얹지 않는 식이었다. 포스트모더니즘 영화는 영화 제작 과정이나 이전 영화들을 교묘하게 도입한다. 이 모든 형식에서 발견되는 반어, 자기 지시적 암시, 진지하지 않은 듯한 태도는 표현 자체로 관심을 돌리려는 장치인데, (그 이론에 따르면) 우리는 그것을 현실로 착각할 수 있는 위험에 처해 있다.

∽∽

일단 모더니즘과 포스트모더니즘이 엘리트 예술과 인문학을 어떻게 공격해 왔는가를 알게 되면, 두 운동이 쇠퇴하고 몰락하는 이유는 너무나 분명해진다. 우선 두 운동은 인간 심리에 대한 잘못된 이론, 즉 빈 서판을 기초로 하고 있다. 뿐만 아니라 두 운동은 가장 자랑스런 자신의 능력 — 위선을 벗겨내는 것 — 을 자신에게는 적용하지 못하고 있다!

모더니즘과 포스트모더니즘은 오래전에 거부당한 인지 이론에 집착하고 있다. 즉 뇌는 감각 기관을 통해 있는 그대로의 색과 소리를 제공받으며, 지각 경험을 통해 얻는 그 밖의 모든 것은 사회적 학습의 결과물이라는 이론이다. 이전 장들에서도 보았듯이, 뇌의 시각 체계는 약 50개의 부위로 구성되어 있고, 이 부위들은 있는 그대로의 화소들을 받아들여 그것을 힘들이지 않고 표면, 색, 운동, 3차원 물체로 조직해 낸다. 우리가 소화 기관인 위장에게 언제 소화 효소를 분비하라고 명령할 수 없는 것처럼, 시각 체계를 스위치 누르듯 꺼 버리고 순수한 감각 경험에 직접 접근하는 것은 불가능한 일이다. 게다가 시각 체계는 우리를 실제 세계와 단절된 환상으로 유도하지 않는다. 시각 체계가 진화한 것은 바위, 낭떠러지, 동물, 사람들, 그들의 의도 등 외부 세계에 존재하는 것들에 대한 중요한 정보를 제공하기 위해서였다.

그리고 우리의 선천적 구조는 이 세계의 물리적 구조를 이해하는 단계에서 멈추지 않는다. 그것은 또한 우리의 시각적 경험 위에 보편적 감정과 미학적 즐거움을 덧칠한다. 어린아이들은 사막과 숲을 찍은 사진보다는 달력에 인쇄된 풍경을 더 좋아하고 3개월 정도의 아기들은 못생긴 얼굴보다는 예쁜 얼굴을 더 오래 응시한다.[49] 아기들은 불협화음보다는 협화음을 더 좋아하고, 2세가 되면 흉내 놀이를 할 때 가짜 이야기를 지어내고 감상하기 시작한다.[50]

우리는 다른 사람의 행동을 지각할 때 우리의 마음 이론인 직관 심리학을 통해 그 행동을 평가한다. 또한 언어라든지 상품이나 예술 작품 같은 인공물을 액면 그대로 받아들이지 않고 생산자가 왜 그것을 만들어 냈으며 우리에게 어떤 효과를 기대하는지를 추측하려고 노력한다(12장에서 살펴보았다.). 물론 우리는 영리한 거짓말쟁이에게 속을 때도 있지만, 포스트모더니즘 예술가들이 없으면 빠져 나올 수 없는 말과 이미지의 거짓된 세계에 사로잡혀 있는 것은 아니다.

모더니즘과 포스트모더니즘에 속하는 예술가와 비평가들은 예술을 가능케 하는 인간 본성의 또 다른 특성, 즉 지위에 대한 갈망, 특히 그들 자신의 지위에 대한 갈망을 인정하지 않는다. 앞에서도 보았듯이 예술의 심리는 존경의 심리, 즉 희소한 것, 화려한 것, 명품, 현란한 것에 대한 인정과 얽혀 있다. 문제는 사람들이 희소한 것을 찾으면 기업가들이 그것을 희소하지 않게 만들고, 현란한 공연이 모방되면서 진부해질 수 있다는 것이다. 그 결과 예술 양식은 끊임없이 전복되는 운명을 맞이한다. 심리학자 콜린 마틴데일의 분석에 따르면, 모든 예술 양식은 복잡성, 장식, 감정적 자극을 점차 증가시키다 결국에는 그 양식의 잠재력을 최대한 사용하는 단계까지 이른다.[51] 그런 다음 사람들의 주의가 양식 자체에 모아지게 되면 이제 그 양식은 사라지고 새로운 양식이 등장하는 것이다. 마틴데일은 이 순환의 원인을 관객의 습관화에서 찾지만, 그것은 또한 주목을 바라는 예술가의 욕망에서 발생한다.

대량 생산 경제와 중산층의 풍요 때문에 20세기 예술은 더욱 절박하게 새로운 것을 찾았다. 카메라, 미술 복제품, 라디오, 음반, 잡지, 영화, 문고판이 공급되자 보통 사람들도 예술을 한 트럭씩 구입할 수 있게 되었다. 많은 사람들이 예술적 가치를 이해하고 향유한다면 훌륭한 예술가나 예리한 감식가로 이름을 날리기가 더욱 어려워진다. 예술가에게는 대중 문화의 수준이 낮은 것이 아니라 적어도 가끔씩은 높은 수준을 보이는 것이 문제가 된다. 20세기의 예술은 더 이상 작품 자체의 희소성이나 뛰어남으로 특권을 부여하지 못하게 되었고, 대신 작품을 이해하는 능력의 희소성으로 특권을 부여해야 했다. 부르디외가 지적하듯이, 단지 특별히 선택된 엘리트만이 새 예술 작품의 의미를 이해할 수 있었다. 그리고 인쇄기와 음반 공장에서 아름다운 것들이 쏟아져 나오는 상황에서 특별한 작품은 더 이상 아름다울 필요가 없었다. 사실 아름답지 않은 편이 나았다. 이제 어느 멍청이도 아름다운 것들을 가질 수 있었기 때문이다.

첫 번째 결과는 모더니즘 예술이 감각에 호소하려는 노력을 포기한 것이었다. 오히려 그들은 아름다움을 감상적이고 시시한 것으로 보고 경멸했다.⁵² 클라이브 벨(버지니아 울프의 시숙이자 쿠엔틴 벨의 아버지)은 1913년의 책 『예술(Art)』에서, 미는 천박한 경험의 산물이기 때문에 훌륭한 예술에는 미가 들어올 자리가 없다고 주장했다.⁵³ 사람들은 아름답다는 말을 "아름다운 사냥" 같은 표현에 사용하고 더 나아가 아름다운 여자를 가리키기 위해 사용한다는 것이었다. 당대의 행동 심리학을 받아들인 벨은, 보통 사람이 예술을 즐기는 것은 파블로프의 조건화 과정을 거친 결과라 주장했다. 보통 사람이 그림을 감상하는 것은 그것이 아름다운 여자를 그린 그림일 때뿐이고, 음악을 감상하는 것은 그 음악이 "젊은 여성이 우스꽝스런 희가극을 볼 때 느끼는 그런 유(類)의 감정"을 일깨울 때뿐이고, 시를 감상하는 것은 그것이 한때 목사의 딸에게 느꼈던 감정을 불러일으킬 때뿐이다. 35년 후 추상화가 바넷 뉴먼은 현대 미술의 추진력이 "미를 파괴하려는 욕망"에 있었음을 인정했다.⁵⁴ 포스트모더니즘은 훨씬 더 경멸적이었다. 그에 따르면 미는 엘리트가 제멋대로 강요하는 변덕스런 기준에 따라 결정된다는 것이다. 미는 여성에게 비현실적인 이상에 따를 것을 강요함으로써 여성을 노예로 격하시키고, 이윤을 추구하는 예술품 수집가들과 영합한다.⁵⁵

공정하게 말하자면, 모더니즘에는 다양한 양식과 예술가가 포함되는데 그들 모두가 미를 비롯한 인간의 감정을 거부한 것은 아니었다. 한창때 모더니즘 디자인은 기능에 따른 형식이라는 미학적 원리와 시각적 우아함을 완성하여, 이를 빅토리아 식의 골동품과 노골적인 부의 과시를 대신하는 훌륭한 대안으로 내세웠다. 또한 두 예술 운동은 아프리카와 오세아니아의 모티프를 수용하는 등 새로운 양식의 가능성을 열었다. 소설과 시는 활기 찬 지적 활동을 자극했고, 예술을 예술가의 성격과 감정의 자연 발생적 범람으로 보았던 감상적 낭만주의에 대항했다. 모더니즘의 문제는 그 철학이 인간의 즐거움에 호소할 수 있는 예술적 방식을 인정하지 않았다는 데 있었다. 미에 대한 부정이 정통 교리가 되고 미학적 성공의 결실이 상업 문화에 포섭됨에 따라(예를 들어 그래픽 디자인에서의 미니멀리즘), 모더니즘에는 예술가들이 움직일 수 있는 공간이 사라지게 되었다.

쿠엔틴 벨은 한 장르의 가능성이 모두 소진되면 사람들은 다른 규범을 이용한다고 지적하면서 이것을 베블런의 목록에 추가했다. "확실한 분노"에 사로잡힌 불량 소년들(그리고 소녀들)은 부르주아지를 충격에 빠뜨리고도 당당할 수 있는 능력을 과시한다.[56] 포스트모더니즘 예술가들이 지칠 대로 지친 대중들의 주의를 끌기 위해 끝없이 펼쳐 온 캠페인은 관객을 당황하게 만드는 것에서 이제는 가능한 모든 수단을 동원해 관객을 불쾌하게 만드는 것으로 발전했다. 누구나 한 번쯤은 들어 봤을 악명 높은 예로는, 가학 피학적 행위를 담은 로버트 메이플소프의 사진, 안드레스 세라노의 「오줌 속의 십자가(Piss Christ)」(작가 자신의 소변에 담근 십자가상을 촬영), 동정녀 마리아 그림 위에 코끼리 똥을 바른 크리스 오필리의 작품, 이반 허비악이 성조기를 기저귀처럼 두르고 날고기를 자신의 몸에 걸치면서 무대 위에서 아홉 시간 동안 춤을 추는 퍼포먼스 작품 「Flag Fuck (w/Beef) #17B」 등이 있다. 사실 마지막 작품은 한 번도 공연된 적이 없고, 풍자 신문 《디 어니언(The Onion)》의 작가들이 "퍼포먼스 예술가, 미국을 무기력한 잠에서 깨우다."라는 기사로 꾸며낸 것이었다.[57] 그러나 여러분도 분명 위에서 잠시 나에게 속았을 것이다.

또 다른 결과는 엘리트 예술이 비평가와 이론가의 도움이 없으면 더 이상 감상할 수 없게 된 것이었다. 그들은 영화 비평가나 서적 평론가처럼 미술을 평가하고 해석하는 것 외에도, 창작의 원리와 이론적 근거까지 제공했다. 톰 울프는 사실주의적 회화에는 "중대한 그 무엇" 다시 말해 "설득시키는 이론"이 없다고 비판한 《뉴욕 타임스》의 한 예술 평론을 읽은 후 『그려진 말(The Painted Word)』을 썼다. 울프는 다음과 같이 설명한다.

> 그때 그 자리에서 나는 이른바 "아하! 현상"이라고 하는 그 순간적인 깨달음을 경험했다. 현대 미술의 매장된 삶이 처음으로 분명하게 보였다.…… 그때까지 오랜 세월 동안 수많은 다른 사람들처럼 나는 1,000명, 2,000명, 아니 수천 명의 폴락, 데 쿠닝, 뉴먼, 놀런드, 로스코, 라우셴버그, 저드, 존스, 올리츠키, 루이스, 스틸, 프란츠 클라인, 프랭컨탤러, 켈리, 프랭크 스텔라의 작품 앞에 서서 때로는 실눈을 뜨고, 때로는 눈을 최대한 크게 뜨고, 때로는 한걸음 물러서서, 때로는 한걸음 다가가서—그것이…… 그것이 내 초점에 들어오기를 기다리고, 또 기다리고, 영원히 기다리면서, 분명히 그곳에 있을, 모든 사람(여러분)이 그곳에 있을 것이라 생각하는 (그렇게 많은 노력의 대가로 돌아와야 하는) 그 시각적 보상을 기다리면서—지금 이 순간 이 방에서, 변함 없이 하얗고 깨끗한 벽에 걸린 저 그림들로부터 어떤 것이 내 시신경 속으로 직접 발산되기를 하염없이 기다리면서 인내하고 또 인내했다. 다시 말해 그 오랜 세월 동안 나는 다른 데서는 몰라도 예술에서는 보는 것이 믿는 것이라 생각했던 것이다. 그런데 얼마나 근시안적이었던가! 마침내 1974년 4월 28일 나는 알게 되었다. 완전히 거꾸로 생각하고 있었다는 것을. 바보처럼, "보는 것이 믿는 것"이 아니라, "믿는 것이 보는 것"이었다. 그 이유는 현대 미술이 완전히 문학적으로 변질되었기 때문이다. 회화뿐 아니라 그 밖의 다른 작품들도 단지 텍스트를 보여 주기 위해 존재한다.[58]

다시 한번 포스트모더니즘은 이 극단을 훨씬 더 지독한 극단으로 몰고 갔다. 이론이 주제를 앞질러 이론 자체가 퍼포먼스의 한 장르가 되어 버린 것이다. 포스트모더니즘 학자들은 테오도르 아도르노와 미셸 푸코 같은 비판 이론가들과 결별하고 "언어적 투명성"에 대한 요구를 불신하기 시작했다. 언어적 투명성이 "세계를 더욱 근본적으로 사유하는" 능력을 방해하고 텍스트를 시장의 일용품으로 전락시킬 위험을 초래한다는 이유에서였다.[59] 이런 태도 때문에 그들은 해마다 "학문 서적과 논문 중 가장 한심한 문체로 써진 글을 널리 공표하는" 나쁜 글 콘테스트(Bad Writing Contest)의 수상자로 선정되어 왔다.[60] 1998년 1등상은 아래와 같은 글을 쓴 공로로 버클리 대학의 저명한 수사학 교수 주디스 버틀러에게 돌아갔다.

사회적 관계가 자본에 의해 비교적 동질적으로 조직화된다고 이해하는 구조주의적 설명으로부터 권력 관계가 반복, 수렴, 명료화를 거친다고 보는 헤게모니적 관점으로의 이동은, 구조에 대한 사고에 일시성에 대한 의문을 끌어들였다. 그리고 구조적 총체성을 이론적 목표로 삼는 알튀세르 이론 형식으로부터, 구조의 우발적 가능성에 대한 통찰은 부활된 헤게모니 개념을 권력의 명료화가 이루어지는 우발적 현장 그리고 전략과 밀접히 관련되어 있는 것으로 부상시킨다고 보는 이론 형식으로의 이동을 분명히 보여 준다.

더턴은 이 콘테스트를 후원하는 학술지 《철학과 문학(Philosophy and Literature)》의 발행인으로서 혹시 이 글이 풍자일지 모른다는 의심을 일축한다. 콘테스트에는 다음과 같은 규칙이 있었다. "의도적인 패러디는 제외된다. 여기서는 의도하지 않은 자연 발생적 패러디만을 다룬다."

인간 본성을 경시한 결과로 생긴 마지막 문제는 현대 예술가와 이론가들이 그들 자신의 도덕적 자만을 해체하지 못하고 있다는 사실이다.

그들은 오래전부터 엘리트 예술을 감상하면 도덕적으로 고결해진다고 믿는 동시에 문화적 속물에 대해서는 대단히 경멸적인 태도를 취해 왔다. 모더니즘과 포스트모더니즘에서 주도하는 가시적인 사회 개혁도 이런 전통에 속한다.

도덕성을 함양하려면 역사와 문화적 다양성을 이해할 필요가 있지만, 보통 수준의 사실주의 소설이나 전통적인 교육과 비교했을 때 엘리트 예술이 도덕성을 함양하기에 특별히 좋은 방법이라고 생각할 수 있는 근거는 전혀 없다. 분명한 사실은 여가 시간을 즐기는 방법에 따라 도덕적 결과가 크게 달라지는 것은 아니라는 점이다. 예술가와 감식가들이 도덕적으로 앞서 있다는 확신은, 도덕성에 해당하는 회로가 지위에 해당하는 회로와 교차 배선되어 있기 때문에 발생하는 인지적 착각에 불과하다(15장을 보라.). 비평가 조지 스타이너가 지적했듯이, "한 남자가 저녁에 괴테나 릴케를 읽고 바흐나 슈베르트를 연주하고 나서는 아침에 일어나 아우슈비츠로 출근할 수 있다."[61] 반면에 글자조차 모르는 많은 사람들이 신체 일부와 생명의 위험을 무릅쓰고 자원 봉사자로 일하거나 장애아를 입양해 키우면서, 현대 예술에 대해서는 "우리 네 살 난 딸도 그렇게 할 수 있을 것"이라 생각한다.

모더니즘 예술가들의 도덕적·정치적 업적 또한 자랑할 것이 전혀 없다. 어떤 사람들은 경멸할 만한 사생활을 보여 주었고, 파시즘이나 스탈린주의를 추종한 사람도 많았다. 현대 음악 작곡가 카를하인츠 슈토크하우젠은 2001년 9월 11일의 테러 공격을 "전 우주에서 상상할 수 있는 것 중 가장 위대한 예술 작품"이라 묘사했고, 부럽다는 듯이 이렇게 덧붙였다. "예술가들도 때로는 가능성과 상상의 한계를 뛰어넘어서 잠을 깨고 다른 세상을 향해 눈을 떠야 한다."[62] 그리고 포스트모더니즘 이론이 특별히 진보적인 것도 아니다. 객관적 현실의 부정은 결코 도덕적 진보의 동지가 아니다. 가령 노예제나 홀로코스트가 실제로 존재했다고 말할 수 없게 만들기 때문이다. 그리고 애덤 고프닉이 지적했듯이, 대부분의 포스트모더니즘 작품이 전하는 정치적 메시지는, "인종 차별은 나쁘다." 정도의 수준으로 진부하기 짝이 없다. 그러나 그 메시지를 워낙 우회적으로 말해서 보는 사람들은 그것을 이해할 수 있다는 도덕적 우월감을 느끼게 된다.

부르주아지에게 보내는 조소에 대해 말하자면, 그것은 도덕적·정치적 미덕이 전무한 건방진 방법으로 지위를 빼앗으려는 시도에 불과하다. 사실 중산층의 가치—개인적 책임, 가족과 사회에 대한 헌신, 남성적 폭력의 회피, 자유 민주주의에 대한 존중—는 나쁜 것이 아니라 좋은 것들이다. 전 세계 대부분의 사람들은 부르주아지에 합류하기를 원하고, 예술가들은 대부분 명망 있는 사람들로 다만 보헤미안의 자유 분방한 몇 가지 행동을 흉내낼 뿐이다. 20세기의 역사를 돌이켜볼 때 부르주아가 유토피아적 대중 봉기에 적극적으로 가담하지 않았다고 해서 누구도 그들을 원망할 수 없다. 그리고 그들이 거실에 무슨 그림을 걸든 그것은 우리가 상관할 바가 아니다.

20세기 엘리트 예술과 비평의 지배적 이론들은 인간 본성을 호전적으로 부정하면서 출발했다. 그것이 남긴 첫 번째 유산은 추하고 혼란스럽고 모욕적인 예술이고, 두 번째 유산은 위선적이고 난해한 학문이다. 그러면서도 사람들이 다가오지 않는다고 놀라워한다.

∽∽

반란은 시작되었다. 미술관 관람객들은 어느덧 절단된 여성의 상체나 예술가가 씹어서 뱉은 백 파운드의 돼지기름을 보여 주는 수백 번의 전시회에 따분함을 느끼게 되었다.⁶³ 인문학을 공부하는 대학원생들은, 말도 안 되는 헛소리 위에 푸코나 버틀러 같은 대가의 이름을 무작위로 떨어뜨린 글을 쓰지 않으면 취업은 꿈도 꿀 수 없다고 회의장 복도에 모여서 또는 이메일로 불평들을 한다. 무소속 학자들은 인간 본성에 대한 과학들이 흥미롭게 발전하고 있는 것을 보지 못하게 했던 블라인더를 과감히 제거하고 있다. 젊은 예술가들은 예술이 어떻게 이상한 곳에 좌초되어 아름다움이 더러운 단어로 통하는 지경이 되었는지 의아해하고 있다.

현재 이 불만의 흐름들은, 과학과 일치하고 인간의 마음과 감각을 존중하는 새로운 예술 철학으로 한데 모아지고 있다. 그것은 예술가들의 공동체 그리고 비평가와 학자들의 공동체에서 동시에 형태를 갖추고 있다.

2000년에 작곡가 스테파니아 드 케네시는 데리에르 가드(Deriere Guard)*라는 장난스런 이름으로, 미, 기술, 이야기를 찬양하는 새로운 예술 운동을 선언했다.⁶⁴ 만약 이것이 운동으로서 너무 순진해 보인다면, 신체 훼손의 성소인 휘트니 미술관 관장의 반응을 들어 볼 필요가 있다. 그는 이 운동의 참가자들을 "나치와 결탁한 보수주의 사이비 예술가 패거리"라 불렀다.⁶⁵ 데리에르 가드의 이념과 비슷한 사상들이 여러 운동을 통해 표출되고 있는데, 래디컬센터(Radical Center), 자연 고전주의(Natural Classicism), 신형식주의(New Formalism), 신이야기주의(New Narrativism), 스터키즘(Stuckism), 미의 복귀(the Return of Beauty), 노모포모(No Mo Po Mo)가 대표적이다.⁶⁶** 이 운동들은 고급 문화와 저급 문화를 포괄하고, 미와 예술성을 경멸하는 포스트모더니즘 좌익에 그리고

---

* "deriere"는 '엉덩이'를 뜻하는 구어이다.
** 현재 이 운동을 통틀어 '신고전주의'라는 이름으로 부르고 있다.

편협한 규범으로 "위대한 작품"을 가리고 문명의 몰락을 향해 불과 유황의 설교를 퍼붓는 문화적 우익에 똑같이 반대한다. 이 운동에는 전통적인 훈련을 토대로 고전적인 작곡법과 대중적인 작곡법을 혼합하는 음악가, 사실주의 화가와 조각가, 시인, 사실주의적 소설가, 리듬과 멜로디를 중시하는 무용 연출가와 공연 예술가가 포함되고 있다.

학계에서는 점점 많은 수의 무소속 학자들이 진화 심리학과 인지과학에 의존해 예술에 대한 이해의 중심에 인간 본성을 재확립시키려 노력하고 있다. 대표적인 학자로는 브라이언 보이드, 조지프 캐럴, 데니스 더턴, 낸시 이스털린, 데이비드 에번스, 조너선 갓셜, 폴 헤르나디, 패트릭 호건, 일레인 스캐리, 웬디 스타이너, 로버트 스토리, 프레더릭 터너, 마크 터너가 있다.[67] 예술과 인문학에는 마음이 어떻게 작동하는가에 대한 충분한 이해가 적어도 두 가지 이유에서 필수적이다.

한 가지 이유는 장르를 막론하고 모든 예술가의 진정한 매개물은 인간의 정신적 표현물이라는 것이다. 유화, 조각, 인쇄된 말은 인간의 뇌를 직접 관통하지 못한다. 예술 작품은 감각 기관을 시작으로 사고, 감정, 기억에 이르는 계단식 신경 활동을 촉발한다. 인지과학과 인지 신경학은 그 계단식 과정을 정밀하게 밝혀 냄으로써 예술 작품의 탄생 과정을 이해하기를 원하는 사람들에게 풍부한 정보를 제공한다. 시각 연구는 그림과 조각의 비밀을 해명할 수 있다.[68] 심리 음향학과 언어학은 새로운 음악 연구의 장을 개척하고 있다.[69] 언어학은 시, 은유, 문체에 대한 통찰을 제공한다.[70] 심상 연구는 이야기체 산문의 기법을 설명하는 데 유용하다.[71] 마음 이론(직관 심리)은 허구의 세계를 즐기는 우리의 능력을 조명한다.[72] 시각 주의(visual attention)와 단기 기억에 대한 연구는 영화적 경험을 설명하는 데 도움이 된다.[73] 진화 미학은 이 모든 지각 행위에 수반되는 미와 즐거움의 감정들을 설명하는 데 유용하다.[74]

역설적인 것은 초기의 모더니즘 화가들은 지각 연구의 성과를 열렬히 받아들였다는 점이다. 그들에게 지각 연구를 소개했을 것으로 추정되는 거트루드 스타인은 하버드에서 윌리엄 제임스와 함께 심리학을 연구했고 그의 지도 하에 시각 주의를 공부했다.[75] 바우하우스 건축가와 예술가들도 인지 심리학, 특히 당시의 게슈탈트 이론에 정통했다.[76] 그러나 두 문화가 소원해지면서 그들의 통섭은 사라졌고, 최근에야 다시 회복되기 시작했다. 나는 인지과학과 진화 심리학이 예술에 적용되면 비평과 학문 분야가 발전할 것이라 생각한다.

이보다 훨씬 더 중요한 또 다른 접점이 있다. 결국 우리를 예술 작품으로 이끄는 것은 매개에 대한 감각 경험과 함께 그 정서적 내용과 인간 조건에 대한 통찰이다. 이것은 우리의 생물학적 곤경——우리의 필멸성, 유한한 지식과 지혜, 서로 간의 차이, 친구·이웃·가족·연인과의 이해 다툼——으로 이어진다. 그런데 이 모두가 인간 본성에 대한 과학에서 다루는 주제이다.

인류의 영구적이고 보편적인 특질이 예술에 반영되어야 한다는 개념은 새로운 것이 아니다. 새뮤얼 존슨은 자신이 편집한 셰익스피어 희곡의 서문에서, 위대한 직관 심리학자의 끝없는 매력을 다음과 같이 평가했다.

보편적 본성에 대한 표현 외에는 어떤 것도 다수에게 오랜 즐거움을 줄 수 없다. 특수한 수법은 극소수만 이해할 수 있고, 따라서 그것이 얼마나 가깝게 모사된 것인지는 극소수만이 판단할 수 있다. 기상천외한 허구를 변칙적으로 조합한 작품은 따분한 삶에 갇힌 우리 모두를 탐험의 세계로 이끄는 진기함과 일시적 즐거움을 제공할 수 있지만, 갑작스런 경이가 불러오는 즐거움은 이내 소진되고 마음은 안정된 진실 위에 다시 몸을 누인다.

오늘날 우리는 예술가들과 과학자들이 인간 조건을 탐구하기 위해 한곳으로 모이는 것을 보고 있다. 이것은 과학자들이 인문학에 관심을 가져서가 아니라 예술가와 인문학자들이 과학에, 적어도 인류의 복잡한 심리적 자질을 보게 해 주는 과학적 사고 방식에 눈을 돌리기 시작했기 때문이다. 이 관계를 설명할 때 나는 예술가들 본인의 말과 경쟁할 욕심이 추호도 없다. 따라서 나는 세 명의 훌륭한 소설가가 쓴 글로 나의 결론을 대신하고자 한다.

도덕 관념의 기원에 사로잡힌 아이리스 머독은 소설 속에 살아 있는 도덕 관념의 생명력을 다음과 같이 평가한다.

모두는 아니지만 여러 측면에서 우리는 그리스인들과 같은 종류의 도덕적 판단을 내리고, 우리와 멀리 떨어진 시대와 그 시대의 문학에서 선하거나 훌륭한 사람을 인식한다. 파트로클로스, 안티고네, 코델리아, 미스터 나이틀리,* 알료샤.** 파트로클로스의 변함없는 친절, 코델리아의 정직성, 부친에게 지옥을 두려워하지 말라고 위로하는 알료샤. 파트로클로스가 포로 여인들에게 친절한 것은 엠마가 베이츠 양에게 친절한 것과 똑같이 중요해서, 우리는 3,000년이란 세월이 두 작가를 갈라놓고 있음에도 두 인물의 친절함을 즉시 그리고 자연스럽게 느끼게 된다. 그리고 조금만 더 생각해 보면 이것은 단 하나의 항구적인 인간 본성이 존재한다는 것을 보여 주는 뚜렷한 증거임을 알 수 있다.[77]

---

* 제인 오스틴의 소설 『엠마』의 등장 인물이다.
** 도스토예프스키의 소설 『카라마조프 가의 형제들』에 나오는 주인공 형제들 중 셋째이다.

A. S. 바이어트는《뉴욕 타임스 매거진》의 편집자들이 지난 1,000년 동안 최고의 이야기가 무엇이었냐고 묻자 세헤라자데 이야기를 꼽았다.

『천일야화』 속의 이야기들은…… 사랑과 삶과 죽음과 돈과 음식과 그 밖의 다른 필수품들에 대해 끝없이 이야기하는 이야기들이다. 인간에게 있어 이야기하기는 숨쉬기나 혈액 순환만큼이나 중요한 본성이다. 모더니즘 문학은 이야기를 제거하려 했다. 이야기를 저속하게 생각했고, 플래시백, 직관, 의식의 흐름 등으로 대체했다. 그러나 이야기는 생물학적 시간의 본질이어서 우리는 그로부터 탈출할 수 없다. 파스칼이 말했듯이, 인생은 동료 죄수들이 매일 처형당하기 위해 끌려 나가는 감옥에서 사는 것과 같다. 세헤라자데처럼 우리도 누구나 사형 선고를 받은 존재여서, 자신의 삶을 시작과 중간과 끝이 있는 이야기로 생각한다.[78]

존 업다이크 역시 지난 1,000년을 회고해 달라는 질문에 자신이 속한 문학의 미래로 그 답을 대신했다. "거짓말의 전문가인 소설가는 역설적으로 무엇이 진실인가에 집착한다." 그리고 "진실의 단위는 최소한 소설가에게는 지난 10만 년 동안 변하지 않은 호모 사피엔스라는 종에 속한, 인간이라는 동물이다."

진화는 역사보다 느리고 최근 몇 세기 동안의 과학 기술보다는 훨씬 느리다. 사회 생물학은 놀랍게도 학계 일각에서 악의적인 공격에 시달리고는 있지만, 어떤 특성이 선천적이고 어떤 특성이 후천적인가를 밝히는 데 유용한 역할을 하고 있다. 진화를 통해 정착한 인간의 하드웨어는 어떤 종류의 소프트웨어를 지원하는가? 소설은 암중모색을 통해, 개인이 공급할 수 있거나 공급하고자 하는 것보다 더 많은 것을 사회가 요구할 때 우리를 엄습하는 불안의 순간들을 포착한다. 보통 사람들이 경험하는 갈등이 소설을 쓰는 우리의 손과 심장을 뜨겁게 달군다.……

인간은 팽팽한 긴장 속에서 죽음을 예견하고 리비도를 의식하는 동물이다. 지상의 어떤 다른 존재도 그렇게 뛰어난 사고 능력을, 가능성을 상상하고 좌절하는 복잡한 능력을, 종족과 생물학의 명령을 의심하는 골치 아픈 능력을 경험하지 못한다.

그렇게 많은 갈등과 영리함을 지닌 존재로서 인간은 허구적인 생각에 초점을 맞추며 끝없이 즐거워한다. 아마도 호모 사피엔스는 아무리 아름다운 유토피아에 도달해도 자신의 모든 갈등을 풀거나 온갖 심술의 원천인 궁핍함을 제거할 만큼 만족하지 못할 것이다.[79]

문학에는 세 가지 목소리가 있다고 로버트 스토리는 말한다. 작가의 목소리, 독자의 목소리, 인류의 목소리가 그것이다.[80] 소설가는 우리에게 모든 예술의 필수 요소인 인류의 목소리를 일깨우고 내 자신의 이야기를 담아 내기에 적합한 주제를 던져 준다.

6부

인류의 목소리

빈 서판은 매력적인 관점이었다. 그것은 인종 차별, 성 차별, 계급적 편견을 사실상 무용지물로 만들 것을 약속했다. 그것은 인종 대학살을 부추기는 사고 방식을 가로막는 견고한 보루처럼 보였다. 그것은 예방할 수 있는 사회적 병폐에 대해 성급한 운명론에 빠지지 않고 적극적으로 맞서게 했다. 그것은 어린이, 토착 부족, 하류 계층의 처우에 대한 사람들의 관심을 일깨웠다. 이렇게 해서 빈 서판은 세속 신앙의 일부가 되었고 우리 시대에 일반적인 품위를 구성하는 요소로 통하게 되었다.

그러나 빈 서판에는 어두운 측면이 있다. 빈 서판으로 인해 인간 본성에는 공백이 생겼고, 전체주의적 체제가 그 공백을 열심히 채웠지만 그것은 전체주의의 대학살을 막기 위해 아무것도 하지 못했다. 그것은 교육, 양육, 예술을 사회 개조를 위한 형식으로 악용하고 있다. 그것은 집 밖에서 일하는 어머니들과 자식을 원하는 대로 키우지 못한 부모들에게 고통을 안긴다. 그것은 인간의 고통을 덜 수 있는 생명·의학 연구를 불법화하려 하고 있다. 그것의 필연적 결과인 고상한 야만인은 민주주의의 원리와 "사람이 아닌 법의 통치"에 대한 경멸을 부추긴다. 그것은 우리의 인지적·도덕적 결점을 보지 못하게 한다. 그리고 정책의 문제에서는 감상적인 독단을 내세워 효과적인 해결책을 가로막는다.

빈 서판은 우리가 진실이기를 희망하고 기원해야 할 어떤 이상이 아니다. 오히려 그것은 우리의 보편적 인간성, 우리의 선천적 관심사, 우리의 개인적 선호를 부인하는 비인간적 이론이다. 겉으로 보기에는 우리의 잠재력을 찬양하는 것 같지만 실은 정반대이다. 우리의 잠재력은 텅 빈 서판의 수동적인 공백에서 발생하는 것이 아니라 대단히 복잡한 정신적 기능들의 조합적 상호 작용에서 발생하기 때문이다.

좋고 나쁜 영향에 상관없이 빈 서판은 뇌 기능을 설명하는 경험적 가설이고 따라서 진위의 관점에서 평가되어야 한다. 마음, 뇌, 유전자, 진화를 연구하는 현대 과학은 빈 서판이 그릇된 이론임을 갈수록 분명히 보여 주고 있다. 그 결과는 과학과 지식 세계의 품위를 떨어뜨려서라도 빈 서판을 구조하려는 보수적인 노력으로 이어지고 있다. 그들은 객관성과 진리의 가능성을 부인하고, 쟁점을 이분화하고, 사실과 논리를 정치적 입장으로 대체하고 있다.

빈 서판이 지식 세계에 아주 깊이 뿌리를 내린 결과 그것을 무시하고 어떤 일을 한다는 생각은 깊은 불안을 자아낼 수 있게 되었다. 양육에서 성에 이르는 그리고 천연 식품에서 폭력에 이르는 온갖 주제에서, 부도덕하다고 간주되는 개념들은 질문을 할 수 없을 뿐 아니라 십중팔구 틀린 것으로 판명된다. 심지어 이데올로기의 칼을 갈지 않는 사람들조차도 그런 터부가 깨졌다는 것을 알았을 때에는 심리적 혼란을 느낄 수 있다. "오 그런 사람들이 사는 멋진 신세계여!"* 과학이 정말로 편견이 난무하는 세계, 아이들이 방치되는 세계, 마키아벨리즘이 용인되는 세계, 불평등과 폭력이 체념을 강요하는 세계, 인간이 기계처럼 취급되는 세계로 향하고 있을까?

* 셰익스피어의 희곡 「템페스트」의 구절을 빌린 올더스 헉슬리의 반어적 표현이다.

천만의 말씀이다! 빈사 상태에 빠진 도그마로부터 인류 보편의 가치를 해방시키면 그 가치의 존재 근거는 더욱 명확해질 뿐이다. 우리가 편견과 아동 학대와 여성에 대한 폭력에 반대하는 이유를 이해하면 우리의 고귀한 목표에 도달하는 방법에 노력을 집중할 수 있다. 그리고 비과학적 오류의 파도로부터 그 목표를 보호할 수 있다.

어쨌든 빈 서판을 포기하는 것은 애초의 생각만큼 급진적인 일이 아니다. 사실 그것은 현대 지식 세계의 여러 분야에서는 혁명이나 다름없다. 그러나 자기 이론의 덫에 걸린 소수의 지식인들을 제외하고 대부분의 사람들에게 그것은 결코 혁명이 아니다. 나는 정말로 남자 아이와 여자 아이가 뒤바뀔 수 있다거나, 지능의 모든 차이가 환경에서 비롯된다거나, 부모가 자식의 성격을 시시콜콜 조종할 수 있다거나, 인간이 이기적 성향 없이 태어난다거나, 매력적인 소설, 선율, 얼굴이 임의적인 사회적 산물이라고 믿는 사람이 과연 몇이나 될지 의심스러울 뿐이다. 20세기 평등주의의 상징인 마거릿 미드는 딸에게 그녀의 지적 재능은 그녀의 유전자 덕분이라고 말했는데, 나는 그런 이중 인격 증상이 학자들 사이에 흔하다고 확신한다.[1] 지능이 의미 있는 개념이라는 사실을 공개적으로 부인하는 학자들이 그들의 직업에서는 지능을 전혀 무의미하지 않게 취급한다. 성 차이가 역전 가능한 사회적 산물이라고 주장하는 사람들이 딸에게 충고할 때나, 이성을 대할 때나, 편한 자리에서 농담과 해학을 즐기고 자신의 삶을 회고할 때에는 성 차이를 그런 식으로 다루지 않는다.

인간 본성을 인정한다는 것은 우리의 개인적 세계관을 전복시켜야 한다는 것을 의미하지 않으며, 설령 그렇다 하더라도 나에게는 그 자리에 추천할 만한 다른 것이 없다. 그것은 단지 우리의 지식 세계가 이중의 생활을 접고 다시 과학과 결합한다는 것을 의미하고, 과학의 도움을 받아 상식과 재결합한다는 것을 의미한다. 그렇지 않으면 지식 세계는 점점 더 인간 세계와 멀어질 것이고, 지식인들은 위선에 빠질 것이고, 그 밖의 모든 사람이 반지식인으로 돌아설 것이다.

과학자들과 지식인 대중만이 마음이 어떻게 작동하는가를 깊이 생각해 온 것은 아니다. 우리는 누구나 심리학자이고, 어떤 사람은 자격증이 있든 없든 매우 뛰어난 심리학자이다. 그들 중 시인과 소설가는, 앞 장에서도 보았듯이, "보편적 본성을 적절히 표현하는 것"을 주된 일로 삼고 있다. 역설적이지만 오늘날의 분위기에서 소설가는 인간 본성에 관한 진리를 과학자보다 더 확실하게 다루어야 한다. 세련된 관객들은 뻔한 줄거리에 해피 엔딩으로 끝나는 안이한 희극에 조소를 보낸다. 인생은 그런 것이 결코 아니므로 사람들은 예술이 인간 조건의 고통스런 딜레마를 다루기를 기대한다.

그러나 똑같은 관객들이 과학에 대해서는 눈물나는 감상을 요구한다. 인간 본성에 대한 과학적 성과를 비판할 때에는 오직 "비관주의"만이 올바른 비판으로 통하고, 과학적 이론은 감상적 고양의 수단으로 간주된다. 조지 버나드 쇼는 "셰익스피어는 양심이 없었고, 나 역시 그렇다."라고 말했다. 이것은 위험한 정신병질자의 고백이 아니라 훌륭한 극작가는 모든 인물의 관점을 진지하게 다루어야 한다는 의무감의 확인이다. 인간 행동을 연구하는 과학자에게도 이와 똑같은 의무가 있다. 물론 이것은 양심이 필요한 곳에서도 양심의 스위치를 꺼야 한다는 뜻은 결코 아니다.

시인과 소설가들은 이 책에 소개된 여러 주제를 그 어떤 학문적 낙서보다 훨씬 재치 있고 힘차게 다루어 왔다. 나는 그들의 글을 빌려, 지루한 반복을 피하고 몇 가지 주제를 재확인함으로써 이 책의 결론에 이를 수 있기를 기대한다. 이제 인간 본성에 대한 과학에서 얻을 수 있는 교훈을 잘 포착했다고 여겨지는 다섯 편의 글을 소개하고자 한다. 이 글들은 우리가 과학적 발견을 대할 때에는 삶의 다른 영역에서 인간 본성을 생각할 때처럼 두려움과 혐오감이 아니라 균형 감각과 분별력을 갖추어야 한다는 점을 강조하고 있다.

∽∽

뇌는――하늘보다 넓다――
옆으로 펼치면――그 안에
하늘이 쉽게 들어오고
――그 옆에――당신까지 들어온다――

뇌는 바다보다 깊다――
깊이 담그면――아주 푸르게
그 속에 바나가 흡수된다――
물통 속――스펀지처럼――

뇌는 신의 무게와 똑같다――
둘의 무게를――나란히 달면
혹시 다르다 해도――
음절과 음성의 차이밖에 안 난다――

에밀리 디킨슨의 「뇌는 하늘보다 넓다」라는 이 시에서 처음 두 연은 마음이 뇌의 활동이라는 관점에서 그 광대함을 표현하고 있다.[2] 이 시뿐 아니라 다른 시에서도 디킨슨은 "영혼"이나 "마음"이 아니라 "뇌"라고 언급함으로써, 마치 사고와 경험의 자리가 물질의 덩어리임을 독자들에게 상기시키는 듯하다. 사실 어떤 의미에서 보면 과학은 우리를 못생긴 1.4킬로그램 신체 기관의 생리학적 과정으로 "환원"시키고 있다. 그러나 그 1.4킬로그램 기관은 얼마나 대단한지! 엄청난 복잡성, 폭발적인 조합 연산, 현실 세계와 가상 세계를 그리는 무한한 상상력을 보면 뇌는 정말로 하늘보다 넓다. 시 자체가 그것을 증명한다. 각 연의 비교를 이해하려면 독자의 뇌는 하늘을 담고 바다를 흡수해서 각각의 것을 뇌 자체와 동일한 크기로 시각화해야 한다.

불가사의한 마지막 연은 신과 뇌의 무게를 양배추처럼 재는 놀라운 이미지를 가지고 독자를 경악에 빠뜨린다. 이것을 어떤 사람은 창조론('신이 뇌를 만들었다.')으로 읽고, 어떤 사람은 무신론('뇌가 신을 생각해 냈다.')으로 읽는다. 음운론을 이용한 직유법('음성은 이음매가 없는 연속체이고 음절은 음성의 분절 단위이다.')은 일종의 범신론을 암시한다. 신은 모든 곳에 존재하는 동시에 존재하지 않으며, 모든 뇌는 일정량의 신성을 구현한다. "혹시 다르다 해도"는 영악한 탈출구이며, 신비주의—뇌와 신이 어찌 보면 같을 수도 있다.—와 불가지론을 암시한다. 이 양의성은 분명 의도적이며, 누구라도 한쪽 해석만 옳다고 주장할 수 있을지 의심스럽다.

나는 이 시를, 우주에서 마음이 차지하는 위치를 숙고할 때 마음은 언젠가 그 한계에 도달한다는 것, 그래서 마음은 신의 영역으로부터 우리 앞에 던져진 몇 가지 수수께끼에 부딪힌다는 의미로 읽고 싶다. 예를 들어, 자유 의지와 주관적 경험은 우리의 인과 개념으로는 이해하기가 불가능해서 마치 내면에서 발생하는 신의 불꽃처럼 느껴진다. 도덕성과 의미는 우리의 판단과 독립적으로 존재하는 어떤 미지의 실체로부터 나오는 것처럼 여겨진다. 그러나 그런 괴리는, 그것들이 우리와 분리되어 있지 않다고 생각하는 것 자체를 불가능하게 만드는 뇌의 산물일지 모른다. 아무리 해도 우리로서는 알 방도가 없다. 우리가 바로 뇌이고, 그래서 밖으로 걸어나가 뇌를 검사할 방법이 없기 때문이다. 그러나 만약 우리가 그 덫에 걸렸다 해도 우리는 그것을 탄식할 필요가 없다. 하늘보다 넓고, 바다보다 깊고, 신만큼 묵직하기 때문이다.

∽∽

디킨슨의 시가 신비하다면 커트 보니거트의 소설 「해리슨 버거론」은 투명하다. 소설은 다음과 같이 시작한다.

2081년이었고 마침내 모두가 평등했다. 사람들은 단지 신과 법 앞에서만 평등하지 않았다. 그들은 모든 면에서 평등했다. 누구도 다른 모든 사람보다 똑똑하지 않았다. 누구도 다른 모든 사람보다 더 잘 보지 못했다. 누구도 다른 모든 사람보다 더 강하거나 빠르지 않았다. 이 모든 평등은 헌법 수정 조항 211, 212, 213조와 미국 우열 평균청 요원들의 끊임없는 경계 덕분이었다.[3]

우열 평균청은 타고난(따라서 부당한) 장점을 가진 사람에게 신체적·심리적 부담을 지우는 방식으로 평등을 집행한다. 똑똑한 사람은 정부의 발신기에 맞추어진 라디오를 귀에 착용하고, 뇌를 부당하게 사용하는 것을 막기 위해 정부에서 20초 간격으로 송출하는 날카로운 소음(가령 둥근 망치로 우유병을 깨는 소리)을 들어야 한다. 발레리나는 사냥용 산탄 자루를 등에 지고 마스크로 얼굴을 가려야 하므로 아무도 자기보다 더 예쁘거나 우아한 사람을 보고 기분이 나빠지는 일이 없다. 아나운서는 언어 장애가 있는 사람으로 선발된다. 이 소설의 주인공은 여러 가지 재능을 가지고 태어나서 의무적으로 헤드폰과 두꺼운 안경과 검은 모자를 착용하고 140킬로그램의 쇳조각을 지고 다녀야 하는 소년이다. 소설은 그의 불길한 반란을 이야기한다.

섬세하진 않지만 「해리슨 버거론」은 우리가 너무 흔히 범하는 오류를 극단적인 예로 재치 있게 보여 준다. 정치적 평등의 이상은 모든 사람이 똑같이 태어나는 것을 보장하지 않는다. 그것은 특정한 영역(사법, 교육, 정치)에서 사람을 취급할 때 개인이 속한 집단의 통계적 평균치가 아니라 각 개인이 가진 장점에 의존하는 정책이다. 그리고 인간은 지각력을 가진 존재라는 사실에 근거해 모든 사람의 양도할 수 없는 권리를 인정하는 정책이다. 사람들이 결과적 측면에서 동일해야 한다고 주장하는 정책은 모든 생물처럼 생물학적 자질이 각기 다른 인간에게 큰 희생을 강요한다. 재능이란 정의상 드물 수밖에 없고 드문 환경에서만 충분히 실현될 수 있는 것이어서, 강제적 평등에 도달하려면 바닥을 끌어올리는 것보다는 꼭대기를 끌어내리는 것(그래서 사람들의 재능으로부터 생산되는 열매를 누구도 갖지 못하게 하는 것)이 더 쉽다. 보니거트가 묘사하는 2081년의 미국에서 결과적 평등에 대한 욕구는 익살스런 희극으로 전개되지만, 20세기에는 인류에 대한 생생한 범죄로 표출된 경우가 여러 번 있었고, 지금도 우리 사회는 종종 이 문제를 철저히 금기시한다.

보니거트는 한 번도 인종 차별주의자, 성 차별주의자, 엘리트주의자, 사회 다윈주의자라는 말을 들어 본 적이 없는 사랑스런 작가이다. 만약 그가 자신의 메시지를 풍자 소설이 아니라 선언문 형식으로 발표했다면 어떤 반응이 일어났을까? 각 세대에는 셰익스피어의 광대에서 레니 브루스에 이르는 지정된 익살꾼이 있어서, 공손한 사회에서는 언급할 수 없는 진실의 목소리가 된다. 오늘날에는 보니거트 같은 시간제 유머 작가와 리처드 프라이어, 데이브 배리 같은 전업 작가 그리고 《디 어니언》

의 작가들이 그 전통을 잇고 있다.

보니거트의 디스토피아 공상 소설은 단편 소설 분량의 희극이었지만, 그런 종류의 가장 유명한 소설은 장편으로 펼쳐진 기나긴 악몽이었다. 조지 오웰의 『1984년』은 사회와 정부의 억압이 미래에 투영되면 어떤 삶이 펼쳐질지를 생생하게 묘사한 작품이었다. 소설이 발표된 후 반세기가 흐른 지금에도 많은 사회 발전들이 오웰의 세계를 연상시킨다는 이유로 비난을 받고 있다. 가령 정부의 완곡 어법,* 국민 전체의 신분증, 감시 카메라, 인터넷 상의 개인 자료, 심지어 매킨토시 컴퓨터 첫 광고에서의 IBM PC 등이 그 예이다. 다른 어떤 소설 작품도 현실 세계의 문제와 관련된 사람들의 견해에 그렇게 큰 영향을 미친 적이 없다.

『1984년』이 기억할 만한 문학으로 남는 것은, 단지 정치적 장광설 때문이 아니라 작가 오웰이 소설 속의 사회가 어떻게 돌아가는가를 아주 세부적으로 묘사했기 때문이다. 악몽의 모든 요소들이 서로 맞물리면서 풍부하고 믿을 만한 전체를 형성해 낸다. 어디에나 존재하는 정부, 움직이는 적과의 영원한 전쟁, 대중 매체와 사생활에 대한 전체주의적 통제, 신어(Newspeak), 개인적 배신에 대한 끝없는 두려움.

널리 알려진 사실은 아니지만 그 체제에는 일목요연한 철학이 있었다. 그 철학은 윈스턴 스미스가 탁자에 묶여 온갖 고문을 당하고 훈계를 듣는 비참한 장면에서 정부 요원 오브라이언의 입을 통해 흘러 나온다. 그 설명을 들으면 체제의 철학이 완벽한 포스트모더니즘임을 알 수 있

* 완곡한 표현 뒤에는 가혹한 규제가 으레 숨어 있다.

다(물론 그 단어를 사용하진 않는다.). 윈스턴이 "과거를 지배하는 자가 미래를 지배하고, 현재를 지배하는 자가 과거를 지배한다."라는 당의 슬로건을 반박하자, 오브라이언은 다음과 같이 대답한다.

> 자네는 현실이 외계에 객관적으로 존재하는 어떤 것이라 믿는군. 게다가 현실의 본질이 자명하다고 믿는군. 자네가 어떤 것을 본다고 생각하는 동안 다른 사람들도 자네와 똑같은 것을 보고 있다고 착각하는 거야. 하지만 내 말을 잘 듣게, 윈스턴, 그 현실은 외계에 존재하는 게 아닐세. 현실은 바로 인간의 마음에 존재하지. 그렇다고 개인의 마음에 존재하는 건 아니라네. 개인의 마음은 종종 실수를 하고, 어쨌든 곧 사라져 버리지 않나. 그건 오직 당의 마음에 존재한다네. 집단이고 영원하거든.[4]

오브라이언은 가령 항해 같은 어떤 목적을 위해서는 지구가 태양 주위를 돌고 먼 은하에 별이 있다고 가정하는 것이 유용하다는 점을 인정한다. 그러나 당은 필요에 따라 태양이 지구 주위를 돌고 별은 몇 킬로미터 밖에서 타오르는 불꽃이라고 가르치는 또 다른 천문학을 사용할 수 있다고 말한다. 그리고 이 장면에서는 아니지만, 신어는 궁극적으로 "언어의 감옥"이고 "인간과 그의 '세계'를 사유하는 언어"라고 설명한다.

오브라이언의 강의 앞에서 포스트모더니즘의 옹호자들은 잠시 생각할 시간을 가져야 한다. 권력의 해체를 자랑스럽게 생각하는 철학이 권력에 대한 도전을 불가능하게 만드는 상대주의를 수용한다는 것은 어처구니없는 모순이다. 상대주의는 권력자들의 기만을 평가할 수 있는 객관적 기준을 부인하기 때문이다. 같은 이유에서, (인간 본성에 대한 이론을 비롯해) 객관적 진리를 중시하는 다른 과학자들의 이론이 사실은 지배적인 계급, 성, 인종의 이익을 보호하는 무기에 불과하다고 주장하는 급진주의 과학자들도 오브라이언의 강의 앞에서 잠시 여유를 갖고 생각을 해야 한다.[5] 객관적 진리의 개념이 없으면 지식 세계는 "과거를 지배"하기 위해 폭력을 휘두르는 싸움터가 될 것이다.

당의 철학이 강요하는 두 번째 교훈은 초유기체 이론이다.

> 이보게 윈스턴, 자네는 개인이 한낱 세포에 불과하다는 것을 이해할 수 있겠나? 세포에게 싫증나는 일이 유기체에게는 생명력을 주지. 손톱을 자른다고 자네가 죽을 수 있겠는가?[6]

집합체(문화, 사회, 계급, 성)는 나름의 이해와 신념 체계를 가진 생물이라는 교의는 마르크스주의 정치 철학과 뒤르켐에 의해 시작된 사회과학 전통의 기초를 이룬다. 오웰은 이 교의의 어두운 측면—즐거움과 고통을 느끼는 유일한 실체인 개인을 전체의 이익 증진을 위해 존재하는 구성 요소로 전락시키는 특성—을 보여 주고 있다. 윈스턴과 그의 연인 줄리아의 선동은 단순한 인간적 즐거움—설탕 넣은 커피, 흰 원고지, 사적인 대화, 진지한 사랑 행위—을 추구하면서 시작되었다. 오브라이언은 그런 개인주의를 용납할 수 없음을 분명히 한다. "당에 대한 충성 외엔 어떤 충성도 존재할 수 없고, 빅브라더에 대한 사랑 외엔 어떤 사랑도 용인될 수 없다네."[7]

당은 또한 가족이나 친구와의 정서적 유대가 "습관"일 뿐이고 원활한 사회적 기능에 방해가 된다고 생각한다.

> 우리는 이미 혁명 이전부터 내려온 사고 습관을 깨부수고 있다네. 자식과 부모, 사람과 사람, 그리고 남녀간의 고리를 끊어 버렸지. 이젠 누구도 감히 아내나 자식이나 친구를 믿을 수 없게 되었다네. 그러나 미래

에는 아예 아내나 친구 같은 것이 사라질 것이네. 닭장에서 계란을 꺼내듯 아기가 태어나면 즉시 어머니에게서 뺏어 갈 테니 말야. 성적 본능도 말끔히 제거될걸세.…… 미와 추의 차이도 완전히 사라지겠지.[8]

이 글을 읽으면 개화된 관리들이 더 좋은 사회를 만들기 위해 양육, 예술, 양성의 관계를 새롭게 설계해야 한다는 우리 시대의 주장들이 떠오른다.

물론 디스토피아 소설은 그로테스크한 과장을 이용해 효과를 높인다. 적당히 표현해도 될 만한 것을 온갖 아이디어를 가미해 끔찍하게 만든다. 나는 사회적 이익이나 인간 관계의 개선에 관심을 가지면 전체주의로 가게 된다고 주장하는 것이 아니다. 그러나 과장 섞인 풍자, 어떻게 대중적 이데올로기가 기본적인 진리를 잊을 수 있는지, 특히 이 경우 언어, 생각, 감정은 사회적 산물이라는 개념이 어떻게 사회 개조를 시도하는 사회 공학자들에게 유용한 발판을 제공하는지를 명확히 보여 준다. 이제 그 기본적 진리를 알게 되었으므로 우리는 더 이상 그런 이데올로기를 신성한 소처럼 숭배하면서 객관적 사실들을 거기다 갖다 바치지 않아도 된다.

마지막으로 당 철학의 핵심을 살펴보자. 오브라이언은 윈스턴의 주장을 차례로 논박하면서 그의 희망을 남김없이 꺾어 버린다. 그는 윈스턴에게 "미래의 모습을 그리고 싶다면 인간의 얼굴에 영원히 찍힌 구두 자국을 상상하라."라고 말한다. 대화가 끝날 무렵 오브라이언은 그 모든 악몽을 현실로 만드는(사실은 그 모든 허위 때문에 불가능할 수밖에 없는) 계획을 드러낸다.

이번에도 그의 목소리는 윈스턴을 무력감 속으로 빠뜨렸다. 게다가 반론을 고집하면 오브라이언이 다시 다이얼을 높이지 않을까 하는 두려움도 밀려들었다. 그러나 그는 입을 열지 않을 수 없었다. 미약한 목소리로, 그저 오브라이언의 말과 함께 밀려든 막연한 공포에 짓눌린 채 어떤 논리적 근거도 없이, 그는 가까스로 반격을 시도했다.

"모르겠소. 그건 내 알 바 아니오. 어쨌든 당신들은 실패할 거요. 무엇인가가 당신들의 계획을 물거품으로 만들 거요. 그건 아마 인간의 삶이겠지."

"인간의 삶은 우리가 지배한다네, 윈스턴, 모든 차원에서 말야. 자네는 인간 본성이라 불리는 어떤 것이 있어서 우리의 행동이 그것을 위반하면 우리에게 큰 문제가 발생할 거라 상상하고 있군. 하지만 인간 본성은 우리가 창조한다네. 인간은 무한히 말랑말랑하거든."[9]

∽∽∽

지금까지 논한 세 작품은 다분히 교훈적이고, 특정한 시간과 공간에 닻을 내리지 않은 것들이다. 그러나 나머지 둘은 다르다. 둘 다 특정한 문화, 장소, 시대에 근거하고 있다. 둘 다 등장 인물의 언어, 환경, 인생 철학을 구체적으로 제시한다. 그래서 두 작가 모두 독자들에게 그 이야기를 일반화하지 말라고 경고한다. 그러나 두 작가 모두 인간 본성을 꿰뚫는 통찰력으로 유명하다. 그래서 나는 그들의 에피소드를 이 책에 소개하는 것이 조금도 부적절하지 않다고 믿는다.

마크 트웨인의 『허클베리 핀의 모험』은 특별히 위험한 교과서이다. 다음과 같은 저자의 지령으로 시작하기 때문이다. "이 이야기에서 어떤 동기를 찾는 사람은 형벌을 받아 마땅하다. 이 이야기에서 도덕적 교훈을 찾는 사람은 추방당해 마땅하다. 이 이야기에서 줄거리를 찾는 사람은 총살을 당해 마땅하다." 그래도 20세기의 비평가들은 작품의 이중적 힘을 파헤치는 일을 단념하지 않았다. 『허클베리 핀의 모험』은 남북전쟁 이전의 시대적 약점과 인간 본성의 약점을 동시에 보여 준다. 그리고 그것을 보여 주는 창은 미시시피 강을 따라 떠내려가는 두 고상한 야만인의 눈이었다.

『허클베리 핀의 모험』은 인간의 수많은 약점을 흥청망청 베풀었지만, 그중에서도 가장 희비극적인 것은 아마도 폭력의 원천인 명예 문화일 것이다. 명예의 문화는 사실 명예의 심리, 즉 친족에 대한 충성심, 복수의 갈망, 거칠고 용맹하다는 평판을 지속시키려는 욕구가 뒤섞인 복합적 감정이다. 인간의 다른 죄악들—질투, 정욕, 자기 기만—이 명예심에 불꽃을 당기면 폭력의 악순환이 시작되어 양쪽 모두 상대방에 대한 복수의 칼을 접지 못하게 된다. 어떤 장소에서는 이 악순환이 크게 증폭될 수 있다. 미국 남부가 그중 하나였다.

주인공 허크는 우연히 명예 문화를 두 번 접한다. 처음은 그가 "인상이 험악한" 술고래들이 모는 짐배를 타고 몰래 떠날 때였다. 그들 중 한 명이 돼지 멱따는 목소리로 추잡한 노래를 열네 절이나 뽑아 대고 열다섯째 절을 시작하려는 순간 사소한 시비로 두 사람 간에 싸움이 벌어진다.

[배에서 덩치가 제일 큰 밥이] 다시 한번 껑충 뛰어올라 발뒤꿈치를 철썩 하고 맞부딪치고는 큰소리로 이렇게 외쳤습니다. "얏! 이 몸으로 말할 것 같으면, 턱은 무쇠요 발은 놋쇠에다 배는 구리인 아칸소 주 황야 출신의 시체 제조인이다! 자, 나를 봐라! 사람들은 나를 "급살"이라고도 하고, "파괴자"라고도 하지. 아비는 태풍이요 어미는 지진, 콜레라의 이복 동생이요, 모계 쪽으로는 천연두와 인척 관계가 되는 몸! 자 나를 보시라! 건강이 좋을 때엔 아침 식사로 악어 열아홉 마리에다 위스키 한 통, 몸이

아플 때엔 방울뱀 두 말에다 시체 하나를 해치운다! 천만년 가도 부서질 줄 모르는 바위도 내 눈으로 한 번만 노려보면 팍 하고 깨지고 말고, 내가 입을 열면 천둥소리도 입을 다물거든! 얏! 자, 뒤로 물러서 이 몸이 움직일 자리를 비켜 주시지! 사람 피는 이 몸이 마시는 음료수요, 죽어 가는 사람의 통곡 소리는 나에겐 감미로운 음악이렷다! 이 신사 양반들, 날 좀 보라고! 그리고 어서 엎드려 숨을 죽이고 있으라고. 이제 한번 몸을 풀어 볼 테니!" ……

그러자 이번에는 줄 맨 앞에 있던 사나이가 …… 몸을 꼿꼿이 펴고는 깡충 뛰어올라 발이 땅에 닿기 전에 세 번 계속해서 발뒤꿈치를 부딪쳤습니다. …… 그러고 나서 그 사나이는 이렇게 외쳐 대기 시작하는 겁니다. "엇차! 모가지를 숙이고 어서 뿔뿔이 꺼지지 못할까! 슬픔의 왕국이 지금 다가오고 있지! 나를 땅바닥에다 눌러 버려. 이 몸의 힘이 슬슬 작동할 것 같으니까! 엇차! 이 몸이 죄의 맏아들이니 나를 건드리지 마라.…… 태양의 얼굴을 손으로 가려 지상을 밤으로 만들고, 달의 한 조각을 물어뜯어 계절을 재촉하며, 몸을 떨어 태산을 무너지게 한다! 날 쳐다보려면 눈에다 가죽을 갖다 대고 보렷다. 맨눈으로 보는 것은 절대 금물! 이 몸의 심장은 돌의 심장이요, 내장은 무쇠 보일러라! 이곳저곳 외딴 마을을 몰살시키는 것이 이내 몸의 소일거리요, 이 나라 저 나라를 죽사발로 만드는 것이 이내 몸의 본업이라! 끝없이 드넓은 미국의 대사막도 이 몸의 안마당이고, 내가 죽인 사람들은 모두 다 내 땅에다 묻어 버리는 거다! …… 엇차! 모가지를 숙이고 어서 뿔뿔이 꺼져 버리지 못할까. 지금 "재앙의 자식"이 나가신다!"[10]

두 사람은 맞붙어 으르렁거리며 상대의 얼굴에 주먹을 들이대다가 서로의 모자를 멀리 날려 버렸다. 봅이 내뱉는 말을 허크는 이렇게 전한다.

흥 걱정할 것 없어, 이걸로 끝장난 것은 아니라는 둥, 난 절대로 잊어버릴 위인도 아닐뿐더러 용서해 줄 위인도 아니니까 네 놈은 조심을 하는 게 좋을 거라는 둥, 네 놈의 몸에서 가장 좋은 피로 그 앙갚음을 해 줄 때가 올 것은 불을 보듯 뻔하다는 둥 하고 소리를 질러 댔습니다. 그러자 "재앙의 자식"은 그때가 기다려져 견딜 수가 없다느니, 경고를 하는 바이니 다시는 자기 앞에 얼씬거리지 말라느니, 만일 가족이 있다면 가족이 불쌍해서 이번만큼은 용서해 주지만 내 성질로는 네 놈의 몸에 흐르는 피 바다 속을 헤엄쳐 돌아다니기 전에는 암만 해도 직성이 풀리지 않는다느니 하고 대꾸했지요."

그러나 그때 "키가 작고 까만 구레나룻을 기른 사나이"가 나타나 두 사람을 순식간에 내동댕이친다. 콧등이 새빨개지고 눈 가장자리가 시꺼멓게 멍이 든 두 사람은 엄숙하게 악수를 하고 이제까지도 늘 서로를 존경해 왔으니 과거지사로 돌려 버리자고 말한다.

이 장 후반에 강가로 헤엄쳐 나온 허크는 그레인저포드 가족의 통나무 집을 우연히 발견한다. 허크가 컹컹 짖는 개들 때문에 꼼짝없이 얼어붙어 있을 때 집 안에서 창 너머로 허크에게 천천히 들어오라고 말하는 목소리가 들린다. 문을 열자 세 자루의 총이 그를 겨누고 있다. 낯선 자가 오랜 원한 관계에 있는 셰퍼드슨 집안 사람이 아니란 것을 알아본 그레인저포드 가족은 허크를 환영하고 그들 집에서 같이 살 것을 제안한다. 허크는 그들의 품위 있는 삶—아름다운 가구, 우아한 옷, 세련된 매너, 특히 가장인 그레인저포드 대령—에 매혹된다. "그는 머리끝에서 발끝까지 훌륭한 신사였지요. 집안 식구들도 그랬고요. 대령은 명문집안 출신이었어요. 그건 사람이나 말이나 마찬가지죠."

여섯 아들 중 셋은 원한의 악순환 속에서 살해당했고, 살아남은 아들 중 막내인 버크는 허크와 친구가 된다. 함께 산책을 하다가 버크가 셰퍼드슨 집안의 한 소년에게 총을 쏘자 허크는 왜 아무 짓도 안 한 사람을 죽이려 하느냐고 묻는다. 버크는 원한의 개념을 이렇게 설명한다.

"자, 원한이 어떤 거냐 하면 말야. 두 사람이 다툼을 벌이고 서로 싸우다 결국 한 사람이 다른 사람을 죽이게 돼. 그러면 죽은 사람의 형제가 그를 죽이는 거야. 그러면 양쪽 집안의 다른 형제들이 나서고, 여기에 사촌들까지 가세하지. 이렇게 차례로 죽이다가 마지막 한 사람까지 제거되면 그때 원한이 끝나는 거야. 하지만 빨리 끝나는 게 아니라 오랜 세월이 걸려."

"그럼 언제부터 이렇게 된 거야, 버크?"

"글쎄, 잘은 모르겠지만 대략 30년 전에 시작된 거 같아. 어떤 문제가 발생했고 그래서 소송으로 해결하려고 했지. 그런데 재판에서 진 사람이 느닷없이 재판에서 이긴 사람을 총으로 쏴 죽였어. 물론 그에겐 아주 당연한 일이었지. 누구라도 그렇게 했을 거야."

"어떤 문제였는데? 버크? 땅 때문이었니?"

"글쎄, 잘 모르겠어."

"그러면 누가 총을 쐈어? 그레인저포드 사람이었어? 아니면 셰퍼드슨 사람?"

"젠장, 내가 어떻게 알아? 아주 오래된 일인데."

"그럼 아무도 몰라?"

"아니, 아빠는 알 거야. 그리고 다른 어른들 중에도 아는 사람이 있을 거야. 하지만 애초에 무엇 때문에 싸움이 시작됐는지는 이제 아무도 몰라."[12]

버크는 두 집안의 원한이 계속되는 것은 가문의 명예 때문이라고 덧붙인다. "셰퍼드슨 집안에는 겁쟁이가 없어, 단 한 명도. 그건 그레인저포드 집안도 마찬가지야."[13] 독자는 골치 아픈 사건을 예상하게 되는데, 과연 머지않아 일이 터진다. 그레인저포드 집안의 딸 하나가 셰퍼드슨 집안의 아들 하나와 눈이 맞아 도망을 치자 그레인저포드 가족은 혈안이 되어 그들을 찾고, 그러던 중 매복에 걸려 모든 남자가 살해당한다. 허크는 이렇게 말한다. "그때 일어난 일을 전부 다 말할 수가 없어. 그러면 속이 또 울렁거릴 거야. 그날 밤 강둑으로 올라가지 않았다면 그런 일을 보지 않았을 텐데."[14]

그 장 중간에서 허크는 이미 남부의 명예 문화를 보여 주는 두 사건을 목격했다. 비천한 사람들 사이에서 싸움은 겉치레에 불과했고 독자의 웃음을 자아내는 방향으로 진행되었다. 반면 귀족들 사이에서는 두 가문이 몰락하는 비극으로 전개되었다. 트웨인은 폭력의 일그러진 논리를 이야기하고 또 그것이 고상한 계급과 천한 계급에 대한 우리의 선입견을 어떻게 흔드는지를 보여 주려 했을 것이다. 사실 두 사건의 도덕적 의미는 우리의 선입견을 흔들 뿐 아니라 거꾸로 반전시킨다. 비천한 사람들은 체면치레로 장황한 말을 쏟아 내면서 무의미한 싸움을 마감하지만, 신사들은 똑같이 무의미한 싸움을 무시무시한 결말로 끌고 간다.

물론 사건의 배경은 미국 남부였지만 두 집안의 원한을 낳은 비틀린 심리는 세계 모든 지역의 역사와 민족지학에서 발견된다. (특히, 허크와 그레인저포드 사람들의 만남은 나폴레옹 샤농이 인류학 연구의 현장에서 겪은 특별한 경험담에서 유쾌하게 재현된다. 부락끼리 서로 반목하던 어느 야노마뫼 마을에 우연히 들어서게 된 그는 순식간에 사나운 개와 독화살에 포위된다.) 원한의 심리는 또한 폭력 조직, 민병대원, 인종 집단, 버젓한 민족 국가들 사이에서 펼쳐지는 폭력의 악순환에서도 쉽게 발견된다. 각 지방 특유의 폭력이 사실은 명예의 심리에서 비롯된다는 트웨인의 관점은 폭력의 원인과 해결책에 대한 인기 있는 이론들보다 생명력이 오래 갈 것이라 예측할 수 있다.

∽∽

　인간의 비극은 모든 인간 관계에 본래부터 존재하는 불공평한 이해 갈등에 있다는 것이 나의 마지막 주제이다. 나는 그것을 어떤 위대한 소설에서도 쉽게 발췌할 수 있다고 생각한다. 조지 스타이너는 『안티고네』에 대한 글에서, 그 불멸의 문학 작품이 "인간의 조건에 항상 존재하는 모든 주된 갈등들"을 표현하고 있다고 썼다. 존 업다이크는 "보통 사람들이 경험하는 갈등이 글을 쓰는 우리의 손과 가슴을 뜨겁게 한다."라고 말했다. 그러나 나는 한 소설의 제목에서 그 개념이 깃발처럼 당당하게 펄럭이는 것을 보았다. 아이작 바셰비스 싱어의 『원수들, 그리고 사랑 이야기(Enemies, A Love Story)』가 그것이다.[15]

　싱어 역시 트웨인처럼 독자들에게, 그가 제시하는 삶의 단편에서 도덕적 교훈을 끌어내지 말 것을 과도하게 강조했다. "나는 비록 히틀러의 대학살을 경험하는 특권을 누려 보지 못했지만 그 시련에서 탈출한 난민들과 뉴욕에서 여러 해 같이 살고 있다. 따라서 나는 이 소설이 결코 전형적인 피난민과 그의 삶과 투쟁을 그린 이야기라고 말하지 못한다.…… 등장 인물들은 나치의 희생자이기도 하지만 그들 자신의 성격과 운명의 희생자이기도 하다." 문학에서는 예외가 곧 법칙이지만, 이것은 그 예외가 법칙의 산물이라는 점에 주목할 때에만 성립된다는 것이 싱어의 생각이다. 사람들이 그를 예리한 눈으로 인간 본성을 관찰한 사람이라고 칭찬하는 이유는, 평범한 인물들이 운명에 휩쓸려 이상한 딜레마에 빠질 때 어떤 일들이 발생하는가를 놀라운 상상력으로 그려

냈기 때문이다. 이것이야말로 싱어의 소설과 그 소설을 각색한 영화를 빛나게 만드는 최고의 장점이다. 영화는 폴 마줄스키가 감독하고 안젤리카 휴스턴과 론 실버가 주연을 맡아 1989년에 완성되었다.

1949년 헤르만 브로더는 두 번째 아내 야드위가와 브루클린에 살고 있다. 쾌활한 성격의 야드위가는 폴란드에 살 때 헤르만의 부모 집에서 하녀로 일하던 여자였다. 10년 전 헤르만과 첫 번째 아내 타마라는 두 아이를 데리고 그녀의 부모를 방문했다. 바로 그때 나치가 폴란드를 침공했고 타마라와 아이들은 나치의 총에 사살된다. 그러나 헤르만은 야드위가가 그녀의 집 건초 더미에 숨겨 준 덕분에 목숨을 구한다. 전쟁이 끝났을 때 가족의 운명을 알게 된 헤르만은 야드위가와 결혼을 하고 뉴욕으로 건너온다.

헤르만은 난민 수용소에 있는 동안 사랑에 빠졌던 마샤를 뉴욕에서 다시 만나 은밀한 사랑을 계속한다(나중에는 그녀와 결혼한다.). 어떻게 보면 야드위가와 마샤는 남성의 환상이다. 야드위가는 순결하지만 단순하고, 마샤는 매혹적이지만 신파조이다. 헤르만은 양심 때문에 야드위가를 떠나지 못하고, 정열 때문에 마샤를 버리지 못한다. 이 때문에 큰 비극이 일어나지만, 싱어는 우리에게 헤르만을 미워할 틈을 주지 않는다. 홀로코스트에 대한 변덕스런 공포가 어떻게 그를, 스스로의 결정에 따라 삶을 영위할 수 있는 자신감을 완전히 잃어 버린 운명론자로 만들었는가를 생생하게 보여 주기 때문이다. 게다가 헤르만은 자신의 이중성에 걸맞은 충분한 대가를 치른다. 즉 그는 극도의 불안감에 시달리며 사는데, 싱어는 이것을 때로는 희극적인 필치로 때로는 가학적인 필치로 섬세하게 그려 낸다.

좋은 일이기에는 너무 복잡한 사건이 그에게 닥쳤을 때에도 잔인한 농담은 계속된다. 그의 첫 번째 아내가 나치의 총탄 세례 속에서 용케 살아남아 러시아로 도망쳤다는 것이다. 그 후 미국으로 건너온 그녀는 신앙심이 깊은 늙은 삼촌과 함께 뉴욕에 살고 있다. 전후의 유대인들은 누구나 홀로코스트에서 가족을 잃은 생존자들이 각별한 애정으로 재결합하는 경우를 자주 목격하지만, 죽었다고 생각했던 남편이나 아내가 살아 돌아와 부부가 여러 해 만에 재회하는 장면은 상상할 수 없을 정도로 사무치는 감정을 자극한다. 헤르만이 렙 에이브러햄의 아파트에 들어선다.

에이브러햄: 하늘의 기적이야, 브로더, 기적이라고…… 자네 아내가 돌아왔어.

(에이브러햄이 떠나고 타마라가 들어온다.)

타마라: 오랜만이에요, 헤르만.

헤르만: 당신이 살아 있는 줄 몰랐어.

타마라: 그랬겠지요.

헤르만: 죽은 사람들 속에서 다시 부활한 거요?

타마라: 우리는 빈 구덩이 속에 버려졌어요. 전부 다 죽었다고 생각했나 봐요. 하지만 난 시체 더미 속에 숨어 있다가 한밤중에 탈출했어요. 삼촌도 당신이 있는 곳을 모르시더군요. 신문에 광고를 내는 수밖에 없었어요. 도대체 어떻게 된 거죠?

헤르만: 아파트가 없어서 다른 사람과 동거하고 있어.

타마라: 무슨 일을 하고 있나요? 어디 살고 있죠?

헤르만: 난 당신이 살아 있는 줄 몰랐어. 그래서…….

타마라: (미소를 지으며) 내 자리를 빼앗은 운 좋은 여자가 도대체 누구죠?

헤르만: (경악한 후 대답한다.) 우리 집 하녀였던 여자. 당신도 알 거

야…… 야드위가라고…….

타마라: (웃음을 터뜨린다.) 그 여자와 결혼했다고요? 미안해요, 하지만 그 백치 같은 여자하고? 그녀는 신발도 제대로 못 신었어요. 당신 어머니가 그러더군요. 오른쪽 발에 왼쪽 신발을 끼더라고. 물건을 사오라고 돈을 주면 잃어 버리기 일쑤였대요.

헤르만: 내 목숨을 구해 줬어.

타마라: 빚을 갚을 방법이 그것밖에 없었나요? 아니에요, 차라리 모르는 게 낫겠어요. 아이는 있나요?

헤르만: 없어.

타마라: 있다고 해도 놀라지 않을 거예요. 그러고 보니 나랑 살 때도 그녀와 침대에서 뒹굴었겠군요.

헤르만: 말도 안 되는 소리. 절대로 그러지 않았어.

타마라: 오, 정말인가요? 아무튼 우린 단 하루도 결혼 생활이란 걸 해 본 적이 없었어요. 매일 싸우기만 했죠. 당신은 항상 나를 무시했어요. 내 생각을…….

헤르만: 그렇지 않아. 당신도 알잖아…….

에이브러햄: (방으로 들어오면서 헤르만을 부른다.) 이보게, 아파트를 구할 때까지 우리 집에 머물게. 손님 접대는 자비로운 행위지. 게다가 자넨 우리 집안 사람 아닌가? 성서에도 이르기를 "네 자신의 혈육을 못 본 체 말지어다."라고 했지.

타마라: (말을 가로막으며) 삼촌, 그에겐 새 아내가 있어요.[16]

그렇다, 기적적인 재회의 짧은 시간 동안 두 사람은 10년 전 헤어질 당시에 묻어 두었던 감정들을 미주알고주알 꺼내 부부 싸움을 하고 있다. 이 한 장면 안에 얼마나 풍부한 심리학이 펼쳐지고 있는가! 남자들의 일부다처 성향과 그로 인해 어쩔 수 없이 찾아 드는 좌절감. 여자들의 날카로운 사회적 지능과 사랑의 라이벌에 대한 (신체적 공격이 아닌) 언어적 공격. 죽을 때까지 변치 않는 성격의 안정성. 상황의 세부적 특성에 따라, 특히 상대방의 세부적 특성에 따라 사회적 행동이 유발되고 그래서 두 사람이 만나면 항상 똑같은 역학 관계가 펼쳐지는 방식.

　상당히 슬픈 장면이지만 그 속에는 한 줄기 교활한 유머가 흐른다. 가엾은 두 주인공은 모처럼 찾아온 행운의 순간을 맛보는 대신 사소한 말다툼에 빠져 헤어나지 못한다. 그런데 싱어는 우리에게 가장 큰 농담을 던진다. 판에 박힌 극적 전개와 정의에 대한 믿음에 익숙한 우리는 두 주인공이 고통 속에서 도덕적으로 성숙해졌기를, 그래서 극적 효과와 비애감이 넘치는 어떤 장면이 눈앞에 펼쳐지기를 기대한다. 그러나 우리는 처음부터 당연히 예상해야 했을 것을 보고 만다. 즉 그들도 우리처럼 인간의 모든 어리석음을 지닌 현실 속의 존재였던 것이다. 그렇다고 이 소설이 냉소주의나 염세적 분위기로 빠질 거라고 예상할 필요는 없다. 소설의 후반에 헤르만과 타마라가 다정한 시간을 보내는 장면이나 현명한 타마라가 그에게 단 한 번 속죄의 기회를 주는 대목은 조금도 놀랍지 않다. 그 속에는 인류의 목소리가 담겨 있기 때문이다. 격노와 사랑과 신비와 영원한 매력이 가득하며 예측이 가능한 그것을 우리는 인간 본성이라 부른다.

2016년판 발문

인간 본성은 문제이기도 하고 답이기도 하다

2002년 9월 『빈 서판』 홍보 투어를 시작할 때 나는 내 삶이 다시는 예전 같지 않으리라는 것을 알았다. 『빈 서판』은 모든 사람이 "논쟁적"이라 부르는 부류의 책이었고, 세상은 그런 생각을 하는 작가들을 비방하고, 감시하고, 블랙리스트에 올리고 때로는 공격까지 해 왔음을 익히 알고 있었기 때문이다. 물론 나는 사회 과학의 제3레일*인 인종 간 지능 차이** 같은 문제와는 멀찍이 거리를 두고 지냈다. 그러던 내가 불평등, 성, 폭력성, 정치, 자녀 양육 같은 뜨거운 감자를 베어 물고 있었으니, 택시를 잡아타고 문을 닫을 때 내가 편안한 학문의 세계를 떠

---

* 전기 기관차에 전류를 공급하기 위해 궤도축을 따라서 부설된 레일.

** 리처드 린이 2006년에 펴낸 『인종 간 지능 차이(Race Differences in Intelligence)』를 가리킨다. 이 책은 린과 그를 지원한 출판사들의 인종 차별주의적 사상이나, 저개발 국가의 IQ 테스트의 신뢰도 부족 등을 이유로 많은 논란을 일으켰다.

나 고통의 세계로 들어가는 중이라며 걱정하는 것도 무리가 아니었다.

독설에 가까운 몇몇 서평, BBC 라디오 프로그램에서의 격한 논쟁 등 고통이 따르지 않은 것은 아니었지만 전체적으로 나는 굴하지 않고 큰 상처도 입지 않은 채 시련을 통과했다.『빈 서판』은 도서상을 3개 수상하고, 퓰리처 상과 어벤티스 상(현재 왕립 학회 윈턴 상)의 최종 후보에 오르고, 12곳에서 올해의 책으로 선정되었으며, 많은 찬사를 받아 페이퍼백 전문(前文)에 그 발췌문을 몇 쪽이나 실을 수 있었다. (그중 이 문장이 가장 마음에 든다. "『빈 서판』을 읽으면 의외로 기운이 돋는다. 강도를 당한 느낌과 다소 비슷하다. 충격에 빠지고 물건은 사라졌지만, 어떻게 하면 잃어버린 것을 만회할 수 있을지를 생각하게 된다.") 수많은 편지, 이메일, 독자의 질문이 쏟아졌지만 심지어 격렬한 비판도 거의 다 건설적이었다.

『빈 서판』이 나를 자멸로 이끌지 모른다는 두려움(그리고 동료들의 경고)이 기우(杞憂)로 끝난 이유는 대체 무엇일까? 어쩌면 그 책이 지금까지 인간 본성을 옹호한 책들에 쏟아진 무절제한 반응들을 다룬 탓에, 그런 반응이 도리어『빈 서판』의 요점을 입증하는 결과로 이어졌기 때문일 것이다.

『빈 서판』이 위험한 책으로 보이지 않았던 다른 이유는, 많은 비평가들이 생물학적 통찰을 인간사에 적용하려는 시도로 해석할 만한 숙명론을 단호히 거부했기 때문이다. 내가 옳다고 생각한 인간 본성론은 숙명론을 쉽게 거부했다. 나는 교육과 실제에서 진화 심리학과 행동 유전학을 옹호하는 사람이지만, 우리 인간에게는 생각과 언어를 무한히 조합할 능력이 있음을 이해하는 인지 과학자이기도 하다. 그 능력이 있어 우리 좋은 진화의 한계를 우회할 수 있는 길, 즉 교육, 과학, 민주 정치 같은 좋은 방법들을 생각하고 공유하고 시험할 줄 안다. 이런 제도의 기초에 깔린 인지 기능들은 우리에게 주어진 더 추하고 더 원시적인 충동들과 나란히 인간의 본성에 포함된다고 『빈 서판』은 주장했다. 빈 서판이라는 도그마가 유행한 것은, 인간 본성의 존재를 인정하면 이것은 곧 사람이 환경의 영향에 무감하다는 뜻일 수 있다는 오류 때문이었다. 그러나 사실 인간 본성을 강조하는 것은 인간이 자신의 문화적 환경을 **실제로** 창조하고 대응하는가가 아니라 어떻게 창조하고 대응하는가에 물음표가 적힌다는 것을 의미한다.

나는 인간 본성에 어두운 면이 있음을 인정하는 논제와 어떻게 해야 그런 면을 잘 극복할 수 있을지를 모색하는 논제는 결코 모순되지 않는다고 생각하며, 더 나아가 우리 인간이 그런 면을 어떻게 극복해 왔는지를 깊이 탐구해 왔다. 2011년에 나는 폭력성에 관한 장(章) 말미에서 피력한 견해들을 확장해, 기억할 수 있는 근래의 출판물 중 가장 낙관적인 부류에 속하는 책 『우리 본성의 선한 천사(The Better Angels of Our Nature)』를 발표했다. 진화 심리학을 비판하는 많은 사람들은 당혹해하며 그 책의 접근법이 사회적 진보의 희망을 꺾고 보수적 숙명론을 정당화한다고 열변을 토한다.[1]

그러나 『빈 서판』이 가볍게 물러나지 않을 수 있었던 주된 이유는 아마 수많은 독자들이 현대 학계의 금기로 인정하는 것을 그 책이 지적했기 때문일 것이다. 생물학을 어느 정도 알고 한 쌍의 눈과 약간의 상식을 가진 사람이라면 누구라도 남자와 여자가 똑같다거나, 아이들의 개성이 부모가 조각한 대로 형성된다거나, 모든 개인이 똑같은 지능을 갖고 태어난다거나, 훈련을 받으면 사람은 아무리 추한 것도 심미적으로 아름답게 느낄 수 있다거나, 모든 공격성이 문화적 유행이라고는 믿지 않을 테고, 나 역시 그런 생각에 동의하지 않는다. 그러나 존경할 만한 지식인 중 많은 사람들은 공개석상에서 어쩔 수 없이 그런 믿음을 공언한 뒤 사석에서는 다른 믿음을 고백한다. 나는 『빈 서판』이 바로 그런

지적 불편함을 토로했다고 생각하고 싶다.

∽

『빈 서판』과 관련해서 가장 자주 받은 질문은 그 책이 발표된 이후 약 12년 동안 우리의 지적 풍토에 과연 변화가 일어났는가 하는 것이다. "약간 일어났다."라는 것이 나의 대답이다. 한때는 대중적인 글이든 학술적인 글이든 생물학을 끌어들여 인간사의 어떤 양상을 설명하는 글은 인간사 전체를 생물학으로 설명하려는 잘못된 시도였고, 저자는 그 생각 자체가 얼마나 논쟁적인지를 인정해야만 했다. 반면에 오늘날에는 확실한 통찰이 보이는 곳이라면 충분히 생물학을 도입할 수 있으며, 어떤 설명이 생물학을 도입했다는 이유로 거부당하는 일은 사라졌다. 지난 10년 동안 나는 대중을 상대로 도덕성, 유전체, 생명 윤리, 친족, 종교, 폭력성 같은 주제의 글들을 써 왔고, 적절한 경우에는 진화나 유전학을 도입했다. 1980년대와 1990년대와는 달리 어떤 편집자나 독자도 충격적이라 반응하지 않았다. 이런 사정은 나뿐만이 아니다. 『우리 본성의 선한 천사』를 쓰기 위해 내가 참조한 역사 및 정치 과학 분야의 많은 원전들도 가능한 곳에서는 인간 본성의 생물학에 호소하고 있었고, 현재 미국의 몇몇 주요한 신문 칼럼니스트들도 그런 관점을 취하고 있다.

반면에 대부분의 대중지와 공개 토론장들은 여전히 병적 혐오증에 빠져 있다. 예를 세 가지만 들어 보자.

- 최근에 경제적 불평등을 다룬 수천 편의 논문 중, 선천적 지능이 더 높은 사람들에게 경제적 이익이 더 많이 돌아가는 것 때문에 그 격차가 커질 수 있는지를 묻는 논문은 단 하나도 없다. 이 경험적 질

문에 대한 답이 어떻게 나오든 그것은 우리가 경제적 불평등을 줄여야 하는가와 관련된 도덕적, 정치적 질문과 무관하다는 점에 주목하자. 오히려 그 경험적 질문에 답하는 것이 어떻게 하면 그 정치적 질문을 가장 잘 해결할 수 있는가의 선결 조건이다.

- 최근에 언론이 집중적으로 다루는 또 다른 문제는 대학에서 일어나는 성적 강요의 발생률이다. 이때 언론이 표명하는 유일한 설명은 미국 사회 일반에서처럼 대학 캠퍼스에도 그런 범죄를 칭찬하고 격려하는 "강간 문화"가 퍼져 있다는 것이다. 훨씬 더 믿을 만한 설명, 즉 보통 남성은 여성보다 무감정한 섹스를 더 열망하기 때문에, 만일 다수의 젊은 남녀가 섹스를 긍정적으로 여기는 캠퍼스 문화에 속해 있고 취한 상태에서 데이트할 기회가 많다면 성적 강요는 당연히 위험 요소가 된다는 설명은 철저히 도외시한다. 더 나아가 언론은 이 자명한 상식을 강간을 용인하고, 용서하고, 너그럽게 봐주는 태도와 동일하게 취급한다. 인간 본성과 관련된 도덕적 추론 중 많은 오류가 아직도 우리의 통념으로 남아 있지만 이보다 더 기이한 오류는 없을 것이다.

- 만일 내가 환경 영향의 망상에 사로잡힌 사람이라면, 어린이에 관한 장에서 아이의 가정 환경과 아이의 뇌 또는 행동의 상관성을 시시콜콜 열거하는 과학적 오류를 영원히 끝내고, 가정 환경이 틀림없이 뇌나 행동의 원인이라고 결론지었을 것이다. 하지만 나는 사례를 계속 수집했다. "폭력적인 비디오 게임을 하거나 폭력적인 텔레비전 프로그램을 시청하는 10대 아이들은 공격성이 더 높다." 10대들에게 재갈 물리기를 옹호하는 한 기사는 그렇게 주장하면서도 폭력적인 10대들이 폭력적인 오락을 좋아할 가능성은 염두에 두지 않았다. 다른 연구는 아이들의 뇌의 표면적은 가족의 수입과 상관

성이 있음을 발견한 뒤, "부유한 가정이 제공할 수 있는 더 풍부한 자원 공급으로 인해 아이의 뇌 구조에 차이가 발생할 수 있다."라고 결론지으면서도, 부모의 뇌를 더 크게 만들고 그래서 부모를 더 영리하고 부유하게 만든 유전자가 아이들에게 유전되었을 가능성은 고려하지 않았다. 또 다른 연구는 냉담하고 무관심한 부모 밑에서 자란 아이는 부적응아가 될 가능성이 높다는 발견에 기초해 "양육이 중요하다."라고 결론지었다.

사례와는 별도로 빈 서판에 대한 믿음이 얼마나 잔존하는지를 체계적으로 밝힐 수는 없을까? 사회 과학자인 마크 호로비츠(Mark Horowitz), 윌리엄 야보르스키(William Yaworsky), 케네스 키컴(Kenneth Kickham)은 「빈 서판은 어디로?(Whither the blank slate?)」라는 논문을 통해 미국 사회 과학자들을 대상으로 한 2012년의 대규모 표본 조사의 결과를 발표했다.[2] 이 결과를 1992년의 한 조사 결과와 비교한 그들은 진화 생물학이나 진화 사회학을 자신의 이론적 관점의 일부로 받아들인 사람의 비율이 20년 사이에 2.5퍼센트에서 8.3퍼센트로 3배 이상 증가했음을 발견했다. 게다가 37퍼센트는 "진화론을 채택하고 있거나, 진화론을 도입하면 사회 현상이 새롭게 보일 것으로 기대"하고 있어, 20년 사이에 분위기가 사뭇 달라졌음을 보여 주었다.

하지만 이 연구 결과는 모든 생물의 기원을 설명하는 이론이 우리 자신의 사회 생활도 설명해 줄 수 있다는 사실을 사회학자 세 명 중 두 명이 믿지 않는다는 의미이기도 한다. 호로비츠 등은 다음과 같은 말로 그들의 결과를 요약한다. "간단히 말해, 우리는 핑커가 대중화한 빈 서판 비판론이 상당한 지지를 받고 있음을 알게 되었다." (그럼에도) 다수의 이론가들은 "자연 선택은 인간의 성향을 형성하는 데 어떤 역할도 하지 않는다."라고 생각한다. 그들의 견해는 수많은 사례를 통해 다음과 같은 이분법적 사고를 드러낸다. "우리는 '세계'를 가장 먼저 언어, 지식, 사회적 의미를 통해 알기 때문에, 무엇이 순수하게 선천적인가 또는 본성에서 사회적인 것을 벗겨 내면 무엇이 남는가 하는 질문은 어디에서도 답을 찾을 수 없다. 시도해 보았자 환원주의에 이른다."

호로비츠 등은 사회학 교과서들에 대한 두 조사¹로 설문을 보완했다. 두 조사는 거의 모든 교과서에 사회 생물학이나 진화 심리학에 대한 언급이 없다는 점과, 언급하는 몇몇 "교과서의 저자들은 그 분야를 환원주의와 유전자 결정론에 오염된 것으로 규정한다."라는 것을 밝혀냈다. "인간은 유전자에 따라 엄밀하게 행동하고 문화적 환경에 영향을 받지 않는 '오토마톤'과 흡사하다. …… (그) 사회학자들은 사회 생물학의 이론과 연구가 수십 년밖에 되지 않았다는 점에 기대 '허수아비 논법'*을 펼친다."

하지만 유전학과 진화론에 대한 적대감이 혹 충분히 옹호할 수 있는 학문적 회의에서 나온 것은 아닐까? 나는 『빈 서판』에서 그 적대가 과학적이 아니라 주로 정치적인 것이라 주장했다. 당연한 결과로, 특별한 주제를 위해 생물학적 설명을 연구에 포함시키는지의 여부는 대체로 그 주제의 정치적 향기에 달려 있었다. 일례로 동성애의 원인에 대해 사회학자 중 70퍼센트가 "성 정체성은 생물학적 요인에서 비롯한다."라는 진술에 동의했다. 아니나 다를까, 동성애는 정치적으로 올바른 입장이 빈 서판과 대립하는 주요한 주제이다. 그들의 미심쩍은 주장에 따르면,

* 논쟁에서 상대방을 공격하기 쉬운 가공의 인물로 바꾸거나 상대방의 주장을 약점이 많은 주장으로 슬쩍 바꿔 놓은 뒤 그렇게 만들어진 허수아비를 쓰러뜨리는 방법. 예컨대 "어린이가 혼자 길가에 나다니게 하면 안 된다."라는 주장에 대해 "그렇다면 아이를 하루 종일 집 안에 가둬 두란 말이냐."라고 받아치는 것이 일종의 허수아비 논법이다.

만일 동성애자들이 태어날 때부터 그런 것이라면 종교와 문화의 보수주의자들이 주장하듯 그들이 부도덕한 선택을 했다고 비난할 수가 없다는 것이다. 다른 한 주제에서도 과반수의 사회학자들이 생물학적 설명의 타당성을 인정했다. 그 주제는 지방과 설탕을 좋아하는 우리의 입맛인데, 현재 공인된 견해에 따르면 농업 관련 산업은 이 기호를 이용해 우리를 정크 푸드에 중독시키고 있다 한다. 정치적으로 중립적인 주제인 뱀과 거미에 대한 두려움에 대해서는 약 절반의 응답자들이 진화론의 도입을 타당하게 보았다. 그 지점에서부터 정치적 민감성이 높아짐에 따라 동의하는 비율은 점차 하락했고, 그 폭은 성 차이와 관련된 이슈에서 가장 두드러졌다. 왜 남성이 여성에 비해 평균적으로 더 문란하고, 폭력적이고, 포르노를 좋아하고, 순결에 집착하는지에 대해 누가 보아도 명백한 진화론의 설명을 절반 이상이 거부했다.

사회학자마다 진화론에 대한 전반적인 수용성이 달랐기 때문에 호로비츠 등은 다시 한번 그 이유를 확인했다. "각각의 경우에 가장 중요한 변수는 정치 이데올로기이다. 급진주의자들은 생물학에 반대하는 성향이 가장 강하고," (페미니즘 자체와는 다른) "페미니즘의 이론적 틀"을 수용하는 학자들 역시 생물학에 적대적이다. 이 태도는 대체로 진화론 옹호자들의 정치 성향에 대한 근거 없는 의심에서 나온다. 호로비츠 등은 한 학자의 말을 인용한다. "사회 생물학을 옹호하는 사람들이 정치적으로 우파에 속하는 경향을 부인할 사람은 거의 없을 것이다." 그러나 사회 생물학을 옹호하는 사람들은 그 경향을 부인한다. 그런 경향은 존재하지 않기 때문이다. 심리학과와 인류학과 대학원생들 중 진화론을 지향하는 학생들을 대상으로 한 두 번의 조사는, 그들이 진화론을 지향하지 않는 학생들보다 정치적으로 우파의 성향이 더 강하지 않음을 보여주었다.[4] 물론 조사 결과는 16장 「정치」에서 성장하는 다윈주의 좌파를 다룬 나의 논의와도 일치한다.

✦✦✦

이 조사 결과는 『빈 서판』에 담긴 정치, 도덕, 과학의 주장들이 처음 발간되었을 때와 마찬가지로 지금도 유의미하다는 것을 입증한다. 물론 편집이 마감된 이후로 많은 일들이 일어났다. 따라서 이 책의 다양한 절들을 업데이트하는 데 도움이 될 구체적인 관찰 결과 몇 가지를 소개하고, 그 주제들에 대한 나 자신의 생각과 글도 새롭게 보완하고자 한다.

「서문」. 나는 예민한 과학자들이 이 책의 주제를 보고 대체로 어떻게 반응할지 예상할 수 있었다. 유전과 환경은 너무 긴밀히 뒤얽혀 있는 탓에 우리는 그 둘에 대해 어떤 것도 말할 자격이 없다는 반응이다. 나의 경험상, 긴밀히 뒤얽혀 있다는 대답은 십중팔구 과학자들이 불편한 대답을 해야 하는 질문과 맞닥뜨릴 때마다 곤경을 모면하기 위해 숨어드는 도피구에 불과하다. 물론 유전자와 환경은 복잡하게 상호 작용하지만, 복잡하게 엉킨 상호 작용들을 풀어 그 구성 요소와 관계를 밝히는 것이 과학이 할 일이다. 나는 「본성과 양육은 사라지지 않는다(Why nature and nurture won't go away)」[5]라는 에세이에서 이 꼼수에 도전하고, "전일론적 상호 작용설"이라는 이름을 붙였으며, 본성과 양육에 관한 많은 문제들은 엄밀한 의미에서 과학적으로 답할 수 있음을 보여 주었다.

1장 「공식 이론」. 나는 빈 서판이 중세 라틴 어인 타불라 라사(tabula rasa, 문질러 닦은 서판)*와 존 로크의 은유인 "백지"에서 나온 표현이라 말했다. 심리학자 멜러니 애즈리얼(Melanie Asriel)은 나에게 더 오래되고 더 확실한 기원을 일러 주었다. 『영혼론(De Anima)』에서 아리스토텔레

* tablet, 書板. 옛 로마 인이 종이 대신 사용한 나무·돌·상아 등의 얇은 판.

스는 이렇게 말한다. "마음은 실제로 생각을 하기 전까지는 아무것도 아니지만, 어떤 의미에서는 우리가 생각할 수 있는 어떤 것이라도 잠재적으로 마음일 수 있다. 마음 안에 생각이 있어야 하는 것은 아직 아무것도 적혀 있지 않은 서판 위에 문자가 새겨질 것이라 하는 것과 똑같다."(3권 4부). 1,300년 후에 토마스 아퀴나스는 『신학대전(Summa Theologica)』에서 아리스토텔레스의 은유를 언급했다. "그러나 인간의 지성은 ····· 잠재적으로 지성에 의해 알 수 있는 것들과 관련이 있고, 그래서 처음에는 '아무것도 적혀 있지 않은 깨끗한 서판과 같다.'"(질문 79, 제2항). 흥미롭게도 두 사상가 모두 초기의 공백 상태가 아니라 인간의 생각이 갖고 있는 무한한 잠재력을 더 강조했다.

　3장 「최후의 성벽」. 빈 서판과 기계 속의 유령을 반박하는 과학적 증거는 지금도 계속 쌓이고 있다. 인지, 사회, 정서를 연구하는 신경 과학 분야들은 감정 이입, 도덕 추론, 자발적 행동, 종교적 믿음, 의식적 반성 등 정신의 측면이 더 강한 경험들이 뇌의 어느 영역과 관련이 있는지 그 위치를 밝혀내고 있다. 진화 심리학은 주요한 연구 분야로 성숙했으며(현재 2판이 나와 있는 데이비드 버스(David Buss)의 2015년 저서 『진화 심리학 편람(Handbook of Evolutionary Psychology)』은 이 분야의 현재 상태를 잘 보여 준다.), 다양한 신기술을 이용해 인간의 유전체에 흩어져 있는 자연 선택의 징후들을 탐지하고 있다. 뇌 발달의 유전자 패턴 분석은 『빈 서판』을 쓸 무렵 유아기였지만 지금은 앨런 뇌과학 연구소에서 대규모로 연구하는 핵심 프로젝트로 성장했으며, 그밖에도 커넥톰*을 완성하고 대규모 신경망을 시뮬레이션하려는 프로젝트들이 국가적으로 설계되고 있다. 이 분야들은 여러 방향으로 아주 빠르게 성장하고 있어 때로는 전

* connectome. 뇌 속에 있는 신경 세포들의 연결과 연결 고리를 종합적으로 표현한 뇌 지도.

산학, 신경 생물학, 진화학 차원의 분석들을 어떻게 통합시켜야 할지를 꿰뚫기가 어렵다. 두 건의 야심찬 시도로, 데이비드 기어리(David Geary)의 2005년 작 『마음의 기원(Origin of Mind)』과 존 앤더슨(John Anderson)의 2009년 작 『물리적 세계에서 마음이 어떻게 발생할 수 있는가?(How Can the Mind Occur in the Physical Universe?)』를 들 수 있다.

아이로니컬하게도 인간 본성의 과학들이 기계 속의 유령을 완전히 몰아낸 그 시기에, 임사 체험을 하는 도중에 영혼이 몸에서 빠져나와 천국의 모습을 언뜻 보았다고 주장하는 허풍쟁이들과 조작당한 어린이들을 묘사한 저속한 회고록들이 미국의 베스트셀러 목록들에 잔뜩 올라왔다. 이 사기와 망상의 실체는 심리학자 줄리언 무솔리노(Julien Musolino)의 2015년 작 『영혼 오류(The Soul Fallacy)』에 의해 낱낱이 밝혀졌다.

지난 12년 동안의 연구 역시 고상한 야만인에 대한 나의 의심이 옳았음을 입증했다. 『우리 본성의 선한 천사』의 2장에서 나는 비국가적 사회에서 치명적 폭력이 더 많이 발생한다는 것을 가리키는 새로운 증거들을 검토했다. 예상대로 루소를 추종하는 "평화의 인류학자들"이 격렬히 반박했지만, 이후에 나온 논평들은 나의 결론이 옳음을 입증해 주었다.[6] 공격적 성향의 유전율(BBC의 절규를 자극한 계기)은 2002년에 상당한 지지를 받았고, 지금은 압도적 지지를 받고 있다.[7]

유전율에 대해 말하자면, 인간 본성의 과학 중 가장 멸시받는 분야인 행동 유전학은 요즘 최후의 승리를 만끽하고 있다. 그 발견들(특히 제1법칙, '모든 행동 특성은 유전적이다.')은 골수 보수주의 학자들과 베스트셀러 작가들에게 박대당하고 있지만, 최근에 주류 심리학을 혼란에 빠뜨린 복제 가능성 위기*를 무사히 피하고 있다. (최근의 복제 가능성 위기 열풍 속에서 유명한 심리학의 발견들 중 약 3분의 2가 복제에 실패했다.[8]) 수많은 사회 심리학 실험실에서 쏟아져 나오는 깜짝하고 직관을 뒤집는 미끼들과는 달리 행동 유전학의 결과들은 규모가 크고, 여섯 내지 일곱 자릿수의 표본에 기초하며, 많은 나라에서 수십 년에 걸쳐 복제되어 왔고, 서류함에 꽂혀 있는 무효한 결과 중에서 뽑혀 나온 것이 아니었다. 「행동 유전학이 낳은 복제된 결과 상위 10(The top 10 replicated findings from behavioral genetics)」[9]이란 논문에서 저자들은 기쁨을 감추지 못하면서 "우리가 맞았어."라고 말한다. 아직도 비판자들은 1970년대에서 급진 과학의 화두를 끌어와 행동 유전학의 방법론에 딱총을 쏘아 대고 있지만, 그들의 반론은 오래전에 힘을 잃어 이제 고무 총탄은 쉽게 튕겨 나간다.[10]

하지만 나는 고상한 야만인의 오류를 지적한 나의 주장 중 하나를 수정할 필요가 있다. 데릭 프리먼(Derec Freeman)이 사모아 인의 성에 대한 마거릿 미드(Margaret Mead)의 현지 조사가 엉터리였음을 폭로했다는 대목이다. 인류학자 폴 섕크먼(Paul Shankman)에 따르면,[11] 프리먼은 미드가 성에 대해 가벼운 태도를 보고한 10대 피조사자들에게 감쪽같이 속았다며 그녀의 연구를 비판했지만 사실 그는 미드를 공정하게 평가하지 않

* 과학의 신뢰성은 결과를 복제할 수 있고, 익명의 동료 평가/상호 심사를 통해 높은 수준이 유지되고 있다는 광범위한 가정에 기초한다. 그러나 2015년 9월에 국제적인 과학 저널인 《네이처》는 "강건한 과학"의 신전이 붕괴되고 있는 현상을 만화로 보여 주었다. 이것은 과학계가 전례 없는 자기 검증에 골몰하고 있음을 보여 준다. 수년 전부터 세계적인 제약 회사들은 임상 실험의 실패율이 증가하고 값비싼 프로젝트를 폐기해야 하는 상황에 직면했다. 실패의 이유를 조사해 보니, 그들이 프로젝트의 근거로 삼았던 과학 논문들은 상호 심사 저널에 발표된 것들이었다. 저널에 실린 연구 결과가 대체로 믿을 만하다는 가정에 따른 선택이었지만, 자세히 들여다보니 저널에 실린 대부분의 논문은 물론이고 일류 과학 저널에 실린 논문들까지도 연구 결과가 복제되지 않았다. 2011년에 독일의 제약 회사 바이엘의 연구원들은 광범위한 조사를 통해, 발표된 연구 결과 중 75퍼센트 이상이 유효하지 않음을 발견했다. 2012년에 미국의 제약 회사 암젠의 과학자들은 이른바 "기념비적"이라 불리는 주요 논문 53편을 선정해 그 결과들을 복제해 보았다. 6편(11퍼센트)만 유효했다. 과학이 이른바 '복제 가능성 위기(replicability crisis)'를 맞은 것이다.

았고, 미드 못지않게 이데올로기적이었으며, 심지어 막무가내로 비난했다 한다. 그렇다면 누가 옳을까? 사모아에서 현지 조사를 한 동료 인류학자는 두 사람 다 옳았고, 조사 대상이 달랐을 뿐이라고 내게 말했다. 미드는 당시 젊은 여성이었고 사모아에서 사회적 지위가 전무했던 탓에 서민들에게만 접근할 수 있었다. 실제로 그들의 성적 습속은 서양의 지배적인 관행보다 더 자유롭다. 반면에 우두머리 남자인 프리먼은 점잖은 체하고 재산이 있는 귀족 남성들을 인터뷰했다.

4장 「문화의 탐욕」. 일부 사회 과학자들은, 문화는 심리학과 생물학이 스며들 수 없는 사일로 안에 있다는 뒤르켐의 교의를 계속 고수하지만, 통섭을 지향하는 지식 운동은 그들과 무관하게 전진하고 있고, 개인의 선택이 어떻게 소셜 네트워크 서비스(social network service, SNS)를 통해 대규모의 문화 현상으로 확산되는지를 조사하는 연구는 현재 꽃망울을 터뜨리는 단계에 접어들었다.

경험적 측면에서 우리는 빅 데이터, 즉 인간 행동의 문화적 산물이 담긴 거대한 디지털 데이터 집합의 시대에 살고 있다. 나는 순수한 문화적 실체인 언어를 분석할 때 몇 번 이 데이터 집합을 이용했다. 2007년 작 『생각거리(The Stuff of Thought)』[12]의 한 장에서는 영어에 새로운 단어가 수용되는 과정을 분석할 때 사회 보장국이 아기 이름들을 모아 제공한 완벽한 데이터 집합을 이용했다. 또한 장바티스트 미셸(Jean-Baptiste Michel)과 에레스 리버먼 에이든(Erez Lieberman Aidan)이 이끄는 팀에 참여해 구글 엔그램 뷰어(Google Ngram Viewer, 200년 동안 출간된 책 500만 권에 담긴 문자열들의 출몰 횟수를 그래프로 나타내는 온라인 툴)를 개발하고 우리가 컬처로믹스(Culturomics)라고 명명한 새 분야를 진수(進水)시키는 데 일조했다.

이론의 측면에서 볼 때 네트워크 과학을 적용해 소셜 허브(social hub),

전염, 이웃 효과, 티핑 포인트, 바이럴리티(virality), 6단계 연결 등의 현상을 설명하는 경향이 급격히 증가해 왔다. 던컨 와츠(Duncan J. Watts)의 『스몰 월드(Six Degrees)』[13], 니컬러스 크리스태키스(Nicholas Christakis)와 제임스 파울러(James Fowler)의 『행복은 전염된다(Connected)』[14]는 인상적인 새로운 결과를 보여 준다. 나로 말하자면 공용어의 출현, 다른 언어를 쓰는 화자들의 세계적 영향[15], 위험한 이데올로기의 전파[16] 등을 다룬 책을 발표했다. 사회 관계망(전통적인 관계망이든 디지털 네트워크든)이 몸과 마음의 건강에 함축하는 의미에 대해서는 심리학자 겸 저널리스트인 수전 핑커(Susan Pinker, 나의 동생이다.)가 2014년에 펴낸 『빌리지 이펙트(The Village Effect)』[17]에서 잘 설명하고 있다.

문화를 과학으로 이해하려는 또 다른 접근법은 문화를 생물학적 진화에서 직접 유추하는 '문화 진화(cultural evolution)' 또는 '문화적 집단 진화(cultural group selection)' 이론이다. 「집단 선택의 잘못된 유혹(The false allure of group selection)」이라는 에세이에서 나는 이 유추가 대개 오해로 이어진다고 주장했다.[18]

5장 「서판의 마지막 항전」. 나는 이 장에서 빈 서판 이론을 뒷받침하는 것으로 잘못 해석되고 있던(나는 그렇게 주장했다.) 과학적으로 인정할 만한 연구 결과 세 가지를 소개했다.

첫째는 인간의 유전체(genome)에서 단백질 암호 유전자의 수가 의외로 적게 나온 것이다. 요즘 이 결과는 대체로 우리의 주의를 흩뜨리는 미끼 정도로 인식되고 있다. 유전체의 나머지 부분에는 유전자 발현과 유기체의 성격 형성을 조절하는 정보로 가득 차 있다.

2차 신(新) 빈 서판 운동은 인공 신경망 또는 연결주의 모형의 의욕으로부터 발생했다. 그 모형들은 다량으로 입력된 통계 정보를 이용해 최소한의 생득적 구조마저 생략하고자 했다. 오늘날 이 의욕은 대부분 인공 지능의 응용 분야로 넘어가는 중이며, '딥 러닝' 알고리듬들은 얼굴 인식, 소셜 네트워크 서비스, 응용 기술 들을 지탱하는 소프트웨어에 동력을 공급하고 있다. 그러나 컴퓨터 학자 어니스트 데이비스(Ernest Davis)와 심리학자 게리 마커스(Gary Marcus)는 이 알고리듬들이 아직은 인간의 상식적 추론에 비해 동력이 크게 떨어진다는 것을 보여 주었다. 우리의 상식적 추론은 통계상 빈도가 높은 개념들 같은 손쉬운 목표는 물론이고 '곰팡이 난 블루베리 소다수'나 '체조 선수 소설 쓰기' 같은 완전히 새로운 개념들을 무한정 처리할 수 있다. 그 결과 통계 학습 알고리듬들은 대개 인공 지능 연구의 전형적인 진전, 즉 "중급까지 빠르게 발전하고 …… 이후 점점 더 느리게 향상되는 패턴"을 보인다.[19] 인지 심리학 안에서 1980년대와 1990년대에 유행한 구조성 없는 연결주의 패턴 연상 체계는 대부분 베이지언 모델로 대체되었다. 이 모형은 큰 데이터 집합의 통계 패턴들을 흡수하지만 또한 가장 가망성이 높은 가설에 기초한 사전 기대치, 즉 일종의 선천적 지식에 그 패턴들을 결합시킨다.[20]

세 번째 서판인 신경 가소성은 여전히 신경학의 주요 주제지만 학습이 이루어질 때 그 기저에서 일어나는 뇌 변화를 보는 것은 더 이상 신기한 일이 아니다. 학습이 가능하려면 뇌에 어떤 변화가 일어나야 한다는 인식도 수면 아래로 가라앉았고, 그것에 따라 누구나 자신의 뇌에게 어떤 일이든 시킬 수 있다는 과장된 주장은 한풀 꺾였다. 현재 가소성 연구는 유전자의 신경 발달 유도 연구[21]와 인간 커넥텀의 복잡한 구조 연구[22]에 곁들여지는 주제로 남아 있다.

진화와 유전자의 속박은 외견상 숙명론처럼 보이고 그로부터 해방을 약속하는 생물학적 현상에 대한 갈망은 다년생 풀처럼 끈질기기 때문에, 어떤 새로운 연구 주제가 출현하면 간절히 기다리던 제품이 출시된 것처럼 반갑게 움켜잡는 것은 불가피한 일이었다. 현재 그런 새 주제는 유전자 발현을 조절하는 후성 유전학(epigenetics)이다. 신체의 모든 세포에 하나씩 완전한 유전체 사본이 들어 있음이 밝혀진 순간 우리는 유전자가 세포 밖에서 들어오는 신호에 반응해 켜지거나 꺼진다는 것도 알게 되었다. 그런 조절이 없다면 간 세포는 각막의 성분인 단백질을 끊임없이 토해 내고 우리의 안구는 하루 종일 간 효소를 퍼내야 할 것이다. 최근에 우리는 유전자 조절의 몇몇 주요 메커니즘을 더 잘 이해하게 되었다. 특히 DNA 가닥 위의 특정한 위치에 메틸 분자를 접착하거나 제거하면 그 밑에 있는 유전자가 활성화 또는 비활성화된다는 것이 밝혀졌다. 그러나 많은 사람들이 유전자 조절 메커니즘을 밝히는 것에 대해 그 일이 마치 본성과 양육을 다시 생각해야 하는 혁명적 발견인 것처럼 반응한다. 1990년대에 교육, 정신 요법, 새로운 언어의 학습이 실제로 우리의 뇌를 변화시킬 수 있다는 것이 빈 서판주의자들에게 경이로운 발견이었듯이, 오늘날에는 다양한 종류의 경험이 실제로 유전자의 발현 방식을 변화시킬 수 있다는 것이 그들의 외침이다. (마치 신체의 모든 세포가 각자 하루도 쉬지 않고 24시간 동안 유전체의 모든 단백질을 생산하는 듯이 말이다.) 후성 유전학은 입력한 대로 형태가 변하는 신종 고무 찰흙, 즉 우리에게 유선과 환경에 대한 신중한 분석을 우회하고 전일론적 상호 작용설을 수용해도 좋다고 인가해 주는 재료가 되었다. 생물학의 필연성을 혁명적 발견으로 착각한 것 외에도 후성 유전학 광기는 신경이 발달하는 동안 뇌를 조직하는 정보라는 의미의 '유전자'를, 신체의 단백질 암호화 기계라는 의미의 '유전자'로 혼동한다. 동일한 맥락에서 또한 감각을 통해 처리된 정보라는 의미의 '환경'을 DNA 분자의 생화학적 환경이란 의미로 혼동한다.

후성 유전학 거품을 더 크게 부풀리고 있는 것이 있다. 환경 신호(일반적으로 기아나 어머니의 방치 같은 스트레스 요인)의 작용으로 DNA 가닥에 접착된 어떤 후성 유전학의 표지들이 어머니에게서 자식에게로 전해질 수 있다는, 정말 놀라운 발견들이다. 어떤 사람은 이 세대 간 유전자 발현 효과를 라마르크 학설과 같은 것으로 이해하지만, 이것은 잘못된 생각이다. 그런 효과는 DNA 염기 순서를 변화시키지 않고, 한두 세대 이후에 사라지고, 그 자체가 유전자의 지배하에 있으므로, 아마 유기체가 한 세대 정도 지속되는 스트레스 조건에 자식을 대비시키는 일종의 다윈주의적 적응 능력일 것이다. (그런 효과가 단지 일시적 손상일 가능성도 있다.) 게다가 세대 간 후성 유전 효과들은 대부분 몇 달마다 번식하는 설치류를 통해 입증되었고, 수명이 긴 인간에게 연장한 사례들은 대개 억측이거나 너무 작은 표본에 기댄 것에 불과하다. 요즘 생물학자들은 후성 유전을 함부로 사용하는 경향에 분노를 표출하고 있다. 유행병학자인 조지 데이비 스미스(George Davey Smith)의 표현을 빌리자면 그것은 "답을 모르는 문제에 유행을 좇아 답을 하는 것"이다.[23] 후생 유전학의 거품을 꺼뜨리는 견해들을 보고 싶다면 참조할 만한 문헌들이 여럿 있다.[24]

2부 「두려움과 혐오」. 진화 심리학자들과 행동 유전학자들은 더 이상 등에 표적지를 단 채 돌아다니지는 않지만(또한 앞서 언급했듯이 나는 『빈 서판』 때문에 비열한 흠집 내기를 당한 적도 없었지만), 미국의 대학에서 이 단적 사상가들이 겪는 협박과 검열은 2002년 이후로 더욱 악화된 듯하다. 이 개탄스러운 사정을 분석한 책으로, 시민의 자유를 옹호하는 변호사 그레그 루키아노프(Greg Lukianoff)의 근저, 『표현으로부터의 자유(Freedom from Speech)』[25]와 『폐기 학습의 자유(Unlearning Liberty)』[26]가 있다. 루키아노프는 미국 대학에서 행해지는 표현의 제한에 맞서 싸우는 '개인의 교육권을 위한 재단(www.thefire.org)'의 이사이기도 하다. '위험한 생각들'을 연구하는 일의 윤리적 측면을 분석한 나의 글은 존 브록먼(John Brockman)이 엮어 2006년에 펴낸 『당신의 위험한 생각은 무엇인가?(What is Your Dangerous Idea?)』의 서문으로 실려 있다.[27]

6장 「정치 과학자」에서 나는 그 책을 쓸 때 뜨거운 주제였던 인류학자 나폴레옹 샤뇽(Napoleon Chagnon)에 대한 부당한 비방을 다루었다. 샤뇽의 결백을 입증하고 그에 대한 비난이 협잡임을 폭로하는 증거 기록이 압도적이었기 때문에 미국 인류학회는 자체 심사를 통해 2000년의 보고서를 폐지했다. 샤뇽은 2013년 『고상한 야만인(Noble Savages)』이란 제목의 자서전에서 자신의 입장을 표명했다. 이 무용담은 의학사 학자 앨리스 드레거(Alice Dreger)가 쓴 논문 「미국 인류학회의 어둠의 몰락(Darkness's descent on the American Anthropological Association)」[28]과 2015년에 펴낸 『갈릴레오의 중지(Galileo's Middle Finger)』에 훌륭히 묘사되어 있다. 이 책에서 드레거는 이 장에 꼭 맞을 법한 또 다른 스캔들을 보고한다. 성을 연구하는 마이클 베일리(Michael Bailey)의 삶을 살아 있는 지옥으로 만든 사건은 그가 2003년에 펴낸 『여왕이 되고 싶은 남자(The Man Who Would Be Queen)』[29]에서 승인한 이론에 트랜스젠더 운동가들이 역겨움을 느낀 탓에 일어났다.

3부 「인간의 얼굴을 한 인간 본성」. 자신이 평생 산문체를 사용해 온 것을 알고 기뻐했던 몰리에르의 부르주아 신사처럼 『빈 서판』을 발표한 뒤 나는 내가 '휴머니스트'임을 발견하고 기뻐했으며 이후 이성, 과학, 인간의 번성에 기초해 세속의 도덕성을 옹호하는 운동의 대변자로 나섰다. 휴머니즘을 옹호하는 최근의 성명으로는, 그레그 엡스타인(Greg Epstein)의 『신 없는 선(Good Without God)』(2009년), 로이 스펙하트(Roy Speckhardt)의 『휴머니즘을 통해 변화를 창조하기(Creating Change Through Humanism)』(2015년), 필립 키처(Philip Kitcher)의 『신앙 이후의 삶(Life After

Faith)』(2014년), A. C. 그레일링(A. C. Grayling)의 『신 논증(The God Argument)』(2013년) 등이 있다.

3부 마지막 장의 주제는 '허무주의에 대한 두려움' 이다. 우리가 영혼이라는 종교적 개념을 버려도 의미와 도덕성의 건전한 개념으로 충분히 즐겁게 살 수 있다는 이 주제는 2005년과 2007년 사이에 출현한 '신(新) 무신론' 베스트셀러 작가들의 4중주를 통해 대중의 의식을 사로잡았다. 4개의 악기는 샘 해리스(Sam Harris)의 『신앙의 종말(The End of Faith)』, 리처드 도킨스(Richard Dawkins)의 『만들어진 신(The God Delusion)』, 대니얼 데닛(Daniel Dennett)의 『주문을 깨다(Breaking the Spell)』, 크리스토퍼 히친스(Christopher Hitchens)의 『신은 위대하지 않다(God is Not Great)』이다. 세속적 도덕성의 기원을 탐사하고 싶은 사람들에게 내가 추천하고 싶은 책은 나의 아내 레베카 뉴버거 골드스타인(Rebecca Newberger Goldstein)의 『스피노자 배신하기: 우리에게 근대성을 준 유대인 배교자(Betraying Spinoza: The Renegade Jew Who Gave Us Modernity)』(2006년)와 『구글플렉스의 플라톤: 철학은 왜 사라지지 않을까(Plato at the Googleplex: Why Philosophy Won't Go Away)』(2013년)이다. 의미의 세속적 개념과 종교적 개념이 야기하는 격정은 그녀의 2010년 소설『신의 존재를 위한 36개의 논증: 허구의 작품(Thirty-Six Arguments for the Existence of God: A Work of Fiction)』이 생생하게 묘사한다.

4부「너 자신을 알라」. 인지, 감정, 사회적 관계의 약점들을 더 깊이 탐구한 글은 나의 2007년 작『생각거리』그리고『우리 본성의 선한 천사』중 심리학을 다룬 두 장(8장과 9장)에 있다. 최근에 많은 책들이 이 장들의 내용을 자세히 다루었다. 폴 블룸(Paul Bloom)의 『우리는 왜 빠져드는가?(How Pleasure Works)』(2010년)와 『선악의 진화 심리학(Just Babies)』(2013년), 조너선 하이트(Jonathan Haidt)의 『바른 마음(The

Righteous Mind)』(2012년), 조슈아 그린(Joshua Greene)의 『도덕적 부족 (*Moral Tribes*)』(2013년), 브루스 후드(Bruce Hood)의 『슈퍼센스 (*SuperSense*)』(2009년), 로버트 트리버스(Robert Trivers)의 『우리는 왜 자신을 속이도록 진화했을까?(*The Folly of Fools*)』(2011년), 로버트 커즈번(Robert Kurzban)의 『왜 (다른) 모든 사람은 위선자일까?(*Why Everyone (Else) is a Hypocrite*)』(2010년), 대니얼 카너먼(Daniel Kahneman)의 『생각에 관한 생각(*Thinking Fast and Slow*)』(2010년)이 있다.

16장 「정치」. 토머스 소얼(Thomas Sowell)은 우파와 좌파의 정치 이데올로기의 근저에 있는 상충하는 인간 본성론들을 다루었고, 이후 그의 이론은 양쪽 본성론의 정수를 증류해 내려는 몇몇 다른 시도에 흡수되었다. 언어학자 조지 레이코프(George Lakoff)는 『도덕의 정치(*Moral Politics*)』(1996년)에서, 두 이데올로기는 가족을 다르게 은유해 사회를 이해한다고 주장한다. 우파는 엄격한 아버지가 가족을 이끌고, 좌파는 구성원들을 보살피는 부모가 가족을 이끈다고 이해한다는 것이다.[30] 조너선 하이트는 『바른 마음』에서 보수주의자들은 권위에 대한 복종, 사회 규범에 대한 순응, 청결과 신성함의 보호를 비롯해 광범위한 이상을 도덕적으로 강조하는 데 반해 자유주의자는 단지 공정함, 빈곤층에 대한 배려, 피해 방지를 강조한다고 말한다.[31] 나는 미국에서 남부의 보수를 "빨간 주"로, 북부와 양대 연안의 자유주의를 "파란 주"로 표시하는 정치 이데올로기의 지리학적 분포가 각 지역에 이주민들이 정착해 온 역사의 유산임을 추가로 제시했다.[32] 남부와 남서부는 미국 역사가 시작된 이래 대부분의 시간 동안 무법의 변경으로 남아 있었고 그 주민들은 명예의 문화를 발전시키고(17장을 보라.) 동시에 여성, 교회, 폭력 과잉을 억누를 수 있는 절제의 규범을 보호했다. 북부와 연안의 주들은 수백 년에 걸친 '문명화 과정'에서 성장한 유럽의 정치 제도와 품위 있는 연합의 문화를 계승했다.

여기엔 네 개의 이론이 관련되어 있다. 만일 어린이가 홉스 식의 짐승이라면 엄격한 아버지가 필요하고, 고상한 야만인이라면 보호자의 따뜻한 보살핌 아래에서 잘 자랄 것이다. 만일 사람들이 선천적으로 결함이 있는 존재라면 그들의 행동은 관습, 권위, 종교적 가치를 통해 억제되어야 하고, 반면에 지혜롭고 합리적일 수 있다면 무엇이 공평하고 해로운지를 스스로 결정할 수 있다. 미국 정치의 지리적 구분은 인간 본성의 다른 개념이라기보다는 본성을 가장 잘 길들일 수 있는 전략의 차이에서 비롯한 것이다.

17장 「폭력」. 나의 2011년 작 『우리 본성의 선한 천사』는 폭력이 인간의 역사와 함께 감소해 왔음을 증명한 17장의 관찰 결과에서 기인했다.[33] 그 책은 이 장에서 전개한 폭력에 대한 분석을 확장했을 뿐 어느 부분도 대체하지 않았다. 이 장의 초점은 폭력이 진화 내지 유전의 특성이 절대 아님을 광범위하게 인정하는 데에 있기 때문이다.

18장 「젠더」. 『빈 서판』이 무절제한 반응을 촉발하지 않았다는 나의 언급은 일부 사실이 아니다. 나를 직접 겨냥한 무절제한 반응은 없었다. 하지만 로런스 서머스를 겨냥한 맹공격은 있었다.

2005년 초에 당시 하버드 대학교 총장이었던 서머스는 과학, 테크놀로지, 공학, 수학(STEM) 분야의 성 불균형에 대해 한 비공개 콘퍼런스에 초빙을 받아 즉흥 연설을 했다. 서머스는 이 자리에서 노동 경제학자들이 흔히 하는 말을 되풀이했다. 전문 분야의 성과에 나타난 인간 유형 간의 불균형을 우리는 즉시 차별의 결과로 보아서는 안 되며, 그런 불균형은 훈련, 재능, 인생 목표, 그리고 여타 평균적 특성들의 결과일 수도 있다는 내용이었다. 이미 『빈 서판』을 읽은 서머스는 젠더에 관한 장(18장)에 담긴 문헌 검토 내용을 염두에 두고서, STEM 분야의 성 불균형을 설명할 때 네 가지 가설을 고려해야 한다고 지적했다. (1) 성 차별과 여타 장벽들의 존속 여부, (2) 자녀 양육의 실질적 책임 면에서 본 성 차이, (3) 평균적 재능, 기질, 관심사 측면에서 본 성 차이, (4) 재능, 기질, 관심사의 분산도 측면에서 본 성 차이. 불명예스럽게도 이 설명을 하는 도중에 그는 "선천적 소질"이라는 말을 발설하고 말았다. 청중 가운데 있던 낸시 홉킨스(Nancy Hopkins, 과거에 나의 이웃이자 MIT 동료이며 좋은 친구였다.)는, 똑같이 불명예스럽게도 그 말을 듣는 순간 "비난해야 할지 잊어버려야 할지" 몰랐다고 말했다. 그녀가 《보스턴 글로브》의 어느 작가에게 그 내용을 고한 결과는 끊임없는 비난과 항의였고 2006년 서머스의 사임으로 정점을 찍었다. (다른 사건들도 사임에 영향을 미치기는 했다.)

　서머스의 언급을 필사본으로 읽은 사람들은 그 신중함과 뉘앙스에 감탄했지만 그것은 상관없었다. 서머스를 비판한 사람들의 반응은[34] 이 책의 2부 "두려움과 혐오"의 지면들에서 뛰쳐나온 듯했다. 그들은 허수아비 논법에 기대고, 통계맹 증세를 보이고, 데이터 확인을 거부하고, 공평함과 동일성을 혼동하고, 이른바 고드윈의 법칙*이 옳음을 입증했다. 이 지옥을 향한 경주에 두려움을 느낀 하버드의 몇몇 동료들은 대학의 이름으로 증서에 기초한 공식 방송을 요구했다. 2005년 4월에 하버드의 마음/뇌/행동 연구 공동체(Mind/Brain/Behavior Initiative)는 선천적 성 차이에 관한 대화의 자리를 마련했다. 토론자는 나와 나의 오랜 동료이자 친한 친구인 발달 심리학자 엘리자베스 스펠크(Elizabeth Spelke)였다. 나는 그 행사장을 가득 메웠거나, 비디오를 보았거나, 녹취 편집본을 읽은 사람은 누구나 인간 본성에 대한 위험한 쟁점들도 건설적 토론

---

* 온라인 토론이 길어질수록 상대방을 '히틀러'나 '나치'에 비교하는 말이 등장할 확률이 100퍼센트에 가까워진다는 법칙.

의 소재가 될 수 있음을 분명히 느꼈으리라 생각하고 싶다.[35]

서머스에게는 너무 늦은 일이었고, 그는 아직도 '여자들은 수학을 못한다.'라고 생각하는 작자라는 오명을 떼어 내지 못했다. 그러나 내가 보기에, 관심사와 인생의 목표에 성 차이가 있다는 그의 발언은 데이비드 기어리의 『수컷, 암컷(Male, Female)』이나 수전 핑커의 『성의 역설(Sexual Paradox)』 같은 나중의 문헌 조사들을 통해 대체로 입증되었다. 심지어 수학 능력과 성 차별에 대한 더 선동적인 발언들도 중요한 진실의 일말들을 보여 준다.

세상은 서머스를 평균적 능력들의 성 차이를 들먹인 사람으로 기억하지만, 그가 실제로 강조한 것은 능력들의 분산에 있는 성 차이였다. 그때 논의하고 있던 (다소 색다른) 문제는 분포도의 상위 극단에 남성이 몰려 있는 불균형, 다시 말해 일류 대학의 과학 및 공학 학과들에 여성이 적게 나타나는 현상이었기 때문이다. 2006년에 심리학자 스티브 스트랜드(Steve Strand)와 이언 디어리(Ian Deary)는 사상 최대인 3,000명의 영국 학생을 표본으로 시험 점수를 분석했다.[36] 여학생들은 언어적 추론의 평균 점수가 조금 높았고, 남학생들은 양적 추론의 평균 점수가 조금 높았다. 또한 남학생들은 양적 추론의 점수 범위에서 상위 극단과 하위 극단에 상당히 몰려 있었다. (최상위 10퍼센트에서 남학생 비율이 60퍼센트였다.)

다시 한번 편파적인 옹호가 심리학자 웬디 윌리엄스(Wendy Williams)와 스티븐 세시(Stephen Ceci)가 수행한 일련의 연구에서 나왔다.[37] 서머스의 언급에서 가장 의문점이 많은 주장은 STEM 분야의 성 차이를 야기하는 네 가지 원인 중 성 차별이 가장 작은 요인이라는 추정이었다. 이 추정이 가장 의심스러웠던 것은 당시에는 네 가지 원인의 경중을 가릴 수 있는 방법론적 기초가 거의 없었기 때문이다. 윌리엄스와 세시는 교수 인터뷰와 임용 그리고 연구비와 원고 검토를 대상으로 성 차별을 모은 데이터 집합 여러 개를 분석했다. 차별의 증거는 거의 나오지 않았을 뿐 아니라, 사용할 수 있는 최고의 기준을 적용해 편견—이력서 조작에 대한 문지기의 반응—을 시험한 새로운 연구들을 통해 두 사람은 "네 분야 모두(생물학, 공학, 경제학, 심리학)에서 남녀 교직원들은 동일한 자격을 가진 여성 지원자를 남성 지원자보다 2:1의 비율로 높게 선호한다."라고 보고했다. STEM 분야에 여성이 적은 현상을 설명할 만한 것과는 정반대인 편견이었다.

18장 「젠더」의 후반부에서 나는 강간의 심리학과 정치학을 다루었다. 내가 언급했듯이 당시에 이 주제를 둘러싼 분위기는 독단적이고 반자유주의적이었지만 오늘날에는 그보다 훨씬 더 험악해졌다. 언론인이라면 누구도 이 문제를 논하지 않을 수 없겠지만, 진실을 통렬하게 폭로한 사람은 작가들[38]과 낸시 거트너[39] 판사였다.

『우리 본성의 선한 천사』를 쓰는 도중에 나는 대중이 이해하는 강간에서 두 가지 아이러니와 마주쳤다. 나는 「여성의 권리와 강간 및 구타의 감소」라는 절을 조사하는 중에 수전 브라운밀러(Susan Brownmiller)가 1975년에 발표한 고전인 『우리의 의지에 반하여(*Against Our Will*)』를 다시 읽었다. 강간은 섹스와 아무 관련이 없고 대신 남성의 지배를 강화하기 위한 정치적 수단이라는 개념으로 유명세를 탄 책이었다. 놀랍게도 이 책에는 그와 같은 주장이 거의 등장하지 않았다. 브라운밀러는 두 곳에서 그 주장을 짧게 언급하고, 그녀의 오래전 교수이자 칼럼니스트의 이론에서 차용한 것임을 밝혔다. 책의 나머지 부분은 강간의 역사를 다루고 당시의 사법 체계와 대중 문화가 강간을 너무 하찮게 여기는 현상을 보고하는데, 나에게는 그 부분이 더할 나위 없이 매력적이고 설득력이 있었다.

나는 또한 법무국 통계를 분석한 결과, 1973년과 2008년 사이에 미국의 성폭행 발생률이 80퍼센트나 급락했음을 발견했다. (게다가 2015년까지 추가로 22퍼센트 하락했다.[40]). 내가 아는 한 이 놀라운 발전에 주의를 환기시킨 작가는 나뿐이며, 강간 퇴치 운동가들은 대부분 상황이 그대로이거나 더 열악해졌다고 추정한다. 그들은 강간 섹스라는 도그마는 사회적 변화를 일으키는 데 필요한 반면 진화 심리학은 강간이 불가피하다는 개념을 숙명적으로 내포한다고 주장한다. 그러나 그들의 주장과 정반대로, 강간 발생률을 줄일 수 있는 우리의 능력을 찬양하는 쪽은 진화 심리학이다. 빈 서판주의자들의 말은 40년 동안의 걱정이 무익했음을 의미한다.

19장 「어린이」는 내가 가장 좋아하는 장이고, 내가 쓴 모든 글 중에 가장 마음에 드는 것들 중 하나이며, (서머스 소동을 제외하고) 가장 논쟁적인 장이기도 했다. 공격을 차단하기 위해 설명의 기술을 남김없이 동원했음에도 화살이 빗발쳤고, 거의 모든 반론은 내가 확실히 예상했던 두 가지 오해에서 발생했다. 내 경험상 행동 유전학의 제2법칙과 제3법칙은 아무리 참을성 있게 설명해도 제대로 이해하는 사람이 없다. 모든 사람이 두 법칙을 제1법칙과 혼동해서, 결국 행동 유전학에서 얻을 수 있는 유일한 교훈은 "모든 것이 유전자에 있다."라는 것이라 결론짓는다. 다른 완고한 오해는 만일 부모가 자녀의 성격과 지성을 형성시켜 줄 수 없다면 양육은 "중요하지 않다."라는 것이다.

행동 유전학의 세 법칙은 시간의 검증을 아주 잘 견뎌 왔다. 모든 법칙이 플로민 등의 「행동 유전학이 낳은 복제된 결과 상위 10」에 들어 있다. 또한 출판물 수천 편과 쌍둥이 수백만 명을 대상으로 한 거대한 규모의 쌍둥이 연구들을 통해 확증되어 왔다.[41] 지능의 유전성(제1법칙의 가장 확실한 현현)은 최근 쌍둥이와 입양아를 대상으로 한 고전적인 연구들을 보완한 완전히 새로운 방법을 통해 입증되었다. 유전체 차원의 연관성 연구들은 혈연 관계가 없는 수천 명의 표본에 포함된 수십만 개의 유전자를 대상으로 작은 통계 결과들을 집적한다. 결국 지능의 경우 변이(variation)의 약 절반이 유전자를 보고 예측할 수 있음이 밝혀졌으며, 이 수치는 전통적인 방법들로 추정한 것과 비슷하다.[42]

그렇다면 나의 제자였던 제임스 리(James Lee)가 크리스토퍼 차브리스(Christoper Chabris)와 우리의 다른 공동 연구자들과 함께 명명한 이른바 행동 유전학의 제1법칙을 살펴볼 때가 되었다. "인간을 대표하는 행동 특성은 수많은 유전자 변이(genetic variants)와 연관되어 있으며, 하나의 유전자 변이는 행동 분산도(behavioral variability)에서 매우 낮은 비율을 설명한다."라는 법칙이다.[43] 19장 「어린이」에서 내가 유혹을 억누르고, 심리 특성의 분명한 차이를 설명한다고들 하는 단일 유전자의 새로운 발견을 떠벌리지 않은 것은 잘한 일이었다. 그런 유전자는 사실상 존재하지 않는다고 보아야 한다. 내가 개인적으로 이 사실을 분명하게 깨달은 것은 거의 최초로 나 자신의 유전체 연구를 허락한 뒤[44] 나에게 대범함(조심스럽게 말하자면, 나와는 무관한 특성)과 관련된 유전자가 있음을 발견했을 때였다. 1990년대와 2000년대에 "X에 해당하는 유전자"가 있다고 한 많은 수상들처럼 그것은 유전적 변이주와 특성을 연관시키기 위해 쥐꼬리만 한 표본으로 유전체를 기웃거리다 입수한 위양성 결과였다. 요즘 거대한 표본을 시험하는 연구들은 확실하면서도 작은 효과를 만들어 내는 유전자들을 실제로 발견한다. 최근에 나는 리, 차브리스와 콘소시엄을 구성해 3개의 유전자 자리를 확인했는데, 각각의 자리는 IQ 지수 1의 약 3분의 1을 설명한다.[45] 우리는 후속 연구를 통해 수십 개의 자리를 더 발견하고 그것을 뇌 발달 메커니즘들과 연결시키고 있다. (더 많은 것들이 변할수록 더 많은 것들이 그대로 머무른다. 이 글을 쓰고 있을 때

한 유전학 학회에 막 최신 연구 결과를 제출하려던 리가 이메일을 보내왔다. 그 학회장이 방금 기조 연설을 통해 그 연구를 인종 차별, 성 차별, 동성애 혐오로 비하하며 선제 공격을 했다는 내용이었다.)

상위 10개의 복제 가능한 결과 중에는 양육 관습, 사회 경제적 지위 같은 환경의 요인들도 유전적이라는(즉 환경 요인들과 아이들의 행동 특성에 상관성이 있다는) 일반적으로 받아들이기 힘든 발견이 포함되어 있다. 처음에 이 말은 역설적으로 들린다. 유전자가 환경에 어떻게 영향을 미칠 수 있을까? 이런 일이 일어날 수 있고 실제로 일어나는 것은 유전자가 인생의 선택에 영향을 미치고 이 선택에 따라 우리의 구체적 환경이 좌우되기 때문이며, 또한 유전자의 영향을 받은 우리의 특성에 다른 사람들이 다르게 반응하기 때문이다. 다시 말해 아이들의 지능과 개성은 부모가 그들을 대하는 방식과 그들을 둘러싼 사회적 환경으로부터 영향을 받기만 하는 것이 아니라, 그 두 측면에 영향을 미치기도 한다.[46]

제3법칙 때문에 생긴 난제를 푸는 일에도 진전이 있었다. 사람의 지능, 개성, 인생의 성과를 구현하지만 그의 유전자, 가족, 문화로는 확인할 수 없는 크지만 도무지 알 수 없는 미스터 존스* 요인은 무엇일까? (이 수수께끼를 다음과 같이 간단하게 변형시킬 수 있다. 함께 자란 일란성 쌍둥이의 차이를 우리는 어떻게 설명할 수 있는가?) 19장에서 나는 "단독 환경"(한 가정의 한 쌍둥이에게 닥친 가정상의 경험들)은 틀린 이름이고, 그 차이는 뇌의 발달 과정에서 일어난 우연한 사건에서 기인할 수 있음을 인정했다. 유전학자들은 이를 "우울한 전망"이라 부른다. 우리가 사람

---

* 밥 딜런(Bob Dylan)의 노래 「마른 남자의 발라드(Ballad of a Thin Man)」와 카운팅 크로스(Counting Crows)의 노래 「미스터 존스(Mr. Jones)」에 나오는 동일인으로 추정되는 인물. "우린 왜 그런지 모르고, 어떻게 그런지도 모른다네."라는 「미스터 존스」의 가사와 관련이 있다.

의 개성과 지성을 얼마나 잘 예측할 수 있는가의 상한선을 끌어내린다는 이유에서다.

나는 개인적으로 그 전망이 우울해 보이지 않지만 갈수록 사실로 드러나고 있다는 점에서 나든 다른 어느 누구든 어떻게 생각하는지는 중요하지 않다. 유행병학자들은 흡연하는 90대 노인과 젊은 운동 선수가 심장 마비로 쓰러지는 것을 설명하지 못해 거듭 좌절하다, 행운의 여신이 우리의 신체 기능에 지대한 영향을 미친다고 인정하기 시작하고 있다.[47] 이것은 우리의 뇌 기능에 훨씬 더 크게 적용되어야 한다. 이미 2002년에 유전자는 뇌를 최후의 시냅스까지 배선하지 못하고 그 결과 뇌 발달은 지그재그로 우연히 진행될 여지가 아주 크다는 점이 밝혀졌다. 그 이후로 신경 과학자들은 그 전망이 훨씬 더 우울할 수 있음을 입증했다. 우리의 유전체 자체에 무작위의 변이가 몰래 들어올 여지 또한 매우 크기 때문이다. 한 사람은 새로운 변이를 60개 정도 물려받는데,[48] 그것들이 조현증과 자폐증 같은 정신병을 일으키는 주된 원인이라 여겨진다.[49] 정신병에 취약하게 하는 유전자들은 건강한 사람의 평범한 변이를 뒷받침하는 유전자들과 동일한 듯 보이기 때문에(이 역시 상위 10개의 복제 가능한 결과에 속한다.[50]), 이 변이들은 우리의 개성에 거의 틀림없이 기여한다. 또한 이 지점에서 전망이 한층 더 우울해지는 것은, 우리의 뇌가 성장하고 기능함에 따라 우리의 뉴런은 훨씬 더 많은 수의 크고 작은 변이들로 채워지고, 이 변이들이 뇌의 작동 방식에 쉽게 영향을 미칠 수 있기 때문이다.[51] 만일 생식 계열 세포와 체세포의 이 변이들이 미스터 존스 요인에서 상당 부분을 차지한다면, 우리의 유전자는 고전적인 행동 유전학이 추정한 것보다 훨씬 더 큰 역할을 할지 모른다. 이 변이들은 생물학적 형제나 일란성 쌍둥이들이 공유하지 않는 것이며, 지금까지 유전자의 영향을 입증하는 주된 증거원은 그들의 유사성이었기 때문이다.

제3법칙을 설명할 수 있는 견해가 하나 더 있다. (변이 및 그밖의 발달 소음과 서로 충돌하지 않는다.) 우리의 고유한 인생 경로를 형성하는 변덕스럽지만 형성력이 있는 경험이 그 수수께끼 같은 요인에 포함된다는 것이다. 플로민 등은 유전자의 영향처럼 환경의 영향도 저마다 작은 효과를 발휘하는 수천 개의 사건들에 널리 퍼져 있을지 모른다고 조심스럽게 말한다.[52] 주디스 리치 해리스(Judith Rich Harris)는 1998년의 저작 『양육 가설(The Nurture Assumption)』을 통해 이 장에 큰 영감을 주었고, 2006년에 나온 후속작 『개성의 탄생(No Two Alike)』에서는 아이들이 또래 집단 내에서 사회적 역할을 배정하는 독특한 경험들을 하고 그 경험에 의거해 개성을 발달시킨다는 이론을 전개했다. 『양육 가설』은 2008년에 신판이 나왔으며, 무엇이 우리를 우리로 만드는지에 관심이 있는 사람이라면 누구나 해리스의 훌륭하고 기지 넘치는 두 책을 모두 읽을 필요가 있다.

20장 「예술」. 19장 「어린이」처럼 이 장도 어떤 문제가 사람들을 심란하게 할지에 대한 나의 예측을 보기 좋게 빗겨 갔다. 인종, 성, 폭력, 정치 또는 불평등보다 이 장이 더 많은 논쟁을 촉발했다. 몇몇 비판가들은 내가 모더니즘의 예술적 가치를 공격한다고 생각했지만, 내겐 그럴 자격도 의도도 없었다. (나는 버지니아 울프, 파블로 피카소, 바우하우스에 대해 아무것도 모른다. 오히려 나의 예술적 취향은 모더니즘에 가깝다.) 나는 단 한 문장에서도 예술 비평가인 양하지 않았고, 단지 20세기에 모더니즘과 그후의 포스트모더니즘이 취한 방향을 이 책의 주된 주제인 '인간 본성에 대한 현대의 부정'—예술의 경우, 빈 서판은 심미적 즐거움이 우리의 지각 및 감정 기능과 무관한 일종의 사회적 산물이라고 추론한다.—과 연결시키고자 했다. 그리고 그런 추론 때문에 몇몇 부류의 엘리트 예술, 비평, 학문이 활력과 위신을 잃고 있는 것일 수 있다고 암시했다.

만일 내가 지금 이 장을 쓴다면 더 세밀한 차이들을 이끌어 냈을 것이다. 소설, 미술, 조각 분야에서 위대한 모더니즘 작품들은 다만 그 방법이 전통적이지 않을 뿐 당연히 우리의 미적 기능에 호소한다. 또한 미를 거부하는 경향이 몇몇 부문에서 (예컨대 소설과 시보다 엘리트 현대 음악에서) 더 강했던 점도 지적했을 것이다. 선천적 미감에 대한 부정이 극단으로 나가 우리에게 무조 음악, 브루탈리스트 건축, 포스트모더니즘 비평, 그로테스크한 개념 미술 등의 장르를 선사한 것은 모더니즘이 엘리트 예술의 목에 팔을 감고 힘을 주었을 때였다.

이 장의 다른 한 주제는 인문학의 통탄할 만한 쇠퇴는 어느 정도 인문학이 자초한 일이며, 과학적 사고 방식을 경멸하고 인간 본성의 과학들이 예술적 분석에 공급할 수 있는 새로운 생각을 거부한 결과라는 것이다. 그때와 달라진 것이 없는 그 증거로, 평론가 겸 편집자인 레온 위셀티어(Leon Wieseltier)와 나의 논쟁을 보라.[53]

또 하나 실망스러운 점은 심리학과 생물학을 적용해 예술 활동에 통찰을 공급하려는 노력이 대단히 느리게 늘어나고 있다는 것이다. (다음은 적은 예외에 속하는 책이다. 데니스 더튼(Denis Dutton)의 『예술 본능(The Art Instinct)』(2008년), 애니루드 파텔(Aniruddh Patel)의 『음악, 언어, 그리고 뇌(Music, Language, and the Brain)』(2007년), 조너선 갓셜(Jonathan Gottschall)의 『스토리텔링 애니멀(The Storytelling Animal)』(2012년).) 이 흐름을 가로막아 온 한 장애물은 서로의 전문성을 보완할 수 있는 과학자와 인문학자들 사이의 공조 부재. 예술을 설명하는 과학자들의 시도가 인문학의 기준에서 극히 단순하고 일천하다는 인문학자들의 지적은 옳다. 그렇다면 그들이 먼저 나서서 개별 작품과 장르에 대한 박식함에 인간의 감정과 심미적 반응에 대한 과학적 통찰을 결합시킬 이유가 더 많아진다. 대학들이 양쪽 문화에 능통한 신세대 학자들을 훈련시킨다면 더욱 좋지 않을까? 그러나 인문학을 전공하는 대학원생들은 내게 이렇게 말한다. 데리다나 푸코보다 다윈이나 게임 이론을 더 많이 언급하는 논문은 분명 고드윈의 법칙의 제물이 될 것이라고.

통섭을 가로막는 또 다른 장애는 양쪽 문화를 연결시켜 본 적이 있는 친과학 성향의 학자들에게 맹점이 있다는 것이다. 갓셜과 데이비드 윌슨(David S. Wilson)의 『문학적 동물(The Literary Animal)』(2007년에 나온 다원주의 문학 비평에 관한 에세이집)에 대한 서평[54]에서 지적했듯이, 이 학자들은 대개 예술에 통찰을 제공할 수 있는 이론, 즉 짝짓기에 대한 진화 심리학을 아주 조금만 이용한다. 또한 그들은 모든 적응 특성이 "집단 응집력"을 위한 것이라 보는 진화 개념에 너무 자주 의존하는데, 이 통속적인 진화 개념은 생물학적으로 의심스럽다. 예술에 과학을 더 확실히 적용하는 방법은 인지 과학이 입증한 풍부한 조합 가능성 그리고 진화론에 근거한 사회 갈등의 분석에서 나올 것이다. 나는 14장 「고통의 여러 뿌리들」에서 그런 분석을 전개했다.

「최후의 성찰」. 지금까지 나는 『빈 서판』이 2002년과 똑같이 지금도 유효한 면들이 있다고 강조했지만, 12년이 넘는 동안 전혀 변하지 않은 것은 열린 마음이라 하기 어렵다. 개인적으로 가장 큰 변화는 인간 본성의 어두운 면과 밝은 면에 대한 강조점의 전환이었다. 나는 여전히 인간의 전망은 유토피아보다는 비극 쪽을 향하고, 인간성이라는 비뚤어진 재목으로는 똑바른 물건을 만들 수 없고, 우리는 티 없이 맑지 않거나 황금처럼 빛나지 않으며, 낙원으로 돌아갈 길은 어디에도 없다고 믿는다. 그럼에도 나의 세계관은 『빈 서판』이 나온 이후에 한결 가벼워졌다. 폭력에서 출발했지만 장수, 건강, 읽고 쓰는 능력, 물질적 안정에 이르기까지 인간의 진보를 가리키는 통계 수치들을 하나씩 알아 감에 따라

17장 마지막 절의 후반부에서 밝힌 나의 믿음은 더욱 굳건해졌다. 우리에게 고약한 면이 많은 것으로 보아 인간 본성은 문제이기도 하지만 또한 답이기도 하다는 것이다.

부록

도널드 E. 브라운의 인간 보편성 목록

1989년에 편집되고 1991년에 출판된 이 목록은 기본적으로 민족지학자들이 주목해 온 행동과 언어의 '표면적' 보편성들로 구성되어 있다. 다시 말해 이 목록에는 이론과 실험을 통해 드러나는 정신 구조상의 심층적 보편성은 포함되지 않았다. 또한 유사 보편성(전부는 아니고 대부분의 문화에서 볼 수 있는 특성들)과 조건적 보편성("특성 A가 있는 문화에는 항상 특성 B도 있다.")도 생략되었다. 1989년 이후에 추가된 항목들은 부록 말미에 소개했다. 논의와 참조에 필요하다면 브라운의 『인간의 보편성(Human Universals)』 (1991) 그리고 『MIT 인지과학 백과사전』(윌슨 & 케일, 1999)에 수록된 그의 「Human Universals」 항목을 보라.

가까운 친척과 먼 친척의 구별
가족
가족에 기초하지 않은 집단
갈등
갈등 조정
갈등 해결을 위한 상담
감정
감정 이입
강간
강간 추방
'같은'에 해당하는 논리적 개념
개인이란 개념
개인적 이름

검은색
결혼
경멸하는 표정
경제적 불평등
경제적 불평등 의식
계획
고유명사
고통
공간 분류
과거/현재/미래
관대함에 대한 찬양
관습적 인사법
교대

구체화(패턴과 관계를 사물처럼 취급함)
규칙적 일상
그릇된 믿음
'그리고'에 해당하는 논리적 개념
근친상간에 대한 금지 또는 기피
금기
금기 발언
금기 음식
긍정적 호혜
기본적인 출생 관계에 따라 주어지는 친족 용어
기분이나 의식을 바꿔 주는 기술 또는 물질
기상 조절(의 시도)
기술 향상을 위한 연습
기억
기타 물리적 성질들을 나타내는 의미론적 범주
꿈
날씨 분류
남녀노소의 특성 구분
남성의 공격성이 더 높음
남성의 절도 성향이 더 높음
남성의 폭행 치사 비율이 더 높음
남성이 지배하는 공공/정치 분야
낯선 사람에 대한 유년기의 두려움
노동 분업
논리적 개념들
놀란 표정
놀이
놀이를 통한 기술 연마
농담

다른 사람들과 구별되는 자아
다른 사람을 조종하기 위한 언어 사용
다의성(한 단어에 여러 개의 뜻이 있음)
단 음식에 대한 선호
단순한 현실 반영이 아닌 언어
대명사
대사가 포함된 성악
도구
도구 분류
도구 의존
도구 제작
독재 정치(사실상)
동물 분류
동의어
동작(제스처)
두려운 표정
두려움
두려움을 극복하는 능력
뛰어난 언어 능력으로 명성을 획득함
리듬
마술
말, 생각, 행동의 불일치
멈춤/진행의 대조(음성적 측면에서)
명성의 불평등
모욕
모음/비모음의 구별
모음간 구별
모자 근친상간에 대한 금기
무기
묶는 재료(예를 들어 끈 같은 것)
문법
문화

문화와 자연의 구분
문화적 변이성
문화적으로 결정되는 도구 형태
물질주의
미래를 예언하려는 시도
미래를 위한 계획
미적 감각
민속
바꿔 말하기가 가능한 언어
반의어
방문
뱀에 대한 경계
법(권리와 의무 규정)
법(자격 규정)
보통 은밀하게 행해지는 성교
'부분/전체'에 해당하는 논리적 개념
부정적 호혜 (복수, 보복)
분노하는 표정
분류(classification)
분류법(taxonomy)
불
비(非)신체적 장식 예술
비유적인 말
빻는 도구
사고의 객관성을 과대 평가함
사랑을 얻기 위한 마술
사물과 사람에게 영향을 미친다는 것을 나타내는 의미론적 범주
사회 조직
사회적 관계의 조작
사회적 단위로부터의 탈퇴에 대한 제재
사회화

사회화로서의 용변 훈련
사회화에 대한 연장자 친족들의 기대
살인에 대한 법률적 금지
삼각 관계 인식(나와 다른 두 사람의 관계를 평가함)
'상당하는'에 해당하는 논리적 개념
상속 관련 법규
상징
상징적 말
색깔 분류
생명 유지를 위한 마술
생명체에 대한 관심(살아 있는 것 또는 그와 비슷하게 생긴 것)
생물학적 어머니와 사회적 어머니(대개 같은 사람임)
선물 주고받기
선악의 구별
선율
선택(주어진 범위 안에서 고르기)
설명
성 분류
성 용어가 기본적으로 이원적이다
성, 연령, 친족 외에 다른 기준에 근거한 지위
성악
성에 따른 노동 분업
성적 관심
성적 규제
성적 규제의 하나로서 근친상간 금지
성적 매력
성적 수줍음
성적 유혹

성적 지위	애도
성적 질투	애정의 표현과 수용
세계관	약속
소유격	양면 가치
속도를 나타내는 의미론적 범주	어린이를 위한 음악
손(단어)	언어
수(단수, 복수)가 둘 이상인 대명사	언어와 사고의 추상성
수줍음의 표현	언어적 과잉
숫자(계산)	얼굴(단어)
슬픈 표정	얼굴에 의한 개인 인식
시/수사학	에티켓
시간	여성이 직접적인 육아에 더 많이 기여함
시간의 단위	역할과 성격의 상호 작용(예를 들어, 역할의 포기를 개인의 성격에 의해 설명할 수 있음)
시간적 주기성	
시기(envy)	
시기에 대처하는 상징적 수단	엮어 짜기(가령 직조)
시끄러운 소리에 대한 유년기의 두려움	연령 분류
시적 특징으로서의 반복과 변주	연령별 등급
시적 휴지(休止)	연령별 용어
식물 분류	연령별 지위
식사 시간	연령에 따른 노동 분업
신체 장식	연속
신체 부위 분류	연속체(인식 가능한 패턴으로 배열하기)
신화	연합
심리상태 분류	영구적인 도구
심리적 방어 기제	예술(창작물)로 간주되는 음악
10~70개의 범위에 있는 음소의 수	오래 살기 위한 마술
아기 말투	오른손 사용의 규범화
아기를 키우는 어머니에게는 대개 배우자가 있다	오이디푸스 콤플렉스
	오해나 오보를 위한 언어 사용
'아니다'에 해당하는 논리적 개념	옳고 그름의 구별
아버지와 어머니를 지칭하는 친족 용어	완전히 수동적이지도 않고 완전히 자율

적이지도 않은 존재로서의 자아
요리
용기(容器)
운동을 나타내는 의미론적 범주
운수와 관련된 믿음
울음
위생적 취급
유년기의 두려움
육아
은밀한 사생활
은유
음소
음소 변화 규칙
음소 변화의 불가피성
음소론 체계
음소론, 구문론, 어휘적 차원의 구분
음소의 결합
음식 가리기(편식)
음식 나눠 먹기
음악
음악적 과잉
음악적 반복
음악적 변주
의도
의미 단위에 보편성이 없음(언어마다 다름)
의미론
의미론의 기본 요소, 성
의미론의 기본 요소, 세대
의미론의 기본 요소들
의사 결정
의성어

의약
의의소(자주 사용되는 것들은 짧고 드물게 사용되는 것들은 길다.)
의인화
이(숫자)
이야기
이원적 인식의 구별
인칭이 셋 이상인 대명사
일(숫자)
'일반적인/특수한'에 해당하는 논리적 개념
자르는 도구
자민족 중심주의
자아의 책임
잔치
잘못의 시정
장례식
장사
장소를 나타내는 의미론적 범주
재산
절제된 행동과 절제되지 않은 행동의 구분
점(占)
'정반대'에 해당하는 논리적 개념
정상적 상태와 비정상적 상태의 구분
정치
젖떼기
제재
종교 의식
종교 활동에 결부된 음악
주는 행위를 나타내는 의미론적 범주
주체인 동시에 객체로서의 자아
주행성(晝行性)

죽음과 관련된 믿음
지도자
지례
지시 사항의 전달
지위를 탓하고 성취의 대상으로 봄
지위와 개인의 구별
지위와 역할
지정된 의의소(의미의 기본 단위)와 지정되지 않은 의의소의 분명한 구별
진위의 구분
질병과 관련된 믿음
질병과 죽음을 유관한 것으로 봄
집단 구성원을 편드는 성향
집단 내외의 구분
집단 생활
집단에 반하는 범죄에 대한 제재
집단적(영속적) 지위
집단적 의사 결정
집단적 정체성
집단적 정체성
창(槍)
체계적 명명(분류와 구별하기 어렵다.)
초자연성에 대한 믿음/종교
최소한의 자질 차이에 따라 구별되는 음소들
추측에 의한 추리
춤
춤에 결부된 음악
측정
치료(또는 치료를 위한 시도)
치수를 나타내는 의미론적 범주
친자식이나 가까운 친척에 대한 편애

(족벌주의)
친족 분류
친족 서열
텃세
통과의례
통일된 의견
특수한 경우를 가리키는 특수한 말
폭력(어떤 형태는 금지되어 있음)
표정 관리
표정을 이용한 의사 전달
피난처
한 행의 길이가 일정한 범위를 벗어나지 않음
해몽
해산과 관련된 관습
행동경향 분류
행동에 대한 해석
행복한 표정
험담(가십)
헤어스타일
혈연 집단
혐오하는 표정
협동
협동 노동
형태소
호혜적 교환(노동, 물건, 서비스)
환경 적응
환대
환유
흩어져 존재하는 집단들
흰색

1989년 이후 추가된 항목들

간지럼
개찬(改竄), 원래의 말이나 글에 자기 의견을 가미함
공간적 인식과 공간적 행동에서 나타나는 성 차이
공감각적 은유
공평함(평등)의 개념
권력 남용과 지배에 대한 저항
긍정적인 자기 이미지를 원함
남성이 연합적인 폭력을 더 많이 사용함
남성이 평균적으로 일생 동안 더 많은 거리를 돌아다님
남편의 나이가 평균적으로 아내보다 많음
도덕적 감정
도덕적 감정의 유효 범위가 제한돼 있음
모험
비교하기
상처를 입으로 빠는 행위
소꿉놀이
속담과 격언
속담과 격언 - 도덕적 모순을 내포한 것들
수치심
습관화
심적 지도
애착
엄지손가락 빨기
예상
우위 개념(표범이 반점을 갖게 된 것도 이 때문이다.)
의도
이미지
인색함에 대한 비난
자기 이미지 인식(다른 사람들이 어떻게 생각하는지를 신경 쓴다.)
자기 이미지 조작
자부심
자제심
장난감, 노리개
정신어(mentalese)
제도(조직화된 공동 활동)
좋아하는 것과 싫어하는 것
죽음에 대한 두려움
지배/복종
차별적 평가
타인에 대한 평가
필수적인 학습 기간
희망

주(註)

머리말

1. Herrnstein과 Murray, 1994, 311쪽.
2. Harris, 1998a, 2쪽.
3. Thornhill과 Palmer, 2000, 176쪽; 강간을 사회적 성(gender) 측면에서 중립적인 것으로 제시하기 위해 수정, 인용함.
4. Hunt, 1999; Jensen, 1972; Kors와 Silverglate, 1998; P. Rushton, "The new enemies of evolutionary science," *Liberty*, 1998. 3, 31~35쪽; "Psychologist Hans Eysenck, Freudian critic, dead at 81," Associated Press, 1999. 9. 8.

1부 빈 서판, 고상한 야만인, 기계 속의 유령

1. Macnamara, 1999; Passmore, 1970; Stevenson과 Haberman, 1998; Ward, 1998.
2. 「창세기」1:26.
3. 「창세기」3:16.
4. 이것은 성서 이후 시대의 해석에 따른 것이다. 성서에서는 마음과 육체를 명확히 분리하지 않았다.
5. 창조에 대해서는 Opinion Dynamics, 1999. 8. 30; 기적에 대해서는 Princeton Survey Research Associates, 2000. 4. 15; 천사에 대해서는 Opinion Dynamics, 1997. 12. 5; 악마에 대해서는 Princeton Survey Research Associates, 2000. 4. 20; 사후에 대해서는 Gallup Organization, 1998. 4. 1; 진화에 대해서는 Opinion Dynamics, 1999. 8. 30. 코네티컷 주립대학 로퍼연구소의 퍼블릭 오피니언 온라인(Public Opinion Online) www.ropercenter.uconn.edu에서 이용할 수 있다.

1장 공식 이론

1. Locke, 1690/1947, 2권, 1장, 26쪽.
2. Hacking, 1999.
3. Rousseau, 1755/1994, 61~62쪽.
4. Hobbes, 1651/1957, 185~186쪽.
5. Descartes, 1641/1967, Meditation VI, 177쪽.
6. Ryle, 1949, 13~17쪽.
7. Descartes, 1637/2001, 5부, 10쪽.
8. Ryle, 1949, 20쪽.
9. Cohen, 1997.
10. Rousseau, 1755/1986, 208쪽.
11. Rousseau, 1762/1979, 92쪽.
12. Sowell, 1987, 63쪽에서 인용.
13. 원 출처는 *Red Flag* (Beijing), 1958. 6. 1. Courtois 외, 1999에서 인용.
14. J. Kalb, "The downtown gospel according to Reverend Billy." *New York Times*, 2000. 2. 27.
15. D. R. Vickery, "And who speaks for our earth" *Boston Globe*, 1997. 12. 1.
16. Green, 2001; R. Mishra, "What can stem cells really do?" *Boston Globe*, 2001. 8. 21.

2장 실리퍼티

1. Jespersen, 1938/1982, 2~3쪽.
2. Degler, 1991; Fox, 1989; Gould, 1981; Richards, 1987.
3. Degler, 1991; Fox, 1989; Gould, 1981; Rachels, 1990; Richards, 1987; Ridley, 2000.
4. Degler, 1991; Gould, 1981; Kevles, 1985; Richards, 1987; Ridley, 2000.
5. "표준사회과학모델"이란 용어는 John Toby와 Leda Cosmides에 의해 도입되었다(1992). 철학자 Ron Mallon과 Stephen Stich(2000)은 비슷한 의미에 더 짧다는 이유로 "사회구성"이란 용어를 사용한다. "사회구성"은 1999년 사회학의 창시자 중 한 명에 의해 만들어 졌고 Hacking에 의해 분석되고 있다.
6. Curti, 1980; Degler, 1991; Fox, 1989; Freeman, 1999; Richards, 1987; Shipman, 1994; Tooby와 Cosmides, 1992 참조.
7. Degler, 1991, viii쪽.

8. White, 1996.
9. Fox, 1989, 68쪽에서 인용.
10. Watson, 1924/1998.
11. Degler, 1991, 139쪽에서 인용.
12. Degler, 1991, 158~159쪽에서 인용.
13. Breland와 Breland, 1961.
14. Skinner, 1974.
15. Skinner, 1971.
16. Fodor와 Pylyshyn, 1988; Gallistel, 1990; Pinker와 Mehler, 1988.
17. Gallistel, 2000.
18. Preuss, 1995; Preuss, 2001.
19. Hirschfeld과 Gelman, 1994.
20. Ekman과 Davidson, 1994; Haidt, 근간.
21. Daly, Salmon과 Wilson, 1997.
22. McClelland, Rumelhart와 the PDP Research Group, 1986; Rumelhart, McClelland와 the PDP Research Group, 1986.
23. Rumelhart와 McClelland, 1986, 143쪽.
24. Degler, 1991, 148쪽에서 인용.
25. Boas, 1911. 사례들을 제공해 준 David Kemmerer에게 감사 드린다.
26. Degler, 1991; Fox, 1989; Freeman, 1999.
27. Degler, 1991, 84쪽에서 인용.
28. Degler, 1991, 95쪽에서 인용.
29. Degler, 1991, 96쪽에서 인용.
30. Durkheim, 1895/1962, 103~106쪽.
31. Durkheim, 1895/1962, 110쪽.
32. Degler, 1991, 161쪽에서 인용.
33. Tooby와 Cosmides, 1992, 26쪽에서 인용.
34. Ortega y Gassett, 1935/2001.
35. Montagu, 1973a, 9쪽. 생략 부호 앞의 문장은 Degler, 1991, 209쪽에 인용되어 있는 이전 판의 글이다, 1991, 209쪽.
36. Benedict, 1934/1959, 278쪽.
37. Mead, 1935/1963, 280쪽.

38. Degler, 1991, 209쪽에서 인용.

39. Mead, 1928.

40. Geertz, 1973, 50쪽.

41. Geertz, 1973, 44쪽.

42. Shweder, 1990.

43. Tooby와 Cosmides, 1992, 22쪽에서 인용.

44. Degler, 1991, 208쪽에서 인용.

45. Degler, 1991, 204쪽에서 인용.

46. Degler, 1991; Shipman, 1994.

47. Degler, 1991, 188쪽에서 인용.

48. Degler, 1991, 103~104쪽에서 인용.

49. Degler, 1991, 210쪽에서 인용.

50. Cowie, 1999; Elman 외, 1996, 390~391쪽.

51. Degler, 1991, 330쪽에서 인용.

52. Degler, 1991, 95쪽에서 인용.

53. Degler, 1991, 100쪽에서 인용.

54. Charles Singer, *A short history of biology*. Dawkins, 1998, 90쪽에서 인용.

3장 최후의 성벽

1. Wilson, 1998. 이 개념을 처음으로 발전시킨 것은 John Tooby와 Leda Cosmides, 1992였다.

2. Anderson, 1995; Crevier, 1993; Gardner, 1985; Pinker, 1997.

3. Fodor, 1994; Haugeland, 1981; Newell, 1980; Pinker, 1997, 2장.

4. Selmer Bringsjord의 Brutus. 1. S. Bringsjord, "Chess is too easy," *Technology Review*, 1998. 3/4, 23~28쪽.

5. David Cope의 EMI (Experiments in Musical Intelligence). George Johnson, "The artist's angst is all in your head," *New York Times*, 1997. 11. 16, 16쪽.

6. Harold Cohen의 Aaron. G. Johnaon, "Te artist's angst is all in your head," *New York Times*, 1997. 11. 16, 16쪽.

7. Goldenberg, Mazursky와 Solomon, 1999.

8. Leibniz, 1768/1996, 2권, 1장, 111쪽.

9. Leibniz, 1768/1996, 서문, 68쪽.

10. Chomsky, 1975; Chomsky, 1988b; Fodor, 1981.
11. Elman 외, 1996; Rumelhart와 McClelland, 1986.
12. Dennett, 1986.
13. Elman 외, 1996, 82쪽.
14. Elman 외, 1996, 99~100쪽.
15. Chomsky, 1975; Chomsky, 1993; Chomsky, 2000; Pinker, 1994.
16. 또한 Miller, Galanter와 Pribram, 1960; Pinker, 1997, 2장; Pinker, 1999, 1장과 10장 참조.
17. Baker, 2001.
18. Baker, 2001.
19. Shweder, 1994; 논의를 위해 Ekman과 Davidson, 1994와 Lazarus, 1991 참조.
20. 감정에 관한 이론들을 살펴보려면 Lazarus, 1991 참조.
21. Mallon과 Stich, 2000.
22. Ekman과 Davidson, 1994; Lazarus, 1991.
23. Ekman과 Davidson, 1994.
24. Fodor, 1983; Gardner, 1983; Hirschfeld와 Gelman, 1994; Pinker, 1994; Pinker, 1997.
25. Elman 외, 1996; Karmiloff-Smith, 1992.
26. Anderson, 1995; Gazzaniga, Ivry와 Mangun, 1998.
27. Calvin, 1996a; Calvin, 1996b; Calvin과 Ojemann, 2001; Crick, 1994; Damasio, 1994; Gazzaniga, 2000a; Gazzaniga, 2000b; Gazzaniga, Ivry와 Mangun, 1998; Kandel, Schwartz와 Jessell, 2000.
28. Crick, 1994.
29. 1948, trans. C. B. Garnett (New York: Macmillan), 664쪽.
30. Damasio, 1994.
31. Damasio, 1994; Dennett, 1991; Gazzaniga, 1998.
32. Gazzaniga, 1992; Gazzaniga, 1998.
33. Anderson 외, 1999; Blair와 Cipolotti, 2000; Lykken, 1995.
34. Monaghan과 Glickman, 1992.
35. Bourgeois, Goldman-Rakic과 Rakic, 2000; Chalupa, 2000; Geary와 Huffman, 2002; Katz, Weliky와 Crowley, 2000; Rakic, 2000; Rakic, 2001. 또한 5장 참조.
36. Thompson 외, 2001.
37. Thompson 외, 2001.
38. Witelson, Kigar와 Harvey, 1999.

39. LeVay, 1993.
40. Davidson, Putnam과 Larson, 2000; Raine 외, 2000.
41. Bouchard, 1994; Hamer과 Copeland, 1998; Lykken, 1995; Plomin, 1994; Plomin 외, 2001; Ridley, 2000.
42. Hyman, 1999; Plomin, 1994.
43. Bouchard, 1994; Bouchard, 1998; Damasio, 2000; Lykken 외, 1992; Plomin, 1994; Thompson 외, 2001; Tramo 외, 1995; Wright, 1995.
44. Segal, 2000.
45. Lai 외, 2001; Pinker, 2001b.
46. Frangiskakis 외, 1996.
47. Chorney 외, 1998.
48. Benjamin 외, 1996.
49. Lesch 외, 1996.
50. Lai 외, 2001; Pinker, 2001b.
51. Charlesworth, 1987; Miller, 2000c; Mousseau와 Roff, 1987; Tooby와 Cosmides, 1990.
52. Bock과 Goode, 1996; Lykken, 1995; Mealey, 1995.
53. Blair와 Cipolotti, 2000; Hare, 1993; Kirwin, 1997; Lykken, 1995; Mealey, 1995.
54. Anderson 외, 1999; Blair와 Cipolotti, 2000; Lalumièe, Harris와 Rice, 2001; Lykken, 2000; Mealey, 1995; Rice, 1997.
55. Barkow, Cosmides와 Tooby, 1992; Betzig, 1997; Buss, 1999; Cartwright, 2000; Crawford와 Krebs, 1998; Evans와 Zarate, 1999; Gaulin과 McBurney, 2000; Pinker, 1997; Pope, 2000; Wright, 1994.
56. Dawkins, 1983; Dawkins, 1986; Gould, 1980; Maynard Smith, 1975/1993; Ridley, 1986; Williams, 1966.
57. Dawkins, 1983; Dawkins, 1986; Maynard Smith, 1975/1993; Ridley, 1986; Williams, 1966.
58. "과대망상적 유전자"라는 개선된 비유를 제시한 사람은 철학자 Colin McGinn이었다.
59. Etcoff, 1999.
60. Frank, 1988; Trivers, 1971; Haidt, 근간.
61. Daly와 Wilson, 1988; Frank, 1988.
62. McGuinness, 1997; Pinker, 1994.
63. Brown, 1991; Brown, 2000.
64. Baron-Cohen, 1995; Hirschfeld와 Gelman, 1994; Spelke, 1995.

65. Boyd와 Silk, 1996; Calvin과 Bickerton, 2000; Kingdon, 1993; Klein, 1989; Mithen, 1996.

66. Gallistel, 1992; Hauser, 1996; Hauser, 2000; Trivers, 1985.

67. James, 1890/1950, 2권, 24장.

68. Freeman, 1983; Freeman, 1999.

69. Wrangham과 Peterson, 1996.

70. Wrangham과 Peterson, 1996.

71. Keeley, 1996, Ed Hagen이 90쪽 그림 6.2에 채택한 그래프.

72. Ghiglieri, 1999; Keeley, 1996; Wrangham 과 Peterson, 1996.

73. Ember, 1978. 또한 Ghiglieri, 1999; Keeley, 1996; Knauft, 1987; Wrangham과 Peterson, 1996 참조.

74. Divale, 1972; 또한 논의를 위해 Eibl-Eibesfeldt, 1989, 323쪽 참조.

75. Bamforth, 1994; Chagnon, 1996; Daly와 Wilson, 1988; Divale, 1972; Edgerton, 1992; Ember, 1978; Ghiglieri, 1999; Gibbons,1997; Keeley, 1996; Kingdon, 1993; Knauft, 1987; Krech, 1994; Krech, 1999; Wrangham과 Peterson, 1996.

76. Axelrod, 1984; Brown, 1991; Ridley, 1997; Wright, 2000

77. Brown, 1991.

4장 문화의 탐욕

1. Borges, 1964, 30쪽.

2. Pinker, 1984a.

3. Boyer, 1994; Hirschfeld와 Gelman, 1994; Norenzayan과 Atran, 근간; Schaller와 Crandall, 근간; Sperber, 1994; Talmy, 2000; Tooby와 Cosmides, 1992.

4. Adams 외, 2000.

5. Tomasello, 1999.

6. Baron-Cohen, 1995; Karmiloff-Smith 외, 1995.

7. Rapin, 2001.

8. Baldwin, 1991.

9. Carpenter, Akhtar와 Tomasello, 1998.

10. Meltzoff, 1995.

11. Pinker, 1994; Pinker, 1996; Pinker, 1999.

12. Campbell과 Fairey, 1989; Frank, 1985; Kelman, 1958; Latané와 Nida, 1981.

13. Deutsch와 Gerard, 1955.
14. Harris, 1985.
15. Cronk, 1999; Cronk, Chagnon과 Irons, 2000.
16. Pinker, 1999, 10장.
17. Searle, 1995.
18. Sperber, 1985; Sperber, 1994.
19. Boyd와 Richerson, 1985; Cavalli-Sforza와 Feldman, 1981; Durham, 1982; Lumsden과 Wilson, 1981.
20. Cavalli-Sforza, 1991; Cavalli-Sforza와 Feldman, 1981.
21. Toussaint-Samat, 1992.
22. Degler, 1991.
23. Sowell, 1996, 378쪽. 또한 Sowell, 1994와 Sowell, 1998 참조.
24. Diamond, 1992; Diamond, 1998.
25. Diamond, 1997.
26. Putnam, 1973.
27. Chomsky, 1980, 227쪽; Marr, 1982; Tinbergen, 1952.
28. Pinker, 1999.

5장 서판의 마지막 항전

1. Venter 외, 2001.
2. 예를 들어 Rose와 Rose. 2000에 실린 기고문들 참조.
3. *The Guardian*, 2001. 2. 11에 실린 R. McKie의 글. 또한 S. J. Gould, "Humbled by the genome's mysteries," *New York Times*, 2001. 2. 19 참조
4. *The Observer*, 2001. 2. 11.
5. E. Pennisi, "The human genome," *Science*, *291*, 1177~1180쪽; 1178~1179쪽 참조.
6. "Gene count," *Science*, *295*, 2002, 29쪽; R. Mishar, "Biotech CEO says map missed much of genome," *Boston Globe*, 2001. 4. 9; Wright 외, 2001.
7. Claverie, 2001; Szathmáy, Jordán과 Pál, 2001; Venter 외, 2001.
8. Szathmáy, Jordán과 Pál, 2001.
9. Claverie, 2001.
10. Venter 외, 2001.

11. Evan Eichler. G. Vogel, "Objection #2: Why sequence the junk?" *Science*, *291*, 2001, 1184쪽에서 인용.
12. Elman 외, 1996; McClelland, Rumelhart와 the PDP Research Group, 1986; McLeod, Plunkett과 Rolls, 1998; Pinker, 1997, 98~111쪽; Rumelhart, McClelland와 the PDP Research Group, 1986.
13. Anderson, 1993; Fodor와 Pylyshyn, 1988; Hadley, 1994a; Hadley, 1994b; Hummel 과 Holyoak, 1997; Lachter와 Bever, 1988; Marcus, 1998; Marcus, 2001a; McCloskey와 Cohen, 1989; Minsky와 Papert, 1988; Shastri와 Ajjanagadde, 1993; Smolensky, 1995; Sougné, 1998.
14. Berent, Pinker와 Shimron, 1999; Marcus외, 1995; Pinker, 1997; Pinker, 1999; Pinker, 2001a; Pinker와 Prince, 1988.
15. Pinker, 1997, 112~131쪽.
16. Pinker, 1999. 또한 Clahsen, 1999; Marcus, 2001a; Marslen-Wilson과 Tyler, 1998; Pinker, 1991 참조.
17. 예를 보려면 Marcus 외, 1995와 Marcus, 2001a 참조.
18. Hinton과 Nowlan, 1987; Nolfi, Elman과 Parisi, 1994.
19. 예를 보려면 Hummel과 Biederman, 1992; Marcus, 2001a; Shastri, 1999; Smolensky, 1990 참조.
20. Deacon, 1997; Elman 외, 1996; Hardcastle과 Buller, 2000; Panskepp과 Panskepp, 2000; Quartz와 Sejnowski, 1997.
21. Elman 외, 1996, 108쪽.
22. Quartz와 Sejnowski, 1997, 552, 555쪽.
23. Maguire 외, 2000.
24. Miller, 2000a.
25. Sadato 외, 1996.
26. Neville과 Bavelier, 2000; Petitto 외, 2000.
27. Pons 외, 1991; Ramachandran과 Blakeslee, 1998.
28. Curtiss, de Bode와 Shields, 2000; Stromswold, 2000.
29. Catalano와 Shatz, 1998; Crair, Gillespie와 Stryker, 1998; Katz와 Shatz, 1996; Miller, Keller와 Stryker, 1989.
30. Sharma, Angelucci와 Sur, 2000; Sur, 1988; Sur, Angelucci와 Sharma, 1999.
31. 이와 관련된 논의를 보려면 Geary와 Huffman, 2002; Katz와 Crowley, 2002; Katz와 Shatz, 1996; Katz, Weliky와 Crowley, 2000; Marcus, 2001b 참조.
32. R. Restak, "Rewiring"(S. C. Vaughan의 *The talking cure*에 대한 서평), *New York Times Book*

Review, 1997. 6. 22, 14~15쪽.
33. D. Milmore, "'Wiring'the brain for life," *Boston Globe*, 1997. 11. 2, N5~N8면.
34. William Jenkins. A. Ellin, "Can 'neurobics' do for the brain what aerobics do for the lungs?" *New York Times*, 1999. 10. 3에서 인용.
35. A. Ellin, "Can 'neurobics' do for the brain what aerobics do for the lungs?" *New York Times*, 1999. 10. 3에서 인용.
36. G. Kolata, "Muddling fact and fiction in policy," *New York Times*, 1999. 8. 8.
37. Bruer, 1997; Bruer, 1999.
38. R. Saltus, "Study shows brain adaptable," *Boston Globe*, 2000. 4. 20.
39. Van Essen과 Deyoe, 1995, 388쪽.
40. Crick과 Koch, 1995.
41. Bishop, Coudreau와 O'Leary, 2000; Bourgeois, Goldman-Rakic과 Rakic, 2000; Chalupa, 2000; Katz, Weliky와 Crowley, 2000; Levitt, 2000; Miyashita-Lin 외, 1999; Rakic, 2000; Rakic, 2001; Verhage 외, 2000; Zhou와 Black, 2000.
42. 이전 주에 언급된 문헌들과 또한 Geary와 Huffman, 2002; Krubitzer와 Huffman, 2000; Preuss, 2000; Preuss, 2001; Tessier-Lavigne와 Goodman, 1996 참조.
43. Geary와 Huffman, 2002; Krubitzer와 Huffman, 2000; Preuss, 2000; Preuss, 2001.
44. D. Normile, "Gene expression differs in human and chimp brains," *Science*, 292, 2001. 4. 6, 44~45쪽.
45. Kaas, 2000, 224쪽.
46. Hardcastle과 Buller, 2000; Panskepp과 Panskepp, 2000.
47. Gu와 Spitzer, 1995.
48. Catalano와 Shatz, 1998; Crair, Gillespie와 Stryker, 1998; Katz와 Shatz, 1996.
49. Catalano와 Shatz, 1998; Crair, Gillespie와 Stryker, 1998; Katz와 Shatz, 1996; Stryker, 1994.
50. Catalano와 Shatz, 1998; Stryker, 1994.
51. Wang 외, 1998.
52. Brown, 1985; Hamer와 Copeland, 1994.
53. J. R. Skoyles, 1999. 6. 7, 진화 심리학에 대한 한 이메일 토론에서.
54. Recanzone, 2000, 245쪽.
55. Van Essen과 Deyoe, 1995.
56. Kosslyn, 1994.
57. Kennedy, 1993; Kosslyn, 1994, 334~335쪽; Zimler와 Keenan, 1983; 하지만 Arditi, Holtzman

과 Kosslyn, 1988 또한 참조.
58. Petitto 외, 2000.
59. Klima와 Bellugi, 1979; Padden과 Perlmutter, 1987; Siple과 Fischer, 1990.
60. Cramer와 Sur, 1995; Sharma, Angelucci와 Sur, 2000; Sur, 1988; Sur, Angelucci와 Sharma, 1999.
61. Sur, 1988, 44~45쪽.
62. Bregman, 1990; Bregman과 Pinker, 1978; Kubovy, 1981.
63. Hubel, 1988.
64. Bishop, Coudreau와 O'Leary, 2000; Bourgeois, Goldman-Rakic과 Rakic, 2000; Chalupa, 2000; Geary와 Huffman, 2002; Katz, Weliky와 Crowley, 2000; Krubitzer와 Huffman, 2000; Levitt, 2000; Miyashita-Lin 외, 1999; Preuss, 2000; Preuss, 2001; Rakic, 2000; Rakic, 2001; Tessier-Lavigne와 Goodman, 1996; Verhage 외, 2000; Zhou와 Black, 2000.
65. Katz, Weliky와 Crowley, 2000, 209쪽.
66. Crowley와 Katz, 2000.
67. Verhage 외, 2000.
68. Miyashita-Lin 외, 1999.
69. Bishop, Coudreau와 O'Leary, 2000. 또한 Rakic, 2001 참조.
70. Thompson 외, 2001.
71. Brugger 외, 2000; Melzack, 1990; Melzack 외, 1997; Ramachandran, 1993.
72. Curtiss, de Bode와 Shields, 2000; Stromswold, 2000.
73. 이에 대한 설명은 Stronswold, 2000에 실려 있다.
74. Farah 외, 2000.
75. Anderson 외, 1999.
76. Anderson, 1976; Pinker, 1979; Pinker, 1984a; Quine, 1969.
77. Adams 외, 2000.
78. Tooby와 Cosmides, 1992; Williams, 1966.
79. Gallistel, 2000; Hauser, 2000.
80. Barkow, Cosmides와 Tooby, 1992; Burnham과 Phelan, 2000; Wright, 1994.
81. Brown, 1991.
82. Hirschfeld와 Gelman, 1994; Pinker, 1997, 5장.
83. Baron-Cohen, 1995; Gopnik, Meltzoff와 Kuhl, 2000; Hirschfeld와 Gelman, 1994; Leslie, 1994; Spelke, 1995; Spelke 외, 1992.

84. Baron-Cohen, 1995; Fisher 외, 1998; Frangiskakis 외, 1996; Hamer와 Copeland, 1998; Lai 외, 2001; Rossen 외, 1996.
85. Bouchard, 1994; Plomin 외, 2001.
86. Caspi, 2000; McCrae 외, 2000.
87. Bouchard, 1994; Harris, 1998a; Plomin 외, 2001; Turkheimer, 2000.
88. 이 장에 인용된 문헌들 참조.

2부 두려움과 혐오

6장 정치 과학자

1. Weizenbaum, 1976.
2. Lewontin, Rose와 Kamin, 1984, x쪽.
3. Herrnstein, 1971.
4. Jensen, 1969; Jensen, 1972.
5. Herrnstein, 1973.
6. Darwin, 1872/1998; Pinker, 1998.
7. Ekman, 1987; Ekman, 1998.
8. Wilson, 1975/2000.
9. Sahlins, 1976, 3쪽.
10. Sahlins, 1976, x쪽.
11. Allen 외, 1975, 43쪽.
12. Chorover, 1979, 108~109쪽.
13. Wilson, 1975/2000, 548쪽.
14. Wilson, 1975/2000, 555쪽.
15. Wilson, 1975/2000, 550쪽.
16. Wilson, 1975/2000, 554쪽.
17. Wilson, 1975/2000, 569쪽.
18. Segerstråle, 2000; Wilson, 1994.
19. Wright, 1994.
20. Trivers와 Newton, 1982.
21. Trivers, 1981.

22. Trivers, 1981, 37쪽.
23. Gould, 1976a; Gould, 1981; Gould, 1998a; Lewontin, 1992; Lewontin, Rose와 Kamin, 1984; Rose와 Rose, 2000; Rose, 1997.
24. 제목에서만 "결정론"을 발견할 수 있는 경우는 Gould, 1976a; Rose, 1997; Rose와 the Dialectics of Biology Group, 1982; 그리고 Lewontin, Rose와 Kamin, 1984의 총9장 중 4장이다.
25. Lewontin, Rose와 Kamin, 1984, 236쪽.
26. Lewontin, Rose와 Kamin, 1984, 5쪽.
27. Dawkins, 1976/1989, 164쪽.
28. Lewontin, Rose와 Kamin, 1984, 11쪽.
29. Dawkins, 1985.
30. Lewontin, Rose와 Kamin, 1984, 287쪽.
31. Dawkins, 1976/1989, 20쪽, 강조 표시 추가함.
32. Levins와 Lewontin, 1985, 88, 128쪽; Lewontin, 1983, 68쪽; Lewontin, Rose와 Kamin, 1984, 287쪽. Lewontin, 1982, 18쪽에는 "우리의 유전자에 의해 지배된다."라고 바뀌어 있다.
33. Lewontin, Rose와 Kamin, 1984, 149쪽.
34. Lewontin, Rose와 Kamin, 1984, 260쪽.
35. Rose, 1997, 211쪽.
36. Freeman, 1999.
37. 터너와 스폰셀의 편지는 chief.anth.uconn.edu/gradstudents/ dhume/darkness_in_el_dorado 참조.
38. Chagnon, 1988; Chagnon, 1992.
39. Tierney, 2000.
40. Nell-Chagnon의 주장들에 대한 지속적 조사에 관한 미시건 주립 대학 보고서 (www.umich.edu/~urel/darkness.html); John J. Miller, "The Fierce People: The wages of anthropological incorrectness," *National Review*, 2000. 11. 20.
41. John Tooby, "Jungle fever: Did two U.S. scientists start a genocidal epidemic in the Amazon, or was The New Yorker duped?" *Slate*, 2000. 10. 24; Nell-Chagnon의 주장들에 대한 지속적 조사에 관한 미시건 주립 대학 보고서(www.umich.edu/~urel/ darkness.html); John J. Miller, "The Fierce People: The wages of anthropological incorrectness," *National Review*, 2000. 11. 20; "A statement from Bruce Alberts," National Academy of Sciences, 2000. 11. 9, www.nas.org; John Tooby, "Preliminary Report," Department of Anthropology, University of California, Santa Barbara, 2000. 12. 10. (www.anth.ucsb.edu/ucsbpreliminar yreport.pdf; 또한

www.anth.ucsb.edu /chagnon.html); Lou Marano, "Darkness in anthropology," UPI, 2000. 10. 20; Michael Shermer, "Spin-doctoring the Yanomamö," *Skeptic*, 2001; Virgilio Bosh와 eight other signatories, "Venezuelan response to Yanomamö book," *Science*, *291*, 2001, 985~986쪽; "The Yanomamö and the 1960s measles epidemic": J. V. Neel, Jr., K. Hill과 S. L. Katz로부터 의 편지, *Science*, *292*, 2001. 6. 8, 1836~1837쪽; "Yanomamö wars continue," *Science*, *295*, 2002. 1. 4, 41쪽. yahoo.com/group/evolutionary-psychology/files/aaa.html. 2001. 11 참조. Tierney 사건과 관련된 광범위한 문서들은 인터넷 웹사이트 www.anth.uconn. edu/gradstudents/dhume/index4.htm 참조.

42. Edward Hagen, "Chagnon and Neel saved hundreds of lives," The Fray, *Slate*, 2000. 12. 8 (www.anth.uconn.edu/grad students/dhume/Dark/darkness.0250.html). S. L. Katz, "The Yanomamö and the 1960s measles epidemic"(편지), *Science*, *292*, 2001. 6. 8, 1837쪽.

43. *Pittsburgh Post-Gazette*. John J. Miller, "The Fierce People: The wages of anthropological incorrectness," *National Review*, 2000. 11. 20에서 인용.

44. Chagnon, 1992, 5~6장.

45. Valero와 Biocca, 1970.

46. Ember, 1978; Keeley, 1996; Knauft, 1987.

47. Tierney, 2000, 178쪽.

48. Redmond, 1994, 125쪽; John Tooby, *Slate*, 2000. 10. 24에서 인용

49. Sponsel, 1996, 115쪽.

50. Sponsel, 1996, 99쪽과 103쪽.

51. Sponsel, 1998, 114쪽.

52. Tierney, 2000, 38쪽.

53. Neel, 1994.

54. John J. Miller, "The Fierce People: The wages of anthropological incorrectness," *National Review*, 2000. 11. 20.

55. Tierney, 2000, xxiv쪽.

7장 성삼위 일체

1. Hunt, 1999.
2. Halpern, Gilbert와 Coren, 1996.
3. Allen 외, 1975.

4. Gould, 1976a.

5. Lewontin, Rose와 Kamin, 1984, 267쪽.

6. Lewontin, Rose와 Kamin, 1984, 267쪽.

7. Lewontin, Rose와 Kamin, 1984, 14쪽.

8. Lewontin, 1992, 123쪽.

9. Lewontin의 요약, 1982, 책 표지.

10. Lewontin, 1992, 123쪽.

11. Montagu, 1973a.

12. S. Gould, "A time of gifts," *New York Times*, 2001. 9. 26.

13. Gould, 1998b.

14. Mealey, 1995.

15. Gould, 1998a, 262쪽.

16. Bamforth, 1994; Chagnon, 1996; Daly와 Wilson, 1988; Divale, 1972; Edgerton, 1992; Ember, 1978; Ghiglieri, 1999; Gibbons, 1997; Keeley, 1996; Kingdon, 1993; Knauft, 1987; Krech, 1994; Krech, 1999; Wrangham과 Peterson, 1996.

17. Gould, 1998a, 262쪽.

18. Gould, 1998a, 265쪽.

19. Levins와 Lewontin, 1985, 165쪽.

20. Lewontin, Rose와 Kamin, 1984, ix쪽.

21. Lewontin, Rose와 Kamin, 1984, 76쪽.

22. Lewontin, Rose와 Kamin, 1984, 270쪽.

23. Rose, 1997, 7쪽과 309쪽.

24. Gould, 1992.

25. Hunt, 1999.

26. J. Salamon, "A stark explanation for mankind from an unlikely rebel"(PBS 시리즈물 "Evolution"에 대한 평), *New York Times*, 2001. 9. 24에서 인용

27. D. Wald, "Intelligent design meets congressional designers," *Skeptic*, 8, 2000, 13쪽. Bloodhound Gang의 "Bad Touch"의 가사.

28. D. Falk, "Design or chance?" *Boston Globe Globe Magazine*, 2001. 10. 21, 14~23쪽. 21쪽에서 인용.

29. 미국 국립과학교육센터. http://www.ncseweb.org/pressroom.asp?branch=statement. 또한 Berra, 1990; Kitcher, 1982; Miller, 1999; Pennock, 2000; Pennock, 2001 참조.

30. L. Arnhart, M. J. Behe와 W. A. Dembski, "Conservatives, Darwin, and design: An exchange," *First Things*, *107*, 2000. 11, 23~31쪽.
31. Behe, 1996.
32. Behe, 1996; Crews, 2001; Dorit, 1997; Miller, 1999; Pennock, 2000; Pennock, 2001; Ruse, 1998.
33. R. Bailey, "Origin of the Specious," *Reason*, 1997. 7.
34. D. Berlinski, "The deniable Darwin," *Commentary*, 1996. 6. 또한 R. Bailey, "Origin of the Specious," *Reason*, 1997. 7 참조. 교육에 대한 Pope의 견해는 11장에서 논의할 것이다.
35. *A 1991 Essay*. R. Bailey, "Origin of the specious," *Reason*, 1997. 7에서 인용.
36. R. Bailey, "Origin of the specious," *Reason*, 1997. 7에서 인용.
37. R. Bailey, "Origin of the Specious," *Reason*, 1997. 7.
38. L. Kass, "The end of courtship," *Public Interest*, *126*, 1997. 겨울.
39. A. Ferguson, "The end of nature and the next man"(F. Fukuyama의 *The great disruption*에 대한 서평), *Weekly Standard*, 1999. 6. 28.
40. A. Ferguson, "How Steven Pinker's mind works"(S. Pinker의 *How the mind works*에 대한 서평), *Weekly Standard*, 1998. 1. 12.
41. T. Wolfe, "Sorry, but your soul just died," *Forbes ASAP*, 1996. 12. 2; Wolfe, 2000에는 약간 다르게 바뀌어 있다. 생략 부호는 원래 있던 것이다.
42. T. Wolfe, "Sorry, but your soul just died," *Forbes ASAP*, 1996. 12. 2; Wolfe, 2000에는 약간 다르게 바뀌어 있다.
43. C. Holden, "Darwin's brush with racism," *Science*, *292*, 2001, 1295쪽. 국회의원 Broome의 Resolution HLS 01-2652, Regular Session, 2001, House Concurrent Resolution No. 74.
44. R. Wright, "The accidental creationist," *New Yorker*, 1999. 12. 13. 이와 비슷하게 창조론 성향의 Discovery Institute에서는 2001년 PBS텔레비전 다큐멘터리 시리즈 "Evolution"을 비판하기 위해 진화 심리학에 대한 Lewontin의 공격을 이용했다.
45. Rose, 1978.
46. T. Wolfe, "Sorry, but your soul just died," *Forbes ASAP*, 1996. 12. 2; Wolfe, 2000에는 약간 다르게 바뀌어 있다.
47. Gould, 1976b.
48. A. Ferguson, "The end of nature and the next man"(F. Fukuyama의 *The great disruption*에 대한 서평), *Weekly Standard*, 1999.
49. 유사한 보고를 보려면 Dennett, 1995, 263쪽 참조.
50. E. Smith, "Look who's stalking," *New York*, 2000. 2. 14.

51. Alcock, 1998.
52. 예를 들면 다음과 같은 논문들이다. "Eugenics revisited"(Horgan, 1993), "The return of the Social Darwinists"(Horgan, 1995), "Is a new eugenics afoot?"(Allen, 2001).
53. *New Republic*, 1998. 4. 27, 33쪽.
54. *New York Times*, 2001. 2. 18, Week in Review, 3쪽.
55. Tooby와 Cosmides, 1992, 49쪽.
56. 침팬지에 대해서는, Montagu, 1973b, 4쪽. IQ의 유전력에 대해서는 Kamin, 1974; Lewontin, Rose와 Kamin, 1984, 116쪽. 구상력으로서의 IQ에 대해서는 Gould, 1981. 성격과 사회적행동에 대해서는 Lewontin, Rose와 Kamin, 1984, 9장. 성차이에 대해서는 Lewontin, Rose와 Kamin, 1984, 156쪽. 태평양의 부족들에 대해서는 Gould, 1998a, 262쪽.
57. Daly, 1991.
58. Alcock, 2001.
59. Buss, 1995; Daly와 Wilson, 1988; Daly와 Wilson, 1999; Etcoff, 1999; Harris, 1998a; Hrdy, 1999; Ridley, 1993; Ridley, 1997; Symons, 1979; Wright, 1994.
60. Plomin 외, 2001.

3부 인간의 얼굴을 한 인간 본성

1. Drake, 1970; Koestler, 1959.
2. Galileo, 1632/1967, 58~59쪽.

8장 불평등에 대한 두려움

1. *The Rambler*, no. 60에서.
2. *Analects*에서.
3. Charlesworth, 1987; Lewontin, 1982; Miller, 2000c; Mousseau와 Roff, 1987; Tooby와 Cosmides, 1990.
4. Tooby와 Cosmides, 1990.
5. Lander 외, 2001.
6. Bodmer와 Cavalli-Sforza, 1970.
7. Tooby와 Cosmides, 1990.
8. Patai와 Patai, 1989.

9. Sowell, 1994; Sowell, 1995a
10. Patterson, 1995; Patterson, 2000.
11. Cappon, 1959, 387~392쪽.
12. Lincoln과 Douglas의 7차 논쟁, 1858. 10. 15.
13. Mayr, 1963, 649쪽. 이 주장에 대해 보다 최근에 한 진화 유전학자가 제시한 언급에 대해서는 Crow, 2002 참조.
14. Chomsky, 1973, 362-363쪽. 또한 Segerstråle, 2000 참조.
15. 심도 있는 논의를 보려면 Tribe, 1971 참조.
16. *Los Angeles Times* 여론 조사, 2001. 12. 21.
17. Nozick, 1974
18. Gould, 1981, 24~25쪽. 이에 대한 비평은 Blinkhorn, 1982; Davis, 1983; Jensen, 1982; Rushton, 1996; Samelson, 1982 참조.
19. Putnam, 1973, 142쪽.
20. Neisser 외, 1996; Snyderman과 Rothman, 1988, 그리고 Gottfredson, 1997, 또한 Andreasen 외, 1993; Caryl, 1994; Deary, 2000; Haier 외, 1992; Reed와 Jensen, 1992; Thompson 외, 2001; Van Valen, 1974; Willerman 외, 1991의 일치된 진술들을 보라.
21. Moore와 Baldwin, 1903/1996; Rachels, 1990.
22. Rawls, 1976.
23. Hayek, 1960/1978.
24. Chirot, 1994; Courtois 외, 1999; Glover, 1999.
25. Horowitz, 2001; Sowell, 1994; Sowell, 1996.
26. Lykken 외, 1992.
27. 1970년대 말 Boston Phoenix에서 한 인터뷰를 기억에 따라 재구성했다. 아이러니컬하게도 Wald의 아들 Elijah는 그의 아버지와 그의 어머니인 생물학자 Ruth Hubbard처럼 급진적인 과학 저술자가 되었다.
28. Degler, 1991; Kevles, 1985; Ridley, 2000.
29. Bullock, 1991; Chirot, 1994; Glover, 1999; Gould, 1981.
30. Richards, 1987, 533쪽.
31. Glover, 1999; Murphy, 1999.
32. Proctor, 1999.
33. Laubichler, 1999.
34. 20세기에 자행된 마르크스주의의 대량 학살에 대한 논의와 그것을 나치의 홀로

코스르와 비교한 글은 Besançon, 1998; Bullock, 1991; Chandler, 1999; Chirot, 1994; Conquest, 2000; Courtois 외, 1999; Getty, 2000; Minogue, 1999; Shatz, 1999; Short, 1999 참조.

35. 마르크스주의의 지적 뿌리에 대한 논의와 그것을 나치즘의 뿌리와 비교한 글은 Berlin, 1996; Besançon, 1981; Besançon, 1998; Bullock, 1991; Chirot, 1994; Glover, 1999; Minogue, 1985; Minogue, 1999; Scott, 1998; Sowell, 1985 참조. 인간 본성에 대한 마르크스주의 이론에 대해서는 Archibald, 1989; Bauer, 1952; Plamenatz, 1963; Plamenatz, 1975; Singer, 1999; Stevenson과 Haberman, 1998; Venable, 1945 참조.

36. 예를 들면 Venable, 1945, 3쪽 참조.

37. Marx, 1847/1995, 2장.

38. Marx와 Engels, 1846/1963, I부.

39. Marx, 1859/1979, 서문.

40. Marx, 1845/1989; Marx와 Engels, 1846/1963.

41. Marx, 1867/1993, 1권, 10쪽.

42. Marx와 Engels, 1844/1988.

43. Glover, 1999, 254쪽.

44. Minogue, 1999.

45. Glover, 1999, 275쪽.

46. Glover, 1999, 297~298쪽.

47. Courtois 외, 1999, 620쪽.

48. 주 34와 35에 인용된 문헌들 참조.

49. 마르크스의 글은 Stevenson과 Haberman, 1998, 146쪽; 히틀러의 글은 Glover, 1999, 315쪽에서 인용.

50. Besançon, 1998.

51. Watson, 1985.

52. Tajfel, 1981.

53. 원 출처는 *Red Flag* (Beijing), 1958. 6. 1; Courtois 외, 1999에서 재인용.

9장 불완전함에 대한 두려움

1. *The Prelude*, Book Sixth, "Cambridge and the Alps," I. 1799~1805 출간.

2. Passmore, 1970, 제사.

3. 예를 들면, the Seville Statement on Violence, 1990.
4. "Study says rape has its roots in evolution," *Boston Herald*, 2000. 1. 11, 3쪽.
5. Thornhill과 Palmer, 2001.
6. Brownmiller와 Merhof, 1992.
7. Gould, 1995, 433쪽.
8. 실은 거의 그렇다. 만화가 Jim Johnson은 내게, 그가 해마의 명예를 훼손했을지 모른다고 말했다. 펭귄을 재미로 죽이는 것은 레오퍼르바다표범이란 것을 나중에야 알았다는 것이다.
9. Williams, 1988.
10. Jones, 1999; Williams, 1988.
11. Williams, 1966, 255쪽.
12. 인간 본성과 도덕성의 관련성에 대해서는 McGinn, 1997; Petrinovich, 1995; Rachels, 1990; Richards, 1987; Singer, 1981; Wilson, 1993쪽 참조.
13. Masters, 1989, 240쪽.
14. Daly와 Wilson, 1988; Daly와 Wilson, 1999.
15. Jones, 1997.
16. Daly와 Wilson, 1999, 58~66쪽.
17. *Science Friday*, National Public Radio, 1997. 5. 7.
18. Singer, 1981.
19. Maynard Smith와 Szathmáry, 1997; Wright, 2000.
20. De Waal, 1998; Fry, 2000.
21. Axelrod, 1984; Brown, 1991; Fry, 2000; Ridley, 1997; Wright, 2000.
22. Singer, 1981.
23. Skinner, 1948/1976; Skinner, 1971; Skinner, 1974.
24. Chomsky, 1973.
25. Berlin, 1996; Chirot, 1994; Conquest, 2000; Glover, 1999; Minogue, 1985; Minogue, 1999; Scott, 1998.
26. Scott, 1998.
27. Scott, 1998, 114~115쪽에서 인용.
28. Perry, 1997.
29. Harris, 1998a.
30. *Saturday Review*, 1975. 6. 14, 18쪽에 실린 Betty Friedan과의 인터뷰. Sommers, 1994, 18쪽에

서 인용.
31. Elizabeth Powers, *Commentary*, 1997. 1. 1에서 인용.
32. Cornell대학 Institute on Women and Work에서 가진 강연에서. C. Young, "The mommy wars," *Reason*, 2000. 7에서 인용.
33. Liza Mundy, "The New Critics," *Lingua Franca*, 3, 1993. 9/10, 27쪽.
34. Michael Norman의 인터뷰, "From Carol Gilligan's chair," *New York Times Magazine*, 1997. 11. 7.
35. Bruce Bodner의 편지, *New York Times Magazine*, 1997. 11. 30.
36. C. Young, "Where the boys are," *Reason*, 2001. 2. 2.
37. Sommers, 2000.

10장 결정론에 대한 두려움

1. Kaplan, 1973, 10쪽.
2. E. Felsenthal, "Man's genes made him kill, his lawyers claim," *Wall Street Journal*, 1994. 11. 15. 변호는 실패했다: "Mobley v. The State," Supreme Court of Georgia, 1995. 3. 17, 265 Ga. 292, 455 S.E.2d 61 참조.
3. "Lawyers may use genetics study in rape defense," *National Post* (Canada), 2000. 1. 22, A8면.
4. Jones, 2000; Jones, 1999.
5. Dennett, 1984. 또한 Kane, 1998; Nozick, 1981, 317~362쪽; Ridley, 2000; Staddon, 1999 참조.
6. Dershowitz, 1994; J. Ellement, "Alleged con man's defense: 'Different'mores," *Boston Globe*, 1999. 2. 25; N. Hall, "Metis woman avoids jail term for killing her husband," *National Post* (Canada), 1999. 1. 20.
7. B. English, "David Lisak seeks out a dialogue with murderers," *Boston Globe*, 2000. 7. 27.
8. M. Williams, "Social work in the city: Rewards and risks," *New York Times*, 2000. 6. 30.
9. S. Morse, C. Sandford의 *Springsteen point blank*에 대한 서평, *Boston Globe*, 1999. 11. 19.
10. M. Udovich, M. Meade의 *The unruly life of Woody Allen*에 대한 서평, *New York Times*, 2000. 3. 5.
11. L. Franks, Hillary Clinton과의 인터뷰, *Talk*, 1999. 8.
12. K. Q. Seelye, "Clintons try to quell debate over interview," *New York Times*, 1999. 8. 5.
13. Dennett, 1984; Kane, 1998; Nozick, 1981, 317~362쪽; Ridley, 2000; Staddon, 1999.
14. Kaplan, 1973, 16쪽에서 인용.

15. Daly와 Wilson, 1988; Frank, 1988; Pinker, 1997; Schelling, 1960.
16. Kaplan, 1973, 29쪽에서 인용.
17. Daly와 Wilson, 1988, 256쪽.
18. Dershowitz, 1994; Faigman, 1999; Kaplan, 1973; Kirwin, 1997.
19. Rice, 1997.

11장 허무주의에 대한 두려움

1. 1996. 10. 22; *L'Osservatore Romano*의 영어판, 1996. 10. 30.
2. Macnamara, 1999; Miller, 1999; Newsome, 2001; Ruse, 2000.
3. Nagel, 1970; Singer, 1981 참조.
4. Cummins, 1996; Trivers, 1971; Wright, 1994.
5. Zahn-Wexler 외, 1992.
6. Brown, 1991.
7. Hare, 1993; Lykken, 1995; Mealey, 1995; Rice, 1997.
8. Rachels, 1990.
9. Murphy, 1999.
10. Damewood, 2001.
11. Ron Rosenbaum, "Staring into the heart of darkness," *New York Times Magazine*, 1995. 6. 4; Daly와 Wilson, 1988, 79쪽.
12. Antonaccio와 Schweiker, 1996; Brink, 1989; Murdoch, 1993; Nozick, 1981; Sayre-McCord, 1988.
13. Singer, 1981.

4부 너 자신을 알라

1. Alexander, 1987, 40쪽.

12장 현실과의 조우

1. Cartmill, 1998에서 인용.
2. Shepard, 1990.

3. http://www-bcs.mit.edu/persci/high/gallery/checkershadow illusion.html.
4. http://www-bcs.mit.edu/persci/high/gallery/checkershadow illusion.html.
5. 컴퓨터 공학자 Oliver Selfridge의 글을 Neisser, 1967에서 인용.
6. Brown, 1991.
7. Brown, 1985; Lee, Jussim과 McCauley, 1995.
8. "Phony science wars"(Ian Hacking의 *The social construction of what?*에 대한 서평), *Atlantic Monthly*, 1999. 11.
9. Hacking, 1999.
10. Searle, 1995.
11. Anderson, 1990; Pinker, 1997, 2장과 5장; Pinker, 1999, 10장; Pinker와 Prince, 1996.
12. Armstrong, Gleitman과 Gleitman, 1983; Erikson과 Kruschke, 1998; Marcus, 2001a; Pinker, 1997, 2장과 5장; Pinker, 1999, 10장; Sloman, 1996.
13. Ahn 외, 2001.
14. Lee, Jussim과 McCauley, 1995.
15. McCauley, 1995; Swim, 1994.
16. Jussim, McCauley와 Lee, 1995; McCauley, 1995.
17. Jussim과 Eccles, 1995.
18. Brown, 1985; Jussim, McCauley와 Lee, 1995; McCauley, 1995.
19. Gilbert와 Hixon, 1991; Pratto와 Bargh, 1991.
20. Brown, 1985, 595쪽.
21. Jussim과 Eccles, 1995; Smith, Jussim과 Eccles, 1999.
22. Flynn, 1999; Loury, 2002; Valian, 1998.
23. Galileo, 1632/1967, 105쪽.
24. Whorf, 1956.
25. Geertz, 1973, 45쪽.
26. Lehman, 1992에서 인용.
27. Barthes, 1972, 135쪽.
28. Pinker, 1994, 3장.
29. Pinker, 1984a.
30. Lakoff와 Johnson, 1980.
31. Jackendoff, 1996.
32. Baddeley, 1986.

33. Dehaene 외, 1999.
34. Pinker, 1994, 3장; Siegal, Varley와 Want, 2001; Weiskrantz, 1988.
35. Gallistel, 1992; Gopnik, Meltzoff와 Kuhl, 1999; Hauser, 2000.
36. Anderson, 1983.
37. Pinker, 1994.
38. "'Minority'a bad word in San Diego," *Boston Globe*, 2001. 4. 4; S. Schweitzer, "Council mulls another word for 'minority,'" *Boston Globe*, 2001. 8. 9.
39. Brooker, 1999, 115~116쪽.
40. Leslie, 1995.
41. Abbott, 2001; Leslie, 1995.
42. Frith, 1992.
43. Kosslyn, 1980; Kosslyn, 1994; Pinker, 1984b; Pinker, 1997, 4장.
44. Kosslyn, 1980; Pinker, 1997, 5장.
45. Chase와 Simon, 1973.
46. Dennett, 1991, 56~57쪽.
47. A. Gopnik, "Black studies," *New Yorker*, 1994. 12. 5, 138~139쪽.

13장 수렁 밖으로

1. Caramazza와 Shelton, 1998; Gallistel, 2000; Gardner, 1983; Hirschfeld와 Gelman, 1994; Keil, 1989; Pinker, 1997, 5장; Tooby와 Cosmides, 1992.
2. Spelke, 1995.
3. Atran, 1995; Atran, 1998; Gelman, Coley와 Gottfried, 1994; Keil, 1995.
4. Bloom, 1996; Keil, 1989.
5. Gallistel, 1990; Kosslyn, 1994.
6. Butterworth, 1999; Dehaene, 1997; Devlin, 2000; Geary, 1994; Lakoff와 Nunez, 2000.
7. Cosmides와 Tooby, 1996; Gigerenzer, 1997; Kahneman과 Tversky, 1982.
8. Braine, 1994; Jackendoff, 1990; Macnamara와 Reyes, 1994; Pinker, 1989.
9. Pinker, 1994; Pinker, 1999.
10. Ravitch, 2000, 388쪽에서 인용.
11. McGuinness, 1997.
12. Geary, 1994; Geary, 1995.

13. Carey, 1986; Carey와 Spelke, 1994; Gardner, 1983; Gardner, 1999; Geary, 1994; Geary, 1995; Geary, 근간.
14. Carey, 1986; McCloskey, 1983.
15. Gardner, 1999.
16. McGuinness, 1997.
17. Dehaene 외, 1999.
18. Bloom, 1994.
19. Pinker, 1990.
20. Carey와 Spelke, 1994.
21. Geary, 1995; Geary, 근간; Harris, 1998a.
22. Green, 2001, 2장.
23. S. G. Stolberg, "Reconsidering embryo research," *New York Times*, 2001. 7. 1.
24. Brock, 1993, 372쪽, 385쪽 주14; Glover, 1977; Tooley, 1972; Warren, 1984.
25. Green, 2001.
26. R. Bailey, "Dr. Strangelunch, or: Why we should learn to stop worrying and love genetically modified food," *Reason*, 2001. 1.
27. "EC-sponsored research on safety of genetically modified organisms —— A review of results." 유럽연합보고서 19884, 2001. 10. 유럽연합출판국.
28. Ames, Profet과 Gold, 1990.
29. Ames, Profet과 Gold, 1990.
30. E. Schlosser, "Why McDonald's fries taste so good," *Atlantic Monthly*, 2001. 1.
31. Ahn 외, 2001; Frazer, 1890/1996; Rozin, 1996; Rozin, Markwith와 Stoess, 1997; Stevens, 2001b (하지만 Stevens, 2001a도 참조).
32. Rozin과 Fallon, 1987.
33. Ahn 외, 2001.
34. Rozin, 1996; Rozin과 Fallon, 1987; Rozin, Markwith와 Stoess, 1997.
35. Rozin, 1996.
36. Mayr, 1982.
37. Ames, Profet과 Gold, 1990; Lewis, 1990; G. Gray와 D. Ropeik, "What, me worry?" *Boston Globe*, 2001. 11. 11, E8면.
38. Marks와 Nesse, 1994; Seligman, 1971.
39. Slovic, Fischof와 Lichtenstein, 1982.

40. Sharpe, 1994.

41. Cosmides와 Tooby, 1996; Gigerenzer, 1991; Gigerenzer, 1997; Pinker, 1997, 5장.

42. Hoffrage 외, 2000; Tversky와 Kahneman, 1973.

43. Slovic, Fischof와 Lichtenstein, 1982.

44. Tooby와 DeVore, 1987.

45. Fiske, 1992.

46. Cosmides와 Tooby, 1992.

47. Sowell, 1980.

48. Sowell, 1980; Sowell, 1996.

49. Sowell, 1994; Sowell, 1996.

50. R. Radford(1945년에 쓰고 있던 중이었음). Sowell, 1994, 57쪽에서 인용.

51. "The figure of the youth as virile poet"에서 ; Stevens, 1965.

52. Jackendoff, 1987; Pinker, 1997; Pinker, 1999.

53. Bailey, 2000.

54. Sen, 1984.

55. Simon, 1996.

56. Bailey, 2000; Romer, 1991; Romer와 Nelson, 1996; P. Romer, "Ideas and things," *Economist*, 1993. 9. 11.

57. Romer와 Nelson, 1996.

58. M. Kumar, "Quantum reality," *Prometheus*, 2, 1999, 20~21쪽.

59. M. Kumar, "Quantum reality," *Prometheus*, 2, 1999, 20~21쪽에서 인용.

60. Dawkins, 1998, 50쪽에서 인용.

61. McGinn, 1993; McGinn, 1999; Pinker, 1997, 8장.

14장 고통의 여러 뿌리들

1. Trivers, 1976.

2. Trivers, 1971; Trivers, 1972; Trivers, 1974; Trivers, 1976; Trivers, 1985.

3. Alexander, 1987; Cronin, 1992; Dawkins, 1976/1989; Ridley, 1997; Wright, 1994.

4. Hamilton, 1964; Trivers, 1971; Trivers, 1972; Trivers, 1974; Williams, 1966.

5. "Renewing American Civilization," 라인하르트 대학에서 열린 강연, 1995. 1. 7.

6. Chagnon, 1988; Daly, Salmon과 Wilson, 1997; Fox, 1984; Mount, 1992; Shoumatoff, 1985.

7. Chagnon, 1992; Daly, Salmon과 Wilson, 1997; Daly와 Wilson, 1988; Gaulin과 McBurney, 2001, 321~329쪽.
8. Burnstein, Crandall과 Kitayama, 1994; Petrinovich, O'Neill과 Jorgensen, 1993.
9. Petrinovich, O'Neill과 Jorgensen, 1993; Singer, 1981.
10. Masters, 1989, 207~208쪽.
11. J. Muravchick, "Socialism's last stand," *Commentary*, 2002. 3, 47~53쪽. 51쪽에서 인용.
12. Free LA 라이오 방송, 1997. 1, www.radiofreela.com. www.zmag.org/chomsky/ rage에서 녹취록을 볼 수 있고 www.google.com에도 저장된 페이지가 있다.
13. Daly, Salmon과 Wilson, 1997; Mount, 1992.
14. Johnson, Ratwik와 Sawyer, 1987; Salmon, 1998.
15. Fiske, 1992.
16. Fiske, 1992, 698쪽.
17. Trivers, 1974; Trivers, 1985.
18. Agrawal, Brodie와 Brown, 2001; Godfray, 1995; Trivers, 1985.
19. Haig, 1993.
20. Daly와 Wilson, 1988; Hrdy, 1999.
21. Hrdy, 1999.
22. Trivers, 1976; Trivers, 1981.
23. Trivers, 1985.
24. Harris, 1998a; Plomin과 Daniels, 1987; Rowe, 1994; Sulloway, 1996; Turkheimer, 2000.
25. Trivers, 1985, 159쪽.
26. Judith Rich Harris의 *The nurture assumption*에 제사로 사용되었다.
27. Dunn과 Plomin, 1990.
28. Hrdy, 1999.
29. Daly와 Wilson, 1988; Wilson, 1993.
30. Wilson, 1993.
31. Trivers, 1972; Trivers, 1985.
32. Blum, 1997; Buss, 1994; Geary, 1998; Ridley, 1993; Symons, 1979.
33. Buss, 1994; Kenrick 외, 1993; Salmon과 Symons, 2001; Symons, 1979.
34. Buss, 2000.
35. Alexander, 1987.
36. Brown, 1991; Symons, 1979.

37. K. Kelleher, "When students 'hook up,' someone inevitably gets let down." *Los Angeles Times*, 2001. 8. 13.
38. Symons, 1979.
39. Daly, Salmon과 Wilson, 1997.
40. Wilson과 Daly, 1992.
41. Ridley, 1997. 또한 Lewontin, 1990 참조.
42. Rose와 Rose, 2000.
43. Fiske, 1992.
44. Axelrod, 1984; Dawkins, 1976/1989; Ridley, 1997; Trivers, 1971.
45. Cosmides와 Tooby, 1992; Frank, Gilovich와 Regan, 1993; Gigerenzer와 Hug, 1992; Kanwisher와 Moscovitch, 2000; Mealey, Daood와 Krage, 1996.
46. Yinon과 Dovrat, 1987.
47. Gaulin과 McBurney, 2001, 329~338쪽; Haidt, 근간; Trivers, 1971, 49~54쪽.
48. Fehr와 Gähter, 2000; Gintis, 2000; Price, Cosmides와 Tooby, 근간.
49. Ridley, 1997, 84쪽.
50. Fehr와 Gähter, 2000; Gaulin과 McBurney, 2001, 333~335쪽.
51. Fehr와 Gähter, 2000; Ridley, 1997.
52. Williams, Harkins와 Latané, 1981.
53. Klaw, 1993; McCord, 1989; Muravchik, 2002; Spann, 1989
54. J. Muravchik, "Socialism's last stand," *Commentary*, 2002. 3, 47~53쪽. 53쪽에서 인용.
55. Fiske, 1992.
56. Cashdan, 1989; Cosmides와 Tooby, 1992; Eibl-Eibesfeldt, 1989; Fiske, 1992; Hawkes, O'Connell과 Rogers, 1997; Kaplan, Hill과 Hurtado, 1990; Ridley, 1997.
57. Ridley, 1997, 111쪽.
58. Junger, 1997, 76쪽.
59. Williams, 1966, 116쪽.
60. Williams, 1966.
61. Fehr, Fischbacher와 Gähter, 근간; Gintis, 2000.
62. Nunney, 1998; Reeve, 2000; Trivers, 1998; Wilson과 Sober, 1994.
63. Williams, 1988, 391~392쪽.
64. Frank, 1988; Hirshleifer, 1987; Trivers, 1971.
65. Hare, 1993; Lykken, 1995; Mealey, 1995.

66. 반사회적 특성의 유전력에 대해서는 Bock과 Goode, 1996; Deater-Deckard와 Plomin, 1999; Krueger, Hicks와 McGue, 2001; Lykken, 1995; Mealey, 1995; Rushton 외, 1986 참조. 이타주의에 대한 한 연구에서는 그 유전력을 확인하지 못했다(Krueger, Hicks와 McGue, 2001).; 피실험자의 수를 2배로 늘린 다른 연구에서는 유전력이 상당히 높은 것으로 입증되었다(Rushton 외, 1986).

67. Miller, 2000c.

68. Tooby와 Cosmides, 1990.

69. Axelrod, 1984; Dawkins, 1976/1989; Nowak, May와 Sigmund, 1995; Ridley, 1997.

70. Dugatkin, 1992; Harpending과 Sobus, 1987; Mealey, 1995; Rice, 1997.

71. Rice, 1997.

72. Lalumiére, Harris와 Rice, 2001.

73. M. Kakutani, "The strange case of the writer and the criminal," *New York Times Book Review*, 1981. 9. 20.

74. S. McGraw, "Some used their second chance at life; others squandered it." *The Record* (Bergen County), 1998. 10. 12.

75. Rice, 1997.

76. Trivers, 1976.

77. Goleman, 1985; Greenwald, 1988; Krebs와 Denton, 1997; Lockard와 Paulhaus, 1988; Rue, 1994; Taylor, 1989; Trivers, 1985; Wright, 1994.

78. Nesse와 Lloyd, 1992.

79. Gazzaniga, 1998.

80. Damasio, 1994, 68쪽.

81. Babcock과 Loewenstein, 1997; Rue, 1994; Taylor, 1989.

82. Aronson, 1980; Festinger, 1957; Greenwald, 1988.

83. Haidt, 2001.

84. Dutton, 2001, 209쪽; Fox, 1989; Hogan, 1997; Polti, 1921/1977; Storey, 1996, 110쪽과 142쪽.

85. Steiner, 1984, 1쪽.

86. Steiner, 1984, 231쪽.

87. Steiner, 1984, 300~301쪽.

88. Symons, 1979, 271쪽.

89. D. Symons, 개인적 대화, 2001. 7. 30.

15장 신성한 체하는 동물

1. Alexander, 1987; Haidt, 근간; Krebs, 1998; Trivers, 1971; Wilson, 1993; Wright, 1994.
2. Haidt, Koller와 Dias, 1993.
3. Haidt, 2001.
4. Haidt, 근간.
5. Shweder 외, 1997.
6. Haidt, 근간; Rozin, 1997; Rozin, Markwith와 Stoess, 1997.
7. Glendon, 2001; Sen, 2000.
8. Cronk, 1999; Sommers, 1998; Wilson, 1993; C. Sommers, 1998, "Why Johnny can't tell right from wrong," *American Outlook*, 1998. 여름, 45~47쪽.
9. D. Symons, 개인적 대화, 2001. 7. 26.
10. Etcoff, 1999.
11. Glover, 1999.
12. L. Kass, "The wisdom of repugnance," *New Republic*, 1997. 6. 2.
13. Rozin, 1997; Rozin, Markwith와 Stoess, 1997.
14. Tetlock, 1999; Tetlock 외, 2000.
15. Tetlock, 1999
16. Tetlock 외, 2000.
17. Hume, 1739/2000.
18. I. Buruma, Ian Kershaw의 *Hitler 1936-45: Nemesis*에 대한 서평, *New York Times Book Review*, 2000. 12. 10, 13쪽.

5부 주요 쟁점들

1. Haidt와 Hersh, 2001; Tetlock, 1999; Tetlock 외, 2000.
2. Haidt와 Hersh, 2001; Tetlock, 1999; Tetlock 외, 2000.

16장 정치

1. *Iolanthe*에서.
2. 개인적 대화, D. Lykken, 2000. 4. 11. 다른 보수적 태도의 유전력 추정치들은 대개 0.4-

0.5 범위에 분포한다: Bouchard 외, 1990; Eaves, Eysenck와 Martin, 1989; Holden, 1987; Martin 외, 1986; Plomin 외, 1997, 206쪽; Scarr와 Weinberg, 1981.

3. Tesser, 1993.
4. Wilson, 1994, 338~339쪽.
5. Masters, 1982; Masters, 1989.
6. Dawkins, 1976/1989; Williams, 1966.
7. Boyd와 Silk, 1996; Ridley, 1997; Trivers, 1985.
8. Sowell, 1987.
9. Sowell, 1995b.
10. *On the rocks: A political fantasy in two acts*의 서문에서 인용.
11. Smith, 1759/1976, 233~234쪽.
12. Burke, 1790/1967, 93쪽.
13. E. M. Kennedy, "Tribute to Senator Robert F. Kennedy," 1968. 6. 8, www.jfklibrary.org/e060868.htm.
14. Hayek, 1976, 64쪽과 33쪽.
15. Sowell, 1995, 227쪽과 112쪽에서 인용.
16. "법이 그렇게 생각한다면…… 법은 바보 멍청이다."(*Oliver Twist*에서)
17. Sowell, 1995, 11쪽.
18. Hayek, 1976.
19. 이것은 언어학자 Geoge Lakdkof가 좌익과 우익의 심리학적 차이에 대해 제시한 신선한 이론과 일맥상통한다. 좌익은 정부가 애정어린 부모처럼 행동해야 한다고 믿고 우익은 정부가 엄격한 부모처럼 행동해야 한다고 믿다는 것이 그의 요지이다. 1996 참조.
20. 14장, 그리고 Burnstein, Crandall과 Kitayama, 1994; Chagnon, 1992; Daly, Salmon과 Wilson, 1997; Daly와 Wilson, 1988; Fox, 1984; Gaulin과 McBurney, 2001, 321~329쪽; Mount, 1992; Petrinovich, O'Neill과 Jorgensen, 1993; Shoumatoff, 1985 참조.
21. 14장, 그리고 Bowles와 Gintis, 1999; Cosmides와 Tooby, 1992; Fehr, Fischbacher와 Gähter, 근간; Fehr와 Gächter, 2000; Fiske, 1992; Gaulin과 McBurney, 2001, 333~335쪽; Gintis, 2000; Klaw, 1993; McCord, 1989; Muravchik, 2002; Price, Cosmides와 Tooby, 근간; Ridley, 1997; Spann, 1989; Williams, Harkins와 Latané, 1981.
22. 3장과 17장, 그리고 특히 3장과 주 39, 52, 53, 72, 73과 17장의 주 42, 43, 45에 인용된 문헌 참조.

23. Brown, 1991; Brown, 1985; Sherif, 1966; Tajfel, 1981.

24. 3장과 19장, 그리고 Bouchard, 1994; Neisser 외, 1996; Plomin 외, 2001 참조.

25. 14장, 그리고 Aronson, 1980; Festinger, 1957; Gazzaniga, 1998; Greenwald, 1988; Nesse와 Lloyd, 1992; Wright, 1994 참조.

26. 15장, 그리고 Haidt, 근간; Haidt, Koller와 Dias, 1993; Petrinovich, O'Neill과 Jorgensen, 1993; Rozin, Markwith와 Stoess, 1997; Shweder 외, 1997; Singer, 1981; Tetlock, 1999; Tetlock 외, 2000 참조.

27. Sowell, 1987.

28. Marx와 Engels, 1844/1988.

29. Singer, 1999, 4쪽에서 인용.

30. Bullock, 1991; Chirot, 1994; Conquest, 2000; Courtois 외, 1999; Glover, 1999.

31. J. Getlin, "Natural wonder: At heart, Edward Wilson's an ant man," *Los Angeles Times*, 1994. 10. 21, E1면에서 인용.

32. Federalist Papers No. 51, Rossiter, 1961, 322쪽.

33. Bailyn, 1967/1992; Maier, 1997.

34. Lutz, 1984.

35. McGinnis, 1996; McGinnis, 1997.

36. Federalist Papers No. 10, Rossiter, 1961, 78쪽.

37. McGinnis, 1997, 236쪽에서 인용.

38. Federalist Papers No. 72, Rossiter, 1961, 437쪽.

39. Federalist Papers No. 51, Rossiter, 1961, 322쪽.

40. Federalist Papers No. 51, Rossiter, 1961, 331~332쪽.

41. *Helvedius No. 4*에서. McGinnis, 1997, 130쪽에서 인용.

42. Boehm, 1999; De Waal, 1998; Dunbar, 1998.

43. Singer, 1999, 5쪽.

44. L. Arnhart, M. J. Behe와 W. A. Dembski, "Conservatives, Darwin, and design: An exchange." *First Things*, *107*, 2000. 11, 23~31쪽.

45. Singer의 주장과 비슷한 주장은 Brociner, 2001 참조.

46. Singer, 1999, 6쪽.

47. Singer, 1999, 8~9쪽.

48. Chomsky, 1970, 22쪽.

49. Barsky, 1997; Chomsky, 1988a 참조.

50. Chomsky, 1975, 131쪽.
51. Trivers, 1981.
52. A. Wooldridge, "Bell Curve liberals," *New Republic*, 1995. 2. 27.
53. Herrnstein과 Murray, 1994, 22장. 또한 1996년 문고판에 실린 Murray의 후기.
54. Gigerenzer와 Selten, 2001; Jones, 2001; Kahneman과 Tversky, 1984; Thaler, 1994; Tversky와 Kahneman, 1974.
55. Akerlof, 1984; Daly와 Wilson, 1994; Jones, 2001; Rogers, 1994.
56. Frank, 1999; Frank, 1985.
57. Bowles와 Gintis, 1998; Bowles와 Gintis, 1999.
58. Gintis, 2000.
59. Wilkinson, 2000.
60. Daly와 Wilson, 1988; Daly, Wilson과 Vasdev, 2001; Wilson과 Daly, 1997.

17장 폭력

1. "The long peace," *Prospect*, 1999. 4에서 R. Cooper가 인용.
2. 미국 국방위원회 재단, 버지니아 주 알렉산드리아, www.ndef.org/Conflict List/Conflict Count 2000.htm.
3. Bamforth, 1994; Chagnon, 1996; Daly와 Wilson, 1988; Ember, 1978; Ghiglieri, 1999; Gibbons, 1997; Keeley, 1996; Kingdon, 1993; Knauft, 1987; Krech, 1994; Krech, 1999; Wrangham과 Peterson, 1996.
4. Keeley, 1996; Walker, 2001.
5. Gibbons, 1997; Holden, 2000.
6. Fernández-Jalvo 외, 1996
7. FBI 1999년 범죄 보고서: http://www.fbi.gov/ucr/99cius.htm.
8. Seville, 1990.
9. Ortega y Gasset, 1932/1985, 에필로그.
10. *New York Times*, 1999. 6. 13.
11. Paul Billings. B. H. Kevles와 D. J. Kevles, "Scapegoat biology," *Discover*, 1997. 10, 59~62쪽. 62쪽에서 인용.
12. B. H. Kevles와 D. J. Kevles, "Scapegoat biology," *Discover*, 1997. 10, 59~62쪽. 62쪽에서 인용.
13. Daphne White. M. Wilkinson, "Parent group lists 'dirty dozen' toys," *Boston Globe*, 2000. 12. 5,

A5면.

14. H. Spivak과 D. Prothrow-Stith, "The next tragedy of Jonesboro," *Boston Globe*, 1998. 4. 5.

15. C. Burrell, "Study of inmates cites abuse factor," Associated Press, 1998. 4. 27.

16. G. Kane, "Violence as a cultural imperative," *Boston Sunday Globe*, 1996. 10. 6.

17. A. Flint, "Some see bombing's roots in a US culture of conflict," *Boston Globe*, 1995. 6. 1에서 인용.

18. A. Flint, "Some see bombing's roots in a US culture of conflict," *Boston Globe*, 1995. 6. 1.

19. M. Zuckoff, "More murders, more debate," *Boston Globe*, 1999. 7. 31.

20. A. Diamant, "What's the matter with men?" *Boston Globe Magazine*, 1993. 3. 14.

21. Mesquida와 Wiener, 1996.

22. Freedman, 2002.

23. Fischoff, 1999; Freedman, 1984; Freedman, 1996; Freedman, 2002; Renfrew, 1997.

24. Charlton, 1997.

25. J. Q. Wilson, "Hostility in America," *New Republic*, 1997. 8. 25, 38~41쪽.

26. Nisbett과 Cohen, 1996.

27. E. Marhal, "The shots heard 'round the world," *Science*, 289, 2000, 570~574쪽.

28. Wakefield, 1992.

29. M. Enserink, "Searching for the mark of Cain," *Science*, 289, 2000, 575~579쪽. 579쪽에서 인용.

30. Clark, 1970, 220쪽.

31. Daly와 Wilson, 1988, ix쪽.

32. Shipman, 1994, 252쪽.

33. E. Marshal, "A sinister plot or victim of politics?" *Science*, 289, 2000, 571쪽.

34. Shipman, 1994, 243쪽.

35. R. Wright, "The biology of violence," *New Yorker*, 1995. 3. 13, 68~77쪽. 69쪽에서 인용.

36. Daly와 Wilson, 1988.

37. Daly과 Wilson, 1988; Rogers, 1994; Wilson과 Herrnstein, 1985.

38. R. Wright, "The biology of violence," *New Yorker*, 1995. 3. 13, 70쪽에서 Frederick Goodwin이 인용.

39. C. Holden, "The violence of the lambs," *Science*, 289, 2000, 580~581.

40. Hare, 1993; Lykken, 1995; Rice, 1997.

41. Ghiglieri, 1999; Wrangham과 Peterson, 1996.

42. Davidson, Putnam과 Larson, 2000; Renfrew, 1997.

43. Geary, 1998, 226~227쪽; Sherif, 1966.
44. R. Tremblay. C. Holden, "The violence of the lambs," *Science*, *289*, 2000, 580~581쪽에서 인용.
45. Buss와 Duntley, 근간; Kenrick과 Sheets, 1994.
46. Hobbes, 1651/1957, 185쪽.
47. Dawkins, 1976/1989, 66쪽.
48. Bueno de Mesquita, 1981.
49. Trivers, 1972.
50. Chagnon, 1992; Daly와 Wilson, 1988; Keeley, 1996.
51. Daly와 Wilson, 1988, 163쪽.
52. Rogers, 1994; Wilson과 Daly, 1997.
53. Wilson과 Herrnstein, 1985.
54. Mesquida와 Wiener, 1996.
55. Singer, 1981.
56. Wright, 2000.
57. Glover, 1999.
58. Zimbardo, Maslach와 Haney, 2000.
59. Glover, 1999, 53쪽.
60. Glover, 1999, 37~38쪽.
61. Bourke, 1999, 63~64쪽; Graves, 1992; Spiller, 1988.
62. Bourke, 1999; Glover, 1999; Horowitz, 2001.
63. Daly와 Wilson, 1988; Glover, 1999; Schelling, 1960.
64. Chagnon, 1992; Daly와 Wilson, 1988; Wrangham과 Peterson, 1996.
65. van den Berghe, 1981.
66. Epstein, 1994; Epstein과 Axtell, 1996; Richardson, 1960; Saperstein, 1995.
67. Chagnon, 1988; Chagnon, 1992.
68. Glover, 1999.
69. Vasquez, 1992.
70. Rosen, 1992.
71. Wrangham, 1999.
72. Daly와 Wilson, 1988.
73. Daly와 Wilson, 1988, 225~226쪽.
74. Daly와 Wilson, 1988; Frank, 1988; Schelling, 1960.

75. Brown, 1985; Horowitz, 2001.
76. Daly와 Wilson, 1988.
77. Daly와 Wilson, 1988; Fox와 Zawitz, 2000; Nisbett과 Cohen, 1996.
78. Daly와 Wilson, 1988, 127쪽.
79. Daly와 Wilson, 1988, 229쪽.
80. Chagnon, 1992; Daly와 Wilson, 1988; Frank, 1988.
81. Nisbett과 Cohen, 1996.
82. Nisbett과 Cohen, 1996.
83. E. Anderson, "The code of the streets," *Atlantic Monthly*, 1994. 5, 81~94쪽.
84. 또한 Patterson, 1997 참조.
85. E. Anderson, "The code of the streets," *Atlantic Monthly*, 1994. 5, 81~94쪽, 82쪽에서 인용.
86. L. Helmuth, "Has America's tide of violence receded for good?" *Science*, 289, 2000, 582~585쪽. 582쪽에서 인용.
87. L. Helmuth, "Has America's tide of violence receded for good?" *Science*, 289, 2000, 582~585쪽. 583쪽에서 인용.
88. Wilkinson, 2000; Wilson과 Daly, 1997.
89. Harris, 1998a, 212~213쪽.
90. Hobbes, 1651/1957, 190쪽.
91. Hobbes, 1651/1957, 223쪽.
92. Fry, 2000.
93. Daly와 Wilson, 1988; Keeley, 1996.
94. Daly와 Wilson, 1988; Nisbett과 Cohen, 1996.
95. Daly와 Wilson, 1988.
96. Daly와 Wilson, 1988.
97. Wilson과 Herrnstein, 1985.
98. L. Helmuth, "Has America's tide of violence receded for good?" *Science*, 289, 2000; Kelling과 Sousa, 2001.
99. *Time*, 1969. 10. 17, 47쪽.
100. Kennedy, 1997.
101. 국방위원회 재단, 버지니아 주 알렉산드리아, www.ndef.org/Conflict List/Conflict Count 2000.htm
102. Glover, 1999, 227쪽에서 인용.

103. Horowitz, 2001; Keegan, 1976.
104. C. Nickerson, "Canadians remain gun-shy of Americans," *Boston Globe*, 2001. 2. 11.
105. Wright, 2000, 61쪽에서 인용.
106. Chagnon, 1988; Chagnon, 1992.
107. Axelrod, 1984.
108. Glover, 1999, 159쪽.
109. Glover, 1999, 202쪽.
110. Axelrod, 1984; Ridley, 1997.
111. Glover, 1999, 231~232쪽.
112. M. J. Wilkinson, 개인적 대화, 2001. 10. 29.; Wilkinson, 근간.
113. 3장 13장, 또한 Fodor와 Pylyshyn, 1988; Miller, Galanter와 Pribram, 1960; Pinker, 1997, 2장; Pinker, 1999, 1장 참조.

18장 젠더

1. Jaggar, 1983.
2. Jaggar, 1983, 27쪽에서 인용.
3. J. N. Wilford, "Sexes equal on South Sea Isle," *New York Times*, 1994. 3. 29.
4. L. Tye, "Girls appearing to be closing the aggression gap with boys," *Boston Globe*, 1998. 3. 26.
5. M. Zoll, "What about the boys?" *Boston Globe*, 1998. 4. 23.
6. Young, 1999, 247쪽에서 인용.
7. Crittenden, 1999; Shalit, 1999.
8. L. Kass, "The end of courtship," *Public Interest*, 126, 1997. 겨울.
9. Patai, 1998.
10. Grant, 1993; Jaggar, 1983; Tong, 1998.
11. Sommers, 1994. 또한 Jaggar, 1983 참조.
12. Sommers, 1994, 22쪽에서 인용.
13. Gilligan, 1982.
14. Jaffe와 Hyde, 2000; Sommers, 1994, 7장; Walker, 1984.
15. Belenky 외, 1986.
16. Denfeld, 1995; Kaminer, 1990; Lehrman, 1997; McElroy, 1996; Paglia, 1992; Patai, 1998; Patai와 Koertge, 1994; Sommers, 1994; Taylor, 1992; Young, 1999.

17. Sommers, 1994.
18. Lehrman, 1997, Denfeld, 1995; Roiphe, 1993; Walker, 1995.
19. S. Boxer, "One casualty of the women's movement: Feminism," *New York Times*, 1997. 12. 14.
20. C. Paglia, "Crying wolf," *Salon*, 2001. 2. 7.
21. Patai, 1998; Sommers, 1994.
22. Trivers, 1976; Trivers, 1981; Trivers, 1985.
23. Trivers와 Willard, 1973.
24. Jensen, 1998, 13장.
25. Blum, 1997; Eagly, 1995; Geary, 1998; Halpern, 2000; Kimura, 1999.
26. Salmon과 Symons, 2001; Symons, 1979.
27. Daly와 Wilson, 1988. Barry로부터 들은 수술실 일화, 1995.
28. Geary, 1998; Maccoby와 Jacklin, 1987.
29. Geary, 1998; Halpern, 2000; Kimura, 1999.
30. Blum, 1997; Geary, 1998; Halpern, 2000; Hedges와 Nowell, 1995; Lubinski와 Benbow, 1992.
31. Hedges와 Nowell, 1995; Lubinski와 Benbow, 1992
32. Blum, 1997; Geary, 1998; Halpern, 2000; Kimura, 1999.
33. Blum, 1997; Geary, 1998; Halpern, 2000; Kimura, 1999.
34. Provine, 1993.
35. Hrdy, 1999.
36. Fausto-Sterling, 1985, 152~153쪽.
37. Brown, 1991.
38. Buss, 1999; Geary, 1998; Ridley, 1993; Symons, 1979; Trivers, 1972.
39. Daly와 Wilson, 1983; Geary, 1998; Hauser, 2000.
40. Geary, 1998; Silverman과 Eals, 1992.
41. Gibbons, 2000.
42. Blum, 1997; Geary, 1998; Halpern, 2000; Kimura, 1999.
43. Blum, 1997; Geary, 1998; Gur와 Gur, 근간; Gur 외, 1999; Halpern, 2000; Jensen, 1998; Kimura, 1999; Neisser 외, 1996.
44. Dabbs와 Dabbs, 2000; Geary, 1998; Halpern, 2000; Kimura, 1999; Sapolsky, 1997.
45. A. Sullivan, "Testosterone power," *Women's Quarterly*, 2000. 여름.
46. Kimura, 1999.
47. Blum, 1997; Gangestad와 Thornhill, 1998.

48. Blum, 1997; Geary, 1998; Halpern, 2000; Kimura, 1999.
49. Symons, 1979, 9장.
50. Reiner, 2000.
51. Halpern, 2000, 9쪽에서 인용.
52. Colapinto, 2000에서 인용.
53. Colapinto, 2000; Diamond와 Sigmundson, 1997.
54. Skuse 외, 1997.
55. Barkley 외, 1977; Harris, 1998a; Lytton과 Romney, 1991; Maccoby와 Jacklin, 1987.
56. B. Friedan, "The future of feminism," *Free Inquiry*, 1999. 여름.
57. "Land of plenty: Diversity as America's competitive edge in science, engineering, and technology," 과학, 공학, 기술 발전에서의 여성과 소수 인종의 진출에 대한 국회위원회의 보고서, 2000. 9.
58. J. Alper, "The pipeline is leaking women all the way along," *Science*, 260, 1993. 4. 16; J. Mervis, "Efforts to boost diversity face persistent problems," *Science*, 284, 1999. 6. 11; J. Mervis, "Diversity: Easier said than done," *Science*, 289, 2000. 3. 16; J. Mervis, "NSF Searches for right way to help women," *Science*, 289, 2000. 7. 21; J. Mervis, "Gender equity: NSF Program targets institutional change," *Science*, 291, 2001. 7. 21.
59. J. Mervis, "Efforts to boost diversity face persistent problems," *Science*, 284, 1999. 6. 11, 1757쪽.
60. P. Healy, "Faculty shortage: Women in sciences," *Boston Globe*, 2001. 1. 31.
61. C. Holden, "Parity as a goal sparks bitter battle," *Science*, 289, 2000. 7. 21, 380쪽.
62. Young, 1999, 22쪽 34~35쪽에서 인용.
63. Estrich, 2000; Furchtgott-Roth와 Stolba, 1999; Goldin, 1990; Gottfredson, 1988; Hausman, 1999; Kleinfeld, 1999; Lehrman, 1997; Lubinski와 Benbow, 1992; Roback, 1993; Schwartz, 1992; Young, 1999.
64. Browne, 1998; Furchtgott-Roth와 Stolba, 1999; Goldin, 1990.
65. 아동 언어 연구를 위한 국제 연합에 소속된 100명의 무작위 표본에서 25:75라는 남녀 비율이 나왔다. 스탠퍼드 대학 아동 언어 연구 포럼에서 연구 결과를 발표한 18명의 주요 발표자를 인터넷에서 확인했더니 남녀가 3:15였다.
66. Browne, 1998; Furchtgott-Roth와 Stolba, 1999; Goldin, 1990; Gottfredson, 1988; Kleinfeld, 1999; Roback, 1993; Young, 1999.
67. Lubinski와 Benbow, 1992.
68. Browne, 1998, and 주 63의 문헌들 참조.

69. Buss, 1992; Ellis, 1992.

70. Hrdy, 1999.

71. Browne, 1998; Hrdy, 1999.

72. Roback, 1993.

73. Becker, 1991.

74. Furchtgott-Roth와 Stolba, 1999.

75. C. Young, "Sex and science," *Salon*, 2001. 4. 21에서 인용.

76. C. Holden, "Parity as a goal sparks bitter battle," *Science*, 289, 2000. 7. 21에서 인용.

77. C. Holden, "Parity as a goal sparks bitter battle," *Science*, 289, 2000. 7. 21에서 인용.

78. Kleinfeld, 1999.

79. National Science Foundation, *Women, Minorities, and Persons with Disabilities in Science and Engineering: 1998*, www.nsf.gov/sbe/srs/nsf99338.

80. Thornhill과 Palmer, 2000.

81. "Report on the situation of human rights in the territory of the former Yugoslavia," 1993. United Nations Document E/CN.4/1993/50.

82. J. E. Beals, "Ending the silence on sexual violence," *Boston Globe*, 2000. 4. 10.

83. R. Haynor, "Violence against women," *Boston Globe*, 2000. 10. 22.

84. Brownmiller, 1975, 14쪽.

85. Young, 1999, 139쪽.

86. McElroy, 1996.

87. McElroy, 1996.

88. Thiessen과 Young, 1994.

89. Dworkin, 1993.

90. J. Tooby와 L. Cosmides, "Reply to Jerry Coyne," www.psych.ucsb.edu/research/cep/tnr.html.

91. Gordon과 Riger, 1991, 47쪽.

92. Rose와 Rose, 2000, 139쪽.

93. M. Wertheim, "Born to rape?" *Salon*, 2000. 2. 29.

94. G. Miller, "Why Men rape," *Evening Standard*, 2000. 3. 6, 53쪽.

95. Symons, 1979; Thornhill과 Palmer, 2000.

96. Jones, 1999. 또한 Check와 Malamuth, 1985; Ellis와 Beattie, 1983; Symons, 1979; Thornhill과 Palmer, 2000 참조.

97. Gottschall과 Gottschall, 2001.

98. Jones, 1999, 890쪽.
99. 미국 사법통계청, www.ojp.usdoj.gov/bjs.
100. A. Humphreys, "Lawyers may use genetics study in rape defense," *National Post* (Canada), 2000. 1. 22, A8면에서 인용.
101. Jones, 1999에서 인용.
102. Paglia, 1990, 51쪽과 57쪽.
103. McElroy, 1996.
104. J. Phillips, "Exploring inside to live on the outside," *Boston Globe*, 1999. 3. 21.
105. S. Satel, "The patriarchy made me do it," *Women's Freedom Newsletter*, 5, 1998. 9/10.

19장 어린이

1. Turkheimer, 2000.
2. Goldberg, 1968; Janda, 1998; Neisser 외, 1996.
3. Jensen, 1971.
4. Plomin 외, 2001.
5. Bouchard, 1994; Bouchard 외, 1990; Bouchard, 1998; Loehlin, 1992; Plomin, 1994; Plomin 외, 2001.
6. Plomin 외, 2001.
7. McLearn 외, 1997; Plomin, Owen과 McGuffin, 1994.
8. Bouchard, 1994; Bouchard 외, 1990; Bouchard, 1998; Loehlin, 1992; Lykken 외, 1992; Plomin, 1990; Plomin, 1994; Stromswold, 1998.
9. Plomin 외, 2001.
10. Bouchard 외, 1990; Plomin, 1991; Plomin, 1994; Plomin과 Daniels, 1987.
11. Bouchard 외, 1990; Pedersen 외, 1992.
12. Bouchard 외, 1990; Bouchard, 1998.
13. Scarr와 Carter-Saltzman, 1979.
14. Loehlin과 Nichols, 1976.
15. Bouchard, 1998; Gutknecht, Spitz와 Carlier, 1999.
16. McGue, 1997.
17. Etcoff, 1999; Persico, Postlewaite와 Silverman, 2001.
18. Jackson과 Huston, 1975.

19. Bouchard, 1994; Bouchard 외, 1990.
20. Kamin, 1974; Lewontin, Rose와 Kamin, 1984, 116쪽.
21. Neisser 외, 1996; Snyderman과 Rothman, 1988.
22. Hunt, 1999, 50~51쪽.
23. Plomin과 Daniels, 1987; Plomin 외, 2001.
24. Bouchard, 1994; Harris, 1998a; Plomin과 Daniels, 1987; Rowe, 1994; Turkheimer와 Waldron, 2000. 비유전적 조사 결과를 보여 주는 한 예가 Krueger, Hicks와 McGue, 2001의 최근 주장인데, 이타주의는 공유 환경의 영향을 받는다는 이 주장은 비슷한 방법과 더 큰 표본을 이용한 Rushton 외, 1986과 모순된다.
25. Stoolmiller, 2000.
26. Bouchard 외, 1990; Plomin과 Daniels, 1987; Reiss 외, 2000; Rowe, 1994.
27. Plomin, 1991; Plomin과 Daniels, 1987, 6쪽; Plomin 외, 2001.
28. Bouchard, 1994; Plomin과 Daniels, 1987; Rowe, 1994; Turkheimer, 2000; Turkheimer와 Waldron, 2000.
29. Schüze, 1987.
30. Beth Singer, "How to raise a perfect child ...," *Boston Globe Magazine*, 2000. 3. 26, 12~36쪽.
31. D. Barry, "Is your kid's new best friend named 'Bessie'? Be very afraid," *Miami Herald*, 1999. 10. 31.
32. Harris, 1998a, 2장; Lytton, 1990.
33. Harris, 1998a, 4장; Harris, 2000b.
34. Harris, 1998a, 319~320, 323쪽.
35. Harris, 1998a; Harris, 1998b; Harris, 2000a; Harris, 2000b.
36. Harris, 1998a, 2장과 3장; Maccoby와 Martin, 1983.
37. Harris, 1998a, 300~311쪽.
38. Bruer, 1999, 5쪽.
39. Chabris, 1999.
40. T. B. Brazelton, "To curb teenage smoking, nurture children in their earliest years," *Boston Globe*, 1998. 5. 21.
41. Bruer, 1999.
42. Collins 외, 2000; Vandell, 2000.
43. Harris, 1995; Harris, 1998b; Harris, 2000b; Loehlin, 2001; Rowe, 2001.
44. Plomin, DeFries와 Fulker, 1988; Reiss 외, 2000; Turkheimer와 Waldron, 2000.

45. D. Reiss. A. M. Paul, "Kid stuff: Do parents really matter?" *Psychology Today*, 1998, 46~49쪽과 78쪽에서 인용.

46. Sulloway, 1996.

47. Sulloway, 1995.

48. Harris, 1998a, 부록 1; Harris, 근간.

49. Hrdy, 1999.

50. Dunphy, 1963.

51. Pinker, 1994, 2장과 9장.

52. Kosof, 1996.

53. Harris, 1998a, 9장, 12장, 13장.

54. Harris, 1998a, 264쪽.

55. Harris, 1998a, 13장; Rowe, 1994; Rutter, 1997.

56. Gottfredson과 Hirschi, 1990; Harris, 1998a, 13장.

57. Harris, 1998a, 8장.

58. M. Wertheim, "Mindfield"(S. Pinker의 *How the mind works*에 대한 서평), *The Australian's Review of Books*, 1998.

59. O. James, "It's a free market on the nature of nurture," *The Independent*, 1998. 10. 20.

60. http://www.philipmorrisusa.com/DisplayPageWithTopic.asp?ID=189. 또한 Anheuser-Busch의 http://www.beeres ponsible.com/ftad/review.html 참조.

61. J. Leo, "Parenting without a care," *US News and World Report*, 1998. 9. 21.

62. J. Leo, "Parenting without a care," *US News and World Report*, 1998. 9. 21에서 인용.

63. S. Begley, "The parent trap," *Newsweek*, 1998. 9. 7, 54쪽에서 인용.

64. S. Begley, "The parent trap," *Newsweek*, 1998. 9. 7, 54쪽.

65. J. Kagan, "A parent's influence is peerless," *Boston Globe*, 1998. 9. 13, E3면.

66. Harris, 1998b; Harris, 2000a; Harris, 2000b; Loehlin, 2001; Rowe, 2001.

67. 또한 Miller, 1997 참조.

68. Austad, 2000; Finch와 Kirkwood, 2000.

69. Hartman, Garvik과 Hartwell, 2001; Waddington, 1957.

70. Harris, 1998a, 78~79쪽.

71. B. M. Rubin, "Raising a ruckus being a parent is difficult, but is it necessary?" *Chicago Tribune*, 1998. 8. 31에서 인용.

72. Harris, 1998a, 291쪽.

73. Harris, 1998, 342쪽.

20장 예술과 인문학

1. R. Brustein, "The decline of high culture," *New Republic*, 1997. 11. 3.
2. A. Kernan, Yale University Press, 1992.
3. A. Delbanco, *New York Review of Books*, 1999. 11. 4.
4. R. Brustein, *New Republic*, 1997. 11. 3.
5. 스탠퍼드 대학 인문학 센터에서의 콘퍼런스, 1999. 4. 23.
6. G. Steiner, *PN Review*, 25, 1999. 3/4.
7. J. Engell과 A. Dangerfield, *Harvard Magazine*, 1998. 5/6, 48~55, 111쪽.
8. A. Louch, *Philosophy and Literature*, 22, 1998. 4, 231~241쪽.
9. C. Woodring, Columbia University Press, 1999.
10. J. M. Ellis, Yale University Press, 1997.
11. G. Wheatcroft, *Prospect*, 1998. 8/9.
12. R. E. Scholes, Yale University Press, 1998.
13. A. Kernan (Ed.), Princeton University Press, 1997.
14. C. P. Freund, *Reason*, 1998. 3, 33~38쪽.
15. Cowen, 1998, 9~10쪽에서 인용.
16. J. Engell과 A. Dangerfield, "Humanities in the age of money," *Harvard Magazine*, 1998. 5/6, 48~55쪽과 111쪽.
17. J. Engell과 A. Dangerfield, "Humanities in the age of money," *Harvard Magazine*, 1998. 5/6, 48~55쪽과 111쪽.
18. Cowen, 1998; N. Gillespie, "All culture, all the time," *Reason*, 1999. 4, 24~25쪽.
19. Cowen, 1998.
20. Cowen, 1998, 188쪽에서 인용.
21. Cowen, 1998.
22. Brown, 1991; Dissanayake, 1992; Dissanayake, 2000.
23. Crick, 1994; Gardner, 1983; Peretz, Gagnon과 Bouchard, 1998.
24. Miller, 2000b.
25. Dutton, 2001.
26. Dissanayake, 1992; Dissanayake, 2000.

27. Pinker, 1997, 8장.
28. Marr, 1982; Pinker, 1997, 8장; Ramachandran과 Hirstein, 1999; Shepard, 1990. 또한 Gombrich, 1982/1995; Miller, 2001 참조.
29. Pinker, 1997, 8장.
30. Kaplan, 1992; Orians, 1998; Orians와 Heerwgen, 1992; Wilson, 1984.
31. Wilson, 1984.
32. Etcoff, 1999; Symons, 1995; Thornhill, 1998.
33. Tooby와 DeVore, 1987.
34. Abbott, 2001; Pinker, 1997.
35. Dissanayake, 1998.
36. Dissanayake, 1992.
37. Frank, 1999; Veblen, 1899/1994.
38. Zahavi와 Zahavi, 1997.
39. Miller, 2000b, 270쪽.
40. Bell, 1992; Wolfe, 1975; Wolfe, 1981.
41. Bourdieu, 1984.
42. 그의 1757년 논문 "Of the standard of taste." Dutton, 2001, 206쪽에서 인용.
43. Dutton, 2001, 213쪽.
44. Dutton, 1998; Komar, Malamid와 Wypijewski, 1997.
45. Dissanayake, 1998.
46. Dutton, 1998.
47. *Lingua Franca*, 2000.
48. Turner, 1997, 17쪽, 174~175쪽.
49. Etcoff, 1999; Kaplan, 1992; Orians와 Heerwgen, 1992.
50. Leslie, 1994; Schellenberg와 Trehub, 1996; Storey, 1996; Zentner와 Kagan, 1996.
51. Martindale, 1990.
52. Steiner, 2001.
53. Dutton, 2000에서 인용.
54. C. Darwent, "Art of Staying Pretty," *New Statesman*, 2000. 2. 13.
55. Steiner, 2001.
56. Bell, 1992.
57. *The Onion*, 36, 2000. 9. 21~27, 1쪽.

58. Wolfe, 1975, 2~4쪽.
59. J. Miller, "Is bad writing necessary? George Orwell, Theodor Adorno, and the politics of language," *Lingua Franca*, 2000. 12/1.
60. http://www.cybereditions.com/aldaily/bwc.htm.
61. Steiner, 1967, 서문.
62. *New York Times*, 2001. 9. 19.
63. 조각가 Janine Antoni의 작품; G. Beauchamp, "Dissing the middle class: The view from Burns Park," *American Scholar*, 1995. 여름, 335~349쪽.
64. K. Limaye, "Adieu to the Avant-Garde," *Reason*, 1997. 7.
65. K. Limaye, "Adieu to the Avant-Garde," *Reason*, 1997. 7.
66. C. Darwent, "Art of staying pretty," *New Statesman*, 2000. 12. 13; C. Lambert, "The stirring of sleeping beauty," *Harvard Magazine*, 1999. 9/10, 46~53쪽; K. Limaye, "Adieu to the Avant-Garde," *Reason*, 1997. 7; A. Delbanco, "The decline and fall of literature," *New York Review of Books*, 1999. 11. 4; Perloff, 1999; Turner, 1985; Turner, 1995.
67. Abbott, 2001; Boyd, 1998; Carroll, 1995; Dutton, 2001; Easterlin, Riebling과 Crews, 1993; Evans, 1998; Gottschall과 Jobling, 준비중; Hernadi, 2001; Hogan, 1997; Paglia, 1990; Steiner, 2001; Turner, 1985; Turner, 1995.
68. Goguen, 1999; Gombrich, 1982/1995; Kubovy, 1986.
69. Aiello와 Sloboda, 1994; Lerdahl과 Jackendoff, 1983.
70. Keyser, 2000; Keyser와 Halle, 1998; Turner, 1991; Turner, 1996; Williams, 1990.
71. Scarry, 1999.
72. Abbott, 2001.
73. A. Quart, "David Bordwell blows the whistle on film studies," *Lingua Franca*, 2000. 3, 35~43쪽.
74. Abbott, 2001; Aiken, 1998; Cooke와 Turner, 1999; Dissanayake, 1992; Etcoff, 1999; Kaplan, 1992; Orians와 Heerwgen, 1992; Thornhill, 1998.
75. Teuber, 1997.
76. Behrens, 1998.
77. Storey, 1996, 182쪽에서 인용.
78. A. S. Byatt, "Narrate or die," *New York Times Magazine*, 1999. 4. 18, 105~107 쪽.
79. John Updike, "The tried and the trëowe," *Forbes ASAP*, 2000. 10. 2, 201, 215쪽.
80. Storey, 1996, 114쪽.

6부 인류의 목소리

1. Degler, 1991, 135쪽.
2. Dickinson, 1976.
3. Vonnegut, 1968/1998에서.
4. Orwell, 1949/1983, 205쪽.
5. 예를 들면 Gould, 1981; Lewontin, Rose와 Kamin, 1984, ix~x쪽.
6. Orwell, 1949/1983, 217쪽.
7. Orwell, 1949/1983, 220쪽.
8. Orwell, 1949/1983, 220쪽.
9. Orwell, 1949/1983, 222쪽.
10. Twain, 1884/1983, 293~295쪽.
11. Twain, 1884/1983, 295쪽.
12. Twain, 1884/1983, 330-331쪽.
13. Twain, 1884/1983, 332쪽.
14. Twain, 1884/1983, 339쪽.
15. Singer, 1972.
16. Singer, 1972. 68-78쪽과 그 소설을 각색한 영화로부터 요약한 대화이다.

2016년판 발문

1. Pinker, 2015b의 논쟁을 보라.
2. Horowitz, Yaworsky, & Kickham, 2014.
3. 그들 자신의 조사와 Machlek & Martin, 2004.
4. Lyle & Smith, 2012와 Tybur, Miller, & Gangestad, 2007.
5. Pinker, 2004.
6. Bowles, 2013; Gat, 2015; Meyer, Lohr, Gronenborn, & Alt, 2015; Wrangham & Glowacki, 2012.
7. Pinker, 2011, 614~616쪽의 평론들, Ferguson, 2010, and Rhee & Waldman, 2007을 보라.
8. Open Science Collaboration, 2015.
9. Plomin, DeFries, Knopik, & Neiderhiser, 2015.
10. 예를 들어, Barnes et al., 2014를 보라.

11. Shankman, 2009.
12. Pinker, 2007a.
13. Watts, 2003.
14. Christakis & Fowler, 2009.
15. Shahar Rohen, César Hidalgo and ohters; Ronen et al., 2014.
16. 마이클 메이시(Michael Macy)와 공저자들의 책; Pinker, 2011 560~565쪽.
17. Pinker, 2014.
18. Pinker, 2012a.
19. Davis & Marcus, 2015.
20. Tenenbaum, Griffiths, & Kemp, 2006.
21. Marcus, 2002.
22. Seung, 2012.
23. Smith, 2011.
24. Coyne, 2015; Heard & Martienssen, 2014; Juengst, Fishman, McGowan, & Settersten, 2014; Moffitt & Berckley, 2015; Haig, 2007.
25. Lukianoff, 2014.
26. Lukianoff, 2012.
27. Pinker, 2006b에서도 볼 수 있다.
28. Dreger, 2011.
29. Dreger, 2007에도 수록되어 있다.
30. 이에 대한 비판으로는 Pinker, 2006a를 보라.
31. 또한 나의 2008년 에세이 「도덕적 본능(The Moral Instinct)」(Pinker, 2008)과 『우리 본성의 선한 천사』를 보라.
32. 3장, 또한 Pinker, 2012b를 보라.
33. 330~331쪽과 333~336쪽, 또한 9장 166~169쪽을 보라.
34. Pinker, 2005에 상술되어 있다.
35. Pinker & Spelke, 2005 5484; https://www.youtube.com/watch?v=-Hb3oe7-pj8.
36. Strand, Deary, & Smith, 2006.
37. Ceci & Williams, 2011; Williams & Ceci, 2015.
38. Emily Yoffe, 2014; Heather MacDonald, 2008; Judith Shulevitz, 2015; Erika Christakis, 2014.
39. Gertner, 2015.

40. Pinker, 2015a.
41. Polderman et al., 2015와 Vukasovic & Bratko, 2015를 보라.
42. Davis et al., 2011.
43. Chabris et at., 2013; Chabris, Lee, Cesarini, Benjamin, & Laibson, 2015.
44. Pinker, 2009.
45. Rietveld et al., 2014.
46. Plomin, et al., 2015; Harris, 2006; Harris, 1998/2008; Dickens & Flynn, 2001; Scarr & McCartney, 1983.
47. Smith, 2011.
48. Shendure & Akey, 2015.
49. Geschwind & Flint, 2015.
50. Plomin, et al., 2015.
51. Lodato et al., 2015; McConnell et al., 2013.
52. Plomin, et al., 2015.
53. Pinker, 2013; Wieseltier, 2013.
54. Pinker, 2007b.

참고 문헌

Abbott, H. P. E. 2001. Imagination and the adapted mind: A special double issue. *SubStance*, 30.

Adams, B., Breazeal, C., Brooks, R. A., & Scassellati, B. 2000. Humanoid robots: A new kind of tool. *IEEE Intelligent Systems*, 25-31.

Agrawal, A. F., Brodie, E. D. I., & Brown, J. 2001. Parent-offspring coadaptation and the dual genetic control of maternal care. *Science*, 292, 1710-1712.

Ahn, W.-K., Kalish, C., Gelman, S. A., Medin, D. L., Luhmann, C., Atran, S., Coley, J. D., & Shafto, P. 2001. Why essences are essential in the psychology of concepts. *Cognition*, 82, 59-69.

Aiello, R., & Sloboda, J. A. (Eds.) 1994. *Musical perceptions*. New York: Oxford University Press.

Aiken, N. E. 1998. *The biological origins of art*. Westport, Conn.: Praeger.

Akerlof, G. A. 1984. *An economic theorist's book of tales: Essays that entertain the consequences of new assumptions in economic theory*. New York: Cambridge University Press.

Alcock, J. 1998. Unpunctuated equilibrium in the *Natural History* essays of Stephen Jay Gould. *Evolution and Human Behavior*, 19, 321-336.

Alcock, J. 2001. *The triumph of sociobiology*. New York: Oxford University Press.

Alexander, R. D. 1987. *The biology of moral systems*. Hawthorne, N.Y.: Aldine de Gruyter.

Allen, E., Beckwith, B., Beckwith, J., Chorover, S., Culver, D., Duncan, M., Gould, S. J., Hubbard, R., Inouye, H., Leeds, A., Lewontin, R., Madansky, C., Miller, L., Pyeritz, R., Rosenthal, M., & Schreier, H. 1975. Against "sociobiology." *New York Review of Books*, 22, 43-44.

Allen, G. E. 2001. Is a new eugenics afoot? *Science*, 294, 59-61.

Ames, B., Profet, M., & Gold, L. S. 1990. Dietary pesticides (99.9% all natural). *Proceedings of the National Academy of Sciences*, 87, 7777-7781.

Anderson, J. R. 1976. *Language, memory, and thought*. Mahwah, N.J.: Erlbaum.

Anderson, J. R. 1983. *The architecture of cognition*. Cambridge, Mass.: Harvard University Press.

Anderson, J. R. 1990. *The adaptive character of thought*. Mahwah, N.J.: Erlbaum.

Anderson, J. R. 1993. *Rules of the mind*. Mahwah, N.J.: Erlbaum.

Anderson, J. R. 1995. *Cognitive psychology and its implications* (4th ed.). New York: W. H. Freeman.

Anderson, S. W., Bechara, A., Damasio, H., Tranel, D., & Damasio, A. R. 1999. Impairment of social and moral behavior related to early damage in human prefrontal cortex. *Nature Neuroscience*, 2, 1032-1037.

Andreasen, N. C., Flaum, M., Swayze, V., O'Leary, D. S., Alliger, R., Cohen, G., Ehrhardt, J., & Yuh, W. T. C. 1993. Intelligence and brain structure in normal individuals. *American Journal of Psychiatry*, 150, 130-134.

Antonaccio, M., & Schweiker, W. (Eds.) 1996. *Iris Murdoch and the search for human goodness*. Chicago: University of Chicago Press.

Archibald, W. P. 1989. *Marx and the missing link: Human nature*. Atlantic Highlands, N.J.: Humanities Press International.

Arditi, A., Holtzman, J. D., & Kosslyn, S. M. 1988. Mental imagery and sensory experience in congenital blindness. *Neuropsychologia*, 26, 1-12.

Armstrong, S. L., Gleitman, L. R., & Gleitman, H. 1983. What some concepts might not be. *Cognition*, 13, 263-308.

Aronson, E. 1980. *The social animal*. San Francisco: W. H. Freeman.

Atran, S. 1995. Causal constraints on categories and categorical constraints on biological reasoning across cultures. In D. Sperber, D. Premack, & A. J. Premack (Eds.), *Causal cognition*. New York: Oxford University Press.

Atran, S. 1998. Folk biology and the anthropology of science: Cognitive universals and cultural particulars. *Behavioral and Brain Sciences*, 21, 547-609.

Austad, S. 2000. Varied fates from similar states. *Science*, 290, 944.

Axelrod, R. 1984. *The evolution of cooperation*. New York: Basic Books.

Babcock, L., & Loewenstein, G. 1997. Explaining bargaining impasse: the role of selfserving biases. *Journal of Economic Perspectives*, 11, 109-126.

Baddeley, A. D. 1986. *Working memory*. New York: Oxford University Press.

Bailey, R. 2000. The law of increasing returns. *Public Interest*, 59, 113-121.

Bailyn, B. 1967/1992. *The ideological origins of the American revolution*. Cambridge, Mass.: Harvard University Press.

Baker, M. 2001. *The atoms of language*. New York: Basic Books.

Baldwin, D. A. 1991. Infants' contribution to the achievement of joint reference. *Child Development*, 62, 875-890.

Bamforth, D. B. 1994. Indigenous people, indigenous violence: Precontact warfare on the North American Great Plains. *Man*, 29, 95-115.

Barkley, R. A., Ullman, D. G., Otto, L., & Brecht, J. M. 1977. The effects of sex typing and sex appropriateness of modeled behavior on children's imitation. *Child Development*, 48, 721-725.

Barkow, J. H., Cosmides, L., & Tooby, J. 1992. *The adapted mind: Evolutionary psychology and the generation of culture*. New York: Oxford University Press.

Baron-Cohen, S. 1995. *Mindblindness: An essay on autism and theory of mind*. Cambridge, Mass.: MIT Press.

Barry, D. 1995. *Dave Barry's complete guide to guys*. New York: Ballantine.

Barsky, R. F. 1997. *Noam Chomsky: A life of dissent*. Cambridge, Mass.: MIT Press.

Barthes, R. 1972. To write: An intransitive verb? In R. Macksey & E. Donato (Eds.), *The languages of criticism and the science of man: The structuralist controversy*. Baltimore: Johns Hopkins University Press.

Bauer, R. A. 1952. *The new man in Soviet psychology*. Cambridge, Mass.: Harvard University Press.

Becker, G. S. 1991. *A treatise on the family* (enlarged ed.). Cambridge, Mass.: Harvard University Press.

Behe, M. J. 1996. *Darwin's black box: The biochemical challenge to evolution*. New York: Free Press.

Behrens, R. R. 1998. Art, design, and gestalt theory. *Leonardo*, 31, 299-304.

Belenky, M. F., Clinchy, B. M., Goldberger, N. R., & Tarule, J. M. 1986. *Women's ways of knowing*. New York: Basic Books.

Bell, Q. 1992. *On human finery*. London: Allison & Busby.

Benedict, R. 1934/1959. Anthropology and the abnormal. In M. Mead (Ed.), *An anthropologist at work: Writings of Ruth Benedict*. Boston: Houghton Mifflin.

Benjamin, J., Li, L., Patterson, C., Greenberg, B. D., Murphy, D. L., & Hamer, D. H. 1996. Population and familial association between the D4 dopamine receptor gene and measures of novelty seeking. *Nature Genetics*, *12*, 81-84.

Berent, I., Pinker, S., & Shimron, J. 1999. Default nominal inflection in Hebrew: Evidence for mental variables. *Cognition*, 72, 1-44.

Berlin, I. 1996. *The sense of reality: Studies in ideas and their history*. New York: Farrar, Straus, & Giroux.

Berra, T. M. 1990. *Evolution and the myth of creationism*. Stanford, Calif.: Stanford University Press.

Besançn, A. 1981. *The intellectual origins of Leninism*. Oxford: Basil Blackwell.

Besançn, A. 1998. Forgotten communism. *Commentary*, 24-27.

Betzig, L. L. 1997. *Human nature: A critical reader*. New York: Oxford University Press.

Bishop, K. M., Coudreau, G., & O'Leary, D. D. M. 2000. Regulation of area identity in the mammalian neocortex by *Emx2* and *Pax6*. *Science*, 288, 344-349.

Blair, J., & Cipolotti, L. 2000. Impaired social response reversal: A case of "acquired sociopathy." *Brain*, 123, 1122-1141.

Blinkhorn, S. 1982. Review of S. J. Gould's "The mismeasure of man." *Nature*, 296, 506.

Bloom, P. 1994. Generativity within language and other cognitive domains. *Cognition*, 51, 177-189.

Bloom, P. 1996. Intention, history, and artifact concepts. *Cognition*, 60, 1-29.

Blum, D. 1997. *Sex on the brain: The biological differences between men and women*. New York: Viking.

Boas, F. 1911. Language and thought. In *Handbook of American Indian languages*. Lincoln, Nebr.: Bison Books.

Bock, G. R., & Goode, J. A. (Eds.) 1996. *The genetics of criminal and antisocial behavior*. New York: Wiley.

Bodmer, W. F., & Cavalli-Sforza, L. L. 1970. Intelligence and race. *Scientific American*.

Boehm, C. 1999. *Hierarchy in the forest: The evolution of egalitarian behavior*. Cambridge, Mass.: Harvard University Press.

Borges, J. L. 1964. The lottery in Babylon, In *Labyriths: Selected stories and other writings*. New York: New Directions.

Bouchard, T. J., Jr. 1994. Genes, environment, and personality. *Science*, 264, 1700-1701.

Bouchard, T. J., Jr. 1998. Genetic and environmental influences on intelligence and special mental abilities. *Human Biology*, 70, 257-259.

Bouchard, T. J., Jr., Lykken, D. T., McGue, M., Segal, N. L., & Tellegen, A. 1990. Sources of human psychological differences: The Minnesota Study of Twins Reared Apart. *Science*, 250, 223-228.

Bourdieu, P. 1984. *Distinction: A social critique of the judgment of taste*. Cambridge, Mass.: Harvard

University Press.

Bourgeois, J.-P., Goldman-Rakic, P. S., & Rakic, P. 2000. Formation, elimination, and stabilization of synapses in the primate cerebral cortex. In M. S. Gazzaniga (Ed.), *The new cognitive neurosciences*. Cambridge, Mass.: MIT Press.

Bourke, J. 1999. *An intimate history of killing: Face-to-face killing in 20th-century warfare*. New York: Basic Books.

Bowles, S., & Gintis, H. 1998. Is equality passé? Homo reciprocans and the future of egalitarian politics. *Boston Review*.

Bowles, S., & Gintis, H. 1999. *Recasting egalitarianism: New rules for communities, states, and markets*. New York: Verso.

Boyd, B. 1998. Jane, meet Charles: Literature, evolution, and human nature. *Philosophy and Literature*, 22, 1-30.

Boyd, R., & Richerson, P. 1985. *Culture and the evolutionary process*. Chicago: University of Chicago Press.

Boyd, R., & Silk, J. R. 1996. *How humans evolved*. New York: Norton.

Boyer, P. 1994. Cognitive constraints on cultural representations: Natural ontologies and religious ideas. In L. A. Hirschfeld & S. A. Gelman (Eds.), *Mapping the mind: Domain specificity in cognition and culture*. New York: Cambridge University Press.

Braine, M. D. S. 1994. Mental logic and how to discover it. In J. Macnamara & G. Reyes (Eds.), *The logical foundations of cognition*. New York: Oxford University Press.

Bregman, A. S. 1990. *Auditory scene analysis: The perceptual organization of sound*. Cambridge, Mass.: MIT Press.

Bregman, A. S., & Pinker, S. 1978. Auditory streaming and the building of timbre. *Canadian Journal of Psychology*, 32, 19-31.

Breland, K., & Breland, M. 1961. The misbehavior of organisms. *American Psychologist*, 16, 681-684.

Brink, D. O. 1989. *Moral realism and the foundations of ethics*. New York: Cambridge University Press.

Brociner, K. 2001. Utopianism, human nature, and the left. *Dissent*, 89-92.

Brock, D. W. 1993. *Life and death: Philosophical essays in biomedical ethics*. New York: Cambridge University Press.

Brooker, P. 1999. *A concise glossary of cultural theory*. New York: Oxford University Press.

Brown, D. E. 1991. *Human universals*. New York: McGraw-Hill.

Brown, D. E. 2000. Human universals and their implications. In N. Roughley (Ed.), *Being humans: Anthropological universality and particularity in transdisciplinary perspectives*. New York: Walter de Gruyter.

Brown, R. 1985. *Social psychology: The second edition*. New York: Free Press.

Browne, K. 1998. *Divided labors: An evolutionary view of women at work*. London: Weidenfeld and Nicholson.

Brownmiller, S. 1975. *Against our will: Men, women, and rape*. New York: Fawcett Columbine.

Brownmiller, S., & Merhof, B. 1992. A feminist response to rape as an adaptation in men. *Behavioral and Brain Sciences*, 15, 381-382.

Bruer, J. 1997. Education and the brain: A bridge too far. *Educational Researcher*, 26, 4-16.

Bruer, J. 1999. *The myth of the first three years: A new understanding of brain development and lifelong learning*. New York: Free Press.

Brugger, P., Kollias, S. S., Müri, R. M., Crelier, G., Hepp-Reymond, M.-C., & Regard, M. 2000. Beyond re-membering: Phantom sensations of congenitally absent limbs. *Proceedings of the National Academy of Science*, 97, 6167-6172.

Bueno de Mesquita, B. 1981. *The war trap*. New Haven, Conn.: Yale University Press.

Bullock, A. 1991. *Hitler and Stalin: Parallel lives*. London: HarperCollins.

Burke, E. 1790/1967. *Reflections on the revolution in France*. London: J. M. Dent & Sons.

Burnham, R., & Phelan, J. 2000. *Mean genes: From sex to money to food: Taming our primal instincts*. Cambridge, Mass.: Perseus.

Burnstein, E., Crandall, C., & Kitayama, S. 1994. Some neo-Darwinian decision rules for altruism: Weighing cues for inclusive fitness as a function of the biological importance of the decision. *Journal of Personality and Social Psychology*, 67, 773-789.

Buss, D., & Duntley, J. D. In press. Why the mind is designed for murder: The coevolution of killing and death prevention strategies. *Behavioral and Brain Sciences*.

Buss, D. M. 1992. Mate preference mechanisms: Consequences for partner choice and intrasexual competition. In J. Barkow, L. Cosmides, & J. Tooby (Eds.), *The adapted mind: Evolutionary psychology and the generation of culture*. New York: Oxford University Press.

Buss, D. M. 1994. *The evolution of desire*. New York: Basic Books.

Buss, D. M. 1995. Evolutionary psychology: A new paradigm for psychological science. *Psychological Inquiry*, 6, 1-30.

Buss, D. M. 1999. *Evolutionary psychology: The new science of the mind*. Boston: Allyn and Bacon.

Buss, D. M. 2000. *The dangerous passion: Why jealousy is as necessary as love and sex*. New York: Free Press.

Butterworth, B. 1999. *The mathematical brain*. London: Macmillan.

Calvin, W. H. 1996a. *The cerebral code*. Cambridge, Mass.: MIT Press.

Calvin, W. H. 1996b. *How brains think*. New York: Basic Books.

Calvin, W. H., & Bickerton, D. 2000. *Lingua ex machina: Reconciling Darwin and Chomsky with the human brain*. Cambridge, Mass.: MIT Press.

Calvin, W. H., & Ojemann, G. A. 2001. *Inside the brain: Mapping the cortex, exploring the neuron*, www.iuniverse.com.

Campbell, J. D., & Fairey, P. J. 1989. Informational and normative routes to conformity: The effect of faction size as a function of norm extremity and attention to the stimulus. *Journal of Personality and Social Psychology*, 51, 315-324.

Cappon, L. J. (Ed.) 1959. *The Adams-Jefferson letters*. New York: Simon & Schuster.

Caramazza, A., & Shelton, J. A. 1998. Domain-specific knowledge systems in the brain: The animate-inanimate distinction. *Journal of Cognitive Neuroscience*, 10, 1-34.

Carey, S. 1986. Cognitive science and science education. *American Psychologist*, 41, 1123-1130.

Carey, S., & Spelke, E. 1994. Domain-specific knowledge and conceptual change. In L. A. Hirschfeld & S. A. Gelman (Eds.), *Mapping the mind: Domain specificity in cognition and culture*. New York: Cambridge University Press.

Carpenter, M., Akhtar, N., & Tomasello, M. 1998. Fourteen- through eighteen-month-old infants differentially imitate intentional and accidental actions. *Infant Behavior and Development*, 21, 315-330.

Carroll, J. 1995. *Evolution and literary theory*. Columbia: University of Missouri Press.

Cartmill, M. 1998. Oppressed by evolution. *Discover*, *19*, 78-83.

Cartwright, J. 2000. *Evolution and human behavior*. Cambridge, Mass.: MIT Press.

Caryl, P. G. 1994. Early event-related potentials correlate with inspection time and intelligence. *Intelligence*, *18*, 15-46.

Cashdan, E. 1989. Hunters and gatherers: Economic behavior in bands. In S. Plattner (Ed.), *Economic anthropology*. Stanford, Calif.: Stanford University Press.

Caspi, A. 2000. The child is father of the man: Personality continuities from childhood to adulthood. *Journal of Personality and Social Psychology*, 78, 158-172.

Catalano, S. M., & Shatz, C. J. 1998. Activity-dependent cortical target selection by thalamic axons. *Science, 24*, 559-562.

Cavalli-Sforza, L. L. 1991. Genes, people, and languages. *Scientific American*, 223, 104-110.

Cavalli-Sforza, L. L., & Feldman, M. W. 1981. *Cultural transmission and evolution: A quantitative approach.* Princeton, N.J.: Princeton University Press.

Chabris, C. F. 1999. Prelude or requiem for the "Mozart effect"? *Nature, 400*, 826-828.

Chagnon, N. A. 1988. Life histories, blood revenge, and warfare in a tribal population. *Science, 239*, 985-992.

Chagnon, N. A. 1992. *Yanomamö: The last days of Eden.* New York: Harcourt Brace.

Chagnon, N. A. 1996. Chronic problems in understanding tribal violence and warfare. In G. Bock & J. Goode (Eds.), *The genetics of criminal and antisocial behavior.* New York: Wiley.

Chalupa, L. M. 2000. A comparative perspective on the formation of retinal connections in the mammalian brain. In M. S. Gazzaniga (Ed.), *The new cognitive neurosciences.* Cambridge, Mass.: MIT Press.

Chandler, D. P. 1999. *Brother number one: A political biography of Pol Pot.* Boulder, Colo.: Westview Press.

Charlesworth, B. 1987. The heritability of fitness. In J. W. Bradbury & M. B. Andersson (Eds.), *Sexual selection: Testing the hypotheses.* New York: Wiley.

Charlton, T. 1997. The inception of broadcast television: A naturalistic study of television's effects in St. Helena, South Atlantic. In T. Charlton & K. David (Eds.), *Elusive links: Television, video games, and children's behavior.* Cheltenham, UK: Park Published Papers.

Chase, W. G., & Simon, H. A. 1973. Perception in chess. *Cognitive Psychology*, 4, 55-81.

Check, J. V. P., & Malamuth, N. 1985. An empirical assessment of some feminist hypotheses about rape. *International Journal of Women's Studies*, 8, 414-423.

Chirot, D. 1994. *Modern tyrants.* Princeton: Princeton University Press.

Chomsky, N. 1970. Language and freedom. *Abraxas*, I, 9-24.

Chomsky, N. 1973. Psychology and ideology. In N. Chomsky (Ed.), *For reasons of state.* New York: Vintage.

Chomsky, N. 1975. *Reflections on language.* New York: Pantheon.

Chomsky, N. 1980. *Rules and representations.* New York: Columbia University Press.

Chomsky, N. 1988a. *Language and politics.* Montreal: Black Rose Books.

Chomsky, N. 1988b. *Language and problems of knowledge: The Managua lectures.* Cambridge,

Mass.: MIT Press.

Chomsky, N. 1993. *Language and thought*. Wakefield, R.I.: Moyer Bell.

Chomsky, N. 2000. *New horizons in the study of language and mind*. New York: Cambridge University Press.

Chorney, M. J., Chorney, K., Seese, N., Owen, M. J., McGuffin, P., Daniels, J., Thompson, L. A., Detterman, D. K., Benbow, C. P., Lubinski, D., Eley, T. C., & Plomin, R. 1998. A quantitative trait locus (QTL) associated with cognitive ability in children. Psychological Science, 9, 159-166.

Chorover, S. L. 1979. *From genesis to genocide: The meaning of human nature and the power of behavior control*. Cambridge, Mass.: MIT Press.

Clahsen, H. 1999. Lexical entries and rules of language: A multidisciplinary study of German inflection. *Behavioral and Brain Sciences*, 22, 991-1013.

Clark, R. 1970. *Crime in America: Observations on its nature, causes, prevention, and control*. New York: Simon & Schuster.

Claverie, J.-M. 2001. What if there are only 30,000 human genes? *Science, 291*, 1255-1257.

Cohen, J. 1997. The natural goodness of humanity. In A. Reath, B. Herman, & C. Korsgaard (Eds.), *Reclaiming the history of ethics: Essays for John Rawls*. New York: Cambridge University Press.

Colapinto, J. 2000. *As nature made him: The boy who was raised as a girl*. New York: HarperCollins.

Collins, W. A., Maccoby, E. E., Steinberg, L., Hetherington, E. M., & Bornstein, M. H. 2000. Contemporary research on parenting: The case for nature *and* nurture. *American Psychologist, 55*, 218-232.

Conquest, R. 2000. *Reflections on a ravaged century*. New York: Norton.

Cooke, B., & Turner, F. (Eds.) 1999. *Biopoetics: Evolutionary explorations in the arts*. St. Paul, Minn.: Paragon House.

Cosmides, L., & Tooby, J. 1992. Cognitive adaptations for social exchange. In J. H. Barkow, L. Cosmides, & J. Tooby (Eds.), *The adapted mind: Evolutionary psychology and the generation of culture*. New York: Oxford University Press.

Cosmides, L., & Tooby, J. 1996. Are humans good intuitive statisticians after all? Rethinking some conclusions from the literature on judgment under uncertainty. *Cognition*, 58, 1-73.

Courtois, S., Werth, N., Panné J.-L., Paczkowski, A., Bartosek, K., & Margolin, J.-L. 1999. *The black book of communism: Crimes, terror, repression.* Cambridge, Mass.: Harvard University Press.

Cowen, T. 1998. *In praise of commercial culture.* Cambridge, Mass.: Harvard University Press.

Cowie, F. 1999. *What's within? Nativism reconsidered.* New York: Oxford University Press.

Crair, M. C., Gillespie, D. C., & Stryker, M. P. 1998. The role of visual experience in the development of columns in cat visual cortex. *Science, 279,* 566-570.

Cramer, K. S., & Sur, M. 1995. Activity-dependent remodeling of connections in the mammalian visual system. *Current Opinion in Neurobiology,* 5, 106-111.

Crawford, C., & Krebs, D. L. (Eds.) 1998. *Handbook of evolutionary psychology: Ideas, issues, and applications.* Mahwah, N.J.: Erlbaum.

Crevier, D. 1993. AI: *The tumultuous history of the search for artificial intelligence.* New York: Basic Books.

Crews, F. 2001. Saving us from Darwin. *New York Review of Books.* October 4 and October 18.

Crick, F. 1994. *The astonishing hypothesis: The scientific search for the soul.* New York: Simon & Schuster.

Crick, F., & Koch, C. 1995. Are we aware of neural activity in primary visual cortex? *Nature, 375,* 121-123.

Crittenden, D. 1999. *What our mothers didn't tell us: Why happiness eludes the modern woman.* New York: Simon & Schuster.

Cronin, H. 1992. *The ant and the peacock.* New York: Cambridge University Press.

Cronk, L. 1999. *That complex whole: Culture and the evolution of human behavior.* Boulder, Colo.: Westview Press.

Cronk, L., Chagnon, N., & Irons, W. (Eds.) 2000. *Adaptation and human behavior.* Hawthorne, N.Y.: Aldine de Gruyter.

Crow, J. F. 2002. Unequal by nature: A geneticist's perspective on human differences. *Daedalus,* Winter, 81-88.

Crowley, J. C., & Katz, L. C. 2000. Early development of ocular dominance columns. *Science, 290,* 1321-1324.

Cummins, D. D. 1996. Evidence for the innateness of deontic reasoning. *Mind and Language,* 11, 160-190.

Curti, M. 1980. *Human nature in American thought: A history.* Madison: University of Wisconsin Press.

Curtiss, S., de Bode, S., & Shields, S. 2000. Language after hemispherectomy. In J. Gilkerson, M. Becker, & N. Hyams (Eds.), *UCLA Working Papers in Linguistics* (Vol. 5, pp. 91-112). Los Angeles: UCLA Department of Linguistics.

Dabbs, J. M., & Dabbs, M. G. 2000. *Heroes, rogues, and lovers: Testosterone and behavior*. New York: McGraw Hill.

Daly, M. 1991. Natural selection doesn't have goals, but it's the reason organisms do (Commentary on P. J. H. Shoemaker, "The quest for optimality: A positive heuristic of science?"). *Behavioral and Brain Sciences, 14*, 219-220.

Daly, M., Salmon, C., & Wilson, M. 1997. Kinship: The conceptual hole in psychological studies of social cognition and close relationships. In J. Simpson & D. Kenrick (Eds.), *Evolutionary social psychology*. Mahwah, N.J.: Erlbaum.

Daly, M., & Wilson, M. 1983. *Sex, evolution, and behavior* (2nd ed.) Belmont, Calif.: Wadsworth.

Daly, M., & Wilson, M. 1988. *Homicide*. Hawthorne, N.Y.: Aldine de Gruyter.

Daly, M., & Wilson, M. 1994. Evolutionary psychology of male violence. In J. Archer (Ed.), *Male violence*. London: Routledge.

Daly, M., & Wilson, M. 1999. *The truth about Cinderella: A Darwinian view of parental love*. New Haven, Conn.: Yale University Press.

Daly, M., Wilson, M., & Vasdev, S. 2001. Income inequality and homicide rates in Canada and the United States. *Canadian Journal of Criminology, 43*, 219-236.

Damasio, A. R. 1994. *Descartes' error: Emotion, reason, and the human brain*. New York: Putnam.

Damasio, H. 2000. The lesion method in cognitive neuroscience. In F. Boller & J. Grafman (Eds.), *Handbook of neuropsychology* (2nd ed.), Vol. 1, New York:Elsevier.

Damewood, M. D. 2001. Ethical implications of a new application of preimplantation diagnosis. *Journal of the American Medical Association, 285*, 3143-3144.

Darwin, C. 1872/1998. *The expression of the emotions in man and animals: Definitive edition*. New York: Oxford University Press.

Davidson, R. J., Putnam, K. M., & Larson, C. L. 2000. Dysfunction in the neural circuitry of emotion regulation:A possible prelude to violence. *Science, 289*, 591-594.

Davis, B. D. 1983. Neo-Lysenkoism, IQ, and the press. *Public Interest, 73*, 41-59.

Dawkins, R. 1976/1989. *The selfish gene* (new ed.). New York: Oxford University

Dawkins, R. 1983. Universal Darwinism. In D. S. Bendall (Ed.), *Evolution from molecules to man*. New York: Cambridge University Press.

Dawkins, R. 1985. Sociobiology: The debate continues (Review of Lewontion, Rose, & Kamin's "Not in our genes"). *New Scientist, 24*, 59-60.

Dawkins, R. 1986. *The blind watchmaker: Why the evidence of evolution reveals a universe without design*. New York: Norton.

Dawkins, R. 1998. *Unweaving the rainbow: Science, delusion and the appetite for wonder*. Boston: Houghton Mifflin.

de Waal, F. 1998. *Chimpanzee politics: Power and sex among the apes*. Baltimore: Johns Hopkins University Press.

Deacon, T. 1997. *The symbolic species: The coevolution of language and the brain*. New York: Norton.

Deary, J. J. 2000. *Looking down on human intelligence: From psychometrics to the brain*. New York: Oxford University Press.

Deater-Deckard, K., & Plomin, R. 1999. An adoption study of the etiology of teacher and parent reports of externalising behavior problems in middle childhood. *Child Development, 70*, 144-154.

Degler, C. N. 1991. *In search of human nature: The decline and revival of Darwinism in American social thought*. New York: Oxford University Press.

Dehaene, S. 1997. *The number sense: How the mind creates mathematics*. New York: Oxford University Press.

Dehaene, S., Spelke, L., Pinel, P., Stanescu, R., & Tsivkin, S. 1999. Sources of mathematical thinking: Behavioral and brain-imaging evidence. *Science, 284*, 970-974.

Denfeld, R. 1995. *The new Victorians: A young woman's challenge to the old feminist order*. New York: Warner Books.

Dennett, D. C. 1984. *Elbow room: The varieties of free will worth wanting*. Cambridge, Mass.: MIT Press.

Dennett, D. C. 1986. The logical geography of computational approaches: A view from the East Pole. In M. Harnish & M. Brand (Eds.), *The representation of knowledge and belief*. Tucson: University of Arizona Press.

Dennett, D. C. 1991. *Consciousness explained*. Boston: Little, Brown.

Dennett, D. C. 1995. *Darwin's dangerous idea: Evolution and the meanings of life*. New York: Simon & Schuster.

Dershowitz, A. M. 1994. *The abuse excuse*. Boston: Little, Brown.

Descartes, R. 1637/2001. *Discourse on method.* New York: Bartleby.com.

Descartes, R. 1641/1967. Meditations on first philosophy. In R. Popkin (Ed.), *The philosophy of the 16th and 17th centuries.* New York: Free Press.

Deutsch, M., & Gerard, G. B. 1955. A study of normative and informational social influence upon individual judgment. *Journal of Abnormal and Social Psychology,* 51, 629-636.

Devlin, K. 2000. *The Math Gene: How mathematical thinking evolved and why numbers are like gossip.* New York: Basic Books.

Diamond, J. 1992. *The third chimpanzee: The evolution and future of the human animal.* New York: HarperCollins.

Diamond, J. 1997. *Guns, germs, and steel: The fates of human societies.* New York: Norton.

Diamond, J. 1998. *Why is sex fun? The evolution of human sexuality.* New York: Basic Books.

Diamond, M., & Sigmundson, K. 1997. Sex reassignment at birth: Long-term review and clinical implications. *Archives of Pediatric and Adolescent Medicine,* 151, 298-304.

Dickinson, E. 1976. *The complete poems of Emily Dickinson.* New York: Little, Brown.

Dissanayake, E. 1992. *Homo aestheticus: Where art comes from and why.* New York: Free Press.

Dissanayake, E. 1998. Komar and Melamid discover Pleistocene taste. *Philosophy and Literature,* 22, 486-496.

Dissanayake, E. 2000. *Art and intimacy: How the arts began.* Seattle: University of Washington Press.

Divale, W. T. 1972. System population control in the middle and upper Paleolithic: Inferences based on contemporary hunter-gatherers. *World Archeology,* 4, 222-243.

Dorit, R. 1997. Review of Michael Behe's "Darwin's Black Box." *American Scientist,* 85, 474-475.

Drake, S. 1970. *Galileo studies: Personality, tradition, and revolution.* Ann Arbor: University of Michigan Press.

Dugatkin, L. 1992. The evolution of the con artist. *Ethology and Sociobiology,* 13, 3-18.

Dunbar, R. 1998. *Grooming, gossip, and the evolution of language.* Cambridge, Mass.: Harvard University Press.

Dunn, J., & Plomin, R. 1990. *Separate lives: Why siblings are so different.* New York: Basic Books.

Dunphy, D. 1963. The social structure of early adolescent peer groups. *Sociometry,* 26, 230-246.

Durham, W. H. 1982. Interactions of genetic and cultural evolution: Models and examples. *Human Ecology,* 10, 299-234.

Durkheim, E. 1895/1962. *The rules of the sociological method.* Glencoe, Ill.: Free Press.

Dutton, D. 1998. America's most wanted, and why no one wants it. *Philosophy and Literature*, 22, 530-543.

Dutton, D. 2000. Mad about flowers. *Philosophy and Literature*, 24, 249-260.

Dutton, D. 2001. Aesthetic universals. In B. Gaut & D. M. Lopes (Eds.), *The Routledge companion to aesthetics*. New York: Routledge.

Dworkin, A. 1993. Sexual economics: The terrible truth. In *Letters from a war-zone*. New York: Lawrence Hill.

Eagly, A. H. 1995. The science and politics of comparing women and men. *American Psychologist*, 50, 145-158.

Easterlin, N., Riebling, B., & Crews, F. 1993. *After poststructuralism: Interdisciplinarity and literary theory (rethinking theory)*. Evanston, Ill.: Northwestern University Press.

Eaves, L. J., Eysenck, H. J., & Martin, N. G. 1989. *Genes, culture, and personality: An empirical approach*. San Diego: Academic Press.

Edgerton, R. B. 1992. *Sick societies: Challenging the myth of primitive harmony*. New York: Free Press.

Eibl-Eibesfeldt, I. 1989. *Human ethology*. Hawthorne, N.Y.: Aldine de Gruyter.

Ekman, P. 1987. A life's pursuit. In T. A. Sebeok & J. Umiker-Sebeok (Eds.), *The semiotic web 86: An international yearbook*. Berlin: Mouton de Gruyter.

Ekman, P. 1998. Afterword: Universality of emotional expression? A personal history of the dispute. In C. Darwin, *The expression of the emotions in man and animals: Definitive edition*. New York: Oxford University Press.

Ekman, P., & Davidson, R. J. 1994. *The nature of emotion*. New York: Oxford University Press.

Ellis, B. J. 1992. The evolution of sexual attraction: Evaluative mechanisms in women. In J. H. Barkow, L. Cosmides, & J. Tooby (Eds.), *The adapted mind: Evolutionary psychology and the generation of culture*. New York: Oxford University Press.

Ellis, L., & Beattie, C. 1983. The feminist explanation for rape: An empirical test. *Journal of Sex Research*, 19, 74-91.

Elman, J. L., Bates, E. A., Johnson, M. H., Karmiloff-Smith, A., Parisi, D., & Plunkett, K. 1996. *Rethinking innateness: A connectionist perspective on development*. Cambridge, Mass.: MIT Press.

Ember, C. 1978. Myths about hunter-gatherers. *Ethnology*, 27, 239-248.

Epstein, J. 1994. On the mathematical biology of arms races, wars, and revolutions. In L. Nadel & D.

Stein (Eds.), *1992 lectures in complex systems*, Vol. 5. Reading, Mass.: Addison Wesley.

Epstein, J., & Axtell, R. L. 1996. *Growing artificial societies: Social science from the bottom up.* Cambridge, Mass.: MIT Press.

Erikson, M. A., & Kruschke, J. K. 1998. Rules and exemplars in category learning. *Journal of Experimental Psychology: General, 127,* 107-140.

Estrich, S. 2000. *Sex and power.* New York: Riverhead Press.

Etcoff, N. L. 1999. *Survival of the prettiest: The science of beauty.* New York: Doubleday.

Evans, D., & Zarate, O. 1999. *Introducing evolutionary psychology.* New York: Totem Books.

Evans, D. A. 1998. Evolution and literature. *South Dakota Review, 36,* 33-46.

Faigman, D. L. 1999. *Legal alchemy: The use and misuse of science in the law.* New York: W. H. Freeman.

Farah, M. J., Rabinowitz, C., Quinn, G. E., & Liu, G. T. 2000. Early commitment of neural substrates for face recognition. *Cognitive Neuropsychology, 17,* 117-123.

Fausto-Sterling, A. 1985. *Myths of gender: Biological theories about women and men.* New York: Basic Books.

Fehr, E., Fischbacher, U., & Gächter, S. In press. Strong reciprocity, human cooperation and the enforcement of social norms. *Human Nature.*

Fehr, E., & Gähter, S. 2000. Fairness and retaliation: The economics of reciprocity. *Journal of Economic Perspectives, 14,* 159-181.

Fernádez-Jalvo, Y., Diez, J. C., Bermúdez de Castro, J. M., Carbonell, E., & Arsuaga, J. L. 1996. Evidence of early cannibalism. *Science,* 271, 277-278.

Festinger, L. 1957. *A theory of cognitive dissonance.* Stanford, Calif.: Stanford University Press.

Finch, C. E., & Kirkwood, T. B. L. 2000. *Chance, development, and aging.* New York: Oxford University Press.

Fischoff, S. 1999. Psychology's quixotic quest for the media-violence connection. *Journal of Media Psychology,* 4.

Fisher, S. E., Vargha-Khadem, F., Watkins, K. E., Monaco, A. P., & Pembrey, M. E. 1998. Localisation of a gene implicated in a severe speech and language disorder. *Nature Genetics, 18,* 168-170.

Fiske, A. P. 1992. The four elementary forms of sociality: Framework for a unified theory of social relations. *Psychological Review, 99,* 689-723.

Flynn, J. R. 1999. Searching for justice: The discovery of IQ gains over time. *American Psychologist,*

54, 5-20.

Fodor, J. A. 1981. The present status of the innateness controversy. In J. A. Fodor (Ed.), *RePresentations*. Cambridge, Mass.: MIT Press.

Fodor, J. A. 1983. *The modularity of mind*. Cambridge, Mass.: MIT Press.

Fodor, J. A. 1994. *The elm and the expert: Mentalese and its semantics*. Cambridge, Mass.: MIT Press.

Fodor, J. A., & Pylyshyn, Z. 1988. Connectionism and cognitive architecture: A critical analysis. *Cognition*, 28, 3-71.

Fox, J. A., & Zawitz, M. W. 2000. *Homicide trends in the United States*. Washington, D.C.: U.S. Department of Justice. Available: www.ojp.usdoj.gov/bjs/homicide/homtrnd.htm.

Fox, R. 1984. *Kinship and marriage: An anthropological perspective*. New York: Cambridge University Press.

Fox, R. 1989. *The search for society: Quest for a biosocial science and morality*. New Brunswick, N.J.: Rutgers University Press.

Frangiskakis, J. M., Ewart, A. K., Morris, A. C., Mervis, C. B., Bertrand, J., Robinson, B. F., Klein, B. P., Ensing, G. J., Everett, L. A., Green, E. D., Proschel, C., Gutowski, N. J., Noble, M., Atkinson, D. L., Odelberg, S. J., & Keating, M. T. 1996. LIM-Kinase1 hemizygosity implicated in impaired visuospatial constructive cognition. *Cell*, 86, 59-69.

Frank, R. 1999. *Luxury fever: When money fails to satisfy in an era of excess*. New York: Free Press.

Frank, R. H. 1985. *Choosing the right pond: Human behavior and the quest for status*. New York: Oxford University Press.

Frank, R. H. 1988. *Passions within reason: The strategic role of the emotions*. New York: Norton.

Frank, R. H., Gilovich, T., & Regan, D. 1993. The evolution of one-shot cooperation: An experiment. *Ethology and Sociobiology*, 14, 247-256.

Frazer, J. G. 1890/1996. *The golden bough*. New York: Simon & Schuster.

Freedman, J. L. 1984. Effect of television violence on aggressiveness. *Psychological Bulletin*, 96, 227-246.

Freedman, J. L. 1996. Violence in the mass media and violence in society: The link is unproven. *Harvard Mental Health Letter*, 12, 4-6.

Freedman, J. L. 2002. *Media violence and aggression: No evidence for a connection*. Toronto: University of Toronto Press.

Freeman, D. 1983. *Margaret Mead and Samoa: The making and unmaking of an anthropological myth*. Cambridge, Mass.: Harvard University Press.

Freeman, D. 1999. *The fateful hoaxing of Margaret Mead: A historical analysis of her Samoan research*. Boulder, Colo.: Westview Press.

Frith, C. 1992. *The cognitive neuropsychology of schizophrenia*. New York: Psychology Press.

Fry, D. 2000. Conflict management in cross-cultural perspective. In F. Aureli & F. B. M. de Waal (Eds.), *Natural conflict resolution*. Berkeley: University of California Press.

Furchtgott-Roth, D., & Stolba, C. 1999. *Women's figures: An illustrated guide to the economic progress of women in America*. Washington, D.C.: American Enterprise Institute Press.

Galileo, G. 1632/1967. *Dialogue concerning the two chief world systems*. Berkeley: University of California Press.

Gallistel, C. R. 1990. *The organization of learning*. Cambridge, Mass.: MIT Press.

Gallistel, C. R. (Ed.) 1992. *Animal cognition*. Cambridge, Mass.: MIT Press.

Gallistel, C. R. 2000. The replacement of general-purpose theories with adaptive specializations. In M. S. Gazzaniga (Ed.), *The new cognitive neurosciences*. Cambridge, Mass.: MIT Press.

Gangestad, S., & Thornhill, R. 1998. Menstrual cycle variation in women's preferences for the scent of symmetrical men. *Proceedings of the Royal Society of London B, 265*, 927-933.

Gardner, H. 1983. *Frames of mind: The theory of multiple intelligences*. New York: Basic Books.

Gardner, H. 1985. *The mind's new science: A history of the cognitive revolution*. New York: Basic Books.

Gardner, H. 1999. *Intelligence reframed: Multiple intelligences for the 21st century*. New York: Basic Books.

Gaulin, S., & McBurney, D. 2000. *Evolutionary psychology*. Englewood Cliffs, N.J.: Prentice Hall.

Gaulin, S. J. C., & McBurney, D. H. 2001. *Psychology: An evolutionary approach*. Upper Saddle River, N.J.: Prentice Hall.

Gazzaniga, M. S. 1992. *Nature's mind: The biological roots of thinking, emotion, sexuality, language, and intelligence*. New York: Basic Books.

Gazzaniga, M. S. 1998. *The mind's past*. Berkeley: University of California Press.

Gazzaniga, M. S. 2000a. *Cognitive neuroscience: A reader*. Malden, Mass.: Blackwell.

Gazzaniga, M. S. (Ed.) 2000b. *The new cognitive neurosciences*. Cambridge, Mass.: MIT Press.

Gazzaniga, M. S., Ivry, R. B., & Mangun, G. R. 1998. *Cognitive neuroscience: The biology of the mind*. New York: Norton.

Geary, D. C. 1994. *Children's mathematical development*. Washington, D.C.: American

Psychological Association.

Geary, D. C. 1995. Reflections on evolution and culture in children's cognition. *American Psychologist, 50*, 24-37.

Geary, D. C. 1998. *Male, female: The evolution of human sex differences.* Washington, D.C.: American Psychological Association.

Geary, D. C. In press. Principles of evolutionary educational psychology. *Learning and Individual Differences.*

Geary, D. C., & Huffman, K. J. 2002. Brain and cognitive evolution: Forms of modularity and functions of mind. *Psychological Bulletin.*

Geertz, C. 1973. *The interpretation of cultures: Selected essays.* New York: Basic Books.

Gelman, S. A., Coley, J. D., & Gottfried, G. M. 1994. Essentialist beliefs in children: The acquisition of concepts and theories. In L. A. Hirschfeld & S. A. Gelman (Eds.), *Mapping the mind: Domain specificity in cognition and culture.* New York: Cambridge University Press.

Getty, J. A. 2000. The future did not work (Reviews of Furet's "The passing of an illusion" and Courtois et al.'s "The black book of communism"). *Atlantic Monthly, 285*, 113-116.

Ghiglieri, M. P. 1999. *The dark side of man : Tracing the origins of male violence.* Reading, Mass.: Perseus Books.

Gibbons, A. 1997. Archeologists rediscover cannibals. *Science, 277*, 635-637.

Gibbons, A. 2000. Europeans trace ancestry to paleolithic people. *Science, 290*, 1080-1081.

Gigerenzer, G. 1991. How to make cognitive illusions disappear: Beyond heuristics and biases. *European Review of Social Psychology, 2*, 83-115.

Gigerenzer, G. 1997. Ecological intelligence: An adaptation for frequencies. In D. Cummins & C. Allen (Eds.), *The evolution of mind.* New York: Oxford University Press.

Gigerenzer, G., & Hug, K. 1992. Domain specific reasoning: Social contracts, cheating and perspective change. *Cognition, 43*, 127-171.

Gigerenzer, G., & Selten, R. (Eds.) 2001. *Bounded rationality: The adaptive toolbox.* Cambridge, Mass.: MIT Press.

Gilbert, D. T., & Hixon, J. G. 1991. The trouble of thinking: Activation and application of stereotypic beliefs. *Journal of Personality and Social Psychology, 60*, 509-517.

Gilligan, C. 1982. *In a different voice: Psychological theory and women's development.* Cambridge, Mass.: Harvard University Press.

Gintis, H. 2000. Strong reciprocity and human sociality. *Journal of Theoretical Biology, 206*, 169-

179.

Glendon, M. A. 2001. *A world made new: Eleanor Roosevelt and the Universal Declaration of Human Rights*. New York: Random House.

Glover, J. 1977. *Causing death and saving lives*. London: Penguin.

Glover, J. 1999. *Humanity: A moral history of the twentieth century*. London: Jonathan Cape.

Godfray, H. C. 1995. Evolutionary theory of parent-offspring conflict. *Nature, 376*, 133-138.

Goguen, J. A. E. 1999. Special Issue on Art and the Brain. *Journal of Consciousness Studies, 6*.

Goldberg, L. R. 1968. Simple models or simple processes? Some research on clinical judgments. *American Psychologist, 23*, 483-496.

Goldenberg, J., Mazursky, D., & Solomon, S. 1999. Creative sparks. *Science, 285*, 1495-1496.

Goldin, C. 1990. *Understanding the gender gap: An economic history of American workers*. New York: Oxford University Press.

Goleman, D. 1985. *Vital lies, simple truths: The psychology of self-deception*. New York: Simon & Schuster.

Gombrich, E. 1982/1995. *The sense of order: A study in the psychology of decorative art* (2nd ed.). London: Phaidon Press.

Gopnik, A., Meltzoff, A. N., & Kuhl, P. K. 1999. *The scientist in the crib: Minds, brains, and how children learn*. New York: William Morrow.

Gordon, M. T., & Riger, S. 1991. *The female fear: The social cost of rape*. Urbana: University of Illinois Press.

Gottfredson, L. S. 1988. Reconsidering fairness: A matter of social and ethical priorities. *Journal of Vocational Behavior, 29*, 379-410.

Gottfredson, L. S. 1997. Mainstream science on intelligence: An editorial with 52 signatories, history, and bibliography. *Intelligence, 24*, 13-23.

Gottfredson, M. R., & Hirschi, T. 1990. *A general theory of crime*. Stanford, Calif.: Stanford University Press.

Gottschall, J., & Gottschall, R. 2001, The reproductive success of rapists: An exploration of the per-incident rape-pregnancy rate. Paper presented at the Annual Meeting of the Human Behavior and Evolution Society, London.

Gottschall, J., & Jobling, I. (Eds.) In preparation. *Evolutionary psychology and literary studies: Toward Integration*.

Gould, S. J. 1976a. Biological potential vs. biological determinism. In S. J. Gould (Ed.), *Ever since

Darwin: Reflections in natural history. New York: Norton.

Gould, S. J. 1976b. Criminal man revived. *Natural History, 85,* 16-18.

Gould, S. J. 1980. *The panda's thumb.* New York: Norton.

Gould, S. J. 1981. *The mismeasure of man.* New York: Norton.

Gould, S. J. 1992. Life in a punctuation. *Natural History,* 101, 10-21.

Gould, S. J. 1995. Ordering nature by budding and full-breasted sexuality. In *Dinosaur in a haystack.* New York: Harmony Books.

Gould, S. J. 1998a. The Diet of Worms and the defenestration of Prague. In *Leonardo's mountain of clams and the Diet of Worms: Essays in natural history.* New York: Harmony Books.

Gould, S. J. 1998b. The great asymmetry. *Science, 279,* 812-813.

Grant, J. 1993. *Fundamental feminism: Contesting the core concepts of feminist theory.* New York: Routledge.

Graves, D. E. 1992. "Naked truths for the asking": Twentieth-century military historians and the battlefield narrative. In D. A. Charters, M. Milner, & J. B. Wilson (Eds.), *MIlitary history and the military profession.* Westport, Conn.: Greenwood Publishing Group.

Green, R. M. 2001. *The human embryo research debates: Bioethics in the vortex of controversy.* New York: Oxford University Press.

Greenwald, A. 1988. Self-knowledge and self-deception. In J. S. Lockard & D. L. Paulhaus (Eds.), *Self-deception: An adaptive mechanism.* Englewood Cliffs, N.J.: Prentice Hall.

Gu, X., & Spitzer, N. C. 1995. Distinct aspects of neuronal differentiation encoded by frequency of spontaneous Ca^{2+} transients. *Nature, 375,* 784-787.

Gur, R. C., & Gur, R. E. In press. Gender differences in neuropsychological functions. In L. J. Dickstein & B. L. Kennedy (Eds.), *Gender differences in the brain: Linking biology to psychiatry.* New York: Guilford Publications.

Gur, R. C., Turetsky, B. I., Matsui, M., Yan, M., Bilker, W., Hughett, P., & Gur, R. E. 1999. Sex differences in brain gray and white matter in healthy young adults: Correlations with cognitive performance. *Journal of Neuroscience, 19,* 4065-4072.

Gutknecht, L., Spitz, E., & Carlier, M. 1999. Long-term effect of placental type on anthropometrical and psychological traits among monozygotic twins: a follow-up study. *Twin Research,* 2, 212-217.

Hacking, I. 1999. *The social construction of what?* Cambridge, Mass.: Harvard University Press.

Hadley, R. F. 1994a. Systematicity in connectionist language learning. *Mind and Language,* 9, 247-

272.

Hadley, R. F. 1994b. Systematicity revisited: Reply to Christiansen and Chater and Niklasson and Van Gelder. *Mind and Language*, 9, 431-444.

Haidt, J. 2001. The emotional dog and its rational tail: A social intuitionist approach to moral judgment. *Psychological Review*, 108, 813-834.

Haidt, J. In press. The moral emotions. In R. J. Davidson (Ed.), *Handbook of affective sciences*. New York: Oxford University Press.

Haidt, J., & Hersh, M. A. 2001. Sexual morality: The cultures and emotions of conservatives and liberals. *Journal of Applied Social Psychology*, 31, 191-221.

Haidt, J., Koller, H., & Dias, M. G. 1993. Affect, culture, and morality, or Is it wrong to eat your dog? *Journal of Personality and Social Psychology*, 65, 613-628.

Haier, R. J., Siegel, B., Tang, C., Abel, L., & Buchsbaum, M. S. 1992. Intelligence and changes in regional cerebral glucose metabolic rate following learning. *Intelligence*, 16, 415-426.

Haig, D. 1993. Genetic conflicts in human pregnancy. *Quarterly Review of Biology*, 68, 495-532.

Halpern, D. 2000. *Sex differences in cognitive abilities* (3rd ed.). Mahwah, N.J.: Erlbaum.

Halpern, D. F., Gilbert, R., & Coren, S. 1996. PC or not PC? Contemporary challenges to unpopular research findings. *Journal of Social Distress and the Homeless*, 5, 251-271.

Hamer, D., & Copeland, P. 1994. *The science of desire: The search for the gay gene and the biology of behavior*. New York: Simon & Schuster.

Hamer, D., & Copeland, P. 1998. *Living with our genes: Why they matter more than you think*. New York: Doubleday.

Hamilton, W. D. 1964. The genetical evolution of social behaviour (I and II). *Journal of Theoretical Biology*, 7, 1-16, 17-52.

Hardcastle, V. G., & Buller, D. J. 2000. Evolutionary psychology, meet developmental neurobiology: Against promiscuous modularity. *Brain and Mind*, 1, 307-325.

Hare, R. D. 1993. *Without conscience: The disturbing world of the psychopaths around us*. New York: Guilford Press.

Harpending, H., & Sobus, J. 1987. Sociopathy as an adaptation. *Ethology and sociobiology*, 8, 63-72.

Harris, J. R. 1995. Where is the child's environment? A group socialization theory of development. *Psychological Review*, 102, 458-489.

Harris, J. R. 1998a. *The nurture assumption: Why children turn out the way they do*. New York: Free Press.

Harris, J. R. 1998b. The trouble with assumptions (Commentary on "Parental socialization of emotion" by Eisenberg, Cumberland, and Spinrad). *Psychological Inquiry, 9,* 294-297.

Harris, J. R. 2000a. Research on child development: What we can learn from medical research. Paper presented at the Children's Roundable, Brookings Institution, Washington, D. C., September 28.

Harris, J. R. 2000b. Socialization, personality development, and the child's environments: Comment on Vandell (2000). *Developmental Psychology, 36,* 711-723.

Harris, J. R. In press. Personality and birth order: Explaining the differences between siblings. *Politics and the Life Sciences.*

Harris, M. 1985. *Good to eat: Riddles of food and culture.* New York: Simon & Schuster.

Hartman, J. L., Garvik, B., & Hartwell, L. 2001. Principles for the buffering of genetic variation. *Science, 291,* 1001-1004.

Haugeland, J. 1981. Semantic engines: An introduction to mind design. In J. Haugeland (Ed.), *Mind design: Philosophy, psychology, artificial intelligence.* Cambridge, Mass.: MIT Press.

Hauser, M. D. 1996. *The evolution of communication.* Cambridge, Mass.: MIT Press.

Hauser, M. D. 2000. *Wild minds: What animals really think.* New York: Henry Holt.

Hausman, P. 1999. *On the rarity of mathematically and mechanically gifted females.* The Fielding Institute, Santa Barbara, Calif.

Hawkes, K., O'Connell, J., & Rogers, L. 1997. The behavioral ecology of modern hunter-gatherers, and human evolution. *Trends in Evolution and Ecology,* 12, 29-32.

Hayek, F. A. 1960/1978. *The constitution of liberty.* Chicago: University of Chicago Press.

Hayek, F. A. 1976. *Law, legislation, and liberty* (Vol. 2: *The mirage of social justice*). Chicago. University of Chicago Press.

Hedges, L. V., & Nowell, A. 1995. Sex differences in mental test scores, variability, and numbers of high-scoring individuals. *Science, 269,* 41-45.

Hernadi, P. 2001. Literature and evolution. *SubStance, 30,* 55-71.

Herrnstein, R. 1971. I.Q. *Atlantic Monthly,* 43-64.

Herrnstein, R. J. 1973. On challenging an orthodoxy. *Commentary,* 52-62.

Herrnstein, R. J., & Murray, C. 1994. *The bell curve: Intelligence and class structure in American life.* New York: Free Press.

Hinton, G. E., & Nowlan, S. J. 1987. How learning can guide evolution. *Complex Systems,* 1, 495-502.

Hirschfeld, L. A., & Gelman, S. A. 1994. *Mapping the mind: Domain specificity in cognition and culture*. New York: Cambridge University Press.

Hirshleifer, J. 1987. On the emotions as guarantors of threats and promises. In J. Dupré(Ed.), *The latest on the best: Essays on evolution and optimality*. Cambridge, Mass.: MIT Press.

Hobbes, T. 1651/1957. *Leviathan*. New York: Oxford University Press.

Hoffrage, U., Lindsey, S., Hertwig, R., & Gigerenzer, G. 2000. Communicating statistical information. *Science, 290*, 2261-2262.

Hogan, P. C. 1997. Literary universals. *Poetics Today, 18*, 224-249.

Holden, C. 1987. The genetics of personality. *Science*, 237, 598-601.

Holden, C. 2000. Molecule shows Anasazi ate their enemies. *Science*, 289, 1663.

Horgan, J. 1993. Eugenics revisited: Trends in behaivoral genetics. *Scientific American*, 268, 122-131.

Horgan, J. 1995. The new Social Darwinists. *Scientific American*, 273, 174-181.

Horowitz, D. L. 2001. *The deadly ethnic riot*. Berkeley: University of California Press.

Hrdy, S. B. 1999. *Mother nature: A history of mothers, infants, and natural selection*. New York: Pantheon Books.

Hubel, D. H. 1988. *Eye, brain, and vision*. New York: Scientific American.

Hume, D. 1739/2000. *A treatise of human nature*. New York: Oxford University Press.

Hummel, J. E., & Biederman, I. 1992. Dynamic binding in a neural network for shape recognition. *Psychological Review, 99*, 480-517.

Hummel, J. E., & Holyoak, K. J. 1997. Distributed representations of structure: A theory of analogical access and mapping. *Psychological Review, 104*, 427-466.

Hunt, M. 1999. *The new know-nothings: The political foes of the scientific study of human nature*. New Brunswick, N.J.: Transaction Publishers.

Hyman, S. E. 1999. Introduction to the complex genetics of mental disorders. *Biological Psychiatry, 45*, 518-521.

Jackendoff, R. 1990. *Semantic structures*. Cambridge, Mass.: MIT Press.

Jackendoff, R. 1996. How language helps us think. *Pragmatics and Cognition*, 4, 1-34.

Jackendoff, R. S. 1987. *Consciousness and the computational mind*. Cambridge, Mass.: MIT Press.

Jackson, D. J., & Huston, T. L. 1975. Physical attractiveness and assertiveness. *Journal of Social Psychology, 96*, 79-84.

Jaffe, S., & Hyde, J. S. 2000. Gender differences in moral orientation. *Psychological Bulletin*, 126,

703-726.

Jaggar, A. M. 1983. *Feminist politics and human nature*. Lanham, Md.: Rowman & Littlefield.

James, W. 1890/1950. *The principles of psychology*. New York: Dover.

Janda, L. H. 1998. *Psychological testing: Theory and applications*. Boston: Allyn & Bacon.

Jensen, A. 1969. How much can we boost IQ and scholastic achievement? *Harvard Educational Review*, 39, 1-123.

Jensen, A. 1971. A note on why genetic correlations are not squared. *Psychological Bulletin*, 75, 223-224.

Jensen, A. R. 1972. *Genetics and education*. New York: Harper and Row.

Jensen, A. R. 1982. The debunking of scientific fossils and straw persons: Review of The "Mismeasure of Man." *Contemporary Education Review*, 1, 121-135.

Jensen, A. R. 1998. *The g factor: The science of mental ability*. Westport, Conn.: Praeger.

Jespersen, O. 1938/1982. *Growth and structure of the English language*. Chicago: University of Chicago Press.

Johnson, G. R., Ratwik, S. H., & Sawyer, T. J. 1987. The evocative significance of kin terms in patriotic speech. In V. Reynolds, V. Falger, & I. Vine (Eds.), *The sociobiology of ethnocentrism*. London: Croon Helm.

Jones, O. 2000. Reconsidering rape. *National Law Journal*, 21, A21.

Jones, O. 2001. Time-shifted rationality and the Law of Law's Leverage: Behavioral economics meets behavioral biology. *Northwestern University Law Review*, 95, 1141-1205.

Jones, O. D. 1997. Evolutionary analysis in law: An introduction and application to child abuse. *North Carolina Law Review*, 75, 1117-1242.

Jones, O. D. 1999. Sex, culture, and the biology of rape: Toward explanation and prevention. *California Law Review*, 87, 827-942.

Junger, S. 1997. *The perfect storm: A true story of men against the sea*. New York: Norton.

Jussim, L. J., & Eccles, J. 1995. Are teacher expectations biased by students' gender, social class, or ethnicity? In Y.-T. Lee, L. J. Jussim, & C. R. McCauley (Eds.), *Stereotype accuracy: Toward appreciating group differences*. Washington, DC: American Psychological Association.

Jussim, L. J., McCauley, C. R., & Lee, Y.-T. 1995. Why study stereotype accuracy and inaccuracy? In Y.-T. Lee, L. J. Jussim, & C. R. McCauley (Eds.), *Stereotype accuracy: toward appreciating group differences*. Washington, DC: American Psychological Association.

Kaas, J. H. 2000. The reorganization of sensory and motor maps after injury in adult mammals. In M.

S. Gazzaniga (Ed.), *The new cognitive neurosciences*. Cambridge, Mass.: MIT Press.

Kahneman, D., & Tversky, A. 1982. On the study of statistical intuitions. *Cognition, 11*, 123-141.

Kahneman, D., & Tversky, A. 1984. Choices, values, and frames. *American Psychologist, 39*, 341-350.

Kamin, L. 1974. *The science and politics of IQ*. Mahwah, N.J.: Erlbaum.

Kaminer, W. 1990. *A fearful freedom: Women's flight from equality*. Reading, Mass.: Addison-Wesley.

Kandel, E. R., Schwartz, J. H., & Jessell, T. M. 2000. *Principles of neural science* (4th ed.). New York: McGraw-Hill.

Kane, R. 1998. *The significance of free will*. New York: Oxford University Press.

Kanwisher, N., & Moscovitch, M. 2000. The cognitive neuroscience of face processing: An introduction. *Cognitive Neuropsychology, 17*, 1-13.

Kaplan, H., Hill, K., & Hurtado, A. M. 1990. Risk, foraging, and food sharing among the Ache. In E. Cashdan (Ed.), *Risk and uncertainty in tribal and peasant economies*. Boulder, Colo.: Westview Press.

Kaplan, J. 1973. *Criminal justice: Introductory cases and materials*. Mineola, N.Y.: The Foundation Press.

Kaplan, S. 1992. Environmental preference in a knowledge-seeking, knowledgeusing organism. In J. H. Barkow, L. Cosmides, & J. Tooby (Eds.), *The adapted mind: Evolutionary psychology and the generation of culture*. New York: Oxford University Press.

Karmiloff-Smith, A. 1992. *Beyond modularity : a developmental perspective on cognitive science*. Cambridge, Mass.: MIT Press.

Karmiloff-Smith, A., Klima, E. S., Bellugi, U., Grant, J., & Baron-Cohen, S. 1995. Is there a social module? Language, face processing, and Theory of Mind in individuals with Williams syndrome. *Journal of Cognitive Neuroscience, 7*, 196-208.

Katz, L. C., & Crowley, J. C. 2002. Development of cortical circuits: Lessons from ocular dominance columns. *Nature Neuroscience Reviews, 3*, 34-42.

Katz, L. C., & Shatz, C. J. 1996. Synaptic activity and the construction of cortical circuits. *Science, 274*, 1133-1137.

Katz, L. C., Weliky, M., & Crowley, J. C. 2000. Activity and the development of the visual cortex: New perspectives. In M. S. Gazzaniga (Ed.), *The new cognitive neurosciences*. Cambridge, Mass.: MIT Press.

Keegan, J. 1976. *The face of battle*. New York: Penguin.

Keeley, L. H. 1996. *War before civilization: The myth of the peaceful savage*. New York: Oxford University Press.

Keil, F. C. 1989. *Concepts, kinds, and cognitive development*. Cambridge, Mass.: MIT Press.

Keil, F. C. 1995. The growth of causal understandings of natural kinds. In D. Sperber, D. Premack, & A. J. Premack (Eds.), *Causal cognition*. New York: Oxford University Press.

Kelling, G. L., & Sousa, W. H. 2001. *Do police matter? An analysis of the impact of New York City's police reforms* (Civic Report 22). New York: Manhattan Institute for Policy Research.

Kelman, H. 1958. Compliance, identification, and internalization: Three processes of attitude change. *Journal of Conflict Resolution*, 2, 51-60.

Kennedy, J. 1993. *Drawings in the blind*. New Haven: Yale University Press.

Kennedy, R. 1997. *Race, crime, and the law*. New York: Vintage.

Kenrick, D., Groth, G., Trost, M., & Sadalla, E. 1993. Integrating evolutionary and social exchange perspectives on relationships: Effects of gender, self-appraisal, and involvement level on mate selection criteria. *Journal of Personality and Social Psychology*, *64*, 951-969.

Kenrick, D., & Sheets, V. 1994. Homicide fantasies. *Ethology and Sociobiology*, *14*, 231-246.

Kevles, D. J. 1985. *In the name of eugenics: Genetics and the uses of human heredity*. Cambridge, Mass.: Harvard University Press.

Keyser, S. J. 2000. Meter and poetry. In R. A. Wilson & F. C. Keil (Eds.), *The MIT Encyclopedia of the Cognitive Sciences*. Cambridge, Mass.: MIT Press.

Keyser, S. J., & Halle, M. 1998. On meter in general and on Robert Frost's loose iambics in particular. In E. Iwamoto (Ed.), *Festschrift for Professor K. Inoue*. Tokyo: Kanda University of International Studies.

Kimura, D. 1999. *Sex and cognition*. Cambridge, Mass.: MIT Press.

Kingdon, J. 1993. *Self-made man: Human evolution from Eden to extinction?* New York: Wiley.

Kirwin, B. R. 1997. *The mad, the bad, and the innocent: The criminal mind on trial*. Boston: Little, Brown.

Kitcher, P. 1982. *Abusing science: The case against creationism*. Cambridge, Mass.: MIT Press.

Klaw, S. 1993. *Without sin: The life and death of the Oneida community*. New York: Penguin.

Klein, R. G. 1989. *The human career: Human biological and cultural origins*. Chicago: University of Chicago Press.

Kleinfeld, J. 1999. *MIT tarnishes its reputation with gender junk science* (Special report www.uaf.edu/northern/mitstudy). Arlington, VA: Independent Women's Forum.

Klima, E., & Bellugi, U. 1979. *The signs of language*. Cambridge, Mass.: Harvard University Press.

Knauft, B. 1987. Reconsidering violence in simple human societies. *Current Anthropology*, 28, 457-500.

Koestler, A. 1959. *The sleepwalkers: A history of man's changing vision of the universe*. London: Penguin.

Komar, B., Melamid, A., & Wypijewski, J. 1997. *Painting by numbers: Komar and Melamid's scientific guide to art*. New York: Farrar, Straus & Giroux.

Kors, A. C., & Silverglate, H. A. 1998. *The shadow university: The betrayal of liberty on America's campuses*. New York: Free Press.

Kosof, A. 1996. *Living in two worlds: The immigrant children's experience*. New York: Twenty-First Century Books.

Kosslyn, S. M. 1980. *Image and mind*. Cambridge, Mass.: Harvard University Press.

Kosslyn, S. M. 1994. *Image and brain: The resolution of the imagery debate*. Cambridge, Mass.: MIT Press.

Krebs, D., & Denton, K. 1997. Social illusions and self-deception: the evolution of biases in person perception. In J. A. Simpson & D. T. Kenrick (Eds.), *Evolutionary social psychology*. Mahwah, N.J.: Erlbaum.

Krebs, D. L. 1998. The evolution of moral behaviors. In C. Crawford & D. L. Krebs (Eds.), *Handbook of evolutionary psychology: Ideas, issues, and applications*. Mahwah, N.J.: Erlbaum.

Krech, S. 1994. Genocide in tribal society. *Nature*, 371, 14-15.

Krech, S. 1999. *The ecological Indian: Myth and history*. New York: Norton.

Krubitzer, L., & Huffman, K. J. 2000. A realization of the neocortex in mammals: Genetic and epigenetic contributions to the phenotype. *Brain, Behavior, and Evolution*, 55, 322-335.

Krueger, R. F., Hicks, B. M., & McGue, M. 2001. Altruism and antisocial behavior: Independent tendencies, unique personality correlates, distinct etiologies. *Psychological Science*, 12, 397-402.

Kubovy, M. 1981. Concurrent pitch segregation and the theory of indispensable attributes. In M. Kubovy & J. Pomerantz (Eds.), *Perceptual organization*. Mahwah, N.J.: Erlbaum.

Kubovy, M. 1986. *The psychology of perspective and Renaissance art*. New York: Cambridge University Press.

Lachter, J., & Bever, T. G. 1988. The relation between linguistic structure and associative theories of language learning—A constructive critique of some connectionist learning models. *Cognition, 28*, 195-247.

Lai, C. S. L., Fisher, S. E., Hurst, J. A., Vargha-Khadem, F., & Monaco, A. P. 2001. A novel forkhead-domain gene is mutated in a severe speech and language disorder. *Nature, 413*, 519-523.

Lakoff, G. 1996. *Moral politics: What conservatives know that liberals don't.* Chicago: University of Chicago Press.

Lakoff, G., & Johnson, M. 1980. *Metaphors we live by.* Chicago: University of Chicago Press.

Lakoff, G., & Nunez, R. E. 2000. *Where mathematics comes from: How the embodied mind brings mathematics into being.* New York: Basic Books.

Lalumiére, M. L., Harris, G. T., & Rice, M. E. 2001. Psychopathy and developmental instability. *Evolution and Human Behavior, 22*, 75-92.

Lander, E. S., Patrinos, A., Morgan, J. J., & International Human Genome Sequencing Consortium. 2001. Intitial sequencing and analysis of the human genome. *Nature, 409*, 813-958.

Latané, B., & Nida, S. 1981. Ten years of research on group size and helping. *Psychological Bulletin, 89*, 308-324.

Laubichler, M. D. 1999. Frankenstein in the land of *Dichter and Denker*. *Science, 286*, 1859-1860.

Lazarus, R. S. 1991. *Emotion and adaptation.* New York: Oxford University Press.

Lee, Y.-T., Jussim, L. J., & McCauley, C. R. (Eds.) 1995. *Stereotype accuracy: Toward appreciating group differences.* Washington, D.C.: American Psychological Association.

Lehman, D. 1992. *Signs of the times: Deconstructionism and the fall of Paul de Man.* New York: Simon & Schuster.

Lehrman, K. 1997. *The lipstick proviso: Women, sex, and power in the real world.* New York: Doubleday.

Leibniz, G. W. 1768/1996. *New essays on human understanding.* New York: Cambridge University Press.

Lerdahl, F., & Jackendoff, R. 1983. *A generative theory of tonal music.* Cambridge, Mass.: MIT Press.

Lesch, K.-P., Bengel, D., Heils, A., Sabol, S. Z., Greenberg, B. D., Petri, S., Benjamin, J., Muller, C. R., Hamer, D. H., & Murphy, D. L. 1996. Association of anxiety-related traits with a polymorphism in the serotonin transporter gene regulatory region. *Science, 274*, 1527-1531.

Leslie, A. M. 1994. ToMM, ToBY, and agency: Core architecture and domain specificity. In L. A. Hirschfeld & S. A. Gelman (Eds.), *Mapping the mind: Domain specificity in cognition and culture*. New York: Cambridge University Press.

Leslie, A. M. 1995. Pretending and believing: Issues in the theory of ToMM. *Cognition, 50*, 193-220.

LeVay, S. 1993. *The sexual brain*. Cambridge, Mass.: MIT Press.

Levins, R., & Lewontin, R. C. 1985. *The dialectical biologist*. Cambridge, Mass.: Harvard University Press.

Levitt, P. 2000. Molecular determinants of regionalization of the forebrain and cerebral cortex. In M. S. Gazzaniga (Ed.), *The new cognitive neurosciences*. Cambridge, Mass.: MIT Press.

Lewis, H. W. 1990. *Technological risk*. New York: Norton.

Lewontin, R. 1990. How much did the brain have to change for speech? (Commentary on Pinker & Bloom's "Natural language and natural selection"). *Behavioral and Brain Sciences, 13*, 740-741.

Lewontin, R. 1992. *Biology as ideology*: The doctrine of DNA. New York: HarperCollins.

Lewontin, R. C. 1982. *Human diversity*. San Francisco: Scientific American.

Lewontin, R. C. 1983. The organism as the subject and object of evolution. *Scientia, 118*, 65-82.

Lewontin, R. C., Rose, S., & Kamin, L. J. 1984. *Not in our genes*. New York: Pantheon.

Lingua Franca, Editors of. 2000. *The Sokal hoax: The sham that shook the academy*. Lincoln: Unviersity of Nebraska Press.

Lockard, J. S., & Paulhaus, D. L. (Eds.) 1988. *Self-deception: An adaptive mechanism*. Englewood Cliffs, N.J.: Prentice Hall.

Locke, J. 1690/1947. *An essay concerning human understanding*. New York: E. P. Dutton.

Loehlin, J. C. 1992. *Genes and environment in personality development*. Newbury Park, Calif.: Sage.

Loehlin, J. C. 2001. Behavior genetics and parenting theory. *American Psychologist, 56*, 169-170.

Loehlin, J. C., & Nichols, R. C. 1976. *Heredity, environment, and personality: A study of 850 sets of twins*. Austin: University of Texas Press.

Loury, G. 2002. *The anatomy of racial inequality: Stereotypes, stigma, and the elusive quest for racial justice in the United States*. Cambridge, Mass.: Harvard University Press.

Lubinski, D., & Benbow, C. 1992. Gender differences in abilities and preferences among the gifted: Implications for the math-science pipeline. *Current Directions in Psychological Science, 1*, 61-66.

Lumsden, C., & Wilson, E. O. 1981. *Genes, mind, and culture*. Cambridge, Mass.: Harvard

University Press.

Lutz, D. 1984. The relative influence of European writers on late eighteenth-century *American political thought. American Political Science Review, 78,* 189-197.

Lykken, D. T. 1995. *The antisocial personalities.* Mahwah, N.J.: Erlbaum.

Lykken, D. T. 2000. The causes and costs of crime and a controversial cure. *Journal of Personality, 68,* 559-605.

Lykken, D. T., McGue, M., Tellegen, A., & Bouchard, T. J., Jr. 1992. Emergenesis: Genetic traits that may not run in families. *American Psychologist, 47,* 1565-1577.

Lytton, H. 1990. Child effects —— Still unwelcome? Response to Dogge and Wahler. *Developmental Psychology, 26,* 705-709.

Lytton, H., & Romney, D. M. 1991. Parents' differential socialization of boys and girls: A meta-analysis. *Psychological Bulletin, 109,* 267-296.

Maccoby, E. E., & Jacklin, C. N. 1987. *The psychology of sex differences.* Stanford, Calif.: Stanford University Press.

Maccoby, E. E., & Martin, J. A. 1983. Socialization in the context of the family: Parent-child interaction. In P. H. Mussen & E. M. Hetherington (Eds.), *Handbook of child psychology: Socialization, personality, and social development* (4 ed., Vol. 4,). New York: Wiley.

Macnamara, J. 1999. *Through the rearview mirror: Historical reflections on psychology.* Cambridge, Mass.: MIT Press.

Macnamara, J., & Reyes, G. E. (Eds.) 1994. *The logical foundations of cognition.* New York: Oxford University Press.

Maguire, E. A., Gadian, D. G., Johnsrude, I. S., Good, C. D., Ashburner, J., Frackowiak, R. S. J., & Frith, C. D. 2000. Navigation-related structural change in the hippocampi of taxi drivers. *PNAS, 97,* 4398-4403.

Maier, P. 1997. *American scripture: Making the Declaration of Independence.* New York: Knopf.

Mallon, R., & Stich, S. 2000. The odd couple: The compatibility of social construction and evolutionary psychology. *Philosophy of Science, 67,* 133-154.

Marcus, G. F. 1998. Rethinking eliminative connectionism. *Cognitive Psychology, 37,* 243-282.

Marcus, G. F. 2001a. *The algebraic mind: Reflections on connectionism and cognitive science.* Cambridge, Mass.: MIT Press.

Marcus, G. F. 2001b. Plasticity and nativism: Towards a resolution of an apparent paradox. In S. Wermter, J. Austin, & D. Willshaw (Eds.), *Emergent neural computational architectures based on neuroscience.* New York: Springer-Verlag.

Marcus, G. F., Brinkmann, U., Clahsen, H., Wiese, R., & Pinker, S. 1995. German inflection: The exception that proves the rule. *Cognitive Psychology, 29*, 189-256.

Marks, I. M., & Nesse, R. M. 1994. Fear and fitness: An evolutionary analysis of anxiety disorders. *Ethology and Sociobiology*, 15, 247-261.

Marr, D. 1982. *Vision.* San Francisco: W. H. Freeman.

Marslen-Wilson, W. D., & Tyler, L. K. 1998. Rules, representations, and the English past tense. *Trends in Cognitive Science*, 2, 428-435.

Martin, N. G., Eaves, L. J., Heath, A. C., Jardine, R., Feingold, L. M., & Eysenck, H. J. 1986. Transmission of social attitudes. *Proceedings of the National Academy of Science, 83*, 4364-4368.

Martindale, C. 1990. *The clockwork muse: The predictability of artistic change.* New York: Basic Books.

Marx, K. 1845/1989. Theses on Feuerbach. In K. Marx & F. Engels, *Basic writings on politics and philosophy.* New York: Anchor Books.

Marx, K. 1847/1995. *The poverty of philosophy.* Amherst, N.Y.: Prometheus Books.

Marx, K. 1859/1979. *Contribution to the critique of political economy.* New York: International Publishers.

Marx, K. 1867/1993. *Capital: A critique of political economy.* London: Penguin.

Marx, K., & Engels, F. 1844/1988. *The economic and philosophic manuscripts of 1844.* Amherst, N.Y.: Prometheus Books.

Marx, K., & Engels, F. 1846/1963. *The German ideology :Parts I & III.* New York: New World Paperbacks/International Publishers.

Masters, R. D. 1982. Is sociobiology reactionary? The political implications of inclusive-fitness theory. *Quarterly Review of Biology, 57*, 275-292.

Masters, R. D. 1989. *The Nature of Politics.* New Haven: Yale University Press.

Maynard Smith, J. 1975/1993. *The theory of evolution.* New York: Cambridge University Press.

Maynard Smith, J., & Szathmáry, E. 1997. *The major transitions in evolution.* New York: Oxford University Press.

Mayr, E. 1963. *Animal species and evolution.* Cambridge, Mass.: Harvard University Press.

Mayr, E. 1982. *The growth of biological thought.* Cambridge, Mass.: Harvard University Press.

McCauley, C. R. 1995. Are streotypes exaggerated? A sampling of racial, gender, academic, occupational, and political stereotypes. In Y.-T. Lee, L. J. Jussim, & C. R. McCauley (Eds.), *Stereotype accuracy: Toward appreciating group differences.* Washington, D.C.: American Psychological Association.

McClelland, J. L., Rumelhart, D. E., & the PDP Research Group. 1986. *Parallel distributed processing: Explorations in the microstructure of cognition* (Vol. 2: Psychological and biological models). Cambridge, Mass.: MIT Press.

McCloskey, M. 1983. Intuitive physics. *Scientific American*, 248, 122-130.

McCloskey, M., & Cohen, N. J. 1989. Catastrophic interference in connectionist networks: The sequential learning problem. In G. H. Bower (Ed.), *The psychology of learning and motivation*(Vol. 23,). New York: Academic Press.

McCord, W. M. 1989. *Voyages to Utopia : From monastery to commune : The search for the perfect society in modern times.* New York: Norton.

McCrae, R. R., Costa, P. T., Ostendorf, F., Angleitner, A., Hrebickova, M., Avia, M. D., Sanz, J., Sanchez-Bernardos, M. L., Kusdil, M. E., Woodfield, R., Saunders, P. R., & Smith, P. B. 2000. Nature over nurture: Temperament, personality, and life span development. *Journal of Personality and Social Psychology*, 78, 173-186.

McElroy, W. 1996. *Sexual correctness: The gender-feminist attack on women.* Jefferson, N.C.: McFarland.

McGinn, C. 1993. *Problems in philosophy: The limits of inquiry.* Cambridge, Mass.: Blackwell.

McGinn, C. 1997. *Evil, ethics, and fiction.* New York: Oxford University Press.

McGinn, C. 1999. *The mysterious flame: Conscious minds in a material world.* New York: Basic Books.

McGinnis, J. O. 1996. The original constitution and our origins. *Harvard Journal of Law and Public Policy*, 19, 251-261.

McGinnis, J. O. 1997. The human constitution and constitutive law: A prolegomenon. *Journal of Contemporary Legal Issues*, 8, 211-239.

McGue, M. 1997. The democracy of the genes. *Nature*, 388, 417-418.

McGuinness, D. 1997. *Why our children can't read.* New York: Free Press.

McLearn, G. E., Johansson, B., Berg, S., Pedersen, N. L., Ahern, F., Petrill, S. A., & Plomin, R. 1997. Substantial genetic influence on cognitive abilities in twins 80 or more years old. *Science*, 276, 1560-1563.

McLeod, P., Plunkett, K., & Rolls, E. T. 1998. *Introduction to connectionist modeling of cognitive processes*. New York: Oxford University Press.

Mead, M. 1928. *Coming of age in Samoa: A psychological study of primitive youth for western civilisation*. New York: Blue Ribbon Books.

Mead, M. 1935/1963. *Sex and temperament in three primitive societies*. New York: William Morrow.

Mealey, L. 1995. The sociobiology of sociopathy: An integrated evolutionary model. *Behavioral and Brain Sciences, 18*, 523-541.

Mealey, L., Daood, C., & Krage, M. 1996. Enhanced memory for faces of cheaters. *Ethology and Sociobiology, 17*, 119-128.

Meltzoff, A. N. 1995. Understanding the intentions of others: Re-enactment of intended acts by 18-month-old children. *Developmental Psychology, 31*, 838-850.

Melzack, R. 1990. Phantom limbs and the concept of a neuromatrix. *Trends in Neurosciences, 13*, 88-92.

Melzack, R., Israel, R., Lacroix, R., & Schultz, G. 1997. Phantom limbs in people with congenital limb deficiency or amputation in early childhood. *Brain, 120*, 1603-1620.

Mesquida, C. G., & Wiener, N. I. 1996. Human collective aggression: A behavioral ecology perspective. *Ethology and Sociobiology, 17*, 247-262.

Miller, E. E. 1997. Could nonshared environmental variation have evolved to assure diversification through randomness? *Evolution and Human Behavior, 18*, 195-221.

Miller, E. K. 2000. The prefrontal cortex and cognitive control. *Nature Reviews Neuroscience, 1*, 59-65.

Miller, G. A., Galanter, E., & Pribram, K. H. 1960. *Plans and the structure of behavior*. New York: Adams-Bannister-Cox.

Miller, G. F. 2000a. *The mating mind: How sexual choice shaped the evolution of human nature*. New York: Doubleday.

Miller, G. F. 2000b. Sexual selection for indicators of intelligence. In G. Bock, J. A. Goode, & K. Webb (Eds.), *The nature of intelligence*. Chichester, UK: Wiley.

Miller, G. F. 2001. Aesthetic fitness: How sexual selection shaped artistic virtuosity as a fitness indicator and aesthetic preferences as mate choice criteria. *Bulletin of Psychology and the Arts, 2*, 20-25.

Miller, K. D., Keller, J. B., & Stryker, M. P. 1989. Ocular dominance and column development: Analysis and simulation. *Science, 245*, 605-615.

Miller, K. R. 1999. *Finding Darwin's God: A scientist's search for common ground between God and evolution*. New York: Cliff Street Books.

Minogue, K. 1985. *Alien powers: The pure theory of ideology*. New York: St. Martin's Press.

Minogue, K. 1999. Totalitarianism: Have we seen the last of it? *National Interest*, 57, 35-44.

Minsky, M., & Papert, S. 1988. Epilogue: The new connectionism. In *Perceptrons* (expanded ed.). Cambridge, Mass:MIT Press.

Mithen, S. J. 1996. *The prehistory of the mind: A search for the origins of art, religion, and science*. London: Thames and Hudson.

Miyashita-Lin, E. M., Hevner, R., Wassarman, K. M., Martinez, S., & Rubenstein, J. L. R. 1999. Early neocortical regionalization in the absence of thalamic innervation. *Science*, 285, 906-909.

Monaghan, E., & Glickman, S. 1992. Hormones and aggressive behavior. In J. Becker, M. Breedlove, & D. Crews (Eds.), *Behavioral endocrinology*. Cambridge, Mass:MIT Press.

Montagu, A. (Ed.) 1973a. *Man and aggression* (2nd ed.). New York: Oxford University Press.

Montagu, A. 1973b. The new litany of "innate depravity," or original sin revisited. In *Man and aggression*. New York: Oxford University Press.

Moore, G. E. 1903/1996. *Principia ethica*. New York: Cambridge University Press.

Mount, F. 1992. *The subversive family: An alternative history of love and marriage*. New York: Free Press.

Mousseau, T. A., & Roff, D. A. 1987. Natural selection and the heritability of fitness components. *Heredity*, 59, 181-197.

Muravchik, J. 2002. *Heaven on Earth: The rise and fall of socialism*. San Francisco: Encounter Books.

Murdoch, I. 1993. *Metaphysics as a guide to morals*. London: Allen Lane.

Murphy, J. P. M. 1999. Hitler was not an atheist. *Free Inquiry*, Spring, 9.

Nagel, T. 1970. *The possibility of altruism*. Princeton, N.J.: Princeton University Press.

Neel, J. V. 1994. *Physician to the gene pool: Genetic lessons and other stories*. New York: Wiley.

Neisser, U. 1967. *Cognitive psychology*. Englewood Cliffs, N.J.: Prentice-Hall.

Neisser, U., Boodoo, G., Bouchard, T. J. Jr., Boykin, A. W., Brody, N., Ceci, S. J., Halpern, D. F., Loehlin, J. C., Perloff, R., Sternberg, R. J., & Urbina, S. 1996. Intelligence: Knowns and unknowns. *American Psychologist*, 51, 77-101.

Nesse, R. M., & Lloyd, A. T. 1992. The evolution of psychodynamic mechanisms. In J. H. Barkow,

L. Cosmides, & J. Tooby (Eds.), *The adapted mind: Evolutionary psychology and the generation of culture.* New York: Oxford University Press.

Neville, H. J., & Bavelier, D. 2000. Specificity and plasticity in neurocognitive development in humans. In M. S. Gazzaniga (Ed.), *The new cognitive neurosciences.* Cambridge, Mass.: MIT Press.

Newell, A. 1980. Physical symbol systems. *Cognitive Science,* 4, 135-183.

Newsome, W. T. 2001. Life of faith, life of science. Paper presented at the conference "Science and the Spiritual Quest," Memorial Church, Harvard University, Cambridge, Mass..

Nisbett, R. E., & Cohen, D. 1996. *Culture of honor: The psychology of violence in the South.* New York: HarperCollins.

Nolfi, S., Elman, J. L., & Parisi, D. 1994. Learning and evolution in neural networks. *Adaptive Behavior,* 3, 5-28.

Norenzayan, A., & Atran, S. In press. Cognitive and emotional processes in the cultural transmission of natural and nonnatural beliefs. In M. Schaller & C. Crandall (Eds.), *The psychological foundations of culture.* Mahwah, N.J.: Erbaum.

Nowak, M. A., May, R. M., & Sigmund, K. 1995. The arithmetic of mutual help. *Scientific American,* 272, 50-55.

Nozick, R. 1974. *Anarchy, state, and utopia.* New York: Basic Books.

Nozick, R. 1981. *Philosophical explanations.* Cambridge, Mass.: Harvard University Press.

Nunney, L. 1998. Are we selfish, are we nice, or are we nice because we are selfish? (Review of E. Sober and D. S. Wilson's "Unto others"). *Science,* 281, 1619-1621.

Orians, G. H. 1998. Human behavioral ecology: 140 years without Darwin is too long. *Bulletin of the Ecological Society of America,* 79, 15-28.

Orians, G. H., & Heerwgen, J. H. 1992. Evolved responses to landscapes. In J. H. Barkow, L. Cosmides, & J. Tooby (Eds.), *The adapted mind: Evolutionary psychology and the generation of culture.* New York: Oxford University Press.

Ortega y Gasset, J. 1932/1985. *The revolt of the masses.* Notre Dame, Ind.: University of Notre Dame Press.

Ortega y Gassett, J. 1935/2001. *Toward a philosophy of history.* Chicago: University of Illinois Press.

Orwell, G. 1949/1983. *1984.* New York: Harcourt Brace Jovanovich.

Padden, C. A., & Perlmutter, D. M. 1987. American Sign Language and the architecture of phonological theory. *Natural Language and Linguistic Theory,* 5, 335-375.

Paglia, C. 1990. *Sexual personae: Art and decadence from Nefertiti to Emily Dickinson*. New Haven, Conn.: Yale University Press.

Paglia, C. 1992. *Sex, art, and American culture*. New York: Vintage.

Panskepp, J., & Panskepp, J. B. 2000. The seven sins of evolutionary psychology. *Evolution and Cognition, 6*, 108-131.

Passmore, J. 1970. *The perfectibility of man*. New York: Scribner.

Patai, D. 1998. *Heterophobia: Sexual harassment and the future of feminism*. New York: Rowman & Littlefield.

Patai, D., & Koertge, N. 1994. *Professing feminism: Cautionary tales from the strange world of women's studies*. New York: Basic Books.

Patai, R., & Patai, J. 1989. *The myth of the Jewish race* (rev. ed.). Detroit: Wayne State University Press.

Patterson, O. 1995. For whom the bell curves. In S. Fraser (Ed.), *The Bell Curve wars: Race, intelligence, and the future of America*. New York: Basic Books.

Patterson, O. 1997. *The ordeal of integration*. Washington, D.C.: Civitas.

Patterson, O. 2000. Taking culture seriously: A framework and an Afro-American illustration. In L. E. Harrison & S. P. Huntington (Eds.), *Culture matters: How values shape human progress*. New York: Basic Books.

Pedersen, N. L., McClearn, G. E., Plomin, R., & Nesselroade, J. R. 1992. Effects of early rearing environment on twin similarity in the last half of the life span. *British Journal of Developmental Psychology, 10*, 255-267.

Pennock, R. T. 2000. *Tower of Babel: The evidence against the new creationism*. Cambridge, Mass.: MIT Press.

Pennock, R. T. (Ed.) 2001. *Intelligent design: Creationism and its critics*. Cambridge, Mass.: MIT Press.

Peretz, I., Gagnon, L., & Bouchard, B. 1998. Music and emotion: Perceptual determinants, immediacy, and isolation after brain damage. *Cognition, 68*, 111-141.

Perloff, M. 1999. In defense of poetry: Put the literature back into literary studies. *Boston Review, 24*, 22-26.

Perry, B. D. 1997. Incubated in terror: Neurobiological factors in the "cycle of violence." In J. D. Osofsky (Ed.), *Children in a violent society*. New York: Guilford Press.

Persico, N., Postlewaite, A., & Silverman, D. 2001. *The effect of adolescent experience on labor market outcomes: The case of height.* Philadelphia: Department of Economics, University of Pennsylvania.

Petitto, L. A., Zatorre, R. J., Gauna, K., Nikelski, E. J., Dostie, D., & Evans, A. C. 2000. Speech-like cerebral activity in profoundly deaf people while processing signed language: Implications for the neural basis of all human language. *Proceedings of the National Academy of Sciences, 97*, 13961-13966.

Petrinovich, L. F. 1995. *Human evolution, reproduction, and morality.* New York: Plenum Press.

Petrinovich, L. F., O'Neill, P., & Jorgensen, M. 1993. An empirical study of moral intuitions: Toward an evolutionary ethics. *Journal of Personality and Social Psychology, 64*, 467-478.

Pinker, S. 1979. Formal models of language learning. *Cognition, 7*, 217-283.

Pinker, S. 1984a. *Language learnability and language development* (Reprinted with a new introduction, 1996). Cambridge, Mass.: Harvard University Press.

Pinker, S. 1984b. Visual cognition: An introduction. *Cognition, 18*, 1-63.

Pinker, S. 1989. *Learnability and cognition: The acquisition of argument structure.* Cambridge, Mass.: MIT Press.

Pinker, S. 1990. A theory of graph comprehension. In R. Friedle (Ed.), *Artificial intelligence and the future of testing.* Hillsdale, N.J.: Erlbaum.

Pinker, S. 1991. Rules of language. *Science, 253*, 530-535.

Pinker, S. 1994. *The language instinct.* New York: HarperCollins.

Pinker, S. 1996. Language learnability and language development revisited. In *Language learnability and language development.* Cambridge, Mass.: Harvard University Press.

Pinker, S. 1997. *How the mind works.* New York: Norton.

Pinker, S. 1998. Still relevant after all these years (Review of Darwin's "The expression of the emotions in man and animals, Third Edition"). *Science, 281*, 522-523.

Pinker, S. 1999. *Words and rules: The ingredients of language.* New York: HarperCollins.

Pinker, S. 2001a. Four decades of rules and associations, or whatever happened to the past tense debate? In E. Dupoux (Ed.), *Language, the brain, and cognitive development.* Cambridge, Mass.: MIT Press.

Pinker, S. 2001b. Talk of genetics and vice-versa. *Nature, 413*, 465-466.

Pinker, S., & Mehler, J. (Eds.) 1988. *Connections and symbols.* Cambridge, Mass.: MIT Press.

Pinker, S., & Prince, A. 1988. On language and connectionism: Analysis of a Parallel Distributed Processing model of language acquisition. *Cognition, 28*, 73-193.

Pinker, S., & Prince, A. 1996. The nature of human concepts: Evidence from an unusual source. *Communication and Cognition, 29*, 307-361.

Plamenatz, J. 1963. *Man and society: A critical examination of some important social and political theories form Machiavelli to Marx* (Vol. 2). London: Longman.

Plamenatz, J. 1975. *Karl Marx's philosophy of man*. New York: Oxford University Press.

Plomin, R. 1990. The role of inheritance in behavior. *Science, 248*, 183-248.

Plomin, R. 1991. Continuing commentary: Why children in the same family are so different from one another. *Behavioral and Brain Sciences, 13*, 336-337.

Plomin, R. 1994. *Genetics and experience: The interplay between nature and nurture*. Thousand Oaks, Calif.: Sage.

Plomin, R., & Daniels, D. 1987. Why are children in the same family so different from one another? *Behavioral and Brain Sciences, 10*, 1-60.

Plomin, R., DeFries, J. C., & Fulker, D. W. 1988. *Nature and nurture in infancy and early childhood*. New York: Cambridge University Press.

Plomin, R., DeFries, J. C., McClearn, G. E., & McGuffin, P. 2001. *Behavior genetics* (4th ed.). New York: Worth.

Plomin, R., DeFries, J. C., McClearn, G. E., & Rutter, M. 1997. *Behavioral genetics* (3rd ed.). New York: W. H. Freeman.

Plomin, R., Owen, M. J., & McGuffin, P. 1994. The genetic basis of complex human behaviors. *Science, 264*, 1733-1739.

Polti, G. 1921/1977. *The thirty-six dramatic situations*. Boston: The Writer, Inc.

Pons, T. M., Garraghty, P. E., Ommaya, A. K., Kaas, J. H., Taub, E., & Mishkin, M. 1991. Massive cortical reorganization after sensory deafferentation in adult macaques. *Science, 252*, 1857-1860.

Pope, G. G. 2000. *The biological bases of human behavior*. Needham Heights, Mass.: Allyn & Bacon.

Pratto, F., & Bargh, J. A. 1991. Stereotyping based on apparently individuating information: Trait and global components of sex stereotypes under attention overload. *Journal of Experimental Social Psychology, 27*, 26-47.

Preuss, T. 1995. The argument from animals to humans in cognitive neuroscience. In M.S. Gazzaniga (Ed.), *The cognitive neurosciences*. Cambrdige, Mass.: MIT Press.

Preuss, T. M. 2000. What's human about the human brain? In M. S. Gazzaniga (Ed.), *The new cognitive neurosciences.* Cambridge, Mass.: MIT Press.

Preuss, T. M. 2001. The discovery of cerebral diversity: An unwelcome scientific revolution. In D. Falk & K. Gibson (Eds.), *Evolutionary anatomy of the primate cerebral cortex.* New York: Cambridge University Press.

Price, M. E., Cosmides, L., & Tooby, J. 2002. Punitive sentiment as an anti-free rider psychological device. *Evolution and Human Behavior,* 23, 203-231.

Proctor, R. 1999. *The Nazi war on cancer.* Princeton, N.J.: Princeton University Press.

Provine, R. R. 1993. Laughter punctuates speech: Linguistic, social, and gender contexts of laughter. *Ethology,* 95, 291-298.

Putnam, H. 1973. Reductionism and the nature of psychology. *Cognition,* 2, 131-146.

Quartz, S. R., & Sejnowski, T. J. 1997. The neural basis of cognitive development: A constructivist manifesto. *Behavioral and Brain Sciences,* 20, 537-596.

Quine, W. V. O. 1969. Natural kinds. In W. V. O. Quine (Ed.), *Ontological relativity and other essays.* New York: Columbia University Press.

Rachels, J. 1990. *Created from animals: The moral implications of Darwinism.* New York: Oxford University Press.

Raine, A., Lencz, T., Bihrle, S., LaCasse, L., & Colletti, P. 2000. Reduced prefrontal gray matter volume and reduced autonomic activity in antisocial personality disorder. *Archives of General Psychiatry,* 57, 119-127.

Rakic, P. 2000. Setting the stage for cognition: Genesis of the primate cerebral cortex. In M. S. Gazzaniga (Ed.), *The new cognitive neurosciences.* Cambridge, Mass.: MIT Press.

Rakic, P. 2001. Neurocrationism—Making new cortical maps. *Science,* 294, 1011-1012.

Ramachandran, V. S. 1993. Behavioral and magnetoencephalographic correlates of plasticity in the adult human brain. *Proceedings of the National Academy of Sciences,* 90, 10413-10420.

Ramachandran, V. S., & Blakeslee, S. 1998. *Phantoms in the brain: Probing the mysteries of the human mind.* New York: William Morrow.

Ramachandran, V. S., & Hirstein, W. 1999. The science of art. *Journal of Conciousness Studies,* 6/7, 15-41.

Rapin, I. 2001. An 8-year-old boy with autism. *Journal of the American Medical Association,* 285, 1749-1757.

Ravitch, D. 2000. *Left back: A century of failed school reforms.* New York: Simon & Schuster.

Rawls, J. 1976. *A theory of justice.* Cambridge, Mass.: Harvard University Press.

Recanzone, G. H. 2000. Cerebral cortical plasticity: Perception and skill acquisition. In M. S. Gazzaniga (Ed.), *The new cognitive neurosciences.* Cambridge, Mass.: MIT Press.

Redmond, E. 1994. *Tribal and chiefly warfare in South America.* Ann Arbor: University of Michigan Museum.

Reed, T. E., & Jensen, A. R. 1992. Conduction velocity in a brain nerve pathway of normal adults correlates with intelligence level. *Intelligence, 17,* 191-203.

Reeve, H. K. 2000. Review of Sober & Wilson's "Unto others." *Evolution and Human Behavior, 21,* 65-72.

Reiner, W. G. 2000. Cloacal exstrophy. Paper presented at the Lawson Wilkins Pediatric Endocrine Society, Boston.

Reiss, D., Neiderhiser, J. M., Hetherington, E. M., & Plomin, R. 2000. *The relationship code: Deciphering genetic and social influences on adolescent development.* Cambridge, Mass.: Harvard University Press.

Renfrew, J. W. 1997. *Aggression and its causes: A biopsychosocial approach.* New York: Oxford University Press.

Rice, M. 1997. Violent offender research and implications for the criminal justice system. *American Psychologist, 52,* 414-423.

Richards, R. J. 1987. *Darwin and the emergence of evolutionary theories of mind and behavior.* Chicago: University of Chicago Press.

Richardson, L. F. 1960. *Statistics of deadly quarrels.* Pittsburgh: Boxwood Press.

Ridley, M. 1986. *The problems of evolution.* New York: Oxford University Press.

Ridley, M. 1993. *The red queen: Sex and the evolution of human nature.* New York: Macmillan.

Ridley, M. 1997. *The origins of virtue: Human instincts and the evolution of cooperation.* New York: Viking.

Ridley, M. 2000. *Genome: The autobiography of a species in 23 chapters.* New York: HarperCollins.

Roback, J. 1993. Beyond equality. *Georgetown Law Journal, 82,* 121-133.

Rogers, A. R. 1994. Evolution of time preference by natural selection. *American Economic Review, 84,* 460-481.

Roiphe, K. 1993. *The morning after: Sex, fear, and feminism on campus.* Boston: Little, Brown.

Romer, P. 1991. Increasing returns and new developments in the theory of growth. In W. Barnett, B. Cornet, C. d'Aspremont, J. Gabszewicz, & A. Mas-Collel (Eds.), *International Symposium in*

Economic Theory and Econometrics. New York: Cambridge Unviersity Press.

Romer, P., & Nelson, R. R. 1996. Science, economic growth, and public policy. In B. L. R. Smith & C. E. Barfield (Eds.), *Technology, R&D, and the economy*. Washington, D.C.: Brookings Institution.

Rose, H., & Rose, S. (Eds.) 2000. *Alas, poor Darwin! Arguments against evolutionary psychology*. New York: Harmony Books.

Rose, S. 1978. Pre-Copernican sociobiology? *New Scientist*, 80, 45-46.

Rose, S. 1997. *Lifelines: Biology beyond determinism*. New York: Oxford University Press.

Rose, S., & the Dialectics of Biology Group. 1982. *Against biological determinism*. London: Allison & Busby.

Rosen, S. 1992. War power and the willingness to suffer. In J. A. Vasquez & M. T. Henehan (Eds.), *The scientific study of peace and war: A text reader*. New York: Lexington Books.

Rossen, M., Klima, E. S., Bellugi, U., Bihrle, A., & Jones, W. 1996. Interaction between language and cognition: Evidence from Williams syndrome. In J. H. Beitchman, N. J. Cohen, M. M. Konstantareas, & R. Tannock (Eds.), *Language, learning, and behavior disorders: Developmental, biological, and clinical perspectives*. New York: Cambridge University Press.

Rossiter, C. (Ed.) 1961. *The Federalist Papers*. New York: New American Library.

Rousseau, J.-J. 1755/1986. *The first and second discourses together with the replies to critics and Essay on the origin of languages*. New York: Perennial Library.

Rousseau, J.-J. 1755/1994. *Discourse upon the origin and foundation of inequality among mankind*. New York: Oxford University Press.

Rousseau, J.-J. 1762/1979. *Emile*. New York: Basic Books.

Rowe, D. 1994. *The limits of family influence: Genes, experience, and behavior*. New York: Guilford Press.

Rowe, D. C. 2001. The nurture assumption persists. *American Psychologist, 56*, 168-169.

Rozin, P. 1996. Towards a psychology of food and eating: From motivation to module to model to marker, morality, meaning, and metaphor. *Current Directions in Psychological Science, 5*, 18-24.

Rozin, P. 1997. Moralization. In A. Brandt & P. Rozin (Eds.), *Morality and health*. New York: Routledge.

Rozin, P., & Fallon, A. 1987. A perspective on disgust. *Psychological Review, 94*, 23-41.

Rozin, P., Markwith, M., & Stoess, C. 1997. Moralization and becoming a vegetarian: The transformation of preferences into values and the recruitment of disgust. *Psychological Science, 8,* 67-73.

Rue, L. 1994. *By the grace of guile: The role of deception in natural history and human affairs.* New York: Oxford University Press.

Rumelhart, D. E., & McClelland, J. L. 1986. PDP models and general issues in cognitive science. In D. E. Rumelhart, J. L. McClelland, & the PDP Research Group (Eds.), *Parallel distributed processing: Explorations in the microstructure of cognition* (Vol. 1: *Foundations*). Cambridge, Mass.: MIT Press.

Rumelhart, D. E., McClelland, J. L., & the PDP Research Group. 1986. *Parallel distributed processing: Explorations in the microstructure of cognition* (vol. 1: *Foundations*). Cambridge, Mass.: MIT Press.

Ruse, M. 1998. *Taking Darwin seriously: A naturalistic approach to philosophy.* Amherst, N.Y.: Prometheus Books.

Ruse, M. 2000. *Can a Darwinian be a Christian? The relationship between science and religion.* New York: Cambridge University Press.

Rushton, J. P. 1996. Race, intelligence, and the brain: The errors and omissions of the "revised" edition of S. J. Gould's "The mismeasure of man." *Personality and Individual Differences, 23,* 169-180.

Rushton, J. P., Fulker, D. W., Neale, M. C., Nias, D. K. B., & Eysenck, H. J. 1986. Altruism and aggression: The heritability of individual differences. *Journal of Personality and Social Psychology, 50,* 1192-1198.

Rutter, M. 1997. Nature-nurture integration: The example of antisocial behavior. *American Psychologist, 52,* 390-398.

Ryle, G. 1949. *The concept of mind.* London: Penguin.

Sadato, N., Pascual-Leone, A., Grafman, J., Ibañez, V., Delber, M.-P., Dold, G., & Hallett, M. 1996. Activation of the primary visual cortex by Braille reading in blind subjects. *Nature,* 380, 526-528.

Sahlins, M. 1976. *The use and abuse of biology: An anthropological critique of sociobiology.* Ann Arbor: University of Michigan Press.

Salmon, C. A. 1998. The evocative nature of kin terminology in political rhetoric. *Politics and the Life Sciences, 17,* 51-57.

Salmon, C. A., & Symons, D. 2001. *Warrior lovers.* New Haven, Conn.: Yale University Press.

Samelson, F. 1982. Intelligence and some of its testers (Review of S. J. Gould's "The Mismeasure of Man"). *Science, 215*, 656-657.

Saperstein, A. M. 1995. War and chaos. *American Scientist, 83*, 548-557.

Sapolsky, R. M. 1997. *The trouble with testosterone: And other essays on the biology of the human predicament*. New York: Simon & Schuster.

Sayre-McCord, G. 1988. *Essays on moral realism*. Ithaca, N.Y.: Cornell University Press.

Scarr, S., & Carter-Saltzman. 1979. Twin method: Defense of a critical assumption. *Behavior Genetics, 9*, 527-542.

Scarr, S., & Weinberg, R. A. 1981. The transmission of authoritarian attitudes in families: Genetic resemblance in social-political attitudes? In S. Scarr (Ed.), *Race, social class, and individual differences in IQ*. Mahwah, N.J.: Erlbaum.

Scarry, E. 1999. *Dreaming by the book*. New York: Farrar Straus & Giroux.

Schaller, M., & Crandall, C. (Eds.) In press. *The psychological foundations of culture*. Mahwah, N.J.: Erlbaum.

Schellenberg, E. G., & Trehub, S. E. 1996. Natural musical intervals: Evidence from infant listeners. *Psychological Science, 7*, 272-277.

Schelling, T. 1960. *The strategy of conflict*. Cambridge, Mass.: Harvard University Press.

Schütze, Y. 1987. The good mother: The history of the normative model "mother-love." In P. A. Adler, P. Adler, & N. Mandell (Eds.), *Sociological studies of child development* (Vol. 2). Greenwich, Conn.: JAI Press.

Schwartz, F. N. 1992. *Breaking with tradition: Women and work, the new facts of life*. New York: Warner Books.

Scott, J. C. 1998. *Seeing like a state: How certain schemes to improve the human condition failed*. New Haven: Yale University Press.

Searle, J. R. 1995. *The construction of social reality*. New York: Free Press.

Segal, N. 2000. Virtual twins: New findings on within-family environmental influences on intelligence. *Journal of Educational Psychology, 92*, 442-448.

Segerstråle, U. 2000. *Defenders of the truth: The battle for sociobiology and beyond*. New York: Oxford University Press.

Seligman, M. E. P. 1971. Phobias and preparedness. *Behavior Therapy, 2*, 307-320.

Sen, A. 1984. *Poverty and famines: An essay on entitlement and deprivation*. New York: Oxford University Press.

Sen, A. 2000. East and West: The reach of reason. *New York Review of Books*, July 20.

The Seville Statement on Violence. 1990. *American Psychologist, 45*, 1167-1168.

Shalit, W. 1999. *A return to modesty: Discovering the lost virtue*. New York: Free Press.

Sharma, J., Angelucci, A., & Sur, M. 2000. Induction of visual orientation modules in auditory cortex. *Nature, 404*, 841-847.

Sharpe, G. 1994. *William Hill's bizarre bets*. London: Virgin Books.

Shastri, L. 1999. Advances in SHRUTI: A neurally motivated model of relational knowledge representation and rapid inference using temporal synchrony. *Applied Intelligence, 11*, 79-108.

Shastri, L., & Ajjanagadde, V. 1993. From simple associations to systematic reasoning: A connectionist representation of rules, variables, and dynamic bindings using temporal synchrony. *Behavioral and Brain Sciences, 16*, 417-494.

Shatz, A. 1999. The guilty party. *Lingua Franca*, B17-B21.

Shepard, R. N. 1990. *Mind sights: Original visual illusions, ambiguities, and other anomalies*. New York: W. H. Freeman.

Sherif, M. 1966. *Group conflict and cooperation: Their social psychology*. London: Routledge & Kegan Paul.

Shipman, P. 1994. *The evolution of racism*. New York: Simon & Schuster.

Short, P. 1999. *Mao: A life*. New York: Henry Holt.

Shoumatoff, A. 1985. *The mountain of names: A history of the human family*. New York: Simon & Schuster.

Shweder, R. A. 1990. Cultural psychology: What is it? In J. W. Stigler, R. A. Shweder, & G. H. Herdt (Eds.), *Cultural psychology: Essays on comparative human development*. New York: Cambridge University Press.

Shweder, R. A. 1994. "You're not sick, you're just in love": Emotion as an interpretive system. In P. Ekman & R. J. Davidson (Eds.), *The nature of emotion*. New York: Oxford University Press.

Shweder, R. A., Much, N. C., Mahapatra, M., & Park, L. 1997. The "big three" of morality (autonomy, community, and divinity) and the "big three" explanations of suffering. In A. Brandt & P. Rozin (Eds.), *Morality and health*. New York: Routledge.

Siegal, M., Varley, R., & Want, S. C. 2001. Mind over grammar: Reasoning in aphasia and development. *Trends in Cognitive Sciences, 5*, 296-301.

Silverman, I., & Eals, M. 1992. Sex differences in spatial abilities: Evolutionary theory and data. In J.

Barkow, L. Cosmides, & J. Tooby (Eds.), *The adapted mind: Evolutionary psychology and the generation of culture*. New York: Oxford University Press.

Simon, J. L. 1996. *The ultimate resource 2*. Princeton, N.J.: Princeton University Press.

Singer, I. B. 1972. *Enemies, a love story*. New York: Farrar, Straus & Giroux.

Singer, P. 1981. *The expanding circle: Ethics and sociobiology*. New York: Farrar, Straus & Giroux.

Singer, P. 1999. *A Darwinian left: Politics, evolution, and cooperation*. New Haven: Yale University Press.

Siple, P., & Fischer, S. D. (Eds.) 1990. *Theoretical issues in sign language research*. Chicago: University of Chicago Press.

Skinner, B. F. 1948/1976. *Walden Two*. New York: Macmillan.

Skinner, B. F. 1971. *Beyond freedom and dignity*. New York: Knopf.

Skinner, B. F. 1974. *About behaviorism*. New York: Knopf.

Skuse, D. H., James, R. S., Bishop, D. V. M., Coppin, B., Dalton, P., Aamodt-Leeper, G., Bacarese-Hamilton, M., Cresswell, C., McGurk, R., & Jacobs, P. A. 1997. Evidence from Turner's Syndrome of an imprinted X-linked locus affecting cognitive function. *Nature, 287*, 705-708.

Sloman, S. A. 1996. The empirical case for two systems of reasoning. *Psychological Bulletin, 119*, 3-22.

Slovic, P., Fischof, B., & Lichtenstein, S. 1982. Facts versus fears: Understanding perceived risk. In D. Kahneman, P. Slovic, & A. Tversky (Eds.), *Judgment under uncertainty: Heuristics and biases*. New York: Cambridge University Press.

Smith, A. 1759/1976. *The theory of moral sentiments*. Indianapolis: Liberty Classics.

Smith, A., Jussim, L., & Eccles, J. 1999. Do self-fulfilling prophesies accumulate, dissipate, or remain stable over time? *Journal of Personality and Social Psychology, 77*, 548-565.

Smolensky, P. 1990. Tensor product variable binding and the representation of symbolic structures in connectionist systems. *Artificial Intelligence, 46*, 159-216.

Smolensky, P. 1995. Reply: Constituent structure and explanation in an integrated connectionist/symbolic cognitive architecture. In C. MacDonald & G. MacDonald (Eds.), *Connectionism: Debates on Psychological Explanations* (Vol. 2). Cambridge, Mass.: Blackwell.

Snyderman, M., & Rothman, S. 1988. *The IQ controversy: The media and public policy*. New Brunswick, N.J.: Transaction.

Sommers, C. H. 1994. *Who stole feminism?* New York: Simon & Schuster.

Sommers, C. H. 1998. Why Johnny can't tell right from wrong. *American Outlook*, 45-47.

Sommers, C. H. 2000. *The war against boys: How misguided feminism is harming our young men.* New York: Touchstone Books.

Sougné J. 1998. Connectionism and the problem of multiple instantiation. *Trends in Cognitive Sciences, 2*, 183-189.

Sowell, T. 1980. *Knowledge and decisions.* New York: Basic Books.

Sowell, T. 1985. *Marxism: Philosophy and economics.* New York: Quill.

Sowell, T. 1987. *A conflict of visions: Ideological origins of political struggles.* New York: Quill.

Sowell, T. 1994. *Race and culture: A world view.* New York: Basic Books.

Sowell, T. 1995a. Ethnicity and IQ. In S. Fraser (Ed.), *The Bell Curve wars: Race, intelligence, and the future of America.* New York: Basic Books.

Sowell, T. 1995b. *The vision of the anointed: Self-congratulation as a basis for social policy.* New York: Basic Books.

Sowell, T. 1996. *Migrations and cultures: A world view.* New York: Basic Books.

Sowell, T. 1998. *Conquests and cultures: An international history.* New York: Basic Books.

Spann, E. K. 1989. *Brotherly tomorrows : movements for a cooperative society in America, 1820-1920.* New York: Columbia University Press.

Spelke, E. 1995. Initial knowledge: Six suggestions. *Cognition, 50*, 433-447.

Spelke, E. S., Breinlinger, K., Macomber, J., & Jacobson, K. 1992. Origins of knowledge. *Psychological Review, 99*, 605-632.

Sperber, D. 1985. Anthropology and psychology: Towards an epidemiology of representations. *Man, 20*, 73-89.

Sperber, D. 1994. The modularity of thought and the epidemiology of representations. In L. Hirschfeld & S. Gelman (Eds.), *Mapping the mind: Domain specificity in cognition and culture.* New York: Cambridge University Press.

Spiller, R. J. 1988. S. L. A. Marshall and the ratio of fire. *RUSI Journal, 133*.

Sponsel, L. 1996. The natural history of peace: The positive view of human nature and its potential. In T. Gregor (Ed.), *A natural history of peace.* Nashville, Tenn: Vanderbilt University Press.

Sponsel, L. 1998. Yanomami: An area of conflict and aggression in the Amazon. *Aggressive Behavior, 24*, 97-122.

Staddon, J. R. 1999. On responsibility in science and law. In E. Paul, F. Miller, & J. Paul (Eds.), *Responsibility*(Vol. 16). New York: Cambridge University Press.

Steiner, G. 1967. *Language and silence: Essays on language, literature, and the inhuman*. New Haven: Yale University Press.

Steiner, G. 1984. *Antigones: How the Antigone legend has endured in Western literature, art, and thought*. New Haven, Conn.: Yale University Press.

Steiner, W. 2001. *Venus in exile: The rejection of beauty in 20th-century art*. New York: Free Press.

Stevens, M. 2001. Only causation matters: Reply to Ahn et al. *Cognition*, 82, 71-76.

Stevens, P. 2001. Magical thinking in complementary and alternative medicine. *Skeptical Inquirer*, 32-37.

Stevens, W. 1965. *The necessary angel*. New York: Random House.

Stevenson, L., & Haberman, D. L. 1998. *Ten theories of human nature*. New York: Oxford Univesity Press.

Stoolmiller. 2000. Implications of the restricted range of family environments for estimates of heritability and nonshared environment in behavior-genetic adoption studies. *Psychological Bulletin*, 125, 392-407.

Storey, R. 1996. *Mimesis and the human animal*. Evanston, Ill.: Northwestern University Press.

Stromswold, K. 1998. Genetics of spoken language disorders. *Human Biology*, 70, 297-324.

Stromswold, K. 2000. The cognitive neuroscience of language acquisition. In M. S. Gazzaniga (Ed.), *The new cognitive neurosciences*. Cambridge, Mass: MIT Press.

Stryker, M. P. 1994. Precise development from imprecise rules. *Science*, 263, 1244-1245.

Sulloway, F. J. 1995. Birth order and evolutionary psychology: A meta-analytic overview. *Psychological Inquiry*, 6, 75-80.

Sulloway, F. J. 1996. *Born to rebel: Family conflict and radical genius*. New York: Pantheon.

Sur, M. 1988. Visual plasticity in the auditory pathway: Visual inputs induced into auditory thalamus and cortex illustrate principles of adaptive organization in sensory systems. In M. A. Arbib & S. Amari (Eds.), *Dynamic interactions in neural networks* (Vol. 1: Models and data). New York: Springer-Verlag.

Sur, M., Angelucci, A., & Sharma, J. 1999. Rewiring cortex: The role of patterned activity in development and plasticity of neocortical circuits. *Journal of Neurobiology*, 41, 33-43.

Swim, J. K. 1994. Perceived versus meta-analytic effect sizes: An assessment of the accuracy of gender stereotypes. *Journal of Personality and Social Psychology*, 66, 21-36.

Symons, D. 1979. *The evolution of human sexuality*. New York: Oxford University Press.

Symons, D. 1995. Beauty is in the adaptations of the beholder: The evolutionary psychology of human female sexual attractiveness. In P. R. Abramson & S. D. Pinkerton (Eds.), *Sexual nature, sexual culture*. Chicago: University of Chicago Press.

Szathmáry, E., Jordán, F., & Pál, C. 2001. Can genes explain biological complexity? *Science, 292,* 1315-1316.

Tajfel, H. 1981. *Human groups and social categories.* New York: Cambridge University Press.

Talmy, L. 2000. The cognitive culture system. In L. Talmy (Ed.), *Toward a cognitive semantics* (Vol. 2: *Typology and process in concept structuring*). Cambridge, Mass.: MIT Press.

Taylor, J. K. 1992. *Reclaiming the mainstream: Individualist feminism rediscovered.* Buffalo, N.Y.: Prometheus Books.

Taylor, S. E. 1989. *Positive illusions: Creative self-deception and the healthy mind.* New York: Basic Books.

Tesser, A. 1993. The importance of heritability in psychological research: The case of attitudes. *Psychological Review, 100,* 129-142.

Tessier-Lavigne, M., & Goodman, C. S. 1996. The molecular biology of axon guidance. *Science, 274,* 1123-1132.

Tetlock, P. E. 1999. Coping with tradeoffs: Psychological constraints and political implications. In A. Lupia, M. McCubbins, & S. Popkin (Eds.), *Political reasoning and choice*. Berkeley: University of California Press.

Tetlock, P. E., Kristel, O. V., Elson, B., Green, M. C., & Lerner, J. 2000. The psychology of the unthinkable: Taboo tradeoffs, forbidden base rates, and heretical counterfactuals. *Journal of Personality and Social Psychology, 78,* 853-870.

Teuber, M. 1997. Gertrude Stein, William James, and Pablo Picasso's Cubism. In W. G. Bringmann, H. E. Luck, R. Miller, & C. E. Early (Eds.), *A pictorial history of psychology*. Chicago: Quintessence Publishing.

Thaler, R. H. 1994. *The winner's curse.* Princeton, N.J.: Princeton University Press.

Thiessen, D., & Young, R. K. 1994. Investigating sexual coercion. *Society, 31,* 60-63.

Thompson, P. M., Cannon, T. D., Narr, K. L., van Erp, Poutanen, V.-P., Huttunen, M., Lönnqvist, J., Standertskjöld-Nordenstam, C.-G., Kaprio, J., Khaledy, M., Dail, R., Zoumalan, C. I., & Toga, A. W. 2001. Genetic influences on brain structure. *Nature Neuroscience, 4,* 1-6.

Thornhill, R. 1998. Darwinian aesthetics. In C. Crawford & D. L. Krebs (Eds.), *Handbook of evolutionary psychology: Ideas, issues, and applications.* Mahwah, N.J.: Erlbaum.

Thornhill, R., & Palmer, C. T. 2000. *A natural history of rape: Biological bases of sexual coercion.*

Cambridge, Mass.: MIT Press.

Thornhill, R., & Palmer, C. T. 2001. Rape and evolution: A reply to our critics (Preface to the paperback ed.), *A natural history of rape: Biological bases of sexual coercion* (paperback ed.). Cambridge, Mass.: MIT Press.

Tierney, P. 2000. *Darkness in El Dorado: How Scientists and Journalists devastated the Amazon.* New York: Norton.

Tinbergen, N. 1952. Derived activities: Their causation, biological significance, origin, and emancipation during evolution. *Quarterly Review of Biology, 27*, 1-32.

Tomasello, M. 1999. *The cultural origins of human cognition.* Cambridge, Mass.: Harvard University Press.

Tong, R. 1998. *Feminist thought: A more comprehensive introduction* (2nd ed.). Boulder, Colo.: Westview Press.

Tooby, J., & Cosmides, L. 1990. On the universality of human nature and the uniqueness of the individual: The role of genetics and adaptation. *Journal of Personality, 58*, 17-67.

Tooby, J., & Cosmides, L. 1992. Psychological foundations of culture. In J. Barkow, L. Cosmides, & J. Tooby (Eds.), *The adapted mind: Evolutionary psychology and the generation of culture.* New York: Oxford University Press.

Tooby, J., & DeVore, I. 1987. The reconstruction of hominid evolution through strategic modeling. In W. G. Kinzey (Ed.), *The evolution of human behavior: Primate models.* Albany, N.Y.: SUNY. Press.

Tooley, M. 1972. Abortion and infanticide. *Philosophy and Public Affairs, 2*, 37-65.

Toussaint-Samat, M. 1992. *History of food.* Cambridge, Mass.: Blackwell.

Tramo, M. J., Loftus, W. C., Thomas, C. E., Green, R. L., Mott, L. A., & Gazzaniga, M. S. 1995. Surface area of human cerebral cortex and its gross morphological subdivisions: In vivo measurements in monozygotic twins suggest differential hemispheric effects of genetic factors. *Journal of Cognitive Neuroscience, 7*, 267-91.

Tribe, L. 1971. Trial by mathematics: Precision and ritual in the legal process. *Harvard Law Review, 84*, 1329-1393.

Trivers, R. 1971. The evolution of reciprocal altruism. *Quarterly Review of Biology, 46*, 35-57.

Trivers, R. 1972. Parental investment and sexual selection. In B. Campbell (Ed.), *Sexual selection and the descent of man.* Chicago: Aldine.

Trivers, R. 1974. Parent-offspring conflict. *American Zoologist, 14*, 249-264.

Trivers, R. 1976. Foreword. In R. Dawkins, *The selfish gene*. New York: Oxford University Press.

Trivers, R. 1981. Sociobiology and politics. In E. White (Ed.), *Sociobiology and human politics*. Lexington, Mass.: D. C. Heath.

Trivers, R. 1985. *Social evolution*. Reading, Mass.: Benjamin/Cummings.

Trivers, R. 1998. As they would do to you: A review of E. Sober & D. S. Wilson's "Unto others." *Skeptic*, *6*, 81-83.

Trivers, R., & Newton, H. P. 1982. The crash of Flight 90: Doomed by self-deception? *Science Digest*, 66-68.

Trivers, R. L., & Willard, D. E. 1973. Natural selection of parental ability to vary the sex ratio of offspring. *Science*, *179*, 90-91.

Turkheimer, E. 2000. Three laws of behavior genetics and what they mean. *Current Directions in Psychological Science*, *5*, 160-164.

Turkheimer, E., & Waldron, M. 2000. Nonshared environment: A theoretical, methodological, and quantitative review. *Psychological Bulletin*, *126*, 78-108.

Turner, F. 1985. *Natural classicism: Essays on literature and science*. New York: Paragon.

Turner, F. 1995. *The culture of hope*. New York: Free Press.

Turner, F. 1997. Modernism: Cure or disease? *Critical Review*, *11*, 169-180.

Turner, M. 1991. *Reading minds: The study of English in the age of cognitive science*. Princeton, N.J.: Princeton University Press.

Turner, M. 1996. *The literary mind*. New York: Oxford University Press.

Tversky, A., & Kahneman, D. 1973. Availability: A heuristic for judging frequency and probability. *Cognitive Psychology*, *4*, 207-232.

Tversky, A., & Kahneman, D. 1974. Judgment under uncertainty: Heuristics and biases. *Science*, *185*, 1124-1131.

Twain, M. 1884/1983. *Adventures of Huckleberry Finn*. In D. Voto (Ed.), *The portable Mark Twain*. New York: Penguin.

Valero, H., & Biocca, E. 1965/1996. *Yanoáma: The Story of Helena Valero, a girl kidnapped by Amazonian Indians*. New York: Kodansha.

Valian, V. 1998. *Why so slow? the advancement of women*. Cambridge, Mass.: MIT Press.

van den Berghe, P. L. 1981. *The ethnic phenomenon*. Westport, Conn.: Praeger.

Van Essen, D. C., & Deyoe, E. A. 1995. Concurrent processing in the primate visual cortex. In M. S. Gazzaniga (Ed.), *The cognitive neurosciences*. Cambridge, Mass.: MIT Press.

Van Valen, L. 1974. Brain size and intelligence in man. *American Journal of Physical Anthropology*, *40*, 417-424.

Vandell, D. L. 2000. Parents, peer groups, and other socializing influences. *Developmental Psychology*, *36*, 699-710.

Vasquez, J. A. 1992. The steps to war: Toward a scientific explanation of Correlates of War findings. In J. A. Vasquez & M. T. Henehan (Eds.), *The scientific study of peace and war: A text reader*. New York: Lexington Books.

Veblen, T. 1899/1994. *The theory of the leisure class*. New York: Penguin.

Venable, V. 1945. *Human nature: the Marxian view*. New York: Knopf.

Venter, C., & et al. 2001. The sequence of the human genome. *Science*, *291*, 1304-1348.

Verhage, M., Maia, A. S., Plomp, J. J., Brussaard, A. B., Heeroma, J. H., Vermeer, H., Toonen, R. F., Hammer, R. E., van der Berg, T. K., Missler, M., Geuze, H. J., & Südhoff, T. C. 2000. Synaptic assembly of the brain in the absence of neurotransmitter secretion. *Science*, *287*, 864-869.

Vonnegut, K. 1968/1998. *Welcome to the monkey house*. New York: Doubleday.

Waddington, D. H. 1957. *The strategy of the genes*. London: Allen & Unwin.

Wakefield, J. C. 1992. The concept of mental disorder: On the boundary between biological facts and social values. *American Psychologist*, *47*, 373-388.

Walker, L. J. 1984. Sex differences in the development of moral reasoning: A critical review. *Child Development*, *55*, 677-691.

Walker, P. L. 2001. A bioarchaeological perspective on the history of violence. *Annual Review of Anthropology*, *30*, 573-596.

Walker, R. (Ed.) 1995. *To be real: Telling the truth and changing the face of feminism*. New York: Anchor Books.

Wang, F. A., Nemes, A., Mendelsohn, M., & Axel, R. 1998. Odorant receptors govern the formation of a precise topographic map. *Cell*, *93*, 47-60.

Ward, K. 1998. *Religion and human nature*. New York: Oxford University Press.

Warren, M. A. 1984. On the moral and legal status of abortion. In J. Feinberg (Ed.), *The problem of abortion*. Belmont, Calif.: Wadsworth.

Watson, G. 1985. *The idea of liberalism*. London: Macmillan.

Watson, J. B. 1924/1998. *Behaviorism*. New Brunswick, N.J.: Transaction.

Weiskrantz, L. (Ed.) 1988. *Thought without language*. New York: Oxford University Press.

Weizenbaum, J. 1976. *Computer power and human reason.* San Francisco: W. H. Freeman.

White, S. H. 1996. The relationships of developmental psychology to social policy. In E. Zigler, S. L. Kagan, & N. Hall (Eds.), *Children, family, and government: Preparing for the 21st century.* New York: Cambridge University Press.

Whorf, B. L. 1956. *Language, thought, and reality: Selected writings of Benjamin Lee Whorf.* Cambridge, Mass.: MIT press.

Wilkinson, M. J. In press. The Greek-Turkish-American Triangle. In M. Abramovitz (Ed.), *Turkey and the United States.* New York: Century Foundation.

Wilkinson, R. 2000. *Mind the gap: Hierarchies, health, and human evolution.* London: Weidenfeld and Nicholson.

Willerman, L., Schultz, R., Rutledge, J. N., & Bigler, E. D. 1991. In vivo brain size and intelligence. *American Journal of Physical Anthropology, 15,* 223-238.

Williams, G. C. 1966. *Adaptation and natural selection: A critique of some current evolutionary thought.* Princeton, N.J.: Princeton University Press.

Williams, G. C. 1988. Huxley's evolution and ethics in sociobiological perspective. *Zygon: Journal of Religion and Science, 23,* 383-407.

Williams, J. M. 1990. *Style: Toward clarity and grace.* Chicago: University of Chicago Press.

Williams, K., Harkins, S., & Latané, B. 1981. Identifiability as a deterrent to social loafing: Two cheering experiments. *Journal of Personality and Social Psychology, 40,* 303-311.

Wilson, D. S., & Sober, E. 1994. Re-introducing group selection to the human behavior science. *Behavioral and Brain Sciences, 17,* 585-608.

Wilson, E. O. 1975/2000. *Sociobiology : The new synthesis* (25th-anniversary ed.). Cambridge, Mass.: Harvard University Press.

Wilson, E. O. 1984. *Biophilia.* Cambridge, Mass.: Harvard University Press.

Wilson, E. O. 1994. *Naturalist.* Washington, D.C.: Island Press.

Wilson, E. O. 1998. *Consilience: The unity of knowledge.* New York: Knopf.

Wilson, J. Q. 1993. *The moral sense.* New York: Free Press.

Wilson, J. Q., & Herrnstein, R. J. 1985. *Crime and human nature.* New York: Simon & Schuster.

Wilson, M., & Daly, M. 1992. The man who mistook his wife for a chattel. In J. H. Barkow, L. Cosmides, & J. Tooby (Eds.), *The adapted mind: Evolutionary psychology and the generation of culture.* New York: Oxford University Press.

Wilson, M., & Daly, M. 1997. Life expectancy, economic inequality, homicide, and reproductive timing in Chicago neighborhoods. *British Medical Journal, 314*, 1271-1274.

Wilson, R. A., & Keil, F. C. 1999. *The MIT Encyclopedia of the Cognitive Sciences*. Cambridge, Mass.: MIT Press.

Witelson, S. F., Kigar, D. L., & Harvey, T. 1999. The exceptional brain of Albert Einstein. *Lancet, 353*, 2149-2153.

Wolfe, T. 1975. *The painted word*. New York: Bantam Books.

Wolfe, T. 1981. *From Bauhaus to our house*. New York: Bantam Books.

Wolfe, T. 2000. Sorry, but your soul just died. In *Hooking up*. New York: Farrar Straus Giroux.

Wrangham, R. 1999. Is military incompetence adaptive? *Evolution and Human Behavior, 20*, 3-17.

Wrangham, R. W., & Peterson, D. 1996. *Demonic males: Apes and the origins of human violence*. Boston: Houghton Mifflin.

Wright, F. A., Lemon, W. J., Zhao, W. D., Sears, R., Zhuo, D., Wang, J.-P., Yang, H.- Y., Baer, T., Stredney, D., Spitzner, J., Stutz, A., Krahe, R., & Yuan, B. 2001. A draft annotation and overview of the human genome. *Genome Biology, 2*, 0025.1-0025.18.

Wright, L. 1995, Double mystery. *New Yorker*, August 7, 45-62.

Wright, R. 1994. *The moral animal: Evolutionary psychology and everyday life*. New York: Pantheon.

Wright, R. 2000. *NonZero: The logic of human destiny*. New York: Pantheon.

Yinon, Y., & Dovrat, M. 1987. The reciprocity-arousing potential of the requestor's occupation, its status, and the cost and urgency of the request as determinants of helping behavior. *Journal of Applied Social Psychology, 17*, 429-435.

Young, C. 1999. *Ceasefire! Why women and men must join forces to achieve true equality*. New York: Free Press.

Zahavi, A., & Zahavi, A. 1997. *The handicap principle: A missing piece of Darwin's puzzle*. New York: Oxford University Press.

Zahn-Wexler, C., Radke-Yarrow, M., Wagner, E., & Chapman, M. 1992. Development of concern for others. *Developmental Psychology, 28*, 126-136.

Zentner, M. R., & Kagan, J. 1996. Perception of music by infants. *Nature, 383*, 29.

Zhou, R., & Black, I. B. 2000. Development of neural maps: Molecular mechanisms. In M. S. Gazzaniga (Ed.), *The new cognitive neurosciences*. Cambridge, Mass.: MIT Press.

Zimbardo, P. G., Maslach, C., & Haney, C. 2000. Reflections on the Stanford Prison Experiment: Genesis, transformations, consequences. In T. Blass (Ed.), *Current perspectives on the*

Milgram paradigm. Mahwah, N.J.: Erlbaum.

Zimler, J., & Keenan, J. M. 1983. Imagery in the congenitally blind: How visual are visual images? *Journal of Experimental Psychology: Learning, Memory, and Cognition, 9*, 269-282.

2016년판 발문

Barnes, J. C., Wright, J. P., Boutwell, B. B., Schwartz, J. A., Connolly, E. J., Nedelec, J. L., & Beaver, K. M. (2014). Demonstrating the validity of twin research in criminology. *Criminology,* 1-39.

Bowles, S. (2013). Comment on Fry and Soderberg "*Lethal aggression in mobile forager bands and implications for the origins of war.*" Santa Fe Institute.

Ceci, S. J. & Williams, W. M. (2011). Understanding current causes of women's underrepresentation in science. *Proceedings of the National Academy of Sciences, 108*, 3157-3162.

Chabris, C. F., Lee, J. J., Benjamin, D. J., Beauchamp, J. P., Glaeser, E. L., Borst, G., Pinker, S., & Laibson, D. (2013). Why is it hard to find genes that are associated with social science traits? . *American Journal of Public Health, 103*, 152-166.

Chabris, C. F., Lee, J. J., Cesarini, D., Benjamin, D. J., & Laibson, D. (2015). The fourth law of behavioral genetics. *Current Directions in Psychological Science.*

Christakis, E. (2014). College sex: 50 shades of black and white. https://erikachristakis.wordpress.com/2014/05/07/college-sex-50-shades-of-black-and-white/

Christakis, N. A. & Fowler, J. H. (2009). *Connected: The surprising power of our social networks and how they shape our lives.* New York: Little Brown.

Coyne, J. A. (2015, August 24,). Holocaust trauma: Is it epigenetically inherited? https://whyevolutionistrue.wordpress.com/2015/08/24/holocaust-trauma-is-it-epigenetically-inherited/

Davies, G., Tenesa, A., Payton, A., Yang, J., Harris, S. E., Liewald, D., Ke, X., Le Hellard, S., Christoforou, A., Luciano, M., McGhee, K., Lopez, L., Gow, A. J., Corley, J., Redmond, P., Fox, H. C., Haggarty, P., Whalley, L. J., McNeill, G., Goddard, M. E., Espeseth, T., Lundervold, A. J., Reinvang, I., Pickles, A., Steen, V. M., Ollier, W., Porteous, D. J., Horan, M., Starr, J. M., Pendleton, N., Visscher, P. M., & Deary, I. J. (2011). Genome-wide association studies establish that human intelligence is highly heritable and polygenic. *Mol Psychiatry, 16*, 996-1005.

Davis, E. & Marcus, G. F. (2015). Commonsense reasoning and commonsense knowledge in artifical intelligence. *Communications of the ACM, 58*, 92-103.

Dickens, W. T. & Flynn, J. R. (2001). Heritability estimates versus large environmental effects: the IQ paradox resolved. *Psychological Review, 108*, 346-369.

Dreger, A. D. (2007). The controversy surrounding "The Man Who Would be Queen": A case history of the politics of science, identity, and sex in the Internet age. *Archives of Sexual Behavior, 37*, 366-421.

Dreger, A. D. (2011). Darkness's Descent on the American Anthropological Association: A Cautionary Tale. *Human Nature, 22*.

Ferguson, C. J. (2010). Genetic contributions to antisocial personality and behavior: A meta-analytic review from an evolutionary perspective. *Journal of Social Psychology, 150*, 160-180.

Gat, A. (2015). Proving communal warfare among hunter-gatherers: The quasi-Roussean error. *Evolutionary Anthropology, 24*, 111-126.

Gertner, N. (2015). Sex, lies, and justice: Can we reconcile the belated attention to campus sexual assaults with due process? *The American Prospect*, 32-37.

Geschwind, D. H. & Flint, J. (2015). Genetics and genomics of psychiatric disease. *Science, 349*, 1489-1494.

Haig, D. (2007). Weisman rules! OK? Epigenetics and the Lamarckian temptation. *Biology and Philosophy, 22*, 415-428.

Harris, J. R. (1998/2008). *The nurture assumption: Why children turn out the way they do*. (2nd ed.). New York: Free Press.

Harris, J. R. (2006). *No two alike: Human nature and human individuality*. New York: Norton.

Heard, E. & Martienssen, R. A. (2014). Transgenerational epigenetic inheritance: Myths and mechanisms. *Cell, 157*, 95-109.

Horowitz, M., Yaworksy, W., & Kickham, K. (2014). Wither the Blank Slate? A report on the reception of evolutionary biological ideas among sociological theorists. *Sociological Spectrum, 34*, 489-509.

Juengst, E. T., Fishman, J. R., McGowan, M. L., & Settersten, R. A. (2014). Serving epigenetics before its time. *Trends in Genetics, 30*, 427-429.

Lodato, M. A., Woodworth, M. B., Lee, S., Evrony, G. D., Mehta, B. K., Karger, A., Lee, S., Chittenden, T. W., D'Gama, A. M., Cai, X., Luquette, L. J., Lee, E., Park, P. J., & Walsh, C. A. (2015). Somatic mutation in single human neurons tracks developmental and transcriptional history. *Science, 350*, 94-98.

Lyle, H. & Smith, E. (2012). How conservative are evolutionary anthropologists? *Human Nature, 23*, 306-322.

MacDonald, H. (2008). The campus rape myth. *City Journal, 18*.

Machalek, R. & Martin, M. (2004). Sociology and the second Darwinian revolution: A metatheoretical analysis. *Sociological Theory, 22*, 455-476.

Marcus, G. F. (2002). *The birth of the mind*. New York: Basic Books.

McConnell, M. J., Lindberg, M. R., Brennand, K. J., Piper, J. C., Voet, T., Cowing-Zitron, C., Shumilina, S., Lasken, R. S., Vermeesch, J. R., Hall, I. M., & Gage, F. H. (2013). Mosaic Copy Number Variation in Human Neurons. *Science, 342*, 632-637.

Meyer, C., Lohr, C., Gronenborn, D., & Alt, K. W. (2015). The massacre mass grave of Schoneck-Kilianstadten reveals new insights into collective violence in Early Neolithic Central Europe. *Proceedings of the National Academy of Science, 112*, 11217-11222.

Moffitt, T. E. & Beckley, A. (2015). Abandon twin research? Embrace epigenetic research? Premature advice for criminologists. *Criminology, 53*, 121-126.

Open_Science_Collaboration. (2015). Estimating the reproducibility of psychological science. *Science, 349*.

Pinker, S. (2004). Why nature & nurture won't go away. *Daedalus, 133*, 5.

Pinker, S. (2005, Feb. 14). Sex Ed: The science of difference. *The New Republic*.

Pinker, S. (2006a, Oct. 9). Block that metaphor! Review of George Lakoff's "Whose Freedom?". *The New Republic*.

Pinker, S. (2006b). Introduction to the Annual Edge Question "What Is Your Dangerous Idea?". *Edge*.

Pinker, S. (2007a). *The stuff of thought: Language as a window into human nature*. New York: Viking.

Pinker, S. (2007b). Toward a consilent study of literature: Review of J. Gottschall & D. S. Wilson's "The Literary Animal: Evolution and the nature of narrative". *Philosophy and Literature, 31*, 161-177.

Pinker, S. (2008, January 13). The moral instinct. *New York Times Sunday Magazine*.

Pinker, S. (2009, Jan. 11). My genome, myself. *New York Times Sunday Magazine*.

Pinker, S. (2011). *The better angels of our nature: Why violence has declined*. New York: Viking.

Pinker, S. (2012a). The false allure of group selection. *Edge*. http://edge.org/conversation/steven_

pinker-the-false-allure-of-group-selection

Pinker, S. (2012b, Oct. 24). Why are states so red and blue? *New York Times*. Retrieved from http://opinionator.blogs.nytimes.com/2012/10/24/why-are-states-so-red-and-blue/?_r=0

Pinker, S. (2013, Aug. 6). Science is not your enemy. *The New Republic*.

Pinker, S. (2014). *The village effect: How face-to-face contact can make us healthier, happier, and smarter*. New York: Spiegel & Grau.

Pinker, S. (2015a, Sept. 11). Now for the good news: Things really are getting better. *The Guardian*.

Pinker, S. (2015b). Response to the book review symposium: Steven Pinker, The Better Angels of Our Nature. *Sociology, 47*, 1-6.

Pinker, S. & Spelke, E. S. (2005). The Science of Gender and Science: A Debate. *Edge*. http://edge.org/3rd_culture/debate05/debate05_index.html

Plomin, R., DeFries, J. C., Knopik, V. S., & Neiderhiser, J. M. (2015). The top ten replicated findings from behavioral genetics. *Perspectives in Psychological Science*.

Polderman, T. J. C., Benyamin, B., de Leeuw, C. A., Sullivan, P. F., van Bochoven, A., Visscher, P. M., & Posthuma, D. (2015). Meta-analysis of the heritability of human traits based on fifty years of twin studies. [Analysis]. *Nat Genet, 47*, 702-709.

Rhee, S. H. & Waldman, I. D. (2007). Behavior-genetics of criminality and aggression. In D. J. Flannery, A. T. Vazsonyi & I. D. Waldman (Eds.), *The Cambridge Handbook of Violent Behavior and Aggression*. New York: Cambridge University Press.

Rietveld, C. A., Esko, T., Davies, G., Pers, T. H., Turley, P., Benyamin, B., Chabris, C. F., Emilsson, V., Johnson, A. D., Lee, J. J., Leeuw, C. d., Marioni, R. E., Medland, S. E., Miller, M. B., Rostapshova, O., van der Lee, S. J., Vinkhuyzen, A. A. E., Amin, N., Conley, D., Derringer, J., van Duijn, C. M., Fehrmann, R., Franke, L., Glaeser, E. L., Hansell, N. K., Hayward, C., Iacono, W. G., Ibrahim-Verbaas, C., Jaddoe, V., Karjalainen, J., Laibson, D., Lichtenstein, P., Liewald, D. C., Magnusson, P. K. E., Martin, N. G., McGue, M., McMahon, G., Pedersen, N. L., Pinker, S., Porteous, D. J., Posthuma, D., Rivadeneira, F., Smith, B. H., Starr, J. M., Tiemeier, H., Timpson, N. J., Trzaskowski, M., Uitterlinden, A. G., Verhulst, F. C., Ward, M. E., Wright, M. J., Davey Smith, G., Deary, I. J., Johannesson, M., Plomin, R., Visscher, P. M., Benjamin, D. J., Cesarini, D., & Koellinger, P. D. (2014). Common genetic variants associated with cognitive performance identified using the proxy-phenotype method. *Proceedings of the National Academy of Sciences, 111*, 13790-13794.

Ronen, S., Goncalves, B., Hu, K. Z., Vespignani, A., Pinker, S., & Hidalgo, C. (2014). Links that speak: The global language network and its association with global fame. *Proceedings of the National Academy of Sciences*.

Scarr, S. & McCartney, K. (1983). How People Make Their Own Environments: A Theory of Genotype →Environment Effects. *Child Development, 54*, 424-435.

Seung, S. (2012). *Connectome: How the Brain's Wiring Makes Us Who We Are*. New York: Houghton Mifflin Harcourt.

Shankman, P. (2009). *The trashing of Margaret Mead: Anatomy of an anthropological controversy*. Madison: University of Wisconsin Press.

Shendure, J. & Akey, J. M. (2015). The origins, determinants, and consequences of human mutations. *Science, 349*, 1478-1483.

Shulevitz, J. (2015, June 27). Regulating sex. *New York Times*.

Smith, G. D. (2011). Epidemiology, epigenetics, and the "Gloomy Prospect": Embracing randomness in population health reserach and practice. *International Journal of Epidemiology, 40*, 537-562.

Strand, S., Deary, I. J., & Smith, P. (2006). Sex differences in Cognitive Abilities Test scores: A UK national picture. *British Journal of Educational Psychology, 76*, 463-480.

Tenenbaum, J. B., Griffiths, T. L., & Kemp, C. (2006). Theory-based Bayesian models of inductive learning and reasoning. *Trends in cognitive sciences, 10*, 309-318.

Tybur, J., Milller, G., & Gangestad, S. (2007). Testing the controversy. *Human Nature, 18*, 313-328.

Vukasovic, T. & Bratko, D. (2015). Heritability of personality: A meta-analysis of behavior genetic studies. *Psychological Bulletin, 141*, 769-785.

Watts, D. J. (2003). *Six degrees: The science of a connected age*. New York: Norton.

Wieseltier, L. (2013, Sept. 3). Crimes against humanities. *The New Republic*.

Williams, W. M. & Ceci, S. J. (2015). National hiring experiments reveal 2:1 faculty preference for women on STEM tenure track. *Proceedings of the National Academy of Sciences, 112*, 5360-5365.

Wrangham, R. W. & Glowacki, L. (2012). Intergroup aggression in chimpanzees and war in nomadic hunter-gatherers. *Human Nature, 23*, 5-29.

Yoffe, E. (2014, Dec. 7). The campus rape overcorrection. *Slate*.

옮기고 나서

오래전 스티븐 핑커의 『언어 본능』을 번역했을 때의 일이다. 번역을 끝낸 후, 출판사로부터 감수를 부탁받은 한 교수가 심오한 지성과 고도의 문학성으로 가득 찬 핑커의 책을 제대로 번역했을 리 없다면서 감수를 거절했다는 소리를 들었다. 나는 수개월 동안 최선을 다해 번역한 책이 지식인들 사이에서 신뢰를 받지 못하는 우리나라 번역 현실에 초라함을 느꼈다. 그러나 미국뿐 아니라 세계적 스타로 인정받고 있는 스티븐 핑커는 외계의 언어로 마법의 주문을 외운 것이 아니라 정말로 심오한 지성과 고도의 문학적 재능으로 훌륭한 언어심리학 저서를 쓴 것이어서 『언어 본능』은 문미선, 신효식 교수님과의 공동 작업으로 어렵사리 세상에 나올 수 있었다.

그로부터 5년이 흐른 지금 나는 또다시 스티븐 핑커의 역작 『빈 서판』과 씨름하고 있다. 『언어 본능』이 언어를 통해 다윈주의의 사회적 의미를 탐구하는, 또는 정반대로 다원주의를 통해 인간의 언어를 탐구하는 매혹적인 유희였다면, 『빈 서판』은 생물학과 인문학은 물론이고 역사와 철학적 방법론까지 포괄하는 거의 모든 지식 영역에서 다원주의의 사회적, 역사적, 철학적 의미를 본격적으로 탐구하는 고된 '건축'에 해당한다. 그리고 탐험이 끝나갈수록 그가 제시하는 패러다임은 아름다운 건축물로 완성되어 빛을 발한다. 그것은 분명 21세기의 유력한 패러다임이다.

∽

민주주의를 향한 열망이 시청 앞 광장에 거대한 물결로 쏟아졌던 1980년대가 지나고 암울했던 먹구름이 조금씩 걷혀가던 1990년대가 되자 1980년대와는 정반대 방향에서 개인의 욕망이 출현해 새로운 시대의 화두로 부상했다. 그 '욕망'의 눈으로 볼 때 1980년대는 개인이 초라해지고 무시당하는 '거대 서사'의 시대였다. 물론 그 거대 서사 덕분에 서구에서는 꿈도 꿀 수 없었던 짧은 기간에 민주주의라는 엔진을 뜨겁게 달굴 수 있었지만 그 그늘에는 '살아남은 자'들의 정신적 외상 또는 마음의 생채기가 곳곳에 남겨져 있었다.

역자는 개인적으로 1980년대의 소용돌이를 경험한 386 세대지만(어느덧 486으로 업그레이드되었다), 1990년대에는 시와 소설에 매혹되어 문학이 보여 주는 내면의 깊이에 넋을 잃었던 어설픈 문학도이기도 했다. 386 세대로서 경험한 1980년대의 정신은 좌익 이데올로기를 은근히(또는 노골적으로) 동경하면서 우리 사회의 민주화를 갈망하는 이상주의적 변혁 이론과 맞닿아 있었다. 젊은이들은 순수한 정신으로 한국 사회와 자본주의를 비판하면 민주주의라는 열매가 맺힐 것이라 기대했다. 비록 동구권의 붕괴로 좌익 이념에 대한 막연한 기대는 썰물처럼 빠져나갔지만, 그 기대를 담고 있던 그릇은 2004년인 지금에도 386 세대라는 명찰을 단 많은 사람들의 가슴을 차지하고 있다.

한편 1990년대에는 보다 자유로워진 사회적 분위기에서 '욕망'의 철학과 문학이 부상했다. 1980년대의 태생적 짐에서 자유로웠던 신세대 또는 X 세대는 이제 다채로운 개인의 내면을 눈치 보지 않고 자유롭게 탐험하고 펼쳐 낼 수 있었다. 이 1990년대 분위기에 대해 386 세대는 부러움과 염려를 동시에 느꼈다. 한편으로는 자유롭고 개방적인 개인성의 표출에 부러움을 느꼈고, 한편으로는 사회와 역사 그리고 공동체적 인식에 대한 무관심을 우려했다. 많은 사람들이 신세대가 보여 주는 새로운 문화적 흐름을 사회 발전(민주주의)의 긍정적 에너지로 인식했다. 그러나 1990년대에 대한 감정과는 별도로, 1980년대 세대는 1980년대를 공론화하지 않았다. 다시 말해 1980년대 관점을 냉철하게 분석하고 1990년대 흐름을 받아들여 그로부터 새로운 견해를 창출하지 못했고, 개인적으로 그런 견해를 창출했더라도 대중적으로 공유할 수 있는 기회를 갖지 못했다. 대다수는 여전히 '개인' 대 '역사'의 이분법에 사로잡혀 새로운 문화에 어설픈 호응을 보내거나 차가운 무관심을 보였다.

지금도 386 세대는 인간의 행동과 사고를 규정하는 것이 무엇인가라는 질문에 대해 1980년대식 해답에 의존하거나 아니면 질문 자체를 외면하고 부정하는 극단적 양자택일 외에 뚜렷한 대안을 찾지 못하고 있는 것 같다. 어떤 이들은 민주 개혁의 주체로 부상하고 있는 386 엘리트들의 약진에 박수를 보내며 과거에 만족하고, 또 어떤 이들은 '잘못된' 이데올로기의 그늘에서 벗어나 순수한 개인으로 독립하게 된 것을 다행으로 여기며 그저 자신의 삶을 충실히 살아간다. 그리고 아주 드물지만 몇몇 사람들은 깃발을 바꿔 달고 반대편으로 달려가 빛나는 계급장을 가슴에 단다.

～～

　　위에서 새로운 '패러다임'을 운운한 이유는 1980년대와 1990년대의 관점을 화해시킬 재료가 이 속에 담겨 있다고 판단해서이다. 미국과 유럽에서 활발하게 전개되어 온 본성 대 양육(유전 대 환경) 논쟁은 인간 행동에 대한 많은 의혹을 푸는 열쇠를 제공했지만 그럼에도 그 열쇠가 무엇이고 어디에 있는지를 정확히 밝히지 못하고 있다. 인간 행동의 열쇠가 '유전자'에 있다면 그것은 개인, 남녀, 인종, 연령의 차이를 인정하게 되고 심지어 유전적 결정론을 끌어들여 사회·정치적 불평등을 합리화할 수 있게 된다(그래서 우익 보수주의와 쉽게 연결된다.). 반면에 양육과 환경을 열쇠로 보는 입장에서는 모든 인간이 평등하게 태어난다는 점을 강조함으로써 민주주의 발전에 이바지하는 면도 있지만, 그와 동시에 인간의 풍부한 다양성 위에 획일적인 유토피아(사실은 디스토피아)의 장막을 씌워 버릴 수 있다.

　　둘 사이에 화해와 결합이 가능할까? 본성과 양육이 한 쌍의 무용수와 같다면 과연 두 무용수는 어떤 자세로 어떤 스탭을 밟으며 탱고를 추는 것일까? 스티븐 핑커는 생물학적 환원주의의 눈으로 두 무용수의 동작을 아주 자세히 포착하는 동시에 철학적 방법론의 관점에서 그 전체적 아름다움을 그려 내는 탁월한 지성을 과시한다. 우리는 둘 사이에서 울리는 멋지고 조화로운 공명을 듣는다.

　　번역을 마치면 항상 아쉬운 느낌에 사로잡힌다. 우선 이 책에 담긴 수많은 용어와 인명을 완벽하게 번역했다고 자부할 수 없다. 전문 자료와 인터넷을 수없이 조사하고 검색해도 발견되지 않는 것들은 경험이 풍부한 사이언스북스 편집진에게 떠넘겼다. 그러나 다행히 문맥에 대해서는 (저자인 스티븐 핑커의 친절한 도움으로) 부끄럽지 않을 만큼 정확성과 신뢰도를 확보했다고 여겨진다. 또 한 가지는 이 책이 얼마나 팔릴까 하는 걱정이다. 그것은 경제적 차원에서가 아니라 이 책에 담긴 깊고 풍부한 내용이 우리 사회의 발전에 조금이나마 도움이 되기를 바라는 마음에서이다. 책이 조금만 어려우면 그 속에 담긴 내용과 질에 상관없이 '이런 책을 과연 누가 읽을 수 있을까요'라며 손사래를 치는 텔레비전 프로그램에는 조금도 기대하지 않는다. 다만 지적 도전과 탐험을 즐기는 '지식 마니아'들의 사랑을 받으며 가난한 지식인의 낡은 서가에 오랫동안 꽂혀 있기를 조심스럽게 기대할 뿐이다.

2004년 2월

김한영

찾아보기

|ㄱ|

가드너, 하워드 16, 392
가브리엘, 피터 706
가자니가, 마이클 16, 91
가족
　가족과 정치학 433, 466~470, 514,
　　747~748
　가족 내의 갈등 433~441
　가족 내의 사랑 429~433
　행동 유전학에서 본 가족 662~677
　또한 양육을 보라.
『가족 영향의 한계』 667
가평클, 아트 56
갈등 해결 116, 301, 577~588, 689
갈릴레오 갈릴레이 37, 249~251, 366
감독 주의 체계 85
감정 84~85, 300
　도덕성과 감정 475~477
　문화와 감정 83~84
　이타주의와 감정 447
갓셜, 조너선 730
강간 9, 115, 257, 288, 290~292, 294, 314,
　595, 605, 628~649

　강간의 감소 643~648
　강간의 성적 요소에 대한 증거 640~643
『강간의 자연사』 9, 288, 628, 636, 639
「개미」 428, 436, 468~469
갤브레이스, 존 케네스 504
거, 라쿠엘 597
거, 바티야 431
거대한 존재 사슬 249, 251
게놈 99, 143~150, 693
　게놈의 변이성 256~257
　게놈의 유전자 수 143~150
　인간 본성을 부인하는 입장에서 보는 게
　　놈 143~150, 186~189
　인간의 복잡성과 게놈 147~148
　진화와 게놈 171
게슈탈트 심리학 731
게이지, 피니어스 90, 185
게임 이론 499, 556, 585
겔만, 머리 421
결정론 146, 203, 206~208, 309~311,
　315, 320, 322
겸상 적혈구 빈혈증 258
경제학
　경제학으로 보는 인간 본성 449~501,

529~530
직관 경제학 390, 411
행동 경제학 449~452, 529~531
경험주의 65, 79, 245
자폐증과 경험주의 122
또한 빈 서판을 보라.
계몽주의 42, 50, 56, 440, 590, 596
고갱, 폴 717
고고학 112
고드윈, 윌리엄 40, 503~504
고리키, 막심 279
고릴라 642
고상한 야만인 31, 33~35, 38~40, 42, 54, 63~65, 71, 92, 112, 194, 216, 218, 222, 226, 244, 291, 317, 392, 446, 458, 478, 512, 547, 549, 587, 592, 631, 667, 737, 750
강간과 고상한 야만인 631
고상한 야만인에 대한 급진주의 과학의 변호 226~230, 244
공동체주의와 고상한 야만인 446
신경학과 고상한 야만인 92
여성운동과 고상한 야만인 592
진화론과 고상한 야만인 112
폭력과 고상한 야만인 547, 587
고생물학 112, 202
고와티, 패트리샤 598
고용에서의 성 격차 613~627
고프닉, 애덤 16, 384, 728
고프먼, 어빙 463
골드만, 에마 274
골드버그, 티파니 F. 317
골드블럼, 제프 464

골딘, 클로디아 617
골턴, 프랜시스 46
곳프레드슨, 린다 597, 616~617, 627
공간 감각 174, 389
공격 → 폭력
공산주의 → 마르크스주의
공생 425
공익 108, 323, 448, 452~453, 514, 531
공자 255, 342
과학 연구 245, 350~351, 364, 489, 653
교양 과목 702
교육 392~394, 414~415, 528
예술 교육과 인문학 교육 702~703
구성력 80~81, 153, 415~420, 587
『국가론』 498
국립 과학교육 센터 235
국립예술기금 702, 704
『국부론』 410
국제사면위원회 537
굴드, 스티븐 제이 202, 206, 210, 222~223, 226, 229, 232~233, 241~243, 267, 291
≪굿모닝 아메리카≫ 459
귀족 30
그라글리아, 캐럴린 593
『그라나다 정복』 31
『그려진 말』 725
그로거, 제프 576
「그릇된 결론」(만화) 318
그린, 그레이엄 430
그린, 로널드 16, 402
글러버, 조너선 303, 479, 489, 562~563, 586
글렌든, 메리 앤 477

급진주의 과학 운동 206, 217, 243, 245, 273, 447, 489, 555, 596, 638, 661, 688, 747
기글리에리, 마이클 297
기계 속의 유령 35, 38~39, 42, 66, 71, 74, 79, 92, 94, 104, 116, 164, 194, 222, 230, 234~235, 252, 297, 299, 310, 327, 395, 427, 513
    결정론과 기계 속의 유령 309~314
    급진주의 과학의 옹호 230~233
    신경의 가소성과 기계 속의 유령 164
    신경학과 기계 속의 유령 92, 235
    우익의 지지 234
    유전학과 기계 속의 유령 104
    책임과 기계 속의 유령 327
기독교 근본주의 234
기어리, 데이비드 19, 393~394
기어츠, 클리포드 62, 367
기억 74, 86, 89, 359, 371, 380~383
길리건, 캐럴 306, 598
길모어, 게리 458
길버트, 윌리엄 495
깅리치, 뉴트 429

| ㄴ |

나바호 말 81
나치즘 274~277, 280~281, 454, 471, 477
나폴레옹 I, 프랑스 황제 516
낙태 400, 402, 472
『날아다니는 것이 무서워』 444
남부인 574~575
남아프리카 639
『남자 아이와의 전쟁』 307
낭만주의 38, 276, 285~286, 290, 292, 460~461, 723
    또한 자연주의적 오류, 고상한 야만인을 보라.
내셔널 퍼블릭 라디오(방송사) 297
너스봄, 마사 16, 308
네스, 랜돌프 464
노예제 45, 203~204, 259~260, 298, 379, 440, 506, 510, 575, 590, 728
노직, 로버트 266, 271
논리 390, 415
≪논평≫ 237
『놀라운 가설』 88
농업 133, 256
뇌 54, 87~94, 142, 158~186, 741~743
    뇌 반구 91
    뇌 발달 158~186, 400, 677, 693~694
    뇌 손상 90~94, 183~186, 464
    뇌량의 절단 91~92
    뇌의 가소성(또는 유연성) 92~94, 144, 158~186
    뇌의 복잡성 349~350
    뇌의 성 차이 606~607
    뇌의 시각 피질 165~181
    뇌의 해부학적 구조 92~93
    억제와 뇌 92
    예술과 뇌 709, 720~721
    유전학과 뇌 101, 169~176, 183
    인지신경학과 뇌 87~94
    또한 신경의 가소성을 보라.
「뇌는 하늘보다 넓다」 741~743
뇌성마비 183

「누가 고양이 목에 방울을 달까?」 448
『누가 여성운동을 훔쳤는가?』 596
눈 105
뉴먼, 바넷 723, 725
≪뉴요커≫ 96, 213, 318
≪뉴욕 서평≫ 202, 459
≪뉴욕 타임스≫ 163, 319, 592, 610, 724
뉴웰, 앨런 196
뉴턴, 아이작, 경 69~70
뉴턴, 휴이 205
니스벳, 리처드 573~574
니체, 프리드리히 240, 252, 367
닐, 제임스 212, 214~215, 217
닐, A. S. 392
님 침스키 121

| ㄷ |

다마지오, 안토니오 185
다마지오, 한나 185
다머, 제프리 461
다윈, 찰스 27~28, 46, 52, 67, 70, 105, 129, 199, 240, 271, 314, 331, 499, 522, 533
『다윈주의적 좌파』 522, 524
다이아몬드, 재러드 132~134
단토, 아서 715
담배 회사 482, 688
대니얼스, 데니스 667
대로, 클레런스 238
대법원, 미국 235, 464, 598
「대부」 325
대중 매체

대중 매체 속의 이미지 377~386
대중 매체 속의 전형 356~357, 362~366
폭력과 매체 544~545
대처, 마거릿 500, 502, 513
댈리, 마틴 16, 245, 295~296, 324, 446, 533, 548, 559, 569, 572
더글러스, 윌리엄 O. 322, 464
더럼 판결 327~328
더튼, 데니스 16, 708, 711~712, 714, 726, 730
던바, 로빈 521
데글러, 칼 48
데닛, 대니얼 38, 314, 383
데리다, 자크 368
데리에르 가드 729
데카르트, 르네 34~37, 89, 230, 381
덴펠드, 르네 599
도구 제작 565
『도덕 감정에 관한 이론』 504
도덕성 471~490
  감정과 도덕성 475~477, 489
  과학과 도덕성 193~194, 250~252
  도덕성의 기초 300~302, 333~337, 341~343, 395, 480~481
  도덕성의 문화적 차이 297~302, 475~481
  도덕성의 보편성 300~302, 333~335, 342~343, 475~481
  자기 기만과 도덕성 463~466
  종교와 도덕성 331~337
도덕적 다수 483
도덕적 진보 298~300

도덕주의적 오류 290~292, 317, 548
도덕화 481~485
도스토예프스키, 표토르 88, 537
도시 재개발 305
도킨스, 리처드 16, 108, 206~210, 227, 339~340, 423, 557
독립선언서 260
독재자 게임 450
돈놀이 413
동물의 권리 401~402, 560
『동물 해방』 560
동성애 175, 293, 481, 483, 501, 506
『두 관점의 충돌』 502
두려움 33, 52
둘링, 리처드 313
뒤르켐, 에밀리 59~60, 201, 226, 278, 498, 500, 747
드 발, 프란스 301, 521
드 케네시, 스테파니아 729
드라이든, 존 31
드레드 스콧 판결 510
드보어, 어빈 16, 205, 419
드워킨, 로널드 504
드워킨, 안드레아 306, 637
디디온, 조앤 599
디베일, W. T. 115
디사나야케, 엘렌 708, 711
디스커버리 학회 288
디즈니, 월트 40
디즈레일리, 벤저민 502
디케만, 밀드레드 598
디킨스, 찰스 193, 510
디킨슨, 에밀리 741, 743

디퍼런스 페미니즘 598
딜레이, 톰 235
딥블루 75
딸들을 직장에 데려가는 날 593, 614
또래 683, 685, 691~693, 698~699

|ㄹ|

라마찬드란, V. S. 709
라스키, 해럴드 274, 325
라이스, 마니 461, 598
「라이언 일병 구하기」 287
라이엘, 찰스 70
라이트, 로버트 17, 243, 299~300, 430, 561
라이프니츠, 고트프리트 빌헬름 77
라일, 길버트 35~36, 230
래저러스, 리처드 84
래프럼부아즈, 도나 599
랜더스, 앤 97
랜드, 아인 447
랭엄, 리처드 567
러멜, R. J. 581
러멜하트, 데이비드 55, 78, 143
러브캐널 488
러셀, 버트런드 27, 63, 472
러시아 혁명 516
러츠, 캐서린 83
레닌, V. I. 271, 279, 281
레비, 제르 598
레비스트로스, 클로드 498
레빈스, 리처드 230
레싱, 도리스 599

레어만, 캐런 599, 617
레오, 존 689
레이건, 로널드 502
레이지 어게인스트 더 머신(록 그룹) 432, 525
레포브스키, 마리아 592
레프코위츠, 메리 599
로, 데이비드 667
로, 바비 598
로렌스, D. H. 159
로렌츠, 콘라트 227, 567
로마 교황청 331~332
로마 클럽 416
로맥스, 앨런, 2세 200
로머, 폴 418~419
로백, 제니퍼 617, 623
≪로스앤젤레스 타임스≫ 374
로봇 106, 120~122, 187, 298, 703
또한 인공지능을 보라.
로시, 앨리스 599
로위, 로베르트 62, 70
로이드, 앨런 464
로이프, 카티에 599
『로젠크란츠와 길덴스턴은 죽었다』 554
로즈, 리처드 540
로즈, 스티븐 206, 208~211, 224, 226, 230~233, 241~243, 447, 661
로즈, 힐러리 447, 639
로진, 폴 405~406, 476, 481~482
로크, 존 29~30, 40, 50~52, 77, 152, 226, 342, 498, 500, 518, 527
로트, 존 545
로티, 리처드 357

록웰, 노먼 705
록펠러, 존 D. 46
롤스, 존 269~270
루리, 글렌 16, 635
루빈스키, 데이비드 621
루소, 장자크 31~32, 34, 38~40, 113, 286, 342, 498~500, 503~504, 519, 526, 667
루스벨트, 시어도어 274
르 코르뷔지에 304~305
르원틴, 리처드 202, 206, 208~210, 222~226, 230~233, 243, 447, 661
르윈스키, 모니카 373
리들리, 매트 448
리바이어던 33~34, 571, 580~583
『리바이어던』 33, 556
리처즈, 로버트 275
리켄, 데이비드 16, 667
리프먼, 월터 356~357
링컨, 에이브러햄 261

|ㅁ|

『마거릿 미드와 사모아』 211
마르, 데이비드 137, 709
마르코스, 페르디난드 113
마르크스, 카를 197, 224, 230~232, 239, 245, 278~280, 289, 303, 446, 498, 516~517, 526
마르크스주의 197, 274, 277, 280~281, 303~304, 497, 500, 516~517, 596, 747
마약 정책 580
마오쩌둥 40, 128, 231, 279, 281

마운트, 퍼디넌드 432
마음
  마음 개념 35~39, 72~76
  마음에 관한 이론, 마음 이론을 보라.
  마음의 모듈 85~87, 187, 387~391
  마음의 보편적 메커니즘 81~85
  마음의 연산 이론 72~76
  마음의 한계 420
  복잡계로서의 마음 85~87, 111
  분석의 차원 136~138
  이스트폴과 웨스트폴의 논쟁 78~79, 86
  이원론과 마음 34~39, 393~399
  인간 본성에 대한 유대~기독교의 이론 26~27
마음-물질의 분리 34~39, 71~100
  신경학과 마음-물질 분리 87~94
  인지 과학과 마음-물질 분리 71~76
  진화 심리학과 마음-물질 분리 105~106
  행동 유전학과 마음-물질 분리 95~105
  또한 이원론, 기계 속의 유령, 영혼을 보라.
『마음은 어떻게 작동하는가』 153
마음 이론 388~403
  문화 학습과 마음 이론 121~123
  예술과 마음 이론 720~721, 729~731
  침팬지와 마음 이론 121
마이어, 에른스트 261, 406
마줄스키, 폴 756
마커스, 게리 16, 152
마키아벨리, 니콜로 498
마키아벨리적 특성 455
마틴데일, 콜린 722
마하바라다 342

막스 브라더스 705
「만찬에 온 남자」 706
『말과 규칙』 154
매디슨, 제임스 503, 518~520
매스터스, 로저 274, 498, 500
매카시, 조지프 217~218
「매트릭스」 381
매플소프, 로버트 724
맥규, 매트 659
맥기네스, 다이앤 597
맥기니스, 존 519, 521
맥너튼 규정 326~327
맥베이, 티머시 541, 544
맥켈로이, 웬디 599, 635~636, 646
맥클런드, 제임스 55, 78, 143
맥클린톡, 마사 597
맥키넌, 캐서린 306, 637
맨스필드, 하비 593
맬런, 론 83
맬서스, 토머스 416~417, 419~420
머니, 존 609
머독, 조지 60
머리, 찰스 8, 528
멀러, 허먼 274
메닝거, 칼 322
메일러, 노먼 458~459
메테를링크, 모리스 502
멘델, 그레고어 70, 533
멜라미드, 알렉산더 715
멜러, 배리 662
멜잭, 로널드 183
멩겔레, 요제프 212, 662
멩컨, H. L. 63, 483

명예, 폭력적 행동과 명예 570~576, 749~755
『명예의 문화』 573
모더니즘 707, 717~724, 727, 731, 733
모더니즘 건축 13, 304~305, 718
모방 119~128
몬터규, 애슐리 60, 63~64, 227, 245, 452~453, 538
『몬티 파이돈의 공중 곡예』 140, 269
무어, G. E. 269
무임 승차 문제 450~451, 514
문화
　감정과 문화 83
　문화 학습 117~140
　문화의 안정과 변화 129~131
　문화의 유행병학 128
　문화의 자율성 58~59, 64
　문화적 차이 132
　물질적 성공과 문화 131
　사회화와 문화 684, 698~699
　신경 회로와 문화 119
문화 연구 350, 378~379
문화혁명 271
물가 통제 413
물리적 오류 412~413
물리학 72, 136, 420
　직관 물리학 389, 393, 394
미 108~109, 709
　미에 대한 부정 722~725
미국 8, 27, 42, 46, 58, 113~114, 127, 197, 199, 202, 235, 237, 258~260, 274, 288, 292, 305, 362, 375, 385, 403, 451, 497, 507, 518, 536~537, 540~541, 543~545, 547, 571~572, 574, 576, 578, 581, 583~584, 591, 615, 617, 644, 716, 718, 724, 744, 750~751, 754, 757
미국 국립과학재단 627
미국 국립보건연구소 549
미국 독립전쟁 518
미국 소아과 학회 544
미국 심리학회 544,
미국 연방 정부 방역센터 546
미국 원주민 40, 580
『미국의 범죄』 548
미국 의사회 544
미국 인류학회 200, 211
미국 정신건강학회 546
미국 헌법 519, 521~522, 581
미끄러운 수렁 403
미노그, 케니스 303
미드, 마거릿 61, 63, 113, 200, 592, 627, 739
미의 복귀 729
민스키, 마빈 152
민주주의 518~522
밀, 존 스튜어트 50~51, 152
밀러, 제프리 16, 639, 712~713
밀러, 크리스텐 317
밀러, J. 힐리스 368
밀른, A. A. 311
밀리, 린다 458, 461, 598

|ㅂ|

바나티나이 섬 592
바라시, 데이비드 639

바르트, 롤랑 368
「바빌론의 복권 놀이」 118
『브레인 스톰』 313
바스케스, 존 566
바우하우스 731
바이어트, A. S. 733
바이오필리아 710
바이젠바움, 요제프 195~197, 489
바젤론, 데이비드 322, 327
바쿠닌, 미카일 517, 579
반 고흐, 빈센트 712, 717
반 버렌, 애비게일 97
반목 547
「반(反)사회 생물학」 202
밤비 40
배덜리, 앨런 371
배리, 데이브 670, 744
밸리언, 버지니아 365
버다임, 마가렛 639
버스, 데이비드 16, 554
버크, 에드먼드 503, 505
버클리, 윌리엄 F. 237, 460
버클리, 조지 56
버틀러, 주디스 726, 729
벌린, 이사야 271, 303, 503
범죄
    또래집단과 범죄 685~686
    유전학과 범죄 97, 104, 312, 314, 316
    처벌과 범죄 320~330, 512, 577~581
    또한 강간, 폭력, 정신병질을 보라.
범주화 356~366, 403
법률 운동 510
베네딕트, 루스 61

베니, 잭 486
베라, 요기 564
베버, 막스 498
베버, 톰 152
베블런, 소스타인 711, 713, 724
베셀, 톰 237
베이츠, 엘리자베스 78~79
베이커, 마크 82
베일리, 로널드 238
베임, 크리스토퍼 521
베치그, 로라 598
베커, 게리 623
베트남 전쟁 196, 287, 521, 571
베히, 마이클 236~237
벤담, 제레미 498
벤보, 카밀라 597, 617, 621
벤터, 크레이그 146
벨, 쿠엔틴 713, 723~724
벨, 클라이브 723
변증법적 생물학 208, 230, 245
『변증법적 생물학자』 230
『병렬 분산 처리』 55
보가트, 험프리 293
보노보 95
보니거트, 커트 743~745
보르헤스, 호르헤 루이스 118
보복(의 법칙) 568~570
    또한 복수를 보라.
보부아르, 시몬 드 306
보수주의 234~242, 495~533
≪보스턴 글로브≫ 40, 163, 540, 593, 629, 646, 690
보애스, 프란츠 56~58, 61, 119,

130~131, 367
보이드, 브라이언 16, 730
보크, 로버트 237
보티첼리, 산드로 714
보편 문법 82, 111
보편 민족 111
복수 109, 115, 271, 323, 537, 569~572, 578, 750
복제 396~399, 480
볼스, 새뮤얼 531
뵐러, 프리드리히 70
부루마, 이언 490
부르디외, 피에르 713, 722
부르주아지 724, 728
부시, 조지 W. 41, 127, 237, 268
부에노 드 메스키타, 브루스 558
부처 292
부처드, 토머스 661~662, 667
부하린, 니콜라이 279
불평등 253~283, 531~533
브라운, 도널드 16, 111, 115
브라운, 로저 363
브라운밀러, 수잔 291, 630~631, 635, 637, 643
브라이언, 윌리엄 제닝스 237
브라질리아 305
브랜도, 말론 657
브레긴, 피터 550
브레넌, 윌리엄 322
브레이스러스, 제니퍼 617
브레즐턴, T. 베리 676, 690
브레히트, 베르톨트 303
브로카, 폴 93

브루어, 존 677
브룩스, 로드니 120
브릴랜드, 메리언 53
브릴랜드, 켈러 53
블록, 네드 16, 39
비경합재 418~419
비극적 관점 503~505, 507~516, 518, 523~525
비어스, 앰브로즈 422
비트겐슈타인, 루트비히 367
비틀스 705
비판 이론 350
빈도의존성 선택 457~458
빈 서판 39, 48
　빈 서판의 출현 46~49
　용어의 기원 29
　또한 각각의 주제들을 보라.

|ㅅ|

사르트르, 장폴 320
사리히, 빈센트 258
사망 선택 유언 400
사모아 113
사이먼, 줄리언 416
사이먼, 폴 56
사이먼, 허버트 196, 529
사피어, 에드워드 367
사형 322, 323, 579
사회 개조 305, 737, 748
사회과학 30
사회 구성주의 244, 350, 572, 596, 688
사회 다윈주의 46, 193, 202, 244, 253,

266, 268, 270, 272, 275, 281, 290, 744
  사회 다윈주의에 대한 히틀러의 믿음
    274, 281
사회 생물학 108, 201~203, 205~206,
    211, 227, 244~245, 436, 497~498, 527,
    597, 723
『사회 생물학』 500~501, 203, 205, 211,
    227, 497, 500
사회 심리학 → 심리학
사회적 현실 127~128
사회주의 451
  또한 마르크스주의를 보라.
사회화, 성격 대 사회화 691
살린스, 마셜 201~202, 245
상대주의 350~351, 368, 477, 719, 746
  언어와 상대주의 366~373
  또한 포스트모더니즘을 보라.
상호 부조 425
상호 확증 파괴 568
『새로운 불가지론자들: 인간 본성에 대한
    과학적 연구의 정치적 적들』 234
「새로운 탄생」 464
새먼, 캐서린 598
「새터데이 나잇 라이브」 384
새틀, 샐리 599, 647
『생명선: 결정론을 넘어선 생물학』 211
생명윤리위원회 237, 480
생물학
  영혼 개념과 생물학 395~399
  직관 생물학 389
  환원주의와 생물학 135~140
생성 문법 81~82
생어, 마거릿 274

생활 공동체 451
『생후 3년의 신화』 677
샤농, 나폴레옹 16, 212, 218, 549, 566,
    584, 754
샤스트리, 로켄드라 153
샤츠, 칼라 172~173
샬릿, 웬디 593
서, 리간카 16~17, 161, 178
『서머힐』 392
서전트, 존 싱어 287
선입견 253, 263, 754
「선천성 재고」 79, 159
설, 존 127~128, 573
설로웨이, 프랭크 667, 681
설리번, 아서 495
설리번, 앤드루 608
성격 95~105
  사회화 대 성격 691~692
  또한 특성을 보라.
성 격차 614, 616~618, 621, 624
성적 경쟁 558~559
  예술과 성적 경쟁 713~714
성 차별 44, 48, 204, 219~220, 241, 243,
    259, 266, 301, 306, 357~358, 361, 364,
    479, 493, 543, 591, 596~597, 619,
    624~625, 629, 639~640, 643~644,
    648, 737, 744
성 차이 589~649
  뇌에서의 성 차이 607
  성 격차와 성 차이 613~627
  성 차이를 연구하는 여성 연구자
    598~599
  성 차이에 대한 불안 613

육아에서의 성 차이 442~445, 604, 611, 623~624
폭력에서의 성 차이 541~544
성서 26, 234~235
성적 지향성 494
성적 행동 221, 442
성폭행 → 강간
세계인권선언 298
세균 이론 276
세라노, 안드레스 724
세비야 선언 538
세이노브스키, 테렌스 159
세인트헬레나 섬 544
세잔, 폴 717
센, 아마티아 417, 477
셔먼, 신디 719
셰이위츠, 샐리 597
셰익스피어, 윌리엄 130, 280, 349, 395, 554, 705, 714, 731, 740, 744
셰퍼드, 로저 352, 354, 709
셸링, 토머스 564
소련 271, 277, 282, 431, 502, 543, 579, 718
소머스, 크리스티나 호프 596, 599
소버, 엘리엇 453
소웰, 토머스 16, 132~133, 259, 502~503, 516
소칼, 앨런 718
소크라테스 57
손탁, 수잔 599
손힐, 낸시 윌름센 598
손힐, 랜디 9, 17, 288, 291, 314, 628, 636~641, 644~645

솔제니친, 알렉산드르 280, 459
쇼, 조지 버나드 274, 322, 504, 740
『쇼샤』 440
쇼클리, 윌리엄 273
『수감이라는 범죄』 322
『수용소 군도』 280
수화 121, 160, 162, 178, 684
순응성 124, 126, 477, 515
숫자 감각 341~342, 389, 407
슈워츠, 펠리스 617
슈워츠제네거, 아놀드 339
슈웨더, 리처드 62, 476
슈토크하우젠, 카를하인츠 727
「슈퍼펀드 법령」 488
슈페르버, 댄 128
슐레징어, 로라 293
스머스, 바버라 598
스모더스 브라더스 438
스몰, 메러디스 598
스몰렌스키, 폴 153
스미스, 수잔 337
스미스, 애덤 289, 410, 498~499, 503~504, 508, 529
스미스, 에드거 460
스미스, 존 메이너드 200, 299, 497
스위스 545
스자스마리, 외르스 299
스카, 산드라 667
스칸디나비아 46, 98, 138, 552
스캐리, 일레인 730
스콥스 몽키 재판 237
스콧, 드레드 510
스콧, 제임스 303

스키너, B. F. 53~54, 302, 315, 367, 431
「스타더스트 메모리스」 100
스타이너, 웬디 730
스타이너, 조지 467~468, 727, 755
스타이넘, 글로리아 306, 600, 617
스타인, 거트루드 731
스탈린, 이오시프 271, 281, 516
스토리, 로버트 730, 734
스토아 철학 342
스토파드, 톰 554, 563
스톨바, 크리스틴 617
스트로센, 나딘 599
스티븐, 제임스 324
스티븐스, 월리스 415
스틱, 스티븐 83
스틸스, 스티븐 444
스팅 444
스페리, 로저 91
스페인 내전 562
스펙터, 앨런 546
스펜서, 허버트 46, 268~269
스포츠 554
스폭, 벤저민 54
스폰셀, 레슬리 211~214, 216
스프링스틴, 브루스 318
슬라브족 275
「슬레지해머」 706
슬로빅, 폴 408, 529
습관 체계 86
시각장애인 177~180
시각 체계 166~167, 172~174, 177, 179, 181, 200, 351~352, 354, 381, 709, 720~721

시걸, 낸시 98
시먼스, 도널드 16, 18, 211, 442, 445, 469, 478
시상 465, 172, 178~180, 182
식량 수집 사회 108, 125, 133, 411, 514, 536
식인 풍습 536~537, 560
「식품과 약물에 관한 딜레이니 조항」(1958) 487
신경계의 발달 158~186, 400, 693~694
신경망 55, 89, 143, 150~153, 157~158, 172, 186, 511
신경의 가소성 93~94, 144, 158~186, 673~677
  뇌 손상과 신경의 가소성 182~186
  발달생물학과 신경의 가소성 169~186, 693~694
  1차 감각 피질과 신경의 가소성 165~176
  피질의 가소성 대 피질하 구조 168
신경학
  마음-물질 분리와 신경학 87~94
  신경학과 기계 속의 유령 92, 235
  신경학의 상업적 이용 164
  인지 신경학 88, 90, 92, 156, 246, 313, 421, 496, 677, 730
  또한 뇌를 보라.
신분 정치학 365
신조어 154, 369, 372, 375
신형식주의 729
실버, 론 756
실재론 406
『실천 이성 비판』 343

실크, 조앤 598
심리학
  발달심리학 671~682
  범주의 심리학 356~366
  사회 심리학 52, 124, 281, 363, 423~424, 450, 455, 465, 493~494, 541, 556, 561, 573
  신경학과 심리학 94
  심리학에서 연구하는 감정들 84~86, 475~481
  심상의 심리학 381~384
  예술과 심리학 708~717, 721~722, 730
  유전학과 심리학 103
  전형과 심리학 358~359
  지각의 심리학 352~356
  또한 연상심리학, 행동유전학, 행동주의, 감정, 진화심리학, 기억, 숫자 감각, 성격 (인성), 마음 이론을 보라.
심상 → 심리학
싱어, 아이작 바셰비스 440~441, 755~756, 759
싱어, 피터 298, 522, 524~525, 560
쌍둥이 연구 103, 261, 659, 663

| ㅇ |

『아기와 어린이 돌보기』 54
아담 26
아델슨, 에드워드 352, 354
아도르노, 테오도르 726
아동 발달
  가족의 영향 436~437, 662~699
  아동 발달에 있어서의 우연 693

  특성의 유전율 653~662
아동(어린이) 학대 295, 539
아드리, 로버트 227
아른하트, 래리 522
아시모프, 아이작 243
『아이에겐 마을이 필요하다』 689
아이즐리, 로렌 66~67
아인슈타인, 알베르트 93, 399, 718
아프가니스탄 446, 535
아프리카 31, 130~131, 133~134, 137, 272, 430, 552, 601, 639, 715, 717, 723
아프리카계 미국인 47~49, 200, 259~260, 305, 361, 364~365, 375, 379, 384, 460, 522, 575~576, 580, 717
「아프리카의 여왕」 293
『악마의 사전』 422
안드로젠 607~608, 647
  또한 테스토스테론을 보라.
안락사 236, 693, 400, 402
『안티고네』 467, 755
알렉산더, 리처드 348, 443
「알로와 제니스」 291~292
알코올, 약물 남용, 정신건강관리국 549
「애니 홀」 338~339
애덤스, 스콧 466
애덤스, 존 261, 520
애벗, 잭 헨리 458~459
애스텔, 메리 590
애컬로프, 조지 529
애트런, 스콧 405
앤더슨, 일라이저 575~576
앨런, 우디 100, 318, 428, 436, 468
앱저그, 벨라 617

앱티드, 마이클 653
야노마뫼 212~216, 218, 549, 566, 584, 665, 754
양육 → 육아
『양육 가설』 8, 667, 686
양자역학 421
『어리석음의 행진: 트로이에서 베트남까지』 568
억제 방법 321~330, 567~581
언어 56~57, 80~83, 101, 120, 122~123, 415, 419, 684, 711, 726, 746
   뇌와 언어 184
   생각과 언어 366~373, 746
   신경망과 언어 154~158
   언어 분석의 차원 135~140
   언어의 변화 130, 138~139
   언어의 습득 83, 109, 120, 123, 684
언어 결정론 367, 375
언어와 사고 366~373
언어학 276~277, 368, 730
『언어 행동』 367
엄격한 구성주의 510
업다이크, 존 733
에를리히, 폴 416
에번스, 데이비드 730
에스트로겐 607~608
에스트리히, 수잔 617, 623
에크먼, 폴 84, 199~200
『엘도라도의 어둠』 214
엘리엇, T. S. 527, 702
엘리자 195
엘리트주의 267, 501
엘먼, 제프리 78~79, 159

엘슈타인, 베스케 599
엘우드, 찰스 65
엠버, 캐럴 114
엥겔스, 프리드리히 230~231, 278, 446
『여론』 356
여성
   미국 헌법과 여성 522
   여성에 대한 성서의 관점 26~27
   탈레반과 여성 446
   또한 페미니즘, 성 차이를 보라.
『여성의 신비』 614
여호수아 249
연결주의 55, 79, 143~144, 150~159, 186
연산 72~76
연상 심리학(관념연합설) 51~52, 54, 123, 152, 169
영, 캐시 599, 617, 629
영국 46, 134, 138, 259, 518
영아 살해 400, 436
영혼 37, 42, 67, 71, 88, 90~92, 162, 164, 230, 234~236, 239~240, 242, 249~250, 269, 285, 310~311, 313, 326, 330, 332, 336, 352, 366, 389, 395~399, 402, 421, 523, 741
   또한 기계 속의 유령을 보라.
예수 그리스도 176, 342, 370
예술 384~385, 701~734
   뇌와 예술 709~710
   모더니즘과 예술 717~724
   병든 세 예술 분야 706~707
   보편적 취미와 예술 714~716
   성적 매력과 예술 711~713
   시각 체계와 예술 709, 720~721, 730

예술의 심리학적 기원 707~717, 720~721, 730
예술의 편재 707~710
인간 본성과 예술 707~734
포스트모더니즘과 예술 → 포스트모더니즘

『예술』 723
예스페르센, 오토 43, 45~46, 57
예이츠, 윌리엄 버틀러 299
오랑우탄 499, 642
오르테가 이 가세트, 호세 60, 538
오스타드, 스티븐 694
오웰, 조지 282, 562, 745, 747
「오줌 속의 십자가」 724
오지크, 신시아 599
오크쇼트, 마이클 507
오클라호마 연방청사 폭발 541
오필리, 크리스 724
올콕, 존 243, 245
완곡 어법 또는 완곡표현 376, 745
「완벽한 폭풍」 452
완전 언어 392
완전함에 대한 희망 64, 285~308
왓슨, 존 B. 51~52, 54, 59, 225~226, 367
왼손잡이 96
요한 바오로 2세, 교황 331, 395
우르타도, 막달레나 598
『우리 의지에 반하여』 630
『우리의 유전자에는 없다』 206
우생학 46, 193, 203, 213~214, 240, 244, 254, 272~275
운, 인생의 진로와 운 693
운명 695~696

울드리지, 에이드리안 527~528
울프, 버지니아 707, 717, 723
울프, 톰 239, 241, 713, 724~725
워드, 엘리자베스 383
워딩턴, C. H. 202
워렌, 얼 322, 504, 510
워즈워스, 윌리엄 285, 304, 516, 652
워커, 레베카 599
워프, 벤저민 367
워홀, 앤디 717
원시공산주의 446
월드, 조지 273
월리스, 앨프리드 러셀 67, 89
웨스트, 존 687~688
「웨스트사이드 스토리」 319
웰스, H. G. 274
웹, 비어트리스 274
웹, 시드니 274, 527
위대한 사회 500
위젤, 토스텐 17, 181, 200
위텔슨, 샌드라 597
위험 407~410
윌리엄스, 조지 200, 291~292, 492, 447, 453~454
윌슨, 데이비드 슬론 453
윌슨, 마고 16, 295, 324, 446, 533, 548, 559, 569, 572, 598
윌슨, 우드로 356
윌슨, 에드워드 69, 200~204, 206~207, 209, 223, 227, 240~241, 244, 496, 497, 500, 513, 517, 710
윌킨슨, 리처드 533
윌킨슨, 밀턴, J. 16, 587

유고슬라비아 566, 579
「유기체의 잘못된 행동」 53
『유기체의 행동』 53
유대인 46~49, 56~57, 130, 254, 257, 272, 275~276, 357, 361, 385, 414, 440, 481, 550, 609, 665, 757
유럽연합 404
유리벽 614
유물론 224, 230, 239, 315, 333
유엔 629
유전율 95~105, 659~662
 정치적 태도의 유전율 495~496
 지능의 유전율 98~99, 262, 268, 655~661
유전자
 뇌와 유전자 101
 닐과 유전자 214~215
 반사회적 행동과 유전자 103~104
 범죄와 유전자 97, 104, 312, 316~318
 성격과 유전자 95~105, 653~662
 언어와 유전자 101
 "이기적" 유전자 108, 339
 자폐증과 유전자 96, 122
 정신병과 유전자 95~96
 지능과 유전자 99, 198~199, 267~268
 창발적 특성과 유전자 273
 폭력과 유전자 104, 312~314, 550~552
 또한 행동 유전학을 보라.
유전자 조작 식품 403~407
유전적 변이 101~103, 254~259
유추 196
 또한 은유를 보라.
유토피아 54, 302~304, 451, 646, 734

유토피아적 관점 503~504, 506, 509~513, 515~516, 523~524, 533
육아 11, 295~296, 305~308, 662~699
 개인화 677~682
 부모의 재혼 295~296
 육아 문제 436~441
 육아에서의 성 차이 442~445, 604, 611, 623~624
 행동 유전학과 육아 662~677
『윤리학 원론』 269
융거, 세바스찬 452
은유 369~370, 372, 730
음성 인식 소프트웨어 196
음악 705~706, 709, 716~717, 730
의사 결정 74, 93, 421, 529, 614, 260
이글리, 앨리스 541
이기심 289~303, 425~434
『이기적 유전자』 206, 227, 423, 425
『2대 세계 체계에 관한 대화』 250
이로쿼이 인디언 연맹 519
이미지 30, 74, 113, 177, 286, 301, 320, 347, 350~352, 354, 356, 366, 372, 377~385, 462, 566, 710, 719, 721, 742
이브 26~27
이솝 448
이스라엘 431, 451, 545, 566, 605
이스틸린, 낸시 730
이스트우드, 클린트 387
이원론 34~39
 또한 기계 속의 유령, 마음과 물질의 분리, 영혼을 보라.
이자 413~414
이중맹검 독재자 게임 450

2차 대전 64, 81, 274, 277, 362, 414, 545, 563, 582
「2001 스페이스 오디세이」 589
이타주의 200, 338, 425~426, 447~449, 451, 456~457, 476, 499, 513, 519, 531, 565
   이타주의에 관한 실험 449~453
   호혜와 이타주의 447~448, 451, 455, 457, 499
이팔루크족 83~84
인간 게놈 프로젝트
『인간과 공격성』 227
『인간과 동물의 감정 표현』 199
『인간에 대한 그릇된 평가』 267
『인간 오성론』 29
『인간의 성적 진화』 211
인공지능 74~76, 120, 195~197
인구 416~417
『인구 폭탄』 416
인류학 56~58, 83, 111, 113~114, 188, 201, 211~212
인문학 17, 30, 71, 135, 139, 144, 498, 688, 701~704, 707, 718, 720, 729~730, 732
인종
   인종 간 유전적 차이의 가능성 45~49, 256~259
   인종과 관련된 말 374~377
   인종과 폭력 547~550
인종 집단
   인종 집단 간의 유전적 차이 256~259
   인종 집단에 대한 신조어 사용 374~377
   인종 집단의 전형 356~366

폭력과 인종 집단 551~552, 565
인지 부조화 465, 515
인지 심리학 359, 360
인지과학 71, 730~731
인터넷 80, 390, 419, 573, 589, 704, 714, 745
「인헤릿 더 윈드」 237
일본 150, 543, 561, 644, 714
일본계 미국인 545
일본어 82, 138, 150, 684
『일상 생활에서의 자아 표현』 463
1차 대전 136, 287, 356, 566, 568, 584~585
『1984년』 745
입양 연구 98~99, 655, 658~660, 663~664, 686~687
잉, 딘 502

| ㅈ |

자기 기만 205, 233, 462~464, 466, 490, 507, 513, 516, 527, 567~568, 570, 578, 587, 750
자민족 중심주의 515, 524, 587
자본주의 289, 432, 516, 526, 688
자아(통일된 자아) 91~92
자연 고전주의 729
자연 선택 67, 70, 100, 102, 105~108, 110~112, 142, 158, 171, 187, 200~201, 210, 217, 236, 242, 255~256, 275, 292, 295, 337, 406, 428, 436~437, 454, 456, 462, 471, 473, 538, 556~557, 568, 601, 643

성비와 자연 선택 600~601
자연 선택에 대한 도킨스의 설명 557~558
또한 진화를 보라.
자연주의적 오류 269, 290~294
자유 방임주의 경제학 530~531
『자유와 존엄을 넘어서』 302
자유 의지 91, 143, 232~233, 235, 242, 252, 309, 311, 313~314, 316, 320, 326, 329, 421, 528, 695, 742
자유주의 40, 197, 272, 274, 493, 495~497, 500, 502~503, 526~528, 544, 579, 599, 636, 656
『자유 행동의 범위』 314
자폐증 96, 122
자하비, 아모츠 711
잭슨, 앤드루 574
『적들 그리고 사랑 이야기』 755
전체주의 277, 282, 737, 748
전형 356~366
점자 177~180
『점퍼』 563
정, 코니 657
정보 72~76, 419
『정부에 의한 죽음』 581
정신 분석 175
또한 프로이트를 보라.
정신 분열증 95~96, 336, 381, 668
정신 의학 322, 327, 550
정신 이상 변호 326~328
정신병질 104, 456~458, 461
정의 사회 500
정치 495~533
또한 보수주의, 자유주의, 급진주의 과학

운동을 보라.
정크 DNA 149
제임스, 올리버 688
제임스, 윌리엄 52, 112, 359, 731
제퍼슨, 토머스 260~261
젠더 페미니즘 596~599, 631, 635
젠슨, 아서 198, 202
젤먼, 수잔 405
조합적 사고 79~81, 151~155, 415~420, 523, 587
족벌주의 431, 443, 514
존스, 오언 16, 295, 314, 641, 647
존슨, 린든 500, 511, 539
존슨, 새뮤얼 69, 249, 255, 731
존슨, 필립 237
종, 에리카 16, 444~445
종교
도덕성과 종교 331~337
인간 본성과 종교 26~27
종교재판 249
종교적 우익 235, 242
『종형 곡선 이론』 8, 528
죄수의 딜레마 585~586
줄기 세포 41~42, 236, 336, 396, 398, 403
중국 130, 133~134, 271, 277, 281~282, 431, 504, 715
중국 혁명 516
지거렌저, 저드 529
지능 75, 94, 197~199, 419, 656
다중 지능 388
지능에 대한 부정 267~268
지능의 유전율 99, 262, 268, 655~668
지능 지수 검사 8, 197~199, 245, 260~262,

527~528
행동 유전학과 지능 지수 검사 653
지바로 216
지브란, 칼릴 437
지적 설계 236, 242
지적 소유권 418
「지피」 613
직관 공학 389, 393~394
직관 심리 → 마음 이론
직관적 자연사 389
『진짜 사나이』 541
진티스, 허버트 531
진화 27, 46, 168, 332, 425
  게놈과 진화 171
  직관적 기능과 진화 393
  진화 속의 협동 116, 299~300, 425~429, 446~454
  진화에 대한 보수주의의 비판 234~236, 523
  창조론과 진화론 241~242
  또한 자연 선택을 보라.
진화 심리학 105, 110, 132, 168, 206, 239, 244~245, 295, 324, 338, 430, 447, 496, 519, 523, 530~531, 585, 597, 602, 628, 682, 730~731
  강간과 진화 심리학 628
  계부모와 진화 심리학 295~296
  억제와 진화 심리학 324, 567~573
  예술과 진화 심리학 730~731
짐바르도, 필립 561~562
집단농장 431
집단 사회화 이론 683
  집단 사회화 이론에 대한 대중의 반응 686~691
집단 선택 452~454
집단 심리 62, 128
  또한 초유기체를 보라.
집시 46, 275
집짓기새 712~713
징양 쿠오 53
『짝짓기 심리』 712

| ㅊ |

차별 254, 259~266, 356~357, 361~366, 385, 545
  성 차별 9, 44, 48, 198, 204, 219~220, 241, 243, 259, 266, 301, 306, 357~358, 364, 479, 493, 543, 591, 596~597, 619, 624~625, 629, 644, 648, 737
  연령 차별 265
착시 현상 352
찬디가르 305
창조론 235~237, 241~242, 742
채식주의 560
처롯, 대니얼 303
처벌 30, 118, 266, 288, 312, 314~315, 321~329, 437, 461, 478, 484, 489, 512, 540, 569, 577, 585, 636, 647, 683
『처벌이라는 범죄』 322
처칠, 윈스턴 518, 535, 582
『천일야화』 733
천재 93
≪철학과 문학≫ 726
청각 장애 177

체임벌린, 네빌 582
체홉, 안톤 14
초유기체(집단 심리) 63, 201, 282, 308, 428, 446, 498, 519, 540, 747
초현실 379
촘스키, 놈 78, 80, 82~83, 111, 137~138, 262, 432~433, 447, 525~526
『총, 균, 쇠』 132
총기 545
최후 통첩 게임 449
추가니, 해리 163
출생 순서 681~382
「치어스」 705
침팬지 95, 99, 121~122, 168, 229, 245, 256, 264~265, 553, 565, 642

|ㅋ|

카네기, 앤드루 46
카네만, 대니얼 529
카라마조프, 드미트리 88, 162
카민, 리언 206
카스, 리언 237, 239, 242, 480~481, 593
카스파로프, 게리 75~76
『카인 기르기』 541
카츠, 로렌스 16, 182
칸트, 이마누엘 320, 342~343, 503, 526, 582
캄보디아 272, 277, 281~282
캐나다 46, 579, 583
캐럴, 조지프 730
캐미너, 웬디 208~210, 224, 231, 661
캐시던, 엘리자베스 598

캔터, J. R. 52
「캘빈과 홉스」 333~335
『컴퓨터의 힘과 인간의 이성』 195
케네디, 랜들 584
케네디, 로버트 F. 580
케네디, 에드워드 M. 506
케네디, 존 F. 311
케리, 수잔 16, 392
케블스, 대니얼 539
케블스, 베티 539
케이건, 제롬 690~691
케인스, 존 메이너드 274
켄릭, 더글러스 503, 506, 525
켈리, 앨리스 669
코렌, 스탠리 221
코마, 비탈리 715
코스, 메리 644, 646
코슬린, 스티븐 16, 381
코언, 도브 573~574
코언, 타일러 706
코즈미디스, 레다 244, 411, 598, 637
코흐, 로버트 276
코흐, 크리스토프 167
콘, 앨피 541
콘퀘스트, 로버트 303
콜버그, 로런스 510
콩도르세 504
쾨르트게, 노레타 599
쿠바의 미사일 위기 584, 586
쿨락 271
쿵산 113
퀴츠, 스티븐 159
퀘일, 댄 689

큐브릭, 스탠리 589~590
크로닌, 헬레나 16, 598
크로버, 앨버트 58~59, 67, 70, 201, 278, 498
크로체, 짐 571
크로포트킨, 표트르 446
크리스톨, 어빙 237~238
크리텐든, 다니엘 593
크릭, 프랜시스 70, 88, 167
크메르루주 272, 280
클라베리, 장 미셸 149
클라인버그, 오토 64
클라인펠드, 주디스 594, 617, 627
클라크, 램지 548
클라크, 아서 C. 589~59~
클레망소, 조르쥬 502
클린턴, 빌 319, 373~374, 546, 614, 617, 676
클린턴, 힐러리 318~319, 676, 689
키건, 존 583
키무라, 도린 597
키부츠 431, 451, 605
키일, 프랭크 405
킨들론, 댄 541
킬리, 로렌스 114
킴볼, 로저 237

| ㅌ |

『타고난 반항아』 667, 681
타이거, 라이오넬 205
탈러, 리처드 529
탈레반 446

태즈메이니아 134~135
터너 증후군 610~611
터너, 마크 730
터너, 테렌스 211~214, 216~217
터너, 프레더릭 718, 730
터치먼, 바버라 568
테니슨, 엘프리드, 경 425
테스토스테론 553, 574, 607~608
    또한 안드로겐을 보라.
테이삭스병 599
테일러, 조앤 케네디 33
테틀록, 필립 485, 487
토도로프, 츠베탕 244
토머스, 엘리자베스 마셜 113
톨스토이, 레오 434, 441
통계학 203, 408, 414~415
통섭 70, 132, 135~136, 731
『통섭』 201, 244
투르크하이머, 에릭 651, 664
투비, 존 16, 18, 244, 411, 419, 637
투키디데스 563
「툿시」 705
트라시마코스 498
트래픽(록 그룹) 484
트루먼, 해리 S. 311
트뤼도, 피에르 500
트리버스, 로버트 200, 205~206, 209, 423~424, 427~428, 434~437, 441, 447, 453~454, 462, 466, 475, 527, 558, 600, 681~682
트버스키, 아모스 529
트웨인, 마크 749, 754~755
특성

마키아벨리적 특성 455
창발적 특성 273
특성의 유전율 95~97
티어니, 패트릭 211, 213~218
틴베르헌, 니코 137
틸먼, 셜리 625

| ㅍ |

파글리아, 카밀 599~600, 645
『파리 대왕』 227
파머, 크레이그 9, 288, 314, 628, 636~641, 644~645
파스칼, 블레즈 733
파스퇴르, 루이 276
파슨스, 탤컷 498, 500
파인만, 리처드 267, 421
파타이, 대프니 599
팔리, 프랭크 690
『8월의 총』 568, 584
패덕, 윌리엄 416
패덕, 폴 416
패러, 마사 184
패리스, 로버트 65
패리스, 엘스워스 60
패스모어, 존 286
패퍼트, 시모어 152
퍼거슨, 앤드루 239, 242
퍼블릭 에너미(랩 그룹) 575
퍼시, 워커 369
퍼크트고트로스, 다이애나 617
퍼트넘, 힐러리 136, 267
페리, 브루스 305

페미니즘 288, 306~308, 590~600
  젠더 페미니즘 596~600, 604, 630~631, 635, 637~638, 641, 644
  디퍼런스 페미니즘 598
  에쿼티 페미니즘 596, 599, 618, 635, 638, 645
페이건, 제프리 576
페인, 토머스 504
페티토, 로라 121, 178
편도(체) 92, 168, 175, 225, 312, 314, 607,
평등 권리 수정 조항 594
평등 보호 조항 522
평등 여성운동 596, 599, 618, 638
포더, 제리 78, 152
포스너, 리처드 503
포스터, E. M. 518
포스토스털링, 앤 604
포스트렐, 버지니아 599
포스트모더니즘 350, 368, 377~379, 498, 596, 707, 719~721, 723~729, 745~746
  포스트모더니즘에 대한 반발 728~730
포카혼타스 40
포퍼, 카를 271, 503
포프, 알렉산더 250, 652
폭력 113~116, 535~588
  도덕성과 폭력 556~563
  두려움과 폭력 562~570
  명예와 폭력 570~576
  원한과 폭력 752~754
  폭력 예방 577~581
폭력 연구안 549~550
폭스제노비즈, 엘리자베스 599
폴, 엘리자베스 444

폴락, 윌리엄 541, 725
폴포트 281
표준 사회과학 모델 48, 132, 135
　　또한 사회 구성주의를 보라.
푸생, 앨빈 199
푸코, 미셸 726, 729
프라이어, 리처드 460, 744
프라토, 펠리샤 98
프랑스 혁명 286, 505, 515~516
프랭크, 로버트 454, 484, 530~531
프랭클린, 벤저민 300
프레이저, 제임스 조지 405
프로이트, 지그문트 87, 92, 339~340, 463, 667, 718
프록터, 로버트 276
프리댄, 베티 306, 614, 617
프리드먼, 밀턴 503, 688
프리드먼, 조너선 16, 544
프리먼, 데릭 113, 211
플라톤 341, 498
플로민, 로버트 16, 667
플린, 제임스 365
피그말리온 효과 365
피셔, 헬렌 598, 620
피스크, 앨런 410~411, 433~434, 451
피질 160, 165~186
　시각 피질 160~161, 166~167, 174, 177, 182, 184
　배쪽내측 피질 185
　전전두엽 피질 90, 93, 297, 326
　청각 피질 160~161, 178~180
피카소, 파블로 717
핀다로스 503

필리신, 제논 152

| ㅎ |

하비, 윌리엄 70
하와이어 43~44
하우스만, 패티 616~617
하이에크, 프리드리히 271, 503, 509, 511
하이젠베르크, 베르너 718
하이트, 조너선 474~476, 479
하인스, 멜리사 597
학습력 이론 187
합리적 행위자 이론 530
　또한 경제학에서 경제학적으로 보는 인간 본성을 보라.
해들리, 로버트 152
해리스, 마빈 125
해리스, 주디스 리치 8, 16, 18, 559, 667, 674, 682~683, 685~692, 695, 697~698
「해리슨 버거론」 743~744
해밀턴, 알렉산더 503, 520
해밀턴, 윌리엄 200~201, 205, 428, 447
해체주의 → 포스트모더니즘
해치, 오린 398
해킹, 이언 358
핵무기 229
핼펀, 다이앤 221, 597
행동 유전학 17, 95~105, 206, 226, 244, 246, 255
　가족의 영향 662~677
　마음과 물질의 분리와 행동 유전학 95~105
　행동 유전학에서의 단독 환경 666

행동 유전학의 세 법칙 651~666
　또한 유전율을 보라.
행동주의 51~54, 87, 227, 304, 315
허디, 세라 블래퍼 439, 598
허셸, 존 153
허무주의 471
　허무주의에 대한 세속적 형태의 두려움 337~343
　허무주의에 대한 종교적 형태의 두려움 331~337
허블, 데이비드 181, 200
허쉬라이퍼, 잭 454
『허클베리 핀의 모험』 749~755
헌트, 모턴 234
헤겔, G. W. E. 498
헤르나디, 폴 730
헤른슈타인, 리처드 8, 197~199, 262, 528
헵, D. O. 172
헵번, 캐서린 293
「혐오의 지혜」 480
협동 109, 426~427, 447~454
형제 갈등 435~439
호건, 패트릭 730
호라티우스 710
호로위츠, 도널드 583
호주 134, 707
호크스, 크리스텐 598
호퍼, 에릭 124
홀데인 274
홈스, 올리버 웬델, 주니어 323, 503, 510
홉스, 토머스 32~35, 37, 74, 77, 113, 342, 498~499, 503, 518, 556, 558, 563, 566, 568, 570, 577, 580, 706

화이트, 레슬리 61~62
『확대되는 원』 298, 560
확률, 확률의 의미 389~390, 407~410
환경 보호론 276, 290
환상지 183
황금율 342
회귀 81, 158
후(록 그룹) 370, 516
후각 체계 174
훔볼트, 알렉산더 폰 526
휘트니 미술관 384, 719, 729
휴스턴, 안젤리카 756
흄, 데이비드 152, 320, 489, 518, 714
흄의 포크 316
흐루시초프, 니키타 584
"흑인 남성" 전시회 384, 719
흑표범단 205, 527
흡연 276~277, 482, 687~688, 692
히멜파브, 거트루드 237
히치콕, 앨프리드 705
히틀러, 아돌프 240, 244, 275~277, 280, 336, 385, 399, 490, 755
힌두교 476
힐렌브란드, 린 625
힐렐 342
힐리, 버나딘 549

도판 저작권

Grateful acknowledgment is made for permission to reprint the following copyrighted material. 56쪽: Lyrics from "A Simple Desultory Philippic (or How I Was Robert McNamara'd into Submission)"; copyright ⓒ 1965, Paul Simon; used by permission of the publisher: Paul Simon Music. 115쪽: Chart, "Percentage of Male Deaths Caused by Warfare," from *War Before Civilization* by Lawrence H. Keeley, copyright ⓒ 1996 by Oxford University Press, Inc.; used by permission of Oxford University Press, Inc. 166쪽: Diagram of the wiring of the primate visual system from Michael Gazzaniga, *The Cognitive Neurosciences*, The MIT Press (1996). 319쪽: Lyrics from "Gee, Officer Krupke" by Leonard Bernstein & Stephen Sondheim; ⓒ 1956, Amberson Holdings LLC and Stephen Sondheim; copyright renewed; Leonard Bernstein Music Publishing Company LLC, publisher; used by permission. 353쪽: Diagram, "Turning the Tables," from *Mind Sights* by Roger N. Shepard, ⓒ 1990 by Roger N. Shepard; reprinted by permission of Henry Holt and Company, LLC. "Checker Shadow Illusion" ⓒ Edward Adelson, 2002; reprinted with permission. 571쪽: Lyrics from "You Don't Mess Around with Jim," written by Jim Croce; ⓒ 1972 (renewed), Time in a Bottle/Croce Publishing (ASCAP); all rights reserved; used by permission.

옮긴이 **김한영**

1962년 원주에서 태어나 서울대 미학과를 졸업했고 서울예대에서 문예창작을 공부했다. 번역 강의 사이트 트랜스쿨에서 강의했고 12년째 번역가로 활동 중이다. 옮긴 책으로는 스티븐 핑커의 『언어 본능』, 『마음은 어떻게 작동하는가』, 칼 세이건의 『에필로그』, 로저 새빈의 『만화의 역사』, 알랭드 보통의 『로맨스』, 『섹스 쇼핑 그리고 소설』 등이 있다.

사이언스 클래식 2

빈 서판

1판 1쇄 펴냄 | 2004년 2월 16일
1판 18쇄 펴냄 | 2016년 10월 7일
2판 1쇄 펴냄 | 2017년 11월 30일
2판 7쇄 펴냄 | 2024년 12월 31일

지은이 | 스티븐 핑커
옮긴이 | 김한영
펴낸이 | 박상준
펴낸곳 | (주)사이언스북스

출판등록 1997. 3. 24. (제16-1444호)
(06027) 서울특별시 강남구 도산대로1길 62
대표전화 515-2000 | 팩시밀리 515-2007
편집부 517-4263 | 팩시밀리 514-2329
www.sciencebooks.co.kr

한국어판 ⓒ (주)사이언스북스, 2004, 2017. Printed in Seoul, Korea.

ISBN 978-89-8371-145-8 03400

훌륭하고도 강렬한 이 책에서 핑커는 인간의 한계를 명확히 탐구하고 기록하고
해석한다. 과학과 문학에서 퍼 올린 사실들과 통찰이 우아하게 교차하며
많은 생각거리를 던진다. 이 책은 우리가 이제 진지하게 던져야 할 질문에 도움이
될 것이다. 우리는 마침내 성장했다고 말할 수 있을까?
　　　―멜빈 코너(인류학자)

훌륭하고 아름다우며 심도 있고 대담하며 명료하다.
『빈 서판』이라는 유일무이한 책이 줄 충격은 과학계를 훌쩍 넘어설 것이다.
　　　―폴 블룸(심리학자)

스티븐 핑커는 최고의 책을 써냈다. 명료하고 논리적이며 공정하고 박식하며
냉정하고도 재치 있고 인간적인 한편 고무적이다. 만약 그의 비판자들이 있다면
그에게 맞서기 전에 『빈 서판』을 유심히 읽어 보기만을 바랄 뿐이다.
결함을 지니면서도 풍요로운 인간 본성은 악이 아니라 선을 향한 원동력이라는
사실을 『빈 서판』에서 알게 될 것이다.
　　　―콜린 맥긴(철학자)

핑커의 전작 『마음은 어떻게 작동하는가』와 『언어 본능』을 읽은 이라면,
이 책 또한 마찬가지로 방대한 주제를 박식한 동시에 날카로운 필치로
요리하며 풍부한 주석과 읽는 이를 즐겁게 해 줄 문장을 맛보게 해 주리라
짐작할 것이다. 무엇보다 매우 설득력 있다.
　　　―마이클 레모닉(작가)

핑커는 열정적이며 설득력 있다. …… 본성과 양육에 대해 충분히 안다고 믿는 사람,
소위 '과학 전쟁'과 관련해 자신만의 확고한 입장을 가진 사람이라면 『빈 서판』을
읽어야 한다. 『빈 서판』이 그의 마음을 바꿀 것이다. …… 핑커의 책은 새로운 연구를
감별하는 놀라운 책이다. 독창적이고, 우리의 감정적 편향과 정신적 소질이 우리가
알던 것보다 훨씬 더 많이 내장되어 있음―옛말로 하자면 '타고났음'―을 보여 준다.
이 책은 그간 과하게 정치적으로 다루어져 온 주제에 신선한 공기를 불어넣는다.
　　　―《이코노미스트(The Economist)》